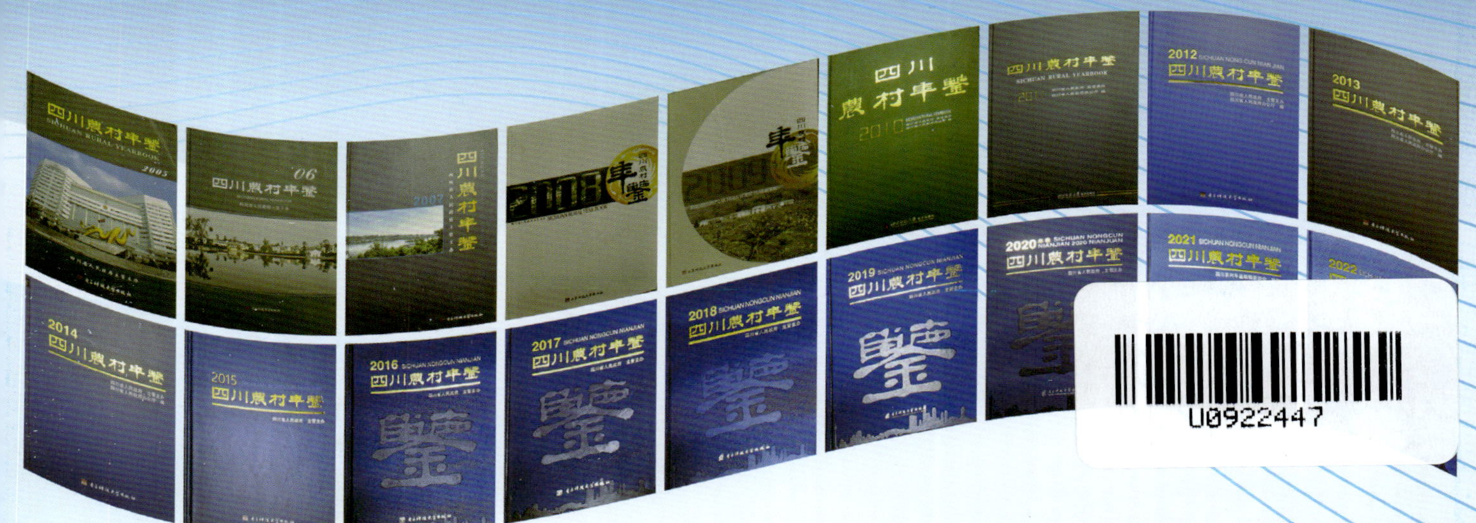

本着对历史高度负责的态度，客观、公正地记录事实，在“5·12”汶川特大地震发生2周年之际，2010年5月，编纂出版了80余万字的《四川农村年鉴·抗震救灾专卷》；为适应信息化时代的发展需要，更好地发挥《四川农村年鉴》的大数据作用，2013年8月，建立了《四川农村年鉴》官方网站——四川农鉴网（www.njw.sc.cn）；在做好《四川农村年鉴》编纂工作的同时，充分发挥编委会编辑出版农村系列丛书的职能作用，挖掘自身潜力，拓展编纂业务，2009年开始与四川省旅游局（现名：四川省文化和旅游厅）合作，编纂出版《四川旅游年鉴》（现名：《四川文化和旅游年鉴》），截至2023年，已连续编纂出版12卷；2011年8月，与四川省总工会合作，编纂出版了112万字的《“5·12”汶川特大地震·四川工会抗震救灾志》；2018年12月，与四川省农村发展促进会、四川省灾后重建促进会联合编纂出版40万字的《中国力量——“5·12”汶川特大地震灾后重建纪实》；2019年10月，中华人民共和国成立70周年之际，与《四川农村》编辑部、四川省农村发展促进会联合编纂《四川“三农”70年大事记（1949—2019）》。近20年来，《四川农村年鉴》相继获得省级、国家级多项大奖。其中，2012年卷获得四川省第十五次地方志优秀成果奖。2013年卷被中国版协评为第五届年鉴编纂出版质量综合二等奖。2016年12月，2014年卷被四川省地方志工作办公室、四川省地方志学会评为四川省第十七次地方志优秀成果二等奖。2017年3月，2015年卷被中国出版协会年鉴工作委员会评为2015—2016年度年鉴编校质量检查评比一等奖。2018年12月，2017年卷被四川省地方志工作办公室评为四川省第十八次地方志优秀成果（年鉴类）三等奖。2019年1月，2017年卷被中国出版协会评为第六届年鉴编纂出版质量（综合奖）二等奖；被中国出版协会年鉴工作委员会评为第六届年鉴编纂出版质量框架设计，条目编写，装帧设计，检索、编校质量和出版时效四个单项二等奖。2021年1月，2019年卷被四川省地方志工作办公室等单位评为四川省第十九次地方志优秀成果（年鉴类）二等奖。2023年1月，2021年卷被四川省地方志工作办公室等单位评为四川省第二十次地方志优秀成果（年鉴类）二等奖。同时，《四川农村年鉴（2023）》加入中华人民共和国年鉴志鉴系列。

《四川农村年鉴》坚持以习近平新时代中国特色社会主义思想为指导，继续当好全省农村经济社会发展的记录者、农业大省向农业强省跨越的见证者、擦亮农业大省金字招牌的传播者，全面、翔实记载省委、省政府事关“三农”的重大战略决策部署和各项目标完成情况，客观、系统地记述四川全面建设社会主义现代化国家的发展历程，为全省农村经济社会持续健康发展提供重要参考。

总第19卷

2023 SICHUAN NONGCUN NIANJIAN

四川農村年鑒

四川农村年鉴编辑委员会 编纂

新 华 出 版 社

图书在版编目（CIP）数据

四川农村年鉴. 2023 / 四川农村年鉴编辑委员会编 . — 北京：新华出版社, 2023.11
ISBN 978-7-5166-7238-9

Ⅰ. ①四… Ⅱ. ①四… Ⅲ. ①农村经济－四川－2023－年鉴 Ⅳ. ①F327.71-54

中国国家版本馆CIP数据核字（2023）第252679号

四川农村年鉴．2023卷

作者：四川农村年鉴编辑委员会　　**责任编辑：**李　成
出版发行：新华出版社有限责任公司
（北京市石景山区京原路8号　邮编：100040）
印刷：成都紫星印务有限公司

成品尺寸：210mm × 285mm　1/16　　**印张：**52.5　　**字数：**1200千字
版次：2023年11月第1版　　**印次：**2023年11月第1次印刷
书号：ISBN 978-7-5166-7238-9　　**定价：**468.00 元

微店

视频号小店

抖店

京东旗舰店

扫码添加专属客服

微信公众号

喜马拉雅

小红书

淘宝旗舰店

编纂说明

《四川农村年鉴》是逐年记录四川省农村经济社会发展、工作经验和研究成果的大型综合年鉴；是新时代各级党委、政府、机关、企（事）业单位解决“三农”问题、决策“三农”工作、实施乡村振兴、全面建设社会主义现代化国家的重要参考书；是帮助国内外人士了解、认识、研究、投资四川的重要工具书，具有资政、存史的重要作用，2005年以来已连续编纂出版19卷。

《四川农村年鉴（2023）》编纂出版工作坚持以马克思列宁主义、毛泽东思想、邓小平理论、“三个代表”重要思想、科学发展观、习近平新时代中国特色社会主义思想为指导，坚持辩证唯物主义和历史唯物主义的立场、观点和方法，汇集了2022年度四川“三农”各个方面发展状况的文献资料、图片、研究成果以及农村工作经验，如实反映了全省农村经济社会的新发展、新成果、新情况。为全省各级党委、政府决策“三农”工作提供重要借鉴，为广大科研和教学工作者、国内外各界人士研究四川“三农”提供权威资料，增进各省（区、市）及世界各国与四川在农村经济、科技、文化及社会各个方面的交流合作，促进四川农村经济社会发展。

《四川农村年鉴（2023）》全彩印刷，大16开精装版本，书名由中国现代作家、诗人、书法家马识途题写，入编资料均由有关省直部门，各市（州）、县（市、区）政府及相关单位提供，图文并茂地专题介绍全省农村经济社会发展，分篇目、章目、类分目及条目编辑。为保持相关篇章的完整性和连贯性，本书对部分内容做了适当回顾，对一些篇章涉及2023年的内容亦做了相应保留。所刊载数据以统计局的统计口径为准，辅以行业主管部门提供的数据，由于统计口径和使用方法的不同，个别数据稍有出入。年度聚焦篇目中的涉农统计数据均来自《四川统计年鉴（2023）》。本年鉴中相关领导人职务以文中记录之事发生的时间为准，文中所记录单位均以简称呈现。

《四川农村年鉴（2023）》的组稿、编纂、出版、发行等工作得到了各级各部门领导和社会各界人士的大力支持。由于本年鉴的入编单位较多，涉及面较广，工作量较大，书中难免存在不足之处，恳请广大读者尤其是供稿单位撰稿人批评指正，以便我们更好地改进工作，提高质量，服务四川发展。

《四川农村年鉴》
专家评审指导委员会

（按姓氏拼音排序）

《四川农村年鉴》编辑部

名誉总编辑

张作哈

执行总编辑

刘　洁

副总编辑

文心田　刘　毅　王德才　廖亚兰

编　审

刘金明

编辑部主任

汤金丹

责任编辑

闵　慧　谢世林

美　编

李春玲

编　辑

林　毅　谢秋燕

专栏负责人（按姓氏笔画排序）

王　强　王利主　尤绍良　车忠其

伍金田　刘乐斌　李兴贵　李祥发

何　波　余　刚　陆　祥　罗　斌

赵　健　赵建生　胡　鑫　樊晓东

发行部主任

梁　蓉

《四川农村年鉴》协办单位

（排名不分先后）

四川省农业科学院

四川省水资源调度管理中心

四川省长葫灌区运管中心

绵阳市人民政府

宜宾市人民政府

成都市双流区人民政府

平武县人民政府

苍溪县人民政府

仁寿县人民政府

阿坝县人民政府

四川师范大学

四川省都江堰水利发展中心

成都市人民政府

乐山市人民政府

甘孜藏族自治州人民政府

绵阳市游仙区人民政府

北川羌族自治县人民政府

宜宾市叙州区人民政府

九寨沟县人民政府

目　录

年度聚焦

年度聚焦……012

特　载

中共四川省委　四川省人民政府关于做好2022年“三农”重点工作全面推进乡村振兴的意见……002

农村经济和社会发展报告……006

大事记

大事记……018

四川概况

自然资源……029

气候状况……032

行政区划……033

人口情况……036

农业发展概况

种植业……038

综述……038

粮食安全……040

林业和草原……041

综述……041

森林资源保护管理……043

草原保护建设……044

野生动植物保护……045

森林和草原防火……046

森林病虫害防治……046

畜牧业……047

综述……047

生猪价格波动体系建设……048

水产业……049

特色效益农业……051

林草产业……051

特色经济林产业……052

国有林场林区……053

农业对台合作与交流…… 054

农村基础设施建设与管理

水利建设…… 057
交通建设与管理…… 058
综述…… 058
公路养护…… 060
国省干线公路建设…… 061
农村公路建设…… 062
农田水利建设…… 063
农村信息化建设…… 064
农村通信建设…… 064
四川农村信息网建设…… 065
农村邮政事业…… 066
综述…… 066
农村邮政综合服务体系建设…… 067

公共服务体系建设与民族地区社会事业

公共服务体系建设…… 069
农村教育事业…… 069
综述…… 069
农村基础教育…… 070
农村职业教育与成人教育…… 071
希望小学…… 071
农村文化…… 071
农村体育…… 072
农村广播电视工作…… 073
农村医疗卫生事业…… 075
农村居民家庭生活…… 076
农村居民社会保障…… 079
农村防灾减灾…… 080
农业气象服务…… 080
地质灾害防治…… 081
农村群团工作…… 082
综述…… 082
农村青少年工作…… 082
农民就业与创业…… 083
农村青年就业与创业…… 083
农村妇女就业与创业…… 084
民族地区社会事业…… 085
民族地区教育…… 085
民族地区卫生工作…… 086
民族地区对口援建…… 087

农村生态环境与乡村旅游

生态建设…… 089
综述…… 089
“绿化全川”行动…… 089
生态县建设…… 090
森林生态…… 091
自然保护地建设与管理…… 091
森林公园建设…… 091
湿地资源保护与管理…… 092
荒漠治理…… 092
生态补偿…… 093
矿区环境治理…… 093
水污染防治…… 094
土壤污染防治…… 094
水源地保护…… 095
外来有害生物防治…… 096

环境保护 ······ 097
综述 ······ 097
污染状况 ······ 097
农村生活污水治理 ······ 097
生态旅游与森林康养 ······ 098

农村财政、金融与市场监管

农村财政与金融 ······ 100
农村金融工作 ······ 100
中国农业发展银行四川省分行涉农工作 ······ 100
四川省农村信用联社涉农工作 ······ 101
新型农村金融机构 ······ 102
涉农保险 ······ 103
金融体制改革 ······ 103
管理与监督 ······ 104
涉农工商管理 ······ 104
涉农物价管理 ······ 105
涉农审计工作 ······ 105
农产品标准化体系建设 ······ 106
农产品市场安全监管 ······ 109
四川省农产品进出口概况及年度特点 ······ 114
四川省农产品进出口贸易概况 ······ 114
农产品进出口年度特点 ······ 115
供销合作商业 ······ 115

乡 村 振 兴

巩固拓展脱贫攻坚成果同乡村振兴有效衔接 ······ 118
生态振兴 ······ 119
乡村治理 ······ 121
基层政权建设与社区治理 ······ 121
农村民主法制建设 ······ 122
农村法律保障和服务工作 ······ 122
农村司法工作 ······ 123
农村社会治安综合治理 ······ 125

市(州)、县(市、区)农村工作概况

成都市 ······ 127
锦江区 ······ 144
青羊区 ······ 145
金牛区 ······ 148
武侯区 ······ 148
成华区 ······ 151
龙泉驿区 ······ 152
青白江区 ······ 152
新都区 ······ 158
温江区 ······ 158
双流区 ······ 159
郫都区 ······ 162
新津区 ······ 164
都江堰市 ······ 166
彭州市 ······ 169
邛崃市 ······ 169
崇州市 ······ 172
简阳市 ······ 173
金堂县 ······ 173
大邑县 ······ 174
蒲江县 ······ 174
自贡市 ······ 175
自流井区 ······ 177
贡井区 ······ 178
大安区 ······ 179

沿滩区…… 181
荣县…… 181
富顺县…… 186
攀枝花市…… 189
东区…… 190
西区…… 190
仁和区…… 191
米易县…… 192
盐边县…… 193
泸州市…… 194
江阳区…… 197
龙马潭区…… 200
纳溪区…… 205
泸县…… 207
合江县…… 211
叙永县…… 216
古蔺县…… 221
德阳市…… 222
旌阳区…… 224
罗江区…… 230
广汉市…… 231
什邡市…… 232
绵竹市…… 232
中江县…… 233
绵阳市…… 245
涪城区…… 252
游仙区…… 252
安州区…… 262
江油市…… 262
梓潼县…… 265
平武县…… 268
北川羌族自治县…… 273
三台县…… 276
盐亭县…… 281
广元市…… 282
利州区…… 301
昭化区…… 306
朝天区…… 309
旺苍县…… 310
剑阁县…… 311
青川县…… 314
苍溪县…… 316
遂宁市…… 317
船山区…… 328
安居区…… 331
射洪市…… 332
蓬溪县…… 334
大英县…… 336
内江市…… 340
市中区…… 341
东兴区…… 341
隆昌市…… 343
资中县…… 345
威远县…… 346
乐山市…… 350
市中区…… 359
五通桥区…… 362
沙湾区…… 364
金口河区…… 367
峨眉山市…… 370
犍为县…… 372
井研县…… 375
夹江县…… 378
沐川县…… 381

峨边彝族自治县…… 384
马边彝族自治县…… 387
南充市…… 390
顺庆区…… 391
高坪区…… 392
嘉陵区…… 393
阆中市…… 393
南部县…… 395
西充县…… 396
仪陇县…… 397
营山县…… 398
蓬安县…… 399
宜宾市…… 401
翠屏区…… 425
南溪区…… 427
叙州区…… 431
江安县…… 434
长宁县…… 437
高县…… 442
筠连县…… 445
珙县…… 454
兴文县…… 456
屏山县…… 460
广安市…… 463
广安区…… 464
前锋区…… 466
华蓥市…… 467
岳池县…… 468
武胜县…… 468
邻水县…… 469
达州市…… 471
通川区…… 473
达川区…… 473
万源市…… 474
宣汉县…… 474
大竹县…… 475
渠县…… 480
开江县…… 481
巴中市…… 481
巴州区…… 485
恩阳区…… 490
南江县…… 492
通江县…… 494
平昌县…… 495
雅安市…… 496
雨城区…… 498
名山区…… 499
天全县…… 500
芦山县…… 501
宝兴县…… 502
荥经县…… 503
汉源县…… 506
石棉县…… 509
眉山市…… 510
东坡区…… 511
彭山区…… 512
仁寿县…… 516
洪雅县…… 520
丹棱县…… 521
青神县…… 522
资阳市…… 533
雁江区…… 534
安岳县…… 535
乐至县…… 543

阿坝藏族羌族自治州…………………………549
马尔康市…………………………560
汶川县…………………………562
理县…………………………563
茂县…………………………564
松潘县…………………………565
九寨沟县…………………………566
金川县…………………………570
小金县…………………………571
黑水县…………………………572
壤塘县…………………………573
阿坝县…………………………574
若尔盖县…………………………575
红原县…………………………577
甘孜藏族自治州…………………………577
康定市…………………………584
泸定县…………………………585
丹巴县…………………………586
九龙县…………………………587
雅江县…………………………590
道孚县…………………………591
炉霍县…………………………592
甘孜县…………………………593
新龙县…………………………594
德格县…………………………596
白玉县…………………………596
石渠县…………………………597
色达县…………………………598
理塘县…………………………599
巴塘县…………………………599
乡城县…………………………600
稻城县…………………………601
得荣县…………………………602
凉山彝族自治州…………………………603
西昌市…………………………603
会理市…………………………604
木里藏族自治县…………………………604
盐源县…………………………604
德昌县…………………………605
会东县…………………………605
宁南县…………………………606
普格县…………………………606
布拖县…………………………606
金阳县…………………………608
昭觉县…………………………609
喜德县…………………………609
冕宁县…………………………610
越西县…………………………610
甘洛县…………………………611
美姑县…………………………611
雷波县…………………………614

调查与研究

四川涉农领域省级国资平台密集组建　打造乡村振兴“领头羊”…………………………616
打造新时代更高水平“天府粮仓”　加快建设农业强省的实践探索与推进策略…………………………617
川西高原牦牛产业发展研究…………………………619
建设新时代更高水平“天府粮仓”粮食增产潜力与路径探索…………………………622
发挥教育优势　推进“四大工程”　努力绘就高校赋能乡村振兴新画卷
——四川师范大学2023年帮扶工作纪实…………………………626

为有力有效推进乡村全面振兴贡献高校更大力量 …… 628

四川省交通工程质量监督站：建体系、强监管，推动监督工作高质量发展 …… 630

成都市现代都市农业建圈强链路径研究 …… 633

全面推进乡村振兴战略背景下成都市县域内城乡融合发展路径研究 …… 637

构建“3+4+N”特色农业产业体系　探索融合三产、契合山区的农业社会化服务新路径 …… 642

北川县：以创建园区为抓手　促进产业融合发展 …… 644

牢牢把握“四个发力”主攻方向　奋力谱写中国式现代化三台新篇章 …… 646

三台县：加速构建现代农业发展新高地　助推乡村振兴 …… 647

努力打造秦巴山区产业引领乡村振兴的“苍溪典范” …… 649

写好“六个融合”大文章　加快打造城乡融合岳池样板 …… 650

构建商贸发展新格局　重塑青藏高原商贸之都的美丽新画卷
——关于建设川甘青三省结合部商贸中心的思考 …… 652

附　　录

新任（变动）省级领导 …… 656

表彰 …… 656

2022年度国家级生态农场名单（四川省部分） …… 656

2022年中国美丽休闲乡村名单（四川省部分） …… 656

第四批全国乡村旅游重点村名单（四川省部分） …… 657

第二批全国乡村旅游重点镇（乡）名单（四川省部分） …… 657

第六批国家生态文明建设示范区名单（四川省部分） …… 657

2022年度全国村庄清洁行动先进县名单（四川省部分） …… 657

全国农村集体产权制度改革工作先进集体和先进个人（四川省部分） …… 657

2022年度“全国十佳农民”资助项目名单（四川省部分） …… 658

第六批全国农村创业创新优秀带头人典型案例名单（四川省部分） …… 658

2022年度全国“平安农机”示范县名单（四川省部分） …… 658

2022年度四川省农村改革工作先进县（市、区）名单 …… 658

2022年度四川省乡村振兴先进市、先进单位名单 …… 658

2022年度四川省乡村振兴先进县（市、区）、成效显著县（市、区）、重点帮扶优秀县（市、区）、先进乡镇、示范村、重点帮扶优秀村名单 …… 658

乡村振兴先进县（市、区）2022年度“回头看”考核优秀等次名单 …… 664

四川省合并村集体经济融合发展试点先进县（市、区）、先进村名单 …… 664

四川省第三批乡村治理示范村镇名单 …… 666

2022年四川省休闲农业重点县名单 …… 671

2022年第二批四川省级生态县名单 …… 672

第六批“四好农村路”四川省级示范县名单…… 672
2022年四川现代农业十亿元镇、现代农业亿元村、发展集体经济促进共同富裕十强村、十大杰出“村官”名单…… 672
2022年度四川省星级现代农业园区名单…… 673
2022年第八批四川省家庭农场省级示范场名单…… 674
四川省首批农村致富带头人名单…… 677
第八批四川省农产品质量安全监管示范县名单…… 680
四川省第一批农村法治教育基地名单…… 680
四川省级高素质农民培育示范基地名单…… 681
政策法规…… 682
四川省人民政府办公厅关于加强草原保护修复和草业发展的实施意见…… 682
四川省人民政府办公厅关于加快发展油茶产业的实施意见…… 684
四川省人民政府办公厅关于印发建设培育“川字号”特色劳务品牌二十二条措施的通知…… 686
四川省人民政府办公厅关于推动精制川茶产业高质量发展促进富民增收的意见…… 689

编写组

《四川农村年鉴》省级部门编写组…… 692
《四川农村年鉴》市（州）编写组…… 693
《四川农村年鉴》县（市、区）编写组…… 694

聚焦“三农”

四川省农业科学院…… 002
四川师范大学…… 008
交通银行股份有限公司四川省分行…… 014
中国人寿保险股份有限公司四川省分公司…… 020
四川省水资源调度管理中心…… 023
四川省都江堰水利发展中心…… 024
四川省长葫灌区运管中心…… 027
四川省交通工程质量监督站…… 028
成都市双流区…… 034
绵阳市游仙区…… 042
平武县…… 048
北川羌族自治县…… 052
苍溪县…… 056
宜宾市…… 062
宜宾市叙州区…… 068
仁寿县…… 070
安岳县…… 072
乐至县…… 078
九寨沟县…… 084
阿坝县…… 088
甘孜藏族自治州…… 091
四川省农村发展促进会…… 097

索引

索引…… 701

Contents

Annual Focus

Features

Chronicle of Events

Overview of Sichuan

Natural Resources ···················· 029
Climate Conditions ···················· 032
Administrative Division ···················· 033
Population Situation ···················· 036

Overview of Agricultural Development

Crop Cultivation ···················· 038
Overview ···················· 038
Food Security ···················· 040
Forestry and Grassland ···················· 041
Overview ···················· 041
Forest Resources Protection and Management ···················· 043
Protection and Construction of Grassland Resources ···················· 044
Protection of Wild Animals and Plants ···················· 045
Fire Prevention (Extinguishing) of Forest and Grassland ···················· 046
Forest and Grassland Pest Contro ···················· 046
Animal Husbandry ···················· 047
Overview ···················· 047
Construction of Fluctuation System for Pig Prices ···················· 048
Aquaculture ···················· 049
Characteristic and Profitable Agriculture ···················· 051
Forestry and Grassland Industry ···················· 051
Special Economic Forest Industry ···················· 052
State-owned Forest Farms ···················· 053
Agricultural Cooperation and Exchange with Taiwan ···················· 054

Rural Infrastructure Construction and Management

Water Conservancy Construction ···················· 057
Transportation Construction and Management ···················· 058
Overview ···················· 058
Highway Maintenance ···················· 060

Construction of National and Provincial Trunk Highways ········ 061
Rural Road Construction ········ 062
Farmland Water Conservancy Construction ········ 063
Rural Informatization Construction ········ 064
Rural Communication Construction ········ 064
Rural Information Network Construction ········ 065
Rural Postal Services ········ 066
Overview ········ 066
Construction of Rural Postal Comprehensive Service System ········ 067

Construction of Public Service Systems and Social Undertakings in Ethnic Regions

Construction of Public Service Systems ········ 069
Rural Education ········ 069
Rural Culture ········ 071
Rural Sports ········ 072
Rural Radio and Television Work ········ 073
Rural Medical and Health Services ········ 075
Family Life of Rural Residents ········ 076
Social Security of Rural Residents ········ 079
Rural Disaster Prevention and Mitigation Work ········ 080
Work of Rural Mass Organizations ········ 082
Rural Employment and Entrepreneurship ········ 083
Social Undertakings in Ethnic Regions ········ 085
Education in Ethnic Regions ········ 085
Health Services in Ethnic Regions ········ 086
Targeted Assistance for Construction in Ethnic Regions ········ 087

Rural Ecological Environment and Rural Tourism

Ecological Construction ········ 089
Overview ········ 089
Greening the Entire Sichuan Action ········ 089
Construction of Eco-county ········ 090
Forest Ecology ········ 091
Desert Control ········ 092
Ecological Compensation ········ 093
Environmental Protection in Mining Area ········ 093
Water Pollution Prevention and Control ········ 094
Soil Contamination Prevention and Control ········ 094
Water Source Protection ········ 095
Preventing and Con-trolling Alien Pest ········ 096
Environmental Protection ········ 097
Overview ········ 097
Pollution Situation ········ 097
Rural Domestic Sewage Disposal ········ 097
Ecotourism and Forest Rehabilitation ········ 098

Rural Finance, Financial Services, and Market Supervision

Rural Finance and Finanical Services ········ 100
Rural Finance Work ········ 100
Agriculture-related Work of Sichuan Branch of the Agricultural Development Bank of China ········ 100

Agriculture-related Work of Sichuan Rural Credit Cooperatives Federation ·························· 101
New-type Rural Financial Institutions ············ 102
Agriculture-related Insurance ······················ 103
Financial System Reform ·························· 103
Management and Supervision ························ 104
Agriculture-related Business Administration ······ 104
Agriculture-related Commodity Price Control ·· 105
Agriculture-related Audit Work ···················· 105
Construction of Agricultural Product Standardization System ·· 106
The Supervision and Administration of the Marketing and Quality and Safety of Agricultural Products ·· 109
Overview and Annual Characteristics of Import and Export of Agricultural Products in Sichuan ·· 114
Supply and Marketing Cooperative Business ······ 115

Rural Revitalization

Consolidating and Expanding the Achievements of Poverty Alleviation while Effectively Implementing Rural Revitalization ······························ 118
Ecological Revitalization ······························ 119
Rural Governance ······································ 121
Grassroots Political Power Construction and Community Governance ························· 121
Rural Democratic and Legal System Construction ·· 122
Comprehensive Management of Rural Public Security ·· 125

Overview of Rural Work of Municipalities (Prefectures) and Counties (Cities and Districts)

Investigation and Research

Appendix

Newly Appointed (Changed) Provincial Leaders ·· 656
Commendation ·· 656
Policies and Regulations ······························ 682

Compilation Team

Provincial Department Compilation Team of Sichuan Rural Yearbook ······································ 692
Municipal (Prefecture) Compilation Team of Sichuan Rural Yearbook ······································ 693
County (City, District) Compilation Team of Sichuan Rural Yearbook ······································ 694

Focus Sannong

Index

加快农业农村现代化步伐
加快建设农业强省

党的二十大在擘画全面建成社会主义现代化强国宏伟蓝图时，对农业农村工作进行了总体部署。习近平总书记在中央农村工作会议上发表重要讲话，系统阐述了加快建设农业强国、加强“三农”工作的一系列重大理论和实践问题，明确了当前和今后一个时期“三农”工作的目标任务、战略重点和主攻方向，再次向全党全国发出了重农强农的强烈信号，吹响了建设农业强国的冲锋号角，为我们做好新时代新征程“三农”工作提供了方向指引。习近平总书记对四川“三农”工作高度重视，多次亲临四川视察指导、多次发表重要讲话，作出系列重要指示，给予我们最直接最有力的指导。这些重要指示，指明了四川“三农”工作的历史方位、目标任务、方向路径、着力重点和组织保障，是对四川“三农”工作的精准把脉和科学指引，是新时代新征程推动四川农业现代化建设的根本遵循。全省上下深入学习领会习近平总书记重要讲话精神和对四川“三农”工作的系列重要指示精神，坚定用以统揽四川农业强省建设。

深刻认识建设农业强省的重大意义，明确目标任务和需要把握的重大原则。省委十二届二次全会作出以“四化同步、城乡融合、五区共兴”统揽四川现代化建设全局的战略部署，将推进农业现代化、加快建设农业强省摆在突出位置，是服务国家发展和安全战略全局的需要，是全面建设社会主义现代化四川的需要，是让全省农民群众尽快过上现代生活的需要，有着重要现实意义和深远战略考量。建设农业强省是一项复杂系统工程，重点要实现粮食安全和食物供给保障能力强、农业基础强、科技装备强、经营服务强、抗风险能力强、质量效益好和竞争力强的目标。要对标中央要求、立足四川实际，针对未来5年、2035年、本世纪中叶的目标，抓紧编制发展规划，分别明确路线图和施工图，使农业强省建设有规可循、按规行事。坚持城乡融合发展，注重以工促农、以城带乡，推动形成新型城乡关系；坚持科技和改革双轮驱动，以科技提升农业农村高质量发展的实力和底气，以改革增强乡村全面振兴的动力和活力；坚持生态优先绿色发展，构建科学适度有序的农业空间布局体系、绿色低碳循环的现代化农业产业体系、以绿色生态为导向的农业政策支持体系；坚持农民主体地位，尊重农民首创精神，充分调动其积极性、主动性、创造性，让他们成为推进农业农村现代化的主动参与者、积极建设者和最大受益者。

聚焦农业强省建设重点任务，扎实推进各项部署落到实处、终端见效。始终把保障粮食和重要农产品安全稳定供给作为头等大事，实施好《建设新时代更高水平“天府粮仓”行动方案》，大力实施新一轮产能提升行动，健全种粮农民收益保障机制、粮食主产区利益补偿机制，持续深化“光盘行动”等食物节约行动，落实“长牙齿”耕地保护硬措施，实施“天府良田”建设行动，加强农田水利建设管理，构建多元化食物供给体系，全方位夯实粮食安全根基，确保任何情况下都把饭碗端稳端牢。紧紧扭住产业发展这个根本扎实推进乡村振兴，持续优化农业产业布局，做大做强做优“川字号”特色产业，提高产地初加工和精深加工水平，拓展农业多种功能、促进一二三产业融合发展。坚决守住防止规模性返贫这一底线，抓实抓细巩固拓展脱贫攻坚成果各项工作，进一步优化和完善落实防止返贫监测帮扶机制，把增加脱贫群众收入作为主攻方向，加快构建脱贫群众持续增收体系；整体提升脱贫地区发展水平，坚持先发和后发地区携手发展，加大对乡村振兴重点帮扶县等欠发达地区支持力度，积极探索走出符合四川实际的共同富裕实现路径。扎实抓好乡村建设和乡村治理，瞄准“农村基本具备现代生活条件”的目标，持续加强农村精神文明建设，健全乡村治理体系，打造功能完备、设施完善、富有特色的现代化乡村。大力深化农业农村改革，统筹推进重点领域和关键环节改革，探索城乡要素双向流动合理配置的制度机制，支持发展家庭农场、农民合作社等新型经营主体，赋予农民更加充分的财产权益，让广大农民在改革中分享更多成果。

切实加强党的全面领导，为加快建设农业强省提供坚强保证。健全领导体制和工作机制，严格落实乡村振兴责任制，进一步完善乡村振兴考核考评办法，五级书记一起抓，县委书记当好“一线总指挥”，不断提高新时代新征程各级党委领导农业农村工作的能力和水平。加强农村基层党组织建设，健全完善村党组织领导的村级组织体系，持续为农村基层减负，全面提高农村基层党组织领导乡村振兴能力。持续抓好乡村人才队伍建设，加强农民教育培训，引导各类人才投身乡村振兴发展，加强“三农”干部培训，打造一支敢打硬仗、能打硬仗的“三农”工作队伍。

2023年2月14日，省委农村工作会议在成都召开，省委书记王晓晖出席会议并讲话。王晓晖强调，要深入学习贯彻党的二十大精神和中央农村工作会议精神，全面落实省委十二届二次全会决策部署，坚持农业农村优先发展，加快农业农村现代化步伐，加快建设农业强省，推动农业全面升级、农村全面进步、农民全面发展，以农业农村的高质量发展不断夯实四川现代化建设根基。省长黄强主持第一次会议。会议以电视电话会议形式开至各市（州）。在第二次会议上，省委常委、省委组织部部长于立军作工作部署，副省长胡云主持会议，自贡市、泸州市、绵阳市、达州市、巴中市、眉山市、甘孜州作交流发言。有关省领导，省直有关部门（单位）负责人，部分中央在川单位、省属科研院所、高等学校、国有企业负责人等在主会场参加会议。

2023年4月6日，省委书记王晓晖（中）到大邑县、崇州市、成都市温江区调研。王晓晖强调，要坚定以习近平新时代中国特色社会主义思想为指导，全面贯彻党的二十大精神和省委十二届二次全会决策部署，深入实施“四化同步、城乡融合、五区共兴”战略，大兴调查研究，着力解决发展难题，坚定不移推动高质量发展，为新时代新征程四川现代化建设开好局起好步贡献成都更大力量。图为王晓晖到崇州市天府粮仓国家现代农业产业园调研，察看高标准农田建设及冬小麦、油菜等长势情况，与农业科技人员进行交流，了解优质粮油新品种试点情况。

2023年2月15日，省长黄强（右二）到眉山市调研。黄强强调，要深入学习贯彻党的二十大精神和习近平总书记来川视察重要指示精神，认真落实省委农村工作会议农业强省建设部署要求，加快建设新时代更高水平的“天府粮仓”，大力推进农文旅深度融合发展，扎实推动乡村振兴取得新进展、农业农村现代化迈出新步伐。图为黄强在青衣江流域粮食现代农业园区“柳江—东岳”示范片项目调研春耕生产、土地整理和高标准农田建设情况。

2023年7月5日—6日，省政协主席、党组书记田向利（中）率队到乐山市围绕贯彻落实“田长制”“林长制”，就乡村振兴、森林资源保护发展、防汛减灾以及全省政协重点工作和基层政协建设情况等开展调研。田向利强调，要深入开展学习贯彻习近平新时代中国特色社会主义思想主题教育，扎实抓好“同心共建现代化四川”专项行动、打造“有事来协商”升级版等履职重点工作，不断提升政协服务全省中心大局的贡献率。图为田向利在峨眉山市高桥镇福田村张沟森林防灭火检查站调研“林长制”和森林草原防灭火工作。

2023年4月22日，省委常委、省委组织部部长、省委农村工作领导小组副组长于立军（前排左二）到自贡市调研。于立军强调，目前春旱形势严峻，要坚决贯彻落实党中央和省委决策部署，牢固树立底线思维、极限思维，全力以赴抗旱保春耕，多措并举稳定粮食生产，保障国家粮食安全，加快农业现代化步伐。于立军一行先后到荣县乐德镇天宫庙村、桥凼村和沿滩区瓦市镇新堂村实地调研粮经复合示范园“水改旱”等雨栽秧和粮油农旅综合园区大春作物播栽等情况。

2023年4月26日，副省长胡云（前排右二）到泸州市调研春耕生产，检查防汛备汛工作。胡云强调，要深入学习贯彻习近平总书记关于“三农”工作重要论述和党的二十大精神，认真落实省委十二届二次全会部署和省政府工作报告安排，抢抓农时抓好春耕生产，抓紧防汛减灾各项工作，加快打造新时代更高水平的“天府粮仓”，全力守牢安全底线。胡云一行先后到泸县海潮镇红合村种业园区、兴盛社区山洪灾害危险区和潮河镇五谷寺村“泸县中稻+再生稻‘吨粮田’示范区”、四川泸州白酒产业园区等地详细了解春耕生产、农田水利设施建设、农机装备应用、特色产业发展和防汛备汛等情况。

第九届四川农业博览会·成都国际都市现代农业博览会开幕式暨"天府粮仓"合作发展大会

2023年10月27日，第九届四川农业博览会·第九届成都国际都市现代农业博览会开幕式暨"天府粮仓"合作发展大会在成都中国西部国际博览城举行。省委常委、省委组织部部长于立军和巴基斯坦驻华大使莫因·哈克分别致辞，副省长胡云主持开幕式，省长黄强出席并宣布开幕。该次农博会以"建天府粮仓 促乡村振兴"为主题，设置以展示展销为主的中国西部国际博览城展区和以乡村体验为主的中国天府农博园展区。巴基斯坦为主宾国，重庆市、浙江省为主题省，巴中市、南充市为主题市，20个国家、全国31个省（区、市）参展，参展企业达3 000余家。

农博会按照"1馆1园N活动"模式设置展览展示内容。西博城展区设"天府粮仓"精品馆、四川市（州）农业馆、成渝地区双城经济圈农业合作馆、全国国家农产品质量安全县馆、新型农业经营主体馆、"一带一路"农业合作馆、现代竹产业馆、天府良机馆、全国农业科技成果转化馆、成都高质量发展合作馆、城市（区域）合作馆、现代农业农资馆12大主题馆；中国天府农博园展区设农业非物质文化遗产馆、农业时尚消费馆、中华农耕文明馆、乡村元宇宙馆4大主题馆。同时，依托3 000亩智慧田园，设大田展示区、智慧农机展、智慧农业展、稻草艺术农趣展4大沉浸式互动体验项目。

发展大会期间，同时举办开幕式暨"天府粮仓"合作发展大会、农业国际贸易高质量发展大会、2023（第三届）全国农业科技成果转化大会高级别全体会议、"天府粮仓"品牌之夜等8项重大活动，以及贸易洽谈及产销对接系列活动、天府粮仓·农博会最受欢迎农产品及品牌评选活动等6项配套活动。

农博会促成项目签约311个，总投资近1 000亿元；开展"线下展、云上览"产销对接活动超过70场次，实现贸易采购项目417个，签约合同金额106亿元，现场销售额近8 500万元。

四川省第十四届乡村文化旅游节

2023年3月16日，由四川省文化和旅游厅、四川省农业农村厅、乐山市人民政府共同主办的四川省第十四届春季乡村文化旅游节在马边县开幕。春季乡村文化旅游节以“安逸四川·乐游马边”为主题，全要素展现马边“吃住行游购娱”等旅游业态。乐山市委书记马波，文化和旅游厅副厅长严飒爽，省政府参事、农业农村厅二级巡视员胡强出席开幕式并致辞。中央纪委国家监委党风政风监督室一级巡视员兼机关定点帮扶办副主任雷勤，中国石化四川石油公司党委书记姜晖等出席开幕式。乐山市委常委、宣传部部长郭捷主持开幕式。开幕式上，文化和旅游厅发布了“花开天府·安逸四川”春季乡村文旅目的地及特色玩法，推介了“山水彝乡·乐游马边”春季旅游产品，举行了四川省乡村文化旅游节会旗交接仪式。

春季乡村文化旅游节推出“村光”新玩法，旨在助力乡村振兴、发展文旅经济。此外，乡村文化旅游节设置了多种形式的活动和比赛，让游客在欣赏美景的同时体验本地文化和乡村生活。乡村文化旅游节持续至4月中旬，期间举行了多场文化活动、旅游推介、产品展示等，集中推出山鹰组合三十周年巡回演唱会、小凉山采茶季、2023马边文学作品展等十大配套活动，展示四川乡村旅游的魅力和特色，吸引更多游客前往赏景、品尝美食、感受乡村生活，进一步推动全省乡村文化旅游提档升级，助推乡村旅游发展。

2023年5月19日，2023年“5·19中国旅游日”四川省分会场活动、四川省第十四届（夏季）乡村文化旅游节开幕式在荥经县举行，文化和旅游厅党组成员、副厅长严飒爽主持开幕式。2023年“5·19中国旅游日”四川省分会场活动、四川省第十四届（夏季）乡村文化旅游节同期举办，旨在围绕实施中央、省委乡村振兴战略，积极发展乡村新产业新业态，持续开展乡村旅游重点村镇和天府旅游名镇名村建设，培育一批“天府度假乡村”，打造一批等级旅游民宿，加快发展现代乡村服务业。夏季乡村文化旅游节融历史文化、非遗传承、自然生态等要素于一体，邀请游客到荥经“双黑”艺术村、云峰山、龙苍沟等景区，从时间到空间、从静态到动态、从景观到戏剧，感受真实、立体、多元的荥经。该次节会系列活动包括1场夏季乡村文化旅游节开幕式、1场沉浸式体验活动、4大“游荥经”活动及5大配套活动。开幕式举行了四川省乡村文化旅游节会旗交接仪式。荥经特色乡村旅游体验是活动一大亮点，其中包括“熊猫貊貊带你游荥经”暑期乡村研学亲子游、乐动四川·森林音乐周——大熊猫国家公园南入口首届荥经大熊猫森林音乐周、“安逸走四川·熊猫看雅安”徒步穿越“茶马古道”体验等活动，活动从5月中旬持续到12月。期间，荥经县还推出非遗藏茶重走茶马古道、半程马拉松赛、中国·荥经黄金茶发布会、新时代首届大熊猫国家公园高质量发展峰会（全省自然教育大会）、荥经印象成渝行、大熊猫国家公园荥经片区生态体验等系列品牌活动，邀请游客在荥经一同感受“森”呼吸。

2023年10月20日，由四川省文化和旅游厅、四川省农业农村厅、遂宁市人民政府主办，遂宁市文化广播电视和旅游局、遂宁市农业农村局、遂宁市安居区人民政府承办的四川省第十四届（秋季）乡村文化旅游节在安居区海龙凯歌农文旅园区开幕。文化和旅游厅一级巡视员严飒爽，农业农村厅党组成员李宇飞，遂宁市委常委、宣传部部长，市总工会主席，遂宁高新区党工委书记涂虹出席活动并致辞。遂宁市委常委、副市长，市直机关工委书记岳建光主持开幕式。秋季文化旅游节以“安逸四川·乡约安居”为主题，采用“2+1+1+7”模式（2场参观活动、1场音乐剧演出、1场开幕式、7大配套活动）开展。整个活动持续到10月30日，配套举办“醉美金秋·乡约海龙”川渝毗邻地区美协大型写生季，“魅力遂宁·多彩非遗”遂宁市非遗文创、特色商品展，“火热凯歌·沼气花开”情景音乐剧《凯歌记忆》旅游版展演，“安逸安居·舞林大会”全民广场舞大赛决赛等系列活动，充分展示全省丰富的乡村文化和旅游资源，为游客带来了一场独具魅力的乡村文化旅游盛会。

开幕式上，天府旅游名导、四川文旅达人、四川乡村文旅达人、四川省中医药科学院代表共同推介全省秋季精品旅游资源，遂宁市发布了党员教育“遂宁红色矩阵”精品研学线路，安居区以“来安居，真安逸”为主题作了安居文化旅游资源推介；为“海龙凯歌”国家4A级旅游景区进行了授牌，举行了“四川省乡村文化旅游节”会旗交接仪式，并进行了文艺演出。

2023年11月28日晚，由四川省文化和旅游厅、四川省农业农村厅、绵阳市人民政府主办的2023四川省冬季旅游启动仪式、四川省第十四届（冬季）乡村文化旅游节开幕式在绵阳市安州区罗浮山温泉旅游度假区举行，同时拉开了2023年“冬游四川消费季”大幕。活动现场，文化和旅游厅发布了2023年“冬游四川消费季”相关政策，并在全省各地开展文化艺术演出展演展播展示季、非遗年货购物节、11万张门票“一元购”大放送等文旅促销活动和1 800余场特色群众文化活动。

当晚，以“安逸四川　乐逸绵阳　最逸安州”为主题的四川省第十四届（冬季）乡村文化旅游节开幕式同步举行，以创意演艺、沉浸推介等依次呈现冬游乡村寻趣的新场景和新体验。绵阳市、绵阳市安州区以节目演绎、视频展示等形式进行冬季文旅资源推介。开幕式上，“安逸”熊猫与天府旅游名导、非遗传承人、天府旅游名村石椅村村支部书记、省中医药科学院代表、滑雪运动爱好者、罗浮山温泉小镇体验官等共同担任“冬游四川”推介官，以情景剧演绎方式，通过“蜀山冰雪好安逸”“攀西暖阳乐安逸”“请到安逸家里来”几个篇章，展示四川冬季文旅资源、目的地和冬季乡村旅游特色玩法。活动中，23条冬季旅游主题精品线路对外发布，邀请广大游客冬游四川。

2023年中国农民丰收节

2023年9月23日，以“庆丰收 促和美 兴乡村”为主题的2023年中国农民丰收节四川省庆丰收活动在眉山市东坡区太和镇永丰村拉开帷幕。庆丰收活动通过“1+5”的形式开展（“1”即群众庆祝丰收联欢活动；“5”即在主会场现场举办的配套活动，包括农民体育健身趣味活动、“和美乡村”摄影作品展、数字农业展示、农村生产生活遗产展暨美食品鉴体验活动、2023四川省“土特产”展示等5个活动）。活动现场，10位获奖代表上台领取四川省高素质农民创新创业先锋奖。颁奖旨在通过先锋的示范引领，进一步吸引大学毕业生到乡、能人回乡、农民工返乡、企业家入乡，从而推动各类人才在乡村振兴中建功立业、为新时代更高水平“天府粮仓”建设添砖加瓦。

为加快把“天府粮仓”精品推向全国、销往全国，活动现场举行了“天府粮仓”精品全国行启动仪式。随后四川省在广州市、上海市、北京市3个城市举办了推介活动，加快把“天府粮仓”精品推向全国、销往全国。四川各地举办系列活动170余场次。

四川省庆丰收活动

年末户籍人口

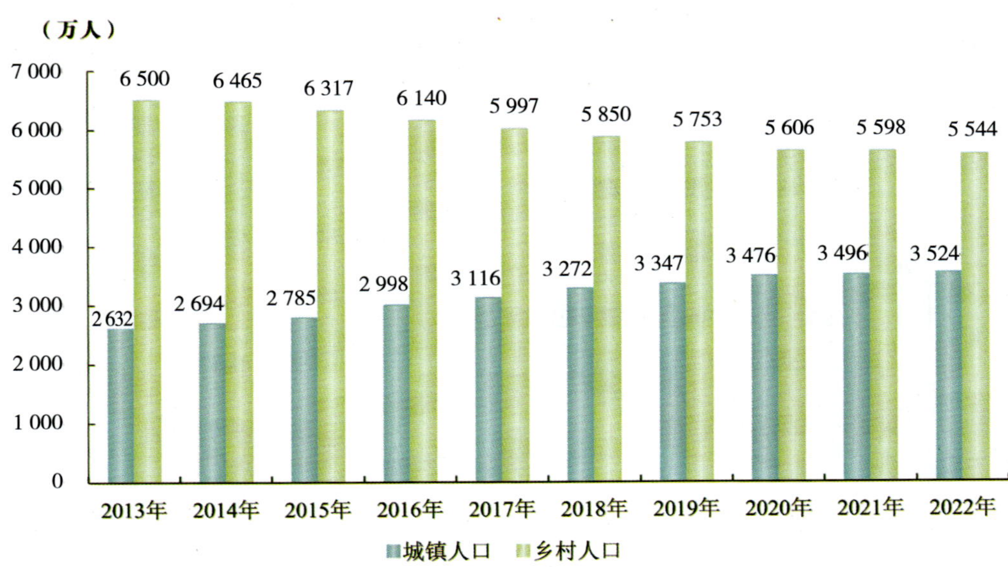

三次产业就业人员构成

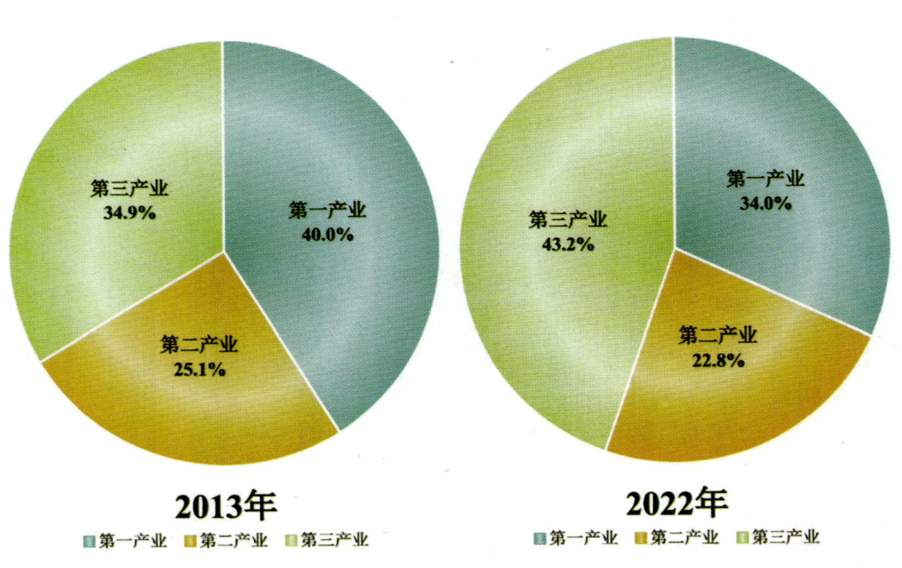

地区生产总值和增长速度

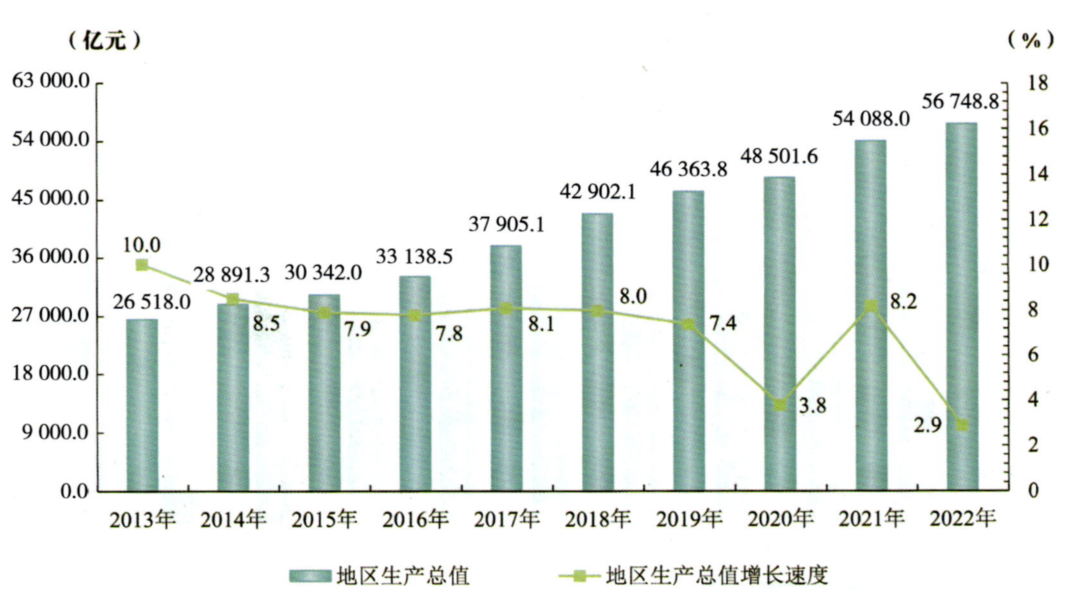

地区生产总值构成

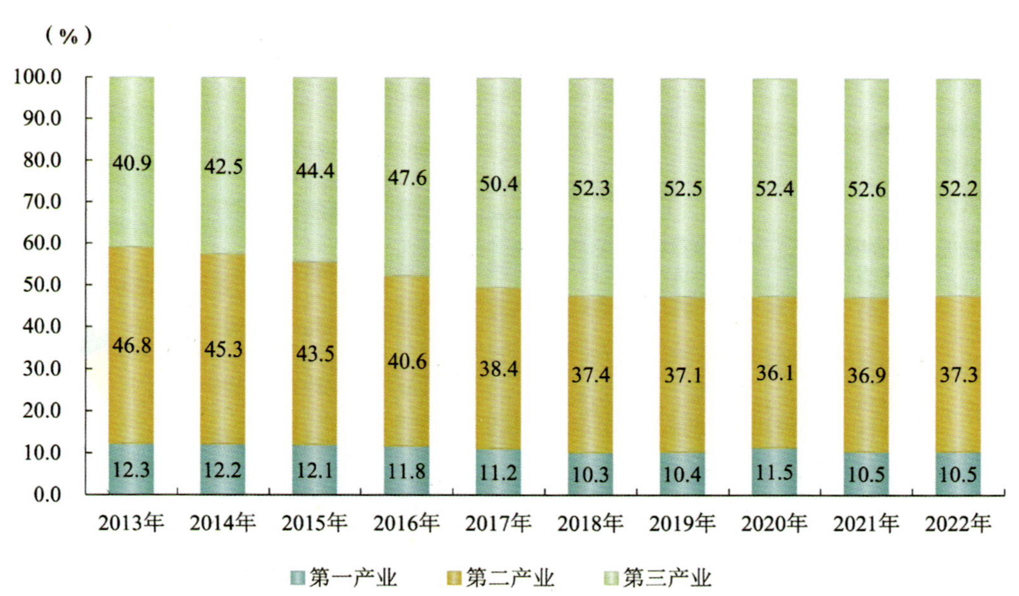

人均地区生产总值

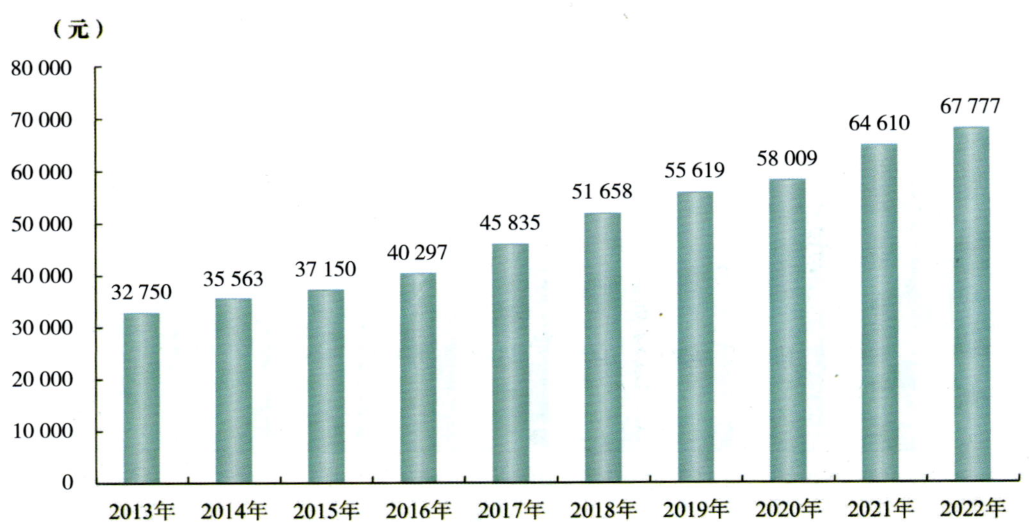

农林牧渔业总产值

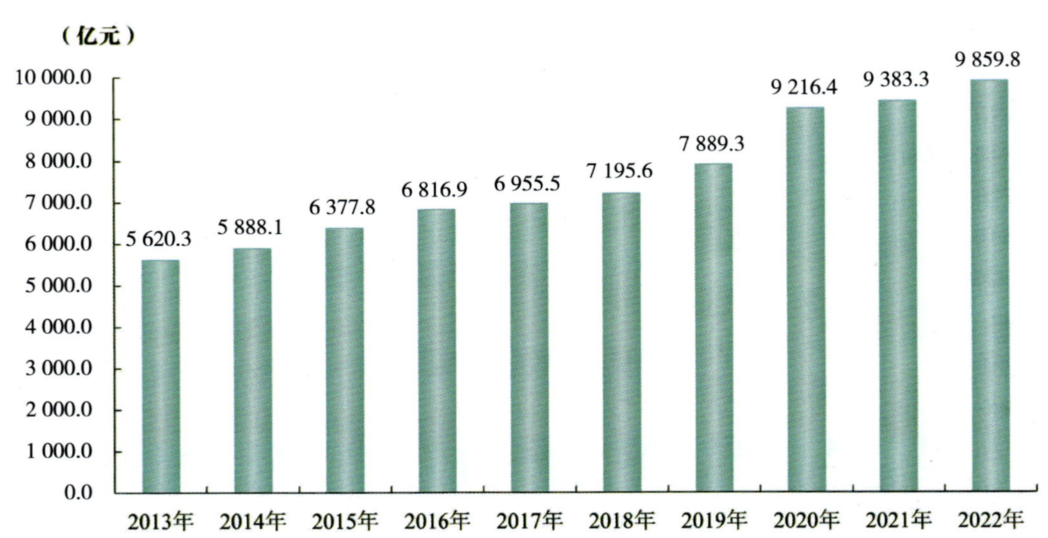

粮食作物和油料作物播种面积

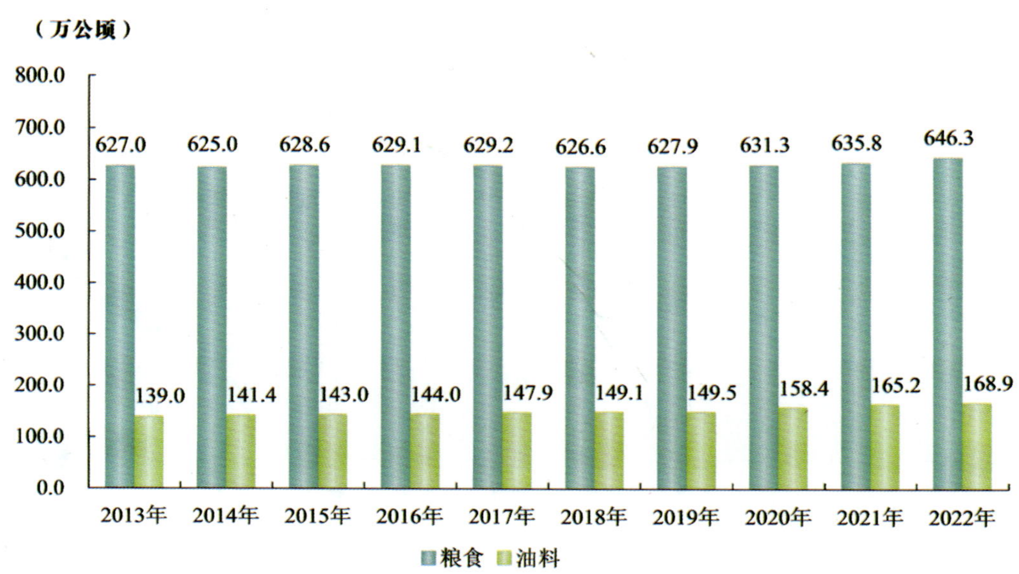

粮食产量和油料产量

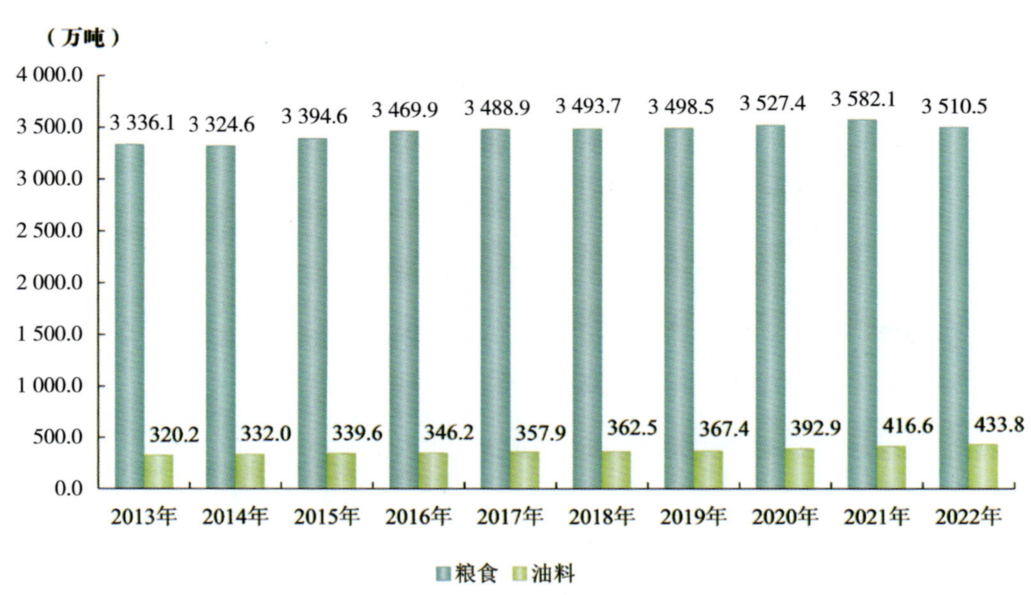

肉类总产量

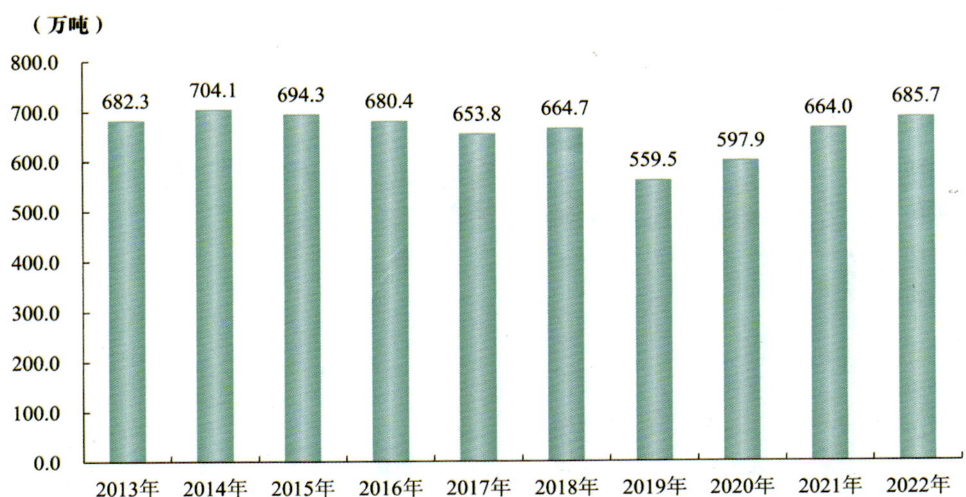

（万吨）
800.0
700.0
600.0
500.0
400.0
300.0
200.0
100.0
0.0
682.3
704.1
694.3
680.4
653.8
664.7
559.5
597.9
664.0
685.7
2013年
2014年
2015年
2016年
2017年
2018年
2019年
2020年
2021年
2022年

（万吨）
300.0
250.0
200.0
150.0
100.0
50.0
0.0
251.1
252.1
252.1
249.0
242.0
235.2
222.8
210.8
207.2
204.4
2013年
2014年
2015年
2016年
2017年
2018年
2019年
2020年
2021年
2022年

化肥施用量

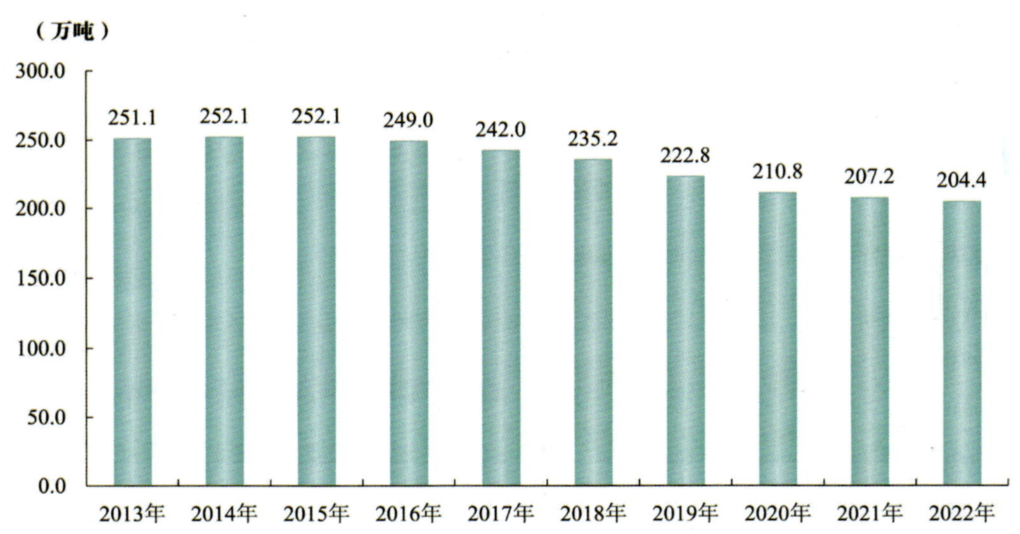

地方一般公共预算收入和支出

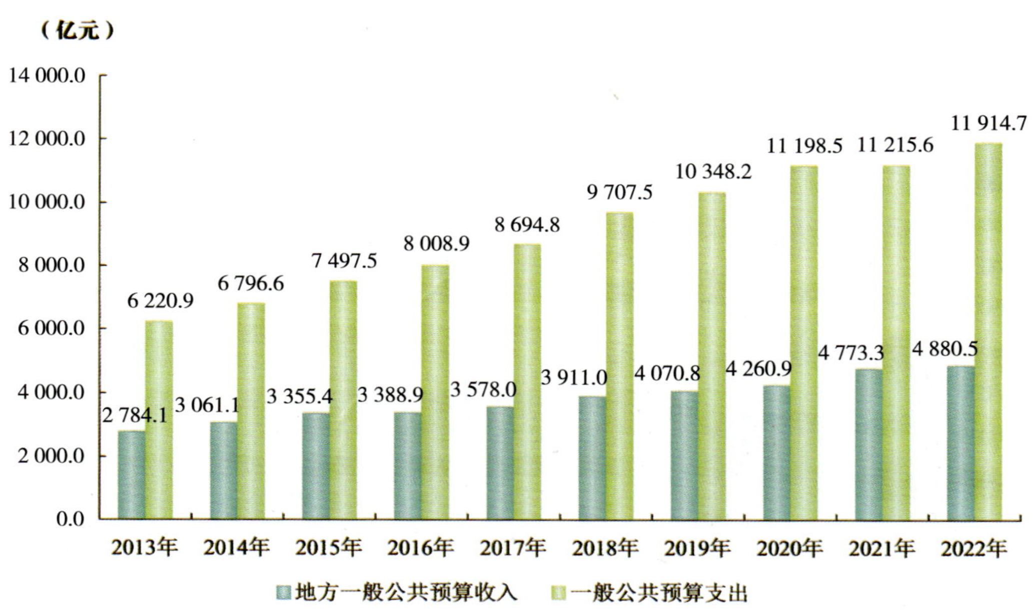

居民消费价格涨跌情况

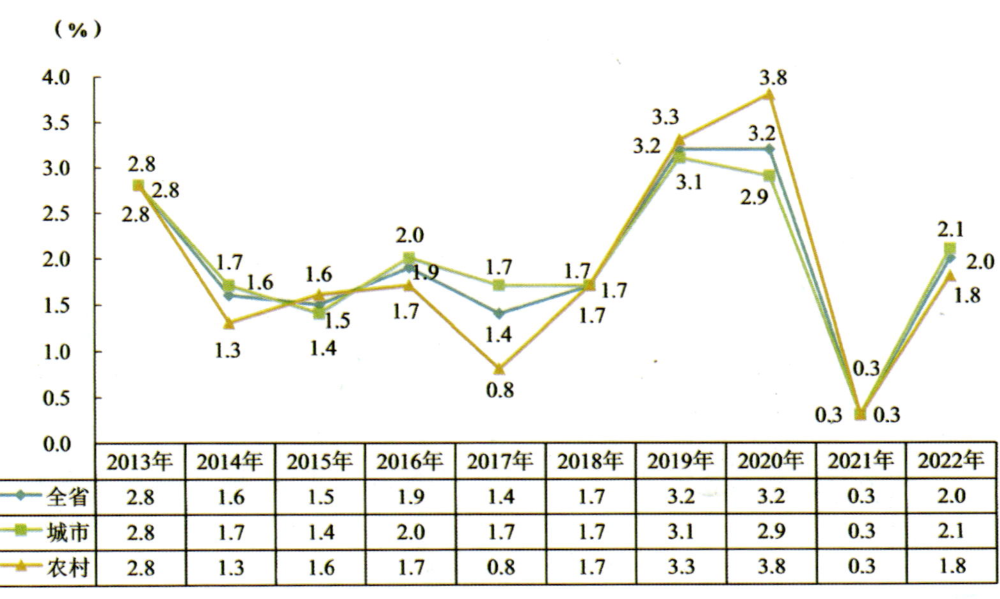

	2013年	2014年	2015年	2016年	2017年	2018年	2019年	2020年	2021年	2022年
全省	2.8	1.6	1.5	1.9	1.4	1.7	3.2	3.2	0.3	2.0
城市	2.8	1.7	1.4	2.0	1.7	1.7	3.1	2.9	0.3	2.1
农村	2.8	1.3	1.6	1.7	0.8	1.7	3.3	3.8	0.3	1.8

城乡居民人均可支配收入

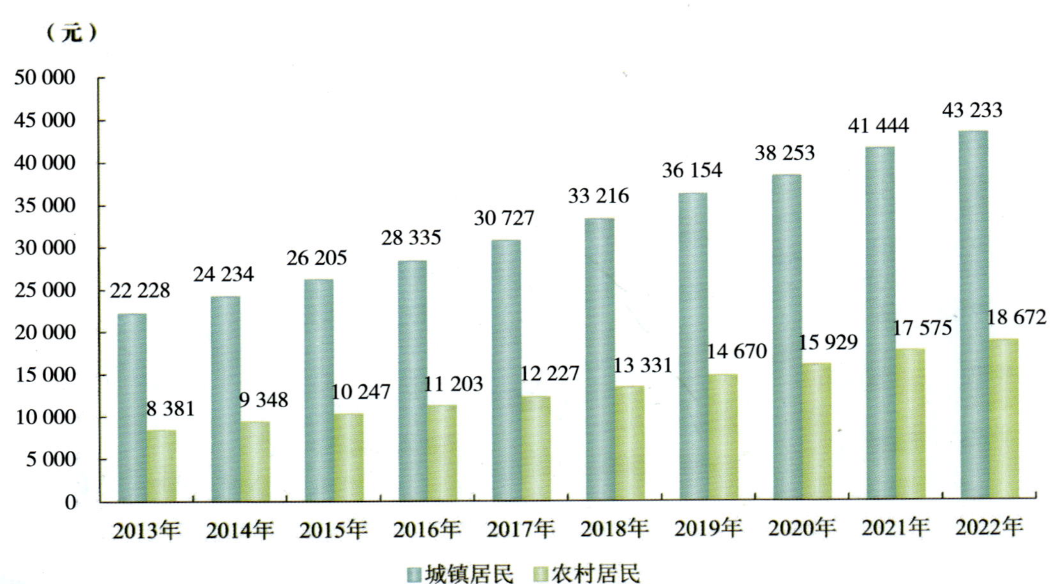

城乡居民人均消费支出

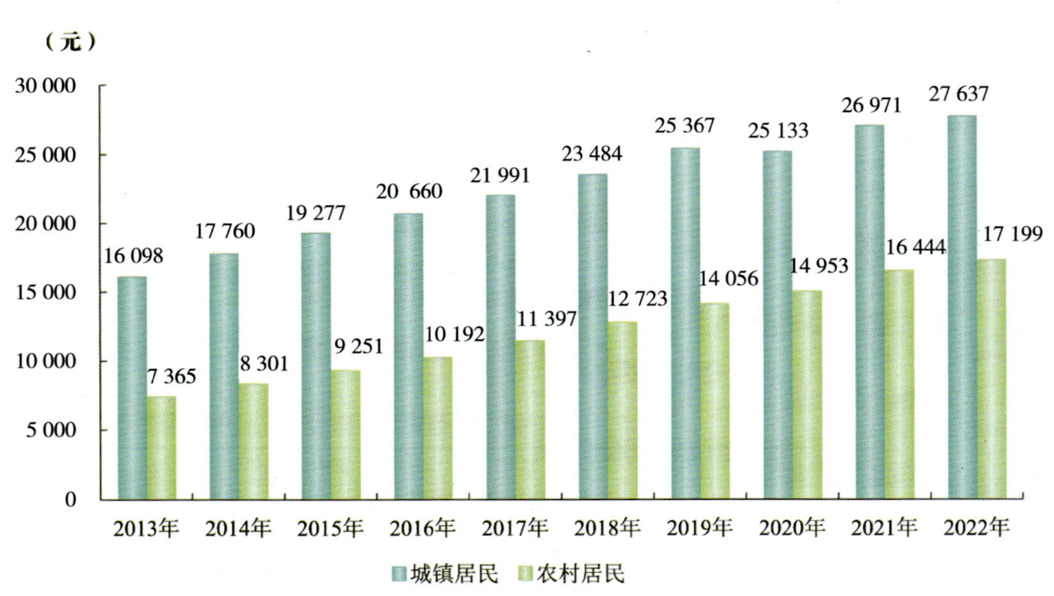

特载

TE ZAI

SICHUAN

中共四川省委　四川省人民政府关于做好2022年“三农”重点工作全面推进乡村振兴的意见

（川委发〔2022〕1号　2022年1月25日）

做好2022年“三农”工作，要以习近平新时代中国特色社会主义思想为指导，全面贯彻党的十九大和十九届历次全会精神，深入落实习近平总书记对四川工作系列重要指示精神，认真抓好中央农村工作会议部署落实，坚持稳中求进工作总基调，坚持和加强党对“三农”工作的全面领导，牢牢守住保障国家粮食安全和不发生规模性返贫两条底线，充分发挥农村基层党组织领导作用，扎实有序做好乡村发展、乡村建设、乡村治理重点工作，推动乡村振兴取得新进展、农业农村现代化迈出新步伐。

一、保障粮食安全，提高重要农产品供给能力

（一）落实粮食安全党政同责。贯彻落实《四川省粮食安全保障条例》。全面开展粮食安全责任制考核，压紧压实各级党委、政府粮食安全主体责任。粮食播种面积和产量目标未完成的市（州）、县（市、区），在推进乡村振兴战略实绩考核和分类考评激励中不得评为先进或优秀。强化粮食生产功能区内目标作物种植情况动态监测，建立耕地“非粮化”“非农化”情况通报机制，对问题突出的进行约谈。在相关涉农项目安排上将粮食贡献率作为重要考量因素。持续开展撂荒地专项整治，完善推动进一步盘活撂荒地的奖惩措施。开展粮食节约行动。

（二）稳定提高粮食播种面积和产量。确保粮食播种面积稳定在9 500万亩以上、总产量稳定在710亿斤以上。落实稻谷最低收购价政策。完善和落实耕地地力保护补贴、稻谷目标价格补贴、种粮大户补贴政策。实现水稻、小麦、玉米三大粮食作物完全成本保险和种植收入保险产粮大县全覆盖。推进粮食绿色高质高效行动，组织开展“稻香杯”暨农业丰收奖评选活动。积极助推国家粮食安全产业带建设，加快建设省级现代农业粮食园区。

（三）落实国家大豆振兴计划。开展大豆科技自强县建设和玉米大豆带状复合种植全程机械化试验推广。大力发展油料作物生产，深入实施“天府菜油”行动。支持建设木本油料产业集中发展带。

（四）保障“菜篮子”产品供给。严格落实“菜篮子”市长负责制。稳定生猪生产长效性支持政策，加强生猪产能调控，稳定基础产能，防止生产大起大落，确保生猪出栏数量稳定在6 000万头左右。推动牛羊禽兔产业高质量发展。严格落实非洲猪瘟等重大动物疫病常态化防控措施。稳定大中城市常年菜地保有量，支持彭州加快建设“中国西部菜都”，提高蔬菜应急保供能力。健全“菜篮子”主要产品价格监测和预警机制。推行食用农产品承诺达标合格证制度，健全农产品全产业链质量安全追溯体系。

（五）落实“长牙齿”的耕地保护硬措施。按照耕地和永久基本农田、生态保护红线、城镇开发边界的顺序，统筹划定落实三条控制线，把耕地保有量和永久基本农田保护目标任务足额带位置逐级分解下达，各市（州）签订耕地保护目标责任书，作为刚性指标实行严格考核、一票否决、终身追责。严格实行耕地保护党政同责，严守耕地保护红线，确保完成国家下达的耕地保护目标任务。分类明确耕地用途，严格落实耕地利用优先序，耕地主要用于粮食和油、糖、蔬菜等农产品及饲草饲料生产，永久基本农田重点用于粮食生产，高标准农田原则上全部用于粮食生产，确保“良田粮用”。引导新发展林果业上山上坡，不与粮争地。强化耕地用途管制，将一般耕地转为林地、草地、园地等其他农用地及农业设施建设用地的，要做到年度“进出平衡”。落实耕地占补平衡政策，建立健全补充耕地立项、实施、验收、管护全程监管机制，确保补充可长期稳定利用的耕地，实现补充耕地产能与所占耕地相当。完善跨市（州）补充耕地统筹管理办法。加强耕地和永久基本农田动态监测，探索推行“田长制”，建立省市县乡村五级联动的全覆盖耕地保护网格化监管体系。加大耕地执法监督力度，严厉查处违法违规占用耕地从事非农建设和改变耕地用途行为，坚决遏制耕地“非农化”、严格管控“非粮化”。巩固“大棚房”问题专项清理整治成果。建立健全工商资本流转农村土地分级审查审核和风险防范机制。

（六）加强高标准农田建设。严格按照“能排能灌、旱涝保收、宜机作业、稳定高产、生态友好”的标准，统筹规划、同步实施高效节水灌溉与高标准农田建设，新建高标准农田450万亩、高效节水灌溉40万亩。加大高标准农田建设评价激励力度，落实中央和省市县财政补助资金每亩共计不低于3 000元的要求。

在高标准农田建设中增加的耕地作为占补平衡补充耕地指标在省域内调剂，所得收益用于高标准农田建设。加强耕地质量保护，加大中低产田改造力度，提升耕地地力等级。按照中央部署启动第三次土壤普查工作。加快推进重大水利工程建设及前期工作，全面启动“十四五”大型灌区续建配套与现代化改造，推进中型灌区续建配套与节水改造、水库除险加固。完善现有水利工程渠系配套，增加农田有效灌溉面积，整合资金解决好农业生产用水“最后一公里”问题。在新建重大水利工程沿线同步规划、同步建设农田，增加水田面积。加强“五小水利”工程规划建设和运行维护管理，推进机电（太阳能）提灌站、提灌设施建设和老旧提灌站更新改造，强化山坪塘运行维护管理。

二、巩固拓展脱贫攻坚成果，坚决守住不发生规模性返贫底线

（七）*推动脱贫地区帮扶政策落地见效*。严格落实“四个不摘”要求，细化落实巩固拓展脱贫攻坚成果同乡村振兴有效衔接“1+37”政策。用好财政衔接推进乡村振兴补助资金，加大脱贫县财政涉农资金统筹整合力度，用好金融支持、保险保障、城乡建设用地增减挂钩等政策。加强资金项目资产管理。深化浙川东西部协作和对口支援，拓展中央单位、省直部门（单位）定点帮扶和省内对口帮扶、驻村帮扶成效。深化“万企兴万村”行动。

（八）*完善监测帮扶机制*。精准确定监测对象，将有返贫致贫风险和突发严重困难的农户纳入监测范围，简化工作流程，缩短认定时间。针对发现的因灾因病因疫等苗头性问题，及时落实社会救助、医疗保障等帮扶措施。继续开展巩固脱贫成果后评估工作。

（九）*促进脱贫人口持续增收*。支持脱贫地区发展特色产业，逐步提高财政衔接推进乡村振兴补助资金用于产业发展的比重，对原有的帮扶产业、帮扶园区、帮扶车间进行倾斜支持，补齐初加工、冷链物流、产品销售等短板。健全联农带农机制，提高脱贫人口家庭经营性收入。推广用好“天府乡村”公益品牌，支持有条件的地方创建消费帮扶示范城市，持续带动脱贫地区农产品销售。稳定脱贫人口和低收入人口就业，统筹以工代赈、公益岗位、生态护林员等政策，确保有劳动力的脱贫家庭至少有1人稳定就业。持续加大脱贫地区基础设施和公共服务补短板力度。

（十）*加强易地搬迁后续扶持*。落实市县领导联系易地搬迁安置点制度。加大易地搬迁安置点后续扶持项目谋划和实施力度，完善提升安置点配套基础设施和公共服务。加强安置社区治理，保障搬迁群众合法权益，促进搬迁群众融入新环境新生活。抓好搬迁脱贫村剩余掉边掉角农户搬迁工作。

（十一）*加大对乡村振兴重点帮扶县支持力度*。落实对乡村振兴重点帮扶县的支持政策。组织编制乡村振兴重点帮扶县巩固拓展脱贫攻坚成果同乡村振兴有效衔接实施方案，实施一批补短板促发展项目。做好乡村振兴重点帮扶县发展监测评价工作，加强对乡村振兴重点帮扶村的工作指导。

三、强化农业科技创新，筑牢现代农业发展支撑

（十二）*实施种业振兴行动*。制定种业振兴行动实施方案。持续推进全省农业种质资源普查工作，加快建设四川省种质资源中心库、国家中药材种质资源库。支持成都建设区域农作物种业创新中心，支持绵阳建设区域畜禽种业创新中心。高标准推进邛崃天府现代种业园、三台县国家级生猪现代种业园区和省级现代种业园区建设。加强国家级育种制种基地和南繁科研育种基地建设，支持建设种业强市、强县。加强种业知识产权保护，持续净化种业市场。

（十三）*深化农业科研院所改革*。推进省属农业科研院所改革，整合农业科技资源，建立健全适应农业科研行业特点的体制机制，激发农业科研院所内生活力。推动成立四川乡村振兴职业学院。

（十四）*加强农业科技攻关和成果转化*。持续开展农作物和畜禽育种攻关，组织推进“10+3”现代农业产业关键技术攻关，实施川猪、生物育种重大科技专项。加强国家现代农业产业技术体系四川创新团队建设。建设国家农业科技园区。支持农业企业、涉农高校开展科技攻关。调整优化省级农业科技园区布局。推动“四川科技兴村在线”平台提质扩面。

（十五）*提升农机装备研发应用水平*。2022年主要农作物耕种收综合机械化水平提高2个百分点。实施农机购置与应用补贴政策，加大丘陵山区和粮食种植机械补贴支持力度。实施丘陵地区薄弱机械化技术研发攻关项目。推进“五良”融合产业宜机化改造，将符合条件的农机纳入首台（套）政策支持范围。优化农产品冷链物流中心空间布局，以整县推进试点县为引领，持续推进农产品产地冷藏保鲜设施建设。

（十六）*加强农技推广和基层动植物疫病防治体系建设*。加强市县乡农业科技推广体系建设。组织农业科研院所组建科技小分队，开展绿色高产技术模式集成推广。落实动植物疫病防控属地责任，配齐配强专业人员，实行定责定岗定人，加强非洲猪瘟、草地贪夜蛾等动植物重大疫病防控和人畜共患病源头防控。推进农业重大病虫害和植物检疫性有害生物疫情防控能力建设。加大检疫监测和综合执法力度，加强外来入侵物种防控管理。

四、促进农村一二三产业融合发展，持续推进“10+3”现代农业体系建设

（十七）*培育优势特色产业园区*。加强现代农业园区建设，突出抓好粮食园区培育，完善园区分类创建和考评标准，创建国家现代农业产业园，新认定一批省级现代农业园区、现代林竹产业园区和农业科技园区。支持有条件的地方争创国家农业现代化示范区。大力发展“一村一品”“一乡一业”“一县一特”,培育乡村特色产业亿元村、十亿元镇,支持创建一批国家农业产业强镇,加快建设优势特色产业集群、特色农产品优势区。因地制宜推进农业种植园地分类优化改造,探索推广低质低效经果林腾田上坡、粮经复合高效种植、稻渔规范种养等模式,盘活“四荒”地、恢复冬水田,建设以粮为主、粮经统筹、种养循环、“五良”融合的现代农业园区和“鱼米之乡”。

(十八)大力发展农产品加工业。完善农产品产后初加工基础设施,提高乡村农产品商品化处理能力。培育壮大一批对乡村振兴带动效果明显的农产品加工园区,深化省级农产品加工示范园区建设。推动一批农产品加工产业龙头企业做大做强,支持龙头企业在乡镇建立“第一车间”。

(十九)加强县域商业体系建设。实施县域商业建设行动。支持县域综合商贸服务中心、县级物流配送中心、乡镇商贸中心、村级连锁商店和日用品便利店等建设。整合邮政、供销、快递等资源,加快县、乡、村三级电商和寄递物流服务体系建设。开展中心镇农贸市场建设。培育壮大农村电商市场主体。

(二十)支持乡村新产业新业态发展。推进乡村旅游重点村镇和天府旅游名县、名镇、名村建设,认定一批休闲农业重点县,培育省级农业主题公园和休闲农庄。积极发展县域内比较优势明显、带动农业农村发展能力强、就业容量大的产业。支持具备条件的中心镇发展专业化中小微企业集聚区,推动重点村发展乡村作坊、家庭工场。

(二十一)加快培育新型农业经营主体。围绕“一组一场”目标,实施现代农户家庭农场培育计划,继续开展家庭农场示范创建。实施农民合作社规范提升行动,开展农民合作社示范社四级联创和质量提升整县推进试点工作,继续开展农民合作社高质量发展重点县(市、区)培育行动。制定支持农业产业化龙头企业做大做强的政策措施。

(二十二)深化农业开放合作。推进成渝现代高效特色农业带建设,支持打造一批川渝毗邻地区现代农业合作园区和成德眉资都市现代高效特色农业园区。加快建设中法、中智等农业科技园。扩大优势特色农产品出口。培育壮大农产品外贸主体,探索建立农业外贸综合服务平台。办好中国农民丰收节,举办第八届四川农业博览会。

五、以乡村国土空间规划为引领,推进“美丽四川·宜居乡村”建设

(二十三)以片区为单元编制乡村国土空间规划。统筹衔接“三区三线”划定试点、市县级国土空间总体规划编制等工作,加快推进以片区为单元的乡镇级和村级国土空间规划编制。推动产业布局和资源要素向乡村优势区域集聚,增强中心镇经济、人口等集聚承载和辐射带动能力。统筹中心镇与其他建制镇基础设施和公共服务设施建设,发挥中心镇对片区产业发展和公共服务的辐射带动作用,构建片区差异化设施配套模式。持续推进省级百强中心镇建设。提升建制乡镇场镇建设、管理和服务水平。健全乡村建设规划许可管理制度。加快推进全域土地综合整治试点。

(二十四)健全乡村建设行动实施机制。因地制宜、分区分类建设各具特色的美丽宜居乡村。把握乡村建设的时度效,求好不求快。立足村庄现有基础开展乡村建设,坚持改造、保护、新建相结合,不盲目拆旧村、建新村。推广以奖代补等方式,引导各方积极参与乡村建设。落实村庄小型建设项目简易审批有关要求,鼓励符合条件的农村集体经济组织承接建设项目,具备条件的可采取以工代赈等方式实施。

(二十五)推进农村基础设施建设。有序推进乡镇通三级及以上等级公路、较大人口规模自然村(组)通硬化路,实施撤并建制村畅通工程和乡村振兴产业路旅游路工程。全面推进乡村水务工作,加大农村供水工程升级改造力度。实施农村电网巩固提升工程。推进农村边远地区“光纤+4G”网络覆盖。推动“智慧广电”网络乡村全覆盖。实施数字乡村建设发展工程。推进农村危房改造和抗震改造。

(二十六)实施农村人居环境整治提升行动。实施“美丽四川·宜居乡村”建设五年行动。新(改)建农村无害化厕所60万户以上。推进农村生活污水治理“千村示范”工程。因地制宜推进农村生活垃圾分类减量和就地资源化利用。深入实施村庄清洁行动。推动农村厕所、生活污水、垃圾处理设施设备和村庄保洁等一体化运行管护。

(二十七)加强农村生态环境保护。巩固上一轮退耕还林成果,加强天然林资源和古树名木保护。推动农村河湖水环境治理改善。全面实施节水行动。实施有机肥替代化肥、生物农药替代化学农药行动,推进农业投入品减量化,加强畜禽粪污和农作物秸秆资源化利用。推进草畜平衡发展。巩固长江禁渔成果。扎实推进森林草原防灭火常态化治理工作。强化农业农村气象灾害监测预警服务。

六、提升乡村治理水平,维护农村社会和谐稳定

(二十八)完善村民自治机制。健全党组织领导的村民自治机制,村级重大事项决策实行“四议两公开”制度。规范村委会建设。推广村级组织依法自治事项、依法协助政府工作事项等清单制,规范村级组织机构牌子和证明事项,推行村级基础信息统计“一张表”制度,减轻村级组织负担。指导各地在乡村治理中推广运用积分制等做法,深入推进乡村治理试点示范。

(二十九)建设平安法治乡村。深化“六无”平安村(社区)建设。建立健全农村社会治安风险隐患信息化排查处置机制。常态化开展扫黑除恶斗争，完善防范和整治“村霸”问题长效机制。依法严厉打击农村黄赌毒和侵害农村妇女儿童人身权利的违法犯罪行为。开展农村交通、消防、食品药品安全等领域风险隐患排查和专项治理，依法严厉打击农村制售假冒伪劣农资、非法集资、电信诈骗等违法犯罪行为。优化农村公共法律服务供给。规范农村户籍登记管理和农业人口统计监测。巩固提升农业农村安全生产专项整治三年行动成果。抓好农村新冠肺炎疫情常态化防控。

（三十）推进农村精神文明建设。实施新时代乡风文明建设十大行动，创新开展“听党话、感党恩、跟党走”宣讲活动，深化文明村镇、文明家庭创建活动。优化城乡文化资源配置，实施中心镇公共文化服务提质增效工程。推进乡村文化振兴样板村镇建设。实施农耕文化保护传承工程，传承弘扬中华优秀传统文化。推动农村移风易俗。加强历史文化名镇名村、传统村落和传统民居保护。

（三十一）做好农民工服务保障工作。实施农民工服务保障专项行动。强化农民工权益保障，加大根治欠薪力度，依法保护农民工的土地承包权、宅基地使用权、集体收益分配权。加强农村地区劳动力培训，确保全省农村劳动力转移就业稳定在2 500万人左右。持续打造“川字号”特色劳务品牌。支持农民工返乡创业，完善四川农民工服务平台。

（三十二）关爱农村儿童和老年人。健全农村留守儿童和困境儿童关爱服务体系，加强政府购买服务资金保障。在凉山实施“树新风促振兴”暨妇女儿童关爱提升三年行动。深入开展“乡村振兴巾帼行动”。推进农村三级养老服务网络建设，健全农村特殊困难老年人关爱巡访与帮扶制度。将农村“一老一小”关爱保护工作作为推进乡村振兴战略实绩考核的重要内容。

（三十三）加快农村社会事业发展。编制实施农村中小学、幼儿园布局结构调整规划，补齐农村地区办学条件短板。强化乡镇卫生院能力建设，推进县域医疗卫生次中心建设。推动城乡居民基本养老保险适龄参保人员应保尽保，合理引导灵活就业农民工按规定参加职工基本医疗保险和城镇职工基本养老保险。建设一批乡镇（街道）社会工作服务站。

七、发展壮大新型农村集体经济，不断深化农业农村改革

（三十四）大力发展新型农村集体经济。全面实施《四川省农村集体经济组织条例》。规范建立新型农村集体经济组织，完善法人治理机制。继续实施扶持壮大村级集体经济项目，探索新型农村集体经济有效实现形式。有序推进合并村集体经济融合发展。农村集体经济组织是特别法人，仅以集体土地等资源性资产所有权以外的集体经营性资产对债务承担责任，不得将土地所有权等法律法规禁止抵押的集体资产用于抵押。集体经济组织独资或合资设立的企业（企业集团）作为一般市场主体运行管理。在农村集体经济组织与其设立的企业之间设立“防火墙”，防止农村集体经济组织因设立的企业经营不善而出现重大风险。县（市、区）、乡镇政府（街道办事处）加强对农村集体经济组织投资规模和经营性债务规模的监测和风险提示。严禁将政府债务转嫁给农村集体经济组织或将农村集体经济组织债务转嫁给政府。

（三十五）深化农业农村领域重点改革。稳妥开展第二批省级第二轮土地承包到期后再延长30年试点工作。开展集体产权制度改革“回头看”。稳慎推进农村宅基地制度改革试点，规范开展房地一体宅基地确权登记。完善宅基地基层管理体系。加强农村产权流转交易市场体系建设。持续深化供销合作社综合改革。推进农村水权水价改革。深化家庭农场和农民专业合作社带头人职业化试点，开展县域内城乡融合发展改革试点。

（三十六）创新农村金融服务。持续推进乡村振兴金融创新示范区建设。加大对“三农”领域的信贷支持力度，保持同口径涉农贷款余额和普惠型涉农贷款余额持续增长。按规定组织开展金融机构服务乡村振兴考核评估，引导在川大中型商业银行提升县级机构授信放贷能力和效率，督促指导农村中小金融机构强化支农支小市场定位，将当年新增可贷资金主要用于支持当地农业农村发展。支持金融机构在农村设立金融综合服务站。支持各地扩大优势特色农产品保险范围和规模。

（三十七）创新农业社会化服务体系。支持农村集体经济组织、农民合作社、供销合作社、专业服务公司等主体，开展以农业生产托管为重点的社会化服务，支持成立服务组织联盟（联合社）。开展第二批农业社会化服务省级重点县建设，推广“服务主体+农村集体经济组织+农户”“农业共营制”“整村托管”等模式。

八、坚持农业农村优先发展，强化乡村振兴要素保障

（三十八）落实资金投入优先保障。持续增加公共财政对乡村振兴和衔接推进乡村振兴补助资金的投入，确保财政投入与乡村振兴目标任务相适应。加大政府新增债券资金对乡村振兴的支持力度。出台关于调整完善土地出让收入使用范围优先支持乡村振兴的实施意见。发挥省乡村振兴投资引导基金作用。扩大乡村振兴农业产业发展贷款风险补偿金规模，不断降低政策性农业融资担保门槛和担保费率，提高放大倍数。鼓励县（市、区）按照产业规划和有关规定制定产业发展引导政策，建立乡村振兴重点投资项目库，大力推进产业招商。建立健全社会资本投入乡村振兴的对接、服务和保障机制。建立市县乡领导干部定点联系涉农企业和新型农业经营主体制度。

（三十九）强化乡村发展用地保障。落实承包地“三权分置”，在农民自愿的前提下，充分发挥农村集体经济组织作用，探索通过土地承包经营权互换，或在承包权不变的前提下通过经营权互换、出租、入股等方式，逐步解决承包地细碎化问题，配套实施高标准农田建设等工程，实现土地集中连片耕种。稳妥有序推进农村集体经营性建设用地入市。新编县乡级国土空间规划应安排不少于10%的建设用地指标，重点保障乡村产业发展用地。制定土地年度计划时应安排不少于5%的新增建设用地指标，重点保障乡村重点产业和项目用地。

（四十）加强乡村人才队伍建设。深入实施乡村人才振兴五年行动，全面推进人才招引、定向培养、在职培训、人才援助、人才激励等工作，明确年度目标，落实具体举措。深入推行科技特派员制度。建设一批乡村振兴高技能人才培育基地。全面推行县以下事业单位建立管理岗位职员等级晋升制度。实施高素质农民培育工程。推进新农科建设，支持涉农高校加强专业课程建设，支持职业院校按规定开设涉农专业。加快建立责任（乡村、社区）规划师制度。建设乡村人才服务平台。

九、坚持和加强党对“三农”工作的全面领导，落实推进乡村振兴责任

（四十一）压实全面推进乡村振兴责任。深入贯彻落实《中国共产党农村工作条例》，健全省负总责、市县乡抓落实的工作机制，构建责任清晰、各负其责、执行有力的“三农”工作推进机制。建立健全省级领导分工联系推进乡村产业振兴、人才振兴、文化振兴、生态振兴、组织振兴及体制机制改革等重点工作的机制。落实乡村振兴责任制实施办法，完善各级各有关部门抓乡村振兴责任落实机制。建立市县党政主要负责人抓乡村振兴责任清单和县（市、区）党委、政府推进乡村振兴年度任务清单制度。制定市（州）、县（市、区）党政和省直部门（单位）领导班子领导干部推进乡村振兴战略实绩考核年度实施方案，继续开展县（市、区）实施乡村振兴战略分类考评。将贯彻落实“三农”重大政策措施情况纳入审计监督内容。加强各级领导干部做好“三农”工作能力建设，组织开展新任职市（州）、县（市、区）党委、政府主要负责同志和分管负责同志乡村振兴专题培训。

（四十二）建强党的农村工作机构。各级党委农村工作领导小组要充分发挥“三农”工作牵头抓总、统筹协调等作用，一体承担巩固拓展脱贫攻坚成果、全面推进乡村振兴议事协调职责。健全巩固拓展脱贫攻坚成果同乡村振兴有效衔接工作机制，统筹考虑工作力量、规划实施、项目建设、要素保障等，做到一盘棋、一体化推进。加强各级党委农村工作领导小组办公室建设，充实工作力量，完善运行机制，强化决策参谋、统筹协调、政策指导、推动落实、督导检查等职能。

（四十三）发挥农村基层党组织战斗堡垒作用。强化县级党委抓乡促村职责，深化乡镇管理体制改革，健全乡镇党委统一指挥和统筹协调机制，加强乡镇、村集中换届后领导班子建设，全面开展农村基层干部乡村振兴主题培训。持续排查整顿软弱涣散基层党组织。发挥驻村第一书记和工作队抓党建促乡村振兴作用。完善村级重要事项、重大问题经村党组织研究讨论机制。深入开展市县巡察，强化基层监督，加强基层纪检监察组织与村务监督委员会的沟通协作、有效衔接，强化对村干部的监督。

农村经济和社会发展报告

四川省社会科学院农村发展研究所

2022年，全省“三农”工作扎实推进，在遭遇严重旱灾影响下，四川省农业生产能力凸显，粮食产量基本保持稳定，牢牢地守住了保障粮食安全的底线。报告重点阐述了2022年农业发展现状，以及在粮食生产的压力下存在的问题和挑战，同时在2023年中央、省委“一号文件”明确指出要全面推进乡村振兴、加快建设农业强国，根据文件指导对2023年四川的农业农村经济形势进行预测和展望，对四川建设成农业强省提出主要思路和对策建议，实现四川农业经济高位提升。

一、2022年四川省农业农村发展现状

2022年，面对世所罕见、史所罕见的复杂形势和风险挑战，四川农业农村经济经受住了多重考验，继续实现高质量稳步增长，取得了超出预期的成效，稳住了基本盘，夯实了压舱石。2022年，全省第一产业增加值达5 964.3亿元，增长4.3%；农村居民人均可支配收入达18 672元，同比增长6.2%。

（一）农业生产总体保持稳定

2022年，四川省农业经济经受住了严重干旱、新冠疫情等严峻挑战，前三季度全省农林牧渔农业总产值达到7 609.37亿元，相比2021年前三季度增长334.85亿元，同比增长4.6%（见表1），农业经济实现稳增长目标。

1.粮食产量基本保持稳定

2022年，四川省在受高温干旱、新冠

疫情等因素影响下，全力保障粮食安全，严格落实粮食安全和耕地保护党政同责，坚持“藏粮于地、藏粮于技”，坚决遏制耕地“非农化”、严控“非粮化”。在播种面积上，全省全年粮食作物播种面积达到9 695.2万亩，比2021年增加158.6万亩，增长幅度是近10年来最多的一年。在粮食产量上，全年粮食总产量达3 510.5万吨（见表2），其中夏粮产量稳步增加，秋粮在遭受严重旱灾的影响下单产有所下降，但是通过扩大播种面积、调整种植结构等方式，全省粮食总产量仍然稳定在3 500万吨以上，体现出四川省较好的粮食生产条件和更高的生产能力。

2. 经济作物产量稳定增长

2022年，全省油料产量达434.1万吨，同比增长4.2%，其中油菜籽产量达354.1万吨，同比增长4.6%，油菜籽产量继续稳居全国第一位；蔬菜及食用菌产量达5 198.7万吨，同比增长3.2%；中草药材产量达64万吨，同比增长12.6%；茶叶产量达39.3万吨，同比增长4.8%；园林水果产量达1 238.4万吨，同比增长7.4%（见表3）。

3. 畜牧业综合产能稳步提升

作为全国生猪养殖大省，四川省生猪产能持续提升，生猪出栏量连续四年持续增加。2022年，全省生猪出栏达6 548.4万头，同比增长3.7%。同时，四川又是全国重要牛羊生产基地，全年牛出栏达306万头，同比增长4.4%；羊出栏达1 792.7万只，同比增长1.5%。家禽出栏达78 087.1万只，同比增长0.8%（见表4）。四川省畜牧业综合生产能力的不断提升对保障肉食品有效供给方面起到了举足轻重的作用。

4. 推进特色渔业持续发展

2022年，全省水产养殖面积达285万亩，同比减少0.2%；水产品产量达

表1　2021年和2022年四川省农林牧渔业总产值累计值第三季度对比

	2021年第三季度（亿元）	2022年第三季度（亿元）
农林牧渔业总产值累计值	7 274.52	7 609.37
其中：农业总产值累计值	4 315.42	4 751.23
林业总产值累计值	270.57	289.49
牧业总产值累计值	2 275.69	2 134.10
渔业总产值累计值	250.53	260.01

注释：农林牧渔业总产值包括农林牧渔专业及辅助性活动产值

（数据来源：国家统计局）

表2　2021年和2022年四川省粮食作物播种面积和产量比较

	播种面积（万亩）	增长速度（%）	粮食产量（万吨）	增长速度（%）
2021年	9 536.6	0.7	3 582.1	1.55
2022年	9 695.2	1.7	3 510.5	–2.00

（数据来源：2021年和2022四川省国民经济和社会发展统计公报）

表3　2021年和2022年四川省经济作物产量比较

经济作物	2021年产量（万吨）	2022年产量（万吨）	增长速度（%）
油菜籽	338.66	354.1	4.6
蔬菜及食用菌	5 050.40	5 198.7	3.2
中草药材	57.60	64	12.6
茶叶	37.50	39.3	4.8
园林水果	1 154.20	1 238.4	7.4

（数据来源：2021年和2022年四川省国民经济和社会发展统计公报）

表4　2019—2022年四川省猪、牛、羊和家禽出栏量

单位：万头、万只

畜禽	2019年	2020年	2021年	2022年
猪	4 852.61	5 614.36	6 314.8	6 548.4
牛	291.66	296.44	293.1	306.0
羊	1 780.20	1 792.10	1 766.2	1 792.7
家禽	78 756.59	77 444.49	77 467.3	78 087.1

（数据来源：2021年《四川统计年鉴》和2021年、2022年四川省国民经济和社会发展统计公报）

172.1万吨，同比增长3.4%；渔业经济总产值达685亿元以上，水产养殖能力提高，经济成效显著。同时，为加快推进渔业转型升级，主要从两个方面着力：一方面，推进特色渔业产业发展。持续推进"鱼米之乡"和水产现代农业园区建设，以稻鱼综合种养为主导产业新建10个"鱼米之乡"，推进特色水产品出口发展，将全产业链发展方式融入特色渔业，扩大水产品的出口优势；另一方面，继续开展长江"十年禁捕"工作，通过健全禁捕管理机制、加强禁捕执法监管、加强禁捕宣传等方式落实四川省长江流域重点水域禁捕退捕工作。

（二）持续巩固拓展脱贫攻坚成果同乡村振兴有效衔接

1.筑牢不发生规模性返贫防线

防止返贫监测帮扶是巩固脱贫成果的前提和关键。四川省严格落实"四个不摘"，将防止返贫监测收入标准提高到家庭年人均纯收入不低于6 800元，全省防止返贫监测对象全部落实针对性帮扶措施。省内部分地方进行监测帮扶网格化管理的探索和实践，例如绵阳市北川县建立了"四线预警"机制，网格员定期走访辖区农户，开展监测数据收集、汇总分析、调查核实等工作，及时精准了解脱贫群众收入、"三保障"等变化情况和需求。

2.落实易地搬迁后续扶持

为实现"稳得住、能致富"目标，必须坚持产业兴旺和有效治理。2022年，全省在3 000人以上大型安置点配套建设产业园区和"帮扶车间"22个，实施后扶产业项目280个。协作帮扶方面，新增浙江来川投资企业590家，实际投资489.7亿元；实施省内对口帮扶项目929个，3.4万名驻村"第一书记"和驻村干部坚守一线。

3.增强脱贫地区和脱贫群众内生发展动力

2022年，四川坚持稳岗就业、产业帮扶、消费帮扶综合发力，全省中央衔接资金用于产业帮扶占比达到56.71%，全年脱贫劳动力务工就业规模达232.22万人，比2021年增加6.22万人。全省脱贫户家庭年人均纯收入达12 631元，增速达14.2%，高于全省农村居民人均可支配收入增速。

（三）现代农业发展势头强劲

1.逐步打造新时代更高水平的"天府粮仓"

四川作为全国十三个粮食主产区和西部唯一一个粮食主产省，肩负着耕地红线坚守和粮食安全保障任务，新时代打造更高水平的"天府粮仓"也是推进四川农业现代化、加快建设农业强省的抓手，从稳定增加主要农产品供给和确保"良田粮用"实现粮食生产提质增效，建设能装粮的"天府粮仓"。一是增加粮食作物播种面积。2022年，全省粮食作物播种面积比上年增加158.6万亩，超额完成新增大豆玉米带状复合种植面积目标，达到375.4万亩，超目标任务65.4万亩，为国家粮油安全做出了贡献。二是继续建设高标准农田。2022年，四川省各级财政部门把高标准农田建设放在更加突出位置，创新政策机制，夯实财政保障，共投入资金146.42亿元，建成高标准农田487.16万亩、高效节水灌溉面积53.97万亩。三是全省范围内有序推进撂荒地整治工作。把片区乡村规划编制和整治撂荒地工作结合开展，改善农业生产条件。培育壮大新型农业经营主体，财政厅、农业农村厅下达2022年中央财政农业生产发展资金1亿元支持新型农业经营主体开展撂荒耕地复耕工作。调动农民种粮积极性，建立健全督导考核机制，做到"应种尽种"。

2.加速推进数字农业建设

随着新一代数字技术的蓬勃发展，以新兴技术推动现代化新农村建设正成为助力乡村振兴的重要手段。2022年是实施《数字乡村发展行动计划（2022—2025年）》的开局之年，在数字化赋能之下，四川省农业建设迈上了新台阶。一是四川省国家级数字农业试点项目数量位居前列。以园区建设引领现代农业高质量发展，现代农业园区建设梯次推进，截至2022年年底，已创建国家级园区15个、省星级园区107个，获批国家农业科技园区2个，"川字号"优势特色农业加快发展。二是网络

强省、数字四川、智慧社会加快建设，大数据、云计算、物联网更加广泛应用于农村。拓展线上消费，完善物流配送网络，扩大农村电商覆盖面 。

3.农业科技创新强化发展

四川省是全国排名前列的育种制种基地，杂交水稻、生猪育种水平全国领先，杂交油菜制种面积位居全国第一，全省已有农业领域国家创新平台4家、省级创新平台129家，国家农业科技园区11家、省级农业科技园区43家，科研机构105家、高校17所，农技人员5.8万名，农业科技创新主体丰富。2022年，四川省农业科技创新发展迅速，全省主推125项农业技术，分别是粮油作物、特色产业、农业机械与加工、绿色防控、健康养殖、资源环境六类农业技术，引导全省农业生产者使用和推广先进的农业技术，以科技支撑农业高质量发展，达到节约农业生产成本、提高产品质量、增加农民收入的效果。

4.新型经营主体规模不断壮大

2022年，四川省新增省级重点龙头企业98家，建立农民专业合作社名录10.5万个，新增农民合作社质量提升试点县80个，农民合作社发展质量明显提升。2022年，全省录入全国家庭农场名录系统的农场已经超过20万家，数量位居全国第五。以成都市为例，据成都市统计局统计，成都市家庭农场数量发展超过10 000家，是推进农产品销售的中坚力量，同时龙头企业的带动效果不断增强，形成了龙头企业引领、多元主体发力、农户广泛参与的格局。其中，成都市龙头企业也不断壮大发展，市级以上农业产业化龙头企业达到445家，国家级龙头企业达到30家(见表5)。

（四）持续深化农业农村改革

1.农村集体产权制度改革深入推进

农村集体经济组织具有特别法人身份，其发展壮大可以带动成员增收，并在一定程度促进共同富裕。在深化农村集体产权制度改革方面，随着历时5年的农村集体产权制度改革完成，全省新型农村集体经济发展驶入“快车道”，为了保障改革基础稳定，全省全面贯彻《四川省农村集体经济组织条例》，组织开展农村集体产权制度改革“回头看，回头查”，对清产核资、集体经济组织规范建立以及成员身份确认等进行查漏补缺，巩固拓展改革成果。同时，建立集体经济组织运行风控机制，持续为农村集体经济组织赋能，2022年新增扶持1 292个村，每个村补助100万元，专项用于支持发展壮大新型农村集体经济。

2.农村土地制度改革不断深化

2022年，全省积极推进农村承包地“三权分置”，重点开展第二批省级第二轮土地承包到期后再延长30年试点工作和农村宅基地制度改革试点等工作。稳妥扩大省级延包试点，以整县、整乡、整村和若干组等不同方式稳步推进试点。推进承包地经营权合理有序流转，采取土地承包经营权互换，或在土地承包权不变的前提下经营权交换、出租、入股等多种方式，配套实施高标准农田建设等基础设施工程，推进土地集中连片经营。盘活用好农村闲置宅基地，鼓励农村集体经济组织及其成员采取自营、出租、合作和入股等方式，盘活农村闲置住宅和闲置宅基地，拓宽农民财产性收入渠道。

3.持续做好两项改革“后半篇”文章

2022年，四川省继续完善“两项改革”基础性改革，即乡(镇)行政区划和村级建制调整改革，主要从三个方面进行完善：一是做好片区规划编制，健全工作机制，加强统筹调度，以片区为单元编制乡村国土空间规划，2022年要完成全省2/3乡(镇)级片区国土空间总体规划的任务。二是优化片区资源配置，围绕片区功能定位优化布局、配置资源，构建一体化高质量发展的镇村体系。三是推动两项改革“后半篇”文章“四大任务”各项部署细化落地，推动形成更强综合效应，释放更大改革红利，推动两项改革“后半篇”文章乘势而进、行稳致远，以改革新成效推动新时代治蜀兴川再上新台阶。

（五）深入实施美丽乡村建设

1.完善农村基础设施建设

2022年，四川省继续开展农村基础设施建设，让农村更宜居、更美丽。在房屋改造上，为确保房屋安全和改善人居环境，改造农村危房1.8万户；在农村道路提质扩面上，发展乡村客运“金通工程”2.7万辆、8 421条线路，位居全国第一；在升级改造农村电网上，截至2022年9月28日，四川通信行业已在全省2 642个乡(镇)建成“双千兆”网络设施，实现所有乡(镇)5G及千兆光网

表5　2022年四川省新型农业经营主体数量

类型	数量
新增省级重点龙头企业	98家
农民专业合作社名录	10.5万个
新增农民合作社质量提升试点县	80个

(数据来源:《2022年四川省人民政府工作报告》)

100%通达；在水利建设上，投入水利建设资金达1 603亿元，已建成毗河供水一期、武引二期灌区等48个大中型工程，开工建设向家坝灌区一期、亭子口灌区一期等24个大中型工程，新增蓄引提水能力20.2亿立方米，新增控制灌溉面积1 054万亩。

2.农村人居环境持续改善

2022年是四川省建设“美丽四川·宜居乡村”五年行动的第二年，在农村生活垃圾治理上，因地制宜推进农村生活垃圾分类减量；在生活生产污水治理上，全省65%左右的行政村实现有效治理；推行“厕所革命”，全省在8.6亿元的中央资金支持下开展20个市（州）159个县（市、区）2 329个村的“农村厕所革命整村推进示范村”建设任务，完成2 329个村、64.5万户卫生厕所新（改）建任务；在畜禽粪污资源化利用上，全省各地区通过标准化养殖场、推广技术培训会、试点县先行探索等多种方式提高畜禽粪污资源化利用；四川省进行村庄清洁行动成效突出，全省有5个地区被评为2022年度全国村庄清洁行动先进县，分别是成都市龙泉驿区、泸州市古蔺县、乐山市沙湾区、雅安市荥经县、阿坝州汶川县。

（六）农民生活明显改善

1.农村人均收入持续增加

一方面，全省人均收入持续增加。2022年，四川省城镇居民人均可支配收入达43 233元，比2021年增加1 789元，扣除价格因素实际同比增长2.2%；农村居民人均可支配收入达18 672元，较2021年增长1 097元，扣除价格因素实际同比增长4.4%，从增长速度来看，农村人均收入增长速度比城镇居民快。另一方面，城乡收入差距持续缩小，2019年到2022年连续下降，从2：46：1下降到2.32：1（见表6）。

2.农村居民收入结构多元

2022年，四川省农村居民比城镇居民人均可支配收入的实际增速高出2.2个百分点，从农村居民收入来源看，存在多元化增长趋势，其中农村居民人均工资性收入达5 844元，比2021年增加330元，在总收入中占比为31%；经营净收入达到7 045元，比2021年增加394元，在总收入中占比为38%；财产净收入达到628元，比2021年增加41元，在总收入中占比为3%；转移净收入达到5 156元，比2021年增加333元，在总收入中占比为28%（见表7）。

3.农村消费支出增加

四川省农村居民生活改善，消费支出明显增加。2022年，全省农村居民人均消费支出17 199元，较2021年消费支出增加755元，扣除价格因素实际增长2.7%；城镇居民人均生活消费支出为2 7637元，较2021年支出增加666元，扣除价格因素实际仅增长0.4%，数据表明，农村居民因消费结构刚性需求占比较高，受新冠疫情影响相对较小，恢复程度较好。

二、存在的主要问题与挑战

2022年，是四川省经受考验最多、挑

表6　2020—2022年四川省人均可支配收入情况

年份	城镇居民人均可支配收入（元）	农村居民人均可支配收入（元）	城乡居民收入比
2019年	36 154	14 670	2.46 ：1
2020年	38 253	15 929	2.40 ：1
2021年	41 444	17 575	2.36 ：1
2022年	43 233	18 672	2.32 ：1

（数据来源：2019—2022年四川省国民经济和社会发展统计公报）

表7　2019—2022年四川省农村居民收入来源结构情况

收入来源结构	2019年（元）	2020年（元）	2021年（元）	2022年（元）
人均可支配收入	14 670	15 929	17 575	18 672
工资性收入	4 662	4 978	5 514	5 844
经营净收入	5 641	6 152	6 651	7 045
财产净收入	456	510	587	628
转移净收入	3 910	4 289	4 823	5 156

（数据来源：2021年《四川省统计年鉴》和2021年、2022年四川省国民经济和社会发展统计公报）

战最大的一年，新冠疫情高发频发，又遭遇高温干旱灾害，对农业生产造成了一定的影响，而且全省农村经济社会发展中还面临不少困难和挑战，主要有农产品精深加工水平深度不足、农村劳动力数量和质量下降、数字化农业农村建设落后和农产品质量安全保障压力较大等。

（一）农业生产受极端气候影响严重

2022年，四川省遭遇罕见高温干旱灾害，严峻的气候环境给农业生产带来了前所未有的压力，粮食生产不同程度受灾，虽然对于农业生产采取了抗旱保灌、补种改种、晚秋补歉等措施挽回粮食生产损失6.4亿千克，但干旱对夏大豆、夏玉米造成了较大的减产威胁，秋粮因遭受旱灾单产水平下降。2022年，四川粮食综合单产为362.1千克/亩，下降3.6%，其中水稻单产520.2千克/亩，同比下降2%；玉米单产376千克/亩，同比下降3.8%；豆类单产139千克/亩，同比下降10.6%；薯类单产285千克/亩，同比下降2.2%（见表8）。

（二）农村劳动力数量和质量下降

据《中国乡村振兴综合调查研究报告2021》显示，全体人口中60岁及以上人口的人口比重达到20.04%，65岁及以上的人口比重达到13.82%，完全达到“老龄化社会”的标准。随着农村人口尤其是青壮年的持续外流，农村劳动力短缺问题加剧，解决“谁来种地”的问题越发迫切。四川是人口大省，也是劳务输出大省，外出务工的农村劳动力常年保持在2 600万人左右，占全国农民工的近1/10。2022年，四川省外出务工农民工接近2 630万人，农村地区的老龄化程度远超全国，给全面推进乡村振兴和保障粮食安全带来潜在隐患。

（三）农产品精深加工水平深度不足

2022年，全省农产品加工产业发展取得了新成效，产业规模持续扩大，“天府菜油”等品牌影响力不断提升，但是农产品精深加工还存在农产品加工技术落后、农产品精深加工层次低、融合发展水平不高等问题，导致农产品精深加工水平深度不足，虽然全省粮食、油料和生猪等农产品产量在全国名列前茅，但其加工比重小、精深加工占比更小，特色农业产业的精深加工能力亟待提升。

（四）保障农产品质量安全压力较大

农药肥料、饲料兽药以及种子质量对于保障农产品安全至关重要，但这些投入不合格导致农产品质量安全保障压力较大。从农药来看，2022年，四川省农药质量专项监督抽查和农药市场监督抽查结果表明，合格率分别为98.4%、96%。从肥料来看，2022年，监督抽查的300个肥料产品中，合格产品仅有270个批次，合格率为90%。从饲料兽药来看，全省共抽取饲料样品1 460批次，合格率99.2%；抽取兽药样品673批次，合格率99.3%，虽然饲料样品和兽药样品合格率较高，但实际监督管理中发现仍然存在无证经营兽药、售卖假兽药、不合格饲料等诸多问题。从种子来看，2022年，四川省种子领域侵权假冒伪劣等违法行为突出，有关部门累计办理种子违法案件231件，主要存在种子真实性和纯度不合格等问题。

（五）数字化农业农村建设落后

四川省数字农业农村建设虽然在局部区域和部分领域取得了一定的成绩，但总体仍处于起步阶段，发展水平较低，还未形成成熟的、可推广的经验和模式。一是基层管理数字化应用相对滞后。管理平台功能单一，村民基础信息、土地资源基础信息、生产经营基础信息等农业信息较为零散且有效利用率不高，基层信息共建共享机制欠缺，统筹协调及任务分工存在阻碍。二是四川省农业农村对“三农”信息技术的普及度和覆盖率仍然偏低，导致发展进程相对缓慢。三是省内部分地区在物联网设备、软件平台开发等方面的投入较大，后期维护和更新费用也相应较高。四是人才队伍建设和储备不足。在数字化农业农村建设过程中，从业人员发挥着重要作用，而部分农民对于数字化赋能认知基本处于盲区且农村青年劳动力不断外流，既擅长农业生产技术又熟知信息化知识的复合型人才缺乏。

三、2023年四川省农业农村发展形势预测与展望

2023年是全面贯彻党的二十大精神的开局之年，也是实施“十四五”规划承上启下的关键之年。2023年中央“一号文件”——《关于全面推进乡村振兴

表8　2021年和2022年四川省秋粮单产数量及变化

秋粮品种	2021年单产（千克/亩）	2022年单产（千克/亩）	同比下降（%）
水稻	530.8	520.2	2.0
玉米	390.9	376.0	3.8
豆类	155.5	139.0	10.6
薯类	291.4	285.0	2.2

（数据来源：2022年四川民生调查数据、四川新闻网）

加快农业农村现代化的意见》是党中央连续二十年发布聚焦“三农”问题。习近平总书记在中央农村工作会议中明确指出全面推进乡村振兴、加快建设农业强国。在新的历史时期，四川省将全面贯彻落实党中央决策部署，坚持农业农村优先发展，加快农业农村现代化步伐，加快建设农业强省，推动农业全面升级、农村全面进步、农民全面发展，以农业农村的高质量发展不断夯实四川现代化建设根基。

（一）发展机遇

1.新冠疫情防控迎来拐点，经济环境恢复向好

2023年1月8日，将新冠病毒感染由“乙类甲管”调整为“乙类乙管”，这是全社会复工复产、经济恢复向好的基础，有利于进一步扩大内需，深入实施一揽子经济财政政策。2022年第四季度以来，四川全力以赴拼经济、搞建设，抢进度、补损失，实现全省主要经济指标快速回升，走出了一条坚韧的V型曲线（见图1）。

随着我国新冠疫情防控政策重大调整后，新冠疫情防控迎来拐点，四川将延续上年底的经济复苏势能，全面恢复四川经济社会环境，助力四川的农业农村发展。

2.进一步融入国家战略，全省经济版图发生格局性变化

随着国务院批准成都建设践行新发展理念的公园城市示范区，国家批复实施成都都市圈发展规划，以及成渝地区双城经济圈成为全国第一个区域科技创新中心，四川经济版图发生格局性变化，成渝地区双城经济圈建设成势见效，打造全国经济“第四极”，提升四川在全国大格局中的发展位势；成德眉资同城化发展实质推进，毗邻地区的融合发展和平台建设进一步深入，川南一体化发展成效明显，川东北振兴发展稳步提升。

（二）面临的挑战

当前全国经济发展面临诸多不确定的内外部因素，发展不平衡不充分问题仍然突出，推进高质量发展还面临很多障碍，粮食安全压力大、农民就业难、农业资金和人才匮乏、品牌建设滞后等问题仍然突出，对四川推动农业大省朝农业强省建设、推动农业高质量发展、实现乡村全面振兴仍有不小的难度。面临的挑战主要有以下方面：

1.粮食安全的持续保障压力大

2023年，解决粮食危机是全球发展的首要任务，俄乌冲突的持续造成全球粮食和能源供应紧张，给全球粮食安全带来隐患，也对“中国碗”装“中国粮”的意义重大。全国粮食安全的责任要落实到重点产粮区，四川作为西部唯一粮食主产省，粮食供求平衡对确保全国实现粮食安全目标具有全局性意义。耕地作为保障粮食安全的主要载体，目前四川省耕地资源紧缺，耕地质量和自然禀赋总体不足。国土“三调”数据显示，全省耕地数量为7 840.75万亩，“二调”后10年间减少了2 239.25万亩，减幅达22.21%，比全国减幅高出16.65个百分点。按照农村户籍人口计算，全省人均耕地面积仅1.36亩，按常住人口计算，人均耕地面积为2.1亩，均大幅低于全国平均水平，粮食安全的持续保障压力较大。

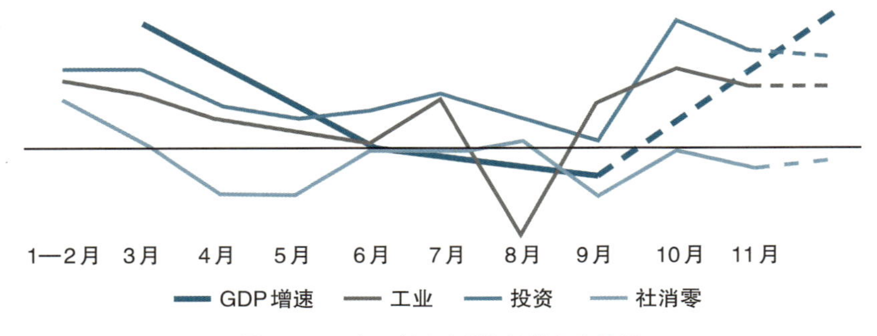

图1　2022年四川省主要经济指标走势图

（数据来源：四川省情）

2.农民工就业问题突出

国内三年新冠疫情让大量制造工厂面临裁员、关停的风险，订单大幅减少，外资劳动密集型企业朝劳动力更为廉价的东南亚等国家转移，导致国内就业岗位减少，外出务工人员失业率有所增加。据2022年国家统计局数据显示，全国城镇调查失业率为5.5%，主要以农民工为主，多从事建筑、批发零售等行业，就业稳定性相对较差。《2022年四川民生调查数据发布》显示，全年城镇调查失业率均值为5.7%，较上年有所上升。农民的就业状况与过去几年城乡消费市场的持续低迷、企业经营困难、就业岗位不足有很大关系，直接关系到农民的务工收入和增收渠道的扩展，需要稳定和提升量大面广的传统制造业，发展吸纳更多农村劳动力就业能力强的产业和企业。

3.农业人才和资金对农业生产支撑较弱

一方面，农村科技创新人才匮乏。农村缺乏能够支撑现代农业发展且较高素质的劳动者，多数农民科技文化素质较低，掌握和操作新型实用技术存在一定困难，技术难以推广；另一方面，农村科技创新缺乏资金支持。对农业科技的投入不够，基层农业科技创新基础条件薄弱，缺少必要的仪器设备，加之不完善的资金监管机制，导致实际用于科技创新的资金根本无法满足科技创新事业发展的需求，以至于农业科技不能很好地支持农业生产。

4.农产品品牌建设较为滞后

四川省在从农业大省朝农业强省转型的过程中，在“川字号”农产品特色品牌打造、品牌知晓度等方面还存在差距和诸多瓶颈，如农业生产品牌意识薄弱、市场竞争力差、产品辨识度较低；品牌层次不高、附加值少；品牌稳定性差、持续

建设能力弱，制约了农产品品牌规模化的扩容；国际品牌缺乏、品牌文化挖掘、研究和推广不够，使得整体效益没有得到充分发挥等问题。四川农产品擦亮金字招牌的过程仍需要不断地投入和政策支持，不断提升“川字号”农产品竞争力和影响力。

（三）2023年预测与展望

2023年是建设农业强国的关键之年，四川省全面贯彻落实党中央决策部署，推进建设农业强省，继续发挥农业“压舱石”作用，保障粮食和重要农产品的稳定供给；实施种业行动；加快特色产业品牌建设；强化农机装备；延伸产业链，建设农产品冷链物流体系；开展生态环境治理工作；推进宜居宜业和美乡村示范建设；加快推进县域城乡融合发展；加快新型农业经营体系构建，助力农业全面升级、农村全面进步、农民全面发展。

1.农业将继续发挥“压舱石”作用

2023年，全国粮食将持续实现增收，是国内粮食安全基本保障和经济复苏的基础。四川省农业生产稳步有序，2022年，全省农林牧渔业总量将突破6 000亿元，占全年地区生产总值的10.8%，为稳定四川省经济社会发展大局提供了支撑。随着四川省内经济的进一步复苏，“三农”压舱石作用将继续凸显（见图2）。

一是建设高标准农田，打造更高水平的“天府粮仓”。截至2022年年底，四川省累计建成高标准农田5 400余万亩，2023年将完成425万亩高标准农田新建和改造提升。预计2023—2030年，全省将累计改造提升1 600万亩。加大高标准农田建设的激励力度，落实中央和省、市、县财政补助资金每亩共计不低于3 000元的要求。确保粮食作物播种面积稳定在9 500万亩以上。稳步扩种大豆油料，扩种油菜180万亩。预计2027年，四川省粮食产量将提高到365亿千克以上。加快启动农田建设立法工作，力争2023年出台并施行，用法治守护“天府良田”。二是稳定“菜篮子”供给。落实“菜篮子”市长负责制。加快生猪生产现代化，提升养殖标准化水平，确保生猪出栏稳定在6 000万头以上。建立重要农产品市场预警机制，稳定重要农产品生产供给。

2.种业建圈强链行动继续加力

2023年，四川省将继续坚定实施种业建圈强链行动，增强种业产业生态集聚力、产业链建构力、高端要素运筹力，预计2023年将建成邛崃天府现代种业园，聚焦“种源保护利用—商业研发转化—规模生产推广”全产业链发展。打造10万平方米高品质种业科创空间，搭建“一库一院五中心”等重大功能平台，建成后可保存西南特色种质资源180万余份，其中植物种子资源45.4万份、食用菌种质资源5万份、水产种质资源26万剂、畜禽种质资源105.2万剂，促进四川乃至西南地区种质资源保护，为推进现代种业育种创新、保障粮食安全提供种源保障。继续联合开展科研机构、种子企业以及农业经营主体之间的合作，推进种源农业核心技术攻关、加快良种培育和市场推广。

3.“川字号”特色产业品牌建设持续推动

2023年将是“川字号”优势特色农产品品牌加快崛起的一年。四川省将以品牌打造为抓手，集中打造“天府粮仓”区域公用品牌，推动农业生产供应链、精深加工链、品牌价值链“三链同构”。2023年，全省将选育50家“链主”龙头企业，引领50条产业链补短延链，培育100个“川字号”特色农产品品牌，提高农业综合效益和竞争力。发展壮大现代农业产业园，2023年四川省将新认定或晋级60个以上省星级园区、100个以上市级园区，争创2个国家现代农业产业园，新培育10个以上全产业链发展的现代农业产业集群、60个国家级和省级农业产业强镇，做大做强做优“川字号”特色产业。

4.农机装备水平逐步提升

加快建设农机装备数字化，开展农机购置的政策补贴，以科技引领加快实现农业现代化。四川省已下达农机购置与应用补贴资金4.2亿元，支持购置使用先进适用农业机械，加快各地耕地整备进度。同时，安排资金1.6亿元，聚焦水稻、小麦、玉米三大主粮紧缺机械，开展农机研发、制造、推广和应用一体化试点，着力补齐大中型农用机械的高端智能化和丘陵山区农用机械的先进适用化短板。到2025年，适应农业农村现代化需要的农机装备产品和技术供给基本满足，全省主要农作物耕种收综合机械化率将达到70%以上，其中丘陵山区将达到55%以上。薄弱环节机械化将全面突破，其中马铃薯种植、收获机械化率均达

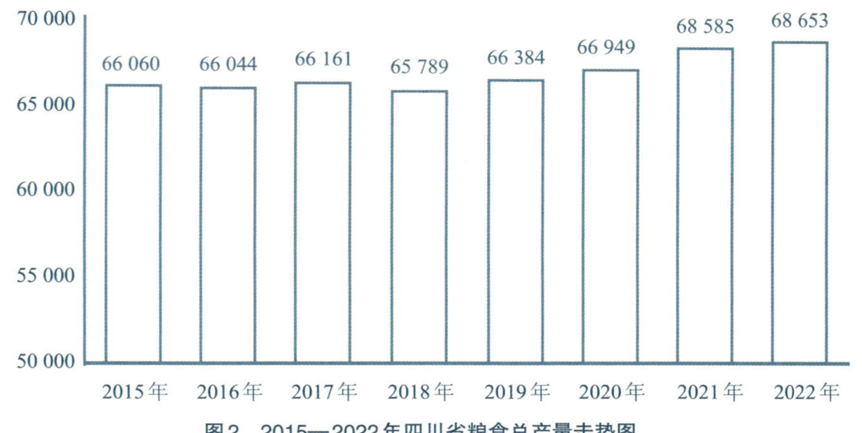

图2　2015—2022年四川省粮食总产量走势图

到45%，油菜种植、收获机械化率分别达到50%和60%。按规定将创建1 000亩以上全程全面机械化示范区（基地）300个、示范县（市、区）60个，建成“全程机械化+综合农事”综合服务中心100个。

5.农产品冷链物流体系加快推进

2023年将聚焦农产品“最后一公里”，开展农产品供应链体系建设，围绕服务产地农产品集散和完善销地冷链物流网络，推进产销冷链集配中心建设，打造高效衔接农产品产销的冷链物流通道网络。实施县域商业建设行动，完善农村商业体系，改造提升县城连锁商超和物流配送中心，支持有条件的乡（镇）建设商贸中心，改造提升乡（镇）快递物流站点，发展新型乡村便利店。到2025年，四川省县城综合商贸服务中心数量不少于400个，乡（镇）商贸站数量不少于2 200个，新设和升级改造村级商业网点不少于10 000个，每个行政村原则上应至少有1家农村便利店。深入开展“交商邮”合作，健全县、乡、村三级物流配送体系，提高农村物流配送效率，加快实施“互联网+”农产品出村进城工程，推进“川货寄递”。

6.生态环境治理工作有序开展

2023年，四川省将继续推动全省生态环境质量改善，加快建设美丽四川。加强成都平原、川南、川东北地区大气污染治理联防联控，协同推进PM2.5和臭氧防控。强化农用地、工矿用地和建设用地管理。深化饮用水水源保护，持续推进工业污染深度治理和农业面源污染防治，有效改善水生态环境。预计到2023年年底，全省城市空气质量优良天数比率力争达到90%，全省细颗粒物(PM2.5)年均浓度控制在32微克每立方米以内，单位地区生产总值二氧化碳排放较2021年下降8%左右；全省国考断面水质达标率力争达到95%以上，重点河湖生态流量保障目标满足程度将达到90%以上，建成一批“美丽河湖”；70%的行政村农村生活污水得到有效治理；受污染耕地安全利用率和污染地块安全利用率将达到92%以上。

7.宜居宜业和美乡村示范创建有序推进

推进农村人居环境整治和路、水、电、气、宽带“五网工程”建设。实施农村厕所、污水、垃圾、家庭卫生治理工程和村庄清洁整治提升工程。2023年，全省将新建和改造公共厕所7 360座，新（改）建农村户厕144万户，农村卫生厕所普及率达到90%以上。到2035年，畜禽粪污将基本实现资源化利用，综合利用率将达到95%以上。2023年，将新（改）建农村公路1万千米，推进城乡交通运输一体化发展。2025年，全省要建成乡村水务示范县100个，乡村水务示范县县域农村自来水普及率将达90%以上。推动5G、千兆光网、工业互联网等规模化部署，实施“双千兆”网络覆盖提升工程。

8.县域城乡融合发展加快推进

2023年中央“一号文件”和四川省委“一号文件”均提出“推进县域城乡融合发展”，以县域作为基本地域单元和重要切入点，聚焦城乡功能布局一体化、要素流动便利化、资源配置均衡化、产业发展融合化和融合模式多元化，推动城乡融合发展迈上新台阶。预计2023年，四川省将选择20个县（市、区）开展县域城乡融合发展改革试点，赋予县级政府更多资源整合使用的自主权利，率先在县域内破除城乡二元机构，加快形成县乡村统筹发展、一体发展格局。

9.新型农业经营体系加快构建

2023年，四川省将坚持以推进专业化社会化服务为方向，构建新型农业经营体系。深化家庭农场和农民专业合作社带头人职业化试点，实施以村（组）为单位的农业生产“大托管”示范工程，实施农民合作社联农带农能力提升工程。预计2023年，四川省将新增培育省级农民合作社示范社300个、示范家庭农场300个；在1 000个村示范推广“大托管”模式，新增全省农业社会化服务组织2 000个以上；培育认定首批省级农业产业化示范联合体50个。

四、2023年四川省农业农村发展的主要思路和对策建议

2023年是全面贯彻落实党的二十大精神的开局之年，也是加快建设农业强国的起步之年。四川省“三农”工作和农业农村发展要以习近平新时代中国特色社会主义思想和习近平总书记对四川工作系列重要指示精神为指导，深入学习贯彻党的二十大精神和中央农村工作会议精神，坚持农业农村优先发展，坚守确保粮食安全，防止规模性返贫，加强耕地保护底线，以建设新时代更高水平“天府粮仓”为抓手，以推进乡村产业振兴为重点，以加快建设宜居宜业和美乡村为重要任务，勇担促进乡村全面振兴大任，加快建设农业强省，为建设农业强国贡献四川力量。

（一）打造更高水平的“天府粮仓”，确保粮食安全和重要农产品供给

1.严守耕地保护红线，持续建设高标准农田

严格各级党委和政府耕地保护和粮食安全责任制考核，全面推进田长制，遏制耕地“非农化”“非粮化”，建立解决耕地撂荒问题的长效机制，落实最严格的耕地保护制度。严格落实耕地占补平衡制度，全面加强耕地用途管控，做好流出耕地的恢复补充。要在成都平原以及全省范围内开展耕地保护专项整治行动，确保耕地数量稳定。与此同时，要开展高标准农田建设，落实差异化财政补助政策和建设标准。高标准农田建设采取新建与改造提升相结合的方式，不仅要新建一批高标准农田，还要推进已建高标准农田的改造提升，逐步把永久基本农田全部建成高标准农田。

2.加强多元化食物有效供给

在确保水稻玉米小麦三大主粮供给的基础上，要树立好大食物观，保障肉类、油料、蔬菜、水果、水产品、乳制品

等各类农产品有效供给。在保护好生态环境的前提下，向“山水林田湖草要食物”，向“植物动物微生物等要热量、要蛋白”，全方位多途径开发食物来源渠道，推动多元化食物供给体系建设。同时，要注重提高农业生产技术，大力发展现代设施农业，提升食物均衡供应能力。要科学建设“天府森林粮库”，充分发挥四川林地优势，因地制宜发展林下种植、养殖和林业多种经营，通过发展木本粮食、木本油料、森林药材、林果饮料等领域，减轻耕地粮食生产和种植压力。

3. 深入实施种业振兴行动

统筹各方力量，为省内现代种业园区、种质资源中心库、龙头种业企业等提供充足的人力、物力和财力的支持，做好良种选育和推广工作。加大科研投入，实施农作物和畜禽育种创新攻关及生物育种、川猪等重大科技专项。开展种业科研单位和企业联合育种攻关项目，研发高端育种技术，破除种业“卡脖子”技术，培育具有自主知识产权的新品种。加快建成南繁育种工程中心，培育壮大种业领军企业，推动四川从种业大省发展成为种业强省。

4. 推进农业科技化和装备化发展

加强农业科技领域基础研究的支持力度，围绕现代农业产业发展的需求，加强全产业链技术攻关、农业科技园区建设、产业技术体系创新团队建设。持续实施科技特派员制度，推进农技推广体系改革，促进科技成果转化应用。针对成都平原、盆地丘陵、盆周山区、攀西地区和川西高原不同地域特点，研发和推广应用不同的农机装备，以农业机械化带动农业规模化集约化经营。加大农机购置补贴政策，支持建设农机创新联合体和农机研发制造推广应用一体化工程，发展农机合作组织，加强农机专业人才队伍建设，完善农机服务体系和配套基础设施。实施农业科技现代化先行县、“五良”融合产业宜机改造示范县、农产品产地冷藏保鲜整体推进县建设，鼓励不同区域之间进行互助学习。要逐步提高智能化技术、数字化技术应用到农业机械设备的比重，提高农业生产全过程的智能化、数字化水平。

（二）推进现代农业产业体系建设，促进乡村产业高质量发展

1. 推进现代农业园区建设

不断完善以国家级园区为龙头、以省级园区为骨干、以市（县）级园区为基础的现代农业园区梯次推进体系，引领四川现代农业“10+3”产业体系发展。支持川渝农业合作园区、农业高新技术产业园区、农村产业融合发展示范园等建设，增强园区辐射带动作用。以财政补贴、税收减免等政策优惠吸引新型职业农民、家庭农场、农业合作社、龙头企业等各类经营主体入驻园区，引导产业集聚发展，增添农业和农村的发展活力。

2. 着力发展农产品加工和食品产业

立足本地独特资源禀赋，对接市场需求，做好“土特产”文章，形成“一村一品、一镇一业、一县一特”的产业发展格局。在农业生产的基础上，推动农业产业链纵向延伸，加快乡村农产品加工业发展，推动农产品初加工、精深加工和资源综合利用。大力发展川味预制菜产业，推动乡村从销售“原字号”向销售制成品转变。发展冷链、仓储物流等多种产业。抓好农产品产地初加工设施设备、农产品加工园区、大中型农产品批发市场改造提升等建设。实施农业产业化龙头企业“排头兵”工程，培育壮大一批农产品加工重点企业，提升“川字号”特色产业竞争力。

3. 积极培育乡村新产业新业态

拓展农业多种功能，开发建设农耕文化体验园、农业科研基地、休闲农业园、农旅融合园等，持续推进乡村休闲农业、乡村康养产业和乡村旅游业等新产业、新业态发展，培育一批“天府度假乡村”、乡村旅游重点村镇、天府旅游名镇名村；设计打造一批新型乡村旅游民宿，满足群众日益提高的乡村旅游消费需求，实现产业发展和群众增收协同推进。注重推动“交商邮”融合发展，总结推广试点县的典型做法和成功经验，逐步形成贯通县、乡、村三级电子商务体系和快递物流配送体系。

（三）巩固拓展脱贫攻坚成果，持续推动脱贫地区加快发展

1. 坚决守住不发生规模性返贫的底线

统筹推进各项政策措施落实到位，完善防止返贫动态监测和救助帮扶机制，及时监测易返贫致贫人群并实施科学的帮扶政策，确保不发生整村整乡返贫和新的致贫。要落实最低生活保障制度、特困人员救助供养制度，稳步提高农村兜底保障水平。压紧压实责任，村“两委”和驻村工作队对全村防止返贫动态监测工作负责，要做到准确识别防返贫监测户，采取相应帮扶措施，跟踪回访帮扶效果，及时反映监测户的诉求，精准调整帮扶措施，稳步消除返贫致贫风险。

2. 落实脱贫地区和脱贫群众持续增收措施和帮扶政策

认真落实脱贫地区产业帮扶政策，用好中央财政衔接补助资金，立足资源禀赋培育发展特色优势产业，解决产业规模小、技术水平低、链条短、同质化问题突出等问题；做好乡村振兴重点帮扶县和重点帮扶村工作，推动巩固拓展脱贫攻坚成果同乡村振兴有效衔接各类实施方案的落地落实，充分发挥东西部协作、定点帮扶、省内对口帮扶、驻村帮扶以及教育医疗科技人才“组团式”帮扶等帮扶机制的作用，增强脱贫地区内生发展动力。鼓励脱贫群众因地制宜发展庭院经济，释放新活力。继续强化就业帮扶、以工代赈等方面的举措，发展壮大“帮扶车间”，继续稳定提供公益性岗位，为脱贫群众提供更多的就业机会，拓宽脱贫群众增收渠道。

3. 做好易地扶贫搬迁后续扶持工作

深入实施巩固易地扶贫搬迁脱贫成果专项行动，加大安置区公共服务设施和配套基础设施投入，帮助搬迁群众融

入安置区，提高搬迁群众对安置区的认可和满意度。要强化搬迁群众就业帮扶专项行动，通过建设帮扶产业园区、帮扶车间和扶贫基地等创造就近就业岗位，实现搬迁群众稳定就业，解决搬迁户收入问题。要进行安置区乡村治理专项行动，加强基层组织建设，构建起社会网络体系，提高安置区的治理水平。

（四）千方百计促进农民收入增加，拓宽增收致富渠道

1.促进农村劳动力高质量就业增收

健全劳务服务体系，积极培育“川字号”劳务品牌，稳定跨区域农民工就业规模。有针对性地对农村劳动力进行劳务技能培训，通过举办专家对口讲座、建立就业技能培训基地等方式，提高其就业能力和就业质量。纵深推进“万企兴万村”行动，在农村地区建设产业园区，促进农村劳动力就地就近就业和创业，实现村企共赢。持续推动县域富民产业发展，鼓励经济较发达地区带动县域产业，支持县域承接传统产业、劳动密集型产业等，为农村劳动力提供就业发展机会。不断完善农民工就业统计监测机制和工资支付监测预警机制，切实保障农民工合法权益。

2.推动农民经营增收

培育发展农业产业化联合体，构建和完善联农带农益农机制，落实和完善家庭农场、农民合作社、龙头企业等新型农业经营主体带动小农的增收机制和责任，促进农民合作经营、共同增收。深入挖掘乡村文化、人文环境、绿水青山等资源，支持农民和农村各类优秀人才发展乡村作坊、家庭工场、旅游业、服务业和传统手工业等，盘活农村经济，增加经营性收入。支持村级组织和农民工匠带头人承接农村小型工程项目，带动村民增收。

3.拓宽农民财产性收入来源

持续深化农村产权制度改革，探索农民承包地、宅基地、农村闲置农房等有序流转机制，采取入股、出租、合作经营等方式，盘活利用农村闲置农房和宅基地，拓宽农民财产性收入增长空间。深入探索新型农村集体经济多样化发展路径，完善农村集体经济组织收益分配机制，确保农民受益。要用好农村产权交易信息服务平台，推动农村产权交易市场规范化建设。针对农村理财产品十分缺乏的现实，要鼓励金融机构开发适应农村家庭需求的理财产品，使农民获得多元化收益。

4.提高农民转移性收入

不断加大强农惠农富农政策，通过落实耕地地力保护补贴、新一轮退耕还林还草延长期补助、粮食直补、农机具补贴、农户生产经营保险补助等扶持政策，为农民提高转移性收入。要逐步提高城乡居民基本养老保险待遇、农村低保标准等社会保障水平，落实各项对农村低收入人口、农村困难学生、残疾人口等困难群体的帮扶政策，实施慈善公益项目和吸引更多公益资金流入农村地区，让政策充分惠及农村居民。此外，还要推动农村公共服务提质降费，提高农民群众的幸福感和获得感。

（五）建设宜居宜业和美乡村，推动农村现代化进程

1.推进乡村规划建设

持续推进以片区为单位的乡村国土空间规划编制，依托片区的发展基础、资源禀赋科学布局乡村产业，切实做好适应性强的村庄规划。加快建设村庄硬化路、产业路和旅游路。开展乡村标准化供水工程建设和改造，为乡村建立起更加充足、方便、优良的供水保障体系。对农村电网薄弱地区加以改造，提升供电服务水平。实现乡村互联网全覆盖，打造“数智”赋能乡村新模式。加大对传统村落、特色村庄和民族村寨的保护力度，注重集中连片保护，支持具有乡村文化、乡村特色的农文旅项目开发。加强乡（镇）所在地的集镇基础设施建设、公共服务和环境整治。落实村庄公共基础设施管护责任，对投资不大的农村基础设施建设和村庄环境整治推行“县规划+乡管理+村管护”模式。建立农村应急管理防范系统，常态化开展农村安全风险隐患排查治理，做好防风险、压责任环节，确保风险问题整改到位。

2.开展农村人居环境整治行动

开展村庄清洁行动，做好村庄垃圾分类化处理，完善收运处置体系，及时清运处置的农村生活垃圾。持续推进“厕所革命”，抓好整村推进示范村建设，提高乡村卫生厕所的普及率。推进生活污水治理“千村示范”工程，完善污水处理配套设备，对生活污水进行资源化利用。探索畜禽养殖粪污、厕所粪污、易腐烂垃圾等有机废物的就近就地资源化利用，减少农药化肥使用量，加强农村面源污染治理。

3.保护和建设好农村生态环境

实施重要生态系统保护和生态修复重大工程，开展森林乡（镇）、森林村庄创建。严格落实森林、草原、湿地、物种保护制度，高度重视乡村原生植被、小微湿地保护，持续开展生态补偿机制试点。加快推进美丽河湖建设，全面加强河（湖）长制，激发群众参与护水治水的热情。落实长江禁捕长效监管机制，严厉打击违法捕捞行为。继续抓好城镇污水处理设施建设和管理，做好河湖综合治理“净水”行动。做好农业生物安全治理。继续加强森林草原防火宣传教育，树立牢固的“隐患险于明火”理念。

4.推进乡风文明建设

加大农村教育普及力度，提升农民文化素养，发挥基层党建的引领作用，引领村民形成积极向上的乡风文明。从基层典型出发树立道德模范，通过榜样的带头作用引导村民树立正确的价值观。开展移风易俗，将滥办酒席等问题纳入村规管理，让村民自觉摒弃陋习。支持和鼓励乡村自办群众性文化活动增加凝聚力，通过法治讲堂增强村民的法治意识。继续实施优秀的农耕文化传承工程，鼓励青年返乡下乡，创新乡风建设，为乡村振兴注入新活力。

5. 提升农村基本公共服务水平

加强乡村教师、乡村医生等人才队伍建设，落实乡村人才薪酬保障。加强乡、村两级医疗卫生和保障服务能力建设，加强农村传染病防控和应急处置能力建设。发挥“五社联动”的机制作用，将社工服务融入基层治理，为未成年人、老年人等群体提供家门口的社会化服务。完善三级养老服务网络，打造满足老年人需求的康养中心、县域养老服务联合体。提高农村妇女素质和文化水平，关注留守人群的心理健康。为乡村未成年人建立保护站点，为其营造一个健康成长的良好环境。

6. 完善党组织领导的乡村治理体系

健全党组织领导的“三治融合”乡村治理体系，建立村民监督委员会，加强乡村治理的民主性。提升乡村党员干部的治理能力，挑选和培训一批熟悉乡村振兴的党员，让其能更好地投入当地的乡村治理工作。推进村民自治组织创新，建立民主议事会，鼓励村民表达。开展乡村普法教育，树立法治观念，提高干部群众的法律素养，更好地推进法治化乡村建设。提出针对性的奖惩制度，按治理贡献的大小通过运用“积分制”等形式提高治理效能。发挥“新乡贤”的作用，协调和化解乡里邻里矛盾，为群众树立正确的道德风向和行为榜样。发展志愿活动，创建社区志愿服务组织，增强困难群众的获得感。

（六）深化农村体制机制改革创新，强化乡村发展要素保障

1. 以县域发展为切入点推动城乡融合发展

坚持把县域作为城乡融合发展的重要切入点，探索不同县域城乡融合发展的多样路径，赋予县级更大的整合资源自主权，深化县域城乡融合综合改革，率先在县域内破除城乡二元结构，促进城乡资源要素双向流动、合理配置。建立健全县、乡、村一体化规划及基础设施一体化建设管护机制，加快建设城乡学校共同体、医疗卫生共同体、养老服务联合体等，促进县域基本公共服务一体化、均等化。加快补齐县域交通基础设施、公共服务设施、产业配套设施等短板，提升县域综合服务能力，吸引优势产业、重点项目、优秀人才等在县域落户，逐步将县城和中心镇建设成为带动周边农村地区发展的区域中心，吸引农民就业、就地城镇化。

2. 加快推动新型农村集体经济发展

持续深化农村集体产权制度改革，积极拓展集体资产的收益权抵押担保、有偿退出等权能，完善新型集体经济运行机制，探索多种形式的新型集体经济发展模式。鼓励村与村之间集体经济组织联合抱团发展，支持村集体经济同外来企业、外来资本的合作，实现村集体经济与各类市场主体联合发展；支持有条件的集体经济组织与国有企业进行联合发展，构建“集体经济+国有企业”共建共享共赢的制度机制。设置专项资金扶持村集体项目，促进新型集体经济发展壮大。建立集体经济民主管理机制，确保组织内部各项资产使用公开化、透明化。

3. 深化农村土地制度改革

落实土地承包到期后再延长30年的政策，完善“三权分置”制度，鼓励开展适度规模经营。在承包地方面，要着力解决土地细碎化问题，健全高标准农田管护机制，完善农民的土地租金和分红收益增长机制，积极引导农民进行土地流转。在宅基地方面，继续稳妥推进宅基地制度改革试点，重点支持农民以出租、入股等方式盘活农村闲置住房和宅基地。在农村集体经营性建设用地方面，合理优化村庄国土空间布局规划，开展土地综合整治，继续盘活用好农村存量建设用地。

4. 培育新型农业经营体系

实施家庭农场培育计划，把有条件的小农户培育成家庭农场，执行家庭农场创建标准，支持示范场建设，鼓励家庭农场适度规模经营；实施农民合作社规范提升计划，加强农民合作社联农带农能力提升，积极探索建立以当地产业为联结的集团化合作社。深化家庭农场和农民合作社带头人职业化试点，逐步建立职业农民制度。加快农业社会化服务体系建设，支持集体经济组织、农民合作社、供销合作社、各种专业性服务公司开展农业社会化服务，优化农业社会化服务方式。实施农业生产“大托管”示范工程，为农户提供订单式和全程化服务，让土地有人能耕种。

5. 构建多元化的乡村振兴投入机制

坚持把农业农村作为优先领域，持续增加农村公共财政投入，要认真落实土地出让收益用于农业农村比例政策，支持各地扩大债券资金用于乡村振兴项目规模，将符合乡村振兴的项目纳入地方政府的债券，支持省乡村振兴投资引导基金做大规模、加强乡村投入。完善多主体投入联动机制，支持金融政策、信贷业务向“三农”倾斜，更好地撬动社会资本投入乡村。推进农村产权与金融资源，农业保险和农业信贷的有效衔接，加大农业信贷投入。推动数字普惠金融服务升级，培育乡村“一站式”金融服务能力，提供覆盖农产品生产、加工、运输、销售的“一揽子”金融服务。稳步扩大农业保险覆盖面，支持开展特色农业保险。

6. 锻造高素质的乡村振兴人才队伍

加大政策支持力度，留住本土实用人才，鼓励和引导科技人员、优秀返乡大学毕业生、复员退伍军人、返乡就业创业人员等各类人才投入到乡村振兴中去。健全科技专家、城市专业技术人才定期服务乡村的激励机制，鼓励城市专业技术人员到乡村兼职兼薪乃至离岗创业。选派政治素养高、业务精湛、行动力强的帮扶干部到乡村振兴一线岗位，发挥基层党组织引领乡村振兴人才队伍建设的作用。开展“理论+实操”“现场教学+专题研讨”等授课模式，对涉农技术人才深入开展培训，进一步提高其专业化水平。实施高素质农民培育计划，更好地推动乡村振兴。

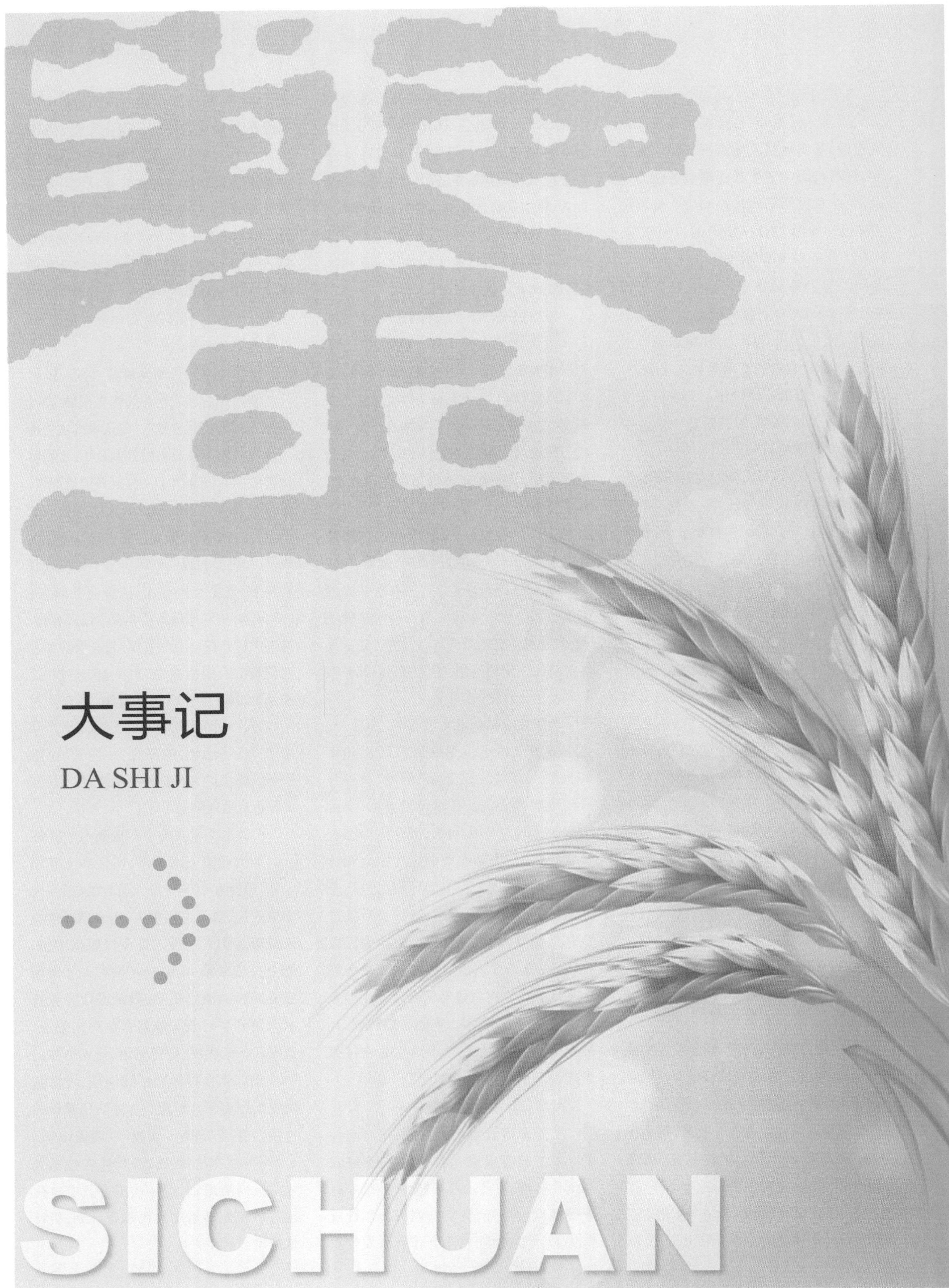

大事记

DA SHI JI

一 月

【1月4日】《四川省内对口帮扶干部人才选派管理办法》正式印发，旨在进一步加强省内对口帮扶干部人才选派管理工作，充分发挥帮扶力量在巩固拓展脱贫攻坚成果、全面推进乡村振兴中的积极作用。

【1月5日】 经过两轮磋商，绵阳市安州区磷石膏生态环境损害赔偿协议正式签订，赔偿金额达7 400余万元。协议的签订标志着四川省生态环境损害赔偿制度改革通过"以案促改"的方式落地落实，并向更宽领域持续推进。

【1月6日】 全省耕地保护重点工作调度视频会议在成都市召开。会议贯彻习近平总书记关于耕地保护工作的重要指示批示精神，全面落实省委、省政府部署要求，强调安排当前全省耕地保护重点工作。副省长曹立军出席调度会并讲话。

【1月10日】 全省共划分乡（镇）级片区809个，设置中心镇700个。809个乡（镇）级片区中，有城市片区48个、城乡融合片区201个、农村片区560个。此外，还有6 812个村级片区。片区划分成果与省委总体考虑高度契合，有效破解了镇、村逐一编制乡村国土空间规划面临的数量过多、力量不足、开支过大等难题。

【1月11日】 省政府已批复同意《四川省高标准农田建设规划(2021—2030年)》（以下简称《规划》）。根据《规划》，今后10年，全省高标准农田建设任务将分布在176个县（市、区），建设的首要目标是提升粮食产能。到2030年，四川高标准农田保有量将达6 353万亩，届时，四川省将完成农业农村部下达的新建任务1 857万亩。

【1月18日】 截至2021年10月底，全省农村集体产权制度改革基本完成，共清查核实集体资产总额2 292.8亿元，共有49 061个农村集体经济组织完成登记赋码并取得特别法人资格，实现了村级全覆盖。

【1月24日】 《四川省"十四五"生态环境保护规划》明确，到2025年，力争21个市（州）和183个县（市、区）空气质量全面达标，基本消除重污染天气，全省国控断面水质以Ⅱ类为主，长江黄河干流水质稳定达到Ⅱ类。到2035年，绿色生产生活方式广泛形成，二氧化碳排放达峰后稳中有降，生态环境更加优美，环境质量根本好转，长江黄河上游生态安全屏障更加牢固，生态环境治理体系与治理能力现代化基本实现，美丽四川画卷基本绘就。

【1月25日】 省政府批复《四川省"十四五"地质灾害防治规划》（以下简称《规划》），明确"十四五"期间四川地质灾害防灾减灾目标和路径。《规划》提出，到2025年年底，四川将建立以"风险双控、全域整治、科技防灾"为核心的地质灾害综合防治体系，突出体现地质灾害"源头找、精细管、全域防、重点治、科学救、智慧控"六个创新探索，实现全省消除地质灾害隐患点2.5万处左右，减少受地质灾害威胁群众60万人左右。

【1月26日】 省委农村工作会议在成都市召开，省委书记彭清华出席会议并讲话。彭清华强调，要深入学习贯彻习近平总书记关于"三农"工作的重要论述，全面落实中央农村工作会议精神和党中央决策部署，始终胸怀"国之大者"，以高度政治责任感，进一步做深做细做实全省"三农"工作，确保农业稳产增产、农民稳步增收、农村稳定安宁，奋力推动四川由农业大省向农业强省跨越。省长黄强主持第一次全体会议。会上，传达了中央农村工作会议精神，宣读了省委、省政府《关于表扬2021年度四川省乡村振兴先进市和先进单位的通报》《关于命名2021年度四川省乡村振兴先进县（市、区）、成效显著县（市、区）、重点帮扶优秀县（市、区）和先进乡镇、示范村、重点帮扶优秀村的决定》和省政府《关于命名2021年度四川省星级现代农业园区的决定》。彭清华、黄强等省领导向受表彰和新命名的先进代表授牌。

【1月27日】 四川省林长制办公室揭牌仪式在省林草局举行，副省长尧斯丹出席揭牌仪式。

同日 创建雅安国家现代农业产业科技创新中心合作框架协议签约仪式在成都市举行。雅安市政府、农业农村厅、科技厅、省农科院、四川农业大学五方签署合作框架协议，决定建立"政产学研用"合作关系，共同创建雅安国家现代农业产业科技创新中心，为全省乃至全国农业产业发展探索新模式、提供新经验。

二 月

【2月6日】 春节后，四川省首架农民工返岗包机在宜宾五粮液机场起飞，70名宜宾籍农民工搭乘南航CZ3988航班飞赴广东省中山市。

【2月9日】 四川林业集团有限公司（以下简称"川林集团"）成立仪式在四川发展（控股）有限责任公司举行。川林集团旨在建设国内一流的综合型林业集团，实现经营性国有资产保值增值，助力实现"双碳"目标，助推绿色低碳优势产业高质量发展。

【2月12日】 国家林草局公布第二批国家林业产业示范园区名单，四川省推荐的合江生态林竹产业示范园区、青白江木材加工贸易示范园区、南溪竹纤维产业示范园区、朝天核桃产业示范园区、叙州宜宾油樟产业示范园区、广元绿色家居产业示范园区、泸州高新林竹产业示范园区被命名为国家林业产业示范园区。

【2月15日】 2021年，全省川茶综合产值首次突破1 000亿元，销售额位居全国第三，不仅提前一年达成产业发展目标，也让川茶成为继川猪、川粮油、川菜、川果、川牛羊之后，又一产值突破千亿元大

关的“川字号”优势特色农业产业。2021年，全川茶园总面积598万亩，毛茶产量35万吨，同比分别增加12万亩、1.5万吨；毛茶产值提升10%以上，达到335亿元。

【2月16日】 农业农村厅、省发展改革委、省林草局联合印发《四川省“十四五”现代种业发展规划》(以下简称《规划》)，这是今后一段时期推进全省现代种业发展的指导性文件。《规划》聚焦种业振兴五大目标，全省将实施五大重点工程，将四川打造成为中国西部现代种业发展高地。

同日 农业农村厅印发《四川省长江流域禁捕水域休闲垂钓管理办法(试行)》(以下简称《办法》)。《办法》规定3—6月为禁钓期，全省天然水域均禁止垂钓。

【2月21日】 全省水库移民工作电视电话会议召开，副省长尧斯丹出席会议并讲话。截至2月17日12时59分，白鹤滩水电站累计安全生产绿色电能200亿千瓦时，相当于减少标准煤消耗624万吨，减少二氧化碳排放1 602万吨，为绿色发展赋能。

【2月22日】 农业农村厅公布四川省2022年度国家级和省级生猪产能调控基地名单。其中，国家级生猪产能调控基地包括简阳鑫旺达宇农牧有限公司、简阳市赤水畜禽养殖专业合作社等共393家，四川省生猪产能调控基地包括简阳国发农业有限公司、简阳市健硕农牧发展有限公司等共2 500家。

【2月24日】 农业农村厅公示2022年四川省大豆玉米带状复合种植专用播种机补贴额度，这是全省首次补贴大豆玉米带状复合种植专用播种机。

【2月25日】 2022年，全省下达扶持春耕生产农业补助资金168亿元，确保春耕生产各项工作有序推进。全省提前安排农田建设补助资金33.9亿元，支持各地抢抓有利时机，加快实施高标准农田建设450万亩；下达水利发展资金45.3亿元，支持中型灌区节水改造等，夯实农田水利基础设施；突出“耕地不撂荒、地力不降低”目标约束导向，提前安排耕地地力保护补贴资金66.2亿元。

【2月28日】 四川省“新农水”暨春灌工作会议通报，全省农村自来水普及率达84%，规模化供水工程服务农村人口比例达57%。

同日 全省供销合作社全力保障2022年春耕农资供应工作电视电话会通报，全省供销系统已设立30个农资价格监测点位，实行化肥价格监测旬报制度，同时加强货源储备调运等工作，确保农资供应量足质优价稳。

三　月

【3月2日】 四川省现代种业发展集团有限公司揭牌仪式在国家(成都)农业科技中心举行。

【3月3日】 2022年省领导联系指导精制川茶产业机制暨川茶产业第一次专题会议在成都市举行，会议审议了《2022年精制川茶产业培育工作要点》，为产业培育划定了新目标。会议通报，截至2022年年底，全省茶园总面积将稳定在590万亩左右，综合产值稳定在1 000亿元以上。

【3月8日】 西南五省(区、市)在2022年滇黔川渝藏森林草原防火联席会议上签署《云南省、贵州省、四川省、重庆市、西藏自治区森林草原防火联防联控合作协议》。

【3月10日】 从3月中下旬开始，全省将由南向北陆续启动春灌供水，农业用水需求将持续增加。从全省近5年的大春保栽情况看，2022年全省水稻保栽面积将在2021年2 800万亩实栽面积的基础上稳中有升，水利工程保栽需水量约60亿立方米。

【3月12日】 四川省绿化委员会办公室发布《2021年四川省国土绿化公报》。2021年，全省完成营造林607.5万亩；森林覆盖率达40.23%，较2020年提升0.2个百分点；森林蓄积量达19.34亿立方米，较2020年增长1 800万立方米；草原综合植被盖度达85.9%，较2020年提升0.1个百分点；林草产业总产值超过4 300亿元。

【3月14日】 2022年省委“一号文件”《中共四川省委四川省人民政府关于做好2022年“三农”重点工作全面推进乡村振兴的意见》发布，就做好今年“三农”重点工作、全面推进乡村振兴作出系统安排。

同日 全省将探索建立村级入户核查员制度、突发严重困难户简易识别程序，精准认定监测对象，强化分类帮扶。2021年，全省脱贫户家庭年人均纯收入增幅为16.8%，达到11 073元。2022年，围绕“守底线、抓发展、促振兴”主线，全省将狠抓监测帮扶、脱贫人口增收、乡村振兴重点帮扶县和重点帮扶村工作以及政策落地和工作推进。

同日 为发展新型农村集体经济，全省将落实4条支持政策。继续实施扶持壮大村级集体经济项目，2022年新增扶持1 292个村，每个村补助100万元，专项用于支持发展新型农村集体经济。

【3月16日】 由人力资源社会保障厅牵头制定的省级地方标准《农民工服务规范》将从4月1日起正式实施，未来，川籍农民工将能享受到比现在更加标准的服务保障。

【3月20日】 四川省国土空间规划协会在成都市挂牌成立，并举行授牌仪式及一届一次会员大会暨理事会。

【3月23日】 四川省农业科学院天府种业实验室揭牌暨“1+9”揭榜挂帅科技攻关启动会在成都市举行。会上，四川省农业科学院天府种业实验室揭牌成立，旨在建设全国一流种业创新平台。

同日 省委组织部印发《2022年驻村帮扶工作重点任务》清单，从4个方面明确10项重点任务，推动各地各单位管好用好全省1.2万个村的3.4万名驻村“第一书记”和工作队员。

同日 农业农村厅印发的《2022年全省渔业渔政工作要点》(以下简称《要

点》)提出,2022年将一手抓渔业发展,一手抓长江“十年禁渔”,全面推进渔业绿色高质量发展,全年水产品总产量将达到170万吨以上,渔业经济总产值将达到685亿元以上。在抓好长江“十年禁渔”方面,《要点》明确要不断巩固长江流域禁捕水域长效管理机制,切实筑牢不发生规模性返贫和不发生局部规模性非法捕捞“两条底线”。

【3月24日】 四川省河(湖)长制“七进”活动2021年总结大会暨2022年启动仪式在成都市举行。2021年,全省21个市(州)、177个县(市、区)、3 000余个乡(镇、街道)共开展各类“七进”活动5万余场次,覆盖人群400万人次。

【3月25日】 德阳市旌阳区集中为12个家庭农场开展贷款授信,贷款总额1 270万元,这是全省“家庭农场信贷直通车”发放的首批贷款。

【3月27日】 省林草局、财政厅、应急管理厅联合印发《四川省村(社区)森林防火奖补办法(试行)》,将对全省35个高火险县(市、区)城市市区以外有森林防火任务的村(社区)进行奖补。

【3月29日】《四川省〈中华人民共和国土地管理法〉实施办法(修订草案)》提请省十三届人大常委会第三十四次会议审议。

【3月31日】《四川省水资源条例》(以下简称《条例》)经省十三届人大常委会第三十四次会议表决通过,将于7月1日正式施行。《条例》是四川省首部水资源管理方面的地方性法规,为强化水资源保障和推进水资源刚性约束提供了法律保障。

四　月

【4月2日】 第三批城乡社区治理试点单位名单公布,成都市温江区等41个县(市、区)、自贡市贡井区筱溪街道等38个镇(街道)、攀枝花市仁和区大河中路街道大河南路社区等150个社区作为第三批省级城乡社区治理试点单位,开展为期一年的试点工作。

同日 经洪雅县委编委研究同意,洪雅县林业局增挂“洪雅县森林碳汇管理局”牌子,这是全省首个森林碳汇管理局。

【4月4日】 四川省困难职工帮扶基金会第二届理事会第七次全体会议通过网络形式召开。该基金会2021年实施慈善帮扶项目200余个,覆盖帮扶职工(农民工)46万余人次,涉及资金3 187万余元。

【4月7日】 全省种业振兴大会举行,全省将实施种业振兴五大行动,全面实现由种业大省向种业强省跨越目标。

同日 文化和旅游厅、生态环境厅、省林草局发布公告,乐山市市中区嘉州绿心公园、乐山市井研县研溪湿地、阿坝州汶川县赵公福地生态旅游示范区、甘孜州理塘县格聂生态旅游示范区4家单位创建为四川省生态旅游示范区。至此,全省省级生态旅游示范区达到74家。

【4月12日】 全省农村户厕问题整改暨农村人居环境整治提升推进视频会议举行。会议通报,截至2021年年底,全省农村卫生厕所普及率已达87%。

【4月14日】 全省出台《2022年四川省河湖长制激励工作实施方案》,旨在健全正向激励机制,促进各级各地创先争优、比学赶超、深入推动河湖管理保护各项工作。

【4月15日】 全省夺取夏粮丰收粮食和大豆油料生产科技服务培训会议举行,全省共组织11 211位农业专家组成2 451支粮食和大豆油料科技服务队下沉包县包乡开展农业科技服务。

【4月20日】 省委农村工作领导小组印发《四川省促进生猪稳产保价七条措施》,对相关工作作出安排部署。

【4月24日】 水利厅印发《四川省2022年水利乡村振兴工作要点》(以下简称《要点》)。《要点》围绕巩固脱贫攻坚成果、产业兴旺和粮食安全、区域发展战略等多方面提出了2022年全省水利保障乡村振兴的具体措施。《要点》提出,要坚决守住农村饮水安全底线。四川省将督促地方多渠道筹措工程建设资金,加大农村供水建设力度,在有条件的地区积极推进城乡一体化、农村供水规模化发展,加强对小型集中供水工程的标准化改造,减少小型分散供水工程人口数量,确保2022年年底农村自来水普及率达到85%。

【4月27日】 省纪委监委印发《关于加强县乡基层党风廉政建设的工作方案》(以下简称《方案》)。《方案》围绕组织运行、素质能力、监督质量、措施保障等重点内容提出了明确目标、具体任务,为全省以系统观念做好强基固本、优化提升基层党风廉政建设指明了努力方向、提供了工作遵循。

五　月

【5月3日】 全省首个川台乡村振兴合作试验园在合江县揭牌。该试验园由省台办、农业农村厅批准设立,规划面积超过5万亩。试验园旨在吸引更多台农台企,引进台湾现代农业发展新技术、新品种,打造川台农业合作新样板,助推四川农业高质量发展,持续深化拓展川台农业合作成果。

【5月5日】 省政府正式印发《四川省“十四五”自然资源保护和利用规划》(以下简称《规划》)。《规划》为机构改革之后的四川首个自然资源五年规划,也是全省开展自然资源保护和利用的基本依据和行动纲领。《规划》明确四大主要目标,分别是开发保护更加协调、生态系统更加稳定、资源利用更加高效、保障支撑更加有力。《规划》提出,到2025年,全省生态保护红线面积、耕地保有量和永久基本农田保护面积稳定在国家下达的目标任务之上;单位地区生产总值建设用地使用面积持续下降,单位地区生产总值用水量下降率完成国家下达目标任务;到2035年,长江黄河上游生态安全屏障更加牢固,美丽四川建设目标基本实现。

【5月7日】 省发展改革委等30个部门联合印发《继续大力实施消费帮扶巩固拓展脱贫攻坚成果实施方案》(以下简称《方案》),为巩固拓展脱贫攻坚成果提供重要支撑。《方案》明确5项重点任务,即持续扩大产品和服务消费、加快完善物流和销售体系、强化农产品滞销预警和应急处置、提升特色农副产品市场认可度与竞争力、促进文旅休闲服务业提质增效。

【5月9日】 省发展改革委、省能源局联合印发《四川省"十四五"可再生能源发展规划》(以下简称《规划》)。《规划》提出,"十四五"期间四川将新增可再生能源装机(包括水电、风电、光伏发电、农林生物质发电、垃圾发电、地热发电)超过4 100万千瓦,到2025年,全省可再生能源装机总量预计近1.3亿千瓦。

【5月12日】《四川省"十四五"农业农村生态环境保护规划》(以下简称《规划》)出台,这是四川首次出台农业农村生态环境保护五年规划。《规划》将以改善农业农村生态环境为核心,以打造"绿富美"生态乡村为目标,着力提升农业农村生态环境监管水平。到2035年,农业农村生态环境根本好转,生态宜居的美丽乡村基本实现。

同日 由农业农村部小麦专家指导组成员、国家小麦产业技术体系岗位科学家等全国农业专家组成的验收专家组对广汉市连山镇锦花村上百亩小麦进行实产验收。结果显示,6个田块的小麦平均亩产达600.2千克,这是西南地区百亩规模小麦亩产首次突破600千克,创下了新记录。

【5月17日】 省委办公厅、省政府办公厅印发《关于以乡村国土空间规划引领县域内片区高质量发展的指导意见》《以下简称《指导意见》)。《指导意见》提出,要统筹发展和安全、开发与保护,以片区乡村国土空间规划为总牵引和主抓手,做深做实乡(镇)行政区划和村级建制调整改革"后半篇"文章,推动乡村全面振兴和新型城镇化建设,激发县域经济高质量发展新动能,进一步巩固拓展脱贫攻坚成果,促进共同富裕,为推动新时代治蜀兴川再上新台阶提供坚实支撑。

同日 新潮与传统在绵阳市涪城区杨家镇"相遇"——展现四川乡村美景美食的Rap歌曲《四川"乡"当潮》与绵阳市非物质文化遗产"金峰雄狮"交替登场,共同拉开了四川省第二届乡村文化振兴魅力竞演大赛帷幕。大赛以"四川'乡'当潮"为主题,以乡村为背景,以群众为主角,通过线上线下两个渠道同步开展竞演,激发大众对乡土文化的热爱和继承发扬的热情。线下将以乡(镇)为参赛单元,自下而上组织省、市、县三级竞演,并举办省级汇演暨颁奖晚会;线上将广泛动员文化能人、非遗"新生代"、新乡贤、健身达人、乡(镇)干部等参赛,以短视频方式推介各地乡土文化、展现大美四川。

【5月18日】 2022年省水土保持委员会全体会议在成都市召开。会议通报,2021年,全省完成水土流失综合治理面积5 273平方千米,超额完成国家下达任务的2.79%,水土流失面积较2020年减少1.25%,实现"十四五"良好开局。

【5月19日】 浙江省与四川省签署2022年东西部协作协议。根据协议,协作双方将持续深化东西部协作,推动巩固拓展脱贫攻坚成果,加快全面推进乡村振兴。

【5月20日】 在中共中央办公厅、国务院办公厅印发的考核评估情况通报中,四川省2021年度巩固脱贫成果后评估、东西部协作考核评价均获得"好"等级。

【5月23日】 省委办公厅、省政府办公厅印发《关于推动城乡建设绿色发展的实施方案》。

同日 民政厅和省乡村振兴局联合出台方案,决定在"十四五"期间实施"五大行动",引导社会组织参与乡村振兴。"五大行动"包括社会组织助力乡村产业发展行动、社会组织助力乡村人才建设行动、社会组织助力乡村消费帮扶行动、社会组织参与帮扶结对行动和乡村振兴社会组织能力提升行动。

【5月24日】 全省乡村产业振兴带头人培育"头雁"项目启动培训视频会举行。会议通报,自2022年起,全省将启动实施乡村产业振兴带头人培育"头雁"项目,力争用5年时间培育一支5 000人规模的乡村产业振兴带头人"头雁"队伍,带动全省25万名新型农业经营主体形成"雁阵"。

同日 四川省农民工工资保证金保函保险服务平台上线仪式在成都市举行。该平台上线运行后可改变农民工工资现金保证金占用企业资金额度大、周期长的情况,同时通过与农民工工资支付监管平台数据的实时交互共享实现对根治欠薪工作数字化转型和智慧化治理。

【5月29日】 川香万家农特产品体验馆(省馆)在成都市开馆,上千种"川字号"农特产品集中亮相。

【5月30日】 旨在推动搬迁群众"稳得住、有就业、逐步能致富",在全省34个800人以上易地扶贫搬迁集中安置社区实施的"彝路相伴""牵手伴行"行动计划将持续推进,发挥加强基层治理、优化服务供给、增进民生福祉、促进搬迁融入、夯实基层政权等作用。

六　月

【6月1日】 17时00分,芦山县发生6.1级地震,震源深度17千米;17时03分,宝兴县发生4.5级地震,震源深度18千米。截至6月2日9时,地震共造成4人死亡、41人受伤。地震发生后,中央有关领导作出批示、提出要求,国务院抗震救灾指挥部办公室迅速派出工作组赶赴灾区指导抗震救灾工作。省委、省政府高度重视,省委书记王晓晖第一时间作出批示,

要求迅速启动应急响应，抓紧了解灾情、开展救援。省长黄强在省政府指挥中心视频调度震情灾情，对抢险救灾工作作出具体安排。省委常委、副省长李云泽前往应急管理厅组织会商研判。受省委、省政府委派，副省长尧斯丹紧急赶赴灾区指导救灾工作。

【6月2日】 副省长、省抗震救灾指挥部指挥长尧斯丹到宝兴县灾区一线指导抗震救灾工作，传达省委书记王晓晖再次批示精神和连线指示要求，强调要深入贯彻落实党中央、国务院和省委、省政府决策部署，坚持人民至上、生命至上，进一步扎实开展抗震救灾工作，千方百计保障人民群众生命财产安全。

【6月5日】 住房城乡建设厅、自然资源厅、生态环境厅、交通运输厅、农业农村厅、省乡村振兴局联合印发《四川省加快农房和村庄建设现代化的实施方案》（以下简称《方案》）。《方案》指出，要不断完善农房功能，提高农房品质，加强农村基础设施和公共服务设施建设，改善农民生产生活条件，进一步提升乡村建设水平，建设美丽宜居乡村。

【6月8日】 全省病险水库及小水电安全度汛工作专题会议召开。会议提出，“十四五”期间，全省将完成现有1 555座病险水库除险加固，并对每年定期鉴定后新增的病险水库及时除险加固。

【6月10日】 以“安逸四川·醉美邛崃”为主题的四川省第十三届（夏季）乡村文化旅游节”在邛崃市开幕。副省长罗强宣布开幕。省委宣传部副部长、文化和旅游厅厅长戴允康，成都市委常委、副市长程伟，邛崃市委书记刘刚分别致辞。活动现场，天府旅游名导为旅游节推介了消夏、研学、康养、露营、名镇等5条“清凉天府，安逸四川”夏季精品旅游路线。

【6月13日】 省政府办公厅发布关于认定第八批农产品质量安全监管示范县的通知。根据通知，经综合考核，省政府认定内江市市中区、内江市东兴区、乐山市市中区、乐山市金口河区、峨边县、马边县6个县（区）为第八批四川省农产品质量安全监管示范县。

【6月16日】 省委农村工作领导小组2022年第一次全体会议召开，省委书记、领导小组组长王晓晖主持会议并讲话。王晓晖强调，要深入学习贯彻习近平总书记关于“三农”工作的重要论述和习近平总书记来川视察重要指示精神，全面落实省第十二次党代会部署要求，以更高的政治站位看“三农”、以更实的工作举措抓“三农”，全力打造更高水平的“天府粮仓”，加快推进四川农业农村现代化建设，努力实现农业水平更高、农村环境更美、农民生活更幸福。省委副书记、省长、领导小组组长黄强出席会议。

同日 2022成渝地区双城经济圈（渝遂绵）农业科技成果推介会在重庆市潼南区举行，农业专家晒出数百项农业科技新成果，助力成渝现代高效特色农业带建设。

【6月17日】《四川省林草碳汇发展推进方案（2022—2025年）》（以下简称《方案》）出台。《方案》明确，支持试点县（单位）设立林草碳汇发展专项基金。对项目通过国际国内碳信用市场主管机构注册（备案）的试点县，将采取以奖代补方式给予50万～100万元奖励，建成成片碳汇林达到500亩以上的，允许在符合相关条件的基础上，可利用不超过3%、最多50亩的土地开展生态旅游、森林康养、休闲运动等绿色产业。

同日 农业农村厅召开深化家庭农场和农民合作社带头人职业化试点工作推进会。会议通报，2022年4月，全省在14个县（市、区）启动新一轮家庭农场和农民合作社带头人职业化试点，探索建立新型职业农民制度，力争再通过3年深化试点培养一批爱农业、懂技术、善经营的新型职业农民。

【6月20日】 为推动全省红色美丽村庄建设试点工作落地落实，全省上线“红色村落”数字化服务平台，并启动网上展馆打造、电商平台拓展、阵地联盟建设和党建案例推广“四项活动”。随着平台的上线，全省首批30个红色美丽村庄建设试点名单首次对外公布。

【6月21日】 省长黄强到阿坝州看望马尔康市6.0级震群受灾群众和奋战在一线的基层党员干部、救援人员，转达习近平总书记的牵挂和亲切关怀，党中央国务院和省委、省政府的关心慰问，并连夜主持召开专题会议，研究部署灾后重建工作。

【6月22日】 2022年“智兴天府”专家行助力乡村振兴走进资中活动正式启动。启动仪式上，人力资源社会保障厅和资中县政府签订了厅县合作协议，未来双方将集农业、种业、渔业、人力资源等各领域高层次专家之智，为资中全面推进农业农村现代化建设提供助力，努力将资中打造成为四川专家服务乡村振兴的样本示范。

【6月24日】 四川省推进中心镇改革发展厅际联席会议办公室印发《关于公布四川省首批“省级百强中心镇”名单的通知》（以下简称《通知》）。根据《通知》，成都市郫都区三道堰镇等58个镇被命名为首批“省级百强中心镇”。

同日 首届数字乡村创新设计大赛在成都市启动，并面向全国征集优秀作品。大赛奖金总额达100万元，单项作品设计者或团队最高可获得30万元现金大奖。大赛由中央网信办信息化发展局、国家乡村振兴局开发指导司指导，四川省委网信办、浙江省委网信办、四川省乡村振兴局等11个部门共同主办。作为全国首个国家级数字乡村主题赛事，比赛旨在广泛征集一批有创新理念、可实施、可推广的设计作品，挖掘、储备和落地一批优质项目，为社会各界参与数字乡村建设搭建平台，助力乡村振兴，让广大群众共享“数字红利”。

同日 四川省镇村便民服务标准化规范化便利化建设（以下简称“三化”

建设）推进会在崇州市召开。会议通报，2022年全省镇村便民服务“三化”建设省、市、县三级试点将覆盖2 692个乡（镇、街道），中心镇实现全覆盖。

七　月

【7月2日】 人力资源社会保障厅公开曝光2022年第二季度重大劳动保障违法行为名单、第二批次拖欠农民工工资失信联合惩戒对象名单。因拖欠农民工工资，4家企业被人社部门以涉嫌拒不支付劳动报酬罪依法移送公安机关，其中3家企业被列入失信联合惩戒对象名单，将受到信用惩戒。

【7月6日】 全省农村能源节能降碳工作推进会召开。会议通报，截至2021年年底，全省各类沼气工程保有量7 000余处，年产沼气3亿余立方米，沼气发电装机容量1.2万千瓦，年发电量近5 000万千瓦时，集中供气8.4万户。

同日 省城乡环境综合治理工作领导小组办公室印发《加快推动居民生活垃圾分类习惯养成的十条措施》（以下简称《十条措施》）。根据《十条措施》要求，全省将从加快组建讲师队伍、建立指导员制度、推广专用垃圾分类袋、建立健全垃圾分类激励机制等10个方面推动居民垃圾分类习惯养成。

【7月7日】 经省政府授权，水利厅印发12个省级重要河湖《岸线保护与利用规划》（以下简称《岸线规划》）。《岸线规划》以水利部办公厅印发的《河湖岸线保护与利用规划编制指南（试行）》为主要依据，对四川省境内的长江（金沙江）、黄河、岷江、沱江、雅砻江、嘉陵江、大渡河、涪江、渠江、青衣江、安宁河等11条江河干流和泸沽湖，共计6 755千米干流及河湖沿岸12 509千米岸线河（湖）段进行岸线规划。

【7月8日】 全省发展新型农村集体经济工作推进视频会议召开。会议通报，截至2021年年底，全省村级集体经济组织全面建立，农村集体经济组织总收入达140.87亿元。

【7月12日】 重庆市万州区、开州区与四川省达州市农业农村部门在重庆市开州区共同签署《万达开川渝统筹发展示范区乡村人才培育战略合作协议》。三地将结合当地乡村人才培育需求，在培训师资、实训基地等方面共建共享，对重点产业紧缺人才联合培养，打造川渝地区乡村人才培育联盟品牌。

同日 省防汛抗旱指挥部办公室通报，截至7月12日9时，自7月11日16时开始的强降雨导致成都、德阳、绵阳等市（州）3 500余人受灾，全省共提前避险转移13 700余人。

同日 《四川省“十四五”县域节水型社会达标建设实施方案》（以下简称《方案》）印发。《方案》提出，到“十四五”末，全省至少45%的县（市、区）建成节水型社会达标县。

【7月13日】 为加强对新一轮驻村帮扶工作的具体指导，省委组织部印发《四川省驻村“第一书记”和工作队帮扶工作指引》，要求各地做好统筹安排，指导驻村“第一书记”和工作队，进一步梳理细化任务清单、明确具体措施办法，在巩固拓展脱贫攻坚成果同乡村振兴有效衔接中发挥更大作用。

同日 四川省第三次全国土壤普查（以下简称“土壤‘三普’”）试点外业调查采样启动仪式在崇州市举行。启动仪式后，全省“土壤‘三普’”试点外业调查采样工作将在崇州市、古蔺县、射洪市、平昌县、眉山市东坡区、康定市、盐源县等7个县（市、区）全面实施。

【7月14日】 全省乡村振兴人社帮扶工作现场推进会在峨边县召开，人力资源社会保障厅和省乡村振兴局联合印发《关于加强乡村振兴重点帮扶县人力资源社会保障帮扶工作的实施意见》，就充分发挥就业帮扶、技能帮扶、社保帮扶、人才人事帮扶的职能作用，倾斜支持重点帮扶县巩固拓展脱贫攻坚成果、全面推进乡村振兴提出21条支持措施。

【7月19日】 省政府新闻办举行《四川省河湖长制条例》《四川省水资源条例》宣传贯彻新闻发布会。全面推行河（湖）长制5年来，全省不断深化和探索创新河（湖）长制体制机制，逐步建立起完善的河湖名录、明晰的河（湖）长责任等六大体系。

【7月20日】 省委办公厅、省政府办公厅印发《关于全面推行田长制的意见》（以下简称《意见》）。《意见》提出，要坚持保护优先、系统治理、绿色发展，像保护大熊猫一样保护耕地，落实“长牙齿”的耕地保护硬措施，坚决遏制耕地“非农化”、严格管控“非粮化”，牢牢守住耕地保护红线和粮食安全底线。到2022年年底，省、市、县、乡、村五级田长制责任体系初步建立，每一块耕地都有田长负责。到2025年年底，形成保护更加有力、执行更加顺畅、管理更加高效、监督更加严格的耕地保护新格局。

【7月21日】 四川大熊猫国家公园生态法庭林长制司法保护成都片区法官工作站揭牌成立。该工作站是全国首个跨区域林长制法官工作站，旨在探索跨区域行政司法衔接，尝试在大熊猫国家公园内统一执法标准，探究国家公园管理、执法、司法跨行政区域的衔接机制，是司法护航大熊猫国家公园建设的一次创新。

【7月29日】 以“强化地理标志保护·促进产业高质量发展”为主题的首届中外地理标志产品博览会暨中欧地理标志协定论坛开幕式在泸州市举行。省人大常委会副主任杨洪波出席并致辞。

八　月

【8月9日】 月亮坪森林康养旅游度假区项目集中开工仪式在宣汉县五马归槽国有林场月亮坪工区举行，该项目计划总投资50亿元，总规划面积23.37平方千米，是宣汉县近年来实施“生态立县”“文旅靓县”战略的重要载体，聚力

打造一方山水相依、颐养宜居逸游的康养旅游好去处。

【8月11日】 启动新一轮林草生态综合监测。按照安排，全省2022年调查监测任务将覆盖21个市(州)178个县(市、区)，将完成变化图斑监测12.54万个，是2021年的4倍；野外调查样地2 525处，较2021年增长8.5%。

【8月10日】 1—7月四川水环境质量报告出炉。《报告》显示，四川共有15个市(州)地表水国省考断面水质优良率为100%，分别是成都市、攀枝花市、德阳市、绵阳市、广元市、乐山市、眉山市、宜宾市、广安市、达州市、雅安市、巴中市、阿坝州、甘孜州和凉山州。

【8月11日】 按照《四川省防汛抗旱应急预案》规定，省防汛抗旱指挥部指研究决定于8月11日18时将7月15日启动的四级抗旱应急响应升级为三级抗旱应急响应。当天召开省防汛抗旱指挥部抗旱减灾工作专题会议，进一步部署当前抗旱减灾工作。农业农村厅将组织各地积极落实抗旱措施，组织农村提灌站提水保苗，努力减轻灾害损失；对于受旱较重绝收田块，适时改种、补种短平快的晚秋粮食、蔬菜，确保全省晚秋粮经面积达1 400万亩以上；在抓好抗旱措施落实的同时，未雨绸缪做好暴雨洪涝、大风等恶劣天气应对准备，谨防出现“旱涝急转”。

【8月20日】 针对本轮干旱灾害造成的重大影响和灾情发展趋势，按照《四川省自然灾害救助应急预案(试行)》规定，省减灾委员会办公室已于当日12时启动四川省自然灾害三级救助应急响应。

同日 为持续做好高温干旱期间森林草原防灭火工作，全省印发《关于深入抓好高温干旱期间森林草原防灭火工作的紧急通知》，对森林草原防灭火责任落实、源头管控、隐患排查、应急准备等工作进行再安排、再部署。

【8月23日】 四川银保监局联合财政厅印发《关于做好农业保险重大旱灾应急响应和理赔处置工作的通知》，启动农业保险重大旱灾应急响应，推进大灾农业保险理赔工作，进一步提升农业保险理赔时效和服务质量，充分发挥农业保险在保障粮食安全、农业防灾减灾等方面的作用，助力稳产保供。

同日 2022年四川省乡村旅游工作推进会在蒲江县举行。会议现场，彭州市龙门山镇、阆中市天宫镇、武胜县飞龙镇3镇作为全国乡村旅游重点乡(镇)被授牌。同时，邛崃市花楸村、乐山市金口河区胜利村、宜宾市翠屏区高桥村、岳池县郑家村、石棉县安顺村、青神县兰沟村、小金县长坪村7村作为第三批全国乡村旅游重点村被授牌。

【8月26日】 为传承草原地区红色基因、助推草原资源保护修复，促进红色文化与绿色生态融合发展，国家文物局、国家林原局确定并公布第一批12处“红色草原”名单，四川红原草原、甘孜草原、松潘草原入选。

【8月29日】 生态环境厅对省委、省政府印发的《美丽四川建设战略规划纲要(2022—2035年)》(以下简称《纲要》)进行解读。四川省是西部地区第一个出台美丽中国建设地方实践规划纲要的省份，《纲要》也是四川第一部中长期美丽中国建设地方实践的规划纲要，将成为指导全省各地加快美丽四川建设的规划指南和科学指引。

九 月

【9月1日】 在科技厅育种攻关专项支持下，全省饲草育种攻关团队与蒙牛现代牧业通过多年协同攻关，将黑麦草与小麦(燕麦)秸秆、玉米粉按一定比例混合青贮研发了青贮专用制剂，创新了青贮原料降湿技术和耐高温乳酸菌应用技术，获得8件发明专利，结束了西南地区黑麦草不能青贮的历史。

【9月4日】 四川省林长制办公室印发通知，决定从2022年8月起，在全省分批次开展林长制创新试点工作，并确定成都市、绵阳市、广元市、遂宁市、乐山市、巴中市、阿坝州7个市(州)为首批省级林长制创新试点市(州)。

【9月5日】 12时52分，泸定县发生6.8级地震，震源深度16千米。截至5日20时30分，地震已造成46人死亡(其中甘孜州29人、雅安市17人)、16人失联、50余人受伤，甘孜州、雅安市共临时避险转移安置5万余人。

【9月6日】 省委常委会会议结束后，省委书记王晓晖前往“9·5”泸定地震受灾严重的石棉县传达习近平总书记重要指示和李克强总理等中央领导同志批示要求，实地了解灾情，看望慰问受灾群众。

【9月10日】 邛崃市十万亩高标准农田粮油产业示范园千亩核心区进行稻谷收割，这是全省首次进行百亩水稻规模连片实产验收。经测产显示，示范片平均亩产708.8千克，远高于当地水稻560千克的平均亩产。

【9月15日】 四川首趟中吉乌“公铁联运”国际班列在成都(双流)空铁国际联运港发车，满载20个货柜的中国茶叶将在15～20天后抵达乌兹别克斯坦塔什干/费尔干纳地区。

【9月20日】 四川省首届“稻香杯·丰收奖”颁奖仪式在成都市举行，现场宣读了对25个四川省“稻香杯”优质米获奖品种、150个四川省农业丰收奖先进集体、296名四川省农业丰收奖先进个人的表彰决定，并为获奖代表颁奖。

【9月23日】 2022年中国农民丰收节群众庆祝丰收联欢活动在四川省成都市、北京市昌平区同步举行。在成都会场，省委书记王晓晖出席活动并致辞，省长黄强，中央农办副主任、国家乡村振兴局局长刘焕鑫出席活动。

同日 为扶持壮大村集体经济，全省已有5 168个村各获得100万元一次性财政补助，资金已显现出效益，收益在10万元以上的村已达1 223个。

【9月29日】 四川通信行业已在全省2 642个乡（镇）建成“双千兆”网络设施，实现所有乡（镇）“双千兆”网络（5G及千兆光网）100%通达。

十　月

【10月6日】 在澳大利亚阿德莱德召开的第24届国际灌排大会暨第73届国际灌排委员会国际执行理事会上，四川省通济堰入选2022年度（第九批）世界灌溉工程遗产。

【10月10日】 2022年四川省河湖长制进驻式督查培训暨动员会在成都市召开，标志着河（湖）长制进驻式督查全面启动。全省河（湖）长制进驻式督查工作为全国首创，通过建立健全河（湖）长制督查专家库，深入地方查找河（湖）长制工作存在的问题。

【10月19日】 国家林草局、自然资源部联合印发《全国湿地保护规划（2022—2030年）》（以下简称《规划》）。《规划》提出将实施30个湿地保护修复项目，其中包括四川省阿坝州若尔盖草原湿地水源涵养生态保护和修复项目。该项目建设总投资预算合计近5亿元，建设期为2022—2024年，分年度实施。

【10月19日—20日】 农业农村厅组织四川农业大学、省农科院等有关专家对在隆昌市云顶镇实施的“中稻+再生稻”高产高效栽培示范片进行测产验收，平均亩产和大面积均产均取得历史性突破。

【10月21日】 四川省农业产业技术创新联盟成立。

【10月27日】 全省农村人居环境整治工作调度暨培训会召开。2022年，全省争取中央资金8.6亿元，安排20个市（州）159个县（市、区）2 329个村的“农村厕所革命整村推进示范村”建设任务以及64.5万户卫生厕所新（改）建设任务，截至2022年10月27日，全省新（改）建农村卫生厕所57万户，任务进度达88%。

十 一 月

【11月3日】 第五届世界川菜大会在雅安市开幕。大会由雅安市政府、世界中餐业联合会共同举办，国际化餐饮产业链大型企业负责人、重点餐饮企业代表、餐饮业专家学者等700余人齐聚雅安，共谋川菜产业高质量发展路径。

同日 国家林草局公布新一批26个国家森林城市名单，达州市上榜，系四川省唯一获评的国家森林城市。

【11月4日】 雅茶推介暨四川雅茶控股集团有限公司揭牌仪式在成都市举行。雅安市以壮大龙头企业为支撑，通过组建四川雅茶控股集团有限公司推动茶产业转型升级，弘扬雅茶文化，叫响雅茶品牌。

【11月5日】 农业农村厅、省委组织部、省委宣传部、省文明办、民政厅、省妇联、省乡村振兴局7部门联合印发《四川省开展高价彩礼、大操大办等农村移风易俗重点领域突出问题专项治理实施方案》，加大治理农村高价彩礼、大操大办等陈规陋习的力度，推进移风易俗工作，提升农村精神文明建设水平。专项治理工作自2022年11月启动，预计于2023年12月基本结束。

【11月7日】 省政府办公厅印发《建设培育“川字号”特色劳务品牌二十二条措施》，旨在促进农民工更加高质量就业。

【11月8日】《四川省水土保持“十四五”实施方案》印发实施。“十四五”期间，全省将坚持以小流域为单元的山水林田湖草沙系统治理，新增水土流失综合治理面积25 650平方千米，实施重点工程治理6 699平方千米，全省水土保持率达79.73%。

同日 由省农民工工作领导小组主办，人力资源社会保障厅、泸州市政府承办的四川省第八届农民工技能大赛暨第二届农民工服务周活动在泸州市开幕。副省长田庆盈讲话并宣布开幕。11月10日，四川省第八届农民工技能大赛暨第二届农民工服务周活动闭幕，全省161名农民工选手历经角逐，9人夺得各项目比赛冠军，他们中符合条件的将获得“四川省技术能手”称号。

同日 第二届四川省“美丽乡村健康跑”示范活动在乐山市举行。农业农村厅通报，近年来，四川乡村治理“跑”出加速度，截至2022年11月8日，全省已建成全国乡村治理示范乡（镇）12个、示范村119个，并将全国乡村治理体系建设试点示范工作试点期延长至2022年年底。

【11月10日】 全省首条红色乡村示范路——苍溪县黄猫垭镇高台村红色美丽村庄道路通车。该项目通车后将衔接广巴高速，形成一条缅怀革命先烈的红色精品旅游环线，同时串联4个现代农业示范产业园，助推当地乡村振兴。

【11月10日—11日】 以“汇聚竹业品牌 推动创新发展”为主题的2022国际竹业品牌博览会暨第三届中国（宜宾）国际竹产业发展峰会在宜宾市举行。博览会由中国竹产业协会主办，省林草局、宜宾市政府共同承办，涵盖投资推介、高峰论坛、“零碳未来、与竹同行”植竹活动、中国竹食品大赛等10项活动，通过多平台、多维度的线上线下活动，探讨竹产业规划布局、促进竹产业提质增效、转型升级，带动举办地竹产业和经济社会的健康发展。

【11月11日】 按照天府旅游名县建设部署要求，经申报、考核、公示，省委、省政府决定，命名成都市锦江区、泸州市纳溪区、绵竹市、青川县、隆昌市、宜宾市翠屏区、通江县、眉山市东坡区8个县（市、区）为第四批天府旅游名县。

同日 由文化和旅游厅、农业农村厅、广元市政府主办的四川省第十三届（秋季）乡村文化旅游节、第十二届大蜀道文化旅游节在青川县唐家河旅游区同时启幕。开幕式现场，“安逸四川dou起来”主题推广计划正式发布，安逸四川媒体推荐官发布红叶地图。

【11月16日】 省委办公厅、省政府办公厅印发《四川省河湖长制工作省级考核办法》(以下简称《办法》)。《办法》明确,考核对象为各市(州)及省级河(湖)长制有关责任单位;考核内容采取定量与定性相结合的方式设置,对市(州)的考核包括水资源保护、水污染防治、水生态修复等6个方面,对省级河(湖)长制有关责任单位的考核包括落实河(湖)长制工作任务等情况;考评工作采取日常监测与年终考评相结合的方式,考核结果分为3个等次。

【11月17日】 全省冬春"三农"重点工作暨2022年度乡村振兴实绩考核考评、巩固脱贫成果后评估动员电视电话会议在成都市召开。会议通报,今冬明春全省将启动第二批乡村水务试点县建设,确保全年能繁母猪存栏保持在400万头、粮食总产量稳定在355亿千克以上。

【11月19日】 生态环境部决定命名北京市平谷区等106个地区为第六批生态文明建设示范区。在第六批生态文明建设示范区名单中,四川省共有10地上榜,分别是巴中市、成都市双流区、成都市郫都区、成都市都江堰市、成都市彭州市、广元市青川县、眉山市丹棱县、宜宾市长宁县、甘孜州色达县、凉山州西昌市。

十二月

【12月2日】 第八届四川农业博览会暨农业合作发展大会·成都国际都市现代农业博览会·第二届全国农业科技成果转化大会开幕式在成都世纪城新国际会展中心举行。省长黄强出席大会并宣布开幕。以色列农业与农村发展部部长奥德·福尔,中央农办专职副主任、农业农村部党组成员吴宏耀视频致辞。该届四川农业博览会与成都国际都市现代农业博览会联袂举办,以"强合作、促消费、拼经济、开新局"为主题,主宾国为以色列,主题市为成都市,参展企业超过2 000家,参展品牌超过1万个。

同日 省十三届人大常委会第三十八次会议审议通过《四川省水文条例》(以下简称《条例》)。该《条例》系全省首部水文地方法规,将于2023年1月1日起正式施行,为全省依法治水、规范各类水文活动提供法治保障。

【12月4日】 由中国农业科学院、四川省农业农村厅、成都市政府联合主办,以"加快水稻种业创新,打造新时代更高水平的天府粮仓"为主题的论坛在成都市举行。论坛现场发布了"天府粮仓"成都片区建设投资机会清单97个(条),涉及现代种业、数字农业及农业高科技、川西林盘保护及修复、农业农村基础设施建设等七大类项目,总投资预估597.33亿元。

【12月10日】 第十二届中国粮油榜在北京市开榜,"天府菜油"公共品牌、"天府菜油"产业创新联盟成员单位四川省天府好粮油有限公司分别获得"中国十佳粮油影响力公共品牌""中国十佳粮油创新典范企业"两项称号。

【12月14日】 2023年全省草原有害生物发生趋势会商会通报,2022年,全省草原有害生物危害面积4 946.7万亩,较上年减少4.1%。其中,草原鼠害面积2 508万亩,较上年减少6.2%;草原虫害面积907.3万亩,较上年减少2.2%;草原病害面积77.9万亩,较上年减少23.6%。

同日 人力资源社会保障厅、农业农村厅、省乡村振兴局联合发文,启动四川省乡村振兴高技能人才培育基地申报工作,旨在进一步扩大乡村高技能人才规模,提升技能人才服务乡村振兴能力。

【12月15日】 由文化和旅游部、中国文联和四川省政府主办,文化和旅游厅、省文联、达州市政府承办的第八届全国新农村文化艺术展演开幕。文化和旅游部副部长饶权、中国文联副主席徐永军、副省长罗强视频致辞。

【12月20日】 经过前期县级申报、市级推荐、省级遴选,水利厅确定四川省第二批乡村水务示范县与备选县名单。将通过三年建设,让示范县农村自来水普及率达到90%以上、规模化供水率达到80%以上,水质合格率与当地城市供水接近。

【12月22日】 第十九届中国国际农产品交易会在成都市开幕,1.7万家展商携8万余种展品参展,全国各地专业采购商超2万人参加。农交会为期4天,展览面积近15万平方米,设置特大型企业展区和粮油、水产、果蔬等12个专业展区。展会期间还举行了乡村振兴重点帮扶县产销专场对接、东北地区国产大豆产销对接会等活动。

【12月23日】 甘孜州"9·5"泸定地震灾后恢复重建项目集中开工仪式在泸定县德威镇奎武村举行。当天集中开工的4个统规统建安置点项目总投资1.54亿元,将惠及群众582户,这标志着甘孜州灾后恢复重建项目建设全面铺开。

【12月25日】 在2022中国农业农村科技发展高峰论坛暨中国现代农业发展论坛上,中国农学会发布了2022中国农业农村重大新技术新产品新装备名单,35项新成果入选,涵盖新技术10项、新产品13个、新装备12件。其中,在新产品中,由四川省科研团队研制的"饲用有机微量元素国家新产品柠檬酸铜"入选,是该次发布的唯一一项动物营养与饲料行业相关的科技成果。

【12月29日】 由文化和旅游厅、农业农村厅、凉山州政府主办,凉山州文广旅局、凉山州农业农村局、德昌县政府承办的"安逸四川·氧生德昌"四川省第十三届(冬季)乡村文化旅游节开幕式在德昌县凤凰城旅游度假区举行。活动上,德昌县相关负责人特别推介了当地特色文旅资源;天府旅游名导、文旅达人、省中医药科学院博士等以微情景化演绎的方式,围绕享阳光、摘阳光、养阳光三个篇章,互动推介四川冬季乡村康养旅游资源,从德昌县中医院"药养"博物馆到峨眉灵芝谷,乡村旅游有了更多内涵。

四川概况

SICHUAN GAIKUANG

SICHUAN

自 然 资 源

【基本情况】 四川省地处中国西南腹地、长江上游，介于东经97°21' ~ 108°33'和北纬26°03' ~ 34°19'，南北跨度为916千米，东西跨度为1 062千米。东连重庆市，南邻云南省、贵州省，西接西藏自治区，北接青海省、甘肃省和陕西省。截至2022年年底，全省耕地面积520.99万公顷，其中人均0.86亩；林地面积2 543.5万公顷，草地面积960.81万公顷，城镇村及工矿用地面积186.15万公顷，湿地面积122.96万公顷，园地面积121.44万公顷，水域及水利设施用地面积108.66万公顷，交通运输用地面积54.24万公顷（备注：此数据为2022年度国土变更调查国家锁定数据，最终数据以国家发布的最新结果为准）。全省发现矿种共136种，具有查明资源储量的矿产100种，其中能源矿产8种、金属矿产34种、非金属矿产57种、水气矿产1种。钒、钛等8种矿产资源量居全国第一位。

全年组织实施省政府性投资地质勘查项目10个，均为普查项目，总预算5 204.51万元，主要涉及金、铜、磷、晶质石墨等战略性矿产，预期提交铜资源量15万吨、磷资源量3.07亿吨、晶质石墨1 050万吨。川南地区页岩气勘查开发试验区年产页岩气141.99亿立方米，同比增长6.76%。查明四川省页岩气地质资源量43.91万亿立方米，优选出勘探有利区20个、勘探远景区32个，位居全国第一。

【土地资源】 四川省辖区面积48.6万平方千米，占全国国土总面积的5.1%，居全国第五位。但人均辖区面积低于全国平均水平，人多地少的矛盾十分突出。

四川省地貌复杂多样，有山地、丘陵、平原和高原4种地貌类型，分别占全省辖区面积的77.1%、12.9%、5.3%和4.7%。土壤类型丰富，据第二次土壤普查，全省土壤类型共有25个土类、66个亚类、137个土属、380个土种，土类和亚类数分别占全国总数的43.48%和32.6%。

根据第三次全国国土调查，四川省土地利用类型共分为9个一级利用类型（见表1）。全省土地利用以林草地为主，主要集中于盆周山地和西部高山高原，占土地总面积的72.22%，其中甘孜、阿坝、凉山三州地区占全省林地面积的60.25%、占全省草地总面积的94.43%；湿地主要分布在甘孜、凉山、阿坝三州地区，占全省湿地总面积的98%；耕地集中分布于东部盆地和低山丘陵区，凉山、南充、达州3个市（州）耕地面积较大，占全省耕地总面积的27.68%；园地主要分布在凉山、成都、眉山3个市（州），占全省园地总面积的39.85%；甘孜、凉山、阿坝三州地区水域面积较大，占全省水域总面积的33.5%。

【气候资源】 四川省气候复杂多样，且地带性和垂直变化十分明显。根据水热条件和光照条件的差异，全省分为三大气候区：

四川盆地中亚热带湿润气候区。该区热量条件好，全年温暖湿润，年均温16℃ ~ 18℃，积温4 000℃ ~ 6 000℃，气温日较差小，年差较大，冬暖夏热，无霜期230 ~ 340天。盆地云量多，晴天少，年日照时间较短，仅1 000 ~ 1 400小时，比同纬度的长江流域下游地区少600 ~ 800小时。雨量充沛，年降水量1 000 ~ 1 200毫米，50%以上集中在夏季，多夜雨。

川西南山地亚热带半湿润气候区。该区全年气温较高，年均温12℃ ~ 20℃，日较差大，年较差小，早寒午暖，四季不明显。云量少，晴天多，日照时间长，年日照时数为2 000 ~ 2 600小时。降水量较少，干湿季分明，全年有7个月为旱季，年降水量900 ~ 1 200毫米，90%集中在5—10月。河谷地区受焚风影响形成典型的干热河谷气候，山地形成显著的立体气候。

川西北高山高原高寒气候区。该区海拔高差大，气候立体变化明显，从河谷到山脊依次出现亚热带、暖温带、中温带、寒温带、亚寒带、寒带和永冻带。总体以寒温带气候为主，河谷干暖，山地冷湿，冬寒夏凉，水热不足，年均温4℃ ~ 12℃，年降水量500 ~ 900毫米。天气晴朗，日照充足，年日照时数为1 600 ~ 2 600小时。

总的特点是：季风气候明显，雨热同季；区域间差异显著，东部冬暖、春早、夏

表1 四川省土地资源利用现状

土地利用类型	辖区	耕地	园地	林地	草地	湿地	城镇村及工矿用地	交通运输用地	水域及水利设施用地	其他用地
面积（万公顷）	4 861.16	518.17	124.29	2 542.55	968.10	123.15	186.48	48.97	106.19	243.26
比例(%)	100.00	10.66	2.56	52.30	19.91	2.53	3.84	1.01	2.18	5.00

热、秋雨、多云雾、少日照、生长季长，西部则寒冷、冬长、基本无夏、日照充足、降水集中、干雨季分明；气候垂直变化大，气候类型多；同时伴随气象灾害种类多，发生频率高，范围大，主要是干旱，其次是暴雨、洪涝和低温等。

【水资源】 四川省水资源丰富，居全国前列。全省多年平均降水量约为4 889.75亿立方米。水资源以河川径流最为丰富，境内共有大小河流近1 400条，号称“千河之省”。全省水资源总量共计约为3 489.7亿立方米，其中多年平均天然河川径流量为2 547.5亿立方米，占水资源总量的73%；上游入境水942.2亿立方米，占水资源总量的27%。地下水资源量约546.9亿立方米，可开采量为115亿立方米。境内遍布湖泊冰川，有湖泊1 000余个、冰川200余条，在川西北和川西南还分布有一定面积的沼泽，湖泊总蓄水量约15亿立方米，加上沼泽蓄水量，共计约35亿立方米。

总的特点是：总量丰富，人均水资源量高于全国，但时空分布不均，形成区域性缺水和季节性缺水；水资源以河川径流最为丰富，但径流量季节分布不均，大多集中在6—10月，洪旱灾害时有发生；河道迂回曲折，利于农业灌溉；天然水质良好，但部分地区也有污染。

【生物资源】 四川省生物资源十分丰富，保存有许多珍稀、古老的动植物种类，是中国乃至世界重要的生物基因宝库之一。

动物资源十分丰富，全省有野生脊椎动物1 400余种，约占全国总数的45%以上，居全国第二位；兽类和鸟类约占全国的53%，其中兽类231种、鸟类759种、爬行类120种、两栖类110种、鱼类246种和亚种。列入全国重点保护的野生动物303种，占全国的39.6%，居全国之冠，其中国家一级重点保护动物63种，包括大熊猫、川金丝猴、雪豹等；国家二级重点保护野生动物240种，包括狼、猕猴等。据第四次全国大熊猫调查，四川省野生大熊猫种群数量达1 387只，占全国野生大熊猫总数的74.4%，其种群数量居全国第一位。雉类资源也极为丰富，雉科鸟类达20余种，占全国雉科总数的40%，其中有许多珍稀濒危雉类，如国家一级重点保护动物雉鹑、四川山鹧鸪和绿尾虹雉等。全省动物中可供经济利用的种类占50%以上，其中毛皮、革、羽用动物200余种；药用动物340余种。

植物资源种类繁多，有高等植物14 470种，占全国总数的1/3，仅次于云南省。其中，苔藓植物500余种，维管束植物230余科、1 620余属，蕨类植物700余种，裸子植物100余种（含变种），被子植物8 500余种，松、杉、柏类植物87种（居全国之首）。有国家重点保护野生植物233种，其中国家Ⅰ级重点保护野生植物11种、国家Ⅱ级重点保护野生植物222种。有各类野生经济植物5 500余种，其中药用植物4 600余种；所产中药材占全国药材总产量的1/3，是全国最大的中药材基地；芳香及芳香类植物300余种，是全国最大的芳香油产地；野生果类植物达100余种，其中以猕猴桃资源最为丰富，居全国之首，并在国际上享有一定声誉；菌类资源十分丰富，野生菌类资源达1 291种，占全国的95%。四川省还是全国重要竹区之一，竹子在全省均有分布，有竹类18属164种，其中乡土竹种140余个、特有竹种73个，竹林面积、竹产业产值分别居全国第一位和第二位。截至2022年年底，全省森林覆盖率达到40.26%，比上年底提高0.03个百分点。

【能源资源】 四川省能源资源十分丰富，主要以水能、煤炭和天然气为主，水能资源约占75%，煤炭资源约占23.5%，天然气及石油资源约占1.5%。

全省水能资源理论蕴藏量达1.43亿千瓦，占全国的21.2%，仅次于西藏自治区，其中技术可开发量1.03亿千瓦，占全国的27.2%；经济可开发量7 611.2万千瓦，占全国的31.9%，均居全国首位，是中国最大的水电开发和西电东送基地。全省水能资源集中分布于川西南山地的大渡河、金沙江、雅砻江三大水系，约占全省水能资源蕴藏量的2/3，也是全国最大的水电“富矿区”，其技术开发量占理论蕴藏量的79.2%以上，占全省技术开发量的80%。

四川省的煤炭种类比较齐全，有无烟煤、贫煤、瘦煤、烟煤、褐煤、泥炭。全省保有煤炭资源量122.7亿吨，主要分布在川南，位于泸州市和宜宾市的川南煤田赋存了全省70%以上的探明储量。油、气资源以天然气为主，石油资源储量很小。四川盆地的天然气资源十分丰富，是国内主要的含油气盆地之一，已发现天然气资源储量达7万余亿立方米，约占全国天然气资源总量的19%，主要分布在川南片区、川西北片区、川中片区、川东北片区。四川生物能源也比较丰富，每年有可开发利用的人畜粪便3 148.53万吨、薪柴1 189.03万吨、秸秆4 212.24万吨、沼气约10亿立方米。此外，太阳能、风能、地热资源也较为丰富。

【矿产资源】 四川省矿产资源丰富，矿产种类比较齐全，矿藏资源蕴藏量极为丰富，矿产资源供应能力较强，是中国西部乃至全国的矿物原材料生产加工大省。拥有世界级的钒钛、锂、稀土等重要矿产资源，钛储量占全国总量的93%，位列全球第一；钒储量占全国总量的63%，位列全球第三；钒钛原料产量占全国总量的65%以上。四川省共发现矿产136种，具有查明资源储量的矿种97种（亚矿种12个），查明资源量居全国第一的重要矿产资源有8种，其中天然气、页岩气、钒、钛、锂等矿产累计查明资源量分别占全国总量的20.7%、65.5%、32%、81.6%和50.8%，资源优势明显。

四川省矿产资源的特点。一是资源总量丰富，但人均占有量低于全国水平；矿种齐全，但多数矿种储量不足。除钒钛磁铁矿、岩盐、芒硝、铅锌、硫、铁矿、石棉、云母、金、磷、水泥灰岩等储量可满足开发需要外，多数矿产资源都存在资源数量不足、质量差、探明矿山不足的问题。二是大型或特大型矿床分布集中，区域特色明显，有利于形成综合性的矿物原料基地。矿产集中分布在川西南（攀西）、川南、川西北三个区，并各具特色：川西南以黑色、有色金属和稀土资源为优势，其他矿产也很丰富且组合配套好，是全国的冶金基地之一；川南以煤、硫、磷、岩盐、天然气为主的非金属矿产种类多，蕴藏量大，是全国化工工业基地之一；川西北稀贵金属（锂、铍、金、银）和能源矿产（铀、泥炭）资源丰富，是潜在的尖端技术产品的原料供应地。三是部分重要矿产以贫矿和低品质矿为主，富矿不足。除铅、锌、镉、银、岩盐、钙芒硝等品位稍高外，其他矿产多为中、贫矿。四是矿床的共生、伴生矿多，具有重要的综合利用价值，但增加了采矿和选冶工艺难度，如攀西的钒钛磁铁矿为铁、钒、钛共生，川南的煤矿为煤、硫共生，川西北的锂矿为锂、铍共生。

【旅游资源】 四川省旅游资源极其丰富，具有数量多、类型全、分布广、品位高的特点，其资源数量和品位均在全国名列前茅。全省拥有世界遗产5处，其中世界自然遗产3处（九寨沟、黄龙、大熊猫栖息地）、世界文化与自然遗产1处（峨眉山－乐山大佛）、世界文化遗产1处（青城山－都江堰）；列入世界《人与生物圈保护网络》的保护区有4处（九寨沟、黄龙、卧龙、稻城亚丁）；有“中国旅游胜地40佳”5处（峨眉山、九寨沟－黄龙、蜀南竹海、乐山大佛、自贡恐龙博物馆）；有中国优秀旅游城市21座、国家历史文化名城8座。全省有国家A级景区895家，其中国家5A级景区16家、国家4A级景区338家；全省有自然保护区120个，面积6.4万平方千米，占全省土地面积的13.4%，其中国家级自然保护区32个；共有湿地公园55个，其中国家级湿地公园（含试点）29个；有国家级风景名胜区15处、省级风景名胜区79处；有森林公园137处，总面积232.48万公顷，占全省面积的4.78%，其中国家级森林公园44处，森林公园总数位列全国前十。由于地质构造复杂、地质地貌景观丰富，地质遗迹类型多样，已发现地质遗迹220余处，全省有世界级地质公园3处、国家级地质公园19处，其数量居全国前列。截至2022年年底，共有博物馆316个，全国重点文物保护单位262处、省级文物保护单位1 215处，国家级非物质文化遗产名录153项、省级非物质文化遗产名录611项。四川省还是全国红色旅游资源大省之一，点多面广、类型丰富，有红色旅游重要景区（景点）120余个，分布在全省80%以上的市（州）。拥有全国红色旅游经典景区9处，其中包括“5·12”汶川特大地震抗震救灾系列景区（四川省主要资源及其地位见表2）。

表2　四川省主要资源及其地位

资源类型		地位
土地资源	土地面积	全国第5位，西部第4位
	耕地面积	全国第6位，西部第1位
	林地面积	全国第2位，西部第1位
	牧草面积	全国第5位，西部第4位
森林资源	森林面积	全国第4位
	森林蓄积	全国第3位
生物资源	高等植物种类	全国第2位
	蕨类植物种类	全国第2位
	裸子植物种类	全国第1位
	被子植物种类	全国第2位
	药用植物种类	全国第2位
	芳香油植物	全国第1位
	野生果类植物	全国第1位

续表

资源类型		地位
生物资源	菌类资源	全国第1位
	国家重点保护野生动物种类	全国第1位
	陆生野生动物种类	全国第2位
	野生大熊猫种群数量	全国第1位
	鸟类	全国第2位
水能资源	理论蕴藏量	全国第2位
	技术可开发量	全国第1位
	经济可开发量	全国第1位
旅游资源	世界自然文化遗产数量	全国第2位
	国家5A级景区数量	全国第4位
	地质公园数量	全国第1位
矿产资源	天然气、钒、钛等8种矿产查明资源储量	全国第1位
	铁矿、铂族金属等10种矿产查明资源储量	全国第2位

四川省自然资源科学研究院编写组

气候状况

【基本情况】2022年，全省平均气温15.9℃，较常年偏高0.7℃，创1961年以来历史新高；全省平均降水量844.7毫米，偏少12%，位列历史第5少位。年内区域性暴雨天气过程少，暴雨站次偏少，属暴雨偏弱年份；四川秋雨开始期偏晚，秋雨强度偏弱。全省春旱偏轻，夏旱一般，伏旱范围广、强度大，总体为重旱年。全省有128站出现高温天气，其中101站日最高气温突破本站历史极大值，渠县日最高气温44℃（8月24日），刷新四川国家站日最高气温历史纪录；全省平均高温日数为1961年以来最多。年内冷空气活动次数接近常年，强度一般。春季盆地大风冰雹天气发生较为频繁，部分地方灾情损失较重。全省平均雾日数较常年偏少，盆地区域性雾或霾天气过程较上年减少。

【暴雨】2022年，全省区域性暴雨过程少，暴雨天气站次数偏少，属暴雨偏弱年。全年有130县站出现暴雨天气，发生暴雨309站次，较常年偏少71站次，排历史第8少位，其中大暴雨44站次，无特大暴雨出现。全省最大日降水量为187.7毫米，出现在7月21日的通江县；开江、乡城、青神、平武4县站最大日降水量排本站历史前3多位。雅安市7月11日—16日暴雨过程雨量为324.1毫米，为2022年全省最大过程雨量；理塘县出现位列本站历史第3多位的过程降雨量。

2022年，全省共发生3次区域性暴雨天气过程，5月1次，6月2次，7—8月未出现区域性暴雨过程。区域性暴雨次数较常年偏少。

【干旱】2022年，全省春旱偏轻，夏旱一般，伏旱范围广、强度大，总体为重旱年。

春旱。全省全年共有54站（盆地29站）发生了春旱，其中轻旱46站（盆地23

站)、中旱5站(盆地3站)、特旱3站(盆地0站)。中度以上干旱主要分布在攀西地区南部。2022年,春旱发生范围小,重旱以上县站主要集中在攀枝花市,综合评价为春旱偏轻年份。

夏旱。全省全年共有76站(盆地62站)发生了夏旱,其中轻旱41站(盆地31站)、中旱19站(盆地16站)、重旱10站(盆地10站)、特旱6站(盆地5站)。中旱以上区域主要分布在盆西北大部、盆东北局部和甘孜州局部。2022年,全省夏旱发生范围较广,重旱以上县站主要出现在盆西北和盆东北等地,综合评价为一般夏旱年份。

伏旱。全省全年共有143站(盆地94站)发生伏旱,其中轻旱35站(盆地17站)、中旱27站(盆地14站)、重旱17站(盆地12站)、特旱64站(盆地51站)。2022年,全省伏旱发生范围广,持续时间长,旱情偏重,盆地大部、川西高原中部、攀西地区东北部均有较大范围的重、特旱发生,其中盆地区尤为显著,综合评价为特别严重伏旱年份。

【高温】 2022年,全省高温日数多、范围广、极端性强,综合评价为历史最强年份。全省128站出现高温天气(日最高气温大于等于35℃)。全省112站日最高气温大于等于37℃,分布于盆地、攀西地区局部和阿坝州局部,其中81站日最高气温大于等于40℃,渠县日最高气温44℃(8月24日),刷新四川国家站日最高气温历史纪录。101站日最高气温突破历史极大值。2022年,全省平均高温日数为30.1天,较常年偏多20.7天,突破历史极大值。全省89站高温日数在30天以上,主要分布在盆地大部,其中古蔺县、合江县和渠县3站高温日数超过60天,古蔺县高温日数67天,为全省最多。75站高温日数突破历史极大值。

【秋雨】 2022年,四川秋雨开始期偏晚,秋雨强度偏弱。按华西秋雨监测标准,四川秋雨开始于9月14日,结束于10月31日,雨期长度为47天,偏少7天;秋雨量160.1毫米,偏少31.5毫米。综合强度指数为–0.69,为2级偏弱。

全省各地秋雨量等级北强南弱,川西高原和盆东北等地秋雨量偏强,盆地和攀西地区大部偏弱,其中盆南和攀枝花等地显著偏弱;各地秋雨期长度等级为正常或偏弱,盆南与攀西等地为显著偏弱。全省各地秋雨期间降水日数分布北多南少,川西高原和盆东北、盆西北大部偏多2 ~ 9天,盆南、盆西南及攀西等地偏少2 ~ 8天。

【大风、冰雹】 2022年,春季盆地大风冰雹天气发生较为频繁,部分地方灾情损失较重。4月12日,盆地多地出现大风冰雹天气,其中安岳县国家站极大风速达13级(37.4米/秒),为本站有气象记录以来的风速极大值;资阳、自贡、宜宾、乐山、雅安等市部分地区降了冰雹。乐至、安岳等地冰雹持续时间10 ~ 20分钟左右,冰雹最大直径1.5厘米,重量12克。该次大风冰雹天气造成多个乡(镇)房屋损坏、农作物受灾、交通受阻、农户停电等灾情。自贡市6个区(县)56个乡(镇)39 034人受灾,造成直接经济损失8 427.91万元;雅安市石棉县、汉源县等农作物以及苹果、花椒、大樱桃等经济作物受灾面积5万余亩。

5月6日,泸州市古蔺县局部出现雷雨天气过程,箭竹苗族乡、观文镇、德耀镇、金兰街道出现强降雨并伴随冰雹灾害。5月8日,叙永县出现大风冰雹,8个乡(镇)不同程度受灾,农作物受灾面积770公顷,造成直接经济损失357万元。

【雾】 2022年,全省平均雾日数为27.3天,较常年偏少2.9天。上半年3月雾日数较常年偏少0.4天,其余各月雾日数均多于常年,其中5月全省平均雾日数偏多最多,较常年同期偏多1.2天;下半年9月雾日数较常年偏多0.5天,其余各月雾日数较常年偏少,其中12月全省平均雾日数偏少3.4天。

2022年,盆地区域性雾或霾天气过程(盆地雾或霾站数连续3天及以上大于等于20站,中间允许中断1天)共出现12次,除3月、6—8月无区域性雾或霾天气过程外,其余月份均发生区域性雾或霾天气过程。盆地出现范围超过30站的区域性雾或霾天气全年共计32天,其中范围超过40站的区域性雾或霾天气全年共计16天,范围超过50站的区域性雾或霾天气全年共计9天,其中2月3日盆地雾或霾天气发生范围达到60站,1月9日、4月5日雾或霾天气发生范围分别达到75站、71站。

四川省气象局编写组

行政区划

【行政区划工作展现新内涵】 贯彻落实党中央关于行政区划工作的决策部署,6月22日,习近平总书记主持召开中央深改委第26次会议,审议《关于加强和改进行政区划工作的意见》。9月3日,中共中央、国务院正式印发。民政厅贯彻中央关于行政区划工作的最新部署,及时提请厅长办公会和厅党组会专题学习中央文件精神和民政部有关要求,筹备召开全省性电视电话会议，拟制定贯彻工作方案并及时报送民政部备案，推动中央部署落地生根。

加强政府驻地迁移管理。2022年以来，民政厅把加强政府驻地迁移管理作为依法加强行政区划工作的重要内容，摸清底数，加强调研。先后开展摸底排查和全面核查工作，摸清了全省市、县、乡三级政府驻地基本情况，形成了问题台账；到10个市（州）、38个县（市、区）、60余个乡（镇、街道）实地调研，针对个别地方存在的"搬而不报""批而未搬""规避审批"等问题起草形成了《关于我省县乡两级政府驻地迁移管理的调研报告》，并积极推动成果转化。

加强行政区划基础工作。立足改革后的行政区划新版图，编印《四川省行政区划简册(2021)》，及时为各级各部门提供最新最权威的行政区划信息。加强与上下级、同级之间的沟通协调，解决了民政系统内部行政区划代码数据不一致的问题。

【界线管理工作平稳有序】 完成省级行政区域界线第四轮联检工作。根据民政部《关于做好第四轮省级行政区域界线联合检查工作的通知》（民函〔2017〕274号）要求，按照国务院《行政区域界线管理条例》规定，完成川滇线、渝川线省级行政区域界线联检工作，标志着按时完成第四轮省界联检工作，同时，对川青线10颗界桩、川滇线8颗界桩进行了更换，维护了法定界线的权威性，加强了依法治界和防范化解重大风险隐患的意识，促进了界线毗邻地区的社会稳定与经济发展。

全面完成乡（镇）行政区划调整改革后勘界工作。2019年全省乡（镇）行政区划调整改革以来，183个县（市、区）乡级行政区域界线由10 644条调整为6 306条，总长10余万千米，已全部勘定。各地以界线联检为契机，推进平安边界建设活动不断开展。

【两项改革"后半篇"文章取得新进展】 完成县域内片区划分工作。全省划分形成乡（镇）级片区809个、村级片区6 812个，确立中心镇700个、副中心镇128个、中心村7 392个（见表1），乡村国土空间规划编制数量大幅度减少，全省县域内"县城（驻地镇）—中心镇（一级镇）—其他乡（镇、街道）—中心村—其他村（社区）"梯次带动的镇村体系已具雏形。

有序推进两项改革"后半篇"文章。筹备组织召开省领导小组2022年第一次会议，对2022年度的重点工作进行安排部署，审议通过2022年工作要点，并于4月15日以领导小组名义印发。省领导小组办公室先后组织工作小组到宜宾、广安、达州、巴中、南充、遂宁等市（州）就两项改革"后半篇"文章、片区高质量发展开展调研指导，确保工作稳序推进。及时印发《2022年度市（州）两项改革"后半篇"文章工作目标任务考核方案》《2022年度省直部门（单位）两项改革"后半篇"文章工作目标任务考核方案》，定期开展日常考核，印发工作动态13期，促进各地交流互鉴，推动了"后半篇"文章成势见效。

统筹抓好片区高质量发展。聚焦片区划分后形成的新格局，在深入调研、充分研判和广泛征求意见的基础上，拟制形成《关于以乡村国土空间规划引领县域内片区高质量发展的指导意见》（以下简称《指导意见》，并于4月29日以省委办公厅、省政府办公厅名义印发，同步会同40个省直部门（单位）研究梳理形成6类100条支持县域内片区高质量发展的政策清单，作为《指导意见》的配套文件，并以省领导小组名义印发。及时编印《四川省县域内片区图集》1 000册，为各地编制规划和抓好片区发展奠定了基础。

表1 四川省行政区划统计表

市（州）	县（市、区）					乡（镇、街道）				
	合计	市辖区	县级市	县	自治县	合计	乡		镇	街道
							小计	其中民族乡		
全省	183	55	19	105	4	3 101	626	83	2 016	459
成都市	20	12	5	3	—	261	—	—	100	161
自贡市	6	4	—	2	—	90	2	—	63	25
攀枝花市	5	3	—	2	—	49	15	10	23	11

续表

市（州）	县（市、区）					乡（镇、街道）				
	合计	市辖区	县级市	县	自治县	合计	乡		镇	街道
							小计	其中民族乡		
泸州市	7	3	—	4	—	126	8	8	92	26
德阳市	6	2	3	1	—	84	4	—	67	13
绵阳市	9	3	1	4	1	166	31	14	122	13
广元市	7	3	—	4	—	142	23	2	112	7
遂宁市	5	2	1	2	—	95	3	—	72	20
内江市	5	2	1	2	—	83	—	—	70	13
乐山市	11	4	1	4	2	132	18	2	103	11
南充市	9	3	1	5	—	242	38	1	162	42
宜宾市	10	3	—	7	—	136	17	12	105	14
广安市	6	2	1	3	—	124	10	—	99	15
达州市	7	2	1	4	—	200	30	4	149	21
巴中市	5	2	—	3	—	139	6	—	116	17
雅安市	8	2	—	6	—	96	29	13	57	10
眉山市	6	2	—	4	—	80	5	—	62	13
资阳市	3	1	—	2	—	89	13	—	67	9
阿坝藏族羌族自治州	13	—	1	12	—	174	92	1	82	—
甘孜藏族自治州	18	—	1	17		289	177	3	110	2
凉山彝族自治州	17	—	2	14	1	304	105	13	183	16

四川省民政厅编写组

人口情况

【户籍人口基本情况】 截至2022年年底，全省户籍总人口为9 068.75万人，共3 157.75万户，比上年户籍人口减少27.51万人；人口增长率为-0.3%，比上年下降0.47个百分点，其中男性4 641.24万人、女性4 427.51万人，男女性别比为104.83∶100。全年出生登记72万人，死亡注销95.4万人；省外迁入11.62万人、迁往省外16.31万人，省内迁入48.83万人、省内迁出48.62万人。整体上看，2022年全省人口增长量和增长率均为近年来的较低水平。

【户籍人口城镇化进程】 截至2022年年底，全省乡村户籍人口5 542.47万人，占全省户籍总人口的61.12%。全省183个县（市、区）中，城镇化率超过50%的县（市、区）共有37个，占比为19.89%，其中成都市23个县（市、区）中，城镇人口超过50%的县（市、区）有17个，占全省超过50%城镇化率的县（市、区）总数的45.95%。

全省增加城镇人口280.47万人，其中乡村人口转移城镇人口达54.36万人，占全省增加城镇人口的比例为19.38%，较上年增加53.8万人（乡村人口转移城镇人口）。在乡村人口转移城镇人口中，按照来自地区统计，“来自本市地”共44.11万人，占乡村人口转移城镇人口的比例为81.14%；“来自本省外地市”共8.1万人，占乡村人口转移城镇人口的比例为14.9%；“来自外省”共2.15万人，占乡村人口转移城镇人口的比例为3.96%。从统计分析情况，全省乡村转移人口数量明显增加，同时，各地城镇化进程中还有一些突出问题未解决，如一些地方已拆迁安置的农村居民户籍仍登记在拆迁安置村（组）中一些地方未完成户籍城镇化率任务将城乡分类代码修改，导致部分农村人口被统计为城镇居民。

【户籍人口流动趋势】 常住人口人户不一致现象普遍存在。随着“两化”建设全面加快，在本县（市、区）范围内，常住人口因就业、婚嫁、子女上学等各种原因，在户籍地址房屋以外新购房屋、租借房屋居住现象日益普遍，但其户籍并未迁移到实际居住地，导致其实际居住地址与户籍登记地址不一致现象普遍存在，且比例日益增加，截至2022年年底，全省实际居住地址和户籍登记地址不一致的人口占实有人口总数的比例约在50%左右。在经济越发达的地区和新建房屋越多的地方，往往人户不一致比例越高。

人口流动区域性、多样性特征日趋明显。主要呈现由农村向城镇流动、小城市向大城市流动、欠发达地区向发达地区流动的趋势，省内流动人口主要集中在大中城市。截至2022年年底，全省各市（州）实有人口和流动人口最多的均是成都市，实有人口已达2 444.2万人，占全省实有人口的比例为29.79%，其中47.96%均是流动人口。除成都市外，流入人口较多的市（州）有：绵阳市66.8万人、宜宾市42.1万人、泸州市36.3万人、凉山市33.6万人。

局部区域已经出现人口比例“倒挂”。全省大城市城区及城郊结合部、新兴乡（镇）因产业聚集导致流入人口数量剧增，一些乡（镇、街道）、工业园区等局部区域已出现户籍人口与流动人口“倒挂”现象，呈现出东部发达地区流动人口特点。

向省外流动人口总量大，但回流趋势明显。四川省是劳务输出大省，农业剩余劳动力大量向省外发达地区流动一直是全省流动人口一大特点，全省每年流出省外务工人员均在1 000万人以上。2022年，全省流出到省外居住的户籍人口为1 500余万人，流出去往地主要集中在珠三角、长三角等南方经济发达地区，流出到北方地区相对较少。近年来，随着全省经济社会发展全面加快，产业聚集能力增强，加上沿海地区发展转型，全省在外务工人员回流趋势日趋明显，由外省回乡创业的人员逐年增多。

农民工群体“半城镇化”状态比较突出。在整个流动人口中，农民工群体数量最大，是流动人口的主力军。随着全省“两化”建设加快，大量农民工进入城镇从事二、三产业，约有900余万名农民工群体虽然在城镇工作生活，但未将户籍迁移到城镇，处于“半城镇化”状态，在城乡之间两栖流动。许多农民工平时在城市务工经商，周末和节假日回到农村老家，城市近郊的一些农民工白天进入城镇务工，夜晚回农村住宅居住，处于“离乡不离土”状态。

四川省公安厅编写组

农业发展概况

NONGYE FAZHAN GAIKUANG

SICHUAN

种 植 业

综 述

【基本情况】 2022年，全省粮食作物播种面积646.4万公顷，比上年增长1.7%；油料作物播种面积168.9万公顷，增长2.2%；中草药材播种面积15.9万公顷，增长6%；蔬菜及食用菌种植面积154.2万公顷，增长4.2%。全年粮食产量3 510.5万吨，比上年减少2%，其中夏粮产量增长1.7%、秋粮产量减少2.5%。经济作物中，油料产量434.1万吨，增长4.2%；蔬菜及食用菌产量5 198.7万吨，增长3.2%；茶叶产量39.3万吨，增长4.8%；园林水果产量1 238.4万吨，增长7.4%。化肥农药继续保持零增长，秸秆综合利用率达92.8%，废旧农膜回收率达84%，耕地质量平均等级提升至5.39等，同比提高0.12等。

【粮食作物生产】 四川省是全国粮食作物的重要产地，粮食作物播种面积在全省农作物播种面积中所占的比重常年维持在60%以上，2022年全省粮食作物播种面积646.4万公顷，比上年增长1.7%。从主要品种看，小麦播种面积增加，水稻、玉米面积基本稳定。大豆、马铃薯播种面积大幅增加。大豆播种面积780万亩，同比增长17.3%，其中带状复合种植大豆349.1万亩，超额完成国家下达任务；马铃薯播种面积1 101.2万亩，增长6.7%；甘薯种植面积832.5万亩，因种植结构调整减少6.1%。

2022年，全省粮食总产量351.05亿千克，同比减少7.15亿千克，减少2%，基本保持稳定。从主要品种看，水稻总产量146.25亿千克，同比减少2.1%；玉米总产量104.6亿千克，减少3.5%；薯类总产量55.05亿千克，减少1.6%；由于豆类播种面积大幅增加，抵扣单产下降带来的损失，总产量略有增加，达14.55亿千克，增长1.3%。2022年，四川省粮食综合单产362.1千克/亩，下降13.5千克/亩，下降3.6%。粮食主要品种中，水稻单产520.2千克/亩，同比下降2%；玉米单产376千克/亩，下降3.8%；豆类单产139千克/亩，下降10.6%；薯类单产285千克/亩（折粮），下降2.2%。

【油料作物生产】 2011—2022年，全省油料作物播种面积从135.18万公顷逐年增长至168.9万公顷，增加33.72万公顷，增幅约为24.94%。种植区域主要集中在南充市、绵阳市和达州市。全省油料作物产量从2011年的306.74万吨增加至2022年的434.1万吨，增加127.36万吨，增幅约为41.52%。

【茶叶生产】 随着茶园面积的稳步增长，全省茶叶产量也呈逐年增长的趋势。2022年，全省茶叶产量39.3万吨，与2011年的18.97万吨相比，增加20.33万吨，增幅约为107.17%，年均复合增长率约为6.85%。全省茶产区主要集中在自贡、雅安、名山、来蒙、眉山、宜宾等地，其中雅安和宜宾地区产量较高。

【蔬菜生产】 四川省是全国重要的蔬菜主产区、"南菜北运"和冬春蔬菜优势区，2011—2022年，全省蔬菜种植面积从114.81万公顷持续增长至154.2万公顷，增加39.4万公顷，增幅约为34.31%，年均复合增长率约为2.72%。从同比增长率来看，全省蔬菜种植面积维持较为稳定的增长趋势，年间同比增长率在1.98%～4.16%左右波动，增长趋势较为平稳。2022年，全省蔬菜产量5 198.7万吨，与2011年的3 403.84万吨相比，增加1 794.86万吨，增幅约为52.73%，年均复合增长率约为3.93%。从同比增长率来看，全省蔬菜产量同比增长率从6.16%波动下降至3.17%，下降2.99%。

【水果及核桃生产】 2022年，全省水果种植面积1 285万亩，总产量1 238万吨，分别居全国第五位和第八位。全省核桃种植面积1 639万亩，建成核桃标准化基地764.1万亩，年产核桃干果68万吨，实现综合产值167.3亿元。川果产业成为巩固脱贫攻坚成果和助推乡村振兴发展的重要产业支撑，全省初步形成盆地晚熟柑橘、攀西晚熟芒果等产业带，优质甜樱桃、梨、李、桃、枇杷等特色水果生产区，攀西、川南、川中北三大蚕桑产业带，以及攀西、秦巴山、川西高山峡谷三大核桃集中发展区。采后商品化处理、冷链物流、电子商务、休闲观光、社会服务等新产业、新业态加速发展，形成全产业链融合发展新格局。

【中药材生产】 2011—2022年，全省中药材种植面积从8.09万公顷逐年增长至15.9万公顷，增加7.81万公顷，增幅约为96.64%，年均复合增长率约为6.34%。开展白芨、高原红景天、杜仲、银杏等科技成果推广示范。依托"科技下乡万里行"、现代农业"10+3"创新技术培训、全省林草科技支撑能力提升专题培训班、成渝地区中药材生产技术骨干培训等加大实用技术培训，共培训林草基层技术人员、种植企业、农户等2 000余人次，培养技术骨干150余人。加强"种药"思维，梯级建设现代林业园区(中药材园区),广元市昭化区林下中药材现代林业园区被认定为中药材省级园区;平武县厚朴等2个园区被认定为市(州)级中药材园区;剑阁县开封金银花等3个园区被认定为县级中药材园区。组织申报林草中药材地方标准8项,其中由省林科院牵头起草的《川产道地药材厚朴》地方标准获批立项。

【高标准农田建设】 财政厅印发《全省2022年高标准农田建设工作要点》《四川省农田建设补助资金管理办法实施细则》等,共计制(修)定农田建设管理有关制度办法10余项,构建起省、市、县全覆盖、多层次的高标准农田建设政策体系。2022年,全省各级财政部门把高标准农田建设放在更加突出位置,创新政策机制,夯实财政保障,共投入资金146.42亿元,支持建成高标准农田487.16万亩、高效节水灌溉面积53.97万亩,粮食产量351亿千克,其中国家补助四川高标准农田建设资金45.8亿元。严格落实省级财政支出责任,连续三年每年安排高标准农田建设资金超过18亿元,2022年达到21.9亿元;压实市、县支出责任,市、县多渠道筹集投入高标准农田建设资金74.88亿元。同时,引导社会资本投入3.84亿元,全省高标准农田建设亩均实际总投入达3 253元,居全国前列。财政厅会同省级有关部门开展全省高标准农田建设问题排查和质量检查,指导督促各地建立质量监督体系,支持15个县开展高标准农田项目区耕地质量等级评价试点。全省累计建成耕地质量监测点1 010个、调查点1万个。安排秸秆综合利用、退化耕地治理等项目资金8.2亿元,支持耕地质量建设。严格用途管制,加强日常监测管理、制度建设、监督检查,坚决防止高标准农田“非粮化”,确保高标准农田原则上全部用于粮食生产。省级财政安排560万元,引导项目县投入3 525万元,专项用于高标准农田建后管护。指导督促每个市(州)选择1个项目县的1个项目片区或3个项目村开展管护试点。指导督促各地完善工程移交制度,建立健全管护机制,落实管护主体、责任和经费。探索开展高标准农田建设工程质量潜在缺陷责任金融保险创新试点工作。此外,财政厅建立常态化年度综合评价机制,通过市(县)自评、交叉评价、监测评价等方式进行综合评价考核,对排名前三位和排名提升最快的市(州)给予通报表扬,对排名后两位的市(州)进行通报批评。2022年,安排高标准农田建设、管护成效显著的市(州),奖励资金600万元/个。

【有效灌溉面积】 2022年,全省新增有效灌溉面积1.4万公顷,年末有效灌溉面积达297.2万公顷,同比下降0.68%。与2011年相比,全省有效灌溉面积增加37.13万公顷,增幅约为14.27%。

【农业机械化】 四川省是全国丘陵山地农业机械推广应用大省,全省按照省委“稳农业”工作思路,推动制度、机制和技术创新,推进全省农机化高质量发展,为粮食增长和重要农产品保供提供装备支撑。2022年,全省农业机械总动力达4 917.7万千瓦,新增80万千瓦,同比增长1.7%;主要农作物综合机械化率提高2个百分点,达到67%。创建全国率先基本实现主要农作物生产全程机械化示范县4个,分别为成都市青白江区、成都市新津区、射洪市、眉山市东坡区。“稻茬小麦免耕带旋播种高产高效栽培技术”在西南冬麦区已普遍使用,核心内容“免耕带旋播种施肥机”入选2021年、2022全国主推技术。

【农作物新品种选育】 省农科院经作所选育的“蜀花4号”“蜀花5号”“蜀花6号”“蜀花7号”“蜀花8号”“蜀花9号”“蜀花10号”7个蜀花系列特色花生新品种通过农业农村部非主要农作物品种登记,其中“蜀花4号”“蜀花5号”“蜀花6号”为全省首批自育的抗青枯病花生新品种,具有高产、稳产、抗青枯病、适宜食用及加工等特点;“蜀花7号”“蜀花10号”为高油酸花生新品种,油酸含量大于75%,是花生加工及榨油的优质原料品种;“蜀花9号”为高糖低脂水果型红花生新品种,“蜀花8号”为高蛋白红花生新品种,二者均为适宜鲜食的高品质花生新品种,是未来特色花生发展的新方向。

12月7日,农业农村部发布畜牧兽医局《关于2022年全国草品种审定委员会审定通过草品种的公示》名单,四川省有4个品种入选,包含2个育成品种、1个引进品种及1个野生栽培品种。2个育成品种分别是省农科院农业资源与环境研究所选育的“川苏1号”和“蜀草4号”,前者系禾本科高粱属苏丹草,适宜在南方年降水量500毫米以上的丘陵、平坝地区种植,后者系禾本科高粱属高粱—苏丹草杂交种,适宜在南方长江中下游的丘陵、平坝地区种植;引进品种为四川农业大学、省草原科学研究院等单位引进的“舒克(Sulky)”,系豆科车轴草属白三叶品种,适宜在长江中上游的中低海拔地区种植;野生栽培品种“川中”由四川农业大学申报,系禾本科牛鞭草属牛鞭草,适宜在长江中上游低海拔、冬暖湿润地区种植。

油菜新品种“川油81”“川油36”入选农业农村部主导品种,其中“川油81”在中江县的攻关田制种亩产量达150.19千克。

9月21日,《中共四川省委四川省人民政府关于表彰四川省“稻香杯”暨农业丰收奖先进集体、先进个人的决定》发布,省委、省政府决定,授予“宜优1611”等5个水稻品种“四川省‘稻香杯’优质米”特等奖、“川康优6308”等10个水稻品种“四川省‘稻香杯’优质米”一等奖、“川优8213”等10个水稻品种“四川省‘稻香杯’优质米”优质奖。

【现代农业园区建设】 成都市新津区粮

油现代农业园区等14个园区获评四川省五星级现代农业园区，绵阳市安州区粮油现代农业园区等30个园区获评四川省四星级现代农业园区，简阳市粮油现代农业园区等48个园区获评四川省三星级现代农业园区。截至2022年年底，国家级、省级园区入驻龙头企业1 035家、农民合作社1.05万家、家庭农场1.79万家，带动154万户农户增收。园区内农民实现人均可支配收入2.59万元，比全省平均水平高30%以上。5月，全国唯一一个省级层面农业园区条例《四川省现代农业园区条例》正式施行，为推动园区规范化、法治化建设管理提供了有力的法制保障。

【农产品质量安全监管】 全省围绕现代农业十大产业体系建设，定量抽检农产品样品13.4万批次，达到每千人1.6批次；省级组织实施例行监测、专项监测、监督抽查、县域监测和飞行检查等“五项监测”，其中例行监测蔬菜、水果、茶叶、畜禽蜂产品和水产品样品13 914个，合格率分别为99.4%、99.2%、99.8%、99.5%和99.6%；专项监测粮油、茶叶、禽蛋、泥鳅、现代农业园区和“天府乡村”集体商标用标农产品等样品9 211个；监督抽查样品5 721个，检出不合格样品115个；县域监测119个县（市、区）样品13 060个；飞行检查随机抽查样品100个。

《四川农村年鉴》编辑部

粮食安全

【基本情况】 2022年，全省共收购粮食204万吨，较上年减少76万吨，其中收购小麦39万吨、稻谷135万吨、玉米17万吨、其他13万吨。全年收购油菜籽34万吨，较上年减少12万吨。全年销售粮食1 602万吨，比上年增加21万吨，其中销售小麦316万吨、稻谷450万吨、玉米450万吨、其他粮食386万吨。全年销售食用植物油275万吨，比上年减少13万吨，其中销售菜籽油163万吨、大豆油86万吨、其他油26万吨。

【全面落实粮食安全党政同责】 履行省粮安考核办职责，健全省、市、县三级考核机制，在全国先行先试开展2021年粮食安全党政同责考核，将考核结果纳入对市（州）党务、政务的目标管理，压实“米袋子”责任。完善2022年度考评细则，对粮食作物播种面积下降、保供稳市出现严重问题等3类情形实行“一票否优”制，对粮食增产、产业经济高质量发展等10项内容加分，奖惩并举、双向激励，调动各级党委、政府重农抓粮积极性。

【粮食保供稳价成效明显】 建立省级部门粮食安全形势定期分析机制，抓好监测预警、粮食购销、应急保供等重点任务，全年收购粮食204万吨、油菜籽34万吨，销售粮油1 602万吨，保障了全省粮食市场供应充足、运行平稳。落实国家粮食收购政策，针对因高温、旱情导致粮食质量下降进而影响种粮农民收益的实际，加强粮食质量安全监管监测，及时出台《四川省2022年整精米率不达标稻谷收储执行方案》，确保农民种粮“卖得出”。

【充实粮油储备】 全面落实2020年新增粮油储备102万吨任务计划，建立小包装应急成品粮油规模22万吨、应急保障网点4 786个。2022年，省政府决定再次新增粮油储备规模202万吨，在更高水平上保障区域粮食安全。

【加强粮油储备管理】 制定出台《四川省地方储备粮管理办法》《四川省省级储备粮管理年度考核办法》，严格依法管粮、管储。经省政府常务会议同意，为提高运行管理效能，将148家省级储备粮承储企业调减到40家集中储存，2022年已收回省级储备粮油承储指标15万吨，省级储备粮承储企业减少18家。

【夯实仓储设施基础】 实施优质粮食工程“六大提升”行动，新建高标准粮仓32.6万吨、低温粮库40万吨，建设“仓顶阳光”项目25个，现代化储粮水平稳步提升。在全国率先大规模推广绿色低温储粮技术，截至2022年年底，已建成绿色低温粮库265个、仓容636万吨，在实现储粮高质量、高营养、高效益和低损耗、低污染、低成本的“三高三低”目标方面发挥作用明显。

【充实应急救灾物资储备】 完成2022年首批2 547万元救灾物资采购入库，加快落实8 536万元新增救灾物资采购入库工作。修订《四川省重点地区救灾物资保障方案》，完善应急调运预案，对救灾物资数量薄弱、灾情预判较重的市（州）前置省级救灾物资9.5万件。向20个市（州）调运14万件御寒物资，保障困难群众温暖过冬。

【实施“天府菜油”行动】 做优做强15家29个品牌产品，“天府菜油”获评“中国十佳粮油影响力公共品牌”。四川省推荐的《苍溪县金农粮油有限责任公司发挥龙头企业带动作用着力助推乡村振兴》被评为2022年全国消费帮扶助力乡村振兴优秀典型案例，是全国粮食和物资储备系统唯一入选地方案例。2022年，全省食用植物油加工业产值突破290亿元，助力四川连续6年坐稳全国油菜第一大省的位置。

【提升监管效能】 会同省市场监管局、农业农村厅、国家粮食和储备局四川局建立粮食购销领域执法监管跨部门协调联动机制，加强跨层级、跨部门执法检查协作。推进粮食信息化管理平台功能提升，实现152家省级储备粮承储企业217个库点信息化监管100%全覆盖。采取“巡查+规程+问责”方式，严格执法检查，抽调331人组建34个检查组，对185万吨政策性粮油库存进行交叉检查、省级复查，确保数量真实、质量良好、储存安全。

【开展粮食购销领域腐败问题专项整治】 开展为期10个月的“以案为鉴、以案促改、以案促治”专题活动及“回头看”，推动专项整治走深走实。抓住窗口期，聚焦破解影响粮食和物资储备高质量发展的深层次矛盾问题，研究制定《关于推进四川省地方政府粮食储备企业政策性职能和经营性职能分开的指导意见》，推进“两分开”改革。建立省级储备粮保管费、轮换价差补贴标准动态调整机制，解决政策性粮食轮换长期亏损问题。制定完善《四川省地方政府储备粮食仓储管理实施办法》等35项制度，全系统制（修）订市（县）级制度规定677项，建立起靠制度“管权、管粮、管库、管人”的管理体系。

四川省粮食和物资储备局编写组

林业和草原

综　述

【基本情况】 2022年，全省林草系统围绕“三个三”工作总体思路和“两业并举、双轮驱动”总体战略，完成了年度目标任务。全年落实中央、省级财政资金90.9亿元，完成营造林559万亩，治理退化草原1 152.6万亩，森林覆盖率达40.26%，草原综合植被覆盖度达82.57%，森林蓄积量达19.44亿立方米，林草产业总产值超过4 700亿元。在1月13日召开的全国林业和草原工作会议上，全省国土绿化、以国家公园为主体的自然保护地体系建设、集体林权制度改革和林长制、林草资源保护管理、稳经济大盘林草要素保障等5项工作获得国家林草局通报表扬。

【林长制工作】 完善组织架构，及时调整充实人员，设立省、市、县、乡、村五级林长9.2万余人，设置林长公示牌3.4万余个。推行村级“一长两员”机制，设立村级林草监管员3.9万余人，聘用护林护草员9万余人。完善运行机制，省林长办与省检察院建立“林长+检察长”协作机制，修订出台省林长制考核办法，21个市（州）全面建立林长制运行基本制度，183个县（市、区）全部设立林长制办公室。遂宁、乐山等7个市（州）开展首批省级林长制创新试点，成都市获得国家林长制激励通报表扬。加强工作落实，省委书记、省总林长王晓晖，省长黄强召开省林长制全体会议、签发第1号总林长令，38名省级林长带头巡林70余次，各级林长巡林417万余次，发出提示督办函1 200余件，解决重点难点问题13.6万余个。

【自然保护地体系建设】 全面启动大熊猫国家公园建设，省政府印发管理办法和建设意见，省法院出台司法服务保障意见。稳步化解矿业权、小水电等历史遗留问题，将2 639亩集体人工商品林调整为公益林，核心保护区搬迁安置52人。埋设界碑界桩2 894个，开展巡护8万余人次，实施大熊猫栖息地生态修复4万亩。启动社区融合创新发展试点，成都、雅安等地组建共建共管委员会40个。创建若尔盖国家公园，联合甘肃省健全协同机制、制定创建方案、编制总体规划、开展自查评估，组织实施若尔盖草原湿地生态保护修复工程，主要创建任务已基本完成，被省深改委评为2022年四川全面深化改革十件大事之一。将自然保护地整合优化预案纳入全省“三区三线”划定成果，风景名胜区整合优化预案通过国家林草局技术审查，编制《四川省自然保护地发展规划（征求意见稿）》，修编各类自然保护地总体规划64个并批复36个。

【森林草原防火】 压实责任固牢网底，出台实施森林防火奖补办法，防火行政处罚权基本赋权乡（镇、街道），5.3万余人的打防结合早期处置力量靠前驻防、带装巡护，高火险期护林护草员上线率稳定在90%以上。突出预防为主，依法批准生产生活用火1.7万余次，规范设立防火卡点1.2万余个，整治重点目标重要设施隐患6 512个，清理可燃物96万吨，实施计划烧除485万亩，第一次森林草原火灾风险普查全面完成。提升技防能力，“天空地人”一体化火情监测即报系统和省级融合调度指挥大厅投入使用，接入卫星12颗、航空护林飞机6架、视频监控900余个，第一时间向各级森防指办推送热点信息1 700余个。加强基础建设，新（改）建防火通道2万余千米、蓄水池2.5万余口、瞭望塔1 500余座，甘孜州、阿坝州、凉山州和攀枝花市新（改）建“两点一哨”2 200余个。全年发生森林火灾15起，较2021年下降34.8%；森林火灾受害率0.013‰，远低于国家控制指标。

【林草服务稳增长】 出台林草助力稳增长八条措施，实行重点项目使用林地“容缺+承诺”支持政策，全面推行重大项目并联审批，创新出台农村宅基地、养殖用地、线性工程临时变更备案等政策。在全国率先实行林地定额省（市）分级管控制度，出台建设项目使用林地审核审批规范，争取国家下达林地定额13.96万亩，居全国前列，2 588个建设项目得到林地保障。推进储备林建设，新增银行授信资金283亿元，新增放款80亿元，建设储备林59万亩，项目已覆盖18个市（州），德阳、广安等5市实现全域推进。推进“放管服”改革，省级办理政务服务2 160项，批准使用林地草地20.5万亩，林地许可事项委托市（州）增加至19个，划转了草种生产经营许可、进口草种检疫事项。扩大林草投资，落实地方专项债券26.6亿元，世行贷款长江上游森林生态项目提款1.07亿欧元，川东平行岭谷国土绿化示范项目新增中央专项资金2亿元，芦山、马尔康、泸定地震灾区规划林草重建项目13个、总投资4.97亿元。

【国土绿化】 全面推行造林绿化落地上图精细化管理，系统评估造林绿化空间适宜性，带图斑带位置上报下达造林任务，完成人工造林40.1万亩、封山育林112.9万亩、义务植树1.08亿株，1 600余万亩退耕还林成果持续巩固。推进森林质量精准提升，完成退化林修复118.2万亩，古蔺县国有林场等10家单位被纳入全国森林经营试点。发布省级森林城市评价指标，出台古树名木养护复壮技术规程，认定新增一级古树87株，新建省级古树公园10个。达州市创建为国家森林城市，南充、遂宁、资阳等3市和9个县积极创建国家森林城市，内江市推行全域绿化。纵深推进脆弱生态治理，实施人工种草70.1万亩、天然草原改良175.4万亩、封育围栏55.1万亩，治理沙化土地50.7万亩、干旱河谷1.9万亩、岩溶地区石漠化10.1万亩。第六次荒漠化和沙化调查、第四次石漠化调查全面完成。

【资源保护管理】 组织开展国家森林督查，2021年案件查处率和入库率达99.5%，资阳市率先实现森林资源案件查处、案件入库“双清零”。核实完成2022年国家移交的16.8万个遥感变化图斑，挂牌督办重大案件15件。加强天然林保护和公益林管理，追加省级备用采伐限额19.14万立方米。省政府办公厅印发加强草原保护修复和草业发展实施意见，落实草原奖补资金8.92亿元。阿坝、理塘、木里等11个县创建为草畜平衡示范县，甘孜、红原、松潘草原入选国家首批“红色草原”，白河牧场被纳入国家首批国有草场建设试点。加强湿地保护修复，完成海子山和长沙贡玛湿地修复10.84万亩，色达泥拉坝国际重要湿地通过国家专家组评估，炉霍鲜水河、白玉拉龙措通过国家湿地公园验收。省政府出台野生动物致害补偿办法，建立打击野生动植物违法犯罪厅际联席会议制度，新增旺苍等5个野猪危害防控试点县，野生动植物极小种群保护复壮有序推进。实施松材线虫病防控五年攻坚行动，发生面积、疫点数量、病死树数量实现“三下降”。全年防治林业有害生物691万亩，治理草原鼠虫害852万亩，林业有害生物成灾率1.96‰，草原有害生物成灾率9.93%，远低于国家控制指标。

【特色林草产业】 新增现代竹产业基地55万亩，累计认定省级竹产业高质量发展县10个、产业园区15个、产业基地122个，宜宾市、眉山市举办竹博会。全省竹加工转化率提高到73%；竹业综合产值达1 015亿元，同比增长14.4%，竹产业阶段性发展任务收官。省政府办公厅首次印发加快发展油茶产业实施意见，省林草局发布油茶良种目录，启动建设油茶保障性苗圃10个，认定油茶良种6个，新建、改造油茶林7万亩，荣县、叙永县被纳入全国油茶生产重点县。举办第四届四川生态旅游博览会，评定省级森林人家34个、森林康养基地12个、自然教育基地31个。成都市着力打造全国花木数据中心。什邡市中药材科技示范基地实现产值3 000万元。印发《林草碳汇发展推进方案》，建立四川林草碳汇发展创新联盟，发布森林经营、竹林经营碳普惠方法学。成都等4个市、宣汉等11个县和8个单位开展省级林草碳汇开发试点，洪雅县国有林场被纳入全国首批林草碳汇试点。

【林业产业化建设】 持续推进林业产业基地提质增效，截至2022年年底，建成现代林业产业基地3 548万亩，其中速生丰产用材林、珍贵树种用材林基地1 128万亩，竹产业基地1 064万亩，木本油料基地839万亩，木本药材基地152万亩。加快完善竹产业基地道路建设，全省建成竹林道路1 9 021千米，平均路网密度为16.6米/公顷。

【林草改革创新】 全面启用集体林权综合监管系统，实现平台交易1.04亿元。成都市全面推进全国林业改革发展综合试点，广元市开展集体林地地役权制度试点，巴中市率先推行公益林补偿收益权质押贷款制度。印发推动国有林场高质量发展意见，实施欠发达国有林场巩固提升项目，四川林业集团正式组建运营，国有林场林区改革成果持续巩固。推进林草科技创新推广，组建省级创新团队6个、重点实验室2个、工程技术研究中心1个、科技下乡专家服务团21个,新建省级长期科研基地7个;获得省科技进步奖8项,推广应用新技术、新品种、新模式100余项。印发林木良种目录清单和全省第一批主要乡土树种目录,新增的国家和省级林木种质资源库9处,审(认)定林木良种21个。成立省级草品种审定委员会,新增国家审定草品种5个,公布主要草种178个,主推草品种50个,建设乡土草种基地0.9万亩。

【林草支撑保障】《四川省大熊猫国家公园管理条例》通过省人大常委会一审,《四川省世界遗产保护条例》等5部地方性法规完成修(制)订调研。联合省法院、省检察院、公安厅出台林草行政执法与刑事司法衔接工作办法,联合生态环境厅印发自然保护地执法事项指导目录。凉山州州、县两级林草部门增设行政执法办公室。依法开展执法行动,全年立案查处林草行政案件8 057起,整改完成中央环保督察、小水电和矿权清理整治等问题360个。通江县实行林业局与林业行政执法大队“局队合一”管理。恢复设置38个基层林业站,启动建设国家标准化林业站31个,新建和改造国有林场林区道路8 000千米、房屋4万平方米。公益林保险参保率超过85%,商品林参保率达34%。林草湿沙综合监测有序推进,林草“一张图”不断健全。举办第二届数字国际熊猫节、首届大熊猫国际文化周。中央、省级主流媒体报道全省有关林草新闻2 500余篇(条、次),省局政务新媒体发布信息5 000余条。对外交流合作、信访维稳、后勤保障有力有效,新冠疫情防控形势平稳,老干部工作得到加强。

【从严治党】 各级林草部门采取多种形式学习党的二十大及省第十二次党代会精神,广泛开展践行“两个维护”专题教育,深刻领会习近平总书记关于林草工作的重要论述和指示批示精神,政治判断力、政治领悟力、政治执行力不断增强。突出以“讲政治、守纪律、勇担当、善作为”主题,组织开展机关作风建设年活动,推进“我为群众办实事”。加强项目资金管理,层层开展林草资金稽查和绩效评价,省级核查10个县(区),涉及资金7.4亿元,督促整改问题47项。加强党的建设和反腐败工作,深化林草政风行风建设,规范开展检查评比考核,支持各级纪检监察机构监督执纪问责。加强人才队伍建设,推动干部上挂下派交流锻炼,组织开展干部培训1万余人次,评审林草专业中高级职称500余人。

四川省林业和草原局编写组

森林资源保护管理

【完善林地林木管理制度体系】 出台规范性文件《四川省建设项目使用林地审核审批管理规范》。针对国家林地定额收缩趋紧,出台《四川省建设项目使用林地定额管理暂行办法》,在全国率先实行省、市分级管控制度,重点保障基础设施建设项目,优先保障公益民生发展项目,合理调控城镇建设项目,严格控制经营性项目。完善健全扩大油茶种植用地、林业设施用地标准、违法用地处罚认定、批次项目拆分报审、锂矿和油气项目用地、生态树葬等政策。持续推进“一网通办”,完善行政许可事项“一单一图一表”,加强对成都等8个下放审批权限市(州)的监管指导,提高林地审批质量和效率。严格执行国家限额采伐和凭证采伐法定制度,落实“放管服”改革要求,出台规范性文件《关于加强“十四五”期间林木采伐管理的通知》,保障商品林采伐、排危采伐、松材线虫除治采伐等限额需求。颁布《林木采伐技术规程》,对集体林区人工林抚育强度做出重大调整。

【服务经济社会发展大局】 组织完成全省“十四五”期间林地定额测算报告,协调争取获得国家对全省林地要素的重点支持,国家下达全省2022年林地定额9 306公顷,位居全国前列。出台重点项目使用林地“容缺+承诺”支持政策,服务保障200余个国家、省重点项目和金融工具项目使用林地4 000余公顷,保障2 200余个地方建设项目使用林地4 600余公顷,批复10个重点项目先行使用林地103.5公顷。保障油茶发展所需采伐限额,提出油茶生产用地8条保障措施。出台“9·5”泸定地震灾后恢复重建林地支持政策。

【国家森林督查案件查处】 召开全省林草资源保护视频会议2次,按照“清存量、控增量、提质量、防变量”总体要求,压紧压实属地责任,持续开展调度督导,先后9次向市(州)政府印发通报文件,推动国家森林督查案件查处。全年累计查处森林督查案件5 047件,查处率达99.8%,共处罚款14 460万元,补办用地手续321公顷,恢复植被775公顷,补种树木51万余株。及时开展全省案件入库培训和案件查处省级抽查,完成国家规定的案件入库任务,系统逻辑认定全省历年入库案件2.89万件,入库合格率达99.5%。组织各地开展“回头看”,纠正案件查处不到位的问题。

【加强森林资源监管】 组织180个县级单位完成国家移交的11万余个遥感疑似图斑现地核实及系统上传等工作。开展全省2019年以来市、县两级林地审核审批专项清理整治，通报9起违规审核审批林地和12起“两随机、一公开”省级抽查问题典型案例。协调开展“以康养名义开发房地产项目”全省排查整治，组织开展全省2019年以来市、县两级林地审核审批专项清理，完成林地、采伐行政许可及木材经营加工企业“两随机、一公开”省级抽查，向政府监管平台推送违法企业信息20家。深化“五联”工作机制，联合国家林草局驻成都专员办约谈问题突出县1个，联合挂牌督办问题严重县1个和重大占地毁林案件15起，联合审核挂牌案件“一案一卷”销号20个。2022年，全省违法使用（毁坏）林地面积下降7.7%，违法采伐（毁坏）林木蓄积面积下降71.2%。

调配268人组建65个工组，前后历时3个月，按期完成2 525个样地野外调查任务，工作量位居全国第二，并通过国家质量检查。组织180个县级单位完成16万个遥感变化图斑县级自查，工作量位居全国第一。2022年，全省林草综合调查监测工作得到国家林草局资源司、西南院肯定，2021年工作被表扬为全国林草生态综合监测工作10个有突出贡献省份之一。

【木材采伐制度】 严格落实采伐限额和凭证采伐法定制度，全省依法核发采伐许可证12.53万份，批准使用采伐限额326.62万立方米，审核批复储备林建设、森林抚育、松材线虫病疫木、电力线路排危林木采伐28宗。

【林地底图管理】 持续推进森林资源管理“一张图”与国土“三调”数据对接融合，依法依规审核同意8县15次“一张图”纠错或林保规划调整。尊重林农意愿，审核7个市（州）18个县公益林调整诉求，补进调出面积3.8万亩。

四川省林业和草原局编写组

草原保护建设

【基本情况】 以省政府办公厅的名义印发《关于加强全省草原保护修复和草业发展的实施意见》，把种草改良、资源保护、有害生物防治，以及基况监测、有害生物普查等工作纳入对地方林长制工作考核体系。据2022年国土“三调”数据公布，全省草原总面积1.453亿亩，其中天然牧草地面积1.415亿亩、人工牧草地面积86.56万亩、其他草地面积（草山、草坡）292.91万亩，98.42%集中在甘孜、阿坝、凉山三州地区，天然草原牧草构成以禾本科、莎草科、豆科和杂类草为主，主要类型有高寒草甸、低地草甸、山地草甸和暖性草丛4类。

【草原执法】 印发《关于开展2022年草原联合执法专项行动的通知》，组织甘孜州、阿坝州、凉山州开展为期6个月的草原联合执法行动，并协调自然资源、生态环境、农业农村等相关部门开展草原违法案件集中查处，累计执法500余次，出动执法人员1 520人次，发现草原违法案件316起，立案查处302起。推进草原变化图斑判读和核查处置工作，制定《四川省2022年草原变化图斑核查处置工作方案》《四川省草原变化图斑抽查核查处置操作细则》，全面完成10 451个图斑核查工作。组织开展“草原普法宣传进机关、进企业、进学校、进社区、进牧场”活动。印发《关于开展2022年草原普法宣传月活动的通知》，在全省范围内组织开展“依法保护草原　建设生态文明”草原普法宣传月活动，累计开展草原普法宣传月活动294场次。

【草原征占用管理】 完成建设项目使用草原“一图一表”制定工作，对建设项目使用草原的三种情形进行了规范配置。采用容缺审核、同意先行用地、加快审核等方式支持国家重点项目加快建设，全年办理草原征占用审批215件、涉及面积9.6万亩，收取植被恢复费1.08亿元、植被恢复保证金601万元。

【草原保护制度落实】 印发《四川省林业和草原局关于进一步加强草原禁牧休牧和草畜平衡工作的通知》，对草原禁牧修复和草畜平衡工作重点、方法举措进行细化和安排。在11个县开展草畜平衡示范县创建，组织召开草畜平衡工作推进会，指导编制落实草畜平衡制度工作规划，制定年度工作方案，探索草畜平衡管理机制，缓解草畜矛盾。指导基层林草部门对7 000万亩禁牧区和1.42亿亩草畜平衡区开展偷牧和超载监测。

【草原修复治理】 全年实施人工种草70.1万亩、天然草原改良175.4万亩、封育围栏100万米（55.1万亩），完成国家下达任务的128.95%，项目计划任务和完成情况上图率均达100%。实施草原鼠害治理605万亩、虫害治理247万亩，在若尔盖、石渠、色达3县启动草原鼠害综合防控示范区建设5.5万亩。全省草原有害生物成灾面积较上年减少33.09万亩，成灾率低于国家目标值0.3个百分点。

【草原监测体系建设】 在全省组织开展草原基况监测，首次开展草原有害生物普查，组建专业普查队伍96支，踏查面积353.4万亩，初步形成一套草原有害生物监测预报技术体系。开展年度性草原专项监测，收集重要物候期草原植被荣枯变化以及生态修复和工程项目建设效益，完成草原返青调查样地64个、调查样方192个、草原生产力监测样地1 198个、草原生态保护修复工程效果监测样地78个、退牧还草工程实施效果监测样地116个，全面完成年度草原监测工作目标。

【重点领域改革】 组织相关部门、科研单位、高校、企业等社会各界共同谋划草产业发展，形成《四川省草产业发展报告》白皮书，建立四川草产业链协调发展格局。印发《四川省主要草种目录(2022年)》《四川省2022年主推草品种目录》，公布主要草种178个，主推草品种50个，建设乡土草种基地3个。推动国有草场试点建设和“红色草原”申报，四川省白河国有草场入选国家首批国有草场试点建设名单，甘孜草原、红原草原、松潘草原入选国家首批“红色草原”名单。

【科技支撑能力】 牵头或参与建设国家林业草原青藏高原高寒草地生态修复工程技术研究中心等10个国家级创新平台、四川省草业工程技术研究中心等3个省级平台，行业内批建青藏高原草种创新与利用四川林业草原重点实验室等7个林草行业内部创新平台。拥有青藏高原特色草种质资源创新与育种应用创新团队、西南区草种质资源创制利用创新团队2个国家级创新团队，“草地育种资源挖掘与创新利用”“草地生态保护修复与合理利用”2个林草科技创新团队。组建草原生态修复治理科技下乡万里行专家团。获得全国农牧渔业丰收奖二等奖1个，省科技进步奖二等奖、三等奖各1个。

四川省林业和草原局编写组

野生动植物保护

【夯实保护基础】 发布《四川省陆生野生动物收容救护管理细则(试行)》，规范和推动野生动物收容救护工作。推动狼、麝类、猴类和大花红景天等国家重点保护物种调查；与世界自然基金会合作，形成雪豹调查技术规程，谋划启动全国范围内首个以省域为单位开展高山生态系统典型代表物种——雪豹野生种群及其栖息地调查。印发《关于严厉打击非法猎捕和交易红(蓝)喉歌鸲等野生鸟类活动的通知》，聚焦重点区域和场所，加强部门协同，结合“清风行动”和“网络市场监管专项行动”，联合各部门开展专项整治活动。

【持续开展大熊猫保护管理】 配合国家林草局筹备全国第五次大熊猫调查、开展首届大熊猫论坛筹备和欢送大熊猫“四海”“京京”参与中卡大熊猫国际合作研究。开展大熊猫栖息地修复研讨，并启动中央财政资金凉山和小相岭山系大熊猫栖息地修复项目，全省全年救护救护野生大熊猫6只。持续开展已放归大熊猫个体动态监测和无损伤DNA分析，开展与香港海洋公园保育基金赓续合作商谈。推动成都大熊猫繁育研究基地进行大熊猫DNA靶向捕获技术创新，成都大熊猫繁育研究基地全年共繁育成活大熊猫11胎15仔，正常幼仔成活率100%。

【生物多样性保护宣传】 以“生物多样性保护　四川在行动”为题，在省政府网站专访中介绍了四川生物多样性保护的历史、现状及未来，号召全社会共同携手共创大美四川。筹拍纪录片《生态秘境》，系统展示四川省生物多样性保护取得的成果，上映以来收视率居中央电视台九套全年第一位。

【野猪种群调控】 完成四川省防控野猪危害综合试点县(市、区)成效评估，新增广元市旺苍县、达州市万源市、凉山州盐源县、甘孜州丹巴县、阿坝州金川县5个试点县(市、区)，落实专项资金400万元，批复同意5个试点县(市、区)的野猪危害防控方案。在广元市、绵阳市、雅安市等地的30个县(市、区)开展野生动物致害补偿保险试点。

【极小种群野生植物保护】 在全省范围内开展自然保护地外珍稀濒危野生植物原生境保护小区(保护点)基本情况调查。继续推进极小种群野生植物的就地保护、人工培植和野外回归。实现峨眉拟单性木兰和距瓣尾囊草的野外回归，建立起新的野外种群。五小叶槭、圆叶玉兰、崖柏的人工培植苗木生长良好，为下年春季野外回归准备了条件。实施疏花水柏枝野外保护，种群数量保持稳定。

【健全疫情应急响应机制】 修订并印发《四川省林业和草原局突发陆生野生动物疫情应急预案》《四川省重大陆生野生动物疫情应急领导小组名单及其责任分工》。组织全省各级林草主管部门和各级监测站做好特别重大陆生野生动物疫情(Ⅰ级)、重大陆生野生动物疫情(Ⅱ级)、较大陆生野生动物疫情(Ⅲ级)、一般陆生野生动物疫情(Ⅳ级)的监测、报告、确认、应急响应和终止、善后处理等工作。组织实施“陆生野生动物疫源疫病监测防控项目”，在唐家河国家级自然保护区举办2022年四川省陆生野生动物疫源疫病监测防控应急演练(北片区)。

【扩大保护合作领域】 推动全球环境基金(GEF)“扩大中国四川省湿地保护面积并增强湿地管理能力”项目落地。同世界自然基金会(WWF)成都项目办、阿拉善SEE生态协会、亚洲动物基金(AAF)、大自然保护协会(TNC)和西南山地等组织座谈，协调沟通下一步工作重点及合作方向，促进社会力量参与四川生物多样性保护。

四川省林业和草原局编写组

森林和草原防火

【基本情况】 2022年，全省林草系统贯彻落实省委、省政府部署要求，履行森林草原防火行业监管职责，省林草局通过召开党组会、局务会、全省森林草原防火工作会学习习近平总书记关于森林草原防灭火工作的系列重要指示精神，系统谋划工作举措，统筹推进林草系统防火工作。全省全年共发生森林火灾15起，相较2021年下降34.8%；受害森林面积137.52公顷，森林受害率0.013‰。

【责任落实】 制定2022年森林草原防火工作方案，成立由局主要负责人任组长的领导小组，组建工作专班，将落实森林草原防火责任制作为林长制重要工作内容，同时牵头修订省森防指“风险隐患排查整治”“林牧区输配电设施隐患排查整治”“小火打早打了”3个组工作方案，专门对国有森工企业、国有林场、各类自然保护地等林草经营单位及林牧区施工作业活动森林草原防火工作作出安排。把履职能力作为选聘护林护草员的首要条件，采取线上线下相结合方式加强监管，推动护林护草员高火险期日均上线率稳定在90%以上。

【火源管控】 严格管理林牧区野外用火行为，全省依法批准森林草原防火区野外用火1.7万余次、施工作业2 000余人次，设立林区卡防点1.2万余个。加强违规野外用火查处力度，印发11项县级林草部门森林草原防火行政处罚权赋权乡（镇、街道）指导意见，并组织开展专题培训，基本实现赋权到位。出台和组织实施《四川省村（社区）森林防火奖补办法（试行）》，对“三州一市”森林草原防火工作突出的1 210个村（社区）实施奖补，增强村（社区）居民对火源管控的积极性、主动性。

【日常检查】 省林草局主要负责人分别在春节、“3·30”、清明、五一等重点时段带队开展暗查暗访，分管负责人带队持续对中低火险县（市、区）、国有林草经营单位开展巡回检查，4名厅级干部带队不间断对盐源、德昌、白玉、新龙4县开展包县联系督导。8月极端高温天气和党的二十大期间，与有关部门组成多个联合工作组到各地开展暗访暗查。

【宣传教育】 运用主流媒体和林草部门自身宣传平台，发布木里县“两点一哨”等森林草原防火信息2 200余条。联合省通信管理局发送防火公益短信4 000余万条，联合省委宣传部、教育厅组织开展“森林草原防灭火 · 开学第一课”进课堂，联合司法厅录制的防火普法节目浏览量达3 000万余人次。在防火宣传月和“3·30”警示日期间专门制发网络倡议书、警示片和交互视频等专题宣教材料，累计浏览量超过1亿次。

【防火设施建设】 推动协调落实中央、省级和地方财政资金，加强防火设施建设，新（改）建蓄水池2.5万余口、瞭望塔1 500余座、防火卡点2 000余个、视频监控设备1 300余套，增配防火装备2万余套。印发《关于高火险县（市、区）率先建设“两点一哨”的紧急通知》，指导“三州一市”建成林区卡防点1 400余个、前置驻防点450余个、火情瞭望哨370余个。

【火情早期处理力量建设】 全年运用“四川省森林草原火情监测即报系统”接收处理护林护草员报警信息近2 000条，向各级森防指办推送卫星热点信息1 700余条。提供森林草原火险预报200余期，配合省森防指办发布火险预警信息8期。推广“以乡建队、以村布防，以林为家、带装巡护，有火灭火、无火防火”和“小火大打、重兵投入”等经验做法，全年组织培训林草防火干部300余人。

【应对夏季极端高温】 召开全省林草系统防火紧急会议和部分地区调度会议，传达学习省委、省政府、国家林草局领导批示要求和有关会议精神，两次向高风险地区发出紧急通知和提醒函，组织全省林草部门全面激活各项火灾防范措施，督促加强火源管控、排查整治隐患、加强巡山护林、开展非防火期值班值守。通过卫星全天候开展热点监测、值班值守，做好热点、火情信息收集处理，并配合省森防指办、省气象局等开展火险会商研判，共同制发火险等级预报4期。

四川省林业和草原局编写组

森林病虫害防治

【基本情况】 2022年，全省主要林业有害生物发生面积888.4万亩，同比减少47.96万亩，林业有害生物发生率2.33%。其中，病害发生面积178.45万亩、虫害发生面积663.37万亩、鼠害发生面积46.43万亩、有害植物发生面积0.15万亩。全省林业有害生物成灾率1.96‰，完成国家下达的控制指标。松材线虫病发生面积74.55万亩，病死松树252 813株，实现了发生面积、病死松树、疫情小班“三下降”。

【松材线虫病防控攻坚行动】 将“实施松材线虫病防控五年攻坚行动”纳入林长制考核。向松材线虫病疫情反弹的4

个疫区发送提醒函,向疫木除治进度严重滞后的1个市、1个疫区发送督办函。配合国家林草局松材线虫病疫情防控包片蹲点第十组制定包片蹲点工作实施方案,到广元市、绵阳市、宜宾市、自贡市等地的部分疫区开展包片蹲点工作。制定印发《四川省松材线虫病疫情防控工作制度》,完善松材线虫病防控制度体系建设,加强防控工作各关键环节的质量管控。印发《关于下达"十四五"期间林业有害生物成灾率年度控制指标和松材线虫病疫情防控五年攻坚行动控制目标任务的通知》,细化防控目标任务。编印《重大林业有害生物防控工作要情》,通报工作亮点、除治进度等情况。开展疫木集中除治工作,累计除治病(枯)死松树123.89万株,清理面积109.28万亩,除治小班23 573个。

【提升监测水平】 加强中心测报点的骨干和辐射作用,国家级、省级中心测报点全年发布监测预警信息2 140条。联合省气象局农气中心在四川电视台发布2022年主要林业有害生物发生趋势预报。根据日常监测情况,发布半年、季度趋势预报信息,在有害生物发生重要时节及时发布蜀柏毒蛾、云南松毛虫、松墨天牛等生产性趋势预报,发布短期趋势预报3期、预警2期。开展松材线虫病疫情专项普查,召开专项普查工作线上会议,按时上报普查结果,并组织第三方机构对普查质量、防控成效进行评估。

【加强检疫监管】 发布《2022年全省检疫性林业有害生物疫区公告》《2022年全省松材线虫病疫点公告》《2022年松材线虫病疫点撤销公告》《四川省红火蚁发生县、乡行政区名录》。推进行政事务便利化,委托158个市(州)级及县级单位办理省际间调运林业植物检疫业务。完成检疫审批一体化平台对接工作,实施对接全国林草植物检疫信息化平台和四川一体化政务服务平台数据项目,实现植物检疫证书核发和林草植物产地检疫合格证签发便民化服务。开展联合检疫检查,指导乐山市市中区查处1起非法调运疫木案件,并移交公安机关立案侦办。联合成都海关、省通信管理局开展检疫检查工作。与省能源局、国家电网四川公司、省水电投资集团进行座谈,了解电力行业涉木包装材料情况。会同国家林草局成都专员办对林区施工点位电缆盘包装材料进行检疫检查。联合重庆市开展川渝松材线虫病疫源封锁管控联合行动。

【防灾控灾】 下达2022年全省春防任务计划,指导各地安全使用林用农药,推广无公害防治。春季集中防治蜀柏毒蛾、云南松毛虫、鞭角华扁叶蜂等主要食叶害虫和森林鼠害,防治面积165万亩次(其中飞机防治93万亩次、人工地面防治72万亩)。探索松材线虫病媒介昆虫防治新技术,在松材线虫病重点预防区实施媒介昆虫防治100万亩;在剑阁县、朝天区2个疫区开展松材线虫病媒介昆虫生物防治试点,实施面积5.5万亩。针对万源市、江安县等地突发竹节虫、竹蝗等灾害,指导开展应急处置,较快控制了灾情。加强对公园、绿地等重点区域的红火蚁及加拿大一枝黄花等外来入侵物种防控。

【增强支撑保障】 落实中央和省级林业有害生物防控资金11 121万元。实施完成达州市、巴中市、广元市、广安市防控基础设施建设二期工程项目。完成49名新增检疫员上岗培训考核。在省级林业和森防宣传平台发布信息334条,其中被中国林草防治网采用38条、被国家林业和草原信息网采用10条。组织开展"5·12"林草生物灾害防控宣传周活动,全省出动宣传人员6 712人次,发放宣传单52.5万张,发放科普挂图8.7万份,悬挂宣传标语6 532条,放置宣传展板424面;利用微信公众号、各种新媒体宣传1 561次,宣传受众达上百万人。

四川省林业和草原局编写组

畜 牧 业

综 述

【基本情况】 2022年,全省生猪出栏6 548.4万头,增长3.7%,生猪生产供给充足;牛出栏306万头,增长4.4%;羊出栏1 792.7万只,增长1.5%;家禽出栏78 087.1万只,增长0.8%。年末生猪存栏4 158.6万头,减少2.3%,其中能繁母猪存栏398万头,减少1.8%,产能处于合理水平;牛存栏868.7万头,增长4.6%;羊存栏1 529.9万只,增长1.2%;家禽存栏45 473.7万只,减少0.5%。全年猪(牛、羊、禽)肉产量661.2万吨,增长3.2%;禽蛋产量175.5万吨,增长3.7%;牛奶产量70.8万吨,增长3.6%。印发实施《四川省畜禽养殖污染防治规划》，全省畜禽粪污综合利用率达77%以上。

【肉牛生产】 全省肉牛品种多样、饲草资源丰富，具有发展肉牛产业的优势基础条件。2022年，全省牛出栏306万头，与2011年的235.32万头相比，增加70.68万头，增幅约为30.04%，年均复合增长率约2.42%。2011—2022年，全省牛肉产量从28.93万吨波动增长至38.59万吨，增加9.66万吨，增幅约为33.4%，年均复合增长率约为2.65%。

全省牛奶产量基本维稳，2022年全省牛奶产量70.78万吨，与2011年的71.2万吨相比，减少0.42万吨，降幅约为0.59%，下降幅度较小。分阶段来看，2011—2016年，全省牛奶产量波动下滑，且同比降幅呈逐年增长的趋势；2016—2022年，全省牛奶产量进入恢复性增长阶段，年间同比增长率在2%左右波动。

【生猪生产】 四川省是全国生猪生产大省、国家优质商品猪战略保障基地，长期以来，四川省生猪存栏量一直维持较为平稳的变化趋势。2022年，四川省生猪出栏量为6 548.4万头，与2011年的7 000.41万头相比，减少452.01万头，降幅约为6.46%，全省生猪出栏量、消费量常年居全国前列。近年来，生猪产业上下游市场波动频繁，对居民生活消费及全省经济形势的稳定带来了不利影响。2022年，四川省有393家生猪养殖场被认定为国家级生猪产能调控基地，2 500家生猪养殖场被认定为四川省省级生猪产能调控基地，四川省作为国家优质商品猪战略保障基地的基础不断稳固。2022年，农业农村部抽检全省种猪质量合格率为100%。

2011—2022年，全省猪肉产量从484.8万吨波动下降至478万吨，下降6.8万吨，降幅约为1.4%。在出栏量大幅波动的情况下，全省猪肉产量波动范围明显缩小，生产能力明显提高，对促进产能快速恢复、保障猪肉稳定安全供给起到重要作用。

2022年，农业农村厅发布《四川省生猪屠宰行业发展规划（征求意见稿）》，指出对新建设计年屠宰生猪100万头以上的屠宰场，以及同一地市范围内年出栏生猪50万头以上的大型生猪养殖企业申办的屠宰场，原则上予以优先支持，并且不再批准年屠宰生猪15万头及以下的屠宰建设项目，严格落实生猪屠宰环节非洲猪瘟自检和官方兽医派驻制度，规范生猪屠宰管理秩序，加强监管。清理不规范生猪屠宰企业434家。创建省级标准化生猪屠宰场（厂）9家。全省生猪年屠宰加工能力超过7 000万头，冷库储藏能力超过30万吨，精深加工能力达50万吨，均居全国前列。

【羊生产】 2011—2022年，全省羊出栏量从1 550.84万只波动增长至1 792.7万只，增加241.86万只，增幅约为15.6%，年均复合增长率约为1.33%。全省羊肉产量与羊出栏量保持较为一致的变化趋势，2022年全省羊肉产量27.43万吨，与2011年的23.9万吨相比，增加3.53万吨，增幅约为14.78%。

【家禽生产】 四川省土地肥沃、水资源丰富、人口集中、交通便利，是家禽养殖的密集区，全省近一半的家禽养殖集中在达州、成都、绵阳、南充、德阳5市。2011—2022年，全省家禽出栏量从5.79亿只波动增长至7.81亿只，增加2.01亿只，增幅约为34.77%，年均复合增长率约为2.75%。在家禽养殖规模整体增长的带动下，2022年全省禽蛋产量175.5万吨，与2011年的144.85万吨相比，增加30.65万吨，增幅约为21.16%，年均复合增长率约为1.76%。

【饲料兽药质量安全】 全省将监督检查和监督抽检有机结合，以2021年度被部省通报有不合格产品的、有信访投诉的，以及有其他违法行为的企业为重点，加大监督检查力度。监督抽检实行生产、经营和使用环节全覆盖，全年共抽取饲料样品1 460批次，合格率达99.2%；抽取兽药样品673批次，合格率达99.3%。

【兽用抗菌药使用减量】 2022年是四川省实施兽用抗菌药使用减量化五年行动方案的第一年，农业农村厅将减量化行动工作纳入2022年度市（州）党政领导班子和领导干部推进乡村振兴战略实绩考核。各地有序推进减量化行动，共建成达标养殖场296个，完成2022年每个涉农县至少建成1个达标规模养殖场的目标任务。

《四川农村年鉴》编辑部

生猪价格波动体系建设

【健全省发展改革委牵头的调控机制】 按照2021年年底印发的《四川省完善重要民生商品价格调控机制实施方案》（以下简称《实施方案》），将各类商品按重要程度分省、市两级进行调控，其中猪肉（生猪）是省级调控品种，由省发展改革委牵头。在以《实施方案》为总领的基础上，省发展改革委、农业农村厅、商务厅、财政厅、交通运输厅等业务主管部门立足自身职能职责，相互协同配合，相继出台或完善了系列配套政策。2022年，在三季度关键时点物价冲高特殊情况下，发挥制度体系的统筹协调作用，遏制了以猪肉为主的重要民生商品价格过快上涨，全省CPI全年累计上涨2%，完成年初预期调控目标。

【建立全省议题协调机制】 2022年，全省建立由省发展改革委、经济和信息化厅、农业农村厅、商务厅、省市场监管局、省粮食储备局等25个部门（单位）组成的重要民生商品价格调控省级协调机制，健全联席会议、信息共享、应急协调、督导评估等规则，整合各职能部门力量，推动跨系统、跨部门、跨业务的协同管理和数据共享，加强形势分析研判。以协调机制为依托，在生猪猪肉价格波动的关键时期，省发展改革委、财政厅、农业农村厅、商务厅、省统计局、省成本调查监审局、省价格监测局等省级协调机制成员部门组建调控专班，联动养殖、承储等相关企业，开展生猪猪肉价格专题研究，分析研判生猪生产整体形势和价格走势，通过全省一体调度、专班定期研判、重点城市督办等形式，实现省级部门协同共判、市（州）联动共推。2022年，在猪价快速上涨时期，全省调度6次，省级部门分析研判会议5次，根据价格形势提出建议10余条，形成相关决议2个，推动各地工作联动、信息联动、舆论联动，有效应对新冠疫情、节日等因素叠加下供应紧张、价格上涨的严峻形势。

【发挥政府储备调节作用】 为全面加强政府储备猪肉调节工作，在生猪猪肉价格波动关键时点，省发展改革委督促储备责任企业和各市（州）密切监测市场动态、及时启动常规储备收储工作、提前研判谋划临时储备的收储工作。省、市同步及时开展收储、投放工作，保障重要时点猪肉市场供应和价格稳定，2022年政府冻猪肉储备收储2.29万吨，投放0.9万吨。运用“两书一函”对猪肉收储、投放开展专项督导，发出提醒函、督导函40余份，超额完成收储目标，9月投放储备猪肉量超任务目标的30%。瞄准储备猪肉投放工作难点堵点，探索创新同步部署、联动宣传、集中供应等方式，全省设置近300个投放点，利用物资保供点、农贸市场、商超等各层级网点打通销售渠道，通过媒体宣传、告示指引、社区宣讲等方式营造氛围、引导预期。

四川省发展和改革委员会编写组

水　产　业

【基本情况】 2022年，全省水产品产量172.1万吨，实现渔业经济总产值674.4亿元，同比分别增长3.4%和8.2%。全省稻渔综合种养（国家渔业统计调查制度中的统计指标名称为“稻田养鱼”）产量49.3万吨，稻渔综合种养面积33万公顷，同比分别增长5.8%和2.7%，均居全国第四位。养殖产品中，鲶鱼产量7.2万吨，鮰鱼产量9.3万吨，长吻鮠产量1.1万吨，均居全国第一位。全省渔民年人均纯收入达23 089元，同比增长4.2%。

【长江十年禁渔】 落实监管责任。将长江十年禁渔工作落实情况纳入市（州）政府政务目标考核、河（湖）长制工作考核和市（州）党政领导班子领导干部推进乡村振兴战略实绩考核体系，压紧压实地方政府主体责任。

健全监管制度。印发《关于发布四川省天然水域禁用渔具和禁用捕捞方法名录的通告》《四川省长江流域禁捕水域休闲垂钓管理办法（试行）》。采取“四不两直”的方式对21个市（州）开展了两轮长江禁捕暗查暗访，督促暗查暗访发现的问题全部整改到位。

完善网格化管理。依托河（湖）长制构建的河湖单元网格，督促各级河（湖）长和护渔员担负巡河护渔工作职责，构建权责明确、规模适宜、运行有力、管护有效的禁捕网格化管理体系。

落实安置保障政策。按照“五个一批”分类安置要求，开展政策宣讲、岗位推介、技能培训等服务，加大公益性岗位开发和发展农渔业产业带动就业力度，全省共开展职业培训513人次，职业介绍2 889人次；全省12 381名有劳动能力和有就业意愿的退捕渔民全部转产就业；符合参保条件的16 303人全部参保。

做好兜底保障工作。全省兜底保障1 267人，累计实施临时救助160人次；把符合条件的23户退捕渔民家庭纳入防止返贫动态监测对象。组织开展“十省百县千户”长江退捕渔民调研，对19个县（市、区）的513名样本退捕渔民生产生活情况进行跟踪监测，对就业有障碍、家庭有困难的退捕渔民采取针对性措施帮助其解决生计问题，坚决守住不发生规模返贫底线。

【“鱼米之乡”建设】 全年投入资金1亿元，在邛崃市、荣县、泸县等20个县（市、区）推进“鱼米之乡”建设，建设稻渔综合种养面积40万亩。支持泸州合江与永川江津、内江隆昌与荣昌、达州开江与梁平、资阳安岳与大足等川渝毗邻地区联合规划、联动建设“巴蜀鱼米之乡”，2022年成渝交界地带已建成14万亩稻渔综合种养基地。

【园区建设】 指导各地加强要素投入、优化建设管理，推动水产现代农业园区提档升级、提质增效。全年新增省级五星级现代水产农业园区2个、四星级现代水产农业园区3个、三星级现代水产农业园区6个。截至2022年年底，全省创建国家级园区2个、省级园区16个（产业类园区15个、种业园区1个）。

【水产种业】 自主选育白乌鳢获批为水产新品种"玉龙1号"，实现选育水产新品种零的突破。继续加强眉山市东坡区省级水产种业园区培育，择优推荐四川百岛湖生态农业（克氏原螯虾）、眉山市东坡区鱼太子鱼苗繁育场（黄颡鱼）、盐亭西部水产种业（鳜鱼）和眉山伟继水产种业（鲶鮰类）等4家水产种业企业入选国家种业阵型企业矩阵。投入中央、省级资金3 620万元，夯实水产种业发展根基，生产鱼苗302.2亿尾，同比增长2.1%；鱼种19.8万吨，同比增长2.3%。持续开展水产养殖种质资源普查，完善全省水产养殖种质资源基础数据，启动省本级水产养殖种质资源调查工作。

【绿色发展】 投入资金1.3亿元，实施渔业绿色循环发展试点，支持4.89万亩养殖池塘开展标准化改造和尾水达标治理，完善基础设施，提升水产品增产保供能力，大竹县、开江县、天全县、绵阳市安州区等4个县（市、区）创建为国家级水产健康养殖和生态养殖示范区。推动《四川省水产养殖业水污染物排放标准》制定。

【品牌创建】 做好水产品认定和品牌培育工作。截至2022年年底，全省共认定绿色水产品3个、有机水产品9个，登记地理标志水产品21个。根据《四川省农业品牌目录制度》要求，鼓励相关主体参与评选，通威鱼、润兆渔业、仙那都鱼子酱、昇鱼尚水、巴鱼道生牌江口青鳙、弯哥鱼米等入选2022年四川省农业品牌目录。

【质量安全监管】 加强基层水生动物防疫体系建设，提升水生动物疫病监测能力。抓好水产苗种产地检疫，组织470余人参加2022年全国水产苗种产地检疫知识培训，382人通过线上考试。全年开具水生动物检疫合格证明2 288单。升级苗种产地检疫管理系统，新增微信申报、公众查询和检疫过程监管等功能，提高便民服务水平。在全省18个市（州）共24个渔业大县的115个测报点开展水产养殖动物病害测报，定期发布水产养殖病害预测预报，科学指导养殖户做好疫病防控。全年共完成水产品质量检测9万批次，其中部省级定量检测2 705批次，合格率为98.2%；快速检测8.7万余批次。持续深入开展水产养殖用投入品专项整治行动，发布水产品质量安全风险隐患警示信息4期。有序推进"治违禁　控药残　促提升"专项整治行动，突出重点品种，提高重点品种抽检比例。开展蛙类违法违规用药专项整治和养殖水产品中使用地西泮整治。制（修）订水产地方标准，全年新增立项标准11项，全省现行有效的水产地方标准达102个。

【资源养护】 规范开展增殖放流。印发《关于做好2022年水生生物增殖放流工作的通知》，指导各地科学规范开展增殖放流活动，利用中央资金增殖放流重要经济物种及濒危物种1 863万尾，其中珍稀濒危物种695万尾。

保护珍稀濒危物种。加强水生生物保护区及重要栖息地管理，科学开展长江鲟、川陕哲罗鲑等珍稀濒危物种的繁育研究。贯彻落实《长江鲟（达氏鲟）拯救行动计划（2018—2035）》，安排专项资金开展长江鲟增殖放流。推动农业农村部长江上游珍稀特有鱼类保护基地和农业农村部宜宾长江鲟人工繁育基地建设。举办四川省长江水生生物专题展，营造全社会参与水生野生动物保护的良好氛围。

开展渔业资源监测。在全省长江流域重点水域设置132个监测站位，开展水生生物资源监测，覆盖全省60%以上的水生生物关键栖息地，掌握禁捕后各地渔业资源恢复状况。

依法开展行政审批。2022年以来，省级共办理水生野生动物人工繁育许可证201件、经营利用许可证73件、禁渔期专项（特许）捕捞许可证159件，完成涉渔工程项目审查和审批25件。

【科技与推广】 "五大行动"促进科技推广。全省82家养殖企业被全国水产技术推广总站认定为"五大行动"骨干基地（全国排名第二位）。全覆盖开展"五大行动"先进技术模式的示范推广，示范面积10万余亩，涵盖"四大家鱼"、鲈鱼、黄颡鱼等20余个养殖品种。组织开展成渝现代高效特色农业带小龙虾产业发展论坛、四川省稻渔综合种养模式和技术研讨会现场会等活动，交流、推广生态健康养殖模式，提升产业发展水平。省级全年组织开展培训4次，参加人数200人次。

科技创新。四川省农科院水产研究所等单位开展的"稻渔生态种养提质增效关键技术集成与推广应用"获得2019—2021年度全国农牧渔业丰收奖二等奖，组织西华师范大学等单位开展的"梯级水利开发背景下嘉陵江流域鱼类适应性响应研究及保护应用"获得省科技进步奖二等奖，内江师范学院等单位开展的"长江上游鳅科典型鱼类种质保护和利用关键技术创新与应用成果"、广元市水产技术推广站等单位开展的"山区稻渔综合种养技术集成创新与应用成果"获得省科技进步奖三等奖，成都市农林科学院开展的"四川稻田综合种养技术集成创新与应用"获得第六届中国水产学会范蠡科学技术奖科技推广类二等奖。

四川省水产局编写组

特色效益农业

林草产业

【基本情况】 2022年，四川林草产业坚持以习近平新时代中国特色社会主义思想和习近平总书记对四川工作系列重要指示精神为指导，牢固树立“绿水青山就是金山银山”的理念，围绕“三个三”工作总体思路和“两业并举、双轮驱动”总体战略，发展竹、木材、木本油料、林草中药材、花卉苗木、林下经济和生态旅游康养等特色产业，稳步推进林草产业高质量发展。2022年，全省林草产业总产值达4 709亿元，同比增长4.4%，林草一二三产业产值分别为1 669亿元、1 304亿元、1 736亿元，同比分别增长2.1%、7%、4.7%。

【竹产业】 召开全省竹产业高质量发展推进会，发展竹产业和建设竹林风景线，基本形成以竹浆造纸、竹笋加工、“大熊猫+竹”生态旅游等三大独具特色的四川竹产业业态，生态美、竹业兴、农民富的竹林风景线更加靓丽。川竹产业发展和竹林风景线建设有序推进。制定印发《川竹产业2022年工作要点》和2022年重点任务清单，压紧压实各地责任。全省竹林面积达1 835万亩，其中现代竹产业基地1 064万亩，占总面积的57.9%；实现竹产业综合产值1 020亿元，较上年增长15%。全省涉竹企业（含加工点）达2 230个，生产大径竹23 375.8万根、小杂竹817.6万吨、竹笋干13.9万吨，生产竹人造板20.9立方米、竹地板35.8平方米、竹家具403万件、竹制日用品1 323.2万件、竹工艺品828.2万件、竹浆135.7万吨、竹炭6.2万吨，竹产品加工转化率达73%，提高2个百分点。认定公布省级竹产业高质量发展县1个、现代竹产业园区5个、竹林乡镇13个和翠竹长廊（竹林大道）18条。新发现认定竹类旅游资源811处，创建国家4A级和国家3A级竹旅游景区4个、竹特色旅游景区15个，新建竹文化场馆5个，举办2022年中国国际竹产业交易博览会、中国竹品牌交易博览会、竹生态旅游节等节会活动15场，全省全年竹林景区（景点）共接待游客5 109万人次。

【木材产业】 开展国家储备林项目和森林质量精准提升工程建设，整合国有商品林地资源，引入政策性开发性银行中长期贷款，发展桢楠、银杏、香樟、柏木等珍贵树种和大径级用材林种植，打造国家储备林建设示范样板，全省储备林项目新增银行授信资金282.2亿元，新增放款79.9亿元。以成都、川东北、川南地区为重点，集约培育以杨树、桉树、桤木、柳杉、杉木为主的短周期工业原料用材林，保障林板家具生产原料供给，壮大成都平原区林板家具产业集群。2022年，全省新增速生丰产用材林、珍贵树种用材林现代基地19万亩，累计培育木材现代基地1 128万亩，全省木质原料林基地达3 600万亩，木材产量288.7万立方米。其中，原木268.3万立方米、薪材20.4万立方米；生产锯材159.6万立方米、人造板447.2万立方米（胶合板104.4万立方米、木质纤维板159.6万立方米），生产实木地板23.6万平方米。

【木本油料产业】 全省木本油料以油茶、核桃、油橄榄“三棵树”为重点，加快实施“品种+地域”双集中战略，其中核桃主要在攀西、秦巴山区和川西高山峡谷三大区域集中发展，油橄榄主要在安宁河流域、川中丘陵区和川东北区域集中发展，油茶主要在川南、秦巴山和安宁河—金沙江流域集中发展。截至2022年，全省木本食用油料种植面积1 762万亩，其中核桃1 639万亩、油茶68.4万亩、油橄榄48.7万亩。木本食用油料产量72.8万吨，其中核桃干果产量68万吨、油橄榄鲜果产量2.9万吨、油茶籽产量1.5万吨。省政府办公厅印发《关于加快发展油茶产业的实施意见》，在全省确定了68个油茶生产县。核桃、油橄榄、油茶等木本食用油料良繁体系逐步完善，拥有省级及以上可推广使用良种51个，其中核桃17个、油橄榄10个、油茶24个，“川早1号”“盐源早”为国家级审（认）定核桃良种。在荣县召开全省油茶产业发展现场推进会，支持荣县举办“林果经济”增绿富民2022·荣县中国农民丰收节经济林节庆活动；在隆昌市举办“石燕茶乡·甜香千里”油茶花节。西昌中泽油橄榄庄园、冕宁县橄榄小镇景区获评国家3A级景区。

【花卉产业】 持续推动建花海、办花市、过花节的“三花并进”战略，培育形成茉莉、玫瑰、桂花、大花蕙兰、蝴蝶兰等产值过亿元品种。全省花卉种植面积140.3万亩，年销售额100.1亿元，年出口额400万美元。已建成大型花卉市场100个，拥有大型花卉企业224家，设施化栽培面积864万平方米。支持成都市2024年世界园艺博览会建设，举办2022年春季、秋季花卉苗木供需会、全省林草职业技能（插花花艺师）比赛。省农行创新推出“乡村振兴天府花木贷”金融服务模式，已有15家花企获得相关服务。

【现代林业园区建设】 按照集中、集聚、集约建设思路，始终将建设现代林业园区作为推动林草产业高质量发展的重要抓手，持续推进各类生产要素向园区聚集，建成一批发展规模适度、优势产业突出、配套设施齐全、一二三产业融合的现代林业园区。2022年，国家朝天核桃产业示范园区等7个园区被认定为第二批国家林业产业示范园区，金堂县油橄榄现代林业园区等10个园区被认定为省级现代林业园区，公布旺苍县核桃现代林业园区等10个第二批省级培育园区名单，以国家级园区为引领，省级园区为主导、市（州）级、县级园区为基础，动态管理、层层晋级的现代林业园区体系基本形成。

【生态旅游康养】 紧扣做响“天府三九大”新名片，实施“大熊猫+”的生态旅游和森林康养业发展战略。开展以“天赐天府自然自在”为主题的四川生态旅游主题宣传推介，做响生态旅游节会品牌，全年支持并指导全省举办花卉（果类）、红叶等生态旅游节会80场，发布花卉、红叶观赏指数共计8期。举办第四届四川生态旅游博览会，线上线下观展人员达30万人次，共计展出生态旅游文创商品20余个品类，吸引了近百家生态产品参展商参加，达成生态旅游合作项目共计6个，投资金额约120亿元。推进完善森林乡镇、森林村庄、森林人家等绿化美化示范创建体系，评定四川省级（四星级）森林人家34个。支持在各类自然保护地核心区以外的区域合理利用森林、草原、湿地、野生动植物等林草资源，鼓励林草产业园区、国有林场（区）、重点森工企业等发展生态旅游，全省生态旅游收入达1 449亿元。

【草产业】 全省草原面积共有14 531.76万亩，其中天然牧草地面积14 152.29万亩、人工牧草地面积86.56万亩、其他草地面积292.91万亩。拟定《四川省草种业发展三年行动方案》，印发《2022年四川省主要草种目录》《四川省2022年主推草品种目录》，公布主要草种178个，主推草品种50个，建设乡土草种基地3个、0.9万亩。通过国审品种有“川西”藕草、“川中”牛鞭草、“川苏1号”苏丹草、“蜀草4号”高粱—苏丹草杂交种、“舒克”白三叶等5个。与农业农村厅对接移交草种生产经营等草原相关行政权力。成立四川省草品种审定委员会。启动巴塘格木、理塘藏坝等首批国家草原自然公园规划编制工作。结合国家公布的甘孜草原、红原草原、松潘草原第一批“红色草原”试点建设，打造草原旅游精品路线和特色品牌，建立全域旅游产业链，推动草产业多元化、生态化发展。

【其他优势特色产业】 林草中药材产业方面，以龙门山区、秦巴山区和川南地区川产道地林草药材集中分布区为重点，推进道地药材标准化种植和加工。全省林草中药材种植面积达380.1万亩，其中新增现代基地14.6万亩，累计培育木本药现代基地152.7万亩；林草中药材产量达45.9万吨，其中三木药材（杜仲、黄柏、厚朴）产量19.6万吨，综合产值达70.9亿元。林下经济产业方面，引导林区群众“靠山吃山”，不断优化林下种植养殖品种，有序推动林下经济规模化、标准化、产业化发展。全省林下经济面积2 800万亩，其中林下种植养殖面积1 100余万亩，林下经济总产值超过360亿元。建成国家级林下经济示范基地29个。

四川省林业和草原局编写组

特色经济林产业

【基本情况】 2022年，省林草局结合各地现有产业基础、生态区位、资源禀赋、文化底蕴等优势，推动经济林产业健康有序发展。截至2022年年底，全省经济林种植面积达5 550.3万亩，其中新造面积22.4万亩、改培面积71万亩、结果面积3 633.3万亩；年产量达1 639.6万吨。

【政策引领】 省政府办公厅印发《关于加快发展油茶产业的实施意见》，加快推进油茶产业提质增效。省林草局先后印发《2022年现代林竹产业发展和竹林风景线建设重点任务清单的通知》《关于公布第三批省级翠竹长廊（竹林大道）、现代竹产业（康养）基地和竹林人家名单的通知》《油茶产业发展重点任务分解清单的通知》《关于做好油茶良种穗条和苗木生产供应的通知》《关于公布第一批四川省油茶保障性苗圃名单的通知》《关于印发〈四川省油茶良种目录〉的通知》，召开油茶产业工作视频调度会、全省油茶产业发展现场推进会，成立推进油茶产业生产工作领导小组，举办四川省林业改革和产业发展政策培训班，编制《四川省竹产业提升三年行动方案》，推动经济林产业稳步发展。

【园区建设】 各地利用林业生态资源，引导各类生产要素向园区集中聚集，培育以竹产业、木本油料、林草药材等为主导产业的现代林业园区，已建成一批优势产业突出、配套设施齐全、发展规模适度、品牌影响力大、一二三产业融合的特色经济林产业园区。2022年认定国家级示范园区2个、省级园区13个、市（县）级园区16个。全省累计建成县级及以上木本油料、竹产业、林草中药材、工业原料等特色经济林园区80个，其中国家级示范园区2个、省级园区18个、市（县）级园区60个，基本形成以朝天核桃、宜宾油樟等国家级园区为引领、省级园区为骨干、市（县）级园区为支撑的梯级园区体系，呈现出梯级提升、竞相发展的良好态势。

【良种选育】 省林木品种审定委员会重点围绕加快发展油茶产业、夯实“森林粮库”种苗基础开展工作，审（认）定通过经济林良种18个，全省拥有可推广使用经济林良种累计70余个，涵盖木本粮食、木本油料、森林药材、森林食品、林产调料、工业原料等多个领域，提升了全省特色经济林良种保障能力。建成宜宾市国家油茶良种基地1个。省财政投资1 500万元建设10个油茶保障性苗圃，确定公布宜宾市翠屏区国有林场等6个为四川省第一批油茶保障性苗圃名单。新确定达州市达川区油茶为省级重点林木良种基。依托四川大学生命科学院建成全省主栽油茶品种DNA指纹图谱库。指导凉山州、攀枝花市一方面引种已通过省审（认）定或引种备案的油茶良种开展区域实验，落实人员做好管护和观测工作；另一方面，加快推进本地乡土油茶良种选育，力争尽快筛选出当地适生良种。

【品牌创建】 培育良源核桃、元升油橄榄、太时茶油等优秀企业品牌和海伶山珍等知名电商品牌；“荣县油茶”“盐源早核桃”“金堂油橄榄”“宜宾油樟”获得国家地理标志证明商标；创建“朝天核桃”“宜宾油樟”中国特色农产品优势区和“广元油橄榄”“金堂油橄榄”省级特色农产品优势区。荣县油茶在第30届中国国际健康产业博览会上获得“中国木本油料行业影响力区域公用品牌”称号，荣县“双溪湖”油茶籽油夺得金奖。支持广元市朝天区举办六届朝天核桃文化旅游节、荣县举办2022·荣县中国农民丰收节经济林节庆活动。组织50余家龙头企业携200余款特色林产品进驻“四川林草馆”参展，亮相第八届四川农业博览会，宣传推介特色林产品。省林草局分别与宜宾市、眉山市共同承办2022国际竹产业品牌博览会暨第三届中国（宜宾）国际竹产业峰会、2022中国国际竹产业交易博览会。

【科技支撑】 开展2022年“科技下乡万里行”活动，从省林科院、省草科院、省林草科技推广站、川农大、市（州）林草科研院所等选派80名专家组建16个林草帮扶团，覆盖木本油料、竹产业、林草中药材、林业园区等多个林草重点领域，重点针对全省特别是脱贫地区开展精准帮扶。省林草科技推广总站、省林科院编印《油茶实用栽培技术》手册，指导各地科学栽种油茶。依托科技厅现代林业技术创新培训项目，组织省林科院、川农大等专家到叙永县、长宁县开展油茶实用栽培技术培训2期，培训技术人才100余名，发放油茶技术资料400余份。

【考核督导】 将现代林竹产业高质量发展纳入乡村振兴和林长制考核指标。开展省级园区运行监测，对第四批省级竹产业高质量县、园区、现代基地开展现场核查，并对第三批省级竹产业高质量县、园区、竹林乡（镇）、现代基地等运行情况进行监测。开展林业产业项目建设情况月调度以及油茶生产任务月调度结果上图等相关工作，针对计划任务进度慢、质量差的市（县）实行跟踪指导。开展油茶生产任务督导，督促相关县（市、区）加快推进油茶年度生产任务，并按要求完成结果上图。指导各地加强油茶种苗行政监管，严格执行和落实《四川省木本粮油树种种苗管理办法》相关规定。工作组现场核查并办理油茶良种生产经营许可证10份，重点对全省油茶保障性苗圃实行全覆盖抽查、对油茶新造林地苗木质量开展随机抽查，累计抽查苗批9个，合格率达100%。

四川省林业和草原局编写组

国有林场林区

【国家储备林建设】 贯彻落实全省国家储备林建设工作会要求，全省53个国有林场总规划建设面积30万亩以上。洪雅县国有林场拟建设国家储备林总规模8.55万亩，总投资10.6亿元；叙永县、古蔺县、合江县福宝国有林场总规划贷款13.5亿元建设国家储备林。

【保护与生产建设】 广安市前锋区“3·15”森林火灾发生后，省林草局及时下发《关于做好近期国有林场森林草原防灭火和安全生产隐患排查整治工作的紧急通知》，并加强督导。全省国有林场全年共完成人工造林、低产低效林改造、森林抚育等65万亩，接待生态旅游游客810万人次。洪雅县、古蔺县国有林场被推荐为全国林草碳汇、森林经营试点单位。

【深化国有林场改革】 完成全省国有林场基本情况、设施情况、人员情况、管护用房现状及建设需求等汇总上报。督导成都市、巴中市开展全民所有自然资源资产所有权委托代理机制试点涉及国有林场相关工作。重点指导江安县国有林场探索建立国有林场经营活动与职工收入挂钩的薪酬分配制度，制定《工资绩效考核办法》，设立突出贡献奖，实行差异化考核奖励；落实"收支两条线"管理，县财政将林场上交收益的80%通过项目支持林场基础设施建设，剩余的20%作为突出贡献奖直接奖励林场干部职工和用于支持林场临时项目建设。

【欠发达林场巩固提升】 安排2022年中央财政欠发达国有林场巩固提升资金4 001万元，涉及14个市（州）30个县（市、区）的31个国有林场。印发《关于做好2022年度欠发达国有林场巩固提升项目实施工作的通知》，并每月调度进度。及时通报2021年绩效评价考核情况，"点对点"跟踪，督促问题整改。参加巩固拓展脱贫攻坚成果同乡村振兴有效衔接专项督查，指导、审核2023年林场项目申报，督促录入当地乡村振兴项目库。

【推进林场发展】 省林草局印发《关于推进国有林场高质量发展的意见》，就明确国有林场职责定位、优化管护站点布局、改善基础设施和巡护条件、调整优化人员队伍、完善考核激励机制、建设高质量森林资源培育基地、统筹开展复合经营、积极争取广泛支持等方面提出了意见。完成19个市（州）的国有林场边界矢量数据成图，新建及改造国有林场林区公路、林道、防火线、输电线路、通信线路等8 485千米，房屋2.74万平方米。

【探索林场种苗深度融合】 开展并完成林场种苗深度融合发展调研，形成《推进国有林场与林木种苗深度融合发展的探索和思考》调研报告。对林场的林木种质资源保护、良种基地、采种基地、良种选育、种苗生产等现状和融合发展意向进行摸底调查，分林场统计和梳理分类，掌握实情。

四川省林业和草原局编写组

农业对台合作与交流

【基本情况】 2022年，全省对台工作围绕擦亮四川农业大省金字招牌、打造新时代更高水平的"天府粮仓"、加快推动由农业大省向农业强省跨越，落实落细"农林22条"和《川台农业合作助推乡村振兴星晖计划》，打造川台农业合作赋能乡村振兴发展新平台，深化川台农业交流合作向全方位、宽领域、多层次发展。截至2022年年底，全省共有2个国家级台湾农民创业园、1个省级川台乡村振兴合作试验园、30个省级川台农业合作示范基地，在川台资农业企业稳步发展。

【修正涉台法规】 修正《四川省〈中华人民共和国台湾同胞投资保护法〉实施办法》，明确鼓励支持台湾同胞投资者参与四川省乡村振兴建设、依法享受税收优惠、同等适用用地政策等，将更加有利于为台胞在川投资农业项目营造稳定、公平、可预期、可持续、法治化的营商环境，为促进川台农业领域融合发展提供法治保障。

【推进川台农业合作】 多层次创新搭建交流合作平台，助力在川台资农业企业发挥精细化、专业化优势，抢抓成渝地区双城经济圈建设发展机遇，实现新发展。

3月15日，省台办、农业农村厅共同举办"台资农业企业委员会服务基层面对面（攀西行）"活动，邀请5名在川台资农业企业负责人、专家和台资银行富邦华一银行成都分行走进雅安市、凉山州和攀枝花市，到企业、农庄、车间等地与基层交流农业技术理念，寻找川台农业合作新机遇。

4月28日，由省台办、农业农村厅批准设立的四川首个"川台乡村振兴合作试验园"在合江县揭牌。川台乡村振兴合作试验园是四川省落实落细"农林22条"和《川台农业合作助推乡村振兴星晖计划》重要举措，以川台农业合作新模式助推全省农业高质量发展。

5月6日，成都新津台湾农民创业园承载地——天府农业博览园举办为期五天的文创研学培训班。中国台湾地区"三农"专家、中华农业创新学会理事长徐进发等多位台湾精致农业相关领域专家授课，并围绕乡村休闲旅游、文创研学、三产融合等课题进行探讨解析和案例讲解，来自广元、南充、内江、德阳等市（州）共计60余名乡村产业创业者和管理者参加培训。

7月3日，由省台办、绵阳市政府主办的川台农文旅融合发展交流会在北川县举行。交流会以禹羌文化为媒，与会代表围绕北川农文旅产业融合发展新路径、禹羌文化创造性转化、北川发展机遇链接等话题研讨交流，为深化川台农文旅融合发展搭建新的合作平台。

7月11日，由省委统战部指导，四川中国和平统一促进会、四川黄埔军校学会、省台联承办的川台两地助力乡村振兴研讨会在成都市举办，来自农林领域的40名川台嘉宾参加研讨会。与会嘉宾结合自身行业实际，介绍经验做法，为助力乡村振兴建言献策。

9月23日，2022年中国农民丰收节主会场活动在成都市新津区天府农业博览园拉开帷幕。10家在川台资农企的农副产品亮相展会，展示台湾特色果蔬和农副产品。

11月4日，第七届川台农业合作论坛在成都市新津区天府农业博览园举行。论坛以“共享乡村振兴发展新机遇，谱写川台农业合作新篇章”为主题。活动为第三批“川台农业合作示范基地”授牌，举行川台农业合作签约仪式，川台两地专家代表共同探讨台资农企融入和助力乡村振兴战略新路径。

【吸引台资农业企业投资】 全省各地及涉台农业产业园区优化营商环境，提升服务水平，吸引台资农业企业入驻，服务全省农业现代化建设和成渝地区双城经济圈建设。

在川台资企业广安烧冰工坊食品有限公司与四川软钰食品有限公司、四川鼎盛隆科农业科技有限公司等合作企业一行到自贡市富顺县童寺镇进行投资考察。台资企业成都可芳文化创意有限公司到凉山州会东县投资考察黑山羊、松露、蓝莓、牛油果等产业品牌化、标准化建设及农业产业园创建情况并开展合作。泸州市台办组团到广东省东莞市和深圳市等地开展泸台经贸合作交流考察活动，主动邀请台企中延榕珍菌业有限公司负责人到泸州市合江县考察川台乡村振兴合作试验园，洽谈项目合作。达州市台办邀请台湾农技专家到宣汉县马渡关镇鞍山村考察定点帮扶农业产业项目。自贡市沿滩区台办邀请台商开展实地调研，前往广元市四川杉立农业开发有限公司实地考察特色农产品种植，与台商共同推动订单农业发展。雅安市名山区与台企常宁田野休闲农牧有限公司签约，计划投资5亿元，共同打造雅安名山百万樱花园项目。

【推动同等待遇落地落实】 持续推动“川台70条”“支持台企12条”“农林22条”操作指南等惠台利民政策措施常态化长效化。各级各部门不断完善保障台湾同胞福祉和享受同等待遇政策制度，在川台胞台企获得感、幸福感不断增强。全年全省各部门落实增值税留抵退税、贷款贴息、水电价优惠等各类惠台惠企政策资金近2亿元。多家台资农业企业获授“川台融合发展突出贡献台资企业”称号，多名台资农业企业负责人获授“川台交流融合突出贡献台湾同胞”称号，冕宁元升农业科技有限公司副总经理林书任获得第25届“四川青年五四奖章”，川台农业合作示范基地——广安市农丰农业开发有限责任公司负责人游中杰获得“广安市三八红旗手”称号。

【加强川台农业合作调研】 全省对台工作系统开展“服务台商走访暨服务台胞台企巩固深化年”活动，重点围绕“农林22条”操作指南落地落实和川台农业交流合作开展调研指导和督促检查，促进台资农业企业和涉台农业园区发展。

3月11日，省台办主任罗治平带队到成都市双流区调研川台农文旅合作项目和有关企业经营情况，宣传全省乡村振兴政策，鼓励从事粮食种植企业为四川保障粮食安全多做贡献，让川台农业合作成果赋能乡村振兴。

3月23日—24日，省台办主任罗治平带队到泸州市调研川台乡村振兴合作试验园筹建工作，鼓励台商台企抢抓成渝地区双城经济圈建设发展机遇，把握区位优势，做好产业链延伸与消费新场景营造。

12月8日—9日，省台办副主任袁明率省台办、农业农村厅工作人员及省农科院、四川农业大学的农业专家到泸州市调研指导川台乡村振兴合作试验园建设工作，听取试验园建设、对台经贸合作、农业项目申报、科技人才引进等方面情况介绍，对园区产业规划、平台搭建等方面提出了建设性意见建议。

中共四川省委台湾工作办公室编写组

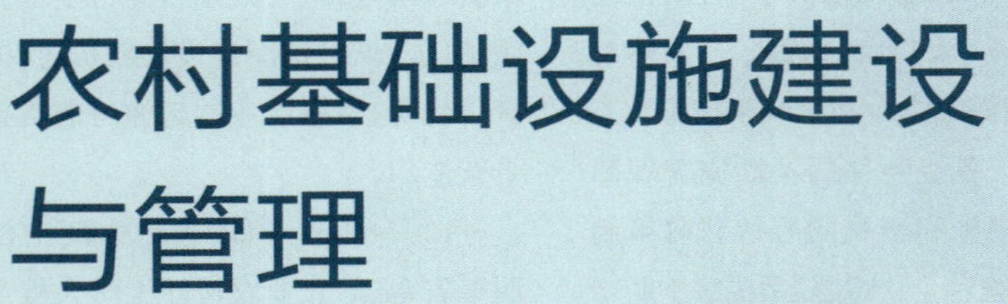

NONGCUN JICHU SHESHI JIANSHE
YU GUANLI

水利建设

【基本情况】 2022年，四川水利系统贯彻落实党的二十大精神和习近平总书记关于“节水优先、空间均衡、系统治理、两手发力”治水思路和来川视察指示精神，坚持系统思维顶层设计，明晰新时期水及水利工作的定位，丰富拓展水利内涵和外延，以重大水利工程建设为“牛鼻子”和“突破口”，完成“两年强推进”各项目标任务，推动四川水利高质量发展。

【骨干水网规划建设】 科学谋划“一主四片”水生产力布局，推动省委、省政府出台《关于进一步加强水利工程建设保障经济社会高质量发展的意见》，编制完成全省现代水网建设规划，创建全国第一批省级水网先导区。重点推进“一主一片”骨干水网建设，长征渠等31个重大水利工程被纳入国家“十四五”水安全保障规划，总投资3 800余亿元。引大济岷等6个重点工程被纳入水利部2023年重点推进的水利工程项目清单，项目总投资1 175亿元。推进引大济岷工程前期工作，仅用1年多时间，实现从项目概念构想到完成工程规划和进入可研审查，并作为全省“一号工程”被写入省委全会决定、纳入政府工作报告，工程投资规模约700亿元。打造“天府第二粮仓”，加快推进安宁河流域水资源配置18个项目建设，累计完成投资65.8亿元，占总投资的51%。全速加快面上项目建设，由省委、省政府举办全省重点水利工程集中开工活动，12个项目总投资268亿元，创造水利工程单次开工数和投资额新纪录；开工亭子口灌区一期等8处大中型工程，加快向家坝一期一步、李家岩水库等49处大中型水利工程建设，全省在建重点工程总投资规模首次突破千亿元。推动紫坪铺等多年未验收的工程开展实质性验收，武都水库等一批重点工程竣工并完成验收。全年落实各类水利投资466亿元，同比增加111亿元。

【构建“新农水”格局】 实践以水利巩固脱贫攻坚成果与乡村振兴有效衔接，加强提升乡村水务、农业灌溉、水库与渠道运行管理和水美新村建设水平，保障供水安全，维护国家粮食安全。实施乡村水务百县建设行动，以乡村水务试点作为水利实施乡村振兴战略的标志性工程，加快推进农村供水规模化、发展市场化、运行企业化、管理专业化发展，首批22个试点县共落实资金83.1亿元，新增和改善用水152万户532万人，其中梓潼县等乡村水务试点改革创造经验引起强烈反响。提出“保春灌就是保粮食安全”要求，春灌期间供水50亿立方米，完成保栽水稻2 825万亩。持续推进19处中型灌区开展节水改造建设，完成764座水库大坝安全鉴定任务，222座小型水库除险加固项目主体工程完工。新建成水美新村330余个，创建国家水利风景区3家。

【水旱灾害防御】 深化运用十大流域水旱灾害联防联控机制和“大水调”机制，省级先后启动应急响应12次，“点对点”调度市、县20余次，发送电子围栏短信9 300万余条，避险转移79.1万余人次，有效应对17次强降雨过程、近10年最重伏旱、“汛期电荒”以及“9·5”泸定等6.0级以上地震和堰塞体险情。提前完成20座大型控制性水电站汛后130余亿立方米的蓄水任务。

【水生态保护治理】 省委书记、省长出席全省总河长全体会议，颁布实施《四川省河湖长制条例》等法律法规，省级财政首次安排专项资金对4个市（州）进行激励奖励，在全国首创河（湖）长制进驻式督查并全面完成3个县（区）试点。推进黄河流域生态保护和高质量发展，全面完成黄河干流若尔盖段应急处置工程建设，建设经验被省政府督查室列为全省三大典型之一在全省通报表扬。河道采砂管理取得重大突破，首次全面规范疏浚砂综合利用。涉水生态全面强化，彻底整改中央生态环保督察反馈问题。高标准推进小水电清理整改，退出数量和装机容量居长江经济带省份第一位，4次在全国性会议上作经验交流发言，并作为长江经济带生态环境警示正面案例宣传推广。水土保持治理取得显著成效，全年综合治理水土流失面积5 130平方千米。

【水资源开发利用和调度管理】 出台《四川省水资源条例》和《四川省水资源调度管理办法》，优化整合大水调机制，“法规+规章+大水调机制+流域技术支撑”的水资源管理体系全面建成。落实最严格水资源管理制度，实行消耗总量和强度双控，完成省、市、县三级“十四五”用水总量和强度指标分解；创新探索水资源调度督察、流域生态补偿、规划水资源论证等制度机制，开展水权水价改革试点，形成全省“3+8”试点示范、“2+4+10”课题研究、“六位一体”工作机制的改革框架，资阳市完成全省首宗取水权交易。加强水资源调度管理，首次召开大型水电企业座谈会，成立“紫坪铺—都江堰”一体化调度指挥部，“电调服从水调”的刚性约束首次在紫坪铺得以落实并强力推进，水资源统一调度的刚性规矩逐步确立。联合印发《四川省“十四五”节水型社会建设规划》，建成全域节水型社会达标县66个、节水型高校33所。

【水利水电移民工作】 推动移民工作与水利工作融合发展，科学编制移民安置规划，完成61个工程75项规划审核审查，引大济岷工程停建通告下达时间较同类工程缩短3个月以上。加强移民安置和资金项目规范管理，推动48座省管水利水电工程移民安置工作，搬迁及生产安置7 000余人；有序开展金沙江下游四座水电站移民安置规划收口，下达移民安置资金78.6亿元、后扶资金35.5亿元，实施美丽家园建设、产业转型升级等移民后期扶持与水利融合项目1 887个。

【水利发展基础】 加快构建四川智慧水利体系，都江堰渠首枢纽、岷江成都锦江段、青衣江雅安段、琼江遂宁段数字孪生流域建设先行先试，完成投资1.8亿元，形成应用成果25项，其中数字孪生青衣江（雅安段）知识平台被水利部评选为优秀应用案例。实施水文、水资源、水生态、水安全和水利信息化、大型灌区水网信息化基础建设20个项目，水利信息化建设项目被纳入省政府备案目录，并完成可研报告并报省发展改革委审批。全面加强水利法律法规制度保障支撑，省委、省政府出台《关于进一步加强水利工程建设保障经济社会高质量发展的意见》，联合财政厅、省发展改革委印发《关于加强地方政府专项债券支持水利建设的通知》等文件，出台实施《四川省水文条例》等7部条例法规。

【水利体制机制建设】 推行灌区管理"一体化"，理顺都江堰、武引、升钟、青衣江等省属大型灌区管理体制机制并开展"六化"建设，打造都江堰"国际知名、国内一流"灌区榜样，挂牌成立武引中心、青管中心，基本形成"省牵头、市参与，一体化、增质效"的灌区管理格局。完善提升水利投融资"1+3"四方合作和"3+1"工作推进机制，建立公共财政、政府债券、政策性开发性金融工具等多元化投融资机制，393个项目被纳入专项债券需求库，落实专项债券123亿元，与工行等6家金融机构签署战略合作协议。

四川省水利厅编写组

交通建设与管理

综　述

【基本情况】 2022年是党和国家历史上极为重要的一年，也是交通运输事业发展进程中极为重要的一年，全省交通运输系统围绕"疫情要防住、经济要稳住、发展要安全"的要求，落实"讲政治、抓发展、惠民生、保安全"工作总思路，统筹新冠疫情防控、抗震救灾和交通建设发展各项工作，完成各项目标任务。

【公路、水路完成投资再创历史新高】 全年公路水路完成投资首次突破2 500亿元，时隔7年再夺全国第一，获得全国交通建设领域真抓实干5 000万元激励表彰；集中开工西昌至香格里拉、汉中至广元扩容等10个高速公路项目、935千米，一次性开工数量、投资额度创四川交通集中开工之最。招商成渝扩容等6个高速公路项目总投资1 213亿元，实现连续四年招商规模超千亿元争取到位中央补助资金328亿元，为历年最高水平。申报10个项目、177亿元纳入国家政策性开发性金融工具支持范围，占全省总额的1/4。

【重点项目建设】 建成通车德昌至会理、宜宾至彝良等高速公路571千米，全省高速公路通车里程突破9 000千米，彻底结束了会理市、会东县、阿坝县、乐山市金口河区不通高速公路的历史。泸永高速通车运营，成为成渝地区双城经济圈战略实施以来首条建成投用的"川渝大通道"。新（改）建国省干线2 233千米，川藏铁路配套公路所有项目如期开工，国道351线夹金山隧道超额完成掘进任务，绵茂公路历经13年建成通车，黄河干流若尔盖段生态修复治理项目按期保质完成。新（改）建农村公路2.36万千米，打造苍溪县高台村红色公路等一批示范项目，新创建"四好农村路"国家级示范县16个，新评定"四好农村路"省级示范县27个、示范市5个。新增高等级航道144千米，提前三年完成"十四五"规划任务；岷江犍为航电枢纽全面建成，犍为、龙溪口、老木孔、东风岩等重点航电枢纽全部开工，东风岩枢纽工程具备开工条件。建成2个综合货运枢纽、5个综合客运枢纽、7个县级客运站、254个乡（镇）综合运输服务站，枢纽场站布局显著优化。

【统筹新冠疫情防控和物流保通保畅】 会同公安、卫健等部门创新实施"入川即检"，在全省设置801个公路查验点，守住了新冠疫情严控时期"外防输入"第一道防线。组建由省委书记和省长任总负责人的工作机制，制定维护产业链供应链稳定八条措施，建立重点物资通行证和保供企业“白名单”制度，“秒批秒办”通行证43.46万张，“一企一策”靠前服务1 265家国家和省重点“白名单”企业，对入川货车实施“一检通认”“即采即走即追”闭环管理，推动全省货运物流有序运行、持续向好。落实助企纾困政策，累计发放贷款18.48亿元，减免交通运输服务增值税约2.66亿元。持续推广差异化收费政策，累计减免各类通行费超过62亿元。

【运输服务水平持续提升】 全年完成公路运输总周转量1 888亿吨/千米，同比增长3.1%，高于全国平均3.6个百分点，超额完成省政府下达目标任务。稳定开行11条铁水联运班列，全省港口吞吐量同比增长28%、水路货运量增长10%、铁水联运量增长15%。成都联合重庆申报为国家综合货运枢纽补链强链城市群。申报2个全国第四批多式联运示范项目。评定首批27个乡村运输金通工程样板县和10个“交商邮”融合发展试点县，江安县“金通畅行”等4个项目创建为全国农村物流服务品牌，新增“金通工程”被纳入交通强国建设试点。犍为县通过第一批全国城乡交通运输一体化示范创建县延续创建验收。打造7条“三优一创”高速公路示范路，培育天府机场东服务区、安德服务区等一批主题服务区品牌。圆满完成春节、五一、国庆等节假日缓堵保畅工作。

【创新驱动和绿色发展】 建成全国首个政府主导、企业联盟的交通运输领域“双碳”技术创新平台四川低碳交通研究中心，并被纳入天府永兴实验室。重点物资运输车辆通行证应用获得第三届数字四川创新大赛数字政府十佳案例。完成第二轮中央生态环境保护督察问题整改。编制《四川省“绿电自给”工程专项规划》，首个“绿电自给”示范试点项目攀大高速建成投运。全省35个县（市、区）完成全域公交改造，成都市、自贡市、泸州市创建为国家级“公交都市”。成都市、泸州市、遂宁市、彭州市、蒲江县、武胜县创建为全国“绿色出行城市”。宜宾市、德阳市、遂宁市入选全国第三批“绿色货运”城市示范工程。

【健全行业治理体系】 推进“一网通办”前提下的“最多跑一次”改革，全省53个交通运输行政许可、311个办理事项省、市、县三级“一张网”全覆盖办理，道路运输高频服务事项实现“跨省办”“掌上办”。修订《四川省高速公路条例》。做深做实综合行政执法改革“后半篇”文章，21个市（州）全部建立交通综合执法协作制度，持续开展执法队伍素质能力提升三年行动，首次组织开展全省交通运输综合行政执法“大练兵大比武”决赛暨执法人员技能大赛。改造升级全省交通运输投资计划管理系统，首次对使用中省补助资金的公路水路计划项目开展全方位绩效考评。统计工作全国排名由第21位跃升至第8位。31家单位通过公路养护作业资质审查。对53家资质升级申报业绩弄虚作假失信企业实施信用处理。

【交通安全生产形势持续向好】 争取省政府印发《关于进一步加强公路水路交通运输领域安全生产工作的意见》，完善行业安全生产顶层设计。集中开展道路安全、船舶安全系列整治行动，事故起数、死亡人数同比下降18%、21%。新建村道安防工程1.5万千米，整治四五类危桥172座，建成铁索桥改公路桥100座。新增1.3万辆农村客运车辆安装主防系统。全省营运高速479座独柱墩桥梁全部完成提质升级。建成平安渡口80个，撤渡66个。建成船舶集中停泊区285个、防洪系揽桩4 405个，历史性实现汛期“零事故、零死亡、零跑船”。加快推进“5+8+N”公路水路交通运输应急物资储备体系建设，常态化开展交通地震联合应急演练，高效应对泸定、芦山、马尔康地震等突发灾害。

【加强党的建设和精神文明建设】 开展党的二十大精神学习宣贯。推进货车司机党建试点，全覆盖建立省、市、县三级交通运输行业党委。深化清廉交通建设，建立项目审批、招投标、信用管理等444项制度，打造国道351线夹金山隧道建设项目“清廉交通”示范工程。开展部、省补助交通建设资金、领导干部经济责任等专项审计。制定2022—2027年交通运输厅党组五年巡察规划，完成9个交通运输厅直属单位巡察。严格落实省直机关工委“三级五岗”要求，梳理制定“四级八岗”职责清单。启动实施交通运输厅直系统青年干部能力提升三年计划。承办十三届全国交通运输行业职业技能大赛全国总决赛。落实意识形态责任制，四川交通240余次登上中央电视台《新闻联播》栏目、《人民日报》等主流媒体。川藏公路博物馆成为全省首批“国字号”交通运输科普基地，一批先进集体和先进个人获得部省表彰。

【交通基础设施建设】 全省公路水运交通建设完成投资2 510亿元，位居全国第一，连续12年超千亿元。其中，高速公路完成投资1 246.23亿元，国省干线完成投资657.59亿元，农村公路完成投资375.7亿元，站点建设完成投资54.56亿元，水运建设完成投资66.08亿元，智慧交通及其他专项工程完成投资79.7亿元，运营高速公路及厅直单位产生投资30.41亿元。

【高速公路建设】 新建成峨眉至汉源高速（57千米）、宜宾至彝良高速公路（100千米）、宜宾至威信高速公路（30千米）、广元至平武高速公路（85千米）、国道8513线九寨沟（川甘界）至绵阳段高速公路（66千米）、泸州至永川（川渝界）高速公路（42千米）、国道4126线宁南至攀枝花段高速公路（30千米）、德阳中江至遂宁高速公路（83千米）、德昌至会理高速公路（78千米），新增通车里程571千米，全省高速公路通车总里程达9 179千米，通车总里程继续排名全国第三位。新增出川大通道1条（总数达27条），新增平武、会理、会东、金口河4个县（市、区）通高速公路（全省通高速公路县达143个）。

【国省干线及农村公路建设】 普通国省道新（改）建里程2 232.6千米；遵照省长"把夹金山隧道建成安全、绿色的精品工程、示范工程"等重要指示，恪守"五个零"要求（工程质量零缺陷、工作衔接零延误、重大安全零事故、生态环境零破坏和违纪违法零案件），推动夹金山隧道工程建设，隧道全年主洞和平导洞共掘进4 683米，超额完成目标任务。新（改）建农村公路里程2.4万千米；新创建"四好农村路"省级示范市5个、示范县27个。四川省雅安市荥经县龙苍沟熊猫翠竹长廊获评全国"我家门口那条路——最具人气的路"。普通国道路况水平总体良好，国道PQI（路面使用性能指数）位居全国前列。

【内河水运建设】 全年完成新增高等级航道144千米，其中金沙江白鹤滩电站库区新增高等级航道81千米、金沙江乌东德库区新增高等级航道63千米。完成川境段13个通航建筑物运行方案审查；岷江犍为航电枢纽工程建设Ⅲ级船闸1座；岷江龙溪口航电枢纽工程项目建设Ⅲ级船闸1座；岷江汤坝航电枢纽工程项目建设Ⅳ级船闸1座；虎渡溪航电枢纽工程建设防洪堤、非溢流重力坝、河床式电站、冲沙闸、航运建筑物等；岷江（龙溪口枢纽至宜宾合江门）航道整治一期工程建设岷江干流龙溪口枢纽至屏山岷江大桥段47千米；岷江尖子山航电枢纽工程建设挡泄水工程、发电厂房、渠化防渗工程、坝顶公路桥、四级航道船闸1座；岷江老木孔航电枢纽工程建设三级船闸1座，渠化航道18千米；渠江风洞子航运枢纽工程建设渠化航道57千米、三级船闸1座。

【综合客货运枢纽建设】 建成渠县枢纽站、成都国际铁路港多式联运项目、松潘黄胜关枢纽站、内江川南城际铁路白马西站4个综合客货运枢纽。新开工成渝高铁资阳北综合交通枢纽、自贡南铁路物流基地等10个客货运枢纽。打造"金通工程·天府交邮通"品牌，深化交商邮融合发展，建成8 128个"金通·邮快驿站"。

四川省交通运输厅编写组

公路养护

【基本情况】 2022年，交通运输厅公路局推进重点专项、制度建设、防汛抗灾、服务提质等方面工作，推动年度重点目标任务全面完成，黄河干流生态治理、"暖心之家"建设工作完成。

【完善管养制度标准体系】 健全养护管理绩效考评体系，编制普通国省道养护绩效管理办法初稿，研究制定养护绩效考评指标。开展普通国省道桥梁（隧道）养护管理办法修订，通过组织专题座谈、书面征求意见等方式进行修编完善，形成送审稿；推进服务设施标准体系建设，初步形成"十四五"普通国省道服务设施建设方案、建设指南、运营管理导则、标识形象设计等研究成果，完成意见征求和修改完善工作。加强防灾减灾技术体系，组织开展提升高原山区国省道防灾减灾能力课题研究，形成水毁灾害典型案例分析及治理方案、水毁恢复重建工程勘察设计指南2项初步成果。

【提升桥（隧）管理水平】 抓好桥梁基础数据管理，开展桥梁数据质量评价工作，分年度对普通国省道在役桥梁技术状况等基础数据进行抽检复核，改进、完善桥梁数据，补齐桥梁数据管理短板；指导各地创新开展普通国省道桥（隧）养护示范项目创建活动，按照"1市1桥（隧）"方式推进，引导、鼓励各地通过示范创建，典型带动桥（隧）养护管理规范化、精细化水平提升。

【推进重点专项工程】 全省公路重点专项工程推进有序。川藏铁路配套公路养护专项工程基本完成；全省313座桥梁检测加固改造项目全部完成交工验收，项目完工率100%；4个停车区建设项目基本建成，除折多山停车区外，其余3个项目年内完成交工验收。畅安工程加速推进。交通运输厅公路局指导地方采取片区集中打捆招标等方式加速项目推进，明确项目组织实施方式，建立"三项工程"审查审批机制，全年完成五类危桥整治6个，提前并超额完成年度目标；整治交通事故易发多发路段209处；普通国省道重大灾害路段治理完工9个，在建12个。

【危桥安全风险防控】 开展危桥安全风险防控提级管理。加强项目库管理，构建危桥基础项目库，制定危桥基础项目库管理规则，加强危桥基础数据审核，动态监管危桥进出库。加强目标考核，继续推动年度危桥整治完成率指标纳入省政府政务目标考核内容，压实地方工作责任，加快推进危桥整治销号。

【黄河干流生态修复保质】 交通运输厅公路局组建工作专班，专人负责黄河干流生态修复治理项目，现场蹲点督导，确保项目高质量、高标准、高效率完成。在前期工作阶段，主动对接州、县及水利部门，指导设计，为精准施工奠定基础；项目实施过程中，加强督导帮扶，开展现场技术指导，及时协调和技术帮扶，累计开展现场督导12次、报送周动态14期。项目于9月29日完成，实现省委、省政府提出的生态修复治理目标。

【"暖心之家"建设】 交通运输厅公路局成立普通国省道"暖心之家"建设工作专班，建立周总结、月调度机制，累计开展现场督导9次，推进项目提前建成投运。国道348线太平和国道210线双河2个“暖心之家”自建成投运以来，累计服务货车司机1 100余人次，获得货车司机点赞。2个站点均建立交通运输行业党支部和货车司机流动党支部，提升了货车司机等特殊群体对交通运输工作的认可度。

四川省交通运输厅编写组

国省干线公路建设

【基本情况】 2022年，交通运输厅公路局围绕“拼经济、搞建设、促投资、稳增长”目标任务，抓住“消除国省干线和城际快速路瓶颈”和“实施平安百年品质工程”两个重点，落实“重点专项推进、项目建设储备、行业治理提升”三大举措，抓好“加快项目进度、保障工程质量、提升工程品质、强化市场管理”四项工作，克服新冠疫情反复、高温异常天气、汛期持续时间长和经济下行压力大等不利影响，全年新(改)建普通国省干线公路里程2 232.6千米，占年度目标任务1 700千米的134.1%；完成投资657.8亿元，占年度目标任务470亿元的140%，提前一个季度完成年度目标任务，为稳住全省经济大盘贡献了普通国省干线公路力量。

【公路建设管理】 交通运输厅公路局抢抓成渝地区双城经济圈发展战略机遇，围绕交通强国(省)决策部署，按照巩固、增强、提升、畅通“八字方针”，聚焦补短板、提品质、强管养、创示范、优服务、促发展“六个重点”，围绕省年度重点项目，持续推进品质工程、绿色公路建设，推动全省普通国省干线公路高质量发展。

提升管理效能。推行项目“台账制”“清单制”管理，加强项目督导调度和绩效考核，实现在建普通国省干线公路项目精细化、信息化管理。利用信息管理平台电脑端和蜀路通手机应用程序全面管理项目基础数据，细化“三张清单”，指定专人负责，建立“月分析、季通报、年总结”工作机制，确保项目有序推进。每季度收集汇总分析全省农民工工资支付保障情况，开展根治欠薪夏季、冬季行动，保障农民工合法权益。

要素保障。挖掘处室内部力量，每个重点项目组建一个工作专班，健全完善项目管理台账，实施全流程全环节跟踪监测。及时宣贯传达上级政策文件精神，指导地方创新投融资模式，通过发展路衍经济、发行债券、利用社会资本等多渠道落实资金保障；加强建材用地要素保障，压紧压实主体责任，拿出超常举措，做好征地拆迁、用水用电、建材运输等协调工作，避免出现停工、窝工等现象；督促施工单位加大机具设备投入，加强组织管理，增加施工作业面，扩大实物工作量。

交旅融合。贯彻绿色发展理念，围绕“公路与自然和谐、交通与旅游融合”建设思路，提升国省干线公路发展品质，启动“大峨眉”“大九寨”“大香格里拉”等专项前期工作，学习借鉴新川九路“安全畅通、绿色生态、智慧协调、融合发展”建设理念，推动旅游资源跨区整合、成片发展，构建复合型旅游景区。加快推进国道664线稻城县香格里拉至各卡(川滇界)段改建工程、省道428线雨城区周公山至晏场(洪雅界)改建工程等项目前期工作。长征干部学院交通专项工程、川陕革命根据地红军烈士陵园专项工程等一批红色旅游公路加快建设，为提高沿线经典红色旅游景区交通基础条件提供了公路交通保障。

山区路网持续改善。同步加快绵广山区公路，“8·10”水毁恢复重建项目建设，“6·1”芦山、“9·5”泸定地震灾后恢复重建工程建设。国道545线德阳绵竹至阿坝茂县段改建工程克服各种不利建设条件，历时13年全线建成通车；绵广山区、王坪红军烈士陵园专项工程即将收官，39个乡(镇)依托普通国省干线公路建设实现通三级公路目标。

【重大项目专项推进】 全省重大项目配套公路项目66个项目，建设里程564.8千米，计划总投资69.12亿元。截至2022年年底，所有项目全面开工，总体推进正常，累计完成投资53.28亿元。其中，国省干线公路项目7个308.1千米，计划总投资51.14亿元，实际完成投资41.63亿元；农村公路项目59个256.7千米，计划总投资17.98亿元，实际完成投资11.65亿元。国道318线提质改造工程18个项目(含5个配套公路项目)，建设里程123.3千米，计划总投资70.71亿元，其中5个国省干线公路项目中王岗坪景区道路加快开展前期工作；其余13个项目中，1个项目完工，12个项目有序推进，累计完成投资25.52亿元。夹金山隧道工程全长10.07千米，其中夹金山隧道9.35千米，辅助主洞开挖的平导洞长9.36千米，计划总投资17.73亿元。截至2022年年底，累计完成投资3.46亿元，隧道共掘进4 683米。其中，宝兴端主洞掘进715米，平导洞掘进793米，小金端主洞掘进695米，平导洞掘进2 480米。“9·5”泸定地震灾后恢复重建项目，截至2022年年底，海螺沟景区道路4座控制性隧道全部进洞，9个工作面同步施工，累计开挖完成213米，2座桥梁桩基完成90%，K14高路堤工程开始作业。

【创新项目前期管理】 交通运输厅公路局抢抓用地、环保的政策“机遇期”“窗口期”，加快推进项目前期工作。全年完成48个项目工可行业审查意见并报交通运输厅，51个项目一阶段施工图设计、两阶段初步设计及重大设计变更批复，促进80个项目实现开工。

加强业务指导。持续完善前期工作要件办理程序，开展前期政策宣传贯彻，解答地方困惑，让经办人员明确前期工作要件及其办理流程，缩短办件周期。按照“县级一项目一专班、市级分管领导牵头、省级相关部门片区负责”模式，建立形成“县级联合办公、市级横向联络、省级协调对接”工作机制，对项目前期工作实施“管家式”服务，全环节参与、全过程跟踪。

加强设计质量。创新前期工作机制，提前开展环评预审和行业预审，及时绕避生态红线、基本农田等重要环境敏感区。研究制定《四川省普通公路建设项目代建管理实施办法》《加强普通国省干线公路前期工作十条措施》《关于进一步加强普通国省干线公路前期工作的指导意见》，指导地方把握新形势新要求，按照“超常规不超程序、超常规不超政策，提高效率不降低标准，交叉并行推进”原则推动前期工作。

加强审批时效。对技术方案稳定、设计质量满足相关要求且建设用地上报省“三区三线”矢量数据库的项目，工可阶段极速受理、现场踏勘极速开展、方案评审极速组织、审查意见极速出具，办理周期控制在半个月以内；在两阶段初步设计或一阶段施工图设计阶段开展容缺审查，在地方政府出具承诺函的基础上，在项目工可批复前开展设计预审查，办理周期控制在1个月以内。

【公路质量和安全管理】 交通运输厅公路局始终扭住安全运营品质，制定行业安全生产管理标准，健全完善安全生产责任体系。

质量管理。围绕“平安百年品质工程”建设，开展“坚守公路水运工程质量安全红线”专项行动，落实工程分级监管制度，通过综合检查、日常巡查、专项督查、交叉检查等方式加大在建普通公路项目质量监督检查力度。坚持技术创新引领，加强科研与设计、施工联动，开展集中攻关和“微创新”，加强“智慧工地”试点建设，推动大数据、互联网、人工智能等技术与普通国省干线公路建设行业质量监管深度融合，实现施工质量全过程可视、可控，施工程序可溯源、可倒查，全过程、全寿命的工程质量管控体系，推动“机械化换人、自动化减人”取得成效。推动项目施工由粗放型向精细化转变，推进桩基旋挖工艺、TBM掘进机等“四新”技术应用，在特长隧道和高风险隧道中推广安全施工先进装备技术，淘汰或限制使用35项落后工艺、设备、材料。

提升本质安全。按照《关于在普通国省干线公路工程可行性研究和勘察设计阶段进一步加强地质灾害防治工作的指导意见》要求，加强普通公路工可和勘察设计阶段地质灾害防治，科学确定防灾减灾技术指标；开展隧道提质升级、桥梁防护设施和长陡下坡路段隐患排查及评估整治等专项行动，实行“清单+责任”制管理；落实交通主管部门行业安全监管责任，建立安全生产明查暗访常态化工作机制，制定普通公路安全生产检查工作手册，建立安全风险隐患问题台账，完善结果运用制度和问题整改督办制度，确保普通公路安全监管全覆盖。打造“平安工地”。始终把建设安全放在首位，贯彻落实党中央、国务院和部省安全生产决策部署，树牢安全生产发展理念，提升项目本质安全。压紧压实各级责任，督促各市（州）各项目严格落实安全生产管理各项制度，落实安全主体责任、监管责任，不定期开展明察暗访和安全专项检查。坚持安全源头管控，严格执行“三同时”要求，落实独立桥梁、隧道工程和二级及以上干线公路工程等安全性评价和安全风险评估制度，提升国省干线公路防灾抗灾能力。坚持问题导向，立足“夏秋防汛、冬春防火、四季防地灾、全年防地震”独特省情，开展红线行动、瓦斯隧道安全生产专项整治行动，构建安全风险分级防控和隐患排查治理双重预防工作体系。落实汛期地质灾害防范“十条措施”和加强施工驻地安全“六条措施”，持续做好10人以上施工驻地安全工作，利用信息平台上传在建项目施工驻地照片和视频信息，分片区进行核对，推动参建单位汛期安全工作落实。全年全省国省干线公路建设项目未发生较大以上安全生产事故。

迅速启动抗震救援响应。全年四川先后发生芦山“6.1”级、马尔康“6.0”级、泸定“6.8”级地震，交通运输厅公路局参与指导普通公路抢通保通工作。落实审查审批工作职责，开辟“绿色通道”，做好灾区道路恢复重建服务保障与技术把关工作。

四川省交通运输厅编写组

农村公路建设

【基本情况】 2022年，全省新（改）建农村公路2.36万千米，完成投资376亿元，完成投资比上年增加近120亿元，增长46%，位居全国第一。其中，建成撤并建制村通畅工程1.07万千米、乡村振兴产业路旅游路1 888千米、通组路7 845千米，超额完成年度目标任务。农村路网不断优化完善，服务农业产业发展能力持续提升，建成农村公路安防工程2.27万千米、农村铁索桥改公路桥100座，完成农村公路危桥改造267座、农村公路交通事故易发多发路段改造122处，夯实农村公路安全保障基础。

【农村公路管理养护】 开展管养试点。印发《关于进一步深化农村公路管理养护体制改革试点工作的通知》，选定成都市温江区、彭州市、邛崃市，攀枝花市米易县，泸州市江阳区、泸县，广元市朝天区，射洪市，宜宾市高县，巴中市恩阳区、南江县，眉山市彭山区，阿坝州九寨沟县，甘孜州石渠县，凉山州会东县等15个县（市、区）围绕路长制、信息化、确权等主题开展省级管养试点工作。在全国率先成立省“四好农村路”数字化发展技术研发中心，组织开展农村公路重点桥梁简易安全监测、轻量化路况评定、“金通工程”车载视频道路资产监测3项技术研究，搭建全省信息化管理平台，提升农村公路管理效能。

开展管养绩效考核。会同财政厅完成2021年度各市（州）农村公路管理养护绩效考核，并联合印发通报，将考核结果与省级日常养护资金分配、“以奖代补”考核等挂钩，督促地方履行管养责任、落实养护资金。搭建形成全省农村公路管养绩效考核信息平台，通过信息化手段提高考核工作实效。

【农村公路品牌文化建设】 交通运输厅公路局印发《关于“十四五”期推进农村公路品牌文化建设的意见》，通过推行视觉形象标识加强主题设施建设、开展系列特色活动和宣传培训，推进“个十百千”工程建设，打造四川农村公路品牌。组织开展全省最美农村路、最美路长、最美护路员评选活动，全省推选出最美农村路10条、最美路长10名、最美护路员20名，成都市蒲江县青山铁牛环线获评2021年度全国“十大最美农村路”。在洪雅县举行全省“5·26”爱路日主题活动，推动全省各地通过“爱路护路进校园”、政策宣传、公益表演等多种方式开展相关宣传活动，举办农村公路LOGO征集活动，营造全民爱路护路良好氛围。眉山市纵深推进路产、路旅、路邮“三大融合”，建成洪雅县大峨眉国际旅游西环线、丹棱县十里桃花红环线等一批网红打卡路，吸纳当地群众就近就业。

【“四好农村路”示范创建】 全省累计创建“四好农村路”省级示范市8个、示范县122个，全国市域突出单位1个、全国示范县20个，“四好农村路”全国示范县数量位居全国第一。创建第六批省级示范县27个（平原地区2个：眉山市东坡区、乐山市市中区；丘陵地区13个：成都市龙泉驿区，自贡市贡井区、自流井区，绵阳市盐亭县，内江市东兴区，南充市仪陇县，乐山市夹江县，宜宾市南溪区、叙州区，达州市渠县，眉山市仁寿县，资阳市雁江区，广安市前锋区；盆周山区8个：攀枝花市盐边县，泸州市合江县、叙永县，广元市青川县、旺苍县，雅安市雨城区、芦山县，眉山市洪雅县；民族地区4个：阿坝州黑水县、汶川县、金川县，甘孜州泸定县），创建第三批省级示范市5个（泸州市、达州市、宜宾市、眉山市和巴中市）。成都市新都区、彭州市、邛崃市、绵阳市安州区、广元市朝天区、遂宁市蓬溪县、内江市威远县、乐山市井研县、南充市营山县、眉山市丹棱县、广安市武胜县、达州市通川区、雅安市名山区、巴中市恩阳区、阿坝州壤塘县、甘孜州色达县16个县（市、区）入选2022年度“四好农村路”全国示范县创建单位名单。

【“四好农村路”和乡村运输“金通工程”高质量发展现场会】 11月24日，省政府在泸州市江阳区召开全省推动“四好农村路”和乡村运输“金通工程”高质量发展现场会。副省长田庆盈出席会议并讲话，省政府副秘书长、省铁路机场办主任代永波主持会议，省交通运输厅党组书记罗佳明安排乡村运输“金通工程”有关工作。会议宣布第六批“四好农村路”省级示范县、首批乡村运输“金通工程”样板县和第三批“四好农村路”省级示范市名单并颁发奖牌，泸州市江阳区、中国邮政四川省分公司作现场交流发言。会议指出，农村交通运输直接服务于农村，是打通经济社会发展的毛细血管，是服务全面乡村振兴的重要基础保障。

四川省交通运输厅编写组

农田水利建设

【大型灌区建设】 2022年，全省完成中央向四川省下达国家骨干水网工程专项投资预算内总投资计划2亿元，实施都江堰、长葫灌区续建配套与现代化改造项目，整治渠系建筑物38座、渠道6.56千米，改善灌溉面积10.06万公顷，新增蓄水能力1 570万立方米，新增粮食产能50万千克。

【中型灌区建设】 19个中型灌区全年完成投资8.7亿元，新建和整治渠道621千米，新建和整治渠系建筑物3 067座，其中泸县螺蛳山等5个灌区已提前完工，总投资完成率95%，完成总建设任务的96%。提前1年启动2023—2025年中型灌区项目申报工作，从55个储备项目中择优遴选28个灌区纳入水利部2023—2025年改造清单，改造总面积140.5万亩，规划总投资22.1亿元。

【山坪塘整治】 落实省级水利发展资金3 222万元，在14个县（市）开展重点山坪塘整治项目，共计整治重点山坪塘75座。

四川省水利厅编写组

农村信息化建设

农村通信建设

【基本情况】 为贯彻落实党的二十大精神和习近平总书记对四川工作系列重要指示，巩固拓展脱贫攻坚成果同乡村振兴有效衔接，推进农村数字化进程，推动乡村振兴取得新进展、农业农村现代化迈出新步伐、数字四川建设取得新成效，2022年，省通信管理局围绕共同富裕美好四川建设、增进民生福祉的目标，开展提升电信普遍服务层次能级、加强新一代信息通信技术在乡村生产作业中的运用推广、增大对省级边界偏远农牧区网络覆盖范围等系列工作。全省电信普遍服务项目、“双千兆乡镇通”工程、“强镇兴乡”工程等的实施提升了信息通信业对数字乡村建设的战略性、基础性、先导性效用。累计争取中央、省建设补助资金40余亿元，用于乡村信息通信基础设施建设超过95%，提升了四川省农业农村现代化发展网络基础，促进了农业全面升级、农村全面进步、农业全面发展。统筹发展和安全，加强对森林草原防灭火危险源、重要设施、重点部位的巡查监控，并开展宣传工作，营造全员参与的良好氛围。在“4·2”会东县地震等自然灾害中，应急预案执行有力有序，应急通信保障能力全面提升，容灾抗毁能力不断加强，大型高空应急通信无人机等技术手段得到验证，并全国领先。

【信息通信行业规模不断扩大】 “十四五”期间，全省信息通信业围绕网络强省、数字经济发展战略，取得了显著成效，行业发展水平全国靠前，网络规模、服务能力和用户数量均位居西部第一。电信业务收入延续增长态势，呈现趋势向好、结构优化、动能增强的发展特点。2022年，全省完成电信业务收入760.7亿元，较上年增长8.2%。累计建成5G基站13.2万个，规模位居西部第一，全国排名第六位。千兆光纤网络具备覆盖超过4 000万户家庭的能力，继成都、绵阳、泸州、眉山等4市获评全国首批千兆城市后，攀枝花、宜宾、乐山、雅安等4市获评2022年全国千兆城市。全省光缆线路长度、固定电话用户规模等多项指标全国排名升至第一位，信息通信业保持稳中有进发展势头，支撑了经济社会发展。

【信息通信普惠民生持续推进】 农村通信基础设施得到显著改善。近年来，全省统筹实施电信普遍服务项目和民生实事，累计争取9批次国家电信普遍服务项目，争取中央财政补助资金超过29亿元，拉动企业投资超过60亿元，全省累计解决9 347个行政村通光纤问题，建设8 947个4G基站，支持近2 000曲面移动通信网络覆盖，改造2 839个基站北斗功能，弥合了城乡数字鸿沟，助力巩固拓展脱贫攻坚成果同乡村振兴有效衔接。争取省级财政补助资金近11亿元，实施深度贫困县道路及沿线移动网络覆盖、农村中小学通宽带、自然村通电话等系列工程，解决了约1 200千米道路沿线移动通信网络覆盖问题，具备条件的农村中小学校（含教学点）实现100%宽带网络覆盖，提升了农村网络覆盖的深度和厚度，通信网络覆盖水平和承载能力稳步提升。

开展数字乡村建设。提升农村4G网络覆盖水平，推动5G网络和千兆光网建设向行政村延伸、向户拓展，打造“双千兆”数字乡村示范点，培育乡村振兴新动能。实施“双千兆乡镇通”工程，支持1 400个5G基站和1 180个固定千兆光纤点位建设运维，实现两项制度改革后全省所有乡（镇）及以上行政区“双千兆”网络100%通达，助力乡村振兴。开展四川省数字乡村试点工作，确定20个省级数字乡村试点地区。印发《四川省旅游景区移动网络覆盖行动计划（2023—2025）》，加强智慧旅游建设，完善智慧旅游设施。

持续落实农村网络精准降费政策。

保持精准降费政策，推动农村通信发展，农村互联网宽带用户1 589万户，排名全国第一位；农村精准降费惠及用户223万户，累计优惠金额超过7亿元，扩大了农村群众触网面，提升了信息通信网络服务农业生产经营、农村群众生活、助力提升乡村治理能力，巩固拓展脱贫攻坚成果同乡村振兴有效衔接，不断增强农村群众的获得感、幸福感。

【数网融合推动"三农"数字化发展】 近年来，全省5G网络覆盖日渐完善，5G行业应用已实现"从0到1"的突破，迈向"从1到N"的规模落地，千兆光网发展持续提速，基于千兆光网的各类创新应用不断涌现，"双千兆"应用在支撑各行各业数字化转型、助力经济社会高质量发展中的作用日渐凸显。针对四川省"双千兆"创新应用大赛参赛项目分析发现，51.7%的项目已实现了"商业落地"，相比上年提升13.3百分点，其中19.4%的项目已实现"规模复制"，相比上年提升12.84百分点。随着"双千兆"时代的到来，"双千兆"技术与智慧农业深度融合已成为智慧农业发展的加速器，加速推动"5G+农机服务""5G+农技推广""5G+农资供应"等数字化生产服务业创新发展，以其广连接、低时延的优势，助力建立农业空地一体化信息采集、土地保护利用监测体系和农业农村大数据中心，为实现农业农村数字化奠定了基础，支撑了乡村振兴战略的实施。

【应急通信保障能力全面提升】 截至2022年年底，全省共有卫星通信车、指挥车、电源车、抢险车等各类车辆1 000余辆，Ku、Ka便携卫星站、视频传送设备等便携装备80余台(套)，各类卫星电话等手持装备2 000余部。在民族地区防汛、防震等重点区域，按照"分片牵头、强化协作、共建共享"的原则，预置"小、灵、轻、便"的应急装备，重点区域市(州)有卫星应急通信车、每个县(区)有卫星电话，各类灾害应对能力较强。同时，加强超级基站、装卸式应急平台、云视讯、物联网、应急指挥调度系统和大数据分析系统以及无人机基站等新技术新手段在应急通信保障领域的应用，四川移动在甘孜、阿坝、凉山等重点区域建设有59座抗震型超级基站，采取光缆+卫星传输切换和基站容灾两项关键技术，在光缆中断、电力中断的情况下仍能正常运行72小时以上，可确保党政军应急指挥调度和群众通信畅通。2022年启动的"大型高空应急通信无人机"项目开创性地利用空中基站同时实现3家基础电信运营企业2G、4G网络覆盖，经自贡市、康定市验证测试后，并在多次地震应急通信保障任务中发挥了重要作用。

四川省通信管理局编写组

四川农村信息网建设

【基本情况】 四川农村信息网(原四川农经网www.scnjw.com)是四川省人民政府主办，四川省气象局承办的农村经济综合信息网站。网站于2001年7月18日开通，主要开展农村经济综合信息和气象信息服务。四川农村信息网建有1个省级信息中心、20个市(州)信息分中心和分布全省的23个市场价格信息采集点。网站开设有气象、政策、科技、教育、减灾、休闲和市场等专题栏目，涵盖主站、20个市(州)分站、农产品价格供求发布系统和"四川e农"APP等多个平台，致力于农民增产增收，助力乡村振兴。

2022年，四川农村信息网组织发布农业科技、涉农法律政策和市场分析等各类农经信息2.23万余条、各类农业气象信息1.01万余条，为广大农村用户提供农经和气象信息服务。通过网站的农产品价格供求模块，完成全省及全国范围内农产品价格行情信息和供求信息的采集、编辑和发布，采集粮油、蔬菜和农资共25个种类的农产品市场行情信息，全年发布农产品价格信息14.31万余条、供求信息1.56万余条，定期向公众及政府决策部门发布《农产品价格供求情况分析》12期。面向农业经营主体的"四川e农"手机APP广泛应用于"直通式气象服务"，把气象服务延伸到乡(镇)、社区、专合组织和种养殖大户，覆盖全省68.4%的新型农业经营主体。

【乡村信息员队伍建设】 开展气象信息员队伍建设和管理工作，截至2022年年底，全省气象信息员总数达31 107人，乡(镇)覆盖率达100%。利用培训班、互联网平台和发放气象知识小册子等方式，多部门联合开展气象信息员防灾减灾业务培训，提升了气象信息员防灾减灾能力。

【创建气候好产品】 推进国家级和省级生态气象品牌创建活动，创建"中国天然氧吧"5个、"中国气候好产品"1个，授牌"巴蜀气候标志地"7家，创建"中国气候宜居城市"4个。开展特色旅游气候资源调查评估，挖掘乡村旅游气候资源潜力，逐步形成"气候小镇+农产品""气候小镇+民宿"等乡村旅游产品，地方优势生态资源、产品效益转化明显。

四川省气象局编写组

农村邮政事业

综　述

【基本情况】 2022年，中国邮政集团有限公司四川省分公司聚焦“三农”，围绕邮政普遍服务、乡村振兴、普惠金融、物流体系、农村电商、文化产业等方面主动服务，重构邮政农村基础网络、邮政农村组织模式、邮政农村营销体系、邮政商业运营模式，实现“建设一个物流体系，强化两项支撑保障，打造三大核心优势，构建四流融通生态”，筑牢邮政服务乡村振兴的基础底盘，提升农村公共服务均等化水平，助推农业产业振兴和群众增收，畅通城乡商贸流通，构建四川邮政服务农村市场经济的发展新格局。

【成立乡村振兴办公室】 在全国邮政系统率先组建省、市、县乡村振兴办公室，理顺组织架构和工作流程，打造2.0版工作体系。整合省分公司惠农合作项目专班、渠道平台转型专班和三级寄递物流体系建设等专班，实行“多班合一、集中办公，多块牌子、一套人马”，并作为四川邮政服务乡村振兴工作的总牵头部门，按照“牵头抓总、统筹协调、督导考评、协同联动”的定位开展工作。围绕“四大合作”（农邮、商邮、交邮和邮快），聚焦“五大定位”（乡村公共服务的重要参与者、乡村综合物流服务主导者、乡村振兴金融支持主力军，乡村电子商务发展主渠道、乡村综合性服务提供商），推进“六大项目”（三级物流体系建设、渠道平台转型、惠农合作、县域商业体系建设、网点区域化管理、网点优化布局）建设，一体化推进四川邮政服务乡村振兴工作。

【协同推进服务乡村振兴工作】 加强邮银协同，以省邮政协同发展委员会为载体，通过定期协同会议、专题协同会议和日常协同会议等形式落实集团服务乡村振兴战略工作要求，立足长远发展、着眼系统规划，加强板块部门间的有效沟通，推动四川邮政服务乡村振兴各项工作开展。

【深化政企合作】 深化与农业农村、交通、商务等部门合作，推动出台乡村振兴有关文件14个；“健全县、乡、村三级物流体系，打造‘金通工程+天府交邮通’品牌”等被写入政府工作报告；全省24个县（区）开展县域商业体系建设，邮政系统参与13个，其中3个县（区）分公司签约项目建设资金1 850万元；参与乡村振兴示范县创建、农村物流服务品牌申报等项目，持续做好“温暖人社”“金通工程+天府交邮通”“天府，税邮驿站”“军邮站”等品牌项目。

【推进惠农合作】 聚焦“村、社区、户、企、店”农村五大客群，加强邮银协同，共建信用村5 020个，位列全国第一；打造中邮惠农示范社106家、示范企业14家，规模、进度均位列全国第一；新增农村会员49.8万人，位列全国第一；发放融资E贷款13.17亿元；农产品寄递价值4.12亿元，实现农产品销售额4.24亿元；销售农资4万余吨。

【“919电商节”取得成效】 农产品上行呈现“一破两超”。万单农产品突破100款，农产品交易额突破1亿元；线上零售交易额7 732万元，超集团目标98个百分点；年度成单小店主数30 938个。

工业品下行呈现“三高”。聚焦集团大单品，做大粮油和酒水两大核心品类规模，批销交易额11 347万元，业务叠加活跃站点18 847个，金融场景叠加站点新增1 567个，寄递场景叠加站点新增962个，批销场景叠加站点新增414个；会员发展站点新增3 075个，累计发展会员41.45万人。确立自营批销和以聚焦千万级大单品的撮合批销相结合的模式，全省17个市（州）分公司引入撮合商家95家。

金融业务呈现“一翻倍一提升”。活动期间63个万单供货商实现金融业务综合开发，较上年翻倍。使用919农产品维护客户7 000户，提升资产1.06亿元。

寄递业务呈现“双破一高一广”。活动期间极速鲜和快递包裹农产品寄递收入规模双破千万元（实现特快收入1 394万元、快包收入1 378万元），极速鲜市（州）覆盖率100%。全省快递包裹农产品寄递业务发展市场不断拓宽，新增5个大米、粮油和果蔬类市场。社区团购交易额突破4 000万元，占全年比重的79.7%。

邮乐直播多场交易额破100万元。活动期间，全省重点策划开展省级大型直播活动6场，并创新承办集团官方直播活动1场，直播观看人数及直播销售额创新高，多场直播单场观看人数突破5万人，直播销售额突破100万元。

中国邮政集团有限公司四川省分公司
编写组

农村邮政综合服务体系建设

【基本情况】 2022年,四川邮政系统发挥邮政县域农村渠道优势,衔接各级政府乡村振兴发展规划,承接政务便民服务,拓展异业合作,深度融入地方经济文化发展。加快健全邮政县、乡、村三级物流网络服务体系,助力乡村振兴、服务国内大循环。加快三级物流体系建设,夯实邮政综合服务平台基础,加强县以下普服网络架构体系建设,致力于"通政、通商、通民"。

【普遍服务提质达标】 全省建制村通邮率100%,建制村周三班以上投递频次达标率100%,建制村打卡率提高至99.78%。《人民日报》当日见报率保持在79.2%,机要通信29年质量"全红"。在全省6 138个普遍服务网点菜单式叠加10类、68项业务,打造"普遍服务+普惠金融+政务便民+农村电商+共享寄递+N"邮政综合便民服务站,叠加9项以上业务的网点占比84%;通过叠加联通项目和水电气等生活缴费项目实现便民缴费规模达6.28亿元。低效网点降至291个,占比4.74%。普服业务量2 784万件,增长2.5%。

【三级物流体系能力增强】 通过标准化、规范化、模块化、体系化推进三级物流体系建设运营,以"两中心一站点"建设为主要模式,结合邮政农品基地建设,构建开放共享、智能快捷的邮政县、乡、村三级物流体系。加强产地仓、销地仓建设布局,增强末端投递能力,夯实邮政综合服务平台基础,提升普遍服务水平,实现"客流、商流、物流、资金流"四流融通。建成县级共配中心75个、乡(镇)共配中心2 136个、村级综合便民服务站2万处,快递进村覆盖22 816处,覆盖率88%;农村投递汽车覆盖率65%;交邮携手打造27个乡村运输"金通工程"样板县;与客运站合作建设邮件处理场地超过2万平方米,开通587条代运邮路;与20家民营快递开展邮快合作,代投社会快递7 726万件。

【上行商流】 聚焦全省农产品基地标准化建设,推进农产品基地提质,打造高品质农产品体系,依托线上线下营销矩阵,推动农产品项目规模化运作、高质量发展。

建强农产品基地。全省按照"9个有"基地打造标准加速未达标的基地汰换,全面提质升级101个农产品基地。同时,加强金融、寄递等业务协同,通过拓展集团消费市场,解决基地销售难问题;通过"物流+落地配"模式,解决物流难问题;通过推荐银行消费贷、融资E业务,解决融资难问题。

加强品牌管理。建立品牌统一、包装标准、品质保证、运营规范的产品体系,从农产品源头加强品控管理;以"邮政农品"品牌赋能为重点,推广"邮政农品+农民合作社+家庭农场+农业加工企业"运营模式,建立以邮政为核心,串联农产品收购、加工、包装、品牌和渠道于一体的农产品运营生态,持续打造"邮政农品"品牌。

做强农产品运营。线下渠道抓好传统分销渠道营销,拓展政企单位优惠购、社区、商圈、食堂、校园等客户,实现农产品项目批量化、规模化运作;线上渠道依托邮乐平台、金融生态圈等自有线上平台,全力拓展抖音、快手等主流平台,实现线上平台规模攀升;外部渠道通过扩大跨区互销、省际互动规模,实现跨省互销规模有较大提升。

【下行商流】 全省建立"邮乐+邮政"联合运营机制,重构批销商品体系,推进"自营+撮合"协同运营模式,做大下行商流规模。加快对接集团亿元级品牌大单品及千万元级品牌大单品,围绕激发站点活力、落实县域商贸体系建设,从完善模式、丰富商品、运营推广和支撑保障入手,保障产品有效落地运营;开发区域定制商品,针对省内特色的酒、食品、日化等商品,重点选择3 ~ 5家供应商,打造50款"蜀之驿+"联名商品。调动片区经理、支局积极性,做好促单、配送、售后支撑工作,提升站点活跃度和下单率;重点引入有成熟地推队伍、较强配送能力的本地综合性供应商,以集团认定的品牌大单品为重点,为站点提供优价商品。

【经营机制创新】 围绕镇村"两项改革"(乡/镇行政区划和村级建制调整改革),组建383个经营区域,覆盖499个片区,覆盖率62%,辐射综合网点2 147个(占比88%)。实施寄递网末端机制创新,末端覆盖率55%,提升40个百分点,其中农村网点实施机制创新2 715个,覆盖率51%。

中国邮政集团有限公司四川省分公司
编写组

公共服务体系建设与民族地区社会事业

GONGGONG FUWU TIXI JIANSHE YU
MINZU DIQU SHEHUI SHIYE

SICHUAN

公共服务体系建设

农村教育事业

综　述

【基本情况】 2022年，全省有农村幼儿园7 678所，在园幼儿136.19万人，专任教师7.49万人；农村小学4 068所，校舍面积（含教学点）2 938.99万平方米，在校学生319.32万人（含在读农村留守儿童65.12万人），专任教师22.28万人，生师比为14.33∶1；农村初中学校2 662所，校舍面积2 814.52万平方米，在校学生172.5万人（含在读农村留守儿童40.35万人），专任教师14.45万人，生师比为11.94∶1；进城务工人员随迁子女义务教育阶段在校学生53.22万人，其中小学在校学生37.9万人、初中在校学生15.32万人。

【制定乡村振兴工作要点】 制定《中共四川省委教育工委四川省教育厅2022年乡村振兴工作要点》，统筹协调“控辍保学”“办学条件改善”“乡村教师队伍建设”等9个专项工作组的各项工作，健全教育系统上下贯通、一抓到底的乡村振兴工作体系。

【教育帮扶工作】 印发《全省教育系统帮扶凉山工作队管理办法》，加强帮扶队员的日常管理，完成第二批97名帮扶队员的选派工作。制定《四川省“组团式”帮扶乡村振兴重点帮扶县高中阶段学校实施方案》，印发《四川省“组团式”帮扶乡村振兴重点帮扶县高中阶段学校重点任务责任清单》，统筹选派教育人才467名，以帮助受扶地实现教育质量、教师队伍能力、学生综合素质和学校管理水平“四个明显提升”为工作目标，对7个市（州）47所国家和省重点帮扶县高中阶段学校实施教育人才“组团式”帮扶。

发挥高校教育、人才、科技等优势，组织79所高校继续定点帮扶68个脱贫县、92个村，结对帮扶1 409户。全省高校自筹和协调资金2.1亿元，实施帮扶项目1 596个；派出教育、科技等专家指导2 105人次，开展教师、医生、基层干部、种植、养殖等专题培训23 704人次，提升干部群众学历2 948人次；15所高校派出2 692名师范生到凉山州顶岗实习支教。

【城乡“校联体”建设】 落实《关于鼓励内地优质学校与深度贫困县学校建立紧密型“校对校”教育联合体的实施意见》，按照“立足实际、自愿结对、注重实效、全面帮扶”要求，以共建托管为主要形式，引导内地优质学校与原深度贫困县中小学校建立紧密型“校对校”教育联合体，帮助引领深度贫困县学校转变教育理念、更新教学手段、提升办学质量，全面打赢教育脱贫攻坚战。截至2022年年底，全省已建成城乡“校联体”140个。

【实施专项招生计划】 实施国家专项、地方专项和高校专项招生计划，主要面向农村、边远等地区招生学生。其中，国家专项招生计划实施范围为68个原集中连片特殊困难县和原国家级扶贫开发重点县；地方专项和高校专项招生计划实施区域为全省民族地区、原集中连片特殊困难地区和革命老区、艰苦边远地区119个县，且只招收实施区域内的农村学生。2022年，184所国家专项招生计划的重点高校共在川招收学生4 569人，95所高校专项招生计划的高校在川招收学生1 940人，省内13所地方专项招生计划的高校招收学生1 940人。

【实施农村教师“国培计划”】 全年投入资金14 390万元，实施农村骨干教师能力提升培训、重点区域领域帮扶培训、市（州）教师培训团队研修、农村校园长领导力培训、中小学教师信息技术应用能力培训5个类别的培训，培训中小学幼儿园教师和校（园）长37 138人次。用于市（州）实施项目资金5 467.85万元。

【实施农村教师生活补助政策】 按照省政府办公厅印发的《关于实施集中连片特殊困难地区和国家扶贫开发工作重点县农村教师生活补助政策的通知》精神，实施农村教师生活补助政策。全年投入中央综合奖补资金38 260万元、省级专项补助资金44 643万元，惠及“四大片区”88个县的农村教师16.91万人。

【开展农村教育研究】 开展《四川省农村教育现状及乡村温馨学校建设的四川实践》重大课题研究，通过对农村学校的调研，总结四川农村学校发展的先进经验；推广乡村温馨学校建设优秀成果，并提出农村学校发展新样态的主张和倡议。举办全省农村教师“我的乡村教育故事”叙事征文活动，为农村教师搭建成长舞台，促进农村教师专业发展。

【实施“推普助力乡村振兴”计划】 协同相关行业部门共同推进“职业技能+普通话”教育培训，在民族地区、农村地区开展青壮年农牧民、基层干部普通话应用培训。与省妇联在凉山州试点开展以45周岁以下留守妇女为重点的“十万新公民”学普用普工程，专项培训33 426人次；与团省委共同组建50支普通话推广实践团队，开展乡村振兴战略政策宣讲和青壮年农牧民、基层干部普通话应用培训。发挥高校人才、资源优势，推进高校语言文字工作校内普及、校外推广“双轮驱动”，组织高校开展“推普助力乡村振兴”暑期社会实践志愿服务活动，73支团队入选教育部重点团队，入选团队数位列全国第一。将国家通用语言文字推广普及纳入高校乡村振兴对口帮扶内容，支持高校与乡村振兴重点帮扶县联合举办基层干部、教师普通话培训，国家乡村振兴重点帮扶县1 000名教师参加培训。

【推进铸牢中华民族共同体意识教育】 7月，召开工作推进会，部署铸牢中华民族共同体意识教育；召开2次座谈会，听取省直部门、普通高校、市（州）、县、校负责人、思想政治教育专家和一线教师意见建议。遴选第二批自贡市职业技术学校、德阳市孝泉民族小学校等20所中小学校为铸牢中华民族共同体意识主题教育实践活动试点学校，实现21个市（州）全覆盖。推进民族中小学、民族班混校混班工作，基本实现按教育因素招生、编班和住宿。开展“中华民族一家亲·同心共铸中国梦”校园舞台剧展评、各族青少年夏令营等，推动各族师生交往交流交融，培育共同体意识。

四川省教育厅编写组

农村基础教育

【农村学前教育】 教育厅等九部门制定的《四川省“十四五”学前教育发展提升行动计划实施方案》提出：优化农村幼儿园布局，优先利用中小学布局调整后闲置校舍改建公办园，办好乡（镇）公办中心园，依托乡（镇）中心园举办分园、村独立或联合办园等满足农村适龄儿童就近入园，实施乡（镇）、村幼儿园一体化管理。

推进幼儿园示范引领工程，在开展省级示范性幼儿园遴选认定工作的基础上，鼓励城区示范性幼儿园结对帮扶农村幼儿园，提高农村幼儿园的办园水平。

推进学前教育建设工程，统筹中央和省级学前教育发展专项资金约4亿元，支持办好乡（镇）公办中心幼儿园，扶持普惠性民办幼儿园发展，扩大农村学前教育资源供给。

【推进农村义务教育均衡发展】 开展县域义务教育优质均衡创建工作，汶川县被教育部评为义务教育优质均衡先行创建县（区）。

推进“乡村温馨校园”建设，达州市达川区石桥镇列宁街小学、雅安市名山区前进镇中心小学、内江市威远县镇西镇中心学校、凉山彝族自治州宁南县竹寿镇中心小学被教育部评为第四批乡村温馨校园建设典型案例学校。

开展全省基础教育学校布局和建设专项规划与乡村国土空间规划编制融合工作培训。以科学规划为统领，做优基础教育学校布局调整，完成优化调整中小学和幼儿园3 403所、教学点3 510个。以学区制改革为引领，深化义务教育供给侧结构性改革，科学合理划分732个县域内义务教育学区，试点推进县域内义务教育学区制治理。

健全义务教育保障长效机制，用好控辍保学动态系统，对阿坝、甘孜、凉山三州地区建立月报制度，保持控辍保学政策不变、力度不减。全省脱贫家庭子女失辍学保持“清零”状态，教育部控辍保学台账劝返核减完成率达99.99%。

【改善农村义务教育学校办学条件】 实施“义务教育薄弱环节改善与能力提升”“校舍安全保障长效机制”等教育重大工程。全年累计投入中央和省级补助资金18亿余元，建设校舍及运动场100余万平方米，购置仪器设备4万件（台、套），持续改善农村地区义务教育学校办学条件。

【实施义务教育教师安身工程】 印发《四川省义务教育教师安身工程奖补资金管理办法》，奖补资金按照“分类分档、定额补助、先建（租）后补”的原则，支持为人口聚集的中心镇义务教育阶段学校和确需长期保留的边远农村地区义务教育阶段学校的离家较远且确需在学校食宿的特岗教师等在岗教师提供住宿。全年下达省级补助资金480余万元，奖补9个市（州）所属13个县（区）的35个项目，惠及教师400余人。

【招聘特岗教师】 根据教育部、财政部、人力资源社会保障部、中央编办安排部署，四川省继续组织实施农村义务教育阶段学校教师特设岗位计划。通过笔试、资格审查、面试、培训、聘用等环节，招聘上岗特岗教师777人。为绵阳市、甘孜州等8个市（州）的30个县（区）补充乡村教师，优化教师队伍结构。

【公费师范生培养】 全年国家在四川省招录国家公费师范生559名。同时，全省培养省属公费师范生2 500名，由四川师范大学、西华师范大学等9所高等院校为全省农村公办义务教育阶段学校、幼儿园和特殊教育学校定向培养，解决农村学校师资紧缺的矛盾。

【实施“中小学银龄讲学计划”】 为加强农村义务教育阶段教师队伍建设，发挥优秀退休教师引领示范作用，帮助提升农村学校教学水平和育人管理能力，促进城乡义务教育均衡发展，继续实施“中小学银龄讲学计划”，全省招募到岗“银龄讲学计划”教师284人，其中中小学高级教师125人、中小学一级教师157人、其他高级职称2人。

【实施乡村小规模学校教师走教支持计划】 教育厅印发《关于实施2022—2023学年乡村小规模学校教师走教支持计划的通知》和《四川省乡村小规模学校教师走教支持计划试点工作方案》，组织全省50个乡村振兴重点帮扶县429名中小学音体美教师到农村学校进行“走教”，缓解农村义务教育学校师资紧缺等问题。

【入选“2022年乡村优秀青年教师培养奖励计划”】 根据教育部教师工作司、中国教师发展基金会公布的“2022年乡村优秀青年教师培养奖励计划”入选名单，四川省有旺苍县五权初级中学校曹智等18名教师入选。通过培养和奖励相结合的方式，帮助乡村优秀青年教师专业成长，造就一批新时代下得去、留得住、教得好的乡村骨干教师。

四川省教育厅编写组

农村职业教育与成人教育

【服务乡村振兴战略】 2022年，全省44所高等职业院校定点帮扶44个脱贫县、50个村，结对帮扶848户，选派帮扶干部87人；自筹和协调资金共计约1.11亿元，实施帮扶县项目450个、帮扶村项目294个。

全省有涉农高等职业学校31所，开设农林牧渔大类专业24种，在校学生1.85万人；涉农中等职业学校93所，开设农林牧渔大类专业21种，专业布点133个，在校学生2.2万人。在农学、园艺、动物医学专业开展本科层次职业教育改革试点。

教育厅、人力资源社会保障厅、财政厅共同实施四川省中等职业教育名校名专业名实训基地建设工程，有11个涉农专业点、9个涉农实训基地进入名专业建设和名实训基地立项建设名单。

【实施“9+3”免费教育计划】 四川省民族地区教育改革发展领导小组印发《关于新时代民族地区“9+3”免费教育计划的实施意见》，在招生、培养、升学、就业、资助等方面政策进行优化调整，建立“9+3”常态化管理机制。内地97所“9+3”学校179个专业面向涉藏地区、大小凉山彝区招收“9+3”学生11 116人。通过“9+3”高等职业教育单独招生考试，招录0.46万名“9+3”毕业生到优质高等职业学校就读。

【开展东西部协作】 浙江省教育厅、四川省教育厅共同印发《浙江省职业院校与四川省甘孜州中职学校合作开展中高职贯通培养实施方案（2022—2025年）》。从2022年起，每年招收80名甘孜州初中毕业生在幼儿保育（中职）与学前教育（高职）、旅游服务与管理（中职）与导游（高职）专业开展中高职贯通培养“2+1+2”分段（中职学段前2年在四川的中职学校就读，中职学段后1年转学至浙江的中职学校，中职毕业考核合格后升入浙江的高职学校继续就读2年）试点工作，每个专业招生40人。

【农村成人教育】 建立省、市、县（市、区）、乡（镇、街道）、村（社区）五级社区教育网络体系，截至2022年年底，乡（镇、街道）建立社区学校1 238个、村（社区）建立社区教育工作站（社区教育学习中心）11 139个，参与全省各类农村社区教育活动人员达172.6万人次。“四川终身学习在线”网络平台“云上课堂”设有农业教育课程资源300讲。继续开展“智慧助老”活动，全年参与“智慧助老”活动的农村老年人达35万人次，7个优质工作案例、16个优质教育培训项目及34门优质课程资源获得教育部推介。

四川省教育厅编写组

希望小学

【希望小学援建】 2022年，省青少年发展基金会立项捐建希望小学8所，捐赠资金332万元，改善了乡村学校基础设施，带动了地方政府对经济困难地区基础教育的投入，提高了学校管理和教学水平，为学生提供了较好的学习生活环境。

【“希望工程研学”活动】 为助力乡村振兴，促进城乡青少年均衡发展，帮助乡村学校孩子开阔眼界，团省委组织开展“希望工程研学”活动，来自乐至县和安岳县乡村学校的同学先后到大熊猫研究中心卧龙神树坪基地和立巢航空博物馆参观，帮助乡村学生了解生物多样性，增长航空知识，学习更多课外专业知识，激发乡村青少年探索世界、亲近自然的兴趣。

【资助困难学生教育】 为帮助农村地区学生获得免费且优质的高中教育，省青少年发展基金会继续与成都武侯高级中学、成都高新实验中学合作开办“志远班”和“希望班”，2022年共招收困难家庭学生95名，其中民族地区学生占比49%；87名学生参加高考，本科上线率100%，重点率80%。

【提升农村地区校园体育教学水平】 为提升农村地区校园体育教学水平，在内江师范学院、绵阳师范学院支持下，组织派遣173名大学生志愿者到173所乡村学校开展体育支教活动，并在四川音乐学院支持下，由育美艺术公益基金资助都江堰向峨小学等4所小学组建乡村合唱团，通过教授爱国主义歌曲培养青少年“知党恩、听党话、跟党走”的理想信念。

【开展教育帮扶】 围绕四川受扶地教育资源相对落后的实际情况，组织实施“萧山·旺苍”援建水磨镇中心小学附属幼儿园、浙江宁波共筑团建新阵地、理县中小学校文化育人和信息化建设等项目，提升四川省受扶地教育水平。

共青团四川省委编写组

农村文化

【农村公益电影放映】 持续推进流动放映向固定放映、室外放映向室内放映“两个转变”，建成固定放映点8 800余个，设立公益电影放映公示牌2.2万余个。在基层广泛开展“礼赞新时代　奋进新征程”“新时代　新跨越”主题公益电影放映活动，支持各地开展“公益+”系列放映活动，推动公益电影进学校、进社区、进广场，采取“菜单式”选片机制，全省共放映《建党伟业》《我和我的祖国》《战狼2》等公益电影42万余场，观影人数达620万余人次。继续保持少数民族语影片译制特色优势，译制完成藏语（康巴方言）和彝语影片86部，放映3.1万余场。

【农家书屋】 持续优化农家书屋内容供给。按照"贴近农业农村、服务乡村振兴"原则，立足农民群众阅读习惯和爱好，组织做好2022国家农家书屋重点出版物目录推荐工作，及时制定印发《四川省2022年农家书屋重点出版物推荐目录》。各地根据国家和省级农家书屋推荐目录，探索"百姓点单"服务模式，逐步建立"书展选书""书城选书""网上选书"等选书机制，及时为每个书屋补充不少于60种图书。特别是针对农民群众学习党的二十大精神需求，及时为每个农家书屋配备《习近平谈治国理政》第四卷2册、《让群众过上好日子——习近平正定足迹》等记述国家主席习近平地方工作经历的图书5册和党的二十大文件及学习辅导读物等重点读物。主动对接商务印书馆向全省农家书屋捐赠《习近平扶贫故事》图书12 000册，让党的二十大精神飞入寻常百姓家。

推动阅读活动深入开展。聚焦元旦、春节、"4·23"世界读书日、六一国际儿童节、国庆节、寒暑假等重要时间节点，与农业农村厅、省总工会、团省委、省妇联、省乡村振兴局等部门开展"新时代乡村阅读季""我的书屋·我的梦"农村少年儿童阅读实践活动和"农民读书月"等品牌阅读活动。峨边县新林镇茗新村支部书记张俊林获评"2022全国乡村阅读榜样"，四川少年儿童出版社出版的《羊群里的孩子》等4种图书获评"农民喜爱的百种图书"。在首届全民阅读大会上，达州市万家镇五洞村农家书屋管理员苏小伦获得全国"乡村振兴十大阅读推广人"称号。在"我的书屋·我的梦"农村少年儿童阅读实践活动中，征集中小学生作品1 800余篇（幅），组织专家评审上报国家新闻出版署248篇（幅）参加全国评审，数量位居全国前列。

稳步推进农家书屋机制创新。省委宣传部印发《关于推进新华书店服务农家书屋改革创新提升服务效能试点工作的通知》，将成都、攀枝花、德阳等11个市（州）列入试点，探索农家书屋改革创新提升服务效能的新路径。四川新华出版发行集团、新华文轩成立主要领导挂帅的试点工作领导小组，推动试点工作落地落实。推进农家书屋主动融入新时代文明实践站建设，促进设施、人员、活动、场地等资源统筹使用。泸州市实施图书借阅"一卡通"工程，建成基层服务网点1 740个，实现市、县、乡、村四级图书借阅通借通还。资阳市推进"总分馆制+农家书屋"试点，建立县级图书馆分馆59个。

提升农家书屋宣传推广。各地依托《中国新闻出版广电报》《农家书屋》杂志、《四川日报》、四川观察等主流媒体和新媒体平台，及时推介报道农家书屋改革创新提质增效典型案例、优秀做法等，提升全省农家书屋传播力、影响力。成都市《成都市郫都区红光街道三观社区是这样打造"农家书屋"的》等2篇创新示范案例及广元市《打造乡村精神文化"新家园"持续推进农家书屋工程健康发展》等2篇工作经验文章分别在《中国农家书屋》杂志刊发。达州市万家镇五洞村农家书屋管理员、2019全国"乡村阅读榜样""乡村振兴十大阅读推广人"苏小伦知识创业先进事迹先后被《中国新闻出版广电报》《中国农家书屋》杂志刊登。德阳市、宜宾市、广安市、眉山市、阿坝州、凉山州等依托"学习强国"学习平台、"书香天府·全民阅读"微信公众号等平台，宣传农家书屋阅读实践活动开展情况。

中共四川省委宣传部编写组

农村体育

【推动全民健身场地设施供给提档加速】 加大资金投入，加快推进群众健身环境提质升级。全年安排中央、省级资金约5亿元，统筹补助各地公共体育场馆开放以及建设各类健身场地设施项目共计800余个，补助资金投入创年度新高。其中，建设乡（镇）健身中心、多功能运动场等便捷多元的场地设施项目576个，引领各地加快推进健身场地设施补短板；补助公共体育场馆免费或低收费开放230个，服务群众超过4 000万人次，保障群众参与健身基本权益。

【推进四级体育公园体系建设】 落实国家发展改革委、体育总局等七部门联合印发的《关于推进体育公园建设的指导意见》（发改社会〔2021〕1497号），结合四川特色实施体育公园建设"22215"战略规划，着力推动构建市（州）、县（市、区）、中心镇和一般镇"四级"体育公园体系。加大投入力度，通过示范引领推动，指导各地建成符合国家标准的体育公园项目17个，目标任务完成率23%，排名全国前列。

【开展各级各类全民健身赛事活动】 坚持线上线下相结合、省、市、县三级联动办赛，全年举办县级以上赛事活动6 500场次，吸引近4 000万人次参与。组织四川省第四届全民健身冰雪季活动。采取"1+2+4"办赛模式，举办首届川渝毗邻地区群众体育荟。创新办赛服务主体，用心用情筹办第四届川籍农民工运动会。以体育赋能乡村文化振兴，开展"百城千乡万村·社区"系列赛事活动近2万场次，实现全省183个县(市、区)全覆盖。会同乐山市举办第十四届省运会,会同省民族宗教委、凉山州举办省第十六届少数民族传统体育运动会。

【构建覆盖城乡的全民健身志愿服务体系】 围绕构建覆盖城乡、富有活力、就近就便的全民健身体育社会组织网络,逐步形成横向到边、纵向到底的体育志愿服务体系。全年招募完成近34万名群众体育引领员,培训各级各类社会体育指导员近2万名;新增各级各类体育组织500余个,为群众提供全域化科学健身指导服务,服务超过1 300万人次。开展“体卫融合”试点,培养“运动健康师”2 700余名。

【实施“体育+帮扶”,助力乡村振兴】 发挥体育行业优势,做好盐源县体育基础设施建设、特色产业发展、人居环境改善等帮扶工作。补助资金70万元,用于扩建5个悬浮地板运动场地和维护修缮、升级改造老旧破损基础体育健身设施10套。补助资金70万元,开展系列全民健身活动,提升当地群众参与体育锻炼热情。投入资金10万元,打造山区特色运动项目学校1所。补助资金150万元,在巫木河村打造村委会党建阵地,实施路段提升及环境治理工程。开展“以购代捐”活动,带动更多当地群众实现持续增收。

四川省体育局编写组

农村广播电视工作

【基本情况】 2022年,全省农村广播电视统筹应急广播和“村村响”大喇叭等广播宣传平台,打通基层宣传工作“最后一公里”,不断提升舆论引导力,推动习近平新时代中国特色社会主义思想更加深入人心,把党和政府的声音传播到千家万户。截至2022年年底,全省广播综合覆盖人口达9 038.66万人,广播覆盖率由2021年年底的99.16%提高到99.39%,其中农村广播综合人口覆盖率99.21%,比上年提高0.26个百分点。全省电视综合覆盖人口达9 068.15万人,电视覆盖率由2021年年底的99.57%提高到99.72%,其中农村电视综合人口覆盖率99.63%,比上年提高0.14个百分点。全省农村广播节目制作4.62万小时,比上年增加0.58万小时,同比增长14.3%,占广播节目制作总时长的15.78%。全省农村广播节目播出时间18.97万小时,比上年减少0.67万小时,同比下降3.39%,占公共广播节目播出总时长的26.19%。全省农村电视节目制作2.56万小时,比上年增加0.07万小时,同比增长2.82%,占电视节目制作总时长的20.13%。全省农村电视节目播出时间25.93万小时,比上年增加1.85万小时,同比增长7.7%,占公共电视节目播出总时长的21.33%。

【广播电视宣传工作】 指导协调全省广播电视和网络视听媒体首页首屏首条推送习近平新时代中国特色社会主义思想和习近平总书记来川视察重要指示精神,围绕党的二十大和省第十二次党代会精神宣传主线,聚焦省委、省政府“全面实施乡村振兴战略,开启农业农村现代化建设新征程”要求,推出“强芯川种”“乡村振兴县在行动”“我的家乡有多美”“向总书记报告:天府粮仓添新粮啦——永丰村高标准农田核心区水稻开镰”等系列报道、特别策划、特别直播,《川粮力量》《走进天府地标》《种子的旅行》等系列专题片、纪录片,全方位展示新时代新乡村“产业兴、生态美、文化强、生活甜”的新图景。鼓励支持对农广播电视节目制作播出,全省农村广播电视节目制作呈上升趋势。加强对农节目品牌化建设,四川广播电视台的《四川乡村新闻》《四川农民工春晚》《致富牛人》《乡村故事》《金字招牌》《问您所“?”》《美丽乡村》《乡村会客厅》《乡村好声音》《乡村医生》《乡村大讲堂》,康巴卫视《云丹科普苑》,甘孜州广播电视台的《咔哒时间》,广元市广播电视台《三农在线》,宜宾广播电视台《乡村振兴在行动》,井研县融媒体中心《乡村振兴·百村行》,江油市融媒体中心《农村科技新视界》《乡村法治》《乡村健康面对面》,三台县融媒体中心《新农村天地》,盐亭县融媒体中心《绿色直通车》,绵阳市安州区县融媒体中心《古海遗珠,安逸安州》等品牌栏目传递党委、政府声音,解读政策法规,普及农业技术,传播农村安全知识,丰富基层群众文化生活,群众反响较好。

【广播电视公共服务体系建设】 贯彻国家、省基本公共服务指导性标准,制定印发《四川省广播电视基本公共服务实施标准(2022年版)》,出台广电公共服务效能提升和应急广播体系功能拓展两项攻坚行动的《实施方案》。完成巴中市恩阳区、简阳市县级广播电视基本公共服务标准化试点工作,获得广电总局肯定。细化落实基本公共服务实施标准,印发《四川广播电视公共服务效能提升攻坚行动方案》,指导全省建立健全省、市、县、乡、村广播电视公共服务网络。加强基层广播电视公共服务机构标准化管理,督促运维服务机构和社会力量提升服务质量,提升群众满意度、获得感。与水利厅、省地震局开展战略合作,提升灾害预警和应急宣传时效,最大程度保障群众生命财产安全。

加强广播电视公共服务供给侧结构性改革，聚焦少数民族语言广播电视节目供给，抓好甘孜州、阿坝州、凉山州译制机构和四川省广播影视少数民族语言译制播出中心和四川广播电台民族频率节目译制工作，指导督导抓好影视剧翻译、配音、技术、制片等方面的技术培训，并协调广电总局解决网络播出权、增加电视剧类型和捐赠片源时效性相关问题，着力丰富民族地区服务供给，全年协调广电总局支援四川少数民族地区片源26部。指导“6·1”芦山地震、“6·10”马尔康地震和“9·5”泸定地震灾损评估、灾后恢复重建规划编制，12个广电项目被纳入灾后恢复重建规划，估算总投资10 086万元。开展第三届“广电惠民服务月”活动，举办“办实事·送温暖”智慧服务现场活动1 219场，面向全省发放智慧惠民补贴135.9万元，打造“广电千兆5G智慧社区”700余个，完成1 053个农村整体网络改造，惠及用户21.63万户。

2022年，中央财政投入2 269万元，支持5个老少边及欠发达地区县级应急广播体系建设；投入713万元，实施民族地区有线高清交互数字电视机顶盒推广普及项目，覆盖7.13万户。省级财政投入1 290万元，实施四川应急广播省本级平台功能扩展和升级改造；投入7 200万元，支持23个县（市、区）建设应急广播体系、2个市建设应急广播播控平台；投入3 000万元，支持10个县（市、区）开展智慧广电示范区创建。

【广播电视民生工程】 聚焦解决好群众关心的收听收视“操心事、烦心事”，制定印发《2022年全省广播电视民生实事实施方案》，召开全省广播电视公共服务重点项目推进暨标准化体系建设培训会，抓好纳入全省30件民生实事的26万个广播电视“户户通”运行维护任务，省财政和地方财政分别投入1.52亿元、2亿元，基层网点全年出动维护人员21.24万人次，维修维护广播电视接收终端89.78万台、村级广播前端2.3万套、收扩机2.7万台、高音喇叭及音柱4.2万只；省级维护机构全年维修维护故障接收机37 727台，修复33 372台，全面完成26万个自然村广播电视设备设施的运行维护。962511呼叫中心接听、回访69 735次，通话时长21 572分钟，包括直接为用户解答处理疑问、派发转交各市（州）维修、处理用户投诉、公共服务网点服务情况调查、“户户通”用户调查等。全年接听广电总局直播卫星综合客服系统4000166666热线号码43 891次，保障广大农村群众收听收视基本权益，确保全省广播电视村村通、户户通、长期通、优质通。

实施少数民族聚居区寄宿制学校广播电视覆盖工程，投入110万元为喜德县、会理市的33所寄宿制学校安装182套广播电视接收系统，解决2.2万名师生收听收看广播电视难题。推进民族地区有线高清交互机顶盒普及推广，实施涉藏州县广播电视节目覆盖工程，提高民族地区地方节目覆盖率，保障少数民族地区基层群众收听收视权益，发挥广播电视惠民作用。

【广播电视乡村振兴工作】 推进农村两项改革“后半篇”文章涉及广播电视相关工作，统筹做好广播电视乡村振兴与两项改革“后半篇”文章相结合相促进，聚焦公共服务提质增效，推进县域内片区、中心镇（村）广电公共服务和公共文化设施统一规划、统一建设，与省委宣传部联合印发《四川省乡镇级片区公共文化设施专项规划导则》，指导市、县加强乡（镇）广播电视服务设施规划布局，牵头印发《四川省广播电视公共服务效能提升行动方案》《关于2022年度广播电视乡村振兴战略实绩考核考评工作有关事项的通知》等文件，推动广播电视乡村振兴与巩固拓展脱贫攻坚成果相结合，促进广播电视由“村村通、户户通”向“人人通、移动通”转型升级，督导做好应急广播体系建设及线路运维，确保常通常响。围绕“九个有”要求，加强广播电视公共服务网点管理，指导做好广播电视运维便民服务，保障广大群众基本收听收看权益。

【广播电视行业帮扶和定点帮扶】 落实全省定点帮扶工作部署，召开联席会议，协调推动四川广播电视台、成都市第一人民医院、成都工业职业技术学院、中石油川庆钻探工程公司到石渠县调研对接帮扶需求，制定帮扶计划，细化帮扶举措。修改完善《2021—2025年定点帮扶工作计划纲要》，研究制定省广电局《2022年定点帮扶工作计划项目清单》《定点帮扶工作实施方案》。投入71.5万元（含2021年的31.5万元），支持石渠县呷依乡实施牦牛品种提升暨“生态家庭牧场科技养殖百户工程”示范项目，引进青海高品质野生种牦牛65头。开展消费帮扶，组织基层工会购买石渠县农副土特产价值52.11万元。

【应急广播建设】 落实中央和省委乡村振兴战略部署，持续推进应急广播进城镇、进农村、进家庭，按照《2022年四川省县级应急广播系统项目建设实施方案》要求，建立“周报制+台账制”，督促各地加快项目建设，加快推动全省建成适应全媒体传播、覆盖城乡、便捷高效、平战结合、可管可控的智慧应急广播体系。中央补助四川省欠发达地区应急广播建设项目方面，全面完成2021年中央补助6个县工程建设并完成验收，加快建设2022年中央补助5个任务县，下达2023年中央补助7个县任务并做好建设方案编制工作。省级补助基层应急广播建设项目方面，全面完成2020年省级补助25个任务县项目建设，2021年省级补助20个任务县中有18个县完成招投标加快工程建设，其余2个县完成招投标工作；2022年25个应急广播建设项目开展建设方案编制工作。

四川省广播电视局编写组

农村医疗卫生事业

【基本情况】 2022年，全省有医疗卫生机构74 123个，卫生人员88.9万人，其中卫生技术人员69.92万人。卫生技术人员中，有执业（助理）医师25.91万人、注册护士31.83万人；每千人口执业（助理）医师3.09人，每千人口注册护士3.8人，每万人口专业公共卫生人员5.48人。全省医疗卫生机构共有床位数68.38万张，每千人口床位数8.17张。全省全年医疗卫生机构总诊疗5.5亿人次，其中入院1 900.99万人。

【统筹推进新冠疫情防控医疗救治服务】 基层发热诊室（门诊）建设。利用核酸采样点（亭）等现有资源，就地改造为发热患者服务站（发药点），由二级以上医疗机构牵头派驻医务人员，重点为无基础性疾病的发热患者就近提供看病、拿药、付费一站式服务，大幅度减少群众就诊流程，缓解等级医院发热门诊压力，共完成958个发热患者服务站改造。加快基层医疗卫生机构发热哨点升级改造，尽快做到"应设尽设、应开尽开"。截至2022年年底，按照国家"优质服务基层行"申报系统统计，全省共有基层医疗卫生机构（乡/镇卫生院、社区卫生服务中心）3 276个、发热诊室（门诊）3 276个，建设覆盖率为100%。

运用调查成果开展重点人群分级分类健康服务。按照国务院联防联控机制综合组《关于开展新冠重点人群健康调查的通知》要求，依托健康档案云平台，全面完成重点人群健康调查，共调查65岁以上常住人口1 444.33万人，其中标记为红色的重点人群（高风险）104.27万人（占比7.22%）；标记为黄色的次重点人群（中风险）249.12万人（17.25%）；标记为绿色的一般人群（低风险）1 090.94万人（75.53%）。运用重点人群健康调查工作阶段成果，按照新冠重点人群健康服务工作方案等要求，为重点人群（高风险）、次重点人群（中风险）、一般人群（低风险）开展健康教育、线上指导、健康监测、入户随访、联系转诊等分级分类健康服务。为重点与次重点人群研究制定健康服务措施，建立村（社区）级、乡（镇、街道）级、县（市、区）级、市（州）级四级责任管理台账，多个责任人与高风险重点人员形成"多对一"包保责任关系，力争让每一位高风险重点人员在四级服务网中都有对应的责任人和医疗服务网点。12月，全省各地累计为重点人群发放健康包338.1万份。

加强药物设备配备，提升基层医疗救治能力。建立农村地区紧缺医用防护物资储备体系，分级设置195个紧缺医用防护物资储备点。县级统筹配送"三药三方"等中药、解热类药物、止咳类药物和必要设备等物资至乡（镇）卫生院、村卫生室。截至2022年年底，受药品供应短缺影响，约50%的乡（镇）卫生院和社区卫生服务中心相关药品储备可用量达到1周以上，各地通过统筹调配方式保障基层医疗卫生机构基本用药需求；乡（镇）卫生院和社区卫生服务中心均按照每个机构配备20个以上监测血氧饱和度设备，加快补齐短板。

夯实基层网底实施社区和农村地区补短板计划。印发《农村地区疫情防控和健康服务工作委内任务清单》，明确重点事项和责任工作组（专班），并加快推进落实。组织基层医护人员、家庭医生进入村（社区）居民微信群，通过开展线上健康宣教，为群众提供用药指导、病情诊断和健康提示等贴心服务，发挥基层网底作用。发挥家庭医生作为群众健康"守门人"的作用，为基层医疗卫生机构每个家庭医生团队指定1名上级医联体（医共体）综合医院临床业务骨干作为技术指导；清理既往签约的老年人基础信息，完善健康档案，提供入户健康服务，开展基层老年人等重点人群家庭医生签约全覆盖行动。发挥县、乡、村三级医疗卫生机构医防协同分级服务作用，县级医院、乡（镇）卫生院逐级建立医疗卫生人员梯队，在乡（镇）卫生院、村卫生室医务人员发生短缺时，梯队人员立即通过驻点、巡回医疗等方式填补空缺，确保乡（镇）卫生院、村卫生室正常开诊，卫生健康服务不断档。

【县域卫生医疗次中心建设】 按照建成150个县域医疗卫生次中心的任务，明确市（州）建设任务。省级投入项目资金1.5亿元支持市（州）次中心建设，拟验收机构争取地方财政投入11.4亿元、单位自筹2.2亿元开展建设。印发《四川省县域医疗卫生次中心建设项目验收方案》，确定建设保障、功能定位、卫生设施、人力资源及服务能力4个方面的验收内容。召开全省县域医疗卫生次中心工作推进会，全年有167家基层医疗卫生机构建设成为次中心。

【基层医疗机构服务能力建设】 在全省基层医疗卫生机构开展优质服务基层行活动。全省各级卫生健康行政部门和基层医疗卫生机构对《乡镇卫生院服务能力标准（2022版）》《社区卫生服务中心服务能力标准（2022版）》内涵开展培训，达到优质服务基层行推荐标准机构有97家、基本标准371家，全省累计达到基本标准及以上的机构覆盖率提升到63.13%。新创建社区医院29家，实现本年度创建社区医院既定目标。编制《四川省基层医疗卫生机构临床特色科室建设实施方案（2021—2025年）》，全年117家机构120个科室完成第一批基层临床特色科室建设。

【基本公共卫生服务】 全年为391.05万名0～6岁儿童、812.71万名老年人、548.86

万名高血压患者、190.16万名糖尿病患者提供健康管理服务。12类基本公共卫生服务项目工作被纳入省委、省政府民生实事，省政府督查督办，实行绩效目标管理。持续开展覆盖全省21个市（州）的日常监管工作，针对各地存在的问题，随机抽取21个县（市、区），对居民健康档案管理、老年人健康管理、中医药健康管理、高血压患者健康管理和糖尿病患者健康管理报表系统数据开展全省报表系统数据深度抽查。共举办现场或线上培训班10期，覆盖21个市（州）及183个县（市、区），共计培训2 300余人次。依托“云鹊医”平台、中国继续医学教育网平台，开展、涵盖以基层疫情防控、高血压患者健康管理和糖尿病患者健康管理等为主要内容的基本公卫能力提升在线学习，全年基层医疗卫生机构累计42万余人次参加学习、26万人次完成考试结业。制定《四川省2022年度国家基本公卫项目省级绩效评价实施方案》，将年度绩效评价与日常性监管相结合、工作开展情况与实施效果相结合，开展覆盖21个市（州）的省级绩效评价。

【家庭医生签约服务】 印发《四川省推进家庭医生签约服务高质量发展实施方案》，分层分类明确家庭医生签约服务内容，分为基础服务包、基本服务包和个性化服务包。实行弹性签约服务周期，签约服务完成质量好的基层医疗卫生机构可结合签约服务费收入情况，在绩效工资核定时予以倾斜。推进家庭医生签约服务按人头付费、医共体总额付费等支付方式改革，资金结余部分作为医疗服务性收入归医疗集团或医共体所有，用于医疗卫生健康事业发展。鼓励二、三级医院专科医生为家庭医生签约服务团队提供技术支持。完善签约服务内容和功能，探索建立全科专科有效联动、医防有机融合的签约服务模式。鼓励公立医院在职骨干医师以及中级以上职称的退休临床医师到基层医疗卫生机构执业，开设医生工作室，参与家庭医生签约服务。推动将“两病”门诊用药保障纳入家庭医生签约服务包，在签约服务的基层医疗卫生机构实行按人头付费。重点提升农村低收入人口高血压、糖尿病、结核病和严重精神障碍患者的规范化管理率。

【基层卫生人才队伍建设】 根据国家基层卫生人才能力提升培训项目，组织21个市（州）基层骨干人员和乡村医生开展线上和线下培训。培训乡（镇）卫生院、社区卫生服务中心骨干人员1 095人、乡村医生4 113人。开展民族地区骨干员人进修培训项目，组织全省67个民族县中心卫生院134名从事临床、检验、影像等专业的骨干人员到成都市三级医院进行为期6个月的全脱产进修培训。实施全省基层人才振兴工程，组织全省100名中心乡（镇）卫生院院长和1 580名“三州”乡村医生开展集中培训。

四川省卫生健康委员会编写组

农村居民家庭生活

【基本情况】 2022年，全省各级政府面对新冠疫情、旱情、灾情叠加等超预期因素冲击，落实“疫情要防住、经济要稳住、发展要安全”重大要求，实施“决战四季度、大干一百天”攻坚行动，抢进度、补损失，稳住了经济基本盘，带动农村居民收入消费实现平稳增长，增速继续快于城镇居民，城乡居民收入相对差距持续缩小，农村居民的获得感、幸福感、安全感不断增强。

【农村居民收入持续增长】 收入增长持续放缓。2022年，全省农村居民人均可支配收入达18 672元，较上年增长6.2%，从全年各季度收入增幅看，收入增长呈逐季放缓态势。对比近三年收入增长情况，农村居民收入增幅仅高于新冠疫情爆发初期2020年一季度的5.3%。

城乡相对差距进一步缩小。近年来，全省着力推动农业调结构转方式和农民增收，努力促进城乡统筹发展，深化收入分配制度改革，促进了农村居民收入持续增长。2022年，全省农村居民人均可支配收入增速快于城镇居民1.9个百分点，城乡居民收入比由上年的2.36下降至2.32，城乡收入相对差距继续缩小。

农村居民各分项收入增长不平衡。一是工资性收入为农民增收重要支撑。2022年，全省农村居民人均工资性收入达5 844元，收入占比31.3%，较上年增长6%，增收贡献率达30.1%，成为农民增收的重要支撑。二是经营净收入平稳增长。新冠疫情、高温干旱极端天气等超预期因素对农村经营性收入有较大影响，全省农村人均经营净收入达7 045元，较上年增长5.9%，但仍为支撑农民增收的第一主力。三是转移净收入稳步增长。依托政策持续发力助推农业产业发展和效益提升，提高困难群众救助补助水平及城乡低保和特困人员救助标准，社会保障得以加强，支撑了农民转移性增收。全省农民人均转移净收入5 156元，较上年增长6.9%，增收贡献率为30.3%，为仅次于经营净收入，成为增收第二来源。四是财产净收入稳定增长。随着农村土地流转日趋活跃，农村居民转让承包土地租金净收入增加。2022年，四川农村居民人均财产净收入为628元，较上年同期增长7%（见表1）。

【农村居民生活消费支出】 生活消费总体仍较低迷。2022年，全省各地区、各部门始终将保民生置于重中之中的位置，基本民生保障有力，农村居民基本生活类消费稳定增长。2022年，全省农村居民人均生活消费支出19 199元，较上年增长4.6%，居民生活消费支出增速呈持续回落态势。

居民各类生活消费增长呈现差异化。从消费类别看，农村居民在教育文化、居住等消费支出呈现较快增长，比上年分别增长10.1%和7.6%，在消费总体低迷背景下表现十分抢眼，而交通通信、医疗保健消费增长乏力。

持续高温天气影响增加居住类消费。2022年，受夏季高温极端天气影响，居民在空调、电扇和冰箱等降温家电上表现出消费热情，家用电器消费支出增长，带动生活用品及服务类消费较上年增长6%。同时，高温天气明显增加了居民生活水电气等消费支出，为提升房屋隔热性能和舒适性，居民还增加了住房维修及管理消费，消费支出较上年较快增长。

两因素导致居民餐饮类消费增长明显放缓。2022年，全省农村居民人均食品烟酒消费支出为6 189元，较上年增长3.7%，居民在食品餐饮这一必需消费方面增长亦明显放缓（见表2）。2022年，猪肉价格明显低于上年，居民肉类消费支出明显减少，全年居民人均肉类消费支出较上年下降；其次，多点散发的疫情使居民外出就餐、聚会等餐饮消费受到极大限制。

【农村收入增长支撑因素】 全省经济发展有着较强韧性。2022年，面对世所罕见的超预期因素冲击，全省采取超常举措实现了市场主体和就业稳定，稳住了经济大盘，全省经济表现出较强韧性。

表1　2022年四川省农村居民人均可支配收入增长情况表

指标名称	2022年（元）	2021年（元）	增加（元）	同比增减（%）	占比(%)	贡献率(%)	拉动增长(%)
可支配收入	18 672	17 575	1 097	6.2	—	—	—
工资性收入	5 844	5 514	330	6.0	31.3	30.1	1.9
经营净收入	7 045	6 651	393	5.9	37.7	35.9	2.2
财产净收入	628	587	41	7.0	3.4	3.7	0.2
转移净收入	5 156	4 823	333	6.9	27.6	30.3	1.9

表2　2022年四川省农村居民人均生活消费支出增长情况表

指标名称	2022年（元）	2021年（元）	同比增减(%)	构成(%)
生活消费支出	17 199	16 444	4.6	100.0
食品烟酒	6 189	5 969	3.7	36.0
衣着	888	835	6.3	5.2
居住	3 218	2 991	7.6	18.7
生活用品及服务	1 139	1 075	6.0	6.6
交通通信	2 174	2 135	1.8	12.6
教育文化娱乐	1 401	1 273	10.1	8.1
医疗保健	1 878	1 877	0	10.9
其他用品和服务	312	289	8.0	1.8

全年地区生产总值按可比价格计算比上年增长2.9%，其中工业生产波动回升，规模以上工业增加值较上年增长3.8%；固定资产投资较快增长，较上年增长8.4%；外贸进出口总额首破万亿元大关，比上年增长6.1%。

助企纾困政策力度不断加大。全面落实新的组合式税费支持政策，在退税减税降费等方面加大政策红利释放力度。截至2022年11月底，全省为各类市场主体累计办理新增减税降费和退税缓税缓费超1 630亿元；实施普惠小微贷款9 256亿元，同比增长25.1%；为36.22万户市场主体发放稳岗返还、留工培训补贴等补助资金23.7亿元；国有企业为8.6万家小微企业和个体工商户减免房屋租金27.4亿元。这些举措有效缓解了市场主体的资金压力，稳定了市场预期，激发了市场活力。

政策持续发力，助推农业产业发展和效益提升。2022年，全省共下达中央和省级财政衔接乡村振兴补贴资金174.43亿元；统筹安排一般公共预算农业转移支付支持粮食生产资金222亿元，比上年增长22亿元；安排中央、省级财政资金67.5亿元，按照亩均1 500元的标准支持建设高标准农田450万亩；安排省级财政补助资金5.3亿元，支持48个县启动农业种植园地改造；安排农机购置补贴资金5.7亿元，加大了粮食类农机具补贴力度。

织牢社会保障网，促进居民转移性增收。2022年共下达困难群众救助补助资金133.65亿元，其中中央补助资金119.85亿元，位列全国第一；省级补助资金13.8亿元，较上年增长40.8%。7月，全省进一步提高了城乡低保和特困人员救助标准低限，做好困难群众生活保障，支撑了居民转移性增收。

【需重点关注的问题】 新冠疫情对生产生活造成严重冲击且短期内仍难消除。新冠疫情对居民生产生活影响显著，全省先后经历多轮新冠疫情冲击，波及范围广、影响程度深，尤其是9—11月全省大范围静默管理，对经济增长和居民生产生活均产生了显著影响。

高温干旱对工农业生产和居民增收影响较大。2022年夏季，全省遭遇了“三最”叠加的极端高温干旱天气，全省超过3/4的合计约1.3万家规上工业企业因缺电被迫停产11天，造成严重经济损失。在农业生产领域，各地采取措施抗旱补种，虽挽回了粮食生产部分损失，但高温干旱天气对粮食、蔬菜和水果等农作物生产仍产生了显著影响，全省粮食减产2%，同时极端高温干旱天气还造成部分农作物品质下降影响农产品价格，明显影响了农业经营性增收。

农民消费预期较弱，完全恢复有待时日。面对新冠疫情反复及收入预期转弱，农民消费明显下滑，且回落幅度大于收入，农民消费预期普遍较弱。一是2022年居民部门存在超额储蓄。据央行推算数据，2022年居民部门新增存款或超过16万亿元，对比往年平均，超额储蓄规模或在6万亿元左右。二是超额储蓄难以转化为消费。因超额储蓄集中在城镇居民和高收入人群，低收入群体储蓄率在近年来持续下降，因而居民边际消费倾向和消费转化率均较低。三是居民收入和信心恢复需要时间。根据央行四季度问卷调查数据显示，居民部门收入感受指数和就业感受指数环比均仍在下滑，考虑到2023年一季度国内新冠疫情仍未结束，农民收入和信心恢复还需较长时间。

【提振消费的建议】 多措并举，促进农村地区居民社会就业。一是要持续促进农村地区市场主体结构多元化发展，加大对中小企业的扶持力度，创造更多的就业机会。二是要加快统筹就业，加大对农村地区有关就业指导、信息服务与就业扶持等政策的宣传力度，为农村居民提供平等的就业机会。三是要加强农村居民的职业教育和技能培训，提高农村居民的综合素质和就业能力。

加强对经营户和个体工商户的政策支持。农村地区经营户和个体工商户的抗风险能力较弱，自身化解风险的能力相对有限，更加需要来自外部力量的帮扶。一是要为经营户和个体工商户提供免息或低息经营贷款保障流动资金；二是要协调解决经营户及个体工商户在原材料供应、物资运输等方面遇到的难题；三是要出台相关政策抵扣减免企业税费，适度降低个税及社保缴纳标准。

聚焦财产净收入，优化增收结构。一是要促进农村经济发展，增加农村居民收入水平，夯实财产收入增长基础。二是要创新农村金融工具，培养农民理财意识，丰富农村居民投资渠道。三是要完善土地流转机制，发挥股份制经营优势，提升土地流转经济效益。

抓好民生保障，筑牢增收底线。一是要不断完善社会保障体系，建立养老保险增长长效机制。二是要密切关注低收入群体生活，提高低保、社会救济等保障标准。三是要坚定贯彻落实农业农村优先发展总方针，出台强农惠农富农政策，持续加大对农村地区的财政转移支出及相关政策倾斜。

稳定预期，引导农村居民消费。全国经济面临“需求收缩、供给冲击、预期转弱”三重压力，国内市场消费对拉动经济发展的重要性更加凸显，不断优化消费环境、稳定消费预期，释放农村居民消费潜能迫在眉睫。一是要完善农村消费基础设施，推动农民消费结构升级，鼓励和引导农民增加交通通信、文化娱乐等消费；二是要全力保障农村居民生活必需品的供应，畅通渠道，保证货源供应充足，提升消费者消费信心；三是要以消费需求为导向，针对农村居民消费特点，捕捉消费热点，精准制定相关优惠政策，刺激农村居民消费。

国家统计局四川调查总队编写组

农村居民社会保障

【加强理论武装，工作研究实现成果转化】 围绕学习贯彻习近平总书记在2022年全国两会期间对社会救助等民政工作的重要讲话和指示精神，以民政厅名义印发《关于深入学习贯彻习近平总书记重要讲话精神进一步做好困难群众兜底保障等工作的通知》，持续推进改革完善社会救助制度25项重点任务落实落地，加快推动形成覆盖全面、分层分类，综合高效的社会救助格局。完成民政部重大课题实地调研工作任务，四川多项工作经验、成效得到课题组肯定。完成"困难群众救助保障机制研究""低收入人口动态常态化救助帮扶"2个重大课题研究，课题报告内容分别应用于资金管理办法修订、低收入人口监测帮扶政策研制等。

【服务中心大局，重大决策部署落实落地】 落实省领导批示要求，会同7个省直部门在元旦、春节期间开展全省困难群众"温暖过冬·幸福过年"活动，通过"一进七送"统筹推进困难群众基本生活救助与专项生活救助衔接，增强各类困难群众的获得感幸福感安全感，得到广大群众的肯定和认可。推进实施"适度提高城乡困难群众基本生活保障水平"民生实事，全省低保标准调整、资金执行进度均达到时序要求。贯彻落实国务院、省政府关于稳增长一揽子政策，会同财政厅联合下发《关于切实做好困难群众基本生活保障的通知》，向低保对象、特困人员发放一次性生活补贴440万人次，累计发放资金4.1亿元；将低保边缘家庭成员阶段性纳入价格临时补贴发放范围，惠及全省近40万名低保边缘人口；落实促进就业有关决策部署，明确失业人员救助具体措施。配合东航坠机事件善后处置工作，指导各地民政部门做好遇难人员家庭困难摸排和临时救助。开展民政"小切口"项目，推进流浪乞讨人员护送能力补短板计划、低收入人口动态监测补短板行动，全面完成目标任务。

【深化制度改革，救助体系建设持续完善】 围绕落实改革、完善社会救助制度重点任务，会同13个部门出台《四川省低保边缘家庭认定办法》，将低保制度覆盖范围拓展到低保边缘家庭中的重残人员和重病患者；会同省医保局共同起草，以省政府办公厅名义印发《关于健全重特大疾病医疗保险和救助制度的实施意见》，会同住房城乡建设厅联合印发住房保障文件，将医疗救助、住房救助等专项救助制度覆盖范围拓展到低保边缘家庭成员。会同人社、卫健、残联、省总工会等部门分别出台救助政策衔接文件，扩展政策覆盖群体。指导成都市锦江区、大英县完成创新改革试点工作终期评估，并将评估情况上报民政部；推荐达州市、绵阳市江油市、成都市3个地区案例参与民政部社会救助领域创新实践优秀案例评选。

【聚焦有效衔接，主动发现能力不断增强】 印发《2022年度全省民政领域巩固拓展脱贫攻坚成果同乡村振兴有效衔接工作要点》，召开全省民政领域巩固拓展脱贫攻坚成果同乡村振兴有效衔接工作推进会，讲清形势、讲透政策、讲明要求，压紧压实各级民政部门低收入人口监测帮扶责任，截至2022年年底，全省145万名脱贫人口纳入兜底保障。省、市、县一体运行的低收入人口动态监测体系初步建成，将530余万名困难群众纳入动态监测范围，占全国总数的9.4%，位居第一。配合省乡村振兴局集中会审50个乡村振兴重点帮扶县有效衔接实施方案和省级实施方案，严格规范政策表述和项目编制。加大对脱贫地区倾斜的支持力度，单列2亿元中央财政补助资金用于支持脱贫地区巩固兜底保障成果。

【实施提标增资，兜底保障水平稳步提升】 争取民政部和省财政支持，2022年中央、省级补助资金增加18.7亿元，同比增长16.2%，其中中央财政预算安排全省困难群众救助补助资金119.85亿元，较上年增加14.71亿元，增幅达14%，资金总量持续位居全国省（区、市）第一；省级财政预算安排全省困难群众救助补助资金13.8亿元，增幅达40%，为各地提标增资提供支撑。聚焦"到'十四五'末，全省困难群众救助保障标准达到或接近全国同期平均水平"目标，经省政府同意，将全省农村低保标准低限分别调整为480元/月，农村特困人员基本生活标准分别为624元/月。

【完善急难救助，临时遇困群众保障有力】 支持各地救助管理机构建设和能力提升，补齐能力短板，消除安全隐患；全省先后组织开展了"6·19"救助管理机构开放日活动和"寒冬送温暖""夏季送清凉"等专项行动，保障生活无着落流浪乞讨人员基本生活和人身安全。及时响应新冠疫情防控、自然灾害、突发事件，制定做好极端天气影响下救助工作12条，召开全省社会救助工作视频推进会，有效应对高温、旱情、汛情。面对四川省连续三次发生6.0级以上地震，指导各地加强受灾人员救助与基本生活救助衔接，特别是在"9·5"泸定地震发生当天，第一时间下发《关于做好当前形势下临时救助工作的提示》，并根据厅党组安排，指导受灾地区全面排查6类困难家庭的5种困难情形，及时将受灾严重的困难群众纳入监测预警范围。2022年以来，全省因疫因灾因失业纳入低保4.1万人，实施临时救助9万余人次。

【紧盯专项治理，发现问题整改成效明显】 重视审计整改工作，提早安排，通过制发工作方案、召开会议、专项督促等方式分领域整改、排查整治并突出长效机制建设，先后两次向省委、省政府报告推进情况，加强向对应司局、驻厅纪检监察组、审计厅汇报沟通，对接受审计的7个市（州）实现全覆盖督导，截至2022年年底，审计发现的问题整改已完成。落实十九届中央纪委五次全会精神，启动为期四年的社会救助领域综合治理，印发2022年综合治理工作要点。主动接受监督，向驻厅纪检监察组专题报告2021年暗访发现问题整改情况、低收入人口动态监测机制建设情况。

【推进数字赋能，服务对象管理更加便捷】 巩固提升救助领域"一网通办"能力，开发低保、临时救助申请应用并上线"天府通办"平台，开发一次性生活补贴、价格临时补贴模块并上线"一卡通"平台。开发原襄渝铁路西段民兵民工及遗属补助管理系统，"三类"救济补助对象全部实现信息化精准动态管理，并通过大数据比对、档案查询、政策解释化解相关群体社会稳定风险。原襄渝铁路西段民兵民工及遗属补助、精减退职老职工救济补助、起义投诚人员补助工作有序推进，信息化建设成果不断巩固，人员动态管理更加精准。配合相关部门做好长江退捕渔民、职业病患者、未参保失业人员等特殊困难群体的基本生活救助工作。

四川省民政厅编写组

农村防灾减灾

农业气象服务

【农村气象防灾减灾建设】 气象灾害监测体系更加精密。推进"补短板"和雷达、山洪等工程项目建设，建成393个区域气象站、2套地基遥感垂直观测系统、80个三维闪电监测站，完成10部X波段雷达吊装和3部雷达试运行。

气象预报水平更加精准。推进风云卫星、雷达的短临预报应用研究，改进"六个一"平台，加强国省产品基层应用。试点调整暴雨预警信号阈值标准。1千米网格预报产品实现业务应用，新增风预报等多个要素产品。晴雨、暴雨、气温预报技巧名列全国前茅。暴雨预警准确率提升3%，强对流预警信号发布提前量增加6分钟。

精细服务能力不断提升。建立暴雨预警信号精细分区，新增小时雨量阈值发布标准，建立县级强降水短临监测预警指标。推动气象灾害普查成果应用，优化强对流预警指标、暴雨灾害事件监测评价指标。实现气象预警向省应急广播系统自动推送，与12个部门共建运行质量数据采集分析和考评体系。

【助力"天府粮仓"气象服务】 面对历史罕见的高温、冬春夏连旱、区域性暴雨等农业气象灾害的重大挑战，全省气象部门开展无缝隙跟踪监测预报预警服务，保障全省粮食安全。

提升粮食安全服务能力。完成省农业气象综合业务平台升级改造，优化水稻、玉米、油菜、冬小麦、大豆等10类主要粮油作物的农业气象指标库，依托智慧手段开展直通式气象服务，粮食作物气象产量预报准确率保持在97%以上。持续推进水稻制种气象保障服务，在6个国家级水稻制种大县推广应用水稻制种气象保障服务试点经验。

加强新技术应用。卫星遥感、人工智能等先进技术在农业气象服务中深度应用，开展盆地区水稻、油菜关键生育期分布的卫星遥感动态监测和农作物成长智能观测等业务。

深化特色农业气象服务。完成晚熟柑橘、猕猴桃农业气象服务规范化建设，并在全省推广应用。

加强部门合作联动。组织及参加农业农村厅等相关农业气象灾害预警评估、病虫害防控、农业抗旱、农业生产形势等业务会商10余次，联合发布服务指导产品10余份，实现部门间信息高效共享。

【人工影响天气服务】 聚焦工农业生产、生态保护与修复等重点领域，组织实施飞机人工增雨作业45架次，累计影响面积约30.5万平方千米，其中大型无人机作业11架次，影响面积超过10万平方千米；开展地面作业近1万批次，耗弹量约11万发（枚），累计影响面积约12万平方千米。

抗御高温干旱增蓄保供。面对夏季全省出现极端高温干旱的严重不利影响，迅速组织国、省、市视频会商研判，准确把握作业时机，省、市、县三级联动开展空地联合作业，实施飞机增雨作业5架次、无人机作业4架次、地面作业近800批次，作业影响区普降小到中雨，个别地区普降大雨，联合增雨作业取得了显著效果，为抗旱增墒和增蓄保供提供了有力支撑。

助力森林火灾防治。在全国率先常态化开展以森林草原防灭火为主要目的的大型无人机人工增雨作业，实施无人机作业8架次，航时近60小时，保护面积约10万平方千米，有效降低森林火险等级。3月15日，广安市前锋区发生森林火灾，增设临时作业点，先后开展3批次增雨作业；8月27日，兴文县与江安县发生森林火灾，组织无人机和作业点实施增雨作业；8月28日，华蓥市发生森林火灾，组织国王飞机和地面装备实施增雨作业，为扑灭森林火灾发挥了显著作用。

全力保障重大活动。6月7日—8日，省气象局统筹眉山及周边6个市（州）联合开展人工影响天气消（减）雨作业，保障重大活动调研任务。各地陆续保障了达州莲花湖首届生态捕鱼节、四川省第十三届（秋季）乡村文化旅游节、第十二届大蜀道文化旅游节活动、四川省文化和旅游发展大会等重大活动。

四川省气象局编写组

地质灾害防治

【基本情况】 2022年，全省遭受3次6.0级以上地震和12轮区域性强降雨，地质灾害多发频发，全省19个市（州）、101个县（市、区）、462个乡（镇）共发生地质灾害1 918起，造成直接经济损失9 262万元。全省主动避险转移群众112万余人次，实现地质灾害成功避险17起，避免172人可能因灾伤亡，未发生一起因地质灾害伤亡事件。

【地质灾害防治工程】 推进四川省地质灾害全域综合整治三年行动计划，筹措资金29.2亿元（含地方政府一般债券7亿元），按照“以搬为主、搬治结合”的原则，实施避险搬迁7 515户、重大隐患工程治理及排危除险项目727个，消减隐患点7 822处，减少受威胁群众25万余人。

【地质灾害隐患“三查”】 汛前排查复核地质灾害隐患点2.8万余处。通过卫星遥感识别隐患“靶区”4 797处，核实确认新增地灾隐患点407处。全年共有125处地质灾害发生在隐患识别“靶区”内，占全年地质灾害发生点总数的6.52%。开展10轮次动态巡排查，共排查风险隐患25.4万余点次，发现新增地质灾害隐患点1 356处。

【风险调查评价】 在完成省、市、县三级地质灾害风险调查评价基础上，编印《四川省斜坡地质灾害隐患风险详查技术要求（试行）》，选取在合江县、丹巴县等21个县（市、区）开展斜坡地质灾害风险隐患详细调查和重点乡（镇）1∶10 000地质灾害精细化调查工作。加强地质灾害风险评价与国土空间规划融合，印发《四川省自然资源厅关于将地质灾害风险调查评价成果纳入国土空间规划的通知》，构建隐患风险源头管控机制，通过明确地灾隐患点、危险区、风险区国土空间用途管制，在县级国土空间规划、镇级片区国土空间规划中分别调整建成区用地35.2平方千米、28.2平方千米，相关做法被自然资源部在全国推广。

【地质灾害群测群防】 汛前，对全省2.8万余处地质灾害隐患点防灾责任人、监测责任人和专职监测员信息进行公示，核实更新专职监测员信息25 971条，张贴“一表两卡”22.3万余户。注重发挥乡（镇）防灾责任人和村（组）干部预警响应的一线处置作用，严格落实“三避让”和“三个紧急撤离”刚性要求，在发布预警后组织受威胁群众快速安全撤离。

【专业监测】 汛前，完成3 000处地质灾害普适型专业监测站预警点建设。开展设备在线率提升集中整治，保障全省3.5万余台（套）设备在线率达到90%以上；开展预警模型研发和阈值优化专项行动，进一步提升预警发布的针对性和准确性。全年共发布雨量预警信息452 809条、专业监测预警信息521 757条，有效预警13起，提前组织转移群众183人次。

【预警预报】 开展地质灾害气象风险预警预报184期，全省累计发布3级（黄色）及以上预警5 404次，发送预警短信591万余条（其中短临预警信息33.7万余条）。汛期报送强降雨天气过程、地质灾害专报等共计297期；完成趋势分析月报12期、周报27期。

【应急处置】 先后组织协调100余名部、省专家，派出1 600余名专业技术人员携带无人机、三维激光扫描等装备到“4·7”兴文地震、“5·20”汉源地震、“6·1”芦山地震、“6·10”马尔康地震、“9·5”泸定地震等灾区应急抢险，紧急开展震后次生地质灾害遥感解译，识别隐患“靶区”860处，协调专业地勘队伍分县包片分组开展应急排查评估，组织专家工作组对重大地质灾害隐患现场踏勘与会商研判，逐一指导落实监测预警、抢险处置等防范应对措施，有效服务支撑灾区抢险救援与群众过渡安置，督促震区严格落实预警提级响应措施，提前避险转移受地灾威胁群众20余万人，震后灾区未发生一起因地震次生地质灾害造成的人员伤亡事件。

【制度建设】 修订完善《四川省突发地质灾害应急预案（试行）》，督促指导市（县）完善预案并加强演练，会同达州市政府举办2022年四川省应对暴雨洪涝与地震地质灾害综合实战演练地质灾害专项演练。会同财政厅报请省政府常务会审议通过并印发《四川省地质灾害成功避险奖励暂行规定》。印发《四川省地质灾害隐患点动态管理办法》，进一步强化地质灾害隐患点核销、新增规范管理。完成四川省地质灾害防治条例立法调研和草案编制。

【科技防灾】 完成2021年度全省遥感识别监测、现场复核及成果数据入库工作，分别圈定识别出“6·1”芦山地震灾区隐患“靶区”10处、“6·10”马尔康地震灾区18处、“9·5”泸定地震灾区832处，为灾区抢险救灾、灾后恢复重建提供目标靶向。建成全省地灾气象风险预警互联系统，实现省级预警到县、市预警到乡、县预警到村到点的分级预警模式，同时推行“24小时等级预警”和“1、3、6小时短临预警”模式，形成“多尺度、点面双覆盖”的地质灾害气象风险预警体系，在全国率先实现部、省、市、县四级预警信息互联，有关做法被自然资源部在全国推广。完成隐患遥感识别现场核查APP、四川斜坡调查APP、四川省山洪地质灾害摸底调查APP等小程序开发以及数据库建立。

【宣传培训】 联合教育厅、团省委组织开展省级“青春志愿·守护生命”地质灾害防治志愿服务暨“六一儿童节”“开学第一课”知识宣传教育活动。编印全国首套《四川省小学生地质灾害防范与自救》科普读本及宣传教育挂图，向中小学校发放40余万套；拍摄地灾科普动画片《一起“打怪兽”》，观看人次达7 000万人。全省累计开展地质灾害防治知识宣传培训和避险演练18.7万场次，参与群众达380.1万余人次。

四川省自然资源厅编写组

农村群团工作

综　述

【农村青少年工作】 突出价值引领，开展学习宣传活动。深化“扣好人生第一粒扣子”主题教育实践活动，广泛选树在爱党爱国、孝老爱亲、自强自立、热心公益、创新发明等方面事迹突出的未成年人典型，30人获评“四川省新时代好少年”，1人被评为“全国新时代好少年”。举办“四川省新时代好少年”事迹发布活动，展示好少年向上向善、强国有我的良好形象，在全省农村青少年中树立从小热爱党、听党话、跟党走的情感信念。

【注重以文化人，弘扬传统美德】 贯彻落实中央、省委关于实施中华优秀传统文化传承发展工程的意见，发挥全省青少年中华优秀传统文化传习基地的示范作用，举办2022年四川省中华经典诵写讲演系列活动，通过经典诵读、汉字书写、诗词讲解、师生篆刻等系列活动和赛事营造传承中华经典、弘扬优秀传统文化的浓厚氛围。组织开展“心海护航助成长”主题活动，举办全省未成年人心理健康辅导中心骨干辅导员培训会暨交流展示活动，针对青少年心理健康热点难点问题，通过心理知识微科普、心理故事微电影、心理成长微讲座等形式面向广大未成年人及家长开展心理健康知识宣传普及和社会服务。组织“踏寻红色足迹·找寻时代记忆”主题夏令营，激励青少年铭记光辉历程，牢记使命责任，用实际行动传承红色基因。

【紧扣节日主题，展现传统节日丰富内涵】 利用线上与线下相结合、重点示范与点位展示相结合，组织开展“我们的节日”文化活动。春节、元宵节期间，举办“少年话年俗”等活动，引导广大青少年在辞旧迎新、阖家团圆中传承中华文明，厚植家国情怀。清明节期间，开展“清明祭英烈”活动，组织青少年通过签名寄语、网络献花、薪火传递等现代文明的祭扫方式缅怀革命先辈、传承红色基因，中央电视台《新闻联播》栏目、人民网、“学习强国”对活动进行了宣传报道，引起强烈的社会反响。

【坚持立德树人，阵地建设持续发力】 开展文明校园创建，尤其在广大农村地区持续加大动员力度，提升宣传广度，引导师生认识创建文明校园的重要意义、标准要求。严格落实文明校园创建动态管理工作，研判剖析文明校园创建工作存在的问题和短板，常态化开展文明校园创建业务培训和问题整改督导，提高创建水平，以48所全国文明校园和84所创建全国文明校园先进学校为重点开展调研督导，打牢新一轮全国文明校园创建工作基础。持续做好乡村学校少年宫建设，严格按照《关于做好“十四五”时期乡村学校少年宫项目建设规划的通知》要求，“十四五”时期，将从巩固脱贫攻坚成果大局出发，继续支持原国贫县已建项目的运转维护与提档升级建设，丰富农村未成年人思想道德建设平台载体。举办全省乡村学校少年宫辅导员骨干培训班4期，加强全省乡村学校少年宫辅导员队伍专业能力建设，提升乡村学校少年宫活动水平，拓展未成年人思想道德建设载体，丰富活动内容和形式。组织“圆梦工程”农村未成年人志愿服务行动，持续实施未成年人心理健康“同心圆”维护服务计划。

中共四川省委宣传部编写组

农村青少年工作

【基层团干部“统选兼用”】 号召大学生团员青年主动向居住地团组织报到，面向报到大学生开展选聘基层兼职团干部的“统选兼用”工作，全年共选聘7 206名兼职团干部，覆盖106个县（市、区）、1 533个乡（镇、街道）、1 739个村（社区）。

【深化“青年之家”建设】 围绕增强阵地活力，指导各级团组织优先到团员青年聚集、服务需求较强的乡（镇、街道）、社区、园区等建设“青年之家”，截至2022年年底，全省共建成并入驻云平台“青年之家”3 503家，共开展活动7.25万场，总签到123.64万人次。

【持续推进“童伴计划”】 团省委投入财政资金500余万元，争取儿童保护基金300万元，通过“99公益日”捐款活动共募集社会资金350万元，推进项目提质扩面；推动“童伴计划”项目纳入省委乡（镇）行政区划和村级建制调整改革“后半篇”文章任务清单。截至2022年年底，建成项目村2 156个，服务农村留守儿童50余万人次。联合高校、社会组织开展儿童关爱陪护、心理疏导等线上培训78次，开展普法宣传、亲子教育、防性侵、防溺水等主题活动5万余场次。下发《关于进一步加强暑期“童伴计划”管理服务工作的通知》，指导“童伴妈妈”加强隐患排查、积极宣传教育、丰富主题活动，解决外出务工农民后顾之忧，促进留守儿童身心健康成长。

【“乡村振兴青年先锋”寻访选树】 推荐乡村振兴一线青年作为“五四青年奖章”“两红两优”候选个人，多渠道多方式为农村青年提供展示自我、发挥示范作用的平台、载体，并常态开展事迹交流、宣传宣讲，激励更多青年投身乡村振兴。2022年，全省20名青年被评为首届“全国乡村振兴青年先锋”，29名青年被授予第25届“四川青年五四奖章”称号，授予120个团组织“四川省五四红旗团委（团支部）”称号，授予

270名工作人员“四川省优秀共青团员、共青团干部”称号。

【“我们村的年轻人”创意短视频征集】 联合四川电视台开展“我们村的年轻人”创意短视频征集，截至2022年年底，已推出7期，受到农业农村部农业社会司、农村人居环境整治工作推进办公室的肯定推广。

【“乡村新青年”融媒体栏目】 联合新华社、省委人才办、省乡村振兴局推出“乡村新青年”融媒体栏目11期。在全省21个市（州）全覆盖开展创业青年寻访并在新华网展播，相关话题阅读量超过1.2亿次。

【农村青年人才举荐】 通过各类人才培育项目遴选出一批懂农业、爱农村的青年骨干，择优推荐进入村“两委”班子，作为团代表、挂兼职团干部、青联委员、农村青年致富带头人协会后备人选。1名农村创业青年、1名乡村振兴驻村帮扶干部兼任团省委副书记（兼职）。

【驻外团组织建设】 在北京、上海、广东等11个省（市）建立省级驻外团工委，实行团省委机关部门与省级驻外团工委“一对一”对接联系机制，指导驻外团工委更好联系外出务工青年、服务保障青年农民工。更新完善《驻外团建指导手册》，指导市、县两级共建立驻外团组织45个，向11个省级驻外团工委拨付专项经费用于开展农民工服务保障、技能培训、暖冬慰问、组织返乡专列、政策宣讲等工作。

【“爱心暖冬行动”】 围绕政策宣传宣讲、集中走访慰问、就业招聘服务、创业帮扶支持、春运志愿服务、留守儿童关爱等方面搭建服务平台，为农民工排忧解难。联合人力资源社会保障厅下发《关于开展2022年春风行动的通知》，做好农民工就地过年相关服务保障工作，增强农民工群体的获得感、幸福感和安全感。团省委班子成员带队到各地走访慰问，形成省、市、县三级团组织联动的工作态势。

【“逐梦计划”】 联合省乡村振兴局等14部门实施“逐梦计划”大学生社会实践活动，设立“乡村振兴”专项实习岗位，吸引6 098名大学生到乡村开展实践。全省134所大中专学校2万余名学生到农村地区开展暑期“三下乡”社会实践。

【“青春志愿”基层服务项目】 围绕乡村基层社会治理和农村人居环境整治，组建乡村志愿服务队4 250余支，发动志愿者14.3万人次，常态开展“靓在乡村”等“青春志愿”系列活动，累计服务时长达141万余小时。

共青团四川省委编写组

农民就业与创业

农村青年就业与创业

【“西部计划”乡村振兴专项】 团省委联合教育厅、财政厅、人力资源社会保障厅在2021年出台《关于推动四川省大学生志愿服务西部计划助力乡村振兴发展的实施意见》。2022年，推动20个市（州）、108个县（市、区）实施地方项目，4 565名“西部计划”志愿者服务于乡村振兴一线。

【“青耘中国”直播助农活动】 联合淘宝联盟在乡村振兴国家重点帮扶县探索开展“农村青年主播”培育，在“青耘中国”直播助农、青年电商培育等方面构建统一领导、广泛联动、协同高效的合作机制，通过凝聚网络达人、签约直播团队、孵化本土青年主播等方式开展“青耘中国”直播助农活动210场，助农金额达700余万元。

【“青创计划”乡村振兴专项】 围绕农村青年创业帮扶，实施“青创计划”乡村振兴专项，为农村创业青年提供3万~10万元的免抵押、免担保、免利息创业贷款并匹配志愿导师“一对一”帮扶，2022年，共扶持项目290个，金额2 573.5万元，带动就业1 870余人。

【“蜀青振兴贷”金融服务】 围绕农村创业青年资金需求，联合省农信社推出金融产品“蜀青振兴贷”，农村创业青年持当地团委开具的《信贷支持推荐函》可享受优先审批、绿色通道办理和利率适度下调等优惠政策，并享受最高额度100万元、利率低至3.85%的贷款。截至2022年年底，已累计发放贷款7.54亿元。

【“创青春”川渝青年创新创业大赛】 联合重庆团市委、省委组织部等10个省级部门举办2022年“创青春”川渝青年创新创业大赛，围绕服务农村创业青年成长发展，专门设立乡村振兴组别，共吸引川渝两地700余个涉农项目报名参加。大赛为广大创业青年搭建了展示交流、赛事选拔、导师辅导、投融资对接的综合平台，促成5个科技类项目转化对接、2个项目达成合作协议；协助“米粉全产业链”项目获批10万亩农业生产用地，用于打造米线专用桂朝米种植基地；协调科技厅为第一批4个获奖项目发放创业支持资金45.5万元。

【“乡村伙伴计划”青年先锋人才培育项目】 联合省乡村振兴局下发《关于实施“乡村伙伴计划”青年先锋人才培育项目的通知》，开展电商专题培训2期，年度内集中培养短视频运营和直播电商农村青年先锋人才120人。

【“高素质青年农民”培育计划】 联合农业农村厅下发《关于开展2022年度高

素质青年农民培育工作的通知》，举办省级专题培训示范班4期，辐射青年农民200人。

【“乡村振兴领头雁”培训项目】 联合中国慈善联合会创新开展“乡村振兴领头雁”培训项目，全省4 000余名农村青年线上参训，58人参加清华大学线下实训。

【困难学生就业结对帮扶】 聚焦脱贫家庭、农村低保家庭等家庭困难高校毕业生群体，发动全省各高校校、院两级专挂兼职团干部和在团内担任职务的毕业班辅导员建立每名高校团干部与3～5名拟就业的低收入家庭毕业生就业结对帮扶机制，摸清其就业意向，为其提供就业指导、推荐岗位信息、关注其就业进展、持续跟踪辅导，开展全链条就业服务，共结对帮扶3 899名2022届低收入家庭学生成功就业。

共青团四川省委编写组

农村妇女就业与创业

【开展“春风行动”帮助妇女稳就业】 创新宣传模式，营造春风送暖氛围。省妇联协同相关部门利用QQ群、微博、微信、电视等现代化媒体，多渠道、多方式宣传“春风行动”。省妇联在官方媒体“四川幸福女性”发布各地政策、招聘等相关信息，动员农村妇女、待业女性等参加。各市（州）妇联利用自有媒体、公共资源，“线上+线下”同步宣传全省“春风行动”工作举措、招聘信息、政策措施、先进典型事迹等相关资讯，营造浓厚的“春风送岗”氛围。

线上送岗再升级，直播启动“春风行动”。省妇联依托专业融媒体载体，以网络加视频直播形式开展“春风”送岗活动。在三八国际妇女节来临之际，由省妇联主办，遂宁市妇联承办，开展四川省妇联2022年“春风送岗”遂宁站女性专场招聘活动启动仪式。启动仪式中，在近1个小时的女性求职专场直播时间里，6家企业宣讲各自女性集中用工需求，观看人次达到40万人。招聘活动期间，分别开展了4场女性人才招引线上招聘活动和4场女性人才招引直播带岗活动，共有50家企业带来电子信息、机械制造、食品饮料等5个行业6 000余个优质就业岗位，满足各个年龄层次妇女的就业需求。

各级妇联联动，全面推动“春风行动”。各级妇联组织联合人社、就业等单位在做好新冠疫情防控的前提下，转化就业专场招聘活动方式，以线上为主、线下为辅，运用“互联网+”就业新形态，利用微信公众号等网络平台，发布招工招聘信息，有针对性地为女大学生、待业女性、下岗失业女性、女性农民工及其家庭等就业群体做好就业推荐，为有女性及农民工用工需求的企业提供求职平台，促进农民工就业。

全省各级妇联主动作为，协调相关部门，链接各级资源，线上线下结合，全方位开展“春风行动”。全省妇联系统发放春风行动宣传资料160万余份，通过各媒体平台开展线上直播带岗活动、线下专场招聘活动1 361场次，邀请省内外2万余家企事业用工单位提供用工岗位68.9万个，为37万余位女性提供就业创业服务，涉及电子、医药、制造、销售、信息安全、服务等多个行业，达成就业意向率达35%，组织参加职业技能培训达22 180人次，实现县内就地就近就业女性人数达到5.7万余名，助力巾帼企业用工和女性劳动力就业需求对接，缓解企业招工难、农民工就业难等问题。

【持续深化“乡村振兴巾帼行动”】 发挥乡村振兴巾帼基地带动作用。围绕乡村产业振兴，指导各地因地制宜发展乡村旅游、家政服务、电子商务、手工编织等妇女特色优势产业和新产业新业态，促进农村一二三产业融合发展，“妈妈岗”“巾帼工坊”“巾帼创意集市”等乡村振兴巾帼品牌持续赋能。发展乡村振兴巾帼基地，全年创建全国现代农业科技示范基地5个、省级妇女居家灵活就业示范基地14个、省级乡村振兴巾帼示范基地10个，各级妇联累计创建“妇字号”基地1 190个，带动妇女就业13.6万人。

培树乡村振兴巾帼典型。2022年，省妇联印发《寻找2022年度四川省乡村女能人的通知》，开展“巧手乡村女工匠”“创意民宿女主人”“魅力乡村女创客”“最美乡村女干部”“粮食生产女能手”“最美巾帼家政人”等乡村女能人系列寻找活动，选树乡村女能人50名。各地妇联围绕这六大类别挖掘和选树巾帼典型，分别开展市级、县级乡村女能人的寻找系列活动，多角度、多方式宣传展示入围人选风采，激发广大农村妇女创业就业的热情，营造出女性积极投身乡村振兴的良好氛围。

开展“巾帼兴粮节粮”活动。结合乡村振兴巾帼人才培养计划开展巾帼种粮大户培训，推动种粮妇女强能力；通过强化科技扶持、金融扶持、社会资源整合等方式加大对以妇女为主的粮食基地的扶持力度，成都、德阳、南充、达州等地妇联培育巾帼种粮大户争创“全国现代农业科技示范基地”，遂宁市妇联组织留守妇女通过农户邻里帮耕的模式复耕撂荒地1.2万余亩。

做强做优乡村振兴巾帼品牌。指导各地因地制宜发展乡村旅游、家政服务、电子商务、手工编织等妇女特色优势产业和新产业新业态，促进农村一二三产业融合发展，逐步形成“巴山妹子”“酒都阿嫂”“凉山彝绣”“蓉城巾帼创意集市”“花仙境电商直播”等一批巾帼品牌。

【开展培训提升技能水平】 加强培养乡村振兴巾帼人才。省妇联将人才培养作为乡村振兴巾帼行动的首要任务，整合社会资源实施“乡村振兴巾帼人才培养计划”，面向乡村振兴女性带头人和农村妇女围绕特色种养、手工、家政、电商等领域分层分类开展培训，累计开展市（州）级培训50期2 761人、县（区）级培训375期36 928人。

做优“天府妹子”巾帼家政人才培养。省妇联指导成立了四川省巾帼家政发展促进会，建设天府妹子·巾帼家政大数据服务平台，建立巾帼家政人才数据库，通过加强省、市、县（区）三级妇联联动，形成人才库资源共建共享机制，截至2022年12月，巾帼家政技能人才库完成人才入库4 215人、企业入库93家、导师入库30人。加强家政行业供需对接，在泸州、攀枝花、南充、宜宾等地举办全省巾帼家政工作片区会，组织21个市（州）200余名家政负责人及从业人员参与培训。针对全省各年龄层待就业妇女开展公益培训和供需对接活动，开通家政企业招聘专栏，签约及洽谈中的“家政进社区”20余个。

四川省妇女联合会编写组

民族地区社会事业

民族地区教育

【基本情况】 2022年，全省民族自治地方51个县（市、区）有中小学和幼儿园3 935所，在校学生172.07万人，专任教师9.35万人。学前三年毛入园率89.75%，小学学龄儿童入学率99.95%，初中学龄儿童入学率99.54%；九年义务教育巩固率93.66%，高中阶段毛入学率91.25%，高等教育毛入学率56.16%。

【国家通用语言文字教育】 制定《四川省全面强化民族地区国家通用语言文字教育教学工作实施方案》，印发《关于做好“一村一幼”学普总结暨“学前学会普通话2.0”行动试点工作的通知》《四川省中小学民族文字教材管理实施细则》等文件，系统谋划，科学推进国家通用语言文字教育。在北川县、九寨沟县、红原县、色达县、理塘县5个县开展“学前学会普通话2.0”行动试点的基础上，从2022年秋季开始，全面启动民族地区“学前学会普通话2.0”行动，2022—2024年，将通过整合资金项目、统筹帮扶力度、加强技术保障等打造民族地区110所硬件标准化、治理现代化、师资优质化、教学课程化、活动特色化、环境生态化的学前学普基地园（点）。设立6 000万元专项经费，合并撤销薄弱园（点）347个，新（改、扩）建幼儿园379所，清退租用民房101个。对52个县（市、区）学普成效进行评估监测，实现36万名3～6岁在园儿童“应普尽普”，学普儿童进入小学后普通话合格率达90%。阿坝、甘孜、凉山三州以民族文字授课的义务教育学校、高中一年级全部使用国家统编《道德与法治》《语文》《历史》三科教材开展教学，甘孜州小学和初中、凉山州小学全部使用国家通用语言文字版教材开展教学。

【民族语言文字教材建设】 根据教育部《中小学教材管理办法》《中小学少数民族文字教材管理办法》要求，制定《四川省中小学少数民族文字教材管理实施细则》。组织对《彝语文》教材进行了全面修订，共删减原《彝语文》教材上下册221篇课文，新增课文86篇，审核彝文教材800余万字，排查藏、彝文版教材、教辅、读物300余册；组织对高中数学、物理、化学、生物、地理五个学科教材进行翻译，历时5个月，累计翻译130万字；11月，组建6个审核小组对送审翻译教材进行审核，提出修改意见332处，经初审全部通过后送教育部终审。

【落实民生实事】 实施15年免费教育，免除学前教育保教费，免除义务教育阶段学生全部学杂费，免费提供教科书和作业本，免除高中学费、教科书费、作业费，提供生活补助，惠及173万余名学生。下达中央、省级扶持民族教育发展资金8.6亿元，新建575个项目，配备2.69亿元信息化设备设施。安排13亿元资金，实施“涉藏地区教育民生实事”，受益学生40万人。投入8 000万元资金，将1.6万余名“一村一幼”辅导员的劳务报酬由2 000元提升至2 400元。研究制定民族地区招生改革后的配套政策，明确过渡期内整合各类专项计划实施特殊政策，保证国家通用语言基础薄弱县学生入学机会。在绵阳市举办阿坝州民族中学，在北川中学举办甘孜州“富民安康班”，在西昌市泸峰中学帮助培养合格高中生。做好进藏干部子女入学工作，新招380名西藏学生就读成都优质高中。

【构建帮扶新格局】 围绕区域协同发展，按照“优质资源总动员、名校名师齐上阵、送思想送文化全覆盖、干部交流教师跟岗小孩共学广交融”的要求，推进教育对口帮扶。组织1 190所中小学、幼儿园结对帮扶民族地区1 340所中小学、幼儿园；选派支教教师、管理人员2 000余人次，组织3 000余名学生异地就学，开展“送培送教”3 000余次、“心连心”“手拉手”活动2 000余场次。探索形成成都市青羊区整体帮扶得荣县、丹巴中学“树德班”、布拖中学“江油班”、乐山一中“美姑班”、江油中学“布拖班”等模式，共享优质教育资源，促进各民族师生交流交融。

【“四川云教”助力民族地区教育】 贯彻国家教育数字化行动，上线四川智慧教育平台，探索“基地校+名师献课+专题研发”的资源建设集聚机制，新增中小学各类资源1.54万余节，研发民族地区教师教材教法资源，增加民族地区小学英语298节、民族地区双语资源5 529节。“四川云教”平台汇聚44所优质主播学校，覆盖幼儿园、小学、初中、高中全学段，惠及“三州”偏远地区1 600余所相对薄弱学校，涉及3万余名教师、43万余名学生。

四川省教育厅编写组

民族地区卫生工作

【基本情况】 截至2022年12月，全省民族地区67个民族县共有“三甲”医院8个、“三乙”医院22个、二级医院144个，实现民族地区二级医院全覆盖；卫生技术人员8.16万人、执业（助理）医师2.76万人、注册护士3.45万人，每千人口执业（助理）医师2.27人；每千人口病床位数6.45张。

【加强卫生人才队伍建设】 实施全科医生转岗提能、基层医疗机构临床骨干进修、州县级疾控机构专业技术人员进修等培训项目，为民族地区基层医疗卫生机构培养业务骨干1 100余人。实施“健康四川”和人才强卫战略，开展民族地区基层卫生优秀人才评选活动，奖励长期扎根基层、服务基层、奉献基层的优秀基层医务工作者150名。省级统筹向“三州”州级和67个民族县选派支援人员1 500余人开展帮扶工作，共计开展专题讲座2.7余万场、教学查房2.7余万次、手术示教5.1余万台、远程诊疗5 000余次。

【健全完善医疗服务体系】 支持民族地区建设省级临床重点专科6个、市级临床重点专科3个、县级临床重点专科13个。支持建设县域医疗卫生次中心15个、高海拔涉藏地区高压氧舱4个、疾控机构P2实验室5个。建成7个妇幼保健机构、6个儿童眼保健和新生儿听力筛查机构、2个科学喂养中心。支持阿坝州、甘孜州、凉山州分别建设一支省级卫生应急救援队伍，提升民族地区应急救援服务能力。

【持续提高群众健康水平】 推动重点慢性病机会性筛查，建成省级慢性病综合防治示范区3个。支持民族地区创建省级卫生村596个、省级卫生乡（镇）67个、省级卫生单位556个，全年共评选卫生家庭16 533户、健康红旗能手3 948名。推进各级无烟党政机关和民族地区无烟中小学校建设，全省民族地区无烟中小学校覆盖率达60%以上。在国家基本公共卫生服务经费补助标准上，每人额外补助5元，持续提升民族地区公共服务水平。推进凉山州艾滋病等重大传染病防治攻坚第二阶段行动、甘孜州结核病综合防治集中攻坚行动和阿坝州重点县学校结核病防治行动，持续巩固包虫病防治试点成效，持续保持大骨节病消除状态。截至2022年年底，民族地区孕产妇死亡率、婴儿死亡率、5岁以下儿童死亡率分别为13.09/10万、4.17‰、6.67‰。

【支持民族医药发展】 支持16家县级中医（民族医）医院创建省级中医（民族医）重点专科，支持阿坝州、甘孜州、凉山州分别创建省藏医医院、省藏羌医医院和省彝医医院。支持乡（镇）卫生院中医馆建设。新建4个省级民族医药健康旅游基地、1个民族医药传承工作室、3个民族医药文化宣传教育基地。开展藏医药骨干进修、民族医药知识与技能培训、基层中医药适宜技术推广等民族医药人才提能培训项目，累计培养中医（民族医）骨干300余人。截至2022年年底，民族地区县级中医（民族医）医院达到二级以上水平的比例为82%，民族地区基层中医（民族医）药服务量占基层医药服务总量的比例达43%。

【推进“互联网+医疗健康”】 支持县级医疗机构开展“5G+医疗健康”远程应用，促进院内、院间信息互联共享、协同合作。实施“5G+医疗健康”远程应用体系接入改造项目，支持民族地区远程医疗平台接入全省“5G+医疗健康”远程应用体系，持续推进分级诊疗，促进上下级医院互联互通，逐步实现信息共享、结果互认。全面推进民族地区电子健康卡普及应用，截至2022年年底，84.19%的二级及以上公立医疗机构实现电子健康卡“扫码就医”，已有4家二级医院达到电子病历信息化4级水平。完善信息化人才奖励机制，加强信息化人才队伍建设，持续夯实信息化发展人才基础，不断提高群众就医体验。

【持续巩固健康帮扶成果】 加强与民政、医保、乡村振兴等部门的数据对比和共享，协助当地政府做好返贫致贫防范工作，全年推送预警信息4批次，核查及干预完成率100%，定期摸排、动态管理，持续跟踪群众患病情况，推动将“两病”门诊用药保障纳入家庭医生签约服务包，及时落实家庭医生签约服务“应签尽签”、大病专项救治和重点慢病规范管理等健康帮扶措施。截至2022年年底，民族地区重点监测对象入户核实率、救治管理率、家庭医生签约率均达99%以上。

四川省卫生健康委员会编写组

民族地区对口援建

【对口支援项目管理】 省委、省政府主要领导多次召开省委常委会、省政府常务会、对口支援工作领导小组专题会议等研究部署。年初印发《浙川对口支援2022年重点工作安排》,提出8个方面25项年度重点任务。完善项目建设管理制度,联合浙江省发展改革委修订出台《四川省涉藏州县对口支援项目资金管理实施办法》,建章立制更加规范。加大督导督查力度,会同领导小组成员单位、浙江省驻川工作组多次进行实地调研督导,帮助州、县解决工作推进中的困难问题。谋划深化全面合作思路,启动浙川战略合作报告专题研究,推动两省在文化旅游、数字经济、社会治理等方面开展全方位、多层次、宽领域合作。

【围绕重点任务加快项目实施】 着眼做深做细项目前期工作,指导督促州、县对标"十四五"规划,围绕智力支援、产业支援促进就业、保障和改善民生、促进各民族交往交流交融、文化教育支援等五大重点任务谋划储备项目,联合浙江省发展改革委、浙江省驻川工作组开展项目申报会审,有效提高项目成熟度。2022年,安排实施项目359个、资金16亿元,较上年提前4个月下达资金计划。克服涉藏地区开工时间晚、疫情反复影响施工等不利因素,推动项目全部开工建设,完成投资15.83亿元,投资完成率98.9%;支付资金15.14亿元,资金使用率94.6%;项目完工333个,项目完工率92.8%。

【突出借智借力,加强人才交流】 聚焦智力帮扶,务实推进两地人才互动交流、互学互鉴,安排援建资金1.94亿元,实施智力支援项目74个。借助浙江人才、资源等优势,持续开展互派党政干部和专业技术人才挂职交流,帮助打造本地干部人才队伍。关心关爱援川干部人才,为480名挂职干部、专业技术人才提供工作生活保障,搭建良好干事创业平台。首次将浙江省援川干部155人纳入省级财政慰问,出台《浙江援川干部人才健康管理应急机制》,分级建立挂职干部人才日常健康管理绿色通道、重大医疗救治应急通道。选派300余名党政干部、专业技术人才到浙江省挂职学习。突出教育、卫生、科技等重点领域,推动"组团式"帮扶工作,培养打造一支"留得住、带不走、能战斗"的本土干部人才队伍,共同举办培训班800余期,培训干部人才5.4万人次。

【着眼互利共赢,深化产业合作】 安排资金2.84亿元,实施产业项目79个。全面落实各项优惠政策,吸引更多浙江优质企业到受援地投资兴业,引入落地企业185家,引导企业实际投资约116亿元;推动特色产业园区合作共建,共建产业园区38个,利用南湖—若尔盖、九寨—嘉善庆元等飞地产业园区平台,不断完善"飞地经济合作机制"和园区收益长效化机制,实现地方财政增收2 170万元,带动4 000余名各族群众就业增收。持续深化消费协作,利用浙江电商平台优势,拓宽产销渠道、拉长销售链条,解决农特产品"卖难"问题,推动"净土阿坝""圣洁甘孜"产品常态化购销,销售特色农特产品等约13.97亿元。

【聚焦民生短板,增进民生福祉】 安排资金6.78亿元,实施改善民生项目128个。聚焦群众急难愁盼问题,实施以农村基础设施、医疗水平改善、残疾人帮扶、重大疾病健康筛查、关爱女性健康等为重点的基础提升项目,不断提升群众获得感、幸福感。落实供需对接、技能提升、稳岗拓岗等措施,加强援受双方对接沟通,举办劳动就业技能培训班295期,培训劳动力1.3万余人次;加大劳务政策宣传推介,开展"春风行动"等劳务专场招聘会,帮助6 000余名劳动力到浙江稳定就业,实现1.8万余名劳动力依托对口支援政策在省内就近就业,各族群众增收渠道拓宽。

【增强双向互动,深化交流交往】 把铸牢中华民族共同体意识主线贯穿对口支援全过程,把促进民族广泛交往交流交融摆在更加突出位置,安排资金1.08亿元,实施交往交流项目34个。不断拓展结对关系,累计推动1 000余个机关单位、社会团体与浙江方面结对。结合浙江干部职工跨省赴帮扶地疗休政策,开辟"德清游小金""浙里甘孜"等旅游疗休养专线,出台对浙江省支援地户籍游客实行国有A级景区门票免费政策,承接支援方干部职工疗休养2 800余人。印发实施四川各族青少年交流、各族群众互嵌式发展、旅游促进各民族交往交流交融"三项计划",推动青少年、农牧民代表等到浙江开展活动1万余人次,联合开展"石榴籽一家亲""同心喜迎二十大——浙甘青少年同心营"等活动180场次,各族群众对中华文化认同持续增强。

【加强教育支援,助力文化共享】 围绕促进两地文化教育事业繁荣发展,激发两地合作潜能,提升合作效能,安排资金3.37亿元,实施文教支援项目44个。依托浙江优质的教育资源优势,建立健全远程教育合作机制,开展线上线下教研活动。实施学前儿童学习普通话试点项目,完成2 000余名幼儿普通话培训。开展跨区域职业教育联合培养,拓宽适龄学生升学及就业渠道,累计组织300余名学生到浙江就读职业院校。做好甘孜州"2+1+2"中高职贯通培养工作试点,全国政协主席汪洋两次作出批示,要求推广学习。开展"神奇九寨"走进杭州、"圣洁甘孜迎亚运"、《牦牛革命》感恩巡演等活动,用舞台、歌声讲好"四川故事"。合力打造"山海情·时尚风""四姑娘山·森林音乐荟"等,深耕援受双方文化交流合作,持续提升各族群众对中华民族的文化认同。

四川省发展和改革委员会编写组

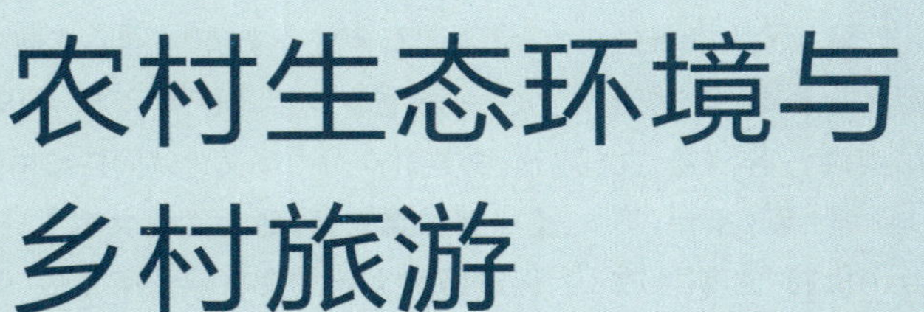

农村生态环境与乡村旅游

NONGCUN SHENGTAI HUANJING YU
XIANGCUN LVYOU

生态建设

综述

【基本情况】 2022年，全省各级各部门以习近平新时代中国特色社会主义思想为指导，学习贯彻党的二十大精神和习近平总书记对四川工作系列重要指示精神，全面落实党中央、国务院关于生态文明建设的决策部署，推动生态环境质量持续改善，加快谱写美丽中国的四川篇章。全省12个市、县分别被命名为第六批国家生态文明建设示范区或“绿水青山就是金山银山”实践创新基地，命名数量位居全国第一；16个县（市、区）被命名为第二批省级生态县。至此，全省已累计建成32个国家生态文明建设示范区和8个“绿水青山就是金山银山”实践创新基地，累计建成30个省级生态县。

【政策规划出台】 全省坚持以习近平生态文明思想为指导，学习贯彻习近平总书记来川视察重要指示精神，专门制定出台《贯彻落实习近平总书记来川视察对生态环境保护工作重要要求具体措施分工方案》，推动习近平总书记重要指示精神落地落实。出台《美丽四川建设战略规划纲要（2022—2035年）》《四川省“十四五”生态环境保护规划》《关于深入打好污染防治攻坚战的实施意见》，系统部署全省生态文明建设工作。推进区域重大战略生态环境保护工作，印发实施《成渝地区双城经济圈生态环境保护规划》《四川省黄河流域“十四五”生态环境保护规划》《四川省“十四五”长江流域水生态环境保护规划》等。

【会议召开】 省委、省政府主要负责人主持召开省生态环境保护委员会第三次会议、省推动长江经济带发展领导小组暨省推动黄河流域生态保护和高质量发展领导小组全体会议、全省生态环境保护工作电视电话会议、省委常委会会议、省政府常务会议等，推动党中央、国务院决策部署在四川落地生根。

【立法监督及执法检查】 省人大常委会着力加强立法监督，修订《四川省〈中华人民共和国土地管理法〉实施办法》《四川省固体废物污染环境防治条例》。审议《四川省大熊猫国家公园管理条例》，填补了大熊猫国家公园管理和执法的法律空白。率先开展赤水河流域保护“共同决定+条例”执法检查，首次开展川渝人大常委会嘉陵江流域生态环境保护“四川条例”和“重庆决定”联合执法检查，受全国人大常委会委托开展长江保护法执法检查，配合全国人大常委会来川开展环境保护法执法检查。

【政协协商】 省政协围绕“学习贯彻习近平总书记来川视察重要指示精神，推进长江上游生态环境保护和高质量发展”协商议政。开展“高质量推进大熊猫国家公园建设”对口协商，形成的调研报告得到省委主要领导签批。开展“加快创建若尔盖国家公园，打造最美高原湿地国家名片”专家协商，与重庆市政协开展联合履职，助力濑溪河流域成为成渝地区结合部的示范生态走廊。

【水环境质量提升】 四川省水环境质量持续提升，203个国考断面中202个达到Ⅲ类以上，优良断面占比99.5%，同比上升3.4个百分点；Ⅴ类、劣Ⅴ类断面全面稳定消除，全面完成国家下达的年度考核目标，水环境质量创20年来最好水平。长江、黄河、嘉陵江等主要出川河流水质稳定保持在Ⅱ类以上，沱江水质首次实现全流域达标，黄龙溪国考断面水质已连续三年达标。

四川省生态环境厅编写组

“绿化全川”行动

【科学绿化示范省建设】 推动省政府办公厅出台《关于科学绿化的实施意见》，启动科学绿化试点示范省建设。启动编制《四川省国土绿化规划》《四川省防沙治沙规划》。召开省绿化委员会第25次全体会议、全省国土绿化工作会议，新增科技厅、司法厅、省国资委为省绿委成员单位，印发《四川省绿化委员会工作规则》《四川省绿化委员会2022年工作要点》《2021年四川省国土绿化公报》《关于加快推进2022年造林绿化工作的通知》等。2022年，全省完成营造林559万亩，为省政府下达目标任务的111.8%，其中造林上图242万亩，占国家下达目标任务的153%。同时，加强造林绿化用地监管，全面推行带图斑、带位置上报和下达造林任务，联合自然资源厅建立造林绿化图斑会审机制，完成2023年造林计划上图131.2万亩。统筹推进省级“森林城市”“森林乡镇”“森林村庄”创建认定，发布省级森林城市评价指标标准。指导遂宁市等启动“创森”工作，指导达州市创建为国家森林城市，全省国家森林城市增加至12个。

【义务植树活动】 组织开展2022年省和成都市党政军领导义务植树活动。全面总结龙泉山城市森林公园“包山头”植树履责活动三年成效，举行新一轮“包山头”活动启动仪式。全年累计义务植树3 163万人次、1.08亿株。

【林草碳汇】 研究制定《四川林草碳汇推进方案(2022—2025年)》，在4个市、11个县(市、区)和8个单位启动省级林草碳汇试点，召开试点工作启动会、推进会，完成试点实施方案编制。洪雅县国有林场申报为国家林草局首批林草碳汇试点项目。推进全省林草碳计量监测和碳汇发展潜力评估，完成2 517个样地调查，完善计量参数和计量模型。发布四川省森林经营、竹林经营2个碳普惠方法学。成立四川林草碳汇创新发展联盟。集中举办林草碳汇培训班2次；组织专家到基层开展培训8次，近500余人次参加。

【古树名木保护】 出台《四川省古树名木管理养护和复壮技术规程》，启动全省古树名木主要树种树龄鉴定课题研究。开展蜀道翠云廊古柏生境调查，形成《蜀道翠云廊古柏保护专题报告》。全年鉴定审核87株新增一级古树，配合完成古树名木移植、采伐审批16件；开展打击破坏古树名木违法犯罪活动专项整治行动。争取省级财政资金600万元支持剑阁等地古树名木抢救复壮。新建10个省级古树公园。组织开展古树名木保护科普宣传周活动，集中发布古树名木相关信息10余篇，在成都百花潭公园举办“古树名木科普图片展”。

四川省林业和草原局编写组

生态县建设

【国家生态文明建设示范区创建】 自2017年以来，全省共32个县(市、区)分六批入选国家生态文明建设示范区，其中第六批(2022年)国家生态文明建设示范区有巴中市、成都市双流区、郫都区、都江堰市、彭州市、青川县、丹棱县、长宁县、色达县、西昌市。

【“绿水青山就是金山银山”实践创新基地创建】 自2017年以来，全省共8个县(市、区)分六批入选“绿水青山就是金山银山”实践创新基地，其中第六批(2022年)“绿水青山就是金山银山”实践创新基地有沐川县、汶川县。

【省级生态县创建】 成都市青羊区、成都市成华区、梓潼县、苍溪县、蓬溪县、犍为县、阆中市、宜宾市南溪区、芦山县、理县、茂县、黑水县、康定市、丹巴县、雅江县、道孚县创建为2022年第二批省级生态县。

省委、省政府高度重视，牢固树立“绿水青山就是金山银山”理念，高位部署、高位推动生态文明示范创建，先后做出建设生态省、推进绿色发展建设美丽四川的决定，印发实施《四川省加快推进生态文明建设实施方案》《四川省省级生态县管理规程》《四川省省级生态县建设指标》。

【生态文明示范创建】 各地生态文明示范创建由地方党政主抓，将生态文明示范创建作为推动高水平保护和高质量发展的总抓手。

【规划编制实施】 将规划作为统揽生态文明示范创建重点工作任务、谋划重大项目的重要载体，并作为考核验收的重要依据。21个市(州)已有成都、巴中等8个市(州)编制实施国家生态文明建设示范市(州)规划，183个县(市、区)已有135个县(市、区)编制实施国家生态文明建设示范区规划。

【严格验收标准】 在对标对表国家和省级生态县创建指标的基础上，实行严格考核、好中选优、宁缺毋滥，对地方党委、政府真重视、生态环境保护工作无硬伤、特色亮点突出的地区优先推荐上报；将重大生态环境案件、重大安全生产事故、生态红线、耕地红线作为考评创建的“铁指标”“硬杠杠”，实行“一票否决制”；对事关公众切身利益、群众反映强烈的生态环境问题处置不力、在民生改善上成效不明显的地方坚决不予推荐。

【注重结果运用】 将生态文明示范创建纳入省委、省政府对地方生态环境保护党政同责目标考核加分事项，对当年获得国家生态文明建设示范市(州)称号的，加0.5分；对获得国家生态文明建设示范县和“两山”基地称号的，每个给所在市(州)加0.2分；获得省级生态县称号的，每个给所在市(州)加0.05分。实施资金激励，对建成国家生态文明建设示范市(州)的，省财政每个市(州)给予1 000万元生态文明建设提升奖补资金，对建成国家生态文明建设示范县或“两山”实践创新基地的每个县奖补800万元，对建成省级生态县的每个县奖补300万元。

四川省生态环境厅编写组

森 林 生 态

自然保护地建设与管理

【加强制度建设】 制定《四川省世界遗产保护条例》修订草案,《四川省风景名胜区条例》《四川省自然保护区管理条例》纳入省政府行政立法项目库。制定自然保护区设立调整审批要件清单,建立自然保护区调整现地核查和交叉检查机制。修订自然保护区评审委员会规则并更新专家信息库。优化风景名胜区规划审批程序,建立风景名胜区评审委员会。印发自然保护区、风景名胜区、地质公园、世界自然遗产等保护管理文件12个。

【加强督察整改】 加强自然保护地执法队伍建设,自然保护地处(站)执法岗位人员持证率100%。联合生态环境部门完成自然保护地部分行政处罚事项移交,建立自然保护地行政执法协作机制。印发《关于开展2022年度自然保护地专项督查的通知》,组织开展自然保护地明查暗访,实地督察自然保护地128个,督促整改问题371个,中央环保督察涉及自然保护地的7项问题均完成年度整改任务并达到时序进度要求。

【加强监测核查】 完成全国自然保护地监督检查平台下发问题点位和自然保护地人类活动遥感监测疑似重点问题线索核查,完成国家林草局移交信访问题核查处理,组织开展生态环境部反馈国家级风景名胜区和省级自然保护区遥感监测疑似重点问题核查。建立地质公园建设项目和人为活动"数字化"核查监管平台。

【服务经济大局】 出台《四川林草助力稳住经济增长八条措施》,完善重点项目服务保障机制,批准34个国家省重点项目进入自然保护地手续,核实出具重点项目与自然保护地位置关系意见90个,推动川藏铁路、白鹤滩水电站500千伏配套工程、两河口水电站500千伏送出工程、引大济岷工程、成渝中线高铁等重点项目及时落地建设。紧扣成渝地区双城经济圈建设等重大战略,依法依规调整风景名胜区等自然保护地范围,为全省经济社会发展预留空间,主要包括国家、省重大项目和民生建设项目用地、保护价值低的城镇建成区和人类活动密集区域等。制定"6·1"芦山地震、"9·5"泸定地震灾后恢复重建支持政策,加快重建进度。

【自然保护地整合优化】 坚持保护优先、问题导向,征求地方政府和省级部门意见,配合守住耕地保护红线,有效保障国家、省重大建设工程用地。按要求完成自然保护地整合优化预案"回头看"和再完善工作。协调自然资源部门将再完善方案纳入全省"三区三线"统筹划定最终方案,自然资源部于11月1日公布启用全省"三区三线"划定成果。

【风景名胜区改革】 全面核实本底资源,形成全省风景名胜区管理"一张图"。成立专家咨询委员会,组织开展保护价值评估、优化调整论证、未保留风景区论证、整合优化预案论证等4次专家论证,同时加强沟通衔接,四次征求市(州)政府意见,两次征求省级相关部门意见,主动对接自然资源厅、生态环境厅等部门并达成一致意见。严格遵循整合优化规则,编制形成《四川省风景名胜区整合优化预案(送审稿)》,经省政府同意报送国家林草局并通过技术审查封库。

【合作共建】 会同云南省研究推进泸沽湖和摩梭风情世界自然与文化遗产申报工作。组织参加"文化和自然遗产日"主题活动、四川—欧非国际友城世界遗产城市对话会议,联合阿拉善SEE天府项目中心开展自然保护地"最美巡护员"系列评选活动。

四川省林业和草原局编写组

森林公园建设

【推进总体规划报批】 配合国家林草局组织对四川沙鲁里山国家森林公园、四川凌云山国家森林公园等2个国家级森林公园总体规划开展专家评审会,修改完善后报送国家林草局并获得批复。组织批复四川省青山岭森林公园、四川省大渡河源森林公园、四川省千佛寨森林公园、四川省天鹅湖森林公园、四川省翁达森林公园等5个省级森林公园总体规划。

【保障重大项目建设】 协调国家林草局批复四川沙鲁里山国家森林公园总体规划,以保障川藏铁路等国家重点项目涉及自然保护地建设实施。组织审查符合森林公园总体规划和符合森林公园功能分区管控要求的基础设施、公共事业、民生项目等15个建设项目对森林公园的影响评价论证,在保护优先基础上保障涉及森林公园建设项目科学依规实施。

【森林公园业务培训】 部署开展自然保护地能力提升行动,组织举办自然保护地管理和体系建设培训班,其中将森林公园建设和管理作为专题课程进行讲解和培训,线上线下共培训600余人次。参加国家林草局组织的2022年森林公园和生态旅游行业管理网络培训班,将相关情况和要求对各市(州)及各森林公园管理机构通知到位,并按要求组织其报名参加,统计报送全省培训人员名单1 000余人。

【森林公园监督监管】 开展自然保护地专项督查,印发自然保护地专项督查通知,将森林公园这一类型自然保护地作为督查工作范围,组织违法违规问题明查暗访。组织对森林督查等专项行动涉及自然保护地图斑开展核实整改工作,组织核查有关疑似问题图斑42个。

【森林公园文化保护传承利用】 推动泸州市福宝国家级森林公园、绵阳市高山国家森林公园、眉山市瓦屋山国家森林公园、巴中市空山国家森林公园4个国家级森林公园建设实施“十四五”文化保护传承利用工程，主要包括游步道、站点、标识标牌、科普展示中心等保护展示设施建设，资金总量共计6 000万元；做好推动资金落实、督促进度、按时报送进展等协调组织工作，并将收集到的相关问题上报国家林草局推动解决，进度最快的森林公园建设已完成总工程量的92%。

四川省林业和草原局编写组

湿地资源保护与管理

【若尔盖国家公园创建】 获批创建国家公园。在前期四川片区设立方案、科学考察与符合性认定报告、社会影响评估报告“一方案两报告”基础上，及时补充报送创建方案。4月，国家林草局函复原则同意川甘两省开展若尔盖国家公园创建工作初步区划边界范围，组织专业团队开展科学考察，全面摸清自然资源和生态状况。联合甘肃省编制初步总体规划，拟建若尔盖国家公园总面积1.38万平方千米，其中四川片区8 336平方千米，占总面积的60.28%，涉及若尔盖县、阿坝县和红原县。对标确定创建任务，研究制定创建工作推进方案，提出体制机制建设、矛盾冲突调处、生态保护修复等8个方面28项任务，逐一明确责任单位和完成时限，7月底经省政府审查同意已由省林草局印发实施。将黄河上游若尔盖草原湿地山水林田湖草沙冰一体化保护和修复工程建设要与创建若尔盖国家公园紧密结合。完成对接融合，编制《若尔盖国家公园评估区科学考察》等创建材料，并完成川甘两省创建材料对接融合，开展省级自评估，将材料报送国家公园管理局。

【推进湿地保护与修复】 督导重大湿地保护修复工程建设，甘孜州理塘海子山和石渠长沙贡玛湿地保护与修复工程基本完成，累计恢复湿地周边退化植被7 224.02公顷，治理冲蚀沟22千米，建成小型拦水坝2座和微型拦水坝104座。持续开展湿地生态效益补偿，全面完成若尔盖、长沙贡玛国家级自然保护区2021年度湿地生态效益补偿工作，推进2022年度湿地保护与恢复项目和补偿；争取省级财政补助资金2 205万元，在红原、理塘、松潘、稻城4个县开展省级湿地生态效益补偿工作，引导牧民参与湿地管护，促进湿地保护恢复。编制《〈“十四五”长江经济带湿地保护修复实施方案〉四川分工方案》，提交省推动长江经济带发展领导小组办公室印发。

【依法加强湿地资源管理】 督导完成2021年全省国家湿地公园范围内9个违建问题的处理整改；完成2022年26个卫片监测问题的核实。严格审核工程项目征占用湿地行为，全年共审查23个涉及征占用湿地公园的重大工程和民生工程，为项目业主做好政策解读服务工作，确保减轻负面影响，落实湿地保护恢复措施。根据《中华人民共和国湿地保护法》，审查《若尔盖县嫩哇乡下村湿地排水沟修复工程实施方案》，通过征求相关部门意见、专家评审，推动并规范若尔盖退化湿地修复工作。

【重要湿地和国家湿地公园建设】 指导具备条件的市（州）申报重要湿地，推进湿地分级管理。分别指导色达果根塘、巴塘姊妹湖、金川措朗沟3处湿地开展重要湿地申报工作；推荐甘孜州色达泥拉坝湿地入选国际重要湿地。督导试点国家湿地公园建设，对全省最后一批试点国家湿地公园进行自查评估，其中炉霍鲜水河、白玉拉龙措2处国家湿地公园通过国家验收。

【宣传贯彻《中华人民共和国湿地保护法》】 在省林草局党组会及野保处站党支部解读《中华人民共和国湿地保护法》（以下简称《湿地保护法》）；通过主流媒体线上宣传《湿地保护法》和四川湿地资源特色和保护管理情况；发文号召各市（州）深入学习、宣传贯彻《湿地保护法》；线下举办培训班，为基层领导和工作者解读《湿地保护法》。启动修订《四川省湿地保护条例》，开展立法调研，编制修订对照表。

【加强对外合作交流】 省林草局申请的全球环境基金(GEF)“扩大中国四川省湿地保护面积并增强湿地管理能力项目”经财政部、UNDP、省林草局共同签署，于12月1日生效。项目旨在扩大四川省湿地保护面积，加强湿地保护的管理能力，推动湿地保护的主流化和湿地资源的可持续利用，项目选择西昌邛海和新津白鹤滩国家湿地公园作为建设示范点。

四川省林业和草原局编写组

荒 漠 治 理

【项目工程建设】 争取落实赤水河流域水源涵养和石漠化综合治理、雅砻江中上游高原湿地水源涵养与高山生物多样性保护修复、阿坝州若尔盖草原湿地水源涵养生态保护和修复3个“双重项目”，涉及荒漠化治理51万亩，投资3.55亿元。争取省级财政1.35亿元，持续实施长江上游干旱河谷生态综合治理和省级防沙治沙工程。2022年，累计完成石漠化综合治理10.1万亩、沙化土地治理50.7万亩、干旱河谷生态综合治理1.9万亩，其中“双重项目”涉及荒漠化治理内容完成投资3 662.5万元，治理面积5.3万亩。

【加强监测宣传】 按照国家局统一部署，争取落实荒漠化沙化、石漠化等相关监测经费119.8万元，组织开展第六次荒漠化和沙化调查、第四次石漠化调查。完成2022年林草湿荒综合调查。完成德格县、甘孜县脆弱区治理成效省级监测等工作。结合世界防治荒漠化与干旱日契机，利用微信公众号、报刊杂志等媒体平台加大对荒漠化防治工作的宣传，全年开展荒漠化防治省级专题报道1次，发布微信公众宣传20次。

四川省林业和草原局编写组

生态补偿

【森林生态效益补偿】 省林草局先后印发《四川省天然林保护中心关于进一步加快推进公益林生态效益补偿和天然商品林停伐管护补助兑现工作的通知》《四川省天然林保护中心关于做好公益林生态效益补偿和天然商品林停伐管护补助兑现工作的通知》等文件，督促市、县级林草主管部门落实工作责任、推进资金兑付。将补偿补助资金全部纳入阳光审批平台开展审批，审批工作实现“阳光公开”。将补偿补助工作纳入乡村振兴年度工作考核，确保补偿补助发挥惠民效益。2022年，国家和省级共安排森林生态保护补偿资金29.84亿元，其中国家级公益林补偿资金12.51亿元。

【湿地生态效益补偿】 2022年，中央财政安排全省湿地保护补助资金6 668万元，其中生态效益补偿试点4 211.08万元，主要用于若尔盖、长沙贡玛2处国际重要湿地以及海子山、南莫且2处湿地类型国家级保护区开展湿地修复和生态效益补偿项目，湿地生态效益补偿资金主要用于牧民的一次性补偿、禁牧还湿、限牧还湿、草畜平衡示范还湿、聘请生态管护员等。全省自主开展省级湿地生态效益补偿试点，省财政累计安排补偿资金2 205万元，主要用于在红原、松潘、理塘、稻城4个县开展省级湿地生态效益补偿试点，补偿内容包括退牧还湿和湿地管护补助。

【自然保护地生态补偿】 全年中央财政安排资金8 065万元，主要用于20个国家级自然保护区生物多样性调查和监测、标准化能力提升、保护管理专项规划编制、宣传教育等。中央预算内投资1 733万元，主要用于1个国家级自然保护区生态监测体系建设。省级财政安排省级自然保护区建设资金1 800万元，主要用于17个省级自然保护区标准化能力提升、保护管理专项规划编制、生物多样性调查和监测。

【探索多样化补偿方式】 加强创新驱动，践行低碳理念，多方发力，共同破解林草碳汇单一的交易模式，拓展交易形式和渠道。长宁县抓住宜宾市承接第三届中国（宜宾）国际竹产业发展峰会的机遇，售出99.53吨竹林碳汇项目减排量，收益1.07万元，实现全省第一笔竹林碳汇交易；巴中市参与亚运会、全运会碳中和，与浙江省金华市签订预售协议，实现跨省交易1.3万吨林业碳汇减排量、收益43万元；宝兴县完成6.7万亩林业碳汇开发，达成26万吨林业碳汇首期交易签约；成都市启动“龙泉山城市森林公园碳普惠项目”开发，为成都大运会、世园会实现碳中和提供减排量；达县利用碳汇资源优势引进自愿减排企业投资2 000万元，营造碳中和林4 500亩。

四川省林业和草原局编写组

矿区环境治理

【历史遗留矿山治理】 持续推动《四川省历史遗留矿山生态修复三年行动计划(2021—2023年)》实施，开展长江、黄河、青藏高原等历史遗留矿山“清零行动”，已完成修复治理面积1 022.67公顷。通过开展历史遗留矿山图斑变更核查，建立年度图斑变更核查机制，实现对历史遗留存量任务销号管理、动态更新，已完成历史遗留矿山228个图斑核查销号；完成黄河流域历史遗留矿山生态破坏与污染状况调查评价；组织完成历史遗留矿山治理项目“回头看”，完成392个项目排查。

【生产矿山监管】 建成省级矿山地质环境保护与土地复垦方案线上审查系统，推进“二合一”方案“不见面”审查，开展年度矿山地质环境保护与土地复垦“双随机一公开”检查和生态保护屏障重点地区矿山生态修复实景三维监测试点，落实矿山生态修复年度报告制度，持续推动环保督察、审计、各类专项监督检查中发现和移交的自然资源领域矿山生态环境问题整改。

四川省自然资源厅编写组

水污染防治

【构建治水新格局】 加强规划落实。印发实施“十四五”长江、黄河等流域生态环境保护规划，谋划项目1 600余个，涉及资金3 700亿元，科学有序推动“十四五”重点流域生态保护工作。制发长江、黄河省级规划重点任务清单，配套出台长江保护修复攻坚实施方案，推动长江、黄河保护走深走实。

加强区域协同立法。持续完善“一河一法”，嘉陵江、赤水河等流域保护条例先后颁发实施。岷江保护立法工作加快推进，与云南省、贵州省、重庆市加强立法协作，为流域上下游、左右岸、干支流协同治理奠定法治保障。

开展区域联防联治。成立川滇黔渝联盟并签订框架协议，召开涪江流域川渝9地生态环境保护研讨会，流域上下游、左右岸联防联治机制不断成熟。会同重庆市、陕西省等开展琼江、大洪河、任河等流域协同治理，筑牢长江上游生态屏障。

【开展流域水质达标攻坚】 深化水质“测管协同”。高效运转省、市、县三级水质预警快速响应机制，对水质下降、园区超标排放等现象做到当日预警、当日督促、当日回音，每日对水质下降、超标排放等进行预警提示，督促溯源整改，快速恢复水质。

实施减污削峰。针对水质下降明显敏感时段，出台枯水期精准管控和汛期面源污染强度削减方案，定期召开水环境质量形势分析会，推动工作滞后地区精准应对枯水期、汛期不利形势，落实病害管网整治、面源污染治理等措施，新增16个国、省考优良断面，劣V类水质稳定消除。

开展精准帮扶指导。健全“一河一院(所)”专家帮扶机制，组织高校、院所及社会力量，推动科学、精准治污落实到最小单元。细化帮扶指导，组织省环科院、规划院专家先后60余次到琼江、沱江等流域“解剖麻雀”，实地指导内江、遂宁、资阳等地制定水质达标年度工作方案。

【持续提升环境治理水平】 加强工业园区污水处理设施管理。坚持省级及以上工业园区排放超标“一日提醒、二日预警”，做到当日预警、当日督促、当日回音，督促地方及时处置、防范持续超标，坚决杜绝工业园区持续超标排放。实施长江经济带工业园区水污染专项整治和“三磷”污染整治专项行动，实现全省148个省级及以上工业园区全覆盖。

规范入河排污口管理。印发实施《四川省入河排污口排查整治工作方案》，管控入河污染物排放，推动逐步建立“权责明晰、管理规范、监管到位”的排污口长效管理机制。全省共排查核定排污口27 175个，完成监测11 407个、溯源24 331个、整治6 333个。探索排污口设置审核“四川模式”，累计审核排污口1 271个，平均用时7.8个工作日，办理效率提升3倍，提前办结率、群众满意率均达100%。

推动城市黑臭水体治理。会同住房城乡建设厅、水利厅等省直部门联合印发《深入打好城市黑臭水体治理攻坚战实施方案》，建立省直黑臭水体整治协同攻坚体系，建立健全通报提醒机制，实行“清单制+责任制+销号制”，实施精准分级督导，纳入“全国城市黑臭水体治理监管平台”的105条黑臭水体已基本消除，19个县级市建成区未发现新增黑臭水体。

开展农业面源污染防治。统筹推进农药化肥减量化和农田纵沟改横沟，“源头控制+过程阻断”双管齐下减少面源入河，推进水产养殖治理，加强畜禽养殖管控，点面结合协同推动规模化及以下畜禽养殖综合治理。

【推进美丽河湖建设】 明确建设内容。组织召开四川美丽河湖建设交流研讨会暨启动建设动员部署会，邀请行业专家和水生态治理成效显著的地方作经验分享，明确美丽河湖建设的内容和方向，即以河(湖)长制为抓手，构建生态优美、幸福健康的河湖体系，打造群众身边的“生态河湖、美丽河湖”。

量化评价指标。出台《四川省美丽河湖建设方案》及评价指标体系，在评选中对水环境质量、生态流量保障、水污染治理、水生态修复、水文化挖掘、长效管护机制等10方面23个具体指标分别展开评价，将“有河有水、有鱼有草、人水和谐”的指标具体化，成为全省美丽河湖建设工作重要的评判标准。

实施水质提升工程。组织高校、科研院所等行业专家指导地方开展美丽河湖建设，开展泸沽湖、马湖、邛海等高原湖泊生态环境保护与治理，实施环湖截污、还湖还湿、生态保育、水土资源调控等重点工程。提升沱江、琼江等水环境质量，实现首次全流域达标，全省Ⅱ类以上水质断面占比75.4%。

评选省级优秀案例。在全省范围征集首批78个优秀案例，经过初步筛选、现场复核、专家评议、公众代表评议，最终评选出阿坝州花湖、成都市兴隆湖、宜宾市江之头等9个省级美丽河湖优秀案例。

四川省生态环境厅编写组

土壤污染防治

【土壤污染防治体系逐步健全】 完成《四川省土壤污染防治条例(草案)》编制，通过省人大常委会第2次审议；颁布《四川省在产企业土壤污染风险管控效果评估工作指南》《四川省固体废物堆存场所土壤风险评估技术规范》等标准规范；会同省发展改革委等14个部门联合印发《四川省“十四五”土壤污染防治规划》，明确“十四五”土壤污染防治工作方向和重点；会同财政厅等4部门印发《四川省农用地土壤镉等重金属污染源头防治行动实施方案》，细化农用地土壤污染源头防治重点工作。

【持续开展耕地土壤断污控源】 以重点区域、重点行业、重点污染物为重点，将土壤污染防治与大气、水、固体废物污染防治整体推进。

开展耕地土壤镉等重金属污染源头防控行动。累计排查全省涉镉等重金属重点区域667个、重点企业1 100余家，制定《四川省涉镉等重金属重点行业企业污染源整治清单（第四批）》，清单中的140家问题企业已有64家完成整治任务，其余企业按照进度要求推进整治工作。

严控涉重金属行业大气、水污染物排放。依据相关法律法规将排放重金属等有毒有害大气、水污染物企业纳入重点排污单位名录，严格监管涉镉等重金属污染物排放。

开展矿区历史遗留固体废物排查治理。聚焦重有色金属、石煤、硫铁矿等矿产资源集中区域，排查矿区历史遗留固体废物情况，有序推进污染治理，优先对周边和下游耕地土壤污染较重的地区采取污染防控措施。

【加强土壤重点监管单位管理】 动态更新四川省土壤污染重点监管单位名录，纳入名录企业1 198家，并督促指导重点监管单位依法建立土壤污染隐患排查制度，规范开展土壤污染隐患排查整改、自行监测。

探索“边生产边管控”模式。深化全省重点行业企业用地调查成果，加强土壤污染重点监管单位隐患排查和整治，有序推进233家土壤环境质量超标在产企业开展详细调查和风险管控，减少污染排放或者防止污染扩散，降低后期风险管控或修复成本。

开展全省重点监管单位土壤污染隐患排查“回头看”，对隐患排查开展自查自纠，提升隐患排查工作质量，检验土壤污染隐患整改成效。全年完成化肥行业63家企业“回头看”工作。

【实施源头防控重点项目】 开展耕地土壤重金属污染成因排查分析。运用农用地详查成果，从全省耕地土壤重金属污染面积集中的县（市、区）中选择10个县（市、区）纳入土壤重金属污染成因排查分析试点，彭州市、什邡市、绵阳市安州区、广元市朝天区和古蔺县5个项目启动分析排查工作，为精准实施源头防控提供支撑。实施9个国家“102项重大工程”项目。推进绿色化改造和提标升级改造，提高企业重点区域防渗水平、减少管网渗漏、降低企业对周边耕地土壤的影响，4个项目启动工程施工。逐步推进受污染耕地安全利用，会同农业农村厅联合印发《关于下达2022—2025年受污染耕地安全利用计划及目标任务分解的函》，将受污染耕地安全利用目标任务分解至各市（州）、县（市、区）政府，督促指导各地落实工作要求，2022年度受污染耕地安全利用率达92.96%，超过国家下达的目标任务。

四川省生态环境厅编写组

水源地保护

【基本情况】 2022年，全省共有集中式饮用水水源地2 697个，其中地级及以上水源地55个、县级水源地242个、农村水源地2 400个（“千吨万人”水源地425个），县级及以上饮用水水源水质达标率为100%。经省政府同意，9月，生态环境厅会同省发展改革委等7部门联合印发《四川省“十四五”饮用水水源环境保护规划》。分两批报请省政府批复划定、调整、撤销共11处县级及以上饮用水水源保护区。持续推进水源地环境问题排查整治，采取月调度、专项督导、纳入纪检监察监督清单等方式突出抓好中央生态环境保护督察反馈问题整改，督促中央生态环境保护督察反馈的眉山市黑龙滩饮用水水源地环境问题加快整改。开展县级及以上城市集中式饮用水水源环境状况评估，全面掌握水源地保护管理基础状况，对水源地环境问题实现清单式管理，逐一整改销号。加强农村集中式饮用水水源保护，通过推动农村供水规模化发展，实施跨村、跨乡（镇）集中联片供水工程建设，农村集中式饮用水水源地数量较2021年减少107个，2 400个农村集中式饮用水水源地全部完成保护区划定，提前完成党中央、国务院要求的“十四五”饮用水水源保护区划定任务。在用的城市集中式饮用水水源地全部完成保护区边界立标和一级保护区隔离防护设施建设，保护区边界标志设置完成率为97.2%，一级保护区隔离防护设施建设完成率为90.4%，排查整治1 077个环境问题，水源地规范化建设水平逐步提升。加强重点区域重要点位饮用水水源保护管理，加强指导“9·5”泸定地震受损饮用水水源地保护设施修缮；指导成都市建成饮用水水源地数字化监管平台，完成《成都市饮用水水源保护条例》修正；会同省人大城环资委组织开展落实《四川省老鹰水库饮用水水源保护条例》执法检查，研究推进设立老鹰水库饮用水水源保护生态补偿机制。

2022年，全省434个农村“千吨万人”饮用水水源地监测断面（点位）中，428个断面（点位）所测项目全部达标，达标率为98.6%，同比上升3.2个百分点。

【地表水型水源地】 2022年，全省地表水型饮用水水源地383个监测断面（点位）中，378个断面（点位）达标，达标率为98.7%，同比上升2.9个百分点。超标指标为总磷、高锰酸盐指数、氨氮，最大超标倍数分别为3.8、0.2、0.4。主要污染指标为总磷、高锰酸盐指数、氨氮，超标率分别为0.5%、0.1%、0.1%。单独评价指标粪大肠菌群超标率为1.3%，最大超标倍数为1.4。湖库总氮超标率为15.9%，最大超标倍数为9.9。

【地下水型水源地】 2022年，全省地下水型饮用水水源地51个监测点位中，50个点位达标，点位达标率为98%，同比上升5.5个百分点。

四川省生态环境厅编写组

外来有害生物防治

【入侵物种普查】 成立由局主要领导任组长的工作领导小组，将相关工作纳入县（市、区）林长制2022年目标考核；组建工作专班，制定工作方案，确定专人负责；成立多学科背景的专家团队，确定外来入侵物种的种类、寄主植物、危害部位以及分布范围，负责技术培训、APP操作演练和数据核验等工作。组织外业普查人员、护林员学习外来入侵物种普查规程和名录；统一编制《工作方案》，拟定重点普查、一般普查单元和普查样线的数量，确保重点突出、全面覆盖。全省全年各级落实普查资金4 231万元，完成踏查面积589万余公顷、样线595条、样地数量2 082个，发现外来入侵昆虫7种、入侵植物162种、入侵脊椎动物3种、入侵无脊椎动物3种，分布于13个市（州）的67个县（市、区）。

【松材线虫病防控】 联合海关、通信、能源等部门加强对进口木材、设备包装、林区电力工程建设管理，实现全域阻击，严防社会面传入新疫情。组织四川辖区秦巴山区相关地市签订联防联控协议，建立联防联控机制，定期召开联席会议，构建起区域内市、县、乡、村四级联防体系，深化开展检疫协作和联防联治工作；联合重庆市开展川渝松材线虫病疫源封锁管控联合行动，推动广元市与陕西省汉中市、万源县与重庆市城口县、陕西省紫阳县等开展联防联控。印发《防火期间严禁在林区焚烧松材线虫病疫木的通知》《关于抓好今冬明春集中疫木集中除治工作的通知》《四川省松材线虫病疫情防控工作制度》等系列文件，从制度层面规范了松材线虫病防控工作各个环节，确保疫情防控成效，落实安全生产责任。配合国家林草局到松材线虫病疫区和重点预防区开展包片蹲点工作，督促各地以林长制为抓手，压实地方政府防控主体责任。联合成都专员办采取发送督办函、约谈等方式，督促存在疫情反弹情况和疫木除治进度严重滞后的疫区政府明确工作责任，提高思想认识，主动疏通防控工作症结。2022年，全省松材线虫病发生面积74.55万亩，同比减少22%；病死松树25.29万株，同比减少23%。有县级疫区43个，其中9个疫区实现无疫情，拔除绵阳市涪城区、平武县，南充市高坪区3个疫区；乡（镇）疫点306个，其中64个乡（镇）实现无疫情，拔除16个疫点，取得松材线虫病“发生面积、病死树、县级疫区、乡镇疫点”四下降成效，全省松材线虫病疫情扩散蔓延势头基本得到遏制，为实现五年攻坚行动目标奠定了基础。

【红火蚁防控】 发布2022年《四川省红火蚁发生县、乡行政区名录》，指导基层林草生产，提醒各地谨慎从红火蚁发生地调运带土苗木、草坪。落实40个国家级、37个省级中心测报点对红火蚁监测任务，安排攀枝花市仁和区、盐边县、西昌市、广元市4个中心测报点将红火蚁作为主要监测对象，全年共发布红火蚁相关信息18条。组织4个工作组，集中对攀枝花市、绵阳市、广元市、巴中市、凉山州等地林区红火蚁发生防控情况进行调研。将查办林业检疫性有害生物案件作为林长制考核内容，全年办理涉及草坪调运行政案件3件。安排攀枝花市、绵阳市、广元市、遂宁市、凉山州等5个市（州）9个县（市、区）红火蚁防控林业补助资金300万元。结合“5·12”防灾减灾日宣传活动，印发红火蚁防控宣传资料1万余份；在人力资源社会保障厅、省总工会、省林草局组织的四川技能大赛暨2022年四川省职工职业技能大赛——林业有害生物防治技能比赛省级决赛中将红火蚁识别及防治纳入决赛内容。全省投入红火蚁资金655万元，在春季、春夏之交、盛夏、夏秋之交、秋季共开展5轮巡回动态防治，总防控面积15.6万亩次，经过大范围的全面防控，取得良好效果。

【加拿大一枝黄花防控】 组织发生地按照“政府主导、部门协调、属地管理”的要求，及时开展除治工作。联合农业农村厅、住房城乡建设厅、成都海关联合下发《关于加强加拿大一枝黄花防控工作的通知》，对加拿大一枝黄花防控工作作出要求。指导成都市加强加拿大一枝黄花监测和除治工作，落实除治资金145万元，组织力量开展全面排查。开展加拿大一枝黄花识别和防治知识宣传，引导群众积极参与防控工作。

四川省林业和草原局编写组

环境保护

综　述

【基本情况】 2022年，四川省农村环境质量总体保持稳定。四川省县域农村环境状况指数以“优”为主，各要素环境质量同比均有不同程度的改善。四川省村庄环境空气质量优良天数率94.7%，同比上升0.2个百分点；县域地表水Ⅰ~Ⅲ类水质断面比例为96.3%，同比上升1.1个百分点；农村千吨万人饮用水水源地达标率为98.6%，同比上升3.2个百分点；日处理能力20吨及以上农村生活污水处理设施出水水质达标率为88%，同比上升14.4个百分点；灌溉规模10万亩及以上的农田灌溉水水质达标率为93.8%，同比上升1.2个百分点；农村黑臭水体水质达标率为100%。

【空气质量持续向好】 2022年，全省PM2.5平均浓度为31微克每立方米，同比下降3.1%，优良天数率为89.3%。共有14个市（州）空气质量达标，分别是攀枝花、绵阳、广元、遂宁、内江、南充、广安、达州、巴中、雅安、资阳、阿坝、甘孜、凉山，空气质量达标城市比例为66.7%。从区域看，成都平原8市空气质量总优良率为85.1%，川南4市空气质量总优良率为81%，川东北5市空气质量总优良率为94.8%。

【水环境质量稳步提升】 全省紧抓流域治理攻坚，开展“清河、护岸、净水、保水、禁渔”五项行动，全省开工建设污水垃圾处理设施1 814个，新（改）建污水管网8 546千米，新增水土流失综合治理面积5 130平方千米。

四川省生态环境厅编写组

污染状况

【基本情况】 2022年，四川省村庄环境空气优良天数率为94.7%，同比上升0.2个百分点，其中“优”占61.9%、“良”占32.8%；污染天数率为5.3%，其中轻度污染占比4.7%、中度污染占比0.5%、重度污染占比0.1%、严重污染占比0.01%。全年空气质量总体优良的村庄84个，村庄达标率为84.8%，其中14.1%的村庄空气质量为“优”，70.7%的村庄空气质量为“良”，超标村庄15个，分别位于成都市双流区、成都市龙泉驿区、崇州市、蒲江县、成都市郫都区、简阳市、自贡市贡井区、广汉市，射洪市、遂宁市船山区、隆昌市、峨眉山市、广安市广安区、宣汉县、平昌市。

【首要大气污染物】 全年首要污染物为臭氧、细颗粒物、可吸入颗粒物、二氧化氮、二氧化硫，所占比例分别为51.7%、26.5%、18.6%、2.9%、0.3%。 污染天气下首要污染物为臭氧、细颗粒物、可吸入颗粒物、二氧化氮，所占比例分别为65.3%、33.1%、1.2%、0.4%。

【农村地表水水质类别】 2022年，四川省农村县域地表水水质总体为优，Ⅰ~Ⅲ类水质断面208个，占96.3%，同比上升1.1个百分点；Ⅳ类水质断面6个，占2.8%，同比下降0.5个百分点；Ⅴ类水质2个，占0.9%，同比下降0.6个百分点；无劣Ⅴ类水质断面。

【农村地表水主要污染指标】 按照超标指标断面超标率从高至低排列，前三位的是总磷、化学需氧量、高锰酸盐指数，超标率均为1.9%，最大超标倍数分别为1、0.8、0.5。

四川省生态环境厅编写组

农村生活污水治理

【基本情况】 截至2022年年底，全省66.05%的行政村（含涉农社区）生活污水得到有效治理，其中通过就近纳管处理和设施集中处理等两种模式进行治理的占比25.7%，通过“改厕+资源化利用”的占比39.91%。累计完成99个纳入国家监管清单的农村黑臭水体整治。

【坚持规划引领】 省政府组织印发《四川省“十四五”农业农村生态环境保护

规划》，配套印发《四川省农村生活污水治理实施方案（2021—2025年）》，将农村生活污水治理作为“十四五”农村环境整治“四大行动”之一，要求到2025年行政村生活污水得到有效治理的比例提升至75%，并差异化设置各地治理目标。同时，按照整县推进的思路，以县为基础，推动183个县（市、区）制定并完善县域农村生活污水治理专项规划，明确治理目标、治理重点和治理模式。

【抓实运维监管】 以省生态环境保护督察领导小组的名义，开展农村生活污水处理设施排查整改及“回头看”专项行动，排查农村生活污水处理设施9 120个，并按照“清单制+责任制+销号制”要求，推动605个问题设施完成整改。建立农村生态环境保护信息管理系统，将农村生活污水处理设施纳入系统进行编码、定位动态管理，有效提高设施监管效率。组织召开全省农业农村生态环境保护工作推进暨农村生活污水治理问题整改视频会和两期乡村环保人才振兴培训暨全省农村生活污水治理现场交流会，推进有关问题整改。

【坚持试点先行】 省级财政安排5亿元，在1 041个行政村实施生活污水治理“千村示范”工程建设，其中优选171个行政村开展试点。经省政府同意，联合财政厅推荐广元市入选2022年农村黑臭水体治理试点城市（全国首批），通过试点示范带动整体提升，有序推进农村生活污水治理。

四川省生态环境厅编写组

生态旅游与森林康养

【巩固提升生态旅游节会品牌】 按照《四川省节庆活动管理实施细则》要求，根据新冠疫情常态化防控具体实际情况，指导和规范全省生态旅游节会活动举办流程。2022年，支持并指导全省举办花卉（果类）、红叶等生态旅游节会80余场，发布花卉、红叶观赏指数共计8期。生态旅游节会活动在加强生态保护、促进地方经济、助推乡村振兴、增进民族团结等方面效果明显，收到了较好的生态效益、经济效益和社会效益，成为现代林草业在生态文明建设中展示的重要窗口和平台。

【举办第四届四川生态旅游博览会】 11月16日，由四川省林业和草原局、遂宁市人民政府主办，遂宁市林业局、射洪市人民政府承办的第四届四川生态旅游博览会在射洪市举办。该届生态旅游博览会以“天赐天府·自然自在”为主题，省政协副主席杜和平、省林草局局长李天满、遂宁市委书记李江等出席开幕式。开幕式现场发布了《四川生态旅游蓝皮书（2022）》，并对2022年四川林草生态旅游品牌和“省级森林康养度假区试点建设单位”等进行颁奖授牌。同时，召开四川生态旅游发展大会以及森林康养峰会、自然教育峰会、林业产业峰会、绿色低碳峰会等4个平行峰会。该届博览会会期7天，线上线下观展人员达30万人次，共计展出生态旅游文创商品20余个品类，吸引了近百家生态产品参展商参加，达成生态旅游合作项目共计6个，协议投资金额约120亿元。

【完善“森林乡镇”等绿化美化示范创建体系】 推进完善“森林乡镇”“森林村庄”“森林人家”等绿化美化示范创建体系，全年评定四川省级（四星级）“森林人家”34个。

【举办全省林草生态旅游助力乡村振兴培训班】 12月12日—14日，省林草局采取专家线上授课的教学方式举办全省林草生态旅游助力乡村振兴培训班，全省21个市（州）林草主管部门，部分国家级、省级乡村振兴重点县以及林草资源大县相关负责人等共计80人参加培训。

【有序推进森林康养产业高质量发展】 重新修订《四川省森林康养基地评定和运行监测办法》，完善省级森林康养基地申报、推荐、评定和运行监测等工作，组织评定省级森林康养基地12个。启动省级森林康养度假区试点建设工作，按照地方政府重视程度、森林康养产业发展基础并统筹不同类型资源载体和兼顾不同区域代表性等条件，选取成都市邛崃市川西竹海等7个单位为四川省森林康养度假区试点建设单位，为森林康养度假区在建设管理、运营模式、技术方法等方面进行探索。

四川省林业和草原局编写组

农村财政、金融与
市场监管
NONGCUN CAIZHENG、JINRONG YU
SHICHANG JIANGUAN
SICHUAN

农村财政与金融

农村金融工作

【持续加大信贷投放力度】 原四川银保监局印发《关于2022年银行业保险业服务全面推进乡村振兴重点工作的通知》，明确工作重点和要求，推动辖内银行业保险业服务全面推进乡村振兴重点工作。加强监管考核引领，按季监测通报涉农贷款投放进度，引导辖内银行业金融机构围绕重要农产品供给、“10+3”产业体系建设、“美丽四川·宜居乡村”建设、成渝现代特色农业带、新型农业经营主体和小农户发展等重点领域加大金融供给力度。截至2022年年底，四川省银行业金融机构涉农贷款余额达2.43万亿元，比年初增加3 542.44亿元，增速为17.04%，实现连续8年持续增长。

【提升县域资金适配性】 原四川银保监局印发《关于做好2022年度县域存贷比提升工作的通知》，将2021年年底存贷比低于50%的18个县（市）作为重点监测对象，低于40%的3个县域作为资金适配性较差县，按照“一县一策”的原则，分析县域有效信贷需求，量身制定存贷比提升计划。通过按月监测、按季通报等监管措施，督促银行业金融机构加大县域信贷投入力度，缓解地区信贷供给不平衡问题，激发县域经济活力，服务全面推进乡村振兴，助推全省城乡融合发展。截至2022年年底，全省128个县（含县级市、自治县）平均存贷比较年初提升3.61个百分点，其中18个重点监测县存贷比较年初提升4.85个百分点，3个资金适配性较差县存贷比全部提升至40%以上。

【创新特色涉农金融产品和服务模式】 鼓励并指导辖内银行保险机构立足四川省实际，围绕乡村振兴重点领域和优势特色产业，主动创新金融产品和服务模式，辖内机构推出“乡村振兴种业品种权质押贷”“柠檬贷”“文旅贷”等信贷产品，开展高标准农田IDI保险先行试点，建立“保险+监理+服务”的新模式，创新“保险+信贷”惠农综合金融服务模式。

【持续提升农村基础金融服务质效】 印发《关于做好2022年度空白乡镇银行网点覆盖工作的通知》，明确覆盖任务，制定覆盖进度规划表。采取“挂图作战、倒排工期、定期监测”的方式，持续督导相关分局和银行业金融机构抓好银行网点建设工作，全年共完成63个空白乡（镇）银行网点设立，推动凉山州实现乡（镇）银行网点全覆盖，截至2022年年底，全省银行网点空白乡（镇）覆盖率98.84%，较年初提升2.03个百分点，保持全省乡（镇）保险服务和行政村银行服务100%覆盖。同时，主动适应四川“两项改革”后农村基础金融服务新变化，建立基础金融服务定期排查工作机制，督导机构提高基础金融服务质效。

国家金融监督管理总局四川监管局编写组

中国农业发展银行四川省分行涉农工作

【基本情况】 2022年，农发行四川省分行围绕服务乡村振兴“六大领域”，聚焦全省700个重点项目和民生工程，全年投放贷款1 310亿元，同比增加247亿元；净增800亿元，增长22.6%。运用政策性开发性金融工具投放农发基础设施基金209亿元，助力245个重点项目开工建设。落实普惠金融政策，让利实体1.32亿元，发挥了政策性金融逆周期、跨周期调节作用。

【服务国家粮食安全，助力打造更高水平“天府粮仓”】 投放贷款176亿元，服务66万吨省级储备增储等各级政策性粮油收储、市场化收购、“种产购运加销”粮油全产业链发展、重要农产品稳产保供和成品油等战略物资储备。全年服务收购粮油308万吨，占市场化收购60%以上，服务夏粮收购工作被中央电视台《朝闻天下》专题报道。

【服务巩固拓展脱贫攻坚成果，助力乡村全面振兴】 投放贷款436亿元，服务以“四大区域”为重点的巩固“三保障”成果、易地扶贫搬迁后续发展、产业和就业帮扶，其中投放产业类帮扶贷款281亿元。推动东西部协作、万企兴万村、定点帮扶、消费帮扶等工作，为定点帮扶县乡村引入各类帮扶资金500余万元。乡村振兴年度考评继续保持全系统组内第一，在全省金融系统乡村振兴季度考评中始终保持“优秀”等级。

【服务农业现代化，助力加快建成农业强省】 投放贷款282亿元，服务高标准农田建设、全域土地综合整治，其中服务新建高标准农田124万亩。投放贷款370亿元，服务"10+3"现代农业产业体系建设，其中服务成都国家现代种业园、绵阳国家杂交水稻制种基地建设等种业发展项目。落实普惠金融政策，实行差异化首年优惠定价，投放贷款19亿元，服务269家小微企业发展生产，破解民营及小微企业融资难融资贵问题。

【服务农村建设，助力加快建设宜居宜业和美乡村】 投放贷款423亿元，服务以县域为重点的新型城乡一体化建设等城乡融合发展基础设施建设，其中服务的江安县老旧小区改造项目成为全省唯一入选住建部金融支持市场力量参与城镇老旧小区改造典型案例。投放贷款104亿元，服务青峪口水库等一批国家重大水利工程、四川水网骨干工程和民生水利工程。投放贷款108亿元，服务国省干道、"四好农村路"等交通基础设施补短板建设。

【服务区域协调发展，助力城乡融合发展】 以项目融资为合作载体，与17个地方党政、5个省级主管部门签订合作协议，服务以成渝地区双城经济圈建设为总牵引，"四化同步、城乡融合、五区共兴"为总抓手的发展规划。审批贷款91亿元，支持大竹川渝合作产业园、双昌成渝现代高效特色农业带合作园区等11个成渝合作共建重大项目。

【服务生态文明建设，助力筑牢长江黄河上游生态屏障】 投放贷款296亿元，服务污染治理、生态环境保护、水土保持综合治理、储备林建设等长江大保护项目。申领碳减排支持工具1.4亿元，服务降污、减碳、固碳等"碳达峰碳中和"项目建设。审批贷款7.9亿元，支持全国首批、成都唯一的EOD试点项目——邛崃市白沫江水美乡村生态综合体项目建设。年末绿色信贷余额规模达888亿元，比年初增加333亿元，支持绿色项目545个。

中国农业发展银行四川省分行编写组

四川省农村信用联社涉农工作

【基本情况】 四川农信成立于1951年，经过70余年的改革与发展，拥有82家市（县）法人机构，资产规模达2.2万亿元，员工数量近4万人。2022年，四川农信深入贯彻落实党中央国务院和省委、省政府关于做好"三农"工作的决策部署，紧扣农业供给侧结构性改革主线，持续加强对"三农"领域的金融支持力度，全面助力乡村振兴。截至2022年年底，四川农信系统各项贷款余额9 892亿元，比年初增加1 117亿元，其中涉农贷款余额5 977亿元，占各项贷款余额的60.42%，比年初增加626亿元，涉农贷款余额持续增长。

【支持新型农业经营主体发展壮大】 四川农信贯彻与农业农村厅联合印发的《关于金融支持农业经营主体发展助力乡村振兴的通知》要求，对新型农业经营主体的有效信贷需求做到"应贷尽贷"。各行社密切与市、县农业农村部门沟通协调，推动构建省、市、县三级政银合作机制，建立完善新型农业经营主体名单库，推进新型农业经营主体评级授信全覆盖。同时，参加农业农村厅和人行成都分行组织的"四川农业信贷直通车""送码入户、一键贷款"活动，通过"线上+线下"双渠道共同发力进行宣传推广，满足新型农业经营主体的有效信贷需求。截至2022年年底，新型农业经营主体贷款共计23万户，余额496亿元。

【加大对现代农业产业体系支持力度】 四川农信推进金融资源向现代农业产业集聚，提高乡村产业发展质效。围绕现代农业产业体系建设，加大对"川字号"特色优势产业和现代农业先导性产业的支持力度，现代农业产业体系建设贷款余额573亿元。其中，川粮油贷款余额91亿元，生猪产业贷款余额55亿元，现代种业、现代冷链物流和现代农业装备贷款余额70亿元。同时，主动对接现代农业园区信贷需求，推动金融产品创新，以"园区+新型经营主体+农户"业务模式，创新推出"柠檬贷""好牛贷""生姜贷""果蔬贷"等专项信贷产品，持续加大信贷投放。共计支持77个国家级和省级现代农业园区，贷款余额24亿元；支持527个市、县级现代农业园区建设，贷款余额63亿元。

【支持乡村基础设施建设】 四川农信以农村基础设施重大项目为抓手，助力补齐农业农村高质量发展短板。围绕农村"五网"、农田水利等基础设施，助力农村道路建设、农田灌溉工程、供水工程升级改造。截至2022年年底，四川农信共支持各类乡村基础设施贷款余额202亿元。围绕县域学校、医院、养老院等场所，助力乡村基本公共服务水平提升。2022年，四川农信依托"校园通""就医通"等行业应用云平台，为3 066所学校、312家医院和342个停车场提供各类支付服务，全年交易8 151万笔、金额44亿元。围绕"美丽四川·宜居乡村"建设五年行动，加大对农村危旧房改造、农村无害化厕所建设、农村生活污水治理、垃圾处理和供水等工程的金融支持力度，助力农村人居环境改善。截至2022年年底，共发放"农民安居乐"购房贷款、"安居乐"农村土坯房改造贷款60亿元。

【夯实农村金融综合服务站建设】 四川农信优化农村金融服务渠道建设，持续提升农村金融综合服务站（以下简称“农综站”）的覆盖广度与使用深度，推广数字普惠金融。省联社与政务服务中心、人力资源社会保障厅、税务局等11个政府部门以及通信、保险、物流等企业合作，累计开通金融、政务、生活等服务25类79项。定制化布放110余台智能便民服务终端，加载金融、政务、生活等17类38项服务，办事效率和体验感得到双重提升。同时，试点深化运营农综站，广汉、射洪、兴文等地的7个农综站开展深化运营试点，在村级客户信息采集、存贷款营销转介和金融产品推广等方面取得积极成效，试点农综站农户建档立卡覆盖面从59%提升至84%，新型农业经营主体建档立卡覆盖面从41%提升至100%，新增存款475万元、贷款3 573万元。截至2022年年底，累计建成农综站10 098个，行政村服务覆盖率从41.34%提升至62.41%，各类金融交易达到3 581万笔、112亿元。

【推进农村信用体系建设】 四川农信推进农村信用体系建设，优化农村金融生态环境。与各级政府合作，批量获取农户基础数据和品行评价，整合行内涉农代发和存贷款等业务数据，通过交叉验证提高信用评级的精确性。省联社开发并持续优化升级CRM智能系统（客户关系管理系统），提高了信用信息采集与评级授信效率，推动了“三农”金融数字化转型。同时，各行社持续开展金融知识、征信知识和反诈知识宣传，提升农户金融知识水平，营造良好信用环境。截至2022年年底，四川农信共建档评级农户571万户，授信204万户，用信153万户。

【持续巩固拓展脱贫攻坚成果与乡村振兴有效衔接】 四川农信严格落实“四个不摘”的总体要求，持续加大对脱贫地区和脱贫人口的信贷支持。对脱贫户和边缘易致贫户的有效信贷需求做到“应贷尽贷”，全年累计发放脱贫人口小额信贷23亿元，余额61亿元，发放额和余额在全省占比分别为92.6%和92%。支持家庭经济困难学子圆梦大学，加大生源地信用助学贷款发放力度，全年共计发放生源地信用助学贷款17万户、15亿元，在全省占比超过40%。同时，完善金融支持重点帮扶县机制，构建“双基共建”惠农模式，加大资源倾斜力度，全省50个乡村振兴重点帮扶县贷款余额规模达776亿元，较年初净增94亿元。

四川省农村信用联社编写组

新型农村金融机构

【基本情况】 截至2022年年底，全省新型农村金融机构共56家，其中村镇银行53家、贷款公司2家、农村资金互助社1家；共设立营业网点306个，2022年新设3个网点。

【经营管理】 截至2022年年底，全省新型农村金融机构资产总额852.47亿元，其中村镇银行资产总额851.91亿元，较年初增加27.37亿元，增长3.32%；各项贷款余额542.39亿元，其中村镇银行各项贷款余额542.09亿元，较年初增加20.64亿元，增长3.96%。负债总额760.01亿元，其中村镇银行负债总额759.68亿元，较年初增加26.32亿元，增长3.59%；各项存款总额662.4亿元，其中村镇银行各项存款662.13亿元，较年初增加29.37亿元，增长4.64%。从结构上看，存款稳定性不断增强，村镇银行储蓄存款483.95亿元，较年初增长11.6%，占负债总额的63.7%，较年初上升4.57个百分点。全省村镇银行持续发挥支农支小金融服务能力，秉承小额、分散、本地的经营理念，新增可贷资金用于当地比例133.02%，各项贷款占比63.63%，户均贷款33.12万元，农户和小微企业贷款占比89.71%。普惠型涉农贷款余额260.28亿元，较年初增加3.45亿元；普惠型小微企业贷款余额359.42亿元，较年初增长1.49%，贷款户数较年初增加3 612户。

【监管工作】 各级监管部门持续保持强监管、严监管态势，指导新型农村金融机构坚守市场定位，加快转型发展，加强风险防控，推动全省新型农村金融机构向高质量发展阶段迈进。

提升公司治理实效。推动完善“双向进入、交叉任职”领导机制，推进党的领导融入公司治理制度化、规范化、程序化。督促落实公司治理三年行动方案，开展公司治理专项排查，从严从实问题整改。开展内部人控制和外部人操纵专项整治，摸清公司治理制衡状况，持续规范股东股权管理。

抓实金融风险防控。加强重点风险防控，多维度开展重点风险业务、异地业务、资产质量、类信贷业务等专项排查。持续实施分类监管，制定重点机构高风险化解方案，加强主发起行履职，巩固风险处置成果。加大不良资产处置力度，持续引导存在隐性不良的机构稳妥有序、全面真实入账反映，2022年不良资产处置率创历史新高。

巩固优化市场定位。指导制定坚守定位年度规划，通过监测通报、现场督导、监管约谈等方式，督促机构坚守本位、回归主业，2022年全省定位指标值整体持续向好。

国家金融监督管理总局四川监管局编写组

涉农保险

【基本情况】 2022年，全省农业保险共实现原保险保费收入56.38亿元，同比增长25.2%；为1 536.52万户次农户提供风险保障2 460.46亿元，向397.64万户次农户支付赔款38.66亿元。全省农险市场稳中向好，风险保障水平不断提升，农业保险高质量发展持续推进。

【推动农业稳产保供】 推动主粮保险提标扩面。与财政厅、农业农村厅等部门联合印发《四川省三大粮食作物完全成本保险工作实施方案》，牵头制定《三大粮食作物完全成本保险承保理赔统一操作要点》，“一县一策”督导各市（州）提升三大粮食作物保险覆盖面，共同推动三大粮食作物完全成本保险在全省76个产粮大县全面落地，承保面积占比达到70%以上。截至2022年年底，全省三大粮食作物保险保费收入12.99亿元，同比增长102.24%；承保面积3 727.97万亩，同比增长18.07%；保险金额307.34亿元，同比增长129.63%。

推进生猪保险优质发展。配合省委农村工作领导小组印发《四川省促进生猪稳产保价七条措施》，解决生猪价格持续低迷、生猪养殖大面积深度亏损等突出困难问题，巩固生猪恢复生产成果。2022年，全省生猪保险保费收入18.14亿元，同比增长6.58%；承保数量3 840.38万头次，同比增长3.89%；提供风险保障373.03亿元，同比增长8.57%；赔款支出12.89亿元，排名全国第五位；受益农户66.54万户次，支持了全省生猪稳产保供。

加强重大旱灾应急响应。2022年，四川省遭遇重大旱灾，原四川银保监局联合财政厅及时下发《关于做好农业保险重大旱灾应急响应和理赔处置工作的通知》，督导保险机构“特事特办、急事急办”，将农险融入全省农业防灾减灾工作体系，建立绿色通道，简化流程手续，及时查勘理赔。截至2022年年底，全省重大旱灾水稻、玉米共赔付支出5.45亿元。

完善地方特色产品体系。引导各地因地制宜，发挥区域和资源优势，推动地方优势特色农产品保险创新发展，推动地方政策补贴产品覆盖全省农业“10+3”产业体系。落实中央奖补政策，会同财政厅将花椒、柑橘、育肥猪价格保险纳入中央补贴地方优特农产品进行奖补申报。2022年，地方特色农业保险保费收入14.36亿元，同比增长3.86%，其中财政补贴占保费收入的69.44%，争取到中央财政特色奖补金额4.93亿元，排名全国第二位。推动民族地区牦牛保险高质量发展，全年为农牧民提供藏系牦牛风险保障44.82亿元，同比增长29.57%。

夯实农险基础。优化农险保费补贴政策，配合财政厅制定《四川省农业保险保费补贴管理办法》，针对不同大类险种、不同区域实行差异化的补贴政策。同时，加大对产粮大县水稻、玉米、小麦三大粮食作物保险的补贴力度，增加对乡村振兴重点帮扶县的补贴比例，提高农业生产风险保障水平，健全多层次的农业保险风险保障体系。扩大农险保障范围，指导四川省保险行业协会根据《四川省三大粮食作物完全成本保险工作实施方案》，组织经营农业保险业务的财产保险公司对原三大主粮种植完全成本保险、种植保险行业示范条款进行讨论修订，在原三大主粮种植完全成本保险、种植保险行业示范条款基础上增加“野生动物损毁”责任，扩大农险保险责任，奠定农业保险高质量发展基础。牵头前往乐山市、内江市开展督导调研，实地探查三大粮食作物保险工作开展情况，梳理三大粮食作物保险政策实施过程中遇到的困难和问题，收集推动三大粮食保险政策的意见建议，加快推进农业保险高质量发展。落实农险赔款“一卡通”精准支付，贯彻落实《关于推进全省社会保障卡支付农业保险赔款试点的通知》，在全国率先实现农业保险赔款直接支付到农户社保“一卡通”，支付的准确性和时效性大幅提高，社保卡支付成功率99.5%以上，有效降低了“冒领”“滴漏”风险，截至2022年年底，累计支付292.68万笔农险赔款，受益农户199.39万户次，累计赔付12.32亿元。全省农险综合信息平台上线运行，指导省保险行业协会建立完善全省农险综合信息平台，与各农险经办公司系统实现承保端、理赔端、财务端数据对接，实现农险经营保单级数据信息实时传输。完成全省农险历史数据采集，实现数据分析、动态监测、真实性校验等功能。推动农险平台信息不断扩容，数据质量持续优化。

国家金融监督管理总局四川监管局编写组

金融体制改革

【推动四川省联社深化改革明显提速】 贯彻落实郭树清来川调研指导精神，发挥桥梁纽带和参谋助手作用，配合省政府制定完善全省深化农村信用社改革方案，明确改革后的省级机构职能定位和业务范围等一系列关键内容，并取得原银保监会原则同意。

【完成地市统一法人改革试点工作】 经过调查研究，在尊重地方党委、政府意愿和考虑辖内各地区实际的基础上，推动在省级层面优先选择乐山市和巴中市进一步深化农合机构改革，组建市级统一法人农商银行，向原银保监会报送审慎评估报告并于6月底获准实施，是继云南省之后全国第二个获得该项政策支持的省份。两家地市农商银行组建工作于12月下旬全面完成。截至2022年年底，全省已有7个市（州）实现统一法人改革，其余14个市实现城区农合机构整合。

【稳步推进农村商业银行组建】 自2022年年初以来，推进完成芦山、汉源、资中3家县域农商行组建以及德阳市2家城区农商行整合，服务县域能力持续提升。截至2022年年底，全省经营性法人农合机构数量整合至83家，其中农商行75家，农商行占比达到90%；已启动改制的机构2家，已有明确改制计划的4家，三类机构合计占比达到98.8%。

国家金融监督管理总局四川监管局编写组

管理与监督

涉农工商管理

【基本情况】 2022年，全省查办涉及农业生产资料的质量类案件149件，移送司法机关2件，罚没金额78.992 5万元。

【严厉打击农村假冒伪劣食品】 2022年，聚焦农村食品安全突出风险隐患和薄弱环节，每年推进一项重点行动、一年一项重点内容，开展农村假冒伪劣食品整治，农村地区食品安全违法违规行为得到有效遏制，生产经营行为得到有效规范，综合治理能力明显提升。截至2022年11月底，共检查农村食品生产主体58 326户次、食品销售主体437 484户次、餐饮服务主体381 019户次；组织开展农村地区食品监督抽检200 180批次，不合格7 861批次；行政处罚案件24 177起，移送公安机关555件，罚没款37 186万元。

【开展打击销售假冒伪劣农资产品行动】 省市场监管局统筹推进“铁拳”行动和“春雷行动”，将化肥等涉及农民生产生活的重要产品质量作为行动的重要工作任务，严厉打击销售假冒伪劣农产品行为。2022年，全省市场监管部门共检查化肥生产企业217家、经销企业5 608家，发现问题企业436家，抽检化肥产品1 390批次，合格1 221批次，合格率87.8%；不合格169批次。全年共查办农资案件210件，罚没款185.26万元。

【开展“川渝广告共助乡村振兴”公益行动】 7月5日—7日，四川省市场监管局、重庆市市场监管局联合两地广告协会，动员川渝20余家行业头部企业携手“走进越西”，开启公益行动第二站。截至2022年年底，为丰都、越西、木里三县近20个农特产品免费发布户外广告2 423块，电梯、社区媒体广告覆盖商圈和住宅小区310个，抖音、快手4条宣传视频推流单条浏览量超过160万人次，公益企业免费投入的广告资源价值达5 340万元。

【地理标志运用促进工程项目】 国家知识产权局于2019年、2020年分两批实施21个地理标志运用促进工程项目（涉及17个省、自治区），全省“红原牦牛奶”“红原牦牛奶粉”“平昌青花椒”和“江口青鳙”4个项目被列为第一批地理标志运用促进工程项目。4个项目深挖亮点、突出重点、找出特点，做好总结评价的准备工作，10月11日，国家知识产权局运用促进司下发《关于通报第一批和第二批地理标志运用促进工程项目总结评价结果的通知》，全省4个项目全部获评“优秀”等级。

【全省地理标志产品2022年品牌价值不断提升】 2022年，全省34件地理标志产品品牌价值累计达2 179.65亿元。2022年年初，组织推荐“郫县豆瓣”“安岳柠檬”“蒲江雀舌”等34件地理标志产品品牌参与中国品牌建设促进会开展的2022年品牌价值评价工作，这已是省市场监管局连续四年组织全省地理标志产品参评。在中国品牌建设促进会联合中国资产评估协会等单位对外发布的“2022中国品牌价值评价信息”中，四川省推荐的地理标志产品品牌价值累计达2 179.65亿元，其中6件地理标志产品上榜品牌价值均超过100亿元，再次证明了全省地理标志相关产业在全国乃至世界范围内的影响力和产品溢价能力，也标志着四川地理标志产品产业发展在品牌建设、产业发展、品质提升等方面迈上新台阶。

【加强涉农消费维权】 2022年，全省12315平台共接收涉及食用农产品投诉举报139件（其中投诉113件、举报26件），办结率100%（2022年年底，市场监管总局调整全国12315平台“客体类别”时，新增“食用农产品”，故该项涉及数据较小，不具有参考性）。全省12315平台共接收涉及农资用品投诉举报2 043件（其中投诉886件、举报1 157件），办结率100%，其中已受理/立案969件，不予受理/立案1 074件。

【构建标准体系】 发布《建设放心舒心消费城市通用要求》省级地方标准，分片区开展标准宣贯，引导采标对标，新创建德阳市孝德镇年画村、宜宾市李庄镇安石村等6个放心舒心消费示范乡村，持续优化放心舒心消费环境。

四川省市场监督管理局编写组

涉农物价管理

【加强价格形势分析研判】 高度关注涉农物价波动形势，密切跟踪CPI、PPI等指数变动情况，针对其中涉农价格运行中的倾向性、苗头性、潜在性问题开展专题研究。深化与行业协会、市场机构等第三方的合作，不断提升价格分析预测水平。坚持价格形势会商制度，定期牵头组织省级相关部门召开价格形势分析会，研究形成月度、季度、半年及年度价格运行情况分析报告，组织开展生猪、稻谷等涉农物价专题调研，形成《关注猪肉价格快速上涨积极引导市场理性交易》等分析报告，适时提出调控政策措施建议，为省委、省政府决策提供参考。

【抓好涉农商品价格调控】 聚焦生猪、粮食等重点品种，不断丰富价格调控的方式方法，密切监测各地涉农商品价格运行情况，加强市场供需形势分析研判，统筹谋划、综合施策。精准应对特殊时段价格波动，及时启动重要涉农商品价格日监测、周调度，压实“菜篮子”市长负责制，对各地保供稳价工作中存在的不足和风险点进行提醒，压实工作责任，督促补短板、强弱项。落实中央关于稻谷、小麦最低收购价格政策，及时公开稻谷、小麦最低收购价格，开展2022年稻谷市场价格调查研究。

【缓解猪肉价格大幅波动】 重点抓好生猪猪肉市场价格调控，及时开展储备调节，保障生猪猪肉市场有效供给，促进生猪价格运行在合理区间。2022年上半年生猪价格低位运行时，及时开展省级猪肉储备收储工作，督促指导各地同步收储，提振市场信心；下半年生猪供应偏紧、价格一度过快上涨时，连续投放省级猪肉储备，并指导各地同步投放地方储备，增加市场供应。在9月、10月调控关键期稳定了社会预期，缓解了生猪价格周期性波动。

【兜住兜牢民生保障底线】 阶段性调整价格补贴联动机制，加大对困难群众物价补贴力度，将启动条件由3.5%降至3%，并在城乡低保对象、特困人员、领取失业保险金人员等7类群体基础上，将领取失业补助金人员和低保边缘人口阶段性纳入价格补贴联动机制保障范围。同时，督导各地根据物价上涨情况，及时足额发放价格临时补贴，减轻物价上涨对困难群众基本生活的影响。全年累计向困难群众发放价格临时补贴5亿余元，惠及困难群众1 800万人次以上。

四川省发展和改革委员会编写组

涉农审计工作

【基本情况】 2022年，审计厅围绕“粮食安全”国之大者、巩固脱贫成果底线任务和“美丽四川”省之要事，揭示政策落实落地和资金安全绩效中存在的突出问题。全年组织实施耕地保护政策落实情况专项审计、农村人居环境整治专项审计、乡村振兴重点帮扶县相关政策落实和资金专项审计3个农业农村审计项目，发挥审计“治已病、防未病”功能，为加快农业农村现代化步伐和推动农业强省建设发挥重要作用。2022年，审计厅被省委、省政府表彰为“全省乡村振兴先进单位”和“2021年度耕地保护党政同责先进单位”；审计厅农业农村审计处被省委、省政府表彰为“四川省‘稻香杯’暨农业丰收奖先进集体”，被四川省直属机关工作委员会表彰为“省直机关青年学习标兵（集体）”；审计厅派出审计六处在审计署组织的培训会议上向全国审计机关作经验交流。

【开展耕地保护专项审计，推动筑牢粮食安全防线】 为贯彻党中央关于粮食安全的重要精神，落实省委、省政府坚决遏制耕地“非农化”、严格管控“非粮化”的决策部署，审计厅于3月至5月组织对成都等10个市本级和75个县2019—2021年耕地保护工作情况进行了专项审计，审计的75个县2019年年底耕地面积为4 118.22万亩，占全省耕地总量的52.52%。揭示了耕地保护和管控“非粮化”政策措施未完全落实、财政资金促进耕地保护和支持种粮作用发挥不充分等2大类6小类问题1 757个，涉及资金46.1亿元，移送违纪违法问题线索41件。向省政府报送《四川省审计厅关于部分市县耕地保护审计情况的报告》，形成《审计建议加强耕地流转管理防控“非粮化”风险》工作简报并获得省领导肯定性批示。推动自然资源厅印发《土地整治项目管理办法》等制度，推动农业农村厅印发《工商资本流转土地分级审查审核和风险防范实施办法制度》。各地对审计反映的1 757个问题已完成整改或基本完成整改1 670个，整改问题资金13.86亿元，新增投入财政资金16.73亿元；各级党委、政府高度重视耕地保护专项审计发现的问题，对审计报告、综合报告、信息专报等成果肯定性批示153篇次，健全完善规章制度449项，完善了耕地保护和管控“非粮化”的制度机制，助力打造新时代更高水平的“天府粮仓”。

【开展农村人居环境整治专项审计，助力“美丽四川·宜居乡村”决策部署落地见效】 为贯彻习近平总书记关于“三农”工作的重要论述和改善农村人居环境的系列重要指示精神，助推省委“美丽四川·宜居乡村”建设行动更好落实，审计厅于8月至10月组织对自贡等7个市38个县的农村人居环境整治政策落实和资金管理使用情况进行了专项审计。审计重点聚焦政策落实、资金安全、项目绩效，对农村人居环境整治资金管理、任务完成和政策落实等情况进行“穿透式”审计，推动解决影响乡村建设成效的体制机制问题，堵塞管理漏洞，揭示了设施设备长期闲置浪费、虚报完成治污改厕目标任务等4大类12小类问题208个，涉及资金1.32亿元，移送违纪违法问题线索26件。形成的《审计反映我省农村治污改厕等整治工作亟需加强》专题信息报送省委审计委员会后获得省领导肯定性批示。农业农村厅、生态环境厅、住房城乡建设厅等单位积极行动，采取将目标任务完成情况纳入乡村振兴实绩考核、健全全省污水处理设施运行维护机制、规范财政资金使用管理等措施推动审计整改；各地加强整改，通过收回盘活、返还或促进资金拨付等方式提高8 110.78万元资金效益，研究制定完善相关制度办法79项，合力推进和美乡村建设。

【开展乡村振兴重点帮扶县专项审计，推动巩固拓展脱贫攻坚成果相关政策落实】 为助力巩固拓展脱贫攻坚成果，守住不发生规模性返贫的底线，审计厅于2022年三季度组织实施22个国家和省乡村振兴重点帮扶县相关政策和资金审计。重点聚焦产业帮扶“带农增收、惠及群众”的政治目标，抽审重点帮扶资金65.92亿元，抽查项目568个，揭示了产业发展持续性不强、联农带农机制落实有差距、产业规划引领作用发挥不足等问题452个，移送违纪违法问题线索27件，形成《关于22个乡村振兴重点帮扶县产业发展审计情况的报告》报送省委审计委员会，得到省委、省政府主要领导肯定性批示。中央审计办充分认可四川审计工作，采纳四川审计发现问题150个、典型案例2个作为全国成果报送中央审计委员会。省乡村振兴局会同农业农村厅、财政厅等部门在全省开展大调研活动，核实重大产业项目作用发挥情况，研究出台规范资金项目管理和加强产业管护运营的指导意见；省纪委监委将审计反馈问题作为开展乡村振兴领域不正之风和腐败问题专项整治的重要内容。通过联合治理，全省共清理产业项目1 198个，盘活闲置低效项目137个，促进兑现群众工资分红等4 017.53万元，收回、归还、拨付财政资金3.48亿元，建立健全制度机制169项。

四川省审计厅编写组

农产品标准化体系建设

【“10+3”产业体系建设】 2022年，省市场监督管理局按照现代农业“10+3”产业体系建设各产业振兴工作推进方案(2020—2022年)目标任务，贯彻落实省委“一号文件”、省委农村工作会议精神及省委、省政府构建现代农业“10+3”产业和农产品精深加工产业体系建设系列决策部署，对照自身职能职责，推动现代农业“10+3”产业体系建设各项工作任务落地落实。

【川粮油产业】 先后出台《关于加强大米质量安全监管工作的通知》《关于进一步加强大米质量安全监管工作的通知》《关于加强粮食加工品质量安全风险防控的通知》等文件，编制粮食加工品《重点产品风险防控工作指南》《重点产品关键环节风险防控清单》等，组织对粮食制品生产企业开展体系检查，指导各地加强问题企业监督检查，对问题线索企业开展省级飞行检查，督促问题整改，抓严主体责任落实，严查违法违规行为。开展《全省粮食制品食品安全相关问题研究》，形成报告呈省委农办，推动粮食安全系统治理。开展“粮食质量安全整治”“让人民群众吃上酿造酱油”“放心芝麻油”专项行动及“食品安全放心工程建设三年攻坚行动”等品质提升工程。结合食品安全“守查保”专项行动，对2021年治理以来的食用植物油问题隐患情况进行再次深入排查梳理，印发《关于开展食用植物油违法添加乙基麦芽酚等问题治理“回头看”的通知》(川市监办函〔2022〕196号)，挂号销账，确保问题整改清零。指导各地严格食用植物油生产企业和小作坊监督检查，特别是加大对问题线索企业的监督检查力度，组织对问题线索企业开展省级飞行检查，对重点食用植物油生产企业开展体系检查，根据抽检监测、监督检查、投诉举报等问题线索，排查辖区内食用植物油违法违规问题。重点围绕粮油等产业开展业务指导，引导和鼓励相关主体开展地理标志商标注册和地理标志产品保护申请，两年来，全省新增地理标志商标116件，累计584件，位居全国第三；地理标志保护产品累计296件，位居全国第一。

【川猪产业】 联合农业农村厅、商务厅联合下发《四川省农产品集中交易市场规范化建设等级评定办法的通知》（川市监发〔2021〕65号）、《关于深入推进农产品集中交易市场规范化建设工作的通知》（川市监发〔2022〕23号），以农产品市场规范化建设等级评定为抓手，全面落实省委、省政府关于加强食品安全工作决策部署，促进农产品市场提档升级，打造放心舒心消费农贸市场。7月，省食安委印发《四川省推进农产品市场规范化建设管理实施方案》（川食安委〔2022〕6号），以市场销售食用农产品质量安全监管为重点内容，持续推进农产品市场规范化建设和等级评定。在规范生猪产品市场准入的过程中，依托“川食安”平台试点建设农产品溯源信息服务平台，对接“四川省农产品质量安全追溯平台”，推动追溯业务协同、数据共享，探索建立重点农产品全程追溯链条，实现生猪来源可追溯、去向可查询、过程可监控、风险可防控、责任可追究、安全有保障。按照市场监管总局《关于启动全国食用农产品批发市场食品安全监管信息系统试运行工作的通知》部署，四川作为全国3个试点省份之一，引导推动农产品批发市场信息化追溯数据接入总局系统。截至2022年年底，全年运营的农产品批发市场共有72家，分布在19个市（州），阿坝州、甘孜州暂无农产品批发市场。已录入72家农产品批发市场开办者基础信息，录入销售者信息7 400余户，其中长期销售者信息6 600余户、季节性入场销售者770户，销售者信息录入处于持续增加和更新状态；录入检查信息58条、月报信息211条。完善生猪产销衔接，提升猪肉销售质量安全，以质量建设推动品牌建设，以品牌建设推动消费市场，促进川猪健康发展。下发《四川省市场监督管理局办公室进一步加强市场销售肉类监管的通知》（川市监办便函〔2022〕106号），全面开展市场销售肉类监管专项行动，防止不合格肉类产品流入市场，筑牢食品安全底线；防止不合格食用农产品流入市场，维护合法经营者的利益，促进生猪等优势产业持续健康发展。

【川茶产业】 加强监管，先后对8家问题产品茶叶企业开展省级飞行检查，对10家茶叶企业开展省级责任约谈，督促企业落实主体责任。截至2022年年底，完成茶叶抽检1 004批次，发现不合格样品35批次，生成不合格茶叶核查处置任务36件次。加强标准制定，先后制（修）订《川红工夫红茶加工技术规程》《四川黑茶加工工艺通用技术要求》等地方标准。围绕川茶产业发展开展农业标准化示范试点工作，截至2022年年底，共创建国家级茶叶标准化示范项目17个、省级茶叶标准化示范项目37个。培育品牌，建成“蒲江雀舌”国家级地理标志产品保护示范区、“峨眉山茶”“邛崃黑茶”省级地理标志产品保护示范区，筹建“蒙顶山茶”省级地理标志产品保护示范区。指导“蒲江雀舌”“峨眉山茶”“纳溪特早茶”“蒙顶山茶”列入“中欧地理标志保护协定100+175”互认产品。持续开展“国胜茶”“邛崃黑茶”“筠连苦丁茶”“筠连红茶”等地理标志产品质量监督专项抽查。组织参加中国品牌建设价值评价，“蒲江雀舌”品牌价值189.78亿元，“米仓山茶”品牌价值46亿元，“邛崃黑茶”品牌价值19.98亿元。

【川菜产业】 根据《四川省粮食安全保障条例》要求，配合相关部门规范机关职工食堂管理，做好制止餐饮浪费行为监督。鼓励发展小份菜、半份菜，方便用餐人员适量选取。建立消费提醒、提示制度，贯彻文明点餐、节约用餐标准，鼓励顾客把没吃完的剩菜打包带走。紧盯农村学校和养老机构食堂、农家乐等重点，推动专项行动开展。截至2022年年底，全省累计检查养老机构食堂53家次，已完成风险隐患整改6个；集中供餐单位43家次，已完成风险隐患整改11个；连锁餐饮企业266家次，已完成风险隐患整改41个；网络食品交易第三方平台提供者36个次，已完成风险隐患整改6个；入网商家及线下门店420家次，已完成风险隐患整改138个；校园食堂和供餐单位3.2万家次，已完成风险隐患整改2 514个。将农村群体性聚餐和重点加强醇基燃料、亚硝酸盐、野生有毒菌类等相关常识的宣讲加入五部门关于推进农村市场食品安全综合治理能力提升行动。制发《关于深入推进农产品集中交易市场规范化建设工作的通知》《食用农产品销售监督检查要点》《食用农产品集中交易市场监督检查要点》等，保障川菜常用特色食材供给，不断提升川菜菜品品质。

【川酒产业】 严格监督检查，先后在全省范围内开展散装白酒、配制酒和白酒塑化剂污染风险等专项治理，截至2022年年底，全省市场监管系统共抽检白酒6 561批次，发现不合格（问题）样品485批次。加强风险防控，开展白酒塑化剂污染风险防控和白酒小作坊风险防控课题研究并形成课题成果。针对新修订的白酒相关国家标准，召开宣贯座谈会，提醒企业做好风险防范。推进信用监管，探索白酒企业信用联合惩戒，将行政处罚、抽查检查等信息通过国家企业信用信息公示系统（四川）向社会公示。截至2022年年底，全省市场监管系统共归集白酒企业行政许可、行政处罚、抽查检查信息共550条，其中行政许可信息484条、行政处罚信息37条、抽查检查信息29条；列入经营异常名录白酒生产销售企业3家，移出经营异常名录白酒生产销售企业31家。聚力落实企业主体责任，指导白酒企业建设食品安全追溯体系，截至2022年年底，全省建立食品安全追溯体系的白酒企业850家，占比约71%；采用信息化食品安全追溯体系的308家，占比约15.4%。引导195家白酒企业认证实施HACCP、ISO9000、ISO22000等食品安全质量管理体系。

【川竹产业】 发挥“四川省民营经济综合服务平台”功能，通过平台向企业推送财政、金融等各类政策措施上千条。截至2022年年底，全省新增竹类企业1 100余家、竹类农业专业合作社50余家、竹类个体工商430余户。截至2022年年底，全省新增注册涉竹类商标22 000余件，其中竹工艺类新增注册商标3 500余件。指导地方政府对竹产品及延伸产品开展地理标志保护，“青神竹编”“道明竹编”获得国家知识产权局地理标志产品保护。协助相关部门认定合江县等4个县（区）为第二批省级竹产业高质量发展县，认定邛崃市竹文化生态产业园区等6个园区为第二批省级现代竹产业园区，认定邛崃平乐镇等7个镇（街道）为第二批省级竹林小镇。

【川果产业】 批准发布(DB51/T2893-2022)《草莓种苗繁育技术规程》(DB51/T2883-2022)、《青稞全程机械化生产技术规程》等40余项地方标准，为全省现代农业提供了标准技术基础。推动相关社会团体在全国团体标准信息平台发布《蒲江猕猴桃病虫害高标准绿色防控技术规程》等特色农产品团体标准136项，以先进标准引领现代农业发展质量提升，推动优势特色产业高质量发展。持续推动成都市温江区政府、成都添益农业科学研究院承担的国家园艺标准化项目等4个国家级农业农村试点示范项目和丹巴县政府承担的羌活等27个省级农业标准化示范项目建设。

【川牛羊产业】 主动对接相关部门，配合开展工作，到企业调研，及时提供政策咨询服务，协调解决企业生产经营过程中遇到的各种困难和问题。先后召开2次婴幼儿配方乳粉风险防控分析研判会，持续关注和跟踪整改存在的风险隐患。从2019年以来，连续对若尔盖高原之宝牦牛乳业有限责任公司开展体系检查。集中开展婴幼儿配方乳粉生产经营单位风险隐患排查专项检查，共出动检查人员2.4万余人次，检查婴幼儿配方乳粉生产经营单位2.6万余家次，发现问题528个，下达责令整改通知书807份，行政约谈189家次，立案查处14件。开展四川省首届食品安全科普作品创作大赛，已征集作品600余件。

【川鱼产业】 截至2022年年底，全省共抽检监测淡水鱼14 850批次，检出不合格（问题）样品931批次，问题发现率6.27%，同时根据抽检数据，把川鱼抽检情况作为重要的内容在每季度召开的食品安全风险研判会上进行研判。截至2022年年底，先后召开食品风险研判会7次并提出相应建议措施。到农业农村厅对接水产品等食用农产品质量安全监管工作，严防形成区域性、系统性食品安全风险。《玄武岩纤维材料适植性研究及其鱼菜共生系统制备》《玄武岩纤维超混杂复合材料养殖种植集装箱研发》等被确立为2023年省局科技计划项目，助力川鱼产业发展。加快农产品类国家级、省级检验检测中心建设，提升农产品检验检测能力和水平。联合七部门拟定《关于开展2022年度四川省检验检测机构“双随机、一公开”监督抽查工作的通知》，部署对30家食品农产品检验检测机构开展“双随机、一公开”监督检查，并重点针对检测报告进行溯源检查。完成《长吻鮠常见疾病诊断与防控技术规程》《稻田草鱼生态养殖技术规范》等川鱼相关地方标准的立项，批准发布(DB51/T2913-2022)《大口黑鲈诺卡氏菌病诊断和防治技术规程》(DB51/T2909-2022)、《泥鳅轮养技术规范》等7项地方标准。做好“竹海渔乡”综合标准化示范项目等2个省级农业标准化试点示范项目考核。围绕“资中鲶鱼”“新津黄辣丁”“雅鱼”等9个相关地理标志保护产品、10个地理标志证明商标，同时紧扣鲟鱼、鳗鱼、鱼子酱等打造高端特色水产品牌，增强品牌区分度，扩大川鱼产品竞争力和影响力。截至2022年年底，全省累计有川鱼类地理标志21件。

【现代农业种业产业】 会同农业农村厅等七个部门制定《关于开展2022年度四川省检验检测机构“双随机、一公开”监督抽查工作的通知》，对30家食品农产品检验检测机构开展“双随机、一公开”监督检查。有针对性地开展省级有机产品认证专项监督抽查，完成400批次的有机产品抽样及检测检验工作。有针对性地开展调研、培育，指导4个有意向开展省级有机产品认证创建示范的县（区）制定本地有机产业发展规划和示范创建工作计划，不断优化示范区创建管理机制，促进有机产业健康发展。借助“世界认可日”，通过新闻媒体，向社会广泛宣传认证知识以及认证在“传递信任、服务发展”方面取得的成效，提高社会对认证工作的认知度。全省食品农产品认证获证组织达3 885家、证书6 466张，其中有机产品认证获证组织1 107家、证书1 537张，危害分析与关键控制点认证（HACCP体系认证）获证组织1 101家、证书1 103张。

【现代农业装备产业】 省质量强省工作领导小组连续两年印发《质量强省暨质量提升行动工作计划》，全面加强现代农业“10+3”品牌建设，打响“川字号”特色农产品品牌。支持优势农业企业争创“中国质量奖”“四川天府质量奖”。支持省内优势农业企业争取“天府名品”质量品牌认证，树立市场公认的农产品质量高端品质。发挥全省质量基础设施“一站式”服务平台优势，加强对农业企业的质量技术支撑。截至2022年年底，已累计为省内农业企业开展检验检测服务630余次、计量测试580余次。

【现代农业烘干冷链物流】 持续加大对农业生产资料的质量监督抽查和风险监测力度，全年抽检化肥、农用薄膜、农业机械等农业生产资料506家企业616批次，风险监测肥料及土壤调理剂100批次，以督促农业生产资料生产经营企业履行产品质量安全主体责任。在全省部署开展化肥产品质量专项整治，规范化肥产品市场秩序，守住化肥产品质量安全底线。以食品接触用塑料包装容器工具，纸包装、容器等食品相关产品为重点，开展监督抽查和风险监测，全年监督抽查和风险监测食品相关产品1 230批次。落实工业产品生产许可日常监督检查、例行检查制度，对食品接触用塑料包装容器工具，纸包装、容器等54家食品相关产品生产许可企业开展监督检查，督促企业持续保持生产许可条件。

【推进农业农村标准化试点示范】 全年考核国家级农业农村标准化示范试点项目4个，经申报并公示6个；在建省级农业示范项目16个。在建国家级服务标准化等试点示范项目29个（含社会管理和公共服务综合标准化试点）、公园城市标准化试点1个；在建省级服务项目17个。在全国率先印发公园城市建设标准化发展纲要。指导眉山市申报“国家高标准农田标准化示范区”，已进行公示。

四川省市场监督管理局编写组

农产品市场安全监管

【加大抽检监测力度】 截至2022年12月22日，全省市场监管系统共抽检完成食用农产品137 417批次，检出不合格（问题）样品4 412批次，问题发现率为3.21%（4 412/137 417），较上年下降0.13个百分点。从抽检的品种来看，抽样以蔬菜、水果类、畜禽肉及副产品三大领域食品居多，抽样量分别为68 746批次、27 691批次、17 020批次，其中不合格以水产品问题最为突出，问题发现率为9.6%（1 142/11 896）；其次是生干坚果与籽类食品、水果类、蔬菜、鲜蛋，问题发现率分别为5.92%（197/3 328）、3.21%（888/27 691）、2.99%（2 053/68 746）、0.59%（45/7 680）。

发现的主要问题集中表现在以下几个方面：香蕉中吡虫啉、噻虫嗪超标，韭菜中腐霉利、镉超标，淡水鱼和蛙类中恩诺沙星超标和检出呋喃唑酮代谢物，姜中重金属铅、镉超标，辣椒中镉、啶虫脒超标，芹菜中毒死蜱超标，豆芽中检出禁用农药4-氯苯氧乙酸钠和6-苄基腺嘌呤等。

【加强食用农产品监管】 全省全年市场监管系统共抽检食用农产品137 583批次，抽样覆盖全省21个市（州）、183个县（市、区），市（州）覆盖率100%，县（市、区）覆盖率100%；覆盖流通、餐饮2个环节的全部重点业态，涉及约3.86万个独立抽样点，平均每个独立抽样点抽取样品约3.56批次，覆盖102个食品细类，发现不合格（问题）样品4 412批次，问题发现率3.21%。

食品类别情况。抽检监测涉及8个食品亚类，除谷物未检出不合格（问题）样品外，其余7个食品亚类均检出不合格（问题）样品（见表1）。水产品、生干坚果与籽类食品等2个食品亚类问题发现率高于平均水平(3.21%)，水果类、蔬菜、鲜蛋、畜禽肉及副产品、豆类等5个食品亚类问题发现率低于平均水平。各大类食品具体抽检监测结果分析如下：

抽检环节。流通环节抽检118 003批次，发现不合格（问题）样品4 061批

表1 抽检监测品种分析

食品大类	抽检批次	不合格（问题）批次	问题发现率(%)
水产品	11 900	1 142	9.60
生干坚果与籽类食品	3 328	197	5.92
水果类	27 732	888	3.20
蔬菜	68 851	2 053	2.98
鲜蛋	7 680	45	0.59
畜禽肉及副产品	17 036	86	0.50
豆类	1 055	1	0.09
谷物	1	0	0
合计	137 583	4 412	3.21

次，问题发现率3.44%（4 061/118 003）；问题高发于批发市场、小食杂店、农贸市场，问题发现率分别为3.88%（100/2 579）、3.79%（311/8 179）、3.73%（1 872/50 244）。餐饮环节抽检19 580批次，发现不合格（问题）样品351批次，问题发现率1.79%（351/19 580）；问题主要在于小型餐馆、中型餐馆，问题发现率分别为5.43%（133/2 264）、3.54%（55/1 554）。

市（州）情况。抽检监测覆盖成都、自贡、攀枝花、泸州等21个市（州）、183个县（区、市）约3.86万个独立采样点，样品市（州）和县（区、市）覆盖率100%。从抽检批次来看，抽样数量最多的市（州）是成都市（52 566批次），其次是南充市（7 569批次）、泸州市（6 092批次），大多数市（州）的抽样数量在2 200～5 900批次之间，抽样数量最少的市（州）是攀枝花市（2 022批次）。从问题发现率来看，遂宁市问题发现率最高，为5.96%（250/4 194），其次为德阳市、自贡市、凉山州、攀枝花市、内江市，问题发现率依次为5.06%（267/5 274）、4.7%（165/3 508）、4.66%（243/5 218）、4.55%（92/2 022）、4.01%（166/4 140），大部分市（州）问题发现率在2.5%～4%之间，达州市问题发现率最低，为1.81%（106/5 855）（见表2）。

表2　市（州）抽检监测情况

抽检市（州）	抽检批次	不合格（问题）批次	问题发现率(%)
遂宁市	4 194	250	5.96
德阳市	5 274	267	5.06
自贡市	3 508	165	4.70
凉山州	5 218	243	4.66
攀枝花市	2 022	92	4.55
内江市	4 140	166	4.01
绵阳市	5 658	213	3.76
广元市	3 498	131	3.74
甘孜州	2 191	81	3.70
泸州市	6 092	223	3.66
广安市	3 934	144	3.66
资阳市	2 883	105	3.64
南充市	7 569	233	3.08
巴中市	3 659	112	3.06
宜宾市	5 653	170	3.01
乐山市	4 071	114	2.80
眉山市	4 132	111	2.69
阿坝州	2 345	61	2.60
成都市	52 566	1 346	2.56
雅安市	3 121	79	2.53
达州市	5 855	106	1.81
合计	137 583	4 412	3.21

抽检区域类型。从区域类别看，城市、乡（镇）问题发现率分别为3.13%、3.68%，乡（镇）总体问题发现率较城市高0.53个百分点，表明全省乡（镇）地区食用农产品安全状况比城市地区略差。具体来看，抽检学校周边（城市+乡/镇）样品14 560批次，检出不合格（问题）样品155批次，问题发现率1.06%，较总体情况低2.15个百分点；抽检景点（城市+乡/镇）138批次，检出不合格（问题）样品2批次，问题发现率1.48%（见表3）。从结果来看，城市和乡（镇）的抽样比例约为2.64：1，表明在今后的抽检中应加大乡（镇）地区的抽样量，尽可能提高乡（镇）地区的抽样覆盖率。

对全省国有粮食企业和基层粮库进行现场摸排，建立了涵盖全省531个国有粮食企业（粮库）、1 067个库点的粮食贸易结算用强检计量器具台账，其中包括强制检定计量器具名称、数量、有效期、是否强检等信息，共涉及非自动衡器、水分测定仪和谷物容重器等主要强检计量器具2 300余台（件）。以省政府名义印发《贯彻落实国务院〈计量发展规划（2021—2035年〉实施意见》，加强粮食领域社会公用计量标准能力建设，督促全省各市（州）法定计量技术机构建立水分测定仪、谷物容重器等计量标准，满足粮食领域计量需求。截至2022年年底，已实现粮食购销领域强检计量器具检定能力全省覆盖。加大米、面粉等粮食商品定量包装监督抽查力度，全年共安排粮食领域定量包装省级专项抽查341个批次，抽查范围覆盖全省，其中抽查大米227个批次（标注合格率99.1%）、面粉24个批次（标注合格率100%）、杂粮35个批次（标注合格率100%）、食用油55个批次（标注合格率100%）。

【开展食品检验检测机构专项整治】 为加强检验检测机构监督管理，规范检验检测市场行为，按照《市场监管总局办公厅关于开展检验检测市场专项整治行动的通知》和全省安全生产大检查要求，印发了《四川省市场监督管理局办公室关于开展检验检测市场专项整治行动的通知》，在全省范围内开展2022年检验检测市场专项整治行动，并将整治情况纳入市（州）政府年度质量目标考核的主要内容之一。全省各级市场监管部门共检查各类检测机构556家，其中食品领域机构93家，发现存在违法违规行为的28家，责令改正、整改28家。

【开展“双随机、一公开”监管】 联合农业农村厅、生态环境厅、自然资源厅等六部门印发《四川省市场监督管理局办公室关于组织开展2022年度四川省检验检测机构“双随机、一公开”监督抽查工作的通知》，在全省组织开展检验检测机构“双随机、一公开”监督抽查，从全省食品、农产品检验检测能力的资质认定获证机构中随机抽取30家被检查机构，采取“四不两直”方式溯源核查检验检测质量，共发现各类问题81个，26家机构存在一般违法行为。

【开展食品农产品检验检测机构能力验证】 为提高全省食品农产品检验检测机构的检测能力，印发《四川省市场监督管理局办公室关于开展2022年检验

表3 不同抽样区域类型情况

区域类别	区域类型	总批次	不合格（问题）批次	问题发现率(%)
城市	城市	90 759	3 044	3.35
	学校周边（城市）	9 031	79	0.87
	景点（城市）	24	0	0
	小计	99 814	3 123	3.13
乡镇	乡（镇）	32 100	1 310	4.08
	景点（乡/镇）	114	2	1.75
	学校周边（乡/镇）	5 529	76	1.37
	小计	37 743	1 388	3.68
其他	—	26	1	3.85
合计	—	137 583	4 412	3.21

检测机构能力验证工作的通知》，委托省食品院、省农科院在食品、农产品等领域开展检验检测机构资质认定能力验证，其中食品领域共有249家次机构参加3个项目、4个参数的能力验证，满意244家，合格率97.99%；农产品领域共有595家次机构参加能力验证，其中取得满意结果的检验检测机构583家次，合格率97.98%。

【加强有机产品认证示范区创建及管理监督】 督促指导泸州市纳溪区、沐川县有机产品认证示范区开展整改提升，指导金堂县、古蔺县、乡城县等6个区（县）推进有机产业发展、创建有机产品认证示范区。对攀枝花市仁和区等4个示范区开展实地监督检查；对都江堰市、汶川县等8个满三年的有机认证示范创建区开展验收评价。截至2022年年底，全省共有59个有机产品认证示范区或创建区，示范区总数居全国第一位（其中国家有机产品认证示范区7个、四川省有机产品认证示范区41个、四川省有机产品认证示范创建区11个）；全省有机产品认证证书1 692张（居全国第五位），获证企业（组织）1 145家（居全国第四位）；认证总面积431.2万公顷，居全国第三位；全省有机种植类农产品有效认证面积达55万公顷，有机产品年产量超过100万吨，产值近300亿元，约占全国有机产品产值的1/4。

【加强有机产品认证监管】 根据《中华人民共和国认证认可条例》《有机产品认证管理办法》等相关规定，为加强对全省有机产品认证活动的监督检查，严厉打击在有机产品生产、加工、销售活动中的违法行为，规范有机产品认证市场秩序，促进有机认证行业的健康发展，切实维护消费者合法权益，印发《2022年度省级有机产品认证有效性专项监督抽查实施方案的通知》，对400批次生产环节和流通环节的有机认证产品开展监督抽查，抽查有机获证企业157家，涉及23家认证机构发放的176张有机产品证书，其中合格391批次，产品抽检合格率为97.75%；生产环节抽检300批次，8个批次不合格，生产环节合格率97.3%；流通环节抽检100批次，1个批次不合格，流通环节合格率99%。

【及时帮助相关餐饮企业维权】 2022年“青花椒”注册商标维权事件引起相关媒体和社会大众的广泛关注，省市场监管局积极应对，立即向全省各市（州）市场监督管理局了解情况，要求各地市场监管局积极稳妥应对，正面引导，同时，主动对接省高级人民法院，全程跟进案件处置，最后在正面宣传引导、强化个案指导、提供维权援助等措施下帮助相关餐饮企业。案件结束后，又通过指导行业协会、召开座谈会、编印维权指引等方式引导行业依法维权的认识更加明晰。“青花椒”侵权诉讼案被写入最高法工作报告，为全国司法和行政部门办理类似案件指明了方向，省市场监管局对该舆情的有效处置也为维护合法商标权益贡献了四川智慧。

【推进农产品市场规范化建设】 4月，省市场监管局、农业农村厅、商务厅联合印发《关于深入推进农产品集中交易市场规范化建设工作的通知》（川市监发〔2022〕23号），以规范化建设等级评定为抓手，加快推进农产品市场规范化建设。7月，四川省食品安全委员会印发《四川省推进农产品市场规范化建设管理实施方案》（川食安委〔2022〕6号），部署健全制度体系等十大重点任务，明确省直有关部门职责分工，协同推进全省农产品集中交易市场规范化建设。9月，召开全省农产品市场规范化建设管理工作推进视频会议，强调和推动农产品市场规范化建设等级评定工作。全年评定等级市场412个，其中A级203个、AA级198个、AAA级11个（AAA级最高）。AA级、AAA级农产品市场均建立了信息化档案，追溯机制更加完善，食品安全保障能力不断提高。

【推进农村假冒伪劣食品专项整治】 贯彻《市场监管总局办公厅农业农村部办公厅 公安部办公厅 商务部办公厅 知识产权局办公室供销合作总社办公厅关于印发〈农村假冒伪劣食品整治行动方案（2020—2022年）〉的通知》部署，3月，省委常委、副省长李云泽主持召开全省推进农村地区食品安全工作视频会议，部署、推动农村市场食品安全综合治理。4月，省市场监管局联合农业农村厅、公安厅、商务厅、省供销社等部门印发实施《关于推进农村市场食品安全综合治理能力提升行动的通知》（川市监发〔2022〕18号），持续加大专项整治力度，推进农村食品食品安全治理，巩固提升整治成效，防止问题反弹，全省农村学校完成食品安全总监或食品安全管理人员配备，72家农产品批发市场、2 381家农贸市场157名食品安全总监、2 454名食品安全员上岗履职。

【探索乡（镇）食品安全穿透式监管】 7月，省市场监管局联合农业农村厅、商务厅、教育厅、省粮食储备局、省供销社等部门印发《2022年乡镇食品安全穿透式监管暨清单制管理实施方案》（川市监函〔2022〕400号），在遂宁市、南充市、巴中市各选择1个乡（镇），由省食品检验研究院组织专家开展2022年乡（镇）食品安全“穿透式”监管暨清单制管理检查。省级层面检查评估了平昌县驷马镇、射洪市沱牌镇、仪陇县新政镇共3个乡（镇），从体制机制、种养殖、食品生产、食品经营、餐饮服务、食品“三小”、食品抽检等维度，结合风险分级、民意调查、实地抽检等方面进行了“穿透式”监管评估，综合量化打分掌握了乡（镇）食品安全现状（驷马镇、沱牌镇：良好；新政镇：优秀），检查发现地方党政食品安全责任还需压严压实、部门协调配合还需加强、种养殖环节存食品安全风险隐患、食品生产环节管理还不到位、食品经营环节未严格落实进货查验制度、餐饮服务环节卫生管理问题较突出等方面的问题。

【创新开展农村消费品质量安全守护提升行动】 省局部署开展农村消费品质量安全守护提升两年行动，并在合江县、江油市、大英县、宜宾市叙州区、青神县等5个县（市、区）局及辖区1个市场监管所开展试点。健全机制，加强工作统筹。多次到市（州）调研，了解掌握现实状况，并组织省纤检局、省质检院、省化检院等直属检验检测机构研究提升农村消费品质量水平的方法和措施，分析重点产品、重点区域、重点人群、重点问题，结合各地差异性和特点，拟制形成了《农村消费品质量安全守护提升两年行动实施方案》。按照"政府主导、部门主抓、群众主体、乡村共治"的工作总思路，形成省局统筹指导、市（州）局调度检查、县（市、区）局组织实施、基层监管所具体落实的工作机制，构建分工明确、责任清晰、简便高效、闭环管理的省、市、县、所四级联动监管体系。结合市场主体特点和产品风险等级，形成"5+2"监管机制，实施清单式指导、手把手帮带、警示性强化、闭环式督导，解决基层监管能力保障不足的问题，将监管责任落实到最小工作单元，打通监管"最后一公里"。省市场监管局层面统筹运用和发挥监督抽查、风险监测"工具箱"效能，监督抽查和风险监测资源向试点单位适当倾斜，开展复混肥料、农膜等8类305批次产品省级质量监督抽查，抽查区域突出农村地区、覆盖试点单位。同时，将5个试点监管所新增为省局风险监测点，加强对产品舆情信息收集的指导，并统筹全省9个风险监测站专业技术力量整合分析产品舆情信息、日常抽查数据，深挖产品质量区域风险，有效发挥风险监测"哨点"作用，为农村消费品质量风险监测提供支撑。扩优补短，强化监管效能，推动试点单位属地党委政府"牵头抓总"，将农村消费品质量安全守护提升行动作为推动本地乡村振兴、乡（镇）治理、村（社区）共治、基层市场监管改革的重要内容，列入乡（镇）重点工作，成立以分管县领导为组长，相关部门和乡（镇）党委、政府负责人为成员的领导小组，以政府发文、推进会、联席会等形式统一思想、明确目标、细化措施、落实责任，构建镇、村（社区）、村民（居民）小组三级联动"网格化"监管体系，镇干部、村（社区）网格员和市场监管人员"入网定格"，开展常态化检查，及时排查消除质量安全隐患，实现属地管理、分级负责、条块结合、全面覆盖、责任到人，有效改变基层监管所"唱独角戏"的局面。建立试点地与溯源地"双治理"联动机制，以批发市场专项整治为抓手，聚焦商铺索证索票行为和标志标识不规范产品，将排查发现的质量问题及时与溯源地市场监管局衔接，同步启动经营地与源头地联动监管执法。结合监督抽查、日常巡查和群众投诉举报中发现的"三无"劣质产品线索，采取横向联动协同合力摸清来源主渠道，集中开展专项整治，以行政约谈、增加检查频次等加强"游商"管理，形成"问题共商、难点共破、结果共通、成果共享"的监管机制。依托产品质量安全监管系统，专设农村消费品信息采集模块，指导基层摸排检查录入数据，掌握辖区农村重点消费品批发市场、产品集散地、电商平台仓储地、大型连锁企业物流配送仓库等来源主渠道底数，录入市场主体上万家。共治共享，强化协同联动，通过集中承诺、门店签订、动态监管等方式形成"一卡两书三员"监管机制，引导经营主体加强主体责任落实，履行进货验收等法律义务。围绕建材、农资、电动自行车等重点行业，着力打造农村消费品质量提升示范街，培育一批照证齐、秩序优、票证全、自查实、渠道明、去向清的"六有"农村消费品经营示范店，引导企业建立行业内部自律机制，制定内部行规公约，并推选示范店负责人担任行业质量监督员，发挥"吹哨"警示作用。结合地方特色编制"土味顺口溜"，将"院坝会""村村响"等群众喜闻乐见的传统宣传形式与抖音、微视频等新媒体有机结合，提升农村消费者特别是"一老一小"等重点人群对产品质量的辨识能力。从基层干部、村民代表中选优培养农村"质量哨兵""质量安全明白人"，引导消费者自觉抵制售卖劣质产品的行为，以消费者倒逼经营者规范经营。统一部署安排相关检验检测机构与试点单位开展"点对点"对口帮扶、重点帮扶，采取实地教学、现场观摩、安全分析、假劣产品辨识等方式，组织对辖区监管执法人员、"质量安全明白人"集中开展法律法规知识、业务技能培训，加强队伍建设，提高属地监管水平，累计帮扶企业268家次，推动企业提升工业产值8 500万元。

【开展化肥产品质量专项治理行动】 聚焦农村地区，开展化肥产品质量专项治理行动，排查质量安全隐患，督促企业落实产品质量安全主体责任，维护农民利益，防止伤农误农。开展专项整治行动，自2月起，部署开展为期四个月的化肥产品质量专项整治，同时借助省市场监管局开展"春雷行动2022"专项执法行动，加强产品质量监督抽查，对获证化肥生产企业全覆盖监督检查，对化肥销售企业全面排查，督促企业落实主体责任，深入排查质量风险隐患，严厉打击制售假冒伪劣化肥违法行为，严守化肥流通供应质量关，维护农民利益，防止伤农误农。截至2022年年底，全省共检查生产企业217家、销售企业5 608家，检查发现问题企业436家并督促整改清零，移交案件线索90件，已查办89件，案值金额61.1万元，罚没金额56.7万元。组织质量监督抽查，坚持问题导向，以复混肥料和磷肥为重点，加大监督抽查频次，跟踪抽查不合格生产(销售)企业。印发《关于对省抽发现质量不合格化肥产品先行控制的通知》,指导各市(州)市场监管局严格依法对不合格产品异议期开展后处理,对辖区内涉嫌不合格化肥产品采取清点数量、登记保存等方式固定证据,待异议结束后依法处理,坚决防止不合格产品流入市场造成次生危害;对连续三年或近三年内两次抽查不合格企业实施分类监管,强化监管成效。截至2022年年底,全省开展化肥产品质量监督抽查1 390批次,不合格169批次,不合格发现率12.2%;对抽查不合格化肥产品开展后处理180件,其中移送省外47件,已完成后处理21件,正在处理中80件,待办结32件。加强部门协作配合,"3·15"前夕,根据农业农村厅转发的《央视记者反映线索》,印发《关于做好化肥等农资监管工作的通知》,指导成都、自贡等9个市市场监管局摸排调查,并将相关线索转发省局投诉举报中心、执法稽查局,共同抓好化肥等农资产品质量监管。加强监督抽查结果运用,及时将2022年化肥产品质量省级监督抽查不合格企业名单、2020—2022年连续两年以上抽查不合格企业名单等线索情况提供给省市场监管局执法稽查局,加大监管震慑力度。会同农业农村厅、经济和信息化厅等6部门联合印发《2022年四川省农资打假和监管工作要点》,加强部门联动,严厉打击假劣农资坑农害农行为,维护农民权益。加强宣传教育帮扶,结合"3·15"活动等宣传载体,开展"放心农资下乡进村"等宣传教育和培训活动,广泛宣传普及选肥用肥知识,提高农民群众识假辨假能力。开展化肥产品质量技术帮扶"提质强企"行动,根据近年省级监督抽查、风险监测结果,聚焦中小微企业及问题较多的企业,确定18家化肥生产企业作为省级"提质强企"技术帮扶对象,并组织技术机构到企业实施定点帮扶,分析问题根源,找准问题症结,实施"一企一策",帮助提高质量管控水平,累计出具质量问题诊断书18份,解决企业质量问题23个。

四川省市场监督管理局编写组

四川省农产品进出口概况及年度特点

四川省农产品进出口贸易概况

【基本情况】 2022年,全省农产品进出口贸易总额192.89亿元(人民币,下同),同比增长44.4%。其中,出口额91.61亿元,同比增长50.2%;进口额101.28亿元,同比增长39.3%。

【进出口主要农产品】 2022年,全省主要进口农产品为粮食、肉类、食用油、水果、乳品等。全省主要出口农产品为动植物油(脂)、蔬菜及食用菌、杂项食品、水果、酒类及饮料等(见表1)。

【进出口主要市场】 进出口农产品贸易总额排名前五的国家或地区依次是西班牙、美国、中国香港、印度尼西亚、巴西,其中进口农产品贸易额排名前五的国家或地区依次是巴西、新西兰、美国、印度尼西亚、澳大利亚,出口农产品贸易额排名前五的国家或地区依次是西班牙、中国香港、美国、菲律宾、印度尼西亚。

【农产品出口企业】 2022年,全省注册登记出口农产品企业400余家,其中出口1 000万元以上的企业100余家,获得国外官方注册出口农产品企业129家。

中华人民共和国成都海关编写组

表1 2022年四川省主要进出口农产品

进口			出口		
类别	货值(亿元)	同比增减(%)	类别	货值(亿元)	同比增减(%)
肉类	19.84	102.00	动植物油脂	29.84	42.90
粮食	19.24	55.10	蔬菜及食用菌	15.65	390.40
食用油	17.91	120.70	杂项食品	9.91	10.30
乳品	9.47	–26.20	水果	5.62	150.20
水果	9.26	108.60	酒类及饮料	5.21	–1.00

农产品进出口年度特点

【四川进口农产品特点】 四川省进口粮食主要为大豆，主要贸易国为巴西、美国、阿根廷等。进口肉类主要为牛、羊、猪肉，主要贸易国为新西兰、巴西、澳大利亚等。进口食用油主要为棕榈油，主要贸易国为印度尼西亚、俄罗斯、乌克兰等。进口水果主要为车厘子、榴莲等，主要贸易国为智利、泰国、南非等。进口乳品主要为奶粉等，主要贸易国为新西兰、荷兰、瑞典等。

【四川出口农产品特点】 四川是粮食、蔬菜、水果主产区，具有火锅底料川味调味料、食用菌、五粮液等特色加工区，川果、川茶、川酒享誉国内外，其出口产品多基于四川产区特色。出口动植物油（脂）主要为初加工鱼油，主要产自德阳市、乐山市的加工企业。出口蔬菜及食用菌主要产自成都市、甘孜州、阿坝州和凉山州。出口杂项食品主要是调味品等，主要产自成都市的加工企业。出口水果主要是葡萄、柠檬等，主要产自成都市、内江市。出口酒类及饮料主要是五粮液等白酒，主要产自宜宾市、泸州市。

【国际贸易市场活跃度增强】 2022年，四川省对“一带一路”共建国家（152个国家）农产品进出口贸易总额87.8亿元，同比增长46.5%。对RCEP国家农产品进出口农产品贸易总额58.7亿元，同比增长31.6%。对欧盟农产品进出口贸易总额37.5亿元，同比增长20.5%。对东盟进出口农产品贸易总额34.4亿元，同比增长39.4%。农产品进出口贸易总额排名前三位的国家或地区依次为西班牙、美国、中国香港，同比分别增长45.2%、20.7%、447.8%。

中华人民共和国成都海关编写组

供销合作商业

【基本情况】 2022年，持续深化综合改革，围绕“两端”“两网”重点任务，加快推进为农服务综合平台建设，统筹改革发展、为农服务、新冠疫情防控和安全生产，各项工作取得新进展新成效。全年实现销售总额1 922亿元，实现利润24亿元。省供销社获得全国总社2022年度综合业绩考核省级优胜单位一等奖。

【争取各方面支持帮助】 争取“四大班子”支持。深入贯彻落实省委、省政府部署要求，向“四大班子”报告工作，得到重视和支持。省委、省人大常委会、省政府、省政协领导亲自到省供销社慰问调研，多次到市、县调研指导供销社工作，推动了供销社在乡村振兴中发挥生力军作用。省委十二届二次全会决定明确要求“推进供销合作社改革和高质量发展”，作为全面推进乡村振兴的重要部署；省人大常委会把《四川省供销合作社条例》（以下简称《条例》）纳入省人大常委会自主立法计划，加紧开展立法调研、征求意见、修改完善工作，《条例》已通过省人大常委会两次审议；推动以省委办公厅、省政府办公厅名义，印发了《关于持续深化供销合作社综合改革加快建设为农服务综合平台的意见》（川委办〔2022〕38号），为加快为农服务综合平台建设指明了方向；省政协多次到供销系统进行专题调研，为供销系统改革提供强大支持，为“二次创业”增添了新动力。加强纵向横向沟通协调，主动向全国总社请示汇报工作，总社书记韩立平专门对省社工作进行了批示，各项工作得到充分肯定。注重与省发展改革委、财政厅、农业农村厅、商务厅、省乡村振兴局等相关部门的沟通协调，争取各部门对供销社工作的理解、支持和帮助，加强省供销社与各部门的联系。加强与市（县）党委、政府的沟通联系，把市（县）供销社建设纳入党委、政府议事日程，争取重视和支持。深化与雅安市战略合作，推进整市综合改革示范试点。分别在资中县、万源市、越西县、丹棱县等地开展“两端”“两网”建设试点，联合当地市、县供销社，共建县域流通服务网络和县域为农服务体系。

【创新推出建设以“两端”“两网”为支撑的为农服务综合平台】 为贯彻落实习近平总书记关于供销合作社要加快成为服务农民生产生活的综合平台的重要指示要求，省供销社开展调查研究，集中供销系统智慧，提出了“打通城乡两端、推动线上线下融合，发挥合作优势，共同构建赋能型为农服务综合平台”的总体思路，得到各级的重视支持。各地供销社坚持末端发力，推动“两端”“两网”建设落地见效。探索以“三社”融合发展推动农村基层社建设，全省系统累计培育基层社示范社1 371个，建成农村经营服务网点22 491个，为夯实农村端奠定了基础。南充市社积极盘活基层社资产，发挥社有企业带动作用，推进开放合作、多元发展，经营服务实力大幅提升。巴中市社“三社”融合经验入选全球减贫典型案例并被《人民日报》宣传报道。探索消费合作建设社区经营网点，各地供销社以日用消费品、农产品销售为重点，加强社区经营网点建设，建成各类网点5 272个。引导省老邻居公司与资阳市、攀枝花市、丹棱县等地供销社开展联合合作，共建社区销售网络。推动线下流通网络建设，组织开展全省公共型农产品冷链物流骨干网重点项目调研摸底、立项论证，将5个涉及国家级和省级乡村振兴重点帮扶县的供销系统农产品冷链物流设施项目纳入全国总社“612”工程规划。加快推进四川供销西南冷链物流达州基地等重点项目建设。实施县域流通网络建设提升行动，将9个县(市、区)(金堂县、泸县、古蔺县、青川县、资中县、嘉陵区、名山区、射洪市、阆中市)纳入全国总社县域流通服务网络强县培育试点。

【推进省社机关机构优化和社企分开等综合性改革取得突破】 优化机构职能。向省领导和省委编办争取支持，按照省委编办部署，推进省社“三定”工作，完成机关机构编制调整，加强流通服务、合作服务、企业发展和金融服务、数字化建设以及宣传教育等职责，为建设指导型、服务型的联合社机关奠定了基础。

推进社企分开。按照省委、省政府和全国总社要求，推进社企分开，调整省供投集团领导班子，推动社有企业市场化经营、专业化发展，努力实现上下贯通、协调配合，省社机关与社有企业双线运行的体制机制不断顺畅。完善行业指导体系，推动各级联合社建立健全“三会”制度，完善组织体系。市、县联合社机构基本健全，20个市级社、146个县级社设立了监事会，18个市级社、136个县级社召开了社员代表大会。

【规范管理，提升为农服务能力】 加强“五统一”管理。推进省属社有企业资产、财务、投资、人事、党建“五统一”管理，提升了省供投集团管控能力，统筹加强了一级企业经营管理。激活企业发展机制，吸收和借鉴浙江省社有企业的经验做法，发挥合作制度优势，推行合伙人创业制度，完善绩效考核激励机制，激发企业发展活力。发挥为农服务支撑作用，各级供销社积极推进社有企业改革发展，聚焦为农服务主业，调整优化经营布局，加强联合合作，延伸产业链条，提升为农服务能力。全省系统社有企业实现营业收入305.15亿元，同比增长2.3%。其中，省级社有企业实现营业收入140.9亿元，同比增长16.6%。省农资集团、省棉麻集团分别列2022年中国农业企业500强第143位、229位。

【围绕“天府粮仓”建设开展农业社会化服务】 贯彻落实习近平总书记关于打造新时代更高水平“天府粮仓”的重要指示要求，发挥省属社有企业龙头带动作用，以农资保供、土地托管、示范种植为重点，开展多种形式的农业社会化服务。发挥农资保供主渠道作用，全省建立农资保供应急调度机制，设立30个监测点加强农资价格监测，配合开展农资打假专项活动，维护农资市场正常秩序。全省系统全年承担化肥储备93万吨，销售化肥442亿元、农药26亿元、农膜6亿元，同比分别增长31.7%、18.7%、2.3%。开展土地托管服务，全省系统土地托管及流转服务面积达1 070万亩，发展带动农民专业合作社10 255个、农民合作社联合社261个，既服务了小农生产，又促进了适度规模经营。参与撂荒地整治和高标准农田建设运营；各地供销社通过政策支持，联合村集体、种粮大户开展撂荒地整治和高标准农田建设运营，7个市(州)社建设高标准农田面积5万亩。2个省社直属企业组建专业化团队，联合当地供销社开展优质粮油示范种植、加工、销售一体化经营，已建成示范基地15万亩。持续巩固拓展脱贫攻坚成果，开设线下线上专柜专区，举办和参加产销对接活动，助销脱贫地区农副产品。开展定点帮扶，帮助发展乡村特色产业。启动“天府乡村”公益品牌运维工作，累计审定企业1 052家、用标产品7 314个。利用“832”平台销售脱贫地区产品，入驻供应商1 951家，上架产品3.4万余个，全年销售7亿元。深化东西部供销协作，推进产业帮扶，带动发展蓝莓种植12万亩。

【落实从严治社，塑造良好政治生态和社会形象】 加强制度建设，省供销社修订完善了《党组工作规则》《党组会议事规则》《理事会主任办公会议事规则》，制定了《理事会工作规则》《常务理事会工作规则》和省供销社涉企事项权责清单。各级供销社加强制度建设，规范权力运行，提升了治理效能。深化“以案促改”，省供销社落实“以案促改”工作任务，对问题突出的个别企业安排班子成员组建专班推进整改落实，严防风险。加强宣传引导，省供销社加强与主流媒体合作，联合四川电视台播出《乡村会客厅》访谈节目2期，由《西南商报》每日推送“供销原点”新闻，在系统内外引起较好反响。全省系统运用微信公众号、门户网站、报刊等宣传阵地宣传改革发展新举措、新成效，增强了供销社影响力。

四川省供销合作社联合社编写组

乡村振兴

XIANGCUN ZHENXING

SICHUAN

巩固拓展脱贫攻坚成果同乡村振兴有效衔接

【基本情况】 2022年，全省聚焦“守底线、抓发展、促振兴”工作主线，克服暴雨山洪、高温干旱、地震灾害、新冠疫情等困难挑战，完成巩固拓展脱贫攻坚成果同乡村振兴有效衔接各项工作任务，守住了不发生规模性返贫的底线，脱贫攻坚成果持续巩固拓展，全面乡村振兴迈出新步伐，在2022年国家巩固脱贫成果考核评估中获得“好”等级，是全国实现“七连好”的3个省份之一。

【推动中省决策部署落实】 坚持把学习贯彻习近平总书记重要讲话、重要指示批示精神作为首要政治任务，对标对表习近平总书记的最新要求最新指示来校正工作定位，制定《贯彻落实习近平总书记对巩固拓展脱贫攻坚成果重要指示的具体措施分工方案》《关于做好2022年巩固拓展脱贫攻坚成果同乡村振兴有效衔接工作的意见》，明确细化46条举措推动相关工作落实；在落实“1+37”衔接政策基础上，推动新出台政策文件22个。在省委农村工作领导小组下增设巩固拓展脱贫攻坚成果专项工作领导小组，开展巩固脱贫成果后评估、东西部协作、定点帮扶、资金绩效考评等各类考核，加强统筹指导、督促落实工作机制，确保多灾之年没有发生规模性返贫现象。

【健全完善工作推进机制】 建立省乡村振兴局领导班子成员联系市（州）工作机制，推行“月调度—季分析—半年督导+常态化监测”制度，组织开展专题调研、专项督导5次，开展衔接资金项目、防止返贫监测帮扶等专项调度28次。一体推进国省督查考评、巡视、审计等反馈问题整改，对巩固脱贫成果任务重、难度大的9个县和3个易地搬迁安置点进行挂牌督办，推动短板弱项问题得到有效解决。组织各地开展巩固拓展脱贫成果“回头看”，完成2022年度国家和省级有效衔接工作考核实地评估。

【防返贫监测帮扶】 健全落实监测帮扶机制，将2022年监测收入标准调整为6 800元，将监测对象识别认定程序优化为6个步骤、时间由1个月缩减至15天。创新用好“盯村抓户”抓手，建立健全村级入户核查员、低收入人口主动发现、动态监测和常态化救助帮扶机制，组织开展两轮防止返贫监测帮扶集中排查，67.1%的监测对象稳定消除风险，其余监测对象全部落实有针对性的帮扶措施。及时成立应对疫情灾情影响工作领导小组，制定应对疫情灾情影响持续巩固拓展脱贫攻坚成果5个方面27条措施，定期调度分析疫情影响共9轮。积极应对“6·1”芦山地震、“6·10”马尔康地震、“9·5”泸定地震以及旱灾、洪涝等严重自然灾害影响，第一时间开通“先救助、后纳入”绿色通道，参与灾后恢复重建规划编制专班工作，全力“战疫”抗灾，未发生因灾因疫规模性返贫致贫现象。全面落实保障政策，145万名脱贫人口纳入低保兜底，“三保障”和饮水安全保障水平持续巩固提升。

【促进脱贫群众持续增收】 持续推动产业帮扶，发挥衔接资金的产业促进作用，健全联农带农机制，带动脱贫群众融入产业链利益链，2022年中央、省级衔接资金用于产业发展的占比分别达56.71%、51.98%以上，衔接资金安排产业发展项目近9 000个，在脱贫地区支持创建国家现代农业产业园2个，支持培育成渝现代高效特色农业带合作园区5个，建设成德眉资都市现代农业园区2个，支持省星级现代农业园区提档升级56个。不断加强金融帮扶，支持农户发展到户产业，加快推动乡村振兴金融创新示范区“1+14”试点示范，全年累计发放脱贫人口小额信贷6.34万户26.39亿元、“富民贷”8.68亿元。突出抓好就业帮扶，深化省外劳务协作、强化省内岗位对接、抓实就地就近就业，广泛推行以工代赈方式、“帮扶车间”模式，做好因疫回流人员就业帮扶，2022年全省脱贫人口（监测对象）务工232.22万人，完成年度目标任务的105.3%。实施消费帮扶，推广用好“天府乡村”公益品牌，组织开展农产品展销活动，带动全省脱贫地区农产品销售202.95亿元，较上年增加3.55亿元；组织开展促进脱贫群众增收行动，2022年脱贫户家庭年人均纯收入12 631元，比上年增加1 569元，增速为14.2%，高于全省农村居民人均可支配收入增速。

【推动脱贫地区加快发展】 加强重点帮扶县集中支持，编制出台国家和省重点帮扶县省级《实施方案》、50个分县《实施方案》，计划总投资2 011亿元、实施项目3.64万个，2022年支持50个重点帮扶县中央和省级衔接资金达112.41亿元，占全省中央和省级衔接资金总规模的51.93%；向50个国家、省重点帮扶县分别选派科技特派团和产业顾问组，全覆盖开展教育医疗科技“组团式”帮扶；组织第三方专业机构对50个国、省重点帮扶县支持政策和凉山州25条特殊支持措施的执行落实情况开展专项评估。加强易地搬迁后续扶持，提前两个月完成3 101户“掉边掉角农户”搬迁入住工作；实施易地搬迁安置区乡村治理专项行动，开展安置区规范化建设78个，200人以上的集中安置区全面建立市、县领导定点联系机制，全部选派帮扶工作队；3 000人以上大型安置区累计配套建设产业园或“帮扶车间”22个，全年投入资金11.9亿元，实施后续扶持产业项目280个。加强衔接资金项目管理，制定出台加强中央和省级衔接资金使用管理《实施意见》，组织开展扶贫项目资产后续管理“回头看”，确保持续发挥效益，全省投入各级衔接资金303.8亿元，实施项目2.2万个。

【开展乡村建设行动】 出台《四川省乡村建设行动实施方案》，明确18项重点任务，推动省直有关部门制定专项推进方案。组织开展全省乡村建设信息采集工作；6个县（市、区）入选2022年国家乡村振兴示范县创建名单。开展“百校联百县兴千村”行动，推动4对县校结对签约。支持12个农村人居环境整治重点县建设。开展农村户厕问题摸排整改“回头看”，发现问题户厕3.11万户，立行立改2.56万户，完成2 329个村、64.5万户农村“厕所革命”整村推进示范村建设。

【加强乡村治理】 健全党组织领导下的自治、法治、德治相结合的乡村治理体系，推广积分制、清单制、数字化等治理方式，在293个村开展试点工作。开展高价彩礼、大操大办等农村移风易俗重点领域突出问题专项治理，在涉藏地区彝区持续推进移风易俗主题教育实践活动，指导凉山州在全国率先出台移风易俗条例，推进移风易俗工作法治化、常态化、规范化。开展感恩奋进教育，教育引导群众听党话、感党恩、跟党走。

【深化拓展协作帮扶】 深化浙川东西部协作，共同打造产业协作、数字化转型、消费帮扶、文化交流、援派铁军5张“金名片”，争取到位浙江省财政帮扶资金33.99亿元，实施帮扶项目867个；新增浙江来川投资企业590家，实际投资489.7亿元；浙川共同打造特色产业园区、“飞地”园区93个，新增入驻企业165家，实际到位投资70亿元，浙川共建产业园区模式、“蓝鹰工程”作为典型案例在全国推广。深化拓展省内对口帮扶，形成省内较发达的12个市35个县全覆盖对口帮扶50个国家、省重点帮扶县格局，全年到位帮扶资金12.6亿元，实施项目929个。深化定点帮扶和驻村帮扶，24个中央单位定点帮扶全省36个脱贫县，339个省直部门（单位）定点帮扶68个脱贫县，实施帮扶项目3 376个，投（引）入资金31.8亿元，3.4万名驻村干部驻守一线、真情帮扶。开展“万企兴万村”行动，9 259家企业（行业协会商会）与7 433个村结对共建；70家社会组织与50个国家、省重点帮扶县结成对子，开展“国企入凉”、乡村振兴“青春建功行动”“巾帼行动”“助残共富行动”等品牌活动开展。

四川省乡村振兴局编写组

生态振兴

【乡村绿化美化】 省政府办公厅印发《关于科学绿化的指导意见》，省绿化委员会印发《2021年四川省国土绿化公报》。推进雅砻江、大渡河、赤水河等重点流域生态保护修复、森林质量提升工程，全年完成营造林511万亩，其中人工造林29.9万亩、封山育林71.2万亩、退化林修复87.2万亩；义务植树1.02亿株。加强脆弱地区生态修复治理，完成人工种草70.1万亩、天然草原改良175.4万亩、封育围栏55.1万亩，草原综合植被覆盖度提高0.27个百分点。启动编制四川省防沙治沙规划，治理沙化土地面积50.7万亩、干旱河谷面积1.9万亩、岩溶地区面积67.3万亩。

【国家储备林建设】 召开全省储备林建设现场会议，印发《大力推进国家储备林建设和管理的通知》，指导各地规范抓好储备林项目包装和建设管理工作。遴选北川县、洪雅县等6个县为省林草局直接联系的示范县，确定专人“一对一”提供技术指导、政策咨询等服务，打造储备林建设示范样板。全年新授信项目28个，新授信231.9亿元；新放款72.8亿元，是上年的7.6倍。完成国家储备林建设59万亩。

【科技助农】 组建林草创新科研团队6个、省级林业草原重点实验室2个、工程技术研究中心1个；建立第三批省级长期科研基地7个；获得省科技进步二等奖3项、三等奖5项。搭建数字化四川林草智慧平台，发布地方标准12项，构建由13个领域、146个类别组成的林草地方标准体系。组建21个“科技下乡万里行”林草类专家服务团，现场技术指导450余次，培养技术骨干人才600余名，推广应用新技术、新品种、新模式100余项。开展食用林产品及产地土壤质量安全监测7 940批次。

【完善支持乡村生态就业政策】 继续落实好生态护林员政策，印发《四川省生态护林员管理实施细则》，加强护林员选聘与管理，提高其业务水平和履职能力，全省选聘生态护林员75 495人。同时，指导基层林业单位使用国有林管护资金从脱贫户中选聘巡山护林人员7 811人。完善造林专合社机制，造林专业合作社全年承接造林项目26个，带动贫困人口增收520万元。推广以工代赈方式，动员和吸纳群众参与生态建设，落实林草以工代赈项目10个，参与项目脱贫人口1 749人，共获得劳务收入705万元。落实乡村振兴重点帮扶县、县域片区发展和两项改革“后半篇”文章有关要求，制定完善支持政策清单。落实定点帮扶有关工作要求，制定帮扶年度工作计划，完成汶川县定点帮扶和凉山州巡回帮扶工作。

【巩固拓展生态脱贫成果】 2022年申报并下达衔接推进乡村振兴补助资金（欠发达林场巩固提升任务）4 001万元，其中88个贫困县2 518万元，占比达62.9%。落实中央和省级财政资金约50 075万元，指导全省各市（州）共选聘生态护林员75 495人，同时，指导基层林业单位使用国有林管护资金6 115万元，从脱贫户中选聘巡山护林人员7 811人。落实林草以工代赈项目10个，参与项目脱贫人口1 749人，共获得劳务收入705万元。为脱贫地区提高公共服务水平和重大基础设施建设提供支持，确保林地征占等要素保障，2022支持乡村振兴重点项目312个，使用林地315.2公顷。以国家“双重”规划为依据，鼓励并指导脱贫地区申报重大生态工程项目，实施雅砻江、赤水河、大渡河流域等项目，累计下达投资13.26亿元。通过省级稽查和市级稽查相结合的方式，调研督导森林（草原）生态效益补偿、集体和个人所有天然商品林停伐管护补助、退耕还林（草）补助以及生态护林员补助等惠农惠民资金的管理和兑现情况。

【国土空间规划体系】 完成“三区三线”划定工作，全省划定生态保护红线面积22 302.23万亩。编制《四川省国土空间规划（2021—2035年）》，安排“筑牢长江黄河上游生态屏障”专章，提出构建以青藏高原生态屏障、秦巴山区生态屏障、云贵高原生态屏障“三屏”以基础的生态安全格局，着力完善自然保护地与生物多样性保护体系，加强对森林、草原和河湖湿地等重点生态区域的系统保护，全面筑牢长江黄河上游生态屏障，推进美丽四川建设，促进人与自然和谐共生。

【国土空间生态修复统筹协调机制】 发挥省生态保护与修复工作委员会统筹协调作用，印发《四川省生态保护与修复工作委员会2022年工作要点》，明确重点任务，定期召开工作会议，加强部门协同联动，探索建立生态保护修复综合性重大工程管理机制，推动形成各部门协调配合、齐抓共管的工作格局。

【国土空间生态修复规划体系】 印发实施《四川省国土空间生态修复规划（2021—2035年）》。印发《关于开展市县级国土空间生态修复规划审查备案的通知》《关于进一步加快市县级国土空间生态修复规划编报的通知》。全省21个市（州）均完成生态修复规划编制，88个重点生态县形成生态修复规划初步成果，规划任务全部落实到图斑、传导至市（县），绘制横向协同、纵向传导的全省生态修复“一张蓝图”。落实成渝地区双城经济圈战略，联合重庆市在全国率先开展跨省（市）生态系统整体保护、系统修复、综合治理，编制完成长江、嘉陵江、乌江、岷江、涪江、沱江等“六江”生态廊道建设专项规划，推动成渝两地“生态共保、生态共建、生态共享”。

【国土空间生态修复重大工程】 四川黄河上游若尔盖草原湿地山水林田湖草沙一体化保护和修复工程入围国家“十四五”重大工程，总投资52.55亿元，获得中央财政奖补资金20亿元，截至2023年第三季度，累计完成投资28.19亿元，生态保护修复面积19.11万公顷。大熊猫国家公园（四川雅安片区）历史遗留废弃矿山生态修复项目入选国家示范工程，总投资5.36亿元，获得中央财政奖补资金3亿元，截至2023年第三季度，累计完成投资1.24亿元，生态保护修复面积416.25公顷。“9·5”泸定地震灾后恢复重建生态修复加快推进。

【国土空间生态修复路径模式】 印发《四川省自然资源厅办公室关于明确全域土地综合整治试点工作相关事项的通知》《四川省自然资源厅关于转发〈自然资源部办公厅关于严守底线规范开展全域土地综合整治试点工作有关要求的通知〉的通知》《四川省全域土地综合整治试点实施方案编制指南（试行）》，指导各地准确把握有关政策要求，加快推进试点工作，截至2023年第三季度，全省全域土地综合整治试点子项目建设个数204个，整治面积7 950.41公顷，共投入资金172 671.65万元。同时，在成渝地区双城经济圈毗邻地区、安宁河流域、地震灾区等区域探索开展不同尺度不同类型的土地综合整治探索实践。印发《鼓励和支持社会资本参与生态保护修复的实施意见》，将全域土地综合整治作为社会资本参与的重点领域，明确参与机制和支持政策，拓宽资金来源渠道。

【自然资源领域生态环境保护】 印发实施《贯彻落实第二轮中央生态环境保护督察报告整改实施方案》等政策文件，以“清单制+责任制+销号制”督促市（州）做好整改工作，推动问题整改落实。第一轮中央环保督察及“回头看”、沱江流域水污染防治专项督察涉及自然资源厅整改任务和督导任务均已全面完成验收销号工作。第二轮中央环保督察自然资源厅涉及3项整改任务和5项督导任务，其中1项整改任务和3项督导任务已完成整改，其他生态问题按时序推进。国家移交长江经济带、黄河流域生态环境问题有序推进。省级移交生态环境问题督导任务89项均达到时序进度要求。

四川省自然资源厅编写组

四川省林业和草原局编写组

乡 村 治 理

基层政权建设与社区治理

【加强基层政权建设】 在制度建设方面，联合省级有关部门分别印发有关村党组织书记、村干部特别是“一肩挑”人员、村（社区）集体“三资”监管和村（居）委设立公卫委等文件。联合省纪委监委机关、省委组织部等6部门起草《〈关于规范村级组织工作事务、机制牌子和证明事项的意见〉分工方案》。在队伍建设方面，联合省委组织部开展全省街道党工委书记和村（社区）书记（主任）培训、起草《四川省社区工作者管理办法》。实施“城乡社区专项计划”，吸纳高校毕业生到城乡社区就业，发布招聘岗位4 780个，录用3 351人。在阵地建设方面，联合省级7个部门出台《四川省村级综合服务设施提升工程实施方案》，实施社区综合服务设施“补短板”达标工程项目两批188个7 513万元。在扫黑除恶方面，开展基层政权领域扫黑除恶和“四议两公开”暗访督导，被中宣部、司法部、全国普法办评为“全国依法治理创建活动先进单位”。在评估问效方面，指导市（州）更新填报全国基层政权建设和社区治理信息系统，对标民政部7项评估指标，撰写上报《2022年度基层政权建设和社区治理工作自评报告》，自评结果全部达到“优”等级。

【巩固建制调整成果】 会同省委组织部、农业农村厅开展“村改居”专题调研，在借鉴吸纳村级建制调整改革和村（居）民委员会换届选举经验做法基础上，印发《关于进一步规范撤销村民委员会改设社区居民委员会的指导意见》，明确了撤村设居的基本原则，着重标定了拟转改村的转改区域、转改条件、转改红线，特别是对转改方案拟制、民主程序履行、转改事项报审、工作机构组建、社区“两委”选举、组织体系健全6部分工作进行全流程指导，为全省新型城镇化建设和城乡融合发展提供了建制支撑。

【创新推进社区治理】 以“城乡社区建设示范工程”为重点，持续实施“城乡社区治理试点示范三年行动计划”，突出“四新”（即新理念、新机制、新模式、新场景）、“四有”（即硬件上有改观、软件上有提升、服务上有亮点、场景上有呈现），打造一批便民服务型、社会组织参与型等“六型社区”，前两批城乡社区治理试点项目已完成，第一批试点优秀案例汇编在国家一级刊物上出版，发布第二批30个省级城乡社区治理试点县绩效评价结果，确定第二批40个示范镇（街道）、100个示范社区；安排第三批城乡社区治理试点资金12 420万元，补助县（市、区）41个、乡（镇、街道）38个、社区150个。筹备专家评审会，确认第一批省级社区治理服务创新实验区及街道管理服务创新实验区，遴选并推进实施第二批“创新实验区”。推动成立第一届川渝基层政权建设和社区治理专家委员会，截至2022年年底，收到申报材料22份，拟确定14名专家成员。

【营造智慧治理场景】 持续实施“互联网+社区”行动计划，按照统筹规划、设施建设、技术运用、平台搭建、数据共享等五大任务和构建智慧党建、政务、自治、教育、健康、养老、商业、低碳、创业、平安十大场景要求，加快建设智慧社区。结合实施“城乡社区治理试点示范三年行动计划”，先后遴选46个省级试点社区，投入资金2 300万元，探索智慧社区建设新路子。截至2022年年底，全省已建成智慧社区110个，2022年有序建设77个。智慧社区在疫情防控中体现了治理优势，通过推广运用智慧门禁，将天府健康通与人脸、车牌号识别相关联，对红黄码人员自动识别报警，实现智能在小区治理场景的呈现；运用门磁系统，依托智能传感器等辅助设备追踪居家隔离人员的开门行为，构筑24小时“防疫墙”，提高了管控效率和精准度。

【深化基层群众自治】 印发《关于开展创新基层群众自治试点工作的通知》，计划从2022年至2024年，采取省、市、县三级联动方式，由市、县结合当地实际，选择一批产业发展重点村、村级片区中心村、城镇开发周边村、两项改革涉改村、易地扶贫搬迁新村等，围绕“民主协商”“民主监督”“三治融合”“场景营造”“乡风文明”五个主题开展试点创新，通过“县申报—市审核—省确认”方式择优选拔100个村先试先行，形成一批可推广、可借鉴、可复制的创新经验。会同司法厅命名第一批省级民主法治示范村（社区）200个，向民政部推荐全国先进基层群众性自治组织9个、全国优秀城乡社区工作者23名。

四川省民政厅编写组

农村民主法制建设

农村法律保障和服务工作

【基本情况】 2022年，全省法院按照"六个实质化"工作思路，沿着"新、实、深、固、常"工作脉络，守正创新、接续奋斗、跨越发展。全省法院共受理案件166.73万件，审执结158.79万件，同比分别上升3.15%、2.81%。

【服务保障经济社会高质量发展】 坚决维护国家安全和社会安定。全面贯彻总体国家安全观，重拳打击煽动分裂国家、间谍等犯罪，坚决维护国家政治安全。严惩故意杀人、抢劫等犯罪，提升群众安全感。常态化开展扫黑除恶斗争，审理涉黑涉恶案件72件951人，全国扫黑办挂牌督办的"袁茂森案"、省扫黑办督办的"彭必宏案"均按期审结。坚持除骗务尽，全链条打击电信网络诈骗及上下游犯罪，审理案件3 631件8 486人，有效遏制电信网络诈骗犯罪高发态势，"10·18"特大跨境电信网络诈骗案入选"新时代推动法治进程十大案件"。厉行铁腕禁毒，审理涉毒品犯罪案件3 061件4 426人，凉山禁毒工作获得最高人民法院院长周强肯定。依法审理贪污贿赂、渎职等犯罪案件902件1 077人，宋亮等一批腐败分子被绳之以法。"9·5"泸定地震后第一时间下发恢复重建审判执行工作指导意见，维护涉灾地区生活稳定。

【服务成渝地区双城经济圈建设】 推进天府中央法务区建设，最高人民法院第五巡回法庭成都审判点、成渝金融法院、成都国际商事法庭揭牌入驻，高能级司法资源聚优成势，引力场作用充分显现，"四川用改革思维和创新办法建设天府中央法务区"获评"中国改革2021年度案例"，也是全国唯一一个省级特别案例。深化川渝司法协作，同城化办理跨域立案、委托执行、代为送达等，与重庆法院联合发布知识产权、环境资源、建设工程等领域典型案例，共同制定审理建设工程施工合同纠纷案件若干问题解答，联合开展专题研讨、业务培训，两地自贸区法院联合发布著作权、商标侵权纠纷诉讼指引，司法"同城"效应不断彰显。

【营造法治化营商环境】 严厉打击商业贿赂、非法经营、内幕交易等犯罪，发布反不正当竞争审判工作情况白皮书及典型案例，引导形成公平竞争的市场环境。持续做好涉四川信托、恒大集团等重大敏感案件审判指导和风险处置，促进各方利益平衡，防范化解重大风险。完善市场主体救治和退出机制，推进破产案件简化审理，与省市场监管局会签文件便利破产与强制清算企业办理注销登记，稳慎审理破产案件499件，帮助丰谷酒业等陷入困境的企业重获新生。持续推进知识产权审判"三合一"改革，审理涉"谭鸭血"等知识产权案件2.15万件，服务创新驱动发展战略。推动行政争议实质化解，妥善审理各类行政案件，全面监督依法行政，加强府院联动，推动行政争议实质化解，稳妥化解涉白鹤滩等重点工程行政争议2 839件，保障国家能源安全战略实施。

【用心守护美丽四川】 践行"两山"理念，召开全省第一次环资审判工作会，建设覆盖沱江全流域的"纽扣法庭"，出台为大熊猫国家公园建设提供高质量司法保障的意见，推进全省各流域各区域生态环境一体化保护与协同治理。开展涉耕地保护案件专项审判活动，严守耕地红线。开展污染环境案件专项审判，持续加强生态环境修复，新建生态环境司法修复实践基地41个，发出环境禁止令4份，彰显保护绿水青山的司法担当。四川环境司法经验亮相2022年气候变化司法应对国际研讨会。

【回应群众多元司法需求】 纵深推进诉源治理。开展"为群众办实事示范法院"创建活动，全省法院形成了一批具有地域特色、群众满意、效果突出的为群众办实事精品项目，5家法院获得最高人民法院首次命名。部署开展诉讼服务提质增效专项行动，推出涉老诉讼服务、规范生效证明出具、加快移卷效率等举措。推广"非接触式"诉讼服务，改造升级"天府智诉"平台，在线立案54.59万件，改善群众司法感受。坚持把非诉讼纠纷解决机制挺在前面，联动推进综治矛调中心与诉讼服务中心一体化运行，协同开展调解、分流、立案等工作。推广使用人民法院在线调解平台，网上调解案件48万件，实现一站式多元解纷。持续推广"石榴籽"调解室等具有四川特色的诉源治理品牌，建成"石榴籽"调解室204个。建立人民法庭单独考核机制，打造"白酒产业园区法庭""花椒法庭"等特色化、专业化人民法庭，更好发挥服务乡村振兴、服务基层社会治理、服务群众高品质生活需要的前沿阵地作用。

加强民生司法保障。贯彻实施《中华人民共和国民法典》，依法审结涉教育、就业、医疗、住房等案件6.57万件，维护群众切身利益。强制扫码点餐构成隐私侵权案被《人民日报》报道。严惩强奸、拐卖、虐待等侵害未成年人违法犯罪，建立信息库，排查教职工等涉未成年人行业人员，形成四川省性侵未成年人犯罪情况调研报告，助力省委决策，呵护儿童健康成长。开展打击整治养老诈骗专项行动，审理案件109件405人，守好老年人"钱袋子"。妥善审理劳动争议案件2.81万件，判处拒不支付劳动报酬犯罪288件330人，保护劳动者合法权益。对困难群众、弱势群体实施司法救助3 924人5 375.95万元，给困境者以生活希望。

保障胜诉权益。深化网络查控和联合惩戒体系建设，网格员协助执行发起量居全国第一位。加大拒执打击力度，判处拒执罪人数同比增长48.55%。扩大"一季度一行动"声势，优化案款甄别和发放流程，让群众更快拿到"真金白银"，全省法院执结案件68.76万件，执行质效稳居全国法院第一方阵。

【推进审判体系和审判能力现代化】 有效提升办案质量。深化量刑规范化改革，出台意见对危险驾驶、职务侵占等23种常见犯罪的量刑规范进行指导，规范自由裁量权。强化审判权力监督制约，加强院庭长实质化监管，全省法院纳入"四类案件"监管案件7.16万件。规范化、常态化开展裁判文书、庭审、案件三评查工作，推进类案和关联案件检索，进一步统一裁判尺度。不断规范减刑、假释案件办理，严防"纸面"服刑、提"钱"出狱、带"病"假释。

提高办案效率。在全国首创"案件审理期间——纠纷在院时间"双向考评机制，从群众视角出发实质性缩短纠纷解决时间，试点法院纠纷在院时间较改革前缩短118天。落实审限管理审批流程"关口前移"制度，加强审限变更和延长审限的精细化管理，将长期未结案件全部纳入"四类案件"监督管理，逐案研判化解，全省法院一年以上未结案件化解率同比提升3.51个百分点。

稳步推进改革试点。深化四级法院审级职能定位改革试点，创新"5+N"改革举措，提级管辖改革经验被《人民法院报》推广。组织开展首届"四川法院改革创新奖"评选活动，评选出10个创新性标杆性改革举措和12个改革优秀案例。成都法院审判权力运行机制改革案例获得全国法院首届"改革创新奖"。

【法院队伍建设】 坚持党对法院工作的绝对领导。组织全省法院开展"两个确立"主题教育和"忠诚铸魂、铁纪担当"专项活动，研究制定关于加强和改进新时代全省法院思想政治工作、推进机关党建与业务工作深度融合等工作意见，全省法院分层次全覆盖开展政治轮训，引领全体干警思想教育持续深化，理想信念更加坚定，以实际行动不断践行"两个维护"。严格执行《中国共产党政法工作条例》及四川省实施细则，主动向省委请示报告金融法院筹建、川酒司法保护建议等重大事项25次。连续五年组织开展下级法院党组书记向上级法院党组述党建述意识形态工作，对6地中院及部分基层法院开展意识形态专项巡查工作，持续肃清流毒影响，牢牢掌握意识形态工作领导权。

加强纪律作风建设。严格执行民主集中制，集体研究"三重一大"事项57次。接受国家审计署经济责任审计，召开13次党组会研究推进省委巡视整改工作，确保全面改进落实。加强对下级法院监督，派出两批次78名干警参与地方党委联动巡察39家基层法院，司法巡查6家中院、延伸巡察11家基层法院。严格落实防止干预司法"三个规定"和"三非"工作机制，与省检察院、司法厅联合印发规范离任人员从事律师职业、禁止与律师不正当接触交往实施办法。组织开展司法作风突出问题集中整治和借培训名义搞公款旅游问题排查整治工作，守好廉洁司法底线。

持续提升队伍素能。完善人才培养机制，与高等院校、科研院所深化合作、交流人才，举办线上线下各类培训，开展"十佳庭审""十佳裁判文书"等活动，不断提升司法能力和水平。开展"青蓝工程"，181个法院成立青年工作委员会；实施第三批"百人培养计划"，培养藏汉、彝汉等双语法官，队伍专业能力、学历层次不断提升；健全"选优配强、能上能下、优胜劣汰"干部任用机制，为司法事业长远发展储备人才。

四川省高级人民法院编写组

农村司法工作

【完善促进农村发展制度保障】 深入贯彻习近平总书记"要保护好这片产粮宝地""在新时代打造更高水平'天府粮仓'"重要指示精神，践行"绿水青山就是金山银山"理念，保障群众"吃得放心"和"住得安心"，完善土壤污染防治体系及实施机制，确保国家土壤污染防治法在四川落地落实，根据省政府2022年立法计划，完成《四川省土壤污染防治条例》（以下简称《条例》）立法审查。《条例》加强农业投入品使用管控，推广绿色农业技术措施，建立废弃包装物回收和综合利用网络，严格农业用水水质管理，明确养殖污染防治要求，构建起完善的农用地污染预防体系。对《中共四川省委 四川省人民政府关于做好2022年"三农"重点工作全面推进乡村振兴的意见（送审稿）》《关于印发〈中共四川省委 四川省人民政府关于全面推行田长制的实施意见〉的请示》《关于印发〈四川省乡村建设行动实施方案〉的请示》等14件涉"三农"工作文件进行合法性审查，共提出10条审查意见。

【推进村（社区）"法律明白人"培育】 印发《四川省"法律明白人"培养工作实施办法（试行）》。召开四川省"法律明白人"培养工作推进会，确保全省"法律明白人"培养工作同向发力、同步推进。举办全省"法律明白人"提能培训班，来自全省21个市（州）的180名优秀"法律明白人"代表和1.5万余名乡村（社区）"法律明白人"分别通过现场和线上视频的形式同步参加培训。全年组织开展集中培训1 388场次，其中省级1场次、市级19场次、县级1 368场次；组建"法律明白人"师资库省级1个、市级20个、县级163个；建成"法律明白人"实训基地省级6个、市级39个、县级126个，实践工作站省级32个、市级33个、县级757个。截至2022年12月，全省共认定符合统一标准的"法律明白人"137 211名，以全省约34 300个村（社区）计算，平均每个村（社区）拥有"法律明白人"约4名；雅安、内江、达州、成都、宜宾、攀枝花、泸州7个市已实现每个村（社区）拥有4名以上“法律明白人”，其中雅安、内江、达州3个市每个村（社区）“法律明白人”已超过5名。

【推进“一村（社区）一法律顾问”工作】 推进“一村（社区）一法律顾问”工作，制定《关于进一步做好全省村（社区）法律顾问工作的意见》《四川省村（社区）法律顾问服务标准（试行）》《四川省村（社区）法律顾问协议（范例）》，明确服务职责、服务范围、服务方式、工作标准和工作规范。将村（社区）法律服务全面纳入政府购买服务指导性目录，在5个试点地区将其纳入同级财政保障。全省3.4万个村（社区）共配备法律顾问7 178名，参与促进村（居）委会民主决策、依法办事、化解风险矛盾、保障群众合法权益等案（事）件20余万件。

【健全乡村公共法律服务体系】 巩固提升216个市、县公共法律服务中心，3 116个乡（镇、街道）公共法律服务站，27 710个村（社区）公共法律服务室功能，全年接受咨询27.19万人次。深化“乡村振兴法治同行”活动，制发《市（州）党政领导班子领导干部推进乡村战略实绩考核标准（司法行政）》，印发《关于进一步完善村（社区）“两委”班子成员集中学法制度的指导意见》，推进“法律进乡村六个一工程”，推广“年画释法”“法治小院”“乡贤理事会”“村民说事室”等创新做法，司法厅在全国司法行政系统“乡村振兴　法治同行”活动暨公共法律服务体系建设推进会作交流发言。制发《四川律师八大公益法律服务专项行动总体方案》，开展农民工综合法律服务志愿活动1 097场次，发放宣传资料66万余份，覆盖214万余人。

【推动农村普法和依法治理】 按照“法治四川行”一月一主题活动整体部署，利用“12·4”国家宪法日和宪法宣传周、民法典宣传月、中国农民丰收节等重要时间节点，组织开展森林草原防灭火、环境保护、反电信网络诈骗、乡村振兴等群众性法治文化宣传活动，传播法治知识，讲述身边法治故事。举办第二届四川省民法典走进乡村（社区）“三个一百”主题宣讲活动，实现21个市（州）105个重点村（社区）全覆盖。推出“农民工帮帮团”以案释法主题节目6期，累计覆盖超3 300余万人次。鼓励推动“法律明白人”主动参与基层工作，收集掌握基层群众法治需求，为基层群众提供法律服务引导；参与制定自治章程和村规民约（居民公约），创建“民主法治示范村（社区）”“农村学法用法示范户”，推动基层德治与法治深度融合，参与率分别达100%、72.6%和61.7%。

【推进民主法治示范村（社区）创建】 将创建工作作为推进法治乡村建设的重要抓手，注重调动村（社区）积极性，发挥创建的主动性和创造性，既带动了公民法治素养、道德水平等各方面综合发展，更带动和辐射了创建周边地区民主法治建设的进程，以点带面、点面结合，推动全省各村（社区）普遍制定村规民约、居民自治章程，落实村民对村务的参与权、决策权、知情权、监督权，基层各项工作逐步走上法治化、制度化、规范化轨道，选举规范、决策科学、管理依法，干部、群众的法治意识和法治观念明显增强，办事依法、遇事找法、解决问题用法、化解矛盾靠法的法治良序基本形成，为全面实施乡村振兴战略、开启全面建设社会主义现代化四川新征程、推动治蜀兴川再上新台阶提供了法治保障。2004—2021年，四川省共创建全国民主法治示范村（社区）八批次230个，2022年申报推荐第九批70个，数量位居全国第二。全年通过细化明确创建指导标准、基层推荐申报、省级审核验收，命名首批省级民主法治示范村（社区）200个。

【推进社区（村）“法律之家”建设】 社区（村）“法律之家”搭建了政府部门与社区、社会多方共治的新平台，推动普法宣传与法律服务、基层自治的深度融合，不仅打通了服务群众的“最后一公里”，而且实现了一站式、全方位、零距离服务，注重线上服务与线下服务结合，注重专业力量和社会力量互补，使法律服务在村居院落有阵地、有人员、有服务、有影响，变“多头灌输式”法律服务为“集中点单式”法律服务，取得了法律服务“1+1 ＞ 2”的社会效果。自2015年起，全省在工作基础好、条件成熟的成都市共创新建设社区（村）“法律之家”2 950个，地区覆盖率达96.91%；2022年，指导条件成熟地区先行先试，梓潼县、盐源县等试点建设社区（村）“法律之家”10个。

【开展“枫桥式”司法所创建】 加强司法所建设示范引领，制定《关于开展第三批“枫桥式”司法所建设申报工作的通知》，部署开展第三批“枫桥式”司法所建设工作，推动省、市、县三级“枫桥式”司法所建设同步规划、同步部署，全省共有217个司法所申报，采取市（州）分片交叉检查方式，组成10个工作组开展验收工作，共建成第三批省级“枫桥式”司法所80个。组织召开全省司法所工作会议，举办全省司法所长示范培训班，提升司法所队伍素质能力，夯实乡村依法治理基础。

【开展乡村矛盾纠纷排查化解】 部署开展“调解促稳定喜迎二十大‘三查三化三优’”专项行动，紧盯国庆、党的二十大召开期间等重点敏感时段，做好日常排查、专项排查、重点排查，坚持提前介入化解、联合攻坚化解、依理合法化解，优化调解组织、调解队伍、制度机制。截至2022年年底，各地建有农村人民调解组织2.87万个，有乡村人民调解员14.95万人。全年调处邻里、山林土地、房屋宅基地等涉农矛盾纠纷逾18万件。综合运用“访调对接”“援调对接”“仲调对接”等方法，对集聚讨薪、集体上访的农民工维权行为实行“零门槛、零等待、零遗漏”。与省法院、人力资源社会保障厅联合推进劳动争议化解多元化试点工作。

【加大“三农”法律援助工作力度】 加

强法律援助站点设置，依托村（居）委会设立法律援助联络点7 481个，实现乡村法律援助站点全覆盖。在全省推进12348法律服务热线与12345政务热线并轨运行，提供7×24小时法律咨询服务，全年累计提供法律咨询等服务94.12万人次。将劳动争议、土地纠纷、环境污染等涉及农民工和农业生产经营人员切身利益的事项纳入法律援助事项范围，对农村高龄、失能、失独、空巢老人和留守儿童、妇女等免予经济困难状况审查。组建农民工法律服务律师团队189个，构建农民工法律服务“绿色通道”，对“三农”案件实行优先受理、优先审查、优先指派、优先办理，案件指派时限缩短90%。2022年累计办理农民工法律援助案件24 478件，为2 681名行动不便的农村受援人提供预约、上门服务。开展第二届农民工维权优秀案例评选和案件发布会，评选优秀案例100件，营造全社会关心爱护农民工的良好氛围。加强省外川籍农民工权益保障，在省外川籍农民工集中的城市建立25个法律援助工作站，为川籍农民工提供法律帮助。开展北方区域川籍农民工知识培训，覆盖农民工2万余人次。2022年共解答法律咨询7 054人次，办理法律援助案件147件；举办宣传活动160场次，发放宣传资料2.39万份。

四川省司法厅编写组

农村社会治安综合治理

【以乡（镇）行政区划调整改革为契机，优化农村派出所力量布局】 针对“一乡（镇）一所”建设带来的全省派出所“多、小、密、弱”、警力资源严重分散、警务运行效能不高等问题，公安厅抓住全省乡（镇）行政区划调整改革机遇，着眼社会治安实际需要，打破行政区划界限，在城市按照人口、警情需要设置派出所，在农村推行“中心派出所+警务室”模式，推动派出所力量布局更优化、警力使用更高效。截至2022年年底，全省派出所数量从改革前的4 461个减少至2 956个，实际运转数量压缩至2 020个，警力由平均每所5人上升为12人。

【以村级建制调整改革为引领，改革重塑乡村警务体系】 公安厅连续三年召开派出所会议或创枫工作会议，连续三年下发加强派出所工作“一号文件”，将加强派出所工作作为各级公安机关“一号工程”组织实施，并明确将“推进社区治理”作为新时代派出所的职责任务。全面推行派出所“一室两队”（勤务指挥室、社区警务队、办案队）改革，推动公安机关重心向派出所下移、派出所重心向社区下移、社区（农村）警务室与居委会（村）同址办公、社区民警由“下社区”向“在社区”转变，全省社区（农村）专职民警由改革前的4 200人增加至10 067人，其中7 259名社区民警兼任社区（村）副书记或副主任，实现社区警务与社区治理的深度融合。组织整合社会力量资源，成立各类“义警组织”“平安联盟”，实现警民联动、平安共创，促进了基层治理工作共建共治共享。

【以“枫桥式公安派出所”创建为载体，提升平安建设成效】 贯彻落实习近平总书记关于把新时代“枫桥经验”坚持好发展好，把党的群众路线坚持好贯彻好的重要指示，部署全省公安派出所围绕“基础牢、出事少、治安好、党和人民满意”的目标全面开展“枫桥式公安派出所”创建活动，激励全省公安派出所和广大民（辅）警勇于探索创新、积极担当作为，不断坚持和发展新时代“枫桥经验”，努力做到矛盾不上交、平安不出事、服务不缺位，推动平安四川建设迈上新台阶。2019—2022年，全省10个派出所被公安部命名为“枫桥式公安派出所”，数量均为全国最多；2020—2022年，全省每两年命名100个，共计有200个派出所被命名为省级“枫桥式公安派出所”。

【以城乡治理融合发展为目标，夯实农村基层治理根基】 开展“六进六边”工作。指导全省公安派出所进农村、进社区、进家庭、进企业、进学校、进寺庙，将“六进六边”工作与“一标三实”信息采集紧密结合，推动人、地、事、物、组织等基础要素的全面采集、动态维护。全年共到农村容易藏污纳垢“小场所”新增采集从业人员8.4万人，走访农村空巢老人、留守儿童40.41万人，在采集信息的同时，会同有关部门和基层力量加强情报信息收集，坚持“一事一策”，共排查重大涉稳涉访、治安消防风险隐患175 545起，并开展调处化解工作。截至2022年年底，全省共采集标准地址5 456.7万个、实有房屋4 823.4万套、实有人口信息8 201.8万条、实有单位250.8万家、从业人员信息1 566.4万条。

【以专项行动为契机，严厉打击农村突出违法犯罪问题】 贯彻落实省委、省政府《加强农民工服务保障十六条措施》精神，加强农民工群体安全稳定服务工作，在妥善处置因欠薪引发的涉稳事件的同时，履行职责，开展打击恶意拖欠农民工工资违法犯罪专项行动，维护农民工合法权益。协助组织部门对全省4 000余个软弱涣散村（社区）党组织开展整顿转化，依法对受过刑事处罚和党纪处分人员进行调整清理，巩固了党的执政根基。深化扫黑除恶专项斗争，全省刑事案件、八类严重暴力犯罪案件在2022年明显下降，社会大局稳定的良好局面不断巩固，人民群众的安全感、满意度不断提升。

四川省公安厅编写组

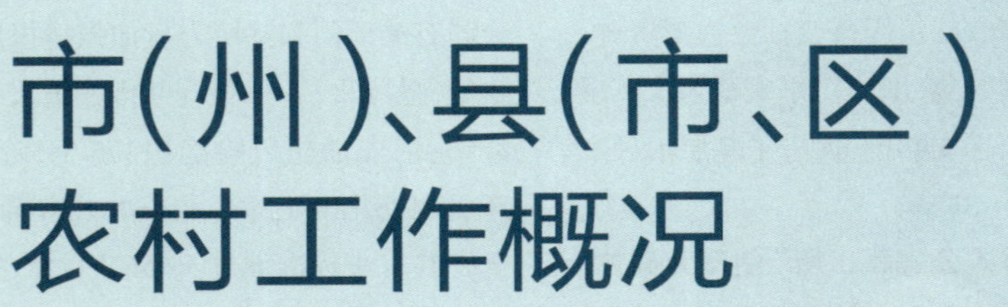

市(州)、县(市、区) 农村工作概况

SHI (ZHOU)、XIAN (SHI、QU)
NONGCUN GONGZUO GAIKUANG

成 都 市

【基本情况】 2022年，全市辖12区5市3县，辖区面积14 335平方千米。全市实现第一产业增加值588.4亿元，同比增长3.8%。农村居民年人均可支配收入达30 931元，同比增长6.2%；城乡居民收入比缩小至1.78∶1。

【新型农业经营主体培育】 龙头企业。加强农业产业化龙头企业成长培育，开展惠企纾困服务。截至2022年年底，全市有市级以上农业产业化重点龙头企业445家、国家级农业产业化重点龙头企业30家(居副省级城市第一位)、省级农业产业化重点龙头企业136家(居全省第一位)、市级农业产业化重点龙头企业279家，其中加工型企业246家、生产型企业146家、服务型企业34家、其他类型19家。龙头企业中，年营业收入千亿元企业1家、百亿元企业5家、50亿～100亿元企业2家、10亿～50亿元企业25家、1亿～10亿元企业118家。2022年，市级以上重点龙头企业年营业收入4 665.06亿元，同比增长25.5%；税后利润388.8亿元，上缴税金85.87亿元；带动农户数约259.8万户。农民日报社发起中国农业企业500强评选活动，成都市有17家龙头企业进入榜单，比上年增加5家。

农民专业合作社和家庭农场。推进新型农业经营主体培育提升行动，全年新培育农民合作社405家，累计达11 020家；新培育家庭农场1 870家，累计达13 692家；累计建成2万余人的农业职业经理人队伍。新评定市级示范社48家，市级以上示范社达600家；新评定省级示范场16家、市级示范场267家，市级以上示范场达891家。简阳市获评农民合作社高质量发展重点县，全市农民合作社质量提升整县推进省级试点县实现全覆盖。

【农村集体经济发展】 农村集体经济组织建设。制定出台《成都市贯彻实施〈四川省农村集体经济组织条例〉工作方案》《成都市2022年发展壮大新型农村集体经济工作要点》等多个政策文件，规范集体经济组织设立和运行，建立健全集体经济组织“三会”制度，完善集体经济组织章程，促进集体经济发展壮大。全面完成年度清产核资，清理核实农村集体资产342.79亿元、集体土地1 376.16万亩。全面开展并完成2 289个村级集体经济组织的登记赋码工作；推动全市农村产权流转交易规范化建设，完善市、县、镇、村四级农村产权市场交易平台，农村产权交易体系覆盖率达100%。推进全市农村集体经济发展，完成国家级探索农村集体经济新的实现形式和运行机制试验，探索集体经济发展多种路径，形成农业共营型、抱团发展型、村企合作型等多种集体经济发展模式。以做好两项改革“后半篇”文章为契机，推动合并村集体经济组织融合发展，全市村级集体经济组织由3 541个调减为2 289个，调减比例35.35%；合并新成立村集体经济组织1 051个，其中按照“一本帐”量化管理841个，占比80%；盘活集体闲置资产2 949宗，盘活率达100%；村集体经济平均收入增加至244.4万元。

农村集体“三资”监管。持续加强农村集体“三资”监管，组织集体经济组织全面对农村集体未确权到户的土地资源、固定资产、有价证券、无形资产、集体股权收益、集体债权债务、集体企业资产和其他资产进行清查核实；完善县(市、区)农村财务收支、财务审批、财务公开、票据管理，加强农村村级党务、村务、财务公开；指导农村集体经济组织建立健全集体资产登记、使用、保管、处置等制度，实现集体资金、资产、资源有效管理，2 289个村集体经济组织“三资”数据全部录入全国农村集体资产监督管理平台和成都市农村集体“三资”监管系统，基本实现信息化管理。

【农产品品牌培育】 按照“立足成都、服务全川”的思路，打造农产品品牌孵化服务平台，开发“天府拾味”四川特色农产礼包。加强公用品牌示范带动，“天府源”市级农产品区域公用品牌准入基地120个、准入产品品类225个；举办“四市三州”农产品品牌营销及产销对接活动，成都、德阳、眉山、资阳及甘孜州、阿坝州、凉山州四市三州的特色农产品组团亮相第八届四川·成都农博会。全市新培育农产品品牌15个，有“三品”农产品984个、农产品地理标志核心保护区10个。

【农业适度规模经营】 持续规范土地经营权流转，引导土地经营权向规模经营主体集中，发展多种形式的农业适度规模经营。修订起草《成都市农村土地经营权流转管理实施办法》，规范土地经营权流转程序；推广农业农村部土地流转合同示范文本，落实推动工商企业等社会资本通过流转取得土地经营权审批纳入行政许可事项。印发《进一步加强土地经营权流转管理的通知》，加强土地流转台账管理，建立土地流转长效管理机制，防范土地流转“非农化”“非粮化”等风险。

【现代农业产业园区建设】 全年晋升省五星级现代农业园区2个、省四星级现代农业园区2个、省三星级现代农业园区4个，晋升市五星级现代农业园区10个、市四星级现代农业园区17个、市三星级现代农业园区30个。7月13日，西南地区首个“乡村振兴观察点”落地简阳市禾丰镇连山村。8月，郫都区被纳入农业农村部、财政部、国家发展改革委国家农业现代化示范区创建名单；邛崃市被农业农村部、国家发展改革委等国家8部委联合纳入第三批国家农业绿色发展先行区创建名单。9月16日，第二届天府国际种业博览会"天府地展"田间评选活动举行，总计近900个水稻和玉米品种接受评审团评选，评审团从参展的477个水稻和216个玉米品种中选出50个水稻和9个鲜食玉米以及12个大田玉米品种作为推介品种。10月28日，成都（温江）农高区代表成都市获得全省国家农业高新技术产业示范区培育园区遴选答辩第一名，将作为唯一代表四川省参与国家农高区创建。

【种植业】 全市水稻播种面积222.1万亩，产量118万吨，单产531.2千克/亩。玉米以鲜食玉米为主，播种面积148.8万亩，增加3.9万亩，增长2.69%；产量55.8万吨，单产374.8千克/亩。小麦播种面积55.1万亩，增加3.2万亩，增长6.17%；产量17.2万吨，增加0.8万吨，增长4.88%；单产312.9千克/亩，减少2.2千克/亩，减产0.7%。油菜种植面积176.5万亩，产量29.9万吨，单产169.6千克/亩。马铃薯种植面积35.2万亩，产量10.2万吨，单产290千克/亩。甘薯种植面积53.5万亩，增加1.22万亩，增长2.3%；产量15.5万吨，单产289.8千克/亩。豆类播种面积67.7万亩，增长3.9万亩，增长6.1%；产量10.2万吨，增加0.2万吨，增长2.1%；单产151.3千克/亩。蔬菜种植面积261万亩，与上年基本持平；总产量621.9吨，增长1.7%。水果种植面积156.6万亩，产量174.28万吨，增长1.2%。食用菌总产量42.7万吨，与上年持平。全市共打造川芎绿色高效优质栽培核心示范区600亩，辐射带动周边6 000亩。组织周边农户学习川芎优质绿色高效种植新技术200余人次（全市主要农作物播种面积和产量见表1）。

为加快现代种业产业发展，实施种

表1　2022年成都市主要农作物播种面积和产量

单位：万亩、万吨

县（市、区）	粮食合计			水稻			玉米			小麦			大豆			薯类		
	面积	单产	产量	面积	单产	产量	面积	单产	产量	面积	单产	产量	面积	单产	产量	面积	单产	产量
成都市	582.6	389.6	227.0	222.1	531.2	118.0	148.8	374.8	55.8	55.1	312.9	17.2	39.2	152.7	6.0	88.7	289.9	25.7
龙泉驿区	4.6	324.2	1.5	0.8	506.0	0.4	1.7	329.0	0.5	0.5	297.0	0.1	0.3	185.0	0	0.8	291.2	0.2
青白江区	17.0	378.0	6.4	5.2	531.5	2.8	5.0	353.0	1.7	1.5	338.0	0.5	0.8	180.0	0.1	2.6	321.9	0.8
新都区	29.8	468.3	14.0	20.1	538.0	10.8	1.0	405.0	0.4	6.5	325.0	2.1	0	0	0	1.7	311.1	0.5
温江区	2.1	500.8	1.0	1.7	544.0	0.9	0.1	375.0	0.1	0	275.0	0	0.1	192.0	0	0.1	296.0	0
双流区	26.7	422.8	11.3	12.5	552.0	6.9	5.8	385.0	2.2	1.0	316.0	0.3	2.7	180.0	0.5	3.6	313.8	1.1
天府新区	17.6	418.0	7.4	8.0	552.0	4.4	4.2	385.0	1.6	0.4	316.0	0.1	1.9	180.0	0.3	2.3	315.2	0.7
高新区	0	372.8	0	0	0	0	0	385.0	0	0	0	0	0	0	0	0	324.0	0
金堂县	74.5	344.2	25.7	12.7	545.0	6.9	26.4	372.0	9.8	3.8	331.0	1.3	8.7	152.0	1.3	18.3	300.8	5.5
郫都区	12.1	426.5	5.1	6.8	539.0	3.7	1.9	310.0	0.6	1.9	313.0	0.6	1.1	174.0	0.2	0.3	294.6	0.1
大邑县	39.8	415.5	16.6	18.7	524.0	9.8	6.2	394.0	2.4	10.9	319.0	3.5	2.2	160.0	0.4	1.3	289.8	0.4
蒲江县	13.7	349.9	4.8	2.8	519.0	1.4	4.1	375.0	1.5	0	0	0	1.2	180.0	0.2	5.5	286.2	1.6
新津区	13.7	463.6	6.4	8.9	539.0	4.8	1.4	405.0	0.5	2.8	302.0	0.8	0.2	185.0	0	0.3	288.8	0.1
都江堰市	22.5	483.0	10.9	17.4	527.0	9.2	3.2	385.0	1.2	0.6	312.0	0.2	0.9	180.0	0.2	0.3	290.4	0.1
彭州市	56.8	438.5	24.9	33.1	529.0	17.5	8.5	399.0	3.4	3.0	320.0	1.0	3.7	173.0	0.6	7.8	291.9	2.3
邛崃市	57.7	421.0	24.3	28.5	531.0	15.1	11.5	379.0	4.4	10.3	308.0	3.2	3.4	160.0	0.5	3.2	293.0	0.9
崇州市	48.0	465.9	22.4	31.9	540.0	17.2	3.4	385.0	1.3	10.4	312.0	3.3	0.7	180.0	0.1	1.6	296.4	0.5
简阳市	163.6	317.1	51.9	20.9	500.0	10.4	68.8	372.0	25.6	1.7	209.0	0.4	13.2	128.0	1.7	41.1	279.6	11.5
东部新区	45.7	303.2	13.8	6.5	500.0	3.2	15.6	372.0	5.8	0.4	209.0	0.1	4.2	128.0	0.5	11.6	279.0	3.2

业“建圈强链”行动，先后出台《成都市“十四五”现代种业发展规划》《成都市推动种业高质量发展的十条措施（试行）》，清晰产业发展顶层设计；以“图示+清单”的形式编制并动态更新现代种业产业图谱，可视化、清单化展示产业深度研究成果。聚焦完善“链主企业+公共平台+中介机构+产投基金+领军人才”的种业产业生态体系，遴选确定种业“链主”企业5家，评选领军人才8名，招引四川种业集团总部、北京华颂种业西南区域总部、先正达种业协同创新中心等现代种业项目17个；启动组建成都市种业集团；创新推出“种业贷”，已支持种业贷款1.2亿元；成渝联建成立西南首支1.5亿元天府种业产业基金，为企业、科研团队等提供全生命周期金融服务。全市种子种苗制（繁）种面积达15万亩，其中重要农作物（水稻、玉米、小麦、油菜等）制种面积约4万亩，农作物制种面积稳中有升，保障了种子供给；持证种子企业发展到120家，其中选育生产经营相结合、有效区域为全国的A证企业3家，生产经营主要农作物杂交种子及其亲本种子的B证企业41家，生产经营主要农作物常规种子的C证企业2家，生产经营非主要农作物种子的D证企业78家，从事农作物种子进出口贸易的E证企业6家（部分企业持有多种证照）；共有全国种业信用骨干企业1家、国家级龙头企业1家、省级龙头企业3家、市级龙头企业12家，省级农作物种业领军企业6家、省级农作物种业成长型企业5家，数量位居全省第一。加快推进西南作物基因资源发掘与利用国家重点实验室、西南特色中药资源国家重点实验室2个国家级重点实验室和西南玉米生物学与遗传育种重点实验室、油菜玉米等作物遗传育种重点实验室、薯类作物遗传育种重点实验室等8个部级重点实验室建设，引育布局中国农业科学院、中国科学院成都分院、四川省农业科学院等50家育种科研单位，“2+8+50”的金字塔型种业科技创新体系逐步形成。2022年，全市有“蓉7优808”“川康优6308”“花优707”“泰优808”“蓉5优674”“鹏优1269”“川优8213”“川康优637”“乾两优8号”“锦城优雅禾”“望两优851”共11个品种获评四川省第七届“稻香杯”优质米品种，占全部获奖品种总数的44%，其中“蓉7优808”获得特等奖。邛崃市嘉林生态农场、成都天添牧业有限公司开展联合育种创新，培育的“天府黑猪”和“又新土鸡”通过中试待专家现场审核。

“天府粮仓”成都片区建设。建设新时代更高水平“天府粮仓”成都片区，制定1个总体意见、1个“天府粮仓”建设方案，配套制定加强耕地保护保障粮食安全、防止耕地撂荒、推动种业高质量发展、深化农业职业经理人队伍建设4个“十条措施”，形成“1+1+4”“天府粮仓”政策体系。构建覆盖23个县（市、区）的“一带十园百片”粮油产业布局，打造1个10万亩粮油产业带、15个10万亩粮油产业园区、107个万亩粮经产业园区。2022年，全市粮食作物播种面积582.6万亩，较上年增加9.8万亩，连续三年保持增长；粮食单产达389.6千克/亩，高出全国平均水平12.6千克、全省平均水平27.5千克。创建国家现代农业产业园3个（蒲江现代农业产业园、邛崃天府现代种业园、崇州现代农业产业园），位列副省级城市首位。

种植业园区发展。实施种业振兴行动，重点推进邛崃天府现代种业园区、彭州中国南方蔬菜种业创新中心建设。邛崃天府现代种业园区是国家首批布局西南唯一的国家级种业园区，被列入四川省“1+1+N”现代种业发展的核心园区，获评成都市五星级现代农业园区，规划面积94平方千米，涵盖临邛街道、前进镇、固驿镇、高埂镇、冉义镇5个乡（镇），配套建设种子生产科研、育种、制种试验示范核心基地1万亩、高端种业生产推广示范基地10万亩，是四川省第一个规模化、标准化种子生产加工园区，成都市唯一农作物种子加工基地和专业化园区。省种质资源中心库项目已基本完成库区主体建设；国家品种测试西南分中心基地建设项目已完成部分沟渠建设及田型调整，烤种库等建设有序进行，共完成投资3.3亿元。签约引进南方国信乡村振兴现代农业示范园项目、四川川种种业协同创新中心项目、成都市农林科学院都市现代农业融合创新研发中心项目等9个大型项目，涉及协议资金共计约35.64亿元。彭州中国南方蔬菜种业创新中心规划面积约13.942 1亩，总建设面积约14 000平方米，主要建设集蔬菜种业研发创新中心、蔬菜新品种展示中心、蔬菜种业学术交流中心等功能于一体的蔬菜种业科技中心。2022年，中心总体工程进度已达20%，配套建设大蒜育种基地10万亩。

农作物制（繁）种基地建设。引导种子企业探索创新种子基地生产运行机制，以“公司+农户”“土地流转+公司+农户（制种大户）”等模式进行种子生产。全市建成水稻、小麦、玉米、油菜、蔬菜、食用菌、茶叶、伏季水果等农作物种子种苗制（繁）种基地77个，总面积约30万亩，实际制种面积达15万亩。

种植业品种资源保护。开展农作物种质资源保护和利用工作，支持种质资源圃和种质资源库建设，截至2022年年底，全市共有农作物种质资源圃27个，面积约2 400亩；国内首个省级综合性种质资源库——四川省种质资源中心库成都邛崃天府种业园区已基本完成库区主体建设。

种植业新品种引进推广。全市共安排小春（小麦、油菜）和大春（水稻、玉米）新品种试验点位15个，展示评价新品种102个，其中水稻43个、玉米20个、小麦11个、油菜28个。举办第八届成都种业博览会，吸引全国各地（含港澳台地区）知名种业企业230余家次的2 700余个蔬菜新品种参展，吸引线上线下观众约

10万人次，为参展企业创造经济价值超过1亿元。举办第九届“鱼凫杯”优质稻米品鉴活动，征集到国内科研单位、企业和专业合作社共71家单位的121个参评品种，评选出“玉优637”“丝香优龙丝”“玉龙优蓉禾”“甜香优2115”等20个优质水稻品种。开展蔬菜新品种试验示范，在彭州市示范种植辣椒、茄子、黄瓜、番茄新品种205个。

种植业新品种审定和保护。2022年，全市主要农作物通过各级组织审定的有214个，其中通过国家级农作物品种审定的有63个（水稻35个、玉米25个、小麦2个、大豆1个）、四川省农作物品种审定的有160个（水稻75个、玉米69个、小麦11个、大豆4个、棉花1个）；获得农业农村部植物新品种权授权（含共同品种权人）数量20个，包含水稻、小麦、辣椒、甘薯等作物。

种子市场监管。加强种子市场监管力度，依法开展种子生产经营许可证审核办理工作，初审B证15个，审核办理C证1个、D证15个，变更30个。在种子市场专项抽检中共抽取水稻、玉米、蔬菜等种子样品1 088个，合格率达98%以上；完成对46家种子企业的362个样品海南种植鉴定，其中水稻196个、玉米126个、蔬菜40个；完成入库种子风险预警抽检，抽取种子样品351个，其中水稻188个、玉米117个、蔬菜46个，并在海南进行田间纯度种植鉴定。全年处理全市种子质量相关投诉纠纷事件18起，均进行了及时处理。

种子质量鉴定。对开展的839个主要农作物品种自主试验进行全覆盖检查；在杂交玉米、水稻制种花期，对辖区内制种基地进行巡查及农业转基因生物监管专项检查，全年种子质量抽检合格率达98.3%。

粮食规模化经营。扩大粮食规模化补贴范围，在对水稻（含制种）、小麦实施规模化补贴的基础上对市域内玉米大豆带状复合种植面积达到50亩及以上按照200元/亩标准给予奖励，同时鼓励种业企业在蓉建设种子（种苗）繁育基地，对在市域内100亩以上的杂交水稻种子生产主体给予400元/亩补贴。全市小麦、水稻（含杂交水稻制种）50亩及以上的规模化生产新型经营主体达2 052个，补贴面积127.04万亩，其中小麦50.39万亩、水稻70.88万亩、玉米大豆带状复合种植面积5.77万亩；涉及补助资金2.56亿元。

【畜牧业】 全年生猪出栏428.7万头，增长2.84%；年末存栏274万头，减少1.71%；猪肉产量30.6万吨，增长1.49%。奶牛存栏1.8万头，增长7.4%；牛奶产量8.43万吨，增长6.57%。家禽出栏7 159.9万羽，减少2.18%；年末存栏3 118.35万只，减少3.1%；禽肉产量11.32万吨，减少0.26%；禽蛋产量18.42万吨，增长2.33%。牛出栏3.94万头，增长2.26%；牛肉产量0.51万吨，增长4.08%。肉羊出栏73.07万只，减少2.09%；羊肉产量1.05万吨，减少5.41%（见表2）。

畜禽标准化建设。全市按照《四川省农业农村厅关于印发〈2022年部级畜禽养殖标准化示范创建活动实施方案〉的通知》《四川省农业农村厅关于开展2022年省级畜禽标准化养殖场创建活动的通知》要求组织开展畜禽养殖标准化示范创建活动，开展技术培训、服务，指导养殖场开展圈舍提档升级改造，完善生产、防疫、粪便资源化利用设施设备，规范并完善生产档案资料。全年通过部级标准化场认定1家、省级标准化场认定27家、市级标准化场认定13家。

畜禽养殖污染综合治理。加强粪污资源化利用，严格落实畜禽禁养制度，修订完善禁养区划定方案，共划定禁养区752个、面积5 789.02平方千米，占全市总面积的40.38%。以规模以下养殖场（户）为重点，推广畜禽粪污资源化利用实用技术，指导畜禽养殖场（户）规范建设粪污处理利用设施。以长江经济带生态环境警示片披露问题整改和迎接第三轮省级生态环境保护督察为契机，组织开展阳化河和斜江河流域农业面源污染治理、农业农村生态环境问题大排查“百日攻坚”等专项行动，通过日常检查和专项整治相结合对畜禽养殖污染开展排查整治。

动物疫病防控。加强非洲猪瘟防控，严格落实生猪屠宰环节“两项制度”，完善“3+1”网格化监管体系。按照“集中+日常”相结合的方式，持续开展“大消毒、大宣传、大培训”专项行动。全年完成非洲猪瘟样品检测共计5.32万份，全市非洲猪瘟防控形势平稳。加强其他重大动物疫病防控，全市全年共计免疫家畜口蹄疫698万头份，免疫高致病性禽流感4 829.28万羽，免疫猪瘟587.22万头份，免疫小反刍兽疫28.52万

表2　2022年成都市主要畜禽产量

产品名称	产量（万吨）	同比增减(%)
肉类总产量	45.45	0.87
猪肉	30.61	1.49
禽肉	11.32	−0.26
牛肉	0.51	4.08
羊肉	1.05	−5.41
其他	1.96	0.51
禽蛋产量	18.42	2.33
牛奶产量	8.43	6.57

头份，重大动物疫病应免畜禽免疫密度达100%，抗体合格率达70%以上。加强动物疫病监测，全年完成疫病监测任务31项，共计检测样品11.59万份，全市重大动物疫病抗体水平全部超过农业农村部要求。加强人畜共患病防治，全年共免疫狂犬病犬只78.5万只，免疫密度超过95%；病原学检测3 860只次，血清学抗体监440只次，病原学检测未发现阳性，血清学免疫抗体监测合格率超过农业农村部规定要求。加强家畜布病、结核病防控净化，全市共监测羊布病1.75万只次，共监测牛布病7 755头次，共监测牛结核病7 073头次，复检阳性畜已按要求全部进行扑杀和无害化处理。加强血吸虫防控净化，扩大查治范围，全年完成血吸虫监测3 167头份。

动物卫生监管。按照“2211”工程、产地检疫规程、产地检疫“八必查”和动物入场“六符合”等相关规定，规范开展动物产地检疫和畜禽屠宰检疫工作。全市170个产地检疫申报点共检疫生猪311.182万头、牛（羊）2.715 5万头（只）、禽类10 389.479 1万羽、水产苗种4 308 929万尾、其他动物68.131 1万头（只）；43个畜禽屠宰企业驻场检疫申报点共检疫生猪838.745 1万头、牛（羊）33.367 5万头、禽类5 520.678 6万羽。按照省动监所要求，成都市作为产地检疫合格证明（动物B）无纸化出证试点区域，部署全力推进无纸化出证工作，已完成除“5+1”城区以外的17个县（市、区）培训。加强官方兽医管理，截至2022年年底，全市在册官方兽医837人。全年全市培训教育官方兽医共计3 234人次，发放宣传资料2万余份。

病死畜禽无害化处理监管。建立和完善病死畜禽集中无害化处理监管手段，实现从收集、运输、处理和产品流向全程可控、可追溯。按照《四川省农业农村厅关于报送2021年养殖环节病死畜禽无害化处理工作情况的通知》（N〔2022〕-210号）等通知要求，组织开展“成都病死畜禽无害化处理监管信息系统”与“农业农村部病死畜禽无害化处理监管信息系统”对接工作，经过系统测试，完善和修正技术问题50余个；对全市4家无害化处理企业实施全面检查，对全市病死畜禽收集车辆实施定期和不定期监督抽查，规范病死畜禽无害化处理工作。全市全年养殖环节集中无害化处理病死猪19.933 9万头、牛270头、羊1 429只、禽190.815 4万千克、兔28.827 1万千克、鱼120.776 25万千克、小动物（犬、猫）3 256只；屠宰环节集中无害化处理病害猪及产品折算共2.212 87万头，处理其他病害畜禽及不可食用产品11.616 5万千克。

动物诊疗机构监管。加强动物诊疗机构执法检查，组织开展动物诊疗专项整治行动，围绕动物诊疗许可、规范诊疗、机构和人员备案、处方笺等重点内容进行执法检查；针对执业兽医签字不及时、处方管理不规范、人员公示不到位等共性问题，指导动物诊疗机构及时整改存在的问题，规范工作流程。截至2022年年底，全市共有动物诊疗机构625家。

生猪屠宰管理。组织开展生猪屠宰行业“强监管保安全”等专项行动，督促生猪定点屠宰企业落实质量安全主体责任、重大动物疫病防控主体责任和安全生产主体责任。全年完成屠宰环节“瘦肉精”检测11.76万份，其中盐酸克轮特罗3.958 3万份、莱克多巴胺3.911 9万份、沙丁胺醇3.888 9万份，检测结果均为阴性。全市全年累计办结生猪屠宰违法案件18件，移送公安机关4件，共计罚没款125.54万元，捣毁私屠滥宰窝点10个。

兽药监管。全年完成农业农村厅下达的兽药质量监督抽检任务70批次。组织开展兽药产品批准文号现场核查22批次，抽样产品285个。组织开展生物制品类兽药经营许可现场审核共计40家次。组织开展新版兽药GMP实施情况清理行动，查处违法案件6起。全年完成市级例行畜禽产品兽药残留监测任务500份以及7个点位350份动物源细菌耐药性监测工作，15个涉农县（市、区）均建成至少1个减抗行动达标养殖场。

饲料和饲料添加剂管理。按照四川省关于做好2022兽药饲料监督抽查工作的通知要求，规范饲料生产经营，开展饲料产品抽检263批次，其中生产环节抽检饲料产品243批次，经营、养殖和使用环节抽取饲料产品20批次，全面完成饲料监督抽样任务。按计划完成667个饲料和饲料添加剂监督抽检任务，合格652个，合格率97.75%，并对不合格的饲料和饲料添加剂按照检打联动要求，均已依法立案查处。全市全年农业行政执法机构出动执法人员3 912人次，检查饲料、兽药生产经营主体2 503户次，办理饲料兽药类一般程序案件33件，罚没款167.3万元，依法没收假劣饲料兽药3 895.2千克，依法移交公安机关追究刑事责任2起。全市全年加工业饲料产量292.32万吨，同比下降7.95%（其中配合饲料产量256.77万吨，同比下降9.46%；浓缩饲料产量12.57万吨，同比增长11.36%；添加剂预混合饲料产量21.35万吨，同比增长0.63%）；饲料工业总产值152.76亿元，同比增长0.62%。

【水产业】 全年养殖面积11 861公顷，增加46公顷，增长0.39%；水产品总产量149 336吨，增加1 305吨，增长0.88%；实现渔业经济总产值2 324 665.41万元，增加1 294 610.9万元，增长14.02%。有水产品加工企业5家，水产品加工量1 560吨；有休闲渔业基地78个、苗种生产场站30个、水产专业合作社263家、水产专业协会7个、家庭渔场110家。

现代渔业发展。依托现有的1个国家级水产原种场、1个国家级水产良种场、4个省级水产良种场，抓好良种体系建设，不断壮大产业基础。实施中央财政渔业资源养护——亲本更新项目，完成7个省级及以上水产原（良）种场或省级水产种质资源保护单位亲本更新。发挥现有的1个国家级水产健康养殖和生态养殖示范区（以县级人民政府为主体）、13个国家级水产健康养殖示范场、81个省级水产健康养殖示范场的示范带动作用，推广绿色健康养殖技术，推动全市渔业从传统渔业向生态渔业、绿色渔业、质量渔业转变。全市有1个省级美丽渔村、3个国家地理标志产品。

水产养殖基地建设。加大水产养殖基地建设力度，利用中央财政资金1 320.68万元，对4 959亩集中连片内陆养殖池塘通过池塘鱼菜共生综合种养模式、池塘底排污生态化改造模式、多级人工湿地模式、池塘工程化循环水养殖模式、生态沟渠净水模式、多级沉淀池和资源化利用等方式进行标准化改造和尾水治理。按照“环境友好、资源节约、提质增效、助农增收”的发展思路，以规划为引导，优化水产养殖产业布局；坚持问题导向和目标导向，抓好水产养殖领域生态环境突出问题、重点问题整改；以养殖尾水资源化利用、达标排放为目标，加强水产养殖基础设施改造，加快补齐水产养殖业发展短板，增强水产品稳产保供基础。

稻渔综合种养。依托现有的1个国家级稻渔综合种养示范区，推进农业供给侧结构性改革。截至2022年年底，全市共有稻渔综合种养面积5.69万亩，稻田养殖水产品产量5 956吨。

水产科技推广应用。实施“生态健康养殖技术模式推广行动”“养殖尾水治理模式推广行动”“水产养殖用药减量行动”“配合饲料替代幼杂鱼行动”和“水产种业质量提升行动”，推荐“五大行动”骨干基地4家，筛选、总结成都市十大绿色健康养殖技术模式。开展全市水产绿色防控技术和水产养殖用药减量等相关培训会，培训39场次，参加培训人数总计2 200余人次，发放《中华人民共和国农产品质量安全法》（2022年）、水产养殖用药明白纸、水产健康养殖海报等水产技术宣传资料20 000余份。完善成都市水产养殖种质资源信息，完成三次成都市水产养殖种质资源基本情况普查工作的补充、修改，提交未录入主体和资源情况说明4份，核实、修改苗种来源、资源名称与所属物种名称、亲本来源等数据2 058条，核实补充主体或其种质资源信息数据33条，推动水产绿色转型升级。

水产品质量安全监管。全年完成水产品质量监督抽检294个样。开展不同层级的水产渔政联合执法行动368次，出动执法人员21 973人次、执法车辆7 574辆次、执法船艇178艘次，检查渔港码头及渔船自然停靠点47个次、市场1 918个，水上巡查里程4 291千米、陆上巡查里程369 417千米。

【农业政策措施制定及落实】 耕地地力保护补贴。2022年，全市耕地地力保护补贴核实面积6 544 845.728亩，补贴标准90.7元/亩，补贴资金59 204.6万元，惠及1 925个村、21 658个社区、1 838 143户农户、5 921 887人。

农机购置补贴。全市在中央农机购置补贴30%的基础上，市级再累加补贴20%，以推动提升成都市农机化生产水平，促进农机化发展。对农业县（市、区）从事农业生产的购机者，所购农机具在四川省农机购置补贴目录内的，经县（市、区）农业农村部门审核同意后，按程序兑现中央农机购置补贴。同时，对符合条件的农业生产经营组织购置农机具予以农机购置市级累加补贴，机具补贴范围包括种植施肥机械、收获机械、耕整地机械、农产品初加工机械、畜牧机械等15大类39小类133个品目。根据农业农村厅《关于实施植保无人驾驶航空器农机购置与应用补贴的通知》（川农函〔2023〕33号）要求，将3月16日后购置的且符合政策要求的植保无人驾驶航空器纳入农机购置补贴目录。支持对四川省农机购置补贴目录外的先进、适用、智能农机具开展试验示范，对经申报、评审等程序纳入市级农机化试验示范项目的，单个项目补贴最高上限50万元，并向农业农村厅推荐争取纳入省农机购置补贴目录。全市全年共实施中央农机购置补贴4 104万元，安排市级财政资金预算3 000万元，补贴农机具4 457台，受益农户2 747户。

【农业金融服务创新】 农业保险政策落实。截至2022年年底，全市已开展26个政策性农业保险品种，其中传统农业保险12个、特色农业报险14个，涵盖自然灾害、价格保险、收入保险、品质保险及“保险+期货”等多种形态和多种农业产业。全市三大粮食作物投保覆盖率达81.58%，为13.26万户农户和农业经营主体支付赔款4 180.4万元。全市承保生猪养殖保险225.71万头，实现保费收入10 334.12万元，为0.66万户次养殖户和规模养殖场提供18.67亿元风险保障，向3.16万户（家）次养殖户和规模养殖场支付7 006.09万元。持续执行农业职业经理人政策性农业保险自缴保费减免20%政策，完成补贴项目1 383笔，补贴金额605.12万元。2022年，全市政策性农业保险实现新增签单保费9.56亿元，理赔20.81万户、5.11亿元，累计为全市118万户次农户提供风险保障1 577.56亿元。

天府种业基金。为响应种业振兴及成渝地区双城经济圈战略，重庆农投股权投资基金（认缴6 000万元，占比40%）、邛崃天府种业园建设公司（认缴4 050万元，占比27%）、成都乡村振兴基金（认缴4 800万元，占比32%）和重庆农投基金管理公司（认缴150万元，占比1%）共同成立成都农芯天府种业股权投资基金合伙企业（有限合伙）（以下简称“天府种业基金”），重庆农投基金管理公司担任管理人。基金总规模1.5亿元，1月在邛崃市注册成立，并于3月完成中基协备案。截至2022年年底，种业基金已完成实缴5 000万元。为实现种业基金项目投资落地，基金管理人在种业等相关领域开展项目挖掘与探索，截至2022年年底，天府种业基金共完成项目入库15个，其中8个项目完成立项。入库项目中，育种相关项目9个，涉及马铃薯育种、菌种培育、蔬菜种苗培育、蛋鸡及白羽肉鸡育种、水稻育种、鲈鱼育种、转基因育种、分子育种、蓝莓育苗等；农业服务相关项目5个，涉及植保防护、智慧农业、种业机械等；财务投资项目1个，涉及半导体材料。

【农商文旅体融合发展】 深化农商文旅体融合发展，实施“农业+”“林盘+”，创新发展生态观光、休闲度假、民俗体验、文创零售、精品民宿、特色餐饮等新业态，形成“吃住行游娱购”一体的乡村旅游消费融合模式。新启动保护修复川西林盘210个，改造提升精品林盘168个，金堂县龚家村获评中国休闲美丽乡村，都江堰市、大邑县、龙泉驿区获评“四川省休闲农业重点县建设”。认定30个成都市宜居宜业和美乡村消费新场景，发布50余条休闲农业和乡村旅游精品线路。全市全年休闲农业接待游客1.32亿人次，实现营业收入395亿元。

【农民负担监管和权益维护】 开展农民负担专项治理，加强农民负担监管，维护农民合法权益。开展村级组织负担专项治理，清理整顿村级组织乱收费现象，重点对应由政府承担公益事业建设项目向村级组织转嫁资金缺口、要求村级组织出工出钱出物的达标升级活动、向村级组织摊派报刊等出版物等问题开展治理；纠正和查处违规收费和摊派行为，开展涉农乱收费乱摊派专项治理，重点对各类农业经营主体以及农村义务教育、农民建房、农业用水用电、殡葬服务、计划生育等涉农领域的价格、收费问题及非法集资风险隐患逐一进行排查；宣传国家强农惠农政策，加强农民负担监督检查，明确农民权益义务，普及农业科技知识，提供与农民生产生活相关信息，发放《农民权益义务监督卡》和《农民权益义务监督手册》。全市全年农民负担情况较好，没有乱收费、乱摊派和任何违纪、违规情况，农民权益得到有效保障。

【农民增收促进工程】 实施乡村振兴战略，推进《居民收入水平提升工程》，出台《打造更高水平“天府粮仓”成都片区的实施方案》，全域提速“一带十园百片”现代粮油园区示范建设，推进一二三产业融合发展，发展“农业+”新产业新业态，提高农民经营净收入；实施高素质农民培育工程，保障农村富余劳动力、就业困难人员、脱贫人员等重点群体就业；开展农业产业化重点龙头企业壮大工程、家庭农场培育计划、农民合作社规范提升行动，促进农民就地就近就业，增加农民工资性收入；制定出台《成都市贯彻实施〈四川省农村集体经济组织条例〉工作方案》，探索集体资源性和经营性资产所有权与经营权分离的运营机制，推广农业共营型、抱团发展型、村企合作型、生态转化型、乡村经营型、产业融合型、物业经营型、托管服务型、资产盘活型九种集体经济发展模式，发展壮大集体经济；推进农村承包地“三权分置”，在落实集体所有权、稳定承包权的基础上，进一步放活土地经营权，推动郫都区农村宅基地制度改革、崇州市农村闲置宅基地和闲置农房盘活利用改革，增加农民财产净收入；落实种粮补贴、农机购置补贴、农业保险补贴等各项涉农补贴，保障农民转移净收入。2022年，全市农村居民人均可支配收入首次突破3万元大关，达到30 931元，同比增长6.2%，城乡收入比为1.78∶1，较上年缩小0.03。

【乡村振兴】 乡村产业振兴。全市以园区建设为抓手构建“4+6”现代都市农业产业体系，推进现代都市农业产业建圈强链。全年新创建省级现代农业（林业）园区5个、国家级林业产业示范园1个，郫都区获批创建2022年国家农业现代化示范区。加快建设种业强市，在全省地市一级率先发起组建成都种业集团，建设天府现代种业园和中国南方蔬菜种业创新中心，建成国家级水稻制种基地2.8万亩、省级保（育）种场4家。加强农业科技和装备支撑，成都国家现代农业产业科技创新中心建设取得新进展，“植物工厂水稻快速繁育”等重点项目取得新突破；发展智慧农业，加快建设成都现代农业装备产业园。推动农村集体经济组织规范化建立运行，深化抓党建促村集体经济发展，创新发布集体经济产品机会场景清单，安排5 000万元专项资金开展集体经济“消薄”行动，集体经济年收入10万元以下村占比降低至21.1%。

乡村人才振兴。始终坚持联农惠农、引领带动，健全完善乡村人才培引集聚机制，持续培优壮大高素质专业化乡村人才队伍，创新实施农业领域产业领军人才引进等计划，聚集“两院”院士等高层次农业人才68人，新培育高素质农民1.45万人，总规模超过10万人。实施2022年度“成都市产业建圈强链人才计划”现代种业产业链项目，新遴选现代种业产业领军人才10人。选派农业领域专家209名，组建科技特派员服务团20个，助力全市农作物良种覆盖率达98%、农业主推技术覆盖率达96.5%。出台并实施《成都市深化农业职业经理人队伍建设的十条措施（试行）》，评选十佳农业职业经理人10名、优秀农业职业经理人20名；新培育农业职业经理人2 500人，持证农业职业经理人达20 417人，其中中（高）级农业职业经理人10 115人。统筹用好国家和省科技、教育、卫生“组团式”帮扶人才力量，从15个县（市、区）的21所高中、1所职高学校和3所市属高中选派110名教育人才对口帮扶14个乡村振兴重点帮扶县的36所高中和2所职高学校；组织19家医疗机构76名医疗人才对口帮扶13个乡村振兴重点帮扶县的13家县医院，发挥了各类人才在全面推进乡村振兴中的突出作用。

乡村文化振兴。成都市以创建全国文明典范城市为牵引，持续开展新时代乡风文明建设十大行动，在全市农村深化风尚新美、环境秀美、生活富美“三美”示范村建设，并组织开展“三美”示范村建设成果展播。运用公益广告、文化活动、核心价值观生活场景打造等方式开展文明村镇和文明家庭（文明户）创建，累计评选321个文明村镇和750个“三美”市级示范村文明户。开展文明院落、清洁之家评比，评选出1 000余个先进典型，引导村民养成文明健康生活习惯。开展移风易俗工作，健全和落实农村道德评议机制，发挥“一约四会”作用和党员干部带头作用，通过立章程、明规矩、搞服务，遏制大操大办、厚葬薄养、人情攀比、封建迷信等陈规陋习。评选道德模范、“好儿媳、好公婆、好邻居”、最美乡贤，选树1 200余个身边典型，设立道德“红榜”、善行义举榜，持续开展“好家风好家训”活动，挖掘农村优秀传统道德资源，在全市营造文明乡风良好氛围。举办四川省第二届乡村文化振兴魅力竞演大赛成都赛区活动，取得良好的反响。

乡村生态振兴。坚持生态优先、绿色发展，制定《实施农村人居环境整治提升做优公园城市示范区乡村表达行动方案》，推进农村人居环境整治提升，统筹抓好农村生活垃圾治理、生活污水治理和村容村貌改善提升。农业绿色转型成效明显，全面落实河（湖）长制和林长制，统筹推进“山水林田湖草沙”系统治理和农业面源污染治理，农膜及农药包装物回收体系全面建立，长江十年禁渔成果持续巩固。全面完成31个行政村的农村生活污水治理“千村示范”工程暨农村环境整治项目建设任务。

乡村组织振兴。坚持加强党对“三农”工作的全面领导，发挥党建工作在全面推进乡村振兴中的引领作用，不断建强农村基层党组织。加强镇领导班子和干部队伍建设，加强村干部特别是村党组织书记监督激励提能，全年评选“蓉城先锋”担当作为好支书100名。以集中换届为契机，配备县（市、区）党政班子干部320人，其中熟悉“三农”工作的干部201人，占比68.2%；新一届镇领导班子中熟悉乡村振兴、产城融合发展、农村社区治理工作的占95%；具有两年以上乡（镇）工作经历的占82%，平均年龄优化到40岁。加强“三农”干部队伍培训，举办县（市、区）农业农村系统领导班子成员专题培训班，培训各县（市、区）党委和政府分管负责人120余名；开展农村基层干部乡村振兴主题培训，全覆盖机关、镇村、企（事）业单位等基层干部群体；开设“村党组织书记抓党建促乡村振兴履职能力提升”等专题示范培训班6期，培训村党组织书记及党员干部1 562人。

川西林盘保护修复。实施“林盘+”行动，推进川西林盘保护修复，深化林盘价值转化。2022年，市级财政投入特色镇（街区）建设和川西林盘保护修复专项资金1.45亿元，支持实施川西林盘保护修复项目106个。盘活利用林盘内闲置土地和文化资源，在挖掘林盘经济、文化和生态价值基础上创新场景营造、业态植入，将餐饮娱乐、会展研学、运动康养、旅游度假等新产业新经济业态植入林盘，引导集体经济、群众参与，延伸产业链，提升价值链，持续推动农商文旅体融合发展。印发《乡约天府之国筑梦川西林盘》精品林盘场景集萃，推出林盘消费场景46个，开展川西林盘宣传推广活动4场，推出20个精品林盘，发布川西林盘主题旅游线路23条，促进乡村文化复苏和农村经济发展。结合宜居宜业和美乡村建设和“一带十园百片”粮油产业园区提升，重点包装储备“一带十园百片”区域范围内川西林盘保护修复项目38个，继续加强基础设施和公共服务现代化建设，新（改）建道路44 034米，整理河道、沟渠9 742米，林盘风貌整治13.24万平方米，实施农房风貌改造434户等，统筹实施林盘外部风貌塑造和内部功能提升，建设“宜居、宜业、宜游”的功能复合的现代林盘院落。新启动保护修复川西林盘210个，建成蒲江县花涧藕塘林盘、彭州市熙林春色林盘、青白江区城厢十五里金河林盘等A级林盘景区21个。

特色镇（街区）建设发展。落实国家和四川省关于促进特色小镇规范健康发展要求，结合两项改革“后半篇”文章，聚焦“三个做优做强”“四大结构”优化调整、产业建圈强链等市委中心工作，重点支持郫都川菜特色小镇、大邑博物馆特色小镇等6个特色小镇深化建设，培育彭州航空动力特色小镇、新都天府沸腾特色小镇等5个特色小镇。彭州航空动力特色小镇以5 719工厂为链主牵引，新签约引进亿元以上项目2个，小镇全年实现工业总产值约45亿元。安仁古镇景区被文化和旅游部确定为国家5A级景区。邛崃种业特色小镇2.1平方千米种业总部区核心区基本成形，93平方千米种业生产示范区规模成势。天府基金特色小镇已累计入驻包括IDG资本、梅花创投、高榕资本等基金相关金融机构503家，管理资金规模4 993亿元；全年新招引股权投资基金22家，管理资金规模74亿元。

农房和村庄建设现代化推进。编制51个镇级片区、55个村级片区和493个专项规划。做深做实两项改革“后半篇”文章，形成“27+1”专项工作方案，分类制定中心镇、其他镇、中心村、其他村“1+11+N”公共服务设施和公共基础设施基本配套标准，排查并全面整治农村危房4 783户、农村天然气隐患问题36 743个，农村公路优良中等路率达82.73%，17个涉农县（市、区）全部实现“快递进村”。完善基本公共服务，全市义务教育公办学校校际均衡指数达0.25；打造县域医疗卫生次中心21个、紧密型县域医共体10个，基本实现“大病不出县、小病不出乡”；开展打击和整治“村霸”问题专项工作；镇（街道）公共法律服务站实现全覆盖，村公共法律服务室建成率达95%以上。持续实施农村危房改造、地震高烈度地区农房抗震改造工程，编制印发《川西林盘生态修复和景观设计导则》《成都市川西民居建筑规划设计导则和图集》等导则，建立农村宅基地使用和农房建设联审联办机制，加强对新（改）建农房式样、体量、色彩、尺度等的引导，打造川西民居原乡风貌。

乡村振兴观察点建设。乡村振兴观察点建设项目是中央广播电视总台落实国家乡村振兴战略推出的重点项目，自2021年8月正式启动以来，陆续在青海互助、浙江淳安和慈溪、宁夏西吉三省四地建成观察点，持续聚焦当地乡村振兴生动故事，汇集各地“三农”工作成果，通过驻点报道形式全视角、全过程发掘记录乡村一线振兴发展鲜活故事。7月13日，中央广播电视总台农业农村节目中心联合成都市农业农村局、简阳市人民政府、成都市电视台在简阳市禾丰镇连山村举办乡村振兴观察点（成都）启动仪式，正式设立全国第五个、西南地区第一个乡村振兴观察点。乡村振兴观察点引入中央广播电视总台《跟着冰冰来种田》（暂定名:《生活有点甜》）栏目，孵化成都乡村振兴原创IP，传播简阳市非遗文化，系统化深入研究当地乡村振兴的典型案例，总结乡村振兴成功经验，让观察点成为宣传报道落脚点、采编实践培训点、落地传播促进点、调查研究立足点、“我为群众办实事”实践活动联络点。以观察点为依托，对当地乡村振兴的举措和成果进行宣传报道，在全国形成较大的关注度和影响力。简阳市禾丰镇连山村乡村振兴观察点拟通过三年的系列节目，全视角、全过程记录简阳乡村振兴战略的实施情况，更好地推广乡村振兴好经验，讲好“三农”故事，展现新时代成都乡村发展变化及广大农民幸福美好生活新面貌。

【农村改革】 成都市自2014年11月获批第二批全国农村改革试验区以来，累计承担试验任务23项，2022年持续推进6项，到期验收4项。

成都西部片区国家城乡融合发展试验区建设。成都市按照“五大重点任务”“十大重点工程”要求，着眼破除现行体制机制束缚，探索改革的实现路径和形式。围绕探索建立生态产品价值实现机制，制定《关于构建“碳惠天府”机制的实施意见》，在国内首创提出“公众碳减积分奖励、项目碳减排量开发运营”双路径普惠建设思路。围绕搭建城乡产业协同发展平台，对试验区所辖23个功能区进行优化调整，推动优势产业建圈强链，推动试验区与省内市、州共建产业园区，探索利益共享模式。围绕建立农村集体经营性建设用地入市制度，试验区8个县（市、区）完成集体经营性建设用地入市交易352宗，成交面积3 183.61亩，成交金额24.41亿元。围绕创新农村金融服务体系，优化农村金融站点布局，创新金融产品和服务模式，推动农业保险、信贷、担保等金融工具联动，完成水稻、小麦、玉米三大粮食作物完全成本保险和种植收入保险扩面增效，探索大豆完全成本保险，通过“农贷通”贷款项目贴息2 090笔，贴息金额1 909.01万元。围绕探索城乡有序流动的人口迁徙制度，创新“一元化”户籍管理制度，实行全域迁移政策，并在就业、教育、医疗、养老、住房、社会救助等方面保障享有城市居民同等权益。《成都市温江区城乡融合发展调研报告》被中央农办、农业农村部《乡村振兴文稿》刊载。

土地承包制度改革。稳慎推进郫都区农村宅基地制度改革试点，全面完成农村宅基地基础信息调查工作，建设宅基地管理信息平台，将摸底调查6.9万余宗、3.75万亩宅基地纳入平台管理，形成“一房一档一图”，夯实了改革基础。持续推进宅基地“三权分置”，以放活使用权为重点，探索闲置宅基地和闲置农房盘活利用途径，总结提炼经验做法，郫都区《探索“投资+兜底+滚动”模式有效盘活利用农村宅基地》被农业农村部作为优秀典型案例通报。“农村闲置宅基地和闲置农房盘活利用试验（限崇州市）”等4项试验任务于7月通过农业农村部考核验收；有序推进“数字农业试验（大邑县）”“合并村集体经济组织产权管理和融合发展（大邑县）”“优化人居环境治理和维护机制”等6项任务，“彭州市仓单质押机制创新”等9项拓展试验任务于10月通过农业农村部竞争性答辩。《人民日报》头版刊登郫都区在推进农村集体产权制度改革、发展壮大新型农村集体经济的经验做法，《四川省邛崃市创新“133”现代种业发展模式从源头上保障国家粮食安全》等19个创新经验被部、省刊物收录推广。

农村金融服务综合改革。坚持以问题为导向，不断推进农村金融创新。按照“政府主导+市场运作”“线上网站+线下村站”的运营模式，不断加强“农贷通”平台建设，深化完善运营体系和服务体系。发挥财政资金引导作用，在乡村生态价值转化、农业园区重大项目、区域乡村振兴基金群、粮食安全、种业振兴等核心领域进行项目挖掘、储备和投放，新设天府种业基金、都江堰弘业基金2支子基金，子基金总规模6.5亿元；子基金对外投放4个项目，累计投资金额达4.8亿元。围绕“4+6”现代都市农业特色产业，发挥政策性农业保险保障功能，开展政策性农业保险，《激活农村产权金融功能的“温江探索”》被国务院发展研究中心《经济要参》收录。

【农业项目建设】 农业项目财政投入。2022年，各级财政共投入成都市农业项目资金38.06亿元，其中中央资金13.26亿元、省级资金9.01亿元、市级资金15.79亿元。为坚决守住脱贫攻坚成果，实现巩固拓展脱贫攻坚成果同乡村振兴有效衔接，各级投入财政衔接推进乡村振兴补助资金1.83亿元；为贯彻落实党中央关于“落实‘长牙齿’的耕地保护硬措施，严守18亿亩耕地红线”的决策部署，确保耕地数量不减、质量不降，中央财政投入耕地地力保护补贴资金

5.92亿元，市级财政投入腾退低效果木恢复粮食等重要农作物种植资金2.13亿元；为建设“集中连片、旱涝保收、节水高效、稳产高产、生态友好”的高标准农田，各级财政共投入6.7亿元；为促进都市现代农业可持续发展、推动农业高质量发展，市级财政投入都市现代农业发展专项资金6.2亿元，用于实施市级现代农业园区奖补、成都市实施乡村振兴战略推进城乡融合发展考评激励、养殖业绿色发展、壮大集体经济示范村、农田面源污染治理等重点项目；为加快推进特色镇（街区）建设和川西林盘保护修复，推动农商文旅体融合发展，探索成都特色城乡融合发展之路，市级财政投入资金3.45亿元。

农业重大投资促进项目。围绕优质粮油、生猪畜禽、绿色蔬菜、特色水果，以现代种业、数字农业、智能装备、冷链物流等都市农业引领性产业为方向，策划农业农村领域项目共260个。引进蒲江西南农业产业数字交易中心、邛崃南方国信乡村振兴现代农业示范园、简阳安徽嘉美农产品智造基地等总投资10亿元以上的高能级项目9个，协议总投资达230亿元；签约现代种业类项目18个，协议投资额64亿元，招引北京华颂种业在温江设立西南区域总部，建立西南马铃薯种质资源中心及大数据平台；招引云南台丽集团在郫都区建设农牧现代农业园，开展种苗研发繁育基地。全市农业农村部门全年共组织举办各类项目签约及投资推介活动40余场，发布投资机会清单300余条，外出拜访、接待目标企业350余家，累计签约农业农村项目77个，协议投资额356.7亿元。第八届四川农业博览会期间，举办成都现代都市农业招商引智推介暨重大项目集中签约活动，温江区四川省种业集团种业研究院项目等8个重大项目进行集中签约，协议总投资达22.5亿元；举行成都现代都市农业建圈强链重大项目开工活动，43个项目开工，总投资354.3亿元。中国农业银行等4家金融机构对农业企业进行融资授信，授信额达11.8亿元。鼓励包装策划政府专项债项目，完善基础设施建设，吸引社会资本投资，蒲江天府农创园包装“国家现代农业产业园冷链物流基地建设专项债项目”，总投资8.5亿元，已争取专项债券资金5亿元，招引北京新发地集团落户园区。全年42个省、市重点项目完成投资103.3亿元，进度113.5%，所有项目均完成投资计划。天府农博园、金堂牧原生猪养殖项目、大邑县朗基尚善稻乡渔歌项目、蒲江县云顶水乡田园综合体项目4个省重点项目共完成投资11.5亿元。

【农产品质量安全监管】 全市主要农产品质量安全例行监测合格率99.4%，未发生重大农产品质量安全事件。

国家农产品质量安全市建设。持续加强政府属地责任、部门监管责任、生产经营主体责任，以基层监管能力建设、乡（镇）网格化管理、日常巡查检查、食用农产品承诺达标合格证制度、农产品质量安全专项项目实施为重点，推进简阳市农产品质量安全市创建，巩固深化农安市创建成果，提升农产品质量和监管水平。龙泉驿区、青白江区、新津区、都江堰市、邛崃市、崇州市、大邑县通过国家农产品质量安全县省级复审。

农产品质量安全监管与监测体系建设。加强农产品质量安全监管与监测体系建设，市农业监测中心和15个县级检测中心（站）全部通过“双认证”能力验证。建立市、县、镇、村四级农产品质量安全网格化监管体系，全市涉农镇共有177个农产品质量安全监管站（监管员198名）、2 015个农业主产村（村级协管员1 824名，其中金堂县、青白江区配备专职协管员121名），监管人员运用市级网格化监管系统开通移动巡查手机APP开展日常监管巡查，实时上传监管巡查信息17.4万批次，完成销前农残快检46万批次。全年完成生产环节食用农产品质量安全监测2.2万余批次，不合格产品问题查明率、查处率均达100%。

农产品质量安全溯源体系建设。加强农产品质量安全溯源体系建设，督促指导生产经营主体开展农产品质量安全追溯工作，全市生产经营主体8 974家纳入追溯平台管理，记录实时年生产批次信息9.5万批次、年销售批次信息46.3万批次。落实追溯“七挂钩”、承诺达标合格证“三挂钩”要求，在2022年中国农民丰收节、第八届四川农业博览会等大型展会上展示推介带追溯码附合格证农产品，让更多群众知晓了解实施“合格证”“追溯码”的目的意义，引导消费新趋势。

食用农产品合格证制度推行。全域施行食用农产品承诺达标合格证制度，动态更新合格证主体名录库信息，建设合格证自助服务点819个，扩大开具能力覆盖面，实现“应开尽开”。全年开具合格证5 600万张、附证销售农产品85.6万吨。在农贸市场、超市、学校（机关）食堂等集中用餐单位建立准入制查验点492个。

农产品质量安全专项整治。持续推进农资打假专项整治行动和护奥运迎大运保春耕专项执法行动，聚焦重点时段组织开展元旦、春节、五一、国庆、中秋、迎接党的二十大期间农产品质量安全整治，全面排查质量安全隐患，加强农产品生产及收储运环节全程监管。加强对各类农产品质量安全违法违规情况的督查督办，严格追踪源头，严肃责任倒查，严厉依法查处。全年公布12起农资和农产品典型案例，2件农资案件获评省级“优秀”案卷。

食用农产品“治违禁　控药残　促提升”三年行动。加强监管端口前移，严格落实农产品生产过程常态化监管巡查、质量监测、执法检查等工作机制。制定《成都市食用农产品“治违禁　控药残　促提升”三年行动畜禽水产重点品种技术方案》，印发《豇豆、韭菜、柑橘等重点治理品种质量安全管控技术性指导意见》，开展“12+5”个重点品种的实训宣传。加大执法办案力度，查办农产品质量安全案件46件。落实农产品生产主体质量安全“重点监控名单”和“黑名单”制度，13个生产主体被纳入“重点监控名单”实施精准监管。

【农业科技】 截至2022年年底，成都国家现代农业产业科技创新中心核心区一期工程已建成，22支科研团队、38家科技企业陆续入驻；新建农业科技示范展示基地42个，培育农业科技示范主体83个，农业主推技术到位率96.23%；新增培育农业职业经理人2 500人，实施农业职业经理人知识更新培训2 070人、实用技术培训10 000人、高素质农民培训5 565人。

成都国家现代农业产业科技创新中心建设。2017年11月，原农业部正式批复同意支持成都市创建成都国家现代农业产业科技创新中心（以下简称“科创中心”），成都市成为全国第三个、西南地区唯一获批建设科创中心的城市。科创中心选址成都天府新区科学城建设创新核心区，自2017年创建以来，成都市与中国农科院合作共建国家成都农业科技中心，作为科创中心的“一核”（即创新核心区）。同时，逐步优化形成温江、新津、青白江、邛崃、彭州的“五园”和成都市各级各类的“N基地”园区建设布局，构建了“技术研发—成果转化—产业孵化”的创新产业生态链。截至2022年年底，科创中心核心区一期工程已建设完成，首批入驻单位中国农科院都市所已基本完成整体搬迁，22支科研团队、38家科技企业陆续入驻；二期项目已启动前期工作，科创中心建设进入实质性运作的新阶段。科创中心已初步建成8个院级重大公共实验平台，已获批建设3个省部级重点实验室；引进木林森股份有限公司、中化现代农业有限公司等农业龙头企业，与国家级龙头企业铁骑力士集团达成合作意向；已入驻的科研团队先后发表高水平论文共115篇，获批专利近100项，无人植物工厂水稻育种加速器入选国家“十三五”科技创新成就展，垂直植物工厂研究成果入选全国100项重大农业科技成果；建立非洲猪瘟快速检测技术和方法；发现新型产甲烷古菌的第五条产甲烷途径，实现我国厌氧微生物基础研究“从0到1”的重大突破。

基层农技推广体系改革与建设。按照农业农村部、农业农村厅的要求，推进基层农技推广体系改革与建设补助项目实施，加强农业技术展示平台建设。在15个项目县建成农业科技示范展示基地42个，共开展展示活动47场次，组织农技人员和示范主体现场实训、观摩学习7 895人次；依托新型经营主体带头人、种养大户、乡土专家培育83个农业科技示范主体，示范推广先进适用技术，全年示范推广先进适用技术407项（各项目县有部分重复），农业主推技术到位率96.23%。开展农技服务，组建17支粮食和大豆油料科技服务大队、165个服务小分队共756名农技员到包县包乡开展科技服务工作，共开展技术指导服务865次，培养乡（镇）农村实用技术骨干人才740名，示范推广新品种、新技术、新模式257项；农技人员对接指导服务农户9 677户，服务对象满意度95.53%。提升农技推广队伍能力素质，组织1 368名基层农技人员参加知识更新培训，其中省级调训50人、市级培训1 318人。实施农技推广服务特聘计划，全市从农业乡土专家、新型农业经营主体技术骨干、种养能手中共招募特聘农技员135名，其中特聘农技员47名、特聘动物防疫员70名、特聘家畜繁殖员18名。

农业科技推广应用。开展水稻、小麦、玉米等主粮作物绿色优质高产高效生产技术示范，各类示范区面积5万亩以上，辐射带动超过100万亩。水稻机械化育插秧关键技术示范推广成效显著，其中大邑县安仁镇示范区百亩平均单产809.6千克/亩，最高田块单产841千克/亩，均创下成都平原优质稻、麦稻茬口、全程机械化栽培条件下最高产量。小麦翻旋浅覆栽培技术示范带动解决部分区域小麦生产中“播前湿，播后干”等问题，小麦播种出苗质量有明显提升。示范推广大豆玉米带状复合种植面积8.3万余亩，全面完成大豆扩种任务。

【农业农村创新创业】 完善农业农村创业就业扶持政策体系，搭建平台加强返乡入乡创业就业服务，推动农民工、大学生、退伍军人和科技人员等返乡入乡人员创业就业。市委农办、市农业农村局、市乡村振兴局、团市委、市人社局联合开展2022年促进高校毕业生返乡就业创业助力乡村振兴行动，为高校毕业生募集10 000个返乡实习见习就业岗位，为有意愿返乡就业创业的高校毕业生提供免费培训；在各县（市、区）设立返乡青年大学生就业创业服务站，引导高校大学生将职业选择与乡村振兴、公园城市示范区建设等国家、省、市发展战略深度融合。运行成都农业创新创业联盟，建立线上交流平台和线下组织服务平台，以农业创客沙龙、专家培训讲座、创新资源对接交流会、“三农”人才招聘会、农业双创周、理事会年会等主题活动为载体，为农业创客提供相关服务。全年举办各类农业创新创业活动10余场，吸引农业创客1 000余人参加；组织353家农业企业到场开展“三农”人才专场招聘会，为成都农林牧渔类大学毕业生提供实习就业平台250余个；“农创通”微信服务平台发布相关农业行业信息、国家相关政策文件、联盟活动新闻报道、技术服务科普类推文1 206条，浏览量3万余次。

【新型职业农民制度试点】 树立“人才是第一资源”理念，把乡村人才振兴放在乡村振兴的重要位置，开展以农业职业经理人为主的高素质农民培训，打造以农业职业经理人为主体的乡村振兴人才队伍，为加快推进农业农村现代化提供坚实的人才支撑。安排部署农民培训工作，印发《成都市农业农村局关于做好2022年市级新型职业农民培训工作的通知》(〔2022〕2-18)和《关于做好2022年高素质农民培育工作的通知》(成农联发〔2022〕22号)，明确培训任务、培训内容、培训方式以及培训时间和补助标准等，指导县(市、区)制定实施方案并进行市级备案。全年完成新增农业职业经理人2 500人，农业职业经理人知识更新培训2 070人，种植业、养殖业、农机等实用技术培训10 000人，高素质农民培训5 565人。开展农业职业经理人等级评定，在全市开展2022年农业职业经理人等级评定，市级评出高级农业职业经理人60名。全市持证农业职业经理人20 417人，其中高级607人、中级9 508人、初级10 302人。完善出台农业职业经理人扶持政策，印发《成都市深化农业职业经理人队伍建设的十条措施(试行)》，加强农业职业经理人选拔、培训、评价体系，完善农业职业经理人的扶持政策。开展"头雁"项目遴选培育工作，根据《四川省农业农村厅、四川省财政厅关于印发四川省乡村产业振兴带头人培育"头雁"项目工作实施方案的通知》(川农发〔2022〕13号)精神和全省"头雁"项目启动视频培训会议要求，结合2022年省乡村产业振兴带头人培育"头雁"项目总体数量和相关遴选条件，印发《关于报送2022年四川省乡村产业振兴带头人培育"头雁"项目培育对象的补充通知》(〔2022〕5-14号)，向农业农村厅推荐150名"头雁"项目培育对象，全部进入四川省乡村产业振兴带头人"头雁"项目培育对象库。开展十佳、优秀农业职业经理人评选，共评选出10名十佳农业职业经理人和20名优秀农业职业经理人。开展"四川省农村致富带头人"推荐，推荐东部新区34名"四川省农村致富带头人"建议人选报农业农村厅。

【智慧农业】 推进智慧蓉城建设，实体化运行智慧蓉城农业农村城运分中心。组织开展智慧农业大普查，广泛征集、研究新型农业经营主体和干部群众的意见建议，围绕智慧农业发展实际需求，加强智慧农业平台建设的顶层设计，初步研究形成《成都市智慧农业服务管理平台构架方案》。争取到全国农业农村大数据基座首批使用权，为部省平台端口对接和数据回流创造有利条件。衔接市智慧蓉城运行管理平台3次版本迭代升级，分中心平台主页面已形成3.0版本，优化完善调度枢纽功能。抓住现代信息技术日益普及特别是物联网、大数据、云计算、人工智能等信息技术与产业融合的契机，围绕智慧种植、智慧养殖、资源管理"三大重点"，坚持以惠民利民、强农惠农为出发点和落脚点，总结提升大邑县数字农业监管平台做法经验，搭建"数智粮油"应用场景，推广管耕地、管作物、管主体、管农机、管农服"五管"模式，在龙泉驿区、新津区、崇州市、大邑县开展试点，设置"四情"监测布点31个，已实现墒情、苗情、虫情、灾情的实时监测。智慧动监覆盖养殖场(户)169 428家(户)、屠宰场34家、无害化处理场4家，涵盖电子耳标物联感知、动物防疫、检疫执法、屠宰监管、病死动物无害化处理等12道关口场景；质量安全溯源覆盖涉农村(社区)1 034个，开展农产品生产日常监管巡查、农残快检等质量监管溯源工作；集体"三资"监管全面覆盖村级集体经济组织2 289个，承担农村集体经济组织基本信息、成员信息、股权信息、集体资产资源信息、集体财务收支情况等管理；农村经营管理覆盖210.4万户农户承包地实测确权登记，承担农村产权相关数据的采集、查询、管理、汇总。

【农业信息化建设】 加快农业信息化和数字农业项目试点示范建设，支持新津区申报国家数字设施农业创新应用基地，探索智能环境测控、水肥一体化、补光设备、自动化精量播种、智能化育苗床等设施设备在数字化育苗上的应用；支持龙泉驿区试点大豆小麦"智慧农场"示范基地建设，探索物联网技术、遥感监测技术在粮油种植栽培上的应用；支持新津区试点耕地鹰眼+AI技术，基于鹰眼图像与GIS系统的联动，探索在耕地用途管制方面的应用；支持大邑县对数字农业服务平台进行升级，完善对粮食生产经营主体的服务。新津中以津惠公司在高科技大棚建设及其成套的高端设施农业技术等各个环节均拥有自主核心知识产权，并入选全国智慧农业建设典型案例。通过政府引导、社会参与、协同推进的方式，启动数字农业农村标准体系建设，把标准建设作为推动农业农村数字化提升的重要推手，结合当前成都市农业农村数字化建设的实际，编制《成都市数字农业农村标准体系研究报告》，为全市数字农业农村发展提供顶层设计规划与指导。

【农业机械化】 全市农作物耕种收综合机械化水平达60%，比上年增加4个百分点；农机总动力达423.5万千瓦，完成机耕926万亩、机播450万亩、机收489万亩。

农机新技术新机具推广。全市围绕"良种、良法、良制、良田、良机"配套，针对水稻、小麦、油菜、生菜、莴笋等作物生产等环节开展新机具新技术试验示范，促进农机农艺融合；围绕分区域、分产业、分品种、分环节机械化发展目标任务和实现路径研究，对全市农机装备研发、制造及推广应用等情况进行全面调查，开展农机装备补短板工作；在新都区、青白江区、郫都区、邛崃市、崇州市开展农机作业综合奖补试点，规范服务作业流程，全面提升耕、种、防、收等农机作业能力；引导农机经营组织对享受补贴的拖拉机、联合收割机、插秧机安装定位终端设备，探索"线上+线下"管理机制，搭建全市农机数智平台，推进农机向数字化、智能化转型升级。新津区、青白江区申报全国主要农作物全程机械化示范县。

农村机电提灌站建设。整合高标准农田建设、现代农业园区培育、农机化发展等项目，重点支持丘陵山区及土地非粮化整治地区新建（技改）提灌站，统筹各级各类涉农资金2 000余万元，在全市范围内开展农村机电提灌站维修、升级改造1 000余座。

农机合作社培育。围绕“全程机械化+综合农事”服务中心建设，鼓励农机合作社延长农机产业服务链，打造育秧中心、农机中心、烘干中心、加工中心，发展订单式、托管式、预约式、跨区式等多种经营模式，增加赢利点；支持农机合作社做大做强，优先满足国家级和市级农机购置补贴需求、农机作业奖补、试验示范项目申报；开展农机行业职业技能竞赛及联合收割机田间作业“机收减损”大比武，提升农机操作手技能水平，培育农机“土专家”。截至2022年年底，全市有国家级农机示范社5家、省级“全程机械化+综合农事”服务中心13家。

农机安全生产。持续开展变型拖拉机道路交通安全综合治理，实施变型拖拉机全市全域禁行措施。严格拖拉机牌证及年检等安全源头管理，宣讲农机装备操作规范及安全生产规章制度，全面完成农机合作社安全生产责任清单制管理提档升级。组织县（市、区）编制农机事故应急演练脚本，开展农机事故应急演练20场。公安交警等部门开展道路交通安全执法检查，严厉打击拖拉机无牌无证、假牌套牌、违法载人等违法行为，开展“打非治违”、“护安2022”、农机安全大检查、农机牌证车辆安全专项整治等监管执法专项行动，营造农机安全生产的良好氛围。

【农田建设与灌溉】 高标准农田建设。全市坚持以新一轮高标准农田建设规划为引领，坚持新增建设和改造提升并重、建设数量和建成质量并重、工程建设和建后管护并重、产能提升和绿色发展相协调，严格落实逐步把永久基本农田全部建成高标准农田的目标要求，围绕“一带十园百片”粮油产业园区，因地制宜实施田块整治、土壤改良、田间灌排工程和宜机化改造等，实现田、土、水、路、林、电、技、管、制综合配套，聚力打造“一带十园百片”高标准农田聚集区，促进生产、生活、生态“三生”融合，助推乡村全面振兴。全市全年投入资金10.93亿元，建成“能排能灌、旱涝保收、宜机作业、稳产高产、生态友好”的高标准农田30.73万亩，全面完成年度建设任务。

耕地质量管理。实施“藏粮于地、藏粮于技”战略，落实最严格的耕地保护制度，树立耕地保护“量质并重”和“用养结合”的理念，加强耕地质量保护与提升，综合应用工程、农艺、农机等措施，守住耕地质量红线，为稳定粮食生产、保障农产品质量安全和农业可持续发展夯实坚实基础。持续开展四川省下达727个耕地质量调查点和75个耕地质量监测点的监测任务，同步开展市级150个土壤环境监测点监测分析，完成耕地质量等级年度更新评价。建立健全市、县两级第三次全国土壤普查组织领导机构，制定印发工作方案和技术规程，推动崇州市完成普查试点工作，为全面完成成都市第三次全国土壤普查任务奠定基础。

高效节水灌溉。全市将高效节水灌溉作为优化水资源配置、推动农业用水结构调整、确保水资源供给的有效举措，结合高标准农田建设，因地制宜发展以管灌、喷灌、微灌为主要灌溉措施的高效节水灌溉，推动实现农业高产、优质、高效，促进农业生产的专业化、标准化、规模化以及集约化，促进农业可持续发展，全市全年建设高效节水灌溉面积3.64万亩。

【农村人居环境整治】 全市农村无害化卫生厕所普及率提升至94.4%；农村生活污水得到有效治理率达95.1%，20户以上农民集中居区污水处理设施覆盖率达100%；行政村（社区）农村生活垃圾收储设施覆盖率100%，99%以上的行政村（社区）生活垃圾得到有效治理，农村生活垃圾无害化处理率达99%以上。

秸秆禁烧和综合利用。落实《成都市2022年秸秆禁烧和综合利用工作实施方案》要求，完善工作联动、暗访督查、会商研判、宣传引导、违法惩处和责任追究等秸秆禁烧工作推进机制，细化完善禁烧网格化管理，落实市、县、镇、村、组、户六级秸秆禁烧责任。对各级环保督察发现焚烧点位的县（市、区）进行全市通报，并将工作整体开展情况纳入党政同责、“一岗双责”和年度生态环境保护工作目标考核体系进行综合评价。探索利用无人机、铁塔摄像头等多种模式实现秸秆禁烧立体化，完成全年秸秆禁烧和综合利用工作各项任务，推动成都空气质量显著改善，促进农业废弃物资源化利用，全市全年秸秆综合利用率稳定在98%以上。推动秸秆综合利用，以肥料化、饲料化、燃料化、基料化、原料化利用为主攻方向，各县（市、区）因地制宜结合当地产业发展方向，探索田间堆沤、秸秆免耕覆盖促进粮果套种等秸秆综合利用新模式。加大秸秆综合利用实用技术推广和从业人员培训力度，提高技术普及率和秸秆综合利用技术应用能力。落实财政支持政策，安排市级财政资金115万余元用于支持年利用秸秆1 000吨以上的经营主体，提升壮大综合利用主体生产能力，带动全市秸秆综合利用水平不断提升。巩固成都平原经济区区域合作，深化成都平原经济区秸秆禁烧联防联控和综合利用区域合作，牵头召集德阳、绵阳等成都平原经济区七市召开成都平原经济区秸秆禁烧联防联控和综合利用区域合作联席会议，共同签订《秸秆禁烧联防联控和综合利用区域合作工作协议》，确保实现“不见烟雾，不见火光，不见黑斑”的工作目标。

沼气安全管理体系建设。加强农村沼气设施安全隐患排查整治，围绕“2+2”工作法落实落地，确保农村沼气利用实现规范化、高效化、安全化的发展目标，统筹推进农村沼气各项管理工作。压紧压实安全生产监管责任，做到责任落实、监管覆盖、宣传教育、隐患整改、应急防范“五到位”，形成横向到边、纵向到底的农村沼气管护体系。开展农村沼气安全生产专项行动，对约13万个沼气点位进行安全排查，共发现一般隐患1 940项，均实现安全隐患闭环管理，已全部整改完毕。建立沼气工程清单制管理台账，制定《成都市沼气工程清单制管理台账参考模板(2.0版)》，全市已有1 459家沼气工程企业建立安全生产清单制管理台账，完成率达100%。开展安全宣传"进农村"、农村沼气"安全生产月"等活动，累计发放资料13.34万份。全市全年共组织各类相关沼气安全宣传活动2 177场次，参与人数16.55万人次，制作公益广告、海报、短视频、提示语音等6 395份，宣传受众人次7.45万人次。安排资金61.5万元实施2022年沼气池运维管护项目，为全市沼气工程重点镇(街道)配置应急防护物资124套，更换安全警示牌14 370块，培训各类沼气安全管理人员5 097人。成都市农业农村局环保处被四川省农村能源发展中心评为"2022年度全省农村能源安全生产先进单位"。

农村卫生厕所普及。开展农村户厕改造全覆盖"回头看"行动，逐户核实户厕现状、全面提升改厕质量、建设"四大长效机制"，推动户厕改造从"愿改尽改"向"应改尽改"拓展提升，共计发放明白卡、宣传手册等宣传资料205.41万册，摸排常住农户161.4万户，对5 870户新增需改厕农户实施改造，发现整改问题户厕4 289个，全市农村无害化卫生厕所普及率达94.4%。对2021年发现问题户厕全面"回头看"，逐一核查确保2021年发现的1 201个问题户厕全部整改到位、群众满意。

农村生活污水治理。加强生活污水设施建设管理和农村生活污水处理设施运维试点。建立农村生活污水处理设施"一村一档"，实现农村生活污水治理工作动态管理，下达市级财政补助资金2.1亿元，争取省级生态环境保护以奖代补资金1 506万元，支持建设农村生活污水处理建设施。在双流区、崇州市、蒲江县、简阳市开展农村生活污水处理设施委托成都环境集团运维试点，摸索农村生活污水处理设施集中集约运管路径，为逐步在全市推广积累经验；生态环境、水务、农业农村等部门联合印发《关于开展成都市农村黑臭水体排查工作的通知》，在全市范围内开展农村黑臭水体整治，确认全域农村黑臭水体清单，有序推进黑臭水体、水质监测和公众评议。

农村生活垃圾分类及无害化处理。优化运行机制，落实资金保障，加强城乡生活垃圾末端处置能力，全市全年共投入6亿余元资金，专项治理农村生活垃圾。落实农村生活垃圾"户分类、村收集、镇转运、市县处理或片区处理"机制，鼓励采取"二次四分法"实施农村生活垃圾分类，推动就地分类减量化和资源化利用。全市开展生活垃圾分类的农村集中居住区达2 730个，覆盖居民97.99万户。全市生活垃圾焚烧处置率达93%。市本级有生活垃圾卫生填埋场1座，实际日处理能力约3 500吨；建成成都九江、万兴一期、祥福等环保发电厂9座，实际处置能力达1.85万吨/日左右。

【生态宜居美丽乡村建设】 全市对标浙江省未来乡村建设等经验，分析把握成都打造社会主义现代化国际大都市、建设践行新发展理念的公园城市示范区等部署要求，起草成都市贯彻落实国家、省乡村建设行动实施方案的行动计划，瞄准农村基本具备现代生活条件的目标，全域分类推进宜居宜业和美乡村建设，在全面推进乡村振兴中走在前列、起好示范。统筹整合力量推动村容村貌整体提升，推进村庄清洁行动，全年先后开展"村庄清洁行动春季战役"、村庄清洁美化提升服务疫情防控大局专项行动、村庄清洁美化提升助力全国文明典范城市创建专项行动、"村庄清洁行动秋冬战役"等。推进农业面源污染治理，全面完成2020年国家移交的3个长江经济带涉农生态问题整改，启动农业农村生态环境问题大排查"百日攻坚"行动。落实2022年市级秸秆综合利用补贴资金115万元，全市秸秆综合利用率达98%以上。畜禽规模场粪污处理设施装备配套率达98%以上，畜禽粪污综合利用率达90%以上，全市化肥农药使用量持续保持零增长。开展示范创建，启动绿色环保低碳新村试点建设，研究符合成都实际的低碳新村评价指标体系，探索降低农业农村碳排放、发挥农业农村碳汇潜力实施路径。加强群众宣传动员，开展全市农村人居环境整治提升宣传专项活动，通过召开坝坝会、发放资料、入户宣讲等方式激发群众的积极性、主动性和创造性，涌现出院落管家共治共建、"九斗碗"民事民办等群众主动参与模式。加强媒体宣传推广，《农民日报》《四川日报》《四川农村日报》对龙泉驿区、简阳市、彭州市农村人居环境整治工作进行集中宣传报道；《四川日报》创刊70周年特刊专题报道成都人居环境整治，取得良好的社会反响。

【农村法制建设】 围绕全市农业农村工作大局推进依法行政、全面建设法治政府，探索法治政府建设创新路径，受到市委全面依法治市办通报表扬。加强普法宣传，完成1 125户农村学法用法示范户培育，6家法治教育基地被命名为四川省农村法治教育基地；举办中国农民丰收节全国主会场直播普法活动。持续优化法治化营商环境，深化包容审慎监管，持续深化"放管服"改革，行政许可全程网办、"最多跑一次"、办事指南准确率占比均达100%。加大重点领域执法力度，开展多领域专项执法行动，共检查4 503次，行政处罚244件，罚没金额434万元。

乡村振兴法治保障。完成《成都市〈中华人民共和国渔业法〉实施办法》修正，通过省人大常委会审议并颁布实施。市农业农村局参与《四川省土壤污染防治条例》《四川省供销合作社条例》《四川省食品安全条例》《四川省数据条例》《四川省〈土地管理法〉实施办法》《成都市公厕管理条例》《成都市湿地保护条例》等立法工作，有针对性地提出修改意见30余条，并完成《成都市乡村振兴促进条例》的调研。市农业农村局严格开展市场准入和退出、产业发展等政策性文件的合法及公平竞争审查，全年共审查政策文件33件，采购文件38件、合同60件，政府信息公开回复26件；严格规范性文件制定、备案管理，对出台的3件行政规范性文件均严格进行审查和报备，先后两次对现行有效的行政规范性文件进行清理，对现行有效的15件行政规范性文件目录进行了公布；法制审核244件行政处罚案件，提出监督意见130余条；对全市125份行政处罚案卷开展评查，评选出市级优秀案卷63件，评为省优秀案卷9件。

农业行政审批。市农业农村局全面贯彻党中央、国务院关于推进“放管服”改革、“互联网+政务服务”的重大决策，坚决落实省、市两级关于“一网通办”前提下的“最多跑一次”改革，制定《成都市农业农村局行政审批管理办法（试行）》，对政务服务的职能职责分工、窗口人员管理、审批工作流程、提升质效、廉政建设、监督管理等多方面予以规范。局政务服务事项认领（发布）率、全程网办率、最多跑一次率、办事指南准确率均达100%，承诺时限比法定时限总体减少82%。开通12类电子证照，实现证照互认共享。多个事项实现在“蓉易办”平台掌上办理，开展两个事项的证照临期提醒服务等便民服务。整合“动物防疫条件合格证”和“种畜禽生产经营许可证”办理流程，推动“办理种畜禽生产经营一件事”审批改革。全年办结行政审批7 141件，实现零失误、零超时，好评率达100%。推动照后减证和简化审批，不断优化营商环境，激发市场主体发展活力。

农业综合执法及执法监管。开展农业行政执法“大学习大练兵大比武”活动，坚持“点上抓突破、线上抓优化、面上抓提升”，为全市农业执法人员能力提升“建平台、摆擂台、搭舞台”，营造“学本领、练技能、当标兵”的浓厚氛围。依托成都智慧动监系统构建“农法宝”，打造农业执法人的“加油站”，将法治理论、党性教育、公共法和农业专业法律法规按照“领域+位阶”的方式陈列，系统梳理种子、农药、兽药、动物防疫、农产品质量安全等17个领域现行有效的法律、法规、规章、司法解释、权威答复以及规范性文件等共360余部，面向全国农业执法人员和社会公众开放。自1月以来，超过45 000人次使用“农法宝”进行查阅、学习。首创“成都农业执法大讲堂”直播课堂，涵盖法律法规解读、执法技能、警示教育等内容，累计观看量23 000余人次，实现了农业执法队伍培训常态化和全覆盖，不断提升全市农业执法队伍履职尽责能力与水平。

农业农村普法。全年围绕“《宪法》进农村”“《宪法》进农博会”、乡村振兴、农资打假、动物卫生管理、安全生产、农产品质量安全、环境资源保护、土地承包等方面开展法律法规专题普法活动2 000余场次，发放宣传资料10万余份。青白江弥牟镇白马村、崇州市隆兴镇千功村等6家法治教育基地被命名为四川省农村法治教育基地。2022年守法普法工作信息被市委全面依法治市办采用。开展农村学法用法示范户培育，结对开展法律服务498次、线下培训80次，全市共获得农业农村部、司法部授牌的全国学法用法示范户1 125户，行政村覆盖率超过60%。9月23日，在中国农民丰收节全国主会场直播普法活动上介绍的成都农村普法工作成效以及成都市培育农村学法用法示范户的工作方式探索普法效果得到农业农村部的肯定。

【脱贫攻坚成果巩固】 全市一手抓巩固拓展脱贫攻坚成果，一手抓衔接推进乡村振兴，聚焦聚力健全完善推进机制、延续优化政策体系、强化防返贫监测帮扶、深化百村帮扶提升“四大任务”，抓紧抓实脱贫人口增收、衔接资金项目管理、宜居宜业和美乡村建设、乡村振兴人才培育“四个关键”，精准精细推动责任、政策和工作“三落实”。全市172个乡村振兴重点村（含86个脱贫村）示范引领作用不断增强；简阳市（含成都东部新区）22 836户65 362名脱贫人口（动态管理）家庭人均纯收入16 306元，增幅超过14%。

防止返贫监测机制健全。全市依托“三个强化”健全防止返贫监测机制、筑牢返贫防线。加强防返贫监测帮扶，坚持将巩固脱贫成果作为全面推进乡村振兴的底线任务，按市辖区10 440元、其他市（县）9 840元实施动态监测，坚持日常摸排与集中排查相结合，年内新增监测对象225户651人。坚持开发式帮扶，落实每人5 000元项目资金，及时保障兜底政策，全覆盖落实监测联系人。加强疫情灾情影响排查化解，设立4个工作专班，围绕“三保障”及饮水安全、产业就业、项目推进等方面开展调度12次，落实针对性帮扶措施，将疫情灾情影响降到最低。加强农村低收入人口帮扶，做好家庭收入分析预判，结合行政村最困难10户农户动态管理以及群众发展意愿和发展能力，谋划推进农村低收入人口分层分类帮扶和救助。坚持汇智聚力增强帮扶力量，深化“百村帮扶提升”，结合以片区为单元的乡村国土空间规划编制重点村帮扶规划，积聚资源要素分类开展集中扶持，争创评定省、市乡村振兴示范村17个和省重点帮扶优秀村3个。延续优化结对帮扶机制，39位市级领导联系指导29个重点镇（街道）、挂点39个重点村，14个市辖区和114个市级部门（单位）结对帮扶简阳市（含成都东部新区），实现帮扶力量全覆盖。创新开展“强村带弱村·携手共振兴”和“百企兴百村”行动，开启村企全域深度协作新模式。健全常态化驻村帮扶制度，管好用好全市553名驻村帮扶干部，选派100名金融助理开展金融服务，开拓驻村帮扶新领域。坚持加大投入，补齐短板弱项，加强衔接推进乡村振兴补助资金项目管理，安排落实简阳市（含成都东部新区）各级衔接资金2.4亿元（其中市级5 000万元），实施产业发展、基础建设等项目338个。做好扶贫资产后续管理，开展28.93亿元扶贫项目资产"回头看"，加强收益监管，确保持续发挥巩固衔接带动效益。持续发挥金融支撑撬动作用，加强"农贷通"平台助力乡村振兴金融服务功能，持续做好脱贫人口小额信贷工作，累计发放贷款1.46亿元，惠及7 215户次。推荐简阳市绿色农业和乡村振兴示范项目申报世界银行贷款2022—2023年规划备选项目。

脱贫成果巩固。不断健全完善推进机制、延续优化政策体系，持续巩固拓展脱贫攻坚成果。成都市委农村工作领导小组组织架构塑优建强，增设巩固拓展脱贫攻坚成果同乡村振兴有效衔接专项领导小组，38个市级部门（单位）为成员单位，统筹协调推进巩固衔接工作；17个涉农县（市、区）全部建立巩固衔接议事协调机构，配强干部队伍。将巩固衔接工作纳入乡村振兴实绩考核和考评激励范围，建立议事协调工作机制、巩固衔接推进机制和督查考核评估机制。突出年度性任务、针对性举措、实效性导向，制定《关于做好2022年巩固拓展脱贫攻坚成果同乡村振兴有效衔接重点工作的意见》，谋划促进农民农村共同富裕的具体举措。在全面落实教育、医疗、社会救助等专项政策基础上，新制定《关于引导慈善等社会力量参与多层次医疗保障体系的指导意见》等11个专项政策，确保政策的连续性和适配性。

阿坝州、甘孜州对口支援帮扶。通过引导企业投资，助力对口支援地区特色产业快速发展。聚焦阿坝州、甘孜州蔬菜、瓜果、肉蛋、茶、食用菌、中藏药、青稞酒、葡萄酒、矿泉水等特色优势产业，鼓励支持成都市农业产业化龙头企业与阿坝州涉农企业、农民专合社（种养大户）结对合作。在若尔盖县建成牦牛标准化养殖牧场3个，总面积4 152亩，牦牛存栏1 445头，全年累计出栏1 063头。组建若尔盖草原曙光饲料有限公司，实现产能5 000吨。在小金县实施牦牛产品精深加工项目，建成牦牛规模化养殖基地1 000余亩以及玫瑰产业园和乡村旅游户外运动综合体示范项目。成都市与对口支援地区共建生产基地，推进跨区域产业协作。组织蔬菜种植企业到阿坝州、甘孜州发展蔬菜生产，成都市农技总站、成都市农林科学院蔬菜专家组成的技术团队不定期为阿坝州、甘孜州蔬菜技术规范进行相应指导。建设"菜篮子"蔬菜生产保供基地，按照鼓励农业产业化龙头企业到藏发展种植业的政策给予扶持，在黑水县扎窝镇俄窝村投入种子、农药、肥料建设"菜篮子"保供示范基地，基地示范面积200亩，配套建设仓储能力为100吨的产地初加工冷链中心，同时辐射带动周边建成合作保供基地3 000亩。支持对口支援地区农业品牌培育和渠道建设，支持"两州"培育绿色食品、有机农产品和地理标志农产品，支持"两州"在蓉开设"净土阿坝"和"圣洁甘孜"品牌专卖店，在濛阳批发市场、白家批发市场等建立农特产品直销门店，在成都农产品中心批发市场"四川消费帮扶馆"设立产品专销区，销售农副产品25亿元。举办产销对接活动，邀请阿坝州、甘孜州企业参加成都农博会，在展位费或特装费上给予优惠；在成都市11个重点城市公园及重要绿道节点开展"游绿道公园品时令佳果"成都特色农产品品鉴展销活动140场次，现场销售收入达88万元。

扶贫产业持续发展。结合做好两项改革"后半篇"文章，编制市、县两级农业产业空间布局规划和涉农片区农业现代化专项规划，聚焦"4+6"现代都市农业产业体系，将全市172个乡村振兴重点村、49个易地扶贫搬迁集中安置点纳入产业园区规划建设，持续做好扶贫产业发展。实施党建引领集体经济"消薄创先"行动，全市村集体经济平均收入增至244.4万元，带动脱贫户和监测户家庭人均经营性收入增加800余元。实施消费帮扶促增收行动，支持帮扶龙头企业和重点村新型农业经营主体参加中国农民丰收节、彭州菜博会等活动，全年帮销重点村农产品超4 300万元；成都农产品中心批发市场四川消费帮扶馆销售"三州"农副产品超过29亿元。

【**涉农节会活动**】 2022年中国农民丰收节全国主场活动。按照《农业农村部办公厅关于做好2022年中国农民丰收节有关工作的通知》（农办市〔2022〕11号）精神，2022年中国农民丰收节（以下简称"丰收节"）主场设在成都市新津区。活动以"庆丰收 迎盛会"为主题，采取视频连线方式，于9月23日在北京市昌平区兴寿镇香屯村草莓博览园和成都市新津区天府农博园同步举办，成都主场组织开展7项主场活动和5项配套活动。自成都主场活动筹备以来，省、市先后成立2022年中国农民丰收节四川筹备工作领导小组和2022年中国农民丰收节成都执行委员会，由省委常委、市委书记施小琳和省委常委、组织部部长于立军担任组长，市长王凤朝担任成都执委会主任，统筹推进筹备工作。其中，成都执行委员会下设1个综合保障专班（内设7个工作小组）和10个主场活动筹备专班，负责筹备工作具体落实；省、市、区联合建立工作专班，成立15个专项工作组到新津天府农博园集中办公。丰收节成都主场举办"7+5"主场系列活动，即组织开展群众庆祝丰收联欢活动、中国乡村美食品鉴推广活动、四川首届"稻香杯"·丰收奖颁奖仪式、巩固拓展脱贫攻坚成果同乡村振兴有效衔接成果展、全国农业生产"三品一标"展示发布活动、"国宝与丰收"暨天府农耕文明主题展、"大国农匠"农民技能大赛活动等7项主场活动及农民艺术周、全国农民体育健身大赛、成都现代都市农业展、金秋消费季农产品产销对接活动、乡村振兴普法宣传活动等5项配套活动，采取组团表演、展示发布、美食推广、趣味比赛等形式宣传现代农业发展最新成果，展现中华优秀农耕文化，展示新时代农民风采。该次丰收节活动是历年来首次采用视频连线方式将成都主场和北京现场联系起来，并用“天南海北报丰收”的视频形式展现了全国各地共庆丰收、共享喜悦的浓厚氛围，得到了中央农办主任、农业农村部部长唐仁健的肯定。9月23日，举办了成都现代都市农业战略合作暨重大项目集中签约仪式，南方国信乡村振兴现代农业示范园、西南农业产业数字交易中心等21个项目签约落户，协议投资137.3亿元。以“庆丰收、促消费、强合作、迎盛会”为主题，举办四川·成都农业博览金秋消费季直播专场，打造“云展览”“云直播”等多个云端数字化应用新场景，吸引京东、抖音等电商企业以及省内外优质农产品、农产品区域公用品牌企业、家庭农场、农民专业合作社等1 000余家经营主体入驻，产品涵盖近4 000种农特商品。在天府农博岛设置乡村美食长廊、天府田园美食馆、四川名优白酒馆、醉美邛崃·研酒馆、食物工坊、天府辣艺小馆等一批消费体验场景，组织开展“食味四川”精品美食品鉴活动，展示四川、成都美食文化，吸引了广大游客。在成都金融城双子塔、机场、地铁、公交站、高速公路等重要公益广告载体投放海报、视频2万余处；通过中央人民广播电视总台《新闻联播》《焦点访谈》《新闻1+1》《中国之声》等栏目进行专题报道；新华社、中新社、《人民日报》、《光明日报》、《经济日报》、《农民日报》等15家中央级媒体及30余家省、市媒体全面发声，100余家自媒体进行内容传播，新媒体新闻报道和网络话题总阅读量超过4亿次。策划打造“天府农博·踏秋季”，持续推出“鱼头火锅厨王争霸赛”“稻花香里寻农味”“踏秋季主题研学”等60余场体验活动，展示乡村建设新面貌，弘扬传承天府农耕文化，彰显新时代农民新风采。

第十一届四川国际茶业博览会。10月31日—11月3日，成都市农业农村局组织30余家成都茶叶企业参加第十一届四川国际茶业博览会，以“实施产业建圈强联，高质量发展茶产业”为主题，展示成都特色茶叶品牌和独特茶文化。成都展区面积近900平方米，展会期间成都展区茶叶销售重量6 500余千克，总成交额545万余元。11月1日，在2号馆举办了成都茶业产销对接推介会，邛崃市相关负责人，南宝高山茶叶、文君茶业等茶企代表围绕公共品牌打造、发展格局、特色产品、产销对接等优势资源和产业环境进行推介，现场签约、合作金额总签约值突破7.95亿元。

第八届成都国际都市现代农业博览会。12月2日—5日，第八届成都国际都市现代农业博览会暨2022（第二届）全国农业科技成果转化大会在世纪城新国际会展中心举办。展览面积共10万平方米，聚合农业科技成果转化、国际交流合作、农业贸易合作、区域协同发展、新型农业经营主体、都市现代农业、农产品区域公共品牌、对口帮扶等多个主题展示，共吸引12个国家、6个省（市）、省内21个市（州）和全市23个县（市、区）参展，参展企业近2 000家，参展品牌达10 000余个。受新冠疫情影响，农博会采取专业观众线下参与、大众消费者线上参加的双线模式举办，以双线互动形式举办了各类论坛活动30余场，7位两院院士、数位专家学者和超过4 000名龙头企业代表等参观展会。线上开展直播活动20余场，带货推介成都农特产品100余种，销售成都农产品220万单，成交704.88万元；直播观看量累计超过5 270万人次，互动点赞量超过100万人次，宣传曝光累计近亿次。

2022年第二届全国农业科技成果转化大会。大会以“线上+线下”相结合的方式举办，1万余人通过现场参会和观看线上直播的方式参加会议。大会发布全国100项重大农业科技成果和1 000项优秀农业科技成果，推动国内外最新农业科技成果转化应用，累计举办各类科企对接活动120场，达成科企合作协议156项，促成成果转化交易和科企战略合作签约额近12.9亿元。

第十九届中国国际农产品交易会。第十九届中国国际农产品交易会于12月22日—25日在中国西部国际博览城举办。农交会展览总面积达15万平方米，设立了特大企业展区和粮油、水产、果蔬等品牌展区，涉农产品8万余种，参展商近1.4万家，吸引300余家世界500强、中国500强企业亮相。展会设置成都展区270平方米，重点突出成都都市现代农业形象、农产品特色、亮点和品牌优势，成都天府源、金堂田岭涧、润兆渔业鱼子酱、天赐猕猴桃、郫县豆瓣、合意核桃仁等20余家最具成都代表性的品牌农产品作重点展示展销。展会同期举办成都现代都市农业投资推介活动，邀请四川得润丰肥业有限公司、四川科道农业有限责任公司等17家农业产业化龙头企业代表参加，简阳、崇州、彭州、金堂等县（市、区）先后围绕沱东生态农场项目集群、天府粮仓项目集群等做投资推介、发布项目机会清单等，现场通过机会清单共发布投融资需求、技术需求、人才需求、金融需求共36条，预估项目总投资金额157.74亿元。

【农产品销售】 全市结合重要节会（节日）和成德眉资同城化发展等机遇，促进农商互联产销对接。持续开展“逛公园城市　展天府风味”成都优质特色农产品消费新场景产销对接活动，举办“高速买年货　满载归家乡”天府惠客厅新春年货节、“美好生活　幸福成都”蓉城巾帼创意集市、2022年中国农民丰收节专场展销活动3场新场景展销活动以及进社区、进商超、进公园绿道、进企业等9场“六进”系列产供销推介活动，成德眉资以及凉山等市（州）200余家企业参展，参展商品20 000余个，线上线下参与人数达46万人次，协议金额高达1亿元。第八届成都农博会期间，线上线下同步开展农产品展示展销，成德眉资同城化品牌和大宗农产品集中采购签约达20亿元，其中成都农产品供应链协会会员单位与“天府粮仓”成都核心区粮油生产主体达成定向采购协议，搭建农产品产销对接桥梁。为确保疫情防控期间农产品销售，印发《关于做好蔬菜水果等农产品产销对接工作的通知》《关于做好本轮疫情期间蔬菜水果产销对接的通知》，组建工作专班，推动产销主体对接，组织定向采购，解决农产品销售不畅问题；出台《关于做好运输车辆通行证办理工作的通知》，对运输“菜篮子”产品和农业生产资料的车辆进行备案，据实办理车辆人员“两证”共计4 597个。

【农业农村电子商务发展】 全市以都市现代农业“4+6”产业体系为重点，围绕优质粮油、生猪畜禽、绿色蔬菜、特色水果和农产品精深加工产品，发挥电商助农功能，推广线上线下融合营销模式，引导农业生产经营主体与电商平台、新零售平台开展合作，鼓励电商平台直连特色产业基地，发展直播电商、社交电商等营销模式。全市全年农产品网络零售额达262.34亿元，同比增长15.96%。

【农产品产地冷链仓储物流体系建设】 全市争取中央财政资金2 248万元，安排市级财政专项资金500万元，累计投入财政资金2 700余万元，支持都江堰市、蒲江县、邛崃市、彭州市、东部新区、金堂县、青白江区、崇州市等县（市、区）农民合作社、家庭农场、村集体经济组织、农业企业等农业经营主体建设农产品产地冷藏保鲜设施39个，项目带动社会投资9 200余万元，新增静态总容量2.1万吨。截至2022年年底，全市新增农产品产地冷藏保鲜设施静态库容量4万吨。7月28日，《农民日报》刊登《四川金堂冷库变宝库联建谋发展》；8月，金堂县在农业农村部召开的全国农产品产地冷藏保鲜整县推进现场会上以“先行先试强冷链，惠农增收促发展”为题作经验交流发言。

【成德眉资区域“米袋子”“菜篮子”保供体系共建】 推进成德眉资同城化“菜篮子”保供基地建设，由成都益民集团下属中际农产品公司、资阳怡润农业发展有限公司、四川普源农业开发有限公司三方共同投资建设的安岳蔬菜示范基地项目占地370亩，包括新建科研示范、智能机械化种植基地和育苗育种基地、改造1座初加工中心等。项目预计总投资5 000万元，建成后带动发展订单蔬菜基地1 200亩以上，每年可向成都市场供应蔬菜1 000吨以上。项目已完成投资合作协议签署，项目招标预挂网、土地流转等工作有序开展，预计2023年5月正式启动项目建设。

【农业对外交流与合作】 发挥农产品出口带动农业高质量发展、助农增收的重要作用，加快推动农业产业链供应链能力建设，加大支持培育农产品出口龙头企业。组织引导各县（市、区）开展2022年省级、国家级农业国际贸易高质量发展基地创建申报，郫都区中国川菜产业城被认定为2022年国家级农业国际贸易高质量发展基地；彭州大蒜国贸基地、川芎国贸基地，金堂食用菌产业国贸基地，邛崃茶业国贸基地被列入2022年省级农业国际贸易高质量发展基地创建名单。推动外向型农业园区建设，加快推进中国（成都）国际农产品加工产业园建设和中德农业现代化种植示范项目备选农场申报。开展农业对外合作“两区”建设，继续开展外向农业发展模式探索及以农业领域引资引智引技为重点任务的综合性农业园区建设，支持青白江区农业对外开放合作试验区扩大开放，构建农业开放新格局；支持四川丽通（巴基斯坦）农业合作示范区做大做强。为服务国家总体外交大局，助力四川省加快构建对外开放新格局，成都市高质量推进农业对外开放合作人才培育工作在全市农业系统、科研院校（所）、农业企业等甄选懂外语、懂外事、懂外经、懂农业的农业复合型国际人才，推荐作为农业对外合作后备人才，全年从都江堰农业农村局和成都市农林科学院推荐选拔4名专业技术人员入选农业对外合作人才库；推荐简阳市、都江堰市相关单位2名技术专家出征乌干达，参加中国—FAO—乌干达（三期）南南合作项目。开展中德农业现代化种植示范项目备选农场申报，按照农业农村部关于进一步深化中德农业务实合作的要求，推荐温江区、郫都区、青白江区、金堂县申报的4个项目参加中德农业现代化种植示范项目备选农场储备评选。

【主要领导人】 市委书记：施小琳；市人大常委会主任：包惠；市长：王凤朝；市政协主席：张剡；分管农业副市长：刘旭光。

成都市编写组

锦　江　区

【基本情况】 2022年，全区辖11个街道，辖区面积62平方千米。年末常住人口91.44万人，比上年末增加0.55万人，增长0.6%；常住人口城镇化率100%。年末户籍人口67.47万人，比上年末增加1.62万人。人口自然增长率2.25‰。

【年度农业和农村经济运行】 2022年，全区实现农业总产值0.6亿元，按可比价格计算，比上年增长0.3%；实现农业增加值0.37亿元，比上年增长0.8%。全年化肥施用量9吨，比上年下降50%；农药施用量448千克，比上年下降18.5%。

【新型城镇化建设】 城市规划编制。优化城市设计，引导控规调整和业态更新，编制锦江区未来公园社区总体规划和东大街焕新工程、白鹭湾科技生态园、中生科创谷、琉璃场等片区城市设计，完成梅林东片区、博瑞印务、市二医院地块等项目控规调整，完成白鹭湾科技生态园绿轴以南1 200亩区域土地报征和控规调整。

城市建设。基础设施加快补齐，启动三圣综合体等公建配套设施项目27个，建成洪柳东综合体等项目10个，完成排水普查治理2 088户，打通宏顺街、佳宏路2条“断头路”，白鹭湾、驸马等片区15条市政道路建设有序推进；公园体系加快建设，春熙路商圈“城市森林”高质量呈现，新增“回家的路、上班的路、上学的路”50条，新建小游园6个，打造“两拆一增”点位80个，建成“金角银边”示范点位25个，新增立体绿化1.3万平方米，静美岁月康乐之家等8个点位入选全市“最美阳台”。

推动城市更新项目。优化城市更新领导小组架构，推动743个无专业物业小区和94个“三无”院落实现物业全覆盖。完成30个老旧小区“四位一体”改造，创建老旧小区改造市级示范项目2个。全面完成29个农贸市场基础硬件设施提升改造，完成一环路点将台片区、水碾河路南片区、水井坊片区空间品质改造提升，完成宏济新路等6条背街小巷环境综合治理，四圣祠片区等4个城市有机更新项目完成签约464户，横九龙巷、莲花六组危旧棚户区改造城市更新项目有序推进。

城市管理高效能实施。“三四一”网格化智慧治理体系改革完成试点并全面推广，划分微网格4 217个，配备微网格长（员）7 268名，“微网实格”治理架构基本形成；智慧锦江城市运行平台建成区级事件枢纽并连接12345热线、“大联动·微治理”“数字城管”平台，接入各类物联感知设备7万余个、汇聚数据237项2.7亿条，将全区90万名人口数据信息匹配到小区院落，实现城市运行动态感知、人口底数清晰可服。

【耕地复垦复耕】 推进“大棚房”问题专项清理整治行动，完成环城生态公园保留改造区域耕地复垦复耕595亩，坚决遏制“撂荒”“非粮化”；成立区粮食购销领域腐败问题专项整治工作组，发现并整改粮食储备管理、安全保障、收购销售领域问题11个，完成储备粮轮换5 501.5吨。

【民生实事】 聚焦高校毕业生、农民工、退役军人、城镇困难人员“四类重点群体”，构建“锦江就业超市”服务体系，开展“成德眉资幸福行”等招聘活动，新增就业16 429人。住房保障更扎实，筹集保障性租赁住房4 936套，发放补贴1 827户、1 395万元。社会救助更便捷，建成社会救助综合服务平台，“标准化助推困难群体救助体系建设”入选中国标准化工作典型案例。启动实施炉霍县畜产品深加工、川西北高原特色蔬菜现代农业产业园等援建项目16个，定点支持简阳市镇金镇13个村集体发展现代农业产业3 500亩。社保、医保更普惠，辖区城乡居民基本医疗保险参保率达98%，养老保险参保率达94.18%，城乡居民养老保险待遇享受覆盖率达100%。做好退役军人保障，打造退役军人就业创业基地，提供各类岗位5 300个，建成投用锦江区双拥主题公园、锦江区双拥文化广场。

【主要领导人】 区委书记：陈志勇；区人大常委会主任：王昕；区长：缪晓波；区政协主席：潘雪松；分管农业副区长：黄婉。

锦江区编写组

青羊区

【基本情况】 2022年，全区辖12个街道67个社区居委会（其中涉农街道5个、涉农社区26个），辖区面积66平方千米（其中永久基本农田面积188公顷）。年末有常住人口96.73万人、户籍人口77.08万人，人口自然增长率3.94‰。全区绿地覆盖率46.45%。全区有2个国家级产业园区（青羊绿舟国家级文化产业示范园、中国成都人力资源服务产业园）、1个国家级先进制造业创新中心（国家航空高端装备技术创新中心）、2个省级工业开发区（青羊工业集中发展区、四川航空整机产业基地）、2个省级服务业集聚区（骡马市省级金融服务业集聚区、金沙·中坝现代服务业集聚区）、1个省级文化产业基地（文殊坊四川省文化产业示范基地），2个市级产业功能区（少城国际文创谷、成都工业设计创新功能区）、5个市级文创产业园（少城视井、峨影、西村、绿舟、明堂）。

2022年，全年实现地区生产总值1 496.4亿元，增长2.8%。一般公共预算收入完成101.14亿元，增长6.9%；一般公共预算支出完成72.76%，增长19.45%；落实减税降费政策31.92亿元。完成固定资产投资增长3.5%。社会消费品零售总额1 026.2亿元。招商引资实际到位内资173.94亿元，实际到位外资28.19亿元。城乡居民基本养老保险覆盖率95%、基本医疗保险参保率98%。全年城镇新增就业16 957人，帮扶离校未就业高校毕业生就业1 190人，全区失业率控制在4%以内。

有普通中小学校67所，在校学生96 190人；中等职业教育学校1所，在校学生2 468人；特殊教育学校1所，在校学生228人；学龄儿童入学率100%。有各级各类医疗卫生机构897家，病床位14 987张。全年完成技术交易合同125亿元，万人有效发明专利拥有量39.6件。航空制造类企业实现主营业务收入759.8亿元，增长20.55%。有区属图书馆、文化馆、有线电视台各1个，省、市属科技馆、图书馆、美术馆、博物馆、剧场、体育中心等公共文化体育服务设施12个，有A级景区4个、文物保护单位43家。

【年度农业和农村经济运行】 2022年，全区完成农业重点经济指标，完成成都市下达青羊区第一产业增加值增长率和农业投资占全市目标比重0.1%的目标任务，全区完成第一产业增加值337万元，增长0.8%；完成农业投资2 000万元，占全市目标比重的0.1%，两项指标均完成目标任务。按照《中国农民丰收节保障线路沿线乡村风貌整治工作方案》要求，由区发改局牵头、联合区公园城市局、青羊新城管委会办公室、街道和相关区属公司组成工作专班，开展成温邛高速路青羊段沿线农田规范化整治，确保丰收节保障线路沿线粮食作物种植质量，形成可进入、可参与、可体验的大田景观，保障新冠疫情防控全域静默期间丰收节节会筹备人员防护、出行和参展企业生产运输，获得成都市委、市政府通报表扬；梳理涉农国有企业、龙头企业设备购置和项目建设情况，完成符合标准的项目和设备购置资产归入农业投资项目库申报。青羊区获得“首批国家知识产权强业建设试点县”“全国义务教育优质均衡先行创建区”“全国健康区”等称号，入选“赛迪创新百强区(2022)”榜单。

【动物疫病防控】 开展动物疫病防控知识宣传，增强群众动物疫病防控意识；结合区情实际布设动物疫病免疫点41个，全年免疫犬只狂犬病11 679只，犬只狂犬病检测200头份，合格率100%；加强产地检疫，严格检疫申报管理，全年受理犬、猫检疫申报206起。区发改局按照国家和省、市非洲猪瘟防控要求，牵头开展非洲猪瘟病疫防控工作，落实防控工作各项指标，加大涉农街道巡查排查力度，全区无动物疫情发生；加强动物诊疗机构监管，严格执业兽医备案监管，全年备案兽医师146人。

【天然水域禁捕】 制定《天然水域禁捕管理工作方案》，明确责任单位，落实专项经费，保障工作推进；组织协调公安、市场监管、执法部门和街道联合开展长江十年禁渔工作，全年出动人员约2 000人次开展常态化巡查；通过宣传禁渔政策，劝离8 000余名违规游钓者，相关工作获得成都市农业农村局通报表扬。

【乡村振兴战略实施】 全区以建设践行新发展理念的公园城市示范区为统领，推动全区乡村振兴战略年度性工作方案和任务落地见效；落实粮食安全党政同责，守牢耕地保护红线，按照省、市耕地“非粮化”整治要求，协同天府绿道集团推进环城生态公园青羊段整治区耕地复耕保障工作，按期恢复耕地27.07公顷（合406亩），并按时发放环城生态区范围1 746名符合条件到龄人员年度生活补贴；持续拓展脱贫攻坚成果和乡村振兴战略有效衔接，健全防止返贫致贫动态监测和帮扶机制，实施“百村帮扶提升”行动，消除返贫致贫风险，促进共同富裕；成立4个“三帮一”工作小组，定点结队帮扶东部新区贾家镇快乐村、武庙镇团堡村、壮溪镇高产村和马家祠社区。

【对口帮扶得荣县】 完善对口帮扶得荣县工作机制，推进两地党政主要领导互访2次；健全县级工作会议、队内月度例会和项目推进小组会三个层面协调沟通机制，协调推动帮扶工作落实；推进对口帮扶项目建设，全年按标准拨付得荣县财政援助资金2 600万元，实施帮扶项目17个，其中投入财政帮扶资助金500万元，带动建成总投资1 100万元、占地20公顷、建筑面积3 000平方米的自动化藏鸡养殖基地，年出栏藏鸡20万只、鸡蛋400万枚，年产值达2 000万元。发挥社会力量深化对口帮扶，组织区级相关部门、爱心企业与得荣县新结帮扶对子65个，协调辖区20家企业与得荣县20个村签订“万企兴万村”共建协议；发动14家民营企业、社会组织及爱心人士等社会力量，为得荣县捐赠资金物资114.8万元，开展“爱心大礼包”订购活动，购物资金超过100万元。开展教育精准帮扶行动，组织14所优质学校与得荣县中小学、幼儿园结对，开办得荣县城关九年一贯制学校初中部“树德实验班”，打造青・得教育共同体，小学部植入成都市实验小学网校远程教育平台，实现同步教育教学，建立K15教育精准帮扶新模式，选派62人次教学骨干到得荣县举办教学讲座20场、示范课29节、“手拉手”活动13场，受益师生1 200人次，提升得荣教育发展水平，区教育局获评“省内优质学校对口帮扶深度深度贫困县中小学校工作先进集体”等称号。加强医卫合作，选派中医骨科医务骨干到得荣对口帮扶医疗机构，举办中药骨科诊疗知识培训。发挥得荣中药藏药资源优势，投入26万元建成智能化“健康小屋”，方便群众健康检测。

【农村集体资产股份化改革】 巩固农村集体产权制度改革成果，加强农村集体资产管理，制发《青羊区贯彻实施〈四川省农村集体经济组织条例〉工作方案》，开展农村集体产权制度改革“回头看”；印发《成都市青羊区乡村领域身边“可视”“有感”腐败和作风问题专项治理工作实施方案》，建立青羊区乡村领域身边“可视”“有感”腐败和作风问题专项治理工作联席会议制度，推动全区乡村领域群众身边腐败和作风问题专项治理工作落实；指导涉农集体经济组织完善规章制度和档案管理。

【惠农政策落实】 组织相关惠农政策宣传，使干部、群众和企业第一时间了解政策要求；按照相关政策要求，开展耕地地力保护补贴、稻谷补贴、耕地撂荒整治补贴等惠农政策申报工作，全年发放耕地撂荒整治补贴1.33万元。

【农业企业发展】 助力农业产业化企业申报上市，协助四川菊乐食品股份有限公司办理上市所需证明资料，助推企业IPO上市；落实惠企政策，促成四川蜀荼实业集团有限公司获得2022年农业产业化银行贷款贴息补助41.54万元；组织动员符合条件的农业产业化经营企业申报市级重点龙头企业，推动成都金源鸿餐饮集团有限公司获批成都市农业产业化经营市级重点龙头企业。组织四川菊乐食品股份有限公司、四川棉麻集团等农业企业参加第五届中国国际进口博览会、第八届成都国际都市现代农业博览会等大型展会，提升企业影响力和知名度。

【"菜篮子"稳产保供】 健全"菜篮子"稳产保供运行机制和体系，提高"菜篮子"稳产保供应急处置能力，制发《青羊区"菜篮子"稳产保供应急预案》，督促区级相关部门和市场营销企业做好农业重大自然灾害、暴发性流行性重大动植物疫病疫情、重大植物病虫鼠害等生物灾害，以及重大公共事件引发的农产品流通通道阻断、大型农副产品批发市场和农贸市场紧急关闭等突发事件的应急管理和临机处置；加强农贸市场建设，全年按标准化要求改造农贸市场2家；优化社区综合体布局，涉农区域建成红碾、华严、张家碾、联工等社区综合体并配置农贸市场，方便市民购物消费，截至2022年年底，全区有标准化农贸市场29个、社区生鲜门店278家。

【耕地撂荒和"非粮化"问题整改】 制发《青羊区贯彻落实成都市防止耕地撂荒十条措施工作方案》，组织耕地撂荒和非粮化问题调查核实和整改，开展耕地清表清杂、土石开挖、修坎和土地平整，根据时节复种粮农作物，完成市级下达的2022年耕地"撂荒"5.23公顷（合计79.75亩）和"非粮化"0.12公顷（合计1.81亩）整改任务；建立健全耕地"非粮化"长效监管机制，采取购买服务方式充实完善耕地撂荒和"非粮化"专业监管队伍，完善技术手段，开展问题图斑外业调查、核实、举证、整改等工作，利用信息化手段推动耕地"非粮化"整改可视、可查、可追溯，实现耕地撂荒和"非粮化"问题动态清零。

【农业面源污染防治】 提升农村人居环境，区发改局组织一线巡查人员实施农业面源污染治理，落实生态农业措施，向农户推广有机肥、水肥一体化等科学施肥技术，开展化肥农药减量增效行动宣传，指导农户、捡种者尽量减少化肥农药使用量；完善城区畜禽禁养长效监管机制，开展"畜禽禁养"政策宣传教育，加强畜禽禁养巡查，防止违规养殖现象反弹，全年出动巡查人员约1 000人次，全区未发生违规养殖反弹现象；加强秸秆禁烧巡查和宣传教育，持续加大秸秆堆沤还田、粉粹还田等综合利用技术利用，全年出动人员1 000余人次开展巡查，全区秸秆综合利用率100%，无露天焚烧秸秆现象发生。

【农村人居环境整治】 全区结合实施幸福美好生活十大工程，制定《2022青羊区涉农区域人居环境整治提升行动方案》和《青羊区涉农区域"脏乱差"治理行动工作方案》，形成涉农区域人居环境整治、提升宜居品质工作机制；全面推进涉农区域公厕建设，加强环卫公厕日常管理，将公厕智能化监管纳入环卫指挥平台，提升公厕管理智慧化水平，全区涉农区域人居环境达到"四净三无二通一明"要求；加强涉农区域污水治理，开展河渠"四乱""六清"行动，集中解决磨底河、苏坡排洪渠、文家排洪渠等河渠乱占、乱采、乱堆、乱建问题；推进涉农区域垃圾处理，实行垃圾分类收运，强化散居垃圾清运，实现生活垃圾日产日清；推行涉农居住小区物业管理，推动村容村貌整体提升，督促涉农街道会同社区及辖区环卫公司定期开展大扫除，通过居民公约、"门前三包"等方式明确居民责任义务，改善人居环境。

【园林绿化建设】 以公园城市先行示范区创建为契机，推动园林绿化建设，提升"宜居青羊"品质；推进林长制落实，建立《青羊区林长制运行规则》等6项配套制度，构建区级、街道、社区三级林长制管理体系，全年各级林长巡林3 400人次，发现解决问题1 400个；构建全域公园体系，完成清水河绿道公园清波段市级新建"百个公园"示范工程和石人公园市级改造"百个公园"示范工程2.0版建设，新建天府绿道30千米，打造"上班的路""回家的路"50条，完成街道行道树提质增量30条，配合市级部门完成锦江绿道府河段建设，新增天府绿道健身新空间10处。实施"公园城市·花惠万家"社区公园创建，创建市级园林式居住小区1个、区级园林式居住小区7个，新建公园城市示范街区2个，新增立体绿化1.3万平方米，完成老旧小区（院落）绿化景观改造148个；加强绿化管护，全年开展修枝3 800余次、修剪灌木3.2万平方米、补栽绿植1.2万平方米、松土2万平方米、药物防治300余次。

【农业行业安全生产】 加强农业行业安全生产监管，对区域内粮食企业、兽药生产经营企业、动物诊疗机构、农业产业化龙头企业等64家企业在燃气、火灾隐患等方面开展专家排查，全年排查整改隐患116条；通过新媒体、专题培训和现场指导等方式对农业企业、动物诊疗机构进行安全生产宣传教育；常态化向交警部门提供农机车辆登记信息，配合交警对违规入城拖拉机进行宣传教育和整治。

【防汛救灾】 综合施策完善辖区防汛指挥机制，修订《青羊区防汛抗旱应急预案》《青羊区应对极端洪涝灾害总体工作方案》，分街道分行业绘制防汛隐患点位图和全区防洪图，各街道同步修订细化辖区应急预案、值守方案、人员转移方案等，全区形成统一指挥、专常兼备、上下联动、平战结合的依法管理依法行政指挥体系和应急机制；利用汛前组织完善城市内涝治理体系，实施管网检测，加强防汛隐患点位排查治理，全年开展管网病害治理50千米，疏掏雨污水管网5.94千米，清掏检查井27 566座，更换雨水箅子34个，提升辖区排水防涝、防洪减灾能力；开展防汛救灾物资储备，采取政府主导、分级负责、属地管理、社会参与模式构建1个区级、18个专项指挥部、12个街道办事处三级救灾物资储备体系，配设区级、基层应急物资储备库14个，配备防汛应急救援类、生活救助累应急装备3 000余台（套）；加强防汛值守，实施指挥部成员单位专人24小时防汛指挥值守机制，预警后安排专班对辖区河道、下穿隧道、低洼易淹区域、危旧院落、深基坑等点位巡查值守，第一时间应对险情，全年全区未发生重大汛情险情。

【涉农地区新冠疫情防控】 重视涉农区域新冠疫情防控，及时转发省、市农业农村部门关于涉农区域新冠疫情防控政策文件，组织区发改局、区卫键局等部门进入涉农街道、社区开展新冠疫情防控督察；在成都西站、青羊总部经济基地、万达青羊广场、鹏瑞利广场等人口密集区域增设核酸采样点；排查“城中村”、散居院落等涉农区域疫情防控薄弱环节，对人员流动管控存在漏洞等情况及时向属地街道沟通，共同做好防控工作；发挥行业牵头作用，动员组织全区农业产业化企业、宠物医院和兽药渔药企业加强全员核酸期间人员管理，落实“每日一检”要求；做好全域静默期间农产保供工作，派员调查核实全区14家应急蔬菜和禽蛋供应企业库存、运力、每日供货量等情况，掌握准确存量销量，保障全域静默期间蔬菜和禽蛋应急供应，同时组织专班开展保供车辆和人员应急通行证审核、办理。

【主要领导人】 区委书记：何勋；区人大常委会主任：戴夔；区长：冯胜；区政协主席：陈赋；分管农业农村工作副区长：彭茆。

青羊区编写组

金 牛 区

【基本情况】 2022年，全区辖13个街道1个省级工业开发区，辖区面积108平方千米。全区常住人口128.36万人，比上年末增加0.34万人，常住人口城镇化率100%。年末户籍人口78.24万人，比上年末增加0.47万人，户籍人口城镇化率100%。全年人口自然增长率1.02‰，出生人口性别比为109：100（以女性100计算，按户籍人口计算）。

2022年，全区实现地区生产总值1 499.1亿元，按可比价格计算，比上年增长0.6%，其中第一产业增加值0.1亿元、第二产业增加值270.3亿元、第三产业增加值1 228.7亿元。三次产业增速分别为6.9%、3.1%、与上年持平。三次产业对经济增长的贡献率分别为0.1%、96.2%、3.7%。三次产业结构比为0.01：18.03：81.96。按常住人口计算，人均地区生产总值115 740元，减少0.1%。

有中小学84所，其中小学49所、普通中学29所、职业中学4所、特殊教育学校2所；在校中小学生12.2万人，其中小学生7.7万人、初中生2.6万人、高中生1.2万人、职业高中学生0.7万人、特殊教育学生337人；幼儿园134所，在园幼儿3.3万人，学龄儿童入学率100%。在职中小学教职工0.9万人，其中专任教师0.8万人。

【年度农业和农村经济运行】 2022年，全区农林牧渔业增加值0.1亿元，同比增长10.1%。粮食产量0.06万吨，同比下降18.8%。

【精准扶贫】 编制完成《成都市金牛区对口帮扶甘孜州石渠县规划》，游牧民定居等20个项目建成投用；加快推进简阳市灵仙乡等3个乡农业产业园建设和邛崃市10个相对贫困村基础设施建设，群众增收致富能力稳步提升。

【主要领导人】 区委书记：周德强；区人大常委会主任：张映明；区长：唐华；区政协主席：刘蓉；分管农业副区长：方波。

金牛区编写组

武 侯 区

【基本情况】 2022年，全区辖11个街道71个社区，辖区面积75.36平方千米。全区常住人口121.98万人，增长0.3%，城镇化率100%；户籍人口67.98万人，其中男性32.67万人、女性35.31万人。全年出生人口7 686人，人口出生率11.3‰；死亡人口9 646人，人口死亡率14.2‰；人口自然增长率–2.9‰，人口机械增长率13‰。

2022年，全区实现地区生产总值1 372.7亿元，同比增长0.6%，其中第一产业增加值173万元，同比增长8.7%；第二产业增加值190.7亿元，同比增长3%（工业增加值72.4亿元，同比增长4.1%）；第三产业增加值1 182亿元，同比增长0.2%。人均地区生产总值112 710元，与上年持平。

社会消费品零售总额1 164.5亿元，同比减少3.7%。全社会固定资产投资总额429.3亿元，同比增长3.5%。引进到位内资总额180.1亿元，引进到位外资总额4.97亿美元。外贸进出口总额156.5亿元，同比增长11.3%。一般公共预算收入完成105.3亿元，同口径增长1.9%；一般公共预算支出98.1亿元，同比增长16.2%。城镇居民年人均可支配收入达58 172元，同比增长3.8%。科学技术投入2.23亿元，教育投入19.79亿元，文化、旅游、体育与传媒投入1.06亿元，社会保障和就业投入15.8亿元，卫生健康投入11.07亿元。有中小学校77所，在校学生101 347人。有卫生机构1 307个，病床位20 134张，卫生技术人员35 847人。贯彻执行省、市、区关于"一卡通"工作有关要求，发放移民后期扶持资金2.92万元，惠及大中型水库移民49人。

【农村集体产权制度改革】 全区以农村集体产权制度改革、农村集体经济融合发展为主线，探索符合武侯区实际的集体经济管理运行机制，不断完善集体经济组织治理机制，抓牢集体资产清查监管。组织召开全区农村集体经济管理工作会议，部署落实《四川省农村集体经济组织条例》及2022年度重点农村集体经济工作。制定武侯区贯彻落实《四川省农村集体经济组织条例》实施细则，按照市农业农村局《关于规范农村集体经济组织挂牌工作的通知》的要求，在相关社区规范加挂集体经济组织牌子。按照农业农村部"农村集体资产至少每年末开展一次资产清查"等要求，组织各集体经济组织开展2021年度清产核资，做好资产清查报表填报、公示、审核，完成"全国农村集体资产清产核资管理"系统内数据交汇。经统计，截至2021年年底，全区农村集体资产总额153 182.61万元，比上年增长21.48%，其中村级集体经济组织资产145 180.82万元、组级集体经济组织资产8 001.79万元；所有者权益（净资产）96 486.66万元，比上年增长18.68%。完成村级"三务公开"，开展农村集体资产联合检查。按照省、市关于农村集体经济组织登记赋码信息核对工作部署，完成农村集体经济组织登记赋码信息核对。截至2022年年底，全区有市级以上农业产业化重点龙头企业3家，其中国家级重点龙头企业1家（新希望集团有限公司）、省级重点龙头企业2家（四川省中医药大健康产业投资集团有限责任公司、四川省老邻居商贸连锁有限责任公司）；全区农业产业重点龙头企业固定资产净值约370亿元，企业营业收入约1 626亿元，纳税15亿元，带动农户23.452万户。

【高标准农田建设及动物防疫】 全区按照成都市高标准农田建设相关要求，在区环城生态区开展农田整治区拆迁和2 069亩目标农田整治，全年完成农田整治2 204亩；复垦复耕1 843亩，其中天府绿道集团实施1 611亩、武侯区自行实施232亩。开展全区春季犬猫等宠物疫病疫情监测与防治，"春防""秋防"期间，分别设立固定与流动免疫点位99个，开展信鸽养殖户圈舍消毒300余户，总面积18 000余平方米。为50 000余羽信鸽完成重组禽流感病毒（H5+H7）三价灭活疫苗注射，为20 000余只犬、猫注射狂犬疫苗。新增动物诊疗机构14家，变更换证12家。全区有动物诊疗机构57家。区水务局与成都市动物卫生监督执法支队、区综合执法局开展联合执法监管，规范动物诊疗活动，保障公共卫生安全。利用四川智慧动监信息化平台，为43家生猪运输企业和个体户办理二维码电子注册生猪运输备案表；运用国家兽药综合查询系统，提升兽药药政信息化管理水平，督促全区26家兽药经营企业实现兽药追溯率100%。严格落实官方兽医报备检疫和申报出证制度，实现全区动物检疫合格证明联网电子出证，依法依规出具动物检疫合格证525份。

【耕地保护与监管】 开展耕地保护田长制相关工作，召开区耕地保护暨田长制第一次会议，印发《关于成立成都市武侯区耕地保护工作领导小组的通知》，制定《武侯区关于全面推行建立耕地保护田长制的实施方案》。12月18日，上报227亩新增耕地并获认定。截至2022年年底，全区耕地保有量1 426亩，永久基本农田划定面积1 008亩。对全区耕地和基本农田进行全面实地排查，多次召开专题会和现场会进行部署，开展耕地撂荒及"非粮化"整改，整治荒芜耕地176.93亩，复垦复耕土地50亩。

【环境保护】 推进臭氧与PM2.5协同治理，统筹制定大气污染防治、臭氧防控行动工作方案及应急预案，区政府第一办公区和长寿苑社区入选成都市2022年度近零碳排放区试点。依托智能化大气环境监测管治平台打造智慧武侯环保特色场景，PM2.5平均浓度38微克/立方米，空气质量优良天数率达81.6%。制定印发大气污染防治工作行动方案、夏季臭氧污染防控行动方案、2022—2023年蓝天保卫战冬季战役方案，开展大气污染分类治理，加强餐饮油烟污染治理，在重点管控区域的中型以上餐饮企业安装100套餐饮油烟在线监测系统并联网，采用政府购买服务的形式，为辖区社会餐饮企业提供高效油烟净化设施升级改造服务。开展夜间建筑工地、地铁施工沿线周边、道路扬尘污染等多类别专项整治行动34次，整改各类扬尘污染隐患问题290余处。全面排查入河排污口，排查辖区2条干流和46条支流和沟渠，发现排水口320处，常态开展水质监测断面32个，辖区3个地表水考核断面水质达标率100%。土壤环境质量总体保持稳定，受污染耕地安全利用率100%。实施生态惠民示范工程重点项目9个，其中全国首座日处理垃圾2 000吨全地埋垃圾压缩转运中心、武侯区"水系连通"一期工程2个项目被确定为关键项目。分类完成对15家工业企业、110余家医疗机构、11家重点污染源在线监控单位、111家汽修单位的全覆盖帮扶监管。实施全区生态环境问题大排查“百日攻坚”专项行动，851件中央和省级环保督察交办信访举报问题完成整改844件，3个长江经济带生态环境突出问题全部完成整改。截至2022年年底，全区共有空气质量自动监测标准站12个、声功能区噪声自动监测点位7个，空气质量PM2.5浓度为38微克/立方米，水环境质量考核断面水质达标率100%，土壤质量保持稳定。

【生态建设】 全年建成“百个公园”示范工程2个，建成小游园、微绿地3个，打造“金角银边”示范点位20处，打造公园城市示范片区4个，公园绿地服务半径覆盖率90%以上。建成天府绿道30.7千米，打造“回家的路”社区绿道50条，完成66条街道行道树增量提质，新增立体绿化面积1.33万平方米，创建市、区两级园林式居住小区10个。年末全区绿地面积24.72平方千米，绿地率39.86%；全区绿化覆盖面积28.8平方千米，绿化覆盖率46.44%；人均公园绿地面积15.09平方米。组织开展大春、小春期间农作物秸秆综合利用和禁烧，禁止露天焚烧秸秆和生产生活垃圾，禁止向河道、沟渠抛弃秸秆和生产生活垃圾，出动禁烧巡查车600余台次、禁烧巡查人员1 200余人次，发放禁烧宣传资料4 000余份，悬挂宣传横幅30余条，在涉农社区张贴禁烧宣传标语200余条，发放禁烧宣传画报20余份。

【城乡环境综合治理】 结合全国文明典范城市创建，坚持问题导向，紧扣背街小巷市容秩序混乱、环境卫生及道路破损、设施缺失、线缆箱柜占道等开展专项巡查及督促整改，以改促教，全年打造一环路南四段19号小游园、潮音水岸等特色点位，以及智远大道、永康路“两拆一增”等示范道路；完成点位打造74处，增加绿化面积约7.6万平方米，增加开敞空间约12.5万平方米。摸索实施“大数据+物联网”的智慧城管模式，推动城市部件实现物联网化监管，在139栋楼宇建设景观照明集中控制平台；安装集中控制设备148套、视频监控设备89套，均接入市级控制平台；新增控制设备209套、视频监控设备53套，均预留接入市级系统平台端口。通过发动群众，广泛宣传，坚持以自拆为主、助拆为辅，聚焦住宅小区楼顶、专业市场、城郊接合部等重点区域推进违法建设拆除工作，打造浆洗街12号院、磨子巷4号院、太平南新街104号院、机投桥街道果堰片区等样板工程，创建龙采苑、锦上南庭、绿地GIC一期等无违建小区15个。全年拆除违法建设60.6万余平方米，拆除面积居全市首位，其中拆除存在严重安全隐患的违法建设2 632处38.5万平方米。

【城乡水环境综合整治】 武侯区国、省考及市考断面水质全部达标，全区水环境质量持续改善。全年排查整治河道动态排污问题点位115处，印发《武侯区下河排污口问题整改督办通知》41期，确保污水不下河。对治理完成的12条14段黑臭水体动态排污问题持续开展动态清零整治，初步实现“长制久清”。省环保督察组、市委督察室等先后检查武侯区黑臭水体治理情况，治理成效获得一致肯定。针对国家移交成都市的长江经济带涉水环境问题，制定《武侯区关于国家移交2021年长江经济带成都市生态环境问题整改任务清单》《武侯区污水治理三年攻坚行动实施方案(2022—2024年)》，完成涉及武侯区的3处生活污水直排和雨污混排问题整治；拆除14处河渠截污堰、24处雨水末端截污堰，完成1 500余户排水户雨污水管网改造工程；推动建成第五净水厂临时污水处理设施，较好解决污水冒溢问题。锦江、江安河、清水河、肖家河、高攀河、火烧堰、黄堰河、栏杆堰等重点河道年均水质标准均达到Ⅲ类。

【园林绿化】 推行建立林长制，提升林业园林资源保护力度，加强公园城市生态建设。新建天府绿道30.7千米，建成卧龙巷、郭家桥北街等“回家的路”“上学的路”50条，在郭家桥北街、临江东路等锦江公园等点位设置体育场地10处；完成武侯体育公园、铁佛公园(二期)2个成都市“百个公园”示范工程，建设碧云童乐角、白佛桥TOD小游园等小游园、微绿地5处，改造提升玉林东路小游园等老公园点位2个，营造宜居水岸金江明珠段、武侯区水韵园综合教育基地等公园城市示范场景50个；新增立体绿化1.3万平方米，完成菊乐路、碧云路等66条道路行道树增量提质，推进42个老旧小区绿化改造，营造中环路立交桥桥下空间、菊乐路北侧路旁空间等“金角银边”场景20个，打造航空路等公园城市示范街区2个，创建双楠社区、吉福社区等市级社区花园8个，金科博翠府、美泉悦府等市级园林式居住小区3个，西樾锦宸、阳光春天等区级园林式居住小区7个。实施机投桥街道一级保护银杏古树等9株衰弱及濒危古树复壮救护，设置观鸟点4处，创建武侯区水韵园综合教育基地、野趣生境省级自然教育基地2处。

【垃圾分类推进】 结合各街道实际，完善成建制工作实施细则，优化责任分工，打造映月花园垃圾分类示范小区、大悦城厨余垃圾分布式处理、“碳中和”小屋等典型示范项目。开展宣传引导，从中小学生和退休老人入手，通过学生带动家长、老人带动家庭，带动整个社会形成生活垃圾分类新时尚，营造“共建共治共管共享”氛围。小区入户宣传覆盖率达98%，生活垃圾回收利用率达38%，生活垃圾资源化利用率达86.6%。

【环城生态区建设】 武侯区环城生态区位于绕城高速武侯段两侧的带状非城市建设用地，总面积15.24平方千米。该区域东邻武侯新城，南接双流航空港，西侧为双流现代商贸区，北与光华新区接壤，涉及金花桥(13.16平方千米)、华兴(1.55平方千米)、簇桥(0.28平方千米)、机投桥(0.26平方千米)等4个街道18个社区93个组，常住人口约2.9万人，其中农业人口约2.5万人。2022年，武侯环城生态区围绕粮食安全战略，推进农田整治区复垦复耕，保障悦湖科技城等重点项目建设需求，完成土地拆迁面积约200万平方米。

【主要领导人】 区委书记：许兴国；区人大常委会主任：李燎；区长：景波；区政协主席：贺欣；分管农业副区长：刘莉。

武侯区编写组

成 华 区

【基本情况】 2022年，全区辖11个街道，辖区面积109.3平方千米。常住人口140.29万人，城镇化率100%。

【新型城镇化建设】 实施“中环牵引、纵横联动、组团优强”发展策略，加快构建“产城融合、功能彰显、生态宜居”的城市发展格局。坚持以功能导向优化城市空间组团，聚焦做优做强城市核心功能、特色功能，加快构建“五横五纵九组团”空间布局，完成“三区三线”划定，有序腾退低效工业用地419亩，推进蓉北商圈成华区、凤凰山成华片区、昭觉寺片区、中电锦江等区域城市设计，成都熊猫国际旅游度假区、金色中环、蓉北枢纽商圈3个示范片区被纳入全市“三个做优做强”首批重点片区建设。坚持以有机更新做美城市形态风貌，实施“6+6+8”城市有机更新项目，统筹抓好中环沿线13个片区更新和亚光小区等57个老旧小区改造，加快推进9个公园城市示范片区建设和6处工业遗产活化利用，全面完成6条“背街小巷”整治提升和5处公共空间、46个大运会线路点位品质提升，打造市级园林式居住小区4个、市级特色街区3个、“两拆一增”点位73个和全市“最美街道”2条，猛追湾片区城市更新经验被住房城乡建设部在全国推广。坚持以宜居宜业提升城市生活品质，全域构建“一屏一链四脉”公园体系，呈现杨柳公园二期等铁路沿线“绿丝带”景观，全年新建天府绿道33千米，新增绿地73.6公顷，规划绿地实施率达42%；推进城市立体交通体系建设，保障成渝中线高铁项目开工，加快推进地铁8号线、17号线、27号线建设，丛树配套道路四期等31条道路竣工通车，全面打通峨眉山路等5条“断头路”；开展“新一轮基础设施提质、公服设施攻坚”等专项行动，全年建成5G基站595个，基本实现5G网络连续覆盖；开工建设高车三路康养中心等公共服务设施项目20个，建成区公服设施规划实施率达到82%。坚持以绿色低碳引领城市转型发展，完善落实“碳惠天府”机制，新增绿色建筑110万平方米、装配式建筑240万平方米，建设充电桩2 000余个，居民小区生活垃圾分类覆盖率达100%，打造全省首批近零碳排放试点创建园区，获评“绿水青山就是金山银山实践先进单位”。推进两轮中央和省环保督察问题整改，开展生态环境问题大排查“百日攻坚”，打好污染防治攻坚战，全年空气优良天数284天，排名五城区第一；完成1 550户排水户内部排水管网病害治理，石湃渠等锦江重点小流域完成“消V”攻坚任务，主要河道出境断面水质优于省（市）考核标准；全区土壤环境质量总体稳定，创建为省级生态区。

【民生实事】 全区紧扣民生改善“保就业、保基本、保重点”，群众福祉稳步增进。践行以人民为中心的发展思想，解决群众急难愁盼问题，民生支出占一般公共预算支出稳定在70%以上，146件民生实事全面完成。坚持就业优先发展，打造2个示范性社区创业指导中心，开展“直播带岗”等各类招聘活动150余场，提供岗位13万余个，发放失业保险金、就业创业补助金上亿元。兜牢基本民生底线，城乡居民基本养老保险和医疗保险参保率分别保持在92%、98%以上，建成安置房2.28万套、筹集保障性租赁住房3 500余套，完成165个既有住宅自主增设电梯项目，投入帮扶资金3 100万余元助推丹巴乡村振兴。推进“教育强区”建设，新建续建学校（幼儿园）22所，年内竣工投用成都英才学校（高中部）等8所，新增优质学位1万余个，全区中小学骨干教师比例达65%，优质教育资源覆盖率突破85%，成华中小学教育整体质量跻身全市“一流方阵”，“双减”工作经验在全市交流推广。提升“健康成华”水平，与市六医院组建网格化城市医联体，新增2个政府举办社区卫生服务中心点位，区中医院新院区、锦官儿童口腔医院建成运营，全区三级医院达6家，成华区在2022年全市基本公共卫生服务及家庭医生签约服务考核中排名五城区第一位，连续4年入选全市健康城市建设实践十佳案例。加强“一老一小”服务，加快推进适老适幼化改造，建成2处省级民生实事社区养老服务综合体，投用区中医院香山长岛医养结合点位，完成全国医养联合基本公共服务试点中期评估，下涧槽社区获评全国示范性老年友好型社区；推动20个儿童友好社区建设，实现未成年保护工作站街道全覆盖、线上“儿童之家”社区全覆盖，成华区获评全市母婴安全保障工作成绩突出集体。

【主要领导人】 区委书记：赵春淦；区人大常委会主任：王德运；区长：袁顺明；区政协主席：周万生；分管农业副区长：邱洪。

成华区编写组

龙泉驿区

【基本情况】 2022年，全区辖10个镇（街道）123个村（社区），辖区面积557平方千米，其中建成区面积97.8平方千米。年末户籍人口总户数32.12万户，比上年增长3.4%。户籍总人口80.2万人，增长2.1%，其中男性39.5万人，占总人口的49.2%；女性40.7万人，占总人口的50.8%。乡村人口20.3万人，占总人口的25.3%；城镇人口59.9万人，占总人口的74.7%。全年出生人口9 464人，死亡人口8 664人，户籍人口自然增长率1‰。年末常住人口136.37万人，比上年增加0.75万人，城镇化率94.32%。

2022年，全区实现地区生产总值1 545.7亿元，全口径税收达421.83亿元。全年接待游客2 109.27万人次，增长14.2%；实现国内旅游总收入110亿元，增长8.7%。

【年度农业和农村经济运行】 2022年，全区实现农林牧渔业总产值49.9亿元，按可比价格计算，增长2.1%，其中种植业35.8亿元，增长9.8%；林业8.5亿元，增长2.3%；畜牧业0.46亿元，减少5.9%；渔业0.96亿元，减少3.8%。农村居民年人均消费性支出达26 132元，增长2.6%。城乡居民收入比值为1.46，比上年同期缩小0.01。

【种养殖业】 全区农作物播种面积15.4万亩，比上年增长5.1%，其中粮食作物播种面积4.6万亩，增长9%；经济作物播种面积10.8万亩，油料作物播种面积1.68万亩，增长3.5%。全年粮食总产量1.5万吨，增长6.6%；蔬菜总产量15.1万吨，增长1.2%；园林水果总产量14.2万吨，增长0.8%。生猪出栏1.06万头，增长25.8%。肉类总产量1 190吨，增长21.4%。

【农村社会保障】 全区有各种社会福利性收养单位23个，比上年增加3个；床位4 455张，增长7.3%。城乡居民养老保险参保人数11.72万人，参保率95.6%。城乡居民基本医疗保险参保人数46.7万人，增长0.4%。

【主要领导人】 区委书记：邱向东；区人大常委会主任：钟世全；区长：周健；区政协主席：张昌勇；分管农业副区长：王旭涛。

龙泉驿区编写组

青白江区

【基本情况】 2022年，全区辖5镇2个街道，辖区面积378.94平方千米，其中耕地面积19.91万亩、基本农田16.14万亩。年末总人口42.68万人（户籍人口）；人口出生率8.27‰，减少1.62个千分点；人口自然增长率-1.07‰。全区耕地有效灌面和保证灌面分别达到耕地总面积的66.57%和66.57%；本地水资源总量0.95亿立方米，人均占有水资源量187.75立方米。有林业用地0.513万公顷，有林地面积1.282万公顷，活立木总蓄积量54.36万立方米，森林覆盖率33.83%。

2022年，全区实现地区生产总值650.69亿元，增长2.9%，其中第一产业增加值15.88亿元，增长3.5%；第二产业增加值193.57亿元，增长2.9%（工业产值149.11亿元，增长2.1%）；第三产业增加值441.25亿元，增长2.8%。三次产业对经济增长的贡献率分别为4.1%、29.3%和66.6%。实现休闲农业收入9.36亿元。

公路通车里程955.094千米（其中乡村公路716.45千米），密度2.52米/平方千米。社会消费品零售总额157.8亿元，增长0.8%。地方公共财政预算总收入完成33.67亿元，减少5.4%；公共财政预算总支出116.77亿元，减少8.3%，其中乡村振兴投入6.88亿元。金融机构各项存款余额650.75亿元，比上年初增长6.83%；各项贷款余额428.81亿元，比年初增长18.39%，其中支持农业产业化发展项目贷款142.02万元。完成农业产业化项目26个，完成投资2 500万元。农业产业化龙头企业省级、市级分别为6家、3家。

有各类学校30所，在校学生49 121人，教职工3 991人（在编人员2 802人、非编人员1 189人）；普通高中4所，在校学生8 855人；十二年一贯制学校1所，在校学生3 739人；初级中学6所，九年一贯制学校4所，在校学生15 240人；小学13所，在校学生18 783人；学龄儿童入学率100%。有艺术表演团体49个，文化馆1个，公共图书馆1个，博物馆2个。有卫生机构272个，病床位4 872张，卫生技术人员3 927人。新型农村合作医疗参合人数207 310人，参合率98%；新型农村社会养老保险参保人数110 734人，参保率95.69%；被征地农民养老保险参保人数92 171人。

【年度农业和农村经济运行】 2022年，全区出台了《成都市青白江区"十四五"农业农村现代化规划》。实现农林牧渔业总产值26.16亿元，增长3.3%；全区全年农林牧渔业增加值达17.03亿元，增长3.5%。农村居民年人均可支配收入达31 422元，增长5.7%。全区农产品质量抽检合格率98%；建成6个基层农业综合服务站。全区主要农产品产量见表1。

【农业产业化发展】 全区以产业深度融合为着力点，采取政府引导、政策扶持、典型示范等措施，聚力标准化种养、农产品加工物流产业和三产融合发展。创建

表1　2022年青白江区主要农产品产量

主要农产品	单位	产量	同比增减(%)
粮食	吨	64 445	–0.7
水稻	吨	27 804	–3.4
小麦	吨	5 171	6.8
玉米	吨	17 474	–0.3
马铃薯	吨	3 409	–0.6
油菜籽	吨	10 073	–3.6
蔬菜	吨	235 541	3.9
水果	吨	43 726	5.0
肉类	吨	3 114	–9.1
猪肉	吨	1 663	–1.4
牛肉	吨	99	–36.9
羊肉	吨	81	–16.5
禽肉	吨	1 077	–11.9
兔肉	吨	194	–25.9
禽蛋	吨	2 657	6.2
水产品	吨	7 241	–5.0
牛奶	吨	8 244	50.3

市级及以上农业产业化重点龙头企业9家，其中省级龙头企业6家、市级龙头企业3家。发展“总部+基地”模式，依托农业产业化重点龙头企业，通过自建或与农户、合作社签订订单等方式，在省内外建立生产和原料基地40余万亩。

【农用地产权制度改革】 稳步推进农村土地“三权分置”，建立规范高效的“三权分置”运行机制，引导农村土地经营权规范有序流转。发展多种形式的农业适度规模经营，推动现代都市农业加快发展，助力全面实施乡村振兴战略，健全归属清晰、权能完整、流转流畅、保护严格的农村土地产权制度。2022年，青白江分公司累计交易鉴证13宗，面积1 091.35亩，交易金额20 962.32万元，其中闲置资产5宗、面积113.24亩，交易金额95.44万元；集建3宗、面积13.4亩，交易金额862.2万元；经营权3宗、面积787.9亩，交易金额2 531.85万元；整治1宗、面积176.81亩，金额17 420.22万元。

【农村集体产权制度改革】 深化农村集体产权制度改革，科学确认集体经济组织成员身份，明晰集体所有权关系，初步形成有效保护和发展农村集体经济组织成员合法权益的机制。逐步实现村级集体经济组织化管理，创新集体经济组织发展运行新机制，增强基层服务功能，巩固基层组织基础。以开展“拓宽新型农村集体经济发展路径”试点为契机，按照“组织引领、因村施策、要素赋能”思路，外聚合力、内挖潜力、激发活力，加快推动村级集体经济清零消薄。

【供销合作社改革】 完善体制机制。6月14日，召开区供销联社第七次代表大会，选举产生了第七届理事会、监事会。不断加强社有企业监督管理，明确项目管理流程，理顺企业职能职责。

夯实服务阵地。规范运营兴达公司等3个改制基层社，整合3个未改制基层社；新建及恢复镇（街道）、村（社区）基层社13个，镇（街道）供销社建成率达100%。参与领办农民专业合作社48个，提档升级各类便民服务网点32个，发展综合服务社49家，发展农民社员2 000余户，涉农覆盖率达100%。

深化社有企业经营“放、管、服”改革，以经理责任制为基础，以经营目标激励为导向，以管好社有资产和集体资金为抓手，以实现社有资产保值增值为目标，按照“责、权、利对等”的原则，将职工待遇与企业业绩挂钩，加强内部挖潜，激发社有企经营活力。推动企业管理手段和经营理念的转变，提升社有企业现代化运营水平，通过理事会集体决策、监事会监督提醒等方式把握社有企业发展“姓农、为农、务农”的大方向。

【农产品品牌战略实施】 完成“青溯”区域公用品牌包装升级设计，印制1 000套包装盒；累计授权17个经营主体21项产品使用“青溯”商标；累计建设“青溯馆”4处。

【现代农业园区建设】 青白江区姚渡片区十万亩粮油产业园区创建为市级四星级现代农业园区，弥牟镇粮油现代产业融合示范园区创建为市级三星级现代农业园区。

【种植业】 全区水稻种植面积3 467公顷，产量27 804吨；小麦播种面积1 020公顷，产量5 171吨；玉米播种面积3 300公顷，产量1 747吨；油菜种植面积3 644公顷，产量10 073吨。全区实有果园面积3 336公顷，产量37 997吨。

【林业】 林业生产。开展林木新品种引进，完成引进黄花风铃木、楠木树种两个，在福洪镇字库社区共栽植苗木64株；推进龙泉山油橄榄产业扩面试点，完成基地日常管护、科研观测、测试分析和成果汇总总结等年度任务；实施青白江国际木材加工贸易园区提升，完成监管仓新建、楼顶广告牌制作、司机之家改造和木文化馆提升等建设任务。

林业资源管理。印发《关于进一步加强涉林项目管理工作的通知》，要求各镇（街道）、区级各部门、各平台公司加强对涉林项目的管理。编制青白江区"十四五"期间林地定额（2021—2035）规划。拟定2022年青白江国家森林督查违法使用林地、毁坏林地、毁林开垦等项目情况说明书，通过市上组织的案情分析会，已全部移交林政科开展案件查处。开展森林督查，其中2022年第一批森林督查国家下发督查图斑212个、面积87.156 3公顷；2022年第二批森林督查国家下发督查图斑155个、面积53.866 5公顷；2022年草原督查涉及图斑62个。开展森林监测，其中2022年第一批森林监测工作涉及图斑272个、2022年第二批森林监测工作涉及图斑202个。开展2022成都平原耕地保护涉林草专项整治调查，对全区专项整治涉及的情况进行了现场调查，涉及图斑3万余个。

林权制度改革。根据《国家林业和草原局办公室关于同意将晋城市等5市确定为全国林业改革发展综合试点市的函》（办函改字〔2021〕36号）和《四川省人民政府办公厅关于做好全国林业改革发展综合试点工作的通知》（川办函〔2021〕45号）精神，结合成都市林业改革发展综合试点市实施方案安排的改革任务要求，全区谋划推动试点改革，编制改革规划2022—2025年实施方案、2022年改革工作要点。根据省社科院、市农林科学院专家等的意见建议，经过多次修改完善后，以区政府名义印发《青白江区林业改革发展综合试点实施方案（2022—2025年）》，以林长办名义印发《青白江区林业改革发展综合试点2022年改革工作要点》。上报改革典型案例两篇——《青白江区创新构建"3+3+3"运营制度助推木材加工贸易产业园区高质量发展》《"人—林—产"联动：青白江区推进龙泉山生态价值转化的林业改革探索》。推进林长制改革，印发《青白江区全面推行林长制工作方案》《关于设立青白江区林长、常务副林长、副林长及区林长制办公室的通知》，建立起区、镇（街道）、村（社区）三级林长制组织责任体系，并设立林长制办公室。

【畜牧业】 开展养殖场、屠宰场废弃物综合利用监督、指导工作，累计检查养殖场（户）、屠宰场等280家（户）次，并针对发现的问题以清单形式向养殖企业及相关镇（街道）反映并建立问题整改销号台账，全区畜禽粪污综合利用率达95%以上。指导养殖企业向规范化、标准化、绿色健康养殖发展，指导金山洋养殖专业合作社及龙瑞果蔬2家规模场创建为市级示范场。全面做好"菜篮子"保供任务，生猪出栏2.5万余头，家禽出栏63.3万羽（只）。加强安全生产，开展畜禽养殖场户、饲料企业、兽药经营企业、奶站及屠宰企业等日常安全工作检查320余次；通过微信公众号推广安全知识5期；开展安全知识集中培训2次，指导各类经营主体做好安全生产工作。

【水产业】 开展水产绿色健康养殖技术推广"五大行动"，完成全区215家50亩以下的水产养殖基地质量安全快速检测，均合格。对全区148家水产养殖场（户）进行水质定量检测，全面掌握全区养殖水质情况。持续开展"规范用药科普下乡"活动，聘请专家开展水产绿色健康养殖技术理论和现场培训，发放各类宣传资料1 200余份，发布水产病害防治知识8期，培训水产养殖场（户）50余人次、监管员64人次。开展绿色健康养殖模式推广，完成4个共计390余亩养殖池塘标准化改造和养殖尾水达标治理，实现养殖尾水达标排放或循环利用。因地制宜开展水产新品种引进、试验和推广，引进岩原鲤、翘嘴红鲌等新品种2种。加快推进水产养殖模式转型升级，开展绿色高效集约养殖，实施"鱼—菌"轮作生态养殖技术模式推广试点2个。全年水产品总产量7 241吨，实现渔业经济总产值4.52亿元。

【乡村振兴】 全区纵深推进现代农业农村改革，稳步实施美丽宜居乡村建设，加快推进都市现代农业开放发展，全区农业稳产增产、农民稳步增收、农村稳定安宁，获评全省乡村振兴成效显著区。

坚持党对"三农"工作的全面领导。严格落实"五级书记抓乡村振兴"要求，区委常委会、区政府常务会先后20余次部署、安排和协调乡村振兴重要工作、"三农"重大问题，研究制定乡村振兴配套政策措施。严格落实财政投入优先保障和土地出让收入用于农业农村的要求，一般公共预算安排乡村振兴资金7.2亿元。严格落实粮食安全、耕地保护党政同责，全面推行田长制，坚决遏制耕地"非农化"、基本农田"非粮化"。

加快完善都市现代农业产业体系。初步构建优质粮油、精品果蔬、特色水产、经济林业四大保障性产业和农产品精深加工、进出口贸易、冷链物流、专业服务、休闲农业五大引领性产业"4+5"现代农业产业体系，精准招引落地穗穗佳现代粮油、大茂雄大湾区"菜篮子"贸易总部等农业全产业链融合发展项目，姚渡片区十万亩粮油产业园区获评成都市四星级现代农业园区，弥牟镇粮油现代产业融合示范园区获评成都市三星级现代农业园区。

提升农业对外开放合作水平。铁路港粮食、肉类口岸常态化运行。国际木材加工贸易园获评全市首个国家林业产业示范园区。"出口贸易在港区、生产基地在市（州）"的农业区域合作模式创新不断拓展，全区与攀枝花市、雅安市汉源县等20余个省内优质农产品产区开展合作，开行夹江茶叶专列3列。

持续深化现代农业农村改革创新赋能。推动新型农村集体经济发展路径创新，优化农村人居环境治理维护机制，加强"三社合作"促进村级集体经济组织发展等国家级改革任务，创新构建"3+3+3"运营制度林业改革案例被省林草局全省推广。做好两项改革"后半篇"

文章，编制完成欧洲产业城、青新都市农业发展镇级片区和杏花、壁峰村级片区国土空间规划方案。农村土地“三权分置”改革持续拓展，发放农村土地承包经营权证8.2万本，确权面积24万余亩，全区土地适度规模经营率达79%。

推动乡村生产生活生态协调发展。推动实施“厕所革命”和污水、垃圾治理，完成户厕改造“回头看”4.5万户，全区农村无害化卫生厕所普及率达93.5%，20户以上农民集中居住区生活污水处理设施覆盖率达100%，农村生活垃圾收转运处置体系覆盖率和无害化处理率均达100%。开展农村自建房安全整治行动，打造形成港城大道美丽乡村特色风貌示范线路。全面落实河（湖）长制度，纵深开展“清河护岸净水保水”行动，实施毗河、西江河河流健康评价，全区水环境整体质量全面提升。

【乡村旅游】 推荐城厢镇十八湾村参选全国最美休闲乡村，推荐十八湾村、我的田园被评选为2022成都市农商文旅体融合发展乡村消费新场景。弥牟镇狮子村（粮油）、姚渡镇凉水村（伏季水果）获评市级“一村一品”示范村。

【农村水利】 为践行“节水优先、空间均衡、系统治理、两手发力”新时期治水思路，按照“先建机制、后建工程”要求，配套完善工程体系，着力创新体制机制，转变农业用水方式，不断提升农业用水效率，全面提高农业用水精细化管理水平。实施河渠整治等项目，总投资1 400余万元，整治沟渠10余千米，整治人工湖2座。指导新成立的8个农民用水协会落实田间管护职责，投资10余万元，聘请第三方运维单位运行管护全区水价改革系统，会同属地镇（村）宣传水价改革政策，营造良好的社会氛围。总投资240余万元，完成弥牟镇白马村、大同街道青龙村2个“水美乡村”的创建。

【农业机械化】 全区有农机专业合作社7个，有农机原值500万元以上的合作社1个、粮食烘干中心3个；农业机械总动力达87 426千瓦；常年提水保灌面积3 370公顷。全年共推广各类先进适用新型农机具71台，其中拖拉机28台、旋耕机21台、秸秆粉碎还田机3台、微耕机7台、水稻插秧机1台、自走式谷物联合收割机6台、碾米机2台、埋茬起浆机3台。全区100马力以上拖拉机拥有量增长较快，截至2022年年底，已累计拥有52台。

农机管理。为做好全区拖拉机和联合收割机安全技术检验工作，保障农业安全生产，区农业农村局履行监督职责，严把安全检验、考试考核、牌证核发等源头监管，保障了全区农机生产安全。签订2022年农村机电提灌站安全生产工作责任书126份、农业（农机）生产企业安全生产工作责任书2份；开展农机安全生产检查20余次，协助市上三方机构开展安全生产巡检2次，并对检查出的问题督促整改完毕。全年新注册轮式拖拉机28台、轮式拖拉机运输机组1台、联合收割机7台；转出辖区5台，转入辖区2台；注销变型拖拉机4台、轮式拖拉机26台、轮式拖拉机运输机组12台；年检轮式拖拉机77台、轮式拖拉机运输机组83台、联合收割机12台；拖拉机驾驶证新考试核发4人，增驾1人，到期换证57人，注销108人。配合区公安分局开展道路执法检查24次，检查从事道路运输的拖拉机36台；督促驾驶员处理违章记录42次。组织开展农机安全培训1次，参训人员83人；开展安全生产月宣传活动2次，发放《农机安全生产知识读本》《拖拉机安全操作规范》《微耕机安全操作规范》等资料510余份；不定期发送安全提示短信10次，接收人员4 500余人。组织开展机耕、机播、机收、机械植保、农产品初加工、跨区作业等服务，支持农机专业户、农机专合组织及农业经营组织发展，促进全区现代农业的发展。全年完成机耕面积19 180公顷、机收面积8 448公顷、机播面积7 786公顷（其中插秧面积3 066公顷）、机械植保面积9 457公顷、机械脱出农产品数量6.98万吨、机械化秸秆还田面积11 360公顷、跨区作业面积7 084公顷，主要农作物耕种收综合机械化水平达81.94%。2022年获评“全国第七批率先基本实现主要农作物生产全程机械化示范县”。

【农村科技】 依托“青科荟”品牌，开展形式多样的科普活动。举办外国专家科学讲堂暨VIPKID外国专家科普公益课堂。5月31日—6月1日，区科协邀请到西双版纳热带植物园教授、大型兽类多样性与保护研究组负责人（PI）Ahimsa Campos-Arceiz，广西大学林学院教授、生态、进化及发育研究组负责人（PI）Madhava Meegaskumbura，广西大学林学院副教授、再生生态学、种子生物生理学与保护实验室负责人（PI）Uromi Manage Goodale，成都大熊猫繁育研究基地动物行为研究员James Edward Ayala为同学授课，活动通过“线上+线下”的形式，围绕大象、中国特有的金线鲃属岩鱼、兰花的神秘世界、大熊猫等主题，在六一儿童节为学生送上科学盛宴。举办科普研学活动。5月21日，区科协联合区妇联开展的“科普研学游”活动在成都丰科生物科技有限公司举行，来自全区20余名青少年参加活动。活动通过“实地参观+科普课堂”的形式开展，向青少年普及食用菌工厂化栽培技术相关科普知识；通过“动手做”的形式，为青少年发放食用菌种植包，让青少年亲自种植、观察并记录。开展“送科技下乡”活动，通过“三下乡”活动、全国科普日活动、绿道科普活动等，组织科技志愿者开展农业科普知识宣传，发放宣传资料8 000余份，受众30 000余人。

突出协会优势，开展调研活动。2月17日，受中航安盟保险公司“鱼菌轮作”科技创新项目的邀请，四川大学建筑与环境学院、四川省农业科学院水产研究所、四川农业大学、青白江区农业农村局、成都市老科协、青白江区老科协的行业专家、教授以及《四川日报社》、中航安盟保险公司、水产行业协会、水产养殖企业40余人到姚渡镇芦稿村14组成都市青蓝台湾农业开发有限公司、中航安盟保险公司“鱼菌轮作”项目基地参观、调研创新农业“鱼—菌”轮作种养循环新模式。5月26日，区科协联合区老科协到清泉镇逍遥坪村开展调研，区科协副主席白莹，区老科协会长施尚泽、副秘书长付华丽、果树专家赵琼英等6人参加调研。

构建多元传播体系，宣传农技科普知识。发展终端信息平台，整合新媒体资源，用好科普微博、“青白江科普”官方微信公众号、头条号等平台，发布科学种养殖知识等。加快推进科技志愿服务平台建设，成立区级科技志愿服务队伍并在科技志愿服务信息平台注册，不断引导农业专家、科普志愿者等科技人才加入科技志愿者队伍，开展科技志愿服务活动，助力农民科学素质提升。

【农村教育】 全区围绕“陆海联运枢纽、国际化青白江”发展定位，推进“双减”工作，稳妥推进党组织领导的校长负责制落地落实，教学质量实现新突破，惠民教育取得新进展，素质教育开创新局面。完成大弯小学南校区、陆港一小、川化中学校舍改造等9个项目建设，加快推进龙王幼儿园、同福学校、大弯幼儿园等12个在建项目建设，华逸实验小学、金同实验小学、欧洲产业城小学等6个项目开展前期工作；坚持教育均衡化发展，完成“全国义务教育优质均衡发展区”创建省级评估。

特色示范校创建。城厢学校和日新小学通过自查整改、区级评估、市级评估等，于11月18日接受成都市专家现场评估，于12月16日正式被命名为成都市“新优质学校”。

教育帮扶。全面贯彻落实国家资助政策，全年开展11个学生资助项目，资助学生10 506名，涉及资助资金1 308.5万元。其中，减免837名家庭经济困难幼儿保教费75.5万元；为64名家庭经济困难的幼儿提供帮困助学金14.168万元；为2 647名义务教育阶段家庭经济困难学生提供生活费补助金240.95万元；为659名家庭经济困难的普通高中学生提供助学金129.58万元；免除1 735名公办中职学校成都籍学生及非成都籍但家庭经济困难学生住宿费101.1万元；10名中职学生获得中职国家奖学金6万元；为323名生源地学生提供助学贷款327.656 5万元，实现“应帮尽帮、应助尽助”，不让一个孩子因家庭经济困难而失学。

普惠性民办幼儿园建设。新开办公办幼儿园2所，新增公办学位720个。公办幼儿园在园幼儿占比达62.8%，普惠性幼儿园覆盖率占比达90%。

幼儿园特色项目建设。组织11所幼儿园开展特色项目创建终期评审，评审出3名一等奖、5名二等奖、3名三等奖，幼儿园特色项目创建获得专家好评，幼儿园特色更加鲜明，办园质量不断提升。

【农村文化】 完成区文化馆、大同街道综合文化服务中心等文化空间提升，打造基层综合性文化服务中心市级示范点2处，完成全市第五次镇（街道）综合文化服务中心评估定级，公共文化设施服务网络不断完善。创新服务模式，开展文图总分馆服务项目，在分馆开展艺术普及培训、全民阅读等服务，推动优质资源向基层延伸，打通服务群众“最后一公里”，区文化馆获评省全民艺术普及示范基地并获得优秀公共文化空间案例奖，区图书馆“书香绣川”全民阅读获评全市全民阅读类优秀案列。常态化举办放歌青白江、绣川讲坛、百村文体等文化惠民活动3 000余场，开展“订单式”市民文化艺术培训1 200余班次，群众获得感、幸福感大幅提升。制定出台《成都市青白江区精品文艺作品创作奖励扶持办法（试行）》，激发广大文艺工作者、爱好者创作热情。深化原创音乐剧《蜻蜓眼》成果运用，开展驻场演出10场。

【农村卫生】 推进“健康青白江”建设，持续推进项目建设，推动姚渡镇卫生院建设，提升医疗硬件能力，全区有基层医疗机构10个、社区卫生服务站1个、公益性村卫生室109个。持续开展基层医疗机构创建，“优质服务基层行”10家基层医疗机构全部达到基本标准，6家达到推荐标准，4家完成四川省社区医院建设，2家完成四川省县域医疗卫生次中心建设，3个基层临床科室被评为“成都市第一批基层临床特色科室”“四川省基层临床特色科室”。做实妇幼健康服务，深化实施农村适龄妇女免费“两癌”筛查项目，完成率达106.8%，推进在校适龄女孩HPV疫苗接种，已接种HPV疫苗首剂2 563人，接种率达96%。加强基础公共卫生和家医人才队伍建设，发挥基层医疗卫生机构“网底”和家庭医生健康“守门人”的作用，组织8名乡村医生参加成都市骨干乡村医生培训，44名乡村医生参加区级培训，将乡村医生管理制度纳入基本公共卫生考核体系。全人群家庭医生签约率42.95%，其中城乡低保、“五保”人群签约率100%，2022年全区基本公共卫生服务项目及家庭医生签约服务市级评价获得第1名。开展爱国卫生运动，改善农村人居环境建设，2022年创建省级卫生单位2家、省级无烟单位3家，创建市级健康乡镇1个、市级健康村（社区）5个、农村星级院落12个。

【农村法制建设】 区司法局以推进乡村振兴、加强农村法治建设为总体目标，实现全区83个村（社区）法律顾问、有效覆盖，为农村地区群众提供法治讲座、宣传107场次，免费解答法律咨询4 939人次；参与疑难重大民间矛盾纠纷调处78起；开展村务“法治体检”95次，审核村规民约、合同协议199份，提供法律意见300条、其他法律帮助79件。区公服中心发挥法律援助职能优势，为农村群众提供法律援助服务。畅通12348法律服务热线、组织律师在区公共法律服务中心值守热线，在线解答城乡群众关于农民工工资、劳动合同、婚姻家庭、赡养等方面的法律问题；开展根治欠薪“飓风”行动，为农民工群体开通法律援助“绿色通道”，实行优先受理、优先审批、优先指派。协同区住建局、区公安分局等部门，建立农民工欠薪联动处置机制，在春节时期派驻工作人员入驻区清欠办，将法律援助咨询和受理窗口前移，第一时间共同解决农民工欠薪等问题。2022年共办理涉农民工讨薪、工伤等案件100件次，涉及金额140余万元。

加强乡村普法与依法治理。开展农村法治阵地建设，优化"法律之家"建设思路，结合全区实际，打造1个涉农社区"法律之家"（姚家渡社区"法律之家"），弥牟镇白马村法律之家、城厢镇十八湾村刘家巷党建法治示范院、大同街道界牌村基层文化服务中心获评四川省首批农村法治教育基地，并依托法治阵地组织开展法律进乡村活动280余场。整合资源，在全区开展"法律明白人"培养，通过遴选、培训、考核、建档使用等各环节，共培养"法律明白人"249名，实现全区83个村（社区）全覆盖，联合区农业农村局培育31户农村学法用法示范户，拓宽基层依法治理工作的路径，壮大基层依法治理的队伍。借鉴城厢镇十八湾村、福洪镇杏花村国家级民主法治示范村的创建经验，指导大同街道新峰社区开展省级民主法治示范村（社区）创建，9月获评第一批省级民主法治示范村（社区）创建。

发挥人民调解作用。全区镇、村两级人民调解委员会践行"枫桥经验"，以"小事不出村、大事不出镇、矛盾不上交"为目标，以化解矛盾纠纷和农村法治建设为出发点和着眼点，发挥人民调解工作"第一道防线"作用。利用人民调解扎根基层、贴近群众、熟悉社情民意等优势，以人民调解委员会为"主阵地"，开展矛盾纠纷排查和化解；鼓励和吸纳网格员、社区工作者、志愿者、乡贤理事等人员参与人民调解工作，最大限度调动群众参与社会治理的能动性、积极性，形成矛盾纠纷化解合力。2022年，全区镇、村两级人民调解调解委员会成功调处矛盾纠纷1 720件，成功率达100%。

【农村交通】 大石路（青白江大道至呈祥大道段）改（扩）建工程。项目于2021年3月开工，2022年10月底完工通车，对既有大石路进行加宽改造，按城市主干道、双向六车道建设，长2千米，红线宽50米，总投资2亿元。该道路建成后将不断完善青白江区交通路网，改善区域交通条件，促进公铁有机衔接，分担铁路港南向交通压力，实现青白江先进材料产业功能区和新都现代交通产业区的产业互补，为区域的发展提供良好的基础设施服务。

青白江区干线公路增设路灯工程。项目于2021年10月开工，2022年1月已建成亮灯。主要在青南大道、大件路东绕线、唐巴路（城厢段）和桂红路人和场镇段增设路灯，道路总里程约33千米，增加约1 500盏，总投资5 000万元。项目完成后解决了照亮居民出行"最后一公里"问题，提高了路灯亮化水平。

交通安全隐患整治工程。项目于4月开工、8月完工，对全区所有国省干线、农村公路约320处安全隐患进行整治，主要包括对达不到现行标准要求的交通标识进行补充完善；对平面交叉口进行优化调整、增设信号灯；对临水临崖路段增设防撞护栏、隔离护栏等安全设施，对低标准道路进行提档升级，总投资2 100万元。项目完成后将进一步增加道路安全性，提升群众出行安全系数，保障群众的生命财产安全，对过往行车起到了安全防护、警示提醒作用。

福洪镇杏油路改（扩）建工程。项目于2021年7月开工，2022年2月建成通车。将现状6.5米宽杏油路改（扩）建为7.5米宽，改建长度约4千米，总投资1 600万元。该道路改建后不断改善区域交通条件，提高道路通行率及舒适度，提升行驶质量和道路交通形象，为区域的发展提供良好的基础设施服务。

【涉农招商引资】 围绕"4+5"产业体系，包装策划"白马·源"特色林盘、西平半山客家风情街等项目16个。到外地（含视频）拜访深圳市大茂雄贸易有限公司、贵州富之源供应链有限公司、四川不二隐庐管理有限公司等目标企业12家，签约引进四川供销现代种业园区等总投资17.68亿元的农业产业化项目8个。

【农村社会保障】 城乡居民基本养老保险全业务下延至各镇（街道）便民服务中心，提升就近就地办理社保服务水平。截至2022年年底，城乡居民基本养老保险参保人数110 734人，覆盖率保持在95%以上。为全区1 919名符合条件的贫困人员代缴城乡居民养老保险费192.59万元，确保符合代缴条件贫困人员"应缴尽缴""应享尽享"。及时完成待遇核定和发放审批工作，确保待遇按时足额发放，惠及城乡居民养老待遇领取人员39 795人。稳慎推进被征地农民养老保障，确保即征即保、分类施保、应保尽保。

【农村生态建设及环境保护】 农村黑臭水体治理。通过"自主排查—部门认定—深入整治—群众回访"四环节闭环推进黑臭水体治理；将农村黑臭水体治理要求纳入村规民约，鼓励村民参与治理和运行管护。持续跟踪已完成的农村黑臭水体水质变化情况，持续对已完成整治的黑臭水体点位开展监测，确保黑臭水体治理效果不反弹，全区农村黑臭水体基本实现"动态清零"。

农村生活污水治理。采取"就近纳管+合理建站+散户治理+户厕改造"方式，分类开展农村生活污水治理。针对集中居住区，建设乡（镇）污水处理厂、微型污水处理设施并聘请第三方专业机构定期统一管理维护并达标排放；针对农村散居院落，依托"资金补贴+镇（街道）自建"方式建设无动力生活污水处理设施，实现资源化利用。全区20户以上的农民集中居住区生活污水处理设施覆盖率达100%、行政村生活污水有效治理率达91.8%。

【农产品质量安全监管】 开展新农安法宣贯、农产品检验检测、品牌化建设、农产品追溯和标准示范等工作。全年开展农残定量检测812个，合格率99.63%；开展农残快速检测9 274个，合格率100%；培育绿色优质农产品，新认证绿色食品14个；全区入驻国家（省级）追溯平台311家，主体开具合格证17万余张；开展豇豆农药残留突出问题攻坚治理工作，累计有23家豇豆生产经营主体被纳入主体名录管理，并完成豇豆农残快检80批次，合格率100%。开展国家现代农业全产业链标准化示范基地创建工作，全区已被农业农村部纳入第一批农业高质量发展标准化示范项目。

【农村留守儿童帮扶】 截至2022年年底，全区共保障农村留守儿童1 306人次，累计签订《农村留守儿童委托监护责任书》120份，健全完善农村留守儿童档案信息和儿童主任每月巡查台账1 306次，开展基层儿童工作者业务培训会2次。利用春节、儿童节等节日开展走访慰问、心理辅导、爱心帮扶等关爱服务活动；推动“青葵守护”“197棵泡桐”和“你知我心”等多个关爱留守儿童、帮扶涉罪未成年、促进儿童成长项目有序开展；探索“5个1”驻校社工项目新模式，聚焦儿童心理健康，以7所学校为阵地为农村留守儿童提供精准化服务。

【返乡创业与就业】 开展“就业援助月”“春风行动”等系列公共就业服务活动，全年组织开展各类现场及专场招聘会183场，累计为4 567家次企业提供就业岗位12.4万余个次，全年农村劳动力转移输出规模达69 410人。抓好“双创”载体发展层级提升，建成市级创业孵化基地1个，推选成都丰科生物科技有限公司、成都时代创绿园艺有限公司获评成都市乡村振兴就业创业基地。加强各项创业扶持政策落实，为返乡农民工发放创业补贴6万元，开展补贴性返乡下乡创业培训393人。

【主要领导人】 区委书记：池勇；区人大常委会主任：罗文川；区长：王林；区政协主席：冯静；分管农业副区长：窦川。

青白江区编写组

新 都 区

【基本情况】 2022年，全区辖7个街道2镇184个村（社区），辖区面积496平方千米。年末常住人口157.7万人，比上年末增加0.6万人，增长0.4%，其中城镇常住人口123.8万人，常住人口城镇化率78.5%。年末户籍人口86.9万人，比上年末增加1.3万人，户籍人口城镇化率76.1%。

2022年，全区实现地区生产总值1 032.6亿元，按可比价格计算，同比增长2.1%，其中第一产业实现增加值23.1亿元，增长3.7%；第二产业实现增加值328.2亿元，增长6.3%；第三产业实现增加值681.3亿元，增长0.2%。三次产业结构比为2.2：31.8：66。三次产业对经济增长的贡献率分别为6.9%、86.7%、6.4%。

全年地方一般公共预算收入完成64.3亿元，下降11.3%，其中税收收入48.4亿元，下降1.8%，占一般公共预算收入的比重为75.4%；一般公共预算支出93.2亿元，下降8.6%。

【年度农业和农村经济运行】 2022年，全区实现农林牧渔业总产值35亿元，按可比价格计算，比上年增长3.5%。

【种养殖业】 全年农作物播种面积56.4万亩，下降0.5%。其中，粮食播种面积29.8万亩，增长1.4%；经济作物播种面积26.5万亩，下降2.6%（油料作物播种面积9.2万亩，下降1.1%；蔬菜及食用菌种植面积15.5万亩，增长3.3%）。粮食产量14万吨，油料产量1.6万吨，蔬菜及食用菌产量35.8万吨。生猪存栏1万头、出栏2.6万头；肉类产量0.9吨，增长3.6%。

【主要领导人】 区委书记：王忠诚；区人大常委会主任：吴彬；区长：魏柯；区政协主席：李勇；分管农业副区长：杨金华。

新都区编写组

温 江 区

【基本情况】 2022年，全区辖9个街道，辖区面积277平方千米。全区常住人口99.87万人，比上年末增加0.83万人，增长0.8%，其中城镇常住人口78.89万人，常住人口城镇化率79%，比上年末提高0.87个百分点。户籍人口57.35万人，比上年末增加1.76万人。全年出生人口7 576人，死亡人口3 689人，人口自然增长率4.43‰。

2022年，全区实现地区生产总值717.11亿元，按可比价格计算，比上年增长3%，其中第一产业实现增加值23.89亿元，增长3.3%；第二产业实现增加值260.78亿元，增长4.1%；第三产业实现增加值432.44亿元，增长2.3%。三次产业结构比为3.3：36.4：60.3。三次产业对经济增长的贡献率分别为4%、48.8%和47.2%。按常住人口计算，人均地区生产总值72 104元，增长1.4%。全年接待游客1 702.58万人次，实现旅游综合收入115.62亿元。

全年实现工业增加值209.17亿元，

比上年增长4.5%，对经济增长的贡献率为42.8%。全社会固定资产投资比上年增长5.2%。社会消费品零售总额173.9亿元，比上年增长0.4%，其中城镇实现零售额141.68亿元，增长0.7%；乡村实现零售额32.25亿元，下降0.9%。

公路里程818.76千米，其中等级公路806.76千米、高速公路26.96千米。年末机动车保有量24万辆。全区全年客运量2 353.5万人次（不含地铁），货运量3 085.5万吨。全年完成邮电主营业务收入10.71亿元，比上年增长5.9%。有移动电话用户124.26万户，增长5.1%；互联网注册上网用户55.69万户，增长9.1%。全年财政总收入213.46亿元，比上年增长2.6%。地方财政收入115.42亿元，下降11.7%，其中一般预算收入完成52.44亿元，自然口径增长4.2%，扣除留抵退税等因素后增长5.3%；税收收入41.79亿元，自然口径增长3.7%，扣除留抵退税等因素后增长4.1%。全区财政支出160.09亿元，增长9.5%，其中一般预算支出78.18亿元，增长13.2%。全年实现金融业增加值54.55亿元，比上年增长4.4%。年末金融机构本外币存款余额1 123.24亿元，增长7.2%，其中住户存款余额791.45亿元，增长16.6%；金融机构本外币贷款余额830.67亿元，增长13.7%。

有幼儿园167所，在园幼儿3.34万人，专任教师2 895人；小学17所，在校学生6.09万人，专任教师3 469人；普通中学24所，在校学生3.1万人，专任教师2 599人；学历类高校（含高职院校）9所，在校学生12万人，教职工1.2万人。全年有效发明专利拥有量2 541件，其中高价值发明专利拥有量1 232件，每万人口高价值发明专利量10件以上。有公共图书馆1个，剧场、影剧院16个。有医院66个，其中实体医院25个、互联网医院41个；基层医疗卫生机构669个，其中社区卫生服务中心（站）17个，卫生院5个，村卫生室145个，门诊部84个，诊所、卫生所、医务室412个；专业公共卫生机构2个，其中疾病预防控制中心1个、妇幼保健院1个。各类卫生机构实有病床位6 525张；卫生技术人员9 211人，其中执业（助理）医师3 573人、注册护士4 021人。有大型体育场馆2个，新建全民健身设施38处。城乡居民养老保险参保人数7.83万人，城乡居民医疗保险参保人数36.67万人。年末农村居民最低生活保障人数1 017人。

【年度农业和农村经济运行】 2022年，全区实现农林牧渔业总产值39亿元，按可比价格计算，比上年增长3.1%，其中种植业37.9亿元，增长3.3%；畜牧业0.2亿元；渔业0.1亿元。全年农村居民人均可支配收入达37 561元，比上年增长5.4%，其中工资性收入16 393元，增长5.5%；经营净收入9 099元，增长4.9%；财产净收入4 373元，增长5.8%；转移净收入7 696元，增长5.6%。农村居民年人均生活消费支出26 533元，增长2.8%，其中食品烟酒支出增长2.9%，衣着支出下降9.5%，居住支出增长9.9%，生活用品及服务支出增长8.2%，交通通信支出增长3.1%，教育文化娱乐支出增长1.4%，医疗保健支出增长1.4%，其他用品和服务支出下降14.6%。农村居民恩格尔系数为34.5%。有国家地理标志保护产品称号2个（温江大蒜、温江酱油）。全年生猪出栏0.4万头，增长0.3%。

【种植业】 全年粮食作物播种面积2.1万亩，增长15%；经济作物播种面积3.5万亩，增长2.1%，其中油料作物播种面积0.3万亩，增长1.2%；蔬菜及食用菌播种植面积3.2万亩，增长2.5%。粮食产量1万吨，增长13.5%。经济作物中，油料作物产量0.05万吨，增长2.3%；蔬菜及食用菌产量5.9万吨，增长1.7%。

【主要领导人】 区委书记：王道明；区人大常委会主任：万雪梅；区长：马烈红；区政协主席：艾志秋；分管农业副区长：赵霜。

温江区编写组

双流区

【基本情况】 2022年，全区辖4个镇5个街道，辖区面积1 067平方千米（实际管辖面积466平方千米）。年末户籍总人口72.8万人，增长3.4%；人口自然增长率3.61‰；常住人口150.11万人，城镇化率79.4%。

2022年，全区实现地区生产总值1 131.04亿元，增长0.6%，其中第一产业增加值14.36亿元，增长3%；第二产业增加值400.32亿元，增长3.8%（工业增加值351.61亿元，增长1.6%）；第三产业增加值716.36亿元，下降1.3%。三次产业结构比为1.3∶35.4∶63.3。全年接待游客2 016.35万人，实现旅游收入170.59亿元，增长10.3%。

公路里程721.7千米。全年航空货邮吞吐量52.99万吨，减少7.9%；航空旅客吞吐量1 781.74万人次，减少1.5%。社会消费品零售总额443.4亿元。全口径财政总收入完成294.29亿元，增长3.5%，其中一般公共预算收入完成95.7亿元，增长4.9%；全口径财政总支出317.45亿元，其中一般公共预算支出131.21亿元，增长17.5%。金融机构本外币存款余额2 683.3亿元，增长8.8%，其中住户存款余额1 512.79亿元，增长16%；金融机构本外币贷款余额2 155.02亿元，增长17.9%。全区人寿保险业实现保费收入7.75亿元；财产保险业实现保费收入8.64亿元，其中政策性农业保险1 059.19万元、涉农贷款投放201.23

亿元。农业产业化龙头企业国家级、省级、市级分别为2家、7家、11家。

有各类学校230所，在校学生196 509人，教职工13 726人，其中普通中学39所，在校学生44 259人；小学23所，在校学生82 082人；学龄儿童入学率100%。有各级创新平台231个，其中国家级35个、省级105个、市级61个。有公共图书馆1个，中大型体育场馆6个，镇（街道）综合文化服务中心（服务站）12个。有卫生机构691家，病床位6 582张，卫生技术人员10 897人。全区城乡居民养老保险参保人数7.3万人，参保覆盖率达92%以上；城乡居民基本医疗保险参保人数46.16万人，参保登记率达99%。

【年度农业和农村经济运行】 2022年，全区实现农业总产值24.21亿元，增长2.8%；全区全年农业增加值达14.35亿元，增长3%。农民年人均可支配收入达36 849元，增长5.5%。全区蔬菜、水果农残检测合格率98%。全区主要农产品产量见表1。

【农业产业化发展】 在全省率先出台《双流区农村土地流转管理实施细则》，建立农村土地流转审查委员会制度，建立农用地流转长效管控机制。启动农民合作社质量提升整区推进试点，双流区被确定为第四批农民合作社质量提升整县推进省级试点县。2022年，新培育农业市场经营主体20家、市级以上农业龙头企业2家。全区有农民专业合作社240余家、家庭农场680家、农业龙头企业19家（其中省级龙头企业7家、国家级龙头企业2家）。

【农村集体产权制度改革】 健全集体经济组织运行规范机制。贯彻落实《四川省农村集体经济组织条例》，印发《成都市双流区发展壮大农村集体经济实施方案（试行）》，指导集体经济组织按“四个一”标准规范管理，实现全区108个村（社区）集体经济组织登记赋码全覆盖。探索集体经济发展“五引”模式，全区100万元以上村级集体经济组织达40个。成都市双流区农业农村局获评“成都市农村集体经济发展工作突出单位”，“黄水镇白塔社区探索‘二链融合’发展壮大集体经济”获评“成都市抓党建促集体经济发展典型案例”。

【农产品品牌战略实施】 实施品牌生产体系、营销体系、价值体系构建行动，深化双流冬草莓、双流“二荆条”辣椒、双流永安葡萄、双流黄甲麻羊4个国家地理标志农产品的保护与开发利用，在永安镇、黄龙溪镇新建“二荆条”辣椒种植基地272亩。

【供销合作社改革】 制定《双流区“三社融合”试点试验方案》，深化以村集体经济组织为基础、基层供销社为纽带、农民专业合作社为支撑的“三社融合”改革，创新村（社区）综合服务社运营机制、拓展服务内容，已建成村级基层社7个、社区共享超市7个，入社社员达1 194户，不断促进集体经济发展和农民增收。

【现代农业园区建设】 开展2022年区级园区和市级星级园区创建，彭镇时光原野粮油园区创建为市级三星级现代农业园区。加快双流区空港创意都市现代农业园区建设，有序推进园区接待展示中心、农田平整、提升涉农项目门头风貌、提升改造生产便道、农商文旅体融合消费场景打造等项目建设，创建为市级三星级现代农业园区。

【粮油生产】 全区大春粮油作物播种面积7.83万亩，其中水稻播种面积4.58万亩，亩产552千克；玉米播种面积1.56万亩，亩产385千克；豆类播种面积0.82万亩，亩产180.36千克；薯类播种面积0.85万亩，亩产320千克。小春粮油作物播种面积1.19万亩，其中小麦播种面积0.56万亩，亩产316千克；薯类播种面积0.5万亩，亩产296千克；豆类播种面积0.13万亩，亩产163千克。

【经济作物生产】 依托现有产业基础，发挥区位优势，坚持以精品、特色、优质为导向，按照优势明显、集中连片、高产稳产原则，因地制宜发展有机蔬菜、绿色水果等优势特色产业，科学布局双流冬草莓、双流永安葡萄等川果标准化生产基地，种植葡萄、梨、草莓、优质桃、蓝莓等特色水果1.85万亩，产量4.08万吨，实现产值3.51亿元。

表1　2022年双流区主要农产品产量

主要农产品	单位	产量	同比增减(%)
粮食	万吨	3.90	0
水稻	万吨	2.52	–2.40
小麦	万吨	0.17	10.60
玉米	万吨	0.60	–6.03
马铃薯	万吨	0.34	183.00
油菜籽	万吨	0.69	0.90
蔬菜	万吨	31.58	1.50
水果	万吨	3.30	1.70
肉类	万吨	0.35	7.40
猪（牛、羊）肉	万吨	0.14	4.60
猪肉	万吨	0.13	4.50
禽蛋	万吨	0.07	–24.20
牛奶	万吨	0.10	–42.00

【畜牧业】 划定适宜养殖区域和禁止养殖区域，加快生猪规模养殖场标准化建设，有规模养殖场（户）10家（户）；加强非洲猪瘟等重大动物疫病防控，开展动物防疫外包服务，生猪、牛、羊、鸡、鸭以及其他禽类应免疫率均达100%；开展“瘦肉精”检测1 346头，无一例阳性。全区存栏生猪1.27万头、牛0.03万头、羊0.24万只、家禽39.58万只。

【水产渔政监督管理】 在鹿溪河、金马河、白河、成都农产品批发市场等重点河流及场所开展禁捕和春季禁渔宣传活动9次，媒体宣传报道20次，发放宣传伞、扇子和购物袋等宣传资料4 300余份，制作禁捕通告公示牌24个，发放张贴《2022年春季禁渔通告》和《长江禁捕、打非断链》海报。全区全年出动巡查人员1 520人次，开展联合执法14次，劝阻违法垂钓人员360余人次，办理非法垂钓行政处罚20起。

【乡村振兴】 制定实施乡村振兴和城乡融合发展年度工作要点以及乡村振兴若干政策措施、耕地撂荒管控十条等4项措施，健全完善政策制度；针对村（社区）干部、农业职业经理人等，开展城乡社区发展治理、职业技能等专题培训，覆盖3 000余人次；夯实乡村振兴财政投入和用地保障，全年乡村振兴一般公共预算和土地出让收入投入分别达6.6亿元、5.4亿元，创建四川省级乡村振兴示范村（社区）2个。

【幸福美丽新村建设】 建成彭镇永和村、黄龙溪镇古佛社区幸福美丽新村2个，惠及群众3 000余人；流转彭镇临江村、黄水镇桂花村、永安镇景山村集体建设用地805亩。结合幸福美丽新村建设，推进农村基础设施建设，补齐农村短板弱项，完成水利设施整治工程2个、通信管网改造项目5个、公路“白+黑”改造30千米，建成空港绿道27千米，实施永安镇双坝村、黄水镇文武社区水美乡村水利设施整治工程。

【乡村旅游】 挖掘农商文旅资源，升级打造一批互动式消费场景，创建为省级全域旅游示范区；创建AA级林盘景区1家；创建“新旅游·潮成都”主题旅游目的地2家；完成乡村旅游“四改一提升”示范点建设1个；推出乡村旅游精品线路3条。

【农村水利】 安排资金151万元，完成对长坂坡提灌站主渠道、杨柳河二支渠和喇叭堰等34处渠道的清淤修复工作，对5个提灌站10个点位的泵机进行保养和更换，水库蓄水140万立方米；做强灌区现代化改造，在2019年在重要斗渠分水口安装完成计量设施30个基础上，又安装完成计量设施30个，不断提高农业灌溉用水的利用效率。

【农业机械化】 指导农户完成小麦、水稻、油菜、土豆等机耕、机播、机收任务，主要农作物耕种收机械化作业面积40.5万亩，全区农业机械化综合水平达89.12%。有农机化专业合作社9个，新购先进大中型农机具18台（套）。按照“自主购机、定额补贴、县（乡）结算、直补到卡（户）”的方式进行补贴，拨付农机购置补贴中央、省、市资金83.8 984万元。

【农村文化】 利用“双创”契机，推进农村区域公共文化服务、旅游休憩设施完善，不断完善基层文图馆、民间博物馆的提升建设；建设东岳驿站、古佛驿站、黄龙溪游客中心、黄龙溪旅游厕所等硬件设施，改善乡村旅游环境；推动智慧广电示范建设，完成智慧广电示范小区提档升级项目服务，完成牧马山蚕丛文化园一期建设，增加农村公共服务供给。

【农村卫生】 按照两项改革“后半篇”文章“25+1”专项工作要求，梯次打造区域医疗卫生次中心2个（西航港、永安），科学规划东升、九江、西航港第二社区卫生服务中心建设。出台《成都市双流区“空港健康英才”培育和引进办法》，设定基层适用性人才引育条件。足额配套基本公共卫生服务项目经费，按要求下沉国家标准的40%用于村级基本公共卫生服务。区财政每年投入资金231万元用于购买村级基本公共卫生、基本医疗服务和基本药物零差率销售外包服务及乡村医生保障性待遇。

【涉农招商引资】 推进农旅项目建设，加快推进城投天府颐谷等已签约项目开工建设，牧马山农业园、瞿上田园初具规模，加快彭镇临江文旅综合体等项目建设，完成黄龙溪镇陈家水碾、彭镇青石庭院等5个林盘保护修复。编制完成高标准农田建设“十四五”规划，按照“田成方、路成行、渠成网、旱能灌、涝能排”的标准，新建高标准农田1.12万亩。

【农村社会保障】 推进法定人员参保全覆盖，城乡居民养老保险参保人数7.3万人，参保覆盖率达92%以上；城乡居民基本医疗保险参保人数46.16万人，参保登记率达99%。全区累计救助农村低保2.21万人次，发放低保金1 659.05万元，救助率达100%。医疗住院累计救助城乡困难群众1 199人次，发放医疗救助金91.6万元；农村医疗累计救助1 026人次，发放医疗救助金80.3万元，救助率达100%。

【农村生态建设及环境保护】 全面落实林长制和河（湖）长制，制定林长制运行规则等6项制度。深化中央和省环保督察及“回头看”反馈问题整改，锦江黄龙溪段等5个考核断面水质全面达标。全区土壤环境持续向好，完成耕地安全利用面积3 000亩，2022年全区受污染耕地安全利用率达93%。持续推进秸秆禁烧工作，秸秆综合利用率稳定在98%以上；化肥减量工作有序开展，测土配方施肥技术覆盖率达90%以上，高效水溶性肥料及有机肥推广面积持续扩大。

【农产品质量安全监管】“区农产品质量安全中心+4个镇级检测室+25个村级检测溯源点+27个生产基地农残快速检测点”四级检测体系逐步完善，完善“两品一标”（绿色食品、有机农产品和农产品地理标志）农产品提升、认证、奖励体系，推进无公害、绿色、有机农产品认证，全年新增有机农产品基地2个。全区有有机农产品基地4个、农产品地理标志产品4个；推动试行食用农产品合格证制度，涉及430户农业经营主体，开具合格证51.72万张。完成部、省、市农产品例行、专项监测，抽检农产品样品共计127个，抽检样品合格率达98%以上。

【主要领导人】 区委书记：鲜荣生(2月止)，欧昭(3月始)；区人大常委会主任：刘航；区长：杨钒；区政协主席：唐劲松；分管农业副区长：薛燕。

双流区编写组

郫 都 区

【基本情况】 2022年，全区辖147个乡3个镇7个街道，辖区面积437.18平方千米，其中耕地面积153 035.4万亩。年末总人口70.92万人（户籍人口），人口自然增长率1.1‰。有林业用地0.006万公顷，有林地面积0.734万公顷，活立木总蓄积量33.86万立方米，森林覆盖率18.83%。

2022年，全区实现地区生产总值751亿元，增长3%，其中第一产业增加值27.4亿元，增长3%（农、林、牧、渔及农林牧渔服务业之比为44.4∶0.06∶0.21∶0.16∶2.2)；第二产业增加值254.5亿元，增长4.5%；第三产业增加值469.1亿元，增长2.3%。三次产业对经济增长的贡献率分别为4.3%、48.7%和47%。全年接待游客760万人，实现旅游收入20.03万元。

公路通车里程1 140千米。社会消费品零售总额309.9亿元，减少3.8%。地方公共财政预算总收入完成54.1亿元，增长7.6%；公共财政预算总支出79.1亿元，增长13.2%。金融机构各项存款余额1 394.3亿元，比上年初增长22.4%；各项贷款余额958.3亿元，比年初增长233.9%（郫都区开展两批次“农贷通”平台贷款贴息工作，“农贷通”平台新增贷款299笔，共计17.68亿元，共10个项目符合贴息范围，贴息金额96.826 75万元；全年累计实现融资1 102笔，共计48.1亿元）。农业产业化龙头企业国家级、省级、市级分别为3家、13家、24家。

有各类学校63所，在校学生104 583人，教职工8 033人。有公共图书馆1个。有卫生机构645个，病床位5 757张，卫生技术人员7 886人。

【年度农业和农村经济运行】 2022年，全区实现农业总产值47亿元，减少2.9%；全区全年农业增加值达27.4亿元，增长3%。农民年人均可支配收入达35 593元，增长5.3%。全区主要农产品产量见表1。

【农业产业化发展】 郫都区作为成都市唯一入选国家农业现代化示范区创建名单，德源蒜稻产业园入选2021年省级现代农业园区培育名单，唐元韭黄、安德天府水源地现代农业产业园被认定为市级现代农业产业园区。推进豆瓣农庄等47个乡村振兴项目建设。培育新型农业经营主体，全区市级以上农业产业化经营重点龙头企业达39家，实现销售收入46.43亿元；累计成立农民专业合作社427家、家庭农场191家；累计培训高素质农民（新型职业农民）8 900余人、农业职业经理人791人。推进乡村民宿、酒店等乡村新产业新业态发展。新增10个川西林盘新消费场景，郫都川菜特色小镇、郫都菁蓉特色小镇入选“四川省特色小镇”名单。

【农用地产权制度改革】 按照郫都区农村产权流转4大类21小类交易目录，截至2022年年底，成都农交所郫都农村产权交易有限公司共完成各类农村产权交易240宗，交易额32.1亿元，其中集体经营性建设用地入市120宗，交易额24.82亿元；农用地流转54宗，交易额3.28亿元；集体资产处置5宗，交易额3.35亿元；农房及宅基地使用权流转11宗，交易额0.03亿元；土地综合整治2宗，交易额0.05亿元；花卉苗木挂牌出售1宗，交易额0.04亿元。

【农村集体产权制度改革】 郫都区坚持以改革制度为抓手，围绕“交易规则、交易程序、监管规则”，以“三建三化”（建规则、建制度、建平台和组织化、民主化、

表1 2022年郫都区主要农产品产量

主要农产品	单位	产量	同比增减(%)
粮食	万吨	5.150 0	3.0
水稻	万吨	3.700 0	—
小麦	万吨	0.600 0	—
油菜籽	万吨	0.840 0	–0.9
蔬菜	万吨	72.320 0	1.3
肉类	万吨	0.055 0	–0.5
猪肉	万吨	0.038 0	11.0
禽肉	万吨	0.017 0	–19.5
禽蛋	万吨	0.086 0	–25.2
水产品	万吨	0.089 0	—
牛奶	万吨	0.005 2	–34.2

市场化）指导完善多方参与监督和重大问题集体研判等机制，出台了包括不动产登记、专项规划、入市主体、调节金收取、收益分配等方面的21个配套办法，通过“制度到实践，实践到制度”的反复验证，构建起较为完备的使用与管理制度体系。截至2022年年底，全区共完成集体经营性建设用地入市地块120宗、面积2 578亩，收取增值收益调节金5.4亿元，土地成交总额24.82亿元。

【农产品品牌战略实施】 创新“区域农业形象品牌+地标品牌+企业品牌”的品牌发展模式，推动“天府水源地”区域公用品牌产品研发，丰富区域公用品牌产品矩阵。利用电商平台优势，搭建“天府水源地”区域公用品牌电商平台，形成“传统电商平台+新经济电商平台”格局，基本实现“天府水源地”区域公用品牌线上平台全覆盖，搭建京东“天府水源地”官方旗舰店、淘宝“天府水源地”企业店、拼多多“天府水源地”生鲜折扣店、“天府水源地”健功夫生鲜店、等传统电商平台。同时，搭建抖音“天府水源地”企业店，电商平台以“天府水源地”区域公用品牌为核心，聚焦品牌，打造品牌店群。通过电商平台打造，综合全网平台进店人数超过6 000万人次，品牌曝光次数超过2亿人次。

【现代农业园区建设】 郫都区打造更高水平“天府粮仓”成都片区，推进现代农业园区建设。截至2022年年底，创建4个星级现代农业园区，分别为成都市郫都区稻菜现代农业园区（省三星级园区、市四星级园区、区级园区）、郫都区安德天府水源地现代农业园区（市四星级园区、区级园区）、郫都区唐元现代农业韭黄产业园区（市四星级园区、区级园区）及郫都区战旗粮经现代农业园区（市三星级园区、区级园区）。

【种植业】 全区粮食作物播种面积12.11万亩（含绕城），粮食总产量5.2万吨，其中大春粮食作物播种面积9.91万亩，产量4.515万吨；小春粮食作物播种面积2.2万亩，产量0.68万吨。油菜播种面积46 739亩，总产量0.839 6万吨。蔬菜种植面积24.397 4万亩（含复种），总产量72.324 5万吨。食用菌总产量2.429 1万吨。

【林业】 全区主要林产业为花卉苗木种植业，花卉苗木生产面积达11.4万亩（其中鲜盆花0.45万亩、盆栽植物类1.2万亩、观赏苗木9.5万亩、其余0.45万亩）。花卉苗木在地资产逾100亿元，一二三产业总产值达31亿元，花卉苗木销售额达12亿元。有从事花卉苗木种植农户2万余户、专业大户及企业800余户（家），从事花卉苗木经济业务人员3 000余人。举办2022成都花卉苗木供需对接会暨天府国际花创周、2022成都花卉组展活动。区内有春天花乐园花卉专业市场1个、花木专业化生产村80余个、花木协会（合作社）39家（社员4 000余户）、花木企业241家（其中一级园林绿化施工资质企业3家、二级园林绿化施工资质企业8家、三级园林绿化施工资质企业6家，具有园林绿化设计资质单位3家）。全年新增花卉苗木专业合作社8家。截至2022年年底，花卉苗木专业合作社达210家；培训农林职业经理人70人，完成知识更新培训50人、实用人才培训400人。

【畜牧业】 为贯彻落实成都市第十三次党代会“西控”“中优”的战略部署，控制农业面源污染，确保饮用水水源和生态环境安全，依据相关法律法规对辖区内畜禽养殖禁养区范围进行调整，同时调整畜禽养殖适度规模标准，畜禽养殖场基本完成关闭或搬迁，以散养形式存在。全年出栏生猪5 261头，比上年增加815头，增长18.33%。肉类总产量547吨，比上年减少4.53吨，减少0.82%，其中猪肉产量382吨，比上年增加38.3吨，增长11.14%；禽肉产量165吨，比上年减少40.1吨，减少19.55%。禽蛋产量86吨，比上年减少29.41吨，减少25.48%；牛奶产量52吨，比上年减少26.54吨，减少33.79%。生猪存栏1 724头，牛（羊）存栏51头（只），禽类存栏3.547 5万羽，塘存商品鱼145.2吨，养蜂38 000只。

【水产业】 全面开展长江流域天然水域春季禁渔工作，通过检查、宣传，禁渔期内实现天然水域无捕捞、市场无销售、餐馆无经营。持续开展水产养殖隐患排查、水产品抗生素、禁用化合物、环境激素类化学品使用情况、禁止化肥网箱养殖、健康养殖等专项整治，先后排查企业、渔场122家次，各企业、渔场无存放、购买违禁药物，生产档案、各项记录健全，全面实行休药制度。在10个镇（街道）辖区内随机开展水产品质量检测62批次，合格率100%。制定《水产健康养殖技术规程》，在全区范围内推广水产健康养殖技术，发放《水产养殖用明白纸1、2号》。推广“稻鱼共生”等水产绿色健康养殖模式，提高稻田及水资源综合利用率，减少农（渔）药、化肥等种（养）投入品使用量，保护生态环境。全区水产养殖面积1 095亩，水产品总产量894吨，实现渔业总产值2 168万元。推广绿色健康养殖面积788亩，占全区水产养殖面积的72%。

【乡村振兴】 全区乡村振兴重点工作任务全面完成，农村居民人均可支配收入达35 593元，增长5.3%；第一产业增加值达27.4亿元。以打造新时代更高水平的“天府粮仓”成都片区核心区为抓手，统筹推进5个万亩粮经复合产业园、1个环城生态带郫都段粮食产业带建设，建成郫都区战旗粮经现代农业园区。完成总投资5.25亿元的8个重大社会投资项目。开展示范创建，郫都区获评“2022年度成都市农村改革工作先进区”，三道堰镇获评“2022年度省级乡村振兴先进镇”，禹庙村、棋田村获评“2022年度省级乡村振兴示范村”。

【乡村旅游】 抓好乡村旅游新业态培育、项目招引促建、品牌塑造提升、服务质量提升和形象宣传营销“五大工程”建设。依托“中国农家乐旅游发源地”名片，发展乡村艺术体验、度假、商务休闲等多种形态的乡村旅游，先后打造战旗村、青杠树村、东林村、汉姜村等一批示范村，涌现出花田蝶舞、流弦半岛、水隐桑田、安农书院等乡村新消费场景。2022年，全区接待休闲农业与乡村旅游游客约760万人次，实现旅游综合性收入20.03亿元。

【农业机械化】 全年机耕作业面积40.6万亩（含复种），其中水稻机播作业面积7.2万亩、机收面积8万亩，小麦机播作业面积0.48万亩、机收面积0.48万亩，油菜机播作业面积4万亩、机收面积4.15万亩；主要农作物耕种收机械化率达95%以上。根据国家农机购置补贴政策，制定《成都市郫都区2021—2023年农机购置补贴实施方案》，发放补贴资金312.774 5万元（包含中央财政农机购置补贴资金203.056 6万元、农机综合作业奖补资金8.498 5万元、市级财政累加补贴资金101.219 4万元），购机补贴结算率100%；农机购置补贴受益农户65户，补贴农机具119台，其中轮式拖拉机49台、水稻插秧机14台、铧式犁1台、微耕机4台、旋耕机30台、秸秆粉碎还田机3台、联合收割机台6台、田园管理机11台、埋茬起浆机1台。

【农村科技】 规划设置蔬菜化肥农药两减技术集成示范等子项目6个，项目实行由省农科院牵头，区农业农村局协调管理的首席专家负责制，投入资金总计100万元，引进新品种70余个；研发出蔬菜（豌豆）高效拌种剂1种、非化学药剂2种；探索出韭菜根储藏的最佳植株标准、适合室内韭菜生产的容器霍伦盆，编制《韭黄、韭薹采后商品化处理与贮藏保鲜技术手册》1本，获得发明专利2项，申请发明专利2项。完成田间技术培训9次、现场会5次，培训指导各类人员400人次以上。建成金田育苗基地、安唐蔬菜产研院韭黄韭菜示范基地、辰雨农业公司示范基地、四川泰隆农业科技示范基地4个，其中四川泰隆水稻品牌示范基地为打造的国家级基地。印发郫都区2022年主推技术文件，农业主推技术到位率95%以上；推广应用农业绿色高质高效技术模式5个以上；在市农林科学院培训基地开展基层农技人员业务培训，共86人参训。

【农村卫生】 围绕“全面提升农村人居环境，助推美丽宜居公园城市建设”总体目标，完成《成都市郫都区农村人居环境整治：导则》编写，组织实施农村人居环境整治“三清一改”工作，推动“美丽四川宜居乡村”达标村创建全覆盖。持续做好全区农村人居环境整治，完成农村人居环境整治工作目标任务，被中农办表彰为“全国村庄清洁先进县”。全区累计完成农村户厕改造33 430户（其中2018年完成407户、2019年完成23 835户、2020年完成6 582户、2021年完成2 484户、2022年完成122户），无害化卫生厕所普及率超过95%。开展农村户厕改造全覆盖“回头看”工作，摸排问题户厕120个并完成全部整改，群众不良卫生习惯得到明显改善，粪污无害化处理和资源化利用率不断提升。

【农村生态建设及环境保护】 实施农村户厕改造、“三水共治”及农村生活垃圾治理工程，覆盖生活污水处理设施1 025个，覆盖率94.6%；改造农村生活垃圾分类收集点1 040个，农村垃圾处置覆盖率100%；累计回收处置农药包装废弃物17.6吨，无害化处置率100%。成都市打造新时代更高水平“天府粮仓”成都片区暨农村人居环境整治现场推进会议在郫都区召开。

【农产品质量安全监管】 加强农产品质量安全监测，出动执法人员500余人次，检查企业、农资经营门店或种植基地350个次，其中农药经营网点174个次、化肥经营网点90个次、种子经营网点50个次、农产品种植基地36个。重点开展抽样送检，全年完成农产品、农资投入品执法抽样送检277个（其中绿色认证监督抽样10个、省级监督抽检12个、市级监督抽检45个、区级监督抽检190个、农资投入品/农药抽检20个），总体抽检数量同比增长166%，整体合格率达98.9%。重点开展生猪屠宰专项整治行动，捣毁非法生猪私宰滥宰点4个，办理未经定点从事生猪屠宰活动等案件8起。全区农产品质量安全形势稳定，主要农产品抽检合格率在98.5%以上。

【农村市场体系建设】 围绕解决农业农村面临的“融资难、融资贵”和金融机构“贷款难、贷款成本高”问题，加强“农贷通”平台宣传推广及应用，有效解决新型农业经营主体在粮油种植、特色种植业、现代农业种业、一二三产业融合发展等方面的融资需求，开展两批次“农贷通”平台贷款贴息工作，“农贷通”平台新增贷款299笔、17.68亿元，共10个项目符合贴息范围，贴息金额96.826 75万元，全年累计实现融资1 102笔、48.1亿元。

【主要领导人】 区委书记：辜学斌；区人大常委会主任：王洁；区长：赵继东；区政协主席：李奕；分管农业副区长：叶茂。

郫都区编写组

新 津 区

【基本情况】 2022年，全区辖4个街道4个镇，辖区面积330平方千米。有户籍人口32.52万人，其中城镇人口17.64万人、乡村人口14.89万人，男性人口15.95万人、女性人口16.57万人。全区出生人口2 177人，人口出生率6.01‰；死亡人口2 986人，人口死亡率8.24‰；人口自然增长率-2.23‰。

2022年，全区实现地区生产总值469.15亿元，按可比价格计算（下同），比上年增长4.4%，其中一产业增加值19.62亿元，增长4.5%；第二产业增加值198.34亿元，增长6%（工业增加值166.14亿元，比上年增长4.8%）；第三产业增加值251.19亿元，增长3.3%。三次产业比为4.2∶42.3∶53.5，三次产业对地区生产总值的贡献率分别为5.6%、55.3%、39.1%。全年接待游客1 171.68万人次，比上年增长1.97%；实现旅游收入38.76亿元，增长3.26%。

社会消费品零售总额106亿元，比上年下降1.7%。分区域看，城镇零售额86.42亿元，下降0.7%；乡村零售额19.58亿元，下降5.9%。按消费形态分，商品零售额77.64亿元，下降1%；餐饮收入28.36亿元，下降3.6%。全区新签约引进重大项目11个。全年实际到位内资110.46亿元，实际利用外资5.42亿元。实现外贸进出口总额43.71亿元。全年公路客运量690万人次，公路货运量12 000万吨，公路客运周转量10 450万人/千米，公路货运周转量176 600万吨/千米。

全年全口径财政收入完成80.28亿元，比上年下降11.1%；一般公共预算收入完成34.33亿元，同口径增长5.8%。全年财政支出98.42亿元，增长8.1%；一般公共预算支出58.39亿元，增长31%。年末金融机构人民币存款余额536.42亿元，比上年增长10.5%，其中住户存款352.01亿元，增长14.4%；年末金融机构各项人民币贷款余额479.19亿元，增长22.1%，其中短期贷款余额86.05亿元、中长期贷款余额391.28亿元。城镇新增就业6 471人，农村富余劳动力新增转移就业3 240人。有高新技术企业108家，入库科技型中小企业62家。全年专利申请量802件，其中发明专利申请量157件。全年专利授权量1 407件，其中发明专利授权量81件。

有幼儿园42所，在园幼儿9 913人，专任教师700人；普通小学17所，在校学生20 129人，专任教师1 227人；普通中学17所，在校学生14 836人，专任教师1 367人；中等职业教育学校1所，在校学生1 098人，专任教师116人。有医疗卫生机构182个，卫生技术人员3 096人（其中执业/助理医师1 128人、注册护士1 462人），实有病床位3 075张。有公共图书馆、文化馆各1个，文化站8个，公共图书馆图书总藏量33.2万册，图书内阅外借11.59万册次，图书馆全年接待读者12.67万人次；区文化馆接待群众1.9万人次。全区城乡居民基本养老保险参保人数105 632人，城乡居民基本医疗保险参保人数185 957人。有各种社会福利机构5个，床位954张，收养人数379人。有社区养老服务设施数98处。城镇居民最低生活保障人数196人，下降8%；农村居民最低生活保障人数1 364人，下降7.2%。

【年度农业和农村经济运行】 2022年，全区实现农林牧渔业总产值31.88亿元，比上年增长4.5%，其中农业产值16.07亿元，增长6%。农村居民年人均可支配收入达30 761元，增长5.6%。全区累计建成"旱涝保收、稳产高产、宜机作业"的高标准农田13.24万亩。入选全省数字乡村试点，纳入成都市"智慧农业"信息化系统建设项目试点县（市、区）；创建新津区全省五星级粮油产业园区。新评定农业职业经理人63人（高级4人）。改造规模养殖场10家，畜禽粪污综合利用率达90%以上，秸秆综合利用率达98%以上。

【水产、种养殖业】 全年粮食作物播种面积13.7万亩，产量6.35万吨；蔬菜种植面积7万亩，产量22.65万吨。全年出栏生猪15.25万头，增长7.9%；出栏家禽703.64万只，下降7.9%；肉类总产量2.16万吨，下降9.7%。全年水产品产量1.21万吨，增长0.04%。

【农村文化】 开展"文化四季风"、"走基层"文化惠民、"艺术之夏""非遗在社区"等线上线下各级各类群众文化活动3 000余场次。文化艺术培训3 300余人。打造"津致文化"线上文化宣传品牌，推出"每日一课""每周一书""每周一宝""宝墩云讲堂"等系列推文356期。统筹推进文图两馆总分馆制建设。实施"互联网+文化服务"，为群众提供云展览、云阅读、云培训等线上服务。

【农村体育】 完成新津体育公园、花桥街道白鹤林体育公园建设，评定一星级体育服务综合体2家，打造完成"成都市运动促进健康服务站点"10个、体育消费新场景2个、社区运动角5个、绿道健身新空间10个；培训社会体育指导员210人，完成"社区运动健康师"培训52名；持续开展"爱成都·迎大运""运动成都·幸福新津"全民健身系列活动、青少年"阳光体育"活动等全民健身活动190场次；参加省、市全民健身运动会，天府绿道国际自行车车迷健身节等全民健身赛事30余次。

【农村生态及环境保护建设】 全年完成9个老旧院落改造，完成增设电梯40台；新（改）建公园绿地14处，完成8条背街小巷打造；新（改）建生活垃圾分类投放点113个，设置大件垃圾临时收集投放点9个；清理各类违规广告招牌186处，维护车行道1.95万平方米、人行道1.52万平方米、路灯5 200盏，治理病害井盖900个。建成智慧河湖"防溺水"感知源30个，整治月花电厂沟排洪闸、南河左岸新津一中段护岸崩塌等安全隐患16处，河渠疏浚36.75千米7.87万立方米，加装雨污水井防坠网6 000余个，打造杨柳河花源、花桥段防洪治理工程3千米。红岩污水处理厂改（扩）建项目建成并投运，污水处理能力达8万吨/天；完成安西镇场镇周边污水收集项目建设，新建污水管网6千米。建成兴义镇先寺村、岷江社区水美乡村2个。治理水土流失面积2平方千米。

【主要领导人】 区委书记：唐华；区人大常委会主任：安建东；区长：胡建平；区政协主席：左斌；分管农业副区长：王波。

新津区编写组

都江堰市

【基本情况】 2022年，全市辖5镇6街道，辖区面积1 208平方千米。年末总人口61.97万人（户籍人口），下降0.68%；人口出生率3.45‰，下降1.75个千分点；人口自然增长率-3.65‰，下降2.33个千分点。耕地有效灌溉面积30.11万亩，实际灌溉面积28.84万亩；本地水资源总量10.96亿立方米，人均占有水资源量1 769立方米。

2022年，全市实现地区生产总值483.66亿元，增长1%，其中第一产业增加值37.84亿元，增长3.7%；第二产业增加值149.22亿元，增长2.8%；第三产业增加值296.6亿元，下降0.3%。三次产业对经济增长的贡献率分别为7.8%、30.9%和61.3%。全年接待游客2 019.97万人，实现旅游综合收入278.82亿元，其中乡村旅游综合收入61.25亿元。

公路通车里程2 076.84千米（其中乡村公路1 568千米），密度1 719.24米/平方千米、29.25千米/万人。社会消费品零售总额171.1亿元，减少0.6%。地方公共财政预算总收入完成31.49亿元，减少18.4%；公共财政预算总支出52.3亿元，减少1.6%。金融机构各项存款余额793.47亿元，比上年末增长6.9%；各项贷款余额421.16亿元，比年初增长11.7%。全年农业保费收入0.69亿元，增长51.9%。农业产业化龙头企业省级、市级分别为12家、18家。

有各类学校57所，在校学生124 679人，教职工12 131人，其中普通高校5所，在校本（专）科学生53 374人，增长8.16%；普通中学24所，在校学生27 036人；小学26所，在校学生37 499人；适龄儿童入学率100%。有艺术表演团体32个，文化馆1个，公共图书馆1个，博物馆8个。有卫生机构468个，病床位8 101张，卫生技术人员7 587人。新型农村合作医疗参合人数344 254人，参合率98.5%。

【年度农业和农村经济运行】 2022年，全市出台了《都江堰市"十四五"农业农村现代化规划》《都江堰市镇级片区交通运输专项规划(2022—2035)》《都江堰市乡村振兴农业产业发展贷款风险补偿金管理办法》规划、政策。实现农业总产值63.206 9亿元，增长0.25%；全市全年农业增加值达40.869 4亿元，增长0.63%；生猪、茶叶、猕猴桃等特色优势农产品产量保持稳定增长。农民年人均可支配收入达30 465元，增长6.7%。全市农产品质量抽检合格率比年初提高0.04个百分点。全市主要农产品产量见表1。

【农用地产权制度改革】 落实工商企业租赁农地的资格审查、项目审核和风险防范制度。印发《中共都江堰市委农村工作领导小组办公室关于印发都江堰市农村土地经营权流转管理及风险防控实施细则的通知》（都委农办〔2022〕17号）和《都江堰市农业农村局关于进一步加强农村土地经营权流转管理的通知》（都农〔2022〕94号）文件，按照文件要求全面落实农村土地经营权流转管理工作，全年开展农村土地承包经营权流转管理审查审核32宗，流转土地面积达8 600亩。

【农村集体产权制度改革】 出台《都江堰市贯彻落〈四川省农村集体经济组织条例〉实施方案》，将46项具体任务分解到30余个部门。实现全市集体经济组织登记赋码发证全覆盖，并落实"五个一"管理规范（一个标准的集体经济组织名称、一个组织章程、一个治理机构、一本成员名册、一套管理制度），全面完成130个村级集体经济组织挂牌工作。梳理出集体资产440宗并逐一制定盘活

表1　2022年都江堰市主要农产品产量

主要农产品	单位	产量	同比增减(%)
粮食	万吨	10.900 0	1.20
水稻	万吨	9.170 0	-0.65
小麦	万吨	0.190 0	8.28
玉米	万吨	1.220 0	-11.28
马铃薯	万吨	0.030 0	21.30
油菜籽	万吨	2.930 0	2.40
蔬菜	万吨	29.290 0	2.50
水果	万吨	5.220 0	0.40
猪肉	万吨	1.550 0	-5.20
牛肉	万吨	0.033 2	-29.10
羊肉	万吨	0.005 2	-41.20
禽肉	万吨	1.000 7	-11.50
禽蛋	万吨	0.960 2	-6.70
水产品	万吨	0.132 1	0.15
牛奶	万吨	0.197 9	12.40

方式。开展年度“三资”清查，共清理出村级集体资产7.08亿元，其中经营性资产0.86亿元。

【供销合作社改革】 为培育壮大一批服务功能完备、带动能力强的基层供销社，按照供销综合改革发展要求，组织并指导基层社申报成都市级2022年供销合作社培育壮大工程项目2个（品牌营销及电子商务建设项目、石羊镇粮食烘干仓储中心建设项目），2个项目均已按照项目申报书完成各项建设任务并通过验收。创建成都市级基层社示范社3个，发挥基层社示范社的引领作用，打造同农民利益联结紧密、为农服务功能完备、市场运作有效的合作经济组织体系；改造提升3个薄弱基层社；新增1个村级基层社，新增3个农村综合服务社，新增入社社员300余人。

【农产品品牌战略实施】 通过国家农产品质量安全市复评，高分通过四川省有机产品认证示范区创建考评。都江堰方竹笋入选全国名特优新农产品名录，青城茶叶、都江堰猕猴桃入选省级农业品牌目录；都江堰猕猴桃成为成都市唯一“两部委双认证”的地理标志产品，品牌价值达27.43亿元；灌城雪芽等4个茶产品获得四川茶博会“金熊猫”奖。2022年，都江堰猕猴桃继2007年获得国家地理标志产品保护后，再次获得国家农产品地理标志产品保护，成为成都市唯一“双地标保护认证”产品，并作为成都市唯一地标品牌代表以“都江堰猕猴桃每颗都有身份证”为题制作专题展板，亮相2022年中国农民丰收节“大国粮仓”科技馆以及亮相“中国·四川第三届“川字号”金字招牌农产品网络推广直播活动”。

【现代农业园区建设】 建设“天府粮仓”都江堰粮经复合高效示范区，布局8个万亩粮经复合产业园区，整合其中4个园区组团打造1个十万亩粮经复合产业园，构建“1+4”粮经复合产业园区体系。创建3个成都市三星级以上现代农业园区。

【种植业】 实施腾退低效果木恢复粮食种植项目，完成9 086.2亩项目申报，腾退4 000余亩。新建高标准农田5 400亩。出台《都江堰市加强耕地保护保障粮食安全的十条措施》，加大规模种植、政策性农业保险保费、新品种试验示范、种粮职业经理人社保补贴等奖补政策力度，鼓励工商资本进入农业生产业，引导集体经济组织、农业职业经理人、种粮大户等从事粮食生产。落实稻谷目标价格补贴、粮食规模化生产财政奖补政策等惠民惠农政策，兑现一次性种粮补贴、稻谷目标价格补贴、规模化种粮补贴、玉米大豆带状复合种植补贴等。

【畜牧业】 依托正大集团，四川正磐农业发展有限公司在蒲阳街道鹿池社区新建的存栏3 600头种猪的种猪场及存栏200头种公猪的种公猪站已建成投产。截至2022年年底，全市建设、改造提升23个标准化生猪规模养殖场，新增商品猪存栏能力达4.67万头；共创建四川省、成都市畜禽标准化示范场16个。

【水产业】 全市水产养殖面积945亩，水产品产量1 321吨。指导养殖场（户）因地制宜采用物理和生物净化处理新技术、新工艺建设配套设施，实现尾水达标排放和资源化利用；依法依规完成《都江堰市养殖水域滩涂规划》修正工作。

【乡村振兴】 编制《都江堰市“十四五”农业农村现代化规划》，培育1家省级龙头企业、2家成都市级龙头企业。新增农产品冷链仓储设施库容2 300吨。“互联网+”农产品出村进城工程省级试点县通过初审。石羊镇竹瓦社区获评全国“一村一品”示范村镇，天马镇金胜社区上榜“全国乡村特色产业超亿元村”。2项科技成果分别获得“全国农牧渔业丰收奖”“中国农业绿色发展研究会科学技术奖”。都江堰市猕猴桃现代科技园区入选省级培育高素质农民基地。出台《都江堰市乡村振兴农业产业发展贷款风险补偿金管理办法》，600万元乡村振兴贷款风险补偿金投入使用。新增农业职业经理人200名，培育8名省乡村产业“头雁”计划领军人才，获评2名省首批农村致富带头人。省级乡村振兴实绩考核交叉现场检查成绩位居成都市前列，创建为四川省休闲农业重点县。获评新华网2022乡村振兴绿色实践优秀城市、省级乡村振兴成效显著县、省级休闲农业重点县，通过国家农产品质量安全市复评。

【乡村旅游】 申报为四川省休闲农业重点县，常态化推介休闲农业与乡村旅游路线点位并做好相关数据监测；组织开展全国第十二批“一村一品”示范村镇申报；牵头实施都江堰精华灌区—天马粮果联动智慧农业产业园项目，打造乡村振兴示范窗口，促进灌区、景区、园区一体发展。

【农村水利】 以都江堰精华灌区“蓝网”建设项目为示范，实施蒲阳街道鹿池社区、精华灌区核心区“蓝网”建设项目和羊马河灌区现代化提升改造综合整治工程，实施生态渠系治理12.3千米，新（改）建亲水驳岸1.2千米；打造石羊镇竹瓦社区和聚源镇三坝社区2个“水美乡村”。

【农业机械化】 围绕建设新时代更高水平的“天府粮仓”，推进“五良”融合产业宜机化改造，通过购机补贴、涉农项目累加补贴等不断提升农业机械化发展水平。全年完成农作物机耕面积55万亩、机播面积30.91万亩、机收面积35.85万亩的农机化作业任务。扶持“全程机械化+综合农事”服务中心、农机专业合作社发展，启动“都江堰市现代农业农事服务中心”建设，新增1家农机专业合作社和6家涵盖农机销售、农机服务、农机租赁等业务的农民专业合作社。

【农村科技】 自2019年12月与四川省农业科学院等专家组建都江堰市猕猴桃产业科技特派团成立以来，新建猕猴桃新品种新技术示范点1个，引进示范猕猴桃优新品种及苗木3个，举办技术培训会10余场次、培训果农1 000人次以上。2022年，省农科院与天赐猕源合作完成成都市级科技项目1项。

【农村教育】 培育蒲阳小学、永丰小学为成都市“新优质学校”，全市“新优质学校”达20所。2022年，新认定34所普惠性民办幼儿园，提供7 680个学位，普惠性幼儿园在园幼儿园覆盖率达83.1%，公办幼儿园在园幼儿占比达51.08%，分别比上年提升2.48个和0.46个百分点。妥善安置310名残疾儿童就学，对33名重度残疾儿童开展“送教上门”服务。培智高中部建成开班，开办培智专业2个。全年累计资助义务教育段、普通高中及职高学生12 894人，发放各类资助金1 226.8万元；为948名大学生发放生源地助学贷款878.86万元。

【农村卫生】 对照国家标准完善硬件设施，补充医疗设备，加强内涵建设，基层卫生院服务能力不断提升。在医共体牵头单位的支持和专业指导下，金江社区卫生服务中心达到“优质服务基层行”活动基本标准，截至2022年年底，全市基层医疗机构达到基本标准以上的机构有12家，占比92%。优化乡村医疗卫生资源配置，加强和规范村卫生室管理，全面启动村卫生室规范化建设，全市39家村卫生室达到3A级标准；12家村卫生室达到4A级标准，占比30%。

【农村法制建设】 依托三级实体平台为农民工、老年人等群体提供免费法律咨询解答8 163人次；开展法治宣传活动1 069场，社区法律顾问线上推送普法信息2万余条，提供12348热线专席服务3 960人次。打造乡村振兴公共法律服务矩阵，建成镇（街道）公共法律服务站11个、社区公共法律服务室166个，覆盖率达100%。建立时效紧急案件“容缺受理”机制，办理民事及行政法律援助案件400件、认罪认罚法律帮助424次。聚焦“民转刑”命案防范，做好婚姻家庭、生产经营、劳动争议等重点领域的矛盾纠纷排查和化解，推广应用“四川人民调解”APP，实现纠纷案件的全程记录、实时跟踪，全年化解基层矛盾纠纷2 803件，调解成功率98%。抓好住建领域法律风险防控。加强全市劳动纠纷一站式化解联动处置中心建设，健全多元化解联动处置机制和维权异地协作机制，畅通农民工讨薪维权“绿色通道”，对案件实行全域通办、“容缺受理”、快速受理，办理农民工讨薪案件347件，涉及金额794万元，帮助农民工讨回被拖欠工资348.37万元，化解劳务欠薪社会面风险。

【农村交通】 完成木头河桥等旧危桥改造、22座桥梁安全护栏提升改造、52.4千米农村公路安全生命防护工程、41千米农村公路新（改）建等重点任务，共投入资金3 500余万元，内外互联互通能力不断提升。依托“金通工程”，设立寄递末端网点186个，完成快递进村100%覆盖；利用现有基础设施对镇街公交首末站或枢纽站场进行改造，打造镇（街道）级物流节点；依托现有社区末端网点便利店、超市等代投快递“改建一批”，形成规范化村级物流节点，加快客货邮融合发展，不断完善市、镇（街道）、社区三级物流快递体系。

【农村社会保障】 建立健全医保公共服务体系，制定并下发《关于做好医保服务事项入驻基层便民服务机构办理的通知》，全市所辖11个镇（街道）均设立便民服务中心，13个便民服务中心（包括便民分中心）和166个社区便民服务站均能提供医保帮办、代办服务。加快实现城乡居民应保尽保，2022年城乡居民参保登记率达98.5%。助推重点项目建设，保障被征地农民医保待遇，全年已完成被征地农民参保419人，涉及金额3 202.62万元。保障医疗救助应享尽享，资助4 997名困难人员参加城乡居民医疗保险，支付资助金167.5万元；完成医疗救助人员应保尽保工作，共6 668人次享受医疗救助待遇，共计支付医疗救助金712.01万元，实现医疗救助对象应享尽享。

【农村生态建设及环境保护】 编制《都江堰市生态环境保护专项规划（2021—2035年）》，明确生态环境管控边界和管控要求，统筹山、水、林、田、湖等生态资源保护利用。全年空气质量优良天数317天，同比增加5天，优良率86.7%；PM2.5浓度29微克/立方米，同比降低9.4%。统筹推进水环境治理、水生态修护、水资源保护，纳入考核的11个出境断面水质均达到Ⅱ类及以上标准，优良水体比率100%；各集中式饮用水水源地水质达标率100%，城市水质综合指数排名成都市第一。1月，被省政府命名为首批省级生态县；11月19日，生态环境部正式命名都江堰市为第六批国家生态文明建设示范区。

【涉农招商引资】 全市3 000万元以上的农业招商引资重大项目2个，均为内资项目，项目总投资2.8亿元。

【农产品质量安全监管】 运用都江堰市农产品质量安全指挥调度中心对生产经营主体开展贴近式监管服务，全年开展基地巡查2 500余次，快速检测24万批次。严格执行合格证+追溯“八挂钩”要求，实现规模、示范、品牌三类主体100%纳入合格证制度管理。开展合格证制度进食堂、进学校、进市场“三进”活动，推动市场主体严格落实入市查验、索证索票制度，用准入倒逼准出，促进带证产品销量，全年累计打印出具电子合格证64.9万余张，附证农产品36万余吨，附带合格证驰援上海245吨；生成追溯批次1.4万余批次。

【农村市场体系建设】 做强金融支持体系，设立乡村振兴农业产业发展贷款风险补偿金600万元并制发《风险补偿金管理办法》，建立“银政担”融资风险分担机制；推动首例农村集体经济组织产业化贷款项目落地，石羊镇竹瓦社区集体经济组织获得银行180万元授信；成立全国首个社会化农村产权（冻库）收储联盟；优化政策性农业保险风险保障体系，提升三大粮食作物保额；落实“农贷通”贷款贴息支持政策，组织完成2022年度“农贷通”贷款贴息项目申报。

【农村留守儿童帮扶】 全市有农村留守儿童115人，累计签订农村留守儿童监护责任书405份，通过购买服务等方式累计走访80余人次，针对性帮扶多名农村留守儿童，维护留守儿童利益，每月按时足额发放事实无人抚养儿童、孤儿、困境儿童等基本生活补贴。

【主要领导人】 市委书记：蒋蔚炜；市人大常委会主任：幸晓斌；市长：张亚丹；市政协主席：钟成基；分管农业副市长：谭凌云。

都江堰市编写组

彭州市

【基本情况】 2022年，全市辖9镇4个街道，辖区面积1 421平方千米。年末户籍人口78.89万人，其中城镇人口27.14万人、乡村人口51.75万人，男性人口39.07万人、女性人口39.82万人，男女性别比为1：1.02。年末总户数29.41万户，户均人口数2.68人。年末常住人口78.01万人，城镇化率55.53%，比上年末提高3.09个百分点。全市出生人口4 453人，死亡人口8 349人，人口自然增长率–4.92‰。

2022年，全市实现地区生产总值638.92亿元，按可比价格计算，比上年增长5%，其中第一产业增加值67.36亿元，增长4.6%；第二产业增加值358.93亿元，增长6.9%；第三产业增加值212.62亿元，增长2.3%。三次产业结构比为10.5：56.2：33.3。三次产业对经济增长的贡献率分别为11%、73.3%、15.7%。人均地区生产总值81 646元，增长5%。全年累计接待游客1 755.93万人次，增长5%；实现旅游总收入101.01亿元，增长25.8%。

全社会固定资产投资比上年增长8.1%。社会消费品零售总额127.52亿元，比上年下降2%，其中城镇实现零售额102.16亿元，下降2.3%；乡村实现零售额25.36亿元，下降0.8%。全年外贸进出口总额20.51亿元，其中出口总额16.58亿元、进口总额3.92亿元。

公路总里程2 799.96千米，其中等级公路里程2 798.83千米、高速公路里程61千米。全市货运企业货运总量1 508.79万吨/千米，货运周转量107 777.26万吨/千米；旅客运输总量2 949.27万人次，旅客周转量45 094.16万人/千米。全年一般公共预算收入完成41.32亿元，比上年增长2.6%，其中税收收入27.66亿元，下降6.8%；一般公共预算支出66.11亿元，增长11.7%。年末金融机构本外币各项存款余额897.38亿元，比上年增长6.8%，其中住户存款余额666.76亿元，增长14.2%；金融机构本外币各项贷款余额599.87亿元，增长20.7%。

有学校（园）163所，在校（园）学生93 131人，专任教师6 949人，小学、初中入学率100%，小升初升学率99.9%，初升高升学率99.1%。有医疗卫生机构517个，病床位8 023张，执业（助理）医师总数2 364人、注册护士2 877人。

【年度农业和农村经济运行】 2022年，全市实现农林牧渔业总产值106.31亿元，按可比价格计算，增长4.7%，其中农业产值80.34亿元，增长4.6%；林业产值1.2亿元，增长0.9%；牧业产值23.04亿元，增长3.1%；渔业产值0.77亿元，增长8.6%。实现农业增加值68.36亿元，按可比价格计算，比上年增长4.7%。农村居民年人均可支配收入达30 006元，增长6.6%，其中工资性收入14 580元，增长7%；经营净收入7 563元，增长9.7%；财产净收入2 899元，增长6.5%；转移净收入4 965元，增长1.3%。全年生猪出栏39.65万头，增长1.6%；肉类总产量4.18万吨，增长3.9%。全年新（改）建农村公路60千米。全年新增农村富余劳动力向非农产业转移6 508人。

【种植业】 全年农作物总播种面积122.87万亩，其中粮食作物播种面积56.8万亩，产量24.9万吨；油料作物播种面积8.25万亩，产量1.49万吨；中药材种植面积6.45万亩，产量1.75万吨；蔬菜及食用菌种植面积48.94万亩，产量124.77万吨。

【农村社会保障】 全年城乡居民基本养老保险参保人数24.31万人，城乡居民基本医疗保险参保人数47.38万人。全年城乡低保对象8 059人，其中农村低保7 018人。城乡特困供养人员1 815人。全年实施临时救助、社区快速救助4 128人次。

【主要领导人】 市委书记：王锋君；市人大常委会主任：谢扬；市长：陈茂禄；市政协主席：吴石泉；分管农业副市长：钱亮。

彭州市编写组

邛崃市

【基本情况】 2022年，全市辖14个镇（街道），辖区面积1 377平方千米，其中耕地面积33.56万亩。年末户籍总人口64.32万人，其中户籍乡村人口25.71万人；全年出生人口4 325人，人口出生率6.69‰，人口自然增长率–2.95‰。地表水年径流量9.91亿立方米，其中可利用量5.328亿立方米。有森林面积68 053公顷，建成区绿化覆盖面积1 092公顷，森林覆盖率49.32%。

2022年，全市实现地区生产总值400.63亿元，比上年增长3.8%，其中第一产业增加值53.68亿元，增长4.3%；第二产业增加值165.06亿元，增长5.2%；第三产业增加值181.89亿元，增长2.4%。三次产业结构比为13.4：41.2：45.4。人均地区生产总值66 506元，增长4%。

年末公路里程达2 819.24千米，其中等级公路2 819.24千米、高速公路66.67千米。社会消费品零售总额121亿元，同比下降1.8%。地方财政收入完成51.81亿元，比上年减少22.2%；一般公共预算支出66.63亿元，比上年增长13.2%。全年农业固定资产投资15.87亿元，同比增长2.9%。年末全部金融机构各项存款余额631.99亿元，比上年增长9.1%；金融机构各项贷款余额406.7亿元，比上年增长18.1%。通过"天府信用通""农贷通""蓉易贷"等平台累计发放贷款4 191笔，金额约65亿元。全市有涉农企业184家，其中成都市级以上农业产业化龙头企业42家（省级13家、国家级4家），累计带动农户18.06万户。

有普通中小学校60所，中小学在校学生5.49万人，专任教师3 601人；学龄儿童入学率100%，初中升学率115.8%。年内新上科技项目31项，新认定高新技术企业26家，共申请专利676件。有公共图书馆1个，馆藏图书36.7万册。有广播电台、电视台各1座，广播电视综合覆盖率100%。有农村药品集中配送网点574个，全年农村药品集中配送额19 226万元。有各类卫生机构377个，病床位5 488张，卫生技术人员4 590人。

【年度农业和农村经济运行】 2022年，全市实现农林牧渔总产值87.37亿元，同比增长4.3%，其中农业产值44.28亿元，同比增长1.1%；林业产值3.3亿元，增长1.5%；牧业产值33.48亿元，增长4.1%；渔业产值3.89亿元，增长11%。农村居民年人均可支配收入达28 938元，比上年增长7%。全市再次被认定为新一轮国家级水稻制种大县，入选国家农业绿色发展先行区、"四好农村路"全国示范县创建名单，获评2021年度全省乡村振兴先进县"回头看"考核"优秀"等级、四川省县域经济发展先进县以及2022年度四川省动物卫生监督工作成效显著；火井镇双童村、孔明街道郭山村、南宝山镇川王村创建为四川省乡村振示范村；邛崃市农业社会化服务案例、农业绿色发展案例、粮食稳产保供案例、农业生产"三品一标"案例作为全国典型案例被推广。全市有涉农企业184家，工商注册农民专业合作社998家、家庭农场2 740家。全年粮食作物播种面积57.67万亩；油料作物播种面积15.14万亩。全市主要农产品产量见表1。

【农业产业化联合体经营机制部级试点】 探索"龙头企业+合作社+家庭农场（农户）"农业产业化联合体经营机制，推动小农户与现代农业经营主体有效联结，被农业农村部批准为农村改革试验区拓展试验任务县。围绕推进邛茶产业提质增效发展，率先组建邛茶农业产业化联合体，实现联农户、联市场、联主体，推动农户与现代农业经营主体有效联结。探索形成闭环式"龙头企业+科研院所+集体经济+合作社+家庭农场+农户"农业产业化联合体经营机制，并广泛应用到全市种业、粮油、畜禽等主要农业产业中，促进农业产业提质增效，联合体组建后，不同形式辐射带动小农户10万余户，累计培育成都市及以上农业产业化龙头企业42家（含国家级4家），制定生产技术规程14项，实现农业产业化带户面92%。7月，试点工作通过农业农村部实地验收，为全国提供了可借鉴的邛崃样本和经验启迪。

【家庭农场发展】 加强政策引导，开展家庭农场规范运作培训和县级示范家庭农场评定，向上争取项目等措施促进全市家庭农场发展。截至2022年年底，新注册家庭农场407家，全市工商在册家庭农场达2 740家，其中省级家庭农场29家、市级家庭农场121家、县级家庭农场92家，家庭农场主要产业涵盖粮油、果蔬种植，畜禽、水产养殖，农业观光旅游等。

【农业产业化】 全市培育粮食规模化种植（50亩以上）生产经营主体378个，培育农业职业经理人200人，促进全市粮食规模化种植（50亩以上）面积达19.58万亩（其中水稻面积12.17万亩、小麦面积7.24万亩、大豆玉米带状复合种植面积0.17万亩）。全市生猪良种面提高到98%以上，年出栏500头以上的

表1　2022年邛崃市主要农产品产量

主要农产品	面积（万亩）	产量（万吨）
水稻	28.50	15.13
小麦	10.30	3.17
玉米	11.50	4.36
油菜	15.07	2.61
茶叶	13.00	1.36
水果	22.00	22.00
蔬菜	15.67	33.07
食用菌	0.35	0.70
中药材	1.37	1.10

生猪规模养殖面提高到65%以上，养殖场粪污综合利用率达98.15%。全市共创建标准化示范场48个，其中部级畜禽标准化示范场10个、省级畜禽标准化示范场14个、市级畜禽标准化示范场24个。

【城乡融合发展试验区建设】 加强项目储备和招引，策划储备涵盖农村农业基础设施、农商文旅产业融合、生态价值转化等领域项目共89个，总投资超过1千亿元；白沫江水美乡村综合体夹关绿道和生态治理项目、文君小学、农创工坊等项目建成投运，龙门山生物多样性博览园、城北小学等项目启动建设；新增签约注册"中国数字渔业总部基地"暨"田园水乡·醉美邛崃"、邛崃黑茶国家地理标志产品产业振兴项目、邛崃智慧康养度假项目等5个以上重大农村产业融合发展项目。推动各项任务落地落实，推进农村集体建设用地上市出让24宗86亩，宅基地流转交易4宗103亩；完成文井江、白沫江、红旗水库等重点流域自然资源统一确权登记；完善农村产权抵押权能，通过"天府信用通""农贷通""蓉易贷"等平台累计发放贷款4 191笔，金额约65亿元。推动集体和农民增产增收，创新农业产业化联合体经营机制，推动农户与文君茶业、花秋茶业现代农业经营主体利益有效联结，分享产业发展增值利益，该经验被成都市纳入四川成都西部片区国家城乡融合发展试验区典型经验推广。首创"3T"联农带农模式，前进社区成立经营性资产运营合作社，以COT（投资—运营—移交）方式整合农户和集体资金入股参与片区公司运营，以ROT（重整—运营—移交）方式盘活农用地，以BOT（建设—运营—移交）方式盘活农房，创新探索将农村闲置宅基地变性为集体经营性建设用地入市流转，打造生长餐厅、蓝门小院等特色餐饮民宿集群，带动农户户均年增收约3万元，集体经济组织年增收约10万元。

【农业供给侧结构性改革】 持续深化农业供给侧结构性改革，优化农业产业体系、生产体系、经营体系，提升农业供给质量。深化"双品牌"战略，新增"三品一标"农产品14个。依托天府现代种业园做强产业前端科技支撑，建设"一库一院五中心"功能平台，省种质资源中心库项目已完成库区主体建设；国家品种测试西南分中心基地建设项目已完成部分沟渠建设及田型调整。四川川种获评"成都产业建圈强链人才计划"现代种业产业链链主企业，现代种业发展与链主企业培育试点方案通过农业农村部答辩。举办第二届天府国际种博会云地展和"天府地展"田间评选活动，云地展单平台直播点击量55万次。"天府·酒里远村"乡村振兴项目初步完成农创中心、五谷酒坊场景建设，石町谷项目露营基地年底投入运营。持续推广绿色生产方式，畜禽粪污综合利用率达92%以上，测土配方施肥技术覆盖率达90%以上。健全农产品质量安全监管体系，定量抽检农产品样品1 221个，其中省、市、县级风险监测例行抽检样品分别为1 000个、121个、100个，检测合格率均在99%以上；快速检测10 630批次，合格率100%。培育成都市及以上农业产业化龙头企业42家（含国家级4家）、合作社998家、家庭农场2 740家。评定农业职业经理人277人，全市共有农业职业经理人1 974人。

【农业政策实施】 全年发放耕地地力保护补贴资金4 956万元，发放粮食规模化生产财政奖补资金3 878.6万元，发放稻谷目标价格补贴资金804.27万元，发放实际种粮农民一次性补贴资金1 323.76万元；申请农机购置补贴的农户和合作社共113家，补贴农机具264台（套），申请补贴资金 362.500 8万元，完成补贴资金划拨，结算率达100%。全年共发放2021年3月—2022年2月养殖环节病死畜禽无害化补贴资金765.911 96万元，发放2021年生猪屠宰环节病害猪无害化处置补贴资金298.416 3万元。对以个体身份参加企业职工基本养老保险的农业职业经理人给予补贴，补贴农业职业经理人713人，补贴资金286.861 068万元。政策性农业保险承保保额14 001.35万元，其中水稻、小麦、玉米三大粮食作物政策性农业保险共承保面积22.54万亩、保费939.75万元，累计赔付539.51万元。

【农村生态建设及环境保护】 通过完善工作机制、加强部门镇（街道）联动排查、加强巡查督促整改、推动畜禽养殖业转型升级等措施有序推进农业面源污染治理，全年整改完成存在问题的养殖场（户）87家（户），养殖环节集中无害化处理病死猪66 634头，屠宰环节集中无害化处理病死猪1 507头、病死牛173头、病死禽423 194.55千克、病死鱼10 262千克、病死兔24 593千克；查处各类涉渔案件3件，移交公安机关3件。完成农药包装废弃物回收15.373 3吨，废旧农用塑料地膜回收28.434 6吨，"两废"回收率均达85%以上、集中无害化处置率100%，推广测土配方施肥技术91万亩次。全市畜禽粪污综合利用率达92%以上，秸秆综合利用率为99.25%。推进统防统治与绿色防控融合发展示范，带动全市实现主要农作物统防统治面积20万亩以上、绿色防控面积15万亩以上。

【高标准农田建设】 实施高标准农田项目，重点补上土壤改良、农田灌排设施等短板，统筹推进高效节水灌溉，健全长效管护机制。实现田网、渠网、路网"三网"配套，农田灌排能力、土壤培肥能力、农机作业能力"三力"提升，机械化、规模化、标准化"三化"联动。全年建成并上图入库高标准农田2.01万亩，高效节水灌溉面积2 190亩。完成渠道整治38.28千米、田间道路整治34.58千米、田型调整204.5亩、土壤改良204.5亩，新建蓄水池43座，整治山坪塘7座。财政专向管护资金完成清淤渠道16 788米，修复渠道5 138米、田埂886米，修复渡槽2处、提灌设施1处。

【农村饮水工程建设】 全面完成邛崃市2021年饮水巩固提升工程、卧龙至羊安供水管网工程建设,共计投资2.125 3亿元,延伸供水支管约50千米,农村自来水普及率达96.23%,解决孔明街道、文君街道、羊安街道、固驿街道、南宝山镇、大同镇、火井镇、天台山镇等镇(街道)居民实际用水需求,解决农村供水"最后一公里"问题。2022年饮水巩固提升工程、邛崃市城乡供水一体化项目、邛崃市天台山大水厂及配套管网工程等项目投资14.53亿元,工程建成后将提升城乡供水保障能力,助推全市完善城乡一体、全域供水格局,保障居民生活饮用水水质水量。

【主要领导人】 市委书记:刘刚;市人大常委会主任:王瑞平;市长:王德彰;市政协主席:肖瑶;分管农业副市长:杨永胜。

邛崃市编写组

崇州市

【基本情况】 2022年,全市辖6个街道9镇94个行政村78个社区,辖区面积1 089平方千米。年末常住人口74.18万人,常住人口城镇化率54.33%,比上年末提高0.53个百分点。年末户籍人口65.27万人,其中城镇户籍人口29.89万人、乡村户籍人口35.38万人。

2022年,全市实现地区生产总值461.8亿元,按可比价格计算,比上年增长3.4%,其中第一产业实现增加值42亿元,增长4%;第二产业实现增加值233.8亿元,增长5.3%;第三产业实现增加值186亿元,增长0.9%。三次产业结构比为9.1∶50.6∶40.3。按常住人口计算,人均地区生产总值62 090元,增长3%。全年接待游客1 967.3万人次,同比下降1.8%;实现旅游收入137.1亿元,增长1.6%。

社会消费品零售总额136.4亿元,同比下降1.7%,其中城镇消费品零售额125.1亿元,下降1.6%;乡村消费品零售额11.3亿元,下降2.9%。

有幼儿园113所,在园幼儿21 023人,教职工2 767人;小学31所,在校学生30 746人,教职工1 645人;九年制学校5所,在校学生5 787人(小学3 862人、初中1 925人),教职工438人;初中10所,在校学生10 992人,教职工967人;完全中学2所,在校学生7 708人(初中1 443人、高中6 265人),教职工590人;高级中学1所,在校学生3 619人,教职工286人;特殊学校1所,在校学生118人,教职工22人。有各级各类医疗卫生机构440家,其中市级公立医院2家、公共卫生机构3家、乡(镇)卫生院和社区卫生服务中心15家、村(社区)卫生站154家、民营医院31家、门诊部9家、诊所(卫生所)222家、驻崇医院3家、其他医疗机构1家,构建了市、乡、村三级覆盖全域的医疗卫生服务体系;全市医疗机构编制病床位6 600张,实有病床位7 787张;卫生专业技术人员6 218人,其中执业(助理)医师2 177人、注册护士2 875人。

【年度农业和农村经济运行】 2022年,全市实现农林牧渔业总产值66亿元,按可比价格计算,比上年增长4%,其中农业总产值33.9亿元,增长3%;牧业总产值25.3亿元,增长3%;渔业总产值2.5亿元,增长10.7%。农村居民年人均可支配收入达30 163元,增长6.5%;城乡居民人均收入倍差为1.56,比上年缩小0.03个百分点。农村居民年人均消费支出达18 344元,增长3.9%。农村居民恩格尔系数34.37%,下降0.07个百分点。全年生猪出栏46.5万头,增长1.8%。

【种植业】 全年粮食作物播种面积48万亩,增长1.4%。经济作物播种面积33.1万亩,增长2%,其中油料作物播种面积17.2万亩,增长0.6%;蔬菜及食用菌种植面积12.2万亩,增长6%。全年粮食产量22.4万吨,增长0.2%;油料作物产量2.8万吨,增长1%;蔬菜及食用菌产量35.8万吨,增长2.3%。

【现代农业】 招引落地北京新农创等高能级项目15个,川西油菜籽精深加工、天府粮仓321产业社区等5个强链补链项目和竹艺公园等5个农商文旅体融合项目建成投运。落地全国首笔"数字人民币农户专项资金"。天府粮仓产业园获评国家现代农业产业园。

【农村基础设施建设】 全年改造农村户厕691户,农村污水治理率达85%以上,生活垃圾分类覆盖率、无害化处理率均达100%;保护修复川西林盘67个,建成精美林盘9个、3A级林盘景区1个;创建成都市"水美乡村"5个。新建供水末端管网100千米,新解决农村1.2万人自来水接入问题,农村自来水普及率达92%。

【农村社会保障】 城乡居民基本养老保险参保人数(含退休人员)247 719人,城乡居民基本医疗保险参保人数391 641人。城乡居民最低生活保障人数5 365人,其中农村最低生活保障人数4 981人。有城乡特困人员2 557人,集中供养1 490人。全市共有养老机构22家(公办11家、民办11家),床位5 415张(公办2 886张、民办2 529张)。农村富余劳动力向非农业转移就业新增人数6 190人。

【主要领导人】 市委书记:陈茂禄;市人大常委会主任:廖冬雪;市长:饶程;市政协主席:彭钚铀;分管农业副市长:郑宇。

崇州市编写组

简 阳 市

【基本情况】 2022年，全市辖21镇16个街道，辖区面积2 213平方千米（含成都东部新区）。

【都市现代农业建设】 规划建设沱东生态农场，围绕构建"一园一心一环五组团"空间格局，策划实施总投资95.7亿元的项目集群，完成投资28.79亿元，天府农业科创园研发中心、禾丰片区十万亩粮油现代农业园区等项目建设加快推进。坚决遏制耕地"非农化"、防止"非粮化"，落实"米袋子""菜篮子"责任制，完成963.05亩撂荒地和254.83亩"非粮化"耕地整治，新建高标准农田4.12万亩，冷链物流中心和3个粮食烘干中心主体工程竣工，全年粮食产量稳定在39.8万吨，出栏生猪57万头。打破镇村地域边界，创新实施"六联共兴"等集体经济发展模式。

【脱贫攻坚】 推进巩固拓展脱贫攻坚成果同乡村振兴有效衔接，抓好17个省级重点帮扶村建设，开展两轮防返贫集中排查，新增纳入监测对象177户519人，全面落实针对性帮扶措施，消除风险7户20人。

【农村基础设施建设】 全市基础设施不断完善，提升改造农村道路125千米，新（改、扩）建农村供水管网82千米，改造输（配）电线路212千米，村通燃气率提升至83.16%。公共服务更加优质均衡，引进成都石室中学合作办学，新投用公办幼儿园5所，全面完成85所中小学（幼儿园）光环境提升工程。提标改造13家镇（街道）卫生院，禾丰镇中心卫生院被纳入省、成都市首批县域医疗卫生次中心建设试点单位。人居环境更加优美，建成新村聚居点16个，完成老旧小区改造10处，新建绿道35千米、全民健身路径40条，完成川西林盘保护修复15个。

【农村环境保护】 实施城镇污水治理三年攻坚行动，河东生活污水处理厂建成投运，新建20户以上集中居住区污水处理设施933处、污水管网4.5千米，改造农村户厕3 000余户。推进阳化河流域水环境治理，治理病害管网7.5千米，阳化河国考断面水质提升至Ⅲ类。开展危险废物治理专项行动，危险废物处置项目、绿色环保资源再利用项目全面竣工。

【农村社会保障】 实施幸福美好生活十大工程，85个项目竣工投用。泰安路临时农贸市场即将投用，河东新区"买菜难"问题逐步缓解。新开工安置房面积105.6万平方米，建成面积57.27万平方米。开展根治欠薪专项治理，落实欠薪项目"包保责任制"，为3 600余名劳动者追发工资等待遇1.01亿元。推进全民参保，城乡居民基本医疗保险、基本养老保险参保率分别达98%、94%。启动综合社会福利中心建设，城乡低保标准提至820元/人/月，全年发放低保、特困、孤残儿童等各类救助金2.1亿元。

【全国文明城市创建】 坚持全民参与、共建共享，推进全国文明城市创建，开展十大"百日攻坚"行动，整治"蜘蛛网"管线30余千米，清理卫生死角、雨水篦子、"牛皮癣"等4 091处，改造停车场1.26万平方米，升级改造基层综合性文化服务中心6个。建成22个镇（街道）新时代文明实践所（站），文明村镇占比分别达91%、67%。

【主要领导人】 市委书记：詹庆；市人大常委会主任：钟世全；市长：苏呈祥；市政协主席：李崇喜；分管农业副市长：罗胤。

简阳市编写组

金 堂 县

【基本情况】 2022年，全县辖6个街道10镇，辖区面积1 156平方千米。

2022年，全县实现地区生产总值602.9亿元，按可比价格计算，增长6.5%，其中第一产业增加值71.7亿元，增长5.2%；第二产业增加值244.9亿元，增长13.9%；第三产业增加值286.3亿元，增长1%。三次产业结构比为11.9∶40.6∶47.5。

公路总里程4 338.7千米，其中国道25.7千米、省道125.8千米、县道370.3千米、乡道624.6千米、村道3 099.9千米。全年完成客运量725万人，客运周转量20 297万人/千米；公路货运量1 759万吨，货运周转量78 487万吨/千米。

【年度农业和农村经济运行】 2022年，全县实现农林牧渔业总产值115.4亿元，增长5.1%，其中农业总产值77.3亿元，增长3.5%；林业总产值1.4亿元，增长3%；牧业总产值27.8亿元，增长9.2%；渔业总产值3.8亿元，增长11.4%。农村居民年人均可支配收入达27 275元，增长6.9%。新建高标准农田5.32万亩、油橄榄基地7.73万亩，羊肚菌栽培约2万亩。新认定金堂县福兴片区十万亩粮油产业园区等县级现代农业园区9个，累计建成县级以上园区27个，其中省级星级园区2个、市级星级园区10个。累计登记认证"三品一标"农产品123个，其中国家地理标志保护产品8个、全国名特优新农产品7个。

【种养殖业】 全县粮食产量25.65万吨，油料产量6.8万吨，蔬菜及食用菌产量98.9万吨。生猪出栏56.35万头，增长

4.6%；肉牛出栏1.5万头，增长2.5%；肉羊出栏21.5万只，增长5.6%。肉类总产量6.66万吨，增长7%。淡水养殖面积1 520公顷；水产品产量2万吨，增长6.5%。

【农村交通】 省、市民生项目高效完成，完成长江村至光荣村撤并建制村畅通工程9.8千米、通组路48千米、村道安全生命防护工程39.46千米。成南高速扩容改造工程完成主线内全部房屋自愿搬迁，完成交地工程量的90%、杆管线迁改工程量的40%。完成成金简快速路先期开工段、赵三隆公路、北河四桥、玉皇山—梨花沟—芍药谷旅游环线等项目建设，实施成金简快速路跨沱江大桥、淮金大道、福兴大道、安徽路至经二路成南高速跨线桥等12个续建项目。

【农村社会保障】 全县城乡居民基本养老保险参保人数45.3万人，城乡居民基本养老保险参保覆盖率达95.1%，城乡居民基本医疗保险参保人数63.03万人。共有各类社会福利机构16个，有床位3 980张。全年纳入城乡低保对象13 840人，其中农村低保对象12 832人。

【主要领导人】 县委书记：钟静远；县人大常委会主任：龚亚明；县长：古建桥；县政协主席：尹贤鹏；分管农业副县长：唐毅。

金堂县编写组

大 邑 县

【基本情况】 2022年，全县辖11个镇（街道）147个村（社区），辖区面积1 284平方千米，其中耕地面积32.05万亩、永久基本农田27.85万亩、高标准农田20.79万亩。有户籍人口50.65万人，其中农业人口30.07万人。

【年度农业和农村经济运行】 2022年，全县实现农业总产值52.065亿元，增长4.8%，其中第一产业增加值33.32亿元，增长4.8%。农村居民年人均可支配收入达30 362元，增长6.8%。农业固定资产投资完成12.097 4亿元。全年出栏生猪48.130 9万头，年末母猪存栏2.957 2万头；蔬菜总产量23.2万吨。

【现代农业园区建设】 以园区建设为抓手全面夯实农业产业基础，全县完成"2+12""天府粮仓"产业园规划布局，有2个十万亩产业园，数量并列成都市第一；12个万亩产业园，数量位列成都市前茅。有全年创建市星级产业园5个。全县有11个现代农业园区，其中省级1个、市级2个、县级8个；有标准化产业基地59.23万亩。

【粮食安全】 开展农业新品种、新技术、新材料集成试验示范，全覆盖推广应用技术创新项目，实施"优质粮食工程""粮油绿色高质高效创建"等项目10个，推广暗化催芽无纺布覆盖高效育秧、优质杂交稻高效育秧、小麦绿色高产栽培、履带式开沟除湿等先进技术15项。全县十万亩粮油产业园示范片收割机实收实测实产水稻841千克/亩，创成都平原稻麦茬机插最高产量。全县粮食生产实现面积、单产、总产量"三增"，全年粮食作物播种面积39.8万亩（其中小麦播种面积10.94万亩，位列成都市第一），总产量16.55万吨。

【耕地保护】 开展耕地"非粮化"整改，有序推进低效果木腾退恢复耕地种植，全年腾退低效果木6 856.7亩，全年无新增耕地"非粮化"问题。

【高标准农田建设】 2019—2021年高标农田建设任务均全面完成；2022年新建高标准农田3.7万亩，总工程量已超过80%。承办2022年成都市打造新时代更高水平"天府粮仓"成都片区项目启动仪式（全市高标准农田开工仪式）。全县高水平谋划整区域推进高标准农田经验在全市、全省进行宣传和推广，入选全省首批13个高标准农田整区域推进示范单位。全县主要农作物耕种收综合机械化率达71.36%，主要农作物综合机械化率达90.76%（全省为67%）。

【主要领导人】 县委书记：连华；县人大常委会主任：李伦；县长：陈大用；县政协主席：王伟；分管农业副县长：向征。

大邑县编写组

蒲 江 县

【基本情况】 2022年，全县辖2个街道6镇62个行政村31个社区。年末全县户籍总户数109 898户，总人口265 421人，其中城镇人口106 623人，占总人口的40.2%；乡村人口158 798人，占总人口的59.8%。男性132 010人，占总人口的49.7%；男女性别比为98.9（以女性人口为100）。全年出生人口1 875人、死亡人口3 115人，人口自然减少1 240人。年末全县常住人口25.74万人，城镇化率达48.48%。

2022年，全县实现地区生产总值211.5亿元，按可比价格计算，比上年增长1.7%，其中第一产业实现增加值27.4亿元，增长4.2%；第二产业实现增加值73.8亿元，增长5.3%；第三产业实现增加值110.3亿元，下降1.1%。人均地区生产总值81 992元，增长1.4%。三次产业结构比为13∶34.9∶52.1，对经济增长的贡献率分别为33.2%、102.9%和-36.1%，分别拉动经济增长0.6个、1.7个和-0.6个百分点。全年接待游客857.3万人，实现旅游收入55.7亿元。

公路总里程1 726.5千米，其中国道55.3千米、省道19.4千米、县道246千米、乡道424.1千米、村道920千米；公路密度为2.95千米/平方千米。全年邮电业务总量2.7亿元。有移动电话用户31.7万户。社会消费品零售总额46亿元，下降3.9%，其中城镇零售额30.5亿元，下降7.5%；农村零售额15.5亿元，增长4.2%。全年文化创意产业实现增加值18.1亿元。有公共文化馆、博物馆、图书馆各1个，文化站8个。

年末金融机构各项存款余额290亿元，增长11.9%，其中住户存款235.6万元，增长18.5%；各项贷款余额176.2亿元，增长18.6%。地方财政收入完成23.2亿元，下降11.2%。一般公共预算收入完成13.8亿元，增长8.5%，其中税收收入6.6亿元，下降21%。地方财政支出60.8亿元，增长44.1%，其中一般公共预算支出完成28.8亿元，增长40.2%。有市级工程技术研究中心3家，市级产学研联合实验室4家，市级科普示范基地3个，有效高新技术企业37家，知识产权试点（示范）企业9家。全年全县有效发明专利累计量达239件，完成9.29件/万人。

有普通中小学校24所，专任教师1 806人，在校学生23 570人，其中单设小学11所、九年一贯制学校6所、单设初中2所、普通高中1所、完全中学1所、十二年一贯制学校1所、特殊教育学校1所、中等职业教育学校1所；小学在校学生12 634人，初中在校学生5 909人，高中在校学生3 419人，特殊学校在校学生56人，中等职业教育学校在校学生1 552人；小学专任教师844人，初中专任教师522人，高中专任教师298人，特殊学校专任教师15人，中等职业教育专任教师97人。有医疗卫生机构163个，病床位2 652张，卫生技术人员2 188人。

【年度农业和农村经济运行】 2022年，全县农林牧渔业总产值44.9亿元，按可比价格计算，增长4.2%，其中农业产值28.8亿元，增长4.8%；林业产值0.04亿元，下降6.8%；牧业产值13.9亿元，增长3%；渔业产值1.4亿元，增长3.5%。实现农林牧渔业增加值28亿元，按可比价格计算，比上年增长4.3%。全县农村居民年人均可支配收入达30 204元，增长6.6%，其中工资性收入14 046元，增长4.8%；经营净收入10 825元，增长8%；财产性收入2 708元，增长8.8%；转移性净收入2 625元，增长8.5%。人均生活消费支出18 597元，其中食品支出4 182元。农村人均住房面积65.51平方米。

【种养殖业】 全年粮食作物播种面积13.69万亩，产量4.79万吨，减少1.03%；油料作物播种面积6.01万亩，产量0.95万吨，减少29.5%；蔬菜及食用菌种植面积11.03万亩，产量21.21万吨，减少0.63%；园林水果种植面积28.38万亩，产量43.88万吨，增长4.3%；茶叶种植面积5.07万亩，产量0.91万吨，减少0.3%。全年生猪出栏39.02万头，增长0.1%；家禽出栏377.77万只，增长3.8%。肉类总产量3.65万吨，增长3.11%。

【农村社会保障】 全县城乡居民养老保险累计参保人数10.63万人，参保覆盖率维持在95%以上；城乡居民医疗保险参保人数16.73万人，参保率达98%以上。农村富余劳动力向非农产业转移就业新增人数3 005人。

【主要领导人】 县委书记：蒲发友；县人大常委会主任：郑自强；县长：赵钢；县政协主席：陈鑫；分管农业副县长：彭东。

蒲江县编写组

自 贡 市

【基本情况】 2022年，全市辖4区2县2乡63镇25个街道987个村（社区），辖区面积4 381平方千米。有农民专业合作社1 713家、家庭农场8 226家，有县级以上龙头企业197家。

【年度农业和农村经济运行】 2022年，全市第一产业增加值253.31亿元，同比增长4.4%，高出全省0.1个百分点，列全省第五位；农业增加值256.85亿元，同比增长4.4%。农村居民年人均可支配收入达21 976元，同比增长6.2%（与全省持平）。农业机械总动力达126.06万千瓦，同比增长2.4%。全县水产养殖面积8 969公顷，水产品产量9.19万吨，同比增长3.6%。

【种植业】 全年粮食作物播种面积360.52万亩，同比增长2.2%；油料作物播种面积119.65万亩，增长2.8%；蔬菜及食用菌种植面积105.53万亩，增长6.4%。粮食产量140.3万吨，同比减少1.9%；油料产量18.97万吨，增长6.1%；蔬菜及食用菌产量263.38万吨，增长3.5%。

粮油生产。制定粮油扩面增产方案，召开小春、大春、晚秋生产推进会，建设高标准农田12.73万亩，开展技术服务、气象预报、病虫害防治、抗旱减灾，排查整治撂荒地4.03万亩，推动粮食生产。全年粮食作物播种面积360.5万亩，同比增长2.2%，增速高于全省0.54个百分点；总产量140.3万吨，同比减少1.95%，其中大豆播种面积62.2万亩，同比增长6.3%。6月9日—10日，省委、省政府大豆扩种暨大春田管工作现场会在富顺县召开，富顺县《坚持“五个一”统筹推进大豆扩面增产》被农业农村部科技教育司在全国推广交流，《盘活“五块地”统筹“五个一”》大豆扩种经验在省委《四川改革专报》推广交流，富顺县农业农村局获评四川省农业“丰收奖”先进集体。

【畜牧业】 全年生猪、牛、羊、禽产量20.67万吨，同比增长4.3%，其中猪（牛、羊）肉产量15.43万吨，增长5.1%。猪出栏189.54万头，增长4.5%；牛出栏2.87万头，增长3.1%；羊出栏100.39万只，增长2.6%；家禽出栏3 505.59万只，增长2.5%。

【乡村振兴】 发挥农办“五大职能”，统筹协调各行业部门和各县（区）推进工作落实，编印《自贡市2022年度区县党政和市级部门（单位）领导班子领导干部推进乡村振兴战略实绩考核实施方案》，推出县（区）委书记抓乡村振兴评比办法和“十抓十强”责任清单，实行“月盘点、月督导、月调度”和“责任制+清单制”管理，创新开展县（区）委书记抓乡村振兴“擂台比武”，以点带面促提升，推动美丽乡村加速蜕变，65项省级乡村振兴战略实绩考核指标均全面完成，通过全省乡村振兴实绩考核交叉检查。创建全省乡村振兴先进（成效显著）县2个、“回头看”考核优秀县1个、先进乡镇2个、示范村16个。深化农村改革，全市超过100万元村集体经济强村有28个，获评省集体经济融合发展先进县1个、先进村8个。创建全省农村改革工作先进县1个，入选省十大优秀案例1个。

【脱贫成果巩固】 落实“四个不摘”要求，调整优化乡村建设、就业创业促进、特色产业发展等政策文件37个，形成“1+37”巩固衔接精准政策体系。建立健全风险预警和研判机制，对标跟进“补扶引”措施，无“漏测失帮”和一户一人返贫致贫。在全省率先建立低收入人口动态预警监测平台，将4.9万名脱贫人口、2 536名监测对象纳入低保或特困范围，实现“应纳尽纳”“应保尽保”。

项目带动。突出以产业带动、就业促进为重点，开展困难群众增收“百日行动”。521个项目加快实施，带动5.7万名贫困劳动力实现就业，脱贫户人均纯收入达1.3万元，增长14%。全年脱贫户家庭年人均纯收入1.29万元，超过目标任务3.2个百分点。

体制机制。在全省率先建立乡村振兴重点帮扶“一无两超六好”帮扶成效指导标准，被省委、省政府发文表扬并在全省推广，推进乡村振兴重点帮扶村建设、“四合四提”推进高粱产业助力脱贫群众增收经验做法被《四川乡村振兴简报》专刊刊载并在全省推广。

【宜居宜业和美乡村建设】 建设宜居乡村，接续开展农村人居环境整治提升行动，垃圾、污水、厕所“三大革命”各项指标均居全省前列，其中农村生活垃圾收运处置体系覆盖率达100%，行政村生活污水有效处理率达74.8%，户用卫生厕所普及率达93%；畜禽粪污、农业秸秆综合利用率均超过92%，化肥农药保持减量化。

【产业体系与园区建设】 主动融入全省现代农业“10+3”产业体系和成渝现代高效特色农业带建设，构建全市现代农业“8+2”产业体系。首次发布3项地方标准指引特色产业标准化发展，挂牌建立生猪产能调控基地242个，实施水产绿色健康养殖技术推广“五大行动”骨干基地建设，新（改）建特色产业基地13.5万亩，超目标任务的12.5%。新培育示范基地（点）5个、标准化畜禽养殖场28家、“鱼米之乡”基地2万亩，建成成渝优质农产品生产直供基地10家。肉蛋奶、菜果茶等“菜篮子”产品供应充足。生猪出栏189.5万头，同比增长4.5%；水产品产量9.19万吨，同比增长3.7%。省级农产品质量安全例行监测总体合格率达99.5%。新创建全国农业产业强镇和全国“一村一品”示范镇各1个。建成高标准农田12.7万亩，整治撂荒地4万亩，粮食产量增长2.4%，“千斤粮万元钱”“吨粮田五千元”模式全省领先，大豆扩种做法全国推广，受到国务院领导肯定，富顺县、贡井区入围全国大豆科技自强示范县。新增省星级农业园区3个、省重点龙头企业8家，荣县油茶获评省级现代林业园区，大安区创建为国家农村产业融合发展示范园，永安镇、成佳镇分别入选全国农业产业强镇和“一村一品”示范镇，健康田园入选全国首批农耕文化实践营地名单，贡井区建设镇重滩村获评中国美丽休闲乡村，自流井区荣边镇尖山村被命名为“天府旅游名村”。

【农业项目投资】 围绕中央和省级政策走向，通过向上汇报、邀请指导22次，储备项目81个，总投资22.91亿元，累计争取项目资金13.23亿元，同比增长17.4%。融入成渝地区双城经济圈建设，包装招商引资重大项目17个，计划总投资97.79亿元。举办农业农村招商引资推介会暨项目签约仪式、自贡市人民政府与四川省农业农村厅项目合作签约仪式暨四川省2022年农机购置与应用补贴植保无人驾驶航空器产品现场演示评价活动，瞄准重点企业、重点领域、重点项目开展招商引资、招商引智，拓展农业农村投资渠道，引导优质龙头企业携带社会资本投资农业农村，全年农业固定资产投资达100亿元。

【农业行业安全监管】 做好“两个统筹”，加强农业行业安全监管，以荣县来牟镇“6·7”事件为契机，开展畜禽养殖粪污贮存池、沼气池和屠宰场化粪池安全专项整治行动，推出加强宣传、加强培训、加强排查、加强整治“当前改”和“长远制”措施，开展包片督导，排查整改问题1 142个。

【主要领导人】 市委书记：范波（6月止），何礼（7月始）；市人大常委会主任：谭豹；市长：曾洪扬；市政协主席：王蒙；分管农业副市长：龙腾鑫。

自贡市编写组

自流井区

【基本情况】 2022年，全区辖5个街道3个乡（镇）（不含托管高新区的丹桂街道、学苑街道、高峰街道、红旗街道），辖区面积157.446 8平方千米，其中耕地保有量67 280亩、永久基本农田保护面积41 326亩。常住人口47.9万人，其中城镇常住人口44.9万人、农村常住人口3万人。户籍人口20.61万人，其中城镇户籍人口14.51万人、农村户籍人口6.1万人。全区森林面积0.442 65万公顷，森林蓄积量0.002亿立方米，森林覆盖率28.77%。湿地面积0.000 2万平方千米。

2022年，全区实现地区生产总值416.02亿元，其中第一产业增加值8.74亿元、第二产业增加值113.64亿元（工业增加值55.39亿元）、第三产业增加值293.63亿元。全区人均地区生产总值86 670元。有规模以上工业企业38家，规模以上工业企业营业收入176.97亿元，规模以上工业企业利润总额6.8亿元。有建筑业企业21家，建筑业增加值58.43亿元。有特色产业重点园区1个（自贡市国家骨干冷链物流基地）、“成渝地区双城经济圈”合作示范园区1个——西南（自贡）国际陆港。全区全年批发和零售业增加值62亿元，网络零售总额3.35亿元，住宿和餐饮业增加值11.6亿元，房地产业增加值32.06亿元。全社会固定资产投资201.26亿元，社会消费品零售总额198.36亿元。全区全年农村劳动力转移就业人数2.7 119万人，农村劳动力转移就业劳务收入63 278万元。全区广播覆盖率和电视覆盖率均达100%。

【年度农业和农村经济运行】 2022年，全区农林牧渔业增加值9.04亿元。农村居民年人均可支配收入达24 073元。全年粮食产量3.04万吨。有效灌溉面积3.87万亩。生猪出栏59 093头。

【乡村振兴】 全面推进实施乡村振兴战略，加快构建生态农旅涵养圈。稻粱现代农业园区加快建设，建成高标准农田2.7万亩，成片打造特色种养基地5 000亩，恢复耕地2 500亩。申报省级农合社质量提升试点区、省级第二轮土地承包延长30年试点区。飞龙峡国际养老社区加快建设，荣边镇获评全省乡村振兴先进乡镇，仲权镇全胜村、荣边镇尖山村分别获评省级乡村振兴示范村、天府旅游名村，仲权镇竹元村被中组部纳入红色美丽村庄建设试点，健康田园获评全国农耕文化实践营地。蓝城原乡里商业街落成开业，举办四川省花卉（果类）生态旅游节。持续巩固脱贫攻坚成果，50个乡村振兴衔接项目加快推进，脱贫户年人均纯收入达1.33万元。社会治理水平不断提升，东兴寺街道获评全省基层治理示范街道，新街富台山社区成为首批省级民主法治示范村（社区）。

【乡村旅游】 打造乡村悦游休闲胜地，立足城市近郊区位优势和特色生态资源禀赋，发展乡村休闲观光农旅产业。围绕传承红色文化、体验农耕文化主线，打造南部红色基因传承示范区、乡野田园体验区、森林康养主基地。探索购买、租赁、置换等模式，鼓励社会资本参与民宿发展，打造一批有地域文化特色的高品质旅游民宿。加快推进卢德铭红色文化园、蓝城原乡里科教农旅产业园、飞龙峡国际养老社区等项目建设，构建“悦游乡村”农旅体系。持续举办尖山桃花会、生态采摘、红色研学等一系列主题民俗活动，开发一批乡村精品游路线，丰富拓展文旅产业经济圈。

【农村基础设施建设】 飞龙峡旅游快速通道尖山支线、园区西二支路延长线建成通车，自贡至泸州港公路加快建设。改善提升农村公路31千米，在全市率先实现镇（街道）一级公路全覆盖，创建为“四好农村路”省级示范区。更新、改造燃气管道10千米、污水管网11.4千米，整治背街小巷12条，新建市民广场6个，新增公共停车位163个。完成狸狐洞水库渠道建设4千米，实施山洪灾害防治非工程措施和抗旱救灾等项目8个。

【农村社会事业】 义务教育“双减”政策全面落实，檀木林幼儿园改（扩）建、六中学生宿舍楼新建项目竣工，建成全国校园足球特色校9所、特色幼儿园6所，获评全国青少年校园足球特色试点区，仲权镇中心小学获评全国棋类特色学校。舒坪卫生事业园即将投运，医共体建设加快推进，优质医疗资源下延扩容。文体事业有序开展，建成开放式区图书馆、区文化馆，举办“喜迎党的二十大”系列文化活动46场次。

【农村人居环境整治】 实施农村人居环境整治提升五年行动，开展“千村示范”工程建设，农村生活污水治理率100%，飞龙峡镇新国村获评省级园林村。全域推进生活垃圾分类示范片区建设，城乡生活垃圾收运处置率100%。生态环境持续向好，打好“蓝天、碧水、净土保卫战”，PM2.5、PM10浓度同比分别下降14%、13.1%，空气质量优良天数率80.2%，朱公河小流域治理加快实施，金鱼河生态补水37万立方米，碳研所国考断面平均水质达Ⅲ类，中央、省环保督察反馈问题全面整改落实，环境质量稳定改善。

【农村生态建设及环境保护】 全区污水集中处理率90.3%，农村生活污水治理率76.92%，受污染耕地安全利用率91%，污泥无害化处置率100%，污染地块安全利用率100%。全区生态保护红线面积9.87平方千米。有自然保护区2个。

【招商引资】 全区累计上报省外引进产业项目，新增实际投资44亿元，完成全年目标任务的133%。上报新签约项目23个，超全年目标任务1个，其中工业项目12个，超全年目标任务的100%；10亿元项目3个，超全年目标任务的200%。2021年市级督办项目“三率”为履约20个，履约率90.9%；开工19个，开工率86%；资金到位20.849亿元，资金到位率33%。2022年市级督办项目“三率”为履约23个，履约率100%；开工12个，开工率52%；资金到位7.944亿元，超全年目标任务1.45亿元，资金到位率14.7%。

【主要领导人】 区委书记：黄雪智；区人大常委会主任：刘忠明；区长：万春霞；区政协主席：黄敏；分管农业副区长：邓航。

自流井区编写组

【基本情况】 2022年，全区辖7镇3个街道，辖区面积409平方千米，其中耕地面积26.39万亩，人均耕地面积0.96亩。年末总人口27.51万人(户籍人口)，其中农业人口18.08万人。

【年度农业和农村经济运行】 2022年，全区实现农林牧渔业增加值28.08亿元，同比增长4.4%。农村居民年人均可支配收入达22 549元，同比增长6.2%。开展耕地保护整治行动，耕地流出恢复2 764亩，完成撂荒地整治6 116亩。持续推进高标准农田建设，建成高标准农田2万亩。全区蔬菜高粱现代农业园区创建为省四星级现代农业园区、天宫大豆现代农业园区创建为市级现代农业园区，先后获评全国大豆科技自强示范县、“一村一品”示范村镇、中国美丽休闲乡村；全省合并村集体经济融合发展试点先进村；秋冬马铃薯优质高产高效栽培技术创新与推广获得全国农业技术推广成果奖三等奖，大豆—玉米带状复合种植技术模式集成创新与示范推广获得全国农业技术推广合作奖。

【种养殖业】 全区粮食种植面积36.14万亩，总产量11.77万吨。生猪出栏18.43万头，能繁母猪保有量8 400头；家禽出栏327.14万羽，肉兔出栏593.94万只；禽蛋产量9 264吨，牛奶产量9 862吨。

【防止返贫监测帮扶】 印发《自贡市贡井区2022年防止返贫监测帮扶集中排查工作方案》，召开各类会议20余次，推进2022年重点衔接工作，抓牢防止返贫监测和帮扶工作，按照“四个不摘”要求全面落实帮扶措施，安排各级衔接资金4 931万元，落实衔接资金项目78个，已完工75个。持续开展脱贫人口增收“百日行动”，助力脱贫人口持续增收，实现脱贫户人均纯收入12 939元，同比增长16.4%。

【特色产业】 以成佳镇、龙潭镇、建设镇等为核心，开展“中稻+再生稻”高产栽培示范1万亩，带动全区发展蓄留再生稻6万亩；对标省星级现代农业园区创建标准，加快高粱蔬菜现代农业园区提档升星建设，整合各类资金1 600余万元投入园区建设，以2022年入选“全国大豆科技自强县”为契机，培育打造天宫大豆现代农业园区，规划建设成佳镇天宫村粮油复合种植核心示范片1 000亩；龙潭道澄村“高粱+大豆”套作复合种植核心示范片1 000亩，辐射带动套作大豆规范化种植示范区1万亩，扩面建成以成佳、建设、龙潭等乡(镇)为核心的20千米大豆产业示范带，促进大豆扩面增产、提质增效。

【农村生态建设及环境保护】 推进全区农村户厕改造，完成全区8个村、2 910户农户厕所改造；优化农村生活垃圾治理模式，100%的行政村生活垃圾得到有效治理；开展农业面源污染治理，全区畜禽粪污资源化利用率达92.52%，秸秆综合利用率稳定在90%以上；建立化肥农药减量增效示范点10个，推进化肥减量增效、农药减量控害。深化美丽乡村建设行动，建设镇重滩村入选“中国美丽休闲乡村”。

【经营主体培育】 申报农业产业化“一村一品”示范镇1个，培育农业科技示范基地2个、农业科技示范主体1个。累计培育区级家庭农场65家，申报市级家庭农场38家、省级家庭农场10家。鼓励新型经营主体集中流转土地，开展特色产业规范化示范种植，支持专合社发展壮大。动员专合社及联合社联合开展马铃薯等特色产业“产、供、销”全过程服务，将“农户—专合社—市场”结合，形成“风险共担、利益共赢”的机制，促进全区农业特色产业持续健康发展。新增国家级农民合作社示范社1家、市级示范社2家。

【农村改革】 持续发展壮大新型农村集体经济。出台《贡井区贯彻〈四川省农村集体经济组织条例〉实施细则》，健全“三会”制度，全区90个集体经济组织全部完成登记赋码并挂牌规范运行。在全市率先成立区集体经济组织会计核算中心，实行村(社区)委员会与村集体经济组织分账管理、独立核算，全区90个村集体经济实现收入2 231.13万元，收入在100万元以上的村有4个、50万～100万元以上的村有9个、10万～50万元的村有34个。五宝镇照石村被评为全省合并村集体经济融合发展试点先进村。

持续深化农业农村改革。出台《自贡市贡井区工商企业等社会资本流转农村土地经营权审查审核实施细则》，健全工商企业租赁农地的资格审查、项目审核和风险防控制度。制定印发《贡井区宅基地审批及农房建设管理办法》，规范宅基地审批管理。完成第四批农民合作社质量提升整县推进省级试点。

有序推进农村两项改革“后半篇”

文章。完成航空产城融合片区乡（镇）级国土空间规划和贡井区旭水河特色农业片区乡（镇）级国土空间规划编制。加强片区协同发展，印发《关于成立县域内片区综合党委的通知》，建立3个片区综合党委，出台片区综合党委运行规则，建成9个村级片区党组织和23个产业党组织。

【农业综合执法】 持续加大农业综合行政执法力度。开展普法宣传，全面宣传《中华人民共和国种子法》《肥料登记管理办法》《农药管理条理》等法律法规，指导农户合理合规使用农药化肥进行生产种植，共发放《禁限用农药目录》《水产养殖用药明白纸》等法律法规宣传资料1 300余份，接受群众咨询350余人次。严格开展执法监督，检查农资门店450家次，立案查处农资相关案件7起，行政调解农药、种子纠纷案件4起，共处罚金0.72万元，为种植户挽回经济损失0.6万元。严厉打击非法捕捞，全年出动执法人员352人次，清理非法网具90余套、非法钓具60余个，查处非法捕捞案件12件（其中司法追诉案件7件），保护了全区水生资源环境。

【农村新冠疫情防控】 由农村工作组牵头开展农村地区新冠疫情防控，落实"四督促两协调"职能职责，开展督导68次，发现并整改问题102个，建立"7+1"静态管理运行机制，确保农产品稳产保供。在新冠疫情防控政策调整为"防重症保健康降死亡"后，督促各镇（街道）建立"五级书记"抓疫情防控的工作体系，摸排全区65岁以上老年人共35 885人，其中重点人群（红色）2 587人、次重点人群（黄色）6 937人；独居空巢老人2 425人，残疾人、孤儿等特殊人群共5 671人，春节返乡9 348人。深化农村网格化管理服务和"五包一"制度，建立"组包户"网格化管理微信群2 221个，开展"上门送药、代购代买"等服务76次，入户宣传新冠疫情防控5 000余次；开展重点人员和特殊人员联系走访3万余次，发放包保"明白卡"4.75万张，发放"爱心防疫健康包"3 400份。持续宣传新冠防疫"三件套"、强化防护"五还要"，树立健康第一责任人理念。

【主要领导人】 区委书记：张洪涛；区人大常委会主任：李伟；区长：方矛；区政协主席：李平；分管农业副区长：胡启宁。

贡井区编写组

大　安　区

【基本情况】 2022年，全区辖9镇6个街道，辖区面积397.5平方千米，其中耕地面积28.38万亩，比上年增长0.599%；基本农田面积23.26万亩。年末总人口29.2万人（常住人口），人口出生率7.13‰。有林业用地0.37万公顷，有林地面积0.45万公顷，森林覆盖率11.7%。

2022年，全区实现地区生产总值188.72亿元，增长0.5%，其中第一产业增加值25.45亿元，增长4.4%；第二产业增加值81.53亿元，下降3.3%；第三产业增加值81.75亿元，增长3.2%。劳务输出10.9万人，收入36.73亿元。全年乡村旅游景区接待游客72万人次，实现旅游综合收入960万元。

有中小学44所，教职工1 972人。完成省级以上科技成果1项，1项科技成果获得省级及以上科技进步奖。有文化馆1个，公共图书馆1个，博物馆4个。有卫生机构18家，其中区级医疗卫生机构3家、基层医疗卫生机构15家。

【年度农业和农村经济运行】 2022年，全区实现农业总产值43.63亿元，增长4.5%；全区全年农业增加值达25.7亿元，增长4.4%。农民年人均可支配收入达21 708元，增长6.4%。省级农产品质量安全例行监测合格率达100%；建成11个镇（街道）农产品质量安全监管服务站。水产品产量10 106吨，同比增长3.46%；实现渔业经济总产值31 183.58万元，增长6.83%。全区主要农产品产量见表1。

【农业产业化发展】 全年家庭承包耕地流转总面积11.74万亩，流转率达38.56%，比上年新增流转面积1 282亩。完成四川省第三批农民合作社质量提升整县推进省级试点项目建设。完成家庭农场培育60个，兑现2021年家庭农场土地流转补贴90.79万元。累计培育农民专合社221家、家庭农场553家、专业大户860户。创新构建"行政村党组织—网格党支部（党小组）—党员包片（联户）"的网格党建体系，引领带动缺乏增收能力的农户以土地、政策扶持资金入股等方式参与村级集体经济发展。拓宽集体经济组织增收路径，探索"村企共建、利益共享"模式，推广承接小微工程、特色种植等经验做法，通过承接产业园建设项目、发展休闲观光农业等方式促进集体经济增收。2022年，全区共实现农村集体经济收入3 096.69万元；村均集体经济收入35.59万元，同比增长71.96%，5个村成为百万级集体经济强村。

【农村集体产权制度改革】 开展集体资产年度清查，梳理扶贫项目资产、农田建设项目等财政补助资金形成的、应确权到集体经济组织的各类资产，完善资产交付、确权手续，据实、按程序纳入农村集体资产管理。全区87个村级集体经济组织全面完成规范挂牌，集体经济组织登记赋码发证实现全覆盖；贯彻落实《四川省农村集体经济组织条例》，严格按照"五个一"标准规范农村集体经济

表1　2022年大安区主要农产品产量

主要农产品	单位	产量	同比增减(%)
粮食	万吨	11.07	–2.63
水稻	万吨	4.46	–0.62
玉米	万吨	3.14	–0.53
马铃薯	万吨	0.52	17.35
油菜籽	万吨	1.97	7.59
蔬菜	万吨	30.89	3.62
水果	万吨	1.49	7.22
肉类	万吨	3.73	6.03
猪肉	万吨	1.09	9.88
牛肉	万吨	0.11	–4.48
羊肉	万吨	0.12	0.67
禽肉	万吨	1.77	5.64
兔肉	万吨	0.61	3.91
禽蛋	万吨	0.78	5.32
水产品	万吨	1.01	3.46
牛奶	万吨	0.49	0.12

组织运行管理。

【农产品品牌战略实施】 贯彻落实农业生产“三品一标”行动，打造“天赋大安”农产品区域公用品牌。开展农产品全产业链标准化示范基地建设项目，通过聚焦龙头引领，构建肉鸡全产业链条标准。开展产品质量安全和品质检测，开展良好农业规范(GAP)认证和生态原产地产品保护(PEOP)认证，夯实大安肉鸡品牌，带动大安肉鸡品牌不断实现标准提档、质量升级、品牌增效。12月，“大安肉鸡”入选第三批433个全国名特优新农产品名单，成为自贡市农产品首次上榜“国字号”的名特优新农产品名录。

【现代农业园区建设】 结合大安东西走向空间特征，按照“全域发展、因地施策”理念，在近、中、远郊梯次打造3个生产要素高度集聚的现代特色农业园区，同时推行“大园区套小园区、园区内建景区”发展模式，串园成面，实现全区乡（镇）发展带动全覆盖。截至2022年年底，全区有省五星级农业园区1个(大安区肉鸡现代农业园区)、市级农业园区1个(大安区沱江粮油现代农业园区)、省级跨区域合作园区1个(大安区—威远县成渝高效特色农业带合作园区)、区级农业园区4个。

【种养殖业】 全年粮食作物播种面积32.2万余亩，粮食总产量11.72万余吨。出栏生猪16.384 8万头，同比增长6.83%；出栏肉牛0.818 2万头，同比减少2.83%；出栏肉羊7.807 6万只，同比增长2.28%；出栏家禽1 192.079 6万只，同比增长4.62%；出栏肉兔559.720 6万只，同比增长3.87%。全年肉类总产量3.725 6万吨，同比增长6.03%，其中猪肉产量1.091 7万吨，同比增长9.88%；牛肉产量0.106万吨，同比减少4.48%；羊肉产量0.119 5万吨，同比增长0.67%；禽肉产量1.769万吨，同比增长5.64%；兔肉产量0.614 1万吨，同比增长3.91%。禽蛋产量0.777 4万吨，同比增长5.32%；牛奶产量0.491 9万吨，同比增长0.12%。

【农业机械化】 完成1 324台农机购置补贴，兑现补贴资金49.37万元。新增农机总动力0.21万千瓦。自贡大山农机专合社牛佛镇流转面积500余亩种植高粱、油菜、马铃薯等农作物，从耕地、播种、病虫防治、收割、烘干等环节实行全程机械化操作，以点带面，辐射带动全区耕种收机械化面积达67.7万亩。

【农产品质量安全监管】 开展农业执法检查、质量监督抽检、农资打假暨农产品质量安全专项整治和大要案查处，全年共检查农资门店650余家次，检查生产经营主体230余家次，发现问题48起，责令整改41次；累计完成省级例行抽样73个批次，总体合格率为100%；区级风险监测抽样265个批次，区、镇两级快速检测农产品7 600个批次，“瘦肉精”快速检测1万余批次，合格率均在99%以上；共计查处农业违法案件24件，罚款6.14万元，现场移送涉嫌犯罪线索4条至公安机关。利用“放心农资下乡进村宣传活动周”等活动开展专业技术推广培训，增强农产品质量安全意识，全年设点宣传9次、电视宣传1期、报纸宣传3期、其他媒体宣传8期，发送宣传信息4 000余条，发放宣传资料22 000余份。

【主要领导人】 区委书记:彭长林;区人大常委会主任:肖永忠;区长:唐小华;区政协主席:关义彬;分管农业副区长:周怡。

大安区编写组

沿 滩 区

【基本情况】 2022年，全区辖9镇1乡2个街道，辖区面积466.71平方千米。户籍人口39.3万人（含板仓），常住人口29.4万人。森林面积7 098.9公顷，森林覆盖率15.15%。

2022年，全区实现地区生产总值256.99亿元，增长0.3%，其中第一产业增加值绝对量27.55亿元，增长4.4%；第二产业增加值绝对量147.72亿元，增长1.2%；第三产业增加值绝对量84.72亿元，增长%。三次产业结构比为10.7：56.3：33。

全社会固定资产投资增长13%。社会消费品零售总额67.26亿元，同比增长2.8%。货物进出口额完成1.18亿元，同比增长39.09%，增速位居全市第一。地方一般公共预算收入完成6.32亿元，一般公共预算支出19.82亿元。城镇居民年人均可支配收入达41 707元，农村居民年人均可支配收入达21 715元。

有普通高中1所、初中11所、小学12所、九年制学校3所、独立建制公办幼儿园1所（另有民办幼儿园35所）、特殊教育学校1所、教师进修学校1所、村小学教学点32所，中小学生27 166人、在园幼儿7 008人，教师1 955名。

【种养殖业】 全年粮食作物播种面积2.76万公顷，粮食总产量16.219 3万吨，比上年减少0.5万吨。农业增加值完成27.95亿元，增长4.4%。生猪出栏16.67万头，同比增长6.7%；肉牛出栏0.09万头，同比增长3.9%；家禽出栏292.11万只，同比增长1.2%；肉羊出栏5万只，同比增长2%。全年肉类总产量2.17万吨，同比增长5.7%；禽蛋产量0.038 4万吨，减少3.5%。水产品产量1.55万吨，实现渔业经济总产值4.91亿元，分别增长3.5%、9.2%。

【学生活动及农村体育】 开展第二十五届“蓝天下共成长”中小学生现场书画比赛、沿滩区“蓝天下共成长”中小学生艺术节暨“喜迎二十大、永远跟党走、奋进新征程”文艺展演、“永远跟党走 奋进新征程”暨庆祝建团100周年中小学生主题演讲故事比赛。组织2022年沿滩区中小学校大课间体育评比活动、沿滩区第八届“文轩教育杯”中小学生“学、爱、玩”校园足球联赛、沿滩区首届中小学生（幼儿）啦啦操比赛。承办自贡市老年人柔力球（套路）双拍双球培训、自贡市“8·8”全民健身日暨全民健身月启动仪式，组织自贡市沿滩区“百城、千乡、万村·社区”五人制足球比赛。完成沿滩区国民体质监测站建设和样本量采集。

【招商引资】 新签约重大项目32个，其中工业项目29个、10亿元以上项目7个；中国昊华、江苏国泰、山东得利斯、无锡东恒等三类500强、上市公司、行业龙头企业完成省外引进产业项目新增实际投资48亿元。全市督办项目履约率93.8%、开工率84.4%、资金到位率32.7%。举办“江苏国泰年产30万吨锂离子电池电解液和回收2 000吨溶剂项目签约仪式”等招商活动11场。开展“园区低效闲置资源盘活行动”，盘活智瑞铸造、虹旭金属等8家企业闲置土地211亩、闲置厂房5.2万余平方米。

【主要领导人】 区委书记：刘军；区人大常委会主任：杨兵；区长：廖东；区政协主席：王丽；分管农业副区长：杨文。

沿滩区编写组

荣 县

【基本情况】 2022年，全县辖19个镇2个街道52个社区196个村民委员会，辖区面积1 606.43平方千米。

2022年，全县实现地区生产总值2 600 269万元，按可比价格计算，同比增长0.6%，其中第一产业增加值860 553万元，增长4.4%；第二产业增加值788 326万元，下降5.9%；第三产业增加值951 390万元，增长2.6%。三次产业结构比为33.1：30.3：36.6。

公路总里程2 974.54千米，其中高速公路101.44千米、国道57.88千米、省道244.78千米、县道503.71千米、乡道740.88千米、村道1 325.85千米。有机动车133 177辆、公交车路数8路，有出租汽车80辆。地方一般公共财政预算收入完成8 019万元，同口径增长12.5%；政府性基金收入102 554万元。在地方公共财政预算收入中，税收性收入31 831万元、非税收性收入46 188万元。地方一般公共财政预算支出349 894万元，同比增长12.9%；政府性基金预算支出合计150 456万元。在地方公共财政预算支出中，一般公共服务支出34 202万元，农林水事务支出57 350万元，教育支出61 142万元。

全县事业单位在编在岗专业技术人员6 093人，其中农业技术人员394人；在编在岗专业技术人员中，中高级专业技术人员3 996人。全年实施科技项目9个。发明专利11件，实用新型65件和外观设计59件。全年专利授权数216件。共有幼儿园122个，在园幼儿10 152人，幼儿园专任教师644人；小学26所，初中24所，普通高中4所，特殊教育学校1所，中等职业学校1所。共有县级及以上文物保护区69个，其中国家级4个、省级9个、市级15个、县级41个。

【年度农业和农村经济运行】 2022年，全县农业增加值完成86.78亿元，增长4.4%。农民年人均可支配收入达21 867元，增长6.3%。

【农业产业化发展】 农民合作社。全县有农民合作社442家，已累计创建国家级示范社11家、省级示范社27家、市级示范社33家、县级示范社16家。争取到省级中央财政农业生产发展资金110万元，支持县级以上农民专业合作社11个，每个农民专业合作社获得项目建设资金10万元。

家庭农场。全县纳入家庭农场名录管理系统3 576家（其中完成工商注册登记2 596家），新评定县级示范场151家、市级示范场89家、省级示范场6家，实现100%（165个）行政村有示范场658家。全年新培育现代农业产业领军人才、现代青年农场主等高素质农民210人。创新运用“云上智农”、专家服务团助农等方式，培育各类新型职业农民2 862人。2022年项目资金766万元（其中争取到中央财政资金566万元、县级配套资金200万元），项目涉及家庭农场107个，其中培育工程100个、示范工程6个、家庭农场联合体1个。开展培育示范工程家庭农场规范管理，示范带动603家家庭农场树立标识标牌、1 200家家庭农场建立“四本台账”管理。振兴家庭农场产业联盟，会员联盟服务面积1.33万公顷，联盟吸纳家庭农场成员450余个（省级示范场31个、市级示范场138个、县级示范场200个）。

【农村集体产权制度改革】 组织开展《四川省农村集体经济组织条例》宣传和培训，出台印发《荣县贯彻〈四川省农村集体经济组织条例〉实施细则的通知》，围绕清产核资、成员确认、份额（股份）量化、登记赋码等重点环节，全面开展农村集体产权制度改革“回头看”工作。全县辖区内196个村均成立新型农村集体经济组织并在县农业农村部门完成登记赋码，其中138个登记为经济联合社，58个村登记为股份经济合作联合社。196个村级集体经济组织按要求规范管理所辖建制村集体经济组织。2022年，全县实现村集体经济收入5 739.54万元，同比增长15.21%；村均集体经济收入29.28万元。

【农村土地制度改革】 全年土地流转面积2.28万公顷，流转率33.87%；单个经营主体规模流转面积1.19万公顷，规模流转率17.71%。全年颁发承包经营权证16.73万本，颁证率99.1%。健全农村土地承包信息应用管理平台，确权数据导入县、镇两级农村土地承包信息应用管理平台，农村土地确权颁证数据通过国、省级数据质检汇交。

【现代农业园区建设】 按照《荣县现代农业园区建设总体规划(2019——2023年)》要求推进全县现代农业园区建设，荣县粮油现代农业园区创升为省四星级园区，新创建市级园区1个、县级园区5个。截至2022年年底，全县有现代农业园区19个，其中省四星级级园区1个、市级园区4个、县级园区14个，主导产业为粮油、生猪、茶叶。荣县粮油现代农业园区全年总产值3.58亿元。

【种植业】 全年粮食作物播种面积7.11万公顷，同比增长2.8%；粮食总产量43.3万吨，同比减少1.3%。油料总产量4.1万吨，同比增长6.4%；蔬菜总产量87.5万吨，同比增长3.5%；水果总产量25.58万吨（含果用瓜），同比持平；茶叶产量2.47万吨，同比增长9.8%（主要农产品产量见表1）。

粮食种植。大春粮食作物播种面积6.67万公顷（其中水稻播种面积2.51万公顷、玉米播种面积1.26万公顷、大豆播种面积1.69万公顷、高粱播种面积3 500公顷、甘薯播栽面积8 200公顷），总产量41.74万吨。大春油料（花生）作物播种面积2 500公顷，总产量7 500吨。小春粮食作物播种面积4 800公顷，其中秋冬春马铃薯播种面积2 800公顷、小杂粮（胡豆、豌豆等）播种面积2 000公顷；总产量1.56万吨。小春油料作物（油菜）播种面积14 000公顷，总产量3.35万吨。在技术上，水田重点推广中稻+再生稻绿色高质高效配套栽培技术，全县“中稻+再生稻”推广面积1.67万余公顷，在头季中稻平均9 000千克/公顷基础上，再生稻平均亩产达2 250千克/公顷以上，总产量3.75万吨以上。连片10公顷“中稻+再生稻”高产攻关示范片通过四川农业大学验收，头季稻亩产1.05万千克/公顷，再生稻平均6 057千克/公顷，实现“中稻+再生稻”超1.65万千克/公顷最高产量。旱地重点推广玉米大豆带状复合种植技术，全县推广面积5 000公顷，实现增产10%以上（大豆增产13～14千克以上/亩）。在双石镇黄家村建立玉米大豆带状复合种植示范80公顷，经四川农业大学验收，玉米产量平均4 839千克/公顷，大豆产量平均2 202千克/公顷，比全县非项目区玉米增产420千克/公顷，大豆增产478.5千克/公顷。

茶叶种植。全年新建茶叶产业基地100公顷，改建茶叶产业基地0.15万公顷，有茶园面积1.38万公顷，年茶叶产量2.47万吨，茶叶综合产值37.8亿元。1家企业（四川黄金叶茶业有限公司）通过出口认证，全县16家加工出口茶企业拓展出口渠道，精制毛茶产量2.95万吨，出口茶（绿茶）产量2.21万吨，出口茶产值3.6亿元。有茶叶加工企业45家（其中国家级产业化经营龙头企业1家、省级产业化经营龙头企业5家、县级以上产业化经营龙头企业16家），年初加工能力3万吨、精制加工能力7万吨。培育龙都香茗、绿茗春、春兰芗、黄金叶等知名品牌10余个，涉及茶叶专业合作社52家、家庭农场127家。“荣县花茶”“荣县绿茶”取得国家地理标志证明商标认证。

绿色植保。全县全年病虫草鼠发生面积32.72万公顷次，防治面积34.54万公顷次，挽回粮食损失2.8万吨，油料损失2 495.25吨，水果、蔬菜、茶叶损失

表1　2022年荣县主要农产品播种面积和产量

产品名称	播种面积		产量	
	绝对数（亩）	同比增减（%）	绝对数（吨）	同比增减（%）
粮食作物	1 066 327	2.8	432 693	–1.3
其中：小春粮食	92 600	1.2	21 592	1.9
（一）谷物	637 727	–0.1	337 239	–1.5
1. 稻谷	374 000	0.3	231 132	–0.5
2. 小麦	5 000	–25.4	1075	–25.4
3. 玉米	244 000	0	100 040	–3.3
4. 高粱	14 727	1.6	4 992	0.7
（二）豆类	237 500	5.1	37 096	–10.8
其中：大豆	186 000	6.6	27 156	–14.0
（三）薯类（折粮）	191 100	10.6	58 358	7.3
其中：马铃薯	77 100	43.3	23 246	43.5
油料作物	274 880	3.6	40 644	6.4
1. 花生	61 128	0.1	9 992	3.2
2. 油菜籽	213 752	4.6	30 652	7.5
糖料	2 848	0.5	8 032	4.7
其中：甘蔗	2 848	0.5	8 032	4.7
中草药材	12 333	7.6	5 453	9.6
蔬菜及食用菌	340 655	5.9	875 080	3.5
瓜果类	3 711	0.4	5 938	5.9
其他农作物	10 956	–4.7	—	—
其中：青饲料	10 956	–4.7	—	—

8.21万吨。推荐农药和绿色防控产品14个，测报准确率95%。新建旭阳镇石踏山村中心病虫害观测场，改建双石镇平坦桥村、乐德镇回龙殿村、新桥镇麻柳场村、长山镇平滩村、观山镇井坎山村5个观测点，设置21个群众测报点，初步形成县、乡、村三级测报网，完善监测预警体系建设。出动专业技术人员30余人次，开展大豆病虫调查及害虫性诱试验。在全县17个镇（街道）统筹协调整合其他项目和民间资本开展统防统治面积2 373公顷，辐射带动面积4 746公顷；绿色防控面积7 133公顷，辐射带动面积1.69万公顷。全县绿色防控覆盖率50.71%，统防统治覆盖率49.17%。

种子监管。受11家种业公司委托对销售的水稻、玉米、油菜等农作物种子进行检验，委托检验样品71个，合格率85%。春、秋季开展监督检查，检验样品48个，合格率100%。

“一带一路”中国·荣县国际茶产业推介会。10月28日，“一带一路”中国·荣县茶产业国际合作推介会在荣县举行，荣县就全县茶产业发展作重点推介，春兰茶业、巅峰仙芽等县内企业作企业推介，三国外企代表、茶叶协会通过网络连线作茶叶需求介绍。荣县人民政府与洲联商云链（海南）科技有限公司签订《荣县与洲联商云链（海南）科技有限公司招商协议》，印度尼西亚共和国茶叶协会与荣县茶产业协会签订《荣县茶产业协会与印度尼西亚茶叶协会谅解备忘录（MOU）》。活动搭建了荣县茶叶出口营销推广平台，对荣县茶叶出口进行“统一品牌、统一包装、统一营销”管理。

中国花茶之乡第一届“荣县花茶”斗茶大赛。7月18日，中国花茶之乡第一届“荣县花茶”斗茶大赛在荣县举行。参赛产品原料全部或部分来源于荣县及采用荣县花茶加工工艺生产的花茶产品。参赛产品分为三个类型，即茉莉花茶一类：独芽类；茉莉花茶二类：非独芽类；其他类花茶：用其他花（茉莉花以外的花）或其他茶类（绿茶以外的茶类）加工的花茶产品。

四川川西南早茶优势特色集群建设培训会。12月13日—14日，四川川西南早茶优势特色集群建设培训会在荣县举行。培训人员现场参观了四川菲乐茶业有限公司出口茶加工情况、来牟镇一洞桥村茶叶机采示范基地、自贡市春兰茶业有限公司茶叶标准化生产，荣县、夹江县、犍为县、泸州市纳溪区、宜宾市翠屏区、雅安市名山区围绕2年集群建设成效、总结经验、分析存在的问题、下一步工作打算作交流发言。

【畜牧业】 实施国家级生猪调出大县奖励资金建设项目、遗传资源保护项目，分别投资510万元、60万元（其中川南黑山羊保种资金25万元、四川麻鸭保种资金20万元、川南黑山羊性能测定10万元、四川麻鸭性能测定5万元）。全年生猪出栏68.95万头，肉羊出栏33.95万只，肉牛出栏0.72万头，小家禽出栏704.5万只，肉兔出栏1 258.24万只。肉类总产量8.16万吨，牛奶产量495吨，禽蛋产量1.94万吨（见表2）。生猪等主要畜禽规模化养殖比重78%，畜禽规模化养殖标准化生产面75%。

品种改良与技术推广。从外地引进优质种公猪1.27万头，调出种猪1 300头；推广温氏肉鸡智能化养殖、生猪全封闭式圈舍改建、蛋鸡智能化养殖，肉羊全舍饲养殖，秸秆综合利用，畜禽粪污综合利用等多套技术，推广川南黑山羊高繁品系。集成推广畜禽粪污治理与资源化利用技术，全县资源化利用率达91.68%以上。

表2　2022年荣县肉类产量和家禽存（出）栏量

产品名称	单位	绝对值	同比增减(%)
肉类总产量	吨	81 602	3.7
其中：猪肉	吨	50 545	5.0
牛肉	吨	973	8.1
羊肉	吨	5 247	3.3
活家禽肉	吨	10 412	-1.2
家兔肉	吨	14 373	3.2
其他肉类	吨	52	4.0
生猪出栏	头	689 506	4.7
生猪存栏	头	426 703	-2.3
其中：繁殖母猪存栏	头	43 347	1.6
牛出栏	头	7 181	5.8
牛存栏	头	12 765	-1.5
羊存栏	只	181 788	-4.4
羊出栏	只	339 477	2.5
活家禽出栏	只	7 044 929	2.1
活家禽存栏	只	4 198 487	-1.5
家兔出栏	只	12 582 399	3.9
家兔存栏	只	2 374 112	0.2
禽蛋产量	吨	19 354	4.1
蚕茧产量	吨	1 892	0.2
蜂蜜产量	吨	63	3.3
奶产量	吨	495	1.6

畜禽养殖标准化示范创建。新增省级标准化畜禽养殖示范场4个、市级标准化畜禽示范场6个、县级标准化畜禽示范场6个。有年出栏生猪50头以上养殖场（户）726家（户），其中5万头以上标准化养殖场3个；1万～5万头标准化养殖场7个。有年出栏肉羊30只以上695个，其中出栏1 000只以上3个；年出栏肉兔2 000只以上1 540个，其中出栏10万只以上规模养殖场3个；蛋鸡年存栏500只以上35个，其中存栏10万只以上4个。

动物疫病防控。全年组织采购猪瘟疫苗65万头份、猪口蹄疫疫苗90万毫升、牛（羊）口蹄疫疫苗15万头（只）份、禽流感疫苗230万毫升、小反刍兽疫疫苗10万头份、犬只狂犬病疫苗4.2万只份；组织消毒药物33吨，有“一组一簿”动物防疫登记簿4 000本。全年实施猪口蹄免疫58.78万头、猪瘟免疫58.78万头、羊10.15万只；禽流感免疫533.85万羽，小反刍兽疫免疫羊10.15万只。

畜禽产品质量监管。全县全年产地检疫生猪61.78万头、牛（羊）3 911头（只）、小家禽畜208.13万只；屠宰检疫生猪14.36万头、牛1 361头，检出病害畜禽126头（只），检出病害肉类8.89万千克；处理一类病死动物养殖环节2.22万头、屠宰环节108头，二类病死动物产品7.1万千克，均对其进行无害化处理。对猪、牛、羊实施瘦肉精检测3.14万头（只）份，其中运输环节0.44万头（只）份、养殖环节1.08万头（只）份、屠宰环节1.62万头（只）份，阴性率100%。

【水产业】 全县水域总面积4 577公顷，其中可养殖水域面积3 333公顷，占全县水域总面积的72.8%；已养殖水域面积2 244公顷（稻田养殖面积未计入）；可养殖稻田面积1.46万公顷，已养殖稻田面积6 000公顷。水产品产量1.9万吨，增长3.9%。利用小井沟增殖放流站和常规增殖放流，在旭水河、越溪河流域投放花白鲢、草鱼等鱼苗18.25万尾。全年无重大水产食品安全、渔船安全等事故发生。

稻渔综合种养工程。全县已养殖稻田面积6 000公顷，在长山镇、来牟镇、乐德镇、鼎新镇、度佳镇新（改、扩）建稻渔综合种养面积1 357公顷，稻田养殖水产品产量7 890吨，实现稻渔亩收益2 000～6 000元。

渔业安全管理。组织200余家规模养殖户以及镇农业综合服务中心主任及经办人员参加荣县养殖尾水治理技术暨水产产品质量安全培训会。在全县开展水产养殖尾水治理与水产养殖用投入品监管，以越溪河、旭水河、沙溪河等重点流域，对全县养殖面积50亩以上的池塘进行全面摸排，共摸排102户，并建立管理台账，动态跟踪管理。在双石镇、长山镇、来牟镇、旭阳镇对集中连片133公顷养殖池塘进行标准化改造和养殖尾水达标治理，督促检查指导规模化养殖户200余户。开展省级水产品质量安全监测抽样332批次，抽检养殖基地和养殖品种全部达标。

禁捕工作。全年组织开展宣传13次，发放全县天然水域禁渔期通告2 000份，教育警告劝退违规垂钓人员689人次，现场放生渔获物318.5千克；现场处罚案件2件，立案查处案件14件，涉案人员18人、涉案渔获物20.87千克，罚款2.1万元；查处虚假宣传、不正当竞争等，发出责令改正通知书3份、当场处罚决定书3份；联合公安部门放生野生水生动物黄拐199只，合计10.6千克；排查出“三无”船舶3艘，建立自用船舶台账338艘。

【特色产业发展】 围绕县委提出的“124”发展战略，确定特色农业产业基地建设“3+3”工作思路，推进基地建设、加工生产、品牌营销。建设茶叶基地，持续巩固提升铁厂镇黑观音村、双古镇黄家坝村、来牟镇一洞桥村3个茶叶核心示范区，在保华镇五皇村新建1个生态茶叶示范园和1个茶树新品种展示园，带动全县发展21万亩茶叶。在旭阳镇徐家塘村建设1个33.33公顷茉莉花示范基地，带动全县发展茉莉花66.66公顷；建设油茶基地，繁育良种油茶苗200万株以上，在双古镇、保华镇、观山镇等新造油茶1 000公顷，在长山镇、双古镇、铁厂镇等改造低产低效油茶333.33公顷，带动全县完成丰产低改措施5 333.33公顷。建设柑橘基地，以河口镇字库村、罗家冲村，留佳镇小田村，度佳镇李家嘴村为核心，建设万亩示范基地，带动全县1.4万公顷柑橘提质增效。

产业链延伸发展。建成“全程机械化+综合农事服务中心”2个，全年主要农作物耕种收综合机械化水平65.15%，同比提高2.1个百分点。茶叶机采率达80%以上。有农业产业化重点龙头企业59家，其中36家为农产品加工型企业，加工农产品包含粮油、畜禽、茶叶等，产地初加工率达60%以上，同时集中打造荣县农副产品加工园区。按照“一产保供给、二产促增值、三产谋发展”的思路，实施休闲农业与乡村旅游提升工程，长山镇、度佳镇、保华镇、来牟镇、铁厂镇等镇，依托荣县乡村振兴示范片建设平台，利用穹窿地貌、高石梯森林公园、茶叶（油茶）产业等打造茶旅融合发展区。

产业化发展平台建设。以“品牌为抓手，以产业为基础”，打造“田园荣州”农产品区域公用品牌，依托供销组织优势和平台优势，组建专业团队，对接农业企业、专业合作社、种养殖大户，构建县级农产品品牌推广销售服务体系。有大农和粮油、巴尔生猪、荣州果蔬、春兰茶叶4个农业产业化联合体。

【宜居乡村建设】 完成28个村整村推进“厕所革命”项目，改建农村户用卫生厕所5 000户，全县农村户用卫生厕所普及率93.78%。推行城乡环卫一体化，开工建设城乡垃圾压缩中转站1座，有压缩中转站（地埋式垃圾库）20座；开展垃圾分类工作的行政村（社区）139个，参与户数12.07万户，行政村（社区）覆盖率70.91%，居民覆盖率71.99%。坚持农村生活污水“城乡统筹、条块结合、梯次推进、分类施策”的治理思路，144个行政村生活污水得到有效治理，有效治理率73.47%。全域开展清理农村生活垃圾、厕屋便池、水源水体、畜禽粪污、农业生产废弃物“五清”行动以及村庄清洁行动，清理农村生活垃圾950吨，清理户厕12.62万户次，清理公厕175座次，清理水塘（井）、河沟、污（臭）水沟1 212次，清理畜禽粪污1 120处，清理农业生产废弃物35吨。

【农村社会保障】 全县有各种社会福利收养性单位36个，实有床位4 162张。农村居民最低生活保障人数30 551人，发放农村居民最低生活保障人均月定量补助251.5元。供养农村“五保户”4 677人。

【农村金融体制改革】 协调金融机构专设涉农产业“绿色”窗口，降低利率、便捷融资，“省农担”贷款累计发放452笔、3.17亿元，2022年新增66笔5 615.48万元，在贷余额201笔1.28亿元。

【农业机械化】 全县有农机合作社7个，完成农机合作社作业面积5 350公顷。有农机户8.77万户、农机作业服务专业户8.94万户，乡村农机从业人员8.75万人。完成高粱和水稻全程机械化试验示范，其中高粱平均亩产达250千克，水稻平均亩产达600千克；高粱面积8公顷，平均公顷产3 750千克；水稻面积10公顷，平均公顷产9 000千克。荣县垚鑫发农机专合社等5家农机专合社实行水稻全程机械化90.22公顷。农机拥有量达20万台（套），农机总动力43万千瓦，年末农作物耕种收综合机械化水平40.33%。受理并录入补贴资金284.89万元，涉及购机户3 312户，补贴农机具3 400台（套）。

【乡村人才队伍培育】 制定《荣县农业农村局“十四五”人才发展规划》，公开招聘专业人才5名。全年培育高素质农民194人。选派34名专家在农业系统领域组建荣县科技特派员服务团，并按专业分为养殖、蔬果、茶叶油茶、粮油四个分团。

【农业投资项目】 2022年，中央、省农业项目总投资4.32亿元，其中中央投资2.39亿元，省、市财政投资1.9亿元，主要实施荣县渔业绿色循环发展、荣县优势特色产业集群、荣县农产品产地冷藏保鲜设施建设、荣县绿色种养循环农业试点项目、自贡市荣县农村“厕所革命”整村推进建设项目、荣县轮作休耕项目等。

【农田水利建设项目】 完成2021年高标准农田建设项目2 713.33公顷，其中高效节水灌溉186.67公顷，建设地点涉及旭阳镇、东佳镇、度佳镇、观山镇、双古镇，总投资1.22亿元。

【农业综合开发项目】 全年争取中央藏粮于地藏粮于技专项（高标准农田建设项目）3 098万元，发行高标准农田建设项目专项债券5 000万元，争取省级财政农田建设1 401.2万元。完成高标准农田建设2万公顷。

【先进镇、示范村创建】 全年创建省级乡村治理示范村4个，即留佳镇小田村，鼎新镇红胜村、双古镇长林村、双石镇平坦桥村。荣县获得“2022年度自贡市乡村振兴先进区（县）”称号，保华镇五皇村、观山镇板桥村、留佳镇小田村、高山镇正义村获得“乡村振兴示范村”称号。

【农产品质量安全监管】 全县全年抽检农产品390批次，其中蔬菜水果259批次、食用菌4批次、茶叶62批次、粮食油料作物24批次、畜禽产品34批次、土壤7批次，合格率99.5%；协助省级绿色食品原料基地抽检15批次、省级风险监测抽检135批次、市级监督抽检55批次、县级执法抽检72批次，合格率99.4%；送检重金属定点监测土壤样品75批次。开展镇级农残速测3 475批次，监测场所2 597个次，出动人员4 240人次，合格率98.7%。全年农业综合行政执法出动执法车辆462辆次、执法人员1 361人次，检查农资、兽药、饲料经营点682个次；立案36件，办结36件（其中一般程序34件，罚款10.99万元，移送司法5件，简易程序2件（警告）。

农产品品牌培育。全县无公害农产品产地整体认定产地规模面积3.83万公顷，全国绿色食品原料标准化生产基地整体认定基地面积1.94万公顷。全县有“三品一标”农产品87个，其中无公害农产品35个、绿色农产品50个、有机农产品2个。

产品展销。全年组织参加省、部级农业展会5次。在第十一届四川茶博会上举办“荣县花茶”品牌形象发布会，在“金熊猫”奖评选活动中取得九金一银的成绩。组织农业龙头企业、农民合作社、家庭农场等新型经营主体参加第八届四川农业博览会·成都国际都市现代农业博览会、第十九届中国国际农产品交易会、国际茶日暨四川购茶节等展会，线上线下展示展销粮油、茶叶、油茶、柑橘等特色农产品。

【主要领导人】 县委书记：易冬；县人大常委会主任：吴永红；县长：赵磊；县政协主席：陈伯於；分管农业副县长：伍祁君。

荣县编写组

富顺县

【基本情况】 2022年，全县辖1乡16镇3个街道，辖区面积1 342平方千米。年末总人口104.6万人（户籍人口），减少0.95%；人口出生率6.59‰，增加1.56个千分点；人口自然增长率-3.17‰，增加2.47个千分点。

2022年，全县实现地区生产总值360.6亿元，增长0.2%，其中第一产业增加值77.8亿元，增长4.4%；第二产业增加值140.1亿元，下降3.7%；第三产业增加值142.6亿元，增长1.7%。三次产业对经济增长的贡献率分别为21.58%、38.86%和39.56%。社会消费品零售总额160.4亿元，增长2.7%。地方公共财政预算总收入完成20.4亿元，增长2.8%；公共财政预算总支出52.7亿元，下降0.4%。金融机构各项存款余额505.4亿元，比上年初增长13.1%；各项贷款余额285.4亿元，比年初增长6.9%。农业产业化龙头企业国家级、省级、市级、县级分别为1家、9家、32家、30家。

有各类学校188所，在校学生13.08万人，教职工8 522人，其中普通中学54所，在校学生4.8万人；小学24所，在校学生5.07人；学龄儿童入学率100%。有文艺表演协会和团队26个，文化馆1个，公共图书馆1个。有卫生机构670个，病床位5 272张，卫生技术人员5 889人。

【年度农业和农村经济运行】 2022年，全县全年农业增加值达79.3亿元，增长4.4%。农民年人均可支配收入达2.19万元，增长6.2%。全县主要农产品产量见表1。

表1 2022年富顺县主要农产品产量

主要农产品	单位	产量	同比增减(%)
粮食	万吨	54.89	-1.80
水稻	万吨	31.24	-1.85
玉米	万吨	5.43	-4.20
马铃薯	万吨	4.23	16.50
油菜籽	万吨	5.12	6.70
蔬菜	万吨	63.08	3.00
水果	万吨	15.3	9.30
肉类	万吨	8.10	3.60
猪肉	万吨	4.50	2.40
牛肉	万吨	0.10	5.30
羊肉	万吨	0.60	3.50
禽肉	万吨	1.30	2.50
兔肉	万吨	1.60	8.10
禽蛋	万吨	1.63	4.30
水产品	万吨	2.59	3.96
牛奶	万吨	0.04	-2.10

【种植业】 全年粮食作物播种面积134.7万亩，产量54.9万吨。再生稻蓄留面积45万亩，产量7.5万吨，实现连续37年大面积丰收。建成骑龙—龙万—童寺—古佛水稻万亩示范区1个、中稻+再生稻绿色高产示范片10.5万亩，完成“中稻+再生稻”产业基地面积45万亩；建成优质酿酒高粱产业基地15万亩，完成示范片建设10.3万亩；建成大豆万亩示范区1个、千亩展示片20个、百亩攻关田203个，完成大豆带状复合种植示范任务1.5万亩、大豆扩种3.5万亩。争取并实施全国大豆科技自强示范县建设项目，富顺县大豆扩种“五个一”工作法在全国交流推广。承办全省大豆扩种暨大春田管工作现场会，举办全县春耕生产暨大豆生产、夏大豆播种、晚秋生产现场会3次。

果蔬业。全县水果种植面积保持在26.2万亩左右，产量约15.32万吨，同比增长9.76%。蔬菜种植面积22.17万亩，同比增长7.2%；产量62.26万吨，同比增长3.09%。推进农业种植园地优化改造1.5万亩。实施“粮经复合，以粮为主”试点县建设和地膜科学使用回收试点项目，培训指导农户5 000人次。“富顺柑橘”入选IFresh亚果会2022年度受市场欢迎的果品区域公共品牌100强，富顺县获得全国农业科技创新创业联盟“富顺柑橘”科技成果转化示范县称号。

【畜牧业】 全年肉类总产量8.1万吨，同比增长3.6%，其中猪肉产量4.55万吨，同比增长2.4%；牛肉产量1 476吨，同比增长5.3%；羊肉产量6 550吨，同比增长3.5%；禽肉产量1.31万吨，同比增长2.5%；兔肉产量1.6万吨，同比增长8.1%。全年生猪出栏63.2万头，同比增长1.9%；牛出栏1.1万头，同比增长5.9%；肉羊出栏45.87万只，同比增长2.8%；家禽出栏879.73万只，同比增长1.3%。牛奶产量428吨，同比下降2.1%；蜂蜜产量765吨，同比增长11.4%；禽蛋产量16 289吨，同比增长4.3%。

【水产业】 全年水产品产量2.59万吨，同比增长3.96%，其中鱼类产量2.51万吨，同比增长4.11%；虾蟹类产量684吨，同比增长13.81%；贝类产量3吨，同比下降88.89%；其他类产量137吨，同比增长31.5%。全年办理水产动物检疫合格证明39份，完成水产品质量安全样品抽检5 322个，发放《渔业安全生产须知》100余张。

【蚕桑业】 全县共有桑园面积3万亩，全年养蚕17 092张，产茧636吨，平均单产37.2千克；综合收购单价46.2元/千克，其中晚秋收购价最高达62元/千克，全年蚕桑产业（含综合产值）总产值7 485.5万元。订单养蚕9 500张，平均单产38.7千克，平均单价47.3元/千克。全县小蚕共育室基本实现温湿度智能控制，共育率98%。推进大蚕省力化饲育、纸板方格蔟自动化上蔟，蚕茧质量全面提升，60%达到4A ~ 5A，部分达到6A。飞龙镇创建为全县第二个县级蚕桑现代农业园区。6月24日，县政府与重庆双河丝绸有限公司签订全产业链战略合作协议；11月，赵化镇与重庆双河丝绸有限公司签订基地建设项目。6月，四川省蚕业总站副站长杨远萍、四川轻化工大学招生就业处副处长潘明等先后到飞龙、赵化等乡（镇）调研指导蚕桑产业基地建设和发展情况。

【乡村振兴】 制定实施《富顺县防止返贫致贫动态监测和帮扶机制办法（试行）》，常态化开展防止返贫致贫动态监测和精准帮扶。实施脱贫人口“百日行动”，全面巩固拓展脱贫户和监测对象“两不愁三保障”、饮水安全、医疗保障、低保兜底等方面成效。全年新增监测对象226户698人，无返贫致贫现象发生。通过“送岗上门”“劳务输入”等方式，实现脱贫劳动力就业21 635人，较上一年增加1 541人，完成目标任务的107.67%；开发农村公益性岗位3 318个。建成县、乡、村、户四级产业体系，推广“千斤粮万元钱”“吨粮田五千元”等产业增收模式，将91.2%的脱贫户（监测户）吸附在产业链上，脱贫户人均收入13 300元，增幅为18%。在乡村振兴先进县（市、区）2022年度“回头看”考核中获得“优秀”等次。

【现代农业园区建设】 全年新创建省三星级现代农业园区1个（富顺县水稻高粱现代农业园区）、市级园区1个（富顺县小三峡柑桔大豆现代农业园区），新认定县级园区6个（富顺县古佛稻粱现代农业园区、富顺县龙万稻粱现代农业园区、富顺县长滩稻粱现代农业园区、富顺县飞龙粮+桑现代农业园区、富顺县永年柑桔现代农业园区、富顺县东湖蔬菜现代农业园区）。建成稻粱园区农事服务中心、烘干中心、服务中心（专家大院、稻粱大数据中心）、育秧中心，完成宜机化、景观节点。建设稻粱标准化基地21 400亩，示范推广100 000亩。改建柑橘基地4 000亩。全县稻渔综合种养面积达21 000亩。推进核心区基础设施改造，建成园区网格产业道，修建旅游漫行步道、自行车骑游道6千米，形成内畅外联的乡村旅游交通网络体系。加固维修石河堰3个，新（改）建山坪塘18口。

【农村集体产权制度改革】 持续贯彻落实《富顺县农村集体经营性资产股份合作制改革实施方案》要求，常态化指导村集体经济组织开展经营性资产股份合作制改革和登记赋码工作，截至2022年年底，203个村中有95个村完成集体资产股份合作制改革，按份额均等量化经营性资产6754.23万元。按照“五个一”的标准，开展农村集体经济组织成员重复身份清理，指导集体经济组织按规定落实“三会”制度并按规定行使职权。通过自主经营、联合合作、入股共赢等模式，不断盘活集体资产资源，探索形成具有富顺特色的整镇推进、飞地兴业、劳务服务等8种集体经济发展模式。2022年，全县农村集体经济总收入8 346.34万元，村级达41.11万元，同比增长2.17%。

【农产品品牌战略实施】 全县共有“三品一标”农产品30个，新增1个绿色食品和2个无公害农产品，在培绿色食品大米类6个。编写“富顺再生稻”“富顺柑橘”区域公用品牌提档升级建设实施方案，与京东合作宣传富顺再生稻和富顺柑橘，并启动京东平台线上销。制定富顺柑橘、《富顺柑橘种植技术规范》两项团体标准。开展富顺再生稻、富顺柑橘高标准示范基地建设，与京东合作启动建设富顺再生稻京东农场和富顺柑橘京东农场，全面提高特色农产品示范基地标准化生产能力。举办“富顺柑橘”推介会，推进“富顺柑橘”国家地理标志证明商标申报注册。

【农业机械化】 全县完成农作物机耕作业面积89 920公顷、机播面积31 900公顷、机收作业面积41 280公顷，主要农作物耕种收综合机械化率达45.98%。新增提灌机械1 820台2 835千瓦；提灌站修复、改造25处930千瓦，机电提水0.192亿立方米。全县农机总动力达34.69万千瓦。

【种业振兴】 全县引进水稻品种25个、玉米品种6个、油菜品种16个、高粱品种17个进行试验示范，综合往年推荐使用品种，向社会推荐使用水稻品种12个、玉米品种8个、油菜品种5个、高粱品种5个。开展种子质量监督抽查（其中水稻20个批次、玉米10个批次、蔬菜6个批次、油菜品种10个批次），合格率100%。采集上报3个农作物地方特色种植资源到省农科院进行保护利用。

【农民教育】 县农广校以“突出产业、一班一案、分类培训、分段实施、注重实践、创新模式”的办班思路和措施承担果树种植、蔬菜种植、粮油种植、畜禽养殖4个经营管理型培训班，完成高素质农民培育任务210人，实际参训农民256人，学员均完成120个学时的学习任务，受训学员参与培训效果评价测评率为97.3%，满意率达4.95分以上，富顺县农广校获评“全省农广系统农民教育培训工作先进集体”。

【疫病防控】 坚持“五不漏”原则，全县畜禽应免率保持100%，群体免疫密度保持90%以上；消毒覆盖面达100%，病死畜禽无害化处置率保持100%。开展非洲猪瘟“三大行动”、人畜共患病防控、流行病学调查监测等疫病监测项目，采集血清学、病原学等各类样品6 549份开展检测、评估。以“集中+分散”和“现场+设点+入户”等方式开展宣传，发放各类宣传资料40余万份，印刷宣传标语170余次，培训5 300余人次，推送信息5 280余条。

【高标准农田建设】 全年建成高标准农田3.68万亩，总投资11 040万元，其中在代寺镇五一村、巨浪村、草茂村、二七村实施富顺县2021年转移支付高标准农田建设项目（代寺片区），建成高标准农田1.38万亩，总投资4 140万元；在怀德镇界牌村、菊花村和安怀村实施富顺县2021年转移支付高标准农田建设项目（怀德片区），建成高标准农田0.8万亩，总投资2 400万元；在骑龙镇大田村、上湾村实施富顺县2021年预算内高标准农田建设项目（骑龙片区），建成高标准农田1万亩，总投资3 000万元；在李桥镇小桥村、车桥村实施富顺县2021年预算内高标准农田建设项目（李桥片区），建成高标准农田0.5万亩，总投资1 500万元。

【涉农招商引资】 全县3 000万元以上的农业招商引资重大项目9个，比上年增长12%；项目总投资20.25亿元，比上年增长13%。协议总投资20.25亿元，增长13%，完成全年任务的100%；到位资金6.5亿元，完成年度任务的100%。

【农村生态建设及环境保护】 印发《"美丽富顺·宜居乡村"建设五年行动方案（2021—2025年）》，推进宜居乡村建设，实施农村"厕所革命""千村示范"工程等系列项目，全县农村无害化卫生厕所覆盖率93.49%、生活垃圾收转运处置体系覆盖率100%、生活污水治理率70.72%；规模场粪污设施设备装配率100%，粪污资源利用率91.68%，秸秆综合利用率90.45%。改造提升村（组）直连道路100千米，新建供水管网27千米，投资5.19亿元升级改造农村电网，农村自来水普及率92.86%。乡（镇）政府所在地全部开通5G网络，县域4G网络覆盖率100%。

【农产品质量安全监管】 开展县、乡、村三级农产品质量安全监管监测1 256家次；新增2个无公害农产品；新申报全国绿色原料标准化基地（油菜）5.15万亩。基本完成省级农产品质量安全追溯示范县创建，打造16家追溯示范企业，305家生产主体实行农产品承诺达标合格证制度。全年省级农产品质量安全例行监测125个，合格率为100%；县级农产品质量安全风险监测650个，合格率100%；农残快检6 000批次、畜牧"瘦肉精"实施快检1 600批次，合格率均达100%。

【主要领导人】 县委书记：杨斌；县人大常委会主任：郭洁；县长：冯君；县政协主席：郑向东；分管农业副县长：曾旭。

富顺县编写组

攀枝花市

【基本情况】 2022年，全市辖3区2县，辖区面积7 414平方千米。常住人口121.6万人，城镇化率69.92%。攀枝花市被纳入国家现代农业示范区、全国首批特色农产品优势区、全国立体农业示范点和"南菜北调"基地，是四川唯一的亚热带水果生产基地，盛产各类特色"攀果"和早春蔬菜。攀枝花市是国家卫生城市和中国优秀旅游城市，入选首批国家医养结合试点城市、中国康养20强市、中国城市宜居竞争力排行榜50强，两次入选中国最具幸福感城市。

2022年，全市实现地区生产总值1 220.52亿元，增长3.5%；规上工业增加值增长5.9%；全社会固定资产投资增长10.2%；社会消费品零售总额增长2.7%；城乡居民人均可支配收入分别达50 009元、23 364元，分别增长4.4%、6.3%。

【"天府第二粮仓"建设】 全市新建高标准农田6.2万亩。分类优化改造农业种植园地9.9万亩，完成年度任务的112.4%；除险加固小型水库11座，新创建省级五星级园区1个，新培育省级农业产业化龙头企业6家，市、县、乡、村四级田长制责任体系初步建立，成为全省唯一无耕地撂荒的市（州）。加快打造"一品牌两中心"，"攀果"跻身"川果"系列品牌，攀枝花芒果亮相"奋进新时代"主题成就展，获得"2021四川十大美食地标"授牌；田野创新9万吨芒果原浆等深加工项目建成投产，芒果冻干进入航空餐食序列；金沙江智慧物流商贸城蔬菜大宗交易区建成投用，攀枝花市成为全省农产品供应链项目试点市。全市第一产业增加值增长4.9%，增速居全省第一位。升级打造文旅产品77个，举办第二届阳光花城云上嗨购节、"百家千万"等品牌促销活动，消费者满意度指数跻身全省第一方阵。

【乡村振兴】 脱贫成果持续巩固，实施省级乡村振兴重点帮扶村项目39个，投入资金4 208万元；新增脱贫人口小额贷款282笔1 168万元。全市脱贫人口家庭人均纯收入达13 769元，增长15.8%。仁和区高峰村、米易县新山村、盐边县鳡鱼村获评四川省乡村振兴重点帮扶优秀村。

【农业农村改革】 完成第一批次6个乡（镇）级片区国土空间规划编制，农村"房地一体"改革基本完成，230个村集体经济实现全覆盖登记赋码。培育国家级示范专合社4个。"四川科技兴村在线"平台实现市、县两级全覆盖；仁和区被纳入全省城乡融合发展改革县域试点，农业水价综合改革入选全国典型案例；米易县创建为国家农村产业融合发展示范园，通过国家级乡村治理体系示范县项目验收；米易县、盐边县分别获评全省农村改革先进县、省级合并村集体经济融合发展试点先进县，仁和区、米易县、盐边县创建为农民合作社省级试点县（区）。

【美丽乡村建设】 全年新（改）建农村公路590千米、农村无害化卫生厕所7 631户，农村生活垃圾、生活污水得到有效处理。仁和区、米易县获评首批全省乡村运输金通工程样板县，盐边县获评“四好农村路”省级示范县，米易县新山傈僳族乡入选全国乡村旅游重点镇（乡），西区格里坪镇、米易县撒莲镇跻身首批“省级百强中心镇”，仁和区平地镇创建为首批省级乡村文化振兴样板乡（镇），盐边县昔格达村获评天府旅游名村。

【主要领导人】 市委书记：张正红；市人大常委会主任：黄正富；市长：虞平；市政协主席：李仁杰；分管农业副市长：龙勇。

攀枝花市编写组

东 区

【基本情况】 2022年，全区辖5个街道1镇40个社区7个村，辖区面积166平方千米。常住人口41.2万人，城镇化率99%。水资源总量0.267 2亿立方米。

2022年，全区实现地区生产总值535.23亿元，同比增长3.4%，其中第一产业增加值2.49亿元，同比增长4.6%；第二产业增加值304.36亿元，同比增长5.26%（工业增加值247.75亿元，同比增长5.26%）；第三产业增加值228.38亿元，同比增长1.16%。全社会固定资产投资同比增长10.16%。社会消费品零售总额131.04亿元，同比增长36%。地方一般公共预算收入完成8.75亿元。城镇居民年人均可支配收入达5.5万元，增长4.3%。

有各类学校86所，其中学前教育学校61所、义务教育学校22所、普通高中学校2所、特殊教育学校1所。有卫生医疗机构250个，有体育场地985个。基本养老保险参保人数5.91万人，同比增长28.16%。

【年度农业和农村经济运行】 2022年，全区实现农林牧渔业增加值2.58亿元，同比增长4.7%。粮食产量0.09万吨。生猪出栏14 246头，同比增长36%。新成立市凤凰小学教育集团，新增普惠性学位2 200个，被教育部评为网络学习空间应用普及活动优秀区域。

【现代农业建设】 省级农业国际贸易高质量发展基地创建工作稳步推进，东区冷链物流园项目加快建设，“果然在攀”、弄密村牛油果现代农业园区等特色品牌逐渐成型。区、镇、村三级田长制责任体系初步建立。阿署达星空露营地成为近郊“避暑胜地”，获得百万网友点赞；农村集体经济组织登记赋码实现全覆盖，银江镇集体经济总收入突破1亿元，阿署达村入选全省新型农村集体经济发展典型案例。全区获批农民合作社质量提升整县推进省级试点。

【新型城镇化建设】 “复兴炳草岗”行动加快实施，望江片区城市更新、东华山山地运动营地均完成示范点位打造。阿署达片区生态修复工程有序推进，银江湖片区一期滨江栈道及银江沙滩基本建成，阳光大道北延线主体贯通，“123”城市发展新格局加快构建。改造老旧小区23个，建设“口袋公园”8个，完成既有住宅电梯增设50部、天然气煤气置换3.1万户，城市宜居水平持续提升。

【农村生态建设及环境保护】 中央、省级生态环保督察反馈问题有效整改。完成废弃矿山生态修复350亩，马家田尾矿库闭库销号，昔日“黑湖”正蜕变为生态“花海”。获评全国自然资源节约集约示范区，综合考核排名全省第一。实施“四花”行动，打造“花城”项目7个，植树造林3 300余亩。“三大保卫战”“三大革命”稳步推进，空气质量优良天数比例达98.6%，地表水国控断面水质保持Ⅰ类，饮用水水源地水质保持100%达标。

【农村社会保障】 投入5.12亿元，办成民生实事57项。建成攀西地区首个托幼一体综合服务中心，每千人口拥有3岁以下婴幼儿托位数3.04个；4个养老服务综合体投入使用，居家和社区养老服务设施覆盖率超过90%。城乡低保特困人员标准并轨执行，低保标准、特困人员供养标准分别提高至710元/月、923元/月；特殊困难群体和大学生参保率均达100%。建成阳城社区等7个“长者餐厅”，社会保障和救助体系更加完善。

【主要领导人】 区委书记：凌永航；区人大常委会主任：刘霄；区长：毛志强；区政协主席：林廷华；分管农业副区长：王洋。

东区编写组

西 区

【基本情况】 2022年，全区辖5个街道1个镇，辖区面积153.6平方千米，其中耕地面积543.37公顷，占总面积的4.42%；园地面积1 708.7公顷，占总面积的13.89%；林地面积6 816.21公顷，占总面积的55.4%；草地面积325.52公顷，占总面积的2.65%；湿地面积20.61公顷，占总面积的0.17%；城镇村及工矿用地2 012.17公顷，占总面积的16.35%；交通运输用地338.63公顷，占总面积的2.75%；水域及水利设施用地399.31公顷，占总面积的3.25%；其他土地138.94公顷，占总面积的1.13%。有户籍人口

14.4万人、常住人口12.9万人。水资源总量2.55亿立方米。

2022年，全区实现地区生产总值增长0.8%；规上工业增加值增长0.1%；全社会固定资产投资增长8%；社会消费品零售总额增长3.1%；地方一般公共预算收入完成2.7亿元，增长29.9%；城镇居民人均可支配收入达4.72万元，增长4.3%。

【统筹城乡发展】 开展“四花”打造，花化美化凉风坳、新庄、庄上出入口，建成沿江花卉苗木观光、巴关河湿地、拉罗箐河口湿地三大休闲公园，河门口公园获评省级重点公园。垃圾分类提档升级项目完工并进行试运行，生活垃圾处理能力显著提升。全国文明城市创建“五大专项整治”“六大专项治理”有序推进，维修、改造农贸市场7个，取缔和规范动力站等“老大难”自发市场5处，清理小广告1万余处、“飞线”4万余米，新划停车位2 500余个，乱摆摊设点、占道经营问题明显改观。乡村建设稳步推进，新（改）建新飞路、金竹路、通组路等农村公路20余千米。建成农村供水工程7处，覆盖3 800余户1.15万余人，规模化供水率达87%。建设提灌站9座、阳光堆肥房6套、户厕300余户，畜禽粪污和农业固体废弃物资源化利用率达93%，农村人居环境品质有效提升。格里坪镇跻身首批“省级百强中心镇”，庄上乡村旅游景区通过国家3A级景区复核。

【农村生态建设】 全区地表水国考断面水质达标率100%。庄上村、新庄村被纳入全省农村生活污水治理“千村示范”工程，生活污水有效治理率分别提升13个、20个百分点。攀钢石灰石矿退出苏铁自然保护区及生态修复项目被列为全国生态环境保护督察整改正面典型案例。

【民生项目】 完成57项省、市、区民生实事，民生支出占一般公共预算支出的比重超过65%。实施13个老旧小区改造，改造建筑面积35万平方米，惠及居民4 500余户。新建区三幼、格小宿舍、市十中食堂和运动场，普惠性幼儿园增至15所，义务教育教学质量居全市各县（区）第二位。特色中医理疗科室建设初具规模，实现基层医疗卫生机构中医门诊全覆盖。公共文化服务体系创新发展，三线红色文化经验做法入选全省文旅公共服务高质量发展“四个一批”优秀案例。格里坪村创建为2022年乡村文化振兴省级样板村。

【农村社会保障】 兜底保障稳步提高，城乡低保每月标准分别提至700元、500元，全年发放低保金1 576万元，惠及2.2万余人次。加大住房保障力度，低收入困难家庭实现住有所居。城乡医疗保险参保率逐年上升，基本养老保险实现“应保尽保”。落实育儿补贴。建成社区养老服务综合体4个，杨家坪社区入选“全国示范性老年友好型社区”。

【主要领导人】 区委书记：胡昱冰；区人大常委会主任：刘琳；区长：尚滟佳；区政协主席：黄大宣；分管农业副区长：吴伟。

西区编写组

仁　和　区

【基本情况】 2022年，全区辖1个街道5乡8镇89个行政村25个居民委员会64个村民委员会176个居民小组425个村民小组，辖区面积1 728.98平方千米。有户籍总户数78 675户、户籍人口240 769人。仁和区先后获得“全省现代农业建设示范县”“全省县域经济发展进步县”“全国民族团结进步示范县”等称号。

2022年，全区地区生产总值增长3.6%，区本级规上工业增加值增长4.9%，区本级全社会固定资产投资增长10.6%，社会消费品零售总额增长3.4%，区本级地方一般公共预算收入同口径增长6.8%，城乡居民人均可支配收入分别增长4.5%、6.4%。

【现代农业建设】 推进“一品牌两中心”建设，攀香源果蔬加工项目稳定投产，芒果冻干进入航空餐食序列。举办“向芒而生”中国晚熟芒果季集中签约仪式，开展京东农特产购物节“线上销售”及乡（镇）长直播带货。新增“三品一标”农产品2个，“仁和牌”芒果、“大田石榴”等攀果公用品牌更加响亮。落实耕地保护工作，全年恢复耕地1 118亩，完成省级目标任务的194%，排名全市第一。完成高标准农田建设2万亩。推广果粮套（间）种、粮经轮作等模式，实施退园还耕800亩、粮经复合示范种植3 000亩。全年粮食作物播种面积12.2万亩，总产量4.4万吨。全年芒果种植面积40.5万亩、石榴种植面积1.15万亩、葡萄种植面积1.22万亩、其他温带水果种植面积2.3万亩。推进现代农业园区建设，啊喇粮经复合现代农业园区获评市级四星级园区，三阳湾粮经复合现代农业园区获评市级三星级园区，平地板栗现代林业园区获评市级现代林业园区。

总发芒果专业技术协会入选全国百强农技协。仁和区获评省级乡村振兴先进区、国家级农业国际贸易高质量发展基地、省级县域内城乡融合发展改革试点、省级农民合作社和家庭农场信贷直通车试点县、全省乡村振兴高技能人才培育基地。

【统筹城乡建设】 持续巩固国家卫生城市创建成果。开展自建房安全隐患排查、城市违建专项整治行动，排查录入自建房8.9万栋、经营性自建房2 769栋，整治存在安全隐患的经营性自建房39栋，拆除九号公馆等小区违法建设面积5万平方米。81个村(社区)全面建立健全村规民约、居民公约,全区创建为全国农村社区治理实验区、四川省第三批城乡社区治理试点区、省级社工服务体系建设试点区。仁和镇老街社区被命名为"全国民主法治示范社区",大龙潭彝族乡获评"全省乡村治理示范乡",仁和镇红旗村、中坝乡学房村获评"全省乡村治理示范村"。

【脱贫成果持续巩固】 发挥乡村振兴农业产业发展贷款分险补偿金的引导作用,撬动助农贷款资金7亿元。全年累计投入衔接资金5 786.9万元,实施乡村振兴项目60个。加大脱贫(监测)人口稳岗就业力度,开发脱贫公益性岗位430个,脱贫人口人均纯收入超1.4万元,增长16.1%,全区无一户一人返贫。

【"美丽四川·宜居乡村"建设】 全区完成农村通组路硬化15.1千米、村道生命安全防护工程106千米,新(改)建农村公路66千米,农村公路列养率100%,获评四川省乡村运输"金通工程"样板县。持续推进农村"三大革命",新(改)建农村卫生厕所1 587户,农村卫生厕所普及率93%,行政村生活垃圾收运处置体系覆盖率100%,生活污水有效处理率100%,畜禽粪污综合利用率94%。全面开展"消薄"攻坚行动,全区60个村集体经济年收入均达到3万元以上,28个村集体经济薄弱村全面完成"消薄"任务。啊喇彝族乡官房村、前进镇胜利村和田堡村、太平乡河边村、同德镇道中桥村建成为"美丽四川·宜居乡村"。平地镇迤沙拉村、务本乡大火山村获评"省级乡村振兴示范村",前进镇高峰村、啊喇彝族乡啊喇村获评"全省少数民族团结进步示范村"。

【农村生态建设及环境保护】 纵深推进河(湖)长制、林长制工作,打好"蓝天、碧水、净土保卫战",按期完成第二轮中央、省级环保督察反馈问题整改。全年环境空气质量优良率99.4%,水环境质量排名全省前列,土壤环境质量总体保持稳定。全年综合治理水土流失面积74平方千米,红旗沟水土保持项目申报为国家小流域水土保持治理示范建设项目。

【民生项目】 坚持"节约裕民",民生支出占一般公共预算支出的比重为75.5%,同比提高8.5个百分点。落实80项民生实事,足额发放各类救助资金3 039万元。推进参保扩面工作,基本养老保险、基本医疗保险覆盖率均达98%以上。做好"一老一小"工作,开展农村"三留守"关爱活动,建成首批"一中心、三站、五点"未成年人保护阵地。

【农村文化及教育】 平地镇获评"首批省级乡村文化振兴样板镇",福田镇获评"全省乡村文化振兴魅力乡镇",仁和区申报全省应急广播体系建设项目。实施教育布局调整规划,整合教育资源,有序推进集团化办学,推动"三名工程"建设和特色学校创建。政府教育支出3.6亿元,持续保持"两个只增不减"。大河中学学生公寓、食堂改造全面完成。

【农村卫生】 区公共卫生服务中心一期建成投用,区人民医院二期综合楼交付使用。平地镇中心卫生院创建为省级民族地区县域医疗卫生次中心,普达阳光国际康养度假区入选四川省中医药健康旅游示范基地,仁和区创建为省级健康促进区。

【主要领导人】 区委书记:班宏;区人大常委会主任:白春林;区长:苟军;区政协主席:李孝彬;分管农业副区长:李群。

仁和区编写组

米 易 县

【基本情况】 2022年,全县辖11个乡(镇、街道),辖区面积2 153平方千米,其中森林面积13.66万公顷(同比增长0.015%),森林蓄积量0.15亿立方米(同比增长2.89%),森林覆盖率64.74%(同比增长0.015%);草地面积0.58万公顷,草原综合植被覆盖度69.25%;湿地面积0.000 2万平方千米;生态保护红线面积310.14平方千米,矿山生态修复面积1.286 6平方千米,耕地保有量306 652亩。先后获评全国文明城市、平安中国建设示范县、全国法治建设先进县、全国卫生县城、国家园林县城、全国民族团结进步示范县、全国文化先进县、天府旅游名县、全国百佳深呼吸小城十佳示范城市、全省首批实施乡村振兴战略工作先进县、全省农村改革先进县等称号,是全国蔬菜产业发展重点县、国家级"南菜北运"基地、首批省级农产品特优区,被纳入"十四五"全国首批农业现代化示范区创建名单。

2022年,全县实现地区生产总值183.7亿元,增长3.8%,其中第一产业增加值增速位居全市第一。规上工业增加值增长7.2%,全社会固定资产投资增长10.7%,社会消费品零售总额增长0.8%。城乡居民人均可支配收入分别达44 999元、24 102元,分别增长4.6%、6.3%。县级一般公共预算收入完成13.5亿元,增长9.9%。争取到位上级资金16.7亿元,增长9.3%。

【现代农业建设】 推进"天府第二粮仓"建设,落实最严格的耕地保护制度,新建高标准农田1.62万亩,成为全省27个耕地净流入的县(市、区)之一。袁隆平第三代杂交水稻米易示范片亩产再度突破1 050千克,四川种业"南繁"基地项目正式签约。国家农业现代化示范区内的20个重点建设项目加快推进,南部农文旅融合百里环线全面建成,创建市五星级现代农业园区2个，"阳光米易"连续两年入选全国最具影响力蔬菜区域公用品牌。获评国家农村产业融合发展示范园，入选全省休闲农业重点县、全省现代烟草农业发展成效突出县。新山傈僳族乡获评"全国乡村旅游重点乡镇"，中山村、海塔村获评"省级乡村旅游重点村"。迷易古城特色街区整体开街，颛顼龙洞等3条旅游线路入选全国乡村精品旅游线路。

【农村改革】 创新组建乡村建设发展公司，带动村集体经济平均增收1万元以上。全县入选农民合作社省级试点县、第二批省级农业对外开放合作试验区、全省农村改革工作先进县。国企改革三年行动收官，农村国有闲置资产清理盘活经验在全省推广。

【脱贫成果巩固】 全覆盖开展一轮"回头看"、两轮集中排查，加强动态监测和精准帮扶，稳定消除风险对象11户52人。推动产业就业双向发力，投入衔接资金8 827万元，实施产业发展项目86个，6 093名脱贫劳动力实现务工就业，脱贫人口家庭人均纯收入达11 930元，增长16.4%。草场镇获评"省级乡村振兴先进乡镇"，黄草坪村被命名为"省级乡村振兴重点帮扶优秀村"。

【新村建设】 新（改）建农村道路184.2千米、小型水利设施362处、5G基站68个、无害化卫生厕所531户，增配农村生活垃圾收集设施1 936个，打造首批美丽庭院1 000家，农村户用卫生厕所普及率、生活污水治理率均达97%以上，生活垃圾收运处置体系覆盖率达100%，入选全国乡村建设评价样本县、全省数字乡村试点县。撒莲镇创建为首批"省级百强中心镇"，贤家村上榜"中国美丽休闲乡村"。

【农村社会保障】 81项民生工程有序推进，安宁河一桥提前3个月建成通车。农村劳动力转移就业3.03万人。城乡居民养老保险和基本医疗保险参保率均稳定在98%以上，城乡低保标准分别提高到700元/月和500元/月，均居全省第一方阵。完成农村危房及抗震改造678户，兜牢7 410名困难群众基本生活底线。成立全市首个未成年人保护中心，承办全省未成年人保护机构创新转型现场会。

【农村社会事业】 集团化办学、学区化治理和中小学教师"县管校聘"改革全面推进，全国学前教育普及普惠县创建通过省级督导评估。县人民医院住院综合楼建成投用，白马镇县域医疗次中心全面建成，城北社区创建为全国示范性老年友好型社区。县人民医院入选国家"千县工程"建设名单，紧密型县域医共体建设试点经验在全国推广。麻陇彝族乡入选省级乡村文化振兴十大魅力乡镇。

【农村生态建设及环境保护】 出台美丽米易建设实施方案，草场河水系连通及水美乡村建设等14个治理项目建成投用，长江上游生态屏障持续筑牢。推行林长制，干旱河谷生态治理、横断山区水源涵养与生物多样性保护等项目建设加快推进，完成生态修复5 700亩，森林覆盖率达64.74%。全面落实河（湖）长制和长江"十年禁渔"，制定15条河流管理保护方案，整治侵占岸线等问题200余个，马鞍山水库获评省级水利风景区。

【主要领导人】 县委书记：蔡君；县人大常委会主任：董明远；县长：代坤宏；县政协主席：罗文跃；分管农业副县长：侯锋。

米易县编写组

盐边县

【基本情况】 2022年，全县辖6镇6乡80个村446个村民小组8个居民委员会31个居民小组，辖区面积3 269.453平方千米。年末总户数64 233户，总人口208 451人，其中男性106 771人，占总人口的51.22%；女性101 680人，占总人口的48.78%。城镇人口27 510人，占总人口的13.2%；乡村人口180 941人，占总人口的86.8%。少数民族人口6.43万人，占总人口的30.1%。

2022年，全县实现地区生产总值154.7亿元，同比增长4.9%，其中一二三产业增加值分别增长4.9%、4.9%和5.2%。规上工业增加值、固定资产投资、社会消费品零售总额分别增长7.8%、10.6%和3%，一般公共预算收入同口径增长18.3%，城乡居民收入分别增长4.5%和6.3%。

【年度农业和农村经济运行】 2022年，全县农林牧渔业总产值（现价）完成48.1亿元，同比增长5.5%；农林牧渔业增加值（可比价格）完成31.33万元，同比增长4.9%。农村居民年人均可支配收入达21 699元，同比增长6.3%。完成县、乡、村公路和产业道路新（改、扩）建877千米。

【乡村振兴】 全县组建运营乡村振兴发展公司82个，实现集体经济收入2 000余万元。整合乡村振兴先进县奖补、移民后扶、合并建制村畅通工程、乡村振兴衔接等资金，推进芒果、桑椹、茶叶等5个星级现代农业园区建设。完成高标准农田改造2.08万亩、病险水库整治8座、防洪治理工程9.4千米，新增仓储冷链设施储量2 480吨，改造农村卫生厕所5 000户。二滩南部供水、沙坝水库、国有储备林等项目前期工作加快推进。盐边县红格竞训基地道路改造、昔格达大道北段、红格铜火锅特色街区等项目加快建设，岩羊河公园及农产品交易中心获得专项债支持并开工建设。昔格达田园综合体、联合未来新村、金河芒果公园、犀牛枇杷采摘园、惠民桑椹体验园、永兴稻菜轮作园、国胜茶产业园等农文旅支撑项目启动建设。举办“滋味盐边”预制菜产业高质量发展论坛，制定出台《促进乡村民宿发展六条措施》。永兴镇入选乡村文化振兴省级样板镇，渔门镇双龙村获评全省合并村集体经济融合发展试点先进村，国胜乡机房村创建为全省民族团结进步示范村，红格镇昔格达村获评全省首批文化振兴“百千万”样板村，天厚农场获评国家级生态农场。惠民镇、永兴镇入选全省100个魅力乡镇，红果彝族乡三滩村获评全国第一批非遗旅游融合发展村寨和全省少数民族特色村寨，红格镇红格村、昔格达村分别获评省级乡村旅游重点村、天府旅游名村。

【农村教育】 全县有各级各类学校68所，中小学生19 445人，中小学教职工1 614人，其中有幼儿园47所。实施教育优先发展攻坚行动，建成市七中盐边分校、县第一初级中学、县第一小学教育集团组，设立“大笮雄鹰、若水春风”教育励志基金。

【主要领导人】 县委书记：王兴全；县人大常委会主任：谢文辉；县长：蒋启君；县政协主席：周兴；分管农业副县长：李晓波。

盐边县编写组

泸　州　市

【基本情况】 2022年，全市辖3区4县8乡（苗族乡6个、彝族乡2个）92个镇26个街道（涉农街道20个）344个社区2 386个居民小组1 143个行政村（村民委员会）10 471个村民小组，辖区面积12 236.2平方千米，其中耕地总面积483.27万亩。全市总户数159.23万户（其中乡村108.5户），户籍总人口503.82万人（其中乡村人口302.63万人），常住人口426.3万人（其中农村常住人口205万人）。有国家级产粮大县2个，列入国家优质商品猪战略保障基地县6个，全国蔬菜重点县2个，获评国家、省级特色农产品优势区6个，列入省级高标准农田建设整区域推进示范县3个。泸州市是世界晚熟龙眼优势区域中心、“中国特早茶之乡”“中国晚熟荔枝之乡”，2015年被列入第三批国家现代农业示范区。

【年度农业和农村经济运行】 2022年，全市农林牧渔业总产值464.1亿元，同比增长4.6%，其中农业产值248亿元，同比增长4.2%；林业产值21.8亿元，同比增长8.3%；牧业产值164.3亿元，同比增长4.2%；渔业产值20亿元，同比增长5.9%。全市农林牧渔业增加值283.4亿元，同比增长4.5%，其中第一产业增加值277.1亿元，同比增长4.4%。全年农村居民人均可支配收入达21 348元，同比增长6.7%，总量列全省第九位，增速列全省第四位，较全省平均增速高0.5个百分点，比城镇居民人均可支配收入增速高1.9个百分点。

【新型经营主体培育】 争取中央财政农业生产发展资金1 090万元，用于培育发展农民专业合作社，扶持培育68个示范社和叙永县农民专业合作社发展规范建设。争取中央财政资金580万元，用于发展全市55个家庭农场项目，全市市级以上家庭农场示范场达652家。全年培育高素质农民2 037人，其中农业领军人才27人、农业职业经理人143人、其他类型人才1 943人。投入中央财政资金573万元，用于发展基层农业技术推广体系改革与建设项目，培训农技人员骨干1 066人，县级遴选推介主推技术50项，建设农业科技示范展示基地16个，培育农业科技示范主体29个。

【农产品品牌战略实施及质量安全监管】 “泸州桂圆”“柚到乐”“蔺州马蹄”入选四川省农业品牌目录，“纳溪特早茶”“合江真龙柚”被纳入全国名特优新农产品名录。累计认证“三品一标”农产品464个，其中有效产品207个。全市共有1 828家农产品生产主体试行承诺达标合格证制度，开具食用农产品承诺达标合格证36.81万张，附证上市农产品20 631吨。开展农产品质量安全抽检5 234批次、农产品质量安全监督抽查280批次，列入“重点监控名单”的生产主体33个。省级农产品质量安全例行监测合格率达99.3%，全年未发生一起重大农产品质量安全事件。

【现代农业园区建设】 古蔺县肉牛现代农业园区获评省四星级现代农业园区，叙永县糯稻现代农业园区、江阳区高粱油菜现代农业园区、纳溪区茶叶生猪种养循环现代农业园区等3个园区被评为省三星级现代农业园区。截至2022年年底，累计建成各类现代农业园区94个，其中省级园区7个、市级园区24个；园区主导产业面积达175万亩，园区农业综合总产值达241亿元。

【现代农业产业发展】 全市粮食作物播种面积614.3万亩，增长1.9%；产量230.2万吨，连续3年保持在230万吨以上。其中，再生稻有收面积111.7万亩，产量11.8万吨，面积和产量稳居全省第一位；再生稻高产示范片实现平均亩产413.8千克，再创全省新高。全市高粱种植面积34.8万亩，产量11.1万吨，排名全省第一位。全市水果种植面积83.8万亩，产量32.5万吨，增长10.6%，主要品种有叙永县、古蔺县赤水河流域鲜食精品甜橙，合江县晚熟荔枝，江阳区、龙马潭区和泸县晚熟龙眼，合江县、纳溪区及龙马潭区优质柚。建成油茶良种采穗圃300亩、良种育苗基地100亩，新增油茶基地1.5万亩，改造1万亩，叙永县、泸县等5个县（区）被列入“川南油茶产业核心发展区”。全市蔬菜种植面积122.2万亩，产量304.4万吨。全市茶叶种植面积28.6万亩，产量2.15万吨；中药材种植面积23.1万亩（未包括桂圆），产量9万吨；烤烟种植面积7万亩，总产量0.75万吨。全市生猪出栏415.4万头，同比增长3.9%；生猪存栏259.2万头，同比持平；猪肉产量30.37万吨，同比增长2.6%。牛出栏7.9万头，增长4%；羊出栏55.1万只，增长2.3%；小家禽出栏4 067.5万羽。水产养殖面积9 334公顷，水产品总产量10.66万吨。截至2022年年底，已创建全国休闲农业与乡村旅游示范县1个、中国美丽休闲乡村2个、省级休闲农业重点县2个、省级示范农业主题公园7个、省级示范休闲农庄13个。全市农产品产地初级加工经营主体达1 200个，其中加工企业80家、专业合作社380家、家庭农场和种养大户740家（户）。

【乡村振兴示范创建】 泸州市创建为省级乡村振兴先进市，泸县创建为省级乡村振兴成效显著县，江阳区分水岭镇、古蔺县箭竹苗族乡创建为省级乡村振兴先进乡镇，江阳区江北镇石鱼村等22个村创建为省级乡村振兴示范村，龙马潭区石洞街道顺江村等5个村创建为省级乡村振兴重点帮扶优秀村。出台《中共泸州市委泸州市人民政府关于聚焦2022年“三农”工作重点全面推进乡村振兴的实施意见》，印发《2022年度泸州市区县党政和市级部门（单位）领导班子领导干部推进乡村振兴战略实绩考核实施方案》，建立健全乡村振兴实绩考核考评机制，评定市级乡村振兴优秀区县1个、优秀市级部门（单位）20个、先进乡镇3个、成效显著乡镇4个、示范村21个、重点帮扶优秀村7个。

【农业农村综合改革】 制定出台《泸州市贯彻落实〈四川省农村集体经济组织条例〉实施细则》，把实施情况纳入乡村振兴实绩考核。发展壮大新型农村集体经济，全市1 190个村集体经济组织经营性总收入达1.71亿元，同比增长6%。持续推进农村承包地“三权分置”改革，开展农村集体产权制度改革“回头看”，累计颁发农村土地承包经营权证97.69万份，流转家庭承包耕地总面积148.77万亩。深化农业农村综合改革，完成纳溪区人居环境整治和提升体制机制改革试验、古蔺县小农户和现代农业有机衔接体制机制创新改革试验任务，推进泸县新一轮农村宅基地制度改革试点和农村乱占耕地建住宅类房屋专项整治试点、江阳区家庭农场和农民专业合作社带头人试点等改革工作。江阳区分水岭镇常乐寺村、龙马潭区特兴街道桐兴村等11个村获评“四川省合并村集体经济融合发展试点先进村”。泸县农业农村局获评“全国农村集体产权制度改革工作先进集体”。合江县“党建+金融”打造乡村振兴“加油站”案例被中央农办《乡村振兴典型案例》专刊推广。泸县全国首创“建设用地指标抵押”担保方式工作经验被中国农业银行收入金融扶贫新模式新案例汇编。

【“和美乡村”建设】 农村“厕所革命”持续推进，完成40个整村推进村、2.4万余户农村卫生厕所建设，全市农村卫生厕所普及率达91.82%。完成40个行政村农村生活污水治理“千村示范”工程，实现77.3%的行政村农村生活污水得到有效治理。农村生活垃圾转运处理体系行政村覆盖率100%，全市所有行政村专（兼）职保洁员配备率100%。科学推进国土绿化，完成营造林7.5万亩，森林覆盖率达51%。新（改）建农村公路646千米，乡（镇）和行政村硬化路通畅率100%。整治病险水库15座，新（改）建农村电网10千伏504千米、低压线路3 427千米。完成乡村重点道路沿线移动网络覆盖、农村中小学宽带网络全覆盖工作。创建省级乡村治理示范镇2个、示范村20个，申报四川省农村生产生活遗产名录3项、四川省农村致富带头人20人。

【种质资源保护利用】 开展泸州市农业种质资源普查，制定《泸州市农业种质资源普查总体方案（2021—2023年）》《第三次泸州市农作物质资源普与收集行动普查实施方案（2021—2023年》《第三次泸州市畜禽遗传资源普查实施方案（2021—2023年）》《第一次泸州市水产养殖种质资源普查实施方案（2021—2023年）》。全面完成2022年泸州市农业种质资源普查任务，提交农作物种质资源普查表18份、征集表6份，达到入库标准样品172个，确认畜禽和蜂资源共11个畜种25个品种，新发现并上报畜禽资源新品种1个。全市已建成规模化农业种质资源圃11个，其中农作物4个（龙马潭区罗沙贡米种质资源圃，叙永县朝天椒种质资源圃、糯稻种质资源圃、古茶树种质资源圃）、畜牧3个（省级湖川山地猪/丫杈猪遗传资源保种场、省级古蔺马羊遗传资源保护区、省级云贵高原中蜂资源保护区）、水产2个（濑溪河翘嘴鲌蒙古鲌国家级水产种质资源保护区、龙溪河省级水产种质资源保护区）、经作2个（合江县带绿荔枝种质资源圃、泸州市农科院荔枝龙眼种质资源圃）。

【耕地质量提升】 新建成高标准农田18.8万亩，同步实施高效节水灌溉2.4万亩，纳溪区、泸县、古蔺县省级整区域推进高标准农田建设示建设工作有序推进。完成农户承包耕地撂荒整治15.32万亩。古蔺县作为全国88个第三次全国土壤普查试点县之一，率先在全省7个试点县中完成外业调查采样任务。开展田间肥效、化肥利用率等田间试验39个，完成农户施肥调查843户，推广测土配方施肥技术720万亩次以上。

【重大动植物疫病防控】 全年实施绿色

防控面积353.69万亩，推广性诱剂21.02万套、色板215.96万张、杀虫灯5 618盏、天敌昆虫3 745.8万头，绿色防控覆盖率达53.09%。实施水稻、玉米、小麦统防统治207.92万亩次，统防统治覆盖率46.17%。开展重大动物疫病春秋防控，共免疫猪口蹄疫453万头次、猪瘟453万头次、牛（羊）口蹄疫68.32万头（只）次、小反刍兽疫24.2万只次、高致病性禽流感3 296.9万羽次，抗体合格率均达到国家要求的70%以上。健全非洲猪瘟防控网格化监管体系，实现对养殖场（户）和屠宰场全覆盖监管。开展“大消毒、大培训、大宣传”专项行动，全年未发生区域性重大动物疫情。对全市1986—1991年历史上发生的炭疽病等进行流行病学调查，未发现异常。全市兽医实验室通过农业农村厅兽医实验室考核。

【畜禽屠宰和饲料兽药监督管理】 持续加大生猪屠宰资格压减力度，已注销3家B类生猪屠宰企业，新增1家A类生猪屠宰企业，另有2家A类生猪屠宰企业获得同意新建的肯定性批复，全市屠宰行业竞争力不断提升。加强饲料监管，全面完成饲料质量安全监督抽检任务，生产、经营、使用环节共抽检饲料样品35个，抽检合格率100%。加强兽药监管，严格落实兽药生产企业新版GMP提档升级，完成2家兽药生产企业新版GMP审查工作、80个兽药产品批准文号的现场核查和抽样工作；2家兽药生产企业兽药产品二维码追溯率100%，179家兽药经营企业全部实现兽药二维码追溯数据上传。完成兽药质量监督抽检样品20批次。

【农业机械化】 全市农机总动力241.51万千瓦。拖拉机存有量261台，其中变型拖拉机201台、联合收割机在册270台。全年完成机耕作业面积392 666.67公顷、机播作业面积133 973.33公顷、机收作业面积171 769.34公顷，主要农作物耕种收机械化水平64.84%，比上年增加2.33个百分点。全年补贴购置各类农机具3.2万台（套），受益农户2.37万户，使用中央补贴资金1 568.19万元，配套地方累加补贴资金313.64万元。全市有农机专业合作社26个、从业人员1 106人，新增省级全程机械化+综合农事服务中心1个；有农机作业服务专业户5 573户、乡村农机从业人员15.43万人、农机维修点214个。

【农村生态建设及环境保护】 叙永县、古蔺县开展化肥减量增效“三新”技术示范区建设，集成推广施肥新技术新产品新机具，创新服务新模式，打造12万亩次化肥减量增效“三新”升级样板。以赤水流域和长江流域为重点，在合江县持续开展绿色种养循环农业试点，示范面积10万亩。推广农作物重大病虫害农业防治、理化诱控、生物农药等绿色防控技术，实施绿色防控面积353.69万亩次，绿色防控覆盖率达53.09%。推进生态种养循环，全市先后有5个区（县）实施畜禽粪污资源化利用整县推进项目，全面开展畜禽养殖标准化建设，规模养殖场设施设备配套率达100%，畜禽粪污综合利用率达77%以上。加快农业废弃物资源化利用试点，争取2022年中央预算内资金2 400万元，推进农作物秸秆综合利用整市推进项目和重点县项目建设，推广秸秆肥料化、饲料化、能源化利用，秸秆综合利用率达90.73%，《泸州：紧扣“四化”探索山区秸秆产业化利用道路》经验做法被农业农村部科技教育司以简报形式向全国推广。常态化抓好长江“十年禁渔”，持续开展长江生物多样性保护和长江生态水生监测，已完成增殖放流资金拨付125.82万元，放流珍稀、经济鱼类173.45万尾以上。

【农村市场体系建设】 组织实施农产品仓储冷链烘干物流主体培育44家，新（改、扩）建农产品烘干冷链实施库体77座，新增库容量8 822吨。截至2022年年底，全市共有农产品仓储保鲜冷链建设设施库体878座，静态库容量达11.3万吨。获得中央农业生产社会化发展资金790万元，完成农业生产托管服务面积6.59万亩。培育发展农业生产托管服务组织260个，实现农业生产托管服务小农户覆盖率达80%以上。农业农村数字化水平不断提升，现代农业园区物联网、智能装备等信息技术和实施设备实现提档升级，促进数字农业扎根落地。农业农村电子商务持续健康发展，全市农村网络零售额实现11.54亿元，同比增长24.95%；农产品网络零售额实现7.77亿元，同比增长17.84%。

【农业综合执法】 全年办理各类农业执法案件332件（其中种植业投入品26件、养殖业投入品7件、动物卫生监督63件、渔政184件、移送公安机关4件、其他48件），农业执法案件结案率达100%，处罚金额129.5万元。《超出〈兽药经营许可证〉载明经营范围经营兽用生物制品案》等3件案件被评为全省农业行政处罚优秀案卷。

【农业安全生产】 推进农业行业安全生产清单制管理，总结印发清单制管理参考模板2.0版本，在农机合作社和沼气工程企业等重点行业领域建立各类清单42个。建立农业行业安全生产法律法规培训考试制度，签订安全生产责任承诺书44份。全面完成农村安全专项整治三年行动，梳理形成2个经验及制度成果并进行推广。贯彻落实国务院安委会安全生产十五条硬措施，推进农业安全生产大检查、农业行业安全生产专项整治三年行动“巩固提升年”以及有限空间作业安全、农业设施用房安全等重点专项整治行动，排查并整改安全隐患422个。加强农业监管执法，组织开展“护安2022”执法专项行动、农业行业“打非治违”交叉执法检查，办理案件332件，全年未发生一起安全生产责任事故。

【大事记】 1月10日—11日，泸州市动物疫病预防控制中心兽医实验室通过省级考核，标志着全市兽医实验室取得行业内执业资格，实现泸州市生物安全Ⅱ级实验室零的突破。

2月23日，泸州市举行国家级、省级和市级生猪产能调控基地挂牌仪式，标志着全市生猪产能调控基地挂牌工作正式启动。

4月14日，人保财险泸州分公司为江阳区董允坝种植基地玉米种植大户宋世珍种植的50亩玉米承保，全市三大粮食作物完全成本保险实现首单承保。

5月7日，市农检中心通过农业农村厅2022年耕地土壤能力验证考核。

6月15日，泸州市农业农村局、交通银行泸州分行签订战略合作协议。

9月22日，四川省首届“稻香杯”丰收奖颁奖仪式在四川广播电视台演播大厅举行，泸州市民营企业泰丰种业自主选育的“泰优2903”获得四川省首届“稻香杯”一等奖，“泰两优6338”获得优质奖。

11月2日，泸州市出台《泸州市现代农业园区建设总体规划(2021—2025年)》。

12月2日，第八届四川农业博览会在成都市世纪城新国际会展中心举行。泸州市以“绿色农业，生态泸州”为主题，组织全市最具代表的优质粮油、优质蔬菜、精品水果、特色经作、现代养殖、高效林竹、特早茶、泸州名酒八大类特色农产品，70余家企业、300余个“酒城优品”特色农产品参展。

12月8日—9日，全省特色产业工作培训在泸州市举办，农业农村厅党组成员、副厅长肖小余出席培训会并讲话，省政府参事、农业农村厅二级巡视员胡强出席会议，农业农村厅特色产业发展处、省园艺作物技术推广总站负责人，省农科院、成都大学技术专家，21个市(州)农业农村局分管负责人和相关科(站)负责人参加培训。

【主要领导人】 市委书记：杨林兴；市长：余先河；市人大常委会主任：鞠丽；市政协主席：田亚东；分管农业副市长：杨长缨。

泸州市编写组

江　阳　区

【基本情况】 2022年，全区辖6镇9个街道，辖区面积649.25平方千米，其中耕地面积34.855 4万亩，比上年增长0.6%；基本农田26.65万亩。年末总人口70.76万人(户籍人口)，增长0.15%；人口出生率7.72‰，增加0.94个千分点；人口自然增长率1.61‰，增加0.14个千分点。本地水资源总量3.447 4亿立方米，人均占有水资源量403.31立方米。有林业用地0.7万公顷，有林地面积0.66万公顷，活立木总蓄积量36.96万立方米，森林覆盖率20.8%。

2022年，全区实现地区生产总值767.81亿元，增长4%，其中第一产业增加值31.81亿元，增长4.2%，农、林、牧、渔及农林牧渔服务业之比为68∶1∶22∶4∶5；第二产业增加值407.55亿元，增长3.9%(工业产值611亿元，增长9.6%)；第三产业增加值328.45亿元，增长4%。三次产业对经济增长的贡献率分别为5.1%、56.6%和38.3%。全年接待游客1 259.85万人，实现旅游收入122.11万元，其中乡村旅游收入37.59万元。

公路通车里程1 084.465千米(其中乡村公路900.008千米)，密度1 671米/平方千米、14.269千米/万人。社会消费品零售总额484.6亿元，增长3.6%。地方一般公共预算收入完成24.49亿元；一般公共预算支出48.08亿元，增长0.03%，其中乡村振兴投入58 412万元，占支出的12.14%。金融机构各项存款余额1 389亿元，比上年初增长13.14%；各项贷款余额1 521亿元，比年初增长13.17%。全年农业保费收入0.14亿元，增长16.67%；处理各项赔款和给付金额1 276.66万元，增长17%。农业产业化龙头企业国家级、省级、市级级分别为1家、4家、25家。

有各类学校169所，在校学生107 143人，教职工7 888人(不含高校)；普通中学23所，在校学生42 318人；小学20所，在校学生37 369人；学龄儿童入学率100%。有文化馆1个，公共图书馆1个。有卫生机构628个，病床位11 009张，卫生技术人员10 955人。全区城乡居民基本医疗保险参保人数46.86万人，参保率100%；城乡居民养老保险参保人数15.56万人。

【年度农业和农村经济运行】 2022年，全区实现农业总产值47.7亿元，增长4.4%；全区全年农业增加值达3.34亿元，增长4.3%。农民年人均可支配收入达25 708元，增长6.3%。在粮食、生猪、蔬菜生产中，科技投入的占比或科技贡献率66.29%。全区农产品质量抽检合格率达99.2%；建成12个基层农业综合服务站。全区主要农产品产量见表1。

【农业产业化发展】 培育提升多元化新型农业经营体系，全区有农民专业合作社291家、家庭农场934家、龙头企业31家，2022年新增省、市级示范专业合作社2家，省、市级家庭农场7家，市级龙头企业3家。深化家庭农场和农民合作社带头人职业化试点，完成第三批试点对象培育。截至2022年年底，在全区村级集体经济组织资产中经营性资产1 609.6万元，村级集体经济收入660.5万元，其中资产资源租赁收入251.77万元、投资收入8.84万元、生产收入24.98万元、服务收入53.14万元、发包及上交收入4.98万元、补助收入165.87万元、其他收入158.91万元。省级集体经济发展项目村共17个。推广龙眼优新品种4 300余亩，

表1　2022年江阳区主要农产品产量

主要农产品	单位	产量	同比增减(%)
粮食	万吨	20.24	-2.7
水稻	万吨	11.80	-2.8
小麦	万吨	0.11	3.4
玉米	万吨	3.24	-3.9
马铃薯	万吨	1.01	8.6
油菜籽	万吨	0.92	4.5
蔬菜	万吨	54.13	4.1
水果	万吨	2.81	2.3
肉类	万吨	2.51	3.9
猪肉	万吨	2.00	5.0
牛肉	万吨	0.01	-2.4
羊肉	万吨	0.06	4.3
禽肉	万吨	0.40	-1.6
兔肉	万吨	0.04	5.1
禽蛋	万吨	0.22	4.6
水产品	万吨	1.11	3.9
牛奶	万吨	0.06	-0.6

建设标准化生产示范园2个。江阳区获评“四川省休闲农业重点县”“全省农作物种业工作先进单位”。

【农村集体产权制度改革】 完成2022年度农村集体资产年度清查工作，共清理出镇级资产100.67万元、村级2.26亿元、组级1.98亿元，镇级集体土地10.48亩、村级4 960.3亩、组级57.65万亩，公益林6.87万立方米、商品林2.15万立方米。核查完善组织登记赋码工作，完成全区90个村级、403个组级集体经济组织登记赋码信息核对修正。完善村集体经济组织阵地建设，严格按照“五个一”标准（有一个标准名称并规范挂牌、有一个组织章程、有一套内部治理机构、有一本成员名册、有一套管理制度）全覆盖完成90个村集体经济组织阵地规范化建设。全面贯彻落实《四川省集体经济组织条例》及其实施方案，区、镇、村三级均开展宣传、培训。

【供销合作社改革】 全区供销合作社系统共有镇（街道）级基层供销社14个、村级供销社1个。全区供销合作社改革工作按照“供销社+村集体经济组织+农民专业合作社”“三社”融合的发展模式，提升基层供销社，加快建设为农服务综合平台。方山镇、江北镇等2个镇级供销社完成“三社”融合换届改组，组织建设、阵地建设、业务建设、制度建设、队伍建设达到省级示范基层供销社建设标准；通滩镇完成区域性为农服务中心建设，具备农资、农业机械、农产品加工、储藏及展示展销、农村人才培训等综合性服务功能；通滩镇、黄舣镇、丹林镇、分水岭镇等4个镇级供销社按照“三社”融合助推集体经济发展壮大的需求继续得到改善提升，经营能力、服务水平不断提升；通滩镇凤龙村、黄舣镇王河村、分水岭镇董允坝村3个村级供销社完成改组建，并投入运营。

【农产品品牌战略实施】 全区农产品“三品一标”有效保有量34个，其中无公害农产品21个、绿色食品9个、有机食品1个、地理标志农产品3个。有“泸州桂圆”“江之阳蔬菜”“江阳区糯红高粱”三大区域公用品牌，“泸州桂圆”获评四川省优秀农产品区域公用品牌、四川省名优特新农产品，江之阳蔬菜、江阳区糯红高粱入围四川省特色农产品，江阳区被认定为四川省首批特色农产品优势区。

【现代农业园区建设】 董允坝现代农业园区创建为四川省四星级现代农业园区，获得“优秀省级农业科技园区”“省级优秀科普基地”“泸州市乡村振兴巾帼示范基地”等称号。区高粱油菜现代农业园区获评省三星级现代农业园区，区粮油现代农业园区获评市五星级现代农业园区，区江北甘蔗园区获评市三星级现代农业园区。

【种植业】 全区粮食作物播种面积49.08万亩，产量20.24万吨；蔬菜种植面积19.62万亩，产量54.12万吨；水果种植面积8.5万亩，产量2.65万吨。水稻播种面积21.15万亩，产量11.8万吨；高粱播种面积5.8万亩，产量1.8万吨；玉米播种面积8.1万亩，产量3.2万吨；薯类播种面积9.6万亩，产量2.7万吨；豆类播种面积3.8万亩，产量0.6万吨；小麦播种面积0.6万亩，产量0.1万吨。种植业总产值达32.2亿元，同比增长3.1%。

【林业】 全区实现林业总产值24.98亿元，同比增长10%。全区森林面积1 3503.08公顷，其中林地面积7 009.48公顷；森林覆盖率20.8%，覆盖林木的土地面积19 306.87公顷，林木绿化率29.74%。实施国有林管护0.63万亩，补偿集体公益林6.92万亩，巩固退耕还林成果2万亩，累计实施退耕还林1 333.33公顷，成片造林40公顷。江阳区是四川省“全面绿化”达标（区）县之一。全区属于森林防灭火低火险区，有森林防灭火重点区域1个（方山景区）。

【畜牧业】 全区备案畜禽养殖场（户）536家（户），其中生猪养殖场（户）502家（户）、其他养殖场34家（户）。全年肉类总产量25 112吨，同比增长5.43%。生猪出栏27.42万头，同比增长2.92%；生猪存栏17.1万头，同比下降2.62%。牛出栏0.1万头，同比增长8.45%。羊出栏3.74万只，同比增长5.94%。家禽出栏273.03万羽，同比下降0.7%。全区畜禽养殖规模化率达60%以上，畜禽粪污综合利用率达90%，规模养殖场粪污处理设施装备配套率达100%。

【水产业】 全区淡水养殖面积1.3万亩，水产品总产量1.1万吨，实现总产值2.6亿元，渔业经济总产值增长0.87%。有鱼种站1个，主要繁殖草鱼、花鲢、岩原鲤、胭脂鱼、翘嘴鲌等品种，培育康达水产、山农水寨、腾飞养殖、新魏等鱼类新型经营主体20余家。在山农水寨试验示范鲥鱼养殖，每尾鱼重200～350克，成活率达90%以上。在邻玉街道漕溪村造船厂长江边开展2022年渔业增殖放流活动，放流鳙鱼6万尾、胭脂鱼4万尾。

【乡村振兴】 全区创建2022年省级乡村振兴先进镇1个、乡村振兴示范村2个，市级乡村振兴先进镇1个、示范村2个。全区脱贫户人均年收入达13 642元，同比增长12.8%。全年各级财政衔接推进乡村振兴补助资金9 060.85万元。加强返贫致贫风险线索排查，全年开展全覆盖大排查2次，新识别困难群众7户18人，已全部纳入监测帮扶。因户、因人制定针对性帮扶措施，全年共安排衔接资金328.3万元，通过发展到户产业，惠及脱贫户、监测户1 888户5 262人。

【乡村旅游】 实施旅游基础设施十大提升工程，推动中国酒城·长江生态旅游带等省、市文旅重点项目建设，以沿江路为主线，整合乾坤酒堡、美酒江湾、马道子新村、罗湾新村旅游资源，提升打造休闲绿道、旅游风景道、自驾车营地等旅游基础配套设施。申报省级乡村文旅能人入库11人、突出贡献乡村文旅能人2人。举办丹林镇花朝节、“千年古郡·诗酒江阳”、旅游赏花季“5·19旅游日”等文化旅游活动。组织参加四川省第三届天府文创大赛、第二批“天府旅游名牌”申报，江阳区茜草桂圆林社区被命名为第三批省级乡村旅游重点村，分水油纸伞获评“天府旅游名品”。

【农村水利】 全年完成小型水库维修养护项目、小型水库雨水情及大坝安全监测10座、农业水价综合改革、水美新村建设工作任务；完成2018—2020年小型水库维修养护项目验收、2019—2020年4座水库除险加固项目竣工验收；争取中央大中型水库移民后期扶持资金538万元（三峡后续工作资金113万元），发放1—12月直发直补资金83.985万元。

【农业机械化】 全区主要农作物综合机械化水平为71.08%，较上年提高2.2个百分点，其中主要农作物机耕水平为99.18%，机播水平为40.84%，机收水平为63.87%。

【农村科技】 协同区级相关部门开展科技文化卫生“三下乡”、科普活动月和科技活动周活动。加强与高校院所合作，建立创新合作平台，开展研究开发和“四新五良”成果转化活动，江阳区省级农业科技园区被科技厅评定为优秀园区。吸引和集聚各类人才创新创业，培育创新主体，年内备案入库科技型中小企业16家，其中泸州泰丰种业有限公司获评国家高新技术企业，其自主研发培育的2个杂交水稻新品种通过国审，“泰优2903”品种获得四川省首届“稻香杯”优质米一等奖。新组建由12名专家组成的泸州市科技特派员江阳区特派团，围绕优势特色产业开展科技服务工作。

【农村教育】 全区有农村公办校园22所（其中幼儿园9所、单设小学5所，单设初中3所、九年一贯制学校5所），学生16 311人（其中幼儿园1 905人、小学9 064人、初中5 342人），在职农村公办教职工1 287人。2022年，全区全年农村教育投入经费2.46亿元，用于改善城乡学校办学条件；资助106万元，为1 808名农村困难学生提供生活补助；实施教育集团化办学、学区制治理，先后成立4个教育集团以及8个覆盖城乡中小学的教育学区，每个教育集团、学区由一所优质教育学校作为领航学校。江阳区被教育部确定为全国义务教育优质均衡先行创建区。

【农村文化】 全年共划拨免费开放资金98.8万元，15个镇（街道）综合文化站及150个村（社区）综合文化服务中心每周开放时间达40小时以上。实施乡村文化振兴“百千万”工程和示范样板村镇建设，创建样板镇建设点1个（江阳区分水岭镇）、样板村（社区）建设点2个（江阳区分水岭镇董允坝村、黄舣镇马道子村）；区（县）级样板村镇建设点8个。拨付广播电视“户户通”维护工程资金36.37万元，对全区11个镇（街道）88个村（社区）3 794户10 966人建档立卡脱贫户（监测户）进行电视接收设备维护，确保应急广播“村村响”系统正常运行，应急广播“村村响”全年播出时长1 650小时，播出410余万条次。

【农村卫生】 全区累计投入307.8万元，新（改）建农村无害化卫生厕所1 010余户，全区卫生厕所普及率达95.67%，有公厕行政村覆盖率达100%。健全农村生活垃圾收运处置体系，修建生活垃圾收集点2 100余个，生活垃圾实现“日产日清”，无害化处理达100%。持续推进污水治理，有二级场镇污水处理站9个、农村污水处理站37个，所有行政村生活污水治理率达100%。

【农村法制建设】 持续开展“六无”平安村（社区）创建活动，创建平安街镇3个、“六无”平安村（社区）145个。开展《中华人民共和国反有组织犯罪法》宣讲150余场，发送微信朋友圈广告信息30万余条，发放宣传资料3 000余册。实施“法律明白人”“法治带头人”“农村学法用法示范户”培育工程，助力基层市域治理现代化。全年律师进驻村(社区)解答法律咨询9 000余人次,免费代书、拟订协议500余份,“法律明白人”开展法治宣传活动2 000余场次。方山镇熊坝村、分水岭镇董允坝村创建为省级民主法治示范村。

【农村交通】 全区境内农村公路总里程1 084.465千米,其中县道184.457千米、乡道372.757千米、村道527.251千米,路网面积密度167.1千米/百平方千米;等级公路1 068.364千米,占全区农村公路总里程的98.52%。全区15个镇(街道)全部实现通三级以上公路,80个行政村全部通四级以上公路。投入农村公交车134辆(其中新能源公交车120辆),开通农村公交线路53条,全部实现刷卡和扫码乘车。江阳区获评“四好农村路”全国示范县、四川省首批乡村运输“金通工程”样板县。

【农村社会保障】 全区农村低保标准调整为500元/月,农村散居特困人员供养标准为650元/月,对符合条件的困难群众实现“应救尽救”。全区有农村低保9 731人、农村特困人员2 505人。新增参保人员2 567人,全区城乡居民养老保险参保人数共15.56万人。全区已为16～59岁符合条件的5 305名困难群体代缴城乡居民养老保险费53.05万元,困难群体代缴率达100%,超额完成年度目标任务。及时为6.6万人城乡居民养老保险退休人员发放基本养老金,累计为特殊困难群众上门服务2 712人次。

【农村生态建设及环境保护】 推进长江流域重点水域禁捕退捕,联合长江航运公安、港区海事处、区公安分局、区市场监管局等部门开展联合执法,健全执法联勤协作机制,辖区长江流域生态环境持续改善。全年开展联合执法813次、巡查1 716次,出动执法人员4 727人次,集中销毁各类渔具1 300余件,办理行政案件117件,劝离规范钓鱼爱好者3 000余人次。

【农产品质量安全监管】 全年抽检农产品4 088批次,其中定量检测775批次,抽检农产品总体合格率达99.2%。加强农产品质量安全执法检测和安全巡查,上传监管巡查信息800余次,开展执法监督检查300余场次。江阳区通过省级农产品质量安全监管示范县复审。

【农村市场体系建设】 全面推进实施普遍电信服务、双千兆乡(镇)通工程,推进乡村信息基础设施优化升级,通信网络建设全面完成信息进村入户,全区所有行政村实现光纤宽带、4G网络全覆盖。建成开通5G基站245个,实现中心城区和周边区域的5G无缝覆盖,重点乡(镇)、重点农村、高速公路的连续覆盖,以及重点景区和普通乡(镇)热点覆盖。建成并开通电信普遍服务基站4个,“双千兆乡镇通”覆盖全区所有镇(街道)。

【农村留守家庭(儿童、学生)帮扶情况】 各镇(街道)摸排本辖区内留守儿童情况,签订监护责任确认书、更新系统数据,系统现有留守儿童419名。准确掌握留守儿童基本信息及救助关爱政策落地落实情况,宣传防性侵、防溺水、防欺凌等安全知识。对全区留守儿童每人发放慰问金400元。

【劳务开发与返乡创业】 组织36个项目参加第九届“创业酒城　赢在泸州”创新创业大赛,江阳区8个项目获奖,其中一等奖2个,占全市一等奖总数的50%。全覆盖到辖区各镇(街道)、园区开展创业担保贷款政策宣讲,继续深化社银合作模式,为创业者提供创业担保贷款、创业补贴等政策支持。为自主创业的农村劳动者发放创业担保贷款944万元,落实返乡农民工和脱贫人员创业补贴共41万元。提升创业孵化基地管理,全区已建成省级创业孵化基地2个、市级创业孵化基地4个、移动孵化器4个。落实省级创业孵化基地建设资金90万元、市级创业孵化基地奖补资金55万元。创业孵化基地扶持农民工创业96人,带动农民工就业807人。全年完成农民工劳务品牌培训和返乡创业培训650名。打造一批创新创业集聚区,推动农民工返乡创业与乡村振兴战略深入融合,建成市级创新创业园区6家,培育孵化农民工返乡创业企业95家。

【主要领导人】 区委书记:郭宏川;区人大常委会主任:张生勇;区长:唐栋良;区政协主席:杨雷;分管农业副区长:曾镜枫。

江阳区编写组

龙　马　潭　区

【基本情况】 2022年,全区辖3镇8个街道,辖区面积333平方千米,其中耕地面积14.5万亩。森林覆盖率17.7%。年末总人口37.23万人,人口出生率5.52‰,人口死亡率10.8‰。先后获得“全国和谐社区建设示范城区”“四川省县域经济发展强区”“四川省促进民营经济发展先进县(区)”“四川省第二批工业强县”等称号。

2022年,全区实现地区生产总值431.71亿元,按可比价格计算,增长3.8%。规上工业增加值增速5.5%。全社会固定资产投资增长7.2%。社会消费品零售总额219.6亿元,增长3.3%。农村入学率100%,农村最低生活保障500元/月/人。

【年度农业和农村经济运行】 2022年,全区完成农林牧渔业总产值21.49亿元,按可比价格计算,同比增长4.23%。城镇居民人均可支配收入达52 397元,增长4.8%;农村居民人均可支配收入达27 237元,增长6.4%。

【农村专业合作组织】 截至2022年年底，全区共发展市级及以上农业产业化龙头企业30家，其中省级4家；新培育农民专业合作社14个，全区农民专业合作社达240个，其中国家级示范社4个、省级示范社17个、市级示范社40个；培育家庭农场178家，其中省级示范家庭农场6家、市级示范家庭农场34家。

【现代农业园区建设】 开展省、市、区星级农业园区创建，推动现有农业园区提质扩面增效。推行科技特派员制度，完善基层农技推广服务体系，推动农产品集配中心、冷链物流运输中心建设。2022年，纳入省星级现代农业园区培育1个（水产现代农业园区），建成市三星级园区1个（红粱现代农业园区）、区级园区1个（顺江粮果园区），力争建设农业科技示范基地2个。

【种植业】 全区粮食总产量6.77万吨，下降2.84%，其中夏粮产量0.287万吨、秋粮产量6.5万吨。油料产量0.284 3万吨，增长1.54%；蔬菜产量14.76万吨，增长7.31%；水果种植面积5.93万亩，产量2.41万吨。

稳定粮食生产。整合中央、省级、区级资金2 458万元，聚焦田网、渠网、路网等建设内容，建设高标准农田0.8万亩。全区农业主推技术到位率95%，推广良种及规范化栽培、配方施肥等高产技术，分别创建高粱、水稻高产各1万亩。促进单产增加，高粱高产示范平均亩产340千克，比上年增加7千克；水稻亩产650千克，比上年增加94千克。

实施病虫害统防统治。全区主要粮食作物实施专业化统防统治9.11万亩次，占主要粮食作物病虫害防治面积18.33万亩次的49.7%；实施绿色防控面积10.68万亩，占水稻、玉米、高粱、柑橘、蔬菜播种植面积21.34万亩的50.04%。

【养殖业】 全年出栏生猪10.41万头，增长3.07%；生猪存栏6.48万头，下降2.99%。出栏肉用家禽484.59万只，下降0.63%。水产品产量9 287吨。

全区按照季节性集中免疫与平时补免相结合的方式开展重大动物疫病免疫工作，春、秋防共免疫生猪猪瘟、口蹄疫8.2万头，牛（羊）口蹄疫0.24万头（只），禽流感132万羽，小反刍兽疫0.18万头，群体免疫密度达95%以上，抗体有效率达70%以上；实施狂犬病防控，共免疫犬只23 000余只，镇（街道）免疫密度达90%以上，抗体抽检结果均合格。

【产业融合发展】 发展优势产业。整治撂荒地和实施高标准农田建设，稳定粮食生产面积。围绕全省“10+3”现代农业体系建设，发展优质水稻、精品果蔬、健康水产、糯红高粱、现代养殖五大特色产业，其中发展罗莎贡米系列优质稻5万亩、精品果蔬12.8万亩、糯红高粱4万亩、健康水产养殖1万亩。全区粮食作物播种面积17.03万亩，产量6.77万吨；建设酿酒高粱示范片4个，辐射带动6万亩；蔬菜种植面积7.15万亩，产量14.76万吨。水产现代农业园区晋级市四星级园区。

发展全域农业。将32个村（社区）划分为9个村级片区，设置9个中心村，发展优质水稻、精品果蔬等都市现代农业，覆盖面积16.8万亩，初步构建濑溪河生态农业带、龙溪河农旅融合示范带、长江上游特色农业示范带、现代农业园区的“三带一园”空间格局。

做大商贸物流。发挥“水公铁空”立体交通枢纽优势，打造以自贸区农产品交易中心、海吉星农产品商贸物流园为主的农产品仓储、物流、交易集散基地，市内名优农产品通过泸州港直供中国香港、中国澳门和出口国外。

发展乡村旅游。立足都市服务农业发展定位，突出“农业+文化”“农业+旅游”，以“赏花、摘果、观景”等主题，重点打造十里渔湾、柑博园、天香花谷、桐心院子等一批乡村旅游示范园，举办乡村文化旅游节、马拉松赛、黄桃采摘节等活动，引游客下乡、助农产品进城。全年共吸引游客32万余人次，实现农旅收入1 500万余元。

【农业农村改革】 创新发展新型农村集体经济。全区58个涉农村（社区）集体开展资产清资核资、成员身份确认、股权设置与量化等全部产权制度改革工作任务和赋码登记，建立成员大会、理事会、监事会“新三会”制度。

农村土地制度改革。全面推进承包地“三权分置”，农村土地确权登记工作基本完成，全区已清理并纳入土地流转台账监管面积总计27 403.761亩。

供销合作社综合改革。坚持“党建带社建、村社共建”模式，建立并运行供销社专合社“双线运行体系”。助推专合社与供销社整合资源，增加收益，促进村集体经济发展。

【推进巩固脱贫攻坚成果同乡村振兴有效衔接】 建立健全巩固拓展脱贫攻坚成果长效机制。印发《领导小组工作规则》《重点工作任务责任分工方案》等，健全长效帮扶机制，全面细化联系帮扶街镇和重点村清单，由23名区级领导、47个区级部门、4支驻村帮扶工作队定点包保联系8个镇（街道）、4个重点村（3个脱贫村、1个乡村振兴重点村）和4 633名脱贫人口，推动责任落实到位、任务完成到位。

开展返贫动态监测。采取“包街镇包村、责任到人”的方式，3 000余名机关干部全员下沉，常态开展问题整改“回头看”，对发现的问题，清单管理、层层交账，全区40户100人监测对象均无返贫致贫风险。组织农业农村、民政、教育等14个部门对“脱贫不稳定户、边缘易致贫户、特殊困难户”进行线上监测，共享信息，定期研判，精准施策，全区没有发生“漏测失帮”和规模性返贫现象。

落实就业扶贫政策。继续发挥就业帮扶基地作用，加强技能培训指导，开展就业帮扶技能培训9期，培训脱贫家庭劳动力46人。落实企业奖补和各类岗位补贴共439.19万元；开发公益性岗位，安置脱贫劳动力472名，发放公益性岗位补贴478.43万元；组织扶贫专场招聘会16场次，脱贫劳动力达成就业意向319人次。2022年，全区脱贫人口实现转移就业1 873人，比上年同期增加46人。

推进项目建设。加大财政投入，在4个涉农镇（街道）实施10个有效衔接专项补助资金项目，安排中央、省、市、区级财政衔接推进乡村振兴补助资金3 874万元。

【坚持动态监测，筑牢脱贫防线】 开展"回头看、回头帮"，对脱贫对象和边缘户开展全覆盖动态监测。建立健全"年初一计划、每月一走访、季度一监测、年终一算账"工作机制，综合运用低保、教育、医疗、危房改造、产业扶持、培训就业等政策措施，确保脱贫户不返贫、边缘户不致贫。全区新增监测对象20户51人，落实帮扶措施50个，有效防止返贫。

【林地管理】 加强资源保护宣传力度，印制林业宣传资料5 000余份，增强群众爱林护林意识。在全区开展林地保护管理清理整顿行动，对各镇（街道）发生的未批先占林地、毁林开垦等违法占用林地的建设工程情况进行全面清理，将清理出的问题移交执法大队处理。印发实施《关于全面推行林长制的实施方案》，依托林长制构建区、镇（街道）、村（社区）三级监管体系，压紧压实工作责任，建立起森林资源保护长效机制。

【耕地保护与整理】 加强耕地保护建设，推进农村乱占耕地建房问题专项整治行动，坚决遏制耕地"非农化"、防止耕地"非粮化"，坚决守住耕地保护红线，保障粮食生产安全。落实"中央、省级和市县财政补助资金每亩共计不低于3 000元"的建设补助标准，推动发行高标准农田建设专项债券。开展高标准农田建设"百日会战"，2022年建成高标准农田1.16万亩，新启动建设高标准农田1.1万亩，同步实施高效节水灌溉0.21万亩。

【河长制工作】 推进河长制工作，开展重点流域、重点河流的养殖污染排查，问题整改和流域养殖场（户）粪污综合治理日常监督检查。建立完善重点流域、重点河流畜禽养殖污染防治监管台账和问题整改台账，每季度进行更新核实。

【惠农补贴】 全年农户新购机1 132台，兑付农机购置补贴资金41.4万元，资金结算率100%。及时准确发放耕地地力补贴1 667.218 3万元、稻谷补贴215.65万元、粮食一次性补贴310万元。

【农村人居环境整治】 开展全区农村环境综合整治，印发《关于下达2022年农村环境综合整治目标任务的通知》，督促各责任单位推动农村环境综合整治工作，助力美丽宜居乡村建设。截至2022年年底，已全面完成农村环境综合整治任务，完成整治的行政村生活污水治理率达60%以上，黑臭水体整治率达100%，集中式饮用水水源地规范化整治完成率达100%，村庄环境干净整洁。

抓好农村"三大革命"。建立卫生厕所长效运行管护机制，完成整村推进示范村建设1个，新建农村卫生厕所500户，农村卫生厕所普及率达91%。持续深化城乡环卫一体化改革，农村垃圾收转运处理体系覆盖率100%。实施农村生活污水"千村示范"工程，通过新（改）建农户三格式化粪池实现尾水综合利用，治理农村散户生活污水，所有行政村生活污水得到有效管控。截至2022年年底，各行政村累计新（改）建三格式化粪池8 313户，全区已实现100%的行政村生活污水得到有效治理。

农业面源污染整治。坚持绿色种植、高效利用，推广测土配方施肥面积17万亩，施用配方肥2 200吨；推广生物有机肥1 800吨，可替代化肥使用量600余吨。设立农膜、农药及化肥包装回收点56个，农药包装废弃物回收率达85%。在濑溪河、龙溪河流域开展水产养殖污染治理，整改43户。开展农业面源污染防治，推广秸秆腐熟还田、秸秆肥料化等综合利用技术，全区秸秆综合利用率达90%以上。

开展农村生活污水治理。按照"聚居点集中治理、散户改厕+综合利用、城乡污水处理设施管网延伸收处"等举措，因地制宜采用污染治理与资源利用相结合、工程措施与生态措施相结合、集中与分散相结合等方式推进农村生活污水治理，提升生活污水处理率。

开展农村黑臭水体排查整治。按照《泸州市农村黑臭水体排查工作方案》要求，对全区农村黑臭水体再次开展全面排查，会同区农业农村局和区水务局对各镇（街道）排查上报的疑似黑臭水体逐一现场核查，经核实未发现农村黑臭水体。

加强资源利用。对专业户以上规模养殖场（户）实行定点、定人网格化监管。定期开展养殖污染巡检查，全区共开展巡检查400次，排查出安全隐患7处，均已整改完毕。

农村饮用水水源地保护。全区仅有一个集中式饮用水水源地——长江石堡湾，为地级饮用水水源地，无农村集中式饮用水水源地，全区已实现全域供水。

开展村庄清洁行动。以村庄清洁百日行动为抓手，组织引导群众参与清理农村生活垃圾、清理农村厕屋便池、清理农村畜禽粪污、清理农业生产废弃物等"五清"行动，宣传村庄清洁、垃圾分类、污水治理等常识。加强农村生活垃圾收转运基础设施建设，及时收、储、运农药包装和废旧农膜等农业生产废弃物，防止农业面源污染。加强资源利用，注重畜禽养殖企业"源头减量、过程控制、末端利用"，对专业户以上规模养殖场（户）实行定点、定人网格化监管。

落实农村人居环境治理责任。以《泸州市龙马潭区农村人居环境整治村庄清洁行动方案》为指南，以长江、沱江、濑溪河、龙溪河等流域镇（街道）为重点，坚持"四清两改一提升"。全年新（改）建农村无害化卫生厕所500户，村覆盖率达100%，农村卫生厕所普及率达90.6%。提升农村生活污水治理水平，改善农村人居环境，在农村聚居点累计建成农村生活污水处理设施29座，合计日处理能力达1 555吨/天。

完善运维机制。为健全生活污水处理设施长效监管机制，规范生活污水处理设施运行维护管理，制定并印发《泸州市龙马潭区街镇生活污水处理设施运行监督考核管理办法（实行）》，并与第三方公司签订城乡环卫一体化服务采购合同，将生活垃圾收转运工作委托第三方公司开展，并由第三方公司对环卫设施进行日常管理、维护。将农村黑臭水体整治工作纳入"一河（湖）一策"管理保护方案，督促加强黑臭水体排查整治，防止已整治黑臭水体反弹。

【水环境违法行为执法监管】 全年累计出动渔政执法（协管）人员1 125人次，印发宣传资料9 850份，媒体宣传46次，安装禁渔标识标牌223块，张贴悬挂禁渔宣传标语426张。出动检查车辆1 877辆次、执法船艇192搜次，水上巡查2 258.5千米，各级开展水生生物保护区检查1 969次、联合巡查行动645次，清理违规网具467张（顶），暂扣钓具344根，劝离教育游钓人员1 453人次，放生渔获物264.6千克；开展渔政司法，移送3件（5人），行政立案7件，处罚7人，罚款金额0.51万元。

【农业行政执法】 开展农资打假和农资市场整治，全年共出动执法人员143人次，检查农资经营网点及农产品生产经营主体165家。累计开出合格证58 429张，附带合格证上市的农产品4 454.7吨。开展快速检测1 440批次，并协助省、市抽检73个农药、兽药样品，检出不合格农药产品1个。严格办理行政处罚案件51件，共结案43件（其中林业案件36件、农药3件、种子1件、兽药1起、农产品质量安全2件）。

【农业安全】 制定安全生产专项整治三年行动"集中攻坚年"责任分工方案，明确攻坚任务。对涉及农产品质量安全违法违规行为始终保持高压态势，坚持检查、检测、检举与执法查处打击相结合，有效遏制农产品质量安全突出问题，先后对禁限用高毒农药、"瘦肉精"、畜禽屠宰、违法添加非食用物质和滥用食品添加剂、"三品一标"管理使用和农资打假等开展了专项整治行动。

【农产品流通】 全区共规划建设农贸市场10个。按照《泸州市城区农贸市场整治改造基本标准》要求，对农贸市场完成升级改造，持续开展农贸市场提档升级，提升农贸市场硬件建设和管理水平，倡导文明诚信经营，努力营造清洁、整齐、优美、规范的市场环境。

【特色乡镇】 特兴街道。特兴街道通过盘活资源、激活空间、用活政策、带活市场、抓活配套的"五活"模式，推动区域布局优化、产业连片发展、公共服务提升、集体经济壮大、人居环境改善，增强发展动力，推进乡村振兴工作。一是盘活资源，优化区域布局。为满足两项改革后街道发展空间拓宽、服务半径扩大的需求，聚焦构建简约高效的基层政权运转体系，发挥编制、资产、国土空间规划最大效益，让各类要素流动汇集。优化编制资源。通过扩权赋能、健全行政执法体系、扁平化试点改革，搭建出权责一致的职能体系、务实高效的执法体系、简约精干的组织架构。承接下放行政执法权力204项，便民服务"一件事一次办"事项17大项、33小项、公共服务事项51项，清理出高频事项42项，最终实现权责明晰。优化资产利用，全面盘点公有资产5处，分批次、分类别盘活资产5处。优化空间布局，以走马慈竹经济区为先行试点，打破村与村之间的行政壁垒，围绕产业、聚居、定位等进行"多村合一""多规合一"乡村规划，解决产业发展单打独斗、村庄建设各自为战，同质化竞争严重的突出问题。二是激活空间，连片发展产业。围绕乡村振兴主旋律，发挥特兴城市近郊乡村旅游的区位优势，形成"以农促旅、以旅强农、产业互动、优势互补"的农旅发展新趋势。借助乡村规划建设试点，推进全域乡村旅游，打造农旅融合产业片区，依托走马果蔬采摘园、"四季花海"摄影基地、共享农庄"不舍·桐心院子"、幸福渔村休闲垂钓基地，构筑一条乡村旅游精品线路。以现有"走马果蔬、魏园生姜、罗沙贡米、桐兴的桂圆、长安肉鸽、幸福生态鱼"六大农产品为基础，做深"桐屋基"（桐兴桂圆和桂圆花蜜）、"罗沙粒"产品品牌打造，在游客最集中的桐心院子附近建设农特产品展销中心，让游客看得见、尝得到、带得走。在乡村旅游精品线路沿线开展道路美化、水体净化、村容文化、庭院绿化、灯光亮化"五化"工程，打造统一风格的农旅特色小镇。三是搞活经营，壮大集体经济。以多元化的经营手段，多方借力，发展壮大集体经济，以集体经济支撑民生项目工程建设，真正实现群众得利。"依托土地"以地生财，对土地进行集中流转，整合项目资金统一平整土地，完善道路、大棚、水渠等配套基础设施；对排查出的200余亩集中闲置撂荒土地，探索入股村供销社进行托管经营，实现土地资源由死转活、群众受益从无到有、经营成本由高到低的转变。通过溢价出租和托管经营。"依托平台"经营生财，深化"三社融合+N"路径，探索将新型供销社作为政府购买服务的承接主体进行培育，梳理出可承接政府购买服务项目共计四大类12项，涵盖民生事业、生态保护、环境卫生、新冠疫情防控、微小项目建设、法治建设、后勤保障等七大方面；依托供销社等平台，整合村集体公司力量，与泸州农商行、川南航天能源科技公司等单位合作，提供农副产品购销配送、物业管理等经营服务。"依托资产"以财生财，对老办公阵地、集体鱼塘、集体土地、停车场等固定资产进行招租和入股，预计实现年租金和分红收入约80万元。四是灵活服务，提升便民能力。建立与服务人口更相匹配、更为精准的公共服务体系，不断加强城乡基层治理，为民服务更加便民化、专业化、智能化。推行"一网通办""一次办成"，全域开展"亲民化、零距离、全天候、跨区域”便民服务。探索养老“一街一专员、一村一专干”模式,街道配备养老服务专员1名,每个村(社区)配备1名养老专干,专门从事养老服务工作。实施街道儿童督导员、妇联主席、执委“一肩挑”模式和村(社区)儿童主任、妇联主席或执委、共青团童伴妈妈“一肩挑”模式,专职负责儿童福利工作。改造12个村(社区)综合文化服务中心,实现电脑、网络电视、手机等终端便捷高效获取数字文化资源;逐步搭建村级智慧平台,接入天网,加强基层社会治理。五是复活生态,改善人居环境。严格按照改善群众生活条件为底线、整治乡村环境为重点、建设美丽宜居乡村为导向的目标,因地制宜、循序渐进,不断“刷新”乡村“颜值”。以“改厕、改庭院、改风貌”为重点,持续提升农村风貌。完成卫生间、三格式化粪池改建2 867户。规范农房建设和风貌管控,提升乡村风貌水平,创意美化公共区域,村民聚居点、重点产业旅游道路绿化率达60%以上、照明率达100%。以“污水处理一体化、垃圾清运一体化、污染防治一体化”为突破,稳步实施污水管网建设、农业面源污染防治及垃圾处理。以大气、水、土壤污染治理为着力点,清理农业生产废弃物。抓好面源污染治理工程,建立秸秆禁烧常态化监测机制,推广秸秆腐熟还田技术,提高秸秆综合利用率。清理河道塘沟,投入1 200余万元整治河道1.5千米,修建堤防2.9千米,保护周边农田1 000余亩。

双加镇。双加镇位于城区以北13千米,毗邻云龙机场、石洞高速,辖5个行政村、2个社区,全镇面积36.39平方千米,全镇总人口28 563人。双加镇是全国卫生集镇、四川省实施乡村振兴战略先进镇、四川省生态乡镇。近年来,双加镇聚焦“产业兴旺、生态宜居、乡风文明、治理有效、生活富裕”的总体目标,加强产业、人才、文化、生态和组织等要素保障,绘就富美乡村图画。一是以产业振兴为出发点,加快发展特色产业。采取“联村”共建、“联社”共享、“联企”共赢等方式,发展6 000亩水产养殖,7 000亩“订单高粱”,2 000亩以柑橘、翠冠梨、黄桃为主的精品果蔬。重点以争创省级三星级水产现代农业园区为抓手,坚持一体化养殖、智能化管理、品牌化培育,做强优势水产产业。在养殖方面,全面实行“育繁推”一体化,已建成年产1.2亿尾名优鱼苗(加州鲈鱼、鳜鱼)的繁育中心。园区实行“龙头企业+合作社+基地+农户+运销网点”的产供销一条龙服务,其中繁育基地由市级龙头企业四川乡韵生态农业发展有限公司负责新品种、新技术的引进和推广。养殖基地由国家级专合社大春渔业专合社带领140余名会员按照“五统一分”的模式进行规模化养殖,即统一生产规划、技术培训、鱼种进购、物资采购、产品销售,收支分户核算。在管理方面,配置智能投饵、智能进排水、智能监测等设施设备,实现育苗、养殖全过程科学调控与自动化管理。在品牌方面,已注册“十里渔湾”“龙潭鱼”等商标,依托海吉星农产品交易市场、农交会、商博会等平台拓展销路,提升水产品知名度,销往川渝滇黔、广西、福建等地。2022年,全镇水产品产量达1万吨,销售收入近16 000万元。二是以人才振兴为着力点,通过“一引、二派、三聚”的方式培育优秀人才队伍。“一引”,注重发挥乡贤联谊会作用,挖掘大学生、在外创业人士等乡土人才返乡创业。回引在外承包绿化园林工程的简国清回乡建成名优鱼苗繁育基地、在市内经营电器销售的宋世华建成生态果蔬采摘园、在省外务工的邱青春成立天龙桥专业合作社,以及一批优秀大学生返乡创业,为乡村产业发展注入活力。“二派”,夯实基层干部队伍,选派镇领导干部、离退休干部、乡贤能人和选调生等12人到村担任“第一书记”、乡村振兴特聘村主任和书记助理,补齐了村级组织力量短板,基层发展能力得到提升。“三聚”,镇党委聚合一切可以聚合的治理力量,包括联村的农技专家、驻村工作队,村干部、党员等10类群体中的各类人才96人,组建起村级治理人才库。其中,产业顾问5人、特聘村主任1人、村级后备力量5名,另外一大部分结合村情实际组建三治小分队等6支志愿队,开展文明宣传劝导、调解矛盾纠纷、日常安全巡逻、产业帮扶指导等工作。三是以文化振兴为落脚点,深化农旅融合发展。利用闲置农房,建成“渔文化”展陈室、名优农产品展陈室。联合双加镇中心学校打造“纸艺工坊”体检室,开展花草纸、渔文化等主题纸艺作品制作活动。与龙驰旭阳教育深入合作筹建农耕文化研学基地,已接待200余名儿童体验插秧农事。做足“水上文章”,建成川南最大的国际标准竞钓池,常态化开展休闲垂钓、竞技钓、亲子摸鱼等休闲活动。突出文体为媒,举办乡村文化旅游节、松滩湖环湖马拉松赛、厨鱼大赛、桃花节、黄桃采摘节等活动,吸引了人气,拉动了消费,实现群众增收。四是以生态振兴为突破口,推进美丽乡村建设。夯实配套基础设施,实现村村通公交、组组通公路,水、电全覆盖,场镇、中心村无线WIFI全覆盖。以“改厕、改庭院、改风貌”为重点,实现农村“厕所革命”改造率达85%以上,创建市、区级“美丽庭院”12户,村民聚居点、重点产业旅游道路绿化率达60%以上。大冲头村被评为“全国美丽乡村示范村”“全国美丽宜居村庄”。突出生态综合治理,新增环湖截污干管4千米,设置750个生态漂浮箱,推广“鱼菜共生”“稻鱼共养”循环种养模式,建成养殖尾水处理循环系统,繁育基地尾水实现零排放。五是以组织振兴为总抓手,不断夯实基层基础。发挥党组织优势,全面加强党建引领在乡村振兴中的核心作用。打破行政区划和党员隶属关系限制,组建双加镇“十里渔湾”综合党委,由镇党委副书记任综合党委书记,涉及村支部书记任副书记,镇属有关部门负责人、乡贤等任委员，主要是指导专合社或龙头企业按规划发展，并协调争取项目资金完善配套基础设施。将党组织的触角延伸到产业上，以大冲头村试点，大冲头村党委下设立渔业产业党支部、高粱产业党支部、翠冠梨产业党支部，通过产业党支部牵头与专合社、家庭农场合作，实现群众共同增收致富。推动村民小组自治试点，建立“党小组+理事会+监事会”，由村民小组长兼任党小组组长和理事会理事长，党员兼任监事会会长，建立八大工作机制，通过统一协商治理、统一发展产业、统一组织活动、统一调配力量等措施，提高村民参与组内事务的积极性，促进邻里融洽。试点小组在自治的过程中，已陆续发展400亩翠冠梨，近200亩在2022年进入正式挂果，预计每亩收入6 000元。

【特色农副产品】 泸州市龙马潭区九狮柚专业合作社以安宁街道九狮柚基地示范园区及其广大种植户为载体，共建成九狮柚标准化基地5 000亩。从1998年开始挂果投产，常年产量1 040吨，实现产值5 200万元、利润3 640万元。2000年注册“九狮”商标，2002年“九狮”柚被中国西部农博会评为优质农产品，2003年被原农业农村厅评为无公害农产品，2009年在全国名优果品展评会上获得中国名优果品金质奖并获评“中国优质果品九狮柚基地”，2010年5月“九狮”柚被中国果协评为中华名果。

【主要领导人】 区委书记：涂曲平；区人大常委会主任：黄月桂；区长：徐兵；区政协主席：刘鹏飞；分管农业副区长：陆曹蓉。

龙马潭区编写组

纳　溪　区

【基本情况】 2022年，全区辖10镇3个街道，辖区面积1 150.22平方千米。全区户籍总人口452 170人；全年出生人口2 165人，人口出生率为6.17‰；死亡人口3 702人，人口死亡率10.54%，人口自然增长率–4.38%。

2022年，全区实现地区生产总值2 321 653万元，按可比价格计算，同比增长3.6%，其中第一产业实现增加值328 943万元，同比增长4.5%；第二产业实现增加值1 166 586万元，同比增长2.9%（工业总产值886 737万元，增长1.7%）；第三产业实现增加值826 124万元，同比增长4%。三次产业结构比调整为14.2 : 50.2 : 35.6，其中第一产业比重比上年下降0.7个百分点，第二产业比重比上年提高1.8个百分点，第三产业比重比上年下降1.1个百分点。三次产业对经济增长的贡献率分别为19.5%、38.9%和41.6%，分别拉动经济增长0.7个、1.4个、1.5个百分点。全区实现民营经济增加值1 321 222万元，按可比价格计算，同比增长1.7%，其中第一产业实现民营经济增加值78 141万元，同比增长3.8%；第二产业实现民营经济增加值762 073万元，同比增长1.1%；第三产业实现民营经济增加值481 008万元，同比增长2.3%。民营经济的持续稳定发展成为支撑纳溪经济增长的“主力军”，占地区生产总值的比重达56.9%，对经济增长的贡献率为27.4%，拉动经济增长1个百分点。

全社会固定资产投资2 622 487万元，同比增长12%，比上年同期上升1.2个百分点。房地产开发投资2 188 68万元，同比下降49.1%。社会消费品零售总额1 124 807万元，同比增长2.7%，其中限额以上单位实现零售额325 272万元。市外国内到位资金238亿元；新签约项目45个，签约投资额179.4亿元。实际利用外资6 096万元人民币，FDI到位资金151万美元。实现外贸进出口总额1.27亿美元，同比下降17.6%，其中实现进口总额0.03亿美元，同比下降16.7%；实现出口总额1.24亿美元，同比下降17.6%。

公路通车里程1 566.81千米，其中高速及国、省道240.158千米，县道356.928千米，乡道512.217千米，村道457.507千米。全区建制村均通硬化路和客运（公交）。全年实现客运量139.868万人次，同比下降94.01%；客运周转量4 301.642万人/千米，同比下降78.82%。货运量2 566.335万吨，同比下降6.62%；货运周转量299 881.178万吨/千米，同比增长1.36%。全区实现邮政业务总量9 329.76万元，同比增长11.12%；实现邮政业务收入9 348.51万元，同比增长11.1%。地方公共财政一般预算收入完成135 646万元，同比增长4%。地方公共财政一般预算支出327 418万元，同比增长0.7%，其中教育支出74 982万元，同比增长1.3%；科学技术支出3 672万元，同比增长1.8%；医疗健康支出24 733万元，同比下降10.4%；节能环保支出8 873万元，同比下降30.2%。金融机构全社会各项人民币存款余额2 845 856万元，比上年末增加328 543万元，同比增长13.1%，其中城乡居民储蓄余额2 447 576万元，比上年末增加269 444万元，同比增长12.4%；全社会各项人民币贷款余额1 453 839万元，比上年末增加81 924万元，同比增长6%。全区实施科技项目开发应用27项，其中实施重点科技项目9项；推广新技术8项，新产品开发6项。新授权专利235件，其中发明专利9件、实用新型专利154件、外观设计专利72件。

有幼儿园48所（其中公办幼儿园12所、民办幼儿园36所）、小学15所、初级中学10所、九年一贯学校2所、普通高中3所、职业高中3所、特殊教育学校1所；基础教育学校教职工总数4 041人，其中幼儿园教职工837人、小学教职工1 369人、初级中学教职工736人、九年制一贯学校教职工226人、完全高中教职工853人、特殊学校教职工20人；基础教育在校学生50 022人，其中学前教育在校学生7 840人、小学在校学生19 671人、初中在校学生14 873人、普通高中在校学生7 792人、职业高中在校学生6 743人、特殊学校在校学生112人。有医疗卫生机构40家，实有病床位2 865张，卫生技术人员2 530人(其中执业/助理医师903人)。2022年，全区住院分娩率99.95%；5岁以下儿童死亡14人，儿童死亡率7.48‰；婴儿死亡10人，婴儿死亡率5.34‰；新生儿死亡5人，新生儿死亡率2.67‰。

【年度农业和农村经济运行】 2022年，全区实现农林牧渔业总产值533 011万元，其中农业产值283 885万元、林业产值37 534万元、牧业产值185 955万元、渔业产值14 812万元、农林牧渔专业及辅助性活动产值10 825万元，分别比上年增长4.6%、4%、8.4%、4.1%、4%、7.9%。农村居民年人均可支配收入23 430元，同比增长6.7%。从农民家庭收入构成来看，全年人均工资性收入达10 500元，较上年增加752元，增长7.7%；人均经营净收入8 256元，较上年增加474元，增长6.1%。人均生活消费支出17 083元，增长3.9%。有效灌溉面积24.12万亩，与上年持平。农业机械总动力29.86万千瓦，同比增长1.5%。

【种植业】 全区粮食作物播种面积697 700亩，增加6 170亩，其中稻谷290 000亩，增加200亩；小麦7 500亩，减少500亩；玉米114 200亩，增加900亩；高粱26 800亩，增加100亩；豆类37 400亩，增加70亩；薯类221 800亩，增加5 400亩。全区经济作物播种面积249 298亩，增加10 005亩，其中油料作物播种面积79 863亩，增加4 632亩；油菜籽播种面积75 009亩，增加4 629亩；甘蔗种植面积1 309亩，增加11亩；烟叶种植面积259亩，增加4亩；药材种植面积4 960亩，减少127亩；蔬菜及食用菌种植面积145 515亩，增加5 510亩；瓜果类种植面积3 128亩，增加34亩；其他农作物种植面积14 264亩，减少59亩。

全区粮食总产量276 783吨，受高温干旱影响，同比下降2.7%。其中，稻谷155 730吨，同比下降2.7%；小麦1 544吨，同比下降5.9%；玉米44 309吨，同比下降2.2%；高粱8 603吨，同比下降3.2%；豆类6 726吨，同比下降3.2%；薯类59 871吨，同比下降2.9%。经济作物中，油料总产量10 292吨，同比增长7.3%，其中油菜籽9 640吨，同比增长7.8%；甘蔗4 792吨，同比增长0.3%；烟叶29吨，与上年持平；药材851吨，同比增长1.3%；蔬菜及食用菌272 913吨，同比增长3.5%；瓜果3 780吨，同比增长0.2%；茶叶16 228吨，同比增长13.4%；水果31 369吨，同比增长12.3%。

【林业】 全区共有森林面积83.9万亩、林地面积75.1万亩(其中竹林面积60.9万亩)。全区修复退化林5 000亩，零星植树101万株。全年采伐木材4 773立方米，采伐竹材160万根。全年森林旅游业收入达38.2亿元。

【养殖业】 全年生猪出栏55.7万头，同比增长2.7%；牛出栏1 391头，同比增长4.4%；羊出栏29 684只，同比增长1.8%；家禽出栏448.4万只，同比下降2.5%。全年肉类总产量5.04万吨，同比增长1.4%，其中猪肉产量4.07万吨，同比增长3.6%；禽蛋产量3 708吨，同比增长3.4%；牛奶产量708吨，同比增长11.2%。水产品产量9 705吨，同比增长3.7%。

【文旅融合发展】 纳溪区创建为天府旅游名县(命名县)。全区通过精品亮点打造，围绕护国文化和茶旅融合发展等两个要素，推进“旅游+”“+旅游”，促进产城融合、产旅融合，持续补齐文旅基础设施、公共服务配套等方面短板，提高项目建设的文创体验，提升全区旅游基础设施建设和服务质量；打造纳溪旅游特色街区，点亮纳溪“夜经济”，释放消费新活力，带动纳溪文旅消费，用“纳溪速度”构建全域旅游新格局，提升文化旅游标识度。文旅市场营销不断拓展，策划组织“铮铮护国名城·美美茶酒纳溪”——纳溪区文旅推介会，参加泸州市文旅消费主题月新闻通气会等宣传活动；整合优势资源，策划推出百年护国红色游等5条特色旅游主线，重点推介百年护国城、中国特早茶城、丹霞大竹海、龙湖水乡等文旅项目，其中泸州竹旅融合——大旺竹海项目获得中央电视台“经济半小时”栏目报道。推出《文旅局长说文旅》系列宣传短片，在微信视频号、抖音等平台点击量达5 500万次。纳溪区上榜“2022年全国市辖区旅游发展潜力百佳区”，永宁街道、天仙镇创建为第二批酒城文旅融合发展镇，大渡口镇创建为第二批天府旅游名镇，护国镇梅岭村入选泸州市旅游名村。

【农村文化】 坚持创推精品，原创歌曲《旗帜永远飘扬》《爱的路上风雨同行》入选文化和旅游厅、四川广播电视台开展的“众志成城 救灾抗疫”优秀音乐作品并展播；创作《纳贡之溪》大型历史实景剧。组织和举办2022年四川省“走进美丽乡村”文化旅游活动暨龙湖水香首届桃花节等系列公益文化活动30余场次。开展“农民创业致富带头人茶艺培训”等11项公益文化艺术培训。围绕春节、端午等重点节庆，举办文化活动70余项。全面完成护国战争博物馆、图书馆提档升级，新增党员政治生活馆、游客中心、阅读空间等，提升基层公共文化设施服务效能。参加全国第七次县级公共图书馆评估定级。市(区)级乡村文化振兴样板村创建有序推进。整合文艺人才优势资源，建成由国家级会员16人、省级会员27人、市级会员113人组成的文艺创作队伍，开展文艺创作采风活动16场次。

【广电建设】 全区新投入200套广播终端设备、69套直播卫星设备。主城区有线电视用户光网升级改造、千兆5G智慧社区示范点位创建有序推进。持续落实广电惠民工程，开展第三届“广电惠民服务月”活动，解决优化各类收视问题100余件；按政策减免困难群体有线数字电视基本收视维护费6万元；持续开展“村村响”“户户通”后续跟踪服务，出动巡查检修730人次，累计维护广播电视终端设备700余台，维护光缆线路400千米。发挥宣传作用，广播“村村响”全年累计播出时长1 600小时，滚动播出15 000条次。

【农村社会保障】 全区就业困难人员实现就业585人。全年发放创业担保贷款3 611.1万元。开展职业培训5 152人次，发放创业补贴17.9万元。全区共发放企业普惠性稳岗补贴，惠及756家企业，受惠职工11 938人，补贴金额540.62万元。全区失业保险基金支出1 016.41万元，为失地农民缴纳职工基本医疗保险105.93万元。城乡居民基本养老保险参保人数15万人，发放城乡居民养老保险待遇9 506万元。

【主要领导人】 区委书记：谭荣兵；区人大常委会主任：熊杰；区长：袁维荣；区政协主席：潘浩；分管农业副区长：王霞。

纳溪区编写组

泸　县

【基本情况】 2022年，全县辖19镇1个街道，辖区面积1 525.26平方千米，其中耕地面积109.69万亩，比上年增长0.56%，人均耕地面积1.05亩；基本农田98.07万亩。年末总人口104.67万人（户籍人口），减少0.95%。

2022年，全县实现地区生产总值475.2亿元，增长4.7%，其中第一产业增加值72.3亿元，增长4.2%，农、林、牧、渔及农林牧渔服务业之比为50.06∶2.6∶37.89∶8.12∶1.33；第二产业增加值265.2亿元，增长5.1%；第三产业增加值137.6亿元，增长4.3%。三次产业对经济增长的贡献率分别为15.2%、55.8%和29%。劳务输出41.52万人，收入119亿元。全年接待游客30万人，实现旅游收入10 965.96万元。

公路通车里程5 385千米（其中乡村公路5 055千米），密度3.5千米/平方千米、51.45千米/万人。社会消费品零售总额163.7亿元，增长3.2%。地方公共财政预算总收入完成72.82亿元，增长6.6%；公共财政预算总支出57.43亿元，增长8.3%，其中农业投入8.03万元，占支出的13.99%。金融机构各项存款余额538.6亿元，比上年初增长13.1%；各项贷款余额336.8亿元，比年初增长17.7%，其中支持农业产业化发展项目贷款236.17万元。全年农业保费收入0.767亿元，增长30.1%；处理各项赔款和给付金额5 492.28万元，增长13.6%。完成农业产业化项目55个，完成投资4.37亿元。农业产业化龙头企业省级5家、市级18家。

有各类学校85所，在校学生114 652人，教职工10 456人，其中普通高校6所；普通中学54所，在校学生60 337人；小学27所，在校学生41 754人；学龄儿童入学率100%。有艺术表演团体3个，文化馆1个，公共图书馆1个，博物馆2个。有卫生机构1 177个，病床位5 195张，卫生技术人员6 307人。城乡居民医疗保险参保人数87.53万人，参保率98.03%；新型农村社会养老保险参保人数50.85人，参保率94%；被征地农民养老保险参保人数1 383人，占总人数的88.77%。

【年度农业和农村经济运行】 2022年，全县实现农业总产值121.4亿元，增长4.3%；全县全年农业增加值达72.34亿元，增长4.2%。农民年人均可支配收入达23 450元，增长6.5%。在粮食、生猪、蔬菜生产中，科技投入的占比或科技贡献率60.05%。全县农产品质量抽检合格率比年初提高0.34个百分点。全县主要农产品产量见表1。

【农业产业化发展】 全县累计培育农民合作社540个，其中国家级示范社5个、省级示范社26个、市级示范社27个、县级示范社35个。不断规范主体建设，在四川省农民合作社名录系统中完善540个农民合作社的信息录入，组织农民合作社带头人参加2022年四川省高素质农民省级调训、四川省乡村产业振兴带头人培育“头雁”项目培训，支持4个县级及以上示范社（场）建设农产品仓储保鲜冷链设施项目，支持符合条件的13个新型农业经营主体承担2022年中央财政农业生产发展资金支持农民合作社（家庭农场）项目。

推广“3411”和“双稻双虾”等模式，在玄滩镇推进“鱼米之乡”项目建设，辐射带动稻虾综合种养面积11万亩。推进20.3万亩世界晚熟龙眼优势区域中心建设，在太伏、海潮、潮河等镇完成良种高换补接1 800亩，推广“高宝”“宝石一号”“秋香”“凤梨穗”等优新品种14个；建立泸川龙眼产业联盟，建设龙眼高换标准示范园7个，龙眼产量达7万吨，产值8.2亿元。丰富完善种业资源，建成水稻制种综合服务站2个，培育水稻种子专业合作社10个、村集体股份有限公司1家、30亩以上制种大户155户。推广全程机械化制种示范4 000余亩，带动制种农户3 000户以上，制种面积稳定在2.8万亩以上。实施农业产业化龙头企业“排头兵”工程，引进、培育重点龙头企业23家，其中省级5家、市（州）级18家。

抢抓泸州“东翼”建设机遇，加强与

表1　2022年泸县主要农产品产量

主要农产品	单位	产量	同比增减(%)
粮食	万吨	54.100 0	-2.02
水稻	万吨	32.600 0	-2.51
小麦	万吨	0.115 9	2.57
玉米	万吨	8.500 0	-5.45
马铃薯	万吨	1.806 0	71.07
油菜籽	万吨	5.070 0	8.90
蔬菜	万吨	70.600 0	2.30
水果	万吨	8.850 0	10.19
肉类	万吨	10.820 0	1.98
猪肉	万吨	7.470 0	2.28
牛肉	万吨	0.040 6	8.27
羊肉	万吨	0.134 2	5.50
禽肉	万吨	2.402 9	-2.97
兔肉	万吨	0.764 6	8.52
禽蛋	万吨	1.431 8	6.29
水产品	万吨	5.000 0	5.70

泸州老窖集团深度合作，依托中国白酒交易中心拓展泸县原酒销售渠道；围绕国道246线快速通道、福瓦路、福清路沿线，采用“企业+专合社+农户”产业发展模式，打造红粮种植示范带。抢抓泸州建设世界级优质白酒产业集群发展机遇，发挥泸县窖池资源、传统工艺，利用泸县2 031口文物窖池群资源，做优做强浓香型白酒，通过对接中酒协，创建“中国原酒之乡·泸县”品牌，指导蜀泸酒业获得省原酒企业二十强。

【农村集体经济】 把发展壮大农村集体经济作为推动乡村振兴的重要抓手，通过清理盘点家底、唤醒沉睡资源和保障集体收益促进农村集体经济融合发展，走“以资源换资金、以存量换增量”之路，全县村集体经济收入实现4 160万元，同比增长10%，收入超过10万元的村达190个。通过“三社”融合发展，村集体经济组织年增加收入800余万元，各村开展自主经营，村集体经济组织年增加经营性收入1 500余万元；通过托管代理服务发展，村集体经济组织年增加收入600余万元；通过农旅融合助力发展，村集体经济组织年增加收入200余万元；通过资金借力发展，利用宅改结余资金1.5亿元入股泸县建筑产业园，按照4%的比例分红，村集体经济组织年增加收入600万元；通过盘活闲置资产，村集体经济组织年增加收入400余万元。

【农村集体产权制度改革】 在试点改革的基础上，整县推进农村集体产权制度改革。2022年，全县2 382个村民小组全部完成清产核资任务，共清理资产25.29亿元、集体土地200.29万亩。全县251个村集体经济组织和龙桥社区均建立村级股份经济合作联合社并完成登记赋码，赋予其特别法人资格，成为市场主体，村集体经济组织以户为单位发放股权证书28万本，共确认农村集体经济组织成员94.51万人。

【供销合作社改革】 围绕深化供销合作社综合改革和“两端”“两网”建设重点任务，以加强新型基层供销社建设和社有企业发展为抓手，不断健全供销合作社县域流通服务网络，提升“三社”融合发展水平，各项工作取得新进展新成效，在助推乡村振兴和城乡融合发展中发挥了重要作用，被全国供销总社确定为“2022年度全国供销合作社县域流通服务网络强县培育名单”。

【现代农业园区建设】 持续推进现代农业园区培育和建设，泸县粮油现代农业园区跨级晋升为省五星级现代农业园区，是泸州市首个省五星级粮油现代农业园区。全县坚定实施粮食安全和种业振兴战略，创建市三星级“东翼”泸县粮油现代农业园区和泸县海潮种业现代农业园区。持续推动县级园区培育，为进争创国家、省、市现代农业园区做好“细胞工程”，全县形成“1+5+6”的省、市、县现代农业园区梯次建设体系。以产业振兴和“四川科技兴村在线平台”建设为抓手，扩大科技特派员和平台项目的影响力，提升科技服务的深度和广度，推进现代农业园区快速发展，创建市级农业科技园区1个、市级涉农科普基地4个，10家涉农企业入库国家科技型中小企业名单。

【种植业】 全县坚持“稳中求增”粮食播种面积，加强稳产增产措施，扩大油料作物生产规模，保障重要农产品供给，牢牢把握粮食安全主动权。全县水稻播种面积56.1万亩，总产量32.6万吨，位居全省第一；蓄留再生稻51万亩，总产量达8.7万吨，位居全省第一。油菜播种面积24.19万亩，产量4.7万吨，较上年增产2.2%；粮食作物播种面积129.3万亩，总产量54.1万吨，居全省第11位。县农业农村局被省委、省政府表彰为四川省农业“丰收奖”先进集体。

【林业】 深化和完善集体林权制度改革，按照“三权分置”，把林权权益纳入市场调节范围。全年补登林地3宗，面积1.191 8公顷；实现林权抵押融资1宗，融资额达800万元。根据全省统一安排，启用全国林权综合监管系统，推进林权登记数据与不动产统一登记数据库融合。全县共有5家政策性保险公司进入农业政策性保险服务，其中有2家开展森林保险金融服务。2022年，全县森林保险共完成投保2.992 8万亩（其中公益林投保1.364万亩、商品林投保1.628 8万亩），投保资金6.592 4万元。

【畜牧业】 持续推动生猪恢复生产，推动畜牧产业转型升级。全年新建年出栏6 000头以上生猪规模养殖场4个，新增产能3万头；结合泸县实际，在全省率先开展生猪老旧规模养殖场升级改造，全年共计升级改造生猪老旧规模养殖场7个，新增产能1.5万头，达到提质增效、提升产能的目的。持续推动实施生猪良种补贴工程，生猪良种化率达95%以上；有序推动开展畜禽规模养殖示范场创建行动，创建省级标准化畜禽规模养殖场2个。全年出栏生猪102.11万头，出栏总量位居全市第一、全省第六，这是继非洲猪瘟疫情根植于我国以来再次突破100万头，持续擦亮了“百万生猪调出大县”金字招牌。

【水产业】 发展稻渔综合种养，融入川南旱虾集群建设，与重庆市永川区、江津区等毗邻地区共建百万亩优质粮油稻渔产业集群，共建“巴蜀鱼米之乡”。2022年，全县水产养殖面积6.48万亩（其中水库1.65万亩、池塘4.83万亩），水产品产量5.03万吨，居全省第二位。稻虾综合种养面积12万亩，小龙虾产量1.03万吨。有省级水产良种场1个、国家级水产健康养殖示范场3个、四川省水产健康养殖示范场5个，水产健康养殖示范面积达75%，获评“全国平安渔业示范县”。

【乡村振兴】 以争创省级乡村振兴成效显著县为契机，全面推进乡村振兴，围绕“兴业、富民、强村”的目标，推动泸县农业全面升级、农村全面进步、农民全面发展，加快农业农村现代化步伐。建成以省五星级现代农业园区为首的12个现代农业园区，示范带动形成优质粮油、特色稻渔、晚熟龙眼、糯红高粱四大10万亩特色农业产业带，延链发展农产品精深加工和农文旅融合，第一产业“接二连三”实现多元化发展。2022年，全县粮食总产量居全省第11位（其中水稻产量、再生稻面积和产量均居全省第一位），生猪出栏量居全省第六位；水产品总量居全省第二位，其中小龙虾产量居全省第一位；农林牧渔总产值居全市第一位。巩固拓展脱贫攻坚成果同乡村振兴有效衔接考核评估连续多年获得“好”等次，村集体经济收入增速持续保持10%以上，城乡收入差距小于1.9。乡村基础设施、公共服务和治理水平实现提质增效，城乡融合发展进程不断加快。入选全国城乡交通运输一体化示范创建县、全国水系连通及水美乡村建设试点县、全国8个基层卫生健康综合试验区之一。创建全国社会治理创新示范县、全国乡村治理示范村各1个，省级乡村治理示范镇1个、示范村9个。

【脱贫攻坚】 严格按照“四个不摘”总体要求，持续推动巩固拓展脱贫攻坚成果同乡村振兴有效衔接，脱贫户年人均纯收入达14 218元，比上年增长15.4%，“两不愁三保障”和安全饮水全部达标，脱贫成效全面提升，乡村振兴再上新台阶。全县有脱贫村40个、乡村振兴重点帮扶村8个，脱贫户19 404户52 244人，监测户413户1 130人。通过实施“百千万”产业增收行动和现代农业园区引领行动，带动脱贫群众持续增收，脱贫人口生产经营性收入人均达1 481元。通过全覆盖就业排查、开发乡村公益性岗位、落实就业扶持政策等措施，脱贫人口实现转移就业20 900人。

【乡村旅游】 开展天府旅游名县（候选县）创建，泸县宋代石刻博物馆、泸县屈氏庄园博物馆创建为国家3A级景区。龙桥文化生态园创建为省级示范景区。推荐评选“天府旅游名镇”“省级乡村旅游重点村”，玉蟾街道龙桥社区被评为省级乡村旅游重点村。启动创建国家级龙文化生态保护区，编制泸县龙文化生态保护实验区总体规划。协助推进东翼泸永江农文旅融合示范项目建设，编制《东翼（泸县）农文旅融合发展规划》《玉龙湖风景名胜区详细规划》。依托泸县龙文化、石刻文化、生态文化等文旅资源，与重庆市荣昌区、永川区、铜梁区联合签署《成渝轴线区（市）县文化旅游协同发展战略合作协议书》。

【农村水利】 编制完成《泸县“十四五”水利发展规划》，并以该规划为引领推进水利项目前期工作、泸县土公庙水库完成可研等前期工作，三溪口中型灌区渠道配套与节水改造项目被纳入省上“十四五”规划。以乡村水务建设试点为抓手，推进水利项目建设，全面完成“9·16”地震灾后饮水安全、龙溪河水系连通及水美乡村试点县项目等项目建设任务，除险加固病险水库10座，治理水土流失面积24平方千米，水库后扶项目有序开展，乡村水务建设工作经验在2月召开的四川省“新农水”暨春灌用水工作会上作交流发言。完成9个中型灌区和微小型灌区农业水价综合改革面积56.008万亩，提前全面完成农业水价综合改革任务。全县被列为全省水权与水价区域改革试点县之一，组建工作专班，编制完成改革实施试点方案。

【农业机械化】 全县农机总动力达55.335万千瓦，装备数量达24万台，农机装备总量持续增长。重点作物关键环节大型化、配套化装备发展提速，主要农作物耕种收综合机械化率达73.4%。全年发放农机购置补贴资金766.396 3万元，补贴各类农机具13 211台，直接受益农户10 287户，农机购置补贴中央资金结算进度达100%；对全县479台（套）提灌站进行全覆盖排查，绘制全县提灌站及水系水库分布图，利用630万元乡村振兴衔接资金完成211座提灌站维修；“三夏、三秋”期间，组织1 200余台外来联合收割机及其他农业机械0.8万台（套）投入机收会战，完成全县粮油作物机收作业。

【农村科技】 根据农业产业和农村科技发展需求，选派和组建科技特派员团队，落实科技服务工作。开展“科技三下乡”“科技活动周”“科普活动月”等活动，推动农业科技的普及宣传。

【农村教育】 泸县是全国首批义务教育发展基本均衡县、国家级农村职业教育和成人教育示范县、全国社区教育实验区、国家学前教育改革发展实验区。创建四川省示范性幼儿园2所，认定县级示范性幼儿园14所，达到普惠性民办幼儿园认定标准32所，学前三年入园率达90%，普惠性幼儿园覆盖率达81%，公办园在园幼儿占比达60.3%。启动义务教育学区制治理改革，优化城乡教育资源配置。创建首批四川省义务教育优质发展共同体领航学校1所，通过市级初检3所。正式揭牌成立泸县二中集团，涵盖幼小初高各学段，与已经建立的18个幼小初高教育共同体构成了“纵向到底、横向到边”的资源共建共享、发展共进共融的教育发展格局。泸县二中入选四川省一级示范性普通高中（引领型），泸县五中通过省一级示范学校创建省级评审。开展中等职业学校办学条件达标工程，加强3所职业学校软硬件设施建设，泸县建校与7所高等职业学校在专业建设、联合培养、基地建设等方面深度合作，开展中高职衔接五年制大专联合培养，职教升学率达97.7%，持续提升职教内涵。泸县学前减免保教费、义务教育家庭经济困难学生生活费补助、普高国家助学金和免学费、中职国家助学金、中职和本专科特别资助等项目共资助从学前到高校家庭经济困难学生共6.5万人次，发放资助资金5 425万元。资助困境女童2 560人上学，发放2021年99公益“春蕾计划”助学金210.98万元，并在2022年的劝募活动中募集资金140万元，持续资助“春蕾女童”上学。

【农村文化】 推进村（社区）综合文化服务中心建设，云锦镇创建为省级乡镇公共文化服务提质增效省级试点镇，得胜镇仁和村创建为民间演艺展览展示馆。开展文化惠民活动63场。组织“文艺轻骑兵”与文化志愿者到社区、村庄开展文化演出和宣讲活动18场、线上文艺作品展6次。开设艺术培训课程14种，免费开放520课时，指导培训30余次，惠及群众15 000余人。省级非遗百和莲枪传习基地和县级非遗太伏腰鼓传习基地在泸县一中正式挂牌成立。新建县级应急广播平台，出台《泸县2022—2023年度智慧广电示范区创建实施方案》。举办“办实事、送温暖”现场活动，在线发放智慧惠民补贴券。全年实施应急广播“村村响”维修和维护550次、电视“户户通”上门维护1 040次。

【农村法制建设】 全县以持续提升群众法治素养为着力点，完善村（社区）“两委”集中学法制度，深化乡村普法“七个一”，开展乡村“茶园”普法活动，实施乡村“法律明白人”培育工程，深化乡村法治文化建设，因地制宜打造乡村法治农家小院、乡村法治文化广场，创作法治快板、小品等法治文艺节目。全县全年组织村（社区）民法典专题讲座150余场次，组织开展《中华人民共和国宪法》《中华人民共和国民法典》、禁毒、反电诈等各类法治宣传活动1 000余次，受益人数4.7万余人次，推送法治微信500余条，各类点击阅读量逾10万次；组织法治文艺演出20余场次，播出“村村响”法治广播节目6期，向各级新闻媒体推送采用法治宣传信息300余条。

【农村交通】 完成合牛路牛滩至得胜段沥青路面改造，五尖山林场公路、方洞至屈氏庄园公路加快建设，加快推进玉龙湖环湖公路、“东岳”环线公路、方洞高速路连接线至大坝庄园公路等项目的勘察设计工作，完善全县农村公路区域路网，提升公路等级，提高服务水平。

【农村社会保障】 加大参保扩面力度，确保养老保险覆盖率达94%以上。推进全面参保，宣传社保政策，组织开展“社保服务进万家”城乡居民养老保险政策宣传20场次、专题讲座7场次，发放张贴活动宣传手册及海报3万余份，并利用微信等进行精准宣传，加强参保扩面，全县养老保险覆盖率达94%以上。全县基本养老保险参保人数69.36万人，其中城乡居民基本养老保险覆盖50.87万人，待遇领取19.31万人，全年累计发放城乡居民养老金待遇31 777.02万元。推进医保全民参保计划，实施分类参保资助，特殊困难群众全覆盖，按照“不漏一人、逐户销号”原则，做到“应资尽资、应保尽保”，全县城乡居民医疗保险参保人数87.53万人，代缴特困、低保等特殊群体99 227人、231.3万元。落实基本医保、大病保险、医疗救助三重制度保障，落实依申请医疗救助164 069人次、3 081.4万元。加大门诊慢特病保障力度，提升“两病”保障待遇，下放“两病”认定权限，提供家庭医生签约服务。“两病”政策覆盖高血压患者9.01万人，糖尿病患者2.36万人，就诊33.79万人次。组建95个家庭医生团队，重点人群签约率84.19%。救助农村低收入妇女“两癌”患者34人，发放“两癌”救助金34万元；走访慰问困境妇女192名，发放慰问金10万余元。

【农村生态建设及环境保护】 全县空气质量优良天数率达83.3%，PM2.5浓度同比下降4.1%。新建农村生活污水处理设施11座。大陆溪生态修复项目约15万立方米生态湿地建成投用。濑溪河出境断面水质稳定达标，大陆溪、龙溪河水质持续改善。

【农产品质量安全监管】 完善县、镇、村三级网格化监管体系，落实农产品质量安全县级指导员、镇（街道）监管员、村级协管员职能职责，配备监管员82人、村级协管员305人，网格化监管覆盖全县。实施质量可追溯，落实合格证制度，274家生产经营主体全部入驻国家农产品质量安全追溯平台，并开展追溯业务。全年申报无公害农产品4个、绿色食品复审1个，全县有效期内“三品一标”农产品达78个。开展农产品质量安全风险监测，农产品合格率99.77%，同比提高0.34%。

【农村市场体系建设】 补齐农产品烘干冷链物流体系和“最先一公里”短板，按照“宜建则建、宜大则大、宜小则小”的原则，支持18家新型农业经营主体新建一批农产品产地冷藏保鲜设施，项目总投入2 720万元，新建高温库15座、低温库3座，共计18座，静态库容量约5 300吨（约2.65万立方米）。全县被列入2022年县级数字农业试点项目名单，围绕粮油品种，集成推广大田物联网测控、遥感监测、智能化精准作业、基于北斗系统的农机物联网等技术，投资750万元，逐步构建天空地一体化观测体系。

全县农业保险产品体系不断完善，保险品种共计20个，其中中央政策性保险9个，分别是水稻完全成本、水稻制种、玉米完全成本、油菜、小麦完全成本、马铃薯、育肥猪、能繁母猪、森林（公益林、商品林）；特色农业保险8个，分别是养鱼、高粱、肉羊、肉牛、露地蔬菜（不含花椒）、大棚蔬菜、水果（不含柑橘）、农房；中央优势产品险种3个，分别是川菜—花椒、川果—柑橘、育肥猪价格指数。2022年，全县农业保险保费达7 666.01万元，理赔金额达5 492.28万元，三大主粮保险投保面积覆盖率达80.52%，超额完成2022年度市级下达全县的三大主粮农业保险投保面积覆盖率70%的任务。

【劳务开发与返乡创业】 加强东西部劳务协作，开展成渝地区双城经济圈劳务对接，通过开展线上“直播带岗”和线下“送岗位下乡”“送求职入企”“点对点返岗”等就业促进活动，缓解企业用工压力，确保农民工“求职有门，就业有路”。全年开展各类招聘活动38场次，全县农民工稳定转移就业43.48万人，实现劳务收入107.08亿元。在有条件的村（社区）全面启动农民工综合服务站建设，推进“政务+电信+邮政+金融”“四位一体”服务，打通服务保障农民工就业创业“最后一公里”。有序实施劳务品牌培训和返乡创业培训，全年开展劳务品牌培训497人，其中中级69人、返乡创业培训98人。开展“泸建工”特色劳务品牌进企业、进工地、进学校“三进”活动，“泸建工”代表返乡农民工朱祥洪参加四川省第八届农民工技能大赛并获得一等奖，“泸建工”形象代言人张勇获评“酒城工匠”。实施优秀农民工回引工程，全年回引农民工5 723人，其中返乡创业1 169人、带动就业2 876人。返乡创业农民工李云川获评“四川首批农村致富带头人”。推荐玄滩、潮河、云龙、兆雅、百和、毗卢、玉街等7个单位8个项目入选四川省返乡入乡创业项目库，其中百和镇入选2个项目。云龙镇《锌硒钛紫米扩建项目》参加江西南昌现场推介会，兆雅镇“世兰香大米”入选“蜀创优品”并入驻“天虎云商”平台。认定县级返乡入乡创业明星14人、明星企业（项目）8个。返乡创业农民工黄云彬、王浪伏、李云川、返乡就业农民工胡绍彬等4人入选“四川农民工　喜迎党的二十大”《非凡十年　梦想成真》电子书画册。

【主要领导人】 县委书记：肖刚；县人大常委会主任：杨双全；县长：曹阳；县政协主席：吴雪松；分管农业副县长：王先奎。

泸县编写组

合　江　县

【基本情况】 2022年，全县辖19镇2个街道，辖区面积2 414平方千米，其中耕地面积107万亩、基本农田86万亩。年末总人口876 929人，人口出生率5.92‰，人口死亡率11.55‰。有林地面积125 013.9公顷，活立木总蓄积量669.971 8万立方米，森林覆盖率57.14%。农村居民年人均可支配收入22 404元，同比增长6.6%。全县实现地区生产总值3 020 086万元。

普通公路通车里程2 834.9千米（其中农村公路公路2 527.1千米），路网密度1.17千米/平方千米。地方公共财政预算总收入完成118 030万元，增长6.98%；公共财政预算总支出488 818万元，增长1.47%。金融机构各项存款余额445.11亿元，比年初增长9.2%；各项贷款余额246亿元，比年初增长17.42%。

有各类学校133所，在校学生135 725人，教职工6 843人。农村学前教育阶段毛入学率约为91%，义务教育阶段毛入学率约为100%，高中阶段毛入学率约为95%，高等教育毛入学率约为90%。有文艺表演团体26家，公共文化馆（美术馆）1个，公共图书馆1个，城市书房2个，博物馆3家。有卫生机构831个，病床位5 916张，卫生技术人员789人。城乡居民医保参保率达98%以上。

【年度农业和农村经济运行】 2022年，全县实现农林牧渔业增加值519 901万元、农林牧渔业总产值519 901万元，其中农业总产值461 729万元、林业总产值32 920万元、牧业总产值315 541万元、渔业总产值40 744万元。农民年人均可支配收入达22 405元，增长6.6%。全县农产品质量抽检合格率达98%以上。全县主要农产品产量见表1。

表1 2022年合江县主要农产品产量

主要农产品	单位	产量	同比增减(%)
粮食	万吨	50.860 0	-1.90
水稻	万吨	29.800 0	-2.72
小麦	万吨	0.510 0	7.57
玉米	万吨	7.520 0	-3.55
马铃薯	万吨	3.660 0	35.56
油菜籽	万吨	0.810 0	26.12
蔬菜	万吨	51.590 0	6.66
水果	万吨	8.362 1	15.18
肉类	万吨	7.800 0	1.70
猪肉	万吨	5.980 0	0
牛肉	万吨	0.050 0	1.30
羊肉	万吨	0.290 0	7.40
禽肉	万吨	1.380 0	6.20
兔肉	万吨	0.090 0	5.90
禽蛋	万吨	1.480 0	2.80
水产品	万吨	21 698.000 0	6.30

【农业产业化发展】 全年申报省级龙头企业1家、市级龙头企业3家；申报国家级专合社1家、市级专合社3家，评定县级专合社14家，储备专合社项目33个；新录入全国家庭农场名录系统412个，储备家庭农场项目23个。

【农村“三资”复核】 全县已登记资产300 180万元，其中流动资产8 373万元、农业资产为184 562万元、长期资产1 096万元、固定资产105 821万元、其他资产328万元。

【农村宅基地管理】 落实农村乱占耕地建房“八不准”要求，深化农村宅基地管理改革，优化农村宅基地审批流程，常态化、定时段开展入户审批农村宅基地工作，不定时、全覆盖开展村（组）巡查宅基地管理，严防农村乱占耕地现象发生，全县共计审批宅基地2 092宗、213 187平方米。

【农村集体经济建设】 配合县委组织部完成第一届村级集体经济项目招商引资推介会工作，签约项目35个，签约投资总额达7 310万元；完成本年度13个村集体经济项目建设任务。贯彻落实《四川省农村集体经济组织条例》，助力村集体经济发展，全县村集体经济收入达2 481.2万元，村均12.66万元，连续三年增幅超过10%。

【供销合作社改革】 上下对接建农资体系。县供销资产公司与社会资本联合组建供销现代农业发展公司，主要开展农资供应、农事服务业务。上对接市供销公司，下联动基层社、村集体。在大桥、尧坝、白沙等8个镇开设农资专营门店，将8个基层社作为县供销公司分销商或区域代理商。建立县社企业为龙头，各点渠道统一、形象统一、价格统一、标准统一、管理统一的经营模式。采取县镇搭台、先易后难、与村融合的策略，逐步将供销社发展为农资供应的重要渠道，引领绿色农资升级。

融合发展开拓业务。支持大桥、尧坝、白沙、黄包山村等基层社开展种养殖业、社会化服务等业务，积极支持福宝、九支等基层社发展特色产业、产品，创建品牌。对薄弱基层社开展调查研讨，形成扭转局面发展思路。按市委农业领导小组文件精神，制定2022—2025年全面实现“三社”融合的工作方案。“镇供销社+农民合作社+村集体经济组织”“三社”融合按步骤进行，以农资体系建设为契机，完成大桥、九支、尧坝、白沙、福宝、先市、荔江、白米、石龙9个镇实质性“三社”融合。在推进供销社实体化运作同时，围绕“三农”开展服务，村集体、专合社、农户共同受益、共同发展。

【农产品品牌战略实施】 建立产销结合建流通体系。通过农资体系、融合发展，在县内建立传统流通网（农资、农产品、日用品）；整合平台，对外建电商服务网（特色农产品）。推进农超对接，和成都老邻居超市合作，开展荔枝进成都活动，九支供销社为成都老邻居超市代工预包装食品，打造“老邻居”品牌食品合江工厂；加强区域合作，加强与古蔺县、叙永县供销系统合作，依托东西部扶贫协作电商扶贫项目（832平台），销售合江优质农产品。

【现代农业园区建设】 完成100万亩泸永江“巴蜀鱼米之乡”、10万亩合江县稻渔现代农业园区、3万亩合江县白鹿富硒水稻现代农业园区建设规划。开展园区创建，“鱼米之乡”稻渔种养循环项目、省级农业科技示范园区通过省级复检，合江县稻渔园区晋升为市四星级现代农业园区、荔枝园区专家工作站授牌，新培育九支水稻+中药材等6个县级农业园区。

【种植业】 全年粮食作物播种面积123.41万亩，产量50.86万吨，其中水稻播种面积51.82万亩，产量29.8万吨；再生稻30.92万亩，产量3.31万吨；玉米播种面积18.34万亩，产量7.52万吨；小麦播种面积

2.6万亩，产量0.51万吨；高粱播种面积9.2万亩，产量3.11万吨；豆类播种面积10.84万亩，产量1.72万吨，其中复合种植面积6.94，产量1.03万吨；马铃薯播种面积13.72万亩，产量（折原粮）3.66万吨；甘薯播种面积16.1万亩，产量（折原粮）4.46万吨。油菜播种面积6.53万亩，产量0.81万吨。荔枝面积稳定在30.6万亩，产量5 200万千克，综合产值突破23.6亿元。真龙柚面积稳定在30.8万亩，产量7 500万千克，实现综合产值11亿元。花椒种植面积5万亩，产量360万千克，实现产值2.1亿元。蔬菜种植面积24.8万亩，产量80.2万吨，实现产值6亿元。中药材种植面积7万亩（其中金钗石斛5万亩、川佛手0.3万亩、其他药材1.7万亩），产量1.2万吨，实现产值8亿元。

【林业】 全县以林长制工作为抓手，统筹山水林田湖草湿系统化治理，全年完成营造林任务5.2万亩，巩固退耕还林成果10.97万亩，管护公益林81.85万亩，其中管护国有林14.5万亩、集体和个人所有公益林67.35万亩。组织发放退耕还林补助197万元，生态效益补偿金1 077万元，培育现代竹产业基地3.2万亩，建设“林药”“林菌”生态种植基地2 000亩，配套建设竹区公路60千米、生产便道60千米，申报榕山、九支2个省级现代竹产业基地。全年实现林业综合总产值97.8亿元以上，比上年同期增长20%以上。

【畜牧业】 推进生猪产业转型升级，持续加快生猪园区建设，新建成种猪场2家，新增能繁母猪5 500头，新建规模养殖场50个单元。全年生猪出栏81.72万头，存栏52.7万头；肉牛出栏0.41万头，存栏0.91万头；山羊出栏19.05万只，存栏12.74万只；家禽出栏939.88万羽，存栏715.22万羽。

【水产业】 做好水生动物疫病监测防控和水产品质量安全监管，推进全县水产健康养殖。制定《合江县2022年水产养殖尾水治理工作方案》，开展水产养殖尾水治理，禁止施用粪肥、化肥养殖及鱼禽（畜）混养等养殖行为。常态化推广“鱼萍共生”“鱼菜共生”“鱼藕共生”等生态治理模式、养殖尾水循环利用等，保护养殖水域生态环境。全面推行水产健康养殖、用药和销售3项记录，建立健全水产品质量可追溯制度。推广稻田综合种收到2.05万亩，新增陆基设施循环水模式养殖池5 000余立方米。以渔业增效、渔民增收为核心，推进水产结构调整，推广“鱼萍共生”“鱼菜共生”“鱼藕共生”等生态治理模式，在长江水域增殖放流岩原鲤、长吻鮠、鲢鱼等13.6万尾。全年养殖产量21 698吨，增长6.02%；实现渔业产值44 544.08万元，增长4.09%。

【乡村振兴】 巩固拓展脱贫攻坚成果同乡村振兴有效衔接。健全监测帮扶机制，通过每月常态化监测、2次集中大排查和“回头看”，新增监测对象38户119人。截至2022年年底，全县共有监测户382户1 079人。及时调优配强帮扶力量，对所有脱贫户、监测户、行政村实行全覆盖常态化帮联。做到资金建管并重，2022年到位各级财政衔接资金2.143 4亿元，安排建设类项目114个，截至2022年年底，完成资金拨付2.104 8亿元，支付率98.2%。对扶贫资产开展“回头看”，查找问题3个，均已完成整改。做好易搬后扶，安排实施扶持项目4个，投入资金326万元，完善提升设施，帮助2 561名搬迁群众就业。全面完成36户“掉边掉角”农户建设任务，搬迁入住率、拆旧复垦率和资金拨付率均为100%。加强系统管理，开展乡村建设信息采集，完善监测信息系统，确保账账相符，账实相符。实施乡村振兴示范创建工作。对照省、市乡村振兴先进镇、示范村、重点帮扶优秀村创建标准，将省、市创建工作同谋划、同部署、同推进，创建大桥镇长江村、白沙镇忠孝村、法王寺镇天池村、真龙镇武民村为2022年度四川省乡村振兴示范村，石龙镇砖房村为2022年度四川省乡村振兴重点帮扶优秀村。

【乡村旅游】 持续推进乡村旅游政策扶持，以乡村特色旅游扶持易地扶贫为统揽，编制出台了《合江县县域旅游服务质量提升方案》，完善乡村旅游“吃、住、行、游、购、娱”六大旅游基本要素体系，通过建立政府主导、部门配合、社会参与、制度创新、上下联动的工作机制，成立乡村旅游服务质量提升技术指导专家团成员名单、实施“五大业态”提升工程内容、落实提升奖励扶持政策、详化工作步骤，集中提升打造一批特色美食店、特色民宿、特色乡村旅游点、特色旅游商品、特色商品购物店（专卖店）、休闲娱乐新业态经营点等。3月，对18家提升效果显著的业态进行表彰。

培育乡村旅游新产品、新品牌，合江县入围第四批天府旅游名县候选县公示名单。尧坝镇、福宝镇先后被评为天府旅游名镇，荔江镇、尧坝镇入选全省首批乡村文化振兴魅力乡镇，“半山云舍”被评为天府旅游“名宿”。先市酱油获得中国旅游商品比赛铜奖、四川特色旅游商品金奖，尧坝红汤羊肉入选天府旅游美食。尧坝镇白村创建为天府旅游名村，尧坝社区创建为省级乡村旅游重点村。结合合江晚熟荔枝等元素，设计制作荔枝宝宝文创红包，完成荔枝景观雕塑设计制作安装，设计完成荔枝男孩女孩IP形象、荔枝书签和储物罐等系列文创产品。

提升乡村旅游亮点工作，尧坝镇尧坝社区创建为省级乡村旅游重点村。先市酱油·鸿运当头礼盒、荔之春荔枝酒分别获得银奖和铜奖。福宝镇被评为市级文旅融合发展镇。指导永兴诚酱油文化博览园创建国家3A级景区。编制《先市三产融合发展片区旅游专项规划》，通过省级评审。

【农村水利】 继续推进锁口水库建设，严格按照蓄水计划开展水库安全运行监测。投入资金1 660万元，实施新建凤鸣大茅山供水站，改（扩）建荔江虎头、九支五通供水站等27个农村安全饮水项目。农村自来水普及率达92.1%，水质合格率达95%。投入中央和市级财政水利救灾资金1 009万元，实施抗旱应急人畜供水设施工程16个，购置50万元防汛抗旱物资。投入水利发展资金200万元，实施20座小型水库维修养护。投入债券资金657万元，实施凤鸣镇黄桷滩水库除险加固、38座小型水库维修养护、20座小型水库水雨情测报设施和4座小型水库安全监测设施安装。投入中央资金618万元，实施大中型水库移民后期扶持项目。投入195万元，实施山洪灾害防治项目。投入271.5万元，全面实施小水电退出生态修复项目。投资1 778万元的石龙镇小槽河南滩板桥段防洪治理工程10月进场施工；投资1 650万元的荔江镇习水河黔鱼洞段防洪治理工程10月底进场施工。

【农业机械化】 全县有耕整地机械13 675台、水稻插秧机98台、育秧流水线4套、植保机械3 895台、植保无人机14台、水稻收割机202台、烘干设备113台（套）、农用提灌站140座，农机总动力达44.871万千瓦。全年完成机耕面积99.2万亩、机插秧（机播）面积56.69万亩、机收面积73.9万亩，其中水稻机收面积达46万亩，全县主要农作物耕种收综合机械化水平达72%以上，秸秆综合利用率达90%以上。全县有农机专业合作社15个（其中省级示范合作社4个），合作社流转土地面积9 608亩。

【科技教育】 高素质农民培训任务。完成全县高素质农民培育任务280人。

完成基层农技推广体系改革项目。实施农技推广服务特聘计划，发挥典型示范和引领带动作用。完善农技人员分级分类培训机制，组织基层农技员参加省、市培训基地脱产业务培训，不断提升基层农技推广队伍的业务能力和服务水平。聚焦县域农业优势特色产业和年度主推技术推广任务，建设2个农业科技示范展示基地，开展农技指导和培训服务。围绕保障粮食安全和重要副食品供应，全县以主导（特色）产业为单元，遴选发布13项主推技术，农业主推技术到位率≥95%。推进农技推广在线服务。引导推动广大农技人员、专家教授等通过APP、微信群、QQ群、直播平台等开展技术指导工作。

完成农业实用技术培训。在各镇（街道）围绕主导产业、特色产业、农产品质量安全等内容开展农业实用技术培训，共培训22 000人次左右，发放技术资料5 000份。组织荔城专家服务团农业产业小组开展农业实用技术培训，共培训1 000人次左右，不断提高农民的种养殖业技术水平。

完成乡村产业振兴带头人“头雁”培育项目。摸排遴选全县乡村产业振兴带头人，建立了全县“头雁”候选人才信息库，推荐14名乡村产业振兴带头人入选文化和旅游厅“头雁”候选人才库，其中有8名参加2022年“头雁”培育。申报市级院士（专家）工作站。以荔枝产业为基础，依托与华南农业大学专家合作，申报市级院士（专家）工作站1个，补助经费20万元。

【农村文化】 持续开展“三馆一站”免费对外开放工作，政企合作共建尧坝文旅驿站。创新策划录制《T台走秀旗袍展示》《声乐—歌曲的处理》《萨克斯颤音技巧》等“文心课堂”线上慕课8期。举办廉政、抗疫、非遗等主题展览3场，累计展出作品150余件。开设中国舞、少儿川剧等公益培训班11个，招募学员210名，培训144课次，服务学员8 000余人次。利用微信公众号发布防疫宣传、合图阅读、普法教育、艺术培训等各类信息140余期，浏览量5万余次。打造福宝镇《抬工号子》、先市镇《酱油飘香》，完成第二届乡村振兴魅力竞演大赛，尧坝镇为全市唯一“慢直播”点位；先市镇入选四川省第三批乡村文化振兴魅力乡镇；创建尧坝镇、大桥镇长江村等16个乡村振兴市级样板村镇。尧坝白村和尧坝社区分别创建为天府旅游名村和省级乡村旅游重点村。创新举办合江文旅线上春晚、2022年荔枝节等特色文旅活动，在省内外各大媒体展播量突破200万次。推出合江匠笔画美术作品展、廉政书画摄影作品展、抗疫专题书法美术作品展、“种文化、送文化”文化辅导进乡村、春天诗会等文化惠民活动30余场，累计展品150余件，服务群众10万余人次。

【农村卫生】 构建以县人民医院、县中医医院为总医院的2个医共体，5个县域医疗卫生次中心为骨干，各镇、村基层医疗机构为网底的“2+5+N”县域紧密性医疗卫生服务体系。全县“优质服务基层行”基本标准以上基层机构占比达100%，推荐标准占比达23.81%。以镇（街道）卫生院体检为主、进村巡回体检为辅、入户上门体检为补充的方式开展健康体检工作，全年开展全民预防保健体检23.7万人次。建立家庭医生签约服务团队193个，个人、家庭、村（社区）三级健康档案建档率达100%。精准实施健康帮扶，严格落实“大病分类救治”“先诊疗后付费”等健康帮扶政策。巩固基层中医药服务阵地，标准化中医科覆盖率100%，全部村卫生室能够提供中医药服务。推进中医馆、中医阁标准化和服务内涵建设，推广中医药适宜技术，基层中医药服务量稳定在50%以上。

【农村法制建设】 持续优化法治营商环境，调整完善农业农村领域与《四川省优化营商环境条例》不相适应的政策措施，加强公平竞争审查制度刚性约束，维护公平竞争的市场秩序。依法依规完成行政审批，实施行政审批事项全覆盖清单管理，推进“证照分离”改革。推行行政审批事项告知承诺制，明确实行告知承诺制的证明事项和涉企经营许可事项范围、适用对象、工作流程，建立健全农业农村领域告知承诺工作机制。全面落实“川渝通办”清单，实现企业和群众异地办事“马上办、网上办、就近办”。全年共计完成行政许可48件。加强信用体系建设，配合有关部门建立跨部门综合监管制度，推进信用平台建设信用信息录入，健全社会信用监管，完善重点领域信用评价办法，依法依规开展失信行为、失信主体名单认定和失信惩戒。科学推进政府规范性文件管理，加强行政规范性文件监督管理，健全完善动态清理和制发协调机制。清理出县“三农”工作委员会代县政府起草的规范性文件1件，确保行政规范性文件清理不遗漏。加强合法性审查，全面提升法治化水平，加快推进我委合法性审查，推进重点行政决策、行政规范性文件的合法性审查。全面落实法律顾问和公职律师制度，全年共法制审查行政处罚案件37件。

【农村交通】 推动“四好农村路”高质量发展，全面推进农村公路建设。按照“县级统一组织、镇街配合实施、群众投资投劳"的建设模式，以“降成本、促进度、保质量”为目标，制定印发《合江县2022年农村公路建设实施方案》，全年新（改）建农村公路71条、118千米。截至2022年年底，全县所有建制村通硬化路率达100%。

【农村社会保障】 全县共有农村低保32 916人，累计发放农村低保金9 679.32万元；农村低保中建档立卡贫困户由2022年的15 927人增加到16 314人，占49.56%。全年累计发放困难残疾人生活补贴124 867人次，发放金额1 248.67万元；发放临时救助资金352.05万元，救助3 267人。7月1日起，将农村居民最低生活保障标准没人每年由6 000元调整为6 516元；将农村分散特困供养人员月基本生活标准由650元提高到706元，实行按月发放。

【农村生态建设及环境保护】 完成耕地保有量55 674公顷，完成永久基本农田保护面积47 846公顷。完成合江县城区及九支镇等19个镇商业住宅工业用地土地定级与基准地价的省、市验收工作，并于9月1日起施行。完成2022年23个项目用地报批工作，已经省政府批复同意，批复面积123.7公顷（其中批次13个，独立选址项目1个），确保了合江县食品酿造产业园区（先市酱油酿造传承基地）、江北田园城市、鑫阳钢铁项目、龙挂山、玉兰山、合江县食品酿造产业园先市到法王寺快速通道项目等项目用地需求，为全县经济社会发展提供了用地保障。推进增减挂钩项目实施，保障重点项目的用地需求。完成榕山镇、石龙镇、先滩镇、凤鸣镇、车辋镇等9个城乡建设用地增减挂钩项目实施，拆除破旧、闲置房屋1 932户，复垦耕地约1 625亩。

【农产品质量安全监管】 建立完善农产品质量安全监管体系，设立县、镇、村三级网格化监管。开展农药残留快速检测，共抽检6 300批次，合格率达100%；县级基地风险监测蔬菜、水果、畜禽产品480批次，合格率达99.8%；市场风险监测420批次，合格率达99.1%。

【农村市场体系建设】 持续开展农村聘用体系专项评定，截至2022年年底，全县专聘20个镇（街道）157个信用村，涉农贷款同比增速16.67%。持续开展政策性农业保险工作，开设三大粮食作物完全成本保险、育肥猪等中央险种，同时也开设了生猪价格指数表现、高粮等地方特色险种，提高了农民的抗风险能力。

【农村教育】 全县坚持教育强县战略，教育改革稳步实施，“五育融合”加速推进，“阳光教育·生态课堂”品牌不断彰显。落实校长负责制，在石龙镇中学、南滩中学率先试点并走在全市前列，暑期将合江中学、马街中学逐步推进。全域推进课堂教学改革，在上年三年级、四年级、七年级基础上，又在五年级、八年级全面铺开，课改推进被《人民日报》《四川教育》等各级媒体专题报道。推进学区制改革，撤并“空、小、散、弱”校点20所；将全县划分为6个学区，年初在九支、车辋开展学区制试点，实现教育教学“五统一”；6月，九支、车辋、法王寺成立学区联合党委，深化了学区制改革，促进学区内教育资源高效配置、有序流动。长效推进心理健康教育，全县完小以上学校实现心理辅导室全覆盖；统筹33名心理健康专业教师划片区到校开展心理培训和辅导；与高校合作“订单式”培养心理咨询师200名、家庭教育指导师120名，首批70名心理健康教师持证上岗。凝聚家校共育合力，由40人组成的家庭教育讲师团开展公益演讲70余场，受听家长2万余名；投入60万元，建立“荔城家长大学”云平台，开设家庭教育学习课堂，引导家长提升家庭教育能力水平，注册人数达58 000余人、浏览量近100万余次。推进体教融合，实现体育教师专职化；加强学校体育评价考核，各学校实现“一月一比赛”，全县学生体质健康监测优良率比上年增长5.94%；青少年运动员在省十四运会获得4枚金牌、2枚银牌、9枚铜牌。推动学校建立健全劳动教育体系，农村完小以上学校全部建成劳动实践基地，学生劳动实践实现常态化。推进教育项目建设，九支第二幼儿园完成建设并开园，临港街道幼儿园建设有序推进；投入资金5 336万元，新建石龙镇中心校学生宿舍830平方米，改善白沙中学、福宝中学等6所学校寄宿制条件，改建大桥中学、荔江镇虎头中学等11所学校运动场；投入522万元实施中小学信息化建设。

【劳务开发与返乡创业】 在21个镇（街道）流动开展招聘活动30场，共提供岗位2.3万余个，累计参会人数4 000余人次，促进劳动力转移就业33.37万人。全县脱贫劳动力就业27 847人，其中外出务工25 719人，公益性岗位安置2 050人，开展脱贫劳动力技能培训263人次，促进自主创业48人，脱贫人口就业总体保持稳定。

【主要领导人】 县委书记：李仁军；县人大常委会主任：陈益良；县长：王波；县政协主席：刘卫；分管农业副县长：刘本国。

合江县编写组

叙 永 县

【基本情况】 2022年，全县辖23个乡（镇）212个行政村42个社区（其中涉农社区6个），辖区面积2 977平方千米。总人口72.2万人，其中乡村人口55.29万人。全县获得“中国天然氧吧”、2021年全省住户监测调查工作先进县、第六批“四好农村路”省级示范县、2022年产粮大县监测调查工作先进县、2022年生猪调出大县监测调查工作先进县、农经工作典型县、2022年度耕地质量与肥料工作先进单位（科学施肥工作）等称号。

【年度农业和农村经济运行】 2022年，全县实现农林牧渔业总产值67.68亿元，同比增长5.1%，高于全市0.5个百分点。分行业看，农业产值35.31亿元，同比增长3.9%；林业产值7.1亿元，同比增长9.7%；牧业产值23.67亿元，同比增长5.3%；渔业产值0.56亿元，同比增长6.4%；农林牧渔专业及辅助性活动产值1.04亿元，同比增长9.3%。五大行业产值占农林牧渔业总产值的比重分别为：52.2%、10.5%、35%、0.8%、1.5%。全县第一产业增加值37.91亿元，增长4.9%，增速均居全市第一位。农民年人均可支配收入达17 330元，增长7.1%，增速位居泸州市第一（与古蔺县并列第一）。

【农业产业化发展】 全县累计登记注册的合作社总数达949家，其中国家级示范社4家、省级示范社18家、市级示范社31家、县级示范社9家。新增家庭农场市级以上示范场20家，全县累计有省、市级以上家庭农场示范场109家。

【农村集体经济发展】 印发《关于农村集体经济组织收益分配的指导意见》，出台《叙永县贯彻落实〈四川省农村集体经济组织条例〉实施细则》和扶持发展村集体经济五类30条措施，推进2022年13个扶持村集体经济项目建设，全县212个村和6个涉农社区村集体经济总收入达2 938.43万元，同比增长11.34%。

【农村宅基地管理】 严格落实宅基地管理“四到场”，全年开展宅基地日常巡查26次，覆盖全县23个乡（镇）。严格执行审核审批程序，全年审批农村宅基地共1 555宗，审批面积186 791平方米。做好农村宅基地问题信访维稳工作，全年接待处理有关宅基地来电、来人和市长热线电话政策咨询、网络问政和信访案件100余起。利用乡（镇）赶集开展宅基地政策宣传，发放宣传资料2 000余份，培训人数100余人次。

违法用地查处。对卫片执法中反馈的179户农村村民违法占地建住宅的问题反馈乡（镇）进行摸底调查，对能完善手续或能纳入国土空间规划的协助乡（镇）办理销号，对认定为顶风违建的协助乡（镇）予以拆除，共拆除顶风违建住宅2户。

【现代农业园区培育与示范创建】 围绕叙永县优势特色产业，新建与巩固提升现代农业园区，搭建国家级到县级的农业园区梯次发展体系，打造1个国家级园区、2个省级园区及多个市、县级园区的“1+2+N”的现代农业园区体系。叙永县糯稻现代农业园区创建为省星级园区；叙永县红岩茶叶现代农业园区创建为市三星级现代农业园区，叙永县赤水河流域精品水果现代农业园区晋升为市五星级现代农业园区；叙永县画稿溪食用菌现代农业园区、叙永县仙草湖粮油现代农业园区、叙永县向林水稻现代农业园区创建为县级现代农业园区。全县累计建成省级园区1个、市级园区3个、县级园区12个。

【农业农村改革】 农业和农村体制改革。开展全县农村集体产权制度改革“回头看”工作，累计清理虚拟身份证号成员2 008人，校正跨区重复人员4 086人。完成对全县23个乡（镇）218个农村集体经济组织成员的清理核实，优化份额设置。启动“三变”改革试点，通过竞争评选的方式确定摩尼镇联盟村、落卜镇红星村、水尾镇月明村、水潦彝族乡赤水河村、叙永镇红岩村、龙凤镇卷子城村、分水镇分水村等7个村作为“三变”改革试点村，邀请全国“三农”专家卢水生教授莅临指导，7个试点村初步完成股权量化等工作，已安排第一期项目资金500万元用于产业发展，根据各村实际情况，找准改革发展优势资源，清资清产，定位改革发展方向，激活农村资源要素，推进农村一二三产业融合发展，带动农民增收，助推集体经济收入增长。

农民承包地“三权分置”。持续推进农村承包地“三权分置”工作。6月，叙永县在全市率先完成“回头看”数据汇交，土地确权登记脱密数据成功接入农村土地承包经营权信息应用平台。12月，全县23个乡（镇）土地确权登记颁证工作档案资料全面完成进馆。

土地经营权流转。以多种形式放活土地经营权，全县土地流转面积逐年稳步上升，同比增长1%以上，其中30亩以上的规模化流转面积保持稳中向好。建立健全全县土地流转管理台账，纳入台账管理土地流转项目6 286笔。

纠纷调解仲裁。成立第三届农村土地承包仲裁委员会，有成员17人，选聘仲裁员79人，由副县长彭羽担任仲裁委员会主任，仲裁委员会办公室设在县农业农村局。全年共调处土地承包及流转纠纷261件，仲裁裁决1件。

农经统计。召开叙永县2022年度农经统计年报与清产核资工作会，对乡（镇）农经经办人集中展开业务培训，安排部署工作任务。完成全县农业社会化服务、农民专业合作社、农民负担、农经机构队伍情况统计、农村宅基地管理利用情况统计、乡村治理、农村基本经济、农村土地承包经营及管理、农村集体经济组织收益分配、农村集体经济组织资产负债、农村集体产权制度改革、农村集体经济财务会计管理和审计、农村产权流转交易等情况统计。

【巩固脱贫攻坚成果】 优化帮扶体系，提升帮扶成效。落实“四个不摘”要求，优化完善“五级作战”机制，4个省直部门（单位）、108个村“第一书记”、225名驻村干部在完成新一轮轮换后全部到岗到位，全面接力接续帮扶。

动态精准监测，守住返贫底线。印发《叙永县健全防止返贫动态监测和帮扶机制实施细则》，调整充实防返贫监测队伍，坚持动态监测、常态排查、精准帮扶，全年开展防返贫监测帮扶排查12次，累计识别监测对象844户2 991人，并精准落实帮扶措施，坚决守住不发生规模性返贫底线。

加强易搬后扶，惠民安居乐业。坚持“安居”与“乐业”同步推进，创新建立“1236”治理机制，探索安置点社区治理新模式，出台《易地扶贫搬迁集中安置点防止返贫监测和帮扶工作实施办法（试行）》，实行市、县领导“一对一”联系帮扶机制，在800人以上的安置点设立防返贫监测帮扶点，做好易地搬迁“后半篇”文章。全年通过就业帮扶、产业培育，实现易搬劳动力转移就业1.35万人，产业带动人均增收3 400元以上。

【宜居乡村建设】 实施“五大提升行动”。一是农村“厕所革命”提升行动。编制全县农村“厕所革命”专项实施方案和技术方案，持续实施农村人居环境整治重点乡（镇）和农村“厕所革命”整村推进示范村项目。全年实施改厕1 600户，涉及江门镇、马岭镇、天池镇、向林镇、龙凤镇、麻城镇、落卜镇、摩尼镇、两河镇9个乡（镇）14个行政村。二是农村生活垃圾治理提升行动。加大农村生活垃圾分类减量，探索就近就地处理方式。以片区中心镇（村）为单位建设一批区域农村有机废弃物综合处置利用设施。三是农村生活污水治理提升行动。优先安排水源保护区、沿江沿河和涉改乡（镇）政府驻地、500人以上农村聚居点（区）生活污水处理设施建设；持续开展“千村示范”工程。四是面源污染治理提升行动。持续推进农药化肥使用量零增长行动，开展村庄清洁、畜禽粪污资源化利用、村庄规划建设提升“三大行动”，全县卫生厕所普及率达88.3%，70%以上的行政村生活污水得到有效整治，秸秆综合利用率达95%。全县生猪规模养殖场粪污处理设施配套率达100%，粪污资源化利用率达92%。五是村容村貌提升行动。持续推进农户庭院和村庄公共空间环境整治，加强古村落、古民居、古树名木保护利用。

示范创建。分水镇分水村、赤水镇斜口村、江门镇双莲村、叙永镇金桂村被评为2022年全省乡村振兴示范村，黄坭镇树坪村被评为2022年全省乡村振兴重点帮扶优秀村；龙凤镇被评为2022年市级乡村振兴先进乡（镇）；赤水镇双山村、水潦彝族乡赤水河村、分水镇鱼洞村、黄坭镇芦稿村被评为2022年市级乡村振兴示范村，观兴镇普兴村、马岭镇龙盘村被评为2022年全市乡村振兴重点帮扶优秀村。

惠农政策。实施惠农补贴项目，发放耕地地力保护补贴资金6 142万元、实际种粮农民一次性补贴资金2 316万元、稻谷目标价格补贴资金717.86万元。

涉农项目。县农业农村局涉农整合项目29个、资金1.615 7亿元，其中业主为农业农村局项目6个、资金0.793 7亿元，业主为乡（镇）23个、资金0.822亿元。已完工26个，未完工项目（跨年度实施）建设有序推进。

【种植业】 全年粮食作物播种面积113.5万亩，粮食产量35.8万吨，其中小春粮食作物播种面积15万亩，产量3.6万吨。小春作物主要有小麦0.1万亩，亩产148千克，产量0.01万吨；豆类1.5万亩，亩产112.5千克，产量0.17万吨；马铃薯13.4万亩，亩产255千克，产量3.42万吨。大春粮食作物播种面积98.5万亩，比上年增加1.8万亩，总产量32.2万吨，其中水稻26.1万亩，亩产395千克，产量10.3万吨；玉米41.5万亩，亩产358千克，产量14.9万吨；高粱0.7万亩，亩产322千克，产量0.23万吨；大豆5.5万亩，亩产90千克，产量0.5万吨；红小豆0.1万亩，亩产120千克，产量0.01万吨；马铃薯6万亩，亩产253千克，产量1.52万吨；甘薯18.6万亩，亩产255千克，产量4.74万吨。开展粮油绿色增产模式创建示范活动，创建粮油万亩示范基地2个和千亩核心示范区4个。发布涉及粮食生产的9项主推技术，提高粮食生产的科技含量。抓好晚秋生产的规划落实，在8个乡（镇）实施再生稻蓄留6万亩，采购尿素肥302吨，并通过统一施肥建设再生稻核心示范片32 000亩。

农业抗灾救灾。影响叙永县农业生产的主要气象灾害有高温、伏旱、秋旱和冬干。全县粮食总产量35.8万吨，同比下降2.2%；单产315千克/亩，同比下降4%，其中大春粮食产量32.2万吨，同比下降2.6%；单产326千克/亩，同比下降4.4%。7—8月，遭遇高温干旱天气，应急采购马铃薯种“米拉”759吨、“费乌瑞它”485吨、“达薯一号”37.544吨，采购复合肥107.75吨。在建核心区4 000亩，核心区每亩补助马铃薯种100千克、复合肥25千克；在建示范区1.7万亩，示范区每亩补助马铃薯种25千克，每个村至少建设1个30亩的示范片。

农作物种质资源发展。开展中籼早熟水稻山区组区域试验，参加区域试验品种12个（含“CK川作优8727”）；继续培育两河镇杂交玉米制种基地；在马岭镇凤凰村建设糯稻品种资源圃1个，种植糯稻品种17个；在麻城镇麻城村建设朝天椒种质资源圃1个，种植朝天椒品种10个。

肥料监督管理。加强肥料稳价保供调度和肥料市场信息监测，配合农业农村厅开展化肥监督抽检，做好化肥使用评估调查。建立省级化肥农药用量监测调查点110个，动态监测化肥、农药使用情况，同步完善肥料节水专业统计系统，支撑服务化肥减量增效。

农药管理。依据《农药管理条例》，以“落实第二轮中央环保督察整改工作”为重点，开展以农药经销商、农民专业合作社、家庭农场、种植大户为主的农药科学安全使用技术宣传培训35场次、1 858人次，其中省级培训2次、县级集中培训5次（农资经销商专题培训）、其他培训28次。开展农药经营许可监管210家次，下架过期农药2批次16瓶（包），提出指导性建议200余条。创建农药经营示范门店2家并设置生物农药专柜。培养乡村植保员23名。培育“五有五好”植保社会化服务组织1家（马岭清凉洞糯稻种植专合社），已完成申报并正式授牌。设置农药固定监测点位100个。

农业植物检疫。开展应施检疫的植物和植物产品产地和调运检疫，全年实施产地检疫6批次、3个品种，面积3 253亩；签发调运检疫证书19批次，其中玉米11批次66 025千克、李子4批次35 480株、柑橘属2批次7 500株、野桂花1批次2 000株。组织开展稻水象甲（水稻检疫对象）统防统治2万亩（均为本田防控），全县稻水象甲疫情得到有效控制。开展2022年叙永县植物检疫宣传活动，发送手机短信2 100条，张贴和书写宣传标语20条，印发资料1 600份，设立宣传点4个，制作宣传栏11块；出动宣传车3次，开展巡回宣传5次，现场咨询400人次，培训200人次。

农作物重大病虫害监测与防治。全年发布病虫害情报9期，准确率92.73%。依托项目组织实施迁飞性、流行性重大病虫害统防统治面积10万亩次，辐射带动联防联控48万亩次，统防统治覆盖率45.16%，病虫危害损失率为3.36%，挽回粮食产量损失5.67万吨。

【农业科技推广】 开展各类实用技术培训120余场，培训农民6 480余人次；开展入户技术服务指导3 600余次，发放各类技术资料15 000余份；开展新技术试验示范推广9项、新品种示范推广8个。组织科技人员与专家服务团开展“三下乡”“科技之春”宣传与入户巡回指导服务，活动期间累计派出技术人员17名，接受现场咨询180余人次，发放各类技术资料与科普读物18 000余份，入户巡回指导农户40余户；培育科技示范主体7名，鼓励种粮大户提升产业规模与服务能力。分批次组织农技推广服务人员243名（含乡/镇农技人员）到省、市培训机构全脱产参加知识更新培训5天以上，提升服务能力与业务素质，更好地开展农技推广服务工作。投入项目补助资金12万元，建立试验示范基地3个、500亩，分别是叙永县富民猕猴桃种植家庭农场、叙永县天池镇清山家庭农场、叙永县黄草坪茶场。全年培训高素质农民432人。

【外来农业物种管理】 开展农业外来入侵物种普查，通过普查，实际踏查植物病虫害点位85个、水生取样点41个，发现境内有喜旱莲子草、小蓬草、野茼蒿等78种外来入侵植物，玉米条斑病、稻水象甲等外来入侵病虫害3种，福寿螺、小龙虾等外来入侵水生动物4种。

【畜牧业】 全县生猪出栏71.58万头，首次突破70万头大关，同比增长6.9%，增速高于全市（3.9%）3个百分点，生猪产业成为拉动第一产业领跑全市的关键因素。羊出栏3.87万只，同比增长1.6%；牛出栏3.07万头，同比增长7.3%；家禽出栏175.95万只，同比增长3%。存栏生猪43.8万头、肉牛8.056 8万头、羊2.351 6万只，与上年相比，生猪及肉牛养殖量有所增加，羊养殖量有所下降。

畜牧兽医发展。组织实施生猪稳产补助项目、出栏生猪补贴项目、良种补贴项目、生猪生产项目，受益养殖场（户）174家（户）。举办畜牧兽医专题培训班，培训合格人数67人。

规模化标准化养殖。依托巨星、德康集团，继续加快推进生猪产业一体化项目建设，建成存栏7 500头以上种猪场3个、年出栏5万头育肥场2个。通过寄养模式累计带动全县57个标准化规模育肥场投产运行，常年存栏商品猪13万头、年出栏商品猪20万头以上。吸引社会投入，新（改、扩）建规模养猪场10个，已全面完成猪场及配套设施建设，存栏生猪2.4万头，年出栏5万头。创建省级标准化畜禽养殖场2家。

畜禽粪污资源化利用。完成250家畜禽养殖场粪污利用改造，全县规模养殖场畜禽粪污资源化利用设施设备配套率为100%，畜禽粪污资源化利用率92%。

畜禽屠宰行业管理。推动屠宰企业兼并重组和升级改造，提高行业标准化、规模化、机械化水平，由龙凤、天池、江门三家屠宰企业整合成立泸州市大牧农兴科技有限公司屠宰场（A类）。

畜禽种业发展和管理。加强生猪、肉牛人工授精改良工作，全年完成生猪改良配种7万窝、牛人工授精改良配种2.6万头。完成以丰岩乌骨鸡为主的畜禽遗传资源普查总结和畜禽种子资源生产质量监管及技术指导。

动物疫病疫情防治防控。实施春秋季动物疫病集中强制免疫和平时补免工作，全县共发放猪瘟疫苗60万头份、猪口蹄疫苗80万毫升、牛（羊）口蹄疫苗10万毫升、高致病性禽流感90万毫升、小反刍兽疫疫苗1万头份、狂犬病疫苗1.2万头份。全年免疫生猪90万头、牛4.5万头、羊1.1万只、禽170万羽、犬1.12万只，动物疫病强制免疫密度保持在95%以上，免疫抗体合格率达70%以上。实施免疫抗体实验室检测共采集猪血清215份、禽血清192份、牛血清156份、羊血清136份。常态化开展非洲猪瘟等重大动物疫病防控，全面开展采样监测，实验室开展血清学检测1 999份，其中猪血清271份、牛（羊）血清1 459份、鸡血清245份、犬血清24份；病原学检测1 719份，其中非洲猪瘟1 702份、禽流感14份、猪口蹄疫3份。对全县养殖场、屠宰场、农贸市场等进行全覆盖消毒、培训和宣传，累计投入消毒药1 000件（10吨）、生石灰50吨，完成消毒面积1 560万平方米，发放宣传资料7万份，组织非洲猪瘟等重大动物疫病防控技术培训150期、4 000余人次。全县组织人畜共患病防控培训58次、2 500余人，发放狂犬病、高致病性禽流感、布病宣传单3.8万份，投放人畜共患病防控宣传标语300条；共采样检测1 390份，其中禽流感采样检测232份、牛（羊）布病采样检测1 134份、犬血清24份。实施规模养殖场动物疫病强制免疫"先打后补"工作，根据农业农村厅《关于深入推进四川省动物疫病强制免疫补助政策改革（试行）的通知》（川农函〔2021〕656号）精神，叙永县巨星农牧有限公司、泸州德康农牧科技有限公司、泸州中广农牧有限公司、四川省兴高牧业有限公司、泸州市恒飞源牧业有限公司5家养殖公司实施四川省动物疫病强制免疫补助政策改革。组织叙永巨星公司申报非洲猪瘟无疫小区，2022年通过省级评估考核。组织参加市农业农村局举办的兽医实验室技能比武和动物防治员技能竞赛，分别获得个人技能三等奖和参赛队三等奖。

饲料兽药行业监管。指导兽药饲料经营企业建立兽药饲料购销台账、使用记录，执行可追溯管理制度，检查饲料兽药经营店145家次。完成2家新办兽药经营企业验收，完成5家兽药经营企业换证验收，完成1家宠物医院验收。

【水产业】 全年完成渔业养殖面积422公顷，特种水产养殖290亩（稻田养虾270亩、稻田养鳅20亩），新增稻田养鱼465亩，鱼种投放353吨；渔业水产品总产量3 190吨，实现渔业经济总产值6 893.8万元（其中渔业产值6 620.1万元）。

渔业水域生态环境及水生野生动植物保护。在赤水河干流增殖放流42万尾，其中胭脂鱼7万尾、中华倒刺鲃鱼苗35万尾。监督并指导叙永县电力行力商会落实水生生物补救措施暨增殖放流工作，叙永县电力行力商会共增殖放流鱼苗42.4万尾（鲤鱼鱼苗15.1万尾、鲫鱼鱼苗15.1万尾、白甲鱼苗3.1万尾、中华倒刺鲃鱼苗3.1万尾、华鲮鱼苗6万尾）。

渔政渔港及网具监督和安全管理。严格落实"护渔百日"联合执法行动、"中国渔政亮剑2022"专项行动部署要求，开展全县禁捕河段的专项检查和清明、五一、端午、中秋、国庆等重要时节的专项巡查。全年开展执法检查176次，出动执法人员784人次、执法车辆201辆次。联合有关部门检查水产品销售经营点49个次，检查渔具经营点47个次。组织开展联合行动64次，清理取缔涉渔"三无"船舶2艘，清理违规网具43套，清理非法钓具35个，劝离违规垂钓人员150余人次，办理渔政案件9件16人、罚款34 200元。跨部门跨区域执法协作，保持禁捕严打高压态势，会同公安机关共同办理非法捕捞涉刑案件24起57人，移送起诉14起39人，查获禁用渔具27套；联合市场监管部门检查水产品市场及加工小作坊90家次、农贸市场40个次、商超56家次、餐饮单位149家次、电商平台7个次，渔具生产厂家、销售门店等市场主体43个次，未发现非法渔具黑窝点、黑作坊、非法销售电鱼器具、非法网具等行为。加强十年禁渔宣传引导，提升群众禁捕知晓率和参与度，在原有标识标牌的基础上，在沿河新增禁捕标牌40余块，在重点河段区域印制《泸州市人大常委会关于促进和保障长江流域禁捕工作的决定》《叙永县天然水域禁捕通告》《叙永县天然水域垂钓管理通告》大型宣传海报，张贴禁渔禁捕宣传通告3 000余处，印发执法宣传资料10 000余份，利用新媒体宣传40余次。

【特色产业与交流合作】 全县水果种植面积21.5万亩，与上年持平；投产面积14.38万亩，同比增长6.91%；产量9.05万吨，同比增长12.84%；实现产值5.52亿元（按市场价格计算），同比增长4.74%。茶叶种植面积7.4万亩，同比增长0.68%；投产面积3.88万亩，同比增长5.43%；产量0.274万吨，同比增长3%；实现产值1.283亿元，同比增长0.63%。蔬菜种植面积26.21万亩，与上年持平，其中商品菜种植基地8.35万亩，同比增长2.83%；总产量39.84万吨，同比增长3.04%；实现总产值15.35亿元，同比增长6.89%。

农业产业化经营。全年新增省市级以上重点龙头企业3家。新培育农民合作社市级以上示范社3家、家庭农场市级以上示范场20家，全县累计培育市级以上龙头企业31家，累计培育农民合作社示范社62家、家庭农场示范场209家。在落实耕地"非粮化"前提下，以改造提升为重点，因地制宜发展"茶、果、菜"特色产业。叙永县鼎辣天椒公司和罗汉林茶业专业合作社等在麻城、摩尼、分水镇、枧槽、合乐乡和白腊等高山蔬菜基地乡（镇）发展辣椒、瓜果、白菜、萝卜、菜豆等蔬菜45 000余亩；百绿公司在江门、马岭、天池、水尾、大石和龙凤等乡（镇）发展辣椒、榨菜等蔬菜15 000余亩；引进浙江松阳茶叶企业在向林镇建设高标准茶叶基地，建设规模1 000亩。依托财政涉农资金，在正东镇石桩村300亩猕猴桃产业园、两河镇700亩柑橘园建成集视频监控、水肥一体、农作物生产环境监测和物联网云平台软件为一体的智慧农业系统。

烟叶规划种植。全县烤烟种植面积3.5万亩，共落实种烟乡（镇）9个、种烟村66个、种烟社198个、种烟农户1 041户；全年收购烟叶7.84万担，实现产值1.06亿元，实现烟叶税2 333.97万元，其中上中等烟比例89.92%，均价6.77元/千克，户均售烟收入10.18万元，实现烟区烟农收入稳定。

特色产业发展与对外合作交流。依托中国电科集团搭建的平台，到湖北省宜昌市秭归县考察学习其柑橘产业发展模式、新思维，共同开展柑橘产业发展交流和合作，并初步与秭归县达成互助合作协议。组织企业参加省内外各种农展会、博览会等各种宣传推介活动，参加2022年中国（四川）农业博览会、第十一届四川国际茶业博览会等展示展销活动。在第十一届四川国际茶业博览会上叙永县农业农村局获得优秀组织奖，由叙永县现代农业发展促进中心选送的“草坪翠芽”和叙永县黄草坪茶场选送的“春针”，叙永县罗彬茶叶专合社选送的“福鼎九号”获得金奖。

农业招商引资。引进浙江茶叶企业开展茶产业投资建设。引进浙江省越玉兰茶叶有限公司与叙永县向林镇政府签订向林高效生态茶叶产业项目招商投资协议。该公司在叙永县注册成立四川一木和茶叶有限公司，计划投资9 800万元，3年内新建面积1 000亩高标准生态茶园和年产量100吨的名优茶清洁化茶叶加工厂，已完成第一期项目建设，在向林镇建成1 000亩标准化茶园。

【农业绿色发展】 持续推进化肥农药减量化工作，化肥农药使用量保持零增长；加强科学养殖技术指导，加强畜禽粪污污染治理，畜禽粪污综合利用率达92%；推广农作物秸秆综合利用，秸秆综合利用率稳定在90%以上；开展宣传推广，不断提升废弃地膜、农药包装等农业固体废弃物回收率，促进农业生态绿色发展。

【农业机械化】 全县有各类农业机械约9万台（套），其中拖拉机17台、各类联合收割机70台、微耕机15 660台；农机总动力达41.49万千瓦。全县农作物综合机械化水平达36.82%，同比增长4.26个百分点；机耕、机播、机收机械化率分别为62.56%、18.95%、20.38%。

农机购置补贴及综合奖补政策。实施叙永县中央财政农机购置补贴资金186万元、县级配套37.2万元，共补贴农户资金152.7万元，受益农户1 610户，补贴农机具1 881台。

农业机械新技术新机具推广。全年共推广各类农业机械1 707台（套），其中耕地机械959台、饲草加工机械367台、粮食粗加工机械240台、稻麦联合收割机14台、电动无人植保机械7台。

农业机械作业安全监督管理。成立由局领导带队的督查组到乡（镇）进行督查和暗访，全年未发生农机安全生产伤亡事故。及时掌握灭失、停驶、报废、脱检的变型拖拉机情况，通知车主限期进行注销报废处理，收回拖拉机牌照279块。加强部门协同共管，与公安交警部门开展联合执法检查8次，发现违法行为11起，均规范处置。

【农产品质量安全监管与品牌培育】 农产品质量安全监督管理。在元旦、春节、五一、国庆等节假日开展农产品质量安全专项整治活动，实施乡（镇）农产品质量安全网格化管理，开展农产品风险监测检测，对全县范围内农产品生产新型主体及种养殖大户、散户开展“双随机”抽样，完成省级农产品风险监测检测140批次，完成县级农产品风险监测检测360批次，省、市农业部门在叙永县抽检各类农产品445批次，合格率均达98%以上；推进国家农产品质量安全追溯推广应用和推行食用农产品承诺达标合格证制度，新入驻国家追溯平台主体25家，累计入驻国家农产品质量安全追溯平台主体310家，并鼓励新型农业经营主体开具承诺达标合格证21 000张。

“三品一标”农产品监管。全年有效期内“三品一标”品牌农产品20个，其中无公害农产品17个，分别是叙永县七里店种植家庭农场的李子、桃子、油桃3个产品，叙永县金秋蔬菜种植专业合作社的豇豆、番茄、茄子、辣椒、黄瓜、菜豆、萝卜、结球甘蓝、大白菜、南瓜10个产品，叙永县鑫中康种植专业合作社的结球甘蓝、竹笋、马铃薯、普通白菜4个产品，绿色食品2个（叙永县马岭粮油食品有限公司的糯米磕粉、叙永县希旺猕猴桃种植专业合作社的猕猴桃），地理标志证明商标1个（峰岩乌骨鸡）。全县农产品质量安全水平稳中向好，全年未发生农产品质量安全突发应急事件。

【高标准农田建设】 截至2022年年底，全县共实施高标准农田建设项目66个（已建成65个，在建1个），累计建成高标准农田面积35.96万亩。在建项目为2022年度高标准农田建设项目，建设面积5.6万亩。续建2021年高标准农田建设项目，建成高标准农田4.43万亩（其中高效节水灌溉0.59万亩），建设地点为江门镇、天池镇、合乐苗族乡、落卜镇、黄坭镇、观兴镇，总投资13 290万元，其中中央资金6 312万元、地方政府专项债券资金4 000万元、县级配套2 978万元。新建2022年高标准农田建设项目5.6万亩（其中高效节水灌溉0.5万亩），建设地点为两河镇、分水镇、江门镇、天池镇、大石镇、赤水镇、马岭镇、向林镇，总投资18 480万元，其中中央、省级资金8 275万元，地方政府专项债券资金7 500万元，县级配套2 705万元。项目于11月开工建设，截至2022年年底，已完成高标准农田建设1万亩。

耕地质量管理。推进耕地质量监测，加强维护和管理耕地质量长期定位监测点12个，逐步完善全县耕地质量调查监测网络体系建设。持续开展“专家包片联乡（镇）”科学施肥活动，推进科学施肥进村入户，推广有机肥施用。继续开展退化耕地治理试点，在摩尼、两河、向林、叙永、后山、龙凤6个乡（镇）开展2万亩退化耕地治理试验示范。因地制宜总结集成适宜全县特性的土壤改良综合技术模式，改善土壤理化性质，缓解示范区耕地土壤酸化程度，全县耕地质量等级持平或提升。

农田水利建设项目管理。整合项目资金1 000万元，指导江门、马岭、龙凤、天池、合乐、摩尼、石厢子、麻城8个乡（镇）实施田间灌溉渠修复项目，整治修复沟渠83.87千米、山坪塘7座、蓄水池4口。

【农业市场与信息化】 完成2021年农产品冷链物流项目建设，新建100吨机械冷藏库（低温库）1座，新建200吨机械冷藏库（高温库）1座，新建200吨气调储藏库1座。

【农民增收工作】 加强农民增收工作乡

（镇）党委书记、乡（镇）长“一把手”负责制，统筹抓好产业发展和基础建设项目等农民增收项目的落地见效。加强督查督导和调查统计基础工作，做到“应统尽统、不重不漏”，确保调查数据的准确、全面和真实有效。全县农民年人均可支配收入达17 330元，增长7.1%，增速列泸州市所辖区（县）第一位。

【主要领导人】 县委书记：廖俊；县长：王一米；县人大常委会主任：周之平；县政协主席：牟正权；分管农业副县长：彭羽。

叙永县编写组

古 蔺 县

【基本情况】 2022年，全县辖3个街道17个镇3个苗族乡39个社区（居民委员会）314个居民小组246个行政村（村民委员会）1 871个村民小组，辖区面积3 185平方千米。公安户籍登记户数22.5万户，户籍总人口87.75万人，其中乡村人口70.62万人、城镇人口17.13万人，户籍人口城镇化率19.52%。迁入人口1 589人，迁出人口4 510人。按户籍人口计算，人口密度为275人/平方千米；按户籍口径计算，全年人口出生率8.98‰，人口死亡率8‰，人口自然增长率0.98‰。

2022年，全县实现地区生产总值222.1亿元，按可比价格计算，比上年增长5.3%，比全国（3%）、全省（2.9%）、全市（4.1%）分别高2.3个、2.4个、1.2个百分点。分产业看，第一产业增加值36.6亿元，比上年增长4.6%；第二产业增加值95.7亿元，比上年增长6.1%；第三产业增加值89.7亿元，比上年增长4.8%。一二三产业对经济的贡献率为16.2%、44.6%、39.2%，分别拉动经济增长0.9个、2.3个、2.1个百分点。三次产业结构比由上年的17.3∶40.1∶42.6调整为16.5∶43.1∶40.4。全县实现民营经济增加值119.2亿元，比上年增长4.3%，其中第一产业民营经济增加值11亿元，比上年增长4%；第二产业民营经济增加值59.6亿元，比上年增长5.8%；第三产业民营经济增加值48.6亿元，比上年增长2.7%。年末注册登记企业数量6 863家，增长13.6 %，其中国有、集体及国有控股企业892家，增长13.9%；私营企业5 971家，增长13.5%。年末注册登记个体户数量42 728户，增长7.7%。

全县实现工业增加值89.3亿元，比上年增长5.9%，占地区生产总值的比重为40.2%，对经济增长贡献率为40.4%，拉动地区生产总值增长2.1个百分点。年末规模以上工业企业54家，规模以上工业增加值增长9%，其中采矿业增加值增长7.2%，制造业增加值增长9.1%，电力、热力、燃气及水的生产和供应业增加值增长1.5%。

全社会固定资产投资比上年增长18.6%，其中基建投资比上年增长25.6%，建安工程投资比上年增长17.7%，民间投资比上年增长32.1%，技改投资比上年下降12.9%。分产业看，第一产业投资比上年增长21.4%，占全社会固定资产投资的5.9%；第二产业投资比上年增长32.4%，占全社会固定资产投资的29.1%，其中工业投资比上年增长32.6%；第三产业投资比上年增长13.1%，占全社会固定资产投资的65%。社会消费品零售总额79.3亿元，比上年增长3.5%，其中按单位所在地分，城镇市场实现零售额58.1亿元，比上年增长3.4%；乡村市场实现零售额21.2亿元，比上年增长3.7%。按消费形态分，商品零售额69.5亿元，比上年增长3.7%；餐饮收入9.8亿元，比上年增长2%。年末限额以上商贸企业（单位）102家，实现消费品零售额38.4亿元，比上年增长10.2%；限额以下企业（单位）实现消费品零售额40.9亿元，比上年下降2.1%。有景区6个，其中国家4A级景区4个、国家2A级景区2个。地方一般公共预算收入完成24.3亿元，比上年增长20.4%（自然增速），其中税收收入20.4亿元，比上年增长13.5%。地方一般公共预算支出61亿元，比上年增长4.9%，其中一般公共服务支出5.2亿元，比上年增长25.7%；公共安全支出2亿元，比上年增长23.7%；教育支出15.7亿元，比上年增长2.2%；科学技术支出0.02亿元，比上年下降50.6%；文化旅游体育与传媒支出0.4亿元，比上年增长26.8%；社会保障和就业支出8.2亿元，比上年增长4.6%；卫生健康支出4.1亿元，比上年增长27.9%；城乡社区事务支出3.2亿元，比上年增长254.3%。年末全县金融机构人民币各项存贷款余额504.1亿元，比年初增长17.6%，其中各项存款余额244.8亿元，比年初增长15.5%（住户存款余额173.8亿元，比年初增长18.8%）；各项贷款余额259.3亿元，比年初增长19.6%，其中住户贷款余额91.1亿元，比年初增长17.4%。有农民合作社1 744家、家庭农场1 852家、县级以上农业产业化龙头企业39家、农业技术服务机构32个，古蔺县肉牛现代化农业园区获评四川省四星级现代农业园区。

境内公路总里程6 020千米，其中国道114.5千米、省道201.8千米、县道1 061.6千米、乡道1 481.9千米、村道3 091.5千米。等级公路（含高速、一、二、三和四级公路里程）6 020千米，高速公路里程68.7千米。年末公路运输营运车辆数708辆，其中客运车辆503辆、货运车辆205辆；公路运输客运路条数118条，其中跨省8条、跨市4条；行政村客运班车通达率

100%；城市公共汽车客运总量296万人次；出租汽车135辆，公交车134辆。全年公路运输客运周转量9 593万人/千米，比上年下降18.9%；公路运输货运周转量60 280万吨/千米，比上年增长3.9%；公路运输总周转量61 239万吨/千米，比上年增长3.5%。全年水上运输货运量9万吨，比上年下降34.1%；水上货运周转量1 530万吨/千米，比上年下降32.5%。全县邮政和快递营业网点198个，其中快递营业网点169处、邮政所29个；实现邮政业务总量比上年增长12.7%，其中订阅报纸累计521万份、杂志累计13.2万份。

有学前教育学校123所，在校学生22 637人，专任教师799人；小学学校29所、小学教学点185 个、九年一贯制小学部4个，在校学生67 122人，专任教师3 596人；初级中学校32所、九年一贯制（初中部）4个，在校学生34 961人，专任教师2 403人；高级中学校5所，在校学生20 670人，专任教师1 305人；特殊教育学校1所，在校学生106人，专任教师20人。有卫生机构653个，其中医院16个（综合医院10个、中医医院2个、专科医院4个）、基层医疗卫生机构632个（社区卫生服务中心/站4个，卫生院21个，村卫生室529个，诊所、卫生所、医务室78个）、专业公共卫生机构3个（疾病预防控制中心1个、妇幼保健院 1个、卫生监督机构1个）、其他卫生机构2个；卫生在岗职工4 474人，卫生技术人员3 347人，执业（助理）医师1 146人，注册护士1 535人；实有病床位3 546张。

【年度农业和农村经济运行】 2022年，全县实现农林牧渔业总产值65.5亿元，比上年增长4.9%，其中农业产值35亿元、林业产值3.9亿元、牧业产值25.2亿元、渔业产值0.26亿元、农林牧渔专业及辅助性活动产值1.2亿元。农林牧渔业实现增加值37.4亿元，比上年增长4.8%，其中农林牧渔专业及辅助性活动增加值0.79亿元，比上年增长4.8%。农村居民年人均可支配收入达18 376元，比上年增长7.1%，其中工资性收入7 367元，比上年增长10%；经营净收入6 925元，比上年增长5.6%；财产净收入203元，比上年增长6%；转移净收入3 881元，比上年增长4.7%。农村居民年人均生活消费支出达13 910元，比上年增长4.5%，其中人均食品烟酒支出5 872元，比上年增长4.6%，农村居民恩格尔系数为42.2%。全县农用机械总动力29.2万千瓦；农用化肥施用量（折纯）1.3万吨。

【种植业】 全县粮食作物播种面积7.48万公顷，比上年增长0.6%，其中大春粮食作物播种面积6.6万公顷，比上年增长0.2%，其中谷物播种面积5.5万公顷、豆类播种面积0.45万公顷、薯类播种面积0.63万公顷；小春粮食作物播种面积0.87万公顷，比上年增长3.5%，其中小麦播种面积0.04万公顷、豆类播种面积0.09万公顷、薯类播种面积0.74万公顷。全县粮食产量34.8万吨，比上年下降2.5%。大春粮食产量31.8万吨，比上年下降3%，其中谷物产量28.7万吨、豆类产量0.7万吨、薯类产量2.4万吨；小春粮食产量3万吨，比上年增长1.7%，其中小麦产量0.1万吨、豆类产量0.2万吨、薯类（马铃薯）产量2.7万吨。

【畜牧业】 全县生猪出栏66.5万头，比上年增长5.4%；生猪存栏40.8万头，比上年下降3.6%，其中能繁殖母猪存栏4.2万头，比上年下降13.2%。牛出栏3.9万头，牛存栏8.9万头。羊出栏15.1万只，羊存栏10万只。家禽出栏125.2万只。全年肉类总产量5.8万吨，其中猪肉产量4.9万吨。禽蛋产量0.7万吨。

【林业】 全县森林面积17.6万公顷，森林覆盖率达54.5%。木材产量1.8万立方米。全年退耕还林1.7万公顷。有自然保护区3个。

【农村水利】 全县已建成水利工程8 397处，水利工程实际供水14 709.1万立方米，有效灌溉面积2.8万公顷。建设堤防65.1千米、水库56座、水电站11个、机电井155眼、塘坝1 321座。

【农村社会保障】 全年城乡最低生活保障55 799人次，其中农村居民最低生活保障53 244人次。年末农村特困人员救助供养人数2 534人。城乡居民养老保险参保人数33.3万人。

【主要领导人】 县委书记：任晓波；县人大常委会主任：刘松梅；县长：赵源华；县政协主席：罗波；分管农业副县长：李小波。

古蔺县编写组

德 阳 市

【基本情况】 2022年，全市辖2区3市1县，辖区面积5 911平方千米。

【现代农业园区建设】 出台《打造更高水平“天府粮仓”德阳片区实施意见》，加快推进国、省、市、县四级现代农业园区联创联建，全市创建国家现代农业产业园1个、省星级现代农业园区6个，建成县级以上现代农业园区51个，中江县中药材现代农业园区获评省五星级现代农业园区；加快推进中江县国家农业现代化示范区建设，集中示范农业“设施化、园区化、融合化、绿色化、数字化”。开展《德阳市高标准农田建设规划(2021—2030)》编制，已完成规划征求意见和专家评审，全面完成2021年度立项的19.43万亩高标准农田建设，全面启动2022年度立项的17.4万亩高标准农田建设。

【新型农业经营主体培育】 实施“小农户”振兴计划，加快构建以家庭经营为基础、合作与联合为纽带、社会化服务为支撑的现代农业经营体系，全市有市级以上农业龙头企业295家，培育家庭农场1万余家、农民合作社3 800余家、农业社会化服务主体900余家。

【农业生产】 扎紧“米袋子”。坚持以高产示范创建带动全域均衡增产，粮食单产、人均占有量长期领跑全省。广汉市再创西南地区百亩规模小麦亩产600千克的新纪录，中江县连续15年位居全省第一产粮大县。

丰富“菜篮子”。在全省率先建立能繁母猪政策性保险保费全额财政统筹机制，全市建成规模养殖场1 300余家，规模化率达61%。全年出栏生猪275万头，能繁母猪存栏稳定在12.4万头以上。

拎稳“油瓶子”。完成大豆种植35.23万亩，发展大豆玉米带状复合种植4.09万亩，打造集中连片的全程机械化示范区5 000亩。全市油菜籽产量24.8万吨，增长5%；单产198.9千克/亩，位居全省第一。

【乡村人才振兴】 加强专业技术培训。推进全市基层农技推广体系改革与建设项目落地见效，将选优配强镇村领导班子纳入“十四五”人才发展规划和深入推进新时代人才强市战略。实施新时代基层干部培训计划，举办主题培训班14期，全覆盖培训乡村干部1 337人。

突出专业人才选育。出台乡村人才振兴“十条措施”，创新实施乡村CEO孵化计划、合伙人计划、“金领”人才选拔计划，培育产业带头人、吸引合伙人、优选新农人，全市遴选“天府农业大师”2人、“德阳英才农业大师”6人，选聘农业科技特派员75人、乡土科技人才20人。

实施高素质农民培育工程。争取中央资金427万元，以新型农业经营主体负责人为主要培育对象，全年培育高素质农民1 247人。

做好乡土精英培养。在全省率先推进职业农民制度试点，创新“本土导师+外出寄学”模式，推行与城镇职工同等退养制度和住房公积金补贴试点。全市认定职业农民4 500余人，纳入试点1 000余人，相关经验被国家、省上肯定，并代表全省在2022年国家乡村人才振兴促进共同富裕大会上作经验交流发言。

【农村改革】 巩固两项改革成果。持续做好两项改革“后半篇”文章，创新开展乡(镇)“综窗”改革优化服务等十大微改革工程，完成第一批19个乡(镇)级片区规划编制。规划组建义务教育集团46个，覆盖267所学校。改造提升便民服务中心213个，8个镇被纳入省级镇村便民服务“三化”试点。

深化农村发展模式。推广“三变”改革“五社”实践经验，市财政每年安排1 000万元奖补集体经济示范村，全市年收入10万元以上的村达464个，创建全省合并村集体经济融合发展试点先进村8个，入选全省新型农村集体经济发展十大优秀案例1个。

创新农村金融服务。创新推行“政企银交担保”综合金融服务模式，建立乡村“金融顾问”服务团，全市政策性信贷担保在保余额达10.3亿元。鼓励和引导各类农村产权进入全市农交所规范有序流转，推动全市农村闲置资产资源盘活利用，德阳农交所累计交易金额突破100亿元。

【大美乡村建设】 改善农村人居环境。新(改)建农村卫生厕所3.1万户，全市农村卫生厕所普及率达93%。生活垃圾收转运体系实现全覆盖，生活污水得到有效治理的行政村占比达75%。开展村庄清洁行动的行政村(含涉农社区)843个，实现村庄清洁活动全覆盖。

实施“五网”攻坚行动。制定《德阳市农村公共基础设施“五网”建设三年提升攻坚行动实施方案(2022—2024年)》，全面启动农村路、水、电、气、讯“五网”建设三年攻坚，实施“五网”项目141个。全市农村自来水普及率达86%，农村电气通信、物流网点、“雪亮工程”视频监控覆盖率均达100%。新(改)建农村公路393千米，实现“金通工程”全覆盖，创建国家级、省级“四好农村路”示范县5个。

提升乡村善治水平。推广罗江区“定向议事代表会议制度”，完善“四议两公开一监督”“一表三审”等工作机制，推动“积分制”“清单制”，创建国家级、省级乡村治理示范镇村47个，5个先进案例入选全国典型，罗江区被纳入全国乡村治理体系建设试点。

【产业融合发展】 发展“一村一品”“一乡一业”，增强特色农产品的综合竞争力，什邡市湔氐镇聚焦黄背木耳产业入选2022年国家农业产业强镇创建名单，中江县永安镇永安村(中江柚)被评为第十二批全国“一村一品”示范村镇。坚持把发展休闲农业和乡村旅游，推动农文旅融合发展作为实施乡村振兴战略、推动农业转型升级、促进农民增收的重要途径，拓展农业多种功能，发展休闲、观光、体验、科普等新业态，绵竹市获评“2022年全国休闲农业重点县”。

【农村科技】 以旌阳区和罗江区为重点，加快推进国家级杂交油菜制种大县建设，打造“种子芯谷”。开展先进智能农机装备应用示范，推行“五良”融合宜机化改造，全市建成水稻、油菜制种基地5万亩。3个品种获评省“稻香杯”特等奖，位居全省第一；四川郧牌种业获评四川省“专精特新”中小企业、四川省领军种业企业。全市主要农作物综合机械化率达76%，居全省第二位。

【乡风文明提升】 推动精神文明提升。

推进新时代乡风文明建设“十大行动”，广泛开展星级文明户评选，巩固提升全国文明城市创建成果，首轮复查成绩居全省第二位，累计创建国家级、省级文明镇村50个、文明家庭15户。

加强公共文化供给。实施乡村文化振兴“百千万”工程，推进省、市样板村镇建设，开展绵竹年画节、罗江诗歌节等传统节日和特色民俗活动。建设村级综合文化服务中心，全市创建省级样板村镇5个，入选全省片区中心乡（镇）公共文化服务提质增效试点3个。

发展农文旅新业态。推行“农业+文创+旅游”发展模式，实施重点文旅项目7个，打造天府旅游名镇、名村等重点名片，建成国家级、省级乡村旅游重点镇1个、重点村14个，创建天府旅游名镇3个、名村2个、名品2个，绵竹市、广汉市先后创建为全国、全省全域旅游示范区。

【主要领导人】 市委书记：靳磊（5月止），李文清（5月始）；市人大常委会主任：卢也；市长：刘光强；市政协主席：何明俊；分管农业副市长：卿伟（9月止），向赟（9月始）。

德阳市编写组

旌 阳 区

【基本情况】 2022年，全区辖7镇6个街道，辖区面积648平方千米。

2022年，全区实现地区生产总值860.46亿元，增长2.9%，其中第一产业增加值44.99亿元，增长4.1%，农、林、牧、渔及农林牧渔服务业之比为49.5∶1.6∶38.2∶4.8∶5.9；第二产业增加值399.25亿元，增长3.1%（工业产值351.56亿元，增长2.7%）；第三产业增加值416.22亿元，增长2.4%。三次产业对经济增长的贡献率分别为8.2%、50.3%和41.6%。劳务输出12.58万人，收入39.71亿元。

公路通车里程1 235.72千米（其中乡村公路1 018.495千米），路网密度达190.7千米/百平方千米、14.91千米/万人。社会消费品零售总额163.8亿元，增长1.8%。地方公共财政预算总收入完成29.32亿元，增长12.6%；公共财政预算总支出52.92亿元，增长198.5%，其中农业投入4.52亿元，占支出的8.5%。金融机构各项存款余额1 488.48亿元，同比增长14%；各项贷款余额1 122.09亿元，同比增长14.3%。全年农业保费收入0.16亿元，增长44.48%；处理各项赔款和给付金额727.97万元，下降11.95%。

有各类学校94所，在校学生61 352人，教职工3 499人，其中普通高校2所，在校本（专）科学生3 055人；普通中学9所，在校学生14 426人；小学29所，在校学生27 642人。有文化馆2个，公共图书馆2个。有卫生机构415家，病床位1 700余张。新型农村合作医疗参合人数3 114人；城乡居民基本医疗保险参保人数31.22万人，参保率98%；被征地农民养老保险参保人数6.49万人，占总人数的9.2%。

【年度农业和农村经济运行】 2022年，全区第一产业增加值达44.99亿元，增长4.1%。农村居民年人均可支配收入达25 966元，增长6.4%。全区主要农产品产量见表1。

【林业】 全年完成营造林16 020万

表1 2022年旌阳区主要农产品产量

主要农产品	单位	产量	同比增减(%)
粮食	万吨	23.40	–1.6
水稻	万吨	14.10	–3.5
小麦	万吨	6.00	0.5
玉米	万吨	1.90	–3.5
马铃薯	万吨	0.70	47.7
油菜籽	万吨	3.00	0.3
蔬菜	万吨	41.40	2.2
水果	万吨	3.20	4.1
肉类	万吨	5.90	2.8
猪肉	万吨	2.60	3.9
牛肉	万吨	0.10	2.9
羊肉	万吨	0.02	3.1
禽肉	万吨	2.80	0.7
兔肉	万吨	0.30	4.3
禽蛋	万吨	2.50	3.5
牛奶	万吨	0.50	3.3

亩，实现林业总产值4.8亿元，森林火灾受害率、林业有害生物成灾率分别控制在0.1‰、3‰以内。

推进国土绿化，做好生态保护。一是做好大规模绿化工作。全区抓住春季造林的黄金季节，以国家储备林项目工程为抓手，组织开展大规模春季造林绿化攻坚行动，共完成营造林16 020亩（人工造林220亩、中幼林抚育15 800亩），义务植树49.5万株，累计参加人数22.1万人次。二是抓好天保工程。按照国家政策规定，继续巩固提升退耕还林成果，做好2022年退耕还林13 127亩退耕还林生态林森林抚育补助的兑现工作。推进省级"一卡通"阳光审批平台退耕应用，对新调整的3个乡（镇）的工作人员开展相关业务培训，新建立工作账户，全区退耕还林生态林森林抚育补助和天保公益林生态补偿兑现工作全部按期完成。三是开展废弃矿山生态修复工作。组织编制《德阳市旌阳区2021年度历史遗留矿山生态修复项目实施方案》，规划完成废弃矿山修复2个（黄许镇猫山页岩矿、双东镇玉平砖厂页岩矿），修复面积8.348 9公顷，项目总投资221.41万元。四是持续推进造林绿化空间规划调查。对下发调查底图的6 974个图斑进行了初步筛选，确定需开展调查图斑2 233个，按照技术规程要求从旌阳区三调数据中提取补充调查图斑2 104个，共计需开展调查评估的图斑数4 337个。五是开展古树名木挂牌立碑。全区共挂置古树保护牌200个、古树群保护碑2个。

依法加强资源管理，构建生态屏障。一是加强对项目建设征占用林地的管理。围绕"依法审批、节约用地，占补平衡"的林地管理机制，特别针对政府重点项目，配合用地单位办理占用林地审核审批工作，全年依法办理征占用林地18件，涉及林地面积24.436 3公顷。二是严格执行限额采伐，加强资源管理。按照"监管严"的要求，严格按照纳入限额管理的林木采伐量不超过采伐限额的规定，协助旌阳区行政审批局发放采伐证97份，采伐林木蓄积1 896立方米。三是开展森林督查和林地变更工作。完成2022年省级下发旌阳区第一批林草湿图斑监测270个核查工作，并通过省级验收；完成2022年森林督查644个图斑外业调查和内业整理工作，并通过省林草局验收。四是做好病虫害监测防治。根据2021年越冬代林业有害生物发生情况调查以及今年初越冬代林业有害生物复查情况，编写全年预测报告和防治计划，加强病虫害情况监测；完成飞机防治森林病虫害工作，作业面积3万亩，防治率达95%以上，蜀柏毒蛾虫害得到有效控制。五是开展森林防火工作。全年协助指导悬挂宣传横幅242幅，固定宣传标识标牌90个，发放各类宣传资料6 000余份，入户宣传2 060户，出动宣传车70余辆次，参与并协助旌阳区森防指办制作宣传视频38条；共排查火灾隐患点位27处，整改27处；排查重要设施和重点目标18处，均已落实责任人；督促电力企业完成排查输配电线路隐患整治16条，总长度22.635千米。指导各乡（镇）清理林下可燃物150亩，共计12吨。六是牵头做好林长制工作。按照省、市关于全域全面推行林长制工作要求，建立起以党政领导负责制为核心的保护发展森林资源责任体系。旌阳区及11个镇（街道）均出台《全面推行林长制实施方案》，设置区级林长2人、副林长8人，镇（街道）级林长22人、副林长17人，村（社区）级林长146人，监督员146人，护林员140人，区、镇（街道）、村（社区）三级林长以及护林员、监管员全部设置完成，实现林长制全域覆盖。

加强科技创新应用，发展林业产业。开展林业科技培训，根据全区林业生产发展现状，结合林业发展技术需求实际，举办林业实用技术培训班2期，培训林农100余人次。加强现代林业园区建设，结合《德阳市现代林业园区认定管理办法（试行）》对照认定标准，对标对表逐项梳理完善，开展申报市级现代林业园区双东东美枣现代林业园区1个。做好森林食品安全监测，全区共完成花椒等香辛类、竹笋等森林蔬菜、核桃等坚果类15个批次的产品及产地土壤环境抽样检测，按照果品成熟期，对辖区内销售量大、实行连片经营的林果园开展抽样检测，涉及新中镇、双东镇、和新镇等，所有样品均送至四川省林产品质量安全检验监测中心检测。

【扶贫开发】 夯实脱贫基础。一是健全政策机制。落实"四个不摘"要求，对应省级"1+37"政策体系，建立50万元防贫基金，出台监测帮扶、资金项目、"三保障"、乡村建设等63项配套政策，制定年度实施方案，明确6方面17类51项任务，全面推进工作落地落实。二是优化帮扶力量。选派"第一书记"13名、驻村干部12名，建立省级乡村振兴重点帮扶村"7个1"帮扶体系。稳定2 600余名帮扶干部，与帮扶部门形成责任捆绑，形成强大帮扶合力。三是深化综合保障。义务教育阶段适龄儿童少年无一人辍学失学，脱贫户家庭学生资助政策全覆盖、不遗漏，应读尽读、应学尽学良好态势继续稳定。夯实医疗救助托底保障，脱贫人口参保率100%。推进"六类对象"危房维修加固等，更多的农村低收入群体通过危房改造政策改善现有住房条件。全面监测农村水质动态，保障饮水安全，4 704户10 509人脱贫群众"两不愁三保障"和安全饮水持续巩固。

守住底线任务。一是做实防贫监测。加强收入情况、"三保障"和饮水安全实现情况等实时动态监测，紧盯家庭年人均纯收入6 800元的监测标准，优化监测流程，实现15天内快速识别认定监测对象。全区共识别纳入监测对象112户231人，其中2022年新增监测对象47户102人，17户32人监测对象稳定消除风险。二是加强风险排查。开展两轮集中排查，核实农户因病、因灾、因就业不稳、因突发严重困难等返贫致贫风险线索1.5万余条。创建数字农业返贫监测模块，采集9万户23万人农户基本信息，全面打造返贫致贫风险信息数字底座。三是持续稳定增收。从“四项收入”分析入手，在产业和就业两个增收点上持续发力。按照“产业精准到户、利益联接到人”的思路，鼓励脱贫群众发展到户产业，发放小微产业项目补助2 100余户。推进脱贫群众就业促进行动，实施省外务工交通补助，持续开发公益性岗位，实现脱贫劳动力就业4 817人。全年全区脱贫群众人均纯收入达13 707元以上，增长14.3%。

巩固提升成果。一是用好衔接资金。全年安排各级衔接资金6 670.8万元，实施项目102个，建设一批以提产业发展、补基础短板为重点的衔接资金项目。清理出2013—2020年扶贫资产1 428处，资产原始价值16 023.83万元，所形成的扶贫资产均已移交资产所有权人。对已确权移交的资产，按照经营性资产、公益性资产、到户类资产分类管护，让扶贫资产持续发挥效益。二是重点区域发展。依据自然风貌、人文环境、乡土文化等资源禀赋，编制泰康村、白河村、福兴村3个乡村振兴重点帮扶村产业规划，聚焦短板、明确重点，推动乡村产业可持续发展，巩固脱贫攻坚成果。三是推进问题整改。以问题为导向，同步推进巩固脱贫成果各类问题整改，制定整改工作方案，以“清单制+责任制”形式，梳理问题台账，规定整改时限，全面举一反三，逐项制定整改措施，全面补齐短板弱项。

【农村教育】 优化整合农村教育资源。将新中学校、和新思源学校、通江学校3所学校初中部均整体并入东湖博爱初中；撤销德新小学分部，师生整体并入德新小学。深化中小学合作共建共同体改革，推进4所中学合作共建共同体、5所小学合作共建共同体、4所幼儿园合作共建共同体、7个教育集群及一体化学校改革，让优质教育资源服务乡村学校发展。

加强农村教师队伍建设。招聘新入职教职工144名，分配到农村69名，占比47.9%。鼓励城区优秀干部教师到农村学校交流轮岗，选派农村优秀青年教师到城市学校顶岗交流学习。提高农村教师待遇，完成全区1 287名乡（镇）工作教职工乡（镇）工作补贴发放313.405万元。建立2个农村名师工作室，引领乡村教师专业成长。

提高农村教育质量。继续推进“国家级信息化教学实验区”建设，科学完善课堂教学模式。推进“双师课堂”，实现全区52个班级、5 000余名学生共享“旌京双师”优质课堂。

促进城乡师资不断均衡。持续深化“区管校用”改革，落实中小学校长教师交流轮岗制度，逐步增加“区管校用”直管教师编制，2022年秋季纳入“区管校用”统一管理的直管教师和交流干部教师共计342人，其中到农村任教198人，占58%；部分美术、体育教师实行“跨校走教”，缓解了部分农村学校紧缺艺体学科教师的问题。交流人数达到符合交流轮岗条件教师数的17.6%，其中骨干教师占比达42%。

不断改善农村学校办学条件。总投资1 100万元，对袁家可育学校、孝泉民族小学、孝泉中学、东湖博爱初中、新中学校5所乡村学校运动场进行升级改造；对柏隆小学附属幼儿园、和新思源学校、德新小学、黄许初中、双东小学、通江学校6所乡村学校校舍进行维修，投资建设通江学校云朵教室，并利用初中整合后的闲置教育资源改建教师公寓，推进温馨校园建设。

【农村科技】 围绕旌北现代粮油园区、红光印象现代农业园区建设规划，重点扶持粮油、绿色蔬菜、大豆玉米等产业发展，立项实施科技项目17项，争取各级项目资金124.72万元。培育黄土河专合社、民为天等龙头企业5家，瑞禾源专合社获批德阳市第二批特派员专家工作站，凯维乎等7家涉农企业、合作社通过2022年度国家科技型中小企业认定。完成科技部自然人科技特派员登记备案112名、法人特派员登记备案20名。依托特派员专家工作站等平台，培育打造科技示范基地3个，引进“旌优781”“锦甜糯198”“川蜜脆甜瓜”“川茄五号”等新品种20余个，推广“优质水稻轻简化栽培及机械化插秧技术”“猕猴桃农机农艺融合高效生产技术创新与应用”“智能化蔬菜生产关键技术”等新技术37项。组织农村科技特派员到镇、村开展科技特派团乡村行活动，全年共开展农业技术专题讲座12场，开展科技咨询服务20次，接受农户咨询1 000余人次。新建“四川科技兴村在线”旌阳区平台，选派专职分诊员1人、入库信息员151人、专家79人，全年共解答技术咨询559条，服务涉农企业、专合社及种养大户近100次，上报成果转化、产业支撑、供销对接信息30条，挽回农户经济损失100余万元，平台服务实现10个镇（街道）69个行政村全覆盖，构建了全程高效的服务机制。

【农村卫生】 辖区内常住居民828 000人，建档735 210人，健康档案建档率88.77%；辖区内应建立预防接种证人数50 774人，已建立预防接种证人数50 774人，建证率100%。全区0～6岁儿童眼保健和视力检查覆盖率93.63%；高血压患者管理53 580人，基层规范管理服务率68.82%；2型糖尿病患者管理23 147人，基层规范管理服务率66.24%；老年人中医药健康管理率70.06%；儿童中医药健康管理率85.02%；传染病和突发公共卫生事件报告率100%；居民规范化电子健康档案覆盖率68.63%；65岁及以上老年人城乡社区规范健康管理服务率60.54%；社区在册居家严重精神障碍患者健康管理率88.07%；肺结核患者管理率99.33%；传染病和突发公共卫生事件报告率100%。

全年有条件的单位实行先诊疗后付费，共救治3 092人次，免除挂号费2 337

人。通过大病定点医院专项救治，组织专家科学制定诊疗方案，严格分级诊疗和开展分类实治行动，全区全年大病入院病例110人，累计救治136人次，救治好转率99.26%；发生医疗总费用59万元，自付5万元，自付比为8.6%。

【农村法制建设】 普法宣传。全面落实旌阳区“八五”普法规划，推进法治乡村建设，加强村（社区）法治宣传教育。广泛开展民主法治示范村创建，推进示范引领。抓好村（社区）“两委”班子成员学法用法，推动实施“法律明白人”培育工程，完成每个村（社区）3名骨干“法律明白人”培养，建立“法律明白人”培训师资库，发挥“法律明白人”在推动基层依法治理中的作用。严格执行“谁执法谁普法”责任制，结合“一月一主题”法治宣传活动，联合各部门各单位到乡村、院落开展各类法治专题讲座和集中法治宣传活动120余场次，提高普法宣传的感染力和渗透力。

人民调解。开展人民调解“三查三化三优”专项行动，开展各项领域的民间纠纷排查化解工作，做到矛盾纠纷“应调尽调”，受理率达100%，调解成功率不低于95%，杜绝因调解不力或不当而引发群体性事件或刑事案件。加强人民调解网络建设，建立健全调解组织，建立镇、村人民调解委员会共计76个，确保化解矛盾纠纷的及时性、便利性。加强三大调解衔接协作机制，健全预警性信息报送网络建设，加大重大疑难纠纷和社会不安定因素大排查调处力度。全年开展农村矛盾纠纷排查411次，排查发现矛盾纠纷103件，预防纠纷101件，共调解人民调解案件449件，调解成功446件，调解成功率98%，其中主动申请调解案件108件、依法申请调解案件341件。

法律援助。全面提升法律援助工作质效，将公证咨询、鉴定咨询、仲裁咨询、法律咨询、律师顾问等多种法律需求纳入公共法律服务平台网络，为民办实事。推进法律援助服务规范，落实“应援尽援”，推行法律援助全域通办，同时推进落实法律援助“最多跑一次”和“就近跑一次”。为方便经济困难群众就近就便提起法律援助申请，将各镇（街道）司法所纳入法律援助咨询站点和申请站点，结合村（社区）法律顾问工作，为群众提供便捷的法律服务。全年共受理民事援助案件143件，其中涉及农民工援助案件118件（包括工伤赔偿6件、涉及讨薪112件），为农民工挽回利益损失113余万元；受理涉及农民工来电来访咨询共计700余人次。

公共法律服务。持续加强乡村公共法律服务，加强公共法律服务平台建设。不断完善公共法律服务三级平台建设，共建立区公共法律服务中心1个、公共法律服务工作站共计11个（其中包括4个街道公共法律服务工作站、7个乡/镇公共法律服务工作站）、村（社区）公共法律服务工作室共计145个（其中包括社区公共法律服务工作室76个、村公共法律服务工作室69个），已达到公共法律服务体系平台建设全覆盖。

行政执法监督。编制《德阳市旌阳区行政许可事项清单(2022年版)》并公开发布。《清单》共236项行政许可事项，涉及区、镇两级人民政府，27个区级相关行政执法部门。组织全区行政执法人员参加网络培训、依法行政业务培训会和行政执法人员资格认证考试，镇（街道）共计17人考试合格，促进了基层行政执法队伍整体素质和业务能力再提升。

【农村交通】 全区公路总里程达1 235.72千米，其中农村公路1 018.495千米（县道217.685千米、乡道241.468千米、村道559.342千米），路网密度190.7千米/百平方千米。全区撤并建制村与新村委会之间直连道路硬化率100%，且路基宽均达4.5米及以上；所有行政村均通四级及以上公路。

推进农村公路建设。根据省、市各项重点工作，加大农村公路建设投入力度，全面提升区域农村公路通行能力。一是完成糖场桥重建工程、较大规模自然村通硬化路项目、撤并建制村畅通工程、临江寿崴路改线等项目建设，推进古什路、环湖路、福白路、双碾大桥重建工程等项目建设。二是推进民生工程建设，省定、市定民生工程8.8千米目标任务已全面完成。在项目建设过程中均严格开展质量、安全、环保、农民工工资支付等监督检查工作，共计完成工程项目检查160余次。

开展乡（镇）级片区交通运输专项规划编制工作。为落实全省乡村国土空间规划编制和两项改革“后半篇”文章工作会议讲话精神，按照省、市县域内片区划分工作部署，形成旌阳区县域内乡（镇）级片区交通运输专项规划。规划旨在分析农村公路发展现状及主要问题，结合四大片区经济社会发展对农村公路的新要求，科学确定路网规模结构及布局方案，指导全区农村公路建设发展，该规划已通过区级工作专班审查。

【农村社会保障】 截至2022年年底，全区城乡居民基本养老保险参保人数31.22万人，年征收保险费11 797.34万元（个人缴纳及账户划入），财政补贴7 125.41万元（基础养老金补贴6 817.8万元、个人缴费补贴307.61万元）；领取待遇人数5.32万人，年支出养老待遇8 416.52万元；衔接相关部门，100%完成2022年全区社会保险扶贫代缴城乡居民基本养老保险费工作。

农村社会保险。孝泉镇便民服务中心被省、市医保部门推荐为“十四五”全国医保经办服务优秀案例，旌阳区医保工作获得全市医疗保障工作综合考核第一名。河北省三河市，四川省泸州市、阿坝州、金堂县等10余个省内外医保单位分别到旌阳区交流学习医保工作先进经验做法。

医保基金。医保覆盖面不断扩大，全区基本医疗保险参保率稳定在98%以上。全区城乡居民医疗保险参保人数31.22万人，基金收入3.23亿元；职工基本医疗保险参保人数8.93万人(其中生育保险参保人数5.35万人),基金收入3.52亿元。城乡居民医保财政补助标准每人不低于610元,职工大额医补年度累积报销封顶额由40万元提高至50万元。全区异地备案1 066人次,住院费用手工报销1 658人次808.85万元;职工住院报销8 940人次3 918.12万元,居民住院报销3.02万人次7 964.71万元;"两病"待遇6.72万人次687.93万元,门诊特病补助20.86万人次8 197.52万元;职工门诊个人账户保障7 172万人次15 495万元,城乡居民门诊待遇保障42万人次1 166万元。保障新冠疫苗接种费用,全年拨付疫苗接种费用30万人次299万元。

业务工作开展。一是业务经办提档升级。推进跨区域医保领域合作,持续优化异地就医流程,取消成都、重庆等区域285家定点医疗机构异地就医备案。推进跨省门诊费用直接结算,跨省异地门诊特病支持高血压和糖尿病的跨省异地联网结算。推进成德同城化,使用同一服务协议,实现成德眉资职工参保关系转移"一站式"通办,全年完成成德眉资医保关系无障碍转移569件,其中转入359件、转出210件。推进与成都市成华区开展医保协作,探索解决医保关系转移、异地就医等4项合作。推进医保信息化建设,做好省医疗保障一体化大数据平台工作,加大医保电子凭证推广应用,印发宣传单1万余张,全区医保电子凭证已开通16万余人。基金监管持续有力,建立问题清单反馈制,加大监督检查和处罚力度,加强警示教育。全年开展日常监管312家次,约谈、限期整改312家次,暂停支付51家次、暂停协议2家次,拒付/追回违规金额407.27万元,处违约金45.86万元,曝光医保案例400例,移交司法案件1例。加大医保基金监管宣传力度,开展集中宣传月活动2次,开通举报投诉热线,滚动播放宣传视频、标语3 000余次,发放宣传折页6万余份,利用"大走访"、现场宣传、监督检查"面对面"宣传3 000余人次,发放宣传凉扇等宣传品2万余份,发放《条例》问卷调查500余份,在全区营造打击欺诈骗保、维护基金安全的良好氛围。三是医保改革全面落实。推进DIP支付方式改革,按病种分值付费(DIP)试点工作在全区所有医院实施,加强医保智能监控示范点建设。做好职工医保门诊共济保障机制政策在全区落地实施准备工作。推进药品集中带量采购,抓好新版国家医保目录执行,全年带量药械采购13批次,13家医院采购总费用1 233.4万元,解决了群众"看病贵"难题。四是推进医保扶贫有效衔接乡村振兴。健全防止返贫监测帮扶机制,严格落实动态监测机制。做好兜底保障,全面落实医保参保分类资助政策,资助困难群众参保9.2万人4 033余万元。加强医疗救助托底保障,健全救助对象精准识别机制,全年享受医疗救助待遇7 344人次、759.1万元。开展对口帮扶,与越西县医保局签订互联结对帮扶协议,并捐赠10 000元对口帮扶资金。

特色亮点工作。一是医保服务体系下沉。推进"互联网+医保"服务,在镇(街道)、村(社区)设置医保服务窗口。打造"医保十五分钟服务圈",以孝泉镇便民服务中心创建全国医疗保障基层服务优秀案件为契机,成体系推动医保服务事项向基层延伸。授予孝泉镇便民服务中心等4个基层便民服务机构为"旌阳区医保基层服务示范点";以"综窗+医保"的模式,在全区覆盖38个基层综窗点下沉30项医保服务事项,超过省、市要求16项,占应下沉事项数量总数的187.5%。在121个非综窗点村(社区)下沉办理13项医保服务事项,超过省、市要求3项;在中医院建立"医保服务站",下沉18项医保务服事项,办事效率提升90%,打通服务群众"最后一公里"。二是持续提升医保经办水平。创新制作"温馨提示卡",建立医保大厅领导带班制度,为群众办实事、解难事。推进经办服务"六化"服务,推行"综合柜员制",40项医保业务实现"一窗通办"。提升服务能力,"点对点"做好业务培训和服务指导。进行全覆盖走访,实地调研、征询意见,针对问题制定相应解决措施。全年接受办事群众书面表扬信3封、锦旗7面。二是农村特困人员救助供养制度。农村特困供养实现"应养尽养",全区农村特困人员供养标准为676元/月,截至2022年年底,全区有农村特困供养人员1 056名,全年累计发放农村特困供养金943.88万元。农村低保标准为520元,全区农村低保人数2 130户3 190人,比上年减少24.16%;全年累计发放农村低保金1 396.39万元,比上年减少24.53%。

【农村生态建设及环境保护】 推进生活垃圾分类。印发《德阳市旌阳区进一步推进生活垃圾分类工作实施方案(2021—2025年)》《德阳市旌阳区生活垃圾分类宣传工作实施方案(2022—2025)》《德阳市旌阳区推进生活垃圾分类工作领导小组关于下达2022年生活垃圾分类工作目标任务的通知》以及《德阳市旌阳区2022年生活垃圾分类宣传工作计划》,明确全年工作目标以及区级各部门工作职责;有序推动"三定一督4+3"分类模式(定时、定人、定点,专职督导),结合全区实际情况,推进垃圾分类精品示范片区打造,对垃圾分类收集设施进行提升改造,逐步配套三无小区垃圾分类设施;加强组织领导,齐抓共管,建立健全生活垃圾分类处置的常态化、长效化机制,组织各街道、社区、行业主管部门开展生活垃圾分类实地督查。

推进生活垃圾收运处综合服务项目。截至2022年年底,项目共完成投资约2 100万元,基本建成城市生活垃圾分类收转运体系(主要包括垃圾分类亭260座、电动垃圾分类转运车50辆、餐厨垃圾专业转运车2辆、四分类垃圾分类桶2 900个、新(改)建垃圾收集房60座、10辆大型垃圾压缩转运车等,黄河新区中转站垂压设备已完成安装）；镇（街道）垃圾中转站改造升级项目按计划实施，点位建设已基本完成，有序进行水电安装；11月，区农业农村局接手黄河新区中转站改（扩）建项目，已完成前期各类手续办理，对施工图部分进行完善。

开展污水处理。为推进污水治理，保障污水处理厂正常运转，改善农村水域生态环境，结合“双随机、一公开”检查制度，定期和不定期相结合，采取聘请专家的方式，对污水处理厂运行开展监督检查合计26家次，发现问题11处，下发整改通知单11分，全部整改完毕。协调黄许镇政府、区生态环境局、“两狱一所”相关人员解决黄许污水处理厂站前溢流问题，并将整治方案上报区政府。一是落实《四川省农村生活污水治理三年推进方案》。探索符合旌阳区特点的农村生活污水治理模式，坚持以农村生活污水减量化、分类就地处理、循环利用为路径，组织各镇（街道）开展农村生活污水治理信息调查，摸清全区农村生活污水治理现状。截至2022年年底，全区农村生活污水得到有效治理的行政村占比为83.56%。二是实施农村生活污水治理“千村示范”工程。全年争取省级奖补资金96.8万元，用于柏隆镇南平村和新中镇茶店村2个聚居点“千村示范”工程建设，建成后解决122户约328人的生活污水处理难题。三是开展农村黑臭水体排查。印发排查黑臭水体的相关通知（德市旌环函〔2022〕11号），指导各镇（街道）开展黑臭水体排查，要求镇（街道）定期排查巡检辖区内水体状况，防止黑臭水体产生，并定期报送工作开展情况，全区无农村黑臭水体。四是建立健全农村生活污水处理设施运行维护长效机制。全局联合区农业农村局、区住建局、区财政局、区发改局、区水利局和区乡村振兴局制定《旌阳区农村生活污水处理设施运行维护管理办法（试行）》，科学合理确定农村生活污水处理设施运维管理模式，将农村生活污水处理设施的运行维护管理经费纳入财政预算，持续保障农村生活污水治理设施正常运行。五是开展已建成农村生活污水处理设施专项巡查工作。组织开展农村生活污水处理设施排查整改专项行动，全区农村生活污水处理设施正常运行率达90%以上。设计日处理能力20吨及以上的农村生活污水处理设施经监测全部达标排放。开展农村生活污水处理设施日常巡查检查。

统筹推进人居环境整治。全区落实中央、省、市、区关于实施乡村振兴建设行动的要求，履行主管单位的职责。实施9个人居环境整治项目，总投资7 689.84万元。做好农村环境综合整治，在柏隆镇南平村和新中镇茶店村实施完成农村环境整治，并根据《农村环境整治成效评估工作方案（修订）》要求，通过县级自评、市级核查、省级审核的方式对2021年农村环境整治任务进行了成效评估。打造“旌韵高槐”“旌秀桂花”“红光印象”等乡村近郊游IP，为乡村振兴注入二次活力。

加强做好乡（镇）级及以下集中式饮用水水源地保护。全区在用的31个乡（镇）级及以下集中式饮用水水源地已全部完成保护区的“划、立、治”工作。定期开展集中式饮用水水源地水质监测，掌握集中式饮用水水源地水质状况，出现水质异常情况及时处理处置。全区乡（镇）集中式饮用水水源地水质总体达标率为80.65%（未扣除地质原因）。对已划定保护区的水源地进行环境巡查监管20余次，同时结合网格化管理，加强环境风险日常排查，确保群众饮用水安全。

【农村市场体系建设】 建立直播电商助力乡村振兴工作机制，举办2022全国网上年货节、“旌阳好物·暑期欢购”直播季、2022川货电商节德阳分会场暨德阳名品展等线上促销活动34场次。全年累计实现农产品网络零售额7 222.2万元，同比增长27.74%；实现直播交易额1.44亿元，同比增长175.6%。

【劳务开发与返乡创业】 全区通过“四川省公共就业创业服务管理系统”和“德阳公共招聘网”实现市、区、镇（街道）、村（社区）四级就业信息共享。组织开展“春风行动”“民营企业招聘周”“送岗位、送政策下乡”和“就业帮扶”等各类线上线下招聘会50场，发布“就业超市”岗位信息44期，累计提供就业岗位2.66万余个。根据企业和求职者的双向需求，量身定制培训计划，提升就业能力，全年共717人参加项目制培训和创业培训。对5 327人次通过自主参加技能培训并取得职业资格证书的劳动者及时兑现职业技能提升补贴，共组织5 640人次参加培训，发放职业培训补贴145.01万元。补贴高技能人才7人次，发放高技能人才补贴2.1万元。农村劳动者通过有组织或“一带一”的方式累计实现转移就业12.58万人，实现农村劳动力转移就业收入39.71亿元。优化创业担保流程，“快审快贷”方式缩短业务办理时限，全年为66名返乡农民工发放创业类补贴41.3万元，为102名农民工推荐创业担保贷款1 899万元。搭建创业平台，认定秦宓综合体创业基地为区级创业孵化基地，并推荐其认定为市级孵化基地，为返乡入乡的创业者提供优质的创业孵化平台。举办第五届“千里眼”创业大赛旌阳区初赛，承办第五届“千里眼”创业大赛市级决赛，挖掘推荐优质的创业项目参加比赛，为区内优秀创业项目提供展示平台。借助“创梦天府”等大型活动，邀请省级专家实地指导T39文化创意产业园和冶轴文创园等10余家园区内创业项目。

【涉农节会会展】 区商务局组织辖区四川纤多多食品有限公司、四川省马昌恒清真食品有限公司、德阳市明润农业开发有限公司、德阳市养妈食品有限公司、德阳黄许邹氏鹿头禽蛋有限公司、四川素金食品有限公司、旌阳区蜀锦汇家庭农场、四川省崴柏生态农业科技发展有限公司、德阳市浩东食品有限公司、德阳市旌阳区孝泉镇江氏麻饼厂、德阳市红宸味业有限公司等企业参加川渝好物进双城·精品川货重庆展销周活动、首届中外地理标志产品博览会、首届中国（四川）国际熊猫消费节德阳分会场活动、德阳名品消费季活动等展会活动。

【主要领导人】 区委书记：陈天航（3月止），谢斌（3月始）；区人大常委会主任：唐平；区长：谢斌（7月止），李得立（7月始）；区政协主席：谢坤；分管农业副区长：陈然。

旌阳区编写组

罗 江 区

【基本情况】 2022年，全区辖7镇，辖区面积447.88平方千米，其中耕地面积1.9万公顷、基本农田面积1.69万公顷、林地面积0.72万公顷。年末全区户籍人口23.83万人，比上年末减少0.2万人；人口出生率4.6‰，人口死亡率10.5‰，人口自然增长率-5.9‰。全区常住人口20.9万人，与上年持平。

2022年，全区实现地区生产总值171.7亿元，按可比价格计算，比上年增长4%，其中第一产业增加值26.8亿元，增长3.9%；第二产业增加值94.1亿元，增长4.1%；第三产业增加值50.8亿元，增长4.1%。三次产业对经济增长的贡献率分别为16.5%、53.4%和30.1%，分别拉动地区生产总值增长0.6个、2.2个和1.2个百分点。三次产业结构比由上年的15.4∶54.6∶30调整为15.6∶54.8∶29.6。按年平均常住人口计算，全区人均地区生产总值达82 157元，按可比价格计算，比上年增长4%。

有各级各类学校63所，其中幼儿园30所（公办园3所、乡/镇小学附属园13所、民办园14所）、小学17所（乡/镇14所）、中学8所（乡/镇5所）、特教中心1所（设于新盛小学内）、中等职业技术学校3所（德阳通用电子科技学校、德阳中艺科技职业学校、罗江职高）、高等院校3所、教师进修学校1所；学前教育在园幼儿5 026人，学前三年入园率达97.4%；义务教育阶段（小学、初中、特教中心）在校学生15 684人，普通高中在校学生3 291人；学适龄儿童入学率100%，小学毕业率99.89%，初中适龄少年入学率100%，初中毕业率100.17%，九年义务教育巩固率102.54%。

【年度农业和农村经济运行】 2022年，全区实现农林牧渔业总产值45.49亿元，比上年增长3.9%；实现农林牧渔业增加值28.07亿元，比上年增长3.9%。农村居民年人均可支配收入达20 778元，增长6%；农村居民人均消费支出14 208元，增长6.1%。

【种植业】 全区农作物播种面积4.14万公顷，比上年增长1.3%，其中粮食作物播种面积1.87万公顷，增长1.1%；经济作物播种面积2.27万公顷，增长1.6%。经济作物中，油菜播种面积1.6万公顷，减少0.6%；蔬菜及食用菌种植面积0.5万公顷，增长9.5%；中草药材种植面积0.04万亩。全年粮食总产量13.5万吨，比上年减少0.7%，其中小春粮食产量增长2.2%、大春粮食产量减少1.1%。经济作物中，油料产量5.07万吨，增长0.4%；蔬菜及食用菌产量17.25万吨，增长2.5%；园林水果产量5.68万吨，增长4.3%。

【畜牧业】 全年生猪出栏39.8万头，增长3.2%；牛出栏0.34万头，增长3.5%；羊出栏0.81万只，增长1.2%；家禽出栏558.9万只，增长0.2%。猪肉产量2.98万吨，增长4.1%；牛肉产量0.045万吨，增长1.9%；羊肉产量0.01万吨，增长0.9%；禽肉产量0.99万吨，增长0.2%。

【现代农业发展】 落实粮食安全和耕地保护责任制，出台耕地保护“1+4+1”等政策文件，坚决遏制耕地“非农化”、防止“非粮化”。建成高标准农田2.11万亩，获批四川省高标准农田整区域推进示范县。加快“种子芯谷”建设，推进种业振兴，获批国家级油菜制种大县。晚熟柑橘、贵妃枣、优质蔬菜等特色产业质效显著提升，新增“两品一标”农产品4个。加大新型经营主体培育力度，推进农业社会化服务，提升农业机械化水平，农产品冷链仓储能力达2万吨，入选全省深化家庭农场和农民专合社带头人职业化制度试点县、全省农业生产社会化服务重点县等先进试点。

【乡村振兴】 实施乡村振兴战略，加强乡村基础设施和公共服务能力建设，打造宜居宜业和美乡村。实施农村公共基础设施“五网”建设三年提升攻坚行动，完成城乡供水一体化工程，铺设管网840千米；新建燃气管网55千米；完成撤并建制村畅通工程14.9千米、自然村硬化路38.4千米，改造危桥2座。建成农村集中式生活污水处理设施3座，农村污水处理设施、卫生厕所普及率分别达94.2%、97%，农村人居环境有效改善。加强防返贫动态监测，加大帮扶工作力度，实施衔接项目59个，投资4 393.5万元，持续巩固拓展脱贫攻坚成果。

【农村社会保障】 全县城乡居民基本养老参保人数10.54万人，城乡居民养老保险基础养老金最低标准为每人每月115元。加强社保卡发行情况清理、三代卡的发行、社保卡功能应用宣传及服务，推广使用电子社保卡，累计制发卡24.46万张，有镇、村（社区）及合作银行服务点39个。城乡居民基本医疗保险参保人数19.19万人。生育保险参保人数1.9万人。全年医疗救助资助参保人数12 989人、364.22万元，其中低保2 624人、102.67万元，特困1 499人、48.75万元，监测户136人、3.28万元，已稳定脱贫人员8 730人、209.52万元。全年救助5 793人次、466.54万元，其中低保4 179人次、207.02万元，特困1 186人次、121.73万元，监测户231人次、34.89万元，低保边缘家庭成员16人次、6.12万元，因高额费用导致家庭生活困难人员181人次、96.78万元。

民政救助。全区城乡居民最低生活保障已保障人数4 374人，其中农村2 603人。年末城乡特困供养人员1 448人，其中农村1 395人。年末临时救助累计329人次。有社会福利院16个、床位1 799张，其中敬老院11个、床位1 244张。

【主要领导人】 区委书记：黄琦；区人大常委会主任：谭德明；区长：张天则；区政协主席：黄静；分管农业副区长：杨益。

罗江区编写组

广 汉 市

【基本情况】 2022年，全市辖9镇3个街道，辖区面积548平方千米。全市总户数227 580户，户籍人口591 997人，其中城镇人口270 601人、乡村人口321 396人。全年出生人口2 518人，人口出生率4.1‰；死亡人口6 408人，人口死亡率10.4‰；人口自然增长率-6.3‰。年末常住人口62.7万人，城镇化率60.3%。全年完成营造林333.3公顷，年末实有森林管护面积628.6公顷，林地面积1 438.9公顷，森林活立木蓄积量7.6万立方米，森林覆盖率14.2%。

2022年，全市实现地区生产总值505.5亿元，增长2%，其中第一产业增加值45.2亿元，增长4.5%；第二产业增加值257亿元，增长1.2%；第三产业增加值203.3亿元，增长2.4%。三次产业结构比由上年的8.5∶50.9∶40.6调整为8.9∶50.9∶40.2。人均地区生产总值达80 615元，比上年增加2 941元，增长1.8%。

【年度农业和农村经济运行】 2022年，全市实现农林牧渔业总产值75.6亿元，增长4.5%，其中农业总产值48亿元，增长4.7%；林业总产值0.2亿元，增长13.5%；牧业总产值19.9亿元，增长4.4%；渔业总产值3.3亿元，增长4.1%；服务业总产值4.2亿元，增长3.6%。

农村居民年人均可支配收入达25 799元，增长6.1%，其中工资性收入13 548元，增长7.1%；经营净收入9 181元，增长5.4%；财产净收入1 199元，下降1.7%；转移净收入1 871元，增长8.7%。农村居民年人均生活消费支出达19 505元，增长6.4%，其中居住消费支出增长12%，生活用品及服务消费支出增长8.8%，交通通信消费支出增长4.3%，医疗保健消费支出增长0.8%。农村居民恩格尔系数为34%。全年水产养殖面积805公顷，与上年持平；水产品产量1.5万吨，增长3.5%。年末农业机械总动力达28.6万千瓦，增长2.3%。农村面貌提升向好，完成四大镇级片区划分，改造农村户厕5 515户，创建“干净整洁院落”20个，三星堆镇入选首批“省级百强中心镇”，向阳镇、连山镇石梯村等“一镇三村”分别被评为省级乡村振兴先进镇、示范村。

【现代农业建设】 完成新一轮国土空间规划编制，“三区三线”划定永久基本农田37.06万亩、生态保护红线7.43平方千米。农业“压舱石”地位稳固，“非农化”“非粮化”问题整改基本完成，农户承包耕地撂荒全部复耕。新建高标准农田2.27万亩，粮食总产量稳定在31.5万吨以上；小麦规模化生产百亩连片单产600千克，创西南地区纪录，新认证“三品一标”农产品15个，农产品质量安全追溯平台增至182家。在全省率先组建粮食生产类家庭农场产业联合体，入选第四批农民合作社质量提升整县推进省级试点县，国、省级示范场示范社达6家。三水镇友谊村被评为全省新型农村集体经济发展十大优秀案例。

【种植业】 全年农作物播种面积71 143.8公顷，增长1.6%，其中粮食作物播种面积66.2万亩，增长0.5%。全年粮食产量31.4万吨，减少1.3%，其中水稻产量19.9万吨，减少2.5%。

【畜牧业】 全年出栏生猪22.9万头，增长3.3%；出栏牛1.3万头，增长5.5%；出栏肉用家禽1 149.1万只，增长0.4%。肉类总产量4.2万吨，增长2.5%，其中猪肉产量1.7万吨，增长4.8%；牛肉产量0.2万吨，增长3.7%；羊肉产量113吨，增长5.4%；禽肉产量1.9万吨，增长0.9%。禽蛋产量1.6万吨，增长3.6%。年末生猪存栏13.0万头，减少1.8%。

【农村水利】 全年水利建设完成投资1.2亿元，新建堤防1.86千米。有效灌溉面积39.34万亩（其中耕地灌溉面积38.59万亩、林地灌溉面积0.75万亩），完成水土流失综合治理面积2.1平方千米。

【农村社会保障】 全年城乡居民基本养老保险参保人数14.5万人，减少0.3万人。城乡居民基本医疗保险参保人数41万人，减少1.9万人。全年财政衔接推进乡村振兴补助资金共6 987.2万元。全年共有1 929人享受城市居民最低生活保障，3 277人享受农村居民最低生活保障，城镇和农村最低生活保障分别为620元/月/人、430元/月/人，累计月人均补差水平为城市442.2元、农村323.6元。全市有农村特困人员864人，农村特困人员供养标准为676元/月；集中供养506人，集中供养率达100%。全市共有养老机构17个、床位2 201张，其中公办养老机构12个、民办养老机构5个（含公建民营1个），公办养老机构床位1 742张、民办养老机构床位459张（含公建民营33张）。建立社区服务机构（党群服务中心数量）62个。

【主要领导人】 市委书记：王锐；市人大常委会主任：张启兵；市长：杜尚武；市政协主席：何敏；分管农业副市长：胡羽宇。

广汉市编写组

什邡市

【基本情况】 2022年，全市辖8镇2个街道，辖区面积821平方千米。年末全市总户数17.1万户，总人口41.6万人，其中非农业人口15.3万人。全年出生人口1 755人、死亡人口5 096人。年末常住人口40.8万人，城镇化率56.8%。

2022年，全市实现地区生产总值433.7亿元，按可比价格计算，比上年增长3.9%，其中第一产业实现增加值41.1亿元，增长4.4%；第二产业实现增加值219亿元，增长3.2%；第三产业实现增加值173.6亿元，增长4.6%。人均地区生产总值达106 292元（按年平均常住人口计算），增长3.9%。三次产业结构比由上年的9.3∶50.4∶40.3调整为9.5∶50.5∶40。全市城乡最低生活保障人数94 828人次，其中农村72 958人次。

【年度农业和农村经济运行】 2022年，全市农村居民人均可支配收入达25 795元，增长6.3%；农村人均生活消费性支出19 472元，增长6.3%。全年人工造林面积33公顷，人工更新面积32公顷。全年机电排灌面积11 067公顷，年末农业机械总动力达18.6万千瓦。

【农业产业化发展】 全市坚持实施农业优先发展战略，建成晒烟、蔬菜、食用菌、中药材、猕猴桃等优质农产品生产基地，建成湔氏食用菌、马井蔬菜、马祖车前子等11个现代农业产业示范基地，建成洛水大蒜和隐峰川芎2个现代农业产业示范园区，建成元石“御景园”、皂角“四季东城”、马祖“六合家园”等一批现代农业综合体，申报首批省级特色农产品优势区，打造出“蓥中”茶叶、“马井”泡菜、“但氏”豆腐、“湔氏”黄背本耳等一批知名农产品，相继获得“中国果菜无公害十强市”“全国食用菌优秀基地县”“国家级无公害蔬菜生产示范基地县”等称号。全市农业产业化龙头企业达58家，农民专业合作组织达319家，家庭农场达84家。全市共获得“三品一标”农产品认证50个。

【种植业】 全年粮食作物播种面积比上年增长2.3%。油料作物播种面积5.7万亩，下降4.3%，其中药材种植面积5.3万亩，增长0.6%；蔬菜种植面积22.2万亩，增长2.5%。全年粮食总产量19.3万吨，同比下降0.8%。小春粮食产量增长5%，大春粮食产量下降1.8%。经济作物中，油料产量1.1万吨，下降2.6%；烟叶产量0.4万吨，下降3%；蔬菜产量61万吨，增长3.9%；茶叶产量0.01万吨，增长3%；水果产量0.9万吨，增长12.6%；药材产量1.4万吨，增长1.9%。

【养殖业】 全年生猪出栏增长4.1%；牛出栏增长5.2%；羊出栏增长0.7%；家禽出栏增长0.3%；兔出栏增长0.4%。禽蛋产量增长0.1%。全年水产养殖面积181公顷；水产品产量5 791吨，同比增长3.3%。

【主要领导人】 市委书记：王洪；市人大常委会主任：简鸿彬；市长：晏世莹；市政协主席：黄剑；分管农业副市长：陈林。

什邡市编写组

绵竹市

【基本情况】 2022年，全市辖10镇2个街道，辖区面积1 246.2平方千米。年末全市总户数239 367户，户籍人口486 530人，其中男性人口240 875人、女性人口245 655人，性别比为1∶1.02。全年出生人口1 940人、死亡人口5 195人。

2022年，全市实现地区生产总值406.39亿元，按可比价格计算，同比增长4.1%，其中第一产业增加值38.01亿元，增长4.1%；第二产业增加值215.16亿元，增长4.1%；第三产业增加值153.22亿元，增长4%。一二三次产业结构比为9.4∶52.9∶37.7。按常住人口计算，人均地区生产总值92 360元，同比增长4.1%。城乡居民基本养老保险参保人数181 233人，城乡居民基本医疗保险参保人数332 689人。

【年度农业和农村经济运行】 2022年，全市农林牧渔业总产值67亿元，按可比价格计算，同比增长4.2%；农林牧渔业增加值41.5亿元，按可比价格计算，同比增长4.2%。农村居民年人均可支配收入达25 740元，增长6.3%；人均消费支出18 949元，增长6.8%。全市获得“全国村庄清洁行动先进县”“全国休闲农业重点县”等称号；获评省级乡村振兴示范村3个、省级乡村治理示范村3个、四川省农村法制教育基地1

个、省三星级现代农业园区1个、德阳市一星级现代农业园区1个。发展休闲农业，获评全省休闲农业重点县，被推荐参评全国休闲农业重点县；清平镇圆包村、孝德镇年俗村获评“省级乡村旅游重点村”，清平镇获评“第二批天府旅游名镇”。

【种养殖业】 全年粮食总产量28.1万吨，同比下降1.4%。经济作物总产量45.99万吨，增长4.5%，其中蔬菜及食用菌产量增长5.1%、瓜果产量下降8.4%、中草药材产量增长2.7%。生猪出栏44.54万头，增长3.1%；主要畜禽肉类总产量4.47万吨，增长6.43%。小家禽出栏590万只，增长0.14%。全市有年出栏50头以上生猪养殖规模户680户、年出栏10头以上肉牛养殖户238户、年出栏2 000只以上肉鸡养殖户262户。玫瑰、猕猴桃等特色经济作物种植规模达5.2万亩。

【现代农业建设】 聚焦打造更高水平的“天府粮仓”，全年粮食产量29万吨，生猪出栏44万头。新建成高标准农田3.25万亩，新开工2.1万亩。发放各项惠农补贴1.2亿元，新市镇获评全省农业“丰收奖”先进集体，市农业技术推广中心获评“全国五星基层农技推广机构”。实施现代农业产业化提升行动，剑南粮油、绵远河粮油、粮猪种养循环三大现代农业园区加快建设，园区产值迈上30亿元台阶，新增省级农业产业化龙头企业1家，国家级、省级示范场（社）4家；新增省级家庭农场示范场4个。

【农村社会保障】 全年纳入城乡低保6 544户10 737人，共计发放城乡低保资金4 020.33万元，其中农村低保4 272户7 299人，支出农村低保资金2 237.89万元。救助孤儿13名（其中艾滋儿童1名）、事实无人抚养儿童17名，发放救助金55.2万元（孤儿基本生活费32.6万元、事实无人抚养儿童基本生活费22.6万元）。

【主要领导人】 市委书记：王宏；市人大常委会主任：甘志；市长：耿垣合；市政协主席：肖静；分管农业副市长：古广华。

绵竹市编写组

中 江 县

【基本情况】 2022年，全县辖4乡26个镇（街道），辖区面积2 200.414平方千米，其中耕地面积94 976.67公顷，比上年增长0.27%，人均耕地面积1.06亩；基本农田129.06万亩。年末总人口134.9万人（户籍人口），减少1.0%；人口出生率5.19‰，减少0.82个千分点；人口自然增长率–5.62‰，减少7.27个千分点。本地水资源总量5.26亿立方米，人均占有水资源量389.8立方米。有森林面积6.481 3万公顷，林地面积5.945 2万公顷，活立木总蓄积量489.5万立方米，森林覆盖率29.35%。

2022年，全县实现地区生产总值439.19亿元，增长3.3%，其中第一产业增加值100.23亿元，增长4.4%，农、林、牧、渔及农林牧渔服务业之比为909∶63∶638∶25∶37；第二产业增加值170.37亿元，增长3.3%（工业增加值145.3亿元，增长2.6%））；第三产业增加值168.59亿元，增长2.7%。三次产业对经济增长的贡献率分别为31.9%、37%和31.1%。乡（镇）中小企业从业人员586 800人。劳务输出517 372人，收入1 587 310万元。全年接待游客691万人，实现旅游收入423 800万元。

公路通车里程3 478.845千米，密度158.13千米/百平方千米、25.78千米/万人（其中农村公路3 033.54千米），另有已建成但未纳入数据库的村内联网路3 900千米，所有乡（镇）和建制村均实现通畅。社会消费品零售总额225.49亿元，增长2.8%。地方公共财政预算总收入完成11.6亿元，增长17.5%；公共财政预算总支出63.4亿元，增长9.2%，其中农业投入100 365万元，占支出的15.8%。金融机构各项存款余额665.1亿元，比上年初增长10.5%；各项贷款余额341.4亿元，比年初增长18.5%，其中支持农业产业化发展项目贷款205.43万元。全年农业保费收入0.76亿元，增长40.74%；处理各项赔款和给付金额4 193.16万元，增长20.89%。农业产业化龙头企业国家级、省级、市级分别为1家、8家、41家。

有各类学校286所，在校学生134 435人，教职工7 690人，其中普通中学54所，在校学生50 161人；小学89所，在校学生52 572人；义务教育阶段学校入学率达100%，巩固率达98.91%。有艺术表演团体4个，文化馆1个，公共图书馆1个，博物馆1个。有卫生机构656个，病床位6 366张，卫生技术人员4 534人。城乡居民基本医疗保险参保人数963 760人，参保率98.02%；城乡居民基本养老保险参保人数56.92万人，参保率99.71%。

【年度农业和农村经济运行】 2022年，全县实现农业总产值169.7亿元，增长4.4%；全县全年农业增加值达100.23亿元，增长4.4%。农民年人均可支配收入达19 781元，增长6%。全县省级农产品质量安全例行监测合格率100%。全县主要农产品产量见表1。

【农业产业化发展】 规模化特色优势产业基地建设。中药材产业。一是创新基地建设。以中江县中药材现代农业园区为核心，重点布局在集凤、辑庆等乡（镇），按照“统一规划、合理布局、集中连片”的原则，加强基础设施建设，配套建设田网、路网、水网，建成能排能灌、土质良好、通行便利、抗灾能力较强的高

表1　2022年中江县主要农产品产量

主要农产品	单位	产量	同比增减(%)
粮食	万吨	80.34	–2.38
水稻	万吨	22.60	0
小麦	万吨	12.52	0.97
玉米	万吨	31.10	–6.88
马铃薯	万吨	2.70	–70.00
油菜籽	万吨	11.11	10.10
蔬菜	万吨	49.89	3.97
水果	万吨	6.42	4.38
肉类	万吨	14.03	3.90
猪肉	万吨	8.40	5.00
牛肉	万吨	0.46	15.00
羊肉	万吨	0.29	–3.30
禽肉	万吨	3.80	0
兔肉	万吨	1.00	0
禽蛋	万吨	5.47	3.20
水产品	万吨	1.20	5.60
牛奶	万吨	0.06	0

标准中药材生产基地并创建五星级。二是创新科技支撑。加大中江县道地中药材研发中心培育力度，中心已选育审定新品种4个，制定发布10余项地方性技术标准，突破了中江丹参、中江白芍组织培养研究瓶颈。三是创新生产模式。用好川北道地中药材交易中心公共服务平台，建成中药材产品产、储、销整体服务体系。四是创新融合发展。开展产业基地景区化建设，建设“云上和睦”新村，实现以产兴村、以村促产、产村相融、农旅融合。五是创新利益联结机制。采取“公司+专合社+农户”“公司+基地+农户”等模式，创新“五金利益联结机制”，建成农业产业联合体2家，形成“政府主导、龙头示范、公司运作、农户受益”的中药材产业发展格局。蚕桑产业。一是抓好蚕桑生产宣传发动。全年共组织召开蚕桑生产宣传发动会议共5次，参加人员480余人。二是引进蚕桑技术服务团队。引入湖南三旭农业有限公司入驻中江县，推广蚕桑“分区域多批次不间断养蚕新模式”，签订《“包最低单产、包最低收购价格、包全程技术服务”合作协议》，全年共养蚕8个批次3 786张，鲜茧总产量165.8吨，总产值849万元。三是加强蚕桑园区基础设施建设。整合高标准农田建设项目、蚕桑专项债券项目等涉农项目资金3 800万元，建设蚕桑园区产业道路及桑园田间作业道路30千米、田间排灌沟渠6 000米。四是加大蚕桑政策保险支持力度。根据《中江县2022年特色农业保险实施方案》（江府办发〔2022〕12号）要求，中国人寿财险公司开展蚕桑天气指数特色农业保险，共投保8 000张/亩，政府补贴保险费用18.72万元，农户自付保险费用10.08万元。五是创建蚕桑（粮油）现代农业园区，12月申报为德阳市一星级农业园区。全县桑园面积2.9万亩，鲜蚕茧产量2 212吨。11月24日，与四川省农业科学院蚕业研究所所长刘刚团队签订合作协议，推动蚕桑产业发展。蔬菜（含食用菌）产业。一是做好蔬菜生产信息监测。落实专人完成生产季报信息和价格监测，做到数据真实、有效，及时分析蔬菜产销形势变化，掌握全县蔬菜产销动态，为蔬菜调运提供基础数据依据。二是开展防灾抗灾生产指导。为降低极端天气对蔬菜基地的生产影响，制定《中江县农作物防灾减灾应急预案》，并到基地实地调研督导防灾减灾，采取措施将灾后损失降到最低。三是加强技术培训与交流。开展“蔬菜集约化绿色生产技术”等培训，提升全县蔬菜种植业主的经营管理水平。组织种植大户、蔬菜专业合作社、蔬菜种植企业参加展示展销会，与外地同行开展生产技术交流，助推全县蔬菜产业健康发展。水果产业。重点突出“中江柚”产业，在永安、柏树规划建设中江柚现代农业园区1个，并开展德阳市星级现代农业园区申报，12月申报为德阳市一星级农业园区。“2+2”产业结构。全县确定“2+2”（优质粮油和现代畜牧两个基础产业+道地中药材和优质蚕桑两个特色产业）产业方向，发展全省现代农业“10+3”产业体系中的川粮、川猪、川药、川果（桑）产业，全年粮食作物播种面积221万亩，总产量80.3万吨，连续15年位居全省第一；油菜播种面积54.5万亩，总产量11.1万吨，位居全省第二；生猪出栏116.01万头，位居全省第三。全县稳定种植中药材8.8万亩，中药材产量2.13万吨。1月15日，在四川省科协与澳门科技大学、德阳市人民政府联合举办的2022川澳中医药产业发展论坛上，中江县作《打造道地药材品牌 推进产业化发展》主题报告。

农业现代化示范区创建。12月，中江县被列入全国首批100个农业现代化示范区创建名单，全县成立以县委、县政府主要领导为组长的创建工作领导小组，同时对标全面建设现代化国家大目标，围绕农业设施化、园区化、融合化、绿色化、数字化，以“粮食+”为基础，把园区建设作为推进农业现代化示范区创建的抓手，科学规划“粮食+生猪”“粮食+中药材”“粮食+蚕桑”“粮食+蔬菜”“粮食+中江柚”五大现代农业园区建设，构建国、省、市、县四级联动，梯次发展的现代农业园区体系。完善保障机制，制定工作方案，明确目标任务，层层压实责任，加强组织领导机制、投入保障机制、社会参与机制、监督考核机制，推动科技、资金、人才等现代要素向示范区聚集，带动全县农业农村现代化整体水平提升。

新型农业经营主体培育。印发《关于建立农民专业合作社名录库的通知》（江农发〔2022〕143号），对全县所有依法登记的农民专业合作社建立名录库，推进农民专业合作社标准化、规范化建设。指导、引导小农户组建农民专业合作社，不断提升农民专业合作社发展质量、服务能力和辐射带动能力，构建以合作与联合为纽带、社会化服务为支撑的现代农业经营体系。新增培育并规范发展农民专业合作社31个，组建农民专业合作社联合社3个；新增评定县级示范社12家，创建市级示范社9家，推荐国家级示范社1家。累计创建国家级农民专业合作社7家、省级农民专业合作社示范社33家、市级农民专业合作社示范社67家、县级农民专业合作社示范社72家。新增家庭农场300个，其中省级2个、市级18个。培育高素质农民600人。有市级以上农业产业化龙头企业41家。持续开展农民合作社“空壳社”清理行动，累计注销75个。向上争取中央财政农业产业发展项目资金140万元，其中补助省级及以上示范社3个，每个示范社补助30万元；县级及以上示范社5个，每个示范社补助10万元，已全面完成项目建设。

【农用地产权制度改革】 继续加强对农村集体“三资”的管理，不定期通过德阳市“三农”服务平台对各乡（镇）“三资”进行检查，对检查中存在的问题进行通报并督促乡（镇）及时进行整改。加强对乡（镇）农村集体“三资”管理服务中心人员的培训，9月2日，召开中江县村级财务管理工作推进会及业务培训会，共计100余人参加会议。推进村集体经济组织和村委会账务分设，推行非现金结算。抓好监督检查，督促开展村（社区）“两委”班子成员离任经济责任审计整改，确保发挥审计监督职能、维护审计监督权威；聘用第三方对全县10个乡（镇）116个行政村开展农村“三资”抽查审计。

【农村集体产权制度改革】 全面开展农村集体产权制度改革“回头看”。重点对集体经济组织成员进行查重、核实和完善，防止成员确认出现“两头占”或“两头空”等情况，在产权管理系统中筛查出8 659名重复成员，核对并向省外发出1 584名、省内5 736名成员重复核查函，已完成740名重复成员的核查。

规范村集体经济组织运行。组织开展村集体经济组织“七规范”行动，按照“五个一”标准，健全集体经济组织运行机制，全县已进行登记赋码的集体经济组织450个，其中村级（含涉农社区）444个、乡（镇）级2个、组级4个，均规范有序运行，夯实了集体经济发展基础。

贯彻落实《四川省农村集体经济组织条例》。出台中共中江县委农村工作领导小组关于印发《中江县贯彻落实〈四川省农村集体经济组织条例〉实施方案》的通知，开展县级培训会、解读学习会5次，培训1 330余人次，发放条例单行本、宣传手册及宣传折页3万余份。全县村集体经营性收入3 376万元，其中收入在100万元以上的村有3个、10万～100万元以上的村有87个、5万～10万元的村有120个。

【供销合作社改革】 持续推动“三社”融合发展试点，完成南山村、尖寨村等28个村级供销社登记注册和挂牌，不断完善村级供销社服务覆盖范围。

【农产品品牌战略实施】 实施农产品品牌发展战略，发展绿色食品和有机产品，全县有“两品一标”农产品18个，面积9.75万亩，产量5.68万吨，实现产值8.8亿元。

【现代农业园区建设】 印发《关于推进中江县现代农业园区建设的实施意见》，搭建中江县现代农业园区建设体系。整合各类资金，补齐园区短板，争创省、市级现代农业园区，中江县中药材现代农业园区创建为省五星级现代农业园区，中江县粮食中江柚现代农业园区创建为市二星级现代农业园区，中江柚粮食蔬菜现代农业园区创建为市一星级现代农业园区。

【种植业】 粮油生产。全县粮食作物播种面积221.045万亩，增加4.3万亩，增长1.98%；粮食总产量80.34万吨，减少1.96万吨，减少2.38%，连续16年位居全省第一。油料作物播种面积70.09万亩，增加5.88万亩，增长9.2%，其中油菜播种面积54.45万亩，增加5.29万亩，增长10.8%；油料总产量14.45万吨，增加1.16万吨，增长8.8%（油菜总产量11.11万吨，增加1.02万吨，增长10.1%，位居全省第二）。

高产高效创建。全县共建设粮油高质高效示范片12个，其中水稻（1.2万亩）5个、油菜（27万亩）3个、玉米（1.6万亩）2个、小麦（0.5万亩）2个，示范面积30.3万亩。以通济、悦来、龙台、黄鹿等乡（镇）为核心的2022年“以粮为主，粮经统筹”项目水旱轮作高效种植水稻示范片示范面积0.4万亩，9月4日，农业农村厅组织相关专家进行了现场验收，示范区水稻平均亩产867.6千克，最高亩产881千克。以辑庆、南华等乡（镇）为核心的2022年产粮大县奖励资金项目水稻高质高效创建示范片示范面积0.3万亩，9月4日，农业农村厅组织相关专家进行了现场验收，示范区水稻平均亩产876.4千克，最高亩产909.7千克。在辑庆镇钟楼村会同省农科院打造“川康优637”

百亩示范片，9月4日，农业农村厅组织相关专家进行了现场验收，示范方水稻平均亩产873.3千克，最高亩产884.6千克。以永太、黄鹿、东北、回龙等乡（镇）为核心的2022年天府菜油示范基地建设项目油菜绿色高质高效创建示范片示范面积10万亩；以黄鹿、永太、通济等乡（镇）为核心的2020年中央财政产油大县奖励资金集中使用示范县项目油菜绿色高质高效创建示范片示范面积5万亩；以仓山、永丰、冯店、会龙等乡（镇）为核心的2022年产油大县示范基地建设项目油菜绿色高质高效创建示范片示范面积10万亩，5月9日，农业农村厅组织相关专家进行了现场验收，示范片油菜平均亩产分别达到229.1和225.5千克，最高亩产243.3千克。以辑庆、回龙、龙台等乡（镇）为核心的玉米高质高效示范片示范面积0.3万亩，7月29日，农业农村厅组织相关专家对高产示范片进行现场验收，示范片平均亩产765.2千克，最高亩产810.7千克。专家组认为，示范区选用优质高产抗逆粮种，采用以“缩行增密优配、适时早播避灾、测土配方施肥”为核心的绿色高效生产技术，提高了示范区玉米的单产水平和经济效益，为全县玉米产业发展提供了技术支撑。

粮食适度规模经营。根据《中江县2022年种粮大户补贴实施方案》（江农发〔2022〕120号）文件要求，坚持“统一标准、简便易行”“谁种粮补贴谁”“多种多得、少种少得”“公开、公平、公正”的原则，种粮大户是指承包或租种耕地（包括捡拾撂荒地）达到一定规模，集中种植至少一季主要粮食作物的农户、法人或其他组织，并按经营主体划分，主要有种粮农户、家庭农场、农民专业合作社、土地股份合作社、农业产业化龙头企业等类型，并明确适度规模生产经营者种植一季主要粮食作物面积不低于30亩。财政厅下达全县2022年种粮大户补贴资金686.78万元。

【林业】 国土绿化。编制年度绿化工作方案，分解落实相关责任单位和乡（镇）工作目标任务，开展阶段性工作全面督查，推进目标任务的落实。广泛宣传动员全县各级干部及适龄公民参与春秋季义务植树活动，全年参与义务植树活动人数达56万人次，植树110万株。引导和指导乡（镇）、村、农户、业主、专业合作社及企业参与营造林工作，并与乡村环境整治工作相结合，全年完成营造林总任务2.7万亩，助推了“四好”新农村建设。

退耕还林工程。加强退耕还林工程管理和退耕还林政策宣传，制定年度管理方案，指导乡（镇）完成工程管理质量自查，组织开展县级复查，确保工程建设质量。抓好前一轮退耕还林管护资金兑付，全年共完成128.32万元管护补助资金兑付，资金兑付率100%。

古树名木管理。为贯彻落实《四川省古树名木保护条例》，加强全县古树名木保护管理工作，造林股技术人员和各乡（镇）政府组成排查组于5月13日—6月1日在全县开展中江县挂牌古树全覆盖排查工作，经过初步排查，发现有74株挂牌古树存在不同程度的病虫害、腐烂、损伤、生长异常等会带来危及周边居民生命财产安全的隐患，急需排危，根据实际情况建立问题台账，并安排专业队对此次排查出的亟需排危74株古树进行排危，已按要求完成排危，确保了古树安全和村民的人身、财产安全，维护了社会稳定。

巩固拓展脱贫攻坚同乡村振兴衔接。编制《中江县2022年林业生态脱贫巩固实施方案》，明确年度工作任务。准确核实扶贫对象社保卡信息，确保退耕还林管护项目和集体公益林项目等惠农惠民补助资金直接兑付到人、卡。做好资金兑付前期准备，按时完成资金兑付任务，全年共兑付退耕还林和生态公益林补助资金349.88万元，资金兑付率100%。加强生态建设专项督查，组织相关股室对全县生态建设专项项目进行全面督察，保障农户权益。

林木种苗生产管理。依法严格林木种苗生产经营许可审核、办理，组织相关单位联合对全县林木种苗生产经营者进行全面检查，规范林木种苗流通市场秩序。加强林木种苗质量监管，采取不定期实地抽查方式，确保全县林木种苗质量安全，提升全县林木种苗质量。依法加强林木种苗来源监管，对县域外引进的林木种苗严格执行“双证”准入制，即林木种苗检疫证和林木品种证俱全的外地林木种苗方可进入县内种植，同时采取跟踪监管，确保林农发展林草产业利益不受伤害。培育林木种苗，科学指导育苗户育苗，全年完成育苗0.012万亩，共出产各类优质林木种苗120万株，为全县林草生产提供种苗保障。

林草科技推广与技术服务。依托林业生态“三业”工程行动开展各项技术服务和培训教育，助推全县林业产业发展。年初安排林业技术推广站召集雷竹种植大户、林业技术人员共同编制《中江县雷竹生产管理技术手册》，形成独具中江特色的雷竹生产管理资料供雷竹种植户参考。全年召开林业产业各类现场会4次，培训林农1 000余人次，印发各种林业技术资料1 500余份，发放各类实用技术手册200余册。

食用林产品安全监管。落实食品安全“一岗双责”，抓好林用食品安全。局党组召开专题会议传达学习中央、省、市、县有关会议文件精神，研究部署食品安全工作。落实分管领导、明确局各相关部门职责，立足行业特点，抓好重点工作落实。四川省林产品质量安全检验监测中心在全县随机抽取核桃、雷竹笋、中药材等32批次样品及产地土壤样本，经检测，全县所有产品样本均合格。

【畜牧业】 全年出栏生猪116.01万头、肉牛3.78万头、肉羊18万只、小家禽2 213.29万只、肉兔711.62万只，肉类总产量140 257吨，禽蛋总产量54 685吨，实现畜牧业产值64.96亿元。全县有年出栏500头以上生猪养殖场500余家、年出栏肉牛100头以上规模场29家、年出栏肉鸡35 000只规模场80余家。创建2个部级和16个省级畜禽标准化养殖示范场。

动物疫病防控。持续加强对重大动物疫病的强制免疫。做好全年春、秋两季重大动物疫病集中免疫，全年共免疫牛口蹄疫8.728 1万头次、羊口蹄疫7.8375万只次、猪瘟144.293 8万头次、猪口蹄疫144.464 4万头次、禽流感1 639.464 5万羽次、鸡新城疫1 438.095 3万羽次、羊小反刍兽疫4.864 6万只、兔瘟巴氏杆菌79.562 2万只次、狂犬病免疫10.255 1万只。高致病性禽流感、小反刍兽疫、口蹄疫等动物疫病强制免疫应免密度达100%，群体免疫密度常年保持在95%以上；鸡新城疫、狂犬病、兔瘟等病种的免疫密度达95%以上。做好重大动物疫病监测、流行病学调查工作，持续开展全县非洲猪瘟疫情监测排查，全年排查生猪养殖等场所157 380个次、猪只3 587 840头次；完成非洲猪瘟监测采样17 185份并按规定进行实验室检测，检测结果均为阴性；完成监测高致病性禽流感等动物疫病病原学样品1 190份，检测结果均为阴性，高致病性禽流感、口蹄疫、猪瘟、鸡新城疫、狂犬病等强制免疫动物疫病免疫抗体水平均在70%以上，全面完成省、市下达的动物疫病监测、流行病学调查工作任务；实施动物强制免疫“先打后补”试点工作，全县共补助鸡4 561 920羽、猪25 516头，分别补助资金52.918 2万元、4.082 5万元，为后续开展“先打后补”工作奠定了基础；巩固血吸虫病消除达标成果，全年完成血吸虫病疫区牛的扩大化治疗投药10 527头次，完成血吸虫病监测5 805头（份）次；开展非洲猪瘟“大消毒、大培训、大宣传”行动，春、秋防及主汛期开展非洲猪瘟疫情防控集中消毒灭源共7次，消毒面积8 232.79万平方米，消毒面达100%，防止了非洲猪瘟疫情发生。加强业务培训、做好量化考核，全年通过现场培训、视频会议、微信、钉钉、QQ等形式组织宣传、培训、学习，累计培训人数达4.2万余人次，落实好应急值守、疫情核查报告、应急物资储备等，提高应急处置能力；加强春秋两季动物集中免疫督查，提高免疫效率，对全县422名村防疫员进行考核并将补助直接打卡兑现到人头；出动动物疫病防控督导检查车辆62辆次、督导人员195人次，全覆盖督导纠改问题，推进工作落实。

畜产品质量安全监管。抓好队伍建设，县农业农村局分批次组织基层畜牧兽医站的官方兽医开展动物检疫方法、检疫规程等方面的业务培训72次，及时为符合条件的12名新进职工办理官方兽医身份，充实检疫力量。严把动物检疫关，全县检疫申报点电子出证共计219 407份，其中动物B证63 211份共32 212 490头（只、羽）、动物A证1 865份共2 669 338头（只、羽），产品B证153 902份共20 789 121千克、产品A证429份共2 952 749千克。严把病死畜禽无害化处理关，全年病死生猪无害化处理27 755头，病死牛无害化处理1头，禽类、胎衣等动物产品无害化处理322 008千克。严把动物卫生监督关，加强养殖环节、屠宰环节和调运环节的监管力度，出动监管人员12 368人次。严厉打击违法违规行为，做到“有法必依、执法必严、违法必究”，全年中江县农业农村局共出动动物防疫检疫执法车辆391辆次，出动执法人员1 382人次，立案查处各类违法案件7起，处罚款3.859 2万元。加强乡村兽医管理和培训，全年开展集中培训2次，486人次参加培训，备案乡村兽医243人。

【水产业】 全县有宜渔水面81 131亩，宜渔稻田10万亩。全县淡水养殖面积42 075亩，有稻田养殖面积20 280亩，稳中有升。全年渔业经济总产值达4.22亿元，增长4%；成鱼总产量达12 064吨，增长5.64%，渔业经济总产值和成鱼总产量增长速度位居全市前列。

推进水产健康养殖。推进水产健康养殖，规范养殖生产管理，印发《关于〈中江县水产养殖治理工作方案〉的通知》（江农发〔2022〕118号）文件。推广应用大水面生态增殖、稻渔综合种养等绿色健康水产养殖模式。加强水产养殖生态环境保护。为加大水产养殖对环境影响的防控，保护渔业生态环境，促进水产养殖业的持续健康稳定发展，明确县级相关部门和乡（镇）的职责，上下形成监管合力，采取因地制宜、分类推进等方式，逐步提高水产养殖尾水资源化利用率和尾水治理设施覆盖率，加强水产养殖生态环境保护。开展池塘养殖尾水治理工作。根据四川省财政厅　四川省农业农村厅《关于下达2022年成品油价格调整对渔业补助预算的通知》（川财农〔2022〕95号）文件精神，印发《关于〈中江县2022年成品油价格调整对渔业补助资金建设项目实施方案〉的通知》（江农发〔2022〕118号）文件，有14家水产养殖场实施2022年成品油价格调整对渔业补助资金建设项目，养殖池塘尾水治理面积达1 362亩，提升水产品稳产保供能力。

“鱼米之乡”建设。全县围绕“川鱼”振兴，打造中江特色的“鱼米之乡”，把鱼米有机结合，盘活和利用好稻田、水产等农业资源，实现“米袋子”“菜篮子”和“钱袋子”的有机统一，形成可持续发展的粮食生产机制，破解了种粮效益低、种粮积极性不高、农民持续增收后劲不足的难题。按照《中江县2022年稻渔综合种养循环园区（“鱼米之乡”）建设项目实施方案》要求，新建永太、黄鹿2个相对集中连片5 000亩以上的稻渔综合种养核心示范区，并于7月15日迎接农业农村厅考评验收。

保护渔业资源。“十年禁渔”全面开展，采取召开专题会议、成立以政府“一把手”为组长的领导小组、发布通告、媒体宣传、巡查检查等措施，建立健全机制体制，明确责任分工，并将“十年禁渔”工作纳入政府目标绩效、河（湖）长制、乡村振兴等考核范围。教育宣传形式多样，在重点水域、重点区域粘贴、悬挂和设立禁捕通告、标语和标识标牌，印发典型案例，并运用新闻媒体、公众平台等媒体平台宣传。引导广大群众遵纪守法，依法支持和配合禁捕，全面营造“水上不捕、市场不卖、餐馆不做、群众不吃”的氛围。加强涉渔工程监管，依法依规逐步推动全县水下工程作业渔业资源补救措施审批，落实补偿措施。建立健全跨部门跨区域联合机制体制，全链条全方位执法成效显著，结合“中国渔政亮剑2022”等专项执法行动，加强与农业农村、公安、市场监管、交通等部门的协同配合，加大宣传教育力度，发动群众举报，进村入户摸排线索，对重点河段进行巡查，严厉打击各类非法捕捞行为。全县共出动执法车辆350余辆次、执法人员1 500余人次，开展联合执法29次，发放各类宣传资料22 550余份，悬挂横幅标语78幅，新增禁渔宣传牌10个。县市场监管局查处以“野鱼”等为噱头的宣传、销售渔获物行为2起，县公安局查处非法捕捞水产品案件16起，县农业农村局查处一般行政案件4起，遏制了非法捕捞事件发生，保护了天然江河鱼类资源。开展水产种质资源普查，组织召开全国第一次水产种质资源普查专题培训会，以20亩及以上水产养殖企（事）业单位、合作社、个体户等普查对象为重点，全县共普查水产养殖主体260余个，全面完成省、市下达任务。加强渔业资源养护，开展渔业增殖放流活动，结合6月6日全国“放鱼日”行动，恢复渔业资源、维护长江生态平衡，在郪江河增殖放流鲢、鳙、黄颡鱼、岩原鲤鱼苗32万尾，在凯江河和清溪河增殖放流鲢、鳙鱼苗7万尾，恢复生物多样性，增强河道自净功能。

渔业生产及水产品质量安全。一是抓实渔业生产安全工作。坚持“安全第一、预防为主”，要求养殖户签订安全承诺书，加强防灾减灾工作，做好渔机渔具等机械设备的管理维护，特别是做好电、气设备和线路的检查和维护，设置好警示标识标牌，杜绝渔业事故发生，全年发放《水产养殖用药明白纸》等宣传资料1 000余份、《水产养殖记录》等记录本400余套，检查指导水产养殖单位200余家次，责令整改7户。二是加强对饲料、渔药等投入用水产品的监督管理。督促养殖场填写水产养殖等记录，落实农产品合格证制度。接受省、市、县专项监督抽检水产品86个，合格率100%。对全县50亩以下的水产养殖场进行抽样快速检测1 776批次，合格率100%。

【乡村振兴】 加强组织领导，构建工作落实体系。健全领导责任体系，加强党政“一把手”负总责。整合机构、统筹力量，坚持由县委、县政府主要领导任县委农村工作领导小组组长，对巩固拓展脱贫攻坚成果同乡村振兴相衔接工作常态研判、精准推进。全年共召开县委常委会13次、县政府常务会14次、县委农村工作领导小组会5次专题对相关工作研究部署。严格落实五级书记抓落实的工作机制，制定《中江县乡村三级书记抓乡村振兴责任清单》，各级各部门党委（党组）主要负责人作为巩固拓展脱贫攻坚成果和乡村振兴第一责任人，亲自研究、亲自部署、亲自参与，亲自推动。构建政策资金体系。一是完备政策体系。制定巩固拓展脱贫成果同乡村振兴衔接工作方案，组织全县22个行业部门出台巩固衔接文件45个，形成巩固脱贫成果“1+45”政策体系，并梳理形成巩固脱贫成果政策清单，抓好落地执行，确保政策“不断档”。二是加大资金投入。全年争取中央、省、市财政衔接资金投入2.7亿元，县本级投入财政专项资金6 150万元，较上年增长0.14 %。在政策范围内整合涉农资金、行业资金和社会捐赠资金，汇聚各方力量投入乡村振兴。撬动金融资金加大投入，全县小额信贷累计信贷投放2.6亿元。

构建帮扶工作体系。一是调整优化帮扶力量。37名德阳市领导、93个市级部门、31名中江县领导和99个县级部门、企事业单位全覆盖联系帮扶30个乡（镇）；全县6 600余名帮扶干部对脱贫户全覆盖结对帮扶，400余名干部对2 733户监测户全覆盖监测联系；对乡村振兴重点村、集体经济薄弱村、党组织软弱涣散村等3类90个村选派驻村“第一书记”、驻村工作队员156名，开展新一轮驻村帮扶，并制发《中江县驻村第一书记和工作队管理办法》，加强驻村帮扶管理。二是落实常态帮扶机制。实行每月17日“民情走访日”、乡（镇）每周二“乡村振兴工作日”等制度，全县帮扶干部进村入户做好实地调查监测、动态识别、补短帮扶，先后集中开展脱贫成效“回头看”、防返贫动态监测集中排查等工作。全年落实帮扶措施5 359条，消除风险1 336户3 082人。

构建监测监管体系。一是健全防止返贫监测机制。抓好常态监测，定期开展数据信息预警分析筛查、推送风险信息线索，组织帮扶干部开展实地调查，动态修正系统数据3万余条次。开展集中排查，按照全省统一部署，先后两轮对全县43.3万户农户开展防返贫监测集中排查，实地入户核查约9.3万户次，全县新增纳入监测对象1 177户2 966人，其中边缘易致贫户558户1 363人、突发严重困难户345户978人、脱贫不稳定户274户625人。二是加强扶贫资产项目监管。对2013—2020年扶贫期间全县形成的4 447个18.27亿元扶贫资产按照资产属性分类落实管护责任，常态化落实后续管理工作。对公益性资产1 902个5.75亿元落实管理主体和管理责任，经营性资产947个4.68亿元建立利益联结机制，产生收益助力巩固拓展脱贫攻坚成果，到户类资产1 598个7.84亿元依法确权予以保护。开展扶贫资产后续管理集中“回头看”，对发现的问题立即整改到位，确保扶贫资产持续发挥效益。

对2022年衔接资金项目形成的帮扶项目资产进行清理，形成项目资产320个2.07亿元，其中公益性资产168个1.9亿元、经营性资产14个854万元、到户资产38个873万元并按程序确权登记移交，发挥衔接资金项目效益。三是加大衔接资金项目推进力度。2022年储备项目256个，覆盖产业、基建、民生等全领域。县级各行业牵头部门不定期开展项目建设、质量监管、资金检查，并动员群众参与现场监督，加快项目推进、保证项目质量。

突出工作重点，巩固脱贫攻坚成果。突出脱贫群众持续增收巩固成果。一是聚焦特色产业发展带农增收。坚持龙头带农户，建成各类特色现代农业产业园区132个，并在实践形成流转土地收租金、务工就业挣薪金、入股分红获股金、委托经营拿酬金、集体反哺得现金“五金模式”利益联结机制，带动脱贫户12 451人。2022年，全县脱贫人口家庭人均经营性收入增幅达28%。二是聚力发展集体经济助农增收。采取自主发展、盘活资产、抱团发展、资源开发和物业经营等五大模式发展村集体经济，全县集体经济收益5万元以上村65个，全县农村集体经济收入总额达2 300余万元。三是五大举措稳岗就业促进增收。精准送岗促进转移就业，开发岗位实现兜底就业，落实政策鼓励引导就业，并抓实培训提升就业质量，健全机制提升服务水平，全年累计推送岗位7.6万个，实现脱贫劳动力和监测对象转移就业3.6万余人，较上年增加300余人；兜底就业8 317人，较上年增加271人；脱贫人口人均务工收入8 029元，增长19.4%。2022年，全县脱贫人口家庭年人均纯收入11 702元，比上年增长17.4%。突出“三保障”和饮水安全保障民生。一是全面落实政策控辍保学，全县脱贫户和监测户适龄儿童入学率、巩固率和义务教育阶段毕业率均达到100%。严格落实“六长”负责制控辍保学，分类加强在校学生巩固，落实教育资助政策，全县资助脱贫户、监测户家庭学生16 972人次1 031.74万元，实现“应助尽助、精准资助”。二是固本强基保障基本医疗，财政投入1 719.9万元资助脱贫户、监测户参保，实现基本医疗保障“应保尽保，不漏一人”。全县脱贫人口和监测对象住院17 229人次，慢性病维持治疗28 831人次，报销救助医疗费用8 481.93万元，住院医疗费用救助报销比例达到80.9%，慢性病维持治疗救助报销比例达到95.98%。加强医疗基础设施建设，实施县人民医院改（扩）建、县中医医院和县疾控中心标准化建设等重大项目，推进8个县域医疗卫生次中心建设，启动县域医共体信息平台建设，加快城乡医疗公共服务均等化。三是务实笃行保障住房安全，确保全域农户“人不住危房，危房不住人”。修订完善巩固住房安全脱贫成果衔接乡村振兴方案，制定农村住房安全动态监测办法。投资474万元，实施安全隐患农房整治，完成住房改造184户，管控整治自建房安全隐患685户。四是统筹城乡提高饮水安全保障水平。投资21亿元，规划建设仓山水厂、响滩子水厂、黄鹿三水厂、双河口水厂、石泉水厂等骨干供水工程并同步实施小型集中供水安全提升工程，构建全域城乡一体化供水格局，截至2022年年底，全县建设集中供水工程277处，覆盖全县30个乡（镇）、376个村（社区）。全县农村集中供水率达85%，自来水普及率达83.2%，供水保证率达90%，水质达标率达100%。突出低收入人口常态帮扶抓落实。一是健全完善数据库。部门协同建立常态化数据交换机制，动态监测符合条件的困难群体。建立农户主动申请、各部门重点关注信息比对、干部定期走访相结合的发现机制，做到早发现、早报告、早兜底。全县低收入人口监测系统中共有低保、特困、低保边缘等人员5.5万人，监测群体实现广覆盖。二是优化识别纳入程序。对新申请农村低保人员公示无异议的，不再开展民主评议，提高审批效率；协调相关部门实行新申请人员信息联审比对，缩短工作周期，确保救助及时，重残、重病低收入人口按照“单人户”纳入，杜绝漏帮。三是分层分类做好救助。统筹社会救助资源，根据对象类型、困难程度给予专项救助、临时救助，全县发放农村低保金8 624.7万元、农村特困人员供养金6 137.3万元。实施困难群众临时救助3 461人次，发放救助资金216.3万元；对困难群众发放一次性生活补贴、价格补贴811.3万元。

突出安全饮水提质量，按照“区域规模化供水为主体，小型集中供水工程为补充”思路，全面建成仓山水厂、响滩子水厂改（扩）建工程，开工建设黄鹿三水厂、双河口水厂，推进龙台水厂、石泉水厂前期工作，完成23个乡（镇）166处农村集中供水工程维修养护，巩固提升31.9万人安全饮水质量。全县有安全饮水工程48 107处，其中集中供水工程241处，农村自来水普及率86.68%，供水保证率93%，水质达标率85%。建立上下联动、靶向预警的工作机制，每月常态化开展饮水安全监测、供水工程监管，杜绝了饮水安全问题。突出重点群体防风险，完善低保和救助标准动态调整机制，对农村低收入人群早发现、早帮扶，根据对象类型、困难程度给予专项救助、临时救助，做到“有困必帮、有难必救、应保尽保、应兜尽兜”，坚决筑牢返贫致贫风险“防火墙”。全县农村低保兜底27 328户51 336人，发放资金13 122.44万元；特困人员供养10 586人，发放资金8 030.94万元；实施困难群众临时救助4 922人次，发放救助资金281万元；困难残疾人补贴11 232人，发放资金1 351.43万元；发放重度残疾人护理补贴9 990人，发放资金820.257万元；对符合条件的重度残疾人、重病患者等低收入人口403人，参照“单人户”纳入农村低保。

做好成果拓展，有效衔接乡村振兴。以产业园区建设为抓手发展优质高效农业。坚守粮食安全底线，坚持“藏粮于地、藏粮于技”，全年建设高标准农田4.1万亩，整治撂荒地5.9万亩。优化产业布局，以国家农业现代化示范区创建为抓手，着力20万亩“粮食+生猪”、10万亩“粮食+中药材”、10万亩“粮食+蚕桑”、10万亩“粮食+蔬菜”、5万亩“粮食+中江柚”五大现代农业园区建设，采取大园区套小园区梯次推进模式，共计建成省、市、县级特色现代农业产业园区132个。推进农旅融合发展，建成一批以石林谷、中国挂面村、中江芍药谷等为代表的休闲农业和乡村旅游基地，定期举办采摘节、赏花节等休闲旅游节庆活动，全年接待游客367万人次，实现乡村旅游总收入15.8亿元。推动延链补链强链，实施农产品加工、流通促进、品牌提升行动，建设冷链保鲜设施11个、农产品初加工基地43个，培育形成江中源、雄健实业、颜氏粮油、年丰食品、四川逢春等粮油食品、蔬菜产品、道地中药材精深加工龙头企业41家，打造“三品一标”农产品96个，年销售额77亿元，解决就业4 172人。以乡村建设发展为抓手建设宜居宜业乡村。以“五网”建设为抓手，向上争取，整合涉农项目资金，全年建成村（社区）道路749千米、幸福美丽乡村路5.8千米、危桥改造7座，农村交通路网不断完善；架设农村10千瓦线路127.1千米，安装变压器428台，农村供电保障能力大幅提升；加快建设响滩子水厂、双河口水厂等集中供水骨干工程，实施响滩子右干渠、黄鹿中灌整治等项目，筑牢农村防洪安全屏障，确保生产输水高效通畅；改造、新建通信基站，乡村4G信号覆盖率达100%，光纤宽带村、社区覆盖率达98%；实施“燃气村村通”项目，推动30个乡（镇）天然气全覆盖，村（社区）天然气普及率达89%。突出抓好村容村貌提升，实施乡村规划建设管理、农村人居环境整治等“五大提升行动”，建设“美丽中江·宜居乡村”精品村10个、示范村20个、创建村30个；统筹推进农村改厕、生活垃圾处理、污水治理，完成户厕改造10 364户，建成29个乡（镇）生活垃圾收转运体系，完成91个村农村生活污水治理“千村示范”工程。以“三变五社”改革为抓手激活乡村发展动力，县委、县政府分管领导挂帅，成立农村“三变”改革工作专班加强领导。制定出台加快农村“三变”改革工作实施方案、推进方案，建立联系帮扶、督查督导等制度，夯实政策制度支撑。各乡（镇）有效激活乡村发展内生动力，继光镇新天村在实践中创新总结“15步工作法”，合作社年劳务收入达到36万余元。东北镇觉慧村依托“中国挂面村”村旅游名片，农旅融合，合作社年收入10万余元。截至2022年年底，全县6家县级股份合作社、10家镇级股份合作社挂牌投入运营。

基础设施建设。一是推进高标准农田建设。全年投入资金1.6亿元，建设高标准农田5.4万亩，全县高标准农田总规模达98万亩，完成土地平整5 940亩，建设排灌渠53.5千米、机耕道66.8千米、田间作业道3.6千米，整治塘堰29座、蓄水池4口、机耕桥14座。二是推进水利设施建设。投资0.19亿元，完成堤防修复整治0.45千米，维修养护小型水库30座，除险加固病险水库2座，不断完善镇（村）防洪体系，改善农村生产、生活用水条件。三是推进道路交通条件改善。实施“幸福美丽乡村路项目”“撤并建制村畅通工程”“通组路项目”“财政衔接资金村组道路建设项目”，新建县、乡公路5.8千米，新（改）建村（社区）道路979.459千米。四是推进电网通信建设。投入资金1.09亿元，实施电网改造升级项目149个，惠及201个行政村13 689户，全县农网线路网架结构、农村用电质量有效改善。投入资金6 000万元，新建5G基站193个，优化4G基站420个，农村通信服务能力大幅提升。

推动人居环境改善。一是推进农村“厕所革命”。在41个村实施农村“厕所革命”整村推进示范村建设项目，完成10 364户无害化厕所改造任务；投入市（县）衔接资金262万元，新建农村公厕27座，全县卫生厕所普及率达93%。二是持续推进农村生活垃圾治理。完善生活垃圾收运体系建设，日均转运500吨，农村生活垃圾得到处理的行政村占比超过95%，农村生活垃圾收转运处置体系覆盖97%以上的行政村，基本做到垃圾日产日清。三是梯次推进农村生活污水治理。按照“突出重点、分类治理、技术优化”的原则，完成91个行政村农村生活污水治理“千村示范”工程建设，全县农村生活污水得到治理的行政村占比达70%。四是实施“村庄清洁攻坚行动”。制定出台《中江县村庄清洁行动攻坚战实施方案》《2022年村庄清洁行动攻坚战督导方案》《中江县村庄清洁长效管护机制》，加强农村人居环境整治，对各乡（镇）开展日常督导，引导村民形成良好的生活习惯，提升村容村貌。

加强乡村基层治理。一是做好乡（镇）区划和村级建制调整改革“后半篇”文章，制定“1+24+6”系列方案并推进落实。二是以县、乡、村换届工作为契机，配齐配强基层组织“领头雁”，全县行政村党组织书记、主任“一肩挑”比例达94.6%，平均年龄从50岁降至47.9岁。三是开展乡村治理示范村创建，创建国家级乡村治理示范村1个、省级乡村治理示范村3个。四是加强农村专业人才队伍建设，回引农民工返乡创业就业，培育新型职业农民。全年支持农民工返乡创业2 027家，吸纳就业2.2万人。

【乡村旅游】 全年接待游客385万人次，实现旅游业综合收入16.9亿元。中江千年一面景区创建为国家3A级景区。实施乡村旅游提升行动，加快推进继光湖旅游区、中江石林谷、中国挂面村、沼源博物馆等文旅项目建设，不断提升乡村旅游接待能力。依托乡村旅游资源，本着“以节拓市场，以节促发展”的宗旨，策划2023“继光故里·大美中江”

乡村旅游节会系列活动，承办2023年四川花卉（果类）生态旅游节子活动暨中江第三届柚子采摘节、芍药赏花节、中江第六届樱花节、四川盆底大地艺术节等旅游节会活动，共吸引游客超过200万人次。

【农村水利】 项目建设。抢抓政策机遇，紧跟四川水利“3226”高质量发展工作思路，围绕江河堤防、水库工程、灌区建设、城乡供水、生态治理五大板块，规划通江水库、凯江系统治理、都江堰灌区现代化改造等19个重点水利项目，总投资逾112.2亿元。其中，完成重点项目实施6个，总投资8.8亿元；在建重点项目7个，总投资26.6亿元；加快前期重点项目6个，总投资76.8亿元。通江水库是中江县主动发力融入成都都市圈的重点水源保障项目，已被纳入《国家“十四五”水安全保障规划》《长江流域综合规划》《四川省水资源综合规划》《四川省“十四五”水安全保障规划》等重点国、省级专项规划，并于2022年年底前完成工程建设方案论证工作，标志着项目正式进入可行性研究阶段。

防汛减灾。分级分类开展防汛抗旱应急演练191次。投入县级配套资金5万元补充防汛物资，发放避险“明白卡”、减灾工作卡和宣传资料10 000余份，全年通过短信预警平台共发送重大气象信息、水情信息20万余条。成立抢险队伍68个（约4 000人），组织开展相关培训和演练。对30座小型水库进行维修养护，对2座病险水库进行除险加固，不断完善村镇防洪体系。成功应对2轮强降雨，实现防汛减灾“零死亡、零失踪、零责任事故”工作目标。

春灌输水。县管渠道岁修、除淤工作于4月全部完成，完成全县16条437处116.095千米水毁修复。和都发中心共同制定提前“关秧门”稳粮增收的联合保障方案。3月30日—6月6日，共完成春灌输水1.2余亿立方米，同比提前7 ~ 10天完成全县41万亩水稻满载全插。

巩固脱贫。实施饮水安全巩固提升项目2个，共投资999.64万元，持续巩固提升农村饮水安全，保障群众用水安全。规划实施骨干供水工程5座，其中仓山水厂已完成所有设备联合试运行和管网铺设，累计使用户数达3万户；响滩子水厂完成主体工程的50%，铺设管网800千米，厂区主体工程全部完成；黄鹿三水厂已进入施工准备阶段，石泉、双河口水厂等项目前期工作有序推进。投资31.29万元，对11个乡（镇）20处已建成的农村集中供水工程进行维修养护，巩固提升了249 495人的用水标准，改善供水规模为34 352立方米/天。

【农业机械化】 全年完成小麦机耕作业37.5万亩、机播30万亩、机收36.5万亩，油菜机耕41万亩、机播10万亩、机收23万亩，水稻机耕41万亩、机播（插）15万亩、机收40万亩，玉米机耕77万亩、机播20万亩、机收10万亩，耕种收综合机械化水平达62.82%。创建省级“五良”融合宜机化改造千亩示范区1个、“全程机械化+综合农事”服务中心1个。培育壮大农机专业合作社1个，社会化作业服务面积达14万亩。全县宜机化累计改造面积2亩。

【农村科技】 不断加强农业科技创新体系建设，推进激发农业科技人员创新创业改革，优化科技创新创业环境，加强农业科技成果转化、科学普及与适用技术培训，促进农业产业升级、农村发展和农民增收。

农业科技成果转化。加强农产品高产高效安全生产技术支撑，重点围绕小麦、油菜、中药材、水果等优势产业和区域特色产业，开展产业化技术集成研究与示范推广应用攻关。围绕生物医药等社会发展领域开展技术攻关，研发新产品，运用推广新技术。全年组织实施农业科技项目25项，其中获得国、省、市、县资金支持项目13项。围绕全县农业产业特色，实施“中江县科技特派团产业技术服务与示范（科技特派员）”“中江白芍鲜切花种植采收标准研究与示范”“中江县丘陵区玉米大豆带状复合种植关键技术示范与推广”“中江县优质高效水稻新品种智能化生产技术示范推广（面上项目）”“中江丹参种植关键环节机械化技术研究与示范”等农业科技项目。

科学普及。3月20日，在永安镇举办以“科技创新引领　城乡融合发展”为主题的科技、文化、卫生“三下乡”活动暨第二十七届“科技之春”科普活动月活动。举办“果树栽培管理技术”“大田作物”等培训讲座，组织科普成员单位开展科普知识宣传咨询和科普大篷车进校园活动，活动参加人数达1 000余人，发放各类资料8 000余份。

农村特派团。开展现场科技服务440次以上，培训种养大户、新型职业农民48场2 560余人次；与企业、专业合作社、家庭农场、专业大户等建立利益联结机制，与服务对象签订协议37个以上，并按照约定履行义务，取得了明显的经济效益、社会效益和生态效益；撰写论文论著及技术规程或编写培训教材37篇以上，引进示范推广或解决重要技术难题50项以上，报送服务信息90余条。

“四川科技兴村在线”中江县平台建设。“四川科技兴村在线”平台已为全县19个乡（镇）提供技术服务，入库专家60人、信息员781人、分诊员6人。全年完成信息咨询1 907条，为年度目标800条的238.37%。通过该项工作，服务农户800余户，种植规模2 216.5亩，包括玉米、油菜、水稻、中药材、各类蔬菜、水果等经济作物，养殖生猪1 600头、肉牛580头；服务新型农业经营主体28户，种植规模达8 855亩。

【农村教育】 全县投入上级财政资金约16 200万元，实施西山小学（三期）、实验小学综合楼、凯江中学学生宿舍；城北中学教辅用房、中江中学教辅用房等新（改、扩）建、维修项目约60个，面积约69 000平方米。实施义务教育阶段“三免一补”政策，免除9.23余万名学生学杂费、教科书费、作业本费，为22 123名贫困学生提供生活费补助资金2 119.2万元。减免3 167名贫困家庭幼儿保教费，免除3 696名家庭经济困难普通高中生、7 969名家庭经济困难中等职业学校学生学费，为普通高中家庭经济困难学生3 696人、中等职业学校家庭经济困难学生1 104人提供国家助学金，共下发资金3 123.1215万元。全年办理大学生助学贷款1 866.492 6万元，惠及大学生1 884人。坚持“校内提质减负、校外治乱减负”双向发力，持续深化课堂教学改革，不断提高课后服务质量，加强校外培训机构督导检查，规范办学行为，确保“双规双减”政策落地见效。以“国培计划”、名师工作室为依托，开展“专家下基层”和“名师送教下乡”活动5次。立项市级以上科研课题16项，其中省级教育科研课题立项2项、获得省政府教学成果二等奖1项。

【农村文化】 春节期间，在全县开展“送春联下乡”活动30场次；举办“我们的中国梦”文化进万家活动4场次、春节团拜会文艺演出1场、民俗文艺展演5场次、“状元魁登高会”系列活动4个、“大地欢歌”第四届乡村文艺调演34场、大型民族歌剧《同心结》优秀唱段音乐会1场、曲艺展演4场、中江庙会——川剧演出50场、“党的声音进万家”主题文化惠民演出50场；承办由县委、县政府主办的七一晚会1场、五一晚会1场，承办由文化和旅游部主办的“乡约继光湖・夏季大联欢”村晚1场；指导乡（镇）综合文化站开展各类群众文化活动180场次。全年开展各级各类文化活动达450场次。

【农村卫生】 全县共有乡（镇）卫生院（中心卫生院）30个、村卫生室436个，其中龙台中心卫生院、仓山中心卫生院为二级综合医院，基本建立起能够满足农村基层医疗卫生服务需求的体系。全县共建立居民健康电子档案89.523万份，建档率94.63%；动态使用54.45万份，档案使用率60.82%。继续加强7类重点人群健康管理服务，其中辖区活产数4 453人，规范健康管理服务新生儿4 190人，访视率94.09%；规范健康管理服务0 ～ 6岁儿童5.97万人，管理率91.44%。孕产妇系统管理 4 453人，早孕建册 4 222人，早孕建册率 94.81%；产后管理4 172人，产后访视率 93.69%。65岁及以上老年人健康管理13.13万人，管理率62.5%。原发性高血压患者在管8.55万人、规范管理6.46万人，规范管理率75.6%；血压控制率62.75%。2型糖尿病患者在管 3.15万人，规范管理 2.27万人，规范管理率72.08%；血糖控制率57.9%。严重精神障碍患者检出 6 640人；在册居家严重精神障碍患者健康管理人数 5 764人，管理率86.81%。肺结核患者健康管理294人，管理率100%。中医药健康服务达到规范要求。

血防阻断。11月通过省重传办组织的专家考核，全县达到血吸虫病消除目标。全年完成查螺3 900.69万平方米、灭螺864.54万平方米。全年询检31 225人次、血检51249人次、粪检4 134人次、扩大化疗8 124人次；播放影像宣传8次，覆盖人数11万人；组织召开会议及开展血防讲座32场次、广播567场次，覆盖人数6.8万余人次；制作板报180期，发放健康教育知识读本1.8万册，发放宣传资料12万份；中小学开展血防知识课的学校21所、班次42次，听课人数0.22万人，健康教育受教覆盖30万人次，血吸虫流行地区学生健康教育知晓率达98.5%，学生健康行为形成率达91.8%。完成国家监测点及流动监测点监测、风险监测点监测任务，开展返乡人员及流动人群监测以及开展晚血现症病人治疗和动态监测，重点加强对石泉水库及石林谷区域风险人员开展监测。

牵头组织医疗机构制定监测对象识别标准，汇总监测脱贫不稳定户、边缘易致贫户、突发严重困难户，通过数据筛查、信息监测、调研督查等渠道将发现因大病、重症患者可能导致返贫致贫风险的名单推送至县乡村振兴局，截至2022年年底，与医保局研判后，共向乡村振兴局推送线索6 407条，最终核定纳入因病返贫致贫1 254人，落实低保559人、健康帮扶23人。截至2022年12月，县卫健局组织帮扶干部89人帮扶仓山镇6个村381户，其中已脱贫户349户、脱贫不稳定户12户、边缘易致贫户20户。支持镇村工作，选派1名工作人员到仓山镇园山村任驻村工作队队员。

贫困人口医疗救助基金。1—8月，卫生扶贫救助基金共救助8 653人次，共拨付救助基金476.98万元。9月1日（含）后，根据四川省医疗保障局等七部门关于印发〈四川省巩固拓展医疗保障脱贫攻坚成果有效衔接乡村振兴战略的实施方案〉的通知》（川医保发〔2022〕14号）文件精神，基本医保实施普惠保障政策，取消脱贫攻坚期内原建档立卡贫困人口在县域内定点医疗机构住院和门诊慢性病维持性治疗个人负担不超过10%、孕产妇分娩费用零支付等超常规措施安排，由基本医疗保险、大病保险、补充医疗保险、医疗救助等按规定支付。

计划生育政策。全县奖励扶助对象累计39 384人，发放标准为960元/人/年，实际发放39 374人、奖扶金3 779.904万元。全县特扶对象累计1 791名，其中伤残类429人，资金发放标准为8 160元/人/年；死亡类1 362人，资金发放标准为10 320元/人/年，实际发放1 791人（伤残类429人、死亡类1 362人）、1 755.648万元特扶金。再生育关怀项目中，独生子女死亡对象累计35人，资金补助标准为5 400元/人/年，共计发放18.9万元补助金。为1 481名计生特扶对象（含德阳市再生育关怀）按照二档380元/人/年及76.5元/人/年标准缴纳城乡居民基本医疗保险和补充医疗保险67.61万元，另为新增特扶对象补助城乡居民基本医疗保险103人、2.97万元，补充医疗保险88人、0.67万元，共投入资金3.64万元；

为453名符合条件的特扶对象按照100元/人/年参加城乡居民养老保险，共投入资金4.53万元；按照200元/人/年的标准，为1 791名特扶对象、35名再生育关怀对象购买住院护理险，共投入资金36.52万元，全年理赔508人次、44.53万元。全年为26 702户独生子女父母发放奖励金320.42万元。

【农村法制建设】 全年开展法治宣传活动60余场，制作《“八五”普法开讲啦（民法篇）》电子海报70期、“i中江”发布普法短视频19期，发放各类法治宣传资料共计16万余份（本、册），解答疑问1.2万余人次，受益群众达30万余人。建立调整乡（镇）、村（社区）、行业性调委会共计558个，排查矛盾纠纷13 910次，调解纠纷4 225件，调解成功4 204件，涉案金额1 012.07万元，调解成功率达99%。2022年列管社区矫正对象716人，开展审前社会调查评估128件，训诫42人次，警告30人次，依法收监5人，无再犯罪，社区矫正对象重新犯罪率严控在2‰以内。2022年，援助工作的任务量为330件，咨询服务2 000人次。截至12月30日，中心受理法律援助案件402件（其中民事案件218件、刑事案件184件），占年度目标任务的121.8%；咨询2 200人次，占年度目标任务的110%。

【农村交通】 全县共实施农村公路建设项目985.259千米，总投资38 700万元，其中完成县（乡）公路改建5.8千米、村（社区）道路改建979.459千米，完成村道生命安全防护工程82.513千米。

继积路继光至民主段公路改建工程（X503永民路）。路线全长5.8千米，为四级公路，路基宽度6.5米，路面宽度6米，为沥青混凝土路面，项目总投资6 356万元。项目于3月开工建设，9月完工并交付使用。

村（社区）道路新建项目。已建成979.459千米，完成投资34 200万元，其中财政衔接资金村社道路建设项目200.78千米、撤并建制村畅通工程建设项目479.81千米、通组路第一批村组道路建设项目140.665千米、通组路第二批村组道路建设项目158.204千米。

村道生命安全防护工程。已完成82.513千米，完成投资1 610万元，主要内容为完善村道公路路侧护栏、标识标牌等安防设施建设。项目于11开工建设，2022年年底完工。

【农村社会保障】 扩面参保。采取抓宣传舆论，增强参保意识；抓政策入户，深挖特殊人群；抓社保扶贫，落实“应保尽保”等措施，不断扩大参保覆盖面。全县城乡居民养老保险参保人数达56.92万人，其中16～59周岁34.43万人、60周岁及以上22.49万人，并按月足额向22.49万名城乡居民养老保险待遇领取人员发放养老金，全年累计发放3.24亿元。

落实困难群体代缴。通过建立与县民政局、县残联、县乡村振兴局等部门的协作联动机制，每月进行数据比对，确保对困难群体人员信息实现动态掌握；及时与各乡（镇）对接，着重对疑点信息逐一研判；组织镇、村干部到困难人员家庭逐一核查，确保村不漏户、户不漏人。截至2022年年底，完成为低保对象、特困人员、重度残疾人员等困难群体代缴最低标准城乡居民养老保险费（100元/人/年）共27 396人，代缴金额273.96万元，目标完成率达103.38%。

开展待遇领取人员资格认证。拓宽开展手机APP、电子社保卡等认证新方式，提高便民利民服务质效。将城乡居民养老保险待遇领取人员资格认证工作纳入年终目标考核，加强监督检查，全年完成城乡居民养老保险待遇领取人员资格认证共计20.05万人。

做好基金监管。做好基金监管，规范内控制度和基金稽核制度，对基金的筹集、划拨、发放进行监控，定期开展监督检查，并加大与财政局、信用社等部门的配合力度，确保财政补助资金落实到位，杜绝截留和挤占现象。7月，联合县纪委、县目标办印发《关于进一步加强追缴违规冒领城乡居民养老保险养老金专项行动工作的通知》（江人社发〔2022〕27号）文件，要求各乡（镇）采取有效措施提升社保基金追缴率，实现各乡（镇）基金追缴率达到全省平均水平85%以上。自2011年实施城乡居民养老保险工作以来，全县应追缴金额总计1 964.37万元，截至2022年年底，全县已追回违规领取养老金1 657.92万元，追回率达84.4%（追回率由76.91%上升至84.4%）。

【农村生态建设及环境保护】 凯江西平断面达到Ⅱ类水质，郪江象山、清溪河碾子湾断面达到Ⅲ类水质，均达到上级考核目标。土壤环境安全可控，全国污染地块土壤环境管理系统内录入地块土壤环境初步调查已全部完成。迎接第二轮中央生态环境保护督察顺利完成，反馈问题的整改按时序推进。印发水污染防治、工业源、移动源、建筑工地扬尘、道路扬尘专项整治行动方案，将大气、水污染治理目标任务分解并落实到相关责任单位。一是坚决打赢“碧水攻坚战”，推进乡（镇）污水处理设施建设运行。完成40个乡（镇、场镇）污水管网改造修复工程项目建设，新（改）建污水管网约140千米，完成16个乡（镇、场镇）污水处理厂站扩容及清溪河、郪江流域21个撤并老场镇污水处理站提标升级；加强运行管理，制定《中江县乡镇污水处理设施运行管理工作细则》，建立乡（镇）污水处理设施运行报告、日常巡查、问题反馈、核实整改、执法查处5项制度，常态化开展乡（镇）污水处理设施运行管理巡查。开展河湖“清四乱”“清源”专项行动，发现并整改问题527个；制定《中江县2022年乡镇河流交接断面水质考核办法》，在郪江流域30个乡（镇）设置49个考核断面，加强污染源管控和治理；制定《2022年中江县基层河湖管护“解放模式”试点推广方案》，在全县30个乡（镇）60个村完成基层河湖管理保护“解放模式”试点创建工作，探索建立各项制度，分别成立党员、巾帼、保洁志愿队伍，调动群众参与河湖治理的积极性，提升基层河湖治理水平，改善农村河（湖）水环境、水生态；加强农村面源污染治理，结合“厕所革命”、“千村示范”工程稳步推进农村生活污水治理，新（改）建公厕、户厕10 364座。实施“千村示范”工程建设，16个村生活污水得到治理。完成双河口、黄鹿水库饮用水水源地保护区环境问题整治，推进元兴水库水质提升工程建设，全县3个国考断面均达到上级考核要求。二是坚决打赢“蓝天攻坚战”，开展扬尘、工业企业污染、餐饮油烟、露天禁烧等重点行业专项整治，加强柴油货车排放监督抽测，抽测柴油车721辆、非道路移动机械169辆。三是坚决打赢“净土保卫战”，督促2家重点监管企业开展隐患排查和土壤环境自行监测；对15家企业、1家医疗废物处置中心开展危险废物环境风险隐患排查、整治；严格执行危险废物转移审批手续，禁止将危险废物提供或者委托给无许可证的单位或者其他生产经营者从事收集、贮存、利用、处置活动。

工程建设类。中江县2022年省级农村生活污水治理“千村示范”工程争取省财政以奖代补资金1 318万元，同时整合农村局“厕所革命”资金81万元，对25个行政村进行农村生活污水治理，开工时间为8月，竣工时间为12月。项目通过新建一体化污水处理设施对农村聚居点进行治理，通过户厕改造以及配备三格式化粪池对散户生活污水进行治理，已完成25个村的治理任务。

【农产品质量安全监管】 全县农产品生产经营主体入驻国家农产品质量安全追溯信息平台592家，全部实施食用农产品合格证制度监管。根据农业农村厅《关于印发2022年县级农产品质量安全风险监测方案的通知》（川农函〔2022〕226号）要求，县农产品质量安全检验检测站完成190个样品的风险监测任务，其中抽检种植业产品120个（蔬菜60个、水果25个、菌类5个、粮食30个）、畜产品样品70个（猪肉35个、牛肉5个、禽肉7个、禽蛋10个、水产品10个、牛奶3个），合格样品188个，不合格样品2个，合格率达98.95%。按照县农业农村局《关于做好2022年县级农产品质量安全监测工作的通知》（江农发〔2022〕22号）要求，县农产品质量安全检验检测站共抽检样品445个，其中种植业产品310个（小麦106个、玉米44个、水稻150个、大豆10个）、畜禽产品135个（禽肉60个、禽蛋60个、生鲜奶15个），合格样品443个，不合格样品2个，合格率达99.55%。根据《四川省财政厅　四川省农业农村厅关于下达2022年中央财政成品油价格调整对渔业补助预算的通知》（川财农〔2022〕79号）文件要求，县农产品质量安全检验检测站开展水产品中孔雀石绿、硝基呋喃类、氯霉素、氧氟沙星4个指标快速检测，全年共检测水产品1 776批次，检测合格率达100%。

【农村市场体系建设】 商品市场有序发展。全县共有商品市场55个，营业面积28万平方米，从业人员2 950余人，年交易总额超过8亿元。其中，农贸市场48个，营业面积15.5万平方米，从业人员2 520余人，年交易总额1.9亿元。建成大型交易市场3个：一是总投资约3.5亿元、营业面积约8万平方米的金典凯信商业广场建成营业；二是总投资2 000万元、占地28亩，总建筑面积1.15万平方米的川北道地中药材交易中心建成营业；三是投资约1亿元、占地52亩、营业面积约3.6万平方米的绿谷汽车博览城建成营业。

城乡统仓共配加快推进。聚焦提升“工业品下乡、农产品进城”双向流通效率，推动城乡统仓共配。截至2022年年底，全县共入驻“四通一达”等20家快递企业，并以国有企业中江邮政公司为支撑，对辖区内15家县域快递企业进行整合，开通5条城乡物流配送专线，直达30个乡（镇、场镇）及100个行政村，搭载“日用消费品、农资下乡和农产品进城”双向配送服务，创造规模效应，降低了县域快递成本，县城与乡（镇）间快递实现当天转运。

商贸流通网点融合发展。鼓励县域阳光盛源等商贸流通骨干企业以镇、村为重点下沉供应链，为各镇、村的中小企业和个体商户提供集中采购、统一配送、销售分析等服务，增强农村实体店铺抗风险能力，推动农村商业网点实现寄收快递和商品流通等多种功能。截至2022年年底，阳光盛源在县域内各镇、村共设点365个，全部能实现商品销售、寄收快递等综合功能。

企业信息化水平显著提升。引导县域供销、邮政和商贸流通重点企业运用大数据技术、云计算等现代信息技术加快转型升级。支持阳光盛源等建设ERP全流程管理系统，动态掌握终端运营数据、商品周转和实时库存情况，畅通供应商与服务点之间的沟通渠道，提高商品流通的时效性、产品的多样性，降低了经营风险，破解了信息不畅导致的堵点问题。

【农村留守家庭（儿童、学生）帮扶】 承办四川省万名青少年夏令营主营暨德阳市分营开营仪式，丰富留守儿童假期生活。实施求学圆梦行动，争取苏州金螳螂慈善基金会资金100万元，资助100名中江籍高中毕业生；争取江苏百姓城管助学团慈善助学项目，资助24名贫困儿童至大学毕业。实施“青春守护行动”，到南片10所镇中心学校开展心理专题辅导、未成年人保护体操等系列活动，助力儿童心理健康成长。实施“梦想改造+”项目，争取省、市、社会资金18万元，改造“爱心小屋”30间，改善贫困儿童居住环境。

【劳务开发与返乡创业】 全年劳动力转移输出总量50.42万人，其中省内就业29.98万人、省外就业20.44万人。全年开展劳务品牌培训2 231人，返乡创业培训785人。

加强人力资源合作。抢抓成德眉资

同城化、成渝地区双城经济圈建设有利契机，打造优质劳务产业。与成都市新津区人社局、成都市温江区人社局、江苏省高邮市人社局、崇州市人社局等签订人力资源合作协议7份，同步开展重点企业专项招聘，促进农民工定向就业；建立福建省、浙江省、上海市等7个驻外服务站，开展人力资源和社会保障服务等。

加强就业稳岗。结合乡村振兴，通过“送教下乡”模式，在回龙、仓山等多个乡（镇）开展特色农旅“2+2”产业发展兔业养殖、蚕桑养殖技术培训专班，共计培训脱贫劳动力46人，兑现生活补贴1.825万元。通过“中江找工作”微信公众号、“中江县农民工服务保障”等QQ群、抖音等服务平台发布就业岗位，会同融媒体中心推出“应聘不见面、送岗零距离”的“直播带岗”服务，同时，每月6日、16日、26日定期举办各类专场招聘，共计举办线下招聘17场次，同步举办进企业、进乡（镇）招聘会，全年累计推送岗位7.61万个，满足企业用工和劳动者求职需求。为在2021年申报就业困难人员灵活就业兑现社保补贴的261名人员拨付补贴194.21万元。

维护农民工合法权益。开展清理整顿人力资源市场专项行动、保障工时和休息休假权益工作专项行动、根治欠薪夏季专项行动等，共对18个建设领域开展检查，涉及农民工15 700人，18家在建工程项目的根治欠薪核心制度完成率均达到100%；维护“流动仲裁庭”庭审力度，提高劳动仲裁工作效能，维护职工权益。

确保返乡创业政策落地。全面落实工商注册资本认缴登记制度，推行“三证合一”，给农民工创业“松绑”，2015年，中江发出德阳市首张“一证三号”营业执照，发出全市首张“一照一码”农民专业合作社营业执照，激发了农民工创业创新热情；坚持“能减则减、能快则快”的原则，优化创业担保贷款的办理流程，加快贷款资金发放，提高了创业担保贷款办理效率，激发了创业者的创业热情；推广“免担保”贷款政策，降低贷款门槛，联合金融机构、财政等部门，明确放贷条件和程序，特别是对创业能力强、信用等级评定高的创业人员全面取消担保条件。

返乡创业全程指导。建立“1+3”跟踪服务机制，即让每个创业项目都有1个承办单位负责服务、1名联络员负责协调联系、1名创业导师负责帮扶指导，使帮扶业务涵盖创业培训期、成长期、成熟期整个过程。中江县农民工服务和就业创业促进中心积极创业交流平台，开设“创业者之家”“创业论坛”QQ交流群等众创空间服务，由创业导师在线为创业者提供创业项目咨询及创业指导服务，保证创业服务的连续性，提高创业服务的时效性。规范建成就业帮扶示范基地。鼓励支持131家省、市、县就业帮扶基地（车间）吸纳脱贫劳动力2 000余人就近就地转移就业增收。

加强就业创业政策宣传。印制就业创业政策宣传单2万余份，通过“乡（镇）、社区人力资源和社会保障服务平台进街道、进小区、进门店、进夜市”等方式开展政策宣传活动。加强政策培训，对30个乡（镇）的分管领导、人力资源和社会保障服务所进行业务培训，详细讲解政策。通过“中江人社”微信公众号、QQ群、微信群宣传就业创业政策，使政策深入人心。以编发简报的方式宣传创业典型，及时报道其取得的创业成效，分享创业过程中的好做法、好经验，以带动更多的创业者创业，已促进101人成功创业，发放创业补贴101万元，带动就业5 000余人，其中返乡农民工97人、高校毕业生2人、脱贫户2人。发放创业担保贷款5 825万元，其中小微企业贷款3 380万元、个人贷款2 445万元。

【主要领导人】 县委书记：苏刚；县人大常委会主任：杨晓刚；县长：魏宇(9月代理)；县政协主席：袁海(12月止)，陈俊(12月始)；分管农业副县长：谢正伦。

中江县编写组

绵　阳　市

【基本情况】 2022年，全市辖31乡122镇13个街道，辖区面积20 257平方千米，其中耕地面积533.03万亩，比上年增长0.87%，人均耕地面积1.014亩；基本农田457.91万亩。年末总人口525.67万人（户籍人口），减少0.25%；人口出生率7.08‰，增加0.06个千分点；人口自然增长率–1.79‰，减少1.44个千分点。全市耕地有效灌溉面达到耕地总面积的62.48%；本地水资源总量94.7亿立方米，人均占有水资源量1 939立方米。有林业用地121.7万公顷，有林地面积106.65万公顷，森林覆盖率56.13%。

2022年，全市实现地区生产总值3 626.94亿元，增长5%，其中第一产业增加值381.47亿元，增长4.4%，农、林、牧、渔及农林牧渔专业及辅助性活动产值之比为47.9∶6.5∶37.2∶4.4∶4；第二产业增加值1 514.33亿元，增长5.9%（工业产值1 165.5亿元，增长5.3%）；第三产业增加值1 731.14亿元，增长4.5%。

三次产业对经济增长的贡献率分别为10.7%、46%和43.3%。

全市公路通车里程24 512千米，其中乡村公路21 776千米，密度120.75千米/百平方千米、50.26千米/万人。社会消费品零售总额1 635亿元，下降1%。全年地方公共财政预算总收入完成159.67亿元，增长14.9%。公共财政预算总支出501.05亿元，增长7.4%；一般公共预算支持乡村振兴实际投入76.99亿元，占支出15.36%。金融机构各项存款余额6 265亿元，比上年末增长11.13%；各项贷款余额3 753亿元，比年初增长18.2%。全年农业保费收入4.55亿元，增长30.68%，其中处理各项赔款和给付金额2.76亿元，综合赔付率70.9%。农业产业化龙头企业国家级、省级、市级分别为6家、63家、328家。

有各类学校1318所，在校学生73.65万人，教职工6.41万人，其中普通高校15所，在校本（专）科学生16.35万人，增长13.86%；普通中学165所，在校学生26.35万人；小学331所，在校学生28.23万人；学龄儿童入学率100%。有艺术表演团体2个，文化馆303个，公共图书馆10个，博物馆18个。有卫生机构4 493个，病床位4.35万张，卫生技术人员4.01万人。城乡居民参保人数2 131 524人，其中农村居民2 049 822人；新增被征地农民参保人数7 657人。

【年度农业和农村经济运行】 2022年，全市实现农业总产值648.31亿元，增长4.6%；全市全年农业增加值达377.32亿元，增长7.5%。农民年人均可支配收入达22 726元，增长6.5%。省级例行监测抽样718个，检测合格率为99.2%。全市主要农产品产量见表1。

【农业产业化发展】 壮大主体培育。按照“做强企业、做大规模、做好服务”的思路，加大农业产业经营主体培育力度，壮大经营主体实力，提升经营主体市场竞争力。全市农业产业化市级以上重点龙头企业397家（国家级6家、省级63家、市级328家）、县级龙头企业93家；市级以上龙头企业实现农产品加工经营销售收入513亿元；市级以上农业产业化重点龙头企业营业收入1亿元以上有60家，5亿元以上有16家，50亿元以上有3家，100亿元以上有2家。进入全国农业产业化重点龙头企业100强2家（新希望六和、铁骑力士），并排名第20位和第48位，其中铁骑力士被《农民日报》评为农产品加工企业100强。

加强联合体发展。推动农业产业化转型升级的“加速器”和新引擎，构建“以龙头企业为核心，农民合作社为带，家庭农场为基础，科研院所科技支撑”的上下游全产业链、形成“风险共担，利益共享”的经济利益共同体，延伸产业链、提升价值链、优化供给链，完善利益链，实现“1＋1＋1＞3”的放大效应。全市共培育农业产业化联合体21家（市级13家、县级8家）。

【农用地产权制度改革】 深化农村第二轮土地承包到期后再延长30年试点。指导盐亭县九龙镇青龙村2组、金孔镇孟阳村12组在确保和谐稳定的基础上，按批复方案有序开展第二轮土地承包到期后再延长30年省级试点，完成285户、565.31亩土地承包关系和新增68户农户的调查摸底。

开展解决土地细碎化问题试点。指导游仙区忠兴镇兴合村、鑫龙村、永佛村等6个村坚持农户承包权不动、土地经营权连片，全域开展解决农村土地细碎化问题省级试点，综合整治耕地约1.3万亩，同步整治撂荒地2 000余亩，机械化率达90%以上，基本完成改革试点任务。

规范土地经营权流转。印发《关于进一步规范农村土地经营权流转工作的通知》，督促县（市、区）、乡（镇）全面

表1　2022年绵阳市主要农产品产量

主要农产品	单位	产量	同比增减(%)
粮食	万吨	230.80	-1.86
水稻	万吨	90.90	-3.63
小麦	万吨	38.00	1.93
玉米	万吨	80.10	-4.83
马铃薯	万吨	11.60	31.97
油菜籽	万吨	53.15	7.10
蔬菜	万吨	221.05	3.30
水果	万吨	30.70	11.00
肉类	万吨	43.37	4.80
猪肉	万吨	27.72	6.10
牛肉	万吨	1.60	5.80
羊肉	万吨	1.42	1.70
禽肉	万吨	11.35	2.10
兔肉	万吨	1.20	0.50
禽蛋	万吨	16.41	3.10
水产品	万吨	12.97	3.57
牛奶	万吨	1.54	10.20

贯彻落实《农村土地经营权流转管理办法》，建立健全土地经营权流转准入机制、规范土地经营权流转程序、落实土地流转监管责任，维护流转双方当事人的合法权益，遏制耕地“非农化”、防止“非粮化”，保障国家粮食安全。

【农村集体产权制度改革】 贯彻落实《四川省农村集体经济组织条例》。制发《绵阳市贯彻〈四川省农村集体经济组织条例〉实施方案》，举办《四川省农村集体经济组织条例》专题宣讲培训70余次，培训15 000人次，发放学习资料6 500余册，推动《四川省农村集体经济组织条例》在基层的有效实施落实。

巩固提升农村集体产权制度改革成果。印发《关于组织开展农村集体产权制度改革“回头看”的通知》《关于做好农村集体产权制度改革档案管理工作的通知》，对清产核资、成员身份确认、集体经济组织规范建立、档案管理等改革重点工作进行查漏补缺，巩固提升改革质量。

发展壮大新型农村集体经济。实施村级集体经济“消薄”行动，开展农村集体经济“薄弱村”蹲点调研，召开全市村级集体经济“消薄”决胜攻坚推进会，探索新型农村集体经济有效实现形式，全面消除年经营性收入低于3万元的“薄弱村”。“党建引领村级集体经济发展整治‘撂荒地’做法”在《人民日报内参》刊载并得到原国务院副总理胡春华的肯定性批示；绵阳市农业农村局被评为“全国农村集体产权制度改革工作先进集体”；“安州区金花村通过创办‘土地银行’发展壮大集体经济、带动农民增收致富典型经验”入选“四川省农村集体经济发展十大优秀案例”，并在中央电视台《新闻调查》栏目专题报道；涪城区丰谷镇清水村、游仙区仙鹤镇石龙村等15个村被认定为全省合并村集体经济融合发展试点先进村，游仙区被认定为试点先进县。

【供销合作社改革】 全市供销合作社系统共有社有企业（全资及控股）41家、各类农资经营网点802个，实现农副产品购进总额65.9亿元，农资供应11.97亿元，共销售化肥146 222.22吨、农药3 584.78吨、农膜812.56吨，开展土地托管服务50万亩。新建成基层社示范社31个，全市累计建设新型基层供销社89个。基层社开展农资集中采购，让利农户30万元，助力村集体创收135万元。开展的农村小型水利经营权流转试点、闲置农房使用权流转试点走在全省前列，农村集体小型水利经营权流转最高溢价率达510%。

【农产品品牌战略实施】 创建县级公用品牌3个（羌食荟、文昌贡、梓乡情）。新增绿色食品、无公害农产品、农产品地理标志产品12个，全市“三品一标”农产品达626个，“北川苔子茶”入选省级“川字号”优秀农产品品牌荟萃，“川藏黑猪”参加四川金秋消费季市（州）长农产品品牌推介暨“菜篮子”产品营销推广活动，“代代为本”“台沃”入选全省农业企业品牌目录。发布《绿芦笋避雨大棚栽培技术规程》等12项地方行业标准，完成《佛手柑种植技术规程》等绵阳市农业地方标准立项15项，获得批准立项18项。《绵阳市农业品牌发展报告》（2022年）入选《四川省农业品牌发展报告(2022)》。

【现代农业园区建设】 围绕绵阳市“6+10”现代农业产业体系和“23610”现代农业空间布局，紧扣“天府粮仓·千园提升”行动，对40个市星级以上园区编制提升行动方案，做到“一园一策”补短强基。市委、市政府召开2023年度全市现代农业园区现场会，市、县两级党委、政府分管领导、市级相关部门负责人以及新型经营主体代表100余人参加会议。依托绵阳市种业特色优势，制定全省唯一的《市级种业园区评分标准》，建成各级种业园区8个。全市已累计建成县级以上现代农业园区108个，其中省星级园区7个；认定市星级现代农业园区33个、县级园区68个。三台县麦冬种养循环园区、三台县现代农业（生猪种业）产业园分别被纳入国家现代农业产业园区创建体系和创建名单，形成“国家+省+市+县园区”梯次建设体系。

【种植业】 贯彻落实省委、省政府关于打造更高水平“天府粮仓”要求，抓好粮油生产、耕地“非粮化”整治等重点工作，全市粮食作物播种面积增幅居全省首位，粮食作物播种面积41.32万公顷，产量230.8万吨，达到单产5 586千克/公顷，其中稻谷种植面积11.87万公顷，产量90.9万吨；玉米种植面积14.9万公顷，产量80.1万吨；小麦种植面积8.24万公顷，产量38万吨。油料作物播种面积18.07万公顷，产量53.15万吨；蔬菜及食用菌种植面积7.65万公顷，产量221.05万吨；中草药材种植面积63.59万亩，产量17.37万吨。

【林业】 全市完成营造林49.62万亩，巩固退耕还林成果69.86万亩，有效管护国有林459.65万亩、集体和个人公益林340.18万亩、天然商品林246.13万亩；有林业用地面积121.7万公倾，森林面积113.7万公顷，森林蓄积量9 801.57万立方米，森林覆盖率达56.13%。全市有自然保护区6个（省级3个、县级3个）；新认定市级现代林业园区2个，新创建国家级林业重点龙头企业1家、国家级森林康养基地1个、省级自然教育基地1个、市级森林康养基地10个。全年林业有害生物成灾率控制在2.1‰以下，森林火灾受害率低于0.1‰。

【畜牧业】 畜牧生产平稳推进。全市生猪出栏377.86万头，同比增长4.4%（全省市/州排名第九位）；能繁母猪存栏24.7万头，同比下降1.3%（市/州排名第七位）。牛出栏12.5万头，同比增长4.5%（市/州排名第八位）；羊出栏96.4万只，同比增长3.2%（市/州排名第六位）；禽出栏7 490.7万只，同比增长2.3%（市/州排名第二位）。牛奶产量1.543万吨，同比增长10.2%（市/州排名第11位）；禽蛋产量16.41万吨，同比增长3.1%（市/

州排名第二位）。

畜牧产业发展。出台《绵阳市生猪产能调控实施方案（暂行）》，完成生猪产能调控基地组织申报挂牌工作，建立国家级生猪产能调控基地68个、省级生猪产能调控基地355个，入选数量居全省第一位。制定《绵阳市加快推动牛羊产业高质量发展八条措施》，明确全市牛羊产业高质量发展方向。持续推进三台县（全省唯一）国家级生猪现代种业园区、江油市（全省唯一）省级生猪现代种业园区建设。涪城区、安州区实施畜禽粪污资源化利用整县推进项目，争取中央财政资金5 000万元。全市通过国家级评估无疫小区4个，创建数量为全省第一。三台县入选全国生猪全产业链典型县。

畜禽标准化程度不断提升。围绕乡村振兴发展战略，坚持“政府引导、市场主导、多元合作、企业领建、共享共赢”的原则，立足区域资源优势，提升现代标准化基地建设水平，集成标准化、规模化、绿色化、优质化技术模式，构建科技高效、集约节约、环境友好的全产业链现代化发展新格局。全市创建部级畜禽养殖标准化养殖场2个，创建数量位居全省第一；省级畜禽养殖标准化养殖场18家。全市已投产生猪规模场1 529个，规模化率达72%以上。加强环保污染治理，以畜禽粪污资源化利用整县推进项目实施为抓手，加快项目建设进度，完善粪污处理与资源化利用工艺设施，提升畜禽粪污处理与利用质量，全市畜禽粪污资源化利用率达90%以上，规模养殖场处理设施装备配套率达100%，位居全省前列。

【水产业】 全市水产养殖面积22 609公顷，其中稻田养鱼面积6 017公顷。水产品总产量达129 663吨，同比增长3.57%；全市人均占有水产品26.5千克；实现渔业经济总产值43.38亿元，同比增长3.66%。

持续推进长江十年禁渔。织密监管网格，以村（社区）为基础网格单元，落实禁捕网格员1 314名。加强执法打击，农业农村部门开展联合执法230次，查办违法案件42起。加强渔民就业，开展技能培训55人次，就业创业服务指导58人次，向退捕渔民推送用工信息136条，落实公益性岗位26人，退捕渔民养老保险参保率、有劳动能力和就业意愿渔民就业创业率均为100%。广泛宣传教育，在沿江、沿河重点水域新增永久性宣传牌200块，发放禁渔宣传单、手提袋、围裙等9万余份，制作发布“十年禁渔”宣传歌、宣传片和违法捕捞警示教育片。

盐亭县水产现代农业园区晋升省四星级园区。通过建基地、补设施、壮规模、增效益、塑品牌、强支撑、促增收、强辐射、抓保障，在全省现代农业园区考评中，盐亭县水产现代农业园区升星晋位，由三星级园区晋升为四星级园区。

安州区创建为国家级水产健康养殖和生态养殖示范区。农业农村部组织开展2022年国家级水产健康养殖和生态养殖示范区创建活动，经各主体自愿申请，县、市、省逐级审核，省级验收公示，农业农村部公开征询意见，以安州区政府为主体申报的国家级健康养殖和生态养殖示范区符合创建标准，农业农村部（农渔发〔2022〕27号）文件正式公布命名。

西部水产种业公司入选国家种业阵型企业。根据企业创新能力、资产实力、市场规模、发展潜力等情况，盐亭西部水产种业有限公司入选国家水产种业阵型企业（鳜鱼物种补短板阵型），农业农村部办公厅已发布（农办种〔2022〕5号）《关于扶持国家种业阵型企业发展的通知》。

【乡村振兴】 绵阳市以实施“三品”工程为引领，抓好现代农业发展、重要农产品有效供给、种业强市建设、农民增收、宜居宜业和美乡村建设、农村改革等重点工作，全面推进产业、人才、文化、生态、组织“五个振兴”，获评2022年度省乡村振兴先进市，涪城区、游仙区、安州区先后获评省级乡村振兴先进县（市、区）”，三台县、梓潼县获评省级乡村振兴成效显著县（市、区），11个乡（镇）获评省级乡村振兴先进乡（镇），136个村获评省级乡村振兴示范村，16个村获评省级乡村振兴重点帮扶优秀村，累计获得省奖补资金5.062亿元。

【乡村旅游】 全市共有全国乡村旅游重点村2个、天府旅游名镇3个、天府旅游名村2个、省级乡村旅游重点村14个、星级农家乐（乡村酒店）382家；创建天府旅游名县、名镇、名村各1个，天府旅游“名宿”1个，天府旅游名导1名，省级乡村旅游重点村5个。动员市、区两级各方面力量完成现场会筹备任务，确保全省乡村旅游工作暨做好两项改革“后半篇”文章现场会在安州区召开；举办“湖光山色”农业主题公园开园暨首届荷花音乐节活动。

制定印发《绵阳市乡（镇）级片区旅游专项规划编制工作指导计划》《绵阳市乡（镇）级旅游规划编制工作指引》《绵阳市乡（镇）级片区旅游发展专项规划编制成果市级审查工作方案》《关于在乡村国土空间规划中划定不可移动文物保护线的紧急通知》等系列文件，推进全市乡村旅游专项规划编制，全市29个旅游专项规划编制成果全部通过市级评审并被纳入所在片区国土空间规划。推进全市应急广播体系建设，组织编制完成《绵阳市应急广播系统实施方案》，完成游仙区、三台县、北川县应急广播体系建设项目市级验收。争取专项资金450万元，支持安州区、盐亭县、江油市应急广播体系建设，落实涪城区、游仙区、安州区、高新区、仙海区、经开区广播电视“村村通”升级为“户户通”运行维护费补助资金21万元。

【农业机械化】 全市农机总动力达366.39万千瓦，比上年增加9.06万千瓦，增长2.53%。农作物综合机械化水平较上年增长4.59%，达到56.69%。三台县、梓潼县成为年度“五良融合、宜机改造”示范县，获得省级财政资金补助500万元。全年机电提灌站建设累计投资2 000万元、新建和改造机电提灌站170

座，机电提灌总动力达22.38万千瓦，提水保灌198.64万亩，较上年增长2.45万亩。全年兑付农机购置补贴资金5 669万元，补贴农机具1.6万台，直接受益农户达12 237户。全市拖拉机拥有量达24 423台、62.54万千瓦，新增大中型拖拉机360台，增长1.5%；谷物联合收割机达7 508台、24.65万千瓦，新增124台，增长1.68%；油菜籽收获机达884台、4.39万千瓦，比上年增加128台；农用无人植保航空器达512架，比上年增加147架，增长40.27%；水稻插秧机达942台，比上年增加108台，增长12.95%。全年共完成机耕作业面积810.13万亩，较上年增长8.85%；机械播种面积374.53万亩，较上年增长25.21%；机收面积520.29万亩，较上年增长10.54%；机电灌溉面积198.64万亩，较上年增长1.25%。机械化种植面积达106.37万亩，较上年增长4.27%。油菜机播面积达96.03万亩，较上年增长13.64%；油菜机收面积达157.6万亩，较上年增长8.32%。玉米机收面积达46.15万亩，较上年增长59%。新增农机专业合作社13个，达145个，其中国家级示范社5个、省级示范社8个。全市共有农机户218 339户，拥有农机原值100万元以上的84个；农机维修网点1 142个，农机服务体系逐步优化。截至2022年年底，全市在大型农业机械上安装农用北斗终端3 247套，作业平台连接无人机325架，"互联网+农机"得到广泛应用。

【农村教育】 全市落实城乡义务教育经费保障机制，统一城乡义务教育学校生均公用经费基准定额，对城乡义务教育学校（含民办学校）按照不低于小学650元/生/年、初中850元/生/年的标准补助公用经费，在此基础上，寄宿制学校寄宿生按照200元/生/年、特殊教育学校和随班就读残疾学生按照6 000元/生/年标准补助公用经费；对学生规模不足100人的村小学和教学点均按照100人以上核定公用经费，共惠及全市城乡义务教育中小学校学生44.08万人。

【农村科技】 全市聚焦生猪、粮油、蔬菜三大优势种业，依托厅、市共建全国种业强市合作框架协议，引进省种业集团与三台县政府成立合资公司，注资入股川繁猪公司共同经营1 200头共享种公猪站。有农作物种子生产经营企业56家，其中全国育繁推一体化企业4家（全省7家）。全市杂交水稻制种面积达9.35万亩，杂交水稻制种量1 884万千克，占全国用种需求总量的7%，在全国地级市中排名第四；油菜制种面积2.41万亩，制种量316万千克，分别占全省油菜用种需求总量的50%、全国油菜用种需求量的10%，在全国地级市中排名第二位。

绵阳市植保植检站"基于昆虫性信息素的四川主要害虫绿色防控技术体系构建及应用"获得2019—2021年度全国农牧渔业丰收奖农业技术推广成果奖一等奖；绵阳市畜牧站"大恒优质肉鸡新品种高效健康养殖技术集成与推广"获得2019—2021年度全国农牧渔业丰收奖农业技术推广成果奖一等奖；绵阳市农科院"绵单系列优质丰产广适玉米新品种选育及配套栽培技术集成应用"获得2019—2021年度全国农牧渔业丰收奖农业技术推广成果奖二等奖。

在四川省首届"稻香杯"丰收奖颁奖仪式上，台沃种业选送的水稻新品种"泰优粤禾丝苗"获得一等奖，"深两优粤禾丝苗"获得优质奖。鑫源公司与四川省农业科学院等单位联合选育的"品香优美珍"通过专家组验收测产，平均亩产达836.8千克，刷新了西南平坝丘陵区一级优质杂交籼稻单产纪录，达到超级稻标准，将申请超级稻品种认定。

全市下达中央资金673万用于加强基层农技推广体系建设，主要用于推进基层农技推广体系改革创新，对全市1 323名基层农技人员进行知识更新培训，建设24个长期稳定的农业科技试验示范基地，共示范推广优质绿色高效技术164项。全市共有市、县、乡三级农技推广机构385个（市级8个、县级71个、乡/镇级306个），农技推广机构编内在岗直接从事农技推广人员2 399人（市级88人、县级602人、乡/镇级1 709人），其中本科以上学历人员占比36.9%，高级职称及以上的农技推广队伍人员占比13%；50岁以下人员占比60%。

【农村文化】 兜牢民生底线，做优基本服务。实施321个"五馆一站"免费开放和北川县338个广播电视"村村通"工程向"户户通"工程升级后的运行维护两项省级民生工程任务，总体工作进展有序推进。利用"线上+线下"方式，组织各县（市、区）、市直文化单位开展"送文化下乡"、阅读分享、图书漂流、线上文艺培训等文化惠民服务。开展迎接宣传贯彻党的二十大主题活动和传统节日特色文化活动，共举办350余场次，参与群众约120万人次。加强品牌建设，扩大公共服务覆盖面，支持指导安州区创建四川省第三批图书馆文化馆总分馆制建设试点单位，全区建成图书馆分馆16个、文化馆分馆18个，试点工作已通过评审验收。组织相关单位和各县（市、区）推荐申报2022年全省文旅公共服务高质量发展"四个一批"项目评选，其中安州区"相约图书馆·温暖志愿行"入选优秀品牌，北川县羌族草编研学体验活动入选优秀案例，江油市黑滩村村史馆入选优秀空间。

【农村卫生】 全年累计建立城乡居民电子健康档案460万余份，电子建档率94.65%，居民规范化电子健康档案覆盖率79.65%。高血压患者规范化管理率达78.98%，管理人群血压控制率83.86%；糖尿病患者规范化管理率达76.4%，管理人群血糖控制率73.53%；严重精神障碍患者规范管理率达97.35%；肺结核患者管理率达99.88%，居民对基本公共卫生服务的获得感和满意度得到提升。

基层医疗服务能力得到提升。全市190家基层医疗机构开展创建，累计118家机构申报创建达到国家基本标准及以上。在平武县、梓潼县试点开展县域紧密型医共体建设，整合县、乡、村三级医疗卫生服务资源，推动医共体内人员、财务、设施设备、药品、医保总额等统筹调配，构建优质高效的新型县域卫生健康服务新模式。全年建成19个县域医疗卫生次中心，数量居全省地级市第一位。

民生实事项目有序推进。截至2022年年底，全市12项基本公共卫生服务项目已覆盖全市487.11万名城乡居民，任务完成率为100.85%。年初预算安排资金34 138.17万元，已下达预算资金37 653.75万元，预算下达比例为110.31%；已实际拨付资金37 132.27万元，资金拨付比例为108.77%。

健全家庭医生签约服务。督促出台本辖区内家庭医生签约服务方案，重点关注农村低收入人口的家庭医生签约服务进度及规范化管理程度，其中高血压、2型糖尿病的基层规范化管理率分别达97%、97%，严重精神障碍患者、肺结核患者已实现全覆盖规范化管理。同时，以紧密型医共体为契机，不断完善家庭医生医保签约服务包政策，平武县以高血压、糖尿病为切入点，实施"基本公卫+医保"家庭医生签约服务包试点。举办绵阳市首届"优秀家庭医生"和"优秀家庭医生团队"评选活动，提升家庭医生的职业荣誉感。截至2022年年底，全市有家庭医生团队1 971个，签约常住人口342.48万余人，签约覆盖率率达70.35%，其中十类重点人群签约169.5万余人，重点人群签约率达90.58%；三类重点监测对象签约服务实现全覆盖。

【农村法制建设】 绵阳市以"法治绵阳行"一月一主题、一周一单位活动为载体，围绕深入实施乡村振兴战略和法治乡村建设，加强乡村振兴、粮食安全、耕地保护、基层治理等相关法律法规宣传。依托"送法下乡"活动，开展"围炉夜话"讲法活动；组织"法律明白人"开展"到店+扫街式普法"活动；针对矛盾纠纷高发行业和人群，开展"上门送法""指导用法"；结合藏、羌民族特色，打造"羌山夜话""双语普法"民族地区依法治理品牌。全年累计开展法治宣传活动3 000余场次、法治文艺演出100余场次，发放宣传资料300余万份，服务群众近6 000万人次。完善基层依法治理，培育农村学法用法示范户1 090户。培养"法律明白人"9 161名，平均每个村（社区）4.4名，开展培训班30余场。江油市青莲镇太华村依法治村工作站、江油市鑫卓源农机专业合作社联合社被农业农村厅命名为四川省农村法治教育基地。发挥"法律明白人"在法治宣传教育、矛盾纠纷化解等方面的作用，全市"法律明白人"参与调处矛盾纠纷8 400余件，预防纠纷6 200余件。健全乡村普法阵地，推广村（社区）"法律之家"建设，全市建成村（社区）"法律之家"8个。落实全国民主法治示范村建设标准，推进民主法治示范村（社区）建设科学化、规范化，已创建国家级民主法治示范村（社区）20个、省级民主法治示范村（社区）10个。坚持和发展新时代"枫桥经验"，开展"矛盾纠纷大起底大排查大化解"专项行动、人民调解组织队伍清理整治活动，对"零案件"调解组织和调解员予以撤销和退出，建立人民调解组织2 341个，其中村（社区）调委会2 069个；村（社区）人民调解组织化解矛盾纠11 282件，调解成功率达98%以上。全市已建立公共法律服务实体平台2 249个，其中市级公共法律服务中心1个、县级中心（含园区）13个、乡（镇、街道）公共法律服务工作站166个、村（社区）公共法律服务工作室2 069个，实现公共法律服务实体平台四级全覆盖。

【农村交通】 全年实施农村公路项目1 442个，其中完工项目1 385个、在建项目57个。截至2022年年底，农村公路建设完工2 142.3千米，占年度目标任务的106%。睢水青云村至桑枣红牌村二级公路工程、平武县虎牙林区林下经济节点公路建设工程等4个重点项目持续推进建设。

农村公路建设。印发《绵阳市乡（镇）级片区交通运输专项规划编制工作方案》，统筹交通运输局专项规划编制，结合经济社会发展实施农村公路网规划，对接争取770千米幸福美丽乡村路被纳入省级项目库。建成撤并村畅通工程1 319千米，解决了撤并建制村与新村委会之间因缺乏直连道路绕行严重的问题；建成通组路560千米，增加路网密度，畅通农村公路"最后一公里"，让乡村公路尽可能串联更多的村民聚居点和重要经济节点；实施铁索桥改公路桥12座、村道安防工程建设747千米，整治病危桥58座。

农村客运服务发展。推进乡村运输"金通工程"建设，巩固"四统一"成果，加快构建"四张网"，安州区创建为首批省级样板县。新建乡（镇）综合运输服务站17个；建成"金通邮快驿站"578个，超额完成全年目标任务。全面恢复因新冠疫情影响暂停的道路运输服务。完成12个二级以上汽车客运站电子客票部署应用。

"四好农村路"创建。持续推进"四好农村路"国家级示范县、省级示范县和市级示范镇（乡）等创建，出台《绵阳市加快推动全域"四好农村路"高质量发展实施方案》，明确了全市"十四五"期间"四好农村路"建设阶段目标。安州区被纳入"四好农村路"国家级示范县创建名单，盐亭县创建为第六批"四好农村路"省级示范县，安州区睢水镇等15个乡（镇）被认定为第四批"四好农村路"示范乡（镇），锁桂路获得"省最美农村路"，1人获评"省最美路长"，2人获评"省最美护路员"，全年共获得省、市创建奖励资金1 500万元。

【农村生态建设及环境保护】 围绕绵阳市"6+10"现代农业产业体系和"23610"现代农业产业空间布局，协同推进产业高质量发展与生态环境高水平保护。

产地环境有效保障。农业农村污染防治攻坚战取得阶段性成效，全市农业面源污染防治“一控两减三基本”目标基本实现。全市统筹发展高效节水灌溉面积4.65万亩；化肥施用量（折纯）18.09万吨，同比下降1.3%；农药施用量3 963.2吨，同比下降2.5%；秸秆综合利用率达96.88%，同比增长0.06%；农膜回收率达90.65%，同比增长1.29%；畜禽粪污综合利用率达96.47%。

产业发展绿色推进。坚持“以种定养、以养定种、种养结合”，以发展粮油等六大重点产业和优质生猪等十大主导产品为重点，不断配优种养循环结构，探索出“市场大循环、合作中循环、园场小循环和家庭微循环”四类生态循环绿色种养殖模式并在全国推广，全市受污染耕地安全利用率达92.85%，生态循环农业覆盖面达70%以上。

产品质量不断提升。全市农产品检测合格率达99.2%。“三品一标”农产品总数达626个。

【农产品质量安全监管】 盐亭县通过国家农产品质量安全县创建省级中期评估，北川县作好省级农产品质量安全监管示范县复审准备。全市省级例行监测抽样718个，涉及蔬菜、水果、食用菌、猪肉、牛（羊）肉、禽肉禽蛋等，检测合格率为99.2%；区（县）农产品定量检测“千分之一”任务完成5 294个，完成率达108%。全市共有1 791家生产主体被纳入承诺达标合格证制度生产主体名录，共建成承诺达标合格证自助服务点30个；实施“亮证”行动示范点8个，带动农户737家；已开具承诺达标合格证66.67万张，附带合格证上市农产品10.35万吨。

【农村市场体系建设】 全面扩大涉农保险覆盖范围，已开办的农险品种共计77种，其中中央政策性农险13种、地方政策性农险51种、商业农险13种。全市农业保险实现保费收入4.55亿元，同比增长30.68个百分点，其中地方特色险种实现保费收入7 413万元；为116.21万户次农户提供风险保障133.15亿元，向32.73万户次农户支付赔款2.68亿元。推动农业保险“扩面、提标、增品”，持续加大对生猪产业支持力度，支持生猪稳产保供，全年生猪保险累计承保457.83万头，累计保费收入2.38亿元，及时为广大农户提供了资金支持。推动涉农贷款持续增长，截至2022年年底，全市涉农贷款余额1 367亿元，比年初增加211亿元，同比增长18.2%。法人银行机构涉农贷款余额671亿元，比年初增加60.7亿元，增长9.9%；分条线看，法人城商行涉农贷款余额116亿元，同比增长0.32%。农合机构涉农贷款余额530.1亿元，同比增长12.4%；村镇银行涉农贷款余额30亿元，同比增长8.3%。大型银行涉农贷款余额431亿元，比年初增加72.5亿元，同比增长20.2%；政策性银行涉农贷款余额227.7亿元，比年初增加76亿元，同比增长50%；股份制银行涉农贷款余额24.5亿元，同比减少5.2%。

【农村留守儿童帮扶】 全市共有农村留守儿童10 042名。全市166个乡（镇、街道）、2 070个村（社区）均配备不少于1名的儿童督导员、儿童主任。全市共建成未成年人保护工作站点164个，覆盖率98.8%，所有站点均明确了站点联系人，常态化开展工作。全年市、县、乡三级开展儿童督导员、儿童主任培训，累计培训超过3 000人次。建立儿童主任定期走访和帮扶制度，为每一名留守儿童建立工作台账，相关信息录入全国儿童福利信息系统，推动落实强制报告制度。发挥市、县未成年人保护工作领导小组及办公室的作用，加快构建全方位、多层次的未成年人保护体系。指导游仙区在全省率先探索“社会工作站+未成年人保护站”的“双站双体系”工作模式，相关经验做法被《中国社会工作》刊载。

【劳务开发与返乡创业】 全市农村劳动力转移就业139.07万人，其中脱贫人口实现就业8.69万人。去冬今春农民工服务保障五大行动期间，走访慰问返乡农民工超过130万人，举办农民工就业专场招聘会65场。打造集“政务服务+电信服务+邮政服务+金融服务”“四位一体”的农民工综合服务站，打通服务保障农民工“最后一公里”，全市已建成农民工综合服务站175个。建设以“零工驿站”为品牌的零工市场，为钟点工、天工等灵活就业人员打造就业“新平台”，实现“揭榜挂帅”“即时快招”，截至2022年年底，已建成零工市场7处。全年新建市级就业帮扶基地（车间）8个。发放创业担保贷款1.99亿元，发放返乡农民工创业担保贷款1 343万元，直接扶持返乡农民工自主创业130人。

【农村大事记】 2月26日，梓潼县、安州区和三台县入选第三批国家级制种大县。

4月28日，绵阳市被省委办公厅、省政府办公厅评为“全省去冬今春农民工服务保障工作先进单位”。

5月18日，“绵麦902（小麦）”成为西南地区首个亩产突破700千克的小麦品种。

6月22日，江油市、游仙区创建为中央财政农业生产社会化服务项目重点县。

6月28日，绵阳市创建为全国唯一的农产品产地冷藏保鲜设施建设整体推进示范市。

7月21日，新希望六和、铁骑力士和西部水产3家企业入选国家种业阵型企业。

8月8日，游仙区代表长江上游冬油菜区获得油菜作物“国家农作物品种展示评价基地”认证。

9月5日，三台县入选2022年全国农业现代化示范区创建名单。

9月21日“，泰优粤禾丝苗”被省委、省政府评为优质米品种一等奖；“深两优粤禾丝苗”被省委、省政府评为优质米品种优质奖。

9月24日，安州区金花村通过创办“土地银行”发展壮大集体经济、带动农民增收致富的典型经验入选“四川省农村集体经济发展十大优秀案例”，并被中央电视台《新闻调查》栏目专题报道。

11月3日，三台县芦溪镇等3个乡（镇）入选首批国家乡村振兴示范乡（镇）创建名单；涪城区吴家镇三清观村等35个村入选首批国家乡村振兴示范村创建名单。

12月30日，首届川北地区种业创新科技成果发布会在绵阳市举行。

12月，绵阳市植保植检站、绵阳市畜牧站获得“全国农牧渔业丰收奖”一等奖。

【主要领导人】 市委书记：罗增斌（1月止），曹立军（1月始）；市人大常委会主任：付康；市长：元方（1月止），李云（1月代理，2月始）；市政协主席：李亚莲；分管农业副市长：李栋。

绵阳市编写组

涪 城 区

【基本情况】 2022年，全区辖5镇4个街道，辖区面积554.47平方千米。年末常住人口132.28万人，其中农业人口22.76万人、城镇人口109.52万人。年末户籍总人口77.79万人，其中农业人口10.63万人、城镇人口67.16万人，男性38.14万人、女性39.65万人。

2022年，全区实现地区生产总值1 290.78亿元，按可比价格计算，比上年增长5.6%，其中第一产业增加值31.21亿元，增长3.8%；第二产业增加值633.21亿元，增长7.5%；第三产业增加值626.35亿元，增长4%；三次产业结构比为2.4∶49.1∶48.5。三次产业对经济增长的贡献率分别为1.9%、61.8%和36.4%。

公路总里程1 361.56千米，其中等级公路1 353.75千米（高速公路54.81千米）、等级外公路7.81千米。境内铁路营运里程104.51千米，铁路旅客运量（发送量）462.33万人，铁路货物运量（发送量）6.58万吨；有火车站3个。全年电信业务总量180 570万元，电信业务收入142 713万元。年末本地固定电话用户（不包括分机，包括小灵通）45.85万户，移动电话用户228.95万户，互联网宽带接入用户74.59万户，“三网合一”用户64.76万户。地方一般公共预算收入完成70.22亿元，比上年下降13.2%。有高新技术企业455家、科技型中小企业1 257家，其中新增224家。全年专利授权数5 872件，其中发明专利1 948件。

有小学44所，在校学生8.7万人，专任教师4 247人；普通中学44所，在校学生9.5万人，专任教师6 476人；中等职业教育学校7所，在校学生1.6万人，专任教师689人。有公共图书馆2个（图书总藏量80.1万册），艺术馆、文化馆（站）27个，剧场、影剧院1个，博物馆、展览馆1个，有大型体育场馆5个。全区广播覆盖率100%，电视覆盖率100%。有各类医疗卫生机构681个，其中医院37个、卫生院8个、疾病预防控制中心3个、妇幼保健站2个；卫生机构人员16 584人、卫生技术人员13 602人，其中执业（助理）医师4 864人、注册护士6 772人、卫生防疫人员262人；病床位9 986张。

【年度农业和农村经济运行】 2022年，全区农林牧渔业增加值32.6亿元，比上年增长3.9%。农林牧渔业总产值57.65亿元，增长4%，其中农业产值36.38亿元，增长4.1%；林业产值1.74亿元，增长9.4%；牧业产值14.12亿元，增长3.9%；渔业产值3.1亿元，增长3.6%；农林牧渔服务业产值2.31亿元，增长5%。全区有效灌溉面积达11.03千公顷。农业机械总动力达231 371千瓦，机收面积18 533公顷。全年化肥施用量（折纯）12 457吨。农村居民年人均可支配收入达27 748元，较上年增长6.5%。

【种植业】 全年粮食作物播种面积13 820公顷，粮食总产量8.63万吨。经济作物播种面积20 100.9公顷，比上年增加245.1公顷，其中蔬菜及食用菌种植面积17.72万亩，增长2.2%。

【农村社会保障】 城乡居民社会养老保险参保人数96 401人，城乡居民基本医疗保险参保人数457 518人。农村居民最低生活保障人数2 351人。农村“五保”供养人数841人。年末有各种社会福利收养性单位26个、床位5 368张。

【主要领导人】 区委书记：邓辉；区人大常委会主任：顾健；区长：张虚怀；区政协主席：杜正茂；分管农业副区长：刘琳。

涪城区编写组

游 仙 区

【基本情况】 2022年，全区辖1个省级高新技术产业园区1个经济试验区3个街道8个镇172个村（社区），辖区面积1 018平方千米，其中耕地面积50.1万亩，人均耕地面积1.43亩；基本农田47.73万亩。年末总人口46.89万人（户籍人口），人口出生率4.99‰，人口自然增长率-1.37‰。全区耕地有效灌面和保证灌面分别达到耕地总面积的89%和88%；本地水资源总量3亿立方米，人均占有水资源量527.86立方米。有森林管护面积3.18万公顷，有林地面积3.06万公顷，活立木总蓄积量160.49万立方米，森林覆盖率31.29%。

2022年，全区实现地区生产总值448.64亿元，增长4.6%，其中第一产业增加值37.66亿元，增长4.5%，农、林、牧、渔及农林牧渔服务业之比为26.99∶21.27∶17.52∶3.41∶52.91；第二产业增加值155.88亿元，增长2.5%（工业产值340.65亿元）；第三产业增加值255.1亿元，增长6.1%。三次产业对经济增长的贡献率分别为9.27%、19.68%和71.05%。

公路通车里程1 903.69千米（其中乡村公路1 287.94千米），密度188.33千米/百平方千米、38.1千米/万人。社会消费品零售总额152.64亿元。地方公共财政预算总收入完成13.26亿元，增长11.3%；公共财政预算总支出47.47亿元，增长18.1%。金融机构各项存款余额435亿元，比上年增长17.3%；各项贷款余额290.5亿元，比上年增长0.1%，其中乡村振兴农业产业发展项目贷款28.29亿元。全年农业保费收入377.58万元，增长46.5%。完成农业产业化项目1个，完成投资100万元。农业产业化龙头企业省级、市级、区级分别为1家、13家、2家。

有各类学校144所，在校学生95 301人，教职工5 930人，其中普通高中6所，在校学生7 359人，专任教师536人；职业高中5所，在校学生6 971人，专任教师391人；初中14所，在校学生29 365人，专任教师1 840人；小学30所，在校学生35 440人，专任教师1945人；幼儿园89所，在校学生16 166人，专任教师1 218人；学龄儿童入学率99%。完成省级以上科技成果33项。有文化馆1个，公共图书馆1个，博物馆1个。有卫生机构404个，病床位2 230张，卫生技术人员550人。城乡居民基本医疗保险参合人数38.81万人，城乡居民养老保险参保人数18.61万人。

【年度农业和农村经济运行】 2022年，全区实现农业总产值52.91亿元，增长4.6%；全区全年农业增加值达42.22亿元，增长4.5%。农民年人均可支配收入达24 278元，增长6.5%。全年水产品产量1.46万吨，同比增长4%；实现渔业产值3.41亿元（占总产值的6%），同比增长4.3%。全区主要农产品产量见表1。

【农业产业化发展】 编制现代农业产业发展专项规划和农村人居环境整治专项规划，出台《四川省助企纾困政策明白卡》等稳经济政策。新培育市级龙头企业2家、省级家庭农场1家、市级家庭农场13家。全区有家庭农场（含种养大户）1 747家（户）、区级及以上农民合作社示范社382家、市级及以上龙头企业60家（其中省级龙头企业8家）。坚持政府引导，组织全区10余家农业生产经营主体参加“绵品出川”厦门行、东莞行、苏州行以及四川省第八届农博会等知名展会，签订销售金额达3.2亿元。全区有家庭农场（大户）1 747家（户），其中省级家庭农场22家、市级家庭农场42家，种植业类925家、畜牧业类471家、种养结合类351家。按照省、市、区相关评选标准，向农业农村厅、市农业农村局提供省、市级家庭农场申报资料，组织各镇开展区级家庭农场评定工作，并根据家庭农场发展目标和行业属性宣传并落实农机装备、种粮大户、风险补偿金贷款、绿色防控、“三品一标”、农业政策性保险、高素质农民培育等专属政策。

【农用地产权制度改革】 推进省级城乡融合发展改革试点。全面启动以片区为单元编制乡村国土空间规划，畅通城乡

表1　2022年游仙区主要农产品产量

主要农产品	单位	产量	同比增减(%)
粮食	万吨	24.010	–1.6
水稻	万吨	12.060	–5.6
小麦	万吨	4.870	0.3
玉米	万吨	5.350	–6.9
马铃薯	万吨	1.100	1.0
油菜籽	万吨	5.340	6.2
蔬菜及食用菌	万吨	21.350	3.6
水果	万吨	2.850	12.9
肉类	万吨	2.840	9.6
猪肉	万吨	1.540	16.5
牛肉	万吨	0.090	5.9
羊肉	万吨	0.040	–1.3
禽肉	万吨	1.160	2.3
兔肉	万吨	0.120	3.9
禽蛋	万吨	1.310	8.2
水产品	万吨	1.460	4.0
牛奶	万吨	0.024	–38.3

土地要素双向流动，补齐乡村公共服务和基础设施短板，构建城乡互补、全面融合、共同发展的新型城乡关系，魏城镇建成首批“省级百强中心镇”。

盘活用好农村闲置宅基地，创新“平台公司贷款投资、镇政府组织发动、村集体具体实施”方式，坚持资源“全区一盘棋”，建立统一安排、统一收储、统一核算的入市交易制度和平台，优化资源配置效率，已整理复垦闲置宅基地1 134亩，颁发全市首本集体建设用地使用权不动产证书。

【农村集体产权制度改革】 探索推动村级集体经济融合发展模式。实施“一村一区级领导联系、一村一部门单位帮扶、一村一制度方案推进”工作机制，探索推行七种模式，发展壮大集体经济，全面完成村集体经济消薄任务，收入在10万元以上的村有31个，占比27%。升级“清风阳光监督平台”，打造全省首个农经数字化管理信息系统。被评为村级集体经济融合发展省级试点先进区。

实施土地“大托管”模式。针对乡村耕地碎片化、空间布局无序化、城乡土地资源利用低效化等问题，围绕“土地资源”这一城乡融合关键要素，深化农村土地制度改革，结合全省解决农村土地碎片化问题试点，探索土地大托管模式，依托忠兴镇推进全域土地综合整治。该镇创新成立镇集体经济联合总社，以大面积托管、大资金投入、大服务增收，将各村各户单打独斗式的农业生产方式转变为跨区域、规模化、机械化的现代农业生产模式，解决了农村土地撂荒和非粮化问题，全镇已托管土地面积43 743亩，占耕地总量的77%；托管区域粮食产量超过3.5万吨，较托管前增长15%，经验做法先后被《省委要情》《省委改革动态》《省委三农要情》《人民日报改革内参》刊载，入选“四川省农业生产社会化服务典型案例”“四川金融服务乡村振兴十佳案例”，为广大丘陵地区土地综合整治利用提供了参考模板。

【供销合作社改革】 基层组织加强发展。采取开放办社新模式，新建镇供销社7个、区域为农服务中心2个，并将全镇所有村集体经济组织全部吸纳为镇供销社股东社员，实现新建镇供销组织全覆盖，增强了基层社的组织力。加快完善基层社治理结构，定期召开股东会、理事会、监事会等会议50余场次，提高农民社员的参与度和话语权。

财政资金扶持有力。支持基层社作为涉农政策和项目的实施主体，协调省社、市社将政策资金向基层社倾斜，支持粮食烘干中心争取补助资金225万元，全年争取为农服务中心资金50万元。同时，近3年争取财政资金250余万元。区域为农服务中心、基层社高质量发展示范县2个项目入列省级供销综改资金拟入库项目名单，其中区域为农服务中心项目已通过省社审核。

社有企业规范发展。理顺联合社与社有企业的关系，成立社有资产管理委员会，履行社有资产出资人代表职责。制定《从严治社工作实施方案》《社有资产保值增值指标考核体系》，建立《社有企业重要信息管理台账》，加强社有企业财务监督管理，按照社企分开、双线运行的要求理顺社企关系。

【农产品品牌战略实施】 完成11个绿色食品的年检和抽样检测，完成10份无公害农产品的抽样检测，完成华欧油橄榄的续展和顺风元绿色食品的申报。完成“三品一标”新认证农产品4个，全区共有“三品一标”农产品139个。创建农业区域公共品牌，已完成前期的上会和财评。组织全区10余家农业生产经营主体参加“绵品出川”厦门行、东莞行、苏州行以及四川省第八届农博会等知名展会，签订销售金额达3.2亿元。

【现代农业园区建设】《游仙区蔬菜种业现代化农业园区规划(2021—2025年)》通过农业农村厅专家组评审。根据“三区三线”划定要求，重点落实园区单位项目用地。出台现代农业园区蔬菜基地建设500万元资金补助方案，打造“百里菜廊”，落实制种蔬菜种植基地5 200亩、商品蔬菜种植面积1万亩。按照两个《推进方案》和《游仙区蔬菜种业现代化园区规划(2021—2025年)》整体要求，计划启动总部经济功能区、游仙区蔬菜集散地建设。落实园区融资，平台公司按照蔬菜种业融资方案，园区建设项目融资包装总投资63 897.65万元，计划融资5亿元，已到位资金2.5亿元，涉及项目建设融资资金已全部落实。蔬菜种业园区被认定为市五星级现代农业园区，优质粮油现代农业园区晋升为市四星级现代农业园区，游仙区(忠兴)优质粮油现代农业园区被认定为区级现代农业园区”。

推进“百里菜廊”建设。编制现代农业园区蔬菜基地建设500万元资金补助方案，摸底“百里菜廊”建设落实制种蔬菜种植基地2 727.36亩，商品蔬菜种植面积1.01万亩。落实园区融资，平台公司按照蔬菜种业融资方案，园区建设项目融资包装总投63 897.65万元，计划融资5亿元，已到位资金2.5亿元，涉及项目建设融资资金已落实。

【高标准农田建设】 摸排全区农户承包耕地撂荒面积3 632.934亩，全部整治完成。完成2021年高标准农田建设项目2.17万亩、灾毁农田修复项目0.51万亩建设任务；完成2022年高标准农田建设项目1.2万亩(占项目进度40%)，累计已建成高标准农田39.89万亩(占耕地面积的75%左右)。

【种植业】 全年农业产值26.99亿元(占总产值的51%)，同比增长4.5%。全年粮食作物播种面积60.56万亩，产量24.01万吨，下降1.58%，其中水稻种植面积23.97万亩，产量12.06万吨；小麦播种面积15.67万亩，产量4.87万吨；玉米播种面积14.5万亩，产量5.35万吨；大豆播种面积5 500亩，产量864吨。油菜籽播种面积24.31万亩，产量4.67万吨。全区蔬菜及食用菌种植面积10.99万亩，产量

21.35万吨。水果产量2.85万吨。中药材种植面积0.6万亩。全区桑园种植面积70 450亩，全年完成蚕种发放80 350张，产茧2 898.63吨，发种数量、产茧均稳居全市第一位，产值14 521.1万元。

【林业】 全区林业产值21.27亿元。有森林管护面积达3.18万公顷，林地面积3.06万公顷，活立木蓄积量160.49万立方米。全区有自然保护区1个、面积777公顷。全年竹材产量260吨。

新一轮大规模“绿化绵州”行动。全面推行科学绿化，从“扩面”向“提质”转变，从“追求数量”向“追求质量”转变。实施绿色城区、绿色乡村、绿色道路、绿色水网、绿色屏障等十大工程建设，完成营造林4.2万亩，其中人工造林0.2万亩、退化林修复等森林精准提升4万亩。2022年，全区森林蓄积量达160.49万立方米；森林覆盖率31.29%，增长3.25%。游仙区大规模绿化工作获得市林业局先进表彰3次。

全民义务植树。区绿委号召全区干部群众结合抚育管护、认种认养等多种形式履行植树尽责义务，通过开展区级领导和机关集中义务植树活动，绿化荒山20余亩，栽植红枫600株，带动全区共20.7万余人次参加义务植树，零星植树47余万株，推动形成全民动手、共建绿色和谐游仙的社会氛围。

现代林业产业发展工作。以建设游仙现代林业产业园区为起点，建成省级现代林业产业示范园为目标，向上争取政策和项目补助资金，利用省级财政林业改革发展专项补助资金300万元，推动游仙现代林业产业园区建设，辐射带动全区特色经济林、生态旅游、花卉等产业发展，推进游仙现代林业产业蓬勃发展，完成省级现代林业园区推荐申报资料收集整理和上报。

林长制工作。根据中央、省、市林长制工作要求，全面推行林长制各项工作，严格落实林长制各项任务，分级设立林长，明确各级林长职责，设置区、镇、村三级林长制公示牌。结合工作实际建立“林长+警长”工作协作机制，在《绵阳市游仙区林长制运行规则（试行）》等五项林长制配套制度的基础上，创新设立了《绵阳市游仙区林长制约谈制度（试行）》。开展宣传工作，编制《林长制工作简报》8期。

野生动植物保护监管。结合“世界湿地日”“国际生物多样性日”等宣传《中华人民共和国森林法》《中华人民共和国野生动物保护法》等法律法规，发放宣传资料2 000余份，提高群众保护湿地、野生动植物意识。落实野生动植物保护执法各项措施，发挥职能作用，无重大野生动植物保护违法案件发生。有效开展野生动物救护工作，全年辖区内两家野生动物园共开展野生动物收容救护29次。

打击涉林违法。成立工作专班，开展森林督查图斑线索案件执法，全年查处各类林业行政案件161件，查处率100%，其中滥伐林木15起、非法占用林地80起、违规野外用火3起、非法收购木材1起，不予立案62起，处理违法单位（人员）99个（人），处罚款519万余元。

林业有害生物防治及森林植物检疫。对全区45.9万亩林地实施有效监测，2月底至3月开展越冬代复查工作；3—5月、8—10月借助春秋两季松材线虫病普查，对区内监测区域采取重点区域重点监测、重点普查，其他监测区全面监测、全面普查的方式实施监管，同时加强对外地调入全区松木及松木制品的检疫。5月—9月开展美国白蛾监测，在游仙街道、沉抗镇、松垭镇、小枧镇等重点区域挂设诱捕器，全年共设置监测样地12个。4—6月，全面开展蜀柏毒蛾药物防治（飞机防治1万亩、人工药物防治1.16万亩、灯光诱蛾1.93万亩）。2022年，全区无林业有害生物发生，有害生物发生率严格控制在2.7‰以内。

森林防灭火。利用包保制度、网格制度、林长制等，明确各地主体责任人、责任范围和责任内容，压实各级责任；指导各地组建并完善镇村应急队伍、配置应急物资，组织各地开展“全区基层扑火队伍业务培训及应急演练”，与绵阳神鹰救援队签订森林防灭火联防联控协议；在重点区域、重点时期加大宣传力度，通过宣传、培训、固定标语、警示牌等形式提高群众安全防范意识；组织开展“游仙区第一次森林火灾风险普查”工作，普查结束后，将按照普查成果对森林火灾重点防控区域及重点点位利用科学精准的方式开展有效防控。2022年，全区无森林火灾发生，森林火灾受害面积严格控制在0.1‰。

【国土资源管理】 地质灾害防治。坚持“防范胜于救灾”理念，采取群众性排查和专业性排查相结合方式，对全区重点场镇、在建工程、人口密集区等重点地域开展拉网式排查，全面掌握隐患分布、危害程度和影响范围。结合隐患排查，逐点逐人明确，及时调整防灾责任人，按照“三个100%”要求（预案覆盖率、群测群防网络覆盖率和隐患告知率达100%），确定监测人员、完善防灾预案，及时更新基础数据库，健全群测群防网络体系，打通防灾链路。全年完成专职监测任务49处、地质灾害治理工程3处。依托汛期驻守服务单位，建立由专业技术人员、部门相关人员组成6～8人的应急救援技术保障分队，指导协助开展隐患排查、险情研判、提供应急救援技术指导。全面启动上下游信息共享、跨区域联动机制，已与江油、梓潼、三台、涪城等地建立联防联控微信工作群，实时共享气象、雨情、水情等信息。

不动产登记。开展各类便民服务业务共计95件。办理不动产登记业务10 897件，实现抵押融资约19.76亿元，其中转移登记6 638件、抵押登记3 018件、抵押注销登记522件、查封业务388件、解封业务164件、不动产查询业务956件、遗失（作废）公告47件、信访业务40件、数据关联及信息补录业务209件、自建房土地分割登记34件。全区涉及的林权总面积约41.14万亩，已确权和林权登记发证17.91万宗。完成农村“房地一体”确权颁证工作，涉及宅基地97 399宗、集体建设用地2 043宗，外业测绘、权籍调查、入户调查，权籍公示、签字、成档工作已基本完成，已通过区级初检，待申请市级验收，同时开展数据入库及档案资料清理检查环节。促进农村集体经营性建设用地入市流转，为新桥镇胜利村第一村民小组颁发集体建设用地使用权不动产权证书。化解“芙蓉依山居”小区10余年未能办理分摊土地使用权证的登记难题，涉及群众300余人。集中力量支持重点企业中国航发四川燃气涡轮研究院(624所）办理“航空家园”安居房不动产登记，已完成1 200件，100%完成总任务。

2021年度国土变更调查工作。游仙区2021年度国土变更调查工作于2022年1月开展，领取省级下发线索图斑及部下发监测图斑12 810个，结合自主变化图斑共上传5 297个举证图斑，经部、省、市多轮核查，于9月22日通过国家核查，已形成游仙区2021年度国土变更调查数据库成果。

土地统征储备和整理。2022年度纳入土地报征计划的项目共20个1 721亩，其中已取得征地批文项目19个、1 668亩，尚未组卷上报的项目1个、53亩。2022年出库土地22宗，总面积1 910.56亩，其中经营性用地8宗418.69亩，工业、物流仓储用地6宗455.19亩，科研教育、交通等用地8宗1 036.68亩。发布绵西高速、绵苍高速等单选项目和批次用地征收土地公告67个。完成新桥中小微产业园、东林商服用地、二环路、横山村居住用地、绵西高速等5个项目涉及的7个批次28个集体经济组织848.82亩土地的《征地补偿安置方案》编制、公告和报批。完成缴纳2021年第28批次等6个批次建设用地耕地占用税287.766 4万元。

耕地保护。推进农村乱占耕地建房专项整治，坚决遏制耕地“非农化”、防止“非粮化”，牢牢守住耕地红线，其中“非农化”问题违法占用耕地整改任务为2 517.38亩，已整改2 329.12亩，整改率92.52%；“非粮化”问题整治任务总量为388.99亩，已整治485.34亩，占整治任务总量的124.77%；耕地撂荒整治任务总量为3 632.93亩，已整治3 632.93亩，占整治任务总量的100%；批而未供处置基数为161.37公顷，已完成土地处置62.8公顷，处置率为38.92%，排名市（区）第二。

【畜牧业】 全年牧业产值17.52亿元（占总产值的33%），同比增长4.2%。全年生猪出栏19.9万头，同比增长4.9%；生猪存栏13万头，同比增长3%。牛出栏7 687头，同比增长4.7%；羊出栏2.99万只，同比增长0.8%；禽出栏759.36万只，同比增长2.8%。猪（牛、羊、禽）肉类总产量28 361吨，增长9.6%，其中猪肉产量15 357吨，增长16.5%。禽蛋产量13 128吨，增长8.2%；牛奶产量234吨，下降38.3%。

畜牧市场管理。完成区内的动物防疫、检疫等监督任务；协助办理动物防疫条件合格证10家，办理动物诊疗许可证1家，办理兽药经营许可证5家，年检动物防疫条件合格证44家，协助办理动物运输车辆备案108辆，审批种猪、仔猪调运369 886头。完成乡村兽医备案，完成诊疗许可证及职业兽医年检，完成官方兽医任命工作。全年结办信访投诉件6件。严格排查非洲猪瘟，从非洲猪瘟防控卡点、养殖环节、产地检疫环节、屠宰检疫环节以及科学城冻库冷链监管仓产品等各环节按程序严格排查；对其过往运输生猪和运输车辆实行专用车道通行且进行彻底消毒、登记，非洲猪瘟防控卡点立案3件，结案3件，确保辖区“清静无疫”。在新冠疫情防控期间，参与稳产保供及志愿者服务，快捷办理车辆、人员出入通行证。举办游仙区第一届动物防疫、检疫技能比武。全年监督检查规模养殖场46家次，不定期检查和节假日节前监督检查屠场、市场50余次，未发现无证经营兽药、饲料及饲料添加剂和经营病死畜禽及畜禽产品行为。

【乡村振兴】 近年来，全区坚持以更大力度、更高标准、更实举措推动乡村振兴再上新台阶，获评全国农村集体产权制度改革整县推进试点区、国家区域性蔬菜良种繁育基地、国家农作物品种展示评价基地、全国平安农机示范区，一大批改革经验在全国、全省推广。

落实优先发展原则，组织统筹得到新加强。组织领导强化到位，区委、区政府主要负责人专题召开乡村振兴会议4次，每季度组织学习上级重要指示精神、研究部署重大事项。充实区委农村工作领导小组和区委农办工作力量，调强8大专项工作组。跨村联建功能性联合党委6个、镇级片区联合党总支2个，实现党建引领片区发展新格局。严格落实三级书记抓乡村振兴责任制，督促基层党组织书记履行第一责任人职责。优先保障乡村振兴财政投入，全年投入占一般公共预算支出的12.59%，增长1.5%。2018年以来，共投入资金93.24亿元，引入平台融资23.4亿元，其中2022年新融资8.3亿元。全年安排26.3%的新增建设用地指标用于保障乡村重点产业和项目用地。实施人才振兴五年行动，举办村（社区）党组织书记进修班2期，实现基层党组织书记全覆盖。设立“乡村振兴优才”评选项目，首批评选3名“乡村振兴优才”培训；辖区“一办一站一中心”编制配备和人员配置达100%。编制衔接政策汇编，开展2轮防返贫监测帮扶集中排查，认定98户262名监测对象，并精准制定帮扶措施，选派24名优秀干部任驻村“第一书记”、12名任工作队员。全区获评省级重点帮扶村6个。

推进农业高质量发展，农业现代化取得新进展。扛稳重要农产品供给责任，严守耕地红线，完成撂荒耕地整治3 632.93亩，建成高标准农田2.3万亩。粮食作物播种面积60.56万亩，粮食总产量24.01万吨，粮食面积、总产量、亩产实现“三增长”。新投产规模及以上生猪养殖场5家，新增存栏生猪4万余头，全面完成18万头目标任务。发展高质量现代农业园区，聚焦“优质粮油、绿色蔬菜、花卉林果、优质蚕桑、生态养殖”五大产业，聚力建设花舞游仙、果满山川、桑梓家园、渔虾稻田、粮油制种、道地药材、川菜硅谷7个现代农业园区，蔬菜种业和特色经果林园区被纳入省级培育，优质粮油、果满山川园区获评市级园区。全年新增市级农业产业化龙头企业2家，新培育家庭农场174家。聚焦护航种业“芯片”，与省农科院合作建立院士（专家）工作站；联合西南大学、西科大等科研院校，培育蔬菜新品种50余个，引进、保存种质资源700余份。组建科技特派团，全年新培训农户150余人次，培养技术骨干30余人，广泛推广玉米大豆带状复合种植等技术，主要农作物机械化水平达87.32%。实施“三品”工程，践行质量兴农、品牌强农理念，培育“三品一标”农产品136个，绿色食品续展率和年检率均达100%。仙特大米、浩东菜籽油、三国冬枣、木龙观红萝卜等绿色农产品声名远播，“绵品出川”活动签订农产品供销金额3.2亿元。

推动乡村提档升级，农村面貌焕发新气象。农村人居环境全面改善，以垃圾、污水、厕所“三大革命”为主攻方向，结合全市城乡环境综合提质三年行动，开展村庄“五清”工程。全区各级群团组织、街道、社区、乡（镇）组织开展形式不同的志愿服务活动200次。全区出动人员34 560余人次、车辆3 960余台次，集中开展村（组）“五清”工程行动1 860次，村（组）路面实现常清扫，清理广告、横幅、灯箱24 120处，清理垃圾死角237处，清理塘堰水库3 000口，清理河道沟渠1 300余千米，拆除乱搭乱建21 000平方米，增植绿地25 700平方米，修复病害路面1 200平方米。全区生活垃圾有效处置的村达100%，生活污水有效处理的村达95.4%，农村户用卫生厕所普及率达99.2%，畜禽粪污资源化利用率达94.4%，秸秆综合利用率达96.6%。全区编制年度“厕所革命”实施方案，经审定后下发各镇开展“厕所革命”工作，全年共7个镇实施“厕所革命”示范村建设，其中示范村3个、改造户厕193户，非示范村推进村9个、改造户厕609户，合计改造户厕802户；改造公厕1座，新建公厕2座。

农村基础设施逐步完善，加快农村路网优化升级，完成撤并建制村畅通工程82.3千米、村道安全生命防护工程53.3千米。推进城乡供水一体化，农村自来水普及率达99.92%。推动“宽带乡村”建设，重点镇5G网络和村级光纤宽带、4G网络覆盖率达100%。探索“电管家+网协员”电力体系，被《四川日报》等主流媒体宣传报道。乡村基本公共服务持续提升，改造提升村级文化活动室172个，公益性文化场馆全部免费开放，镇村体育设施实现全覆盖，魏城镇创建全省片区中心乡镇公共文化服务提质增效试点镇。推进教育资源均衡配置，建立4个“乡村教师工作室”，带动农村薄弱学校发展。建设公共卫生医疗中心等健康游仙重点项目，忠兴、盐泉医疗卫生次中心已投入使用。建成“智慧司法”区级公共法律服务中心，全区公共法律服务工作站（室）实现100%覆盖。乡村融合治理有效提升，打造“一核三治”乡村治理品牌，112个村完成村规民约修订，25个村建成道德评议堂，创建乡村治理示范村国家级2个、省级5个。建设平安法治乡村，全区98个村（社区）获评省、市、区级“六无”平安村（社区），刑事案件发案率下降14.11%。

【乡村旅游】 全年新增文化旅游服务业规上企业4家。辖区文旅市场主体共计159家，其中文旅规上企业28家；国家A级景区3个；星级酒店3家，星级乡村酒店5家，星级农家乐11家，民宿9家；旅行社及服务网点24家；歌舞娱乐场所16家；网吧43家；文化艺术类校外培训机构49家。有重点文旅项目7项，总投资163.6亿元。省、市在建文旅项目3个（川北野生动物乐园、东湖大酒店、百花锦鲤综合示范基地建设项目）；策划包装招商储备项目4个（越王楼片区整体提升改造、游仙夜间文旅消费集聚区项目、止语农林文旅融合产业发展、朝阳时光项目），总投资136亿元。

文旅品牌。全区开发形成成熟文旅品牌5项；创建四川省旅游强区；辖区有1家省级文旅融合发展示范园区，“七朵仙花”特色休闲农业景观，“八仙过海”农旅特色产品品牌，“汉唐三国·人文游仙”“乡村风情·生态游仙”“三线科工·科技游仙”“教育研学·红色游仙”4条精品旅游线路；指导魏城镇铁炉村创建省级乡村旅游重点镇村；打造绵阳特色文化旅游名片，推动越王楼·三江半岛景区创建省级文明旅游示范单位；指导3家A级景区全部通过年度复审。

宣传推介。举办2022年“云上文旅”游仙文旅融合发展推介会暨大型实景沉浸式戏剧《名楼盛宴》首演新闻发布会；建立川、渝、陕旅行社团联盟，推出“芙蓉仙境”旅游专线，提升游仙文旅在川渝地区的市场感召力和影响力；“相约游仙”新媒体发布推文和视频158条，阅读量6.1万余次；组织文旅企业和文创产品参加“绵品出川”厦门站、东莞站、苏州站活动，参加“在宽窄巷子遇见绵阳”成都宽窄巷子文旅推介活动，推介游仙文旅品牌形象；举办游仙区“青春游仙、筑梦腾飞”主题摄影大赛；拍摄制作《文旅局长说文旅》视频，并通过文化和旅游厅公众号、视频号播出。

【农村水利】 全区共对上争取项目8个，到位资金12 667万元（中央、省资金4 996万元，市级资金93万元），协助争取到位发债资金7 578万元。12月，全区入选四川省第二批乡村水务试点县，试点实施期为三年（2022—2024年），拟争取项目资金3 000万元。有序推进2021年魏城河信义镇广济堰段防洪治理工程实施，投资2 741万元（其中中央、省资金

1 918万元），综合治理河长6.1千米，其中新建护岸1.39千米、堤防0.87千米，疏浚河道4.11千米；新建穿堤箱涵1座、穿堤涵管8座及整治白马堰左坝肩69米。实施2022年病险水库除险加固项目，投资1 222万元，对盐泉镇马鸣寺水库、忠兴镇龙珠水库、石马镇塔子水库、仙海区五八水库、仙海区丰收水库共5座水库进行除险加固。实施小型水库安全监测设施安装项目，投资360万元，对12座小(1)型水库大坝安装安全监测设施设备。

深化改革。深化党建引领，成立党校讲师库，开办培训班3期，将政治理论、行业政策、纪律作风等纳入水利党校固定课时安排，邀请区内名师、行业专家授课6次，党校讲师授课10余次，教育培训党员180余人次，评选优秀学员6人。开办“思想大解放、作风大提振、能力大提升”“业务大练兵”“廉洁教育”等专题微讲堂20余次。实施“一名挂联领导、一个责任股室、一套工作专班、一份倒排工期表”督查机制，制定重点水利项目攻坚作战图，成立督查组，对标对表到业务股室及项目开展督查20余次，发布通报16期。稳步推进全区16个重点水利项目建设，完工验收8个。完成3项集成改革试点省级支持事项。

河(湖)长制工作。全年各级河长共开展巡河18 572次，发现问题181处，已全面完成问题整改。完成全区9条主要河流划界工作和“一河(湖)一策”管理保护方案(2021—2025年)及年度“四张清单”编制。与江油、梓潼、涪城、三台等地建立相邻河湖联防联控机制，持续推动河(湖)长制工作提质增效。建成“水美新村”3个。开展水利法律法规宣讲、河(湖)长制宣传，发放宣传图册3 000余份，悬挂标语40余幅，制作河湖保护公示牌31块；组织开展河(湖)长制工作区级培训班1期，培训人次50余人。全面完成4座小水电站清理整改和2座小水电站生态流量下泄监管。完成2016年、2017年节水型社会重点县项目验收和2017—2018年省级水保项目、2019—2020年区级水保项目的建设管理。制定2021—2025年水土保持重点项目实施计划并申报入库，向水利厅呈报《三岔河小流域水土流失综合治理实施方案》。

水利运行管理。编制完成《绵阳市游仙区“十四五”新农水规划》，共规划项目48个，总投资约46亿元。完成《游仙区水利基础设施空间布局规划》编制，开展“三区三线”划定，落实国土空间规划“一张图”，为水利基础设施建设和涉水空间管控提供基础支撑。持续开展流域防洪规划修编工作，形成流域防洪规划修编成果。武引渠系2021年水毁岁修工程全部竣工；完成21座小型水库工程治理、30座小型水库维修养护、95座新增地方政府一般债务限额小型水库维修养护、12座小(1)型水库大坝安全监测设施建设、18座新增一般债券雨水情测报及安全监测项目建设、信义镇胜利水库除险加固项目建设，完成天星堰灌区2023—2025年续建配套与节水改造项目申报。全面完成魏城河综合治理项目刘家场镇段和仙鹤镇洛水村段工程建设任务，魏城镇鹤林绿洲段、魏城场镇段和东宣星光村段工程建设任务已进入扫尾阶段。

春灌供水。向灌区引水5 992.56万立方米(其中农业用水4 099.6万立方米)，完成22.5万亩栽插任务，实现满栽满插。完成渠道清淤除障1 200余千米(其中斗渠以上渠道350千米)，修复渠道水毁7.19千米，治理渠道平台10千米，维修和更换放水口闸7处，对提灌站设备开展检修、维护和高压线路清障等。

安全度汛。修订《游仙区防汛抗旱总体预案》，编制完成全区12座小(1)型水库的《防汛抢险应急预案》《水库大坝安全管理应急预案》《水库调度规程》。编制并完成全区93座小(2)型水库“三个预案”编审。逐库落实“三个责任人”和“三个重点环节”。全年开展防汛应急演练200余次，培训13次，参加应急演练3 500余人。投入25万元，加强监测预警运行维护和群测群防体系建设，修复水位雨量站2处，更换设备6处；投入22.77万元，新建视频站点3处，在受山洪威胁特别重要的8个危险区安装警示提醒牌等。储备编制袋3 000条、铅丝10吨、砂石料5万立方米、救生衣210件、冲锋舟1艘。

【农业机械化】 全区共有各类农业机械6.99万台(套)，总动力达41.77万千瓦，其中各类机电提灌站650余处，总装机达到37.5万千瓦，常年提水2 887万立方米，保灌面积25.25万亩次，农作物综合机械化水平达73.25%；各类种植业机具3.68万台(套)，在册拖拉机635台、联合收割机223台。全区有农机专业合作社12个，年作业服务面积达30余万亩次，跨区作业达6万亩次。

【农村科技】 实施高素质农民培育工程，围绕游仙五大主导产业，分专业、分类型开展培训，通过集中理论教学、异地参观交流、后续跟踪服务等环节全过程、多方位立体式开展培育，共培育高素质农民1 438人次。加强组织领导，成立高素质农民培育工作协调小组，由区农业农村局党委书记、局长任组长，分管领导任副组长，科教股、种植业股、农机股、水产股、蚕桑股、种子股、畜牧股等股室主要负责人为成员，负责做好工作协调和组织推动，及时研究解决工作中出现的困难和问题。优选培育对象，根据全区五大主导产业发展需要，围绕推进农业产业适度规模经营，按照“自主自愿”原则，采取个人申请、乡(镇)初选等程序，重点遴选专业大户、家庭农场主、农民合作社带头人、农业企业骨干、返乡下乡涉农创新创业者等新型农业经营主体带头人培育对象作为目标任务培养对象，分类型、分产业建档入库。完善培育机制，健全完善“一主多元”的高素质农民教育培训体系，通过政府购买培训服务方式支持农业企业、农民合作社、家庭农场等主体参与高素质农民培育。按照“因人制宜、按需培训、分类指导”的思路，科学设置教学培训内容。

秸秆综合利用。按时完成全区秸秆资源台账工作并报送农作物秸秆资源台账子系统，支持配合上级主管部门及时按时报送上级要求的各类表册、信息、简报、总结等资料。编制《2022年中央财政农作物秸秆综合利用试点项目实施方案》，实施2022年农作物秸秆综合利用重点县项目，以秸秆综合利用加工企业和农业新型经营主体为项目实施主体，通过财政资金引导式补贴，解决综合利用加工企业和农业新型经营主体在秸秆收集、仓储、运输、处理等环节的瓶颈问题。

推进受污染耕地安全利用。根据耕地土壤环境质量类别划分数据，会同各镇相关负责人开展受污染耕地种植结构调整。发动村（社区）干部宣传土壤污染防治，提升耕地质量，通过污染源控制、农艺调控、代替种植等方式完成目标任务。

【农村文化】 全区有镇（街道）综合文化站24个、行政村（社区）综合文化服务中心172个。实施“非遗进校园”活动，在五里路小学、剑南路小学、富乐中学、富乐国际、仙海水利风景区中心学校等中小学建立市级校园传习基地5个，建立翡翠凉粉市级扶贫就业工坊1个。投资930余万元的游仙区应急广播体系项目建成1个区级平台、9个镇级(1个街道、8个镇）平台、149个村（社区）级平台、2 498个终端广播点位。投资700余万元的游仙区智慧广电示范区创建项目建成智慧广电综合管理平台1个及“智慧广电+媒体融合、智慧广电+乡村旅游、智慧广电+数字农服、智慧广电+智慧党建”4个子项目。

【农村卫生】 全区共有卫生机构404个、病床位2 230张、卫生技术人员550人，其中社区卫生服务中心4个、中心卫生院8家、社区卫生服务站14个、村卫生室198个。

爱国卫生运动。实行周末卫生大扫除活动，辖区内所有单位和机构按照“属地管理”的原则，落实“门前三包”责任制，组织机关干部对办公场所及其周边地区进行集中清扫，并进行消杀作业，确保了办公区域内外干净整洁，无卫生死角，助力本单位的常态疫情防控工作。各镇（街道）以村（社区）为单位，重点清理卫生死角、暴露垃圾、污水坑、乱堆乱放、乱贴乱画。全区共清除暴露垃圾100余吨，清除乱贴小广告400余张。全区通过“游仙发布”微信公众号、健康游仙等新媒体平台广泛宣传爱国卫生知识10余次，共悬挂宣传横幅近80条，发放健康教育宣传资料30 000余份。全区医疗机构共有厕所281座，其中卫生厕所281座，卫生厕所覆盖率为100%；基层医疗机构共有厕所563座，其中卫生厕所563座，卫生厕所覆盖率为100%。全区创建省级卫生乡镇8个，省级卫生乡镇覆盖率100%；省级卫生村112个，省级卫生村覆盖率100%；新桥镇作为国家卫生乡镇创建单位，已通过国家级暗访。

新冠肺炎疫情防控。全区先后处置“4·10”“8·27”“9·29”“11·21”等多轮疫情。召开指挥部工作会议59次，组织开展应急演练和桌面推演3次。全年累计摸排管控风险人员3.9万余人次，转运隔离风险人员1.2万余人；采集核酸样本2 000余万份，抽检重点人群及特定环境核酸检测共计检测260.9万份，接种新冠病毒疫苗128.54万剂次。派出450人次医护人员前往各地驰援，协助各地完成核酸检测85万余人次。疫情防控成功转段后，累计报告新冠病例207例，监测9 678人，其中监测在校师生8 907人；发热门诊累计接诊3 105人次，普通门诊累计接诊81 292人次，急诊、门诊累计接诊2 947人次。组建30支由疾控、公安、工信等部门人员组成的第一梯队流行病学调查溯源队伍，组建20支由卫健、公安、工信、属地政府人员组成的第二梯队流行病学调查溯源队伍，实行7天24小时应急值守。全区二级医疗机构设置重症病房，增添呼吸机、指夹血氧仪等医疗设备，推广“全院一张床”及分类救治，确保重症患者“应收尽收、应治尽治”。

【农村法制建设】 提高乡村公共法律服务体系建设。为加快建立健全以人民为中心的共建共治共享的公共法律服务体系，更好地满足群众日益增长的公共法律服务需求，不断更新工作理念，创新工作方法，及时回应群众需求，以“三个全覆盖”为抓手，构建“全业务全时空”的公共法律服务体系，为群众提供均等普惠、触手可及的公共法律服务。

线上线下，着力服务平台全覆盖。争取区委、区政府支持，先后出台《关于深入推进公共法律服务体系建设的实施意见》等文件，在全市率先落实公共法律服务专项建设资金143万元和运行经费30万元/年。建成区、镇、村三级实体平台。依托区政务服务中心，建成“智慧型、开放式”的区公共法律服务中心，为群众提供“自助式、一站式”的公共法律服务；依托司法所，建成12个公共法律服务工作站，实行“站所合一”，做强司法所公共法律服务品牌；依托村（社区）人民调解室，建成172个公共法律服务工作室，外观及形象标识规范统一，规章制度上墙，服务信息公示醒目，接待窗口具有“3+X”职能，公共法律服务中心运行率达100%。

打造“智慧司法”服务平台。在区公共法律服务中心开辟“智慧司法公共法律服务专区”，并配置法律机器人、互动桌和触摸查询一体机等信息化设备。推广应用“12348中国法网、四川法网”，在“法小仙”微信公众号开辟“公民智检”“企业智检”自助法治体检渠道，构建“掌上办”“指尖办”“随时办”的网络法律服务。

健全法律援助机构。贯彻落实《中华人民共和国法律援助法》，协调区委编办将区法律援助中心立户列编，配备2名专职工作人员，法律援助机构建成率达100%。健全完善区法律援助中心工作机制，法律援助转移支付经费足额拨付到位，未出现法律援助转移支付经费被截留的情况或匹配资金不到位的情况。

凝聚力量，着力服务人员全覆盖。发挥司法行政主力军作用，实行“三联双挂工作制度”（领导干部联片、机关干部联所、司法所干部联系村居，机关干部司法所挂职、司法所干部机关挂职），商人社部门为司法所选聘兼职司法助理员36名。用好司法行政辅助人员，通过政府购买法律服务形式为司法所配备社区矫正社会工作者25名、专职人民调解员27名，协助开展公共法律服务。壮大法律专业队伍，2018年以来，新建律所2家，争取市、区共管律所9家。加强和改进“一村（社区）一法律顾问”工作，普遍建立法律顾问制度，“一村（社区）一法律顾问”配备率达100%。引导社会力量参与，培育村居“法律明白人”，以村干部、新乡贤、调解员、网格员等为骨干，选配村居“法律明白人”688名。打造大学法学专业学生实训基地，加强与西南科技大学法学院、四川司法警官职业学院的“校地合作”。建立“法小仙”法律志愿服务团，开展“送法上门”活动。

着力服务业务全覆盖。加强“三调对接”联动，加强人民调解与行政调解、司法调解协调联动，完善诉调、访调、公调对接，在法院、信访局、派出所建立派驻调解工作室14个，规范建立专行业人民调解组织4个，鼓励和引导社会力量建立名人调解工作室4个，矛盾纠纷化解成功率达98%以上。创新普法载体，落实“谁执法谁普法”普法责任制，开展“法治周周行”208场次，组织网上竞答23次，参与群众20.6万人次。打造“法小仙”普法品牌，开办“法小仙”官方抖音号、“法治游仙”微信公众号，建立“互联网普法联盟”，总浏览量达100万余次。开展法治示范创建活动，建成省级法治示范点6个、市级法治示范点67个、区级340个。探索军民融合、乡村振兴、信访积案化解、民营企业法治体检等“专项法律服务”，争取财政每年投入专项资金40余万元，组建专项“法律服务（顾问）团”，为军民融合、乡村振兴、民营企业法治体检开展专项法律服务。

2022年，全区新增农村“法律明白人”58人。通过“一月一主题·法治周周行”活动，针对乡村开展法治宣传活动2 000余场次，开展网上法律知识竞答20余次，参与群众15万余人次；网上推送法律知识700余条。全区公共法律服务中心、法律援助中心和镇（街道）公共法律服务工作站运行率100%，村（社区）公共法律服务室建成率100%；法律援助完成率155.35%，法律咨询完成率100.32%；调解成功率99.7%，履行率94.2%。

【农村交通】 城乡公交建设。全区开通公交线路52条、城乡公交运力411台（含25台“村村通”客车），公交站点500米覆盖率100%。通过对全区建制村通道路通客车状况进行摸底调查，采取新增或延伸线路、迁移终点站等方法，先后解决五里梁工业片区通公交、旅游环线通公交等问题。

高速公路建设。苍高速在全区境内全长8.497千米，征地面积约801亩，项目总投资12亿元，征地拆迁及杆管线迁改已全面完成，路基工程完成100%，累计完成投资7.88亿元。G5成绵高速扩容在全区境内全长15.76千米，征地面积约2 336亩，项目总投资28.8亿元，征地拆迁及杆管线迁改已全面完成，路基工程完成100%，累计完成投资20.73亿元。G5广绵高速扩容在全区境内全长12.03千米，征地面积约1 144.56亩，项目总投资15亿元，已签订房屋补偿协议67户、倒房57户，搬迁坟墓338座，累计完成投资2.94亿元。

农村公路建设。观玉路全长17.843千米，项目总投资2 000.1015万元，已完工并交工检测验收。

桥梁建设与改造。鱼泉村桥危桥改造项目全长86米，项目总投资471.51万元，已完工并交工检测验收。老虎桥改造项目全长88米，锣响坝桥全长改造项目86米，计划总投资997.3万元，于5月开工建设。X035永石路三叉拐桥新建项目全长110.02米，水磨河桥新建项目全长36.04米，计划总投资684.09万元，于10月开工。道碑观索桥改造项目全长110.06米，计划总投资530.18万元，已进场施工。2022年度桥梁改造工程项目（11座）计划总投资2 943.4万元，已进场施工。

安全生命防护工程。安装村道波形护栏55.3千米，总投资1 012.3万元，已完二并交工检测验收。

隐患整治有序推进。完成224处隐患整改，更换、新增标牌197个，施划路面标线约2 700平方米，补划减速震荡标线610平方米，修复波形护栏209米。完成省道210线双扇桥护栏改造，提升防护能力。推进路面破损修补、水毁点整治等养护工程，对安梓路、金石路、省道210线等路段裂缝进行预防性养护路面灌缝约4 000米，修补金石路、凤玉路等破损路面约2 000平方米，修复金石路、省道416线等修复挡墙50米，完成龙柏路、小永路等5处水毁点整治。

交通运输管理。全年召开安全生产部署、研判分析等会议17次，印发安全工作文件36份，组织观看安全生产宣传视频24次，印发法律法规汇编500本，开展警示教育21次。全年共检查交通运输领域企业491家次，迎接交通运输部、省、市安委会安全生产大检查和市（州）交叉检查8次，除正在施工的危病桥外，检查发现的其他安全隐患已全部整改完成。

营商环境服务。完成区委、区政府下达的服务业经济指标，完成服务业规上企业入库任务6家。全年新增普货运输经营业户107户、普通货运车辆397辆；新增和更新驾驶培训教练车备案119辆，新增一、二、三类汽车维修业户备案共计25家；区内9所驾校执行落实“先培训后付费”等项综合改革，培训机动车驾驶员9 192人，开展驾驶员从业资格证培训

112人；承办道路运输相关备案103件，办理道路运输审验业务2 898件。

道路运输执法。全区出动执法人员2 890人次，出动执法车辆986台次，巡（检）查行驶里程20 000余千米；行政处罚立案处理23件；检查交通运输企业187次，发放宣传资料500份；组织召开安全会议12次；组织执法人参与应急演练活动2次。同时，对“两客一危”运输企业监管系统抽查违法违规行为调查处理16件，对16名驾驶员从业资格证给予计分处罚。开展路域环境整治行动78次；查处涉路违法案件44起，清理不规范设置非交通标志标牌48处；开展各类宣传活动16次（安全教育5次），发放宣传材料1 200余份；开展路警联合治超行动12次，检测货运车辆573辆，查处超限车辆46辆，移交交警处理车辆12辆，卸货364.5吨；通过主动防御系统平台抽查车辆138辆，查处问题隐患车辆30辆，现场整改完成问题隐患车辆30辆；查处涉嫌违规案件4件，移交案件3件；受理处理举报件3件；完成“互联网+监管”平台行政执法行为录入256条。打击非法营运，出动执法人员1 545人次，检查车辆9 684辆，查扣涉嫌非法营运“黑车”66辆（其中网约车3辆）。

【农村邮政业务】 全年完成邮政收入8 310.96万元。新增金融总资产5.95亿元。建设村级站点119个，正式运营21个（其中农民工综合服务站2个）。建设村级节点优质综合便民服务站4个。完成惠农合作两项以上业务合作合作社128个，完成计划106.67%。建设信用村13个，完成率130%。

【农村社会保障】 全区基本医疗保险参保人数388 092人，同比减少11 182人，其中城乡居民基本医疗保险人数参加340 694人，同比减少11 110人；城乡居民基本医疗保险个人缴费（含代缴）10 866.46万元。城乡居民养老保险人数参保186 160人。农村最低生活保障标准为500元/月，享受最低生活保障补助的农村居民累计60 776人次。

【农村生态建设及环境保护】 14处乡（镇）集中式饮用水水源达标率100%。全区土壤环境质量总体保持稳定，农用地和建设用地土壤环境安全得到基本保障，土壤环境风险总体得到有效管控。持续推进国家生态文明建设示范区创建，9月19日，生态环境厅已将游仙区列入2022年生态文明示范创建候选地区进行公示。组建局机关“生态文明党员宣讲队”，开展习近平生态文明思想“六进”活动，打造习近平生态文明思想进农村、进社区、进校园示范点。统筹抓好烟花爆竹禁燃禁放和文明祭祀管控；指导294个涉气污染源完成源清单更新填报工作；开展移动源专项整治，共抽检柴油货车800辆、非道路移动机械100台。印制《涪江芙蓉溪生态环境突出问题整改目标及责任分工清单》，全面推进问题整改，实现水质提升。市控断面水质达标率100%，县级以上集中式饮用水水源地水质达标率100%。督促四川久远环通电源有限责任公司对污染地块加强管控，推进辖区农用地土壤污染状况调查，完成新桥镇、忠兴镇农用地土壤污染状况调查工作，土壤环境质量总体保持稳定，土壤环境风险总体得到管控。完成生态环境执法“双随机”执法检查260余件，下发限期整改通知书40余份，开展后督察80余次，有效消除生态环境安全隐患。加强环境信访投诉处理，累计处理生态环境类信访投诉82件，办结率100%，群众满意率98%。持续打击环境违法行为，累计查处生态环境类违法案件13件，处罚金130余万元，通过执法震慑，提升了企事业单位的环保意识。

【农产品质量安全监管】 注重农产品宣传培训，坚持日常宣传和重点相结合、线上宣传和线下实训相结合的方式，广泛普及农产品质量安全法律法规和科普知识，全年到全区8个镇1个街道及农产品生产经营主体现场发放明白纸、宣传日历、告知书、技术指导手册等宣传资料20 000份，现场接受群众咨询2 000人次。启动“治违禁 控药残 促提升”三年行动，明确重点治理区域和重点监管对象，摸清农产品生产面积、产量、病虫害发生、用药习惯、农产品上市等关键信息，建立重点整治品种名录库，加强日常监管，督促生产主体严格履行农产品质量安全第一责任，落实生产记录制度，规范建立生产档案，详实记录农业投入品购买使用记录、农事活动和产品流向等。开展春耕农资打假，共检查农资经营主体165家、市场3个，出动执法人员200人次，抽查经营种子户36户，抽检样品36份。完成农产品质量案件执法3件，处罚金额1.8万元。全年落实农产品质量安全追溯与农业农村重大创建认定、农业品牌推选、农产品认证、农业展会等工作“四挂钩”和“双随机”要求，扩大日常检查巡查范围，增加重点监管对象检查频次。引导306户生产经营主体入驻国家农产品质量安全追溯平台，录入追溯信息，全年开具农产品承诺合格达标证105 774份。对虚假承诺和抽检不合格的企业依法查处，同时列入农产品生产主体质量安全“重点监控名单”和“黑名单”，实施联合惩戒。完成省级交叉农产品质量安全监测抽样62份，完成省级监督抽样33份、市级监督抽样38份，完成产地协同小麦专项抽样10份、水稻专项抽样15份。全区全年完成省级农畜产品例行监测任务95个样，合格样品95个，合格率100%；完成市级千分之一农畜产品抽检任务521个样，合格样品519个，合格率99.8%。

【农村市场体系建设】 农村金融。截至2022年年底，全区有银行机构8家、保险业7家、融资性担保2家、小额贷款1家。全区金融机构人民币存款余额435亿元，同比增长17.3%；人民币贷款余额343亿元，同比增长18.3%；人民币存贷款余额加权增长17.7%。继续执行财金互动、创业担保贷款贴息等金融普惠政策，全年累计发放奖补、贴息金额235万元。

农村保险。全年实现保费收入6.92亿元，同比增帮长12.5%。严格执行绵阳市政策性农业保险承保机构遴选项目中选结果的通知精神，全年农业保险保费收入3 775.78万元，同比增长46.5%，其中传统大宗农产品保险保费收入2 605.6万元、地方特色农产品保费收入1 170.18万元、各级财政补贴资金2 810.07万元。全区三大粮食作物完全成本覆盖率均超过70%，完成目标考核任务。创新地方特色农产品品种，在全省开创首张蛋鸡收入保险，签单保费104.26万元，提供风险保障1 737.6万元。

【主要领导人】 区委书记：陈华斌；区人大常委会主任：何守君；区长：韩晓清；区政协主席：杨守贵；分管农业副区长：姚永强。

游仙区编写组

安　州　区

【基本情况】 2022年，全区辖10个乡（镇）117个行政村34个社区，辖区面积1181.14平方千米。年末总户数181 980户，户籍总人口438 873人，其中乡村人口307 665人。在总人口中，男性人口221 549人，女性人口217 324人，分别占总人口的50.48%和49.52%。全区人口出生率5.72‰，人口死亡率8.44‰，人口自然增长率为-2.72‰。全区常住人口38.37万人，城镇化率45.5%。

2022年，全区实现地区生产总值2 332 742万元，按可比价格计算，比上年增长5.1%，其中第一产业实现增加值356 071万元，同比增长4.6%；第二产业实现增加值1 041 250万元，增长4.5%；第三产业实现增加值935 421万元，增长6.1%。三次产业结构比为15.3∶44.6∶40.1。全区人均地区生产总值首次突破6万元，达60 971元，比上年增长3.7%。

全社会固定资产投资同比增长11.2%。社会消费品零售总额104.5亿元，同比增长0.1%，其中城镇消费品零售总额50.1亿元，同比增长1.6%；农村消费品零售总额54.4亿元，同比下降1.4%。

公路里程2 569.1千米，其中高等级公路里程92.92千米、高速公路里程6.4千米。全年完成电信业务总量3.87亿元。年末本地固定电话用户90 137户，移动电话用户490 719户，计算机互联网用户164 423户。地方公共预算收入完成11.18亿元，其中税收收入5.92亿元；地方公共预算支出31.61亿元。金融机构各项存款余额328.1亿元，增长15.77%，其中城乡居民储蓄存款余额240亿元，增长16.34%；金融机构各项贷款余额205.8亿元，增长16.59%。全年保费收入同比增长3.9%。

有各类学校34所，其中中等职业技术学校1所、普通中学11所、小学22所；在校学生45 043人，其中小学在校学生21 798人、普通中学在校学生16 372人、普通高中在校学生5 121人、中等职业教育学校在校学生1 751人；教职工2 717人。有图书馆、博物馆、文化馆各1个，图书馆有藏书30万余册、电子图书30万册、远程资源电子图书100万余册。广播电视覆盖率达99%以上。有医疗卫生机构284个，其中等级医院8个；实有病床位2 277张；各类卫生技术人员2 381人，其中执业（执业助理）医师980人、注册护士953人。城乡居民养老保险参保人数22.03万人，城乡居民基本医疗保险参保人数36.11万人。

【年度农业和农村经济运行】 2022年，全区实现农业总产值55.5亿元，同比增长4.8%，其中种植业产值24.83亿元，增长4.7%；林业产值3.8亿元，增长9.9%；牧业产值18.8亿元，增长5%，渔业产值5.47亿元，增长2.8%；农林牧渔服务业产值2.59亿元，增长6.7%。农民年人均可支配收入达23 724元，同比增长6.4%。

【种养殖业】 全年农作物播种面积99.22万亩，同比增长2.64%。粮食作物播种面积58.56万亩，增长1.64%，其中稻谷播种面积34.38万亩，增长0.09%；小麦播种面积12.35万亩，增长0.68%。经济作物播种面积40.66万亩，同比增长4.1%。全年粮食总产量26万吨，减少2.03%，其中稻谷产量17.9万吨，减少3.61%；小麦产量3.99万吨，增长1.94%。全年肉类总产量3.09万吨。生猪出栏18万头，生猪存栏13.3万头；家禽出栏1 038.96万只。水产品产量25 100吨。

【主要领导人】 区委书记：胡斌；区人大常委会主任：赵奎；区长：童华建；区政协主席：任晓军；分管农业副区长：刘军。

安州区编写组

江　油　市

【基本情况】 2022年，全市辖1乡22镇1个街道，辖区面积2 720平方千米，其中耕地面积82.28万亩，人均耕地面积0.97亩。年末总人口84.4万人（户籍人口），其中乡村人口50.7万人、城镇人口33.7万人；全年出生人口3 993人、死亡人口8 046人，人口出生率5.5‰，人口死亡率11.1‰，人口自然增长率下降5.6‰。有林业用地14.45万公顷，有林地面积12.91万公顷，森林总蓄积量1 164.55万立方米，森林覆盖率52.3%。

2022年，全市实现地区生产总值601.31亿元，增长3.9%，其中第一产业增加值62.07亿元，增长4.3%；第二产业增加值280.55亿元，增长4.5%；第三产业增加值258.68亿元，增长3.3%。三次产业对经济增长的贡献率分别为13.7%、47.5%和38.8%。劳务输出24.47万人，收入70亿元。全年乡村旅游接待游客518万人次，实现乡村旅游经营收入5.1亿元。2022年创建为“全国休闲农业重点县”。

公路通车里程4 321.98千米，其中乡村公路4 063.58千米。社会消费品零售总额221.6亿元，下降2.2%，其中乡村零售额111.25亿元，下降2.3%。地方公共财政预算总收入完成30.05亿元，增长23.2%；公共财政预算总支出53.53亿元，增长16.2%。完成农业产业化项目59个，完成投资15.34亿元。农业产业化龙头企业省级、市级、县级分别为7家、22家、3家。

有各类学校164所，在校学生9.16万人，教职工4 597人，其中普通中学18所，在校学生3万人；小学42所，在校学生3.6万人；学龄儿童入学率100%。有文化馆1个，公共图书馆1个，博物馆2个。有卫生机构685个，编制病床位6 246张（实有病床位7 764张），卫生技术人员6 761人。

【年度农业和农村经济运行】 2022年，全市实现农林牧渔业总产值104.27亿元，增长4.4%，其中农业总产值48.88亿元，增长4.3%；林业总产值7.72亿元，增长8.3%；牧业总产值40.12亿元，增长4.4%；渔业总产值3.57亿元，增长4.3%。全市全年农林牧渔业增加值70.66亿元，增长4.3%。全市实现林业综合产值295 936万元，其中第一产业产值103 435万元、第二产业产值73 348万元、第三产业产值119 153万元。农村居民年人均可支配收入达24 151元，增长6.6%。全市主要农产品产量见表1。

【农业产业化发展】 围绕“3+6”现代农业产业体系建设，发展粮食作物播种面积69.7万亩，油料作物播种面积33.41万亩，蔬菜种植面积20.46万亩，特色水果基地种植面积9.07万亩，特色中药材种植面积1.42万亩。建成原种场2个、一级扩繁场3个、父母代场10个、种公猪站2个，建成正大“1400型”现代化标准生猪育肥圈舍314栋。实施农业项目59个，其中亿元以上项目9个，完成固定资产投资 15.34亿元。

全市累计流转土地18 133.2公顷，其中2公顷以上（含2公顷）规模土地流转面积8 935.06公顷。培育绵阳市级以上龙头企业29家，其中省级以上龙头企业7家。全市经工商注册合作社809个，新创建县级示范合作社7个。全市有县级示范场261家，新增县级示范场31家；有市级示范场75家，新增市级示范场24家；有省级示范场32家，新增省级示范场2家。

【农用地产权制度改革】 深化农村土地制度改革，农村承包耕地确权面积52 246.67公顷，颁发证书16.96万本，颁证率96.57%。以大堰镇为试点探索开展盘活闲置宅基地和闲置农房试点工作，全市宅基地审批数量357宗，审批面积3.56公顷。

【农村集体产权制度改革】 全面完成农村集体资产清产核资、成员确认、股份量化、登记赋码等工作，全市共清产核资134 665.92万元，界定村级集体经济组织成员身份64.57万人，量化村级集体经济组织资产5.7亿元。推进合并村融合发展，143个合并村、136个村组建新村集体经济组织均等量化直接融合发展，7个村集体经济组织差异量化逐步融合。小溪坝镇鲜花村、太平镇普照村被拟认

表1　2022年江油市主要农产品产量

主要农产品	单位	产量	同比增减(%)
粮食	万吨	28.600 0	−2.22
水稻	万吨	16.500 0	−3.12
小麦	万吨	3.500 0	2.94
玉米	万吨	6.800 0	−3.82
马铃薯	万吨	1.200 0	5.26
油菜籽	万吨	5.840 0	5.30
蔬菜	万吨	44.800 0	5.80
水果	万吨	7.230 0	7.90
肉类	万吨	7.280 0	0.98
猪肉	万吨	4.460 0	0.80
牛肉	万吨	0.190 0	8.30
羊肉	万吨	0.100 0	2.80
禽肉	万吨	1.920 0	1.10
兔肉	万吨	0.610 0	0.01
禽蛋	万吨	2.430 0	4.30
水产品	万吨	1.621 8	5.73

定为四川省第三批乡村治理示范村。探索市农村闲置宅基地和住宅盘活利用试点工作，于6月23日完成全市首批4户农房流转交易鉴证。完成2018—2021年全市土地经营权、林权、小型水利设施使用权等流转交易情况系统梳理，并编辑形成数据资料库。

【供销合作社改革】 在全市6个中心乡（镇）（含副中心镇）（武都镇、雁门镇、厚坝镇、青莲镇、新安镇、双河镇）和8个非中心乡（镇）（太平镇、含增镇、龙凤镇、重华镇、三合镇、彰明镇、小溪坝镇、二郎庙镇）建成新型基层供销社，实现基层社示范社中心乡（镇）全覆盖。组织基层社农产品进入“绵州珍宝”和京东智慧农业农产品营销平台，并探索从供销系统“农资在手”平台采购农业生产资料，拓展线上线下经营业务渠道，提升基层供销社经营发展能力。重新调整农村集体产权流转交易市级管理体系，完成市级交易平台公司改建重组，由江油供销社企业集团与绵阳众合产权交易服务有限公司共同出资新成立江油农交供销合作社有限公司。

【农产品品牌战略实施】 全年新认证“三品一标”绿色食品1个。全市有效期内“三品一标”农产品共计73个，其中“三品一标”企业37家、无公害农产品40个、绿色食品23个、有机农产品8个、地理标志产品2个。

【现代农业园区建设】 全年新认定省星级园区1个、绵阳市级星级园区2个、江油市级星级园区3个，累计建成省星级园区1个、绵阳市级星级园区4个、江油市级星级园区13个。

【种植业】 全年粮食作物播种面积69.7万亩，总产量28.6万吨，其中水稻播种面积32.9万亩，产量16.5万吨；玉米播种面积18.4万亩，产量6.8万吨；小麦播种面积11.4万亩，产量3.5万吨。油料作物播种面积33.41万亩，产量6.43万吨（油菜播种面积31.21万亩，产量5.84万吨）；蔬菜（含食用菌）种植面积20.46万亩，产量44.8万吨；水果种植面积9.07万亩，产量7.23万吨；中药材种植面积1.42万亩，产量0.92万吨。

【畜牧业】 全市生猪出栏63.07万头，同比增长4.9%；存栏41.5万头，同比下降8.1%，其中能繁母猪存栏4.1万头，同比上涨0.1%。牛存栏3.7万头、出栏1.5万头。羊存栏5.6万只、出栏6.9万只。家禽存栏670万只，同比下降0.59%；出栏1 271万只，同比增长2.1%。禽蛋产量2.4万吨，同比增长4.3%。肉类总产量9.71万吨，同比增长25.8%，其中猪肉产量4.46万吨，同比增长0.8%；牛肉产量0.19万吨，同比增长8.3%；羊肉产量0.1万吨，同比增长2.8%。禽肉产量1.92万吨，同比增长1.1%。兔肉产量0.61万吨，同比增长0.01%。

【水产业】 全市水产品总产量16 218吨，其中投放各类鱼种1 765吨；实现渔业产值3.92亿元，渔业经济总产值达5.26亿元。

【乡村振兴】 省、绵阳市下达江油市实施乡村振兴战略先进乡镇、示范村奖补资金共计520万元，其中省级300万元(5个示范村每村60万元)、绵阳级220万元(1个先进乡镇100万元，6个示范村每村20万元)。全年共创建江油市乡村振兴先进乡镇1个、示范村9个，创建绵阳市级先进乡镇1个、示范村5个，创建省级示范村4个、乡村振兴重点帮扶村优秀村1个。

【乡村旅游】 江油市完成天府旅游名县命名县验收；青莲镇诗仙村被评为四川省第三批省级乡村旅游重点村。举办江油市2022年度文化旅游系列活动暨第十届乡村文化旅游节、大康镇星火村第六届海棠花观赏节、大堰镇开凤村古风李花节、大康镇第六届辛夷花节、三合镇哪吒文化节暨农资交易会等活动，乡村文化旅游品牌影响力得到提升。

【农村水利】 全市共有76条河流，其中涪江、通口河、平通河、方水河、梓江、青江、芙蓉溪等大江大河7条，全长933.58千米；已建成河堤工程234.32千米（其中堤防138.11千米、护岸96.21千米），共保护耕地15万亩。市级28条主要河流有县级河长17名、乡（镇）级河长162名、村级巡河员209名、专职巡河员67名、河道警长70名。全市总灌溉面积55.95万亩。共有水库190座，其中在建水库1座、已建成水库189座。全市共有水电站24个，总装机容量34万千瓦。全市农村供水人口50.87万人，其中农村集中供水工程管网到户人口45.74万人，集中供水率达89.93%。江油市创建为国家水土保持示范县，入选四川省第二批乡村水务备选县。

【农业机械化】 全年补贴农机具1 232台，拨付补助资金504万元。全市农机总动力达74.02万千瓦，其中短板作业环节中，乘坐式高速插秧机55台，比上年增长22%；粮食烘干机72台，比上年增长33%；高效无人植保飞机95台，比上年增长98%；新增玉米收获机5台、油菜割晒机5台，实现零的突破。建成机耕道80千米、提灌站9座，耕地宜机化改造53.33公顷。水稻、小麦、油菜三大主要作物耕、播、防、收、烘、秸秆还田6个环节全部实现机械化生产，主要农作物生产综合机械化率达85%。

【农村教育】 撤并贯山小学、阳亭小学、义新小学、文胜小学4所乡村小规模学校；整合武都幼儿园、太白小学附设园、原阳亭小学附设园，由武都镇中心幼儿园领办。投入资金1 551万元，改善乡（镇）寄宿制学校办学条件。落实教育资助政策，发放资金3 835万余元，惠及学生4.8万人次。实施农村义务教育学生营养改善计划，拨付资金1 522.3万余元，惠及农村学校44所1.6万余人。摸排农村适龄残疾儿童（少年）422人，其中依法申请缓学1人、落实随班就读347人、开展“送教上门”服务74人。落实“双压减、三提质、三治理”，规范中小学生“五项管理”，提升“5+2”课后服务质量，以自主作业、体育锻炼、特长培养为主，推行菜单式课程，满足农村学生多样化需求。补充农村学校教师39名，添置农村学校办公室计算机89台。

【农村文化】 全市对外免费开放公共文化服务机构46个，其中乡（镇、街道）综合文化站42个。全市182个行政村实现广播“村村响”，地面数字电视覆盖235个自然村。有直播卫星用户0.94万户、有线电视注册用户21.8万户（其中数字电视用户15.4万户、模拟电视用户5.8万户、IPTV用户0.52万户）、有线宽带用户4.45万户。推荐7名非遗传承人申报四川乡村文化和旅游能人，申报成功6人。

【农村法制建设】 全市创建四川省级“枫桥式”司法所1个、绵阳市级“枫桥式”司法所10个。全市24个乡（镇、街道）、253个行政村均聘请专业律师或基层法律服务工作者担任法律顾问。在青莲镇太华村，开展家庭法律顾问试点，指派12名律师为11个村民小组2 100余户农户担任家庭法律顾问。对全市253个村（社区）1 771名“两委”干部、253名村（社区）公共法律服务工作室负责人、1 622名人民调解员、1 012名“法律明白人”开展法治培训活动3次。开展农民工维权系列专题宣传活动，宣传100余场次，覆盖农民工7.3万人次，发放宣传资料3.8万份，受理农民工讨薪维权法律援助案件147件，涉案金额146.1余万元。

【农村交通】 全市有7家客运公司，涉及客运车辆471辆（其中农村客运车辆286辆），其中班车客运342辆、旅游客车41辆、包车88辆；所有客运线路共计108条，其中县内及跨县农村客运班线95条（县内农村客运班线86条）；23个乡（镇）、182个建制村全面通车，设有乡（镇）级客运站18个、招呼站（牌）400个；农村客运日发班次1 063班次。

【农村社会保障】 全市城乡居民养老保险参保人数32.28万人；被征地农民养老保险安置人数176人。城乡居民基本医疗保险参保人数63.22万人，参保率达98%；待遇保障292.94万人次，基金支出54 587.44万元。大病补充保险保障2.71万人次，保险赔付1 771.03万元；医疗救助1.9万人次，救助金额达1 436万元。

【农产品质量安全监管】 全市23个涉农乡（镇）全部建立农产品质量安全监管服务站和农残快检检测室。全市有80名监管员、27名农残快检员、185名村级协管员。全年培训生产经营主体163人次、乡（镇）农产品质量安全监管员61人次、乡（镇）农残快检员26人次。各乡（镇）抽样检测总量达300个以上。累计开展专项整治5次，出动执法人员219人次，检查农资经营店165家、兽药经营店21家、种养殖企业36家，印制宣传海报5 240张、禁限用药名录1万份、生产技术“明白纸”2.5万份，查办农产品质量安全案件3件。

【劳务开发与返乡创业】 全市新增农民工返乡创业人数892人，新增创办企业343家，新创办企业实现总产值2.12亿元，吸纳就业1 151人。江油市2022年去冬今春农民工服务保障工作被省委办公厅、省政府办公厅评为先进单位；1人被人力资源社会保障部、中国劳动保障报社评为“全国新星劳务品牌形象代言人”；江油市农民工服务中心被人力资源社会保障厅四川省农民工工作领导小组办公室评为四川省农民工博物馆征集工作特别贡献集体。2个创业成果入选2022年“蜀创优品”四川农民工返乡创业成果线上展销活动；3个创业项目入选《2022四川省农民工及企业家返乡入乡创业项目推介册》。江油特色劳务品牌“缘为民”被命名为首批“绵字号”特色劳务品牌。5人被绵阳市农民工工作领导小组评为“2022年绵阳市返乡入乡创业明星”。

【主要领导人】 市委书记：元承军；市人大常委会主任：姚华宗；市长：曾建军；市政协主席：唐传凤；分管农业副市长：景琴。

江油市编写组

梓潼县

【基本情况】 2022年，全县辖16个乡（镇）1个经济开发区，辖区面积1 443.92平方千米，总人口38万人，是全国食品工业强县、全国生态食品县、农产品加工创业基地、国家级水稻制种基地县、全国农村中医药工作先进单位、全国供销合作社电子商务示范县、国家级电子商务进农村综合示范县、国家义务教育发展基本均衡县、四川省文明城市、四川省卫生城市、四川省现代畜牧业重点县。

2022年，全县实现地区生产总值177.05亿元，同比增长5.2%，其中第一产业增加值增长4.8%。规模以上工业增加值增长9.2%；服务业增加值增长5.2%。全社会固定资产投资增长10%；地方一般公共预算收入增长11.1%；社会消费品零售总额增长0.5%。农业产业化龙头企业省级、市级分别为5家、23家。

【年度农业和农村经济运行】 2022年，全县实现农林牧渔业总产值83.957亿元，同比增长5%。农村居民年人均可支配收入达21 826元，增长6.6%。

【农村集体产权制度改革】 完成第四批农村集体产权制度改革“回头看”工作，全面完成第四批农村集体产权制度改革试点工作，162个村完成登记赋码，成立村集体经济组织；农村集体资产清产核资工作完成，总资产71 043.12万元；完成农村集体经济组织成员身份确认31.15万人。2022年实现集体经济收入1 728.72万元。

【现代农业园区建设】 构建“一核、两翼、三带、四园”的现代农业园区建设格局，逐步打造以创建国家级现代农业园区为目标的国、省、市、县四级园区建设体系。建立园区建设资金投入“三多”机制，通过“多元投入、多体构成、多方联动”，统筹高标准农田、现代农业园区专项债券、以工代赈等涉农项目资金5.7亿元，用于园区产业基地、基础设施、主体培育、品牌打造等工作，其中2022年水稻制种园区整合项目建设资金1.9亿元、潼江河谷粮油园区使用升级晋星资金5 000余万元。全县已建成县级及以上现代农业园区17个，其中省星级园区1个、市星级园区4个，全县农业园区建设总体呈现梯次提升、发展态势。

【种植业】 全县粮食作物播种面积77.51万亩，产量29.32万吨；油料作物播种面积34.11万亩，产量7.49万吨。

【畜牧业】 全县以生猪产业为农业主导产业，是国家生猪调出大县、四川省第二、第三轮现代畜牧业重点县、中央财政川猪优势产业集群和（非畜牧大县）畜禽粪污资源化利用项目实施县。立足全县77万亩耕地、92万亩林地的自然资源优势，全面规划合理布局生猪产业，不断完善生猪全产业链，推进生猪产业高质量发展，为建设四川新时代更高水平“天府粮仓”贡献力量。

组织保障，打造生猪全产业链。县委、县政府陆续出台《加快和规范生猪产业健康发展的实施意见》《支持生猪产业健康发展的十六条措施》等系列文件，从政策引导、建立健全利益联结机制、财政资金补助等多个方面实施乡村振兴战略，以村集体产权制度改革、村集体经济发展为核心，补齐生猪全产业链短板，变单一养殖为产业集群发展，做大做强生猪产业品牌，打造年出栏生猪70万头、年产值超50亿元的生猪全产业链，实现政府增税、企业增效、群众增收的良好局面。

创新模式，产业富民。创新“1+3”生猪代养模式，在保障养殖效益的同时实现农户零风险致富，已发展“1+3”生猪代养场190栋，年出栏生猪40万头以上。巩固“1+5”生态循环产业扶贫模式，助力脱贫攻坚，全县共建成“1+5”生态循环产业扶贫代养场56栋，年出栏生猪13万头以上，助力29个贫困村脱贫“摘帽”、6 000余名贫困人口脱贫。升级村集体经济组织代养模式，实行“村集体经济组织+”利益联结共享模式，已建成投产村集体经济组织代养场40栋，在建18栋，全部建成投产后年出栏生猪达17万头以上，已投产村集体经济组织年均收入达10万元以上。

科技赋能猪业，强智慧扩产能。引入先进养殖技术、设备及优良品种，建设标准化圈舍，实现智能化养殖和管理，将现代科技智能手段运用到生猪产业各个环节，解决饲养人力成本高、疫病防控风险大、管理水平低等问题。投入700余万元，建立生猪养殖大数据信息平台，实现全县209家规模养殖场数据共享和信息交流，县农业农村部门可随时查看养殖场运行情况，实现全方位精准监管。

2022年，全县累计出栏生猪59.24万头，超额完成55万头目标任务；小家禽存栏563.87万羽；出栏肉牛1.65万头、肉羊24.87万只、小家禽838.83万羽。全县有2家兽药生产企业通过GMP验收、1家饲料及饲料添加剂生产企业通过GMP验收。

重点人畜共患病及其他动物疫病防控。县疫控中心开展布病、结核病、狂犬病、新城疫、羊痘、羊传胸、犊牛副伤寒、仔猪腹泻、副猪嗜血杆菌病、伪狂犬、水肿、寄生虫病等重点人畜共患病及其他动物疫病的宣传、培训、指导工作，对各乡（镇）畜牧兽医站技术人员、村级防疫员和养殖户等进行人畜共患病及其他常见动物疫病诊断、治疗、预防等技术指导，不断提升从业人员的科学预防、诊断、治疗等防控技术水平，为养殖户提升养殖经济效益服好务，确保全县公共卫生安全和畜牧业生产健康稳定发展。

动物疫病监测、流行病学调查。全县组建以县疫控中心、各乡（镇）畜牧兽医站、特聘防疫专员及村级防疫员、养殖场兽医等为主的四级疫情监测流行病学调查队伍，对全县养殖畜禽进行全面监测，同时按要求完成监测流行病学调查数据收集上报、病死畜禽监测采样流行病学调查等工作。

动物疫病净化。在正大雷公山种猪场、金驰阳二洞种猪、双胞胎盛旺种猪场开展猪伪狂犬病净化工作，正大雷公山种猪场通过省级猪伪狂犬净化场验收。

加强疫情监测。实行定时、定点持续监测，在春秋季集中免疫期间开展全面集中疫情普查和监测，平时每月进行常规监测，对突发疑似重大动物疫病和新发动物疫病及时开展应急监测，并通过免疫抗体检测，及时评估重大动物疫病免疫效果。在开展疫病监测的同时做好流行病学调查，定期分析评估动物疫情，把握疫情动态，科学判断防控形势，开展预警预报工作，为科学防控提供技术支持。

【水产业】 全县水产养殖面积2 890公顷；水产品产量1.37万吨，同比增长4.45%。有国家健康养殖场3个、面积4 000亩，省级健康养殖场14个、面积5 000亩。建成高位池70口，养殖水体约10 000立方米。落实渔政协助巡护队伍20人、无人机4台、智慧渔政监控22套，实现潼江河主河道禁渔禁捕人员、技术力量全覆盖。全年共立破非法捕捞水产品案件4起，采取强制措施8人。

【乡村振兴】 紧扣乡村振兴“一法一条例”，实施乡村振兴战略考评激励机制，全县创建为省级乡村振兴成效显著县，并新创建省级乡村振兴先进乡镇1个、乡村振兴示范村3个，市级乡村振兴先进乡镇1个、乡村振兴示范村5个，评定县级乡村振兴先进乡镇3个、示范村10个。

【乡村旅游】 全县按照“一线一景、一乡一品、一村一色”的乡村旅游发展思路，通过将传统优势农业生产与现代观光旅游相结合，建设以展现优美景观和独特田园风情为主题的观光型乡村旅游，鸭鹤岩创建为国家3A级景区，潼江河谷"创3A"工作待验收。发挥乡村旅游产业功能，助力乡村经济发展，通过乡村旅游景区提高乡村产业的经济效益和乡村旅游行业的核心竞争力，打造一批以七曲小筑、云水间为代表的精品民宿，促进乡村旅游的可持续发展。自2014年第一届乡村旅游节启动至今，全县乡村旅游基本上达到"乡乡有项目、村村有特色、月月有活动"，形成赏花、采摘、休闲等主题的乡村旅游品牌。通过"古韵鸭鹤岩·醉美油菜花""毒龙啤酒畅饮节"、采摘节等主题乡村旅游活动的开展，促进乡村旅游道路、停车场等服务配套设施的不断提升，完善乡村旅游要素。

【农业机械化】 全县下达农机购置补贴资金1 432万元，使用1 335.892 7万元，补贴农机具1 632台，受益农户1 009户。争取到2022年利用农机购置补贴资金，开展农机化发展综合奖补试点项目350万元。全县农机总动力达43.2万千瓦，有拖拉机8 068台、耕整机械14 883台、种植施肥机械689台、大型联合收割机1 359台。全县农作物播种面积110万亩，机耕面积106万亩，全年机收71万亩、机播（机插）47万亩，水稻、小麦、油菜、玉米等主要农作物机械化综合水平达70.83%。有农机专业合作社16个，农机合作社年服务能力达80万亩以上。

【农村科技】 推动科技特派员服务团24名专家开展农技培训指导服务，围绕全县农业主导产业发展，推进优质粮油、水稻制种、生猪 、蜜柚、中药材、蔬菜等产业健康发展，科技特派员及团队通过召开技术培训会、农家院坝会到田间地头等方式进行指导服务，共计开展各类培训64场次，培训农户2 650余人次。推进梓潼科技兴村在线平台工作，将科技特派团帮扶工作与科技兴村在线平台衔接融合。激发农村地区创新创业活力，激励广大科技人员依托"梓潼县科技兴村在线平台"解决贫困户、非贫困户、企业、专合组织、种养大户产业科技问题。针对农户开展技术培训指导，构建起新型农村科技服务体系，助推脱贫成果巩固和乡村振兴有效衔接。截至2022年年底，解决农村科技问题1 600余条，专家实地回访重难点问题人次100余人。打造宏仁柑橘种植示范基地和演武蜜柚嫁接示范基地，用于研发筛选适宜梓潼县气候土壤条件的优质柑橘（蜜柚）新品；打造梓潼品牌，其中宏仁柑橘种植示范基地面积10亩、演武蜜柚嫁接示范基地面积5亩，蜜柚品种改良、品质提升工作取得积极进展。

【农村生态建设及环境保护】 推进农村生活污水治理"千村示范"工程，争取省级资金236万元实施5个"千村示范"工程。县财政统筹1 200万元在21个行政村同步实施污水治理和"厕所革命"，实现"厕污共治"，全县80%以上的行政村生活污水得到有效处理。

【农产品质量安全监管】 农业"三品一标"。夯实农业基础，推动品种培优，全县已建成优质水稻制种基地3.5万亩，同时引进四川川种种业有限责任公司、四川华丰种业有限责任公司、科荟种业有限责任公司等种业企业15家，年生产水稻种子1 100万千克，综合产值达1.9亿元。采取"校地合作、校企攻关"联合协作模式，支持四川农大、省农科院、市农科院在黎雅镇和宏仁镇建设集科技研发、成果转化等于一体的育种新基地，突出重要农作物新品种研究。截至2022年年底，建立专家工作站1个，引进专家团队5个，引进示范展示果蔬、优质粮油等新品种44个、新技术20项。

立足绿色安全，推动品质提升。打造优质产地环境，开展绿色高效技术应用与推广，推进生产方式向可持续转型升级，受污染耕地安全利用面积和严格管控面积完成率达100%，畜禽粪污综合利用率约96.5%，农作物秸秆综合利用率达97.15%，农膜回收率达86.55%。建设现代农业园区，制定现代农业园区"一园一策"提升行动方案，明确不同园区建设标准，建成现代农业园区17个，认定市级星级现代农业园区5个，创建省级星级现代农业园区1个。

优化运行机制，推动品牌打造。健全品牌授权机制，建立《农产品区域公用品牌管理规范》，形成政府主导、企业主体和行业协会统一管理的品牌认定评估制度，健全天宝蜜柚、梓潼桔梗等6类标准化生产技术规程。培育品牌提升辨识度，实施品牌建设"孵化、提升、创新、整合、信息"五大工程，开展绿色、有机、地理标志农产品认证，全县共有国家地理标志保护产品3个、"三品一标"农产品55个，打造县级公用品牌1个（文昌贡）。梓潼"天宝蜜柚"获得全国百佳农产品，并通过GAP一级认证，是绵阳市首个直接出口到国外的大宗农产品。圣迪乐鸡蛋被誉为"航天级食品"，在全国24个主要城市大卖场销售额占比达67.9%。打响"文昌贡"知名度，打造"文昌贡"农产品区域公用品牌，梓潼酥饼、片粉、有机大米等10种"梓潼造"特色农产品被列入区域公用品牌名录，纳入企业超过30家。以"绵品出川"系列活动为载体，参加"绵品出川"活动8次，实现梓潼农副产品线上线下销售1.45亿元，签订正式合同65个，签约金额达5.62亿元，既破解了新冠疫情下农产品销售难题，促进农业增收，又拓展了外地市场，打响了"文昌贡"品牌。

持续精准发力，保障农产品质量安全。健全质量监管体系，全面实行农产品质量安全网格化管理，落实县、镇、村监管员268名，建成乡检测机构16个，形成"全员、全域、全程、全名"的网格化农产品质量安全监管格局。

【主要领导人】 县委书记：刘强；县人大常委会主任：杨飞涛；县长：黄建；县政协主席：敬友忠；分管农业副县长：胡鹏。

梓潼县编写组

平 武 县

【基本情况】 2022年，全县辖14乡6镇162个村，辖区面积5 974平方千米，其中三调面积22.573 29万亩，比上年增长0.44%，人均耕地面积1.31亩；基本农田12.59万亩。年末总人口17.25万人（户籍人口），减少0.74%；人口出生率6.02‰，增加0.31个千分点；人口自然增长率-2.58‰，减少0.99个千分点。全县耕地有效灌面和保证灌面分别达到耕地总面积的19.07%和13.89%；本地水资源总量45.63亿立方米，人均占有水资源量35 651立方米。有林业用地50.79万公顷，有林地面积46.09万公顷，活立木总蓄积量5 163.62万立方米，森林覆盖率74.46%。

2022年，全县实现地区生产总值67.18亿元，增长3.8%，其中第一产业增加值11.88亿元，增长4.1%；第二产业增加值24.87亿元，增长4.4%（工业产值16.55亿元，增长3.3%）；第三产业增加值30.44亿元，增长3.2%。三次产业对经济增长的贡献率分别为20.8%、40.6%和38.6%。

公路通车里程2 003.896千米（其中乡村公路1 595.03千米），密度2 962.28米/平方千米、133.59千米/万人。社会消费品零售总额25.17亿元，减少1.6%。地方公共财政预算总收入完成24.829 4亿元，增长13.6%；公共财政预算总支出24.829 4亿元，增长13.6%，其中农业投入17 404万元，占支出的7%。金融机构各项存款余额109.96亿元，比上年初增长3.62%；各项贷款余额70.52亿元，比年初增长10.73%，其中支持农业产业化发展项目贷款14 379.1万元。全年农业保费收入0.139 831亿元，增长46.33%；处理各项赔款和给付金额1 029.9万元，增长54.32%。完成农业产业化项目76个，完成投资17 659.526 2万元。农业产业化龙头企业、省级、市级、县级分别为3家、24家、17家。

有各类学校38所，在校学生12 918人，教职工1 320人，其中普通中学2所，在校学生12 248人；小学17所，在校学生4 931人；学龄儿童入学率100%。有艺术表演团体8个，文化馆1个，公共图书馆1个，博物馆1个。有卫生机构203个，病床位853张，卫生技术人员1 179人。新型农村合作医疗参合人数142 300人，参合率98%；新型农村社会养老保险参保人数84 808人，参保率95.2%；被征地农民养老保险参保人数400人。

【年度农业和农村经济运行】 2022年，全县出台了199个规划、政策。实现农业总产值22.82亿元，增长4.2%；全县全年农业增加值达11.88亿元，增长4.1%。农民年人均可支配收入达17 842元，增长6.7%。在粮食、生猪、蔬菜生产中，科技投入的占比或科技贡献率55%。建成20个基层农业综合服务站。全县主要农产品产量见表1。

【农业产业化发展】 全县以“三品”为引领，围绕“品种、品质、品牌”持续做优生态农业，各类产业基地总面积达94万亩。确立了全县“3+4+N”农业产业发展体系，即把粮油、生猪、林产确定为全县三大核心产业，把平武果梅、平武厚朴、平武茶叶、平武中蜂确定为全县四大特色主导产业，鼓励发展N个产值能超过1千万元的农特产品。以现代农业园区建设为抓手，针对市级以上现代农业园区制定“一园一策”提升方案，推动产业园区建设更上新台阶，建成果梅市级五星现代农业园区，厚朴市级四星现代林业园区，茶叶、粮经复合市级三星现

表1 2022年平武县主要农产品产量

主要农产品	单位	产量	同比增减(%)
粮食	万吨	10.200 0	2.80
水稻	万吨	0.300 0	0
小麦	万吨	0.300 0	20.00
玉米	万吨	6.900 0	-2.80
马铃薯	万吨	2.170 0	-0.46
油菜籽	万吨	0.509 5	1.80
蔬菜	万吨	3.890 4	2.60
水果	万吨	0.307 0	38.40
肉类	万吨	1.242 8	10.90
猪肉	万吨	0.931 9	12.41
牛肉	万吨	0.112 3	8.19
羊肉	万吨	0.071 0	6.29
禽肉	万吨	0.127 6	8.04
兔肉	万吨	0.002 0	1.50
禽蛋	万吨	0.189 5	5.75
水产品	万吨	0.018 5	0

代农业园区和高村车厘子、响岩蜜桃县级现代农业园区共6个。为持续发挥龙头企业的引领带动作用，扩大龙头企业存量，共培育龙头企业43家（其中省级3家、市级24家、县级17家）。全县培育县级家庭农场示范场120家、市级家庭农场示范场41家、省级家庭农场 示范场10家。全县培育国家级示范合作社2家、省级示范合作社15家、市级示范合作社13家、县级示范合作社61家。

【农用地产权制度改革】 推进农村土地所有权、承包权、经营权"三权分置"改革，不断规范土地承包和土地流转行为。县委农村工作领导小组办公室出台《关于规范农村土地经营权流转工作的通知》，对土地流转监管提出了进一步的明确要求，明确了相关部门及乡（镇）的监管职责；县、乡两级建立土地经营权流转台账，并按季度进行更新备案。县级指导乡（镇）开展工商资本流转土地审查审核工作，对流入方的主体资格、征信情况、农业持续经营能力及拟经营项目是否符合本区域产业布局和现代农业产业发展规划等进行严格审查。与县供销社协调沟通，协助县供销社做好农村土地承包经营权流转交易服务平台服务工作，规范开展土地经营权流转政策咨询、信息发布、交易流程、交易鉴证。

【农村集体产权制度改革】 完成162个村的清产核资、成员身份认定、股权量化、登记赋码工作。指导全县162个村级集体经济组织规范挂牌，建立"三会制度"、集体经济"三资"管理制度，规范农村集体经济组织管理。

【供销合作社改革】 截至2022年年底，交易中心已签发交易鉴证书100份，交易面积8 030.93亩，交易金额354.3万元。其中，土地经营权90宗，交易面积1 186.03亩，交易金额283.55万元；林地10宗，交易面积6 844.9亩，交易金额707 530元。完成农村产权融资20万元，挂牌4宗，交易面积1 680.1亩，交易金额562万元。县农村产权交易中心在全县20个乡（镇）均建立农村产权交易服务站，在162个行政村分别设立农村产权交易服务信息收集点，并安装和悬挂农村产权交易服务站、信息收集点铜牌、交易制度和交易流程，建成村收集、乡（镇）审核、县交易的农村产权交易体系；与市建立农村产权共享交易网管理系统，搭建了以市农村产权交易服务中心、县农村产权交易公司、乡（镇）服务站、村级信息收集点的市、县、乡、村四级农村产权流转交易市场体系。

【农产品品牌战略实施】 开展以"熊猫走天下　生态进万家"共享平武为主题的系列展示展销活动，提升"报恩飨礼""报恩优礼"区域公用品牌知名度。牵头组建大熊猫国家公园岷山片区产销联盟，引导平武县周边5个县的65家企业入盟。分别在成都市春熙路和重庆市北碚区举办两次共享平武大型主题活动，并先后开展"五进活动"和"绵品出川"活动33次；建成平武生态产品形象店23家，全面宣传"平武品牌"，展示生态产品，宣传地域文化，推荐旅游资源。

【种植业】 全县农作物播种面积（含套种）70.115万亩，茶叶种植面积13.52万亩，果树种植面积5.4万亩。全面开展承包耕地撂荒排查面积116.96亩，涉及龙安镇、坝子乡、平通羌族乡、豆叩羌族乡、大桥镇、旧堡羌族乡、土城藏族乡、虎牙藏族乡8个乡（镇），并督促指导各乡（镇）于8月31日前完成复耕复种，其中由村集体经济组织开展复耕复种面积106.68亩，占比达91.21%。投入涉农整合资金10万元，分别在古城镇青羊村猕猴桃种植基地和高村乡福寿村车厘子种植基地完成粮经套种示范面积500亩；投入涉农整合资金51万元，在龙安镇、古城镇、高村乡等11个乡（镇）完成新增耕地面积1 000亩和撂荒耕地700亩集中整治示范。落实农业种植园地优化改造五年计划，落实全县五年优化改造园地面积14 217亩计划，2022年完成农业种植园地优化改造面积3 696.6亩。

【林业】 全县有林业用地50.79万公顷，有林地面积46.09万公顷，活立木总蓄积5 163.62万立方米，森林覆盖率达74.46%。全年防火期未发生较大及以上森林草原火灾，未发生人员伤亡事故，森林火灾受害率始终控制在0.1‰以下。推进"六个天天"工作法，实行"清单制+责任制"管理。加大森林草原防（灭）火能力建设，投入资金518.8万元，及时补充防（火）期间的防灭火物资，建成"平武县森林防火指挥辅助系统"。实行网格化管理，落实管护片区责任1 865人（护林员）；推行"监测即报"熊猫护林员APP，上线率保持在90%以上，实现野外巡护信息及时反馈。严格火源管控，设置防火卡点21处，落实"五类人员"监护，加强违规用火查处及问责力度；常态化抓好森林防（灭）火宣传，坚持正反典型案例结合，拍摄完成《坚守》《防火小剧情》宣传教育片。"森林防火宣传月"集中开展各类防火宣传活动50余次，张贴宣传海报6 000余份，群发提醒短信10万余条。持续抓火患排查整治，有序推进火灾风险普查，排查整治火灾风险隐患365处，实现违规用火行政案件"零发生"，推动全县森林防灭火形势持续向好。

稳步推进新一轮大规模"绿化绵州"行动，开展造林绿化空间适宜性评估，科学推进国土空间绿化，全县森林面积、森林覆盖率稳中有升。组织开展"3·12"义务植树，尽责率达95%以上；持续巩固15.2万亩退耕还林成果。加强古树名木管理，开展病树会诊工作，挂牌率、保护率均达100%。构建长江上游生态屏障，全县创建为四川省森林草原湿地生态屏障重点县。

【畜牧业】 全年生猪出栏12万头，同比增长4.23%；牛出栏0.87万头，同比增长5.74%；羊出栏4.69万只，同比增长5.92%；活家禽出栏84.24万只，同比增长6.95%。年末生猪存栏8.31万头，同比下降1.11%；牛存栏1.69万头，同比增长3.69%；羊存栏4.03万只，同比增长

1.31%；活家禽存栏69.53万只，同比下降1.34%。肉类总产量1.24万吨，同比增长11.188%，其中猪肉产量0.93万吨，同比增长12.41%。禽蛋产量0.19万吨，同比增长5.75%；天然蜂蜜产量0.2万吨，同比增长5.26%。

【水产业】 推广生态养殖、池塘内循环养殖等绿色健康养殖技术，按照《平武县水产养殖用投入品专项整治三年行动方案》要求，有计划地对养殖户用药行为进行监管，确保食用水产品安全。全年水产品产量185吨，实现产值900余万元。鼓励发展特种养殖，为大鲵、重口裂腹鱼、石爬鮡重点养殖户提供技术支持，促进特种养殖发展。落实长江“十年禁捕”，科学制定《平武县天然水域休闲垂钓管理办法（试行）》等法规政策文件，完成“护渔百日联合执法行动”“中国渔政亮剑2022”系列专项执法行动，完善长江流域禁捕水域网格化管理体系，建立健全长效管理机制，加强禁渔宣传，严厉打击非法捕捞行为，保护天然水域鱼类资源和水域生态环境。全年开展渔政巡查260余次、联合执法巡查100余次，张贴禁渔标语500余幅，制作大型宣传横幅3处，发放宣传资料15 000余份，查处非法捕捞案4件。加强水生动物保护，开展增殖放流2次，落实30.44万元资金，放流珍稀重口裂腹鱼38.56万余尾，同时开展水生生物监测6次。通过大规模的增殖放流和生态监测增强全县野生鱼类的种群数和对水生生物的科学监管。

【乡村振兴】 “三个确保”为有效衔接打下坚实基础。推动制定有效衔接的领导机制、调度机制、督查机制和考评激励机制4个试行机制，把巩固拓展脱贫攻坚成果同乡村振兴有效衔接作为乡村振兴战略实绩考核的重点内容，三级书记亲自抓，全县上下“一盘棋”。在不减弱帮扶力量的前提下，重新向67个脱贫村、乡村振兴重点村和集体经济薄弱村选派“第一书记、”驻村工作队员205名，增强对脱贫村、重点帮扶村、示范创建村的帮扶力量，对其他建制村同时派驻帮扶部门，实现了脱贫户、监测户帮扶力量全覆盖。构建平武县有效衔接“1+30+10”政策体系，出台《健全防止致贫返贫动态监测和帮扶机制实施方案》《实现巩固拓展脱贫攻坚成果同乡村振兴有效衔接重点工作任务清单》等有关文件，完善顶层设计，推动在衔接期内从集中资源支持脱贫攻坚向巩固拓展脱贫攻坚成果和全面推进乡村振兴转变，用乡村振兴巩固拓展脱贫攻坚成果保持衔接期内主要政策总体稳定。

“三个到位”严防返贫致贫守底线。一是返贫排查到位。全年组织县、乡、村干部对全县所有农户进行“地毯式”排查走访2次，每月收集和推送风险信息一次，并开展突发灾情等专项摸排，做到“早发现、早干预、早帮扶”。二是动态监测到位。及时核实各类风险预警信息，按照“农户申请、入户核实、村（社区）评议公示、乡（镇、街道）审核、县级比对审定”的程序，累计新增监测户155户427人，其中边缘易致贫户21户51人、突发严重困难户125户352人、脱贫不稳定户9户24人。三是帮扶措施到位。统筹整合乡（镇）和驻村帮扶干部力量，对监测对象“一对一”建立帮扶台帐，并落实精准帮扶措施，实现“应帮尽帮”全覆盖。

“三个支持”促进农户持续增收。一是支持到户产业促增收。安排乡村振兴衔接资金60万元用于监测户发展到户产业。将小额贷款作为支持到户产业发展的重点，做好政策宣传，鼓励农户贷款用于发展产业，对现有的贷款存量2 047.62万元建立台账管理，及时化解贷款逾期率和不良贷款率风险。二是支持灵活务工促增收。注重发展职业教育，支持学生就读职业院校，组织到衢州理工学校就读。通过召开东西部协作专题招聘会、提供务工岗位信息、组织化输出等“线上+线下”方式促进外出务工。与县人力资源社会保障局共同推进“帮扶车间”建设，挂牌7个，吸引农村劳动力就近就业，已吸纳就业123人（脱贫人数55人）。开发公益性岗位2 017个，帮助在家的脱贫劳动力就业。全年共实现脱贫人口就业6 878人，确保了有劳动力的脱贫家庭实现至少一人就业的目标。三是支持村集体经济促增收。争取中央、省扶持壮大村集体经济项目，探索“一核四型”等农村集体经济多元化发展模式。利用浙江省衢州市衢江区捐赠的社会资金500万元，创新设立“百村共富”产业基金，撬动金融资本5 000万元，专项用于支持发展壮大新型农村集体经济。有序推进“消薄”三年行动计划，完成“消薄”目标任务。

【乡村旅游】 聚焦民宿产业提质升级，助推乡村振兴新业态发展，依托清漪江乡村康养产业带、老河沟精品民宿集群以及虎牙大熊猫国家公园入口示范社区，整体规划设计乡村旅游示范村、特色村寨，统筹联动建设，打造一批乡村旅游示范村、民族特色村寨，丰富国家全域旅游示范区创建元素。着力于民宿在乡村性、乡愁感、舒适度方面增强品味转型发展，突出精品民宿产业示范打造，整合涉农、东西部协作、洪灾重建资金，实施农旅融合共建，在高村重点围绕民宿集群旅游配套设施提升，发展高山蔬菜、大红公鸡、苹果园、车厘子基地等产业项目，在古城镇配套实施小林山茶叶种植体验项目，在龙安镇义佛山实施车厘子采摘、芍药种植观赏项目，在古城重点围绕环药丛山打造精品民宿集群。围绕“一核四沟域”文旅产业布局，打造精品民宿集群，聚焦老河沟、清漪江、夺补河、虎牙四个片区，龙盘丫溪语、柿子树、易曼高村等精品民宿已建成运营，并引领全县民宿转型提质，尚有老河故事艺术山居、易森麓野、云山呆住、虎牙驿、栖池外、索古修旅游基础设施配套建设项目等10家民宿在建；集中签约民宿项目10个，签约金额3.63亿元。2022年，花间伴山成为全市首个被命名为天府旅游“名宿”的民宿，示范引领实现新突破。

【农村水利】 结合平武县巩固脱贫攻坚成果和乡村振兴总体安排和部署，依托涉农整合资金，投资165万元用于农田水利项目建设，主要措施为：新建灌溉蓄水池、整治山坪塘、整治新渠（管）道等水利措施，解决农田灌溉“最后一公里”问题，助进产水配套，助推乡村振兴。全年改革实施面积1.31万亩，全县农田有效灌溉面积达4.305万亩，农田灌溉水有效利用系数为0.47。

【农业机械化】 全县农业机械总动力达100 417千瓦，其中柴油发动机动力73 651千瓦、汽油发动机动力3 796千瓦、电动机动力22 970千瓦；有拖拉机76台（套）、9 429千瓦，耕整地机械890台（套）、4 587千瓦，水稻插秧机34台（套）、61千瓦；有农用水泵53台，节水灌溉类机械31台（套），稻麦联合收割机31台、1 028千瓦。全年机耕面积25.2万亩，其中油菜机耕面积5.8万亩、小麦机耕面积0.6万亩、水稻机耕面积0.5万亩、玉米机耕面积18.3万亩；机播面积1.55万亩，其中小麦机播面积0.6万亩、水稻机播面积0.4万亩、玉米机播面积0.55万亩；机收面积2.5万亩，其中小麦机收面积0.6万亩、油菜机收面积1.35万亩、水稻机收面积0.4万亩、玉米机收面积0.15万亩；主要农作物耕种收综合机械化水平预测为33%，比上年增加2个百分点。

【农村科技】 省级科技计划立项5项，获得无偿支持资金181.807万元；组织申报2022年中央引导地方科技发展资金项目3项，拟立项1项，立项资金100万元。全县共请派来自省（市）科研院所、高校的19名“三区”科技人员，同时组建一支由8人组成的“科技特派员服务团”服务全县乡村振兴和经济社会发展。全面完成下达的科技特派员登记备案目标任务（完成法人科技特派员登记备案21人、自然人科技特派员登记备案104人）。整合科技培训资源，结合农事季节开展实用技术、科技人才和企业能力提升培训，全年共开展培训和技术指导20余次（其中集中培训5场次），参训人数650余人，培养当地骨干人才20人，发放种养殖实用技术手册1 000余份（册）；引进黄精、百部等新品种5个，推广“高山优质中药材种植”“平武红鸡生态养殖”等技术10余项。

【农村教育】 严格执行“双减”和“六项管理”，科学开展课后延时服务，注重对教学过程的监控，做实常规检查的反馈、评比、通报、跟踪工作，规范教师的教学行为，提高教学质量。深化对口帮扶，举办南山“清北班”和“普职融通班”。发挥2022年东西部协作项目优势，改进培训内容，创新培训形式，开展教师线上线下全员培训，完成普通高中新课程新教材新高考培训35人、校（园）长能力素质提升培训50人、学前教师能力提升培训100人，新教师岗前培训28人、信息技术应用能力提升工程2.0培训1 169人，中小学后备干部培训53人。平武中学实施分层教学，职业高中实行校企合作、订单培养，拓宽学生成才渠道。

【农村文化】 组织开展基层文化队伍专题培训、作品展、惠民演出等活动80余次；开展以“书香龙州·全民阅读”为主题的系列活动，线上线下参与人数达1 600余人；举办全民阅读进藏寨宣传活动，向木座藏族乡民族村赠送白马文化书籍200余册；开展《我是朗读者·龙州之声》朗读大赛，征集到朗读作品62件。

【农村卫生】 全年完成核酸检测设施设备采购7次，采购负压救护车3台、核酸采样车2台、生物安全转运箱100件、PCR扩增仪6台、核酸提取仪4台；建成核酸检测实验室5个，在县城区设置2个核酸便民采样点，落实核酸检测采样人员407名（取得PCR上岗证60人），核酸检测日检测能力达1.3万管；先后开展全员核酸检测23次，共计检测271.09万人次。全县60～79岁人群累计全程接种率98.09%，累计加强免疫接种率95.23%；80岁及以上人群累计全程接种率91.51%，累计加强免疫接种率91.88%。共计有344名医务人员支持邻水县、成都市、阿坝州等地的新冠疫情防控工作，获得受援助地领导和群众好评。5月，平武县被纳入四川省县域医疗卫生集成创新改革试点县，按照“县强、乡活、村稳、上下联、信息通、服务优”的思路，县卫生健康局会同县人社局、县医保局、县财政局出台了《平武县医药卫生集成创新改革试点实施方案》和《平武县医药卫生集成创新改革试点工作台账》，推进试点工作有序开展。

2022年，全县共报告法定传染病13种、1 509例，死亡2例，报告年发病率、年死亡率、年病死率分别为965.12/10万、1.28/10万、0.13%。其中，乙类传染病7种、360例，丙类传染病6种、1 149例，其他传染病6种、75例。深化三医联动，率先开展以高血压、糖尿病为切入点的“基本公卫+医保”的家庭医生签约医保服务包，促进医防有效融合。县人民医院改建项目和5个卫生院“8·17”灾后重建项目完成建设并投入使用；县传染病改（扩）建项目、平通羌族乡中心卫生院（县第二人民医院）医养结合中心项目建设完成。

【农村法制建设】 推动“法律明白人”选任有序开展。要求各村（社区）通过组织推荐或自荐的方式提出“法律明白人”初选对象，鼓励具有一定的文化知识、有责任感、遵纪守法且在群众中有一定威信的村民、致富能手、基层调解组织调解员、村“两委”班子成员、党员、网格员等投身“法律明白人”队伍，按照村（居）民自荐或村（社区）“两委”推荐、组织选拔、考核上岗等程序，认定“法律明白人”，确保每个自然村（社区）“法律明白人”不少于3人。选任期间共确定“法律明白人”候选人400余人，自然村（社区）覆盖率达100%。

推动“法律明白人”培训壮大队伍。联合宣传、民政、人社、农业农村、乡村振兴等部门筹备开展“法律明白人”示范培训班，组建了由政法机关、执法部门、群团组织、律师事务所等35名普法骨干组成的县级法律明白人培训讲师团，围绕“法律明白人”自身职责、基层民主法治建设、矛盾纠纷调解和常用法律知识等，采取“点讲”“串讲”等方式对本地“法律明白人”开展集中培训2次，并对培训、考核合格的“法律明白人”候选人分类登记造册，建立“法律明白人”档案库，统一发证上岗。截至2022年年底，全县培养颁证、登记在册“法律明白人”666名，完成每村至少3名“法律明白人”的工作目标，全县65个村（社区）“法律明白人”平均数量达5人以上。

推动“法律明白人”管理日臻完善。依托司法所加强与村（社区）“两委”的衔接，及时掌握和了解“法律明白人”在宣传政策法规、引导法律服务、化解矛盾纠纷、参与社会治理等方面的工作情况。在村（社区）发展和培养党员、干部，评选文明户、文明家庭、学法用法示范户时，将“法律明白人”与聘用网格员、人民调解员等一并优先考虑。鼓励乡（镇）干部、驻村工作队员、基层司法所干部、教师、农村大学生等进入“法律明白人”队伍，不断充实基层依法治理力量。

推动“法律明白人”服务行之有效。组织开展“美好生活·民法典相伴”“关爱明天、普法先行”等法治宣传教育活动10余场次，在重要大型场合让“法律明白人”站前台展风采，引导“法律明白人”认识到做好本职工作大有可为，影响和带动群众自觉学习法律、遵守法律，依法维权，依法办事，增强全民法治观念，努力使尊法、学法、守法、用法在全社会蔚然成风。

【农村交通】 完善农村公路管理养护机制。持续深化农村公路管理养护体制改革，牵头制定《平武县深化农村公路管理养护体制改革实施方案》，完善养护责任体系，加大养护资金保障力度，加强管理养护考核，实现公路列养率100%、农村客运通达率100%。加强行业执法监管，继续推动交通综合执法后续改革，推行县、乡、村三级路长制，因地制宜建立健全路长管理责任体系和运行机制，针对通行能力、灾损重建、急弯陡坡等实行“一路一策、多路一策”，保护好路产路权，提升路域面貌。

抓好“四好农村路”建设。按照全市2023年创建全国示范市的工作部署，开展省级示范县创建。围绕特色生态旅游、乡村振兴产业发展，聚焦建立机构、落实人员、完善制度、强化考核、保障资金，打造“畅、安、舒、美”的农村示范路106千米。

【涉农招商引资】 全县3 000万元以上的农业招商引资重大项目1个，为内资项目；项目总投资0.5亿元，比上年增长4%。协议资金5 000万元，增长4%，完成全年任务的100%；到位资金150万元，增长100%，完成年度任务的100%。

【农村社会保障】 自2022年7月1日起，将城市最低生活保障标准调整为700元/月，农村最低生活保障标准为调整500元/月；城市特困人员基本生活保障标准调整为910元/月，农村特困人员基本生活保障标准调整为650元/月。截至2022年12月，全县有农村特困供养人员723人（其中集中199人、分散524人），当月发放供养金46.995万元，全年累计发放8 669人次，累计发放供养金566.169 5万元。有农村低保户4 243户、7 089人，当月发放低保金301.052 7万元，全年累计救助87 818人次，累计发放低保金2 908.923 7万元，补差水平达331.24元。临时救助累计救助1 322人次，发放救助金78.006万元。下拨临时救助备用金51万元，发放“关爱天南地北平武人”190人，共8.67万元。开展救助、救治工作劝导、引导街头流浪乞讨人员进入救助站接受救助，将街头流浪乞讨人员中的危重病人、精神病人等危急传染病人送到定点医院实施救治。妥当安置滞留人员，在县公安局的协助下，通过全国寻亲网DNA检测及人像识别，共救助流浪人员23人次、3 843.76元。

【农村生态建设及环境保护】 精准施策，推动大气污染防治标本兼治。制定《平武县2022年大气污染防治工作要点》，全县累计开展移动源污染治理、臭氧攻坚、扬尘管控、秸秆禁烧等专项整治40余次，开展移动源污染治理、臭氧攻坚、扬尘管控、秸秆禁烧等工作2 000余次。全县环境空气质量综合指数排名绵阳市第一位，其中PM2.5浓度17.8微克每立方米，同比改善8.2%；优良天数率99.7%，同比改善1.1%；PM10浓度36.3微克每立方米，同比上升1.7%。

多措治水，确保水环境质量持续优良。全县的2个国控断面（水文站、楼房沟）水质达标率均为100%，其中水文站断面水质达到地表水Ⅰ类水域标准，楼房沟断面水质达到地表水Ⅱ类水域标准。县城和乡（镇）集中式饮用水源地水质达到地表水Ⅰ类标准，达标率100%。3月，全县地表水质量排名全省183个县（市、区）和4个经济技术开发区的第六名；6月，全县地表水质量排名全省183个县（市、区）和4个经济技术开发区的第八名；1—6月，全县地表水质量排名全省183个县（市、区）和4个经济技术开发区的第九名。

全面行动，严防土壤和固体废物污染。开展“清废行动”和城乡环境整治，启动“无废城市”建设，持续开展土壤污染状况调查、风险管控和治理修复，实施农用地分类管控、建设用地准入管理，加强涉重行业污染管控，加强一般工业固废消纳综合利用，全面完成市下达目标任务，全县危险废物集中处理能力得到大幅提升，土壤环境质量总体稳定。

【农产品质量安全监管】 全县省、市农产品质量安全例行监测合格率100%，全年未出现较大及以上农产品质量安全事件。开展“治违禁　控药残　促提升”三年整治行动，做好投入品购买使用、合格证开具、追溯平台录入和生产活动记录等工作。共出动检查人员615人次，检查农产品生产经营主体215家次、屠宰场6家，发放各种宣传资料1万余份，重点监管主体现场检查率100%。全县共有“三品一标”认证产品82个，其中无公害农产品17个、绿色食品24个、有机产品33个、地理标志产品8个。加大对无公害、绿色食品等产品标志使用、生产活动等的证后监管。落实“三品一标”奖补政策，制定“三品一标”奖励办法，对符合条件的“三品一标”企业进行奖补。主动在国家农产品质量安全追溯管理信息平台录入监管、检测、执法信息数据，共上传信息数据312条，做到“应录尽录”。督促农产品生产主体开展质量安全追溯管理，共有101家主体入驻国家追溯管理平台，并录入5 741批次生产数据和5 679批次销售数据。

【农村市场体系建设】 全县“互联网+监管”平台的执法人员已实现全部入驻，所有事项均已得到认领，实施清单完成率达100%；监管行为覆盖率达19.93%，共计录入执法行为数据16 398条，在全市的综合排名中位居第一（并列第一）。

在农村金融方面，提升服务，引导各银行建立乡村振兴金融服务工作领导小组、服务团队和涉农服务工作机制，服务乡村振兴。提升宣传，银行入户宣传普及涉农贷款，走村入户为农户办理贷款，开展推广宣传“送码入户，一键贷款”信贷直通专项活动。全面加大信贷支持力度，引导银行通过政银担模式增信、特色惠农信贷产品降低借款主体融资成本、提高办贷效率等方式不断加大对具有平武特色和资源优势的茶业、种养殖、农产品加工等产业的信贷支持力度。截至2022年年底，全县涉农贷款余额507 120万元，较2022年年初增加74 190.09万元。

农业保险方面，引导保险公司与各乡（镇）村级负责农业的管理人员、经办人员进行工作对接，开展各个阶段农业保险的承保任务。截至2022年12月，全县农业保费收入1 398.21万元，较2022年年初增加647.79万元。

【农村留守儿童帮扶】 开展教职工结对帮扶留守儿童活动，466名教师每人结对2～3名留守儿童，做好“五个一”工作：配对教师每天与留守儿童交流一次、督促留守儿童父母每月与孩子进行一次视频交流、每两周与孩子通一次电话、每月与孩子互通一次信、每周与孩子班主任和监护人联系一次。结对教师在课余时间坚持做好留守儿童作业辅导、阅读指导、运动游戏陪伴，弥补亲情缺失。学校每学期召开一次留守儿童监护人会议，通报孩子在校学习、生活、品行和心理健康等方面的情况，并提出教育、管理针对性的建议。每学期开展一次留守儿童家访活动，了解并指导监护人进行正确的家庭教育。班主任每月与留守儿童谈心一次，每月开展一次心理健康辅导、举办一次趣味活动。

【劳务开发与返乡创业】 投入东西部协作资金120万元，开展农村劳动力技能培训23期、777人（其中脱贫劳动力473人），并组织47名农村致富带头人到浙江省衢州市衢江区学习；审核发放创业担保贷款710万元，发放创业补贴2万元；扶持创业成功150人，发放创业担保贴息贷款400万元；发放一次性求职创业补贴3.3万元；核拨稳岗补贴138.27万元。

【主要领导人】 县委书记：黄骏；县人大常委会主任：赵树斌；县长：姜坤；县政协主席：孟松林；分管农业副县长：王绍慧。

平武县编写组

北川羌族自治县

【基本情况】 2022年，全县辖10乡9镇（其中民族乡1个），辖区面积3 083平方千米，其中耕地面积11.09万亩、基本农田6.87万亩。年末总人口22.93万人（户籍人口），减少0.56%；人口出生率4.98‰，增加4.6个千分点；人口自然增长率-3.22‰，减少2.99个千分点。本地水资源总量24.39亿立方米，人均占有水资源量约1万立方米。有林地面积27.18万公顷，活立木总蓄积量1 788.43万立方米，森林覆盖率66.02%。

2022年，全县实现地区生产总值94.47亿元，增长4.6%，其中第一产业增加值15.09亿元，增长4.6%，农、林、牧、渔及农林牧渔服务业之比为35.51∶23.9∶37.07∶0.7∶2.82；第二产业增加值24.3亿元，增长3.9%（工业产值59.94亿元，增长1.9%）；第三产业增加值55.08亿元，增长4.8%。三次产业对经济增长的贡献率分别为18.2%、21.1%、60.7%。劳务输出4.8万人。全年接待游客320.41万人，实现旅游收入12.84亿元。

公路通车里程2 956.08千米（其中乡道637.73千米，村道1 702.87千米），密度958.83米/平方千米、128.92千米/万人。社会消费品零售总额37.87亿元，下降0.5%。地方公共财政预算总收入完成5.64亿元，增长8.3%；公共财政预算总支出22.53亿元，下降1.8%，其中农业投入1.458 3亿元，占支出的6.47%。金融机构各项存款余额185.83亿元，比上年初增长7.3%；各项贷款余额155.67亿元，比年初增长21.9%，其中支持农业产业化发展项目贷款1.434亿元。全年农业保费收入0.211 042亿元，增长43.02%；处理各项赔款和给付金额0.072 85亿元，降低31.05%。完成农业产业化项目46个，完成投资11 252万元。农业产业化龙头企业省级、市级、县级分别为7家、28家、11家。

有各类学校32所（不含高校、技工

学校及职业培训机构），在校学生30 847人，教职工2 546人，其中普通中学5所，在校学生8 913人；小学13所，在校学生9 657人；学龄儿童入学率100%。完成省级以上科技成果8项，4项科技成果获得省级及以上科技进步奖。有艺术团体1个，文化馆1个，公共图书馆1个，博物馆1个。有卫生机构245个（含村卫生室、诊所），病床位2 206张，卫生技术人员1 660人。城乡居民基本医疗保险参保人数18.19万人，参保率98.37%；新型农村社会养老保险参保人数66 455人，参保率95.6%；被征地农民养老保险参保人数142人，占总人数的0.21%。

【年度农业和农村经济运行】 2022年，全县编制了《北川羌族自治县食品医药产业链2022年行动计划》《北川羌族自治县中羌药产业"十四五"发展规划》，出台了《关于印发〈北川羌族自治县茶叶品牌培育实施意见〉的通知》（北委办发〔2022〕40号）。实现农业总产值31.61亿元，增长4.8%；全县全年农业增加值达15.09亿元，增长4.6%；生猪、茶叶等特色优势农产品产量保持稳定增长。农民年人均可支配收入达18 676元，增长6.7%。县农畜产品质量安全检验检测站年抽检农产品285批次，抽检合格率99.3%。全县主要农产品产量见表1。

【农业产业化发展】 以粮油为主导产业，苔子茶、高山果蔬、中羌药材、特色养殖为特色产业，新增中羌药材种植面积2万亩、高山果蔬种植面积1.5万亩、茶叶种植面积1.3万亩。打造"园区+康养旅游"模式，开发"温泉药浴"等中医药康养文化旅游项目。全年新增家庭农场128家，家庭农场总数达744家（市场监督管理部门登记注册415家），其中种植业233家，占29.92%；养殖业350家，占47.84%；种养结合142家，占19.14%；其他4家，占0.4%。有省级示范农场10家、市级示范场40家、县级示范场102家，家庭农场经营收入总额40 141.09万元，纯利润13 698.38万元，户均纯收益18.41万元。全年新增农民专业合作社17家，共有农民专业合作社557家（其中国家级3家、省级17家、市级11家、县级57家）；合作社成员9 171个，合作社农户带动率达48%；从分类看，种植业类181家，畜牧业219家，渔业6家，服务业17家，林业45家、综合类129家；农民专业合作社经营收入9 709.86万元。

【农用地产权制度改革】 全县当年农村承包耕地土地经营权流转3宗、347亩，流转线上交易金额143万元，累计流转交易78宗6 338亩，累计线上流转交易金额3 385万元。

【农村集体产权制度改革】 全县已完成登记赋码的农村集体经济组织共781个（其中村级224个、组级557个），改革时点量化资产总额3.86亿元，确认农村集体经济组织成员22.505 3万人，年末经营性资产总额14.09亿元。已开展分红的农村集体经济组织99个，本年度收益分红总额102.8万元，累计分红516.49万元。

【供销合作社改革】 建成永昌等乡（镇）供销社12家，是供销系统上世纪改革改制以后恢复的第一批乡（镇）供销社。引导全县113个村集体经济组织入股基层供销社，促进供销社、村集体经济组织、农村专合组织"三社"融合发展；贯彻落实《绵阳市农村产权流转交易管理办法》，探索开展农村闲置宅基地、闲置农房入市交易，完成交易鉴证10宗、面积1 020亩，鉴证金额300余万元。

【农产品品牌战略实施】 以做响"羌食荟"农产品区域公用品牌为切入点，以做优企业品牌为着力点，注册45个类别的"羌食荟"商标，发布7个团体标准，基本建成品牌管理体系。用好"羌食荟"直营店，组织企业参加"绵品出川"、四川农博会、四川茶博会等特色展示展销活动，提升北川农产品的知名度和市场认可度。在"绵品出川"活动中，北川企

表1　2022年北川羌族自治县主要农产品产量

主要农产品	单位	产量	同比增减(%)
粮食	万吨	8.640 0	-1.7
水稻	万吨	0.740 0	-1.3
小麦	万吨	0.079 0	49.0
玉米	万吨	4.950 0	5.5
马铃薯	万吨	0.620 0	-6.1
油菜籽	万吨	0.980 0	5.6
蔬菜	万吨	8.460 0	3.9
水果	万吨	0.575 4	9.2
肉类	万吨	2.251 7	11.7
猪肉	万吨	1.704 2	15.1
牛肉	万吨	0.098 2	8.9
羊肉	万吨	0.200 0	0
禽肉	万吨	0.240 3	2.0
兔肉	万吨	0.008 3	3.0
禽蛋	万吨	0.330 0	3.3
水产品	万吨	0.140 0	2.2

业产销对接意向性合作协议资金达4亿元。北川县获评2022年“川字号”金字招牌品牌推广直播带货基地。

【现代农业园区建设】 聚焦粮油、苔子茶、高山果蔬、中羌药材、特色养殖“一主四特”农业产业，打造稻渔、茶叶、枇杷、蓝莓、厚朴、白山羊种养等15个县级以上现代农业园区。创建省三星级茶叶生猪种养循环现代农业园区、省三星级厚朴现代林业园区，市级现代农业园区2个、县级现代农业园区1个。

【种植业】 全年农作物播种面积49.47万亩，比上年增长2.6%。其中，粮食作物播种面积29.26万亩，增长3.8%；油料作物播种面积8.15万亩，增长1.2%。粮食总产量8.64万吨，下降1.7%，其中大春粮食产量6.57万吨，下降0.3%；小春粮食产量2.07万吨，增长2.8%。经济作物中，油料作物产量0.98万吨，增长5.6%；蔬菜及食用菌产量8.46万吨，增长3.9%。

【林业】 全县森林面积305.46万亩，森林覆盖率66.02%，城区绿化覆盖率48.14%。有自然保护地4个，总面积103 940公顷，其中大熊猫国家公园面积95 094公顷，地质公园2个、面积5 190公顷，国家森林公园1个、面积3 656公顷。人工造林面积0.15万亩，常年管护国有林112.96万亩，集体和个人所有公益林33.15万亩。

【畜牧业】 全年生猪出栏21.85万头，增长3.1%；牛出栏0.76万头，增长4.9%；羊出栏13.42万只，增长1.2%；家禽出栏160.91万只，增长2%。猪肉产量1.7万吨，增长15.1%；牛肉产量0.1万吨，增长8.9%；羊肉产量0.2万吨，与上年持平。禽蛋产量0.33万吨，增长3.3%。

【水产业】 全年渔业产量1 380吨，同比增长2.2%，渔业产量主要分布在永昌镇947吨、永安镇290吨、片口乡21吨、禹里镇21吨、通泉镇53吨、擂鼓镇35吨、曲山镇6吨、青片乡7吨。全年财政资金投入304.2万元，渔业第一产业产值2 362万元，同比增长155.9万元，投入与增幅产出比为1∶51.25。

【乡村振兴】 坚持把示范创建作为推动乡村振兴的重要抓手，发挥示范引领作用，以点带面，促进乡村全面振兴。2022年获评市级乡村振兴实绩考核优秀县，创建省级乡村振兴示范村3个，市级乡村振兴先进乡镇1个、示范村4个，培育县级乡村振兴先进乡镇2个、示范村6个。优先配备“三农”干部，19个乡（镇）均配置“一办一站一中心”，选配96名“第一书记”、195名驻村帮扶队员到村开展工作，公开选拔年轻优秀人才20人进入村（社区）“两委”班子。

【乡村旅游】 全年接待游客320.41万人次，下降10.2%；A级景区实现总收入12.84亿元，下降7.8%。全县星级农家乐102家，其中四星级2家、三星级38家、二星级44家、一星级18家。青片乡获评省级乡村文化振兴样板乡；宝城村、玉皇山村创建为省级乡村旅游重点村；九皇山、大禹文创入选天府文旅IP项目库入库项目；“羌食荟”五个一大礼包、竹编文创耳环和羌绣茶席分别获得天府旅游名县特色旅游商品网络大赛金奖和银奖。

【农村水利】 全年新增水土流失治理面积39.15平方千米，依法审批生产建设项目水土保持方案43个，水土保持设施自主验收报备53个，征收水土保持补偿费392.443 2万元，开展水土保持监督检查50余次。完成长江经济带小水电清理退出1座，完成绿色小水电创建验收5座。全年开展水电站安全生产检查20余次。落实县、乡（镇）、村三级农村饮水安全责任人226名，有序推进水厂规范化建设，全县供水保障率、规模化供水率、供水服务质量稳步提升。排查、核实、应对各类饮水应急事件，下达农村供水工程维修养护计划189处，发放应急管材11.29余万米。

【农业机械化】 构建农机安全县、乡、村三级安全监管体系，争创全国“平安农机”示范县，创建省级“平安农机”示范乡镇3个、示范村5个、示范户10户，农机示范合作社1个。新建综合农机服务组织1个。健全乡（镇）农机管理体系，优化农机购置补贴办理程序。

【农村科技】 利用“四川科技兴村在线”平台开展线上咨询1 500余次；申领服务补助156 270元，其中信息员补助42 270元、专家服务补助114 000元。通过科技活动周等形式开展种植技术培训13场次，参训人数350余人；开展现场技术指导19场次。全年共计服务农户1 305户，种植规模8 160余亩，养殖规模9 800余头；服务新型农业经营主体42个，产生经济效益1 654万余元，直接挽回经济损失643万余元。

【农村教育】 投入1 410万元，配备智慧黑板、监控、教育网、云计算机教室、智慧照明系统及各类功能室等设备，提高教育信息智能化水平。全覆盖落实十五年免费教育、“三免一补”和营养改善计划等教育惠民政策，全年共计投入8 398万元。

【农村文化】 完成擂鼓镇盖头村茶文化、永昌镇观音庙巷老安昌记忆、永安镇社区三线建设文化、禹里镇禹里村大禹文化等北川首批8个乡村文化振兴示范点位打造。全年共组织开展“文艺轻骑兵”文艺下乡活动20余次，开展“羌歌羌舞”传承培训25次。

【农村卫生】 全县共有乡（镇）卫生院19个、社区卫生服务中心2个、村卫生室（站）187个，配备合格乡村医生211名，实现县、乡、村三级卫生网络全覆盖。全县累计12个乡（镇）卫生院“优质服务基层行”达到国家标准，禹里镇中心卫生院县域医疗次中心建设创建完成并通过省级验收，永昌镇中心卫生院中医全科、永安镇中心卫生院中医羌医结合全科创建为四川省第一批基层临床特色科室。

【农村法制建设】 出台《北川羌族自治县法治宣传教育第八个五年规划（2021—2025年）》，建立普法联动机制，全年培养农村学法用法示范户305户，村村建设法治文化阵地。开展“法治北川行”一月一主题、“羌山夜话”等主题活动共计120余场次，发放普法宣传资料16 000余份、法治用品4 000余份，现场解答咨询1 200余人次。

【农村交通】 全县完成村(组)道路项目45个；建设完成94千米农村安防设施，并提前启动2023年134千米农村安防设施建设；白什乡双溪村村道灾毁恢复项目、50千米撤并建制村畅通工程完成。规划采集新增农村公路路网里程27千米。包装幸福美丽乡村路新增入库105千米，幸福美丽乡村路进入省计划库的数量同比其他区(县)多55千米。

【涉农招商引资】 全县3 000万元以上的农业招商引资重大项目2个，均为内资项目；项目总投资3.1亿元。

【农村社会保障】 全县城乡居民养老保险参保人数6.7万人，城乡居民基本医疗保险参保人数18.19万人。农村最低生活保障标准为500元/月，享受最低生活保障补助的农村居民有0.49万人，比上年下降7%。全县有各种社会福利收养性单位8个、床位1 117张。全年发放孤儿生活保障金174人次21.04万元，实施无人抚养儿童基本生活保障补贴288人次26.438 3万元，以及“福彩圆梦、孤儿助学工程”130人次32.249 9万元。

【农村生态建设及环境保护】 持续推进2022年农村生活污水治理“千村示范”工程建设，全县224个行政村有152个村生活污水得到有效治理，占比67.9%。加强排查整治，按照“一户一档、一村一册、一县一案”的要求，完善县、乡(镇)、村、户农村污水治理四级台账。对于地形地貌复杂、地势落差较大、距离场镇较远、居住较为分散的村庄，优先选取“化粪池+资源化利用”模式，结合“两改一建一入”和户用卫生厕所改造，利用化粪池、废旧沼气池进行收集处理后，与本地特色农业产业发展相结合，通过人工转运或管网输送等方式就地就近用于庭院绿化、农林灌溉、果蔬种植、还田还地资源化利用，确保农村生活污水得到有效管控。

【农产品质量安全监管】 在巩固省级农产品质量安全示范县成果基础上，以争创国家农产品质量安全示范县为目标，完善县、乡(镇)、村、企四级农产品质量安全监管网格体系，落实监管员、协管员职责。全县320家经营主体入驻国家(省级)农产品质量安全追溯管理信息平台，共录入监管、检测、执法相关工作记录301次，指导生产经营主体录入生产批次1 016条、销售批次2 412条；建立乡(镇)合格证自助服务站点，指导开具合格证14 769张。抽检完成农畜水产品监测任务284批次，其中省级抽检任务完成率为117%，市、县两级抽检任务完成率为200%。开展联合执法检查，共查处典型农资案1件、其他农产品质量安全案件3件。

【农村市场体系建设】 全县共有金融机构9家、营业网点60处。金融机构人民币各项存款余额185.83亿元，比年初增长7.3%，其中单位存款余额50.67亿元，比年初下降2.2%；城乡居民储蓄存款余额132.94亿元，比年初增长13.3%。人民币各项贷款余额155.67亿元，比年初增长21.9%，其中短期贷款余额40.82亿元，比年初增长3.7%；中长期贷款余额109.36亿元，比年初增长27.5%。

【农村留守儿童帮扶】 县福利院加挂牌子成立县级未成年人保护中心，19个乡(镇)建立未成年人保护工作站，全县235个村(社区)建立未成年人保护点。争取县财政资金10万元，分片区组织开展全县254名儿童督导员、儿童主任培训。北川志愿者协会为全县农村留守儿童、困境儿童开展巡查寻访、救助保护、政策链接和未成年人保护宣传等关爱活动18期，惠及1 000余名儿童。

【劳务开发与返乡创业】 全年外出务工4.8万人，其中省外1.5万人、省内3.3万人。建成农村劳动力监测点202个、城镇社区劳动力监测点31个，挂牌村(社区)农民工综合服务站6个；组织开展“直播送岗”、专场现场招聘等活动16场次，推送发布招工信息4.2万余条，其中重点对绵阳市、北川县和衢州市柯城区、江山市、开化县200余家企业发布岗位信息累计1.7万余个，共有1 000余人达成就业意向，累计转移农村劳动力4.83万人。

【主要领导人】 县委书记：李昊天；县人大常委会主任：李光辉；县长：周福兰；县政协主席：王军；分管农业副县长：杨志兵(7月止)，杨勇(7月始)。

北川羌族自治县编写组

三 台 县

【基本情况】 2022年，全县辖2乡31镇，辖区面积2 659.38平方千米，其中耕地面积117.9万亩，比上年增长0.13%，人均耕地面积0.87亩；基本农田138.673 8万亩。年末总人口135.5万人(户籍人口)，下降0.9%；人口出生率5.93‰，下降0.57个千分点；人口自然增长率-3.34‰，下降2.04个千分点。全县耕地有效灌面和保证灌面分别达到耕地总面积的87%和60.44%；本地地表水资源总量5.94亿立方米，人均占有地表水资源量438.38立方米。有林业用地9.459 3万公顷，有林地面积8.960 1万公顷，活立木总蓄积量411.7万立方米，森林覆盖率35.1%。

2022年，全县实现地区生产总值479.21亿元，增长5.3%，其中第一产业增加值102.06亿元，增长4.3%，农、林、牧、渔及农林牧渔服务业之比为70.8：4.07：64：5.06：6.72；第二产业增加值158.68亿元，增长7.1%（工业产值84.04亿元，增长4.5%）；第三产业增加值218.47亿元，增长4.6%。三次产业对经济增长的贡献率分别为17.44%、43.61%和39.83%。农民工劳务输出45.08万人，收入101.69万元。

公路通车里程4 997千米（其中乡村公路3 183千米），密度1.879千米/平方千米、36.89千米/万人。社会消费品零售总额240.73亿元，下降0.5%。地方公共财政预算总收入完成14.04亿元，增长9.7%；公共财政预算总支出65.88亿元，增长0.4%，其中农业投入16.22万元，占支出的24.62%。金融机构各项存款余额590.58亿元，比上年初增长9.7%；各项贷款余额339亿元，比年初增长16.5%，其中支持农业产业化发展项目贷款251.34万元。全年农业保费收入9 822.62亿元，增长41%；处理各项赔款和给付金额6 699.9万元，增长19%。农业产业化龙头企业国家级、省级、市级、县级分别为1家、8家、37家、20家。

有各类学校297所，在校学生133 936人，教职工7 723人，其中普通中学34所，在校学生45 637人；中等职业教育学校2所，在校学生8 089人；小学81所，在校学生55 427人；学龄儿童入学率100%。完成省级以上科技成果8项。有艺术表演团体5个，文化馆1个，公共图书馆1个，博物馆1个。有卫生机构1 116个，病床位8 599张，卫生技术人员5 350人。基本医疗保险参保人数1 123 874人；被征地农民养老保险参保人数188人，占总人数的0.0139%。

【年度农业和农村经济运行】 2022年，全县出台了5个乡（镇）级片区农业现代化规划。实现农业总产值150.65亿元，增长4.4%。农民年人均可支配收入达21 974元，增长6.6%。全县农产品质量抽检合格率98.9%；建成33个基层农业综合服务站。全县主要农产品产量见表1。

【农业产业化发展】 全县以耕地保护审计问题整改为着力点，以规范流转行为、加强流转管理、典型示范带动为抓手，加强社会资本租赁农地项目审核、资格审查，全年完成工商企业租赁农地项目的资格审查、审核5宗，其他社会资本租赁农地资格审查项目审核6宗。《三台县农村土地经营权流转面临的困难和问题》被国办专报采用。全县承包耕地经营权流转面积3.47万公顷，占承包耕地面积10.19万公顷的34.1%，其中2公顷以上规模化经营流转面积1.22万公顷，占流转面积的35.17%，占承包耕地面积的11.99%。做好农民专业合作社规范化建设指导，创建示范社37家。农业农村厅向三台县下达中央财政农业生产发展资金支持农民专业合作社项目资金200万元，支持培育合作社14个。

【农用地产权制度改革】 出台《三台县农村宅基地审批和住房建设管理实施办法（试行）》《三台县农村村民建房管理工作考评细则（试行）》（三府办发〔2022〕28号），指导乡（镇）开展农村宅基地审批和住房建设管理工作。全年共接收农村宅基地申请3 232宗、申请面积35.66公顷，审批宅基地2 788宗、审批面积30.28公顷，其中批准使用新增建设用地397宗、面积4.24公顷。

【农村集体产权制度改革】 全县383个合并村全面完成农村集体产权制度改革，共核实集体资产总额为25.57亿元，其中经营性资产2.85亿元；确认农村集体组织成员120.4万人，设置总股数120.4万股，其中成员股120.39万股。全面推进“两改”后村集体经济组织整合，

表1　2022年三台县主要农产品产量

主要农产品	单位	产量	同比增减(%)
粮食	万吨	66.100 0	−1.7
水稻	万吨	20.260 0	−2.9
小麦	万吨	10.140 0	1.5
玉米	万吨	27.770 0	−4.9
马铃薯	万吨	2.120 0	126.0
油菜籽	万吨	13.730 0	6.2
蔬菜	万吨	38.590 0	4.6
园林水果	万吨	6.580 0	9.6
肉类	万吨	11.770 0	3.7
肉猪	万头	116.650 0	4.2
肉牛	万头	3.640 0	2.8
肉羊	万只	13.210 0	3.3
肉禽	万只	1 601.890 0	2.3
肉兔	万只	172.370 0	−4.1
禽蛋	万吨	3.750 0	2.5
水产品	万吨	2.260 0	4.0
牛奶	万吨	0.418 1	84.0

建立村级农村集体经济组织388个（含5个涉农社区）、镇级农村集体经济组织7个，并完成登记赋码及《农村集体经济组织》证书颁发。全年村集体经营性收入4 190.4万元，其中经营性收入10万元以上的村有125个，占总村数的32.6%；3万元以上的村有383个，占总村数的100%，全面完成消薄任务。

【供销合作社改革】 全县按照"村两委+供销合作社+农民专合社"建设模式，建成镇级基层供销社3个、基层供销社示范社2个。开展《绵阳市农村产权流转交易管理办法》宣传培训，实地到乡（镇）服务60余次，开展农村产权交易鉴证19宗，鉴证面积68公顷，鉴证合同金额391.69万元。组织农资经营企业及网点做好化肥等主要产品的淡储旺供，全年购进化肥3.1万吨、农药0.14万吨、农膜0.03万吨，销售化肥3.06万吨、农药0.11万吨、农膜0.025万吨。组织全县"庄稼医院"开展农资科技讲座500余次，出诊380余次，发放农资科技宣传资料80 000余份。组织所属企业开展土地托管服务，以乡（镇）、村（社区）为单位，按照农民需要实施整体统防统治，对粮食和经济作物开展植保服务，开展农作物统防统治面积5 333公顷。依托参股企业绵阳绿香源食品有限公司、立新镇等基层社发展订单农业，建设蔬菜生产基地767公顷，签订蔬菜收购保底价合同，全年收购青菜1.34万吨，助农增收107万元。开展"梓乡情"区域公用品牌推广建设，草拟"梓乡情"区域公用品牌营运使用管理办法，国家知识产权局已受理注册"梓乡情"第5、29、30、35类图形和文字商标，已有17家企业使用"梓乡情"区域公用品牌，并打造线上线下展示展销门店3家。全县供销系统共实现销售总额77 866万元，购进总额57 742万元，实现利润309万元。

【农产品品牌战略实施】 实施"三品"工程、农业生产"三品一标"提升行动，"三品一标"主体达59家、产品达110个。台沃科技集团股份有限公司、四川代代为本农业科技有限公司2个企业品牌入选"2022年四川省农业品牌目录"；"三台黑猪肉"被列入2022年第三批全国名特优新农产品名录。提升"梓乡情"品牌农产品知名度，已有20余家主体申请使用"梓乡情"公共品牌，130余个特色农产品参加绵品出川苏州行、东莞行、厦门行、衢州行、四川农博会等各类线下线上展会、产销对接活动5次，现场销售收入实现1 994万元，签约供销合作协议3.06亿元。

【现代农业园区建设】 四川省三台县现代农业（生猪种业）产业园通过国家现代农业产业园中期评估，四川省三台县现代农业（麦冬种养循环）产业园、三台县优质粮油现代农业园区全面提质增效，三台县景福镇粮油现代农业园区获评绵阳市三星级园区，新培育认定县级现代农业园区6个，其中粮食类园区4个；县级及以上现代农业园区达22个，其中国家级（创建）2个、省五星级1个、市五星级4个、市三星级1个。全县现代农业产业园区涉及乡（镇）21个，占全县乡（镇）总数的63.6%。

【种植业】 全县完成优化园地改造1 000余公顷。实施撂荒地整治清零行动，整治撂荒地1 327公顷。推进畜禽粪污资源化利用，开展绿色种养循环试点7万公顷，带动全县畜禽粪污资源化利用率达96%以上。开展有机肥替代、统防统治、绿色防控，依托社会化服务组织推进科学施肥用药，实现化肥农药双减，县域配方施肥技术普及率达95%以上。全县耕地地力保护补贴实际共补贴农户337 337户，补贴面积70 721.45公顷。《农业农村部关于公布国家级制种大县和区域性良种繁育基地认定结果的通知》发布，三台县被评为国家级制种大县。

【林业】 坚持"总量控制、定额管理"原则规范林地审批使用，共审核永久使用林地8宗、5.349 9公顷；配合行政审批局完成临时使用林地和森林经营单位直接使用林地审批现场查验17宗，其中临时使用林地7宗、3.186 6公顷，森林经营单位直接使用林地10宗、1.760 5公顷。出台《三台县天然林保护修复制度实施方案》，全面落实天然林管护面积20 413.33公顷管护责任。建立健全县、乡、村林长责任体系，"一长两员"做到"应设尽设"，设立林长626名，其中县级林长24名、乡级林长139名、村级林长462名、国有林草经营单位林长1名；设立村监管员463名、村护林员468名，并根据人员更新及时调整到位。

【畜牧业】 全年实现畜牧业总产值67.94亿元，占农业总产值的45.11%。生猪出栏116.65万头，生猪存栏72.17万头（其中能繁母猪存栏7.5万头），均位列全省第一，实现产值326 036.75万元；有年出栏500头以上生猪规模养殖场544个，其中2 000头以上221个、万头猪场35个、千头以上扩繁场20个。家禽出栏1 601.89万羽，实现产值201 080.65万元；年出栏3万羽家禽养殖场24个。牛出栏3.64万头，实现产值67 327.05万元，有年出栏50头以上规模养殖户50户。羊出栏13.21万只，有年出栏300只以上规模场4家。全年新增部级畜禽养殖标准化示范场1个、省级畜禽养殖标准化示范场2个、市级畜禽养殖标准化示范场11个。出台《三台县关于加快种业强县建设的实施意见》，建成种公猪站3个、国家生猪核心育种场2个、扩繁场20个，拥有丹系、加系、美系原种以及四川自主培育的天府肉猪、川藏黑猪五大优良种质资源。

【水产业】 全年水产品产量2.26万吨，实现渔业经济总产值7.22亿元。在老马镇海飞鱼苗养殖专业合作社、立新镇印盒山水库渔场建成高位鱼池1.5万立方米，开展以鲈鱼为主导品种的苗种生产及商品鱼养殖，共生产鲈鱼苗种150万尾。推广稻鳅、稻虾、稻蛙、稻鱼等养殖模式，以稻渔综合种养技术规范为指导，全年稻渔综合种养规模发展到613公顷，养殖产量355吨。严厉打击各种违反长江禁捕规定的违法行为，查处各类违法捕捞和违规垂钓案件30起，其中移交司法机关追究刑事责任10起。争取到中央专项资金16万元，在三台凯江国家级水产种质资源保护区开展渔业资源人工增殖放流，放流鲢鱼7万尾、鳜鱼1万尾、岩原鲤8万尾，共计16万尾。

【乡村振兴】 加强项目归口入库，全年第一产业固定资产投资完成18.69亿元，同比增长20.8%，超过全省平均增速10.6个百分点。全县农村实用人才达3.5万余人，基层农业技术推广人才581人，返乡下乡创业人数2.1万人，高素质农民约7 173人；有各类乡村振兴干部115人、西部志愿者41人。建成农民培训学校4所、农技推广机构68个、农民人才实训基地4个、创业孵化基地5个。主动到成都、长沙高校毕业生集聚地开展现场招聘，通过考核和考试招聘的方式，为乡（镇）招聘教育、卫生、农业等人才500余名。

【乡村旅游】 支持立新、永明、石安、观桥等乡（镇）编制旅游点位提升规划，明确文旅功能分区，提升文旅休闲空间。推进郪江镇文化旅游基础设施建设，支持完成旅游厕所改造、停车场文化氛围提升，推动文化旅游产业纵深发展。在建重点文旅项目完成投资5.85亿元，牵头推进印象涪江美丽岛、西部写生创作基地、鲁班湖彩林产业农旅融合等重点文旅项目建设。7月1日，绵阳市乡村振兴消费节暨三台县消夏文化季在西平镇启动，吸引绵阳、德阳周边20万余人前来“消夏”，拉动消费3 000余万元。

【农村水利】 全年梳理包装水利项目37个，规划总投资95.9亿元。开工建设重点水利项目19个，总投资31.5亿元，已完成固定资产投资3.13亿元。申报专项债、农发行贷款资金27.55亿元，包装农发行基金项目6个，总投资16.29亿元，其中三台县水网工程（一期）9 900万元、祠堂湾水库项目6 300万元已获批，是全县前四批申报基金项目唯一过审的2个项目，占全市过审水利项目总数的20%，占全市水利过审项目总投资的25%以上。8月以来，全县出现历史罕见的持续晴热天气，平均气温和降雨量减少均创1961年以来同期最高纪录，全县立即启动抗旱应急供水，共计向灌区供水18 000万立方米，有效缓解了旱情。

【农业机械化】 全年新增农机装备0.3万台（套）、3.1万千瓦，农机装备总量达13.7万台（套）、75.7万千瓦。全年完成农作物机耕面积16.23万公顷、机播面积54万公顷、机收面积9.18万公顷，农作物综合机械化水平达52.3%，同比提升4.2%，其中水稻、小麦、玉米和油菜四大主要农作物综合机械化水平达68.6%，同比提升2.8%。开展机收减损宣传及损失率监测调查工作，小麦、水稻、玉米机收损失率分别为0.938%、1.66%、2.42%，较标准损失率低0.2个百分点以上。新建提灌站10座，改造提灌站5座，完成提蓄水9 610万立方米，浇灌旱地1.13万公顷，保栽水稻1万公顷；实施“五良融合　宜机改造”示范县建设项目，完成田（地）改造块324公顷；新培育农机专业合作社8家，申报认定“全程机械化+综合农事”服务中心1家，全年农机作业社会化服务面积达3.33万公顷以上。

【农村科技】 加强麦冬—生猪农业科技示范园区成为全市唯一的首批省级农业科技示范创建园区。向市委、市政府争取，成为绵阳国家农业高新技术产业示范区的核心区，完成农业高新技术产业示范区创建方案编制并参加专家评审及答辩，在全省6个争创市中排名第二位，仅次于成都市。深化科技特派员制度，在老马镇、刘营镇、芦溪镇、灵兴镇等地开展业务培训活动，对农业施肥技术、麦冬种植技术、番茄种植技术等进行现场指导，培训农民600余人次。持续加强“四川科技兴村在线”平台建设，信息咨询量达2 558条，闭环解决问题2 231个。

【农村教育】 全县组建13个义务教育教育联盟，覆盖全县所有义务教育学校，每月开展教学专题研讨、学科赛课等活动，每学期选派乡（镇）学校薄弱班、薄弱学科教师到优质学校跟岗学习，每年选派5%的优质中小学校教师到乡（镇）学校轮岗支教。持续推进“互联网+教育”发展，缩小城乡区域数字发展鸿沟，以信息技术推动城乡教育优质均衡，投入200万元实施网络安全提升改造项目；投资1 600万元，更新换代“班班通”400余套、办公电脑700台；投资3 400万元，实施义务教育阶段体育考试平台及540间教室灯光改造工程。解决三台县脱贫户义务教育阶段在校生教辅费用负担问题，由新华文轩捐赠50%、县财政每年预算50万元及县教体局解决一部分等方式，全年减免7 829人、1 854 444.2元，确保脱贫户家庭子女与其他非贫困户子女同等享有教辅资料，促进城乡义务教育优质均衡发展。

【农村文化】 县文广旅局完成“两馆”、塔山、富顺等文化阵地提质增效，建设具有代表性的建平镇四季村乡愁馆、富顺镇非遗传承室、三元镇邓禹平故居展陈馆等乡村文化服务阵地。引进乡村文艺人才6名，加强乡（镇）文化服务能力，确保“文化管家”岗位落到实处。指导乡（镇）综合文化站通过征集群众需求制定活动计划，并采取月报免费开放、季报文化活动、初报工作计划、末报年度总结的形式进行免费开放督促。智华皮蛋获评2022年全省非遗与旅游融合发展优秀案例，其传承人杜智华被评为全国乡村文化和旅游带头人。形成“农民个体自发组建+主管部门党员骨干支持”的乡村文化发展模式，芦溪镇涪城村“王家文化大院”被写进《助力四川乡村振兴文化建设路径课题研究》。应急广播体系建设设计方案入选省第二批数字乡村建设典型案例，为全省县级唯一一个。智慧广电乡村工程被列为全省首批试点工程，管理平台设计方案获评“2022年四川省网络综合治理数字化应用场景优秀解决方案”。

【农村卫生】 全县村卫生室个数由“两项改革”前的930个逐步优化到857个。有在岗村医644人（不含派驻），其中50岁以下174人，占比27.01%；50～64岁262人，占比40.68%；65岁以上208人，占比32.29%。“两项改革”后“撤村改居”的村卫生室保留设置和乡村医生注册执业期限最多不超过5年。

【农村法制建设】 全县33个乡（镇）公共法律服务工作站、462个村（社区）公共法律服务工作室均规范化运行，并结合法律服务资源实际和群众需求特点，实现法律服务机构、人员“应驻尽驻”，或通过信息化手段进驻，提供同质服务，实现县、乡、村三级实体平台全覆盖。结合“大起底、大排查、大化解”专项活动，从调委会组织队伍、制度机制、工作成果三个方面全面起底、全面规范，全县有人民调解组织506个，其中乡（镇）调委会33个，村（社区）调委会462个，专业性、行业性调委会11个。推进调委会规范化建设，有农业农村厅命名五星级调委会1个、市级命名四星级调委会17个、县级命名的三星级调委会30个、二星级调委会15个。开展“法律进农村”活动，以讲座、集中宣传、入户宣传等形式开展普法活动460余场。实施“法律明白人”培育工程，培养“法律明白人”1 386人，参与农村普法宣传、矛盾纠纷化解、法律服务、基层治理。《见事说法》普法电台栏目通过应急广播覆盖全县462个村（社区），推出与群众生活息息相关的普法节目24期，覆盖90余万人次。

【农村交通】 截至2022年年底，全县境公路通车总里程4 997千米，其中农村公路3 183千米。全面推行实施“路长制”，共设置383个镇村公路管护队，落实全覆盖日常养护。有农村客运企业7家、农村客运线路172条、农村客运车辆329辆，县内33个乡（镇）客车通达率100%，383个建制村全部通班车。郪江镇、建平镇、中新镇被绵阳市政府评选为第四批“四好农村路”市级示范乡（镇），截至2022年年底，共创建市级“四好农村路”示范乡（镇）10个、县级示范村31个。

【涉农招商引资】 全县3 000万元以上的农业招商引资重大项目4个，项目总投资18.69亿元，比上年增长20.8%。

【农村社会保障】 全县城乡居民基本养老保险覆盖人数68.77万人。全年为22.43万名农村退休人员发放城乡居民基本养老保险待遇3.2亿元；为1.96万名低保对象、特困人员、返贫致贫人口等困难群体代缴城乡居民基本养老保险个人缴费部分196万元。

【农村生态建设及环境保护】 截至2022年年底，全县累计实现228个行政村生活污水有效治理、68座生活污水处理设施正常运行，污水处理量607.24万吨，污水处理率达94%以上。完成18个乡（镇）饮用水水源地“划、立、治”整治，水源地水质优良比例保持100%。开展城乡环境综合提质三年行动，落实镇村保洁人员4 500余人，配备新能源洒水车33辆、生活垃圾收集设施6 300余个、转运车188辆，11座生活垃圾压缩中转站建成并投入使用，行政村收转运处置体系覆盖率达100%；383个行政村已全部落实农村生活垃圾收费制度，收取农村垃圾处理费1 510万元。在13个乡（镇）36个村开展农村“厕所革命”整村推进示范，新（改）建无害化卫生厕所10 000户，示范村内户用无害化卫生厕所普及率达90%以上，探索“农户微循环、园场小循环、合作中循环、市场大循环”种养循环模式和“猪、沼、药”“猪—沼—菜”“猪—沼—果”绿色循环模式，整县推进畜禽粪肥就地消纳、科学还田，畜禽粪污资源化利用率达90%以上。规模养殖场粪污处理设施装备配套率达100%。严格按照长江十年禁捕安排部署，严厉打击非法捕捞及销售非法捕捞渔获物，开展专项行动4次，出动执法人员5 000余人次，劝离垂钓人员3 000余人，办理非法捕捞和违规垂钓案件30起，其中移送司法机关10起、行政处罚16起。

【农产品质量安全监管】 全县农产品质量安全水平不断提升，监管能力得到加强，对省级农产品质量安全示范县创建工作进行安排部署，于5月18日召开推进工作会。全县主要农产品省级例行监测合格率达100%，无重大农产品质量安全事件发生。

【农村市场体系建设】 推进镇村电商网点优化调整，调整镇级电商网点35个、村级电商网点383个。开展农村电商培训155人次，优食谷孵化器申报2022四川省数字商务转型升级项目，杨大爷食品获评四川“小而美”网络品牌。在西平镇举办“绵阳市乡村振兴消费节暨三台县消夏文化季”活动，吸引乡村消费人群近6万余人。截至2022年年底，全县支持脱贫人口小额信贷996户，余额3 292.84万元，续贷2 122.69万元。建立三台县现代农业园区金融综合服务主、协办银行制度，推动银行业金融机构与园区“一对一”开展融资合作，截至2022年年底，现代农业园区主办银行向园区内新型农业经营主体发放贷款3.22亿元，贷款余额2.55亿元。

【农村留守家庭（儿童、学生）帮扶】 全县有孤儿83人（含艾滋病病毒感染儿童8人）、事实无人抚养儿童70人、智力残疾儿童806人、农村留守儿童3 802人、离异单亲家庭儿童9 150人。制定出台《进一步健全农村留守儿童和困境儿童关爱服务体系实施方案》的通知，发挥儿童督导员、儿童主任作用，全面排查各项儿童保护政策落实情况，“一人一策”提供针对性、个性化关爱服务。协同妇联、县教育和体育局以购买服务的形式与绵阳市婚姻家庭教育促进会签订合作协议，共同开展家庭教育指导服务暨儿童关爱帮扶工作。

【劳务开发与返乡创业】 在全县383个村全覆盖建立农村劳动力监测点，摸排农村劳动力70.81万人，转移就业45.07

万人。首批挂牌成立15个集“农民工服务站+电信服务点+邮政网点+金融服务点”四位一体的农民工综合服务站。新成立“四川省三台县驻长三角农民工服务站”，发挥11个驻外农民工服务站在劳动力转移、优秀农民工回引中的作用，回引1 331名优秀农民工创办经济实体414家，选树省级返乡下乡创业明星2名、市级返乡下乡创业明星5名，县级返乡下乡创业明星16名、明星企业6家。全年为353名农民工和农民企业家发放返乡下乡创业项目补贴348万元。开展劳务品牌培训和返乡创业培训39个班次，培训1 400余人。开展脱贫劳动力（含监测对象）跨省转移就业交通补助申报，为643名脱贫劳动力发放跨省务工交通补助18万元。

【主要领导人】 县委书记：吴明禹；县人大常委会主任：杨增辉；县长：唐顺江；县政协主席：贺强华；分管农业副县长：钟蓓。

三台县编写组

盐亭县

【基本情况】 2022年，全县辖2乡14镇1个街道，辖区面积1 645.8平方千米，其中耕地面积79.9万亩，比上年增长0.14%；人均耕地面积2.16亩。永久基本农田面积69.05万亩，永久基本农田核实处置后70.87万亩，结合2023年变更调查永久基本农田70.72万亩。年末总人口51.91万人（户籍人口），减少1.24%；人口出生率0.48%，减少0.5个千分点；人口自然增长率–4.65%，减少30.6个千分点。全县耕地有效灌面和保证灌面分别达到耕地总面积的45%和37%；本地水资源总量2.3亿立方米，人均占有水资源量621立方米。林地7.643 8万公顷，森林覆盖率49.68%。

2022年，全县实现地区生产总值203.65亿元，增长5.1%，其中第一产业增加值45.57亿元，增长5.1%，农、林、牧、渔及农林牧渔服务业之比为49.5∶4.9∶36.6∶5.2∶3.8；第二产业增加值57.29亿元，增长7.4%（工业产值36.07亿元，增长17.6%）；第三产业增加值100.79亿元，增长4%。三次产业对经济增长的贡献率分别为25.2%、35.6%和39.2%。全年接待游客231万人次，实现旅游综合收入10.5亿元。

公路通车里程2 489.611千米，其中乡村公路2 353.009千米。社会消费品零售总额105.81亿元，减少0.5%。地方公共财政预算总收入完成22.22亿元，减少8.1%；公共财政预算总支出56.77亿元，增长20.7%。金融机构各项存款余额263.73亿元，比上年初增长14.8%；各项贷款余额142.88亿元，比年初增长16.9%。全年农业保费收入7 971.8万元，增长13.18%；处理各项赔款和给付金额5 033.5万元，增长25.61%。农业产业化龙头企业省级、市级、县级分别为5家、50家、16家。

有各类学校120所，在校学生39 653人，教职工2 984人，其中普通中学1所，在校学生5 045人；义务教育学校54所，在校学生26 289人；幼儿园（含附属园）64所，在园儿童6 440人；学龄儿童入学率100%。

完成省级以上科技成果6项。有艺术表演团体2个，文化馆1个，公共图书馆1个，博物馆1个。有卫生机构581个，病床位2 744张，卫生技术人员1 928人。新型农村合作医疗参合人数39.4万人，参合率98.5%；新型农村社会养老保险参保人数246 674人；被征地农民养老保险参保人数2.75万人，占总人数的7.85%。

【年度农业和农村经济运行】 2022年，全县实现农业总产值88.95亿元；全市全年农业增加值达45.57亿元，增长5.1%。农民年人均可支配收入达21 594元，增长6.3%。建成17个基层农业综合服务站。全县主要农产品产量见表1。

【龙头企业发展】 截至2022年年底，全县共有农业产业化龙头企业66家，其中省级5家（新增1家）、市级及以上50家（新增递补市级龙头企业8家）、县级龙头企业16家，涉及水产、生猪、蔬果、中药材、肉牛、肉羊、林业、蚕业、花卉等一二三产业农业企业，产业覆盖面广，带动能力强。全县县级以上龙头企业固定资产净值19.278亿元，营业收入40.288亿元，净利润4.39亿元，出口创汇2 172.94万美元。企业采取“公司+农户”“公司+基地+农户”“订单农业”等经营模式，建成各类生产基地21.34万亩，带动就业0.3万人，其中农民0.27万人，带动农户15.87万户次；企业带动农户增收8.78亿元，其中工资福利1.36亿元。截至2022年年底，市级以上龙头企业共创建省级以上著名商标和名牌12个，认证产品25个。

【农村集体产权制度改革】 全面开展农村集体产权制度改革“回头看”，17个乡（镇）189个村（涉农社区）从集体资产、成员确认、组织建立、财务管理和档案管理等8个方面开展农村集体产权制度改革“回头看”工作，全面梳理核查农村集体产权制度改革工作中存在的问题，填写189份《农村集体产权制度改革“回头看”核查表》，形成17份乡（镇）自查报告、3 790份调查问卷表。已完成全县村级建设调整后189个村38个社区的集体经济组织证书颁发及挂牌。全县开展农村集体资产清产核资的清查单位有2 328个（有的乡/镇以合并前的村组开展），其中394个村1 934个组。全县共

表1　2022年盐亭县主要农产品产量

主要农产品	单位	产量	同比增减(%)
粮食	万吨	293 903.0	–2.81
水稻	万吨	78 622.0	–1.63
小麦	万吨	67 104.0	0.77
玉米	万吨	129 579.0	–5.34
马铃薯	万吨	9 160.0	13.73
油菜籽	万吨	50 299.0	10.45
蔬菜	万吨	165 110.0	7.08
水果	万吨	49 861.0	9.17
肉类	万吨	64 570.0	5.30
猪肉	万吨	41 985.0	7.30
牛肉	万吨	3 027.0	7.10
羊肉	万吨	4 216.0	2.50
禽肉	万吨	14 590.0	0.60
兔肉	万吨	732.0	8.61
禽蛋	万吨	25 565.0	2.30
水产品	万吨	2.2	3.70

核实集体资产164 073万元，其中经营性资产9 019万元、所有者权益144 624万元；集体土地总面积208.33万亩，其中农用地200.17万亩、建设用地8.13万亩、未利用村（社区）地0.03万亩。

【现代农业园区建设】 依托全县丰富的农业资源，以市场为导向，统筹规划，加快建设现代农业园区。截至2022年年底，全县共有现代农业园区10个，其中省三星级现代农业园区1个（盐亭县水产现代农业园区）、市四星级现代农业园区2个（盐亭县柑橘现代农业园区和盐亭县生猪+粮油现代农业园区）、县级现代农业园区7个（新认定县级园区1个——盐亭县嫘祖粮油现代农业园区）。加快推进盐亭县水产现代农业园区晋升为省四星级现代农业园区；盐亭县蛋鸡种业现代农业园区、盐亭县嫘祖镇粮油现代农业园区和盐亭县球宿根花卉现代农业园区3个县级现代农业园区新认定为市星级园区。

【涉农招商引资】 全县3 000万元以上农业招商引资重大项目7个，其中外资项目1个、内资项目6个，分别与上年持平和增长100%；项目总投资12.83亿元，比上年增长52.74%。协议资金128 300万元，增长52.74%；到位资金76 900万元，增长30.78%。

【主要领导人】 县委书记：何长鹰；县人大常委会主任：蒲浪涛；县长：卢昊；县政协主席：衡洪志；分管农业副县长：吴鸿飞。

盐亭县编写组

广　元　市

【基本情况】 2022年，全市辖23乡112镇7个街道，辖区面积16 319平方千米。有林地面积94.266 6万公顷。

2022年，全市实现地区生产总值1 139.78亿元，增长0.3%，其中第一产业增加值214.02亿元，增长4.4%；第二产业增加值445.44亿元，减少5.1%；第三产业增加值480.32亿元，增长3.8%。

公路通车里程24 084千米。社会消费品零售总额474.59亿元，减少4.2%。地方公共财政预算总收入完成103.89亿元，减少2.4%。金融机构各项存款余额2 066.91亿元，比上年末增长13.3%；各项贷款余额1 290.32亿元，比上年末增长13.9%。

有各类学校706所，在校学生38.5万人，教职工2.84万人，其中普通高校5所，在校本（专）科学生2.88万人；普通中学114所，在校学生7.86万人；小学254所，在校学生13.61万人。有艺术表演团体3个，文化馆8个，公共图书馆8个，博物馆18个。有卫生机构2 736个，病床位21 252张，卫生技术人员20 885人。

【年度农业和农村经济运行】 2022年，全市出台了《广元市“十四五”推进农业农村现代化规划》。实现农业总产值385.38亿元，增长4.6%；全市全年农业增加值达214.02亿元，增长4.4%。农民年人均可支配收入达16 881元，增长6%。全市主要农产品产量见表1。

【农业产业化发展】 市政府与农业农村部发展规划司、农业农村厅、省乡村振兴局签订四方共建协议，在全国率先启动脱贫地区特色产业高质量发展引领区建设。市、县（区）成立党委、政府主要领导任组长的领导小组，下设工作专班。市委、市政府印发实施方案，制定四年中长期和年度任务清单，全市引领区建设工作情况被农业农村部在全国进行宣传。产业集群加快建设，落实茶叶、猕猴桃、肉牛羊、土鸡等重点产业专班推进要求，牵头制定猕猴桃、肉牛（羊）全产业链发展实施方案、发展图谱，建立资源、项目、企业"三张清单"。全市全年猕猴桃、茶叶产量分别增长1.7%、6.8%；肉牛、肉羊、土鸡出栏量分别增长11.9%、7.3%、12.1%，肉牛（羊）出栏增速位居全省第一。农产品初加工率增加8个百分点，电商销售占比达46%。

启动实行《四川省农民合作社规范指引》《四川省农民合作社名录表》制度，全市示范社实行社务公开、建立成员账户，统一标识标牌、制度上墙、会计电算化的示范社超过50%；累计培育农民专业合作社4 573家。剑阁县创建为农民合作社高质量发展规范提升示范县。制定《农业产业化联合体培育指导方案》，指导建立"市（县）建台账+主体建档案"工作机制，着力推行"龙头企业抓两端、合作社搞服务、家庭农场（农户）发展种养"组织模式和订单收购、保底分红、二次返利、吸纳就业等利益联结机制，全市新型经营主体带动农户占农业经营户总数的57%，参与农户年均纯收入比本地农户平均收入高20%以上。加快推进农业社会化服务，全市累计培育服务主体900个以上，为农户提供从农资购买、农机劳务、技术服务、产品销售、金融保险等全程"保姆式"科学服务。探索创新多样化服务模式，坚持因地制宜、就近按需原则，推行"订单农业+托管""土地入股+股份分红+托管""农业品牌+全程托管"等"菜单式"半托管服务和生产全过程的"保姆式"全托管服务方式，推动为农服务向产前、产中、产后全面延伸，全市服务组织年服务面积达300万亩次以上，年服务农户20万户次以上。主体联农带农能力不断增强，新培育提升家庭农场186家、农民合作社111家，建立农业产业化联合体8个，有省级以上农业产业化龙头企业达47家。全市省级（及以上）农业产业化重点龙头企业名单见表2，全市省级（及以上）农民专业合作经济组织名单见表3，全市家庭农场经营统计情况见表4。

表1 2022年广元市主要农产品产量

主要农产品	单位	产量	同比增减(%)
粮食	万吨	158.184 4	-1.90
水稻	万吨	49.831 7	-1.86
小麦	万吨	29.729 6	1.85
玉米	万吨	55.337 4	-5.04
马铃薯	万吨	10.480 5	0.23
油菜籽	万吨	22.474 6	2.30
蔬菜	万吨	308.181 8	2.48
水果	万吨	44.805 0	7.25
肉类	万吨	36.725 6	3.64
猪肉	万吨	28.103 2	3.79
牛肉	万吨	1.349 3	8.60
羊肉	万吨	1.085 7	4.02
禽肉	万吨	5.455 3	2.56
兔肉	万吨	0.722 4	-3.03
禽蛋	万吨	5.557 3	3.30
水产品	万吨	6.030 0	2.20

【农用地产权制度改革】 农村土地制度改革。稳妥有序推进集体经营性建设用地入市，利州区被列入全国农村集体经营性建设用地入市试点县，制定《广元市利州区农村集体经营性建设用地入市改革试点实施方案》。实现农用地和集体建设用地基准地价全覆盖，为农村集体经营性建设用地入市提供价格依据。农村房地一体使用权确权登记工作全面完成。全市完成648 039户农村宅基地、集体建设用地及地上房屋外业测绘，完成农村宅基地、集体建设用地及地上房屋权属调查。农村宅基地管理工作逐步加强，9月，市委农办印发《关于进一步加强农村宅基地管理的通知》，完善宅基地使用、流转、巡查监管制度；12月，市农业农村局、市自然资源局、市住建局三部门联合印发《关于进一步规范农村住房建设管理15条措施》，建立健全宅基地审批台账，截至2022年年底，全市共审批宅基地5 230宗，审批面积710亩。

农村承包土地流转。全面推行田长制，初步构建"党委领导、政府负责、部门协同、公众参与、上下联动"的耕地保护格局，形成全覆盖、无缝隙的耕地管理体系。11月，市委、市政府印发《广元市全面推行田长制实施方案》（广委办〔2022〕35号），明确全市田长制工作

表2　2022年广元市省级(及以上)农业产业化重点龙头企业名单

企业名称	注册资金(万元)	法人代表	示范等级	主营产品
苍溪县猕猴桃食品有限责任公司	200.0	梁兴玉	国家级	猕猴桃饮料
四川尚绿农牧发展有限公司	500.0	王劲松	省级	肉牛
四川兴食尚科技有限公司	1 000.0	董伯渠	省级	肉类、水果制品
四川苍药中药材有限公司	1 000.0	蒋先直	省级	中药材
四川省苍溪漓山粮油有限公司	1 000.0	陈小兵	省级	粮油
苍溪县金农粮油有限责任公司	470.0	谭曙光	省级	粮油
四川食为天农业有限公司	1 000.0	韩晓东	省级	魔芋制品等
苍溪温氏畜牧有限公司	5 700.0	董荣华	省级	生猪
四川省黄猫垭农业生物科技发展有限公司	500.0	罗乐	省级	水果
苍溪县红昇农业科技开发有限公司	500.0	任小松	省级	猕猴桃
四川省苍溪县面业有限责任公司	427.1.0	王锦	省级	粮食
广元市鑫茂农业科技开发有限公司	2 000.0	吴朝华	省级	调味品
剑阁县东山生态农业有限公司	1 020.0	唐怀俊	省级	大米
广元市剑粮面业有限公司	5 000.0	唐万军	省级	粮食
剑阁巨星农牧有限公司	15 500.0	岳良泉	省级	生猪
剑阁三分田农业有限公司	1 000.0	李沐天	省级	水果
广元绿邦林业有限责任公司	1 000.8	陈智天	省级	核桃、中药材
四川米仓山茶业集团有限公司	3 300.0	何旭伦	国家级	茶叶
四川省汉王山生物科技开发有限公司	2 000.0	李云贵	省级	大鲵
广元亿明生物科技有限公司	2 000.0	索毅	省级	杜仲茶
四川木门茶业有限公司	1 200.0	谭波	省级	茶叶
四川三山茶业有限公司	500.0	罗旭东	省级	茶叶
四川枣林茶业有限公司	200.0	陈秋蓉	省级	茶叶
旺苍县金源农业有限公司	500.0	白芝文	省级	茶叶
四川省青川县川珍实业有限公司	3 000.0	唐述军	国家级	食用菌等
广元市青川县山客山珍有限公司	1 000.0	李万鹏	省级	食用菌等
青川海伶山珍商贸有限责任公司	1 000.0	赵海伶	省级	食用菌等
广元市白龙茶叶有限公司	3 180.0	尚金良	省级	茶叶
青川县唐家河野生资源开发有限责任公司	2 000.0	鲜林松	省级	蜂蜜
青川县川申农特产开发有限公司	1 100.0	王淑娟	省级	食用菌等
青川县青源林农产品开发有限责任公司	204.0	王裕斌	省级	橄榄油

续表

企业名称	注册资金(万元)	法人代表	示范等级	主营产品
四川印象川之味食品有限责任公司	2 400.0	胡峻	省级	茶叶
广元天湟山核桃食品有限公司	1 500.0	吴志平	省级	核桃饮品
四川省锐昌牧业科技有限公司	1 300.0	姚强	省级	生猪
四川省精珍味业有限公司	1 000.0	王玉春	省级	调味品等
四川百夫长清真食品股份有限公司	3 085.0	丁爱仓	省级	水果饮料等
广元市茶业(集团)有限公司	9 000.0	胥智	省级	茶叶
广元市食品工业(集团)有限公司	1 500.0	张海云	省级	羊肚菌等
广元壮牛农牧科技有限公司	1 200.0	王甫修	省级	饲料
广元三禾农业开发有限公司	2 000.0	杨勇	省级	腌制菜
广元市天垠农业开发有限公司	1 200.0	徐丕模	省级	猕猴桃
中粮油脂(广元)有限公司	11 600.0	赵华	省级	食用油
四川四海三联农业开发有限公司	2 000.0	刘书玲	省级	肉鸡
广元宏祥福生态农业开发有限公司	800.0	刘春华	省级	水果
四川岚晟生物科技股份有限公司	6 188.0	陈彪	国家级	食用菌
四川天冠生态农牧有限责任公司	1 200.0	汪志聪	省级	剑门关土鸡
广元棒仁食品科技股份有限公司	300.0	尹宏飚	省级	核桃制品

表3　2022年广元市省级(及以上)农民专业合作经济组织名单(部分)

合作组织名称	注册资金(万元)	法人代表	示范等级
广元市声宏养殖专业合作社	800.00	李沛霖	省级
广元市利州区蒙家山种植专业合作社	250.00	程玉华	省级
广元市中旺三泉种养殖专业合作社	400.00	梁鹏	省级
广元市康宁种植农民专业合作社	781.30	陈洪	国家级
广元市利州区君兴植保农民专业合作社	300.00	张连军	省级
广元市利青水稻种植专业合作社	129.00	罗安贵	省级
广元市隆兴农业技术专业合作社	235.00	罗孝丽	省级
广元市利州区鲜绿特蔬菜专业合作社	255.00	何玉进	省级
广元市利州区黄蛟山高山农业专业合作社	200.00	何平	省级
广元市百吉中药材种植专业合作社	150.00	张学凡	省级
广元市勤丰种养殖专业合作社	459.23	蒋怀英	国家级
广元市利州区龙潭乡供销合作社	115.14	庞志先	省级
广元市麒程种植专业合作社	102.52	罗斌	省级

续表 1

合作组织名称	注册资金(万元)	法人代表	示范等级
广元市林园无公害农业专业合作社	100.58	李占春	国家级
广元市金陆种养殖专业合作社	200.00	王艳	省级
广元华盛林业专业合作社	600.00	罗光云	省级
广元市朝天区小山窝藤椒种植专业合作社	1 800.00	赵清军	省级
广元市朝天区云峰养殖专业合作社	1 200.00	陈左丽	省级
广元市朝天区高车核桃专业合作社	800.00	陈海元	省级
广元市朝天区蒲家核桃专业合作社	32.00	侯明堂	省级
广元市朝天区银顺种养殖专业合作社	400.00	马全友	省级
广元市朝天区本军核桃专业合作社	200.00	王本军	省级
广元市朝天区赵氏林下天麻种植专业合作社	300.00	吴英	省级
广元市朝天区帝药堂中药材种植专业合作社	300.00	殷继荣	省级
广元市万林种植专业合作社	500.00	吴小琼	省级
旺苍县龙翔养鱼专业合作社	3000.00	昝虎	省级
旺苍县木门镇龙山村茶叶专业合作社	400.00	石大青	国家级
旺苍县白水镇碧阳茶叶专业合作社	301.00	何爱德	省级
旺苍县鹰嘴岩中药材专业合作社	210.00	罗成姬	省级
旺苍县枣林乡山清茶叶专业合作社	500.00	曾兴安	省级
旺苍县春雨猕猴桃专业合作社	195.00	伍星宇	省级
旺苍县本色生态畜禽养殖专业合作社	680.00	李涣军	省级
旺苍县葳蕤种植专业合作社	500.00	黄旭	省级
旺苍县普济镇黄花山核桃专业合作社	384.07	杨腾毅	国家级
旺苍县城隍贡米专业合作社	230.00	侯长涯	国家级
旺苍县清阳核桃种植专业合作社	550.00	杨庆	省级
旺苍县显春核桃专业合作社	1 000.00	吴映霞	国家级
旺苍县五权镇清水茶叶专业合作社	310.00	朱正元	国家级
旺苍县五权镇学堂梁核桃专业合作社	350.00	张武明	省级
旺苍县高阳镇圣玉亭茶叶专业合作社	210.00	黄云德	省级
旺苍县金源茶叶专业合作社	500.00	高德平	省级
旺苍兴宇养牛专业合作社	1 000.00	董佳洛	省级
旺苍县英萃食用菌专业合作社	280.00	向子贵	国家级
旺苍县文星养牛专业合作社	226.73	曹聪华	省级

续表2

合作组织名称	注册资金(万元)	法人代表	示范等级
旺苍县大两乡淡水鱼养殖专业合作社	292.00	何兵	省级
旺苍县水磨中药材专业合作社	220.00	李刚	省级
青川县蜀蕊蜂业专业合作社	210.00	王淑娟	国家级
青川县金川茶叶专业合作社	526.10	雷万春	国家级
青川县蜜园蜂业养殖专业合作社	620.00	鲜林松	省级
青川县天祚核桃种植专业合作社	8 000.00	王浩	国家级
青川县联友果蔬种植专业合作社	300.00	赵芝庸	省级
青川县农兴油橄榄种植专业合作社	326.00	唐映卫	国家级
青川县乐安魔芋种植农民专业合作社	450.00	罗生荣	省级
青川县鑫农茶叶种植专业合作社	518.00	强国秀	省级
青川县天泉水产养殖专业合作社	2 000.00	周兰芳	省级
青川县新旺竹荪种植专业合作社	353.10	周淑香	省级
剑阁县金元宝粮油专业合作社	1 083.95	母潘	省级
剑阁县高池乡思文畜禽养殖专业合作社	500.00	杨思文	省级
剑阁县粮丰中药材种植专业合作社	500.00	李汶昌	省级
剑阁县新鑫农业专业合作社	606.00	杨育新	国家级
剑阁县宫森核桃种植专业合作社	956.79	贾强德	省级
剑阁县公兴文华农机专业合作社	280.00	郑文华	省级
剑阁县招宝农机专业合作社	350.00	王小红	省级
剑阁县新虹农机专业合作社	352.00	朱碧珍	省级
剑阁县润天农业种植专业合作社	200.00	李妍	省级
剑阁县化林生猪专业合作社	300.00	苟玉容(杨思凡已故）	省级
剑阁县果生核桃种植专业合作社	501.00	陈智天	国家级
剑阁县明达林业专业合作社	1 150.00	何昌金	省级
剑阁县涂山紫薯专业合作社	208.00	罗成一	省级
剑阁县广兴畜禽养殖专业合作社	700.00	姚仕玉	国家级
剑阁县诚丰生猪养殖专业合作社	540.00	王福春	省级
剑阁县宏伟农业种植专业合作社	462.50	汪伟太	省级
苍溪县瑞森林木专业合作社	800.00	郑永珍	省级
苍溪县龙凤魔芋专业合作社	500.00	刘仕锦	省级
苍溪县冯氏猕猴桃专业合作社	900.00	冯文	国家级

续表3

合作组织名称	注册资金(万元)	法人代表	示范等级
苍溪县国超苗木专业合作社	1 256.00	邓国超	省级
苍溪县金蛋猕猴桃专业合作社	801.70	赵宗英	省级
苍溪县智源柠檬专业合作社	500.00	何源	省级
苍溪县苍辉洋甘菊种植专业合作社	500.00	李忠鹤	省级
苍溪县鹤山土鸡养殖专业合作社	500.00	张文刚	省级
苍溪县顺源柑橘种植专业合作社	177.80	梁家学	省级
广元市昭化区仙和甜柿专业合作社	200.00	沈定英	国家级
广元市昭化区月光村水稻专业合作社	518.00	唐诗淇	省级
广元市昭化区天祥猕猴桃专业合作社	441.61	徐丕模	国家级
广元栖祉生态农业专业合作社	452.00	许挺	省级
广元市昭化区健强畜禽养殖专业合作社	789.00	李开文	省级
广元市昭化区全博种养殖专业合作社	300.00	王升林	国家级
广元市昭化区恒鑫养殖专业合作社	700.00	王俊	省级
广元市文德农副产品专业合作社	575.00	张华云	省级
广元市万紫红猕猴桃专业合作社	885.60	王振均	国家级
广元市昭化区皓家种植专业合作社	800.66	张绍明	省级

表4　2022年广元市家庭农场经营情况统计表（前10位）

家庭农场名称	法人代表	年度产值(万元)	主营产品
剑阁县碗泉乡许良成养殖场	许良成	3 000.00	粮食、生猪
苍溪县五龙镇俊亦家庭农场	孟俊亦	2 210.00	粮食、生猪
剑阁县杨洲畜禽养殖家庭农场	杨洲	2 000.00	粮食、生猪
苍溪县五龙镇鑫旺财家庭农场	母春花	1 795.00	生猪
苍溪县五龙镇蜀晋龙家庭农场	曾普贤	1 650.00	生猪
剑阁县开封镇康慧家庭农场	肖军	1 500.00	粮食、生猪
剑阁县碗泉乡高全吉养殖场	高全吉	1 500.00	粮食、生猪
剑阁县碗泉乡浩刚养殖场	王浩	1 500.00	粮食、生猪
剑阁县碗泉乡何超养殖场	何超	1 500.00	粮食、生猪
苍溪县岳东镇正宇家庭农场	曾兴平	1 364.88	生猪

的总体要求、组织体系、主要任务、工作保障和市级副田长联系县（区）责任分工。严格落实《广元市农村土地经营权流转风险防范实施办法》，建立工商企业租赁农地资格审查、项目审核和风险防范制度。2022年，全市土地规模经营率27.3%。

农村改革试点。朝天区土地综合整治试点有序推进，2021年3月，自然资源厅正式确定朝天区曾家镇为四川省全域土地综合整治省级试点乡（镇）。朝天区政府印发《朝天区曾家镇全域土地综合整治试点项目工作方案》，启动农村土地综合整治试点，并于1月形成《朝天区曾家镇全域土地综合整治试点实施方案》并有序实施，将于2025年6月结束。推进集体林地"三权分置"改革，新增林权抵押贷款面积198.34亩，抵押贷款金额290万元，全市林权抵押贷款累计面积86.48万亩，抵押贷款累计10.39亿元。推广核桃自然灾害和价格指数保险，核桃自然灾害投保面积11.24万亩，收取保费669.75万元；价格指数承保10.3万亩，收取保费834.75万元。全市全年有特色农产品保险产品40个，同比增加3个，为发展肉牛（羊）、土鸡、猕猴桃、藤椒等特色产业提供了保障支持。探索发展优势特色农产品保险，三大粮食作物完全成本保险产粮大县全覆盖，苍溪、剑阁、旺苍产粮大县落实水稻、小麦、玉米三大粮食作物完全成本保险，投保面积覆盖率为78.31%。利州区乡村治理体系建设改革试点已探索形成"三公治村"、农村"知客"讲政策、"四个三"法治护航乡村振兴、"五种模式"发展集体经济等乡村治理经验。白朝乡月坝村被评为全国乡村治理示范村，三堆镇井田村、大石镇青岭村等4个村被评为省级乡村治理示范村。

【农产品品牌战略实施】 质量引领做优品牌形象。坚持"有标贯标、缺标补标"原则，编制发布苍溪红心猕猴桃、广元黄茶、剑门关土鸡等农特产品从种养、加工到产品的地方标准，构建农产品全产业链标准体系，青川黑木耳被评为"黑木耳国家质标"。制定茶叶、猕猴桃、蔬菜等有机生产作业指导书，全域推广绿色有机生产技术，创建全国绿色食品原料标准化生产基地186.5万亩（全省排名第二），有机认证面积达49万亩，有机农产品认证证书数量位居全省第一。全市绿色、有机和地理标志农产品达509个。坚持"产出来"和"管出来"两手抓，构建市、县、乡、村四级贯通监管体系，建立从产地环境到生产、加工、流通全过程的质量监管机制，创建为全省第二个国家农产品质量安全市，省级农产品质量安全例行监测合格率连续三年保持在99.5%以上。

系统谋划明晰品牌路径。推进"协会+企业+农户"品牌运维机制，分行业分领域组建协会，政府授权协会负责品牌运维，协会负责品牌授权管理，企业负责收购加工产品，农户负责按标生产，形成同心同向品牌发展格局，构建起以"广元七绝"为统领，"苍溪红心猕猴桃""广元黄茶""剑门关土鸡"等产品品牌为支撑的区域公用品牌体系。建立产加销协作联动机制，分产业绘制全链发展图谱，培育加工端产业链"链主"，打造一批特色鲜明、质量过硬的拳头产品，持续提升品牌影响力和市场竞争力，共培育中国驰名商标8个、中国农业品牌目录品牌4个、四川省农业品牌目录品牌8个。

联动营销扩大品牌声量。市政府分别与农业农村部信息中心、《农民日报》签订合作协议，在农业品牌发展规划、品牌宣传推介、品牌专题培训等方面开展合作，推进特色优势农业品牌打造与价值提升。健全产品营销体系，聚力打造市农发集团、市供销集团等国有营销龙头和广元七绝、海伶山珍等民营电商企业，在国内大中城市开设专卖店42个、大型商超专柜189个，培育年销售额千万以上农产品电商企业17家。依托浙广协作平台，推动广元生态优质农产品直供浙江大型商超、党政机关食堂。坚持"政府搭台、企业唱戏"，举办各类生态农产品观光、采摘、品鉴活动，组织主体参加农交会、西博会、农博会等展示展销活动，推动广元生态农产品走出大山。全市全年生态农产品通过电商、专柜等销售额突破40亿元，推动了生态农产品溢价增值。

【现代农业园区建设】 市级园区建设。印发《广元市现代农业园区分类创建认定评分标准》，先后召开现代农业园区建设管理会、规划评审会、建设调度会，开展园区现场考评，指导县（区）按时按质完成园区建设。全市新认定市级现代农业园区7个，并落实300万元财政资金进行奖补。

低效园区改造提升。出台《加快推进全市市级现代农业（林业）园区改造提升十五条措施》，召开全市低效园区改造提升工作会，印发《关于全市开展低效园区改造提升情况全面排查的通知》，指导县（区）对低效园开展全覆盖排查，研究制定"一园一策"巩固提升实施方案，督促县（区）抓好整改。全市落实资金2.4亿元用于低效园区开展产业基地提升、产业管护及基础设施配套等。

部、省级园区和示范区创建。指导全市符合条件的6个省星级园区按照省级园区分类建设标准查漏补缺、补短强弱，择优推荐5个拟晋升省星级园区参加全省现代农业园区现场考评，其中晋升省五星级园区2个、四星级园区3个。苍溪县、剑阁县分别入选国家农业现代化示范区、国家农业绿色发展先行区创建单位。

【种植业】 全年粮食作物播种面积484.1万亩，面积增长率排全省第二位；总产量158.2万吨。全市10.39万亩农户承包耕地撂荒全部清零，抗旱稳产经验2次在全省交流。大豆油菜扩种任务超额完成；大豆玉米带状复合种植示范推广面积位居全省第二，经验在全省交流。

油菜播种面积142.4万亩、产量22.47万吨，分别增加0.9个、2.3个百分点。

茶叶生产。全市茶园种植面积50万亩，产量1.68万吨。市委、市政府建立茶产业专班，持续推动茶产业发展。通过提高茶园管护水平、完善配套设施等措施，改造提升低效园区4个。青川县组建“白叶一号”茶产业技术专家组，开展“白叶一号”试验示范，新建“白叶一号”种植基地0.17万亩。旺苍县被农业农村厅认定为第一批省级农作物种子（茶苗）生产基地，新建和补植“中黄1号”标准化基地1.3万亩。先后举办第十二届米仓山采茶节、青川白茶采摘节、“青川白茶”品鉴暨产品发布会、《予君一片叶》新书发布会、第二届广元黄茶斗茶大赛、广元黄茶品鉴会、中国·旺苍第二届茶产业博览会（云上茶博会）和米仓山2022年新茶线上拍卖会等系列茶事活动，广元黄茶入选2022年第一批全国名特优新农产品名录。

水果生产。全市水果种植面积88.5万亩，产量44.8万吨，其中发展猕猴桃50万亩，产量16.99万吨。苍溪红心猕猴桃进入全国名特优新农产品名录，入选2022全国区域品牌（地理标志）100强，被评选为2022年度受消费者喜爱的中国猕猴桃十大区域公共品牌。建强东河、临港、龙潭、五指山、黄猫等水果现代农业园区6个，打造水果村特色产业示范园400余个，辐射带动全市30余万亩其他水果规模化、标准化发展。形成苍溪雪梨、沙河樱桃、汪家蓝莓、昭化甜柿、利州脆桃、黄猫脆桃、黄猫枇杷、利州草莓等众多水果品牌。开展各类赏花节和采摘节20余次，吸引游客采摘观光150万人次，形成以花果为媒，赏鲜花、采鲜果、游果山、吃农家饭的农旅融合发展。

蔬菜生产。全市蔬菜（食用菌）种植面积119万亩，产量308万吨。坚持“三园联动”，巩固提升蔬菜基地基础设施，促进基地规模化、标准化发展，基本形成北部山区食用菌产业带和朝天区曾家山高山露地蔬菜基地、昭化区和利州区沿河谷走廊地带城市调节蔬菜基地、剑阁县和苍溪县加工原料蔬菜基地的“一带三基地”产业布局。制定《地理标志产品青川竹荪种植技术规范》《高山辣椒生产技术规程》等技术标准。按照省“菜篮子”市长负责制考核办法，全市2020—2021年度“菜篮子”市长负责制考核结果在90分以上，且连续2次考核结果为“优秀”等级，被农业农村厅通报表扬。

中药材种植。全市草本与灌木中药材种植总面积39万亩，产量6.8万吨。新建百亩以上中药材园110余个，建成环嘉陵江产业带、苍巴线、212线3个万亩中药材种植示范片，宝轮、三堆至白朝、金洞3个中药材示范带，旺苍县英萃镇中药材万亩园区、国华镇镇、嘉川镇中药材千亩园区。新建集采收、净选、切制、干燥、分级、保鲜、包装等于一体的产地初加工厂15个，新配套加工设施150处，全市中药材产地初加工率超过60%。引进成都臻植、四川智辰药业等药企2家，发展虎杖、淫羊藿等中药材精深加工。打造集道地药种植观赏游、养生药膳体验游、康养休闲观光游、中医文化研学游等于一体的精品药旅融合线路，发展水磨银花、消夏百合等旅游线路2条，昭化药博园获得“四川省中医药健康旅游示范基地”称号。

【畜牧业】 生猪生产。全市出栏生猪383.9万头，排全省第七位；出栏量同比增长3.9%，高于全省平均增速0.2个百分点。市委、市政府相继出台《广元市生猪产能调控实施方案（试行）》《广元市生猪稳产保价临时调控方案》等政策措施，建立生猪产能调控机制，加大政策扶持引导，全面加强生猪稳产保供工作。全市共计发放能繁母猪一次性临时救助补贴806.86万元，依托广元市高金食品有限公司实施市级收储冻猪肉350吨，稳定生猪生产和猪肉市场供应。剑阁县、苍溪县获得国家生猪产业集群项目2022年续建项目中央财政补助资金2 000万元，其中剑阁县1 035万元、苍溪县965万元。全市能繁母猪存栏一季度月末存栏24.1万头、二季度月末存栏24.33万头、三季度月末存栏24.26万头、四季度月末存栏23.93万头，处于常年正常保有量24万头的绿色区间，维持生猪生产基础产能稳定充足。全市生猪规模场保有量达1 162个，挂牌管理生猪产能调控基地240个（其中国家级25个、省级118个、市级97个），国家级生猪养殖标准化示范场广元佳合中驰牧业有限公司通过复验，新创建省级生猪养殖标准化示范场5个。

肉牛（羊）生产。全市出栏肉牛10.65万头、肉羊72.51万只，分别同比增长11.9%、7.3%，增速均排全省第一位，分别比全省平均增速高7.5个和5.8个百分点。市委、市政府出台《广元市突破性发展肉牛羊产业考核奖励办法》，明确从2022—2025年期间对年度综合考核前四名的县（区）分别奖励200万元、150万元、100万元和50万元。市政协围绕“强化要素保障、促进肉牛羊产业突破性发展”开展专题议政性协商，对全市肉牛羊产业发展土地、金融、保险、人才、饲草料等开展大调研，形成《关于强化要素保障促进肉牛羊产业突破性发展的建议案》。新创建省级肉牛养殖标准化示范场13个、省级肉羊养殖标准化示范场11个。剑阁县争取到2022年肉牛增量提质行动项目，获得中央财政补助812万元。雅拉德荣百亿优质种牛全链集群项目落户广元，主要开展肉牛集中育肥和屠宰精深加工。市农发种业（集团）公司牵头组建广元市肉牛羊产业协会，入会会员209个，会员涵盖养殖、饲料兽药、屠宰加工、金融担保、餐饮等全链条各环节生产经营主体。

剑门关土鸡生产。全市出栏剑门关土鸡3 796.3万只，同比增长0.9%，高于全省0.1个百分点；实现产值36亿元。印发《广元市土鸡产业专班工作方案》《广元市土鸡产业专班运行规则》，成立生产发展、延链加工、品牌营销、项目招引4个专项工作组。研究制定全市土鸡产业发展图谱，启动《广元市土鸡产业发展2023—2025年三年行动方案》编制，全方位擘画产业发展蓝图。一手抓规模养殖，一手抓散户养殖，推动散户、专业户、规模养殖场的有序培育，专业户达476户，规模养殖场达95家。开展专店、专柜、专区建设，共有市内外土鸡专卖店达10家。组织土鸡养殖和销售企业12家入驻“832平台”及各类线上销售商城。组织广元供销农产品集团等10余家企业参加杭州商务对口合作支援帮扶活动、2022年遇见巴蜀·国际融合采购洽谈会等活动10余场次，推动土鸡销售。培育剑门关土鸡标识授权主体，2022年新授权企业16家，总数达36家。开展专项打假活动，重点检查假冒伪劣、未经授权擅自使用或不规范使用“剑门关土鸡”商标和品牌等违法违规行为。

【水产业】 发布《广元市“十四五”渔业发展规划》，优化产业布局，发展生态渔业，持续推进长江“十年禁渔”，全面履行渔政行业监管职责，完成省、市下达各项指标。全市水产养殖面积达26.1万亩；水产品总产量6.03万吨，实现渔业经济总产值15.58亿元，同比分别增长2.2%、2.84%。水产品抽检合格率达99%以上，全年无水产疫情、无渔业安全生产事故。全市渔业水域环境持续改善，水生生物种群数量和多样性得到明显恢复。

全域健康养殖。实施健康养殖“五大行动”，推广大水面生态渔业、稻渔综合种养、流水养殖、各类循环水养殖等健康养殖模式，构建“一带三区”（冷水鱼产业带、大水面增养殖区、稻渔综合种养区、设施渔业养殖区）的产业格局，形成“三鱼一鳖”（“两湖”有机鱼、冷水鱼、稻鱼、苍溪鳖）四大主导产业。持续推进“两湖”生态渔业，建成库湾围网养殖基地5个，稳定面积5万亩以上，配套建设水产苗种繁育基地（剑阁县），面积120亩。投放鱼苗800万尾，捕捞有机鲢鳙鱼35万千克。发展稻渔综合种养，新增稻渔综合种养基地4 500亩，累计稻渔种养基地面积达9.2万亩，创建国家级稻渔综合种养示范区1个、省级稻渔综合种养示范区4个。总结推广山区稻渔综合种养技术成果，“四川稻田综合种养技术集成创新与应用”获得第六届中国水产学会范蠡科学技术奖二等奖。稳步发展冷水鱼流水养殖，利用青川、旺苍、朝天北部山区冷水资源发展冷水鱼流水养殖，主要养殖鲑鳟鱼、裂腹鱼、鲟鱼、大鲵等冷水鱼和亚冷水鱼类，已建成冷水鱼产业基地875亩，年产量超过2 000吨。实施健康养殖“五大行动”，实施渔业绿色发展试点和池塘标准化改造，在苍溪县和剑阁县开展循环发展和成片尾水治理面积3 684亩。新建循环水养殖及地3个，其中苍溪县玻璃缸循环水基地2个、剑阁县路基高位池循环水养殖基地1个。全市标准化池塘养殖面积达2万亩，累计创建国家级水产健康养殖示范场43家、省级水产健康养殖示范场29家、健康养殖“五大行动”骨干基地4个。加快推进渔业项目建设，申报中央、省财政转移支付和专项债水产项目13个，落地项目12个，到位资金12 616.61万元，其中中央、省级资金3 316.61万元，专项债券9 300万元。全面开展技术服务，到养殖基地现场指导300次以上，开展水产专家服务团巡回指导35次；集中技术培训20场次，培训人员1 000人次，发放资料1万余份，推广新技术3项、新品种3个，推广面积2万亩以上，水产养殖者科学养殖水平得到提高，单位水体产出能力提升5%以上。

现代水产种业。持续推进苗种基地建设，新建水产苗种繁育基地1个，改造提升省原良种场8家、市（县）级水产良种场6家，累计创建省级水产原种场1家、省级水产良种场7家、省级以上水生生物增殖放流苗种生产单位4家、省级水产种质资源保护单位5家、市级水产良种场7家。已建成500亩一级繁育核心区、6 000亩二级培育骨干区、10 000亩三级培育补充区，初步形成较为完善的水产苗种供应体系。2022年，全市水产苗种产量达1.738亿尾。

水产品牌建设。结合“三品一标”创建，挖掘地域文化、资源特色、产业特色，利用各种媒体以及各类展会和节会加大水产品营销、宣传、推介力度，做响广元水产品牌。累计认证有机水产品9个、有机水产品生产基地3个、地理标志产品4个。统一“白龙湖生态有机鱼”品牌，注册“白龙湖”有机鱼商标，坚持线上线下有机结合营销模式，立足本地、辐射成渝、陕甘、川南等周边市场，通过与中铁快运合作，实现白龙湖亭子湖生态有机鱼入京、入杭，建成品牌经销商15家、餐饮店48家。“苍溪鳖”获得有机产品、国家农产品地理标志和国家地理标志证明商标三大认证，售价100元/千克以上，属全国较高水平。打造“王家贡米”“女皇贡米”“东宝大米”稻渔米区域公共品牌，加快培育“青川影子鱼”“剑门关赤鲩”等本土冷水鱼品牌。2022年，全市品牌水产品产值占渔业总产值的40%以上。

水产业融合发展。稳步发展水产品初、精加工，加快发展水产品流通服务业，以“两湖”生态渔业为抓手，发展集养鱼、钓鱼、品鱼、赏鱼、民宿、乡村游于一体的休闲观光渔业，配套发展观赏鱼、钓具、钓材等相关产业，打造“两湖”休闲渔业特色小镇，形成白龙湖博鱼大赛、巨网捕捞等赛事和节庆品牌，累计发展渔家乐、涉渔农家乐350家以上。2022年，全市水产品加工产值达1 000万元，水产品水产批发流通服务业收入3亿元以上；休闲渔业实现营业收入2.43亿元。

长江禁捕退捕。市长江禁渔工作领导小组成员单位定期召开禁捕联席会议，研究推进禁捕退捕各项工作，印发《广元市2022年长江禁捕工作要点》《广元市进一步健全长江禁捕和退捕渔民安置保障长效机制工作方案》等系列文件，加强建设各成员单位信息互通、工作协同、执法联动的一体化执法办案机制和高效快捷的行刑衔接机制。全面落实“五个一批”安置保障措施，动态消除“零就业”家庭，全市596名有劳动能力和就业意愿的渔民全部实现转产就业，759名符合养老保险参保条件的渔民全部参保。开展“渔政亮剑、护渔百日”等系列专项执法行动，出动执法人员10 938人次、执法车辆4 098辆次、执法船艇218艘次，陆上巡查97 250千米、水上巡查7 674千米，联合检查渔港码头及渔船自然停靠点185个次、涉渔市场1 483个次，查处非法捕捞行政案件56件，没收违法所得7 420元，处行政罚款7.2万元，整治取缔涉渔“三无”船舶8艘，清理违规网具101张，销毁违规渔具261套（个）；协助公安部门查处非法捕捞刑事案件64件，抓获犯罪嫌疑人110人；协助市场监管部门立案调查销售野生鱼类、欺骗消费者等涉渔案件33起。依法开展涉渔工程水生生物影响评价，2022年批复涉渔工程水生生物影响评价报告3个，其中省级1个、市级2个；签订补偿协议3个，协议资金290.6万元。印发《关于加快落实我市涉渔工程渔业资源补救措施的通知》，督促已开工17个省级批复项目落实生态保护补偿资金4 600余万元。开展全国“放鱼日”增殖放流活动，完成中央资金放流鱼苗206万尾，督促涉水工程放流鱼苗60余万尾，组织公益性放流鱼苗70万尾，合计放流336万尾。利用部分涉渔工程渔业资源调查开展渔业资源监测，监督协助西华师范大学、四川农业大学在嘉陵江干支流、水产种质资源保护区等重点水域开展渔业资源监测和禁捕效果评估。

【乡村振兴】 党委、政府“一把手”严格履行抓乡村振兴第一责任人职责，召开市委工作会、市委农村工作会对全市乡村振兴工作作出系统部署。市委常委会、市政府常务会累计听取“三农”工作汇报21次，研究解决有关“三农”问题；市委、市政府主要负责人到乡村走访调研，带头推动乡村产业发展、基础设施建设、基层社会治理等重点工作。完善机制抓落实，调整完善市委农村工作领导小组，下设9个专项领导小组，市委农办下设3个科室，配置工作人员13人。出台《关于全面推进乡村振兴2022年重点工作的实施意见》及责任分工方案，制定县（区）和市级部门乡村振兴实绩考核方案，逗硬督查督办，实行专项考核。加强要素抓保障，坚持把乡村振兴实绩作为干部选拔任用重要依据，全年提拔、交流、重用农口部门市管干部和县（区）“三农”系统副科级以上干部270余名。加强干部能力提升，实现“三农”部门、乡（镇）和村（组）干部全覆盖培训。落实乡村振兴用地政策，县级国土空间规划均安排不少于10%的建设用地指标保障乡村产业发展用地。

【持续巩固拓展脱贫攻坚成果】 坚决防返贫。市委、市政府主要负责人分别联系旺苍、剑阁两个重点帮扶县和2个重点帮扶村，32名市级领导同志联系指导32个重点帮扶村；建立五级防返贫网格化监测责任体系，及时将967户风险对象纳入监测帮扶范围；实行“红黄蓝”三级预警帮扶，1 676户未消除风险的监测户得到精准帮扶，防返贫动态监测帮扶工作经验被省委办、省政府办通报肯定。

全力促增收。打好“163组合拳”，逐户研究制定《脱贫人口稳定增收年度实施方案》，用好“六大增收硬招”，抓实“三项增收保障”。全市10.45万户脱贫户家庭年人均纯收入增速超全市农村居民人均可支配收入增幅。

协作助振兴。深化杭广协作，开展党政互访11次，互派19名党政干部和183名专技人才，开展各类培训1.4万人次，高标准建设智慧农业园区等10个乡村振兴示范项目，引进60家优质企业落户广元。抓实省内对口帮扶，广安、资阳两市共投入帮扶资金4 548万元，实施项目29个。

【农村集体经济发展】 贯彻实施《四川省农村集体经济组织条例》，把握中央、省财政扶持村级集体经济发展项目实施契机，以新型农村集体经济示范建设为抓手，拼农村闲置资源、资产整合利用效益，联合公司、企业、专合社、业主大户等农村其他经营主体推广自主经营、租赁经营、股份合作、服务创收四种模式，2022年，全市村集体经济经营性收入达6 960.18万元，同比增长15.73%。

村级集体经济融合发展试点。坚持分层别类、全域覆盖的原则，经市委、市政府常务会议决定，选择党委（政府）重视、党组织战斗力强、集体经济组织健全、产业发展较好的县、乡、村开展示范建设。市委书记蔡邦银主持召开示范建设推进视频会，全年市、县召开专题会议85次，已投入资金达1.38亿元（其中专项资金6 311.5万元、整合涉农资金7 487.2万元）。截至2022年年底，示范县旺苍县（含220个村）探索县域统筹推进集体经济发展的有力举措，通过加强组织配套、优化发展环境、整合涉农项目倾斜、构建行业部门协作，实现集体经济经营收入村均6.25万元，比全市平均高出1.21万元；6个示范乡（镇）（含43个村）探索乡（镇）抱团发展集体经济的有效做法，通过整合镇域资源资产、飞地实施项目、多村合作抱团发展，实现集体经济经营收入村均14.97万元，高出全市平均一番以上；其余乡（镇）的111个示范村“一村一策”，实施集体经济项目，用好用活发展资金、盘活村庄闲置资源资产，实现集体经济经营收入村均6.99万元，比全市平均高出1.95万元。

村级集体经济项目。坚持县（区）自荐、市级把关的程序，汇同组织、财政等部门规划、申报2022年中央、省财政扶持集体经济发展村74个，项目总投入达7 400余万元（含中央、省财政资金5 920万元），共建设种养殖基地382.85亩，仓储、物流、烘干、加工等设施17处，民宿、餐饮等乡村旅游场所18处，农产品交易中心、电商平台12处，农事、施工服务队11个。2019—2022年，全市累计争取284个中央、省扶持村，2022年实现经营收入2 320.2万元，村均达到8.17万元，比全市平均高出3.13万元。

村级集体经济新型发展形式。围绕盘活农村集体“三资”，以低风险、可持续方式放活经营权，农村集体经济组织独资领办公司、专业合作社、乡村服务组织等市场主体610个，或与农村其他工商资本联合经营项目2 172个，主要以四种模式实现村集体经济收入：一是自主经营。利用闲置的办公用房、旧校舍、仓库、礼堂等资产和集体未承包到户的土地、“四荒地”、山林、河流、气候、阳光等资源，依托产业优势，挖掘历史文化，自主发展优质粮油、特色经作、生态养殖、农产品加工营销、休闲农业和乡村旅游等业态。二是租赁经营。整合利用集体积累、财政扶持和社会捐赠等各类资金，建设农产品初加工设施、仓储中心、专业市场、标准厂房、商业门面、畜禽水产养殖场、生产大棚、光伏电站、民宿（酒店）等集体资产，支持有条件的村在场镇、工业园区或城区通过异地兴建、联村共建等方式置办商铺门面、标准厂房、仓储设施等物业，对闲置、低效使用的土地、厂房、仓库等存量集体资产实施提升改造后面向有实力、有能力、信誉好的各类经营主体开展租赁经营。三是股份合作。利用村集体“三资”，通过合同（担保）约定，投资入股到具有一定经济实力、持续经营能力较强、市场发展潜力可预期的家庭农场、专业合作社、龙头企业等市场主体，依托现代农（林）业园区、工业园区、产业强镇和特色村落等建设，重点发展以订单生产、定制模式为主的现代农业种植业，以代养、寄养为主的现代畜牧养殖业，以代生产代加工和休闲农业与乡村旅游相结合为主的配套产业。鼓励支挂地域相邻、资源相近、产业相似的村跨地域联动发展特色优势产业，加快形成规模效应。鼓励村与村、村与国企等主体开展股份合作，突破镇域、村域限制，跨区域实施项目，实现抱团发展。四是服务创收。农村集体经济组织领办兴办工程施工队、农业服务队、运输队、劳务合作社、农贸市场、电商平台、餐饮住宿、教育托管、养老等服务实体。开展土地流转、农机农技、代耕代种代收、劳务承包、物流仓储、农资购销等有偿服务，承接绿化管护、水库等水利工程维护养护、卫生保洁、养老等政府购买服务事项，承建农村土地整治、农村人居环境整治、村组道路建设等农业农村生产生活基础设施建设项目，多途径增加集体经济组织收入。

村级集体经济运营机制。规范组织章程，完善理事会、监事会、成员大会“三会”治理构架，完善民主决策、监督机制，全面完成村级集体经济组织与村党支部、村委会并列挂牌，有全面按“五个一”标准（一个标准名称并挂牌、一个组织章程、一套内部治理机构、一本成员名册、一套资产管理制度）规范管理股份经济合作联合总社（经济联合总社）1 628个（含乡/镇级18个、村级1 610个）。全面实行村集体经济组织与村委会账户分开、账务独立核算、“村账乡（镇）代管”、有条件村探索“委托第三方公司代理记账”制度，财务收支情况定期公开公示。严格执行“重大项目乡（镇）报备”制度，实施中央、省财政扶持村集体经济发展项目，农村集体经济年度收益，村干部离任审计制度。

村级集体经济发展服务保障。推动把加强党的领导有关要求写入村集体经济组织自治章程。推动1 334名村书记担任集体经济组织负责人，占比96.7%。通过政策扶持、财政投入、人才培育等多元投入机制，增强村集体经济发展动力。出台《广元市贯彻落实〈四川省农村集体经济组织条例〉工作方案》《广元市新型农村集体经济示范建设方案》，创新提出关于农村新型集体经济发展的土地、财政、金融、税费等20余项扶持政策措施。累计选育农民工村干部3 287人，回引在外创业成功人士784人参与集体经济发展。邀请农业农村部政策与改革司二级巡视员余葵、省委农办主任杨秀斌、农业农村厅农村合作经济指导处杨仁斌等专家、学者到广元市开展新型农村集体经济现场培训，累计培训4 000余人次。构建完善土地流转收租金、务工就业挣薪金、委托经营拿酬金、股权量化得股金、集体收益分现金利益联结“五金”机制，推行村集体收益“4411”“入股分红再入股”等收益分配机制，确保村集体不断积累自身发展实力和成员共享集体经济发展红利。严格落实《四川省农村集体经济组织条例》《村集体经济组织会计制度》，构建全市“农村集体资产监督管理平台”，推动全市农村集体“三资”管理规范化、专业化、信息化。坚持“选准项目避风险、多元经营降风险、适度经营防风险”，严格把关合同、协议签订，构建村级集体经济组织与下属、合作的其他市场经营主体间的防火墙，防范村集体经济面临的自然风险、市场风险和经营风险。

【宜居乡村建设】 按照中央办公厅、国务院办公厅《乡村建设行动实施方案》，省委农办《“美丽四川·宜居乡村”建设行动实施方案(2021—2025)》和全国乡村建设工作会议精神，以农村基础设施畅通、人居环境宜居、公共服务便利为民为目标，加快推进全市乡村建设，提升乡村宜居宜业水平。

乡村建设工作机制构建。在市委农村工作领导小组下设农村人居环境整治和推进乡村建设专项工作领导小组，由市委分管领导任组长、市级相关部门负责人为成员。出台《广元市“美丽四川·宜居乡村”建设五年行动实施方案（2021—2025年）》《广元市农村人居环境整治和推进乡村建设工作责任分工方案》，明确分工、统筹协调、分布实施、共同推进，全市形成“1+7+34”美丽宜居乡村建设行动工作格局。制定《广元市乡村建设信息采集工作方案》，成立乡村建设采集专班，对全市所有行政村的基本情况、村庄规划、基础设施、人居环境、公共服务指标等信息和所有农户的基本情况、基础设施、人居环境指标等信息进行全面采集。

农村公共基础设施建设。以乡村国土空间规划编制为总牵引，全市完成28个乡（镇）级片区国土空间总体规划编制和39个村级片区规划编制。新（改）建撤并建制村通硬化路1 152千米、乡村振兴产业路旅游路161千米、30户以上自然村通硬化路389千米，30户及以上较大人口规模自然村（组）通硬化路比例达75%，农村铁索桥改公路桥8座。全市7个县（区）均创建为省级“四好农村路”示范县，苍溪县创建为“四好农村路”全国示范县。全市农村自来水普及率达90.75%，农村集中供水工程运行管理规范达标率达100%。完成小型病险水库除险加固22座。投资1.98亿元，新（改）建10千伏线路282.96千米，配变179台，新增配变容量1.97万千伏安，新（改）建低压线路846.99千米，电压合格率99.86%，供电可靠率99.87%，居民户均容量1.8千伏安/户。全市90%的乡（镇）通天然气。新建“交邮融合”线路109条，建成230个“金通驿站”。青川县、苍溪县被交通运输厅命名为“省乡村运输金通工程样板县”。推动形成“一村一品”“一村一库”的现代农业冷链物流体系，苍溪县、剑阁县等37个新型农业经营主体和村集体经济组织建设产地仓储保鲜设施93个，新增库容6 250吨。青川县和昭化区申报为四川省数字乡村试点地区。建成电信普服基站7个，累计建成5G基站2 579个。认定省级示范便民服务中心26个，新建乡（镇）、社区全民健身中心、健身步道、多功能运动场共计64个。全面完成农村危房改造任务，累计排查农房隐患65.73万户。昭化区申报为国家级传统村落集中连片保护示范县，全市9个村被列入省级传统村落，5个村被列入国家传统村落。

农村人居环境整治。全市完成农村“厕所革命”整村推进示范村建设121个，新（改）建无害化卫生厕所3.69万户，新（改）建旅游厕所25座、农村公厕34座。摸排2013年以来各级财政支持改造的农村户厕21万户，发现并整改问题369户。推进朝天区全国农村生活垃圾分类和资源化利用示范县建设，探索出适合山区特点和农民生活习惯的农村生活垃圾治理“三级三分类”模式，全市农村生活垃圾收转运处置体系行政村实现全覆盖，行政村保洁员配备率达100%。探索推广“厕污共治”模式，完成67个行政村生活污水治理“千村示范”工程，全市70.86%的行政村农村生活污水已得到有效治理。新建“水美新村”15个，以苍溪县农村黑臭水体治理试点为带动，有序推进全市67条农村黑臭水体治理，广元市申报为全国15个农村黑臭水体治理试点城市之一。全市化肥、农药使用量均实现零增长，畜禽粪污综合利用率、秸秆综合利用率、废旧农膜回收率分别达94.93%、92.8%、88.32%。《四川广元“四到位”扎实推动农村厕所革命》被国家乡村振兴局宣传推广。

农村公共服务。出台《广元市基本公共服务标准(2022年版)》，结合两项改革“后半篇”文章，推进农村中小学、幼儿园布局结构调整，实施义务教育薄弱环节改善与能力提升计划，农村地区办学条件稳步改善，全市义务教育薄弱环节改善和能力规划总投资7.11亿元，新（改、扩）建学校60所、校舍面积19.68万平方米。加强农村医疗卫生能力建设，规范设置137个乡（镇）卫生院、1 517个村卫生所。健全乡村医保经办服务体系，建成8个医保服务大厅、142个乡（镇）医保服务站、1 731个村医保服务室、138个医疗保障服务点，其中市本级医保服务大厅、旺苍县东河镇便民服务中心被评为全国首批医疗保障服务示范点。打造集“农民工服务站+劳务专合社+电信服务点+移动服务点+邮政服务点+金融服务点”六位一体的农民工综合服务站519个、提供公共服务16项。完善应急广播体系，提升公共服务能力，全市广播覆盖率和电视覆盖率分别达99.82%、99.75%。

水美新村建设。全市围绕“水资源有保障、水安全有保证、水环境有质量、水生态有保护、水文化有传承、水景观有特色”六个方面，建设水美新村18个。完善水利行业规划，促进水美新村建设规划与其他专项、单项规划有机衔接。通过“城乡一体化供水，城市补贴农村+政府限价，县财政差额补贴”等方式，实现城乡供水同网同价同质同服务。加快脱贫地区水生态文明建设步伐，提升贫困群众人居环境。尊重和发挥农民群众的主体作用，落实民办水利补助政策，吸纳社会闲散资金，完善村民“一事一议”制度，采取发动群众投工投劳等途径广泛争取建设资金。

【乡村旅游】 始终将休闲农业作为促进城乡统筹发展、丰富乡村产业业态、拓展农民工就业空间、增加农民致富渠道的有效抓手，推进休闲农业提档升级。利州区、朝天区被认定为四川省休闲农业重点县，全市新认定第六批市级农业公园7个、市级美丽休闲乡村7个、市级休闲农庄13个，举办各类特色鲜明的休闲农业节庆活动61次。

【农业机械化】 在春耕、“三夏”“三秋”等关键农时生产中，全市累计投入拖拉机8 170台、各型播栽机具1 330余台、各类收获机械8 781台，投入各类抗旱排灌机械3.45万台，农作物耕种收综合机械化水平达55.98%，较上年提高4.5个百分点。

农机装备及购置补贴。加强对县（区）的业务指导，严格执行部、省农机购置补贴政策。加大宣传力度，市、县（区）共开展农机购置补贴和农机报废更新补贴等宣传活动10场次，发放宣传资料1.2万份。农忙时节，各县（区）在田间地头开展农机具作业示范，加大政策及技术推广宣传力度。全市共实施中央农机购置补贴资金2 461万元，受益农户6 472户，补贴农机具8 351台。全市农业机械报废更新工作有序推进，农机购置补贴工作无违规违纪事件发生。

农机作业及抗旱工作。面对高温干旱天气，全市紧急动员，周密部署，迅速成立农机抗旱技术指导小组和农机抗旱服务队到田间地头抗旱一线开展抗旱机具的调试、维修，对提灌站的水源、机电、管道进行全面检查。组织货源，保证市场抗旱机具供应到位。落实农机购置补贴政策，农机购置补贴向农户、新型农业服务主体购置的水泵、喷灌机械等抗旱设备倾斜。其中，剑阁县财政紧急投入抗旱资金200万元，直接用于采购抽水泵、饮水管等抽水设备，水罐、水桶、水袋等抗旱应急物资，以及实施燃油补助。发动各类农机服务组织、农机专业合作社和农机大户参与抗旱保灌行动，采取蓄、引、截流、抽、送等多种措施开展抗旱保灌服务。抗旱期间，全市投入农机服务组织105个，投入抗旱救灾各类农机具1.384 1万台(套)，投入农机作业服务机手7 184人，累计完成农机抗旱浇灌面积57.71万亩次，把全市旱灾损失降到了最低，确保秋粮不减产。全市新建和改造提灌站41座53台，机电提水2 905.96万立方米，提灌灌溉面积84.78万亩。

全程机械化试点示范。在春耕和“三夏”农业生产中发挥农机主战场作用，市、县(区)采取各种有效措施，组织技术人员下基层开展技术服务，抓点示范，提高作业质量，有序开展农机作业。印发《做好2022年农业机械化发展工作的通知》，及时分解下达全年农机化目标任务。根据部、省小麦机械化收获减损技术指导意见要求，在剑阁县召开全市2022年小麦机收减损技术推广暨测产工作现场会。做好大豆玉米带状复合种植配套农机装备保障工作，指导各县(区)制定出台2022年度大豆玉米带状复合种植配套农机装备保障工作方案。全市召开现场会17场次，在朝天区召开的大豆玉米带状复合种植机具演示推广现场会上，英明农机专业合作社配合成都吉峰农机公司改造全国首台缩小版大豆玉米播种机的做法被农业农村厅肯定。在朝天区中子镇组织召开全市农机化工作推进暨全市水稻全程机械化技术推广现场会，推进全市农机化发展“补短板”行动的开展。

农业专业合作社培育。以“全程机械化+综合农事”服务中心创建为契机，加大对农机专业合作社的培育指导力度，年初安排布置“全程机械化+综合农事”服务中心(第二批)推荐工作，全市创建7个，经过审核后择优向农业农村厅推荐3个，其中朝天区中子镇高车村“全程机械化+综合农事”服务中心为全市首个由村集体经济组织培育成立的新型经营主体。同时，朝天区英明农机专业合作社被确定为丘陵山区农机装备熟化应用基地。2022年，全市农机专业合作社总数达68个，新增7个。

【涉农招商引资】 全市有3 000万元以上农业招商引资重大项目48个，均为内资项目，增长22.7%；项目总投资167.369 9亿元，比上年增长20.3%。协议资金1 673 699万元，增长20.3%，完成全年任务的140.7%；到位资金476 370万元，增长21.79%，完成年度任务的120.7%(见表5)。

【农村生态建设及环境保护】 全市农药化肥使用量连续8年负增长，畜禽粪污、农作物秸秆、废弃农膜资源化利用率分别达94.93%、92.8%、88.91%。联合破获的“4·28”非法捕捞案被中央电视台一套《今日说法》专题报道。农业绿色发展取得新突破，全市绿色食品原料标准化生产基地面积稳居全省第二位，绿色、有机和地理标志农产品达509个，新创建全国“一村一品”示范村镇2个，农产品合格率稳定在99%以上，苍溪红心猕猴桃产业绿色发展入选全国农业生产“三品一标”典型案例。

【农产品质量安全监管】 全面摸清农业生产经营主体基本情况，开展承诺达标合格证宣传培训，打造标杆主体114家、入市查验点9个。全市2 587家主体试行合格证制度，累计开证112.26万张，带证上市农产品12.13万吨，基本做到五大类主体“应开尽开”。持续落实农产品质量追溯“四挂钩”要求，组织生产主体参加追溯管理线上培训，督促指导全市3 152家生产经营主体入驻国家追溯平台，全市录入追溯工作信息达到县均764条、生产批次县均1 462批次、销售信息县均5 972批次。市(县)千人每批次定量检测任务共完成样品检测2 305个，任务完成率100%。组织开展国家农产品质量安全县(市)“回头看”工作，深化基层网格化监管，全市落实乡(镇)监管检测人员426人、村协管检测员1 591人，开展移动巡检11 871次，实施农残快检65 009个样品、“瘦肉精”速测58 363个样品。推广茶叶、红心猕猴桃、蔬菜有机生产技术，茶叶、红心猕猴桃、蔬菜、王家贡米、东宝贡米有机认证面积达7.1万亩，比上年新增有机产品20个、新增面积6 500亩。全市“三品一标”农产品总数达595个，其中无公害农产品91个、绿色食品117个、有机产品360个、地理标志产品27个。

【农村大事记】 1月17日，广元市农业农村局被农业农村厅通报为家庭农场高质量发展工作先进单位。

1月21日，《四川省人民政府关于命名2021年度四川省星级现代农业园区》公布，广元市市朝天区蔬菜现代农业园区命名为五星级现代农业园区，剑阁县粮油现代农业园区被命名为四星级现代农业园区，苍溪县粮油现代农业园区和利州区菌现代农业园区被命名为三星级现代农业园区。

3月15日，苍溪红心猕猴桃获得世界知识产权组织国际局认证注册(国际注册证)。

3月24日，苍溪县猕猴桃产业技术

表5　2022年广元市3000万元以上招商引资项目表（部分）

项目	总投资（万元）	投资内容	投资方	项目进度
苍溪县太平山现代农业园区建设项目	5 000	在苍溪县陵江镇规划流转土地500亩，建设高标准苍溪红心猕猴桃示范园	成都市柴门餐饮管理有限责任公司	已完成500亩猕猴桃栽植，准备大棚建设
苍溪牧川肉（奶）牛养殖场建设项目	15 000	建设肉牛、奶牛养殖圈舍各1.5万平方米，存栏肉用品种良种母牛1 000头、奶牛1 000头、育肥牛2 000头	永宁镇铺子村	已完成牛舍基础开挖
苍溪县万只羊场建设项目	3 000	新建存栏10 000只肉羊场及配套设施	苏州今禾捌壹装饰有限公司	进行场平和圈舍建设
旺苍县生猪标准化规模养殖场建设项目	8 103	新建标准化圈舍9 800平方米、管理房800平方米，硬化厂区道路2千米，新建办公综合楼500平方米、无害化处理池300立方米、沼气池500立方米、蓄水池10口、消毒池3口、污水处理池500立方米、干粪堆积自动化料台5个、大门1处、堡坎600立方米；配套建设粪污管网3 000米、风机2 389个、水帘4 000平方米、公猪限位栏240个、母猪限位栏3 423个、母猪产床4 210个、保温系统8 554平方米、配套自动喂养系统1套、污水处理设施、死猪无害化处理系统；购买种公猪240头、母猪600头	广元市聚祥农业科技有限公司（普济镇）	采购设施设备
旺苍县肉牛羊饲养及屠宰加工生产线建设项目	9 238	新建标准育牛羊舍8 000平方米、犊牛羊舍4 000平方米、产房3 000平方米、饲料库房800平方米、饲料加工车间700平方米、管理用房800平方米；新建青贮池2 800平方米、化粪池18口、堆粪棚1 800平方米、屠宰车间及分割车间900平方米、污水处理池600立方米、冷藏保鲜库400平方米；新建厂区道路及硬化8千米、山坪塘7座、蓄水池15口，安装排污管道6 000米；购置TMR全日粮混合搅拌机5台、铡草揉丝机6台、污水泵15台、雾化消毒机3台、铲车4辆、卡车5台等设施设备；引进西门塔尔母牛900头、幼羊崽1 000只；配备三项动力电、变压器、锅炉等辅助设施设备	旺苍水磨华全农业发展有限公司（水磨镇）	堆粪棚、排污管道、蓄水池等配套设施建设有序推进，已完成进度的85%；进行设施设备采购
旺苍县肉牛羊养殖繁育基地建设项目	18 500	新建标准化养殖圈舍7栋，新建产房4 000平方米、饲料库房1 200平方米、原料库房800平方米、管理用房1 000平方米；新建青贮池3 800平方米、化粪池30口、堆粪棚2 800平方米、污水处理池1 200平方米；新建道路及硬化10千米、山坪塘17座、蓄水池35口；购置饲料加工设备、铡草揉丝机、污水泵、雾化消毒机、铲车、卡车等设施设备；配备三项动力电、变压器、锅炉、厂区绿化及大门等辅助设施；引进肉牛900头、肉羊2 000只	西南环保科技（成都）有限责任公司（嘉川镇）	标准化圈舍主体已完工，建设原料库房、管理用房等

续表1

项目	总投资（万元）	投资内容	投资方	项目进度
青松村特色药材种植基地及初加工建设项目	5 832	新建中药材示范化种植基地1 545亩，巩固提升中药材基地960亩；新建中药材初级加工厂1 500平方米、烘干房2 000平方米、管理办公房800平方米、仓库1 000平方米，新建园区道路及沥青摊铺3.1千米、机耕道路9.5千米、灌溉渠系20千米、蓄水池15口、山坪塘3座；购置药材加工设备；配套污水处理设施、公用工程、消防安全设施及环保、绿化工程等设施；购买中药种苗等建设项目	四川华丰达农业科技有限公司（燕子乡）	土地平整已完成，建设加工厂、烘干房、管理办公房等基础设施
福建客商何兵建设旺苍高山野生茶资源保护与开发项目	4 230	建设野生茶树资源保护点5 000亩，新建游客接待中心1处、野生茶树资源研发中心1处、茶叶加工厂1处、民宿2 000平方米、道路25千米、蓄水池50口，整治山坪塘5处、彩色步游道15千米、林间茶歇20处、凉亭10座	旺苍县汇泰农业有限责任公司	土地平整已基本完成，建设茶叶加工厂及游客接待中心
浙江客商程飞建设旺苍特色果蔬产业经济带农旅融合开发项目	4 450	新建道路及硬化10千米、特色水果2 840亩、冷藏保鲜库400平方米、电商平台1处、加工车间2 800平方米、鱼塘45亩、山坪塘4座、仓储中心1 500平方米、管理房1 000平方米、休闲农庄780平方米、蓄水池10口、房车营地1 000平方米、停车场1 800平方米、步游道13千米、凉亭7座	广元市华虹绿化有限责任公司	道路硬化已完成，建设仓储中心、蓄水池等基础设施
浙江客商建设旺苍茶叶种业园区培育项目	6 600	新建以黄化茶树品种（“中黄1号”）为主的茶叶良繁基地面积共计3 900亩（其中茶树品比园200亩、育苗基地200亩、种质资源圃50亩、品种展示基地1 700亩、母本园1 750亩），新建蓄水池10口、耕作道3千米、彩色步游道1千米、水肥一体化设施1处、农机库棚500平方米、山坪塘1处等	旺苍县三合茶业有限公司	建设茶树品种展示基地，新建蓄水池等基础设施
重庆客商冯泽强建设旺苍种养循环生态示范园区项目	18 500	计划用地250亩，新建养殖场圈舍、场区内通道、车辆清洗消毒中心、绿化隔离带、蓄水池、畜禽粪污处置、检验检疫、疫病防治、清洗转运、管理用房等设施。创建清洁生产示范园区，实现年存栏种猪1万头、出栏仔猪20万头，配套种植1 300亩黄茶的生产经营目标	旺苍县佑安养殖有限公司	建设标准化养殖圈舍、管理用房及粪污池等基础设施
旺苍县茶树资源利用与保护项目	4 420	新建茶树短穗扦插基地1 600亩、工厂化育苗基地1处、智慧灌溉340亩、茶叶加工厂1处、冷藏保鲜库1座；新建及硬化道路8千米、蓄水池20口、耕作道6千米、步游道3千米、水渠23千米、堡坎1 500立方米，整治山坪塘3座，建立“猪沼茶”种养循环基10 000亩，引进茶树种质资源500个；购置冷链运输车2台、遮阳网等	旺苍县小路农业发展有限公司（高阳镇）	土地平整已完成，进行茶叶加工厂建设、道路硬化等基础设施建设

续表2

项目	总投资（万元）	投资内容	投资方	项目进度
剑阁县荣光村肉牛养殖基地	30 000	占地面积125亩，规划新建标准化养殖场1个，拟建标准化圈舍24 000平方米、管理房550平方米、草料棚4 200平方米、堆粪棚900平方米、粪污收集池1 100立方米；配套建设场区公路1.5千米，修建提灌站1座，硬化地坪500平方米，修建消毒房25平方米、仓库1 260平方米，建成后常年存栏肉牛3 500头，年出栏肉牛2 000头	北京景源园林景观工程有限公司	进行标准化养殖场、管理房等主体工程建设
剑阁县义达种羊场建设项目	15 000	占地面积120亩，规划建设饲料库房及加工厂房等附属设施5 000平方米、标准化羊舍10栋12 000平方米（1 200平方米/栋）、有机肥厂1栋6 500平方米、办公业务用房360平方米，完善粪污处理、道路、生产用水、生产用电等配套设施，购置饲草饲料加工、饮水、投料、防疫、监控、安防等设施设备400台（套），引进种公羊100只、种母羊4 000只，达到常年存栏5 000只、年出栏肉羊1万只，并带动年出栏50只以上农户100余户，实现户均增收1万元以上	成都客商田小杰	进行饲料库房及加工厂房、标准化羊舍、有机肥厂等主体工程建设
剑阁县万亩有机茶标准化示范基地建设项目	100 000	项目分三期建设。一期计划新建有机茶园1万亩；二期计划新建有机茶园1.2万亩，新建有机茶加工厂房、仓储中心；三期计划新建有机茶园1亩，新建茶叶加工附属设施，购置茶叶智能化加工流水线，建成有机茶标准化加工基地	浙江客商张强	完成茶苗的种植，进行有机茶厂建设的准备工作
剑阁县东垭肉牛养殖小区建设	3 500	项目占地面积17亩，项目新建圈舍8 250平方米、管理房1 500平方米、草料房1 000平方米、堆粪棚800平方米、化粪池300立方米6个共1 800立方米，并配置相关设施设备	湖南返乡客商梁梅	进行养殖小区圈舍、管理用房主体工程建设，启动草料房、堆粪棚等建设
剑阁县宏富生态循环农业示范项目	3 000	建设肉牛标准圈舍5 000平方米、管理用房和饲草库房1 000平方米，配套建设肉牛养殖设备85套和沼气池、粪污储存棚等处理设施。	绵阳客商黄清敏	进行肉牛圈舍、管理用房等建设
剑阁县特色肉牛养殖项目	16 000	项目分三期建设。一期建设牛舍、饲料加工房、饲料调度室、饲料库、青储池、管理区、储粪场和兽医室等；二期建设有机肥加工厂、精深加工生产线及其他配套设施等；三期建设有机农业产业园2 000亩，实现牛粪无害化还田等	南充客商张建文	进行牛舍、饲料加工房、调度室等建设
剑阁县肉牛养殖基地项目	30 000	建设标准化圈舍24 000平方米、管理房550平方米、草料棚4 200平方米、堆粪900平方米、粪污收集池1 100立方米；配套建设场区公路1.5千米，修建提灌站1座，硬化地坪500平方米、消毒房25平方米、仓库1 260平方米，建成后常年存栏肉牛3 500头、年出栏肉牛2 000头	北京景源园林景观工程	完成标准化圈舍、管理房、草料棚等主体工程建设，进行配套建设

续表3

项目	总投资（万元）	投资内容	投资方	项目进度
剑阁县元山镇土鸡产业项目	8 000	建设规模化养鸡场1座，建设相关仓储、粪污处理设施，一期投资3 500万元，建设圈舍用房占地13 000平米、全自动料线80条、全自动水线100条、办公管理房1 600平方米、1 000吨小麦仓2套，养殖土鸡10万羽；二期投资4 500万元，建设圈舍用房24 000平方米，	绵阳东雄农业	已开工养鸡场建设
剑阁县志远优乳奶牛养殖场建设项目	4 000	新建奶牛圈舍5 800平方米、草料仓库1 080平方米、低温冷藏室550平方米、生活管理用房400平方米，引进母牛700头、种牛20头	德阳客商张远志	启动奶牛圈舍建设
广元市百亿优质种牛全产业链集群项目	1 000 000	引进10万头优质能繁母牛，建设核心育种场、扩繁场和集中育肥场等	雅拉德荣（广东）农业投资有限公司	完成项目前期准备工作并开工建设圈舍
青川县沙州镇种牛场建设项目投资协议	3 000	在青川县沙州镇实施种牛场建设项目，项目占地约100亩，常年存栏1 000头，计划总投资3 000万元。其中，一期投资750万元，改建圈舍1 200平方米，新建圈舍500平方米，并完善粪污处理、生产管理等配套设施设备，引进种牛250头；二期投资2 250万元，新建圈舍6 000平方米及配套设施设备，引进种牛750头	青川青草坪牧业有限责任公司	已完工
阴平村乡村旅游提升改造建设项目	6 300	在青川县青溪镇阴坪村建设现代农业观光园，占地100亩，新建装配式钢结构旅游公厕4栋、戏台1座，新建五治广场、游客接待中心1 200平方米、停车场2 852平方米，升级改造三星级以上示范民宿30户，新建污水处理站1处，改造污水管网及相关配套设施设备等	东莞市佳安燃气管道安装工程有限公司	基础设施建设完成，民宿修建有序进行
青川县特色产业园建设项目	5 000	新建茶叶基地2 000亩、食用菌基地800亩、药材基地500亩，土地平整2 000亩；修建道路75千米、渠道25千米、蓄水池37口、山坪塘2座、取水池3口、PE管道23千米及配套设施设备等	青川裕丰禽业有限公司	已完工
广元市利州区有机肥加工项目	10 000	新建有机肥发酵车间、包装车间及库房，同时配套生产设备及基础设施等。其中，土建工程新建发酵车间2 000平方米、包装车间1 000平方米、成品库1 600平方米、半成品库3000平方米、堆料场4 000平方米、办公及质检室500平方米、配电室100平方米、水泵房及机修车间100平方米、100立方米水塔1座，配备高低压配电柜2台，架设电力线路650米，场区硬化道路1 500米等。购置有机肥加工设备50台（套）、肥料质检设备5台（套）等	唐秀华	已完工
利州区白朝乡农旅融合示范园建设项目	50 000	新建水果产业园360亩、食用菌产业园110亩；配套建设大棚200亩、道路3.3千米、灌溉渠系1.75千米、堡坎2 000立方米、停车场1 500平方米、食用菌加工房400平方米、保险冷藏库300平方米、公共卫生间1处、休闲垂钓及蓄水池等附属工程，并购置相关设施设备	四川胜男农业开发有限公司	已完成基础开挖、整地及道路的开挖，进行堡坎建设

续表4

项目	总投资（万元）	投资内容	投资方	项目进度
昭化区（卫子镇）肉牛全产业链项目	25 000	新建5 000头肉牛养殖场，占地100亩，新建牛舍30 000平方米，配套建设运动场、隔离牛舍、粪污处理设施、饲草料加工设施、青贮池、干草棚、饲料库、办公室等设施；新建肉牛屠宰厂，占地50亩，建设肉牛屠宰生产线1条、肉羊屠宰生产线1条	四川省亿通房地产开发有限公司	入场道路2.6千米已硬化，三阶梯场平工程及牛圈主体建设已完工，进行设备安装调试
昭化区虎跳镇三公村5 000头肉牛羊养殖项目	16 000	项目占地260亩，计划分两期建设，一期拟建2 000头肉牛养殖场1个、1 000只肉羊养殖场1个；二期拟建2 000头肉牛养殖场1个。新建标准化肉牛养殖圈舍3万平方米、标准化肉羊养殖圈舍3 000平方米、草料加工车间5 000平方米，配套饲草料加工、饲喂、防疫、粪污处理等现代肉牛（羊）养殖设施设备。利用周边荒山、荒地种植优质牧草350亩	广元农上农生态农业科技集团有限公司	项目一期2 000头肉牛养殖场已全面完工并开始投产，1 000头肉羊养殖场已全面完工
昭化区牛羊代养场项目	15 000	建设可容纳牛2 000头、羊5 000只的代养场，占地40亩，新建牛羊养殖大棚、牛羊隔离圈舍、动物检疫检测中心，并提供辅助及配套设施、场地（包括但不限于消洗转运、粪污处理设施、场内道路、管理用房）	四川省亿通房地产开发有限公司	已完成项目选址、地勘及设计，进行场坪
广元市朝天区羊木镇金台社区嘉尔天牧肉牛养殖项目	5 000	新建养殖圈舍8 000平方米、办公及生活设施200平方米、库房及饲料加工车间200平方米、污水处理车间400平方米，配套建设相应设施设备，绿化周边环境	广元朝天嘉尔天牧良草种养殖专业合作社	圈舍建设已完工，建设肉羊引种工作
朝天区云雾山镇花石村回龙寺肉牛养殖项目	10 000	新建标准化圈舍12 000平方米（养殖肉牛规模495头、能繁母牛500头、限位栏300个），建设沼气池500立方米，建设干粪发酵处理池300平方米，购置固液分离器2套，建设隔离围墙800米，硬化场内粪污运输道路600米、场内消毒室60平方米，建设车辆消毒池60平方米，安装圈内通风系统36套、圈内降温系统20套、全场喷淋消毒系统1套、电力变压设备1套、地下饮水系统1套	广元市朝天区农有科技开发有限公司	圈舍建设已完工
朝天区高山草莓种植建设项目	5 000	在两河口镇建设高山草莓钢架连栋大棚种植基地1 500亩，配套建设相应基础设施	广元浙朝农业有限公司	已完工
朝天区临溪高山有机茶叶建设项目	7 000	新建高山茶叶种植基地2 400亩，新建田间道路15.7千米、田间堡坎9 842米，配套建设其他相应基础设施	四川临溪茶叶有限公司	已种植高山茶叶1 400亩，配套建设其他基础设施

研究所被农业农村部认定为第三批国家级区域性良种繁育基地(猕猴桃)。

3月25日,青川白茶开采启动仪式在中央电视台《新闻联播》栏目播出。

3月,旺苍县被评为“特色黄茶之乡”。

3月,《四川牢记习总书记殷殷嘱托 广元“白叶一号”感恩茶首次大规模采摘》信息被中办单篇录用,得到中央政治局委员、国务院副总理胡春华的肯定批示。

3月,《苍溪猕猴桃 富裕百姓的“聚宝盆”》被国家知识产权局列为2021全国地理标志助力精准扶贫典型案例。

4月14日,《四川朝天:防疫情 保生产 确保蔬菜供应不断档!》和《四川青川春茶采摘季,栽种安吉捐赠白茶村民收入有了变化》在中央电视台新闻频道《朝闻天下》栏目宣传报道。

4月,广元黄茶、苍溪红心猕猴桃获评农业农村部2022年第一批全国名特优新农产品。

6月30日,广元市政府连续两次“菜篮子”市长负责制考核为“优秀”,被农业农村厅通报表扬。

7月7日,全市参加中国(四川)国际茶叶博览会组委会主办的第十一届四川国际茶业博览会“金熊猫”奖茶叶评比,广元市茶产品获得8个“金熊猫”奖和1个“银熊猫”奖。

7月,利州区月坝村集体经济案例被评为“全省集体经济发展10大优秀案例”。

8月24日,旺苍县木门镇获评“四川农业经济十亿元镇”,利州区月坝村获评“发展集体经济促进共同富裕十强村”。

10月8日,广元市农业农村局被四川省“万企兴万村”行动领导小组通报为2022年度省“万企兴万村”行动突出单位。

10月,广元市农业农村局获得第十一届四川国际茶业博览会优秀组织奖。

11月7日,广元市、苍溪县、剑阁县被农业农村厅通报为农产品冷藏保鲜设施建设典型地区中项目督导力度大的地区。

11月24日,广元黄茶被纳入《2022年四川省农业品牌目录》。

11月28日,旺苍县被中国茶叶流通协会认定为2022年度茶业百强县域。

11月,昭化镇朝阳村(猕猴桃)、旺苍县木门镇(茶叶)被农业农村部评为全国“一村一品”示范村镇。

11月,广元市创建为全国法治政府示范市。

11月22日,全市3卷农业行政处罚案卷被评为全省农业行政处罚优秀案卷。

11月24日,苍溪县、剑阁县被四川省烟草发展专项工作领导小组评为川烟培育和现代烟草农业发展突出县。

12月5日,广元市、昭化区、利州区被农业农村厅通报为农经工作典型市、区。

12月14日,申报苍溪川明参、曾家山腊肉等7项具有经济价值和发展前景或民族文化特色的生产生活遗产进入第三批《四川省农村生产生活遗产名录》。

12月19日,申报苍溪县、青川县共2名农村手工艺人获得“四川省农村手工艺大师”称号,利州区云峰剪纸获得“四川省农村手工艺优秀作品”称号。

12月19日,全市动物卫生监督工作获得农业农村厅表扬,位列全省第四。同时,苍溪县、青川县获得全省动物卫生监督工作先进县表彰。

12月20日,利州区和朝天区被认定为四川省休闲农业重点县。

12月21日,市农业农村局被农业农村部表彰为全国农村集体产权制度改革先进集体。

12月29日,全市申报昭化区《便民服务事项“村能办”小改革提升基层治理大效能》典型经验为第四批全国农村公共服务典型案例。

【主要领导人】 市委书记:邹自景(7月止),何树平(7月始);市人大常委会主任:杨凯;市长:董里;市政协主席:谢晓东;分管农业副市长:李昱隆(9月止),罗怀熙(9月始)。

广元市编写组

利 州 区

【基本情况】 2022年,全区辖5镇3乡7个街道,辖区面积1 538.53平方千米。

【现代农业园区建设】 青岭粮油现代农业园区。青岭粮油现代农业园区规划覆盖2个镇4个村、1 886户6 838人,其中农村劳动力3 483人,占农村人口总数的50.9%,农村从业人员占农村人口总数的32%。园区以大石镇青岭村、安家湾村为核心,辐射大石镇小稻村和荣山镇中口村部分范围,规划面积1.18万亩(其中核心区0.6万亩、辐射区0.58万亩),重点打造核心区优质水稻种植区0.12万亩、粮经复合种植面积0.15万亩、玉米/大豆玉米带状种植面积0.2万亩。园区核心区布局结构呈“一带(优质水稻种植示范带)、两翼(东翼粮经复合种植区、西翼粮经复合种植区)、三中心(园区综合服务中心、农业社会化服务中心、加工物流冷链中心)”的结构。融入成渝地区双城经济圈建设,引导和支持企业同行业战略合作、沿产业链重组,完善农业新型经营主体与农户的利益联结机制。争取项目资金,支持培育示范家庭农场、示范合作社,支持农民合作社提档升级。培育精珍味业、玺府生物科技、龙洲园食品等食品加工类企业22家，打造核桃、蔬菜、青岭大米3条农业全产业链。推动科技向产业集聚，深化与涉农领域科研院校的合作，发展现代智慧农业；推进农业与文化、旅游、教育、康养等产业融合，发展创意农业、功能农业等；促进农业与信息产业融合，发展农村电商、数字农业等。全区“十四五”期间储备涉农项目118个，计划总投资509亿元，已启动龙潭现代农业园区提质增效、紫兰湖现代粮油园区培育、岩窝休闲渔业基地建设等十大重点项目建设。2022年，在龙潭乡曙光村建设占地950平方米的集综合展示、冷链物流、初加工、专家工作站于一体的农业科技服务示范中心，示范中心主体工程建设完成，内部功能规划和设计有序进行。打造龙潭、白朝2条乡村休闲旅游精品景点线路，并串联沿线乡（镇）、村（社区）旅游资源，打造龙潭农业主体公园、三江农业主体公园、紫兰湖农业主体公园3个农业主题公园。园区范围内农民人均可支配收入达1.65万元。

利州区食用菌现代农业园区。利州区食用菌现代农业园区是全区唯一的省四星级现代农业园区，覆盖宝轮镇、白朝乡10个村，有基地面积3 800亩，建有村特色产业园15个、户办产业园600个；主导产业为食用菌，其中羊肚菌种植面积1 390亩、香菇和木耳等种植面积2 410亩。园区坚持“投入减量、绿色替代、种养循环、综合治理”理念，落实“一控两减三基本”目标，园区绿色防控、种养循环实现全覆盖，秸秆、畜禽粪污综合利用率100%，化肥农药施用量低于全区15个百分点。园区内新型经营主体全部被纳入质量安全追溯系统监管，农产品全部达到省级农产品质量安全监测标准。建成高标准农田1.29万亩，占园区耕地面积的75.3%。建设冷链物流集配中心2座、冷库6座，年冷藏量超过9 000吨，冷藏保鲜率达95%，食用菌烘干率达98%。引进吉香居等国家级龙头加工企业，年精深加工原生态农产品3万吨。发展壮大精珍味业等精深加工龙头企业，与园区食用菌生产业主建立稳定供应关系。园区内产地初加工产量达1 685吨。培育“三品一标”农产品32个，“利州香菇”被评为国家地理标志保护产品品牌。以白朝乡徐家村、白朝村和宝轮镇范家村为试点，推广羊肚菌等立体栽培技术、羊肚菌轮作大豆等模式，建成农业物联网示范园区1 500亩，并成立益农信息社13个、直播带货平台3个，辐射带动三堆、金洞、荣山等乡（镇）发展羊肚菌、香菇、木耳种植7 000余亩，实现4 200名农民就地就近就业。依托月坝高山湿地和罗家老街发展休闲农业和乡村旅游，月坝建成全省首个高山湿地保护小区，白朝建成市级农业主题公园，建成月坝、徐家等市级美丽休闲乡村5个，打造怡景休闲山庄、正月十五月光大院、花仙子山庄等市级休闲农庄6个。创新园区管护、科技支撑、利益联结“三大机制”，增强发展动能，成立食用菌、果蔬专业合作社等社会化服务组织15个、社会化服务超市3个，实行统一管理。加强人才队伍建设，推进食用菌等产学研用协同创新，与中国科学院成都分院、四川师范大学等院校签订川东北高效生态农业示范园区建设战略合作协议，共建“研究生双创实践基地”；全国优秀共产党员、全国劳动模范王钦掌握了羊肚菌自主培育菌种技术，2021年羊肚菌产值突破300万元，带动周边200余户农民实现增收。推进“国有资本+社会资本+村集体经济+专合社+农户”经营模式，推动实现政府、企业、村集体和农户“四方共赢”，月坝村被评为全省发展集体经济、促进共同富裕“十强村”。2022年，园区整合资金3 900万元，用于园区产业管护和扩面提质，夯实园区建设基础。全年园区第一产业总产值3.96亿元，农民人均可支配收入达2.3万元，高于全区农民收入（1.77万元）30个百分点。

【种植业】 全区耕地面积22.79万亩（含经开区1.79万亩），其中水田5.2万亩、旱地17.59万亩。全年粮食作物总播种面积28.5万亩，其中小春粮食作物播种面积10.78万亩，产量2.05万吨；大春粮食作物播种面积18.4万亩，产量6.15万吨，比上年同期增长1.25%。油料作物播种面积7.18万亩，其中油菜5.33万亩、花生1.85万亩；产量1万吨左右。

粮食扩面增产。严格粮食安全党政同责责任制考核，出台2022年粮油生产意见，把粮食生产任务和大豆、油菜扩种面积分解落实到乡（镇、街道）、村（组）、农户田块，构建区、乡、村三级大春粮食生产责任体系。落实全市防止耕地“非粮化”重点任务和撂荒地整治利用“三管控、四利用、两逗硬”措施，利用大豆玉米带状复合种植示范推广契机，推进撂荒地整治利用，采取“四个一批”整治方式，整治撂荒地9 811.73亩，确保应种尽种、精耕细作、有效利用。通过套作、间作大豆、油菜、蔬菜等矮秆作物，对1.6万亩非粮化耕地进行全部种植。

【绿色粮油发展】 推进农业供给侧结构性改革，以发展绿色优质粮油产业为重点，聚焦绿色安全，突出科学集约，以农业科技创新和适用新技术推广为手段，推广高产、高效适用新品种；推进农药化肥减量。推进大豆玉米带状复合种植示范，落实农业农村厅下达利州区4万亩大豆玉米带状复合种植示范推广任务，完成4.08万亩。推广“泰优808”“隆8优华占”“科成麦6号”“贡夏豆12”“春喜1402”等产量高、抗性强、品质优的粮油作物品种。加强水稻稻瘟病、迁飞性害虫，小麦条锈病、白粉病，油菜菌核病、蚜虫等重大病虫害监测，采取购买社会化服务的方式加强粮油作物统防统治，实施统防统治面积12万亩，病虫害损失率降低2个百分点，小麦每亩增产12千克，油菜每亩增产5千克，水稻每亩增产20千克。实施绿色防控26.19万亩，绿色防控率50.1%。示范推广“生物生态协调+技术物资结合+农机农艺配套”的全程绿色防控技术模式，推广“生态养殖+沼气+绿色种植”循环生产模式。推广有机肥代替化肥、改善土壤结构，提高土壤有机质，提升农产品质量。

粮油示范区建设。按照新品种、新技术、新模式、新机制“四新”要求，依托耕地轮作休耕试点制度、商品粮大县、救灾资金、疫情阻截等项目，建成规模化标准化优质粮油示范区3万亩，其中优质油菜示范基地1万亩、“优质水稻+小麦”示范基地1万亩、优质玉米高产示范基地1万亩、秋粮生产示范点1 000亩。加快建设“以粮为主、粮经统筹、种养循环、五良融合”的粮油示范园区，推进大石青岭和紫兰湖现代粮油园区建设，加大招商引资力度，吸引社会资本和群众参与，实现园区经营主体多元化。做大做强粮食产业龙头，形成集生产、收购、仓储、加工、物流于一体的粮油产业集群，提高粮食产业集中度。

技术指导。坚持以科技为先，加强技术指导，成立利州区粮油生产工作专班，4个粮油生产服务中心和8个技术站点20余名专业技术人员到田间地头推广大豆玉米带状复合种植技术。根据不同群体需求，对乡（镇）农技人员、专合社（种植大户）、农民分别举办培训班5场次、8场次、24场次，共培训1 700余人次；区、乡两级召开现场会15场次，通过现场演示、现场教学、现场培训，实现“家家有个明白人”。推广秸秆还田全覆盖等新型实用技术，集成有机肥替代、高效节水灌溉、水肥一体化、稻鱼共生等新技术，提升种植效益。加强外来生物堵截，建成植物疫情固定监测点20个、检疫性有害生物监测站点2个，监测草地贪夜蛾、红火蚁、稻瘟病等重大病虫害。全区派出200余名农技人员下沉一线指导生产，实地培训指导新型经营主体、农户1.3万余人次。通过“村村响”广播、电视网络等载体，宣传扩面增产、病虫害防控等大春生产好做法、好经验、好典型。

科学施肥。落实科学施肥、农药安全使用技术措施，实施“235”技术路线，即以主要粮油作物和蔬菜、果树等经济作物为重点，以确保粮食稳定增产、农民稳步增收、化肥农药控量增效为目标，建立监测点30个，实施“监测”（加强综合监测）、“改进”（改进施肥、农药使用方式）、“优化”（优化施肥结构、农药药剂配方）、“替代”（有机肥替代化肥、生物农药代替化学农药）、“创新”（创新推广机制）五大措施，推进科学施肥、农药使用工作。全年化肥使用量6 213吨，比上年同期减少41吨；农药使用量54.85吨，比上年减少3.15吨。

病虫害防控。落实病虫会商制、汇报制、预警制和值班周报制，准确发布病虫害发生动态趋势预报和防治警报，科学指导大田病虫害防控。印发《广元市利州区农业农村局关于切实抓好小春作物春季田间管理和春耕备耕工作的紧急通知》等植保情报9期，发布病虫害发生动态10期。加强预测预报和监测力度，建立重大病虫害重点监测点5个、红火蚁监测点15个、草地贪夜蛾专项监测点10个。开展植物检疫病虫统防统治0.8万亩，开展市场检查12次。组建粮食生产督导组进行分类指导，重点开展以小麦条锈病、油菜菌核病、草地贪夜蛾、稻瘟病为主的农作物病虫害防治，推进统防统治，实施统防统治面积95.4万亩次，统防统治率2.3%。

气象灾害防范。7月以来，受持续高温干旱天气影响，大春粮食作物受灾严重。利州区采取措施，有效应对高温晴热、旱涝交替灾害影响，抓实抗旱保苗、防汛减灾、晚秋生产、大春田管和抢收减损等工作，力争多产多收，确保完成粮食生产目标任务。指导农民利用冬小麦和夏天早熟作物茬口，按照“宜粮则粮，宜菜则菜，宜草则草”原则，对绝收的田块立即进行改种，种植荞麦、大豆或秋马铃薯等晚秋作物，种植秋粮2.85马亩，以秋后小季的丰收弥补大春损失，提高土地产出率。树立抗大旱、防大汛意识，做好防汛准备，对塘、库、堰进行“拉网式”检查，发现问题及时整改。检查河道，严禁占道、堵塞、排水不畅；规划农田水利基本建设，吸取教训，总结经验，提高抗旱能力；利用抽水站进行抽水保障水稻，利用蓄水池、山坪塘发动农户挑水保灌，发挥高标准农田建设项目中节水灌溉的作用；抓好田间后期管理，特别是抓好秋季作物的施肥、培土、灌溉和病虫害防治，最大限度挽回粮油减产损失。

【畜牧业】 全区生猪出栏20.5万头、肉牛出栏1.11万头、肉羊出栏4.61万只、剑门土鸡出栏520万只，新（扩）建土鸡规模养殖场（小区）2个、肉牛规模养殖场7个、肉羊规模养殖场4个，生猪规模养殖场保有量79个。

产业发展体系构建。形成以荣山镇现代肉牛养殖示范园为核心，宝轮镇、龙潭乡、三堆镇和嘉陵街道发展肉牛养殖；以三堆镇为现代肉羊养殖示范园为核心，白朝乡、宝轮镇和金洞乡发展肉羊养殖；以宝轮镇小家禽养殖园为核心，荣山镇、龙潭乡等丘陵地带发展土鸡产业的布局结构。有肉牛（羊）标准化养殖场42家，其中2022年改（扩）建肉牛羊标准化养殖场11个，创建省级标准化示范场3家。有牛（羊）加工屠宰企业2家、家禽屠宰加工企业1家。完善营销体系，以加工企业为龙头和产业协会为带动，与成都伊藤、四川德惠商业股份有限公司、大润发、成都么么等大型超市合作，开设剑门土鸡专卖门市、土鸡销售专柜，并利用电商平台在阿里巴巴河马生鲜开展网上销售，带动培育土鸡营销大户43户。有生猪扩繁场1个、牛人工授精站2个，有龙潭青驿农牧、嘉陵殖乐育雏扩繁场2个，形成品种扩繁体系，为全区生猪、肉牛（羊）、土鸡产业提供品种保障。

畜禽生产经营和品种引入管理。加

强全区种畜禽场监督管理，对从事畜禽生产经营的单位和个人严格审核办理《种畜禽生产经营许可证》，对种畜场引种、繁育、销售进行严格管理，规范种畜场生产经营行为。加强良种引入管理，宣传落实跨省引入种用畜禽审批制度，核查跨省引种审批手续、输入场种畜禽合格证、种畜禽合格证明、种畜禽系谱资料、运输检疫合格证明等资料，确保引入种畜品质。加强引入种畜落地监管，采取"引入前、落地后"双申报制度，加强落地观察，确保引入种畜来源可查、落地可控。

技术指导和奖补落实。开展养殖场（户）饲养管理、畜禽防疫、圈舍建设、填槽补栏指导服务，提升养殖场（户）饲养技术能力。加强政策支持，执行《稳定生猪生产保障市场供应十条措施》《广元市利州区突破性发展肉牛羊产业财政专项资金奖补管理办法（试行）》等政策，为生猪、肉牛羊产业发展、稳产保供奠定政策基础。加强财政资金支持，制定《广元市利州区农业农村局关于开展2022年能繁母猪一次性临时救助补贴的请示》《广元市利州区农业农村局关于印发〈2022年区本级财政衔接推进乡村振兴补助资金（剑门关土鸡）使用方案〉的通知》《广元市利州区人民政府办公室关于印发〈广元市利州区突破性发展肉牛羊产业专项资金奖补办法（试行）〉的通知》等产业奖补措施，落实奖补资金559.15万元，发放奖补资金494.57万元。加强部门协调合作，协调保险、信贷、国土、林业等部门，落实政策保障、贴息贷款、建场用地等措施，解决养殖户实际困难。

畜禽粪污资源化利用。畜禽粪污排放总量15.2万吨，完成畜禽粪污资源化利用14.26万吨，粪污利用率（资源化率）93.81%。大型规模养殖场装备配套率100%，粪污资源化利用台账建立率100%；规模养殖场装备配套率97.5%，粪污资源化利用台账建立率100%；专业养殖户装备配套率74%；散养户装备配套率51%。

【渔业管理】 完成利州区长江流域重点水域退捕渔民退捕转产工作，拆解处置渔船267只，销毁网具2 200张，渔民退捕215人。贯彻落实《广元市2022年长江流域重点水域禁捕退捕工作要点》工作要求，开展"中国渔政亮剑2022"系列专项执法行动，落实政府主体责任，建立健全区、镇、村三级主要领导抓长江"十年禁渔"工作机制，做好禁捕工作。开展宣传动员，印发禁捕通告500余份，安装警示标牌20余张，张贴横幅标语60余幅，发放宣传资料3万余份。组建渔政协助巡护队伍，配备护渔员16人，并明确职责、划分巡查范围、加强夜间巡查。实施"护渔百日联合执法行动"，联合区公安分局、区交通运输局、区市场监管局等部门开展"四清四无"大排查及陆上大检查工作，严厉惩处以电、毒、炸鱼等为重点的各类非法捕捞行为，依法依规严厉打击收购、加工、销售、利用非法渔获物等行为。全年出动巡查人员1 000余人次，检查河流400余条次、农贸市场（集市）50余个次、商超80余家次、加工小作坊10余家次、餐饮单位100余家次、渔具店12家次，劝阻违规游钓人员150余人；责令改正违法游钓行为14起，给予警告14人；查获非法捕捞案件5起，行政处罚3起3人、处罚款4 000元，移送公安机关2起2人；查处非法销售禁用渔具案件1起，处罚款2 960元。

【农村集体经济发展】 宣传学习《四川省农村集体经济组织条例》，制定新型农村集体经济发展工作方案，按照"五个一"规范管理登记赋码113个村（社区）集体经济组织，落实新型农村集体经济发展扶持政策，6个2022年中央、省扶持集体经济发展项目全部完工。推广自主发展、股份合作、联合经营、资产租赁、综合服务"五种模式"，提升集体经济发展质效，全区实现集体经营收益2 106万元，人均收益118.75元。探索的党建引领"总社+分社"促进村集体经济抱团发展经验被《人民日报》报道，月坝村集体经济融合发展经验入选全省集体经济发展十大案例，全省中省扶持集体经济发展项目建设现场会代表参观龙潭乡金鼓村。

【农民增收工作】 把农民增收致富作为"三农"工作的出发点和落脚点，制定突破性发展肉牛羊特色产业扶持政策，培育农业产业龙头企业、农民专业合作社、家庭农场等新型农业经营主体，构建"公司+农户""合作社+农户""集体经济+农户"等多种新型经营形式。全区累计培育省、市、区级产业化龙头企业41家，国家、省、市级示范社63家，省、市、区示范农场182家。引导农业新型经营主体通过订单收购、保底分红、二次返利、股份合作等形式带动农户共同发展，增加收入，实现农村居民全年人均可支配收入1.76万元，增长6.3%。

【惠农政策落实】 落实惠农资金补助政策，落实稻谷补贴144.69万元、耕地地力补贴1 442.58万元、种粮一次性补贴（玉米）461万元。实施农机购置补贴44.95万元，兑付43.4万元，受益户数595户，补贴农机具468台。

【农业项目建设】 把重大农业项目建设作为加快发展的"压舱石""顶梁柱"，建立和完善上下联动、部门协同的一体化工作推进机制，提速项目建设，助力高质量发展。入库19个农业投资项目，其中农业农村局主导入库7个，项目总投资2.78亿元，入库项目计划总投资7.23亿元，已完成固定资产投资3.2亿元。储备高标准农田建设、粮油现代农业园区建设、肉牛羊产业发展、渔业园区基础设施建设等5个现代农业"十四五"期间重大项目。完成招商引资项目3个，总投资9亿元。推进2021年利州区农村人居环境整治项目。完成乡村振兴产业发展贷款主体入库26户，确认发放贷款5户，贷款资金540万元。

【耕地保护】 严格落实耕地保护党政同

责和“长牙齿”的耕地保护政策，防止耕地“非粮化”，提升耕地质量。推动高标准农田建设，全年建设高标准农田3.24万亩，建设节水保灌基地0.28万亩。落实粮食安全责任制考核，压实粮食安全主体责任。实施“藏粮于地、藏粮于技”战略，推广玉米大豆带状复合种植技术，种植大豆4.3万亩、产量0.51万吨。全区粮食作物播种面积28.5万亩，产量8万吨，增长1.23%。油料作物播种面积7.17万亩，产量1万吨，与上年持平。抗旱保收经验在全省农业抗旱保丰收工作调度视频会议上作交流。

【现代特色农业产业体系构建】 实施“一产稳区”战略，以现代特色农业“5+3”产业体系为重点，发展优质粮油、绿色果蔬、生态养殖、木本油料、精品花卉五大特色农业产业，全年存栏能繁母猪1.4万头，出栏生猪20.5万头、肉牛1.01万头、肉羊4.26万只、剑门关土鸡520万羽；蔬菜（含食用菌）种植面积15.88万亩，产量43.35万吨。提升现代农业园区质效，完善《现代农业园区产业奖补办法》《现代农业园区考核激励办法》等政策措施，管护现代农业园区8个、村特色产业园128个、家庭产业园1.5万个，青岭粮油现代农业园区创建为市级园区，利州食用菌现代农业园区提升为省四星级园区。开展种业振兴行动，完成农业种业资源普查，出动执法人员120人次，查处违法行为3起，罚款1.2万元。加强农业科技支撑，组建科技特派员服务团，开展科普活动月、科技活动周、“科技下乡”等科普活动，把农业实用科技送到群众手中。规范化建设曙光“全程机械化+综合农事”服务中心，新组建农机专业合作社1个（广元君源农机服务专业合作社联合社），因地制宜推广适合的农业机械，农作物机械化水平达48.87%，较上年提高4.29%。

【农业机械化】 区农业农村局提升农机服务水平，推进主要农作物生产全程机械化，落实农机购置补贴，加强农机安全管理，推动全区农机事业高质量发展，促进农业增效、农民增收。

农机购置补贴。落实农机购置补贴政策，全年发放补贴资金76万元，受益农户719户，补贴农机具648台（套）。通过购机补贴发放和农机推广，新增农机总动力2 024千瓦，农作物机械化水平达48.87%，比上年增加4.29个百分点；主要农作物机械化水平达64.33%，比上年增加1.02个百分点。

粮食生产机具服务。在春耕备耕和“三夏”期间，督促指导农机经销商、乡（镇）网点、维修企业和农机合作社等新型经营主体做好机具保障供给、调试检修、机手技术培训、安全监管和农机社会化服务对接，确保农机优质、高效、安全作业。通过到朝天区学习观摩、邀请生产厂家实地指导、召开现场会等方式，引导新型主体因地制宜购置大豆玉米复合种植各类农机具27台（套）。建立荣山镇泉坝村、龙潭乡桃园村、三堆镇羊盘村、上西街道杨家浩村等玉米大豆带状复合机械化种植技术示范片7个、面积1 500亩。

机械化种植。指导广元市秧苗繁育中心开展标准化育苗，从选种、消毒、催芽到温控均采用科学流程管理，首批300余亩秧苗按时交付栽插。指导君兴植保合作社使用“洋马”自走式6行高速插秧机开展社会化服务。推广油菜两段机收技术，减少油菜籽损耗。

提灌站建设。为建设更高水平的“天府粮仓”特色示范区，保障春耕生产灌溉供水，有效应对冬干春旱，利用省级财政资金40万元，加紧新建和检修提灌站，新建提灌站2座。全区共有提灌站85座，保灌面积≧8万亩，保障春耕春灌用水无忧。

变型拖拉机禁行路段试点工作。按照《广元市农业农村局广元市公安局关于印发〈全市变型拖拉机禁行路段试点工作方案〉的通知》要求，与市交警支队、区公安分局交警大队和市交警支队二大队沟通协作，在全市率先完成变型拖拉机禁行路段试点工作，为其他县（区）提供了学习模板。自6月1日零时起，在万龙路与万和路交汇路口—广元城区、广昭快速通道龙洞碥大桥—广元城区、国道212线国贸广场—广元城区、大石滨河南路国贸广场—广元城区道路实行变型拖拉机24小时禁行。

牌证管理。完成拖拉机注册登记19台、联合收割机注册登记25台，拖拉机驾驶证换证38人，拖拉机转出8台、转入3台，发动机变更8台，补办行驶证16个、驾驶证3个。

年检年审工作。3月22日—4月28日，到乡（镇、街道）对261台拖拉机和23台联合收割机及其驾驶人开展年检审，在检拖拉机参保率100%。5—12月，开展补检工作，补检拖拉机16台、收割机10台，并与机手分别签订《农机安全生产承诺书》《农机安全告知书》284份，年检率76%。

农机交警联合执法。联合市交警支队一大队、二大队、三大队对上路行驶的拖拉机特别是变型拖拉机开展联合执法检查，查处拖拉机违法载人、无证驾驶、无牌行驶、假牌假证等违法行为。全年开展联合执法检查6次，出动农机监理员23人次、警力19人次，检查拖拉机32台（其中变型拖拉机5台），查处违法行为6起。

农机安全。督促、指导3家农机专合社落实清单制（2.0版）管理要求，把安全生产责任清单制度规范上墙，确保农机专合社安全运行。开展农机驾驶操作人员培训，培训拖拉机驾驶员23人、收割机驾驶员13人，新增持拖拉机驾驶证和收割机驾驶证（G2.S证）人数7人。通过年检审、“安全生产月”活动、重点农时季节农机作业安全检查、高素质农民培育项目实施、农机交警联合执法检查、利州农机安全微信群、利州区新型经营主体QQ群等渠道和平台开展农机安全宣传教育培训。

【农村人居环境整治】 推进农业农村绿色发展，围绕“一控两减三基本”目标，实施农业面源污染防治“六大行动”，全县农药使用量降低32.5%，粪污利用率达93.81%，秸秆综合利用率达96.88%，废旧农膜和农药包装废弃物全部有效回收处理。全年定量检测农产品80批次，监测合格率高于98%。

【安全管理】 紧盯农业机械、变型拖拉机等重点领域，常态化开展安全集中培训、安全检查，未发生安全事故。配合完成2022年全省农产品质量安全例行监测，监测合格率高于98%；定量检测农产品数量达到1批次/千人；“瘦肉精”检测9 800批次，合格率100%。

【特色农副产品】 利州红梨。利州红梨是中国农业科学院郑州果树研究所研究的杂交培育早熟优良品种，树势中庸、易成花，早果丰产，适宜在西南及川东北秦巴地区等地种植。7月中下旬成熟，不同时节成熟的梨子可持续采摘到10月。果实近圆形，果面着红色面积可达60% ~ 80%，平均单果重280克；肉质酥脆、汁多、味甜，可溶性固形物含量≥13.1%；石细胞少，果核小。利州红梨具有外观艳丽、果实大小适中整齐、高产稳产、抗病耐贮、富含花青素、上市时间长等特点。近年来，利州区致力于建设万亩红梨产业园，形成集绿色种植、储运、加工、销售等于一体的现代化产业体系。多乡（镇）采取“龙头企业+合作社+村民”的发展模式，引导村民改良品种，利用荒山和低效林拓展利州红梨园种植规模，通过土地流转、入股分红、进园务工等方式增加村民收入，人均年增收达5 000元。2022年，龙潭乡种植红梨1万亩，主要分布在金鼓村、柏佛村、凤凰村、青龙村、曙光村、小垭村等10余个村。主要品种有早红玉、红酥蜜、红酥宝、翠玉、羊脂秋月、翠冠、苍溪雪梨等。以金鼓村为核心示范点，率先建立“龙头企业+经营主体+农户”的产业发展模式，由广元市梓奕农业有限公司带动村集体组织、专合社、农户发展梨产业。金鼓村和曙光村建设梨产后分选分级、包装、冷藏库等初加工设施。在曙光村新建综合体1处，配套建设冷藏保鲜库1座。全年销售红梨1.5万吨，销售额2.7亿元，带动500余户农民平均增收5 000元。万缘街道万和村红梨产业带动经济效果明显，2022年获评“省级乡村振兴示范村”；龙潭乡曙光村探索出“梨树认养”活动，为村里的1万余棵梨树寻找新“主人”，并在红梨树下套种大豆、甘蓝、芍药、矢车菊、格桑花、五味子等，实现“果蔬、果花、果药”立体发展模式，实现“一园多收”，带动乡村旅游发展，促进村民持续增收致富。

【主要领导人】 区委书记：张勋阁；区人大常委会主任：张宗虎；区长：郭祖炎；区政协主席：李映文；分管农业副区长：张磊。

利州区编写组

昭 化 区

【基本情况】 2022年，全区辖12镇，辖区面积1 433.47平方千米，其中耕地面积45.689万亩，人均耕地面积1.98亩；基本农田40.247 7万亩。年末总人口23.065 8万人（户籍人口），人口出生率11.22‰，人口自然增长率-3.23‰。全区耕地有效灌面达到耕地总面积的39.7%；本地水资源总量113亿立方米，人均占有水资源量47 083立方米。有林业用地8.27万公顷，活立木总蓄积量831.4万立方米，森林覆盖率56.85%。

2022年，全区实现地区生产总值82.7亿元，增长0.4%，其中第一产业增加值22.377 6亿元，增长4.5%；第二产业增加值33.698 6亿元，减少5.4%（工业产值130.1亿元，减少15.2%）；第三产业增加值26.577 9亿元，增长4.4%。三次产业对经济增长的贡献率分别为1.2%、-2.2%和1.4%。劳务输出5.27万人，收入16.86亿元。全年接待游客990.65万人，实现旅游收入80.05亿元，其中乡村旅游人数443.932万人次，实现乡村旅游收入40.452亿元。

农村公路总里程达2 457.78千米，路网密度1.71千米/平方千米，人均公路里程达106.4千米/万人。社会消费品零售总额37.2亿元，减少1.6%。地方公共财政预算总收入完成3.5亿元，增长14.1%；公共财政预算总支出23.3亿元，增长14.9%，其中农业投入60 642万元，占支出的26.3%。金融机构各项存款余额90.36亿元，比上年初增长2.9%；各项贷款余额90.78亿元，比年初增长6.1%，其中支持农业产业化发展项目贷款61.61亿元。完成农业产业化项目7个，完成投资5.4万元。农业产业化龙头企业省级、市级分别为6家、13家。

有各类学校80所，在校学生13 417人，教职工1 813人，其中普通中学12所，在校学生5 946人；小学27所，在校学生4 895人；学龄儿童入学率100%。完成省级以上科技成果9项，获得省级及以上科技进步奖1项。有艺术协会8个，文艺团体35个，文化馆1个，公共图书馆1个，博物馆1个。有卫生机构166个，病床位868张，卫生技术人员898人。新型农村合作医疗参合人数18.45万人，参合率98.93%。

【年度农业和农村经济运行】 2022年，全区实现农业总产值41.501 2亿元，增长4.8%；全区全年农业增加值达22.377 6亿元，增长4.5%；生猪、猕猴桃、王家贡米等特色优势农产品产量保持稳定增长。农民年人均可支配收入达16 644元，增长5.8%。在粮食、生猪、蔬菜生产中，科技投入的占比或科技贡献率65%。全区农产品质量各类抽检合格率达100%；建成12个基层农业综合服务站。全区主要农产品产量见表1。

【农业产业化发展】 全年粮食作物总播种面积38.79万亩，完成大豆玉米带状复合种植4万亩；油料作物播种面积17.63万亩，粮油总产量突破16万吨，实现“十九连丰”。巩固提升猕猴桃、脆桃等特色水果10万亩。猕猴桃现代农业园区创建为省五星级现代农业园区，昭化镇朝阳村入选全国“一村一品”示范村。建成肉牛（羊）全产业链项目66个，总投资18.8亿元。全年出栏生猪63万头、肉牛（羊）9.2万头（只）、土鸡1 346万羽。扩面发展蔬菜5万亩，稳定发展城市调节蔬菜基地13万亩。新建林下产业基地2万亩，林业综合产值突破20亿元。新认定省级农业产业化龙头企业3家，新培育国家级农民专合社示范社4家、省级家庭农场示范场2家。

【农村改革】 深化农村重点领域改革，“田长制”耕地保护试点被省政府、自然资源厅、中央电视台、《人民日报》等报道，工作经验在全省推广。完成深化政务公开促进基层治理能力提升先行县试点，完成“三化”建设，构建镇“63+X”项、村“18+X”项高频办理体系，打造农村地区“5公里服务圈”。“村能办”获得2022四川省网络综合治理数字化应用场景优秀解决方案征集活动第三名，并作为全省唯一、全国仅22个案例获得“第四批全国农村公共服务典型”称号。创新发展新型农村集体经济，承办川东北地区中省扶持集体经济发展现场会，获评全省合并村集体经济融合发展先进县，射箭镇五房村集体经济发展经验得到省委主要领导的肯定性批示。

【农产品品牌战略实施】 全区累计认证“两品一标”农产品82个、水稻绿色食品原料基地4.8万亩、有机生产基地3 000亩，“王家贡米”“信德鸡蛋”入选全国名特优新农产品。全区创建为全国第二批稻渔综合种养示范区。依托协会统一打造公用品牌、统一对外宣传推介、统一设计印制包装、统一对接市场销路，“王家贡米”先后获得全国绿色农业十佳粮油地标品牌、全国农产品区域公用品牌、全国名特优新农产品等10余项国家级称号，“王家贡米”市场售价达到30元/千克以上。

【现代农业园区建设】 围绕整市创建全国脱贫地区特色产业高质量发展引领区战略定位，通过以工代赈、财资转化等方式推进现代粮油园区建设，推行“现代农业园区+镇村特色产业示范园+户办产业小庭院”三园联动发展模式，连片建成“王家贡米”产业示范带5万亩、“天府菜油”原料基地19万亩，建成市级以上现代粮油园区5个，打造“王家贡米”市级农业主题公园，广元市昭化区猕猴桃现代农业园区创建为省五星级园区，园区核心村朝阳村（猕猴桃）入选第十二批全国“一村一品”示范村并获得“省级乡村治理示范村镇”称号。

【种植业】 全区粮食作物播种面积38.79万亩，产量12.9万吨，其中大豆总播种面积4.72万亩、大豆玉米带状复合种植面积4.19万亩。全年油料作物播种面积17.63万亩，产量3.01万吨，其中油菜播种面积16.82万亩，产量2.834万吨，同比增长0.5%；花生播种面积8 100亩，产量1 761吨。巩固提升猕猴桃产业13 932亩，新建避雨大棚350亩，维修猕猴桃避雨大棚788亩，完成果—粮套作面积1.65万亩。补植改接因旱情导致死亡的猕猴桃苗木33万余株。全年蔬菜种植面积18.2万亩，产量约43万吨，其中发展加工原料类蔬菜3.5万亩，发展设施蔬菜5 000亩，建成应急保供储备蔬菜基地2 000亩。完成烤烟移栽8 000亩。承办全国农科院系统山地农业现场观摩

表1　2022年昭化区主要农产品产量

主要农产品	单位	产量	同比增减(%)
粮食	万吨	12.567 6	−1.9
水稻	万吨	5.995 0	−0.9
小麦	万吨	0.902 5	14.4
玉米	万吨	3.659 4	−7.5
马铃薯	万吨	1.463 4	−9.9
油菜籽	万吨	3.010 2	0.6
蔬菜	万吨	42.568 5	1.9
水果	万吨	2.244 8	−22.0
肉类	万吨	6.042 4	17.7
猪肉	万吨	4.575 6	6.6
牛肉	万吨	0.123 3	13.9
羊肉	万吨	0.110 5	3.5
禽肉	万吨	0.628 4	1.3
兔肉	万吨	0.002 6	2.3
禽蛋	万吨	0.349 3	2.9

会，举办第九届紫云猕猴桃采摘节。

【林业】 全区新发展林下产业基地2万亩，林业综合产值突破20亿元。持续挖掘“森林粮库”作用，确立了以射箭药博园、昭化茯苓园、柏林湖笋用竹园区为主要带动的特色产业核心园区，全域推广“柏林+淫羊藿”“松林+茯苓”“核桃+大豆+夏枯草”等林下中药材复合种植4.1万亩，打造“昭化茯苓”等特色林药产业5 000亩、中药材经济带1 000亩，林下中药材产值实现1.4亿元。昭化茯苓”获得国家地理标志认证，“种一休三”循环发展模式入选全国林业资源综合利用典型案例。中国西部（广元）绿色家居产业城获评国家林业产业示范园区，昭化林下中药材园区创建为省三星级现代林业园区。

【畜牧业】 全区出栏生猪63万头、肉牛1万头、肉羊7.42万只、家禽1 346万只，期末存栏生猪41.51万头、肉牛2.73万头、肉羊4.91万只、鸡755.15万只。挂牌建立国家级生猪产能调控基地11个、省级生猪产能调控基地5个、市级生猪产能调控基地6个，建成投产2 000头以上生猪规模养殖项目7个，新增生猪养殖产能8万头；招引100头（只）以上肉牛羊规模养殖项目66个，总投资额18.8亿元。建成存栏100头以上肉牛规模养殖场（户）37家（户）、存栏300只以上肉羊规模养殖场（户）41家（户），新增肉牛（羊）养殖3.2万头（只）。建成肉牛一级扩繁场1个、肉羊二级扩繁场2个，建成牛冷配改良站6个，创建部级标准化示范场2家、省级标准化示范场8家。获评农业农村部2022年度畜牧业统计监测工作综合评估优秀市场监测县。

【乡村振兴】 整合涉农资金2.23亿元，实施巩固拓展脱贫攻坚成果同乡村振兴有效衔接项目152个，脱贫户、监测户生产经营性收入同比增长19.8%，位居全市第一。创建省级乡村振兴示范村3个，昭化镇创建为省级乡村振兴示范镇，元坝镇被命名为省级乡村文化振兴魅力乡镇和样板镇。2021年度巩固拓展脱贫攻坚成果同乡村振兴有效衔接全省考核评估获得“好”等次。建制村通组道路、农村生产生活用电、自来水普及率达100%。5G网络重点镇实现全覆盖。持续抓好“五小”水利设施建设，出台三年整治规划方案，年度配套财政资金1 000余万元，整治山坪塘200余口。持续开展宜居乡村建设，巩固提升居民聚居点218个，建成“厕所革命”整村推进示范村12个，改造户厕3 150户，农村卫生厕所普及率达97%，农村生活垃圾、生活污水有效治理率分别达100%、69%。昭化区创建为国家传统村落集中连片保护利用示范县（区）。

【农村水利】 在2022年遭遇历史同期最高极端温度、最少降水量的汛期时，守住了饮水安全、粮食安全底线，打赢了防汛减灾“主动仗”，举办2022年全市农村供水保障暨乡村水务现场会、2023年全省乡村水务现场推进会暨乡村水务百县建设行动启动会；先后在全省乡村水务试点工作会和全省水利工作会上做经验交流发言；2022年乡村水务“五位一体”发展模式入选全国水利高质量发展“红榜”经验，并在中国水利网、人民网、《农民日报》等国家级媒体刊登；抗旱保供工作成效被四川省新闻频道专题报道；创新实践出的山区农村供水保障“3135模式”在全省推广；被水利厅表彰为春灌用水工作先进集体，乡村水务试点建设省级实绩评估位列全省第二。城乡用水保障格局全面优化，全区自来水普及率达100%，规模化集中供水人口覆盖率超过80%，县域节水型社会达标建设高质量通过验收。

【农业机械化】 全区主要农作物耕种收机械化率同比增长4.2%。截至2022年年底，全区在册拖拉机435台、联合收割机309台、农机驾驶人员1 075人，其中2022年新注册拖拉机52台、联合收割机181台，新办理驾驶证12本，换证67本。培育“全程机械化+综合农事”服务中心1个，新成立广元市昭化区卫鸣农机服务专业合作社、广元市昭化区卫子镇新荣村服务中心。

【农村科技】 新登记科技成果9项，签订产学研合作协议10项，培育入库国家级科技型中小企业24家，智同环保、亿志合申报国家高新技术企业，《四川稻田综合种养技术集成创新》成果获得第六届中国水产范蠡科学技术奖二等奖。

【农村教育】 全面启动全国义务教育优质均衡县（区）创建。优化学前教育资源配置，新建东城、葭萌2所公办幼儿园，增加公办普惠性学前教育学位520个，机关幼儿园创建为省级示范性幼儿园。推进实施“县中提升行动计划”，巩固元坝中学省级示范高中创建成果。发展职业教育，昭化职中规模办学实现良好开局，2022年秋季学期净增学生1 100人。

【农村文化】 全区有文化馆1个、公共图书馆1个、文物馆1个、美术馆1个、博物馆1个、村（社区）综合文化服务中心150个、农家书屋229个；有艺术协会8个、文艺团体35个。全年共放映农村公益电影2 040场次，放映爱国主义电影100余场次。区图书馆完成改造升级，区澳援文体中心完成信息化建设，新建广元窖文创产业基地，川北雷棚评书入选省级非物质文化遗产代表性项目。

【农村卫生】 全年调度新冠疫情防控专项资金1.47亿元，建成方舱隔离点2个、核酸检测实验室2个，有效应对多轮新冠疫情冲击，农村新冠疫情防控做法获得中央电视台《焦点访谈》《新闻1+1》栏目点赞，经验在全省推广。启动卫子镇县域医疗卫生次中心建设。提档升级明觉、曲回中医馆，完成辖区内建制镇卫生院中医馆建设，新培养中医适宜技术人员110人。区中医院精神科正式开诊，区人民医院标准化发热门诊建成投用。创建为省级健康促进县（区），经验做法入选国家推荐案例。

【农村法制建设】 推进群众精神文明建设，建成新时代文明实践阵地162个，昭化镇入选全国文明村镇创建巡礼。推进“平安昭化”建设，打击电信网络诈骗、扫黑除恶斗争、禁毒等工作常态推进，公安工作社会化综合评价满意度位居全省第一，连续5年获评“全省平安建设先进县（区）”。推进全省法治政府建设示范区创建，完成全省全面依法治区示范试点工作，昭化镇朝阳村获评“全国民主法治示范村”，昭化司法所获评省级“枫桥式司法所”，昭明公证处创建为全省标准化公证机构。

【农村交通】 改善提升国省干线74.4千米，建成二级公路30千米、三级公路50千米、渡改桥11座，创建为“四好农村路”省级示范县。三江新区昭化片区基础设施建设项目、栖凤峡旅游公路等重大交通项目全面完工，入选省交通强县试点。新建镇客运服务站2个，建成撤并建制村畅通工程118千米，境内“三纵三横六联线”交通骨架初步形成，综合立体交通网初具规模，实现了“镇镇通油路、村村通硬化路”以及镇镇通客车的目标。

【涉农招商引资】 全年招商引资目标任务新签约项目5个，新开工项目4个，到位资金5亿元。全年新签约项目7个，签约金额10.4亿元，其中亿元项目5个，全年累计到位资金5.4亿元。2022年固定资产投资目标任务6.2亿元，全年完成固定资产投资3.8亿元，其中新入库项目8个，入库金额3.2亿元。

【农村社会保障】 全民参保计划有序推行，城乡居民养老保险、城乡居民医疗保险参保率均达98%以上。医养结合的健康养老服务体系不断完善，栖凤峡失能老人照护楼、社区养老服务综合体、农村养老服务站点等建设项目持续推进，农村居家养老巡访探视服务模式取得试点性成功。统筹抓好低保、残疾人“量服”等兜底保障政策落实，发放各类救助资金6 808万元，惠及特殊困难群众3.25万名。

【农村生态建设及环境保护】 推动生态文明建设示范区创建，全面完成两轮省级和一轮中央环保督察问题整改，信访投诉案件办结率达100%。开展大气污染“四源”专项整治，有效应对臭氧污染，全年环境空气优良率达98.4%。推进全国地下水污染防治试验区建设，实施“两河一江”小流域污染治理专项行动，清理嘉陵江流域河道漂浮物及垃圾3 000余吨，主要河流地表水质均达到Ⅱ类标准。推进国土绿化，完成营造林2.18万亩，新认定省一级古树46株，古树名木“私人定制式”修复经验在全省推广。柏林湖、翠云廊（昭化段）创建为省级自然教育基地，栖凤峡被认定为省级森林康养基地，“推窗见绿、出门见景”的生态名片持续擦亮。改善土壤环境质量，焦化厂污染土地实现无害化处置，引进危险废物转运中心，49家危险废物产生单位实现备案管理，坚决守好良田沃土。坚持绿色低碳发展，推动生态产品价值实现机制试点项目，14个社区被评为“四川省绿色社区”，栖凤苑小区被评为“四川省园林式居住小区”。

【农产品质量安全监管】 持续巩固国家农产品质量安全县创建成果，完善农产品质量安全网格化监管体系和农产品监测运行机制，完成示范创建以及质量追溯体系，全面推行生产主体合格证制度，实施生产经营主体检测抽查，建立农药安全使用指导员制度，开展农资打假专项行动，建立昭化区农产品生产经营主体“两个名单”“黑名单”制度。全年共完成省级农产品质量风险监测95批次、县级536批次，建设高水平农产品质量安全示范带4个，新增有机认证面积红心猕猴桃400亩、露地蔬菜250亩、稻谷500亩。有效期内“两品一标”农产品37个，其中绿色食品10个、有机食品认证23个、农产品地理标志4个。检测中心通过2022年省级能力验证（兽残、药残、重金属），并由省农科院质量标准与检测技术研究所颁发能力验证通过满意证书。

【农村留守家庭（儿童、学生）帮扶】 建成射箭、王家、卫子敬老院，城区婴幼儿托位数实现倍增。未成年人保护工作体系持续健全，建成区、镇、村三级未成年人保护体系。全面落实困境儿童保障政策，发放各类补助资金67万余元。

【劳务开发与返乡创业】 全年累计开发公益性岗位2 440余个，实现脱贫人口转移就业1.6万人，培育1个地方特色劳务品牌“葭萌木匠”，农民工根治欠薪工作获得省级表彰。创业环境持续优化，发放创业担保贷款1 731万元，新培育返乡创业实体228个。新增公益性岗位2 237个、城镇就业1 691人。连续四年被评为全省农民工服务保障先进县（区）

【主要领导人】 区委书记：刘自强；区人大常委会主任：贾小玲；区长：王静；区政协主席：朱永国；分管农业副区长：任斌。

昭化区编写组

朝 天 区

【基本情况】 2022年，全区辖12个乡（镇）139个村（社区），辖区面积1 613平方千米，总人口21万人。

【年度农业和农村经济运行】 2022年，全区农林牧渔服务业总产值31.25亿元，按可比价格计算，比上年增长5.1%，增速位居全市第一。农村居民年人均可支配收入达16 620元，同比增长5.7%；农村居民年人均生活消费支出达13 936元，增长5.6%。农村恩格尔系数为36.6%。八大项支出均全面上涨，其中农村居民人均食品烟酒消费支出5 108元，增加51元，同比增长1%；衣着消费支出984元，增加28元，同比增长3%；居住消费支出3 139元，增加201元，同比增长6.9%；生活用品及服务消费支出531元，增加20元，同比增长3.9%；交通通信消费支出1 561元，增加200元，同比增长14.7%；教育文化娱乐消费支出1 266元，增加104元，同比增长9%；医疗保健消费支出1 088元，增加106元，同比增长10.8%；其他用品及服务消费支出259元，增加29元，同比增长12.7%。

【畜牧业】 全区以"巩固生猪生产""突破性发展肉牛羊"为发展重点，做好"广元灰鸡"保种选育和推广，以"促进畜牧业转型升级"为主线，引进优良畜禽品种，确保全区畜牧业生产持续稳定发展，全年畜牧产业发展态势良好。全年生猪、牛、羊、禽分别出栏19万头、1.02万头、8.87万只、359.2万只，同比分别增长8.34%、10.19%、7.28%、1.45%。

【主要领导人】 区委书记：余飞宇；区人大常委会主任：张开翅；区长：张骏；区政协主席：饶和刚；分管农业副区长：杨金军。

朝天区编写组

旺苍县

【基本情况】 2022年，全县辖21镇2乡37个社区居委会199个居民小组220个村委会1 564个村民小组，辖区面积2 987平方千米。年末户籍人口43.06万人，其中城镇人口11.47万人、乡村人口31.59万人，分别占总人口的26.6%和73.4%。年末常住人口32.02万人，其中城镇人口14.43万人、乡村人口17.59万人，常住人口城镇化率45.07%，比上年提高0.42个百分点；人口出生率4.88‰，人口死亡率7.12‰，人口自然增长率-2.24‰。

2022年，全县实现地区生产总值159.65亿元，按可比价格计算，比上年增长1.1%，其中第一产业增加值32.39亿元，增长4.6%；第二产业增加值71.38亿元，下降3%；第三产业增加值55.88亿元，增长4.5%。全年人均地区生产总值49 858元，比上年增长4%。三次产业结构比由上年的19.4：46.3：34.2调整为20.3：44.7：35。第一产业增加值占地区生产总值的比重比上年提高0.9个百分点，第二产业增加值比重下降1.6个百分点，第三产业增加值比重提高0.8个百分点。

境内公路总里程7 026千米，其中等级公路3 033千米，高速公路67千米，国、省公路313千米。全年公路客货运输周转量8.18亿吨/千米，比上年增长2.2%。全社会固定资产投资比上年增长11.6%。社会消费品零售总额57.84亿元，比上年下降0.1%，其中城镇消费品零售额30.3亿元，比上年下降0.3%；乡村消费品零售额27.61亿元，增长0.1%。公共预算总收入完成10.73亿元，比上年增长19.7%，其中地方一般公共预算收入5.56亿元，同口径增长19.2%。在地方一般公共预算收入中，税收收入2.07亿元，同口径增长11%，占地方一般公共预算收入的比重为19.3%；非税收收入3.49亿元，增长26.9%，占地方一般公共预算收入的比重为80.7%。一般公共预算支出34.31亿元，增长8.1%。年末金融机构各项存款余额217.55亿元，比上年末增长12.8%；金融机构各项贷款余额122.24亿元，增长12.6%。全年保费收入4.28亿元，比上年下降4.6%。全年电信主营业务收入2.63亿元，比上年增长2.5%。年末固定电话用户6.28万户，增长3%；移动电话用户32.51万户，下降5.9%。全年完成邮政行业业务收入6 017.54万元，增长10.4%。

有各级各类学校115所（不含村小、小学教学点），在校学生45 289人，专任教师3 708人，其中中等职业教育学校1所，在校学生3 442人，专任教师124人；普通高中学校3所，在校学生5 833人，专任教师448人；普通初中17所，在校学生104 87人，专任教师1 013人；小学校36所，在校学生17 613人，专任教师1 643人；幼儿园57所，在园幼儿7 801人，专任教师452人；特殊教育学校1所，在校学生113人，专任教师28人。全年专利授权112件，年末有效发明专利拥有量18件。有文化馆4个，乡（镇）综合文化站35个，博物馆（纪念馆）2个，公共图书馆1个（公共图书馆总藏书33.18万册）。有广播电视台1个，广播覆盖率100%；有线电视用户4.8万户，直播卫星用户4.9万户，电视覆盖率100%，广播电视综合覆盖率100%。有医疗卫生机构353个（含村卫生室），病床位2 889张，卫生技术人员2 413人，执业/助理医师854人、注册护士1073人；每千人口拥有病床8.97张，每千人口拥有卫生技术人员7.49人。其中，乡（镇）卫生院24个，病床位1 100张，卫生技术人员717人；村卫生室220个，乡村医生和卫生员236人。

【年度农业和农村经济运行】 2022年，全县农村居民年人均可支配收入16 965元，增长6.3%，其中工资性收入达5 102元，增长5.4%；经营净收入5 887元，增长6.7%；财产净收入353元，增长9.9%；转移净收入5 624元，增长6.3%。农村居民年人均生活消费支出达14 113元，增长5.8%。城乡居民人均收入比值由上年的2.48：1缩小为2.44：1。全年农用化肥施用量（折纯）0.97万吨，下降0.3%。年末实有耕地36 261公顷。

【种植业】 全年粮食作物播种面积67.51万亩，增长2%。粮食总产量23.4万吨，下降2.1%，其中夏粮产量6.3万吨，增长0.8%；秋粮产量17.1万吨，下降2.8%。油料产量2.25万吨，增长2.3%。

【林业】 全年完成营造林面积11.79万亩，其中造林面积8.252万亩。年末森林面积达20.1万公顷，森林覆盖率67.28%，比上年提高0.3个百分点。有自然保护区面积422.42平方千米。

【畜牧业】 全年生猪出栏57.17万头，增长6.8%；牛出栏1.66万头，增长12.93%；羊出栏12.69万只，增长7%；家禽出栏392.18万只，增长1.2%。年末生猪存栏38.55万头，牛存栏3.85万头，羊存栏8.18万只。

【农村社会保障】 全县参加城乡居民基本养老保险18.41万人，参加城乡居民基本医疗保险33.46万人。全年享受农村最低生活保障2.47万人，发放保障金4 895.19万元。全年实施城乡医疗救助10.22万人次，其中资助城乡低保对象、农村“五保户”等参保6.95万人，发放救助金1 688万元。

【主要领导人】 县委书记：唐文辉；县人大常委会主任：赵俊科；县长：杜非；县政协主席：张健；分管农业副县长：林佳。

旺苍县编写组

剑阁县

【基本情况】 2022年，全县辖2个乡27个镇，辖区面积3 204平方千米，其中耕地面积127.1万亩，人均耕地面积2.02亩；基本农田116万亩。年末总人口63.25万人（户籍人口），减少1%；人口出生率8.55‰，增加2.52‰个千分点；人口自然增长率-1.89‰，减少1.38个千分点。全县耕地有效灌面和保证灌面分别达到耕地总面积的22.04%和91.3%；本地水资源总量14.06亿立方米，人均占有水资源量1 883立方米。有林业用地259.5万公顷，有林地面积173.3万公顷，活立木总蓄积量1 293.52万立方米，森林覆盖率52.75%。

2022年，全县实现地区生产总值166.35亿元，减少2.7%，其中第一产业增加值50.97亿元，增长4.2%，农、林、牧、渔及农林牧渔服务业之比为46.3∶3.3∶46.4∶2.3∶1.7；第二产业增加值48.92亿元，减少15.9%（工业产值30.62亿元，减少25.8%）；第三产业增加值66.46亿元，增长3.5%。三次产业对经济增长的贡献率分别为28.3%、33.9%和37.8%。乡（镇）中小企业增加值92.64亿元，减少3.2%；从业人员3 000余人。劳务输出27.2人，收入600 000万元。全年接待游客223.53万人，实现旅游收入12 200万元，其中乡村旅游收入1 308 650万元。

公路总里程4 593.46千米，其中等级公路3 591.67千米、国道公路142.84千米、农村公路4 201.3千米；新增四级公路233.62千米，国省干线管养里程371.34千米。社会消费品零售总额65.23亿元，减少3.2%。地方公共财政预算总收入完成5.3亿元，增长21.5%；公共财政预算总支出40.48亿元，减少2.2%。金融机构各项存款余额241.08亿元，比上年初增长12.7%；各项贷款余额154.39亿元，比年初增长15.7%。完成农业产业化项目227个，完成投资67 361.567 8万元。农业产业化龙头企业省级、市级、县级分别为6家、8家、13家。

有各类学校111所，在校学生6.62万人，专任教师5 181人，其中普通高中4所，在校学生0.83万人，专任教师699人；普通初中16所，在校学生1.52万人，专任教师1261人；中等职业教育学校2所，在校学生0.38万人，专任教师225人；小学58所，在校学生2.54万人，专任教师2 301人；幼儿园29所，在园幼儿1.2万人，专任教师631人；特殊教育学校1所，在校学生107人，专任教师26人；成教中心1所。巩固全国义务教育收展基本均衡县成果，义务教育入学率、巩固率均达100%。完成省级以上科技成果49项。有艺术表演团体4个，文化馆1个，公共图书馆1个。有医疗卫生机构449个（其中医院8个、基层医疗卫生机构438个），实有病床位2 616张，卫生和计生人员3 585人；医院、卫生院39个，实有病床位2 223张，卫生人员3 255人（其中卫生技术人员2 282人、执业/助理医师788人）；村卫生室348个，乡村医生583人。医疗卫生体制改革不断深化，分级诊疗制度稳步推行，县域内就诊率达80.53。新型农村合作医疗参合人数48.07万人，参合率95.3%；新型农村社会养老保险参保人数32.23万人，参保率63.9%。

【年度农业和农村经济运行】 2022年，全县出台了“十四五”农业农村经济发展规划、政策。实现农业总产值90.26亿元，增长4.5%；全县全年农业增加值达50.97亿元，增长4.2%。农民年人均可支配收入达16 539元，增长5.6%。在粮食、生猪、蔬菜生产中，科技投入的占比或科技贡献率为47%。全县农产品质量抽检合格率98.6%，比年初提高0.3个百分点，农产品质量、重大动植物疫病等安全事故零发生；建成29个基层农业综合服务站。全县主要农产品产量见表1。

【农业产业化发展】 全县累计培育村集体经济股份制专业合作社204个、强村公司3家（东宝、普安、开封）、农业企业339家（县级以上农业产业化重点龙头企业28家，其中省级6家、市级8家、县级14家）；家庭农场1 429家，其中省、市、县级示范场分别为21家、145家、336家；农民专业合作社850个，其中国家级示

表1　2022年剑阁县主要农产品产量

主要农产品	单位	产量	同比增减(%)
粮食	万吨	45.90	-2.10
水稻	万吨	14.90	-3.40
小麦	万吨	12.41	1.20
玉米	万吨	15.30	-4.90
马铃薯	万吨	0.03	0
油菜籽	万吨	8.54	2.85
蔬菜	万吨	46.43	3.50
水果	万吨	8.59	3.80
肉类	万吨	9.65	2.10
猪肉	万吨	7.25	2.10
牛肉	万吨	0.24	9.50
羊肉	万吨	0.28	5.90
禽肉	万吨	1.65	3.50
兔肉	万吨	0.23	-4.60
禽蛋	万吨	1.29	4.50
水产品	万吨	1.21	14.30

范社3个、省级示范社23个、市级示范社28个、县级示范社50个；种养大户1.78万余户、农业社会化服务组织336个、农业产业化联合体2个(粮油和土鸡)、家庭农场联盟1个。

【农用地产权制度改革】 持续开展农村土地第二轮承包到期后再延长30年试点工作，建立农村土地承包合同管理备案机制。建立健全农村宅基地申报审批“一站式”服务机制，加强农村土地经营权流转分级审查、项目审核和风险防控。在保障农村资源所有权不变的前提下放活农村经营资源。

【农村集体产权制度改革】 推进农村两项改革“后半篇”文章，新成立村集体股份经济合作总社2家，全省扶持壮大村级集体经济工作(川东北片区)推进会在剑阁县召开。创新推行资产租赁、入股分红、服务创收、自主经营等发展模式，311个行政村集体经济总收入1 201.08万元，人均23.9元，增长74%。

【供销合作社改革】 持续抓好供销社综合改革，在拓展综合服务社销售渠道、提升商贸流通网点设施、优化农村物流网点服务和壮大经营主体等方面下功夫，促进农村商贸流通建设，解决好农村居民生产生活“最后一公里”问题。

【农产品品牌战略实施】 全县培育有“剑门关土鸡”“剑门关豆腐”“剑门关铁皮石斛”“剑柑”“剑橙”“女皇李”“东宝贡米”“巴剑菜籽油”“剑门黑牛”“剑门火腿”等农产品品牌，其中剑门关土鸡、剑门关豆腐获得地理标志产品认证。建成绿色食品原料基地68万亩，获得绿色食品、有机产品认证证书96张；地理标志认证3个；注册农产品商标100余个。

【现代农业园区建设】 全县建成省五星级园区1个(剑南粮油园区)、市级园区19个(分别为白龙、木马、汉阳、剑门、公兴、普安、高观、二龙、武连、抄手、化林、姚家、五指山、剑江、石洞沟、汉城、碑垭、圈龙、剑北园区)。园区范围覆盖全县19个乡(镇)、105个村、6.2万户、15.54万名农村人口，累计建成产业基地27.9万亩，其中粮油产业基地10.8万亩、果蔬(猕猴桃、梨、李子等)基地12.8万亩、烤烟基地2.1万亩；建设总投资18.64亿元，其中整合涉农项目资金11.15亿元、吸纳社会投入7.49亿元；园区完成土地整治及山、水、田、林、路综合配套建设25.35万亩，其中高标准农田24.6万亩，全面实现“能排能灌、旱涝保收、宜机作业、生态友好”。

【种植业】 全县粮油作物播种面积稳定在195万亩，其中粮食作物播种面积137.6万亩，同比增长2.3%；粮食总产量45.9万吨，下降2.1%。其中，小春粮食产量12.73万吨，增长1.4%；大春粮食产量33.17万吨，下降3.5%。经济作物中，油料产量11.6万吨，增长1.9%，其中油菜籽产量8.78万吨，增长3.9%。剑阁县入选第三批国家农业绿色发展先行区创建名单，白龙镇被省委、省政府表彰为四川省‘稻香杯’暨农业丰收奖先进集体。

【林业】 全县有林地259万亩，完成营造林面积3 260公顷，净增森林面积1 200亩，森林覆盖率52.75%。有自然保护区2个，保护面积5.06万公顷。剑阁县木马笋用竹基地被认定为省级现代竹产业基地，认定四星级森林人家3个，剑阁县普安水池中药材现代林业园区被认定为市级现代林业园区。

【养殖业】 全县存栏能繁母猪6.09万头，供给平稳。全年肉类总产量9.66万吨，比上年增长2.1%，其中猪肉产量7.26万吨，比上年增长1.7%。出栏生猪99.31万头，比上年增长2.3%；出栏牛1.92万头，比上年增长12.3%；出栏羊19万只，比上年增长6.7%；出栏家禽1 124.23万只，比上年增长0.4%。全县全年淡水养殖面积5 423公顷，水产品产量1.21万吨，比上年增长14.3%。

【乡村振兴】 全县有脱贫村136个、重点帮扶村45个。全县有脱贫户32 924户、96 886人，脱贫任务居全省第九位。全县有易地搬迁户14 732户、42 690人，有358个安置点，列全省第五位。共识别监测对象1 287户3 128人（新增115户340人，其中集中排查新增103户309人），已消除845户、2 065人，未消除风险对象422户1 063人。全县共有劳动力65 905人，其中脱贫户64 741人、监测对象1 164人。全县有监测对象1 287户3 128人，其中突发严重困难户130户365人、脱贫不稳定户482户1 072人、边缘易致贫户675户1 691人。

【乡村旅游】 全年剑门关景区接待游客223.53万人次，实现旅游门票收入1.22亿元。获评"中国最具文旅投资价值县""美丽中国首选旅游目的地"。"剑门关"号冠名动车组成功开行。双旗美村入选中国最美乡村，获评"第三批省级乡村旅游重点村"。翠云廊古驿道入选2022年四川林草最受欢迎生态体验线路。翠云湖创建为国家级水利风景区。

【农村水利】 全县已建成各类水利工程26 420处，水利工程数量居全国第四位、全省第一位，其中大(1)型闸坝工程1座、中型水库2座、小(1)型水库29座、小(2)型水库265座、山坪塘等小微水利工程25 173处；蓄引提水总能力2.8亿立方米，有效水量2.1亿立方米。

【农业机械化】 全县新增大中型农业机械667台（套），全县农业机械拥有量达1.2余台（套），其中中型拖拉机增长量43.3%。主要农作物耕种收综合机械化率达71.36%，社会化服务覆盖面达畜牧业60.1%。

【农村科技】 全年专利申请量49件，其中发明申利申请量6件。新培育国家高新技术企业1家、省级科技企业孵化器1个。新入库科技型企业19家。规模以上工业高新技术主营业务收入8.42亿元。促进企业与高校、科研院所签订产学研合作协议8项。

【农村文化】 全县有民营文艺表演团体4支，乡土剧团、百姓戏班等民间业余文艺演出队伍8支，县级文化馆1个，乡（镇）综合文化站29个，村（社区）文化室364个，美术馆1个，图书馆1个（藏书量28万余册）；有省级非物质文化遗产6个、传承人5人，市级非物质文化遗产19个、传承人26人，白龙花灯、剑门豆腐等传统非遗文化亮相中央电视台新闻频道。摄影作品《蜀道光晖》《乡村旅游·化林》《关山云海》《金色田园》在四川省首届公共空间视觉艺术宣传展览中获得二等奖1件、三等奖2件和优秀奖1件。本土电影《白月光下》在全国影院上映。剑门关景区被授予四川省文艺创作培训基地称号。建成剑门关 · 中国华侨国际文化交流基地。

【农村法制建设】 深化综合行政执法体制改革，构建乡（镇）"一支队伍管执法"体制，撤销乡（镇）派驻机构319个，优化调整29个乡（镇）综合行政执法力量，新组建10个乡（镇）综合行政执法大队。升级建设知识产权维权工作站6个。364个村（社区）实现法律顾问全覆盖。县12345热线平台接件率、办结率、按时办结率、态度满意率实现"四个100%"，结果满意率达99.8%。开展各类普法宣传活动560余场次，发放宣传资料20万余份，解答法律咨询5万余人次。持续加强法治文化建设，规划并打造天一世纪民法典广场、翠云大道法治文化长廊、双旗美村法治广场等特色鲜明的法治文化示范点。普安镇光荣村获评第九批全国民主法治示范村（社区）和第一批省级民主法治示范村（社区），被县司法局被省委、省政府表彰为四川省"七五"普法先进集体，微视频《司法女兵》获得第六届平安中国看四川"三微"比赛优秀作品和第三届川渝法治微视频微电影大赛二等奖。

【涉农招商引资】 全县3 000万元以上的农业招商引资重大项目12个，均为内资项目，增长9.1%；项目总投资121.58亿元，比上年增长386.32%。协议资金1 215 750万元，增长386.52%，完成全年任务的405.27%；到位资金142 685万元，增长5.26%，完成年度任务的102.32%。

【农村社会保障】 全县城乡居民基本医疗保险实际参保人数48.07万人，城乡居民养老保险覆盖人数32.23万人。全年享受城镇最低生活保障5.1万人次，发放保障金2027.5万元；享受农村最低生活保障50.68万人次，发放保障金10 722.4万元。养老服务事业取得新进展，新建民办养老院1所、日间照料中心14所。城乡特困人员供养率100%，发放城乡特困人员供养金1 654.4万元。

【农村生态建设及环境保护】 重要河流水环境质量总体较好，辖区1个国控断面平均水质达到地表水Ⅱ类，3个纳入考核的省控断面均达Ⅲ类及以上水质标准。污水处理厂集中处理率达90.72%，县城区集中式饮用水水源水质达标率100%，县城区生活垃圾无害化处理率达100%。建成区绿地率达37.5%，绿化覆盖率达38.5%。

【农村市场体系建设】 全年金融机构各项存款余额279.31亿元，比上年末增长12.7%，其中住户存款余额241.08亿元，增长14.6%。金融机构各项贷款余额154.39亿元，增长15.7%，其中短期贷款余额21.53亿元，增长12.9%；中长期贷款余额122.67亿元，增长15%。全年保费收入6.81亿元，比上年下降5.7%。

【农村留守家庭（儿童、学生）帮扶】 县教科局教育基金会通过多种方式、各种渠道争取和协调社会捐赠款物开展公益活动，关爱农村留守儿童，资助家庭贫困学生，通过政策资助和捐赠，解决了困难家庭子女的入学问题，全县无一名学生因家庭困难而辍学。

【劳务开发与返乡创业】 全年城镇新增就业6 424人，城镇失业人员再就业1 625人，就业困难人员再就业333人，城镇登记失业率控制在2.95%。举办技能培训班94期，培训4 811人，其中脱贫人口培训914人、就业创业培训3 897人。全年参加见习80人，发放见习补贴85.1万元；扶持大学生创业3人，发放创业补贴3万元，发放小额担保贷款7 220万元。登记入库农村劳动力31.4万人，组织召开招聘会39场。拓展输出渠道，转移输出劳动力总数27.2万人，实现劳务收入60亿元左右。

【主要领导人】 县委书记：杨祖斌；县人大常委会主任：张大勇；县长：范为民；县政协主席：向道坤；分管农业副县长：唐家华。

剑阁县编写组

青　川　县

【基本情况】 2022年，全县辖12镇8乡(2个回族乡)，辖区面积3 216平方千米，其中耕地面积29.92万亩、基本农田13.56万亩。全县总人口21.95万人，其中城镇人口6.18万人、农村人口15.77万人；常住人口15.08万人，其中城镇人口5.5万人、农村人口9.58万人。森林覆盖率74.01%。

有各类学校58所，在校学生17 650人，教职工2 243人，其中普通中学8所，在校学生7 014人；小学27所，在校学生7 938人；学龄儿童入学率99.56%，提高0.65个百分点。完成省级以上科技成果4项。有艺术表演团体1个，文化馆1个，公共图书馆1个，博物馆2个。有卫生机构23个，病床位853张。新型农村合作医疗参合人数177 100人，参合率99.9%。

【年度农业和农村经济运行】 2022年，全县农林牧渔业总产值实现增速5%，排名全市第二位；农林牧渔辅助及专业活动总产值增速8.6%，高于全市平均水平；第一产业增加值增长率达4.7%，排名全市第二位。农村居民年人均可支配收入达16 616元，增长6.1%，排名全市第二位。全县主要农产品产量见表1。

【农用地产权制度改革】 规范土地流转管理，落实土地流转备案制度，建立村、乡、县三级管理台账，管理土地流转1.6万亩，防止了土地“非农化”“非粮化”。

【农村集体产权制度改革】 农村集体资产2021年度清查工作结束。指导全县各乡(镇)农村集体经济组织开展2021年度资产清查，共清查核实2021年度农村集体资产144 855.601 2万元(其中经营性资产11 497.823 1万元、非经营性资产133 357.778 1万元)、资源性资产353.601 9万亩。完成农村集体产权制度改革“回头看”工作，从6月下旬开始指导全县20个乡(镇)所有村集体经济组织开展了成员身份信息再核实，对全县跨区域重复认定成员1 698人进行全面核实，按程序进行取消；农村集体经济组织登记赋码信息核对工作重点核实法定代表人信息、集体经济组织成员人数户数等信息是否与全国农村集体产权管理系统相关数据一致，集体资产总额、资产量化、集体土地面积等数据是否与全国农村集体资产清产核资管理系统中资产清查数据一致；规范村集体经济组织登记赋码，对登记赋码名称不准确的集体经济组织进行了变更，要求各集体经济组织严格规范挂牌，全面完成农村集体经济组织公章刻制、银行开户、税务登记等手续；加强农村集体资产监督管理，建立健全资产清查、登记、保管、使用、处

表1　2022年青川县主要农产品产量

主要农产品	单位	产量	同比增减(%)
粮食	万吨	13.320 0	3.80
水稻	万吨	0.370 0	-1.30
小麦	万吨	0.710 0	7.90
玉米	万吨	8.850 0	1.70
马铃薯	万吨	1.740 0	5.20
油菜籽	万吨	1.720 0	7.50
蔬菜	万吨	13.390 0	15.76
茶叶	万吨	1.000 0	5.26
食用菌	万吨	1.320 0	4.78
中药材	万吨	1.300 0	8.33
水果	万吨	18 136.000 0	0
猪肉	万头	19.000 0	9.15
牛肉	万头	1.430 0	12.14
羊肉	万只	9.370 0	11.20
禽肉	万吨	362.120 0	15.50
禽蛋	万吨	0.490 0	3.15
水产品	万吨	0.411 7	-9.24

置等集体资产管理制度。农村宅基地管理工作有序推进，根据《青川县农村村民宅基地审批和住房建设管理办法》《关于农村闲置宅基地和闲置住宅盘活利用工作的实施方案》工作要求，细化农经股优化工作，解决农户的建房问题，发挥乡、村在宅基地管理改革事务中的主体作用。全年审批农村村民自建住宅83宗，面积8 238.3平方米。

【农产品品牌战略实施】 发布“七佛贡茶”两规一标，完成青川白茶“两规一标”编撰，新发布“青川山珍”区域公用品牌，培育“三品一标”农产品达53个。举办白茶采摘节、第六届“世界蜜蜂日（5·20）”主题活动中国西南区会场暨四川主会场活动、熊猫山珍·2022中国农民丰收节青川庆丰收活动和第二届牛羊美食节4场品牌推介活动，被中央电视台、《人民日报》《光明日报》等多家主流媒体报道；开展茶叶“四进”活动，推介“青川造”特色农产品。青川白茶（“白叶一号”）获得第七届亚太茶茗大赛金奖和2022年四川特色旅游商品大赛银奖，龙门红蕊·青川龙门山工夫红茶获得第七届亚太茶茗大奖金奖，“七佛贡茶”“秀芽”牌川之味花茶获得第十一届四川茶博会“金熊猫”奖。

【现代农业园区建设】 青川县向阳茶园农业公园被评为第六批市级农业公园，青川县山珍现代农业园区创建为国家3A级景区。青川县阴平村食用菌茶叶现代农业园区、青川县乐安茶叶中药材现代农业园区创建为县级现代农业园区。青川县食用菌现代农业园区创建为省四星级现代农业园区，沙州茶叶现代农业园区创建为市级现代农业园区。建设数字化园区2个，安装食用菌数字控制设备10套，实现基地数字化管理，建成食用菌博览园1个、初加工点10个、食用菌精深加工线1条。完成三谷、三桥、青龙湖现代农业园区巩固提升，新培育现代农业园区4个。在20个乡（镇）各发展1 000亩以上产业园1个，实现产业增收5亿元、集体经济增收490万元，带动周边群众就近务工15 000人次。

【种植业】 粮油方面，坚持实施“藏粮于地”“藏粮于技”，全面遏制耕地撂荒及“非粮化”。应对极端暴雪、高温天气，抓好大春扩面、大豆扩种、抗旱救灾和晚秋补歉，力保粮食丰收，累计治理撂荒耕地2.56万亩，确保撂荒耕地动态清零。持续推进绿色生产，全县良种推广率98%，测土配方施肥技术推广率90%。实施重大病虫害监测、重点病虫害防治，实现主要粮食作物重大病虫害防治处置率100%、防治损失率3.5%。推广使用生物农药、开展绿色防控，粮油生产实现“药肥双减”。全年发放耕地地力保护补贴、农机购置补贴等惠农补贴4 342万元。完成4.04万亩大豆玉米带状复合种植任务，全年粮食作物播种面积46.64万亩，产量13.32万吨，同比增长3.3%；油料作物播种面积17.33万亩，产量2.01万吨，同比增长6.7%。坚持“2+3+3”现代农业产业体系建设，茶叶方面，新建“白叶一号”基地1 757.5亩，“白叶一号”基地面积达7 075.5亩。同时开展首次大规模采摘，共产鲜叶3 590千克，加工干茶897.5千克，“白叶一号”产品销售总额达530余万元。编报的《四川牢记习近平总书记殷殷嘱托，广元“白叶一号”感恩茶首次大规模采摘》被中办单篇采用。全县茶园总面积达27.57万亩，干茶产量达1万吨，茶产业综合产值达30亿元；“七佛贡茶”区域公用品牌价值15亿元。食用菌方面，建成食用菌三产融合示范区1个，引进黑木耳新品种20个、香菇新品种6个、金针菇新品种7个，种植食用菌3.6万亩，产量1.072万吨。中药材方面，改造提升中药材初加工厂1个，改造提升中药材规范化种植基地5个、1 500亩；种植中药材3.3万亩，产量1.3万吨。

【畜牧业】 签约肉牛（羊）招商项目12个，带动全县新（改、扩）建肉牛（羊）圈舍项目180个。全年出栏生猪19.96万头、肉牛1.63万头、肉羊10.34万只、土鸡773万只，蜂蜜产量580吨。全县创建为中华蜜蜂示范县，获评全省动物卫生监督工作成效显著县。

【水产业】 水产业结构不断优化，逐步形成了以白龙湖大水面增殖渔业、特色冷水鱼养殖和休闲渔业为重点的三种渔业模式，其中白龙湖由市生态渔业发展有限公司整体开发，采取人放天养模式，已投放大规格鱼种150余万尾，有白龙湖银鱼国家地理标志和白龙湖鲢、鳙鱼有机鱼3个品牌认证；有以大鲵、裂腹鱼、鲟鱼、多鳞白甲鱼为代表的冷水鱼养殖业主13个，养殖面积500亩。全县水产养殖产量4 117吨，实现渔业综合产值1.47亿元，全市综合排名第四。有从事休闲渔业主体52个，从事风干鱼初加工5家。创新实施非法捕鱼人以劳代偿化身护渔员制度，增殖放流鱼苗5.1万尾，收缴、销毁违法捕捞网具50副、鱼竿500余根，劝退游钓人员1 000余人，放生渔获物约260千克。

【乡村振兴】 优化调整“县委、县政府+农村工作领导小组+巩固拓展衔接专项工作领导小组”的组织体系，在县委农村工作领导小组下增设农业产业发展等14个工作专班。全年召开县委常委会8次、县政府常务会7次、县委农村工作领导小组全体成员大会3次、县委农村工作会议1次、巩固衔接领导小组会议4次，印发《青川县2022年巩固拓展脱贫攻坚成果同乡村振兴有效衔接工作要点》《青川县贯彻落实〈四川省关于实现巩固拓展脱贫攻坚成果同乡村振兴有效衔接的意见〉责任分工清单》等乡村振兴指导性文件20余个。在全县选派258名干部组成81支工作队进村到岗，做到71个脱贫村、10个重点帮扶村“第一书记”和工作队全覆盖。将巩固拓展脱贫攻坚成果纳入乡村振兴战略实绩考核，创新实行基层治理年、人居环境整治年、农业园区建设“两年一园”拉练评比现场考评机制，围绕产业发展、环境优化等方面制定33项考评指标，采取“现场拉练”“即时打分”“总结评选”方式开展，表扬先进、鞭策“后进”。抓实监测帮扶防返贫，建立1 128名“四级”分级落实监测核查队伍，做好常态化监测和帮扶，对未销号的84户235名监测对象制定各类帮扶措施546条，坚决守住不发生规模性返贫底线。稳定帮扶政策重衔接。聚焦“四个不摘”要求，持续巩固“三保障”和饮水安全成果。保持控辍保学整体巩固率100%，稳定脱贫人口、监测人口等特殊身份人员参保率100%，改造完成1 264户农村住房，农村安全饮水改造升级项目全面完工，脱贫村“掉边掉角”农户搬迁208户。聚焦产业就业促增收。投入1.38亿元，储备巩固拓展脱贫攻坚成果和乡村振兴项目88个，新创建县级现代农业园区2个，扩面提效乡级特色产业园20个，巩固提升村级特色产业园70个，辐射带动8 600余户脱贫户户均增收1 200元以上。对1 550户易地搬迁户和90户监测户及18个重点村户办产业按照户均1 500元标准进行补助。依托“832”平台带动农副产品销售总额2.8亿元，连续三年位居全省第一。建立村级劳务专业合作社178个726个班组，吸纳社员13 718人，就地就近务工13 266人次，实现劳务增收1 672余万元。抓产业发展，为脱贫地区特色产业高质量发展引领区建设作出“青川示范”。青溪镇获评“2021年度四川省乡村振兴先进乡镇”，姚渡镇汉道河村、乔庄镇孔溪社区、竹园镇河村获评“2021年度四川省乡村振兴示范村”。王淑娟、赵海伶分别获得大国农匠—农村电商致富先行者、筑造者三等奖。

【农村生态建设及环境保护】 全年回收废弃农膜75.34吨，回收率达90%。全县秸秆综合利用率达92.6%。规范畜禽养殖粪污漏、排、放、用，全县畜禽养殖粪污综合利用率达92%。

【农产品质量安全监管】 完成农产品质量安全风险监测交叉抽检、农产品质量安全风险监测抽检、农产品质量安全定量检测，合格率均为100%。推进农药残留胶体金免疫速测技术试点，通过省农残、重金属能力验证。推进农业外来入侵物种普查，普查外来入侵植物52种、外来入侵病虫害19种、外来入侵水生生物1种。重大动物疫病防控不断加强。重点抓好春秋两季重大动物疫病防控，全年未发生区域性重大动物疫情，全县畜禽群体应免密度均达100%。全县犬只免疫密度农村达90%。全县获评农产品质量安全监管与品牌培育工作成效突出单位。

【主要领导人】 县委书记：龙兆学；县人大常委会主任：张国辉；县长：李方甫；县政协主席：杨政国；分管农业副县长：张久全。

青川县编写组

苍溪县

【基本情况】 2022年，全县辖31个乡（镇）454个村（社区），辖区面积2 334平方千米。年末户籍总人口72.85万人，比上年末减少0.8万人，其中非农业人口12.92万人、农业人口59.93万人。常住人口50.47万人，其中城镇常住人口17.37万人、农村常住人口33.1万人；城镇化率达34.41%。全年出生人口3 314人，人口出生率6.51‰；死亡人口5 817人，人口死亡率11.44‰；人口自然增长率-4.92‰。

2022年，全县实现地区生产总值204.04亿元，按可比价格计算，比上年增长2%，其中第一产业增加值58.47亿元，增长4.3%；第二产业增加值58.63亿元，下降4.6%；第三产业增加值86.94亿元，增长5.2%。人均地区生产总值40 324元，增长2.8%。一、三产业分别拉动经济增长1.2个、2.2个百分点。三次产业增加值占地区生产总值的比重分别为28.7%、28.7%和42.6%。

全年公路运输总周转量82 237万吨/千米，比上年增长2.4%，其中客运周转量4478万人/千米，下降59.5%；货运周转量81 789万吨/千米，增长3.3%。实现邮政业务总量1.04亿元，比上年增长7.9%。年末固定电话用户11.4万户，移动电话56.7万部，宽带用户27.1万户。社会消费品零售总额81.84亿元，比上年下降2.1%，其中城镇消费品零售额41.92亿元，下降2.2%；乡村消费品零售额39.92亿元，下降2%。全社会固定资产投资额145.76亿元，比上年增长8.1%。一般公共预算收入完成9.02亿元，比上年增长16.6%，其中税收收入5.66亿元，增长4.8%；一般公共预算支出52.38亿元，增长9.7%。金融机构各项存款余额411.7亿元，比上年增长9.4%，其中城乡居民储蓄存款361.09亿元，增长14%；各项贷款余额211.08亿元，增长11.4%。全年保费收入9.7亿元，比上年下降9.7%。

普通高中在校学生12 145人，中等职业教育在校学生4 521人，初中在校学生19 136人，普通小学在校学生26 703人，特殊教育在校学生185人，学前教育在园幼儿11 088人；九年义务教育巩固率为100%，高中阶段毛入学率为97.1%。全年新增授权专利162件。有文化馆1个，档案馆1个，体育场馆3个，剧场、影剧院4个，展览馆1个。有线电视通村464个，有线电视通村率100%。新增城乡有线电视用户4 078户，累计入户11.3万户，其中农村7.6万户。广播电视混合覆盖率100%。有医疗卫生机构

753个（含村卫生室及诊所），其中医院14个、在医院中有公立医院6个、民营医院8个；基层医疗卫生机构582个，其中乡（镇）卫生院31个、社区卫生服务中心3个、村卫生室548个。年末有卫生技术人员3 372人，其中执业医师和执业助理医师1 314人、注册护士1 259人；医疗卫生机构病床位3 472张。

【年度农业和农村经济运行】 2022年，全县实现农林牧渔业总产值101.76亿元，比上年增长4.6%；实现农林牧渔业增加值59.44亿元，比上年增长4.3%。农业拉动经济增长1.2个百分点。农村居民年人均可支配收入达17 083元，增长6.3%。城乡居民人均可支配收入比值为2.31，比上年缩小0.03。农村居民年人均消费支出达14 198元，增长5.8%。农村恩格尔系数为35.6%。水产品产量1.88万吨，增长1.6%。有农业机械总动力90.52万千瓦，比上年增长1.3%。

【种植业】 全县粮食作物播种面积121.71万亩，比上年增长1.2%；产量43.73万吨，下降1.8%，其中小春粮食作物播种面积37.35万亩，增长0.03%；产量10.99万吨，增长1.7%。大春粮食作物播种面积84.36万亩，增长1.7%；产量32.74万吨，下降2.9%。全县经济作物播种面积67.35万亩，比上年增长1.5%，其中油菜籽种植面积38.12万亩，增长0.4%；产量5.78万吨，增长1.5%。水果产量26.9万吨，增长9.5%。蔬菜及食用菌产量41.37万吨，增长3.3%。

【畜牧业】 全县生猪存栏69.5万头，下降3.8%；生猪出栏105.98万头，比上年增长1.5%。猪肉产量7.91万吨，增长3.3%。牛出栏2.59万头，增长10.1%；牛肉产量0.33万吨，增长6.5%。羊出栏10.89万只，增长7.3%；羊肉产量0.17万吨，增长6.3%。家禽出栏838.17万只，增长0.4%；禽肉产量1.17万吨，增长0.9%；禽蛋产量1.96万吨，增长2.6%。

【统筹城乡建设】 推动百利新区、梨仙湖新区开发建设，加快百利大桥、百利堤防、市政主干道（一期）等重点项目建设。有序推进梨仙湖特色水镇和美好广场、一品天下、湿地滨水、状元文化、红色文化五大特色品质街区建设。启动九曲溪带状湿地公园建设，实现“一江清水入嘉陵”。建成嘉陵绿道（三期），改造提升城市绿道2千米以上。完成碧秀花园片区、桂花树巷片区等9个片区老旧小区改造提升。启动五龙嘉陵江农旅融合发展片区、龙山文昌苗果药发展片区乡（镇）级国土空间规划编制。加快元坝县域副中心和龙山、歧坪等中心镇建设。推动张唤路、元中路、进港公路延伸线建设，新（改）建农村道路350千米以上。

【农村生态建设及环境保护】 持续推进天然林保护和退耕还林两大生态工程建设，建成国家A级景区10个、自然保护区2个、国家级森林公园1个，湿地公园1个、“两山”理论实践创新基地1个。建黄猫垭镇高台村被评为全国美丽休闲乡村，全县创建为省级生态县。完成农村生活污水治理村274个，治理率达70%；完成15条农村黑臭水体治理，治理水域面积约10万平方米。实施饮水安全及水源工程巩固提升项目56个，对全县18个集中供水工程进行维修养护。全面落实河（湖）长制，嘉陵江、东河水质达到Ⅱ类及以上标准，城乡集中式饮用水水源地水质达标率100%。完成金垭子非正规垃圾场地下水修复与治理，全县农村生活污水处理率达67.4%，生活垃圾无害化处理率达95%。全县畜禽粪污综合利用率、废弃农膜回收率和农作物秸秆综合利用率分别达95%、81%、90%。

【农村社会保障】 全县参加城乡居民基本养老保险人数30.84万人，参加城乡居民基本医疗保险人数55.2万人。全县共有1.14万人享受城市最低生活保障，4.95万人享受农村最低生活保障。全年临时救助39万人次。

【主要领导人】 县委书记：张世忠；县人大常委会主任：冯明；县长：任云；县政协主席：李汀；分管农业副县长：翟广生。

苍溪县编写组

遂 宁 市

【基本情况】 2022年，全市辖2区1市2县75个乡（镇）20个街道，辖区面积5 322平方千米。全年出生人口1.77万人，人口出生率6.31‰；死亡人口1.85万人，人口死亡率6.6‰；人口自然增长率-0.29‰。年末常住人口277.2万人，比上年末减少1万人，其中城镇人口162.7万人、乡村人口114.5万人；常住人口城镇化率58.68%，比上年末提高0.47个百分点。年末全市户籍人口354.4万人，比上年末减少3.2万人；户籍人口城镇化率30.23%，比上年末提高0.08个百分点。

2022年，全市实现地区生产总值1 614.47亿元，按可比价格计算，比上年增长4.2%，其中第一产业增加值220.99亿元，增长4.4%；第二产业增加值772.88亿元，增长5.6%；第三产业增加值620.61亿元，增长2.7%。人均地区生产总值58 137元，增长5.1%。

全市公路总里程13 952千米，等级

公路达13 703千米,其中高速公路386千米。有各级各类学校796所(不含高等院校),在校学生42.1万人,专任教师3.01万人,其中普通小学176所,在校学生17.66万人;普通初中107所,在校学生8.95万人;特殊教育学校5所,在校学生828人;普通高中31所,在校学生5.3万人;中等职业教育学校(不含技工学校)10所,在校学生2.08万人。

【年度农业和农村经济运行】 2022年,全市实现第一产业增加值220.99亿元,增速4.4%,居全省第五位。实现农林牧渔业总产值367.16亿元,增长4.6%,居全省第五位,其中农业产值182亿元,增长4.8%;林业产值13.8亿元,增长3.6%;牧业产值147.8亿元,增长4.4%;渔业产值11.1亿元,增长3.5%;服务业产值12.5亿元,增长4.1%。农村居民年人均可支配收入达20 986元,增长6.4%,位居全省第八位。全市省级(及以上)农业产业化重点龙头企业名单见表1,全市省级(及以上)示范农民合作经济组织名单见表2,全市家庭农场经营情况(前10位)见表3 。

【种植业】 全面落实粮食安全党政同责,推进撂荒地整治,全市整治撂荒地28.24万亩,其中用于粮食生产25.45万亩,占比为90.12%。应对高温灾害,做好秋马铃薯、再生稻等作物扩面工作,完成秋马铃薯种植面积18.1万亩、再生稻蓄留6.9万亩,分别超省下达目标任务的11%、38%。全市完成大豆种植面积42.4万亩,占目标任务的106.5%;完成玉米大豆带状复合种植面积15.26万亩,占目标任务的113%。全年粮食作物播种面积419.9万亩,比上年增加9.8万亩,增长2.4%,因遭遇两轮持续异常的高温晴热少雨天气,粮食总产量144.6万吨,比上年减少2.2万吨,下降1.5%。打好扩面、挖潜、政策激励"组合拳",探索撂荒地"三方共耕"模式经验被《人民日报》头版刊发推广。率先开展大豆保险试点,玉米大豆带状复合种植示范基地大豆单产创全国最高纪录。

承办全市春耕生产、撂荒地整治、晚秋生产、大春中后期田管及农业防灾减灾等现场会议。落实粮油生产相关政策,全年兑付耕地地力保护补贴、实际种粮农民一次性补贴、稻谷价格补贴和种粮大户补贴等惠农资金42 552.9万元。突出抓好粮油绿色高质高效示范区建设,打造玉米大豆带状复合种植百亩攻关田、千亩展示片和万亩示范区,示范区亩产提高5千克以上,其中安居区石洞镇丰华农业专业合作社玉米大豆带状复合种植基地实现3亩以上玉米亩产617.66千克、大豆亩产180.2千克,大豆高产竞赛测产量创全国纪录,受到农业农村部和农业农村厅领导、专家的表扬。《下好"先手棋"、做足"绣花功"、筑牢"保障网"四川遂宁千方百计扩大大豆种植面积》作为经验被农业农村部简报采用。推进撂荒地复耕复种,探索推广"三方共耕"模式,倡导撂荒地流转租金"三免两减半",复耕撂荒地28.24万亩,为全年粮食扩面增产提供了强有力支撑。全年水稻播种面积85.09万亩,产量44.2万吨;玉米播种面积139.55万亩,产量51.86万吨;红薯播种面积35.9万亩,产量10.99万吨;马铃薯播种面积31.61万亩,产量8.7万吨;大豆播种面积40.25万亩,产量5.21吨;小麦播种面积82.08万亩,产量22.59万吨;油菜播种面积100.37万亩,产量19.26万吨;花生播种面积24.79万亩,产量4.27万吨。

全市植保工作坚持"预防为主、综合防治"方针和"公共植保、绿色植保、法治植保"理念,围绕农业生态安全、生产安全和质量安全目标,做好病虫害监测预报、阻截防控工作,完成病虫控害和农药减量等目标任务,多项工作获得农业农村厅植保工作绩效考核优胜单位通报,其中遂宁市获得全省病虫害绿色防控、病虫害统防统治、农药科学安全使用、农药监测管理等4项工作优胜单位,蓬溪县、射洪市获评"全省病虫检测预警工作优胜单位",射洪市、安居区、蓬溪县获评"全省病虫害绿色防控工作优胜单位",射洪市、安居区、蓬溪县、大英县获评"全省病虫害统防统治工作优胜单位",射洪市获评"全省农药科学安全使用工作和农药监测管理工作优胜单位",蓬溪县获得全省小麦条锈病首发奖,射洪市创建为全国农作物病虫害专业化统防统治百强县。农作物病虫控害保产效果显著,全年农作物病虫草鼠螺害累计发生853.9万亩次,防治1 064.2万亩次,经防治挽回损失16.2万吨,实际损失2.2万吨,损失率0.71%,其中粮食作物挽回产量损失11.4万吨,防治后实际损失率为1.14%,低于省下达的4%的控制指标,未出现大面积成灾,确保了粮油生产安全。重大植物疫情风险得到有效控制,市重大植物疫情指挥部办公室印发《关于切实做好红火蚁春季监测防控工作的紧急通知》,市农业农村局转发农业农村厅等4部门《关于做好公园绿地等重点区域红火蚁预警防控工作的通知》。全年水稻稻水象甲、红火蚁发生面积48 800亩,实施阻截防控82 160亩,防治后损失率在4%以下,其中水稻稻水象甲发生县4个、面积48 590亩,阻击防控78 520亩,防治效果达90%以上;红火蚁(大英县)农田发生面积210亩,阻击防控3 640亩(含传播风险区),疫情处置率100%,防治效果达90%以上。农药使用量继续保持零增长,以第二轮中央生态环境保护督察反馈农药减量化问题整改为契机,开展农药减量化技术推广和科学安全用药培训宣传,实现农药减量控害目标。印发《遂宁市第二轮中央生态环境保护督察反馈农药减量化问题整改方案》和农药减量六大行动方案,全市建立绿色防控替代化学防控、统防统治替代分户防治、生物农药替代化学农药等示范片(区)83个、面积47.01万亩,主要农作物病虫害绿色防控覆盖率56.1%、统防统治覆盖率53.2%以上,分别比上年增长9.6个和6.3个百分点,均

表1　2022年遂宁市省级（及以上）农业产业化重点龙头企业名单

企业名称	注册资金（万元）	法人代表	示范等级	年度产值（万元）	主营产品
四川五斗米食品开发有限公司	1 500	王顺海	国家级	30 221	其他调味品、发酵制品制造
四川高金实业集团股份有限公司	36 043	金翔宇	国家级	623 472	加工猪肉、销售生猪
四川省遂宁市南大食品有限公司	5 000	禹玉光	国家级	57 178	养殖及加工销售生猪
四川美宁食品有限公司	13 700	唐和林	国家级	94 791	加工猪肉、销售猪肉
四川回春堂药业连锁有限公司	2 000	梁山	国家级	13 989	中药材种植
齐全农牧集团股份有限责任公司	8 088	童其权	国家级	93 640	制造、销售饲料，生猪
射洪县超强肉类食品有限责任公司	5 000	韩开超	省级	25 012	牲畜屠宰
四川合众生态农业有限公司	1 000	谢均富	省级	4 279	食用菌种植及小杂粮加工
四川沱牌舍得集团有限公司	23 224	杨中淇	省级	365 645	白酒制造
四川省振昊农业有限责任公司	2 000	李家朋	省级	3 150	血橙种植
正大食品遂宁有限公司	6 000	康清平	省级	73 800	白羽肉鸡养殖及加工
四川天应农业科技有限公司	1 200	任小华	省级	3 619	洋姜生产加工
四川射洪佳兴旺食品有限公司	1 000	钱烈刚	省级	2 164	咪塔王子系列米饼，油炸系列小小酥
大英县天骄纺织有限公司	1 200	蒋德平	省级	5 167	纺织品生产销售
四川南方烽润食品有限公司	2 000	黄友	省级	4 050	家畜家禽屠宰、销售
四川沃田农业开发有限公司	150	江润志	省级	4 662	家禽养殖、销售（鸡）
遂宁辛农民粮油有限公司	3 100	吕长华	省级	13 725	食用油
四川普升农业发展有限公司	1 000	冯建国	省级	3 897	养猪
遂宁市龙婷生态农业有限公司	2 000	张天伦	省级	2 179	葡萄
遂宁永荣高科技有限公司	1 000	王刚	省级	4 507	芍药、大米
四川遂宁祉香食品有限公司	1 000	王小平	省级	6 422	藤椒油
四川博茂农业开发有限公司	1 000	向前	省级	2 588	田藕
四川琪英菌业股份有限公司	300	干丽群	省级	20 647	食用菌
遂宁市中通实业集团现代农业开发有限公司	1 500	伍英秀	省级	4 062	生猪、鸡蛋、跑山鸡
蓬溪华亨泰丰农牧发展有限公司	1 000	薛恒钊	省级	2 910	生猪
四川德前农牧有限公司	1 196	唐向前	省级	1 800	牛、羊
四川万成农业开发有限公司	1 000	蒋乔华	省级	4 985	肉牛羊、柑橘、龙虾、鱼、大闸蟹
四川渴望生物科技有限公司	5 000	补忠华	省级	6 572	药物生产、销售
遂宁市三丰食品有限公司	1 000	邓江宁	省级	0	食品加工、销售
四川菌绿生态农业科技有限公司	2 000	范耀忠	省级	2 109	食用菌研发、生产、加工、销售
遂宁市凡是食品有限公司	3 200	樊昌霖	省级	7 991	肉制品生产、销售
遂宁市中豪粮油有限公司	2 600	吕长华	省级	14 598	菜籽油生产、加工

续表

企业名称	注册资金（万元）	法人代表	示范等级	年度产值（万元）	主营产品
四川喜之郎食品有限公司	23 400	李永良	省级	213 797	食品生产销售
四川全泰堂川白芷产业有限公司	500	郑全林	省级	2 500	药品生产销售
四川天穗农业集团有限公司	5 000	黄宁	省级	4 454	花卉、水果、蔬菜、中草药种植

表2　2022年遂宁市省级（及以上）示范农民合作经济组织名单

企业名称	注册资金（万元）	法人代表	示范等级	年度产值（万元）	主营产品
遂宁市复桥唐春生猪奶牛养殖农民专业合作社	600	蒋安军	省级	0	生猪产业
遂宁市船山区百家信农机专业合作社	300	贾玉蓉	省级	0	农机服务
遂宁市船山区龙慧种植种植专业合作社	200	龙春燕	省级	1 091 654.21	粮食产业
遂宁市船山区亿和养殖专业合作社	200	龙春燕	省级	3 879 485.47	渔业及相关
遂宁市龙裕畜禽养殖专业合作社	500 000	龙炳火	省级	2 075 702.5	其他畜牧
遂宁市船山区河梓田藕农民专业合作社	500	冯问全	省级	0	蔬菜产业
遂宁市船山区鹤林水乡养殖专业合作社	5 000	彭江林	省级	328 454.09	渔业及相关
遂宁市五丰菌业专业合作社	300	邓全刚	省级	0	其他
遂宁市回春堂中药材种植专业合作社	500	梁山	省级	4 153 200	中药材
遂宁市齐韵养殖农民专业合作社	10 000 000	黄喻宁	国家级	35 713 750	其他畜牧
遂宁市船山区昌成养殖专业合作社	600	胡昌成	省级	0	肉鸡产业
船山区老池乡林涛花果农民专业合作社	300	魏厚亮	省级	3 178 000	水果
遂宁市曾氏养蜂专业合作社	50	曾正兴	省级	180 000	其他畜牧
遂宁市船山区可士可柑桔种植农民专业合作社	1 000	张兴菊	省级	0	水果
遂宁市船山区唐家乡金兆养猪专业合作社	600	李泽根	省级	0	生猪产业
遂宁市船山区开创果蔬农民专业合作社	120	曾和平	省级	6 910 407	粮食产业
遂宁市船山区开创果蔬农民专业合作社	1 311	曾和平	省级	0	其他种植
遂宁市安居区利丰生猪养殖农民专业合作社	99.3	向国军	省级	16 230 000	生猪产业
遂宁市安居区春阳沙田柚专业合作社	150	冯阳春	国家级	3 100 000	水果
遂宁市安居区安居镇沁馨苑种植专业合作社	180	郑小华	省级	3 100 000	蔬菜产业
安居区寸心蔬菜农民专业合作社	500	李作树	省级	1 059 000	蔬菜产业
遂宁市众一种植农民专业合作联合社	2 980	杨兵	省级	1 280 000	粮食产业
遂宁市安居区分水镇雨彤生猪养殖农民专业合作社	1 094	蔡洲	省级	280 000	生猪产业
遂宁市安居区聚财油菜生产农民专业合作社	499.95	邹群	省级	426 000	粮食产业
遂宁市安居区万和源薄壳核桃种植农民专业合作社	298	杨兵	省级	1 280 000	其他种植
遂宁市安居区治臣生猪养殖农民专业合作社	100	潘松	省级	1 200 000	生猪产业

续表 1

企业名称	注册资金（万元）	法人代表	示范等级	年度产值（万元）	主营产品
遂宁市安居区红红种植农民专业合作社	23	李红	省级	3 600 000	农机服务
安居区丰华农机专业合作社	386	奉光荣	国家级	698 000	农机服务
遂宁市安居区启华种植专业合作社	1 358	陈长礼	省级	150 000	水果
遂宁市安居区铁哥食用菌农民专业合作社	215	张天铁	省级	3 258 100	其他种植
遂宁市安居区博天苗木种植农民专业合作社	1 499	张天伦	省级	14 126 664.9	粮食产业
遂宁市安居区全福肉羊养殖专业合作社	469	蒋全兴	省级	4 631 224	其他畜牧
遂宁市泰鑫种植农民专业合作社	200	莫白杨	省级	880 781.35	水果
遂宁市安居永丰绿色五二四红苕专业合作社	680	李远林	国家级	20 000 000	粮食产业
遂宁市安居区汇龙无公害水果农民专业合作社	100	王梅	省级	200 000	水果
遂宁市安居区田园皮球桃农民专业合作社	522	田全军	省级	400 000	水果
遂宁市安居区绿机种植专业合作社	500	李仕虎	省级	850 000	粮食产业
遂宁市安居区春源种植专业合作社	108	高长春	省级	3 203 873	粮食产业
遂宁市安居区陈兰种植专业合作社	300	陈克兰	国家级	41 10 160	粮食产业
安居区庆宇蔬菜种植专业合作社	100	赖擎宇	省级	687 651.8	水果
遂宁市安居区恒邦绿色生猪养殖专业合作社	120	冯建兴	国家级	25 608 625.66	生猪产业
遂宁市安居区天利绿色生猪专业合作社	200	潘启华	省级	18 602 391.42	生猪产业
遂宁市安居区安牧绿色生猪专业合作社	550	罗顺合	国家级	91 578 000	生猪产业
遂宁市安居区欣茏祉香藤椒种植专业合作社	100	王小平	省级	1 000 000	其他林业
遂宁市安居区亚庆种植农民专业合作社	108	段吉富	省级	1 250 000	其他种植
遂宁市安居区尝乐黄金梨专业合作社	128.5	杨哲均	国家级	2 534 528	水果
蓬溪县赤城农业机械专业合作社	200	荣远卫	省级	2 100 000	农机服务
蓬溪县九叶青花椒专业合作社	600	杨龙	国家级	350 000	其他种植
蓬溪县健柏种植专业合作社	100	刘新	省级	130 000	粮食产业
蓬溪县众发柠檬种植专业合作社	100	陈敏	省级	1 000 000	其他种植
蓬溪县助农劳务专业合作社	300	刘江华	省级	2 900 000	其他服务
蓬溪县金果子水果种植专业合作社	2 000	曾军	省级	3 030 000	水果
蓬溪县蛴蟆王子养殖专业合作社	100	王兴仁	省级	163 475.1	粮食产业
蓬溪县禧德祥种植专业合作社	600	陈小波	省级	3 226 000	粮食产业
蓬溪县文井镇宇养殖专业合作社	130	雷镇	省级	2 700 000	蛋鸡产业
蓬溪县绿源生猪养殖专业合作社	126	康平	省级	2 200 000	蛋鸡产业
蓬溪县青禾康水稻种植专业合作社	60	杨红梅	省级	1 500 000	粮食产业
蓬溪县拱市联村种植专业合作社	500	蒋乙嘉	国家级	1	粮食产业

续表2

企业名称	注册资金（万元）	法人代表	示范等级	年度产值（万元）	主营产品
遂宁市地黄薯业专业合作社联合社	80	李家强	省级	0	中药材
蓬溪县深川水产养殖专业合作社	200	唐远福	省级	0	渔业
蓬溪县岩石农机专业合作社	1 109.37	郭大兴	省级	1 200 000	农机服务
蓬溪县裕丰农作物种植专业合作社	351	左林	省级	2 000 000	粮食产业
蓬溪县健成核桃种植专业合作社	505.55	苟健	省级	100 000	粮食产业
蓬溪县中宇蔬菜专业合作社	127	余江	国家级	100 000	粮食产业
蓬溪县民富蔬菜专业合作社	300	李培明	国家级	350 000	蔬菜产业
蓬溪县远波农机专业合作社	600	郭青兵	国家级	500 000	—
蓬溪县天鸿养鹅专业合作社	100	蒋开成	省级	0	其他畜牧
蓬溪县天宫堂农村土地流转专业合作社	100	万伟涛	省级	500 000	生猪产业
遂宁万成养殖专业合作社	200	蒋乔华	省级	1 432 542	肉牛羊产业
蓬溪县润福养殖专业合作社	800	唐克海	省级	0	—
蓬溪照峰种植专业合作社	2 000	冯应三	省级	5 000 000	其他种植
蓬溪县耀华香桂树种植专业合作社	1 000	杨远兵	国家级	300 000	其他种植
蓬溪县松田水果专业合作社	30	王勤福	省级	3 192 000	水果
蓬溪县薯兴红苕专业合作社	300	张雪松	国家级	0	其他种植
蓬溪县浩婷种植专业合作社	10	唐丕明	省级	100 000	水果
蓬溪县华盛水果专业合作社	50	曹阳	省级	200 000	水果
蓬溪华盛水产养殖专业合作社	30	曹阳	省级	0	渔业
蓬溪县明浩养羊专业合作社	10	唐丕明	国家级	249	肉牛（羊）产业
蓬溪县晓金水产养殖专业合作社	10	刘晓金	省级	1 100 000	渔业
蓬溪仙桃水果专业合作社	16	李春林	省级	0	水果
蓬溪县柏波麦秆画专业合作社	200	柏波	省级	2 000 000	—
蓬溪县向前养羊专业合作社	1 210	唐向前	国家级	350 000	肉牛（羊）产业
蓬溪县恒盛养殖专业合作社	10 000	侯德志	省级	0	生猪产业
蓬溪县柏林养殖专业合作社	50	宋兰英	省级	340 000	生猪产业
蓬溪县高坪红塘茶叶专业合作社	50	郭荣辉	省级	160 000	茶叶
蓬溪县红彦谷物种植专业合作社	0	吕祥洪	省级	1 536 552	粮食产业
射洪鹤驰稻田养殖专业合作社	200	罗德弢	省级	4 352 658.96	粮食产业
射洪市新农界养猪专业合作社	2 530	黄容	国家级	15 300 000	生猪产业
射洪县农家富养殖专业合作社	160	宋冬梅	省级	1 082 160	生猪产业
射洪市先克来农机专业合作社	200	周小凤	国家级	2 052 018	粮食产业

续表3

企业名称	注册资金（万元）	法人代表	示范等级	年度产值（万元）	主营产品
射洪县金鹤乡才子滩养猪专业合作社	500	韩强	省级	692	生猪产业
射洪县裕农蔬菜种植专业合作社	400	韩开亮	省级	1 080 400	粮食产业
射洪市玉泰种植专业合作社	0	范海全	省级	387 927.24	蔬菜产业
射洪县兴龙蔬菜种植专业合作社	200	成立铭	省级	2 600 000	蔬菜产业
射洪县丰源种植专业合作社	500	蒲小红	省级	900 000	蔬菜产业
射洪青岗山种植专业合作社	466	徐波	国家级	3 000 000	粮食产业
射洪县潜源养殖专业合作社	225.9	郑泽贵	省级	800 000	其他
射洪县柳塘莲藕种植专业合作社	200.8	税国勇	省级	1 400 000	藕
射洪市太乙海阔农机专业合作社	120	刘海	国家级	2 400 000	农机服务
射洪县泰益肉牛养殖专业合作社	2 881	于霞	省级	2 500 000	肉牛羊产业
射洪县凤来镇凤康养鸡专业合作社	120	李俊	省级	5 000 000	肉鸡产业
射洪县旺利种植专业合作社	820	梁国旺	省级	1 100 000	水果
射洪市倪桥黑花生专业合作社	340	黄容	省级	300 000	粮食产业
射洪县凤来镇槐花水果专业合作社	529	李华侨	省级	80	水果
射洪县拓远养殖专业合作社	2 000 000	蔡天贵	省级	800 000	生猪产业
射洪县双盈蔬菜专业合作社	106.28	何洪山	省级	0	蔬菜产业
射洪县铭岗种植专业合作社	200	袁刚	省级	600 000	蔬菜产业
射洪县农度种植专业合作社	183.92	吴军	省级	1 832 000	其他种植
射洪县久升种植专业合作社	60	陈丽琼	省级	784 695.3	粮食产业
射洪县万宏白羽肉鸡专业合作社	120	高祥林	省级	900 000	肉鸡产业
射洪县青山绿地香桂专业合作社	461	王书林	省级	180 000	其他林业
射洪市一亩三分地农机专业合作社	360	黄安平	省级	907 997.93	粮食产业
射洪众隆种植专业合作社	998	罗青松	省级	1 238 203.54	茶叶
大英县碑垭杂柑专业合作社	300	唐开金	省级	1 500 000	水果
大英县俊龙种养殖专业合作社	1 000	何从兵	省级	0	水果
大英县彩原粮油种植专业合作社	2 000	方章美	国家级	9 621 300	粮食产业
大英县大川种养殖专业合作社	1 200	邹加伟	省级	1 358 712.28	其他畜牧
大英县通仙乡盛通花椒专业合作社	597	何桂平	省级	1 312 141	其他种植
大英腾祥顺源养殖专业合作社	200	廖清贵	省级	1 680 000	其他畜牧
大英县欣钰养殖专业合作社	4 111	齐仁双	国家级	0	其他畜牧
大英县蜀鑫种养殖专业合作社	1 200	潘晓飞	国家级	5 000 000	其他种植
大英县浩翔种养殖专业合作社	368	秦辉	省级	1 784 100	水果

续表4

企业名称	注册资金（万元）	法人代表	示范等级	年度产值（万元）	主营产品
大英县隆盛镇柏鑫养兔专业合作社	1 900	杨熙	省级	868 508	其他畜牧
大英县数一农机专业合作社	645	漆义兰	省级	846 000	农机服务
大英县昌盛生猪专业合作社	452.33	陈小刚	省级	9 154 971	生猪产业
大英县为民农机专业合作社	400	代忠	省级	3 045 215	粮食产业
大英县正果种养殖专业合作社	265	邓辉荣	省级	1 482 600	蔬菜产业
大英县润丰禽业专业合作社	4 060	江润志	省级	46 622 013	肉鸡产业
大英县雪秀蔬菜专业合作社	1 145	彭剑平	省级	24 000	水果
大英县鑫虎种植专业合作社	2 600	杨松林	省级	2 720 000	蔬菜产业
大英县裕盛种植专业合作社	219	彭红亮	省级	1 785 000	蔬菜产业
大英县嘉穗种养殖专业合作社	365	徐俊	省级	585 500	蔬菜产业
大英县天保宝森柚子专业合作社	20	陈永行	省级	200 000	水果
大英县柠香柠檬种植专业合作社	1 000	彭兴亮	省级	3 200 000	其他种植
大英县三浩果蔬专业合作社	2 000	刘和平	国家级	200 000	水果
大英县玉峰镇玉仙油桃专业合作社	180	代辉	国家级	0	水果
大英县玉鑫丽景产联式专业合作社	500	陈永康	省级	1 402 156	水果
大英县佳和养猪专业合作社	806	熊德富	省级	1 240 000	生猪产业
大英县自得种养殖专业合作社	226	董兴凤	省级	230 000	水果
大英县文栋肉牛养殖专业合作社	501.9	邓银华	省级	100 000	肉牛（羊）产业

表3　2022年遂宁市家庭农场经营情况统计表（前10位）

企业名称	注册资金（万元）	法人代表	示范等级	年度产值（万元）	主营产品
蓬溪县尧兴生猪家庭农场	100	陈尧	省级	200.00	种养结合
蓬溪县少辉种植家庭农场	300	唐海英	省级	120.00	种养结合
遂宁市浩博种植家庭农场	6	唐振雄	省级	102.89	种植业
射洪县鹤翔家庭农场	200	李路寿	省级	100.00	种植业
蓬溪县乡下农夫家庭农场	50	肖坤金	省级	100.00	种养结合
遂宁市学勋养殖家庭农场	50	李学勋	省级	79.00	种养结合
蓬溪县白鹤林种植家庭农场	200	雷启荣	省级	78.00	畜牧业
遂宁市增辉种植家庭农场有限公司	20	李云丰	省级	65.00	种植业
遂宁市船山区长林种植家庭农场	150	罗朝晖	省级	55.00	种植业
蓬溪县庞利华种植家庭农场	50	庞利华	省级	46.00	种植业

大幅超过省厅下达的任务目标。建立农药使用量固定监测点240个。开展“百县千乡万户”农药科学安全使用培训指导15 223人次。在蓬溪县、射洪市开展乡村植保员试点，选聘乡村植保员43名。新创建四川省“五有五好”植保服务组织3家、农药经营示范门店9家。

经济作物发展。发展“6+3”现代农业产业，通过推进渝遂绵优质蔬菜生产带建设，推动全市经作产业提质增效。做大做强蔬菜、水果、中药材三大产业，助推全市乡村振兴战略实施，实现特色产业提档升级、农业增效、农民增收。全市蔬菜种植面积123.1万亩，产量245.4万吨，实现产值49.1亿元，其中食用菌种植面积8.8万亩（1吨折合1亩），产量8.8万吨，实现产值8.4亿元，基地集中成片万亩以上的乡（镇）有红江、回马、沱牌、老池、横山等10个，流转面积30亩以上的业主有四川省绿然现代农业科技有限责任公司、四川琪英菌业有限公司、四川晓赖鲜农业开发有限公司、四川博茂农业开发有限公司等622家。白萝卜集中成片规模化种植面积16.2万亩，位居全省第一。琪英菌业工厂化生产虫草花1.8万吨，位居全国第一；单体厂区杏鲍菇年产量4.2万吨，位居全国第一。全市水果种植面积64.8万亩，产量50.5万吨，实现产值25.3亿元，其中基地集中成片万亩以上的乡（镇）有沱牌、蓬莱、卓筒井、河边等6个乡（镇），流转面积30亩以上的业主有四川锦天福泽农业有限公司、四川玖月农业开发有限公司、四川正源康柠檬有限公司等106家公司。

全市中药材种植面积9.6万亩，产量4.5万吨，实现产值7亿元，其中遂宁白芷种植面积2.2万亩，稳居全省第一；拥有国家地理标志保护标识和“巴蜀气候好产品”等产品称号，建有全国首个白芷GAP认证基地；基地集中成片千亩以上的乡（镇）有唐家、永兴、隆盛等3个乡（镇），流转面积30亩以上的业主有四川全泰堂川白芷产业有限公司、四川兴川白芷产业发展有限公司等133家。

种业发展推进。全市现代农作物种业不断壮大，实施种业振兴“五大行动”，现代农作物种业发展取得显著成效。农作物种质资源普查工作率先通过省级审核，累计征集农作物种质资源样品86个。引进主要农作物新品种210个次，主要农作物良种普及率达98%。农作物种子质量抽检合格率达100%。全市有农作物种子企业16家，建设主要农作物种子生产基地3万亩，共同拥有产权品种80余个。四川蜀兴种业出口种子名列全省前茅，四川云海农业玉米种子西南片区销量位居第五。射洪市、安居区获评“全省农作物种业工作先进单位”，射洪市被认定为首批省级玉米种子生产基地。拥有市级四星级种业园区1个。

【畜牧业】 全年生猪存栏219.45万头，下降2.59%，其中能繁母猪存栏21.5万头，增长6.59%，居全省第一位；累计出栏373.36万头，增长3.87%，居全省第13位。率先实施生猪活体临时收储，全面加强生猪生产逆周期调节。建成“楼房式”智能养殖场17栋，生猪养殖规模化率达67.2%。全年出栏生猪373.4万头，增长3.9%；牛、羊、禽出栏量分别增长3.29%、4.28%、0.53%，禽蛋产量增长2.59%。

加强调控稳产能，机制建设到位。拓展建立国家、省、市、县四级产能调控基地446个并正式挂牌。出台生猪产能调控基地能繁母猪一次性救助补贴政策，兑付市级财政补贴资金198.81万元，共计补贴能繁母猪3.88万头。

招引抓新建，潜力挖掘到位。引进宇和泽农业公司等5家生猪生产龙头企业，新增年出栏生猪17.5万头，能繁母猪存栏1万余头。推动建成以本地企业齐全农牧为代表的17栋楼房猪场，投产6栋，其中2022年投产3栋，新增能繁母猪2.5万余头。创建2022年部省级示范场23个。

助企纾困解难题，为企服务到位。推行“政银担”合作模式，全年累计为172家中小养殖企业发放农业产业发展贷款1.4亿元。印发《遂宁市育肥猪价格保险实施方案》，有效应对“猪周期”下行。协调金融机构，对符合条件的优质企业实行无还本续贷；对个别特殊“困难户”，由国有平台公司负责“一对一”结对帮扶，解决企业在“猪周期”下行期间的流动资金需求，共计为企业解决资金缺口5 700万元。

【良田粮地建设】 加快建设全省唯一的高标准农田整区域示范市，率先制定丘区技术细则，实施“高标准农田+金融贷款融资”，实现2022年新建项目亩均投入4 100余元，较全省平均水平高1 000余元，累计建成高标准农田234.37万亩，连续两年在全省综合考评种获得第2名。创建“五良”融合宜机改造示范县3个，主要农作物耕种收综合机械化水平达69.16%，居全省第五位。

【“菜篮子”产品供给】 推进渝遂绵优质蔬菜生产带、水果提质增效示范带建设，重点建设3个万亩以上核心示范片、1个10万亩核心示范区。全市蔬菜及食用菌种植面积57.67万亩，增长3.8%；产量129.65万吨，增长4.3%。油菜种植面积100.37万亩，增长4.2%；产量19.26万吨，增长4.8%。中药材种植面积3.5万亩，增长8.5%；产量1.1万吨，增长18.3%。水果种植面积13.03万亩，增长2.9%；产量10.66万吨，增长3.6%。持续推进池塘工程化循环水、大水面生态增殖等绿色健康养殖，全市水产品总产量5.66万吨，同比增长3.36%；实现渔业经济总产值16.2亿元，同比增长4.36%；“菜篮子”产品供给稳定丰富。

【特色产业】 农业园区梯次建设。推动资金、土地、人才等资源要素向特色产业、农业园区加速集聚，已培育建设省星级现代农业园区5个、市星级现代农业园区21个。

特色产业集聚发展。突出本土特色结构，坚持“一县一特”“一特一片”，精细布局精品粮油、绿色菌菜、特色水果、道地药材等6大特色产业带，《精致农业的遂宁探索》经验被省委《乡村振兴》关注刊发。建成集中连片1万亩以上基地20个，加快建设10万亩渝遂绵优质蔬菜生产带核心示范基地，杏鲍菇产量位居全省第一，白芷种植面积位居全省第一，柠檬种植面积位居全省第二。

产业链条不断延伸。坚持“产加销”贯通、“农文旅”融合发展，遂宁已成为全省畜牧业链条最完整的市，特别是生猪、白羽肉鸡已形成完整产业链条，有“中国肉类罐头之都”称号，全市肉食品深加工能力占全省的1/3，肉类罐头产品出口量位居全省第一。创建国家级农业产业强镇3个、“一村一品”示范村镇6个、中国美丽休闲乡村2个。

农产品品牌规模不断壮大。加快构建“3+3+3”特色优势农产品体系，重点培育“遂宁白萝卜”“晚熟柑橘”“无抗猪肉”等9个特色农产品品牌，“遂宁红薯”获评全国名特优新农产品，以“遂宁鲜”区域公用品牌为龙头的农产品品牌体系加快构建。累计培育“三品一标”农产品677个，位居全省前列。

【和美乡村建设】 示范标杆成效凸显。实施乡村振兴“1151”示范工程，统筹建成精品示范村7个。安居“海龙凯歌”、大英“宋井桃源”、船山“永和家园”等开园以来持续火爆，获得中央和省级主流媒体报道点赞。获评国家乡村振兴示范镇、村26个，创建省级乡村振兴先进乡镇6个、示范村87个、重点优秀帮扶村10个，平均数量居全省前列。

农村面源污染深入整治。率先整市建设农业投入品废弃物回收处理体系，化肥农药使用量连续7年负增长，畜禽粪污综合利用率和秸秆综合利用率分别达97.4%、92.2%，均居全省前列。健全长江流域禁捕退捕长效监管机制，不断巩固“四清”工作成果。

基础设施提档升级。推进农村路、水、电、气和通信等基础设施建设，创建四川省首批唯一“四好农村路”示范市，“6+2”骨干水利工程主体工程基本完工，乡村通信网络、电网加快升级。

【农村改革】 重点工作不断创新。在全省率先探索构建“精致农业”体系、开展生猪活体临时收储、实施人才振兴全日制大专学历提升行动并全额补贴学费等“十项率先”行动，推动农业农村高质量发展，撂荒地复耕、高标准农田建设、渔业行政执法等10余项工作经验在全国推广。

新型经营主体持续壮大。累计培育农民合作社、家庭农场等主体1万余家，其中省级农业产业化重点龙头企业33家、农民合作社示范社149家、示范性家庭农场164家。全年耕地流转率达47.3%，位居全省前列。

要素资源不断激活。出台农技人员服务乡村振兴“十条措施”，在市级层面全面推进乡村人才振兴学历提升，每年支持100名以上高素质农民开展全日制学历提升计划并全额补贴学费。推行“确权不确地、互换并地”等做法，破解承包地细碎化、分散化问题。创新出台整合涉农资金保障重点项目投入五条措施，设立乡村振兴资金专户，保障财政投入的精准性。率先探索乡村振兴农业产业发展贷款风险补偿金机制，累计发放农业产业发展贷款17亿元。深化全国农村集体产权制度改革试点成果，探索“政经分离”“抱团发展”等模式，村集体经济收入比产权制度改革前增长6倍。

【水产业】 全市水产品总产量5.66万吨，同比增长3.44%；实现渔业经济总产值15.85亿元，同比增长1.98%。

打好“十年禁渔”持久战。牵头做好“十年禁渔”统筹协调工作，加强与农业农村厅的联系，注重与部门沟通，加强对县（市、区）指导，形成工作推进合力。印发《2022年遂宁市长江流域重点水域禁捕退捕工作要点》《遂宁市禁捕水域休闲垂钓管理办法（试行）》，组织开展督查暗访，发现问题第一时间采取“发点球”的方式通报至相关县（市、区）和相关部门，督促整改。指导各县（市、区）建立完善长江流域禁捕水域网格化管理体系。

推动产业绿色健康发展。争创“鱼米之乡”，聚焦稳粮增收，以渔促稻目标，融入全省“鱼米之乡”创建，射洪市作为首批“鱼米之乡”创建县已全面完成建设任务，新增稻渔综合种养面积2.2万亩并发挥效益；第二批创建县安居区、蓬溪县已全面完成建设任务，新建稻渔综合种养面积4.49万亩。推动水产种业发展，利用大英县地处郪江黄颡鱼国家级水产种质资源保护区以及黄颡鱼、小龙虾被列为全省第二批特色农产品优势区的独有优势，启动黄颡鱼省级原（良）种场建设，从技术、资金上提供支持，已通过农业农村厅验收，实现全市省级良种场零的突破。推进绿色健康养殖“五大行动”，因地制宜开展生态健康养殖、养殖尾水治理、水产养殖用药减量等行动，组织开展水产绿色健康养殖技术培训5期，培训规模养殖户230人，推进水产污染治理。督促县（市、区）加快推进中央、省渔业项目实施。指导骨干基地进行升级改造并发挥示范效益，已完成6 269.47亩池塘养殖尾水治理。推进产业高质量发展。完成市级水产园区建设，利用射洪天仙、东岳片水产经营主体聚集、产销、品牌成熟，加工、休闲三产融合初具规模，联农带农机制完善的优势，通过实地规划、指导，全面推开该区域以水产业为主导产业的现代农业园区建设，已被认定为市三星级园区。

【水产品质量安全监管】 加强产地环境、养殖方式、投入品使用等环节的质量安全监管。参加农产品质量安全专项整治行动，加强水产养殖投入品管控，出台《关于进一步加强水产品质量安全监管工作的通知》《2022年遂宁市水产养殖规范用药科普下乡活动实施方案》，层层压实监管职责。加强科学用药指导，组织规模养殖户开展专题培训5次，讲授养殖记录填写和投入品管控使用知识，并现场发放宣传资料。持续开展水产养殖用投入品专项整治三年行动，到养殖场实地检查"水产养殖用投入品白名单"和"水产养殖用药明白纸"是否上墙、是否有购买和使用禁用药品及不严格执行休药期等违法违规行为；指导养殖户完善《水产养殖生产记录》《水产养殖用药记录》《水产品销售记录》养殖记录档案，引导养殖户加强行业自律，规范养殖生产行为。开展蛙类养殖违法违规用药专项整治，对全市蛙类养殖进行全覆盖抽检，检测了地西泮、恩诺沙星、诺氟沙星等7个指标，所有抽检样品结果均为阴性。开展全市水产养殖户全覆盖快速抽检，已完成全市50亩以下池塘养殖户4 411户水产品快速抽样检查，未发现不合格样本。

加强水生生物资源养护。组织开展涪江流域水生生物资源调查，印发《遂宁市涪江流域重点水域禁捕效果评估实施方案》，已分别在涪江干流、郪江、琼江完成1次水生生物监测。组织实施中央财政农业资源及生态保护渔业增殖放流项目，于6月6日全国"放鱼日"在船山区、大英县、安居区三地同步举行增殖放流活动，向涪江、郪江、琼江投放中华倒刺鲃、白甲鱼、岩原鲤等各类鱼苗62.7万尾，促进渔业资源修复增殖。加强对水产种质资源保护区的监管，建立和完善标志塔、界碑、界桩及宣传牌等设施，严格审批在保护区从事开发利用的各项涉渔活动。组织开展人工增殖放流、打击非法捕捞、进行鱼类动态监测。督促涉渔工程单位落实补救措施，通过召开专题会、现场检查、定期调度的方式加强督导。帮助唐家渡电航工程解决在补偿措施落实过程中存在的困难和问题，推动补偿措施落实到位。组织开展"水生野生动物保护宣传月"活动，营造全社会关爱水生生物的资源氛围。牵头做好河长制工作，加强与河长办的联系，按时报送各类材料，做好联系市级河长巡河工作。

渔业安全生产管理。印发《关于做好汛期渔业安全生产和防灾减灾工作的通知》，压紧压实各级责任。加强渔业安全生产法律法规宣传教育和知识技能培训，共组织开展渔业安全生产培训5期200余人次，引导船员、养殖户和其他涉渔经营主体自觉加强安全生产意识，完善安全生产管理制度，不断提升安全生产能力。加强灾害天气预报预警，及时发布防灾减灾技术指南，指导涉渔单位及人员做好应急预案和抗灾减灾物资储备，不断夯实渔业安全生产基础。加强渔业安全隐患排查，集中力量检查重点部位和区域，全面落实各项安全管理措施，全年未发生重大渔业安全事故。

【特色农副产品】 遂宁无抗猪肉。遂宁无抗猪肉是按无抗生猪饲养技术标准从繁育到育肥全程不使用抗生素类药物和添加剂的高品质猪肉。无抗生猪饲养周期为10个月，比普通生猪饲养周期长4个月，其肉质紧致，肌间脂肪呈雪花状，肥瘦相间，口感上乘。无抗猪肉是四川省生猪无抗养殖工程技术研究中心与西北农林科技大学、四川农业大学合作研发多年推出的高品质猪肉。在船山桂花、蓬溪、大英等地10余家养殖场推广应用无抗生猪养殖技术，全市年出栏无抗生猪3万余头。无抗猪肉严格把控生产、屠宰、销售各个产业链，采用门店鲜销，遂宁市城区设立销售门店3个，2022年销售额达6 000余万元。

遂宁庄园黑猪。庄园黑猪源自海拔4 000米以上的藏香猪，与川黑猪经过12年6代培育，终成肉香浓郁、柔嫩可口的好肉之享，是全市农业产业化国家重点龙头企业四川高金实业集团股份有限公司旗下具有极致尊崇的高端优质黑猪品牌。庄园黑猪自诞生以来，先后获得"生态原产地产品保护证书""畜禽新品种（配套系）证书""猪种检化测试数据证明""无抗产品认证证书"，也是中国黑猪的标准制定者与发布者。基于高金食品26年自宰自研发品质保障，庄园黑猪在无菌精细分割车间生产加工，全程冷链运输，只为庄园黑猪的极致保鲜、原汁原味。庄园黑猪以黑猪白条、分割系列、冷冻系列、生鲜气调系列、罐头/猪油系列、礼盒系列在高端卖场深受消费者喜爱。2022年，射洪市高金庄园黑猪养殖基地存栏"乌金猪"1 100头，全年出栏商品猪3万头。

遂宁土鸡。遂宁黑鸡作为遂宁土鸡品牌的主体，是遂宁农业技术人员联合四川农业大学及四川省畜牧科学研究院联合培育出的新品种，相对于传统四川山地乌骨鸡，新品种"遂宁黑鸡"体型增大20%以上，生长周期缩短30%以上，存活率提高10%以上，同时保持了传统四川山地乌骨鸡营养价值高的优势，口感、风味、滋补作用俱佳，滋阴补阳，并且经过两个世代的纯系育种，遗传性状已得到稳定，该项成果已授权发明专利。研究成果国内领先，2021年该项研究成果获得四川省科技进步奖三等奖及天府畜牧兽医科技进步奖二等奖，应用前景广阔，为全省甚至全国乌骨鸡综合养殖提供了技术支撑。结合科技小院建设，与四川农业大学进行校地合作，打造种养植培训基地，提升遂宁黑鸡饲养标准，并通过现场实训方式培育农村乡土人才，为乡村振兴提供更多实用人才。全市存栏规模寄养35万羽，生态放养18万羽。采取"公司+农户（村集体）"模式，实行"五统一包"，从生产到屠宰加工实现黑鸡生产全产业链发展，已带动45户农户及村集体参与到黑鸡寄养，年屠宰黑鸡120万羽，实现稳定增产同时通过抖音、网络直播等电商平台方式销售，让"遂宁黑鸡"成为川渝地区知名品牌。

遂宁晚熟柑橘。遂宁市是晚熟柑橘种植最适宜区域之一，全省"10+3"川果产业振兴工作推进方案将遂宁的射洪市、船山区规划入晚熟柑橘产业带，射洪市"遂宁晚熟柑橘"被认定为首批省级特色农产品优势区。遂宁晚熟柑橘品种主要以春见、大雅、不知火、沃柑、清见等为主，其中"射洪金华清见"主产区位于遂宁市射洪市金华镇，好吃好看，果皮橙色、鲜艳、较厚，凹点明显、较易剥皮，果肉深橙色、汁胞细嫩、汁多，分瓣容易，甜酸适中，可食率高，获评国家农产品地理标志产品。2022年，遂宁晚熟柑橘种植面积15万亩，位居全省前列；产量15.9万吨，主要产区在射洪市金华、瞿河、沱牌，大英县蓬莱、卓筒井等乡（镇），全市万亩以上连片基地有射洪市瞿河镇、沱牌镇，大英县蓬莱镇等晚熟柑橘基地3个。遂宁晚熟柑橘上市时间为1月至4月，主要销往北京、深圳、成都、重庆等地国内大中型市场。

遂宁柠檬。遂宁是柠檬种植最适宜区域之一，全省"10+3"川果产业振兴工作推进方案将遂宁的射洪市、安居区规划入柠檬产业带。已培育打造"蜀珍柠檬""富鑫柠檬""柠香柠檬""大英白柠檬"等遂宁柠檬品牌，其中"大英白柠檬"原产于大英县河边镇，其种植始于20世纪70年代，果实椭圆形、中等大小，果顶乳突明显，果基圆，果皮光滑，柠檬黄色，皮薄，油胞细小、果实无核，风味酸、无苦麻味等，2014年11月18日，被原农业部评定为国家农产品地理标志产品。2022年，遂宁柠檬种植面积6.3万亩，位居全省前二；产量5万吨，主要产区在大英县河边，射洪市瞿河，安居区三家、安居等乡（镇），全市已有大英县河边镇万亩柠檬基地1个。遂宁柠檬上市时间为10月下旬至12月，产品销售主要依托安岳县、重庆市潼南区经销商销往北京、上海、广州等市场，已外销俄罗斯、东南亚、中国香港等地。

遂宁鲜桃。遂宁鲜桃种植历史悠久，唐天宝年间，大诗人杜甫到蓬溪到访时任唐兴县（今蓬溪县）县令王潜品尝了遂宁"蓬溪仙桃"后写下"五夜漏声催晓箭，九重纯色醉仙桃"的诗句。遂宁鲜桃有蓬溪仙桃、大英县卓筒井镇甜桃等品种，其中"蓬溪仙桃"产于蓬溪县，果肉白色，肉质细脆，味纯甜，被原农业部评定为国家农产品地理标志产品。2022年，遂宁鲜桃种植面积12.3万亩，产量9万吨，主要产区在蓬溪县的任隆，大英县的卓筒井，安居区的安居、保石、拦江等乡（镇），遂宁鲜桃上市时间为5月至7月，主销川渝市场。

【大事记】 5月16日，遂宁市举行金融助力高标准农田建设合作签约仪式。

6月29日，农业农村厅正式批复遂宁市作为全省唯一一个整市推进农村土地承包和流转合同网签试点工作。

6月1日，遂宁市创新推行网格化管理"双告知一承诺"制度。

7月5日，遂宁市、蓬溪县、遂宁市船山区、重庆市潼南区公安、农业农村、市场监管等部门及当地党委、政府在涪江省际交界禁捕水域开展"打击非法捕捞联合行动"。

8月28日，全市提前完成三普试点外业调查采样任务。

9月3日，2022年北京服贸会"优质地理产品与绿色发展"论坛和"优质地理产品生境保护与可持续发展"案例成果展在北京市召开，遂宁市农业农村局以《坚持绿色生态种植 生产安全优质农产品》为主题，就四川首例遂宁红薯优质地理产品生境保护与可持续发展案例在优质地理产品与高质量发展论坛上交流发言。

10月12日，遂宁市政府与四川农业大学签订新一轮《科技创新推进美丽乡村全面振兴战略合作协议》。

【主要领导人】 市委书记：李江；市人大常委会主任：周霖临；市长：刘会英；市政协主席：杨军；分管农业副市长：雷刚。

遂宁市编写组

船 山 区

【基本情况】 2022年，全区辖6镇1乡5个街道69个行政村48个社区，辖区面积367.1平方千米，常住人口约84.1万人。

【年度农业和农村经济运行】 2022年，全区第一产业总产值45.21亿元，第一产业增加值增长4.3%。农村居民年人均可支配收入达21 523元，同比增长6.3%。

【新型农业经营主体培育】 推进生猪、蔬菜、水产、农机等7个农业协会的组建，实现农业企业资源共享、优势互补、抱团共进的发展格局。全年累计孵化新增新型农业经营主体50余个，培育区级以上示范家庭农场43家、示范农民专业合作社15家。探索"双保寄养""民宿联盟"等利益联结机制，解决就近就业1.7万人，助农增收1.54亿元。持续加强经营管理者、生产技能型乡土人才等高素质职业农民的培育工作，多方联动促进农业发展、农民增收。

【村集体经济发展】 落实村集体经济"135"增收计划，成立乡（镇）村集体经济发展指导中心，探索组建联村集体经济有限责任公司。深化"两库两引"机制，统一编制17项涉及村集体"三资"管理的规章制度，优化"三资"信息化监管平台运营模式，规范指导村集体建立合作经营"防火墙"，结合"消薄倍增"行动、用活用好"职业经理"等工作，加快推动农业农村领域县域集成改革试点示范。截至2022年年底，全区村集体经济收入达247.2万元，较上年增长20%以上。

【国家现代农业产业园创建】 国家现代农业产业园规划范围包括桂花镇、唐家乡、新桥镇、北固镇、广德街道，共33个村4个社区，面积99.98平方千米（其中耕地面积7.45万亩），农村总人口7.63万人。

以“生猪+大豆”为主导产业，是全省生猪养殖加工全产业链发展优势区域、全省最大的豆制品加工产业集聚基地、西南地区第二大饲料兽药生产基地，享有“中国肉类罐头之都”美誉。产业园创建方案共明确24项创建任务，2022年度中期创建任务100%完成，部分创建目标超过预期，三年总体创建进度达55%。产业园创建期实施五大工程29个项目（已建成项目10个、启动在建项目19个），其中启动在建项目中完成50%的11个、处于项目前期招投标等准备阶段的8个；三年创建工程总体完成投资进度的60.82%，其中2022年度工程项目建设任务全面完成，完成总投资103 610万元。

【道地川白芷产业基地建设】 白芷园区新建成标准化种植基地2 000余亩，完成2021年白芷园区项目验收。编制完成省级白芷种子示范县600万元资金项目实施方案，招引4家（户）龙头企业、种植加工大户入驻白芷园区，景观设计、产品研发、品牌培育、良种引进等工作成效初显。

【种植业】 持续做好粮食扩面增产指导工作，抓紧抓实大春播种、晚秋生产等重要时间节点，全面推广玉米—大豆带状复合种植技术，全年粮食作物播种面积36.647万亩，产量达12.544万吨，其中大春粮食作物播种面积29.825万亩，产量10.816 2万吨，全面完成稳粮增收任务。

经济作物产业发展。全面推行“稻菜轮作”“经菜套作”粮经复合种植模式。严格执行优质绿色蔬菜种植标准，依托“云订单”等产销一体化平台打通蔬菜销售渠道，蔬菜园区提质优质蔬菜基地5 000余亩，建成智慧大棚20亩，蔬菜产量同比增长3.7%，并向重庆、成都等地供应优质绿色蔬菜达12万吨以上。

撂荒地整治。织密耕地“保护网”，落实耕地保护“党政同责”，严格推行落实“田长制”，稳步开展乱占耕地建房、耕地非粮化、低效经果林等整治腾退工作，全域抓实撂荒地整治，采用“六步五种”复耕模式完成全区撂荒地整治20 797亩目标任务。分类施策有序清理腾退生态退化林地、低效经果林、堰塘等“非粮化”耕地5 000余亩，恢复实际种粮面积210.4亩。按期兑付2022年新建成高标准农田1.5万亩目标任务，实现了种粮耕地进出平衡、耕地质量稳步提升。

大豆扩面种植。压实大豆扩种责任，通过乡（镇）干部包村、村干部包组、社长包田块方式，把玉米—大豆复合种植和大豆扩面任务真正落实到村、到组、到户、到田块，做到应播尽播、应种尽种。全区建立大豆扩面台账27 972.48亩，其中玉米—大豆带状复合种植18 665.6亩、大豆净作3 694.8亩、幼龄果园间套作大豆2 437.1亩、其他模式套作3 175亩。建立由105名农技员组成的农业生产技术服务工作组，下沉开展服务1 265人次，为大豆扩面提供精准的技术支撑。

抗旱保灌。完成全区107座机电提灌站全覆盖隐患排查，检修设施设备35台（套）。7月以来提灌站共取水达900万立方米，实现保灌面积10万余亩。有序推进下一批次新建5座、维修14座提灌站任务，逐步消除抗旱死角。加强技术服务，组织农业专家编制印发《农情简报》《晚秋作物技术指南》等5期次、1 200余份。做好高温天气下病虫害监测防治，统筹省、市植物保护项目资金30万元，采取“小户统防+大户送药”模式，开展水稻病虫害综合防治1.27万亩。

病虫害防治。开展草地贪夜蛾、玉米粘虫、玉米螟虫、稻水象甲、水稻螟虫、稻瘟病、水稻两迁害虫、黄瓜绿斑驳花叶病毒病等重大病虫害监测防控工作，开展田间调查515人次，完成监测面积1.35万余亩，指导种植业主完成统防统治面积2.8万余亩。开展“百县千乡万户”农药科学安全使用及食用农产品“治违禁　控药残　促提升”培训宣传1 480人次，发放宣传资料0.63万余份，发布植保情报20余期，指导农户精准适期用药。及时开展农药减量进村入户宣传、田间地头技术指导，主要农作物病虫害绿色防控覆盖率达50.08%；农药使用量218.6吨，较上年减少0.64%。全区稻田玉米田埂土坎种植三叶草/紫花苜蓿面积超过1.2万亩，药剂拌种、带药移栽覆盖率90%以上，累计安装频振式太阳能杀虫灯1 750盏。创建省级农药经营示范门店1家。

【畜牧业】 调整生猪养殖布局，全面建设国家、省、市、区四级生猪产能调控基地。率先实施生猪价格保险。综合运用多种产能调控手段，全年生猪出栏57.54万头，年末存栏37.94万头（其中能繁母猪存栏3.27万头）。全区有生猪规模养殖场（户）、专业养殖场（户）共计159家（户），其中年出栏5 000头以上8家。新认定省、市级生猪产能调控基地11个，申报部级标准化示范场1个；仁里南大、兴元等3家大型新（改）建生猪养殖场已基本完工，计划全面投产。

动物疫病防控。全国暴发非洲猪瘟疫情以来，全区织密县、乡、村三级防疫体系，设置8个非洲猪瘟临时检查点，严格生猪产地检疫和屠宰检疫；持续开展全环节消毒灭源工作，建立生物防护洗消中心，推动金绿农牧公司桂花扩繁场创建省级无非洲猪瘟疫病小区，近来年未发生大规模的非洲猪瘟疫情，确保了全区生猪产业平稳发展。

畜产品加工。全区有A级屠场4个、B级屠场4个，年生猪屠宰能力达300万头，其中高金公司生猪屠宰厂为国家级标准屠宰示范厂。有高金、美宁、凡是、三丰等多家肉类精深加工企业，为西南地区最大的生猪屠宰加工集聚基地之一，享有“中国肉类罐头之都”的美誉。高金食品有限公司2022年当选四川省预制菜产业联盟理事长单位，美宁食品有限公司为重要的军用罐装食品供应基地，“高金食品”“美宁”商标为中国驰名商标。高金、美宁食品远销20余个国家和地区，2022年创建为四川省农产品（生猪）国际贸易高质量发展基地。

养殖污染整治。持续加强农业面源污染治理，妥善做好中央环保督察反馈问题整改和“回头看”工作，全区畜禽粪污综合利用率达97.47%，规模化养殖场设施配备配套率达100%。“生猪+柑橘”“生猪+青花椒”“生猪+中药材”“生猪+粮油蔬菜”等种养循环模式取得了较好的典型示范作用。推广绿色防控和水肥一体化精准施肥技术53万亩次以上，技术覆盖率保持在90%以上。坚持推进秸秆粉碎和堆沤腐熟还田等“五化”利用面积18万亩，秸秆综合利用率达93%以上，绿色防控和水肥一体化精准施肥技术覆盖率90%以上，化肥施用量继续保持零增长。“生猪+柑橘”“生猪+青花椒”“生猪+中药材”“生猪+粮油蔬菜”等种养循环模式取得了较好的典型示范作用。

生猪产业数字化建设。实施四川省数字乡村试点，着力于信息化、网络化、数字化、智能化在生猪养殖、调运、屠宰、加工、销售全链条各环节的应用，提高生猪养殖效率，结合现代农业产业园建设，开发部署建设全区生猪产业智慧农业监管平台、生猪大数据中心，赋能全区生猪产业链上下游高效衔接、资源共享。构建全域动物标识及产品溯源体系，实现畜禽运输GPS定位远程闭环监控、生猪定点屠宰可视化全程在线监督和产品销售“扫码”溯源。建成金绿农牧公司生猪立体智能化养殖示范基地、齐全公司“猪小智”生猪养殖大数据平台、高金公司全产业链数字化运营管控平台。生猪调运检疫全面实现无纸化出证，出具动物检疫合格电子证明（动物B证）1 207批次，无纸化出证率达95.75%，缩短了检疫和出证时间，提高了出证效率，有效杜绝了“隔山开证”等违规检疫行为，每年可节约纸质出证办公成本10余万元。

【水产业】 全年养殖面积479公顷，培育水产品总量6 286吨，实现渔业经济总值2.75亿元，农民年均渔业增收30元。完成特种养殖（娃娃鱼）8家、面积35 520平方米，存量娃娃鱼10万余尾，实现产值1 020万元。全区有水产养殖户636户，家庭渔场、专业合作社、养殖公司19家；苗种场站3家，养殖面积198亩，繁育专用池面积1 260平方米，繁育能力9 000万尾，培育鱼种800吨。水产品质量安全样品抽捡522批次，合格率达100%，渔业安全生产无一例安全事故发生。

现代渔业发展。坚持“科学、健康、绿色、生态”养殖理念，形成遂宁鹤林治理模式。规范全区渔业生产和农业涉渔类生态环境治理工作，全年池塘养殖尾水治理351亩。建立船山区水产养殖协会，组织和带领成员依靠科技、信息、网络等手段为成员提供产供销一体化服务，促进规模经营，提高品牌效益。

渔业安全生产。组织召开全区50亩以上规模养殖户和各乡（镇）农服中心主任会议，签订《规范水产养殖行为承诺书》45份，制定并印发《遂宁市船山区十年禁渔宣传手册》《船山区农业环保宣传——水产养殖污染防治手册》，组建政策宣讲团，并到乡（镇）开展宣讲培训会议，悬挂宣传横幅523套，张贴公示公告1 500余份，印发宣传资料8 000份，树立标识标牌550余套，广泛宣传禁捕退捕政策精神和开展涉渔类生态环境问题大排查大整改工作动态，全面营造“水上不捕、市场不卖、餐馆不做、群众不吃”的良好氛围，牢固树立“绿水青山就是金山银山”理念，确保宣传到位。督促各企业、养殖户落实安全生产管理责任清单，建立水产品质量安全管理制度，设立水产品质量安全员，做好养殖鱼病预测、水质检测、指导建立养殖日志、渔药、渔饲料正确使用等基础性工作。

“十年禁渔”。严格落实“十年禁渔”方针，加强涪江流域、观音湖等重点地段的渔政执法，会同相关部门开展“2022中国渔政亮剑”“护渔百日联合执法”等专项联合执法行动22次，累计出动执法人员690人次、执法车辆133辆次、执法船（艇）43艘次，累计巡航515千米，累计巡航检查92小时；执法检查渔具门店27家；接到群众举报和上级交办的非法捕捞线索26个，核实处理举报线索26个；办结渔政行政案件33件（一般程序9件、简易程序24件），涉案人员49人，征收渔业资源保费10.026万元，移送公安机关1件；放生野生鱼2.7千克，清理收缴各类型违规网具7副110余米，没收电鱼器具3台（套）、涉渔“三无船舶”2艘。执法检查中，开展宣传教育156次，终止违法违规行为131起，劝退劝离垂钓人员449人次，震慑了全域非法捕捞行为，长江水生资源全民保护氛围浓厚。

【农业综合执法】 落实管行业必须管安全的“一岗双责”，开展“护奥运保春耕”农资执法专项行动，纠正规范业主违规生产经营行为28起。聘请安全检查专员对全区农业沼气能源、冻库烘干房、农业机械、用电、用水等开展全面“拉网式”安全隐患排查，制定巡排查台账。全覆盖隐患排查机电提灌站107座，检修设施设备35台（套），促进实现保灌面积10万余亩，全面消除农业产业安全隐患。加强宅基地监管，落实宅基地巡察“五到场”制度，出台《船山区农村宅基地管理实施细则》，全年累计开展区、镇、村三级宅基地巡察3 000余次，处理违法违规行为10宗，处置面积达1 500平方米；审批农村宅基地建房214宗，审批面积22 692平方米。

【农产品质量安全监管】 全区省级农产品质量安全抽检合格率达99%；全域开展区级农产品质量例行监测300余次，抽检蔬菜、水果、肉类等样品410份，均未发现农药残留超标现象。新申创“三品一标”农产品6个，健全农产品数字化质量追溯体系，坚决守住群众舌尖上的安全。

【农机购置补贴】 全年发放财政补贴资金156万元，共补贴农机具153台（套），激励农民投入购机资金980余万元，促进了农机化产业化发展。加大农机主体培育力度，指导天穗集团创建为全省第二批“全程机械化+综合农事”服务中心。全年年检拖拉机和联合收割机323台，年检率达87%。开展"打非治违"、五月"双抢"、变型拖拉机专项治理行动，集中安全教育培训8场次，培训驾驶员260人次。向群众发放农机安全手册、挂图、资料1 100余份。

【高标准农田建设】 落实"藏粮于地、藏粮于技"战略，加快补齐农田基础设施短板，提升粮食生产功能，不断巩固提升粮食综合生产能力。通过实行土地平整、土壤改良、节水管网建设、道路修建等举措，提高耕地保护和利用效率。组织2022年项目立项申报、方案设计、开工建设等，成立项目领导小组，制定管理方案，实行周例会、月调度、季通报制度，聚焦工程质量和问题整改，做好督建验收、上图入库等系列工作。全区完成1.5万亩年度建设任务。

【抗旱保丰收工作】 2022年8月以来，船山区持续高温少雨，农田缺水、缺墒，旱地作物受旱影响明显，大豆、红薯等农作物长势偏弱。全区受灾面积1.383万亩，成灾面积0.708万亩，绝收面积0.17万亩。其中，粮食作物受灾面积1.08万亩，成灾面积0.52万亩，绝收面积0.11万亩。区农业农村局及时响应，做好抗旱保丰收工作，出台《船山区农机作业防灾救灾应急工作预案》，依托农机协会建立区本级和乡（镇）"1+7"农机作业应急服务队体系，精确调度全区212台农机，抢收水稻6.1万亩、玉米12.2万亩、大豆3.15万亩。成立保险理赔督导组，敦促保险人员及时下沉，查灾定损，履行理赔义务。全区核实理赔面积7 190亩，预计理赔额85.6万元，其中桂花镇2 100亩、唐家乡1 700亩、永兴镇1 200亩、河沙镇1 300亩、仁里镇217.5亩、龙凤镇449亩、老池镇227亩。

【主要领导人】 区委书记：段勇；区人大常委会主任：刘捷；区长：刘红军；区政协主席：袁旭；分管农业副区长：谯强。

船山区编写组

安 居 区

【基本情况】 2022年，全区辖16个镇2个街道，辖区面积1 258平方千米。

【年度农业和农村经济运行】 2022年，全区第一产业增加值46.84亿元，增长4.4%，高于全省平均水平0.1%。农村居民年人均可支配收入达20 425元，增长6.4%，高于全省平均水平0.2%。

【种植业】 全区农作物总播种面积162.8万亩，其中粮食作物播种面积117.6万亩，粮食总产量40.1万吨，粮食作物播种面积、产量均位居全市第一，其中小麦播种面积25.7万亩、水稻播种面积25.7万亩、玉米播种面积33.89万亩、红薯播种面积9.35万亩、油菜播种面积21.32万亩（产量4.08万吨）。全区蔬菜种植面积15.56万亩，产量32.46万吨，实现产值9亿元；水果产量2.57万吨。撂荒地复耕7.57万亩，撂荒地复耕典型经验在中央电视台、《人民日报》《四川农村日报》等宣传报道；大豆玉米带状复合种植被中央电视台二套财经频道《经济半小时》栏目报道；《一举两得：玉米地里种大豆》等被中央电视台一套综合频道以《端牢中国饭碗》宣传报道。全区获得全市唯一"全国大豆科技自强示范县"称号。

【畜牧业】 全年出栏生猪92.71万头、肉牛0.373万头、肉羊4.75万只、家禽500.48万只，肉类总产量7.74万吨，实现畜牧业产值32.77亿元。完成96家畜禽养殖场养殖场粪污处理设施装备提升；新（改、扩）建10个畜禽标准化示范场。全年检测"瘦肉精"2.18万份，查处违法违规案件17起，处罚金12.703万元；集中处理病害猪12 370头、小家禽24 730只，屠宰废弃物15 800千克。

【水产业】 全区生态水产养殖面积1 614公顷，生产鱼苗3.79亿尾，投放鱼种2 622吨；水产品产量1.73万吨，实现渔业经济总产值3.8亿元。升级改造规模水产养殖示范基地2个。开展水产品养殖基地监测49家，抽检样品739个，抽检合格率为100%。全年出动巡查人员2 857人次，清理收缴各类型违规网具6副171米，查处非法捕捞刑事案件6件，取保候审16人，移送起诉4件9人；办结渔政行政案件19件，涉案人员23人，涉案金额14 800元；开展宣传教育6 337人次，终止违法违规行为2 386起，劝退劝离垂钓人员7 025人次。

【美丽宜居乡村建设】 全区获评"全省乡村振兴成效显著县（区）""市乡村振兴优秀县""市乡村振兴先进县"，常理镇海龙村被评为2022年中国美丽休闲乡村，创建省级乡村振兴先进镇1个、省级乡村振兴示范村5个、市级乡村振兴示范村5个。召开学习宣传贯彻党的二十大精神推动农业绿色低碳发展暨农村沼气高质量发展研讨会。

【农业农村改革】 全面完成农村集体资产清产核资，共清理出集体资产24.41亿元，其中经营性资产2.53亿元、非经营性资产21.88亿元、资源性资产152.59万亩；完成农村集体经济组织成员资格确认工作，共确认农村集体经济组织成员23.21万户、69.43万人；完成农村集体资产股权量化工作，共量化资产总额13.8亿元，其中经营性资产0.3亿元；集体经济纯收入1 203.96万元。

【农产品品牌培育】 全年新增"三品一标"农产品9个，累计申报"三品一标"农产品145个，其中有机产品34个、无公害农产品70个、绿色食品39个、地理标志保护产品2个。新增家庭农场303家，达2 365家；新增注册农民合作社24家，累计达838个。有全国农民合作社国家级示范社7个、省级示范社23个、市级示范社25个，家庭农场省级示范场29个、市级示范场134家，省级重点龙头企业6家。绍兵家庭农场被农业农村厅公布为四川省高素质农民培育省级实习实训基地；“安居区精品粮油种植+农旅融合特色研学线路”被公布为四川省高素质农民培训精品考察学习路线。

【农业机械化】 全区农业机械总动力达27.5万千瓦，有各类机械约5.5万余台，其中拖拉机735台、谷物联合收收割机142台、机动脱粒机12409台、烘干机19台、水稻插秧机51台、无人机22台、其他农业机械4万余台；主要农作物全程机械化率达72%。

【农产品质量安全监管】 区农产品质量安全检测中心开展农产品质量安全定量检测385个批次，检测合格率为99.2%；各镇农业综合服务中心开展农产品质量安全农残快检4 852个批次，合格率为98.5%。

【主要领导人】 区委书记：吴军；区人大常委会主任：黄元章；区长：杨文彬；区政协主席：田斌；分管农业副区长：谭久宏。

安居区编写组

射洪市

【基本情况】 2022年，全市辖21镇2个街道，辖区面积1 496平方千米。

【年度农业和农村经济运行】 2022年，全市第一产业增加值83.28亿元，增长4.3%。农村居民年人均可支配收入达21 978元，增长6.5%。全市主要农产品产量见表1。全市获评全国率先基本实现主要农作物生产全程机械化示范县，入选国家农业现代化示范区创建名单，承办全省秸秆高效利用固碳减排现场会议，连续两年获评全省乡村振兴先进市“回头看”“优秀”等次。

【农村经济体制与经营管理】 落实村集体经济发展工作。2022年，全市村集体实现收益10 217万元，其中73个脱贫村实现村集体经济收益577.83万元，比2021年增加174.73万元，增长43.3%。2022年，脱贫村村均收益7.92万元，其中村集体自主经营收入208.2万元，占36.03%，主要为粮油种植、畜禽养殖、农机作业、光伏发电等；合作经营收入37.96万元，占6.57%；资产承包租赁收入92.6万元，占16.03%；资源发包收入45.98万元，占7.96%；管理服务性收入82.24万元，占14.23%；入股分红收入98.54万元，占17.05%；其他收入12.31万元，占2.13%。

加强土地流转管理。执行土地流转风险保障金制度，部分乡（镇）已收取土地流转风险保证金128万元、复耕保证金27万元。开展全县流转土地经营情况及农民权益保护情况清理工作，全市土地流转326 646.23亩，其中30亩以上规模流转17.6万亩，涉及业主1 008个。仲裁庭公开仲裁土地纠纷案件2起。

新型农村经营主体培育。全年新培育国家级示范社2家、市级示范社9家、县级示范社16家，新培育省级农业产业

表1 2022年射洪市主要农产品产量

主要农产品	单位	产量	同比增减(%)
粮食、油料	万吨	44.50	–3.92
水稻	万吨	9.80	–3.90
小麦	万吨	6.13	–2.69
玉米	万吨	15.70	–2.48
马铃薯	万吨	2.67	16.08
甘薯	万吨	2.90	–12.12
油菜籽	万吨	4.80	7.86
花生	万吨	1.54	0.65
豆类	万吨	0.13	–6.40
肉类	万吨	9.00	5.14
猪肉	万吨	6.82	6.16
牛肉	万吨	0.21	5.00
羊肉	万吨	0.18	3.19
禽肉	万吨	1.60	1.33
蔬菜	万吨	95.00	3.00
水果	万吨	9.50	8.00
水产品	万吨	1.33	3.70

化龙头企业3家、市级农业产业化龙头企业5家、县级农业产业化龙头企业6家。建立健全合作社辅导员队伍，落实镇级辅导员23人、市级辅导员8名。在全省率先组建射洪市龙创农民合作社服务中心，建立服务阵地60平方米，安排专人全天候为农民合作社提供服务，先后接待全市合作社咨询代办服务事项650人次，向咨询人员宣贯党的“三农”政策；免费制作发放成员证1万册，指导合作社填写成员账户1.2万本，免费统一制作种植技术、养殖技术规程2 000本。举办合作社农业技术高质量提升课程培训，参训1200人次。

【现代农业园区建设】 按照做大市级园区总量，提高省、市级现代农业园区质效的思路，全年射洪市粮食现代农业园区晋级省四星级现代农业园区，射洪市现代种业园区晋级市四星级现代农业园区，射洪市天仙稻渔现代农业园区被认定为市三星级现代农业园区，瞿河白羽肉鸡现代农业园区四星级保级，射洪市仁和粮油现代农业园区被认定为县级园区。

【种植业】 小春作物中，小麦作物播种面积21.52万亩，产量6.13万吨；豆类播种面积0.65万亩，产量0.13万吨；马铃薯播种面积3.35万亩，产量0.97万吨；油菜播种面积25.75万亩，产量4.8万吨。大春作物中，水稻播种面积18.9万亩，产量9.8万吨；玉米播种面积42万亩，产量15.7吨；薯类播种面积15万亩，产量4.6万吨（其中马铃薯播种面积6.1万亩，产量1.7万吨；甘薯播种面积8.85万亩，产量2.9万吨）；花生播种面积8.84万亩，产量1.54万吨。召开全省秸秆高效利用固碳减排现场会，迎接农业农村厅检查指导射洪农业执法工作。连续两年在全省乡村振兴先进市“回头看”中获评“优秀”等次，入选国家农业现代化示范区创建名单，先后获评四川省乡村振兴示范村、四川省乡村振兴重点帮扶优秀村、全省农经工作典型地区、四川省植物保护工作绩效考核“优秀”等次以及全国第七批率先基本实现主要农作物生产全程机械化示范市等，《未经批准非法占用土地建住宅案》被农业农村厅评为全省农业行政处罚优秀案卷。

全市秸秆资源量44.11万吨，秸秆可收集量38.31万吨，秸秆综合利用量35.36万吨，秸秆综合利用率达92.3%。开展秸秆综合利用技术培训2期，培训人员240人次，印发宣传资料10 000份。培育壮大秸秆综合利用主体，督导乡（镇）开展秸秆综合利用示范片建设23个。7月15日，召开四川省秸秆高效利用固碳减排现场会。

在全市范围内开展撂荒耕地整治，按照全面摸清家底要求，逐村、逐社、逐户建立一台田土及二台土以上撂荒地清单，采取农户自愿复耕、助耕服务队帮助复耕、新型农业经营主体流转复耕、村集体经济组织统一组织复耕、农业生产社会化服务组织代耕代种等方式分类整治，全年完成撂荒耕地整治5.5万亩，复耕复种率达100%。

开展三大主要粮食肥料利用率试验7个，完成142户农户施肥监测调查并将调查数据上报平台系统。开展化肥减量技术培训3期6班，培训人员275人1 100人次。完成施肥新技术新产品新机具集成推广6万亩次，在香山镇新城村、大榆镇新井村实施水肥一体化技术示范300亩。全市推广测土配方施肥技术143万亩次。

经济作物。通过稳面积、固基地有序推进经济作物提质增效，推进射洪晚熟柑橘产业发展，指导业主进行柑橘新品种示范7个、新品种高换700余亩，林下套作4 000余亩，林下生草1 000余亩，落实柑橘套袋、覆膜等防控措施2万余亩。推进蔬菜产业高质量发展，以渝遂绵蔬菜产业带建设为重点，以沱牌镇蔬菜基地为核心，新建蔬菜大棚70余亩，通过技术支持、绿色防控物资配套等方式提升蔬菜优质高效核心示范区4 000亩。推进农产品产地冷藏保鲜设施建设，以果蔬类，其他特色种植（除粮食作物）为重点，建成冷藏保鲜库51座，新增静态储藏量5 060吨，以满足农产品田头保鲜、冷藏需求，促进产业增效、农户增收。

【畜牧业】 全市能繁母猪存栏5.5万头；存栏生猪52.313 1万头；出栏肉牛1.698 2万头、肉羊11.622 7万只、家禽1 009.829 7万羽。

全市共有生猪规模养殖场288个，其中楼房式养猪场3个；建成一级生猪扩繁场4个、存栏300头能繁母猪以上的二级生猪扩繁场11个，已形成一级扩繁场—二级扩繁场—商品场一体化生猪产业布局。全年新投产生猪规模养殖场21个，新增生猪存栏12.79万头，新增出栏8.18万头，新引进种猪17 700余头。新（改、扩）建规模肉牛（羊）养殖场10个，建设圈舍面积约8 838平方米，新增牛（羊）出栏约2 000余头（只）。全市畜禽粪污资源化利用率达95%以上，大型规模养殖场粪污收集处理设施设备配套率达100%。

兽医兽药饲料。严格落实检疫申报制度，实施现场检疫，查验免疫标识、免疫档案等情况，严格按规定出具检疫合格证明。全年产地检疫生猪21.93万头、禽1 209万羽。执行《动物屠宰检疫操作规程》，严格凭产地检疫合格证明和免疫标识进场，严把畜禽入场关，严格实施宰前、宰中、宰后检疫。全市共屠宰检疫生猪30.3万头、禽1 055.8万羽、肉牛产品81.6万千克，检出病死猪203头、病害产品13.9万千克、病死禽3.5万羽，并严格按要求进行无害化处理，保证了上市动物产品的质量安全。

加强兽药饲料监管。出动检查人员316人次，检查兽药经营门店13家、饲料经营门店112家、畜禽规模养殖场126家。全年流通环节“瘦肉精”抽检2 907头份，检测合格2 907头份；屠宰环节“瘦肉精”抽检26 907头份，检测合格26 907头份，保证了全市范围内无非法添加“瘦肉精”等违禁物品的事件发生。

【水产业】 全年水产品总产量1.33万吨，实现产值3.1亿元；鱼种投放量2 063吨，全市水产养殖面积达2.35万亩，推广稻渔综合种养面积2.27万亩。完成水产品产地检测抽样100个，完成规模化养殖基地养殖尾水治理面积2 209亩。

【现代种业】 引进益民高新、神龙科技等4家公司，已有9家持B证以上制种企业发展水稻、玉米种子生产，全市制种面积达4万余亩（其中两杂种子生产近3万亩）；销售种子750万千克，销售额达1.2亿元，被认定为“四川省首批玉米种子生产基地”，获得“省级农作物种业工作先进市”称号。培育的杂交水稻新品种“宜优1611”获评第七届“稻香杯”优质米特等奖，“川康优637”获评优质奖。

【农村科技】 基层农技推广体系改革与建设。新建农业科技示范展示基地4个，其中水产1个、生猪养殖1个、牛羊养殖1个、粮食（大豆）种植1个。培育农业科技示范主体8户。推广适宜本市的农业主推品种56个、主推技术44项，农业主推技术到位率达100%。培训基层农技人员104名（含农技推广骨干人才7人），实现农技服务精准化。

高素质农民培育项目。全年共培训高素质农民320人，其中现代农业领军人才5人、经营管理型219人、专业生产型40人、技能服务型40人、农业经理人16人。分型、分期、分专业，开设“乡村振兴+川粮油、川猪、川菜、川稻鱼、川果、农机装备、种养加”7个专业课程。

家庭农场培育和品牌创建。争取中央、省级资金160元，支持家庭农场培育类14家、示范类1家。抓好家庭农场名录库建设，全市家庭农场由2021年年底的4 224家发展到5 702家，新增1 478家。新认定县级家庭农场示范场90家、市级示范场16家。

【高标准农田建设】 2021年高标准农田项目计划总投资20 800万元，其中中央财政资金4 766万元、省级财政资金3 055万元、市级配套资金261万元、地方财政配套资金12 826万元（专项债券资金），计划建设高标准农田5.2万亩。维护管理耕地质量长期定位监测点10个，其中省级监测点5个、县级监测点6个，完成田间试验22个，完成103个耕地质量调查点的田间调查、采样、样品检测。

【农业机械化】 全市农机拥有量达33.1万台（套），农机总动力达40.1万千瓦，比上年同期增长2.6%；完成提灌站建设总投入达330万元，完成技改、新建、维修提灌站55个，其中新建3个、技改20个、维修32个。全市农机社会化服务托管面积241.15万亩，其中机耕面积82.7万亩、机种面积57万亩、机防面积46万亩、机收面积55.45万亩。

【农产品质量安全监管】 农产品品牌创建与营销。全年新申报认证“两品一标”绿色食品农产品9个，其中新申报3个；续展（复查换证）“两品一标”农产品6个，续展率100%。参加第十九届中国国际农产品交易会等展示展销活动3次。

农产品质量安全检验检测。全年开展食用农产品快速检测9 600批次，合格率100%；开展市本级农产品质量安全风险监测476批次，合格率100%；开展省级农产品质量安全风险监测160批次，合格率100%。

农产品质量安全追溯体系建设。全年已累计入驻国家农产品质量安全追溯信息平台555家，录入产品生产批次19 667批次、产品销售批次44 963批次。已纳入食用农产品承诺达标合格证主体名录库的545家，能自主机打开具承诺达标合格证的545家（其中农产品生产企业97家、合作社153家、家庭农场和种养大户295家/户）。

【农业执法】 全年办理农业行政处罚案件99件，罚没款共计233 442.1元，其中渔政66件（一般程序27件、移交刑事案件7件、简易程序32件），罚没款20 100元；农资14件，结案12件，罚没款22 878元；动监16件，结案16件，罚没款190 464.1元；宅基地3件，结案1件；处理各类投诉举报208余件、涉农纠纷20件。全年开展专项行动43次（其中渔政34次、动监4次、农机宅基地1次、农资4次），出动执法人员9 840次，出动执法车辆2 250辆次，开展渔政执法检查6 538次，检查生产、经营企业、个体、农业新型经营主体1 602家次，制作各类广告牌、宣传标语1 700余块（条），发放宣传资料7万余份，法制宣传10.5万余人次。

【主要领导人】 市委书记：谭晓政；市人大常委会主任：袁渊；市长：王能；市政协主席：邓茂；分管农业副市长：王家伦。

射洪市编写组

蓬 溪 县

【基本情况】 2022年，全县辖19个乡（镇）1个街道262个行政村60个社区，辖区面积1 251平方千米。有户籍人口67.35万人。10月入选全国乡村振兴示范县创建名单（四川省6个、遂宁市唯一），建成全省乡村振兴先进县；天福镇（杏鲍菇、虫草花）入列第十二批全国“一村一品”示范村镇名单，裕丰种植专合社入列全国第四批发展粮食规模经营农民合作社典型案例；蓬溪仙桃再登中央电视台经济频道；获评国家农村产业发展示范园。获评全省农经工作典型县，获得全省动物防疫技能决赛团体三等奖（全省第六名）；任高粮油园区升级为市四星级园区，建成小麦万亩园区。“鱼米之乡”建设工作得到省水产局的高度评价。盟遂合作乡村振兴示范区“一区三园”获得民盟中央的高度认可支持。蓬溪县农村集体“三资”监管平台和村级财务审核记账中心正式运营。蓬溪县天福镇畜牧兽医站、蓬溪县大地农机专业合作社获评“四川省农业丰收奖先进集体”；蓬溪县获评“2022年度四川省植物保护工作绩效考核优秀单位”；文井镇白鹤林村获评“全省合并村集体经济融合发展试点先进村”。

【种养殖业】 全年粮食作物播种面积91.11万亩，占市级目标任务的103%，比上年增加2.59万亩；粮食总产量32.53万吨。油料作物播种面积保持在21.52万亩，总产量4.2万吨，分别比上年增加0.15万亩、0.03万吨。全年生猪出栏71.15万头，同比增长4.1%，超市级目标任务5.5万头；能繁母猪4.7万头，占正常保有量的100%，位列全市第一。农村居民年人均可支配收入达20 493元，增长6.6%，全市排名第一。第一产业增加值实现34.12亿元，增速4.9%，全市排名第一。全社会固定资产投资项目库存数6个，投资总额9.86亿元；新开工项目4个、6.88亿元。完成中央、省转移支付储备项目13个、26.4亿元；农业招引项目2个，协议投资1.7亿元，占年度目标任务的100%。新认证无公害农产品1个、绿色食品5个、有机食品1个，共有认证有效期内的无公害农产品52个、有机食品20个、绿色食品8个、地理标志农产品（含地理标志证明商标）7个。

【粮食安全】 通过项目激励、政策奖补、督查督办等多种措施推进撂荒地整治，全年复耕复种6.17万亩。投资1 680万元，提高农机购置与应用补贴力度，完成“五良”融合宜机化改造3 800亩。落实市级财政累加补贴种植机械。推动大豆（玉米）兼容发展、协调发展。加强高标准农田建设，2021年2.66万亩高标准农田建设项目全面完工；2022年4.2万亩高标准农田启动建设，保质保量完成新建和改造提升年度任务。开展抗旱保丰收，出台《全力以赴抓好抗旱夺丰收的紧急通知》意见，组建随叫随到的24个抗旱小分队，到一线指导抗旱保丰收；投入资金150万余元，添置抗旱设备、疏通灌溉渠道，维修保养电力提灌设备368台（次），投入移动提灌设备6 000余台（套），抗旱面积12.6万亩。

【畜牧业】 以能繁母猪存栏量为核心调控指标，分级建立国家级、省级、市级、县级生猪产能调控基地127个。稳定生猪财政支持力度，统筹各类资金共计737.364万元用于提高生猪产能和生猪保险覆盖面，有效应对猪肉市场价格异常波动。培强规模化养殖场，审核上报省级标准化示范场9个。鑫翰源二期建成投产，9月引进能繁母猪4 100头；加鑫圆蛋鸡养殖专业合作社一期建成，引进蛋鸡5万羽，正式投产。加强非洲猪瘟等重大动物疫病防控，全年检查生猪运输车辆2 200辆次、11万余头次，拦截违规调运生猪30辆次。重点实施牲畜口蹄疫、禽流感、小反刍兽疫、猪瘟等强制免疫，共免疫生猪96.61万头、牛6.89万头、羊15.72万只、鸡288.52万羽、鸭99.96万羽、鹅41.32万羽，免疫密度100%。全县未发生重大动物疫情、人畜共患病疫情和区域性动物常见病疫情等。

【特色产业】 助推主导产业壮大发展。菌菜产业方面，改造提升辉源菌业（鑫月专合社）闲置大棚100亩并恢复生产，带动常乐、明月等地业主、村集体发展食用菌产业；建成绿然数字化蔬菜育苗中心1个，新建蔬菜钢架大棚400余亩，并配套建设水肥一体化设施；天福镇入选第十二批全国“一村一品”示范村镇，任高粮油园区晋升市四星级园区。水果方面，完成低效林（果）改种粮油0.25万亩、粮果间套0.82万亩，示范带动推广应用粮经复合种植模式，蓬溪仙桃再登中央电视台经济频道。道地中药材方面，结合旅发大会契机，在中国红海、高峰山等地新建“从百草园到三味书屋”道地中药材基地0.3万亩，完成拱市低效柚改换佛手0.15万亩。水产方面，初步建成以赤城两河口和文井白鹤林、青龙嘴等村为核心的万亩“鱼米之乡”生产基地，得到省水产局的高度评价。建成琪英高位池养殖基地120亩、新会骡埝稻蛙养殖基地300亩，种养结合、生态循环生产技术和模式有效推广。加快产业深入融合。依托特色产业和特色产业园，指导举办菜花节、桃花节、郁金香观赏节、拱市联村精品示范村开园仪式等活动，吸引众多周边城市游客，申报认定市级示范农业主题公园2个、市级示范休闲农庄3个；举办遂宁市2022年中国农民丰收节暨高升菜花节和任隆桃花节等节庆活动；新申报市级特色产业村4个。精深加工有效拓展，菌香缘、鲜箩食品、薯兴专合社等开发食用菌、蔬菜、红薯等精深加工产品，食用菌罐装生产项目、食用菌菌渣饲料化生产项目已完成主体工程建设，农业产业链条不断延伸。县级电商平台恢复运营，开展网络宣传、直播带货等活动，特色水果、蓬溪粉条等特色农产品销售顺畅。

【农村改革】 农村集体产权制度改革后续工作平稳推进，290个村（含涉农社区）全部建立集体经济组织，并实现登记赋码发证全覆盖；28个试点村实现组织融合、资产融合、成员融合，集体经济总收入达1 306.8万元，纯收入320.83万元，分别比上年增长75%和51.7%；开展农村土地流转拖欠租金整治化解行动，全县化解拖欠租金351.71万元，其中协商分步化解106.14万元、进入司法程序化解177.84万元、以其他形式化解94.2万元；农村土地经营权抵押融资有序开展，农业经营主体贷款额达2.38亿元。

【主要领导人】 县委书记：黄亚军；县人大常委会主任：文勇；县长：吴红彬；县政协主席：杨军；分管农业副县长：刘定华。

蓬溪县编写组

大英县

【基本情况】 2022年，全县辖9镇1个街道，辖区面积701.064 6平方千米，其中耕地面积43.33万亩（水田11.8万亩、旱地31.53万亩）。

【年度农业和农村经济运行】 2022年，全县第一产业增加值32.57亿元，增长4.4%。农村居民年人均可支配收入达20 707元，增长6.3%。新建高标准农田2.2万亩，完成撂荒地整治5.77万亩。围绕实施“天府菜籽油”暨产油大县项目发展优质粮油示范产业10万亩，推广大豆玉米带状复合种植3万亩。生猪出栏57.57万头，同比增长2.85%。获得“2022年度中省财政资金项目绩效评价优秀县”“四川省耕地质量监测评价和科学施肥工作先进单位”“四川省农经工作典型县”等称号。《大英县着力粮食增产增收　加快现代农业发展成效》被《人民日报》《四川农村日报》等主流媒多次宣传报道。

【农业产业发展】 围绕“136”产业布局，加快培育优势特色乡村产业，改造提升和发展优质粮油、绿色蔬菜、优质甜桃等产业基地1.47万亩，推进蔬菜市级现代农业园区融入“渝遂绵”蔬菜产业带发展，全面加快柑橘、甜桃市级现代农业园区建设，柠檬、青花椒等特色产业基地提档升级。

加大向上争取资金和项目招引力度，争取到位农业农村政策资金4.8亿元，统筹实施农业发展、高标准农田建设、农业园区建设、中央财政衔接推进乡村振兴资金等项目，投入县级财政2 064万元、高标准农田建设债券1 800万元。建设良繁基地7 200平方米，引进培育推广良种、良法、精深加工技术；新建玉米制种基地2 000亩、酒粮基地2 078亩。建设省级黄颡鱼良种示范场，启动省级“鱼米之乡”建设。与川农大联合成立中国农技协授牌的乌骨鸡科技小院，建成年出栏20万羽的标准化鸡舍5座，引进实力企业建成投产年屠宰小家禽1 000万羽的标准化屠宰场1座。加快提升产业链配套，新建农产品冷藏保鲜库18座，培育农产品初加工基地5个。争创“天府菜籽油”暨产油大县项目实施县，获得财政补助资金1 000万元。

【经营主体培育】 把握省级家庭农场示范创建县、农民合作社高质量发展重点县契机，以宣传发动倡导、业务培训主导、备案管理引导，培小扶大、示范引领、辐射带动等方式，多渠道、多点位发展培育农民合作社和家庭农场。全年共培育各类家庭农场220家（累计达1 359家），录入名录库1 359家；培育创建各级示范场152家，其中省级示范场9家、市级示范场63家。新发展农民专合社17家，申报获评市级示范社5家。监测农业龙头企业14家，合格13家，晋级市级农业龙头企业3家。共争取落实合作社、家庭农场上级财政扶持资金1 117万元，其中中央财政补助资金1 111万元（支持农民合作社扶持资金510万元、省级家庭农场示范县创建项目资金601万元）、市级财政奖补资金6万元。承办四川省乡村美食型家庭农场典型案例评选活动。

【现代农业园区建设】 县农业农村局牵头组织开展省、市、县三级园区创建，通过收集、编报资料、园区项目建设等措施，园区创建取得重大进展，完成县级下达的创建目标。其中，大英县中药材现代农业园区创建为省级三星级现代农业园区，力争晋级加星；大英县粮油现代农业园区、大英县蔬菜现代农业园区创建为市级三星级园区，大英县柑橘现代农业园区保市级四星级园区，大英县甜桃现代农业园区保市级三星级园区，新认定隆盛粮油现代农业园区。

【种植业】 全年粮食作物播种面积60.9万亩，产量20.8万吨，其中小春粮食作物播种面积11.24万亩，产量3.1万吨；大春粮食作物播种面积49.6万亩（水稻播种面积11.1万亩，产量5.75万吨；玉米播种面积24.36万亩，产量9.04万吨；大豆播种面积7.5万亩，产量0.94万吨；薯类播种面积8.5万亩，产量2.47万吨）。油菜播种面积15.94万亩，产量3.17万吨，分别增长7.6%、7.9%。围绕实施“天府菜油”暨产油大县示范县项目，全面推进优质粮油示范工程，完成优质油菜高产示范基地建设30 000亩，发展精品粮油10.6万亩。大英县2022年度四川省植物保护工作绩效考核为优秀单位（全省农作物病虫害统防统治工作）。县农业农村局被评为四川省耕地质量与肥料总站被评定为耕地质量监测评价工作和科学施肥工作先进单位。

【农业特色产业发展】 围绕“136”产业规划布局，加快培育优势特色乡村产业，提档升级优质粮油、优质中药材、优质柑橘三大主导产业，培优提质优质青花椒、优质甜桃、优质柠檬、优质蔬菜等优势特色产业。改造提升优质粮油基地4 500亩、中药材基地2 000亩，辐射带动发展柑橘产业11 000亩、花椒产业2 000亩，建设良繁基地7 200平方米。引进培育推广良种、良法、精深加工技术，引进神龙公司在金元镇新建玉米制种基地2 000亩，有序发展现代种业。以腾英公司为龙头，新建酒粮基地2 078亩。持续推进农业种质资源和外来生生物普查资源。全面完成两项改革“后半篇”文章目标任务。突出科技赋能，共组织线上培训7场次；线下大型培训8场次、小型培训35场次，线下受训人数达5 800人次。

【畜牧业】 全年存栏生猪34.5万头，其中能繁母猪存栏3.25万头；出栏57.6万头，同比增长2.85%。

畜牧产业发展。通过实施能繁母猪奖补、“一户一策”上门宣传、加强政企联动等方式稳住生猪生产基本盘，筹集152.88万元对存栏能繁母猪50头以上的7户14 658头给予奖励，调动了自繁自养户的生产积极性。同步实行“一场一人”跟踪服务，协调指导35个生猪规模场复养投苗4.28万头。组织力量对全县214个规模养殖场消纳土地面积是否达标进行摸底排查，督导26个消纳土地面积不达标的规模养殖场流转周边土地，达标后方可生产，各类畜禽养殖场共计流转消纳土地4.25万亩，其中复耕撂荒地0.97万亩。利用市、县项目资金220万元，推行“集体上规模，群众见效益”模式，新建存栏年产量100万只规模种鸡场1处、年均出栏54万羽标准化寄养鸡舍11处；鼓励2 500余户贫困群众出栏土鸡8.3万只，户均增收3 500元，既激活了畜牧产业新增长点，又助力了村集体群众双增收。研究印发《2022年畜禽产业发展重点工作要点》《畜禽养殖企业（场）安全生产自查（检查）指南》，明确了“稳定生猪生产能力，推动家禽扩量增效，守住安全环保底线”的方向，解决了“该做什么、怎么做、做到什么样”的问题。组织干部职工、服务对象开展多轮多层级行业安全专题培训，持续保持未发生重大环境保护和安全生产事故良好态势。全年共协调解决12345等群众政策咨询、污染治理、工资拖欠等诉求73件，其中重复件5件，分别同比下降28.5%、400%；会同热线办、环保部门等现场复核河边、蓬莱、象山有关环境问题等3件，为服务对象安心生产提供了较好的周边环境。

畜禽粪污治理。坚持“以种定养、以养促种、种养结合”思路，实行“一场一人”驻场制度，督导粪污设施正常运行，开展消纳用地专项排查，确保生产能力和治污设施处理能力相匹配。同时，鼓励通过租赁土地自行消纳或第三方社会化运营方式实现畜禽粪污资源化利用。2022年，规模以上畜禽养殖场粪污处理设施配套率达100%，畜禽粪污综合利用率达96.08%。

动物疫情防控。采取“整村推进、及时补免”的方式，抓好春秋季重大动物疫病集中免疫工作，逐户逐头同步免疫注射、同步消毒和同步登记造册。组织人员开展春秋防工作督导，及时发现工作中存在的问题，督促问题整改。完成2022年重大动物疫病强制免疫工作任务，共免疫猪口蹄疫74.86万头、牛口蹄疫0.77万头，免疫羊口蹄疫2.3万只、小反刍兽疫2.3万只，免疫家禽禽流感312.69万羽。代表遂宁市接受四川省秋季重大动物疫病防控工作开展交叉调研和评价，获得省检查组的肯定。自购狂犬病灭活疫苗4万头份，免疫犬只3.9万余只，全县犬只免疫率达90%以上，继续保持狂犬病零发病、零感染目标；加强结核病、布鲁氏菌病监测工作，加大对监测阳性的扑杀力度，确保人畜共患病稳定控制。落实网格化管理制度，全县共设立各级网格员702名，建立健全网格化监管队伍和监管网络体系。开展“大消毒、大培训、大宣传”活动，督促指导从业人员落实各项生物安全防护措施，坚持屠宰企业每月停业1～2天进行火焰消毒。按照省、市流行病学调查监测要求及《2022年大英县动物疫病监测与流行病学调查计划》要求，开展流行病学调查监测。做好县级兽医实验室检测能力提升工作，采购仪器设备试剂耗材33万余元，增强了实验室检测能力。全年共检测重大动物疫病抗体862份，抗体合格率达80%以上；检测非洲猪瘟病原学样品372份，未检出非洲猪瘟阳性；检测牛（羊）血清布鲁氏菌病318份，未发现阳性病例。

加强应急管理。做好应急物资储备及管理，储备发电机、防护服、各类消毒药等应急物资。健全应急管理机制，根据现行法律法规及大英县实际，组织人员对重大动物疫情应急预案进行修订，完善应急体系，规范应急处置工作。县农业农村局被遂宁市农业农村局评为“2022年度畜禽屠宰管理工作优秀单位”和“兽用抗菌药使用减量化工作优秀单位”。

【水产业】 全县有水产养殖户1 243户，养殖面积2.23万亩；水产品产量9 275吨，同比增长3.92%；实现渔业经济总产值2.68亿元，同比增长0.88%。发展健康养殖，推广稻渔综合种养3 000余亩，推广高效增氧曝气装备，生物菌调水、中草药预防等养殖技术，增殖放流鲢鱼、黄颡鱼、鳜鱼、中华鳖、长吻鮠、岩原鲤鱼苗20.9万尾，建设增殖放流点560平方米及宣传碑1座，恢复了郪江水生生物资源。推动大英县黄颡鱼养殖场创建遂宁市第一家省级水产良种场。推进大英地下盐卤渔业技术开发与利用研发项目，在卓筒井镇为干屏村建成小试基地6亩，并配套建设相关养殖设施设备。大英县农业技术信息推广站获得全国农牧渔业丰收奖三等奖(2019—2021年度）。

渔业管理。加强水生野生动物宣传，开展水生生物监测，督促涉渔工程开展专题评价审批并落实。组织开展水生野生动物保护月活动，配合省水产校等单位开展水生生物监测，有效评估禁捕效果。完成大英县外来入侵水生动物的实地踏查、样地调查、标本采集和系统录入，实地调查了涪江、郪江河流样地6个，寸塘口水库、五五水库样地6个，水田及沟渠样地各5个，设置样方62个，采集制作巴西龟、克氏原鳌虾、福寿螺标本6个，普查数据全部录入普查管理系统。

加强对养殖户的宣传指导，发放张贴水产养殖用药明白纸等2 000余份。开展水产养殖户全覆盖抽样快速检测1 196批次，全部合格；省、市水产品例行抽检12户12个样品，全部合格。配合农安股做好食品安全示范县创建迎检资料、现场点位准备等工作。统筹做好通仙河河长制工作，制定了“四单”，全面配合治理古井湾水库，组织开展河道水环境综合治理，做到巡河常态化、治理制度化、牵头规范化，全年通仙河水质达到地表水Ⅲ类，较上年显著提升，同时牵头做好全县河水环境治理涉农整改等。完成渔文化调查报告，处理12345热线来电，协助执法队做好保护区管理。做好新冠疫情期间稳产保供、旱情防灾减灾、贫困户帮扶、各项渔业统计各类报表资料。

【农业农村改革】 开通“家庭农场信贷直通车”，助力26家家庭农场通过“农银政担”实现授信1 651万元，7家共融资280万元；晋级市级农业龙头企业3家。持续巩固产业帮扶成果，2022年向脱贫村和重点帮扶村倾斜政策资金2 627.75万元，巩固提升农业产业项目52个；安排衔接资金856万元，鼓励符合条件的群众发展小家禽养殖、大豆种植等“短平快”产业项目。继续探索多种模式做大集体经济，全县168个村集体经济收入2 076.7万元，村均12.4万元，同比增长113.78%。

【乡村振兴】 履行中共大英县委农村工作领导小组办公室职责，完善议事协调机制，制定出台中共大英县委农村工作领导小组和领导小组办公室两个《工作规则》，完成《大英县“十四五”农业农村发展规划》编制。制定完善县级部门、镇、村乡村振兴三级联动机制，结合实际开展乡村振兴战略实绩考核工作，清单式落实具体政策、细化具体指标、明确具体任务，加强工作督导，明确工作举措，压实工作责任，确保大英县乡村振兴年度工作任务推动落实。

结合大英县中药材、甜桃、柑橘大地景观等优势特色产业，挖掘地方历史文化，重点推进建设农业主题公园2个、休闲农庄5家、农家乐50余家、乡村民宿3家。通过举办彩色菜花节、桃花节、晚熟杂柑采摘节、乡村美食大赛活动，提升全县乡村旅游美誉度。争创特色乡村，组织申报创建国家级乡村振兴示范村4个，省级乡村治理示范镇1个、示范村2个，创建省级乡村振兴示范村3个，编制申报四川省休闲农业重点县。启动实施市级“百村千户”示范工程，隆盛镇青坪村、蓬莱镇福桥村、卓筒井镇东山村被省委、省政府命名为省级示范村；象山镇凤阳村被省委、省政府命名为重点帮扶优秀村；大英县被评为2022年度中省财政资金项目绩效评价优秀县。

聚力精品示范村打造和“宋井桃源”“乐享土门”“绿山微湖”“斗笠码头”等乡村景点建设，加快提升乡村公共基础设施配套，卓筒井镇为千屏村精品示范村已于9月28日盛大开园。2022年，全县直接从事休闲农业服务人员近800人，接待游客超过140万人次，综合营收入超过3.3亿元。深化乡村治理，制定《大英县2022年农村“厕所革命”整村推进示范村建设项目实施方案》，投资3 510万元在40个村改造提升农村无害化卫生厕所1.27万户，农村卫生厕所普及率达96%，无害化卫生厕所普及率达70%，受益群众满意度达97%。投入资金6 000万元，新（改）建各镇垃圾中转站，累计建设垃圾分拣中心1座、生活垃圾分类亭2 618个，投放分类垃圾桶17 088个，建设再生资源回收网点200个，实现垃圾收集168个行政村全覆盖。加快推进农村污水治理，共有131个行政村生活污水得到有效治理，占比78.4%。

【脱贫攻坚】 持续开展定点帮扶和驻村帮扶，2022年继续选派3名干部担任定点帮扶村“第一书记”，抓好产业帮扶，做好防返贫动态监测，坚决守住不发生规模性返贫底线。加强驻村力量后勤保障，定点联系帮扶工作有序推进，落实“以购助扶”。围绕组建科技下乡乡村指导服务队，开展“三农”政策宣传、农业科技指导，继续抓好新型职业农民、致富带头人培训，全年培养高素质农民274人，推荐评定市级致富带头人3人，为巩固脱贫攻坚成果夯实了人才技术支撑。用好用活耕地地力补贴、农机购置补贴、种粮大户补贴、农业保险和小额信贷等支农惠农政策，群众参与乡村建设和农业生产的积极性、主动性明显提高。

巩固脱贫成果。巩固提升扶贫产业成果，多渠道筹集衔接资金，支持乡村产业发展。全年大英县用于发展产业的乡村振兴衔接的中央、省级资金6 448万元，其中中央资金931万元，用于产业发展528.27万元，占比57%，超过上级要求的55%以上；省级资金5 517万元，用于产业发展3 211万元，占比达58%，超过上级要求的至少50%；县级资金1 256万元，全部用于产业发展。

【农业机械化】 为保障粮食安全，升级改造提灌站10座，维修维护提灌站193座，升级节能改造提灌站13座，新建提灌站1座，全年机电提灌站灌溉面积23.25万亩，共完成机耕68万亩，占年目标任务的100%；完成机播27万亩，占年目标任务的100%；完成机收36万亩，占年目标任务的100%，农作物综合机械化率达53.85%。新成立农机专合社2家。

开展变型拖拉机清理整治工作和农机“两审”工作，全县共年检审拖拉机和收割机340台；新注册登记拖拉机和联合收割机112台；转移登记18台；补换行驶证24本，换、补换拖拉机驾驶证17本。加强农机驾驶（操作）人员安全培训，培训驾驶（操作）人员415人次，发放宣传资料1 000余份。加强落实农机安全责任，配合农业执法大队、交警大队共上路检查54次，查处已注销变型拖拉机6台，报废处理6台。加强在农业生产春耕备耕、农作物“双抢”、秋收时节对农业机械田间作业的安全检查，确保无农机安全生产事故发生，大英县被评为2022年度四川省农机化发展农机安全监理工作突出单位。

【农业技术推广】 水稻主推“宜香优2115”“川优8377”“川优6203”等高产优质抗病品种4个；玉米主推“同玉18”“华玉5号”“仲玉1号”等品种13个；大豆主推“贡夏豆13号”“南豆27”“南豆35”“南春豆36”等品种15个；油菜主推“晶油1号”“川油83”等品种4个；小麦主推“川麦93”“川麦603”等品种4个；马铃薯主推“川芋117”等品种3个；豌豆主推“陇豌1号”“中豌11号”品种2个；胡豆主推“成胡17”“通蚕鲜7号”

品种2个。

推广绿色高效栽培技术、作物病虫害绿色防控技术、秸秆还田、测土配方施肥、水稻旱育秧集中育秧、水稻机插秧、玉米增密覆膜移栽、农机农艺融合等农业高产高效技术及水肥一体化、避雨栽培技术，提升土地产能。抓好趋利避害适时育播，指导各镇（街道）利用镇、村广播宣传，及时印发育播时令宣传单，引导群众趋利避害，把握好育播时节，适时开展“五苗”育播。县农业农村局获评“2022年度四川省农村创业创新工作先进单位”；县农业农村局获评“2022年度四川省农业科技工作先进单位”。

【农村生态建设及环境保护】 推进化肥农药减量控害，提升耕地地力水平，印发《大英县2022年农药减量化工作实施方案》《2022年化肥减量化工作实施方案》《主要农作物科学施肥指导意见》。改良培肥土壤2万亩，完成有机肥推广面积20万亩，完成典型农户施肥调查79户，完成水稻、玉米、小麦、油菜肥料利用率试验4个。建设化肥减量增效“三新”示范片3万亩，补贴缓释肥、有机肥和微生物肥料600吨。培训种植大户2 000户。印制大英县2022年测土配方施肥建议卡2万份，推荐肥料配方28个，实现全县测土配方施肥技术覆盖率稳定在90%以上，被农业农村厅评为“2022年全省化肥减量增效先进示范县”。建设化肥减量技术服务示范基地5个，示范面积10万亩。开展水果有机肥替代化肥试点，推广水肥一体集成技术，集中建设示范区5万亩。

全县农作物病虫草鼠害发生面积182.1万亩次，有效防治面积达178万亩次，挽回产量损失49 417.033吨，挽回率达8.33%，病虫草鼠害实际损失率达0.55%。建立县级病虫害测报站2个，农作物重大病虫害预测预报准确率达90%以上。水稻、小麦、玉米、油菜、大豆等主要农作物优良品种推广率达95%以上。病虫害统防统治面积达61.39万亩次，主要农作物统防统治覆盖率达49.75%。推广毒饵站灭鼠技术，带动农田灭鼠13.5万亩次。建立绿色防控示范区15.56万亩次，辐射带动绿色防控面积达50.12万亩，主要农作物绿色防控覆盖率达51.34%。开展“百县千乡万户”科学安全用药培训专题培训会议6期次，并结合开展其他会议培训、田间培训等29场次，培训植保技术人员100人次、机防专业人员100人次、农民2 300人次，印发植保情报和病虫防治技术资料3 000份。

2022年，全县农作物秸秆理论资源量24.16万吨，可收集资源量约21.83万吨，秸秆综合利用量达19.65万吨，利用率达90.01%。加强农业废弃物回收处置，已回收农药包装废弃物3.2吨、废弃农膜6吨，农药包装废弃物回收率达85%，农膜回收利用率达90%。

【农产质量安全监管】 开展“农药兽药减量和产地环境净化”、农资打假和“治违禁、控药残、促提升”三年行动，对102家农（兽）药经营主体、280个农资产品、7家兽药GSP店开展监督指导，确保投入品安全。主要农作物测土配方施肥技术覆盖率达90%以上，化肥利用率达40%以上。打通监管“最后一公里”，打造农业投入品废弃物回收处置体系。全年县级定量检测按照0.5批次/千人检测农产品201个，省级例行监测123个，省级风险监测105个，合格率均达99%以上。推行“合格证+追溯”体系建设，建立食用农产品承诺达标合格证自助开具服务点15个，购买食用农产品承诺达标合格证自助开具一体机5台；全县490余家生产经营主体加入国家农产品追溯管理信息平台，247家企业被纳入食用农产品承诺达标合格证开具主体名录库，已累计开具承诺达标合格证93 390张，附带合格证上市农产品15 343.5吨。办理农产品质量安全案件3件，违法案件立案查处率达100%。持续培育特色农产品品牌，新增“三品一标”农产品9个，在用“三品一标”认证产品125个，其中无公害产品认证74个、绿色食品认证50个、地理标志农产品1个。扶持龙头企业和经营主体创建品牌，推广大英特色农产品品牌，将14家企业45个产品纳入“遂宁鲜”公共品牌，并参加农博会、西博会、丰收节等展示展销活动，讲好“大英品牌故事”。

【执法服务】 为深化法治乡村建设，推进“八五”普法规划落地落实，县农业农村局组织部署农村“学法用法示范户”培育工作，制定《2022年大英县农业农村局普法责任清单》，开展返乡农民工法治宣传教育活动、非洲猪瘟等重大动物疫病防控宣传、“放心农资下乡进村”宣传周、禁渔期打击非法捕捞、农机安全宣传月等活动，参加“3·15消费者权益日”、农资打假“春雷”行动、“6·5”世界环境日、“6·14”社会信用体系、“6·25”全国土地日主题活动等普法宣传，全覆盖加强对种子、农药、化肥等农资产品和农资生产经营网点的执法监督。全面落实“双随机、一公开”事中事后监管，执法信息公开率达100%。全年共办结行政审批事项97 340件，“最多跑一次”事项达95%以上。依法加强信访工作，全年处理各类群众信访670件，满意率达92%以上。

严厉打击违法行为。加强生猪屠宰监管，确保肉品质量安全，利用“四川智慧动监”平台和“智慧动监”微信公众号推进畜禽标识发放佩戴、动物检疫票证物资管理和落地监管信息反馈。全面完成6家生猪屠宰企业提档升级改造，屠宰检疫动物产品22 465.846吨，屠宰环节抽检“瘦肉精”4 340头，集中无害化处理病害生猪22.465吨（三腺）。建立重大行政执法案件集体讨论制度，规范了行政执法行为，提高了办案质量，维护了当事人的合法权益。加强执法人员能力提升，组织开展“大学习大练兵大比武”。

【主要领导人】 县委书记：胡铭超；县人大常委会主任：牛斌；县长：唐紫薇；县政协主席：文漳；分管农业副县长：晏刚。

大英县编写组

内 江 市

【基本情况】 2022年，全市辖2个区1个市2个县，辖区面积5 385平方千米。全年实现网络交易额814.79亿元、网络零售额113.47亿元，分别居全省第三位、第六位。旅产业加快恢复，创建国家4A级景区1个、省级全域旅游示范区2个。新增备案登记企业30家、实绩企业15家，12家企业进入全省“千户重点外贸企业培育工程”。全市银行业金融机构存贷款余额达4 303亿元，增长10%。

市中区获评省级农村改革工作先进区、省级健康促进区，东兴区获评四川省现代服务业集聚区、天府旅游名县候选县，隆昌市获评全国创新型县（市）、天府旅游名县，资中县获评全省“以粮为主、粮经统筹”示范县、全省首批县域商业建设行动示范县，威远县连续三年进入中国西部百强县（市）榜单、获评全国县域旅游发展潜力百佳县，内江经开区建成全市首家国家众创空间，内江高新区成为全省首批近零碳排放园区试点、全省首批科技成果转移转化示范区。编制完成50个镇村片区规划，威远县连界镇、市中区白马镇被命名为全省首批“省级百强中心镇”。

【种养殖业】 聚焦打造新时代更高水平的“天府粮仓”，落实粮食安全和耕地保护党政同责，严格落实田长制，复耕撂荒地7.29万亩，建成高标准农田19万亩。加强粮经复合种植，优化改造种植园地2.33万亩。加强组织抗旱保丰收，粮食作物播种面积468.2万亩，大豆播种面积63.5万亩，粮食生产实现“十五连丰”。资中血橙产量达40万吨，威远无花果获得“巴蜀气候好产品”称号；精品蔬菜产业实现综合产值25亿元。实施生猪补栏行动，内江黑猪产能达30万头。肉牛（羊）产业实现综合产值75亿元。白乌鱼新品种乌鳢“玉龙一号”通过国家审定，实现四川省水产新品种零的突破，全年渔业经济实现综合产值90亿元。“内江天冬”获得地理标志证明商标。新认定省星级现代农业园区1个、省级现代林业园区1个，资中县创建为国家现代农业产业园，隆昌市创建国家现代农业产业园通过中期评估，威远县创建为第三批国家农村产业融合发展示范园。

【乡村振兴】 持续巩固脱贫攻坚成果，提升脱贫户、监测户“两不愁三保障”和饮水安全保障水平，内江市获评全省乡村振兴先进市，资中县入选国家乡村振兴示范县创建名单。启动市中区永安镇园村一体融合发展试点，累计建成美丽宜居乡村708个。新（改）建农村公路749千米，东兴区获评“四好农村路”省级示范县，隆昌市获评全省首批乡村运输“金通工程”样板县。向家坝灌区北总干渠一期一步内江供水管网工程、两河口水库、大石包水库建设有序推进；实施农村水网建设，农村规模化供水率达81.9%，自来水普及率达85.9%，提前完成“十四五”目标任务。开展农村生活垃圾治理暨“五清”行动，100%的行政村生活垃圾得到无害化处理，75.9%的行政村生活污水得到有效治理。完成181个村、4.8万户“厕所革命”整村推进建设任务，全市卫生厕所普及率达92.2%。

【农村生态建设】 打好“蓝天、碧水、净土保卫战”，中央、省生态环境保护督察反馈问题年度整改任务全面完成，解决突出生态环境问题501个。建成122个内江沱江流域水环境综合治理PPP子项目，全市12个国、省控考核断面水质首次全面达标，县级及以上城市和乡（镇）在用集中式饮用水水源地水质优良率达100%。全面推行林长制，营（造）林6.1万亩，完成天然林资源管护32.11万亩。

【民生实事】 坚持办好“十项民生工程”和“30件甜蜜内江民生实事”，全年民生支出168.41亿元，占一般公共预算支出的比重达66.3%。基本医疗保险参保率达98%，“甜惠保”惠及42万人，入选“两病”门诊用药保障国家级示范城市。推行医疗救助市级统筹，落实药械集中带量采购，减轻群众医疗费用负担2亿余元。9.79万名低保对象、3.31万名特困人员、7 544名困难群众基本生活得到有效保障。为2 218户家庭发放城镇住房保障租赁补贴106.8万元。加快养老服务体系建设，新增养老床位1 608张，初步建成“5+27+N”农村养老三级服务网络。深化“百姓大舞台”“书画大展场”“公益大讲堂”等品牌文化活动，建成“甜城宝贝屋”“甜城悦读”书吧1 030个，137个公共文化场馆免费开放。

【毗邻合作】 川南渝西融合发展试验区建设方案已上报国务院待批，46项重点任务有序推进。内荣现代农高区加快建设，2个合作园区入选成渝地区双城经济圈工业、农业合作园区建设名单，国家生猪大数据中心内江运营中心等“10+30”年度重大项目完成投资173亿元。内自同城化深入实施，内自合作园区食品产业园项目建设有序推进，成渝粮食应急保供物流基地等7个项目开工建设。

【主要领导人】 市委书记：郑莉；市人大常委会主任：戴震；市长：李丹；市政协主席：康俊；分管农业副市长：徐炼英。

内江市编写组

市 中 区

【基本情况】 2022年，全区辖5个街道7镇，辖区面积386.2平方千米。新增规模以上服务业企业6家、限额以上商贸企业15家，服务业增加值增长1.3%。支持餐饮住宿、文化旅游等行业复苏，实现社会消费品零售总额85.94亿元。现代物流、电子商务加快发展，内江城乡物流配送基地建成投用，第三方物流企业营业额增长10%，电商交易额突破120亿元。文旅产业加快恢复，全区创建为省级全域旅游示范区。开展"走出去"招商活动201次，参加各类投资促进活动17场，新签约项目59个，到位市外资金130.23亿元，同比增长30%。

【年度农业和农村经济运行】 2022年，全区第一产业增加值23.5亿元，增长4.5%。农民年人均可支配收入达21 482元，增长5.6%。全年创建省级园区1个、市级园区4个，新培育区级龙头企业4家、家庭农场289家，获评省级农产品质量安全监管示范县。

【种养殖业】 严格落实粮食安全和耕地保护党政同责，全面推行"田长制"，复耕撂荒地5 247.58亩，建成高标准农田2.2万亩。抓好粮猪生产，大豆播种面积7 900亩；粮食作物播种面积35万亩，产量11.6万吨；出栏生猪26.39万头。四大主导产业聚集成势，改造提升柑橘基地4 000亩，打造精品蔬菜4 000亩，内江黑猪繁育基地建成投产，白乌鱼"玉龙1号"实现全省水产新品种零的突破。

【统筹城乡发展】 城南新区建设。持续推进城南新区建设，实施管网改造、安置还房等重点项目61个，完成投资14.5亿元，建成区面积达7平方千米，常住人口突破10万人。行政中心北侧道路、新光路南段等市政道路建成通车，临江片区安置还房主体完工，新华维港城、吾悦华府等房地产项目陆续交房，三元汇(一期)、大千印巷步行街开街运营，新区人气、商气加速聚集。塔山公园四期、北广场拓展区已完工，七家滩湿地公园建成开园，建成"甜城绿道"36千米，新增公园绿地650亩。

城市更新。九小片区和四方块区域拆迁全面完成，麻柳坝大桥建设有序推进。实施老旧小区改造116个，开展玉溪街道全域弱电管线"蜘蛛网"专项整治。六段锦、吕祖庙、大洲路、民族路片区老旧小区完成改造，改造建筑面积65.68万平方米，惠及居民8 535户。新建5G智慧停车场6个，新增停车位862个。新建5G基站99个，实现城区5G网络全覆盖。新建特色口袋公园2个，城市人居环境不断提升。

【农村基础设施建设】 统筹推进农田水利和农村"五网"建设，水心坝大桥建设有序推进，向家坝灌区北总干渠一期一步工程桂祠湾、蟠龙寺隧洞实现贯通。新建农村公路91.1千米，实现"金通工程"建制村全覆盖。

【创新创业】 全年新培育国家级高新技术企业2家，备案科技型中小企业30家，实现高新技术产业主营业务收入15.6亿元。持续开展招才引智，引进各类高层次人才150名，培育、输送新经济人才1 100余人。全年发放创业担保贷款3 682万元，新增返乡下乡创业人员1 011人，玉溪街道翔龙社区创建为国家级充分就业社区。

【主要领导人】 区委书记：马炬；区人大常委会主任：李运书；区长：岳光科；区政协主席：王岗；分管农业副区长：杨云。

市中区编写组

东 兴 区

【基本情况】 2022年，全区辖17个镇(街道)，辖区面积1 181平方千米。

【种植业】 全区抓好粮食生产和生猪稳产保供，同时发展果蔬、中药材等经济作物种植和特色水产养殖，较好地完成了既定目标任务。2022年，全区粮食播种面积103.66万亩，产量36.5万吨；中药材种植面积1.5万亩，产量0.18万吨。全区小春粮食作物播种面积9.36万亩，增长1.4%，与全市持平，居全市第三位；总产量2.09万吨，同比增长2.2%，高于全市(1.5%)0.7个百分点，居全市第一位。大春粮食作物播种面积94.3万亩，同比增长3.12%。针对持续高温天气，区农业农村局加强抗旱指导，并加强对大春粮食生产的指导及抢收措施指导。加大晚秋作物生产力度，据农情调度，再生稻蓄留4.23万亩，秋玉米播种面积7.4万亩，秋马铃薯播种面积1.85万亩，秋大豆播种面积1.95万亩，秋红薯播种面积5.51万亩。第一产业增加值完成53.75亿元，增长4.4%。

蔬菜生产。2022年，蔬菜市场需求量大，蔬菜价格上涨，农民种菜积极性较高，区农业农村局引导农户补种生长速度快、周期短的速生叶菜、芥菜类。全年蔬菜种植面积35.32万亩，同比增长6.1%；产量96万吨，同比增长3%。

【种养循环农业示范基地建设】 加快渔业转型升级和养殖结构调整，推动调整水产养殖结构、转方式，重点推广池塘内循环养殖，高位池养殖等设施渔业，推广稻渔综合种养，同时加强技术指导。全年水产品产量3.15万吨，较上年增长

4.5%；实现渔业经济总产值115 871.83万元，较上年增加9 914.07万元，增长9.36%。

【长江流域禁捕工作】 区农业综合执法大队联合各相关单位举办2022年水生野生动物保护科普宣传月活动，多次组织渔业执法中队人员、渔政巡护人员进行法规政策培训，发放宣传资料2.6万余份，开展各类新闻媒体宣传26次，张贴标语300余幅，公告、公示牌等300余张。全年共查处涉渔违法案件10起，没收违法所得418.4元，行政罚款1.22万元；查获放生非法渔获物4.235千克，无害化处理水产品157.9千克，清理整治违规网具200余张，现场销毁地笼200余个，查扣垂钓工具267套，批评教育并劝离垂钓者900余人次。

【现代农业发展】 做强特色产业。出台《内江市东兴区长江现代农业园区中药材规模种植补贴项目实施办法》，支持天冬产业园区建设，培育发展25个天冬生态种植园区。推广“粮药间作”模式，完成粮食套种天冬4万亩，建成40亩天冬种苗繁育组培基地、天冬种质资源圃和种苗组培工厂，推出天冬茶、天冬酒、天冬蜜饯、天冬面膜等产品40余个，中医药文化特色街区和“中国天冬之乡”主题展馆建设有序推进。发展特色水产养殖，推动渔业转型升级，促进渔业增产增效，全区特色水产养殖面积4万亩，特色水产品产量1.63万吨；建成稻渔综合种养示范基地12个，示范面积2 200亩；推广稻渔综合种养技术3万亩。全年中药材种植面积1.51万亩，同比增长6.6%；产量0.18万吨，同比增长7.6%，其中累计发展天冬种植面积2万余亩。整合乡村振兴、农业农村、水利、交通等项目资金，推动现代农业园区提档升级，争创市级星级现代农业园区2个以上，东兴区稻菜现代农业园区力争晋升全省五星级现代农业园区。

做好科技支撑。组建包括34名区内外专家的科技特派团，建立“四川科技兴村在线”平台，累计解决农业问题1 228个。开展“科技下乡”活动21次，培训群众600余人次，涉及粮食和大豆油料、中草药种植、培育等方面技术。建成国家科技企业孵化器，培育涉农科技型中小企业16家。

【高标准农田建设】 2021年高标准农田建设任务计划任务面积1.98万亩，主要分布在田家、椑木2个镇9个村。计划总投资6 585.23万元，实际中标价4 495.65万元，已拨付资金3 337.43万元，拨付率74.24%，已完成区级综合验收。

【农业新品种和新技术推广】 引导农业生产经营主体科学选择使用农膜，推广粮经作物标准化集中育秧育苗、果园生草、秸秆覆盖栽培等技术，示范推广一膜多用、行间覆盖、适期接膜等农艺措施；加强倒茬轮作制度探索，通过粮经、蔬菜轮作减少地膜覆盖。鼓励农膜覆盖替代技术和替代产品研发与示范推广，推进地膜覆盖技术合理应用，降低地膜覆盖依赖度，避免农膜滥用，推广可降解农膜。

【植保植检】 全区坚持和落实“科学植保，公共植保，绿色植保”的理念和“预防为主，综合防治”的植保工作方针，以防灾减损、提质增效、保障安全为目标，及早规划，推广和指导农户采用生态调控、生物防治、理化诱控和科学用药防治等技术控制农作物病虫危害。

【省级粮油园区创建】 按照《内江市现代农业园区分类认定评分标准》要求，对区级以上现代农业园区进行重点培育，拟推荐省三星级的东兴区粮油现代农业园区争创省五星级园区、市三星级的东兴区郭北镇粮药（天冬）现代农业园区争创市五星级园区、东兴区双桥镇蚕桑现代农业园区3个区级园区争创市级园区，新增区级园区4个。

【农村人居环境整治项目】 2021年农村人居环境整治项目总投资4 152万元（其中中央预算内资金2 000万元、整合资金2 152万元），截至2022年年底，项目已全面完工。

【宜居乡村建设】 全年完成农村“厕所革命”整村推进示范村建设10 910户，农村户用卫生厕所普及率达93.1%。建立农村生活垃圾收运“周检查—月通报—年考核”机制，生活垃圾收运处置覆盖行政村（组）达100%。推进农村生活污水治理“千村示范”工程建设，农村生活污水得到有效治理的村达168个，占比75%。推进农业绿色发展，全区化肥农药实现零增长，秸秆综合利用率达91.3%，畜禽粪污资源化综合利用率达90.98%，省级农产品质量安全例行监测合格率达100%。

【农村能源】 全区始终将农村能源安全生产工作做为重中之重来抓，成立了东兴区农村能源安全生产工作领导小组，由区农能发展中心主任任第一责任人，负责全区农村能源安全生产全面工作。年初编制了农村能源安全应急预案，通过开展沼气安全培训加强安全生产意识，层层落实安全生产目标责任制和行政首长负责制，把安全生产落实到人头，对存在的问题、安全隐患及时提出整改意见，确保全区无任何沼气安全事故发生。开展“农村沼气设施安全隐患排查”工作，摸清底数，按照“属地管理、行业指导”原则，督促指导各镇（街道）做好辖区内农村户用沼气池摸底调查，并按照正常使用、停止使用、可盘活利用“三类”建立基础数据台账，全面摸清现有农村沼气底数，做到底数清、情况明、无遗漏。全区全年农村能源建设无安全生产事故发生。

农村沼气池建设。全区全年完成巩固和维护已建户用沼气工程任务132口，指导农村户用沼气“沼改厕”76户，推广沼液浸种2 860公顷，完成沼气综合利用7 600户，新建生态家园模式680户，巩固和维护已建成规模化大型沼气工程2处，巩固和维护已建成集中供气沼气工程3处。

【农机机械化】 持续提升农业机械化发展水平，投资1 000万元在石子镇、田家镇、顺河镇实施“五良”融合产业宜机化改造项目2 800亩，在石子镇桂溪社区新建“全程机械化+综合农事”服务中心1个。

【农村公共服务设施建设】 加强乡村道路建设，全年投入资金9.7亿元，养护农村道路2124.4千米，完成畅通工程建设150.6千米。制定农村客运财政补助政策，全面消除辖区内通客车“通返不通”现象。投入资金4.5亿元，推进城乡供水一体化建设，农村规模化供水人口达27.23万人，农村自来水普及率达85%。实施农网基建工程34个、技改工程21个，升级改造104个村206个供电台区农村电网。全面完成3 745个自然村的广播电视运行维护。推进“百千万”工程样板村镇建设，评选区级样板镇1个(郭北镇)、区级样板村15个。落实基层文化站免费开放资金111.8万元。持续开展新时代乡风文明建设十大行动，评选市级文明村镇各1个、区级文明家庭38户，开展道德讲堂622场次，评选“好媳妇”“好公婆”612人。落实在岗村医参加基本养老保险相关政策，动态清除乡、村两级医疗卫生机构和人员“空白点”。

【农产品质量安全监管】 全区发布《关于做好2022年农产品质量安全监测工作的通知》，以元旦、春节、端午节、中秋节、国庆节、党的二十大召开等为重要节点，以当地主要生产的蔬菜、水果、畜禽产品为重点品种，坚持“四不两直”原则，加大农产品“双随机”抽样力度，对生产基地、批发市场和农贸市场开展农产品抽检528批次，其中豇豆、韭菜抽检共计32批次，占蔬菜监测样品总量的6%，发现3个农药残留超标情况，总合格率99.4%，全区全年未发生任何农产品质量安全事故。

【农村社会治理】 开展“六无”平安村(社区)创建，命名区级“六无”平安村(社区)35%以上。建立健全农村社会治安风险隐患信息化排查处置机制、乡村矛盾风险排查化解机制。每个村设立治保委员会、调解委和卫生健康委员会，建立综治工作站，配备1名专职网格员，常态化组织开展反电诈、防养老诈骗等治安隐患排查整改，社情民意收集和矛盾纠纷排查化解，农村重度精神病人、信访等重点人群风险评估和结对联系帮扶等工作。全年调解矛盾纠纷4 495件，调解成功率达98%。

【农业行政执法】 全区以农产品质量安全监管和长江流域“十年禁渔”为工作重点，严格执行农业相关法律、法规，加强农产品质量安全、长江流域禁捕、动物卫生、农资和农机的监管执法工作。以开展专项执法行动、协同其他区级相关部门联合执法等方式，全年共计开展执法检查538次，出动执法人员3 681人次，检查经营主体461个，办理执法案件19件，罚款14.082 7万元，发放整改通知书6份，农业执法工作成效显著，各类违法行为得到了明显遏制，维护了农民利益和群众身体健康。东兴区被农业农村厅评为“全省第八批农产品质量安全监管示范县”，区农业农村局被市农业农村局评为“长江流域十年禁渔渔政执法先进单位”。

【农村地区疫情防控】 “9·08”和“11·16”新冠疫情发生以来，区农业农村局及其下属单位严格按照干部职工下沉社区开展防控的相关会议和文件要求，组织干部职工下沉到农校社区、龙凼社区、和平社区、龙观社区、嘉云庭社区等，下沉社区人员达500人以上；抽调人员到各类疫情防控专班10余人到区上组建“临时突击队”20余人。同时，区农业农村局坚持一手抓农村地区新冠疫情防控，一手抓农业生产生活物资的运输保供，并适时推动农业复工复产。

【主要领导人】 区委书记：康厚林；区人大常委会主任：张静；区长：余梅；区政协主席：韩双林；分管农业副区长：谢庆诗。

东兴区编写组

隆 昌 市

【基本情况】 2022年，全市辖11镇2个街道，辖区面积794平方千米，总人口74万人。

【年度农业和农村经济运行】 2022年，全市实现农林牧渔业总产值82.13亿元，比上年增长4.23%；第一产业增加值50.83亿元，增长4.4%。农民年人均可支配收入达21 132元，比上年增加1 168元，增长5.9%。市农业农村局被评为全国农村集体产权制度改革工作先进集体，获得全国农牧渔业丰收奖，以全省第一的成绩通过国家现代农业产业园创建中期评估，被评为四川省农安监管提升推进成效突出单位。

【农业产业化发展】 聚焦打造成渝地区荣昌隆昌40万亩稻渔产业带，统筹推进石燕桥万亩先行区、胡家2万亩示范片、15万亩东北带建设，壮大稻渔特色产业集群，全市发展稻渔产业面积17.1万亩，其中标准化稻渔产业面积8.59万亩。践行“藏粮于地、藏粮于技”，完成高标准农田建设3万亩，全市累计建成28.65万亩。全市肉牛存栏0.462 7万头，累计出栏0.148 9万头；肉羊存栏3.099 2万只，累计出栏3.366 1万只。全市生猪存栏27.276 3万头，其中能繁母猪存栏2.743 9万头；累计出栏生猪42.837 3万头。新建成水稻烘干中心1个、育秧中心1个以及水产品初加工中心3个。在石燕桥镇三合村打造“双昌”合作园综合服务中心(科技文化馆)、耕学农场、农家乐等，在普润镇推进稻虾农旅融合发展示范区建设，助力农文旅融合发展。

【现代农业园区建设】 按照“1+4+10+16”园区建设体系，推进现代农业园区建设，新创建隆昌市石燕桥镇稻渔综合种养现代农业园区、隆昌市黄家镇粮油现代农业园区、隆昌市界市镇粮油现代农业园区等隆昌市级现代农业园区3个。隆昌市胡家镇稻渔产业现代农业园区为内江市五星级现代农业园区，隆昌市石燕桥镇稻渔现代农业园区为内江市三星级现代农业园区等。隆昌市创建国家现代农业产业园工作稳步推进，隆昌市+荣昌成渝现代高效特色农业带合作园区按照“园区共建、基础共通、产业共兴、成果共享”的思路，全面完成2021年建设任务。国家现代农业产业园以全国第八名、全省第一名的成绩通过农业农村部、财政部中期评估。全年累计建成省级园区2个、内江市级园区5个、隆昌市级园区14个。

【农村集体产权制度改革】 巩固完善清产核资成果，清理集体资产18.25亿元，其中村级资产5.4亿元、组级资产12.84亿元；资源性资产114.81万余亩。全面规范成员身份确认，全面完成所有成员身份确认工作，共确认村级成员574 527人、207 376户。建好农村集体经济组织，全市164个村、21个涉农社区均成立农村集体经济组织，已完成登记赋码颁证，信息确认无误，登记资料齐全，全市挂牌集体经济组织185个，挂牌率100%。加强农村集体经济组织规范化管理，出台《隆昌市农村集体经济组织资金资产资源规范化管理办法》，推动农村集体经济组织全部实现以均等股份量化方式进行收益分配。推进农村“三资”平台建设，成立了隆昌市村级财务核算中心，建立“银村直连”云平台，全市所有村的账务均纳入平台处理，全流程线上监管，规范农村集体“三资”管理。加大对农村集体经济组织的扶持力度，2019—2022年共扶持29个村，每村补助100万元专门用于发展集体经济。设立乡村振兴农业产业发展风险补偿金，投入财政资金675万元，带动金融资本加大对农村集体经济组织产业发展的信贷投入。隆昌市被评为“全国农村集体产权制度改革工作先进集体”。

【农村集体经济】 通过持续规范新型农业经营主体加强内部管理，加强指导服务，促进新型农业经营主体在带动农产品进入市场、农民增收等方面发挥作用。截至2022年年底，全市有市级及以上龙头企业21家；注册登记农民合作社544家，其中联合社2家、国家级示范社2家、省级示范社18家、内江市级示范社57家、隆昌市级示范社89家；家庭农场入名录系统管理2 083家，其中注册登记515家，有省级示范场20家、内江市级示范场165家、隆昌市级示范场269家。依托国家扶持项目，加强对新型农业经营主体的扶持力度，2022年争取到中央财政农业生产发展项目支持农民合作社高质量发展重点县资金510万元、支持家庭农场高质量发展资金70万元。

【乡村振兴】 印发《2022年度隆昌市镇（街道）党政和市级部门领导班子领导干部推进乡村振兴战略实绩考核实施方案》，完成对镇（街道）、市级部门乡村振兴的实绩考核和本年度隆昌市级乡村振兴先进镇、示范村评分，申报2022年度省级乡村振兴示范村4个和内江市级乡村振兴先进镇3个、示范村8个。制定《隆昌市乡村振兴示范带建设总体方案（2022—2025年）》，谋划生成项目340个，总投入约17.93亿元。以内荣农高区现代农业产业示范园胡家2万亩标准示范片为依托，推进隆昌市乡村振兴示范区建设，落实500万元省级乡村振兴奖补资金用于示范区建设。开展“百县千乡万村”乡村振兴示范创建，申报国家乡村振兴示范村4个。实施农村人居环境整治提升五年行动，改造农村户厕6 446户，76.2%的行政村生活污水得到有效治理。提升农民技术能力，培训高素质农民162人，培育家庭能人3.4万名、农业创客250名。

【深化农村改革】 推行耕地保护“田长制”，开展耕地“净流出”恢复整改，完成恢复4 466.87亩，完成率51.81%。开展稻虾产业及旱地作物产业发展及高标准农田建设等基础设施项目规划，引导土地流转，减少土地撂荒。保障粮食安全和重要农产品有效供给，制定2022年落实种业振兴支持政策和资金措施方案，完成农产品集中交易市场规范化建设等级评定5个。健全巩固脱贫攻坚成果体制机制，完成新增监测户识别认定及风险消除、脱贫户监测户行政村信息录入、国扶系统数据清洗等工作。出台《贯彻实施〈四川省农村集体经济组织条例〉工作方案》。出台发展特色优势农业配套政策，开展园区农业贴息贷款工作，加快电商服务平台、加工物流建设，促进农业园区提档升级，启动种苗繁育基地建设，新建4 000亩、改造提升稻渔育苗及新品种基地4 000亩。

【农业机械化】 印发《隆昌市2022年至2023年农机购置补贴实施方案》的通知》，全市实施中央农机购置补贴资金141.591 1万元，补贴农机具2 804台（套），受益群众1 990户；全市农机总动力达54.2万千瓦，新增1万千瓦。加强存量变型拖拉机管理，全市存量总数减少到272台。全市全年农机事故零发生，未发生较大及以上农机事故。

【农村生态建设及环境保护】 抓好农村面源污染治理，构建水环境“1+4”综合治理体系，实施农村面源和河库污染治理攻坚，建立农业面源污染治理监测体系，设置14个农业面源污染监测区、171个监测位，全面完成35个农业源入河排口治理，组织全市8家生猪定点屠宰场预处理废水转运至园区污水处理厂集中处置，完成河库200米范围内40户水禽养殖场（户）的搬迁（停养），完成柏林寺水库（备用饮用水源地）集雨区范围内

250户2 825亩鱼塘退养，对干支流200米范围内的养殖鱼塘开展第三轮水质检测及生态治理，第三轮水质达标率达92%。累计发布农业面源污染治理监测情况通报7期。助推九曲河国控断面年度水质达到地表水Ⅲ类目标，获评“隆昌市2022年水环境全流域治理工作先进集体”。

【农产品质量安全监管】 全年完成定量检测400个、省级例行抽检4次、市级例行抽检4次，合格率均达100%，全年未发生农产品质量安全事件。将280余家生产经营主体、80余个产品被纳入国家（省级）农产品质量安全追溯管理信息平台，生产经营主体运用平台开展监管、检测、执法业务，共录入信息23 613条。全年累计开具合格证37万余张，附带合格证上市的农产品13万余吨，建成合格证自助服务站点3个、承诺达标合格证“亮证”行动示范点1个。启动“隆昌稻渔米”地理标志证明商标和“川南早”区域公用品牌创建工作，新申请认证绿色食品3个。

【农业生产安全】 绷紧粮食安全这根弦，严格落实“长牙齿”的耕地保护措施，坚决遏制“非粮化”，完成全市11 829亩撂荒地治理。积极应对高温干旱极端天气，一手抢生产一手抓防疫，保种保收，完成全年粮食生产目标，实现粮食播种面积77.63万亩，产量32.39万吨。开展安全生产大检查、安全生产三年行动、护安2022专项监管执法等安全生产工作，依法对农药、化肥、种子等相关农资产品主体进行巡查检查，出动执法人数3 335人次，抽检畜产品1次。依法打击非法捕捞，对渔政相关案件立案2起，移交案件6起，对农产品抽检73次。做好跨区域、跨部门联合执法，截至2022年年底，共开展渔业禁捕联合执法19次、农机联合执法5次，均在社会上起到良好的宣传震慑效果。

【主要领导人】 市委书记：林双全；市人大常委会主任：杨超；市长：任伟；市政协主席：王昭夏；分管农业副市长：林锡东。

隆昌市编写组

资中县

【基本情况】 2022年，全县辖22个镇，辖区面积1 733.96平方千米。

2022年，全县实现地区生产总值310亿元，同比增长1.5%，增速高于全市1.2个百分点。争取可统筹财力补助22.96亿元，增长28.5%。地方一般公共预算收入完成11.01亿元，增长10%。城乡居民年人均可支配收入分别增长5.5%、6.5%。

【年度农业和农村经济运行】 2022年，全省唯一县域供销为农综合服务体系试点项目落地资中，新发地仓储物流园主体竣工。建成内江首家线上区域特产馆，电商交易额达75亿元。球溪镇卫生院中医全科获评“省级基层临床特色科室”。苌弘小学、重龙小学等11所学校建成投用，新增学位6 800个。完成重点改革任务41项，农业农村改革做法被中央电视台报道。获评全省返乡入乡创业示范县、“以粮为主、粮经统筹”示范县，入围国家乡村振兴示范县创建名单。

【农业提质增效】 全面推行“田长制”，4个万亩粮油示范园初具规模，改造高标准农田7万亩，根治撂荒地2.4万亩，恢复耕地1.4万亩。资中血橙亮相亚洲果蔬产业博览会，建成标准化血橙种植基地6.5万亩，新建果豆套种示范片5.5万亩，“不与粮争地、血橙提品质、果粮双丰收”做法得到国务院副总理胡春华的肯定。建成全省唯一市级生猪交易平台，新投产生猪规模场5个。水产品年产值达15.5亿元，连续3年位居全市第一。新建标准化蔬菜种植基地4个。新增新型农村经营主体178个、“三品一标”农产品14个，紫晨农业等4家企业获得国家地理标志专用标志使用权。资中农广校被评为全国高素质农民培育提质增效百佳校。

【乡村振兴】 健全防止返贫动态监测和帮扶机制，494户1 393人被纳入监测帮扶范围，脱贫人口年人均纯收入达12 762元，增长13.2%。整合涉农资金2.9亿元，363个项目落地见效。实施“三大革命”，完成17个行政村“千村示范”工程，改造无害化厕所1.55万户，全县农村生活垃圾处理率达100%、卫生厕所普及率达92.1%、污水处理率达76.4%，通过省巩固脱贫成果后评估和乡村振兴战略实绩考核。实施“新时代乡风文明建设十大行动”，张兴勇获评“中国好人”，刘凡友家庭获评“全国最美家庭”，公民镇、双龙镇三柏村获评“市级文明镇村”，全县“美丽内江·宜居乡村”达标村达179个。

【新型城镇化建设】 划定“三区三线”，完成县级和7个乡（镇）级片区国土空间规划编制，申报为全省城市更新试点县。和鸣大道西段等6条市政道路建成通车，建成区面积拓展至26.67平方千米。启动万金山体育公园建设，加快后西街等11个老旧小区改造，完成资州大道、苌弘路改造提升，综合整治新南街等5条背街小巷，建成城市公园、“口袋公园”4个，新增绿地16万平方米。垃圾填埋二厂投入运营，5个压缩中转站高效运转，垃圾无害化处理率100%。铺设截污干管6千米，改造燃气管网12千米，城市智慧停车系统投入运行，省级卫生县城通过复审。

【乡村旅游】 古城核心区国家4A级景区建设加快推进，资中博物馆、游客接待中心启动建设，实施重龙山生态修复。叶脉画、罗泉豆腐制作技艺入选省非遗代表性项目，红莲村入选省级乡村旅游重点村。全年接待游客931.5万人次，实现旅游收入68亿元。

【农村交通】 配合完成乐至经资中至犍为高速公路、成渝高速公路扩容勘察设计，资中至铜梁高速公路开工建设，资中至乐山高速公路启动征地拆迁，成自高铁（资中段）主体完工，完成投资41.6亿元。启动“四好农村路”省级示范县创建，板新路改造工程开工，新建农村道路141千米，实施生命安全防护工程26.6千米，维修破损道路25千米，整治危病桥6座、道路安全隐患306处。

【农村社会保障】 全面完成“30件甜蜜内江民生实事”，民生领域投入37.89亿元，占一般公共预算支出的73.9%。城乡居民养老保险、基本医疗保险参保人数分别为49.26万人、98.1万人。鱼溪区域养老服务中心启动建设，3个敬老院开展公建民营试点。乡（镇）未成年人保护工作站、村（社区）保护点实现全覆盖。

【农村生态建设及环境保护】 推进河（湖）长制、林长制，持续巩固沱江流域禁捕退捕成果，2个国考断面水质全面达标，沱江资中段水质达到Ⅱ类，濛溪河、球溪河水质达到Ⅲ类，乌龙河水质达到Ⅳ类。推进全域绿化五年行动，森林覆盖率提升至32.89%。污染地块安全利用率100%，被确定为全国第一批农业面源污染治理试点县。完成第二轮央督信访件整改25件。

【主要领导人】 县委书记：路松明；县人大常委会主任：雷五江；县长：唐荣；县政协主席：邓方全；分管农业副县长：王冬。

资中县编写组

威 远 县

【基本情况】 2022年，全县辖14镇，辖区面积1 289平方千米，总人口75万人。

【年度农业和农村经济运行】 2022年，全县实现第一产业增加值55.8亿元，增长4.1%。农村居民年人均可支配收入达21 874元，增长6.3%。威远县获得“全省乡村振兴成效显著县”等称号。

【农业产业化发展】 壮大龙头企业。推动市级龙头企业星麻哥升级省级龙头企业。2022年省级财政农业改革创新科技示范奖补资金（贷款贴息方向）为四川金四方果业有限责任公司用于现代农业烘干冷链物流，四川内江威宝食品食品有限公司用于购买原材料花椒、竹笋，四川省复立茶业有限公司鲜茶叶收购贷款，给予贷款贴息共计96.1万元。

农民合作社管理。2022年享受中央财政支持合作社发展项目支持资金90万元，共支持9个粮油方向合作社。全年新发展专合社19个，并完成县级、市级评定，其中县级示范社评定16家、市级示范社评定5个。完成合作社名录库建设。

家庭农场培育。全年新注册家庭农场377个，全县共有家庭农场4 228个，覆盖粮食、蔬菜、中草药、畜禽等农业主导产业，经营无花果、蟠桃、茶叶等特色产品。2022年中央财政农业生产发展资金支持家庭农场110万元。全年新评定省级家庭农场6个，截至2022年年底，全县共有省级示范场34个、市级示范场150个、县级示范场261个。

【现代农业园区建设】 无花果现代农业园区是全省唯一一个川果类从三星级园区直升五星级的现代农业园区。2月，时任省委书记彭清华调研威远县无花果现代农业园区，对威远县在果园推广粮经复合种植、农旅融合、联农带农机制等做法予以了肯定；9月，省委书记王晓晖调研威远县无花果现代农业园区，了解无花果大豆蚕豆间作种植增收情况，给予肯定并作出重要指示。新认定小河粮茶、界牌大头菜、山王种养循环和威远粮桑4个县星级园区，越溪生态茶叶园区由三星级园区晋升为县四星级园区。创建小河粮茶、观英滩黑山羊2个市三星级园区，新场粮油园区晋升为市四星级园区。

威远县粮油现代农业园区于2021年规划建设，位于新场镇，涉及曹胜村、丰田村、红村、老场村、麻柳村、民胜村、万祥村、新权村8个行政村，规划建设高标准农田1万亩，2022年被市政府命名为市四星级现代农业园区。为打造新场粮油园区，创新优化建设“四中心”（烘干仓储中心、初加工中心、冷链物流中心、农事服务中心），建筑总占地面积6 050平方米，计划融入集中育秧、农机中心、实操培训、烘干仓储、产品加工、冷链储藏、物流中转、科技转化等8大项服务内容。

【种植业】 全县小春粮食作物播种面积8.15万亩，较上年增长2.85%；总产量1.96万吨，较上年增长0.19%。其中，小麦播种面积0.02万亩，产量0.004 9万吨。豌（胡）豆播种面积3.21万亩，较上年增长5.49%；总产量0.57万吨，较上年增长3.15%。马铃薯种植面积4.91万亩，较上年增长0.79%；总产量1.38万吨，较上年减少1.32%。油菜播种面积24.21万亩，较上年增长2.73%；总产量3.78万吨，较上年增长5.49%。全县大春粮食作物播种面积88.08万亩，较上年增长1.93%；总产量31.46万吨，较上年减少2.9%。其中，水稻播种面积25.06万亩，较上年增长0.2%；总产量13.08万吨，较上年增长0.59%。玉米播种面积30万亩，较上年增长0.13%；总产量11.94万吨，较上年减少0.39%。红薯种植面积11.7万亩，较上年减少8.95%；总产量3.43万吨，较上年减少9.57%。马铃薯种植面积3.8万亩，较上年增长23.38%；总产量1.03万吨，较上年增长22.45%。大豆播种面积17.11万亩，较上年增长12.71%；总产量1.91万吨，较上年减少29.99%。

高粱播种面积0.068万亩，总产量0.022 3万吨。其他杂粮种植面积0.34万亩，较上年增长3.33%；总产量0.052 7万吨，较上年增长4.85%。花生种植面积4.91万亩，较上年增长0.9%；总产量0.65万吨，较上年增长1.77%。蔬菜种植面积13.78万亩，同比增长1.8%；总产量41.05万吨，同比增长6.89%。水果产量5.2万吨，较上年增长2.7%。

植物疫病防控。全县病虫害发生面积266.958万亩次，防治面积271.638万亩次。主要农作物专业统防统治覆盖率51.7%，主要农作物绿色防控技术覆盖率51.9%。发布各类病虫害预报15期、电视预报8期，预报准确率达96.5%。建立专业化统防统治示范（包括农药减量控害、科学用药、统防统治等）面积5.9万亩，辐射带动26万亩。安装杀虫灯194盏用于防治农作物害虫；推广黄色粘虫板6.5万张用于诱杀蚜虫等害虫。开展苗木产地检疫面积64.3亩、株数60万株，调运检疫4批次、调运株数2.64万株。

【畜牧业】 全县生猪存栏29.4万头、出栏52.3万头，同比增长1.5%；能繁母猪存栏2.9万头，同比增长3.53%。牛存栏1.11万头、出栏0.3万头，同比增长3.16%。黑山羊存栏18.37万只、出栏23.85万头，同比增长3.29%。家禽存栏574.469 9万只、出栏526.72万只，同比增长10.28%。肉兔存栏140.762 5万只、出栏537.839 2万只，同比增长33.42%。引进四川恒通兴牧农牧科技有限公司签订《威远县黑山羊农牧循环产业园项目合作协议书》，新建设的威远黑山羊农牧循环产业园项目内有按照国家级标准建设的黑山羊核心育种场、黑山羊养殖标准示范小区、农作物秸秆综合利用中心、粪污资源化利用处理中心、黑山羊产业发展技术服务培训中心等，其中圈舍共77栋，核心育种场核心母羊设计存栏1 223只，一级扩繁场核心母羊设计存栏6 112只，达产后，年提供36 000只优质羊（含优质种羊、商品代羔羊）。

生猪生产。全年出栏生猪52.3万头，同比增长1.5%，完成任务率的97.75%，其中四季度共核定生猪存栏29.4万头。按照“外防输入、内防反弹”要求，把非洲猪瘟各项综合防控措施落实落细落到位，加强部门协作，继续做好“联防联控”，严格非洲猪瘟“3+1+1+1”网格化管理。

动物疫病防控。威远县猪瘟免疫52.23万头次，应免率为100%；猪口蹄疫免疫42.18万头次，应免率为100%；牛口蹄疫免疫0.88万头次、羊口蹄疫免疫12万只次，应免率为100%；高致病性禽流感免疫149.63万羽次，应免率为100%；狂犬病免疫4万只次，应免率为100%；小反刍兽疫免疫8.98万头次，应免率为100%；兽医实验室开展8种动物疫病监测，监测血清、组织和拭子、环境等样品共计9 263份，其中强制免疫病种监测血清样本共计1 806份，4项强制免疫病种抗体监测合格率达75%以上；市送检血清、组织和拭子、环境样品564份。全县未发生区域性重大动物疫情，未发生重大及以上行业安全生产事故发生。持续开展非洲猪瘟防控工作，全县累计排查生猪养殖场2.35万场次，排查猪只302.5万头次；排查生猪屠宰场1 080个次，排查猪只14.5头次；排查生猪无害化收集点39场次，排查猪只115头次，均未发现异常情况；累计发放非洲猪瘟防控宣传资料1.5万余份，发送抖音、微信2万余条，全县没有非洲猪瘟疫情发生。组织开展对县域内所有畜禽圈舍、屠宰场、交易市场、运载工具、无害化处理收集点的消毒灭源工作，累计使用消毒液53吨，实施消毒885万平方米和27.4万场（点）次、圈舍17.94万间、车辆10 000余辆次；累计培训1 871场次，参训人员1.7万人次。

【水产业】 全年水产养殖面积1 535公顷；水产品总产量22 600吨，同比增长0.18%；全社会渔业总产值92 880万元，同比增长6.73%。建设养殖尾水治理示范基地4个；新型经营主体带头人培训131人次；水产品质量安全抽样469个；人工繁殖各类水花5.2亿尾。与西南大学联合建立“政—校—企”联合育种机制，建成大学生教学实训基地1个，培训实训大学生30人；开展1个鲫鱼新品种选育。

大水面生态养殖。在船石湖水库实施大水面生态渔业示范试点，向水库投放鲢鳙等虑食性鱼类，实现“以渔控草、以渔抑藻、以渔净水”，有效改善水库生态环境。全县安排省级先进市乡村振兴建设项目资金60万元，用于采购投放鲢鱼35 000千克、鳙鱼35 000千克、翘嘴红鲌2 500千克。

甲鱼深加工产业。安排中央财政渔业发展补助资金75万元支持内江市享寿水产品有限责任公司配备水产品初加工和冷藏保鲜设施设备，新建原料冷藏速冻库23.18立方米，新建半成品冷藏速冻库18.51立方米，新建成品控温速冻库21.78立方米，改建原料处理车间22.57平方米，新建外包装车间105.83平方米；购置水产品初加工设备15台（套），定制水产品初加工设备1套，定制净水设备1套。

【特色产业提质增效】 全县“2+6”特色产业竞相发展，发展无花果、中药材、樱桃等特色优势产业，实施品种改良、标准化改造提档升级无花果5 000亩、中药材5 000亩、樱桃3 000亩。稳定精品蔬菜5.5万亩，全年蔬菜总产量111.04万吨，增长3.9%，位居全市第二。

【农旅融合发展】 依托威远无花果产业融合发展示范园项目建设，筹备2023年世界无花果大会。完成“三中心”及配套设施主体建设工作，标准化基地建设完成工程量的80%；基础设施的新建部分完成工程量的80%，改造提升完成工程量的70%。以世界无花果博览园为重要节点，创建天府旅游名县，打造天府旅游明显的标杆，发展“农业＋旅游”“农业＋康养”“农业＋文创”“农业＋度假”，推进“农区变景区”“田园变公园”“产品变礼品”“农房变客房”，推动全县休闲农业与乡村旅游融合发展，实现农民增收，带动农文旅融合发展提质增效。

【乡村振兴】 全县坚持农业农村优先发展，巩固拓展脱贫攻坚成果同乡村振兴有效衔接，融入成渝地区双城经济圈建设，全面推进乡村全面振兴，促进农业高质高效、乡村宜居宜业、农民富裕富足。全县创建为全省乡村振兴成效显著县；新创建县级实施乡村振兴战略先进镇2个、示范村10个，市级先进镇2个、示范村8个，省级先进镇1个、示范村4个。乡村振兴农村产业发展贷款风险补偿金累计发放贷款233笔，发放贷款17 043.9万元。

【种子管理与监督检验】 全县备案品种共计258个，其中水稻品种85个、玉米品种148个、油菜品种25个；种子备案销售网点356家，种子备案率达100%。种子质量监督抽检品种共计63个（其中水稻15个、玉米20个、大豆3个、油菜10个、蔬菜5个），送农业农村部检查3个，送省种子站检查15个，抽检结果均合格。

【粮油作物良种推广】 主推品种方面，水稻主要以“内6优1116”“蓉优33”“泸两优晶灵”“双优573”“宜优727”“金龙优548”“荃优1606”“宜优1611”“内6优107”“宜香2115”等品种为主；玉米以“康农玉188”“富农玉008”“昊单108”“巡玉618”“雅玉981”“云海365”“竹单619”“梦玉298”“蠡玉16号”“义玉660”等品种为主；豆类以威远冬豆、南豆、贡豆系列优质品种为主，全县主要农作物良种覆盖率达96%。主推技术方面，主要有水稻旱育秧、集中育秧、玉米地膜覆盖、玉米乳苗移栽、水稻全程机械化生产、水稻玉米绿色高产高效栽培、玉米大豆带状复合种植等技术。以“稳粮增收调结构，提质增效转方式”为工作主线，全县种植优质稻21.08万亩，占水稻种植面积的84.12%。

【惠农政策】 全县耕地地力补贴涉及14个镇，补贴面积386 637.97亩。2022年，省财政下达的农业生产发展资金用于耕地地力保护共58 878 000元、县级资金2 753.45元，补贴资金总额58 880 753.45元，补贴标准为152.29元/亩。2022年稻谷目标价格补贴涉及14个镇，享受稻谷目标价格补贴的农户共28 654户，补贴面积100 385.66亩，补贴标准为55.57元/亩，稻谷目标价格补贴总资金为5 578 431.13元。2022年中央财政实际种粮农民一次性补贴涉及全县共14个镇，第一批次涉及农户27 853户，补贴面积90 220.02亩，补贴总资金为9 200 637.64元，补贴标准为101.98元/亩；第二批次涉及农户28 660户，补贴面积100 453.26亩，补贴总资金为4 151 733.24元，补贴标准为41.33元/亩；第三批次涉及农户28 657户，补贴面积100 385.66亩，补贴总资金为5 201 012.46元，补贴标准为51.81元/亩。2022年种粮大户补贴涉及全县共11个镇，涉及农户144户，补贴面积14 431.78亩，补贴总资金为1 144 728.78元，补贴标准为79.32元/亩。

【农业机械】 加快农机化推广步伐，全县农机总动力达52.72万千瓦，较上年增加0.68万千瓦；主要农作物耕种收机械化水平达72.28%，较上年增长2.2%；完成农机购置补贴（报废补贴）资金134.018 2万元，农机购置补贴（报废补贴）中央资金结算、兑付进度100%。

农机化建设。全县提水4 150万立方米，提水保灌面积17.5万亩。农机总动力达52.04万千瓦，机耕面积达75.66万亩，机播面积达35.54万亩，机收面积达46.7万亩，主要农作物耕种收机械化水平达70.08%。

农机购置补贴。全年完成农机购置补贴资金96.418 2万元，受益农户1 697户，补贴农机具2 303台（套）；农机报废补贴37.6万元，受益农户46户，补贴农机具47台。

【农产品质量安全监管】 全县累计完成594家主体入驻国家（省）级农产品质量安全追溯平台，18家主体和1家超市承诺达标合格证示范点。全年完成定量监测578个，其中省级例行监测蔬菜、水果、食用菌和畜禽产品等92个样品，合格率100%；省级监督监测蔬菜、水果、食用菌和畜禽产品等共30个样品；市级专项监测樱桃、桑葚、水稻等60个样品，合格率100%；县级种植业产品定量监测396个，合格率99.7%。1家兽药生产企业和16家兽药经营企业被纳入二维码追溯管理。全年无重大农产品质量安全事故发生。

【“三品一标”及品牌建设】 全年新认证“三品一标”农产品8个，有效期范围内“三品一标”农产品达122个，其中农产品地理标志2个，绿色食品12个，种植业无公害产品79个、无公害水产品25个、无公害畜产品4个。威远无花果获得全国名特优新农产品认证。

【农产品流通体系建设】 农产品产地保鲜设施项目。在新店、山王、镇西等镇（乡）新建8个节能型机械冷藏库（高温库），静态库容量约2 700吨（约13 500立方米），总投资1 394.553万元，其中中央财政资金405万元、自筹资金989.553万元。项目建成后，可冷藏柑橘、大豆、生姜等产品2 700吨，除去运营成本和贮藏过程中10%的中间环节损耗率，预计平均每千克可增加2.5元，增加产值675万元。

2022年省级乡村振兴先进市现代农业烘干冷链物流设施项目。在小河镇新建烘干房和烘干设备1座、400立方米；新建冷藏库6座，静态库容量3 000立方米，并配套清洗、包装等设施设备。项目总投资672.14万元，其中省级财政资金200万元、自筹资金472.14万元。项目建成后，可实现错峰销售，降低农产品损耗，增加市场新鲜农产品供给，预计每年增加产值2 080元以上。

【农业对外开放】 组织黄老五、金四方、威宝等14家涉农企业参加第八届四川农业博览会·第八届成都国际都市现代农业博览会，通过展会宣传、展示威远特色农产品的独特魅力，提高知名度，推进全县农产品“走出去”。

【农村宅基地管理】 规范开展宅基地审批，完成宅地基审批1 117宗，占地166.93亩，其中涉及农用地转用177宗，占地25.4亩。落实宅基地动态巡查制度，已开展县级动态巡查12次，抽查督查12个乡（镇）的宅基地管理，全县共发现宅地基违法行为19起，经劝阻并及时制止14起，下达责令停工及整改通知书10份。

【土地承包管理】 全县学习贯彻《四川省农村集体经济组织条例》，实施中央、省财政扶持集体经济项目9个。加强农村宅基地管理，引导农户规范建房。规范农村土地流转，促进农村土地适度规模经营，妥善调解农村土地纠纷。印发《威远县工商企业等社会资本流转农村土地经营权监督管理和风险防范办法》，加强对土地流转行为的监督管理。2022年，全县土地流转面积1.9万亩，通过产权交易中心挂网13宗，交易5 098.396亩，交易金额1 668.08万元；累计流转9.4万亩，通过县产权交易中心挂网交易累计41宗，交易面积1.85万亩，交易金额7 216.78万元。妥善化解土地承包经营纠纷，宣传解释土地承包、土地经营权流转政策，指导各镇、村化解土地承包经营纠纷。

【新型集体经济】 贯彻《四川省农村集体经济组织条例》，制定并印发《威远县委农村工作领导小组关于印发〈威远县贯彻实施《四川省农村集体经济组织条例》实施细则〉的通知》（威农领〔2022〕18号），规范集体经济组织挂牌，全县完成农村集体经济组织登记赋码颁证的村180个，行政村全覆盖，并已全部在村办公服务场所大门挂“村集体经济组织”牌子。实施中央、省扶持壮大村级集体经济项目9个，壮大村集体经济。

【农村财务管理】 2022年度清产核资工作已全部完成，完成全县180个村和10个涉农社区的清查、登记、核实、公示、确认、建立台账、审核备案、汇总上报和纳入平台等9个流程的清产核资工作，并对各镇资产情况、产权归属情况、平台管理情况、操作程序情况、工作保障情况、建立健全制度情况进行了检查验收。全县14个镇180个村以及10个涉农社区的集体经济组织“三资”由村级财务核算中心统一进行日常财务核算等工作。履行对全县范围内农村集体“三资”管理的指导、服务和监督，履行对村级财务核算中心的日常业务指导，全年对全县的村（社区）“三资”管理进行1次专项检查和11次日常监督检查，检查中共发现问题14个，督促完成整改问题14个，整改工作已全部完成。

【农业社会化服务】 培育农业生产社会化服务组织，新培育农机服务合作社2个；组织实施2022年农业社会化服务示范县项目，主要实施内容为粮油作物的托管服务、统防统治服务等，折合服务面积4.25万亩，已完成社会化服务组织的选择以及合同签订。

【城乡融合发展改革试点项目】 申报县域内城乡融合发展改革试点项目，印发《威远县域内城乡融合发展改革试点项目工作方案》（威农领办〔2022〕7号）、《威远县高石镇2022年县域内城乡融合发展改革试点项目实施方案》（威农领办〔2022〕12号），试点项目村高石镇石牛村已按计划完成项目建设，建成后的50万元资产所有权归村集体所有，租赁给四川省明叶食品有限公司，每年增加集体经济收入2.5万元。

【农村人居环境整治】 推进农村人居环境整治厕所、垃圾、污水“三大革命”，完成无害化卫生厕所改造47个村、11 686户；建立覆盖100%行政村的农村垃圾收转运体系，村（组）保洁员配备率达100%，行政村生活垃圾有效治理率达100%。推进水3P项目建设，完成农村生活污水治理“千村示范”工程项目建设7个，全县农村生活污水得到有效治理的行政村占比达75%。推进农业面源污染治理，全县畜禽粪污综合利用率达96%以上，规模养殖场粪污处理设施配套率达100%，秸秆综合利用率达92.5%。建成“美丽威远·宜居乡村”17个。

【农村面源污染】 推广测土配方施肥技术135万亩，测土配方施肥技术覆盖率93.1%，施用配方肥面积69.6万亩，施用配方肥0.556万吨（折纯）；推广有机肥138万亩；推广水肥一体化1.03万亩，实施秸秆还田33.6万亩，推广秸秆覆盖16.4万亩，秸秆综合利用率达92.5%。

【高标准农田建设】 为守住国家粮食安全底线，实施“藏粮于地、藏粮于技”战略，坚决遏制耕地“非农化”、基本农田“非粮化”，确保粮田粮用，全县建设高标准农田3.5万亩，总投资1.05亿元，其中中央、省级资金5 196万元，地方专项债券资金5 304万元。建设地点涉及高石镇、龙会镇、东联镇、小河镇、越溪镇和观英滩镇等6个镇13个村，项目建成后，新增综合效益1 331.39万元，项目区农户人均增收409.14元，新增粮食产量725.97吨，新增油料作物产量829.56吨，新增蔬菜产量2 122.68吨，年节约用水量305.03万立方米。全县道路通达率达90%以上；增加机耕面积5 586亩，机械化作业水平明显提高，农业综合机械化率达60%。

【农业外来入侵物种普查】 为贯彻落实中央、省、市关于开展农业外来入侵物种普查工作的部署要求，县农业农村局组建全县农业外来入侵物种普查工作小组，落实普查经费，确定第三方普查公司，在全县范围内开展农业外来入侵物种普查。

【农业综合执法】 动物执法监管。全年查处动物卫生监督行政违法案件14件（其中一般程序案件12件、简易程序案件2件），共处罚金45 819.51元，扑杀病害生猪100余头；继续加强对11个非洲猪瘟防控临时检查点的检查和指导，制定《威远县非洲猪瘟防控临时检查点工作人员管理办法》；开展官方兽医清理，注销官方兽医资格4人，新确认官方兽医资格16人。依法依规开展检疫，全年共开展生猪产地检疫418 754头，牛产地检疫1 456头，羊产地检疫6 949只，家禽产地检疫220 413羽，生猪产品检疫40 460余吨。落实病死动物及其产品集中收集无害化处理，全年共集中收集并无害化处理病死动物3 208头（一类）、病害畜禽产品35 316.65千克。抓好“瘦肉精”检测工作，采购“瘦肉精”检测卡1.25万条，全年共检测猪（牛、羊）9 785头（只）。

种植业执法监管。在大春生产和小春生产旺季，对全县农资市场开展执法监督集中检查2次，出动执法人员900余次，检查农资门店200余家。办理相关案件6件（其中种子案件2件、农药案件4件），收缴罚没款合计19 155元。开展农产品质量安全抽检监督检验5次，抽取样品16个。办理农产品质量安全案件2件，收缴罚没款合计2 440元。调查疑似宅基地违法线索18个，办结威远县第1例宅基地案件。

养殖投入品监管。以实施“护奥运保春耕”、水产养殖投入品监管、兽药抗菌药使用减化量等专项行动为契机，结合饲料兽药市场全覆盖执法监督检查，对县辖区14个镇30个市场的饲料兽药市场经营情况进行全覆盖执法检查2次，出动执法人员160余人次，检查饲料兽药经营主体234个次，办理不合格饲料案件1件，共计罚款3万元，没收不合格饲料3 280千克。

渔政执法监管。推进长江禁渔工作，加强联合执法，创新跨区域联合执法，加强部门联防联动。全年共开展巡查72次，其中使用无人机45次，出动渔政执法人员403人次，劝退违规垂钓者304人，签订禁渔承诺书24份，收缴违规渔具242副，销毁跨河台线83副、渔网2 600米、地笼网26副；印发宣传单4 134份，制作禁捕广告牌200块、禁捕横幅16处；立案查处非法捕捞案8件，共计行政处罚8人，行政罚款0.63万元。做好水生生物保护，全年进行3次增殖放流，共计增殖放流鱼苗116 580尾鱼苗，救护国家二级野生保护动物大鲵2只。

农机安全监管。开展变型拖拉机专项整治，全年共计开展专项整治行动31次，共出动执法人员165人次、执法车辆46辆次，共检查变型拖拉机107台，现场安全教育拖拉机驾驶员107人，责令整改存在安全隐患的拖拉机驾驶员22人，由公安交警行政处罚9人。严厉打击涉嫌‘假牌假证”变型拖拉机，共计查处涉嫌“假牌假证”变型拖拉机10台，收缴假拖拉机号牌10副、假拖拉机行驶证4本、假拖拉机驾驶证4本。

【主要领导人】 县委书记：兰徐；县人大常委会主任：周功会；县长：罗侯勇；县政协主席：刘浑源；分管农业副县长：许凤。

威远县编写组

乐山市

【基本情况】 2022年，全市辖18乡103镇11个街道，辖区面积1.28万平方千米，其中耕地面积241.51万亩，比上年增长0.4%，人均耕地面积约0.7亩；划定基本农田190.73万亩。年末总人口345.6万人（户籍人口），减少0.5%；年末常住人口315.3万人，比上年末增加0.2万人，其中城镇人口172.1万人、乡村人口143.2万人。全市有效灌面216.97万亩，本地水资源总量99.73亿立方米，人均占有水资源量3 165立方米。森林面积1 165.19万亩，森林蓄积量6 783.69万立方米，森林覆盖率60.98%。

2022年，全市实现地区生产总值2 308.81亿元，增长3.8%，其中第一产业增加值300.96亿元，增长4.5%，农、林、牧、渔及农林牧渔服务业总产值449.81亿元；第二产业增加值992.21亿元，增长5.5%；第三产业增加值1 015.64亿元，增长2.2%。三次产业对经济增长的贡献率分别为16.9%、58%和25.1%。劳务输出101.97万人，收入251.23万元。全年接待游客7 074.04万人次，实现旅游收入956.28亿元，其中乡村旅游收入170.7亿元。

公路通车里程16 189千米（其中农村公路14 937千米），密度125.31米/平方千米、51.34千米/万人。社会消费品零售总额904.29亿元，增长1.5%。地方一般公共预算收入完成148亿元，增长18.5%；一般公共预算支出315.12亿元，增长3.1%。金融机构各项存款余额3 459.85亿元，比上年初增长15.6%；各项贷款余额2 402.31亿元，比年初增长12.9%。全年农业保费收入1.3亿元，增长22.7%；处理各项赔款和给付金额11 349.66万元。培育创建国、省级农业产业化联合体项目7个，其中国家级5个、省级2个。农业产业化龙头企业国家级、省级、市级、县级分别为7家、50家、191家。

有各类学校1 023所，在校学生49.97万人，其中幼儿园（有法人）621所、小学207所、初中95所、九年一贯制学校41所、高中教育学校29所、中等职业学校20所、特殊教育学校5所、高校5所；九年义务教育完成率100%。完成省级以上科技成果39项。有艺术表演团体18个，文化馆12个，公共图书馆12个，博物馆15个。有卫生机构3 140个，病床位21 925张，卫生技术人员20 331人。城乡居民医保参保人数243.91万人；新型农村社会养老保险参保人数120.38万人；被征地农民养老保险参保人数4 003人，占总人数的0.16%。

【年度农业和农村经济运行】 2022年，全市制定出台《乐山市畜牧业“十四五”发展规划》《乐山市促进生猪稳产保价七条措施》《乐山市“十四五”茶产业发展规划》《乐山市推进“十四五”渔业发展方案》等规划和支持政策。实现农业总产值449.81亿元，增长4.7%；全市全年农业增加值达300.96亿元，增长4.5%。农民年人均可支配收入达21 339元，增长6.5%。全市省级农产品质量安全例行监测合格率99.8%，比上年提高0.4个百分点；建成129个基层农业综合服务站。全市主要农产品产量见表1。

【农业产业化发展】 印发《乐山市“十四五”推进农业农村现代化规划》，绘制《乐山市农业四大产业集群布局图》，完成茶叶基地5.8万亩、水果基地3.03万亩、中药材基地2.34万亩改造提升，累计建成茶叶基地面积140万亩、晚熟柑橘基地26万亩、道地中药材基地35万亩、林竹基地470万亩；新建成井研百里粮油产业环线、沐川魔芋科技示范园等11个现代农业园区（发展）项目，入选省星级现代农园区7个。申报省级重点龙头企业6家，认定市级重点龙头企业10家（见表2）。现代农业园区、高标准农田建设等7个市重点项目2022年计划投资28.79亿元，完成投资31.86亿元，完成率110.6%。加快推进高标准农田建设，已全面完成2021年29.56万亩建设任务，全面启动2022年11.4万亩建设任务。全年全市土地流转面积107万亩。推动新型农业经营主体高质量发展，全市培育农民合作社4 408个，其中国家示范社32个、省级示范社196个、市级示范社323个（见表3）。培育家庭农场10 976家，其中省级示范场141家；新增市级示范场186家，总数达673家（见表4）。印发《乐山市贯彻落实〈四川省农村集体经济组织条例〉实施方案》，巩固农村集体产权制度改革成果。通过开发利用集体土地资源、发展服务型经济、推进股份合作、规范承包租赁经营等多种路径，2022年全市集体经济收入在10万元以上的村达388个，占比35.1%。

【农用地产权制度改革】 推进城乡建设用地增减挂钩项目实施，2022年完成项目验收33个，节余指标2 056亩。督导马边县、峨边县完成2019年1 700亩增减挂钩节余指标跨省调剂任务。严格落实各类控制性指标，按时高质量完成“三区三线”试划与划定，划定成果报经自然资源部批准启用。统筹推进乡村国土空间规划编制，38个乡（镇）级片区分两个批次全部完成规划编制并形成规划成果，提前半年完成省定目标任务。完成全市农村房地一体宅基地完成地籍调查宗地70.69万宗、面积1.22万公顷，应登记发证宗地61.22万宗，已登记发证宅基地宗地56.11万宗，登记发证率91.65%（其中完成房地一体登记25.54万宗，房地一体登记发证率42.24%）。

【农村集体产权制度改革】 推进农村集体产权制度改革，清查集体资产总额50.21亿元，确认成员数250.3万人。争取集体经济中央、省财政扶持项目资金7 300万元，井研县和市中区苏稽镇楠园村等12个村分别被认定为全省合并村集体经济融合发展试点先进县和先进村。全覆盖建成农村集体“三资”监管平台，对全市1 272个村（社区）资金、资产资源实现“数字化运行+全流程监管+无盲区覆盖”。严格落实农村村民自建住房“五必”制度，审批宅基地2 193宗、面积374.07亩。依托成都农交所乐山所推动

表1 2022年乐山市主要农产品产量

主要农产品	单位	产量	同比增减(%)
粮食	万吨	122.600	-2.40
水稻	万吨	64.510	-2.40
小麦	万吨	0.100	66.00
玉米	万吨	35.950	-4.10
马铃薯	万吨	8.690	6.30
油菜籽	万吨	9.740	5.30
蔬菜	万吨	310.240	0.02
水果	万吨	58.800	1.70
肉类	万吨	28.944	3.86
猪肉	万吨	20.065	4.71
牛肉	万吨	0.470	4.79
羊肉	万吨	0.560	2.74
禽肉	万吨	6.700	0.80
兔肉	万吨	1.140	7.92
禽蛋	万吨	15.820	3.43
水产品	万吨	13.380	3.70
牛奶	万吨	0.060	7.95

表2　2022年乐山市省级(及以上)农业产业化重点龙头企业名单

企业名称	注册资金（万元）	法人代表	示范等级	年度产值（万元）	主营产品
四川罗城牛肉食品有限公司	13 000	苏荣聪	省级	31 047	牛肉制品
乐山市继东饲料有限责任公司	810	易继东	省级	6 418	饲料
四川天人农牧科技有限公司	1 000	吴云杰	省级	750	生猪
乐山市金鸿农业科技发展有限公司	8 000	袁应全	省级	3 088	生猪
四川巨星企业集团有限公司	12 662	唐光跃	省级	119 152	饲料
乐山市牛华芽菜食品有限公司	650	刘彬	省级	5 498	牛华芽菜
四川省五通桥德昌源酱园厂	460	古仁义	省级	4 201	豆腐乳、汤圆粉
福华通达化学股份公司	82 705	张华	省级	952 861	草甘膦、草铵膦、双氧水、液碱
四川省乐山市明仕农业发展有限公司	500	明保清	省级	5 915	家禽（鸡）饲养，食用农产品（鸡蛋）零售
乐山傲农康瑞牧业有限公司	1 500	余杰	省级	5 875	生猪和种猪养殖、销售，饲料销售，
四川省金福纸品有限责任公司	10 000	王科	省级	16 682	纸浆、纸、纸制品制造
乐山市金口河区宏祥菌业有限公司	500	范小林	省级	1 140	食用菌
乐山市金口河天池农业开发有限公司	800	童恒疆	省级	3 350	油用牡丹、云朵玫瑰
四川省峨眉山竹叶青茶业有限公司	8 000	唐先洪	国家级	93 000	绿茶、花茶、白茶、红茶等
峨眉山市全林农业科技有限公司	1 500	杜鸿飞	省级	5 875	家禽（鸡）饲养，食用农产品（鸡蛋）零售
峨眉山万佛绿色食品有限公司	3 000	向奇	省级	12 148	调味品
四川峨眉山龙马木业有限公司	600	龚小民	省级	7 180	木门等定制家具
乐山正源畜牧科技有限公司	800	但加平	省级	1 000	生猪
峨眉山市三父子茶叶有限公司	1 200	徐建军	省级	3 740	茶叶
四川金林药业有限公司	6 000	李军	省级	5 455	中药饮片
四川凤生纸业科技股份有限公司	33 200	杨朝林	国家级	111 728	木竹浆制造
犍为聚永益食品有限责任公司	800	黄华	省级	5 218	鲜猪肉、達昇義土猪腌、腊肉、香肠等腌腊制品系列，《御禄》野猪系列腌腊制品，《键风隆》鸡、鸭及其他腌腊制品系列
四川省炒花甘露茗茶有限公司	100	程刚	省级	13 600	茶叶加工
四川犍为金福粮油工业有限责任公司	5 000	王永莲	省级	12 584	食用植物油加工
四川金博恒邦农业科技有限公司	6 000	杨洪武	省级	3 275	肉兔养殖及加工
四川省井研县食品有限责任公司	12 500	刘伟	国家级	41 502	冷鲜冻猪肉及副产品
乐山市奇能米业有限责任公司	1 000	薛雨寒	省级	1 296	米、面、油
井研县林翔米业有限责任公司	3	王世林	省级	6 000	大米
乐山市何郎粮油有限公司	420	李立新	省级	5 253	挂面
四川华象林产工业有限公司	5 000	陈勇	省级	37 025	竹木胶合板
四川省百岳茶业有限公司	3 500	蒋静伟	国家级	13 692	茶叶

续表

企业名称	注册资金（万元）	法人代表	示范等级	年度产值（万元）	主营产品
四川洪椿茶业有限公司	1 000	古翠琼	省级	9 000	茶叶
四川福华高科种业有限责任公司	4 000	陈吉良	省级	773	水稻制种
四川华义茶业有限公司	1 200	陈志国	省级	10 546	绿茶、红茶
夹江天福观光茶园有限公司	7 013.99	李家麟	省级	7 380	茶叶、茶食品
四川绿山针茶业有限公司	1 000	朱廷云	省级	1 550	红茶、绿茶、黑茶、茉莉花茶
四川厚全生态农业有限公司	10 100	郑瑛	省级	15 893	鸡蛋
四川永丰纸业股份有限公司	5 404.8	韩晓春	国家级	239 551	印刷用纸、书写用纸、技术配套用纸、生活用纸、纸浆制造、销售
四川森态源生物科技有限公司	10 000	刘磊	国家级	20 650	魔芋系列制品
四川一枝春茶业有限公司	360	杨昌银	省级	2 945	茶叶
四川乐乐山生态农业有限公司	1 000	郭龙富	省级	3 351	茶叶
四川峨边五旺有限责任公司	300	王磊	省级	4 500	蔬菜罐头 酱腌菜
四川奔乡农业科技有限公司	300	廖丽华	省级	4 373	生猪、青花椒、红花椒
四川润物生态农业发展有限公司	1 000	何明科	省级	4 528	猕猴桃
四川峨边雪山玉芝食品有限公司	300	舒福安	省级	5 729	茶叶
四川谷咕农业发展股份有限公司	500	金玮	省级	5 500	肉制品及副产品加工;畜禽养殖;茶叶及中药材种植、加工、销售
马边文彬茶业有限公司	100	何文彬	省级	3 446	茶叶
马边金凉山农业开发有限公司	2 000	沈静	省级	5 458	谷物产品加工,水果种植、新鲜水果批发
马边高山茶叶有限公司	100	李贤波	省级	3 090	茶叶生产、加工、销售
四川德顺源食品股份有限公司	5 500	罗志义	省级	2 211	蔬菜、水果等冻干食品

表3　2022年乐山市省级及以上示范农民专业合作经济组织名单

合作组织名称	注册资金（万元）	法人代表	示范等级	年度产值（万元）	主营产品
乐山市市中区文氏畜禽专业合作社	1 000.0	张素容	国家级	560.0	肉鸡
乐山市沙湾区长宏中药材种植专业合作社	500.0	陈志强	国家级	757.8	淫羊藿
井研县强生畜禽养殖专业合作社	665.0	熊富强	国家级	1 800.0	蛋鸡
夹江县乐天农业机械化服务专业合作社	480.0	王涛	国家级	2 300.0	农业全程社会化服务
夹江县五星蔬菜专业合作社	100.0	万建华	国家级	2 000.0	鲜菜
犍为县众鑫园砂仁种植专业合作社	527.4	张晓玲	国家级	177.0	砂仁
井研县顺溜现代农业专业合作社	300.0	郭俊华	国家级	1 000.0	血橙、水晶柑、沃柑、长叶香橙、爱媛38、葡萄
夹江县村姑中药材种植专业合作社	1 000.0	王念	国家级	583.0	水稻、中药材、农产品
马边下溪镇青山莲畜禽养殖专业合作社	1 800.0	赵小洪	国家级	1 600.0	牲畜饲养及有机肥销售生产

表4　2022年乐山市家庭农场经营情况统计表（前10位）

家庭农场名称	注册资金（万元）	法人代表	年度产值（万元）	主营产品
乐山市市中区福农家庭农场	4 000	赵炳全	3 075.0	鸡蛋
乐山市市中区鑫盛家庭农场	100	王盛江	1 600.0	生猪
峨眉山市富丽农产品种殖家庭农场	3	徐朝富	900.0	水稻、玉米、川芎、泽泻
乐山市市中区永连家庭农场	125	钱汉军	725.0	蔬菜
夹江县海滨农场	500	刘宇航	650.0	水稻、中药材
夹江县蜀佳农场	200	李鑫	613.0	鲜鸡蛋
夹江县绿玉农场	20	郭玉	530.0	水稻、泽泻、川芎
乐山市五通桥区建益家庭农场	300	黄惠	500.0	水果
井研县圣牧源家庭农场	500	梅燕	500.0	羊、台柚
峨眉山市琼花茶果家庭农场	50	王译平	420.0	茶叶

农村集体闲置资产盘活利用，成交25宗，带动村集体增收834.11万元。

【供销合作社改革】 加快推进基层社示范社建设，建成基层社示范社28家，完成率117%，基层社示范社总数达69家，完成率106%；基层社示范社覆盖31个中心镇，覆盖率91%。推进区域性为农服务中心建设，完成市中区苏稽供销社、茅桥供销社区域性为农服务中心建设，完成率100%。拓展农业生产社会化服务，开展土地托管、流转等服务面积26万亩，完成率113%。采取资本融合、组织融合、业务融合等形式，推进“供销社、农村集体股份经济合作社、农民合作社”融合发展，融合发展的基层社达90个，占比38%，超目标8个百分点。

【农产品品牌战略实施】 全市有中国驰名商标5个（峨眉雪芽、哈哥、论道、蓝雁、竹叶青）；全国名特优新农产品10个（犍为佛手柑、犍为姜黄、沐川刺梨、沐川乌骨黑鸡、沐川乌骨黑鸡鸡蛋、沐川银花、夹江泽泻、夹江马村藤椒、夹江新生葡萄、沐川魔芋）；农产品地理标志10个（嘉州荔枝、西坝生姜、马边绿茶、犍为麻柳姜、峨边马铃薯、黑竹沟藤椒、峨眉山藤椒、沐川猕猴桃、井研柑橘、犍为再生稻）；四川优质品牌农产品12个（犍为茉莉花茶、马边森林雪、金口河乌天麻、竹叶青、何郎挂面、哈哥兔肉、井研繁盛柑橘超果、马边金星茶业边河、沐川森态源森态、峨边五旺竹海、犍为淑秀茉莉茶、金口河川牛膝）；市级优秀区域公用品牌1个（峨眉山茶）；县级优秀区域公用品牌11个（峨眉山茶、井研柑橘、犍为茉莉花茶、马边绿茶、嘉州荔枝、西坝生姜、金口金品、峨岭云边、沐川魔芋、沙湾淫羊藿、夹江泽泻）。

完善“区域品牌+企业品牌+产品品牌”农产品品牌体系建设，开展农产认证管理，有有效期内绿色食品、有机农产品、地理标志农产品74个。持续壮大“峨眉山茶”“马边绿茶”“井研柑橘”等区域公用品牌效应，培育“夹江泽泻”“沐川魔芋”“嘉州江团”等区域品牌，巩固“竹叶青”“森态源”等企业品牌，提升峨眉山茶、马边绿茶的品牌价值，分别达41.76亿元、22.1亿元。新认证全国名特优新农产品4个（夹江泽泻、夹江马村藤椒、夹江新生葡萄、沐川魔芋）。区域公用品牌井研柑橘、峨眉山茶，企业品牌四川森态源生物科技有限公司，森态、农产品品牌竹叶青牌绿茶、马边高山茶、井研郭顺溜水晶柑入选首批四川省农业品牌目录，“乐山造”农产品品牌影响力、竞争力和美誉度得以不断提升。

【现代农业园区建设】 持续实施“百园千亿”工程和“211”园区培育计划，累计建设现代农业园区96个，其中国家现代农业产业园1个（峨眉山现代农业产业园）、省五星级现代农业园区1个（犍为县茉莉茶农旅现代农业园区）、省四星级现代农业园区4个（井研县柑橘生猪种养循环现代农业园区、夹江县茶叶生猪种养循环现代农业园区、沙湾区中药材现代农业园区、市中区水产现代农业园区）、省三星级现代农业园区4个（马边彝族自治县茶叶现代农业园区、五通桥区稻菜现代农业园区、沐川县茶叶生猪种养循环现代农业园区、金口河区中药材现代农业园区）。列入省级园区培育对象1个（峨边县白沙河流域桃蔬现代农业园区）。认定市级现代农业园区46个、县级现代农业园区96个（含国家级、省级、省级培育和市级园区）。

【种植业】 全市粮食作物播种面积340万亩，比上年增加6.04万亩，增长1.8%；总产量122.6万吨，比上年减少3.1万吨，减少2.4%。其中，水稻播种面积126.6万亩，产量64.51万吨；玉米播种面积108.6万亩，产量35.95万吨；红薯种植面积23.87万亩，产量7.99万吨；马铃薯种植面积33.1万亩，产量8.69万吨；大豆播种面积37.75万亩，产量4.68万吨。油菜籽播种面积80.36万亩，产量9.74万吨，分别比上年增加0.43万亩、0.49万吨，分别增长0.5%、5.3%。全市蔬菜种植面积55 225公顷，产量138.86万吨，同比分别增长3.52%、5.02%。全市中药材种植面积12 848公顷，产量51 261吨。峨眉山市、沙湾区、金口河区创建为全省中药材产业重点县。全市水果种植面积27 768公顷，产量21.52万吨，同比分别增长7.1%、12.1%。井研县被纳入农业农村部晚熟柑橘产业集群建设重点县。茶叶总产量14.8万吨，全年茶叶总产值90亿元，分别增长2.1%和5.8%。

【林业】 培育现代林竹产业基地20万亩，新建竹区道路49千米。申报第三批省级翠竹长廊2条、省级现代竹产业基地3个、省级竹林人家3户、省级竹林乡（镇）2个，犍为县竹浆纸一体化产业园区申报为省三星级竹产业园区。实施森林抚育、商品林改造、退化林修复等项目，完成营造林26.68万亩，义务植树（含折算）461.65万株。加强林木采伐监管，依法批准采伐蓄积80.36万立方米。依法批准使用林地269.303 7公顷，保障省、市、县各级126个重点项目建设用地。设立市、县、乡、村四级林长3 600余名，落实专（兼）职护林员6 000余名，实行划片“清单制”管理，形成“横向到边，纵向到底”的组织责任体系；建立林长制运行规则、考核等6项配套机制，在全省率先建立“林长+检察长”“林长+警长”协作制度，加强涉林案件行政执法与检察监督衔接配合，各级林长开展巡林12.25万次，查处破坏森林资源案件183件，案件查处率100%。

【畜牧业】 持续推进生猪（畜禽）产业项目建设，制定实施生猪稳产保价七条措施，落实能繁母猪引种补贴、生猪规模化养殖场无害化处理补助政策，全年生猪出栏增幅连续3年位居全省前列，全年生猪出栏275.8万头，同比增长4.7%；年末生猪存栏180.7万头，其中能繁母猪存栏15.7万头。坚持网格化、常态化监管非洲猪瘟，累计排查生猪养殖场（户）72.21万家（户）次，排查生猪3 860.51万头次，监测非洲猪瘟病原学样品2.2万份。创建部级标准化示范场1个、省级标准化示范场20个；创建国家级生猪产能调控基地29个、省级基地97个。夹江厚全、晨东、沙湾明仕等6个新（改、扩）建大型养殖场投产增产，新增蛋鸡存栏150万羽，2家蛋鸡企业成为全国期货市场指定交割厂库（全省仅3家）。全年肉类总产量28.94万吨，比上年增长3.9%，其中猪肉产量20.07万吨，增长4.7%，占肉类总产量的69.3%；牛肉产量4 666吨，增长4.8%；羊肉产量5 612吨，增长2.7%；禽肉产量6.7万吨，增长0.8%。禽蛋产量15.82万吨，增长3.4%。全年用于出售和自宰的肉用兔801.72万只，增长4.8%。

【水产业】 围绕《乐山市养殖水域滩涂规划（2017—2030年）》《乐山市推进“十四五”渔业发展方案》要求，维护好全市池塘、水库和冷水等养殖资源。开展水产健康养殖“五大行动”和蛙类违法违规用药专项整治行动，推进实施市中区和井研县养殖尾水处理项目。全市有渔业户11 427户、家庭渔场59个、水产专业合作社118个、规模养殖场346个，主要养殖品种有“四大家鱼”（青鱼、草鱼、鲢鱼、鳙鱼）、鲤鱼、鲫鱼、鲶鱼、鮰鱼、黄颡鱼、长吻鮠（江团）、泥鳅、鲈鱼、克氏原螯虾等10余个品种。全市池塘养殖面积4 928公顷，稻田养殖面积12 610公顷；水产品产量达133 852吨，同比增长3.7%；实现渔业经济产值393 657万元，同比增长6.37%。

【乡村振兴】 制定小凉山彝区8个方面23条支持措施。全面落实3个重点帮扶县、104个重点帮扶村支持政策，投入资金21.11亿元，实施项目390个。市、县两级投入衔接资金36 884.3万元，较上年增加322.7万元，增长0.8%。建立市、县领导联系13个大中型易地扶贫搬迁集中安置点制度。出台《乐山市最低生活保障工作实施细则》《巩固拓展脱贫攻坚民政兜底成果与乡村振兴有效衔接2022年重点工作安排》，依托全市低收入人口动态监测预警平台，新增识别监测对象1 288户3 814人，落实防返贫基金1 637.1万元，消除风险999户3 154人。派驻驻村工作队干部1 943名，实现村（社区）“第一书记”全覆盖选派；统筹抓好东西部协作、市内对口帮扶和中央、省定点帮扶，打造“蓝鹰工程”等一批特色帮扶品牌，在全国乡村振兴案例推介会上推广。推进“美丽四川·宜居乡村”建设，以“五清”行动为主要抓手，开展农村“五清”和建制乡（镇）场镇建设服务能力提升行动，统筹推进“三大革命”和面源污染整治、村貌提升，累计清河3 012千米、清渠3 518千米、清沟3 806千米、清路4 203千米，“美丽四川·宜居乡村”占比超过65%。乐山市入选省乡村振兴先进市，沙湾区入选省乡村振兴成效显著县，马边县入选省乡村振兴重点帮扶优秀县，2个乡（镇）19个村入选省级乡村振兴先进示范单位，1个镇6个村、6个镇55个村分别创建为全国、全省乡村治理示范镇村。

【乡村旅游】 印发《乐山市文化旅游促乡村振兴工作方案（2022—2025年）》，完成峨眉南山度假片区、市中区平羌三峡生态旅游片区等32个旅游片区专项规划编制。加快培育篝火烧烤、森林酒吧、帐篷露营等乡村旅游业态。发布推出乐山乡村旅游精品线路15条，“夹江新场镇团结村—苏稽古镇—犍为嘉阳·桫椤湖”线路入选全国乡村旅游精品线路。市中区荔枝湾63号自驾车营地、峨眉高桥万亩“指纹”茶园等20余个乡村景点成为热门打卡地。峨眉山市在2022（第五届）中国旅游百强县（市）中排名第二，夹江县入选第四批天府旅游名县候选县，犍为县创建为第四批省级全域旅游示范区，沫若戏剧文创园创建为国家4A级景区，研溪湿地、嘉州绿心公园获评四川省生态旅游示范区，市中区牟子镇苏坪村、马边彝族自治县劳动镇福来村等5个村创建为省级乡村旅游重点村，沫若戏剧文创园、大千纸故里等6个基地（营地）被纳入2022年度省级研学旅行实践基地（营地）创建名单。

【农村水利】 完成全年18亿元水利投资计划。全市6个水利政策性开发性金融工具项目（夹江县城乡供水一张网建设项目、金口河区大渡河左岸流域水资源配置项目、都江堰灌区续建配套与现代化改造白井干渠、四川省马边彝族自治县芦稿溪水库工程、峨眉山市城乡供水厂站建设及设施设备提标改造项目和乐山市市中区引水工程建设项目）均已开工建设；井研县水系连通及水美乡村建设项目开工建设；马边县青龙水库枢纽工程已完工，灌区工程已基本完成；犍为县新店水库灌区和井研县红星水库灌区两个中型灌区续建配套与节水改造项目主体工程完工；完成4座病险水库除险加固、7个县小型水库维修养护和马边县、金口河区等区县农村供水工程维修养护等项目；建成峨边县二水厂、金口河区二水厂2座自来水厂，实施完成井研县研城水厂技术改造。五通桥区、犍为县申报为四川省第二批乡村水务试点县。创建井研县研溪水利风景区和夹江县东风堰水利风景区2个省级水利风景区，完成18个"水美新村"建设。

【农业机械化】 全市农机保有量达50万台（套），农机总动力达278万千瓦。建成农机化生产道路2.75万千米。有农村机电提灌站1 839座、标准化提灌站21座，保灌面积90万亩。继续实施新一轮农机购置补贴政策，全面公开农机购置补贴信息，全年补贴资金1 113.614 7万元，购置农机具13 995台（套），受益农户10 726户。夹江县佰农源粮食专业合作社、井研县老农民水稻种植专业合作社综合农事中心申报创建为省级"全程机械化+综合农事"服务中心，新增农机合作社11个。

【农村科技】 建成乐山市绿色生态种养综合实验室和乐山市农科院生物饲料中试基地，完成《高效微生物发酵饲料关键技术中试及示范》《茶叶渣生物发酵饲料关键技术研发及其在蛋鸡无抗养殖中的应用》等研究项目，建立3个生物饲料生态养殖示范场。研制熟化"水稻全程机械化高效生产技术""大豆玉米带状复合种植技术"等粮油高产高效技术4项，并在全市示范推广。新审定"双优4541""恒丰优4541"等水稻新品种5个、"乐油7号""乐家油800"等油菜新品种5个。到基层组织开展种养技术培训91次，培训基层技术骨干和高素质农民2 523人次；选派5名技术专家参与"三区"人才计划，提供技术帮扶150余次，线上解答科技疑问320件，编印发放《水稻绿色提质高效技术》《西坝生姜种植技术手册》等农业技术手册2万份。

【农村教育】 新投用中小学、幼儿园19所。落实控辍保学"七长责任制"，为16万余名困难学生资助、减免资金近2亿元。对"一老一小"、残疾学生等特殊群体实行动态台账管理帮扶。举办慈善捐赠、关爱自闭症儿童公益演出和暑期"送清凉"活动。助力开通37条"学生号"公交和2条残疾学生公交专线，适龄残疾儿童入学率99%，重点落实低保、孤儿等9类特殊学生资助保障，全市无一例学生因贫失学、辍学情况。持续推进"学前学会普通话行动"，惠及3.02万名幼儿、1.61万个彝区家庭。继续办好乐山一中"美姑班"，选派131名骨干教师到大小凉山地区开展支教帮扶；持续推进藏彝区"9+3"免费职业教育，3 775名学生全部实现就业或升学。

【农村文化】 推荐"沐川草龙"等34个项目入选省级农村生产生活遗产名录，确定农村生产生活遗产名录传承人447名。落实落细《关于传统农耕文化保护发展的指导意见》，向天府农耕文明博物馆推荐展品282件，入选20件；推进沐川农耕文化博物馆、马边烟峰民俗文化博物馆等农耕文化传承平台建设。挖掘农村文化典型经验，井研县《赓续红色血脉夯筑和谐村魂》等一批典型案例在全国推广。探索总结"彝家·法治新寨""积分超市""村民说事"等具有乐山特色的乡村治理典型模式，相关做法被中央、省级主流媒体刊发转载。实施"农村家庭能人"培养计划，累计培养技能型、实用型、治理型等"农村家庭能人"39万余人次；实施农村致富带头人扶持计划，120人次被认定为省、市农村致富带头人。

【农村卫生】 开展"优质服务基层行"活动，创建社区医院1家，创建基层临床特色科室6个。7个中心全部通过验收，超额完成省级下达全市建成3个中心的目标任务。组建1 417个家庭医生服务团队，打造"家庭医生示范工作室"12个。全面推进基本公共卫生服务，高血压患者基层规范管理服务率达76.14%，2型糖尿病患者基层规范管理服务率达76.09%，社区在册居家严重精神障碍患者规范化管理率达92.4%。累计建立电子健康档案人数3 026 770人，电子健康建档率达95.78%；累计开展健康教育咨询3 477次、健康教育讲座4 431次。持续为全市315.51万名城乡居民免费提供12项国家基本公共卫生服务，完成率为100.66%。开展"健康敲门行动"，为8 865名失能老人开展"三个一"服务。实施"两癌"筛查民生实事工程，为42 635名适龄妇女开展筛查服务，目标进度达100.53%。健全危重孕产妇和新生儿救治体系，加强高危孕产妇专案管理，孕产妇死亡率控制在13/10万以内，婴儿死亡率、5岁以下儿童死亡率分别控制在2.04‰、2.89‰，均控制在目标任务以内。

【农村法制建设】 印发《乐山市"法律明白人"培养计划实施方案》，组织开展全市"法律明白人"示范培训班，完成对4 130名"法律明白人"的分级培训。规范制定《德古调解工作管理办法》，将"德古"调解纳入人民调解工作体系。峨边县"彝家·法治新寨"相关做法成效被《法治日报》和《四川日报》刊载，入选《法治蓝皮书·四川依法治省年度报告NO.8

(2022)》。开展“调解促稳定　喜迎二十大‘三查三化三优’专项行动”，共排查化解矛盾纠纷近7 000余件，调解成功率达99.6%。深化村（社区）法律顾问工作，开展“乐山新阶·律动乡村”助力乡村振兴行动，组织全市22个律师事务所39名执业律师结对服务44个乡（镇、街道）的50个行政村，解答各类法律咨询5 000余人次，提出法律意见1 000余条。制定市级“枫桥式”司法所建设标准，统筹推进省、市、县三级“枫桥式”司法所同步开展建设，创建第三批省级“枫桥式”司法所共4个。开展全国、全省民主法治示范村（社区）创建，创建全国民主法治示范村（社区）12个、省级民主法治示范村10个。撤销市级农业综合执法支队，设立执法监督一科、二科；沙湾区、沐川县、峨眉山市将农业执法并入综合行政执法局，其余8个县（区）整合农业行业执法职能，组建农业综合行政执法大队，实行“局队合一”。

【农村交通】 全年农村公路建设计划完成投资11.71亿元，新（改）建农村公路899.52千米。完成投资12.14亿元，占比103.5%；新（改）建农村公路921.1千米，其中30户以上自然村（组）通硬化路完工352.8千米，撤并建制村畅通工程完工414千米，幸福美丽乡村路完工95千米；铁索桥改公路桥完工9座，其余桥梁工程完工3座；村道安防工程完工556.5千米，农村公路养护工程完工986.1千米，完工率100%；农村公路自建项目完工59.1千米，完工率100%。推进“四好农村路”省级示范市创建，市中区、夹江县创建为第六批“四好农村路”省级示范县，全市有国家级示范县1个、省级示范县7个，示范县数量位居全省前列。压实6 029条农村公路“路长制”责任，构建基础路网运行保障机制。农村公路养护工程已完工986.1千米。落实“有路必养、养必到位”，在全省率先自主开展农村公路路况自动化检测里程4 589千米。

【涉农招商引资】 全市有3 000万元以上农业招商引资重大项目6个，项目总投资35.3亿元（见表5）。

【农村社会保障】 印发《关于切实保障好困难群众基本生活的通知》，按照城市124元、农村84元的标准，为14.7万名低保对象、特困人员增发一次性生活补贴。资助、救助学生15万人次，医疗救助9.78万人次。持续推进全民参保扩面专项行动，重点对脱贫人口、农民工、灵活就业人员和新业态从业人员等群体实施精准扩面，城乡居民基本养老保险参保人数达120.51万人。合理引导农民工参加城镇职工养老保险，29.91万名农民工以单位职工身份参保，28.38万名农民工以灵活就业人员身份参保。

【农村生态建设及环境保护】 全市主要农作物化肥、化学农药使用量连续5年实现零增长，农村卫生厕所普及率95%，生活垃圾收转运处置体系覆盖100%的行政村，764个行政村生活污水得到有效治理，秸秆综合利用率达93.49%，农膜回收率达88.51%。实施重点流域面源污染治理、绿色畜禽发展等项目，提升改造养殖场187家，建成病死畜禽无害化处理中心，全市畜禽粪污综合利用率达96.41%，规模养殖场粪污处理设施配套率达99.24%。建成国家级生态文明示范区2个、“金山银山”实践创新基地1个，省级生态县（市）4个，国家级生态乡（镇）12个、省级生态乡（镇）87个，省级生态村23个，国家级自然保护区2个。

【农产品质量安全监管】 深化运用国家（省级）农产品质量安全追溯管理信息平台，入驻6 535家生产经营主体及其农产品实施农产品追溯管理，录入1.11万条生产信息、2.75万条销售信息，完成率分别达111%、211%。制定《关于开展2022年乐山市农产品质量安全监测工作的通知》，组织开展农产品例行监测、专项监测、监督抽查，共抽检3 550个批次样品，完成全市农产品质量安全定量检测量达1批次/千人以上目标任务，省级农产品质量安全例行监测合格率99.8%，稳定保持在98%目标以上。建立重点监控主体2 511个，出动监管执法人员1 066人次，检查生产经营主体478家。查办违法违规使用禁限用药物和常规药物残留超标问题食用农产品质量安全案件34起，严厉打击农产品质量安全违法违规行为，确保问题查处率100%、整改率100%。

【农村市场体系建设】 实施“互联网+”农产品出村进城工程，发挥“互联网+”在推进农产品生产、加工、储运、销售环节中的作用；鼓励引导新型经营主体入驻电商平台，通过“农产品+电商、农产品+微商、农产品+直播”等方式拓宽“乐字号”农产品销售渠道，全年农产品网络销售额达22亿元。举办乡村振兴项目推介会，包装招商引资及融资类项目共计103个，总投资728.52亿元，投融资需求519.69亿元。市政府分别与省农发行、省农行、省农信联社、四川振兴集团、浙江网商银行签订战略合作协议，协议总授信合作金额525亿元。在全面推动“政担银”模式基础上，推进“银企担”模式，探索试点开展“强村贷”工作，支持村集体经济发展，累计担保贷款45.19亿元，惠及农户2 895户，在保21.23亿元、涉及1 948户，全年新增11.93亿元，1 143户。引导保险机构开发特色农业险种30余种，推出“农业保险+期货”新型金融服务模式，全市农业保险保费总收入1.3亿元，同比增长16.07%，水稻、小麦、玉米三大粮食作物农业保险投保面积覆盖率达79.7%。创新开展能繁母猪佩戴专用电子耳牌与保险联动试点。

【农村留守家庭（儿童、学生）帮扶】 发起“大爱乐山呵护你成长”慈善关爱五年大行动，引导414家爱心企业和社会组织、2.39万名爱心人士参与，开展集中关爱活动373场次，筹集爱心款物1 760万元，惠及困境、留守儿童7.3万人次。推进“大爱乐山呵护你成长”慈善关爱大行动，86家（个）爱心企业和社会团体按照对口帮扶安排，组织开展元旦春节志愿服务关爱行动32场次，捐赠爱心款物45.6万元，惠及困境儿童1 200余人次。

表5　2022年乐山市3 000万元以上招商引资项目表

项目	总投资（万元）	投资内容	投资方	项目进度
陕西志芳诚信粮业（乐山）智慧种业园区项目	250 000	规划面积3万亩，涵盖苏稽镇、平兴镇等，拟分三期实施，其中一期选址苏稽镇，投资约5亿元，主要建设万亩种子生产基地及配套农机具采购等；二期选址平兴镇，投资约10亿元，主要建设种子及农资物联集散服务中心、种质资源保存库、种质资源创新生物育种中心等；三期选址苏稽镇，投资约10亿元，主要建设粮食冷链物流及绿色农产品加工基地、农产品检测中心、技术培训学习中心等	陕西/榆林市榆阳区志芳诚信粮业	已签约
四川新希望（乐山）奶牛养殖项目	30 000	投资3亿元，拟在乐山市沙湾区轸溪镇金牛村建设5 000头奶牛养殖项目，占地470亩，预期年产值1.2亿元，运用信息化技术打造奶牛产业链数字化全景平台，创建农业农村部标准化示范养殖场，带动村集体经济组织种植万亩青贮玉米或牧草产业	新希望生态牧业有限公司	已履约
浙江自然人生猪养殖项目	48 000	项目计划总投资4.8亿元，其中一期项目投资1.6亿元，二期项目投资3.2亿元。一期项目建设标准化圈舍、采精室、值班室、附属用房、堆肥池等附属用房，配置自动化输料、清粪、通风、照明、温控、有害气体控制等系统以及污水处理、畜禽消毒与无害化处理等设施设备，存栏种猪6 000头，流转土地1 000亩建设生态蓝莓、蓝莓李等高端绿色有机水果基地；二期项目建设标准化圈舍及配套设施，年出栏生猪20万头，流转土地2 000亩建设生态柑橘、猕猴桃等高端绿色有机水果基地	陈建春	已开工
湖北自然人智慧生态蛋鸡养殖场项目	9 500	项目计划投资0.95亿元，计划建设蛋鸡养殖鸡圈、饲料加工、仓储等10 000平方米及配套粪污处理设备等	郑水珍	已开工
四川自然人（乐山）康丰连家庭农场项目	3 500	项目计划总投资3 500万元，一期项目计划流转土地180亩，建设高标准柑橘种植农场及配套附属设施、园区道路等；二期项目计划占地15亩，建设柑橘分拣、冷链、仓储设施	蒋晓丹	已开工
四川喜立德农业（乐山）优质蔬菜品种培育推广项目	12 000	项目总投资1.2亿元，用地约1 200亩，建设育种基地、检测试验室及相关设施设备，配套建设办公用房以及开展品种培养及推广应用工作	四川喜立德农业科技有限公司	已投产

【劳务开发与返乡创业】 动态发布《乐山市返乡创业项目地图》，为返乡农民工提供返乡创业特色项目100余个，全市返乡创业人数2.55万人，创办经营性实体2.3万户，带动12.69万人就近就业。围绕市场急需紧缺，以“一县一品”为目标，探索“培训+就业+维权”一条龙服务机制，培育以“乐山嘉嫂”“桥乡晶工”“蜀嘉筑工”“峨边绣娘”为代表的一批具有一定市场影响力的地方特色劳务品牌，带动21.32万名城乡劳动者就业增收。被表彰为全省农民工“融入城市专项行动”先进市，“乐山嘉嫂”获评首批“川字号”特色劳务品牌。

【涉农节会会展】 开展春茶品鉴，以“峨眉问春　茶香宽窄”为主题开展线下品鉴和线上推介，品鉴会现场签约金额18万元，线上直播及视频点赞量达12万人次。举办第十一届四川茶博会乐山主题市活动，活动现场销售茶叶179.69万元，网络销售额207.82万元，协议交易额2 206.77万元，居全省之首。组织100余家企业参加第八届四川农博会、第5个中国农民丰收节、第19届中国农交会等展示展销活动。

【重点乡（镇）选介】 双福镇。双福镇是峨眉山市四大中心镇之一，辖18个村1个社区，辖区面积92平方千米，人口3.7万人。境内集聚全茶产业链条，有“中国绿茶之都”美誉。2021年，双福镇获评首批省级乡村文化振兴样板镇、第二批省级乡村治理示范村镇。全镇实现地区生产总值27.71亿元，农村居民年人均可支配收入达22 273元。全域建成茶果套种特色基地3.4万亩，拥有2个社会化服务组织，培塑5家龙头企业、74家农民专业合作社、175家家庭农场、245家茶业企业。镇茶叶市场交易额实现105亿元。全域实施乡村善治建设，污水、垃圾“两大革命”实现全覆盖，无害化卫生厕所覆盖率达85.7%。做好创建国家卫生乡（镇）“后半篇”文章，抓实场镇建设管理服务提升，新（改）建农贸市场2个。建强乡村治理机构和队伍，创办“双福讲堂”，培育各级文明村11个。全面打造示范亮点引领，先后投入约1 000万元进行示范镇、村提升，发挥示范带动作用，涌现出安全村、塘坊村、普兴村等省级各类亮点村，创建乐山市级乡村振兴先进镇、省级示范村1个、乐山市级示范村2个。

周坡镇。井研县周坡镇辖12个行政村2个社区，辖区面积114.05平方千米，总人口3.5万人。周坡镇严格落实“两级书记”抓乡村振兴主体职责，发挥“头雁效应”。2017年获评“四川省安全社区”，2018年获评“省级卫生乡（镇）”，2019年获评“乐山市文明镇”，2020年创建为乐山市乡村振兴示范镇，辖区多村获得国家级、省级、市级、县级称号。发挥周坡镇柑橘品牌优势，种植优质水果2.5万余亩；发展生态林1.8万余亩，连片发展油桐产业1 400余亩、藤椒产业1 000余亩，林下养殖畜禽8.5万只，年出栏生猪7.1万头；建成年产100万羽蛋鸡基地；飞地经济型等6种村级集体经济模式扩容增收140万元。建成周坡垃圾压缩中转站、污水处理站3个、微动力污水处理点5个，厕污共治、场镇提升等工作做法被中央电视台、省级电视台等主流媒体宣传报道。举办周坡镇首届荷花文化节，开通网络直播，搭建农产品、美食产销平台，吸引游客5万余人，带动集镇和沿线农户户均创收2 000元以上。

【农村大事记】 3月29日，“峨眉山茶”春茶品鉴会在成都市宽巷子8号院“in巷乐山”举行，通过线上推介和线下品鉴，助力“峨眉山茶”区域公用品牌做大做强。

7月13日，2022年乐山市乡村振兴项目推介会召开，共推出项目103个，总投资728亿元。会议现场，市政府同5家金融机构签订授信金额525亿元的战略合作协议，11个县（市、区）分别同14家金融机构和企业集中签约项目20个，投资金额114亿元。

9月19日，四川夹江茶叶出口“中—吉—乌”专列首发仪式在夹江县华义茶业有限公司举行。该次专列出口35个集装箱，共计815.5吨茶叶，货值264.65万美元。

11月1日，乐山市以主题市身份亮相第十一届四川国际茶业博览会，发布了“峨眉山茶”地方标准，即四川省（乐山市）地方标准《地理标志产品峨眉山茶》。

11月，四川华义茶业首个海外仓在乌兹别克斯坦费尔干纳州揭牌成立，标志着在乌兹别克斯坦落成四川省首个茶叶海外仓，夹江县出口茶产品占中亚地区同类产品市场的30%以上。

【主要领导人】 市委书记：马波；市人大常委会主任：赖淑芳；市长：陈光浩；市政协主席：黄平林；分管农业副市长：雷建新。

乐山市编写组

市　中　区

【基本情况】 2022年，全区辖12个镇5个街道，辖区面积837.13平方千米，其中耕地面积25.18万亩，比上年减少0.2%。年末总人口65.45万人（户籍人口654 468人），增长0.77%；人口出生率6.99‰，减少1.38个千分点；人口自然增长率0.35‰，减少0.75个千分点。全区耕地有效灌面和保证灌面分别达到耕地总面积的70%和61.6%；水资源总量4.82亿立方米，人均占有水资源量580立方米。有林业用地2.986 02万公顷，有林地面积2.784 16万公顷，活立木总蓄积量263.957 3万立方米，森林积蓄量217.315

万立方米，森林覆盖率38.91%。

2022年，全区实现地区生产总值467.27亿元，减少1.9%，其中第一产业增加值40.4亿元，增长5%；第二产业增加值130.15亿元，减少9.8%（工业增加值61.62亿元，减少24.2%）；第三产业增加值296.71亿元，增长0.7%。全年接待游客2 000.23万人，实现旅游收入3 139 000万元，其中乡村旅游收入145 000万元。

公路通车里程1 783.19千米(其中乡村公路1 645.415千米)，密度2 161.44米/平方千米、21.43千米/万人。社会消费品零售总额270.16亿元，增长1.9%。全年农业保费收入0.19亿元，增长59.7%；处理各项赔款和给付金额1 204.7万元。完成农业产业化项目13个，完成投资4 252万元。农业产业化龙头企业省级、市级分别为4家、20家。

有各类学校44所，在校学生12 548人，教职工1 660人，其中普通中学12所，在校学生2 331人；小学10所，在校学生5 299人；学龄儿童入学率124.14%，提高3.1个百分点。有艺术表演团体14个，文化馆1个，公共图书馆1个。有卫生机构253个，病床位704张，卫生技术人员619人。城乡居民基本医疗保险参保人数387 289人，参保率97.54%；新型农村社会养老保险参保人数147 761人；被征地农民养老保险参保人数233人。

【年度农业和农村经济运行】 2022年，全区实现农业总产值40.4亿元，增长5%。农民年人均可支配收入达24 735元，增长6.7%。全区农产品质量抽检合格率比年初提高0.2个百分点；建成15个基层农业综合服务站。全区主要农产品产量见表1。

【农业产业化发展】 全年落实、发放种粮大户补贴、农机购置补贴、支持新型农业经营主体提升技术应用和生产经营能力补贴等资金4 000余万元，培育壮大农业产业化龙头企业、农产品加工企业、合作社、家庭农场及种植大户等各类新型农业经营主体，鼓励龙头企业开展招商引资和产品推介活动。全区共有涉农企业87家，其中市级以上龙头企业24家；新型农业经营主体973个，其中国家级示范社4个、省级示范社11个、省级家庭农场18个。

【农用地产权制度改革】 开展农村宅基地审批管理培训4次，有序推进全区农村宅基地的审批管理。配合开展农村乱占耕地建房整治。开展农村宅基地巡查督导，印发通报2期，处理农村宅基地违规建房8户。推进农村产权交易体系建设，通过乐山农村产权交易有限公司挂网31宗，成交18宗，交易规模约3 167万元，交易面积691.7亩。完成镇级公有资产全市第一拍和农村闲置宅基地全市第一宗挂网交易。

【农村集体产权制度改革】 制定出台《乐山市市中区新型农村集体经济发展工作计划(2022—2025年)》等文件，明确农村集体经济发展的目标、方向和政策支持。完成2022年扶持壮大村级集体经济扶持项目方案编制，探索集体联营、企业联带、金融联扶等方式发展壮大村集体经济，全年农村集体经济收入约2 905万元，其中收入超过5万元、10万元的村集体占比分别达64%、45%，并建成"亿元村"3个、"10亿元镇"1个、"50亿元镇"2个。

【供销合作社改革】 引导6家基层社建立健全基层社"三会"制度。新建和改造提升乡(镇)基层社3个，新建省级基层社示范社2个。农村社区综合服务社达150家。以"社企分开、双线运行"机制为基准，新组建1家控股农产品流通服务企业。

【农产品品牌战略实施】 推动农产品品牌建设，全区有效期内"三品一标"农产品达111个，较上年新增16个，其中无公害产品108个、绿色产品2个、国家地理标志产品1个。打造农产品区域公用品牌，嘉州荔枝、嘉州江团、平兴贡茶等"嘉字号"、土特产品牌效应初现。

表1 2022年市中区主要农产品产量

主要农产品	单位	产量	同比增减(%)
粮食	吨	106 232	-2.50
水稻	吨	83 232	-4.30
玉米	吨	12 342	-3.30
马铃薯	吨	6 909	23.10
油菜籽	吨	9 685	1.70
蔬菜	吨	334 100	2.90
水果	吨	29 010	6.40
肉类	吨	37 888	4.90
猪肉	吨	24 082	7.00
牛肉	吨	218	6.20
羊肉	吨	148	1.60
禽肉	吨	12 161	0.80
兔肉	吨	1 280	4.50
禽蛋	吨	25 106	2.90
水产品	吨	43 615	3.85

【现代农业园区建设】 推进种业、水产、粮油、生猪等现代农业园区建设，全年建成省三星级现代农业园区1个、市级现代农业园区2个、区级现代农业园区5个。

【种植业】 全年完成高标准农田建设1.95万亩。粮食作物播种面积24.78万亩，产量10.6万吨。落实“长牙齿”的耕地保护措施，梳理并全面完成撂荒地整改3 030.8亩；发放耕地地力补贴和种粮补贴3 051万元；审查土地流转经营主体26家，禁止耕地“非农化”、防止耕地“非粮化”，新流转耕地3 460亩用于粮食生产。实施2万余亩再生稻高产技术示范。实施大豆振兴计划，推广大豆玉米带状复合种植技术，扩种大豆6 160余亩，完成市下目标任务的123%。

【林业】 推进世行贷款长江上游森林生态系统恢复项目，提升森林项目建设质量。开展森林病虫害的监测、预报、检疫和防治，按技术规程标准除治各镇（街道）死亡松树共计2 756株，疫木无害化处理完成率100%。推进苗木产业发展，新育苗2 000余亩，培育各类苗木2 000万株。加强林木采伐、使用林地、野生动物保护等政策宣传，印发宣传画、宣传册等资料3 000余份。完成2022年森林湿地草地图斑监测和森林督查工作。出台6项林长制配套制度，设置141个林长制公示牌，建立“林长+检察长+警长”机制，保护森林资源。

【畜牧业】 争取项目资金3 500余万元，重点支持建设规模养殖场，并调动养殖户投入社会资金约1亿元，新建规模养殖场11个，发展规模代养寄养户20余户，建成巨星剑峰12 000头规模种猪场1家、规模生猪养殖场（户）341家（户）、规模生猪养殖场285家。全年出栏生猪32.93万头，年末生猪存栏规模达22.16万头。

【水产业】 全区水产品产量4.361 5万吨，增长3.85%。全年抽检水产品378个，兽残检测结果100%合格；接受省、市在水产养殖基地抽取35个水产品开展例行监测，合格率100%。制定50亩以下鱼塘水产品抽检方案，全面完成样品抽检392批次。开展蛙类养殖违法违规用药专项整治行动，对辖区蛙类养殖场（户）逐一排查、摸清底数，出动执法人员13人次，全覆盖执法检查蛙类养殖场6家，未发现违规用药现象。

【乡村振兴】 投入乡村振兴各类资金10.5亿元，其中财政资金3.9亿元，超预算50%；土地出让收入用于乡村振兴建设资金1 857万元，占比达7%；农业担保公司放贷2.7亿元用于乡村振兴建设，较年初增长8 600万元。守住返贫底线，投入医疗救助金、教育资助救助资金等各类帮扶资金3 504.87万元，惠及4.1万余人次。投资30亿元，规划建设总面积1 600亩的全省首个川菜预制菜产业园区，引进新希望、麦金地、川娃子等15家食品龙头企业。投资20亿元，建设集冷链仓储、农副产品交易、进口食品展销等于一体的西部冷链物流中心项目，水产交易区成为川内最大的水产交易市场，年交易额可达50余亿元；蔬菜交易区年交易额可达3亿元。在建制场镇提升方面，统筹资金1.9亿元实施13个镇（涉农街道）场镇提升项目，土主镇获评“首批省级百强中心镇”。

【乡村旅游】 成立天府旅游名镇名村文旅发展联盟，苏稽镇作为2022年轮值单位，新打造跷脚牛肉非遗馆等多处景点，年接待游客600万人次，获得“省级特色小镇”“历史文化街区”“巴蜀文化旅游走廊新地标”等称号。全区全年共接待游客682.5万人次，实现旅游收入9.67亿元，同比分别增长76.8%和69.9%。2022年创建为全国休闲农业重点县。

【农村水利】 投资100万元实施完成2022年小型水库维修养护项目，完成牛心寺、健丰等14座小型水库设施维修养护工作。完成全区国管水利工程岁修工作和2022年中央水利救灾资金抗旱水源工程建设，完成投资523万元，通过实施工程治理，新建山坪塘7处，新建维修石河堰30道，新建蓄水池27口，整治渠道4 300米，实现增加蓄水量17万立方米、引水能力15万立方米。

【农业机械化】 实施农机购置补贴，全年补贴农机具1 305台，补贴资金87.844万元，涉及农户913户。维修改造提灌站5座，为大春生产用水提供保障。

【农村科技】 完善农业科技服务体系，组织农业科技专家到基层开展农作物种植、果树管理、水产养殖等科普宣传培训，推广种养殖新技术、新品种，市中区科技特派员服务团全年共举办培训班7期，培训农业专业户400余户，现场指导550余人，实现所有镇（涉农街道）全覆盖，为区内涉农企业、农村经济合作组织和村民提供技术服务，得到群众广泛认可。

【农村教育】 投入3 754.5万元，新建农村学校（幼儿园）教学楼2个，完成平兴学校、荔德小学等17所农村学校设施维修加固、设备更新。优化义务教育学校布局，平兴明德小学并入平兴学校；撤销凌云镇初级中学；撤销普仁学校初中部，普仁学校由九年一贯制学校调整为小学；撤销罗汉中学，保留校区，作为水口学校的校区管理。土主镇中心幼儿园、茅桥镇中心幼儿园创建为四川省示范性幼儿园。牟子镇中心幼儿园被教育部命名为“全国足球特色幼儿园”，获评“2022—2023年度全国校园云上体育示范单位”。杨湾小学少先队大队获评“省级优秀少先队大队”。

【农村文化】 组织开展“苦笋文化节”“共享嘉州好时光”等品牌活动。全年开展群众文化活动100余场次，丰富农村文化生活。挖掘保护优秀传统文化，建成棉竹镇棉竹铺社区、平兴镇三圣村、牟子镇苏坪村等3个特色文博场馆。挖掘平兴镇大石坎百年贡茶文化，编写玉屏清风使故事，促进平兴镇茶旅文化成果转化。

【农村卫生】 开展2022年度基层医疗卫生机构实施基本药物制度考核。常态化开展基本公共卫生服务，全年区常住人口81.45万人，累计建立居民健康档案

791 044人;开展家庭医生签约服务,截至2022年年底,辖区内共签约561 346人。全年农村妇女免费“两癌”筛查5 650人,免费发放叶酸2 581人。12月,苏稽镇中心卫生院、茅桥镇中心卫生院通过县域医疗卫生次中心省级验收。

【农村法制建设】 全面建设1个公共法律服务中心、16个公共法律服务工作站以及179个公共法律服务工作室,提档升级中心镇、村公共法律服务工作站(工作室29个)。全区共有18个律师事务所、基层法律服务所、公证处等专业法律服务机构以及由150名律师、基层法律服务工作者、公证员、1 752名专(兼)职人民调解员、569名“法律明白人”等组成的机构及人才队伍服务公共法律服务工作。有序推进“律动乡村”,共组织各级人民调解组织开展矛盾纠纷排查8 437次(人民调解受理调处1 757件),调解成功1 756件,调解成功率99.94%。区法律援助中心全年共提供法律咨询2 349人次,受理法律援助案件255件,为受援人避免或挽回损失120余万元;组织开展《中华人民共和国宪法》、森林防火、《中华人民共和国民法典》、“法治春联进万家”等主题宣传活动200余场、法治讲座56场,发放普法资料4万余份、法治挂历1万份。悦来镇荔枝弯村创建为省级民主法治示范村。

【农村交通】 完成峨眉河风景道改造提升工程(峨眉河二期)、乡道茅白路(青平至白马段)改建工程、县道乐青路改建工程等6个项目建设,全长约55.51千米,总投资约2.6亿元。投资约1亿元,持续推进撤并建制村通硬化路和通组路项目建设,涉及13个镇(街道),全长约126.54千米。推进“交通+乡村振兴”项目,建设茅桥镇产业环线道路、大佛棕桥村农旅融合苦竹现代园区产业环线项目、白马产业园区道路等5个项目,共计约20.66千米,总投资约4 416万元。

【农村社会保障】 创新推出“嘉乡音”“嘉小力”“嘉乡情”“嘉乡味”“嘉务通”“嘉嫂行”“嘉创业”等,把“嘉七行”作为农民工服务保障工作的战略体系,服务农民工35万人次,实现“一镇一站一场”。全覆盖建成嘉乡农民工综合服务站、街边劳务市场,增强农民工的幸福感和获得感,市中区连续两年获得省委、省政府“农民工服务保障工作先进区”表彰。自推行“嘉七行”服务行动以来,服务保障农民工工作先后被人力资源社会保障部、人力资源社会保障厅官网,《人民日报》数字版,新华网,中央电视台,四川电视台等主流官方媒体宣传报道16次。及时准确发放养老保险待遇。

【农村生态建设及环境保护】 依托秸秆禁烧监控系统、无人机等技术加强监管,安排400余名“嘉州红袖标”巡查员严防死守,对焚烧行为及时发现并处置;组织相关镇(街道)完成6个村农村生活污水治理“千村示范”工程建设项目,有效解决300余户农户农村生活污水处理问题,全区91.15%的行政村完成治理任务;3个国控断面岷江青衣坝、青衣江姜公堰、大渡河李码头水质月均值为Ⅱ类水质,峨眉河、临江河、竹公溪水质稳定保持在Ⅲ类水质及以上,泥溪河、凌云河、磨池河水质年均值达到Ⅳ类,全区集中式饮用水水源地水质达标率100%。会同峨眉山市将峨眉河申报为省级“美丽河湖”典型案例。全面完成5万亩营造林任务。畜禽粪污综合利用率达99.41%,农作物秸秆综合利用率达94.6%。

【农产品质量安全监管】 全年开展农产品抽检,合格率保持在99%以上,未发生农产品质量安全事故,全区创建为四川省农产品质量安全监管示范县。

【农村市场体系建设】 全年农业保险完成投保水稻5.3万亩、玉米2.05万亩、小麦0.002万亩、油菜1.11万亩,能繁母猪1.14万头、育肥猪16.97万头,商品林0.5万亩,水产1.2万亩;累计签单保费1 907.68万元,其中财政补贴1 473.24万元(中央财政补贴760.25万元、省级财政补贴314.82万元、市级财政补贴109.45万元、区级财政补贴288.72万元)、农户自缴434.44万元。全年农业保险理赔金额1 204.7万元,直接减少农户损失2 000万元,参保农户满意度年度指标值100%,完成值100%。

【劳务开发与返乡创业】 认定雷永超等9人为“乐山市市中区返乡入乡创业明星”、乐山市市中区九妹凤爪餐饮管理有限公司等2家单位为“乐山市市中区返乡入乡创业明星企业”。

【主要领导人】 区委书记:左小林;区人大常委会主任:刘华东;区长:舒东平;区政协主席:肖兴军;分管农业副区长:杨建勇(9月止),杜晨霞(9月始)。

市中区编写组

五通桥区

【基本情况】 2022年,全区辖8镇94个村25个社区,辖区面积473平方千米,其中耕地面积11 968公顷、基本农田13.230 4万亩。年末总人口28.544 3万人(户籍人口)。森林覆盖率36.92%。

2022年,全区实现地区生产总值361.495 8亿元,按可比价格计算,增长34.1%,其中第一产业增加值28.342 9亿元;第二产业增加值250.370 4亿元,增长55.1%;第三产业增加值82.782 5亿元,增长4.4%。全年接待游客295.8万人次,实现旅游综合收入34.618 4亿元。

公路通车里程1 333.237千米(其中

农村公路1 271.741千米），密度28 640米/平方千米、45千米/万人。社会消费品零售总额89亿元，增长1.7%。地方公共财政预算总收入完成99.41亿元，增长223.56%；公共财政预算总支出26.35亿元，增长52.16%。金融机构各项存款余额261.6亿元，比上年初增长26.6%；各项贷款余额114.54亿元，比年初增长23.8%。农业产业化龙头企业国家级、省级、市级分别为1家、3家、7家。

有各类学校66所，在校学生23 558人，其中普通中学13所，在校学生8 373人；小学15所，在校学生10 057人；学龄儿童入学率100%。有文化馆1个，公共图书馆1个。有卫生机构226个，病床位2 009张，卫生技术人员1 422人。

【年度农业和农村经济运行】 2022年，全区农林牧渔业增加值达28.342 9亿元，增长1.7%；生猪、茶叶、蔬菜等特色优势农产品产量保持稳定增长。农民年人均可支配收入达20 771元，增长6.4%。全区主要农产品产量见表1。

【农业产业化发展】 全年粮食作物播种面积19.5万亩，产量8.24万吨。经济作物播种面积126 768亩，增加1 047亩，其中油料作物种植面积30 416亩，增加53亩；糖料作物种植面积511亩，减少81亩；蔬菜及食用菌种植面积76 420亩，增加167亩。全年油料产量3 924吨，增加10吨，增长0.3%；糖料产量1 363吨，减产260吨，减少16%；蔬菜及食用菌产量149 810吨，增长0.1%；茶叶产量1 960吨，减少5.1%；水果产量34 378吨，增长2%。

【农村集体产权制度改革】 印发《五通桥区贯彻落实〈四川省农村集体经济组织条例〉实施细则》，拓展农村集体“三资”监管平台，累计收入金额0.98亿元，支出金额0.84亿元。对工商企业等社会资本的监督管理和风险防范能力得到有力加强，促进社会资本持续健康投资农业，保障流转当事人的合法权益。全区有规范流转农村土地经营权的工商企业121家，土地流转面积达1.77万亩。

【供销合作社改革】 依托片区规划，整合各类涉农人才资源，广泛吸纳村“两委”干部、农村经济发展能人、返乡创业农民工、青年大学生等各类专业人才，探索拓展新业务、新业态。打造特色农产品品牌，发展休闲观光农业、乡村旅游等产业，推动一二三产业融合发展，培育“天府名品”质量品牌3家，改造升级薄弱基层社1家，新办农民专业合作社2家。

【现代农业园区建设】 坚持以培育龙头企业为抓手，先后出台农业产业化发展10条政策、生猪恢复产能10条政策，累计培育农业产业化龙头企业38家，其中国家级、省级产业化龙头企业3家，农业发展活力持续增强。坚持高标准、高质量打造现代农业园区，全面加强与四川大学、四川农业大学、省农科院等农业院校的合作，成立专家工作站3个，培育市级园区2个、区级园区9个。

【养殖业】 全年生猪出栏14.379 3万头，存栏10.339 9万头（能繁母猪存栏0.9万头）。禽肉产量6 658吨，增长0.07%。禽蛋产量10 195吨，增长3.54%。全年兔出栏644 200只，增长2.76%；兔肉产量798吨，增长2.8%。出台《五通桥区2022—2023年生猪产能调控能繁母猪引种补贴项目实施方案》，对按要求引种能繁母猪的养殖户按300元/头的标准进行补贴。全年水产品产量5 235吨。完成鱼类增殖放流2万余尾。

【乡村振兴】 全区创建乡村振兴省级示范村2个（石麟镇许店儿村、竹根镇青龙村），省级重点帮扶优秀村1个（西坝镇向荣村），市级先进镇1个（西坝镇）、示范村2个（蔡金镇朱庙村、金山镇先家村）；创建第二批四川省乡村治理示范村2个（石麟镇许店儿村、竹根镇青龙村）；申报四川省首批农村致富带头人2人（张红、张建华）、四川省农村生产生活遗产名录1个（西坝豆腐）。

【农村水利】 加快推进城乡供水一体化工程建设，完成争鸣水厂和一期管网建

表1　2022年五通桥区主要农产品产量

主要农产品	单位	产量	同比增减(%)
粮食	万吨	7.993 2	–2.35
水稻	万吨	5.334 3	–3.10
玉米	万吨	1.666 7	–2.70
马铃薯	万吨	0.345 3	10.40
油菜籽	万吨	0.392 4	0.30
蔬菜	万吨	14.981 0	0.10
水果	万吨	3.437 8	2.00
肉类	万吨	1.841 7	3.78
猪肉	万吨	1.069 1	6.29
牛肉	万吨	0.015 5	6.96
羊肉	万吨	0.011 5	2.15
禽肉	万吨	0.665 8	0.07
兔肉	万吨	0.079 8	2.80
禽蛋	万吨	1.019 5	3.54
水产品	万吨	0.523 5	4.50

设，新建供水规模5 000立方米/天的争鸣水厂和配套300千米管网，争鸣水厂已于6月投入使用，供区范围覆盖金山镇12个村、竹根镇2个村，共4万余人。

【农业机械化】 实施补贴资金72.405万元，补贴农机具1 000台，受益农户870户。完成拖拉机年检450台，注销拖拉机1 767台。与机主、驾驶员签订《存量变型拖拉机安全管理告知书450份；出动安全检查人员116人次，检查拖拉机及其他农业机械93台。

【农村教育】 投入资金369万元，完成金山初中、石麟小学等10余所学校校舍的维修改造。对3 781名学生实施减免、资助、补助等共计412.52万元，为1 068名家庭经济困难大学生办理生源地助学贷款981.17万元，确保家庭经济困难学生资助、救助全覆盖。

【农村文化】 在镇、村设立22个广播电视公共服务网点，投入资金11.88万元加强“户户通”运行维护，确保2 638户直播卫星（“户户通”）用户广播电视信号接收正常，解决农村群众电视收看难问题，实现广播电视公共服务均等化。围绕“佛国仙山·人间烟火”主题，举办现场直播，重点推出中国根书、水乡刺绣、德昌源豆腐乳等文创产品及水乡食品，直播观看人次达5万余人。

【农村卫生】 全区有区级医疗卫生单位5个、镇级卫生院9个，卫生技术人员共计1 398人，其中执业（助理）医师449人、注册护士573人；有编制病床位1 971张，开放病床位1 963张。获评“全省母婴安全保障工作成效突出集体”，金山镇中心卫生院创建为县域医疗卫生次中心。全区共创建省级卫生单位6个、省级无烟单位28个、复审省级卫生村7个。

【农村法制建设】 印发《2022年乐山市五通桥区普法依法治理工作要点》，开展“双百活动”“三个一百——民法典进乡村（社区）”等主题普法活动40余场次，发放各类宣传资料用品2 000余份；开展民主法治示范村（社区）创建，竹根镇岷江社区被命名为全省民主法治示范村（社区）；开展新一轮“法律明白人”遴选培养，举办“家庭能人·法律明白人”示范培训班，建立“法律明白人”档案卡。累计培养“法律明白人”366名，平均每个村（社区）达3名以上；建成镇、村两级人民调解委员会127个，其中镇调委会8个、村（社区）调委会119个，调解员共计有600余人。

【农村交通】 推进“金通工程”建设，8个镇94个建制村全部通水泥路（油路）。开行城乡公交线路1条、农村客运班线14条、通村客运支线27条、交邮融合示范网点1个，实现乡（镇）、建制村通客车100%全覆盖。

【农村生态建设及环境保护】 累计投入资金1.2亿元，梯次编制乡（镇）发展总体规划，推动实施“三大革命”、“五清”行动和场镇管理服务提升行动，统筹实施公共服务、环境治理等提质项目29个，累计新（改）建厕所1 560户，完成率达104%。同时，通过修订村规民约、挖掘民间能人故事、拍摄推送宣传片等方式建设生态良好、环境宜人、村容整洁、居住舒适的新农村，持续改善农村人居环境质量。

【农产品质量安全监管】 建成8个镇级可视化农残检测室、4个农业标准化生产示范基地、30个追溯示范企业、2个农贸市场可视化检测室、27家承诺达标合格证示范企业和5个屠宰场可视化监管系统。全区有绿色食品认证主体5个、产品12个，有机食品认证主体3个、产品3个，地理标志产品1个。

【农村市场体系建设】 新投入风险补偿金100万元，累计为全区148户各类新型农业经营主体发放担保贷1.37亿元，同时按照“政银担”协议履行风险代偿4笔，代偿本息合计490万元，支付风险补偿金234万元。

【农村留守儿童帮扶】 开设“放飞梦想 快乐成长”儿童冬令营、夏令营，招募巾帼志愿者在寒暑假为本地留守儿童提供家庭作业辅导、主题手工和心理赋能桌面游戏等服务，志愿服务时长达1 600余小时，缓解了寒暑假期间农村儿童照顾不周、陪伴缺失等问题，同时围绕寒暑假高发的溺水事故、道路交通事故等明确重点开展暑期安全课堂6期，邀请乐山市未成年心理健康中心志愿者举办“幸福家庭 平安暑期”心理关爱活动1期，开展核能科普、青少年普法、机器人小课堂等实践活动5期。

【劳务开发与返乡创业】 开展返乡下乡创业培训5期145人、母婴护理培训4期132人、育婴员培训5期140人、保育员培训2期84人。在全区范围内的9个企业培训中心中，晶科等7家培训中心实施完成对职工的专项技能提升培训工作，共计培训企业技能人才7 700人。

【主要领导人】 区委书记：刘勇；区人大常委会主任：王读红；区长：魏阳东；区政协主席：陶红；分管农业副区长：朱文全。

五通桥区编写组

沙湾区

【基本情况】 2022年，全区辖8镇1个街道，辖区面积610.89平方千米，其中耕地面积11.71万亩，人均耕地面积0.7亩；基本农田10.21万亩。年末总人口166 615万人（户籍人口），减少1.36%；人口出生率6.72‰，增加0.34个千分点；人口自然增长率–7.05‰，减少4.69个千分点。全区耕地有效灌面和保证灌面分别达到耕地总面积的62.96%和61.08%；本地水资源总量5.064 3亿立方米，人均占有水资源量3 563立方米。有林业用地4.053万公顷，有林地面积3.553万公顷，活立木总蓄积量308.09万立方米，森林覆盖率66.363%。

2022年，全区实现地区生产总值212.15亿元，增长4%，其中第一产业增加值19.09亿元，增长1%，农、林、牧、渔及农林牧渔服务业之比为51.6：14.8：31：0.9：1.7；第二产业增加值135.91亿元，增长5%（工业产值124.64亿元，增长5%）；第三产业增加值57.15亿元，增长5%。

公路里程758.999千米（不含规划外通村公路），按技术等级分，一级公路16.591千米，二级公路78.699千米，三级公路41.667千米，四级公路603.39千米，等外公路18.652千米；按行政等级分，国道50.406千米，省道51.353千米，县道92.213千米，乡道278.186千米，村道286.841千米；密度1 244米/平方千米、47.4千米/万人。社会消费品零售总额43.97亿元，增长1.1%。金融机构各项存款余额121.42亿元，比上年初增长8.28%；各项贷款余额94.17亿元，比年初增长5.01%，其中支持农业产业化发展项目贷款20 364.8万元。全年农业保费收入0.04亿元，减少23%；处理各项赔款和给付金额335.6万元，减少55%。农业产业化龙头企业省级、市级分别为3家、5家。

【年度农业和农村经济运行】 2022年，全区全年农业增加值达19.1亿元，增长2.1%。农民年人均可支配收入达20 593元，增长6.3%。全区主要农产品产量见表1。

【农业产业化发展】 全区有社会化服务主体16家，从业人数184人；服务对象729个（其中服务小农户417户），年服务面积2万余亩次。全区培育认定市级以上重点龙头企业8家，其中省级重点龙头企业3家（乐山傲农康瑞牧业有限公司、乐山市明仕农业发展有限公司、四川省金福纸品有限责任公司）。全区家庭农场名录系统录入家庭农场444家，其中省级示范场8家、市级示范场44家。全区农民合作社总数167个，其中国家级示范社1个、省级示范社11个、市级示范社3个。

【农用地产权制度改革】 根据2022年土地利用现状国土变更调查数据汇总统计，全区范围内土地总面积60 526.33公顷，其中农用地53 654.9公顷，占土地总面积的88.65%；建设用地4 296.89公顷，占土地总面积的7.1%；未利用地2 574.54公顷，占土地总面积的4.25%。农用地中，耕地面积8157.54公顷，占农用地总面积的88.65%；园地面积3 740.39公顷，占农用地总面积的6.18%；林地面积38 317.46公顷，占农用地总面积的63.31%；其他农用地面积3 240.78公顷，占农用地总面积的5.35%。

【农村集体产权制度改革】 印发《关于开展农村集体产权制度改革“回头看”工作的通知》，组织在全国农村集体资产监督管理平台登记赋码管理系统已经完成注册登记的村集体经济组织进行登记赋码相关信息的核对工作，包括核实重复的成员信息、改革时点的资产信息等，保证一个集体经济组织成员只能享受一个集体经济组织权益。集体经济组织变更申请换证工作按照农业农村厅《关于切实规范村集体经济组织挂牌的通知》要求，对村集体经济组织名称进行更换，确定换证所需资料，落实“五个一”要求，对产权制度改革进行完善，全区已基本完成集体经济组织申请换证和牌匾更换工作。

【现代农业园区建设】 坚持以现代农业园区建设为抓手，以创建国家级现代农业产业园为目标，围绕区委九届三次全会《关于加快建设国家现代农业园区打造更高水平“天府粮仓”的决定》要求，实施“12522”园区建设规划，出台20条园区建设扶持办法，落实“园长制”工作机制，建立“月报告、季调度、年考核”制度，整合各类资金10.1亿元投入园区建设，22个园区齐头并进，创建省级三星级园区1个、市级园区3个，命名区级园区13个，形成以省级园区为引领、市级园区为支撑、区级园区为依托的梯次发展格局。

表1　2022年沙湾区主要农产品产量

主要农产品	单位	产量	同比增减(%)
粮食	万吨	5.10	-3.2
水稻	万吨	2.50	-4.7
玉米	万吨	1.60	-5.9
油菜籽	万吨	0.29	0.6
蔬菜	万吨	9.00	0
水果	万吨	0.70	6.4
肉类	万吨	1.30	3.6
猪肉	万吨	0.80	5.2
牛肉	万吨	0.02	6.1
羊肉	万吨	0.01	2.5
禽肉	万吨	0.41	1.3
禽蛋	万吨	0.50	2.6
水产品	万吨	0.13	4.8

【种植业】 优化提升特色产业基地，稳定茶、果、蔬种植面积，适度发展壮大中药材基地。巩固茶叶产业，全区茶园面积4.83万亩，投产茶园4.5万亩；茶叶总产量约2 000吨，总产值1.1亿元，与上年基本持平，其中早春名茶总产量670吨，名茶产值0.95亿元。调整水果业品种结构，推进晚熟柑橘产业发展。落实蔬菜保供措施，保障"菜篮子"供给，全年蔬菜种植面积稳定在3.3万亩，完成改造提升嘉农镇现代农业蔬菜产业基地0.1万亩。推广菜—粮轮作种植新模式，完成计划的100%。推进中药材产业示范县建设，完成改造提升现代农业中药材产业基地0.6万亩。推广粮经复合种植技术，完成种植园地占用耕地情况调查。发展农产品冷藏及加工，依托中药材主导产业基地和龙头企业，配套建设果蔬冷藏保鲜设施，布局初加工、深加工产业，已完成嘉农镇蔬菜产业基地1 000吨冷藏保鲜库建设，太平镇佛手柑园区精油生产线建成投产。

【林业】 全区森林面积63万亩(耕地上的林木资源9.8万亩)。林地面积53.2万亩，其中有林地49.7万亩(乔木林地43.3万亩、竹林6.4万亩)、疏林地341亩、灌木林地1.2万亩、未成林造林地4 715亩、无立木林地1.8万亩。活立木蓄积量308.09万立方米，森林覆盖率66.363%。

按森林类别分，全区有国家级公益林1.4万亩、商品林51.8万亩；按起源分，有人工林50.5万亩、天然林2.7万亩；按权属分林地经营权分，有国有林2万亩、集体林0.1万亩、个人51.1万亩；按龄组分，有幼龄林7万亩、中龄林13万亩、近熟林15万亩、成熟林7万亩、过熟林1.3万亩。

竹产业。全区成片竹林地面积6.4万亩，主要分布在集体林区，主要竹种有慈竹、毛竹、苦竹、雷竹等，其中幼龄竹0.5万亩、3 912 428株，分别占总面积和总株数的6.91%、56.15%；壮龄竹5.1万亩、44 794 344株，占总面积和总株数的80.06%、70.41%；老龄竹0.8万亩、10 514 483株，占总面积和总株数的13.03%、16.53%；散生毛竹97 462株，占总株数的0.15%；散生杂竹4 299 362株，占总株数的5.84%。

林业产业。全区已发展特色林竹7万亩、优质茶叶2.1万亩。培育现代林业产业基地，在轸溪乡双山村建成珍稀树木示范基地5 000亩，已种植银杏、含笑、日本樱花、海棠、广玉兰、桢楠、梅花、紫薇、紫荆等13个品种270余万株，近千万株的育苗基地带动300余农户参与项目种植，每户农户年增收2万元以上。沙湾区已建成全国最大的柔毛淫羊藿采种育苗示范基地，总面积3 500亩，其药物有效成分总黄酮含量高达4.5%，超出药典两倍以上，淫羊藿苷的含量超出药典三倍以上。申报省级森林小镇1个、康养基地2个、省级森林康养人家3个。沙湾区樱花现代林业产业园区申报为2021年度市级现代林竹产业园区，沙湾区林竹产业园区申报为2022年度乐山市市级现代农业园区。

【畜牧业】 全区生猪规模养殖常年保有量22个，保持能繁母猪种群0.7万头，生猪出栏11.8万头。新(改、扩)建标准化规模猪场3个。全年共免疫猪18.27万头、牛0.42万头、羊0.65万只、禽171.15万只、犬1.21万只，免疫密度达95%以上。共检疫生猪9.8万余头、家禽26.37万羽，检疫猪肉产品1 906吨。开展兽用抗菌药减量化行动，通过第一批市级兽用抗菌药使用减量化行动效果评价。

【水产业】 全区池塘养殖面积46公顷、稻田养殖面积309公顷，水产品产量1 335吨，实现渔业经济总产值2 597.9万元。全区有渔业户26户、规模养殖场1个。全区水产主要养殖品种有"四大家鱼"(青鱼、草鱼、鲢鱼、鳙鱼)、鲤鱼、鲫鱼、鲶鱼、鮰鱼、黄颡鱼、鲈鱼、克氏原螯虾等10余个品种。

【乡村振兴】 率先在全市试点"田长制"、实现"田长治"，划分网格责任区92个，落实四级"田长"663名。坚决遏制耕地"非农化"、防止"非粮化"，清理整治撂荒地515.18亩，完成2021年高标准农田建设任务6 000亩，推广大豆和玉米带状种植5 000亩。粮食播种面积和产量只增不减，粮食作物播种面积14.92万亩，产量5.31万吨；大豆播种面积1.77万亩，油菜播种面积2万亩。深化国、省院(校)地合作，加强5个产业博士工作站科技支撑。推进"万亩药乡""万亩稻乡"建设，建成中药材6.46万亩、林竹59.5万亩、茶叶4.74万亩、果蔬3.4万亩。太平镇入选全国产业强镇建设名单，被评为国家"一村一品"示范镇。在28.3万亩喀斯特地貌上开创"石缝经济"，川佛手和柔毛淫羊藿示范基地种植规模保持全国第一位；纯露和精油深加工填补省内空白，创新模式获得省政府分管领导的肯定批示并在全省推广。实施"12522"园区建设规划，出台20条园区建设扶持办法，整合各类资金10.1亿元投入园区建设，22个园区齐头并进，创建省级三星级园区1个、市级园区3个，命名区级园区13个，形成以省级园区为引领、市级园区为支撑、区级园区为依托的梯次发展格局。推进水、电、气、路、讯等83个基础设施项目和19项民生实事项目建设，硬化村(组)道路40.4千米，完成安防工程65.3千米，建成大渡河国家风景道27.4千米。开工建设葫芦水厂，新辟水源9处，新建蓄水池6个，新铺设供水管道9千米，有效应对极端气候影响，保障农村饮水安全。改造农村高压线路15千米、低压线路33.6千米，改造供电台区29台，供电能力持续增强。建成乡村天然气管线436千米，惠及农户12 460户。新建5G基站56个，实现4G/5G网络全覆盖。开展农村"三大革命""五清""场镇提升"和村容村貌提升行动，建成"最美村道"72条、"美丽庭院"1 100余户，全市人居环境整治现场会在沙湾设点参观；新(改)建无害化卫生厕所2 060户，卫生厕所普及率达96.2%；生活垃圾收转运处置体系覆盖率达100%，生活污水有效治理的村达70%，创建“美丽四川·宜居乡村”达标村43个、“水美新村”12个、乡村旅游景点15个；打造特色街区9个，成为“网红打卡点”。培育新型经营主体419家、专业合作社176家、家庭农场243家，培训高素质农民90人，回引优秀农民工216人，引进农林水硕士研究生7名。实施“农沫众彩·领航振兴”行动，成立扶持壮大村集体经济工作领导小组，挂牌成立三个片区联合党委。新增中央、省村级集体经济项目8个。完成近三年中省项目综合评估，评选推广对外招商项目10个。落实农民增收书记区长责任制，强化联农带农机制，入社农户1.6万户，带动率达40%。

【农村水利】 实施乐山市沙湾区2022年红阳水库枢纽除险加固项目，项目总投资220.3万元，项目建设内容为开展挡水建筑物整治、溢洪道整治、放水竖井整治、安全监测及管理设施整治等。项目建成后将消除红阳水库安全隐患，恢复红阳水库蓄水库容约37.15万立方米。

【农业机械化】 全区农业机械拥有量4.563 5万台（套），农机总动力达21.46万千瓦。有农村机电提灌站120座。农作物（小麦、水稻、玉米、油菜）耕种收综合机械化率达51.93%。

【农村法制建设】 依托“三下乡”活动，组织开展“法治春联进万家”活动，赠送法治春联，发放法治宣传资料500余份，吸引600余名群众参与。开展“美好生活民法典相伴——沙湾区民法典进村社区暨倡和谐家风筑幸福家庭主题法治讲座”，累计发放《中华人民共和国民法典》、婚姻家庭法律手册、雨伞等法治宣传品500余份，法治大礼包20份。开展“法律明白人”示范培训活动，辖区内重点镇（街道）的40余名“法律明白人”骨干参加培训。嘉农镇、踏水镇、沙湾区税务局、沙湾区不动产登记中心获得全市“七五”普法先进集体称号；沙湾区踏水镇柏林村创建为省级民主法治示范村。通过政府采购法律服务形式，实现全区92个村（社区）“一村一法律顾问”全覆盖，助力乡村振兴。

【农村生态建设及环境保护】 全区秸秆综合利用率达91.6%，畜禽粪污综合利用率达80%。落实长江流域十年禁捕。全区空气环境质量达到国家二级标准。镇（街道）集中式饮水水源地水质达标率达100%，大渡河水质常年稳定在Ⅱ类及以上。完成2个镇1个街道4个村的省级“千村示范”工程项目建设，实现52个村农村生活污水治理。新建大渡河护岸防洪工程4 575米，修复整治水毁隐患工程7处，治理水土流失面积12平方千米，河（湖）长制工作连续四年获评全市考评“优秀”等级。大渡河国家湿地公园通过国家试点建设验收。

【农产品质量安全监管】 全年出动监管执法人员248人次，检查生产经营主体309人次，开展快速检测样品2 400批次，发放宣传材料972份，指导培训39场次、1 075人次。开展农资打假专项治理，出动监管执法人37人次，检查农资店80家，发放宣传材料800余份。全年开具合格证53 288张，附带合格证上市的农产品208.5吨，开展宣传培训12场、500人次。配备87名农产品质量安全监（协）管员。推进农产品质量安全风险监测预警，建成沙湾区农产品质量检验检测中心并通过“双认证”现场考核。完成省、市级农产品质量安全风险监测任务50余批次，合格率99.7%；县级定量监测任务150批次，合格率100%。

【特色农副产品】 川产道地中药材淫羊藿。由龙头企业乐山长藿中药材有限公司生产，注册商标“长藿”，种植基地面积4 500余亩，年产量700余吨。

川产道地中药材川佛手。由龙头企业乐山市蜀景苑中药材种植有限公司生产，注册商标“蜀景苑”，种植基地面积22 000亩，年产佛手干片2 000余吨。

【主要领导人】 区委书记：徐岳泉；区人大常委会主任：李勇；区长：汪秀丽；区政协主席：陈为波；分管农业副区长：李诚宇。

沙湾区编写组

金口河区

【基本情况】 2022年，全区辖3乡2镇，辖区面积598平方千米，其中耕地面积3.8万亩，比上年增长1.24%，人均耕地面积1.16亩；基本农田1.74万亩。年末总人口47 369人（户籍人口）。全区耕地有效灌面和保证灌面分别达到耕地总面积的41 %和30 %；本地水资源总量4.88 亿立方米，人均占有水资源量12 854 立方米。有林业用地5.33万公顷，有林地面积3.92万公顷，活立木总蓄积量210万立方米，森林覆盖率65.8%。

2022年，全区实现地区生产总值376 824万元，按可比价格计算，比上年增长2.8%，其中第一产业增加值50 034万元，增长4.6%；第二产业增加值190 007万元，增长2.5%；第三产业增加值136 783万元，增长2.5%。三次产业结构比为13.3∶50.4∶36.3；三次产业对经济增长的贡献率分别为24.8%、42.5%和32.8%。劳务输出17 730人，收入27 900 万元。全年接待游客81.17万人，实现旅游收入27 194.47万元，其中乡村旅游收入12 850.02万元。

公路通车里程475.19千米（其中乡村公路447 502千米），密度794.63米/平方千米、101.1千米/万人。社会消费品零售总额8亿元，增长0.8%。地方公共财政预算总收入完成4.849 5亿元，增长87.06 %；公共财政预算总支出8.325 9亿元，减少10.57%，其中农业投入15 995万元，占支出的19.21%。金融机构各项存款余额34.7 亿元，比上年初增长13.48%；各项贷款余额 28.75 亿元，比年初减少6.12%，其中支持农业产业化发展项目贷款160万元。全年农业保费收入 0.053亿元，增长32.7%；处理各项赔款和给付金额364.321万元，增长12%。完成农业产业化项目5个，完成投资800万元。农业产业化龙头企业省级、市级分别为2家、7家。

有各类学校27所，在校学生5 033人，教职工434人，其中普通中学1所，在校学生1 477人；小学8所，在校学生2 472人；学龄儿童入学率100%。完成省级以上科技成果1项。有文化馆1个，公共图书馆1个，博物馆1个。有卫生机构38个，病床位169张，卫生技术人员268人。城乡居民基本医疗保险农村籍参保人数29 880人，参保率98%；城乡居民基本养老保险农村籍参保人数14 834人，参保率96%。

【年度农业和农村经济运行】 2022年，全区实现农业总产值68 427.1万元，增长2.3%；全区全年农业增加值达50 034万元，增长4.6%。农民年人均可支配收入达20 121元，增长6.5%。建成5个基层农业综合服务站。进行凉河坝水库项目申报工作，完成永和镇新乐村提灌站建设项目前期工作。全年东西协作劳务开发公益性岗位累计211个，返乡创业42人。全区水域养殖面积50公顷，实现产值236.6万元。全区主要农产品产量见表1。

【农村集体产权制度改革】 制定《乐山市金口河区工商资本通过流转取得农村土地经营权的资格审查、项目审核和风险防范实施细则(试行)》。在胜利村进行农房“四改”（改民宿、改铺面、改饭馆、改作坊），打造峡谷第一村，“云端遗民”从此吃上“旅游饭”。打造“云端遗民”“峡谷第一村”品牌，被授予“第五届四川省文明村镇”“中国少数民族特色村寨”等称号，入选四川省第二批天府旅游名村、第三批全国乡村旅游重点村，年接待游客50万人次以上，年实现旅游收入1亿元以上。

【供销合作社改革】 新建1个基层供销社，基层社农民社员达1 200人。对接832平台企业——乐山市供销农业科技发展有限公司，组织4个农民专业合作社产品上线“832”平台，主要销售蔬菜、土鸡、猪肉等农产品，累计销售额达1 200万元。

【农产品品牌战略实施】 建成全省规模最大、品种最全、品质最优的川牛膝生产基地。金口河区被中国经济林协会认定为“中国川牛膝之乡”“中国乌天麻之乡”，成为全省唯一获该项称号的区（县）。“板厂坪天麻”获评“全国乡村特色产品”。获得“三品一标”认证农产品10个。

【现代农业园区建设】 全区认定省、市、县级现代农业园区共8个，其中省三星级园区1个(乐山市金口河区中药材现代农业园区)、市级园区3个(乐山市金口河区金河黄柏中药材现代农业园区、乐山市金口河区和平蓝莓+马铃薯现代农业园区、乐山市金口河区金河高山玉米+蔬菜现代农业园区)、县级园区4个(乐山市金口河区大坪村食用菌现代农业园区、乐山市金口河区和平藤椒+生猪现代农业园区、乐山市金口河区胜利老鹰茶+大豆现代农业园区、乐山市金口河区共安高山蔬菜+马铃薯现代农业园区)。

【种植业】 全区药、菜、果、茶、菌等特色支柱产业基地规模达5.3万亩，其中中药材产业种植规模3.4万亩(川牛膝1.2万亩、黄柏1万亩、乌天麻林下种植6万余平方米、曼地亚红豆杉1.2万亩)、高山蔬菜产业种植规模达1万亩、蓝莓种植规模0.3万亩。

【养殖业】 全区畜牧业总产值2.04亿元。年末生猪存栏3.04万头、出栏4.09

表1　2022年金口河区主要农产品产量

主要农产品	单位	产量	同比增减(%)
粮食	万吨	2.035 0	−1.90
水稻	万吨	0.004 6	−2.80
小麦	万吨	0.007 6	26.70
玉米	万吨	0.819 2	−10.00
马铃薯	万吨	0.881 9	4.52
水果	万吨	0.122 4	11.60
肉类	万吨	0.364 2	5.60
猪肉	万吨	0.305 4	6.20
牛肉	万吨	0.019 9	3.80
羊肉	万吨	0.009 2	−2.30
禽肉	万吨	0.029 5	2.30
兔肉	万吨	0.000 3	−6.54
禽蛋	万吨	0.169 4	2.20
水产品	万吨	0.007 1	10.94

万头、同比分别增长12.2%、2.5%。新（改、扩）建生猪标准化养殖场2个，全区规模化养殖场保有量达12个，完成目标任务的120%。全区牛、羊、禽、蛋分别出栏0.15万头、0.58万只、19.1万羽、0.17万吨，同比分别增长2.62%、4.39%、1.45%、2.23%。

【乡村振兴】 金口河区2022年度巩固脱贫成果后评估综合评价为“好”，东西部协作考核评价为“好”。乐山市金口河区中药材现代农业园区被省政府评为省三星级现代农业园区。永和镇创建为四川省第三批天府旅游名镇；金河镇同心村被评为四川省乡村振兴先进示范村，永胜乡瓦山村被评为四川省乡村振兴重点帮扶优秀村；永和镇新乐村、和平彝族乡桠溪村被评为乐山市乡村振兴重点帮扶优秀村。

【乡村旅游】 完成《金口河区“十四五”旅游融合发展规划》，大瓦山、大峡谷2个“乡镇级片区旅游专项规划”，《四川大渡河峡谷国家地质公园规划(2021—2035年)》编制。盘活闲置资源，把永胜乡花茨村村委会改建为区内首家旅游民宿——花涧过民宿。永和镇胜利村获评天府旅游名村，景区（景点）入选乐山市非遗精品旅游线路，实现乡村旅游综合收入12 850.02万元。加快实施大瓦山旅游综合开发、大瓦山旅游扶贫、铁道兵博物馆提档升级等6个文旅重点项目。编印《金口河区文旅招商引资指南》，包装文旅招商引资项目13个，引进天津市四川商会投资开发大峡谷景区文旅项目，做优做强一批精品旅游项目，提升整体旅游形象，提升全区的乡村旅游竞争力。大峡谷景区登上中央电视台四川文旅形象广告，首次以文艺形式推出集全区美景、美村、美业、美文、美食于一体的文旅形象宣传片《云上大瓦山、最美大峡谷》，点击率达到20万余人次。组织参加旅博会、西博会等文旅和招商系列活动。

【农业机械化】 全年发放农机购置补贴资金1.085万元，购置各类农机具13台（套），受益农户13户，新增农机总动力495千瓦，主要农作物耕种收综合机械化水平逐年提高。开展农业机械安全检查宣传，加强变型拖拉机安全管理，实现全区报废变型拖拉机清零。

【农村教育】 全面巩固义务教育均衡发展成果，科学合理配置基础教育资源，优化基础学校布局，实现学前教育普及普惠、义务教育优质均衡、高中教育特色多样，教育经费投入“两个只增不减”全面实现。

【农村文化】 开展“我们的中国梦——文化进万家”新春文化惠民演出活动、“金沙摄影展”等线上线下活动30余场次，送出礼品600余份，活动参与人数近1万余人次；文、图两馆同步开辟并陆续更新《中国画美育专栏》8期；采用“线下+线上”方式开展“诗画曹娥江　魔力金口河”中秋云上诗会、虞金联合摄影展、线上文化“走亲”等活动12期，让两地人民共享文化盛宴、共赏虞金风韵。老鹰茶成功入选乐山十大非遗伴手礼；老鹰茶非遗传承人黎峰杜入围全省100名文化能人。整理铁道兵藏品1 100余件，铁道兵博物馆被纳入国家博物馆免费开放序列。文化馆、图书馆、博物馆、乡（镇）综合文化站等公共场所全年到馆人数达10万余人次。开展推普助力乡村振兴社会实践活动，结合自身专业特色为推广普通话美育教育拓展新路径，为乡村教育发展贡献力量；组织编创主旋律舞蹈《万疆》《美丽中国》《七月火把节、快板《五清行动就是好》等并进行全区推广；由共安彝族乡、区文化馆共同制作的《彝家团结唱新歌》在“永远跟党走　献礼二十大”原创歌曲全国征集评选中获得金奖。

【农村法制建设】 落实“一村（居）一法律顾问”制度，从2个律师事务所聘请3名律师担任村（居）法律顾问，覆盖全区30个村（居、社区）。落实乡村“法律明白人”制度，将网格长、网格员、村（居）支“两委”干部等纳入“法律明白人”培训计划，辐射到全区每个村（居、社区）。落实好法律保障，形成“1+5+25”法律援助格局，全年办理法律援助案件67件（其中民事17件、刑事48件、行政2件），接受群众咨询820人次，挽回经济损失90余万元。开展法治宣传教育，全年组织司法干警、法律援助律师、律所律师开展“送法进基层”“送法进企业”等活动16场，宣传主题覆盖《中华人民共和国宪法》《中华人民共和国民法典》等普法知识，发放宣传资料1 000余份、法治用品2 000余份，接受法律咨询100余人，受众群众达2 000余人。

【农村交通】 完成大杠村至曙光村、吉丰村至五一村撤并建制村畅通工程（改建）11.8千米，完成共安大板等17个村22千米村道生命安全防护工程（护栏），完成新华村三组、小河村三组通组硬化路建设1千米，完成天星桥危桥改建，全年农村公路建设完成投资2 857万元。投入19.2万元，建立5个交邮合作乡级物流中转点、25个村级快递收寄点，完成县、乡、村三级物流建设。

【农村生态建设及环境保护】 加强农村生活污水治理，全区农村生活污水治理率达68%。完成2022年度危险废物规范化环境管理评估工作，全区危废和固废产生单位在四川省固体废物环境管理信息系统备案率达100%，危险废物规范化处置利用率达100%，医疗废物无害化处置率达100%，固体废物综合利用率达88.93%。

【农产品质量安全监管】 将439家农产品生产经营主体纳入农产品质量安全监管追溯信息平台管理，实施可视化监管，做到去向可查、源头可溯、责任可追，解决农产品质量安全监管“最后一公里”问题。开展“治违禁　控药残　促提升”三年行动，出动监管执法人员60人次，重点监管主体27家，检查生产经营主体190家，开展指导培训6场、60余人，发放用药明白纸、国家禁限用名录等宣传材料600余份，开展农产品抽检11批次、合格率均为100%。加强农产品质量安全检验检测，省级农产品质量检测合格率99.7%；区级定量检测123个农产品，合格率达97.6%；定性检测1 500个农产品，合格率达100%。有效监管农业投入品企业15家，加大禁限用农兽药抽查检查，抓好假冒伪劣种子监管及农药固体废弃物无害回收，加强肥料抽检和有机肥推广。推行承诺达标合格证制度，配发合格证智能机10套，351家生产经营主体被纳入合格证制度管理，全年累计开具合格证22 272张，附带合格证上市农产品20 236.8吨。落实农产品质量安全追溯"四挂钩"管理，检查主体17家，国家（省级）农产品质量安全追溯管理信息平台推广应用录入基地巡查信息310条、生产批次信息1 100条、销售批次信息1 280条。

【主要领导人】 区委书记：魏端；区人大常委会主任：陈新；区长：安沛然；区政协主席：何东明；分管农业副区长：谭超。

金口河区编写组

峨眉山市

【基本情况】 2022年，全市辖1乡10镇2个街道，辖区面积1 181平方千米。年末总人口42.097 5万人，减少1.5‰。

2022年，全市实现地区生产总值374.13亿元，下降3.9%，其中第一产业增加值35.14亿元，增速6.1%；第二产业增加值110.96亿元，下降18.3%；第三产业增加值228.03亿元，增长2.8%。农村劳动力转移11.732 8万人，劳务收入39.400 7万元。全年接待游客1 988.49万人，实现旅游收入3 607 235.03万元，其中乡村旅游收入58 400万元。

地方公共财政预算总收入完成22.05亿元，增长5.05%；公共财政预算总支出32.18亿元，增长1.12%，其中农业投入40 628万元，占支出的12.63%。金融机构各项存款余额489.69亿元，比上年初增长13.08%；各项贷款余额338.51亿元，比年初增长15.2%。全市涉农贷款余额228.53亿元，比年初增长20.63%。全年农业保费收入0.054亿元，减少9.5%；处理各项赔款和给付金额451.13万元，减少54.98%。

有各类学校30所，在校学生39 208人，教职工2 617人，其中普通中学8所，在校学生13 682人；小学19所，在校学生19 018人；学龄儿童入学率100%。有艺术表演团体2个，文化馆1个，公共图书馆1个，博物馆2个。新型农村社会养老保险参保人数114 076人，参保率96%。

【年度农业和农村经济运行】 2022年，全市实现第一产业增加值35.14亿元，居乐山市第五位；增速为6.1%，居乐山市第一位。农村居民年人均可支配收入达24 684元，居乐山市第二位；增速为6.8%，居乐山市第四位，高出全省、乐山市0.6个、0.3个百分点，被纳入首批国家乡村振兴示范县创建名单。全市农产品质量抽检合格率98.84%；建成13个基层农业综合服务站。全市主要农产品产量见表1。

【农业产业化发展】 全市改造提升经济作物产业基地1.65万亩，其中茶叶0.9万亩、蔬菜0.65万亩、中药材0.12万亩。新建汪寨产业环线、符桂九产业大道等道路，完善基地基础设施条件；应用虫情测报、气象监测等装备，建设智慧茶园2个。

表1　2022年峨眉山市主要农产品产量

主要农产品	单位	产量	同比增减(%)
粮食	万吨	9.943 4	-2.8
水稻	万吨	5.625 8	-4.0
玉米	万吨	2.746 8	-4.3
马铃薯	万吨	0.974 5	1.0
油菜籽	万吨	1.310 5	0.1
蔬菜	万吨	21.375 1	4.8
水果	万吨	3.488 8	12.0
肉类	万吨	1.983 7	4.6
猪肉	万吨	1.335 4	6.2
牛肉	万吨	0.037 0	5.1
羊肉	万吨	0.021 7	4.8
禽肉	万吨	0.589 6	1.3
禽蛋	万吨	2.987 6	4.3
水产品	万吨	0.160 0	5.1
牛奶	万吨	0.006 8	8.6

全年新培育市级龙头企业5家，有国家级、省级、市级龙头企业24家，位居乐山市第一。建成国内一流茶叶加工生产线5条，全市茶叶加工率达100%，年加工干茶2.38万吨，加工增值35%；竹叶青茶业有限公司入选2022年度全国茶业百强企业，境内农夫山泉开发的茶饮料年销售额超过1亿元。组织竹叶青、峨眉雪芽、天然有机茶、佛芽等20余家新型农业经营主体参加中国（澳门）国际高品质消费博览会、四川国际茶业博览会、农博会等行业展会，全市创建为2022年度全国茶业百强县。竹叶青牌绿茶、峨眉雪芽雪霁禅心获评四川最具影响力茶叶单品，其中竹叶青连续14年稳居中国高端绿茶市场占有率第一位。融入茶文化，对产业基地内民居进行风貌提升，开展嘉峨茶谷、寨子茶里等农旅融合点改造提升工作，建成农旅融合发展示范点10个。全市茶农年人均可支配收入达3.3万元，高出全市平均水平30.2%。

【农村集体产权制度改革】 开展农村集体经济组织规范化建设指导，完成128个村集体经济组织的变更登记，各村集体经济组织严格按照“五个一标准”规范化管理。开展农村集体经济组织登记赋码信息核对工作，核对集体经济组织成员信息2 222个。

【供销合作社改革】 完成三星级以上综合服务社建设2个，建成村级供销社2个，发展农民专业合作社2个、省级基层社示范社2个和农民专业合作社联合社1个。罗目镇青龙社区供销社利用闲置门市打造的“佰年供销”农特产品展销服务中心获得2021年度峨眉山市发展壮大村级集体经济创新奖和成效奖，被市政协授予“助力脱贫攻坚　助推乡村振兴”先进单位称号。

【农产品品牌战略实施】 全年认定“两品一标”农产品81个。培育“竹叶青”“论道”“峨眉雪芽”等知名品牌20余个，“三父子”“佛芽”等新生品牌近千个，其中竹叶青公司连续14年稳居中国高端绿茶市场占有率第一位，入选“四川名片”。组织竹叶青、峨眉雪芽等20余家企业参加中国（澳门）国际高品质消费博览会、四川国际茶业博览会、农博会等行业展会。“峨眉山茶”影响力不断扩大，区域品牌价值达41.76亿元，跻身2022中国绿茶区域公用品牌价值前十强，入选首批中欧地理标志协定保护名录。

【现代农业园区建设】 编制《峨眉山市“十四五”推进农业农村现代化规划》及环峨眉山康养片区、峨眉南山度假片区等4个乡（镇）级片区农业现代化专项规划，以片区拉练为契机，梯次构建国家、省、市、县现代农业园区，推动茶叶、蔬菜、水果、中药材等多元产业体系发展。全年创建县级园区2个、市级园区1个，全市累计有各级园区16个，其中国家级园区1个、市级园区5个、县级园区10个。

【种植业】 全年农作物播种总面积37 010公顷，同比增加1 191公顷。其中，粮食作物播种面积18 766公顷，增加571公顷；油料作物播种面积6 453公顷，减少281公顷；糖料作物播种面积6.7公顷，增加0.7公顷；蔬菜种植面积9 235公顷，增加252公顷。全年粮食产量99 434吨，减少2 844吨，下降2.8%；油料产量13 335吨，增长0.3%；糖料产量349吨，下降3.3%；茶叶产量11 060吨，增长9.3%；蔬菜产量213 751吨，增长4.8%；水果产量34 888吨，增长12%。

【养殖业】 全年出栏肉猪180 556头，增长1.9%；出售和自宰家禽3 877 639只，增长0.7%。全年肉类总产量19 837吨，同比增长4.6%，其中猪肉产量13 354吨，增长6.2%，占肉类总产量的67.3%；牛肉产量370吨，增长5.1%；羊肉产量217吨，增长4.8%；禽肉产量5 896吨，增长1.3%；禽蛋产量29 876吨，增长4.3%。全市水产品产量1 600吨，增长5.1%。

【乡村旅游】 持续优化提升高桥里、嘉峨茶谷、简陋田野、四溪沟等一批优质乡村旅游新产品。新建成寨子·茶里、桂花桥农业大公园、天上的街市等农旅融合示范点，均成为新晋网红打卡地。高桥镇福田村入选四川省乡村旅游重点村。出台《关于加快峨眉山市旅游民宿发展的指导意见》，全面促进乡村旅游民宿规范健康蓬勃发展，“娥眉山居”“古镇风情”“悠然南山”“原乡民俗”四大民宿集群初具规模。

【农业机械化】 全年实施农机购置，补贴农机具1 505台（套），受益农户934户，补贴资金237.9万元。实现农机总动力37.34万千瓦。拖拉机保有量108台，配套机具493台（套），4～6千瓦的微耕机4 230台（套），主要粮油作物耕种收综合机械化率达66.82%。

【农村科技】 与省农科院开展科技合作，建设茶叶专家工作站和科研示范基地，开展双福镇高中低山区茶树种质资源圃建设，引进蔬菜新品种15个，辣椒、黄瓜、南瓜、苦瓜、茄子、丝瓜等主要蔬菜作物良种覆盖率达100%。成立峨眉山市“四川科技兴村在线”运管中心，组建全市分诊员、信息员与专家队伍，平台有分诊员6人，入库信息员266人、专家109人，全年专家服务在线咨询量达512次。

【农村教育】 总投资950万元，用于实施教室灯光改造、图书配置、乡（镇）公办园扩容改质和校舍暑期维修改造等项目，全市县域小学、初中校际间十项办学条件差异系数均为0.41，已经达到小学不超过0.65、初中不超过0.55的乡村教育保障考核标准。成立峨眉山市朱燕红乡村初中英语工作室；以师训中心教研员和13个“名师工作室”骨干成员为主，建立100人组成的强化乡村教育保障教师培训队伍，开展结对引领和系统培训；落实乡村教师工作补贴和30年教龄乡村教师职称晋升优待政策，不断激发教师内生动力。全市学前三年毛入园率达105%。成立峨眉山市南山学区，引航南部片区学校发展。推进峨山学区、九里学区、双福学区建设。

【农村文化】 开展正月十五闹元宵民俗

文化展示、2022年“文化和自然遗产日”系列活动、新春农民书画展、国庆重阳系列群众文化活动等。通过“文图”两馆网站、微信公众号、数字云平台、抖音账号等网络平台开展网上教学培训、线上展览展示、数字阅读推广等线上服务，为群众提供优质的线上公共文化服务。邀请读者参加“云端”选书，与新华文轩峨眉山店联合开展“你选书 我买单”活动，持续在峨眉山市图书馆微信公众号开展“本周书籍推荐”“绘本推荐”活动。组织各非遗项目通过文化馆公众号、抖音平台等开展“文化进万家、非遗过大年”视频展播活动；组织峨眉山竹笋参加四川省非遗助力乡村振兴展。制定峨眉山市“农村家庭能人”能人培训方案，开展市级家庭能人培训第26期、第50期，培训农村“家庭能人”150人。举办美术、音乐、舞蹈、走秀等春季培训班5期，约60节课。为全市各支文艺宣传队伍提供声乐、舞蹈等指导。

【农村法制建设】 开展“八五”普法，推进“法律七进”，常态开展“一月一主题”普法活动，全年开展“送法进乡村、进学校、进工地、进养老机构”活动，宣传《中华人民共和国宪法》、禁毒、《中华人民共和国民法典》、法律援助、未成年人保护、农民工工资支付等法律法规，解答法律咨询100余人次，发放法律法规宣传资料1万余份。利用“法行峨眉”微信公众号，及时广泛宣传党的路线方针政策、习近平法治思想和法律法规，推送普法微信、微博文章430余篇。加大本土原创法治漫画创作，创作《年味普法》《城市管理小故事》《高价彩礼》等原创漫画、视频100余期，将法律法规融入农村建设。结合双福镇打造的茶叶示范区茶文化氛围，及时嵌入“法文化元素”打造“法治茶叶市场”。依托双福镇原有的百年廊桥古建筑，将法治文化元素与乡村特色旅游资源结合，打造集法治文化、法治宣传、休闲旅游于一体的多功能“法治文化廊桥”。成立由法院法官、公安干警、司法行政人员以及自然资源、信访、民政、农业农村行政部门业务干将组成的“法律明白人”培训服务团，创新开展“法律明白人”普育式培训23期，培训1 050名村（社区）干部和村民代表，471名“法律明白人”候选人参加任前考核，通过率100%。全面推进“调解促稳定喜迎二十大‘三查三化三优’专项行动”，累计开展矛盾纠纷排查5 366次，预防纠纷320件，排查发现矛盾纠纷802件，成功调处化解矛盾纠纷791件，调解成功率98.63%，协议履行率100%。优化公共法律服务平台建设，推进市、乡（镇、街道）、村（社区）三级公共法律服务实体平台建设，全市建成1个公共法律服务中心、13个公共法律服务站和154个公共法律服务工作室，建成率达100%。

【农产品质量安全监管】 全年累计抽检蔬菜、茶叶、食用菌和水果等农产品602批次，检测合格率98.84%；开展“瘦肉精”检测7 791头份，全部为阴性。推进食用农产品合格证制度，共开具合格证120 620张，附带合格证上市的农产品达16 217.8吨。全年无安全生产和农产品质量安全事故发生。

【农村留守儿童（学生）帮扶】 抓好控辍保学工作，建立覆盖13个乡（镇、街道）、共计53 873名学生的四级工作台账，完善对高风险辍学学生的及时劝返、登记和书面报告制度。加强残疾儿童义务教育保障，确保“应入尽入”；规范适龄残疾儿童少年送教上门工作，“一生一档”建立送教档案，“一生一策”拟定送教方案和送教内容。

【主要领导人】 市委书记：李良；市人大常委会主任：樊廷举；市长：陈林强；市政协主席：谭勇强；分管农业副市长：童登俊。

峨眉山市编写组

犍为县

【基本情况】 2022年，全县辖15镇164个村39个社区，辖区面积1 375.4平方千米，其中耕地面积53.693 2万亩，比上年增长1.7%，人均耕地面积0.99亩；基本农田46.64万亩。年末总人口53.98万人（户籍人口），减少8.78%%；人口出生率5.22‰，减少0.41个千分点；人口自然增长率-4.21‰，减少0.66个千分点。全县耕地有效灌面和保证灌面分别达到耕地总面积的61.8%和53.08%；本地水资源总量5.59亿立方米，人均占有水资源量1 341立方米。有林业用地5.306 340 3万公顷，有林地面积4.665 91万公顷，活立木总蓄积量432万立方米，森林覆盖率44.672%。

2022年，全县实现地区生产总值266.42亿元，按可比价格计算，增长2.8%，其中第一产业增加值51.02亿元，增长5.6%；第二产业增加值108.59亿元，增长2%；第三产业增加值106.81亿元，增长2%。三次产业对经济增长的贡献率分别为42.25%、28.88%和28.87%。全社会从业人员22.59万人。劳务输出18.45万人，收入41.72亿元。全年接待游客730.41万人次，实现旅游综合收入66.17亿元。

公路通车里程2 933.633千米（其中乡村公路2 695.741千米），密度2 132.93米/平方千米、54.35千米/万人。社会消费品零售总额90.47亿元，增长0.4%。地方公共财政预算总收入完成12.08亿元，增长20.66%；公共财政预算总支出30.36亿元，下降10.44%，其中农业投入5.76亿元，占支出的18.97%。金融机构各项存款余额308.23亿元，比上年初增长13.26%；各项贷款余额205.24亿元，比年初增长8.44%，其中支持农业产业化发展项目贷款13 549.85万元。全年农业保费收入4.32亿元，增长13.02%；处理各项赔款和给付金额1 177.86万元，下降40.3%。农业产业化龙头企业国家级、省级、市级、县级分别为1家、4家、15家、8家。

有各类学校138所，在校学生56 229人，教职工4 585人，其中普通中学22所，在校学生24 123人；小学26所，在校学生22 412人；学龄儿童入学率100%。有艺术表演团体632个，文化馆1个，公共图书馆1个。有卫生机构540个，病床位3 044张，卫生技术人员2419人。城乡居民基本养老保险参保人数223 229人，参保率97%；被征地农民养老保险参保人数1 000人，占总人数的0.25%。

【年度农业和农村经济运行】 2022年，全县实现农林牧渔业总产值76.18亿元，按现价格计算，增长3.5%；按不变价格计算，增长5.9%。全县全年农林牧渔业增加值达51.47亿元，按不变价格计算，增长5.6%。农民年人均可支配收入达20 880元，增长6.9%。全县农产品质量抽检合格率比年初提高1.5个百分点。全县主要农产品产量见表1。

【农业产业化发展】 全县水果种植面积18.57万亩，产量13.986万吨，实现产值48 308万元，其中柑橘13.7万亩，产量9.661万吨，实现产值27 778万元；茶叶总面积26.5万亩，年产茶叶4.7万吨，毛茶产值7亿元。茉莉花种植总面积8.6万亩，茉莉茶年加工量2.02万吨，实现茉莉茶综合产值30亿元。完成茶园改造提升0.8亩、茉莉花扩面改造0.3万亩、柑橘改造提升0.8万亩。新发展姜黄种植0.3万亩。

【农用地产权制度改革】 全年颁发农村土地承包经营证12.04万户，暂缓确权9 951户。农村土地承包经营实测面积为70.77万亩，其中已确权登记面积为67.39万亩、暂缓确权面积为3.38万亩。

【农村集体产权制度改革】 印发《犍为县贯彻落实〈四川省农村集体经济组织条例〉实施细则》，拓展农村集体“三资”监管平台，年内累计收入金额4.14亿元，支出金额4.18亿元。对工商企业等社会资本的监督管理和风险防范能力得到加强，促进社会资本持续健康投资农业，保障流转当事人合法权益。全县有规范流转农村土地经营权的工商企业600余家，土地流转面积达8.5万亩。

【供销合作社改革】 引领创办农民专业合作社、联合社91家。组建犍为知行惠农会计服务有限公司，采取自主经营、自负盈亏、供销社保本固定收益的运营模式，为专合组织、家庭农场、涉农企业提供代理记账等服务1 000余次。开展“三社”融合试点，组建、提升改造农民合作社6家，联结农村集体经济股份合作社30余个，盘活村集体房屋、林地等集体资产8 000余万元，带动村集体经济平均增收3万元，带动社员户均增收3 500元，服务对象满意度100%。

【农产品品牌战略实施】 全县有效期内“三品一标”农产品共36个主体72个产品，其中无公害农产品12个主体22个产品、绿色食品4个主体9个产品、有机食品16个主体37个产品、地理标志农产品2个主体2个产品、名特优新农产品2个主体2个产品。“犍为姜”“犍为再生稻米”获得农业农村部认证地理标志。

【现代农业园区建设】 全县完成“水稻+兔”现代农业园区标准化兔舍建设5间、柑橘保鲜库建设800立方米及柑橘水肥一体化建设。粮油姜现代农业园区、罗城惠田优质稻现代农业园区提升为县级现代农业园区。

【种植业】 全县粮食作物播种面积66.63万亩，产量28.11万吨，其中水稻播种面积33.3万亩、玉米播种面积15.9万亩、红薯播种面积8.8万亩、大豆播种面积6.3

表1 2022年犍为县主要农产品产量

主要农产品	单位	产量	同比增减(%)
粮食	万吨	27.408 6	−2.10
水稻	万吨	17.333 1	−0.90
小麦	万吨	0.004 9	0
玉米	万吨	6.094 1	−4.70
马铃薯	万吨	0.684 2	4.20
油菜籽	万吨	1.590 2	35.70
蔬菜	万吨	26.379 7	3.40
水果	万吨	7.028 3	13.90
肉类	万吨	6.253 3	2.31
猪肉	万吨	4.041 6	1.45
牛肉	万吨	0.107 7	4.46
羊肉	万吨	0.093 9	5.03
禽肉	万吨	1.567 6	0.45
兔肉	万吨	0.442 5	18.00
禽蛋	万吨	2.820 6	2.60
水产品	万吨	2.561 8	3.30

万亩(大豆玉米带状复合种植1.5万亩)、小春生产面积2.33万亩。完成晚秋生产面积18.2万亩，其中再生稻10万亩、秋马铃薯2.5万亩、秋大豆1万亩、秋红薯1.5万亩、秋蔬菜3.2万亩。蔬菜种植面积13.46万亩，产量26.4万吨。

【林业】 实施天保、退耕还林工程、省级林业产业强县建设以及新增巩固退耕还林等项目建设。开展竹产业高质量发展示范县建设，共有竹林面积43.3万亩，全年竹材产量40.35万吨，竹产业综合产值突破26亿元。

【养殖业】 全年生猪出栏56.05万头、存栏33.46万头，其中能繁母猪存栏3.34万头；蛋鸡存栏200万只以上；肉兔年出栏273.42万只。出台《犍为县2022—2023年生猪产能调控能繁母猪引种补贴项目实施方案》，对按要求引种能繁母猪的养殖户按照300元/头的标准进行补贴。巨星公司同益种猪场被遴选为国家级生猪核心育种场。全年全县水产品产量2.56万吨。全年完成鱼类增殖放流20.09万尾。

【乡村振兴】 创建乡村振兴省级示范村3个(罗城镇铁岭村、寿保镇旺家村、舞雩镇熊马村)，省级重点帮扶优秀村1个(定文镇方井村)，市级先进镇2个(清溪镇、罗城镇)、示范村6个(玉津镇爱国村、寿保镇水井村、龙孔镇丝茅坪村、舞雩镇双桥村、石溪镇联盟村、双溪镇柳溪村)；创建第二批四川省乡村治理示范村3个(舞雩镇高龙村、舞雩镇平安村、罗城镇团结村)；申报四川省首批农村致富带头人3人(罗凤英、范惠萍、万荣华)、四川省农村生产生活遗产名录2个(龙孔大头菜制作技艺、窦记酱油酿造技艺)。

【农村水利】 投资31.95万元，实施罗城镇大河沟、洞子坎排洪治理工程，彻底解决罗城镇大河沟和洞子坎因长期排洪不畅淹没周边农房的问题。投资25.11万元，实施犍为县翻身水库左干渠大咀上渡槽抢险修复工程，解决了大咀上渡槽扭曲、沉降的问题，确保翻身水库灌区春灌工作开展。完成观音桥水库安全监测项目，实现观音桥水库大坝沉降、位移、渗流、渗压等在线监测，是全县16座小(1)型水库中第一座开展此类建设的水库，为水库信息化、智能化管理奠定了基础。

【农业机械化】 实施补贴资金12.72万元，补贴农机具2 544台，受益农户1 871户。完成拖拉机年检15台。注销拖拉机8台。与机主、驾驶员签订《存量变型拖拉机安全管理告知书》15份，出动安全检查人员83人次，检查拖拉机及其他农业机械114台，排除隐患6个。

【农村科技】 新申报涉农高新技术企业1家、涉农科技型企业3家。在全市率先兑现科技型企业认定、行业标准及精茶川茶产业发展“三品一标”奖补资金205万元，其中6家涉农企业获得补助6家75万元。依托科技特派团开展各类农业产业服务指导，培训茉莉花、茶叶基地镇、村干部、企业、专业合作社成员3次、885人；培训生姜、姜黄标准化栽培，病虫害综合防治5次、1 058人。印发“中茶302号”高产、优质、高效技术200份，犍为生姜姜瘟等病生害综防技术300份，道地中药材姜黄标准化栽培技术1 000份，晚熟柑橘栽培管理技术要求500份，丘陵茶园茶叶主要病虫害防控技术500份，金犍茉莉—双瓣茉莉花丰产栽培技术1 000份，柑橘省力化栽培系列技术(1～4章)200份，特色木林业—木本香料作物栽培技术350份等共4 050份。推广应用实用技术、新技术8项，形成集成配套技术体系3项；新聘请平台工作人员2名，提供技术咨询服务1 040余条，完成供销和产业支撑30条，电话回访900条，现场回访160条；开展姜黄产业现场培训1次、70余人；邀请四川食品药品学校专家到九井镇麻柳村开展中药材种植技术指导，现场培训种植户10余名。

【农村教育】 犍为县学前教育配套基础设施建设项目通过省级审查评估，争取到专项债发行额度9 000万元。投资1 500万元，完成玉津中心小学、定文初中、双溪初中、罗城高中等学校的维修改造项目。完成舞雩初中、金井学校、纪家学校撤并和调整。建立控辍保学信息库，实行控辍保学动态监测机制。户籍在全县内的义务教育适龄少年儿童总数42 850人，其中县内就读35 230人、县外就读7 620人。全面落实学生资助政策，共计投入2 217.931 25万元资金用于36 619人次贫困学生资助和扶贫救助，确保不让一名贫困学生因贫失学。

【农村文化】 全县共有27个镇综合文化站、164个村文化服务中心(文化院坝)，全部实施免费开放。实施“百千万”工程，重点建设罗城镇文化站，被评为全省“金熊猫”奖。组织乡(镇)参加全省第二届乡村文化振兴魅力竞演大赛，上传作品56个，其中魅力乡(镇)类视频21个、乡村代言人类视频7个、乡土文化能人类视频28个，视频总热度超过167万次。

【农村卫生】 全县有县级医疗卫生单位4个、镇卫生院15个、地名卫生院1个；全县卫生技术人员共计2 755人(其中执业/助理医师1 043人、注册护士990人)，基层卫生技术人员总数达637人；编制病床位2 045张，开放病床位3 081张。犍为县被命名为“2019—2021年创建周期全国基层中医药工作先进单位”。全年对已纳入特别扶助制度的独生子女伤残、死亡家庭对象分别在春节、生日、中秋节发放慰问金共47.72万元；孝姑镇中心卫生院和罗城镇中心卫生院创建为医疗区域次中心。居民健康档案电子建档率提高到98.47%，高血压病人管理人数28 028人，糖尿病病人管理数30 766人，重型精神病人管理2 315人；婚检率为97.99%；孕前优生检查1 461对，完成任务的91.54%。

【农村法制建设】 印发《2022年普法依法治理工作要点》，开展“双百活动”“三个一百——民法典进乡村”等主题普法活动30余场次，发放各类宣传资料用品8.6万余份，覆盖群众98%以上；开展民主法治示范村(社区)创建，定文镇方井村被命名为“全省民主法治示范村(社区)”；开展基层巡回检察试点，开展新一轮“法律明白人”遴选培养，举办“家庭能人·法律明白人”示范培训班，建立“法律明白人”档案卡，配发统一徽章证书，实行持证上岗，累计培养“法律明白人”610名，平均每个村(社区)达3名以上；建成镇、村两级人民调解组织218个，其中镇调委会15个、村(社区)调委会203个，调解员共计有1 000余人。

【农村交通】 罗城古镇文旅大道(仁沐新高速罗城互通至罗城游客中心连接线)全面开工，总投资7 500万元，全长1.9千米，截至2022年年底，完成总进度的约55%；完成撤并建制村畅通工程48.9千米、自然村通硬化路工程80.1千米、村道公路安全生命防护工程49.938千米；建立健全城乡交通运输一体化发展长效机制，持续推进城乡交通运输基础设施、客运服务、货运与物流服务一体化建设，提高城乡公共服务均等化水平，创建为“城乡交通运输一体化全国示范县”。

【农村生态建设及环境保护】 投入2022年省级农村生活污水治理“千村示范”工程以奖代补资金378万元，对玉屏镇建设村、罗城镇南阳村、清溪镇三山村等5个镇8个村1 100户以上的农户生活污水进行治理，治理率均达60%以上。持续推进农村生活污水治理，农村生活污水得到有效处理的行政村占比达76.8%。推进“厕所革命”项目建设，完成1 550户厕所改造户目标任务。加强集中式饮用水水源地环境问题排查整治，全县2个县级及以上集中式饮用水水源地、14个镇及以下集中式饮用水水源地水质达标率达100%。

【农产品质量安全监管】 加强农业投入品监管，落实生产经营主体责任，完成375个县本级例行监测任务和105个监督抽查任务。抽检豇豆监测样品38个，任务完成率126.7%。取得国家地理标志保护产品、绿色食品认证3个，获评国家级、省级试点示范8个。

【农村市场体系建设】 持续推进“政银担”服务体系，新投入风险补偿金430万元，累计为全县413户各类新型农业经营主体发放担保贷款5.3亿元，在保余额2.9亿元。同时按照“政银担”协议履行风险代偿7笔，代偿本息合计564.87万元，支付风险补偿金169.46万元。

【农村留守儿童(学生)帮扶】 全县有中小学生、在园幼儿5万余人，其中留守儿童8 965人。推进“留守儿童关爱工程”，每年3月、9月定期更新留守儿童档案库信息，做到全覆盖、零遗漏；分级建立关爱工作组织，全系统成立助学支教志愿服务总队1支、小队48支，开展“温暖童心”行动、“一帮一”帮扶活动、“七彩微心愿”圆梦活动、留守儿童研学活动、“七彩假期”活动等，做到关心留守儿童工作有组织、有制度、有人管。

【劳务开发与返乡创业】 全年开展线上线下各类招聘活动共计17场次，推送县内外1 050余家用人单位4.62万余个岗位，促进1.93万余人实现就业创业。统筹开发城乡公益性岗位1 250个，兜底累计安置就业困难人员、脱贫户和边缘户劳动者1 182人。全年开展各类补贴性职业技能培训67场次3 220人。发放创业担保贷款2 347万元。培育打造“兔公馆”、水晶樱桃园等农民工返乡创业示范基地(孵化园)3个；培育省、市返乡创业明星4人，县级返乡入乡创业明星10人，县级返乡入乡创业明星企业(项目)5家。全县有农村劳动力23.1万人，转移输出18.45万人(其中省内务工12.96万人、省外务工5.49万人)，劳务收入41.72亿元。2022年被省委办公厅、省政府办公厅表彰为“全省去冬今春农民工服务保障工作先进单位”。

【主要领导人】 县委书记：谭春秋；县人大常委会主任：缪骏；县长：孙廷鹏；县政协主席：冯柏清；分管农业副县长：杨谦。

犍为县编写组

井　研　县

【基本情况】 2022年，全县辖14镇1个街道，辖区面积840.15平方千米，其中耕地面积34.984 1万亩，比上年增长0.22%；基本农田31.501 2万亩。年末总人口37.898 4万人(户籍人口)，人口出生率4.51‰，人口自然增长率-6.71‰。本地水资源总量3.17亿立方米，人均占有水资源量1 141立方米。有林业用地3.311 3万公顷，有林地面积2.875 3万公顷，活立木总蓄积量143.45万立方米，森林覆盖率38.88%。

2022年，全县实现地区生产总值142.8亿元，增长1.1%，其中第一产业增加值38.8亿元，增长4.4%；第二产业增加值42.3亿元，减少6.2%（工业增加值29.8亿元，减少11.3%)；第三产业增加值61.7亿元，增长4.2%。三次产业对经济增长的贡献率分别为113.1%、-167.5%和154.4%。劳务输出13.65万人，收入32.57亿元。全年接待游客186.1万人，实现旅游收入10.026 7亿元，其中乡村旅游收入3 100万元。

公路通车里程1 482.482千米(其中乡村公路1 304.632千米)，密度1.75千米/平方千米、52.95千米/万人。社会消费品零售总额61.5亿元，增长1.4%。地方公共财政预算总收入完成3.17亿元，增长7.82%；公共财政预算总支出25.77亿元，减少2.46%。金融机构各项存款余额228.2亿元，比上年初增长12.74%；各项贷款余额102.84亿元，比年初增长18.64%，其中支持农业产业化发展项目贷款95 400万元。全年农业保费收入0.165 5亿元，增长0.15%；处理各项赔款和给付金额1434万元，减少105.89%。农业产业化龙头企业国家级、省级、市级分别为1家、4家、19家。

有各类学校96所，在校学生31 040人，教职工2 164人，其中普通中学23所，在校学生12 569人；小学23所，在校学生12 074人；学龄儿童入学率100%。有艺术表演团体(业余)130个，文化馆1个，公共图书馆1个。有卫生机构390个，病床位2 327张，卫生技术人员1 726人。城乡居民基本医疗保险参保人数303 522人；城乡居民养老保险参保人数18万人；被征地农民养老保险参保人数345人。

【年度农业和农村经济运行】 2022年，全县实现农业总产值58.2亿元，增长4.6%；全县全年农业增加值达39.1亿元，增长4.5%。农民年人均可支配收入达20 774元，增长7%。全县农产品质量安全省、市两级例行抽检合格率在98%及以上。2022年，全县村集体经济总收入达975.55万元，较上年增长4.6%。全县主要农产品产量见表1。

【农业产业化发展】 全县有农民专业合作社390家，其中国家级示范社6家、省级示范社13家、市级示范社5家、县级示范社13家；农业产业化龙头企业国家级、省级、市级分别为1家、4家、19家。

【农村集体产权制度改革】 开展农村产权制度改革“回头看”工作，锁定集体经济组织成员，发展新型农村集体经济，增加农民财产性收入。

【供销合作社改革】 建成省级基层社示范社1个，实现省级基层社示范社中心镇全覆盖；县社基层社社员人数达到4 451人。培育国家级农民合作社示范社1个，吸收各类专业人才15人，开展“家庭能人”培训134人次；新建区域性为农服务中心1个，流转服务等规模化服务面积6万余亩。组织周坡基层社、高凤基层社代表全市供销系统参加省供销社组织的第三方绩效考评，取得了较好成效。2022年，全县供销系统累计完成销售5.2亿元，农产品购进1.18亿元，其中农民生产资料销售2.451亿元、电子商务额0.52亿元。

【农产品品牌战略实施】 区域品牌“井研柑橘”获得国家商标局核准注册地理标志证明商标，取得农业农村部农产品地理标志登记证书。在成都、西安等地举办“中国橘乡 · 古韵井研”——“井研柑橘”区域品牌推介会；组织多个柑橘产品参加中国国际农产品交易会、四川农业博览会、四川农民春晚等，全面提高“井研柑橘”的品牌曝光度与知名度。

【现代农业园区建设】 井研县柑橘生猪种养循环现代农业园区创建为省四星级现代农业园区，井研县王村镇稻虾现代农业园区、井研县竹胶合板一体化现代竹业园区创建为市级园区，认定县级农业园区6个。

【种植业】 全年粮食作物播种面积66.7万亩，其中水稻播种面积22.81万亩、玉米播种面积17.26万亩、豆类播种面积12.46万亩、薯类播种面积12.39万亩。由于受6—9月持续高温干旱的影响，粮食产量23.8万吨，比上年减产2.9%。蔬菜以露地蔬菜为主，全年累计种植蔬菜83 570亩，产量12.22万吨。水果总面积23.7万亩，其中柑橘产业面积23.03万亩(杂交柑橘20.84万亩)，产量24.07万吨，产值达15.886 2亿元。

【林业】 全县有林地面积同比净增484亩，活立木总蓄积量净增3.899 2万立方米。建成“三长两员”林长管理体系，落实三级林长576名、村级护林员124名、监管员119名；完成以“世行贷款”森林质量精准提升项目为重点的营造林任务5.6万亩，完成省、市下达任务的102%。巩固退耕还林成果4.09万亩，巩固率100%。兑现前一轮退耕还生态林到期抚育补助资金53.51万元，兑现率

表1　2022年井研县主要农产品产量

主要农产品	单位	产量	同比增减(%)
粮食	万吨	23.800 0	−2.9
水稻	万吨	11.630 0	−1.7
小麦	万吨	0.005 6	—
玉米	万吨	6.710 0	−1.9
马铃薯	万吨	0.220 0	28.6
油菜籽	万吨	2.430 0	0.8
蔬菜	万吨	12.220 0	1.5
水果	万吨	27.660 0	−6.1
肉类	万吨	5.862 4	3.5
猪肉	万吨	4.714 5	3.9
牛肉	万吨	0.011 9	6.2
羊肉	万吨	0.101 5	4.1
禽肉	万吨	0.849 7	1.6
兔肉	万吨	0.184 8	0.9
禽蛋	万吨	2.367 9	2.6
水产品	万吨	5.040 0	3.5

99.1%，达到省林草局规定要求。全县60年未发生森林火灾，森林草原火灾受害率低于0.08‰；林业有害生物成灾率为零。全年林业产值26.9亿元，其中竹产业产值16.1亿元。完成2个省级现代林业竹产业基地申报认定、1个县级现代林业园区申报认定等工作。

【畜牧业】 全县存栏生猪41.1万头，其中能繁母猪存栏3.9万头。全年出栏生猪67.226 1万头，出栏肉牛0.089 1万头，出栏肉羊6.479 3万只，出栏小家禽565.050 7万只。有畜禽规模养殖场237个，畜禽规模比重达70%。畜禽粪污综合利用率达95.83%。建成生猪部省级标准化养殖场20个，建成国家级生猪产能调控基地6个、省级生猪产能调控基地30个。持续推进兽用抗菌药使用减量化行动，建成1个兽用抗菌药使用减量化达标养殖场。加强饲料兽药质量安全监管，对全县124个饲料兽药经营门市和237个规模养殖场进行全覆盖检查。

【水产业】 全县水产养殖面积12.5万亩，其中水库47座2.7万亩、养殖池塘4.2万亩、稻鱼综合种养面积5.6万亩；水产品产量5.04万吨，实现产值13.3亿元，人均渔业收入3 000余元，位居全省前列。在全省率先实施“塘长制”，建立“总塘长+片长+塘长”的监督管理体系，规范水产养殖行为。落实资金4 160余万元，建设“高位池+底排污”“流水槽养殖”“陆基工厂化循环水养殖”示范点7个，采用“四池三坝”“复合人工湿地”“养殖尾水设备处理”等模式19个；推广“鱼菜共生”健康养殖模式600亩，稻鱼、稻虾、稻蛙综合种养面积2 200亩，完成池塘标准化改造4 994亩。

【乡村振兴】 全县省级乡村振兴先进县“回头看”被评定为“优秀”等级，创建省级乡村振兴先进镇1个（周坡镇）、省级乡村振兴示范村1个（三江镇解放村）、市级乡村振兴示范村3个（研城街道五谷村、千佛镇瓦子坝村、镇阳镇云峰村），规划建设项目300余个，打造农商互联中心、果味来柑橘基地、老农民农事服务中心、南部粮油走廊瓦子坝核心区等多个精品点位，打造西南首个围绕“人、产、村、政”建设的数智乡村大数据平台。

【乡村旅游】 继续培育千佛镇民建村、千佛瓦子坝村、竹园烈士村、周坡石马村等文旅资源相对富集的村镇开展天府旅游名牌建设；指导研城街道五谷村、竹园烈士村打造建设研学基地；依托研溪湿地、百里柑橘环线、百里粮油走廊，持续举办采摘节、丰收节、打渔节等特色农文旅活动；依托竹园镇竹园烈士纪念园红色旅游竹园，传承保护红色文化。

【农村水利】 全县有各类水利工程3 131处，其中中型水库2座（大佛水库和毛坝水库）、小（1）型水库16座、小（2）型水库34座，水库所在水系河流主要为岷江水系茫溪河。有山坪塘2 402口、石河堰304处、电力提灌站336处。

【农业机械化】 全县拖拉机在册数118台，其中新增上户29台，已检审车辆73台。开展“清零”行动，共报废注销31台。全县在册农用车驾驶员597人，换发到期驾驶证51人。出动执法检查31次，出动执法人员120余人次，到全县各镇（街道）、厂矿、农机作业场所进行道路安全检查，检查过往拖拉机145台次，排除各类安全隐患7起。联合交警开展联合执法8次，检查车辆31辆，整改安全隐患7起。实施农机购置补贴机具2 422台（套），受益农户1 581户，补贴资金154.011万元。全县农机总动力达38.767 9万千瓦，其中拖拉机保有量118台、4～6千瓦的微耕机5 296台，主要农作物耕种收机械化率达76.05%。

【农村科技】 运用四川省农村综合性改革试点县资金400万元，整合涉农资金300万元，采用数字化手段赋能乡村振兴，在西南地区率先围绕“人、产、村、政”建设智慧乡村大数据平台，从“育、种、管、加、储、销、服”七大环节实现全程数字化管理和精准化服务，进入全县数字化管理范围的家庭农场、合作社等柑橘基地已达3万余亩，同时将物联网设施设备、农产品全程溯源体系、绿色种养循环、遥感技术和确权矢量数据相结合，形成覆盖全县的数字化综合平台。

【农村教育】 全面落实教育资助政策，各学段全年减免、资（救）助14 873人次、992.51万元，为1 328名大学生办理生源地助学贷款1 168万元。学前教育普及普惠发展，普惠性幼儿园在园幼儿占比84.36%，公办园在园幼儿占比52.02%，全面完成“80、50”攻坚目标。义务教育优质均衡发展，完成大佛小学撤并；投入2 211万元，用于48所学校美丽校园建设和设备设施购置；开展课后服务，学校覆盖率达100%，学生参与率达98%。全市教育质量综合评估普通高中、初中、小学均获得一等奖。坚持德才兼备、以德为先的选人用人导向，配齐中小学校专职副书记，调整干部129人次，补充新教师135人。

【农村文化】 加强阵地建设，加强县、镇（街道）、村（社区）三级文化阵地建设，全县26个镇（街道）综合文化站（区划调整已撤销的11个乡/镇综合文化站作为新镇的文化分支机构予以保留）96个行政村、23个社区均建有文化服务中心。丰富文化活动，每年组织开展“我们的中国梦——文化进万家”“研溪放歌·研为百姓大舞台”文化惠民活动。繁荣文艺创作，围绕贯彻党的二十大精神，“开展践行十爱·德耀嘉州”等活动，开展井研农民画文艺创作50余幅。加强乡土文旅人才建设，每年开展多形式的镇（街道）、村（社区）文化志愿队、文艺爱好者、乡土文艺人才辅导培训5次。

【农村卫生】 全县共建居民纸质健康档案25.9万份，建档率达92.16%。家庭医生签约17.5万人，其中重点人群签约3.22万人，脱贫人口家庭医生签约1.61万人，实现“应签尽签”，常住人口家庭医生服务比例达63.16%。开展食源性疾病监测240例，完成目标任务。巩固国家卫生城市创建成果，开展“五清”行动和周末卫生大扫除。持续开展卫生创建，累计创建省级卫生村96个，覆盖率100%。

【农村法制建设】 出台《井研县法治宣传教育第八个五年规划(2021—2025年)》，举办《中华人民共和国宪法》《中华人民共和国民法典》等各类法治宣传活动100余场，"摆摊设点"发放法律宣传资料10万余份，"小井晓法""橘乡法治行""法治井研"等普法载体共推送法律知识和典型案例200余期。开展"典"亮乡村系列活动，举办"典"亮乡村——法治坝坝电影进百村活动555场。打造竹园镇高石坎村、研城街道新兴村等7个法治文化阵地。开办全县"法律明白人"示范培训班，培养"法律明白人"608名。全面推行农村学法用法示范户培育，共计培育96户。研城街道新兴村创建为第一批省级民主法治示范村(社区)。加强农村公共法律服务建设，建成村(社区)公共法律服务室119个。实行政府购买村(社区)法律顾问服务，为119个村(社区)配备专业法律顾问，帮助村(社区)修订合同、协议等73件，解答群众咨询700余人次，参与矛盾纠纷化解76次。

【农村交通】 完工周坡镇大佛湖至研城镇高家寺湖段美丽乡村路工程22.47千米，开工建设千佛镇雷畅故居至集益镇长山湖段美丽乡村路工程27.1千米，建成2022年撤并建制村畅通工程50千米和30户以上自然村通硬化路工程30千米，完工危桥改造1座(井研县白塔桥易址新建工程)，被交通运输部确定为2022年"四好农村路"全国示范县创建单位。

【农村社会保障】 全年城乡居民养老保险参保人数18万人，足额发放5.69万名城乡居民养老保险退休人员养老待遇，累计支付养老金9 333万元。落实兜底保障措施，及时代缴城乡低保对象、城乡特困供养人员等困难群众的城乡居民养老保险，为1.7万名符合代缴条件的特殊人员代缴城乡居民养老保险。

【农村生态建设及环境保护】 推进实施2022年"千村示范"工程，在研城街道五谷村，马踏镇四合村和东林镇高佳村3个行政村开展实施，共新建农村生活污水一体化治理设施6座、散户治理设施336座及配套管网，457户农户生活污水得到有效治理，农户治理率均达60%以上。实施2022年"千村示范"工程，减排COD约1.58吨/年、氨氮约0.24吨/年、总氮约0.4吨/年、总磷约0.02吨/年，有效削减了主要污染物入河量，改善了流域水生态环境质量。同时，实施茫溪河水域治理八大攻坚行动，2022年省控茫溪河茫溪大桥断面首次均值达Ⅲ类地表水水质标准，为有监测记录以来最好水平。

【农产品质量安全监管】 建立县、镇、村三级监管队伍，形成农产品质量安全网格化监管体系，督促镇(街道)、村做好农产品质量安全快检工作。持续推进食用农产品承诺达标合格证制度实施，定期进行入户监管巡查，及时了解掌握生产用药情况并指导开具合格证，结合市场监管部门关于合格证市场准入要求，督促生产者主动开具承诺达标合格证。

【农村市场体系建设】 全年培育电商企业和微商30余家，农产品通过淘宝、抖音、拼多多等新媒体平台开展线上销售。全年线上销售柑橘、柚子、李子、花生等具有井研特色的农副产品70余万单，销售额2 480万元。

【农村留守儿童(学生)帮扶】 常态化开展留守学生"一对一"帮扶走访活动，开展"同心同行　护航成长"家庭教育暨心理健康指导服务系列活动，并持续性借助武汉大学、西华大学志愿者力量开展各类活动。对全县4 200余名留守儿童全面摸排走访，摸清留守儿童的详细情况。累计召开县级工作会达10余次，学校每月至少召开1次专题会议。落实"留守学生"联系卡制度、家校联系制度和责任帮扶制度。每学期召开家长会、家庭教育讲座，开展学生个体、团体辅导1 000余人。重点开展关心关爱教育。常态化开展"留守学生谈心日"活动，丰富留守学生关爱活动，建立"童伴之家"，发展"童伴妈妈"。

【劳务开发与返乡创业】 全年劳务输出13.65万人，收入32.57亿元。获评省级创业明星、明星企业各1家，评选县级创业明星20人、明星企业5家，选送的吴丹入围全省"创新创业之美"最美农民工前50名。培育顺溜现代农业创业孵化基地为县级创业孵化基地，并推行"公司+基地+专合社+家庭农场+农户"的产业链运作模式，与合作社成员及基地农户建立长效联结机制，孵化项目12个，吸纳长期稳定就业118人、灵活就业1 000余人。

【主要领导人】 县委书记：熊建新；县人大常委会主任：杨玉兴；县长：陈剑波；县政协主席：杜宏；分管农业副县长：谢建平。

井研县编写组

夹　江　县

【基本情况】 2022年，全县辖7镇2个街道，辖区面积749平方千米，其中耕地面积21.61万亩，比上年增长0.28%；基本农田19.08万亩。年末总人口33.79万人(户籍人口)，减少7.54%；人口出生率6.2‰，减少0.2个千分点；人口自然增长率-5‰。本地水资源总量5.8亿立方米，人均占有水资源量1921立方米。有林业用地2.83万公顷，有林地面积2.32万公顷，活立木总蓄积量248万立方米，森林覆盖率42.95%。

2022年，全县实现地区生产总值235.28亿元，增长7.7%，其中第一产业增加值36.53亿元，增长7.6%，农、林、牧、渔及农林牧渔服务业之比为53.6：9.7：33.7：1.4：1.6；第二产业增加值114.98亿元，增长8%（工业产值104.34亿元，增长8.6%）；第三产业增加值83.76亿元，增长7.3%。三次产业对经济增长的贡献率分别为16.5%、49.6%和33.9%。劳务输出10.5万人，收入25.69万元。农村劳动力转移就业10.5万人，返乡创业3 492人。

公路通车里程1 340.882千米（其中乡村公路1 194.058千米），密度17 902米/平方千米、39.7千米/万人。社会消费品零售总额90.01亿元，增长18.8%。地方一般公共财政预算收入完成8.14亿元，增长0.12%；地方一般公共预算支出20.6亿元，增长1.3%，其中农业投入57 546万元，占支出的27.93%。金融机构各项存款余额333.1亿元，比上年初增长10.19%；各项贷款余额189.11亿元，比年初增长11.4%，其中支持农业产业化发展项目贷款1 231 086.77万元。全年农业保费收入3.96亿元，增长4.47%；处理各项赔款和给付金额10 140万元，下降7.19%。农业产业化龙头企业国家级、省级、市级、县级分别为1家、7家、23家、28家。

有各类学校36所，在校学生32 753人，教职工2 009人，其中普通中学12所，在校学生9 467人；小学17所，在校学生14 913人；学龄儿童入学率100%。完成省级以上科技成果2项。有卫生机构313个，病床位2 268张，卫生技术人员2 101人。新型农村社会养老保险参保人数14.36万人，参保率97.4%；被征地农民养老保险参保人数2.46万人。

【年度农业和农村经济运行】 2022年，全县实现农业总产值28.6亿元，增长6.1%；农林牧渔业总产值53.32亿元，增长6.1%；全县全年农业增加值（第一产业增加值）达36.53亿元，增长7.6%。农民年人均可支配收入达22 561元，增长10.4%。全县主要农产品产量见表1。

【农业产业化发展】 依托百里水乡项目，在稻药轮作园区内建设形成“稻药”轮作产业体系——“一基地五中心”，不断提升园区内“稻—药”种植效益。在地种植泽泻面积4.25万亩，产量和产值分别达9 000吨、1.8亿元。园区核心种植基地占地1.4万亩，园区内泽泻、水稻亩均效益6 315元，高于平均水平19%。以打造百里茶乡为抓手，打造出口茶园区，完成低产低效茶叶基地改造提升1.08万亩，面积稳定在30万亩，良种率达95%，其中出口茶质量安全示范区23万亩、机采茶园18万亩、出口茶备案基地10.4万亩，基地规模居全省前列，单产全国领先，被认定为四川省首批农业国际贸易高质量发展基地。全年茶叶总产量达4.82万吨，毛茶产品产值40.14亿元，综合产值75亿元，同比增长7.9%。开通3列茶叶出口中亚专列，其中开辟“中—吉—乌”“公铁联运”通道；出口绿茶3.52万吨，出口额11.26亿元，增长2.1%，全县获得“茶叶百强县”称号。持续打造成渝地区蔬菜直供基地，新建设施大棚1 000余亩，完成蔬菜基地改造提升0.51万亩，推动甘江金银河、顺河蔬菜连片发展，基地总面积达到21万亩（含复种），全年产量和产值分别为47.21万吨、13.32亿元。

【农村集体产权制度改革】 深化农村集体产权制度改革成果，贯彻落实《四川省农村集体经济组织条例》，指导镇（街道）开展学习。抓好夹江县农村集体“三资”监管平台管理，完善《夹江县农村集体经济组织财务管理办法》，村集体经济组织财务与村委会分开记账，并实行线上支付。指导32个中央、省财政扶持村

表1　2022年夹江县主要农产品产量

主要农产品	单位	产量	同比增减(%)
粮食	万吨	11.180 0	-1.99
水稻	万吨	7.910 0	-2.05
小麦	万吨	0.038 0	-1.14
玉米	万吨	2.210 0	-3.13
马铃薯	万吨	0.844 0	0.68
油菜籽	万吨	1.490 0	2.54
蔬菜	万吨	13.770 0	3.21
水果	万吨	1.210 0	13.75
肉类	万吨	2.536 7	4.10
猪肉	万吨	1.566 9	6.91
牛肉	万吨	0.025 5	5.67
羊肉	万吨	0.004 7	5.74
禽肉	万吨	0.882 6	1.30
兔肉	万吨	0.056 9	-20.20
禽蛋	万吨	2.618 9	4.96
水产品	万吨	0.340 0	0.42
牛奶	万吨	0.057 9	7.87

集体经济工作，农业农村局联合县纪委监委、县财政局开展村集体财务管理相关培训，规范村级集体经济发展。组织开展农村集体资产监管提质增效行动部署会，加强村集体经济资产资源监督管理，确保村集体资产保值增值。

【供销合作社改革】 有基层社21家、农民专业合作在42家、全资企业4家、参股企业2家，每年服务带动群众20万人次。主要围绕“双百产业”，开展农资供应、土地托管、农机农技培训、农产品销售等社会化服务，相关工作走在全省、全市前列，连续三年获评市供销社综合考核一等奖，多项业务指标被省供社考评为一等奖。

【农产品品牌战略实施】 实施“区域品牌+企业品牌”的双品牌战略，围绕“天府龙芽”“峨眉山茶”等区域品牌，持续打造县域内企业品牌，获准使用“天府龙芽”区域品牌的企业有洪椿、华义、绿山针等茶业公司，获准使用“峨眉山茶”区域品牌的企业的有千里云、天福等茶业公司。全年新获证绿色食品2个、全国名特优新农产品3个，全县“三品一标”获证农产品达39个。夹江泽泻和夹江新生葡萄被评为名特优新农产品，“龚沟春”牌柑橘取得出口资质。

【现代农业园区建设】 推进现代农业园区体系建设，建成以蔬菜、中药材、水果等为主导产业的现代农业园区5个，其中市级园区3个（黄土稻药园区、甘江稻蔬园区、马村水果园区）、县级园区2个（吴场稻药园区、华头茶药园区、青衣茶果园区）。

【种植业】 全年完成改造提升经济作物产业基地面积2.67万亩，其中茶叶1.08万亩、蔬菜0.51万亩、柑橘0.41万亩、中药材0.67万亩。蔬菜基地总面积达到21万亩（含复种），产量和产值分别为47.21万吨、13.32亿元，与往年相比，产量持平、产值上涨5.5%，是全国蔬菜生产重点县、国家大宗蔬菜现代农业产业技术体系试点县、省级蔬菜直供港澳试点县、川渝蔬菜重要供应基地。水果基地面积达到6.5万亩，产量和产值分别为7.34万吨、2.6亿元，产量受气候影响下降7.2%，产值同比增长5%。中药材基地面积5.95万亩，产量和产值分别为1.3万吨、2.77亿元，面积、产量、产值同比分别增长10.28%、11.5%、24.64%。

【林业】 全年完成营造林4万亩，其中人工造林0.45万亩、人工更新0.6万亩、未成林抚育2.95万亩、“四旁”植树60余万株。完成全县林业重点县、林业改革发展造林等林业项目验收3万亩。全县森林蓄积量248万立方米，森林覆盖率42.95%。

【畜牧业】 全年新建种养循环绿色发展示范基地2个、示范点28个。全县出栏生猪20.86万头，同比增长2.01%；能繁母猪保有量1.33万头。蛋鸡存栏373.98万只。

【水产业】 全年渔业总产量3 400吨，比上年同期增长0.42%；养殖面积3 677亩，其中50亩以上养殖规模的渔业生产主体16户，其中包含3家水库，主要养殖品种为鲢鱼、草鱼、鲤鱼、鲫鱼、虾等。

【乡村振兴】 完成2022年农村户用无害化厕所建设任务。新铺设各类供水管网25千米，新增农村自来水入户410户。新建乡村通信光缆200皮长公里。新（改）建产业田间道路70.92千米。累计为涉农企业和新型农业经营主体发放“农担贷”资金11.3亿余元，规模位居全省第一。新培育国家级龙头企业1家、省级龙头企业2家、省级示范场1家。建立院士（专家）工作站、省级科普共享基地等15个，引进高层次专家40余名。累计培育新型职业农民900余人、种养殖“家庭能人”1 200余人，推广农产品改良技术125项，农业主推技术到位率超过95%。甘江镇金银河村、青衣街道青衣江村、马村镇带河村获评省级乡村治理示范镇村。参加全省第十一届国际茶博会，举办枇杷、李子、石斛丰收节等系列活动。马村镇获评乡村振兴省级样板镇，新场镇团结村获评全国美丽休闲乡村，新场镇获评现代农业十亿元镇。

【农村水利】 投入地方政府一般债券资金457万元，实施夹江县2022年小型水库安全运行项目，完成1座小型水库除险加固遗留问题整治及23座小型水库维修养护和8座水库安全监测设施及7座水库雨水情测报系统的安装。投入中央水利救灾资金903万元，开展水利抗旱救灾工作，主要用于抗旱设备采购、安全饮水（抗旱）应急水源工程建设、渠系整治、末级渠系改造等。完成甘江镇弱漹村、滨河社区2个“水美新村”建设。通过实施万华河生态能力建设项目和堤防建设项目，整治江河堤防4千米，建设污水管网0.7千米，维修养护灌溉沟渠，提升600亩农田灌溉能力。年内实施2022年度大中型水利水电工程移民后期扶持资金项目，投资512万元用于甘江镇、木城镇、新场镇、吴场镇、漹城街道的11个村（社区）道路硬化、沟渠整治等项目。

【农业机械化】 全县土地流转率达55.28%，高出全省14个百分点；主要农作物综合机械化率达83%，高于全省15个百分点；社会化服务率达62%，高于全省10个百分点。乐天农机获评“全国统防统治星级服务组织”，入选全省唯一的国家级“全程机械化+综合农事”服务中心典型案例。

【农村科技】 全县有涉农国家高新技术企业3家、涉农国家科技型中小企业6家、乐山国家农业科技园区企业6家、涉农科技创新服务平台3个（百岳茶业市级院士专家工作站、华义茶业市级专家工作站、百岳茶业市级企业技术中心）。实施省级科技项目2个。

【农村教育】 全县有农村中小学23所，其中小学12所、初中10所、九年一贯制学校1所，共有教职工596名、学生6 091名；有农村公民办幼儿园27所。组织各中小学教职工集中观看二十大开幕会，并撰写观后感、交流心得体会。落实党组织领导下的校长负责制，完成对23所公办中小学校党建工作情况专题调研。打造体育、艺术等特色品牌学校12所，创建绿色学校16所，青州中学获评“省中小学劳动教育实验学校”。组织近千名学生代表到红色西山等教育实践基地进行爱国主义教育。围绕“教育发展、改善办学环境、创建天府旅游名县”等工作，“走上去”12次、“走出去”16次。总投入1 569万元新建的华头中学学生宿舍楼、新场幼儿园全面完工，已于9月投入使用，新增幼儿学位540个。推进“县管校聘”改革，增加农村公立幼儿园教师编制11个，公招教师53人，提升农村学校办学水平。

【农村卫生】 全县有乡（镇）中心卫生院6个、乡（镇）卫生院1个、社区卫生服务中心1个、村卫生室84个，主要开展基本医疗和基本公共卫生服务。

【农村法制建设】 联合法院、人社局、交警大队等，以劳动争议问题处理、农村土地承包流转法律法规等为主题开展法治宣讲，提升乡村人民调解员、“法律明白人”、公共法律服务人才等业务能力。广泛开展《中华人民共和国民法典》宣传，开展农村法治宣讲和“送法上门”活动，开展法治宣传120余场次，参与群众3 000余人次。开展“三查三化三优”专项行动，各级调委会化解纠纷691起，为群众挽回经济损失约663.61万元，全县未发生因矛盾化解不及时引发的群体性事件或“民转刑”案件。做好重点人群管理服务工作，履行好重点人群组组长单位职责，累计排查出涉社会风险隐患重点人员43人，做到重点人群“底数清、情况明、管控到位”。完成全县9个镇（街道）社区矫正委员会建设，全面加强对233名列管社区矫正对象的监督管理和教育帮扶，做好912名安置帮教对象衔接管理。全年共受理法律援助案件123件，受援群众达2 223人次；认罪认罚从宽案件201件；提供法律咨询2 095人次，受援群众达2 218人次。

【农村交通】 建成“百里水乡”甘江至黄土稻药轮作园区道路、水乡至茶乡联网道路、水乡至甘江蔬菜环线道路等项目，打造以农耕文化体验为主题的“百里水乡”田园风景道，串联“稻—药”一基地五中心产业体系；建成“百里茶乡”吴场镇茶叶产业环线、“木城茶叶+生猪现代农业园区”全国生态低碳茶示范基地道路以及“千年纸乡”马村镇杨湾村道路等项目。

【农村社会保障】 全县城乡居民养老保险参保人数143 614人，其中在职参保95 578人，待遇领取48 036人；征收7 880.49万元，发放养老金7 640.89万元。生成征地指数扣减待遇补差发放计划2 513人次，财政发放18.97万元；生成征地生活补贴发放计划7 595人次，财政发放2 599.95万元。7月，为638名被征地农民领取生活补贴人员调整待遇，共计调整补发2 937.22万元；10月，为45 994名城乡居民养老待遇领取人员调整养老金，共计补发约316.42万元。按时足额向4.77万名符合城乡养老保险条件的人员发放养老金，完成目标任务数4.71万人的101.23%。为低保对象特困人员返贫致贫人口等困难群体代缴城乡居民基本养老保险个人缴费部分，截至2022年年底，为5 354人代缴53.54万元个人缴费，完成目标任务数5 200人的103%。

【农产品质量安全监管】 配置镇（街道）监管员27名、村级协管员95名，确定县级重点监管对象536家，形成了“层层负责、横向到边、纵向到底、责任到人、全域覆盖”的监管机制。加强监测体系建设，县级配备专职检测人员5名、仪器设备40台（套）；在镇（街道）加挂农产品质量安全监管服务站牌子，配备快速检测设备、专（兼）职检测人员27名，形成以“县级农检中心为骨干、镇（街道）检测室为支点、生产基地自检为基础”的检测网络。建立抽测常态化机制，全年快速检测样品2 700个，定量监测农产品416批次，“三品一标”企业农残检测合格率达100%，主要农产品农残检测合格率达99%以上。

【主要领导人】 县委书记：许天毅；县人大常委会主任：伍仕军；县长：漆宾；县政协主席：李冰海；分管农业副县长：薛怀军。

夹江县编写组

沐 川 县

【基本情况】 2022年，全县辖5乡8镇，辖区面积1 408平方千米，其中耕地面积9 841.34公顷，比上年增长4.17%。年末总人口24.43万人（户籍人口），减少0.8%；人口出生率5.23‰，下降2.02个千分点；人口自然增长率0.34‰，下降0.61个千分点。有林地面积10.86万公顷，活立木总蓄积量674.44万立方米，森林覆盖率77.34%。

2022年，全县实现地区生产总值87.97亿元，增长2.5%，其中第一产业增加值22.14亿元，增长5.1%；第二产业增加值30.07亿元，减少1.3%（工业增加值24.43亿元，减少3.4%）；第三产业增加值35.77亿元，增长4%。三次产业对经济增长的贡献率分别为53.5%、-16.9%和63.4%。农村劳动力转移输出8.7万人，劳务收入18.6亿元。全年接待游客236.91万人，实现旅游收入190 511.12万元，其中乡村旅游收入104 147.97万元。

公路通车里程2 575千米（其中农村公路2 399千米），密度1 828.8米/平方千米、99千米/万人。地方公共财政预算总收入完成3.5亿元，增长5.9%；公共财政预算总支出17.38亿元，下降2.7%，其中农业投入55 598万元，占支出的32%。完成县级以上重点项目5个，完成投资51 830万元。农业产业化龙头企业国家级、省级、市级分别为2家、2家、13家。

有各类学校48所，在校学生27 610人，教职工2 725人，其中普通中学1所，在校学生2 565人；小学18所，在校学生13 091人；学龄儿童入学率90.98%，提高0.73个百分点。有文化馆1个，公共图书馆1个，博物馆1个。城乡居民基本养老保险参保人数112 813人，参保率96%。

【年度农业和农村经济运行】 2022年，全县农业总产值33.61亿元，同比增长3.03%；第一产业增加值22.14亿元，同比增长5.1%。农民年人均可支配收入达20 172元，同比增长6.6%。完成市、县两级定量农产品检测314个，检测数量达到1.2批次千人；建成13个基层农业综合服务站。全县主要农产品产量见表1。

【农业产业化发展】 实施建设单体合作社项目9个、家庭农场培育项目5个；持续壮大社会化服务组织3个，农业生产社会化服务率提升至60%以上。全县培育农民专合社360个，其中国家级示范社1个、省级示范社11个、市级示范社9个；培育家庭农场754家，其中省级示范场4家、市级示范场43家。

【农村集体产权制度改革】 全面贯彻落实《农村土地承包经营权流转管理办法》，制定印发相关文件，建成“沐川县农村土地经营权业务管理系统”并正常运行，完善土地经营权流转机制，全县土地流转累计面积6.22万亩。加强农村宅基地管理，全年审批宅基地232宗，审批面积17 365.85平方米，其中新建特殊应急搬迁异地13户；宣传贯彻《四川省农村集体经济组织条例》，完成农村集体产权制度改革“回头看”工作，全县129个村已全面完成登记赋码和证书颁发，村集体经济组织全部规范挂牌。

表1　2022年沐川县主要农产品产量

主要农产品	单位	产量	同比增减(%)
粮食	万吨	10.096 0	-2.24
水稻	万吨	4.610 0	-1.89
小麦	万吨	0.040 0	100.00
玉米	万吨	4.120 0	-4.63
马铃薯	万吨	0.840 0	7.76
油菜籽	万吨	0.770 0	0.70
蔬菜	万吨	11.090 0	11.10
水果	万吨	1.670 0	15.32
肉类	万吨	1.852 8	4.80
猪肉	万吨	1.499 2	5.70
牛肉	万吨	0.014 8	6.10
羊肉	万吨	0.061 9	2.50
禽肉	万吨	0.224 5	0.80
兔肉	万吨	0.052 4	1.40
禽蛋	万吨	0.169 4	2.80
水产品	万吨	0.235 6	4.25

【供销合作社改革】 建成具有地方特色产业带动作用的大楠川姜黄种植专业合作社（基层社）、利店镇智农供销社有限公司、舟坝镇基层供销合作社、武盛供销社有限公司等4个基层社示范社。截至2022年年底，纳入供销社网上直报平台的开门开放办社企业和基层供销社达25家。县供销社全资公司川业农资公司在全县乡（镇）、村（社区）拥有综合服务社、“庄稼医院”等共25个网点及具备综合服务功能的农村物流电商网点10个，纳入供销社直报平台的开门开放农民专业合作社35家，各类网点覆盖全县主要乡（镇）的场镇和交通干道沿线的重点村。

【农产品品牌战略实施】 建成绿色、有机生产基地5 000亩，“沐川魔芋”获得国家地理标志认证，新增“三品一标”认换证10个，截至2022年年底，全县累计获得“三品一标”农产品及名特优新农产品认证66个，其中无公害农产品43个、绿色食品3个、有机食品12个、地理标志农产品3个、名特优新农产品5个；基地面积43.85万亩，占全县农作物生产面积的84.5%。沐川县被中国国际茶文化研究会评为“中国紫茶之乡”；森态源公司被农业农村部认定为2022年农业国际贸易高质量发展基地。

【现代农业园区建设】 全年创建省三星级园区1个、市级园区1个、县级园区2个。牛郎坪茶叶现代农业园区后期运营取得实质性突破，与德阳巨狼公司签订投资经营协议，创建为省三星级园区；快速推进龙溪河玉米+魔芋现代农业产业园建设，投资近亿元建成全国首个集品种展示、良种繁育、科技示范、农旅融合于一体的现代魔芋科技示范园，形成魔芋繁育、种植、加工、销售、研发、旅游的全产业链条，助力沐川在2022年上半年全市乡村振兴发展拉练中位列同类区

（县）第一名。创建为“中国紫茶之乡”“中国魔芋之乡”。

【种植业】 全县粮食作物播种面积30.99万亩，产量10.1万吨。完成大豆玉米带状复合播种面积8 823亩，完成市下大豆玉米带状复合种植5 000亩任务的176.46%；完成晚秋作物播种面积6.69万亩，其中再生稻蓄留2万亩、秋马铃薯2.03万亩、秋大豆1万亩、秋红薯1.66万亩，完成市下达任务的102.92%。

【林业】 全年新建基地150亩。制定《沐川县2022年森林植被恢复费省级分成资金10 000亩油茶造林项目实施方案》，发展，壮大全县油茶产业。新建林区产业路80余千米、资源路30余千米。做好五指山竹笋产业园区项目，新建竹笋配套加工厂，加强基地提质增效，培育现代竹产业基地3万亩，创建省级现代竹产业基地2个。加强朱鹮繁育培养，繁育朱鹮15只，种群数量达到81只。

【畜牧业】 印发《沐川县生猪产能调控实施方案（暂行）》，全县生猪存栏15.12万头，较上年增长11.7%；生猪出栏20.24万头，较上年增长2.3%；常年能繁母猪保有量为1.069万头；有生猪适度规模养殖场（户）437家（户），其中规模猪场40个。安排产业发展资金706.8万元，实施第二批到户产业项目，扶持脱贫户和监测户发展生猪产业。按照“外防输入、内防反弹”要求，加强非洲猪瘟等重大动物疫病防控，配齐网格化管理员611人，在仁沐新高速出口设立临时检查站3个；非洲猪瘟病毒采样监测1 860份，监测结果均为阴性。免疫注射猪瘟、猪口蹄疫49.2万头次，牛（羊）口蹄疫5.58万头（只）次，禽流感数量120万羽，犬只免疫4 575只；开展养殖、屠宰环节“瘦肉精”检测9 228头，检测结果均为阴性；常年存栏应免畜禽免疫率达95%以上，消毒面达100%，辖区内无重大动物疫病流行。组织参加2022年乐山农业行业职业技能（动物防疫）大赛、乐山市第二届兽医系统实验室检测技能竞赛，分别获得团体一、三等奖，参赛选手获奖4个。

【水产业】 抓好长江流域“十年禁捕”工作，牵头组织公安、市场监管、综合执法等部门开展联合巡查，出动检查人员522人次，移送查处违法行为4起；完成黄丹电站涉鱼工程，落实生态补偿增殖放流大鲵、裂腹鱼等鱼苗5.09万尾；开展破坏渔业资源违法捕捞案件生态修复增殖放流活动3次，投放鱼苗5.7万余尾。会同四川省珍稀特有鱼类保护与利用中心开展长江水生生物监测和禁捕效果评估，设立水生物调查点位2个，开展外业调查4次，并形成《禁捕效果评估报告》。全年水产品产量2 356吨，同比增长4.25%。

【乡村振兴】 2022年初预算乡村振兴投入15 447万元，比上年增长0.53%；实际支出33 904万元，比上年增加2 712万元。推进乡村振兴战略实施情况审计。在乡村振兴要素配置上优先满足、公共服务上优先安排，乡（镇）乡村振兴“一办一站一中心”机构完善、运转顺畅、服务得力。

【乡村旅游】 完成《沐溪农旅融合片区旅游专项规划》编制。稳步推进林家岩二期、解结湖环湖竹村等项目建设，打造利店镇双河村茶文化、沐川竹海竹文化、魔芋园区魔芋文化、桃源山居非遗农耕文化研学基地4个，推进沐川竹海“创4A”，提档升级《乌蒙沐歌》实景剧，推出牛郎坪、白马山、魔芋园区等农旅融合产业园区，参加省级乡村旅游重点村、天府旅游名村申报。在乐宜高速投放沐川文旅形象宣传广告，在各景区、城区宾馆（酒店）全覆盖投放沐川文旅宣传手册，参与“川渝一家亲—景区惠民游”、四川国际交易博览会、乐山“佛国仙山人间烟火”全球营销活动等，宣传推介沐川文旅资源。2022年，全县乡村旅游接待游客162.73万人次，实现旅游收入104 147.97万元。

【农业机械化】 及时兑现农机购置补贴政策，全年共计补贴农户645户，补贴农机具680台，补贴资金49.907 5万元，全部通过“一卡通”形式直接兑付到农户。全年农业生产耕播收综合机械化率达48.48%。

【农村教育】 全年撤销教学点4个，合并学校2所，9所小学调整为教学点，完成26名教师岗位调整。补充各类教师207人，交流校长3人、教师54人。沐川县中等职业学校产教融合实训基地建设项目完成可研批复、环评报批手续、土地预审和选址、设计招标等工作，9月被列入中央专项债券支持计划项目库，第四季度发行债券资金7 200万元。秋季学期，全县普惠性学前教育资源覆盖率97.37%；就读公办园幼儿占比50.43%。实施“蓝鹰工程”试点，组建“蓝鹰之星”冠名班10个，打造产教融合实训基地5个。推动“双减”政策落地见效，建设“多彩社团”324个，打造校本级劳动实践教育基地28个。组织各类教师研训活动1 778人次，选送参加国培及省、市级培训259人次；开展全县中小学教师信息技术应用能力提升工程2.0培训，1 510名教师完成学习任务。全面落实国、省资助政策，发放学生资助金1 114万元，受益人数1.08万人。拓展教育救助基金、社会捐助资金等渠道作为补充，为747名学生发放各类资金110万元。

【农村文化】 实施公共文化场馆效能提升行动，对全县19个乡（镇）综合文化站、22个社区文化服务中心和129个村文化服务中心进行查漏补缺。实施公共文化服务惠民工程，各乡（镇）在元旦、春节、国庆等重要节日期间开展各类文艺演出活动30余场次；县图书馆到基层农家书屋开展业务指导20余次；开展“我们的中国梦 图书进万家”图书流动服务5场次；县文化馆开展“戏曲进乡村”惠民活动117场次，服务群众2万余人。

【农村法制建设】 全年培养“法律明白人”453名，覆盖全县151个村（社区），举办“法律明白人”培训15次。针对《中华人民共和国民法典》宣传、《中华人民共和国宪》法知识、农村土地流转等法律知识开展"法治进乡村"活动、讲座10余次，发放各类宣传资料50 000余份。

【农村交通】 全县农村公路里程2 399.751千米，其中县道430.388千米、乡道459.648千米、村道1 509.715千米，100%的乡(镇)、100%的行政村通硬化路。

【农村社会保障】 持续落实缴费困难群体代缴政策，按照最低缴费档次为参加城乡居民基本养老保险的低保对象、特困人员、脱贫人员、重度残疾人、失独等五类缴费困难群体代缴城乡居民基本养老保险20 629人206.29万元。

【农产品质量安全监管】 省级农产品质量安全监管示范县通过资格复审，全县形成农产品质量安全、监管、检测、追溯体系。已完成县级风险监测、定量监测等336个，配合完成部、省、市抽检137个，指导乡（镇）及企业快速检测4 250个，监测合格率均达100%。落实追溯与项目安排、品牌创建、产品认证认定和农业展会产品推选挂钩等"四挂钩"制度。全县入驻国家（省）追溯管理信息平台企业1 039家，采录产销信息10万余条、巡查信息9 639条。实施食用农产品承诺达标合格证制度，完善合格证主体名录408户。

【劳务开发与返乡创业】 2022年，全县城镇新增就业1 807人，城镇失业人员再就业415人，就业困难人员就业319人，城镇登记失业率控制在3.3%以内。引导高校毕业生就业见习50人。开展补贴性培训3 000余人次，打造县级特色劳务品牌——"沐源芋工"品牌。出台《2022年东西部劳务协作奖励补助办法》，激励农村劳动力转移就业，全县脱贫劳动力实现转移就业11 640人，发放务工补助3 719人188万元。开发农村公益性岗位1 294个，兜底安置农村劳动力就业。围绕"有特色、有亮点、有成效"目标，落实各项创业支持政策，培育森态源魔芋种植管理创业园等创业园区6个，吸纳实体入驻202个，解决就业1 500余人，森态源魔芋种植园创建为省级创业孵化基地。全年发放创业贷款2 600万元，创业补贴96万元，支持返乡入乡人员创办经济实体200余个，带动就业500余人，沐川县创建为省级返乡入乡创业示范县。

【主要领导人】 县委书记：余斌；县人大常委会主任：胥大齐；县长：赵星；县政协主席：徐孝飞；分管农业副县长：伍刚。

沐川县编写组

峨边彝族自治县

【基本情况】 2022年，全县辖13个乡(镇)，辖区面积2 382平方千米。全县撂荒地面积272.22亩，其中1～2年撂荒地264.78亩、2年以上撂荒地7.44亩；耕地净流出562.5亩，流入336.4亩，净流出226.1亩。年末全县总户数46 929户，户籍人口为148 574人。出生人口2 024人，人口出生率13.6‰；死亡人口1 453人，人口死亡率9.8‰；人口自然增长率3.8‰。在总人口中，非农业（城镇）人口29 598人，农业（乡村）人口118 976人；男性人口77 169人，女性人口71 405人。年末常住人口12.1万人，其中城镇常住人口4.8万人，常住人口城镇化率39.67%，比上年提高0.83个百分点。全县耕地有效灌面和保证灌面分别达到耕地总面积的52.9%和21.3%；本地水资源总量24.165 4亿立方米，人均占有水资源量19 737立方米。林地面积306.06万亩，其中天然林225.18万亩，商品林88.78万亩，境内森林覆盖率79.004%。

2022年，全县实现地区生产总值65.26亿元，按可比价格计算，比上年增长3.4%，其中第一产业增加值9.26亿元，增长3%；第二产业增加值31.35亿元，增长3.5%；第三产业增加值24.65亿元，增长3.5%。三次产业对经济增长的贡献率分别为14.15%、46.58%、39.27%。农村居民年人均可支配收入达16 064元，增长6.9%，居全市第二位。全年接待游客382.965万人，同比增长10%；实现旅游综合收入17.628 1亿元，同比增长11%。农业产业化龙头企业省级、市级分别为4家、12家。

有各类学校36所，在校学生23 287人，教职工1 265人，其中普通中学11所，在校学生5 738人；小学22所，在校学生11 879人；学龄儿童入学率100%。有艺术表演团体1个，文化馆1个（分馆13个），公共图书馆1个（分馆13个），博物馆1个。有卫生机构132个，病床位602张，卫生技术人员660人。

【年度农业和农村经济运行】 2022年，全县实现农业总产值15.27亿元，增长0.5%。农民年人均可支配收入达16 064元，增长6.9%。全县农产品质量抽检合格率为100%；建成13个基层农业综合服务站。全县主要农产品产量见表1。

【农业产业化发展】 围绕三大主导产业，建成农业产业基地50万亩。投入200万元，新建1条高标准艾草加工生产线，建成茗新中药材加工厂、红星村核桃坪食品加工厂等精深加工厂5个。对接柯桥供销社、绍兴市佳好贸易有限公司、椒江农发集团、椒江跃升超市等有关单位，全县各类农业企业及专合社共销往浙江地区腊肉制品、竹笋、蔬菜等农产品价值2 017.34万元。引导产品进入市场、进入超市，全年共销售特色农产品400余万元，其中省内销售100余万元，同比增长10%；浙江地区销售130余万元，同

表1　2022年峨边彝族自治县主要农产品产量

主要农产品	单位	产量	同比增减(%)
粮食	万吨	4.992 6	-2.21
水稻	万吨	0.436 3	-6.6
玉米	万吨	2.556 2	-4.01
马铃薯	万吨	1.355 8	3.26
油菜籽	万吨	0.307 9	3.00
蔬菜	万吨	7.618 0	1.30
水果	万吨	2.565 0	10.80
肉类	万吨	1.572 7	4.44
猪肉	万吨	1.147 8	6.13
牛肉	万吨	0.107 5	4.23
羊肉	万吨	0.040 2	1.46
禽肉	万吨	0.166 8	-2.49
兔肉	万吨	0.040 0	-9.46
禽蛋	万吨	0.313 2	2.47
水产品	万吨	140.000 0	2.20

比增长25%。完成2款新蜂蜜产品的包装设计和制作，并投入市场销售；继续开展香肠、腊肉、竹笋、天麻、牛肉干、金银花茶等产品的包装设计提升。

【农用地产权制度改革】 对县境内农村集体土地上的约3.2万个不动产单元(特指宅基地使用权及房屋所有权、集体建设用地使用权及房屋所有权)进行“拉网式”清理，并分类实施房地合一确权登记发证。全县集体土地确权工作总共涉及13个乡(镇)89个村农民集体2个乡(镇)集体(新林镇和沙坪镇)，宗地总数561宗，宗地总面积为1 296 698.23亩。

【农村集体产权制度改革】 全面开展集体资产清产核资，分村建立农村集体“三资”台账。结合实际，出台成员身份确认指导意见，指导各村形成成员确认方案，集体成员身份确认做到全面、准确、不遗漏和应确尽确。尊重群众意见，资产量化及股权设置方案经集体经济组织成员代表大会讨论后形成股权量化方案，股权设置为一人一股，所有该量化的资产、资源全部量化。

【农产品品牌战略实施】 全县“三品一标”农产品稳定在20个以上，注册“小黄妮”“金株枇杷”“辣必小心”“天生天麻”“天之椒子”等特色农产品品牌55个，完成“峨边熊猫蜜”“峨边花牛”等6个品牌标准体系建设，“峨岭云边”成为“四川扶贫”公益商标。

【现代农业园区建设】 建成市级现代农业园区4家；争创1个省三星级现代农业园区——白沙河流域果蔬现代农业园区。完成果园优化改造间套作种粮2 300亩，完成桑园、药园、花椒园优化改造间套作种粮220亩，完成对五渡镇新茶村低产且无人管理茶园的直接还田种粮60亩。投入109万元，提升改造蔬菜基地5 000亩、粮油基地6 000亩，扩种枇杷3 000亩。完善基础设施配套，新(改)建园区产业路15千米、灌溉渠系4.2千米、单轨运输机道路3.3千米，争取市级园区奖补资金300万元用于宜坪枇杷基地3.5千米排洪沟、2个冷链仓库以及大堡生猪+粮油园区堰渠4千米、天兆养猪场安装场内网络及监控可视化系统、农业机械装备建设。

【种植业】 全年粮食作物播种面积19.3万亩，产量5万吨。豆玉复合种植面积0.53万亩，其中示范片0.2万亩。蔬菜种植面积4.23万亩，建成中药材基地1.43万亩。开展农资市场专项执法检查，覆盖全县种子经营门店51家、农药43家、肥料42家、饲料39家、兽药10家、农机3家、渔具1家、生猪屠宰场1家，杜绝了不合格产品进入市场，维护了农资消费环境，为农业生产“保驾护航”。

【畜牧业】 建立大堡天兆、毛坪康润、五渡康源、坤林种猪场、江湾猪场等生猪产能调控基地5个，建成大堡天兆、五渡康源等规模化养殖场45个，确保生猪存栏11万头。年度内扶持建设大堡天兆、康润、天缘农牧发展有限公司、林锋盛养殖场等大型养殖场4家，实现年投产8万头。实施完成峨边彝族自治县2021年省级财政农业发展工程资金支持开展出栏生猪补贴、2022—2023年能繁母猪引种补贴、2022年家禽重大技术协同推广等项目。全年生猪出栏16.34万头，能繁母猪保有量1.14万头。

【水产业】 全年水产养殖面积690亩，共投放鱼种31吨，水产品总产量140吨，其中鱼类养殖产量135吨、蛙类养殖产量5吨；实现渔业经济总产值730万元，其中渔业产值320万元、渔业流通和服务业产值410万元。

【乡村振兴】 严格落实“四个不摘”要求，“一对一”结对联系345户1 200名监测对象，落实帮扶措施848条，无一户一人返贫致贫。落实5 770万元，实施东西协作、市中区对口帮扶、省直定点帮扶项目59个，引导10家企业落地飞地园区。兑现“五小到户”产业发展奖补资金2 568.8万元、“雨露计划”264.3万元、贷款贴息127.1万元。全年脱贫人口人均纯收入达13 839元，同比增长13.2%，实现“两个高于”目标。通过乡村振兴实绩考核，脱贫攻坚成果巩固省、市实地评估和第三方后评估，承办全省乡村振兴人社帮扶工作现场推进会，获评“2021年度四川省乡村振兴重点帮扶优秀县”；新林镇茗新村、宜坪乡草坪村获评“2021年度四川省乡村振兴示范村”，乡村振兴半年拉练获评全市先进，星星村获评“四川省乡村振兴示范村”，乡村振兴“茗新实践”被中央电视台《新闻联播》栏目和《求是》杂志专题报道。完成毛坪镇凤凰村、新场乡庞沟村、沙坪镇河沟村3个村“厕所革命”整村推进，新（改）建户厕991座。通过实施农村生活污水治理项目建设，有57个行政村农村生活污水得到治理，占比达62.6%。配备农村保洁员1 160人、垃圾收集点1 602处、垃圾清运车辆58台、垃圾中转站6座。

【农业机械化】 全年办理农机购置补贴126台，受益户数100户，补贴金额5.237 8万元。开展农机安全宣传、咨询，严格执行拖拉机安全检验“五见”，出动人员80人次、车辆96辆次，开展农机安全隐患排查114次，向农机手和群众发放农机安全宣传资料300余份，在乡村公开栏中张贴农机事故案例资料50份，教育驾驶员遵章守法、村民不乘坐变型拖拉机。

【农村交通】 农村公路建设方面，完成县（乡）道改造项目8个、136千米，通村、通组路和产业路建设700千米，便民桥17座，实现30户以上自然村（组）100%通硬化路，其中“四好农村路”建成里程达120余千米，创建“四好农村路”示范乡镇4个、示范村9个、示范路28条。新建毛坪新华村1.317千米、黑竹沟依乌村1.36千米、新林镇茗新村3.26千米产业路。

【农产品质量安全监管】 建成1个县级监管平台、13个乡（镇）快检室，13个基层农业综合服务站。县农产品质量抽检合格率100%。开展果蔬等农产品农残定量检测275个，不合格3批次，检测合格率98.9%；乡（镇）农残检测3 900个，检测合格率100%。加强农业行业安全知识宣传，发放宣传资料1 100余份，有效防范安全隐患，确保农业生产安全。巩固提升省级农产品质量安全监管示范县成果，完成农产品质量安全快速检测样品740个，定量检测样品200个，办理农产品质量安全案件3件。

【特色农副产品】 落实省、市资金600万元，融合本土珍稀树种培育目标和竹产业发展实际，实施林竹混交造林1.2万亩，围绕平等—五渡—杨河—毛坪—新林—大堡南环线建设林竹产业示范带，在新林镇建成2.01万亩林竹产业基地。蔬菜种植面积4.23万亩，主要品种有辣椒、南瓜、生姜、番茄、无筋豆、茄子、白菜等。开展林下中药材种植抚育行动，发展川牛膝、天麻、金银花、白芨、柴胡等产业，扩大中药材标准化产业基地规模，建成中药材基地1.43万亩。

【农村文化与旅游】 提升打造“彝恋黑竹沟”“记忆峨边”“美神甘嫫阿妞”三台戏，开展“峨边—柯桥”文化交流周活动，录制三台戏及非遗等视频到柯桥融媒体进行县上展播，彰显小凉山彝族文化魅力。开展2022小凉山非遗荟暨甘嫫阿妞艺术季系列活动。举办甘嫫阿妞风采大赛和2022彝历新年晚会暨“峨边好人”颁奖典礼。全年开展“大篷车”文艺巡演乡村行20场，观看群众达4 300人。先后举办青少年美术、书法、摄影、街舞、非遗进校园、“砚山房”成人书法等培训班15期，培训500余人。巩固深化国家公共文化服务体系示范区创建成果，完成公共文化复核指标。

黑竹沟水晶珠帘·地磁康养温泉中心恢复运营，累计服务游客8 000余人次；罗索河星空露营地25处营地平台、15处自营帐篷建成投运，峰巢岩栈道修复完成。开展天府旅游名县候选县创建，创建“大渡河·佳支依达”国家4A级景区，开展黑竹沟创建省级旅游度假区，黑竹沟镇争创天府旅游名镇，沙坪河沟村、五渡铜河村争创省级乡村旅游重点村等工作。2022年，全县接待游客382.965人，同比增长10%；实现旅游综合收入17.628 1亿元，同比增长11%。

【农村水利】 全县有蓄水工程957处，其中水库供水工程1座、塘坝34处、窖池922处，蓄水工程现状年供水能力103万立方米，占全县总供水能力的3.5%。全县建有小型灌溉水库1座，即沙坪镇夏家沟水库，水库总库容72.6万立方米，兴利库容60万立方米。有塘坝34座，总容积33.15万立方米；窖池922座，总容积5.42万立方米。全县有效灌溉面积5.655万亩，实际灌溉面积2.835万亩；境内有50亩以上灌区共109个灌区，设计灌溉面积2.67万亩，实际耕地灌溉面积2.28万亩。

【农村教育】 引进海亮教育集团与民族中学、沙坪小学实施“合作办学”，乐山一中、夹江中学“组团式”帮扶峨边中学。大堡中学、毛坪中学学生宿舍楼建成投用，城区二小、平等小学等7所学校校舍完成修缮；落实教育资助政策，惠及学生2.5万名；投入教育各类资金3.76亿元，实现“两个只增不减”。

【农村卫生】 投入防疫资金1 461万元，开展核酸检测177万人次，完成新冠病毒疫苗接种28万人次，县人民医院获评“乐山市抗疫先进集体”。全面实施县内“先诊疗后付费”“一站式结算”服务，持续推进45种大病集中救治；县人民医院、县中医院建成呼吸内科（儿科）等特色科室7个，完成县中医院整体搬迁；建成乡（镇）中医馆14个，挖掘、保护、传承彝医彝药。创建为国家级健康促进县。

【农村法制建设】 “彝家·法治新寨”建设经验在2022年中国法治发展研讨会上作交流，“乡村振兴战略背景下彝区法治新寨建设的探索”入选“全国普法依法治理创新案例”，茗新村获评全国“民主法治示范村”，古井村、草坪村获评省级第三批乡村治理示范村。根据法律法规依据及时动态调整行政处罚、行政许可、行政检查、行政强制等八大行政权力事项共355项，其中行政许可30项、行政处罚257项、行政征收6项、行政强制20项、行政确认5项、行政检查17项、行政奖励8项、其他行政权力12项，并依据法律法规规定和行权力事项的具体经办情况合理配置流程图和办事流程，依据行权事项开展依申请行使和主动行使事项工作，严格依法行政。

【农村生态建设及环境保护】 开展申报2022年生态环境保护项目入库工作，组织申报项目6个，总投资12 327万元。通过1—11月断面水质监测，峨边县省控断面大渡河宜坪、芝麻凼水质为II类，水质为优，达标率100%；市控断面官料河、长滩河、白沙河、茅杆河水质为II类，水质为优，达标率100%。完成县中医院、县人民医院、东城医院、新林镇、大堡镇等12家医疗机构辐射安全许可证申报，现场核实申报机构辐射安全场所12个。实施10个水污染物重点工程减排项目，水污染物减排COD48.69吨、氨氮5.37吨。开展峨边县2022年畜禽养殖污染专项整治及畜禽粪污资源化利用工作。

【主要领导人】 县委书记：漆宾；县人大常委会主任：粟那针尔；县长：陈玉秀；县政协主席：余平；分管农业副县长：陈果。

峨边彝族自治县编写组

马边彝族自治县

【基本情况】 2022年，全县辖15个乡（镇），辖区面积2 293平方千米，其中耕地面积23.62万亩，人均耕地面积1.25亩；基本农田10.41万亩。年末总人口22.72万人（户籍人口），增长0.79%；人口出生率18.5‰；人口自然增长率11.3‰。全县耕地有效灌面和保证灌面分别达到耕地总面积的34.1%和23.5%；本地水资源总量20.272 7亿立方米，人均占有水资源量10 726立方米。有林业用地265.15万公顷，有林地面积17.4万公顷，活立木总蓄积量2 029万立方米，森林覆盖率68.99%。

2022年，全县实现地区生产总值61.208 3亿元，增长4.9%，其中第一产业增加值13.112 4亿元，增长1.9%；第二产业增加值24.346 4亿元，增长7.7%（工业增加值187 379万元，比上年增长6%）；第三产业增加值23.749 5亿元，增长4.2%。三次产业对经济增长的贡献率分别为9.9%、56.5%和33.6%。全年接待游客230.3万人，实现旅游收入162 000万元。

境内公路通车总里程2 459.6千米，其中国道1条87.3千米、省道1条35.9千米、县道9条192.5千米、乡道32条336.7千米、村道1 112.5千米，通村公路延伸线及通组公路680千米，境内等级公路里程1 775.8千米、高速公路14.4千米；公路旅客运输周转量434万人/千米，公路货运周转量35 441万吨/千米。年末公交车路数5路，实有公共汽车营运车32辆；民用汽车拥有量18 440辆，增长14.2%。社会消费品零售总额27.504 2亿元，增长1%。地方公共财政预算总收入完成5.589 3亿元，增长35.2%；公共财政预算总支出22.196 4亿元，增长7%。金融机构各项存款余额87.675 7亿元，比上年初增长20.4%；各项贷款余额55.483 2亿元，比年初增长15.7%。全年农业保费收入0.067 4亿元，增长119.5%；处理各项赔款和给付金额458.627 2万元，增长5.8%。农业产业化龙头企业省级、市级、县级分别为5家、10家、15家。

有各类学校83所，其中普通高中1所、中等职业技术学校1所、初中（含一贯制）9所、小学29所、小学教学点28所、公办幼儿园5所、民办幼儿园10所、“一村一幼”119所、寄宿制学校36所；在校学生43 711人，其中学前教育7 910人、义务教育32 374人、高中教育3 427人、“9+3”招生654人、寄宿制学生15 142人；专任教师2 018人，其中幼儿园73人、小学1 092人、初中（含一贯制）648人、普通高中163人、中等职业技术学校42人。有艺术表演团体4个，文化馆1个，公共图书馆1个。有卫生机构157个（含村卫生室），其中县级综合医院1个、县中医医院1个、县妇幼保健计划和计划生育服务中心1个、县疾病预防控制中心1个、县执法大队1个、乡（镇）（中心）卫生院15个、民营医院2个、村卫生室111个、诊所24个。有卫生技术人员1 123人，比上年增长7.34%；执业（助理）医师343人，比上年增加35人；注册护士（师）489人，比上年增加46人。卫生机构病床位731张（其中县级医院430张、卫生院229张、妇幼保健院72张），比上年减少52张；医疗机构年门诊人次67.45万人次，比上年增长2.35%；婴儿死亡率3.16‰，比上年下降0.83个千分点；产妇住院分娩比例98.26%，比上年下降1.59个百分点。城乡居民基本养老保险参保覆盖人数7.61万人。

【年度农业和农村经济运行】 2022年，全县出台《2022—2023年生猪产能调控能繁母猪引种补贴项目实施方案》。发展生猪等畜禽养殖，全年畜牧业产值6.5亿元，同比增长8.4%。全县农林牧渔业总产值13.53亿元，同比增长2.1%。农民年人均可支配收入达16 399元，增长6.8%。全县主要农产品产量见表1。

【农村集体产权制度改革】 荣丁镇、荍坝镇先后建立农村产权流转交易服务站，其中荍坝镇惠定村通过乐山农

表1　2022年马边彝族自治县主要农产品产量

主要农产品	单位	产量	同比增减(%)
粮食	万吨	9.367 9	-2.55
水稻	万吨	0.772 8	-3.01
小麦	万吨	0.014 6	6.57
玉米	万吨	6.141 8	-4.70
马铃薯	万吨	1.795 9	3.91
油菜籽	万吨	0.304 1	1.74
蔬菜	万吨	2.473 1	0.94
水果	万吨	1.448 0	2.00
肉类	万吨	1.066 3	1.79
猪肉	万吨	0.087 6	2.94
牛肉	万吨	0.188 4	3.47
羊肉	万吨	0.101 9	0.89
禽肉	万吨	0.003 6	-14.29
兔肉	万吨	0.337 0	3.12
禽蛋	万吨	0.006 0	0.01
牛奶	万吨	1.448 0	2.00

交平台流转茶园160亩，为集体经济增收14.4万元。

【供销合作社改革】　在4个中心镇（民建镇、荍坝镇、烟峰镇、荣丁镇）建设5个基层示范社、3家三星级综合服务社、28家村级综合服务社，新吸纳2家农民专合社入社；改造1家薄弱基层社，试点建设荣丁镇为农服务中心。

【农产品品牌战略实施】　举办中国彝茶文化节暨第五届小凉山采茶节，开展“彝乡采茶”“彝乡说茶”等系列活动，发布《中国彝茶系列（彝红茶、彝黑茶、彝黄茶）团体标准》，推荐星农公司彝茶系列新产品。续认证12.8万亩全国绿色食品原料（茶叶）标准化生产基地。2022年，“马边绿茶”区域公用品牌价值22.1亿元，稳居全省第四位。

【现代农业园区建设】　整合2022年涉农资金5 427.56万元，围绕“茶叶、竹笋、青梅”等三大支柱产业发展，推进马边茶叶现代农业园区省星级培育项目（Ⅰ期）、荍坝镇油菜现代农业园区、青梅产业园区技改、丰产现代竹产业市级园区能力提升、烟峰现代竹产业基地（省级）能力提升项目等13个园区提升项目建设。全年新创建市级园区1个、县级园区7个。

【种植业】　全年农作物播种面积30 580公顷，比上年增加70公顷，其中粮食作物播种面积23 561公顷，同比增长2.9%；油料作物种植面积3 374公顷，同比增长0.3%；糖料作物种植面积37公顷，同比持平；蔬菜种植面积2 748公顷，比上年增加62公顷。全年粮食产量93 679吨，比上年下降2.6%；粮食单产3 976千克/公顷，下降5.4%。稻谷产量7 728吨，下降3%；玉米产量61 418吨，下降4.7%；油料产量3 693吨，增长1.5%；糖料产量1047吨，下降0.3%；蔬菜产量24 763吨，增长1.1%；茶叶产量10 945吨，下降1.4%；水果产量5 614吨，增长1.1%。

【林业】　建立马边林业科技专家大院暨马边青梅工程研究中心，申报省级竹产业基地和竹林人家各1个，被列入首批省级林草碳汇项目开发试点县。全县有林地总面积达261.66万亩，活立木总蓄积量达2 029万立方米，森林覆盖率68.99%。全年实现林业总产值6.1亿元，增长11.2%；林农人均收入2 240元，增长16.36%。

【养殖业】　全年出栏肉猪142 108头，增长1.8%；出栏牛6 563头，增长3%；出栏羊119 325只，增长3.8%；出售和自宰的肉用兔21 874只，下降23.1%。肉类总产量14 484吨，增长4.4%，其中猪肉产量10 662吨，增长5.5%，占肉类总产量的73.6%；牛肉产量876吨，增长4.4%；羊肉产量1 888吨，增长1.2%。禽肉产量1 018吨，下降4.6%；禽蛋产量3 370吨，增长3.1%。全年水产品产量60吨，同比增长9%；实现产值185万元，同比增长6.4%。

【乡村振兴】　严格落实“四个不摘”要求，持续巩固脱贫成果，全面推进乡村振兴。对全县10 074户44 079名脱贫人口开展常态化监测帮扶，新增监测对象128户567人，全县累计纳入监测对象527户2 350人，2022年脱贫户家庭人均纯收入达13 794元，同比增长16.8%。统筹整合使用财政涉农资金1.97亿元，实施基础设施、产业发展等各项目150个。2022年东西部协作、对口援彝共投入帮扶资金5 800万元，实施帮扶项目29个。

【乡村旅游】　出台“十四五”文旅融合发展规划，建成运营雪口山漂流等特色旅游项目。打响文创品牌，举办中国彝茶文化节暨第五届小凉山采茶节、中国彝族风情狂欢节暨第六届小凉山火把节等系列文旅活动。全年接待游客230.3万人次，实现旅游综合收入16.2亿元。

【农村水利】　出台《马边彝族自治县农村供水工程运行管理方案》《马边彝族自治县农村饮水安全工程应急预案》《马边彝族自治县村镇供水工程管理办法

（试行）》《马边彝族自治县农村冬季供水保障方案》《关于切实做好农村供水保障工作的通知》《关于切实做好高温天气城乡供水保障工作的通知》等具有可操作性的方案并下发至各乡（镇），要求各乡（镇）制定应急预案，组建抢险队伍，完善保障措施，提高应急响应能力。同时，每年对农村饮水安全工程运行情况进行排查，通过调查核实形成问题台账和监测台账，对急需解决的协调资金及时解决，为保障供水率对需提升改造的编制方案录入涉农资金项目储备库予以解决。

【农业机械化】 以高标准农田建设打底，重点建设小农户急需的通田到地末级灌溉渠系、田型调整、机耕生产道路等设施，支持农田“宜机化”改造，逐步推进“五良”融合产业宜机化改造。全县农作物耕种收机械化率达31.37%，比上年增长4.05个百分点。

【农村科技】 全年争取到省级科技项目支持6个，项目资金220万元。引进新品种5个，开发新产品3个，推广新技术6项，指导建立示范基地4个，举办培训11场次，培训农户500余人次；开展在线科技咨询服务1 550次。全年有效发明专利拥有量16项，专利申请授权量31项。

【农村文化】 全县有艺术表演团体4个，文化馆1个，公共图书馆1个；广播电视中型发射塔台1座，微型电视发射基站20处，广播转播台1座，广播人口覆盖率为99.3%。全县文化馆、图书馆和乡（镇）文化站共接待群众4.15万人次。推出的《千年彝叹》、民俗活动庖汤节、“阿依美格”等文化活动展现了马边彝族文化魅力。

【农村法制建设】 落实“八五”普法规划，利用“4·15”、小凉山采茶节、“6·26”等重要时间节点，开展大型集中普法宣传活动10次。印发《马边彝族自治县全面推进“谁执法谁普法”普法责任制分工方案》，落实“谁执法谁普法”普法责任制。深化“法律七进”，以“需求导向、分类施教、注重实效”为原则，采取“坝坝会”“法治赶场”“送法下乡”等形式开展法治宣传活动500余场次，教育引导群众依法从事生产活动、依法依规办事。开展民主法治示范村创建，劳动镇福来村被司法厅、民政厅命名为第一批省级民主法治示范村（社区），司法部、民政部已将福来村纳入全国民主法治示范村（社区）名单。

【农村社会保障】 全县城镇居民最低生活保障人数520人；农村居民最低生活保障人数19 763人。全县有养老服务机构单位4个、床位394张，分散供养特困人员538人。有城市社区日间照料中心5个、农村日间照料中心4个。

【农村生态建设及环境保护】 县城和乡（镇）集中式饮用水水源达标率100%。有1万立方米/日污水处理厂1座，全年污水处理量347万立方米。全县城乡生活垃圾做到应收尽收并转运至乐山焚烧发电处理，生活垃圾日均收集处理100余吨。

【农产品质量安全监管】 常态化开展农资打假和农产品质量安全专项行动，立案查处农产品质量安全案件3件，共处罚金0.766万元；指导全县424家新型农业经营主体入驻国家级及省级农产品质量安全追溯平台，并按要求录入产品批次信息，全县录入产品批次信息7 600余条。开具食用农产品承诺达标合格证31 388张，合计带证上市农产品3 292.3吨；省、市两级农产品质量安全例行监测合格率始终保持在99%以上，6月创建为四川省第八批农产品质量安全监管示范县。

【农村市场体系建设】 全县有银行机构营业网点32个，实现15个乡（镇）全覆盖。县金融办联合人行犍为县支行不断深化“三项评定”工作，推进农村信用体系建设，已向人行申请新增评定50个信用村（社区）、信用户1万余户。全县已完成“三大作物”投保16.1万亩，完成全县“三大作物”面积21.41万亩的75.2%。

【农村留守儿童（学生）帮扶】 印发《马边彝族自治县帮扶“一老一小”和特殊困难群众帮扶“百日攻坚”专项行动工作方案》和《马边彝族自治县民政局关于加强农村留守老人关爱服务工作的实施方案》（马边民政〔2022〕62号）。通过县、乡（镇）、村（社区）三级网络每季度开展农村留守儿童摸排走访，确保一人一档，分类动态管理，并于暑假期间督促各乡（镇）核实农村留守儿童监护责任落实情况，及时更新系统，全年共走访核实留守儿童400余人次。

【劳务开发与返乡创业】 全年通过人力资源市场转移输出农村劳动力1 500余人次，全县共转移输出农村劳动力6.361 5万人（其中已脱贫劳动力转移就业1.56万人），实现劳务收入11.196 2亿元，全县农民人均劳务收入达6 586元（农民基数17万人）。加强创业明星培育，认定县级返乡下乡创业明星11名、县级返乡下乡创业明星企业5家。推荐1名高校毕业生参加全省“我能飞”大学生成功创业者提升培训。落实就业创业政策，共发放创业补贴38万元（其中大学生创业补贴4万元、已脱贫家庭劳动力创业补贴10万元、返乡农民工创业补贴24万元），发放创业担保贷款1 892万元。

【特色农副产品】 生态茶。全县茶园面积23万亩，有千亩以上茶叶专业村50个，通过有机茶基地、生态低碳茶、美国和欧盟有机食品认证的茶园面积分别达4 493亩、3 268亩、4 268亩，先后获得“全国十大生态产茶县”“全国产茶重点县”“中国彝茶之乡”等称号。2022年，“马边绿茶”公共区域品牌价值达22.1亿元，居全省第四位。

竹笋。全县竹林面积149万亩（其中笋用竹100万亩），川竹产业40个主产县之一，竹笋年产量1万吨，实现综合产值2.53亿元，品种以八月竹笋、三月竹笋和白竹笋为主，“马边竹笋”是国家地理标志农产品。

青梅。全县青梅种植面积5万亩，产量5 500吨，产值约2 200万元，是四川青梅五大原生资源地之一。品种以乡土青梅为主，新栽植未投产南高梅约3 000亩，有加工企业4家，加工方面主要涉及熏制乌梅、青梅酒、青梅浓缩汁等，青梅酒品牌“秀美马边”。

【主要领导人】 县委书记：沙万强；县人大常委会主任：董兴燕；县长：鲁子军林；县政协主席：孙燕平；分管农业副县长：立克浩茂。

马边彝族自治县编写组

南 充 市

【基本情况】 2022年，全市辖3区1市5县，辖区面积1.25万平方千米，其中中心城区建成区面积160平方千米。年末公安户籍总人口708.56万人，比上年减少6.21万人，其中男性369.7万人、女性338.86万人，乡村人口504.31万人、城镇人口204.25万人。全年出生人口3.13万人、死亡人口3.82万人，人口自然增长率-1.22‰，出生人口性别比为107.75。年末常住人口554.9万人，城镇化率51.75%，比上年提高0.53个百分点。

2022年，全市实现地区生产总值2 685.45亿元，按可比价格计算，比上年增长1.3%，其中第一产业增加值502.05亿元，增长4.3%；第二产业增加值1 012.98亿元，下降2.5%；第三产业增加值1 170.42亿元，增长3.4%。三次产业结构比为18.7∶37.7∶43.6。全年人均地区生产总值48 343元，比上年增长1.9%。

全社会固定资产投资比上年增长10.7%。社会消费品零售总额1 484.36亿元，比上年增长2.5%，其中城镇消费品零售额1 027.57亿元，增长2.4%；乡村消费品零售额456.79亿元，增长2.6%。全年进出口总额90 693万美元，比上年增长12.4%，其中出口额84 017万美元，增长13%；进口额6 676万美元，增长5.6%。

公路总里程3.09万千米，其中高速公路通车里程574.06千米。完成公路货运周转量133.22亿吨/千米，比上年增长4.2%；完成公路客运周转量11.79亿人/千米，下降41.3%。全年完成邮政行业业务总量22.96亿元，比上年增长7%。邮政业全年完成邮政函件业务70.83万件、包裹业务0.33万件，快递业务量11 637.28万件，快递业务收入12.5亿元。电信业务总量42.74亿元。有电话用户718.51万户，其中移动电话用户586.64万户；互联网宽带接入用户207.19万户。一般公共预算收入完成104.8亿元，比上年同口径下降21.3%，其中税收收入50.48亿元，下降26.4%；一般公共预算支出493.13亿元，比上年下降4.3%。年末金融机构人民币各项存款余额4 770.79亿元，比上年增长13.6%，其中住户存款余额3 837.18亿元，增长13.7%。人民币各项贷款余额3 381.05亿元，比上年增长14.6%，其中中长期贷款余额1 295.99亿元，增长5.4%；非金融企业及机关团体贷款余额1 839.16亿元，比上年增长20.9%。全年保费总收入119.26亿元，比上年增长2.2%；全年支付各项赔款和给付金额35.19亿元，比上年增长5%。

有小学378所，在校学生33.18万人；初中346所，在校学生18.71万人；普通高中60所，在校学生10.95万人；中等职业教育学校29所，在校学生8.14万人；特殊教育学校10所，在校学生1 990人；普通高校7所，在校学生8.94万人；研究生培养单位2个，在校学生7 316人。全年高新技术产业总产值实现900.4亿元，比上年增长10.9%。全年实施重点科技计划项目207项，其中承担国、省科技计划项目48项。全年获得省科技进步奖6项。认定高新技术企业143家。全年授权专利3 358件，其中发明专利115件；实施专利项目261项，新增产值14.66亿元。有艺术表演团体4个，艺术表演场所8个。有文化馆10个，文化站426个，公共图书馆10个，博物馆11个；文物保护管理机构27个，全国重点文物保护单位19处，省级文物保护单位134处，市、县级文物保护单位525处。有广播电视台7座，调频、电视转播发射台12座，广播综合覆盖率99.9%，电视综合覆盖率99.9%。有有线电视用户71.57万户。有档案馆13个，其中国家综合档案馆10个。有医疗卫生机构（含村卫生室）5 347个，其中医院183个、基层医疗卫生机构5 122个；医疗卫生机构并床位47 103张，比上年增长0.2%；有卫生技术人员41 009人，比上年增长6.6%，其中执业（助理）医师16 780人、注册护士17 587人。有国家级青少年体育俱乐部12个；新建全民健身路径41条，累计建设全民健身路径4 609条。

【年度农业和农村经济运行】 2022年，全市农村居民人均可支配收入达19 469元，比上年增长6.7%，其中工资性收入6 134元，增长6.6%；经营净收入6 786元，增长6.7%；财产净收入515元，增长7.4%；转移净收入6 035元，增长6.6%。农村居民年人均消费支出达15 502元，比上年增长5.8%，其中食品烟酒支出增长4.7%，衣着支出增长4.5%，居住支出增长5.4%，生活用品及服务支出增长6.2%，交通通信支出增长6%，教育文化娱乐支出增长12.4%，医疗保健支出增长6%，其他用品和服务支出增长5.8%。农村居民恩格尔系数为35.6%。全市水产养殖面积1.3万公顷，与上年基本持平；水产品产量12.85万吨，比上年增长4%。全年新增农田有效灌溉面积0.13万公顷，年末有效灌溉面积达25.51万公顷。累计综合治理水土流失面积6 650.94平方千米，其中新增治理224.68平方千米。农业机械总动力327.84万千瓦，比上年增长3.1%，其中新增农业机械总动力9.76万千瓦，增长20.9%。

【种植业】 全年粮食作物播种面积866.56万亩，比上年增长2%，其中夏粮播种面积218.76万亩，增长2%；秋粮播种面积647.8万亩，增长2%。油料作物播种面积272.96万亩，比上年增长0.4%。蔬菜种植面积258.33万亩，比上年增长2.3%。全年粮食总产量312.38万吨，比上年下降1.5%，其中夏粮产量61.4万吨，增长1.8%；秋粮产量250.97万吨，下降2.3%。油料产量50.66万吨，比上年增长1.5%。蔬菜及食用菌产量429.99万吨，比上年增长2.3%。

【林业】 全年完成造林面积2 485公顷，其中人工造林35公顷，年末森林覆盖率41.7%。天保工程实有森林管护面积19.04万公顷。全市共有自然保护区3个。

【畜牧业】 全年生猪出栏607.63万头，增长2.8%；牛出栏14.13万头，增长8%；羊出栏200.32万只，增长0.7%；家禽出栏7 407.29万只，增长0.4%。猪肉产量44.61万吨，增长2.4%；牛肉产量1.74万吨，增长6.6%；羊肉产量3.15万吨，增长0.9%；禽肉产量10.22万吨，增长0.6%。禽蛋产量24.79万吨，增长3.6%。牛奶产量2.7万吨，下降3.1%。

【农村社会保障】 全年纳入农村低保人员50.46万人，比上年减少3.28万人；城镇和农村最低生活保障人均补助标准分别为262.3元和178.2元。将符合条件的农村特困供养对象全部纳入供养范围，共计5.07万人，其中集中供养农村特困人数6 339人，集中供养率12.5%。有养老服务设施总床位数4万张。建立社区服务机构1 213个。销售福利彩票5.01亿元。全年城乡居民养老保险参保人数290.9万人，城乡居民基本医疗保险参保人数520.68万人。

【主要领导人】 市委书记：朱家德；市人大常委会主任：潘国华；市政协主席：廖伦志；分管农业副市长：李洪君。

南充市编写组

顺 庆 区

【基本情况】 2022年，全区辖12个街道7个乡（镇），辖区面积555平方千米，其中耕地面积22 249.02公顷。年末公安户籍总户数24.1万户，总人口66.67万人，比上年减少0.08万人。按性别划分，男性33.42万人，女性33.24万人，男女性别比为100.54∶100。按所在地划分，城镇人口45.21万人，农村人口21.45万人，户籍人口城镇化率为67.8%。年末常住人口83.1万人，其中城镇人口70.34万人、农村人口12.76万人，常住人口城镇化率为84.6%。全年出生人口3 960人，人口出生率4.77‰；死亡人口4 935人，人口死亡率5.94‰；人口自然增长率-1.17‰。有森林面积13 240公顷，完成育苗210.5公顷，森林覆盖率31%。

2022年，全区实现地区生产总值512.56亿元，按可比价格计算，比上年增长0.5%，其中第一产业增加值33亿元，增长4.1%；第二产业增加值183.7亿元，下降4.5%；第三产业增加值295.86亿元，增长3.5%。三次产业结构比为6.4∶35.8∶57.8。人均地区生产总值61 643元，比上年增长0.6%。

社会消费品零售总额410亿元，增长2.4%，其中城镇市场消费品零售额321.45亿元，增长2.3%；农村市场消费品零售额88.52亿元，增长2.7%。全社会固定资产投资比上年增长9.5%。全年进出口总额15.82亿元，增长161.9%，其中进口额1.13亿元，下降5.4%；出口额14.7亿元，增长202.9%。

公路总里程1 501.23千米，其中高速公路32.2千米。一般公共预算收入完成15.72亿元，比上年下降25.4%，其中税收收入6.62亿元，下降30.4%；一般公共预算支出50.31亿元，同比增长10%。

有小学40所，在校学生4.93万人；普通中学24所，在校学生4.66万人；中等专业学校（含职业高中）12所，在校学生2.43万人；特殊教育学校2所，在校学生377人。有公共图书馆1个，文化馆1个，乡（镇）文化站7个，图书室192个，文物保护单位18个。全区有线广播电视在看户数72 452户，广播覆盖率100%，电视覆盖率100%。有卫生机构639个，其中医院53个，社区卫生服务中心（站）50个，卫生院7个，村卫生室93个，门诊部15个，诊所、卫生所、医务室412个，疾病预防控制中心2个，妇幼保健院（所、站）2个，采供血机构1个，卫生监督所（中心）2个，急救中心站1个，其他卫生机构1个；卫生技术人员21 366人，其中执业（助理）医师4 436人，注册护师、护士6 247人，卫生防疫人员10 683人；医疗卫生机构病床位11 338张，其中医院10 432张、基层医疗机构717张、专业公共卫生机构189张。全年婴儿及5岁以下儿童死亡率分别为0.83‰、1.94‰。

【年度农业和农村经济运行】 2022年，全区农林牧渔业总产值52.27亿元，比上年增长4.1%，其中农业总产值29.8亿元，增长4.9%；林业总产值0.69亿元，增长7.7%；牧业总产值19.05亿元，增长2.2%；渔业总产值2.24亿元，增长5.5%；农林牧渔服务业总产值0.49亿元，增长6.3%。全年农村居民人均可支配收入达24 676元，比上年增长6.6%。其中，工资性收入9 563元，增长7.8%；经营净收入9 253元，增长5.4%；财产净收入574元，增长8.7%；转移净收入5 287元，增长6.5%。农村居民人均消费支出18 638元，增长5.7%，其中食品烟酒支出6 126元，增长0.4%；衣着支出2 395元，增长7.7%；居住支出3 347元，增长6.5%；生活用品及服务支出1 216元，增长6.8%；交通通信支出1 749元，增长9.4%；教育文化娱乐支出2 129元，增长11.1%；医疗保健支出1 296元，增长10.1%；其他用品和服务支出379元，增长13.5%。农村居民恩格尔系数为32.9%。全年农业机械总动力13.75万千瓦，增长3.2%。

【种植业】 全年粮食作物播种面积2.67万公顷，比上年增长2.2%；产量14.64万吨，比上年下降1.8%。其中，稻谷播种面积0.74万公顷，增长0.9%；产量5.75万吨，下降2.8%。小麦播种面积0.47万公顷，增长1.9%；产量1.84万吨，增长1.1%。玉米播种面积0.74万公顷，增长1.3%；产量4.24万吨，下降1.9%。薯类播种面积0.53万公顷，下降5.3%；产量2.4万吨，下降5.5%。全年经济作物播种面积2.18万公顷，比上年增长3.1%，其中油料作物播种面积0.49万公顷，增长1.4%；产量1.36万吨，增长6.6%。蔬菜种植面积1.29万公顷，增长4.2%；产量35.85万吨，增长2.4%。瓜果类种植面积0.06万公顷，增长3.7%；产量0.71万吨，增长7%。

【畜牧业】 全年生猪出栏27.37万头，增长7.2%；牛出栏0.68万头，增长4.2%；羊出栏16.22万只，增长0.6%；家禽出栏616.55万只，增长0.4%；兔出栏88.88万头，增长1.9%。肉类总产量3.33万吨，增长3.8%，其中猪肉产量1.94万吨，增长6.9%。

【农村社会保障】 全年城乡居民养老保险参保人数14.6万人。失业保险参保人数4.26万人，城乡居民基本医疗保险参保人数39.77万人。农村居民最低生活保障人数24 263人，农村居民最低生活保障人均补助标准为207元/月。

【主要领导人】 区委书记：蒲鹏程；区人大常委会主任：陈琳；区长：唐粼波；区政协主席：吴斌；分管农业副区长：宋敏。

顺庆区编写组

高坪区

【基本情况】 2022年，全区辖8个街道10镇1乡，辖区面积806平方千米。年末公安户籍总人口59.1万人，比上年减少0.31万人，其中男性30.4万人、女性28.7万人，乡村人口34.16万人、城镇人口24.95万人。年末常住人口56.4万人，城镇化率52.96%。森林面积27 858公顷（含非林地面积），森林覆盖率34.6%。

2022年，全区实现地区生产总值232.85亿元，按不变价格计算，比上年增长1.4%，其中第一产业增加值44.67亿元，增长4%；第二产业增加值88.18亿元，下降1.9%；第三产业增加值100.01亿元，增长3.3%。三次产业结构比由上年的17.4∶40.1∶42.5调整为19.2∶37.9∶42.9。全年接待游客1 350.22万人次，实现旅游总收入146.02亿元，分别比上年增长23.7%、23.1%。

全社会固定资产投资比上年增长11.3%。社会消费品零售总额168.86亿元，比上年增长2.3%，其中城镇市场消费品零售额131.77亿元，增长2.3%，占社会消费品零售总额的78%；农村市场零售额37.09亿元，增长2.4%，占社会消费品零售总额的22%。

公路总里程2 277.32千米，其中等级公路（含一、二、三、四等级公路）2 167.68千米、高速公路109.63千米。一般公共预算收入完成（区级）7.63亿元，比上年下降22.4%，其中税收收入3.98亿元，下降42.9%，占一般公共预算收入的52.2%。地方一般公共预算支出（区级）34.69亿元，下降15%。

有小学33所，在校学生数36 020人，专任教师2 223人；普通中学34所，在校学生33 246人，专任教师2 394人；中等职业教育学校4所，在校学生13 601人，专任教师386人；学龄儿童入学率100%，初中升学率94.3%，高中升学率82.1%。有文化馆1个，文化站32个，公共图书馆1个（图书总藏量434千册）。有文物保护管理机构1个，全国重点文物保护单位1处，省级文物保护单位5处，市、区级文物保护单位35处；省级非物质文化遗产名录6项。全区广播覆盖率100%，电视覆盖率99.7%。有线电视用户19.6万户。有医疗卫生机构419个，病床位4 314张，卫生机构人员4 161人（其中执业/助理医师1 363人）。5岁以下儿童死亡率3.8‰，产妇住院分娩率99.9%。

【年度农业和农村经济运行】 2022年，全区农林牧渔业总产值80.48亿元，比上年增长4.1%，其中农业产值51.12亿元，增长3.4%；林业产值1.09亿元，增长3.9%；牧业产值25.4亿元，增长5.1%；渔业产值2.17亿元，增长8.5%；农林牧渔服务业产值0.65亿元，增长6.7%。农村居民年人均可支配收入达18 754元，比上年增长6.8%，其中工资性收入7 729

元，增长1.5%；经营净收入4 846元，增长18.9%；财产净收入404元，增长5.6%；转移净收入5 775元，增长5.3%。农村居民年人均消费支出达14 095元，比上年增长6%，其中食品烟酒支出4 847元，增长5.3%。农村居民恩格尔系数为34.4%。全年水产养殖面积4 360公顷，水产品产量13 216吨。

【种植业】 全年粮食作物播种面积56.1万亩，比上年增长3.2%。油料作物播种面积14.1万亩，增长0.2%。蔬菜及食用菌种植面积38.6万亩，增长3.7%。全年粮食总产量20.81万吨，比上年下降1.8%，其中夏粮产量3.57万吨，增长0.4%；秋粮产量17.24万吨，下降2.2%。经济作物中，油料作物产量3.03万吨，增长1%；蔬菜及食用菌产量52.7万吨，增长2.2%；园林水果产量16.2万吨，增长3.7%。

【畜牧业】 全年生猪出栏57.5万头，增长1.8%。牛出栏0.42万头，增长9.4%。羊出栏12.8万只，增长0.7%。家禽出栏707.71万只，增长0.5%。肉类总产量5.34万吨，增长2.4%。

【农村社会保障】 全县城乡居民养老保险参保人数22.25万人，城乡居民基本医疗保险参保人数43.48万人。有各种社会福利收养性单位34个，总床位数3 114张。农村居民最低生活保障人数22 499人，农村居民最低生活保障人均补助标准为312.1元/月。

【主要领导人】 区委书记：陈多平；区人大常委会主任：洪峰；区长：兰吉春；区政协主席：傅天贵；分管农业副区长：吴再合。

高坪区编写组

嘉 陵 区

【基本情况】 2022年，全区辖5个街道17镇2乡506个村民委员会87个居民委员会，辖区面积1 177平方千米。年末户籍人口671 717人，其中女性人口317 575人。常住人口52.5万人，其中城镇人口26.38万人、农村人口26.12万人，城镇化率50.25%。全年出生人口3 168人、死亡人口4 424人，人口自然增长率-2.36‰。

2022年，全区实现地区生产总值236亿元，比上年增长1.4%，其中第一产业增加值50.1亿元，比上年增长4%；第二产业增加值101.3亿元，比上年下降1.1%；第三产业增加值84.5亿元，比上年增长2.7%。三次产业对经济增长的贡献率分别为67.4%、-35.5%、68.1%，分别拉动地区生产总值增长0.9个、-0.5个、1个百分点。三次产业结构比由上年的20.8：45.1：34.1调整为21.3：42.9：35.8。

全年完成固定资产投资166.7亿元（含经开区），比上年增长11.7%。社会消费品零售总额106亿元，比上年增长2.3%，其中城镇市场消费品零售额70.5亿元，比上年增长3.5%；农村市场消费品零售额35.5亿元，与上年持平。全年进出口总额77 467万元（不含经济开发区），比上年增长10.9%。农村居民年人均可支配收入达18 499元，比上年增长6.6%。

公路通车里程3 811千米，其中等级公路（含高级、一、二、三和四级公路）3 752千米、高速公路49千米。地方一般公共预算收入完成82 291万元，比上年下降26.77%，其中税收收入27 780万元，比上年下降46.26%；地方一般公共预算支出384 796万元，比上年下降6.09%。

有小学29所，在校学生31 939人；普通中学校点40个，在校学生23 947人。有医疗卫生机构381个，病床位2 433张，卫生技术人员2 254人（其中执业/助理医生1 035人）。

【种养殖业】 全年农作物播种面积168.7万亩，比上年增长1.3%，其中粮食作物播种面积102.18万亩，比上年增长1.3%；油料作物播种面积25.4万亩，比上年增长0.2%。全年粮食产量35.3万吨，比上年减少1.7%。出栏生猪65.4万头，比上年增长2.9%；出栏牛0.75万头，比上年增长7.1%；出栏羊31.3万只，比上年下降0.7%。

【主要领导人】 区委书记：史燚（8月止），张青松（8月始）；区人大常委会主任：张学军；区长：张青松（11月止），张全杰（11月始）；区政协主席：白青云；分管农业副区长：苏长龙。

嘉陵区编写组

阆 中 市

【基本情况】 2022年，全市辖23个乡（镇）（含1个民族乡）5个街道，辖区面积1 878平方千米。

【年度农业和农村经济运行】 2022年，全市农林牧渔业总产值达115亿元，同比增长3.7%。农村居民年可支配收入达21 600元，同比增长6.7%。

【乡村振兴战略实施】 围绕乡村振兴战略总体要求，全面落实农业农村优先发展要求，推进产业、人才、文化、生态、组织“五大振兴”。争引中央、省农业项目资金3.2亿元，保障高标准农田、农村“厕所革命”、现代农业园区等重点项目实施，全面提升农业生产基础条件和改善农民生活环境。投入中央、省衔接资金9 609.82万元，占比56.32%。落实到户产业资金51万元，对467户脱贫户和监测户进行产业帮扶。创建乡村振兴省级示范村6个。

【优质粮油生产】 全市粮食作物播种面积129.3万亩，总产量44.4万吨。推进撂荒耕地整治，完成撂荒耕地治理的7万亩，治理率达97%。加快推动粮油现代农业园区建设，规划打造连片粮油安全产业带4个、50万亩。全面落实各级粮食生产要求，推进玉米大豆带状复合种植，落实乡（镇）建示范片、各村建示范点，全面完成大豆扩种任务。

【畜牧业】 全年建成标准化生猪养殖场158个。全年生猪出栏78.1万头，年末存栏54.4万头，其中能繁母猪存栏5.2万头；肉牛出栏2.4万头，肉羊出栏19.2万只，家禽出栏1 500万只。实施畜禽粪污资源化利用整县推进项目，畜禽规模养殖场粪污处理与利用设施配套率达100%，粪污资源化利用率达93%以上，均超额完成上级下达目标任务。加强畜禽粪污治理，完成粪污治理全覆盖排查、督导检查、问题整改和“回头看”等，按时完成中央环保督察组反馈交办的信访案件，全年未发生畜禽粪污污染环境的重大事件。

【水产业】 做好新冠疫情常态化防控及市场保供工作，发展渔业经济，促进乡村产业振兴，通过乡村振兴成效显著县创建现场考核。全市水产养殖面积1 213公顷，其中池塘927公顷，水库、河沟286公顷；稻鱼综合种养面积3 467公顷。全市水产品总产量1.56万吨，较上年增长0.8%；实现渔业经济总产值4.3亿元，较上年增长1.8%。

【特色优势产业】 推进阆中市“3+3+3”现代农业产业体系建设，做强“粮油、生猪、晚熟柑橘”三大主导产业，做优中药材、肉牛、水产三大优势特色产业，建成优质粮油基地60万亩、以晚熟柑橘为主的水果基地12万亩、中药材标准化基地5万亩、特色水产养殖基地2万亩、商品蔬菜基地5万亩；打造市、县两级星级现代农业园区15个，涉及粮油、水果、蔬菜、中药材等高效特色产业，园区总面积达31万亩。

【农村改革】 全面贯彻实施《四川省农村集体经济组织条例》，与巩固脱贫攻坚成果、发展壮大农村集体经济、合并村集体经济融合发展相结合，推动新型农村集体经济低风险、可持续发展。全市村集体经济实现有经营收益的村达284个，占村总数的88.75%，其中经营收益在3万元以下的村有125个、3万～5万元的村有32个、5万~10万元的村有43个、10万元以上的村有84个。增强农村承包土地确权、集体土地流转、集体资产管理、宅基地管理等方面的改革创新力度，细化操作规程，明确责任主体。

【加强产业体系建设】 以做实现代农业种业、现代农业装备、现代农业烘干冷链物流三大先导性产业为宗旨，推进“五良”融合发展，加大农产品加工配套建设力度，加强农业科技创新推广，加快数字农业集成应用，增强农业现代化建设步伐。全市以烘干、仓储、冷链为主的农产品初加工场所达636家，年加工能力达80万吨以上，其中以葡萄酒、橄榄油、桑葚饮品等休闲食品开发为主的精深加工能力达1万吨。全市农产品加工企业达112家，加工产值近60亿元，其中国家级、省级农业产业化重点龙头企业16家，加工产值达30亿元以上。推进国家农产品质量安全县创建。实现“三品一标”新认证及续展10个，力争“三品一标”总量突破80个。新入驻“好充食”区域公用品牌主体企业5家。

【高标准农田建设】 以“科学规划、高标准建设、强化后续管护、充分发挥效益”为抓手，推进高标准农田建设，实现田网、路网、水网综合配套，为集约化生产、机械化作业、产业化经营夯实了基础，改善了农业生产条件。全市建设高标准农田51.99万亩，其中2022年建设高标准农田7.5万亩。

【农业机械化】 在抓好农机购机补贴惠农政策落实的前提下，通过农机作业现场会、新机具推广会推广新机具，提升全面全程农业机械化水平。同时，培育、指导农机专业合作社发展壮大，申报农机相关项目，改善农机作业条件，提升农业生产效率。全市全年主要农作物耕种收综合机械化水平达65%以上。

【美丽宜居乡村建设】 编制印发《“美丽阆中·宜居乡村”建设五年行动方案》，推进农村人居环境整治专项规划和可再生能源重点村项目建设。实施农村“厕所革命”整村推进示范村项目，编制实施方案、技术手册，召开项目建设推进会，分组进行督导，在13个乡（镇、街道）22个村（社区）实施农村“厕所革命”整村推进示范村建设项目，新（改）建无害化卫生厕所6 836户，示范村无害化卫生厕所普及率达90%以上。推动可再生能源重点村项目建设，构建全市太阳能、生物质能等多点支撑的安全、清洁、高效、可持续清洁能源消费体系，提高农业农村资源节约、清洁环保、多能互补水平。省级财政投资80万元，在桥楼乡落阳村开展太阳能综合利用、生物质能高效利用和农村人居环境整治提升综合建设。

【主要领导人】 市委书记：杨德宇；市人大常委会主任：曹健；市长：唐硕；市政协主席：陈绍荣；分管农业副市长：杨劲松。

阆中市编写组

南部县

【基本情况】2022年，全县辖5乡33镇4个街道491个村（社区），辖区面积2 211平方千米，其中耕地面积123万亩、基本农田109万亩，是全省“三农”工作先进县、全省乡村振兴先进县、全省县域经济发展强县、全省农民增收工作先进县、成渝地区双城经济圈县域集成改革试点县。

2022年，全县实现地区生产总值471.4亿元，增长3%，其中第一产业增加值89.9亿元，增长4.5%，农、林、牧、渔及农林牧渔服务业之比为73：6：47：4：135.7。

【年度农业和农村经济运行】2022年，全县农民年人均可支配收入达21 349元，增长6.6%。全县主要农产品产量见表1。

【新型农业经营主体发展】实施新型经营主体提质强体工程，通过采取系统化培训、精准化帮扶、常态化管理等措施，出台项目、金融、土地、农业保险等扶持政策，重点支持和培育一批管理规范、运营良好、联农带农能力强的各类新型农业经营主体，截至2022年年底，全县农民合作社、家庭农场均被纳入系统管理。全县共注册登记各类农民专业合作社2 284个，新增159个，其中国家级示范社6个、省级示范社25个、市级示范社155个；共注册登记家庭农场3 521家，较上年增加871家，增长32.87%，其中省级示范场41家、市级示范场150家、县级示范场337家；有农业企业260余家，其中省级重点龙头企业4家、市级重点龙头企业17家，全年组织21家省、市级龙头企业完成农业产业化龙头企业监测工作，全县农业新型经营主体保持平稳较快发展的良好态势。

表1　2022年南部县主要农产品产量

主要农产品	单位	产量	同比增减(%)
粮食	万吨	55.300 0	4.60
水稻	万吨	16.380 0	0.67
小麦	万吨	11.040 0	3.74
玉米	万吨	17.580 0	1.62
马铃薯	万吨	3.880 0	38.00
油菜籽	万吨	9.955 8	1.40
蔬菜	万吨	79.992 3	2.30
水果	万吨	11.913 0	26.50
肉类	万吨	8.860 0	0.34
猪肉	万吨	6.430 0	0
牛肉	万吨	0.203 1	5.12
羊肉	万吨	0.486 5	0.83
禽肉	万吨	1.505 9	0.42
禽蛋	万吨	6.900 0	-14.89
水产品	万吨	2.071 0	0.17
牛奶	万吨	0.178 4	11.71

新型农业经营主体促进了农业生产要素的合理流动，解决了农村土地撂荒、农业效益不高等难题，促进了晚熟柑橘、道地中药材、生态养殖等优势特色产业的规模化、集约化、产业化发展。伴随着农业现代化进程，全县稳步推进农村土地流转，农户承包土地经营权流转明显加快，适度土地规模经营能力明显，自2018年以来，土地适度规模流转年增长均在1.5%以上。全县引导各类主体把发展“绿色、生态、有机”优质农产品放在更加突出的位置，实施“品牌兴农”战略，围绕“三品一标”创建，做响农产品区域公用品牌、企业自主品牌及产品品牌。全县“三品一标”农产品累计达204个，其中晚熟柑橘无公害认证42个、种植面积14万亩，主要分布在“盘龙至八尔湖”“定水至升钟湖”产业示范带。有效整合全县农产品产地、产品、产业和农耕文化资源，培育“统一产品商标、统一地域标识”的“升钟福果”农产品公用品牌。注重企业自身品牌发展，全县农业企业、农民专合社注册企业自主品牌36个，其中打造出“元安堂”“椹动力”“土木工橙”“蜀南花果山”等著名商标品牌。

新型农业经营主体在信息、技术、市场营销方面优势明显，飞龙果业农民专业合作社、梅橙香货种植及养殖农民专业合作、海富种植农民专业合作社等果业农民合作社按照统一栽植、统一修枝整形、统一病虫防治、统一包装销售“四统”服务，整村连片规模发展柑橘、葡萄、梨、脆香甜柚等3.5万余亩，带动入社农户户均纯收入增长3 000元以上。南部县快乐川娃种养殖农民专业合作社采取“公司+合作社+基地+农户”的经营模式，统一包装销售，年出栏商品鸡50万只，销售商品蛋300万枚，并带动发展一批养殖专业大户。蜀昇源中药菌业农民专业合作社挖掘地处升钟湖的资源优势，以绿色有机产品生产为方向，引领带动1 990户农民建立8个野生天麻示范园、9个桤木细黑木耳示范村、6个竹荪实验基地、4个栝楼和金佛手产业带，实行标准化生产加工，开发了细黑木耳、桑枝竹荪、野生天麻、青冈菌等12个系列产品，打造了“蜀昇源”品牌，带动当地1.2万户农户从事产业链，从业农户人均增收4 500元以上。推广“龙头企业+专合社+贫困户+金融+保险”的五方联动合作共赢发展新模式，解决贫困群众“缺技术、缺资金、缺销路”等问题，全县龙头企业带动农户4.65万户，实现户均增收0.29万元；带动贫困户172户，户均增收1.57万元。

通过家庭农场培育行动的实施在全县产生了一批发展突出、示范显著的家庭农场。其中，南部县履霜家庭农场建立起了科学引领、良种引进、循环发展、适度规模的发展思路，发展种养结合，绿色循环农业，效益显著；南部县六七家庭农场形成了“科技兴园，生态种植，严格管理，品质可控，互联网辅助”的理念，发展订单农业，成效显著；南部县肖家乡凯越生态农场打造了“原汁原味原生态，本色本味本自然”的发展模式，并形成了版权保护，特色显著；南部县勇发家庭农场建立起“产—加—销”多元经营模式，规模化发展，效果显著；南部县邓氏家庭农场走上了品牌化销售模式，先后参加成都第五届现代农业博览会、第六届中国—亚欧博览会、第十九届中国绿博会暨中国国际有机食品博览会、第十六届中国—东盟博览会等展会活动。

【主要领导人】 县委书记：黄波；县人大常委会主任：杨勇；县长：尹成平；县政协主席：廖先民；分管农业副县长：袁彬峰。

南部县编写组

西 充 县

【基本情况】 2022年，全县辖16镇5乡2个街道，辖区面积1 108平方千米。有常住人口41.4万人，其中城镇人口18.07万人、农村人口23.33万人。户籍人口57.39万人，其中城镇人口14.52万人、农村人口42.87万人。全年出生人口3 170人，人口出生率4.97‰；死亡人口6 216人，人口死亡率10.16‰；人口自然增长率-5.19‰。全年迁入人口744人，人口迁入率0.11%；迁出人口5 222人，人口迁出率0.8%；人口总迁移率0.91%，人口净迁移率-0.69%。

2022年，全县实现地区生产总值211.91亿元，按可比价格计算，比上年增长2.3%，其中第一产业增加值49.76亿元，增长4%；第二产业增加值67.68亿元，下降1.3%；第三产业增加值94.48亿元，增长4.1%。三次产业结构比为23.5∶31.9∶44.6。人均地区生产总值51 063元，比上年增长3%。全县输出农村劳动力18.88万人，实现劳务收入55.91亿元。全年接待游客578.7万人次，实现旅游综合收入61.53亿元，分别增长0.64%、2.55%。

全年全社会固定资产投资比上年增长11.3%。社会消费品零售总额92.23亿元，比上年增长2.5%，其中城镇市场实现零售额59.12亿元，增长2.4%；乡村市场实现零售额33.12亿元，增长2.7%。一般公共预算收入完成78 478万元，比上年下降13%；一般公共预算支出396 232万元，比上年下降1.6%。金融机构各项存款余额298.14亿元，比年初增长14.1%；金融机构各项贷款余额182.16亿元，比年初增长13.4%。全年实现邮电主营业务收入35 545.29万元，其中移动主营业务收入13 850万元。有固定电话用户48 401户、移动电话用户419 760户、国际互联网用户136 933户。

全县有学校75所（民办41所），其中普通高中3所（其中民办1所）、初中5所、九年一贯制学校2所、小学22所、幼儿园41所（民办39所）、特殊教育学校1所、中职学校1所（民办）。在校学生总数53 597人，其中职业高中在校学生6 103人，同比减少6.71%；普通中学在校学生17 456人，同比减少2.81%，初中升学率96.3%，高中毕业率95%；小学在校学生20 822人，同比减少3.16%，学龄儿童入学率98.7%。在职专任教师4 427人，其中普通中学1 916人、小学1 764人。新培育科技型中小微企业118家；完成高新技术产业产值60亿元、技术交易合同登记6 100万元，企业研发经费投入0.93亿元。有文化馆1个，社会事业服务中心（综合文化站）45个，农家书屋及社区书屋295个，公共图书馆1个（总藏量9万余册），文物保护单位60处（其中国家级1处、省级文物保护单位13处、市级文物保护单位16处）。有卫生机构424个（含村卫生室295个），实有病床位3 934张，卫生技术人员3 294人（其中执业医师828人、执业助理医师138人、注册护士1 020人、其他卫生技术人员467人）。在所有卫生机构中，公立医院2个，实有病床位1 200张，卫生技术人员1 093人；农村卫生院23个，实有病床位680张，卫生技术人员517人；妇幼保健机构1个，卫生技术人员122人；疾病预防控制机构1个，卫生技术人员37人；卫生监督所1个，卫生技术人员12人。广播电视综合覆盖人口达60万人。有线电视传输干线网络总长1 280千米，年末电视收看频道136个，其中县设频道2个。有线电视入户率98%，电视覆盖率100%。有乡（镇）广播站23个、村广播室221个、广播喇叭6 000个，广播通村率100%，广播覆盖率100%。

【年度农业和农村经济运行】 2022年，全县实现农林牧渔业总产值86.96亿元（现价），比上年增长4%，其中农业产值50.78亿元，增长3.4%；林业产值1.8亿元，增长7.7%；牧业产值30.63亿元，增长4.5%；渔业产值2.91亿元，增长6.6%；农林牧渔服务业产值0.84亿元，增长6.1%。全年农村劳动力技能培训2 180人。全年农村居民年可支配收入达19 208元，同比增长6.7%，其中工资性收入6 476元，同比增长11.4%；经营净收入6 385元，同比增长1.7%；财产净收入497元，同比增长1%；转移净收入5 851元，同比增长7.9%。农村居民消费支出15 276元，同比增长6.2%，其中食品烟酒支出5 314元，同比增长5.8%；衣着支出1 142元，同比增长5.1%；居住支出3 098元，同比增长6%；生活用品及服务支出1 190元，同比增长6.8%；交通通信支出1 553元，同比增长3.4%；教育文化娱乐支出1 369元，同比增长11.6%；医疗保健支出1 298元，同比增长5.6%；其他用品及服务支出312元，同比增长11.7%。农村居民家庭恩格尔系数为34.7%。

【种植业】 全年粮食作物播种面积85.29万亩，比上年增长1.42%；总产量31.6万吨，下降1.11%。其中，水稻播种面积20.8万亩，增长0.04%；产量11.1万吨，下降0.71%。小麦播种面积17.24万亩，增长2.39%；产量5.02万吨，增长2.18%。玉米播种面积29.31万亩，增长1.03%；产量11万吨，下降2.85%。折粮薯类播种面积11.68万亩，下降4.18%；产量3.46万吨，下降4.88%。全年油料作物播种面积27.27万亩，产量4.97万吨，其中油菜籽种植面积19.67万亩，产量4.02万吨；花生种植面积7.29万亩，产量0.92万吨。蔬菜及食用菌种植面积24.16万亩，产量54.99万吨。园林水果总产量5.33万吨，其中柑橘类产量4.36万吨、桃产量0.69万吨。

【畜牧业】 全年猪（牛、羊、家禽）肉总产量6.1万吨，其中猪肉产量5万吨。全年生猪出栏67.84万头，牛出栏0.67万头，羊出栏10.37万只；生猪存栏44.28万头，牛存栏1.74万头，羊存栏12.84万只。

【农村社会保障】 全年城乡居民社会养老保险参保人数26.58万人，城乡居民医疗保险参保人数41.34万人。农村居民最低生活保障人数60 772人。有各种社会福利收养性单位34个、床位2 613床。

【主要领导人】 县委书记：张光全；县人大常委会主任：张伟；县政协主席：蒙朝贵；分管农业副县长：朱佳宇。

西充县编写组

仪 陇 县

【基本情况】 2022年，全县辖1个街道29镇7乡531个村（居民委员会），辖区面积1 797平方千米，其中耕地面积64 314公顷。年末公安局户籍总人口104.63万人，比上年减少0.86万人，其中男性55.74万人、女性48.89万人，乡村人口88.46万人、城镇人口16.17万人。全年出生人口0.7万人，死亡人口0.91万人，人口自然增长率-1.52‰。年末常住人口72万人，城镇化率40.61%，比上年提高0.53个百分点。全年造林面积13.3公顷，森林覆盖率40%。

2022年，全县实现地区生产总值264亿元，按可比价格计算，同比增长1.4%，其中第一产业增加值67.9亿元，同比增长4.3%；第二产业增加值90.4亿元，同比下降2.9%；第三产业增加值105.6亿元，同比增长2.7%。三次产业对经济增长的贡献率分别为91.1%、-68.6%、77.5%。三次产业结构比为25.7∶34.3∶40。

全社会固定资产投资同比增长10.7%。社会消费品零售总额123.2亿元，比上年增长2.3%，其中城镇市场实现零售额80亿元，增长3.7%；乡村市场实现零售额43.2亿元，下降0.3%。全年新签约招商引资项目27个，新签约招商引资项目协议总投资164.2亿元，比上年增长39.7%。全年进出口总额2 570.2万美元。

公路里程4 460千米，其中国道159千米、省道234千米、县道610千米、乡道945千米、村道2 512千米；有等级公路里程4 441千米，其中高速公路77千米；公路通车里程共4 441千米。

全县邮政业务邮路总长度1 271千米，函件投递5.2万件，实现邮政业务总收入13 481.5万元。一般公共预算收入完成90 055万元，下降11.3%，其中税收收入45 552万元，下降12.5%；非税收收入44 503万元，下降10.9%。一般公共预算支出512 793万元，比上年下降14.3%。年末金融机构人民币各项存款余额457.9亿元，比上年增长10.3%，其中住户存款余额405.7亿元，增长13.9%。人民币各项贷款余额256.9亿元，增长14.7%，其中中长期贷款余额102.7亿元，增长2.4%；年末非金融企业及机关团体贷款余额115.2亿元，增长26.4%。

有小学39所，在校学生4.71万人，小学学龄儿童入学率100%；初中56所，在校学生2.61万人；普通高中6所，在校学生1.44万人；中等职业教育学校3所，在校学生0.71万人;特殊教育学校1所,在校学生154人。高新技术产业实现总产值40亿元。全年申请专利256件,发明专利申请32件。有艺术表演场所2个,文化馆1个,文化站57个,公共图书馆1个,博物馆4个。有文物保护管理机构1个,全国重点文物保护单位2处,省级文物保护单位18处,市、县级文物保护单位82处。有广播电视台1座,广播综合覆盖率达99.7%,电视综合覆盖率99.8%。有医疗卫生机构43个,其中县级医院(含妇幼保健院)4个、中心卫生院9个、乡(镇)卫生院25个、社区卫生服务中心5个;卫生技术人员3 004人,其中县级医院(含妇幼保健院)1 893人;医疗卫生机构病床位2 915张,其中县级医院(含妇幼保健院)1 800张、中心卫生院526张、乡(镇)卫生院461张;执业医师和执业助理医师1 083人,注册护士1 215人。

【年度农业和农村经济运行】 2022年,全县农村居民年人均可支配收入达18 677元,比上年增加1 173元,增长6.7%,其中工资性收入4 595元,增长7.4%;经营净收入6 735元,增长6.9%;财产净收入750元,增长7.1%;转移净收入6 596元,增长6%。农村居民年人均消费支出15 193元,增长5.5%,其中食品烟酒支出增长3.2%,衣着支出增长5.5%,居住支出增长5%,生活用品及服务支出增长8.2%,交通通信支出增长8.1%,教育文化娱乐支出增长14.1%,医疗保健支出增长5.9%,其他用品和服务支出增长3.3%。农村居民恩格尔系数为36.5%。全县水产养殖面积2 070公顷;水产品产量13 479吨,同比增长5%。新增农业机械总动力9 200千瓦,年末农业机械总动力461 523千瓦,同比增长2%。

【种植业】 全年粮食作物播种面积7.7万公顷,同比增长1.1%。油料作物播种面积2.8万公顷,同比增长0.7%。蔬菜及食用菌种植面积1.5万公顷,同比增长6.3%。全年粮食总产量43.1万吨,同比下降1.6%,其中夏粮产量6.7万吨,同比增长1.8%;秋粮产量36.4万吨,同比下降2.2%。经济作物中,油料产量8.4万吨,同比增长1.1%;蔬菜及食用菌产量46万吨,同比增长2.5%;园林水果产量3.1万吨,同比增长10.4%。

【畜牧业】 全年生猪出栏84.6万头,同比增长2%;牛出栏3.8万头,同比增长8.2%;羊出栏22.8万只,同比增长0.6%。全年肉类总产量(不含兔肉)8.6万吨,同比增长1%。

【农村社会保障】 全年纳入农村低保人员8.59万人,比上年减少1.14万人。将符合条件的农村特困供养对象全部纳入供养范围,共计5 062人,其中集中供养农村特困人数1 131人,集中供养率达22.3%。养老服务设施和养老服务机构总床位数3 432张。建立社区综合服务机构和设施62个。全年城乡居民养老保险参保人数54.1万人,城乡居民基本医疗保险参保人数82.7万人。

【主要领导人】 县委书记:郭宗海;县人大常委会主任:李斌;县长:赵云强;县政协主席:陈家喜;分管农业副县长:唐弘平。

仪陇县编写组

营 山 县

【基本情况】 2022年,全县辖3个街道18镇8乡,辖区面积1 635平方千米。年末公安户籍总人口87.3万人,同比下降1%,其中男性46万人、女性41.3万人,乡村人口69.9万人、城镇人口17.4万人。全年出生人口3 205人,人口出生率5.2‰;死亡人口4 834人,人口死亡率7.8‰;人口自然增长率-2.6‰。年末常住人口61.5万人,人口城镇化率45.2%,比上年增长0.6个百分点。

2022年,全县实现地区生产总值261.1亿元,按可比价格计算,比上年增长2.5%,其中第一产业增加值53.2亿元,增长4.2%;第二产业增加值92.3亿元,下降0.3%(工业增加值57.3亿元,占地区生产总值的21.9%);第三产业增加值115.6亿元,增长3.7%。三次产业对经济增长的贡献率分别为38.7%、-4.3%和65.6%。三次产业结构比为20.4∶35.4∶44.2。全年人均地区生产总值42 413元,比上年增长3%。

公路总里程3 117千米,其中高速公路通车里程105千米。全县等级公路里程3 012千米,其中一级公路35千米。全社会固定资产投资比上年增长11.9%。社会消费品零售总额129.8亿元,比上年增长2.8%,其中城镇市场实现零售额85.1亿元,增长2.6%;农村市场实现零售额44.7亿元,增长3.3%。一般公共预算收入完成9.1亿元,比上年下降9.7%。一般公共预算支出55.7亿元,比上年下降7.8%。年末金融机构人民币各项存款余额484.6亿元,比上年增长7.7%,其中住户存款余额423.9亿元,增长13.5%;人民币各项贷款余额270.4亿元,比上年增长11.3%,其中中长期贷款余额216.3亿元,增长12.9%。

有各类学校150所(不含村小学),在校学生97 462人,其中小学28所,在校学生41 164人;初中56所,在校学生24 946人;普通高中7所,在校学生11 708人;中等职业教育学校1所,在校学生3 363人;特殊教育学校1所,在校学生283人;成人教育学校（含技术培训）1所；幼儿园56所，在园幼儿15 998人；学龄儿童入学率为100%。有高科技产业企业10家，科技兴农引进新品种8项、新技术4项，建立示范基地12个。全年重点转化科技成果4项，技术交易14项。有艺术表演团体1个，艺术表演场所1个。有文化馆1个，图书馆1个，省级文物保护单位9个，市级文物保护单位12个。全县有广播喇叭4 378个，乡（镇）广播站28个，广播综合覆盖率99.9%。有体育场馆5个，符合“两场一池一房”要求场地1个，新建全民健身场所1处，建立国民体质监测站1个。全县电视总用户8.3万户，电视综合覆盖率99.9%。有医疗卫生机构（含村卫生室）592个，其中医院11个、基层医疗卫生机构578个、专业公共卫生机构3个；病床位5 627张；卫生技术人员3 727人，其中执业（助理）医师1 511人、注册护士1 634人。年末城乡居民养老保险参保人数36.5万人，城乡居民基本医疗保险参保人数65万人。

【年度农业和农村经济运行】 2022年，全县完成农林牧渔业总产值91.9亿元，比上年增长4.2%，其中农业产值50.8亿元、林业产值2.6亿元、牧业产值36.1亿元、渔业产值1.8亿元、农林牧渔服务业产值0.7亿元。农村居民年人均可支配收入达19 406元，比上年增长6.8%，其中工资性收入4 286元，增长8.3%；经营净收入8 178元，增长5.4%；财产净收入368元，增长9.5%；转移净收入6 574元，增长7.4%。农村居民年人均消费支出达16 065元，比上年增长6.1%，其中食品烟酒支出增长4.6%、衣着支出增长4.5%、居住支出增长5.1%、生活用品及服务支出增长9.1%、交通通信支出增长5.4%、教育文化娱乐支出增长13.1%、医疗保健支出增长6.1%、其他用品和服务支出增长10.1%。农村居民恩格尔系数为36.8%。全年农田有效灌溉面积19 340公顷，其中恢复改善面积210公顷。新增蓄水能力37.8万立方米。累计综合治理水土流失面积88.2平方千米，其中2022年新增3.1平方千米。年末农业机械总动力39.9万千瓦，比上年增长4.2%，其中新增农业机械总动力1.6万千瓦。

【种植业】 全年粮食作物播种面积70 073公顷，比上年增长1.4%，其中水稻播种面积25 867公顷、玉米播种面积12 762公顷。油料作物播种面积24 356公顷，比上年增长0.6%，其中油菜籽播种面积16 767公顷，占油料作物播种面积的68.8%。蔬菜种植面积23 489公顷，比上年增长4.6%。全年粮食总产量39.6万吨，比上年减少1.7%，其中夏粮产量7.4万吨，比上年增长0.6%；秋粮产量32.2万吨，比上年减少2.2%。经济作物中，油料产量6.1万吨，比上年增长3%；蔬菜产量43.6万吨，比上年增长5.3%；园林水果产量4.6万吨，比上年增长5.4%。

【林业】 全年完成造林面积667公顷，其中人工造林333公顷。天保工程年末实有森林管护面积2.2万公顷。年末森林覆盖率39%。

【畜牧业】 全年生猪出栏79.3万头，比上年增长3.3%；牛出栏2.4万头，比上年增长8.4%；羊出栏39.6万只，比上年增长0.8%；家禽出栏947.7万只，比上年增长0.5%。猪肉产量5.8万吨，比上年增长2.3%；牛肉产量0.3万吨，比上年增长6.2%；羊肉产量0.6万吨，比上年增长2%；禽肉产量1.3万吨，比上年增长1%。禽蛋产量2.3万吨，比上年增长4.9%。牛奶产量0.02万吨，比上年减少30.4%。

【主要领导人】 县委书记：罗明远；县人大常委会主任：李涛；县长：敬健；县政协主席：李虹波；分管农业副县长：冯娟。

营山县编写组

蓬 安 县

【基本情况】 2022年，全县辖5乡14镇2个街道，辖区面积1 332平方千米，其中耕地面积74.7万亩，与上年持平；人均耕地面积1.15亩。年末总人口（户籍）64.97万人，其中女性30.73万人，城镇人口11.89万人、乡村人口53.08万人。全年出生人口3 032人，人口出生率4.7‰；死亡人口7 487人，人口死亡率11.5‰；人口自然增长率为–6.8‰。常住人口45.6万人，常住人口城镇化率39.01%。全县耕地有效灌溉面达到耕地总面积的3.42%；本地水资源总量40.2亿立方米，人均占有水资源量6 194立方米。有林地面积19 157.4万公顷，森林覆盖率40%。

2022年，全县实现地区生产总值206.9亿元，按可比价格计算，比上年增长0.6%，其中第一产业增加值49.6亿元，同比增长4.7%；第二产业增加值73.2亿元，同比下降6.3%；第三产业增加值84.2亿元，同比增长3.9%。三次产业结构比由上年的23.8∶36.7∶39.5调整为24∶35.4∶40.6。从生产的角度看，第一产业拉动地区生产总值增长1.2个百分点，第二产业拉动地区生产总值负增长2.2个百分点，第三产业拉动地区生产总值增长1.6个百分点。按常住人口计算，人均地区生产总值45 289元，比上年增长1.2%。全县城镇新增就业7 790人，城镇登记失业人员2 256人，城镇登记失业率为3.17%。全年接待游客856万人，实现旅游收入71亿元。

公路通车里程2 485.6千米，其中乡村公路527.9千米。社会消费品零售总额110.753 41亿元，增长2.2%。地方公共财政预算总收入完成67.939亿元，减少16.3%；公共财政预算总支出40.833 7亿元，增长2.2%，其中农业投入8.140 3万元。金融机构各项存款余额327.672 609亿元，比上年初增长13.7%；各项贷款余额171.560 505亿元，比年初增长19%。有固定电话用户106 397户，比上年增长7.9%，其中农村用户59 586户，比上年增长6.9%；城镇用户46 811户，比上年增长9.3%。年末移动电话用户54.3万户，比上年增长4.1%。国际互联网用户23.6万户，比上年增长11.6%。通电话行政村228个，通话率达100%。

有基础教育校（园）99所，其中小学26所、初中27所、高中6所、九年一贯制学校19所、十二年一贯制学校1所、幼儿园39所、特殊教育学校1所，全县基础教育在校学生总数60 535人，比上年减少3.3%，其中学前教育在校学生11 179人，比上年增长0.3%；小学在校学生25 149人，比上年减少4.8%；初中在校学生15 227人，比上年减少5.1%；高中在校学生8 754人，比上年减少0.2%；特殊教育在校学生226人，比上年增长11.9%。有基础教育教职工5 054人，比上年减少1.6%。职业教育学校1所，在校学生2 234人，比上年减少2%；有教职工119人，比上年减少0.1%。有文化馆1个，公共图书馆1个。广播覆盖人口66.3万人，电视覆盖人口66.2万人。有线电视传输网络干线总长达2 965千米，电视节目套数190套；有线电视入户率65%，电视覆盖率99.8%。有乡（镇、街道）广播站21个，广播通村率100%，广播覆盖率100%。有卫生机构44个，实有病床位3 689张，卫生机构技术人员3 549人（其中执业医师988人、执业助理医师241人、注册护士1 005人、药剂人员129人、检验人员91人、其他卫生技术人员272人）。在所有卫生机构中，县综合医院11家，实有床位1 770张，卫生技术人员1 468人；中心卫生院7个，实有病床位464张，卫生技术人员427人；乡（镇）卫生院12个，实有病床位319张，卫生技术人员225人；妇幼保健机构1个，实有病床位150张，卫生技术人员298人；疾病预防控制机构1个，卫生技术人员38人。

【年度农业和农村经济运行】 2022年，全县实现农林牧渔总产值86.2亿元（现价），比上年增长4.8%，其中农业总产值49.3亿元，比上年增长5.8%；林业总产值1.7亿元，比上年增长8%；牧业总产值30亿元，比上年增长5.3%；渔业总产值3.3亿元，比上年减少0.1%；农林牧渔服务业总产值1.8亿元，比上年增长5%。农村居民年人均可支配收入达21 804元，比上年增收1 369元，增长6.7%，其中工资性收入4 731元，比上年增加291元，增长6.5%；家庭经营收入8 158元，比上年增加508元，增长6.7%，财产性收入543元，比上年增加66元，增长13.8%。农民年人均生活消费支出达16 246元，比上年增长5.9%，其中食品支出5 495元，比上年增长7%。农村居民家庭恩格尔系数为33%。全县主要农产品产量见表1。

【种植业】 全年粮食总产量30.7万吨，比上年减少1.4%，其中夏粮产量增长1.6%、秋粮产量减少2%。经济作物中，油料产量5.9万吨，增长2.1%；蔬菜及食用菌产量40.1万吨，增长2.6%；园林水果产量11.8万吨，增长5.6%。

【畜牧业】 全年出栏生猪60.2万头，比上年增长3.3%；出栏牛1.4万头，比上年增长8.4%；出栏羊5.9万只，比上年减少6.1%。生猪存栏42.6万头，比上年下降2%；牛存栏3.7万头，比上年增加4.1%；羊存栏13.3万只，比上年增长6.9%。

【农村社会保障】 全年城乡居民养老保险参保人数30.48万人，参保缴费人数10.87万人，征收基金9 976.46万元。全县城乡居民医疗保险参保人数达51.9万人，征收基金15 457万元，基金支出35 999万元。全县纳入低保对象共82 029人，其中城镇低保9 854人、农村低保72 175人。

【主要领导人】 县委书记：崔竹君（9月止），唐方春（9月始）；县人大常委会主任：向峰；县长：唐方春（11月止），邱跃峰（11月始）；县政协主席：滕明鹏；分管农业副县长：苟耄。

蓬安县编写组

表1　2022年蓬安县主要农产品产量

主要农产品	单位	产量
粮食	万吨	30.740 0
水稻	万吨	12.869 0
小麦	万吨	3.924 0
玉米	万吨	7.296 0
马铃薯	万吨	0.028 5
油菜籽	万吨	4.216 0
水果	万吨	11.810 0
猪肉	万吨	4.456 0
禽肉	万吨	0.917 0
禽蛋	万吨	3.557 0

宜 宾 市

【基本情况】 2022年，全市辖3区4县，辖区面积1.33万平方千米，其中耕地面积537.93万亩，比上年增长0.4%；永久基本农田面积401.37万亩。年末总人口548.38万人（户籍人口），减少0.38%；人口出生率7.79‰，减少0.92个千分点；人口自然增长率-1.82‰，减少3.53个千分点。全市灌溉面积累计达322.65万亩，有效灌溉面积累计达305.85万亩，实际耕地灌溉面积233.81万亩；本地水资源总量74.21亿立方米，人均占有水资源量1 607.03立方米。有林地面积1 009.3万亩，森林面积933.4万亩，森林蓄积量2 520万立方米，森林覆盖率46.89%。

2022年，全市实现地区生产总值3 427.84亿元，增长4.5%，其中第一产业增加值395.96亿元，增长4.3%，农、林、牧、渔及农林牧渔服务业之比为53.8∶7∶33.1∶3.9∶2.2；第二产业增加值1 723.21亿元，增长5.2%；第三产业增加值1 308.67亿元，增长3.9%。三次产业对经济增长的贡献率分别为11.6%、50.3%和38.1%。

公路通车里程25 570.813千米，其中乡村公路23 677.198千米。社会消费品零售总额1 210亿元，与上年持平。全市地方一般公共预算收入完成275.81亿元，增长9.8%；一般公共预算支出610.05亿元，增长8.2%。全市金融机构本外币各项存款余额4 657.54亿元，比上年末增长12.6%；各项贷款余额3 749.35亿元，增长22.7%。全年农业保费收入4.28亿元，增长48.46%；处理各项赔款和给付金额2.62亿元，增长25.9%。农业产业化龙头企业国家级、省级、市级、县级分别为4家、67家、301家、505家。

有各类学校1 469所（不含普通高等院校、技工校、职业培训机构），在校学生83.95万人，教职工6.62万人，其中中等职业教育学校15所，在校学生6.63万人；普通高中41所，在校学生9万人（普通高校8所，在校本/专科学生84 496人，增长6.98%）；普通中学230所，在校学生19.4万人；小学294所，在校学生34.5万人。有乡（镇）卫生院122家、社区卫生服务中心16家。全市城乡居民医疗保险参保人数414.96万人，其中农村低收入人口和脱贫人口共计53.33万人，实现100%参保；城乡居民养老保险参保人数188.66万人；被征地农民新参保8 798人，累计参保人数达19.11万人。

【年度农业和农村经济运行】 2022年，全市农林牧渔业总产值达646.215 8亿元。农民年人均可支配收入达21 846元，增长6.1%。全市省级农产品例行监测合格率99.1%；建成134个基层农业综合服务站。全市主要农产品产量见表1。

【农业产业化发展】 产业发展。全市农业特色优势产业不断壮大，现代农业“5+2”产业走在全省前列，茶叶、酿酒专用粮、蚕桑面积位居全省第一，竹面积位居全省第二；蚕茧产量位居全省第一，茶叶、生猪产量位居全省第二；竹、油樟综合产值位居全省第一，茶叶、生猪综合产值位居全省第二。酒茶集团出资2亿

表1 2022年宜宾市主要农产品产量

主要农产品	单位	产量	同比增减(%)
粮食	万吨	251.42	-3.30
水稻	万吨	122.83	-2.20
小麦	万吨	0.11	-36.40
玉米	万吨	71.26	-5.00
马铃薯	万吨	16.44	5.20
油菜籽	万吨	13.70	8.20
蔬菜	万吨	324.62	2.71
水果	万吨	90.52	7.77
肉类	万吨	49.51	2.53
猪肉	万吨	37.94	2.49
牛肉	万吨	2.02	6.84
羊肉	万吨	0.67	4.27
禽肉	万吨	7.21	0.81
兔肉	万吨	1.63	6.35
禽蛋	万吨	5.38	6.72
水产品	万吨	12.20	3.46
牛奶	万吨	0.30	1.30

元整合川茶集团，集中打造“一红一绿”茶叶单品，全市茶园面积133万亩，产量10.22万吨，实现综合产值320.2亿元；以定制（订单）形式发展酿酒专用粮52.3万亩，向白酒企业提供道地产品21.6万吨，其中以9.2元/千克最低收购价发展五粮液定制糯红高粱基地9万亩，收购量达1.45万吨，亩产达2 300元。创建国家级产业（蚕桑）融合发展示范园1个、产业强镇1个，全市新（改）建标准桑园基地2万亩，建成10万亩高标准连片蚕桑示范基地1个；桑园总面积62万亩，鲜茧产量3.01万吨，实现综合产值75亿元。西南地区最大的南溪德康肉食品精深加工项目一期工程竣工。加快推进中国融通农业发展集团投资24亿元建设的100万头生猪“产加销”全产业链项目、德康集团“百村百万”（在500个村建设年出栏500万头生猪）种养循环生猪养殖工程，生猪全年出栏515.2万头，实现综合产值520亿元。争取4个“鱼米之乡”项目，新增稻虾养殖面积5万亩，池塘养殖面积稳定在9万亩；水产品总产量12.2万吨，实现综合产值37.5亿元。竹产业面积334万亩，产量305万吨，实现综合产值353亿元；油樟面积53万亩，产量1.89万吨，实现综合产值55亿元。全年出栏肉牛15.2万头、羊47.5万只、家禽4 952.9万只、兔1 181万只、禽蛋5.38万吨；水果、蔬菜种植面积分别为96.77万亩、136万亩，产量96.3万吨、324.62万吨。

新型农业经营主体培育。推动龙头企业、农民合作社、家庭农场做大做强做优，培养高素质农民，夯实产业发展基础。全年共争取2 957万元培育新型农业经营主体，新增农业产业化省级重点龙头企业6家，总数达67家（见表2），其中接受农业农村部监测的3家国家重点龙头企业全部合格；推进农民合作社与村集体经济组织联合发展，全市共有103个联合发展体，扶持98个农民合作社共1 310万元（见表3）；新增家庭农场1 171家，总数达13 518家，扶持62个家庭农场共947万元（见表4）。组织农民合作社带头人、家庭农场主参加“耕耘者”振兴计划培训，开展农业产业领军人才、农业经理人、创新创业人才等培训，抓好乡村产业振兴带头人培育“头雁”项目实施，全年共投入974万元，培育高素质农民2 945人，推荐102名经营主体带头人纳入“头雁”项目储备库；投入360万元，推动翠屏区开展深化家庭农场和农民合作社带头人职业化试点，探索建立新型职业农民制度。

【村集体经济发展】 投入1亿元，设立党的建设发展专项资金，由银行放大10倍后向村集体参与的扶持对象提供最高200万元/个的贴息贷款，共审批贷款项目119个、1.92亿元；全市乡村振兴产业发展贷款风险补偿金到位4.21亿元，累计为8 875户农户发放贷款43.27亿元，撬动社会资本76.92亿元。全国首支10亿元乡村振兴发展基金已投放项目8个，投入5.26亿元；储备项目4个、拟投入2.66亿元。全市村集体经济总收入6.87亿元，其中65.4%的村集体经济年收入超过10万元。突出监管保护并重，制定出台《宜宾市农村集体资产管理办法》《宜宾市关于进一步加强农村集体资产管理的意见》，建立市、县、乡、村四级的“1+1+N”（1个汇总平台+1个公开公示平台+N个业务系统）农村集体资产综合监管平台，全流程加强“三资”监管。

【农用地产权制度改革】 确权颁证。推进农村土地确权登记颁证，对109.19万户农户发放土地承包经营权证，颁证率达98.7%，分别高于全国、全省平均水平2.7%、1.2%。抓实农房宅基地确权登记，全区宅基地和集体建设用地可确权登记10.348 5万宗，已全部完成登记。

土地承包经营。推进农村土地“三权分置”并行政策，围绕“5+2”优势特色农业产业发展，引导土地流转规模逐步扩大，全市农村土地流转面积161.82万亩，流转率达29.68%。在全市10个县（区）全覆盖建立土地承包纠纷仲裁委委员会，设立仲裁庭，制定仲裁委员会章程，配备仲裁人员，构建县、乡（镇）、村三级联动调处机制。

【农村集体产权制度改革】 产权制度改革“回头看”。聚焦清产核资、成员确认、份额（股份）量化、登记赋码等重点环节，所辖1 792个村集体经济组织登记赋码发证实现全覆盖，并按照“五个一”（即有一个标准名称并挂牌、一个组织章程、一套内部治理机构、一本成员名册、一套管理制度）要求规范管理运行。全市1 792个村集体经济组织总资产132.81亿元，其中经营性资产21.8亿元，占总资产的16.41%。全市村集体经济收入6.87亿元，其中65.4%的村集体经济年收入超过10万元。

综合改革试点。翠屏区和叙州区继续推进李庄镇和观音镇集成改革试点，推荐叙州区为县域内城乡融合发展改革试点地区、探索完善农村土地经营权流转交易规范化制度试验区，翠屏区被确定为全国第三批农村集体产权制度改革试点典型经验交流单位，南溪区南溪街道白合村等16个村被省委农办、农业农村厅认定为全省合并村集体经济融合发展试点先进村。

【宅基地改革试点】 推进翠屏区全国宅基地制度改革试点，金秋湖镇谢坝社区村完成第一批房屋拆迁复垦，形成集体建设用地指标26.14亩。翠屏区首宗宅基地改革有偿退出节余集体建设用地指标7月在成都农村产权交易所宜宾所摘牌，指标面积8.2亩，挂牌价25万元/亩，最终摘牌价35万元/亩，成交总价287万元，溢价率40%。共盘活闲置宅基地及农房659宗，增加集体收入493.42万元、农民收入430.64万元。

【产权交易服务体系建设】 成都农村产权交易所宜宾所围绕更好服务全市农村产权交易不断提升业务能力，与11家（涵盖收储基金、评估、地籍测绘、培

表2　2022年宜宾市省级(及以上)农业产业化重点龙头企业名单

企业名称	注册资金（万元）	法人代表	示范等级	年度产值（万元）	主营产品
宜宾五粮液股份有限公司	388 160.80	曾从钦	国家级	7 396 864.07	白酒加工
四川省茶业集团股份有限公司	35 680.00	颜泽文	国家级	74 000.00	茶叶
宜宾市申酉辰明威农业发展有限公司	4 900.00	孙力民	国家级	6 000.32	茶叶、沉香
四川省宜宾市叙府酒业股份有限公司	10 000.00	熊吉	省级	189 359.00	“叙府”牌系列白酒
四川宜宾碎米芽菜有限公司	8 400.00	周雨浓	省级	7 800.00	碎米芽菜
宜宾市富康食品有限公司	913.00	刘川秀	省级	5 623.00	酱腌菜
宜宾黄桷庄粮油集团有限公司	1 700.00	应旭洪	省级	19 000.00	大米油脂
宜宾顺风畜牧业有限公司	800.00	朱顺彬	省级	6 756.00	生猪
四川云辰园林科技有限公司	5 500.00	卢维	省级	8 500.00	农林产品
四川鑫锐投资有限公司	5 000.00	周朝忠	省级	438 869.70	水果、蔬菜
宜宾茶缘牧业有限公司	4 700.00	罗国正	省级	12 708.00	生猪
宜宾市义兴农业发展有限公司	500.00	杨义	省级	6 895.33	茶叶
四川宜宾戎陈坊食品有限公司	800.00	夏敏生	省级	6 860.00	酱腌菜
四川省宜宾张杨茶业有限责任公司	500.00	张贵杨	省级	3 268.25	茶叶种植及销售
四川乾力农业科技开发有限公司	1 050.00	陈方乾	省级	7 685.36	柑橘销售
宜宾山勾勾农业科技有限公司	5 000.00	陈芬	省级	8 397.00	鲜鸡蛋、有机肥
宜宾市金禹农业有限责任公司	160.00	禹洪	省级	6 202.71	生猪
四川好牧科技有限公司（四川好牧农业有限公司）	2 000.00	罗娟	省级	7 012.00	生猪
宜宾万国顺农业科技有限公司	2 000.00	高功金	省级	2 200.00	柑橘
四川银皇食品有限责任公司	1 000.00	蒋元银	省级	5 324.00	花生及其他坚果
宜宾市久顺食品有限公司	1 203.00	朱顺平	省级	39 983.00	生猪屠宰、销售
四川省青潭粮油有限公司	1 000.00	罗军	省级	14 992.00	大米、油料加工等
四川省宜宾市汇宝食品有限责任公司	1 018.00	唐智	省级	111 416.00	生猪屠宰
四川宜宾九彩虹生态农业科技有限公司	5 000.00	李兴海	省级	2 323.15	生态农业开发;农副产品加工、经营;生态旅游
四川宜宾宝香园食品有限公司	520.00	罗鹏	省级	8 391.00	蔬菜制品(酱腌菜)加工及销售
四川天堂湾农业开发有限公司	2 000.00	梁健	省级	3 124.32	果树、林木、花卉种植;园林绿化工程(凭资质经营);家禽、家畜、淡水鱼养殖;农业科技研发、推广;农副产品生产、加工、销售
四川省宜宾天宫茶业有限责任公司	500.00	张毅	省级	6 255.00	茶叶种植、加工及销售;茶树良种繁育;茶叶机械研发与生产;花卉生产、经营
四川横竖生物科技股份有限公司	3 113.94	王洪润	省级	5 613.45	野生动物(猴子等)养殖

续表1

企业名称	注册资金（万元）	法人代表	示范等级	年度产值（万元）	主营产品
宜宾市叙州区吉新商贸有限责任公司	160.00	杨继新	省级	265.00	炒货食品及坚果制品（烘炒类、油炸类）
四川天竹竹资源开发有限公司	137 525.00	张振宇	省级	64 464.00	竹材粘胶纤维浆粕生产与销售
宜宾新宇酒业有限公司	1 000.00	邓正川	省级	11 507.00	白酒、复糟酒生产的销售，粮食收购
江安德康生猪养殖有限公司	1 000.00	熊太权	省级	47 369.00	兽药零售；生猪饲养销售，畜禽配套技术服务，家禽养殖，机具、饲料销售
四川省宜宾市华夏酒业有限公司（宜宾市怡宾酒业有限责任公司）	1 188.00	黄建平	省级	7 500.00	生产、销售曲酒、白酒、果酒、营养保健酒、饮料、矿泉水
四川省珙县鹿鸣茶业有限公司	647.00	张岷熹	省级	5 501.00	茶叶
珙县智溢茧丝绸有限公司	1 000.00	余力	省级	19 126.00	干茧
宜宾龙茶花海旅游开发有限公司	941.00	张成龙	省级	3 200.00	种植、旅游
四川省宜宾竹海酒业有限公司	3 600.00	宋永铸	省级	7 990.00	“竹海”牌白酒
四川牛九牛农业股份有限公司	16 047.00	黄杨	省级	10 255.00	牛肉、牛排
国美酒业四川有限公司	3 000.00	武玉杰	省级	103 415.00	“君子”“国美”牌白酒
长宁县大旗竹业有限公司	500.00	蒯良友	省级	5 014.00	竹筷、竹装材料
四川省宜宾酒都实业有限责任公司	1 020.00	周一鸣	省级	5 609.00	白酒制造
宜宾市兴文县纯正油坊食用植物油有限公司	499.00	罗建林	省级	6 043.00	菜籽油
兴文县金鹅粉业有限责任公司	300.00	白永富	省级	3 683.00	红薯淀粉制品
四川省宇庆食品有限责任公司	200.00	李兴宇	省级	1 401.00	泡菜制品
宜宾市双星茶业有限责任公司	2 000.00	周涛	省级	3 600.00	茶叶
宜宾醒世茶业有限责任公司	3 000.00	陈蓉	省级	4 500.00	茶叶
四川省凤鸣茶业有限公司	2 000.00	文显强	省级	2 700.00	茶叶
宜宾牛犇食品有限公司	1 000.00	李仁刚	省级	1 200.00	肉牛
筠连县瑞鑫茶业有限责任公司	2 000.00	罗伟	省级	2 800.00	茶叶
四川早白尖茶业有限公司	4 947.23	张德勋	国家级	32 404.00	茶叶
宜宾市顶古山薯业有限公司	1 000.00	崔秀荣	省级	6 500.00	淀粉、粉条
宜宾川红茶业集团有限公司	13 500.00	罗晓东	省级	36 500.00	红茶、绿茶
四川峰顶寺茶业有限公司	4 000.00	李鑫	省级	2 016.00	茶叶、茶苗
四川龙溪茶业有限公司	1 000.00	侯向华	省级	2 400.00	绿茶、红茶
四川新丝路茧丝绸有限公司	600.00	彭江	省级	9 224.00	生丝
四川腾耀农业科技开发有限责任公司	1 800.00	罗芳	省级	9 699.00	酱腌菜及调味料品
四川云州茶业有限公司	600.00	张毅	省级	7 902.69	茶叶

续表2

企业名称	注册资金（万元）	法人代表	示范等级	年度产值（万元）	主营产品
宜宾市兴文县纯正油坊食用有限公司	499.00	罗建林	省级	6 043.00	菜籽油
兴文县金鹅粉业有限责任公司	300.00	白永富	省级	3 683.00	红薯淀粉制品
四川省宇庆食品有限责任公司	200.00	李兴宇	省级	1 401.00	泡菜制品
四川锦城林业开发有限公司	350.00	唐明蓉	省级	5 809.74	罗汉笋系列、方竹笋系列食品
四川省宜宾市长兴酒业集团有限公司	6 000.00	李刚	省级	34 907.00	浓香型白酒
四川宜宾恒生福酒业集团有限公司	1 835.60	刘建明	省级	109 100.00	白酒
宜宾市娥天歌食品有限公司	198.00	徐纲	省级	6 024.38	休闲食品、腌腊制品
四川嘉福乐食品有限公司	1 000.00	王红	省级	11 307.75	畜禽
宜宾纸业股份有限公司	17 690.40	陈洪	省级	228 897.09	食品包装原纸、生活用纸
四川南溪徽记食品有限公司	6 000.00	吕金刚	省级	15 771.98	豆腐干、素肉
宜宾五尺道集团有限公司	10 000.00	刘成宽	省级	12 000.00	猪肉及相关加工制品（香肠、腊肉）
宜宾满园春色茶业有限公司	500.00	朱晓方	省级	7 200.00	茶叶
屏山县岩门秀芽茶业有限责任公司	300.00	张德兵	省级	3 568.00	茶叶

表3　2022年宜宾市省级（及以上）示范农民专业合作经济组织名单

合作组织名称	注册资金（万元）	法人代表	示范等级	年度产值（万元）	主营产品
宜宾县瑞民生猪养殖专业合作社	370.00	赵修贵	省级	490.00	生猪养殖及销售
宜宾市翠屏区永昌农机农耕服务专业合作社	181.00	焦河清	省级	1 000.00	芽菜种植
宜宾市翠屏区香妹苗木种植专业合作社	500.00	曾久香	省级	50.00	油茶
宜宾市翠屏区绿合养殖专业合作社	300.00	沈春艳	省级	299.00	生猪
宜宾县蜀莲莲藕专业合作社	700.00	江平	省级	320.00	莲藕、大蒜加工
宜宾县坚丰核桃种植专业合作社	401.48	刘海洋	省级	102.00	中药材、荷叶
宜宾县惠农水产专业合作社	210.00	李仁强	省级	106.00	水产
宜宾县孔滩镇狐家洞山茶籽油专业合作社	800.00	陈春潮	省级	1 080.00	油茶、花生、油菜种植，销售
宜宾市翠屏区神农果蔬专业合作社	239.17	余启兵	省级	341.23	蔬菜种植
宜宾市翠屏区丹山养殖种植专业合作社	501.00	李明	省级	70.00	油樟、巨桉、水稻、鱼虾
宜宾市翠屏区雄强蔬菜种植专业合作社	500.00	廖强吉	国家级	200.00	柑橘
宜宾金江翠螺茶叶农民专业合作社	100.00	杨林	省级	120.00	茶叶
宜宾市翠屏区新隆种植专业合作社	200.00	顾凤	省级	1 550.00	茶叶、沉香
宜宾市翠屏区方圆茶叶专业合作社	210.40	熊章元	省级	920.00	茶叶收购、加工、批发
宜宾市翠屏区留诚养殖专业合作社	1 101.00	陈伟	国家级	4 523.00	土鸡、鸡蛋、鸡苗
宜宾市翠屏区鸿鑫种植养殖专业合作社	515.54	胡红	国家级	153.00	肉牛、竹子、茶叶

续表1

合作组织名称	注册资金（万元）	法人代表	示范等级	年度产值（万元）	主营产品
宜宾市翠屏区明清茶叶专业合作社	310.00	彭子权	国家级	1 260.00	茶叶
宜宾市翠屏区茗缘种植养殖专业合作社	349.00	练洑材	国家级	236.00	茶叶
宜宾亿粮农机专业合作社	238.00	莫民炳	国家级	53.00	水稻
宜宾县农康富生猪养殖专业合作社	504.00	向前英	省级	600.00	生猪养殖
宜宾维均蔬菜种植专业合作社	50.00	马世界	省级	0	蔬菜种植
宜宾市翠屏区金禾田园水产养殖专业合作社	100.00	陈荣	国家级	330.00	鳖、水稻
宜宾市翠屏区一新花卉苗木种植农民专业合作社	589.10	张焕然	国家级	200.00	花卉苗木
宜宾市南溪区天歌白鹅养殖专业合作社	568.00	蒋朝彬	省级	85.00	商品鹅养殖
宜宾市南溪区嘉龍竹木专业合作社	1 600.00	钟燕宜	省级	1 800.00	竹笋、竹材等系列产品
宜宾市南溪区君恒林木种植专业合作社	1 000.00	李君	省级	830.00	苗木种植、销售
宜宾市南溪区孝善坊种植专业合作社	1 200.00	韩忠亮	省级	385.00	黄豆种植、销售、技术培训
宜宾市南溪区老农家猕猴桃种植专业合作社	50.00	赵来	省级	21.00	猕猴桃种植
宜宾市叙州区冠英田大米专业合作社	102.23	谢春艳	省级	83.47	粮食
宜宾市叙州区金鑫养殖专业合作社	416.00	廖运兵	省级	3 262.54	生猪
宜宾市叙州区宏新肉兔养殖专业合作社	401.20	李华文	省级	438.67	肉兔
宜宾市叙州区楚才农机专业合作社	280.00	喻瑾	省级	98.90	农机
宜宾市叙州区旺优新花生种植专业合作社	300.00	谢长清	省级	497.00	粮食
宜宾市叙州区功益茶叶专业合作社	515.00	蒋友群	国家级	366.00	茶叶
宜宾市春丰黄桷兰专业合作社	500.00	冯林	省级	429.94	花卉
宜宾市叙州区蜀留香蔬菜种植专业合作社	120.00	谢小平	省级	310.00	蔬菜
宜宾市叙州区小鱼窝竹材种植专业合作社	173.00	范小平	省级	468.00	竹木
宜宾市叙州区桃花源种植专业合作社	124.00	黄忠清	国家级	177.00	水果
宜宾市叙州区揽胜种养殖专业合作社	345.00	刘伟	国家级	310.00	粮食
宜宾市叙州区牛青山稻谷专业合作社	120.00	李为廷	省级	133.00	粮食
宜宾市叙州区仁和寨养殖专业合作社	922.00	林国忠	省级	86.00	水果
宜宾仙鹅林樟专业合作社	306.00	樊尚富	省级	350.00	油樟
宜宾市翠屏区兴荣水产养殖专业合作社	732.00	王伦银	国家级	3 300.00	水产养殖
宜宾市翠屏区金利枇杷专业合作社	58.00	滕明渊	省级	1 050.00	枇杷
宜宾市翠屏区红春水果专业合作社	1 310.00	何建	省级	12.00	葡萄
江安县穗泰植保农民专业合作社	100.00	唐思必	省级	50.00	绿色防控
江安县迎凤密本南瓜专业合作社	386.00	阳露平	省级	3 000.00	蜜本南瓜
江安县天慧茶叶种植专业合作社	1 996.20	荣斌	省级	120.00	茶叶

续表2

合作组织名称	注册资金（万元）	法人代表	示范等级	年度产值（万元）	主营产品
江安县水清镇鸿瑞蔬菜种植专业合作社	120.00	曾胜英	省级	121.30	草莓、佛手
江安县原生态李子专业合作社	158.00	胡华	国家级	230.00	李子
江安县橙乡甜橙农民专业合作社	10.00	刘兵	省级	20.00	柑橘
江安县鑫发泥鳅养殖专业合作社	580.00	张兴明	省级	320.00	美蛙养殖
江安富农水产养殖专业合作社	260.00	范顺连	省级	70.00	各类鱼养殖
江安浩宇园林专业合作社	508.60	熊中良	省级	200.00	苗木
江安县华天林业农民专业合作社	1 075.00	任敏	省级	105.00	竹产业
江安县下长镇红丰水果专业合作社	500.00	黄诚	省级	66.00	水果
江安县下长镇金土地专业合作社	300.00	樊治容	省级	110.00	水果
江安县红桥镇五凤山种植专业合作社	505.00	周富祥	省级	100.00	粮食
江安县怡乐水果蔬菜农民专业合作社	50.00	黄朝平	国家级	1 000.00	水果蔬菜
江安县蟠龙乡共同农机农民专业合作社	280.00	邹汉明	省级	100.00	水稻、油菜
江安县邵湾茶叶种植专业合作社	500.00	邵杰	省级	200.00	茶叶
长宁县龙岭翠早茶专业合作社	800.00	唐贵君	省级	116.85	茶叶
长宁县佳鑫中药材种植专业合作社	101.80	李蓉	省级	1 425.48	中药材
长宁县竹海山宝食用菌开发专业合作社	158.00	黄晓	省级	1 944.08	蔬菜产业
长宁县美川林业专业合作社	800.00	吴文祥	省级	756.43	花椒、楠竹
长宁县均运畜业专业合作社	600.00	敖培均	省级	523.02	生猪产业
长宁县永鑫禽业专业合作社	850.00	汤德鑫	省级	251.81	肉鸡产业
长宁县小红桥竹编工艺品专业合作社	471.00	万登贵	省级	54.20	竹工艺品
长宁县惠农生猪养殖专业合作社	1 300.00	张友会	省级	150.00	生猪产业
长宁县巴小楠农业专业合作社	600.00	罗艳	省级	149.85	竹工艺品
长宁县小草种养殖专业合作社	571.00	邓桂彬	省级	175.61	粮食产业
长宁县竹莲种养专业合作社	100.00	黄永红	省级	95.84	粮食产业
长宁县果花香农业专业合作社	100.11	雷科	省级	368.42	水果
长宁县巾鑫水果专业合作社	418.00	杨玉堂	省级	125.47	水果
长宁县益康农业专业合作社	290.00	杨小红	省级	448.31	水果
长宁县源野地养殖专业合作社	724.00	张华均	省级	152.47	生猪产业
长宁县自然渔业专业合作社	1 500.00	张松	省级	280.00	水产品
长宁县卓东种养殖专业合作社	160.00	秦敏	省级	84.55	生猪产业
长宁县三月沃柑种植专业合作社	1 466.28	秦梦泉	省级	188.46	水果
长宁县祥和民生种植专业合作社	198.00	卢晓军	省级	328.15	蔬菜产业

续表3

合作组织名称	注册资金（万元）	法人代表	示范等级	年度产值（万元）	主营产品
长宁县开岭瓜蒌种植专业合作社	220.10	梅开岭	省级	50.93	水果
珙县富民植保专业合作社	60.00	余林昌	省级	162.70	植保
珙县洛表大坊茶业专业合作社	636.69	曾焕兵	省级	241.00	茶叶
珙县旭东种植专业合作社	100.00	严利	省级	350.00	粮食
珙县绿僰生态养殖专业合作社	200.00	何定才	省级	366.00	生猪
珙县青山坝粮食种植专业合作社	300.00	王鹏	省级	475.00	粮食
珙县凤鸣蔬菜专业合作社	200.00	张治广	省级	1 351.00	蔬菜
珙县僰贡茶业专业合作社	168.00	李光君	省级	738.00	茶叶
珙县蓉山生昊山鸡养殖专业合作社	148.00	李泽强	省级	183.00	畜禽
珙县群兴花木专业合作社	50.00	史天权	省级	1 627.00	花木
珙县兴晟农产品开发专业合作社	500.00	余林昌	国家级	2 498.00	粮食
珙县金石种养专业合作社	316.00	彭政	国家级	896.00	粮食、油料
兴文县巨龙水产畜禽养殖专业合作社	1 061.20	高定伦	省级	50.00	乌骨鸡
兴文县绿源生态粮油植物种植专业合作社	58.00	曾晓聪	省级	120.00	稻虾
兴文县麒麟猕猴桃种植专业合作社	2 081.00	李坤	省级	0	猕猴桃
兴文县红旗粮油种植专业合作社	150.00	卢建文	省级	0	粮油
兴文鸿润苗家土鸡养殖专业合作社	500.00	任思琼	省级	281.48	乌骨鸡
兴文县石海绿野林果专业合作社	288.00	杨发兵	省级	5.00	蔬菜
兴文县宏鑫养兔专业合作社	280.00	赵敬	省级	50.00	肉兔
兴文县大河苗族乡锣峰生态李子园专业合作社	680.00	雷仕均	省级	50.10	李子
兴文县凤瑞生态农业专业合作社	550.00	陈中文	省级	1.00	蛋鸡
兴文县毓秀苗乡林下散养黑猪专业合作社	212.00	何招林	省级	50.00	生猪
兴文县仙峰富康方竹专业合作社	150.00	陈文富	省级	300.00	竹
兴文县石海穗丰富民蚕业专业合作社	300.00	张思华	省级	200.00	红薯
兴文县太平镇龙宝山水果家禽种养专业合作社	550.00	罗太刚	省级	50.00	蛋鸡
兴文县石海镇芭茅农业旅游开发专业合作社	200.00	蒋明忠	省级	0	旅游开发
兴文县祥瑞果蔬专业合作社	577.00	黄泽先	省级	50.00	柑橘
兴文县兴莲粮油专业合作社	200.00	余杰	省级	0	水稻
兴文县野珍竹荪蔬菜开发专业合作社	112.80	王大元	省级	537.00	竹荪
兴文石海竹业专业合作社	338.00	万敏	省级	0	竹子
兴文县坪山烤烟专业合作社	1.00	易伟	省级	50.00	烤烟
兴文县长征粮食种植专业合作社	96.00	古天文	省级	410.93	水稻
兴文县石海金鑫藤椒专业合作社	200.00	王刚	省级	150.00	花椒

续表4

合作组织名称	注册资金（万元）	法人代表	示范等级	年度产值（万元）	主营产品
兴文县林农优良竹种专业合作社	574.80	朱长华	省级	800.00	竹子
兴文县石海薯制品专业合作社	210.00	白永乐	国家级	64.01	红薯
兴文县香山猕猴桃专业合作社联合社	119.00	周朝贵	国家级	200.00	猕猴桃
兴文县茂禾植保专业合作社	160.80	罗小明	国家级	779.43	水稻
兴文县九龙茶叶专业合作社	173.50	黄开银	国家级	470.00	茶叶
兴文县麒麟苗乡油茶专业合作社	500.00	梁中华	国家级	392.56	油茶
高县荣礼葡萄种植专业合作社	501.00	荣礼	国家级	160.00	水果
高县四烈腾耀农副食品专业合作社	3 600.00	罗芳	国家级	166.00	蔬菜
高县裕丰养猪专业合作社	270.60	廖廷芬	省级	66.00	生猪
高县云嶺茶叶专业合作社	60.00	张毅	省级	93.25	茶叶
高县华硕园蔬菜专业合作社	180.00	张凤英	省级	168.00	蔬菜
高县菲诺柠檬种植专业合作社	1 202.00	彭斌	省级	156.88	水果
高县新汉峰茶叶专业合作社	204.26	何爱军	省级	50.00	茶叶
高县茁越柠檬种植专业合作社	182.00	张勇波	省级	50.00	水果
高县云湖花木专业合作社	51.00	肖川	省级	85.00	其他种植
高县兴科茶叶专业合作社	240.31	叶家均	省级	55.00	茶叶
高县津丝猴种植农民专业合作社	660.34	钟福英	省级	70.00	水果
高县胜天林下养殖专业合作社	118.17	文刚	省级	84.32	肉鸡
屏山县永清白茶种植农民专业合作社	800.00	钟永清	省级	900.00	农业生产类(茶叶)
屏山县华溪竹林笋农民专业合作社	400.00	王国才	省级	800.00	林业类

表4　2022年宜宾市家庭农场经营情况统计表(前10位)

家庭农场名称	注册资金(万元)	法人代表	年度产值(万元)	主营产品
江安县迎安镇福香苑家庭农场	400	官键	2 000	生猪
江安县怡乐镇天堂原生态家庭农场	200	陈权	1 000	蛋、鸡、鸡苗
珙县孝儿镇广富养殖家庭农场	800	李艳军	1 068	生猪
宜宾市翠屏区刘德平家庭农场	180	刘德平	500	生猪
宜宾市南溪区梦煊家庭农场	—	全艳芳	470	葡萄种植
长宁县王松家庭牧场	100	王松	500	肉牛
长宁县牧源家庭牧场	150	郑宇	520	肉牛
宜宾市叙州区富敏家庭农场	120	张自富	1 300	生猪养殖
宜宾市叙州区雪鸢家庭农场	—	陈良杰	750	蛋鸡
宜宾市叙州区裕鑫成家庭农场	200	张静	680	生猪

训等）专业机构合作共建农村产权收储中心、评估中心、测绘中心、认证中心、培训中心5个咨询服务中心；打造“村社谈”推广品牌和全国首创的农村集体经济组织赋能平台网络载体，免费为全市农村各新型市场主体及当地特色产品定制“一村一册”和“一村一案”营销招商方案；与全市各银行、担保等金融机构建立联动机制，建立“农村产权抵（质）押融资风险防控协作平台”，防范农村产权流转交易中抵（质）押权人的风险；在村（社区）一级设立“宜宾所乡村振兴综合服务点”，落地50个村级乡村振兴综合服务点，打通“最后一公里”服务通道。2022年，全市产权交易额达8亿元。

【供销合作社改革】 全市全年供销社系统实现经营服务总额194亿元，实行全系统汇总利润0.7亿元，实现农业生产资料销售额9.6亿元。开展农民实用技术培训2.18万余人次，帮助农民人均增收26元，实现农村电商销售收入8.6亿元。继续巩固发展社区综合服务社2 140个，其中农村综合服务中心1 229个、生产性为农服务中心54个、“庄稼医院”858个。农民专业合作社等新型农民合作组织建设更加发展，新发展新型农民合作组织13个，专合社总数达632个，专合社会员总数达10.49万户，带动农户12.83万户。实施基层供销社示范社“提质增效工程”，新建基层供销社示范社21个、区域性为农服务中心3个，共计建成基层社示范社86个、组建村级供销社39个、农村综合服务社35个和区域性为农服务中心6个，并组织开展专项工作督查，指导基层供销社固本增效。11月23日，市供销合作社第一次代表大会召开，完成“三会”制度建设任务；10个县（区）如期召开“三会”（即理事会、监事会和社员代表大会），市、县两级全部建立健全和完善了供销社理事会和监事会；9个县（区）建立社有资产管理委员会，6个县（区）建立社有资本投资运营平台，10个县（区）建立健全基层社资产监管制度。组织市社本级、翠屏区、叙州区和珙县参加总社生产、供销、信用“三位一体”综合合作试点，达到预期成效。全年争取省级综合改革项目资金368万元、市级综合改革项目资金189万元。

【农产品品牌战略实施】 出台《宜宾市绿色有机和地理标志农产品奖补实施办法》，鼓励、支持农产品生产经营主体申报创建“三品一标”、中国驰名商标等农产品品牌。争当行业“领头羊”，编制《川红工夫》《宜宾早茶》2个团体标准。举办2022年第十五届中国·宜宾早茶节开园采摘活动、国际茶人迎新年见面会暨T20+工作磋商会等茶事活动，开展第三届“工匠杯”天府龙芽·宜宾早茶评比活动和手工天府良田制作技能竞赛活动；“川红工夫”“宜宾早茶”入选2022年四川省农业品牌目录品牌，川红工夫红茶成为2022年世界动力电池大会指定饮品，川茶集团—叙府龙芽牌绿茶、川红集团—川红牌·红贵人被四川国际茶业博览会组委会评为第一批“四川最具影响力茶叶单品”，早白尖茶业——早白尖绿茶（特级）、川红茶业——川红工夫等6个茶叶获得第十一届四川茶博会“金熊猫”奖，宜宾农产品品牌影响力、公信度和市场竞争力不断提高。

【现代农业园区建设】 加快推进现代农业园区（乡村振兴示范区）一体化打造，投资9.1亿元推进15个现代农业园区建设，其中投资8亿元重点推进翠屏区北域乡村振兴示范区（永兴粮油现代农业园区）等11个一体化打造示范区（园区）建设。现代农业园区升星提质，南溪区酿酒专用粮现代农业园区晋升省五星级现代农业园区，叙州区茶叶现代农业园区、珙县蚕桑现代农业园区、兴文县粮油现代农业园区晋升省四星级现代农业园区，屏山县茶叶生猪种养循环现代农业园区、长宁县肉牛现代农业园区、江安县水产现代农业园区获评省三星级现代农业园区。全市共有省星级现代农业园区10个，分别为五星级2个、四星级3个、三星级5个，评定市、县级园区47个。推动现代农业园区实体化运作，探索出“国有农业公司+”“园区管委会+”“龙头企业+”等实体化运作经验，遴选翠屏区百花粮油现代农业园区、南溪区酿酒专用粮现代农业园区等10个省、市级现代农业园区建立以国有农业投资公司、农业园区管委会等政府为主导的运作体系。

【种植业】 全市粮食作物播种面积654.7万亩，同比增加7.45万亩，增长1.15%；粮食产量251.4万吨，稳定在250万吨以上；人均粮食占有量456.7千克（按户籍人口计算）。兑现耕地地力保护等惠农补贴6.4亿元，整合1.48亿元资金用于科技抗旱。加强对规模种粮主体的扶持力度，扩大范围，对20～30亩种粮大户按每亩80元标准实施补贴，补贴品种扩展至所有粮食品种，并配套1亿元粮食生产资金。推广玉米大豆带状复合种植、经果园地套种大豆、四边地和田坎土台大豆种植等模式，大豆播种面积58.4万亩，大豆带状复合种植技术推广面积22.19万亩，完成大豆净扩种9.1万亩。以村为单位，建立大春粮食、大豆带状复合种植、撂荒地治理、“非粮化”耕地腾退四个“到户台账”，对不少于20%的村进行抽查核实，实行问题清单督查通报，确保面积可考核。实施科技推广行动，开展农业技术培训2 066期，培训59.63万人次。承办四川省“稻香杯”品种田间品鉴会，种植国标二级水稻品种和“稻香杯”优质米品种126万亩，推广“粮经”复合种植模式260万亩。抓实秋冬生产，全市蓄留再生稻129.02万亩，播种秋马铃薯23.08万亩，播种油菜114.5万亩、扩种14.7万亩。支持五粮液集团采取“定制生产、封闭经营”模式建立糯红高粱生产基地9万亩，收购量达1.45万吨，收购价达9.2元/千克，实现产值1.4亿元，带动全市酿酒专用粮种植面积52.3万亩，同比增长14%。

茶产业。全市茶园面积133万亩，干

茶产量10.22万吨，综合产值达320.2亿元。“茶文旅”融合成果显著，叙州区茶叶现代农业园区晋升省四星级现代农业园区，屏山县茶叶生猪种养循环现代农业园区获评省三星级现代农业园区，筠连县获评全省首批省级农业（茶叶）国际贸易高质量发展基地，高县获评2022年度茶业最具投资价值县域。中国川红博物馆全新升级，建成川红特色小镇陈列馆、筠连红茶文化馆。茶树品种质量不断提升，引进“中茗7号”“保靖黄金茶1号”等国家级茶树新品种40余个，比选10余个本地早生品系茶树。茶业企业有序发展，共有各类茶叶加工企业322家（其中规上加工企业达42家），产值达20.98亿元；限上服务性企业达16家，营业收入达2.38亿元。市级以上茶叶龙头企业53家，其中国家级3家、省级16家；茶业专合社322个，其中国家级6个、省级25个。四川酒茶集团公司产业整合重组川茶集团，构建茶产业联合体，推进宜宾茶产业由“小而散”向“集约集群”转型发展。

蚕桑产业。全市桑园总面积62万亩，占全省总面积的26.1%；发种68万张，鲜茧产量3.01万吨，同比分别增长6.3%、5.6%；高品位桑蚕丝产量500吨，桑园面积和蚕茧产量稳居全省第一位，实现综合产值75亿元。投入4.3亿元，创建国家级产业（蚕桑）融合发展示范园1个、产业强镇1个，新（改）建标准桑园基地2万亩，建成10万亩高标准连片蚕桑示范基地1个、“万担产业镇”10个、“千担产业村”100个。提高桑园机械化水平，提升改造标准化小蚕共育室25间、省力化大蚕棚500个，小蚕共育覆盖率达85%，蚕房标准化率达35%。发展“桑+N”模式，举办全省粮桑复合种植现场培训会，拓展蚕桑产业产品新用途、新功能，开展桑枝药用加工；建设桑枝食用菌基地3个，扶持桑园套种中药材、食用菌、冬蔬菜和套养土鸡等，提升桑园综合利用率，粮桑套种率达10%。“生态脆弱区蚕桑绿色高效与转型升级关键技术集成创新及应用推广”获得全国农牧渔业丰收奖二等奖。

水果产业。推动特色水果产业提质增效，推广科技新品种、新技术，推动老旧果园改造提升。全市水果种植面积96.77万亩，同比持平；产量96.3万吨，同比增长14.7%；第一产业产值39.07亿元，同比增长14.7%。发展“果旅融合”近郊游，建设水果休闲观光温室示范性大棚，重点打造七星山镜湖桃源、高县田之源、龙头山花湖田园、屏山县锦屏生态农业园区等果旅融合示范园区。加强科技优果，主推宜宾特色“茵红李提质增效平衡肥水技术”、枇杷“设施防冻、延迟成花、病虫害绿色防控”等防冻稳产栽培技术，提升水果品质。颁发《江安大白李种植技术规程》《晚熟柑橘垄作栽培技术规程》等地方标准，为农业增效和农民增收提供技术支持和保障。

蔬菜产业。按照“春提前、秋延后、四季保供”的蔬菜产业发展思路，持续推进特色蔬菜“三区百园”战略实施，推广粮菜立体栽培模式，利用“冬闲田”统筹推进地标性优势蔬菜、季节性外调蔬菜、特色性食用菌等重点现代特色蔬菜产业园建设，发展早春特色蔬菜基地15万亩以上，完成“菜—稻—菜”种植面积22.5万亩。全市蔬菜种植面积136万亩，同比增长4.25%；产量324.62万吨，同比增长2.7%。推进“宜宾南瓜、黄瓜种质资源收集评价和创新利用研究”科技项目实施，推行基于菌渣和畜禽粪便资源化利用的蔬菜育苗基质生产技术、蔬菜化肥减量增效减排技术等技术。投资1 350万元，建成叙州区岷江蔬菜现代农业园区蕨溪镇宣化坝核心区一期项目。

生物制药。出台《宜宾市推进中医药强市建设十条措施》，明确支持川产道地药材保护与种养殖，全市中药材种植面积28.46万亩，同比增长20.08%；产量13.15万吨，同比增长6.91%；第一产业产值5.71亿元，同比增长25.22%。支持中药材种质资源实验室（中心）、特色道地药材品种资源保护基地、中药材种植试验基地、繁育基地、示范基地建设，评估合格后按标准给予一次性补助。推动川产道地药材规模化种植，推广“水稻—泽泻”“玉米—川芎”“玉米—紫苏”等多种高效“粮—药”复合种植模式，全市共推广“粮—药”轮作（套作）面积3.38万亩，每亩地增值至少1 000元，为破解“粮袋子”和“钱袋子”提供了路径。

烤烟产业。全市烤烟产业稳定发展，珙县下罗坝、筠连龙盘、兴文群鱼、屏山李家坝4个烟区产业综合体建设成效明显。推进“产业园（综合体）、万担乡、千亩村”建设，实施行业规划种植区域、合作社流转优质土地、烟农承租土地种烟“三步法”土地流转模式，烟区5年租期土地2.49万亩，新增0.91万亩。全市烤烟种植面积4.97万亩，收购烟叶9.05万担，实现售烟收入1.19亿元，缴纳烟叶税收2 612万元；落实种烟农户900余户，户均售烟收入（不含返税和补贴）13.1万元。各类新型经营主体共种植烤烟2.05万亩，占比41.2%。推广套育苗设施、连体集群烤房、生物质燃烧机、烟草农机具等905台（套），推广土壤保育、烟叶植保、资源回收、烟叶烘烤等“四个绿色化”绿色生产技术，示范一次性施肥技术、新型育苗肥、生物质育苗盘等科技成果，开展技术培训200余场次，推广轻简水施追肥2.86万亩，实施无人机植保4 000亩，推广生物质烤房1 968座。全年烟叶收购价25.9元/千克，上等烟比例45.93%。加强政策兜底，实施政策性烤烟保险，全市赔付432余万元；创新实施烟叶税、烟叶销售增值税“双返政策”，反哺烟区2021年1 323.4万元烟叶税返资金和446.4万元烟叶销售增值税返资金。兴文县被评为全省现代烟草农业发展成效突出县。

【林业】 贯彻“绿水青山就是金山银山”理念，以生态保护、生态发展、生态安全为主要任务，推进林竹产业发展。全市竹林总面积达334万亩，森林覆盖率为46.89%；完成营造林面积33.88万亩；实现林业总产值519亿元，其中竹产业综合产值实现353.48亿元，同比增长14.63%；油樟产业综合产值实现55亿元，同比增长10%。森林火灾损失率和林业有害生物成灾率分别控制在0.1‰、0.07‰以内。

林竹产业发展。组建竹和油樟产业专班，推动竹、油樟等特色优势产业联动发展。新增林竹规上企业14家，累计有林竹加工类规上企业84家、限上服务业企业9家。兴文县被评为省级竹产业高质量发展县，南溪竹纤维、叙州油樟产业园区被认定为国家现代林业园区，长宁县竹·盐特色资源循环产业园区被认定为省级现代竹产业园区，申报竹林小镇3个、竹林人家10个。建成省级竹产业高质量发展县4个、省级现代竹产业园区5个。招引油樟企业2家，培育规上企业、龙头企业各1家。建设集中收储点2个。完成油茶新（改）造1.7万亩。

森林违法案件查处。完成2021年及之前违法使用林地、违法采伐林木应入库案件3 609件查处整改清零，移送司法机关105件；补办林地手续面积233.106 4公顷，收回林地恢复植被面积206.704公顷，补种树木33万株。

自然保护地管理。完成长江上游珍稀鱼类国家级自然保护区管理处等管理机构挂牌，实施自然保护地能力提升项目3个。推进风景名胜区整合优化，完成市级优化整合方案上报。

野生动植物保护。全市共收容救护陆生、野生动物270只（头、条），其中野外放归173只（头、条）。实施极度濒危野生动物四川山鹧鸪保护，野生种群数量实现增长，栖息地质量持续改善；实施极小种群野生植物拯救保护项目3项，疏花水柏枝、小黄花茶野生植物种群保持稳定；组织开展迁徙水鸟的调查和疫源疫病监测16次，监测到迁徙水鸟37种约8 000只。宜宾市、泸州市合作开展野生动物疫源疫病监测联防联控工作1次，监测记录到陆生野生动物68种1 182只，未发现野生动物异常情况。严厉打击非法破坏野生动植物违法犯罪，查获陆生野生动物刑事案件52件，移送起诉48件；查获危害国家重点保护植物刑事案件3件，移送起诉3件。

生态系统保护与修复。严格遵循耕地保护政策，推进国土绿化，提升长江上游生态屏障质量。围绕三江九河岸线修复实施"两岸青山·千里林带"森林生态系统建设，完成长江上游森林生态系统恢复建设项目营造林8.31万亩、横断山区水源涵养与生物多样性保护项目营林及封育1.14万亩。

森林防灭火。加强森林火灾防控，完成隐患整治1 310个，处罚违规野外用火72起。林区视频监控系统接入29个重点区域视频监控，森林火灾受害率控制在0.1‰以下。完成第一次全国森林火灾风险普查工作，成果已通过评估验收。

松材线虫病防治。实施以松材线虫为主的林业有害生物防治，防治面积44.8万亩，无公害防治率达99.72%，松材线虫疫情发生面积和病死松树株数同比分别下降20.9%、20%。

林长制。健全林长制组织体系，设立市、县、乡、村四级林长管护机制，落实村级林长3 719人、监管员2 069人、护林员4 517人；制定《宜宾市林长制运行规则（试行）》等五项制度，加强各县（区）、各部门的联动协作。

国家储备林。推进国家储备林建设，珙县、筠连县、叙州区国家储备林建设方案已获得省级批复，项目总投资81.98亿元，已完成项目可研和经营可研，搭建平台公司，获得银行授信31亿元，到位贷款9.3亿元。全年完成林地流转和收储19.9万亩，实施面积1.66万亩。

金融支林。推进乡村振兴基金、"惠林贷"、林权抵押贷款支持林竹产业发展。启动新一轮"惠林贷"金融支林改革，推荐贷款4笔、340万元，累计发放贷款70笔、6 620万元，共支持48家林竹小微企业发展。

森林碳汇。推进长宁县全省碳汇试点县建设，完成全省首单林业碳汇交易。2022国际竹产品博览会成为全省第一个"零碳"会议。

【畜牧业】 全市出栏生猪515.2万头、肉牛15.2万头、羊47.5万只、家禽4 952.9万只、兔1 181万只，禽蛋产量5.38万吨，同比分别增长2.7%、3.6%、4.6%、1.8%、5.2%、9.7%。畜牧业第一产业实现产值210.5亿元，同比增长5%。

生猪产业。生猪产能稳中有增，整合3 490.71万元资金专项支持生猪产业发展，新建标准化规模猪场40个、年出栏1 000头生猪标准化生产单元266个。落实省"猪七条"政策，出台《宜宾市2022年生猪产能临时调控方案》，按照100元/头的标准，投入720.03万元对全市生猪产能调控基地存栏能繁母猪实施一次性临时救助补贴。加强34个国家级、292个省级和194市级生猪产能调控基地建设，年末存栏生猪327万头，其中能繁母猪存栏31.31万头。西南地区最大的南溪德康肉食品精深加工项目一期工程竣工，中国融通农业发展集团拟投资24亿元建设的100万头生猪"产加销"全产业链项目、德康集团"百村百万"（在500个村建设年出栏500万头生猪）种养循环生猪养殖工程加快建设。全市全年出栏生猪515.2万头，实现综合产值达520亿元。

肉牛产业。坚持肉牛产业发展"1+N"机制，创新"好牛贷""惠农贷"等金融产品，出台"见犊补母"支持政策。加快推进筠连县优质母牛"百村工程"建设，发展存栏1 000头以上专业村70个，其中兴文县"千牛村"达10个。推进长宁县现代肉牛产业园区建设。巩固提升久龙公司牛源供应仓建设，全年引进和交易母牛、架子牛3 000余头。发展珙县妊娠母牛合作养殖新模式，与乡（镇）签约2 000头以上；签约18.4亿元的广东中安信控股有限公司筠连县肉牛综合产业发展项目。2022年，全市出栏肉牛15.2万头，同比增长3.6%。

特色畜禽养殖。畜禽产业特色突显，发展兴文山地乌骨鸡、筠连县乌骨鸡、高县“桫椤鸡”“绿全康麻鸭”、南溪白鹅等地方特色品种。培育山勾勾、劲松、腾飞等蛋鸡规模养殖场。推广长宁县肉兔养殖专业合作社“统一提供种兔、免费提供技术、免费上门服务、统一销售”模式，120个合作社会员年出栏肉兔52万只。建成屏山县东西部协作20万亩果园轮牧放养浙川白鹅项目150万羽孵化基地，助力“娥天歌”系列产品产量稳步增长。2022年，全市家禽出栏4 952.9万只，同比增长1.8%；兔出栏1 181万只，同比增长5.2%。禽蛋产量5.38万吨，同比增长9.7%。

产能项目建设。引进多家大型畜牧企业，为畜牧行业稳产保供，推动“产加销”融合发展，为提升畜牧业规模化、现代化水平提供有力支撑。中国融通农业发展集团拟在宜宾市投资24亿元建设100万头生猪“产加销”全产业链项目，已落实2 000亩的80万头生猪养殖用地。签约总投资38.81亿元的广东中安信控股有限公司筠连县肉牛综合产业发展项目(18.4亿元)、湖北先秾坛生态农业有限公司筠连县春风山庄产业园综合开发项目(5亿元)等11个涉农项目。

【水产业】 发展稻虾产业，推动“鱼米之乡”建设，打造“川南旱虾”招牌，小龙虾产量突破0.8万吨，同比增长45.5%，综合产值达8亿元。全年水产品总产量12.2万吨，同比增长3.4%；实现渔业总产值37.5亿元，同比增长8.4%。稻渔综合种养面积31万亩，同比增长24%；稻虾养殖规模突破10万亩，同比增长100%。

“鱼米之乡”。总投资3.05亿元，建设叙州区、南溪区、长宁县、兴文县4个省级“鱼米之乡”项目，新建稻渔综合种养面积6.4万亩。

“川南旱虾”。打造“川南旱虾”名片，加快建设四川小龙虾主产区。编制《“宜宾旱虾”（克原氏鳌虾）稻田养殖技术指南（试行）》。兴文县举办“成渝特色产业带小龙虾论坛”，注册“兴文石海小龙虾”地理标志证明商标。夯实小龙虾种业建设基础，招引宜宾同乐农业科技有限公司落地兴文县，并创建省级水产良种场（小龙虾），与南溪区海德公司齐头并进，实现年供苗能力达5 000万尾。科学规划稻田虾示范片（区），打造百亩示范点、千亩示范片、万亩示范区。

水产项目建设。投资1.72亿元培育江安县现代特色水产（鳗鱼）养殖二期、珙县银谷生态水产养殖、长宁县长江上游珍稀鱼类现代农业（种业）园区3个市级重点项目。招引宜人渔业落地高县，投资5 000万元建设立体水产养殖项目。

绿色养殖。制定2022年全市水产绿色健康养殖“五大行动”实施方案，重点关注水产养殖基地质量安全快速检测，对全市规模(50亩)以下水产养殖基地的水产品质量开展孔雀石绿、硝基呋喃类、氯霉素、氧氟沙星快速检测，全年完成检测1 501批次，合格率100%。组织开展全市涉渔工程生态补偿工作专项检查行动，落实51个涉渔工程渔业资源生态补偿资金1.46亿元，已建和在建涉渔工程生态补救措施落实率达100%，。

长江禁捕。将长江流域水生生物保护区、非保护区禁捕退捕工作“两步并着一步走”，做好退捕渔民安置保障，退捕渔民转产就业率和参保率实现双100%，支出退捕渔民就业保障资金114.7万元、养老保险保障资金2 420.31万元。境内长江、金沙江、岷江等禁捕水域岸线长达2 034.69千米。打通禁捕监管“最后一公里”，完善市、县两级渔政协助巡护队伍，建立渔政巡护队工作站，推进长江水生生物多样性保护和亮江亮河工程项目，建设长江禁捕重点水域渔政智能监控系统，全市渔政协助巡护人员达176人，监控点达62个。全市张贴宣传警示标识标语700余个，通过传统媒体和新媒体宣传长江禁捕130余次，发放宣传资料28 000余份。6月8日，习近平总书记到宜宾市考察调研时，听取了长江禁捕退捕工作汇报；10月20日，副省长杨兴平到宜宾市调研时，听取了长江禁捕工作汇报，并对宜宾市长江禁捕工作予以肯定。宜宾市3次在全省禁捕工作会议上作经验交流发言，9次被中央、省级媒体报道。

【乡村振兴】 示范引领，实施“百千工程”。成立以市委、市政府主要领导为组长的市实施美丽乡村建设“百村示范、千村达标”工程领导小组，同步指导县（区）成立工作领导小组和工作专班。出台实施美丽乡村建设“百千工程”实施意见和考评实施办法，印发《实施美丽乡村建设“百村示范、千村达标”工程1+3工作推进方案》，形成“1+3+N”工作闭环体系。坚持运用明察暗访、定期调度、每月通报等工作机制，开展联合督导1次，发现问题151个，并以“发点球”方式定责限时整改；定期调度重点工作，研究解决工作推进中存在的问题和困难，召开专题研究会1次、主任办公会1次；加强宣传总结，提炼总结开展“百千工程”的经验和做法，编发简报6期、专报2期，提炼总结的筠连县春风村经验被省乡村振兴简报刊发推广。

创先争优，聚焦先进创评。组织2022年度中央、省、市先进申报，经县（区）推荐、核查评审，向省级推荐金秋湖等3个镇为国家级示范乡（镇）、白安等39个村为国家级示范村；申报2022年度省级乡村振兴先进县（兴文县、长宁县）、成效显著县（高县）培育名单；确定2022年培育省级乡村振兴先进乡（镇）17个、乡村振兴示范村42个，培育市级乡村振兴先进乡（镇）18个、乡村振兴示范村49个。协助乡村振兴示范区建设，指导县（区）按照“一区一特色”制定乡村振兴示范区实施方案11个。及时兑现2021年度市级乡村振兴战略先进乡（镇）、示范村、重点帮扶优秀村2 000万元奖补资金。配合做好2022年省对市推进乡村振兴战略实绩考核。

严格规范，抓好管理资金项目。年度计划项目1 483个，预算投资18.72亿元，各级衔接资金到位16.36亿元，其中中央、省衔接资金95 113万元，增长4.13%，开工率、资金安排率均达100%。印发《关于建立衔接资金项目监督管理“三盯三线”工作机制的实施意见》，确保资金使用规范、项目实施有序。从市级财政衔接资金中划拨6 000万元创新开展竞争立项。会同市财政局强化“一卡通”管理，完成2013—2021年扶贫项目资产数据审核。

深化合作，打造东西部协作典范。印发《宜宾市高质量打造东西部协作“五张金名片”工作方案》，争创“全国先进、全省典范”，宜宾东西部协作成效在中央电视台特别节目《奋进新征程》中亮相；屏山县在全国东西部协作示范培训班、在国家东西部协作现场会作交流发言；《国家乡村振兴简报》刊载宜宾嘉兴典型经验。加强产业协作，浙川纺织产业协作示范园引入纺织企业40家，吸纳就业8 400余人，签约总投资289亿元，预期产值428亿元。突出项目引领，2022年浙江省嘉兴市帮扶全市项目资金3 900万元，截至2022年年底，已完工项目10个，完工率90.9%；已支付3 533万元，支付率90.6%。组织开展东西部协作“天府乡村”公益品牌产品推荐销售周暨农产品产销对接洽谈会嘉兴市分会场活动。开展人才合作，全市与嘉兴市党政干部挂职、交流27人次。2022年，全市在嘉兴市就业人员达63 636人，新增8 143人。

统筹推动，推进乡村治理。推进“厕所革命”，全年争取中央资金4 365.65万元，截至2022年11月底，全市新（改）建无害化卫生厕所37 563户，完成率100.3%；拨付中央资金4 165.41万元，拨付率95.41%；完成48座农村公厕建设。督促县（区）整改厕所问题549户。实施农村人居环境整治，印发《“美丽宜宾·宜居乡村”建设五年行动实施方案（2021—2025年）》和年度方案，组织宣传5 751场次，发动约63万名农民群众参加“村庄清洁行动秋冬战役”。开展乡村治理，在10个县（区）45个村进行积分制、清单制试点。推荐3个镇28个村作为省第三批乡村治理示范村镇，推荐13个农村生产生活遗产项目到省评选；全市11个乡（镇）、50个村被评为市级乡村治理示范村镇。组织定点帮扶，全市157个市级部门到153个脱贫村（重点帮扶村）开展帮扶工作。组织乡村建设信息采集，实现严格把关、常态化调度。

【乡村旅游】 乡村文化旅游规划设计。围绕“一城三带四核”文化旅游空间布局，在《宜宾市“十四五”文化和旅游发展规划》设立乡村旅游发展专章。推进两项改革“后半篇”文章乡村旅游发展工作，印发《两项改革“后半篇”文章大力发展乡村旅游工作方案》，编制以李庄、竹海、横江为代表的13个涉旅片区旅游专项规划和《宜宾市乡村旅游发展行动提升计划（2022—2025年）》等系列规划方案。指导长宁县开展省级乡村旅游示范县打造，指导翠屏区李庄、白花等13个涉旅片区做好乡村旅游编制工作。

乡村文旅产品供给。围绕“一城三带四核”文化旅游空间布局，依托“百里翠竹”风景线、高品质酿酒专用粮基地等培育田园休闲、温泉康养、亲子研学、乡村美食等场景业态，打造李庄月亮田、双河古城、大雁岭酒都夜宴、仙峰星空帐篷露营等乡村旅游新产品；实施“旅游功能化”改造，加快100家民宿提升改造，打造叠翠别院、半丘塘、拾捨·竹里馆等精品名宿；培育“安石有渔”“高桥竹村”“乡创永江”等乡村旅游IP，培养“全竹宴”“宜宾燃面”等地标美食品牌；推出6条乡村旅游精品线路，入选文化和旅游部“乡村四时好风光”夏、秋两季全国乡村旅游精品路线。

乡村文旅示范品牌建设。创建天府旅游名镇1个、名村2个，全国乡村旅游重点镇1个、省级乡村旅游重点村5个。联合市发展改革委、市农业农村局、市乡村振兴局开展2022年市级乡村旅游重点镇、重点村评选，认定市级乡村旅游重点镇10个、市级乡村旅游重点村25个。

乡村文旅高质量发展保障。根据《高质量建设区域文化旅游中心的支持政策》（宜办〔2021〕83号）相关奖补政策，扶持乡村旅游产业发展，在2022年发放的2期共300万元消费券中，鼓励乡村旅游经营场所参与配套活动，加大对乡村旅游市场的倾斜力度，扩大乡村旅游消费。

【农村水利】 全市累计建成水库427座（含31座电站水库）、塘坝17 557处、窖池53 045处、泵站1 527处，总灌溉面积322.65万亩，规模以上灌区达124处，有农村集中供水工程702处、农村分散供水工程7.27万处。全市农村自来水普及率达89%，规模化供水率达59.38%。农村集中供水工程规范化管理达标建设153处，全市设计规模千吨万人以上集中供水工程规范化管理达标率100%，农村供水水质合格率86.71%，高于全省平均水平。争取2022年新增试点县1个，累计试点县3个（南溪区、叙州区、长宁县），位居全省前列。全市水土流失综合治理面积199.65平方千米，审批水土保持方案365个，完成139个生产建设项目水土保持设施验收报备，对447个生产建设项目开展监督执法跟踪服务。向家坝灌区一期一步工程7个标段施工作业断面达到224个，各控制性工程提前完成了节点目标任务，近10千米长的龙洞岩隧洞于11月完成主洞混凝土浇筑，1 352米长的猫儿沱过江（下穿岷江）隧洞于6月完成盾构掘进施工。完成年度投资18.045亿元，截至2022年年底，累计完成概算投资50.69亿元，占初设批复投资的66.66%。

【农业机械化】 农业机械装备。重点保障大豆玉米带状复合种植，新购置大豆玉米专（兼）用播种机械28台（套）、非动力机械652台(套),适配改造机具1 117台(套);定向扶持各类新型经营主体及村集体经济组织,融合涉农资金1 872.93万元为新型经营主体购置各类适宜机具设备493台(套),融合农业项目资金37万元为村集体经济组织购置大豆玉米带状复合种植播种机270台(套)。推进标准化提灌站建设,投入1 434.56万元,修复改造和新建电力提灌站48座51台1 623千瓦,新增移动灌溉(提水)设备14 143台(套)。全年共新增农机装备32 685台(套)、农机动力8.53万千瓦,农机总动力达274.07万千瓦。消减变形拖拉机1 722台。

农机作业水平。全年完成农作物机耕832.86万亩、机播232.04万亩、机收296.54万亩,同比分别增长37.49%、46.34%、36.84%;农作物综合机械化水平提高6%,达51.02%;主要农作物综合机械化水平提高5.85%,达66%,其中水稻、小麦耕种收综合机械化率分别达76.92%、97.1%,大豆生产环节综合机械化水平提高5%;特色产业生产机械化率达73%;机电提灌有效控灌面积达174.9万亩。推进现代农业园区示范带动,园区粮油作物综合机械化率达85%。

农机社会化服务。聚焦集成示范,开展技术培训,健全农机社会化服务体系。在省星级现代农业园区率先推进“五良”融合全程机械化示范;开展主要农作物耕种收全程机械化作业(含机收减损)示范现场会28场次,培训基层一线农机作业人员及农机生产经营主体2 100余人次,吸引川渝两地各类农机生产主体现场推广指导671家(人)次。推广“1+1”(1个现代农业园区至少建成一个“全程机械化+综合农事”服务中心)农机社会化服务新模式。新增农机专业合作社10家,总数达52家;共有89家基层农机服务组织,拥有农机具3 522台(套),年服务农户28 866户次、作业面积72.21万亩,收入3 532.5万元。

宜机建设。推动农田宜机化“改地适机”,破解丘陵山区农机“下田难、作业难”难题。借力高标准农田建设,投入2.95亿元宜机作业改造资金,实施田形调整7.67万亩(配套放水缺口6 621处,下田坡道5 314处),建成机耕道204.61千米、生产路193.03千米;投入2 140.69万元支持(农机)新型经营主体、村集体经济组织、农业平台公司开展宜机化改造,实施田形调整0.59万亩(配套下田坡道321处),建成机耕道7.12千米、生产路19.33千米;投资1 200万元,实施省级专项“五良融合、宜机改造”示范县项目。

敞开补贴。全年共录入补贴申请资金1 729.58万元,撬动吸纳社会资金6 391.1万元,购置农机装备32 685台(套)。提高农机购置补贴兑付时限要求,兑付时限缩短至20个工作日内。加快农机化补短板工作,优先保障粮油、丘陵山区特色农业生产所需机具,实行累加补贴,部分农机具累加补贴额达70%,补贴短板适宜机具占比达85%以上。宜宾市农业农村局获得全省农机购置补贴工作突出单位第二名。

【农村科技】 加强项目支撑,增强农业产业振兴内生动力。指导全市农社领域争取省级以上科技项目立项19项,资金1 750万元(含屏山县中央转移地方资金1 000万元)。组织申报2022年省级项目77项,受科技厅委托,对2021年立项的16个项目完成中期评估。实施乡村振兴科技项目,以科研专项项目支持乡村振兴科技项目,解决产业发展个性化技术需求,在常态化实施市级科技计划项目基础上,按照竞争立项方式,每年单列资金2 228万元专项资金(其中农业科研专项1 500万元、竹产业科研专项540万元、中医药科研专项188万元),拟重点支持50个项目以上。全市农业领域14项科技成果获得省级及以上科技奖励。选育农作物新品种累计通过审定和登记159个,获得授权专利87项,获得农业机械推广许可证130余项。实施首批“揭榜挂帅”科研项目,以重点项目破解关键共性技术难题,聚焦竹产业实施首批“揭榜挂帅”科技项目,围绕竹资源开发、竹制浆和竹纤维生产利用等上下游产业链梳理发布技术需求榜单,完成揭榜7项,榜单总金额2 930万元。举办2022国际竹业品牌博览会、竹产业高峰论坛等成果对接活动4场次,促成技术交易合作意向40余个,金额超过1 000万元。

加强平台建设,完善农业科技创新服务体系。搭建创新创业平台,围绕全市农业“5+2”特色产业体系,打造产业创新发展承载平台,完善涉农科技企业培育、技术开发与应用、科技成果转化与产业化等农业科技服务链条。聚焦农业产业发展创新需求,依托大学城科创城创新资源,打造农业技术研发和“双创”孵化平台体系,提升农业产业创新供给能力,建成成渝竹产业协同创新中心、四川长江竹产业技术研究院等高能级研发平台13个、叙府农科国家星创天地等孵化载体5个。依托市林竹产业研究院,加快推进四川省竹产业技术创新中心建设,争创四川省竹类资源高值化利用技术创新中心。依托四川省酿酒专用粮工程技术中心和省、市农科院等科研平台,推进酿酒专用粮科技创新研发。推进科技园区建设,依托10亿元五粮液乡村振兴发展基金、3亿元人才专项引用资金、每年1亿元竹产业发展资金,以及市、区每年统筹安排5 000万元项目资金用于国家农高区建设,重点推进“三中心四基地”建设,即农业科技研发中心(科创园)、国际竹交易中心、科技展示中心,左安5 000亩机械化农业示范基地、三江未来农业实验园5 000亩良种良法配套示范基地、安石酒乡渔美5 000亩智能化信息化农业示范基地、双桥3 000亩科技成果转化推广示范基地,已建成农业科技园区国家级、省级3家,市级11家。建设科技服务在线平台,依托“四川科技兴村在线”平台,将科技特派团成员纳入“四川科技兴村在线”平台专家库,建立“上线下乡”相结合的新型农村科技服务模式，建成市级和县（区）8个分平台，建立1 054名专家队伍和2 229名信息员队伍，开展专家服务在线咨询量10 081条，超额完成考核任务。

加强人才集聚，筑牢农业创新发展智力支撑。打造科技特派员队伍，按照“按需选认、双向选择、精准对接”的方式，从高校、科研院所、龙头企业等选派农业领域各类专家人才843人，组建林竹、茶、蚕桑、粮油等18个科技特派员创新服务团，实现县（区）全覆盖。开展“科技下乡”服务，到珙县罗渡苗族乡天堂村举办紫苏技术培训会等；到屏山县书楼镇中坝村开展茵红李病虫害防治技术推广；到长宁县开展“免耕土壤培肥技术”和“高粱—大豆带状种植技术”现场培训等，共培训40余次，培训人次约3 500人。

实施“三区”人才计划，选派“三区”科技人才与派出单位、服务村以及县（区）科技管理部门签订四方选派协议，明确服务内容、帮扶目标、服务方式及服务期限，并根据受援县（区）农业主导产业和特色产业创新发展技术需求，开展“三区”人才科技培训、技术服务、项目实施等工作，共开展培训指导80余次，培养种养殖科技人才163人。

支持农业主体创新创业，鼓励科技特派员、新型职业农民以及农村致富带头人等领办创办科技型企业，培养创新型农业经营主体，支持581家涉农企业认定备案科技型中小企业，17家涉农企业被认定为第一批高新技术企业，推荐24家涉农企业申报第二批高新技术企业。支持农民工创新创业，将农民工科技创新创业与“双创”工作结合起来，利用现有孵化器、众创空间等创新创业孵化载体，对农民工开展创业政策辅导、电商服务等。

【农村教育】 改善农村学校办学条件，唱好两项改革“后半篇”文章压轴戏，着力建好农村寄宿制学校，提升教室、宿舍、食堂等办学条件，满足农村学生寄宿需要。同时，用好每生每天5元的“农村义务教育学生营养改善计划”基础标准补助，合理安排膳食结构，改善农村学生营养状况。开展“千名教师访万家、万名家长进校园”活动，推进农村学校家校共育。落实“双减”和作业、手机、睡眠、体质、读物管理工作，持续转型、注销、停办学科类校外培训机构，减轻学生过重的课业负担和校外培训负担。实施课后服务“5+2”模式（每周5天，每天至少2小时），增强课后服务育人功能，为农村学生赋能奠基。

【农村文化】 农村公共文化服务阵地建设。农村公共文化服务体系不断完善，截至2022年年底，全市122个乡（镇）共有172个乡（镇）综合文化站、1 792个行政村综合文化服务中心，覆盖率100%，全部实行免费开放。

实施“幸福宜宾”城乡文化服务提升工程，提升城乡公共服务能力。投资3.3亿元，完成99个县、乡、村文化设施项目建设，实现10个县（区）公共图书馆、文化馆、博物馆和非遗展示馆四馆全覆盖，建成南溪区大观镇综合文化服务中心、筠连县川红特色小镇陈列馆、兴文县麒麟长征书院、翠屏区红场村综合文化服务中心等一批乡村文化阵地，乡村文化设施网络不断健全、文化阵地功能不断完善，乡村公共文化服务能力不断提升。推进中心镇综合文化服务中心建设，按照“县域文化副中心、片区文化中心”的功能定位，将中心镇综合文化服务中心建成面积不低于700平方米、文化广场1 500平方米以上，集图书阅览、非遗展示、排练健身、电子阅读、科技培训、广电服务等于一体的综合性文化服务设施。截至2022年年底，已完成南溪区裴石镇、叙州区樟海镇、兴文县共乐镇、高县来复镇、筠连县沐爱镇等16个中心镇综合文化服务中心建设。加强“农村5公里”文化圈打造，引导各县（区）结合乡村振兴建设一批文化广场、乡村舞台等乡村文化设施，建设安石村图书馆、叙州区幸福书房、南溪区文兴书院、长宁县永江村图书馆、高县流米乡寓、兴文县崔家村僰·苗文化驿站、屏山蚕桑文化体验馆等一批乡村新型文化空间，为群众提供公共文化服务。

农村公共文化服务供给。打造乡村群众文化活动特色品牌，全市各县（区）打造“蝶舞花海　醉美仙临”油菜花节、香宝节、大妙荷花节、梨花节、荔枝节、李花节、沙河新春民俗文化节、沙河豆腐文化节、“‘情满屏山’送文化下乡”等活动品牌，提升乡村文化活动品质。举办乡村文化活动，各县（区）开展“我们的中国梦·文化进万家”“流动图书车下乡”“竹都红色文艺轻骑兵进乡村”等“送演出、送戏曲、送展览、送图书”等“送文化下乡”系列活动；各乡（镇）举办魅力乡（镇）竞演、“我们的节日”传统文化活动、乡村“村晚”、农民丰收节、广场舞、川剧坐唱、太极表演、读书活动等乡村群众文化活动共900余场次，丰富农民群众精神文化生活，提升群众幸福感。

农村公共文化服务效能试点。以乡（镇）综合文化站、村综合文化服务中心为阵地，坚持免费开放服务，开展艺术普及活动、阅读推广、科技培训等文化服务活动。将有条件的乡（镇）综合文化站纳入县文化馆图书馆总分馆建设、有条件的农家书屋纳入图书馆基层服务点建设，全市共建成公共图书馆分馆181个、文化馆分馆189个，促进县级文化馆图书馆资源和服务向基层延伸。在县级公共文化机构和旅游服务中心开展服务功能融合试点，开展公共文化服务进景区，推动文旅资源共享和整体效能的提升。推行乡（镇）公共文化服务效能提升试点，在南溪区裴石镇、高县庆符镇和珙县上罗镇3个中心镇开展乡（镇）公共服务效能提升试点，促进乡（镇）公共文化服务能力提升。开展乡村文化振兴样板村镇创建活动，已创建省级乡村文化振兴样板村镇11个、市级乡村文化振兴样板村镇97个、县级乡村文化振兴样板村镇287个。

农村文化遗产保护利用。加强农村文化遗产资源保护、传承和利用，完成长江流域（宜宾段）文物资源普查、碑刻石刻文物资源摸底调查、红色标语类革命文物专项调查等工作，摸清一批农村文物现状。加强文物保护基础工作，对禹王宫、叙州区彭家祠堂、红楼梦村糟房头酿酒作坊遗址等6处农村不可移动文物进行修缮，改善了文物保存环境。建好文博阵地，加强文物展示利用，5月宜宾市博物院新馆在三江新区正式开馆，推出"四季乡愁"——宜宾民俗专题陈列展、"我住长江头"——宜宾历史文化陈列展等全新的历史民俗文化展览；新建成南溪区博物馆、筠连南丝绸之路文化博物馆和乌蒙山中医药文化博物馆等宜宾特色博物馆，全市备案博物馆数量达19家。新建成高县小靖村史馆、珙县中心村乡愁馆等乡村史馆，全市乡村史馆达22家，记录民风民俗民生，助力乡村旅游发展。深化红色村落文旅融合，建设一曼村、泽鸿村等红色村落，推出"红色宜宾　初心之旅"精品红色旅游线路3条，构建绿色观光和红色旅游相结合的农旅休闲业态，带动乡村产业升级和村民致富。

非遗展示推广。"邓子均传统酿酒技艺""哪吒传说""李庄白肉传统制作技艺"等19个市级非遗项目申报为省级非遗项目。"江安竹簧""非遗研学川茶飘香""大坝高装走进校园 助推非遗创新发展"分别入选2022全省非遗项目保护实践、非遗与旅游融合、非遗进校园优秀案例。以2022年文化和自然遗产日为契机，组织开展文化和自然遗产日非遗购物节活动，以电商直播等多种方式宣传展示宜宾非遗技艺，拓宽农产品销售渠道，提升宜宾酒、茶、燃面、芽菜、南溪豆腐干等非遗产品知名度，帮助乡村特色农产品"走出去"，助力乡村振兴。

【农村卫生】 全市有122家乡（镇）卫生院、16家社区卫生服务中心。

开展全民健康体检工作。为做好第三轮全民健康体检工作，针对不同年龄段的健康需求，分类制定体检项目，优化体检方案，对体检筛查发现的异常人群实施分类精准服务，截至2022年年底，市级资金预拨3 700万元，县级资金预拨4 568.55万元，共体检212.08万人，其中对7 ~ 64周岁人群共体检131.837万人。

推进家庭医生签约服务。全市以紧密型县域医共体为载体，以高血压、糖尿病为切入点促进医防融合，做好贫困人口家庭医生签约服务、签约随访等。居民健康扶贫监测系统统计重点监测的三类户共有20 321人，截至2022年年底，已签约20 210人，签约率99.48%。开展"世界家庭医生日"活动，通过发放宣传资料、义诊等形式加强家庭医生宣传，提升群众知晓率，提升签约服务效果。

提升基层医疗卫生服务能力。一是加强基层人才队伍建设。按照国家培训大纲和省卫生健康委的工作要求，对11个县（区）（包含三江新区）组织50名乡（镇）卫生院、社区卫生服务中心骨干人员和240名乡村医生开展线上线下集中培训，提高基层医务人员对临床常见病的诊断和治疗水平和突发公共卫生事件中传染病的早期识别能力。二是持续开展"优质服务基层行"和社区医院创建活动。全年共上报18家基本标准和11家推荐标准至省级复核，基本标准全部通过，推荐标准通过4家。截至2022年年底，全市共有73家基层机构达到基本标准，24家基层机构达到推荐标准，达标比例较上年增长8.82%，超过省卫生健康委下达的5%的目标任务。三是推进县域医疗卫生次中心建设。自2022年年初省卫生健康委下达年内建成10个次中心任务后，经逐个分析遴选，推荐11个作为候选机构并下达建设任务，11家机构均通过省级验收，建设成为县域医疗卫生次中心。四是有序开展基层临床特色科室建设。根据辐射区域人群疾病谱、诊疗量和健康需求，通过填空白、补短板、差异化等方式，在"十四五"期间规划建设专科特色明显、群众需求性高、获得感强的临床特色科室122个，2022年通过省级验收9个，仅次于成都市，与泸州市、南充市并列全省第二。

做好基层医疗卫生服务。按照乡村振兴"百千"部署有关要求，加快推进村卫生室标准化建设，参照《村卫生室服务能力标准(2022版)》制定示范村卫生室和达标村卫生室验收标准，不断提升基层医疗卫生服务能力。持续做好乡、村两级医疗卫生机构和人员"空白点"消除工作，截至2022年年底，全市无"空白点"。

【农村法制建设】 普法守法更加有效。印发《宜宾市培育农村学法用法示范户实施方案的通知》，将年度学法考法对象范围拓展延伸到村（社区）"两委"班子成员，并督促其开展网上学法，夯实全市法治建设根基。坚持以"法律十二进"为抓手，主动对接牵头部门制定活动方案，到乡村（社区）开展新冠疫情防控、禁毒艾防、根治欠薪、"法治春联进万家"、"3·8"妇女维权周、"开学第一课""退役军人及青少年权益保护"等主题活动20余个、3 800余场次，覆盖基层干部群众150余万人，相关活动信息被新华社客户端、"学习强国"、四川法治网、《宜宾日报》、金江网等媒体宣传报道。联合市（县）农业农村部门在长宁县梅硐镇开展"乡村振兴　法治同行"主题活动，组织5名"法律明白人"骨干分别到叙州区、筠连县等县（区）中心村开展第二届宜宾市民法典进乡村（社区）"三个一百"宣讲活动，提升普法宣传的针对性、实效性。参加四川省乡村"法律明白人"工作研讨会，并在会上作交流发言。

基层治理更加高效。完善以县级司法行政机关为引领、镇级调委会为主体、村级调委会为基础的纵向调解网格建设，实现人民调解从"末端管理"到"源头治理"。全市共设立乡（镇、街道）

人民调解委员会136个、村（社区）人民调解委员会2 100个。坚持司法所和乡（镇、街道）公共法律服务工作站一体建设，依托司法所和乡（镇、街道）便民服务中心建立136个公共法律服务工作站，在2 100个村（社区）建立公共法律服务工作室，打通公共法律服务“最后一公里”。全市共建成市、县（区）两级公共法律服务中心13个，乡（镇、街道）公共法律服务工作站136个，村（社区）公共法律服务工作室2 101个，基本实现市、县、乡、村四级全覆盖。

平安建设更加深入。组织11个县（区）开展第一批省级民主法治示范村（社区）创建，创建省级第一批民主法治示范村（社区）12个，其中翠屏区李庄镇安石村等4个村被省上推荐为全国民主法治示范村（社区）创建对象。推动市、县（区）、乡（镇）建立健全组织架构，监督指导各县（区）设立社区矫正机构，各县（区）已全部设立社区矫正委员会和设置社区矫正机构，89个乡（镇）设立社区矫正委员会，截至2022年年底，实现乡（镇）社区矫正委员会全覆盖，提升平安宜宾建设水平。

【农村交通】 全市农村公路建设完成投资15.6亿元，新（改）建农村公路941.4千米。其中，村道窄路面加宽改造14.5千米，撤并建制村畅通工程132.8千米，较大人口规模自然村（组）通硬化路587.6千米、林下经济节点公路5千米，农村公路改善提升工程9.6千米、幸福美丽乡村路38.8千米，地方自建153.1千米（完成占比92.4%），完成农村公路渡改桥1座1 175延米、农村铁索桥改公路桥4座251延米，完成公路安全生命防护提升工程3 889千米。宜宾市创建为“四好农村路”省级示范市，南溪区、叙州区创建为“四好农村路”省级示范县，长宁县竹海连接线被评选为省级“十大最美农村路”。截至2022年年底，全市农村公路总里程达23 677千米，其中县道3 601千米、乡道5 876千米、村道14 200千米；乡（镇）和建制村通硬化路、通客车比例均达100%，乡（镇）通三级公路比例达76.2%；较大人口规模自然村（组）通硬化路比例达76.3%，较全省平均水平高10.05个百分点。

高强度政策激励。研究出台《关于高质量建设交通强市的实施意见》《宜宾市推动“四好农村路”高质量发展实施方案》《宜宾市农村公路“路长制”工作方案》《深化农村公路管理养护体制机制改革工作方案》《宜宾市农村客运可持续发展市级财政补助专项资金分配办法》等，对农村公路“建、管、养、运”各方面给予制度保障和政策支持。

高标准财力支持。对创建为“四好农村路”全国示范县的县（区）补助800万元/县（区）、省级示范县补助500万元/县（区），对创建为四川省乡村运输“金通工程”样板县的县（区）补助100万元/县（区）。严格落实农村公路日常养护市级补助资金，每年补助县（区）约2 200万元。采取“以奖代补”的方式，支持公路安全生命防护提升工程建设，市级财政按照配套资金的50%补助县（区）约2.6亿元。市级每年拨付农村客运经营性亏损补助560万元，确保农村客运“留得住、可持续”。

【涉农招商引资】 全市有3 000万元以上农业招商引资重大项目37个，均为内资项目，比上年增长23%；项目总投资74.801 6亿元，比上年增长24%；协议资金748 016万元，增长24%，完成全年任务的370%（见表5）。

【农村社会保障】 全市全年城乡居民普通门诊分别就诊188.61万人、347.49万人次，统筹基金支付21 629.37万元；居民住院人数约60.95万人、90.97万人次，统筹基金支出280 012.16万元。优化完善城乡居民大病保险制度，全市农村低收入人群享受医疗救助待遇46.15万人次，医疗救助支付金额10 533.67万元。全市城乡居民养老保险参保人数达188.66万人。

实施城乡居民基本养老保险市级统筹。按照全省统一安排，做好市级统收统支相关工作，明确了市、县（区）财政分担责任，实行基金市级统收统支，将各县（区）财政专户的城乡居民基本养老保险基金结余全部上收至市级社会保障基金财政专户，由市级统一管理、统一使用、统一调度。

坚持以人为本，保障民生显成效。加强和有关部门的协作，比对城乡居民基本养老保险数据和全市低保对象、特困人员、返贫致贫人口等困难群体数据，开展为以上群体代缴保费工作以及待遇发放保障工作。全市自2018年实施民生实事以来，均超额完成各项目标任务。截至2022年年底，全市共为10.24万名困难群体人员代缴城乡居民基本养老保险个人缴费部分，完成目标任务的114.16%；共为111.51万名符合条件的人员按时足额发放养老金，完成目标任务的103.56%。

提高城乡居民基础养老金水平。按照全省统一安排，贯彻落实上级安排部署，将72.08万名城乡居民基本养老保险待遇领取人员的基础养老金标准由2021年的105元提高至115元。

【农村生态建设及环境保护】 生态品牌打造。开展生态文明建设示范是生态环境系统深入践行习近平生态文明思想的重要举措，根据市委六届五次全会关于实施国家生态文明建设示范市创建行动的要求，牵头开展《宜宾市国家生态文明建设示范市规划》（以下简称《规划》）编制，9月底，《规划》通过专家评审，并上报生态环境厅备案，全面启动创建工作。10个县（区）编制完成国家生态文明建设示范县规划工作，全部通过生态环境厅组织专家评审。11月，长宁县获得生态环境部国家生态文明建设示范县命名，是川南地区首个国家级生态文明建设示范县。南溪区获得省政府省级生态县命名。“江之头”入选四川省美丽河湖。

表5 2022年宜宾市3000万元以上招商引资项目表

项目名称	协议总投资（亿元）	项目内容	投资方
宜宾市翠屏区童梦田园二期项目	1.200 0	项目建设山河天然亲水体验区2.5平方米，重点打造800余亩的亲子互动体验乐园、亲子酒店、采摘乐园、农耕文化、精品茶园、观景平台、竹艺文化，建成山上山下立体休闲观光旅游度假区，建设集自然风光与休闲娱乐融于一体的高品质亲子乐园	眉山市桂花湖旅游开发有限公司
宜宾诱胃农业7 000头生猪养殖场项目	0.670 0	项目拟建设全自动化养殖场圈舍等生产设施30 000平方米，拟建设管理用房和消毒室等附属设施1 200平方米，拟采购风机4套、水帘4套、料塔4套、料线4套、水电设备安装等，购置生猪3 700头。	鞍山兴源燃气有限公司
金秋湖镇疫木处理加工厂项目	1.000 0	项目共分三期，第一期为改建疫木处理工厂1座及占地相关配套设施，占地面积约33.5亩，厂房面积约15 000平方米，日处理疫木300～500吨	宜宾安岸达竹木制品有限公司
宜宾市翠屏区8万头生猪养殖项目	2.200 0	发展80个单元家庭农场（每个家庭农场年出栏商品猪约1 000头，每户可建设5～10个单元）	马边巨星农牧有限公司
宜宾市翠屏区思坡镇油茶产业发展项目	0.800 0	在思坡镇常庆、金城等村发展油茶种植1万亩，其中一期计划投资5 000万元，建立油茶育苗基地200亩；二期继续扩大油茶种植面积，配套发展乡村旅游等	中颐幸福控股集团有限公司
尼腾生物科技魔芋KGM凝胶项目	1.360 0	建设年产20吨魔芋的KGM凝胶生产线，新建厂房	尼腾（广州）生物科技有限公司
生物质新材料加工建设项目	0.520 0	厂房基础设施建设、设备安装	四川中科慧农生物质新材料有限公司
锦屏镇标准化茶叶加工一期项目	0.400 0	新建茶叶生产加工厂房及设备购置	屏山县茗珠茶业有限责任公司
浙川白鹅产业发展项目	1.000 0	打造浙川白鹅养殖基地、建设精深加工厂	浙江味德丰食品科技有限公司
年产3.5万吨果酒、茶饮生产项目	1.800 0	新建果酒、果啤、茶饮以及包装生产线	宜宾龙天化酒业
屏山县岩门高山红茶生产加工及产业化开发项目	0.500 0	购置屏山县境内满园春色公司部分资产；打造优质茶叶基地，开展技术研发和科技成果转化	四川酒业茶业投资集团有限公司
筠连县春风山庄产业园综合开发项目	5.000 0	循环农业观光园：在筠连县蒿坝镇、团林苗族乡、高坪苗族乡选址建设小猪跳水长跑猪场、散养黄牛肉示范基地和猪沼气蔬菜基地；在筠连县腾达镇、巡司镇选址建设林下养鸡示范基地。农特产物流中心：负责农产品的配送。牛肉酱等特色产品加工生产基地。山庄：改造现有筠连党校（春风村），建设集游客住宿、游客接待中心、游客餐厅、特产专卖店、演出会议厅、停车场、中心活动广场于一体的春风山庄。在乐山市开设3家样板店，在宜宾市开设1家旗舰店；在川南周边城市发展10家门店成为山庄项目配套门店，在省会城市发展5家门店成为山庄项目配套门店	湖北先秾坛生态农业有限公司

续表1

项目名称	协议总投资（亿元）	项目内容	投资方
筠连县现代粮经作物种植基地项目	2.500 0	投资建设1万亩筠连县现代粮经作物种植基地。项目分三期建设，即2022年10月—2025年9月，建设周期3年。第一期建设周期12个月，拟建2 000亩；第二期建设周期12个月，拟建5 000亩；第三期建设周期12个月，拟建3 000亩	四川美赢集团有限公司
筠连县瑞鑫茶业精深加工智能化改造项目	0.395 6	扩建厂房1栋，布局展厅、摊房、品茗室；建设标准化车间、尾雕房、冻库等，购置揉捻机、全自动烘干机、理条机、蒸汽杀青机等设备进行更新改造，建设全自动化生产线3条	筠连县瑞鑫茶业有限责任公司
筠连县茶叶加工基地建设项目	0.300 0	新建厂房3 000平方米，建成红茶、绿茶生产线各2条，购买1台储青机、2台提升机、1台蒸汽杀青机、1台滚筒杀青机、1台输送机等机器设备。每年加工绿茶17.5万千克、红茶40万千克	筠连县星水茶业有限公司
万头能繁母牛产业招商项目	3.500 0	以“公司+农户”的模式分三期发展“妊娠母牛养殖”10 000头（一期2 000头、二期4 000头、三期4 000头）	自贡市锦程农业开发有限公司
珙县食用菌一体化项目	5.000 0	项目包含建设菌棒制作中心、食用菌生产示范基地、工厂化食用菌种植基地、镇乡村食用菌产业发展基地、菌种研发中心、冷链物流仓储中心、食用菌产品深加工基地等内容，分四期实施	贵州七水生物科技有限公司
长宁县生态牧业供应链金融大数据服务平台建设项目	0.800 0	大数据平台以“帮助长宁肉牛产业业主进入现代化农业发展体系、品牌发展体系、商品流通体系”为目标，通过线上线下相结合的方式，促进种植、养殖、屠宰、加工、销售、贸易、金融、教学、行政服务等方面有机结合，突出物联网大数据、人工智能等先进科技与传统农牧产业的融合应用	贵州东彩供应链科技有限公司
长宁蜀八珍绿色食品园建设项目	1.800 0	购买原公司厂房，另修建预净车间、分级包装车间、灭菌车间、保鲜库、成品库、研发展示楼等	四川蜀八珍食品有限公司
兴文县尚客优连锁酒店建设项目	0.350 0	建设酒店3 000平方米，建设停车场1个	王金虎：四川省泸州市纳溪区泸天化东门口东栈桥25号
一二产融合发展（果园建设和石材开发利用）	0.500 0	对共乐镇共乐村、自由村1 000亩李子基地进行蜂糖李升级改造建设；在共乐镇鹤盘山村建设年生产能力100 000吨的石材加工厂1个	云南禄益农业科技有限公司
兴文县洞藏酒综合开发利用项目	2.000 0	建设产出总储量约1万吨酒以上的储酒洞1～2个；进行洞穴开发打造和洞穴内益酒微生物群培养投资；建设地上办公楼、文化展览区、接待区和生活区	泸州丹俐企业管理有限公司

续表2

项目名称	协议总投资（亿元）	项目内容	投资方
休闲观光农业综合体项目	1.500 0	农业综合体基础设施建设:依托僰王山镇新河村自然溶洞和竹林风光,与当地农户合作,进行避暑山庄建设,形成休闲观光农业综合体。在天生桥区域建设涵盖以住宿、露营、休闲、纳凉为主的避暑山庄。分梯次在凉风洞建设100个房间的住宿楼,建设面积4 000平方米。在凉风洞周边建设草坪,供游客烧烤、露营。在三岔河建设500米×2米的排洪设施(泄洪沟),预防洪涝、地质等灾害。特色养殖业:特种鱼类养殖。在杨柳树、坪子上现有4口鱼塘基础上再扩建两口鱼塘,饲养红鳟、中华鲟、娃娃鱼等特色鱼类。林下养殖兴文特色乌鸡、兔。以天生桥为中心,建设林下养乌鸡区,以大雁沟为中心建设林下养兔区,建成后向供游客抓鸡、抓兔娱乐项目。特色种植业:中苗药材基地建设。建设中苗药材基地200亩,同时建设中(苗)医养生馆。优质牧草场建设:以赵家湾为中心建设天牧良草基地20亩,同时建设秸秆收储中心,制作青储饲料,保障特色养殖动物的食品来源。特色农产品基地建设:依托僰王山镇新河村竹林资源,培育以竹笋、竹荪等兴文特色农产品基地,建设农产品展示中心,提供给游客品鉴、购买	泸州泸护老窖酒业有限公司
宜宾市南溪区油茶产业发展暨黑山羊养殖项目	1.800 0	一期建设油茶基地5 000亩二期建设油茶基地13 000亩,在龙口村建设2 000只黑山羊种羊基地,在大观镇建设油茶初加工1个	四川省六顺农业开发有限公司
供销粮油现代农业产业园区项目	3.500 0	建设20 000亩高标准粮油种植现代农业产业园区,配套开展农业技术、农资保供、农机服务、农产交易、农业金融、农业政策等6项为农业综合服务及土地流转、订单合作等2项联农带农机制	四川供销粮油有限公司
四川舌头君农业开发有限公司年产5000吨竹笋食品精深加工项目	5.100 0	项目分两期建设,其中一期投资0.6亿元,租用西部创业园三期标准厂房,建设竹笋食品精深加工生产线3条,购置生产等设备40台(套)等;二期计划投资4.5亿元,新增用地100亩,拟建成高标准的自动生产线4条,购置自动成套设备100台(套),拟建设配套设施及辅助用房10 000平方米等	广州竹纤维实业公司
江安县优质竹笋深加工项目	1.000 0	项目计划总投资1亿元,建设年产1万吨竹笋加工基地。租用标准化厂房,项目全部建成投产后可实现年总产值约5 000万元,年税收450万元,解决就业200余人。投资建设农产品加工基地、冷链库房、生产加工车间、办公用房等	四川茂联农业开发有限公司

续表3

项目名称	协议总投资（亿元）	项目内容	投资方
江安县大妙镇特色水产养殖示范区建设项目	0.450 0	项目总投资0.45亿元，选址于大妙镇，建设特色水产养殖示范区4 000亩，建设主要内容为基础设施建设，含囤水田40口、山坪塘20口、田型调整改造、格田整理、田埂硬化、田间生产便道硬化、田间排灌渠、主干道路硬化、池塘排水管网及护坡等	恒云种养殖专合社
鳗鱼自然环境养殖基地及水产冷链物流集配中心项目	0.680 0	项目总投资0.68亿元，选址于阳春镇，进行池塘开挖、硬化、塘埂建设、河道整治、渠系整治、生产道及配套设施设备、冷链系统、冷冻库、保鲜库、冷藏库、加工包装车间、集配中心等建设	江安县七彩湖特种水产养殖有限公司
江安县月亮山食品有限公司厂区扩建升级项目	0.376 0	项目总投资3 760万元，建设、扩建规模为10万只的蛋鸡养鸡场，建设自动化鸡舍，配套建设产业路管线设施、绿化设备、环保过滤等基础设施	月亮山食品有限开发公司
江安县南屏山农文旅融合项目	1.100 0	项目总投资1.1亿元，其中固定投资5 500万元，在南屏山建设农业特色种养殖和乡村旅游配套附属设施等（具体建设内容以乙方提供并经甲方审核批准的规划设计方案为准）	成都盛佳特商贸有限公司
江安县优胜农业科技示范园建设项目	0.400 0	占地20亩，新建蚕棚4个、共6 000平方米，新建烘茧站1个、3 500平方米以及相关设施设备	江安县优胜农业科技有限公司
广厚实业项目	1.100 0	新建存栏2 000头肉牛标准化养殖场	广厚实业有限公司
兴文县万头肉牛养殖基地建设项目	2.300 0	在兴文县开展肉牛产业的良种繁育、标准化养殖、保底回收销售	四川万寿春生态农牧有限公司
筠连县肉牛综合产业发展项目	18.400 0	投资建设年出栏3万头肉牛育肥场、日屠宰肉牛500头和日加工牛肉制品300吨加工厂	广东中安信控股有限公司
高县可久立体水产养殖项目	0.500 0	建设规模化中高端鱼类养殖基地、地方特色鱼类繁育车间、科普实践基地、稻渔综合种养区、垂钓基地、二龙滩水库引水管道、养殖大棚、高位池、管理及办公用房	高县宜人渔业有限公司
川南农业生产资料集散中心项目	3.000 0	建设涉农企业总部基地、农资集散中心、邦力达宜宾区域为农服务中心	四川省供销农资集团有限公司

饮用水水源和地下水保护。落实《四川省生态环境厅办公室关于加强饮用水水源保护管理工作的通知》（川环办函〔2021〕62号）要求，全面加强饮用水水源保护。印发《宜宾市饮用水水源生态环境保护和污染防治“十四五”规划》，启动实施相关工作。开展乡（镇）集中式饮用水水源生态环境保护与发展规划修编，组织做好乡（镇）集中式饮用水水源保护区划分调整。继续推进超标水源地整治，具备条件的由县城集中供水或重选水源地，确保水质达标。落实《宜宾市地下水污染防治实施方案》，推进各项任务完成，配合做好地下水调查评估及能力建设，组织开展化工园区地下水污染状况调查、地下水国考断面达标保持方案制定工作，完成筠连县、兴文县垃圾填埋场地下水污染治理工程。

农村环境综合整治。推进农村生活污水处理设施建设，根据生态环境厅2022年度农村生态环境目标任务要求，先后印发《宜宾市生态环境局关于加强2022年度自然生态和农村生态环境保护工作的通知》《宜宾市生态环境局办公室关于印发2022年度宜宾市农村生态环境保护工作任务清单的通知》，明确目标和责任，开展40个农村生活污水治理“千村示范”工程，列入省上生态环境党政同责考核和市级民生实事目标任务，获得省级资金1 923万元，项目工程实现完工率和资金支付率均达100%的目标，全面完成省、市下达的任务。加快推进行政村生活污水有效治理，按照《宜宾市农村生活污水治理三年推进方案（2020—2022年）》要求，下达各县（区）40个村庄农村环境综合整治工作。截至2022年年底，全市共有1 575个行政村实现有效治理，有效治理率达87%，完成“年内全市85%的行政村农村生活污水得到有效治理”的目标任务。结合乡村振兴战略、“美丽宜宾·宜居乡村”建设行动、农村人居环境整治提升和“百千工程”等重点工作，加强农村生态环境保护工作力度，制定落实农业农村优先发展年度工作计划，持续推进农村生态环境综合整治。在生态环境厅的组织下，会同市财政局、市农业农村局、市乡村振兴局开展农村环境整治成效评估，促进农村生态环境整治水平得到提升。

开展秸秆禁烧专项行动。会同市农业农村局印发《关于切实常态做好秸秆露天禁烧管控工作的通知》，持续组织开展秸秆露天禁烧明察暗访。用好宜宾市秸秆禁烧可视化监管平台，发挥其快速发现、快速处置、有效震慑等作用。继续推进秸秆综合利用项目落地，有效防止大气污染。

畜禽养殖污染防治。印发《宜宾市畜禽养殖污染防治规划》，组织叙州区、江安县、长宁县、兴文县4个畜禽养殖大县完成畜禽养殖污染防治规划编制并印发实施。配合农业农村部门做好畜禽养殖禁养区划定，加强监督管理，重点治理畜禽养殖场10家。

【农产品质量安全监管】 依法严格开展农业质量安全监管，加大农产品、农业产地环境和农业投入品监督抽检力度，锚定产品、保证频次，市、县两级共实施农产品定量监测4 600批次，达到1批次/千人；配合完成部级农产品质量监督抽查抽检16个样品、省级农产品质量例行监测抽检780个样品；实施省级农产品质量监督抽查抽检300个样品、专项监测抽检402个样品，全市省级农产品质量安全例行监测合格率达99.3%。实施食用农产品“治违禁　控药残　促提升”三年行动，出动执法人员4 797人次，排查门店主体10 546家次，抽查农资产品206个，查办农产品质量安全案件30件。严格执行宜宾市农产品生产主体质量安全“重点监控名单”和“黑名单”制度，将12家生产主体纳入“重点监控名单”。落实合格证制度，开具农产品生产主体合格证65万张以上，建设合格证自助服务站点24个、合格证工作标杆企业3家。

【农村市场体系建设】 信息化建设。加快推进筠连县数字“三农”大数据（乡村振兴）信息平台项目建设。翠屏区被农业农村厅确定为“互联网+”农产品出村进城工程试点县，并率先在茶叶特色产业开展试点。通过全面开展电商平台推广活动、运作策划“宜宾早茶”推广宣传视频、拓展农产品电商新媒体渠道等方式，拓展宜宾特色农产品电商发展规模，打造本土专业电商平台企业。

创新农村金融服务。全市乡村振兴产业发展贷款风险补偿金已到位4.21亿元，累计为8 875户农户发放贷款43.27亿元，撬动社会资本76.92亿元。全国首支10亿元的乡村振兴发展基金已投放项目8个，投入5.26亿元；储备项目4个，拟投入2.66亿元。

落实农业保险。建立健全农险工作机制，主动加强与财政、农林、金融等部门的联动，联合会商，争取财政资金支持。联合印发《宜宾市加快农业保险高质量发展的工作方案》，夯实高质量发展基础，激发发展活力。制定《宜宾保险公司农业保险经营综合考评办法》，定期通报考评结果，有针对性地开展监管谈话，提升机构合规经营水平。夯实农险经营基础，配合财政部门做好农险遴选，联合制定遴选方案，合理设置评分标准，严格规范遴选程序，对不符合农险经营条件的公司实行一票否决，坚决杜决挣快钱的短期行为。主动汇报争取政策支持，专题向市政府汇报金融助力乡村振兴的成效及存在的难点、痛点，有针对性地提出7点意见建议，争取地方政府在推动农险“扩面、增品、提标”方面给予政策支持。推动覆盖率提升，报请分管农业副市长组织召开宜宾市政策性农险保险工作推进会，全方位联动三大主粮作物扩面工作，按月监测通报承保进度，全面提升承保覆盖率。持续优化业务结构，引导公司业务转型，通过加快农险、健康险等业务发展带动非车险业务提升，优化财产险公司产品结构。2022年，辖内农险保费收入占财产险公司保费收入的比例为15.66%，同比上升3.7个百分点。推动机构向下延伸，引导业务发展好、内控管理优、合规意识强的保险机构在金融服务相对薄弱的地区建立分支机构，优化机构布局，为更好发展农险奠定基础。近4年，在县域共新设机构10家。推进农险纵深发展，督促公司围绕乡村振兴战略，争取上级政策，调动农户投保积极性，实现“应保尽保”。辖内农险承保的农作物品种已超过11类，覆盖农林牧渔各领域。截至2022年年底，全市种植险承保面积793.51万亩，养殖险承保数量648.13万头次，三大主粮作物保险覆盖率达87.94%。发挥农险保障作用，深挖农险保障潜力，推动农险在帮助农户生产、保障财产安全等方面发挥更重要的作用。全市农险保费收入4.28亿元，排全省第三位；向101.45万户次农户提供风险保障108.76亿元，支付赔款2.62亿元，受益农户22.06万户次。畅通农险投诉举报渠道，督促各经营农险的公司在各承保行政村村委会张贴告示牌公示理赔热线、行协以及分局投诉举报热线，压实机构主体责任，解决理赔慢、理赔难的问题，提升群众对农业保险服务水平的满意度，农险公示牌在全市涉及农险经营的2 134个行政村已全面落地。有针对性地开展保险知识宣传，指导公司到乡（镇）开展农险知识宣传教育活动，利用墙体广告、条幅、宣传手册等多形式开展主题宣传，创新推出全省首个方言版保险系列节目《小保摆农险》并利用村委会“大喇叭”开展持续宣传，让农民群众了解险种政策、缴费赔偿标准、理赔流程等金融知识。

【农村留守儿童帮扶】 全市共有农村留守儿童3.79万人。

健全政策体制机制。以市政府办公室名义印发《宜宾市困境儿童分类保障和关爱服务办法》，明确7个方面39条具体措施，将机构养育和散居孤儿基本生活保障标准分别提高至1 687元、1 252元，高于全省最低标准87元、52元，达到全国平均标准。

加强基层工作队伍建设。出台《宜宾市儿童督导员和儿童主任管理暂行办法》，全覆盖选聘136名乡（镇、街道）儿童督导员和2 101名村（社区）儿童主任，分别落实每季度1次、每月1次的走访排查制度，依据“监护、生理、行为”三类风险等级推行“红、黄、蓝、绿”四个色级管理，实现一人一档动态调整、精准施策。

建立关爱保护机构。在全省率先制定《未成年人保护阵地建设与服务规范（试行）》，按照“三统一”（建设、服务、管理）标准，建成县级未成年人保护中心10个、乡（镇、街道）未成年人保护工作站87个，打造一批集监护兜底、宣传教育、组织培育、法律援助、心理辅导等功能于一体的儿童关爱服务综合体。

【劳务开发与返乡创业】 全市农村劳动力资源总量233.9万人。有农民工166.1万人（其中省内就业92.2万人、省外就业73.9万人），实现劳务收入392.3亿元。

促进农村劳动力转移就业。依托宜宾人力资源服务产业园和119个劳务基地点对点输送，建立8 000人以上的应急用工“蓄水池”。先后同贵州省纳雍县、云南省水富市、阿坝州、成都理工大学工程技术学院等开展跨区域劳务协作和校企合作。举办脱贫劳动力就业帮扶招聘会851场次，提供岗位50.13万个，达成意向性协议7 353人。鼓励职技院校同三江新区智能终端产业企业联合创办“实习岗位订单班”，促成6 825名职业院校学生开展岗位实习；开展去冬今春农民工服务保障“五件实事”专项行动，建立“点对点”输送清单，提升组织化、规模化程度，开行“务工专列”“务工专车”，做好“一站式”转移输送，让劳动者“出家门就上车门、出车门就进厂门”，“五件实事”专项行动期间，全市开行包机、包车、包列126趟次，举办专场招聘会673场，入场人数86万人，达成就业意向7万人。持续推进《宜宾市促进农民工就业创业八条政策措施》落地落实，兑现市内首次就业工程资金233.16万元，其中宜宾籍农民工首次市内就业补贴138.66万元、企业新吸纳宜宾籍农民工就业补贴94.5万元。

促进农民工返乡创业。建立健全市、县（区）、乡（镇）、村（社区）四级联动的创业公共服务体系，打造国家、省、市三级示范园。建成农民工返乡创业园区34个、村（社区）农民工综合服务站200个，入驻园区项目2 098个，带动就业9.25万人。全年新增返乡创业农民工1.3万人，新增农民工返乡入乡创办企业1 936家。加大农民工返乡入乡创业的政策支持力度，全市发放创业担保贷款4.17亿元，创业担保贷款基金总额6 409万元；发放农民工返乡创业补贴564万元，直接扶持小微企业66家、创业人员1 500人，带动吸纳就业6 585人。开展返乡创业典型选树，发挥先进典型示范引领作用，宜宾市创建为四川省返乡入乡创业示范市，创建省级返乡入乡创业示范县1个、市级返乡下乡创业示范园区10家，市、县两级选树返乡创业典型144名。

促进农民工技能提升。采取“订单式”“依托式”“流动式”3种培训方式，分类实施职业技能培训、劳务品牌培训等培训活动，开展农村转移就业劳动者培训1.71万人次，其中劳务品牌培训6 289人次、返乡下乡创业培训1 424人次；举办东西部扶贫协作就业技能培训13期。组织9家家政企业参加四川省巾帼家政发展促进会成立大会；5家巾帼家政企业参加全省巾帼家政工作片区培训会，并加入四川省巾帼家政促进会，共享“天府妹子·巾帼家政”大数据服务平台。印发《选树宜宾市特色劳务品牌的实施方案》（宜农工领发〔2022〕1号），推动市级特色劳务品牌的打造和提升，宣传推广首批“川字号”劳务品牌兴文“苗家惠嫂”，提升“苗家惠嫂”劳务品牌的知名度和美誉度。认定“宜宾燃面师”“高州巧手（蚕桑）”“筠州茶匠”和“迎安建工”等4个市级特色劳务品牌，带动44万人实现就业。

【主要领导人】 市委书记：刘中伯（3月止），方存好（3月始）；市人大常委会主任：陈政；市长：方存好（4月止），廖文彬（4月始）；市政协主席：谢杰；分管农业副市长：周文宇。

宜宾市编写组

翠屏区

【基本情况】 2022年，全区辖11镇5个街道，辖区面积1 315.8平方千米，其中耕地面积80.31万亩，人均耕地面积0.91亩；基本农田71.28万亩。林地面积62.7万公顷，森林覆盖率42.6%。

2022年，全区实现地区生产总值1 317.91亿元，增长7.6%，其中第一产业增加值50.12亿元，增长4.4%；第二产业增加值861.68亿元，增长10.1%；第三产业增加值406.11亿元，增长3.2%。三次产业对经济增长的贡献率分别为3.8%、65.4%和30.8%。

公路通车里程2 931.21千米。社会消费品零售总额316.49亿元，减少0.2%。地方公共财政预算总收入完成65.69亿元，增长12.7%；公共财政预算总支出144.94亿元，增长5.1%。金融机构各项存款余额2 726.02亿元，比上年初增长13.9%；各项贷款余额2 012.31亿元，比年初增长26.7%。农业产业化龙头企业国家级、省级、市级、区级分别为3家、15家、31家、37家。

有各类学校280所，在校学生182 009人，教职工10 337人，其中普通高校2所，在校本（专）科学生3.79万人；普通中学54所，在校学生58 297人；小学28所，在校学生58 487人；学龄儿童入学100%。有卫生机构696个，病床位10 874张，卫生技术人员11 883人。

【年度农业和农村经济运行】 2022年，全区实现农业总产值72.55亿元，增长4.6%；全区全年农业增加值达50.12亿元，增长4.4%；生猪、茶叶等特色优势农产品产量保持稳定增长。农民年人均可支配收入达24 744元，增长6%。全区主要农产品产量见表1。

【农业产业化发展】 全区累计培育新型农业经营主体2 586家、区级及以上示范性新型农业经营主体495家。

龙头企业。新培育省级龙头企业6家、市级龙头企业4家、区级7家，累计培育龙头企业86家，其中国家级3家（五粮液公司、川茶集团和申酉辰公司）、省级15家、市级31家、区级37家。龙头企业总资产达1 113亿元，固定资产达75.11亿元，实现销售收入573亿元、利润185亿元。

家庭农场。新培育省级示范场3家、市级示范场29家、区级示范场66家。录入全国家庭农场名录库1 616家．累计培育区级及以上的示范场303家，其中省级31家、市级102家、区级170家。翠屏区争创为“四川省家庭农场信贷直通车试点县”。

专业合作社。新培育市级示范社9家、区级示范社9家。累计培育农民专业合作社884家、区级及以上示范社106家，其中国家级6家、省级22家、市级18家、区级60家，共注册社员17 951户。翠屏区争创为“全国农民合作社质量提升整地区推进试点单位”和“四川省农民合作社高质量发展试点单位”。

【农用地产权制度改革】 推进农村宅基地制度改革。按照“三权分置”的改革思路，探索资格权认定、宅基地有偿使用、集体收益分配、宅基地自愿有偿退出等各项制度，全覆盖开展基础信息调查，全区已批复宅基地复垦面积66.7公顷，

表1 2022年翠屏区主要农产品产量

主要农产品	单位	产量	同比增减(%)
粮食	万吨	33.78	–3.6
水稻	万吨	22.44	–3.0
油菜籽	万吨	1.21	12.9
蔬菜	万吨	44.96	2.4
水果	万吨	11.16	5.5
肉类	万吨	4.56	2.7
猪肉	万吨	3.78	4.6
牛肉	万吨	0.09	7.0
羊肉	万吨	0.04	7.1
禽肉	万吨	0.66	5.0
禽蛋	万吨	0.92	26.3
水产品	万吨	3.63	2.8
牛奶	万吨	0.08	2.1

已形成集体建设用地指标1.74公顷。

建立涵盖宅基地申请、审批、使用、监管、流转等功能于一体的农村宅基地管理信息系统，管理系统包括“1+6”7项子系统、3款专用APP，实现全区宅基地“线上+线下”双模式同步管理。全市在宗场镇五粮液村申领首张电子版宅基地“一证一书”。

依托成都农交所宜宾所，建立翠屏区农村产权交易平台，打通农村集体建设用地指标挂网入市交易通道。全区首宗集体建设用地指标以35万元/亩的价格成功挂网并交易。全年已完成涉农产权交易品种5类、产权交易项目173宗，涉及流转面积1 852.6公顷，成交总金额41 144万元。

【农村集体产权制度改革】 按照“清资产、确成员、量股权、赋权能、建组织、壮集体、富成员”的改革内容，确认成员55万余人次，量化资产5.85亿元，并建立“三会”制度，制定农村集体经济组织章程，支持农村集体经济自主开展经营活动。巩固农村集体产权制度改革成果，清理农村集体经济组织重复成员1 451人，指导全区176个村集体经济组织实现规范挂牌，同时完善组织登记赋码，2 733个农村集体经济组织完成年检。全区农村集体总资产28.32亿元，其中经营性资产8.2亿元；集体土地总面积9.84万公顷，村集体经济总收入5 822万元，其中村集体经济收入超过100万元的村有23个。

【现代农业园区建设】 围绕建设“宜宾现代农业强市先行区”总体目标，依托翠屏资源禀赋和“5+2”特色优势农业产业，采取“领导小组+产业专班”工作推进机制，加快构建“两线·五片·多点”现代农业发展格局，全区已建成特色农业“5+2”产业基地69 000公顷。围绕“再造一个宜长兴”，推进国道247线乡村振兴产业带建设，全面推进白花粮油、永兴荷莲、双谊—宗场芽菜、思坡果蔬等现代农业园区建设。翠屏区茶叶现代农业园区被认定为2021年度四川省五星级现代农业园区，白花镇稻渔现代农业园区被认定为2021年度市级现代农业园区。截至2022年年底，全区获得命名区级及以上现代农业园区30个（不含三江新区），其中省五星级1个、市级2个、区级27个。

【种植业】 粮油生产。全年农作物播种面积8.1万公顷，增长1.4%，其中粮食作物播种面积5.4万公顷，增长0.8%；油料作物播种面积1.08万公顷，增长2.9%；糖料作物播种面积0.01万公顷，增长0.3%。全年粮食产量33.78万吨，下降3.6%，其中稻谷产量22.44万吨，减少3%；玉米产量减少4.8%；薯类产量减少13.3%；高粱产量增长4.4%；豆类产量增长4.5%。主要经济作物中，油料产量2.64万吨，增长5.8%，其中油菜籽产量1.21万吨，增长12.9%。

水果生产。全区水果种植面积稳定在8 333.3公顷，实现产量11.16万吨，增长5.5%。改造提升老果园66.7公顷。探索“果—粮”“果—菜”等粮经复合套种模式，全域发展柑橘套作蔬菜250公顷、柑橘套作红高粱200余公顷。引进长叶香橙、“川津5号”柑橘新品种在牟坪镇、白花镇进行示范推广。围绕乡村振兴，持续巩固白花镇小山农业柑橘种植基地、菜坝镇双千竹橘现代产业园柑橘种植基地、思坡镇果蔬示范区柑橘基地建设项目、牟坪镇“川南印象”柑橘基地建设。

茶叶生产。全区建成生态早茶基地1.1万公顷，全年茶叶产量7 900吨，增长7.8%；实现茶业综合产值达80亿元，同比增长6.67%。新建成标准化机采茶园1 000公顷，巩固改造提升茶园1 000公顷。6月，承办四川川西南早茶优势特色产业集群项目暨机采名优茶技术培训会；组织川茶集团、申酉辰、张杨茶业、明清专合社等茶企参加成都、重庆茶博会、农博会等国际博览会，实现“宜宾早茶”区域公用品牌和企业品牌双轮驱动，提升早茶的品牌价值和影响力。

蔬菜生产。全年蔬菜种植面积1.42万公顷，同比增长3.1%；总产量44.96万吨，同比增长2.4%。重点对翠屏区北域片区、新国道247线沿线以及以菜坝、思坡、宗场镇为主的生产各类时鲜蔬菜的城市保供核心基地，以双谊镇、宗场镇为主的生产宜宾芽菜专用青菜的核心生产基地，以永兴、白花镇为主的生产莲藕的核心生产基地等进行引导、培训、宣传，带动全域发展蔬菜，确保全区蔬菜保供增收。在菜坝、思坡等镇连片建设城市蔬菜保供基地533公顷，在永兴、双谊等乡（镇）发展特色蔬菜莲藕2 000公顷。

【畜牧业】 全年实现畜牧业产值16.88亿元，增长1.5%。全区出栏生猪50.95万头，增长3.1%；出栏牛0.64万头，增长3.2%；出栏羊2.67万只，增长5.5%；出栏家禽434.94万只，增长2.1%。全区肉类总产量4.56万吨，增长2.7%，其中猪肉产量3.78万吨，增长4.6%；牛肉产量0.09万吨，增长7%；羊肉产量0.04万吨，增长7.1%；禽肉产量0.66万吨，增长5%。禽蛋产量0.924 1万吨，增长26.3%。

推进德康集团龙头引领示范作用，加快推进翠屏区生猪产业链项目建设，采取“龙头自建”“公司+农户”和“公司+村集体”等合作方式发展生猪产业。全区新建成年出栏1 000头生猪生产单元24个（四川好牧科技有限公司10个、李庄罗世俊养殖场2个、宜宾仙竹苑养殖场2个、宜宾小山公司8个、宜宾银鼎公司2个）。

全年创建省级示范场1个（宜宾市堰塘坡养猪场），全区累计创建市级以上畜禽标准化示范场37个，其中部级示范场1个、省级示范场9个、市级示范场27个。全区有畜牧产业化龙头企业18家，其中省级重点龙头企业2家、市级重点龙头企业3家、区级重点龙头企业13家。按照《四川省生猪产能调控实施方案（暂行）》要求，申报并确立国家、省、市级生猪产能调控基地41个，其中国家级产能调控基地4个、省级产能调控基地21个、市级产能调控基地16个。

【水产业】 全区水产品产量3.63万吨，增长2.8%；实现渔业经济总产值7.29亿元，增长5.7%。依托“鱼米之乡”项目建设，鼓励和支持水产养殖龙产企业（专业合作社）发展水产以及稻渔综合种养，新增稻渔综合种养667公顷，在白花镇、李庄镇建成333公顷以上相对集中连片稻渔综合种养核心示范区2个。全年无重大水产品质量安全事故。

【乡村振兴】 全区专项设立乡村振兴战略示范区项目资金，用于支持乡村振兴产业发展、基础设施、公共设施等方面建设。全年累计投入区级乡村振兴专项资金4 600万元，整合各级涉农项目、信贷融资等资金推进乡村振兴示范点和现代农业园区建设，累计建成3 000亩以上规模现代农业示范园区30个，打造李庄高桥竹村、安石酒乡渔美、川南橘乡、云辰·五彩金秋、梦想清韵等乡村振兴核心示范点16个，筑牢乡村振兴农旅融合发展基础。

【脱贫攻坚】 严格落实“四个不摘”要求，健全防返贫动态监测和帮扶机制，开展防止返贫监测帮扶集中排查，累计排查157 613户545 218人。完善防返贫监测预警机制，将334户900名监测对象纳入国家监测系统，坚决守住不发生返贫底线。推进脱贫人口就业，全区全年脱贫人口实现就业劳动力1.19万人。2022年，共争取各级衔接资金共计1.356 3亿万元安排给112个项目，从易地搬迁安置点后续扶持、“雨露计划”、产业和就业帮扶、基础设施改善、安全饮水巩固、特色产业发展等方面进行扶持，加强脱贫攻坚与乡村振兴有机衔接。

【农业机械化】 全区大中型农业机械保有量达37台，各类机械拥有量达7.68万台（套），农业机械原值达0.974 7亿元，全区农业机械总动力达27.61万千瓦。全年主要农作物完成机耕作业面积4.6万公顷，机耕水平达97.18%；机播面积1.94万公顷，机播水平达40.94%；机收面积2.87万公顷，机收水平达60.66%，全区主要农作物耕种收机械化水平达71.49%。全区有固定机电提灌站284处、10 508千瓦（不含临港），全年新建提灌站5处，维修整治提灌站50处，维修改造提灌设施222台、6 220千瓦，新增提水控灌设备190台、703千瓦，常年提水保灌面积达1.1万公顷，全年有效灌溉面积2.6万公顷。

【农村科技】 争取到2022年中央财政农业生产发展资金84万元，组织178人参加省、市级、区级调训；聚焦翠屏区现代农业“5+2”产业体系，围绕加快农业绿色、高效、适用技术推广应用，加强绿色增产、生态环保、质量安全等领域重大关键技术示范推广，印发《关于推介发布2022年度农业主推技术的通知》（〔2022〕-67），遴选2022年度农业主推技术40项。新建农业科技示范基地2个，新培育科技示范户2户；组织开展先进适用技术试验示范147次，共开展农技人员现场实训和示范主体观摩学习1 428人次，农业主推技术率达100%。

【农产品质量安全监管】 持续推进农产品质量安全专项整治行动、“治违禁　控药残　促提升”三年行动、食用农产品承诺达标合格证制度、农产品质量安全追溯推广应用等工作。全面落实属地管理、部门监管和生产经营主体责任，发挥“农产品质量安全第一道防线”作用。建立“农安信用+执法监管”和“农安信用+认证服务”的翠屏农安信用路径，对42家农资和农产品生产经营主体开展信用评级，并将评定结果向社会公示，组织开展农资和农产品生产经营主体信用信息等级评价，首批评定5家农产品生产经营主体为3A级、4家农产品生产经营主体为2A级、10家农资经营主体为3A级、2家农资经营主体为B级。选择在5个主导产业镇开展农药残留胶体金免疫速测新技术应用试点，新建5个承诺达标合格证自助服务点，搭建了“宜宾市翠屏区农产品质量安全监管执法信息管理平台”。

【农村市场体系建设】 1月，翠屏区被农业农村厅确定为2021年度省级“互联网”农产品出村进城工程试点县（全省5个试点县之一），并在茶叶特色产业开展试点。全区采取“政府+企业”模式，以茶叶作为试点品种，从推进机制、主体建设、平台推广、品牌打造、新媒体运作等方面发力，推进试点工作开展。川茶集团成立宜宾上茶电子商务有限公司，具体负责茶叶“出村进城”试点工作，同时开展校企合作、建设直播基地、线上线下2022“宜宾早茶”等农特产品推广及营销活动，全年实现以茶叶、茶食品为重点的特色农产品电商网络销售额1.3亿元。

【主要领导人】 区委书记：兰宏彬；区人大常委会主任：范建平；区长：张林；区政协主席：詹立；分管农业副区长：何健。

翠屏区编写组

南　溪　区

【基本情况】 2022年，全区辖8镇3个街道，辖区面积676.69平方千米，其中耕地面积38.534万亩，比上年增长1.99%，人均耕地面积0.938 7亩；基本农田32.050 6万亩。年末总人口41.05万人（户籍人口），减少0.6%；人口出生率7.79‰，增加0.7个千分点；人口自然增长率-0.42‰。全区耕地有效灌面达到耕地总面积的64%；本地水资源总量2.72亿立方米，人均占有水资源量819

立方米。有林业用地1.94万公顷，有林地面积1.89万公顷，活立木总蓄积量95.3万立方米，森林覆盖率40.65%。

2022年，全区实现地区生产总值223.55亿元，增长2.4%，其中第一产业增加值38.31亿元，增长4.4%，农、林、牧、渔及农林牧渔服务业之比为58∶7∶29∶3∶3；第二产业增加值98.57亿元，减少0.2%（工业产值251亿元，减少14.95%）；第三产业增加值86.68亿元，增长4.5%。三次产业对经济增长的贡献率分别为17.14%、44.09%和38.77%。劳务输出11.896万人，收入3 768 000万元。全年接待游客390万人，实现旅游收入37 200万元，其中乡村旅游收入24 500万元。

公路通车里程1 789.28千米（其中乡村公路1 668.902千米），密度2 647米/平方千米、39.89千米/万人。社会消费品零售总额92.17亿元，增长0.9%。地方公共财政预算总收入完成15.5亿元，增长10.09%；公共财政预算总支出42.18亿元，减少4.31%，其中农业投入125 918万元，占支出的29.86%。金融机构各项存款余额202.59亿元，比上年初增长10.1%；各项贷款余额204.25亿元，比年初增长19.25%。全年农业保费收入0.2亿元，增长54.33%。农业产业化龙头企业省级、市级、区级分别为7家、25家、50家。

有各类学校107所，在校学生60 042人，教职工3 291人，其中普通中学10所，在校学生21 894人；小学39所，在校学生21 384人；学龄儿童入学率100%，提高0.1个百分点。有艺术表演团体1个、文化馆1个、公共图书馆1个、博物馆1个。有卫生机构311个，病床位1 738张，卫生技术人员2 093人。城乡居民基本医疗保险人数307 707人，参保率95.3%；城乡居民基本养老保险参保人数148 763人，参保率95%；被征地农民养老保险参保人数新增655人。

【年度农业和农村经济运行】 2022年，全区出台了《宜宾市南溪区高质量推进粮食生产发展的六条政策措施（试行）》《宜宾市南溪区农业产业提质增效专项攻坚行动实施方案》。实现农业总产值67.69亿元，增长4.6%；第一产业增加值38.31亿元，增长4.4%；粮油、生猪、林竹、白鹅等特色优势农产品产量保持稳定增长。农民年人均可支配收入达22 361元，增长6.3%。全区农产品质量抽检合格率比年初提高1个百分点；建成9个基层农业综合服务站。全区主要农产品产量见表1。

【农业产业化发展】 全年新培育农业产业化市级以上重点龙头企业3家、家庭农场30家、种植大户7户；引进四川舌头君农业开发有限公司年产5 000吨竹笋食品精深加工、中央厨房三产联动供应示范基地项目。依托宜宾酒类食品园区，携手五粮液集团、宜宾纸业、徽记食品、娥天歌等龙头企业，打造以白酒、豆制品、竹产品、生猪和白鹅精深加工等为主导的绿色食品饮料产业，形成从种养殖到精深加工的全产业链，初步构建起以粮油、林竹、生猪、白鹅等特色种养殖业为主导的“3+1”现代农业产业体系。

【农用地产权制度改革】 创新农村土地适度规模经营机制，促进农业增效、农民增收。印发《宜宾市南溪区农村土地经营权股份合作制改革试点工作方案》，指导有条件的村探索性地开展农村土地经营权股份合作制改革。印发《关于完善农村土地所有权承包权经营权分置办法的实施意见》，不断健全农村土地产权制度，推动新型工业化、城镇化、农业现代化同步发展。

【农村集体产权制度改革】 印发《宜宾市南溪区贯彻〈四川省农村集体经济组织条例〉实施细则的通知》，指导各农村集体经济组织按照“五个一”标准规范农村集体经济组织管理，发挥集体经济组织管理集体资产、开发集体资源、发展

表1　2022年南溪区主要农产品产量

主要农产品	单位	产量	同比增减(%)
粮食	万吨	18.900 0	−3.10
水稻	万吨	13.100 0	−3.40
玉米	万吨	2.700 0	−6.20
马铃薯	万吨	0.100 0	61.80
油菜籽	万吨	1.100 0	11.70
蔬菜	万吨	72.850 0	1.97
水果	万吨	11.540 0	14.90
肉类	万吨	4.186 2	1.94
猪肉	万吨	2.953 9	3.30
牛肉	万吨	0.045 6	10.70
羊肉	万吨	0.080 9	4.20
禽肉	万吨	1.050 6	−0.02
兔肉	万吨	0.055 2	7.00
禽蛋	万吨	0.464 1	7.70
水产品	万吨	0.909 4	3.90
牛奶	万吨	0.047 1	3.70

集体经济、服务集体成员的功能作用。同时，探索推行村民委员会与村农村集体经济组织资产、财务和核算分离，并纳入南溪区“明白了”平台监管。

【供销合作社改革】 开展基层供销社提质增效示范工程，推行“供销社+村两委+农村新型经营主体+农民”的融合发展模式，累计改造综合服务网点19个，创建基层社示范社7个，建立标准化、规范化的南溪柑橘、猕猴桃、稻虾养殖等6个特色优势产业基地4 000余亩，带动1 000余户农民社员户均增收3 000元。打造“仙源印象”农产品公共品牌，组织34个产品申报“四川扶贫”和“天府乡村”等公益性集体商标，线上线下全方位促进南溪农特产品销售，带动各类农产品销售额2 860万元。

【农产品品牌战略实施】 截至2022年年底，南溪已经拥有南溪豆腐干、南溪白鹅2个国家地理标志保护产品，“南溪血橙”“南溪白酒”“南溪榨菜”“南溪茵红李”4个国家地理标志证明商标，南溪小龙虾国家地理标志证明商标有序申报审批。协助新型农业经营主体注册涉农产品商标40余个。结合省、市对“三品一标”的奖励政策，出台《宜宾市南溪区农产品“三品一标”认证奖励办法》，配套专项资金对企业和新型经营主体进行奖励。全区累计发展绿色食品10个、无公害农产品39个。

【现代农业园区建设】 全区贯彻落实“藏粮于地、藏粮于技”重要指示要求，紧扣四川省“10+3”和宜宾市“5+2”现代农业产业体系规划布局，以现代农业产业园为抓手，发展粮油、生猪、林竹、早茶、果蔬、水产等特色农业产业，按照“基地成园、产业成链、品牌成名”的思路，打造一批“基地建设标准化、设施设备智能化、主导产业规模化、管理运行科学化、科技支撑先进化”的农业产业前沿阵地，持续推动全区特色农业产业高质量发展。全区累计建成省五星级现代农业产业园区1个、市级现代农业产业园区3个、区级现代农业产业园区6个。

【种植业】 全区粮食作物播种面积43.4万亩，增长2.4%，全市排名第二位；产量18.88万吨，比上年下降3.2%。全年油料作物产量增长11.8%，中药材产量增长与上年持平，蔬菜及食用菌产量增长2.9%，茶叶产量增长30%，水果产量增长10.8%。

【林业】 全区完成造林面积2 333公顷，其中人工造林面积167公顷。全区森林面积2.75万公顷，林业用地总面积1.9万公顷，森林覆盖率40.65%。全年木材产量1.16万立方米，大径竹产量745万根，小杂竹产量5.95万吨。竹林基地面积26.5万亩，林竹综合产值达65亿元。新增竹产业规模化经营6 000亩、省级竹林人家2户，“石塔—高新翠竹长廊”被评为第三批省级翠竹长廊。国家南溪竹纤维产业示范园区创建为国家林业产业示范园区。

【畜牧业】 全区生猪出栏39.94万头，增长2.7%；牛出栏0.34万头，增长2.7%；羊出栏5.48万只，增长2%；家禽出栏760.86万只，增长1.7%。

【水产业】 全区水产养殖面积956公顷，比上年下降1%；水产品产量9 094吨，增长3.9%；实现渔业产值2.35亿元，增长7.9%。推广“稻渔共生”模式，新增小龙虾良繁基地1个、稻渔面积7 000亩。

【乡村振兴】 全区聚焦“守底线、抓发展、促振兴”主线，促进农业高质高效、乡村宜居宜业、农民富裕富足，全区乡村振兴取得新进展、农业农村现代化迈出新步伐。建成七洞湖乡村振兴示范片，粮油现代农业园区创建为省五星级现代农业园区。建成省级乡村振兴先进镇1个、示范村3个、重点帮扶优秀村1个，建成和美乡村建设“百千工程”示范村4个、达标村25个；创建省级乡村治理示范村3个，市级乡村治理示范镇1个、示范村5个。

【乡村旅游】 裴石镇被认定为市级乡村旅游重点镇，黄沙镇田兴村、仙临镇两木村、长兴镇水口社区被认定为市级乡村旅游重点村。建立精品旅游路线，将文博国潮、红色经典、乡村休闲、长江生态、亲子研学游等旅游路线进行分类。

【农村水利】 持续改善农业用水条件，以马耳岩水库中型灌区续建配套与节水改造项目为重点，不断改善水利设施，全区共建成水库工程46座、小型水源工程2 365处（其中山坪塘2 187处、石河堰178处），在建中型水库1座。全区耕地有效灌溉面积24.14万亩，占耕地面积的64%；节水灌溉面积17.56万亩。

【农业机械化】 全区农机购置补贴共补贴农机具2 011台，增加772台，增长62.3%；完成补贴金额92.711万元，增加21.631 2万元，增长30.43%；受益农户1 340户，增加451户，增长50.73%。全区农机总动力达29.568万千瓦，比上年增加4 551千瓦，增长1.56%。全区农作物耕种收综合机械化水平为50.35%，主要农作物耕种收综合机械化率为68.73%，增加7.92个百分点。

【农村科技】 在全区新建酿酒专用粮现代农业园区智慧物联网系统，实现农业数字技术在农业生产上的综合应用，总投资1 500万元。物联网系统包括智能温室展示大棚10 000平方米、数据自动监测处理平台1套，并利用传感设备、自动化控制设备、气象站实时监测采集田间土壤墒情、气象信息、作物长势信息。新建现代农业科技试验示范基地3个，分别应用2项以上新技术、新机具；发布7项农业种养殖新技术，并在全区推广应用。

【农村教育】 全区有农村学校51所，其中幼儿园16所、小学27所、初中8所；农村在校学生12 864人，在校教职工1 414人。义务教育营养改善计划惠及学生10 511人，拨付资金792.75万元。安排义务教育薄弱环节改善及能力提升补助资金414万元、义务教育均衡发展资金356万元、中央支持学前教育发展专项资金282万元、校舍维修改造专项资金387万元，改善农村学校教育教学环境。学前教育资助人数775人，拨付资助金38.75万元；义务教育阶段资助人数3 182人，拨付资助金146.3万元。

【农村文化】 围绕乡村振兴，在南溪区古街开展传统文化汉服活动，共招商268家，促进并带动消费692万余元。各镇（街道）开展南溪区黄沙镇5·20“栀为你开·梅开言笑”乡村旅游节暨杨梅采摘节、“夏日莲莲”乡村旅游节暨家风文化活动等乡村旅游文化活动共计13场次，吸引游客30万人次，带动旅游消费8 760万元。对全区7个综合文化服务中心进行提升改造。

【农村卫生】 推进基本公共卫生服务均等化项目工作，开展居民建档、慢病管理、0～6岁儿童管理等。城乡居民建立规范电子档案26.56万份，建档率占常住人口的91.8%。开展重点人群管理，为1 684名孕产妇13周前建立《孕妇保健手册》，产后访视1 380人；为65岁以上老年人免费健康体检2.77万人次，为20 327名高血压患者、6 404名糖尿病患者提供慢病管理服务。

【农村法制建设】 建立村（社区）公共法律服务工作室126个，建立《南溪区一村一法律顾问培训制度》。开展“法律援助进百村”活动，7个律师组建宣讲团到全区100个村（社区）开展法治宣传、法治讲座、现场法律咨询服务；组织律师到9个镇（街道）对2 262名“法律明白人”开展专题培训。对全区9个司法所进行提升打造，长兴司法所被司法厅命名为省级“枫桥式”司法所；刘家镇大庙村和仙源街道长江村全国法治民主示范村（社区）创建通过复核。

【农村交通】 国道353线宜宾经南溪至泸州快速通道项目（南溪段）于12月29日建成通车。建设撤并建制村畅通工程4.1千米，完成投资240万元。建设通组路31.5千米，完成投资约2 800万元。新建通村通组硬化路55千米，安装农村公路波形护栏320千米，完成石新路提档升级，创建为省级“四好农村路”示范县。完成城乡公交一体化建设，实行2元通票制，“全域公交”让群众出行更加便捷。

【农村社会保障】 实施全民参保计划，推进养老保险精准扩面。以法定人群全覆盖为目标，实行分类施策，推动实现基本养老保险“应保尽保”。开展数据共享比对和数据筛查清理，摸清参保底数，通过申报核定、审计稽核等工作措施推进农民工、灵活就业人员、新就业形态从业人员等重点群体参加企业职工养老保险。实施城乡居民养老保险大龄人员（45岁）“漏保”清零行动，确保城乡居民养老保险“应保尽保”、待遇“应享尽享”。2022年，全区城乡居保参保人数148 763人。

【农村生态建设及环境保护】 开展农村人居环境整治行动，全域推进农村垃圾、污水、厕所“三大革命”，全年新（改）建农村户厕1731户、农村生活垃圾分类亭400个、镇（街道）生活垃圾压缩中转站3座。累计完成90个行政村农村生活污水治理，全区农村生活污水得到有效处理的村占比达88.32%。建成6个秸秆收储中心和28个村级收集点，收购加工玉米、高粱达0.5万吨以上。

【农产品质量安全监管】 全区完成风险定量监测300个，合格率99%；速测3 700个，合格率99.86%。同时，省、市对全区农产品农药残留例行监测合格率保持在99%以上。256家新型经营主体（农产品生产企业）入驻国家追溯平台和省级追溯平台，入驻率达98%；运用国家（省级）追溯平台上传监管、监测、执法信息820条；生产经营主体运用国家（省级）追溯平台开展追溯业务，上传产品批次（收获、加工、销售）信息2 200条；生产主体开具食用农产品承诺达标合格证97 680张；发放农产品质量安全宣传资料2 700余份，接受咨询650余人次，2022年通过省级农产品质量安全监管示范县动态复审。

【农村市场体系建设】 提升改造农村建制镇农贸市场11个，中心城区新建农贸市场1个、在建农贸市场1个、提升改造农贸市场5个，全区实现农贸市场商业交易全覆盖，农村市场体系基本建成。整合打造“四通一达”城乡服务网点53个，形成分类明确、全面覆盖的城乡物流网络节点，形成镇、村有便利店129个，实现全区城乡物流全覆盖。

【农村留守儿童帮扶】 建立干部结对包保留守儿童工作机制，印发《宜宾市南溪区干部结对包保留守儿童工作方案》，根据全区留守儿童年龄、性别及家庭情况划分风险评估等级，并对应匹配相应包保单位，建立全区机关干部、事业人员结对包保留守儿童帮扶联动机制，明确结对帮扶留守儿童的目标任务、定期巡查巡访、帮扶计划等工作措施，确保包保力量全覆盖，全面落实对全区留守儿童的关心关爱。截至2022年年底，全区共有农村留守儿童2 441人，其中高风险387人、中风险1 466人、低风险588人，并匹配60余个政府机关单位以及9个镇（街道）包保结对帮扶。

【劳务开发与返乡创业】 春节期间农民工返乡高峰开展专项行动，收集各镇（街道）报送2023年春节期间返乡创业意愿项目13个，农民工返乡下乡创业融资项目14个、融资需求1 150万元，闲置房产31处、25 746平方米。对接宜宾农商行等金融机构，帮助5名返乡创业农民工解决融资需求239.7万元。实施农民工返乡创业指导，走访指导返乡创业项目14个。加强返乡农民工创业宣传报道，精选18名优秀返乡农民工事迹通过在南溪区农民工之家、南溪新闻等平台宣传报道30余次，营造出农民工返乡创业良好氛围。全年吸引农民工返乡创业128名。

【主要领导人】 区委书记：罗春涛（3月止），刘刚（4月始）；区人大常委会主任：李德彬；区长：陈元华；区政协主席：余水情；分管农业副区长：李彪。

南溪区编写组

叙 州 区

【基本情况】 2022年，全区辖2乡12镇3个街道，辖区面积2 571平方千米，其中耕地面积114.97万亩，人均耕地面积1.15亩。年末总人口99.89万人（户籍人口），下降0.3%；人口自然增长率-2.58‰，降低4.39个千分点。全区耕地有效灌面和保证灌面分别达到耕地总面积的28.6%和23.6%；本地水资源总量11.728 1亿立方米，人均占有水资源量1 161.2立方米。有林业用地10.545 49万公顷，有林地面积10.115 79万公顷，活立木总蓄积量662万立方米，森林覆盖率42.9%。

2022年，全区实现地区生产总值590.22亿元，增长1.8%，其中第一产业增加值62.1亿元，增长4.2%，农、林、牧、渔及农林牧渔服务业之比为16.4∶3.9∶9.8∶1.3∶1；第二产业增加值280.32亿元，下降0.8%；第三产业增加值247.8亿元，增长4.2%。三次产业对经济增长的贡献率分别为24.4%、-21.6%和97.3%。

公路通车里程4 637.846千米（其中农村公路4 182.239千米），密度1 805米/平方千米、48.8千米/万人。社会消费品零售总额242.3亿元，与上年持平。地方公共财政预算总支出59.85亿元，下降17.69%，其中农业投入92 456万元，占支出的15.45%。金融机构各项存款余额3 601.67亿元，同比增长17.95%；各项贷款余额2 851.03亿元，同比增长21.24%（市辖区数据，与翠屏区共用），其中涉农贷款122.31万元（不含2个街道1个镇数据）。全年农业保费收入0.21亿元，增长40%；处理各项赔款和给付金额2 378.21万元，下降12.9%。农业产业化龙头企业省级、市级、区级分别为10家、41家、126家。

有各类学校318所，在校学生147 735人，教职工7 887人，其中普通中学48所，在校学生55 826人；小学130所，在校学生64 444人；学龄儿童巩固率100%。有艺术表演团体1个，文化馆1个，公共图书馆1个，博物馆1个。有卫生机构1 037个，编制病床位5 674张（开放床位8 569张），卫生技术人员7 265人。新型农村社会养老保险参保人数36.77万人，参保率98%；城乡居民基本医疗保险参保人数725 005人，参保率96.5%；被征地农民养老保险参保人数1.29万人，占总人数的4%。

【年度农业和农村经济运行】 2022年，全区出台了《宜宾市叙州区贯彻〈四川省农村集体经济组织条例〉实施细则》。实现农业总产值99.98亿元，增长4.5%。农民年人均可支配收入达21 982元，增长6.1%。全区农产品质量抽检合格率比年初提高0.1个百分点。全区主要农产品产量见表1。

【农用地产权制度改革】 健全农村土地产权制度，按照“尊重农民意愿、守住政策底线、坚持循序渐进、坚持因地制宜”等原则，逐步形成“三权分置”格局，落实集体所有权，稳定农户承包权，放活土地经营权，发挥“三权”的各自功能和整体效用，形成层次分明、结构合理、平等保护的格局。通过做好农村土地确权登记颁证、建立健全土地流转规范管理制度、构建新型经营主体政策扶持体系、完善“三权分置”法律法规等措施，完善农村土地所有权、承包权、经营权分置，推动新型工业化、信息化、城镇化、农业现代化同步发展。

【农村集体产权制度改革】 深化农村集体产权制度改革，探索土地流转服务型、产业发展型、物业经营型、领办企业型、

表1 2022年叙州区主要农产品产量

主要农产品	单位	产量	同比增减(%)
粮食	万吨	18.900 0	-3.10
水稻	万吨	13.100 0	-3.40
玉米	万吨	2.700 0	-6.20
马铃薯	万吨	0.100 0	61.80
油菜籽	万吨	1.100 0	11.70
蔬菜	万吨	72.850 0	1.97
水果	万吨	11.540 0	14.90
肉类	万吨	4.186 2	1.94
猪肉	万吨	2.953 9	3.30
牛肉	万吨	0.045 6	10.70
羊肉	万吨	0.080 9	4.20
禽肉	万吨	1.050 6	-0.02
兔肉	万吨	0.055 2	7.00
禽蛋	万吨	0.464 1	7.70
水产品	万吨	0.909 4	3.90
牛奶	万吨	0.047 1	3.70

项目建设型、资源利用型、资产盘活型、服务创收型等9种新型农村集体经济实现形式，总结提炼10个集体经济发展典型案例。实施扶持新型农村集体经济发展项目，开展农村集体资产监督管理提质增效行动，印发《关于促进新型农村集体经济高质量发展的实施意见》，推动全区新型农村集体经济高质量发展。

【供销合作社改革】 举办叙州区第二届网络直播带货专题技能公益培训班、叙州区数字乡村首届“村播带货”公益培训会、植保无人机操作手培训班等，组织村组干部、电商服务人员、合作社成员等农合联会员参加培训；由叙州区供销社、区融媒体中心共同出资打造的“酒都惠”线下体验店正式开业。12月23日，宜宾市供销合作社联合社打造的市级公共品牌“宜宾汇”线下展示厅——三江口夹镜楼农产品体验店正式开业，叙州区设立展位展示展销区，首批共有40余家企业产品入驻。

【农产品品牌战略实施】 加快实施品牌强农战略，营造政府部门扶品牌、农业企业创品牌、中介组织助品牌、消费者爱品牌的良好氛围，农业品牌发展成效明显。截至2022年年底，全区获得认证登记的“三品一标”农产品87个，其中无公害农产品40个、绿色食品35个、有机产品8个和地理标志4个。宜宾市叙州区农业农村局获评全省2022年度农业品牌培育工作成效突出单位。

【现代农业园区建设】 截至2022年年底，全区建成区级以上现代农业园区11个。其中，叙州区茶叶现代农业园区创建为省级四星级园区，大塔晚熟荔枝产业园、南广镇稻渔产业园、蕨溪镇蔬菜产业园和横江镇蚕桑产业园4个园区获评市级现代农业园区，培育少峨山特色水果产业园、泥溪海椒湾鱼米之乡产业园、母猪河特色水产产业园、七星山镜湖桃源产业园、叙州区茵红李产业园、合什镇粮油产业园6个区级现代农业园区。园区内主导产业基地面积达21.72万亩，高标准农田面积达12.9万亩，产业规模化、标准化、景区化程度逐年提高；园区内龙头企业、专合社、家庭农场等新型经营主体达421家，吸纳农民工就业15 884人，带动农民118 214人，园区农民人均可支配收入达22 504.3元，园区综合产值达19.4亿元。

【种植业】 全区保有耕地面积116.98万亩，其中高标准农田62.21万亩。全年播栽水稻47万亩、玉米40万亩、高粱1.5万亩；播种花生16万亩、大豆18.1万亩（其中大豆带状复合种植4万亩）；薯类种植面积26.58万亩（马铃薯3.62万亩）；油菜种植面积6.25万亩；茶叶种植面积20万亩，蔬菜种植面积10.27万亩，蚕桑种植面积7.2万亩，水果种植面积11.94万亩，中药材种植面积8.45万亩，花椒种植面积1.77万亩。

【林业】 全区完成营造林8.03万亩，森林覆盖率达42.9%。557株古树名木得到常年性管护。推动以“两证一社”为主要内容、以“惠林贷”为补充的林权抵押贷款，新增林权抵押贷款414万元，累计林权抵押融资5.31亿元；新增林权流转面积0.6万余亩，累计林权流转面积28.6万亩，基本实现政策性森林保险全覆盖，申报中央财政贴息18.75万元、“惠林贷”贴息1.5万元。编制叙州区（2022—2030年）竹产业发展规划，完成新增竹林规模化经营2.5万亩、高山笋用竹融合发展项目0.2万亩、城镇竹林景观打造44亩及“宜长兴”巩固提升翠竹长廊建设任务，新建生产便道32.4千米，新增现代竹产业基地1万亩，创建省级现代竹产业基地1个、省级竹林人家1家，实现竹产业总产值19.2亿元。完成全区油茶资源普查，编制叙州区（2022—2025年）油茶发展行动方案，在观音镇、柳嘉镇、合什镇新建油茶基地4 000亩，依托国有公司打造“国星”山茶油品牌，推动创建第二批全国油茶生产重点区（县）。落实《打造全国森林康养基地试点建设区的实施意见》要求，申报省自然教育基地2个、森林康养基地9个，创建国家3A级景区2个、森林人家17个，组织举办并协助乡（镇、街道）举办各类花卉（果类）生态旅游节会。全年实现林业总产值62.3亿元，农民人均从林业获得收入3 830元。

完成油樟基地新建2 000亩、丰产培育3.7万亩，累计建成投产油樟粗油集中加工点10个，建设樟叶综合循环利用点2个、樟油粗油收储点1个，推动高场镇青陈村、樟海镇福乐水乡油樟三产融合乡村振兴示范点及油樟良种繁育圃建设，新招引北京五合、宜宾德存2家企业，培育宜宾国樟香料有限公司升规上企业。与宜宾学院（四川省油樟工程技术中心）合作开发油樟香水三大系列9款产品，实现油樟产业产值38亿元。国家叙州宜宾油樟产业示范园区被国家林草局认定命名第二批国家林业产业示范园区，是全市唯一的国家级林业园区。

【畜牧业】 全区出栏生猪83.34万头、肉牛0.76万头、肉羊7.41万只、家禽859.9万只、肉兔548.04万只。全区累计发展适度规模养殖场4 863个，其中规模化养殖场341个，生猪、肉兔、牛、羊、家禽养殖适度规模比重达78%、85%、65%、67%、69%；建成禽畜标准化示范场178个，其中国家级1个、省级6个、市级19个、区级152个，生猪、肉兔、肉牛、肉羊、家禽标准化养殖水平分别达80%、85%、80%、70%、75%。经工商登记注册的畜牧专业合作社126家、家庭牧场129家、畜牧龙头企业30家（县级龙头企业23家、市级龙头企业4家、省级龙头企业3家）；全区有种畜禽场10个、人工授精站6个，猪、牛、羊、小家禽、肉兔良种面达95%、55%、98.8%、98%、100%，基本实现主要畜禽良种自给。猪人工授精改良网络实现全覆盖。

【水产业】 全区水产养殖面积4.09万亩，其中池塘养殖面积1.86万亩、水库养殖面积0.67万亩、河沟养殖面积1.56万亩；水产品总产量21 062吨，比上年同期20 320吨增长3.65%；实现渔业经济总产值66 481万元，比上年同期58 861万元增长12.95%。实施2022年省级财政“鱼米之乡”（稻渔综合种养）项目，以南广镇、观音镇等乡（镇）为重点发展稻渔综合种养2万亩，全区稻渔综合种养总面积达3.78万亩。

【乡村旅游】 编制天宫山茶旅融合园区、南广梦享田园、岷江蔬菜园区等近10个农旅融合规划，编制叙州区全域旅游发展规划(2022—2035年)。以“一城两海三镇”为重点，规划建设特色旅游秀美乡村、农文旅融合展示区和旅游精品线路。全年接待游客65余万人次，实现旅游综合经营性收入1.01亿元。

【农村水利】 全区共有农村水利工程19 842处，其中水库74座、电站16座、山坪塘3 661口、石河堰273处、提灌站194处、窖池6 211口、机电井9 414处。全区主要水利工程蓄水6 731万立方米，有效灌溉面积44.61万亩；各类水利工程蓄引提水能力达21 210万立方米，有效灌溉面积44.61万亩。五岔湖水库建设有序推进，完成总投资6 275万元；6座小型病险水库除险加固工程、南广镇七星村“镜湖桃园”集中供水及山坪塘维修整治工程全面完工投入使用，工程完工后实现恢复和改善灌溉面积500亩，新增蓄水能力6 000立方米，新增灌溉面积200亩；按照“十四五”规划，横江镇双槽水库、赵场街道张耳沟水库、泥溪镇烂沟水库、南广镇红岩水库、樟海镇七里沟水库5座病险水库除险加固工程全面完工，完成中央、省级资金投资963万元，一般债券资金190万元；安装完成小型水库雨水情测报升级19座，其中小(1)型水库7座、小(2)型水库12座；安装完成大坝安全监测设施水库8座，均为小(1)型水库，总投资（一般债券资金）323.5万元。

【农业机械化】 落实购机补贴与应用补贴资金436万元，新增农业机械1.12万台（套）、1.8万千瓦，农机拥有量达16.52台（套）、52.4千瓦。全年完成农机作业344.37万亩，其中机耕182.7万亩、机播47万亩、机灌32.7万亩、机械植保26.1万亩、机收55.87万亩，农作物机械化率达51.4%。新增机耕便民道（产业路）216千米。维修改造机电提灌设施1 713台（套）、6 823千瓦，其中新建和改造提灌站8处、268.5千瓦。全年机电提灌设备出勤4.47万台次4.04万千瓦，提水3 180万立方米，灌溉田32.7万亩。新成立农机专业合作组织2个，创建“全程机械化+综合农事”服务中心1个。

【农村科技】 全区培训高素质农民515人，主要有女农民、水产、果树、农资经营等专业，通过理论指导和现场参观形式学习，为农民创业打下基础。组织开展“科技下乡万里行”活动1次，省、市专家服务团重点指导高场镇时代强英家庭农场粮经复合种植技术。茶叶、水产、农技、植保、农机、畜牧等业务部门开展技术培训572次，培训23 076人，提高农村科技人员业务水平。

【农村教育】 全区有农村学生72 878人，占全区学生总数的49.33%，其中学前教育10 450人、义务教育47 186人、高中教育7 324人、职业教育7 918人。

【农村文化】 建立叙州区文旅能人人才库，推荐注册乡村文旅能人336人；在17个乡（镇、街道）、村（社区）配备文化管理人员53人；区文广旅游局长期服务农村县级及以下图书馆、文化馆、文艺院团等从事文化艺术类创作、表演，培训文化工作者43人。选拔优秀文化志愿者、文艺人才长期服务乡村，开展“油樟之春”“百村春晚”“魅力乡镇竞演”“书香宜宾・悦读叙州”“戏剧进校园”“戏曲进乡村”“浓情端午”“万人赏月诵中秋”、荔枝节、李花节等群众性文化活动100余场次。“百村春晚”项目获得省级公共文化服务专项资金支持。

启动第一阶段观音镇农村公共文化服务社会化试点工作，梳理观音镇文化类社会组织75家、文化文艺队伍75支，组建公共文化服务专业队伍4支，撰写完成观音镇农村公共文化服务试点调研报告1份、简报49期。针对75家文化社会组织开展合唱、舞蹈、器乐、旗袍等培训活动130场。开展农村公共文化社会化宣传，整合乡（镇）文化社会组组、文艺队伍、村（社区）文艺爱好者，全年开展拉丁舞活动、“4・23”全民阅读活动、品味端午・粽香观音、庆“七一”、纪念“一二・九”等大中型文化活动累计29场。开展公共文化氛围及氛围营造，并在新媒体发布文化品牌宣传视频16个。

【农村卫生】 全区共有基层医疗卫生机构19家，其中观音、蕨溪、双龙镇中心卫生院达到“优质服务基层行”推荐标准，南广、泥溪等11家医疗机构达到“优质服务基层行”基本标准，安边、凤仪等5家医疗机构申请2023年的“优质服务基层行”基本标准的达标评审。观音镇中心卫生院、蕨溪镇中心卫生院于12月创建为四川省县域医疗次中心。

全年符合农村部分国家级计划生育奖励扶助对象14 445人、省级农村部分计划生育家庭奖励扶助对象2 584人、计划生育特别扶助1 401人、计划生育家庭特别扶助制度（其他）人员349人，全区共发放奖励扶助金1 634.78万元。全区失独家庭均已购买独生子女意外险和特殊家庭住院护理保险，特殊家庭住院护理补贴保险申请理赔148件，共21.5万元。确定观音等12个乡（镇）为试点，通过村、镇、区三级联合，家医团队免费提供上门健康服务指导。对10家开展农民工职业健康体检的企业补助体检资金22.68万元，涉及体检农民工人数2 221人。

【农村交通】 全区297个建制村通客车率和招呼站（牌）覆盖率达到两个100%，完成新（改）建农村公路146千米，总投资22 780万元；完成村道安全生命防护工程建设405千米，总投资7 593万元。全区共计4 182.239千米农村公路已实现养护工作全覆盖，列养率达100%。叙州区客运中心站建成投运，完成蕨溪、商州、横江、观音、泥溪5个乡（镇）综合运输服务站站务功能升级改造。推进交邮、交旅融合发展，实现乡（镇）客运站“一站多能、多站合一、综合利用”的新模式，解决乡（镇）客运站“闲置”问题，满足群众多方面的服务需要。

【农村社会保障】 全区以增强公平性、适应流动性、保证可持续性为重点，不断完善覆盖全体城乡居民的基本养老保险制度，推进城乡融合。全面开展全民参保登记、落实退捕渔民养老保险参保补贴、被征地农民养老保障等工作。推进农村社会保障体系建设，在巩固前期全民参保成果基础上，加强数据动态管理和分析应用，开展精准宣传、查漏补缺，形成推动参保扩面的合力。全年新增1 803名被征地农民纳入城乡居民养老保险，累计纳入城乡居民养老保险12 316人。为526名被征地农民计发被征地农民个人账户待遇，累计为4 587名被征地农民发放个人账户养老金待遇。

【农村生态建设及环境保护】 2022年“千村示范”工程项目建设主要在双龙镇上村村、新式村、老房村、凤鸣村共4个村的农村聚居点开展污水治理和农村散户污水治理，其中在凤鸣村、新式村分别建设日处理能力为5立方米的一体化集中式生活污水处理设施2座，在老房村建设日处理能力10立方米的一体化集中式生活污水处理设施1座；建成分散式治理设施三格式户用化粪池共计220套。农村生活污水采取“分散+集中”治理和部门协同联动推进模式，农业部门推进“厕所革命”建设三格式化粪池、住建部门推进城镇污水管网向周边村庄延伸，生态环境部门推进聚居点一体化污水处理设施建设。截至2022年年底，全区建成一体化污水处理设施212套，有序建设站（点）28个，农村生活污水治理率达90%以上，无生活污水乱排放现象，无农村黑臭水体。

【农产品质量安全监管】 实施完成调剂涉农资金79.6万元，建设16个涉农乡（镇、街道）及重点产业村标准化监管阵地项目；下达省级财政专项资金20万元，承诺达标合格证制度推进项目。推进网格化监管促监管能力、农残检测技能提升，增加检测批次、扩大检测范围，定量监测抽检各类农产品680批次，执法办案3件。加大宣传和舆情监测处置能力，持续实施农药兽药使用减量和产地环境净化行动以及食用农产品“治违禁 控药残 促提升”三年行动。推广应用追溯体系，推行承诺达标合格证制度和市场准入制，落实“两个名单”制度，完成食品安全党政同责年度目标任务。

【农村市场体系建设】 建设“川滇黔国际农产品交易中心”，占地面积约86亩，项目总建筑面积60 629平方米，其中商业配套9 200平方米，总部基地办公18 000平方米，冷链加工、冻品交易区32 000平方米，冷链仓储中心10 000余平方米，农产品线下交易区、水产交易区14 000平方米。开展爱心助农直播活动和助企助农直播30余场，带动创收；初步形成“村播带货”人才培育品牌，培育本土农村青年致富带头人群体。开展主播带货进农村、进社区、进城市活动，助推柳嘉沃柑、大塔荔枝、观音耙耙柑等本地土特产热销网络；举办川工带川货系列直播活动、酒都惠商城“双十一”直播带货等活动，实现网络销售额500万元。

【劳务开发与返乡创业】 全区有农村劳动力约31.96万人，返乡下乡创业累计总人数约8 000人。全年受理返乡农民工等创业贴息贷款项目60个，已发放贴息贷款项目60个，金额约1 131万元。按照政策规定兑现市内企业新吸纳叙州籍农民工就业补贴14家、共计103人，发放企业补贴10.3万元；兑现宜宾藉农民工在叙州就业补助111人，发放就业补助15.84万元。围绕全区产业发展规划，建立返乡下乡创业项目库，将全区优秀返乡下乡创业项目以项目推介会、招商引资洽谈会等多种形式进行对外宣传和推介，回引优秀农民工和优秀农民工企业家返乡发展，全年入库619个返乡创业项目，并按照产业类型和类别进行细分，由区内各主管部门进行点对点帮扶、“一对一”服务。依托温州市宜宾商会在温州市设立驻外农民工服务中心，实现阵地前移、贴近服务。

【主要领导人】 区委书记：雷涛；区人大常委会主任：刘畅；区长：瞿进；区政协主席：钟建华；分管农业副区长：阳兵。

叙州区编写组

江 安 县

【基本情况】 2022年，全县辖14个镇，辖区面积948.49平方千米，其中耕地面积51.45万亩，比上年减少4.91%，人均耕地面积0.884 3亩；基本农田36.86万亩。年末总人口58.18万人（户籍人口），减少0.4%；人口出生率8.29‰，增加1.49个千分点；人口自然增长率1.2‰。全区耕地有效灌面达到耕地总面积的56%；本地水资源总量4.8亿立方米，人均占有水资源量825立方米。有林业用地面积3.371万公顷，有林地面积3.371万公顷，活立木总蓄积量51.166 5万立方米，森林覆盖率36.8%。

2022年，全县实现地区生产总值217.91亿元，增长4.2%，其中第一产业增加值41.29亿元，增长4.3%，农、林、牧、渔及农林牧渔服务业之比为56∶5∶33∶5∶1；第二产业增加值83.36亿元，增长6.3%（工业产值252亿元，增长31.9%）；第三产业增加值93.27亿元，增长2.2%。三次产业对经济增长的贡献率分别为18.9%、38.3%和42.8%。全年接待游客494万人，实现旅游收入443 700万元。

公路通车里程2 481.41千米。社会消费品零售总额106.12亿元，减少0.5%。地方公共财政预算总收入完成17.69亿元，增长43.39%；公共财政预算总支出37.96亿元，增长29.85%，其中农业投入29 600万元，占支出的7.8%。金融机构存款余额230.68亿元，同比增长19.06%；贷款余额182.93亿元，同比增长22.01%。完成农业产业化项目6个，完成投资4.006万元。农业产业化龙头企业省级、市级分别为3家、14家。

有各类学校135所，在校学生72 722人，教职工4 413人，其中普通中学27所，在校学生29 661人；小学38所，在校学生31 412人；学龄儿童入学率100%，提高0.1个百分点。有艺术表演团体1个、文化馆1个、公共图书馆1个、博物馆2个。有卫生机构565个，病床位2 808张，卫生技术人员2 735人。城乡居民基本医疗保险参保人数497 283人，参保率97.08%；城乡居民基本养老保险参保人数313 424人，参保率90.52%。

【年度农业和农村经济运行】 2022年，全县修订了《江安县促进“4+2”农业产业发展扶持办法》，出台了《江安县乡村振兴农业产业发展贷款风险补偿金管理办法》。全县实现农业总产值62.93亿元，增长4.46%；全县全年实现第一产业增加值41.29亿元，增长4.3%；粮油、柑橘、林竹、茶叶、生猪、水产等特色优势农产品产量保持稳定增长。农民年人均可支配收入达21 909元，增长6.1%。县农产品质量抽检合格率比年初提高1个百分点；建成14个基层农业综合服务站。全县主要农产品产量见表1。

【农业产业化发展】 拓展壮大粮油、生猪等主导产业，因地制宜发展果、竹等特色产业；招引培育具有辐射带动能力的农业龙头企业；发展农村电商、农旅融合发展等新业态。已培育引进省级农业龙头企业3家、市级农业龙头企业14家。

【农村集体产权制度改革】 印发《江安县贯彻〈四川省农村集体经济组织条例〉实施细则的通知》，指导各农村集体经济组织按照“五个一”标准规范农村集体经济组织管理，发挥集体经济组织管理集体资产、开发集体资源、发展集体经济、服务集体成员的功能作用。同时，探索推行村民委员会与村集体经济组织资产、财务和核算分离，并纳入“宜宾市农村集体资产综合监管平台”监管。

【供销合作社改革】 截至2022年年底，县供销社系统有全资公司3家、新型基层社14个，领办农民专业合作社35个，实现经营性服务总额31 402万元。加强基层供销社建设，改造提升基层社4个，新建基层社1个；建成基层社示范社2个，累计建成基层社示范社11个，实现基层社示范社在全县4个中心镇全覆盖。

【农产品品牌战略实施】 截至2022年年底，全县有江安大白李、江安夏橙、江安黑山羊3个国家地理标志保护产品。新增绿色认证4家17个产品，全县现有绿色产品认证企业6家、认证产品6个，培育星级农家乐40余家，创响“江安晚熟柑橘”“江安德康生猪”“江安糯红高粱”“川鳗郎”等区域公用品牌，江安县被纳入国家级电子商务进农村综合示范县建设。

【现代农业园区建设】 全县聚焦“4+ 2”现代特色产业体系，立足全县实际，累计建成省三星级现代农业园区2个、市级现代农业园区5个。对标国家级、省级、市级现代农业园区建设标准，制定《江安县现代农业园区建设总体规划(2021—2025年)》，到2025年将分层次、分梯度地打造各级现代农业园区14个，其中省级现代农业园区3个(争创国家级1个)、市级现代农业园区5个、县级现代农业园区

表1　2022年江安县主要农产品产量

主要农产品	单位	产量	同比增减(%)
粮食	万吨	26.810 0	–2.90
水稻	万吨	18.550 0	–2.10
玉米	万吨	2.930 0	–4.90
马铃薯	万吨	0.840 0	21.70
油菜籽	万吨	1.970 0	8.80
蔬菜	万吨	33.660 0	1.10
水果	万吨	0.470 0	–19.00
肉类	万吨	18.900 0	–3.10
猪肉	万吨	13.100 0	–3.40
牛肉	万吨	2.700 0	–6.20
羊肉	万吨	0.100 0	61.80
禽肉	万吨	1.100 0	11.70
兔肉	万吨	72.850 0	1.97
禽蛋	万吨	11.540 0	14.90
水产品	万吨	1.668 7	3.30
牛奶	万吨	2.953 9	3.30

6个。编制《江安县鳗鱼水产现代农业园区建设规划》《江安县酿酒专用粮现代农业园区总体建设规划》。同时编制《"十四五"推进农业农村现代化规划》，明确未来5年农业农村的奋斗目标，创建省三星级现代农业园区1个（江安县鳗鱼现代农业园区）、市级现代农业园区1个（江安县藕渔现代农业园区）。

【种植业】 全县粮食扩种0.7万亩，实现粮食作物播种面积62.3万亩，粮食产量26.8万吨，粮食生产实现"十六连增"；发展酿酒专用粮20万亩，总产值达5亿元；播种豆类3.88万亩、油料作物12.7万亩、薯类9.19万亩；蔬菜及食用菌种植面积14.05万亩。全县水果种植面积20.06万亩（其中柑橘种植面积15万亩），产量16.87万吨，实现综合产值24.82亿元。全县茶园面积4.5万亩，产量3 400吨，实现茶叶综合产值3.68亿元。

【林业】 全县完成营造林1.165 8万亩。启动国家储备林项目建设（一期），建成市级千亩丰产竹林（绵竹）示范基地1个、万亩省级现代竹产业基地2个、竹林规模化经营基地1万亩，实现竹产业年总产值48.73亿元。

【畜牧业】 全县出栏生猪59.98万头，同比增长10.22%；出栏肉牛0.38万头，同比增长5.55%；出栏黑山羊6.59万只，同比增长11%；出栏家禽592万羽，同比增长11.66%。畜牧业产值达2.85亿元，同比增长11.4%。

【水产业】 全县水产养殖主要以淡水鱼养殖为主，淡水养殖面积达1.744 5万亩（池塘1.485万亩、水库2 490亩），稻田养鱼面积达17.86万亩。全年渔业养殖面积达1 163公顷，出水成鱼1.67万吨，同比增长3.3%；水产品总产量达1.67万吨，实现产值3.39亿元，同比增长7%。全县有规模化水产养殖基地110个，其中水产养殖专业合作社30个，养殖面积2 400亩；家庭农场20个，面积1 000亩；公司4家，面积700亩。在传统养殖的基础上，打造鳗鲡、小龙虾、美蛙、大闸蟹等特色水产品养殖体系。

【乡村振兴】 全县坚持把乡村振兴战略作为新时代"三农"工作的总抓手，聚焦"守底线、抓发展、促振兴"主线，促进农业高质高效、乡村宜居宜业、农民富裕富足。防返贫监测机制不断完善，人居环境治理显著提升，干部群众满意度较高，无漏测失帮情况发生，无规模性返贫风险，全县脱贫人口人均纯收入较上年增长14.84%，坚决守住不发生规模性返贫的底线。建成市级乡村振兴先进镇1个，省级乡村振兴示范村3个，市级乡村振兴示范村3个，省、市同创的乡村振兴重点帮扶优秀村1个。

【乡村旅游】 江安县获评"四川曲艺之乡"，竹雕《三江风情》获得中国"百鹤奖"。打造"中国戏剧文化名城"剧专旧址恢复项目主体完工，展陈施工进场剧专文旅商业，综合体项目进入验收阶段。"四川谐剧""红桥猪儿粑"入选省级非遗名录。夕佳山民俗博物馆、夕佳山镇五里村、阳春镇姜庙社区分别获评省级科普示范基地、省级乡村旅游重点村、省级乡村文化振兴样板村。建立精品旅游路线，将自然风光、文化遗产、红色经典、乡村休闲、长江生态等旅游路线进行分类。

【农村水利】 持续改善农业用水条件，以水库、高标准农田等项目为重点，不断改善水利设施，全县共建成水库工程61座、小型水源工程2 476处（其中山坪塘2 374处、石河堰102处）。全区耕地有效灌溉面积29.19万亩，占耕地总面积的56%。

【农业机械化】 以新机具提升农机农艺一体化水平，江安憨石农业发展有限公司自主设计的"新型破碎打包一体机"获得国家知识产权局实用新型专利证书。酿酒专用粮基地实现机耕、机播、机收一体推进，不断提高劳动生产率。成立农机农艺联合社，在全县范围开展"耕种收一体化"技术推广，解决产业发展与劳动力不足的矛盾。推广水稻机械化育插秧，通过项目扶持、资金拉动、技术服务等措施，调动种粮大户购机用机的积极性，全年购置插秧机2台、收割机26台、加工设备24套、烘干机2套、饲料权混合日粮制备机1套。全县农机保有量88 852台，农作物耕种收综合机械化水平为57.23%。

【农村科技】 择优推荐江安县七彩湖特种水产养殖有限公司基于水环境动态调节的鳗鱼高密度养殖技术产业化项目申报中央、省定向转移支付项目；推荐江安县康园农业开发有限公司晚熟柑橘绿色高效栽培关键技术集成与示范推广项目申报省级科技创新项目；推荐四川江安憨石农业有限公司粮饲结合秸秆高效利用关键技术研究与示范项目申报2022年度市级科技计划项目。组织开展"科技之春""科技活动周""科技三下乡"等宣传活动，集中宣传3次，发放各类科普宣传资料5 000余份。

【农村教育】 全县114所农村义务教育学校实施营养改善计划，全部实行食堂供餐，供热餐率100%，受益学生33 966人。全年资助各类贫困学生4.6万余人次，发放资金2 900余万元；申请大学生源地信用助学贷款4 600余万元，惠及贫困大学生4 700余名。

【农村文化】 夕佳山镇五里村获评省级乡村旅游重点村，阳春镇姜庙社区村获评省级乡村文化振兴样板村。完成《江安县历史文化丛书》文稿编撰。创新打造"橙乡理'响'"基层宣讲品牌，组织开展"橙乡故事汇"等活动，开展"五好选树""十美"等评选，弘扬社会正能量。

【农村卫生】 投资11 000万元的江安县夕佳山中心镇医院建设项目、投资8 000万元的江安县红桥片区基层防治能力提升项目基本完工，设置为县域医疗卫生次中心。对全县42.5万人规范开展基本公卫生服务，项目实施效果较上年有较大提高，其中健康档案规范建档率94.36%，健康档案合格率为90%，动态使用率为86.61%。向群众宣传普及卫生健康、应急救护、传染病防控等知识，倡导文明健康生活方式和行为习惯，发放各种宣传资料约34 400份，受益群众10 360人。

【农村法制建设】 印发《江安县法治宣传教育第八个五年规划(2021—2025)，为江安县今后五年的法治宣传教育工作"掌好舵"，为启动全民普法教育把准"指南针"。规范人民调解工作，优化队伍结构，开展案件评审，将"订制调解"工作模式推广至全县14个乡(镇)。开展"八五"普法宣传教育活动。全年办理各类法律援助案件500余件，解答法律咨询2 000余人次，为受援人避免和挽回经济损失520万余元，其中受理农民工讨薪89件，帮助农民工追回薪资80余万元。

【农村交通】 全年新(改)建农村公路77千米，完成建设美丽乡村旅游路10千米、危桥改造4座、农村通畅公路38千米、通组路12千米，新(改)建竹区道路12千米。全县农村公路建设总里程达2 367千米，率先在宜宾泸州市开行市际公交。巩固提升乡村运输"金通工程"样板县创建成果，完善乡村运输运行机制，持续推进城乡公交化一体化改革，实行"城镇公交+便民小客运"的经营模式。依托"金通畅行"平台，建立电话、微信约车服务调度站，为农村居民提供"响应式"服务。全县已开通农村客运班线189条，配备便民小客运183辆，运输服务覆盖县域14个镇、189个行政村。

【涉农招商引资】 全年完成6个招商引资项目签约，比上年增长200% (2021年为2个项目)；项目总投资4.00 6亿元，比上年增长60%，全面完成招商引资任务。

【农村社会保障】 推进"全民参保扩面专项行动"，重点对建档立卡贫困人口、农民工、贫困人口、灵活就业人员和新业态从业人员等群体实施精准扩面。2022年，全县社会保险参保人数达313 424人，其中城乡居民基本养老保险参保人数186 377人。

【农村生态建设及环境保护】 深化农村人居环境整治"五大行动"，整治无证、超区域经营燃气企业10家，生活垃圾和生活污水有效处理的村分别达90%、85%，农村户用卫生厕所普及率超过90%，基础设施显著改善。建成投运规范化水厂8座，桐梓水厂、原水过江管网等项目建设加快推进。

【农产品质量安全监管】 全县完成风险定量监测311个，合格率100%；农产品质量安全日常监管抽样样品6 600个，合格率100%；配合部、省、市监督抽检18个，合格率100%；市级酿酒专用粮和省级专项抽样74个，例行抽检44个，合格率100%。全县有效期内绿色食品5个、无公害农产品73个、地理标志产品3个。建设农产品质量追溯体系，省级农产品质量安全追溯平台、国家级农产品量安全追溯平台累计入驻246家生产主体，录入生产销售批次1 021批次、销售批次1 286批次，录入基地巡查和现场巡查347次，累计开具20 179张食用农产品合格证，发放宣传资料1万余份。

【农村市场体系建设】 组建电子商务专班，实施国家级电子商务进农村综合示范县项目，打造县、镇、村三级电商服务和物流配送体系。开展"区域品牌、产品牌、企业品牌"培育，开展"电商、农村经济、企业管理人员"三大人才培训，培育庆慧丰腊肉、红桥猪儿粑、江安大白李、月亮山皮蛋、邵湾早茶、农村人等本土电商品牌。培育引进电商企业30家，开展各类电商培训8期，带领电商企业参加各级展会5次。

【农村留守儿童帮扶】 聚焦儿童关爱主题开展系列活动。开展"圆梦微心愿"活动，六一前夕分别到4个村"儿童之家"为孩子们赠送衣物、学习用品，讲解儿童防性侵、反诈防拐骗、防火防溺等安全知识，捐赠8 000余元，帮助300余名留守和困境儿童实现微心愿。"心向阳光"儿童关爱项目由承接方众禾社会工作服务中心以"社工+志愿者"的方式开展专业服务，全年帮扶40余户。全年以教育支持小组、人际交往小组、成长小组等主题形式开展小组活动12场次，帮助留守儿童200余名。

【劳务开发与返乡创业】 在宜宾公招聘网、江安人才网等招聘网站开设招聘会专栏，开展线上招聘活动8场，提供岗位9 550余个；现场招聘宣传活动26场，提供岗位11 400余个，达成求职意向750余个。开设520个农村公益性岗位，累计有561人在农村公益性岗位就业。发放创业担保贷款6 016万元、各类救助补助9 330万元、高龄补贴531.87万元。

【主要领导人】 县委书记：李强；县人大常委会主任：蒋龙珍；县长：何益伟；县政协主席：钟军；分管农业副县长：程勇。

江安县编写组

长宁县

【基本情况】 2022年，全县辖13镇，辖区面积942平方千米，其中耕地面积35.98万亩，比上年增长0.84%，人均耕地面积0.84亩；基本农田29.807 4万亩。年末总人口42.72万人(户籍人口)，减少0.48%；人口出生率7.1‰，减少0.8个千分点；人口自然增长率-26‰，减少35.8个千分点。全县耕地有效灌面和保证灌面分别达到耕地总面积的86.1%和64.5%；本地水资源总量5.356 8亿立方米，人均占有水资源量1 253.93立方米。林地面积4.58万公顷，活立木总蓄积量102万立方米，森林覆盖率55.4%。

2022年，全县实现地区生产总值207.78亿元，增长1.1%，其中第一产业增加值39.32亿元，增长4.7%，农、林、牧、渔及农林牧渔服务业之比为0.42∶0.13∶0.37∶0.06∶0.02；第二产业增加值81.13亿元，减少3.4%；第三产业增加值87.31亿元，增长3.7%。三次产业对经济增长的贡献率分别为80.9%、-123.8%和142.9%。乡(镇)中小企业增加值16.7亿元，增长5.2%；从业人员25 800人。劳务输出15.13万人，收入515 700万元。全年接待游客1 402.4万人，实现旅游收入1 503 900万元，其中乡村旅游收入1 052 730万元。

公路通车里程2 932千米(其中乡村公路1 630.1千米)，密度3 112.5米/平方千米、68千米/万人。社会消费品零售总额111.1亿元，减少0.7%。地方公共财政预算总收入完成7.007 7亿元，减少29.96%；公共财政预算总支出26.576 9亿元，减少4.46%，其中农业投入54 595万元，占支出的20.54%。金融机构各项存款余额177.78亿元，比上年初增长9.6%；各项贷款余额161.69亿元，比年初增长14.97%。全年农业保费收入0.385亿元，增长129.17%；处理各项赔款和给付金额1 733.49万元，增长70.82%。完成农业产业化项目93个，完成投资66 324万元。农业产业化龙头企业省级、市级、县级分别为5家、19家、26家。

有各类学校110所，在校学生61 927人，教职工3 229人，其中小学16所、单设初中8所、九年一贯制10所、特殊教育学校1所、高完中2所、职业技术学校1所，公办幼儿园18所、民办幼儿园53所；在校初中生13 906人、小学生25 480人、特教学生192人、普通高中生6 299人、职高生4 931人，在园幼儿11 119人，学龄儿童入学率100%。有艺术表演团体1个、文化馆1个、公共图书馆1个、博物馆2个。有卫生机构439个，病床位889张，卫生技术人员929人。城乡居民医疗保险参保人数326 203人，参合率100%；新型农村社会养老保险参保人数14.5万人，参保率98%；被征地农民养老保险参保人数442人，占总人数的0.1%。

【年度农业和农村经济运行】 2022年，全县实现农业总产值28.41亿元，增长4.3%；第一产业总产值66.07亿元，第一产业增加值39.32亿元，增长4.7%；竹子、肉牛、生猪、水产等特色优势农产品产量保持稳定增长。农民年人均可支配收入达22 538元，增长6.4%。全县农产品质量抽检合格率比年初提高1个百分点；建成13个基层农业综合服务中心。全县主要农产品产量见表1。

【农业产业化发展】 持续提升农业产业和现代农业园区整体水平，以构建“1+3+N”的现代农业园区梯次体系为总体目标，推动园区实体化运营，加强园区各主体间利益链接，推进农业一二三产业融合发展。扩大订单农业规模，做强农产品加工业，带动农业种养基地规模化、品牌化、现代化发展。

【农用地产权制度改革】 推动农用地产权制度改革，做好不动产统一登记与土地承包合同管理工作有序衔接，将农村土地承包经营权纳入不动产统一确权登记。全县农村土地承包经营权涉及农户数100 846户，完成1 380 655块地块现场调绘、601 028亩土地确权登记，颁发证书99 478本，确权颁证到户率达98.65%。

【农村集体产权制度改革】 全面完成全县140个村级集体经济组织挂牌工作。严格贯彻落实《四川省农村集体经济组织条例》《农业农村部农村集体经济组织示范章程(试行)》等法规政策规定，全县所有村级集体经济组织严格按照有一个标准名称并规范挂牌、有一

表1　2022年长宁县主要农产品产量

主要农产品	单位	产量	同比增减(%)
粮食	万吨	20.800 0	—
水稻	万吨	13.210 0	-0.65
玉米	万吨	3.170 0	-5.05
马铃薯	万吨	0.380 0	1.52
油菜籽	万吨	1.950 0	11.81
蔬菜	万吨	18.720 0	5.09
水果	万吨	9.370 0	2.69
肉类	万吨	4.931 5	2.90
猪肉	万吨	3.679 4	2.81
牛肉	万吨	0.102 6	25.14
羊肉	万吨	0.020 5	26.02
禽肉	万吨	1.001 1	0.03
兔肉	万吨	0.127 6	12.42
禽蛋	万吨	0.599 8	11.24
水产品	万吨	2.007 9	3.85

个组织章程、有一套内部治理机构、有一本成员名册、有一套管理制度“五个一”标准规范农村集体经济组织运行管理，并制定完善组织章程，建立健全成员（代表）大会、理事会、监事会“三会”，并行使职权。开展农村集体资产监管提质增效，排查整治农村集体经济组织运行不规范、资产管理不到位、经济合同不规范、财务管理不规范、债权债务管控不严格等问题，确保全县农村集体资产规范运行。

【供销合作社改革】 深化供销合作社综合改革，加快县域流通体系建设步伐。基层供销社示范社规模不断壮大，县供销社共有基层供销社示范社8个，发展农民社员5 300余人，销售化肥300余吨，开展技术培训4 500人次。基层供销合作社的土特产品到深圳、杭州、济南、天津等大城市展销，带动销售收入1 000万元以上，提升了长宁农特产品的影响力。发展社有企业，在保证县供销社持股34%且为第一大股东的前提下，与民营资本合作，成立宜宾值得看看商贸有限责任公司和长宁县聚焰商贸有限责任公司。

【农产品品牌战略实施】 全县已认证“二品一标”农产品12个，其中绿色食品盐10个、绿色食品花椒1个。长裙竹荪和长宁苦笋被评为国家地理标志产品。组织家庭农场、专业合作社等参加四川省农博会、中国国际农产品交易会、四川省农民合作社优质农产品迎春大联展等活动。

【现代农业园区建设】 全县按照“1+4+N”梯次培育体系发展现代农业园区，推动园区生产、加工、销售一体化运营，逐步实现产业发展有机融合。建成长宁县现代竹产业园区、长宁县竹·盐特色资源循环产业园区、长宁县肉牛现代农业园区省级园区3个；建成长宁县长江上游名特优水产种业现代农业园区、长宁县梅白镇粮油现代农业园区市级园区2个。

【种植业】 对全县189户种子经营户进行不定期检查，累计出动执法人员286人次，检查经营户562户，整顿市场86个次，共立案查处未备案种子案件2件，全部办结，罚款金额0.42万元，案件办结率100%。全年共抽检种子30个，其中水稻10个、玉米10个、油菜10个，合格率均为100%。在长宁县古河镇群益村开展水稻新品种试验示范，共示范水稻新品种10个，展示效果获得市、县好评。

【林业】 全县贯彻习近平总书记来川视察重要讲话指示精神，因地制宜发展竹产业，接续35年开展春季造竹绿化行动，有竹林面积73.1万亩，分别居全市第一位、全省第五位，可年产竹材70万吨、竹笋10万吨；周边300千米范围内有竹林2 500万亩，可年产竹材2 000万吨、竹笋300万吨。拥有竹种487种，是世界竹种基因库、“中国竹子之乡”。建成5个省级竹产业示范基地共12万亩、市级示范基地3个、0.3万亩。有竹类企业316家，其中“四上”企业33家、省级产业化龙头企业5家、市级产业化龙头企业8家。长宁县现代竹产业园区、竹·盐特色资源循环产业园区被评为省级现代竹产业园区。拥有蜀南竹海等国家3A级以上景区10个，有全竹宴、竹编等省级非物质文化遗产15项。获评四川省首批天府旅游名县、竹产业高质量发展县等。全年实现竹产业综合产值98.1亿元，带动竹农人均收入超4 000元，竹产业已成为县域经济的重要支柱产业。

【畜牧业】 全年生猪、牛、羊、兔、家禽分别出栏50.281 3万头、0.708 4万头、1.219 5万只、89.524 6万只、679.867 7万只，同比分别增长3.12%、10.07%、8.37%、9.57%、1.59%；畜牧业总产值达25.009 2亿元，同比增长3.4%。66个生猪标准化规模养殖场(340条生产线）全面竣工投产，新增产能年出栏34万头。建成存栏肉牛规模养殖场3个，125个肉牛适度规模养殖场逐步有序达产。九牛风险补偿金已覆盖养殖户341户。

【水产业】 全年水产品产量20 079吨，渔业总产值4.229 6亿元，同比增长15.51%。新增标准化养殖池塘面积150亩，改造提升标准化池塘410亩，新增稻渔综合种养示范面积3 000亩。

【乡村振兴】 长宁县获评四川省乡村振兴先进县，龙头镇官兴村、梅硐镇泽鸿村、竹海镇集贤村、长宁镇马村4个村创建为省级乡村振兴示范村，老翁镇黎明村创建为省级乡村振兴重点帮扶优秀村；创建省级乡村治理示范村3个。完成“厕所革命”整村推进示范村建设，新建户厕5 025户、公厕3座，总投资555.96万元。

【乡村旅游】 谋划乡村旅游产业发展，对乡村旅游重点发展区域双河镇片区、竹海镇片区、长宁城乡片区编制片区发展专项规划。举办首届露营节、首届夜间漂流音乐美食节、陆地龙舟节等景区乡村旅游节会，开展科举文艺演出、科考体验、科举沉浸式体验和学生国学研学活动，5C房车自驾营地、“水幕电影”、大师文旅建筑群等项目成为文旅新地标。持续举办佛来山梨花节、梅白镇“碧浪水乡.渔乐有礼”钓鱼比赛、铜鼓三元枇杷采摘节、梅白镇蓝莓采摘节、硐底镇文旅技能大赛、梅白镇红梁美食节等乡村旅游活动，提升长宁县乡村旅游景区（景点）的热度，扩大了长宁县的知名度和美誉度。加强旅游厕所、游客中心、游步道、旅游交通等旅游设施提升建设。设置景点志愿服务站，完善旅游咨询、交通换乘、景点宣传等服务功能。乡村旅游品牌创建成果丰硕，创建双河镇为天府旅游名镇，竹海镇永江村为天府旅游名村，叠翠别苑为天府旅游“名宿”，双河镇葡萄井村、竹海镇农林村为省级乡村旅游重点村，永江村研学旅行基地、七洞沟景区中小学红色教育研学基地、余泽鸿故居中小学红色教育研学基地、七洞沟景区中小学生研学实践教育基地为省级研学教育基地，竹海大熊猫苑为市级研学旅行示范基地，长宁镇、梅硐镇、古河镇为市级乡村旅游重点镇，长宁镇佛梨村、梅白镇洪谟村、梅硐镇泽鸿村、梅硐镇高简村、古河镇幸福村、铜鼓镇天泉村、双河镇合龙村为市级乡村旅游重点村。

【农村水利】 总投资42 098万元建设东山水库工程，于2013年3月开工，2022年完成项目后评价工作和竣工财务决算、审计，并参与完成优质工程示范评比，获得全省同类工程项目第一名。东山水库工程前期工作、移民工作、工程建设有序推进，创造全省“十二五”期间开工建设的中型水库中的“三个第一”，被誉为“长宁速度、东山经验”。总投资12.6亿元，建设县城乡供水一体化工程，新建水源工程小(1)型水库1座，库容882万立方米；新建供水规模70 000立方米/天水厂1座，新建供水管网204.49千米，工程设计供水人口32.4万人，解决了县城及80%的农村人口安全饮水问题。总投资58 700万元，新建库容200万立方米小型水库1座，配套建设灌区供水设施；实施东山水库、方四滩水库、宁春水库中型灌区供水工程。总投资7 398万元完成长宁河工业园区段防洪治理工程、开佛镇长宁河防洪治理工程、长宁河龙头段防洪治理工程及山洪灾害防治项目等4个工程合同验收及县级验收工作，综合治理河长17.35千米，新建堤防5.48千米，采取山洪灾害防治非工程措施实现提档升级。对铜锣水厂、建设村水厂、三元水厂3个供水厂进行升级改造。完成水利工程年末蓄水量0.211 6亿立方米。投资462万元，实施2021年中央水利发展资金农村安全饮用水维修养护，惠及9个镇14个村。投资148万元对小型水库设施进行维修养护。完成2019年中央水利发展资金小型水源工程完工验收；完成毛盖滩、大湾2座限期退出类电站封堵取水口、解除并网协议、断开并网电路工作，并完成市、县级验收。投资318万元对小型水库大坝安装安全监测设施。投资342万元建设小型水库雨水情测报设施。投资100万元完成兴建和整治山坪塘9处。投资404万元建设东山水库库区和灌渠防护栏工程。

【农业机械化】 全县农业机械总动力31.94万千瓦，农业机械拥有量74 681台(套)，其中拖拉机及配套机械108台、种植业机械42 968台(套)、农产品初加工机械14 255台、畜牧机械2 777台、水产机械1 820台、植保无人机5台，全县农作物耕种收综合机械化水平达55.27%。全县有农机社会化服务组织7个(其中农机专合社6个、农机家庭农场1个)、农机户28 199户、农机维修点39个、乡村农机从业人员50 511人。全县有机电提灌站187座，总装机216座、7 160千瓦，灌溉面积14万亩。

【农村科技】 依托“天府科技云”平台为群众提供与其生产生活密切相关的科普服务，全年精准科普群众1 584人，精准科普服务量6 688 620次。开展“三下乡”“全国科技工作者日”“科普宣传月”等科普宣传、科普咨询、健康讲座等活动，共发放各类科普资料8 500余份(册)；开展讲座5次、培训10次。

【农村教育】 全县有农村独立法人学校68所，其中小学11所、单设初中7所、九年一贯制学校9所、公办幼儿园14所、民办幼儿园27所(其中普惠性民办幼儿园22所)。全县共有农村学校学生25 327人，其中小学13 343人、初中6 984人；公办在园幼儿2 345人，民办在园幼儿2 655人。全县共有在编在职教师3 229人，2022年公开招聘新教师130名，考核招聘省属公费师范生25名，乡(镇)教师交流17人，选派农村学校教师上挂(交流)学习14人，校级干部县内交流17人，安排县城优质学校49名教师到农村薄弱学校县内支教，同时，选派15名教师前往“三区”和藏区、彝区支教。落实教师职称一年一评制度，全县共评聘农村高级教师42人、农村一级教师72人、农村初级教师37人。农村学校互联网接入率达100%。为全县农村65个校点配置545台智慧黑板、692台教师办公电脑，为2所农村学校配置校园电视台，为1所农村学校配置创客教室，为2所学校配置数字化书法教室，为2所农村学校配置数字化地理教室，为23所农村学校建立录播教室，实现多媒体教室全覆盖。农村学校教育教学改革成果显著，铜鼓中学创建为四川省义务教育领航学校，梅硐中学创建为宜宾市五育并举试点校，花滩小学建立市级校园科学馆。农村学生心理健康教育工作取得阶段性成效，截至2022年年底，已在农村建立家长学校28所，成立心理咨询室28个，共同搭建家校协同育人机制。学生资助工作效果明显，落实中央、省级资助政策，全年向2万余名困难学生安排资助资金3 037万元，助推脱贫攻坚成果与乡村振兴衔接工作。

【农村文化】 持续推进乡村文化振兴“百千万”工程样板村镇建设，命名3个县级乡村文化振兴样板镇和13个县级乡村文化振兴样板村(社区)。长宁县获评市级乡村文化振兴样板村镇7个，梅硐镇获评省级乡村文化振兴样板镇。有序组织乡村文化振兴魅力竞演活动，组织各镇发动群众参与全省“魅力乡镇”“乡土文化能人”“乡村代言人”“慢直播”等线上展演活动和线下竞演活动，在四川省第二届乡村文化振兴魅力竞演大赛线上展演活动中长宁县排名位列宜宾市第二，报名78个，上报视频77个，热度35.75万次。举行四川省第二届乡村文化振兴魅力竞演大赛宜宾市长宁赛区活动，竹海镇和长宁镇获得本次竞演一等奖。组织“魅力乡镇”代表、乡土文化能人、乡村代言人参加四川省第二届乡村文化振兴“魅力乡镇”宜宾市级竞演活动，长宁县参赛队伍获得一等奖1名、二等奖2名、三等奖2名、优秀奖1名。省级魅力竞演活动在乐山市举行，阮思源获评“全省十大乡土文化能人”，刘国书入选“全省100名乡土文化能人”，长宁镇入选“全省100个魅力乡镇”。

【农村卫生】 全县共有村卫生室351个、卫生技术人员412人，全年诊疗人次66.24万人。全县有13个镇卫生院，其中长宁镇中心卫生院、双河镇中心卫生院创建为二级乙等综合医院。县卫生院提供基本医疗、中医、预防保健、健康教育、计划生育技术指导等综合服务，承担辖区内公共卫生管理和突发公共卫生事件的报告任务，负责对村级卫生组织的技术指导和村医的培训等。全年门诊41.92万人次，门诊收入4 325.5万元；出院病人3.32万人次，住院收入5 348.9万元。

【农村法制建设】 组织开展“命案防范大讨论、矛盾纠纷大排查、法治教育大宣传、社会治安大整治”四大活动，提升命案防范工作实效。组织拍摄《平安长宁、长久安宁》宣传片。组织开展2021年度平安长宁建设评选表扬活动，评选表扬3个平安长宁建设示范镇、36个示范村（社区）、7个示范单位、14个行业示范单位。评选表彰见义勇为公民群体1个、见义勇为公民4人。2个行政村被平安四川建设领导小组命名表扬为省级“六无”平安村（社区），10个村（社区）被平安宜宾建设领导小组命名表扬为市级“六无”平安村（社区）。在全县组织开展“十佳平安卫士”“最美长宁人”评选表扬活动，平安长宁建设人人参与、人人尽责的浓厚氛围逐步形成。选育培养“刘三哥”“张二哥”“红姐”等58名矛盾纠纷调解能手；组建长宁县矛盾纠纷多元化解专家库，成员参与调解成功疑难纠纷6件，实现复杂疑难矛盾纠纷多元化解，加强了矛盾纠纷多元化解协调中心实体化、实战化运行。全年各级调解组织共就地化解纠纷4 344件，调解成功率98.4%。推进矛盾纠纷多元化解和“命转刑”命案防控工作能力不断提升。建成全国模范司法所1个、省级“枫桥式”司法所2个、省级“枫桥式”派出所2个、省级金牌调解工作室2个。以夏季治安打击整治“百日行动”为载体，严厉打击“黄赌毒”“盗抢骗”等各类违法犯罪。

【农村交通】 投入21亿元，加快推进农村公路建设，实现宜威高速（长宁段）珙县互通至竹海互通通车，普通公路生命安全防护工程、西明禅寺至樱花世界幸福美丽乡村路工程建设全面完工，国道547线竹景观大道（长宁至竹海段）按期推进，启动并全面推进省道311线长宁镇至老翁镇段改建工程前期工作，获评“四好农村路”全国示范县。

【农村社会保障】 全县城乡居民基本养老保险人数参保145 488人，待遇领取人数62 074人，为全县738 000人次发放养老金共计9 840万元。全年城乡居保基础养老金调整待遇2次，其中第一次从1月1日起，全县城乡居保基础养老金最低标准提高到每人每月110元；第二次从7月1日起，全县城乡居保基础养老金最低标准提高到每人每月115元。全年为全县12 165位一、二级重度残疾人、特困人员、低保户、独生子女伤残死亡家庭夫妻，按照100元/年/人的标准为其代缴城乡居民基本养老保险费。

【农村生态建设及环境保护】 长宁县创建为国家生态文明建设示范区。大气环境质量持续改善，累计细颗粒物（PM2.5）平均浓度为34.7微克每立方米。水环境质量持续良好，地表水考核断面共2个，均达到或优于Ⅲ类水质，水质状况良好，达到管控要求。县城及乡（镇）集中式饮用水水源地水质达标率为100%，无黑臭水体，水环境质量持续良好。土壤环境质量总体平稳，加强土壤污染风险管控和源头防控，做好重点行业企业土壤污染监管。完成《四川省宜宾市长宁县耕地土壤重金属污染成因排查项目实施方案》编制，并入中央库。声环境质量状况良好，继续做好对县城7个功能区噪声监测点位、50个区域环境噪声监测点位和17个交通噪声监测点位的监测，城区功能区环境噪声1类区昼间夜间、2类区昼间夜间、3类区昼间、4a类区昼间达标率均为100%，3类区夜间、4a类区夜间达标率均为50%，区域环境噪声昼间、城市道路交通噪声昼间均符合国家标准。

【农产品质量安全监管】 全年共立案查处农产品质量安全类农业行政处罚案件3件，全部办结，罚款金额0.34万元，执法质量和公信力明显提升。

【农村市场体系建设】 全县共有信用镇7家、信用村（社区）103家。依法完善乡村资产抵押担保功能，改进、加强乡村振兴金融支持和服务，做好贷款风险防控，已兑现2022年的各类财政金融贴息资金金额79.6万元；申报省级农业产业贷款贴息81.59万元；已获得市党的建设发展专项资金贷款贴息资金29.95万元；已注入各类乡村振兴风险补偿基金2 350万元。全县设立助农取款点193个、ATM机120台、智能柜台机52台，实现助农取款点村全覆盖，同时按照助农取款点“三个一”标准建设完成38个助农取款提档升级点。推进云闪付在农村地区的支付使用，人行长宁县支行在每个乡（镇）选择1～2个主要农村超市作为二维码布放点，已在各乡（镇）22个优质超市布放了二维码，实现了云闪付覆盖所有乡（镇）；辖区金融机构二维码被扫次数约800余次，放贷户数29户，金额达4 109万元。全年涉农贷款余额111.79亿元，同比增长16.96%；辖区农村商业银行、村镇银行新增可贷资金6.36亿元，主要用于当地农业农村发展。截至2022年年底，全县存贷规模总量达339.46亿元，其中存款177.78亿元，同比增长9.62%；贷款161.69亿元，同比增长14.97%。全县保险机构共15家，其中支公司级别的有12家，营销部形式的有3家。2022年，全县保险机构实现保费收入1.7亿元，同比增长21.24%。全县三大粮食作物可承保面积32.87万亩，完成投保32.66万亩，承保覆盖率99%，全面完成承保工作。

【农村留守儿童(未成年人)帮扶】 全年登记在册的农村留守儿童1 822人，其中0～5岁以下的175人、6～13周岁的1 358人、14～16周岁的289人。全年发放事实无人抚养儿童救助金57.27万元、低保中的重病重残儿童救助金19.65万元。开展"立身"健康工程试点工作，对全县7～17岁46 546名未成年人实施免费预防保健体检；开通心理援助热线，向全县未成年人及其家长提供免费心理健康咨询服务，在线接待心理援助热线服务时长432小时。

【劳务开发与返乡创业】 全年开发乡村公益性岗位1 525个，安置脱贫人员及监测户1 415人。全年共组织举办线上线下各类招聘会81场，提供就业岗位3.45万个，促进达成初步就业意向3 650余人。全面完成县内重点企业用工需求任务，完成向对口联系的三江新区重点企业苏格公司组织输送员工1 067人，全县实现农村劳动力转移就业稳定在15.13万人左右。培育特色劳务品牌，通过借助品牌效应扩大劳务输出规模，提高农民工务工收入水平，完成"双河凉糕艺人"地方县级特色劳务品牌培育评选。选树典型引领，创建第二批"四川省返乡入乡创业示范县"，双河镇创建为宜宾市首批返乡下乡创业示范园区。2人获评市级返乡下乡创业明星、1家企业获评市级返乡下乡创业明星企业，评选表彰县级农民工创新创业标兵5人、县级优秀农民工10人，共发放奖金7万元。率先在全市成立首个"农民工返乡创业协会"，吸纳返乡创业农民工企业50余家。落实政策补贴，设立创业担保贷款担保基金400万元，为符合条件的贷款个人和小微企业提供担保，累计为127名创业个人发放创业担保贷款2 406万元，贴息216.83万元，带动280余人就业创业；为102人发放创业补贴102万元。做好农民工就业创业八条政策兑现工作，兑现宜宾籍农民工市内首次稳定就业1年以上补贴1.26万元，为1家企业兑现吸纳宜宾籍农民工就业补贴0.6万元。

【主要领导人】 县委书记：徐创军；县人大常委会主任：雷佑兴；县长：杜伟；县政协主席：李宏斌；分管农业副县长：李政。

长宁县编写组

高　县

【基本情况】 2022年，全县辖13个镇，辖区面积1 323平方千米，其中耕地面积60.2万亩、基本农田37.1万亩。年末总人口(户籍人口)51.98万人，减少0.38%；人口出生率7.51‰，减少1.61个千分点；人口自然增长率-1.66‰，减少2.22个千分点。全县耕地有效灌面和保证灌面分别达到耕地总面积的30%和45%；本地水资源总量6.34亿立方米，人均占有水资源量1 152立方米。有林业用地5.3万公顷，有林地面积5.29万公顷，活立木总蓄积量294万立方米，森林覆盖率40.17%。

2022年，全县实现地区生产总值202.38亿元，增长1%，其中第一产业增加值35.7亿元，增长4.2%；第二产业增加值78.37亿元，下降3.3%；第三产业增加值88.3亿元，增长3.8%。三次产业对经济增长的贡献率分别为44.9%、-4.4%、59.5%。全年接待游客565.8万人次，实现旅游收入53.26亿元，其中乡村旅游收入41.261亿元。

公路通车里程2 710.1千米(乡村公路2 487.8千米)，密度51.9千米/万人。社会消费品零售总额80.11亿元，增长0.5%。地方公共财政预算总收入完成9.36亿元，增长10.4%；公共财政预算总支出31.55亿元，增长11.2%。金融机构人民币各项存贷款余额368.85亿元，比上年末增长14.8%，其中各项存款余额196.71亿元，比上年末增加16.73亿元，增长9.3%(住户存款余额156.54亿元，增长13.1%)；全部金融机构人民币各项贷款余额172.13亿元，比上年末增加30.72亿元，增长21.7%。完成农业产业化项目7个，完成投资77 550万元。农业产业化龙头企业国家级、省级、市级、县级分别为1家、7家、21家、39家。

有各类学校159所，在校学生68 891人，教职工5 118人，其中普通中学20所，在校学生23 651人；小学58所，在校学生29 404人；学龄儿童入学率100%。完成省级以上科技成果3项。有艺术表演团体1个、文化馆1个、公共图书馆1个、备案博物馆2个。有卫生机构412个，病床位2 173张，卫生技术人员2 423人。全县城乡居民养老保险参保人数19.55万人，被征地农民养老保险参保人数3 396人。

【年度农业和农村经济运行】 2022年，全县出台《高县"十四五"现代农业园区总体规划》《高县农业与农村现代化专项规划(2021—2025年)》。实现农业总产值30.86亿元，增长3.8%。农民年人均可支配收入21 981元，增长6.5%。在粮食、生猪、蔬菜生产中，科技投入的占比或科技贡献率51%。建成13个基层农业综合服务站。全县主要农产品产量见表1。

【农业产业化发展】 全年新培育新型经营主体413个、省级以上重点龙头企业3家；培育新型职业农民251名，开展农村实用技能培训1 920人次。

表1 2022年高县主要农产品产量

主要农产品	单位	产量	同比增减(%)
粮食	万吨	25.91	–3.54
水稻	万吨	11.09	–1.42
玉米	万吨	8.57	–4.78
高粱	万吨	0.48	–12.73
大豆	万吨	1.04	7.22
猪肉	万吨	3.59	7.31
牛肉	万吨	0.17	5.66

【农村集体产权制度改革】 全县13个镇共195个行政村全部完成清产核资工作，清产核资数总额255 250.82万元。完成195个行政村村集体股份经济合作社全国信用代码登记，注册资本达130 377万元。在成都农交所宜宾所挂牌运营高县分中心，流转金额271.4万元。

【供销合作社改革】 全年创建7个镇级供销社为基层社示范社，覆盖全县4个中心镇。为69家新型经营主体提供代理记账服务。培育推荐6款高县品牌产品入驻"宜宾汇"区域公用品牌，申报创建"天府乡村"公益品牌3个以上；利用"832"平台、供销云、直播带货等数字供销网帮助农户销售水果等农产品200吨以上。

【农产品品牌战略实施】 坚持"区域品牌+企业品牌"双轮驱动，打造"遇见高州"等农特品牌，蚕桑有"凯华牌""川丝牌"两个生丝品牌，茶叶有"贵妃红""川红工夫"等5个全国名优特新茶叶品牌，推动生产供应链、精深加工链、品牌价值链"三链同构"。

【现代农业园区建设】 印发《高县"十四五"现代农业园区总体规划》《高县现代农业园区总体规划(2021—2025年)》《高县农业与农村现代化专项规划(2021—2025年)》，构建"三片三园多点"的规划布局，建成高县茶叶省星级现代农业园区1个(大雁岭园区)、市级现代农业园区3个(蜀南桑海、蜀山茶海、粮田桑海园区)、县级现代农业园区7个。

【种植业】 全县粮食作物播种面积69.53万亩，产量25.91万吨。蔬菜种植面积8.35万亩，产量21.52万吨，实现产值7.95亿元。水果种植面积3.91万亩，产量1.65万吨。茶叶种植总面积33万亩，其中改建茶园面积2.5万亩。种植桑树23.5万亩，对原有桑树进行嫁接改良30.5万株。

【林业】 全县完成营造林646.5公顷。实施竹林规模经营600公顷。义务植树84.83万株。管护国有林4 300公顷、集体公益林11 319公顷。兑现生态效益补偿资金268.76万元，兑现退耕还林政策性补助421.54万元。防治各类林业有害生物3 202.26公顷，防治率100%。完成森林保险3 872.4公顷，其中商品林3 716.55公顷、公益林155.85公顷。

【畜牧业】 全年生猪出栏48万头、存栏29.83万头，实现生猪综合产值55.32亿元；肉牛出栏1.3万头、存栏2.51头；羊出栏3.13万只、存栏3.05万只；家禽出栏484.57万只、存栏182.51万只；兔出栏96.27万只、存栏25.72万只。

【水产业】 全县水产养殖面积425公顷、稻渔综合种养面积5 000余公顷，水产品养殖总产量5 752吨，实现产值22 335万元；投放鱼种1 380吨。

【乡村振兴】 全县有脱贫村50个、脱贫户1.7万户5万人，乡村振兴重点帮扶村30个(其中省级13个)、易地扶贫搬迁集中安置点72个。投入财政衔接推进乡村振兴补助资金1.743亿元。全县脱贫人口外出务工1.924 2万人，占全县脱贫劳动力(30 056人)的64.02%，脱贫人口家庭人均可支配收入13 319元，比2021年(11 784元)增长13.03%。创建省级乡村振兴先进镇1个、市级乡村振兴示范村11个，省级乡村振兴重点帮扶优秀村2个，市级和美乡村示范村4个、达标村22个，省级乡村治理示范村2个。

【乡村旅游】 全年完成旅游投资11.18亿元，完成高县凤栖谷·观光农业体验园、两岸创意农业幸福田园项目(一期)、大雁岭文旅融合示范项目、龙源溪水上乐园等项目建设。来复镇创建为天府旅游名镇，大屋村创建为天府旅游名村。组织开展"品味'食'尚'飨'会高县"旅游美食评选等活动；完成高速公路文旅宣传氛围营造，安装35块高县全域全景导览图；制作"桔子带你逛高县""文旅局长(镇党委书记)说文旅"等系列栏目，推送视频200余个。

【农村水利】 全县41座中小型水库总蓄水量约3 300万立方米。惠泽水库、郝家村水库等多个中小型水库保证灌溉区域农田春耕灌溉用水供水。

【农业机械化】 全县有农机户27 601个37 835人(农机化作业服务专业户2 453个)、农机维修人员310人，农机经销点60个。农业机械总动力达262 973.47千瓦，机电灌溉面积8 467公顷；耕作机械27 110台、110 760.5千瓦，机耕作业面积53 420公顷，完成2 000亩土地流转全程机械化种粮示范。

【农村科技】 "四川科技兴村在线"高县运管中心入库专家96人、信息员418人。全县选派省、市、县20名科技特派员组成科技特派服务团，指导建立4个科技示范基地，登记农业科技项目27项。申报中央、省、市农业科技项目10项，获得科技项目经费115万元。国家级农业科技成果转化项目1项、省级农业科技成果转化项目2项、市级农业科技成果转化项目1项，推广新技术20项、新设备运用11项、新品种15个。

【农村教育】 投入各类建设资金6 913万元，硕勋小学校教学综合楼项目、罗场中学综合楼等改造项目建成使用。全年减免幼儿保教费253.79万元；发放义务教育家庭经济困难学生生活补助997.26万元；免除普通高中家庭经济困难学生学费210.96万元；为中等职业教育家庭经济困难学生兑现助学金117.2万元；为204名脱贫户家庭本专科学生兑现生活和学费补助81.6万元，为3 428名本专科学生发放生源地助学贷款3 351.16万元。

【农村文化】 新建成来复镇、沙河镇综合文化服务中心。高县庆符镇被省委宣传部确定为“片区中心乡镇公共文化服务提质增效试点”，原创节目《春风绿了幸福芽》受邀参加2022年四川农民春节联欢晚会；舞蹈《芦笙》、情景剧《沙河豆腐》获得四川省第二届乡村文化振兴魅力乡镇宜宾市竞演乡土文化能人二等奖和魅力乡镇三等奖；音乐剧《时光记忆》获得宜宾市第十三届酒都风情展演二等奖。“高县土火锅烹饪制作技艺”入选第六批省级非物质文化遗产推荐项目名单。

【农村卫生】 高县人民医院创建为三级乙等综合医院，高县中医院创建为二级甲等中医医院。高县疾病预防控制中心整体搬迁并投入使用，高县妇幼保健院创建为二级甲等妇幼保健院。全县所有镇（中心）卫生院已达标，每个行政村卫生室配备1名合格村医。基层医疗卫生机构13家。沙河镇、来复镇、罗场镇、月江镇、文江镇5家中心卫生院达到“优质服务基层行”推荐标准。

【农村法制建设】 全年开展矛盾纠纷排查774次，调解各类纠纷2 024件，调解成功率98%以上，挽回经济损失2 330余万元。衔接刑满释放人员265人，安置率、帮教率100%。蕉村司法所创建为市级“枫桥式”司法所。全年办理诉讼、非诉讼法律事务876件，避免或挽回经济损失1 000余万元。全县15名执业律师为56个村（社区）提供“一村（居）一法律顾问”服务。

【农村交通】 全年新（改）建设农村公路179.9千米。建成农村公路安防设施256千米。完成4个渡口的标准化改造。构建县、镇、村三级物流体系，建成县级综合物流仓储配送中心A、B区，3个综合运输服务站和13个镇级寄递快递物流运营中心，并依托村党群服务中心及邮政、农商行现有的村级服务点，在195个建制村全覆盖建立邮政快递、金融、电信、保险等多元化一站式服务点。

【涉农招商引资】 全县有3 000万元以上农业招商引资重大项目3个，分别为总投资0.5亿元的高县可久立体水产养殖项目、总投资0.5亿元的高县凤栖谷观光农业体验园项目和总投资0.4亿元的高县复兴镇梦湖茶叶综合开发项目。

【农村社会保障】 全县城乡居民基本养老保险覆盖人数195 522人，其中领取待遇人数75 412人；征收基金11 182万元，支出城乡居民养老保险待遇11 989万元。为9 096名符合享受政府代缴政策、60周岁以下的特殊群体完成代缴保费90.96万元。全年发放农村低保金4 802.95万元。全年救助农村特困人员22 881人次，发放农村特困人员供养金1 496.01万元。

【农村生态建设及环境保护】 全县投入畜禽粪污设备设施改造资金、生猪生产单元建设补助等资金2 397万元，实施85个生猪规模养殖场改（扩）建和粪污处理设备设施改造升级项目，畜禽粪污资源化利用率提高到88.1%。制定《2022年高县农村人居环境整治提升工作实施方案》《高县2022年农村“厕所革命”民生实事项目建设实施方案》《“美丽高县·宜居乡村”建设五年行动方案（2021—2025年）》，在13个镇48个村进行4 224户农户户厕改造。全县有生活垃圾压缩式中转站13座、村（组）生活垃圾收集池（分类收集点）1 700余个、村（组）生活垃圾收运车辆110辆，生活垃圾收转运处置体系覆盖全县218个行政村（社区）。

【农产品质量安全监管】 建立县、镇、村三级农产品质量安全监管体系，建立13个镇级、21个村级农产品质量安全服务点。完成省级农产品质量安全追溯能力提升项目。全县核发食用农产品合格证信用等级牌795张；办结食用农产品质量安全及农资案8起。年末保有有效期内“三品一标”品牌116个。完成省级风险监测105个，市、县检测任务362个，合格率达99%以上。

【农村市场体系建设】 全县有电子商务的市场主体94家（户），其中规限上企业8家。全年电子商务交易额达22亿元，实现网络零售额7.55亿元。依托宜人宜礼平台和京东川南数字化产融平台，为全县40余家优质电商企业和20余家专业合作社提供服务平台。运用“川货电商节”“全国网上年货节”“宜宾市数字商务惠民补贴活动”等，开展“直播+”特产销售、“平台+”促销等系列活动；组织企业参加“宜宾双十一购物节”，在各平台统一使用专属LOGO；采用“展销+直播”销售模式，在高县李花节、农民丰收节等节庆活动现场直播带货。

【农村留守儿童帮扶】 全县有农村留守儿童3 697人。实施“童伴计划”（关爱留守儿童项目），打造提升全县20个“童伴之家”项目点位，覆盖项目村总人口4.2万人、留守儿童756人，受益青少年儿童4 000余人。

【劳务开发与返乡创业】 全年完成劳务品牌和返乡创业培训3 748人。“高州巧手（蚕桑）”为首批宜宾市特色劳务品牌。开展线上线下专场招聘会81场，提供就业岗位4.6万个，达成就业意向7 000余人。全年全县农民工返乡创业9 053人，创办企业1 526家、农民专业合作社525家、家庭农场1 641家。

【主要领导人】 县委书记：黄修国；县人大常委会主任：邓志刚；县长：张锡恒；县政协主席：周应；分管农业副县长：龚平。

高县编写组

筠连县

【基本情况】 2022年，全县辖5乡7镇，辖区面积1 256.35平方千米，其中耕地面积55.37万亩、基本农田44.21万亩。年末总人口44.75万人（户籍人口），人口出生率8.83‰，人口自然增长率-1.65‰。全县耕地有效灌面达到耕地总面积的59.04%；本地水资源总量10.57亿立方米。林业用地5.85万公顷，活立木总蓄积量281.79万立方米，森林覆盖率56.45%。

2022年，全县实现地区生产总值173.47亿元，增长5.2%，其中第一产业增加值35.15亿元，增长4.1%；第二产业增加值59.71亿元，增长6.7%；第三产业增加值78.6亿元，增长4.7%。从业人员21.63万人。劳务输出161 050人，收入32.74万元。全年接待游客462.33万人，实现乡村旅游收入34.91万元。

公路通车里程2 309.919千米，其中乡村公路2 169.808千米。社会消费品零售总额62.8亿元，减少0.2%。地方公共财政预算总收入完成39.97亿元，增长13.6%；公共财政预算总支出34.7亿元，增长14.7%，其中农业投入5.38亿元，占支出的15.48%。金融机构各项存款余额138.7亿元，比上年初增长8.4%；各项贷款余额126亿元，比年初增长23.5%。农业产业化龙头企业省级、市级、县级分别为5家、25家、80家。

有各类学校126所，在校学生60 915人，教职工3 586人，其中普通中学2所，在校学生7 114人；小学12所（不含村小学），在校学生32 055人；学龄儿童入学率100%。有文化馆1个，公共图书馆2个。有卫生机构418个，病床位1 920张，卫生技术人员2 197人。新型农村合作医疗参合人数369 140人；新型农村社会养老保险参保人数130 136人；被征地农民养老保险参保人数646人。

【年度农业和农村经济运行】 2022年，全县实现农业总产值53.3亿元，增长4.3%；全县全年农业增加值达35.15亿元，增长4.1%；筠连黄牛、筠连红茶、筠连苦丁茶、筠连黄精、筠连筠姜等特色优势农产品产量保持稳定增长。农民年人均可支配收入达21 902元，增长6.2%。全县农产品质量抽检合格率比年初提高5个百分点；建成12个基层农业综合服务站。全县主要农产品产量见表1。

【新型农业经营主体培育】 实施新型农业经营主体培育项目3个、206万元，其中家庭农场项目资金50万元，实施主体5户（筠连县巡司镇朱发宽家庭农场、筠连县仲秀家庭农场、筠连县强壬家庭农场、筠连县云中碧叶白茶家庭农场、筠连县武德乡兴鑫肉牛养殖家庭农场）项目补助资金10万元/户；农民合作社项目资金80万元，实施主体8户（筠连县菜家湾养殖专业合作社、筠连县土房茶叶专业合作社、筠连县筠连镇五凤肉牛专业合作社、筠连县鑫洁养殖专业合作社、筠连县陶坪养殖专业合作社、筠连县金农丰种植专业合作社、筠连县福强种植专业合作社、筠连县春农养殖专业合作社），项目补助资金16万元/户；高素质农民培训项目资金76万元，培育高素质农民397人（省级调训农业产业领军人才2人、农业经理人8人，市级调训农业经理人10人，县级培训377人）。新认定县级示范家庭农场69家、市级示范家庭农场13家；累计培育家庭农场1 029家，其中省级11家、市级45家、县级159家。宜宾金驰阳农牧有限公司腾达种猪场创建为省级标准化示范场。新认定县级农业产业化龙头企业9家、市级农业产业化龙头企业3家、省级农业产业化龙头企业1家；累计培育农业产业化龙头企业87家，其中省级5家、市级25家、县级57家。新认定县级示范农民专合社11个、市级示范农民专合社1个；累计培育农民专业合作社545个，其中国家级示范专合社1个、省级示范专合社15个、市级示范专合社16个、县级示范专合社48个。

【农村宅基地管理审批】 与12个乡（镇）农村宅基地管理人员座谈研究宅基地审批管理中存在的矛盾风险问题。全

表1 2022年筠连县主要农产品产量

主要农产品	单位	产量	同比增减(%)
粮食	万吨	17.560 0	-3.4
水稻	万吨	2.060 0	-1.2
玉米	万吨	10.130 0	-5.6
马铃薯	万吨	2.610 0	5.6
油菜籽	万吨	0.050 0	8.1
蔬菜	万吨	15.360 0	3.6
水果	万吨	2.810 0	10.0
肉类	万吨	4.480 0	-5.9
猪肉	万吨	3.640 0	-8.4
牛肉	万吨	0.820 0	6.4
禽蛋	万吨	0.240 0	10.0
水产品	万吨	0.139 6	2.7

县12个乡（镇）共收到村民宅基地申请610宗，申请面积85 373平方米，其中宅基地审批500宗，批准面积68 407平方米；在符合申请条件但经审核不予批准的110宗中，主因是多数为村民所申请的宅基地属于基本农田暂缓审批，以及少数乡（镇）对审批工作重视程度不够所致。主动办理12345市民热线及群众来信来访等20余件次，其中下达停工通知书1件、下达整改通知书2件。

【扶持壮大村集体经济】 制发《筠连县贯彻落实〈四川省农村集体经济组织条例〉实施细则》，推进农村集体经济组织成员界定，共界定集体经济组织成员9.88万户39.9万人。指导157个村成立集体经济组织，选举成员代表，完善成员（代表）大会、理事会、监事会等法人机构，制定组织章程，登记赋码村集体经济组织157个，赋予其市场主体地位；制发《筠连县农村集体资产年度清查和定期报告制度》等，规范村集体在资产登记、保管、使用、处置、年度清查等方面的管理。全年新增流转备案902宗、面积5 373亩。

【供销合作社改革】 推荐四川泓硒泉饮品有限公司、四川省古月方食品有限公司、宜宾傅氏中医药科技有限公司、筠连县魏四芗鲜食品有限公司、宜宾醒世茶业有限责任公司5家企业产品进驻"宜宾汇"区域公共平台，促成筠连百年傅氏黄精品牌与"宜宾汇"区域公共品牌签约战略合作协议。指导筠连县双泉两苦天然食品厂、筠连县青山绿水茶叶专业合作社、筠连县魏四芗鲜食品有限公司、宜宾傅氏中医药科技有限公司、筠连县川苗食品有限公司5家企业申报使用"天府乡村"公益商标，累计指导22家农村企业、农民专合社使用该公益商标。联合县城乡住建城管局、县农业农村局、县农民工服务中心开展农民工技能培训3期、农产品经纪人培训班2期，共培训250余人。县供销社班子成员带队调研基层社9次，利用省级供销综合改革发展专项资金对2021年建成的3个基层社开展提质增效行动，改造薄弱基层社1个，完成全县5个基层社农资物品铺陈。争取到省级供销综合改革及发展专项资金20万元，新建大雪山镇、蒿坝镇基层供销社2个。县协兴供销服务有限公司与27家农民专合社、涉农公司等签订代理记账合同，承接24家升规入统企业的统计数据上报工作；与10个乡（镇）的村集体经济组织105个达成合作意向，签订代理记账服务协议45份，全年收入21.94万元，增长56.9%。

【农产品品牌战略实施】 全县有国家地理标志证明商标8个，即筠连红茶、筠连苦丁茶、筠连黄牛、筠连粉条、筠连水粉、筠连筠姜、筠连桐子叶泡粑、筠连苗家黄牛干巴；有国家地理标志保护产品4个，即筠连红茶、筠连苦丁茶、筠连黄牛、筠连粉条。开展公共品牌打造工程，聘请福来品牌营销战略咨询机构开展筠连红茶、筠连黄牛品牌策划和推广，制定《筠连红茶区域品牌顶层设计方案》《筠连黄牛区域品牌顶层设计方案》，以多维度、多层次对"筠连红茶""筠连黄牛"品牌进行深度打造；"筠连红茶"区域公共品牌价值达18.61亿元。借助"川货出川"等活动，助推企业推广"筠连黄牛"品牌。

【现代农业园区建设】 把发展现代农业园区作为推动筠连县农业高质量发展的重要抓手，推进腾达镇春风村（16 000亩）实施春风村提档升级项目。建成集现代农业生产、休闲体验、乡村旅游于一体的筠连镇白荆坝稻渔现代农业园区核心区350亩。完成丰乐乡中药材现代农业园区1 100亩核心中药材种植。推进粮烟轮作现代农业园区建设，建成烘烤工场7处、烤房140座、生物质燃料厂和有机肥厂1座。

现代肉牛农业园区位于筠连镇丰收村（原五丰村）、五凤村、联络村，包括海瀛功能区肉牛屠宰加工园区，覆盖面积2.17万亩。按照屠宰加工产业园、三产融合示范带、种养循环示范区、农旅观光休闲体验区的"一园一带两区"总体布局，"种养循环、三产融合、农旅结合"的总体定位，构建现代农业产业、现代农业经营、质量安全、要素保障"四大体系"发展思路，围绕肉牛主导产业，从基地建设、设施装备、产品加工、产业新业态、品牌培育、科技支撑和改革创新7个方面创建。在筠连镇联络村、五凤村、原五丰村通过"对标补短、提质升级"措施，开展现代肉牛农业园区四星级园区创建。

【种植业】 全县粮食作物播种面积53万亩，增加1万亩，增长1.09%，其中大豆种植面积2.42万亩，增加0.34万亩，增长16.35%；推广复合种植大豆0.7万亩，其中大豆玉米带状复合种植0.56万亩。全县粮食产量17.56万吨，减少0.6万吨，下降5.63%。全县蔬菜种植面积6.89万亩，产量16.27万吨。水果种植面积6.67万亩，增加0.07万亩，增长0.98%；采收产量3.85万吨，增加1.29万吨，增长50.67%；实现产值2亿元。全县桑园面积1.6万亩，发蚕种3 800张，产茧281吨，实现产值920万元。

中药材。继续推进"中国黄精第一县"建设，黄精、金荞麦、白及等道地药材基地规模持续壮大，新种植中药材0.73万亩，巩固培育中药材4.82万亩。全县累计种植中药材71 081.2亩，其中黄精18 560亩、黄柏14 722亩、金荞麦1 800亩、筠姜3 100亩、砂仁5 327亩、红袍柑（陈皮）3 100亩、栀子2 890.4亩、白芨1 300亩、佛手3 010亩、菊花1 521亩、吴茱萸630亩、金银花230亩、天麻250亩、钩藤260亩、重楼80亩、瓜篓60亩，玫瑰、虎杖、鱼腥草、金钱草等其他中药材14 240.8亩；年产中药材2.3万吨，年实现产值2.2亿元。

茶产业。全县茶叶累计种植面积29.6万亩，产茶2.31万吨，其中红茶8 458吨（红茶产量居全省第一位）、绿茶11 273吨、苦丁茶3 389吨；茶农收入实现14.31亿元，实现加工产值18.95亿元、综合产值75.1亿元。升级打造中国川红博物馆，建成川红特色小镇陈列馆、筠连红茶文化馆，被农业农村厅认定为全省首批省级农业（茶叶）国际贸易高质量发展基地。在陕西、江西、青海、成都等地开设“筠连红茶”体验店115家、“筠连红茶”销售专柜98个，在淘宝、京东等电商平台开设“筠连红茶”专营店21家。川南国际茶城入驻茶企商铺110余家，年交易额达4.5亿元。有筠连苦丁茶、筠连红茶2个国家级地理标志保护证明商标，有筠连苦丁茶、筠连红茶、醒世、圣星4个省著名商标产品，有圣星茗芽、圣星雾毫、圣星毛峰、圣星炒青、圣星筠连红茶、“公历3·10”（绿茶）6个省级绿色食品产品；在国家可追溯平台录入宜宾早茶、筠连红茶地理标志企业17家。

【林业】 全县森林面积106.4万亩，森林覆盖率56.45%。林地保有量87.79万亩，森林蓄积量281.79万立方米。全县实现竹业综合产值11.235亿元，林业实现第一产业产值36 158万元，增长9.6%。实施2.5万亩现代竹产业基地建设，实现第一产业产值3.54亿元；通过招商引资（引进企业2家）、企业培育等措施，实现第二产业产值4.08亿元；推进竹康养旅游宣传，创建市级竹林人家，提高旅游服务业影响力，实现第三产业产值3.615亿元。

森林资源保护。全覆盖调查全县古树86株，编制《筠连县古树名木保护方案》。完成2022年国家森林督察589个图斑外业核实及内业整理上报，完成2022年林草湿767个图斑外业调查及内业处理等工作，完成2013—2021年153件森林督察案件的查处整改。完成采伐林木蓄积审核审批30 940.29立方米，出材20 982.81立方米，发证1 958份，其中国有林场采伐林木蓄积942.9立方米，出材589.4立方米，发证19份。加强天保公益林及生态护林员管理，补发兑现2019年公益林生态效益补偿40.13万元、2020年补偿467.86万元，兑现2021年度补偿472.61万元，共兑现补偿980.6万元；通过省级平台系统提交2022年300 172亩，兑现生态效益补偿482.28万元。全年收容救助野生动物39次、64只（头、条）。全年办结林业行政案件15起，移交刑事案件12起，处理违法占用林地13 600平方米；行政罚款38.01万元，责令补种树木（竹）2 988株。

森林防火宣传。通过宣传车、手机短信平台、发放宣传单、融媒体中心发布信息等线上线下宣传森林防火，做到森林防火宣传教育进林区、进学校、进家庭。全年张贴《筠连县森林防火令》3 900余张，发放宣传日历1万张，发放《森林防火知识点》1万余张、森林防火《给筠连县人民的一封信》1万余封，制作宣传牌5 000余张，发放防火宣传手提袋8 000余个，推送森林防火宣传短信40万条。指导并会同12个乡（镇）部门、县级相关部门排查出森林火灾隐患167起，其中输配电隐患87起，乡（镇）、村（组）和重点林区隐患80起。同时，对排查出的问题，督促主体责任单位及时制定整改措施，分类整改。与乡（镇）、公安等部门查处违规野外用火21件（其中拘留9人、处罚8人、教育4人），劝阻违规野外用火8件。

森林病虫害防治。制定《筠连县松材线虫病预防和除治应急预案》，成立由县长为指挥长的防控指挥部，统筹协调全县材线虫病等重大林业有害生物防控工作。县政府办公室印发《筠连县松材线虫病五年攻坚行动方案》，投入经费170万余元。发挥基层林业站所、村组干部、生态护林员熟悉基层的优势，开展涉木单位登记备案和调入松林植物检疫复检，形成网格化测报网络，将林业有害生物监测延伸到村（组）、小斑地块。通过松材线虫病疫情防控监管平台APP，采取人工地面调查、无人机辅助监测等方式开展有害生物防治，全年监测有害生物发生面积和防治面积各2.092万亩，防治率100%；松材线虫病等重点林业有害生物成灾面积320亩，成灾率0.29‰，低于市下达的控制数3‰，松材线虫病疫情发生面积减少1 112亩，下降77.65%；疫点乡（镇）不变，普查病死松树株数减少51株，下降83.65%。

【畜牧业】 全县生猪存栏34.65万头，其中能繁母猪存栏3.52万头；生猪出栏49.86万头。肉牛存栏13.11万头、出栏6.22万头；羊存栏0.98万只、出栏0.97万只；家禽存栏125.76万只、出栏273.61万只，禽蛋产量2 438万吨。

生猪、禽、兔。通过政策引导、资金扶持，全县生猪产业加快向标准化规模养殖转型升级。全县有养猪户3.4万余户、专业合作社129家、家庭农场418家、出栏500头以上规模养殖场328家、年产商品仔猪6万头种猪场1个；创建国家级、省级、市级生猪产能调控基地33个，其中国家级3个、省级10个、市级20个。探索“养—产—销”发展模式，挖掘苗家本土腊肉风味，沿用苗家腊肉老方法，制成筠连味道的苗家土腊肉，畅销省内外。以调结构、转方式、补短板为突破口，筠连县发挥龙头企业的引领示范作用，推动小家禽扩量增效，通过龙头企业带动，建设现代化标准养殖示范基地，探索“企业+合作社+基地+农户”模式，发展白羽乌鸡、高山旱鸭、肉兔、鸽子等特色产业，由“小散乱”转变为“大而精”，注册有“团林白羽乌鸡”“团林苗岭乌鸡”“篱垣里”“苗乡秀色”“鸽贵人”等多个商标。优化生产结构和布局，延长产业链至加工、餐饮、销售环节，椒麻鸡、全兔宴等餐饮店及“佐餐鸽子酱”“卤香乳鸽”等风味产品势头良好，实现产业融合发展。依托以集养殖、餐饮、娱乐于一体的筠连县正兴兔业专业合作社为示范，全年出栏肉兔10万余只（全县出栏19.37万只），注册“格蔸坝”等商标；研发的全兔宴深受广大消费者喜爱，年营业额达100万元以上，示范带动周边农户200余户，提高了品牌知名度。

肉牛。全县肉牛存（出）栏19.33万

头，分别居全省农业县（区）第二位、川南第一位，实现综合产值54.07亿元，基本形成种、养、肥、工、销一体化生产格局。组织实施川南山地牛保种项目，投资30万元，以筠连黄牛保种示范场为核心，在蒿坝镇、丰乐乡、高坪苗族乡、联合苗族乡、团林苗族乡培育川南山地牛（筠连黄牛）保种养殖场（户）128家（户），饲养川南山地牛群体母牛774头、公牛64头，其中县核心保种场保种饲养母牛150头、种公牛20头，并建卡纳入信息系统管理，完善档案系谱资料，年末验收合格。11月22日，现代农业特色肉牛产业园区建设推进及技术技能专家讲座培训会在筠连县召开，由农业农村部农业重大技术协同推广计划项目四川牛羊组、国家现代农业产业技术体系四川肉牛创新团队联合主办，邀请四川农业大学的动物科技学院教授张明、动物营养研究所教授王立志、草业科技学院教授马啸、动物医学院副教授马晓平和四川省畜牧科学研究院研究员陈天宝分别讲解“母畜高效扩繁关键技术”“育肥肉牛营养需要与精料补充料选择”“盆周山区优质牧草品种选择与栽种、调制技术”“肉牛冬春常见疫病预防与诊治要点”“肉牛粪污资源化利用技术”，向参训人员赠送四川省畜牧总站副站长李强研究员（推广首席）、四川省畜牧科学研究院草食家畜研究所所长易军研究员（技术首席）主编的《肉牛高效生产配套技术培训手册》，全县12个乡（镇）的养牛大户、家庭农场主、专合社理事长、龙头企业技术总监及县级技术人员66人参加培训。

畜禽粪污资源化利用。继续推动粪污还田利用及种养循环，推广中小散养户采取“截污建池、收运还田”方式，规模养殖场严格按照“农牧结合、制肥还田”的种养循环发展原则实现养殖密集区粪污异地集中处理。建成区域性粪污集中收集处理中心（有机肥厂3个）、种养循环示范园15个，全县规模养殖场粪污处理设施配套率达100%、粪污资源化利用率达85%以上。全年接收畜禽养殖污染信访件8件，办结8件。

【水产业】 聚焦特色高端冷水鱼，发展鲟鱼、大鲵、钳鱼等特色高端冷水鱼养殖，悦行鲟鱼、四海水产、君瑞大鲵等特色高端养殖基地投产运行，打造区域渔业发展新引擎。全县全年水产面积1 535亩、稻渔面积1.65万余亩，水产品产量1 396吨，实现产值2 560万元，实现综合产值4 095万元。

依托本地渔业生产场地、渔业用具以及渔业经营活动，发展休闲垂钓、水产购物、鱼鲜美食等多种业态，推动休闲渔业发展。与县公安、市场监管、交通运输、属地乡（镇）等单位开展长江禁捕联合执法行动、打击市场销售长江流域非法捕捞渔获物专项行动、清理违规网具和非法垂钓的经营行为，全年出动执法人员90余人次，出动执法车辆28辆次，劝离违规垂钓人员200余人次，立案调查处理违法行为1起，配合公安查处涉嫌刑事案件8起。继续开展长江流域禁捕政策宣传，发放宣传资料1 100余份。组织渔政会同巡护人员开展渔政执法巡查、保护巡护、法律法规宣传等工作。继续将长江禁捕工作纳入河长制及网格化管理。

【乡村振兴】 健全“横向到边，纵向到底”的监测体系，按月逐村逐户了解其“两不愁三保障”、收入支出、产业就业等情况。全年开展防返贫动态监测6次、集中排查3次，共消除返贫致贫风险4户19人，新识别监测对象293户1 230人。对纳入监测的对象，逐户分析研判，制定“一户一方案”，及时采取就业、产业、医疗、教育、社保兜底等14大类22小类措施实现综合保障516户、产业帮扶159户、就业帮扶359户（含公益性岗位）、健康帮扶458户、“雨露计划”资助1 174人，精准落实帮扶措施。

全年落实各类教育资助受助学生13.49万人次，补助4 099.59万元；落实“雨露计划”资助1 174人，补助176.1万元。农村低收入人口、防止返贫监测对象、脱贫人口参保率100%；脱贫户、边缘易致贫人口中的高血压、严重精神病、糖尿病、肺结核等慢性病人的家庭医生签约率达100%。全年排查农房84 127户，采取应急防控措施1 016户、工程措施44户，完成102户“掉边掉角”农户搬迁进住。投入800万余元，实施大雪山镇供水站水源补充工程、筠连镇旗隆村集中供水保障工程等，巩固提升4万余人饮水安全问题。

加强兜底保障和关爱服务，将搬迁后符合条件的困难群众全部纳入低保、特困供养范围，确保“应保尽保、应养尽养”。实施社会救助与鼓励就业创业联动，用好用活临时救助政策，保障好搬迁困难群众的基本生活。加强党建带群建工作，建立“支部+业委会+楼栋”自治模式，形成以党组织为核心、自治组织为主体、群团组织和各类服务组织为纽带的基层组织体系。安排财政衔接推进乡村补助82万元，用于中型安置点石林村柑橘基地建设、果蔬洗选厂（二期）项目建设，促进特色产业发展和搬迁群众就业增收。

组建工作专班，摸清有劳动力家庭底数，摸清因新冠肺炎疫情停工、暂时离岗、返乡回流的脱贫劳动力信息。全年为脱贫劳动力提供就业岗位5 200个，促进脱贫劳动力387人就业。促进脱贫劳动力就近就地就业，有外出务工17 526人，发放省外务工7 690人交通补贴461.4万元；开发临时性公益性岗位，安置返乡回流或各种灾害影响的脱贫劳动力就业，开发公益性岗位2 978人，发放公益性岗位补助1 736.64万元，打通就业帮扶的“最后一公里”。

完善县、乡、村“三级联动、块抓条保”“五个包干”等机制，由县领导挂牌督办、现场办公，压实整改责任。对标“两不愁三保障”“三落实一巩固”等标准体系，实行台账式管理、清单式压责。组建督察组开展督察，提升整改质效。全年收到中央、省、市反馈问题80个（国家考核评估、中办督察、国务院大督察以及省内考核评估发现问题认领66个，国家乡村振兴局媒体暗访调研反馈问题6个，市级专项督导反馈问题8个），按照“一改到底、务求实效”的要求均完成整改。同时，对通报的问题，开展自查自纠，发现问题356个，其中开展防止返贫监测帮扶拉练2次，发现问题178个；巩固拓展脱贫成果现场会3次，发现问题146个，其中县巩固拓展脱贫成果专项督导组发现问题32个，均全部整改完毕。

省、市下达筠连县农村“厕所革命”整村推进示范村建设5个、无害化卫生厕所建设5 944户任务，均建设完成。成立户厕问题摸排整改“回头看”工作专班，对2013年来各级财政支持建设的户厕问题进行全面摸排“回头看”，摸排发现问题77个，均完成整改。实施“幸福宜宾十大工程”农村公厕建设项目，建成农村公厕5座。

推广应用积分制、清单制，宣传动员群众参与移风易俗，主动抵制滥办酒席、高价彩礼、大操大办、厚葬薄养、人情攀比、随礼泛滥等不良风气，减轻农民负担，规范村民言行。全年申报蒿坝镇高桥村、筠连镇双河村为省级乡村治理示范村，联合苗族乡为市级示范乡（镇），蒿坝镇龙盘村、大雪山镇四景村、乐义乡花园村、高坪苗族乡先锋村为市级示范村。培育良好乡风民风，开展筠连县第七届道德模范推荐评选，共评选道德模范11名；开展首届新时代好少年推荐评选，共评选新时代好少年28名。

开展“全域春风”行动，一体推进“春风村式”示范村建设和美丽乡村“百村示范、千村达标”工程建设，成立由县委书记、县长任双组长的“百千工程”领导小组，组建“百千工程”工作专班，牵头负责“百千工程”创建相关工作。全年整合投入11.53亿元，用于“百千工程”示范村、达标村创建，全覆盖指导调研创建的市级5个示范村、25个达标村对标补短薄弱环节，确保创建完成。

继续加大对脱贫人口小额信贷资金支持，做好贷款放贷、催收、贴息、分险等，为有需求的脱贫户、监测户提供产业发展信贷支持，实行“周调度、月通报”机制。全年共发放贷款540笔1 948.5万元，还款988笔2 520.66万元，扶贫小额信贷逾期率控制在0.8%以内。

2022年，中央、省、市下达筠连县巩固拓展脱贫攻坚成果与乡村振兴有效衔接资金15 524万元（其中中央、省级11 206万元，市级1 818万元，县级配套2 500万元）；安排项目209个，其中产业发展项目49个。统筹整合投入2 763.61万元，用于重点帮扶村项目建设，安排项目46个，涉及产业发展、基础设施建设、公共服务设施建设、脱贫户、监测户到户项目等，助力重点帮扶村巩固提升。全县13个重点帮扶村有劳动力19 865人，实现就业13 158人，村集体经济收入36.16万元。

【乡村旅游】 融入全市“一城三带四核”文旅发展空间布局，落实县十四次党代会提出的“培育壮大康养旅游产业，推进农文旅深度融合发展”的决策部署，推进“农旅富县”。全县创建为“中国天然氧吧”、全省10个县域生态旅游目的地之一。“春风村—天河温泉—西部洞群”旅游线路入选全国乡村旅游精品线路。春风村获评第二批天府旅游名村。全县举办四川省花卉（果类）生态旅游节暨第十三届春风李花节、筠州首届美食文化节、首届红茶文化旅游节、巡司四方村桃花品果节、银星村早茶节、苗族乡花山节、黄牛文化艺术节、南丝绸之路不夜城农民趣味运动会、红星村音乐派对、荧光夜跑、女神节等休闲农业节庆活动22次。完成对银星村、五凤村“全国‘一村一品’示范村镇”的监测，银星村2019—2022年被评为全国乡村特色产业产值超亿元村；完成对腾达镇春风村“中国美丽休闲乡村”的监测。新增农家乐4家，累计达106家；年营业收入22 570.48万元，增加6 072.13万元，增长36.8%。2022年，全县接待国内游客462.33万人次，增长12.7%；实现旅游收入34.91亿元，增长12.7%。

【农村水利】 实施城镇供水保障项目（四水厂）建设，继续开展王家沟水库云胜干渠、大山支渠、双塘支渠、大地支渠、景阳支渠、武德支渠、走马支渠建设，完成大雪山镇供水站水源补充工程、旗隆村集中供水保障工程、沐爱维新管网延伸工程建设。全年维修养护农村饮水安全工程16处，提升4万余名群众的饮水安全问题。完成实施景阳沟、王家沟小流域水土流失综合治理项目2个，水土流失综合治理面积31.52平方千米。

落实“三个避让”和“三个紧急撤离”要求，精准推进提前转移和临灾避险，细化转移避险方案，转移群众468户1 490人。重新核实划分255处山洪灾害易发区等级管理，核定后实有危险区252个（其中极高风险1个、高风险9个、中低242个）、水库28座（含电站水库）、电站61座、2处在建涉水工程动态隐患排查，排查出隐患132条，全部进行了整改。

完成山洪灾害危险区防汛抗旱“两张图”编制25个，有序实施山洪灾害非工措施建设项目。完成12条河流240千米河道5年一遇洪水位矢量图编制。入汛前，组织全县255个山洪灾害危险区监测转移责任人开展防灾知识、灾害识别、监测巡查、预警传递、避险转移、信息报送等岗前培训13次，培训300余人。在汛前、汛中，在12个乡（镇）255个山洪灾害危险区以及28个水库水电站开展防汛应急演练各1次，其他各类防汛应急演练550余场次。全县备有应急发电机、对讲机、手持喊话器、救援抛绳器等应急抢险器具700余套（台），储备雨衣雨裤、雨鞋、救生衣、救生圈、小军锹等抢险物资1 000余件，累计储备防汛物资价值160万元。全年发布蓝色级以上暴雨预警7次，启动防汛应急响应4次，发布预警96条，发送短信1 220条，转移群众468户1 490人。

全覆盖检查运行水电站61座的安全生产，发现问题1 189个，全部完成整改。建立全县领导干部包乡（镇）、乡（镇）领导干部包水电站的责任清单制度。对15座超期服役的机组水电站开展“小、散、远”发电站和超期服役机组安全监管，龙升电站于10月底完成退出工作。

建全县、乡、村三级河（湖）长体系，及时调整河（湖）库长和联络员单位，明确由县委书记、县长任县级总河湖库长，县委副书记任县级副总河（湖、库）长。全县设立县总河长2人，副总河长1人，县级河长12人，乡（镇）级河长22人，村级河长172人，民间河长、记者河长、企业河长各1人；有巡河护河员232人、“河小青”志愿者518人。

开展公共机构节水型单位创建，创建节水型单位19家，累计创建节水型单位115家，其中学校52家、机关55家、医院8家。

全年收缴水土保持补偿费152.98万元。开展执法巡查46次，下达限期编报水土保持方案通知书8份、责令停止水事违法行为通知书11份，送达水土保持补偿税缴纳通知单2份。

【农业机械化】 全县农机总动力15.81万千瓦，农机作业面积58.7万亩，其中机耕面积45万亩、机播面积6.9万亩、机收面积6.8万亩，农机化作业水平达43%，主要农作物耕种收综合机械化率增长2.7%。

修复机电提灌设备9座315千瓦，新增提灌设备93台603千瓦，提水395万立方米，灌溉面积6万亩。启用农机购置补贴2021—2023年新系统。全年补贴机具851台，受益农户783户，划拨补贴63.36万元，农机购置补贴结算进度100%。

【农村科技】 开展“科技特派团党员先锋队”活动，加强“科技+党建”工作，在科技特派团内部抓党员示范引领，加强基层党员的示范引领带动作用，利用大美筠连、筠商平台等把科技技术、科技政策、科技创新意识等最新知识送到千家，使各项科技知识走进企业、进入乡（镇）、下到基层，营造好的科技氛围。

抓好各级科技项目的申报、审查立项、实施和管理，获得省级、市级立项项目各1项，其中宜宾市醒世茶业有限公司的红茶博物馆建设项目获得省级立项资金20万元、筠连县青山绿水茶叶专业合作社的苦丁茶袋泡功能研究与示范项目获得市级立项资金20万元。省级科技项目2项，即筠连县科技特派员服务与创业项目（科技特派员）、筠连县科技扶贫在线平台优化提升与运行维护，获得项目资金支持共40万元。申报市级科技项目中医药领域“宜宾市科技计划”项目5项、农业领域“宜宾市科技计划”项目1项，申报总资金210.9万元。

邀请宜宾学院、宜宾职业技术学院等专家教授到企业开展产学研、科技兴村、人才交流等方面的合作。德馨堂、傅氏中医、青山绿水、圣奇农业分别与西南医科大学、成都中医药大学、四川大学、宜宾职业技术学院等签订合作协议。鼓励筠连县天佑种猪养殖有限公司与筠连县普渡生态家庭农场、宜宾市醒世茶业有限公司与筠连县川红工夫研究所、宜宾傅氏中医药科技有限公司与成都预立康中医药科技有限公司、四川德馨堂中药科技有限公司与筠连县平步商贸有限责任公司、宜宾市筠连县腾达圣奇农业有限公司与筠连县春风圣奇灵芝种植专业合作社完成技术咨询合作，完成技术合同交易额共6 748.6万元。

组织实施“筠连县科技特派员服务与创新项目（科技特派员）”项目。通过从县农业农村、畜牧水产中心、林竹中心等部门选拔出15名优秀人才组建科技特派团，组成服务小组3个，到61个脱贫村调研产业发展，到各类种养殖专业合作社、骨干产业等助力特色产业发展。全年开展“科技助春耕行动”“科技特派团党员先锋队活动”技术服务6次，新建粮油新技术种植示范种植基地面积100亩。

组织专家开展“四川科技兴村在线”培训10场次，培训专家、信息员和农户246人次；开展线下技术培训8次，到现场解决农业难题2次。全年“四川科技兴村在线”平台有专家187人、信息员683人，信息咨询量2 064条，居全市第一位。

【农村教育】 全县学前教育有86个园点215个班，其中公办独立园36所、村级小学附设幼儿班50个，在园幼儿6 434人；民办园61所（均为普惠性幼儿园）187个班，在园幼儿4 908人。承担义务教育职责法人学校共42所，其中承担有初中教学的高完中2所、初级中学8所、纯小学12所、九年一贯制乡（镇）中心校6所、基点校14所，另有村级小学65所，由所在地乡（镇）中心校（部分为基点校）管辖。全县义务教育阶段在校生48 676人，其中小学阶段31 983人、初中阶段16 693人。普通高中有筠连中学、筠连县第二中学2所，在校学生7 114人，其中筠连中学4 638人、筠连二中2 476人；毕业学生2 106人，其中筠连中学1 478人、筠连二中628人。职业高中教育1所（四川省筠连县职业技术学校），有全日制在校学生4 970人，毕业学生1 394人。全县投入2.3亿元，动工修建总建筑面积53 000平方米的产教融合培训基地建设。落实中等职业学生免学费政策，惠及学生4 900人次，补助948.8万元。筠连县特殊教育学校继续实行残疾儿童随班就读措施，全县有6～14岁残疾儿童（少年）455人，入学451人，其中在校学生383人。在3个苗族乡各设中心校1所，辖村小学6所，另有蒿坝镇合力民族校、腾达镇新民民族校2所。全县有少数民族在校中小学学生3 977人（含女生1 920人），其中义务教育3 566人

（女生1 691人）、高中教育410人（女生229人）、特殊教育1人。截至2022年年底，全县有法人学校48所。

【农村文化】 完成筠连椒麻鸡制作技艺、蒿坝豆腐干制作技艺、筠连麦芽糖制作技艺3个县级非遗项目及代表性传承人申报，筠连水粉制作技艺申报为四川省第六批省级非物质文化遗产项目。原创舞蹈《南南彩得锁》代表宜宾市参加四川省第九届少数民族艺术节，获得非职组第二名，并参加开幕式、闭幕式的文艺演出活动。筠州艺术团参加宜宾市第十三届“酒都风情”文艺展演，11名舞蹈演员参加创作的节目《欧彩蒙》获得三等奖，4名小品参加的创作节目《谈婚论“价”》获得三等奖。组织作品25件参加“翰墨丹青忆峥嵘”红廉书画、工艺作品创作大赛暨“宜宾市廉洁文化”美术书法平面艺术作品展，获得一等奖1件、二等奖1件、优秀奖5件。

完成沐爱镇综合文化服务中心、巡司镇综合文化服务中心、筠连川红特色小镇陈列馆等“幸福宜宾”十大工程文化建设。投入110余万元，将县级单位、乡（镇）、村的131个农家书屋纳入图书馆分馆建设，并率先在全市实现县、乡（镇）、村（社区）“通借通还、互联互通”。县图书馆获评省政府2022年度“金熊猫”奖先进集体；幼儿绘本阅读入选四川省全民阅读“三个一百”示范工程——全民阅读优秀案例，相关经验被《中国文化报》刊载报道。

组织开展新春大拜年活动，先后到丰收村、中坝村、兴隆村、水源村、庆高村、消防大队、蒿坝镇、大雪山镇等地举行舞蹈演出8场次，赠送春联2 000余副，拍摄全家福500张，送“福字”、送年历2 000幅，受益群众20 000人次。开展筠连县第八届青少年才艺大赛（书画类）网络展，共征集美术书法作品281件，有效投稿279件（其中美术低龄组63件、美术高龄组52件、书法低龄组71件、书法高龄组93件），评出获奖作品64件。

开展“定格·宜宾精彩”——宜宾市首届市民手机摄影展作品展，征集手机摄影作品22件，其中风光类12件、纪实类2件、建筑类3件、静物类2件、人文类3件。由县委宣传部、县文广旅游局主办，县文化馆承办的“民族融合乡村振兴”筠连县第七届民族民间广场舞蹈大赛网络展播活动有18支队伍1 000余人参加，评选9个优秀节目进行网络展播，网上点击量达到上千人。

【农村卫生】 全县有各级医疗卫生单位376家、卫生计生监督执法大队1个，其中县级医院3家（县人民医院、县中医医院、县妇幼保健计划生育服务中心）、县疾病预防和控制中心1家、乡（镇）卫生院12家、民营医院11家、村卫生站225家、村卫生室71家、个体诊所49家、门诊部3家、社区卫生服务站1家。整合县、乡医疗卫生资源，由县人民医院总体牵头，整合县中医医院、县妇幼保健院等县级医院、各乡（镇）卫生院（中心卫生院）组建筠连县医疗健康集团，形成城乡深度融合，实现乡村一体化管理。完成12个镇卫生院的优化调整，撤销6个非建制乡（镇）卫生院，设为分院，村卫生室由原255个优化调整为225个。制定《筠连县医疗机构分级诊疗实施方案》，初步形成“基层首诊、双向转诊、急慢分治、上下联动”的分级诊疗模式。截至2022年12月，乡（镇）卫生院向县级医疗机构上转患者2 627人，县级医疗机构向乡（镇）卫生院下转初步康复或后续治疗的患者561人。落实“先诊疗后付费”政策，落实防止返贫动态监测对象2 789人，开展大病救治66人次。筠连县乌蒙山中医药文化博物馆被认定为宜宾市中医药健康旅游示范基地、宜宾市中医药文化宣传教育基地、第三批四川省中医药文化宣传教育基地”。

【农村法制建设】 8月，县委组织部、县委政法委、县文明办、县民政局、县司法局、县农业农村局、县妇联制发《进一步做好村规民约居民公约修订完善工作实施方案》，指导全县157个村15个社区结合实际修订完善村规民约（居民公约）、红白理事会、红白理事会章程等，全县村（社区）均建立健全村规民约（居民公约），并报乡（镇）党委、政府审核备案。为培育农村学法用法示范户、“法律明白人”，开展农村法治宣传教育培训，筠连镇五凤村、腾达镇春风村被命名为省农村法治教育基地（第一批）。全年培育农村学法用法示范户86户。

县农业农村局优化权责清单402项，梳理行政许可事项清单(2022年版）24项。县水利局动态调整（认领、编辑、上报、审核）行权权力清单172项，窗口接件97件，办结率100%；审查水资源论证报告书3个，批复取水许可15个；开展取水许可证核发、延续、注销等工作，新核发电子取水许可证12个。

【农村交通】 继续落实路长制，做好争创省级“四好农村路”示范县准备。境内有公路里程2 309.919千米，其中国道1条（国道246线），全长61.153千米（含市公路局管养部分）；省道2条（省道312线、省道444线），全长78.958千米（未含与国道246线共线部分）；县道350.906千米；乡道668.327千米；通村水泥路1 150.575千米。有公路桥梁165座，总长4 277延米，其中农村公路桥梁136座，总长3 487.1延米。新建撤并建制村公路5条10.6千米，其中改建巡司镇黄坪村至道溪村撤并建制村畅通工程1.6千米，黄坪村卫生室至道溪六组生基坪；改建巡司镇胜利村至大乐瓦村撤并建制村畅通工程1.5千米，龙碗溪桥至水洞榜；改建丰乐乡集中村至中心村撤并建制村畅通工程2.8千米，罗坝口至脚板崖；改建筠连镇金星村至金石村撤并建制村畅通工程1.5千米，原金星村委会办至金石村委会办；改建筠连镇桐榜村至云胜村撤并建制村畅通工程3.2千米，岩桑湾至出水洞、长坪子至湖包嘴。按照路面宽4.5米的四级公路标准，完成2022

年一定规模自然村通硬化路第一批9个标段36.927千米、第二批8个标段22.424千米建设，共17标段59.351千米。

实施县城至乡道道路全覆盖黑化提升工程项目4条、66千米，其中横山子至双腾至龙镇26千米、沐爱镇（维新）至乐义乡10千米、大雪山镇至顺景山至团林至蒿坝23千米、维新至沐爱7千米，均采用四级公路技术标准，原路基宽度改建，路面结构层为沥青混凝土。项目采用EPC（指承包方受业主委托，按照合同约定对工程建设项目的设计、采购、施工等实行全过程或若干阶段的总承包）模式，估算总投资41 534.25万元，建设工期为24个月，于8月施工。已完成横山子至双腾路面黑化6千米、团林至蒿坝（龙盘大道）水稳层铺筑5.9千米。完成村道波形护栏安装25千米，投资472万元。完成巡双路、维镇路等路段波形护栏安装25.275千米、护栏安防以及全县261千米农村公路生命防护工程安装工程。

9月30日，完成沐爱镇杨家河铁索桥改公路桥、乐义沟桥、龙川村桥、板板桥铁索桥改公路桥4座桥梁建设并投入使用。其中，乐义乡乐义沟铁索桥长26延米、宽10米、引道350米，总投资184.86万元；丰乐乡龙川村铁索桥长22延米、宽6.4米、引道66米，总投资78万元；沐爱镇杨家河铁索桥改公路桥长87延米、宽5.5米，总投资234万元；乐义乡板板桥铁索桥改公路桥长32延米、宽5.5米，总投资160万元。

【农村社会保障】 全县全年财政社会保障支出6.69亿元，增长2.41%。新增城镇就业4 336人，城镇登记失业率降至3.06%。新增农民工返乡创业492人，新创办企业165家。加强农民工权益保障，为1 666名农民工挽回经济损失2 522万元，获评全省农民工服务保障先进县。

全年居民基本养老保险待遇保障5.27万人，企业养老保险待遇保障1.55万人；发放特困救助供养金及护理费15 358人次1 414.19万元、高龄津贴64 299人次361.7万元，特殊老人居家养老服务保障3 970人。城乡居民医保参保人数346 088人，征缴完成率位居全市第一。职工医保参保人数23 052人，拨付医保待遇20 753.53万元。拨付医疗救助款45 459人次599.15万元。落实最低生活保障1.54万人4 569.55万元，城乡低保及特困供养提标新增745.29万元。发放临时救助、特殊困难群众帮扶补助5 820人次396.77万元。发放生育保险472人417万元。

全年发放困境儿童生活费2 813人次297.33万元；减免幼儿保教费1.43万人769.74万元；免除义务教育阶段学生学杂费4 404.47万元、作业本费166.72万元；发放家庭困难生活补助1.7万人1 241.98万元，全覆盖营养餐食堂供餐；免除普通高中阶段家庭困难学生学费2 878人230万元，发放助学金2 878人575.6万元；免除职业中学学生学费4 900余人900万余元，发放助学金600万余元。

落实残疾人“两项补贴”14.08万人次1 204.73万元，投入1 404万元的残疾人康复中心建成。完成县红十字会改革，率先在全市成立沐爱镇、大雪山镇、蒿坝镇3个镇级红十字会。退役军人服务“两站一中心”全部创建为全国“示范型”站（中心），全年发放优抚对象抚恤生活补助、义务兵家庭优待金2 900.71万元。

【农村生态建设及环境保护】 全县新增森林面积0.25万亩，林地保有量87.7万亩，森林蓄积量281.79万立方米，森林总面积106.4万亩，森林覆盖率56.45%。县林竹产业发展中心获得省林草局副局长宾军宜肯定性批示。11月，筠连县被省林草局授予“2022年四川县域生态旅游目的地”称号，玉兔呈祥森林人家被授予“第五批四星级森林人家”称号。12月23日，筠连县申创为“中国天然氧吧”。

编制《筠连县国土绿化实施方案》《筠连县竹产业发展规划(2018—2025)》《筠连县竹产业发展“十四五”发展规划(2021—2025)》《筠连县林竹产业高质量发展“五个一工程”实施方案》等规划和方案。全年完成营造林8 900亩，其中更新造林500亩、竹林规模经营5 000亩、森林抚育（补植）3 400亩。实施世界银行贷款长江上游森林生态恢复项目，新发展混交林6.115 5万亩。发展竹产业，申报竹林规模化经营3.8万亩，在国有林场完成竹林规模化经营0.5万亩；在大雪山镇新增现代竹产业基地1万亩，创建省级现代竹产业基地1个。

探索“林下套种小径竹复合经营”模式，得到世界银行专家和省林业和草原局的高度评价，并在全省推广。全年建立林下中药材标准化种植基地2 000亩，带动农户种植中药材6万亩，年产中药材2.5万吨，年产值达1.7亿元。四川省中药材育种工程技术研究中心入驻筠连县博士工作站。

推进义务植树与生态旅游活动的有机结合，在春风村李花节中组织开展义务植树活动，提高义务植树活动的知晓率和影响力。在大雪山镇雪山村打造生态科普教育宣传基地，设置生态科普教育宣传设施，使游客在游玩中提高生态科普知识水平。组织举办春风李花节等生态旅游节日，吸引游客30万人次，获评“2022年四川县域生态旅游目的地”。

【农产品质量安全监管】 筠连县应用国家（省级）农产品质量安全追溯管理信息平台开展监管、检测、执法业务，录入信息300条。辖区内生产经营主体应用国家（省级）农产品质量安全追溯管理信息平台开展追溯业务，录入生产批次1 000余条、销售批次1 200余条。

构建农产品质量安全基层网格化监管体系，完成全县12个乡（镇）157个村农产品质量安全网格化管理体系建设，每个乡（镇）有一名监管员、每村有一名协管员，推行监管对象清单化、监管职责明晰化、掌握情况动态化、巡查检查常态化、指导服务精细化。县农产品质检中心通过2022年省级农产品质量安全检测技术能力验证。

开展农产品质量安全执法，督促生产企业、专业合作组织等单位落实农产品质量安全主体责任，引导农产品生产者加强质量安全管理。在全年农产品质量安全监督检查中，发现违法案件4起，全部立案查处。

完善食用农产品合格证开证主体名录库306家，实现新型农业经营主体开具全覆盖。全年建立筠连县农产品生产主体质量安全“重点监控名单”和“黑名单”制度，全年认定农产品生产主体质量安全“重点监控名单”企业4家。

配合省、市完成省级农产品质量安全风险监测任务158个，合格率98.7%；完成省级农产品监督抽查53个，其中不合格2个，全部立案查处，监督抽查问题发现率3.8%，发现问题查处率100%。开展县级农产品质量安全定量监测样品320个，达到1批次/千人要求，合格率100%。

【农村市场体系建设】 采取“电商+国企+民企”运营模式建立“筠品荟”电商平台，入驻企业38家，带动商贸企业线上集群发展，相关经验在全市推广。刺激消费，发放惠民电子消费券700万元，撬动社会消费5 000万余元。筠连椒麻鸡、筠连蛋圆子入选四川省乡村名菜，龙庭酒店、篱垣里等9家体验店入选四川省乡村名店。整合12个乡（镇）的特色产业、历史文化，开发特色餐饮街区，“筠州九香”“爱之舟牛肉私房菜”“云上食府”“联乐站”等特色餐饮体验店建成运营。举办筠州首届美食文化节，评出筠州十大名菜和十大名小吃。筠连水粉入驻宜发展集团“宜人宜礼”销售平台，成为销售最火的网红产品。

在全县157个村设置金融便民服务点167个，覆盖率100%，其中升级金融综合服务站点19个，让农户足不出村即可开展各类补贴查询、小额取现、社保医保缴费、手机充值等10余项基础金融服务，实现普惠金融“最后一公里”。组织金融机构到基层开展政策宣讲，扩大金融助企政策知晓面，实现全县157个村和7个现代农业园区的主办责任银行100%全覆盖、双向联络员100%全覆盖、“码上振兴”二维码100%全覆盖。

制发《助企纾困信贷明白卡》，累计发放助企纾困贷款73 319万元、支农再贷款余额8 781万元、支小再贷款余额2 995万元、扶贫再贷款余额2 000万元，惠及市场主体1 013户。为符合条件的法人金融机构提供激励资金23.5万元，累计发放普惠小微企业贷款4 993笔金额19.2亿元。

做好巩固拓展脱贫攻坚同乡村振兴有效衔接金融服务，保持对脱贫地区金融政策总体稳定。截至2022年年底，涉农贷款余额806 754万元，涉农贷款余额增长3%，占贷款余额的64.28%。

用好用活乡村振兴农业产业贷款风险补偿金等支持政策，深化乡村振兴金融服务，加强对现代农业园区、新型农业经营主体和现代农业产业的金融支持。截至2022年年底，乡村振兴农业产业发展贷款余额29 072万元，风险补偿金规模达4 242万元。

继续开展水稻、玉米、小麦三大主粮作物和生猪养殖承保，全年承保水稻、玉米面积5.05万亩，为1.6万户农户提供风险保障2 019.13万元。承保生猪养殖保险，赔付392.56万元。

【未成年人保护与农村留守家庭帮扶】 创新“双线五包”机制，以政府和学校两条关爱线为出发点，建立县级领导包片区、县级部门包乡（镇）、乡（镇）包村（社区）、村（社区）包小组、干部包户，县教体局包学校、学校包年级、年级包班级、班级包教师、教师包学生的“双线五包”责任机制，确保每个困境未成年人家庭至少有1名干部“包保”，让未成年人安全感更有保障。组建督察组4个，开展4轮“四不两直”专项督察，发现问题34项，并督促整改完成。全年开展未成年人大摸底专项行动，对未成年人开展精细排查、精准施策、精心管理，共有未成年人79 686人，评估留守儿童7 424人、困境儿童3 350人，县财政下达未成年人保护相关补助678.635 2万元。开设“关爱未成年人”专栏，在县广播电视台、“大美筠连”微信公众号、“筠连发布”等平台发布未成年人保护宣传工作稿件436条，刊播未成年人保护公益广告1 000余次，被中央、省、市级媒体刊登未成年人保护稿件35篇。

全县有19个市级“童伴之家”，将3个苗族乡纳入“童伴之家”范围，由2021年的4个示范点位服务200余人、7 000余人次增加到2022年的15个点位服务1 609人、25 000余人次，增强对留守儿童的关心爱护。按照“一村一特色、一宫一品牌”的建设思路，开展乡村“复兴少年宫”建设，在胜利街小学、希望小学、巡司中心校等中小学校建成乡村“复兴少年宫”6所。在172个村（社区）全覆盖建设“妇女儿童之家”，打造73个“民生工程儿童之家”（含“省级精品儿童之家”4个、“市级儿童之家”3个）。家长学校在村（社区）实施100%覆盖，抓牢家长教育，提升保护未成年人的意识。

【劳务开发与返乡创业】 全县有农村劳动力21.63万人，农村劳动力转移输出161 050人（其中省内91 223人、省外69 827人）；农民工劳务收入32.74亿元。组织11家培训企业（学校）参与遴选，选择5家实施农民工培训，开展返乡创业培训5期150人、品牌培训18期865人。全年返乡入乡创业农民工165人，创办企业165家，实现产值7 816.1万元，吸纳1 171名农民工就业。全县选树返乡创业示范园区（基地）2个、明星企业5家、创业明星20名。

制发《关于推进村（社区）农民工综合服务站建设工作的通知》，建成基层服务站40个（其中省级服务站标准1个）。完善驻外农民工服务中心考核管理、财务管理办法，累计在北京大兴、江西景德镇、江苏苏州、浙江柯桥等地设立驻外农民工服务站6个，共回引返乡创业农民工525名，创办个体企业500余家。

利用公众号、“大美筠连”、微信群等开展就业政策宣传，发布招聘、就业政策宣传23期，群众点击量30万余次。全年举办招聘会52场，提供岗位1.2万余个，发放资料5 000余份，向劳动者发送用工短信56万余条次，达成就业意向2 165人。

制发《选树筠连县特色劳务品牌的实施方案》，打造以筠州茶匠、筠连牛匠、中药材种植等为主的特色劳务品牌，将“筠州茶匠”申报为市级、县级特色劳务品牌。以市、县“筠州茶匠”特色劳务品牌推广为抓手，登记管理“筠州茶匠”培育人才，打造创业小作坊、企业，示范打造区域劳务品牌创业较多的村组、园区，让“筠连茶匠”发挥综合价值。

拓宽贷款金融机构范围，允许邮储银行、农商银行针对贷款业务开展公平性竞争，设立创业担保贷款基金500万元，创业贴息贷款额度每户由10万元提高至20万元。全年为170余名创业人员发放担保贴息贷款3 400万余元；开展农民工返乡创业培训19期、品牌培训25期，共培训1 631人，发放补贴130万元。

【主要领导人】 县委书记：石进；县人大常委会主任：雷敏；县长：谢晓丹；县政协主席：周勇；分管农业副县长：刘伟。

筠连县编写组

珙　县

【基本情况】 2022年，全县出台了《珙县粮食安全和耕地保护专项行动实施方案》等7个专项行动方案。实现农业总产值29.33亿元，增长3.8%；全年农业增加值达32.34亿元，增长3.5%。农民年人均可支配收入达21 977元，增长5.8%。全县农产品质量例行监测合格率达100%。全县主要农产品产量见表1。

【种植业】 全年粮食产量18.81万吨。持续发展蚕桑、茶叶等特色优势农业，推动农业向“生产+加工+科技”全产业链条方向发展，实施现代蚕业优质茧工程，推进省三星蚕桑现代农业园区升星建设、桑枝食用菌一体化精深加工，全县桑园种植面积22.93万亩，实现蚕桑综合产值28.02亿元以上，占目标任务的102%。全县茶园种植面积15.17万亩，实现茶叶综合产值19.1亿元，占目标任务的102%；升级改造鹿鸣茶叶精深加工生产线。

【林业】 全县森林面积91.88万亩，占全县辖区面积的53.4%，其中竹林基地面积达20.5万亩，活立木总蓄积量385.57万立方米，森林覆盖率达53.48%，国土绿化率达69%。全年实现林业综合产值34.7亿元（含竹产业产值10.52亿元），其中第一产业产值16.48亿元、第二产业产值7.42亿元、第三产业产值10.8亿元；农民人均从林业获得收入2 890元。

【畜牧业】 全县生猪存栏337 413头，其中能繁母猪存栏34 833头。全年累计出栏生猪525 980头，猪肉产量38 644.49吨。牛存栏29 552头，全年累计出栏牛16 217头，牛肉产量2 136.63吨。羊存栏12 051只、出栏12 531只，羊肉产量195吨。家禽存栏2 294 740羽；出栏2 369 111羽，禽肉产量3 825.3吨。兔存栏224 350

表1　2022年珙县主要农产品产量

主要农产品	单位	产量	同比增减(%)
粮食	万吨	18.810 0	-3.60
水稻	万吨	5.160 0	-0.60
玉米	万吨	9.490 0	-0.40
马铃薯	万吨	1.270 0	5.60
油菜籽	万吨	0.920 0	11.70
蔬菜	万吨	1.110 0	1.20
水果	万吨	0.750 0	-2.38
肉类	万吨	4.585 4	3.37
猪肉	万吨	3.864 4	2.38
牛肉	万吨	0.213 7	8.27
羊肉	万吨	0.019 5	10.17
禽肉	万吨	0.382 5	9.60
兔肉	万吨	0.105 3	8.23
禽蛋	万吨	0.585 6	-5.70
水产品	万吨	0.594 3	1.00
牛奶	万吨	0.004 6	-11.00

只，出栏726 580只，兔肉产量1 053吨。全年肉类总产量45 854.42吨，禽蛋产量5 856吨。全年实现畜牧业产值235 513万元（含蚕茧），占农林牧渔总产值569 724万元的41.34%；实现畜牧业综合产值81.3亿元。

【水产业】 出台珙县渔业高质量发展实施方案，引进四川银谷生态水产养殖项目，总投资1.2亿元。实施珙县银谷生态水产养殖基地等项目建设，推动渔业产业联动发展。发展种养循环，新增稻鱼综合养殖面积200亩，带动产值增加120万元。全年水产品产量5 943吨，实现产值1.25亿元，同比增长5%。

【乡村振兴】 全县创建省级乡村振兴示范村8个（上罗镇代家村、底洞镇锦绣村、巡场镇三合村、孝儿镇宝山村、孝儿镇天堂村、珙泉镇鱼竹村、王家镇青山村、玉和乡青龙村），省级乡村振兴重点帮扶优秀村2个（罗渡苗族乡王武寨村、巡场镇德田村），市级乡村振兴先进乡镇4个（巡场镇、底洞镇、孝儿镇、王家镇），市级乡村振兴示范村10个（上罗镇代家村、巡场镇三合村、底洞锦绣村、孝儿镇宝山村、上罗镇七星村、玉和青龙村、巡场镇德田村、珙泉镇中心村、王家镇青山村、洛表镇麻塘坝村）。

【乡村旅游】 全县共有国家A级景区3个，全年共接待游客14.8万人次，实现门票收入65.9万元。有互联网上网服务经营场所11家、歌舞娱乐场所24家，全年实现营业收入1 281万元；有演艺团体18家，其中个体工商户16户，2家为公司类型，主要以乡（镇）"红白事"为主要业务；有文体娱行业有规上企业4家。

【农村水利】 全年综合治理水池173口、山坪塘2处，新建抗旱应急水窖40口。实施2022年度农村饮水工程维修养护项目，重点推进青山渠中型灌区建设。推进杨义水库前期建设工作。对新庄、民胜、踏水桥、手爬岩4座小型病险水库进行除险加固，综合治理水土流失面积22.86平方千米，综合治理河道8.16千米。组织开展长宁河、麻塘河和王家河3条河流的健康评价工作。建立健全水资源管理各项制度，加强节约用水的宣传和落实。

【农业机械化】 全县农机总动力达25.99万千瓦；主要农用物耕种收综合机械化水平达55%，较上年提高4个百分点；机耕、机种、机收面积分别达74万亩、17万亩、27万亩。全年共兑付农机购置补贴资金155.666万元，补贴各类农机具2 431台，受益农户1 949户。全年争取乡村振兴衔接资金167.3万元，对全县23座农村电力提灌站进行维修改造，恢复灌溉面积13 546亩。

【农村科技】 全县有高新技术企业12家，其中新认定高新技术企业4家；新备案科技型中小企业86家。全县高新技术产业主营业务收入14.9亿元，规上高新技术工业企业主营业务收入占规上工业企业主营业务收入（164.2亿元）的9.07%；完成技术合同登记0.52亿万元。全社会R&D经费投入0.75亿元，占地区生产总值（191.47亿元）的0.39%。

【农村教育】 撤并底洞镇德惠小学校（幼儿园）等学校15所；改（扩）建珙县实验小学校等学校6所；新建幼儿园15所。推进"幸福宜宾"十大工程项目，共计5个，其中珙县上罗镇全民健身广场4个项目已竣工投用。做好教师引进招聘工作，共招聘教师214名，其中公开考试招聘119名；招募公费师范生15人、"特岗教师计划"7人；县外调入教师13人，县内选聘60人。加强教师培养培训，组织珙县第四届骨干教师培训157人，推荐宜宾市骨干教师培养人选37人。组织开展珙县国培（2022）——新入职教师培训及青年教师助力培训共149人。全员开展新教材培训、新教师培训。教育教学质量稳步提升，珙县职业技术学校创建为"三名"工程。珙县巡场中学、珙县特殊教育学校申报为宜宾市"五育融合"教育体系试点学校。珙县巡场中学、珙县巡场镇第二幼儿园创建为四川省义务教育优质发展共同体领航学校、四川省示范性幼儿园。推进学前教育发展，公办园幼儿占比率45.5%，普惠率为84%。有序推进"双规双减"。

【农村文化】 健全文化体制，配置19个全额拨款编制，每个乡（镇）有文化专干1～2人，每个村（社区）配备1名享受公共财政补贴的文化管家，招募175名文化志愿者服务村（社区）文化工作和活动开展。持续完善公共文化服务体系建设，全县建有17个乡（镇）综合文化服务中心，县、乡、村文化广场247个，文化馆总分馆30个，图书馆总分馆37个，农民夜校文化培训点243个，村（社区）文化室（农家书屋）259个，"二进农家"田野书房12个，惠民书吧15个，农村公益电影放映点243个，13个乡（镇）广播站；改造升级161个村广播室，新建482个村民小组终端，实现村（社区）全覆盖。

【农村卫生】 全县共有医疗卫生机构255个，总诊疗人次约179万人次，其中县级67万人次、乡（镇）52万人次、村级60万人次。全口径投入疫情防控资金1.28亿元，平稳处置疫情；完善镇村公共卫生服务完善，全县累计建立居民健康档案34.52万份，规范电子健康档案建档率104.67%。持续推进家庭医生签约服务，全县常住人口累计签约26.87万人。新建珙县上罗镇、孝儿镇中心卫生院业务用房及附属设施建设项目。共为1 909名乡村医生发放生活困难补助110.97余万元。

【农村法制建设】 开展农业相关法律法规的学习宣传。结合农产品质量安全整治、农资打假、非洲猪瘟防控专项治理、瘦肉精"拉网式"监测，重点宣传农产品质量安全以及种子、农药、肥料、兽药、饲料等农业投入品方面的法律法规，发挥法律法规在规范农村市场经济秩序、保障农业产业安全和群众身体健康的作用。开展"3·15"农机产品质量行、"放心农资下乡"、科学用农药、沼气用气安全、非洲猪瘟布鲁氏菌病等动物疾病防控、红火蚁防治等宣传活动，在集市赶场日采取悬挂宣传条幅、发放宣传资料、现场接受咨询等多种形式向群众宣传农业法律法规及科学常识，发放宣传资料1 000余份，接受群众咨询100余人次。

【农村交通】 配合推进宜威高速公路（四川段）项目建设，打造珙县对外的高速通道，珙县境内施工标段完成投资55.9亿元。加快推进省道升级改造，打造县内快速的生命通道，省道436线玉观路总投资5.8亿元，累计完成投资约5.8亿元，已完成交工验收，并全线投入使用。省道436线巡玉路等四条省道改建项目估算总投资16.28亿元，其中巡场至玉和一期工程珙泉镇黑灯坳至玉和苗族乡段建成通车，省道436线将黑路及省道312线罗曹路、杨悬路3条路完工并投入使用，已累计完成投资约13亿元。新开工省道436线珙县县城过境段改建工程，估算总投资8.52亿元，加快开展施工图设计和征地拆迁工作，于2022年年底全面开工建设。加快民生工程建设进度，打造惠及民生的幸福通道，C518柏坳路、X035双河至[illegible]连公路（玉和苗族乡至沐滩镇）、X602上罗至孝儿公路（上罗镇至沐滩镇）3条美丽乡村路全面建成并投入使用，完成建设投资7 600万元。李家沱渡改公路桥全面建成并投入使用。珙县巡场至复兴互通一级公路连接线工程隧道右线全面贯通，左线推进建设1 000米，已完成建设投资约3.4亿元，于2022年年底全面贯通。

【主要领导人】 县委书记：周文武；县人大常委会主任：严宏；县长：刘毅；县政协主席：张君；分管农业副县长：杨勇。

珙县编写组

兴 文 县

【基本情况】 2022年，全县辖4乡8镇，辖区面积1 379.89平方千米，其中耕地面积49.63万亩，比上年增长1.3%，人均耕地面积1.03亩；基本农田36万亩。年末总人口48.152 6万人（户籍人口），减少0.31%；人口出生率8.25‰，减少0.07个千分点；人口自然增长率-1.23‰，减少1.1个千分点。本地水资源总量10.34亿立方米，人均占有水资源量2 721立方米。有林业用地7.544万公顷，有林地面积7.316 7万公顷，活立木总蓄积量264.83万立方米，森林覆盖率53.58%。

2022年，全县实现地区生产总值178.02亿元，增长3.6%，其中第一产业增加值34.05亿元，增长4.5%；第二产业增加值54.37亿元，增长1.2%（规上工业产值92.27亿元，增长2.1%）；第三产业增加值89.6亿元，增长4.6%。三次产业对经济增长的贡献率分别为25.5%、8.9%和65.6%。全年接待游客1221.11万人，实现旅游收入113.57亿元，其中乡村旅游收入64亿元。

公路通车里程2 394.62千米（其中乡村公路1 509.55千米），密度1 736米/平方千米、63千米/万人。社会消费品零售总额77.88亿元，增长0.5%。地方公共财政预算总收入完成14.12亿元，增长11.53%；公共财政预算总支出37.7亿元，增长14.38%，其中农业投入78 313万元，占支出的20.77%。金融机构各项存款余额165.68亿元，比上年初增长6.82%；各项贷款余额147.09亿元，比年初增长18.17%，其中支持农业产业化发展项目贷款64 184.6万元。全年农业保费收入0.21亿元，增长99.73%；处理各项赔款和给付金额126 671.368 8万元。完成农业产业化项目24个，完成投资3.5亿元。农业产业化龙头企业省级、市级、县级分别为4家、20家、31家。

有各类学校69所，在校学生74 728人，教职工6 681人，其中普通中学23所，在校学生31 392人；小学27所，在校学生31 081人；学龄儿童入学率100%。有文化馆1个，公共图书馆1个，博物馆1个。有卫生机构496个，病床位2 391张，卫生技术人员2 955人。新型农村合作医疗参合人数383 537人，参合率98.39%；新型农村社会养老保险参保人数160 007人，参保率97.8%；被征地农民养老保险参保人数855人，占总人数的100%。

【年度农业和农村经济运行】 2022年，全县出台了《兴文县2023年“1+3+4”农业产业发展实施方案》《兴文县2023年粮油产业发展实施方案》等八个农业产业发展实施方案规划、政策。实现农业总产值60.45亿元，增长4.7%；全县全年农业增加值达35.47亿元，增长5%。农民年人均可支配收入达20 238元，增长6.7%。全县农产品质量抽检合格率比年初提高2个百分点；建成12个基层农业综合服务站。全县主要农产品产量见表1。

【供销合作社改革】 推进社有企业与村集体资产管理公司合作，资金发生额达1 368万元，实现村集体增收近149万元。市、县联动，与市供销社合伙成立农资、无醇燃油经营销售公司，供销业务实现新的突破。推进品牌拓展与合作，推荐全县优质农产品在宜宾夹镜楼实体展销、电商直播营销。立足基层组织，供销云会计服务正式运营，为10个村集体资产管理公司进行代理记账。

【农产品品牌战略实施】 成立兴文县“食在石海”商标使用审核小组，制定印发《“食在石海”区域性公共品牌商标使用管理规则》；完成“三品一标”无公害农产品认定6个；全面配合兴文小龙虾等创建国家地理标志保护产品工作，获得地理标志证明商标。成立兴文县绿色安

表1　2022年兴文县主要农产品产量

主要农产品	单位	产量	同比增减(%)
粮食	万吨	24.130 0	-2.45
水稻	万吨	10.280 0	-0.61
玉米	万吨	8.640 0	-4.35
马铃薯	万吨	2.250 0	-18.57
油菜籽	万吨	0.840 0	13.80
蔬菜	万吨	48.340 0	3.20
水果	万吨	0.900 0	12.00
肉类	万吨	5.130 0	0.60
猪肉	万吨	4.030 0	1.50
牛肉	万吨	0.350 0	2.20
羊肉	万吨	0.029 0	19.30
禽肉	万吨	0.700 0	-5.60
兔肉	万吨	0.021 5	9.10
禽蛋	万吨	0.680 0	1.80
水产品	万吨	0.470 5	11.30
牛奶	万吨	0.040 4	-31.30

全食品协会，评选兴文县“十大优质农特产品”；组织7家重点生产经营主体生产产品贴带承诺达标合格证，参加第十九届国家农产品交易会、第十一届四川国际茶业博览会、第八届四川农业博览会，让品牌“走出去”，提升品牌效益。严格农业执法，守牢农业生产底线，全年共出动执法人员，出动执法人员860人次，检查农资市场12个，检查经营主体580余家，依法办理涉农案件23件，提高了执法效能和防范打击能力，保障了粮食生产、农产品质量安全，全年未发生生态环保、安全生产、食品安全责任事故。

【现代农业园区建设】 加强省、市、县级园区培育，瞄准现代农业园区建设标准，加快推进共乐现代农业园区、五星桑猪绿色种养循环现代农业园区、大河九龙山茶旅园区、周家蚕业园区、石海镇柑橘蜜柚现代农业园区等一批园区建设，提升园区的承载和带动辐射能力，提升农业现代化水平。

【种植业】 加强落实粮食安全责任制，实行最严格的耕地保护制度，全面完成10 933亩流出耕地和4 752亩撂荒地整治任务。全年粮食作物播种面积61.4万亩，粮食产量达24.1万吨。加快高标准农田项目建设，全面完成2021年高标准农田3.35万亩；推进2022年4万亩高标准农田建设，总投入1.2亿元，项目施工方已于11月进场施工。探索“粮经复合”的有效模式，粮食安全有效保障。针对粮食生产经济效益不高、农民种粮积极性不足的问题，推广“稻虾种养”“稻药轮作”“行间套作”等高效立体种养方式，形成独具特色的粮经复合模式，既保障了国家“粮袋子”，又鼓起了农民“钱袋子”。特别是在稻虾产业发展方面，打造2万亩“稻—虾”种养核心示范区，辐射带动全县10万亩，核心区实现“一亩田、千斤粮、万元钱”。

【畜牧业】 全年生猪出栏55万头、存栏36.6万头，实现产值18亿元；家禽出栏510万羽；牛出栏2.72万头，实现产值8亿元；羊出栏1.8万只。全年实现畜牧业产值38亿元。

畜牧产业。出台生猪产业扶持政策、“兴猪贷”金融政策，印发生猪养殖保险方案、生猪产业发展方案、规划，制定产业扶持政策，促进全县生猪产业有序发展；组建生猪产业专班，协调解决生猪产业发展中的实际困难和问题；开展畜禽遗传资源工作，完成四川山地乌骨鸡性能测定、系统调查表填写、影像资料采集等工作；推广“市场+公司+农户”的模式，在僰王山镇和仙峰苗族乡启动15万亩竹林乌鸡养殖基地建设。

加大畜牧产业投资。全年对上争取项目资金1 600万元，按照项目方案和进度安排完成中央、省、市项目年度投资和建设任务，项目资金管理规范、落实到位。落实各项政策性配套资金，畜牧业固定资产投资金额超过9亿元，全社会投资畜牧产业金额超过14亿元。培育扶持生猪产业龙头企业，加快重点项目建设，打造建设大河乡兴旺村、李子关村，古宋镇松林坡村，僰王山镇太安村、联合村，大坝乡红旗村，仙峰乡满山红村等20个“万猪村”。

重点项目建设。莲花镇林园养殖场建成投产，僰王山镇景沃农业公司太安村种猪场建成投产。僰王山镇景沃农业公司联合村年出栏40 000头育肥场、古宋镇松林坡村牧康农牧公司年出栏30 000头育肥场、五星镇金钟村、同乐村村资公司年出栏4 000头育肥场、仙峰苗族乡林源家庭农场年出栏4 000头育肥场、大原种养殖场年出栏3 000头育肥场、大元村年出栏1 000头育肥场、周家镇石屏村年出栏1 000头育肥场完工投产。大坝苗族乡坝石家沟专合社、麒麟苗族乡万平家庭农场均完成圈舍改建并投产，古宋镇四川广厚畜牧科技有限公司年出栏1 000头肉牛场建设完成。

全年申报市级龙头企业2家（兴文德康畜牧有限公司、四川悦琦食品有限公司），申报国家级畜禽标准化示范场1家（兴文德康畜牧有限公司）。

动物疫病防控。抓好重大动物疫病强制免疫工作，落实畜禽补免措施，保证畜禽免疫抗体合格率达70%以上。完善县级动物疫病防控应急物资储备。实施非洲猪瘟常态化防控，组织开展非洲猪瘟防控“三大行动”，加大禽流感、非洲猪瘟等疫病兽医实验室检测力度。高度重视布病、狂犬病、炭疽病等重点人畜共患病防控，统筹做好辖区内2022年人畜共患病防治，全县范围内未发生重大动物疫情，未出现畜间人畜共患病疫情，畜禽产业得以健康稳定发展。

【水产业】 全县有稻虾养殖公司、专合社、养殖大户350余家（户），累计发展稻虾5万亩，小龙虾产量8 000吨，产值约6.5亿元。

特色水产快速发展。围绕“3+4”成长型产业推进特色水产业发展，整合各级资金打造共乐坝1万亩稻虾养殖核心区。将共乐镇、五星镇、僰王山镇3个乡（镇）区域内15个村规划纳入粮油现代农业园区建设范围，力争在“十四五”期间创建为国家级五星级粮油现代农业园区，辐射带动全县10万亩稻虾基地发展。争取2022年省级“鱼米之乡”建设项目，成立兴文县“鱼米之乡”建设工作领导小组，编制《兴文县“鱼米之乡”建设总体规划》，组建“鱼米之乡”项目建设工作专班，抓实“鱼米之乡”建设任务落实，项目已完成投资1亿元以上，完成进度达90%以上。

打造水产品牌。注册“兴文石海小龙虾”地理标志证明商标，并召开“兴文石海小龙虾”地理标志证明商标注册成功新闻发布会。举办成渝地区现代高效特色农业带小龙虾产业发展论坛，开展兴文十大农特产品“三珍七宝”评选，提升了兴文小龙虾知名度。

提升服务效能。开展鱼类养殖技术指导30余人次、小龙虾养殖指术指导250余人次；完成全县水产基地质量安全快速检测2次，共计302批次，样品合格率100%；完成2022年中央财政渔业绿色循环发展补助资金池塘标准化改造和尾水治理项目实施工作，建成特色水产基地3个；成立四川小龙虾产业研究院，组建“鱼米之乡”技术服务专家团队，柔性引才专家10名，重点围绕技术研发应用、优质水稻和精品虾种养殖等课题开展科研攻关，提高稻虾产业综合效益；加快招商引资，建成澳洲淡水龙虾孵化中心和克氏原螯虾育种基地，采用工厂化育苗，并申报克氏原螯虾省级良种场。

【乡村振兴】 持续巩固脱贫攻坚成果。健全防止返贫监测帮扶长效机制，确保风险线索早发现、早监测、早帮扶，新增监测对象75户307人。做好易地扶贫搬迁后续扶持，落实资金620万元，完成142户“掉边掉角”农户搬迁，实现有劳动能力和就业意愿搬迁家庭2 891户至少1人就业；持续推动脱贫劳动力稳岗就业，累计落实脱贫劳动力稳岗就业22 672人，完成目标任务的108.7%。持续推进乡村振兴产业发展，累计到位财政衔接推进乡村振兴补助资金23 221万元，实施巩固拓展脱贫攻坚成果和乡村振兴项目195个。开展农村人居环境整治，围绕“村庄大清洁、喜迎二十大”主题，围绕“六清两改一提升”重点任务开展村庄清洁行动，打响村庄清洁春季、秋冬两次战役，实现160个行政村全部群众参加村庄清洁行动；全面完成农村无害化卫生户厕任务2 430户。实施美丽乡村建设“百千工程”，创建示范村4个、达标村17个。兴文县被省委、省政府命名为“2022年度四川省乡村振兴先进县”，被市委、市政府表彰为推进乡村振兴战略优秀县。共乐镇共乐村、莲花镇水栏村、僰王山镇太安村被省委、省政府命名为“乡村振兴示范村”；麒麟苗族乡乐望村被省委、省政府命名为“乡村振兴重点帮扶优秀村”。

【乡村旅游】 着力红色文化与生态休闲旅游紧密结合，建成长征国家文化公园（兴文公园），打造红色旅游研学旅行基地，推出红色旅游精品线路。突出项目建设，重点抓好仙峰瑶池、小燕子洞、共乐镇稻虾产业园二期、三期工程建设，加快推进太安石林提升改造，打造川南山水田园居等竹特色精品民宿。

【农村水利】 全县已建成水库18座〔其中小(1)型水库3座、小(2)型水库15座〕，总库容1 676万立方米，设计灌溉面积5.28万亩，设计年供水量4 008万立方米，其中12座水库承担城乡人饮水供水任务。建成农村集中式供水工程40处，农村供水人口29.52万人，其中农村自来水供水人口26.96万人，自来水普及率91.3%；规模化供水人口19.91万人，规模化供水率为67.4%。

【农业机械化】 落实国家农机购置补贴政策，推广适合丘陵山地的新机具、新技术，农机化整体推进态势良好。截至2022年年底，全县农机总动力达24.37万千瓦，各类农机具保有量6.8万台（套），农机作业总面积118.66万亩次；农作物耕种收综合机械化水平达49.72%，同比提升2.87个百分点。

【农村科技】 支持企业加强与高等院校、科研机构合作，支持其申报省、市科技项目资金，指导兴文县花语岸生态农业开发有限公司等农业企业争取到省、市科技资金190万元；推荐四川好实材食品有限公司蜀南特色竹笋即食制品加工关键技术开发与应用项目申报2023年市级科技计划项目；组织兴文县山滋味生态农业有限公司林下野葛栽培模式创新及关键生产技术研究等项目申报中医药领域2023年度宜宾市科技计划项目引导；兴文县鸿程农业生态科技开发有限责任公司与宜宾职业技术学院建立产学研合作，创建为市级产教融合实训基地；引导四川轻化工大学在智慧农业园区设立博士工作站，与兴文县兴农集团建立校企合作实践基地；以四川农业大学博士生导师王之盛教授作为首席专家，以四川农业大学讲师邹华围博士、四川农业大学讲师胡瑞博士后作为驻站专家建立兴文肉牛科技小院，获得首批省级科技小院命名。推荐兴文县仁华药业开发有限公司、四川悦琦食品有限公司等农业相关企业被认定为高新技术企业。结合科技活动周、科普活动月、“科技下乡”等活动，组织开展“科普宣传”志愿服务队下乡宣传，提升平台服务质效；牵头开展科技特派员到乡（镇）、企业等活动，采取现场讲解、集中培训等形式开展技术指导，总计培训40余次，培训1 800余人次。召开“四川科技兴村在线”兴文分平台专题培训会4次，参训人员110余人，提高平台知晓面。加大村级驿站建设力度，共挂牌村级驿站48个。

【农村法制建设】 县政府印发《兴文县“十四五”公共法律服务体系建设规划》，严格落实规划要求，加强乡村公共法律服务。12个乡（镇）公共法律服务站覆盖率达100%，178个村级公共法律服务室覆盖率达100%。由全县律师、法律服务工作者担任全县178个村（社区）法律顾问，筹集专项资金35.6万元，实体运行“一村（社区）一法律顾问”法律服务工作，实现“一村（社区）一法律顾问”全覆盖。法律顾问每月定期到村（社区）开展法律服务，发放联系卡，建立法律顾问工作台账。实施“法律明白人”培养工程。发挥“法律明白人”在宣传政策法规、引导法律服务、化解矛盾纠纷、参与基层治理中的示范引领作用。邀请“八五”普法讲师团成员对全县897名“法律明白人”进行培训。举办“法律明白人”培养工作推进会暨“法律明白人”法治实践培训班。组织全县897名“法律明白人”和40名村（社区）法律顾问参加司法厅举办的全省“一村（居）一法律顾问”暨“法律人”线上培训。严格按照“‘法治四川行’一月一主题”活动要求，有计划、有步骤地开展普法宣传，落实“谁执法谁普法”普法责任制。督促各乡（镇）、各牵头单位在重要节日和时间节点开展相应法治宣传活动，受教育群众上万人次。完成全县897名“法律明白人”建档工作并颁发“法律明白人”证书。

【农村交通】 夯实农村公路路网体建设系，持续推进农村公路建设，增加农村客运车辆，提升农村交通水平。投入建设资金约1.4亿元，新建美丽乡村路约9千米，新（改）建通村（组）公路约25千米，新建龙山产业路约4千米，新安装波形防护栏约295千米，实施石海镇红鱼社区村农村铁索桥改公路桥项目，助推乡村振兴产业发展。全面落实“路长制”，建立健全县、乡、村三级管理养护体系，农村公路列养率达100%，延长了农村道路使用年限。建设招呼站牌244个，开通乡村客运车辆235台（其中班线客车150台、小型便民客车85台），实现全县12个乡（镇）、160个建制村通客车率100%，保障了农村群众出行需求。

【涉农招商引资】 全县有3 000万元以上的农业招商引资重大项目6个，均为内资项目，比上年增长200%；项目总投资7.05亿元，比上年增长781%。协议资金7.05亿元，增长781%。

【农村生态建设及环境保护】 投资383万元，实施兴文县农村生活污水治理“千村示范”工程项目，共涉及2个乡（镇）3个行政村，项目建设集中式污水处理设施4套。治理规模化畜禽养殖企业1家。投资800余万元，采购1万余个垃圾桶、840余个勾背式垃圾箱、12辆后压式垃圾车投入到全县12个乡（镇）。新（改）建农村无害化卫生户厕2 629户，实施整村推进示范村12个、“幸福宜宾”十大工程农村公厕项目11个。兴文县被省政府命名为“首批省级生态县”。

【农村市场体系建设】 全县共有银行机构6家，设有网点38个、涉农金融信贷产品132种，截至2022年12月，涉农贷款余额47 818笔102.07亿元；共有保险公司11家，设有网点20个、涉农保险产品36个，共有31 935家（户）涉农企业和种养殖户参加保险，保障金额达4.3亿元；共有1家农担公司，截至2022年12月，为22家民营企业、137家“三农”和小微企业提供7 939.8万元在保余额，平均担保费0.5% ~ 0.8%/年；共有1家小贷公司，截至2022年12月，发放农户贷款44笔，贷款余额6 814.23万元。

【农村留守家庭（儿童、学生）帮扶】 整合各村（社区）资源，在全县12个乡（镇）28个村（社区）建立28个“童伴之家”，其中2022年新建“童伴之家”8个；聘请28名“童伴妈妈”在日常和寒暑假对1 200余名留守儿童、重点青少年群体开展日常陪护、走访慰问等关爱工作。联合相关部门走进“童伴之家”开展法治教育、自护教育课等56场次，覆盖4 000余人次，提升留守儿童及监护人的法治意识、自护意识。以“圆梦微心愿”主题活动为抓手，争取到爱心组织、爱心人士捐赠20余万元，共计为留守儿童、家庭困难儿童实现“微心愿”1 300余个。邀请绘画、棋艺、体育等专业教师在“童伴之家”为留守儿童开展专业特长培训132场。设计“阳光下成长，快乐中飞翔”系列等主题活动12个，全年开展主题活动312场，覆盖留守儿童1.4万余人次。争取到“重庆啤酒”“国酒茅台”“银行助学”等项目资金20余万元，资助24名贫困家庭学生、3名高考学子圆梦校园。实施“童伴计划”提质拓面项目，动员全县各级团组织参与腾讯“99公益日”募捐活动，募捐金额达12万余元，全部用于关心帮助留守儿童。

【主要领导人】 县委书记：陈良云；县人大常委会主任：朱远鹏；县长：周明军；县政协主席：周丽虹；分管农业副县长：廖斌。

兴文县编写组

屏 山 县

【基本情况】 2022年，全县辖3乡8镇，辖区面积1 504平方千米，其中耕地面积26.49万亩，比上年减少6.3%。年末总人口31.08万人（户籍人口），减少0.2%；人口出生率4.35‰，减少0.31个千分点；人口自然增长率-0.23‰。有林业用地9.181 8万公顷，有林地面积7.915 3万公顷，活立木总蓄积量812万立方米，森林覆盖率56.26%。

2022年，全县实现地区生产总值110.48亿元，增长5.1%，其中第一产业增加值27.6亿元，增长4.6%，农、林、牧、渔及农林牧渔服务业之比为297 152∶38 333∶133 893∶3 986∶8 657；第二产业增加值39.07亿元，增长6.5%；第三产业增加值43.81亿元，增长4.3%。三次产业对经济增长的贡献率分别为22.7%、43.9%和33.4%。劳务输出73 508人，收入328 669万元。

公路通车里程2 364.739千米（其中乡村公路2 197千米），密度1.6米/平方千米、135千米/万人。社会消费品零售总额35.33亿元，增长0.8%。地方公共财政预算总收入完成12.74亿元，增长15.8%；公共财政预算总支出27.23亿元，增长7.8%。金融机构各项存款余额158.38亿元，比上年初增长8.4%；各项贷款余额143.45亿元，比年初增长17.1%。完成农业产业化项目43个，完成投资27 084.089 5万元。农业产业化龙头企业省级、市级、县级分别为3家、21家、43家。

有各类学校97所（含幼儿园），在校学生47 981人，教职工4 200人，其中职业高中1所，在校学生3 296人；普通中学9所，在校学生13 754人；九年一贯制学校9所，初中在校学生2 333人，小学在校学生4 698人；特殊教育学校1所，在校学生144人；小学42所，在校学生15 887人；幼儿园35所，在园幼儿7 869人；学龄儿童入学率100%。新型农村合作医疗参合人数24.546 2万人，参合率100.7%；新型农村社会养老保险参保人数18.5万人，参保率92%；被征地农民养老保险参保人数180人，占总人数的100%。

【年度农业和农村经济运行】 2022年，全县实现农业总产值46.202 2亿元，增长4.8%；全县全年农业增加值达27.6亿元，增长4.6%。农民年人均可支配收入达18 466元，增长6.6%。全县主要农产品产量见表1。

【农村集体产权制度改革】 5月，屏山县出台《屏山县村集体经济组织收益分配管理办法（试行）》《屏山县村办企业利润分配指导意见》，明确了镇“三资”、联合社、村办企业3个管理层在资金归集、收益分配、利润上交上的职能职责和具体的规范流程举措。7月，出台《屏山县贯彻〈四川省农村集体经济组织条例〉实施方案》（屏农领办发〔2022〕34号），指导全县151个行政村完成集体经济组织吊牌规范悬挂、成员名册装订、资产台账建立、组织章程编制、组织印章雕刻、银行账户开通等工作，夯实了农村集体产权制度改革基础。7—12月，组织开展农村集体经济组织成员身份确认“回头看”，推进集体经济组织重复成员清理，全县共排查出重复人员（含县内、本市跨县、本省跨市、跨省几种类型）4 931人，已完成清理3 254人。11月，组建屏山县农村集体资产监督管理服务中心组建并投入运营，主要对各村集体经济组织会计业务进行精准核算，推动农村集体资产进行规范化管理和有效运

表1 2022年屏山县主要农产品产量

主要农产品	单位	产量	同比增减(%)
粮食	万吨	9.223 0	-2.69
水稻	万吨	7.901 9	-7.13
小麦	万吨	0.010 8	-1.37
玉米	万吨	5.003 5	-8.72
马铃薯	万吨	0.855 8	47.99
油菜籽	万吨	1.065 0	2.94
蔬菜	万吨	10.804 0	2.32
水果	万吨	17.080 0	4.59
肉类	万吨	2.799 9	0.26
猪肉	万吨	2.258 8	5.86
牛肉	万吨	0.069 3	8.79
羊肉	万吨	0.228 8	-3.30
禽肉	万吨	0.243 1	9.90
兔肉	万吨	0.152 4	8.08
禽蛋	万吨	0.287 2	14.19
水产品	万吨	0.106 9	3.09

营，形成监管合力，实现农村集体资产的智慧化监管。

【供销合作社改革】 新创建中都、新安、锦屏3家镇级供销社并于12月全部注册挂牌。确定2022年目标任务为创建8家示范提升农民专合社（屏山镇、大乘镇、锦屏镇、龙华镇、新安镇、新市镇、中都镇、书楼镇），县供销社于4月底对8个镇申报的16个参建示范提升农民专业合作社开展全覆盖走访摸底和业务指导，重点内容为“四个统一”（统一生产管理、统一技术服务、统一农资采购、统一销售组织）、股权配置、分红核算、规范管理、运营模式等；10月中旬，开展示范提升中期评估，于2022年年底配合农业、财政等部门完成达标评比验收，完成全年任务，并以县委农办名义发文正式明确。

【农产品品牌战略实施】 9月1日，宜宾五尺道集团有限公司生产的五尺道牌腌腊肉入选“四川省农业品牌目录”。10月11日，县政府出台《屏山县有机产业奖励扶持办法》（屏府发〔2022〕13号）。

【现代农业园区建设】 屏山县茶业生猪种养循环现代农业园区位于东北部大乘镇核心区，建成茶叶基地1.4万亩，其中核心区集中连片种植面积5 000亩，辐射带动9 056亩；“茶叶＋大豆”粮经套种面积5 975亩。截至2022年年底，实现茶叶鲜叶产量8 550吨，增长18.5%；干茶产量1 410吨，增长12.4%。建成机采茶园示范区2 000亩、有机茶示范区1 000亩、高端抹茶示范区2 000亩、数字茶园示范区14 000亩。种养循环面积1.15万亩，综合机械化率达75.52%。园区生猪养殖场配套建设沼气池3 824立方米、沼液池3 150立方米、排污管网3 200米。有茶叶专合社21个、各类农业社会化服务组织5个、生产加工厂（场）18家，改（扩）建茶叶加工企业11家。园区内有省级龙头企业宜宾满园春色茶业有限公司和屏山县岩门秀芽茶业有限责任公司2家；国家级专合社屏山县岩门韵绿茶业农民专业合作社、省级专合社屏山县岩门金岷茶业农民专业合作社和屏山县仙峰茶业农民专业合作社3家省级以上农民专业合作社。新建和改造3条茶叶加工生产线，初加工能力达1 750吨；有以茶叶加工为主的精深加工龙头企业3家，建成智能化、自动化、集约化、清洁化精深加工集中区，精深加工能力达1 500吨。建成“四区·一园·两中心·两平台”“全省一流的优质绿茶产业示范园”和“全省数字茶园示范引领区”，良种覆盖率和科技推广应用面均达100%，有“旭芽”牌绿茶、“龙湖翠”“屏山炒青”等省、市知名商标6个。利用科技部定点帮扶联系屏山优势，建成茶叶新品种试验园25亩，引进推广茶叶优良品种30个，健全产研结合、全链服务的科技创新和应用体系。探索创新“龙头企业＋协会＋基地＋种植大户（农户）”“入股返利”及“二次返利”等利益联结机制，带动农户占比88.6%，农民人均可支配收入高出全区平均水平26%。2022年，园区茶叶产量8 550吨，实现总产值3.73亿元。园区农村居民人均可支配收入实现23 276元，高于全县农村居民人均可支配收入18 466元的26%。

【种植业】 全县粮食作物播种面积1.746 6万公顷（其中夏粮播种面积0.144 6万公顷、秋粮播种面积1.602万公顷），产量9.227万吨，实现产值2.03亿元。有酿酒专用粮基地0.271 3万公顷、保障性蔬菜基地0.033 3万公顷。全年蔬菜种植面积0.602 2万公顷、魔芋种植面积0.268 2公顷、烤烟种植面积0.057 8万公顷、水果种植面积1.112万公顷，茶园面积1.43万公顷。

【林（竹）业】 全县林地面积79 153.33公顷，活立木蓄积量812.77万立方米。全年新增森林面积233公顷，新增森林蓄积量6.25万立方米，森林覆盖率56.26%。全年竹林种植面积21 476公顷（竹林规模位居全市第四），以龙华、屏边、清平3个乡（镇）最为集中。竹资源品种以慈竹、屏山方竹（俗称实竹子、石竹）、楠竹、刺黑竹四个大类为主，规模占全县竹资源的82.66%。全年实现竹产业产值15.71亿元，其中第一产业产值4.36亿元、第二产业产值7.02亿元、第三产业产值4.33亿元。

林竹资源管理。全年受理林地征占用报批手续共61宗，征占用林地面积152.237 7公顷，办理森林林木采伐许可证2 396份，审批采伐蓄积量3.25万立方米，采伐面积418.09公顷。5月，协办2022年屏山县乡村振兴暨竹产业发展研讨培训班，培训人数50人。8月，启动龙华镇竹林村慈竹现代竹产业基地667公顷建设。龙华镇仙客来酒店创建为省级竹林人家。组织业主编制2022年竹林规模化经营方案3 474公顷，开展竹林规模化经营3 474公顷。

屏山方竹。屏山县东临川南丘陵，西、北接川西南山地，南连滇东高原，属亚热带湿润型季风气候，水土丰美的自然环境成为竹子生长的温室，竹林种类繁多且品质优越，特别是屏山方竹笋肉肥厚、鲜嫩脆爽、清甜可口，受到全国各地消费者青睐。2022年，屏山方竹种植面积10万亩，产量2.9万吨；第一产业产值3.6亿元，亩均产值3 500元，屏山方竹已成为当地农民主要的经济收入。2022年，在龙华镇鱼孔村通过丰产培育屏山方竹67公顷，新建产业道路3.5千米，修建50立方米蓄水池3口，架空单轨索道122米，建设市级屏山方竹现代丰产竹林示范基地。

【畜牧业】 全县已发展规模猪场125家，常年存栏能繁母猪2.1万头，猪肉产量2.26万吨。全年生猪存栏14.78万头，同比减少18.55%；肉牛存栏1.004 8万头，同比增长10%；肉羊存栏9.174 27万只，同比增长8.4%。全年生猪出栏29.080 7万头，同比增长3.46%；肉牛出栏0.502 3万头，同比增长3.63%；肉羊出栏17.168 8万只，同比增长3.2 %；肉兔出栏123.087 4万只，同比增长0.07%。

【水产业】 全县养殖面积349公顷，同比减少2.24%；水产品总产量1 069吨，同比增长3.09%。实现渔业经济总产值6 809万元，同比增长9.24%，其中渔业产值3 858万元，同比增长12.05%；渔业工业和建筑业产值850万元，同比下降12.37%；渔业流通和服务业产值2 101万元，同比增长15.44%。有机动渔船3艘，总吨位25吨，功率592千瓦。

【乡村振兴】 常态化开展防止返贫动态监测和帮扶，全年新增监测对象176户724人，实现零返贫、零致贫目标；整合衔接资金和东西部协作资金2.78亿元，实施项目264个，多渠道多途径助农增收，全县脱贫人口人均纯收入实现12 954元，比上年增长13.8%。组织持续推进东西部协作，先后多次在国家乡村振兴局、中央广播电视总台、全国东西部协作培训会作经验交流；全面推进乡村振兴，牵头编制中心村建设方案、人居环境整治五年行动方案，组织实施美丽乡村“百村示范、千村达标”5个示范村、25个达标村建设；推进农村“厕所革命”1 157户、5座公厕建设目标任务，分别占任务的105.2%、100%。通过省级第三方评估单位对巩固拓展脱贫攻坚成果实地考核评估。

【农村水利】 继续加强水利项目建设。3月，继续实施中坝水库项目，全年完成支干渠建设3 400米，完成投资1 000万元，完成总投资14 891.83万元的6.7%。6月，投资100万元对10个乡（镇）50处小型农村集中供水工程进行维修养护，10月完工，巩固提升15万人的饮水安全。9月，实施水利救灾抗旱应急项目，投资786万元，12月完成工程量的95%。11月，对黑凼子水库、一百步水库进行除险加固，投资621万元，12月基本完成主体工程建设。继续实施县南向沟防洪治理工程，总投资1 054.49万元，4月完工，综合整治河长1 800米，疏浚26.5米。6月，启动屏山县中都河防洪治理工程（一期），总投资8 741.69万元，12月完成工程量的40%，综合整治河长1 500米。

加强农村供水管理。全县14座乡（镇）水厂日供水能力1.291万立方米/日，乡（镇）年平均日供水量1万立方米、日售水量0.52万立方米，供水量占实际生产能力的77%。14座乡（镇）水厂共供水用户2.16万户，实现销售收入323.5万元。农村供水总人口25.33万人，农村集中供水人口22.29万人，集中供水率达88%，农村规模化供水工程供水保证率超过95.2%，小集中及分散供水工程供水保证率超过90.2%；农村供水水质合格率达95.5%。

加强水政水资源管理。全年开展各类水事执法检查85次，组织联合执法9次，出动执法人员250人次，发送责令停止违法行为通知书8份；受理12345热线5件，办结率100%。水行政审批全年受理接件51件，办结51件，其中《取水许可》14件、《开发建设项目水土保持方案审批》34件、《行洪论证与河势稳定评价审批》3件，按时办结率100%，群众满意率100%。征收水土保持补偿费142万元，并按规定解缴财政(90%解缴国库、10%上缴中央）。全县保有各类取水许可证59个。

【农业机械化】 全县新建提灌站3座，总装机容量735千瓦，有效灌溉面积833.33公顷，提灌机械出勤6 653台次，提水量221万立方米，受益农户1 752户。参与组织大豆玉米带状复合种植机具作业示范现场会1次、水稻机收减损现场示范培训会1次。全年完成农作物机耕面积2.846万公顷、机播面积6 798.731公顷、机收面积6 833.415公顷，耕种收综合机械化水平达52.3%。

【农村科技】 全县实行科技养蚕，小蚕共育面100%，优良簇具上茧率90%。全年组织蚕农开展技术培训5期，参训人数300余人次，发放各类技术资料1 100余份。为一半蚕房增添淋水、降温设备设施，投入技改经费30万元。全年新推方格簇3万片，新推省力蚕台120套，实现单产提高4.5千克，单张产值增加200元，实现80%的蚕茧能缫5A级高品位生丝。

【农村教育】 加强寄宿制学校建设，投资1.25亿元，在城区规划建设江北寄宿制学校项目，用地78亩，总建筑面积2.5万平方米，规划学位1 800个，重点招收民族地区初中学生和进城务工人员子女入学。投资3 100万元，建设屏山县龙华镇中心学校扩建教学综合楼项目，建成后新增学位270个。规划投资315万元，对新市中学、清平乡星星基点校、鸭池小学等3所学校进行校园环境改造。推进以“乡（镇）向城区集中、村级向乡（镇）集中”的集中办学模式，撤并“空心”和生源严重萎缩小规模乡村学校25所，让农村孩子享受更优质的学习条件。推进“人才互派”工作，加强城乡教师双向流动，选派21名县内优质学校教师到边远的清平、屏边民族乡学校支教，安排25名乡（镇）学校年轻教师到城区优质学校跟岗学习，乡（镇）教师在县域内顶岗交流178人。成立乡村教师工作室9个，开展名师名校长工作室阶段成果汇报暨培训活动、乡村育人英才培育人次培训、送教活动等11次以及教育科学研究和教师培训工作80余次，共计培训2 825人次。建成教育城域网和专递课堂直播教室40间、接收教室101间，促进城乡教育资源共享。分学段以“强+弱”“城区+农村”“中学+小学”模式组建学区联盟，执行“1个龙头，多个法人，合作共享”的管理机制，建立“城区+乡（镇）学校”结对帮扶10个。组建以金沙江、岷江和王府井3所幼儿园牵头负责的学前教育集团，促进屏山东中西教育整体发展。

【农村法制建设】 屏山县围绕乡村振兴、“两项改革”、推进基层依法治理和农村法治建设，构建全业务全时空公共法律服务体系，持续加强公共法律服务平台建设，建成并升级县公共法律服务中心1个，设立并建成乡（镇）公共法律服务工作站11个、村（社区）公共法律服务工作室168个，建成率100%。加强“法律明白人”培育，依托村组干部、人民调解员、网格员、致富能手和妇女代表等群体，全县共培育“法律明白人”800余名，发挥示范带头作用，改善当地的法治环境。调动全县律师、法律援助律师、公职律师、司法助理员、县政府法律顾问团等法律服务资源，统筹指派配齐全县168个村(居)法律顾问，使公共法律服务不断向基层一线延伸，打通法律服务的“最后一公里”，为基层群众和基层组织提供公益性、均等性、便利的专业法律服务。

【农村交通】 全县有国道131.881千米、省道194.172千米、县道276.131千米、乡道464.571千米、村道1 280.423千米。建成县城东迁“八路四桥”骨干新路网，新(改)建农村公路2 197千米，屏山区位交通劣势逐渐转变为区位交通优势，2020年屏山县创建为“四好农村公路”省级示范县，2023年创建为四川省“金通工程”样板县。

【涉农招商引资】 全县有3 000万元以上农业招商引资重大项目1个，为内资项目，增长100%；项目总投资1.8亿元，比上年增长100%。协议资金18 000万元，增长100%，完成全年任务的6%；到位资金100万元，增长100%，完成年度任务的0.1%。

【农产品质量安全监管】 全年开展定量监测抽检238批次，省级例行监测合格率99%；省级例行抽检100个样品，合格率为99%。绿色食品风险监测18个样品，绿色食品原料标准化生产基地省级抽检10个样品，国家中心抽检10个样品，市级抽检118个样品。指导乡(镇)开展属地农残快检。加强国家级、省级农产品质量安全追溯管理信息平台推广应用，有240家农业经营主体入驻国家农产品质量安全追溯管理信息平台，录入生产批次1 013批次、销售1 419批次。全面推行承诺达标合格证制度，累计开具合格证数量92 449张，带证上市数量1 082.78吨。严格执行农产品生产主体质量安全“重点监控名单”和“黑名单”制度，两家监测结果不合格生产企业已被例入“重点监控名单”。全年19家企业31个品类取得23张有机(转换)证书；对全县14个绿色食品生产经营主体的13家开展年检，指导1家开展续展，指导1家专合社开展新申报。全年办理农产品质量安全案件3件(县某某养殖农民专业合作社在农产品生产过程中使用国家禁止的农业投入品案、权某某不按照农药标签标注的使用范围使用农药案、黎某某不按照农药标签标注的使用范围使用农药案)。

【农村留守儿童帮扶】 建立“留守儿童之家”、乡村少年宫、“童伴之家”等关爱阵地311个，开展各类关心关爱活动23 000余人次，开展“留守儿童之家”活动90余次；为2 000余名留守儿童集体过生日，举办集体生日活动260余次，参与学生3 600余人；开展家访9 000余人次。全县建成县级心理健康中心1个、心理辅导室25个，开通心理健康服务热线2条，开展学生心理辅导3 600余次，开展防性侵心理健康教育100余场。各单位部门、组织、个人向学生累计捐赠75万余元、爱心包裹500余个、爱心书包600余个、课外书籍2 000余本、学习文具3 000余套。学校精准开展“七型学生”和“四种特殊学生”摸排，建立特殊学生动态台账，并由学校中层以上干部负责包保重点人员，截至2023年9月底的最新台账中有“七型学生”1 563人、“四种特殊学生”8 660人。全县11个乡(镇)、168个村(社区)配备的儿童督导员、儿童主任每季度走访辖区内的困境儿童，每季度收集乡(镇)困境儿童情况，根据“监护、生理、行为”三类风险建立“红黄蓝绿”四个风险等级台账，动态并重点监测存在风险的儿童，已为1 652名留守儿童建立档案。由31位家庭志愿者组建的家庭教育协会定期或不定期组织开展家庭教育宣讲、亲子阅读课堂等，对留守儿童的家长或监护人进行家庭教育指导5 000余人次，全县各中小学校每学期至少召开1次全校性集中监护人家长会。建立“童伴之家”22个，聘请“童伴妈妈”22名，全覆盖开展未成年人保护法治宣传活动和多种主题活动；组织开展暑期兴趣活动班，建立大学生实践教育活动基地，开展各种文化、娱乐、教育活动，丰富留守儿童的文化生活。

【主要领导人】 县委书记：代军；县人大常委会主任：冷远林；县长：赵丹；县政协主席：林敏；分管农业副县长：李劲松。

屏山县编写组

广　安　市

【基本情况】 2022年，全市辖2个区3个县1个市，辖区面积6 339.22平方千米。

【粮食安全和耕地保护】 新建高标准农田25万亩，全年粮食产量保持增长，高标准农田建设经验在全省推广。完成水利投资38亿元。在全省率先整市推进农村集体“三资”监管平台建设，通过巩固脱贫攻坚成果后评估。

【新型城镇化】 完成“三区三线”划定，

启动“一江一河”生态廊道建设，全市新（改）建城市道路31条，完成雨污分流管网改造233千米，新开工老旧小区综合改造项目285个，改造升级农贸市场89个，解决3 823户“保交楼”、4.7万套房屋首次登记等问题。主城区新（改）建城市公园7个、公厕26座、公交站63个、公共停车场10个。广安区花桥镇、武胜县烈面镇、邻水县丰禾镇入选首批省级百强中心镇。

【民生实事】 投入资金60.7亿元，完成省定、市定57件民生实事。新建公办幼儿园30所，全域整体通过学前教育普及普惠省级督导评估；新（改、扩）建义务教育学校20所，“双减五提”广安模式在全省推广；启动实施新高考改革，四川省教育厅、重庆市教委与广安市共建全省唯一的跨省域教育协同发展试验区。加快“1+3+1”重点公立医院建设，推进市公卫临床中心等9个项目建设，建成县域医疗卫生次中心5个。争取全省唯一的全国居家和社区基本养老服务提升行动项目试点市。实施全民参保计划，纳入全省首批医保移动支付试点并获得“优秀”等级。

打好“蓝天、碧水、净土保卫战”，第一轮中央生态环保督察反馈问题全部整改销号，主城区空气质量持续达到国家二级标准，国控、省控考核断面水质优良率达100%，土壤环境质量保持稳定。推动124个乡（镇）应急办实体化运行，基层消防治理能力建设、“五社联动”参与基层治理试点在全省推广。成功应对“10·5”渠江洪峰过境，确保了全市安全度汛。

【主要领导人】 市委书记：张彤；市人大常委会主任：张力；市长：赵波；市政协主席：单木真；分管农业副市长：尹黎明。

广安市编写组

广　安　区

【基本情况】 2022年，全区辖3个乡16个镇6个街道，辖区面积1 027.79平方千米，其中耕地面积65.44万亩，比上年增长0.19%；基本农田54.7万亩。年末总人口79.67万人（户籍人口），增长8.54%。全区耕地有效灌面30 765公顷；本地水资源总量3.44亿立方米，人均占有水资源量463立方米。有林业用地26 132.606 5万公顷，有林地面积24 945.689 8万公顷，活立木总蓄积量122.965 1万立方米，森林覆盖率25.43%。

2022年，全区实现地区生产总值255.5亿元，增长1.4%，其中第一产业增加值41.7亿元，增长3.8%；第二产业增加值36.2亿元，减少4.6%；第三产业增加值177.6亿元，增长2.2%。三次产业对经济增长的贡献率分别为43.1%、-50%和106.9%。全年接待旅游人数536万人次，实现旅游收入38.6亿元。

公路通车里程2 764.706千米（其中乡村公路2 402.969千米），密度2 690.06米/平方千米、37.21千米/万人。社会消费品零售总额182.1亿元，减少2.6%。金融机构各项存款余额1 062.1亿元，比上年初增长16.2%；各项贷款余额767.2亿元，比年初增长15.4%。农业产业化龙头企业省级、市级、区级分别为5家、11家、10家。

有各类学校178所，在校学生88 283人，教职工7 862人，其中普通中学41所，在校学生37 845人；小学23所，在校学生27 765人；学龄儿童入学率101.25%。有卫生机构670个，卫生技术人员6 868人。

【年度农业和农村经济运行】 2022年，全区实现农林牧渔业总产值70.1亿元，增长3.8%。农民年人均可支配收入达20 329元，增长5.8%。全区主要农产品产量见表1。

表1　2022年广安区主要农产品产量

主要农产品	单位	产量	同比增减(%)
粮食	万吨	32.700 0	-2.70
水稻	万吨	20.100 0	-1.50
小麦	万吨	0.500 0	2.30
玉米	万吨	5.500 0	0.10
油菜籽	万吨	2.210 0	3.90
蔬菜	万吨	47.700 0	3.40
水果	万吨	1.500 0	6.60
肉类	万吨	6.800 0	7.80
猪肉	万吨	5.700 0	2.70
禽肉	万吨	0.900 0	-2.70
禽蛋	万吨	1.760 0	10.02
水产品	万吨	0.893 8	4.54
牛奶	万吨	0.054 2	1.20

【农业产业化发展】 编制新型经营主体培育项目实施方案，遴选13家新型经营主体和1家龙头企业进行培育，组织13家新型经营主体领办人到省水产校培训。

开展家庭农场培育，全年新培育县级示范场52家、市级示范场40家，实施家庭农场中央财政资金培育项目13个。同时，通过花桥综改项目、高素质农民培训等项目共培育家庭农场主或家庭成员100余人次。全区共培育农业龙头企业26家，其中省级龙头企业5家、市级龙头企业11家、区级龙头企业10家。

【种植业】 全区小春粮食作物播种面积13.86万亩，比上年增加0.11万亩，增长0.8%；产量3.4万吨，比上年增加470吨，增长1.4%。油菜播种面积13.08万亩，比上年增加0.43万亩，增长3.4%；产量2.21万吨，比上年增加840吨，增长3.9%。大春粮食作物播种面积69.5万亩，比上年增加0.56万亩，其中水稻38.9万亩、玉米13.72万亩、红薯6.7万亩、马铃薯3.7万亩、大豆6.1万亩；大春粮食产量29.3万吨，由于受特大干旱影响，总产量比上年减少0.9万吨。全区良种覆盖面达98%以上。突出实用主推技术，主推技术到位率达97.9%。水稻推广旱育秧27.2万亩；推广水稻机插秧、抛秧、直播等轻简栽培技术6.1万亩。优质稻种植面积达24.7万亩，其中国标二级以上优质稻面积15.5万亩；“隆两优黄莉占”“千优531”等“稻香杯”品种播种面积9.8万亩；优质稻订单生产5.5万亩；推广稻田鱼、稻田鸭等绿色种养综合栽培模式10.4万亩。玉米肥团育苗达100%，旱地改制率达90%以上，小麦规范化种植率达85%以上，油菜宽窄行移栽90%以上。推广杂糯间栽技术8.5万亩；玉米膜侧栽培2万亩；玉米大豆带状复合种植3.28万亩；推广新品种15个，引进新品种示范展示30余个。全区共建成绿色高质高效示范片9个、面积11.5万亩，其中水稻3个、4.5万亩，玉米2个、2万亩，大豆2个、2万亩，油菜2个、3万亩。

【林业】 全区审批长期使用林地2个批次、2个项目，使用林地面积23.620 5公顷。临时使用林地4个项目，使用林地面积3.379 1公顷。全区办理成片林采伐商品林8 007立方米，占商品林采伐限额的53%。完成林草湿图斑监测470个（林地396个、草地72个、湿地2个），监测面积127.324 9公顷；国家森林督查现场核查图案226个，核实面积59.211 6公顷。全区全年共开展巡林21 973次，累计发现问题2 241个，解决问题2 241个。投入林业项目资金1 151.75万元，投入林长制工作专项资金34.67万元。完成森林抚育25 000亩；完成造林绿化空间规划编制，共涉及图斑4 283个，面积38 837.71亩，其中适宜造林图斑121个，面积579.64亩；完成竹林调查工作，确认竹林面积167 730.4亩，其中林地上竹林144 587亩、非林地23 143.4亩；完善造林绿化落地上图工作，面积8 067亩；在花桥、井河、大龙、东岳等乡（镇）完成退化林修复7 000亩。

【畜牧业】 完成新（改、扩）建畜禽标准化示范场4个。全区有生猪养殖场（专业户）333家（户），其中规模养猪场84家，完成石笋镇斜石村智慧湖羊场建设并投产。全年存栏生猪54.2万头，同比增长1.8%，其中能繁母猪存栏5.21万头，同比增长11.3%；生猪出栏81.3万头，同比增长4.7%。全年出栏家禽642万只、肉牛0.501万头、肉羊3.8万只、肉兔75.6万只，同比增长1.6%、4.3%、11.2%、6.7%。肉、蛋、奶产量分别为6.8万吨、1.76万吨、0.054 2万吨，同比增长7.8%、10.02%、1.2%。

【水产业】 全区水产品产量8 938吨，同比增长4.54%；实现渔业经济总产值2.640 7亿元，同比增长10.08%。全区上一定规模的主要养殖品种达11个，共有渔业协会、水产养殖专业合作社、家庭农场、涉渔农业企业150家。新增渔业经营主体17户，申报省级水产原（良）种场1个。全年水产品流通产值达2 513万元，休闲渔业产值达2 504万元，水产（仓储）运输产值达1 112万元。新发展稻渔新型经营主体17家，稻渔产业调型面积6 400余亩。加强科技技术保障，组织稻渔综合种养业主召开技术教学培训会2场。全面推进稻渔品种多样化提升产值，引进小龙虾、青虾、黄颡鱼、鲫鱼、鲶鱼等多个稻渔养殖品种，建成“稻田+”数字农业信息化基地1 200亩，引进业主在建“稻田+”智能水产良繁基地1处。持续推动水产绿色循环发展，完成池塘标准化改造6家，改造面积300余亩。

【农村科技】 推动落实特派员和“三区”人才工作计划，实施科技引领乡村振兴战略。全区组建科技特派员团队1个，选派科技特派员14人，接收“三区”科技人员5人，四川科技兴村在线广安区平台解决技术需求2 000余次。兑现乡村振兴在线平台信息员、专家工作开展专项服务予以补助19.161万元。利用科普活动月组织开展科普活动2次，开展科技实用技术培训10余次、培训400余人次。认定农业领域科技型企业20余家，促成签订技术交易合同，完成技术交易额认定9 120万元。培育农业科技示范主体2个。印发《广安区2022年农业主推技术》。通过就地培养、吸引提升等方式，分层分类培育农业职业经理人、现代青年农场主及新型经营主体带头人等高素质农民564人，其中省级调训13人（农业产业领军人才13人）、市级调训17人（新型农业经营主体带头人17人）、县级培训534人（经营管理型534人）。培育乡村产业振兴带头人“头雁”，选派1人到中国农业大学、4人到四川农业大学参加培训。

【农村教育】 坚持把中小学建设纳入发展总体规划。持续提升乡（镇）学校的硬件水平，及时新建学校，建成一批高标准乡（镇）公办学校，辖区各乡（镇）义务教育阶段学校的教学楼、综合楼、运动场、周转房等建设工程基本完成。加快推进区域内义务教育一体化发展，开展“1+N”结对帮扶，城区优质学校“一对一”“一对多”对口帮扶农村学校，促进城乡、区域、校际间优势互补和资源共享。落实城镇送教制度，开展教育系统上挂、支教等活动，加强支教教师考核管理，推行“城乡教师、片区教师对口交流”和“城乡学校结对帮扶”，加快优质教师资源流动，全面提升全区学校办学水平和教育教学质量。

【农村法制建设】 研究制定《广安区农业农村法治宣传教育第八个五年规划(2021—2025年)》，定期召开各项农业法律法规培训，累计培训869人次，其中种子230人次、农药239人次、动物防疫120人次、农机160人次、农产品质量安全120人次。全年普法宣传累计出动宣传车100余辆次、执法人员190人次，印发资料2 000余份。全年共优化一体化平台行政权力事项32项，研究下放乡(镇)行政许可、行政确认、其他行政权力事项、行政处罚事项共计53项。全年出动农资打假执法人员330人次，受理群众举报案件3件；一般程序立案查处农药、种子、畜牧防疫等领域违法案件5件，当场处罚6起，累计罚没款1.7万元；检查动物48 520头、动物产品314吨；没收网具16副，为公安提供涉嫌非法捕捞水产品罪线索7起、肥料线索1条；责令整改不规范农资经营行为75起，责令整改动物诊疗机构2起。

【农村交通】 全年完成新(改、扩)建农村公路120千米、美丽乡村旅游产业路35千米、现代农业园区产业公路黑化24.4千米，实现建制村100%通硬化路和100%通客车。建设“金通工程”，开展道路交通安全“百日攻坚专项行动”“平安渡运”、安全生产“回头看”等专项行动，排查整治各类安全隐患60处，全年未发生较大以上道路交通安全事故。坚持以公路日常养护为重点，以加强养护目标责任为手段，公路技术状况指数MQI达89，路面使用性能指数PQI达91，提升了公路安全通行能力。全年共检查货运车辆约6 211台次，卸载货物1 870吨，清理路障42处，纠正侵占路产路权违法行为21起，将超限运输车辆控制在3%以内；路政案件查处率100%，结案率100%。

【涉农招商引资】 全区3 000万元以上的农业招商引资重大项目4个，均为内资项目，增长10%；项目总投资1.1亿元，增长1%。协议资金11 000万元，增长1%，完成全年任务的100%；到位资金135 000万元，增长2%，完成年度任务的100%。

【农村生态建设及环境保护】 已完成实施畜禽粪污资源化利用整县推进项目，累计已拨付资金1 854.485 4万元，全区84个畜禽规模养殖场粪污处理设施设备配套率达100%。

【农产品质量安全监管】 全年共风险监测或监督监测农贸市场15个次、种养业大户(散户)116户次、种养业专业合作社28家次、种养业企业20家次、种养业家庭农场46家次、屠宰场22家次，监测样品900批次，监测参数74项8 910份次，其中畜禽业共风险监测或监督监测屠宰场24家次、养殖大户(散户)27户次、专业合作社6家次、企业10家次、农贸市场8家次，监测样品495批次，监测参数29项2 445份次；种植业共风险监测或监督监测种植大户(散户)87户次、家庭农场45家次、企业10家次、专业合作社20家次，监测样品365批次，监测参数42项6 405份次；水产业共风险监测或监督监测家庭农场1个次、专业合作社2个次、企业2家次、养殖大户(散户)2户次、农贸市场7家次，监测样品40批次，监测参数3项60份次。通过对农产品监测结果进行分析，全区农产品质量总体安全。

【农村留守家庭(儿童、学生)帮扶】 建立健全留守儿童整体联动关爱机制和结对帮扶工作机制，实施“六个三”留守儿童关爱行动。落实特殊教育“十四五”发展规划，开通残疾儿童随班就读绿色通道，形成以普通学校随班就读为主体、以特殊教育学校为骨干、以“送教上门”为补充的特殊教育服务体系。依托学校建立学校少年宫，丰富少年儿童业余生活，建成城市学校少年宫8个、乡村学校少年宫34个，创建乡村复兴少年宫3所。邀请广安市女童保护协会讲师到区内10余所学校开展“女童保护”防性侵安全知识讲座，为5 940名师生讲授104堂相关课程，发放儿童防性侵手册学生版5 916本。

【主要领导人】 区委书记：文阁(9月止)，刘永明(9月始)；区人大常委会主任：尹才宏；区长：刘永明；区政协主席：刘昌杰；分管农业副区长：龚兵(10月止)，王正君(10月始)。

广安区编写组

前锋区

【基本情况】 2022年，全区辖4个街道8个镇，辖区面积505.6平方千米。

【年度农业和农村经济运行】 2022年，全区现代林业产业园暨国家储备林项目获得9亿元贷款授信。全覆盖实体化运行镇(街道)应急办，组建专职森林扑火队，森林防灭火立体纵深防御体系全面构建。巩固提升农村集体产权制度改革成果，在全市率先建立农村“三资”监管平台。编制完成四方山康养旅游度假区总体策划方案，登山步道等康养旅游项目建设有序推进。图书馆分馆实现镇(街道)全覆盖，永光厂遗址、三墩坎烈士墓入选全省第二批革命文物名录，宕渠双竹连响、桂兴羊肉制作技艺入选第六批省级非遗保护项目，创建为“四川省曲艺之乡”。

【现代农业建设】 抓好粮食安全和耕地保护，建成高标准农田1.8万亩，整治撂荒地1.2万亩。创建市级粮油现代农业园区1个，全年粮食产量10.7万吨，出栏生猪17.1万头。广安松针“蓥山皇片”获得世界绿茶评比会金奖，广安青花椒现代农业园区获评省四星级现代农业园区。在全市率先开展检疫出证无纸质化试点，无纸质化出证率位居全省第六，获评全省动物卫生监督工作成效显著县；通过省级农产品质量安全监管示范县复核审查。

【乡村振兴】 投入各级财政衔接资金1.2亿元，“一户一策”助力脱贫人口收入增长14.2%，通过乡村振兴实绩考核和巩固脱贫攻坚成果后评估省级验收；完成美丽乡村建设5个，创建省级乡村振兴示范村2个、重点帮扶优秀村2个；开展乡风文明“一榜两评”，建成全国文明村镇2个、省级文明村镇1个，全省乡村治理示范镇1个、示范村2个，全省基层治理示范街道1个、示范社区4个。农村基础设施更加完善，新（改）建农村公路32千米，实施撤并建制村通畅工程47.6千米，创建为“四好农村路”省级示范县；完成病险水库除险加固6座，龙滩水库大坝、龙滩堰中型灌区建设有序推进；城区及重点镇5G网络覆盖率达100%。四川农业大学前锋区乡村振兴研究院挂牌成立。

【城乡统筹发展】 全面掀起“海绵城市”建设热潮，开工建设海绵公园绿地等9个项目，海绵运动广场竣工投用，首个音乐喷泉建成亮相；绿化美化彩化580亩“城市留白地”；建行小区等7个城镇老旧小区完成改造，碧桂园二期等3个品质楼盘竣工交付。创新“网格化+街长制”城市管理模式，通过全国文明城市年度复查。

【农村社会保障】 投入民生资金14.1亿元，完成59件省、市、区定民生实事；建立就业见习基地53个，开发城乡公益性岗位630个；实施社保扩面，全区基本养老和医疗保险参保率分别达95%、98%以上；区老年养护院、区残疾人托养中心正式运营，未成年人保护工作站（点）实现镇、村全覆盖。

【农村生态建设】 持续深化河（湖）长制，省控、市控考核断面水质稳定达到地表水Ⅲ类水质标准，城镇集中式饮用水水源地水质和城、镇、村污水处理厂（站）出水水质达标率均达100%；废弃矿山生态修复率达90%以上，土壤环境总体稳定。

【主要领导人】 区委书记：张伟；区人大常委会主任：蔡丽华；区长：陶开琴；区政协主席：张必伦；分管农业副区长：杨东南。

前锋区编写组

华蓥市

【基本情况】 2022年，全市辖8镇1乡3个街道，辖区面积464平方千米。

全社会固定资产投资增长9%，第三产业增加值增长2.4%。地方一般公共预算收入突破10亿元大关，达到11.2亿元，增长17.8%。城乡居民年人均可支配收入分别增长4.3%、6.4%。社会消费品零售总额下降5.6%，位居广安市第二。

【农业产业化发展】 新（改）建精品粮油、蜜梨、油樟等产业基地2万亩，广安蜜梨综合体、油樟加工厂等特色产业项目建成投用。全年粮食作物播种面积和产量分别达27.4万亩、10.2万吨；生猪出栏23.1万头，超目标任务的54%。蜜梨园区创建为省四星级现代农业园区，油樟园区创建为省级现代林业园区。

【乡村振兴】 一批村集体经济收入突破“百万大关”，“二环八支”乡村振兴路网加速构建，“一推两榜三评”全面推行，禄市镇获评“乡村文化振兴省级样板镇”，凉水井村获评“中国美丽休闲乡村”“全国红色美丽乡村建设试点村”，全市入选天府旅游名县候选县。5个乡（镇）便民服务中心获评“首批省级示范便民服务中心”。

【统筹城乡发展】 城市品质持续提升，全面完成127个老旧小区改造，财富中心元宝桥等一批城市基础设施竣工投用，章广大道等7条市政道路优化升级，宋韵公园、“華”字碑公园建成开放，红星西路综合市场完成改造，城市功能不断完善。道路交通优化升级，城北货运停车场等10个交通项目建成投用，游击队广场至石林景区、城区至明月荷月江岸等旅游专线开通运营，市民出行观光更加便捷。

【森林防火】 面对极端高温下的森林防灭火形势，全市相继发布禁火令、封山令，全域实施网格管理，层层压实蹲守责任，分片分区巡查排查，坚决阻断火源入山，及时消除风险隐患。高兴镇“8·28”森林火情发生后，全县迅速集结各方力量，全面处置森林火情，守护了群众生命财产和森林资源安全。

【农村社会保障】 动态消除“零就业”家庭，全民参保率不断提升。“一老一小”工作稳步推进，全年发放各类救助资金超过1亿元，兜底保障更加有力。

【主要领导人】 市委书记：王山；市人大常委会主任：刘光文；市长：徐纪敏；市政协主席：陈云栋；分管农业副市长：熊巧利。

华蓥市编写组

岳池县

【基本情况】 2022年，全县辖27个乡（镇、街道）406个村63个社区，辖区面积1 479平方千米。全县实现地区生产总值288亿元，增长0.1%。

【年度农业和农村经济运行】 2022年，全县农副产品物流园、活禽集中交易服务市场项目落地实施，新（改、扩）建农贸市场6个，建成乡（镇）快递网点141个。投入13.67亿元，完成民生实事61项。全县基本养老保险、城乡居民医疗保险参保人数分别为52.82万人、87.99万人。

【乡村振兴】 开展创建全省乡村振兴先进县行动，乡村振兴不断走深走实。农业稳产增产，创建市级农业园区2个，新建高标准农田5.46万亩，岳池粮油现代农业园区创建为省五星级现代农业园区，岳池中药材现代林业园区被纳入省级现代林业园区培育名单，年出栏生猪85.4万头，粮食、蔬菜总产量分别达48.3万吨、84.5万吨。农民稳步增收，全年农村居民人均可支配收入达21 140元，增长6.3%；脱贫人口实现人均纯收入12 577元，增长14.1%，通过省级巩固脱贫攻坚成果后评估。农村稳定祥和，有序推进乡村建设行动，开展乡风文明"一榜两评"活动3 600余场次，建设农村厕所革命整村推进示范村47个，苟角镇被农业农村部评为国家农业产业强镇，顾县镇创建为四川省文化振兴样板镇，石垭镇创建为四川省乡村振兴先进乡（镇）。白庙镇郑家村、朝阳街道麻柳桥社区获评全省首批民主法治示范村（社区）。全县创建省级示范便民服务中心9个，在全省首创建立农村派出所车管服务站。

【统筹城乡发展】 "三区三线"划定成果正式启用。改造棚户区住房84套、老旧小区170个，新（改）建老城区雨污管网11千米、燃气管网48千米；人才公寓、龙湖中学等重大项目在城东新区启动建设，丝绸路三段二期等市政道路建成通车。升级改造凤山公园等城市公园3个，打造城市亮化景观3个，城市绿化覆盖率、亮灯率分别达43%、98%；岳池米粉、岳池清音、渠江船工号子申报为第六批省级非物质文化遗产，清音《米香粉香》、美术作品《六月卯日》获得第十届巴蜀文艺奖。完工回龙寺水库枢纽工程，省道203线红星至苟角段建成通车，新（改）建农村公路91.28千米，创建为全省2022年度县域节水型社会建设达标县。新（改）建公办幼儿园6所，通过县域学前教育普及普惠省级督导评估。石垭中心卫生院创建为二级乙等综合医院。全县居家养老服务突破2万人。

【农村生态建设】 全县乡（镇）集中式饮用水水源水质达标率首次达100%，国控、省控断面水质稳定达标，长滩寺河郭家坝断面提前2年达到III类水质，土壤环境保持整体稳定，中央、省环保督察问题整改完成率达99%。

【主要领导人】 县委书记：米亮；县人大常委会主任：李廷远；县长：陈松柏；县政协主席：谢帮勇；分管农业副县长：龙军华。

岳池县编写组

武胜县

【基本情况】 2022年，全县辖4乡19镇，辖区面积956.1平方千米。

2022年，全县地区生产总值增长2%，全社会固定资产投资增长7%，规模以上工业增加值增长7%，服务业增加值增长3%，地方一般公共预算收入增长19.4%，城乡居民人均可支配收入分别增长5%、6%，社会消费品零售总额93.2亿元。

【现代农业建设】 扛牢粮食安全和耕地保护政治责任，建成高标准农田3万亩，恢复耕地6 000余亩，整治撂荒地2.7万亩，粮食生产实现"十五连增"。稳定生猪产能，新建标准化养殖场10家，出栏生猪104.5万头。推动特色产业提质增效，建成国有柑橘初加工中心、桑枝菌西南制种基地、清平稻渔综合种养现代农业园区，全年产销大雅柑4万吨、桑枝菌0.38万吨、水产品2.46万吨。胜利镇三叉沟村获评全国"一村一品"示范村。

【美丽乡村建设】 坚持以扮靓乡村为抓手，规划布局"两带五区"，完成街子、烈面等5个乡（镇）片区国土空间规划编制，打造乡村振兴示范乡（镇）2个、示范村5个。推进"三大革命"，在全市率先实施乡（镇、场镇）雨污分流项目，新建卫生厕所4 649座，农村面貌明显改善。开展"一榜两评"活动，评选文明村镇4个、文明村民1.6万户。创建省级乡村振兴示范村5个、乡村振兴重点帮扶优秀村2个。飞龙镇高洞村创建为天府旅游名村，宝箴塞镇方家沟村创建为省级乡村旅游重点村。

【新型城镇化建设】 突出品质主导，编制国土空间总体规划，完成"三区三线"划定。打造江北片区、龙女湖片区等城市新区。建设公园城市，启动唐家山森林公园、白鹤观体育公园建设。完成老旧小区改造58个，定远大道B段、叶家山隧道等建成投用，汉初大道、龙女大道等项目建设有序推进。实施万隆、飞龙等场镇提质工程，烈面镇创建为首批省级百强中心镇。

城市治理。聚焦智慧城市建设，持续实施城区交通秩序综合治理，有序推进利民街、沙湾街等21条背街小巷改造提质，武胜首座迎宾大道人行天桥启动建设。实施城市道路品质提升工程，兴武大道成为城市干道新标杆。开展城市管理综合治理，整治物业管理突出问题6个，拆除违法建筑1.2万平方米。拓展城市服务功能，新（改）建城市公厕2座，新增公交站台20个、公共停车位300个。

【富民增收】 把富民增收作为根本之举，健全防返贫动态监测帮扶机制，新增监测对象149户，为209户未消除风险对象落实帮扶措施。聚焦联农带农，投入中央财政资金40万元，培训新型职业农民120人，芝皇菌业被确定为高素质农民培育省级实习实训基地。实施“消薄扶强”行动，全县276个行政村集体经济生产经营性收入达1 300万元，其中44个扶持村收入均超过10万元。

【农村科技】 实施科技创新攻坚行动，协同推进天府科技云服务平台建设。争取市级研发投入补助经费115万元，带动全县研发投入达2亿元，累计入库科技型中小企业41家，现代蚕桑新技术应用、数控凸轮技术开发通过省级科技进步奖审查。安泰丝绸创建为省院士（专家）工作站、省级科技小院，入选全国科技小院建设名单。

【农村教育】 实施教育暖心工程，完成4所寄宿制学校改（扩）建、10所学校运动场塑化。新（改、扩）建公办幼儿园7所，“全国学前教育普及普惠县”通过省级评估验收。

【农村社会保障】 坚持民生优先，提高兜底保障水平，落实城乡低保、特困供养3.5万人，发放保障资金1.3亿元。全面落实就业扶持政策，促进毕业生、返乡农民工等重点群体就业创业。持续推进全民参保计划，实现法定人员参保全覆盖。加大退役军人优抚力度，建成退役军人服务站14个，安置退役士兵282人，发放优抚资金4 900余万元。

民生保障。全面完成62件民生实事，财政民生支出占比超过70%。全域公交覆盖23个乡（镇），行政村通达率达88%，武胜1路公交作为全省唯一获评全国新能源公交高品质线路。全域供水工程加快实施，新增通自来水行政村30个，3 000余户农村居民用上自来水。健全“一老一小”服务体系，建成社区老龄食堂5个、养老综合体（驿站）10个，河东社区获评“全国示范性老年友好型社区”。全县创建为全国绿色出行城市，入选全省首批交通强县试点县，被评为全省乡村运输“金通工程”样板县。

【农村法制建设】 巩固“长安杯”成果，推进平安中国建设示范县、全省禁毒工作示范县创建。实体“实战化”运行县、乡、村三级综治中心，实现一网收集、一站交办、一链化解。推进“八五”普法，鸣钟龙庙村、华封先锋岭村入选全省首批民主法治示范村。建立“六大智治”体系，推行“大数据+网格化”治理模式，创新党建引领推进“五社联动”工作机制，基层治理现代化水平不断提升。

【主要领导人】 县委书记：谭云；县人大常委会主任：杨承林；县长：陈俊楠；县政协主席：吴奇雷；分管农业副县长：刘勇。

武胜县编写组

邻 水 县

【基本情况】 2022年，全县辖25镇，耕地面积93.1万亩，人均耕地面积0.935亩。年末总人口99.53万人（户籍人口）。

2022年，全县实现地区生产总值267.4亿元，增长0.6%，其中第一产业增加值55.9亿元，增长4.7%，农、林、牧、渔及农林牧渔服务业之比为55.4∶3.3∶32.5∶2.2∶2.2；第二产业增加值78.1亿元，减少3.4%；第三产业增加值133.5亿元，增长1.2%。

【年度农业和农村经济运行】 2022年，全县实现农业总产值93.92亿元，增长2.7%；全县全年农业增加值达55.9亿元，增长4.7%。农民年人均可支配收入达20 663元，增长6.3%。全县主要农产品产量见表1。

【农用地产权制度改革】 推动引进优秀人才返乡创业，分类分层培训“田专家”“土秀才”，为农村发展注入新鲜血液、激活发展动能。全年培育农业职业经理人、农业领军人才等高素质农民158人，申报省级示范家庭农场8家，推荐申报省级龙头企业1家。推进农村土地“三权分置”，发展新型农村集体经济等改革，304个建制村（涉农社区）集体经济组织完成全覆盖登记赋码，并按照“五个一”管理要求规范化运行。2022年，收集土地确权登记错漏信息251条，完成办理231条，重制土地确权证书231本。紧盯中央、省政策、资金投向，围绕储备项目清单，开展“三抓”工作，全年共争取到位中央财政农业发展资金、“高标准农田建设”“省级乡村振兴战略实施先进镇、示范村”等中央、省、市项目政策资金2.91亿元”。

【现代农业园区建设】 聘请省农科院专家团队编制20万亩优质粮油产业基地规划，整合涉农项目资金开发粮油数字化管理平台，实现粮油智能化生产“零”突破。将园区创建与季度全市农业农村工作“大比武”有机结合，市委、市政府和县委、县政府分管领导督导园区创建，11月，邻水县柑子镇粮油现代农业园区、邻水县贵人槽蔬菜现代农业园区创

表1　2022年邻水县主要农产品产量

主要农产品	单位	产量	同比增减(%)
粮食	万吨	45.400 0	–2.1
水稻	万吨	22.200 0	–0.9
玉米	万吨	15.200 0	–0.3
油菜籽	万吨	2.300 0	9.2
蔬菜	万吨	66.300 0	4.2
水果	万吨	8.800 0	7.9
肉类	万吨	7.500 0	5.6
猪肉	万吨	6.200 0	7.7
禽肉	万吨	1.000 0	–5.6
禽蛋	万吨	1.800 0	6.3
水产品	万吨	1.220 0	—
牛奶	万吨	0.083 7	3.5

建为市级现代农业园区；12月，邻水县粮油现代农业园区创建为省三星级现代农业园区。

【种植业】 全年粮食作物播种面积118.1万亩，总产量45.4万吨；油料作物播种面积2.14万亩，总产量3.46万吨，比上年增长7.5%。建成优质粮油基地34.2万亩。水稻旱育秧栽培面积31.8万亩，水稻直播面积2.31万亩，良种、综合技术到位率达98.7%以上。适度调减小麦、红薯种植面积，扩大优质稻种植面积，栽植优质稻25万亩，较上年增加11万亩。建立农旅融合示范基地200余亩，通过引进彩色水稻，以稻田为纸、水稻为画，打造特色乡村田园景点，助力乡村振兴。县农业农村局与省农科院签订《邻水县粮油技术服务合同》，推动现代农业高质量发展。

【生猪产业】 全县以提升畜牧产业发展水平、以加快生产方式转变、强化动物卫生监督工作和发展畜牧产业化经营为重点，加强龙头企业建设，推进规模经营、优化产业结构，抓好生猪产业发展，生猪生产基本恢复接近常年水平。全县出栏生猪84.02万头，同比增长5.81%；能繁母猪存栏5.3万头。新（改、扩）建规模养殖场4个，新增种猪5 350头、仔猪13万头、育肥猪3.2万余头。培育国家级生猪产能调控基地6个、省级生猪产能调控基地57个。

【水产业】 邻水县是传统渔业大县，全县共有水域面积6 669公顷，其中可养殖水域5 335余公顷，占总水域面积的80%。县内水域面积广阔，水库、溪流众多，宜渔面积达16万亩，已养面积5万亩，稻鱼综合种养面积3 217亩。全县有规模水产养殖场50个，获得农业农村部水产健康养殖示范场认证基地5个，获得四川省水产健康养殖示范场认证基地6个、无公害养殖基地4个、水产苗种繁育基地1个、高位池养殖示范基地3家；推广老旧池塘智慧渔业升级改造2家。全县水产品总产量1.225万吨，同比增长3.13%；实现渔业经济总产值2.8亿元，同比增长2.36%。

【乡村振兴】 编制邻水县优质粮油基地“1+5”规划、乡村振兴试点示范规划，出台乡村振兴试点示范建设系列方案；建立健全资金投入和工作推进机制，成立县级推进乡村振兴示范片建设指挥部，启动川渝高竹新区、云顶2个乡村振兴示范片建设，打造优质粮油、优质生猪+脐橙种养循环、优质果蔬3个产业带，做强优质粮油、稻渔、生猪、蔬菜、“林果+脐橙”5条产业环线，构建“两片三带五环线”乡村振兴布局。2022年，创建市级现代农业园区2个，认定县级现代农业园区3个；创建省级示范村6个，市级先进镇2个、示范村10个。

【农业机械化】 按照“立足大农业，发展大农机，培养新农民，建设新农村”的总体思路和要求，实施“五良”融合产业宜机化改造，加强农机购置补贴，加强农机推广。实施“五良”融合产业宜机化改造面积1 520亩，新建提灌站2座，完成提水量3 364万立方米。对全县所有提灌站进行全面摸底排查，建立问题台账，对排查出的问题制定相应的整改措施。全年补贴农机具4 510台（套），申请补贴资金232.439 5万元。全年完成机耕面积112万亩、机播（机插）面积44.96万亩、机收面积55万亩，全县农机总动力达58.2万千瓦，主要农作物耕种收机械化综合水平达69.3%。组织水稻机插秧现场演示会，推行全县三种机械化模式——无人机淹水直播、水稻机械化有序抛秧和水稻机械化有序插秧。先后组织开展3次技术指导会议，推广大豆玉米机械化种植技术和喷杆式喷雾器植保技术。

【农村文化】 启动实施王家镇新街社区、高滩镇长渠村、城南镇云顶村、三古镇三教村、柑子镇岐山村5个村“美丽乡村”建设。完成城南镇云顶村、城北镇罗锅铺村等9个镇17个行政村共2 001户农村“厕污共治”工程，全县农村无害化卫生厕所普及率达90%以上。启动农村人居环境整治“五年行动”，常态化开展村庄清洁行动。完成30个村3 378盏太阳能路灯安装建设任务。健全“户分类、村收集、镇转运、县处理”的垃圾收运体系，行政村生活垃圾收转运设施覆盖率达97%以上。

成立县、镇、村三级乡风文明“一榜两评”工作领导小组，组建县、镇、村三级工作专班，发放宣传资料10万余份，悬挂横幅标语1 500余条，召开院坝会400余场，全覆盖开展“村评户”6轮、“镇评村”3轮，共计评比出9 180户“文明卫生户”上“红榜”、1 230户卫生较差户上“黑榜”。

【农产品质量安全监管】 开展安全生产“大宣传、大宣讲、大培训”等学习活动，宣传农机作业安全、危化品类农药使用安全、渔船作业安全和沼气安全等方面的法律法规和安全保障技术措施，全年发放宣传资料6 000余份，出动宣传车辆38辆次，累计对各农业经营主体开展农业生产安全宣讲420余次，悬挂标语120余幅。全县农业机械、农村沼气、渔业船舶、畜禽养殖、畜禽屠宰、饲料、农（兽）药、农业园区和休闲农业等农业行业未发生一起安全事故。

【主要领导人】 县委书记：黄永鸿；县人大常委会主任：冯永斌；县长：石国平；县政协主席：尚敏；分管农业副县长：张春燕。

邻水县编写组

达 州 市

【基本情况】 2022年，全市辖2区4县代管1个县级市，辖区面积1.66万平方千米，其中耕地面积644.26万亩，占全省总面积的8.53%，居全省第三位；永久基本农田面积514.75万亩，占全省的8.16%，居全省第三位；建成高标准农田428万亩，居全省第二位，占全省总面积的7.54%，占全国总面积的0.43%。有农村人口260.79万人，占全省总人口的7.48%。

【年度农业和农村经济运行】 2022年，全市实现农林牧渔业总产值698.1亿元，同比增长4.6%，其中农业产值397.4亿元，增长4.3%；林业产值30.4亿元，增长7.8%；牧业产值227亿元，增长4.2%；渔业产值23.5亿元，增长4.5%；农林牧渔服务业产值19.8亿元，增长6%。实现第一产业增加值433亿元，增长4.4%。农村居民年人均可支配收入达19 906万元，增长6.8%，位居全省第二。在2022年度全省乡村振兴实绩考核得分中名列第一，获评全省乡村振兴先进市；通川区进入首批国家乡村振兴示范县创建名单，渠县有庆镇入选2022年农业强镇创建名单。

【现代农业园区建设】 实施现代农业园区攻坚“六大行动”，开江县被纳入2022年国家现代农业产业园创建名单，新创建省星级园区3个、培育认定市级现代农业园区11个、认定县级园区29个，全市累计已创建省星级园区8个、市级园区35个、县级园区90个。

【农村土地制度改革】 全面完成农村土地承包确权登记颁证，集中开展土地流转专项整治，加强农村承包地管理。探索“土地订单”微改革，全市规范流转土地面积80万亩。开展农村宅基地动态巡查，在全省率先实施农村住房建设公示制度。

【农村集体经济发展】 学习贯彻《四川省农村集体经济组织条例》，启动发展壮大新型农村集体经济三年攻坚行动，全面完成2 010个村集体经济组织登记赋码信息核对，总结推广集体经济发展十大模式，全市农村集体经济收入村均5.43万元。

【特色优势产业】 全县有粮食主产县6个，其中5亿千克以上有4个，占全省的1/4。全市粮食作物播种面积864.2万亩，较上年增加17.2万亩；粮食产量319.6万吨，摘取全省粮食产量“十连冠”。其中，水稻播种面积286.5万亩，产量139.4万吨，均居全省第一位。马铃薯播种面积161.9万亩，产量44.2万吨，均居全省第二位。油菜籽播种面积196.87万亩，位居全省第二；产量36.12万吨，位居全省第三。

畜牧渔业。有国家级、省级生猪调出大县5个，常年出栏420万头以上。全年生猪出栏451.7万头以上，居全省第四位；肉牛出栏36万头，居全省第四位、农区第一位；羊出栏127.6万只，居全省第四位；禽出栏7 676.7万只，居全省第一位。水产品产量11.48万吨，居全省第八位。

生猪。有国家级生猪调出大县4个、省级1个，常年出栏420万头以上。全市有种猪企业20家，生猪良种化率达93%；有生猪养殖场（户）4 220家（户），有生猪产能调控基地国家级47个、省级276个；有生猪农业产业化龙头企业国家级1家、省级8家、市级12家，宏隆10万吨猪肉精深加工项目已经建成投产；有“蜀汉林猪及制品”“蜀宣牌猪肉制品”“天王牧业鲜猪肉”“飘香猪”“铭远生态”“百里坡”等多个猪肉及制品品牌。

肉牛。全市有肉牛部级示范场1个、省级6个、市级20个，肉牛出栏量常居农区第一；宣汉县肉牛现代农业园区被认定为全省唯一肉牛类省五星级园区和省级农业科技示范园区。全市有肉牛加工企业12家，“灯影紫薇”“红袍一品”“巴山香椒牛肉”等10余个牛肉菜品被评选为巴山食荟“十大金牌菜”和“十大金牌宴”。

特色产业。累计发展特色优势产业基地285万亩，创建全国农业产业强镇6个、特色农产品优势区1个、全省特色农产品优势区7个，纳入国家农业现代化示范区创建名单1个（宣汉县）、国家级现代农业园区创建名单1个（开江现代农业园区），创建省星级现代农业园区8个（省五星3个、四星级2个、三星级3个）、市级园区35个、县级园区90个。全市苎麻基地面积达27万余亩，原麻产量3.23万吨。达川区有“中国苎麻之都”，大竹县有“中国苎麻之乡”之称；“大竹苎麻”被评为“最具影响力中国农产品区域公用品牌”，获得农业农村部农产品地理标志保护产品认证。

黄花种植面积5万亩，产量2.7万吨。乌梅种植面积10万亩，产量3.3万吨，达川区被誉为“中国乌梅之乡”。茶种植面积35万亩，产量1.36万吨。糯稻种植面积22万亩，产量10万吨。醪糟产量3.4万吨。香椿种植面积12万余亩，年产量1.55万吨。油橄榄种植面积8.8万余亩，产量0.5万吨。

【乡村振兴】 调整市委农村工作领导小组，优化市委农办配置，完善市委农办、农业农村部门、乡村振兴部门协同抓乡村振兴运行机制。通川区进入首批国家乡村振兴示范县创建名单，大竹县、宣汉县争创省级乡村振兴先进县和成效显著县，全年命名市级乡村振兴先进县（市、区）2个、先进乡镇10个、示范村50个。

保障“三农”投入。持续加大“三农”投入，设立粮食、生猪、苎麻、茶叶等专项资金，到位强农惠农补贴资金9亿元。将2022年市本级脱贫攻坚同乡村振兴有效衔接专项资金的52%用于产业发展。持续加大项目储备争取力度，向上争取中央、省级农业项目资金19.88亿元，支持农业产业发展和基础设施建设。

创新督导方式。继续实施乡村振兴实绩考核和分类激励考评，市、县、乡“一把手”抓乡村振兴工作机制不断健全。坚持问题导向，列出乡村振兴重点工作、常规工作、创新工作“三张清单”，每月通报推进情况。开展蹲点调研，成立9个督导组分别联系挂包1个县（市、区），帮助其解决实际困难。

【农产品加工】 全市农产品加工行业门类主要有粮油食品、肉类制品、茶叶加工、酒水饮料、果蔬食品、木竹制品、中药材制品、苎麻制品、生物质加工等9大类，有市级以上农业产业化龙头企业214家（国家级4家、省级43家）；有规上农产品加工企业201家，其中产值过亿元的企业达80家，实现农产品加工产能500万吨、集群总产值480亿元。

【品牌培育】 有富硒茶、蜀宣花牛、旧院黑鸡等的农特品种，培育“巴山食荟”“巴山青”“巴山纤子”等公用品牌，已获得中国驰名商标4个（巴山雀舌、东汉醪糟、绿升橄榄油、宕府王黄花）和21个全国生态原产地保护产品。全市“三品一标”农产品数达495个，其中国家农产品地理标志农产品15个、绿色食品45个、有机食品60个。

【现代种业】 做强种子“芯片”，实施种业振兴五大行动，大竹县创建为国家级杂交水稻制种大县，水稻种子生产规模达2.5万亩。渠县种业科创中心建成运营，常年品牌研发和新品种示范展示基地面积达1.21万亩。认定“全国十大农作物优异种质资源”1个、省级畜禽遗传资源保护区3个，建成谢华安院士渠县种业科创中心和全国首家市州级种子检测中心。

【现代农田建设】 整合到位各类债券5.25亿元，融资贷款1.49亿元，亩均投入达3 082元。开展高标准农田全过程效率革命，项目审批和管理事项办理时间提速60%。新建高标准农田40.4万亩，完成高效节水灌溉工程3.4万亩。开展“群众最不满意10件事暨农田水利设施管护不到位”集中整治，整治山坪塘25座、渠道4处。

【耕地保护】 制定实施建立健全撂荒耕地整治长效机制发展粮食适度规模经营八条措施及实施细则，探索采取“五耕共治”模式，累计整治撂荒耕地37.62万亩。坚持“以粮为主、粮经统筹”，分类优化改造农业种植园地5.05万亩。

【农业机械化】 达州市农机化生产推广、农机购置补贴、机电提灌站、农机安全宣传、农业行业安全五项工作被农业农村厅通报表扬。全市累计使用农机购置补贴资金2 367.324万元，受益农民2.9万余户；购买农机具3.7万余台，其中拖拉机及其配套机械2 787台（套）、联合收割机1 530台、粮食烘干机224台（套）；农机总动力达299.2万千瓦。全年完成农作物机耕面积892.25万亩、机播面积306.44万亩、机收面积435.065万亩，主要农作物耕种收综合机械化水平达68.39%。有机电提灌站2 231座，其中太阳能提灌站13座，提灌机械24万余台；创建“五良”融合宜机化改造示范县3个，改造田块1.23万亩，建成集中连片1 000亩以上项目区6个。有农机化服务组织341个，其中农机专业合作社100个、“全程机械化+综合农事”服务中心5个；全年农机作业服务面积123.18万亩，农机跨区作业面积136.25万亩。

【农村科技】 全市获得四川省科技进步三等奖1项；4项科技成果获得达州市科技创新奖，其中一等奖1项、二等奖2项、三等奖1项。育成农作物新品种7个，创建市级科研平台2个，发布地方标准5项，授权专利5项。转让水稻品种“冈8优3663”经营权1项。完成项目绩效及成果收益分配8项，激励科技人员300余人次。“专家+新型经营主体+项目”科技创新模式入选全市第一批“微改革·微创新”优秀项目并获得全市通报表扬。

【高产攻关】 开展“六大主粮作物”高产攻关和科技助农生产服务活动，提升粮食单产水平，其中水稻最高单产为765.88千克/亩、小麦最高单产381.4千克/亩、玉米1 036.47千克/亩，水稻、小麦单产水平创历史新高。育成的马铃薯新品系最高产量为5 050千克/亩，再创达州万斤纪录，位居全省前列；宣汉县春马铃薯展示品种“中达薯1号”产量3 498千克/亩，为平坝单产第一。万源市秋马铃薯最高产量3 543.8千克/亩，单产为全省第一。

【主要领导人】 市委书记：邵革军；市人大常委会主任：邓瑜华；市长：严卫东；市政协主席：胡杰；分管农业副市长：张杰。

达州市编写组

通 川 区

【基本情况】 2022年，全区辖13个乡（镇），辖区面积444.5平方千米。

【现代农业建设】 全年新建高标准农田2.8万亩，复耕撂荒地1.5万亩，扩种大豆5万亩，粮食总产量19.1万吨，实现“十连丰”。新认定国家级、省级生猪产能调控基地21个，出栏生猪36万头。村集体经济实现“2个100%”，获评全省农经工作显著地区。举办首届“鱼跃莲湖庆丰收”活动。

【脱贫成果巩固】 实施“一村一项目 党建引振兴”行动，持续深化新型职业农民制度试点，村集体经济收入突破850万元。坚持“四个不摘”，开展防返贫动态监测，脱贫成果“后评估”、乡村振兴“回头看”再获佳绩，入选国家乡村振兴示范县创建名单。

【农村基础设施建设】 农村基础设施得到大幅改善，北部场镇饮水安全提升工程建成投用。新（改、扩）建农村公路249千米，创建全省“首批金通工程样板县”，高分入围“四好农村路”全国示范县创建名单。

【农村人居环境整治】 推进实施“三大革命”，改造户厕7 560户，建成美丽庭院12个，农村生活垃圾、污水处理率达100%。创建省级乡村振兴示范村5个，蒲家镇竞评全省乡村振兴先进乡（镇）。

【主要领导人】 区委书记：李祝荣；区人大常委会主任：何世清；区长：覃永利；区政协主席：刘菁；分管农业副区长：李征坤。

通川区编写组

达 川 区

【基本情况】 2022年，全区辖20个乡（镇）4个街道，辖区面积1 550.3平方千米。

【现代农业建设】 承办农民丰收节主场活动。全年整治撂荒地3.2万亩，粮食产量54.3万吨，蔬菜产量80万吨，扩种大豆7.3万亩，获评全市粮食生产先进单位，获得水稻高产金奖。全区创建为全省有机产品认证示范区。全年出栏生猪72万头，创建国家级畜禽养殖标准化示范场1个。培育省、市重点龙头企业4家。引进四川好味稻、深圳深农集团等知名企业，推动农业集约化、规模化、标准化发展。达川乌梅入选“四川十大地理标志道地药材品牌产品”。全区通过国家农产品质量安全县“回头看”；代表全省满分通过“新一轮退耕还林国家级验收”；超额完成耕地进出平衡恢复补充任务。

【统筹城乡发展】 城市更新步伐加快，城市更新发展中心创新成立。“三区三线”科学划定，第一、二批次乡（镇）级片区国土空间规划编制完成。全面实施“三微工程”，省建十五司达州基地城市更新项目启动征拆，97个老旧小区完成建设，依法拆除违建1.9万平方米。翠屏山片区开发取得重大突破，南山路、达州中学上山路贯通，翠云大道上跨桥梁主体完工。南滨路仙鹤居段拓宽改造。汉兴公园、临江公园、华川游园对外开放。“三大整治”活动有序开展，蜀东花园示范点位打造经验在全市推广。打造共享空间791处。整治完成7个城区污水管网点位、6个内涝治理点。新（改）建公厕5座、便民摊区6处、垃圾中转站4座、5G基站1 094座，新建停车场7个，新增停车泊位1 988个。

【农村基础设施建设】 “交通建设三年大会战”首战告捷，省道202线建成通车，虎让渡改桥竣工投用，桥湾大桥开工建设。新（改）建幸福美丽乡村路115千米，撤并建制村直连路120千米、通组路71千米，入选全省两个、全市唯一“全国水系连通及水美乡村建设县”。石峡子水库竣工投用，斑竹沟水库开工建设；3个场镇供水管网改造完工；除险加固18座病险水库。连续3年获得全市水利建设“甘露杯”。新建高标准农田8.2万亩，整区域推进经验在全省推广。完成农村“厕所革命”整村推进项目25个。新（改）建乡（镇）垃圾转运站54个、一体化污水处理设备175个。创建省级乡村振兴先进乡镇1个、示范村6个。石桥镇入选全省乡村文化振兴样板镇，大堰镇卢岗村获评“全省合并村集体经济融合发展试点先进村”。

【主要领导人】 区委书记：向建平；区人大常委会主任：叶祥金；区长：唐令彬；区政协主席：吴胜鸿；分管农业副区长：黎昌瓒。

达川区编写组

万 源 市

【基本情况】 2022年，全市辖1个街道30个乡（镇），辖区面积4 065平方千米。

2022年，全市实现地区生产总值151.6亿元，同比增长2.6%。规模以上工业增加值增长6.8%。社会消费品零售总额93.2亿元，增长2.1%。全社会固定资产投资111.4亿元，增长9.1%。地方一般公共预算收入完成6.79亿元，增长10.8%。农村居民年人均可支配收入达17 287元，增长6.7%。

【现代农业建设】 “百万亩”“千百十”工程有序实施。“4N”特色农业多点发力，新建富硒茶园3 000亩、标准化中药材基地2 350亩，新发展中蜂养殖2 500群，旧院黑鸡全产业链项目落地。落实“田长制”，新建高标准农田5.58万亩，整治撂荒地3.61万亩，完成玉米大豆带状复合种植7.2万亩，粮食作物播种面积104万亩、产量35.94万吨，实现“十六连丰”。培育专业合作社6家、家庭农场45家，认定达州市级现代农业园区1个。全市获评“中华蜜蜂示范市”。

【统筹城乡发展】 划定国土空间“三区三线”。交通建设三年大会战首战告捷，完成投资21.71亿元。万八快速、罗家湾环线全线贯通，巴万高速长石互通建成投用，省道101线升级改造全速推进，西安—万源—达州动车组开通运行。固军水库、李家梁水库、黑宝山水库建设有序推进，城乡“一体化供水”分批实施，张家河水库加快前期建设。整治城区公厕17座，新建燃气主管道7.5千米。建成5G基站28个，升级农村通信、电网280千米。茶文化公园、红军公园全面升级，新增城市绿地35亩，通过省级园林城市核查验收。

【脱贫成果巩固】 实施“九大行动”，投入财政涉农资金3亿元。严格落实“四个不摘”，新增防返贫监测对象242户818人，开发农村公益性岗位4 631个，劳务输出14万人，发展小微庭院经济1.5万户，脱贫人口人均纯收入达11 215元，增长14.7%。省乡村振兴重点帮扶县、达州市“21条措施”等政策红利持续释放，储备项目398个，总投资10.64亿元。争取中央、省级定点帮扶资金9 700万元。完成东西部协作项目12个。全市创建国家级乡村振兴示范村8个。通过国家、四川省巩固拓展脱贫攻坚成果同乡村振兴有效衔接考核评估。

【农村社会保障】 投入民生资金超28亿元，占一般公共预算支出的70%以上。发放低保、优抚补助、临时困难补贴等2.14亿元。新增城镇就业4 887人，发放创业担保贷款2 270万元，城镇登记失业率控制在4.2%以内。社会救助审核确认权限下放乡（镇、街道）全覆盖。太平特困人员供养服务设施、社区养老服务综合体等重点项目有序推进，“医教养”综合服务养老中心全面提质，新增普惠性托位580个。

【农村生态建设及环境保护】 中央、省环保督察及“回头看”反馈问题整改有序推进。河（湖）长制、林长制严格落实。主要河流断面水质和集中式饮用水水源地水质达标率100%。修复退化林2.5万亩、封山育林2万亩，防治竹节虫3.86万亩。空气质量优良率达98.4%。完成“厕所革命”整村推进示范村25个5 132户，农村生活污水有效治理率达65%。获评“全国村庄清洁行动先进县”。

【主要领导人】 市委书记：倪欣；市人大常委会主任：方波；市长：朱挺；市政协主席：陈国斌；分管农业副市长：万明鲜。

万源市编写组

宣 汉 县

【基本情况】 2022年，全县辖2个街道28镇7乡（其中4个民族乡），辖区面积4 271平方千米。

【现代农业建设】 全年治理撂荒地3.42万亩，完成大豆扩种11.6万亩。出栏生猪80万头，获评“全省优质商品猪战略保障基地县”。“牛果药茶菌”等特色产业不断壮大，南坝粮油肉牛、龙泉中药材创建为市级现代农业园区，“蜀宣花牛优质牧草”晋升省五星农业园区通过现场考评。宣汉县被评为全省休闲农业重点县。

【新型城镇化建设】 县城“一区一片一城”拓展提升工程全面启动，明月新城开工建设，张家坝片区基本成型，西区建设提档升级；改造老旧小区4 061户，新建智慧停车场4个，建成区面积23.5平方千米，通过“省级生态园林县城”创建考评。重点场镇加速发展，南坝镇入选“省级百强中心镇”，白马镇上榜全省“十大魅力乡镇”，全县城镇化率提升至46.5%。

【乡村振兴】 严格落实“四个不摘”要求，浙江省舟山市定海区—宣汉县东西部劳务协作海员培训班经验全国推广，胡家镇鸭池村产业增收模式得到省委领导肯定。编制实施南坝商贸工矿片区等5个乡（镇）级片区规划，全面启动月亮坪乡村振兴示范区建设。全县342个村集体经济总收入突破2 600万元，集体经济收入超过10万元的有70个村。宣汉县通过“全省乡村振兴成效显著县”现场考核。

【农村基础设施建设】 城乡水务一体化有序推进，签约白岩滩水库抽水蓄能电站项目，实施农村饮水安全工程210处。毛坝至月亮坪快速通道、樊（哙）漆（树）路竣工通车，毛坝至普光、宣（汉）南（坝）复线开工建设。新建农村公路304千米，全县公路通车里程达1.2万千米。宣汉县入选全省交通强县试点县。

【农村生态建设】 全面完成第二轮中央环保督察反馈问题整改。推进“蓝天、碧水、净土保卫战”，严格落实河（湖）长制、林长制，海诺尔垃圾焚烧发电厂建成投运，百节溪生态治理基本竣工，全县6个河流监控断面水质全部达标，森林覆盖率达62.15%，环境空气质量达标率达97.3%。宣汉县被纳入全省首批林草碳汇项目开发试点县。

【主要领导人】 县委书记：冯永刚；县人大常委会主任：张升国；县长：陈军；县政协主席：刘正轩；分管农业副县长：许超。

宣汉县编写组

大竹县

【基本情况】 2022年，全县辖28个乡（镇）3个街道，辖区面积约2 078.8平方千米，其中耕地面积119.85万亩；划定基本农田97.53万亩。年末总人口约106万人（户籍人口）。耕地灌溉面积（有效灌面）46.905万亩，实际耕地灌溉面积35.085万亩。本地水资源总量8.15亿立方米，人均占有水资源量1 117立方米。有林业用地7.35万公顷，有林地面积4.9万公顷，活立木总蓄积量696万立方米，森林覆盖率42.1%。

公路通车里程4 463.7千米（其中农村公路3 825.2千米），密度215.01米/平方千米、42.3千米/万人。有中小学86所、完全小学37所、九年一贯制学校28所、单设初中11所、普通高中7所（十二年一贯制民办学校1所）、职业学校2所（其中民办校1所）、特殊教育学校1所；在校学生11.07万余人，其中义务教育阶段学生8.33万余人（小学5.12万余人、初中3.21万余人）、普通高中学生1.99万余人、中职学生0.75万余人、特殊教育学校学生94人；在编在岗教职工7 781人，民办学校教职工562人。完成省级以上科技成果1项，1项科技成果获得省级及以上科技进步奖。有卫生机构435个，病床位4 670张，卫生技术人员5 308人。

【年度农业和农村经济运行】 2022年，全县实现农业总产值63.84亿元，增长5.5%。农民年人均可支配收入达23 783元，增长6.9%。全县农产品质量抽检合格率比年初提高0.01个百分点；建成31个基层农业综合服务站。全县主要农产品产量见表1。

【农村集体产权制度改革】 10月，全县全面完成农村集体经济组织“回头看”，并落实“五个一”要求。截至2022年年底，全县共清查核实集体资产10.76亿元、集体土地177.14万亩，确认集体成员76.25万名。集体经济组织登记赋码286个，以户为单位发放股权证书25.316 5万本。235个行政村及涉农社区全面完成产权制度改革。持续推进《四川省农村集体经济组织条例》（以下简称《条例》）的贯彻实施，完善集体经济组织法人治理结构，健全符合市场经济要求的集体经济组织运行机制，以“产权关系明晰、治理架构科学、经营方式稳健、收益分配合理”为目标，围绕贯彻实施《条例》、执行

表1　2022年大竹县主要农产品产量

主要农产品	单位	产量	同比增减(%)
粮食	万吨	60.80	-1.60
水稻	万吨	26.50	-1.50
小麦	万吨	1.48	9.60
玉米	万吨	17.00	-4.20
马铃薯	万吨	9.59	20.70
油菜籽	万吨	4.88	2.90
蔬菜	万吨	58.50	2.40
水果	万吨	57.80	7.40
肉类	万吨	9.55	2.61
猪肉	万吨	5.85	3.56
牛肉	万吨	0.60	3.46
羊肉	万吨	0.42	2.83
禽肉	万吨	2.58	0.53
兔肉	万吨	0.09	-3.03
禽蛋	万吨	3.60	4.22
水产品	万吨	2.40	3.64

"五个一"标准、运行"三会"制度等内容，全面规范全县235个村（涉农社区）集体经济组织运行管理。

【供销合作社改革】 加大田间管理力度，配备无人机10台、无人机驾驶员11名，并由此组建为农服务飞防工作队，开展配方施肥、病虫害防治等统防统治植保技术服务，参与月华镇高标准水稻农田管理，中标6 000亩绿色防控项目并按时完成；完成制种水稻统防统治9 000亩，涉及周家镇、观音镇等地。加强收储加工，提升仓储及烘干机械设备的质量效能，减少粮食霉变和晾晒过程中的二次污染，全年烘干粮食700吨。提升为农服务质效，牵头成立更有面生物科技公司，业务范围涵盖水稻种植、水稻加工、供销优质大米销售等全产业链，同时对有碾米、制面、制粉等加工需求的农民粮食的实现应收尽收。做好统购销售，指导东柳醪糟、万康生态、唐鸭儿、馋香椿等5家企业申报"天府乡村"公益品牌，获得"天府乡村"商标证书7个，助力大竹本土产品品牌提档升级。

【农产品品牌战略实施】 铸造"大竹白茶"农业品牌，全县种植白茶8万余亩，较2019年增长1倍以上，实现综合产值20亿元，茶农年人均增收10 000元，闯出了"一片叶子富了一方百姓"的特色产业发展之路。大竹白茶坚持走高端品质路线，紧扣上市早、价格高、氨基酸含量高的"一早两高"特点，以打造国际顶尖天然有机茶叶为定位，力争2025年全县发展白茶15万亩，年产值40亿元，名优茶集中加工比重达95%以上，培育销售收入超亿元的企业2家，茶农年人均增收13 000元，致力于创建铜锣山大竹白茶国家级现代农业园区。

【现代农业园区建设】 围绕优势特色产业，按照"5+5+3"现代农业产业体系发展意见、现代农业园区建设推进方案以及现代农业园区县域总体规划，坚持"一园一意见一规划一方案"，落实"猪十条""粮十条""苎麻十条"和白茶高质量发展等产业发展意见，围绕糯稻、苎麻、白茶、香椿、水产五大产业建立五大产业发展中心，形成一套班子抓一大产业的工作机制。成立以县委书记、县长双园长制的园区建设领导小组，设立园区管委会，抓好现代农业园区建设。全年新创建省星级园区1个、市级园区2个、县级园区4个。全县规划2019—2023年建设现代农业园区26个，截至2022年年底，已累计认定现代农业园区24个（其中省星级园区2个、市级园区5个、县级园区17个），总面积29.4万亩，总产值62.7亿元，累计投入56.8亿元。2019年以来，省、市下达大竹县用于支持现代农业园区建设资金4 680万元，全县用于支持园区建设发展资金1.63亿元（加整合全国农业产业强镇、"渔米之乡"、制种大县等项目资金2.2亿元，共计3.83亿元），2022年，园区农村居民人均可支配收入达28 126元，高于全县平均水平23 783元的18.26%，基本建立起现代农业园区梯次推进的工作格局、多元化的投入渠道和市场化的运行机制，带动形成20万亩绿色糯稻、8万亩精品白茶、13万亩优质苎麻、12万亩特色香椿等优势特色产业。获评全国农业（糯稻）全产业链典型县、全国首批"三品一标"（糯稻）基地。2月，大竹县粮油园区由省三星级晋升为2021年度四川省五星级园区。8月，承办全省农业产业强镇建设暨乡村产业发展培训会，粮油园区作为现场考察点供与会代表考察学习，经验做法获得省长黄强肯定性批示，在全省推广。

【种植业】 全县坚决落实粮食生产党政同责要求，将粮油稳产增产摆在首要位置，牢牢稳固粮食安全"压舱石"。通过召开县委常委会会议、县政府常务会、县委农村工作会等会议，研究部署粮油工作，与各乡（镇、街道）签订粮食生产、大豆扩种目标责任书，同步纳入乡村振兴实绩考核和粮食安全党政同责考核，统揽各项工作高效开展。按照"应种尽种、满栽满插"要求，将粮食生产任务分解到乡（镇、街道）村（组）、落实到具体地块，定期召开大春生产暨大豆扩种工作现场评赛会，通过实地看、全面查、多方评，确保粮食稳产和大豆生产高质高效。以大豆玉米带状复合种植模式为核心，依托新型农业经营主体和村集体经济组织，建立"246+N"示范网；按照大豆净作、大豆玉米带状复合种植、"大豆+其他"等模式，因地制宜增加大豆种植面积，分类建立台账、精准定位地块，形成"大豆生产作战图""到户种植花名册"，挂图作战、确保质效。全年粮食作物播种面积171.9万亩，产量60.8万吨。

【林业】 严格执行林地定额制度，2022年度占用征收林地完成审核审批30件，面积58.822 3公顷。加强林业行政执法，共查处案件20件（擅自改变林地用途13件、滥伐7件），打击力度明显增强，案件办理质量明显提升，确保全县森林覆盖率稳定在42.1%。加强野生动植物保护，完成野生动物救助89次103只，提高了群众对野生动植物保护的意识。全年发布林业有害生物发生趋势预报4次，全县林业有害生物发生面积10.160 9万亩，发生率10.4%，成灾率1.74‰，防治面积7.910 9万亩。开展林业有害生物人工地面防治，作业面积12.625万亩次；除治松材线虫病6.315万亩，清理疫木6.666 9万株；实现松材线虫病疫点乡（镇）、发生面积和病死松树"三下降"，完成松材线虫病五年攻坚行动年度目标。对全县古树名木进行全覆盖式"诊断"，建立起"一对一"的问题台账，设置好"一树一策"的养护台账。全年新认定公布二级古树6株、三级古树1株。完成童家镇天星寨村491号古树（黄葛树）、周家镇清凉村316号古树（黄葛树）、妈妈镇古榕社区562号古树（黄葛树）、民康医院82号古树（黄葛树）4株古树排险复壮工作，4株古树重新焕发生机，长势良好。全年未发生森林火灾，无重特大森林火灾和人员伤亡事故，实现年度森林火灾受害率控制在0.8‰以内的目标。

【畜牧业】 全县以"优供给、强安全、保生态"为目标，以稳生猪、防疫病、减兽药、治粪污、调结构为重点，加快转变畜牧业发展方式，稳步提升畜牧业综合生产能力和核心竞争力；加强饲料兽药等投入品风险管控，巩固提升畜产品质量安全保障能力；加快构建从养殖到屠宰全链条兽医卫生风险控制闭环，提升动物疫病防控能力；践行绿色发展理念，推进畜禽养殖废弃物资源化利用，持续提升畜牧业可持续发展能力。全年出栏生猪79万头、牛4.68万头、羊26.7万只、家禽1 718.16万只，肉类总产量达9.55万吨，禽蛋产量3.6万吨；实现畜牧业产值41.35亿元，占农业总产值的35%。全县畜禽粪污资源化利用率93.28%，321个养殖场粪污处理设施配套率达100%，位居全市前列。

【水产业】 围绕全县水产养殖特色优势产业发展需要，紧抓乡村振兴，以产业融合发展为路径，以“公司+农户”双增收为根本目标，以“科技带动+机制创新”为驱动，加快推进水产产业蓬勃发展。新增县级示范家庭农场42个。全县水产养殖面积达23.404 5万亩（含稻渔综合种养面积），水产品总产量达2.39万吨，总产值达7.1亿元。大竹县“鱼米之乡”建设项目通过农业农村厅考评。四川百岛湖生态农业开发有限公司被农业农村部认定为国家级水产健康养殖和生态养殖示范区，并列入国家水产种业阵型企业扶持名单。大竹县稻渔现代农业园区被省政府命名为2022年度四川省三星级现代农业园区。大竹县水产发展中心以及主要负责人夏六友均获得农业农村部颁发的全国农牧渔业丰收奖二等奖。开展各类水产养殖技术培训7场次，培训有文化、懂技术、会经营的新型职业农民110余人，发放资料3 000余份；到养殖基地现场指导渔业生产200余次，直接普及和间接普及人数达2万余人。加强对饲料、药品销售和水产品投入品使用情况的监管，督促水产养殖户对“五项记录”进行落实。全面完成全县水产养殖种质资源普查数据审核及补充完善工作。全面完成外来入侵水生动物普查，摸清了全县农业外来入侵水生动物的种类数量、分布范围、发生面积、危害程度等情况，构建了农业外来入侵物种信息数据库。建立全县31个乡（镇、街道）水产养殖尾水治理工作台账。开展全县长江流域禁捕退捕工作和春季禁渔工作，全年出动宣传车辆50辆次，印发宣传资料11 000余份，张贴禁渔通告700余份，悬挂宣传横幅110余幅，让长江流域“十年禁渔”相关法律法规及禁渔知识进巷入户，形成禁渔工作的良好氛围。全县禁捕退捕领导小组全年共办理涉渔行政处罚案件15起，查获禁渔违法人员15人次，办理涉渔刑事案件8起，侦办涉案当事人17人，并对发生的典型案例及时向社会公布，起到了很好的宣传震慑作用。利用财政增殖放流专项资金，采购40万元规模的大规格鱼种，在黄滩河、东柳河、铜钵河等天然水域河段进行人工增殖放流鱼种220万尾，加快渔业资源修复，保护水域生态环境。编制储备2022—2025年项目7个，其中重点围绕水产种质资源场建设、国家数字渔业创新应用基地建设、渔政执法能力建设、渔业绿色循环发展试点、水产“小龙虾”国家级健康养殖场建设等方面，编制储备中央内预算投资项目5个，投资总额达1.715亿元；重点围绕标准化生态稻虾基地建设、小龙虾初加工等方面，编制储备中央、省财政转移支付资金项目2个，计划纳入项目储备库投资总额达0.54亿元。

【乡村振兴】 创新“三闭环九确保”，持续加强防返贫监测帮扶。创新工作机制，实行动态监测、精准帮扶、监督管理“三闭环”，做到力量到位、排查到位、消除到位、施策精准化、救助常态化、增收持久化、工作落实、责任落实、成果巩固“九确保”，健全预警反馈、定期筛查、综合研判分析等机制，做到疑似风险及时发现、帮扶措施有效落实、返贫风险动态清零。全年推送风险线索42 747条次，排查25.71万户80.95万人次，新增监测对象205户626人，均落实帮扶责任人，并制定了针对性帮扶措施，及时消除返贫致贫风险。创新“323”推进衔接资金使用管理提质增效，推行“323”工作机制，严把“三道关口”，建立“两项机制”，抓好“三个关键”，科学谋划、严格论证，发挥资金效益，确保项目确定精准，资金使用效益发挥，高标准、严要求抓好财政衔接资金项目建设。全年争取到位中央、省衔接资金1.57亿元，整合县本级配套资金1.25亿元，投入产业发展资金7 475万元，产业投入资金占比55.64%，较2021年提高3.11个百分点。创新“三治四强五促进”探索美丽乡村建设新模式，探索推行“三治四强五促进”工作法，围绕“生态宜居、乡风文明、治理有效”的要求，通过打造和谐村庄风貌、建设便利基础设施、发展农业年产业、传承乡土文化等来营造如画的人居环境，实现全域“气质颜值”和群众“幸福指数”双提升。召开全县首届“厕所革命”推进现场会，推广新工艺，倡树样板工程，完成53个行政村、14 693户农村无害化卫生户厕新（改）建。开展积分制、清单制试点工作，构建党组织领导下的自治、法治、德治相融合的基层治理体系。组织“唐鸭子”“观音豆腐干”等大竹美食参展2022年农民丰收节，获得主流媒体宣传报导，扩大了大竹农产品的美誉度。陈芝秀、唐本栋、廖超被评为四川省首批致富带头人，乌木广子村、月华镇九银村等4个村被评为四川省第二批基层治理示范村。

【乡村旅游】 完成《大竹县“十四五”文旅融合发展规划》《五峰山—百岛湖—莲印山连片发展总体规划》《城市文化旅游品牌形象VI视觉体系设计》等规划编制，并通过县政府常务会、县规委会审议，县委常委会审定。庙坝镇寨峰村被评为省级乡村旅游重点村。渔人部落创建国家4A级景区通过省级专家组现场验收。花山湖创建国家3A级景区通过市景区标准评定委员会现场验收，并按照要求整改。拍摄《县长说文旅》宣传片，被文化和旅游厅官方视频号专题推送，视频累计浏览量达450万人次，提升大竹文旅品牌形象，营造全社会关注旅游、参与旅游、推动旅游的良好氛围。

【农村水利】 全县先后累计建成中型水库3座(不含在建土地滩水库)、小(1)型水库13座、小(2)型水库72座、塘坝3 221处、窖池1 260处、石河堰129处、泵站167处、提灌站167处、水闸44处、水电站32处、农村集中式供水工程228处、机电井64 769眼，引、蓄、提水能力达2.295 5亿立方米。全县灌溉面积47.19万亩，其中耕地灌溉面积46.905万亩、林地灌溉面积0.12万亩、果园灌溉面积0.165万亩。全县有4个中型灌区、小型灌区水源工程4 861处，灌溉面积36.14万亩。

【农业机械化】 推进水稻全程机械化，稳步推进粮经作物全程机械化栽培。全县水稻全程机械化工作推行基质营养土流水线机械化大田软盘育秧和大田稀泥麻膜育秧技术，全县完成机械化插秧面积7.5万亩。示范推广无人机直播技术、水稻气动精量穴直播技术、淹水水稻机械化直播技术和淹水水稻直播技术19.96万亩，示范推广水稻机械化抛秧技术4 000亩；小麦机械化播种6.7万亩，玉米机械化播种2.73万亩，油菜机械化播种14.9万亩，大豆机械化播种1万亩，马铃薯机械化播种面积0.24万亩。4月26日在月华镇承办达州市水稻大豆机播现场培训会；4月29日，在月华镇承办大竹县水稻轻简化栽培技术现场会。2022年，全县完成水稻机耕55万亩、小麦机耕7万亩、玉米机耕35.6万亩、油菜机耕22万亩、大豆机耕4万亩、马铃薯机耕6.89万亩；完成水稻机收55万亩、小麦机收6.7万亩、玉米机收5.8万亩、油菜机收10.7万亩、大豆机收1.2万亩、马铃薯机收0.7万亩。全县主要农作物耕种收综合机械化水平达68.83%，比上年同期增长4.12个百分点。

全县农民(含专合社等组织)自主购买耕整机、脱粒机、饲料粉碎机等新型实用机具4 033台(套)，受益农户3 472户，补贴资金423.891 2万元(其中报废补贴90台、61.2万元)。新建机电提灌站2座67千瓦，改造、维修机电提灌站10座187.5千瓦，全县新增有效灌面0.2万亩、恢复灌面0.32万亩。持续加强对农机专合组织的培育和技术指导，培育乌木镇大竹润物养殖农事综合服务中心，新培育高明镇大竹金穗圆满农机科技专合社和清河镇大竹县益麻农业专业合作社。全县培育全程机械化+农事综合服务中心2个、农机专合社22个(其中省级农机专合社3个)、农机大户6 959户。全县新增购买植保无人机4台(套)、粮食烘干设备7台(套)、大中型拖拉机6台(套)、大豆玉米播种机63台(套)、联合收割机15台(套)，截至2022年年底，全县有拖拉机350台、粮食烘干设备90台(套)、大豆玉米播种机63台(套)、稻麦联合收割机267台、耕整机3.28万台、水稻插秧机46台、植保机械2 261台、提灌机械9 709台(套)、脱粒机11 360台。开展农机化培训，开展水稻机械化育插秧技术培训6期1 000余人次，开展大豆玉米带状复合种植机械化直播技术田间现场操作培训10余期1 200余人。参加全县道路综合执法检查10余次，组织开展拖拉机驾驶员、乡(镇)农机安全员安全培训1期55人次。开展农机安全检查，到农机生产企业、农机专合社开展检查安全20余次；到各乡(镇)督导提灌站安全12次，发出整改通知单1张；到农机专合社进行机库棚安全专项检查4次。

【农村教育】 大竹中学课题作为达州市唯一课例入选“全国中小学实验教学精品课”，大竹中学被认定为“四川省引领性示范普通高中”，大竹县一小学被教育厅认定为“四川省义务教育优质发展共同体领航学校”，县级机关幼儿园被确定为“四川省中小幼品格教育成果推广应用示范幼儿园”。在青少年科技竞赛中获得省级一等奖5项在内的22个奖项；在省科技创新大赛终评展示活动中获得3个省级二等奖在内的6个奖项；在四川省优秀艺术人才大赛中获得171个一等奖在内的22个奖项。全年项目建设投入7 517万元，规划实施项目27个，建设面积47 000平方米。全面贯彻落实学前教育“80、50”攻坚计划，普惠率达86.3%。

【农村文化】 公共文体服务人才培育。为加强基层公共文化服务队伍建设，提升乡(镇)文化站站长综合素质，提高服务能力，于12月12日—17日组织团坝镇、安吉乡、观音镇等乡(镇)综合文化站8名文化专干参加2022年度“千名文化站长培训”。3月20日—3月25日，组织永胜镇、柏林镇等乡(镇)综合文化站4名文化专干参加川东北经济区乡(镇、街道)文化站长培训班。

公共文体服务和管理。与县委宣传部联合印发《关于进一步做好乡镇公共文化服务提质增效工作的通知》(竹文体旅发〔2022〕4号)，明确指出全县开展乡(镇)公共文化服务提质增效工作，采用“1+N”模式(“1”，即打造1个乡/镇文化综合体；“N”，即实施N条具体措施，包括组建1支队伍、打造1个平台，打造1个品牌、制定1套制度)，建成中心乡(镇)文化综合体2个，完成2个省级试点工作，庙坝镇完成公共文化服务提质增效省级试点，显著提升全县乡(镇)公共文化服务能力。石河镇被授予四川省第二届乡村文化振兴魅力乡镇竞演大赛魅力乡镇奖牌(省级100个魅力乡镇)；李君入选大竹县石河镇竹乐器制作人(省级100文化能人)。

群众文化活动。县文化馆、县图书馆举办群众文化活动320余场，参与群众达241 300人次，其中组织广场舞45场，参与5 000余人次；组织群众歌咏活动32场，参与3 100余人次。文化馆、美术馆、图书馆全年开放时长各273天(扣除新冠疫情封控)，接待群众8.3万人次；乡(镇)文化站、农家(社区)书屋常年免费向群众开放，服务群众10.2万余人次。

【农村法制建设】 坚持以“提高法律意识，增强法治观念，提升基层依法治理水平”为目标，编制实施农业农村法治宣传教育“八五”规划普法规划。落实“谁执法、谁普法”普法责任，10月开展“一月一主题”乡村振兴法治宣传活动，在月华镇进行农业农村法律法规知识集中宣传活动，开展各类法治宣传20余次。启动学法用法示范户培育，全县154个村共培育认定学法用法示范户154户。高素质农民培训班开设农业法律培训课程，培训学员1 200人。继续加大执法力度，净化农资市场，保护农民利益，保障农业和粮食生产安全，全年办理农业行政处罚案件10件，其中种子3件、农药2件、动物防疫4件、农产品质量安全1件。开展川渝跨界联合执法行动，和重庆市梁平区开展联合执法打击非法捕捞2次，处理违规垂钓等简易行政处罚案件15件，罚款1 800元。依法依规解决群众诉求，全年办理12345政府服务热线65件，涉及非法捕捞、务工人员工资、救灾救济、农产品质量安全、野生动植物保护、农业投入品质量、高标准农田建设、招投标等，满意率达100%。

【农村交通】 幸福美丽乡村路。交通运输厅下达的团坝至云峰茶谷(4.5千米)、团坝至清水(21千米)、中华至月华(26千米)3条幸福美丽乡村路建设任务加快开展前期工作，截至2022年年底，团坝至云峰茶谷、团坝至清水前期工作基本完成，进入招投标程序。

通村、通组道路建设。省、市下达大竹县通村、通组道路新建任务279千米，包括撤并建制村畅通工程170千米、通组公路109千米，截至2022年年底，已完成撤并建制村畅通工程计划141.3千米，完成一定规模自然村通硬化路建设24.6千米。

村道生命防护工程。全县村道生命防护工程共计147.82千米，由县恒达公司进行勘察设计，县政府决定采用政府采购方式确定施工单位。截至2022年年底，共完成波形防护栏安装10千米。

【农村社会保障】 全县参保人数50.23万人，保费征收1.23亿元，待遇发放220.75万人次，共计2.44亿元。按照100元/人/年标准完成困难人员代缴22 804人(其中低保19 150人、特困对象1 966人、重度残疾1 688人)228.04万元。线上更新"大竹居保"微信公众号48期讲解各项居保政策和业务办理方式，线下印制《政策宣传速览》《补缴指南》《政策宣传小蓝本》各类宣传资料6万余份，分发至各乡(镇、街道)便民服务中心窗口。通过线上线下齐发力，保障居保政策宣传全覆盖。日常随机检查和事前、事中、事后高风险业务抽查2 168条。完善死亡(服刑)月零报告系统，全县324个村组(社区)共计上报6 772条，实现报告100%、暂停100%。不定期与民政、卫健、法院等多部门进行数据共享比对，同时核实上级下发的疑点数据，本年度追回冒领人员98人，涉及养老金17.71万元。由县农业农村局班子成员带队到部分乡(镇、街道)、村组(社区)开展"三大行动"，协助586名高龄老人完成生存资格认证，为20名百岁老人开展上门慰问服务，推动"四心"作风教育整顿活动走深走实。

【农村生态建设及环境保护】 为达到改善农村生活环境质量、保护地表水体功能的目的，优先选择临近铜钵河、东柳河等重点流域的乡(镇)和村落先行治理临河两岸的居民聚居点生活污水问题，预计2023年实施庙坝镇寨峰村等8个行政村农村生活污水治理"千村示范"项目。截至2022年年底，全县已建成乡镇污水处理设施46个，基本实现污水处理设施全覆盖。其中，235个行政村中，结合"厕所革命"，全县农村生活污水得到有效治理的村庄达161个，有效治理率达68.5%；建立农村生活污水、垃圾等污染治理维护管理制度，通过受益群众对项目实施效果满意度调查显示群众满意度达90%以上；生活垃圾收集转运实现全覆盖，无粪污乱排现象，制度体系建立完善，新增受益人口2 000余人，提升了农村人居环境。

【农产品质量安全监管】 利用媒体、LED、横幅、传单等渠道和形式开展新《中华人民共和国农产品质量安全法》宣传学习，提高各类生产经营主体的农产品质量安全意识，逐步建立起一支力量匹配、业务规范、服务有力的县乡农产品质量安全监管队伍，形成全社会共治的良好氛围，开创全县农产品质量安全工作新局面。以农产品种植生产环节管控为主线，以农产品生产基地、农产品生产企业、农民专业合作经济组织和种植大户为主要对象，以农产品生产环节农药、种子、化肥、添加剂的使用为监控重点内容，查处不合格农业投入品和不合格农产品，推进农产品质量安全监管工作。完善协调联动机制，加强对农业投入品的监管，开展农资打假行动，严厉打击制售假冒伪劣农资坑农害农行为。开展农产品质量安全专项整治，加强对重点时段的专项检查。加强豇豆生产过程监督检查，严把豇豆生产过程及上市检测关，严厉打击违法使用禁限用农药行为，严格管控常规农药残留超标问题；优化豇豆病虫害防控方式，抓好病虫害预测预报，推行物理防治和生物防治替代化学防治，实施统防统治替代一家一户分散防治，推动建立豇豆生产减药控残长效机制，力争全县豇豆合格率达96%以上。加强检打联动，严格处罚生产不合格农产品行为，对违法违规添加使用禁限用农药的给予最严厉的打击。

【农村市场体系建设】 严格按照《达州市乡村振兴农业产业发展贷款风险补偿金实施方案》(达市农〔2019〕117号)文件要求，遵守基本原则，明确资金来源，严守管理准则和运作模式，审查主体资格，规范办理流程。推动助企纾困政策落实，解决一批农业新型经营主体的贷款难题，为农业产业的发展提供了支持和帮助。2022年，县农业农村局向金融机构推荐农业企业融资需求84家，资金需求6.56亿元，截至2022年年底，已向金融机构出具担保确认函26份，推荐借款金额2 730万元。乡村振兴农业产业风险补偿金担保贷款资金在应对疫情防控、支持各类农业经营主体复工复产、稳住农村经济增长等方面起到了推动作用，撬动了金融资本投入农业产业，助力农业产业发展，实现了较大的财政资金放大效应，发挥了乡村振兴风险补偿金的作用与意义。

【农村留守家庭帮扶】 全县有未成年人19.11万人，其中农村留守儿童0.81万人。

大竹县始终把“最有利于未成年人健康成长”作为未成年人保护工作的出发点，突出关爱农村留守儿童、困境儿童、流浪乞讨未成年人3个工作重点，用爱和责任护航留守困难未成年人健康成长。

体系建设。推动成立大竹县未成年人保护工作领导小组，将儿童工作纳入文明城市建设和平安建设，纳入年度目标考核，纳入县委、县政府民政“孺子牛”奖考核范围。完成儿童福利机构向未成年人保护机构转型升级；全覆盖设立乡（镇、街道）未保工作站、村（居）儿童服务中心；投入资金300万元，打造一批未成年人保护示范中心（站、点）；开发儿童类公益性岗位13个；选配乡（镇）儿童督导员31名、村（居）儿童主任324名，全面建成县、乡、村三级覆盖城乡、上下联动、协调配合的儿童关爱保护工作体系，确保了儿童问题第一时间发现、儿童保护第一时间启动、儿童困难第一时间解决。投资40万元，开发使用未成年人救助保护信息平台，实现农村留守儿童关爱保护工作智能化、数据化管理。

制度健全。制定了《大竹县人民政府关于进一步加强农村留守儿童关爱保护工作的通知》《大竹县未成年人遭受侵害快速反应机制》《大竹县未成年人日常监护危机干预机制》，未保成员单位第一时间协商解决留守儿童权益遭受侵害问题，将伤害降到最低；儿童主任、社会工作者根据动态台账的情况反馈，对监护缺失的儿童进行实地走访、电话沟通，点对点干预。创新亲情微信群周六定期联络机制，建立留守儿童家长微信群，通过社工实时提醒、举办家长成长课堂、对家长活跃度评比排名等措施唤醒家长尽责。针对临时性、突发性生活上发生困难的儿童，实行内循环救助保护机制，24小时内整合民政救助资源，按最高救助标准和最优服务举措帮助解决儿童临时生活困难。制定出台《大竹县村（社区）“留守儿童之家”建设管理暂行标准》，对“儿童之家”建设标准做了硬性规定，统一全县建设标准。县财政每年投入50万元用于儿童临时监护、生活照料、医疗救助以及“儿童之家”的运行和建设资金补助。

服务保障。以“童之助、童之护、童之家、童之行、童之爱”五大项目引导社会力量参与儿童关爱。持续开展“百镇千村助爱牵手”“政策宣传进村居”“护航未来”“陪伴同行”“福彩慈善帮扶进校园”“暑期夏令营”“合力监护、相伴成长”等儿童关爱服务活动，用项目集结全县持证社工、心理咨询师、志愿者，围绕留守儿童基本生活、教育、医疗等需求，开展信息收集、家庭教育、权益维护、政策链接、救助保护等关爱活动。以全省深度贫困村——杨家镇皂角村为示范点，在全县推广实施“1354”儿童关爱保护工作法，有效解决农村留守儿童及其家庭面临的各种社会问题，协助其更好地融入社区、自我发展、服务社会，取得了关爱一个孩子、温暖一个家庭、引领一个社区、建设一个家园的实在成效，全县关爱保护儿童的意识明显增强，儿童的成长环境更加优化。

【劳务开发与返乡创业】 县农民工服务中心根据省上文件精神，推荐杨军、李忠杰、邱明权、张柳4名返乡创业者和大竹县清河镇快活福达养殖农民专业合作社、渔人部落、四川百岛湖生态农业开发有限公司3家返乡创业企业作为全省返乡入乡创业明星和明星企业。挖掘欧家镇杨军等4个创业故事，受到“大竹发布”、四川观察等媒体的宣传报道。依托驻外商会、智力支乡联谊会、优秀企业家，健全驻外流动党员党组织管理与建设制度。配合县委组织部开展优秀农民工、农民工村干部、农民工后备力量摸底工作，争取吸纳回引更多的优秀农民工返乡创业，建设家乡。

【主要领导人】 县委书记：李志超；县人大常委会主任：蔡文华；县长：何长华；县政协主席：梁经明；分管农业副县长：李尚桃。

大竹县编写组

渠　县

【基本情况】 2022年，全县辖37个乡（镇），辖区面积2 018平方千米。

【现代农业建设】 全县大豆—玉米带状复合种植面积22万亩，总量位居全省第一。粮食作物播种面积突破180万亩。新（改、扩）建标准化养殖场15个，年出栏生猪100万头。获批创建国家农业科技园区核心区，26个现代农业园区升级壮大。推进集体经济“强筋壮骨”，实施“一村一项目”366个，培育收入50万元以上模范村1个、20万元以上先进村7个。落实耕地保护党政同责，在全省率先推行“田长制”，耕地实现“进出平衡”，新建高标准农田6.3万亩，整治撂荒地11.2万亩，复耕复垦率达93.5%，耕地保护督察反馈问题100%完成整改，牢牢守住了耕地“命根子”。

【民生福祉】 聚焦民生保障兜好底，全年发放社会救助资金4.92亿元，民生支出占公共财政支出70%以上。城乡居民参保率达98%以上。稳就业，开发公益性岗位5 799个，城镇新增登记就业6 212人，失业率控制在2.8%以内，“宕渠护工”跻身首批“川字号”特色劳务品牌。聚焦急难愁盼办实事，接续推进“幸福美好工程三年行动”，专项治理“五难”问题，解决1.55万住户办证难题，为14万余名群众兑现惠民政策，化解信访积案327件，改造老旧小区5个。聚焦公共服务优供给，深化“2+12”县域医共体建设，县医院医技大楼、疾控中心、新中医院建成投用；建成“1+10”寄宿制教育有庆先行示范区；“1 633”养老服务模式持续完善，乡（镇）未成年人保护站实现全覆盖。县城建成区面积拓展至42平方千米，常住人口城镇化率达44%，通过省级文明城市复核验收。渠县养老服务园、殡仪馆迁建等8个项目全面完成进度任务，乡村振兴基础设施项目完成目标任务的90%。

【农村生态建设及环境保护】 绷紧生态红线，严格落实长江流域“十年禁渔”、河（湖）林长制，空气质量“三升一降”，水环境质量“三稳一升”，土壤环境质量总体稳定。中央、省级生态环境保护督察及长江经济带反馈问题整改完成率97.8%。

【主要领导人】 县委书记：王飞虎；县人大常委会主任：练丹；县长：王飞；县政协主席：余述容；分管农业副县长：李根。

渠县编写组

开 江 县

【基本情况】 2022年，全县辖12个乡（镇）1个街道，辖区面积1 032.55平方千米。

2022年，全县实现地区生产总值166.1亿元，增长3.5%，其中第一产业增加值增长4.6%，居全市第一位；第二产业增加值增长7.2%，居全市第四位；第三产业增加值增长1.8%，居全市第四位。全社会固定资产投资增长9.5%，居全市第五位。社会消费品零售总额增长2.9%，居全市第四位。地方一般公共预算收入增长12.1%，居全市第六位。农村居民年人均可支配收入增长7%，居全市第一位。

【现代农业建设】 全年整治撂荒地1.2万亩，恢复耕地1.1万亩，建成高标准农田4.5万亩。粮食作物播种面积稳定在80万亩以上，总产量突破31万吨，实现“十七连丰”。东方希望大雄养殖基地正式投产，全县生猪出栏突破40万头。稻渔现代农业园区跻身国家现代农业产业园创建名单，开江县创建为国家水产健康养殖和生态养殖示范区，油橄榄园区创建为全市唯一省级现代林业园区。

【统筹城乡建设】 “四向拓展”持续推进，县城建成区规模达17.5平方千米、人口16.2万人。完成老旧小区改造32个，新（改）建农贸市场3个，提档升级市政道路15条，东城粮站至桂花街、龙门街至南环线、滨水景观左岸连接道路“三大堵点”已打通，省级生态园林县通过验收，创建为省级海绵城市示范城市和全省城市更新试点县城。

【乡村振兴】 推进巩固脱贫攻坚成果与乡村振兴有效衔接，脱贫户家庭年人均纯收入增幅位居全市第二。任市镇被命名为首批省级百强中心镇。综合治理中小河流12千米，明月湖、宝石桥等病险水库除险加固项目开工建设。巩固提升农村饮水安全人口5.3万人，争创为全省乡村水务试点县。开工建设美丽乡村路43.6千米，永南路、三灵路、后厢产业环线等11条道路加快推进，梅宝路、回龙绕场路建成通车，农村公路“三个破百”目标如期完成。

【农村社会保障】 全年脱贫人口就业2.5万人，转移就业17.2万人。建成任市失能老人照护中心等养老机构14处、未成年人保护工作站13个，发放各类救助金2.4亿元，全县法定人群社会保险实现“应保尽保”。

【农村生态建设及环境保护】 河（湖）长制、田长制、林长制和长江“十年禁渔”制度全面落实，中央环保督察反馈问题高效整改。城乡饮用水源、“七河一库”水质全部达到Ⅲ类标准。全县森林覆盖率达50.8%。全年空气质量优良天数达345天，优良率达94.5%。

【主要领导人】 县委书记：庞佑成；县人大常委会主任：马林；县长：李文章；县政协主席：袁静；分管农业副县长：陆世斌。

开江县编写组

巴 中 市

【基本情况】 2022年，全市辖3县和2个区，辖区面积1.23万平方千米，其中耕地面积388.04万亩、基本农田328.15万亩。年末总人口359.13万人（户籍人口），减少0.68%。多年平均水资源量71.68亿立方米，人均水资源量2 600立方米。森林面积77.73万公顷，森林覆盖率63.2%；年末活立木蓄积量6 672.1万立方米。

2022年，全市实现地区生产总值765.01亿元，增长1.3%，其中第一产业增加值192.08亿元，增长4.2%；第二产业增加值196.85亿元，下降3.6%；第三产业增加值376.08亿元，增长2.6%。三次产业结构比为25.1∶25.7∶49.2。全年转移输出农村劳动力108.72万人，实现劳务收入274.86亿元。全年接待国内游客4 279.8万人次，实现国内旅游收入355.92亿元，其中接待入境游客1.58万人次，实现国际旅游收入176.71万元。

公路通车里程25 863千米，其中高速公路426千米、国道594千米、省道1 220千米、县道3 008千米、乡道5 463千米、村道15 153千米。社会消费品零售总额493.39亿元，比上年增长1.7%，其中乡村消费品零售额88.02亿元，增长1.1%。全年地方一般公共预算收入完成51.84亿元，比上年同口径增长7.8%。一般公共预算支出325.78亿元，增长3.5%。年末金融机构人民币存款余额1 792.34亿元，比上年末增长12.3%；贷款余额1 182.59亿元，增长12.4%。农业产业化龙头企业国家级、省级、市级分别为4家、39家、97家。

有各类学校713所，在校学生454 301人，其中高等职业教育学校1所，在校学生13 448人；普通高中学校43所，在校学生54 993人；普通初中学校174所，在校学生99 807人；普通小学182所，在校学生186 806人；幼儿园299所，在园幼儿78 346人。全年争取实施国家级科技项目3项、省级科技项目44项；引进和转化科技成果205项。有公共图书馆6个，博物馆18个，文化馆（站）191个。有医疗卫生机构3 021个，病床位22 813张，卫生技术人员18 829人。全年医疗保险参保人数306.6万人，其中城乡居民基本医疗保险参保率为99.2%；纳入农村最低生活保障人数27.46万人，农村居民最低生活保障支出5.45亿元。

【年度农业和农村经济运行】 2022年，全市农林牧渔总产值达345.55亿元，同比增长4.4%；第一产业增加值192.08亿元，同比增长4.2%；生猪、牛肉、羊肉、水果、蔬菜等特色优势农产品产量保持稳定增长。农村居民年人均可支配收入达16 967元，增长6.3%。通江县入列全省第二轮“鱼米之乡”建设项目县。全市主要农产品产量见表1。

【农业产业化发展】 全市农业产业化龙头企业共140家，其中国家级4家、省级39家、市级97家。农民专业合作社共7 170家，其中国家级21家、省级218家、市级367家、普通合作社6 564家；家庭农场共1 049家，其中省级示范场115家、市级示范场296家、县级示范场638家。

【农用地产权制度改革】 推动全国农村综合改革整市试点，全面总结17个试点任务成效。出台《巴中市县域内城乡融合发展改革试点工作方案》，开展巴中市县域内城乡融合发展改革试点。规范农村宅基地审批管理，累计审批宅基地12 647宗、面积2 065.51亩；深化宅基地“三权分置”，开展农民住房财产权抵押贷款，实现融资抵押贷款1 520万元。

【农村集体产权制度改革】 建设农村集体资产监管服务平台，实现集体资产全生命周期管理。完成1 623个村级集体经济组织登记赋码，恩阳区“127”集体经济发展案例入选全省十大典型案例。推进合并村融合发展，10个村被表彰为全省合并村融合发展先进村。

【农产品品牌战略实施】 持续提升品牌质量，“巴食巴适”“巴中云顶”2个区域品牌和“青峪猪肉”“裕德源牌通江银耳”“罗村茶”等7个农产品品牌入选四川省首批农业品牌目录，“通江银耳”入展四川农耕博物馆。

【现代农业园区建设】 不断完善现代农业园区梯级递进培育体系，加强园区项目包装储备，巩固提升国家级、省级园区建设成果，创建南江县国家现代农业产业园，巴州区中药材现代农业园区创建为省五星级园区。出台《关于加快培育建设粮油现代农业园区的实施意见》，培育提升粮油现代农业园区7个。全市现代农业园区共有79个，其中国家级1个、

表1 2022年巴中市主要农产品产量

主要农产品	单位	产量	同比增减(%)
粮食	万吨	191.90	−2.00
水稻	万吨	69.40	−3.01
小麦	万吨	21.50	1.41
玉米	万吨	59.50	−3.22
马铃薯	万吨	21.70	6.63
油菜籽	万吨	20.16	4.08
蔬菜	万吨	177.94	2.70
水果	万吨	14.90	8.60
肉类	万吨	31.21	4.56
猪肉	万吨	25.40	4.40
牛肉	万吨	2.39	9.63
羊肉	万吨	1.11	4.72
禽肉	万吨	1.80	1.90
禽蛋	万吨	7.20	3.70
水产品	万吨	7.49	3.40

省级5个、市级29个、县级44个。

【种植业】 严格落实粮食安全党政同责，先后组织召开粮食生产专题会等会议，印发《关于切实抓好2022年春耕生产工作的通知》等文件，将目标任务分解到地块，夺取全年粮食丰收主动权。全年粮食作物播种面积519.8万亩（大豆玉米带状复合种植37.3万亩），产量191.9万吨，大豆玉米带状复合种植优秀经验在全省推广。改造低产低效茶园3.1万亩，茶叶产量增长25.4%；举办第七届“巴中云顶”茶文化旅游节。优化市级财政“菜篮子”生产能力建设，巴城本地蔬菜供给率提升10个百分点，“菜篮子”市长负责制考核为“优秀”等级。

【畜牧业】 出台《生猪产能调控实施方案（暂行）》，健全生猪产能调控机制，全市存栏能繁母猪21.35万头，规模养殖场达1 239个。全年出栏生猪346.3万头。启动实施种养业“2+1”优势大品种计划，新（改、扩）建规模牛（羊）场128个；存（出）栏巴山肉牛26万头、黄羊29万只以上，“巴中市积极发展肉牛产业”做法获得时任副省长尧斯丹的肯定性批示。创建南江县国家现代农业产业园。

【乡村振兴】 全面推进乡村振兴战略实施，有序抓好乡村发展、乡村建设、乡村治理等重点工作，推动农业稳产增产、农民稳步增收、农村稳定安宁。培育高素质农民1 000人以上，申报高素质农民培育省级示范基地、实习实训基地各1个，推荐48名新型经营主体带头人参加四川省乡村振兴带头人培育“头雁”项目。坚持“产村景文人”融合发展，完成“三区同建”点位建设16个，推荐天府农耕文明博物馆展品10件，征集农村生产生活遗产项目12项。全市1个镇14个村（社区）分别被认定为第三批省级乡村治理示范村镇。

【农村水利】 全市共开工建设农村供水工程、改（扩）建供水工程和管网延伸工程等160处（千吨万人供水工程9处），完工160处，受益人口20.39万人；完成老旧供水工程维修养护528处，综合提升64.7万名群众的供水保障能力。巴州区、南江县入选四川省第二批乡村水务建设示范县。完成农业水价综合改革面积58.506万亩，完成计量设施安装441个、渠系整治18.5千米，新建山坪塘9口，整治山坪塘187口，完成24座小型水库除险加固和335座小型水库维修养护，累计新增和恢复有效灌溉面积5.6万亩，新增蓄水能力1 233.6万立方米。

【农业机械化】 召开“五良”融合暨全程机械化工作现场推进会。全面落实农机购置补贴政策，补贴农机具8 300台（套），农作物综合机械化水平达64.46%。推广适宜山区农业的先进技术和农机装备，农机总动力提高2万千瓦以上，综合水平提高2个百分点。

【农村科技】 实施种业振兴“五大行动”，推进种源关键核心技术攻关。开展农作物种质资源普查与收集，普查征集样品165个，入库国家资源库132个。加强特色种质资源保护利用，建成粮油绿色高质高效示范片32万亩，推广种植“稻香杯”优质水稻78.34万亩；划定“空山牛”保护区，建设国家级保种场，“空山牛”有望被国家畜禽遗传资源委员会认定为优质肉牛新品种；建成南江黄羊扩繁场6个；建设“川茶5号”母本园5 000亩；完成青峪猪种质资源项目建设；通江县柞蚕种场被确定为第一批省级柞蚕种质资源保种场。规范试验基地建设，完成国家级区域、生产试验品种282个，省级区域、生产试验品种292个，示范面积5万余亩；空山马铃薯被认定为全省第一批农作物种子（种苗）生产基地。

【农村文化】 组织开展平昌县双城村“艺术乡村”试点建设，推出巴州区皮影和化成镇连厢、南江县杨坝镇民歌、平昌县西兴镇“翻山铰子”等“民间文化艺术之乡”文旅线路。参加全省重大群众文化活动，舞蹈《打亲家》获得省第六届群众广场舞比赛一等奖，《田野上的笑声》获得省第七届群众广场舞集中展演暨首届街舞展示活动一等奖。完成10 095个广播电视“村村通”设备设施的运行维护，完成通江县和南江县应急广播体系建设。组织开展文化和旅游能人评选活动，推荐高大鸿等35人为“四川省乡村文化和旅游能人”；肖剑锋等5人入选“2022年度四川省突出贡献乡村文旅能人”。

【农村卫生】 推广农村“厕所革命”“333”模式，完成129个整村推进示范村建设；探索“圈厕同改、三水归池”模式，确定“厕污共治”示范村23个。治理农村面源污染，秸秆综合利用率达92%，规模养殖场畜禽粪污综合利用率达90%；推进化肥农药减量增效，测土配方施肥技术到位率达90%，废旧农膜回收率达84%，巴州区、通江县、平昌县实施2022年地膜科学使用回收整县试点县项目。恩阳区万寿村被认定为“2022年中国美丽休闲乡村”。

【农村法制建设】 加强全市“法律明白人”培育力度，逐步提升群众法治素养，全市每个村（社区）已培育3名骨干“法律明白人”，累计培训5 400余名骨干“法律明白人”。同时，全市1 809个村（社区）实现“一村（社区）一法治文化阵地”全覆盖，并免费开放。8个村（社区）创建为全国民主法治示范村（社区）。独立或依托市、县（区）法律援助、综治、政务服务中心和乡（镇、街道）司法所以及村（居）委办公阵地等，建成6个公共法律服务中心、1 948个站（室），实现市、县、乡、村四级全覆盖。

【农村交通】 全面完成交通运输厅下达全市乡村振兴产业路旅游路工程140千米和农村铁索桥改公路桥建设工程9座建设任务。守住“两通工程”成果，加强“四川省乡村客运监管服务平台”利用，专题研究“通返不通”相关问题，坚决遏制“通返不通”情况出现。推动农村客运车辆主动安装安全智能防控系统，农村客运车辆100%安装主防系统。完成县级物流配送中心5个、乡（镇）综合运输服务站139个、村级“金通·邮快驿站”建设907个。推动邮政公司与多家运输公司签订邮路邮件运输类业务委托协议，开展交邮合作线路3条，覆盖建制村28个，50余辆“金通工程”小黄车开展快递进村到户业务。

【涉农招商引资】 加大招商引资力度，编制农业招商项目138个。与浙江省金华市农业农村局签订《农业战略合作框架协议》，推动浙商来巴发展，先后引进陕西顺柏建设工程有限公司等17家公司，签约金额10.076亿元；储备肉制品产业招商项目113个、投资额129.22亿元，签约123个、投资额249.4亿元。

【农村社会保障】 健全“五级网格”“四个全覆盖”动态监测和帮扶体系，完成乡村振兴重点帮扶县《巩固拓展脱贫攻坚成果同乡村振兴有效衔接实施方案》编制，启动175个“三个一批”村建设，创建省级乡村振兴重点帮扶优秀村17个。细化国、省专项衔接“1+34”配套措施，编印到村到户政策“口袋书”；通过综合运用政策叠加、帮扶叠加和顶格兜底措施消除风险3 559户10 449人。脱贫群众“两不愁三保障”及饮水安全保障持续巩固，脱贫人口人均纯收入达13 857元，同比增长13.4%，“两项收入增幅”全面达标。南江县发展到户产业巩固脱贫成果做法在全国推广。开展群众增收“百日行动”，出台稳增收六条措施及相关配套办法，推行“五双”促就业服务模式，帮助21.39万名脱贫劳动力实现稳定就业。

【农村生态建设及环境保护】 全面完成58个行政村生活污水治理“千村示范”工程年度目标任务，提前实现工程完工率、以奖代补资金执行率“双百”目标，全市68.3%的行政村（含涉农社区）生活污水得到有效治理。因地制宜、分类施策，统筹推进农村生活污水治理与农村黑臭水体整治。集智聚力、专班推进生态环境项目工作，2022年申报入库农村环境综合整治类项目8个，实际争取到位农村环境整治资金3 726万元，其中农村生活污水治理“千村示范”工程以奖代补资金2 783万元，推动了全市农村生态环境质量改善。

【农产品质量安全监管】 抓好农产品质量安全监测，完成市、县本级农产品质量安全定量监测2 756批次，省级例行（风险）监测合格率达99%以上。推行承诺达标合格证制度，年内开具合格证45.2万张，带证产品入市18.4万吨，并将农业扶持政策与农产品质量线上追溯及合格证试行挂钩，全面压实属地监管责任，追溯平台录入信息26 761条。结合“质量月”宣传活动，开展新《中华人民共和国农产品质量安全法》宣传主题活动2次。承办全省农产品质量安全监管制度机制建设暨“三年行动”推进培训现场会。

【农村市场体系建设】 推进实施农村移动支付便民工程，建设惠及农村居民生产、生活和贴近农村生态的移动支付特色场景，推动云闪付等移动支付方式普及。开展普惠金融服务，提升民营企业“一企一策”融资挂联帮扶和“金融顾问”服务质效，制定80家“1+3”主导产业企业“一企一策”融资挂联帮扶措施，定期收集挂联成效、企业满意度，确保工作取得实效。发挥“天府信用通”平台线上融资对接功能，引导企业和个人通过平台发布融资信息，打造线上线下相结合的银企对接模式，拓宽企业融资渠道。推出“茶叶贷”“银花贷”“绿色养殖贷”和黄羊、茶叶、道地巴药、花椒、食用菌等19类特色农业保险品种，为全市农业经济稳定发展提供保障和支撑。

【农村教育】 统筹利用闲置校舍面积15万余平方米，改造农村公办幼儿园20个；建设劳动教育基地和特色研学旅行基地（营地）61个，统筹用于乡（镇）公共设施等公益事业260处，移交政府统一管理使用342处。全面兑现2022年度各类教育资助27.81万人2.76亿元；为14.97万名义务教育阶段农村学生提供营养膳食补助，占省定目标任务的117.23%。争取国家“专项计划”，名额居全省市（州）第一位，1 274名学生通过“专项计划”步入理想大学，招录工作获得市委、政府主要领导肯定性批示。

【劳务开发与返乡创业】 开展“10+N”专项服务活动和农民工返工复工“春风行动”，举办镇企对接定向招、支书进企上门招等招聘活动116场次，促进农民工转移就业109.45万人（其中脱贫劳动力21.49万人），实现劳务收入256.8亿元。新增100万元以上经济实体521家。统筹重点项目、产业园区、东西部协作、以工代赈、公益性岗位等资源，深挖用工岗位2.4万个，引导3 108名农民工实现就近就业。全年开发道路保洁、疫情防控等城乡公益性岗位1.9万个。抓住返乡劳动者选岗择业高峰期，组织职业培训1.3万人次。评选返乡创业明星及明星企业118个（家），培育返乡创业带头人396人。

【农村大事记】 6月20日，巴中市、浙江省金华市两地农业农村部门在金华市签署农业战略合作框架协议。

6月30日，巴中市与达州市在平昌县签订《巴中达州两地交界水域“十年禁渔”联合执法协作机制协议》。

7月23日—26日，巴中市举办第七届茶文化旅游节。

7月29日，巴中雅拉德荣百亿优质种牛全链集群项目暨平昌县优质肉牛全产业链项目签约仪式在巴中市举行。

【主要领导人】 市委书记：何平；市人大常委会主任：李映；市长：高鹏凌；市政协主席：侯中文；分管农业副市长：何金虎。

巴中市编写组

巴州区

【基本情况】 2022年，全区辖14镇2乡6个街道220个村76个社区，辖区面积1 320平方千米，其中耕地保有量62.09万亩、永久基本农田保护面积55.66万亩。年末户籍总人口70.57万人，比上年末减少0.33万人；农村籍总人口42.32万人，常住人口64.62万人，其中乡村常住人口22.58万人，城镇化率65.06%，比上年提高0.1个百分点。有效灌溉面积20.25万亩。森林面积5.97万公顷，森林蓄积量0.060 5亿立方米，森林覆盖率55.06%。

2022年，全区实现地区生产总值205.97亿元，比上年增长1.5%，一二三产业增加值分别实现38.31亿元、46.81亿元和120.85亿元，较上年分别增长4.1%、-2.6%、2.3%。全年接待游客786万人次，增长17.3%；实现旅游收入66.85亿元，增长11.8%。巴州区创建为四川省全域旅游示范区，天马山镇狮子寨村被评为第三批省级乡村旅游重点村。

地方一般公共预算收入完成8.4亿元；一般预算公共支出49.52亿元，比上年增长2.8%。全社会固定资产投资137.99亿元，比上年增长7.1%。社会消费品零售总额134.12亿元，比上年增长1.4%，其中农村消费品零售总额63.6亿元，增长1.1%。

【年度农业和农村经济运行】 2022年，全区农林牧渔业总产值实现57.76亿元，同比增长4.4%，其中农业产值实现30.97亿元，同比增长3.9%；林业产值实现1.85亿元，同比增长5.7%；牧业产值实现20.84亿元，同比增长4.9%；渔业产值实现2.63亿元，同比增长3.4%；农林牧渔服务业产值实现1.47亿元，同比增长7%。农村居民年人均可支配收入达17 064元，同比增长6.3%，其中工资性收入6 024.9元，同比增长5.6%；经营性净收入5 344元，同比增长6.5%；财产性净收入754.8元，同比增长9.9%；转移性净收入4 940.3元，同比增长6.4%。人均生活消费支出14 654元，同比增长6.2%。农村居民恩格尔系数为39.1%，比上年下降0.6个百分点。

公路里程3 437.556千米，其中县道里程958.371千米、乡道里程193千米。金融机构各项存款余额613.12亿元，增长14%；金融机构各项贷款余额477.34亿元，增长9.8%；存贷比为77.9%。全年财政投入“三农”资金20.76亿元，其中统筹整合财政涉农资金投入2.54亿元、四级衔接补助资金投入2.31亿元、其他农口资金投入2.03亿元、教育口资金投入17 063.76万元、社保口资金投入101 495万元、经建口资金投入29 800万元、资环口资金投入1 055.66万元、乡财口资金投入3 132万元。

有小学19所1 237个班、初中35所386个班、高中10所189个班、特教学校1所19个特教班，在校学生276万人。有医疗卫生机构605个，其中医院23个（民营医院8个）、妇幼保健院1个、乡（镇）卫生院（含分院）34个、疾病预防控制中心1个、卫生监督所（中心）1个、社区卫生服务中心（站）15个、诊所（卫生所、医务室）234个、村级卫生室296个。

【现代农业园区建设】 坚持产业园区、田园景区、新型社区“三区同建”，推动现代农业园区建设。按照省三星级园区标准，以鼎山镇、凤溪镇为核心建设“粮油+猪”种养循环园区2万亩。按照国家级现代农业园区建设标准，提质建设省五星级中药材园区。启动万亩蔬菜园区建设，建成核心示范区1 250亩。曾口优质粮油园区和巴州区蔬菜现代农业园区分别被市政府命名为四星级、三星级现代农业园区。完善机制建设，建立业主带动的产业发展机制，实行“大园区+多业主”，采取“六统一”机制，建设南部“粮油+猪”种养循环园区，并由村集体专合组织负责对撂荒田块进行治理兜底，做到耕地“能种尽种、应栽尽栽”；采取“龙头企业+专合社+农户”联建机制，实行订单生产和产销对接，签订优质水稻种植订单3.3万亩。提升建设质量，南部“粮油+猪”种养循环园区以鼎山镇观坪村等4个村为中心，建成稻渔综合种养标准化基地1 200亩、种养循环基地3 000亩，并全面推广“畜—沼—药”生态农业模式，构建全域循环体系。省五星级中药材园区采取“枳壳+秋马铃薯”等模式，提高种植效益，在三季度市项目现场推进会上被评为“红榜”。蔬菜现代农业园区建设2 000平方米的智能育苗中心1个、单体钢架蔬菜大棚61个、库容60立方米的气调库1座，推广避雨栽培等新技术15项，建成采后商品化处理中心。

【粮食生产】 严格落实粮食安全党政同责，增大乡（镇）年度综合目标考核分值权重，分级建立撂荒耕地台账和复耕复种台账，采取农户自耕自种一批、亲邻代耕代种一批、业主流转耕种一批、农机帮扶助耕一批、集体兜底耕种一批“五个一批”方式整治撂荒地1.47万亩。全区发展大豆带状复合种植面积8.75万亩，其中大豆玉米带状复合种植8.08万亩、幼龄果园间套作大豆0.727万亩；完成种植大豆面积6.24万亩，比上年扩种2.61万亩。推进水稻、玉米、大豆等优质良种更新换代，开展集中育苗（秧），机耕、机种、机收等农业轻简化栽培技术推广示范。发展“粮经”“粮药”套作种植，“稻香杯”获奖品种种植面积达15万亩，发展秋马铃薯面积3.6万亩。在全市率先开展小麦无人机冬播，其经验做法在中央电视台多个频道、多个栏目连续两天播放。全年粮食作物播种面积92.21万亩，同比增长2.51%；粮食产量33.71万吨，同比减少1.74%。其中，稻谷播种面积25.9万亩，同比增长0.2%；产量12.5万吨，同比减少3%。玉米播种面积19.55万亩，与上年持平；产量8.7万吨，同比减少3.2%。小麦播种面积20.51万亩，同比增长2.6%；产量5.8万吨，同比增长1.8%。薯类种植面积18.5万亩，同比减少4.9%；产量5.56万吨，同比减少5.6%。油料作物播种面积19.96万亩，同比增长2.3%；产量3.07万吨，同比增长2.9%，其中油菜播种面积17.8万亩，比上年增长5.3%；产量2.72万吨，比上年增长5.4%。

【“菜篮子”工程】 牢固树立大食物观，构建多元化食物供给体系，确保重要农产品有效供给。突出发展肉牛产业，实施种养业优势大品种计划，印制《关于加快推进肉牛产业发展的实施意见》《巴中市巴州区肉牛产业发展八条措施》，新建标准化肉牛规模养殖场45个、肉牛冻精站点2个，在鼎山镇首市村启动建设1.7万头肉牛生产基地。截至2022年年底，牛存栏4.76万头，同比增长6.8%；牛出栏2.36万头，同比增长6%；牛肉产量0.29万吨，同比增长2.9%。稳定生猪产能，完成163个企业生猪产能调控基地挂牌，完成部级生猪产能调控基地1个。新（改、扩）建畜禽规模养殖场的有53个，建成畜禽省级标准化示范养殖场13家、市级标准化示范场10家。截至2022年年底，生猪存栏36.52万头，同比减少0.9%；生猪出栏56.12万头，同比增长4.2%；猪肉产量4.07万吨，同比增长0.87%。羊存栏6.86万只，同比增长7.9%；羊出栏6.13万只，同比增长1.4%；羊肉产量0.09万吨，同比增长0.8%。家禽出栏201.12万只，同比增长6%；禽肉产量0.3万吨，同比增长6.%；禽蛋产量1.71万吨，同比增长3.6%。推进果蔬产业发展，培育玉堂桥炉村等蔬菜专业村20个、伽玲蔬菜种植专业合作社等蔬菜规模生产主体20个，建立“一核两线多点”商品蔬菜基地1.12万亩。全区全年蔬菜种植面积16.98万亩，同比增长5.4%；产量34.41万吨，同比增长3.4%。持续推进北部山区茶产业发展，完成1万亩茶园的管理提升，投产面积1 200余亩，建成茶叶加工厂8家。

【林业】 全年完成营造林面积2.55万亩，实有森林管护面积96.3万亩。对全区34.7万亩重点公益林和6.2万亩国有林实施常年有效管护，足额兑现森林生态效益补偿资金546.6万元；兑现退耕还林抚育补助资金95.3万元；在建档立卡贫困人口中选聘生态护林员826名，支付生态护林员管护报酬413万元。持续深化集体林权制度改革，制定出台巴州区公益林（天然商品林）补偿收益权质押贷款实施细则（试行）。培育发展林药、林蔬、林禽、林畜等模式的林下特色经济产业0.9万亩，评定区四星级现代林业园区1个。发展生态旅游森林康养，申报创建山水化湖国家级森林康养试点建设基地、天马山森林温泉度假酒店“中国森林康养人家”、巴山花海四川省森林康养基地。全年管护中药材5.6万余亩，新建枳壳良繁基地100亩，嫁接枳壳15万株，排栽枳壳小苗10万株、枳壳砧木30万株。新套种金银花、姜黄等中药材5 000余亩，采收中药材2.2万吨（鲜品）。全年中药材种植面积7.02万亩，同比增长8.5%；产量1.69万吨，同比增长12.9%。

【农业综合生产能力】 开展高标准农田建设，实施“藏粮于地、藏粮于技”战略，创新融资模式、创新实施方式、创新管护机制、创新增收渠道，全年新建高标准农田7.99万亩，其中2021年高标准农田建设面积5.33万亩、灾毁农田修复项目建设面积2.66万亩；有序推进2022年高标准农田项目建设。开展化肥利用率田间肥效试验12个，建立化肥使用固定监测点124个，完成定点取土化验和点位调查81个。完善耕地质量长期定位监测点排灌设施4处。编制完成《巴州区高标准农田建设规划（2021—2030年）》，启动第三次全区土壤普查。持续提升农机装备，全年补贴农机具550余台，受益农户500余户；检修各类农机具2 000余台；组建农业机耕服务队43个，开展耕种收农机作业80万亩次，全区农机总动力达36.21万千瓦，耕种收综合机械化水平达64.73%。实施2022年省级财政资金“菜篮子”工程冷链设施示范县项目，落实27个经营主体建设农产品初加工设施27座，新增冷链烘干设施48个，静态库容量约5 140吨、日烘干处理量达57.5吨，被农业农村厅通报为农产品冷藏保鲜设施建设工作典型地区和典型经验。建立专家服务团4个，根据农时季节特点，采取“理论授课+参观讲解+学员讨论+实践操作”方式培训专业大户、家庭农场主、农民合作社带头人、农业企业骨干和返乡涉农创业者等新型农业经营主体240人，完成550名基层农技人员的知识更新培训。建立农业科技示范基地2个，审定评选出适合全区推广和应用的农业主导品种23个和农业主推技术23项。

【农业农村改革】 发展农村集体经济，贯彻落实《四川省农村集体经济组织条例》，出台《巴中市巴州区发展壮大集体经济奖励扶持办法》《巴中市巴州区农村集体经济组织收益分配指导意见》《巴中市巴州区专项扶持村集体经济组织发展壮大实施方案》等6个文件，建成农村集体资产监管服务平台，整合中央、省财政扶持等项目政策，支持14个村实施集体经济发展项目，推出“巴山红色贷”，助力村级集体经济，全区全年农村集体经济收入达2 851.53万元，较上年增长123.29%；村均收入10.25万元，其中集体经济收入20万～50万元的村（社区）20个，增加9个；50万元以上的村（社区）8个，增加6个；5万元以下的村由225个降到75个。推进综合改革，“闲置宅基地盘活利用”和“健全党组织领导下的自治、法治、德治相结合的乡村治理体系”两项国家改革试验通过评估验收，申报的“探索完善土农村土地经营权流转交易规范化制度改革”通过答辩。《四川省巴中市巴州区聚焦“三地”探索粮食扩增机制》《四川省巴中市巴州区探索稳粮保供“辅之以义”保障机制》被农业农村部简报推广并在《农民日报》第三版刊发。培育新型农业经营主体，新培育农民专业合作社61家（其中培育区级示范社15家、市级示范社5家、国家级示范社1家），全区1 407家合作社已被纳入全国、全省农民合作社系统管理。新培育家庭农场122家，评选区级示范场60家、推荐市级示范场27家、省级示范场6家；申报省级培育工程12家、示范工程1家。培育并认定农业职业经理人10人，培育农业农村领军人才12人。

【农村人居环境建设】 转变农业增长方式，推动推动生态文明建设落地。推进农村“厕所革命”，建成农村“厕所革命”整村推进示范村17个，新（改）建农村无害化卫生厕所4 563户。排查财政支持改造的农村户厕46 052户，新排查问题厕所42个（立行立改30个、纳入2023年改厕计划12个）。“回头看”2021年摸排整改的问题厕所96户，问题整改到位。开展冬春疫情防控村庄清洁百日行动及“大清理大扫除大消毒”村庄清洁行动，促进村庄干净、整洁、卫生。推进长江禁渔，完成渔政远程监控平台建设；查处非法捕鱼案11件（其中简易程序处罚案件9件、一般程序处罚案件2件）；移送公安局立案8件，移送区检察院8件，没收、销毁非法垂钓鱼竿130余根，现场销毁非法捕捞渔船1只、网具11张、轮胎3个；放流岩原鲤、鲢鳙共38万尾。开展巴河柳津湖二期闸坝、三江电站河段两年来禁渔成效监测，发现国家二级保护鱼类胭脂鱼、长江上游珍稀特有鱼类的中华倒刺鲃、张氏鳘和方氏鲴等7种。加强农业面源污染治理，全面实施“一控两减三基本”，推进化肥减量增效行动，推广测土配方施肥技术面积106万亩次；秸秆还田面积70万亩次，全区秸秆收储点达100个、青贮饲料化示范基地4个，秸秆综合利用率95.04%；优化施肥、钝化修复技术1 415亩。开展畜牧养殖水污染防治，全区畜禽粪污综合利用率达98.33%。农药用量258吨，比上年减少14吨。

【农产品质量安全监管】 完成农产品定量检测190批次530个样本。新增“三品一标”农产品认证7个，其中无公害农产品5个、绿色食品2个。全面推行食用农产品合格证制度，全省食用农产品合格证+网格化+三年行动“三推进”现场培训会在巴州区召开。“四联四查”经验在全省市场监管系统工作推进会交流。

【重大动植物疫情防控】 加强非洲猪瘟等重大动物疫病防控，完成动物强制免疫注射590余万头（羽），创建省级无疫小区1个，巴州区被农业农村厅评为“全省动物卫生监督工作成效显著县（区）”。设立40个省级重点监测点，开展外来生物普查，抓好红火蚁、稻水象甲等重大植物疫情监测和防控，铲除加拿大一枝黄花120亩，防治农作物病虫害61.28万亩次，实施主要农作物绿色防控面积62万亩次。

【乡村振兴战略实施】 落实“四个优先”，聚焦粮食安全、耕地保护、不发生大规模返贫三件大事，主攻现代农业园区建设和农村集体经济发展，采取区级四大班子主要领导整体推，28名区级领导坚持每月一次到挂联乡（镇、街道）、重点帮扶村调研方式督导乡村振兴工作。出台《全面推进乡村振兴八条措施》，加重年度目标考核权重，印发2022年度乡村振兴建设任务清单和“1+31”个专项工作方案，安排乡村振兴项目使用新增建设用地指标5.85公顷，抓实乡村发展、乡村建设、乡村治理三项重点，全面推进乡村产业、人才、文化、生态、组织振兴。做好巩固拓展脱贫攻坚成果与乡村振兴的有效衔接，投入衔接资金1亿余元，落实帮扶衔接政策相关资金1.738 3亿元，完善区、乡、村三级风险农户和风险消除会商研判机制，开展常态化监测，组织2 850人对全区15.3万户农户实现全覆盖大排查，新增监测对象75户255人；建立防止返贫专项基金，为155户监测户兑现182.35万元。全区无一户一人漏测失帮，守住了规模性返贫底线。

【农村水利】 农民吃水从“有水”走向“好水”，全面启动城乡供水一体化建设，完成城乡供水一体化工程（二期）立项。启动东溪沟、神水沟供水工程升级改造（初步设计），启动供水工程“两证一照”建设，完成维修、养护农村安全饮水工程50处，新建天马山至寺岭供水管网8.4千米。

农业用水从“带病”走向“改善”，对全区所有已到期需安全鉴定的30座水库全覆盖进行安全评价，完成曾口大柏树等6座重点病险水库整治项目的竣工验收，实施鼎山大梁沟、三江老河沟2座病险水库除险加固，及时整治8处山洪灾害易发点。

农村水利从“死水”走向“活水”。推动“水利+农业+旅游”产业融合发展，围绕三条农业产业环线，在狮子寨村、桥炉村、观坪村等地整治山坪塘34口，新建提灌站1处，整治水源工程1处，建设小型集中供水工程3处，改造提升农村供水工程5处，整治病险塘12口，建成“水美新村”2个，全面完成20.25万亩灌溉面积的改革任务，确权颁证水利工程136处。

水利资产从“闲置”走向“激活”，将自收自支按企业化管理的巴州区供水工程管理总站进行公司化改制，组建成立具有投融资能力、注册资本3亿元的巴中源通水务集团有限公司。全年完成水利固定资产投资20 146万元，完成验收项目18个，加快推进项目5个，储备项目16个，争取为第二批乡村水务试点县。

【农村科技】 搭载科技在线，用活成教学校，培训乡村振兴实用技术人才。组建科技特派员服务团，开展科技特派员服务300余场次。组织琳宸科技参加中国创新创业大赛，获得四川赛区第一，并代表全省参加全国总决赛。新培育国家高新技术企业7家，全区总量达16家，位居全市第一，其中四川省餐厨垃圾资源化利用工程技术研究中心获得科技厅认定，系全省行业唯一。

【农村教育】 2022年，全区排查义务教育适龄儿童少年61 503人，其中脱贫（监测）户家庭适龄儿童少年6 761人，无一人因贫失（辍）学。动员入学和劝返复学学生23人，其中脱贫（监测）户子女13人；发放各类教育资助资金1.62亿元，惠及困难学生7.9万人次，实现监测对象和脱贫家庭学生“应享尽享、应助尽助”。义务教育均衡发展和中心校建设全面达标，完成63个村校教学点撤销，新建3个教学点；采取“招、转、引”等方式补充教师168名，全部到农村学校任教；组建“乡村教师”工作室培训队伍2支，依托“名师工作室”同步开展培养培训。

【农村文化】 全面实施乡村文化振兴“百千万”工程，开展第二届区级乡村文化振兴样板村镇创建，命名区级样板村镇20个，获评市级样板村镇6个、省样板村镇2个，天马山镇入围全省100个魅力乡镇，2人入围全省“乡土文化能人”“乡村代言人”。组织开展“戏曲下乡”“送戏曲校园”等群众文化活动50余场次，开展群文辅导、全民阅读等活动30场次。持续巩固95个脱贫村文化脱贫“摘帽”成果，完成296个村（社区）应急广播“村村响”和2 072个自然村电视“户户通”的运行维护，保障全区广播“村村响”和电视“户户通”运行通畅。新（改、扩）建旅游厕所4座，新建村史馆9个并投入使用，完成化成镇梁大湾文化礼堂规划设计，全区城乡公共文化服务体系不断健全。严格落实公共文化阵地免费开放政策，全年免费开放公共图书馆1个、文化馆1个、博物馆2个、乡（镇、街道）综合文化站（文化中心）29个。提升全区公共图书馆、文化馆服务体系建设，构建城乡布局合理、功能完善的图文总分馆服务体系，新建成图书馆分馆2个、文化分馆4个，全区已累计建成图书分馆18个、文化分馆17个。编创大型曲艺剧《周永开》、川剧《晏阳初》等一批优秀文艺精品力作。有群众文化设施34个。

【农村卫生】 以群众健康为中心，保基本、管慢病、救大病、促发展，聚力抓实县域医疗卫生次中心建设，消除乡、村两级医疗机构空白点。依托清江中心场镇中心卫生院建设县域医疗卫生次中心，打造片区五大中心，规范设置42个职能科室，购置必备设施设备，承担3个乡（镇）卫生院的业务指导、公卫培训、急诊急救等职能职责，为15万名群众提供医疗保障，并通过省级实地评估考核。从全区基药款中列支318.723 2万元，保障479名退出村医和213名在岗村医的基本养老待遇。抓好乡、村两级医疗卫生机构改革“后半篇”文章工作，确保200人及以上的87个安置点均有达标村卫生室（站），16个建制乡（镇）均有达标卫生院，6个街道均有标准化街道社区卫生服务中心，220个建制村均有达标卫生室，并至少配备1名合格村医。

【乡村治理】 适应片区规划调整，成立片区联合党委5个。探索基层党组织与产业链同步延伸，成立全市首个茶旅产业党建联盟等产业链党建联盟15个。率先出台《村（社区）常职干部管理办法》，表彰“担当作为好书记”10名，调整撤换村（社区）党组织书记5名，储备村党组织书记后备人才127名、村级后备干部677名，推荐27名常职干部参加学历提升。排查整顿农村发展党员违规违纪问题122个，完成29个村（社区）软弱涣散党组织整顿。评定区3A级先进村党组织11个，创建省5A级先进村党组织1个、市4A级先进村党组织10个。抓好易地扶贫搬迁集中安置点后续治理，全面完成易地扶贫搬迁住房登记7 831户，全面推广“五微三化三变”治理模式，党建引领“三治融合”改革任务通过农业农村部验收。加强“一约四会”建设，建立健全村规民约监督和奖惩机制，选聘2 000余名老党员、老干部充实乡风文明建设队伍，推选“幸福巴州·最美庭院”24个，规范各类婚丧嫁娶宴席397起，文明劝导群众不操办生日、满月、乔迁、升学等宴席362起。引进45名高层次人才、144名大学毕业生到乡（镇）、园区工作，回引315名致富能人返乡创业，柔性引进39名专家人才为文旅融合、中药材种植等提供智力服务。出台《巴州区乡村人才管理制度（试行）》，新培育名厨、名匠等乡土人才45名，培养农村实用型技能人才1 400余名，将120名种养大户、电商人员、新型农业经营主体带头人培养成为职业农民。出台《专家人才服务重点行业实施方案》，组建专家人才服务团10个，引进人才服务小分队5支，到产业发展、乡村治理一线开展技术服务。谋划实施省、市、区“三农”领域项目51个；争取到位“三农”领域中央、省预算内投资项目6个，到位资金7 441万元；推送“三农”领域专项债券项目10个；实施农村电网升级改造项目14个，完成投资2 636.74万元；实施以工代赈项目3个，总投资1 374万元。

【农村法制建设】 选优配强政法委员，新招辅警90余名，选用警务助理260名，建立平安建设巡防队伍296支，优化设置网格675个，建成“雪亮工程”点位1 905个，安装“慧眼工程”3.6万户，建成“智慧小区”105个，巴州区社区治理工作被《人民日报》点赞。累计创建“六无”平安村（社区）省级4个、市级94个、区级212个，平安乡镇市级5个、区级8个，巴州区被省委、省政府命名为“2021年度全省平安建设先进县（市、区）”。加强涉农规范性文件审查备案，抓实乡（镇、街道）合法性意见审查，出具合法性审查意见35件次。推行行政处罚“首违不罚”，落实行政执法“三项制度”，申办执法证件140个，发展法律服务人才骨干21人，培养“法律明白人”888名，4个社区获评“全市优秀法治村（社区）”。推进区、乡、村三级调解组织规范化建设，成功调处矛盾纠纷768件。依法组建社区矫正委员会，办理调查评估295件，解除矫正267人，有302名在矫社区矫正对象，均管控良好。开展“送法下乡”“法律进乡村”活动300余场次，办理“三农”法律援助案件123件、公证案件154件，为乡村群众提供“一站式”法律服务70余次。严厉打击农村地区违法犯罪，查处农村赌博案67件，行政处罚135人；查处农村枪爆案件19件，移送治安处罚19人。打击非法捕捞等突出违法犯罪活动，破获非法捕捞案7件，移送起诉10人。

【农村交通】 推进农村公路建、管、养、运协调均衡发展，新建乡村产业道路27千米、村（组）道路126.3千米；新建天星湖至苏山坪至凤头山（一期）、莲花山至青包山至阴灵山（一期）幸福美丽乡村路，近郊旅游串点成线；建成全市首座场镇钢构人行立交桥——曾口小学天桥。出台《巴中市巴州区农村公路管理养护绩效考核实施细则》，建立分级负责、及时管养、督查通报、责任奖惩四项机制，农村公路路面综合评定指数提高5个百分点。推动实现农村客运招呼站100%覆盖行政村，全面推行农村预约响应、定制等个性化客运服务。深化交邮融合行动，建成县级配送集散中心1个、乡（镇）综合运输服务站4个、镇级分拨中心13个、村级配送网点229个，县、乡、村三级快递物流体系全面形成。全区公路通车里程达3 437.556千米，其中一级公路50.182千米、二级公路98.18千米、三级公路122.863千米、四级公路3 062.598千米、等外级公路103.733千米。

【农村社会保障】 建立低收入人口动态监测机制，为全区6.2万余名困难群众发放各类救助资金1.2亿余元。适度提高城乡困难群众基本生活保障水平，农村低保人均补差标准从上年末的130元提高到158.2元；4.52万名农村居民纳入最低生活保障，全年农村居民最低生活保障支出8 379.34万元。优化设置城乡网格675个，新建城市社区网格平台19个，建成省级社工站点3个、市级站点7个；建成巴州区社会组织孵化园1个，孵化功能型、互助型社会组织15个，形成“一核多元、共建共享”的治理共同体。升级改造42个社区党群服务中心，实施居家养老、儿童关爱、助学助残助医服务等10余个项目。全区城乡居民基本医疗保险参保人数51.655 5万人，参保率达98.22%。资助低保对象、防止返贫监测对象及已稳定脱贫人口参保11.388 3万人、2 733.192万元，资助特困供养人员2 326人、74.432万元。全区城乡居民住院18.704 4万人次，城乡居民区域内政策范围内住院费用支付比例达72.3%。

【农村生态建设及环境保护】 完成巴州区“三区三线”划定工作，划定永久基本农田55.66万亩、生态保护红线1 831公顷。完成地质灾害工程治理4处、排危除险5处、避险搬迁安置43户，消除地质灾害隐患60余处；对全区149个隐患点专业监测设备进行巡检和维护，及时处置灾险情30余起，先后成功应对8轮强降雨天气过程，实现连续11年因灾“零伤亡”目标。整合涉农资金2.4亿元投入农村生活污水治理，探索大型社区污水处理站招引社会资本建设运营。因地制宜实施生活污水治理项目，距城镇污水主管网较近的，采取纳管方式接入城镇生活污水处理厂处理；聚居度高、靠近环境敏感区的，建设一体化污水处理设施处理；周边产业发展较好、有消纳能力的，建设厌氧处理装置，实行资源化利用；对其他类型的聚居点和散户，通过建设人工湿地、小三格式化粪池等模式进行处理。出台《巴中市巴州区农村生活污水处理设施运行维护管理办法》，探索建立“四个一点”的农村生活污水处理设施运行维护保障机制。全区累计建成集镇及社区污水处理站23座、聚居点生活污水处理设施154处、单户或联户化粪池3.4万座，实现农村生活污水有效治理行政村的比例达72%。

【农村市场体系建设】 推进巴中农副产品交易中心（二期）建设，新建改造化成、鼎山等乡（镇）农贸市场2个。组织大罗黄花、老廖家牛肉、大观梁茶叶、野蕊蜂蜜等17家农特产品企业参加各类会展活动13场次，持续运营义乌百县万品“巴州馆”，开通京东线上商城“中国特产·四川巴州馆”，支持农特产品、扶贫产品通过“832”平台、网店、直播等进行线上销售，共带动销售各类产品1.52亿元。新建成3个中心镇供销社示范社，新改造提升农村综合服务社、专业合作社等15个，新购置平梁、鼎山社有资产2处；领办家庭农场1个，吸纳入社社员2 029人，完善城乡“两端两网”体系。新培育3个年销售额超1 000万元以上的中药材供销网点（站）。依托义乌供销社平台，在义乌市皓野农产品公司开设巴州农产品专柜1个。全区供销社网点通过线上线下共销售农特产品1 455万元。推广用好“天府乡村”公益品牌，已注册涉农企业13家。

【农村留守家庭（儿童、学生）帮扶】 评选区级“三八红旗手”“巾帼建功先进个人”24名，“三八红旗集体”“巾帼文明岗”6个；推荐获评省、市级表扬“三八红旗手（集体）”“巾帼建功标兵”“巾帼文明岗”等18名（个），申报获评市妇女居家灵活就业（培训）基地1个。持续开展寻找“最美家庭”活动，评选区级“最美家庭”12户，评选“最美庭院”24户，推荐获评省“最美家庭”提名1户、省“五好家庭”1户、市“最美家庭”5户，市家庭工作先进集体1个、先进个人1名。抓实农村低收入妇女“两癌”免费检查及救助，检查适龄妇女24 321人，向62名低收入患癌妇女发放专项救助资金62万元。

【劳务开发与返乡创业】 建立15.6万名农民工信息台账并按季度更新。组建5个农民工党组织，新发展农民工党员55名，培育后备干部280余人。回引返乡入乡创业能人227人，创办100万元以上经济实体103人。通过“春风送岗”、线上线下招聘等方式，帮助3 415人前往东部结对省份及周边地区就业。选树推荐省、市、区各级“创业明星”20人和“明星企业”5家。建设农民工综合服务站37个，开展劳务品牌培训1 680人次，开展各类补贴性职业技能培训6 100余人次，开发各类公益性岗位1 920个，巴州区被四川省农民工工作领导小组认定为全省返乡入乡创业示范区，“巴山阿姨”王容华获得“全国新星劳务品牌形象代言人”称号，李燕获得四川省第八届农民工技能大赛餐厅服务员项目三等奖。及时调解劳资纠纷、法律援助148件，为747名劳动者协调到位工资1 452万元，为1 317名农民工追回拖欠工资2 813万余元。全区转移农村劳动力15.56万人，实现农村劳动力转移就业劳务收入42.01亿元。

【主要领导人】 区委书记：余斌；区人大常委会主任：张宏；区长：黄俊霖；区政协主席：蒋军辉；分管农业副区长：周永红。

巴州区编写组

恩阳区

【基本情况】 2022年，全区辖18个镇（街道）309个行政村（社区），辖区面积1 177平方千米，其中耕地面积60.75万亩。年末总人口56.45万人（户籍人口）。水资源总量5.33亿立方米，人均占有水资源量1 214立方米。森林覆盖率51.28%。

2022年，全区实现地区生产总值91.54亿元，增长1.6%，其中第一产业增加值27.98亿元，增长4.4%，农、林、牧、渔及农林牧渔服务业之比为52：3.7：36.3：5.1：3；第二产业增加值21.24亿元，减少4%（工业增加值11.97亿元，减少3.8%）；第三产业增加值42.33亿元，增长2.9%。三次产业对经济增长的贡献率分别为79.7%、-60.4%和80.7%。全年接待游客484.95万人，实现旅游收入50.92亿元。

公路通车里程3 591千米，其中乡村公路2 938.76千米。社会消费品零售总额52.4亿元，增长1.8%。地方公共财政预算总收入完成6.15亿元，增长12.2%；公共财政预算总支出39.68亿元，增长1.1%。金融机构各项存款余额198.13亿元，比上年初增长11.8%；各项贷款余额143.35亿元，比年初增长13.8%。市级以上农业产业化龙头企业23家。

有各类学校88所，在校学生37 276人，专任教师3 848人，其中职业高中1所，在校学生3 162人，专任教师179人；普通中学7所，在校学生5 653人；小学21所，在校学生179 785人。有公共图书馆1个，图书藏量3.35万册。有卫生机构（含村卫生院）463个，病床位2 521张，卫生技术人员1 856人。

【年度农业和农村经济运行】 2022年，全区出台了《巴中市恩阳区关于发展壮大新型农村集体经济的实施意见》《巴中市恩阳区高标准农田建设规划（2021—2030年）》等规划、政策。实现农业总产值28.74亿元，增长4.5%；生猪、芦笋等特色优势农产品产量保持稳定增长。农民年人均可支配收入达17 289元，增长6.3%。全区农产品质量抽检合格率比年初提高0.2个百分点；建成18个基层农业综合服务站。恩阳区获评“四川省乡村振兴成效显著县区”“巴中市乡村振兴先进县区”，被表彰为“全省农业科教工作先进单位”；区农业农村局被表彰为“巴中市恩阳区2022年度乡村振兴先进单位”“农业交流合作工作突出单位”“建区十周年先进集体”“农技推广工作先进单位”。全区主要农产品产量见表1。

【农业产业化发展】 以现代农业园区建设为抓手，对标全省现代农业“10+3”产业体系，规模发展优质粮油、有机果蔬、道地药材、生态畜禽四大主导产业，确保粮油作物播种面积稳定在110万亩、有机果蔬种植面积稳定在30万亩、道地药材种植面积稳定在4万亩以上。截至2022年年底，全区共培育培优龙头企业18家，新型农业经营主体2 496个，全区入社农户达52 980户，覆盖面达43%以上；组建农多多、重子石、绿惠、芦笋、葡萄、中药材等联合总社18家，组建恩阳原乡农业、三棵松农业等农业产业化联合体6个。

【农产品品牌战略实施】 坚持质量兴农、品牌强农，统筹推进“企业品牌+地域品牌+产品品牌”三牌同创、联动发展，构建“区域公用品牌+重点企业自主品牌+重要农产品品牌”体系，在全市区域公用品牌“巴食巴适”引领下，扶持发展企业品牌和产品品牌，实行线上线下两手抓品牌宣传，申报“二品一标”29个，恩阳葡萄、恩阳猕猴桃等获得国家地理标志证明商标。“恩阳芦笋”获得国家地理标志认证、有机食品转化认证，创建为2022地理标志绿色发展示范品牌；参加“川字号”金字招牌2022我最喜欢的四川十大品牌评选活动，恩阳芦笋获得特别奖。

【现代农业园区建设】 坚持“五化”发展路径，推进现代农业园区建设，以良种良法化增产量、耕作机械化提效率、种养

表1　2022年恩阳区主要农产品产量

主要农产品	单位	产量	同比增减(%)
粮食	万吨	33.98	-1.8
水稻	万吨	11.98	-2.4
小麦	万吨	5.71	1.2
玉米	万吨	9.43	-3.5
马铃薯	万吨	2.39	18.3
油菜籽	万吨	3.55	8.3
蔬菜及食用菌	万吨	45.4	2.1
水果	万吨	0.44	1.2
肉类	万吨	4.47	6.4
猪肉	万吨	3.83	7.3
牛肉	万吨	0.27	—
羊肉	万吨	0.07	—

生态化促增收、产品标准化育品牌、管理数字化强科技，建成以柳林镇海山村为核心的优质粮油园区1.3万亩，辐射全区发展优质粮油10万亩；在双胜镇、下八庙镇、明阳镇等镇累计建成经作类园区6个，建成道地药材产业园区1.35万亩、有机果蔬产业园区0.58万亩。2022年，已累计创建省四星级园区1个、市级园区5个、区级园区9个、特色园区33个，逐步形成了“大园带小园，小园带庭园”的“全域园区化”发展新态势。

【耕地保护】 全面开展农户承包耕地撂荒“整治年”行动，严格落实撂荒地整治“七条措施”，采取国企示范带动、集体经济盘活、农户自种代种、规模流转经营“四个一批”模式完成撂荒地整治2.82万亩，《发挥集体组织优势 经营盘活撂荒土地》典型经验在全省推广。实施高标准农田建设项目，加快推进高标准农田及产业道路、渠系、山坪塘等配套设施建设。建立健全三级管护田长制，落实“区负总责、镇（街道）监管、村委主体”的三级田长制管护责任，对符合条件的划入永久基本农田，实行最严格的保护，确保农田设施长效良性运行。截至2022年年底，全区累计建成高标准农田40.33万亩，占全区耕地面积的66.8%。

【种植业】 全年粮食作物播种面积92.52万亩，增长1.9%；总产量33.98万吨。油料作物产量3.55万吨，增长8.3%。经农业农村厅和省、市国调队联合测产，大豆本地品种“恩阳九月黄”亩产187.9千克，增产25.3%；水稻“川康优丝苗”品种亩产640.9千克，增产21.5%。中央电视台《新闻联播》栏目报道恩阳优质粮油（冬小麦）工作。抓好魔芋、芦笋等优势蔬菜培育种植，建成蔬菜专业村20个，培育蔬菜经营主体20个，全区种植蔬菜24.5万亩，产量45.4万吨，增长2.1%。抓好葡萄、柑橘等特色水果种植，新建水果基地5个，引进春见、不知火等新品种水果3 000亩，品种改良4 000亩，辐射全区种植优质水果5.7万亩，产量达0.44万吨，增长1.2%。在鹿台、花包等村建设道地药材示范片1万亩，辐射带动全区发展道地药材产业3.3万亩，产量1.05万吨，增长4.2%。

【林业】 将国土绿化与乡村振兴深度融合，开展国土绿化行动，举办“3·12”全民义务植树活动，全年完成营造林2.523 2万亩。发展林竹产业，创建花椒木本油料区级现代林业园区1个，面积达3 000亩；培育林竹产业基地1.05万亩。推动森林康养等新业态发展，万寿养生谷创建为国家级森林康养试点建设单位，神牛溪文化产业园创建为省级森林康养基地。推进国家储备林项目建设，获批建设规模达25.5万亩，估算投资28.48亿元。全年林业产值2.02亿元，比上年增长5.7%。

【畜牧业】 坚持“猪牛羊禽”齐头并进，突出绿色生态，抓好规模养殖，加快推动蓝润集团生猪全产业链建设、群乐镇坳盘村万头巴山肉牛育肥基地建设等项目，全区畜禽生产势头良好。全年出栏生猪52.5万头，增长3.7%；出栏牛2.19万头，增长5.8%；出栏羊5.11万只，增长2.2%；出栏家禽202.33万羽，增长2.61%。全年肉类总产量4.47万吨，比上年增长6.4%；实现牧业产值20.05亿元，比上年增长4.9%。

【涉农项目】 围绕国省项目投资动向，结合农业结构调整、农业绿色发展、农业科技创新等重点领域，编制“102”项目9个，计划总投资160亿元；编制“105”项目22个，计划总投资118亿元；储备《“新一轮基础设施建设”重大项目》32个，投资金额111亿元，其中农业领域26个、投资金额102亿元，林业领域6个、投资金额8.6亿元。全年共完成储备项目97个，投资金额153.32亿元，其中固定资产投资入库项目完成入库金额25.6亿元，超目标任务的28%。开展农业招商引资活动20余次，对接目标企业25家，促成企业来恩考察12批次，签订投资框架协议7份，计划投资42.48亿元；落地项目2个，计划投资7亿元。

【农业机械化】 以园区为依托，立足丘区农业实际，推进农业机械化，实施“五良”融合全程机械化建设行动，推进现代农业粮油种植园区“五良”融合全程机械化示范区创建，落实大豆玉米带状复合种植机具保障及机械化作业技术指导。建立“全程机械+综合农事”服务中心13处，每个镇都有1个农机专业合作联合社，配套插秧机、收割机、高效植保机等，实现了农机、劳务、植保等一体化服务。全区水稻生产综合机械化率达67.3%、油菜生产综合机械化率达48.9%，农业机械化水平稳步提升。

【农业科技】 与四川农业大学等科研院校合作，建立田园恩阳科研中心、芦笋科技赋能中心，引进新品种，开展品比、组培试验，建成恩阳种苗品比组培试验基地、作物种苗核心供应基地。建成院士（专家）工作站3个，引进涉农领域专业技术人才126人。依托哈尔滨工业大学西南食品研究院，开展产业研究、食品研发、成果转化，开发川佛手、川明参、黄精等精深加工产品40余种，涵盖保健品、饮料、白酒等领域。1月25日，原四川省书记彭清华到恩阳区调研，对兴隆镇金鸭村优质粮油现代农业园区的农业科技工作给予了肯定。

【三产融合】 以省级农产品加工示范园区为载体，发展高端肉制品、粮油食品、保健食品、饲草饲料加工，推进农产品精深加工，已入驻蓝润、山东龙大、好彩头等知名企业18家。全区有规上农产品加工企业43家，培育市级以上龙头企业12家（其中省级龙头企业6家）。2022年，全区实现规上农产品加工企业产值4.6亿元。依托产业建园区，对标国家A级景区创建标准，配套基础设施，植入农事体验、巴山民宿等旅游业态，建成4个国家A级景区、8个巴山田园综合体、13个省级乡村旅游重点村。全面推出近郊采摘、康养休闲等农旅一体模式，挖掘川东北农耕文明、红色记忆文化，发展休闲农业，乡村旅游全年接待游客500万人次。

全年开展油菜花节、“划遍四川”龙舟赛等大型文旅活动10余场次，实现综合收入50.92亿元，带动3.5万名群众增收致富。9月13日，省委书记王晓晖到恩阳区调研，对柳林镇海山村依托现代农业园区推进农旅融合发展的做法给予了肯定。

【农村集体经济】 按照“五个一”标准加强集体经济组织建设，建设农村集体资产监管服务平台和产权交易平台，全面推行非现金结算，引导农村各类资产资源要素规范交易高效流转。探索集体经济有效实现形式，推广“国企+”“支部+”“能人+”三种发展模式，开展“联盟经营”“联社经营”“联企经营”和“主体经营”四种经营方式，健全“127”“528”等利益联结机制，发展壮大新型农村集体经济。全年培育年收入50万元以上的村5个；双胜镇万林村、下八庙石鼓梁村集体经济收入达100万元，被命名为“市级党建引领集体经济发展示范村”。双胜镇天良村集体经济典型案例作为四川省十大优秀案例推广，“127”集体经济改革经验入选“全省十大农村改革案例”。

【乡村治理】 借鉴“千村示范”工程经验，统筹推进“五大提升行动”。截至2022年年底，全区户用卫生厕所普及率达92.1%，农村生活垃圾处理率达95%，畜禽粪污资源化利用率达91.35%，规模养殖场粪污处理设施配套率达100%，秸秆资源化利用率达95.38%，行政村生活污水治理率达65%。开展社会主义核心价值观宣传教育，开展“道德模范、文明家庭、星级文明户等评选活动，组织实施乡村文化振兴“百千万工程”市级样板镇25个，开展恩阳乡村文化振兴魅力乡镇竞演等系列活动。实施文化供给提质工程，在309个行政村建立新时代文明实践站，已创建全国文明村1个、省级文明村6个、市级文明村39个。

【农业行业安全】 抓好农产品质量安全，全面推行农产品追溯和承诺达标合格证制度，全区511家农产品生产经营主体被纳入国家级农产品质量安全追溯系统，创建实施食用农产品合格证制度示范镇（街道）1个、合格证示范批发市场1家、合格证标杆生产经营企业5家。抓好农村违法占地建房整治，针对历年卫片图斑反馈农村违法建房的546个图斑654户、“顶风违建”图斑反馈农村违法建房的27个图斑74户制定“一户一策”整改措施，按步骤完成占地数据测绘、测绘数据与图斑数据套合比对、户档资料收集等工作，完成整改722户。开展长江十年禁渔执法工作，全年办理渔政行政案件22件，行政处罚22人并罚款9 400元，在执法中没收渔获物17.58千克（现场放入河），取缔三无船舶2艘，销毁非法网具12张。

【主要领导人】 区委书记：杨波；区人大常委会主任：邓林平；区长：何奎；区政协主席：贾君；分管农业副区长：何开国。

恩阳区编写组

南 江 县

【基本情况】 2022年，全县辖1个街道29镇2乡309个村105个社区，辖区面积3 389.5平方千米，其中耕地面积79.07万亩、园地面积6.44万亩、林地面积374.04万亩、草地面积0.58万亩、湿地面积0.42万亩、城镇村及工矿用地面积18.97万亩、交通运输用地面积6.55万亩、水域及水利设施用地面积8.37万亩、其他用地面积13.97万亩。年末常住人口45.53万人（城镇常住人口17.89万人），占总人口比重（常住人口城镇化率）的39.29%，比上年提高0.48个百分点。年末户籍人口64.42万人。是国家扶贫开发工作重点县、国家首批主体功能区建设试点示范县、国家首批生态旅游示范区、国家生态保护与建设示范区、国家生态文明建设示范县、国家新型城镇化综合试点县。南江黄羊—南江金银花产业园被纳入国家现代农业产业园创建管理体系，获评“中国最具投资营商价值县”。

2022年，全县实现地区生产总值133.12亿元，按可比价格计算，比上年增长1.2%。其中，第一产业增加值37亿元，增长4%；第二产业增加值36.27亿元，下降3.4%；第三产业增加值59.85亿元，增长2.4%。三次产业结构比由上年的26.3∶28.6∶45.1调整为27.8∶27.2∶45。人均地区生产总值29 065元，按可比价格计算，比上年增长2.5%。全年转移输出农村劳动力21.6万人，比上年下降3.2%。全年全县接待游客1 188.75万人次，增长6.8%；实现旅游总收入108.94亿元，增长7.6%。

公路通车里程6 317.61千米，其中高速公路121千米、铁路39.7千米、国道136.76千米、省道218.22千米、县道734.3千米、乡道1 235.62千米、村道3 871.71千米，公路通村率100%，行政村客运班车通达率100%。全年完成货物周转量325 222万吨/千米，同比增长15.6%；完成旅客周转量101 867万人/千米，同比增长0.6%。全社会固定资产投资比上年增长7.2%。社会消费品零售总额85.8亿元，增长1.9%，其中城镇消费品零售额65.81亿元，增长0.6%；乡村消费品零售额19.98亿元，增长6.1%。全年邮电业务总量5.03亿元，比上年增长5%，其中邮政业务总量1.14亿元，增长1.4%；电信业务总量（包括电信、移动和联通）3.89亿元，增长6%。年末移动电话用户54.72万户，增长4.9%；互联网上网用户19.53万户，增长4.6%；IPTV（网络电视）用户20.36万户，增长5.1%。年末共有移动通信基站3 856个，增长14.8%；光缆总长度15 683平方千米，增长28.3%。全年地方一般公共预算收入完成8.42亿元，比上年增长3.8%，其中税收收入3.21亿元，下降4.1%；一般公共预算支出47.32亿元，增长6.1%。年末金融机构人民币存款余额335.9亿元，比上年末增长9.9%，其中住户存款299.75亿元，增长11.9%；贷款余额187.94亿元，增长16.3%，其中住户贷款84.41亿元，增长12.3%。有保险公司（分公司）12家，全年各类保费收入8.31亿元，比上年增长4.6%。

有各类学校（含技工学校、职业培训机构、小学教学点、幼儿园）383所，在校学生（学历教育）79 629人，教职工7 277人（其中专任教师6 574人），其中幼儿园57所，在园幼儿13 743人，专任教师1 121人；小学47所、239个小学教学点，在校学生30 424人，专任教师2 572人，专任教师达标率100%，小学学龄儿童入学率100%，小学毕业率100%，小升初升学率100%；初级中学8所、九年一贯制学校23所，在校学生17 024人，专任教师1 662人，专任教师达标率100%，普通初中净入学率100%；完全中学6所，在校学生9 390人，专任教师746人；中等职业学校2所，在校学生8 841人，专任教师444人；培训机构（教师进修学校）1个；特殊教育学校1所，在校学生207人，专任教师29人。全年专利申请189件，比上年下降19.2%；专利授权量119件，下降36%，其中发明专利累计78件。年末注册商标375件。全年申报市级以上科技项目8项，其中省级项目7项，争取无偿资金259.45万元；转化先进实用科技成果11项。有公共图书馆1个、乡（镇）图书站32个，书刊文献总藏量51.3万册（含分馆）；文化馆（站）33个（32个文化站），举办展览6次，参观人数1.91万人次；剧场和影剧院1个、艺术表演团体1个，群众文化设施建设面积2.45万平方米，全年演出场次158场，观看人数22万余人次。有广播电视台1个，广播节目综合人口覆盖率100%，电视节目综合人口覆盖率100%；直播卫星用户7.79万户，直播卫星入户率57%；有线电视用户6.9万户，有线电视入户率达52%；光纤电视通村率98%。有博物馆3个，文物藏品3.44万件。有文物保护管理机构2个，重点文物保护单位1处、11个点（其中国家级1处）。有体育馆2个。有卫生机构（含村卫生室及个体诊所）444个，其中医院、卫生院43个，社区卫生服务中心（站）5个，诊所72个，村卫生室319个，疾病预防控制中心1个，卫生监督所（中心）1个，妇幼保健院1个；卫生技术人员2 941人，其中执业医师和执业助理医师1 095人、注册护士1 213人；医院和卫生院病床位3 579张，其中乡（镇）卫生院32个，病床位1 190张，卫生技术人员1 020人。

【年度农业和农村经济运行】 2022年，全县居民人均可支配收入达25 654元，比上年增长5.3%。全县居民人均生活消费支出达17 627元，增长5.1%。全体居民恩格尔系数为37.6%，与上年持平。其中，全年农村居民人均可支配收入达16 910元，比上年增长6.3%；农村居民人均生活消费支出达13 636元，比上年增长5.9%。农村居民恩格尔系数为39.7%，比上年下降0.4个百分点。建成高标准农田4.6万亩。年末农村用电量23 290万千瓦时。年末农用化肥施用量22 189吨。

【种植业】 全年粮食作物播种面积106.21万亩，比上年增长1.7%。其中，小春粮食作物播种面积28.9万亩，增长0.9%；大春粮食作物播种面积77.31万亩，增长2.1%。全年油料作物播种面积32.5万亩，增长1.6%；中草药材播种面积10.09万亩，增长4.6%；蔬菜及食用菌种植面积26.72万亩，增长2%。全年粮食总产量39.04万吨，比上年下降1.9%。其中，小春粮食产量7.92万吨，增长1.5%；大春粮食产量31.12万吨，下降2.8%。经济作物中，油料产量4.1万吨，增长9.5%；蔬菜产量35.71万吨，增长1.8%；茶叶产量0.31万吨，增长6.9%；水果产量3.41万吨，增长9.3%；药材产量0.98万吨，增长7.7%。

【养殖业】 全年生猪出栏71.48万头，增长2.4%；牛出栏4.05万头，增长4.3%；羊出栏46.76万只，增长8.3%；家禽出栏280.24万只，下降0.9%。禽蛋产量1.24万吨，增长1%。全年肉类总产量6.78万吨，增长3.6%，其中猪肉产量5.22万吨，增长3.5%；牛肉产量0.51万吨，增长3.6%；羊肉产量0.63万吨，增长8.8%；禽肉产量0.4万吨，下降2.2%。全年水产养殖面积1 882公顷，增长0.1%；水产品产量12 493吨，增长4.5%；实现渔业产值1.69亿元，增长3.6%。

【林业】 全年植树造林面积500公顷，发放退耕还林补贴0.07亿元。年末实有森林面积24.33万公顷，比上年增长4.6%；森林覆盖率达71.79%，比上年提高0.04个百分点。年末活立木蓄积量2 291万立方米，增长1.3%；商品木材产量2.12万立方米，下降1.4%。有国家级森林公园1个、省级自然保护区2个。

【农村水利】 全年兴建各类水利工程5处（累计兴建各类水利工程6 670处），新增蓄水1.2亿立方米，全部水利工程供水能力达2.35亿立方米，总供水量0.9亿立方米，累计解决34.38万名农村人口饮水不安全问题，农村自来水通村率达100%，普及率达98.25%。年末有效灌溉面积达1.57万公顷。新增水土流失治理面积5 155公顷，水土流失累计综合治理面积达10.65万公顷。

【农村社会保障】 全年纳入农村最低生活保障人数41 397人，减少11.2%；农村居民最低生活保障支出9 847.7元，减少3.4%。全年特困供养人员2 624人，支出供养费用2 016.9万元。有提供住宿的社会工作机构11个、床位1 350张。

【主要领导人】 县委书记：程秋；县人大常委会主任：李文荣；县长：韩君才；县政协主席：吴开财；分管农业县委常委：赵燕飞。

南江县编写组

通　江　县

【基本情况】 2022年，全县辖2乡30镇1个街道，辖区面积4 119.83平方千米，其中耕地面积101.13万亩、永久基本农田82.85万亩。年末总人口70.87万人(户籍人口)。本地水资源总量29.06亿立方米。森林面积28.07万公顷，活立木总蓄积量2 220万立方米，森林覆盖率65.75%。

2022年，全县实现地区生产总值132.73亿元，增长1.3%，其中第一产业增加值40.7亿元，增长4.3%，农、林、牧、渔及农林牧渔服务业之比为36.66∶1.95∶30.4∶3.66∶1.5；第二产业增加值32.72亿元，下降4.2%；第三产业增加值59.32亿元，增长2.4%。

公路通车里程3 070.35千米，其中乡村公路1 272千米。社会消费品零售总额86.98亿元，增长1.5%。地方公共财政预算总收入完成5.03亿元，增长5.2%；公共财政预算总支出58.95亿元，增长6.9%。金融机构各项存款余额298.89亿元，比上年初增长9.7%；各项贷款余额167.39亿元，比年初增长15%。农业产业化龙头企业国家级、省级、市级分别为1家、10家、21家。

有各类学校97所，在校学生7.07万人，教职工6 696人，其中普通中学31所，在校学生3.54万人；小学65所，在校学生3.51万人。有文化馆1个，公共图书馆1个。有卫生机构630个，卫生技术人员3 028人。新型农村合作医疗参合人数57.22万人，新型农村社会养老保险参保人数32.91万人。

【年度农业和农村经济运行】 2022年，全县出台了《通江县“十四五”推进农业农村现代化规划》《关于加快推进实施种养业优势大品种计划的意见》。实现农业总产值74.18亿元，增长4.6%。农民年人均可支配收入达19 859元，增长6.4%。在粮食、生猪、蔬菜生产中，科技投入的占比或科技贡献率达60%。全县农产品质量抽检合格率比年初提高0.4个百分点；建成34个基层农业综合服务站。

【农业产业化发展】 重点发展山地高效特色农业，挖掘优质粮油、通江银耳、富硒茶叶、空山牛、青峪猪、生物医药等资源潜能，推进特色产业集群发展。新培育农民合作社13家、家庭农场72家，创建农民合作社国家级示范社2家、市级示范社1家；创建省级家庭农场示范场1家、市级家庭农场示范场16家。

【农产品品牌战略实施】 发挥国家农产品质量安全县、全国有机产品认证示范县优势，以精深加工为主攻方向，研发系列特色产品200余个，新认证“三品一标”农产品6个、名特优新农产品1个。召开2022通江第二届“空山牛”赛牛会暨牛肉美食品鉴活动，通江银耳区域品牌价值达50.11亿元。“青峪猪肉”“裕德源牌通江银耳”“罗村茶”3个农产品品牌入选“2022年四川省农业品牌目录”。“诺水河”牌菜籽油入选“四川好粮油”名录。罗村牌绿茶获评“四川最具影响力茶叶单品”，馨金山茶获得四川特色旅游商品大赛银奖。

【现代农业园区建设】 以通江银耳(食用菌)、茶叶、青峪猪、空山牛“2+2”优势大品种为重点，以优质粮油、肉兔、蓝莓、青花椒、道地药材(杜仲、枳壳)、蚕桑等为补充，规划园区建设，新创建通江银耳(食用菌)为省四星级现代农业产业园区，创建青峪猪、茶旅融合、优质粮油(春在)、“优质粮油+青峪猪”、生物医药(杜仲)、生物医药(枳壳)、蓝莓、肉兔、蚕桑等市级现代农业园区9个。

【种植业】 全年粮食作物播种面积124.36万亩，总产量46.2万吨；完成大豆玉米带状复合种植4.69万亩，整治撂荒地3.23万亩；新建通江银耳标准化耳堂2 000个，改造提升耳堂1 000个；接种食用菌3.8亿袋(银耳100万袋)，产量22.5万千克；羊肚菌种植面积7 000亩，产量21万千克。银耳精深加工产品产值达6 750万元。投产茶园7.2万亩，产量3 000余吨；中药材种植总面积5.8万亩，新增道地药材鲜货产量0.9万吨；蔬菜种植面积17.2万亩，产量33.1万吨；水果种植面积4.2万亩，产量2.3万吨。

【养殖业】 截至2022年年底，新(改、扩)建巴山肉牛规模场11个，改造升级肉牛屠宰场1个，配套建设巴山肉牛人工授精点2个，出栏肉牛5.6万头；青峪猪“1+3+125”体系逐步完善，出栏青峪猪4.2万头，生猪调控基地保有量163个；出栏肉兔268.3万只。全县水产养殖面积3.8万亩，产量16 536吨；建成稻渔综合种养面积1.48万亩，繁殖“诺水斑鱼”鱼苗20万尾。

【长江禁渔】 建立“执法员+协管员”管护机制，组建渔政协助巡护队伍，开展禁渔知识宣讲500余人次，发放禁渔宣传资料1 700余份。开展“中国渔政亮剑2022”系列专项执法行动，查处非法捕捞案件24件、34人，没收钓鱼工具210余套(根、张)，处罚、教育违法违规人员10余人次；移送司法机关3件、6人次，罚没收入11.43万元。6月6日，开展全国“放鱼日”增殖放流活动，放流大鲵、岩原鲤珍稀水生动物和经济鱼类50.2万尾。

【“美丽四川·宜居乡村”建设】 围绕“美丽四川·宜居乡村”建设，常态化开展农村人居环境卫生集中整治，开展村庄清洁行动2次；持续开展“厕所革命”，完成新(改)建无害化卫生厕所8 600户。培育8家重点秸秆收储体系企业，共收贮秸秆6.6万吨。广纳镇金堂村、广纳镇梓潼村、诺水河镇玉皇坝村、烟溪镇钟凤村、唱歌镇唱歌郎村创建为全省乡村振兴示范村，杨柏太平场、泥溪镇梨园坝村2个村创建为省级第三批乡村治理示范村。申报空山火烧馍、广纳麻花等为四川省第三批农村生产生活遗产名录，剪纸艺人李亚雪、藤编艺人李海波被评为

"第六届农村手工艺大师"。

【农业项目】 累计储备"新一轮基础设施"项目43个，估算总投资222.6余亿元；储备精深加工项目15个，估算总投资17.7余亿元；编报金融支持农业农村基础设施重点项目51个，总投资115.3余亿元；申报基金、专项资金和国外贷款等项目25个，总投资83.94余亿元。建设山地肉牛产业集群建设项目等市级重点项目4个，建设高标准农田、粮油产业园等县级重点项目10个。

【农产品质量安全监管】 按照国家农产品质量安全县标准，开展"治违禁 控药残 促提升"三年行动，落实"智慧监管"机制。推动规模以上农产品生产经营主体全部入驻国家或省级追溯管理信息平台，指导全县358家农业生产经营主体、632家临时主体入驻国（省）质量追溯平台，共录入监管数据8 371条，录入生产2 512批次、销售信息49 378批次；年内开具合格证32 000余张，涉及食用农产品4万余吨。建设并授权农产品质量安全追溯示范主体10家。

【特色农副产品】 通江山地梅花鸡。通江山地梅花鸡是在秦巴山区自然演化形成的地方鸡遗传资源，原产地为通江县空山、两河口、青峪等北部及东北部高山区，生长地地处偏远山区，路途遥远，交通闭塞，外种鸡不易传入，加之独特的气候地理条件，经过长期人为和自然选择，逐步形成了外貌特征比较一致、遗传性比较稳定的鸡群体。通江山地梅花鸡是"巴中仅有，通江独有"的纯血统土鸡。其体型中等，头颈挺立，尾羽上翘，全身羽毛黄色、灰色和黑白条纹相间，呈现梅花斑纹，故名为山地梅花鸡。通江山地梅花鸡为肉蛋兼用型，平均开产日龄154天，年平均产蛋148枚，蛋壳白色，蛋黄重占蛋重的比重为48.5%，比普通鸡蛋高13个百分点。有就巢性，散养每窝产蛋14 ～ 17枚就巢。自孵带仔能力强，种蛋受精率在90.5%以上，受精蛋孵化率94.5%。3月龄前生长速度快，4月龄公鸡体重可达2 000克以上、母鸡体重可达1 600克以上。通江山地梅花鸡具有显著的"四高一低"特点，即"可食部分高、氨基酸含量高、烟酸含量高、硒锌元素含量高，胆固醇含量低"，其肌纤维弹性好，肉质细嫩清香，味道鲜美，营养丰富，具有很高的滋补保健价值。巴中市通江县立足优质生态环境、闲置劳动力资源丰富和通江山地梅花鸡品牌独特3个基础，发挥企业、政府、农户各自优势，以点带面，打造通江山地梅花鸡特色产业示范县。截至目前，通江县引入全产业链发展通江山地梅花鸡产业，培育通江山地梅花鸡龙头企业2家，新建梅花鸡种鸡场、养殖圈舍等3 500平方米，实现增收250万元以上，带动就业500余人。通江县与四川农大、省畜科院、市农林院深入合作，进一步提升优化本土养殖技术团队，为当地山地梅花鸡养殖对象提供专家技术支持，鼓励群众养殖，预计"十四五"末将培育新型经营主体1 000个以上。

【主要领导人】 县委书记：李玉甫；县人大常委会主任：吴天泉；县长：谭青松；县政协主席：王茂生；分管农业副县长：熊纯俊。

通江县编写组

平昌县

【基本情况】 2022年，全县辖28个镇3个街道393个村（居）委会（村246个、居委会147个），辖区面积2 229平方千米，其中耕地面积83.35万亩。全县户籍人口90.91万人，常住人口64.22万人。森林覆盖率55.4%。是川陕苏区革命老区县、全国休闲农业与乡村旅游示范县、全国"四好农村路"示范县、全国"双创"示范基地、全国十佳宜居县、全国十大魅力茶乡、全省乡村振兴重点帮扶优秀县。

【年度农业和农村经济发展】 2022年，全县居民人均可支配收入达26 387元，比上年增长5.5%，其中农村居民人均可支配收入达16 883元，比上年增长6.2%。全体居民年人均消费支出17 872元，增长5.6%，其中农村居民人均消费支出13 318元，增长6.3%。

【种植业】 优质粮食扩面增产。严格落实省委、省政府打造更高水平"天府粮仓"和市委、市政府"七条硬杠子"要求，坚决守好"粮袋子"。推进四级"田长制"管理和"五个一批"复垦整治，完成农户承包耕地撂荒整治21 586亩。推广大豆玉米带状复合种植7.9万亩，种植秋马铃薯5.5万亩，建立粮油示范基地10万亩（其中在白衣镇柳州社区建立功能拓展区1 000亩），建成高标准农田6.5万亩，改造宜机化土地2 913亩；粮食作物播种面积102.5万亩，为确保粮食安全奠定了基础。

茶叶产业提质增效。巩固提升10万亩标准化茶叶基地面积，全面推广茶叶机械采收和病虫害绿色防控技术，提升大宗茶生产加工能力。依托平昌县茶叶协会，推进国家地理标志产品"平昌青芽茶"品牌建设。全县茶叶采收面积较上年增加1.1万亩，同比增长6.1%。名优茶产量0.48万吨，同比增长66%。大宗茶产量0.92万吨，同比增长71%，总产值达11.36亿元。全县茶叶产业工作先后被《四川新闻联播》（11月22日）、中央电视台新闻频道《新闻直播间》（12月30日）宣传报道。

蔬菜、水产稳步发展。依托麦金地中央厨房等龙头企业，发展订单蔬菜种植2万亩，在白衣镇渔滩社区等地建成蔬菜专业村10个，新培育蔬菜生产主体10个，带动全县蔬菜持续稳定供给。

【畜牧业】 生猪生产稳产保供。制定《平昌县生猪产能调控实施方案》，稳定全县能繁母猪数量和生猪稳定增长形势。健全动物疫病“3+1”防控体系，严格落实非洲猪瘟等重大动物疫情防控和动物秋防要求，猪瘟等抗体水平达70%以上，养殖环节病死畜禽无害化处理达100%。平昌县乐顺冷链物流一体化项目（响滩镇）建成并投产，年可屠宰生猪50万头、加工生猪冷鲜肉3 500吨。前三季度，全县生猪出栏58.57万头。

肉牛产业发展。制定《平昌县支持肉牛产业发展十二条措施》，引进雅拉德荣公司实施优质肉牛全产业链项目，完成第一批订单能繁母牛养殖500头，开展合作养殖户培训4期、500余人次，发展优质牧草种植1.2万亩。雅拉德荣智能核心育种场已开工建设，带动全县发展肉牛规模养殖场386家。前三季度，全县肉牛出栏3.85万头。

实施“鱼米之乡”项目建设，在白衣、涵水等地建成稻鱼共生综合种养基地2万亩，新建高位水池8口，创建省级良种场、省级渔业资源保护基地各1个，扩繁“江口青鳙”1 500万尾，发展生态水产养殖5.3万亩。

【农村改革】 全面完成农村集体产权制度改革，规范成立村股份经济合作社378个，总结推广产业引领、资产运营等10种集体经济发展典型模式。实施国家级和省级农民合作社质量提升整县推进试点项目，市级以上示范社规范化水平达72.6%，全县入选全国农民合作社质量提升整县推进试点重点县。建立平昌县村级财务审核记账中心，全县“三资”管理平台已投入运行。2022年，全县实现村级集体经济总收入2 057.4万元，同比增长993.5万元，增幅达93.4%，其中10万元以上的村达47个，占比达12.4%。

【巩固脱贫攻坚成果同乡村振兴有效衔接】 成立由县委书记、县长任双组长的县委农村工作领导小组，压实县、镇、村三级抓巩固衔接的主体责任。召开县委常委会20次、县政府常务会18次、县委农村工作领导小组会6次，县委、县政府主要领导和分管领导累计实地调研督导220余次。建立“县委农办牵头抓总、农业农村局统筹落实、乡村振兴局具体推进、县级部门密切配合”的一体化推进机制。出台《平昌县巩固脱贫攻坚成果同乡村振兴有效衔接的实施意见》，制定34个配套文件，构建“1+34”政策体系，保持脱贫攻坚期间财政、金融、产业、社会救助等兜底政策的连续性和稳定性。

【主要领导人】 县委书记：张勋；县人大常委会主任：张廷发；县长：杜小兵；县政协主席：何效德；分管农业副县长：万学成。

平昌县编写组

雅　安　市

【基本情况】 2022年，全市辖2区6县，辖区面积1.53万平方千米。全市常住人口143.3万人，常住人口城镇化率54.02%，比上年提高0.47个百分点。全年出生人口10 178人，人口出生率6.72‰；死亡人口14 227人，人口死亡率9.39‰；人口自然增长率-2.67‰。

年末有效灌溉面积53.93千公顷。有森林和野生动物类型自然保护区6个、面积18.1万公顷，珍稀鱼类自然保护区3个、面积0.75万公顷。年末实有森林管护面积966.06千公顷，森林覆盖率69.42%，继续稳居全省第一位。

2022年，全市实现地区生产总值902.51亿元，按可比价格计算，比上年增长4%，其中第一产业增加值169.45亿元，增长4.6%；第二产业增加值283.66亿元，增长3.9%；第三产业增加值449.4亿元，增长3.7%。三次产业对经济增长的贡献率分别为23.3%、29.9%和46.8%。三次产业结构比调整为18.8∶31.4∶49.8。

全社会固定资产投资比上年增长10.9%。社会消费品零售总额306.17亿元，同比增长1.7%，其中城镇消费品零售额212.94亿元，增长2%；乡村消费品零售额93.23亿元，增长1.1%。全年进出口总额54.07亿元，比上年增长317.4%，其中出口额14.59亿元，增长84.8%；进口额39.48亿元，增长680.6%。

全年交通建设固定资产投资完成66亿元，其中高速公路项目完成投资21亿元，年末高速公路通车里程376千米；国、省干线公路完成投资26亿元，建设里程156千米；农村公路建设完成投资11.5亿元，建设里程699千米，其中县、乡道9千米，村道568千米，旅游公路、产业路122千米；危桥、安保、大中修等专项工程完成投资7.5亿元。全年完成公路客运量695万人，下降27.5%；完成公路客运周转量32 233万人/千米，下降29.4%。完成公路货运量6 070万吨，下降2.6%；完成公路货运周转量698 937万吨/千米，增长3.3%。全年完成邮政业务总量4.62亿元，增长19.5%；年末固定宽带接入用户数67万户，移动电话用户数169万户。全年地方一般公共预算收入完成65.57亿元，同口径增长19.7%，其中税收收入39.28亿元，同口径增长12.3%，占地方一般公共预算收入的比重为59.9%；一般公共预算支出185.2亿元，增长10.6%。年末金融机构人民币各项存款余额1 562.02亿元，比上年末增长11.7%，其中住户存款1 124.86亿元，比上年末增长14.7%；各项贷款余额1 157.92亿元，比上年末增长18.5%。

有各级各类学校489所（不含高等学校），在校学生209 089人，教职工19 809人（其中专任教师15 690人），其中幼儿园283所，在园幼儿（含小学附设幼儿班）45 943人；小学128所（另有小学教学点41个），在校学生85 016人；初中51所（其中初级中学36所、九年一贯制学校15所），在校学生42 014人；特殊教育学校3所，在校学生885名；普通高中学校16所，在校学生23 507人；中等职业教育学校8所（另有雅安职业技术学院及雅安第一特殊教育学校附设中职班），在校学生12 375人。

申报国家高新技术企业16家，共有国家高新技术企业64家。全年专利授权量1 357件，比上年下降7.4%，其中发明专利授权量138件，增长48.4%。全市有效发明专利590件，每万人发明专利拥有量4.1件，增长24.2%。有文化馆9个，公共图书馆9个，美术馆5个，乡（镇）综合文化站127个，街道文化服务中心15个，农家书屋729个，社区书屋98个，寺庙书屋1个。有博物馆（纪念馆）16个，文物保护管理机构9个。广播综合人口覆盖率98.24%，比上年提高0.01个百分点；电视综合人口覆盖率99.05%，比上年提高0.02个百分点。有线电视用户达24.07万户。有医疗卫生机构1 265个（含医院47个、卫生院89个、社区卫生服务中心（站）7个、村卫生室573个、诊所门诊部和医务室515个、专业公共卫生机构29个、其他机构5个），病床位14 851张，卫生技术人员14 182人（其中执业医师4 156人、执业助理医师972人、注册护士6 181人）。47个医院中，执业医师2 643人，执业助理医师225人，注册护士5 032人；89个乡（镇）卫生院中，执业医师550人，执业助理医师461人，注册护士549人；7个社区卫生服务中心（站）中，执业医师90人，执业助理医师49人，注册护士106人；29个专业公共卫生机构中，执业医师277人，执业助理医师55人，注册护士166人。全年农村户用卫生厕所普及率达96%。全市无甲类法定传染病发病、死亡报告，乙丙类法定传染病22种11 086例。孕产妇死亡率22.66/10万、婴儿死亡率1.36‰。

【年度农业和农村经济运行】 2022年，全市农村居民人均可支配收入达18 794元，增长6.9%。农村居民年人均生活消费支出达15 798元，增长7.5%，其中食品烟酒支出增长7.9%、生活用品及服务支出增长10%、交通通信支出增长10.2%、医疗保健支出增长10.5%。全年营造林面积20.12万亩。全年水产养殖面积1 349公顷，增长0.2%；水产品产量11 761吨，增长3%，均为淡水养殖产量。全年新增综合治理水土流失面积160.36平方千米。解决改善农村饮水不安全人口11.7万人。年末农业机械总动力167.45万千瓦，新增0.57万千瓦，增长0.3%。全年农村用电量106 260万千瓦时，增长16.5%。

【种植业】 全年粮食作物播种面积106.8万亩，增加2.2万亩，增长2.1%；油料作物播种面积11.7万亩，下降0.1%；中草药材种植面积12.3万亩，增长2%；蔬菜播种面积48.9万亩，增长2.1%。全年粮食总产量36.4万吨，比上年减少0.3万吨，减少0.8%，其中小春粮食产量增长1.5%，大春粮食产量减少1.2%。经济作物中，油料产量1.5万吨，增长0.5%；蔬菜产量79.5万吨，增长3%；茶叶产量10.4万吨，增长4.2%；园林水果产量63.2万吨，增长9.4%。

【畜牧业】 全年生猪出栏136.2万头，增长3.8%；牛出栏5.7万头，增长3.5%；羊出栏22.9万只，增长0.3%；家禽出栏745.1万只，增长2.1%；兔出栏139.1万只，减少26.2%。禽蛋产量2.6万吨，减少5.9%；牛奶产量2.9万吨，减少13.3%。

【农村教育】 实现义务教育全免费，全年免除学杂费、教科书费、作业本费共计25万人次，发放义务教育阶段贫困学生生活补助2.02万人；农村义务教育学生营养改善计划覆盖8.13万人；减免学前教育保教费2.75万人；为家庭困难普通高中学生发放助学金共计0.8万人，免除家庭经济困难普通高中学生学费0.73万人；为中等职业学校家庭经济困难学生发放国家助学金0.28万人，免除中等职业学校学生学费0.57万人；资助普通高校家庭经济困难学生0.13万人。投入中央、省级资金8 399万元，实施义务教育薄弱环节改善与能力提升项目。

【农村社会保障】 全市城乡居民养老保险覆盖人数49.61万人，比上年末增加0.42万人。城乡居民基本医疗保险覆盖人数117.1万人，全市城乡居民医疗保险参保覆盖率稳定在95%以上。农村最低生活保障标准为每人每月530元，全年纳入农村低保人数35 185人。全市城乡特困人员5 379人全部被纳入政府供养范围，其中农村人口5 000人。全市重点救助对象政策范围内住院自付费用救助比例达到75%，资助110 650名困难群众参加基本医疗保险。全市在运营养老服务机构数28个、床位5 062张，其中养老型床位1 924张、护理型床位3 138张；全市在运营养老服务设施数177个、床位744张，其中养老服务综合体床位58张、日间照料中心床位558张、农村幸福院床位128张。

【主要领导人】 市委书记：李酌；市人大常委会主任：白云；市长：彭映梅；市政协主席：戴华强；分管农业副市长：邓朝金。

雅安市编写组

雨城区

【基本情况】2022年，全区辖5个街道8镇，辖区面积1 066.79平方千米。全区常住人口36.9万人，常住人口城镇化率64.72%，比上年提高0.85个百分点。全年出生人口2 110人，人口出生率6.2‰；死亡人口3 505人，人口死亡率10.3‰；人口自然增长率–4.1‰。

2022年，全区实现地区生产总值248.27亿元，同比增长4.3%，其中第一产业实现增加值35.24亿元，同比增长4.5%，对经济增长的贡献率为16.1%，拉动经济增长0.7个百分点；第二产业实现增加值66.71亿元，同比增长7.6%，对经济增长的贡献率为45.7%，拉动经济增长1.9个百分点（工业实现增加值63亿元，同比增长8.1%；建筑业实现增加值3.81亿元，同比增长0.2%）；第三产业实现增加值146.31亿元，同比增长2.7%，对经济增长的贡献率为38.2%，拉动经济增长1.7个百分点。三次产业占地区生产总值的比重由上年同期的14.1∶25.7∶60.2调整为14.2∶26.9∶58.9。

全社会固定资产投资同比下降12.3%。社会消费品零售总额92.89亿元，同比增长2.2%，其中城镇79.25亿元，同比增长2.6%；乡村13.64亿元，同比增长0.3%。全年完成进出口总额6 721万元，同比增长5.8%。

全区通车里程1 062.123千米，全年完成公路客运周转量12 538.3万人/千米，下降26.03%；完成公路货运周转量309 341万吨/千米，增长3.33%。全年完成邮政业务总量1.98亿元，增长24.5%。年末有固定电话用户6.125 3万户，移动电话用户46.591万户。一般公共预算收入完成70 557万元，增长24.8%；一般公共预算支出230 320万元，增长20.6%。金融机构人民币各项存款余额643.62亿元，同比增长11.5%，其中住户存款余额383.07亿元，同比增长15.3%；金融机构人民币各项贷款余额523.31亿元，同比增长16.6%。

有各级各类学校91所（高等教育附设中职班和高等教育院校不计校数），在校学生56 695人，教职工5 316人（其中专任教师4 217人），其中幼儿园47所，在园幼儿（幼儿园、附设班）10 357人；小学22所（另有小学教学点2个，不计所数），在校学生21 455人；初中12所（初级中学4所，九年一贯制学校8所），在校学生10 483人，"普九"人口覆盖率为100%；特殊教育学校1所，在校学生147人；普通高中学校6所，在校学生6 387人；中等职业教育学校3所（另有雅安职业技术学院附设中职班1个，不计所数），在校学生7 553人。有文化馆1个，文化站22个，公共图书馆1个，全民健身中心1个。有博物馆（纪念馆）1个，文物保护管理机构1个。广播综合人口覆盖率97%，电视综合人口覆盖率97.1%。有线电视用户达2.91万户。有医疗卫生机构342个（含医院15个，卫生院8个，社区卫生服务中心/站4个，村卫生室93个，门诊部诊所3个，卫生所/室、医务室、中小学卫生保健所208个，专业公共卫生机构8个，其他机构3个），病床位6 671张，卫生技术人员5 789人、执业（助理）医师1 972人、注册护士2 798人，其中医院15个，执业（助理）医师1 342人、注册护士2 407人；妇幼保健机构2个，执业（助理）医师40人、注册护士21人；乡（镇）卫生院8个，执业（助理）医师143人、注册护士84人；社区卫生服务中心（站）4个，执业（助理）医师59人、注册护士49人。全区共报告法定传染病15种3 874例，死亡9例，报告发病率为1 041.49/10万，报告死亡率2.42/10万；孕产妇死亡率64.98/10万，婴儿死亡率2.6‰。

【年度农业和农村经济运行】2022年，全区实现农林牧渔业总产值50.44亿元，同比增长4.7%，其中农业总产值30.2亿元，增长5.1%；林业总产值7.55亿元，增长7.8%；畜牧业总产值11.34亿元，增长2.1%；渔业总产值0.45亿元，增长0.8%；服务业总产值0.91亿元，增长7.2%。全区全年实现农林牧渔业增加值35.24亿元，同比增长4.5%；农林牧渔专业及辅助性活动增加值0.54亿元，同比增长8.2%。全年农村居民年人均可支配收入达20 959元，同比增长7.2%，其中工资性收入11 560元，同比下降7.2%；经营净收入6 328元，同比增长7.5%；财产净收入503元，同比增长6.8%；转移净收入2 568元，同比增长6.7%。农村居民人均生活消费支出16 165元，同比增长8%，其中食品烟酒人均消费支出5 380元，同比增长8.8%；衣着人均消费支出1 116元，同比增长8.5%；居住人均消费支出3 731元，同比增长8.8%；生活用品及服务人均消费支出981元，同比增长8.5%；交通通信人均消费支出1 988元，同比增长8.4%；教育文化娱乐人均消费支出1 151元，同比增长7.9%；医疗保健人均消费支出1 570元，同比增长3.2%；其他用品和服务人均消费支出248元，同比增长6.4%。

【种植业】全年粮食作物播种面积9 966.07公顷，增加57.07公顷；粮食总产量49 134吨，减少570吨，同比下降1.1%。其中，玉米播种面积4 333.33公顷，增加48.33公顷，同比增长1.1%；产量23 920吨，减少245.5吨，同比下降1%。豆类播种面积1 344.73公顷，增加97.73公顷，同比增长7.8%；产量2 275吨，增加193吨，同比增长9.3 %。薯类播种面积2 368公顷，减少48.7公顷，同比下降2%；产量8 740吨，减少164吨，同比下降1.8%。稻谷播种面积1 920公顷，减少40公顷，同比下降2%；产量14 198吨，减少355吨，同比下降2.4%。经济作物中，油料播种面积688公顷，增加4公顷，同比增长0.6%；产量1 889吨，增加22吨，同比增长1.2%。蔬菜和食用菌种植面积5 537公顷，增加41.3公顷，同比增长0.8%；产量243 556吨，增加8 139吨，同比增长3.5%。实有茶园面积19 841公顷，比上年同期持平；茶叶产量36 737吨，比上年同期增长4.2%；水果产量14 565吨，增加1 539吨，增长11.8%。

【畜牧业】 全年肉类总产量20 108吨，增加682吨，增长3.5%；禽蛋产量4 951吨，增加5吨，增长0.1%；奶类产量26 165吨，减少4 735吨，降低15.3%。

【农村教育】 全区实现义务教育全免费，全年免除学杂费、教科书费、作业本费共计31 938人。发放义务教育阶段贫困学生生活补助5 641人次；农村义务教育学生营养改善计划覆盖6 960人；减免学前教育保教费2 366人次；为家庭困难普通高中学生发放助学金共计2 072人次，免除家庭经济困难普通高中学生学费2 072人次；为中等职业学校家庭经济困难学生发放国家助学金696人次，免除中等职业学校学生学费4 980人次；资助普通高校家庭经济困难学生43人。投入中央、省级、市级资金230万元对农村薄弱学校进行改造。

【农村社会保障】 全区城乡居民养老保险覆盖人数7.4万人，与上年末持平。城乡居民基本医疗保险覆盖人数23.8万人，参保覆盖率稳定在98%以上。截至2022年12月，农村最低生活保障标准为每人每月530元，共有农村低保对象3 506户、5 422人，累计月人均补助水平为336.7元。全区共有城乡特困人员748人，其中农村95人。全区养老服务设施总床位数1 147张，其中养老机构床位498张、医养结合机构床位450张、社区养老服务综合体床位12张、日间照料中心床位187张。

【主要领导人】 区委书记：冯俊涛；区人大常委会主任：李健强；区长：陈建伟；区政协主席：张燕；分管农业副区长：韩东。

雨城区编写组

名 山 区

【基本情况】 2022年，全区辖2个街道11镇98个村17个社区944个村民小组，辖区面积614平方千米。年末总户数88 268户、总人口27.399 4万人，其中男性人口13.947 9万人、女性人口13.451 5万人，人口性别比为103.7∶100。全区常住人口25.4万人，常住人口城镇化率44.29%。森林资源总面积4.75万公顷（其中林地面积2.88万公顷），森林蓄积量171万立方米，森林覆盖率77.3%。义务种植林竹55.96万株，完成营造林0.12万公顷。

2022年，全区实现地区生产总值1 208 956万元，按可比价格计算，增长4.5%，其中第一产业增加值331 873万元，增长4.6%；第二产业增加值396 167万元，增长2.6%；第三产业增加值480 916万元，增长5.8%。三次产业对经济增长的贡献率分别为31.1%、18.2%和50.7%，分别拉动地区生产总值增长1.4个、0.8个和2.3个百分点。三次产业结构比调整为27.5∶32.8∶39.8。人均地区生产总值47 597元，增长4.7%。有国家级农业产业化龙头企业1家、省级龙头企业12家、市级龙头企业18家、县级龙头企业5家。

全区全社会固定资产投资增长19.8%。社会消费品零售总额42.42亿元，增长1.2%，其中城镇市场实现消费品零售额18.36亿元，增长1.4%；乡村市场实现消费品零售额24.06亿元，增长1.1%。全区招商引资到位资金63.57亿元，增长10.62%，其中省外到位资金17.88亿元，增长84.52%。

境内公路总里程1 212.75千米，其中等级公路（含高级、一、二、三和四级公路）1 165.592千米、高速公路47.158千米。全年完成公路客运周转量2 670.8万人/千米，公路货运周转量135 609万吨/千米。全区所有社区、行政村已全部实现通硬化路、通客车，通硬化路、通客车覆盖率达到“两个100%”。一般公共预算收入完成4.24亿元，增长40.5%，其中税收收入1.96亿元，下降3.3%；一般公共预算支出16.77亿元，增长6.5%。全区各项存款余额230.01亿元，较年初增长17.44%，其中住户存款余额186.87亿元，较年初增长13.17%；各项贷款余额136.34亿元，较年初增长23.94%。

有幼儿园66所、小学18所（含民办学校1所）、初中13所（含九年一贯制学校3所）、高中3所（含民办完全中 学1所）；学前教育在园幼儿7 513人，小学在校学生14 536人，初中在校学生7 462人，高中在校学生4 152人；学前教育有专任教师443人，小学有专任教师901人，初中有专任教师633人，高中有专任教师310人；普惠幼儿园覆盖率达86.9%。全区共有注册商标1 876件；专利96件，其中发明专利12件、实用新型专利28件、外观设计专利56件。2022年新增注册商标244件、专利2件，其中外观设计专利2件。有国家级高新技术企业5家。有图书馆1个，文化馆1个，博物馆1个，美术馆1个，剧场、影剧院2个，体育场馆1个，综合文化站20个。有医疗卫生机构199个，病床位1 833张。全区婚检率97.8%，孕检率102.3%，孕产妇零死亡；婴儿死亡率0.9‰，5岁以下儿童死亡率5.5‰。城乡居民养老保险参保人数117 480人，为3 957名特殊困难群体代缴城乡居民养老保险费，实现符合条件的人员养老金发放全覆盖。

【年度农业和农村经济运行】 2022年，全区实现农林牧渔业总产值590 055万元，增长6.4%，其中种植业产值433 435万元，增长10.5%；林业产值5 641万元，增长2.5%；牧业产值135 840万元，增长3.4%；渔业产值4 529万元，增长3.1%；农林牧渔服务业产值10 610万元，增长6.6%。中峰镇海棠村和百丈镇解放村入选省级乡村旅游村镇。组织马岭镇、红星镇、百丈镇继续推广农村生活污水治理散户湿地模式，截至2022年年底，已完成85处。

【种植业】 全区粮食作物播种面积1.11万公顷，增长1.4%；产量6.81万吨。全区茶园面积2.35万公顷；干茶产量5.68万吨，增长4.17%。"蒙顶山茶"区域公用品牌价值达43.99亿元，比上年增加3亿元，品牌价值量分别位居全国第十、全省第一。

【畜牧业】 全区畜牧业生产发展总体平稳，全区生猪存栏42.4万头，其中能繁母猪存栏3.74万头；生猪出栏58.29万头，肉类产量4.57万吨。建设国家级生猪保供基地1个、省级生猪保供基地1个、市级生猪保供基地6个，巩固了国家级生猪调出大县地位。

【农村教育】 全面实施农村义务教育学生营养改善计划，惠及学生11 316人，补助资金1 039.5万元。实现对各级各类学生资助的全覆盖，全年共资助学生15 638人次，发放资助资金1 787.2万元。

【主要领导人】 区委书记：余云峰；区人大常委会主任：高佳秀；区长：周万有；区政协主席：倪林；分管农业副区长：马忠强。

名山区编写组

天　全　县

【基本情况】 2022年，全县辖10个乡（镇），辖区面积2 390.29平方千米，其中耕地面积11.276 85万亩，人均耕地面积0.766亩；基本农田8.975 4万亩。年末总人口147 276万人（户籍人口），减少0.796%；人口出生率6.01‰，人口自然增长率–4.13‰。

2022年，全县实现地区生产总值83.405 4亿元，增长4.1%，其中第一产业增加值15.199亿元，增长4.1%；第二产业增加值27.101 3亿元，增长3%（工业产值26.293 13亿元，增长11.5%）；第三产业增加值41.105 1亿元，增长4.8%。三次产业对经济增长的贡献率分别为19.6%、22.8%和57.6%。全年接待游客350.25万人，实现旅游收入259 200万元。

全年交通运输、仓储和邮政业增加值7 747万元，比上年增长1.7%。境内公路总里程893.584千米，其中国道169.035千米、省道35.043千米、县道224.046千米、乡道290.57千米、村道174.89千米；二级公路86.211千米、三级公路65.243千米、四级公路579.333千米、等级外公路94.778千米、高速公路68.019千米。全年完成货运量260.2万吨，货物运输周转量29 961.7万吨/千米，比上年增长3.69%；客运量76.4万人，公路客运周转量3 542.1万人/千米，比上年下降29.07%。社会消费品零售总额28.079 33亿元，增长1.6%。地方公共财政预算总收入完成4.101 4亿元，增长29.7%；公共财政预算总支出16.448 7亿元，增长1.1%。金融机构各项存款余额118.1亿元，比上年初增长5.9%；各项贷款余额89.43亿元，比年初增长12.3%，其中支持农业产业化发展项目贷款315 566万元。

有各类学校49所，在校学生16 719人，教职工1 415人，其中普通中学8所，在校学生6 901人；小学29所，在校学生7 543人。有文化馆1个，公共图书馆1个。有卫生机构108个，病床位1 463张，卫生技术人员1 499人。

【年度农业和农村经济运行】 2022年，全县实现农业总产值25.601 8亿元，增长4.24%。农民年人均可支配收入达217 293元，增长6.9%。投入2022年中央衔接资金120万元，其中用于产业发展73.94万元，比例为61.6%；省级衔接资金3 239万元，用于产业发展2 010.87万元，比例为62.08%。成立"天全县惠农合作社全程农事服务中心"，形成"全程机械化+综合农事"服务中心。全县全年优良天数比例为97.3%，比上年提高0.6个百分点。全年农作物受灾面积6.578公顷，其中绝收面积0.44公顷。

【种植业】 印发《关于采取切实举措促进粮食和大豆生产的工作方案》，在始阳镇罗代村建成大豆玉米带状复合种植示范片100亩，并在仁义、新华、新场等乡（镇）推广。全年粮食作物播种面积12.36万亩，总产量4.51万吨，其中小春粮食作物播种面积3 100亩，产量637吨；大春粮食作物播种面积12.05万亩，产量4.44万吨。

【林业】 申报第四批省级现代方竹产业基地和竹林人家。编制《天全县2022年油茶基地建设项目营造林作业设计》，投资60万元改造油茶基地1 000亩，投资100万元新建油茶产业基地1 000亩。出台《天全县2022年乡村振兴发展奖补办法》，支持现代竹林产业园区建设。思经镇获评省级竹林乡镇。新认定天全县大岗山林草中药材现代林竹产业园区为县级现代林竹产业园区。

【畜牧业】 全年肉猪出栏100 001头，增长5%；牛出栏3 559头，增长0.9%；羊出栏11 576只，下降23%；家禽出栏1 347 156只，下降21.4%。猪肉产量增长8.6%，牛肉产量增长0.1%，羊肉产量下降34.2%，禽蛋产量下降74.15%。

【农村水利】 完成始阳水库、双雁窝水库、上游水库3座公益性水库大坝、库周等的维修养护，对全县31座农村供水工程进行滤料更换、设备维护、管材维修更新等。

【农村科技】 全年组织申报省级项目8项，已立项4项，获得支持资金90万元；申报市级项目6个，立项2个，获得支持资金26万元。

【农村教育】 建立中小学校长工作室、中小学班主任工作室等12个县级乡村教师工作室，有68名专家培训团队，共有研修学员323人。12个县级乡村教师工作室分别开展集中研修和“送培送教到校”活动。

【农村文化】 建成并向公众免费开放图书馆、文化馆、红军纪念馆，全县文化基础设施建设不断完善。全县共有文化馆1个、文化站15个、公共图书馆1个、农家书屋138个、红军纪念馆1个。

【农村卫生】 印发《天全县乡村医生养老保障机制实施方案》，全县有在岗村医17人，已全部参加养老保险。在乡村建制调整后全县共有行政村79个，其中9个村为乡（镇）卫生院所在地不设置村卫生室，剩余70个村根据“一村一室”的原则均设置村卫生室，实现卫生室和人员100%全覆盖。

【农村法制建设】 在城厢镇文定街新建200余平方米公共法律服务中心和法律援助中心1个。全县10个乡（镇）均建有公共法律服务工作站。全县96个村（社区）均建成公共法律服务室，均安排和聘请了法律顾问，建成率和法律顾问配备率均达100%。

【农村社会保障】 全年参加基本医疗保险人数136 539人，其中城乡居民医疗保险参保人数116 311人，参加城乡居民养老保险人数55 814人。纳入城乡低保人数4 259人，其中农村低保人数4 018人、城镇低保人数241人。农村最低生活保障标准为465元/月，比上年提高25元/月；城镇最低生活保障标准为625元/月，比上年提高25元/月。有城乡特困人员581人，其中集中供养人数124人，集中供养率达21.34%。

【农产品质量安全监管】 推广病虫害绿色防控技术、有机肥替代化肥技术，全县规模养殖场粪污处理设施装备配套率达100%。在全县52处农资经销处、所有行政村均设置废旧农膜回收点。

【农村市场体系建设】 制定并印发《天全县加快农村寄递物流体系建设的实施方案》（天府办发〔2022〕24号），全县10个乡（镇）、79个行政村均设立农村寄递物流服务站（点），覆盖率达100%。

【农村留守儿童帮扶】 印发《关于进一步健全农村留守儿童和困境儿童关爱服务体系的实施方案》《关于进一步加强寒假春节期间孤儿、事实无人抚养儿童、农村留守儿童关爱服务的通知》，健全关爱机制，加强儿童关爱保障。印发《天全县2022年农村留守儿童·困境儿童关爱保护工作专项治理行动方案》，对全县的各类儿童进行摸排统计，建立台账，完善信息系统，落实监护责任。全面落实孤儿、事实无人抚养儿童等特殊困难儿童基本生活、教育、医疗等政策。

【主要领导人】 县委书记：余力；县人大常委会主任：陈颖；县长：钟雪琴；县政协主席：李家顺；分管农业副县长：徐良。

天全县编写组

芦山县

【基本情况】 2022年，全县辖6镇1乡1个街道33个村（社区）238个村（居）民小组，辖区面积1 191.2平方千米。全县户籍人口11.706 5万人。全年出生人口791人，人口出生率6.76‰；死亡人口892人，人口死亡率7.62‰；人口自然增长率–0.86‰。

2022年，全县实现地区生产总值60.31亿元，按可比价格计算，比上年增长4.2%，其中第一产业增加值13.79亿元，增长4.4%；第二产业增加值19.57亿元，增长2.9%；第三产业增加值26.95亿元，增长5%。三次产业对经济增长的贡献率分别为26.1%、21%和52.9%。人均地区生产总值60 613元，增长4.2%。三次产业结构比为22.9∶32.5∶44.7。全年接待游客301.9万人次，比上年下降14.6%；实现旅游总收入22.89亿元，比上年下降13.7%。

全社会固定资产投资比上年增长19.8%。社会消费品零售总额25.33亿元，比上年增长2.3%，其中城镇消费品零售额14.15亿元，增长2.4%；乡村消费品零售额11.18亿元，增长2.2%。全年引进到位资金总额65.12亿元，比上年增长6.5%，其中引进到位省外资金26.64亿元，增长28.4%。全年进出口总额1 733.6万美元，比上年增长62%，其中出口额1 207.4万美元，增长218.4%；进口额526.2万美元，下降23.8%。

全年完成货运周转量13 267万吨/千米，比上年增长4.4%；完成客运周转量1 581.9万人/千米，下降49.3%；完成交通运输总周转量13 425.2万吨/千米，增长3.1%。全年完成邮电业务总量10 154.31万元，比上年增长19.7%。有固定电话用户20 595户，移动电话用户118 025户，互联网用户42 524户。地方一般公共预算收入完成30 145万元，比上年增长47.1%，其中税收收入13 935万元，增长62.1%；地方一般公共预算支出139 681万元，增长20.3%。年末金融机构本外币各项存款余额80.79亿元，比上年增长14%；本外币各项贷款余额55.93亿元，增长25.6%。

有各类学校45所，在校学生12 801

人，教职工1 308人（专任教师1 150人），其中小学17所、教学点1所、九年一贯制小学1所，在校学生5 744人，小学学龄儿童入学率100%；初级中学2所、九年一贯制学校初中1所、完全中学初中部1所，在校学生2 466人；公办幼儿园11所、民办普惠性幼儿园12所，在校学生3 030人；普通高中1所，在校学生1 561人。全县获得授权专利117件，其中实用新型专利110件、外观设计专利7件。全县申报省级科技项目5个、市级科技项目5个，到位项目资金50万元。年末高新技术企业保有量3家。有艺术表演场所及活动广场45个，文化馆1个，文化站9个（其中省级示范乡镇综合文化站2个），公共图书馆1个，农家书屋27个，社区书屋7个，省级文化产业示范基地1个。有博物馆1个，文物保护管理机构1个，全国重点文物保护单位4处、省级文物保护单位9处、市级文物保护单位8处。新建成农村广播“村村响”67个，无线数字电视全面开通。有无线广播电台1座、融媒体中心1座、中短波发射台和转播台2座，广播综合覆盖率99.9%，电视综合覆盖率99.9%。有线电视用户4 700户，数字电视用户3 850户，直播卫星793户。有医疗卫生机构98个（医院6个、基层医疗卫生机构8个、专业公共卫生机构3个、村卫生室22个、个体诊所59个），实有病床位766张，卫生技术人员755人（执业医师193人、执业助理医师80人、注册护士291人）。全年农村自来水普及率、卫生厕所普及率分别为100%和96.3%，分别与上年持平和提高2.9个百分点。城乡居民基本医疗保险制度覆盖全部乡（镇、街道），全年城镇职工和城乡居民基本医疗保险参保人数109 086人。法定传染病报告发病率436.73/10万。5岁以下儿童死亡率为1.27‰。

【年度农业和农村经济运行】 2022年，全县农村居民人均可支配收入达17 409元，比上年增长6.9%，其中工资性收入9 676元，增长6%；农村居民人均生活消费支出17 467元，增长7.5%，其中居住消费支出增长7.6%，生活用品及服务支出增长6.8%，交通通信支出增长8.3%，医疗保健消费支出增长6.3%。年末有效灌溉面积3 534公顷。全年新增综合治理水土流失面积1 550公顷。有效保障饮水安全人口7.51万人。新增农业机械总动力0.1万千瓦，农业机械总动力达17.04万千瓦，增长0.6%。实施4个乡（镇）及以下集中式饮用水水源保护区监管。新建农民体育健身工程2个。

【种植业】 全年粮食作物播种面积5 038.33公顷，增长1.9%；油料作物播种面积929公顷，增长6.4%；药材播种面积1 128公顷，增长3.2%；蔬菜及食用菌种植面积2 548公顷，增长3.1%。全年粮食总产量26 640吨，比上年下降1.4%，其中小春粮食增产2.9%、大春粮食减产1.6%。经济作物中，油料产量1 902吨，增长9.2%；蔬菜及食用菌产量53 784吨，增长4.2%；茶叶产量1 230吨，增长6.9%；药材产量13 420吨，增长9.6%。

【林业】 全年完成营造林面积1 166.7公顷，其中人工造林面积33.33公顷、营林面积1 133.33公顷。义务植树25.8万株，参与人数7.1万人，折合面积57公顷。年末实有森林管护面积56 648.8公顷，森林覆盖率78.2%，与上年持平。

【养殖业】 全年生猪出栏85 030头，比上年增长4.3%；牛出栏2 769头，增长5.4%；羊出栏6 956只，下降1.2%；禽出栏1 020 319只，下降11.7%。肉产量、禽蛋产量分别增长1.7%、0.1%，牛奶产量下降17.1%。 全年水产品产量881吨，增长2.9%。

【农村社会保障】 全县参加城乡居民养老保险人数36 093人，参加城乡居民基本医疗保险人数93 968人。全年纳入农村低保人数3 000人，农村最低生活保障人均补助水平为530元，比上年提高65元。将符合条件的特困供养对象全部纳入供养范围，共计700人，其中集中供养特困151人，集中供养率达21.57%。养老服务设施总床位数1 064张。全年城乡困难群众门诊救助8 611人次，发放救助资金111万元，人均标准达128.9元。

【主要领导人】 县委书记：杨俊；县人大常委会主任：高永洪；县长：岑永杰；县政协主席：朱文华；分管农业副县长：熊碧波。

芦山县编写组

宝兴县

【基本情况】 2022年，全县辖3镇4乡35个村3个社区，辖区面积3 114平方千米，总人口5.8万余人。

2022年，全县实现地区生产总值44.38亿元，增长4.6%。规上工业增加值增长9.2%。一般公共预算收入完成7.59亿元，位列全市第一方阵。全社会固定资产投资比上年增长17.6%。社会消费品零售总额10.887亿元，同比增长0.9%。

【有机农业建设】 全县以“三个十万产业链”为引领的有机农业发展良好。有机牦牛和藏香猪、有机中药材、有机果蔬三大产业成链见效，新认证“两品一标”农产品3个，新培育“友好型”农产品4个，“宝兴藏香猪”“宝兴山药”入选全国名特优新农产品名录。食用菌产业园创建为省三星级现代农业园区，藏香猪产业园被评为市四星级现代农业园区，大圆包产业园和黄柏产业园被评为市现代林竹产业园区。开展耕地保护专项整治行动，各级耕地保护反馈问题按时销号。全面落实田长制，完成1 700亩高标准农田建设，粮食产量稳定在2.4万吨以上；超额完成市下达的5.1万头生猪生产目标任务，获评全省畜牧业统计调查数据管理工作先进县。

【主要领导人】 县委书记：罗显泽；县人大常委会主任：明登英；县长：王惠明；县政协主席：朱和超；分管农业副县长：岳国锐。

宝兴县编写组

荥 经 县

【基本情况】 2022年，全县辖4乡7镇1个街道，辖区面积1 781平方千米，其中耕地面积3.909 9万亩，比上年增长0.48%，人均耕地面积0.27亩；基本农田2.801 7万亩。年末总人口14.475 6万人（户籍人口），下降0.5%；人口出生率6.35‰，下降0.64个千分点；人口自然增长率-3.03‰，下降2.94个千分点。本地水资源总量19.6亿立方米，人均占有水资源量14 961.81立方米。有林业用地16.54万公顷，有林地面积16.54万公顷，活立木总蓄积量1 536.79万立方米，森林覆盖率80.31%。

2022年，全县实现地区生产总值87.98亿元，增长4.4%，其中第一产业增加值15.68亿元，增长4.4%，农、林、牧、渔及农林牧渔服务业之比为61.7∶12.5∶22.9∶1.2∶1.7；第二产业增加值27.39亿元，增长2.5%（工业产值21.75亿元，增长0.9%）；第三产业增加值44.91亿元，增长5.4%。三次产业对经济增长的贡献率分别为19.7%、17.1%和63.2%。劳务输出3.8万人，收入102 000万元。全年接待游客620.3万人，实现旅游收入61 260万元，其中乡村旅游收入21 470万元。

公路通车里程645.616千米（其中乡村公路464.833千米），密度362.502米/平方千米、44.07千米/万人。社会消费品零售总额30.71亿元，增长1.5%。地方公共财政预算总收入完成6.149 4亿元，增长44.23%；公共财政预算总支出16.5亿元，增长19.37%，其中农业投入6 311万元，占支出的3.82%。完成农业产业化项目5个，完成投资26 100万元。农业产业化龙头企业省级3家、市级9家。

有各类学校70所，在校学生16 815人，教职工1 927人，其中普通中学6所，在校学生4 620人；小学24所，在校学生7 158人；学龄儿童入学率100%。有艺术表演团体12个，文化馆1个，公共图书馆1个，博物馆2个。有卫生机构118个，病床位956张，卫生技术人员822人。新型农村合作医疗参合人数109 400人，参合率98%；城乡居民养老保险参保人数35 508人；被征地农民养老保险参保人数29 961人，占总人数的50.63%。

【年度农业和农村经济运行】 2022年，全县制定了《荥经县农业产业奖补方案》。实现农业总产值25.53亿元，增长6.7%；全县全年农业增加值达15.68亿元，增长4.4%；茶叶、竹笋等特色优势农产品产量保持稳定增长。农民年人均可支配收入达20 023元，增长7%。全县农产品质量抽检合格率100%；建成12个基层农业综合服务站。全县主要农产品产量见表1。

【农业产业化发展】 实施新型农业经营主体培育工程，发放财政扶持资金178.384 2万元。新申报市级示范社4家，

表1 2022年荥经县主要农产品产量

主要农产品	单位	产量	同比增减(%)
粮食	万吨	3.659 4	-0.03
水稻	万吨	1.620 3	0.05
玉米	万吨	1.965 4	-0.14
马铃薯	万吨	0.041 6	0.10
油菜籽	万吨	0.279 4	0.76
蔬菜	万吨	4.539 6	3.43
水果	万吨	0.378 6	7.28
肉类	万吨	0.714 9	4.46
猪肉	万吨	0.538 2	9.52
牛肉	万吨	0.072 6	4.31
羊肉	万吨	0.021 1	-2.31
禽肉	万吨	0.066 4	16.70
兔肉	万吨	0.016 6	-63.03
禽蛋	万吨	0.175 4	37.03
水产品	万吨	0.037 6	27.46
牛奶	万吨	0.018 0	14.65

新认定县级示范社13家，新工商注册农民专业合作社5家。新申报市级示范场2家，新认定县级示范场12家，引导农户新工商注册家庭农场17家。市级以上龙头企业监测合格9家，新申报3家。

【农用地产权制度改革】 全年新增流转土地面积500亩，实现土地流转保底收益50万元。出台《荥经县农村宅基地管理制度（试行）》《荥经县盘活利用农村闲置宅基地和闲置住宅工作实施方案》，建立荥经县农村宅基地申请、审批和监管台账。开展宅基地风险隐患“大排查、大化解”百日攻坚行动。

【农村集体产权制度改革】 出台《荥经县贯彻〈农村集体经济组织条例〉实施方案》《荥经县农村集体经济收益分配流程图》等文件。按照“五个一”标准（即一个标准名称并挂牌、一个组织章程、一套内部治理机构、一本成员名册、一套资产管理制度），基本规范辖区内农村集体经济组织管理。新添镇庙岗村被省委农村工作领导小组认定为全省合并村集体经济融合发展试点先进村。

【供销合作社改革】 新建荥经县民建彝族乡、青龙镇柏香村等新型基层社，提供农资供应、农技服务和农产品销售等服务，带动融合发展。以新添镇为农服务中心为依托，开展茶叶机剪、机采等服务，土地托管服务面积达2 000余亩。全县共建基层供销社9个，吸纳农民社员1 000余人，增加村集体收入3万余元。改造提升薄弱基层社1个，新增农民专合社1个，新增星级综合服务社4个。其中，新添镇为农服务中心被评为四星级综合服务社，泗坪乡断机村为农服务中心、宝峰彝族乡为农服务中心被评为三星级综合服务社。

【农产品品牌战略实施】 全县获得全程质量控制技术体系试点（CAQS-GAP）32家、中国良好农业规范（GAP）认证17家、HACCP体系认证1家、生态原产地保护（PEOP）产品1个；新登记名特优新农产品茶叶类4个、绿色（有机）食品认证35个；授权使用“天府乡村”等公域品牌主体15家。入录全国农产品包装标识典范16个，入选全国农产品生产经营主体全程质量控制自律能力典范3家。出台“以奖代补”政策，支持农业经营主体提升农产品全程质量管控水平。

【现代农业园区建设】 成立粮经复合现代农业园区工作小组，荥经县茶叶生猪种养循环现代农业园区创建为省三星级现代农业园区，荥经县粮经复合现代农业园区创建为市三星级现代农业园区。

【种植业】 加强农作物病虫害预测预报和检疫，共建立16个群测点。改造提升低产低效茶园5 000亩，开展茶园“双减”示范500亩，开展茶园病虫害统防统治2 000亩。在泗坪乡官家山恢复重建中药材种质资源圃1个、天麻标准化良种繁育基地1个。全年完成农作物秸秆腐熟还田2.35万吨、饲料化0.75万吨，全县秸秆综合利用率达93.1%。

【林业】 推进天然林生态修复工程建设，管护森林面积134.6万亩，建设森林管护站15个；巩固退耕还林建设成果9.55万亩，兑付退耕还林补助政策资金190万元。开展义务植树活动，春季造林苗木栽植100万株。开展林下改培、中幼林抚育面积1万亩。开展古树名木资源普查，普查古树名木2 358株；完成登记建档和挂牌保护，并按照“一树一策”开展抢救复壮、病虫害治理。云峰山桢楠古树公园创建为雅安市古树名木公园。全年查处林业行政违法案件20起，处罚金40万元。

【畜牧业】 全年生猪存栏5.39万头，能繁母猪存栏0.39万头；生猪累计出栏6.99万头。有生猪标准化规模养殖场10个，创建省级畜禽标准化示范场1个。牛存栏0.73万头，肉牛出栏0.57万头；羊存栏0.9万只，羊出栏1.55万只。全年禽累计出栏33.31万羽，禽蛋产量0.18万吨。推进畜禽良种改良，全年改良肉牛632头。坚持源头减量、过程控制、末端利用的治理途径，开展种养结合，全县畜禽养殖粪污综合利用率达88.43%，规模养殖场粪污处理装备配套率达100%。

【水产业】 全县有可养殖水库2座，水产养殖面积13公顷。全年放养水面270亩、池塘60亩，养殖淡水鱼苗100万尾，水产品总产量376吨。主要养殖品种产量264吨，其中草鱼65吨、鲫鱼158吨、鲟鱼32吨、裂腹鱼19吨、克氏原螯虾20吨；渔业经济总产值3 318万元，其中因渔业灾情受灾的养殖面积7公顷，造成水产品损失1吨、经济损失226.81万元。有渔业户80户、渔业人口403人、渔业从业人员126人。

【乡村振兴】 全县农村居民人均可支配收入增速连续5年高于全国平均水平，创建为省级乡村振兴成效显著县，被评为2022年度全国村庄清洁行动先进县、四川省民族团结进步示范县、全国森林康养基地试点建设县；入选2022年全国生物多样性保护优秀案例；荥经河入选2022年四川省美丽河湖优秀案例；“荥经严道黑砂古城”入选全国乡村文化产业创新典型案例（主题园区类）。

【乡村旅游】 全年改建提升旅游厕所21座，新建自驾车营地1处，打造提升青华街特色街区、严道里夜间经济美食集市，提升蜀山路为城市休闲绿道，提升A级景区游客接待中心3处，改造服务驿站2处，完善共建共管共享中心等生态停车场6处，提升汽车站为旅游集散中心，新建文旅大数据中心。8个村落被列入四川传统村落名录；荥经县砂器一条街获得第二批“四川文创集市”称号。牛背山入围全市区域品牌，牛背七绝以最高分入选雅安“新八景”。开善寺景区创建为国家3A级景区。

【农村水利】 对全县农村供水安全情况进行摸排，并针对摸排出的问题拟定建设方案，对存在问题的农村供水工程进行巩固提升改造，涉及荥河镇、青龙镇等9个乡（镇）、21个村，共解决9 147人饮水安全问题，估算投资79.95万元。通过农村供水巩固提升工程建设，全县农村供水保证率达97%以上，自来水普及率达95.99%，规模化供水率达51%。全县12个乡（镇）11.59万名贫困村和非贫困村农村人口饮水安全问题已全面得到解决，已达到村村通自来水，在水量、水质、方便程度、供水保证率方面均达到四川省农村饮水安全评价标准相关要求。

【农业机械化】 全年共补贴农机具18台，补贴资金5.214 1万元，农机具增长157%，户数增长金额增长50%；畜牧养殖、水产养殖、农产品初加工、水果生产、茶叶生产机械化率分别为12.06%、0.5%、34.99%、4.72%、19.2%，分别增长2.5%、0.2%、1.5%、0.5%、0.5%。

【农村科技】 实施基层农技推广体系改革建设项目，发布农业先进适用技术69个。打造先进农业技术展示平台，培育农业科技示范基地2个、农业科技示范主体3个，培育高素质农民105人。实施脱贫户产业奖补项目，累计为1 286户发展畜禽养殖业的脱贫户发放产业奖补资金51.167 2万元。组建县级粮食和大豆油料科技服务队，指导成立乡（镇、街道）科技服务小分队。

【农村教育】 9月，投运荥经实验学校、烈太幼儿园、严道四小学生宿舍楼、荥经县特殊教育学校；争取财政厅专项债券资金4 400万元，启动第五幼儿园建设；撤并牛背山小学、新庙小学等农村小规模学校10所，分流教职工203人、学生418人。9月，与西南大学基础教育集团投资有限公司合作办学的荥经实验学校正式开学。加强集团办学，扩大3个幼儿园教育集团覆盖面，新增领办幼儿园（附设幼儿班）10个。推进“县管校聘”，完成8所试点学校2022年“县管校聘”工作。全面落实各级各类学生资助政策，资助各类学生23 714人次，减免金额约874万元。

【农村文化】 县图书馆全年累计接待读者7万余人次，图书流通9万余册次；进入体育场参与锻炼人数累计37.4万人次；博物馆共接待观众5.96万人次；进文化馆活动人数达0.6万人次。县博物馆利用官微推出“云讲座”“知识闯关”“文化小游戏”“文化慕课”“云看展”五大板块的线上活动，发起线上活动11场，吸引8.94万人参与。县博物馆开展志愿者讲解服务共100场，受益群众共1.32万人次；开设线下活动9场，参与人次共17 361人；县文化馆组织开展群众文化活动34场次、广场文化活动18场次。

【农村卫生】 对县人民医院、县中医医院及12个基层医疗卫生机构进行全面整合，12月，荥经县公立医院集团正式揭牌成立。完成花滩镇中心卫生院“县域医疗次中心”项目建设。全县所有行政村卫生室实现全覆盖。基本公共卫生服务拨款人口数13.1万人，全县实际建立电子健康档案人数12.652万人，电子建档率为96.22%。开展老年人体检1.41万人，接受健康管理的老年人1.41万人，老年人健康体检率达61.9%，老年人健康管理率达61.9%。

【农村法制建设】 全面落实“一村（社区）一法律顾问”工作制度，全县71个村（社区）已全部配备法律顾问。全县备案登记各类人民调解组织96个，培养“法律明白人”989人。全面开展基层法治示范创建，建成全国民主法治示范村（社区）1个，省级民主法治示范村（社区）1个，市级法治示范乡镇6个、民主法治示范村（社区）5个。开展各类法律服务和法治宣传活动，增强村民尊法、学法、守法、用法的意识。

【农村交通】 实施撤并建制村畅通工程，项目全长19.4千米，概算总投资1 364.59万元，主要涉及荥河镇、青龙镇、新添镇及严道街道境内，项目业主为荥河人民政府。自然村通硬化路项目，该项目主要涉及新添镇、荥河镇、安靖乡、泗坪乡4个乡（镇），其中新添3个子项目，总里程3.058千米。农村铁索桥改公路桥项目，青龙卫生院铁索桥全长35米，项目总投资258.546万元，建桥梁宽度8米；泗坪乡小院子铁索桥全长97米，项目总投资558.035万元，建桥梁宽度6.5米。

【涉农招商引资】 全县3 000万元以上的农业招商引资重大项目3个，为内资项目；项目总投资5.97亿元，比上年增长13%。协议资金48 000万元，增长12%，完成全年任务的112%；到位资金41 600万元，增长23%，完成年度任务的104%。

【农村社会保障】 全县城乡居民养老保险新增参保人数755人，累计达35 508人，其中参保缴费26 676人，待遇领取8 832人；调整城乡居民养老保险基础养老金达115元/月。征收城乡居民养老保险保费1 821.93万元，其中政府代缴37.3万元、城乡居民养老保险待遇支出1 414.65万元。全县被征地农民养老保险参保人数共计29 961人，占总人数的50.63%。每月按时足额发放养老金，全年共为全县职工基本养老保险发放养老金64 451万元。

【农村生态建设及环境保护】 投入资金337万元，用于全县农村环境综合整治，其中投入资金303万元，用于完成全县7个行政村农村生活污水治理，农村生活污水有效治理率达60%以上，完成上级下达的目标任务；投入资金34万元，用于17台有动力集中式一体化污水处理设施的运行维护，确保农村生活污水达标排放，槐子坝出境断面水质长期维持在Ⅱ类及以上。

【农产品质量安全监管】 落实资金288.6万元，点对点配齐质量网格“六大员”。建成现代农业全产业链标准化体系，荥经县被列入国家现代农业全产业链标准化示范基地创建名单。编制发布《荥经茶叶种苗繁育技术规程T/YJCY01—2022》等4项团体标准，实现荥经茶叶规范性标准零突破。117家农业经营主体被纳入国家、省级农产品质量安全追溯平台管理，36类农产品实现全程追溯，完成食用农产品定量监测339个样品，达到4.5批次/千人，抽检合格率100%，全年未发生重大农产品质量安全事件。申报名特优新农产品，荥经绿茶、荥经红茶等4个产品获得全国名特优新农产品证书。

【农村市场体系建设】 新增农业产业信贷担保贷款9笔，实际发放贷款1 091万元。制定《荥经县2022年农业保险工作实施方案》，做好农业保险政策宣传工作，坚持自主自愿的原则，鼓励广大农户购买农业保险。

【劳务开发与返乡创业】 农民工返乡创业349人，创办市场主体366家，实现总产值3 400万元，吸纳就业652人。农民工累计转移就业3.806万人，劳务收入10.2亿元。为8名自主创业人员、9家小微企业发放创业担保贷款2 590万元，带动就业158人。同时，为2名高校毕业生、9名返乡创业农民工发放创业补贴11万元。全年组织开展线上线下招聘会33场，提供县内外1 125家企业、1.46万个岗位，3 097人登记求职，1 166人达成就业意向。

【主要领导人】 县委书记：古玉军；县人大常委会主任：柯国富；县长：饶熹；县政协主席：任文华；分管农业副县长：胡嘉。

荥经县编写组

汉 源 县

【基本情况】 2022年，全县辖9乡12镇街道，辖区面积2 214.5平方千米，其中耕地面积16.599 2万亩，比上年增长1.4%；基本农田10.27万亩。年末总人口31.595 7万人（户籍人口），减少0.38%；人口出生率7.98‰，人口自然增长率–1.04‰。全县耕地有效灌面和保证灌面分别达到耕地总面积的56.46%和48.66%；本地水资源总量13.339 8亿立方米，人均占有水资源量4 680.63立方米。有林业用地14.39万公顷，有林地面积7.99万公顷，活立木总蓄积量610万立方米，森林覆盖率49%。

2022年，全县实现地区生产总值134.29亿元，增长3.2%，其中第一产业增加值30.09亿元，增长4.9%，农、林、牧、渔及农林牧渔服务业之比为74.4∶0.9∶21.9∶1∶1.8；第二产业增加值39.81亿元，增长2.4%（工业产值34.46亿元，增长1.1%）；第三产业增加值64.4亿元，增长2.9%。三次产业对经济增长的贡献率分别为35.5%、21.9%和42.6%。劳务输出7.64万人，收入17.87亿元。全年接待游客632.97万人，实现旅游收入601 316.75万元，其中乡村旅游收入420 921.725万元。

公路通车里程1 929千米（其中乡村公路1 809千米），密度871米/平方千米、61.05千米/万人。社会消费品零售总额46.06亿元，增长1.6%。地方公共财政预算总收入完成9.06亿元，增长16.94%；公共财政预算总支出20.75亿元，增长9.41%，其中农业投入34 707万元，占支出的16.73%。金融机构各项存款余额211.949 4亿元，比上年初增长13.9%；各项贷款余额134.09亿元，比年初增长25.6%。全年农业保费收入0.1亿元，增长26.16%；处理各项赔款和给付金额0.13万元，增长12.25%。农业产业化龙头企业国家级、省级、市级、县级分别为1家、3家、16家、2家。

有各类学校124所，在校学生44 399人，教职工2 689人，其中普通中学8所，在校学生15 275人；小学30所，在校学生17 183人；学龄儿童入学率100%。有文化馆1个，公共图书馆1个。有卫生机构265个，病床位1 872张，卫生技术人员2 316人。城乡居民基本医疗保险参保人数25.91万人，参保率98.3%；新型农村社会养老保险参保人数127 297人，参保率93.2%。

【年度农业和农村经济运行】 2022年，全县实现农林牧渔业总产值46.44亿元，增长5.1%，其中农业产值34.53亿元，增长5.5%；全年第一产业增加值达30.09亿元，增长4.9%。农民年人均可支配收入达17 502元，增长7%。全县主要农产品产量见表1。

【农用地产权制度改革】 全县家庭承包耕地土地经营权流转总面积22 889.07亩。按照《汉源县工商企业租赁农地资格审查、项目审核和风险防范制度》（汉农发〔2021〕49号）、《关于加强农村土地承包管理工作的通知》（汉农〔2021〕115号）、《汉源县农业农村局关于进一步加强土地流转管理工作的通知》（汉农〔2022〕78号）、《汉源县农业农村局关于进一步规范土地流转工作的通知》等文件要求，分级进行流转土地资格审查和项目审核。乡（镇）、村、组三级开展土地流转审查并建立土地流转管理台账。落实土地流转巡查监管制度，建立土地流转情况定期统计报表制度。截至2022年年底，已颁发承包经营权证75 256本，颁证率达95.4%。

【农村集体产权制度改革】 全面加强农村集体资产清理和清产核资成果运用，定期开展集体资产清查。在清产核资、界定成员的基础上，有序推进经营性资产股份合作制改革；规范建立村民集体所有的村合作经济组织，健全村集体经济组织经营、管理、监督、分配等机制，厘清村集体经济组织与村民委员会的职责功能和权责关系。2021年2月底，在完成清产核资工作和明晰集体资产产权归属的基础上，以股份合作为主要形式，全面完成118个村集体经济组织登记赋码、颁证工作等改革任务。

【供销合作社改革】 推进“三会”制度改革，修订供销社《章程》，确立社员代表大会、理事会、监事会“三会”制度。完成“双线运行”改革，构建起联合社机

表1 2022年汉源县主要农产品产量

主要农产品	单位	产量	同比增减(%)
粮食	万吨	9.31	–1.3
水稻	万吨	2.12	–3.1
玉米	万吨	4.43	–0.6
马铃薯	万吨	2.09	–10.1
油菜籽	万吨	0.05	–1.0
蔬菜及食用菌	万吨	23.01	3.2
园林水果	万吨	48.23	8.9
肉类	万吨	1.77	6.4
猪肉	万吨	1.50	6.4
禽蛋	万吨	0.36	–0.3
水产品	万吨	0.27	4.4
牛奶	万吨	0.23	12.6

关主导的行业指导体系和社有企业支撑的经营服务体系。实施社有企业改革，按照现代企业制度加强企业内控管理，激发社有企业内生动力。

【农产品品牌战略实施】 依托全县特色农产品资源优势，实施农产品品牌战略，集中力量把“汉源红”打造成全国著名的区域公用品牌。按照“二品一标”奖补政策引导申报绿色、有机食品申报。2022年，全县有效期内“二品一标”产品总数为48个，汉源甜樱桃取得全国名特优新农产品认证。拟创建全国绿色食品原料（花椒）标准化生产基地12.6万亩。

【现代农业园区建设】 按照“一乡一业、一村一品”的思路，结合资源禀赋、产业基础、技术水平和市场潜力等，选准主导产业，以现代农业园区为抓手培育壮大打造一批具有地方特色的市、县级现代农业园区。2022年，汉源县花椒现代农业园区获评省五星级现代农业园区，汉源县稻菜现代农业园区通过省星级现代农业园区考评验收并命名为省三星级现代农业园区。汉源县高山区粮经复合现代农业园区、汉源县前域镇粮经复合现代农业园区、汉源县富庄镇甜樱桃现代农业园区、汉源县清溪镇甜樱桃现代农业园区、汉源县红富士苹果现代农业园区、汉源县唐家镇枇杷现代农业园区6个园区创建为县级现代农业园区。

【种植业】 全县粮食作物播种面积30.23万亩，总产量9.31万吨，其中小春粮食作物播种面积3.64万亩，产量0.83万吨；大春粮食作物播种面积26.6万亩（玉米播种面积12.5万亩、水稻移栽面积4.4万亩、马铃薯播种面积4.4万亩、其他作物面积5.3万亩），产量8.57万吨。水稻播种面积4.4万亩，产量2.1万吨。玉米播种面积12.5万亩，产量4.4万吨。大豆播种面积3.5万亩，产量0.4万吨。全县中华甜樱桃种植面积1.03万亩，产量0.45万吨，实现产值0.9亿元；甜樱桃种植面积5.9万亩，产量3.2万吨，实现产值7.04亿元。苹果种植面积7.4万亩，产量14.4万吨，实现产值4.608亿元；梨树种植面积8.6万亩，产量15.7万吨，实现产值3.14亿元；李树种植面积5万亩，产量6.6万吨，实现产值2.64亿元；桃树种植面积2万亩，产量3.2万吨，实现产值0.91亿元；枇杷种植面积1.8万亩，产量1.3万吨，实现产值1.56亿元；全县柑橘种植面积3.75万亩，产量8万吨，实现产值2.3亿元。全县蔬菜种植面积15.12万亩，总产量23万吨，实现产值8.891 4亿元。

【林业】 全年完成营造林任务2.5万亩，其中退化林修复0.8万亩、封山育林1.5万亩、森林质量精准提升0.2万亩。巩固退耕还林成果13万亩。完成集体和个人天然商品林停伐167 510亩的森林管护和督查任务，实现森林管护全覆盖。组织开展全民义务植树活动，完成全民义务植树共计20万株，共计9.6万人次参加，新建义务植树基地1个。养殖林麝1 670头，年产麝香16 000克，实现产值1 280万元。种植中药材3.3万亩（其中汉源川牛膝1.98万亩，汉源当归0.7万亩，刺梨、柴胡等0.62万亩），年总产量5.18万吨，年产值2.2亿元。

【畜牧业】 全县21个乡（镇）生猪共存栏130 663头，生猪出栏199 050头，全面完成市下达19.5万头出栏任务。全年共计注射猪口蹄疫疫苗34.18万头、猪瘟疫苗34.18万头、牛（羊）口蹄疫苗10.72万头（只）、羊小反刍兽疫疫苗3万只、禽流感H5+H7疫苗48.85万羽。在全县范围内开展“大消毒、大清洗”活动3次，发放消毒药10吨。开展产地检疫生猪235 822头、牛3 129头、羊934只、兔5 232只、鸡139 131羽；开展养殖、运输、屠宰等重点环节非洲猪瘟病原学监测，全年共采集监测生猪全血样品120份、环境样品192份。

【水产业】 全县有水产品养殖主体2家，养殖面积40余亩，产量40千克，养殖品种主要有鲈鱼、鲟鱼、雅鱼等。2022年，与中国水利水电第七工程局有限公司大渡河深溪沟电站、汉源县水利局签订水生生物影响及补救措施实施委托协议，落实项目补救措施经费31万元，监测鱼类增殖放流和水生生态，增殖放流鱼类品种8个、鱼苗30.6万尾。全年出动执法人员1 200余人次、车辆船只220余辆（艘），水上巡查5 000余千米，发放宣传资料6 000余份，清理违规网具45张，暂扣非法钓具800余件（套）。联合有关部门检查水产品销售经营点110余个次，检查渔具生产、经营点30余个次，劝离违规垂钓人员1 500余人；查办渔业行政案件16起、29人，罚款1.01万元。

【乡村振兴】 健全防返监测长效机制，印发《汉源县积极应对疫情灾情影响巩固拓展脱贫成果26条措施》《汉源县精准防贫综合保险工作实施方案（试行）》等文件，制定出台26条应对疫情、防灾减灾扶持政策，探索设立精准防贫保险保障基金，对"因病、因灾、因学"易返贫对象实施动态保障救助，有效防止返贫致贫风险。全年入库项目118个，计划总投资2.89亿元，其中纳入年度计划77个，计划总投资1.4亿元。下达各级财政衔接推进乡村振兴补助资金项目77个10 536万元，比上年增加1 225万元，增长13%。中央、省级用于产业发展衔接资金4 511.1万元，投入比例占59%。跑项争资争取中央资金303万元、省级资金6 678万元、市级资金1 040万元。建立项目"红黑榜制""向县纪委监委备案制"，加强项目资金监管，累计现场督查项目200余次，确保项目实施的质量和进度。2022年，对2021年度实施的项目开展资金清理，已清理形成2021年扶贫资产项目65个，涉及资金6 820万元。

【农村水利】 全县有引水堰渠220条，其中灌溉面积万亩以上的有4条、1 000亩～10 000亩的有6条、500亩～1 000亩的有45条、500亩以下的有165条，干渠总长1 475千米。有中型水库1座、小(2)型水库2座、山坪塘86口、蓄水池7 280口，有效灌溉面积8.96万亩。建成农村集中式农村供水工程333处、防洪堤58千米。

【农业机械化】 全县农机总动力达24.283万千瓦，其中拖拉机412台7 941千瓦、拖拉机配套农具182台、微型耕耘机8 274台37 938千瓦、旋耕机182台、农用水泵1 762台、节水灌溉类机械1 162台、谷物联合收割机1台92千瓦、植保无人驾驶航空器7架。全年发放农机购置补贴使用补贴资金34.56万元，补贴农机具135台。

【农村科技】 全县共邀请省、市、县专家122人，信息员270人入驻"四川乡村振兴科技在线"汉源县平台运管中心服务平台，并在桃源村、三强村、马托村、新阳村、古路村、海银村6个村建立村级驿站，其中古路村驿站为全省第一个省、市、县三级联建的村级驿站。全年开展科普宣传活动，组织参加"三下乡""科技活动周"等科普宣传活动5次，发放科技、法律、健康、反邪教、环保等各类资料5 000余份。

【农村教育】 全县现有公办农村学校28所，其中中学5所、九年一贯制学校1所、特殊教育学校1所、小学20所、幼儿园1所。开展平安校园建设，农村学校封闭式管理率达100%，校园专职保安配置率达100%，校园护学岗设置率达100%，校园视频监控及一键式报警系统接入率达100%，防撞墩安装率达100%。九襄镇小学教育集团获得"四川省三八红旗集体"称号；汉源一中等24所学校创建为"四川省绿色学校"；富林一小等24所学校被命名为"雅安市健康促进学校"；汉源职高团委获得雅安市"五四红旗团委"、汉源县"民族团结进步先进集体"称号；富林二小被评为"雅安市依法治校示范学校"；九襄镇幼儿园被评为"雅安市示范性幼儿园"。

【农村文化】 县文体旅局联合宣传部、司法、卫健、科协等单位，在富林、九襄、宜东、大树、皇木5个片区开展党的二十大精神进基层暨汉源县2022年送文化科技法律卫生"四下乡"宣教展演活动5场次，覆盖全县各乡（镇）、村（社区）和学校，现场表演《唱盛会颂党恩》《吹响阳光号角》、川剧《变脸》等文艺宣教节目50余个，发放《公共文化服务保障条例》、文物宣传单、非遗宣传册3 000余份、小礼品60余份，捐赠发放图书1 500余册，宣传普及二十大精神、社会主义核心价值观、科旅文卫、民生保障、法律咨询、消防安全等，为上千余人次答疑解惑，惠及现场观众、师生3 000余人次，群众满意度达99%以上，将党和政府的声音传到千家万户，让广大党员干部、群众和师生在家门口就能享受文化艺术大餐。

【农村卫生】 全县共有22家卫生院（其中唐家镇2家）、村卫生室136家。截至2022年12月，全县居民健康档案电子建档率达97.73%，高血压患者规范管理率达77.8%，糖尿病患者规范管理率达74.44%，严重精神障碍患者规范管理率达95.64%；3岁以下儿童中医药管理服务率88.86%，0～6岁儿童健康管理率达95.46%；孕产妇系统管理率达94.41%，住院分娩率达100%；65岁以上老年人健康管理率达69.48%。全年"两癌"筛查农村适龄妇女10 442人，检出宫颈癌前病变17人、宫颈癌1人、乳腺癌4人。实施水痘疫苗免疫补贴，各乡（镇）卫生院接种适龄儿童水痘疫苗2 015剂次。完成市人大票决民生实事车载流动医疗服务项目。实施60岁以上户籍老人重点疾病体检补贴，完成体检6 768人次（其中60～79岁体检5 888人次、80岁及以上880人次），完成率109.94%。实施60岁以上户籍老人接种肺炎、流感疫苗补贴。全县各乡（镇）卫生院60岁以上户籍老年人接种肺炎疫苗1 461人、流感疫苗5 651人。

【农村法制建设】 全年组建普法讲师团开展"送法进乡村"活动36场，覆盖2 000余人；在全县123个村（社区）开展"法律明白人"培养工程，全县有"法律明白人"1 760名，并协调司法行政系统法律人才担任法律顾问27人，为群众提供法律咨询100余人次，开展法治宣传50余次，参与调处矛盾纠纷10件；印发《2022年汉源县"一月一主题"活动方案》，开展主题宣传活动50余场次，发放宣传资料20 000余份，覆盖5 000余人；运用"法润汉源"微信公众号推送法治信息200余篇。

【农村交通】 全县公路里程1 929千米，

其中国道78.2千米、省道41.9千米、县道407.6千米、乡道842千米、村道559.3千米。峨汉高速汉源段在12月底建成通车，雅西高速汉源服务区建成并投入使用，实施村道安全生命防护工程214千米。完成农村铁索桥改公路桥1座——乱石部桥，完成农村公路新（改）建100千米。

【涉农招商引资】 全县有3 000万元以上的农业招商引资重大项目1个，为内资项目；项目总投资1.12亿元，比上年增长1.8%。协议资金11 200万元，增长1.8%。

【农村社会保障】 全县城乡居民养老保险参保人数达127 297人，全年共计为5 067名特殊困难群众代缴保费50.67万元，共计为4.3万人发放城乡居民养老保险待遇6 385.88万元。

【农村生态建设及环境保护】 全县涉及乡（镇）及以下饮用水水源保护区19个，水质达标率100%；全县108个行政村农村生活污水得到有效治理的村为80个，有效治理率达74%。

【农产品质量安全监管】 制定并印发《关于加强乡镇农产品质量安全网格化管理的通知》，完善县、乡、村及生产主体四级网格化监管公示牌、三年行动作战图、管理制度、种养殖规程等内容。全县试行合格证主体名录实行动态管理，共780家生产经营主体纳入名录库。通过在生产基地、农村主要路口等位置悬挂宣传横幅，在超市设立宣传展板，张贴宣传彩图，在微信公众号以及汉源新闻等媒体宣传与报道合格证试行工作进展情况。截至2022年年底，全县已建立1个食用农产品合格证“准入制”示范点和培育10家合格证标杆企业。全年开具合格证66万张、165万余吨，同时对生产经营主体开展巡查，对其合格证开具情况进行监管。通过开具承诺达标合格证，严格控制上市产品质量安全。按照《四川省农产品质量安全监管示范县考核认定与动态管理办法》要求，实施动态管理，2022年通过示范县复核审查工作。

【农村市场体系建设】 完成2017年省级电子商务进农村示范县项目、2020年国家级电子商务进农村综合示范县项目建设，建成县级物流配送中心1个，数字经济产业园1个，县、乡、村电商服务站近150个，覆盖全县100%的乡（镇）、90%的行政村。全县有电商企业、网店有2万余家，限额以上电商企业9家。新农之邦、百川商贸等电商产业，“尘乡居”“冉可柒”等网红经济突破发展，全年电子商务网络销售额达9.26亿元，在全市占比27.1%。

【农村留守家庭（儿童、学生）帮扶】 通过实施“春蕾助学·澳鼎圆梦”、依波助学等项目，关心关爱困难儿童和家庭。2022年，澳鼎春蕾助学项目共计发放资金和物资42万余元，资助困难学生家庭256个；依波助学项目共计发放助学金10万元，资助困难学生50名；发放“99公益金”春蕾助学金2.04万元，资助困难学生17人次；争取县老促会爱心助学资金1万余元，资助困难学生17人次；争取爱心企业资助4.8万元，资助困难大学生2名。

【劳务开发与返乡创业】 有针对性地为返乡创业者提供创业指导、政策解读、资源对接等服务，并结合本地资源优势和返乡能人的个人意愿，找准乡村产业与人才发展共赢的交汇点，让返乡创业者才尽其用，推动特色产业发展，带动更多群众增收。全年共发放返乡农民工创业补贴68人、68万元，为21名返乡创业农民发放创业担保贷款420万元。选树省、市级返乡入乡创业明星9名、明星企业5家。

【主要领导人】 县委书记：郑朝彬；县人大常委会主任：贺东风；县长：覃建生；县政协主席：葛礼宏（3月止），岑永杰（5月始）；分管农业副县长：李树敏。

汉源县编写组

石棉县

【基本情况】 2022年，全县辖8乡3镇1个街道，辖区面积2 678平方千米。户籍总人口119 373人40 113户，其中城镇人口79 606人、乡村人口39 767人；人口出生率9.081‰，人口死亡率9.609‰，人口自然增长率-0.528‰。年末有效灌溉面积5.69万亩。农业机械总动力14.3万千瓦，增长0.7%。有国家级自然保护区2个、面积8.76万公顷，占全县土地面积的33%。有效保护自然保护区面积131.4万亩，林地保有量达342.63万亩，森林覆盖率达69.94%。

2022年，全县实现地区生产总值122.98亿元，按可比价格计算，增长3%，其中第一产业增加值完成18.39亿元，增长5.1%；第二产业增加值完成44.32亿元，增长2%；第三产业增加值完成60.27亿元，增长3.1%。三次产业结构比调整为15∶36∶49。全年接待国内外游客262.52万人次，减少10.43%；实现旅游综合收入16.38亿元，减少17.81%。

社会消费品零售总额29.78亿元，同比增长1.2%，其中城镇消费品零售额14.05亿元，同比增长1.5%；乡村消费品零售额15.74亿元，同比增长0.9%。地方公共财政预算收入完成8.07亿元，增长10.9%，其中税收收入6.53亿元，增长6.4%；公共财政预算支出18.6亿元，增长17.9%。年末金融机构各项存款余额110.29亿元，增长12.5%，其中住户存款余额78.65亿元，增长15.2%；各项贷款余额114.96亿元，增长19.1%。全年新增高新技术企业1家，共计12家；高新技术产业产值达41.9亿元，同比增长

11.1%。全年获得专利授权151件，其中发明专利7件、实用新型专利115件。

有小学19所，在校学生8 840人，专任教师639人；普通中学4所，在校学生6 245人，专任教师487人；中等职业教育1所，在校学生499人；幼儿园20所，入园幼儿4 442人。有医疗卫生机构16个，其中医院2个、基层医疗卫生机构12个、专业公共卫生机构2个(三级乙等综合医院1个、二级甲等中医医院1个、二级甲等妇幼保健院1个、二级甲等疾控中心1个、民营医院2个、乡/镇卫生院11个、社区卫生服务中心1个、一体化管理的村卫生室30个、个体诊所和医务室17个)，病床位1 170张，卫生技术人员1 515人(执业医师、助理医师976人)。

【年度农业和农村经济运行】 2022年，全县农村居民人均可支配收入达17 979元，同比增长6.8%，其中工资性收入11 949元，同比增长5.7%；家庭经营净收入4 800元，同比增长9.7%；财产净收入89元，同比增长7.2%；转移净收入1 141元，同比增长6.6%。农村居民人均生活消费支出达14 149元，同比增长6.7%，其中居住消费支出增长1.6%，生活用品及服务支出增长12.7%，医疗保健支出增长7.1%，交通和通信支出增长7.4%，教育文化娱乐服务支出增长9.1%。农村居民恩格尔系数为37%。城乡集中式饮用水水源地水质达标率100%。

【种植业】 全年粮食作物播种面积4 749公顷，同比增长3.2%，其中大春粮食作物播种面积4 170.7公顷，比上年增长3.4%；小春粮食作物播种面积578.3公顷，比上年增长2%。经济作物播种面积4 555.3公顷，比上年增长2.9%，其中油料作物播种面积495.8公顷、蔬菜种植面积3 125.1公顷、中草药材种植面积934.5公顷。全年粮食总产量21 563.7吨，减少1.2%，其中大春粮食产量19 585.8吨，减少1.6%；小春粮食产量1 977.9吨，增长2.4%。经济作物中，油料产量1 208吨，增长0.5%；蔬菜产量72 750吨，增长2%；园林水果产量118 217吨，增长13%；坚果产量3 218吨，增长0.8%。

【畜牧业】 全年生猪出栏71 680头，增长4%；牛出栏8 741头，增长6.2%；羊出栏42 132只，增长4.5%；家禽出栏484 532只，增长0.4%。禽蛋产量1 129吨，增长4.8%。

【农村文化】 全年举办公益展演20余场次，到乡(镇)进行广场健身操、广场舞培训40场次；指导乡村策划组织文体活动15场次，开展乡村振兴专题文艺演出12场次。

【农村社会保障】 全年纳入农村低保2 904人。资助城乡低保、“五保”对象参保参合率达100%，实施城乡医疗救助1.25万余人次。不断完善基本养老、医疗、失业和生育保险制度，城乡养老、医疗保险覆盖面不断扩大，全县养老保险参保人数8.25万人，城乡居民医疗保险参保人数8.75万人。

【主要领导人】 县委书记:罗刚；县人大常委会主任:邓西琼；县长:张瑜峰；县政协主席:陈洪忠；分管农业副县长:吴大斌。

石棉县编写组

眉山市

【基本情况】 2022年，全市辖2区4县13个街道62镇5乡510个行政村37个社区，辖区面积7 140 平方千米。年末常住人口296.1万人，城镇化率51.61%。户籍总人口338.61万人，其中城镇人口132.73万人。全年水资源总量48.25亿立方米。年末森林面积35.88万公顷，森林覆盖率50.25%。

2022年，全市实现地区生产总值1 635.51亿元，增长3.8%，其中第一产业增加值242.31亿元，增长4.6%；第二产业增加值657.61亿元，增长4.6%；第三产业增加值735.59亿元，增长2.9%。三次产业对经济增长的贡献率分别为18.6%、47%、34.4%，分别拉动地区生产总值增长0.7个、1.8个、1.3个百分点，三次产业结构比调整为14.8∶40.2∶45。人均地区生产总值55 273元，增长3.8%。

全社会固定资产投资增长11.4%，按产业分，第一产业投资增长2.1%，第二产业投资增长23.2%，第三产业投资增长7.6%。社会消费品零售总额639.75亿元，增长1.6%，其中城镇市场实现消费品零售额404.54亿元，增长3.9%；乡村市场实现消费品零售额235.2亿元，下降2.2%。全年进出口总额119.24亿元，其中进口额39.91亿元、出口额79.34亿元。

公路客运量794.52万人次，客运周转量30 507.67万人/千米；公路货运量9 287.42万吨，货运周转量777 471.07万吨/千米，客货运输总周转量780 521.84万吨/千米。全年地方一般公共预算收入完成156.09亿元，增长13.2%，其中税收收入76.54亿元，下降12.6%；地方一般公共预算支出310.71亿元，增长12.2%。年末金融机构本外币存款余额3 187.68亿元，增长12.5%，其中人民币存款余额3 184.07亿元，增长12.6%；金融机构本外币贷款余额2 215.92亿元，增长21%，其中人民币贷款余额2 215.72亿元，增长21%。全年电信业务总量36.17

亿元(按2021年不变单价),增长18.8%;固定电话用户76.28万户,增长5.4%;移动电话用户389.99万户,增长14.05%;宽带用户139.09万户,增长11.75%。全年邮政业务总量14.94亿元,增长10.4%。快递业务量12 979.81万件,增长10.5%;快递业务收入7.19亿元,增长7.2%。全年组织实施市级以上科技计划项目60项,向上争取到位无偿科技项目资金4 878.93万元。获得专利申请授权3 005件。新增国家高新技术企业51家。

有各类学校774所,其中幼儿园416所、小学171所、初级中学138所、高级中学26所、中等职业学校16所、特殊学校7所;各类学校在校学生42.8万人,其中在园幼儿8.71万人、小学生17.18万人、初级中学学生8.26万人、高级中学学生4.61万人、中等职业学校学生3.98万人、特殊学校学生0.06万人;各类学校专任教师总数3.05万人,其中幼儿园专任教师0.58万人、小学专任教师1.15万人、初级中学专任教师0.72万人、高级中学专任教师0.4万人、中等职业学校专任教师0.18万人、特殊学校专任教师0.02万人;各类学校校舍面积552.45万平方米。有文化馆7座、文化站133个、博物馆17座、公共图书馆7座(公共图书馆藏书量104.86万册)。广播电视台6座,有线广播电视传输干线450千米,有线广播电视用户15.2万户,公共广播节目、电视节目播出时间分别为2.6万小时和3.8万小时。有医疗卫生机构2 151个,实有床位数21 561张,医疗卫生机构技术人员21 845人(其中执业/助理医师9 049人、注册护士9 197人)。全年门急诊人数1 603.46万人次,实际占用总床日数586.88万日,病床使用率达77.8%。

【年度农业和农村经济运行】 2022年,全市居民人均可支配收入达31 751元,增长4.9%,其中农村居民人均可支配收入23 099元,增长6.1%;全市居民人均消费支出21 531元,增长3.6%,其中农村居民人均消费支出17 731元,增长4.5%。水库总数290座,整治病险水库3座,水利建设总投资10.5亿元。

【种植业】 全年农作物播种面积495.08万亩,增长2%。其中,粮食作物播种面积303.44万亩,增长2%;油料作物播种面积89.43万亩,增长1.4%;蔬菜及食用菌播种面积76.12万亩,增长4.1%。全年粮食产量125.43万吨,下降1.6%。其中,小春粮食产量6.64万吨,增长1.2%;大春粮食产量118.79万吨,下降1.8%。经济作物中,蔬菜及食用菌产量148.73万吨,增长2.8%;油菜籽产量12.85万吨,增长7.3%;茶叶产量2.53万吨,增长2.9%;水果产量138.14万吨,增长9.6%。

【养殖业】 全年肉类总产量24.1万吨,增长5.5%,其中猪肉产量16.51万吨,增长5.7%;牛肉产量3 408吨,增长6.2%;羊肉产量6 463吨,增长4.2%。牛奶产量15.36万吨,增长2.8%。禽蛋产量6.19万吨,增长14.1%。生猪存栏下降2.3%,生猪出栏增长5.1%;羊出栏增长3.7%;家禽出栏增长3.7%。全年水产品养殖面积20.74万亩,与上年持平;水产品产量14.43万吨,增长3.3%。

【农业机械化】 全年农业机械总动力225.48万千瓦。机耕作业面积389.4万亩,主要农作物耕种收综合机械化水平达76%。全年新建提灌站15座,新增提灌机械15台,新增提灌机械总动力252.5千瓦。

【农村社会保障】 全年城乡基本养老保险参保人数207.43万人;城乡居民基本医疗保险参保人数254.13万人,支出城乡居民基本医疗保险待遇23.55亿元。有城乡低保保障人数9.34万人,支出保障金2.83亿元。有城乡特困供养人员1.82万人,集中供养率100%。有老龄人口77.22万人,新增、改(扩)建敬老院1所,新增床位200张,每千名老年人口养老床位数35.5张。全年福利彩票销售额2.77亿元,筹集福彩公益金0.85亿元。

【主要领导人】 市委书记:胡元坤;市长:黄河;市政协主席:黄剑东;分管农业副市长:宋良勇。

眉山市编写组

东坡区

【基本情况】 2022年,全区辖13镇3个街道,辖区面积1 330平方千米。全年出生人口5 590人,人口出生率6.24‰;死亡人口7 861人,人口死亡率8.77‰;人口自然增长率-2.53‰。年末全区户籍户数36.44万户,户籍总人口87.21万人,其中女性人口43.83万人。年末常住人口90.83万人,城镇化率61.8%。年末有效灌溉面积3.91万公顷。农业机械总动力达59.36万千瓦。森林面积达5.63万公顷,成片造林0.12万公顷,森林覆盖率达42.28%。

2022年,全区实现地区生产总值572.27亿元,按可比价格计算,比上年增长5.2%,其中第一产业实现增加值66.34亿元,增长4.8%,对经济增长的贡献率为11.5%,拉动经济增长0.6个百分点;第二产业实现增加值239.65亿元,增长7.3%,对经济增长的贡献率为56.7%,拉动经济增长2.95个百分点;第三产业实现增加值266.28亿元,增长3.5%,对经济增长的贡献率为31.8%,拉动经济增长1.66个百分点。一二三产业结构比由上年的11.8∶41∶47.2调整为11.6∶41.9∶46.5,工业增加值占地区生产总值的比重达

32%，第三产业增加值占地区生产总值的比重达46.5%。

地方一般公共预算收入完成33.06亿元，同比增长24.3%；地方一般公共预算支出50.59亿元，增长3.4%。年末金融机构本外币各项存款余额1 303.18亿元，增长17.2%，其中金融机构人民币存款余额1 300.1亿元，增长17.5%；金融机构本外币各项贷款余额885.53亿元，增长22.6%，其中金融机构人民币贷款余额885.33亿元，增长22.7%。社会消费品零售总额226.25亿元，增长1.8%，其中城镇市场实现零售额167.58亿元，增长1.7%；乡村市场实现零售额58.67亿元，增长1.9%。全年贸易进出口总额16.37亿元（含转口贸易），增长36.2%，其中出口15.11亿元，增长37.2%；进口1.26亿元，增长24.9%。

公路客运量234.57万人次，客运周转量1 239.86万人/千米；公路货运量4 901.48万吨，货运周转量449 420.19万吨/千米；客货运输总周转量449 544.18万吨/千米，增长2.7%。全年电信业务总量15.22亿元，增长34.52%。有固定电话用户26.29万户，增长6.39%；移动电话用户129.1万户，增长12.05%；宽带用户42.55万户，增长11.68%。全年邮政业务总量6.74亿元，下降2.4%。快递业务量7 168.18万件，下降4.3%；快递业务收入3.95亿元，下降14.6%。

有各类学校247所，其中幼儿园149所、小学52所、初中28所、高中11所、中等职业学校5所、特殊教育学校3所；在校中小学学生10.59万人，其中小学5.52万人、初中2.48万人、高中1.41万人、职业中学1.14万人、特殊教育学校在校学生307人；中小学专任教师总数9 201人，其中小学专任教师4 257人、初中专任教师2 547人、高中专任教师1 659人、职业中学专任教师632人；学龄儿童入学率100%，小学毕业生升学率100%，初中毕业生升学率95.8%，高中毕业生升学率89%。全年推荐省级2023年度科技计划项目19项、创新产品2个，争取省级科技计划资金580万元，推荐申报市级奖补资金270万元。完成科技型中小企业备案27家，征集技术成果10项、技术需求4项。全年科技成果转化为新产品20余个，转化率达90%以上。有区文化馆1个、区文化馆社会分馆9个，区图书馆1个（馆藏纸本图书8万余册、电子图书48万余册，年订购报刊近400种）、区图书馆社会分馆20个，美术馆1个，镇（街道）综合文化站16个，村级活动室222个，数字文化广场6个。有体育场地（室内、室外）4 116个，体育场地面积201.8万平方米，人均体育场地面积达2.41平方米。有医疗卫生机构441个，实有病床位8 863张，医疗卫生机构技术人员8 364人（其中执业/助理医师3 234人、注册护士3 677人）。广播覆盖率、电视覆盖率均达100%。全区社会养老保险参保人数59.49万人，征收养老保险费21.5亿元，发放退休待遇25.92亿元。

【年度农业和农村经济运行】 2022年，全区农林牧渔实现总产值111.05亿元，增长5%，其中种植业产值74.06亿元，增长4.5%；畜牧业产值24.25亿元，增长6.1%；渔业产值8.02亿元，增长4.6%。全年林业增加值达2.21亿元，增长7.3%。

农村居民年人均可支配收入达25 685元，增加1 511元，增长6.3%，其中工资性收入10 806元，增长5%；家庭经营收入10 873元，增长8.0%；财产净收入1 031元，增长3.1%；转移净收入2 976元，增长5.8%。农村居民年人均生活消费支出18 743元，增长4.8%，其中居住消费支出3 360元，下降4%；衣着消费支出1 078元，下降9.4%；医疗保健消费支出1 892元，增长15.4%；交通和通信支出2 557元，增长9.7%；人均食品烟酒消费支出6 898元，增长8.1%，占生活消费支出的比重（恩格尔系数）36.8%，比上年上涨1.2个百分点。全年淡水鱼类产量4.7万吨，增长3.8%。

【种植业】 全年粮食作物播种面积58.5万亩，增长2.3%；油料作物播种面积25.89万亩，增长0.4%；蔬菜及食用菌（含菜用瓜）种植面积37.54万亩，增长1.8%。全年粮食总产量29.9万吨，下降0.7%；油菜籽产量4.12万吨，增长6.4%；园林水果产量22.12万吨，增长8.7%；蔬菜产量71.3万吨，增长2.6%；茶叶产量659吨，增长2.5%。

【畜牧业】 全年生猪出栏52.11万头，增长4.2%；牛出栏2 656头，下降7.1%；羊出栏4.38万只，下降13.4%；家禽出栏1 264.12万只，下降6.1%；兔出栏30.04万只，下降48.7%。全年肉类总产量5.76万吨，增长3.6%，其中猪肉产量3.82万吨，增长6.7%；禽肉产量1.8万吨，下降6.7%。禽蛋产量1.57万吨，增长78.4%；牛奶产量2.24万吨，下降8.9%；蜂蜜产量1.07万吨，增长160.6%。

【主要领导人】 区委书记：廖小宁；区人大常委会主任：何万高（3月止），商志忠（3月始）；区长：杨翔宇；区政协主席：郭建华；分管农业副区长：朱科良。

东坡区编写组

彭山区

【基本情况】 2022年，全区辖5个街道3镇（其中青龙街道、锦江镇由天府新区眉山管委会代管），辖区面积465平方千米，总人口32.823 6万人。

【年度农业和农村经济运行】 2022年，全区实现第一产业增加值19.41亿元，同比增长4.6%。农民年人均可支配收入达25 666元，同比增长5.8%。向上争取项目42个，项目资金15 555.313 9万元。全年农产品省、市抽检检测合格率100%，全区未发生一起重大农产品质量安全事故。

【农业产业化发展】 农民合作社。全区有农民合作社291个，其中国家级农民合作社示范社4个、省级农民合作社示范社17个。2022年新评定农民合作社区级示范社5个、国家级示范社1个。

家庭农场。全区有家庭农场2 438家，其中省级家庭农场44家、市级家庭农场218家。彭山区家庭农场"10+1"典型案例入选四川省家庭农场高质量发展典型案例；落实职业农民制度试点，评选新型职业农民60人，粮香源家庭农场入选四川省高素质农民培育省级实习实训基地，"特色产业种植+产学研"线路入选四川省高素质农民培育精品考察学习线路；推进金融助农工作，授信贷款资金共计2 405万元，全省排名第四位。

【集体产权制度改革】 全面开展清产核资，对集体所有的各类资产进行全面清查核实，全区已完成2021年度集体资产清产核资，其中涉及资产总额20 663.4万元（经营性资产2 553万元）。核查完善成员身份信息，在产权管理系统和登记赋码管理系统进行退出、变更。农村集体经济组织重复成员保留1 000余人，退出2 000余人，避免出现"多确""漏确""两头占"或"两头空"问题，基本实现成员信息"入册入库、不重不漏"，完成全区集体经济组织重复成员信息核对工作，并按照"一户一证"发放农村集体经济组织成员证6万余份。

【"三资"管理】 结合区纪委"四大强基"行动，制定农村集体经济组织"三资"管理工作考核方案，联合区纪委、区财政局对村集体"三资"使用和公开公示情况进行监督检查，对发现的问题当场核查，同时对督查整改情况进行核查，确保发现的问题整改到位。升级财务软件，建立区级审核中心。建立"村（社区）申请—镇（街道）总出纳初审盖章上传—区级审核记账中心总会计线上复审—四川农信网上银行转账支付—镇（街道）记账—结果及时公开"的村级财务管理模式，实现全区"三资"管理提档升级。

【壮大集体经济】 出台《加强基层党组织领导发展壮大集体经济的实施办法（试行）》《发展农村集体经济奖励办法（试行）》等，探索实施集体经济"创收奖励"做法，调动村干部、集体经济组织经营管理人员以及职业经理人等的积极性，全区培育年收入10万元以上的示范村10个，获评全国乡村特色产业亿元村1个、四川十佳产业兴旺村1个。

【土地流转】 规范土地流转，收集汇总各镇（街道）截至2022年的土地流转台账，共计约12.3万亩；指导完成4宗土地流转，并完成其中100亩以上2宗用地的分级审查；开展流转土地用途抽查，共计开展抽查10余次，暂未发现擅自改变用途的情况。

【农产品品牌建设】 组织经营主体参加省农博会、市泡博会等知名展会和市场拓展活动。联合岷江现代农业示范园区打造区域公用品牌，持续推进"彭山贡果""寿之果"申报注册。全区"三品一标"农产品保有量达20个。"味在眉山"全年销售收入达196.1亿元。

【种植业】 粮食生产。聚焦打造新时代更高水平"天府粮仓"，构建"一园两翼六片"示范格局，实施保底稳粮六大工程，重点做好国家级粮经复合现代农业园区规划修编和申报、数智农业水稻示范基地、"荷韵稻香"粮食园区规划、预制菜加工中心建设四大核心工作任务。指导检修提灌站198座，解决1万余亩耕地用水困难问题；落实助农惠农政策，发放各类补贴3 500余万元，完成果园套种粮食2万亩、大豆玉米带状复合种植0.1万亩。推广"晶两优5348""宜香2115"等优质高产水稻新品种18个，优质高产新品种水稻种植面积达13万亩。在全市率先开展秋马铃薯全程机械化示范，打造6个共计750亩秋马铃薯核心示范片。全区粮食作物播种面积约19.4万亩，粮食产量9.6万吨，实现再丰收。

特色产业提质增效。聚焦葡萄、晚熟柑橘、猕猴桃等优势产业，打造标准园10个，全区特色水果种植面积稳定在13.2万亩，产量16.34万吨，实现产值15.48亿元，其中葡萄产量3.34万吨，产值5.68亿元；猕猴桃产量0.76万吨，产值1.09亿元。推广稻药轮作新模式，特色中药材种植面积达3万亩。

基础保障。严格管控耕地"非粮化"，确保"良田粮用"，整治撂荒地1 435亩，建设高标准农田1.75万亩。发放农机购置补贴资金43万余元，补贴各类农机具56台（套），主要农作物机械化率水平达83.76%。提升科研育种能力，建设农作物科研育种基地200亩，建成彭山区种子服务中心、"三农"展示中心和制种大数据监管平台；开展集中育秧、母本机插、无人机授粉、施药、制种机械化烘干等技术服务。全年制种面积5 900余亩，生产水稻良种100万千克以上，全区水稻良种率达98%以上。

植物检疫。对稻水象甲、细菌性条斑病、黄龙病及红火蚁等重点检疫对象开展重点监管，在水稻分蘖期、拔节孕穗期、成熟期，柑橘苗木夏梢转绿后、秋梢转绿后和出圃前分别分3次对水稻制种、柑橘苗木（枝条）进行重点普查，未发现检疫性有害生物。全年完成杂交水稻种子产地检疫2 200亩，签发产地检疫合格证7份，总产量67.79万千克；受理柑橘苗木产地检疫1批次。全年完成省间调运检疫3批次、省内调运检疫7批次，涉及56.05万千克水稻种子、4 820枝柑橘枝条。

【养殖业】 全区渔业养殖面积1 230公顷，渔业产量21 320吨，实现产值43 570万元。全区规模以上生猪养殖场达168家，有个体养殖户668户，全年能繁母猪存栏0.988万头、生猪出栏13.09万头。

非洲猪瘟防控。区非洲猪瘟指挥部落实网格员共计353人。组织开展春、秋季“大消毒、大培训、大宣传”三大行动，使用各类消毒剂5.72吨，消毒场（户）4 231家（户），消毒面积3.408 6万平方米；组织线上线下培训非洲猪瘟防控技术人员726人次，发放各种宣传资料8 000余份。

动物疫病防控。全年免疫牲畜口蹄疫9.145 7万头，免疫猪瘟8.324 2万头，免疫禽流感254.964 3万羽，免疫小反刍兽疫0.787 3万只，免疫犬只4.758 8万只。

人畜共患病防控。开展牛（羊）布病检测647份，检测结果均为阴性。全年共免疫犬只5.795 4万只，无人感染狂犬病及死亡病例。开展血吸虫病牛羊粪孵检测330份，全区血吸虫病扩大化疗牛（羊）5 134头（只），发放治疗药物4千克。全区圈养牛（羊）5 047头（只），其中肉牛224头、肉羊4 823只，肉牛圈养率达100%。

【农村改革】 农村土地制度改革。拓展试点镇、村，颁发资格权证书35 026户，化解历史遗留问题642个，试点村化解率达92%；建立宅基地和建房联审联办制度，实现“一窗受理、部门内部联动，建成宅基地管理信息系统，实现宅基地一张图、三权管理、规范审批、盘活利用、共享发布、监管执法”六大功能，完成基础信息调查41 860宗，推动全区实现宅基地线上审批，提高全区宅基地数字化管理水平。创新农业农村发展用地保障机制，在完成编制乡村规划的前提下，通过村庄整治节约利用农村存量集体建设用地，并采用与业主入股、联营的方式，解决发展农村新产业新业态用地难问题，累计盘活闲置宅基地280余亩。

【城乡融合发展】 深化农村户籍制度改革，完善进城农民权益保障机制，探索乡村人才引入培育机制，引进优秀人才，构建城乡公共服务普惠共享，延伸“一窗受理、一网通办”模式，完成凤鸣街道金烛村城乡融合发展示范片区打造。

【宜居乡村建设】 加强农村人居环境整治，新增改水改厕3 012户，累计改水改厕2.6万户，全区农村无害化卫生厕所普及率达94.1%，农村户厕长效管护服务“五化”机制经验做法在全省推广。开展村容村貌整治行动，实施乡村“亮化”工程，安装太阳能路灯800组，打造公义镇农乐村、凤鸣街道金烛村、黄丰镇丰华村3个美丽院落示范村落。指导第三批乡村治理示范村镇创建工作，申报省级乡村治理示范镇1个、示范村2个，市级乡村治理示范村5个，美丽示范建设带动效果明显。

【农业机械化】 全年完成农作物机耕面积29.86万亩，完成农作物机播面积15.99万亩，完成农作物机收面积20.75万亩，农作物综合机械化水平达64.87%，比上年（60.71%）提高4.16个百分点，其中主要农作物（水稻、小麦、玉米、油菜）完成机耕面积23.379万亩、机播面积15.436万亩、机收面积20.196万亩，主要农作物综合机械化水平为83.76%。全年农机化作业为农实现节支增收2 285.1万元。

农机补贴。实施全区2022年农机购置补贴政策，使用中央补贴资金43.082万元，受益农户33户，补贴农机具53台（其中农机报废更新补贴1户1台，补贴资金0.7万元），购机补贴新增农机动力0.09万千瓦。

农机安全。规范办理拖拉机安全检验，年检做到“见人、见车、见证、见技术检验报告”。年检拖拉机80台，新增拖拉机20台；注销拖拉机15台；换发驾驶证18本，新增驾驶员4人，注销驾驶证49本。

农机执法。持续开展农机隐患大排查、大整治检查活动，严查拖拉机违章载人、酒驾、无证驾驶、改装、套牌以及长期脱检等违法行为。着重检查变型拖拉机是否存在逾期未报废，督促注销报废车辆（车主）按规定交回牌证和拆解。全年共到拖拉机作业区域进行安全检查96次，检查车辆240余台次，纠正违章40余起，查处一般安全隐患7起，限期整改完成。

【农村科技】 成立成林农机专合社和萄满仓农业科技有限公司2个农业科技示范基地，培育遴选“蔬菜+水稻”种植全程机械化、川芎高效规范化栽培、阳光玫瑰葡萄生产3个产业示范主体，为周边农户提供技术指导和培训服务。

【农业生态安全】 畜禽养殖污染治理。优化养殖布局，建成种养循环示范基地2个，实施畜禽养殖场提升工程10个，全区规模养殖场畜禽粪污治理设施配套率100%，规模养殖场畜禽粪污综合利用率100%；秸秆资源化利用率达92%以上；减少农膜使用量，全年回收农业固体废弃物7.31吨，固体废弃物回收率达88.2%。

化肥减量增效。全面推进病虫害统防统治，指导科学用药施肥技术，减少化学农药肥料使用量，地力有机培肥4 600亩，打造以螨治螨示范点27个、农药减量示范点26个、农药化肥使用监测点50个，实现主要农作物绿色防控15.74万亩次，覆盖率50.41%；主要农作物专业化统防统治95.09万亩次，覆盖率48.78%。生物农药化肥应用比例明显提高，全区农药化肥使用量持续负增长。

病死畜禽无害化监管。抓好病死畜禽无害化监管，对每个镇（街道）开展无害化处理培训、指导和监督。对全区病死动物及其产品进行无害化处置，全年处置病死猪2 717头、其他畜禽产品149 550.5千克。

【农业执法】 饲料兽药监管。组织召开饲料、兽药、农药法律法规培训3期，安全生产2期，“安全农资下乡”1期，农业废弃物回收处置培训1期，共培训500余人次，发放资料1 000余份；组织开展2022年度饲料药物添加剂使用、禁限用农药、兽用抗菌药、农资打假、农产品质量及食品安全、“渔政亮剑”等专项整治行动，共立案查处14起，确保农业生产安全和农产品质量安全。

屠宰行业监管。开展生猪屠宰专项整治行动，加大对生猪屠宰行业的管理力度，加强对产地检疫、屠宰检疫的监督检查，进场待宰猪耳标佩戴率100%，产地检疫、屠宰检疫报检率达100%。全区没有不合格动物及其产品进入流通环节，未发生一例畜产品质量安全责任事故。

渔政执法。联合多部门开展各类专项行动，打击非法捕捞违法行为，禁渔期实行“5+2”“白加黑”工作方式，共出动执法车辆800余台次、执法人员2 600余人次，立案处理4起，罚款1.7万余元，移交公安机关查处3人，向岷江补偿性增殖放流鱼苗1万余尾。落实8条河流巡护责任制，组建渔政巡护队伍1支，建设智能监控设施（设备）1套、摄像探头17个，没收取缔“三无”船舶2条。

案件办理。全年办理案件14件（农业7件、农产品质量安全1件、畜牧2件、渔政4件），其中向公安机关移送渔政案件3件。

【小农户与现代农业有机衔接】 创新社会化服务体系建设，创新“涉农补贴+社会化服务”模式，整合涉农补贴资金4 000万元，围绕土地托管、育苗育种、病虫害防治、电商物流、劳务服务等产前产中产后环节，培育各类农业社会化服务组织270余个，带动农户人均增收1 350元以上。支持农村集体经济组织建设面向小农户的农产品贮藏保鲜设施、田头市场、批发市场等，加快建设农产品冷链运输、物流网络体系，搭建“一区一仓配中心、一乡一中转站、一村一网点”的三级物流配送体系。

【涉农项目管理】 高标准农田建设项目。开展彭山区谢家街道高标准农田建设项目，项目总投资1 544.57万元，其中中央财政农田建设补助资金487万元、省级财政资金296万元、市级财政资金25万元、区级财政资金572万元（地方政府债券）、整合其他项目资金164.57万元。建设地点在谢家街道汉安村（原红石村），共1个镇1个村8个村民小组，建设高标准农田0.46万亩、高效节水灌溉面积0.23万亩。

灾毁农田修复项目。开展彭山区2021年灾毁农田修复项目，项目总投资3 870万元，其中中央财政农田建设补助资金1 548万元、省级财政资金259万元、市级财政资金65万元、区级财政资金1 998万元（地方政府债券）。建设地点在谢家街道义和场社区（原杨庙村）、谢家场社区（原毛河村、吴堰村）共1个镇2个社区，建设高标准农田1.29万亩。

化肥减量增效项目。实施彭山区2022年化肥减量增效项目，项目总投资17万元，工作任务为：在全区推广测土配方施肥技术面积34万亩次；田间肥效试验个数2个；完成农户施肥调查50户，农户对化肥减量增效实施满意度大于90%，全区化肥使用量持续保持零增长。

惠农补贴项目。2022年耕地地力保护补贴面积164 232.25亩，涉及户数56 748户，补贴标准为155.74元/亩，发放补贴资金2 557.75万元；2022年实际种粮农民一次性补贴（第一批）面积34 629.39亩，涉及户数10 260户，补贴标准为77.39元/亩，发放补贴资金267.998万元；2022年实际种粮农民一次性补贴（第二批）面积35 260.06亩，涉及户数10 233户，补贴标准为32.43元/亩，发放补贴资金120.788万元；2022年实际种粮农民一次性补贴（第三批）面积35 254.56亩，涉及户数10 233户，发放补贴资金119.97万元；2022年实际种粮农民一次性补贴发放补贴金额合计508.758万元。

2022年稻谷补贴面积35 260.85亩，涉及户数10 201户，补贴标准为58.89元/亩，发放补贴资金207.647万元。2022年种粮大户省级财政补贴（50亩以上）面积10 440.18亩，补贴户数78户，补贴标准为88.68元/亩，补贴金额92.58万元，其中30～50亩（不包括50亩）面积1 709.75亩，补贴户数45户，补贴金额15.16万元。2022年秋马铃薯生产补贴面积13 000亩，补贴金额78万元。2022年退果还粮103.39亩，补贴金额29.91万元；2022年新增种植水稻110亩，补贴金额3.3万元；低效藕塘鱼塘退出种植水稻70.2亩，补贴金额2.11万元；果园间（套）种9 326.65亩，补贴金额186.53万元；补贴种粮大户种植面积10 997.164亩，补贴金额109.97万元；补贴玉米大豆复合种植面积701亩，补贴金额21.03万元。

【脱贫攻坚】 抓实监测帮扶。健全防止返贫动态监测常态化机制，加强日常监测，常态化开展部门预警、风险线索推送等工作，开展防止返贫监测帮扶集中排查和防止返贫动态监测“回头看”排查，全覆盖排查10.4万户农户，全年新增监测对象27户49人。

做好后续扶持。落实乡村振兴重点帮扶村帮扶，整合各类资金250万元扶持壮大村级集体经济；巩固脱贫攻坚成果，加强乡村振兴有效衔接资金项目管理，投入各级衔接资金6 602万元，中央、省衔接资金投入产业占比达58.01%。

推动稳岗就业。加强困难群体兜底帮扶，安排公益性岗位674个；通过就业服务、兑现补贴、扩展就业渠道等方式，利用衔接资金项目以工代赈，加大创业载体孵化，带动1 320余名农村劳动力就地就近务工；开展各类招聘会37场，提供就业岗位2.75万余个，实现脱贫人口务工3 463人。

【乡村振兴】 建成全市第一家机械化育秧工厂，机械化育秧工作在中央人民政府官网刊登。建成并启动全省首个宅基地数字化审批平台，农村宅基地“三权同确，三证同颁”改革经验入选农业农村部新时代农业农村发展成就展，《农村宅基地制度改革“六条经验”》《鼓励家庭农场领办农民合作社实现融合发展》等改革经验在国家发展改革委、农业农村部刊登，经验做法在全国推广。获评省级乡村振兴先进区“回头看”考核“优秀”等次、全省农村改革工作先进区；在中央、省财政资金项目全省绩效评价中，获评“优秀”等级，位列全省第23名，提升71个名次。黄丰镇、果园村入选全国“百县千乡万村”先进示范创建名单，农乐村获评“省级乡村振兴示范村”。

【主要领导人】 区委书记：黄秀航；区人大常委会主任：杨兴弘；区长：杨静；区政协主席：杨红；分管农业副区长：周泽轩。

彭山区编写组

仁　寿　县

【基本情况】 2022年，全县辖4个街道26镇2乡216个村147个社区，辖区面积2 716.86平方千米。户籍人口（不含眉山天府新区代管乡镇和街道）120.66万人，常住人口85.09万人。

2022年，全县实现地区生产总值520亿元，增长3%，其中第一产业增加值增长4.5%。地方一般公共预算收入突破50亿元。县属规上工业总产值实现230亿元，增长12.2%。农村居民年人均可支配收入达20 916元，增长6.3%。

【农业政策措施制定及落实】 因地制宜研究谋划“三农”重点工作，编制仁寿县农业产业功能区规划，建设“243”特色产业发展布局。印发《仁寿县贯彻落实〈2022年度四川省市（州）党政和省直部门（单位）领导班子领导干部推进乡村振兴战略实绩考核实施方案〉的工作方案》《2022年度仁寿县镇乡（街道）党政和县级涉农部门（单位）领导班子领导干部推进乡村振兴战略实绩考核实施方案》《仁寿县天然水域垂钓管理办法（试行）》《仁寿县撂荒地复耕整治技术（试行）》《规范农村集体经济组织运行管理指导意见（试行）》《仁寿县稳定粮食生产暨耕地“非粮化”整治扶持政策》《仁寿县高标准农田建设项目管理实施办法》等。

【新型农业经营主体培育】 先后印发《仁寿县规范设置农村集体经济组织挂牌工作方案》《仁寿县农业农村局关于规范农村集体经济组织制度建设的通知》《规范农村集体经济组织运行管理指导意见（试行）》《仁寿县贯彻落实〈四川省农村集体经济组织条例〉实施细则》等文件，规范农村集体经组织建设，推动全县农村集体经济组织发展壮大。新创建合作社61家，4家合作社获评县级示范社。全县有合作社966家，其中县级示范社11家、市级示范社33家、省级示范社37家、国家级示范社10家。完成全县6家省级农业产业化重点龙头企业、10家市级农业产业化重点龙头企业的监测。遴选推荐3家规上企业申报市级龙头企业，推荐1家市级龙头企业申报省级龙头企业。

【农业品牌创建】 全年完成绿色食品认证产品新申报10个，续展认证产品8个，年检绿色食品企业17家。完成“天府仁品”区域公用品牌授权使用企业7家。完成2021年地理标志农产品保护和发展项目实施，全面提升文宫枇杷产业发展综合水平，文宫枇杷产品供给能力显著增强，产品认知度、知名度、美誉度和市场占有率显著提高。实施仁寿县现代农业全产业链标准化试点基地建设项目。开展1个“味在眉山”标准化示范基地认定、立牌工作，10个“味在眉山”标准化示范基地复审、复牌工作，完成培育设置“味在眉山”标准化生产示范基地10个，完成市政府下达全县“味在眉山”238亿元的销售任务。

【现代农业园区建设】 截至2022年年底，全县已创建省四星级现代农业园区1个（仁寿县粮油现代农业园区）、市级现代农业园区3个（仁寿县曹家“梨博苑”现代农业园区、仁寿县“橙色田园”柑橘生猪种养循环现代农业园区、仁寿县方家粮油现代农业园区）、县级现代农业园区9个（富加枇杷现代农业园区、藕塘柑橘现代农业园区、禄加“茶灵谷”油茶现代农业园区、仁寿县藕塘“香橘苑”柑橘现代农业园区、仁寿县粮经融合现代农业园区、仁寿县青岗粮油现代农业园区、仁寿县慈航粮油现代农业园区、仁寿县藕塘水发柑橘现代农业园区）。其中，2022年申报市级园区1个（粮油类），认定县级园区3个（2个粮油类、1个特色类）。

【土地承包经营管理】 完成对全县范围内545个行政村、4 311个组、32.8万户农户的农村土地承包经营权确权登记档案进行整理及数字化工作。截至2022年12月，全县土地流转增加0.76万亩，土地流转累计达51.7万亩，占承包耕地面积（118.61万亩）的43.6%，其中规模流转（30亩以上）35.56万亩，占流转面积的67.3%；共计颁发《仁寿县农村土地经营权证》666本，涉及土地面积12.8万亩。

【农村集体经济经营管理】 规范建立成员身份台帐，发放成员证书34万余户。完成27个镇级、267个村级、2 764个组级集体经济组织登记赋码。印发《关于规范农村集体经济组织制度建设的通知》《规范农村集体经济组织运行管理指导意见（试行）》《仁寿县贯彻落实〈四川省农村集体经济组织条例〉实施细则》等文件，保证农村集体组织健康有序发展，并规范农村集体经组织建设。

【农村集体产权制度改革】 出台《仁寿县村级集体经济攻坚三年提升行动实施方案（2022年—2024年）》，为98个帮扶村（社区）落实1名县级领导、1个县级部门、1家规模企业、1名金融村官“四个一”扶持机制，帮助村级组织发展壮大集体经济。2022年，县本级一般公共预算57.56亿元，其中用于乡村振兴投入7.3亿元，占比12.68%，较上年增长1.46%。截至2022年10月底，财政一般公共预算支持乡村振兴预计实际投入14.56亿元，全年实际投入高于2021年。

【种植业】 全县农作物种植面积较上年度有所增加，主要作物包括水稻、小麦、玉米、蔬菜、水果等。农业生产技术不断提高，推广现代农业生产技术，加强农业科技人才培养，推广高效节水灌溉技术、智能化农机具和新型肥料等，提高农作物产量和品质。农产品市场销售有所增长，加强农产品销售渠道建设，提高产品附加值，促进农产品的销售。同时，推进农村电商发展，提高农产品的网络销售能力。农业结构调整不断深化，通过加强产业链条的建设，推动农业产业结构的调整和优化，逐步实现由传统农业向特色农业的转型。同时，推进农村一二三产业融合发展，促进农村经济的多元化发展。

粮油作物。全县粮食作物播种面积184.83万亩，比市上目标任务增加10.58万亩，增长6%；总产量68.2万吨，比目标任务增加2.37万吨，增长4%。其中，晚秋粮食新增秋马铃薯种植面积7.32万亩，增产1.78万吨。油菜播种面积32.09万亩，比上年增加1.07万亩，增长3.4%；油菜籽总产量4.94万吨，比上年增加0.41万吨，增长9%。

经济作物。水果总产量76.155万吨，比上年增长10.2%，位居全市第一；蔬菜总产量53.332万吨，比上年增长6.3%，位居全市第二。经作产业产量和增速实现市、县“双第一”。

【种业发展】 全县完成大春种子市场品种情况（进入全县推广种植的杂交水稻、杂交玉米、大春蔬菜主要品种个数、种植面积、种子市场价格）调查，调查摸清杂交水稻种子品种134个，杂交玉米品种228个，大春蔬菜种类6类、品种30个。全县提供的水包果和半头黄种植资源的活体样本入驻国家资源圃。配合省农科院园艺研究所开展国家资源圃收集与濒危种质资源抢救性收集，共收集239份资源样本，其中有40余份被列入重点资源和濒危种质资源保护名单。

【养殖业】 全县畜禽养殖规模稳步扩大，主要畜禽种类包括猪、牛、羊、鸡、鸭等。其中，猪肉产量有所提高，是全县养殖业的主要品种。养殖技术不断提高，加强养殖业科技创新和人才培养，推广先进的饲养管理技术和饲料配方，提高畜禽生产效益和产品质量。畜禽产品市场销售稳步增长，养殖业产品销售渠道得到不断扩大，畜禽产品质量稳步提高，促进了养殖业的销售收益。养殖业结构调整不断深化，通过推进畜禽产业链条的建设，调整优化畜禽业结构，推动从传统养殖向规模化、标准化、特色化养殖的转型发展。

畜禽养殖。全县实现畜牧业产值44.5亿元。全年出栏生猪113万头，同比增长12%；出栏肉羊30.82万只，同比增长3.9%；出栏肉牛6 256头，同比增长9.05%；出栏家禽1 373.71万只，同比增长2%；肉类总产量7.729 4万吨。全县年出栏生猪500头以上的规模养殖比重达60%，持续擦亮“生猪调出大县”金字招牌。

动物疫病防控。完成春、秋两防免疫注射工作，集中免疫牲畜口蹄疫182.06万头（其中猪口蹄疫136.42万头、牛/羊口蹄疫45.64万头/只）、猪瘟136.42万头、禽流感1 276.43万羽、小反刍兽疫82.96万只、犬只45.71万只，共采集样品4 936份（其中猪血清1 320份、牛（羊）血清2 061份、鸡血清1 555份）。全年共开展两次全县动物防疫知识技能线上培训班，特聘动物防疫专员、各乡（镇、街道）农业综合服务中心相关技术人员、村级动物防疫员和乡村兽医等共计90余人次参加培训；发放非洲猪瘟防控安全手册、宣传海报60 000余册（份），宣讲200余次，参会人员5.5万余人次。

【水产养殖】 全县水产养殖面积10.2万亩，其中池塘4.5万亩、水库3.5万亩、山坪塘2.2万亩。截至2022年年底，全县已发展水产专业合作社58个（其中省级示范专业合作社1个）、家庭渔场5个、市级龙头企业2家；创建农业农村部水产健康养殖示范场5个、水库生态鱼标准化养殖示范区1个、无公害水产品养殖基地3个、省级水产原良种场2个。

【特色产业发展】 全县组建县乡村振兴服务公司，为农业产业发展提供农资、农机、农技、农产品销售、品牌打造等全产业链服务，打造一站式服务平台。

特色产业集群发展。晚熟柑橘产业被纳入全国柑橘产业集群规划，川果交易中心申领大宗商品交易中心牌照，打造打造集“生产+加工+种养循环+研发+品牌+流通+休闲旅游”于一体的晚熟柑橘产业集群核心区。2022年，全县枇杷产量7.2万吨，实现产值7.5亿元；梨产量5.8万吨，实现产值3.5亿元。

加强院校合作。先后建立博士工作站、晚熟柑橘研究院、巨型稻蛙立体种养示范基地、良种繁育基地，与省农科院、四川农业大学、西南大学、中柑所等建立长期战略合作关系。柔性引进杨文钰教授等一线专家学者，推行良种良机良技，良种覆盖率99%以上，全县农作物机械化率达71%以上，实用新技术覆盖率达95%以上。

招引优质企业。招引德康集团、中粮集团、水发民生等知名企业入驻，仁寿县纳入省级第四批农民合作社质量提升整县推进试点县。

【“天府粮仓”布局建设】 出台配套政策文件，支持农业生产。立足“天府粮仓”初步发展规划，按照统一部署要求，争分夺秒抓好各项政策贯彻落实。出台《关于深入贯彻党的二十大精神和习近平总书记来川视察重要指示精神建设新时代更高水平“天府粮仓”丘区示范区的决定》《关于成立仁寿县打造新时代更高水平的“天府粮仓”工作领导小组的通知》等文件，编制《仁寿县五良融合宜机化改造实施细则》，为“天府粮仓”丘区示范区建设保驾护航。牵头完成“天府粮仓”一核四基地项目前期规划，配合协作项目服务中心完成“天府粮仓”建设的前期工作。

【乡村振兴】 全县始终把巩固拓展脱贫攻坚成果作为重要的政治任务，抓好防止返贫动态监测和帮扶等各项工作，坚决守住不发生规模性返贫底线，持续巩固拓展脱贫攻坚成果，有效衔接乡村振兴，确保脱贫不返贫、振兴不掉队，为全面推进乡村全面振兴奠定坚实基础。

乡村产业振兴。组建仁寿县乡村振兴服务公司。晚熟柑橘产业被纳入全国柑橘产业集群规划，川果交易中心申领大宗商品交易中心牌照，打造打造集“生产+加工+种养循环+研发+品牌+流通+休闲旅游”于一体的晚熟柑橘产业集群核心区。累计培育省、市级农业产业化龙头企业18家，农民专业合作社768家，家庭农场1 837家；建成农业科技示范基地11个。

乡村人才振兴。全县共遴选名匠、名医、名师等8个领域152名本土菁才。出台《仁寿县“精英才俊”奖励办法》，培育各行业领域人才1.4万人次。

乡村文化振兴。曹家镇梨树社区等44个村（社区）试点建设“文明义仓”，通过“志愿+积分”形式发挥群众主体作用；推广星级文明户挂牌评定，评选先进榜样，累计评选省、县文明家庭19户、最美家庭88户、星级文明户1 080户，其中获评“中国好人”7人、省级道德模范4人，乡村风尚持续优化，乡村群众“见贤思齐”。截至2022年年底，全县累计创建市级及以上乡村振兴先进乡镇10个、先进村58个，市级及以上乡村治理示范镇5个、示范村32个。

乡村生态振兴。开展春季禁渔、天然水域禁捕专项执法行动，对天然水域非法捕捞、违规垂钓、涉渔餐馆经营野生鱼和渔具店销售禁用渔具等行为进行专项整治。在球溪河流域放流鲢鳙鱼苗100万尾。全县2022年持续实现化肥总体减量目标≤0，其中测土配方施肥技术推广覆盖率达94.4%；推广有机肥料替代化肥，推广面积90万亩以上；落实化肥农药减量增效示范点35个1.5万余亩；持续推广绿肥种植2.7万亩，水肥一体化累积推广面积3.1万亩；农作物秸秆肥料化还田面积40万亩，建立肥料农药使用省级固定农户监测调查点50个，化肥减量工作知晓度达95%以上。

乡村组织振兴。全县293名村（社区）党组织书记平均年龄44岁，35岁及以下95人，占比32.4%；大学专科及以上学历225人，占比76.8%；优秀农民工和致富带头人225人，占比76.8%。选派市县党员干部、县属国有企业员工5 816人，“第一书记”98名，驻村工作队员196名，各部门、乡（镇）专职工作人员180余人结对帮扶。

【美丽宜居乡村建设】 在方家镇、满井镇、虞丞乡等乡（镇）10个村实施农村厕所革命整村推进示范项目，全县农村户用卫生厕所普及率达90%。推进农村生活污水治理，县域267个涉农村（社区）中具备污水治理能力的行政村243个，生活污水得到有效治理的村（社区）占比达91%。全覆盖开展“村庄清洁日”村庄清洁行动。全县农村生活垃圾得到有效处理的行政村占比达100%，生活垃圾分类处理推广率达79.8%，农村生活垃圾无害化处理率达98%以上。

【农村基础设施建设】 投放户分类垃圾桶29万套；建成垃圾收集设施（房、桶）2万座（个），配备村垃圾转运车414台，建成垃圾压缩中转站28个、易腐垃圾处理站1座再生资源拆解中心7座；建成日处理规模800吨的仁寿县焚烧发电厂1个，年处理垃圾量达40万吨，年发电达2亿度以上。全县门（门、牌楼，村庄出入口标志构筑物）共有69个，景观围墙共计19千米，有景观亭59个、景观廊架96千米、护栏围栏605千米。

【农业机械化】 全年在春耕、三夏、三秋期间累计维修、维护农业机具2.679 3万台（套）次，累计投入各类农业机械3.198 3万台（套）次，机械耕整地184.388 7万亩（水稻51.619万亩、玉米56.879 4万亩、油菜29.929 5万亩、小麦8.859 6万亩），机插（播）77.896 9万亩（水稻31.565 6万亩、玉米8.750 5万亩、油菜18.243 7万亩、小麦8.852 1万亩），机收97.329 5万亩（其中小麦8.859 6万亩、油菜18.243 7万亩、水稻50.353 4万亩、玉米11.742 8万亩）。

农机购置补贴。全县完成农机购置补贴中央资金117.338 4万元（含报废补贴2.2万元），资金兑付率100%；受益农户637户，补贴各类农机具794台，带动购机户自筹资金364.13余万元。

农机灌溉。推进2022年度省级资金提灌站建设，在黑龙滩镇石田村14组、禄加镇坳塘村1组、新店镇能仁村2组、板桥镇柏树村11组新建提灌站4座，在富加镇欢家村1组、慈航镇勤乐村9组维修提灌站2座。新增提水能力180立方米/时，新增灌溉面积1 800亩，恢复提水能力450立方米/时，恢复灌溉面积800亩。

农机科技推广。召开全县农机化工作业务培训会议，重点讲解2021—2023年农机购置补贴政策、农机购置补贴申请办理服务系统操作培训、廉政风险警示教育、农机化统计业务培训、农机安全工作培训等。

“五良”融合宜机化改造。推动“五良”融合宜机化改造项目在仁寿县试点，“五良”融合宜机化改造项目在8月完成项目公告和实施主体的选定，确定仁寿县腾赢量农业专业合作社、四川洁禾农业发展有限公司、仁寿县全程机械化综合农事服务中心、仁寿县虞丞乡上和美家庭农场等4家经营主体为2022年“五良”融合宜机化改造项目实施主体，并邀请四川农机院初步开展现场勘查设计，完成规划设计后报政府审定后实施；12月，四家实施主体已全面完成宜机化改造任务。

农机安全管理。推进变拖清零工作，及时整理打包所有报废变型拖拉机数据并第一时间分发到各乡（镇、街道）、服务中心，对所有已报废的变型拖拉机进行排查，并电话告之车主，对未及时报废车辆的驾驶员督促其尽快报废，截至12月4日，已经注销到期报废变型拖拉机1 926台，收回牌证1 476副，全县存量变型拖拉机7台。

【高标准农田建设】 2021年高标准农田立项6.8万亩，于2022年6月完成建设，8月完成县级验收，9月完成财评审计，12月完成市级竣工验收。按照四川省高标准农田建设规划（2021—2030年）和县委县政府的统筹规划，全年建设高标准农田9.2万亩，计划总投资27 600万元。经县政府批复，仁寿铧锐农业投资有限责任公司担任项目业主，采用“先建后补”模式实施2022年高标准农田建设项目，该项目于9月底已开工，已完成进度约30%。

【农业生产项目推进】 全年销号核验项目涉及44个45 110.635 3万元，其中已投资36 846.37万元，投资完成率81.68%；已拨付金额28 199.98万元，拨付率61.36%。

重大农业生产项目。全县农业方面挂图作战项目共计7个（仁寿县有机废弃物资源化综合利用项目、川果智慧冷链物流中心项目、产业发展资金项目、省级农业园区专项资金项目、仁寿县2021年灾毁农田修复项目、眉山市仁寿县中央预算内投资高标准农田建设项目、四川省眉山市仁寿县2021年宝飞片区高标准农田建设项目），涉及总投资96 744万元。

对上争取工作。加大对上争取力度，截至2022年年底，农业农村方面完成对上争取项目60个71 401万元，占任务数的106.73%，排名全市第一、全省并列第二。

项目储备。截至2022年年底，已储备仁寿县乡村振兴共同富裕示范村基础设施建设项目、仁寿县丘区“天府粮仓”粮油园区基础设施建设项目、仁寿县帮扶村基础设施建设项目、24个园村一体基础设施建设项目、高速路出口周边村基础设施建设项目，总投资共计41.5亿元。

【农业科技创新与人才培养】 完成第三批“眉州田园名星”培育对象导师帮带和田园比武。完成全县2022年度农村实用人才统计。完成2022年高素质农民培育，分级（省、市、县）分类培训220人。完成全国农村创业创新园区（基地）发展情况摸底调查暨更新相关目录。

【农业科技推广】 完成全县146名基层农技人员知识更新培训任务，其中市级集中培训133人、省级骨干人才培训13人。培育3个农业科技示范展示基地。遴选30项农业主推技术向全县32个乡（镇、街道）予以推荐，全县农业主推技术到位率达100%。招募9名特聘防疫员。有序推进大豆科技自强示范县建设工作。

【农村人居环境整治】 截至2022年年底，全县共计实施改厕114 378户，农村户用卫生厕所普及率达92%。全县267个涉农社区中256个行政村农村生活污水得到有效治理，占比达96%。全县273个村累计发动群众15 000余人次，清理农村生活垃圾10 000余处、5 600余吨，清理户厕124 802户，清理公厕182座，清理水塘、河沟、污水沟2 000余处、2 330余次，清理畜禽粪污6 735处，清理农业生产废弃物1 500余吨。

【农业质量安全监管】 开展农资打假和“治违禁、控药残、促提升”行动，定期开展“放心农资下乡”活动，印刷并发放宣传海报1 200张、明白纸5 000张、宣传手册2 600份。加强质量监控，健全检测体系，完成全年快速检测抽检任务数300个以上，合格率为100%；完成例行抽检省、市级农产品质量安全风险监测任务数895个，合格率达98%以上。提高基层监管能力，贯彻落实巩固拓展脱贫攻坚成果同乡村振兴有效衔接有关精神，完成4个乡村振兴重点帮扶村村级监管阵地建设，并支持4家企业建设监管阵地，加强全县农产品质量安全保障，持续巩固四川省农产品质量安全监管示范县创建成果。推进食用农产品达标合格证制度试行工作，全年共入驻国家农产品追溯平台生产主体688家，入驻率达100%；开具合格证总张数46万余张。

【农业信息化推进】 全县选定玉米和水稻作为监测作物，采集空气温度、空气湿度，土壤温度，土壤湿度4种常用环境参数，结合坐标定点、3G通信技术、图像监测技术，固定田块对涉及作物的生长和环境进行监测调查。完成常规农业的生产进度和农业农村生产形势分析，为农村经济和农业生产发展宏观决策提供数据支撑。按照省、市对现代农业物联网建设的指导要求，推进农业物联网建设的信息及时收集和宣传。与成都华迈科技有限公司多次会商，更改完善相关功能，基本已完成农产品价格信息智慧平台设计搭建。

【农业行政执法】 开展种子、农药、肥料以及饲料兽药打假活动，以经营假劣种子、未审先推、未依法备案、农作物种子标签为重点，出动执法人员365人次，检查种子经营门市、摊点249个次。以禁限用农药、假劣农药、农药经营台账、农药经营许可证、农药废弃物回收等检查内容为重点，出动执法人员276人次，检查农药经营门市180个次。对全县2家肥料生产企业进行执法检查，以销售未取得登记证的肥料产品、假冒、伪造肥料登记证、登记证号、生产、销售有效成分或含量与登记批准的内容不符的肥料产品等内容为检查重点，先后出动执法人员96人次，检查肥料经营门市、摊点38个次，重点检查“甜蜜蜜、脱酸基”水溶剂肥料和执法抽检，检测了重金属情况，都未超标。以销售以禁限用兽药、假劣兽药、兽药经营许可证、兽药饲料经营台账、拆分饲料进行零售等检查内容为重点出动执法人员133人次，检查饲料、兽药经营门市68个次。

【主要领导人】 县委书记：王岳；县人大常委会主任：杨建；县长：明宇；县政协主席：何文华；分管农业副县长：王果。

仁寿县编写组

洪 雅 县

【基本情况】 2022年，全县辖12镇，辖区面积1 896.49平方千米。

2022年，全县实现地区生产总值147.3亿元，增长2.9%，其中第一产业增加值增长4.3%，第二产业增加值增长3.2%、第三产业增加值增长2.3%。地方一般公共预算收入完成12.69亿元，增长13.1%，主要经济指标实现逆势增长。全社会固定资产投资增长12.2%，规模以上工业增加值增长5%。

【现代农业建设】 规划实施“一园一核三片”建设，“柳江—东岳”示范片核心区域启动建设。累计建成高标准农田26.09万亩，粮食作物播种面积21.6万亩，总产量10.4万吨，大豆玉米带状复合种植经验被中央电视台《新闻联播》栏目宣传报道。严守耕地红线，整治撂荒地610亩，退经还粮1 100亩，复还耕地1 716亩，实现“进出平衡”。全面推行田长制，设立县、镇、村田长239名。全域综合整治耕地生产障碍修复利用工作被农业农村部表扬。“瓦屋春雪”参加四川国际茶博会，成为全国“两会”四川代表团用茶。新认证绿色、有机茶基地1 500亩，全年茶产业综合产值突破60亿元。“竹钢”亮相第二届世界竹藤大会，全年竹产业综合产值实现17.3亿元。全球首个花椒调味油领域国际标准获批立项，全年藤椒产业综合产值实现7.5亿元。全年出栏生猪20万头。新培育省、市级龙头企业3家，家庭农场8家。全县获评四川省唯一的全国茶业科技助农示范县，连续四年入围中国茶业百强县；中山镇入选全国农业产业强镇建设名单。

【统筹城乡发展】 推进城市更新建设，城东、城西、阳光上城城中村片区去旧蝶变，完成老旧小区改造20个，增设电梯36台。实施森林城市建设项目18个，竣工园林绿化项目14个。建成投用新能源充电桩8个、换电站1座。新增智慧停车位1 000个；改造LED路灯1 200盏。乡村面貌不断改善，2万吨江南水厂建成投用，保障了2.52万人饮水安全，农村集中供水率达94.37%。新（改）建农村无害化卫生厕所5 103户；达标提升农贸市场3个；安装太阳能路灯2 140盏。建成“美丽四川·宜居乡村”8个，自新村获评中国传统村落，止戈镇获评省级乡村振兴先进镇，止火街社区、联丰村获评省级乡村振兴示范村。交通网络拓展延伸，洪雅至七里坪高速被列入全省高速公路网布局规划，乐荥高速开展初步设计。瓦屋山快速通道具备通车条件。七里坪连接线、省道429线东岳至柳江改建项目稳步推进。新（改）建农村公路130千米。中山茶产业等30千米产业环线建成投用。全省“5·26”爱路日活动在洪雅县举办。全县入选全省交通强县试点县，创建为省级“四好农村路”示范县。

【农村社会事业】 第六幼儿园建成投用；职业教育产教融合实训基地开工建设。设立托育（幼）机构18个，提供托位935个。新建社会足球场1个、国民体质监测中心1个，改建村级农民体育健身工程8个。建成文化馆、图书馆分馆39个。县中医医院新院区开诊，东岳卫生院创建为县域医疗次中心。建成全市首个红十字应急救护培训基地。全县创建为省级健康促进县。

【农村社会保障】 社会保障能力持续增强，107件省（市）民生实事和10个县人大代表票决民生项目全面完成。全年脱贫人口人均纯收入达12 809元，增长15.1%。发放稳岗返还补贴544万元，解决欠薪683万元。城乡居民基本养老保险、医疗保险参保率均达99%以上。建成智慧平安小区21个。投用夕阳红养老中心、残疾人康复中心。提档升级烈士陵园、乡村公益性公墓。中保镇联合村获评全国示范性老年友好型社区。

【农村生态建设及环境保护】 全年清退生态保护红线内矿业权22宗。试点推广基层河湖管护“解放模式”，青衣江水质保持Ⅱ类。亭子山水质自动监测站建成投用，水质达标率100%。农村生活污水“千村示范”工程全面完成。开展秸秆禁烧及综合利用、颗粒物和臭氧管控，全年空气优良天数344天，优良率94.2%，位居全市第一。建成化肥农药减量示范点21个。全县入围大熊猫国家公园生态体验先行试验区。挂牌成立全省首个森林碳汇管理局，成为省林草碳汇项目开发试点县。

【防灾减灾】 地质灾害全域综合整治三年行动有序推进，整治隐患96处，减少受威胁群众1 329人；实施重大隐患搬迁67户202人。新建堤防16千米，保障1.7万人生命财产安全。成功应对6轮区域性暴雨天气。开展农村自建房、城市燃气安全等专项整治，通过省级安全发展示范城市创建初评。将军镇杨场社区被评为全国综合减灾示范社区。连续60年无较大及以上森林火灾发生，连续12年无较大及以上安全生产事故发生。获评全省平安建设先进县。

【主要领导人】 县委书记：周代军；县人大常委会主任：尹斗芳；县长：周代军（3月止），李忠云（3月始）；县政协主席：李明清；分管农业副县长：杨传华。

洪雅县编写组

丹 棱 县

【基本情况】 2022年，全县辖1乡4镇50个村（社区），辖区面积450平方千米，其中耕地面积15.498万亩。全县户籍总人口为16.08万人，其中男性8.1万人、女性7.98万人，城镇人口6.95万人、乡村人口9.13万人。常住人口14.9万人，其中城镇常住人口6.57万人、农村常住人口8.33万人，城镇化率44.07%。全年出生人口866人，死亡人口1 509人，人口自然增长率–4.38‰。森林资源总面积26 630.3公顷，林地面积17 389.12公顷，营造林1万亩，森林覆盖率57.68%。

2022年，全县实现地区生产总值83.42亿元，增长4.3%，两年平均增长6.4%，其中第一产业增加值15.76亿元，增长4.2%，两年平均增长5.6%；第二产业增加值31.1亿元，增长5.5%，两年平均增长6.5%；第三产业增加值36.55亿元，增长3.2%，两年平均增长6.4%。三次产业对经济增长的贡献率分别为19.7%、46.8%、33.6%，分别拉动经济增长0.8个、2个、1.5个百分点。三次产业结构比优化为18.9∶37.3∶43.8。全年工业增加值实现23.93亿元，增长6.1%，对地区生产总值的贡献率40.1%，拉动地区生产总值增长1.7个百分点。

公路总里程596.211千米，其中等级公路572.265千米。全社会用电量6.93亿千瓦时，增长5.9%。全社会固定资产投资完成69.39亿元，增长12%。社会消费品零售总额25.7亿元，增长1.3%，其中城镇市场消费品零售额10亿元，增长0.6%；乡村市场消费品零售额15.7亿元，增长1.7%。全年外贸进出口总额2.15亿元，增长27.3%，其中出口额2.15亿元，增长27.3%。地方一般公共预算收入完成5.37亿元，增长8%，其中税收性收入2.23亿元，增长4.7%，占地方一般公共预算收入的41.5%；地方一般公共预算支出14.78亿元，增长0.8%。全年政府性基金收入完成8.01亿元，降低1.4%；政府性基金支出完成13.72亿元，增长56.2%。年末金融机构人民币各项存款余额143.85亿元，增长14.2%，比年初增加17.84亿元，其中住户存款余额125.97亿元，增长18.7%，比年初增加19.87亿元；年末金融机构人民币各项贷款余额86.23亿元，增长19.7%，比年初增加14.19亿元。全县专利授权数93件，专利总件数522件。全年邮电业务总量25 112.99万元，其中邮政业务总量12 485.99万元，电信业务总量12 627万元。有固定电话用户22 679户，移动电话用户183 439户，宽带用户73 672户。

有各级各类学校49所，其中小学12所、小学教学点1个、初中4所、完全中学1所、中等职业学校1所、普通高等学校1所、幼儿园31所（公办4所、民办27所）；在校学生总数30 823人，其中小学8 215人、初中3 176人、高中1 486人、中等职业学校622人、高等学校12 760人、幼儿园4 564人；小学学龄儿童净入学率100%，初中入学率100%；教师总数941人，其中小学教师438人、初中教师256人、高中教师131人、中职教师50人、高等学校教职工410人、幼儿园专任教师42人、下属单位24人。

有公共图书馆1个（年末公共图书馆总藏量10.8万册）、文化馆（美术馆）1个、文物所（文物管理保护）1个，博物馆1个、电影院1个，全国重点文物保护单位2处（丹棱白塔、郑山—刘嘴摩崖造像）、省级文物保护单位4处、市级文物保护单位10处、县级文物保护单位32处。有线广播电视总用户4 539户（有线高清数字电视3 208户），新增有线高清数字电视用户1 023户，干线总长295千米；有直播卫星2 740户，地面数字电视用户200户。有医疗卫生机构113个，其中二甲医院4所；医疗机构编制病床位877张；卫生技术人员1 330人（含乡村医生），其中副高级以上职称80人、执业（助理）医师380人。

【年度农业和农村经济运行】 2022年，全县农林牧渔总产值26.7亿元，增长4.5%。水产品产量5 772吨，增长3.5%。全年农村居民人均可支配收入达25 080元，同比增加1 442元，增长6.1%，其中工资性收入9 821元，增长5%；经营净收入13 457元，增长7.6%；财产净收入739元，增长1.9%；转移净收入1 064元，增长1.3%。农村居民年人均消费支出达19 735元，增长5%。农村居民恩格尔系数为32.9%。

【种植业】 全年农作物播种面积14 736公顷，增长0.8%，其中粮食作物播种面积8 004公顷，增长0.9%；油菜籽播种面积4 407公顷，增长0.2%。全年粮食总产量5.4万吨，下降1.9%；油菜籽产量7 983吨，增长4.9%；园林水果产量22.2万吨，增长9.2%；茶叶产量3 585吨，增长2.8%；蚕茧产量77吨，下降4.9%。

【畜牧业】 全年小家禽出栏225万只，增长10.2%。生猪出栏16.2万头，增长7%；存栏10.9万头，下降5%。全年肉类总产量16 572吨，增长2%。禽蛋产量4 917吨，下降14.8%。

【农村社会保障】 全年养老保险参保

人数122 188人，其中城乡居民养老保险参保人数86 284人。城乡居民基本医疗保险参保人数134 801人。新增就业2 250人。

【主要领导人】 县委书记：郭红；县人大常委会主任：夏荣升；县长：曾建军；县政协主席：杨华；分管农业副县长：刘伟巍（10月止），周明强（10月始）。

丹棱县编写组

青 神 县

【基本情况】 2022年，全县辖1个街道4镇2乡，辖区面积386.8平方千米。有户籍总人口约20万人、常住人口16.9万人，城镇化率43.17%。

【年度农业和农村经济运行】 2022年，全县对上争取项目18个，争取资金15 322万元，其中第一产业增加值13.4亿元，增长4.7%。农民年人均可支配收入达2.48万元，增长6.1%。全县粮食作物播种面积14.1万亩，产量6.4万吨；出栏生猪16.87万头、肉兔25.54万只、小家禽375.83万只、肉牛4 389头、肉羊11 979只。

【新型农业经营主体培育】 开展深化家庭农场和农民合作社带头人职业化试点，建立备选对象数据库，争取中央财政补助资金200万元，新培育认定扶持新型职业农民50人；对2020—2021年已认定的120名新型职业农民进行复审，并对复审合格人员进行扶持补助，加快构建资格条件、教育培训、生产扶持、社会保障及退休养老等方面的制度体系。全年新增注册家庭农场180家；投入中央财政补助资金80万元，用于实施7个家庭农场项目；家庭农场名录库入库农场达945家，创建各级示范场62家，全面推进省级示范场“随手记”使用；青神县家庭农场联盟带动75家家庭农场抱团发展。建立健全农民合作社信息系统，使用四川省农民专业合作社管理信息系统。新增注册合作社20家，创建县级示范社5家，完成国家级示范社申报2家；与县邮政合作，对全县合作社在物流运输、资金信贷和产业基地构建等方面提供支持；依托全国晚熟柑橘集群县等项目，完善“农户+合作社+村集体”的“541”柑橘托管利益联结机制。2022年，继续开展全国农民合作社质量提升整县推进试点，投入中央财政补助资金40万元，用于实施4个单体合作社项目。

龙头企业培育。全县有农业产业化经营龙头企业12家，其中国家级1家（四川环龙新材料有限公司）、省级5家（四川彩虹制药有限公司、四川省丹妮生态生活护理用品有限公司、四川省青神县云华竹旅有限公司、四川省金兴食品有限责任公司、眉山市神果环球食品有限公司）、市级6家（眉山百事康农业环保科技有限公司、眉山市民威林产制品有限公司、四川省青神坤元丝业有限公司、四川省青神县鑫隆酒厂、青神瀚海农业科技有限公司、四川禾本科技有限公司），四川禾本科技有限公司为2022年新认定市级龙头企业。编写《青神县“十四五”农业产业化重点龙头企业培育工作方案》。实施龙头企业育增行动，将经营状况好、规模实力大、有意愿的农业个体经营组织列为“个转企”培育对象，支持其转型为企业，按照“常态监测、动态管理、有进有出、优胜劣汰”的原则，建立龙头企业培育库。

【农村集体产权制度改革】 坚持将两项改革“后半篇”文章同农村集体产权制度改革有机结合，贯彻落实《四川省农村集体经济组织条例》，印发《青神县贯彻落实〈四川省农村集体经济组织条例〉实施细则》，发展新型农村集体经济。巩固农村集体产权制度改革成果，开展农村集体产权制度改革“回头看”工作，核查完善集体资产清产核资、成员身份确认、资产权能保障、集体经济组织登记赋码工作，完成全部416个村、组级集体经济组织登记赋码和52个村级集体经济组织规划挂牌，并完善运行机制。建立健全集体经济组织“三会一程”（成员大会、理事会、监事会和章程），完善法人治理结构。完成52个村（涉农社区）、364个村（居）民小组集体经济组织成员身份确认工作，建立成员名册，共确认成员164 922人。配合县委组织部做好发展壮大村级集体经济项目，探索集体“入股”“自主经营”“合作经营”等集体经济发展模式，涌现出青竹街道兰沟村、高台镇百家池村、白果乡官厅坝村等集体济发展典型，全县有4个村实现集体经济组织收入超过100万元。

【农村集体“三资”监管】 县农业农村局督促52个村级集体经济组织在农商银行开设基本存款账户，在县农经综合平台里启用账套与村委会财务分开核算。通过“请进来”“走出去”等多种方式，对农村集体“三资”管理人员和集体经济组织负责人进行培训。通过“三资”监管系统、现场交流等方式定期和不定期对各乡（镇、街道）农村集体“三资”管理进行督导。

【土地承包制度改革】 县农业农村局印发《青神县农村土地经营权流转管理方案》的通知，建立工商企业租赁农地的资格审查、项目审核和风险防范制度。全年审查农村土地流转12宗1 892.12亩，其中30亩以上规模流转面积为1 892.12亩，缴纳风险保证金478 759元，流转土地全部用于粮食生产，确保农地农用，优先用于粮食生产，坚决遏制耕地“非农化”、防止耕地“非粮化”。全年接访群众、政策解答150余人次，办理农村承包地合同立定、变更42户。妥善调处土地纠纷、信访案件，全年共办理政务热线平台专办件5件，调处农村土地纠纷4起。全县获批为第二轮土地承包到期后再延长三十年省级试点单位，出台全县试点方案，确定高台镇于2023年年底前完成先行试点，为整县试点摸索出可复制可推广经验，于2025年年底前全面完成整县试点任务，已完成巩固工作机构、召开工作推进会、出台工作实施方案、政策宣传和培训，摸底调查等工作。明确以家庭承包经营为基础的工作思路，确定"直通车"的延包方式，完善八大工作流程，探索土地进退、农户土地权益保障、土地去细碎化机制。

【农业品牌培育】 全年新申报绿色食品认证11个，其中蓝莓1个、柑橘10个。有"二品一标"农产品16个，为青神县禾益农业有限公司(爱媛、黄美人、春见)、青神县优品源家庭农场(春见、爱媛)、青神县好兵种植家庭农场(水稻)、青神佳星家庭农场(爱媛)、青神县孟平种植家庭农场(砂糖橘)、青神县春橘种植专业合作社(春见)、青神县牛背山种植家庭农场(春见)、眉山鸿旭果业有限公司(爱媛)、青神县益祥家庭农场(春见)、眉山市鸿吉农业科技开发有限公司(无籽沃柑)、青神县八角井家庭农场(爱媛)、青神县衡鑫果品农场(爱媛)、青神县青杠良源果蔬种植专业合作社(有机产品)。

农业项目财政投入。全年对上争取到农村综合性改革试点试验项目，开展"竹予"品牌培育、品牌宣传推广、参展品牌会节、营销产品品牌等项目内容，补助资金100万元。县政府印发扶持跟到项目走、分类优化扶持等管理办法，针对农业品牌创建进行补贴，鼓励业主主动申报、续报"二品"农产品，县级财政配套下达经费450万元。

【种植业】 全县粮食作物播种面积14.1万亩(其中种粮大户面积2.24万亩)，粮食总产量6.4万吨。粮食作物以水稻、玉米为主，面积、产量分别为9.7万亩、4.92万吨，2.5万亩、1万吨；主要推广水稻二级优米品种"宜香2115""晶两优534""荃优822"、玉米"成单30""东单1331""同玉609"等。全县经济作物以油菜籽为主，播种面积5.4万亩，产量0.69万吨。茶园面积4.8万亩，产量3 000吨，实现产值3.75亿元。全年蔬菜种植面积8.1万亩，产量14.31万吨，实现产值3.03亿元，其中泡菜播种面积3.28万亩，实现产值0.93亿元。全县有蔬菜种植合作社57家，其中市级专业合作社6家、省级专业合作社2家；泡菜初加工企业10家，均与吉香居等国内大型泡菜精加工企业签订合作协议，为其提供优质原材料。"味在眉山"全年实现销售收入76.3亿元。

柑橘产业。投入2亿元推进全国晚熟柑橘产业集群项目建设，建设柑橘良种繁育基地45.71亩，适度规模户水肥一体化等设施基本覆盖。全域推行化肥、农药双减行动，病虫害绿色防控，种养循环、林下经济等新生产模式，柑橘品质得到大幅提升，果品优质率提高到85%。累计在晚熟柑橘产业集群项目中建设中小型冷链点49个，形成眉山市最大的区域性农产品仓储冷链物流中心，改造提升生产线1条，新建生产线13条，对柑橘实现糖分、大小、重量等精确分选，柑橘日处理能力达200吨以上。建设柑橘枳实烘干系统2条，将疏下的幼果进行加工，提升柑橘的综合利用能力及价值。培育从事生产、冷藏、包装、运输、销售等新型经营主体256家，社会化服务组织22家。组织参加农博会、西博会、泡博会等国际国内重要商贸活动，举办青神县第十二届椪柑节。进行"马克斗"地理标志证明商标注册申报，提高柑橘类"二品一标"数量，眉山市乐天果业有限公司获得有机食品认证，青神县孟平种植家庭农场等9家经营主体的柑橘获得绿色食品认证。打造智慧气象数字果园，与省农科院合作，建设智慧果园数字终端系统，实现实景监测果园生态环境、预警气象灾害、进行水肥一体化等管理，推广"1+1+1+N"的智慧农业试点3 000亩。培育柑橘出口基地备案4家，获评中国晚熟柑橘出口示范区。2022年，全县柑橘种植面积11.12万亩，产量20.47万吨，年产值19.7亿元。

茶产业。全县茶叶总面积4.8万亩(其中生产茶园面积4.7万亩)，干茶产量3 000吨，产值3.75亿元，主要种植品种有奶白茶、安吉白茶、黄金茶"大宗绿茶"等。西龙茶叶现代农业园区打造以万沟村3 000亩茶园为核心，辐射带动2万亩茶叶基地。推广白茶、黄金茶等优势特色品种，有绿茶绿色食品4个；不断完善园区基础道路设施，建设太阳能滴灌、节水喷灌等生产设施，形成7千米产业观光环线，先后被评为省级示范休闲农庄、省级示范农业主题公园、市级现代农业产业融合示范园区、县级现代农业园区。

【畜牧业】 全县畜禽规模养殖场共94个。全年出栏生猪16.87万头、肉兔25.54万只、肉牛4 389头、肉羊11 979只；肉、蛋、奶产量分别为19 026吨、5 375吨、5 796吨；以生猪、肉兔、肉鸡为主的主要畜禽规模化比重分别达96.4%、96.4%、98.5%，全县全年畜牧业产值达74 301万元。

家禽养殖。全年出栏小家禽375.83万只，有出栏肉鸡3.5万只以上的规模养殖场5个、年存栏蛋鸡10万只以上的规模养殖场2个。

生猪养殖。县农业农村局制定《青神县促进生猪稳产保价八条措施》，全年能繁母猪存栏2.36万头；存栏生猪26.75万头，出栏生猪16.87万头。有年出栏生猪500头以上的规模养殖场82个。

奶产业发展。推广使用优质冻精5 000支；采取"干湿分离，种养结合"的发展模式，建设粪污处理设备设施，种植优质牧草5 000亩。有富源牧业(眉山)有限公司、青神县涛哥哥奶牛养殖第一牧场、青神县涛哥哥农牧有限公司3个种养循环示范场。年末存栏奶牛876头，年产奶5 796吨。

蚕桑产业。全县有桑园面积1 000亩，主要以白果乡胡坝村、罗湾村，高台镇富塘村、安家坝村为核心，同时全面推行嫁接苗高厢深沟定园栽植、配方施肥、快速丰产、绿色防控等技术，配套桑园运输、耕整、伐条、除草等机具，实现桑园当年成型、当年试产、翌年丰产。按照《青神县现代农业园区建设总体规划》要求，建设蚕桑现代农业园区。

饲料产业发展。全县饲料生产企业共2家，即四川金新农饲料有限公司、眉山市西都饲料有限公司。全年饲料产能8.2万吨，产品销售覆盖四川、云南、贵州等地。

畜禽良种化和养殖场标准化建设。全县生猪、肉兔、肉鸡良种化率分别为96%、98%、99%。建成省级示范场3个、市级示范场5个、县级示范场5个；改造提升畜禽养殖场15个，新建生猪标准化养殖场10个。

畜禽养殖废弃物资源化利用。推动种养循环示范基地建设，实施种养循环提升工程，构建畜禽养殖污染防治长效机制，对畜禽养殖废弃物产生、利用和排放情况实行动态监管。一是通过沼气池厌氧发酵无害化处理，储粪池储存后通过管网或者抽粪服务队转运还田；或者干湿分离后干粪用于果树施肥和生产商品有机肥，液体粪污还田；或者修建异位发酵床发酵后生产有机肥。二是通过垫料养殖，在垫料里面添加发酵菌种发酵后生产有机肥处理粪污。三是通过干清粪方法，干粪直接打包以每袋8～10元出售给种植户用于农田、经济林木施肥。四是固体粪便出售给有机肥生产企业生产商品有机肥。全县7个抽粪服务队共服务养殖户362户、种植户908户，共抽运粪污31 124立方米，消纳面积23 555亩。全县规模养殖场粪污处理设施装备配套率100%，粪污收集率均在80%以上，粪污收集利用率100%。全年有机肥生产企业处理粪污5.06万吨，建设畜禽养殖场户用沼气100口，建立“异位发酵”试点6 000立方米，全县粪污综合利用率达94.6%。

重大动物疫病防控。落实加强动物疫病防控工作责任制，突出抓好重大动物疫病的免疫注射，全年共免疫注射畜禽468.69万头（只）次，其中猪89.1万头次（包括补防和普防免疫猪瘟44.55万头、口蹄疫44.55万头）、牛（羊）口蹄疫3.16万头（只）、禽流感375.41万只次、羊小反刍兽疫1.02万只。对畜禽养殖圈舍进行彻底消毒，全县消毒面积1 116.51万平方米，使用消毒药9.6吨，确保全县无重大动物疫病发生。

开展春秋季免疫抗体检测，检测猪瘟抗体595份、猪O型口蹄疫595份、猪A型口蹄疫595份，禽流感H5抗体检测552份、H7抗体检测552份，羊O型口蹄疫378份、羊A型口蹄疫378份、羊小反刍抗体检测378份，牛O型口蹄疫342份、牛A型口蹄疫342份，犬抗体检测516份，合格率分别为98.15%、96.97%、87.73%、92.57%、83.7%、94.71%、91.01%、95.77%、96.78%、94.15%、97.48%。全年检测奶牛结核病702头、牛羊布病2 297份、血吸虫病641份，均符合农业农村部颁发标准。开展动物疫病病原学监测，全年狂犬病检测犬唾液拭子736份次，全部为阴性；禽流感H5、H7咽喉/泄殖腔拭子检测拭子779份次，全部为阴性；鸡新城疫检测咽喉/泄殖腔拭子279份，全部为阴性；羊小反刍兽疫检测眼鼻拭子335份，全部为阴性；猪瘟、猪高致病性蓝耳病、圆环病毒、猪伪狂犬病、猪口蹄疫等常见猪病80份次，全部为阴性。开展狂犬病防控，全年狂犬病免疫犬只5.07万只（春、秋两防），占应免犬只总数的99.58%。

非洲猪瘟防控。召开非洲猪瘟防控培训会10次，培训人员300余人次，发放宣传资料7 500余份。春、秋两季开展非洲猪瘟“大清洗、大消毒”工作，统一时间对全县范围内的运载动物及其产品的车辆、生猪养殖场、生猪屠宰加工场等重点场所进行消毒，消毒面积1 116.51万平方米。开展非洲猪瘟病原学监测，对生猪养殖场（户）、交易市场、屠宰场、生猪运输车辆等重点区域进行监测采样，全年排查生猪养殖场7 684户次、生猪60.87万头次、屠宰场1家，非洲猪瘟核酸检测环境样、血样、组织样、精液和唾液样共计4 900余份，全部为阴性。

动物卫生监管。严格官方兽医信息审核，加强检疫监督队伍能力提升培训，要求乡（镇、街道）畜牧兽医站严格按照规程实施检疫，确保动物来源、去向可追溯。全年各类畜禽检疫申报率均为100%，未发现离线出证、延迟上传证明、倒卖动物卫生证章标志等行为。

生猪屠宰监管。严格落实进场非瘟自检制度，要求屠宰企业对进入屠场的生猪每车抽检，如自检发现阳性的立即进行无害化处置。严格落实肉品品质检验制度，对进入屠场的生猪要求必须核对耳标号和养殖户信息，并进行登记，确保信息无误。对进入屠宰场待宰圈的生猪进行巡查，问题早发现早处理。全县屠宰企业均按要求落实肉品品质检验员，县农业农村局派驻屠宰企业官方兽医4人，监督肉品品质检验员对出场肉品按照程序进行检验，检验合格并出具检验合格证肉品方可出场。同时，落实专人开展日常抽查，主要抽查是否严格按照检疫规范开展检疫。加强生猪屠宰日常监管，县农业农村局每月不定期对屠宰企业开展执法检查，每月出动执法人员14人，重点检查入场查验关、非洲猪瘟检测关、检疫申报关、待宰巡查关、同步检疫关和检疫出证关“六关”；查看生猪入厂（场）记录表、“瘦肉精”抽检记录表、生猪屠宰品质检验记录表、动物产品出场记录表、非洲猪瘟采样记录表、屠宰检疫工作情况日记录表、病害动物无害化处理记录表、消毒记录表、安全生产排查记录表，现场抽取当日待宰生猪血样、企业自检留存血样、生产线和待宰圈环境样等送检，检测结果均为阴性。

【水产业】 全县水产养殖面积10 830亩，年产量8 364吨，实现产值2.49亿元，主要分布在白果、高台2个乡（镇），主要养殖名优特品种有长吻鮠、黄颡鱼、鲶鱼、草鱼、鲢鱼、鳙鱼、小龙虾等，养殖特色鱼种有大鲵。全年产品禁用药品抽检合格率100%，水产品年度抽样检测合格率100%。

水产科技推广应用。为推广普及渔业新技术，重点推广和普及常规鱼高效养殖技术和克原氏鳌虾高效综合养殖技术。推广应用鱼用颗粒饲料及其投饵机，降低了养殖的劳动强度、原料饲料的投喂量，提高了饲料的利用率，已有90%以上的成鱼池使用颗粒饲料投饵机。克原氏鳌虾养殖主要推广大棚增温培育幼虾技术、合理密度技术、套养技术等，提高了养殖产量。

长江“十年禁渔”。成立天然流域禁捕专班，对全县7个乡（镇、街道）逐个进行河道清理，整治范围为县域“一江五河”及部分溪流。县农业农村局开展退捕渔民培训100人，退捕渔民就业率100%。

【种业发展】 县农业农村局制定《青神县2022—2023年种业监管执法年活动实施方案》，开展种子门店经营资质、种子标签、备案种子、转基因种子排查等检查，共检查种子门店98家；开展柑橘苗圃园、柑橘苗市场等检查，共检查种子市场18次，其中联合执法检查11次。对全县10个杂交水稻种、5个杂交玉米种子、3个杂交油菜种子、3个蔬菜种子等进行随机抽样，对种子净度、水分、发芽率、品种纯度、品种真实性、转基因成分进行检测，种子检测指标全部合格。自2021年起，利用3年时间，摸清全县农作物、畜禽和水产种质资源家底，全年完成收集填报21个农作物种质资源征集表等。启动水产和养殖种质资源普查，并填报完成《畜禽和蜂遗传资源普查信息登记表》和《县级畜禽和蜂遗传资源普查信息汇总表》。

【“天府粮仓”特色示范区建设】 9月29日，青神县县委全会研究通过《中共青神县县委建设新时代更高水平“天府粮仓”特色示范区的决定》（青委发〔2022〕9号），科学规划“一园两区三片”粮食生产发展布局，“一园”即高质量推进园区设施化、园区化、数字化、融合化、绿色化发展，推动粮油全环节升级、全链条增值，打造智慧粮油、烘干仓储加工物流、科技成果转化等产供销一体化的产业集群，从而引领示范全县粮油产业高质量发展。“两区”即在“光辉村”田园乡愁粮食生产特色示范区建成粮油高标准种植基地、良种品比示范基地、农事体验研学基地、乡村记忆传习所；在“新光村”竹里稻香农旅融合特色示范区建成智慧农田示范基地、粮食科技转化中心、农事综合服务中心、田园景观农业主题公园。“三片”即合理布局粮食产业、特色农业产业，打造3个特色示范片，既在诸葛村、百家池村、兰沟村、西坝村、观金社区等平坝区域建设平坝稻药复合种植特色示范片，在中岩村、胡坝村、白塔村、桂花村等浅丘区域建设丘区粮油复合种植特色示范片，在季时坝村、汉阳场社区、沙河村等沙坝区域建设沙坝粮蔬复合种植特色示范片。围绕抓好耕地保护、提高农田质量、完善水利设施、发展智慧农业、壮大农业经营主体、建好粮油园区、深化农业农村改革七大重点任务，明确到2025年基本建成“良田万顷、旱涝保收、绿色高效”的新时代更高水平“天府粮仓”特色示范区目标任务。

【乡村振兴战略实施】 健全工作机制，县委书记、县长研究审定乡村振兴年度任务清单，召开县委常委会会议、县政府常务会议、农村工作领导小组等会议30次，专门研究乡村振兴工作；新增巩固拓展脱贫攻坚成果同乡村振兴有效衔接专项工作领导小组，构建27个青神县领导、76个部门（单位）包保联系52个村（社区）的工作制度，推进乡村振兴。党政主要领导带头开展城乡融合发展、“天府粮仓”建设、巩固脱贫攻坚等专题调研99次，研究出台《2022年全面推进乡村振兴重点工作的意见》等系列文件。制定《青神县加快建设具有区域影响力和带动力的全省人才工作先行区的八条措施》，设立2 000万元人才发展专项资金，以全国第一名的成绩争取到国家农村综合性改革试点试验项目1.5亿元，一般公共预算投入完成4.24亿元，全年累计投入16亿元，全部用于乡村振兴发展。青神县是全国农村改革试验区，是中央农办确定的全国十个、全省唯一的“三农”政策基层联系县，先后获评“国家生态文明建设示范区”“四川省乡村振兴先进县”“四川省改革工作先进县”等16项国家级、省级称号。全县以“绣花功夫”全面推进乡村振兴，各项工作取得显著成效，获评“全国村庄清洁行动先进县”“四川省县域城乡融合试点县”“省级全域旅游示范区”，人居环境整治、城乡融合发展等多项工作在国、省层面交流。全年实现第一产业增加值13.4亿元，增长4.7%；农民人均可支配收入达2.48万元，增长6.1%，城乡收入比为1.72∶1。

抓好习近平总书记关心的三件大事落地落实。规划构建“一园两片三区”的粮食生产格局，投入3.5亿元，建设10万亩粮油现代农业园区，探索“1423”稳粮扩面工作法，建成1.3万亩粮油高标准种植基地。粮食作物播种面积14.1万亩，产量6.8万吨，成为全国首批大豆玉米复合种植农调点。加强耕地用途管制，全面清退5 000亩草坪和2 000亩低效果园，全部换种高标准水稻，复耕复种撂荒地100.54亩，恢复耕地2 100亩。落实“四不摘”要求，优化完善防返贫监测工作机制，新增监测对象83户219人。

深化城乡融合，全面推进乡村振兴和农业农村现代化。全县规划建设9个现代农业园区，有市级现代农业园区2个、县级现代农业园区2个。投资35亿元的斑布健康竹产业园建成投用，竹产业综合产值达70亿元。投资3 500万元，加快推进全国晚熟柑橘产业集群项目建设，获评“中国晚熟柑橘出口示范区”。天眉乐高速（青神段）项目开工建设，虎渡溪航电主体工程完工，第三自来水厂建成投用，新建“四好农村路”80千米。推行城乡公交一体化，农村水、电、气等普及率达98%以上。全覆盖完成乡（镇）和村（社区）便民服务中心“三化”建设。全县正常适龄儿童入学率达100%，残疾儿童入学率达97%；乡（镇）、村达标卫生院（室）覆盖率均达100%。全域推广“片长制”，构建起县、乡、村、组、片五级治理体系；青神县“一领四微”模式在人民网刊登。农村户用卫生厕所普及率达97.8%，垃圾和污水得到有效处理的行政村占比达100%，建成美丽宜居乡村47个，农村人居环境整治工作经验作为全国唯一区（县）在农业农村部举办的学习习近平总书记关于“三农”工作重要论述培训班交流。开展文明村镇创建，县级以上文明乡（镇）和文明村覆盖率分别为100%、96.15%。以省级第二轮土地延包三十年试点为契机，推广土地延包“113”模式。培育新型职业农民653人，认定省级示范合作社21个、家庭农场省级示范场22家，新建家庭农场联合社1家。探索“3+”集体经济发展模式，全县新培育集体经济年收入10万元以上的村占比达25%，50万元以上的村占比达5%。

乡村产业振兴。按照全域覆盖的原则，全县规划建设9个现代农业园区，发挥园区示范引领作用，竹编产业园区创建为全省唯一的国家林业产业示范园区，青神县柑橘现代农业园区升级为省四星级现代农业园区，全县拥有市级现代农业园区2个、县级现代农业园区2个。投资35亿元的斑布健康竹产业园建成投用，斑布竹纸亮相北京冬奥会，青神竹编走进卡塔尔世界杯，中央电视台一套《山水间的家》栏目探访中国竹编产业第一村——兰沟村；举办2022年中国国际竹产业交易博览会，全年竹产业综合产值达70亿元。投资3 500万元，加快推进全国晚熟柑橘产业集群项目建设，建成西南地区最大的单轨运输基地、农产品仓储物流基地，获评“中国晚熟柑橘出口示范区”。印发《青神县种业振兴行动实施方案》，完成21个农作物和畜禽遗传资源的调查。启动水产养殖种质资源普查。建立粮食新品种品比示范基地、柑橘品比试验园、水产苗种基地。深化与科研院所的合作，投入2 000万元，建设农业科研中心，建成晚熟柑橘气象研究示范基地。农村寄递物流服务站（点）覆盖80%以上，是全国农村电子商务示范县。

乡村人才振兴。制定《青神县加快建设具有区域影响力和带动力的全省人才工作先行区的八条措施》，设立2 000万元人才发展专项资金；成立乡村振兴研究院，邀请清华大学、北京大学、中农大等高校65名人才到青神县献计献策。把握县域人才发展规律，用好乡村振兴主战场工作平台，换届后，全日制本科以上学历与选调生分别提升19.4%、18.3%。推动农民职业化发展，新认定新型职业农民50名。

乡村文化振兴。开展文明村镇创建，全县县级以上文明乡（镇）和文明村覆盖率分别为100%、96.15%。开展医疗卫生、法律咨询、技能培训、党史宣讲等活动，开展“一约五会”自治组织建设，修订完善村规民约。举办“送文化下乡”和“戏曲下乡”活动30余场，百家池村、兰沟村获评省级乡村文化振兴样板村。

乡村生态振兴。推行“十二分制”，建成乡（镇）农业废弃物资源化利用中心，农药包装回收率87.1%，农膜回收率90.8%。建成种养循环示范基地3个，畜禽粪污综合利用率94.9%。持续做好天然水域禁捕和水生物资源保护。打造最美竹林风景线，是四川规模最大、种类最多的萤火虫栖息地。创新“333”农资管理模式被评选为全国绿色发展典型案例，“特色产业点亮乡村经济”被中央电视台《新闻联播》栏目报道。

乡村组织振兴。落实党的组织和党的工作有形有效全覆盖，实施加强党的基层组织建设三年行动计划，明确政治建设、组织建设等六大方面20条举措，修订“七个基本”指导标准，编制“三会一课”、发展党员等工作流程图14个。建立联席会议机制和协同联动机制，成立镇级片区联合党委2个、村级片区联合党委12个，统筹整合各方资源力量推进乡村振兴。每年拿出2 700万元，对评定先进乡（镇）、示范村和人居环境整治工作给予奖补，推动兰沟村、百家池村获评市级（4A级）先进村党组织，西龙镇龙凤社区和白果乡虎渡社区、甘家沟村入选全省基层治理示范村。

【脱贫攻坚】 脱贫攻坚成果巩固。落实书记、县长亲自抓，分管县领导直接抓，每个乡（镇、街道）一名县委常委联系的责任机制，通过召开县委常委会会议、县政府常务会等专题研究巩固拓展脱贫攻坚成果同乡村振兴有效衔接工作30次，调研“三农”工作99次，形成齐抓共管氛围。制发《关于做好2022年巩固拓展脱贫攻坚成果同乡村振兴有效衔接工作的实施意见》《青神县推进乡村振兴战略实绩考核办法》《三级书记抓乡村振兴实绩考核办法》等，新成立巩固拓展脱贫攻坚成果同乡村振兴有效衔接专项工作领导小组，召开县委农村工作领导小组会4次、专项工作会议1次，发挥农村工作领导小组的牵头抓总作用，当好巩固脱贫攻坚成果衔接推进乡村振兴的“总指挥”。实行“四套班子”联动、纪委监委日常督查、部门专项督导工作机制，开展专项督查4次、全覆盖督查1次、预评估1次，对巩固脱贫攻坚成果同乡村振兴工作有效衔接实现全过程监督考核，确保各级责任落实到位。持续抓好领导联系帮扶、驻村帮扶、社会帮扶工作，构建新阶段的乡村振兴帮扶工作体系。出台《县级领导同志联系指导乡（镇）级片区、乡村振兴联系点、重点项目分工的通知》《关于做好2022年直接联系服务群众工作的通知》，统筹落实27名县领导、2 000余名帮扶干部开展帮扶，选优配强13个村“第一书记”和工作队队员。通过“专题讲座+参观调研+座谈交流”，开展驻村帮扶力量集中培训和调度，补齐增强基层党组织力量。

脱贫帮扶。结合全县实际，优化完善各类政策文件32个，确保政策总体稳定。一是落实教育资助帮扶政策，投入484.7万元，补助、减免家庭经济困难学生5 415人次。实施控辍保学“六长”责任制，正常适龄儿童入学率达100%。二是落实兜底保障政策，投入334.37万元，为低收入群体全覆盖代缴医保；投入47.58万元，用于监测对象684人次在县域内定点医疗机构住院医疗费用兜底；为5 896人次低收入群体申请医疗救助资金283.24万元；投入739.7万元，对2 352名脱贫人口进行低保兜底；投入25.4万元，为8 836名农村残疾人口发放残疾人补贴，并对233名残疾人开展技能培训。三是落实住房饮水保障政策，投入402万元用于161户低收入群体住房改造提升；制定《关于进一步完善防止返贫动态监测和帮扶工作机制的通知》，开展动态监测和集中排查，新认定监测对象80户212人，户均落实帮扶措施2.5个。四是推进重点帮扶村建设，制定青神县白果乡官厅坝村、高台镇玉蟾寺村重点帮扶村实施方案，整合各类项目资金240万元发展壮大集体经济。五是推进脱贫人口稳岗就业，组织40余家企业召开招聘会50场次，提供岗位1 400余个，达成就业意向826人次，通过园区企业、新型经营主体、以工代赈项目等吸纳脱贫人口就近务工4 000余人次。结合各村脱贫人口劳动技能情况，共安置公益性岗位814个，同比增长18%，户月均增收700元。六是加强衔接资金项目管理，各级财政衔接推进乡村振兴补助资金共计4 210万元，实施项目45个。开展扶贫资产后续管理“回头看”，完成2021年37个项目移交和2023年度衔接资金年度项目计划编制。

【美丽宜居乡村建设】 围绕“创建全国乡村振兴示范区”目标，在乡村治理中推广应用“积分制”“清单制”。创建省级示范村镇3个、市级示范6个。创建美丽庭院示范村落15个，建成“五美家庭示范户”1 000余户，新增路灯1 250组，新建公共设施7个，新建14个新时代文明实践阵地，建设文明乡风示范点7个。完成省“三推”项目2个，建立“户分类、村收集、镇运输、县处理”模式，设置标准四分类垃圾收集亭1 842个、其他垃圾收集设施等543个，配置户分类垃圾桶4万余套，配置垃圾分类清运车和保洁车109辆以及保洁、清运人员933人，配置垃圾地库16座，农村生活垃圾收运处置体系覆盖率达100%。推广测土配方施肥技术33.4万亩次，增施有机肥4.4万亩，实施绿色防控15.5万亩次、统防统治6.2万亩次。清理畜禽粪污152.4吨，畜禽粪污综合利用率94.2%；清理农业生产废弃物434吨，农作物秸秆综合利用率92.68%，废旧农膜回收利用率90.47%，农药包装废弃物回收率87.1%。建设“四小园”2 000个，清理私搭乱建0.6万处，风貌提升改造3 800余户，开展村庄绿化4.5万平方米。开展52个行政村（社区）村庄清洁行动，参与村庄清洁行动的群众21 656户；开展宣传活动446场次，印发宣传资料34 960份，张贴悬挂宣传标语334条。开展“门墙亭廊栏”专项统计，县级有“门”2处、数量3个，村级31处、数量36个，有“墙”村级17个、21处、8.33千米，有“亭”村级25个、52处，有“廊”村级18个、20处、2.416千米，有“栏”村级13个、14处、14.223千米。2022年10月至2023年2月，完成52个村（社区）乡村建设信息采集和录入。建成美丽宜居乡村48个，达标率达92.3%；完成厕所革命“回头看”摸排整改131户，开展脱贫户改厕255户，设置维修站点30个，清理厕屋便池20 358座，服务队伍111人，购置抽粪工具81套，修建粪池30个，新建农村公共厕所4座。清理生活垃圾4 705.2吨，清理水源水体264处，农村生活垃圾收运处置体系覆盖率达100%。入围天府农耕文明博物馆展品征集和青神竹编参展展品2件。遴选推荐四川省农村致富带头人2人。开展高价彩礼、大操大办等农村移风易俗重点领域突出问题专项治理工作。申报村级公益事业建设“一事一议”项目33个，完成人大代表建议批评意见和政协提案主办件3件、会办件2件办理。

【农旅融合发展】 全县休闲农业和乡村旅游综合经营性收入15 451万元，接待游客人数达213万人，带动农民就业5 400人。全县共有农家乐79家，其中星级农家乐5家。创建省级全域旅游示范区，中央电视台一套《山水间的家》栏目走进青神，兰沟村获评国家级乡村旅游重点村。推出“竹里萤光”观萤季，每年吸引游客10万人次，“特色产业点亮乡村经济”被中央电视台《新闻联播》栏目报道。启动“天府粮仓”特色示范区建设，建成新光竹里稻香、光辉农旅融合示范片。加快建设东坡文化重要承载地、成都都市圈和大峨眉旅游环线重要节点，推进虎渡溪休闲农业示范带和汉阳·忆村休闲农业示范带建设，打造休闲乡村游品牌。建设柑林橘海国家3A级景区，实现柑橘产业与文旅产业的有机结合。

【农业和农村改革】 青神县是中央农办确定的全国十个、全省唯一的“三农”政策基层联系县，先后承担9项国家、省改革试点任务，多项改革经验被国家部委评为典型案例。全面完成青神县集体建设用地使用方式改革试验和盘活闲置宅基地两项改革，统筹推进青神县构建现代农业经营体系、四川省青神县乡村治理体系建设、农民专业合作社质量整县提升试点和全省县域内城乡融合发展改革试点等国、家省改革试验任务。青神县以全国第一名的成绩争取到国家农村综合性改革试点试验项目，被评为四川省县域城乡融合试点县、第二轮土地承包到期后再延长三十年试点县，城乡融合发展改革被选入四川省农业农村十大改革案例，青神县创新“333”农资管理模式被推荐为全国绿色发展典型案例，人居环境整治提升“拆收改栽画”五字工作法在农业农村部举办的学习习近平总书记关于“三农”工作的重要论述培训班上交流。全面退草还粮扩面实践经验被新华社《内部参考》34期刊载，大豆玉米带状复合种植模式被中央电视台《新闻联播》《焦点访谈》栏目报道，《用脱贫攻坚“金钥匙”开乡村振兴致富门》在《人民日报》头版头条报道。

全国农村改革试验区建设。成立县委农村工作领导小组，县委书记任组长，县委副书记任常务副组长，县人大、县政府、县政协分管领导任副组长，28个县级涉农部门和7个乡（镇、街道）任成员，聘请中农大任大鹏教授为青神县乡村振兴院执行院长。2021年、2022年共召开县委农村工作领导小组全体会议6次，审议重大改革议题40余项，针对每项改革出台相应政策文件，加强顶层建筑建设，最大限度减小改革阻力。县委农村工作领导小组印发《眉山市青神县县域内城乡融合发展改革试点工作方案》，青神县农业和农村体制改革专项小组印发《青神县深化家庭农场和农民合作社带头人职业化试点工作方案》。城乡融合初见成效，建成5G基站253个，形成5个办学共同体，推进“医共体”改革，搭建区域信息一体化平台，组建10支“2+3”的县级专家组，构建“一网三平台”数字乡村体系，建设“青衣通”智慧乡村“一张网”。推进家庭农场和农民合作社带头人职业化试点工作，新评定县级家庭农场45家、市级家庭农场16家；新建联合社1家，家庭农场联盟成员增加至80名。持续推进高素质农民培育，已完成144人的培育。开展农民合作社带头人职业化试点，培育、认定、扶持50人。通过项目资金扶持7家家庭农场实施中央财政农业生产发展项目，发放扶持资金80万元。

省级县域城乡融合发展改革试点建设。全县顺应资源要素流动趋势，考虑县域面积小、县城居中的特点，以县域为基本单元，推动县域内城乡空间规划、乡村建设、产业发展、公共服务一体发展、全面进步，探索出一条城乡融合促进乡村振兴发展的青神路径。城乡“三个一体化”机制建立健全。县、乡、村空间规划一体化。考虑农村特点和农民需要，推进“多规合一”实用性村庄规划编制，实现县、乡、村功能衔接互补，城乡共用一张“设计图”、共绘一张“效果图”，全域形成“2大区、12小区”经济区，率先启动18个实用性村规划编制，已形成11个村规划成果，高台镇百家池村已完成省级备制培训案例；打响“竹里萤光”超级IP，将川西林盘保护传承纳入村规划，建成占地115亩、容纳230户农户的“水竹怡庄”新农村综合体；建成“竹里巷子”精品乡村民宿，配套建设老井广场、竹艺美学馆等景观节点，彰显竹韵之美。二是公共基础设施建管一体化。建成农村公路1058千米，其中高级铺装路面比例89.7%；“四好农村路”示范线106千米，路网密度达2.7千米/平方千米，建制村通客车率100%；推进城乡供水一体化，自来水普及率达98.91%，电气网均实现100%覆盖，5G网络覆盖县域和重点场镇；全域推进农村人居环境整治，农村户用卫生厕所普及率达97.8%，生活污水得到有效处理的村占比达96.2%，生活垃圾得到有效处理的村占比达100%，建成“四小园”5万余个。三是在公共服务供给一体化。坚持幼儿园集团化办园、小学共同体办学、初高中衔接全部进城，组建“办学共同体”5个；完成青中校整体搬迁和县实验幼儿园扩建，增加优质学位2 400余个。开展全国首批紧密型县域医疗卫生共同体试点，整合县内13家公立医疗机构，组建青神医院集团，覆盖80个镇、村医疗机构，全年开展远程诊疗服务1 800余人次；建设青神养老服务中心，打造12个乡村养老服务点，县、乡、村三级养老服务阵地全覆盖；建立城乡统一社会保险制度，执行统一的城乡居民基本医疗保险制度和大病保险制度，探索按城市居民标准为新型职业农民购买养老保险，提供医疗保障；下放139项县级事项权限，完成7个乡（镇、街道）便民服务中心、36个村（社区）便民服务室“三化”建设。人才入乡机制逐步建立，培育省级非遗传承人3人，椪香、田园名星218人；新认定职业农民50人，选派2名人才参加腾讯“乡村CEO”培育，2人入选“西部之光”人才培养计划。整合乡村振兴专家、文化名人、产业带头人、乡土人才等40名师资力量建立师资库，开展农村实用知识、技术、信息培训60期，培训5 000余人次；培育孵化农村网店30余个。新产业新业态更加丰富，加快推进晚熟柑橘产业集群项目建设，建立晚熟柑橘出口示范基地1个、晚熟柑橘气象研究示范基地1个，创建柑林橘海国家3A级景区，橘园林果套豆模式被《农民日报》头版头条刊登。投入3.5亿元，建设“光辉村”田园乡愁粮食生产特色示范区，建成0.5万亩粮油高标准种植基地、0.02万亩良种品比示范基地、农事体验研学基地、乡村记忆传习所；建设“新光村”竹里稻香农旅融合特色示范区，建成智慧农田示范基地0.3万亩，新建育苗大棚2 000平方米。

【农村基础设施建设】 天眉乐高速（青神段）项目开工建设，虎渡溪航电主体工程完工，第三自来水厂建成投用，新建“四好农村路”80千米，农村水、电、气等普及率达98%以上。推行城乡公交一体化，新投入公交车辆62台，建制村全覆盖通公交，最远乡（镇）进城仅需半小时，2元钱实现全域通。全覆盖完成乡（镇）和村（社区）便民服务中心“三化”建设，下放145项县级事项权限，推动管理服务职能向农村延伸。深化教师“县管校聘”改革，全县正常适龄儿童入学率达100%，残疾儿童入学率达97%。行政村全覆盖建成未成年人保护点（“儿童之家”），全市首家公办公营普惠专业托育服务机构建成投用。眉山市养老服务中心青神区域中心项目主体工程完工。全县乡（镇）、村达标卫生院（室）覆盖率均达100%。

【农业机械化】 全县农业机械总动力达183 790千瓦，有拖拉机498台、耕整机1 138台、微耕机2 765台、联合收割机30台、水稻插秧机32台、植保机械819台、增氧机1 776台、投饲机513台、畜牧养殖机械3 773台、排灌动力机械36 837台。

农机化应用推进。推广应用大豆玉米带状复合机械化种植技术，引进大豆玉米带状复合播种机，做好大豆玉米带状复合种植相关机具的试验示范、推广，为粮食和重要农产品稳产保供提供装备技术支撑。

农机购置补贴。全年落实完成357台（套）农机具购置补贴100.204 4万元兑付工作，受益农户294户。

农机智能化建设。县农业农村局配合有关单位建设智慧农机综合管理系统，农机信息管理平台主要针对农田、托管服务组织、农机专业合作社、维修服务站、农机大户、培训机构等的数据进行采集及存储、管理、查询分析。通过搭建智慧农机综合管理系统，把农机信息平台数据通过依托卫星定位，采集作业机具数据，把数据传回服务器，服务器对数据进行分析、运算，生成县、乡（镇）合作社及机手、农户可以查看的数据。

提灌站建设。全年维修提灌站146座146台1 657千瓦，改造提灌站33座33台747千瓦，新建提灌站3座3台92.5千瓦。恢复灌面1.85万余亩，新增灌溉面积0.28万亩。

农机安全管理。加强对拖拉机、联合收割机等各类农业机械的监督管理，开展2022年度农业机械及驾驶操作人员年检审，全年年检拖拉机及联合收割机25台，注册登记拖拉机及联合收割机28台，注销拖拉机5台。开展农机市场整顿，检查各类农机机具166台（件），检查农机销售、维修网点13家。学习贯彻《拖拉机和联合收割机驾驶证业务工作规范》《拖拉机和联合收割机登记业务工作规范》，加强农机安全管理和执法队伍建设。组织技术人员对全县机电提灌设施进行拉网式检查、维修，确保农业生产安全；举办《中华人民共和国安全生产法》专题学习培训，开展“变型拖拉机”专项治理，提高农机的年检率和上牌率。开展“百日专项”整治活动，坚决查处无证驾驶、无牌行车、违法改装、违法载人等行为，全年与交警部门开展联合执法检查9次，出动执法人员47人次，查扣变型拖拉机2台，查处套牌变型拖机1台，纠正违法违规9起，排除安全隐患3处。开展田间地头、农机专业合作社农机安全隐患排查7次，排除安全隐患2处；向车主及驾驶员发送安全短信提醒5条；开展“安全下乡”宣传2次，发放各类资料800余份，全年无重特大农机安全事故发生。

【农业生产项目】 围绕全县乡村振兴战略、脱贫攻坚、农业农村改革试点试验和省、市、县农业发展工作重点，对上争取农业项目18个，争取资金1.5亿元；完成非工业类固定资产投资项目入库11个，总投资6.446亿元。实施项目48个，县级财政年初预算项目14个，下达经费2 036万元。在中、省农业农村系统中储备在库项目10个，拟争取上级资金6 852万元。

粮油现代农业园区项目。规划建设10万亩青神县粮油现代农业园区，覆盖7个乡（镇、街道）34个村（社区），面积约15.56万亩。按照“一园两区三片”的粮食生产布局，打造光辉村田园乡愁粮食生产特色示范区、新光村竹里稻香农旅融合特色示范区，发展平坝粮药、丘区粮果、沙坝粮蔬等复合种植示范片，探索高效粮经发展模式，推进主导产业高质量发展。青神县粮油现代农业园区一期项目总投资3.5亿元，其中自筹资金0.7亿元、融资贷款2.8亿元，分三年实施。2022年一期一标段投资约7 400万元，完成生产道路20千米、沟渠12千米、田埂护坡建设21千米。开展人居环境整治，风貌提升470户。实施大门节点、大田标语、农业科普展示、田间观测点等配套设施建设，建设粮油新品种示范基地200亩。完成农作物有害生物监测与防控中心、农业技术推广站、农事综合服务站等项目主体建设，同步布局并加快推进全县7个乡（镇、街道）约15千米生产路、15千米沟渠、4座提灌站、8个农业生产废弃物资源化利用服务中心、3个综合农事服务中心、1个工厂化育苗基地、1 000亩水肥一体化基地等一期二标段项目及汉阳粮仓综合体项目前期勘察、测绘等工作。获批为市级粮油现代农业园区、省重点建设项目，为青神县“天府粮仓”特色示范区市级示范片建设打下了基础。

晚熟柑橘产业集群县项目。县农业农村局全面完成2021年晚熟柑橘产业集群续建项目，持续推进2022年晚熟柑橘产业集群续建项目建设，截至2023年3月，项目累计投资13 281万元，其中中央资金3 650万元、整合投入资金800万元、社会资本8 831万元，通过实施水肥一体化、种养循环等项目打造高标准晚熟柑橘产业基地，改造提升标准化基地2.6万亩，完成推广水肥一体化12 898亩、施药系统12 909亩、有机肥施用系统12 510亩、土壤改良6 157亩、生草栽培23 200亩、林下种豆16 705亩。实施产地初加工建设项目，改造提升生产线1条，新建生产线13条，修建冻库4 000吨，新建柑橘枳实烘干系统2个。开展新型经营主体培育项目，建立新品种示范园2个、智能化堆肥发酵示范点10个；开展技术培训4万人次，发放技术资料7万份；新建晚熟柑橘防寒防高温防强光设施示范点

1个，完成联合体阵地建设、林下经济种植示范推广；建立果园管理平台和农产品可追溯平台，开展贷款全额贴息。

高标准农田建设项目。在青竹街道白塔村实施完成四川省眉山市2021年青神县青竹街道高标准农田建设项目，建设高标准农田0.3万亩，其中高效节水灌溉0.04万亩；项目计划总投资900万元，其中中央财政农田建设补助资金318万元、省级财政资金109万元、市级补助资金15万元、县级配套资金458万元；项目建设内容为完成田型调整286.07亩，土壤改良示范318.52亩，整治渠道3.831千米，维修蓄水池1口，整治山坪塘2座，整治田间机耕道8.138千米，实施高效节水灌溉400亩。该项目审计确认总投资为650.401 9万元。

乡村振兴转移支付资金项目。省、市下达青神县乡村振兴转移支付资金300万元，主要用于农业产业发展、宜居乡村建设、农村基础设施建设等，在高台镇、瑞峰镇、西龙镇、白果乡、汉阳镇等乡（镇）实施农村人居环境整治、深化农业农村改革、产业发展基础设施配套建设等项目。

脱贫攻坚与乡村振兴衔接资金项目。中央、省、市下达青神县财政衔接推进乡村振兴补助资金3 160万元，其中519.9万元用于脱贫人口公益性岗位、“雨露计划”学生补助、小额信贷贴息补助、易地扶贫搬迁贷款贴息补助；2 640.1万元用于巩固提升脱贫户（含监测对象）生产生活出行和产业发展建设、乡村振兴产业发展建设，支持全县特色优势农业全产业链发展、资产收益扶贫、壮大村集体经济等。

四川省青神县长江经济带农业面源污染治理专项项目。实施完成2021年长江经济带农业面源污染治理专项项目二标段畜禽养殖污染治理示范区建设，项目总投资3 647万元，其中中央预算内投资1 305万元、业主自筹2 342万元，项目涉及青神县勇勇家庭农场、青神县丰源家庭农场、青神县贝嘉家庭农场、青神县方木家庭农场、青神县聚缘家庭农场、青神县凉水井家庭农场、青神龙鑫生态果业有限公司、青神县农业投资有限公司、青神县新长兴家庭农场、眉山市玉燕农业科技有限公司10家建设业主87个单元。项目主要建设刮粪槽31 600立方米、主粪沟860米、集粪池8 420立方米、化粪池1 120立方米、应急池1 000立方米、排污管道18 950米、沼气池9 275立方米、氧化塘22 000立方米、灌溉塘24 000立方米、沉淀池2 040立方米、排粪池100平方米、堆粪棚1 000平方米、搅拌池50立方米、异位发酵车间1 200平方米、集污池200立方米、拌均池40立方米、排粪沟300米、蓄粪池150立方米；购置并安装刮粪机209套、漏粪板34 675平方米、干湿分离机6套、粪污喷洒系统1套、MIPS搅拌系统1套、随动粪污搅拌器1台、集粪池搅拌机6台、叠螺机1套、预制板800平方米、抽水泵5台、排粪管50米、异位发酵车间翻抛机2台、排粪阀200个。

青神县2022年省级财政畜禽产业绿色发展项目。完成对上争取青神县2022年省级财政畜禽产业绿色发展项目，项目总投资2 500万元，其中争取省级财政补助资金1 000万元、项目实施主体自筹1 500万元，申请省级财政补助资金占每个实施主体承担项目建设内容总投资的40%。主要建设规模养殖场粪污贮存设施、粪污处理设施、节水设备、自动清粪设施、固液分离设备等提升养殖标准化水平的设施设备。

青神县2022年渔业绿色循环发展试点项目。完成对上争取青神县2022年渔业绿色循环发展试点项目，项目总投资928万元，其中争取省级财政补助资金464万元、项目实施主体自筹464万元，申请省级财政补助资金占每个实施主体承担项目建设内容总投资的50%。主要开展10亩以上的养殖池塘标准化改造和尾水治理，进行池塘整形清淤，深度约15～35厘米；挖沟起垄在原有的池塘中起垄高度约2米；修复原池塘护坡高度约2米；新购生产设备；铺设管道用于输送池塘用水等；根据场地可选择改造沉淀池、改造人工湿地池（过滤物+水生植物）、改造生态池塘（水生植物）等尾水治理设施。

【农业金融保险政策落实】 农业金融。一是乡村振兴农业产业发展贷款风险补偿金。全县累计支持发放乡村振兴风险补偿金贷款8 890万元，累计支持贷款户77户，支持贷款项目覆盖柑橘种植、生猪养殖、水产养殖、粮食生产等类别。二是各大银行支持农业贷款情况。农业银行、农商银行及邮储银行分别开展乡村振兴金融服务，推出“智能小额农贷”“竹乡贷”“蜀青振兴贷”“创业担保贷款””等针对中、小企业快速贷款的信贷产品。

农业保险方面，县财政局依照《关于印发〈中央财政农业保险保费补贴管理办法〉的通知》（财金〔2021〕130号）、《四川省财政厅　四川省发展和改革委员会　四川省农业农村厅　四川省地方金融监督管理局　四川省林业和草原局　中国银保险监督管理委员会　四川监管局关于印发〈四川省加快农业保险高质量发展的实施方案〉的通知》（川财金〔2020〕46号）、《关于印发〈四川省2020年度中央财政优势特色农产品保险以奖代补试点实施细则〉的通知》（川财金〔2020〕64号）等文件精神，发布《青神县财政局关于做好2022—2024年农业保险工作的通知》（青财发〔2022〕10号），明确全县农业保险任务目标为“实现种植保险覆盖率达到70%以上，养殖保险覆盖率达到35%以上”，规范参保对象、参保险种、保费收取、资金管理等细节问题。

【农业质量安全与品牌推进】 健全农产品质量安全监管、检测、执法体系，推行标准化生产、绿色防控和健康养殖技术，打击经营使用禁用农药、饲料等农业投入品的违法行为，经营主体全部入驻国家（省级）农产品质量安全追溯管理信息平台；健全农产品生产档案，县级监管、检测、执法，随时监督生产主体生产、销售情况，2022年未发生较大及以上农产品质量安全突发事件，省、市两级农产品质量安全例行监测总体合格率保持在98%以上。协助举办“全国农产品质量安全信用中国行”活动。新申报1个蓝莓10个柑橘绿色食品认证，“二品一标”农产品达16个。

【农业科技创新与人才培养】 加强政策支撑，依托行业重点龙头企业建设，发展数字化农业。青神县果真妙公司、瀚海农业公司、民友生猪养殖合作社、李勇家庭农场等经营主体投入1 500万元对种养殖生产环境进行智能化数字改造，建成“智慧果园”示范园500亩，打造温室环境智能控制系统7个，为全县农业产业现代化发展、科技创新发挥了引领示范作用。依托知识更新培训和新型职业农民培育项目，组织农牧专技人员、家庭农场、专合组织、农业企业法人等开展科技创新人才培养，备案入库省级技术特派员120余人。

农业科技推广。举办农业科技培训72场，培训农户、新型经营主体1万人，编写、印发技术资料1万余份。建设农业科技示范基地4个、农业科技示范主体10户，辐射带动农户300余户；推广农业科技主推技术7项。

【农业信息化】 青神县物联网信息技术应用全覆盖，适度规模种植户普遍使用水肥一体化和监控、遥控控制等相关智能设备设施，规模养殖户在养殖中普遍应用物联网等信息技术，建成“智慧果园”示范园500亩，打造温室环境智能控制系统7个。依托晚熟柑橘产业集群建设项目，建成水肥一体化系统灌溉面积1.3万余亩。标准化养殖基地全部安装监控设备，对养殖区域实现24小时监控，全面提升养殖源头环境的安全指数；配套自动化喂料和清扫系统，在提高饲喂效率的同时增加了养殖效益。以园区为平台，深入农业数字技术应用，加快园区数字信息化建设，统筹布设10个区块，实施气象站、土壤墒情站、物联网杀虫灯等成套设施建设；7个农业综合管理信息化系统持续发力，数字信息化服务能力不断提升。印发《青神县农药包装废弃物回收处置工作实施方案》，构建销售、管理、清运三级数字化服务平台，集成农药统一监管平台、逆向物流实时监控平台、废弃物综合监管平台三大平台，全覆盖追踪管理农药包装废弃物，实现智慧化监管，全县无害化处置农药包装废弃物9.5吨，回收处置率达87.1%。青神县家庭农场名录库系统已录入945家，合作社管理信息系统已录入178个，规范全县家庭农场和农民专业合作社管理，推动家庭农场和合作社高质量发展。农产品质量可追溯平台、畜禽养殖监管平台、农村土地承包管理信息平台正常运行。

【农业行政执法】 全年农药抽检出动执法人员85人次、执法车辆21辆次，抽检农药品种18个，检出不合格产品1个，罚款5 000元；抽检农产品16个，完成农产品检查信息100余条，检出不合格蔬菜1个，罚款350元。全年共查处农药案6起、饲料兽药案2起、农产品质量案3起，共罚款89 570元。同时，成立畜牧和渔政专案小组，由股负责人牵头，开展“亮剑行动”。一是自2022年1月1日开始，县天然流域禁捕专班对全县7个乡（镇）逐个进行河道清理，整治范围为县域“一江五河”及部分溪流。截至2022年年底，累计发放宣传资料5 260份，媒体宣传3次，出动人员3 196人次、执法车678次、出动执法船648次，陆巡5 733千米，水上航程6 350千米，检查水产品经营店96个次、渔具店99个次，检查水生物保护区98次；开展联合执法97次，销毁三无渔船9艘，销毁违规网具1 048张，查处违规捕捞案件7起（网捕2起，罚款共6 000元；电捕5起，罚款6.09万元，移交刑事诉讼1起）。二是“三无船只”专项清理行动。县农业农村局于年初制定并印发打击非法电鱼专项整治行动方案，联合公安、交通、乡（镇）针对“三无船只”进行专项整治，组织人员召开专项整治工作会议，任务分配到人，共依法拆解“三无船只”9艘。8月，颁布钓鱼管理办法，规范县域天然水域娱乐性垂钓。三是联动执法，共执法10余次，畜牧执法上联合交通部门设置流动卡点盘查猪只运输车辆2次，夜间出动20余人次。配合自然资源局乡（镇）整改3起占用基本农田修建宅基地，还原耕地。四是开展水产养殖用投入品整治专项执法行动和畜牧水产股加强水产养殖场所定期巡查，加大对使用假劣水产养殖用兽药、禁止使用的药品与其他化合物、停用兽药、人用药、原料药等违法行为的打击处罚力度，引导养殖者使用国家批准的水产养车次，检查养殖场点27个次，责令改正2起，发放宣传资料80余份。

【农民负担监管和权益维护】 加强和规范村级财务管理，指导做好村级会计基础工作，完善村级财务民主监督机制，稳定和加强农村财会队伍建设，加强村级财务管理工作保障措施，加强农村集体财务审计监督。规范实施“一事一议”筹资筹劳，严格履行“一事一议”程序，按程序和要求落实好每个“一事一议”项目。推行“一事一议”项目公示制度，发挥村民理事会、监事会等监督作用。加强审核监督和专项检查，对向农民筹资筹劳未纳入监管、不符合筹资筹劳适用范围、议事程序以及超出限额标准等问题及时提出整改意见。全年乡（镇、街道）申报村级公益事业建设“一事一议”项目33个，项目总投资1 675.76万元，申请补助资金877.48万元；通过复审纳入项目库33个，审批通过2022年实施项目7个，项目总投资295万元，补助资金176万元。加强农民负担监督检查，逐步完善农民负担监测制度，准确掌握农民负担水平，畅通农民负担信访渠道，同时加强对信访问题的督查督办。

【农民增收促进工程】 全年全县农民人均可支配收入增加1 423.2元，实现收入

2.48万元，增速6.1%，排名眉山市第二，其中经营性收入8 711.6元、工资性收入12 006元、财产性收入669元、转移性收入3 368元。拓展农民增收渠道，坚持因地制宜，特色产业、重点项目、农村电商和产业融合成为农民增收主要的拉动力量，粮食产业稳点增量发展。

【农产品质量监管】 印发《2022年农产品质量安全监管工作实施方案》，建立乡（镇、街道）、村（社区）两级农产品质量安全网格化管理体系，全县种养殖业新型经营主体全部入驻国家（省级）追溯管理平台，全面推进食用农产品达标合格证制定。全年查办农产品质量安全案件3件，100%完成市级任务，省级农产品质量安全例行监测总体合格率保持在100%，2022年未发生较大及以上农产品质量安全突发事件，完成上级下达目标任务。制定《青神县农业农村局农产品质量安全追溯与四挂钩实施方案》，完善品牌管理。制定青神县食用农产品“治违禁　控药残　促提升”三年行动方案，针对12个品种的农产品采取“一个问题品种、一张整治清单、一套攻坚方案、一批管控措施”的“四个一”精准治理模式，治理禁限用农药、食品动物禁止使用的药品及其他化合物、产蛋期不得使用的兽药、停用兽药（以下简称“禁限用药物”）使用问题，以及常规农兽药残留超标问题，力争用3年左右时间让违法使用禁限用药物问题基本解决，常规农兽药残留超标问题有效遏制，生产销售的食用农产品符合食品安全国家标准，属地责任、监管责任、生产经营者主体责任不断落实。

【乡村治理制度改革】 青神县为全国农村改革试验区，按照承担的相应试验任务，以“一领两翼四微”为主要内容开展乡村治理体系建设试验。在全县乡村治理中推广应用“积分制”“清单制”试点示范工作，高台镇百家池村为市级试点村，创建省级乡村治理示范村镇白果乡虎渡社区、白果乡甘家沟村、青竹街道桥楼村3个村（社区），市级示范村镇汉阳镇、青竹街道季时坝村、程家嘴村、白果乡官厅坝村、西龙镇龙凤社区、瑞峰镇杨柳槽村5个村（社区）。

【高标准农田建设】 在青竹街道白塔村实施完成四川省眉山市2021年青神县青竹街道高标准农田建设项目，建设高标准农田0.3万亩，其中高效节水灌溉0.04万亩，累计建成高标准农田10.53万亩。

【农村能源清洁安全生产】 开展“科技下乡”、农村沼气安全生产专项整治等活动，通过展板展示、播放安全应急视频、宣传标语、设立咨询台等形式宣传农村户用沼气安全生产知识，发放宣传资料、画册等1万余份，接受技术咨询700余人次；开展安全隐患排查23次，全年农村沼气安全事故零发生。全县有大型沼气工程2处、新村集中供气工程1处，正常使用农村户用沼气1 756口。

【农业补贴】 耕地地力保护补贴。全年落实耕地地力保护补贴1 591.4万元，涉及48 784农户、132 641.59亩，补贴标准为119.97 745元/亩。稻谷目标价格补贴221.09 526万元，涉及12 244户39 787.4亩，补贴标准为55.57元/亩。实际种粮农民一次性补贴366万元，涉及12 248农户、39 870.02亩，补贴标准为91.7 982元/亩。种粮大户补贴176.62万元，30亩以上93户22 438.69亩，补贴标准为78.712 259 94元/亩。

稻谷目标价格补贴。落实稻谷补贴221.09万元，涉及农户12 244户39 787.4亩，补贴标准为55.57元亩。

【农业科技】 依托行业重点龙头企业建设发展数字化农业。青神县果真妙公司、瀚海农业公司、民友生猪养殖合作社、李勇家庭农场等经营主体投入1 500万元对种养殖生产环境进行智能化数字改造。建成“智慧果园”示范园500亩，打造温室环境智能控制系统7个。依托知识更新培训和新型职业农民培育项目，组织农牧专技人员、家庭农场、专合组织、农业企业法人等开展科技创新人才培养，备案入库省级技术特派员120余人。

基层农技推广体系改革与建设。建设农业科技示范基地4个，培育农业科技示范主体10个，招募特聘农技员5名，组织开展基层农技人员5天以上脱产业务培训65名。发布推介5类7项农业主推技术，农业主推技术到位率达100%。县农业农村局获评“2022年全省基层农技推广工作先进单位”。

农业科技推广应用。举办农业科技培训72场，培训农户、新型经营主体1万人，编写、印发技术资料1万余份。建设农业科技示范基地4个、农业科技示范主体10户，辐射带动农户300余户；推广农业科技主推技术7项。

农业农村创新创业。全县累计培育农村创业人员139人、农村创业创新带头人18人。组织开展农村创新创业培训4次，参与人数97人次，享受创业创新补助总额9万元。建立农村创业园区1个、电子商务产业园区1个，建有县、乡、村三级电子商务服务站（点）47个，城乡末端物流配送体系建设实现县、乡（镇）、村全覆盖，大部分村能够实现到村配送。

农业职业经理人培育。推进农民教育培训，新培育高素质农民144人，其中培育农业产业领军人才2人、农业职业经理人12人、经营管理型人才80人、专业生产型人才50人。

新型职业农民培育。开展深化家庭农场和农民合作社带头人职业化试点，建立备选对象数据库，争取中央财政补助资金200万元，新培育认定扶持新型职业农民50人。同时对2020—2021年已认定的120名新型职业农民进行复审，并对复审合格人员进行扶持补助，加快构建资格条件、教育培训、生产扶持、社会保障及退休养老等方面的制度体系。

【主要领导人】 县委书记：刘今朝；县人大常委会主任：卢明春；县长：邱磊；县政协主席：陈开军；分管农业副县长：万红缨。

青神县编写组

资 阳 市

【**基本情况**】 2022年，全市辖3个县（区），辖区面积5 747平方千米，先后获评全国农业产业化先进市、全省发展现代畜牧业试点市、全省金融安全发展示范区、农行总行金融服务“三农”试点市。

2022年，全市第一产业增加值194.2亿元，居全省第16位，占地区生产总值的20.5%，同比上升1个百分点，高于全省10个百分点，占比排名全省第三位；增长4.4%，高于全省0.1个百分点，居全省第五位，具有占比高、增速较快、总量较小的特点。全市农村居民年人均可支配收入22 326元，居全省第六位，较省平均高3 654元；可支配收入增速6.2%，与全省持平，排名全省第13位，具有绝对值较高但增速较慢的特点。

【**种植业**】 全市粮食作物播种面积和产量保持稳定，3个县（区）均属粮油产业大县，在全省处于中上水平。2022年，全市粮食作物播种面积506.7万亩，居全省第九位；产量162万吨，居全省第12位。其中，大豆播种面积75.9万亩，居全省第一位。油料作物播种面积156.6万亩、产量29.9万吨，均居全省第七位。

【**生猪产业**】 全市3个县（区）均是全国生猪调出大县，产能保持稳定。全市存栏生猪182.95万头，同比基本持平；累计出栏生猪286.47万头，同比增长4.22%，增速高于全省0.5个百分点，居全省第7位。确定生猪产能调控基地35个，其中国家级8个、省级27个，以能繁母猪存栏量变化率为核心调控指标，加强产能调控引导。培育行业领军龙头，加快推进温氏、正大、新希望、正邦四大生猪生产集群发展。加快推进雁江正大35万头生猪项目等重点项目建设，推进产业融合发展，全市生猪规模养殖比重达62.3%。推进“公司+规模猪场”合作共营模式提质扩面，发展与大型公司合作的规模猪场251个，综合生产能力得到快速提升。

【**特色产业**】 安岳县被誉为“中国柠檬之都”，柠檬种植面积48万亩，占全国总面积的69.7%；产量53万吨，占全国总产量的69.3%，均排名全国第一位。雁江区是长江中上游最大的蜜柑基地，建成“一早一晚”柑橘产业带，种植面积27万亩，产量21万吨。乐至县是国家级蚕桑标准化生产示范区、四川优质蚕茧基地县，产业链条健全，乐至蚕桑种植面积13.6万亩，产茧量0.46万吨，居全省县（区）第四位，蚕桑综合产值排名全省第二；白僵蚕被纳入《中华人民共和国药典》。乐至县获评“中国黑山羊之乡”。全市蔬菜播种面积93.4万亩，总产量172.6万吨，常年向成都市、重庆市供应30万吨。

【**现代农业园区建设**】 推进星级园区建设。雁江区粮油现代农业园区、乐至县粮油现代农业园区、安岳县粮经复合现代农业园区3个园区被认定为省三星级园区，争取到位省星级现代农业园区奖补资金3 000万元。

“1+3”示范园区启动建设。通过竞争立项确定乐至县“帅府粮仓”粮经统筹市级示范园区1个，安岳县石羊粮经统筹、雁江“谷韵花香”粮经统筹、临空都市现代农业3个市级培育示范园区项目。整合乡村振兴衔接、现代农业园区专项资金4 500万元，已完成各示范园区建设方案编制，重点项目工程全面开工建设，建成优质粮油、粮经复合基地面积2万亩。

【**“和美乡村”建设**】 坚决防止规模性返贫。构建“闭环式”摸排、“网格化”管理、“全过程”监管体系，新增监测对象30户70人，全市共有监测对象3 274户7 405人，已分类精准制定并落实帮扶政策措施。落实务工帮扶措施，推动脱贫人口稳定增收，已实现就业7.58万人。深化“万企兴万村”行动，落实部门定点帮扶工作机制，构建多元帮扶格局。

改善农村人居环境。全年完成农村户厕改造5 346户，占总任务的31.1%。全域推进村庄清洁行动，清理农村垃圾5 000余吨，生活垃圾收转运处置体系覆盖率达100%，68.7%以上的行政村农村生活污水得到有效治理。

提升乡村治理水平。实施“乡村头雁”计划，推荐20名产业振兴带头人到中国农业大学、四川农业大学培训学习，首批认定省级致富带头人12名。开展“高价彩礼”“大操大办”等农村移风易俗重点领域突出问题专项整治，将移风易俗内容纳入乡村振兴先进镇村、文明村镇创建测评体系。开展乡村治理示范村镇创建，1个乡（镇）、10个村分别被认定为省级第三批城乡基层治理示范乡镇、示范村。

【**农村综合改革**】 加快推进农村宅基地两项试点。制定改革任务表和时间图，明确14项工作任务和17个重点项目。完成“房地一体”确权颁证21.8万本，完成率32.5%，认定宅基地资格权人267.9万人。全面完成9 060个乱占耕地建房住宅类问题图斑补充调查，已有5 038宗房屋办理审批手续和权属证明。全省农村宅基地两项试点工作现场推进会在资阳市召开。

扩大“农业共营制”试点。印发推广试点工作方案，启动新一轮20个村试点工作。完成土地股份合作社登记注册8家，引导农户1 000余户整合土地2 185亩。乐至县宝林镇整合全镇18个村集体经济组织成立瑞祥农村集体经济经营管理有限公司，开展一站式、全方位社会化服务。

发展农村集体经济。印发《关于做好2023年发展壮大村级集体经济工作的通知》，预算70万元用于奖补村集体经济发展迅速的村。加快推进195个已实施扶持项目村集体经济发展，策划包装12个集体经济特色项目并报省委组织部。全面开展农村集体资产核查，结合扶贫资产匹配，核清全市农村集体资产总额34.97亿元。

提升农村金融服务。建成“农贷通”基层服务点9个。新增成都农商行入驻，申请贷款2 005万元，完成保险保额7 090万元。截至2022年3月底，全市涉农贷款余额558.91亿元，较年初增加27.61亿元，同比增长10.6%。全市风险补偿金规模达4 550.5万元，累计贷款额7.7亿元，较年初增加2 266万元。

【新型农业经营主题培育】 启动首批市级农业产业化示范联合体认定。新注册农民专业合作社24家，总数达3 245家。新注册家庭农场120家，总数达3 802家。

【“资味”品牌建设】 “资味”品牌与重庆、北京等6家资阳商会达成合作协议，与成都、广元等13个市（州）建立区域公用品牌联合推广机制。举办“新春嘉年华”“3·8资味约惠”等活动，“资味”产品实现销售额700余万元。新申报培育绿色食品5个。

【农村科技】 四川（乐至）现代畜禽种业园区三期开工建设。四川省现代生猪基因交流中心和种猪质量监督检验测试中心建成投运，年产生物基因20余万份。安岳红薯种苗良种繁育基地项目建设任务全面完成。安岳县被纳入省级“互联网+”农产品出村进城工程试点县。

【主要领导人】 市委书记：元方；市人大常委会主任：王荣木；市政协主席：陈莉萍；分管农业副市长：贾发扬。

资阳市编写组

雁　江　区

【基本情况】 2022年，全区辖17镇5个街道，辖区面积1 632平方千米。全年实现区属地区生产总值290亿元，增长4.5%；规模以上工业增加值增长7.4%；全社会固定资产投资完成128亿元，增长9.1%；社会消费品零售总额137亿元，增长1.7%；地方一般公共预算收入完成17.85亿元；城镇、农村居民人均可支配收入分别增长5.5%、6%。

【现代农业建设】 严格落实耕地保护和粮食安全责任，完成高标准农田建设6.23万亩、撂荒地整治3.02万亩，实现粮食作物播种面积165.1万亩；柑橘种植面积27万亩，蔬菜复种面积34.9万亩。建立“管委会+平台公司+运营公司”园区发展体系，11个特色现代农业园区初具规模，丹山稻渔现代农业园区通过省三星级农业产业园区创建现场评估。

【乡村振兴】 投入财政衔接资金2.1亿元，实施“1+27”衔接政策，全区创建为全省乡村振兴先进区，通过省级“后评估”实地考核。创新开展“1+1+N”培育机制，助推63个脱贫村集体经济实现收入412万元。实施乡村文化振兴“百千万”工程，打造省级样板镇、新时代文明实践站等示范阵地6个。祥符镇松树村、东峰镇东峰村、宝台镇富凉村被评为四川省第三批乡村治理示范村。天府花溪创建为国家3A级景区，晏家坝村获评“四川省天府旅游名村”，黄谷村获评“第三批省级乡村旅游重点村”。全区获评四川省“七五”普法先进单位，实现区、镇、村三级公共法律服务体系全覆盖。

【新型城镇化建设】 开展全国文明城市、国家森林城市创建，有序推进成渝高铁资阳北综合客运枢纽站建设，全面完成迎宾大桥提质维护工程，打通正兴街西延线等城市堵点。优化提质迎宾大道、锦湾大街等绿化断点，城东新区绿化覆盖率达42%。94个老旧小区改造有序实施，8个城区农贸市场完成提质改造，为既有住宅加装电梯192部。

【农村基础设施建设】 全区建成“四好农村路”示范路100千米、通村通社公路200千米，创建为“四好农村路”省级示范县、乡村客运“金通工程”样板县。加快实施全域供水项目，20个试点村和城东自来水厂启动建设，被水利部评为全国农村规模化供水工程“两手发力”典型案例。加快推进胜利水库等5座水库除险加固，实施振书水库等35座水库维护整治。持续推动小院、老君、丹山“美丽场镇”建设，在14个村开展农村生活污水治理“千村示范”工程。新建和改造农村10千伏电力线路12千米。

【农村社会保障】 省下22件、市定7件民生实事全面完成，区级人大代表票决制民生实事基本完成，在堪嘉镇等3个镇开展镇级人大代表票决制民生实事试点，财政民生支出占比达72.5%。城乡居民养老保险覆盖37.4万人；发放低保、特困等救助金2.2亿元，为4.2万余名困难群众提供稳固可靠的生活保障。新建未成年人保护站（点）8个。中心养护院完成主体施工，四三一社区、拱城社区2个养老服务综合体建成投用，向阳社区创建为2022年全国示范性老年友好型社区。接收并妥善安置退役士兵34名，为22 656名退役士兵及其他优抚对象建档立卡并办理优待证申领。

【农村生态建设】 整改中央和省级生态

环境保护督察反馈问题265个，整改率达94.7%。实施“四源”综合整治，空气质量优良天数率达86%。实施阳化河流域水污染防治攻坚行动，6个国、省考核断面月均水质达到Ⅲ类及以上，优良率达100%。花溪河小流域被评为“2022年度国家水土保持示范工程”。

【主要领导人】 区委书记：罗道坤；区人大常委会主任：姚忠志；区长：杨天学；区政协主席：孙家茂；分管农业副区长：欧阳建。

雁江区编写组

安 岳 县

【基本情况】 2022年，全县辖46个乡（镇、街道）553个村（社区），辖区面积2 700平方千米，总人口155万人。

【农业产业化发展】 规模化特色优势产业基地建设。提升产业创新能力，安岳柠檬产业技术研究院完成省级新型研发机构备案。与中国柑桔研究所签订《果部新病害研究合作协议》，并联合康振生院士等按协议开展工作；与四川省农业科学院刘建军研究员团队共同开展柠檬种质资源保护及安岳柠檬种质资源图谱编制合作；通过第三届世界柠檬产业发展大会搭建平台，与国际科技合作项目外方专家意大利卡塔利亚大学金蒂莱教授进行沟通交流。开展四川省“天府学者”选聘工作，对接中国农科院柑桔研究所研究员王雪峰作为拟引进“天府学者”。联合重庆市潼南区柠檬产业协会制定《柠檬鲜果等级规格》（T/AYNMSH001—202）团体标准。2022年，安岳县获准设立博士后创新实践基地，也是资阳市唯一入选的博士后创新实践基地。

龙头企业发展。全县农业产业化龙头企业共有25家，其中国家级1家、省级8家、市级12家、县级4家。全年新创建农业产业化龙头企业省级3家、市级5家，新评定县级4家。

农民专业合作组织及家庭农场发展。全县有农民专业合作社1 670家，其中国家级合作社8家、省级58家、市级36家、县级38家；家庭农场1 090家，其中省级23家、市级82家、县级356家。全年新培育农民合作社73家，新创建市级示范社6家，认定县级示范社9家；新培育家庭农场249家、省级示范场3家，创建市级示范场6家，认定县级示范场224家。

【宅基地管理】 采取“三方公司+镇村社干部”模式，摸清全县383 289宗农村宅基地位置、权属、利用等情况，认定资格权451 137户1 392 293人，并建成基础信息数据库。排查农村宅基地历史遗留问题9 670个，已化解8 896个。探索跨区域保障模式，解决李家镇东风社区107户农户因公益性项目建设无法在本组落实宅基地问题。探索特殊群体资格权认定模式，解决李家镇团结社区27户农户因建制调整农转非后无法审批宅基地问题。探索宅改与集建入市衔接模式，卧佛镇卧佛村腾退闲置宅基地2宗724.33平方米，通过规划布局调整为集体经营性建设用地。探索“企业+村集体+农户”“企业+村集体”“退出+再利用”等模式，文化镇隆恩村拆旧和腾退闲置宅基地29宗，结余建设用地20亩，用于打造近郊网红打卡点“水云舫”；卧佛镇卧佛村退出宅基地3宗444.3平方米，用于修建游客集散中心。制定农村宅基地民主管理办法，试点村成立宅改协调理事会，保障群众的知情权、参与权、决策权。坚持节约集约用地，规划建设聚居点20个、意愿建房800余户，已建成3个聚居点、入住25户。

【新型集体经济组织发展】 整合产业发展资金、扶持村资金、乡村振兴等项目资金。依托本土资源优势、产业优势，聚成强大的发展合力发展集体经济，促进集体经济发展壮大。

盘活村级资源。开发利用村集体所有的土地、鱼塘等农业资源，增加收益；盘活村集体闲置的厂房、村舍等资产资源，通过对外招标承包、租赁等形式获取收益。

推动“农村集体经济组织+国有企业”“农村集体经济组织+新型农业经营主体”“农村集体经济组织+社会资本”等农村集体经济发展新载体。立足各村资源禀赋，探索差异化集体经济发展模式，推行农旅融合型、服务创收型、资产资源盘活型、股份分红型、自主实体经济型、物业经济型、合作经营型等7种集体经济典型模式，抓好增收落实，壮大集体经济。

【农产品品牌战略实施】 组织安岳柠檬等优势农产品参加首届中外地理标志产品博览会，创建绿色农产品2个、有机农产品3个。加强农产品质量安全监管，省级农产品质量安全例行监测合作率保持在98%以上。

【农村改革】 两项改革“后半篇”文章按时间节点推进重点任务141项。完成46个乡（镇、街道）宅基地基础信息调查摸底及全县39.6万宗农村宅基地图斑基础数据调查，认定宅基地资格权45万余户，流转宅基地及房屋87宗。全县集体经济总收入5 914万元，村集体经济平均总收入11.68万元。促进农民稳岗就业创业，持续推进农业产业提质增效，推动乡村产业多元融合发展，以提升农村特殊群体收入水平为重点，构建助农增收长效机制。全县农村居民人均年可支配收入达22 204元，增长6.3%。

【农村集体产权制度改革】 全年组织

并实施安岳县农村集体产权制度改革“回头看”工作。结合创建乡村振兴先进县重点对清产核资、集体经济组织成员认定、资产量化及股权设置、登记赋码、档案管理、股权证书发放等方面存在的问题以各村（社区）为单位根据自身实际情况，查缺补漏，有针对性地开展农村集体产权制度改革“回头看”工作，对在核查中发现的问题及时进行整改。

【供销合作社改革】 全县有10个中心供销社（岳阳、通贤、龙台、石羊、永清、兴隆、镇子、周礼、驯龙、李家）、8家县直公司（农资、棉麻、土产、日杂、运销、废旧、农产品、商场）、21个新型基层社，有机关人员编制20人，在编干部职工15人、离退休干部职工36人；中心供销社和县直公司有在岗职工147人、待岗职工1 134人、离退休职工2 699人。

企业改制。全县供销社有四川省安岳棉麻公司、四川省安岳废旧物资公司、四川省安岳农产品公司、安岳县农业生产资料公司、安岳县运销公司、四川省安岳土产果品公司、四川省安岳人民商场、四川省安岳日用杂品公司、安岳县穗源农资连锁有限公司9家在运行企业，均已完成公司制注册登记。制发《社有企业董事会建设方案》（安供发〔2022〕63号），分类确定应建董事会或设立执行董事名单。制定《关于修改公司社有企业章程的通知》（安供发〔2022〕33号），安岳县供销合作社联合社指导社有企业在公司章程中全面落实党组织在法人治理结构中的法定地位，制定党组织前置研究讨论重大经营管理事项清单，深化“三项制度”改革，加强内控体系建设，建立向出资企业委派财务负责人制度，从统计直报平台上清理3家处置“僵尸企业”，加强社资社企监管，明确对社资委和社有资本投资运营公司的授权内容和管理方式。

生产经营。销售各类化肥实现销售收入4 000余万元，加盟经销商销售农药、农膜4 500余万元，日用消费品销售收入153万元，减少18%，实现利润50万元；配送日用消费品4吨，金额50万元。再生资源回收方面，再生资源经营2022年废旧物资公司157家、金属桓通公司40家，共计197家，有10家停业，实际经营187家，有从业人员553人。供销超市销售收入3 626.97万元，水厂经营销售收入1 404.87万元。

农资农家店。有经营网点310余个，其中庄稼医院128个、农资农家店184个、优化农资网点2家。

【现代农业园区建设】 梯次推进现代农业园区建设，提升农业现代化水平，截至2022年年底，全县已认定国家级园区1个、省星级园区1个、市级园区2个、县级园区2个。持续巩固提升国家现代农业产业园建设，安岳柠檬品牌价值达190.64亿元。结合乡村振兴，按照“同炒一锅菜、共办一桌席”思路，建设现代农业园区，全年整合各类涉农资金5 000余万元投入园区建设，安岳县粮经复合现代农业园区创建为省三星级园区；成渝现代高效特色农业带安岳大足合作园区在党建合作建园上取得一定成效，“一心一环两基地八中心”建设任务有序开展。

【种植业】 坚持首保“米袋子”、同保“肉盘子”“菜篮子”“油瓶子”工作思路，确保重要农产品稳产增产、供给均衡。严格落实粮食生产九条措施，出台《安岳县2022年支持晚秋生产五条措施》《支持今冬明春农田水利建设四条措施》等文件，整合3 704万元支持粮食生产和农业基础设施建设。全年粮食作物播种面积216.7万亩，产量72.1万吨。油菜种植面积47.55万亩，产量10.45万吨，同比分别增长6.17%、8.02%。

粮油作物。围绕“粮食面积产量只增不减”目标任务，统筹推动粮食生产。出台《安岳县促进粮食生产九条措施》《安岳县2022年支持晚秋生产五条措施》等系列文件，将粮食生产任务分解到乡（镇、街道）、落实到户，并将其纳入粮食安全责任考核和乡村振兴实绩考核重点内容，实行“一票否决”考核。加强部署推动，县政府常务会专题听取汇报2次，召开春耕现场会1次、工作推进会议5次，安排部署粮食生产重点工作。注重示范引领，建设以元坝、李家、合义、忠义为核心的“稻香杯”水稻品种万亩示范片，推动全县“稻香杯”优质品种种植面积突破25万亩。建设合义跨区域合作园区、乾龙粮经统筹示范园，形成“破两非、促融合”安岳经验并适时推广。按时发放耕地地力保护补贴和实际种粮农民一次性补贴、稻谷补贴共1.9亿元，稳定种粮效益，提高种粮积极性。

安岳柠檬。国家现代农业产业园创建成果持续巩固全年柠檬产量50万吨、产值152亿元，安岳柠檬品牌价值达190.64亿元。成渝现代高效特色农业带合作园区建成稻虾基地2 000亩、中药材基地1 000亩，完善道路、渠系、管网33千米，“两主体、四中心”建设有序推进，获评市级现代农业园区。推广“泰优808”等水稻品种21个、油菜新品种6个，安岳县柠檬科学技术研究所发明的“一种可提高植物抗性的甜橙基因及其应用”专利获得国家知识产权局认证。

【农业综合执法】 开展“今冬明春农资打假专项执法行动”和“农业综合行政执法‘护奥运保春耕’专项行动”等专项行动，全年出动执法车辆110辆次，出动执法人员440人次，检查农资企业21家、经营户500余户，查验农药标签160余个、种子标签120余个，检查发现台账建立不规范问题10处，下发责令整改通知书10份；化肥抽样送检6例，合格率100%，农药抽样送检10例（报告待出）；对不合格的立即立案查处，全年共查处涉农药种子案件7件，罚没金额25 097元。

【种子管理】 全县大春农作物品种备案634个，其中水稻206个、玉米287个；小春农作物（油菜）品种备案141个。开展保护种业知识产权打击假冒伪劣套牌、种业监管执法年等专项活动，检查种子经销商和种子经营门店410家，抽检种子样品151个，合格192个，合格率100%（其中水稻样品62个，合格数62个，合格率100%；玉米样品57个，合格数57个，合格率100%；油菜样品32个，合格品种32个，合格率100%）；采集玉米品种42个、大豆1个进行转基因检测，均无转基因，为农民购买“放心种”奠定了基础。全年主要农作物良种覆盖率稳定在98%以上。

【林业】 全年完成营造林3万亩，开展造林空间适宜性评估，规划造林面积为15 472.3亩；义务植树62万株，实施森林抚育2 700亩、森林质量精准提升3 000亩、低产低效林改造350亩，全面完成用材林基地造林任务0.6万亩。全县新办理苗木生产经营许可证2个；完成当年育苗面积50亩，其中新育苗30亩、100万余株。

天保工程。持续实行县、乡（镇）、村三级森林管护体系，全年管护森林面积176万亩，重点管护森林面积38.19万亩（国有林0.67万亩、集体公益林37.52万亩），落实乡（镇）森林管护人员46名，兑现森林生态效益补偿600.35万元。

退耕还林还草。核实完善37个乡（镇）、301户退耕还林资金兑现不成功退耕农户信息，确保2022年以前退耕还林项目资金兑现成功率100%、2022年兑现退耕还林项目资金269.65万元全面完成兑现，其中退耕还林生态林抚育补助面积124 822.27亩，补助资金249.65万元；新一轮退耕还林面积500亩，补助资金20万元。完成2022年国家和省级退耕还林社会经济效益调查，涉及岳阳镇、石鼓乡9个村、30户1 000余项县级和农户指标调查。

有害生物防治与检疫。监测调查林业有害生物寄主植物面积100万余亩。完成全县4 400亩松林松材线虫病（松墨天牛）的监测普查，普查采样120株，送绵阳市林业有害生物检疫检测中心进行分子鉴定，未发现松材线虫。完成林业有害生物防治8.52万亩，防治率80%，无公害防治率100%。全年产地检疫率100%。

林业管理。实行林木限额采伐审批制度，全年发放采伐证3 387份，采伐蓄积9 837.24立方米，其中占限额发放采伐证3 203份，采伐蓄积9 749.34立方米。开展政策宣传，张贴省、市、县三级防火命令7万余份，发放宣传单33.8余万份，书写、悬挂宣传标语1 870余条，制作警示牌、公示牌770余块，出动宣传车2 850轮次，推送宣传短信42.4万余条。实施国家森林城市建设项目，城市生态体系建设稳步推进，森林城市产业体系建设效果明显，森林城市文化体系有序构建，森林城市支撑体系建设取得阶段性成效。

推行林长制。设立县级林长34名、乡级林长457名、村级林长520名、自然保护地林长3名，监管员520名、护林员520名，初步建立起以县、乡、村三级党政主要领导为责任主体、以“一长两员”为基本组织单元、以常态化巡山护林为主要内容的林长制工作机制，形成县级林长领导、乡（镇）负责、部门协同、齐抓共管的工作格局。全年参与巡林人数1 014人，巡林3.16万余次，制作林长制公示牌520个。对全县1 538株古树名木开展常年保护及排危清查工作，完成排危处理4株。依法办理林地手续62宗、215.87公顷征收森林植被费2 892.19万元。

森林防灭火。排查整治森林火灾隐患168处，整治林区输配电设施设备隐患130处，落实5 799名零星墓地监管人员，落实3 458名监护责任人，加强未成年及智力障碍等特殊人群监管。设立临时检查点（劝导点）497处，组建县、乡、村森林火灾扑救队伍561支6 090人，选聘护林人员514名，防火期会商研判27期，发布蓝色预警1期、黄色预警3期、橙色预警1期、红色预警2期。

【畜牧业】 安岳县是全省畜牧业重点县、全省生猪调出大县，全县存栏生猪70.27万头、大牲畜3.04万头、羊15.7万只、小家禽737.1万只、兔58.48万只，出栏生猪114.4万头、肉牛1.47万头、羊33.96万只、小家禽1 072.08万只（羽）。全县有规模以上畜禽养殖场（企业）157家，其中生猪139家、肉牛（奶牛）10家、肉鸡5家、兔2家、羊1家；养殖专业户519户，生猪规模养殖比重达66%。创建国家级生猪产能调控基地5个、省级生猪产能调控基地10个。

发展规划。围绕成安渝高速沿线、国道247沿线生猪产业，布局温氏、新希望、正邦生猪产业一体化建设项目，安岳温氏在通贤、镇子、兴隆建设种猪繁育场3个；安岳正邦在大平镇玉石村建设16.8万头、文化镇新民社区建设8.4万头育肥场2个，年新增生猪出栏25.2万头。安岳农神生物技术有限公司在李家东风社区建设年40万吨畜禽粪污区域收集处理中心及有机肥厂1座。

动物防疫。3月至5月、9月至11月，开展春、秋两季重大动物疫病集中免疫和消毒工作，全县共免疫猪O型口蹄疫96.37万头、猪瘟96.37万头，免疫牛O-A型口蹄疫2.6万头，免疫羊O-A型口蹄疫16.61万只、免疫小反刍兽疫6.81万头，免疫家禽H5+H7禽流感621.1万羽，做到“应免尽免”，免疫率均为100%。开展免疫抗体监测，重大动物强制免疫抗体合格率达70%以上。对全县畜禽散养户圈舍及周边环境进行消毒灭源（规模养殖场自行消毒），共使用消毒药11.35吨，消毒面积达1 963.72万平方米（含春秋两季集中消毒和平时性消毒）；累计消毒车辆21 053辆次，消毒面达100%。推进实施柠刚牧业1家规模奶牛场和春茂、盛皓养猪专业合作社、安岳温氏（石鼓种猪场）3家规模养猪场强制免疫疫苗“先打后补”项目，共补助23.134 9万头，其中奶牛0.214 9万头、生猪22.92万头。全县全年未发生区域性重大动物疫病流行。争取财政项目资金，完成兽医实验室能力提升项目，基本达到BLS-1实验室标准，兽医实验室非洲猪瘟病毒样品核酸检测最高可完成384份/天，实验室检测能力得到有效提升，为畜禽产业健康发展提供了保障。坚持非洲猪瘟“3+1”网格化管理体系（一级网格员10名、二级网格员333人、三级网格员594人，屠宰环节网格员137人），形成了纵深到户、横向到边的严密监管网络。加强对养殖、屠宰等各环节非洲猪瘟病毒监测工作，严格落实17个县级非洲猪瘟检测站卡点值班值守。以春、秋季动物集中免疫为契机，开展非洲猪瘟、高致病性禽流感等重大动物疫病防控“大清洗、大消毒、大宣传”活动，严格抓好养殖、屠宰等环节生物安全指导。全力抓好疫情监测和流行病学调查工作，加大对家畜结核、布病等人畜共患病的监测力度，全年共监测肉牛、奶牛共计6千余头次。加强犬只狂犬病免疫注射，农村、城镇犬只免疫密度分别达到国家要求的85%和90%。

动物诊疗机构管理。全县共有动物诊疗机构5家、兽药经营企业33家、饲料及饲料添加剂经营户256户。按照《中华人民共和国动物防疫法》《动物诊疗机构管理办法》《执业兽医管理办法》《乡村兽医管理办法》规定，集中开展辖区内涉及动物诊疗活动的机构专项检查14次。

畜禽屠宰行业管理。全县有生猪定点屠宰企业22家，在建A类生猪定点屠宰企业1家。年屠宰生猪36.13万头。开展定点屠宰场猪肉质量安全日常监管，联合公安、工商、畜牧、卫生防疫等部门开展专项整治和食品卫生安全大检查，严厉打击私屠滥宰和制售注水肉、病害肉等不法行为，全面清理和整顿不合格定点屠宰企业。加强屠宰管理和执法检查，加强对生猪定点屠宰的管理和肉品质量的监督控制，不断提高肉品质量，促进全区屠宰加工行业的健康发展，确保广大城乡居民肉类商品消费安全，规范了生猪肉品生产秩序，保障了群众肉类消费安全。

饲料、兽药监管。严格按照《兽药经营管理规范》和《兽用生物制品经营管理办法》开展经营活动，指导兽药经营企业在国家兽药产品追溯系统如实做好兽药产品入库、出库追溯数据上传工作，对不按规定实施兽药经营追溯的企业，按照《兽药管理条例》相关规定进行查处。全年开展专项整治工作，出动执法人员33人次，专项检查兽药经营户46户次，未发现违法经营兽药行为，辖区内兽药经营总体情况较好。严厉打击无证经营、超许可范围经营及销售假冒伪劣兽药行为，重点查处标识为非兽药的水质改良剂、动保产品、饲料添加剂、饲料原料等，但标签和说明书标注有预防和治疗功能的产品。开展兽用抗菌药减量化行动。加强“瘦肉精”监管，确保畜产品质量安全，采取定期和专项相结合的方式，4月和9月开展养殖环节“瘦肉精”专项监测，全年共计监测6 896头（份），结果全部为阴性。

【农业区域合作】 引进安岳县大平镇玉石村秸秆综合利用（生物质颗粒生产加工）农旅融合项目、川渝微生态种养循环肉牛养殖基地（一期）建设项目、医药级冻干车间建设项目等省外产业项目6个，新增实际投资金额5.48亿元。新引进天府黑兔和天府大白兔种兔繁育场建设项目、红薯种苗选育基地建设项目、安岳县良种苗木繁育基地项目等落地重大产业项目（0.5亿元以上）9个。

【农作物秸秆等饲料的开发与利用】 全年农作物秸秆总产生量76.13万吨，可收集量约65.04万吨，秸秆利用量61.07万吨。加强农作物秸秆肥料化、饲料化、燃料化、基料化、原料化“五化”利用，培育农作物秸秆综合利用示范点10个，推广秸秆粉碎还田、堆沤还田、腐熟还田等技术，利用率93.89%；培育市场规模化主体21个，秸秆综合利用量稳步提升，土壤质量、生态环境得到明显改善。

【水产业】 全县有水产养殖经营主体163个、部级健康养殖示范场11个、省级无公害基地15个，全年水产品总产量3万吨，实现渔业产值6.49亿元。

水产养殖。全县养殖方式主要包括池塘养殖、水库增殖、稻田养鱼等。按照“农业供给侧结构性改革”的要求，调整养殖方式，累计发展稻鱼综合种养2.2万亩，推广池塘底排污水质改良模式7处、玻璃钢循环水养殖模式1处、陆基集装箱养殖模式1处。

技术培训。以组织培训班、开展“送科技下乡”等多种形式开展技术培训、技术指导和服务，全年开展水产技术培训15次，培训600余人次，接受技术咨询、现场服务约80余次。

行政执法。严厉打击电鱼、毒鱼等破坏水生态环境的违法行为，全面实施长江禁捕工作。为保护天然水域渔业资源，以“禁渔期”、“长江十年禁捕”和“电打鱼等违法捕捞专项整治活动”宣传为契机，发放宣传资料20 000余份、宣传标语500余条、公益广告2 000余条，提高群众的知晓率和参与度。县农业农村局、县公安局、县市场监督管理局、县交通运输局、县水务局联合开展保护渔业资源、打击电鱼等非法捕捞专项整治，查处非法捕捞渔政案件6件、非法捕捞水产品刑事案件13件，违法案件查处结案率100%，。

【乡村振兴】 重点围绕巩固拓展脱贫攻坚成果同乡村振兴有效衔接工作，聚焦过渡期“四个不摘”要求，紧盯健全防止返贫动态监测和帮扶，完善防止返贫动态监测和帮扶机制，确保135个脱贫村、27个乡村振兴重点帮扶村（含6个脱贫村）、40 363户102 621名脱贫人口、1 743户4 037名监测对象持续稳定增收，坚决守住不发生规模性返贫底线，乡村振兴工作取得阶段性成效。

防返贫监测和帮扶。对所有农村家庭户进行住房、饮水、教育和医疗保障等方面的情况排查，经过常态化排查和5月、10月的两次集中大排查，全年新增381户967人（动态调整后为374户935

人）监测对象，通过开展针对性帮扶，累计消除风险1 021户2 438人。

项目建设。整合投入各级衔接资金28 949万元（中央财政衔接资金1 126万元、省级财政衔接资金15 334万元、市级财政衔接资金3 039万元、县级财政衔接资金9 450万元）用于巩固提升项目、衔接推进乡村振兴项目和保障性支出，截至2022年年底，278个项目已完工275个，完工率为98.9%；已拨付资金2.81亿元，拨付率为97.72%。

脱贫群众增收。统筹资金安排，抓好建立脱贫户“一户一档”台账，发挥稳岗就业、消费帮扶、兜底保障等帮扶政策作用，脱贫户家庭经营性收入户均5 914.26元，同比增长20.66%；脱贫人口人均收入达14 990元，同比增长13.6%。

资产确权登记。按照财政衔接资金项目资产管理操作指南，依法依规对2021年财政衔接资金项目资产逐一进行清理核实和确权登记，共计清理资产18 461.169 9万元，其中个人资产987.921 2万元、经营性资产1 640万元、非经营性资产15 833.248 7万元，350个项目全部完成确权登记、移交工作。

农村医疗。脱贫户、监测户等特殊人群全部参加基本医疗保险并享受医疗救助，一站式医疗救助35 490人、129 502人次，共发放救助金额8 460万元；申请大病医疗救助561人次，发放救助金额133万元。

住房安全。完成258户危房改造任务，其中对61户脱贫户、1户监测户进行住房改造。

饮水安全。持续推进全域供水，实现110个社区全部通自来水、395个行政村通自来水，农村集中供水工程管网到户人口达61.9万人，农村自来水普及率达88.57%。

社会救助。全面落实农村低收入人口常态化帮扶措施，累计发放保障金、特困人员供养金、临时救助资金、重度残疾人护理补贴、困难残疾人生活补贴、孤儿保障金、事实无人抚养儿童保障金共计122.75万人次、31 359.6万元。

教育教学。脱贫人口义务教育阶段适龄子女入学率为100%，资助家庭经济困难学生92 912人次（春秋两期受助人数）、资金5 183.612万元。

稳岗就业。举办线上线下招聘活动15场，输出和转移农村劳动力51.92万人，其中脱贫人口38 129人，兑现12 812名脱贫劳动力跨省务工交通补贴512.48万元；开发乡村公益性岗位1 639个。

金融发展。引导涉农银行机构加大脱贫人口小额信贷投放，全年共发放脱贫人口小额信贷153笔、金额590.61万元。

驻村帮扶。向161个帮扶村选派475名驻村干部到村开展帮扶工作，累计开展各层级培训1 600余次，提升其工作能力。

美丽宜居乡村建设。统筹推进农村人居环境整治五年提升行动，建成无害化卫生厕所4.7万户，75.4%的行政村污水得到有效治理，行政村生活垃圾收运处置体系覆盖率达99%以上，畜禽粪污资源化利用率达92.8%，全县农村人居环境明显改善。

创建乡村振兴先进县。“三级书记”带头落实抓乡村振兴工作责任，形成上下同心、左右合力、齐抓共管的工作格局。制定乡村振兴战略实绩考核方案，建立乡村振兴任务清单制、县级领导挂职制，落实月督查、月调度和“红黑榜”排名机制，全县创建为2022年度四川省乡村振兴先进县。

【乡村旅游】 全县有国家A级景区6个，其中国家4A级景区1个（圆觉洞文旅镇）、国家3A级景区5个（宝森柠檬旅游区、安岳石窟卧佛院、悦缘花谷、千佛寨、魅力柠海）、省级生态旅游示范区1个（圆觉洞——千佛寨省级生态旅游示范区）、星级农家乐5个、精品村寨2个、省级乡村旅游重点村3个、天府旅游名镇1个，涌现了青莲谷、悦缘花谷、古房子渔家乐等一批优质乡村旅游点，建成花果人家、生态渔庄等一批乡村旅游特色业态，乡村美食备受游客欢迎。

【农村水利】 水利工程建设。争取到位上级各类补助资金20 289万元，占年度目标任务16 689万元的121.6%，完成固定资产投资13 259万元。创建安岳县卧佛水利风景区，安岳县入围四川省乡村水务示范备选县。毗河供水一期工程（安岳段）主体工程全面完工。关刀桥水库枢纽工程合同工程完工验收完成，下闸蓄水阶段技术预验收完成。挂石沟水库灌区工程全面完成，朝阳水库除险加固工程蓄水验收完成，李家镇、元坝镇防洪治理，龙台镇金马村山洪沟治，乾龙镇真南村等4个“水美新村”建设工程全面完工。龙台河乾龙乡、白水乡防洪治理、大濛溪河驯龙镇防洪治理、黑塘河等5座小型病险水库除险加固工程主体工程完工，书房坝水库中型灌区续建配套与节水改造项目加快推进；龙台河龙台镇码头村、岳阳河姚市镇防洪治理，猪儿洞等5座小型病险水库除险加固工程开工建设。

管理与利用。完成大清流河、城西河流健康评价，开展龙台河、大清流河岸线保护与利用规划编制，更新县级责任河流河长制公示牌74块。实施生态补水，累计在岳阳河等重点流域补水2 000余万立方米，助力水质改善。常态化开展河湖“清四乱”，整治“四乱”问题8处，做好河湖管护工作，获得四川省河湖长制成绩突出集体称号。组织对全县142座水库开展督查指导180座次，组织全县水库“三个责任人”全覆盖、分层级进行网络培训，交办公示水库两个“三个责任人”、大坝内外坡杂草清除、拆除拦鱼设施、打捞水面漂浮物等问题332件次，同时推进水库动态监管预警系统建设，对系统设备升级改造，实现涉改小型水库预警系统全覆盖。

【农业机械化】 全县农业机械总动力90.27万千瓦。提水0.9亿立方米，常年保灌面积67.9万亩，耕播收作业面积295.92万亩次，全县农机综合水平达62.18%。农机购置补贴项目完成农机补贴3 013台（套），兑现农机购置补贴资金567.9421万元，新建机电提灌站2处，维修提灌站2处。全年无农机安全责任事故发生。全县主要农作物机耕面积159.71万亩、机播面积60.93万亩、机收面积75.28亩，农产品机械化加工60.5万吨，机械化植保98.2万亩次。

农机购置补贴。全年完成农机购置补贴资金567.942 1万元，补贴农机具3 013台，受益农户2 040户。其中，收割机88台、耕整地机械888台、拖拉机23台、秸秆还田机8台、粉碎饲料加工机械868台、初加工机械1 102台（果蔬冷藏保鲜设备121台、碾米机978台、果蔬分级机3台）、其他机械36台。

农机培训。开办高素质农机专业人员培训班，培训拖拉机及联合收割机驾驶操作人员80人。推进拖拉机驾驶员培训实行社会化。开展多种形式的培训，培训农机管理和从业人员1 000余人，培养农机农艺相结合的全能型农技人员。

农机安全。全县注册登记拖拉机28台、联合收割机82台。年检拖拉机195台。换驾驶证75本，依法注销驾驶证768本，依法注销变型拖拉机10台，截至11月8日，变型拖拉机工作全部清零。全年向农机专合社、机手和群众发放各类安全宣传资料20 000余份，向机手派发宣传资料小邮包344个。开展农机、交警、联合执法活动，查处拖拉机假证2人，假牌1台，治理假牌、套牌的外籍拖拉机21台，全年无农机安全责任事故发生。

【农村科技】 创新平台。“四川科技兴村在线”平台收录信息员940人、专家64人，开展推介与培训活动4次，培训人员500人次。组织专家开展“线上线下”科技服务，完成在线咨询1 500余次，建立科技服务驿站8个。支持四川中柠柠檬产业技术研究有限公司牵头组建安岳柠檬产业技术研究院，并备案为省级新型研发机构。全县有效国际科技合作基地1个，市级农业科技园区5个、科普基地2个、众创空间1个。

科普活动。组织开展“三月科普活动月”“五月科技活动周”主题科普宣传活动。全年发放各类技术资料2万份，赠送各类科普书籍1 500千册，悬挂科普标语20幅、科普挂图120幅、科技展板8块，接受群众咨询5 000人次。

【农村文化】 非物质文化遗产保护。开展资阳市第三批市级非物质文化遗产项目代表性传承人申报工作，刘正泽等7名非遗传承人申报为资阳市第三批市级代表性传承人。开展四川省第六批省级代表性项目申报工作，安岳米卷制作技艺、安岳石工号子入选第六批省级代表性项目推荐公示名单。安岳竹编申报国家级非遗代表性项目被纳入资大文旅融合发展示范区建设总体方案。加强档案数字化建设，完成安岳县各级非遗代表性项目、代表性传承人建档立档工作，并妥善保管相关实物、资料。完成非遗国家级代表性传承人2021年传承活动情况考核工作，考核结果合格。提升改造安岳县非物质文化遗产展示体验馆，于“文化和自然遗产日”开馆，面向公众免费开放。推动省级非遗体验基地开展传习教学、交流展示等主题活动10余次，开展日常体验、传习活动50余次，报送“非遗助力乡村振兴”案例参加2022年“文化和自然遗产日”四川省主会场展出。开展“非遗进乡（镇）、进社区、进景区、进企业、进军营、进校园”活动20余场次。

群众文化活动。组织开展2022年安岳县“喜迎二十大　阔步新征程”文化惠民巡演活动，在全县各乡（镇、街道）、校园、景区、军营等开展演出活动80场次，在春节、元宵、端午、重阳等传统节日开展“我们的节日春节”川剧线上展演、“我们的节日春节”安岳县2022非遗作品线上展览、“我们的节日元宵”安岳县迎春美术书法摄影作品展、“我们的节日端午”文化汇演、“安柠石光资足常乐”2022年四川省万人赏月诵中秋示范展演资阳市安岳县分会场活动、“安柠石光　资足常乐”2022年安岳县重阳节川剧线上展播等。依托2022年四川省第六届少数民族艺术节作品展、2022年四川省首届公共空间视觉艺术宣传展、2022年资阳市“资足常乐”文化旅游摄影展等，展示展览书法、美术、摄影等作品200余件。

文艺创作与展演。围绕“喜迎二十大”等主题创作歌伴舞《我们的新时代》《青春畅想》《百岁青春》《梨花开了你就来》，戏曲舞蹈《梨园风姿》，独舞《扇舞丹青》《蝶梦竹》，音诗舞《水调歌头》，说唱音乐《这是安岳》，小品《谈对象》，改编小舞剧《九章蜚声》。组织节目参加“庆丰收　迎盛会”2022年中国农民丰收节安岳庆丰收活动开幕式、2022年四川省农民春节联欢晚会节目录制、遂宁市乡村村晚集中展示暨川渝泛琼江流域文旅联盟区县2022年文化旅游交流活动启动仪式、重庆市大足区2022年“文化和自然遗产日”非遗宣传展示暨非遗购物节活动开幕式。组织安岳县代表队参加四川省第二届乡村文化振兴魅力乡镇竞演大赛资阳赛区竞演等展演。邀请安岳石刻研究专家、学者们参加《文脉安岳—优秀传统文化普及读本》第三次改稿会，已定稿。

【农村卫生】 医疗卫生服务。聚焦优化农村医疗保障、提升农村公共服务水平、驻村帮扶，巩固脱贫攻坚成果与乡村振兴有效衔接，全年救治大病检测对象7 414人，其中一般脱贫户7 364人、脱贫不稳定户42人、边缘易致贫户5人、突发严重困难户3人。

医养融合发展。建成医养结合机构2家，分别是安岳县李家敬老养护中心（安岳普爱医养医院）和安岳民心老年病医院（安岳县忠心养老院）。安岳县李家敬老养护中心设置医疗床位90张、养老床位100张。安岳民心老年病医院设置医疗床位100张、养老床位300张，总投资2 500万元，入住老人290余人。在建的岳阳镇社区医养结合服务中心规划设置医养结合床位50张，设置休闲娱乐区、康复训练区、运动锻炼区、膳食区等功能区，总投资130余万元，已拨付2021年省级补助资金50万元。

基层医疗机构工作。新增双龙、高升、永顺、乾龙、南薰、千佛6家卫生院达到基本标准，岳阳镇中心卫生院达到推荐标准。按照“3+16+8”的整合模式对乡（镇）卫生院进行优化布局，调整为“3+52”，妥善安排撤并的卫生院班子成员，对在编人员实行统一划转，房屋、设备、设施等各类资产全部划归建制乡（镇）卫生院，实现人、财、物统一管理。通过无偿划拨、捐赠等方式，配齐2个新建社区卫生服务中心的设备设施，减缓财政投入压力。龙台、通贤、石羊、永清、李家5个镇中心卫生院创建为县域医疗卫生次中心。

健康教育。组织系统各单位利用“世界防治结核病日”“世界卫生日”“爱国卫生月”“世界红十字日”“世界无烟日”“国际老人节”“世界精神卫生日”等组织开展健康知识讲座咨询活动212场次，服务群众54 873人次；开展送卫生下乡义诊活动292场次，服务群众40 880人次，发放《糖尿病的防治》《高血压病防治知识》《预防艾滋病健康全家人》《四川省老年人健康知识100条》《防蚊灭蚊宣传知识要点》《法定职业病有哪些》等健康知识宣传折页及科普读物96 500余份。安岳县融媒体中心与县人民医院联合开办《健康直通车关爱你我他》电视栏目12期；与县中医医院联合开办《生活时空》电视栏目6期。全年发布《新型冠状病毒肺炎科普知识》130余条，转发资阳市疾控中心《健康科普》《资阳疾控健康提示》180余条。县疾控中心每日发布《安岳县新冠肺炎病毒排查管控表，倡导和推广全民健康生活方式。

老年健康服务和医养。加强对老年人群重点慢性病的早期筛查、早期干预及分类管理，推广老年人常见疾病的防治适宜技术。开展老年常见病、慢性病、口腔疾病的筛查干预和健康指导。开展老年人医疗、康复、护理、家庭病床等服务。推进基层护理和居家护理服务。推进家庭医生签约服务模式，将老年人纳入签约重点人群，与有意愿的老年人建立契约服务关系，提供基本医疗、基本公共卫生和个性化管理服务。全年对65岁及以上老年人免费健康体检15.7万人，体检完成率113%。规范管理高血压7.68万人、糖尿病2.59万人。组建家庭医生团队423个，重点人群签约43.19万人，重点人群签约率82.43%。加强对失能老年人的关爱照护，实施“健康敲门行动”，对3 097名失能老年人开展上门健康服务。将老年医学科作为重点发展学科，推动二级以上综合性医院开设老年医学科，二级以上公立综合性医院设立老年医学科的比例为57%。二级以上医疗机构落实老年人就医绿色通道，设立导医台，保留人工服务窗口，设立老年人优先窗口，为老年人免费提供助器具。开展老年友善医疗机构创建，创建13家医疗机构，其中省级命名2家、市级命名6家、县级命名5家。完成县级命名的36家医疗机构的创建，全县老年友善医疗机构总数达49家，占公立医疗机构总数的81.7%，完成市下达80%的目标任务。

【农村法制建设】 纵深推进普法宣传工作，严格落实“谁执法谁普法”责任制，常态化开展法治宣传教育，组织全县10 000余名干部职工参加2022年资阳市国家工作人员学法考法。推进“法律明白人”培养工程，选评出1 956名“法律明白人”。开展“全民普法一月一主题”宣传活动，全年开展“法律七进”活动286场、专题法治和街头宣传508场，发放各类宣传资料6.8万份，受理法律咨询2 282人次，治安防控体系持续优化。创新开展“护安三级联巡”大行动，坚持每周至少巡逻1次，可防性案件不断压降。出台《“雪亮工程”运营服务考核办法》，在线率稳定保持在85%以上，新增“慧眼工程”6 500余个，安装“两车卫士”2.02万辆，调取监控数据650余次，治安防控信息化、智能化水平不断提升。着力化解矛盾纠纷，建立完善“1+4+N”矛盾纠纷多元化解工作体系，推进“诉非衔接、公调对接、检调对接、访调对接”，建立健全各级各类调解组织建设；推进“一站式”矛盾纠纷多元化解协调机制建设，依托县群众接待中心成立县级矛盾纠纷多元化解协调中心，打造5个乡（镇、街道）中心样板，其余乡（镇、街道）均建立矛盾纠纷多元化解协调中心；持续加强诉源治理，建立健全诉源治理机制，矛盾纠纷源头预防和前端化解效能不断增强，全年共排查各类矛盾纠纷9 798件，成功化解9 784件，化解成功率达99.86%。不断优化营商环境，明确行政处罚目录清单，建立“三张清单”，出台审慎包容执法意见，助推县域经济高质量发展。开展送法进企业活动，为各类企业提供专项公益法治体检23次，审查农民工用工合同6 500余份。推进“放管服”改革，深化司法体制改革，打造智慧法院，加强四大平台建设。全年提供档案查询服务2 050余件次，加强类案检索比对系统，促进“类案同判”，关联案件8 276件，关联率达100%。不断深化司法公开，直播庭审921场次，网络公开案件7 405件，公开法律文书2 416件，邀请代表委员视察、指导调研、见证执行等150余人次，举办“庭审开放日”等活动4次，“一网两微”发布信息1 200余条。拍摄反养老诈骗等原创视频8个。加强司法监督，召开审委会、专业法官会198件，发布流程监控通报42次、案件周期预警42次；重点交叉评查案件202件，全市交叉评查10件，督促整改问题314个。

【农村交通】 中通道建设。完成2021年、2022年国道247线、国道319线养护工程项目，省道207线安岳县卧佛镇至石羊镇段建设项目一期工程卧佛镇至岳阳镇17千米建成通车。省道207线锣鼓庙至安大桥大修工程加快建设，完成沥青下层工程量的100%，完成上层工程量的50%。

小通道建设。建成撤并建制村畅通工程、通组道路343.2千米。推进资阳市农村公路品质提升三年行动项目，累计完工7条、32.4千米。

公路养护。清理国、省、县道边沟弃土垮方1 989立方米；清理养路段水沟1 500余千米，修补路面573平方米，修剪行道树遮挡物138处，清洗标志标牌240余块，疏通涵洞36个，清理沉砂池5个，疏通桥梁射水孔76个。加强对公路临水临崖路段、连续下坡、急弯陡坡、高边坡、高危岩、道路桥梁、公路行道树、波型护栏、标志标牌等交通设施安全隐患的排查，清除跨方6处，排危倒伏病行道树451株，清理边坡跨方10余处、300余立方米，排查37处道路安全隐患，清洗波型护栏12千米，设置标线30余千米，安装安全警示标志标牌8处16块。完成县道集中清扫作业600余千米。完成交通运输部桥梁数据库基础填报及省道、县道、乡道、村道574座桥梁二维码申存和安装。完成国、省、县道(84座)桥梁检查工作，做好应急抢险工作，全年抢险12次，出动机械车辆90余辆，出动抢险人员110人次。

安全检查。组织出动督查检查组66个(其中联合检查组20余个)，出动执法车辆556辆次、执法人员3 006余人次(包含三轮车专项整治)，检查企业170家次、码头62个次、船舶60艘次，检查指导乡(镇)86个。对县客货运企业、水上码头、交通建设工程开展安全检查和督查，发现并纠正一般问题或薄弱环节60余起，发放安全宣传资料2 000余份，走访企业3家次，设立咨询台2处，接待群众500余人次。全年完成已审批的451株死危行道树砍伐，更换波型护栏19处180米，修复坑凼7处166平方米，清理吹风下雨倒伏公路竹木1 258株，清除边坡水沟、边坡垮塌方1 570余立方米，清理标志标牌遮挡物217处，清扫路况抛洒物5 800余平方米，清理公路两侧可燃物约9 .8吨，清除占道堆物作业50余处，清理非交通标志20余处，查扣非法上路行驶和非法营运的三轮车、四轮车19台，检测货车7万余辆次、卸载货物1 400余吨，查处扰乱检测秩序货运车辆17辆并处罚款17万元，处罚非法改拼装货车8辆并处罚款4万元。落实人员24小时值班值守和信息报送工作，储备抢险设施设备和物资。抓好汽车维修企业、运输车辆、在建项目、小濛溪河等环境保护工作，开展巡河35次，交办乡(镇)问题整改40件次，完成86处排污口整治；对维修、在建工地企业开展环保检查，检查企业70家次，发现问题8个，整改完成8个。

【农村社会保障】 社会保障扶贫。落实"应保尽保"政策，推动符合条件的困难群体(建档立卡贫困户、低保对象、特困人员)参加城乡居民社会养老保险，为符合条件的困难群体32 080人代缴保费320.8万元，参保率、代缴率均达100%。

驻村帮扶。履行乡村振兴驻村帮扶工作职责，选派1名优秀干部到乡村振兴帮扶村兴隆镇大骥村担任"第一书记"。开展走访慰问12次，"以购代扶"鸡鸭鹅、蛋品等，总成交额1万余元，为帮扶村注入帮扶资金5 000元。

公共服务建设。加强县、乡(镇)、村(社区)三级社会保障服务平台建设，有46个乡(镇)、52个社区建立就业基层平台，为171个村级点位打造社会保障服务平台。推进缴纳查询、关系转移、生存认证、密码重置等社保服务事项就近办、网上办，建成集"政务服务网点+电信服务点+邮政网点+金融服务点+人力资源服务"五位一体的村(社区)农民工综合服务站10个，开通社保卡102项人社应用，使用社保卡银行账户发放城镇职工、城乡居民养老保险待遇率均达90%以上。

医疗救助。制定出台各类困难群体救助年度限额，严格执行政策范围内医疗费用经基本医疗、大病保险报销后限额内特困全额、低保70%、监测对象65%救助的待遇政策，确保改革政策的平稳落地。全年发放医疗救助中央、省一般补助资金到位2 951万元，资助参保资金到位1 290万元，较2021年分配到位资金3 757万元(其中一般资助2 252万元，贫困人口参保省级承担1 505万元)增加484万元，增长12.8%。全年一站式医疗救助35 490人129 502人次，救助金额达8 460万元；手工审批救助547人次，救助金额132.19万元。

【农村生态建设及环境保护】 在全市率先完成2022年"千村示范"农村生活污水治理任务，项目建设、资金拨付均实现"双百"目标任务。全县75.4%的行政村具备污水处理能力，提前完成2023年目标任务。投入500余万元在重点河段修建生态沟渠5 000米，推进乡村绿色发展，营造"干净、整洁、漂亮、宜居"的乡村环境。为确保全县国、省控断面水质持续稳定达标，在7条流域实施生态沟渠、纵沟改横沟、人工湿地、河道治理等污水治理项目。

【农村市场体系建设】 印发《安岳县金融支持乡村振兴"六大工程"(2022—2025)》，成为首个县级版金融支持乡村振兴"一揽子"政策方案，纳入政府对乡(镇)的目标考核。联合县国资金融局印发《安岳金融助企纾困十项措施》，成立金融助企纾困工作专班，梳理形成金融政策及产品汇编，成为辖区实体企业脱困的金融政策指南。制定出台《安岳县农村信用体系建设实施方案》，组织10家银行机构对2 746户新型农业经营主体开展信用评定，评定信用村329个、信用乡(镇)23个。天府信用通平台作用持续发挥，实现签约融资20亿元，较上年同期增加1倍。联合县文广旅局印发《安岳县金融支持文旅产业提质发展实施意见》。围绕成渝毗邻地区金融合作示范区、资达文旅融合建设，金融探索推进力度持续加大。依托发行库开展防挤兑应急桌面演练，办理存款业务215笔、金额18亿元，办理取款业务130笔、金额14.3亿元，国库便民服务持续推进。创建资阳首个乡（镇）国债销售示范网点，48个国库惠民服务平台实现功能升级完善，移动支付服务更加便利，累计建设农村综合金融服务站128个，布放助农取款点825个。开通退税绿色通道，累计办理各项退税2.42亿元，账户开立实现电话预约，核准开销户、变更等662户。推动征信查询融入地方事务管理，在县政府组织人事、经济主体评选等方面提供征信查询服务达40余次。持续推动银行机构拓展大数据运用，打造智慧医疗服务、移动支付场景，极大便利了公众生活。指导辖区中行全方位开展“e抵押”“科创贷”等金融产品政策宣讲，会议现场签约4家科技型融资企业。全年安岳县“科创贷”余额1 280万元。推动金融知识纳入国民教育，联合县关工委在九韶外国语建立资阳首个金融教育基地，实现金融与中小学生法治教育、消防安全教育等联动协同。指导开展安岳农商行结合集体经济特点，开展融资方式创新，实现辖区首笔集体经济组织贷款投放。对接县政府有关职能部门，加大政银担、创业担保等贷款推进力度，解决市场主体融资缺乏担保抵押等问题，新增政银担农业产业发展贷款0.91亿元，在保余额1.72亿元。围绕科创性企业、园区企业发展，推动投放“科创贷”1 000万元、“园保贷”580万元、“政采贷”500万元。

【农村留守家庭（儿童、学生）帮扶】 全县有农村留守学生34 227人，占义务教育阶段学生总数的32.62%。加强关爱留守儿童教育，依托县青少年校外活动中心、150所家长学校、78个乡村学校少年宫为主阵地，开展留守儿童帮扶活动。

【劳务开发与返乡创业】 全年城镇新增就业7 120人，完成目标任务5 320人的133.83%，城镇失业登记率控制在3.55%以内。全年城镇失业人员再就业932人，就业困难人员实现就业255人，分别完成目标任务690人的135.1%、180人的141.7%。全县城镇居民人均可支配收入实现42 075元，同比增长4.3%，完成全省平均水平的100%。

招聘活动。举办“春风行动”“民营企业招聘月”“百日千万”“鞋服企业专场”等线上线下各类招聘会18场，提供就业岗位3.8万余个，吸引8 000余名求职者入场应聘（线上招聘会网络浏览54.6万人次），达成意向协议4 043人。

就业培训。组织2 717名脱贫人口、农村转移劳动者、失业人员、在岗职工等参加技能培训，与县残联、县总工会、县退役军人等部门开展政府补贴性培训6 825人。

创业扶持。全年兑现创业补贴146万元，发放创业担保贴息贷款4 527.5万元，超目标任务67个百分点，直接扶持自主创业364人、返乡创业农民工313人，带动就业883人。

就业帮扶。公益性岗位安置就业新增749人，全县累计达2 363人；脱贫人口外出务工就业38 190人，兑现省外务工交通补贴527.5万元；县内市场主体新吸纳脱贫劳动力就业49人，累计达1 196人；社区零工市场吸纳就业1 400余人次，月均收入超过2 000元。新认定县级见习基地6个，全县就业见习基地达23家，提供见习岗位256个。开展职业指导735人次，创业服务21人次，就业信息推送865人次。

劳务输出。全年输出和转移农村劳动力51.76万人；实现劳务收入198.4亿元，比上年增长5%。与成都、重庆、杭州、广州等地劳务合作，开行返岗专车941辆次，转移就业18 783人。

援企稳岗。为977家企业降、减免失业保险费171.29万元，为944家企业减免缴纳工伤保险费60.56万元，批准困难企业、扩围行业企业、中小微企业共286家企业缓缴社保费1 297.45万元，为400家企业、9 344人次发放稳岗返还资金424.9万元，为30 530人次发放失业保险金4 634.58万元，为92名企业在职职工发放技能提升补贴13.8万元。

【主要领导人】 县委书记：刘建华；县人大常委会主任：安亮；县长：赖才建；县政协主席：刘云；分管农业副县长：姚丽。

安岳县编写组

乐至县

【基本情况】 2022年，全县辖1乡18镇2个街道，辖区面积1 424.2平方千米，其中耕地面积98.24万亩，比上年增长0.33%；基本农田88.65万亩。年末总人口77.5万人（户籍人口），减少1.2%。全县水资源总量3.4亿立方米，人均占有水资源量700立方米。有林业用地3.28万公顷，有林地面积2.65万公顷，活立木总蓄积量250.8万立方米，森林覆盖率43.8%。

2022年，全县实现地区生产总值222.47亿元，增长3.1%，其中第一产业增加值41.86亿元，增长4.5%；第二产业增加值68.93亿元，增长4.1%；第三产业增加值111.68亿元，增长1.9%。三次产业对经济增长的贡献率分别为28.4%、41.2%和30.4%。劳务输出25.27万人，收入88.41亿元。全年接待游客571.8万人，实现旅游收入50.9亿元，其中乡村旅游收入17.8亿元。

公路通车里程2 454.74千米（其中乡村公路2 146.74千米），密度1 722.62米/平方千米、31.7千米/万人。地方公共财政预算总收入完成7.52亿元，增长5.6%；公共财政预算总支出39.33亿元，增长3.6%，其中农业投入7.68亿元，占支出的19.5%。金融机构各项存款余额383.03亿元，比上年初增长11.58%；各项贷款余额227.91亿元，比年初增长12.15%。完成农业产业化项目7个，完成投资3.2亿元。农业产业化龙头企业省级、市级分别为7家、13家。

有各类学校142所，在校学生66 790人，教职工5 677人，其中普通中学42所，在校学生32 293人；小学41所，在校学生24 693人；学龄儿童入学率100%；完成省级以上科技成果2项。有艺术表演团体3个，文化馆1个，公共图书馆1个，博物馆1个。有卫生机构679个，病床位2 685张，卫生技术人员1 796人。城乡居民基本医疗保险参保人数55.3万人，参保率97.14%；城乡居民养老保险参保覆盖人数32.69万人。

【年度农业和农村经济运行】 2022年，乐至县制定出台《关于做好2022年“三农”工作全面推进乡村振兴战略的实施意见》。实现农业总产值33.4亿元，增长4.3%。农民年人均可支配收入达22 098元，增长6%。生猪、黑山羊、蚕桑、伏季水果、蔬菜等特色优势农产品产量保持稳定增长。农产品质量抽检合格率达100%；建成21个基层农业综合服务站。全县主要农产品产量见表1。

【农村集体经济发展】 培育新型农业经营主体，加大对种粮惠农、支农贷款、项目扶持等政策的宣传力度，引导种养大户向市场监督管理部门申请注册登记，新培育农业新型经营主体393户、家庭农场317家、专合社41家、农业企业35家。全县共成立292个村级集体经济组织，确认集体成员24.45万户、72.37万人。制定印发《乐至县发展壮大村集体经济工作规划(2021—2025年)》《乐至县发展壮大村级集体经济扶持措施(试行)》等文件，指导各村(社区)集体经济组织制定增收措施及目标，抓好村集体经济发展，促进集体增收，实现集体收益823.62万元。

表1 2022年乐至县主要农产品产量

主要农产品	单位	产量	同比增减(%)
粮食	万吨	39.760 5	–4.0
水稻	万吨	10.185 7	–5.9
小麦	万吨	0.635 1	2.5
玉米	万吨	19.063 2	–3.9
马铃薯	万吨	5.161 5	634.9
油菜籽	万吨	7.400 5	8.0
蔬菜	万吨	26.105 0	5.0
水果	万吨	4.447 0	9.5
肉类	万吨	7.880 9	4.8
猪肉	万吨	5.835 1	8.1
牛肉	万吨	0.027 9	1.8
羊肉	万吨	0.942 8	–7.2
禽肉	万吨	0.831 1	–3.2
兔肉	万吨	0.243 9	9.0
禽蛋	万吨	2.006 4	–32.2
水产品	万吨	2.187 6	3.6

【农业农村改革】 持续深化农业农村改革，激发乡村发展活力。

抓好宅基地制度建设，促进规范审批。按照权责一致原则，建立县级监管、乡(镇)主责、村协管的三级宅基地监管责任体系，健全县级部门督导制度、乡(镇)“三到场”制度、村级协管员制度，全年审批1 392宗、面积14.08万平方米。

抓好土地制度改革，放活承包经营权。深化农户承包耕地“三权分置”改革，建立土地流转审查备案制度，搭建农村产权交易平台，全年促进69宗1.27万亩土地经营权规范流转，交易规模达6 028.66万元。

抓好农业“共营制”试点，创新土地经营模式。在宝林镇天台村、石湍镇毛家坪村开展农业“共营制”试点，完成土地股份合作社组建、职业经理人聘用合用签订、农业社会化服务队伍建设，试点土块结合项目种植小麦700余亩，初步构建“土地股份合作社+农业职业经理人+社会化服务组织”三位一体的新型农业经营体系。

【供销合作社改革】 推进供销综合改革，在基层供销组织建设、业务创新发展等方面取得了明显成效。加强供销基层组织建设，推进三社融合，成立产业服务队，拓展农业生产社会化服务，促进农业增产农民增收。在宝林、石湍、回澜等乡(镇)开展机耕、机种、代收代种、统防统治、农技培训等农业社会化服务工作，实现土地托管面积2万余亩，服务区群众人均增收100元以上。创建大佛和回澜2个基层供销社示范社，吸纳农民社员8 160人，带动家庭农场和农民专业合作社8个，增强基层供销社的为农服务实力。加大农产品销售力度，打造“公司+协会+品牌+基地”的一体化经营体系，推动一二三产业融合发展，供销企业全年实现农产品销售1 100余万元。

【农产品品牌战略实施】 促进区域农产品持续健康有序发展，显著提升"乐滋乐味"的品牌知名度和管理质量。打造提升"乐滋乐味"农产品区域公用品牌。依托省级供销社综合改革资金项目等资金投入，在县城主要超市建设专柜2个。发展品牌使用单位，按照"乐滋乐味"品牌管理办法，授权符合条件的农产品生产经营单位使用"乐滋乐味"的品牌达到15家，持续提升"乐滋乐味"农产品区域公用品牌的知名度、认知度、影响力。绿色有机地理标志农产品发展，打造石湍、宝林、大佛等粮油品牌，鼓励支持高寺、龙门等乡（镇）的引导新型经营主体申报"三品一标"认证，做好获证主体培训和技术服务，加强标志使用和证后监管。全县"三品一标"农产品保有量63个，其中无公害农产品24个、绿色食品12个、有机产品21个、地理标志产品6个。

【现代农业园区建设】 按照"139"农业产业总体布局，推进现代农业园区建设，推动建设全产业链的现代农业园区，坚持以粮为主、粮经统筹，提档升级阳化河现代农业、乐至现代粮油产业等园区，乐至石湍粮油现代农业园区被命名为省三星级现代农业园区，乐至中药材产业园创建为市级现代林业园区，佛星粮油现代农业园区、劳动粮油现代农业园区被命名为县级现代农业园区。同时，推动国家林业科技示范园区建设提质增效，与省林科院召开专题会议3次，在园区林业科技研发、林业产业发展、科研成果转化、林业科技支撑等方面深化合作，提质桢楠、紫薇园等科研产业基地1 500亩，生产各类花卉20万盆、鲜切花2万余株，销售桢楠1 000余株。

【林业】 全县有林业用地3.28万公顷，林地面积2.65万公顷，活立木总蓄积量250.8万立方米，森林覆盖率达43.8%。

造林绿化。完成营造林2万亩、森林质量精准提升项目0.3万亩，常态化管护集体公益林20.85万亩。有序推进森林城市生态体系、产业体系、文化体系城区森林宜居工程、乡（镇）绿化美化工程、特色产业基地建设，开展国家森林城市创建宣传活动，推动国家森林城市创建。

退耕还林成果巩固。兑现下达新一轮退耕还林补助资金8万元，兑现面积200亩；兑现退耕还林生态林抚育补助资金206.99万元，兑现面积10.12万亩。

森林资源管理。依法加强林木采伐管理，全年共办理林木采伐许可证3 126份，批准采伐蓄积7 163.605立方米，出材量3 581.8立方米。深化集体林权制度改革，推动全县林权数据整合工作，完成乡（镇、街道）林地确权信息入库试点。

林业有害生物防治。通过加强预测预报进行科学防治，全年实施林业有害生物防治作业面积9.66万亩，其中飞机防治3.15万亩、地面人工药物防治6.51万亩。投入防治资金110.69万元，无公害防治率达100%，成灾率为零。加强植物检疫，办理产地检疫合格证48件，签发省内调运植物检疫证书46件、省外调运植物检疫证书2件、检疫要求书11件，完成检疫复检63件，种苗产地检疫率达100%。

【畜牧业】 重点抓好生猪、黑山羊生产发展。四川（乐至）现代畜禽种业园区中的生猪现代育种创新基地建成投产，其中基因交流中心已对口全省14个国省级核心育种场开展基因交流工作，开创了全国建立生猪区域性联合育种体系的先河。新希望双河场乡1.35万头母猪项目建成投产，存栏能繁母猪5 702头，产仔1.32万头。采用"以奖代补"形式培育科技示范户，引导散养户生猪补栏，推动能繁母猪保有量稳定增加。推进乐至黑山羊农产品地理标志核心保护区建设，重点做好乐至黑山羊农产品地理标志授权使用管理、优质种羊保种、黑山羊产品质量检验监测与提升研究、新建标准化乐至黑山羊保种养殖场等工作，推动乐至黑山羊保种扩繁。全年生猪存栏49.75万头、出栏80.08万头，羊存栏37.02万只、出栏63.3万只，牛存栏0.45万头、出栏0.2万头，禽（兔）出栏706.35万羽（只）。常态化抓好畜禽养殖污染防治，全面做到粪污全量收集、设施正常运行、粪肥有效利用、日常监管到位，全县畜禽规模养殖场粪污处理设施设备配套率达100%，粪污资源化利用率达93%。

【水产业】 全年水产品产量2.19万吨，同比增长3.6%；实现渔业产值3.54亿元。以原有水产养殖基地、池塘、水源条件好的稻鱼轮作田为重点，继续加强白乌鱼、加州鲈鱼、黄颡鱼、斑点叉尾鮰等名优品种的示范养殖推广，全县特优水产养殖面积达1 000余亩。加强新型水产养殖模式的推广，发展稻渔综合种养，对稻田综合种养区进行规范化改造，对有条件的稻田实行连片开发，在中天镇、高寺镇建设高效生态稻渔综合种养示范基地2个、1 500余亩。在全县推广发展稻渔综合种养面积4 000余亩，建成国家级水产健康养殖示范场4个，健康养殖示范面积700余亩。加强水产品质量安全监管力度，全年共组织开展水产品质量安全检查60余次，参加检查人员200余人次；组织开展水产品质量安全宣传活动，发放资料4 000余份；完成省、市水产品质量安全抽检26批次，样品合格率100%。

【乡村振兴】 围绕"美丽乐至·宜居乡村"建设，推进农村人居环境整治，持续推进农村户用卫生厕所改造，全年完成4 507户农村无害化卫生厕所改造；深化农村生活垃圾"户分类、村收集、乡（镇）转运、县处理"收运处置体系建设，行政村生活垃圾收集处置率达100%；结合"千村示范"建设工程项目，推进农村生活污水治理，污水有效处理率达73.5%。开展乡村振兴"三级联创"，根据乡村振兴先进镇示范村考核要求，在人居环境、产业发展及乡风文明等方面持续加强镇村各项建设，全年建成省级乡村振兴先进镇1个、示范村6个。

【乡村旅游】 发挥“旅游+”的潜力，整合优质旅游资源，形成全天候、全产业的红色、绿色、彩色旅游产品体系，推动“红色旅游+乡村旅游”协调发展，有序推进陈毅故里“创5A”工作，完成陈毅生平事迹陈列馆陈列改展及文物库房建设项目建设，完成“弘毅之路”内环线建设项目；提档升级桑都桑海景区，完成景区内部分车道黑化、步游道彩化工作，建设非遗展示中心、农耕文化体验基地等项目，创建国家3A级景区。举办田园诗会、“我们的节日”、乐至网络春晚、旅游品质宣传、“5·19”中国旅游日等系列等重大文旅品牌活动20余场次，开展桑葚采摘节、桃花节、劳动镇梨花观赏月节等“帅乡乐至·诗意田园”乡村品牌节会活动7场次，惠及群众10万余人次，逐步形成多层级、多形式、全方位、促共享的文旅产品供给格局。

【农村水利】 全县入选首批国家级再生水利用配置试点县，创建为全省第二批深化小型水库管理体制改革示范县。

推进水利项目建设。争取到位中央、省级项目资金2.003 9亿元，推进重大项目建设，完成毗河供水一期重大工程，全年调水2次、4 300万立方米。有序推进中小水利基础设施建设，建成村级公路17.4千米、田间道路15.5千米，整治山坪塘18座、囤水田12处，配套建设放水洞9处，完成24座病险水库整治主体工程和桂花湾水库中型灌区节水改造工程。

保障饮水安全。推进饮用水源地保护，持续加强乡（镇）集中式饮用水源地内源治理，全县集中式饮用水源地水质持续稳定达标。定期对全县21个乡（镇、街道）饮水安全进行入户走访并建立台账，持续加强村镇供水范化管理，安装制作制度牌6 000块，印发指导手册2 000册，汇编运行台账800本，培训村镇供水管理人150余人。

加强水环境治理。持续开展河湖“清四乱”行动，全年开展河湖“清四乱”巡查300余次，全面完成101个排污口整治、32个规模入河排污口立标。完成蟠龙、石佛等4个乡（镇）污水处理厂尾水湿地建设。持续实施“行政河长领航+技术河长助航+法治河长护航”模式，不断加强日常巡查和技术监测。全年实现优良率、考核率100%达标。

【农业机械化】 全县全年完成农机购置补贴项目投资600余万元，其中投入中央补贴资金191.44万元、购机农户自筹400万余元；补贴农机具共740台，受益农户和农机服务组织654户（个）。改造提灌站2座、总功率达70千瓦，维修提灌站20座、总功率达800千瓦，提灌设施共提水6 950万立方米，保灌面积达3.3万公顷。全县主要农作物耕种收综合机械化水平达58%（其中小麦89.6%、水稻77.56%、玉米47.31%、油菜59.01%），较上年增长3.5个百分点。严格依法依规开展拖拉机和联合收割机的注册登记、年检、转移登记、期满换证等业务，审验拖拉机驾驶证51个，检验拖拉机联合收割机58台，开展送检下乡服务机主30余人次，发放农机安全宣传资料800余份，发送农机安全宣传短信4 259条，实地检验发现、消除事故隐患33个，全年无农机安全事故发生。

【农村教育】 全县有各级各类学校142所（公办100所、民办42所），在校学生66 790人，在职公办教职工4 670人，其中普通中学42所，在校学生32 193人；小学41所，在校学生24 693人；学龄儿童入学率100%。完成省级以上科级成果2项。

教育助学。全年为714名中职学生发放国家助学金142.78万元；为4 811名中职学生免除学费938.145万元；为284名中职建档立卡学生发放生活补助28.4万元；为1 849名普通高中家庭经济困难学生发放普通高中国家助学金369.7万元；为1 849名普通高中家庭经济困难学生免除学费170.108万元；为4 484名义务教育阶段寄宿家庭经济贫困难生发放生活补助558.012 5万元；为4 596名义务教育阶段非寄宿家庭经济贫困难生发放生活补助245.837 5万元；为44 647名义务教育阶段学生免除作业本费152.930 5万元；为1 402名学前教育贫困儿童减免保教费169.105万元；为155名本专科建档立卡学生发放特别资助62万元；为2 488名家庭经济困难大学生办理生源地信用助学贷款2 428.4万元。

改善办学条件方面。争取到上级专项资金补助1.01亿元，专项用于农村中小学校舍维修改造、义教薄改与能力提升、中央学前教育补助等，为学校添置和更新课桌椅、学生床、班班通、师生计算机、实验室仪器药品等。

【农村体育】 全县有体育单项协会17个，所有乡（镇）、社区均成立了体育活动团体，全县经常参加体育锻炼人口达20余万人。全年完成农民健身工程设施共535套2 140件，新建健身步道24.6万平方米，实现全县602个村（机构改革前）村级农民健身工程全覆盖。

【农村科技】 宣传科技创新激励政策。利用科普宣传、各种培训会到企业、农村宣传省、市激励科技创新优惠措施及省、市、县稳增长政策，激发创新智慧与创造活力。

举办各类实用技术培训。先后举办全县科技养鱼、科技养蚕、优质柑橘生产与管理、食品加工等实用技术培训10余场次，参训人员达1 600余人。结合服务乡（镇）特色，在劳动、龙门、东山、石佛等乡（镇）、村（社区）开展白僵蚕、柠檬、桑树等10余种经济林木的种植技术示范、培训，共培训农户6 000余人。结合文化、科技、卫生“三下乡”活动，开展蚕桑技术咨询服务。

以“项目”为载体助推产业创新发展。《从蚕沙中提取1-脱氧野尻霉素成果转化》《优质高产四倍体桑树新品种及高效蚕桑种养技术推广示范（面上项目）》《科技养鱼智能化技术集成研究与推广》3个涉农省、市科技项目批准立项，《川产道地药材枳壳规范化种植、产地加工及炮制技术一体化研究（科技特派员）》和《四川科技扶贫在线》2个分年度涉农省级科技计划项目有序实施。

【农村文化】 制定出台《公共文化服务体系建设实施方案》《乡镇及片区公共文化设施专项规划》等政策性文件，向上争取到中央、省资金730余万元，全面投入公共文化服务体系建设及提档升级。创先培优助力乡村振兴，实施“百千万”工程，劳动镇获评“乡村文化振兴省级样板镇”，并被纳入片区中心乡镇公共文化服务提质增效试点。石佛镇荣家沟村村史馆获评四川文旅公共服务高质量发展“优秀空间”。乐至县文化馆“文艺轻骑兵”志愿服务队获评四川省最美文旅志愿服务团队。

丰富公共文化供给，创新“线上+线下”的培训方式，全年组织开展古筝、舞蹈、美术等公益艺术培训40余次，组织参加“蜀人原乡文旅大讲堂”艺术讲座3次，临池书法社每月开展书画交流活动。提质建设陈毅特色资源数据库、地方文化数据库，乐至县图书馆新增电子图书80万册，并开展评估定级工作。县图书馆、文化馆全年总服务群众76 435人次。持续推进总分馆制建设，新建县图书馆分馆3个、县文化馆分馆2个，打通基层文化服务“最后一公里”。

实施文化惠民工程，以“送文化下乡”为统揽，结合党的二十大、乡村振兴、社会主义核心价值观、依法治县、环境保护、安全生产等主题，组织开展各级文艺演出1 000余场次，培训文艺骨干4 000余人次，引领30余万名群众自觉常态参与文化活动。组织开展乡村文化振兴魅力竞演大赛，全县共有32个视频参与线上竞演，播放热度达11.46万次，劳动镇获评“四川省第二届乡村文化振兴魅力竞演大赛魅力乡镇”，1人获评“乡村代言人”。县级公共文化服务机构举办全民阅读、街头文艺、川剧座唱等文化活动，组织开展美术、书法、摄影展览活动15场次，惠及群众6万余人次。

【农村卫生】 全县共有医疗机构463个，其中县直卫生单位3个、县级医疗机构4个、中心卫生院7个、乡（镇）卫生院16个、社区卫生服务中心4个、社区卫生服务站82个、民营医疗机构9个、诊所100个、医务室4个、村卫生室234个，共有编制病床位3 123张。

医疗服务能力稳步提升。依托县人民医院与童家镇中心卫生院县域医共体试点建设，县人民医院长期下派7名副高级职称医务人员，全年共诊疗患者3 088人次。加快推进县域卫生次中心建设，童家、良安、石湍3家医疗机构完成县域医疗卫生次中心建设，增强了基层卫生院的业务能力和服务水平。

公共卫生。全县无甲类传染病发生。继续全面实施国家基本公共卫生服务项目，建立城乡居民电子健康档案49.1万人份，全县0～6岁儿童健康管理1.56万人，孕产妇健康管理1 377人，65岁以上老年人健康管理8.4万人，管理高血压患者3.98万人、2型糖尿病患者1.44万人、登记在册的严重精神障碍患者4 135人。开展家庭医生签约服务，全县27个基层医疗卫生机构976名医务人员组建114个家庭医生签约服务团队为全县常驻城乡居民累计签约22.98万人，家庭医生签约覆盖率达100%。

“一老一小”工作。老龄健康工作有序推进，全县二级以上综合医院均设立老年医学科，25家养老机构与辖区医疗机构签订医疗合作协议，南塔街道西街社区创建为全国示范性老年友好型社区，24家医疗单位创建为省级老年友善医疗机构；实施失能老年人“健康敲门行动”，26个基层医疗单位的家庭服务团队为提出申请的1 600名行动不便、失能老年人至少提供1次“三个一”服务（开展一次健康管理，提供一套健康服务，开通一条健康咨询渠道免费健康服务）。婴幼儿照护服务发展稳步推进，全县已备案三所托育机构，托位数1 216个；打造示范性婴幼儿托育机构1家，申报星级评审；争取改（扩）建项目经费160万元，改（扩）建两所托育机构，设置托位160个。

【农村法制建设】 推进农村法制建设各项工作，不断完善依法治县“1+4+N”工作体系，制发《法治乐至建设实施方案（2021—2025年）》等5个方案规划，全面推广“1+8”示范试点成果运用，建成占地5 000余平方米的南湖法治禁毒公园。“懂了么”普法服务网络创建为首批全省法治政府示范项目，龙门镇金马村创建为第九批全国民主法治示范村，南塔街道西街社区创建为省级民主法治示范社区。

加强法治骨干队伍建设。全县315个村（社区）均配齐“一对一”法律顾问，选拔培训“法律明白人”948名，培育“农村学法用法示范户”233户，“法律顾问+村（社区）干部+法律明白人+人民调解员+网格员”的基层依法治理骨干体系基本建成。解决乡村振兴法治团队紧缺、基层司法服务人手短缺、机关法官基层经验欠缺三大难题，选派24名机关法官定向包联14个未设立法庭的乡（镇），把脉产业发展、提供法治服务，全年通过诉前调解形式化解纠纷1 524件。

发挥多元调解优势。坚持和发展新时代“枫桥经验”，成立乡（镇、街道）调解委会21个、村（社区）调解委员会315个、行业专业性调解委员会7个，组建2 028人的调解队伍。围绕做好党的二十大安保维稳要求，建立纠纷调处回访机制，防止纠纷出现反复，预防“民转刑”案件发生，全年调处矛盾纠纷1 642件，调处成功1 630件，成功率达99%。

法律服务方便快捷。建成21个乡（镇、街道）公共法律服务工作站、315个村（社区）公共法律服务工作室。整合12348公共法律服务热线（市级）、12348四川法网、县公共法律服务中心三大载体，建立“莲心叶”法律服务网络，打通司法行政服务群众“最后一公里”。开展公共法律服务开放日活动，邀请各界代表462人次，收集法律服务意见11条。

打造精准普法品牌。拓宽“懂了么”普法服务网络建设，构建普法对象“下单”、协调单位“派单”、责任单位“接单”、上下联合“督单”的县域普法新格局，从源头确保普法活动的针对性和实效性。打造“萤火虫”法治宣传品牌，优化小广播、小专栏、小剧目、小礼品、小测试“五小”宣传形式，录制原创“小广播”10期，打造校园“小专栏”法治阵地108个，编排防性侵、防欺凌等情景剧4场，派发学习、体育用品6 000余份。“萤火虫”法治宣传工作被中央电视台《新闻直播间》栏目报道，项目获得第六届中国青年志愿服务项目大赛四川省赛银奖。

【农村交通】 全县通车里程达2 454.737千米，其中高速公路101千米、国道91千米、省道116千米、乡村公路2 146.737千米（县道360.195千米、乡道623.968千米、村道1 162.574千米）。全年建成“四好农村路”示范路109.4千米（县道示范路31.1千米、乡道示范路31.1千米、村道示范路47.2千米），示范乡（镇）4个、示范村70个。全县21个乡（镇、街道）、234个建制村、81个社区全部通硬化路、通客车、通物流。

【农村生态建设及环境保护】 推进污染防治攻坚战，推进“蓝天、碧水、净土”三大保卫战，农村生态建设及环境保护工作取得新的突破。

碧水保卫战。加强流域治理，实施“行政河长+技术河长+法治河长”流域综合治理模式，开展流域生态环境问题大排查，持续开展小阳化河、索溪河、濛溪河、蟠龙河共73千米重点河段内源治理，推进蟠龙河水库综合治理及生态修复项目建设。加强农业面源治理，推进养殖场、屠宰场等涉水排污企业规范化运行，开展童家镇、高寺镇、中天镇5千米生态沟渠建设，严格落实沿河种养尾水整治措施和制度，完成中天镇井市村低能耗垄形循环水小微湿地等400余亩水产养殖尾水治理试点示范建设。加强农村生活污水治理，印发《乐至县农村生活污水治理2022年实施方案》《乐至县农村黑臭水体治理方案》，推进“千村示范”工程建设，完成石佛镇、中天镇、石湍镇等9个乡（镇）12个村（社区）生活污水治理项目建设，改善了农村人居环境。加强饮用水源治理，组织开展棉花沟水库美丽河湖申报，打造简家河水库、棉花沟水库饮用水水源地样板工程建设，对一级保护区内原住民生活污水进行综合利用；开展水源涵养林建设，减轻农业面源污染对饮用水水源地水质的影响。

蓝天保卫战。加强燃烧源监督管理，全面落实烟花爆竹禁燃禁放要求，基本实现了禁燃禁放区域内“零燃放”的目标；加强秸秆禁烧和综合利用，生态环境、农业农村、综合执法三部门分片区对全县所有乡（镇）进行暗查暗访，各乡（镇、街道）常态化开展秸秆禁烧和综合利用宣传，大众禁烧意识普遍提高。深化源头管控，监测涉VOCs企业64家次，加快完成新一轮泄露检测与修复、修订“一厂一策”、开展“散乱污”企业动态清零等重点工作；联合县交警大队、县交通运输局、县综合行政执法局开展重型柴油车路检路查及入户抽查共计1 000辆次、非道路移动机械120台次；以建筑工地和道路施工为重点，严格“六必须、六不准”要求，检查在建工程323次，向施工单位发出整改通知书157份，督促施工企业编制扬尘防治方案13项，覆盖裸土及山体17余万平方米。

净土保卫战。实施土壤污染源头治理，启动新一轮土壤污染隐患排查整改、自行监测、有毒有害物质使用排放情况等“三联动”工作；启动受污染耕地周边和重金属高背景区土壤环境质量调查评估、典型区域农用地土壤环境质量调查；实施农用地分类管控，分解落实“十四五”耕地安全利用目标任务。严格建设用地准入，深化企业用地调查成果应用，动态更新清单和名录；完善疑似污染地块清单，动态更新污染地块名录和建设用地土壤污染风险管控与修复名录。推进土壤污染风险防控和治理修复，加强项目库建设，推进土壤风险管控与修复工程建设，开展土壤重点监管单位两防两控、重金属企业绿色化提标改造以及历史遗留废堆场整治；完善联动监管机制，推动建立污染地块空间信息与国土空间规划“一张图”，推进污染地块土壤环境管理信息系统在日常执法中的应用，加大违规开发建设用地查处力度。

【农村社会保障】 全县城乡居民养老保险参保覆盖32.69万人，新增参保人数28 34人；缴费成功12.71万人，累计征收保费1.93亿元；每月按时足额发放养老金待遇，领取待遇人数为14.15万人。全县农村居民最低生活保障标准调整为480元/月，农村特困基本生活标准调整为630元/人/月，散居孤儿生活费、散居事实无人抚养儿童生活补贴调整为1 200元/人/月，集中供养孤儿生活费、集中供养事实无人抚养儿童生活补贴调整为1 600元/人/月。一级残疾护理补贴标准从80元/人/月调整为90元/人/月，二级残疾护理补贴从50元/人/月调整为60元/人/月。全县共新增农村低保对象1 196人、特困人员246人，有农村低保2.21万户2.53万人、农村特困5 573人，全年累计发放农村低保金1.08亿元、特困供养救助金4 175.38万元。增发一次性生活补贴312.847万元，发放价格临时补贴221.6万元。全年为1.14万名困难残疾人累计发放困难生活补贴1 401.11万元，为1.21万名重度残疾人累计发放护理补贴903.73万元。

【农产品质量安全监管】 加强农产品质量安全监督检测，提升检测检测人员技术水平，持续保障全县农产品质量安全。

开展种植业产品常态化快速检测，对全县21个乡（镇、街道）农产品生产基地、专合组织、家庭农场、运输、收购环节的主要蔬菜、水果、食用菌进行有机磷农药和氨基甲酸酯类农药的快速检测，共抽检样品531批次，检测样品531批次，合格样品531批次，样品合格率100%。全面完成2022年省、市级下达定量检测任务430批次，确保了全县农产品质量安全。

通过2022年能力验证考核。参加2022年县级农产品质检机构人员实训、市级技术培训，参训人员3人次，参训时间28天。

配合中央、省、市开展完成2022年农产品质量安全风险监测。配合农业农村部食品质量监督检验测试中心（大连）共计抽检农产品样品7个，其中蔬菜6个、水果1个。配合绵阳市农畜产品质量监测中心完成对乐至县农产品三个季度的抽检工作，共抽检样品142批次，其中蔬菜、水果、食用菌等样品108批次，畜禽产品30批次，蜂产品4批次。配合市农业农村局开展各类抽检工作，其中市级例行抽检80批次、专项抽检52批次、监督抽检45批次。

【农村留守家庭（儿童、学生）帮扶】 开展农村留守家庭关爱帮扶工作，营造全社会关心关爱留守儿童的良好氛围，让农村留守儿童健康成长。

加强普法宣传教育。通过开展未成年人专项保护活动持续推进"护苗行动"，以预防性侵害未成年人及关爱留守儿童健康为主题开展巡讲进校园活动30余次；实施"智慧家长成就幸福孩子"和"父母成长营"家庭教育项目，邀请知名心理健康专家和家庭教育指导师开展"陪伴是最好的教育""让爱变得更有智慧"等9个主题的家庭教育讲座及家庭教育主题活动，为6 434个家庭传递积极的、科学的家教方法和知识。

开展爱国主义教育活动。先后组织开展"清明·缅怀革命先烈故事分享会"、"童心向党放飞梦想"七一少儿才艺展演及"缤纷夏日护航成长"公益夏令营等爱国主义教育主题活动10余场。

开展关爱慰问活动。协调县图书馆在儿童之家开展"捐赠爱心图书角点亮红色希望"活动，累计捐赠图书200余册。组织32名巾帼志愿者在"儿童之家"开展结对阅读活动20余场次，受益留守儿童400余人次。在9个乡（镇、街道）开展"乡村家庭日"主题活动，让广大留守儿童在活动中感受亲情、收获快乐。提供暑寒假期托管服务，链接高校大学生资源，开展暑期托管服务。开展"情暖我心　关爱进家"妇女儿童慰问活动，争取到2家国企和9家银行捐赠款项3万元，惠及21个乡（镇、街道）共计100名妇女儿童。发动县妇儿工委成员单位和广大爱心人士持续做好"小小微心愿　我帮你实现"公益活动，先后组织21个机关单位、679名爱心人士捐赠爱心款3.38万元、心愿礼物119份，为986名留守（困境）儿童实现1 167个"微心愿"。

【劳务开发与返乡创业】 做好农民工服务保障以及促进就业创业等工作，实现转移输出人数稳定在25万人以上，实现劳务收入88.41亿元。开展返乡留乡农民工技能提升培训班30期，为738名农民工夯实就业创业基础。实施"引凤归巢"工程，回引返乡创业1 398人，创办各类企业及家庭农场、农民专业合作社等新型农业主体547个，实现总产值10.9亿元，吸纳就近就业6 513人次。

【主要领导人】 县委书记：文勇；县人大常委会主任：刘强；县长：彭玉秀；县政协主席：吴琪；分管农业副县长：罗宇。

乐至县编写组

阿坝藏族羌族自治州

【基本情况】 2022年，全州辖92乡82镇1 090个村民委员会，辖区面积83 007.86平方千米，其中耕地面积98.74万亩，比上年增长0.09%，人均耕地面积1.1亩；基本农田58.18万亩。年末总人口89.524 5万人（户籍人口），减少0.15%；人口出生率11.96‰，减少0.68个千分点；人口自然增长率3.2‰，减少2.4个千分点。全州耕地有效灌溉面积31.02千公顷，达到耕地总面积65.89千公顷的47.1%；本地水资源总量413.75亿立方米，人均占有水资源量4.6万立方米。森林面积3 299.95万亩，森林蓄积量4.6亿立方米，森林覆盖率26.5%。有效管护草原4 728.38万亩，实施草原禁牧2 000万亩、草畜平衡3 765万亩，完成营造林任务41.47万亩、草原生态修复治理325万亩。

2022年，全州实现地区生产总值462.51亿元，增长1.3%，其中第一产业增加值92.09亿元，增长4.4%；第二产业增加值114.22亿元，增长0.3%；第三产业增加值256.2亿元，增长0.6%。三次产业对经济增长的贡献率分别为18.5%、27%和55.9%。劳务输出15.8万人，收入50.05万元。全年接待游客1 703万人，实现乡村旅游收入73.97亿元。

农村公路通车里程11 341.503千米，密度18.76米/平方千米、164.81千米/万人。地方公共财政预算总收入完成34.76亿元，增长9.1%；公共财政预算总支出303.54亿元，减少2%，其中农业投入686 401万元，占支出的22.6%。金融机构各项存款余额759.4亿元，比上年初增长4.1%；各项贷款余额475.7亿元，比年初增长4.1%，其中支持乡村振兴项目贷款4.3亿元。全年农业保费收入4.01亿元，增长17.75%；处理各项赔款和给付金额26 705.66万元，同比下降8.14%。农业产业化龙头企业国家级、省级、州级分别为1家、8家、28家。

有各级各类学校522所（含阿坝师范学院、阿坝职业学院），在校学生150 704人，教职工15 779人，其中普通高校2所，在校本（专）科学生13 456人；普通中学34所（含九年一贯制学校），在校学生27 236人；小学203所，在校学生63 818人，专任教师6 122人，小学学龄儿童入学率99.97%。

有艺术表演团体14个，文化馆14个，公共图书馆14个，博物馆27个。有各级各类医疗卫生健康机构（含村卫生室）1 546个，病床位6 798张，卫生技术人员7 376人。全州城乡居民养老保险覆盖人数371 836人，年满60周岁以上领取城乡居民养老保险待遇人数92 940人；被征地农民养老保险参保人数26 737人。

【年度农业和农村经济运行】 2022年，全州出台了《阿坝藏族羌族自治州“十四五”农业农村经济发展规划》。实现农业总产值59.8亿元，增长3.9%；全州全年农业增加值达159.2亿元，增长4.5%。农民年人均可支配收入达18 261元，增长6.4%。在粮食、生猪、蔬菜生产中，科技投入的占比或科技贡献为30.5%。全州农产品质量抽检合格率比年初提高1个百分点；建成174个基层农业综合服务站。全州主要农产品产量见表1，全州省级（及以上）农业产业化重点龙头企业名单见表2，全州省级（及以上）示范农民专业合作经济组织名单见表3，全州家庭农场经营情况（前10位）见表4。

【供销合作社改革】 按照中央、省关于深化供销合作社综合改革部署要求，州委、州政府和各县（市）党委、政府把供销工作作为“三农”工作的重要组成部分纳入全面深化改革的重点内容，形成了由党委、政府主导，供销社组织实施，有关部门支持配合，基层探索参与的综合改革工作格局。完善监事会机构设置，配备监事会主任、副主任各1名，为全面推行“理事会、监事会、社员代表大会”制度奠定基础。全州实现13个县（市）联合社机关全覆盖，落实参公事业编制人员135名。

开放办社，基层组织体系逐步恢复，全州共有基层社146个、村级综合服务社244个，实现中心乡（镇）基层社全覆盖，基层经营服务网络逐步完善。“三社”融合创社，助力村集体经济发展，以“生产+供销+信用”三位一体建设为核心，以“供销合作社、村集体经济、农民合作社”相互融合发展为重点，整合系统内外资源，加快建成农民利益联结紧密、为农服务功能完备、市场竞争能力突出的为农服务基层组织体系。全面推进两项改革“后半篇”文章工作，为推进《阿坝州加强基层供销社建设方案》重点任务落地落实，州供销社制定《关于开展“三社”融合试点的实施方案》，改造提升薄弱基层社4个，组建村级供销社8个，培育建成基层社示范社14个，培育建成星级农村综合服务社3个，实现县级为农服务中心全覆盖。提升农产品销售服务能力，以“天府乡村”公益品牌为载体，组织各类农业经营主体开展“天府乡村”品牌认定、使用、宣传、推广工作，全州共计申报水果、蔬菜、野生菌、红酒、蜂产品、肉制品、奶制品等14类265个产品取得公益品牌商标使用权；依托“供销e家”、脱贫地区农产品销售平台（“832”平台）等电子商务平台，加强与新型农业经营主体、农产品批发市场、连锁超市等的联营协作，推行品牌共创、利益共享。2022年，全系统实现经营服务总额2.44亿元，其中农产品交易额达6 116余万元，实现了助农增收。

【农产品品牌战略实施】 加强“三品一标”认证管理，做优做强“净土阿坝+”区域品牌，探索灾害、疫情影响下的产业业态深度融合。建成州级农产品质量安全追溯平台。新申报无公害农产品3个、绿色食品6个，复查换证无公害农产品20个；新授权“净土阿坝”区域品牌产品50个，“红原牦牛奶”登上2022年中国品牌价值评价区域品牌（地理标志）100强榜。

围绕国家全域旅游示范区建设，培植生态旅游型观光农业精品，推进举办“云传播”“云推介”“云签约”“云旅游”“云采摘”等农文商旅融合发展活动，汶川县、红原县被认定为第一批“川字号”优质品牌农产品云上展览馆100强县直播电商基地；汶川“甜樱桃+综艺+文创+微视频”推介方式唱响全国；金川梨花红叶景观入榜“中国美丽田园”；嘎尔庄园、嘉绒倾城民宿成为乡村振兴、农旅融合范例。

【现代农业园区建设】 抓好两项改革“后半篇”文章工作，全州13个县（市）全部被纳入农民合作社质量提升整县推进省级试点。规范流转农村土地经营权9.4万亩，其中工商企业流转10 308亩。

加强脱贫攻坚成果巩固拓展和乡村振兴战略衔接推进责任落实，形成整体规划、分步实施，整合资金、集中投入、聚合力量、共同推进的良好工作格局，投入园区建设资金达9.24亿元，新申报省级园区5个，命名州级园区11个，认定县级园区13个，全州现代农业园区总数达48个；实现园区内主导产业基地27.49万亩、入驻企业75家，带动农户7.3万户27.7万人，人均可支配收入2.09万元。

【种植业】 全年农作物播种总面积120.1万亩，比上年增加3.3万亩，增长2.8%。其中，粮食作物播种面积75.2万亩，占农作物总播种面积的62.6%，平均单产217千克，总产量16.3万吨；面积比上年增加0.4万亩，增长0.5%。在粮食作物中，玉米播种面积23.4万亩，单产278千克，产量6.5万吨。马铃薯播种面积24.7万亩，单产247千克，产量（折原粮6.1万吨）。青稞播种面积12.5万亩，单产128千克，

表1　2022年阿坝藏族羌族自治州主要农产品产量

主要农产品	单位	产量	同比增减(%)
粮食	万吨	16.30	–0.6
青稞	万吨	1.60	2.6
小麦	万吨	0.90	10.7
玉米	万吨	6.50	–8.9
马铃薯	万吨	0.40	7.2
油菜籽	万吨	0.60	9.4
蔬菜	万吨	73.90	0.8
水果	万吨	31.50	4.5
肉类	万吨	10.90	2.1
猪肉	万吨	2.94	2.3
牛肉	万吨	7.11	2.7
羊肉	万吨	0.71	–3.0
禽肉	万吨	0.11	3.8
兔肉	万吨	0.01	–45.2
禽蛋	万吨	0.19	6.7
牛奶	万吨	15.53	10.8

表2　2022年阿坝藏族羌族自治州省级（及以上）农业产业化重点龙头企业名单

企业名称	注册资金（万元）	法人代表	示范等级	年度产值（万元）	主营产品
阿坝州雪松牦牛肉干有限公司	600	付军	省级	2 011.85	牦牛肉、牦牛肉干
阿坝县高原黑青稞天然生物开发有公司	2 800	俄周	省级	1 300	黑青稞系列产品
若尔盖高原之宝牦牛乳营养食品股份有限公司	10 000	王世全	省级	9 000	牦牛婴幼儿配方乳粉(1～3段)、全脂牦牛奶粉、中老年牦牛奶粉、儿童成长 牦牛奶粉
红原牦牛乳业有限责任公司	1 500	杨勇	国家级	32 436	牦牛乳制品
宇妥藏药股份有限公司	5 000	张静波	省级	12 200	肝苏胶囊三味龙胆花片智托洁白片
四川红原遛遛牛食品有限责任公司	2 000	李鹏	省级	3 000	牦牛肉制品
四川大禹农庄科技股份有限公司	3 000	程琳	省级	825	生猪养殖、腊肉制品
汶川农辉山鸡发展有限公司	1 000	李洪	省级	6 263.5	鸡蛋、鸡
九寨沟天然药业股份有限公司	10 000	黎黎	省级	17 662.46	（汉藏成药）“獐牌”和“九寨沟”牌小金丸、西黄丸、牛黄醒消丸、小柴胡片
四川红星领地酒庄有限公司	2 750	仲建平	省级	2 000	葡萄酒
四川国青川贝母生物科技股份有限公司	2 000	王政	省级	800	川贝母
九寨沟县九寨庄园葡萄酒业有限公司	3 000	李长江	省级	3 016	红酒

表3　2022年阿坝藏族羌族自治州省级（及以上）示范农民专业合作经济组织名单

合作组织名称	注册资金（万元）	法人代表	示范等级	年度产值（万元）	主营产品
九寨沟县鑫海种植专业合作社	888.00	毛海平	国家级	685.000	水果
九寨沟县大顺果蔬种植专业合作社	1 298.00	侯德荣	国家级	516.000	蔬菜、水果
理县利农蔬菜营销专业合作社	11.00	冷贞围	国家级	22.000	蔬菜营销
理县锐农果蔬专业合作社	9.00	李云梅	国家级	45.000	果蔬种植
小金县利民蔬菜种植专业合作社	180.00	田洪	国家级	1 100.000	蔬菜
小金县清多香玫瑰种植专业合作社	106.50	陈望慧	国家级	2 000.000	玫瑰系列产品
小金县圣源牦牛养殖专业合作社	162.20	冯大敏	国家级	512.500	鲜牦牛肉、牦牛肉干
若尔盖县生态药材种植专业合作社	500.00	牟小虎	国家级	20.000	中药材种植、加工
马尔康梭磨大峡谷种养殖专业合作社	14.00	确布让	国家级	240.000	蔬菜
茂县六月红花椒专业合作社	133.00	何有信	国家级	520.000	花椒
茂县园丰羌脆李种植专业合作社	2 809.00	周利华	国家级	125.000	水果
理县雪域果蔬专业合作社	10.00	何菊芬	省级	0	果蔬种植
理县向巴堂土特产农产品专业合作社	100.00	何尔兵	省级	12.230	食用菌营销
理县孟屯益民蔬菜营销专业合作社	5.00	王宪璋	省级	0	蔬菜营销
理县富裕野鸡驯养专业合作社	50.00	祁富云	省级	12.000	畜产品
理县农友果树种植专业合作社	48.00	蒲俊吉	省级	115.000	果蔬种植
理县态康养殖专业合作社	45.00	施永康	省级	0	畜产品
理县木卡农丰果蔬种植专业合作社	660.00	杨科	省级	208.000	果蔬种植
理县羌山红阿坝中蜂养殖专业合作社	33.70	王平	省级	57.805	中蜂养殖
九寨沟县山安司猪苓种植专业合作社	1 000.00	李爱玲	省级	102.000	中草药
九寨沟县佳怡特禽养殖专业合作社	90.00	艾代英	省级	15.000	特禽养殖
汶川富康蛋鸡养殖专业合作社	600.00	李荣	省级	170.000	蛋鸡产业
汶川绿康跑山鸡养殖专业合作社	500.00	郭海燕	省级	0	肉鸡产业
汶川顺福跑山鸡养殖专业合作社	300.00	陈贵礼	省级	0	肉鸡产业
汶川县高原果蔬种植专业合作社	300.00	刘林	省级	2.000	水果种植
汶川县国全生态农业专业合作社	200.00	顺国全	省级	2.000	水果种植
汶川县建洪特色种植专业合作社	40.00	尚钟武	省级	3.000	水果种植
汶川县三江乔缘种植专业合作社	15.00	徐敏	省级	16.000	水果种植
汶川县寿江河谷猕猴桃种植专业合作社	698.04	罗葳	省级	200.000	水果种植
汶川县天蓬猪养殖专业合作社	57.00	蔡世兵	省级	200.000	生猪产业
汶川县新睿大樱桃种植专业合作社	90.00	李玉芳	省级	10.000	水果种植
汶川县雁门忠德李子种植专业合作社	85.00	左德祥	省级	0	水果种植

续表 1

合作组织名称	注册资金（万元）	法人代表	示范等级	年度产值（万元）	主营产品
汶川欣科方竹笋种植专业合作社	2.00	罗士	省级	35.000	方竹笋种植
阿坝县霜雪蔬菜种植专业合作社	130.00	温海瑞	省级	80.000	蔬菜种植
黑水县维多核桃种植农民专业合作社	0.50	严木学	省级	45.000	核桃种植
黑水县志晟蔬菜种植农民专业合作社	370.00	刘支平	省级	50.000	蔬菜、青翠李种植
黑水县青山果蔬种植农民专业合作社	100.00	杨次学	省级	20.000	蔬菜、青翠李种植
黑水县罗坝街蔬菜种植农民专业合作社	5.20	刘继勇	省级	24.000	蔬菜种植
黑水县扎苦水果种植农民专业合作社	480.00	兰克木	省级	20.000	青翠李种植
红原县茸日玛绵羊养殖农民专业合作社	20.80	瓜汤	省级	10.000	藏系绵羊养殖，白萨福克种公羊育种，贾洛羊、欧拉羊、畜产品加工及羊粪加工
红原县大成绵羊养殖专业合作社	500.00	谢尔新	省级	10.000	藏系绵羊养殖
红原县更攀农牧民专业合作联合社	90.00	让白	省级	1 500.000	酸奶、冰淇淋
小金县老营农旺葡萄专业合作社	2.15	黎国林	省级	160.000	酿酒葡萄
小金县绿野养殖专业合作社	260.00	马倩	省级	200.000	高原藏猪冷鲜系列产品（活猪、冷鲜肉、鲜排骨、猪油等）、风干系列产品（风干肉、香肠、排骨、香猪腿等）、休闲系列产品（手撕猪肉干、芝麻猪肉干、猪肉肉松干等）
小金县林海养殖专业合作社	600.00	罗开顺	省级	80.000	跑山猪的养殖与销售、野生菌加工与销售
小金县赞拉雪山种植专业合作社	600.00	许勤美	省级	210.060	中药材、农副产品的种植收购、销售，农业技术培训，农资产品销售
小金县世杰种植专业合作社	550.00	王仕吉	省级	200.000	中药材种植与销售
松潘县松山蔬菜种植专业合作社	500.00	更邓甲措	省级	215.210	高原蔬菜种植
松潘县雄山中药材种植专业合作社	408.00	张一辉	省级	150.000	中药材种植
松潘县镇江关雪山梨专业合作社	38.64	李洪	省级	12.000	雪山梨和李子种植
松潘县泥腿兄弟种养殖专业合作社	1 000.00	葛玲	省级	2.000	李子种植
松潘县宏兴养鸡专业合作社	260.00	张进	省级	130.000	鸡蛋、肉鸡
松潘县小河食用菌种植专业合作社	60.00	胡天燕	省级	230.000	食用菌种植
松潘县满山红种养殖专业合作社	105.00	熊天忠	省级	200.000	花椒种植
松潘县岷江乡北定关中药材种植专业合作社	650.00	孟吉祥	省级	5.000	中药材种植
若尔盖县班佑乡求吉郎哇村牦牛良种繁育专业合作社	90.00	阿泽	省级	5.000	牦牛良种繁育
若尔盖县唐克乡牦牛产业专业合作社	300.00	索郎	省级	7.000	牛奶及乳制品生产加工与销售服务，肉及肉制品生产加工与销售服务，皮毛生产加工与销售服务，牲畜养殖与销售服务

续表2

合作组织名称	注册资金（万元）	法人代表	示范等级	年度产值（万元）	主营产品
若尔盖县黑河畜牧业农民专业合作社	35.00	纳科	省级	10.000	牛羊养殖、运输、收购与销售
若尔盖县巴西乡盛圜蔬菜专业合作社	150.00		省级	9.000	蔬菜种植、销售、收购，粮油加工、配送，当归、大黄、雪上一枝蒿等国家允许上市的中药材种植、销售，牛羊养殖、销售，收售菌类；病虫害防治技术指导、培训、咨询，农牧生产、农机服务、农资采购、生鲜加工、承接配送
马尔康远地养殖专业合作社	400.00	尹才贵	省级	60.000	蔬菜种植、牦牛养殖
马尔康润丰种养殖专业合作社	450.00	张桂兰	省级	0	—
马尔康雪域山珍种养殖专业合作社	300.00	李正华	省级	15.000	菌类、劳务
马尔康金土地蔬菜种植农民专业合作社	150.00	泽木根	省级	10.000	蔬菜种植
马尔康绿纯藏香猪养殖专业合作社	120.00	黎安明	省级	0	藏香猪养殖
马尔康耿基种养殖专业合作社	580.00	三郎蓉忠	省级	0	—
马尔康绿健生态蔬菜种植专业合作社	25.00	元旦	省级	0	蔬菜种植
马尔康绿康种植业农民专业合作社	80.00	达尔基	省级	0	—
金川县沙尔乡洪才生猪养殖专业合作社	150.00	杨洪才	省级	36.000	生猪养殖
金川县众鑫养殖专业合作社	194.00	赵树香	省级	17.400	肉牛养殖、中药材种植
茂县窄溪绿源果蔬种植专业合作社	60.00	李文智	省级	31.300	水果、蔬菜种植
茂县富顺鑫莱核桃种植专业合作社	210.00	王兵	省级	0	水果、蔬菜种植
茂县罗山脆红李专业合作社	29.20	付志勇	省级	1 560.000	水果、蔬菜种植

表4 阿坝藏族羌族自治州家庭农场经营情况（前10位）

家庭农场名称	注册资金（万元）	法人代表	年度产值（万元）
理县丰硕家庭农场	160	张春明	130
理县索朗邓珠家庭农场	60	袁小刚	120
黑水县好牛家庭农场	400	俄木初	100
汶川县顺国全家庭农场	400	顺国全	100
九寨沟县龙美家庭农场	—	高小龙	100
理县甲米村放心养殖家庭农场	50	张全宝	95
理县藏屯家庭农场	50	杨军	76
理县金屯孵鸡家庭农场	50	张晓平	75
黑水县卓马家庭农场	100	卓马足	70
汶川县漩口蔡家大院家庭农场	50	蔡世兵	70
汶川县众辉家庭农场（并列第十）	180	杨加辉	70

产量1.6万吨。豆类播种面积（包括豌豆、胡豆和大豆）8.4万亩，产量1.1万吨。经济作物播种面积44.9万亩，占农作物播种总面积的37.4%；面积比上年增加3万亩，增长7%。

【林业】 全州实施新建和续建营造林项目68个项目，投入资金约2.4亿元，完成营造林共41.77万亩。加强林草资源保护，加强森林督查，编写完成《阿坝州林业和草原局权力清单》《阿坝州林业和草原局责任清单》。全州各级林草行政机关共立案各类林业行政案件297宗，共恢复林地2.4公顷，没收木材61.83立方米，责令补种树木13 505株，处罚225人，罚款500万元。督促各县（市）开展林长制专项督查38轮次，发出提示单、督办函193件，推动解决林草资源管理突出问题。

坚决制止乱砍滥伐林木、乱捕滥猎野生动物、乱采滥挖野生植物和乱征滥占林地等违法行为。全年审核办理林地项目156宗、面积1 257.23公顷。核发83个重点工程林木采伐证211份、面积5 650.32公顷，完成行政处罚2 681件、刑事结案282件，回收非法侵占林地70.7公顷、收缴木材2 765立方米，行政处罚1 947人、罚款1 499.9万元，刑事处罚123人，捣毁非法加工点26处。

有效保护天然草原4 728.38万亩。办理草原征占用审核审批78件，涉及草原面积2 498亩。草原综合植被覆盖度保持在85.6%。实行湿地面积总量管理，严格湿地用途监管，配合修订《阿坝藏族羌族自治州湿地保护条例》，有效管护湿地881万亩，完成湿地恢复2.3万亩。继续落实草原生态保护补奖政策，实施草原禁牧2 000万亩、草畜平衡3 765万亩。

严格执行森林生态效益补偿和集体所有天然商品林停伐管护补助兑现政策，通过"阳光审批+一卡通"方式足额兑现1 084.7万亩集体公益林生态效益补偿和190.3万亩集体及个人所有天然商品林停伐管护补助。对全州5 580万亩天然林进行常年管护，完成森林抚育9.2万亩。

围绕实施乡村振兴战略，以退耕还林工程建设为抓手，巩固76.68万亩退耕还林成果，推进7.38万亩新一轮退耕还林任务地块上图入库工作。

推进森林草原防灭火治理。加强警示教育，累计受教育群众190万余人次。加强监测预警，发布森林草原火险预警信息248期，培训5万余人次。全面开展森林草原火灾风险隐患排查，严格执行24小时领导带班和值班制度，并加强信息收集和报送。核实林火热点1 159处，审批报备野外用火3 912起。

开展林业有害生物检疫防治，其中鼠害防治160万亩、虫害防治62万亩，"四率"指标均达到省下达指标值。年初组织开展林业有害生物越冬代复查工作，发布主要林业有害生物发生趋势预报，全州全年发生林业有害生物51万亩，测报准确率98.5%。全州林业有害生物发生成灾面积50亩，成灾率控制在省下达指标0.51‰内。实施林业有害生物防治8万亩，无公害防治面积7万亩，无公害防治率96.14%。开展森林植物产地检疫、调运检疫及森林植物复检工作，产地检疫率达100%。截至2022年年底，全州实施产地检疫苗木1 887.2亩、花卉8 600株，种苗产地检疫率达100%；调运检疫苗木1 538.967万株、果品50吨、花卉23 585株、木材160立方米；复检苗木639.068 7万株、花卉29 125株、果品50吨、木材1 806.9立方米。

全州新建林业产业基地1 635亩，改造低产低效经济林17 295亩；实有林产业基地64.45万亩，其中核桃基地19.3万亩、花椒基地13.7万亩、林草药材基地6.6万亩。年产核桃（干重）4 975吨、花椒（干重）2 642吨，林下采集野生菌、竹笋、山野菜1 717吨。创建州三星级农业园区（林草类）1个。获得省认定省级自然教育基地3个。举办花卉（果类）、红叶生态旅游节庆活动7个。

【畜牧业】 年末生猪存栏36.97万头，减少2.14万头，减少5.5%；出栏40.72万头，增加2.05万头，增长5.3%。年末牛存栏218.33万头，增加9.16万头，增长4.4%；出栏56.59万头，增加1.67万头，增长3%。全年肉类总产量10.9万吨，其中牛肉产量7.11万吨，增加0.19万吨，增长2.7%；牛肉产量占肉类总产量的65.3%，出栏率25.9%。

【乡村振兴】 启动实施巩固脱贫攻坚成果同乡村振兴有效衔接"光明行动"，全面开展简易审批村庄建设项目专项治理，排查项目3 377个，涉及资金13.31亿元，建立形成全链条、全过程的监督体系。

实施产业富民、稳岗就业、消费帮扶"三大行动"，8.1万名脱贫人口、监测对象通过产业带动实现稳定增收。实施"五个一批"就业促进行动，4.06万名脱贫劳动力实现务工就业。推动消费帮扶，全州帮扶产品线上线下销售6.4亿元。2022年，全州脱贫家庭人均纯收入13 224元，较上年增加1 669元，增长14.4%。

完成13个国、省重点帮扶县巩固衔接方案编制，分类分片推动重点帮扶县发展，估算投资363.51亿元，计划实施项目6 845个。全面启动218个重点帮扶村衔接方案编制，投入各类整合资金2.45亿元，实施项目100个，45个重点帮扶村的基础条件、产业发展得到大巩固、大提升。探索推行"123"易地扶贫搬迁后续扶持工作机制，完成九寨沟县双河镇团结双柏村集中安置点规范化建设，全州22个集中安置点公共服务实现全覆盖，9 355名易地扶贫搬迁群众基本实现搬得出、稳得住、逐步能致富。深化东西部协作、对口帮扶和社会帮扶、驻村帮扶，落实帮扶资金9.11亿元，实施帮扶项目408个，新增引导落地投产企业67家，共建产业园区25个，援建"帮扶车间"113个。实施"三家园工程"建设，制定《阿坝州"三家园"工程建设实施方案》《阿坝州"三家园"十百千行动实施方案》，建立组织、保障、推进、考核“四大机制”，坚持“五美”标准，建立“政府推动、上下联动、示范带动”三项推动机制，创新金融支持模式，整合资金5.4亿元，实施项目188个，全面完成年度15个乡（镇）、85个村“三家园”和41个抓点示范村建设任务。开办“阿坝州‘三家园’示范村接力‘晒’”“行走新阿坝·幸福看家园”等宣传栏目77期。

2022年，累计投入各级财政衔接资金19.28亿元，实施项目1 050个。全面完成2023年项目库建设，入库项目669个，估算投资31.19亿元。清理扶贫资产项目2.3万个，全州扶贫资产规模达175.33亿元。

【乡村旅游】 挖掘乡村旅游资源潜力，优化乡村旅游环境，包装打造乡村旅游产品，乡村旅游逐步成为全州农牧民增收的亮点和重要渠道。启动2022年第二批阿坝州特色文化旅游名镇、名村评选命名，结合各地村寨资源禀赋，择优推荐申报天府旅游名镇、天府旅游名村、天府旅游名品，松潘县上磨村、黑水县羊茸村入选第二批天府旅游名村。开展全国（省级）乡村旅游重点镇、村培育，小金县四姑娘山镇入选全国乡村旅游重点镇公示名单，是全州入选的第一个镇；小金县四姑娘山镇双桥村、汶川县水磨镇老人村、茂县叠溪镇较场村、九寨沟县漳扎镇中查村、黑水县沙石多镇昌德村5个村入选第三批省级乡村旅游重点村，打造一批乡村旅游品牌，助推乡村旅游产业高质量发展。

以红色旅游为抓手，提升红色文化内涵。深入挖掘红色文化旅游资源，将黑水昌德村、小金两河村等红军村培育成为阿坝州特色文化旅游名村。2022年，全州乡村旅游接待游客1 703万人次，实现旅游总收入73.97亿元。

【农村水利】 完成建设农村集中式供水工程2 057处、机电井2 834眼。水利工程供水能力达27 745.84万立方米，其中规模以上水利工程供水能力14 288.17万立方米、规模以下水利工程供水能力13 457.67万立方米。供水工程总供水量26 765.39万立方米，其中规模以上水利工程供水总供水量5 472.75万立方米。全州有农村供水工程4 815处，受益人口71.59万人，其中集中供水工程2 057处（含城镇管网延伸16处），受益人口67.56万人；分散式供水工程2 758处，受益人口4.03万人。

全州有灌溉面积39.97千公顷，新增耕地灌溉面积0.77千公顷，实际耕地灌溉面积23.64千公顷；旱涝保收面积15.54千公顷；有规模以上灌区数量19处；渠道长度388.28千米；防渗渠道长度202.96千米。

全州堤防长度共计675.11千米，其中新增堤防59.37千米；达标堤防长度579.73千米，新增达标堤防长度59.37千米；堤防保护人口46.59万人；堤防保护耕地面积8.71千公顷；有防洪任务河段长度（流经本区域流域面积100平方千米及以上河流）1 649.07千米，治理河段长度502.86千米；河流河道长度（流经本区域流域面积50平方千米及以上）14 782.86千米，除涝面积1.78千公顷。

完成马尔康脚木足、梭磨两河水利工程竣工验收，新增改善灌溉面积2.44万亩，其中耕地1.53万亩、园地6 011亩、草地3 104亩，惠及马尔康市马尔康镇、松岗镇、梭磨乡等9个乡（镇）共27个行政村。

【农业机械化】 推进半山和高半山区创建农民农机专业合作社或作业服务组织，通过农民农机专业合作社或作业服务组织推广新机具、新装备的宣传、示范、应用。全州有各类农机具89 212台（套），农机总动力达75.474 131万千瓦。全年完成机耕面积100.585 3万亩、机播面积15.895 935万亩、机收面积15.422 655万亩，综合机械化率达88%。

【农村科技】 围绕特色水果、高山蔬菜、特色粮油新品种选育、标准化栽培和加工等重点领域，组织实施国家、省、州项目6项。与省农科院作物所共同组织申报实施2022年四川农业重大科技专项1项，共同开展青稞种质资源发掘利用和新品种选育及加工技术集成研究；协同省农科院园艺所进行大蒜种质资源鉴定评价和独头蒜试验种植以及蔬菜项目推广。

配置杂交组合1 200余个，繁殖农作物育种材料5 000余份；种植青稞高代材料11 000余行，种植稳定品系150余个。开展品比试验4个，承担省（区）试1个。高原早熟玉米带籽青贮试验取得成功，筛选出“高原早178”等9个适宜在海拔3000～3 300米地区种植的极早熟带籽青贮玉米品种及组合，株高202.4～247.2厘米，全株生物鲜产4.1～6.5吨。

加快科研成果转化，自主研究的玉米“阿单1623”“阿玉5866”“阿玉5868”3个品种权完成转让。联合研究的玉米“高原早178”“高原早158”2个品种进入市场推广。建设新品种展示基地3个，新品种示范50个，建立核心示范基地400亩，指导建设阿坝县现代青稞产业园区“阿坝黑青稞”“阿青”系列品种良种繁育基地20 000亩。示范展示玉米新品种“阿单1623”“高原早158”“高原早178”60亩。

州畜科所申报畜牧科研课题，共上报省、州科研项目4项，其中科技厅重点研发项目“优质藏鸡育种材料和关键技术创新及新品系选育”与“川西北高原牦牛腹泻流行病学调查及综合防控技术研究”共2项，四川省转移支付项目“优质高效藏鸡配套系培育与示范生产”1项，州级应用基础研发项目“β－葡聚糖在牦牛饲养中的应用及育肥效益研究”1项。

推进四川省科技厅科技计划项目“高产奶牦牛标准化养殖生产关键技术研究与集成示范”的实施。开展高产奶牦牛育犊、育成、疫病绿色防控术和牛配饲等技术研究，并进行项目成果撰写申报。

实施四川省育种攻关计划“优质肉

鸡育种材料与方法创新”项目子课题“肉鸡育种选择技术研究及新品系选育”项目。开展“阿藏1系”“阿藏2系”“阿藏3系”的选育研究工作，测定相关生产性能指标；开展藏鸡配套系选育研究，测定相关生产性能指标。

继续实施四川省科技厅科技计划项“藏鸡种源性疾病净化与生物安全关键技术研究与示范”项目，开展藏鸡禽白血病和鸡白痢本底调查，掌握其感染情况和流行特点等基本数据，完成本世代所有纯繁公、母鸡的白血病、白痢检测，淘汰所有阳性个体。

实施“三江牛种质资源收集保存与鉴定评价”和“四川藏绵羊杂交改良及多羔型新品系育种技术创新研究（基础研发项目）”2个项目，并开展2个项目申报立项各项工作。

在红原县和若尔盖县开展“阴道栓塞用硅胶药物缓释帽在牦牛同期发情中的应用示范”成果转化项目的推广应用。在若尔盖县、红原县和青海等地开展犏牛高效生产技术示范应用“牦牛硅橡胶药物缓释装置”2 000余套。

在汶川县开展“三江牛高档牛肉生产技术示范”项目，继续在三江牛产区推广高档红牛肉和雪花牛肉生产技术及示范应用。

完成新立项阿坝州应用技术研究与开发资金产学研联合申报项目“β－葡聚糖在牦牛饲养中的应用及育肥效益研究”的项目立项审核、任务书签署、试验方案设计和饲喂试验准备等工作。

完成“中藏药制剂防治牦牛腹泻病的关键技术研究”和“川西北高原青饲玉米种植与青贮技术研究示范”项目验收。

开展汶川县羌山云朵鸡新资源的普查和测定，已通过农业农村部一审；开展黑水县凤尾鸡新资源的普查和测定，已通过农业农村部一审；开展黑水县色湾藏猪的普查和测定，已报送农业农村厅进行一审。

【农村教育】 统筹学前教育发展专项资金、四川省民族地区教育发展十年行动计划专项资金等，实施“十四五”学前教育发展提升行动计划，持续改善县、镇、农村幼儿园办园条件，扩大学前教育资源供给。紧盯农村普惠性学前教育发展短板，加强园点布局结构调整，全年累计调减幼儿园17所，全州普惠性幼儿园覆盖率达98.02%。

开展全州义务教育阶段六至八年级学科调研监测，持续提升农村学校办学质量。依托片区科学划分学区，带动、整合小规模学校发展，全州共建立学区（含集团化办学）19个。

中职学校开设畜禽生产技术、作物生产技术等23个专业，在校学生3 458人。阿坝职业学院开设畜牧兽医、生态农艺技术等16个专业，高职在校学生3 777人。继续实施“9+3”免费教育计划，在校学生1 922人。职业学校承接农村实用人才培训、果蔬种植技能培训等各类培训2 360余人次。

推进脱贫攻坚与乡村振兴有效衔接，健全联控联保机制，加强“控辍保学”工作，全州已脱贫家庭适龄儿童少年始终保持“零辍学”。全面落实惠民政策，办好教育民生实事，持续推进十五年免费教育，全面落实学前“一免一补”、义务教育“三免两补”、普通高中“两免一助”等惠民政策，累计下达各级各类学生资助资金5.3亿元，受益学生14万人。

【农村文化】 围绕“听党话、跟党走、感党恩”“民族团结”“两联一进 · 文化走亲”“我为群众办实事”等主题，挖掘藏羌民族传统文化内涵，以非遗传承弘扬为中心，组织全州乌兰牧骑演出队伍开展迎新春惠民演出、“非遗进乡村”“藏羌戏曲进校园”、百年党史图片展”等群众文化活动700余场次（含线上），惠及群众600余万人次（含线上），全面展示阿坝州藏羌传统文化魅力，扩大藏羌文化的影响力和传播力，推动藏羌优秀传统文化创造性转化、创新性发展。

【农村卫生】 阿坝州人民医院和汶川县人民医院分别通过三级甲等和三级乙等评审，其余12家县级综合医院二级甲等标准创建达标率达100%。阿坝州藏医院及县（市）民族医疗机构100%达到二级标准。州、县两级疾病预防控制中心达标工作全面完成，州妇幼保健院创建为省级儿童早期综合发展示范基地，各县（市）妇幼保健机构均达到二级乙等标准。

【农村法制建设】 全州实现县、乡、村三级公共法律服务中心、公共法律服务工作站（室）全覆盖，截至2022年年底，全州成立公共法律服务中心14个、公共法律服务工作站174个、公共法律服务工作室1 154个，建成率达100%；在寺庙、高校等场所设立4个公共法律服务中心。推动公共法律服务平台高质高效运行，通过三大平台办理法律援助案件1 176件，代写法律文书1 430份，办理公证1 214件，接受各类法律咨询4 797人次，其中为妇女（儿童）、农民工、残疾人等特殊人群提供各类法律援助4 669件次。

为农村籍社区矫正对象协调解决承包田77人，落实低保4人，落实社会救助4人，协调就业、教育等部门指导就业、就学71人。加大对涉毒类社区矫正对象的监控措施，维护社会和谐稳定。

全州共建成人民调解组织1 779个，其中乡（镇）调委会182个、村（社区）调委会1 354个、专业行业调解组织245个。坚持日常排查、专项排查、重点排查，梳理各类矛盾纠纷信息，畅通群众诉求解决渠道，减少风险隐患。全州各类人民调解组织共开展矛盾纠纷排查15 139次，调解案件1 855件，调解成功1 798件，调解成功率达97%，调解涉及金额5 135万元。

【农村交通】 按照《阿坝州创建少数民族地区“四好农村路”示范州实施方案》要求，推进省级“四好农村路”示范县创建，汶川县、黑水县、金川县创建为“四好农村路”省级示范县，壤塘县入围全国“四好农村路”示范县评选。落实国务院、省、州关于全面深化农村公路管理养护体制改革工作部署，加强农村公路管理养护，推进农村公路信息化建设，探索农村公路市场公养护，加大实施农村公路养护工程，开展农村公路技术状况评定。

全年农村公路建设完成投资6.9亿元，新（改）建农村公路407.8千米。完成五类危桥改造5座、铁索桥改公路桥6座、30户自然村（组）通硬化路92.1千米、美丽乡村路102.8千米、撤并建制村畅通工程124.6千米、村道安全生命防护工程632千米和整治次差等路358.7千米建设任务。全州农村公路路长制和养护率达100%；农村公路优良中等路率达79.1%，位列全省第九。

【涉农招商引资】 全州有3 000万元以上农业招商引资重大项目5个，均为内资项目，项目总投资9.3亿元，到位资金1.7亿元（见表5）。

【农村社会保障】 通过加强部门数据共享、参保数据清理分析、基本养老保险参保率测算等措施，推进灵活就业人员、农民工等重点群体精准扩面。落实困难群体城乡居民基本养老保险费代缴政策，推动社保扶贫与乡村振兴战略有效衔接，实现"应代缴尽代缴"。开展"养老保险进万家"等活动，开展政策宣讲，提高业务经办质效，营造良好的社会氛围。

【农村生态建设及环境保护】 全年下达中央资金1 329.42万元，启动5 120户农村户厕建设任务，于2022年年底完成建设任务。指导各县（市）有序组织实施年度农村"厕所革命"整村推进示范村项目建设，并不定时安排对项目建设进度开展督查，确保示范村无害化卫生厕所普及率达85%以上、厕所粪污实现无害化处理或资源化利用。

全面推动村庄清洁行动，围绕清理农村生活垃圾、清理农村水源水体、清理畜禽养殖粪污等农业生产废弃物，改变影响农村人居环境的不良习惯，不断提升村容村貌，实现村庄环境干净、整洁、有序。1 090个行政村开展村庄清洁行动，参与群众91 322户，清理生活垃圾39 789.63吨，清理厕屋便池62 615座，清理水源水体3 625处，清理畜禽粪污14 744.71吨，清理农业生产废弃物736.04吨。

完成2.09万亩受污染耕地安全利用和严格管控目标任务，实现农用地安全

表5　2022年阿坝藏族羌族自治州3 000万元以上招商引资项目表

项目	总投资（万元）	投资内容	投资方	项目进度
中国川贝母科研、种苗繁育、示范种植及加工项目（暗紫贝母种植项目）	50 000	道地中药材及优质、丰产、濒危或紧缺动植物药材的种养殖，香料、野生花卉等林下资源的人工培育与开发	阿坝县神禾农业发展有限公司	已建立种子优质资源圃区30亩、仿野生育苗区100亩
若尔盖县牦牛藏绵羊屠宰及精深加工"扶贫车间"项目	12 000	拟建设暂养及待宰区，牦牛冷、热鲜肉及精深加工等集屠宰加工于一体的生产线和配套项目，形成规模化屠宰加工生产能力	四川若尔盖燕林牧业有限公司	进行厂房装修
四川阿坝茂县川傲5000头扩繁母猪养殖基地项目	15 000	建设规模为存栏5 000头的扩繁母猪场，项目建成后，年可提供优质仔猪120 000头	四川阿坝茂县川傲种猪养殖有限公司	项目建设有序进行
茂县生态养殖农产品加工综合示范项目	6 000	加工生猪2 000头/年，全部用于风干肉制品生产；加工风干肉制品200吨/年；加工白条鸡30万只/年、风干鸡750吨/年	阿坝茂县风行家禽有限公司	已完成一期初步投资计划，进入产品研发和技术成果转化提升阶段
林下山参种植加工及中药材项目	10 000	中药材种植、加工	九寨沟县龙顺中药材科技发展有限公司	项目建设有序进行

利用率100%。完成27家土壤重点监管单位土壤污染隐患排查和监测。完成2家土壤超标在产企业开展详细调查和风险管控和10家疑似污染地块状况调查，加强转用途地块调查评估，实现建设用地安全利用率100%。开展7个市（州）级集中式饮用水水源地、24个县级集中式饮用水水源地、80个乡（镇）集中式饮用水水源地水质监测，水质达标率均达100%；开展13个县（市）农村环境质量监测，农村环境质量综合状况均达到“优”等级。

【农产品质量安全监管】 全州农业农村部门把农产品质量安全放在更加突出位置，坚持“守底线”“拉高线”同步推、“保安全”“提品质”一起抓，遵循“四个最严”要求，坚持“产”“管”并重，严格农产品质量安全全过程监管，全州农产品质量安全抽检总体合格率连续三年保持在98%以上，未发生农产品质量安全事故。

在2022年全省的食品安全党政同责考核中，成为涉藏地区首个全部农检机构获得“双认证”的市（州），农业农村厅给予高度认可及加分鼓励，农产品质量安全监管、绿色食品、地理标志农产品发展工作被农业农村厅表彰为“成效突出单位”。

【农村留守儿童（孤儿）帮扶】 州民政局继续加大对全州留守儿童的关爱与帮扶。探索留守儿童关爱保护路径，加强对留守儿童的摸排，全州对符合救助帮扶条件的留守儿童分类纳入相应的救助帮扶政策范围。落实儿童福利政策，逐步提高困境儿童基本生活保障标准，为全州260名孤儿发放孤儿生活费349.86万元，为207名事实无人抚养儿童发放生活费 204.12万元。为70余名在读大中专学生中年满18周岁的孤儿按照每人每年1万元的标准发放“福彩圆梦，孤儿助学工程”资金。按照每人800元的标准，组织15名散居孤儿开展体检。

【劳务开发与返乡创业】 依托东西部协作、省内对口帮扶，坚持内转外输并举，健全有组织劳务输出工作机制，组织各类线上线下招聘会，落实农民工外出、返岗务工工作经费30万元，开行“点对点、一站式”免费专车43辆、免费包机8架，实现“出家门、上车门、进厂门”，安全运送1 500名（脱贫劳动力540人）农民工及家庭分别到浙江、西藏、成都外出和返岗务工。优化农民工返乡创业环境，争取创业担保贷款等支持和优惠政策，促进返乡创业工作落实有效。截至2022年年底，全州有创业人数6 578人，新增创业人数357人；有返乡创办企业6 424家，新增293个，累计实现总产值31.148 5亿元，累计吸纳就业3.175 7万人。

【农村大事记】 1月1日，阿坝州农科所与省农科院作物研究所、州农科所联合申报四川省重点研发项目“特色青稞种质资源发掘与利用”育种攻关绩效项目，获得项目资金100万元。

1月10日，州农科所青稞专家张云书当选为中国人民政治协商会议第十五届阿坝藏族羌族自治州委员会常委。

3月2日，州农科所张云书被中组部、教育部、科技部、农业农村部、国资委、国家乡村振兴局6部门《中共中央组织部等关于向国家乡村振兴重点帮扶县选派科技特派团的通知》（组通字〔2022〕10号）选派为国家乡村振兴重点帮扶县科技特派团阿坝团团长、大麦青稞产业组组长，科技帮扶阿坝县和若尔盖县。

3月16日，州农业科学研究所玉米新品种转让竞价会在成都市举行。会上，州农业科学研究所自主培育的“阿单1623”“阿玉5866”“阿玉5868”3个玉米新品种实现转让，标志着阿坝州自主培育的3个玉米新品种走向市场。

3月26日，州农科所、国家乡村振兴重点帮扶县科技特派团阿坝团团长张云书与阿坝县签订《国家乡村振兴科技特派团服务承诺书》。

3—10月，国家大麦青稞产业技术体系阿坝综合试验站全程技术指导阿坝县青稞现代农业园区，展示青稞品种48个，提供主推青稞品种3个（“阿青6号”“阿青7号”“阿坝黑青稞”），种植面积7 200亩，生产青稞良种115.2万千克，在园区建立阿坝黑青稞核心示范基地3 000亩，辐射带动全县45 000亩，并在阿坝县、松潘县建立“阿青6号”良种繁育基地360亩。

5月15日，州农业农村局在若尔盖县开展2022年黄河干流生态防护带义务植树。州、县农业部门联合植树队共在黄河岸边种植高原红柳7 000余株，面积达64亩，并完成黄河生态双碳防护带建设800余米。

5月20日，由阿坝州农科所、四川省农业机械研究设计院、甘孜州农业机械技术推广服务中心联合制定的四川省地方标准DB51/T2883-2022，《青稞全程机械化生产技术规程》通过四川省市场监督管理局发布，于2022年7月1日正式实施。

6月7日—12日，阿坝州开展第三次全国畜禽遗传资源普查性能测定工作督导，覆盖全州个13县（市），涉及已知资源7个。

6月18日，阿坝县农产品质量安全中心“双认证”通过评审，标志着阿坝州12个县级农产品质量检验检测机构和1个州级检验检测机构全部通过资质认定和机构考核，全州全面完成检测体系建设，成为四川省少数民族地区第一个全部通过“双认证”考核的市（州）。

6月20日—27日，州农业农村局种子站技术人员先后到茂县、汶川、金川等8个县开展玉米转基因田间取样检测。共检测8个县玉米品种137个，经快速检测试纸检测，137个样品均为阴性，未发现转基因品种。

6月27日，阿坝州农业农村局畜科所、畜牧工作站专业技术人员与四川农业大学、四川省畜牧总站遗传资源保种中心教授专家先后到茂县相关畜禽养殖企业、汶川县水磨镇静居村、三江镇乐活村等地开展三江牛遗传资源普查体型外貌鉴定、体尺测量和遗传材料采集等工作。该次调查共收集40余头具有典型三江牛特征的体型外貌和体尺体重数据，并拍摄影像资料，同时采集50份三江牛遗传材料（全血），按计划完成资源普查相关任务。

6月28日，阿坝州农业农村局组织成立植保检疫专家组对国家大麦青稞产业技术体系阿坝综合试验站马尔康试验点开展植保检疫。在阿坝州农业科学技术研究所哈飘基地，专家组对208份10 000余行青稞杂交后代材料，83个展示品种（系），阿坝黑青稞、阿青系列等繁殖材料进行病虫害监测，通过对抗病材料分析汇总，并针对青稞品种选育、种子繁殖、成果转化等良种繁育过程中抗病虫害能力提升等方面研究并提出技术解决方案。

10月9日，金川县优质线椒“蓉椒1号”高产示范亩产11 777千克，“蓉椒6号”亩产11 927.5千克，均大幅高于当地主栽的线椒品种。

10月31日，阿坝州农村实用人才助力乡村振兴专题研修班在浙江省杭州市开班。全州13个县（市）及卧龙特区农村致富带头人、种养大户及专合社等农村实用人才50人参加培训。

11月21日，阿坝州农业科学技术研究所被人力资源社会保障厅评为“博士后创新实践基地”。

11月24日，阿坝州农业科学技术研究所正高级农艺师、玉米研究室主任杨荣志进入第十四批四川省学术和技术带头人后备人选建议人选公示名单。

12月13日，由四川省龙日种畜场职工李小伟、罗光荣、何明珠、董丽娟、何小强、王燕文、李世林、罗志昊、张林珍编写的《牦牛养殖实用技术丛书》在2022年四川省优秀科普作品、优秀科普微视频评选活动中获得2022年四川省优秀科普作品二等奖。

2022年，四川省龙日种畜场协同四川高原牦牛生态科技开发有限责任公司开展了麦洼牦牛、金川牦牛、西藏羊、欧拉羊（贾洛羊）、河曲马遗传资源调查，并编制完成《2022年麦洼牦牛性能测定实施方案》《2022年金川牦牛性能测定实施方案》、《2022年西藏羊性能测定实施方案》《2022年欧拉羊（贾洛型）性能测定实施方案》《2022年河曲马性能测定实施方案》。

【主要领导人】 州委书记：刘坪；州人大常委会主任：李为国；州长：罗振华；州政协主席：尼玛木；分管农业副州长：旺娜。

阿坝藏族羌族自治州编写组

马尔康市

【基本情况】 2022年，全市辖4镇10乡，辖区面积6 633.63平方千米。

【乡村振兴】 健全防返贫监测帮扶工作机制，设立防返贫基金300万元，对新纳入监测户逐户落实帮扶措施。投入衔接资金1.38亿元，实施乡村振兴项目62个，涉及培育壮大产业类项目26个，投入资金占比65%。用好“832”等线上线下平台促进农副产品销售，累计销售1 438.08万元。立足乡村区位优势、产业基础、特色文化，推进“三家园”工程建设。整合资金5 300余万元，用于8个村13个项目建设，打造英波洛、洛威、纳足3个“花语藏寨”，仅洛威村就接待游客近8万人次，实现综合消费近100万元，人民网、《经济日报》、今日头条等主流媒体宣传报道。梭磨乡色尔米村、松岗镇洛威村获评“2021年度四川省乡村振兴示范村”，日部乡色江村获评“2021年度四川省乡村振兴重点帮扶优秀村”。完成片区乡村国土空间规划“三区三线”划定。持续推进两项改革“后半篇”文章，推动各项政策举措落地落实，支持片区和中心镇（村）发展。

【新型城镇化建设】 以建州70周年为契机，不断拓展城市空间、完善城市功能、改善城市形象、打造城市亮点，加强城市精细化管理，推进“智慧城市”建设，全面推动省级安全发展示范城市创建。推进旧城更新和老旧小区改造，州发展改革委等14个老旧小区改造全面完工。持续推进“六化”工程，实施城市管理专项行动，加强占道经营、违法停车、脏车入城等突出问题整治。投入2 319万元，维修改造背街小巷2条，新（改）建城区公厕21座，维护城区绿化面积6 000平方米。提升城市照明品质，培育发展夜间经济，展示城市活力和文化底蕴。

【特色农牧业】 坚持“5+4+2+N”发展模式，投入2 055万元，完成高标准农田建设13 700亩，粮食作物播种面积59 300亩，粮食产量9 704吨。生猪出栏19 687头、牛（羊）出栏41 533头、禽类出栏49 869羽，肉类产量6 520吨。建成白湾辣椒智慧种植园区。种植山莨菪、唐古特大黄等道地中药材1 210亩；种植白湾辣椒712.4亩、林下食用菌1 000亩、菊花297亩，产值达969.8万元；阿坝中蜂养殖蜂群规模达1.2万群，产值达600万元；林麝产业园区建设有序推进，创建高山蔬菜—生猪种养循环现代农业三星园区，培育国家级示范合作社1家、省级示范社8家、州级示范社1家，登记备案家庭农场72家。

【农村基础设施建设】 打赢交通大会战“收官战”，投入6 273.15万元，新（改）建村组道路9.8千米，改建昌列寺道路14千米，安装防护栏65千米，新建农村桥梁3座。久马高速、卓小路、省道217线、省道453线等项目建设全面提速。红卫桥220千瓦输变电站投产运行，完成110千瓦三家寨变电站、110千瓦马塘变电站等输变电站扩容项目。投资756万元，改造升级农村电网80千米。130个“四个一批”项目有序推进，完成投资61.32亿元，投资完成率100.6%，资金支付率93.46%。

【农村教育】 持续推动教育事业优先发展，实施“十五年”免费教育，投入2 672.88万元，受益学生11 452人次；投入234.77万元，资助困难学生813人。深化教育体制改革，扩大普惠性幼儿园供给，普惠性幼儿园覆盖率达95.04%，学前教育毛入园率达93.22%；落实“双减”政策，减轻学生负担。科学优化调整校点布局，有序推进长征学校等重大项目建设。继续加强教师队伍建设，完成教师信息技术2.0培训，全面落实鼓励教师终身从教奖励办法。投入620万元，筑牢校园安全稳定防线。推进国家通用语言文字普及水平工作，持续抓好“控辍保学”工作。

【农村卫生】 坚持预防为主，持续推进“健康马尔康2030”行动，开展爱国卫生运动。构建互联网精准医疗模式，促进城乡基本公共卫生服务逐步均等化。加快推进“三医联动”改革，医联体建设初见成效。加强精神卫生和心理健康服务，建立阿坝州精神卫生康复中心。建立50个“儿童之家”、37个标准化“职工之家”、97个村级心理辅导室、17个“反家暴中心”，开通3条24小时心理服务热线。加强全科医生和乡村医生队伍建设，提升县级医疗服务能力。

【农村生态建设及环境保护】 打好“三大保卫战”，统筹推进“五大治理”工程，治理水土流失面积11.32平方千米；投入9 380.46万元，完成梭磨河马尔康镇段、茶堡河沙尔宗段、大藏乡德尔巴段等防洪堤治理工程；投入4 384.71万元，实施11处地质灾害治理项目，已完成4处。初步建成13个乡（镇）94个行政村乡村垃圾收运处置体系，覆盖率80.85%。推进农村“三大革命”，改建卫生厕所7 879户、无害化厕所3 221户。投入资金437.6万元，实施7个村“千村示范”工程农村生活污水治理项目。完成中央、省、州环保督查反馈问题整改销号212项，整改率91%。

生态保护。树牢“两山”理念，推进“七大保护”行动和“七大治理”工程。巩固落实河（湖）长制，开展“清四乱”专项行动，清理河湖岸线516千米。全面推进林（草）长制，管护天然林260.99万亩，林草综合覆盖率达95%以上。推动长江上游生态保护和建设工程，地表水Ⅱ类及以上达标率100%，全市环境状况持续保持整体安全。全面启动生态示范市创建工作。

【民生实事】 梳理城区交通堵点，投入1.69亿元启动实施马江街东、西延线市政道路建设工程；投入7.25亿元，建成省道220线日部至木尔渣段道路，群众出行更方便。优化城乡客运运营模式，加强农村客运车辆监管，建立“卓克基—松岗”“木尔宗—党坝—梭磨”的新型城乡公共交通网，乡（镇）来返更快捷。推进婆陵甲萨智慧停车场等项目建设，规划停车位2 200余个。整顿规范市场秩序，加大食品、药品、产品质量、价格等领域市场违法违规行为查处力度，立案59件，罚没款35.88万元。鼓励引导商家让利于民，群众购物更放心。推进学区制（集团化）办学试点改革，投入4 212万元，改造、扩建市属学校，新增学前学位100个、小学学位200个、寄宿制学位120个、初中学位160个，农村户籍子女进城入学率增至62.88%，义务教育更均衡。投入89.91万元，开展“明目皓齿”义诊，惠及5 189名中小学生；开展农村妇女免费“两癌”筛查，惠及2 528人；推动医疗信息化平台建设，构建多级联动诊疗系统，实现乡（镇）全覆盖，群众看病更舒心。抓实特别扶助对象保障，发放扶助金500.44万元，惠及1 971个家庭；落实稳定脱贫人口资助参保，惠及3 638人；5 867名特殊人员全部纳入医保，民生保障更扎实。

【农村社会保障】 不断扩大社保覆盖范围，基本养老保险参保覆盖人数24 777人，医疗保险参保率稳定在95%以上。开展各类就业培训，惠及813人次，新增就业571人。全面落实各项惠民政策，出台“稳定和扩大就业18条”等政策措施，发放各类社会保险待遇1.91亿元，提升低保、特困人员救助力度，发放各类救助资金570.92万元。落实退役军人优抚安置政策，发放生活费、军休遗属生活补贴、抚恤金等1 236.32万元。落实困难群众救助补助、困难残疾人生活补贴、城乡居民基本医疗保险等县级配套资金及各类补贴1 039.39万元。投入使用市级干部周转房257套。

【民族团结】 依托“两联一进”群众工作全覆盖和“民族团结进步八进+”载体，重点实施“四大工程”，引导宗教与社会主义社会相适应，持续深化民族团结进步工作。创建州级先进（示范）单位8个，创建省级及以上示范教育基地2个；打造毛木初村、直波村等一批民族团结进步和乡村振兴“双示范”村寨。提升改造卓克基红军长征纪念馆，实施马尔康烈士陵园改扩建（一期）项目，中华民族共同体意识不断铸牢。完成国家、省“双拥”模范城中期考核评估，持续巩固四川省“双拥”模范城创建成果。

【“三防一安全”工作】 开展地质灾害、森林草原防灭火、地震、安全生产等应急演练980次，提升处置重大事故灾害应对能力，加强专业应急抢险和“一主两辅”基层应急队伍、基层防灭火能力建设，投入158万元，建成白湾、沙尔宗片区专职消防救援站；投入836万元，采购应急物资设备11 208件（套）；投入800万元，新建防火通道105千米，森林草原防灭火保障能力得到提升，防灾减灾、预警预报能力持续加强。抓好道路交通、城乡消防、建筑施工等重点行业领域专项整治；开展城乡自建房、城镇燃气安全专项整治行动，排查21 361栋，实施管控155栋。压实安全生产责任制，安全生产形势稳定向好，连续8年未发生较大以上生产安全事故。

【抗震救灾】 马尔康6.0级震群型地震共造成全市11个乡(镇)84个村41 654人不同程度受灾，直接经济损失达12.89亿元。全市投入抢险救援，迅速打通"救灾生命线"，设立紧急转移安置点50个，紧急避险转移35 270人，发放救灾物资和应急救助资金1 483.71万元，实现地震无人员死亡、失踪。全市21个集体、61名个人作为抗震救灾先进典型被省抗震救灾指挥部通报表扬，科拉机村一组组长然拉木滚被省政府在全省通报表扬。

临时过渡安置。坚持"一手抓应急抢险，一手抓救灾安置"原则，分类制定过渡安置方案，保障受灾群众"有饭吃、有衣穿、有干净水喝、有临时安全住房"。搭建临时过渡帐篷2 345顶，建成过渡暖棚868户，集中安置3 577人，发放应急过渡生活补助资金1 124.39万元，斯拉尔底村、二茶村受灾群众54户284人如期入住集中过渡安置点。交通、通信、基础设施等项目建设分批次有序推进。177名灾区中小学生有序转移至马尔康镇、松岗镇复学复课，灾区消防安全、卫生防疫等有效落实，灾区生产生活秩序和谐稳定。

共建幸福美好家园。紧扣"三年任务两年完成"总目标，科学编制灾后重建规划，争取国家和省补助资金，因地制宜规划项目89个，估算总投资14.82亿元。制定马尔康6.0级震群型地震灾后恢复重建实施方案和任务分工方案，将受灾农房维修加固和三年农房排危工作结合推进，启动农房及城镇房屋维修加固4 729户，完成率100%；农房重建1 105户，启动496户，完成18户。地质灾害治理、公共服务、基础设施、产业恢复项目按照"作战图"加速推进。投入293.92万元，安装319套地震预警系统，开展1：10 000城市活断层探查。坚持保护生态抓重建，全面启动136处地质灾害防治项目，投入2 196万元完成草登乡政府后山滑坡应急抢险救灾(一期)工程，筑牢抵御自然灾害安全屏障。

【主要领导人】 市委书记：李清勇；市人大常委会主任：龚芹芹；市长：窦孝解；市政协主席：昌旺；分管农业副市长：杨成才。

马尔康市编写组

汶　川　县

【基本情况】 2022年，全县辖9个镇，辖区面积4 084平方千米。

【现代农业发展】 聚焦"6+3"现代农业产业体系，优化提升汶川果、汶川茶、汶川竹、汶川药发展质效，因地制宜布局休闲农业、林下产业、粮油产业，推进种养循环、农牧结合、农林相融，建成产业基地20.95万亩、标准化果园30个。全年特色水果产量达9.77万吨，实现销售收入10.97亿元。建成标准化适度规模养殖场92个，畜禽饲养总量达45.85万头(羽、只)，数量位居全州第一。粮食作物播种面积4.64万亩。

【乡村振兴】 以建成生态美丽、和谐幸福、富裕小康"三家园"为目标，实施"艺术乡创""五美乡村""人才兴乡"三大行动，整合投入各类资金1.44亿元，实施项目186个，完成1个镇8个村"三家园"建设任务，乐活村获评"2022年中国美丽休闲乡村、农家乐特色乡村"。

【新型城镇化建设】 编制国土空间规划，完成威州城乡融合片区、映秀爱国主义教育片区、卧龙大熊猫生态体验片区等镇级规划编制，布局发展空间。在全州率先推行并完成城市体检工作，街心花园棚改项目建成交房，广电大厦竣工验收，雁门新区加快建设。推动城市更新工程，投入资金2.6亿元，改造城市老旧小区8个，提升市政道路10.53千米，"花园型汶川"初见成效。

【脱贫成果巩固】 抓好脱贫攻坚与乡村振兴阶段性任务，注重从兜住底线、建立机制、服务民生等方面入手，优化完善防返贫动态监测和帮扶机制，找准巩固拓展脱贫攻坚成果同乡村振兴有效衔接的着力点，有效消除7户26名监测对象返贫风险，脱贫人口"两不愁三保障"全面落实，守住了不发生规模性返贫底线。

【农村教育】 紧扣建设阿坝州区域教育中心的发展定位，围绕办好人民满意教育的奋斗目标，实施教育提升行动和十五年免费教育。汶川县第三幼儿园建成使用，完成青少年活动中心改造升级，学前三年入园率达95.58%，小学初中入学率达100%，教育发展整体实力全面提升，上榜教育部公布的义务教育优质均衡先行创建县。威师校被评为全省"三名工程"首批立项建设单位，汶川八一小学被表彰为"八一爱民"学校。

【农村文化】 全域推进新时代文明实践中心建设，全面开展文明城市、文明村镇创建活动，乡村社会文明程度不断提高。持续抓好非遗传承和文化创新，布瓦村、垮坡村获批国家级传统村落，涂禹山村、龙溪村获批省级传统村落，阿坝州首个"史志阅览室"在汶川挂牌成立，映秀茶祥子获得第二批"四川文创集市"称号。

【农村交通】 加快构建高效联通的现代交通圈，都四轨道、国道317线改线工程加快推进，汶彭高速、川汶高速正式纳入省高网规划，通用机场前期工作取得重大突破。投入9 000万元，建设美丽乡村路、“四好农村路”，打通“断头路”217千米，纾解瓶颈路165千米，建成标美路、示范路100千米，全县农村公路里程达755千米，建制村通达通畅率100%，外通内联、安全便捷、畅安舒美的交通运输网络逐步形成。

【农村生态建设及环境保护】 坚持山水林田湖草沙一体化保护和系统治理，开展“七大保护”行动，抓好“七大治理”工程，投入资金3 258万元，实施项目7个，完成水源涵养林提升2 000亩，对263万亩森林政策性保险续保，森林覆盖率达56.85%。林长制、河(湖)长制全面推行，管护能力全面提升，汶川县被列为大熊猫国家公园生态体验先行试验区。

污染防治。坚持“一增一减”目标，设立2 000万元生态环保专项资金，紧盯“两园一江”“三域一居”重点，推动蓝天、碧水、净土“三大行动”，环境空气质量优良天数率、出境断面水质达标率、集中式饮用水水源地达标率、双地土壤安全利用率实现“四个100%”，卫生厕所达标率达96.6%，公众对生态文明建设满意度达94.98%。

生态法治。推进“5+2”重点领域生态环境问题整治，整改各级环保督察反馈问题258个，完成率96.63%，群众反应强烈的环保突出问题得到有效整改。严格执法守护生态环境安全，创新岷江流域生态环境资源保护“河湖长+警长+检察长”“林长+检察长”协作机制，成立全国首个大熊猫国家公园法庭，处理环境违法和信访案件42件，环保执法能力得到提升。

绿色风尚。倡导绿色低碳生活方式，加强节能机关、绿色社区创建，南桥社区、漩口社区、水磨社区等创建为第三批“省级绿色社区”。加大绿色发展理念宣传，探索城乡垃圾处理方式，推广清洁能源消费。

【农村社会保障】 按照“保基本、兜底线、救急难、可持续”的总体思路，聚焦脱贫攻坚、特殊群体、群众关切，统筹各类民生实事，全面完成“36件民生实事”，城乡居民基本养老保险参保率达93%、医疗保险参保率达96.5%，发放社会保险金5.64亿元；建成农民工综合服务站69个，转移输出农村劳动力1.62万人，获评“全省去冬今春农民工服务保障工作先进县”称号。

【主要领导人】 县委书记：李建军；县人大常委会主任：王永寿；县长：赫洛杰；县政协主席：王志勇；分管农业副县长：李雷燕。

汶川县编写组

理　县

【基本情况】 2022年，全县辖6镇7乡，辖区面积4 318.36平方千米。全县常住人口3.6万人，城镇化率39.86%。全县公安总户数14 724户、公安户籍人口42 286人，其中男性21 448人，占总人口的50.7%；女性20 838人，占总人口的49.3%。城镇人口8 641人，占总人口的20.4%；乡村人口33 645人，占总人口的79.5%。全年出生人口275人，人口出生率7.51‰；死亡人口328人，人口死亡率8.95‰；人口自然增长率-1.45‰；符合政策生育率100‰。

有普通中学2所，其中高完中1所、普通初中2所；在校学生3 095人(含高中380人)；教职工215人，专任教师209人。小学校6所，在校学生1 903人，教职工415人，专任教师405人，小学学龄儿童入学率达100%；幼儿园13所(含附属幼儿园及村幼)，在园幼儿1 031人。有文化馆1个，乡(镇)文化服务中心11个，博物馆1个，新华书店1个，公共图书馆1个。有广播电视台1座，有线电视用户1 500余户，广播、电视人口综合覆盖率分别达100%和100%。有卫生机构(含村卫生室及社区卫生服务机构)80个，其中医院2所、专业公共卫生机构2所、卫生院11所、村卫生室63个、个体诊所2所；病床位305张，医疗机构病床使用率为46.45%；卫生技术人员393人(村医8人、个体诊所3人)，其中执业(助理)医师141人、注册护士138人。

【年度农业和农村经济运行】 2022年，全县实现农村居民人均可支配收入18 286元，增长6.6%。从收入结构来看，工资性收入4 729.06元，增长5.97%；家庭经营净收入11 038.21元，增长6.74%；财产净收入1 080.62元，增长6.8%；转移净收入1 437.89元，增长7.11%。人均消费支出15 012.09元。

【乡村振兴】 严格落实“四不摘”要求，衔接整合投入资金8 605万元，实施各类衔接、示范项目39个。全覆盖开展“拉网式”大排查，将909户1 130名困难群众纳入低收入动态监测对象，消除监测户返贫风险22户74人。加快“五美乡村”示范建设，推进桃坪镇创建省级乡村振兴示范镇，官田村、八角碉村获评省级乡村振兴示范村，嘉康村被确定为全省首个乡村振兴“全媒体观察点”并获评全省重点帮扶优秀村。整合投入1 408万元，鼓励支持村集体经济发展，清理盘活闲置资产4 000余万元，全县23个脱贫村集体经济积累资金超过50万元。

【农村生态建设及环境保护】 持续开展“大保护”行动和“五大治理”工程，全面建立“林长制”设立各级林长153名，义务植树5万株，造林5 000余亩，管护森林357万亩，747.8公顷碳汇新型造林项目登上中央电视台《新闻联播》栏目和凤凰卫视。全县草原植被综合覆盖度达85.7%。严格执行河（湖）长制，完成26个河道非法采砂疑点图斑核查，疏浚清理河道27.6千米。开展全域入河排污口专项整治行动，主要河流杂谷脑河理县监测断面水质保持Ⅱ类及以上水质达标率100%。

【主要领导人】 县委书记：金天强；县人大常委会主任：蒋明平；县长：杜文钲；县政协主席：郑子强；分管农业副县长：刘鲲理。

理县编写组

茂　县

【基本情况】 2022年，全县辖11镇，辖区面积3 903.28平方千米。

【乡村振兴】 因地制宜培育优势特色产业，坚持以羌脆李、甜樱桃、茂汶苹果为“优势主导”品种，建立高山果蔬种植示范基地，加快构建现代农业产业体系、生产体系、经营体系。创新组建“茂农服”数字平台，加快农产品冷链建设，全县农产品低温储藏率达6.35%。整合各类资金11 804万元，实施乡村基础设施、乡风文明建设、人居环境整治、农文旅融合项目等84个，推进产业振兴融合发展、生态振兴环境美化、文化振兴“百千万”工程、人才振兴要素保障、组织振兴综合治理。申创省四星级现代农业园区1个、州星级现代农业园区3个，打造“三家园”标杆村3个，完成叠溪镇、南新镇2镇和22村乡村振兴示范建设。

【农村改革】 推动农村“三大革命”，改造提升农村户厕550户，持续完善“户分类、村收集、镇转运、县处理”的农村生活垃圾收集处理，全县行政村生活垃圾收运处置体系覆盖率达88%以上。加快推进农村供水规模化发展，农村集中供水率达95%。乡村水电网路等基础设施建设更加完善，完成77.52千米村道“生命安防工程”，色巴村、霭紫关村等9个村电力提升改造、82个村的电信普遍服务工程，加速推进“双千兆乡镇通”。全年核查农村集体资产总额84 200万元，实现集体经济收益366.65万元。

【脱贫成果巩固】 严格落实“四个不摘”要求，制定印发《茂县2022年巩固拓展脱贫攻坚成果同乡村振兴有效衔接重点工作实施意见》，配套完善教育、医疗和住房、资金管理等34项相关政策，深化东西部协作、省内对口帮扶、省直定点帮扶，投入帮扶资金7 000万元，实施项目22个。加强省级乡村振兴重点帮扶县帮扶措施，完成3轮专项集中排查，发放教育、医疗救助补助资金500.14万元，脱贫稳定人口和监测户100%纳入基本医保、大病保险、医疗救助“三重制度保障”范围，稳定消除返贫致贫风险82户349人。2022年，全县脱贫人口人均纯收入按照“两个高于”的要求，实现16 484元，同比增长16.9%。

【农村生态建设】 推进“七大保护”行动，全面落实河（湖）长制、田长制，稳步推进林长制创新试点。加强生态保护修复，巩固退耕还林成果17.28万亩，实施干旱河谷生态综合治理1 250亩，草原生态修复治理7.3万亩，完成草畜平衡奖补98.6万亩。加强林业生态保护，开展森林病虫鼠害监测及防治，严厉打击乱砍滥伐林木、乱征乱占林地等违法行为。推动森林草原防灭火常态化治理，实现连续49年无重大森林草原火灾。建立以大熊猫国家公园茂县园区为主体的自然资源保护地体系，开展巡护监测、勘界定标、生物多样性保护等工作，以大熊猫为旗舰物种的“伞护”效应明显提升，创建省级生态县。

生态治理。编制完成《茂县大气污染防治“一县一策”方案》《农村生活污水处理设施运行维护管理办法》，纵深推进“七大治理”工程、农村污水处理“千村示范”等治理工作，开展污染防治“三大战役”行动。坚持山水林田湖草沙系统治理，开展县域河流堤防建设、城乡污水治理等项目30个。投入资金11 067.82万元，实施地质灾害应急排危、治理工程24处，河道疏浚清淤19.52万立方米，治理河段8.6千米，新建堤防5.6千米，完成全县23条50平方千米及以上河流的河湖管理范围划定，生态系统格局整体稳定。标本兼治整改中央、省、州环保督察反馈问题，整改完成率达96%，持续打好“蓝天、碧水、净土”保卫战。

夯实生态本底。实施“双碳”战略，积极争取资金2 334万元，落地落实生态补偿。坚持生态建设与林业发展有机结合，持续推进绿化行动，2022年全县森林面积增加700亩，森林覆盖率达52.32%。森林蓄积新增35.1万立方米，累计达3 090万立方米，林地保有量达440.32万亩，生态资源本底不断夯实。全县国、省考核断面水质达Ⅱ类标准以上，环境空气质量优良率100%，土壤总体处于清洁等级。持续加大环境违法案件执法力度，严肃查处企业违法行为，不断解决群众身边突出的生态环境问题，守住生态保护红线，筑牢绿色发展底线。

【农村法制建设】 完善纠纷化解机制，提升化解矛盾法治化水平。坚持“调防结合、以防为主”工作方针，加强资源整合，把大量纠纷化解在基层。加强矛盾纠纷多元化解工作，发挥34个县级部门调解工作室，11个镇人民调解委员会，108个村（社区）调解室，14个专业性、行业性调解组织等矛盾纠纷多元化解主体职能作用，形成矛盾纠纷多元化解合力。发展“枫桥经验”，依托第三方调解中心，成立茂县调解专家库，组建茂县法学会专家法律咨询委员会，按照行业性质共筛选54名法律专家入库，遴选5名首席法律咨询专家，确保重大矛盾纠纷由经验丰富的调解员全程参与。全年化解矛盾纠纷498件，依托第三方调解中心成功调解纠纷50件，涉案标的660.84万元。拓展“第三方调解中心”功能，在茂县第三方调解中心挂牌成立茂县工商业联合会（商会）人民调解委员会，通过完善民营企业矛盾纠纷调解工作机制，优化法治营商环境，服务全县经济社会高质量发展。四是依托茂县公共法律服务中心、11个基层公共法律服务工作站、108个公共法律服务工作室，为群众提供法律咨询等服务，指导茂县羌茂律师事务所成立茂县妇女儿童维权工作站。全年为群众提供法律咨询835人次，代理法律文书67份，受理援助案件179件，为群众挽回经济损失总计307.49万元。全年办理公证案件155件，为群众减免公证费0.89万元。

推进社会治理。启动“八五”普法宣传活动，印发《茂县法治宣传教育第八个五年规划（2021年—2025年）》，明确工作时限、目标任务、重点内容，确保“八五”普法各项工作落实落细落到位。开展“美好生活·民法典相伴”“秋季开学法律进学校”“国家安全法治宣传教育”“反有组织犯罪法巡回宣讲”等法治主题宣传活动，将普法宣传延伸到社区、农村、学校、家庭、网络等各领域。立足乡（镇）辖区服务群众“半径增大、多头跑路”实际，全面整合基层政法力量，开展“法治小院”建设，通过集中办公、集约管理、集成服务实现“一站式”法治服务，已建成叠溪、赤不苏、沙坝富顺等4个“法治小院”，逐步夯实社会治理法治根基。推进基层法治力量建设，重新确定农村“法律明白人”617名、寺庙“法律明白人”12名，全县包含幼儿园在内的47所学校均配齐法治副校长和法治辅导员。在阿坝职业学院建设“花儿纳吉法治护航中心”，指导成立阿坝职业学院高校“普法社团”，培养一批校园“法律明白人”。在南新镇七星村、安乡村省级农业产业园区融入法治元素，在全州创新性探索打造“法治田园”现代农业法治文化阵地。精准开展普法教育，录制完成禁毒、反赌博普法微视频并在茂县电视台滚动播放，持续开展反诈禁毒宣传，国家反诈APP注册4.9万余人次，反诈精准劝阻1 083人，出动流动宣传车206次，成立“云朵上的反诈+禁毒党员宣讲小分队”并开展宣讲活动4场次。同时，以“一月一主题”宣传为载体，在重要时间节点开展专项法治宣传12场次、大型主题法治宣传活动13场次，开展“法律政策七进”活动878场次，受教育20万余人次，引导群众办事依法、遇事找法、解决问题用法、化解矛盾靠法。

【主要领导人】 县委书记：唐远益；县人大常委会主任：周启军；县长：杨健；县政协主席：王斌；分管农业副县长：周耀。

茂县编写组

松 潘 县

【基本情况】 2022年，全县辖7镇10乡110个行政村12个社区，辖区面积8 841平方千米。上磨村被评为天府旅游名村，涪阳古镇、岷江源创建为国家3A级景区，松潘草原入选全国首批“红色草原”。

【农村改革】 “放管服”改革有序推进，在122个村（社区）设立便民服务代办点，下放14项县级行权事项至各乡（镇）。开展农村房地一体和集体建设用地确权登记，完成15 000余户宗地、房屋丈量和权属调查；深化行政执法改革，整合9个领域执法权责，2 833项行政执法事项全闭环有序划转；组建7支乡（镇）级片区执法中队，实现行政执法案件数量、质量“双提升”。

【农牧产业发展】 率先在全州推行田长制，建设高标准农田3.68万亩，复耕复种撂荒地1.2万亩，工作经验在全州推广；粮食产量稳定在1.34万吨以上，守住了耕地保护红线和粮食安全底线。推广牦牛、莴笋等农牧业保险，挽回农牧民损失1 409.4万元。在藏红花椒园区、蔬菜园区及毛儿盖等地发展设施农业，启动建设燕云乡牦牛标准化养殖场，完成大姓乡川贝母现代农业园区等项目。命名农业产业化州级重点龙头企业3家，“5+N”现代农业产业体系更加完善。

【统筹城乡发展】 科学划定“三区三线”，城镇开发边界面积达到城镇建设用地规模的1.48倍；加快编制《松潘县国土空间总体规划》，完成松城、川主寺、镇江、黄龙4个乡（镇）级片区规划和南街、安宏等17个村级片区规划编制。基础设施更加完善，修建乡（镇）干部职工周转宿舍338套；新（续）建白草河白羊乡防洪治理工程、2022农村饮水工程维修养护工程等9个水利项目；实施农村公路安防工程16.3千米，完成大寨至水草坝撤并建制村畅通工程、6条一定规模自然村通硬化路建设；金吴线、镇大线等4个10千伏线路成功牵杆，完成毛儿盖镇、小河镇智能电表安装；新建4G、5G通信基站62个；推动岷江流域污水管网接入、县城自来水主管网改造等项目建设；实施5个村农村污水治理“千村示范”工程，改造农村户厕619户；金坑坝部分区域实现集中供暖。城镇管理更加科学，开展城镇管理“九个专项整治”行动，拆除违规建筑3 500平方米、“三线入地”3 000米，改造街道立面1 700平方米，新增绿化面积7 000亩；城北家园、瑞苑等居民小区引入物业规范管理，城市管理更加精细。

【乡村振兴】 脱贫成效持续巩固，健全防止返贫动态监测帮扶机制，落实51户162名监测对象帮扶措施，消除28户102人返贫风险；全面推行“以工代赈”，帮助1 000余名农村群众实现家门口就业，工作经验在全省推广。乡村发展动力充沛，统筹落实各级衔接资金1.78亿元，聚焦基础设施、产业发展、人居环境治理等重点领域，实施项目84个；因地制宜发展壮大村集体经济，122个村（社区）实现集体经济全覆盖，29个村（社区）收益在10万元以上。加强示范创建，推进“美丽四川·宜居乡村”建设，创建全国文明村镇1个、省级文明村4个、州级文明村50个，省级乡村振兴示范村1个、重点帮扶优秀村1个，州级乡村振兴先进乡镇1个、示范村2个，“三家园”抓点示范村4个，中国传统村落5个、省级传统村落8个。

【农村生态建设及环境保护】 开展“大规模绿化全县”行动，植树种草2.1万亩，建设黄河干（支）流生态防护带2.6千米，管护修复林地、草地、湿地778.6万亩；举办首届岷江源国家湿地保护与发展文化论坛，岷江源国家湿地公园科普馆开馆运营；纵深推进林长制、河（湖）长制，松潘县被确定为全省林长制工作创新试点县，完成10条河流健康评价，河（湖）长制工作进入全州优秀序列；创建国家级节水型社会达标县。生态治理系统推进，统筹山水林田湖草沙冰系统治理，投入资金3.9亿元，实施“山水工程”和长江黄河流域生态保护高质量发展项目，修复河岸带生态350亩，治理水土流失面积41.3平方千米、灾害隐患点17处、“两化三害”22万亩，草原超载过牧降至3.4%，川主寺镇金河坝漳腊金矿废弃露天矿山生态修复被列为全省生态修复模范样板工程。从严从实抓好各级各类环保督察及“回头看”反馈问题整改，川主寺污水处理厂进水浓度低、清真屠宰场迁建滞后等22项问题整改达到序时进度，成兰铁路标段扬尘过大、沉淀池淤泥过多等154项问题完成整改销号，全县生态环境质量保持优良。

【民生实事】 落实创业补贴和担保贷款425万元；持续开展根治欠薪行动，为农民工讨回工资210万元。聚焦“一老一小”问题，新（改）建日间照料中心9个，为2 000人提供居家养老服务；举办“松宝”夏令营等活动39场次，守护未成年人健康成长；城乡特困人员供养、低保、孤儿养育每人每月标准分别提高至114元、90元、300元。社会事业全面进步，全县29所校园调整优化为27所；投入4 995万元，完成十里乡中心幼儿园、川主寺镇第二小学综合楼主体建设等项目，办学条件不断改善；加强教师教研培训，成立教育发展中心和11个名师工作室。提升改造县图书馆及17个乡（镇）分馆，开展“送文化下乡”活动153场次。

【开放合作】 深化对外交流合作，拓展与桐乡市、大邑县等地结对帮扶成效，承接东西部协作、省内对口帮扶资金5 102万元，实施项目48个；开展招商引资系列活动，续约及新建招商引资项目13个，到位资金2.82亿元。

【抗击自然灾害】 面对高温干旱天气和“2·12”小河镇丰坪村大岩山崩滑体、“8·19”特大暴雨山洪泥石流等自然灾害，实施人工灌溉、工程治理等措施，成功转移避险、过渡安置群众2 073人。

【主要领导人】 县委书记：王世伟；县人大常委会主任：一西；县长：何建华；县政协主席：马骞；分管农业副县长：泽小勇。

松潘县编写组

九寨沟县

【基本情况】 2022年，全县辖5镇7乡，辖区面积5 288平方千米，其中耕地面积8.060 2万亩，比上年增长0.021%，人均耕地面积1.2亩；基本农田3.52万亩。年末总人口6.7万人（户籍人口），减少0.003%；人口出生率0.010 3‰，减少0.046个千分点；人口自然增长率–0.003‰，减少0.003个千分点。本地水资源总量16.55亿立方米，人均占有水资源量2.47万立方米。有林业用地39.73万公顷，有林地面积26.2万公顷，活立木总蓄积量7 612.4万立方米，森林覆盖率49.51%。

2022年，全县实现地区生产总值33.3亿元，按可比价格计算，增长0.1%，其中第一产业增加值3.09亿元，增长4.2%；第二产业增加值5.04亿元，下降3.5%（工业产值4.89亿元，增长0.6%）；第三产业增加值25.17亿元，增长0.2%，一、三产业对经济增长的贡献率分别为53%和24%。人均地区生产总值50 448元。三次产业结构比为9∶15∶76。劳务输出1.52万人，收入5.99亿元。全县农村劳动力转移输出1.52万人，实现劳务收入5.99亿元，同比增长1.87%。全年接待游客348.02万人，实现旅游收入452 155.97万元，其中乡村旅游收入93 969万元。

公路通车里程799.649千米（其中乡村公路536.168千米），密度1 514.49米/平方千米、119.35千米/万人。社会消费品零售总额11.22亿元，下降3.3%。地方公共财政预算总收入完成1.79亿元，增长7.3%；公共财政预算总支出16亿元，下降42.2%。金融机构各项存款余额57.86亿元，减少3.32亿元，同比减少

5.44%；各项贷款余额77.22亿元，较年初增加9.42亿元，比年初增长12.2%，其中涉农贷款余额47.72亿元。养殖业实现保费收入449.533 2万元，支付赔款263.164万元。

有各类学校22所，在校学生9 837人、教职工992人，其中完全中学1所，在校学生945人；初级中学1所，在校学生1 902人；小学14所，在校学生4 419人；幼儿园6所（公办幼儿园3所、公建民营幼儿园1所、民办幼儿园2所），在园幼儿2 571人；学龄儿童入学率100%。完成省级以上科技成果3项。有艺术表演团体8个，文化馆1个，公共图书馆2个，博物馆1个。有卫生机构105个，在编卫生技术人员590人。城乡居民基本医疗保险参保人数51 237人，参保率99%。

【年度农业和农村经济运行】 2022年，全县围绕推进特色农牧业“6+2”产业体系建设，构建特色农牧业产业新体系，推进农业高质量发展。实现农业总产值6.32亿元，增长4.3%。农民年人均可支配收入达18 420元，增长6.4%。全县农产品质量抽检合格率达100%。加强宅基地审批管理，指导乡（镇）审批宅基地36宗，审批面积5 763.12平方米。全县主要农产品产量见表1。

【农村集体产权制度改革】 完成农村集体产权改革“回头看”。开展农村集体经济融合试点，出台《九寨沟县农村集体经济管理办法（试行）》，指导双河镇团结村、双河镇松柏村分村实施2022年中央、省扶持村集体经济发展项目，全县集体经济稳固发展，全年村集体经济收入达971万元。培育新型农业经营主体，新认证州级示范合作社2家，新培育家庭农场18家。实施农民合作社高质量发展建设项目和培育家庭农场发展建设项目，对5家合作社及3家家庭农场共补贴资金100万元。

【供销合作社改革】 新建再生资源回收和村级基层社各1个，截至2022年年底，共建乡（镇）基层社16个，其中乡级11个、村级5个，覆盖全县12个乡（镇）。登记以公司营运为主，主要经营化肥、日用品、再生资源回收、谷物、水果、坚果、中药材、蔬菜、食用菌、花卉的种植、初加工及销售，预包装食品销售，禽、畜、水产养殖及销售等。供销社围绕现有资源的最大化利用采取了经营自主的模式，对16个基层社每季度进行考核评分，评分不达标则书面告知整改，在整改后如不达标将停业整改，综合改革已全面完成。

【农产品品牌战略实施】 实施品牌强农战略，推广“净土阿坝”“阳光九寨”区域品牌。依托经营主体认证“三品一标”农产品，开展5个绿色食品年检和“九寨沟李”“九寨沟人参”2个农产品地理标志证明商标认证。组织县域8个优秀农产品入驻“净土阿坝”成都展示展销中心。加大农产品质量安全检测监管，开展农产品生产基地农药残留快速抽检，合格率达100%。

【现代农业园区建设】 整合各类项目资金1 730万元用于园区补短提升，支持九寨沟县酿酒葡萄园区争创省三星级园区，推进甜樱桃（苹果）现代农业园区、花椒现代农业园区争创州四星级园区，培育青稞油菜、林下山参、生猪3个县级园区，探索“大园区+小园区”的一园多点发展模式，梯次推进现代农业园区建设。

【种植业】 全县粮食作物播种面积44 764.84亩，产量10 934吨；发展优质特色水果16 142亩，总产量6 398吨，其中甜樱桃3 181亩，产量1 484吨；李子7 041亩，产量2 368吨；葡萄2 882亩，产量407吨；苹果1 731亩，产量1 186吨；其他水果1 307亩，953吨。蔬菜种植面积11 250亩，产量17 321吨。中药材种植面积14 054亩，产量2 856吨。全面落实耕地地力保护补贴278万元、实际种粮农民一次性补贴74万元。加强农业保险宣传，玉米保

表1　2022年九寨沟县主要农产品产量

主要农产品	单位	产量	同比增减(%)
粮食	万吨	1.093 4	−2.24
小麦	万吨	0.013 9	157.41
玉米	万吨	0.384 6	−44.25
马铃薯	万吨	0.610 9	81.49
油菜籽	万吨	0.024 2	96.75
蔬菜	万吨	1.732 1	0.17
水果	万吨	0.640 3	5.99
肉类	万吨	0.442 6	−3.12
猪肉	万吨	0.203 7	−1.26
牛肉	万吨	0.215 8	−4.88
羊肉	万吨	0.012 2	−5.60
禽肉	万吨	0.010 1	0.39
兔肉	万吨	0.000 3	—
禽蛋	万吨	0.005 2	4.00
水产品	万吨	0.000 1	−50.00
牛奶	万吨	0.113 9	−1.39

险购买面积1.272万亩，完成率92.94%；农业果树保险购买面积4 291亩，保额104.13万元。完成15个青贮玉米新品种、2个马铃薯新品种引种试验，引进藜麦推广种植30亩。

【林业】 全县林业用地面积39.73万公顷，占辖区总面积的74.44%；建有勿角(5.89万公顷)、白河(1.62万公顷)、九寨沟保护区(65 074.4公顷)、贡杠岭(12.39万公顷)4个自然保护区、1个国家级森林公园。林业产业基地面积达33 800亩，其中木本油料(核桃)13 200亩、木本药材(杜仲)3 800亩、特色干果(花椒)16 800亩、森林蔬菜23 000亩。林下种植业党参6 130亩、羌活4 520亩、淫羊藿10亩、黄精50亩、重楼425亩、猪苓1 520亩、其他药材共计4 520亩。截至2022年年底，全县红腹锦鸡存栏数257只，林麝存栏数66只。

【畜牧业】 全县畜禽(兔)出栏124 369头(只)，同比增长3.16%；存栏127 516头(只)，同比增长6.93%，其中生猪出栏27 091头，同比下降1%；存栏29 293头，比上年增长17.11%。牛出栏17 096头，同比下降4.47%；存栏55 574头，同比增长10.2%。羊出栏7 078只，同比下降9.53%；羊存栏10 961只，同比增长5.62%。全年肉类总产量4 426.46吨，下降3.12%，其中猪肉产量2 037吨，下降1.28%；牛肉产量2 158.3吨，同比下降4.88%；羊肉产量121.77吨，下降5.2%。禽蛋产量52吨，同比增长4%。

【水产业】 全县养殖的虹鳟鱼产量1吨，出售1吨。持续推进十年禁捕宣传工作，安装告示牌60个，张贴《禁捕公告》700余张、宣传资料2 000余份，部署禁渔工作会议5次。联合专项执法检查市场、超市等765家次，巡查重点水域215次；与8个小水电站签订渔业补偿协议，开展增殖放流、渔业资源保护、水生生物监测等工作，共放流鱼苗16.55余万尾，有序开展水生生物监测，栖息地保护等工作。

【乡村振兴】 创建省级乡村振兴重点帮扶优秀县、省级乡村振兴示范村1个，省级乡村振兴重点帮扶优秀村1个，州级乡村振兴“三家园”先进乡镇1个、示范村2个，州级乡村振兴“三家园”重点帮扶优秀村1个。持续推进“厕所革命”，落实整村推进资金297.89万元，完成改造8个村1 122户。对改造的农村卫生厕所开展“回头看”问题摸排。常态化开展全域环境整治，每月牵头会同责任单位到各乡(镇)、村开展督查指导，对主次干道、公共厕所、农业面源污染等重点区域实行“拉网式”大排查和大清理，累计清理村庄垃圾6 400余吨、水源水体9处、畜禽粪污50余吨、农业生产废弃物26吨。同时，开展乡(镇)级农业现代化建设实地调研及方案编制，完成双河农业创新片区、勿角生态旅游片区及玉瓦生态片区专项规划编制。

【乡村旅游】 举办“大九寨”文旅发展联盟年会。爱情海景区创建为国家4A级景区，九寨庄园景区创建为国家3A级景区；漳扎镇中查村上榜第三批省级乡村旅游重点村，漳扎镇漳扎村被命名为第二批阿坝州特色文化旅游名村。巩固提升天府旅游名县创建成果；指导漳扎镇中查村创建省级乡村旅游重点村，指导漳扎镇漳扎村、中查村申报天府旅游名村，指导九寨沟林水间轻奢美宿、九寨沟云孚里·云宿镜水云居创建天府旅游“名宿”，指导九寨祥巴和九寨有礼创建天府旅游名品；启动九寨鲁能胜地国家旅游度假区创建、九寨云顶省级旅游度假区创建工作，已通过州检，进行整改提升；开展2022年四川省乡村文化旅游能人、四川省突出贡献乡村文化和旅游能人评选推荐工作，已上报3名候选人申报材料；开展漳扎镇天府旅游名镇提升发展自查自评。

【农村水利】 全县共实施四川省九寨沟县勿角河蒲南村段防洪治理工程、九寨沟县白河防洪治理工程(二期)、九寨沟县2022年农村饮水安全巩固提升项目等项目12个，总投资14 872万元，其中续建项目2个，总投资4 576万元，已全部完工；新建项目10个，总投资10 296万元，已完工9个。

【农业机械化】 农机购置补贴项目。全年实施农机购置补贴资金246万元(其中中央资金123万元、州补配套资金123万元)，补贴农机具343台，并对10 000元以上补贴机具进行了机具核查。发展扶持农机合作组织1个，农业机械化率提升4个百分点。

机耕道项目建设。新建、维修机耕道产业路15.82千米，新修生产便桥、涵洞、挡墙等，总投资578万元，全部完成建设。

农机安全生产情况。累计开展安全检查30余天，出动工作人员100余人次，排查安全隐患12起，对拖拉机违法载人进行用客运车辆分流的形式进行分流4人/次。全年共发放宣传单800余份，张贴标语15余份，年检换发驾驶证105本，注册登记拖拉机80辆，实施车辆年检16台。

【农村教育】 投入资金2 865万元，建设第五幼儿园，截至2022年年底，该项目已完成室内外装修，进行附属工程施工建设。义务教育阶段生均校舍面积小学达14.27平方米、初中达21.29平方米，生均仪器设备值小学达0.250 8万元、初中达0.295 8元，运动场总面积达95 469平方米，全县义务教育阶段学校均达到《四川省义务教育学校办学基本标准》。组织实施教育救助基金、普通高中国家助学金，省特别资助政策，共计资助学生1 939人，发放资助金193.4万元。发放省属高校毕业生到艰苦边远地区基层单位就业学费奖补资助金20.976万元。巩固拓展教育脱贫攻坚成果，开展东西部教育对口支援工作，为浙就读中高职院校14名学生发放助学补助金25.08万元。

【农村科技】 完善“四川科技兴村在线”平台专家服务、技术供给、产业信息、供销对接四大服务功能，组建涵盖100个行政村的村级科技服务平台（村科技扶贫驿站），完成线上咨询信息1 560条，提供技术供给、产业支撑、供销对接管理信息共30条。申报省级科技计划项目1个（九寨刀党参抗衰抗皱护肤化妆品系列开发与生产）和州级科技项目1个（藏香猪养殖防疫关键技术研发），申报浙江援建项目2个（九寨沟铁皮石斛引种及示范种植项目和鱼菜共生智慧工厂项目）。开展高素质农民培育，培育高素质农民103人。实施基层农技推广体系建设项目，建成长期稳定农业科技示范基地2个，培训基层农技人员70人，农业主推技术到位率≥95%。

【农村文化】 对全县100个行政村的文化室（农家书屋）出版物及寺庙书屋图书进行补充更新并实行文化馆、图书馆、乡（镇）文化站“两馆一站”免费开放。组织开展乡（镇）、村文化员、村文化管家集中专题培训4次，现场实地指导30余人次，开展舞蹈培训400人次，指导培训广场舞、锅庄等文化活动800余人次，举办各类文化惠民活动100余场次。

【农村卫生】 县人民医院完善自主就医系统，实现系统挂号、微信支付等功能，医疗条件不断改善。全县持续巩固拓展健康扶贫，助力乡村振兴，继续实施“先诊疗后结算”一站式服务，卫生扶贫救助基金2022年共救助脱贫人口1 300人次，救助金额197.1万元，其中符合家庭医生签约条件脱贫人口签约率达100%；常态化开展义诊巡诊，共义诊3 762人次，发放药品价值22 390.55元；健康体检1 244人次，发放宣传资料6 320余份，义务咨询2 043人次，派出车辆100余台次。全面落实计划生育“三项制度”，享受农村计划生育家庭奖励扶助政策共355人，兑现资金34.08万元；享受计划生育家庭特别扶助政策42人，兑现资金44.532万元；农村、无业居民、独生子父母155人，奖励金共计约1.629 6万元，资金打卡兑现率100%。截至2022年年底，全县电子建档数为65 514人，建档率为99.11%；管理糖尿病患者824人，规范管理率79.12%；管理高血压患者3 846人，规范管理率83.51%；管理严重精神障碍患者212人；肺结核患者管理30人，结案2人。健康教育宣传栏更新60期，举办知识讲座108次，开展咨询活动84次；孕产妇住院分娩率100%，死亡率为零。基本公共卫生服务下达资金做到专款专用。

【农村法治建设】 在县设立公共法律服务中心、在12个乡（镇）设立公共法律服务工作站、在110个村（社区）设立公共法律服务室并配备法律顾问，“一村（居）一法律顾问”覆盖率达100%，全年为农村群众开展法律咨询800人次。规范140个人民调解委员会，配备人民调解员540余名，其中12个乡（镇）人民调解委员会，110个村（社区）人民调解委员会，18个专业性、行业性调解委员。全县各级人民调解组织全年共调处矛盾纠纷94件，调处成功92件，成功率98%。全面推进《九寨沟县法治宣传教育第八个五年规划（2021—2025年）》实施，开展“法律政策进乡村”活动320场次，组织“三官一律”（法官、检察官、警官、律师）开展普法志愿服务活动45场次；以《九寨沟县2023年“法治四川行”一月一主题工作任务清单》为抓手，开展专题法治宣传活动50余场次。

【农村交通】 投资2 167万元，新建成农村公路约4.754千米（不含维修）；累计建成“四好农村路”示范路127千米，创建为“四好农村路”省级示范县。完成农村客运监管调度平台建立和大录乡五级客运站功能拓展以及5个乡（镇）综合运输服务站改造提升，启用新能源公交车12台，落地网约车平台公司2家，在漳扎镇及县城周边投放共享单车。

【农村社会保障】 全县城乡居民养老保险参保人数31 426人，新增参保人员377人，参保缴费人数16 245人，养老金待遇领取人员6 853人。落实社保扶贫政策，完成“三类人员”代缴保费1 108人，每人每年100元，共11.08万元，其中低保对象834人、特困人员21人、重度残疾人253人。

【农村生态建设及环境保护】 全面完成3个乡（镇）、8个村级片区国土空间规划编制，印发实施《九寨沟县“十四五”生态环境保护规划》《大熊猫国家公园“十四五”规划》，国家生态文明建设示范县和“两山”实践创新基地建设成果持续巩固。实施“七大保护”行动，加快推进“七大治理”工程，按时序要求完成中央环保督察问题整改3个。全县森林覆盖率达49.51%，空气优良天数比例达100%，出境断面水质达标率、集中式饮用水水源地水质达标率均达100%，“双地”土壤安全利用率达100%，声环境质量达标率达100%。

【农产品质量安全监管】 全年培育16个无公害农产品、6个绿色食品、5个农产品地理标志产品。7家企业产品获准使用“净土阿坝”区域品牌。加大农产品合格证制度试行力度，开具合格证2 186张，附证上市农产品334.55吨。完成国家农产品质量安全追溯管理信息平台信息录入2 500条。完成农产品省、州风险监测抽样132个，州监督检测抽样11个，实验室检测抽样90个，合格率均为100%。

【农村市场体系建设】 全年落实草原生态补助奖励资金、农机购置补贴资金共计825.7万元。开展乡村振兴财政金融互动，乡村振兴农业产业发展贷款风险补偿金到位资金共计1 427.5万元，实际放款金额468万元。编制《九寨沟县乡村振兴财政金融互动实施意见》。

【农村留守家庭（儿童、学生）帮扶】 全县共有农村留守儿童24人，均由祖父母、外祖父母监护。关爱儿童工作由专人负责，建立留守儿童、困境儿童、残疾儿童、事实无人抚养儿童、社会散居孤儿等多个台账，并对全县农村留守儿童、事实无人抚养儿童、社会散居孤儿实现信息化管理，一人一档，精准施策，并指导留守儿童受委托监护人签订《农村留守儿童委托监护责任确认书》。为加强对留守儿童、困境儿童等的统一领导和管理，在各乡（镇）配备了一名儿童福利督导员，各村（社区）配备了一名儿童主任，并将相关信息录入《全国儿童福利信息系统》。贯彻落实80岁以上高龄老人“养老金”发放，累计发放高龄津贴13 108人、134.66万元。为散居特困人员城镇老人每月发放884元供养金，散居农村特困老人每月发放624元供养金。同时，根据老人不同的自理情况，给予护理补贴，一级护理为 每人每月160元，二级护理为每人每月130元，三级护理为每人每月80元。

【主要领导人】 县委书记：贺松；县人大常委会主任：陈洪涛；县长：李为仁；县政协主席：夏永胜；分管农业副县长：班永国。

九寨沟县编写组

金 川 县

【基本情况】 2022年，全县辖4镇15乡，辖区面积5 524平方千米。

【农村生态建设环境保护】 推进“七大保护行动”，82名河湖长、391名林草长、1 390名生态管护员履职尽责，河湖岸线水清景美、林地草地青翠茂盛、雪山冰川纯净如初。严格落实“一增一减”要求，完成封山育林、植被恢复、天然草原改良等5万亩，补植苗木22.67万株、绿化道路318千米。完成四川金川国家森林公园总体规划编制，严格落实“十年禁渔”要求，增殖放流鱼苗4.95万尾，生物多样性持续向好。生态治理全面开展，推进“七大治理工程”，完成“两化三害”治理、草畜平衡等10万亩，治理水土流失面积21.43万平方米，河道清淤33.44万立方米。常态开展“5+2”综合整治、“10+2”专项整治，标本兼治历次生态环保督察反馈问题230个。李家沟、业隆沟矿山投入生态保护专项资金6 200万元，打造“绿色矿山”金川模式。打好污染防治“八大战役”，整治路域、水域环境1 571千米，观音桥生活垃圾无害化处理站、农村生活污水治理“千村示范”工程项目加快推进，380户农厕改造全面完成，国控省控断面、县城饮用水源地水环境质量均为Ⅱ类以上标准。生态机制全力完善，制发《“十四五”生态环境保护规划（2021—2025年）》《国家生态文明建设示范县规划（2021—2030年）》等方案，生态文明建设示范县创建有序推进。

【现代农业建设】 从严落实“长牙齿”的耕地保护硬措施，划定耕地保护面积69 676亩、永久基本农田面积45 808亩，完成金川水电站、阿坝金川220千伏输变电工程等项目建设用地报批耕地占补平衡指标。举办阿坝州高标准农田建设项目现场培训暨推进会，3万亩高标准农田建成投用。全省农产品安全监管示范县创建有序推进。8.7万亩粮食播种面积任务超额完成，雪梨、小水果、莴笋等总产量6.8万吨，出栏生猪、牦牛、羊8.48万混合头（只），“七大特色产业”持续发展壮大。梨现代农业园区申创省四星级有序推进，金川牦牛、甜樱桃园区争创州级现代农业园区。

【乡村旅游】 世外梨园国家4A级景区基础设施提档升级，建成嘎尖草坪、情人滩自驾游营地和露营基地。开展“云赏花+云享乐”网络直播活动，举办“红叶节”文艺惠民活动，梨花美景视频被中央电视台媒体刊播。老街红军城、乾隆御碑申创国家3A级景区，沙耳乡克尔玛村创建为省级乡村旅游重点村，勒乌镇金马坪村被评为阿坝州第二批文化旅游名村，金川文旅知名度不断提升。

【巩固脱贫成果】 严格按照“四个不摘”要求，精准落实“一户一策”“一人一策”，67户254人新增监测对象返贫底线牢牢守住，27户111人监测对象返贫风险有效消除。落实旱情保险理赔2 576户49.9万元、困难户防返贫风险救助金50户20.5万元。“数字乡村·金川县防返贫监测与帮扶”APP被省委、省政府列为典型经验做法。技能培训、创业扶持等12项增收措施精准落实，2 524户9 371名脱贫人口人均纯收入同比增长15.8%。高分通过4轮省（州）巩固拓展脱贫攻坚成果同乡村振兴有效衔接实地考核评估、乡村振兴战略实绩考核现场交叉检查。

【乡村振兴】 对标乡村振兴“二十字”要求，整合财政涉农资金1.64亿元，4大类102个基础设施、节点塑造等项目建设加快推进，召开金川县乡村振兴现场推进会，“三乡一镇”川西北高原最大田园综合体初具雏形。推进观音村、安宁村、金马坪村“三家园”示范村建设，安宁甘牛、庆宁团结等29个“一乡一点”比学赶超、互学互促。

【统筹城乡建设】 完成“三区三线”划定任务，县级国土空间总体规划编制工作有序推进，观音桥、勒乌乡（镇）级片区国土空间规划和勒乌片区、克尔玛片区等12个实用性村庄规划编制基本完成。城区防洪堤防和勒乌镇滨河路、八步里路等市政基础设施焕然一新，老旧小区配套、公安住建小区、城南中环路丁家湾片区老旧小区提升改造项目建成投用。业隆新村移民安置点规划正式核定，勒乌官寨移民安置点建设加快推进。常态开展城区道路“二冲二洗”，规范地摊区289处。观音心海生态农庄、老街旅游基础设施等10个州庆项目建设加速推进。观音桥镇市政道路完工投用，入选首批省级“百强中心镇”。二嘎里乡、俄热乡集镇旧貌换新颜。444户农房功能性提升改造和“6·10”马尔康震群型地震灾后重建126户农房加固维修全面完成。

【农村基础设施建设】 投入资金8 398万元，实施6个水利项目、健全水网。安宁堤防工程、曾达沟防洪治理工程等完工投用，防汛基础不断夯实。维修饮水管道52千米，新建蓄水池12口、取水点22座，保护取水口13处，农业灌溉水有效利用系数提高至0.48，受益群众2万余人。

“供电网”健全优化。投入资金2 460.5万元，实施5个单体项目，升级电网、优化供电。改造10千伏高压线路10千米、低压线路130千米、户表906户，庆宁乡庆宁村、沙耳乡园艺场村等5个村用电质量不断提升。阿坝金川220千伏输变电工程核准批复，清洁能源外送通道建设实现新突破。

“交通网”提档升级。投入资金8 000万元，实施8个交通项目。建成“梨花红叶”靓丽风景路、“雪山草地”高原景观路、“彩林湖泊”生态景观路等8条“四好农村路”示范路106千米，创建省级“四好农村公路”示范县。撒毛路、二嘎里乡查拉沟幸福美丽乡村路竣工通车，卡撒大桥建成在即，曾达灾毁道路恢复升级。“两康高速”被纳入国家高网规划，金川无高速的局面将成为历史。

“通信网”优化拓面。投入资金2 150万元，实施4个通信项目，赋能数字、增添动能。3个汇聚机房、36个基站全面建成，迁改传输线路34千米，5G基站接入光缆36芯20千米，15个点位增加STN设备20台，城区、重点景区景点、88个行政村（社区）实现宽带和移动通信网络全覆盖。

【农村社会保障】 全面落实“两保、三补助、三基金”等多项惠农助农政策，累计发放补助资金4 587.9万元。开发生态管护员等公益性岗位2 557个，帮助群众人均增收1万元以上。养老金、城乡低保、特困救助、残疾人两项补贴、高龄津贴等足额兑现，发放救助福利金1 482.82万元，惠及29 480人次。全面整治拖欠农民工工资问题，追缴拖欠工资1 463万元，惠及农民工546名。

【农村改革】 学鉴浙江安吉“两山合作社”模式，加快开发金川“两山合作社”，推动山水“颜值”变经济“价值”。启动实施数字乡村工程，安宁镇创建为全州首个数字乡村。全州首个省级乡村振兴金融创新示范区试点建设落户金川，“惠农e贷”“兴农贷”等10种高额度、低利率信贷产品惠及“三农”。“1+5+1”帮扶关系持续深化，承接帮扶资金9 404万元，95个帮扶项目分点见效，15万株“白叶1号”茶苗落地金川。“空中课堂”惠及学生3 271人，高原“红米”获得丰收。实现316项行政权力事项和公共服务事项下放至乡（镇），实现就近办、就地办、快捷办。

【防灾减灾】 坚持“实现森林草原火灾零发生”目标，坚决巩固防灭火专项整治成果，多处森林草原防火通道、林区卡防点、前置驻防点、火情瞭望哨建成投用，林火监测预警系统覆盖率达60%，连续实现43年无重大林草火灾。地质灾害隐患持续排除，勒乌镇龙河村龙王庙沟、庆宁乡团结村汤家沟等7条沟、12处地质灾害隐患有效治理，曾达沟、卡撒沟等4条河、8.57千米防洪工程临河而筑，421名地灾监测员全覆盖实时监测，及时避险转移1 849人次。编制完成《马尔康地震灾后恢复重建金川县地质灾害综合整治三年规划》，防灾、减灾、救灾、抗灾水平不断提升。

【主要领导人】 县委书记：朱锐；县人大常委会主任：申红霞；县长：郭素梅；县政协主席：王世江；分管农业副县长：高发义。

金川县编写组

小 金 县

【基本情况】 2022年，全县辖7镇11乡，辖区面积5 571平方千米。

【现代农业建设】 坚守耕地红线，粮食安全和“菜篮子”县长责任制全面落实，粮食作物播种面积9.536万亩，分类施策复垦闲置耕地8 570亩。壮大主导产业，“五大主导产业”持续巩固，创建高山蔬菜省级园区，提升高山玫瑰为州四星级园区，牦牛标准化养殖创建为州三星级园区。发展特色产业，实施科技兴农战略，建设农业科技提升项目6个，建成蓝莓、马铃薯、黄金维纳斯等科创基地（专家站）4个，推广探索“大豆+苹果”等复合种植800余亩，建成中药材、花椒、观赏油菜等特色产业基地1.18万亩。持续抓好生猪稳产保供，生猪出栏2.6万头，增长4.32%。保障农业利益链，探索“农民合作社+家庭农场”发展模式，培育家庭农场3家、专合社5家，扶持壮大集体经济3个。

【乡村振兴】 贯彻落实州委马金小片区实施乡村振兴战略现场会精神，按照“点上示范、面上突破、全域推动”的思路，整合投入3 283万元实施1个乡（镇）4个村6个重点帮扶村的“三家园”建设和6个村乡村振兴抓点示范建设，投入1 700万元实施冒水村乡村振兴综合改革示范点建设。双桥村被评为省级乡村振兴示范村，美兴村被评为省级乡村振兴重点帮扶优秀村，四大安村、夹金村被评为州级乡村振兴示范村，小金县被评为州级乡村振兴战略先进县。

【统筹城乡发展】 实施城乡提升行动，投入3.02亿元实施县城市政重点项目7

个，完成13个老旧小区改造及配套设施建设，县城中心停车场、现代艺术文化广场即将竣工验收；投入6.1亿元，加快四姑娘山镇、两河口镇等特色小镇打造，四姑娘山镇省级百强中心镇创建有序推进，双碉村入选第五批“四川传统村”名录，城镇服务功能不断完善。推进城乡规范管理，完成两河口红色文化等4个乡（镇）级片区和四姑娘山等4个村级片区国土空间规划编制。

【脱贫成果巩固】 监测帮扶全面推进，核定监测户90户307人，39户157名监测对象消除风险，为51户150人落实综合性帮扶措施，得到持续精准帮扶。成果基础不断夯实，投入1 400万元，巩固提升重点帮扶村6个；统筹整合财政涉农资金1.08亿元，承接帮扶资金1.26亿元，实施基础设施项目21个、农业产业发展项目40个。就业帮扶助力增收，统筹开展促进脱贫人口增收“百日行动”，实现脱贫群众就业4 994人。消费振兴强力拉动，实现帮扶产品销售6 852万元。“一朵玫瑰花，共富千万家”获评“2022年第三届全球减贫最佳案例”。

【农村基础设施建设】 投入7 063万元，实施日尔乡四大安美丽新村路等农村交通项目9个，建成幸福美丽乡村路26.36千米，新增农村公路安防设施67.8千米，提升自然村硬化路13.8千米，修建乡（镇）客运站12个；实施饮水灌溉项目9个，巩固提升3万余名群众安全饮水；四姑娘山镇110千伏变电站项目有序推进，建成4G、5G基站70余个，消除城乡发展“数字鸿沟”。开展全域清洁行动，整治彩钢棚39万余平方米，绿化路域282千米，农牧区环境越来越美。

【农村教育】 投资3 726万元，推进美兴中学维修改造等7个项目建设，完成沙龙小学撤并，校点布局更为合理，办学条件不断提升，让学生“有学上”。全年发放各类资助金、助学贷款2 865.8万元，受益学生1.3万人次，帮助贫困学生无忧入学、安心求学，让学生“能上学”。

【农村卫生】 投资4 719万元，完成县疾控中心P2实验室改建等3个项目建设，四姑娘山镇卫生院高压氧舱、县医院传染病区新建工作加快推进。深化医药卫生体制改革，开展健康救助，发放卫生扶贫救助、医疗慈善救助基金399万元，惠及群众1 426人次。

【农村生态建设及环境保护】 围绕创建国家生态文明示范县，投入3 410万元，巩固新一轮退耕还林3.8万亩，管护公益林、天然林239.6万亩，实施草原禁牧62万亩、草畜平衡218万亩。实施“绿化小金”、长江上游干旱河谷生态综合治理、草原修复等行动，新增人工造林、退化林修复4 000亩，草原改良1万亩，人工种草1.1万亩。完成四川大熊猫栖息地世界自然遗产、四川宅垄猕猴自然保护区规划修编，改造提升夹金山国家森林公园基础设施。全县森林覆盖率达30.16%，草原综合植被盖度达84.84%。美兴镇营盘社区被命名为四川省第四批绿色社区。持续加强松茸、虫草保护，规范松茸采摘、销售、流通。

环境治理。常态化推进河（湖）长制，配备巡河员126名；开展长江流域“十年禁捕”执法监督，累计巡河1 700余次，规范砂场3处，全县砂石资源实现国有规范管理经营。投入1.5亿元，实施堤防工程、防洪治理和小流域水土流失治理项目8个，治理水土流失面积22.86平方千米，河湖沿岸“四乱”得到有效整治。推进农村“三大革命”，实施“农村污水千村示范工程”19个、农村改厕400户，农村生活污水治理率达40.36%，农村垃圾收集和处理率达80%，全县生活污水和垃圾无害化处理能力日渐完善。

【农村社会保障】 实施就业优先政策，转移农村劳动力1.31万人，为950名劳动者追回工资1 258万元。社会保险不断扩面，基本医疗保险参保人数6.7万人，支出医保基金6 409万元；养老保险参保人数3.94万人，实现“应保尽保”“应享尽享”，让社会群体“放心”。兑现城乡困难群众救助资金1 266万元、社会福利资金370万元、重点优抚对象定额补助等资金257万元。

【民族团结】 推进民族团结进步示范创建，申报全国民族团结示范创建单位1个、省级2个、州级8个。常态化推进联寺联僧活动、“五二三”学教活动，推进依法治寺管僧，“三个离不开”“五个认同”深入人心。推进“民族团结进步创建+”工程，投入1 180万元，完成官寨村民族团结进步示范村建设；投入“两项资金”、民族发展资金1 178万元，完成双桥村民族特色村寨、木栏村乡村旅游发展配套设施等12个项目建设。

【主要领导人】 县委书记：姚奇杰；县人大常委会主任：杨健；县长：刘明；县政协主席：李恒春；分管农业副县长：雍茂。

小金县编写组

黑　水　县

【基本情况】 2022年，全县辖3镇14乡，辖区面积4 140.08平方千米。

【农村基础设施建设】 编制完成应急管理体系建设等6个专项规划，加快长河坝工业园区、谷汝村灾后恢复重建。第一时间实施二古鲁应急供水工程，保障群众用水需求。推进自来水厂重建，年内恢复永久性供水。推进“交通大会战”，松黑路、渔卡路等6个项目开工建设，茂红路主体工程全面完工，扎红隧道完成工程量的90%，黑水河大桥已竣工，子母河至石碉楼乡道等8个项目被纳入交通运输部定点帮扶规划。完成11个乡（镇）24个村安全饮水巩固提升工程，新建堤防工程9千米。加快电力通信设施建设，红原至色尔古220千伏输变电线路全面完工，完成4个乡（镇）农村电网改造，新建4G基站5个、5G基站15个。

【脱贫攻坚成果巩固】 严格落实“四个不摘”要求，制定《2021年巩固拓展脱贫攻坚成果同乡村振兴有效衔接实施方案》，投入资金5.7亿元，实施“五大振兴”项目138个，持续完善公共服务、产业发展等基础设施。坚持“建机制、稳收入、强保障”三管齐下巩固拓展脱贫成果，创新建立“五个一”防返贫机制，落实防返贫帮扶基金300万元，全覆盖开展已脱贫人口动态监测和“回头看”，精准落实124户易返贫人口教育、医疗、低保政策，推动产业就业到户到人，全县无一户返贫致贫。突出无缝衔接，挂牌成立县乡村振兴局，编制《巩固拓展脱贫攻坚成果同乡村振兴有效衔接“十四五”规划》，选派驻村工作队74支、驻村干部218人，做到领导体制、工作机制、规划体系和政策保障有序过度、无缝衔接。加强试点示范，全面完成14个示范点建设，启动6个乡（镇）、10个村示范建设，累计创建乡村振兴省级示范村2个、州级先进乡（镇）1个、州级示范村6个，“一拖三”“小组团”创新经验在全州推广。获评全省传统村落集中连片保护利用示范县。五里村、昌德村被认定为全省乡村治理示范村。

【民生实事】 坚持民生所望、施政所向、成果共享，以“我为群众办实事”活动为契机，紧盯群众“急难愁盼”问题，办好各类民生实事。完成33个村道路亮化工程，改造农村厕所854户、庭院1 084户、危房33户。多渠道促进群众就业增收，小组团输出务工200人，延续开发公益性岗位4 286个，新开发普工岗位300个、应急公益性岗位516个，累计实现就业2.17万人。全面落实教育惠民政策，兑付“一减一助”“两减一助”“三免两补一餐”等资金922万元，惠及学生4 768人次。深化医疗、医保、医药“三医联动”，常态化开展义诊巡诊2.5万人次，全年兑付医疗保障金2 494万元、城乡居民养老保险金994万元。

【主要领导人】 县委书记：杨莉；县人大常委会主任：陈永清；县长：欧涛；县政协主席：王扎；分管农业副县长：程娇。

黑水县编写组

壤塘县

【基本情况】 2022年，全县辖11个乡（镇），辖区面积664 412.29公顷。

【巩固脱贫攻坚成果与乡村振兴有效衔接】 以“美丽幸福壤巴拉家园”建设为牵引，强巩固、促振兴，引领乡村振兴战略在壤塘纵深推进，完成国检任务。

落实党建引领脱贫成果巩固、振兴乡村工作体系责任，开展基层党组织固本、铸魂、育苗、净土、夯基“五大工程”，实化“两联一进”，实践推动“1+3+N”机制，落实巩固与振兴包保责任，开展防返贫监测、常态监测和精准帮扶。加强振兴乡村保障，发挥项目资金杠杆作用，整合资金2.21亿元，全年实施巩固振兴衔接项目104个。

结合县域四大片区划分实际，依托牦牛、文化、清洁能源等优势资源，布局谋划、文旅融合、培育产业。聚焦农业提质，围绕“5+N”高原特色农牧业体系，出台牧草生产和牦牛出栏奖励等政策，建基地、创园区、塑品牌，“四大园区”提质扩面，全年农作物播种面积36 506亩，11个乡（镇）农牧产业多点绽放、全面开花。以试点为抓手，推进伊里村、中大石沟村等4个村示范试点建设，规模性养殖中蜂3 000余箱、藏香猪300头、跑山鸡1 000只，牦牛品种改良工作有序推进。投资660万元探索试种林下作物种植，种植“双低”油菜3 000余亩，人工种草3 500余亩。引进壤巴拉牛肉产品开发推广、有机肥料生产等项目。壤巴拉高原双低油菜产业园、牦牛产业园区争创州级四星、三星级园区。改造提升农业生产条件，实施高标准农田建设1 900亩。

抓就业，促增收。围绕“一收入、两特殊”集中攻坚，“一对一”精准施策，消除三类风险户110户、765人。推进就业、创业“两轮驱动”群众增收模式，加强前端培训、专人服务、稳岗补贴，完成订单式技能培训1 100余人、公益性岗位安置2 495人。外出务工6 834人，实现收入2.46亿元。投资6 028万元，实施34个以工代赈项目，带动群众务工增收3 400万元。实施群众自建工程增收、来料加工居家灵活就业、稳岗就业政策帮扶、小额信贷自主创业，采用“集中供养+分散帮扶”解决老弱病残特殊人群实际困难，确保在振兴道路上不落一人，全县脱贫人口人均纯收入达1.1万余元，守住了不发生规模性返贫的底线。

抓示范，优环境。深化乡村建设行动，主动融入州委“三家园”建设，实施农村“三大革命”、生活污水治理“千村示范”工程，创建省级示范村1个、重点帮扶优秀村2个。实践推动“六新工程”“五三行动”，激发群众内生动力，推进干净家庭、洁美村寨、美丽乡（镇）建设，渐进式推动乡村振兴在壤塘县具象化。突出规划引领、规范城镇管理，实施集镇供水、供暖末端管网、岗木达河堤、县医院扩建等一批重大工程，完善停车场、免费公厕配套功能。整理县城建设用地330亩。中壤塘镇争创“省级百强中心镇”。

【农村教育】 坚持“两花”教育理念，投入3 700余万元，新建“教育强国”项目，维修校舍、增添设施设备，不断改善办学条件。推进教学模式改革，实施“三免一补”等教育民生工程，开展“控辍保学”，义务教育均衡发展成果不断巩固。县寄宿制小学、伊里中小学分别争创国家、省级“铸牢中华民族共同体意识示范校”，壤塘“铸牢中华民族共同体意识”教学模式获得教育部、教育厅肯定。温州、绵阳教育“组团式”帮扶有序推进，建成紧密型“校对校”教育联合体3个，“一对一”帮扶16所。争取教师增编157名，内引外派87名教师交流互鉴，师资力量不断增强。根据县域教学资源和学生状况，在南木达镇筹建2 000余个学位的县第二寄宿制小学。

【农村生态建设及环境保护】 深化林（草）长制、河（湖）长制、路长制工作，常态化推进“七大保护行动”和“七大治理工程”，“三区三线”全面划定。土壤环境、空气质量、饮用水水质、出境断面水质全面达标。“一屏四带”全域生态建设取得较大进展，“一增一减”成效更加明显。

生态短板对标治理。对7座退出类小水电站按照“一站一策”予以拆除。中央、省、州反馈及主动认领环保督察问题73个，完成整改61个，完成率83.56%。有效管护森林225万亩，栽植圆柏等苗木16万余株。加强人草畜平衡，种草2万亩，超载率控制在5%以内。有序推进水土流失、地质灾害、“两化三害”生态脆弱区综合治理，持续打好“蓝天、碧水、净土”保卫战和固废处置战。对标开展“四治”行动，推进林政、路政、市政综合环境整治。

生态机制不断构建。国土空间总体规划编制形成阶段性成果，保障发展与生态底线关系协调。严格“三线一单”刚性约束，严格环境准入及工程建设环保管理。加强生态环境宣传执法，横断山区水源涵养地野生动植物有效保护。实施“双碳”战略，用好生态补偿机制，加快生态价值转换。

【农村应急安全】 理顺应急体制，完善应急机制，建强应急队伍，科学修订应急预案，应急反应和处置能力持续提升。坚决守住森林草原防灭火红线底线，地方连续46年、全县连续25年没有发生重大及以上森林草原火灾。开展防汛减灾、地灾隐患排查整治，177处地质灾害点位总体可控，壤塘县获得省防汛抗旱、水利工程建设质量与安全监督工作先进集体等6项省、州表彰。加强食品安全监管，开展“春雷行动2022”，从严查办重复使用火锅油等案件23起，市场秩序更加规范。开展“6·10”马尔康地震抢险救灾、过渡安置和灾后恢复重建，纳入州《实施规划》的25个灾后恢复重建项目开工3个、正开展前期工作22个，930户农房维修加固全部完工，144户农房重建全部开工，已完工47户。

【主要领导人】 县委书记：张德发；县人大常委会主任：刘木滚；县长：王甲；县政协主席：张万贵；分管农业副县长：蒲毅。

壤塘县编写组

阿 坝 县

【基本情况】 2022年，全县辖15个乡（镇）81个村（社区），辖区面积10 435平方千米，其中耕地面积14.04万亩、基本农田12.54万亩。

2022年，全县实现地区生产总值21.73亿元，同比增长（下同）3.5%。地方一般公共预算收入完成1.53亿元，增长110.8%。固定资产投资49亿元，增长10.1%。社会消费品零售总额7亿元，增长1%。农村居民年人均可支配收入达18 189元，增长7.5%。

【抗震救灾】 马尔康6.0级震群地震发生后，第一时间开展抢险救援，紧急转移避险群众2.4万余人，同步驰援草登乡并成为第一支到达震中的救援力量，灾后12小时抢通茸草路生命通道、48小时打通全县所有通乡通村道路，没有1人因灾伤亡、失踪。险情排除后，迅速启动灾后恢复重建，科学编制灾后重建项目23个，严格按照“五有三防”要求做好农房重建和过渡安置，完成667户农房维修加固，启动81户农房重建，带领群众重建家园。

【农村安全生产】 常态开展安全生产大检查大整治，持续抓好防汛、防地灾、防泥石流等除险避险工作，完成“应急使命·2022”检验性演练，安装地质灾害监测设备117台，整治安羌水电站、贾曲贾柯河牧场段防洪治理工程等重大隐患，破获1起300余万元非法销售食品案，排查整改森林草原火灾隐患192处，实施垮沙至茸安防灭火通道建设，牢牢守住了住不发生系统风险的底线。

【农牧产业】 持续在夯基础、稳生产、塑品牌上下功夫，全面建成“两园区四基地”，争创省四星级青稞现代农业园区、州三星级现代畜牧业产业园区，完成蔬菜现代农业科技示范园建设。新建1万亩高标准农田，农作物播种面积11.27万亩，总产量2万余吨；牲畜存栏50.28万混合头，年出栏率达22.05%。扶持龙头企业5家，新增农民专业合作社5家、家庭农场11家，登记认证“三品一标”农特产品11个。全县全年农林牧渔业总产值达13.2亿元，增长3.5%以上。

【农村基础设施建设】 以项目投资稳住

经济基本盘，投资51.2亿元，实施项目147个。久马高速县城至久治段50千米通车试运行，莲班路、黄河源头产业路加快建设，升级改造农村公路、通村道路、入户路、产业路125千米。城市风貌改造、“三线入地”基本完成，新区客运中心正式投用，集中供暖三期、供水管网建设稳步实施，新（改）建污水管网45千米、农村电网52千米，建成4G基站80个、5G基站98个，城乡基础设施质量明显提升。

【统筹城乡建设】 坚持以乡村振兴引领城乡融合发展，抓好国土空间规划和4个乡（镇）、17个村级片区规划编制。启动“一乡两村”省级乡村振兴示范创建，推进1镇6村“三家园”和4个重点帮扶村建设，安羌镇纳昆村被列为乡村文化振兴省级样板村。申创神座村、安坝村等8个国家级和省级传统村落。推进农村乱占耕地建房问题专项整治。新（改）建农村户厕360座。完成4乡9村生活污水治理“千村示范”工程。建成6个乡（镇）垃圾污水处理设施，新建城乡垃圾污水处理站点27个，城镇、农村垃圾日均处理量分别增长66.7%和84.8%，城乡面貌明显改善。

【脱贫攻坚成果巩固】 保持过渡期内主要帮扶政策总体稳定，持续开展脱贫攻坚“回头看、回头查、回头改”，动态销号各类督察检查和自查发现问题114个，消除94户442名监测对象返贫致贫风险，“一户一策”落实248户受灾监测对象和脱贫群众帮扶措施。投入资金1.92亿元，实施衔接项目50个。131个村集体经济总收益1 789.5万元，认定消费帮扶产品47个，完成销售额5 250.9万元，扶贫企业创收7 000余万元。

【协作帮扶】 加强与德阳市、浙江省温州市瓯海区的交流合作，与什邡市缔结为友好城市。用好省直定点帮扶单位资源，投入帮扶资金9 375万元、实施项目71个，签订合作协议31个、结对帮扶协议111个，到德阳、浙江等地开展文化旅游和农特产品推介活动6场，20名教育、医疗“组团式”帮扶专业人才驻县开展传帮带，24名国家科技特派员、27名省州“科技下乡万里行”专家实地开展技术指导，合作交流更加深入。

【农村教育和体育】 落实控辍保学“六长”责任，加强师德师风师技建设，全年发放“三项补助”、教育扶贫救助、“雨露计划”补助7 359.65万元，实施校舍、教辅用房等建设项目10个，新建幼教点4处，增加中小学校教师编制260个。民族体育事业取得长足发展，首次获得全州农牧民篮球运动会冠军。

【农村卫生】 推进健康阿坝县建设，为1.2万余名群众提供免费医疗服务，支出医疗保险基金3 410.86万元，兑现医疗救助、卫生扶贫基金和三项制度奖励金1 521.35万元。发放基本公共卫生服务补助资金566万元，建成高压氧舱242平方米，县医院、藏医院搬迁新址。初步建成以县级医疗机构为带动，各乡（镇）卫生院及村卫生室为基点的“1+N”县域紧密型医共体。

【农村生态建设及环境保护】 抓好山水林田湖草沙一体化保护和系统治理，持续开展“七大保护”，推进若尔盖国家公园创建，启动实施21个“山水工程”项目。推进国土绿化行动，完成国有林管护300万亩、集体林管护14.67万亩，实施封山育林3万亩、人工种草6.5万亩，建成黄河干支流域生态防护带20.43千米。严格执行“三线一单”，全面加强2 827.44平方千米湿地公园和自然保护区日常管护，228种野生动物和1 154种植物得到有效保护。完成多美林卡国家湿地公园二期建设。全年依法查处破坏生态违法案件39起，罚款79万元。

生态治理稳步推进。紧扣“一增一减”目标，实施“七大治理”工程，持续抓好“治伤”“治乱”和农业面源污染治理，启动入河排污口排查整治，划定河湖管理保护线2 707千米，治理中小河流105千米、沙化土地2.06万亩、水土流失面积133平方千米。启动“1432”人草畜三配套抓点示范工程，完成天然草原改良19万亩、鼠虫害防治60万亩，减畜近18万个羊单位，牲畜超载率降至4.52%。

【农村社会保障】 全面完成27件民生实事。严格落实稳岗政策，发放稳岗补贴29.8万元，通过鼓励自主创业、开展技能培训、开发公益性岗位、帮扶协作转移等方式帮助6 053名群众实现就业。为663名农民工追回拖欠工资1 194万元。城乡居民养老保险、医疗保险参保率均达98%以上，发放各类补助资金7 500万元。城乡低保标准分别提高10.6%和15.7%。临时救助639人次，人均救助金额同比增长21.9%。完善退役军人优抚制度，发放重点优抚对象补助119.4万元。

【主要领导人】 县委书记：冯峥勇；县人大常委会主任：罗让；县长：龙真泽郎；县政协主席：措德；分管农业副县长：唐郁鑫。

阿坝县编写组

若尔盖县

【基本情况】 2022年，全县辖7镇6乡，辖区面积10 620平方千米。

【乡村振兴】 聚焦“守底线、抓发展、促振兴”的总体要求，配套建设美丽乡村，投入涉农整合资金2.02亿元，实施产业、基础设施、人居环境整治等乡村提升项目80个，加强推动就业、产业和消费帮扶，脱贫人口年人均纯收入达13 082.63元，同比2021年人均纯收入增幅达15.77%，实现2022年度脱贫人口收入“两个高于”目标。推进巴西镇班佑村、唐克镇索格藏村、红星镇塔哇村等标杆村建设。 农牧民年人均可支配收入达18 304元，同比增长8%。推动乡（镇）赋权和审批服务公共服务下沉，赋权下放到乡（镇）事项243项、村（社区）事项71项，协助医保下放事项16项、森林草原防火下放事项17项，真正打通服务群众“最后一公里”。

【省内帮扶】 紧盯“巩固”和“衔接”关键词，投入援建资金3 717.1万元，实施援建项目13个，在基础设施、产业造血、民生补短、全域帮扶等方面持续发力，铸牢若尔盖县乡村振兴基础。深耕巴西镇班佑村的资源禀赋优势，整合各类资金5 300余万元，打造乡村振兴样板村。加快牦牛藏绵羊屠宰及精深加工项目建设，促进若尔盖畜牧产业转型升级、发展壮大。实施纳木中学教学楼维修项目、嫩哇产业大道等7个民生项目，加快补齐社会民生事业发展短板。

【东西协作】 投入资金4 500万元，实施交流交往交融、产业促进就业、保障改善民生、智力支援、文化教育支援等项目17个。对口支援项目已全部开工建设，开工率达100%。通过项目的实施，全县的基础设施、数字化智能化建设、教师能力提升、人才培养、劳务输出等方面均取得了一定成效。开展两地党政主要领导互访考察，召开联席会议2次，达成新一轮深化东西部协作和对口支援协议3份。三大共建产业园已引导入驻企业21家，全年新增引导落地5家，新到位投资额5 600万元，吸纳劳动力458人；组织专技培训11期，培训专业技术人员742人次。

【乡村旅游】 投资7 235万元，建设若尔盖县民族体育馆、阿西镇牙弄村旅游产业项目、阿西镇牙弄村红色村庄建设项目、2022年红色美丽村庄试点建设项目、红星镇回民村民族风情旅游村提升等项目。全县入选第四批天府旅游名县候选县，成为阿坝州唯一入围的创建单位；唐克镇入选第二批阿坝州特色文化旅游名镇，降扎乡苟绕村入选第二批阿坝州特色文化旅游名村。

【农业基础设施建设】 坚持草原增绿、牧业增效、牧民增收，发展现代农牧产业，农作物播种面积5.93万亩，其中粮食作物播种面积3.26万亩。全县出栏牦牛14.68万头、藏绵羊28.98万只，牲畜参保达82万混合头。新增暖棚巷道圈216个、三结合牧场315户、钢制晾架200个，建成饲草、道地中药材、油菜、马铃薯特色产业基地等2.86万亩。投资2.37亿元，推进辖曼镇自来水厂，达扎寺镇、唐克镇自来水厂维修改造，集镇供水管网建设、城市集中供暖、红星镇塔哇村人居环境、建制镇污水处理一体化设施、唐克镇污水管网等建设项目。投资2.05亿元，全面完成嫩哇乡道路面整治、辖曼乡道、乡村振兴村内道路黑化、自然村通硬化路新建项目及撤并建制村畅通等项目，推进阿牙路、麦溪大桥、乡村振兴村内道路黑化项目（二期）、若尔盖县农村公路次差路整治、农村道路安全隐患整治等项目建设。

【农村教育】 投资7 785万元，建成达扎寺镇中学（初中部）学生宿舍，若尔盖县冻列中学教学及辅助用房建设项目，若尔盖县红星镇扎窝村、麦溪乡嘎沙村、求吉乡下黄寨村村级幼儿园建设项目，麦溪乡幕村幼儿园建设，加快建设纳木中学教学及辅助用房，达扎寺镇中学（初中部）学生宿舍，若尔盖县达扎寺镇中学（初中部）学生食堂项目，若尔盖县达扎寺小学教学及辅助用房建设项目。推进十五年免费教育，落实“双减”政策。投资157万元，完成国家级、省级培训项目近60个，线上线下培训教师达2 500余人次。5名教师入选四川省第三批名师工作室成员。

【农村卫生】 投资4 200万元，加强应急处置能力、排查管控能力、流行病学调查溯源能力、物资保障能力建设。加强医联体网格化布局和规范化管理，发挥县级医院的龙头带动作用，覆盖全县所有公立医疗机构。建成唐克镇卫生院高压氧舱，加快纳木中心卫生院能力提升。县级医院可诊治疾病120种，乡（镇）卫生完成疾病诊治60种，村卫生室诊治疾病20种，基本实现“小病不出村，常见病不出乡，大病不出县”目标。

【农村生态建设】 投入1.1亿元，实施黄河干流、阿西隆曲等生态护岸工程，疏浚治理河道45千米，治理水土流失面积111平方千米。设立各级河（湖）长106名，累计巡河2 000余千米，发放整改通知书15次，行政处罚9万元；出动执法人员执法180人余次，侦破“1202”非法采矿案。

生态保护。推进重点生态工程建设，实施山水林田湖草沙一体化保护和修复工程，投入3.72亿元，治理各类沙化土地9.73万亩，改良退化草原21万亩，治理鼠虫害80万亩，人工种草3.5万亩，修复湿地9.75万亩，建成生态拦水坝349个，遏制了“两化三害一滩”蔓延趋势。投资7 425.8万元，提前建成黄河干流应急处置工程5.06千米、观景廊道2.2千米，在全省调度会议上获得表扬；投资1 631万元，修复65处历史遗留矿山，阿西金矿生态环保问题通过省、州验收；累计整改销号生态环保境问题361个，整改完成率达90.39%，完成14.77万个羊单位减畜任务；完成年度污染物减排任务，空气优良天数、饮用水、地表水达标率100%，生态环境日益优化。

【主要领导人】 县委书记：刘飞；县人大常委会主任：伍晓东；县长：韩德龙；县政协主席：阿达；分管农业副县长：唐郁鑫。

若尔盖县编写组

红 原 县

【基本情况】 2022年，全县辖10个乡（镇），辖区面积8 400平方千米。

【乡村振兴】 聚焦巩固脱贫攻坚成果同乡村振兴有效衔接。整合绵阳市、永嘉县和省内定点帮扶部门帮扶资金8 809.2万元，实施巩固脱贫类项目55个；抓实监测帮扶，转移脱贫劳动力就业1 877人，脱贫人口人均收入达12 008元，增幅达15.8%，脱贫攻坚成果有效巩固拓展。整合乡村振兴衔接资金1.96亿元，实施产业发展、基础设施提升、人居环境改善等5大类118个项目，已完工116个，完工率98.3%。投资1 871.09万元，实施污水治理项目2个，新建农村户厕617座，农村人居环境不断改善。投资3.78亿元，实施5大类65个示范项目，完成瓦切镇、安曲镇、阿木乡和4个示范村、2个重点帮扶村的"三家园"抓点示范工作，示范"多点开花"、特色成片打造。10个乡（镇）便民服务中心、35处村（社区）代办点全部通过州级"三化"验收，政务服务能力水平不断提升。安曲镇获评"四川省乡村振兴先进乡镇"，阿木乡卡口村获评"四川省乡村振兴重点帮扶优秀村"。

【现代牧业】 坚持牧业转型升级，走"规模经营、健康养殖、加工增值、生态友好"的现代化畜牧业发展道路。闯进全国15个草原畜牧业转型升级示范县序列，规划总投资6.08亿元，年度整合资金1.57亿元，统筹实施麦洼牦牛种畜扩繁基地、牦牛标准化养殖示范基地等12类建设项目，完成智慧化体验式牧旅融合示范基地、红原草原畜牧业数字化管理平台等7个项目建设，建成家庭生态牧场106个，红原牦牛现代农业园区创建为省五星级现代农业园区，邛溪镇被认定为第十二批全国"一村一品"示范镇。牦牛交易市场规模持续壮大，年活畜交易量达17万余头，已发展成为川甘青结合部最大的活畜交易市场。实施卧圈种草7 018亩，采购储备应急救灾饲草料1 172吨，有效应对极端旱灾。全年出栏各类牲畜14万余头，肉产量1.6万吨，奶产量3.32万吨。蔬菜产量1.1万吨。

【农村生态建设】 推进"七大保护"行动。河（湖）长制、草（林）长制及田长制稳步推进，实施草原禁牧476万亩、草畜平衡643.15万亩，草原植被综合盖度达86.2%，森林面积、蓄积量实现"双增长"。"三区三线"全面划定，国土空间规划体系初步建立；"四川黄河上游若尔盖草原湿地山水林田湖草沙一体化保护和修复工程"红原项目落地实施，若尔盖国家公园（红原部分）创建任务有序推进，生态保护体系成势见效、一体推进。全县出境断面水质全部达到Ⅱ类，空气质量排名常态化位居全省第一方阵。

生态治理。聚焦重点区域，坚持综合施策，推进"七大治理"工程。投入3.28亿元，实施若尔盖湿地水源涵养能力提升工程、虎头山水毁河段生态综合治理等18个项目，新建生态防护带71.2千米3 992亩、堤防护岸33.04千米、河岸缓冲带12.7千米，综合治理水土流失面积143.26平方千米、河道面积24.2千米、地质灾害点2处、废弃工矿取料点173处，牲畜超载率下降至4.99%以下，6个建制镇污水处理设施实现全覆盖。各级督察反馈生态环境问题整改全面推进，已完成整改195项。常态化开展生态环境联合执法，查处各类生态违法案件27件，罚款1 136.15万元，形成生态保护治理有效震慑。

【民生保障】 全年民生领域支出15.68亿元，占一般公共预算支出的70.1%；23件民生实事全面落实。供暖二期建成投运，增加供暖面积23万平方米；新建乡（镇）干部周转宿舍120套，干部群众生活条件得到改善。社保扩面征缴，医疗保险参保率稳定在95%以上，足额发放各项社保待遇1.25亿元。全面兑现城乡低保、特困救助、高龄津贴、残疾人补贴等保障资金2 667.51万元，惠及7万余人次。完善落实村干部基本报酬补助标准，激发干事创业活力。落实优抚优待资金403.84万元，退役军人服务保障和拥军优属工作持续加强。投资2 500万元，建设综合性福利服务中心，社会福利事业发展基础日臻完善。

【抗震救灾】 "6·10"马尔康震群型地震发生后，党员干部和灾区群众自救互救，打赢了抢险救灾、排危除险、转移安置等"硬仗"。科学编制重建规划，总投资1.55亿元，规划实施26个灾后重建项目，23个项目逐步分期分批开展前期，1户农房重建、687户农房维修加固和查尔玛乡农村饮水恢复重建项目全面完成，确保灾区群众在冬季来临前全部住上安全温暖的住房。

【主要领导人】 县委书记：杨文松；县人大常委会主任：旺健；县长：阿江；县政协主席：田长新；分管农业副县长：兰刚。

红原县编写组

甘孜藏族自治州

【基本情况】 2022年，全州辖177乡110镇2个街道，辖区面积149 683.67平方千米，其中耕地面积130.67万亩，比全

国三调时同口径耕地面积增长0.09‰，人均耕地面积1.41亩（以2022年全州乡村总人口核算）；基本农田102.55万亩。年末总人口1 094 047万人（户籍人口），增长0.15%；人口出生率13.64‰，减少1.33个千分点；人口自然增长率3.54‰，减少4.37个千分点。全州耕地有效灌面和保证灌面分别达到耕地总面积的91%和86%，本地水资源总量626.92亿立方米，人均占有水资源量56 837.46立方米。有林地面积696.18万公顷，森林面积539.47万公顷，森林覆盖率35.26%，森林蓄积量4.865亿立方米。

2022年，全州实现地区生产总值471.94亿元，增长3.5%，其中第一产业增加值84.24亿元，增长4.2%；第二产业增加值131.41亿元，增长6%（工业产值183.89亿元，增长17.7%上）；第三产业增加值256.29亿元，增长2.1%。三次产业对经济增长的贡献率分别为22.83%、43.76%和33.41%。全州工业增加值111.3亿元，增长5.6%。全年接待游客3 147.47万人次，实现旅游综合收入344.83亿元。

全州公路通车里程32 950.874千米（其中农村公路27 048.934千米），密度22 000米/平方千米、299千米/万人。社会消费品零售总额129.52亿元，增长1.5%。地方一般公共财政预算总收入完成47.83亿元，增长3.66%；一般公共财政预算总支出413.76亿元，增长1%，其中农业投入887 000万元，占支出的21.44%。全州金融机构各项存款余额909.09亿元，比上年初增长12.83%；各项贷款余额523.64亿元，比年初增长6.79%，其中支持农业产业化发展项目贷款2.3亿元。全年农业保费收入1.29亿元，增长73.45%：处理各项赔款和给付金额5 401.92万元，降低65.56%。

有各类学校736所，在校学生239 540人，教职工20 133人，其中普通高校2所，在校本（专）科学生12 154人；中等职业教育学校3所，在校学生6 800人；普通中学50所，在校学生62 482人；小学304所，在校学生119 572人；幼儿园375所，在校学生38 341人；特殊教育学校2所，在校学生191人。完成省级科技成果登记6项，2项科技成果获得省级及以上科技进步奖。有艺术表演团体25个，文化馆19个，公共图书馆19个，博物馆57个。有卫生机构2 585个，病床位8 130张，卫生技术人员7 628人。全州城乡居民基本医疗保险参保人数88.44万人。

【年度农业和农村经济运行】 2022年，全州实现农业总产值127.46亿元，增长4.3%；全州全年农林牧渔业增加值达85.24亿元，增长4.2%。农民年人均可支配收入达16 363元，增长6.4%。全州主要农产品产量见表1，全州省级（及以上）农业产业化重点龙头企业名单见表2，全州省级（及以上）示范农民专业合作经济组织名单见表3，全州家庭农场经营情况统计表（前10位）见表4。

【农用地产权制度改革】 落实粮食安全党政同责、耕地保护党政同责，落实耕地保护“长牙齿”的硬措施，严守耕地红线，划定耕地保护目标任务122.89万亩、永久基本农田102.55万亩。加强撂荒耕地整治，实现清零目标，耕地“非农化”“非粮化”得到有效遏制和管控。建立县、乡、村三级农村宅基地巡查监管制度，累计开展巡查14 187场次，发现问题120个，完成整改118个。开展闲置宅基地或闲置农房盘活利用，流转、出租闲置农房858宗2 181.54万元，实现农房自营收入3 237宗7 138.25万元。严格落实农村宅基地审批“三到场”，开展农村宅基地管理督导检查90场次，全年审批宅基地588宗165.81亩。指派专人专班指导开展“9·5”泸定地震灾后核灾和城乡住房重建工作，到5县1局开展灾损核查，同时开展群众安置意愿调查、灾后重建政策宣传等工作。

【农村集体产权制度改革】 围绕清产核资、成员确认、股份量化、登记赋码等重点环节开展农村集体产权制度改革“回

表1 2022年甘孜藏族自治州主要农产品产量

主要农产品	单位	产量	同比增减(%)
粮食	万吨	23.10	–0.90
水稻	万吨	0.11	–8.33
小麦	万吨	2.43	–2.02
玉米	万吨	5.10	–5.56
马铃薯	万吨	4.49	–3.02
油菜籽	万吨	1.80	0
蔬菜	万吨	44.29	–0.18
水果	万吨	2.22	12.69
肉类	万吨	8.90	2.53
猪肉	万吨	1.65	4.43
牛肉	万吨	6.70	3.40
羊肉	万吨	0.52	–11.86
禽肉	万吨	0.03	0
禽蛋	万吨	0.70	–1.41
牛奶	万吨	11.05	–1.60

表2　2022年甘孜藏族自治州省级（及以上）农业产业化重点龙头企业名单

企业名称	注册资金（万元）	法人代表	示范等级	营业收入（万元）	主营产品
甘孜县康巴拉绿色食品有限公司	8 000	代埝君	国家级	7 287.00	牦牛肉系列产品
甘孜州华康进出口有限责任公司	500	叶茂康	省级	389.00	蔬菜（含菜用瓜、食用菌干鲜混合）
康定青藏谷地农牧业生物科技有限公司	2 720	叶鑫林	省级	3 044.00	牛肉系列产品、食用菌系列产品
甘孜藏族自治州康定蓝逸高原食品有限公司	3 350	张荣	省级	2 004.60	冰淇淋、乳清饮料、奶食品、奶茶等产品
康定达折渚生态农畜产品开发有限公司	500	陈关雄	省级	840.00	青稞、牦牛肉系列产品
泸定县桑吉卓玛青稞酒业有限责任公司	1 000	罗卫	省级	302.57	青稞白酒
甘孜州康定红葡萄酒业有限公司	3 700	吕旻道	省级	97.17	康定红葡萄酒
九龙县祥海野生资源开发有限公司	1 280	王海强	省级	6 995.78	松茸、羊肚菌等食用菌
甘孜州日基农业开发有限公司	5 000	钟群	省级	2 794.00	松茸等食用菌
甘孜州康巴之花农业有限公司	1 000	王鹏	省级	1 004.99	高原莴笋等蔬菜
石渠太阳部落生态农业发展有限公司	10 000	丁永鸿	省级	1 788.23	蔬菜
理塘县康藏阳光农牧业科技开发有限责任公司	200	杨帆	省级	1 016.00	理塘萝卜
理塘县高城鹏飞牦牛肉食品开发有限责任公司	500	敖学刚	省级	6 811.00	牦牛系列产品20余种
理塘县香巴拉绿色食品开发有限公司	700	洛桑克珠	省级	2 849.81	松茸等食用菌
四川扎西集团有限公司	10 000	扎西龙热	省级	700.00	食用菌
乡城县雪松天然绿色食品开发有限责任公司	880	丁真	省级	900.00	松茸等食用菌
乡城藏青兰药业有限公司	1 000	潘文俊	省级	181.60	种植、加工中药材

表3　2022年甘孜藏族自治州省级（及以上）示范农民专业合作经济组织名单

合作组织名称	注册资金（万元）	法人代表	示范等级	年度产值（万元）	主营产品
道孚县安珠农民种养殖专业合作社	750.0	杨安福	省级	1 141.28	蔬菜产业
道孚县康巴渠德农牧实业发展合作社	1 200.0	曲登	国家级	547.00	奶业
泸定县德佳养殖专业合作社	160.0	杨勤	省级	233.35	蛋鸡产业
泸定县固包种植专业合作社	16.4	浦光会	省级	214.76	水果
九龙县双富花椒油加工专业合作社	80.0	张双泉	国家级	203.00	其他种植
泸定县藏香猪养殖专业合作社	323.6	罗文林	省级	185.22	生猪产业
泸定县金桥种植专业合作社	65.0	李正超	省级	144.22	水果
康定县达杠苹果种植农民专业合作社	4.0	李宗华	省级	125.01	水果
康定鸿发养猪农民专业合作社	268.0	何明芬	省级	105.30	生猪产业
甘孜州海螺沟景区鑫杰养殖合作社	300.0	王杰	省级	88.82	生猪产业

表4　2022年甘孜藏族自治州家庭农场经营情况统计表(前10位)

家庭农场名称	注册资金（万元）	法人代表	年度产值（万元）	主营产品
丹巴县万胜家庭农场	60	贺永花	200.0	生猪养殖
九龙县勇盛家庭农场	5	黄仁勇	112.0	种养结合(生猪+粮食)
康定市姑咱镇枇杷林家庭农场	150	徐清驯	110.0	家禽养殖
九龙县洪才家庭农场	30	高洪才	84.0	种养结合
泸定县子牛岗合欣农场	20	岳国勇	50.0	种植业
泸定县二郎山吉祥农场	180	周祖祥	45.0	种植业
泸定县兵王家庭农场	80	王治强	60.0	种植业
九龙县月发家庭农场	100	潘月发	34.0	种养结合
康定市麦崩乡亿佳家庭农场	80	杨世兵	33.5	种植业
康定市时济乡绿之源生态种养植家庭农场	50	张中辉	30.4	家禽养殖

头看”,做好成员信息、资产清查等相关信息的录入工作,巩固改革成果,提升工作质量,2 181个行政村已全部建立村集体经济组织,实现全覆盖;建立资产管理台账、成员名册,建立健全成员大会、理事会、监事会的“三会”法人治理机制以及资产经营管理制度、财务管理和收益分配制度等内部管理制度,全部完成规范挂牌,村支部书记兼任村集体经济组织理事长2 167个。全州共核实村级集体资产208.55亿元(流动资产10.81亿元、农业资产1.26亿元、长期资产9.08亿元、固定资产186.94亿元、其他0.46亿元),其中经营性资产31.71亿元、非经营性资产176.84亿元,确认成员22.01万户、93.98万人,颁发股权证22.01万本,颁证率达100%,构建归属清晰、权能完整、流转顺畅、保护严格的农村集体产权制度。

【供销合作社改革】 在康定市、丹巴县、雅江县、道孚县、炉霍县、德格县、理塘县、乡城县、稻城县、得荣县10个县(市)依托省供销社下达全州的2022年省级供销综合改革及发展专项资金100万元,建设中心供销社示范社12个。

【农产品品牌战略实施】 制定《甘孜州推进农产品质量认证打造有机之州实施方案》《甘孜州农业生产“三品一标”提升行动实施方案》等政策性文件,对未来5年全州农业生产及品牌建设总体思路、发展目标、重点任务、工作措施等做出详实的规划和设计,打造“有机之州”。及时调整优化全州绿色有机产品申报任务,推进绿色食品、有机食品认证,全州“三品一标”有效期内产品共136个,其中无公害农畜产品65个(无公害畜产品10个、无公害种植业产品55个)、农产品地理标志产品14个、绿色食品57个。乡城藏猪、乡城苹果被纳入2021年第二批“全国名特优新农产品”名录。开展全州农业生产地方标准制定工作,新立项申报甘孜州农业地方标准6项。

【现代农业园区建设】 累计启动建设现代农(林)业园区43个,建成主导产业基地35.58万亩,养殖畜禽25.5万头(只),园区农业综合产值达26.17亿元,吸引112家涉农企业、1 407个农民合作社、509个家庭农场入驻园区,带动受益农民48.12万人,园区内农村居民人均可支配收入平均达1.6万元。新增省级现代农业园区4个、州级现代农业园区10个,乡城县“苹果+藏猪”种养循环现代农业园区入选全国农业数字创业园区典型。

【种植业】 落实粮食安全党政同责,明确耕地利用优先序。组织调运和调剂各类作物良种、肥料、农膜、农药等农资,并落实耕地地力保护补贴资金6 698.7万元、种粮大户补贴资金(两批次)2 264.24万元、实际种粮农民一次性补贴1 138万元,提高农民种粮积极性。全年粮食作物播种面积103.49万亩,产量23.1万吨。严格落实“菜篮子”州长负责制,发展设施蔬菜与露地蔬菜相结合的蔬菜保供基地,新(改)建5个蔬菜保供基地,全年完成蔬菜种植面积22.55万吨,产量44.71万吨;完成油菜种植面积11.46万亩,产量1.81万吨;完成中药材种植面积6.73万亩,产量0.31万吨;完成瓜果种植面积224亩,产量855吨。聚焦青稞等高原特色物种,牵头制定出台《甘孜州种业振兴行动实施方案》,全面规划全州种业振兴行动总体要求、行动目标、重点任务和保障措施,建成种质资源圃6个,征集提交农作物种质资源样品954份。加强种业知识产权保护,规范种子市场秩序。建成农作物良种繁育基地12.7万亩,农作物良种覆盖率达94%。丹巴黄金荚、巴塘甲着小麦入选2022年全省新发现优异种质资源。

【林草业】 争取资金1 400万元,完成中藏药材种植及土壤改良0.01万余亩、低效林改造0.5万亩、变叶海棠幼苗繁育基地和品牌提升项目建设。创建州级现代林业园区1个、县级园区1个。投资420万元，实施改接换种、修枝修剪、施肥防虫等核桃低产低效林改造1.2万亩。发展林菌、林药、林禽、林蜂等林下种养9 891亩，实现产值4 615.8万元；采集林下野生菌625.03吨，实现产值1.73亿元；采集虫草8 616千克，实现产值4.88亿元。依托独特丰富的资源优势，发展生态旅游，全年接待游客180余万人，实现收入17.42亿余元。投资2.55亿元，实施退化草原修复工程和草原生态修复治理项目，完成围栏建设39万米，治理退化草地93.5万亩，防治鼠虫害259.5万亩。投资2.13亿元，完成人工造林、退化林修复、森林质量精准提升、封山育林38.21万亩，治理干旱河谷、沙化土地17.31万亩，完成城乡庭院及节点绿化、花海花湖建设1.17万亩，道路绿化63千米。开展义务植树189.75万株，抢救复壮古树38株。选聘生态护林员20 756名，发放劳务报酬1.21亿元，兑现各类惠民补助补贴4.16亿元。

【畜牧业】 全州秉承“农牧并重”理念，召开首次全州牧区工作会议，制定印发《关于实现共同富裕推进新时代牧区工作的意见》，研究部署以共同富裕推动农牧区高质量发展的重大问题。制定出台《甘孜州藏香猪产业发展推进方案（2023—2025年）》，建成生猪规模养殖场31个。研究出台牦牛出栏激励政策，建立“县包乡、乡包村、村包户”牲畜出栏包保责任制和“日研判、周调度、旬通报、月督查”的出栏调度通报机制，全年生猪出栏22.89万头、牛出栏53.44万头、羊出栏31.89万只、禽出栏23.15万只；猪肉产量16 504吨，牛肉产量67 005吨，羊肉产量5 216吨，禽肉产量345吨；牛奶产量11.05万吨，禽蛋产量706吨。牧区经济总量达171亿元，增长4.1%；牧民人均可支配收入达15 380元，增长6.2%。色达县入选全国草原畜牧业转型升级试点县。推进牦牛产业集群“州长工程”落地落实，《甘孜牦牛产业集群建设实施方案》获得农业农村部立项，按照“国调州不减”方式在13个县（市）实施牦牛产业集群建设，安排下达中央财政支持资金5 000万元，撬动社会资金和自筹资金3.7亿元，完成年度投资3.5亿元，启动实施一期项目28个；组建成立州牦牛产业发展中心、5个专家工作站，完成登记注册州牦牛产业联合会和14个分会；制定颁布3个地方标准，建成加工生产线11条，提升产品加工产能6 000吨，集群内实现牦牛出栏37.39万头。加强对国家级和省级畜禽遗传资源保种场（保护区）的管理，建成畜禽遗传资源保种场（保护区）5个，启动实施昌台牦牛和九龙牦牛良繁体系项目建设。玛格绵羊被农业农村部列为2022年全国畜禽十大优异种质资源之一，勒通绵羊入选2022年全省新发现优异种质资源，亚丁牦牛畜禽遗传资源通过国家畜禽遗传资源委员会审定鉴定。做好非洲猪瘟、高致病性禽流感、布病、包虫病等人畜共患病防控，完成动物疫病防控1 211.395 9万头（只、羽），免疫抗体合格率达94.15%。严格检疫监督，加强养殖、调运、屠宰等环节监管，做好病死畜禽无害化处理、官方兽医管理培训、农作物病虫害防治等工作，全年未发生区域性重大动物疫情。

【乡村振兴】 组织指导18个县（市）科学编制巩固衔接实施方案，储备项目9 124个，总投资预算438.6亿元。通过"精心精致包装储备一批、稳扎稳打推进实施一批、有质有效竣工验收一批、不折不扣问题整改一批、倾情倾力典型选树一批"，加强资金项目管理，全年累计投入衔接资金27.81亿元，实施项目1 657个。开展扶贫项目资产“回头看”，摸清扶贫项目资产底数，完成2021年以后帮扶资金项目清理及资产移交确权，杜绝资产闲置，确保后续管护、运营落实到位。制定落实防止返贫监测帮扶乡村快速发现响应、县级部门信息推送比对、州级部门协同联系指导“三个机制”，建立州、县、乡、村四级共同推进防返贫监测帮扶工作体系，综合用好集中排查、日常摸排、部门推送、关联监测等手段，常态化开展动态监测帮扶，截至2022年12月，共识别认定监测对象3 760户15 630人，全年新增监测对象2 513户10 068人，已消除风险920户4 171人。

【农村水利】 编制印发《甘孜州2022—2025年农村供水保障实施方案》《甘孜州农村供水工程建设和运行管理办法（暂行）》，推进农村饮水安全向农村供水保障转变，为提升农村供水保障能力提供政策支撑。投资2 062万元，实施18个县（市）农村供水工程维修养护项目建设，维修养护安全饮水工程1 663处。开工建设稻城俄雅同、白玉赠科、德格温拖3个水利工程渠系配套项目。实施农业水价综合改革8.12万亩。

【农业机械化】 加快农机装备建设，提升农机化作业水平，全年分别完成机耕面积126万亩、机播面积38.9万亩、机收面积59.6万亩，主要农作物耕种收机械化综合水平达64%。

【农村科技】 加强特色产业关键共性技术攻关，立项省、州科技项目63个，下达省、州科技计划项目资金1 549.574万元，主要支持开展衔接推进乡村振兴产业发展、示范基地建设、科技特派团产业技术服务与示范推广、科普培训和“四川科技兴村在线”平台建设等。加强企业创新主体培育，入库备案科技型中小企业16家、高新技术企业3家、州级“众创空间”7家、州级企业研发机构5个。贯彻落实科技特派员制度，成立科技特派团工作领导小组，组建科技服务队伍3支，整合科技人员312人，组建技特派团18个，选派省、州“三区”科技人才119名，协同推进9个国家乡村振兴重点帮扶县的科技特派团工作，补充省、州科技特派员78名。国家科技特派团到县开展科技服务77次，培训培养本土技术骨干388名；全州科技服务团队开展现场技术指导147次、技术培训71场次，发放技术资料1.73万份。全州建有乡（镇）基层农技站（综合服务站）287个。

【农村教育】 投入教育经费18.9亿元（其中基础设施投入资金8.27亿元），推进165所学校222个项目建设；统筹国家和省保障类资金6.64亿元，推进实施十五年免费教育和6件省、州教育民生实事。提升教师队伍整体活力，统筹调整教师编制1 163名。通过公招、双选、特岗、公费师范生安置等多种形式补充教师1 173人，全州教学质量显著提高。

【农村卫生】 全州以深化医疗卫生体制改革、以巩固卫生健康脱贫成果与乡村振兴有效衔接工作为抓手，实施“基层卫生健康服务能力提升工程”，补齐基层卫生服务能力短板，基层卫生队伍建设不断充实，基层卫生服务模式逐步转变，全州基层卫生健康事业不断发展。2022年，全州基层医疗卫生机构核定编制2 966人，在编2 744人，每千人口核定基层卫生人员编制数与上年持平。全州基层卫生人员数为5 053人，占医疗卫生机构总人数的46.55%，较上年增长3%；基层卫生技术人员、执业（助理）医师、注册护士、全科医生的人数分别为2 703人、879人、671人和191人，较上年增长5.75%、5.4%、7.18%和24%。全州基层医疗卫生机构本科及以上学历占比为37.54%，较上年增加4.5个百分点；大专及以上学历占比为83.93%，较上年增加4.1个百分点。全州每千人口基层卫生人员达到4.59人；每万人口全科医生人数1.73人，较上年增加0.34人。截至2022年年底，全州乡村医生共计2 055人，其中取得乡村医生执业证书1 536人，具有执业（助理）医师等资格77人，占比分别为74.74%和3.75%；具有中专及以上学历1 346人，占比为65.5%；18～59岁1 935人，占比为94.16%；60岁以上120人，占比为5.84%。全州共有乡（镇）卫生院295个（地名卫生院8个）、社区卫生服务中心2个、村卫生室2 090个。完成康定市姑咱镇卫生院、泸定县冷啧镇卫生院、九龙县烟袋镇卫生院、道孚县八美镇卫生院、稻城县香格拉里镇卫生院次中心建设任务并通过省级验收。色达县、甘孜县按照《甘孜州紧密型县域医疗卫生共同体医疗保障管理改革试点实施方案》精神，分别出台医共体建设方案，发挥医保在资源配置中的杠杆作用，推动人财物等统一管理和人才技术“双下沉”，促进优质医疗资源下沉，提升基层医疗服务能力。州卫生健康委印发《关于做好2022年“优质服务基层行”活动和社区医院建设工作的通知》《关于开展2022年“优质服务基层行”活动州级复核的通知》，于6—10月组织未达到基本标准的263个基层医疗卫生机构参加“优质服务基层行”活动，通过机构自评、县（市）级审核和州级复核，审定2022年16个乡（镇）卫生院达到基本标准，1个卫生院达到推荐标准，全州共计47个乡（镇）卫生院达到基本标准、2个乡（镇）卫生院达到推荐标准，占比较2021年提升5.4%。

【农村法制建设】 扩大法律援助覆盖范围，放宽审查标准，建立乡（镇、街道）法律服务工作站289个，延伸建设村（社区）法律服务工作室2 252个，全覆盖完成州域平台建设，动态掌握乡村法律服务需求。选优配强890名法律服务人才担任村（社区）法律顾问，解答法律咨询4 502人次，办理法律援助案件289件。畅通法律援助绿色通道，对涉农工伤、讨薪、追索赡养费等案件优化审查程序，精简工作流程，保障农民合法权益。坚持“力量下沉、服务下倾”，依托全州7 001名“法律明白人”和11 282名人民调解员，累计举办法治宣传活动1 100余场次，发放宣传制品30万份，覆盖42万人次。

【农村交通】 推进农村公路建设，完成投资15.13亿元，同比增长121.8%，川藏铁路配套农村公路占比达41.78%。其中，续建项目完成投资6.4亿元，新开工项目完成投资8.73亿元。全年完成新（改）建791.38千米，其中美丽乡村和旅游示范公路96.58千米、撤并建制村通硬化路210.16千米、川藏铁路农村公路配套公路162千米、通30户及以上组硬化路159.68千米、其他项目162.96千米。做好道路运输服务，全州全年客运量达387.283万人，客运周转量达46 324.735万人/千米；货运量达1 763.837万吨，货运周转量达231 815.061万吨/千米，客货总周转量236 447.535万吨/千米（同比增长3.07%）。

【涉农招商引资】 全州引进3 000万元及以上农业产业招商引资重大项目4个，签约总金额25 000万元（见表5）。

【农村社会保障】 全州城乡低保标准分别提高至680元/月、480元/月，城市和农村特困供养标准分别提高至884元/月、624元/月；全州保障城乡低保对象15.47万人（其中脱贫人口纳入低保7.2万人），全年累计发放低保保障资金5.3亿元，做到“应保尽保”。印发《关于进一步规范建立乡镇（街道）临时救助备用金制度的通知》，指导基层落实乡（镇、街道）临时救助备用金制度，提升救助的时效性，做到“应救尽救”。全年累计救助11 060人次，累计发放救助资金1 461.88万元。督促指导各县（市）、州救助站落实好街面巡查、站内救助等工作。加强救助管理机构常态化疫情防控工作，全州救助管理机构实现安全生产“零事故”、新冠疫情防控“零感染”。全年累计救助330人次，救助资金31.47万元。

【农村生态建设及环境保护】 加强农村环境监管，持续加大农村生活的污水治理力度，按照“因地制宜、尊重习俗，应治尽治、利用为先，分类推进、久久为功”的基本思路，农村生活污水治理成效明显，污水直排得到遏制，全州未发现农村黑臭水体，全州44.05%的行政村生活污水得到有效治理，治理率达60%；通过改厕后进行资源化利用得到有效治理的行政村（含涉农社区）占比40.19%。探索运用资源化利用模式，解决农村生活污水污染物浓度低、排放分散、季节性时

表5 2022年甘孜藏族自治州3 000万元及以上招商引资项目表

项目	总投资（万元）	投资内容	投资方	项目进度
康定牦牛乳制品产业园合作开发项目	12 000	新建牦牛乳制品展示区、牦牛文化展示区、牦牛乳制品加工区、牦牛乳制品仓储物流区、牦牛乳制品研究中心、牧场观光体验区、生活住宿区、高原食品研究院及园区道路及附属设施建设等	康定蓝逸高原食品有限公司	开展用地报件等前期工作
四川岭尚农业开发有限公司（九龙）九龙县农牧禽畜肉及农产品精深加工产销一体投资项目	5 000	九龙县农牧禽畜肉及农产品精深加工产销一体投资项目，项目主要为九龙县农特产品加工	四川岭尚农业开发有限公司	已投资1 000万元，建设产品生产线
色达牦牛产业化项目	5 000	一期建设年屠宰牦牛约1万头加工生产线，二期建设年产500吨精深加工牦牛肉制品生产线	三旺集团	项目已开工建设
阳光玫瑰葡萄园区产业项目	3 000	承包土地，从事阳光玫瑰葡萄种植产业发展	甘孜州天孜有机农业科技有限公司	已落地投产

段性强导致的治理瓶颈问题。制定《甘孜州城乡垃圾处理操作指南》，编制完成《甘孜州高寒高海拔地区垃圾处理设施建设技术导则》，按照“户分类投放、村分类收集、乡（镇）分类转运、县（市）或片区分类无害化处置”的方式，参照“1车1房3池5桶”的标准，完成8个县182个行政村生活垃圾收转运设施配备，全州2 181个基本配备生活垃圾收转运设施设备，覆盖率达100%，较上年提升8.34个百分点。共建成农村生活垃圾处理设施58座（日处理规模达491.6吨），同比增长38.1%。

【农产品质量安全监管】 全州在营的农贸市场34个，均配备安全总监和食品安全员，并建立健全食品安全管理制度和风险隐患自查自纠工作机制；持续开展农贸市规范化建设等级评定，累计评定20个，其中2A级农贸市场8个、A级农贸市场12个，综合评定率58.82%。开展食用农产品抽检1 904批次，不合格82批次，合格率95.69%。

【农村市场体系建设】 争取甘孜州国家级和省级乡村振兴重点帮扶县中心镇农贸市场建设项目，巩固拓展脱贫攻坚成果与乡村振兴有效衔接，做好两项改革“后半篇”文章，增强全州中心集镇的商贸流通能力，提升农产品流通质效。全年已下达补贴资金1 800万元（每县/市100万元）。

【农村留守儿童帮扶】 以促进农村留守儿童（318人）健康成长、保障其合法权益为根本目标，加强家庭监护主体责任，加大社会关爱保护力度，印发《甘孜州困境儿童和农村留守儿童关爱结对帮扶工作方案》，让其感受到社会主义大家庭的温暖。全年签订《农村留守儿童委托监护责任确认书》318份，落实监护责任。

【农村养老机构建设】 全州共有农村养老机构27个（其中公办24个、民办3个）、床位1 762张，入住老年人876人，其中男性305人、女性571人；全失能40人，半失能128人，全自理708人；60岁以下84人，60～69岁194人，70～79岁451人，80岁以上147人。有养老机构工作人员编制35个，临聘人员153人，执有养老护理员证人数7人。

【农村住房】 中央、省级下达全州农村危房改造任务488户、农房抗震改造57户，补助资金872万元，其中农村危房改造资金780.8万元、农房抗震改造资金91.2万元；项目已全面竣工，竣工率100%。按照中央、省安排，加快推进农村自建房安全隐患排查整治，以“经营性自建房”为重点，全面开展“无死角排、有重点检、全覆盖改、无例外管”排查，全州共排查农村自建房220 364栋，其中经营性自建房10 951栋；对10 951栋经营性自建房开展“回头看”工作，已全面完成经营性自建房排查、复核录入任务。全州所有自建房最终确认存在隐患1 977栋，其中采取管理措施1 663栋、采取工程措施314栋，已全面完成整治销号任务，销号率达100%。

【农村大事记】 7月29日，全州召开牧区工作会议。会前，与会人员分两组分别到炉霍、色达、石渠、德格、甘孜等地参观考察牧区基础设施建设、特色产业培育、社会事业发展、基层社会治理、宗教事务管理、草原生态文明建设和基层党建工作等方面情况。会上，观看了全州牧区工作专题片，表彰了牧区工作先进县、先进工作者和模范园区、龙头企业、企业家、合作社代表，康定市、巴塘县、九龙县、新龙县相关负责人分别在呷巴乡俄达门巴村、夏邛镇地巫搬迁点、汤古镇牦牛保种场、拉日马镇通过云视频进行交流发言，稻城县、理塘县、道孚县委负责人和国家乡村振兴重点帮扶县科技特派团色达县科技特派员刘刚、康巴拉绿色食品有限公司负责人分别发言。会上印发了《中共甘孜州委甘孜州人民政府〈关于实现共同富裕推进新时代牧区工作的意见〉》，研究部署以共同富裕推动农牧区高质量发展的重大问题。

【主要领导人】 州委书记：沈阳；州人大常委会主任：舒大春；州长：冯发贵；分管农业副州长：袁纲。

甘孜藏族自治州编写组

康　定　市

【基本情况】 2022年，全市辖8镇7乡2个街道204个行政村12个居委会(社区)，辖区面积1.16万平方千米，其中耕地保有量面积8.98万亩、基本农田保护面积7.19万亩。年末全市总人口12.82万人，其中城镇人口7.11万人、乡村人口5.71万人。城镇化率为55.46%。总户数31 468户，户籍人口105 326人，其中城镇人口41 305人，占总人口的39.22%；农村人口64 021人，占总人口数的60.78%。

2022年，全市实现地区生产总值1 195 620万元，按可比价格计算，比上年增长0.1%，其中第一产业增加值63 411万元，增长4.8%；第二产业增加值492 351万元，下降3.3%；第三产业增加值639 858万元，增长2.2%。三次产业对经济增长的贡献率分别为109.52%、-28.51%、18.99%，分别拉动经济增长0.11个、-0.03个和0.02个百分点。三次产业增加值占生产总值的比重由上一年的5.09：41.32：53.59调整为5.3：41.18：53.52，第一产业提高0.21个百分点，第二产业下降0.14个百分点，第三产业下降0.07个百分点。全年接待国内游客902.18万人次，比上年增长7.3%；实现国内旅游收入985 786万元，比上年增长6.8%。

全社会固定资产投资比上年下降5.8%。社会消费品零售总额272 832.6万元，比上年下降2.2%，其中城镇零售额207 213.9万元，下降1.1%；乡村零售额65 618.7万元，下降5.6%。全年完成邮政业务总量855.84万元。全年地方财政收入79 241万元，增长4.51%，其中一般公共预算收入74 195万元，增长11.4%；税收收入58 624万元，增长6.57%。地方财政支出282 882万元，下降0.24%，其中一般公共预算支出273 540万元，增长6.49%。金融机构人民币各项存款余额355.41亿元，比上年增长5.2%，其中住户存款余额97.08亿元，增长13.7%；金融机构人民币各项贷款余额256.93亿元，增长1.6%。

有各类学校90所，在校学生15 686人，专任教师1 080人，其中幼儿园(含幼教点)65所，专任教师143人；小学20所，专任教师569人；初中5所，专任教师321人。有医疗机构269个(其中市级医疗机构5个、街道/社区卫生服务中心2个、乡/镇卫生院15个、村卫生室204个、民营医院4个、个体诊所39个)，卫生专业技术人员454人(其中取得中高级职称人数131人、初级职称人数221人)；执业(助理)医师176人，注册护士146人，其他卫生技术人员30人，专业技术人员持证率为75%；每千人常住人口拥有卫生技术人员3.3人、执业(助理)医师1.3人、注册护士1.1人。

【年度农业和农村经济运行】 2022年，全市实现农林牧渔业增加值65 351万元，同比增长4.7%，其中农林牧渔专业及辅助性活动增加值1 940万元，增长4.2%。农村居民年人均可支配收入达19 260.6元，同比增长6.6%。农村常住居民年消费支出达12 053.6元，同比增长5.4%。建成农村公路41.68千米。全市辖区乡(镇)实现电信5G网络全覆盖，行政村电信4G网络覆盖率提升到85.7%。

【畜牧业】 全年生猪出栏2.27万头，同比增长0.88%；牛出栏3万头，同比增长2.28%；羊出栏0.21万只，同比下降28.47%；禽出栏2.72万只，同比增长2.97%。牛奶产量0.53万吨，同比下降6.52%。禽蛋产量0.005 6万吨，同比增长58.64%。

【现代农业建设】 全市粮食作物播种面积7.7万亩，同比增长0.05%；粮食产量1.7万吨，同比下降1.36%。建成特色农业产业基地6.18万亩，有效期认证“三品一标”农产品24个。种植中药材9 515亩，产量537吨；建成特色水果基地2.24万亩，产量达1.29万吨。完成209个农村集体经济组织登记证颁发及挂牌，17 437户集体经济组织成员取得股权证书；农民承包耕地流转9 263.79亩，新增1 378.51亩。认定省级龙头企业4家、新型经营主体10家；新培育农民专业合作社2家，总数达473家；新培育家庭农场50家，总数达285家。评定县级示范农民合作社2个、县级示范家庭农场8家；新增州级示范农民合作社2个、州级示范家庭农场5家。完成推广配方施肥10.2万亩，秸秆综合利用率达90%以上，农田残膜集中回收率达85%以上，回收处置农药包装废弃物约3吨。建成粪污资源化利用示范点1个，规模养殖场粪污处理设施设备装备配套率达95%，实现畜禽粪污综合利用率达80%以上。落实长江流域“十年禁渔”，增殖放流齐口裂腹鱼50万尾。实施草原禁牧补助113万亩、草畜平衡奖励607万亩。

【乡村振兴】 落实帮扶措施115条，新增监测对象74户290人。整合资金1.52

亿元，实施项目88个，打造示范村8所，全市卫生厕所普及率达83%，公共厕所覆盖率达90%，农村生活垃圾转运体系实现全覆盖。全市乡村普惠性幼儿园覆盖率达100%。抓好稳岗就业，脱贫人口外出就业3 992人，完成年度目标任务的108.83%。全市累计打造乡村振兴示范村49个，建成省级乡村振兴示范村8个、重点帮扶优秀村1个、州级乡村振兴示范村34个。康定市获评“四川省乡村振兴重点帮扶优秀市”，被州委、州政府推荐为全州唯一争创省级乡村振兴先进市的县(市)。

【新型城镇化建设】 全年疏通市政下水道8 000余米，更换窨井盖110余处，修复破损井盖、沉降，汉白玉、青砂石栏杆90余处，加装防坠网102张，修补人行道3 135.28平方米，修补市政道路80处，修补破损市政设施485处；更换下水道管网150余米，更换消防栓72处，清淤修补消防井163处，维修破损步游道20余处，更换木地板288.6余平方米，喷漆3 881.25平方米，维修厕所1座173.6平方米，加盖钢架小路雨棚102米，维修藏式彩绘柱15根。养护花箱4 070个，新增花箱90组、马鞍花盆约1 510个、绿地面积21 700平方米，栽植乔木、灌木、盆栽、花卉约374 458株(棵)，清理占道经营7 126户，清理乱挂横幅、小广告、“牛皮癣”共计2 224处。劝导不文明行为1 958次，处理城区生活垃圾2.7万吨，处理渗滤液1 603.5吨、热熔泡沫79.7立方米、粉碎木板165.8立方米，安全收运和处置医疗废物467吨，收运处置城区废弃口罩0.007吨。农村生活垃圾征收转运体系行政村覆盖率达100%。累计投入3 164人，排查23 923户燃气户，其中存在安全隐患1 788户；完成整改1 788户，商户安装燃气报警装置1 432户。

【乡村旅游】 举办“四月八”转山会活动，新增国家级传统村落4个，色龙村被评为第二批天府旅游名村，康定市跻身中国旅游百强县(市)。

【农村教育】 全年投入4.19亿元，保障义务教育“三免一补”“三个增长”“两个只增不减”，兑现教育惠民资金4 890.85万元，惠及学生6.33万人次。依托浙江省杭州市、成都市对口支援和“组团式”帮扶，建成投用市第二中学，成立杭城班、萧山班。南郊幼儿园以及8所村级幼儿园竣工投用，为2 300余户家庭减负。

【农村文化】 推动文化惠民工程，基层文化站覆盖率达100%。全年“村村响”累计播放7 344次，播放时长累计6 676小时。开展“送文化下乡”活动58场，编排230个文艺节目，覆盖26 800人次。

【农村社会保障】 全年完成4 379名低保对象、特困人员、返贫致贫人口等困难群体代缴城乡居民基本养老保险，实现困难群体养老保险“应保尽保”。足额发放15 802人退休养老金，其中城乡居民保险发放10 186人退休养老金。全市有农村低保2 364户4 784人，农村低保救助标准为415元/月并分档发放，A类355人/月，B类340人/月元，C类340人/月。有城乡特困608户。农村特困分散供养537人，其中集中供养31人。农村特困补助标准为每人每月540元。

【劳务开发】 全年开发公益岗位1 675个(人社开发633个、市林草局开发1 000个、市水利局开发42个)，其中安置脱贫劳动力1 645人；发布就业岗位信息409家企业、29 151个就业岗位。建立日常用工信息供需对接工作机制，收集167家企业提供用工岗位16 700个。开展种植、养殖、中式烹饪、乡村旅游、汽车维修、电焊、家政服务等实用技能培训21期，共886人参训，其中脱贫劳动力237人。开展“春风行动”、网络直播专场招聘、“招聘进校园”、现场专场招聘等活动，达成就业意向1 000余人。全年就业困难人员再就业22人，脱贫人口就业3 992人，转移就业241人。

【主要领导人】 市委书记：颜磊；市人大常委会主任：罗秀珍；市长：王强；市政协主席：戴龙；分管农业副市长：陈中勇。

康定市编写组

泸 定 县

【基本情况】 2022年，全县辖8镇1乡90个村民委员会259个村(居)民小组(其中居民小组23个、村民小组236个)，辖区面积2 165.35平方千米。户籍总户数27 953户，户籍总人口85 975人，同比减少259人，其中城镇人口28 968人，同比减少1人；乡村人口57 007人，同比减少258人。人口出生率8.7‰，人口死亡率9.8‰，人口自然增长率-1.1‰。在总人口中，男性43 244人、女性42 731人，人口性别比(女性=100)为101.2。常住人口8.48万人，其中城镇人口4.1万人、农村人口4.38万人。城镇化率48.4%。

2022年，全县实现地区生产总值330 417万元(现价)，按可比价格计算，同比增长0.2%，其中第一产业增加值57 277万元，同比增长3.7%；第二产业增加值86 737万元，同比下降5.8%；第三产业增加值186 403万元，同比增长2.2%。三次产业增加值对地区生产总值增长的贡献率分别为251.5%、-648.2%和496.7%；三次产业分别拉动地区生产总值增长0.6个、-1.6个和1.2个百分点；三次产业比重为17∶26∶57；人均地区生产总值39 195元。全年接待旅游人数464.3万人次，同比下降13.3%，其中接待海外旅游人数0.07万人次，同比增长19.1%；接待国内旅游人数

464.23万人次，同比下降13.3%。实现旅游收入504 727.4万元，同比下降14.3%，其中泸定景区实现旅游收入327 597.7万元，同比增1.6%；海螺沟景区实现旅游收入177 129.7 万元，同比下降33.6%。全年实现门票收入1 387.1万元，同比下降64.9%。

全社会固定资产投资完成514 779万元，同比增长3.6%。社会消费品零售总额86 192万元，同比下降1.1%，其中城镇70 254万元，同比下降1%；乡村15 938万元，同比下降1.5%。县级公共财政预算收入38 200万元（扣除留底退税后3 4331万元），同比增长12.7%，其中税收性收入21 544万元，同比下降21%。县级公共财政预算支出177 141万元，同比增长12.6%，其中一般公共服务支出19 163万元，同比增长11%；公共安全支出9 267万元，同比下降4.6%；科学技术支出175万元，同比增长2.9%；社会保障和就业支出15 633万元，同比增长26.2%；节能环保支出6 052万元，同比增长37.7%；教育支出27 293万元，同比下降15.9%；卫生健康支出11 033万元，同比下降6.6%；城乡社区事务支出6 652万元，同比下降31.3%。金融机构各项存款余额864 424万元，同比增长9.4%，其中城乡居民储蓄余额637 804万元，同比增长16.6%；金融机构各项贷款余额431 831万元，同比增长7.6%。

公路通车里程1 109千米（含27.65千米高速里程），全年货运周转量51 822万吨/千米、客运周转量7 167万人/千米。全年邮电业务总量5 135.8万元。在网固定电话用户20 000户，移动电话用户96 900户，互联网宽带接入用户31 900户。

有小学15所、普通中学7所、特殊教育学校1所、幼儿园16 所；普通中学在校学生7 895 人，普通小学在校学生5 782人，幼儿园在园幼儿2 623 人；幼儿园专任教师159人，小学专任教师508人，普通中学专任教师650 人。有卫生机构102个（其中县以上医院4个、中心卫生院2个、乡/镇卫生院5个、卫生监督执法所1个、村卫生室90个），卫生机构拥有病床位448张，卫生技术人员486人、执业（助理）医师169人。全县共实施安装直播卫星电视15 488套，电视综合覆盖人口8.5万人，广播综合覆盖人口8.5万人，全县共有有线电视用户9 280户。

【年度农业和农村经济运行】 2022年，全县立足“5+1”农牧业产业地，落实粮食安全党政同责责任制，把粮食播种面积和产量与乡村振兴战略实绩考核考评挂钩，严守耕地红线，严格耕地用途管控，巩固农业经济基础地位。全年实现农业总产值104 262万元，同比增长14.1%，其中种植业实现产值80 935万元，同比增长18.4%；林业总产值599万元，同比增长21.3%；畜牧业产值21 778万元，同比增长1%，占农业总产值的比重为20.9%。农村居民人均可支配收入达17 205元，增加997元，增长6.2%；农村居民人均生活消费支出达11 419元，同比增长5.9%。全年纳入农村居民低保范围的人员1 288人，全年支出低保资金539.8万元。

【种植业】 全年粮食作物播种面积55 065亩，同比增长1.2%；粮食产量11 341吨，同比下降9.3%。在粮食总产量中，玉米产量6 537吨，同比下降16.2%，占粮食总产量的比重为57.6%。完成零星（“四旁”）植树114 000株，核桃产量1 064吨，花椒产量395吨。全年肉类总产量4 582吨，同比下降0.2%。

【农村教育】 继续推进藏区“9+3”免费教育计划，完成2022年“9+3”招生、送生工作，录取人数达31人。甘孜州“富民安康”工程全县免费就读内地高中班人数25人。

【农村卫生】 实施“健康泸定2030”行动，开展14类基本公共卫生均等化服务，城乡居民健康档案建档率达99.7%。全县城乡医疗保险实际参保人数64 169人，城乡医疗保险覆盖率达98%。

【主要领导人】 县委书记：宋晓军；县人大常委会主任：曾维勇；县长：王蕾；县政协主席：姜健康；分管农业副县长：且军。

泸定县编写组

丹 巴 县

【基本情况】 2022年，全县辖3乡9镇136个行政村4个社区，辖区面积4 509平方千米。户籍总户数17 340户，户籍人口56 154人，其中城镇人口12 283人、乡村人口43 871人，男性28 247人、女性27 907人。年末常住人口5.02万人，其中城镇人口1.61万人、乡村人口3.41万人；常住人口城镇化率32.07%，比上年末增长0.22个百分点。

2022年，全县实现地区生产总值253 327万元，按可比价格计算，比上年增长1.7%，其中第一产业增加值45 952万元，增长4.1%；第二产业增加值77 854万元，增长1.3%；第三产业增加值129 521万元，增长1.1%。一二三产业对经济增长的贡献率分别为46.15%、21.69%、32.16%，分别拉动经济增长0.79个、0.37个、0.55个百分点。人均地区生产总值50 767元，比上年增长7.1%。三次产业结构比由上年的18.1∶28.1∶53.8调整为18.14∶30.73∶51.13。第一产业增加值占地区生产总值的比重比上年上升0.05个百分点，第二产业增加值比重比上年上升2.02个百分点，第三产业增加值比重比上年下降2.07个百分点。全年接待游客290.98万人次，增长30.5%；实现旅游综合总收入32.01亿元，增长30.5%。

境内公路总里程1514.38千米，其中等级公路里程1 514.38千米。全年完成公路运输总周转量14 198.86万吨/千米，增长138.92%，其中货物周转量13 693.29万吨/千米，增长193.91%；完成旅客周转量5 055.63万人/千米，下降60.62%。社会消费品零售总额77 555.3万元，比上年下降0.2%，其中城镇实现消费品零售额56 584.4万元，下降2.1%；乡村实现消费品零售额20 970.9万元，增长5.3%。全社会固定资产投资完成162 006万元，比上年增长6.2%。地方一般公共预算收入完成23 689万元，下降10.2%，其中税收收入完成15 421万元，下降17.4%，占地方一般公共预算收入的比重为65.1%；非税收入8 268万元，下降8.8%，占地方一般公共预算收入的比重为34.9%。一般公共预算支出167 566万元，下降1.24%，其中教育支出29 014万元，增长15.91%；社会保障和就业支出11 298万元，下降9.55%；医疗卫生支出11 755万元，增长17.41%；一般公共服务支出17 748万元，增长19.23%；农林水事务支出46 562万元，下降11.06%；交通运输支出5 280万元，下降11.38%；城乡社区支出10 661万元，增长63.96%；科学技术支出274万元，增长66.06%；节能环保支出1 260万元，下降56.02%；公共安全支出7 422万元，下降16.09%。全年税收收入完成33 297万元，同比下降21.5%。年末金融机构各项存款余额45.19亿元，比上年末上升7.4%；金融机构各项贷款余额36.63亿元，增长6.8%。年末本地固定电话用户11 200户，增加180户，增长1.6%；移动电话用户44 278户，增加193户，增长0.1%；互联网用户15 075户，减少4 859户，下降24.38%。

有各类学校45所（其中高中1所，初级中学3所，乡中心校14所、教学点2个，单设幼儿园3所，乡/镇幼儿园14所，学前教育点8个），在校学生6 651名（其中高中1 017名、初中1 632名、小学2 811名、学前1 191名），在职在编教师823名（其中幼儿园78名、小学420名、初中214名、高中85名）；小学适龄儿童入学率100%，初中入学率100%，高中阶段毛入学率95%。有广播电视台1个，广播覆盖率98.89%。有线电视用户600户，直播卫星用户16 725户，电视覆盖率98.89%，广播电视综合覆盖率98.89%，州、县节目覆盖率87%。有医疗卫生机构169个，病床位366张，卫生技术人员344人（执业/助理医师147人）。

【年度农业和农村经济运行】 2022年，全县实现农林牧渔业总产值68 447.38万元，增长4.61%，其中农业产值42 313万元，增长2.46%；林业产值1 505.01万元，增长43.06%；牧业产值22 529.37万元，增长98.26%；农林牧渔服务业产值2 100万元，增长14.21%。全年农村居民人均可支配收入达18 446.92元，增长6.35%，其中工资性收入4 484.63元，增长4.3%；经营净收入11 736.81元，增长7.18%；财产净收入56.17元，增长2.19%；转移净收入2 169.31元，增长6.37%。农村居民年人均生活消费支出达12 061.82元，增长5.4%，其中居住消费支出增长2.66%、生活用品及服务消费支出下降49.43%、交通通信消费支出增长84.77%、医疗保健消费支出增长63.36%。农村居民恩格尔系数41.16%。全年农用化肥施用量（折纯）278吨，下降0.7%，其中氮肥173吨、磷肥68吨、钾肥6吨、复合肥31吨；农用塑料薄膜使用量70吨；地膜覆盖面积1 386公顷；农用柴油使用量69吨；农药使用量17吨；园地747公顷，设施农业用地6.47公顷。

【种植业】 全年粮食作物播种面积2 960.13公顷，比上年增长3.5%。粮食总产量10 282吨，比上年增加29吨，增长0.28%，其中小春粮食产量2 180吨，增长5.3%；大春粮食产量8 102吨，下降0.98%。油料产量1 104吨，增长4.1%。蔬菜及食用菌产量24 880吨，增长4.7%。

【畜牧业】 全年大牲畜存栏87 760头（只、匹），其中牛存栏49 880头（只、匹）、猪存栏27 320头、羊存栏10 560只。生猪、牛、羊共出栏63 169头（只），增长3.5%，其中生猪出栏36 144头、牛出栏10 630头、羊出栏16 395只。家禽出栏15 360只，增长1.94%。肉类总产量4 238吨，同比增长3.1%，其中猪肉产量2 592吨，增长5.37%；牛肉产量1 377吨，增长0.22%；羊肉产量243吨，下降2.41%；禽肉产量26吨，与上年持平。禽蛋产量41吨，下降2.38%。奶类产量2 764吨，增长3.13%。

【农村社会保障】 全年参加城乡居民基本养老保险人数29 548人，参加城乡居民基本医疗保险人数42 846人。有社会福利院床位40张、敬老院床位40张。有特困（“五保”）供养人数414人。全年纳入农村居民最低生活保障2 372人。

【主要领导人】 县委书记：黄杰；县人大常委会主任：阿根；县长：李樱；县政协主席：杨朋错；分管农业副县长：扎西尼玛。

丹巴县编写组

九 龙 县

【基本情况】 2022年，全县辖7乡9镇，辖区面积6 764.71平方千米，其中耕地面积5.51万亩，比上年减少5.97%，人均耕地面积0.86亩。年末户籍人口6.4万人，常住人口5.37万人；人口出生率9.09‰，增加1.2个千分点；人口自然增长率5.73‰，增加1.03个千分点。

2022年，全县实现地区生产总值34.21亿元，增长8.1%，其中第一产业增加值4.23亿元，增长4.2%；第二产业增加值16.97亿元，增长13.1%（工业产值16.22亿元，增长12%）；第三产业增加值13.01亿元，增长3.5%。三次产业对经济增长的贡献率分别为7.55%、75.54%和16.91%。全年接待游客64.94万人次，实现旅游收入7.14亿元。

公路通车里程1 022.05千米。社会消费品零售总额4.49亿元，减少0.4%。地方公共财政预算总收入完成3.24亿元，增长16.2%；公共财政预算总支出16.68亿元，增长10.3%。金融机构各项存款余额27.19亿元，增长5.1%；各项贷款余额26.91亿元，增长3.3%。

有各类学校33所，在校学生11 724人，教职工944人。有艺术表演团体1个，文化馆1个，公共图书馆1个，体育馆1个。有医疗卫生机构20个，病床位295张，卫生技术人员316人。城乡居民医疗保险参保人数4.64万人；城乡居民养老保险参保人数2.42万人。

【年度农业和农村经济运行】 2022年，全县实现农业总产值7.2亿元，增长5.1%；生猪、茶叶、花椒、蔬菜等特色优势农产品产量保持稳定增长。农村居民年人均可支配收入达19 503元，增长6.5%。全县农产品质量抽检合格率达100%；建成16个基层农业综合服务站。全县主要农产品产量见表1。

【农业产业化发展】 加快推进“五园区三基地”建设，创建州级牦牛现代农业园区，培育专业合作社11家、州级农业龙头企业2家，茶叶、牦牛、野生菌等农特产品全年销售产值达5亿元，申报省级野生菌国际贸易高质量发展基地。全面推行“田长制”，严守耕地红线，坚决遏制耕地“非农化”、防止耕地“非粮化”，完成撂荒地整治，全县耕地总面积5.51万亩，永久基本农田保护面积3.9万亩，现代农业效益不断扩大。

【农产品品牌战略实施】 按照“圣洁甘孜”品牌战略思路，以质量求生存、效益求发展，促进产业和产品提质增效。指导企业、合作社开展农业“三品一标”认证，对新获认证的无公害农产品、绿色食品、有机食品、地理标志保护产品实行奖励制度，推进精品名牌战略，提高产品市场竞争力。全县“三品一标”农产品认证达37个，其中绿色食品达7个、有机农产品达15个、地理标志农产品2个（九龙牦牛、九龙花椒），九龙天乡茶叶“藏红”“藏雪”“金迷”“紫醉”等系列品牌连续获得四川国际茶博会金奖；“九龙花椒”获得农业农村部颁发的绿色食品证书，在中国绿色食品博览会上获得中国绿博会金奖。

【农村集体经济改革】 制定《九龙县关于贯彻〈四川省农村集体经济组织条例〉实施方案》，成立农村集体经济组织61个，“回头看”清理村集体资产38 396.42万元，发放农村集体经济股权证书15 906本，清产核资系统录入完成100%，成员资格确认完成100%，股权量化完成100%，实现全县村集体经济组织全覆盖。推广“公司+协会+合作社+农户”等经营模式，探索村集体“抱团取暖”走股份制公司发展新路径，注册成立九龙县第一家村级集体经济股份制有限公司（九龙县云上天乡农业发展有限公司），获批首个村集体经济组织贷款150万元。

【现代农业园区建设】 坚持“市场化、园区化、科技化、品牌化、融合化”发展路径，加快构建“五园区三基地”现代农业产业布局，创建牦牛、茶叶州级现代农业园区2个。

【种植业】 全县粮食作物播种面积6.62万亩，粮食总产量2.05万吨；蔬菜种植面积2.54万亩，产量4.58万吨；油菜播种面积2 203亩，产量358吨。

【林业】 完成九龙县2021年横断山区水源涵养与生物多样性保护项目人工造林和封山育林人工造林3 000亩、封山育林10 000亩，“九龙县2021年重点区域生态保护和修复专项中央预算内投资退化林修复项目”退化林修复6 000亩施工，巩固退耕还林成果7万亩。完成期满退耕还生态林抚育管护5.8万亩，全额兑付全县16个乡（镇）9 196户退耕还生态林抚育补助资金116万元。

【畜牧业】 全县各类牲畜存栏17.59万头（只、匹），出栏生猪3.84万头、牛1.44万头、羊2.95万只，牲畜总增率、出栏率、商品率分别达38.52%、46.1%、29.79%。肉类总产量5 189吨，产奶量3 177吨。

【乡村振兴】 编制、实施“5+3”产业发展规划，牦牛数字中心、中藏药材育苗基

表1　2022年九龙县主要农产品产量

主要农产品	单位	产量	同比增减(%)
粮食	吨	20 452	-0.40
稻谷	吨	60	-64.00
小麦	吨	781	13.50
油菜籽	吨	358	7.10
蔬菜	吨	45 799	0
水果	吨	1 933	-0.25
肉类	吨	5 189	-1.30
猪肉	吨	2 744	1.90
禽蛋	吨	67	0.06
牛奶	吨	3 177	1.95

地、仔猪繁育基地建设完成，改造花椒种植基地1 000亩、数字化茶园1 000亩，扩种汉藏药材300亩、小杂水果680亩。新增2家农业企业落户九龙县，助力九龙黑山猪等农特产品走出大山，全年实现农特产品销售7 710余万元。天乡茶叶园区、九龙牦牛园区分别获得州级五星、州级园区评定，九龙县野生食用菌国际贸易高质量发展基地获批省级农业国际贸易高质量发展基地。魁多镇成立全州首家村集体农业发展公司，乌拉溪镇河坝村集体经济获批全州首笔金融贷款。推进汤古牦牛小镇、乌拉溪休闲小镇、魁多茶叶小镇建设，完成华丘、察尔、里伍、崩崩冲、伍须等示范村打造。

【乡村旅游】 编制《九龙县全域旅游总体规划》《伍须海旅游总体规划》《G248风景道暨沿线乡村旅游概念性规划》，完成县域浩发公司清产核资，成立国有文旅平台公司，推进伍须海景区开发。完成汤古镇伍须村、呷尔镇华丘村旅游基础设施建设，汤古、呷尔、乌拉溪、魁多民宿集群加快成势；湾坝云海、洪坝穿越、猛董秘境成为自驾游热门线路，一批九龙“网红”推介九龙景色，直播销售乡土产品，助推文旅发展。全年接待游客64.94万人次，实现旅游综合收入7.14亿元。

【农村水利】 推进九龙县三垭水利工程建设，增加高产农田面积13 061亩，解决全镇6 495人和2.25万头牲畜饮用水。完成县境内松林河湾子村段防洪治理工程主体建设。实施九龙县松林河（湾坝段）小流域水土流失综合治理工程建设，完成水土流失综合治理面积67平方千米，其中水利部门小流域综合治理面积17.16平方千米，完成总投资820万元。实施石头沟防洪治理工程建设，完成总投资200万元。

【农村科技】 组建由四川省草原研究院、四川省林业科学研究院、四川民族学院、成都中医药大学等院校各行各业6名专家组成的“三区”人才队伍1支，6名“三区”科技人员不定期开展“送科技下基层服务”活动。组建科技特派员服务团，推动乡村振兴科技特派员助推产业发展。根据《四川省科学技术厅关于组建140个县（市、区）科技特派员服务团的通知》，以“一县一团”方式，组建由四川省畜牧科学研究院和草原科学研究院3名畜牧业专家、九龙县15名各行业专家成员组成的科技特派员服务团1个，并签订《九龙县科技特派员服务团帮扶协议》，提升科技支撑服务能力；建立科技特派团队1个，有成员8人，为全县培育科技致富带头人和技术专家15名。开展线上线下科技服务，2021年9月1日—2022年9月15日完成在线咨询服务2 211条；举办线下“科技扶贫在线平台”培训及业务提质培训会1期，16个乡（镇）72名专家、信息员参加培训。组织特派团专家到三垭镇、朵洛乡、湾坝镇举办科技推动乡村振兴专项培训会3期，115名乡村振兴产业养殖、种植、致富带头人参加培训。

【农村教育】 优化校点布局，开展学区划分，全县义务教育阶段学校分为西部、南部、东部3个学区。大河边片区寄宿制学校投入使用，组建“1+3”中学校联体、小学学区教育联盟，县管校聘、体教融合、高考综合改革工作有序推进。完成县境三岩龙乡中心校等10所学校撤并。

【农村文化】 完善文化服务体系，丰富群众业余文化生活，加强县域61个行政村业余演出队和村公共文化服务公益岗位指导，协助建立、健全管理办法。开展“送文化下乡”活动144场次、大型惠民演出活动2场；举办“4·23”世界读书日系列活动4场，开展“两馆”免费开放惠民活动6场。开展“魅力乡镇”竞演活动，完成2个乡（镇）竞演展示小情景剧2个、“魅力乡镇”集中展演2场（含复赛、决赛）；举办少儿舞蹈培训班2期、少儿美术培训班1期，培训人数150余人次；开展文化志愿者服务活动12场。

【农村卫生】 实施能力提升建设项目5个，县医院骨科创建为州级重点专科；完成县体检中心筹建，九龙县人民医院第二医疗区建成投用。实施医疗新技术新项目15项，与青白江区人民医院、363医院开通在线远程会诊；32名医务人员“组团式”帮扶县医疗卫生机构，提升医疗队伍综合能力；122名家庭医生全覆盖签约，加强包虫病、结核病、“两癌”筛查和儿童、孕产妇健康监测工作。

【农村法治建设】 推进法治文化阵地建设，建成寺庙法治宣传栏3个、乡村法治宣传栏100余个、法治文化长廊1个、加油站法治文化元素高立柱广告1个。参与省级民主法治示范村（社区）创建，魁多镇里伍村创建为第一批省级民主法治示范村（社区）。加强法治文化阵地建设，新建法治文化阵地——呷尔镇法治文化公园；共开展“以案释法”活动10余场次，受教育人数达3 000余人次；开展乡村（社区）“法律明白人”培养，共培养乡村（社区）“法律明白人”195名，达到一个村有3名“法律明白人”要求。全年共解答群众法律咨询315件次，代写法律文书182份。值班律师办理法律帮助案件43件，见证签署《认罪认罚具结书》43份，受理并办结法律援助案件12件。开展“农民工讨薪维权”法律服务专项工作，共解答农民工法律援助咨询80件次，为农民工代写法律文书65份。

【农村交通】 完成总投资2 998.8万元的呷尔镇大铺子村至伍须海景区美丽乡村路四级公路改建主体工程建设；实施朵洛乡幺儿山村至曲窝村撤并建制村通畅工程4.56千米、魁多镇扎洼村至甲坝村撤并建制村通畅工程10.89千米，均投入使用。共实施30户以上通组路建设15.6千米，其中三岩龙乡白杨坪村九组8千米、柏林村绒古组1千米，小金乡洋桥村六组2.6千米，子耳乡银厂湾村吉恩组4千米，并于12月完成建设。实施雪洼龙镇河口村庙子坪桥、耳朵村大牛厂桥和洛让村木枯桥3座危桥拆除重建项目，并于12月完成建设。实施呷尔镇华丘寺通寺路6.5千米，年内完成1.4千米水稳层建设。实施2022年农村公路59.566千米安保设施建设工程，截至2022年年底，累计完成工程建设25千米。实施双龙路(三岩龙至八窝龙道路)28千米道路建设工程，截至2022年年底，完成前期工作及招投标工作。

【农村社会保障】 投入资金1.57亿元，实施省、州民生实事35件。发放城乡最低生活保障金、临时救助金、特困群众救助金2 253万元，为1 771名老人购买居家养老服务，发放高龄津贴69.62万元。城乡居民医疗参保率达98%，全年县域内报销医疗费用2 016万元。

【农村生态建设及环境保护】 落实林长制、河(湖)长制，编制《九龙县国土空间生态修复规划》《九龙县国家生态文明建设示范县规划》《九龙县湿地资源保护方案》等，实施生态修复、植树造林、退牧还草建设3个项目，完成县境洪坝河、三垭河健康评价，生态保护红线内矿业权退出23宗。开展“全域无垃圾行动”，整治城乡卫生死角，清理河道2 800千米。整改销号中央第二轮生态环境督查反馈问题9个，完成长江经济带小水电清理整改43座、清退31座。开展环保专项督查98次，发现整改问题48个，查处非法采砂7起。全年空气质量优良率保持在100%，地表水保持Ⅱ类水质，森林覆盖率达50.04%。

【农产品质量安全监管】 全年开展农产品例行抽检定性检测果菜样品53批次、612个样品，合格样品612个，合格率达100%；共定量监测样品26个，其中畜产品样品15个、果蔬样品16个，合格率100%。全州农业执法大队在九龙县开展农产品抽检31个，其中蔬菜样品26个、畜产品样品5个，合格率达100%。

【劳务开发与返乡创业】 整合资金1 200万元，安置公益岗位1 682人；设立见习基地48个，开展劳动技能培训20期1 100人次，发放创业贷款、创业补贴280万元，培育返乡创业明星22个、明星企业1家，九龙县龙韵公司获评省级高技能人才培育基地。组建国有人力资源公司1家，打造甘孜州首个数字就业创业中心，新增城镇就业658人，城镇登记失业率控制在4.2%以内。

【主要领导人】 县委书记：祝邦文；县人大常委会主任：王德宏；县长：方和俊；县政协主席：四郎汪堆；分管农业副县长：陈强。

九龙县编写组

雅　江　县

【基本情况】 2022年，全县辖4个片区6镇10乡79个行政村2个居委会。全县耕地面积45 566亩(确权面积42 428亩)，人均耕地面积1.03亩。户籍人口47 992人，其中男性24 406人、女性23 586人，户籍城镇人口8 903人、户籍乡村人口31 693人。全年出生人口431人，人口出生率8.3‰；死亡人口243人，人口死亡率4.7‰；人口自然增长率3.6‰。常住人口5.19万人，其中城镇人口1.57万人、乡村人口3.62万人，城镇化率30.25%。森林覆盖率53.14%。

2022年，全县实现地区生产总值30.76亿元，增长41.4%，其中第一产业增加值3.34亿元，增长4.3%；第二产业增加值15.66亿元，增长142.9%；第三产业增加值11.76亿元，增长5.6%。三次产业增加值对地区生产总值增长的贡献率分别为1.92%、90.55%和7.53%；三次产业分别拉动地区生产总值增长0.8个、37.49个和3.11个百分点。三次产业占地区生产总值的比重为10.87∶50.89∶38.24。人均实现地区生产总值59 966元，比上年增加20 423元，增长51.65%。

有国道169千米、县道229.463千米、通乡公路842.92千米、通村公路885.071千米。全社会固定资产投资同比下降7.8%。社会消费品零售总额54 308.2万元，下降0.1%，其中城镇消费品零售额3.2亿元，下降2.5%；乡村消费品零售额2.2亿元，增长3.8%。地方财政一般公共预算收入完成1.35亿元，同比下降37.8%，其中税收性收入7 519万元，占全部收入的55.7%。财政一般预算支出16.11亿元，下降4.7%，其中一般公共服务支出22 706万元，增长19.2%；教育支出19 815万元，增长8.5%；卫生健康支出11 105万元，增长4.7%；社会保障和就业支出12 972万元，增长1.3%；节能环保支出6 976万元，下降164.7%；科学技术支出182万元，下降7.1%。年末金融机构各项存款余额100.25亿元，比上年末增长232.1%，其中住户存款余额15.82亿元，增长24.9%；各项贷款余额11亿元，增长18.8%。年末固定电话用户9 037户，移动电话用户31 642户，互联网宽带接入用户达14 319户，有线电视用户310户。

有各类学校62所，其中幼儿园45所、小学15所、中学2所(初级中学1所、完全中学1所)。在校学生共8 200人，其中幼儿及学前1 544人、小学在校学生3 923人，小学净入学率达100%，初中在校学生1 597人，初中毛入学率达151%；高中在校学生830人。实有在编在岗教职工624人，其中中小学、幼儿园教职工601人，教育和体育局机关23人。有艺术表演团体1个，艺术表演场馆1个，公共图书馆1个，文化馆1个，文化站16个，文物管理所1个。全县广播电视台1座，广播综合覆盖率达97%～98%，电视综合覆盖率96%。有医疗卫生机构122个，其中信息中心、乡（镇）卫生院16个，村卫生室100个；编制病床位355张，实际开放病床位284张，每千人拥有病床位5.6张；全县卫计系统人员编制321名，实有专业技术人员272名，其中副高级23人、中级32人、执业医师23人、助理医师36人；每千人拥有卫生技术人员5.4人，卫生技术人员人均服务面积28.87平方千米。城乡居民养老保险参保人数20 476人，城乡居民医疗保险参保人数36 810人。

【年度农业和农村经济运行】 2022年，全县农林牧渔业实现总产值（现价）49 223万元，增长4.6%，其中农业产值21 997万元，增长4.9%；林业产值6 817万元，增长37.6%；牧业产值19 459万元，增长4.1%；农林牧渔服务业产值950万元，增长9.07%。实现农林牧渔业增加值33 924万元，增长4.3%，其中农林牧渔服务业增加值484万元，增长6.9%。农村居民年人均可支配收入达16 121元，增长6.4%，其中工资性收入4 699元，增长16.9%；经营净收入8 526元，增长2.9%；财产净收入351元，增长5.3%；转移净收入2 543元，增长0.7%。农村居民年人均生活消费支出达10 625元，增长6.6%，其中居住消费支出2 130元，增长51.7%；生活用品及服务消费支出505元，下降43.6%；交通通信支出2 099元，增长132.5%；医疗保健消费支出595元，增长74.7%。农村居民恩格尔系数为34.1%，比上年下降9.1个百分点。中幼龄林抚育0.3万亩，2.8万人参与义务栽植8.2万株。

【种植业】 全年农作物播种面积57 415亩，增长0.2%，其中粮食作物播种面积39 519亩，增长0.05%；经济作物播种面积16 196亩。经济作物中，油菜籽播种面积700亩，增长4.8%；中药材种植面积1 000亩，增长42.9%；蔬菜及食用菌种植面积15 900亩，与上年持平。青饲料种植面积296亩。全年粮食产量9 970吨，减少0.54%；油菜籽产量99吨，减少1%；蔬菜产量22 150吨，减少5.5%。水果产量433吨，增长0.23%。

【畜牧业】 年末各类牲畜存栏107 848头（只、匹），下降7.77%，其中牛存栏81 072头，增长1.84%；羊存栏10 161只，下降49.24%；生猪存栏8 760头，增长2.43%。全县各类牲畜出栏37 822头（只），减少5.67%，其中出栏肉用猪7 568头，增长4.73%；出售和自宰肉用牛14 091头，减少0.29%；出售和自宰肉用羊16 163只，减少13.75%；出售和自宰的肉用家禽1 560只，增长4.28%。全县肉类总产量2 591吨，减少0.68%，其中猪肉产量559吨，增长2.95%；牛肉产量1 762吨，增长0.04%；羊肉产量267吨，下降13.31%；禽肉产量3吨，增长7.14%。牛奶产量4 149吨。全县牲畜总增率为35.29%，出栏率为32.34%、商品率为22.18%。

【主要领导人】 县委书记：郑显峰；县人大常委会主任：兄兄；县长：钟色；县政协主席：盛向东；分管农业副县长：罗让贡布。

雅江县编写组

道孚县

【基本情况】 2022年，全县辖19个乡（镇）121个村（社区），辖区面积7 053平方千米，其中林地面积382 794.19公顷，占全县土地面积的54.15%；耕地面积11.5万余亩，人均耕地面积2.01亩。户籍户数14 456户，户籍人口55 354人，其中城镇人口9 814人。常住人口53 311人，其中城镇常住人口12 305人，城镇化率23.08%。人口出生率12.3‰，人口死亡率9.89‰，人口自然增长率2.42‰。农村农田有效灌溉面积3 810公顷。

2022年，全县实现地区生产总值15亿元，增长1%，其中第一产业产值2.91亿元，增长3.9%；第二产业产值1.63亿元，同比下降2%；第三产业（服务业）产值10.46亿元，增长0.4%。完成工业增加值0.98亿元，同比降3.6%。三次产业结构比为19.4∶10.9∶69.7。农牧民年人均收入达15 396元，增长6.3%。全县接待游客185万余人次，实现旅游收入20.5亿元。

公路通车里程1 908千米，公路运输总周转量5 864万吨/千米。全社会固定资产投资156 132万元，同比增长34.5%，其中农户投资完成38 500万元。社会消费品零售总额35 013万元，同比下降0.6%。全年地方公共财政收入完成17 579万元，同比增长111.7%，其中税收性收入13 769万元，增长70.8%。全年地方公共财政支出152 974万元，同比增长4.5%，其中农林水事务支出40 781万元、教育支出20 486万元、科学技术服务支出232万元、医疗卫生支出10 682万元、一般公共服务支出24 036万元、交通运输支出1 855万元、城乡社区服务支出9 188万元、社会保障就业支出15 250万元。金融机构各项存贷款余额221 827万元，增长10.4%，其中城乡居民储蓄存款余额113 426万元，增长11.3%；各项贷款余额92 918万元，增长14.7%。年末固定电话用户6 882户，年末移动电话用户41 327户，互联网用户12 061户。

有幼儿园29所，在园幼儿2 168人；小学13所，在校学生5 144人，专任教师298人，小学阶段适龄儿童入学率100%；普通中学2所，在校学生2 377人，专任教师175人；普通高中1个，在校学生337人，专任教师21人。有文化馆1个，公共图书馆1个。有广播电台1座，电视台1座，有线电视用户2 527户。有医院、卫生院24个，疾控中心1个，妇幼保健站1个，病床位282张，医院、卫生院技术人员314人。有专业农业技术服务单位1个。

【年度农业和农村经济运行】 2022年，全县实现农林牧渔业总产值50 818万元，增长4.19%；农业增加值35 144万元，增长8.5%。农村居民年人均可支配收入达15 396元，增长6.3%，增加906元；农村居民年人均消费性支出12 181元，增长4.8%。农村居民恩格尔系数为43.8%，下降0.7个百分点。

【现代农业建设】 调整完善"一廊九园三基地"农牧产业布局，守住粮食安全底线，降低干旱和洪涝灾害影响，粮食收获面积稳定在7.53万亩，耕地撂荒地复耕复种256.3亩，农业机械化耕种程度提高到56%，露地蔬菜种植面积增加至1.02万亩，新增有机农产品认证11个，实现"一稳四增"目标，道孚县油菜现代农业园区创建为州级四星级现代农业园区。全年粮食作物播种面积75 300亩，油料作物播种面积16 000亩，蔬菜种植面积10 200亩；粮食总产量14 254吨，油料作物产量2 570吨，蔬菜产量16 610吨。

【畜牧业】 全年各类牲畜出栏35 100头（只），各类牲畜存栏123 230头（只）。肉类总产量3 397吨，奶产量6 400吨。

【主要领导人】 县委书记：林东升；县人大常委会主任：呷沙东周；县长：伍金泽仁；县政协主席：琼措；分管农业副县长：根确单孜。

道孚县编写组

炉 霍 县

【基本情况】 2022年，全县辖4个工委11乡4镇139个行政村（其中纯牧业乡/镇6个、半农半牧乡/镇9个），辖区面积5 796.64平方千米。常住人口4.65万人，比上年末减少0.04万人，下降0.8%，其中城镇人口1.32万人、乡村人口3.33万人；常住人口城镇化率28.39%。户籍户数1.19万户，户籍人口4.81万人，其中城镇人口0.62万人、乡村人口4.19万人，男性2.39万人、女性2.42万人。全年出生人口0.07万人，人口出生率1.5%；死亡人口0.04万人，人口死亡率0.83%；人口自然增长率0.52‰。全年营造林面积0.8万亩，森林覆盖率51.8%。

2022年，全县实现地区生产总值14.56亿元，按可比价格计算，比上年增长3.1%，增速较全国水平高0.1个百分点，较全省水平高0.2个百分点，较全州水平低0.4个百分点，其中第一产业增加值3.37亿元，比上年增长3.8%；第二产业增加值2.27亿元，比上年增长9.4%；第三产业增加值8.92亿元，比上年增长1.6%。三次产业结构比由上年的24.82∶11.84∶63.34调整为23.12∶15.58∶61.3。三次产业分别拉动地区生产总值增长0.1个、2.8个和1.1个百分点。按常住人口计算，人均地区生产总值31 171元，比2021年增加2 023元，比上年增长3.9%。农村富余劳动力向非农产业新增转移就业人数383人，劳务转移输出规模21人。全年接待游客60万人次，同比下降20%；实现旅游收入6.6亿元，减少19.5%。

一般公共预算收入完成0.6亿元，扣除留抵退税因素后增长25.8%，其中税收收入完成0.22亿元，扣除留抵退税因素后增长11.5%，占全部收入的36.25%。一般公共预算支出17.19亿元，比上年下降6.3%，其中教育支出2.96亿元，增长38.3%；卫生健康支出1.01亿元，增长4.9%；社会保障和就业支出1.22亿元，下降11.5%。全县固定资产投资完成11.42亿元，比上年增长70.8%。

公路通车里程1645.15千米，其中四级公路1 347.73千米、国道163千米、乡道134.42千米、村道1 347.73千米。全县客运量1.3万人，增长18%；客运周转量2.1万人/千米，增长20%。全年邮政业务总量542万元，比上年增长9.7%。社会消费品零售总额4.99亿元，比上年增长0.3%，其中城镇消费品零售额3.52亿元，比上年增长1.5%；乡村消费品零售额1.47亿元，比上年下降2.3%。年末金融机构各项存款余额25.36亿元，比上年末下降1.8%，其中住户存款余额9.25亿元，比上年末增长14%；各项贷款余额13.31亿元，比上年末增长43.3%。有保险公司2家，全年实现保险保费总收入0.23亿元，同比增长64.3%；支付各类赔款及给付0.65亿元，增长15.86%。

有各类学校34所，其中幼儿园18所、小学12所、中学2所（初级中学1所、完全中学1所）、职业技术实训基地校1所；在校学生11 789人，其中幼儿及学前1 901人、小学在校学生6 446人，小学净入学率达100%；初中在校学生2 697人，初中毛入学率112%；高中在校学生653人，职业教育在校学生92人；在编在岗专任教师698人，其中幼儿园55人、小学419人、初中171人、高中53人。有艺术表演团体9个，专业团体1个，文化馆1个，博物馆1个，文物管理所1个，公共图书馆1个，文化站（乡/镇级综合文化站15个、村级文化活动室98个）。有广播电视台1座，广播综合覆盖率90%，电视综合覆盖率100%。有医疗卫生机构185个，其中综合医院1家、民族医院1家、乡（镇）卫生院15个、疾病预防控制中心1个、妇幼保健机构1个、卫生监督机构1个、诊所6个、村卫生室123个；医疗卫生机构病床位234张，其中各类医院病床位165张、妇幼保健机构病床位29张、卫生院病床位40张；卫生技术人员316人，其中执业医师和执业助理医师90人、注册护士75人；每千人拥有卫生技术人员6.7人，卫生技术人员人均服务面积18.76平方千米。

【年度农业和农村经济运行】 2022年，全县实现农林牧渔业总产值5.15亿元，按可比价格计算，比上年下降1.1%，其中农业总产值1.19亿元，下降6.5%；牧业总产值3.8亿元，增长1.8%；林业总产值0.12亿元，增长15.1%。农村居民人均可支配收入14 961元，增长6.5%，其中工资性收入2 078元，增长26.6%；经营净收入10 655元，增长2.4%；财产净收入150元，增长14.4%；转移净收入2 078元，增长11%。农村居民人均消费性支出10 660元，增长5.1%。城乡居民人均收入倍差为1.78，比上年缩小0.61。农村居民恩格尔系数为45.3%，比上年下降0.3个百分点。全县农业机械总动力3.82万千瓦，较上年同期增加0.16万千瓦，同比增长4.1%。

【种植业】 全年农作物总播种面积8.72万亩，其中粮食作物播种面积5.52万亩，增长1.5%；油料作物播种面积2万亩，与上年持平；蔬菜及食用菌种植面积1.2万亩，增长11.1%。全年粮食产量1.04万吨，增长0.9%；单产188千克/亩，下降0.8%。油料作物产量0.36万吨，与上年持平；单产180千克/亩，下降0.8%。蔬菜及食用菌产量1.21万吨，增长11%；单产1 009千克/亩，增长0.1%。

【畜牧业】 全年各类牲畜存栏16.22万头（只、匹），下降9.8%，其中牛存栏14.19万头，下降2.3%；羊存栏1.02万只，下降52.1%；生猪存栏0.02万头，下降60%；马存栏0.99万匹，下降22.7%。全县各类牲畜出栏5.23万头（只），下降15.9%，其中出栏肉用猪0.12万头，增长9%；出售和自宰肉用牛3.48万头，增长7.7%；出售和自宰肉用羊1.63万只，下降43.4%。全县肉类总产量4 729吨，增长2.1%，其中猪肉产量80吨，下降4.7%；牛肉产量4 368吨，增长7.4%；羊肉产量281吨，下降41.5%。牛奶产量5 800吨，增长0.5%。全年牲畜总增率20%、出栏率29%、商品率27%。

【社会保障】 全县城乡居民养老保险参保人数2.16万人，其中领取待遇0.49万人；城乡居民养老保险征收保费0.025亿元。全县保障城乡低保对象4 241人，其中农村低保4174人；累计发放资金0.14亿元。全县特困救助供养人员768人，其中农村特困人员699人；累计发放资金0.053亿元。有各类社会福利机构4个、床位360张。

【主要领导人】 县委书记：格勒多吉；县人大常委会主任：吴小平；县长：邓建光；县政协主席：康玲；分管农业副县长：尼玛泽仁。

炉霍县编写组

甘孜县

【基本情况】 2022年，全县辖5个片区21个乡（镇）194个行政村4个社区居委会，辖区面积7 303平方千米，其中耕地面积187 900亩。全县户籍户数13 732户、总人口65 524人，其中城镇人口8 586人、乡村人口56 938人；城镇化率30.54%。年末常住人口72 712人，其中城镇人口22 197人、乡村人口50 515人。全年出生人口1 011人，人口出生率15.43‰；死亡人口565人，人口死亡率8.62‰；人口自然增长率6.81‰。

2022年，全县实现地区生产总值208 472万元，较上年同比增长6.5%，其中第一产业增加值59 475万元，比上年增长3.9%；第二产业增加值32 159万元，比上年增长40.4%；第三产业增加值116 838万元，比上年增长1.4%。三次产业占地区生产总值的比重由上年的29.5∶11.8∶58.7调整为2022年的28.5∶15.4∶56.1。三次产业分别拉动地区生产总值增长1.3个、4.5个和0.7个百分点；三次产业增加值对地区生产总值增长的贡献率分别为19.24%、69.62%和11.14%。全年接待游客90.7万人次，实现旅游收入9.98亿元，同比增长3.2%。

公路通车里程2 225.782千米，其中国道92.822千米、省道110.886千米、农村公路2 022.074千米（县道230.51千米、乡道323.748千米、村道1 467.816千米）。公路货运周转量3 026万吨/千米，公路客运周转量1 083万人/千米。全社会固定资产投资同比增长45.4%。社会消费品零售总额97 888万元，同比增长1.4%，其中城镇消费品零售额83 431万元，同比增长1.2%；乡村消费品零售额14 457万元，增长2.6%。全年固定电话用户9 673户，移动电话57 664部，互联网宽带接入用户17 228户。邮电业务总量3 425万元。地方一般公共预算收入完成7 047万元，比上年同期增长9.1%，其中税收收入3 440万元，比上年同期增长7.3%。财政一般公共预算支出208 537万元，比上年同期增长14.3%，其中教育支出34 962万元，增长41.5%；社会保障和就业支出19 321万元，增长9.5%；医疗卫生支出14 609万元，增长11%；一般公共服务支出26 149万元，增长16.4%；城乡社区公共设施支出10 597万元；节能环保支出12 054万元，增长19.2%。年末金融机构人民币各项存款余额28.39亿元，与上年同期增长10.3%，其中住户存款余额15.88亿元，与上年同期增长13.1%；金融机构人民币各项贷款余额14.04亿元，与上年同期增长47.3%。

有小学26所，在校学生8 268人，专任教师532人；普通中学3所，在校学生4 830人，专任教师409人。初等义务教育入学率、完成率、毕业率分别达100%、100%、100%，初级中等义务教育入学率、完成率、毕业率分别达100%、100%和100%。有医疗卫生机构26所，医疗卫生机构病床位424张，医院、卫生院技术人员399人、执业医师（含助理）104人。新型农村合作医疗覆盖面100%。

【年度农业和农村经济运行】 2022年，全县农村居民人均可支配收入达15 853.6元，比上年增加946.9元，比上年增长6.4%，其中工资性收入2 219.4元，增长6.3%；经营净收入10 920.9元，增长5.6%；财产净收入70.5元，增长6.2%；转移净收入2 642.9元，增长9.6%。农村居民年人均生活消费支出达11 077.3元，增长3.9%，其中食品烟酒支出4 751.5元，增长2.9%；衣着支出1 254.9元，增长3.5%；居住消费支出2 091.6元，增长6.9%；生活用品及服务消费支出771.2元，增长2.9%；交通通信支出898.2元，增长6.2%；教育文化娱乐支出575.6元，增长2.4%；医疗保健消费支出394.1元，增长5.8%；其他用品和服务支出340.2元，减少1%。农村居民恩格尔系数为42.9%。全县农田有效灌溉面积3 112公顷，农业机械总动力7.8万千瓦，高标准农田面积4 407公顷。

【种植业】 全年农作物播种面积13 689.2公顷，其中粮食作物播种面积16.8万亩；粮食总产量3.6万吨，其中大春粮食亩产量211.4千克、马铃薯亩产量232.5千克、豌豆亩产量193.2千克、小麦亩产量203千克、其他谷物亩产量215千克、青稞亩产量215千克。

【畜牧业】 全县主要牲畜存栏9.006 8万只，其中猪存栏92头、牛存栏85 335头、羊存栏4 641只；肉猪出栏1 038头、羊出栏12 038只、牛出栏38 331头。肉类总产量4 889吨，其中猪肉产量12吨、羊肉产量173吨、牛肉产量4 644吨。牛奶产量6 780吨。全年实现畜牧业产值43 119.978万元，比上年增长1 957.292万元，占农林牧渔业总产值的比重达55.83%。

【林业】 全年实施苗圃新育苗30亩；4.2万人参加义务植树，栽植224 441株（云杉、旱柳、杨树）。全年人工造林0.3万亩、退化林修复0.5万亩、森林抚育0.4万亩。

【农村社会保障】 全县共有福利敬老院3个（中心、尼玛、达通玛），床位250张。城乡居民基本养老保险参保人数34 783人，城乡居民医疗保险参保人数54 738人。全年享受农村最低生活保障205 815人次；享受城乡特困供养7 675人次，其中农村7 360人次。

【主要领导人】 县委书记：嘎绒拥忠；县人大常委会主任：彭措翁堆；县长：其太；县政协主席：张彬；分管农业副县长：何鉴。

甘孜县编写组

新 龙 县

【基本情况】 2022年，全县辖6镇10乡92个村1个居委会，辖区面积9 182.74平方千米，有户籍人口5.17万人。

2022年，全县地区生产总值14.23亿元，增长2.5%，其中第一产业增加值3.24亿元，增长4%；第二产业增加值1.18亿元，增长11.4%（工业增加值0.46亿元，增长0.2%）；第三产业增加值9.81亿元，增长1%。全社会固定资产投资9.77亿元，增长29.9%。社会消费品零售总额2.36亿元，增长0.3%。一般公共预算收入完成0.56亿元，增长4.4%。城镇居民人均可支配收入达37 005元，增长4.6%；农村居民人均可支配收入达15 407元，增长6.3%。全年实施项目77个，建成52个，完成投资10.36亿元。全年接待游客65万人次，实现旅游收入7.15亿元。

【乡村振兴战略实施】 严格落实“四个不摘”要求，保持帮扶政策总体稳定，择优选派1 047名党政干部、技术人才到基层一线服务，配优配强74个脱贫村、37个重点帮扶村驻村“第一书记”和工作队力量，实施乡村振兴“七大行动”“双百工程”，完成8个重点帮扶村建设任务，打造乡村振兴精品村1个、示范村4个、样板村2个、样板乡2个，并通过省级后评估验收。

【防返贫监测】 坚决守住不发生规模性返贫底线，实现脱贫人口就业3 128人，脱贫人口、监测对象全覆盖参加基本医疗和防返贫保险，消除返贫致贫风险65户317人。统筹衔接资金1.83亿元，实施农村饮水安全巩固提升工程、大盖村水毁道路整治、洛古乡日古村滑坡治理等衔接项目123个，持续提升“三保障一巩固”成效。

【产业培育】 主动融入“三江六带”现代农业产业带建设，紧盯“一心三带两基地”产业布局，启动建设雅砻江流域大豆果蔬现代农业园区，建成特色农业产业基地2.38万亩，粮食作物播种面积稳定在4.97万亩，粮食总产量1.02万吨。抢抓亚克甘孜牦牛产业集群建设机遇，投资1 751.2万元，成立牦牛专合社16个，组群规模达1 251头；安装移动收奶站5个，配套周转运输车1台；建成玉米基地696亩，销售玉米2 300吨；出栏牦牛2.77万头。新龙县蔬菜现代农业园区被命名为“州级现代农业园区”，2个绿色品牌获得中国绿色食品发展中心认证，实现国家级绿色品牌认证零的突破。

【新冠疫情防控】 投资2 609万元，新建方舱隔离点1处，改建甲拉西卫生院、措卡湖酒店等9个隔离场所，储备隔离房间406个，投用方舱医院1处、床位100张。组建核酸检测、流行病学调查溯源、交通转运等专业技术队伍6支，储备600万元的应急物资，配备核酸检测仪6台、提取仪4台，实现核酸日检测能力覆盖县域总人口。组建700余名防疫志愿者服务队伍，开展防疫督导劝导、核酸检测等工作。重点关注宾馆酒店、超市饭馆、医院车站等重点场所，开展监督执法251次，出动执法人员969人次，累计检查市场主体33 267家，红牌警告67家，黄牌警告47家，停业整顿67家。坚持防线前移、关口内置，人、物、环境同防，设置核酸采样点89个、健康服务卡点7个，落实“入县首站负责制”，坚决不漏一车一人，排查重点人员11.99万人次，全人群疫苗接种率达96.2%，完成26轮全员核酸检测87.83万人次。完成15轮73人赋码风险人员接转工作，组织70名党员志愿者驰援德格县、巴塘县，全闭环安全转运西藏入川车辆113台352人。

【农村基础设施建设】 实施阿色沟旅游公路改造、建成子拖西通乡油路、黑日跨江大桥等项目10个，恢复整治5个乡（镇）28个建制村水毁路段，省道314线新龙皮擦至白玉阿察段建成通车。投资9 807.72万元，建成防洪治理工程6个、健康水站67个，安装配水管网83.9千米，覆盖1 552户6 461人；投资2 003.71万元，实施10千瓦线路综合改造项目3个，改造线路56.84千米。聚力提升信息化应用水平，建成4G基站14座、5G基站35座，满足群众通信需求。

【农村环境整治】 抓好农村人居环境改善，紧扣建设美丽宜居乡村目标，推进“树新风革陋习”“全域无垃圾·新龙更美丽”行动，投资1 500万元，编制《拉日马镇扎宗村乡村振兴示范村建设总体规划》，建成拉日马镇生活垃圾热解项目，实施色威镇等农村污水治理项目13个，改造农村厕所1 552户，清理垃圾4 200余吨，整治经幡乱挂249处，拆除违章户外广告牌15块，乡村治理呈现新气象。

【农村体制改革】 制发《关于实现共同富裕推进新时代新龙牧区工作意见》，健全牦牛出栏机制，建立县、乡、村三级“田长制”，流转土地1 914.15亩，推动农牧产业发展。

【开放合作】 深化省内对口帮扶、定点帮扶、浙江对口支援等工作，落地援建项目20个、资金1.07亿元，推进“万企兴万村”，16家企业结对帮扶全县16个乡（镇）。招引盛煌、黑虎蓝海等企业，落地实施大盖、博美、雄龙西产业园等5个项目，投资总额达2.61亿元，雅安市名山卓霖茶厂藏茶加工项目有望落地新龙。与川酒集团合作开发的雄鹰酒系列产品，取得“国字号”批文，打入省外市场。

【农村生态建设】 生态治理。坚持山水林田湖草沙一体化保护和系统治理，投资4 023.92万元，治理地质灾害29处。限时整改央督、省督反馈问题13个，办理信访案件2件，立案查处生态环境领域违法案件9件，依法关停违规砂石厂6处，处罚金额33.82万元。全面落实河（湖）长制、长江“十年禁渔”政策，常态化开展四项行动，编制22条县级河流“一河一策”管理保护方案，完成达曲、仁达沟河湖健康评价。全流域核查清理入河排污口，出境断面水质、饮用水源水质均达到国家Ⅱ类水质以上，排名全省前列。

生态保护。持续巩固蓝天、碧水、净土保卫战成果，投资3 680万元，治理沙化土地1万亩，退化林修复9 000亩，人工造林2 000亩，封山育林1万亩，绿化城区周边2 000亩，森林抚育4 000亩。常年有效管护集体公益林268.35万亩，兑现生态效益补偿金6 390.21万元。全面落实“林长制”，启动野生动物多样性调查，推进巡林护林，查处偷拉盗运违法行为10起、野外违规用火24起，行政处罚19人，收缴盗伐林木39.5立方米。环境空气质量优良天数达100%，排名全省第八位。

【农村教育】 投资9 221万元，实施城区第二完全小学、尤拉西镇中心小学等改（扩）建工程5个，建成县级智慧中心、如龙镇小学等项目5个，校园基础设施不断完善。投入资金6 132万元，实施教育民生工程，落实教育“三包”政策。在甘孜州第五届中小学生运动会上，奖牌数和综合得分位居全州第一；城区学校试行课后延时服务，中考综合排名位居“西路片区”第四，兑现教学质量奖137.88万元。

【农村卫生】 紧扣“健康新龙2030”目标，投资8 250万元，建成县人民医院门诊医技大楼、中藏医院援藏干部及医务人员租赁用房等项目5个，中藏医院创建为二级甲等民族医院。以“组团式”帮扶为契机，采取“请进来”“送出去”方式，培养医技人员72名。全面落实14项基本公共卫生服务，持续推进重大传染病防治，累计筛查36 697人次，规范管理重大传染病人340人。

【农村文化和旅游】 全年创作《平凡英雄》《心中的奔波啦》等文艺作品5个，与黄岩区共同举办文化交流活动2场次，申报第六批省级非遗项目4个，创建州级乡村文化振兴样板村3个、县级乡村文化振兴样板镇（村）7个。按照“一心两廊三核多节点”县域旅游发展战略布局，投资2.89亿元，推进红山景区开发，启动实施雅砻江河谷文化风景廊道、长征国家文化公园甘孜新龙段等建设项目，提升改造措卡湖旅游公路、拉日马石板藏寨消防工程，创建银多红山省级生态旅游示范区。

【农村社会保障】 全面落实低保、特困供养等保障政策，实现“应保尽保”，兑现社会救助金4 293.7万元。城乡居民基本医疗保险参保人数4.35万人，养老保险参保人数3.1万人。开发公益性岗位130个，开展就业技能培训9场次、参训402人次；举办线上线下就业招聘9场次，共推送就业岗位18 000个，新增城镇就业374人，农村劳动力转移就业873人，城镇失业率控制在4.2%以内。以“零容忍”态度推进“根治欠薪”专项行动，追回欠薪546万元，让农民工“暖冬过年”。

【民族团结】 全面启动“铸牢中华民族共同体意识民族团结进家庭”实践行动，通过“1+2+N”行动路径，以“四五六”联谊活动为载体，成立“石榴籽工作中心”16个、“石榴籽工作室”93个，2 876名干部职工结对联谊农牧民8 366户；培养“一户一名法律明白人”8 366名，解决群众“急难愁盼问题”259件。打造中小学铸牢中华民族共同体意识主题教育实践活动试点学校1处，全县被命名为四川省民族团结进步示范县。

【主要领导人】 县委书记：董德洪（7月止），扎多（7月始）；县人大常委会主任：旺杰；县长：丁康；县政协主席：泽扎；分管农业副县长：熊永军。

新龙县编写组

德 格 县

【基本情况】 2022年，全县辖23个乡（镇）162个行政村3个居委会，辖区面积11 439.28平方千米。户籍户数15 592户，比上年减少6户；户籍人口89 030人，比上年增加338人，其中城镇人口10 750人、乡村人口78 280人。全年出生人口803人，人口出生率9.08‰；死亡人口62人，人口死亡率0.7‰；人口自然增长率8.38‰。全县男女性别比为101∶100。常住人口8.8万人，其中城镇人口2.51万人、乡村人口6.29万人；城镇化率28.52%，比上年增加0.31个百分点。

2022年，全县实现地区生产总值184 557万元，按可比价格计算，同比增长2.3%，其中第一产业总产值64 081万元，同比增长4.4%；第二产业总产值10 795万元，同比下降4.4%；第三产业总产值109 681万元，同比增长1.6%。三次产业结构比由上年的33.2∶5.9∶60.9调整为34.7∶5.9∶59.4。一二三次产业对地区生产总值增长的贡献率分别为68.3%、-10.7%、42.4%。全年接待国内游客75.11万人次，实现国内旅游收入8.275亿元。

全社会固定资产投资完成98 544万元，同比增长12.2%。全社会消费品零售总额37 376.6万元，同比增长0.4%，其中城镇实现零售额26 463.8元，同比下降1.3%；乡村实现零售额10 912.8万元，同比增长4.8%。

公路总里程2 372.332千米，其中二级公路78千米、三级公路287.5千米、四级公路2 006.832千米。全年完成邮电业务收入2 309万元。有固定电话用户在网5 423户，宽带接入用户12 951户，移动电话用户52 761部。

一般公共预算收入完成8 355万元，同比增长19.5%，其中各项税收完成2 519万元，同比增长4.6%。一般公共预算支出189 684万元，同比增长5.4%，其中一般公共服务支出25 388万元，同比增长17.6%；公共安全支出8 602万元，同比下降5.1%；教育支出28 314万元，同比增长19.9%；科学技术支出111万元，同比下降38.7%；社会保障和就业支出15 433万元，同比下降8.2%；卫生健康支出15 984万元，同比增长58.2%；节能环保支出8 537万元，同比增长53.2%；城乡社区支出6 996万元，同比下降16%。年末金融机构各项存款余额133 212万元，同比增长0.7%；金融机构各项贷款余额88 126万元，同比增长16.4%。

有学校25所，其中小学23所、普通中学2所；在校学生17 062人，其中小学在校学生12 642人、普通中学在校学生4 420人；专任教师654人，其中小学专任教师509人、普通中学专任教师145人。有医疗卫生机构178个（包括县医院、藏医院和基层卫生室），病床位395张，技术人员350人（其中执业/助理医师92人）。

【年度农业和农村经济运行】 2022年，全县完成农林牧渔业总产值91 488万元，同比增长4.8%。全年粮食产量10 439吨，同比下降0.2%。农村居民年人均可支配收入达15 292元，同比增长6.3%；恩格尔系数为44.97%，同比下降3.06个百分点。

【畜牧业】 全年各类牲畜存栏228 902头（只、匹），同比增长4.5%；各类牲畜出栏99 202头（只），同比增长5.2%。肉类总产量8 518吨，同比下降1.2%。牛奶产量9 614吨，同比下降7.9%。

【农村社会保障】 全县城乡居民养老保险参保人数达58 718人，城乡居民医疗保险参保人数达81 488人。全县有各种社会福利收养性单位7个（其中公办4个、民办3个），有床位345张。农村居民最低生活保障5 009户15 820人。

【主要领导人】 县委书记：昌呷次称；县人大常委会主任：熊文华；县长：方一舟；县政协主席：土登郎卡；分管农业副县长：赤康。

德格县编写组

白 玉 县

【基本情况】 2022年，全县辖16个乡（镇），辖区面积10 591平方千米。全县总人口55 156人，增加100人，其中农业人口49 748人，占总人口的90.2%；非农业人口5 408人，占总人口的9.8%。全县总人口中藏族54 091人，占总人口的98.1%；汉族958人，占总人口的1.7%；

彝族65人，占总人口的0.1%；其他民族42人，占总人口的0.08%。人口自然增长率为6.17‰，人口出生率11.17‰，人口死亡率5‰。全县常住人口58 400人，比上年减少900人，其中城镇人口13 900人，与上年持平；乡村人口44 500人，比上年减少900人，同比下降2%；城镇化率达23.8%，同比上年增长0.36个百分点。

2022年，全县实现地区生产总值198 120万元，同比增长0.1%（增长速度按可比价格计算），其中第一产业增加值43 017万元，增长4.4%；第二产业增加值50 115万元，下降18.7%；第三产业增加值104 988万元，增长8.3%。一二三次产业对经济增长的贡献率分别为18.3%、-128.2%和10.8%，分别拉动地区生产总值增长0.02个、-0.13个、0.01个百分点。一二三产业增加值占地区生产总值的比重由上年的18.5：33：48.5调整为21.7：25.3：53，一、三产业比重分别上升3.2%、4.5%，第二产业比重下降7.7%。全县接待游客62.5万人次，同比下降15.5%；实现旅游收入6.88亿元，同比下降15.5%。

公路通车里程2 057.487千米，增长9.6%。全年完成货运周转量14 964.6万吨/千米，完成客运周转量184.39万人/千米。全社会固定资产累计完成248 509万元，同比增长13.3%。社会消费品零售总额44 607万元，比上年减少1 299万元，下降2.8%。地方财政一般预算收入完成14 592万元，比上年减少10 525万元，下降4.7%；地方财政一般预算支出162 986万元，比上年减少35 543万元，下降17.9%。

有小学18所，在校学生7 025人，专任教师365人；普通中学2所，在校学生2 092人，专任教师121人。有医院、卫生院和村级卫生室151个，病床位370张，卫生技术人员323人。全县广播覆盖率98.53%，电视覆盖率98.53%。农村居民最低生活保障人数8 005人，比上年下降1.2%；城乡居民基本医疗保险参保人数45 526人。

【年度农业和农村经济运行】 2022年，全县实现农林牧渔业总产值63 067万元，同比增长7.7%。农村居民年人均可支配收入达16 049元，同比增长6.3%。

【种植业】 全县农作物播种面积61 918亩，增长0.4%，其中主粮播种面积51 416亩；粮食产量10 653吨，减少48吨，下降0.5%。粮食平均亩产207千克。

【林业】 加强森林资源管护，巩固退耕还林成果，继续实施退牧还草和天然林保护工程，加强野生动植物保护和自然保护区建设。全年义务植树10万株。全年未发生森林火灾。

【畜牧业】 全年各类牲畜存栏213 334头（只、匹），同比下降14.1%，其中大牲畜存栏174 077头（匹），减少7 291头（匹），同比下降4%。各类牲畜总增率27.1%、出栏率32.1%。

【主要领导人】 县委书记：刘堰；县人大常委会主任：胥东；县长：洛绒倾培；县政协主席：罗吾降村；分管农业副县长：曾超。

白玉县编写组

石渠县

【基本情况】 2022年，全县辖4个片区、22个乡（镇、场）161个村4个社区，辖区面积25 191平方千米，其中耕地面积59 680.96亩、划定的永久基本农田面积54 348.03亩、土地确权面积47 054.13亩。常住总人口10.16万人，其中城镇人口1.65万人、乡村人口8.51万人。常住人口城镇化率16.24%，比上年提高0.3个百分点。

2022年，全县实现地区生产总值219 883万元，按可比价格计算，比上年增长2%，其中第一产业增加值65 159万元，同比增长4.1%；第二产业增加值24 082万元，同比增长3%；第三产业增加值130 642万元，同比增长0.8%。三次产业对经济增长的贡献率分别为50.3%、19.3%和30.4%。三次产业结构比由上年的28.8∶10.6∶60.6调整为29.6∶11∶59.4。人均地区生产总值21 504元。

全社会固定资产投资同比增长31%。社会消费品零售总额5.46亿元，下降1.3%，其中城镇消费品零售额3.26亿元，增长51.9%；乡村消费品零售额2.2亿元，下降35%。地方财政一般公共预算收入完成6 545万元，同比增长6.1%，其中税收性收入2 299万元，同比下降11.3%，占全部收入的35.1%；地方公共财政支出265 239万元，财政八项支出160 203万元。年末金融机构各项存款余额161 321万元，下降7.4%，其中住户存款余额75 948万元，增长6.3%；年末金融机构各项贷款余额104 167万元，同比增长2.9%。

【年度农业和农村经济运行】 2022年，全县农林牧渔业实现总产值（现价）77 477万元，其中农业产值16 341万元、林业产值798万元、牧业产值59 912万元、农林牧渔服务业产值426万元。农村居民人均可支配收入15 149.1元，增长6.5%，其中工资性收入1 589.1元，增长56.3%；经营净收入11 025.6元，同比增长16.7%；财产净收入43.9元，增长206.2%；转移净收入2 490.5元，增长8.3%。农村居民人均消费支出11 271.5元，同比增长6.6%，其中食品烟酒支出5 524.5元，增长3.4%；衣着支出1 180.1元，下降2.2%；居住支出2 363.7元，下降13.5%；生活用品及服务消费支出897.8元，增长67.5%；交通通信支出832.9元，增长63.4%；教育文化娱乐支出83.3元，增长100.2%；医疗保健支出181.7元，同比增长116.4%；其他用品和服务消费支出207.6元，增长74.9%。农村居民恩格尔系数为49%。

【种植业】 全县粮食作物播种面积3.98万亩，比上年增长7%，其中谷物播种面积3.64万亩（小麦0.99万亩、青稞2.65万亩）、薯类播种面积0.34万亩。全年粮食产量0.72万吨，其中谷物产量0.65万吨（小麦0.22万吨、青稞0.43万吨）、薯类产量0.07万吨。

【畜牧业】 年末各类牲畜存栏39.5万头（只、匹），增长6.5%，其中生猪存栏25万头；牛存栏32.7万头，比上年增长9%；羊存栏5万只，下降2%；马存栏1.8万匹，下降5.3%。全县各类牲畜出栏7.7万头（只），下降3.8%，其中猪出栏1 366头，增长47.4%；出售和自宰肉用牛5.43万头，增长0.6%；出售和自宰肉用羊2.14万只，下降14.4%。全县肉类总产量7 467吨，增长4.7%。牛奶产量14 754吨，下降8%。

【主要领导人】 县委书记：陈志勇；县人大常委会主任：达瓦绒布；县长：刘泽；县政协主席：朱小林；分管农业副县长：鲜勇。

石渠县编写组

色 达 县

【基本情况】 2022年，全县辖5镇11乡129个行政村5个社区，辖区面积9 338.98平方千米。全县常住人口6.44万人，其中城镇人口1.63万人、乡村人口4.81万人；城镇化率25.31%。全年出生人口326人，人口出生率5‰；死亡人口687人，人口死亡率10.7‰。

2022年，全县实现地区生产总值172 065万元，比上年增长1.7%，其中第一产业增加值58 668万元，增长4.1%；第二产业增加值11 413万元，下降2.1%；第三产业增加值101 984万元，增长0.6%。三次产业占地区生产总值的比重由上年的33.45∶6.62∶59.93调整为34.1∶6.63∶59.27。

公路通车里程315.694千米，其中国道134.144千米、省道179.93千米。全社会固定资产投资128 783万元，同比增长6.8%。社会消费品零售总额35 260万元，下降0.8%。地方财政一般公共预算收入完成6 099万元，同比增长3.92%，其中税收性收入3 434万元，增长0.44%，占全部收入的56.3%。财政一般预算支出195 410万元，增长0.51%，其中教育支出27 324万元，增长7.42%；社会保障和就业支出17 906万元，下降3.97%；医疗卫生支出12 725万元，增长8.24%；一般公共服务支出28 570万元，增长22.27%；节能环保支出2 049万元，下降78.26%。

有各类学校76所，其中幼儿园57所、小学17所、中学1所、九年一贯制学校1所。在校学生共14 363人，其中在园幼儿2 755人，学前三年毛入学率85%；小学在校学生9 132人，小学阶段入学率达100%；初中在校学生2 476人，初中阶段毛入学率112%。有教师729人，其中初中教师157人、小学教师455人、幼儿教师117人。有医疗卫生机构20个，其中综合医院1家、民族医院1家、乡（镇）卫生院16个、疾病预防控制中心1个、妇幼保健机构1个、卫生监督机构1个、诊所4个、村卫生室134个；病床位268张，其中县级医院床位220张、妇幼保健机构床位80张（县医院实际开放90张、妇幼保健院实际开放26张、藏医院实际开放26张）、卫生院床位210张；卫生技术人员286人，其中执业医师和执业助理医师82人、注册护士93人。城乡居民养老保险参保人数24 137人，征收城乡居民养老保险2 655 000元（其中1 167 700元为财政代缴资金）。

【年度农业和农村经济运行】 2022年，全县农村居民人均可支配收入达15 247元，增长6.5%，其中工资性收入4 596元，增长17.9%；经营净收入7 849元，下降3.5%；财产净收入451元，下降9.6%；转移净收入2 350元，增长31.2%。农村居民年人均生活消费支出达11 773元，增长5.4%，其中居住消费支出1 292元，增长4.1%；生活用品及服务消费支出1 227元，增长13.4%；交通通信支出825元，增长22.9%；医疗保健消费支出801元，增长17.9%。农村恩格尔系数为47.2%，比上年下降2个百分点。

【种植业】 全年农作物播种面积14 600亩，其中粮食作物播种面积13 200亩、经济作物播种面积10 400亩。经济作物中，油菜种植面积300亩，中药材种植面积9 000亩，蔬菜及食用菌种植面积1 100亩。全年粮食产量2 500吨，与上年持平；油菜籽产量50吨，增长25%；蔬菜产量2 200吨，与上年持平。

【畜牧业】 年末各类牲畜存栏330 618头（只、匹），减少25.2%，其中牛存栏208 900头，减少25.2%；马存栏40 711匹，减少9.6%；羊存栏81 007只，减少31.2%；生猪存栏290头，减少8.5%。全县各类牲畜出栏74 878头（只），较上年增长2.2%，其中出栏肉用猪197头，出售和自宰肉用牛69 689头，较上年增长1.2%；出售和自宰肉用羊4 992只，较上年增长3.48%。全县肉类总产量9 705吨，增长3.9%，其中猪肉产量13吨、牛肉产量8 858吨，增长4%；羊肉产量834吨，增长3.2%。牛奶产量10 936吨，增长0.61%。

【主要领导人】 县委书记：何飚；县人大常委会主任：泽让洛吾；县长：易西泽仁；县政协主席：华科；分管农业副县长：秋松。

色达县编写组

理 塘 县

【基本情况】 2022年，全县辖5个片区7镇15乡，辖区面积14 352平方千米。全县常住人口69 730人、户籍人口69 327人，城镇化率40.56%。

2022年，全县实现地区生产总值25.07亿元，按可比价格计算，增长2.6%，其中第一产业增加值8.94亿元，增长4.9%；第二产业增加值3.03亿元，下降2%；第三产业增加值13.11亿元，增长2.2%。三次产业结构比为35.6∶12.1∶52.3。

【年度农业和农村经济运行】 2022年，全县实现农林牧渔业总产值12.99亿元，增长7.16%。农村居民年人均可支配收入达15 261元，增长6.5%。

全社会固定资产投资比上年增长0.7%。社会消费品零售总额9.3亿元，比上年下降0.4%。地方一般公共财政收入完成1.69亿元，同比增长15.8%。金融机构人民币各项存款余额24.28亿元，同比下降4%；金融机构人民币各项贷款余额11.34亿元，同比增长19.7%。

有幼儿园26所（县级幼儿园8所、乡级幼儿园18所），在园儿童2 612人，专任教师201人；普通中学3所、普通小学27所，中小学在校学生13 183人，专任教师880人（普通中学在校学生3 242人，专任教师272人；小学在校学生9 941人，专任教师608人）；全年学龄儿童入学率、初中毕业率分别达99.89%、100%。有医院、卫生院31个，病床位608张，专业技术人员360人。

【种植业】 全年农作物播种面积5 260.5公顷，其中粮食作物播种面积3 528公顷、油料作物播种面积667.5公顷、蔬菜种植面积935公顷；粮食总产量13 245吨，油料作物产量1 400吨，蔬菜产量67 603吨。

【畜牧业】 年末各类牲畜出栏67 364头（只、匹）；各类牲畜存栏270 880头（只、匹），其中大牲畜存栏249 366头、羊存栏20 388只。全年肉类总产量6 731吨，奶产量17 026吨。年末家禽出栏2 750只，家禽存栏13 000只，家禽肉类总产量4吨。

【主要领导人】 县委书记：董德洪；县人大常委会主任：达瓦邓珠；县长：四郎曲批；县政协主席：王建琼；分管农业副县长：翁登。

理塘县编写组

巴 塘 县

【基本情况】 2022年，全县辖5个片区5镇12乡91个行政村1个社区，辖区面积7 663.73平方千米，其中耕地面积4 552.51公顷、草原面积317 540公顷、林地面积431 219.71公顷。全县总人口5.13万人，其中非农业人口1.14万人、农业人口3.99万人。全年出生人口374人、死亡人口354人。森林覆盖率41.83%。

2022年，全县实现地区生产总值19.2亿元，同比增长1.3%，其中第一产业增加值5.06亿元，同比增长3.7%；第二产业增加值2.55亿元，同比减少7.2%；第三产业增加值11.58亿元，同比增长2.2%。三次产业结构比由上年的28∶13∶59调整为27∶13∶60。人均地区生产总值38 826元。全年接待游客81.6万人次，实现旅游总收入8.98亿元。

全社会固定资产投资比上年同期减少39.2%。全社会消费品零售总额70 859.3万元，较上年同期减少1.5%，其中城镇零售额47 828万元，同比减少3.1%；乡村零售额23 031.3万元，同比增长2%。全年完成邮电业务总量6 319.52万元。年末固定电话用户4 771户，移动电话用户42 478户，互联网用户18 776户。年末金融机构人民币各项存款余额32.58亿元，其中住户存款余额16.97亿元；年末金融机构各项贷款余额15.29亿元。地方一般公共预算收入完成22 173万元，同比增长26.46%，其中各项税收完成10 458万元，同比增长25.65%。全年地方财政一般预算支出146 640万元，同比减少4.29%，其中教育支出22 555万元，同比增长30.5%；科学技术支出194万元，同比增长5.43%；文化旅游体育与传媒支出1 967万元，同比增长0.92%；社会保障和就业支出15 696万元，同比增长1.24%；卫生健康支出10 068万元，同比增长4.6%；农林水支出30 396万元，同比减少36.76%；一般公共服务支出25 962万元，同比增长3.6%；交通运输支出2 553万元，同比增长27.14%；城乡社区事务支出6 466万元，同比增长1 095.19%；节能环保支出2 211万元，同比增长51.44%。

有学校21所，在校学生5 544人，其中初中1所，在校学生2 784人。有医院、卫生院24所，村级卫生室52个，病床位418张，卫生专业技术人员318人。农村居民年人均可支配收入达15 943元，增长6.5%。农村居民恩格尔系数为44.6%。

【种养殖业】 全年完成农业总产值6.88亿元，比上年增长5.3%。农作物播种面积72 590亩，比上年增长0.51%；粮食产量15 657吨，比上年减少0.04%。各类牲畜存栏104 164头(只、匹),较上年减少18.9%,牲畜总增率、出栏率、商品率分别为27.98%、42.34%、29.27% 。全年肉类产量4 378吨,比上年增长1.6%。

【主要领导人】 县委书记:张家志;县人大常委会主任:李雪平;县长:洛绒拉珍;县政协主席:达瓦泽仁;分管农业副县长:张莉。

巴塘县编写组

乡城县

【基本情况】 2022年,全县辖3镇7乡57个行政村3个社区,辖区面积5 016平方千米,其中耕地面积46 005亩。全县户籍人口29 007人,其中男性14 574人、女性14 439人,城镇人口6 282人、乡村人口22 725人。年末常住人口30 400人,比上年末减少800人,其中城镇常住人口9 200人、乡村常住人口21 200人,常住人口城镇化率30.1%,比上年末增加0.16个百分点。有森林面积462万亩,森林总蓄积量2 676.19万立方米,森林覆盖率62.38%。

2022年,全县实现地区生产总值16.92亿元,增长1%,其中第一产业增加值3.05亿元,增长3.8%;第二产业增加值5.59亿元,下降2.5%;第三产业增加值8.28亿元,增长2.3%。三次产业占地区生产总值的比重由上年的18.16∶33.43∶48.41调整为18.04∶33.03∶ 48.93。人均地区生产总值54 240元,比上年增加139元,增长0.3%。全年接待游客51.18万人次,实现旅游收入5.63亿元,分别比上年下降61.1%和61.1%。

公路通车里程981.83千米,其中国道159.75千米、省道140.06千米、县道143.03千米、乡道228.33千米、村道310.66千米。全年客运周转量121.39万人/千米,同比下降8.85%;货运周转量3 232.85万吨/千米,同比增长6%。全社会固定资产投资完成368 554万元,同比增长207.5%。社会消费品零售总额40 611万元,下降1.3%,其中城镇消费品零售额28 509万元,下降3.9%;乡村消费品零售额12 102万元,增长5.8%。地方财政一般公共预算收入完成15 152万元,同比增长76.4%,其中税收性收入13 507万元,占全部收入的89.14%;财政一般预算支出116 621万元,下降4.9%,其中财政八项支出70 100万元,增长3.2%。年末金融机构各项存款余额20.11亿元,下降3.1%,其中住户存款余额9.34亿元,增长21.3%;各项贷款余额13.03亿元,增长19.1%。

有各类学校26所,其中幼儿园16所、小学9所、中学1所;在校学生4 343人,其中幼儿及学前1 063人、小学在校学生2 214人,小学阶段学龄儿童入学率100%;初中在校学生1 066人,初中阶段学龄少年入学率达96.26%;有专任教师432人,其中幼儿园67人、小学256人、初中109人。有艺术表演团体1个,公共图书馆1个,文化馆1个,文化站10个。有广播电视台1座,广播综合覆盖率100%,电视综合覆盖率100%。有医疗卫生机构78个,其中县级医疗卫生机构有4个、乡(镇)卫生院12个、村卫生室59个;编制病床位430张,实际开放床位185张,每千人有病床位3.8张;卫计系统人员编制281名,实有专业技术人员215名,其中副高级28人、中级24人、执业医师36人、助理21人;每千人拥有卫生技术人员8.9人,卫生技术人员人均服务面积达29.9平方千米。

【年度农业和农村经济运行】 2022年,全县农林牧渔业实现总产值(现价)43 134万元,减少0.6%,其中农业产值22 381万元,减少7.4%;林业产值1 152万元,减少20.5%;牧业产值19 251万元,增长10.3%;农林牧渔专业及辅助性活动产值350万元,增长9.4%。农村居民年人均可支配收入达15 852.6元,增长6.5%,其中工资性收入2 795.5元,增长16.7%;经营净收入10 919.3元,增长4.3%;财产净收入32.1元,增长6.2%;转移净收入2 105.7元,增长5.7%。农村居民年人均生活消费支出达10 761.6元,增长6.8%,其中居住消费支出1 525.9元,增长10.6%;生活用品及服务消费支出364元,增长10.1%;交通通信支出1 120元,增长12.6%;医疗保健消费支出296.8元,增长9.2%。农村居民恩格尔系数为45%,比上年下降0.1个百分点。

【种植业】 全年农作物播种面积3 806.7公顷,减少1.7%,其中粮食作物播种面积2 600公顷,增长0.8%。经济作物播种面积1 206.7公顷,减少5.2%,其中油菜籽播种面积200公顷,与上年持平;蔬菜及食用菌种植面积673.3公顷,与上年持平。全年粮食产量9 665吨,减少0.3%;油菜籽产量400吨,增长5.3%;蔬菜产量18 643吨,下降0.8%;水果产量4 562吨,增长14.6%。

【畜牧业】 年末各类牲畜存栏108 747只(匹),减少5%,其中牛存栏55 171头,减少8.3%;羊存栏1 529只,减少42.9%;生猪存栏13 018头,减少7.1%。全县各类牲畜出栏45 127头(只),增长4.3%,其中出栏肉用猪19 560头,增长13.1%;出售和自宰肉用牛12 281头,增长14.5%;出售和自宰肉用羊1 111只,减少28.3%;出售和自宰肉用家禽12 175只,减少11.1%。全年肉类总产量3 000吨,增长19.3%,其中猪肉产量1 386吨,增长23.8%;牛肉产量1 547吨,增长13.7%;羊肉产量

17吨，与上年持平；禽肉产量14吨，减少11.4%。牛奶产量3 000吨，减少9.4%。

【农村社会保障】 城乡居民养老保险参保人数13 550人，城乡居民医疗保险参保人数23 135人。全县保障城乡低保对象704人，其中农村低保540人。全县特困救助供养人员230人，其中农村特困人员117人。

【主要领导人】 县委书记：杨林；县人大常委会主任：李新；县长：尼玛西日；县政协主席：达尔比；分管农业副县长：陈文铭。

乡城县编写组

稻 城 县

【基本情况】 2022年，全县辖8乡5镇89个行政村和3个社区，辖区面积7 323平方千米。全县户籍户数6 395户、户籍人口31 313人，增长0.01%，其中男性15 731人、女性15 582人。常住总人口32 900人，增长0.6%，其中城镇人口8 000人，城镇化率24.82%，增加0.47个百分点；乡村人口24 900人。

2022年，全县实现地区生产总值142 803万元，增长0.3%，其中第一产业增加值24 859万元，增长3.8%；第二产业增加值11 548万元，增长7.5%；第三产业增加值106 396万元，下降1.2%。三次产业对经济增长的贡献率分别为29.4%、52.4%、18.2%，分别拉动经济增长0.6个、0.5个和–0.8个百分点。人均地区生产总值43 538元，增长1.7%。一二三产业结构比由上年的17.2∶7.2∶75.6调整为17.4∶8.1∶74.5，其中第一产业比例比上年增长0.2个百分点，第二产业比例比上年增长0.9个百分点，第三产业比例比上年下降1.1个百分点。全年接待游客184.15万人次，下降3.3%；实现旅游收入202 650万元，下降3%。

公路通车里程1 270.6千米，其中国道200.4千米、省道244.5千米、县道124.5千米、乡道451.8千米、村道249.4千米。建成县级客运站2个、乡（镇）客运站13个、村级招呼站53个，开通农村客运线46条，有客运车辆235辆。全社会固定资产投资205 545万元，增长0.8%。社会消费品零售总额44 729万元，下降1.2%，其中城镇29 442万元，下降3.9%；乡村15 287万元，增长4.3%。地方一般公共预算收入8 854万元，下降34.7%，其中税收性收入5 482万元，增长15.2%；非税收收入3 372万元，下降62.6%。地方公共财政（一般预算）支出132 490万元，增长4.6%。

有中小学校10所，其中小学8所、中学1所、九年一贯制学校1所；在校学生3 791人，其中小学生2 594人、中学生1 197人；教师375人，其中小学教师252人、中学教师123人；小学净入学率100%，初中净入学率100%，小学五年巩固率100%，初中三年巩固率112%。幼儿园15所，在园幼儿1 300人，教师50人。有卫生机构18个，病床位166张，卫生专业技术人员270人。全县城乡居民医疗保险、养老保险参保人数分别达26 188人、20 212人。全县有敬老院2个、床位54张，享受居民最低生活保障3 188人。

【年度农业和农村经济运行】 2022年，全县实现农林牧渔业总产值39 846万元，增长4%，其中农业产值15 846万元，增长1.2%；牧业产值为22 153万元，增长5.4%；林业产值1 347万元，增长41.1%；农林牧渔专业及辅助性活动产值500万元，增长12.1%。全年农村居民人均可支配收入达16 743元，增收1 000元，增长6.4%，其中工资性收入4 860元，增收772元，增长18.9%；经营净收入8 876元，减少68元，下降0.8%；财产性净收入1 088元，增收240元，增长28.3%；转移性净收入1 919元，增收56元，增长3%。农村居民年人均消费支出达12 375元，增长4.3%，其中食品烟酒支出5 204元，下降1.6%；衣着支出654元，下降6.1%；居住支出4 331元，增长8.6%；生活用品及服务支出534元，增长3.1%；交通通信支出889元，增长42.1%；教育文化娱乐支出388元，增长17.2%；医疗保健支出132元，增长22.3%；其他用品和服务支出243元，增长30.1%。农村居民恩格尔系数为42.1%。建立居民规范化电子健康档案32 005份，设立卫生扶贫救助基金74.6万元，累计救助135人。亚丁村创建为第二批国家乡村旅游重点村和香格里拉镇创建为天府旅游名镇。

【种植业】 全年农作物总播种面积54 440亩，下降0.2%，其中粮食作物播种面积41 830亩，减少0.1%；油料作物播种面积7 099亩；蔬菜种植面积5 011亩。全年粮食总产量9 558吨，下降0.4%；油料产量1 117吨，下降9%；水果产量370吨，与上年持平；蔬菜产量6 335吨，下降1.8%。

【畜牧业】 全年各类牲畜存栏108 629头（匹、只），增长12.7%，其中大牲畜存栏84 424头，增长13.5%；牛存栏82 023头，增长22.5%；马、驴、骡分别存栏1 873匹、20头、508头；羊存栏2 274只，下降38.5%；生猪存栏21 931头，增长19.8%。全年各类牲畜出栏32 436头（匹、只），其中牛出栏15 953头、羊出栏1 510只、猪出栏14 973头。全年肉类总产量3 145吨，增长2.3%，其中牛肉产量2 048吨、羊肉产量26吨、猪肉产量1 055吨。

【林业】 有序推进“三大工程”及草补政策落实，巩固退耕还林成果，实施退牧还草工程，落实好生态奖补政策，抓好森林草原防灭火，落实河（湖）长制，推进环境保护和生态建设，实施国有林管护556.7万亩，集体森林生态效益补偿22.7万亩，湿地生态效益补偿43.1万亩，集体和个人商品林停伐达17.1万亩。兑现前一轮退耕还林抚育资金3.4万亩，兑现2018年新一轮退耕还林第五年补助资金0.1万亩，农村自用材采伐减少50%。造林补助1.2万亩，森林抚育0.3万亩，草原虫害治理10万亩，沙化治理0.5万亩。

【农村教育】 改善办学条件，落实教育惠民和“三免一补”政策，发放生源地助学贷款91.38万元，发放建档立卡户学生资助经费89.52万元、寄宿制补助经费515.89万元、营养餐补助344.29万元，免除教辅及学前用书费20.6万元。义务教育均衡发展以98.5分的成绩通过州级复核、省级督导评估。

【职业技能培训】 全年实施在岗培训、新型农民培训300人次，新开发公益性（类）岗位293个，推荐1 141人外出就业。各乡（镇）组建匠人协会，开展职业技能培训，引导群众就近务工680人，实现劳务增收900万元。

【主要领导人】 县委书记：格绒追美；县人大常委会主任：吴斌；县长：袁斌；县政协主席：斯朗娜姆；分管农业副县长：曾晓平。

稻城县编写组

得　荣　县

【基本情况】 2022年，全县辖4镇6乡100个行政村3个社区，辖区面积2 916平方千米。常住人口2.48万人，其中城镇人口0.65万人、农村人口1.83万人；城镇化率26.21%。

2022年，全县实现地区生产总值114 534万元，按不变价格计算，同比增长3.8%，其中第一产业实现增加值18 982万元，同比增长4%；第二产业实现增加值28 245万元，同比增长10.8%；第三产业实现增加值67 307万元，同比增长1.2%。三次产业对经济增长的贡献率分别为21.3%、60%和18.7%，分别拉动经济增长0.8个、2.3个、0.7个百分点。三次产业结构比为16.6∶24.6∶58.8。

公路总里程1 212.332千米，其中国道155.257千米、省道19.3千米、县道222.308千米、村道233.017千米。全社会固定资产投资同比增长11.8%。社会消费品零售总额19 407.5万元，同比减少0.3%，其中城镇实现消费品零售额13 476.9万元，同比减少3.7%；乡村实现消费品零售额5 930.6万元，同比增长8.5%。一般公共预算收入完成5 363万元，同比增长14.9%；一般公共预算支出114 539万元，同比下降2%。金融机构各项存款余额11.56亿元，同比增长3.3%；各项贷款余额8.09亿元，同比增长7.4%。

有教育机构25个，其中中学1所，在校学生765人；小学11所，在校学生1 831人；幼儿园20所，在园幼儿909人。幼儿园在编职工48人、专任教师47人；副高级职称4人、中级职称17人、初级职称28人、未定职级2人，小学在编职工283人、专任教师269人、副高级职称54人、中级职称111人、初级职称99人、未定职级5人，中学在编职工96人、专任教师92人、副高级职称37人、中级职称35人、初级职称15人、未定职级2人。有卫生机构15个，其中行政局1个、医疗机构3个、乡（镇）卫生院10个、村卫生室88个、医务室1个、疾病预防控制中心1个、卫生执法大队1个、在岗职工241人；卫生技术人员217人，其中执业（助理）医师71人、注册护士65人。城乡居民养老保险参保人数13 179人。

【年度农业和农村经济运行】 2022年，全县农林牧渔业总产值31 394万元，同比减少10.3%，其中农业总产值13 390万元，同比减少13.9%；林业总产值2 407万元，同比减少5.5%；牧业总产值14 868万元，同比减少8.2%；农林牧渔服务业总产值729万元，同比增加1.8%。农村居民年人均可支配收入达15 603元，比上年增加932元，同比增长6.4%，其中工资性收入1 566元，占可支配收入比重为10%，同比增长3.4%；经营性收入11 522元，占可支配收入比重为73.8%，同比增长7%；财产性收入160元，占可支配收入比重为1%，同比增长9.2%；转移性收入2 354元，占可支配收入比重为15%，同比增长5.3%。农村居民年人均消费支出11 519元，比上年增长6.1%，其中食品烟酒支出5 417元，比上年增长7.8%。

【种植业】 小春经济作物播种面积2 805亩，其中油菜播种面积1 020亩，产量146吨，同比增长0.68%；蔬菜及食用菌种植面积1 785亩，产量2 212吨，同比增长0.04%。大春经济作物播种面积16 104亩，其中油菜籽播种面积980亩，产量154吨，同比下降1.28%；中药材种植面积8 307亩，产量3吨；蔬菜种植面积6 417亩，产量8 421吨，同比增长2.13%；水果产量1 700吨，同比减少1.16%。

【畜牧业】 全年实现牧业产值14 868万元，同比减少8.17%，占总产值的47.36%。猪（牛、羊）出栏27 417头（只、匹），其中生猪出栏15 288头，同比增长13.04%；牛出栏8 522头，同比增长8.69%；羊出栏3 607只，同比增长12.12%；禽出栏31 104只，同比增长4.04%。

【主要领导人】 县委书记：黄进；县人大常委会主任：肖扎西；县长：廖大洪；县政协主席：阿郎；分管农业副县长：王继洪。

得荣县编写组

凉山彝族自治州

【基本情况】 2022年，全州辖2市15县（1个自治县），辖区面积6.04万平方千米。常住人口489.1万人，比上年末增加1.7万人，其中城镇人口193万人、乡村人口296.1万人；常住人口城镇化率39.46%。年末户籍人口543.02万人，增长0.89%，其中少数民族人口317.19万人，占总人口的58.41%；彝族人口298.9万人，占总人口的55.04%。

【年度农业和农村经济运行】 2022年，全州实现农林牧渔业及其服务业总产值812.3亿元，增长4.4%。有效灌溉面积21.57万公顷。农业机械总动力376.49万千瓦，增长2%。

【种植业】 全年粮食作物播种面积53.76万公顷，增长0.4%。粮食总产量247.2万吨，下降1.4%；平均亩产306.6千克。主要经济作物中，油类作物产量3.46万吨，增长3.5%；烤烟产量11.7万吨，下降0.9%；蔬菜产量369.97万吨，增长3.1%；园林水果产量220.98万吨，增长5.1%。

【林业】 全年完成造林面积0.36万公顷。全州森林覆盖率52.16%，森林火灾损失控制在0.036‰以下，森林病虫害防治率99.98%。

【畜牧业】 全年出栏生猪492.6万头，增长2.7%；羊出栏430.3万只，增长0.6%；牛出栏39.7万头，增长2.2%；家禽出栏2 141.2万只，增长2.7%。肉类总产量51万吨，增长3.2%，其中猪肉产量35.6万吨，增长3.5%；羊肉产量6.9万吨，增长1%；牛肉产量4.9万吨，增长4.4%；家禽肉产量3.2万吨，增长2.4%。牛奶产量4.7万吨，增长2.9%。蚕茧产量2.7万吨，增长4.6%。实现畜牧业产值267.35亿元，增长3.8%。

【主要领导人】 州委书记：虞平；州人大常委会主任：龙伟；州长：阿石拉比；州政协主席：杨文；分管农业副州长：马小合。

凉山彝族自治州编写组

西　昌　市

【基本情况】 2022年，全市辖7个街道11镇7乡，辖区面积2 882.9平方千米。年末户籍总人口75.13万人，其中男性人口37.84万人，占总人口的50.4%；少数民族人口22.98万人，占总人口的30.6%。年末常住总人口96.6万人，城镇化率为68.48%。全年完成农林牧渔业总产值968 357万元，同比增长4.4%。转移输出农村劳动力10.47万人，实现劳务总收入20.78亿元。

【种植业】 全市主要农产品产量稳定增长，全年农作物播种面积55 836公顷，其中粮食作物播种面积42 333公顷、油料作物播种面积1 041公顷。

【乡村振兴】 加强防返贫监测，投入衔接资金2.8亿元，完成产业发展、基础设施、公共服务等项目193个。优化“2+3”产业结构，葡萄园区创建为省三星级现代农业园区，建成州级园区11个。创建“三品一标”农产品29个，获得“国家级制种大县”称号。先行先试开展全域土地综合整治，启动“引水上山，向水要地”试点工程6处，建设高标准农田2万亩，探索实施粮经复合种植1.75万亩，粮食产量24.3万吨。攀西农特产品智慧运营中心申报为省大型区域商品分拨配送中心，依托运营中心的“甬凉‘两地仓’”建设作为“全球优秀减贫案例”之一向全世界推荐。“内循环”“微循环”持续畅通，迎宾大道北段、川焦路、望月大道等通车运行；推进疏堵保畅三年行动，改造交通拥堵点10个；实施乡村客运“金通工程”，建设乡村组道路193千米、农村生命安防工程波形护栏144千米。农村面貌较大改观，启动农村土坯房大砖房改造，实施美丽乡村建设整村推进项目，开展农村人居环境整治，保障饮水安全，生活垃圾收转运处置体系覆盖率达100%，生活污水处理率达90%以上，卫生厕所普及率达87.77%，行政村光纤通达率、4G网络覆盖率均达100%。开展林长制、田长制、河长制改革，推进农村宅基地“两项试点”，腾退复垦闲置宅基地241亩，房地一体确权颁证3 000余本。做好两项改革“后半篇”文章，获评“全国农村集体产权制度改革先进”“省农村改革先进县市”。

【农村教育】 制定推进教育高质量发展“1+8+N”系列方案，实施学区制改革，开展集团化办学。新建怀远学校、月城幼儿园、高枧幼儿园，新增学位2 340个，改（扩）建三小、樟木箐镇九年一贯制、普诗村小等学校。落实“双减”政策，推进控辍保学，辍学率控制在0.2%以内。15年免费教育惠及幼儿、中小学生19.68万人。

【农村社会保障】 完成省、州市民生实事45项，累计投入资金11.22亿元，一般公共预算民生支出50.76亿元，占比超过65%。推进7个社区养老服务综合体建设，建成市农村中心敬老院二期，床位达1 324个。建立未成年人保护中心，建设“儿童之家”32个。城乡居民养老保险覆盖26.48万人，城乡居民基本医疗保险参保人数51.7万人，重点人群参保率100%。提高城乡居民最低生活保障、特困供养人员、孤儿、残疾人等各类社会救助保障标准。

【主要领导人】 市委书记：马辉；市人大常委会主任：余勇；市长：宋莉；市政协主席：曾怀阳；分管农业副市长：杨伟洪。

西昌市编写组

会 理 市

【基本情况】 2022年，全市辖3个街道13镇4乡，辖区总面积4 537平方千米。常住人口39.2万人，户籍人口45.98万人。年末有效灌溉面积2.43万公顷。全年农业机械总动力77.34万千瓦。森林面积20.28万公顷，草原综合植被覆盖度86.1%。

【种植业】 全年粮食作物播种面积103.08万亩，比上年增长0.4%；油料作物播种面积2.86万亩，比上年增长0.7%；烟叶种植面积18.58万亩，增长5%；蔬菜及食用菌种植面积15.5万亩，增长2.8%。全年粮食产量34.66万吨，比上年减少1.3%，其中小春粮食产量增长1.2%、大春粮食产量减少1.9%。经济作物中，油料产量0.29万吨，增长3.5%；烟叶产量3.2万吨，下降5%；蔬菜产量52.2万吨，增长3.4%；园林水果产量84.52万吨，增长2.9%。

【畜牧业】 全年肉猪出栏88.2万头，比上年增长4.1%；牛出栏3.39万头，增长1.3%；羊出栏49.79万只，增长0.1%；家禽出栏306.11万只，增长2.1%。猪肉产量增长5.3%，牛肉产量增长4.6%，羊肉产量增长2.4%，禽肉产量增长4.8%。禽蛋产量下降3.2%，牛奶产量增长2.6%。

【主要领导人】 市委书记：陈方勇；市人大常委会主任：黄玲；市长：徐阳；市政协主席：李恳古；分管农业副市长：张孝华。

会理市编写组

木里藏族自治县

【基本情况】 2022年，全县辖6镇21乡（5个民族乡）110个行政村4个社区、9个国有牧场，辖区面积13 252平方千米，年末常住人口12.29万人。

【特色农业】 第一产业发展势头良好。实施“农业兴县”战略，聚焦“林畜果蔬粮药”六大富民产业，建成高标准农田2.1万亩，粮食产量超过7.4万吨，实现“五连增”。发展设施蔬菜251亩，蔬菜产量6.2万吨，满足群众“菜篮子”需求。各类牲畜存栏89.25万头（只）、出栏43.63万头（只），肉类总产量1.98万吨。种植羊肚菌3 115亩、魔芋2 985亩、中药材4 299亩、皱皮柑9 100亩。新增家庭农场、农民合作社24家，建成农业产业园区2家、农业科技示范基地2个。乔瓦镇金丝皇菊农业产业园区被评为州级示范园区。

【主要领导人】 县委书记：高峰；县人大常委会主任：呷绒翁丁；县长：杨单祖；县政协主席：甘正友；分管农业副县长：孙根若。

木里藏族自治县编写组

盐 源 县

【基本情况】 2022年，全县辖24个乡（镇、街道），辖区面积8 407平方千米。有常驻人口34.3万人、城镇人口11.3万人，城镇化率32.93%。年末户籍人口389 148人、总户数99 834户，其中城镇人口71 069人、乡村人口318 079人。

【年度农业和农村经济运行】 2022年，全县实现农林牧渔业总产值994 696万元，同比增长12.1%，其中种植业产值747 726万元，同比增长19.6%；林业产值14 569万元，同比增长15%；渔业产值4 646万元，同比增长8.1%；农林牧渔服务业产值972 276万元，同比增长12.2%。全年农作物总播种面积76.42万亩，同比增长0.2%；粮食产量23.42万吨，同比下降1.1%。

【畜牧业】 全年大牲畜存栏（牛、马、骡、驴）187 776头（匹），其中牛存栏116 112头、马存栏54 822匹、驴存栏4 223头、骡存栏12 619头；年末大牲畜出栏38 444头（匹），其中牛出栏36 213头、马出栏1 360匹、驴出栏121头、螺出栏750头。其他牲畜中，羊存栏521 541只，猪存栏322 335头。生猪出栏393 000头，同比增长2.98%；牛出栏36 213头，同比增长2.09%；羊出栏408 911只，同比下降0.06%。全年实现畜牧业产值210 636万元，同比下降0.08%。肉类总产量44 539吨，同比增长4.44%，其中猪肉产量29 136吨、牛肉产量4 140吨、羊肉产量6 739吨。

【主要领导人】 县委书记：尹江涛；县人大常委会主任：唐勇；县长：段勇纲；县政协主席：张应聪；分管农业副县长：胡玮。

盐源县编写组

德昌县

【基本情况】 2022年，全县辖2个街道8镇2乡，辖区面积2 284平方千米。年末总户数73 803户、户籍人口220 846人，其中城镇人口62 201人；少数民族人口73 467人，占总人口的33.3%；傈僳族人口7 344人，占总人口的3.3%。年末常住人口21.7万人，其中城镇人口9.68万人，城镇化率44.6%。人口出生率13.58‰，人口自然增长率6.11‰，符合政策生育率98.5%。森林覆盖率71.6%。

【年度农业和农村经济运行】 2022年，全县实现农林牧渔总产值（现价）446 495万元，比上年增长4.39%，其中农业产值293 391万元，增长20.3%；林业产值5 540万元，下降10.1%；畜牧业产值127 567万元，增长26%；渔业产值8 373.8万元，增长5.6%；农林牧渔服务业产值11 620万元，增长4.2%。全年水产品产量3 970吨，同比增长3.12%。全县农田有效灌溉面积10 896公顷，与上年持平。全年化肥施用量（折纯）8 200吨。年末农业机械总动力24.9万千瓦，同比增长1.2%。农村用电量14 500千瓦时，同比增长5.89%。全年农用塑料薄膜使用量947.2吨，地膜覆盖面积11 306公顷。

【种植业】 全年粮食作物播种面积18 649公顷，比上年增加104公顷，同比增长0.56%；粮食总产量102 745吨，比上年减少1 294吨，同比下降1.24%；油料产量808吨，同比增长5.5%。糖类产量1 657吨，同比下降13.3%。蔬菜、瓜果产量327 397吨，同比增长5.83%。

【畜牧业】 全年肉猪出栏27.61万头，同比增长0.34%；羊出栏14.08万只，同比增长0.36%；牛出栏13 373头，同比增长2.22%；家禽出栏116.7万只，同比下降0.61%。全年肉类总产量25 848吨，同比下降2.23%，其中猪肉产量19 004吨，同比下降3.18%；羊肉产量2 256吨，同比增长0.71%；牛肉产量1 719吨，同比增长4.97%；家禽肉产量2 455吨，同比增长0.06%。牛奶产量126吨，同比下降2.33%。

【主要领导人】 县委书记：任贤明；县人大常委会主任：海连虎；县长：李友英；县政协主席：邱金华；分管农业副县长：牟宗合。

德昌县编写组

会东县

【基本情况】 2022年，全县辖2个街道13镇4乡，辖区面积3 227平方千米，总人口34.61万人。

全县实现地区生产总值179.64亿元，增长9%，总量和增速分别位居全州第三和第二。城乡居民年人均可支配收入分别增长5.04%、6.63%。

【特色农业】 “烟桑畜林果蔬粮药”八大主导产业提质增效，第一产业增加值增长4.2%。会东县是全国烟叶产量第一大县、生猪调出大县、产粮大县、华山松第一大县、松露产量第一大县，已建成10万亩现代烟草产业、5 000亩高标准蓝莓产业、22万头生猪循环产业等省、州、县级现代农业产业园区17个，加快推进3 000亩牛油果、3 000 亩蚕桑等现代农业产业园建设，打造川渝地区特色农产品供应基地。

【乡村振兴】 统筹财政衔接资金1.5亿元，实施项目47个，脱贫户人均纯收入达1.12万元，增长13.4%，守住不发生规模性返贫底线，通过省、州交叉考核评估。人居环境持续改善，投入1.95亿元建成生活垃圾分类收转运闭环链条，与生活垃圾焚烧发电终端共同构建起“前端收、中间转、末端处”的城乡环卫一体化市场化运营新格局。新（改）建乡（镇）污水处理站10座、农村户厕5 600户、公共厕所25座。

【主要领导人】 县委书记：环江红；县人大常委会主任：刘朝荣；县长：宋程凡；县政协主席：杨清林；分管农业副县长：海波。

会东县编写组

宁南县

【基本情况】2022年,全县辖13镇,辖区面积1 667平方千米。年末总户数52 404户,户籍总人口202 562人,其中女性97 946人,占总人口的48.3%;男性104 616人,占总人口的51.7%;人口性别比为107∶100。少数民族人口61 097人,占总人口的30.2%;彝族人口57 479人,占总人口的28.4%。森林覆盖率51.22%。

【年度农业和农村经济运行】2022年,全县实现农林牧渔总产值442 522万元,按不变价格计算(下同),同比增长4.4%,其中农业(种植业)产值236 998万元,增长1.6%;林业产值26 784万元,增长6.9%;畜牧业产值170 460万元,增长8%;渔业产值3 070万元,增长8.8%;农林牧渔服务业产值5 210万元,增长11.2%。全县完成造林面积0.25万亩,实有封山育林面积1.3万亩,森林管护面积70.8万亩。全县农业机械总动力10.81万千瓦,完成机播面积0.469万公顷。农用化肥施用量(折纯)7 019吨,农药施用量43吨,农用塑料薄膜使用量280吨。全年城乡居民生活用电13 254万千瓦时,同比下降10%。

【种植业】全年粮食作物播种面积37.67万亩,其中玉米播种面积14.3万亩、马铃薯播种面积10.34万亩、小麦播种面积3.75万亩、稻谷播种面积2万亩。蔬菜种植面积11.21万亩,烤烟种植面积4.81万亩。全年粮食产量10.52万吨,其中玉米产量4.62万吨、马铃薯产量3.11万吨、稻谷产量0.99万吨、小麦产量0.56万吨。

【畜牧业】全年生猪出栏29.09万头,增长0.6%;牛出栏2.19万头,增长1.7%;羊出栏16.62万只,增长6.1%;家禽出栏69.33万只,增长2.9%。主要畜禽(猪、牛、羊、禽)肉类总产量2.63万吨,同比增长0.3%,其中猪肉产量2.02万吨,减少1.7%;牛肉产量0.26万吨,增长3.2%;羊肉产量0.2万吨,增长15.9%。蚕茧产量1.49万吨,增长1.4%。年末生猪存栏16.39万头,同比下降13.6%,其中能繁母猪存栏1.84万头,增长14.4%;牛存栏6.08万头,增长3.5%;羊存栏16万只,减少1.4%。

【主要领导人】县委书记:王显晖;县人大常委会主任:龙仕江;县长:周应德;县政协主席:邰康宁;分管农业副县长:吴玮。

宁南县编写组

普格县

【基本情况】2022年,全县辖8镇5乡,辖区面积1 918平方千米,其中耕地面积47.48万亩。有常住人口18.2万人,比上年增加0.1万人,其中城镇人口3.32万人,城镇化率18.23%,比上年增长0.55%。年末全县户籍人口22.35万人,比上年增长1.1%,其中城镇人口2.75万人,下降1.9%;乡村人口19.6万人,增长1.3%。汉族人口2.78万人,下降1.3%;彝族人口19.46万人,增长1.5%,占总人口的比重为87%。

【年度农业和农村经济运行】2022年,全县水产品产量161吨,比上年增长1.9%。农田有效灌溉面积5 660公顷。全年农用化肥施用量(折纯)4 028吨,年末农业机械总动力11.1万千瓦时。

【种植业】全年农作物播种面积45.1万亩,比上年增长4.2%,其中粮食作物播种面积27.8万亩,粮食产量7.98万吨,减少1.5%。烟叶种植面积4.4万亩,产量9.56万担,减少1%;蔬菜产量4.58万吨,增长4%;水果产量4 483吨,增长28.7%。

【畜牧业】全年生猪出栏11.11万头,增长6.5%;牛出栏0.99万头,增长1.2%;羊出栏13.95万只,减少4.2%;家禽出栏36.4万只,增长3.4%。全年肉类总产量1.17万吨,增长14%。养蚕1.52万张,增长33.8%;产茧1.09万担,增长14.8%;蚕茧收购产值0.23亿元。

【林业】全年完成草原生态修复8 000亩;完成营造林面积11 000亩,其中封山育林10 000亩、干旱河谷治理1 000亩。年末全县森林覆盖率35.37%,森林火灾损失控制在0.8‰以下,森林病虫害防治率100%。

【主要领导人】县委书记:苏正清;县人大常委会主任:日海补杰惹;县长:刘环宇;县政协主席:王平;分管农业副县长:曲木日沙。

普格县编写组

布拖县

【基本情况】2022年,全县辖12个乡(镇)5个社区120个村689个小组,辖区面积1 685平方千米,其中耕地面积2.94万公顷、林地面积135.28万亩、天然草地面积118.1万亩。全县总人口22.26万人,比上年增加5 489人,其中城镇人口3.59万人、乡村人口18.67万人。全年出生人口7 758人、死亡人口1 482人，迁入人口280人、迁出人口1 067人，往年漏统445人。

2022年，全县实现地区生产总值41.48亿元，增长4.3%，增速居全州第17位，其中第一产业增加值14.23亿元，增长4.1%，增速居全州第12位；第二产业增加值7.09亿元，增长2.6%，增速居全州第17位；第三产业增加值20.16亿元，增长5%，增速居全州第11位。三次产业的比重为34.3∶17.1∶48.6。完成全社会固定资产投资100.75亿元，增长32.8%，高于全州(11.5%)21.3个百分点，增速位居全州第九，是建县以来首次突破百亿元大关，是全州唯一完成“双过半”并提前三个月完成全年目标任务的县(市)。城乡居民年人均可支配收入实现1.76万元，增长6.74%，增速居全州第11位，其中城镇居民可支配收入达3.47万元，增长5.19%，增速居全州第13位；农村居民可支配收入达1.28万元，增长6.87%，增速居全州第11位。

有小学44所、初中1所、高完中1所、幼儿园38所、“一村一幼”教学点188个；教师编制2 844个，中小学在编教师2 103名、合同制教师362名，学前在编教师36名、辅导员692名、民办幼儿教师106名；在校学生64 485名，其中在园幼儿13 555名、小学生35 606名、初中生13 744名、普通高中生1 580名。引导企业申报国家、省、州科技项目6个，获得经费支持437万元。

【年度农业和农村经济运行】 2022年，全县农林牧渔业总产值完成21.26亿元(可比价格)，增长4.3%；实现增加值14.22万元，增长4.1%。全县规上工业增加值同比增长8.3%，增速低于全州(26.9%)18.6个百分点，增速居全州第11位。白鹤滩至江苏、浙江±800千伏特高压直流工程和白鹤滩500千伏配套工程(二期)建成投运；投入11.85亿元，建设华能拖觉风电项目、华能海博风电项目和拖觉20兆瓦乡村振兴光伏发电项目。11家资质以上建筑业企业完成增加值186 683万元，增长21.9%。签约总投资6.6亿元的化成箔生产线建设项目。

【种养殖业】 全县粮食作物播种面积39.86万亩，增长1.1%；产量10.69万吨，减少2.5%。蔬菜种植面积2.97万亩，增长6.9%；产量达2.82万吨，增长4%。猪出栏16.74万头，牛出栏1.99万头，羊出栏23.14万只，家禽出栏36.66万羽，分别增长0.01%、1.56%、-2.9%、-0.95%。猪存栏8.87万头，减少14.45%；牛存栏6.31万头，增长5.04%；羊存栏26.69万只，增长3.42%。

【森林草原防灭火】 全年投入1.06亿元，用于森林草原防灭火职业化、专业化、规范化建设，建成防火通道1 253.21千米、前置点11个、卡点48个、瞭望哨10座，组建“1+5”巡逻队18支，配齐配强水车、水泵、水带等灭火装备，提升专业队伍作战能力，构建“防抗救”协调联动体系。

【脱贫攻坚与乡村振兴有效衔接】 统筹投入6.3亿元，实施衔接项目74个；投入1.45亿元，实施中央定点帮扶、东西部协作和省内对口帮扶项目66个；投入4 600万元，实施易地搬迁后续扶持项目22个。投入“补改投”资金1.2亿元，带动122个村(社区)集体经济分红1 402万元，兑付产业奖补7 516万元、就业奖补1 336万元、公益性岗位资金2 188万元，2.4万名脱贫劳动力稳定务工就业，90%以上的脱贫群众得到产业或就业扶持，稳定消除240户监测户返贫风险。投入1.2亿元，打造乡村振兴示范村4个，拖觉镇菲土鲁村获评“四川省2022年度乡村振兴示范村”。投入6 409万元，实施“千村示范”农村污水治理项目，建成农村无害化卫生厕所320户。投入8 107万元，新(改)建农村公路65千米；投入882万元，升级改造农村电网30.15千米，建成水源工程项目15个。拆除特木里镇18个村乱搭乱建临时用房546处、土坯房543处、D级危房97处。全县脱贫人口人均纯收入11 304元，增长14.5%，实现“两个高于”目标。

【农业农村改革】 农业农村改革稳步推进，清理农村集体“三资”28.1亿元。“放管服”改革不断深化，政务服务事项全程网办率达98%，下放乡(镇)县级行政权力事项94项。农业生产用电价格降幅达36%，农业排灌电价降幅达68%。发放农业产业招商引资奖补资金183.9万元。

【统筹城乡发展】 西昭、宜攀高速公路布拖段建设加快推进，国道356线县城至金阳界段公路改建工程竣工。投入2.4亿元，实施滨河新区棚户区改造项目(一期)工程；投入808万元，改造老旧小区301户。投入2.38亿元，实施城区综合管线项目。投入6 400万元，完成县城引水管道及净水厂区改(扩)建项目。投入2 077万元，实施城乡生活垃圾处理设施项目(二期)；投入 1394万元，建成垃圾无害化处理项目；投入2 062万元，建成龙潭镇污水处理厂项目。新(改)建城市公厕10座；新建交流电充电桩53个；投放出租车32辆。投入1.5亿元，建成园丁小区项目，青年孵化园项目、烈士陵园提档升级项目竣工投用。总投资5.5亿元的中河天域天城房地产项目落地实施，开启布拖房地产历史新篇章。全县常住人口城镇化率达23%。

【农村教育】 全年为在校园幼儿减免保教费1 065.41万元，补助膳食经费737.25万元。为义务教育在校学生补助生均公用经费4 398.55万元、营养餐改善计划经费4 604.63万元；发放经济困难补助6 401.84万元、取暖费146万元。召开教育发展大会，发放奖金1 060万元。发放教师目标考核奖6 099.7万余元。投入4 096万元，建成投用彝族文化产业园以及篮球场、足球场、网球场等健身设施。

【农村社会保障】 全年财政民生支出占一般公共预算支出的比重达81%。发放社会救助资金23 675.32万元，其中农村低保金4 461户52.09万人次14 550.85万元、城市低保金1 374.76万元；特困供养财政补助835.1万元，特困供养丧葬补贴16.38万元；残疾人补贴156万元，重度残疾护理补贴138万元；临时救助106.1万元；抚养孤儿补贴6 278.5万元；高龄补贴236.01万元。全县参保率达97%。全年化解农民工欠薪案件18件，追讨拖欠工资446万元。建成环卫工休息室15个。完成县福利院适老化改造提升，建成投用县殡仪馆、火化车间和依撒社区老年人助餐服务食堂。召开千人移风易俗大会，“布拖模式”被中央电视台《新闻“1+1”》栏目专题报道。自愿解除无效婚约2 600对，退还订婚彩礼1.13亿元；推动婚事新办94场、丧事简办456场，为群众节省开支5 000余万元。投入3 350万元，建成新风园24个、民俗文化坝子544个，并全面配套122个村（社区）红白喜事用餐设施。“树新风促振兴”暨妇女儿童关爱提升三年行动有序实施。

【农村生态建设及环境保护】 全县完成中央、省生态环境保护督察反馈问题整改。更换省控空气自动站仪器设备，环境空气质量达优330天，优良率为100%，PM10年均浓度上升3%，PM2.5年均浓度上升9%。集中式饮用水水源地达标率100%，水质达标率100%。完成农村生活污水治理“千村示范”工程项目5个行政村，持续推进乐安湿地环境保护周边村（组）生活污水处理项目建设，项目投资6 409.21万元，已完成投资3 084.8万元。完成营造林0.1万亩、草原生态修复治理4.5万亩、退化林修复1.3万亩、水土流失治理33.6平方千米，森林覆盖率达32.2%。

【新冠疫情防控】 全年排查车辆11.12万辆次，排查人员32.95万人次，累计接种新冠疫苗41.32万剂次，检测核酸144.31万人次、隔离点16处，集中隔离8 222人次，发现5起（10例）输入疫情，处置5起混管阳性事件。统筹资金2 200余万元储备各类疫情防控物资，配备核酸检测扩增仪34台、提取仪17台，单日最大检测量达1.8万管。统筹整合全县流行病学调查溯源力量，共组建流行病学调查溯源队伍84支。设置常备集中给点4个，储备房间1 667间。

【主要领导人】 县委书记：罗古阿吉；县人大常委会主任：比布吴奖；县长：邓兴伟；县政协主席：刘浪；分管林业和草原工作副县长：张泽华。

布拖县编写组

金 阳 县

【基本情况】 2022年，全县辖15个乡（镇），辖区面积1 588.23平方千米，年末常住人口17.01万人。是“中国青花椒第一县”“中国白魔芋特产之乡”、国家级出口食品农产品（青花椒、白魔芋）质量安全示范区。

【特色农牧业】 特色农牧业规模质效稳步提升，建成高标准农田4.59万亩，恢复耕地0.25万亩，整治撂荒地0.35万亩，全县粮食面积稳定在24.53万亩以上，总产量7.28万吨，获评“全省2022年度农作物种业工作先进县”。不断扩大特色农业规模，实施科技助农，打造青花椒标准化种植基地0.32万亩。建成百香果、脐橙、枇杷、芒果等水果种植基地1.37万亩；创建州、县两级现代农（林）业园区8个；百草坡镇生猪养殖基地建成投产，种牛智能化示范培育等3个农牧产业基地加快推进。

【脱贫成果巩固】 巩固脱贫成果，精准识别帮扶监测对象3 945户17 878人，稳定消除风险3 477户16 276人。实施易地搬迁基础设施和公共服务设施巩固提升项目19个，建成产业基地6个、“帮扶车间”1个，有劳动力的搬迁家庭实现至少1人稳定就业，4.13万名搬迁群众基本实现“稳得住、能融入、逐步能致富”。开展“促进脱贫群众增收百日行动”，开发公益性岗位9 776个，转移输出脱贫劳动力2.61万人，全县脱贫人口人均纯收入10 960.49元，增长14.6%，实现“两个高于”2目标。中央单位定点帮扶、东西部协作、省内对口帮扶、省直部门定点帮扶及“万企兴万村”等帮扶工作持续深化，各帮扶地（单位）累计投入帮扶资金9 700余万元，实施帮扶项目119个，东西部协作“蓝鹰工程”——石化建安金阳高级技工班项目入选“2022年全国东西部协作典型案例”。

【美丽乡村建设】 国土空间总体规划及环县城城乡融合、对坪沿江经济示范片区空间规划形成初步成果，完成2个乡（镇）级、1个村级片区规划编制。完成农村C、D级危房改造871户，地灾避险搬迁155户，安置“掉边掉角户”107户。以打造“四园”“五美”为抓手，开展“农村人居环境整治百日攻坚行动”，新（改）建农村厕所1 300户，实施“千村示范”工程45个，43个行政村生活污水得到有效治理。打造省、州两级乡村振兴示范村3个，重点帮扶优秀村3个。推进树新风促振兴暨妇女儿童关爱提升“三年行动”，执行《凉山彝族自治州移风易俗条例》，落实《金阳县遏制婚丧事宜高额礼金和铺张浪费之风的实施细则》，评选州、县两级“最美家庭”103户，省、州、县三级“洁美家庭”370户。加强农村精神文明建设，县、乡、村新时代文明实践机构（场所）、公共法律服务站（室）实现全覆盖。

【农村基础设施建设】 加快基础设施建设，过境宜攀、西昭高速和国道356线丙底至土沟段加快推进，建成乡村道路7条96.8千米、安防设施312.9千米，道路通行水平不断提高。德谷沟特大桥启动建设，白鹤滩翻坝码头转运设施项目可研报告编制工作正式启动。实施农村集中供水工程13处、种养基地水系配套等农业灌溉项目建设8个，25个村组季节性缺水问题得到有效解决。110千伏线路与国网、西电实现并网，10千伏、35千伏农网升级改造项目加快推进；建成4G基站19个、5G基站51个，完成乡（镇）网络“双千兆”改造，实现村（社区）4G网络、光纤宽带全覆盖，通信、用电更有保障。

【主要领导人】 县委书记：方凤华；县人大常委会主任：曲木阿呷；县长：伍果；县政协主席：张贵斌；分管农业副县长：杨克哈。

金阳县编写组

昭觉县

【基本情况】 2022年，全县辖11镇9乡，辖区面积2 560平方千米。年末常住人口25.6万人，比上年末增加0.2万人，其中城镇人口6.2万人、乡村人口19.4万人；常住人口城镇化率24.17%。年末户籍人口34.04万人，增长1.76%，其中少数民族人口33.67万人，增长1.45%，占总人口的98.91%；彝族人口33.65万人，增长1.85%，占总人口的98.85%。全年出生人口9 489人、死亡人口2 106人。全年迁入709人、迁出2 193人。全县森林覆盖率26.84%，森林火灾损失控制在0.09‰以下，森林病虫害防治率85%。

【年度农业和农村经济运行】 2022年，全县实现农林牧渔业及其服务业现价总产值28.4亿元，增长6.16%，其中第一产业现价总产值28.29亿元，同比增长6.17%。年末有效灌溉面积240公顷。农业机械总动力193 094千瓦。

【种植业】 全年粮食作物播种面积41.08万亩，下降0.68%；粮食总产量11.26万吨，下降3.35%，平均亩产274.1千克。主要经济作物中，蔬菜及食用菌产量6.26万吨，增长12.2%；园林水果产量0.62万吨，增长8.8%。

【畜牧业】 全年生猪出栏20.2万头，增长0.08%；羊出栏39.39万只，增长1.82%；牛出栏2.86万头，增长2.32%；家禽出栏45.9万只，增长0.35%。肉类总产量2.51万吨，下降1.57%，其中猪肉产量1.41万吨，下降3.46%；羊肉产量0.66万吨，增长0.24%；牛肉产量0.37万吨，增长3.6%；家禽肉产量0.07万吨，增长0.1%。全年实现畜牧业产值13.42亿元，增长6.41%。

【主要领导人】 县委书记：马小合；县人大常委会主任：许世蓉；县长：白此联；县政协主席：孙子史则；分管农业副县长：克惹伍沙。

昭觉县编写组

喜德县

【基本情况】 2022年，全县辖7镇6乡，辖区面积2 117.75平方千米，其中耕地面积29 620.57公顷、林地面积130 323.62公顷、草地面积36 507.93公顷。年末全县总户数61 114户，总人口220 964人。年末常住人口15.81万人。

2022年，全县实现地区生产总值38.22亿元，增长5.5%，其中第一产业实现增加值10.44亿元，增长4.2%。农村居民年人均可支配收入达12 749元，增长6.97%。农村网络零售额实现4 000万元。新签约招商引资项目7个，总投资14.8亿元。实现货物出口贸易额560万元。

【种养殖业】 全年建成高标准农田2.6万亩。粮食作物播种面积30.55万亩，总产量8.13万吨；特色水果种植面积1.21万亩，总产量2.39万吨；烤烟种植面积8 400亩，收购烟叶2万担，实现两烟税收2 358.27万元。出栏生猪27.24万头、肉牛0.95万头、羊13.89万只、家禽79.76万羽，分别增长0.09%、3.46%、0.76%、2.7%。注册登记农民专业合作社453家、家庭农场700家。

【脱贫成果巩固】 脱贫成果更加巩固，全覆盖开展防返贫动态监测，新增监测对象153户632人。实施农村危房改造700户。巩固提升1 080户安全饮水。落实学前教育阶段儿童保教费、生活费1 280.96万元，发放义务教育阶段学生生活补助3 926.76万元、国家助学金460万元。脱贫人口年人均纯收入达11 578元，增长14.8%。全县通过省第三方实地考核评估和国家衔接推进乡村振兴补助资金绩效评价考核。

【乡村振兴】 投入4.9亿元，实施4大类123个项目。北山艮田禽类养殖园区等五大省级标准示范园区加快推进，累计建成7个州级农业产业园区、16个县级产业园区。完成12个村、24个集中安置点污水处理设施建设。发放“富民贷”3 074.74万元、农业产业到户奖补5 925.65万元，开发公益性岗位3 653个，促进就近就业11 039人。且拖乡且拖村、光明镇干拖村获评“2022年度全省乡村振兴示范村”，洛哈镇木古宜莫村获评“2022年度全省乡村振兴重点帮扶优秀村”。全域结对助力发展，统筹各级各类帮扶资金2.3亿元，实施项目195个。引进资金2.6亿元，实施项目65个。转移输出劳动力1 176人，认定就业“帮扶车间”24个、“帮扶基地”2个。落实37名县级领导联系13个乡（镇）、109名正科级领导包村、105个单位结对帮扶102个村（社区）。选派新一批乡村振兴驻村帮扶干部262名，浙江省宁波市海曙区、什邡市选派16名帮扶干部人才开展教育、医疗“组团式”帮扶，实现18 074户脱贫户和监测户精准结对帮扶全覆盖。文明创建持续深化，建成县新时代文明实践中心、13个乡（镇）文明实践所和102个村（社区）文明实践站。开展“树新风　促振兴　助力乡村文明创建”活动，评选“洁美家庭”19 400户、“最美母亲”100户。

【农村交通】 交通路网不断完善，完成战备公路改建34.74千米，巩固提升通村公路7.07千米，硬化通组道路19千米，新建公路生命安全防护工程173.25千米，实现通乡通畅和通村通畅两个100%。成昆复线通车运营，喜德西站建成投用。

【农村水利】 建成李子乡大兴村安全饮水、光明镇沙洛村产业园区灌溉项目。完成且拖小流域水土流失综合治理项目。巩固提升冕山镇饮水安全水毁修复和两河口镇洛甘村等8个饮水安全项目，惠及群众4 860人。

【农村电力】 实施成昆铁路凉山扩能3个220千伏供电工程、4个农村电网升级改造、5个大修技改项目建设。完成110千伏喜德变电站迁建，实现双回线路供电。

【主要领导人】 县委书记：巫照华；县人大常委会主任：苏正忠；县长：岭明；县政协主席：宋和远；分管农业副县长：阿尔猛杰。

喜德县编写组

冕宁县

【基本情况】 2022年，全县辖15镇3乡1个街道。年末户籍人口408 007人，其中乡村户籍人口314 123人、城镇户籍人口93 884人；少数民族人口184 610人，占总人口的45.25%。全年出生人口4 981人，人口出生率13.15%；死亡人口1 771人，人口死亡率为4.68%；人口自然增长率8.47%。

【种植业】 全年粮食作物播种面积4 633公顷，增加71公顷，增长0.16%，占农作物总播种面积的76.86%。全年粮食总产量222 365吨，减少0.18%；平均亩产332千克。主要经济作物中，烟叶产量8 660吨，增长3.99%；蔬菜及食用菌产量431 986吨，增长4.08%；园林水果产量82 169吨，增长10.03%。

【畜牧业】 全年生猪出栏400 011头，增长7.47%；羊出栏204 165只，增长3.73%；牛出栏27 461头，增长1.68%；家禽出栏1 007 238只，增长1.11%。全年猪肉产量29 738吨，增长11.14%；羊肉产量3 243吨，增长3.54%；牛肉产量3 281吨，增长4.64%；家禽肉产量1 446吨，增长2.38%。牛奶产量24吨，下降36.84%。蚕茧产量1 665吨，下降6.57%。

【主要领导人】 县委书记：马小宁；县人大常委会主任：兰伟；县长：王潇；县政协主席：沙马维且；分管农业副县长：陈明华。

冕宁县编写组

越西县

【基本情况】 2022年，全县辖20个乡（镇），辖区面积2 256.56平方千米，其中耕地面积2.03万公顷。全年出生人口9 633人、死亡人口2 320人，迁入人口488人、迁出人口1 618人。全县年末总人口386 064人，比上年增长1.59%，其中男性196 591人、女性189 473人，男女性别比为103.8∶100。乡村人口289 465人，占总人口的75%；城镇人口96 599人，占总人口的25%。汉族人口68 210人，占总人口的17.7%；彝族人口313 180人，占总人口的81.1%；藏族人口3 762人，占总人口的0.97%；其他少数民族人口912人，占总人口的0.23%。年末总户数104 232户，比上年减少866户，减少0.82%。常住人口30.5万人，其中城镇常住人口10.4万人；城镇化率34.23%。

【年度农业和农村经济运行】 2022年，全县实现农林牧渔业总产值332 335.9万元；实现现价增加值181 982万元，增长4.4%。全年完成20个乡（镇）163个村登记赋码，并成立新的集体经济组织，全年集体经济收入达388万元。推进现代农业园区建设，建成1个省级三星级产业园区、1个州级产业园、4个县级现代农业园区。

【种植业】 全年烤烟种植面积6.23万亩，收购烟叶15.5万担，实现产值2.25亿元。全县农作物播种面积70.31万亩，其中粮食作物播种面积48.35万亩、马铃薯播种面积22.68万亩；总产量34.08万吨（未折合原粮），其中粮食产量13.64万吨。水稻播种面积3.63万亩，产量1.42万吨；玉米播种面积12.99万亩，产量4.17万吨；荞麦播种面积7.1万亩，产量0.99万吨；油菜种植面积26 300亩，产量5 196吨；苹果产量26 010吨。

【养殖业】 全县淡水养殖总面积23公顷，水产品总产量268吨。全年生猪出栏24.46万头、牛出栏1.58万头、羊出栏17.79万只、特色小家禽出栏56.09万只，肉类总产量2.28万吨。

【主要领导人】 县委书记：陈路；县长：何建梅；县人大常委会主任：李长德；县政协主席：张华；分管农业副县长：马海木呷。

越西县编写组

甘洛县

【基本情况】 2022年，全县辖9镇4乡，辖区面积2 150.79平方千米。总人口243 486人，比上年增加2 575人，增长1.1%，其中男性人口126 504人，占总人口的52%；女性人口116 982人，占总人口的48%。全年出生人口4 933人，人口出生率20.4‰；死亡人口1 575人，人口死亡率6.5‰；人口自然增长率13.9‰。年末常住人口20.8万人，其中城镇人口4.9万人，城镇化率23.44%。

【种植业】 全年粮食作物播种面积382 258亩、油料作物播种面积20 484亩、药材种植面积30 000亩、蔬菜种植面积44 000亩。受旱情影响，全县粮食作物产量呈下降趋势，全年粮食产量112 132吨，比上年减少1 872吨，减少1.6%，其中大春粮食产量103 220吨，减少2 121吨，减少2%；小春粮食产量8 912吨，增产249吨，增长2.9%。

【畜牧业】 全年出售和自宰的肉用牛出栏22 114头，比上年增加414头，增长1.9%；出售和自宰的肉用羊出栏163 274只，比上年增加2 104只，增长1.3%；肉猪出栏174 814头，比上年增加576头，增长0.3%。全年肉类总产量18 400吨，比上年增加263吨，增长1.5%。全年大牲畜存栏67 886头，比上年增加193头，增长0.3%，其中牛存栏56 416头，增长4.2%；猪存栏94 614头，减少16.9%；羊存栏178 032只，增长3.9%。

【主要领导人】 县委书记：刘建波；县人大常委会主任：吉拖哈史；县长：沙勇；县政协主席：朱辉；分管农业副县长：罗建华。

甘洛县编写组

美姑县

【基本情况】 全县辖11个乡7个镇，辖区面积2 514.5平方千米，其中耕地面积51.52万亩，比上年增长0.05%，人均耕地面积2.14亩；基本农田35.64万亩。年末总人口29.02万人（户籍人口），增长1.8%；人口自然增长率15.82‰。全县耕地有效灌面和保证灌面分别达到耕地总面积的5%和4%；本地水资源总量18.86亿立方米，人均占有水资源量750立方米。有林业用地14.118 5万公顷，有林地面积9.097 1万公顷，活立木总蓄积量0.094 1万立方米，森林覆盖率39.25%。

2022年，全县实现地区生产总值41.59亿元，增长5.8%，其中第一产业增加值10.73亿元，增长3.9%，农、林、牧、渔及农林牧渔服务业之比为32.3∶64.9∶1.2∶0.004∶1.5；第二产业增加值5.84亿元，增长12.5%（工业产值4.99亿元，增长11.5%）；第三产业增加值25.02亿元，增长5.4%。三次产业对经济增长的贡献率分别为22.8%、26.2%和51%。

公路通车里程3 269.606千米（其中乡村公路1 492.452千米），密度0.54米/平方千米。社会消费品零售总额8.33亿元，增长3.4%。地方公共财政预算总收入完成2.02亿元，增长12.8%；公共财政预算总支出32.1亿元，增长0.9%，其中农业投入121 530万元，占支出的37.86%。金融机构农商行各项存款余额24.1亿元，比上年初减少2.8%；各项贷款余额8.3亿元，比年初增长20.36%，其中支持农业产业化发展项目贷款15 000万元。金融机构中国农业银行各项存款余额14.33亿元，比上年初减少4%；各项贷款余额10.01亿元，比年初增长2.2%，其中支持农业产业化发展项目贷款17 794万元。完成农业产业化项目24个，完成投资19 452.62万元。有农业产业化龙头企业州级1家。

有各类学校58所，在校学生74 221人，教职工3 227人；普通中学6所，在校学生14 494人；小学40所，在校学生41 289人；学龄儿童入学率86%，提高2个百分点。有卫生机构22个，病床位1 218张，卫生技术人员657人。

【年度农业和农村经济运行】 2022年，全县实现农业总产值21.103 6亿元，增长4.2%；全县全年农业增加值达10.956亿元，增长3.9%。农民年人均可支配收入达12 436.9元，增长7.05%。全县农产品质量抽检合格率比年初提高0.65个百分点；建成18个基层农业综合服务站。全县各乡（镇）的网点框架建设已经完成，挂牌经营的网点已有20个，其中15个网点已经开展经营活动。县级社属企业永利公司完成组织机构建设并全面开展业务工作，业务量逐步增加。围绕美姑特色农产品及地理标志优质农产品，开展产品包装设计、制作及品牌策划，综合运用B2C、O2O等电子商务营销模式建立农产品销售渠道，以美姑蜂蜜、苦荞、鸡、土豆、燕麦、黑山羊、乌金猪、菌类、中药材（党参、玉竹、天麻、贝母）等为重点，培育本地网销特色农产品10个以上，注册美姑地理标志农产品商标林木河谷、小椿、忆荞3个，利用20余场各类农产品展销活动、网络、成都电视台、成都市新都区电视、乐山市电视台及乐山掌上新闻、网红、媒体广告等营销手段提升美姑农产品的美誉度，增强其市场竞争力，激发电子商务集群效应。全创建3个州级现代农业园区，认定4个县级现代农业园区，截至2022年年底，全县共认定县级园区10个，其中5个园区创建为州级现代农业园区。凉山州下达美姑水产渔业目标任务5吨，全县实际完成5吨。

【种植业】 全县全年粮食作物播种面积38.2万亩，同比增长1.128%，其中超额完成大豆扩种任务4万亩（任务0.5），粮食扩面成效突出；总产量9.83万吨。开展3轮耕地撂荒排查，落实撂荒地常态化监管机制，完成全县2 939.3亩撂荒地整治。实地核查耕地非粮化保护监测图斑1 009.39亩，完成整改975.71亩。

【林业】 推动全县草原生态修复治理，完成3万亩天然草原改良、1万亩乔木林人造、1万亩退化林修复及1万亩人工种草施工。完成2021年0.75万亩花椒和核桃良种采穗圃100亩的补植补造、抚育及管护工作。新增花椒种植面积0.36万亩、油桐种植面积0.81万亩，同步推进核桃0.8万亩及花椒提质增效。组织完成美姑县2021—2035年国土空间规划明确造林绿化空间适应性评估。全面推行林长制，设立县、乡（镇）、村、组四级林长，安装林长制公示牌，建立健全"一长两员"网格体系，全年开展巡林56 012人次，推动全县森林资源保护和发展。加强森林资源保护管理，全年选聘生态护林员4 467名，提供林业就业岗位，促进脱贫人口持续增收。全年有效管护71.95万亩国有林、93.35万亩集体公益林和15.07万亩集体与个人天然商品林。推进专项执法，开展国家下发图斑自查核实工作，完成2022年300个林草湿监测图斑和184个森林督查图斑的现地调查和入库。全年查处违法违规使用林草地案件306件，收缴罚款277.73万元。常态化开展森林草原防灭火宣传和"五周五缘"隐患排查清理，实现森林草原火灾受害率≦0.6‰的目标任务，完成林业有害生物成灾率低于3‰的目标。

【畜牧业】 全县生猪存栏13.8万头，出栏任务19.61万头，实际完成20.8万头，同比增长1%；牛存栏7.02万头，出栏任务2.44万头，实际完成2.5万头，同比增长3%；羊期末存栏30.02万只，出栏任务25万只，实际完成25.3万只，同比增长2%；家禽期末存栏72.458万羽，出栏任务102.8万羽，实际完成106.8万羽，同比增长1%，全县畜牧生产稳中有增。美姑山羊在全县均有分布，重点保种区有巴普镇、牛牛坝、洛俄依甘乡、九口乡4个乡（镇），2022年美姑山羊存栏20余万只、出栏12万只。建成九口美姑山羊原种场，总投资2 800万元，占地370亩，存栏720只。美姑岩鹰鸡在全县均有分布，以农户散养居多，户均养殖数量在20～30羽等。美姑岩鹰鸡出栏38万羽，占全县鸡出栏总量的31%；年末存栏30万羽，占全县年末存栏鸡总数的43.66%。2022年第三批全国名特优新农产品名录公布，美姑县农业农村发展促进会申报的农产品美姑山羊、美姑岩鹰鸡入选，成为全县又一个"国字号"畜产品。

【乡村振兴】 开展防止返贫监测和帮扶，开展集中排查2次，结合每月日常摸排，全县新识别监测对象366户1 487人，其中边缘易致贫户173户627人、脱贫不稳定户168户732人、突发严重困难户25户128人，新识别的监测对象已全部被纳入监测系统，并已落实帮扶措施销号23户110人。做好项目储备和规划建设，统筹中央、省、州、县衔接资金6.8亿元，落实推进105个项目，项目完工率78%，资金支付率96.19%，其中11个乡村振兴局项目完工率82%，资金支付率98.05%。推进东西部扶贫协作，2022年投入东西部协作资金6 000万元，实施项目15个，其中产业协作项目7个，资金4 830万元；劳务协作项目1个，资金450万元；干部人才培训项目1个，资金120万元；消费协作项目1个，资金120万元；改善民生项目5个，资金480万元。截至2022年年底，已完成项目10个，资金总支出5 475.97万元，支出进度91.27%。依托乡村振兴持续巩固脱贫人口后续扶持，按照省、州文件政策要求，2022年"雨露计划+"总计发放2 907人，涉及金额436.05万元。开展自发搬迁农民管理，2022年州下达自发搬迁项目资金23万元，用于自发搬迁户产业发展奖补和农村人居环境整治项目，惠及21户迁入美姑县的自发搬迁脱贫户。推进外援资金项目有效使用，助推乡村振兴战略发展，外援世行六期扶贫项目总投资10 698万元，累计完成项目投资10 803万元，完成项目计划投资的100.97%。

【乡村旅游】 县文广旅局组织本土文艺人才编排文艺节目，以寓教于乐的形式向基层群众宣讲党的政策方针，在全县18个乡（镇）175个村12个社区开展"送戏曲进乡村"系列演出活动168场。

【农村水利】 全县农村饮水安全巩固提升工程总投资770.8万元，涉及10个乡

（镇）17个行政村、14处集中供水工程，共巩固3 900户19 883人的饮水安全问题。2022年农村饮水工程维修养护项目总投资119.68万元，共涉及120处集中供水工程，解决18个乡（镇）78个村共计约30 156人的饮水安全问题。4月20日，完成2022年度建档立卡贫困人口公益性水利局工程巡管员选聘。“6·22”峨曲古乡洛洛村、雷觉莫社区、柳洪乡三地村和“7·17”峨曲古乡四干普村洪涝灾害避险事件紧急避险群众峨曲古乡67户243人、柳洪乡三地村21户68人、峨曲古乡四干普村157户641人，最大限度保障了群众生命财产安全“零伤亡”目标。巴普镇三河村综合治理河段867.96米，新建堤防869.96米；河瓦候乡依吾古村和斯一勒比村综合治理河道总长度2 396.22米，新建堤防1 761.93米，堤防加固46米，河道疏浚总长度733.94米，工程总价294.08万元，项目于2021年12月开工，2022年8月完工验收并投入使用。

【农业机械化】 全县农机总动力5.43万千瓦，大马力、多功能、复合型农业机械增长1.5%，动力机械与配套机具之比为1：0.8，机耕水平49.93%。有拖拉机496台、耕整机2 250台。全年完成机耕面积10 000公顷、机播面积1 060公顷、机收面积380公顷；主要农作物为玉米和马铃薯，玉米机耕面积7万亩、机播面积700亩、机收面积2 100亩，马铃薯机耕面积6.3万亩、机播面积1 300亩、机收面积1 700亩，全年农作物耕种收综合机械化水平达14.13%，主要农作物耕种收综合机械化水平达19.98%。有乡村农机从业人员2 037人。

【农村科技】 建设“四川科技兴村在线”平台，全年平台完成产业技术咨询1 016条，并完成地方产业支撑发布15项、供销对接13项、成果转化2项，完成省、州下达的各项年度目标任务。开展美姑县科技特派团工作，全年美姑县科技特派团开展美姑山羊饲养管理技术、牧草种植、加工利用等技术服务60次，指导人数共计811人；完成指导建立科技示范基地4个，培育指导创业致富带头人64人；引进新品种3个，超额完成年度目标任务。开展“三区”科技人员专项工作，全县共争取到“三区”科技人员8名，开展美姑山羊养殖、牧草种植、中草药种植等产业调研、技术指导与培训，为全县产业发展提供了科技支撑。

【农村教育】 调整优化学校布局。全县共有乡（镇）学校41个，其中乡（镇）小学37个、乡（镇）初级中学4个。经过学校布局调整以后，全县有中小学校45所（其中小学40所、中学5所）、完全中学1所、教学点54个。

打造确定学普基地示范园。根据州学普办要求，全县拟在2025年打造州级示范园点3个、县级标准化示范园30个（州级示范园点3个）。截至2022年年底，已打造完成3个州级学普示范基地园、10个县级学普示范基地园。

抓控辍保学，继续巩固义务教育保障成果，严格落实联控联保责任。落实控辍保学“七长”“双线八包”责任制，压实联控联保部门职能职责，化解失辍学，助力巩固拓展教育脱贫成果同教育振兴有效衔接。层层签订目标责任书，2019年以来，全县共签订控辍保学“七长”责任书108份和教育系统控辍保学责任书180份。同时，实施“双线八包”制度，分行政和教育两条线采取“人盯人”模式，落实“一包儿”责任制，真正把稳控责任具体到人、落实到人。

【农村文化】 “两馆”免费开放经费下达到乡（镇）后，为使各乡（镇）文化站和村文化室能更好地发挥作用，选派工作人员到各乡（镇）指导文化站开展达体舞、歌咏比赛、演讲比赛等文体活动，引导广大群众在巩固拓展脱贫攻坚成果同乡村振兴有效衔接中感恩奋进，用勤劳的双手创造更加美好生活。

【农村卫生】 全县有卫生机构22家、病床位1 218张、卫生技术人员657人，其中乡（镇）卫生院18所、村卫生室209个（村医生212人）。按照村卫生室基本科室设置标准，设有诊断室、治疗室、观察室，每个村卫生室医务用房面积均≥30平方米，均配备基本医疗诊疗设备（诊断床1～2诊察桌椅1套、资料柜1个、药柜1台、压舌板、手电筒、出诊箱、身高体重计、紫外线消毒灯/车、有盖污物桶等器械、器物）。

【农村社会保障】 全年参加城乡居民养老保险12.8万人，累计发放养老金2 260万元。完成低保对象、特困人员、重残等困难群体政府代缴工作，共计代缴3.22万人，全额321.66万元。

【农村生态建设及环境保护】 自2020年以来，共争取州、县财政资金2 700余万元，优先在大型农村安置点、沿河农村安置点，采用人工湿地、“微动力”“三格式”化粪池等方式修建农村生活污水处理设施35座，全县行政村农村生活污水治理率达48.7%，完成州级下达目标任务。

【农产品质量安全监管】 全县应用国家（省级）农产品质量安全追溯管理信息平台完成监管、检测、执法业务录入305条、生产批次1 110条、销售批次1 315条。农产品抽样检测计划覆盖18个乡（镇）、12家企业、35个家庭农场及合作社、40户小散养殖户。按照0.5批次/千人要求，完成全县风险监测95批次（其中畜禽产品17个，粮食作物、蔬菜、水果等78个），检测合格率100%；在生产、销售环节开展农残快速检测374批次，合格率达100%。持续推动“两品一标”农产品发展，新申报绿色食品认证1件，纳入第三批全国名特优新农产品名录2件。

【农村市场体系建设】 推进县级系统的“证照分离”、深化简易注销改革，完善市场主体退出机制，推行电子化登记。全年新增市场主体1 848户，注销376户，同比增长19.67%，其中内资（非私营）企业157家（新增19家、注销3家），民营经济依旧保持了强劲的增长势头。有私营企业787家（新增160家，注销20家）、个体工商户7 584家（新增1 640家，注销345家）、农民专业合作社429家（新增29家，注销8家）。开辟绿色通道，超额完成“个转企”44家（省10家、州32家）。优化“互联网+政务服务”，审批事项做到压时间、减材料、就近办、网络办，推动涉企经营许可事项从申请、受理到审核、发证全流程网上办、手机办，打造“办事不求人、审批不见面、最多跑一次”的政务服务新环境。

【农村留守儿童帮扶】 加强组织领导。成立了以党组书记、局长为组长，各股室负责人为成员的留守儿童帮扶工作领导小组，召开专题工作安排部署会，要求各乡（镇）儿童督导员、村（社区）儿童主任全覆盖摸排所属辖区内的留守儿童情况，对其生活保障、教育保障、补贴保障等情况进行全覆盖的摸底，已完成18个乡（镇）187个村（社区）全覆盖摸排，并新增29名留守儿童。

落实帮扶制度。为全县登记在册35名留守儿童安排落实帮扶责任人进行常态化帮扶，组织干部职工走访慰问留守儿童2次，解决留守儿童在学习、生活、生理、心理等方面存在的困难和问题，确保留守儿童健康成长。

【劳务开发与返乡创业】 为鼓励脱贫（监测对象）劳动力稳定就业，出台《美姑县促进脱贫（监测对象）劳动力务工就业增收实施方案》美委办〔2023〕35号文件，共奖补7 859人，发放补助1 000万元。东西部劳务协作精准对接，“宁波北仑—凉山美姑县”定向输出劳动力655人（脱贫劳动力306人），其中稳岗满3个月501人。申请创业补贴44人，创业担保贷款政策发放26人，放款金额438.94万元。

【主要领导人】 县委书记：陈翔；县人大常委会主任：洪开明；县长：朱华；县政协主席：贺雪冰；分管农业副县长：阿尤石哈。

美姑县编写组

雷　波　县

【基本情况】 2022年，全县辖21个乡（镇），辖区面积2 932平方千米。年末常住人口24.3万人，其中城镇人口5.9万人；常住人口城镇化率24.37%。年末户籍人口29.15万人，增长0.95%，其中少数民族人口17.81万人，占总人口的61.07%；彝族人口17.57万人，占总人口的60.24%。

【年度农业和农村经济运行】 2022年，全县农林牧渔业总产值272 221万元（现价），比上年减少15 183万元（现价），下降5.3%，其中农业产值158 663万元（现价），比上年增加353万元，增长0.2%；林业产值25 217万元（现价），比上年增加4 145万元，增长19.7%；畜牧业产值86 273万元（现价），比上年减少19 680万元，下降18.6%；渔业产值1 625万元（现价），比上年减少20.2万元，下降1.2%；农林牧渔服务业产值442万元（现价），比上年增加19万元，增长4.5%。全年化肥施用量（折纯）2 550吨。农村用电量为12 178万千瓦时，同比增长0.6%。全年农用塑料薄膜使用量89 230千克，地膜覆盖面积23 864亩。

【种植业】 全年粮食作物播种面积2.02万公顷，比上年增加0.1万公顷；粮食总产量9.2万吨，比上年减少0.28万吨，减产2.95%。油料产量1 544吨，比上年下降0.1%。糖类产量1 020吨，比上年增长1.5%。蔬菜及食用菌产量72 932吨，比上年增长4.7%。园林水果产量20 642吨，增长17.1%。

【畜牧业】 全年肉猪出栏15.56万头，同比增长1%；羊出栏13.6万只，同比增长3.38%；牛出栏0.78万头，同比增长2.59%；家禽出栏44.22万只，同比上升1.7%。全年肉类总产量14 489吨，同比下降1.06%，其中猪肉产量10 711吨，同比下降2.29%；羊肉产量2 097吨，同比上升2.15%；牛肉产量1 051吨，同比增长2.34%；家禽肉产量516吨，同比增长0.62%。

【主要领导人】 县委书记：杜刚；县人大常委会主任：杨顺忠；县长：陈嘉明；县政协主席：王向阳；分管农业副县长：马格胚。

雷波县编写组

调查与研究
DIAOCHA YU YANJIU
SICHUAN

四川涉农领域省级国资平台密集组建 打造乡村振兴“领头羊”

四川省政府国有资产监督管理委员会

以2020年7月四川省水利发展集团有限公司挂牌为起点，一年半来，四川涉农领域国资集团密集组建。随着四川现代农业种业发展集团有限公司挂牌，本阶段涉农领域省级国资平台的组建工作将全部结束，陆续挂牌成立了四川省水利发展集团有限公司（以下简称“四川水发集团”）、四川林业集团有限公司（以下简称“川林集团”）。省林草局直管和省林科院下属的11家企业通过整体移交、部分股权划转四川发展（控股）有限责任公司。

一、改变涉农国企“小而散、多而弱”

全面推进乡村振兴，对国有企业提出了更高要求。国资国企是引领乡村振兴的主力军，大型国企承担着举旗搭台的重要引领作用。涉农国企资源分散和人员冗余，经营效益“上不去”，重大任务“接不住”，这在承担重大工程、重大任务领域方面体现更明显。跨区域调水工程是改善农业生产条件的有效手段，其投资规模动辄数十亿元，远非一般企业能承担，而国有企业具有人才密集、技术密集、资源密集的独特优势，正是理想选择。省属龙头国企应承担省内农业产业整合、产业链条延伸和乡村品牌打造的职能。

四川是农业大省、水利大省、林草大省、自然资源大省，但这些领域的国企“小而散、多而弱”，资产经营效益不高，引领农业农村现代化效果不明显。种业是现代农业的先导性和支撑性产业，中央和省委均多次对打好种业翻身仗作出部署，但全省层面仍然缺乏“育繁推”（育种、繁育和推广）一体化的大型种业企业集团带动引领，导致四川种业产学研结合不紧密、成果转化率不高。

实现资产统一监管、运营，是必然的选择。在全面推进乡村振兴的大背景下，组建涉农国资平台可谓正当其时，就是要借助国企改革，打造四川乡村振兴的“领头羊”集群。

二、实现涉农国企“1+1＞2”

合并职能和资源，统一管理经营资产，让“裁判员”不再身兼“运动员”。改革的主要思路是职能、资源“合并同类项”，四川省自然资源投资集团有限责任公司（以下简称“四川自然资源投资集团”）首批就吸纳了原4家地勘单位的26家企业国有股权和资金、土地、房产、矿业权等资产，综合实力不容小觑。改革之后，无论是专业人才的质量、队伍规模，还是设备数量和齐全程度，四川自然资源投资集团都居于全国同类企业的前列。

改革最为直观的效果是让原本分散的资源和资产纳入同一个管理与经营体系。改革后，四川水发集团实现了对都江堰灌区的经营性资产“统一管理、统一调配、统一经营”。川林集团则通过脱钩划转、管理移交、股权划转等方式，形成了资产集中、资源集约、授权明确、权责一致的国有资产管理体系。

运营得当，就能实现“1+1 ＞ 2”的效果。统一运营管理，不只带来了量的增加，也为质的提升提供了更多可能。更为重要的是，厘清了政府与市场的界限，全省涉农领域均剥离了省级行业主管部门经营性资产和企业，这也尽可能地让省级行业主管部门不再同时扮演“裁判员”和“运动员”的角色。省林草局在移交下属企业后，业务主管部门职能更加清晰明确，这对于破除“玻璃门”、提高其他市场主体参与乡村振兴的积极性大有助益。

涉农各国有企业均明确了政策性较强、投资额较大、周期较长的主营业务领域及其平台的功能与职责，为其他涉农民营企业参与竞争提供了更多的机会。

三、解决涉农国企“旧”与“弱”

设立过渡期，“扶上马、送一程”，加快形成核心竞争力。国有企业能否实现其设立的初衷，做大做强，关键在于其是否具有领先对手的核心竞争力。川林集团将成为全省林草领域的人才聚集平台、科技创新平台、开放合作平台和可持续发展平台，目前，集团转隶的11家企业总职工人数过万，单是旗下的四川省长江造林局（现四川省长江造林局集团有限公司）就有在职职工1 400余人、退休职工4 700余人，“历史包袱”沉重。当前，全省涉农国资平台企业中或多或少存在两个问题：企业是新组建的，但根基是旧的，诸多历史问题仍未解决；“小、散、多”已经破解，但企业核心竞争力不强等“弱”的问题仍待克服。出于过去靠国家政策项目支持的惯性，不少转隶企业的职工乃至领导层仍未真正适应市场竞争。关乎企业核心竞争力的人才问题更为突出，不少转隶企业中，职工中专、初中文化水平是主流，不少企业的职工平均年龄已超过40岁，其中相当部分对行业前沿动向不掌握、不了解。

近年来，四川陆续规划启动了一批跨市（州）工程。除引大济岷工程外，四川水发集团还将成为一系列工程的业主单位，承担投融资平台、业主单位和实际建设等任务，堪称四川水利行业的

"排头兵"。

在全面推进乡村振兴的征程中，国资国企被赋予了承接重大项目、推行重大政策的重任。在四川，八成以上的种业研发资源掌握在高校及科研院所手中，脱胎于农业农村厅下属事业单位的川种集团具备接近创新创造核心资源的先天优势。

除了科技层面的核心竞争力，新设立的国资平台企业还享有"扶上马、送一程"的政策优势。省林草局将持续对川林集团进行行业指导，而其余涉农领域国资平台企业均将在设立一段时间内继续归属原省级业务主管部门管辖。此前，水利厅明确，今后四川水发集团将成为四川跨市（州）大型水利工程投融资、建设和运营管理的平台，以推动企业进一步做大做强。

在全面推进乡村振兴的背景下，国土空间开发与修复、自然资源保护利用等领域的地位日益凸显，无论是四川自然资源投资集团还是川林集团等，都迎来了大踏步前进的好时机，只要抓住政策的窗口期和风口期，加快理顺机制、抢占业务新赛道、增强核心竞争力，国资平台企业一定能为四川全面推进乡村振兴贡献更大力量。

打造新时代更高水平"天府粮仓"加快建设农业强省的实践探索与推进策略

四川省农业科学院党委书记、院长　牟锦毅

农为国本，粮安天下。四川是农业大省，习近平总书记对四川"三农"工作高度重视，对四川"三农"发展一直十分关心。党的十八大以来多次作出重要指示，要求四川"擦亮农业大省金字招牌""推进农业大省向农业强省跨越""在新时代打造更高水平的'天府粮仓'"，2022年7月，习近平总书记来川视察时明确提出要在推进乡村振兴上全面发力，强调要把乡村振兴摆在治蜀兴川的突出位置，赋予了四川"三农"工作新的时代使命和更高期许。

2023年，省农科院深入贯彻习近平总书记关于"三农"工作重要论述和对四川工作系列重要指示精神，全面落实省第十二次党代会和省委十二届历次全会有关"三农"工作决策部署，始终坚持"科技是第一生产力、人才是第一资源、创新是第一动力"理念，深入实施创新驱动发展战略，锚定"加快建设农业现代化强省"目标，聚焦"全面推进乡村振兴，着力打造新时代更高水平的'天府粮仓'"重点任务，坚持新时期强院建设"十个以"总体谋划，推动科技创新导向转变和工作重心调整，集聚科技、产业、人才等各类创新要素，持续深化科研院所改革，积极构建开放创新生态，着力加强科技基础能力建设，深入开展关键技术创新，坚决打赢关键核心技术攻坚战，加速科技成果转化，显著提升科技对农业质量效益竞争力和农村生态环境改善的支撑水平，夯实打造新时代更高水平"天府粮仓"科技支撑，有力推动农业农村发展质量变革、效率变革、动力变革，支撑引领乡村全面振兴和农业农村现代化，加快推进农业强省建设。

一、深刻认识加快建设农业强省的重大意义

习近平总书记强调，强国必先强农，农强方能国强。农业强国是社会主义现代化强国的根基，全面建设社会主义现代化国家，最艰巨最繁重的任务仍然在农村。农业不仅是现代化的基础支撑，更关系到现代化的质量成色。四川在全国农业版图中肩负着重要使命，向来享有"粮猪安天下"的美誉，建设农业强省将为我国建设农业强国提供有力支撑。省第十二次党代会描绘了现代化四川建设的宏伟蓝图，明确了新时代治蜀兴川的总体谋划，突出了新时代治蜀兴川的战略牵引，部署了经济社会发展的重点任务，加快现代化四川建设难点重点在"三农"。农业强省建设是现代化四川建设的重要内容，也是推进中国式现代化四川实践的必然选择。习近平总书记多次强调，没有农业现代化，国家现代化是不完整、不全面、不牢固的。建设社会主义现代化四川，农业不仅是支撑、是基础，更体现现代化的速度、质量和成色，我们必须加快推进农业现代化，奋力推动四川向农业强省跨越，补齐"四化同步"的短板。因此，建设农业强省，是服务国家发展和安全战略全局、全面建设社会主义现代化四川、让全省农民群众过上现代化生活的需要。

二、在推进科技创新和科技成果转化上同时发力，夯实农业强省建设的科技支撑

（一）在科技创新上，坚持科研为本理念，深入开展农业产业关键核心技术攻关

1.持续推进种质资源保护与创新利用，提升育种创新能力

高质量完成第三次全国农作物种质资源普查，搜集水稻、小麦、玉米、油菜、

豆类等重要作物种质资源2 346份。开展主要粮食作物重要性状的种质资源表型精准鉴定和评价，鉴定种质材料10 000份以上，评价优系100余个，鉴定地方种质资源20份，加快珍稀濒危和优势特色粮食种质资源收集。持续开展我国首个具有完全自主知识产权的突破性父本新品种川乡黑猪的选育工作。育成四川省首个非转基因抗除草剂油菜品种“川油82”抗咪唑啉酮类除草剂。玉米品种“成单716”高产攻关田亩产867.5千克，刷新了四川平坝和丘陵地区春玉米的高产记录。突出抓好种业创新平台建设，持续提升育种创新能力。四川省种质资源中心库建成投用，实现集保存、研究利用与科普展示“三位一体”功能。以天府种业创新重点实验室为基础，继续联合华大基因、邛崃天府种业园等优势单位，做强做实天府种业实验室。依托四川省海南南繁育种工程中心和院南繁基地，建设崖州湾种子实验室陵水中心，加快推进农业农村部天府种业创新重点实验室（部省共建）海南中心建设。

2.强化农业装备支撑，加强现代农机装备创新研发和应用推广

一是聚焦农机装备研发补短板工程。参与制定《四川省加力补齐农机装备短板加快打造全程全面高质高效“天府良机”行动方案（2023—2025年）》，形成《四川省农机装备需求调研报告》和《四川省现代农业薄弱环节农机装备需求清单》。集中农机科研制造推广应用优势力量，加快构建“企业+科研机构+合作社+基地”集智攻关机制，形成《“天府良机”创新联合体组建方案》和《打造高水平农业机械化发展智库建设方案》，推动“机器换人”解决“谁来种地”的现实问题。二是开展关键核心技术装备研发。重点开展适宜丘陵山区粮食作物适度规模生产的中小型、轻简化农业机械等农机装备的研发，突破大豆玉米单粒精量排种技术、高湿物料低破碎高效脱粒技术、丘陵山区智能农机底盘技术，切实攻克“卡脖子”技术以及关键核心技术。三是搭建科技平台协同创新。与南京农机化所共同打造西南丘陵山区智能绿色农业装备联合创新应用中心，与中国农机院在丘陵山地特色农业机械开发、农业产品检验检测、智能农业等方面加强合作。联合省内涉及农机科研的四川农业大学、西华大学等单位合作攻关。

3.强化现代绿色低碳种养关键核心技术攻关与集成示范

深入研究大面积单产提升的机制和关键技术。集成羊肚菌林下高效栽培技术在省内外推广4万亩以上。强化耕地质量保护与提升，开展全省耕地土壤酸碱度的时空变化研究；以“种子处理+土壤调理”为核心技术，油菜根肿病发生率显著降低。加强重大病虫害疫情精准防控，建成全国首家采用PCR技术为核心的全负压蚕桑病原检测中心。开展豆类间套轮作技术攻关，集成创新桑树大豆带状套种绿色高效种植技术1项，提升了大豆综合生产能力。着力现代冷链物流体系建设，开展蔬菜产地初加工与冷链贮运技术研究，有效降低藏及蔬菜采后预冷和低温贮货架期间冷害发生率90%以上、降低腐损率10%以上，助推全省蔬菜采后商品化处理率提升至50%。

（二）在科技成果转化与示范推广上，坚持转化为要理念，实施科技成果示范转化行动

1.突出抓好粮食安全，助力全省粮食喜获丰收

深化实施农业科技进村入户“百千万”行动。建立指导服务机制，成立全省四大片区科技服务团，稳定支持建设成果示范转化平台34个，建设主要粮食作物优质高产高效示范基地（园区）28个。在全国12个省（区、市）以及全省21个市（州）160个县（区）182个示范点开展示范推广“四新”科技成果1 100万亩，辐射面积4 300万亩，累计实现社会效益35亿元。自主选育的“川优6203”“川麦104”“川油81”“川乡黑猪”等4个品种和稻茬小麦免耕带旋播种高产高效栽培技术等3项技术入选农业农村部2023年度农业主导品种主推技术。开展科技支撑抗旱涝及农业防灾减灾行动，深入开展培训指导，助力粮仓保丰收。组建重大项目党员服务岗和科技服务先锋队，派出乡村振兴科技特派团等“四路大军”，组织1 000名科技人员，开展抗旱保丰收科技支撑行动、抗旱涝及农业防灾减灾科技支撑等系列防灾减灾行动，先后开展“油稻轮作、水稻机插秧及再生稻”等技术指导100余次，开展“抗旱品种+抗旱节水栽培技术”“小麦绿色丰产高效栽培技术”等技术培训19次，培训技术人员、种粮大户、职业经理人等1 700余人次。同时，在《农业科技动态》开设“防灾减灾专刊”，发布《关于抓好2023年我省丘陵区水稻生产抗旱减灾工作的对策建议》等8期对策建议。全年科学指导的有效防灾减灾面积达317万余亩，助力全省圆满完成全年粮食产量715亿斤以上“目标任务”，并再创历史新高。

2.主动融入成渝现代高效特色农业带建设，服务现代农业园区和产业集群发展

组织开展院科技成果“三进”支撑行动、“川渝农业科技成果市州行”系列活动，推介部、省农业入选主导品种21个、主推技术72项。发布《四川省农业科学院粮经统筹种养循环科技成果及案例汇编——科技支撑遏制耕地“非农化”、严格管控“非粮化”，科学开发高效利用撂荒地》生产技术模式及典型案例100项，川渝两地农科院发布了100项科技成果汇编。着力构建现代农业科技成果示范转化协作服务体系，院地企科技合作取得新突破。强化科技支撑院地企高质量发展，与中国农科院都市农业研究所、四川种业集团、雅安市等95家单位（企业和地方政府）签订合作协议，

落实合作项目306个。科技支撑现代农业园区建设跨上新台阶，围绕示范带动"川字号"特色农业产业提质增效和高质量发展，持续科技支撑全省111个现代农业园区和农业科技园区建设，其中支撑培育国家级园区5个、省级园区38个、市级农业园区46个、粮食园区22个。科技支撑凉山州地区建设4个农业园区，平均亩增收达3 280元以上，成为易地扶贫搬迁群众搬得出、稳得住、能致富的保障。

3.强化巩固拓展脱贫攻坚成果同乡村振兴有效衔接的科技支撑

制定《关于巩固拓展平昌脱贫攻坚成果同乡村振兴有效衔接2023年科技帮扶行动方案》，围绕山地特色粮经作物协同增效核心，以"项目制+清单制+责任制"开展定点帮扶工作。全年为国家乡村振兴重点帮扶县发展产业32个，取得综合效益8.92亿元；为省乡村振兴重点帮扶县发展产业12个，取得综合效益8.91亿元；为其他地区发展产业31个，取得综合效益4亿元。

4.坚持城乡融合发展，提升农业经营服务组织化程度，强化联农带农惠农，夯实乡村人才队伍建设基础，培育壮大新型农业经营主体

择优遴选新型农业经营主体，已累计培育现代农业科技示范农场750家，覆盖全省21个市（州）、五大经济区，涵盖川粮油、川畜、川菜、川果、川茶等所有"川字号"特色产业。新增科技支撑国家级示范农场2家、省级示范农场213家，实现每亩增产50～330千克，平均每亩增收413.7元。开展实用技术培训，全年全院召开推广培训会、现场示范会等462次，3.8万余人次参加活动，其中省级培训会69次，近5 300余人次参加；开展田间技术指导1 500余次，2.1万余人次参加；发放技术手册等资料5.1万余份，培育农村致富带头人350人次、基层农技人员1.2万余人。

川西高原牦牛产业发展研究

国家统计局四川调查总队

牦牛是青藏高原特有的家畜品种之一，目前全世界95%的牦牛分布在我国青海、西藏、四川、内蒙古、甘肃等省。四川是我国牦牛养殖大省，约占全国牦牛存栏量的23%，主要分布在甘孜州、阿坝州等地，有麦洼牦牛、九龙牦牛、昌台牦牛等优良品种。甘孜、阿坝作为传统牦牛养殖大州，肩负着振兴"川牛"、擦亮"川牛"金字招牌、推进川西高原草原畜牧高质量发展的重大使命。长期以来，牦牛产业为川西高原人民群众的生活改善和生产发展发挥了重要的作用，并在川西高原畜牧业生产中具有重要地位，对区域经济发展的促进作用显著。为准确掌握川西高原牦牛发展新形势、新变化，近期国家统计局四川调查总队组织甘孜调查队、阿坝调查队就牦牛产业发展现状作了专题调研。调研表明，川西牦牛保种供种能力增强、养殖基础持续夯实、养殖方式转型升级、养殖风险体系初步构建、延链补链成效显著、产业带动作用突出、未来发展前景广阔，但减畜难、转型扩面难、产业效能不强、基层农技人员缺乏等困难仍制约着川西牦牛产业进一步发展，需予以关注。

一、川西牦牛产业发展现状

（一）基本情况

1.四川省牦牛的饲牧历史悠久，是我国牦牛第三大产区

四川牦牛主要分布在川西地区的甘孜州和阿坝州，以甘孜州最为发达，两州平均海拔3 000米以上，四季表现为长冬无夏，拥有天然草原2.84亿亩，发展草地畜牧业的条件得天独厚，是典型的牦牛养殖适宜地区。牧业是两州第一产业的主要支柱，牧业产值占两州农林牧渔总产值的五成以上，两州所辖31个县（市）均为牧区，其中纯牧区县13个、半牧区县（市）18个。

2.牦牛产业对川西地区经济发展有重要带动作用

牦牛产业是川西农村牧区经济发展的基础和支柱，是广大农牧民群众增收的主要渠道和致富的重要途径。2022年，阿坝州牦牛出栏50.58万头，生产优质牦牛肉奶22万吨，牦牛产业实现产值60.91亿元，占畜牧业产值的72.7%，占地区生产总值的13.2%。此外，川西地区依靠龙头企业和农民专业合作社的辐射、示范带动作用，探索推广订单农业、"农民入股+保底收益+按股分红"等模式，建立紧密利益联结机制，实现产业发展共建共享共赢。如甘孜县康巴拉公司与全县93个集体牧场签订保底收购合同，年收购牦牛8 000头以上，实现收入4 800余万元。阿坝州通过"基地+企业+合作社+家庭牧场（牧民）"模式，紧密联结带动4万余户牧户共享牦牛产业发展红利，户均年增收1 000元以上。

3.川西牦牛发展仍处于草畜平衡和超载过牧治理阶段

当前川西地区草畜平衡压力仍然较大，保护与发展矛盾突出，草畜平衡和

超载过牧治理是牦牛产业发展的工作重点。川西地区不断强化党委、政府对落实草原禁牧休牧、草畜平衡制度的领导，建立县、乡、村三级草原管护网络，全面落实管护责任，草原治理和减畜降牧工作稳步推进。甘孜州实施草原禁牧4 500万亩、草畜平衡7 963万亩，兑现补助资金5.4亿元。2022年，完成草原围栏39万米、退化草地治理93.5万亩、沙化治理17.21万亩，新增牧草种植9.05万亩，年可新增鲜草产量6.44万吨。阿坝州2022年保护区牦牛存栏163.23万头，较2020年下降10.1%。

（二）发展成效

1.保种供种能力增强

"畜牧发展，种业先行"，种业是牦牛产业发展的源头和先导。川西从种质资源保护、利用、引入三方面发力，深入推进优良畜种繁育改良，有力推动资源保护、科研育种、良种生产等工作，保种供种能力持续提升。阿坝州现建有麦洼牦牛国家级核心育种场1个、省级保种场1个，金川牦牛原种场1个，建设人工授精改良点74个。若尔盖县2023年投入资金40万元实施改良购买服务试点和良种补贴工作，成功配种牦牛1 000头以上。

2.养殖基础持续夯实

一是积极开展天然草原修复治理、牧草种子和饲草生产基地建设，培育产加储销一体的草业龙头企业，牧草生产、加工、运输、储备、销售等生产经营环节不断成熟壮大，饲草供给和牲畜越冬防抗灾能力明显增强。甘孜州2022年建成10个草业基地，新建饲草料仓储1.68万立方米，新增仓储能力1.03万吨。二是生产牧道、规模化养殖场（小区）、牲畜暖棚等标准化养殖圈舍建设加快，养殖效能大幅提升，标准化养殖示范推广地区初步实现了"减畜不减产、减畜不减收"的目标。阿坝州已建标准化养殖场（小区）67个，适度规模标准化养殖户600余户、家庭农场1823家，年标准化养殖规模达10万头以上，每头牦牛增效800～1 200元，屠宰净肉率提升7%。三是"标准化养殖场+高产稳产饲草基地+草畜种业基地+畜牧业应急保障基地"的高标准种养循环生产链试点推行使粪污资源化综合利用水平得到有效提高，部分规模养殖场已实现了"以养带种、以种促养、种养循环"的生产模式。甘孜州牦牛规模场粪污处理设施设备配套率达100%，畜禽粪污资源化利用利率达90%以上。

3.养殖方式转型升级

近年来，川西地区坚持以生态优先、绿色发展的原则，实行"以人定畜和以草定畜相结合"的草畜平衡模式，以牦牛集群园区、项目建设为抓手，推行暖季放牧、冷季半舍饲与育肥舍饲相结合的饲养方式，牦牛出栏周期缩短1～3岁，实现四季出栏，出栏率提高到25%以上。生产方式实现"3个转型"，即养殖方式由"四季放牧+冷季抗灾补饲"向"暖季适度放牧+冷季全舍饲"转型，经营方式由"千家万户分散、粗放养殖"向"家庭生态牧场+适度规模标准化养殖场"转型，管理方式由"线下粗放管理"向"线上+线下一体化精准管理"转型。若尔盖县探索示范牦牛"三结合"顺势养殖技术集成与运用，已建成"三结合"顺势养殖示范场757家，牦牛存栏16.9万头，2022年额外增加养殖效益0.65亿元。

4.养殖风险体系初步构建

一是组建省、州、县、乡四级联合服务团队，常态化开展基层科技人员和经营管理人员牦牛疫病防控培训，通过"四川科技兴村在线"平台向农牧民提供牦牛养殖、疫病防控等在线技术咨询，牦牛疫病防控整体水平显著提升。二是牦牛养殖保险参保率持续增加，稳定牧民经营收入成效凸显。甘孜州2022年承保牦牛77.03万头，同比增长181.3%；保费收入10 013.62万元，同比增长181.3%；赔付支出4 839.57万元，赔付率达48.33%。三是金融撬动机制初步形成。两州金融机构出台了金融支持牦牛产业集群建设的措施，开展"政银保企"对接活动，纾企解困，有效解决经营主体融资难、融资贵问题。2022年，甘孜州产业集群在获得中央投资5 000万元的基础上撬动社会投入4.19亿元。

5.延链补链成效显著

以园区为载体，全面推动牦牛养殖、屠宰分割、冷链物流、精深加工、鲜销连锁等产业集群化发展。阿坝州有省级畜牧业园区1个、州级畜牧业园区3个、县级畜牧业园区8个，州级以上涉农龙头企业46家，县级电子商务服务中心13个。"理塘县'高原牦牛从头到尾'全产业开发链创建牦牛现代农业产业园区案例"成功入选第三届全球减贫案例，并在2022年全球减贫伙伴研讨会上作为"南南合作"的典范被推广分享。

6.产业带动作用突出

围绕牦牛、饲草特色产业以"牧业+"形式带动二、三产业发展。一是带动食品加工业发展。"三品一标"高原特色畜产品市场竞争力、影响力日益增强，一系列"藏字号""羌字号"绿色有机畜产品走出川西、走俏全国、享誉海外。松潘县丹朱梅朵食品加工有限公司2022年牛肉加工产品实现800万元年营业收入；康鹏商贸有限公司生产的酥油茶、牦牛奶贝等产品销往海内外；壤塘县"琼红""云端"等小型肉（奶）制品加工厂（作坊）悄然兴起。二是依托牦牛产业积极发展多种形式的牧家乐、游牧行、农牧体验游等农旅牧旅融合新业态，带动特色旅游业发展。阿坝州有15个星级现代农牧旅融合园区、1 450家乡村民宿，休闲农业综合经营性收入达到15亿元以上。

（三）发展潜力

1.政策和人才支撑

一是省委、省政府高度重视牧区牦牛产业经济的发展，在政策、资金、技术上给予大力支持，研究制定推进新时代牧区工作、推进牦牛产业集群建设等方面发展政策，及时修订完善牦牛育繁产销等各环节标准化技术规范。二是两州与中科院、省农科院等30余家科研院所、高等院校建立了长期稳定的“院地”“校地”合作关系，形成了高原牧区独具特色的“政产学研”一体化发展格局。此外，2023年6月，由教育部、农业农村部、中国科协联合授予的四川唯一、全国第三所牦牛领域农业科技小院（小金牦牛科技小院）在阿坝州小金县新桥乡挂牌，将为川西地区培养更多的本地“新牧人”，把高校形成的农业科学技术沉淀到基层和生产一线。

2.牦牛具有较强的综合开发前景

牦牛不仅能在恶劣的高原环境下生存，还能为人们提供低成本、独具特色的牦牛产品，有很强的综合开发前景和较高经济价值。牦牛肉质鲜美，高蛋白质（1.5%，比黄牛肉高9.4%）、低脂肪(0.6%，比黄牛肉低3.5%)、低热量（比黄牛肉低19.7%)，其生物学特征使它对预防人体心脑血管疾病大有裨益。牦牛奶的乳脂率比普通牛奶高2～3个百分点，可开发出高质量的奶粉、奶酪、炼乳等。牦牛绒纤维细、保温性能好，具有较高的纺织价值。此外，牦牛身上的器官、组织和牛体内的一些病理产物和代谢产物共达40余项可做药用，是很丰富的药用资源。

3.消费需求呈现增长趋势

近年来，牦牛消费需求呈现快速增长态势，除鲜销外，牦牛肉干、牦牛奶粉等特色牦牛产品通过电商销售、社区团购、“后备箱”经济等新模式走进千家万户，消费量、销售半径都在迅速提高和扩大。交通不便是当前川西地区发展的主要阻力之一，2023年以来爆火的预制菜成为牦牛肉产品发展的一大契机；此外，2023年年底川西铁路成黄段的建成通车将结束川西北无铁路的历史，列车直通松潘、红原、若尔盖等多个牧区县，将极大程度带动牧旅产业发展，消费量也将进一步增长。

二、川西牦牛产业发展存在的问题

（一）转型扩面难，传统养殖方式仍是主导

一是牧民改变传统生产方式的积极性不高，重生产轻经营、重产量轻质量的传统经营观念仍然占主导地位。二是抗灾打贮草基地、人工种草地面还不能充分满足牦牛养殖消耗需求，只有1/5的牧户有户营小围栏割草地、纯牧户有标准化暖棚，牧区牧道建设、防疫等基础设施急需改善，靠天养畜的现状没有从根本上得到改变。三是冬季补饲价格、修建圈棚等资金投入大，牧民“望而止步”，若尔盖县推行的“三结合”模式应用牧户占全县牧户的7%左右，阿坝县现代标准化适度规模养殖场建设牧户占全县养殖户的4%左右，红原县推行的“转型升级”项目也只是在部分牦牛合作社和村集体中实施。

（二）产业效能不强，产品优势发挥不充分

一是牧区牦牛养殖仍以千家万户分散生产和经营为主，集体牧场、合作社、企业养殖数量少，科学养畜和管理水平低，市场竞争力薄弱，产业效益低，产业化、规模化水平不高。二是农畜产品精深加工相对滞后，主要以初级加工产品为主，畜产品及副产品加工龙头企业少，精深加工能力弱，产业附加值不高。三是品牌建设薄弱，“净土阿坝”“亚克甘孜”公用品牌建设、利用、宣传等力度不够，高原生态农畜产品优势未能完全体现，区域品牌价值效益低。四是农产品营销“散、乱、小”，对外销路不畅，网络销售、直播带货等线上销售模式尚待加强。

（三）基层农技人才少，职业技能服务薄弱

受自然条件、经济待遇等影响，现川西地区农牧业技术服务主要由行业主管部门承担，社会化服务体系尚不完善。干部人才引不进、留不住，在牧区尤其缺乏种植养殖专业技术人才。农村地区从事农业生产的主体素质偏低、农技运用能力弱，新型职业农民人数相对较少、技能相对缺乏；基层农经员、农技员、兽防员基本上承担工作较多，农技服务、牲畜疫病防治工作处于滞后状态。此外，三类人员变动频繁，县级农业农村部门缺乏专项培训资金，业务能力和专业知识跟不上，严重影响网格化农经、农技和防疫体系建设工作，无法充分满足工作需求。

（四）减畜难，草畜平衡压力大

一是牧区牧民观念相对封闭，攀比心理、小富即安、惜杀惜售的思想严重，商品化观念淡薄，牲畜出栏积极性不高。二是草原生态奖补补助标准较低（草原禁牧补偿为7.71元/亩，草畜平衡奖励为2.5元/亩），远不足以补贴牧民完全禁牧的经济损失，政策上又缺乏牲畜出栏方面的补贴措施，减畜保收政策针对性不强。三是保护区牧民家庭对畜牧业的依存度很高，家庭工资性、财产性收入比重偏低。就近务工机会又少，离乡务工后又返回率较高，转行就业困难。四是交易市场少，出栏渠道较为狭窄，多数牦牛交易靠私人对接，没有在规范的活畜交易市场进行买卖，流动商贩无理压价，导致出售的产品卖不到好价钱，牧民不愿意出栏。

三、对川西高原牦牛产业发展的思考和建议

（一）转变牧民思想观念，保障牧民减畜不减收

一是强化宣传引导，通过宣传标语或村规民约等方式宣传保护与发展、草原奖补等政策，充分利用村里党员干部、“致富能人”带头作用，引导农民正确认识发展形势，增强减畜后发展信心，自觉减畜。二是将增加农牧民收入作为培育牦牛产业集群的重要目标，建立完善“龙头企业+专业合作社+集体牧场”的牦牛产业联合体，实现同步发展、利益共享。三是积极探索财政资金股权量化到村集体经济组织，引导牧户通过草原流转、牲畜折价入股的方式保底分红。四是依托龙头企业、专合社和集体牧场，大力发展劳务经济，实现农牧区劳动力就地务工、增收致富。五是加大牧区剩余劳动力转产培训，增加从业技能，拓宽就

业渠道，改善群众的收入结构，提高牧民转产收入，减轻对畜牧业增收的依赖。

（二）厚植生态底色，提升标准化养殖水平

一是坚持生态优先，探索推广新型草畜平衡发展模式，提高草原生态补助奖励，加大饲料基地建设投入，加强技术支持力度，扎实推进草原生态保护修复工作，夯实现代草原畜牧业发展载体。二是增强基础设施建设，培育高品质畜种，以发展适度规模经营为抓手，进一步推广应用畜种改良等使用新技术、“放牧+补饲+圈养”的标准化养殖模式，科学养畜，减轻生态环境负担，降低生产成本，提高养殖效益，使保护与发展之间有机融合，实现生态产业化，产业生态化的目标。

（三）增强产品开发能力和市场竞争能力

一是提高牦牛产品精深加工水平，开发加工牦牛系列产品，把资源优势转化为经济优势。二是打造特色产品，开拓农旅融合点。打造道孚县龙灯乡牧旅文化体验区等牧旅结合项目，深挖“庭院经济”牦牛项目潜力，开展牦牛骑乘、幼牛嬉戏等娱乐项目，制作牦牛皮包、皮带、皮帽等特色副产品，研究农家酸奶、肉干等有机特色产品改良，打造藏族特色和旅游特色产品。三是打造品牌优势，形成品牌号召力。持续抓好“净土阿坝”“亚克甘孜”品牌打造，出台商标使用管理办法，建设线上线下旗舰店，鼓励支持企业使用区域品牌，以优质产品提高市场占有率。

（四）加强外部人才招引和本土人才培养

一是注重各类人才的引进与培养，出台吸引和留住优秀人才的政策措施，通过各种方式如引才计划、引进津贴等提供吸引力，建立健全的职称评定和晋升机制，设立人才项目资助机制，定向招聘和培养，打造人才引进的“磁场”。二是鼓励人才下沉支撑牧区振兴，打通了牧民和专家之间的“最后一公里”，与国内外知名高校、科研机构建立合作关系，开展人才培养交流项目，包括短期交流、学术访问和合作研究等，提升专业人才水平。三是着力提升基层技术人员技术服务能力，提高养殖户牦牛养殖、繁育、疫病防控水平，保障畜牧业健康发展。

建设新时代更高水平“天府粮仓”粮食增产潜力与路径探索

国家统计局四川调查总队党组书记、总队长　赵太想

2022年6月，习近平总书记来川调研时提出要建设新时代更高水平“天府粮仓”。2023年中央“一号文件”明确提出，要实施新一轮千亿斤粮食产能提升行动。在全国粮食增产的统一部署和大背景下，作为13个粮食主产省之一的四川省，不仅不能拖后腿，更应该主动担当奋力作为。从当前四川粮食生产的耕地资源、生产条件、生产水平等要素看，确保粮食持续增产的影响制约因素较多，如钱粮争地的问题、生产水平偏低的问题、巩固脱贫攻坚成果、乡村振兴共同富裕的问题、对建设新时代更高水平“天府粮仓”共同责任认识不足的问题等，分析研判十分复杂。为简单方便起见，国家统计局四川调查总队从自身部门掌握的情况和粮食统计调查数据入手，以提出问题、分析问题、解决问题的方式开展分析研究，以寻求找到四川粮食增产的有效路径。

问题之一：更高水平“天府粮仓”应具有哪些内涵和特点？

问题之二：四川现有生产条件下粮食增产潜力有多大？

问题之三：四川粮食增产的有效路径和切入点在哪里？

问题之四：四川如何实现粮食增产目标？

围绕上述四个问题，本文重点聚焦粮食增产，立足四川粮食生产现状，评估增产潜力，探寻增产路径，分解增产目标，提出增产建议，为更高水平“天府粮仓”系统工程建设中粮食增产提供借鉴参考。

一、着眼四川实现农业现代化，新时代更高水平“天府粮仓”具有丰富的内涵和特点

党的二十大作出了全面推进乡村振兴、加快建设农业强国的战略部署，明确提出要“全方位夯实粮食安全根基……确保中国人的饭碗牢牢端在自己手中”。强国必先强农，农强方能国强。农业强国既是现代化强国的应有之义，也是现代化强国的重要支撑，没有农业强国就没有整个现代化强国。省委、省政府出台的《建设新时代更高水平“天府粮仓”行动方案》（以下简称《方案》）指出，建设更高水平“天府粮仓”要着力构建以粮为主、粮经统筹、农牧并重、种养循环、绿色生态、高质高效的现代农业体系，深入落实“藏粮于地、藏粮于技”战略，

树立大食物观，念好“优、绿、特、强、新、实”六字经，做大做强做优“川字号”特色产业，持续擦亮农业大省金字招牌，加快建设农业强省。

省政府相关研究报告提出，更高水平的“天府粮仓”是指四川省全域范围内包括粮食、油料、生猪、蔬菜等重要农产品的保障供给，在内涵上应具有七个方面的特点，即更高水平的供给保障能力、更高水平的农田水利设施、更高水平的物质装备条件、更高水平的经营服务体系、更高水平的科技支撑、更高水平的产业结构、更高水平的政策支持体系。

从促进粮食生产和保障粮食供给来看，我们认为更高水平的“天府粮仓”应重点涵盖以下四个特点。一是农林牧渔业综合协调发展条件下的“天府粮仓”。这是四川在树立大食物观、推动经济高质量发展、满足人民美好生活需要的同时，加强西部地区生态环境保护实现人与自然和谐共生的必然选择。二是粮食单产水平走在全国前列的“天府粮仓”。这是在得天独厚的自然条件下，四川省践行“天府之国”美誉，劳动人民用勤劳与智慧多种模式种植提高粮食生产能力的充分体现。三是口粮与工业用粮平衡发展的“天府粮仓”。这是四川满足众多人口日常粮食消费同时，饲料、酿酒等支柱产业持续高质量发展的长远需要。四是“新鲜粮食”有效供给补充下的“天府粮仓”。这是四川全面提升粮食产能，努力实现多产粮食保障下，着力构建多元化食物供给体系下满足人民特色粮食需求的现实需要。

二、立足当前粮食生产现状，四川在扩面积提单产丰富种植模式方面大有潜力可挖

立足粮食生产条件和现状，四川实现粮食持续增产还有不少潜力可挖。经测算，通过挖掘耕地扩大播种面积、依靠科技和投入提高单产水平、丰富调整种植结构等方式，预计可以新增粮食产能570万吨，全省粮食产量有望达到4 080万吨(408亿千克)。

(一)扩大播种面积可新增粮食产能170万吨

结合当前全省土地面积、耕地面积及农业生产实际看，四川省可通过以下四种方式进一步扩大粮食播种面积。一是通过整治撂荒地扩大播种面积。据省农业农村部门2022年上半年调查分析，四川省尚有209.3万亩农户承包耕地撂荒，经过整治可以复耕用于种粮。二是利用林地园地扩大播种面积。2022年，省政府相关研究报告显示，国土“三调”新增种植园地564.5万亩，通过直接还田种粮、粮经轮作种粮、间套作种粮等方式，预计能新增粮食作物播种面积200万亩左右。三是利用冬闲田地扩大播种面积。2022年，省农科院有关研究显示，四川省原有冬闲田1 050万亩，其中500万亩冬水田冬季无法利用，150万亩冬炕田在水稻收获后冬闲，400万亩冬闲旱坡地冬季撂荒，通过兴修水利、政府引导、土地流转规模户种植等措施，预计可新增粮食作物播种面积150万亩左右。四是扩大夏粮特别是小麦种植面积。综合各方面因素分析，全省小麦播种面积在现有基础上增加20%～30%，恢复到1998年历史高位的40%左右，具有较强的实现性，累计可扩种250万亩左右。

考虑到不同方式下播种面积重复计算，按四种方式合计810万亩的70%计算，预计可新增粮食作物播种面积567万亩左右。同时，由于这部分耕地地力水平偏低，生产条件相对较差，按近三年全省粮食平均亩产370千克的80%计算，预计可新增粮食产能170万吨。

(二)提高单产水平可新增粮食产能350万吨

一方面，通过设施新增产能。2022年，省政府相关研究报告显示，到2030年全省将新建1 857万亩、改造提升1 594万亩高标准农田，据测算，届时预计可以新增粮食产能315万吨。另一方面，通过良种选育和推广新增产能。四川稻谷、豆类、薯类的单产分别比全国高10.2%、5.3%、3.2%，结合抽样调查点的实割实测数据看，这些品种单产的提高空间相对有限，而小麦、玉米的单产仅相当于全国的72.7%、87.6%，与抽样调查点的实割实测相比也还有一定差距，未来尚有一定提升空间。经测算，在高标准农田建设基础上，在良种选育、良法推广、项目园区带动支撑下，全省小麦、玉米单产分别提高到目前全国水平的90%、95%，预计可新增粮食产能147万吨。

综合上述两个方面，考虑到高标准农田建设带来的是全方位多品种的产能增加，以四川省2022年各类粮食作物播种面积为基础作相应扣减，未来全省可新增粮食产能350万吨左右。

(三)丰富种植模式可新增粮食产能50万吨

一方面，丰富种植模式提高产量。四川具有悠久的复合种植历史，先后涌现出果粮复合种植、幼林间种套种、药粮轮种、菜豆稻轮种、玉米大豆复合种植等模式，充分挖掘了耕地生产潜力，有效提高了单位耕地面积产出水平，增加了粮食产量。比如四川再生稻是全国少有的生产模式，如果做到能蓄留则蓄留、应蓄留尽蓄留，将现有的400万亩有收面积再增加一半，按单产100千克计算，可新增粮食产能10万吨。再比如，2022年四川省大力扩种150万亩晚秋马铃薯，取得较好成效，既充分利用了冬春季闲置的耕地，也有效增加了粮食产量，如果这一做法以后继续推广并坚持下去，将现有的560万亩播种面积再增加100万亩，按照折粮单产280千克计算，也可以新增粮食产能近15万吨。

另一方面，优化种植品种结构提升效益。四川是产粮大省，粮食生产品种多样、结构复杂，在确保三大主粮播种面积稳定的前提下，要采取措施优化小品种粮食结构，比如大量发展高粱生产。四川高粱单产超过320千克，属高产小

品种粮食作物，部分地区还可发展再生高粱。同时，四川酿造白酒对高粱的市场需求旺盛，交易价格较高，农民种植意愿较强，发展难度相对较小，大力发展高粱生产具有孕育粮食增长点的潜能。按照播种面积扩大20%计算，可新增粮食产能2万吨。再比如，玉米大豆复合种植起源于四川，发展到全国十几个省推广，可以实现玉米基本不减产多收一季大豆的目标，不仅可以于增加种植收益，也有利于调动农民种粮积极性。2022年四川310万亩的玉米大豆复合种植面积任务超额完成，2023年增加到495万亩，按后续增加到600万亩计算，可新增粮食产能14.5万吨。

综合各种模式保守估计，通过丰富种植模式、优化种植品种结构，未来全省可新增粮食产能50万吨。

需要看到的是，四川粮食生产方式多样复杂，上述测算虽已考虑各途径之间的相互影响以及重复计算，但测算过程多以服务研究为主，测算结果仅作分析参考之用。

三、四川实现增产目标有基础，最有效路径是扩大川南等7个市的小麦播种面积

《方案》提出，到2025年，四川粮食产量提高到3 650万吨(365亿千克）以上，到2030年，粮食产量提高到3 750万吨(375亿千克)。这一目标任务的提出，也与全国实施新一轮千亿斤粮食产能提升行动同频共振。全国增产千亿斤的目标是基于尊重历史与着眼实际综合研判后作出的重大决策部署，四川增产目标的实现既要紧盯全国目标，更要权衡自身生产的历史与实际，以找到最有效的增产路径。

（一）实现增产目标有较好基础和支撑

结合各类统计调查数据全面分析，我们发现，《方案》中确定的粮食增产目标比较切合实际，围绕目标需要实现总产增速和提高单产幅度的压力均小于全国以及多数粮食主产省，也比较尊重四川粮食生产历史和实际。

一是产量增幅相对较低，实现目标有可能。按照四川省增长目标进行同口径测算，与全国对比，四川省实现目标的年均增长速度为0.83%，低于全国0.05个百分点，实现目标有可能；与其他粮食主产省对比，将全国千亿斤的增产目标按各省近三年平均播种面积比例分摊，四川省6.8%的增幅在13个粮食主产省中排名第7位，也相对较低，实现目标可能性更大。二是单产增幅也较低，实现目标有支撑。与全国对比，四川省实现目标需要提高的单产绝对量为22千克，年均提高幅度相对量为0.72%，分别比全国低9.7个和0.29个百分点，四川省单产水平提高的难度均小于全国，在“科技支撑，确保产能”的大环境中，四川省实现目标有支撑；与其他粮食主产省对比，四川需要累计提高的单产水平排在13个粮食主产省的最后一位，实现目标的难度小得多。三是生产尊重历史实际，实现目标有基础。与党的十八来以来10年间(2012—2021)生产情况对比，总量方面，四川省未来实现目标的年均增速低于前期历史增速0.18个百分点，这既考虑了总量增大增速放缓的实际，也注重了粮食生产的历史衔接；单产方面，四川省未来实现目标的年均增速与前期历史水平相当，随着科学技术的进步，良种良法大力推广，高标准农田建设持续推进，农业生产条件更加优越，抵御自然灾害的能力不断增强，四川省粮食单产水平也将稳步提高。

（二）最有效路径是扩大小麦播种面积

当前，四川省粮食增产面临的困难主要表现在三个方面：一是耕地较少，缩减太快，扩大播面空间有限。四川省人均耕地少，减少速度快，灌溉条件偏差，土壤质量较低，秋粮复种指数偏高等成为制约粮食增产不可回避的客观因素。二是小春太小、大春太大，两季粮食发展很不均衡。四川省“夏粮缓慢发展，秋粮一家独大”，全年粮食生产压力主要集中在秋粮上，导致粮食产业“孤注一掷，跛足发展”，且风险很大，不利于持续增产。三是小麦生产很不理想，播面持续大幅减少。2022年，全省小麦播种面积不足900万亩，较1998年减少68.4%，特别是资阳、内江、宜宾、泸州、自贡、乐山、眉山等7个市(以下简称“川南等7个市”)减少最为严重，基本上形成了“夏粮不种、秋粮满种”的生产习惯，粮食产能受到极大抑制，拖累全省粮食增产。

2023年全国农村统计调查工作会议强调指出，目前全国粮食播种面积已处于历史第二高位，特别是秋粮面积占比过大，完全没有增长空间。结合增产制约因素可以得出结论，四川粮食扩面增产的空间在夏粮，切入点在小麦，突破口在川南等7个市。在小麦面积扩种区域选择方面，我们认为首选主攻区域为川南等7个市。2022年，川南等7个市夏粮播种面积290万亩，与耕地面积相比的种植强度仅11.7%，如果通过扩种小麦将种植强度提高到21%的全省平均水平，合计可扩种小麦200万亩左右，平均每个市扩种25万~30万亩，扩种后的总播种面积仅相当于1998年历史高位的30%左右，可操作性较强。次主攻区域为达州、广安、凉山等3个市(州)。2022年，这3个市(州)的夏粮种植强度虽然比川南等7个市高，但其中的小麦种植强度仍然较低，分别只有2.7%、2.2%、7.6%，与全省11.3%的平均水平相比仍有较大提升空间，合计可扩种小麦50万亩左右。第三主攻区域为成都、德阳、绵阳、广元、遂宁、南充、巴中等7个市。这7个市是目前全省小麦播种的主要集中区域，未来一段时间，要想尽一切办法稳住这些区域内的小麦播种面积，如近两年成都绕城绿道周边10万亩耕地恢复种植包括小麦在内的粮食作物就是有力的实践。综上情况，实现再扩大

250万亩小麦面积的可能性较大。

（三）分解扩面任务明确增产目标方向

2023年，中央下达四川的粮食生产任务为播种面积9 502.8万亩，产量352.95亿千克；全省下达给各市（州）的总任务为播种面积9 600万亩，产量为357.5亿千克。为尽可能减少某一年特殊情况的影响，以下测算中用到的播种面积和单产均以近三年（2020—2022年，下同）的平均值为基数，计算出目前全省粮食播种面积为9 566.9万亩，恰好位于国家下达任务与自身确定任务的中间水平，以此为依据进行各种测算，四川通过扩面250万亩小麦，同时使全省粮食单产水平提高11.96千克，实现《方案》增产目标具有较强的现实性和可操作性。

第一阶段，2023—2025年，将粮食播种面积扩大到增加100万亩，单产累计提高7.78千克，即可实现《方案》365亿千克的目标。具体来看，2023年，播种面积维持前三年平均水平的9 566.9万亩不变（比2022年实际减少128.4万亩）；单产在2022年受灾下降后得到一定程度恢复，提高12.14千克，达到374.22千克，此单产仍低于2021年1.4千克，有可能实现；预计全年粮食总产量为358亿千克，与2021年实际产量持平，能够实现今年省定目标任务。到2025年，将川南等7个市的小麦播种面积扩大100万亩，全省粮食播种面积累计达到9 666.9万亩（比2022年实际减少28.4万亩），单产达到377.86千克（比2021年实际提高2.24千克），预计全年粮食总产量达到365.25亿千克，也可实现第一阶段目标。

第二阶段，2026—2030年，全省播种面积累计再增加150万亩，单产累计提高4.17千克，即可实现《方案》375亿千克的目标。具体来看，播种面积方面，川南等7个市继续扩大小麦播种面积100万亩，达州、广安、凉山合计扩大50万亩，届时，全省粮食播种面积将达到9 816.9万亩，比2022年实际播种面积增加121.7万亩，在充分考虑撂荒地整治和激励提高种粮积极性的带动下，也有可能完成扩面任务。提高单产方面，5年累计只需提高4.17千克，相当于每年提高0.83千克，年均提高幅度仅0.22%，更是远低于历史水平。到2030年，全省粮食单产水平将达到382.03千克，只比2021年提高6.41千克，累计提高幅度仅1.71%，基本上没有难度。

所谓“政策好、人努力、天帮忙、科技兴”，四个要素共同作用形成合力方能助力粮食增产和农民增收。“政策好”体现在中央到地方各级党政高度重视国家粮食安全战略，惠农支农力度很大，大力发展粮食生产有政策保障；“天帮忙”的不可控因素较多，但通过不断加强水利设施和高标准农田建设，粮食生产对“天帮忙”的依赖程度在逐步降低；通过“人努力”在川南等7个市恢复性扩大小麦种植面积250万亩，相当于平均每个市扩种18万～30万亩，耕地上不存在任何问题。如果扩种面积较少，单产水平就需要提得更高，而“科技兴”在短时间内在一定区域内也可能面临瓶颈。所以，我们认为，无论如何，先想尽一切办法扩种小麦，而且尽可能多的扩种下去，增产增收才有基础，要彻底改变“川南地区不适合种植小麦”的偏识和现象。同时，我们还要看到，上述测算的面积是建立在近三年平均数据基础上的，比2022年实际面积少了128万亩。在粮食安全党政同责考核机制下，各级党委、政府狠抓粮食生产的决心坚定不移，力度也持续加大，如果未来的播种面积只增不减，那么实现目标的扩面任务和提高单产的难度还会更小一些。

四、明晰思路落实决策，四川上下共同努力建成新时代更高水平“天府粮仓”

粮食安全是党政同责的政治任务，抓粮食生产要体现在行动上，为确保《方案》提出的目标任务如期实现、有序推动新时代更高水平“天府粮仓”建设，建议重点抓好以下五个方面工作。

（一）以政治责任稳定推动小麦生产恢复增长

建设新时代更高水平“天府粮仓”是全省21个市（州）的共同政治任务，实现粮食增产关键是扩大播种面积，实现《方案》目标，重点是扩大小麦播种面积，主攻方向是川南等7个市。全省上下要严格落实党中央、国务院决策部署，坚定扛起耕地保护和粮食生产的政治责任，持续压实粮食安全主体责任，要在执行严格耕地保护制度上下功夫，坚决落实好“田长责任制”，确保基本农田不减少、种粮用途不改变、田块质量有提升，切实把粮食生产放在农业现代化建设的首位，坚持长抓不懈。省级相关部门要制定措施，坚决纠正只重视秋粮、不重视夏粮生产的现象，坚决纠偏四川传统的抓粮食生产“小春损失大春补，大春损失晚秋补”的单向偏差认识，要在始终稳住现有耕地基础上，坚持粮食播种稳面与扩面两手抓，确保能种则种、应种尽种。尤其是要加大对川南等7个市小麦种植恢复的督促，谨防土地闲置与季节性撂荒，提高耕地利用率。同时加大撂荒地整治力度，腾退低效经果林改种粮食。

（二）以坚决态度推进夏粮、秋粮分类考核

针对各地对夏粮生产重视力度不够、夏粮生产发展迟缓的现状，建议在粮食安全、乡村振兴等相关考核体系中增加夏粮考核指标。根据全省粮食增产目标，按夏粮、秋粮分别下达生产任务，年初下达当年秋粮生产任务，年中下达下一年夏粮生产任务，分阶段分类别单独考核完成情况。严格落实考核结果应用，对凡是不种少种夏粮或不能完成生产任务的市（州），在相关考核中实行一票否决，从考核奖惩上、激励鞭策上推动各地重视夏粮生产，达到以考核促进生产，用考核推动发展的目的，切实增加夏粮特别是小麦种植面积，为全省粮食增产奠定坚实基础。

（三）以高标准农田建设推动小麦规模化种植

四川耕地碎片化情况严重，规模化、机械化耕种程度不高，加之小麦单产及售价不高，种植小麦总体收益较低，这是导致小麦播种面积缩减严重的主要原因。刺激小麦恢复增长最有效的方式是提升种植收益，在现有政策下，降低种植成本是确保收益最可靠的方式，规模化种植又是降低种植成本的有效途径。结合四川农业生产现状和发展方向，要以高标准农田建设为契机，大力推动粮食规模化种植，特别是要推动小麦的规模化种植。建议在统筹安排高标准农田建设资金时充分结合各市（州）小麦种植情况，在资金力度和推进时间上优先向川南等7个市倾斜，促使小麦播面恢复增长在短时间内见到实效，从而推动全省粮食持续增产。

（四）以科技赋能推动单产水平提高

抓好优良品种选育推广，特别是重点抓好适合四川不同区域小麦、玉米种植优良品种的研发推广，加强技术指导，引导科学种植，全面提高单产水平。一是加强政策扶持与投入力度，加大配套资金投入，确保种业研发的先进性、持续性和稳定性，积极出台针对研发和育种企业、农户的优惠政策，尤其是种子研发奖励和制种补贴的落实，能让更多种业参与者得实惠，增信心，长干劲。二是切实强化政企协作，协同攻关，加强登记品种试验、引种试验、绿色通道试验、联合体试验的监管力度，坚持品种审定宽进严出，切实鼓励种子企业在各农作物重点生产区域建立常规品种的繁种基地，并给予部分配套良繁资金支持，使企业、农户均“有利可图”，建立长久合作机制。三是加强优良品种推广应用，鼓励涉农企业、种粮大户、专业合作组织等率先使用新品种和新技术，推动粮食高产创建和科技示范，完善农民科技培训体系，调动农民信科学、学科学、用科学积极性，提升农民种田的科技含量，提高粮食单产水平。

（五）以完善配套机制推动种粮收益提升

进一步改革完善普惠制粮食补贴政策，充分考虑地理区位、经济发展等多种因素，按平原、丘陵、山区三类地势，分别制定差异化补贴标准，将耕地地力保护、水稻和玉米大豆复合种植补贴、农资综合补贴等惠农政策集中统一打捆，支持、鼓励种粮农户积极发展粮食生产。强化惠农补贴兑付，严把实际种粮面积核实关，加强资金监管确保按时足额发放，确保惠农政策执行不走样、不缩水，有效保障农户的种植利益。加大四川小麦用途推广，受生产条件影响，四川小麦多为弱筋，要在酿酒、饼干、“麦通”类膨化食品生产过程中大力推广使用四川小麦，充分发挥其弱筋优势和特色，以市场化手段推动四川小麦价格走高和产量增加，进而提高种植积极性。加强农资市场监管调控，确保农资供应充足、价格相对稳定，严把农资产品入口关，严厉打击恶意哄抬价格、出售假冒伪劣产品等市场乱象，维护农资生产经营秩序和农民合法权益。发挥农机专业合作社装备优势，构建“农机助耕服务队+农机专业合作社+综合农事服务中心”的农机社会化服务体系，建立完善助耕服务长效机制，着力解决“无人耕种和无能力耕种”的问题。

发挥教育优势　推进“四大工程”努力绘就高校赋能乡村振兴新画卷

——四川师范大学2023年帮扶工作纪实

四川师范大学校友工作与校地合作处副处长、乡村振兴学院副院长　冯庆

四川师范大学校友工作与校地合作处校地合作科　尹立亚

四川师范大学始终坚持以习近平新时代中国特色社会主义思想为指引，全面学习贯彻党的二十大、中央农村工作会议精神，坚决落实四川省委、省政府定点帮扶工作部署，坚决扛起帮扶政治责任，充分发挥高校教育、科技、人才等综合优势，在凉山州普格县推动实施“四大工程”，巩固拓展脱贫攻坚成果，助推乡村振兴开新局。

一、实施“教育振兴工程”，斩断贫困代际传递

聚焦教师、学生、学校三大主体，开展科学化、体系化、层次化、全方位的教育帮扶，斩断贫困代际传递，助推乡村振兴。一是开展师范生顶岗支教，弥补乡村教育短板。按照教育厅顶岗支教的相关要求，2023年学校投入近200万元共选派191名本科生和5名研究生赴普格县顶岗支教，选派人数居全省高校首位，着重帮助解决民族地区基础教育师资不足、结构性紧缺等急难愁盼问题。

2023年4月，共青团中央作出表彰，决定授予学校研究生支教团普格分队所在的四川省普格县大学生志愿服务西部计划团支部“全国五四红旗团支部”荣誉称号。二是实施“体育美育浸润计划”，促进学生全面发展。作为首批入选“教育部体育美育浸润行动计划”的实施高校，持续推进普格县夹铁镇中心校、瓦达洛村小、附城小学“教育部体育美育浸润行动计划”项目走深走实。选派12名音体美支教学生支持项目学校开齐开足相关课程，组建10余个体育美育社团，开展音体美课外兴趣活动100余次，为夹铁镇中心校捐赠书籍共700余册，向菜子小学捐赠价值5 000元的体育用品，推动民族地区乡村学校体育美育日常化、多样化、特色化发展。三是精准帮扶片区学校，提升乡村教育质量。在普格县洛乌沟片区学校实施“一对一”精准帮扶提升工程，着力打造教师发展示范区。坚持“一校一策”，实施教师培训、教学标准改进、共同课题研究等精准帮扶，全面提升片区学校教师教学能力、校本课程及教材研发以及学校治理等综合实力。以普格各学校为单位，组织顶岗支教团、学生志愿者等围绕“六个一”学习主题开展国家通用语言文字推广活动，让更多的乡村孩子在家门口上“好学校”。同时，利用假期组织近20名师生在普格县开展“青春向党·情暖普格”教育振兴暑期社会实践活动。

二、实施“产业富农工程”，持续推进农民增收

坚持“扶持产品促消费、扶持产业促增收、扶持智力促振兴”的产业帮扶模式，推动“输血式”帮扶向“造血式”经营转变。一是因地制宜布产业。根据普格县夹铁镇资源禀赋和产业发展优势，扶持阿木村大力发展大棚水果产业，引进专业化农业公司经营。持续协助普格县编制旅游产业发展规划，支持螺髻山国家5A级景区创建工作，助力农文旅融合发展和提档升级。二是引资扩能强产业。健全引资引企、校内外组团帮扶机制，做大做强特色产业。利用学校援建阿木村蔬菜大棚生产的农副产品成功种植经验和社会名气协调普格县委、县政府投入500万元在阿木村新建二期蔬菜大棚100亩，已投入生产经营并协调专家不定期前往指导交流。2023年，阿木村村民平均纯收入14 400余元，与2022年同比增加2 400余元，增幅近20%。三是消费帮扶活产业。与普格县签订定向采购协议，动员广大师生、协调校友企业等购买帮扶地优质农产品，2023年，学校通过“832”平台采购167万元；开展2期帮扶产品进校园展销活动，销售总额6万余元。

三、实施“党建引领工程”，筑牢基层战斗堡垒

充分发挥学校党建理论及实践优势，深入开展支部结对共建，把建强基层党组织作为乡村振兴的关键。一是强化党支部政治和组织功能建设。校党委组织部党支部对阿木村党支部、校团委对文倡村党支部在阵地建设、制度规范、理论学习等方面提供大力支持。派驻党建指导组蹲点指导，与结对共建支部共同开展学习教育、规范“三会一课”、主题党日等组织活动。二是强化基层阵地建设。扎实开展“我为群众办实事”实践活动。依托驻村帮扶干部和工作队员，进一步改善受扶村生产生活条件、基础设施、人居环境，推进落实教育医疗保障和移风易俗各项民生事项。投入3万余元，购买文体用品、慰问困难党员和16户返贫重点监测户，进一步加强村党支部的战斗堡垒作用。学校机关党委在当地开展“情系普格教育，助学润泽童心”公益活动，开展文艺联欢会，捐赠价值10余万元的爱心物资，设立都尔小学家庭贫困优秀学生“狮山彝路童行”首期奖学金1.2万元。学校原阿木村驻村“第一书记”王晓辉被评为“四川省优秀驻村第一书记”。三是强化内生动力建设。结合阿木村获评“2022年度凉山州乡村振兴示范村”和“凉山州人居环境治理先进村”，同时进行省级乡村振兴示范村创建工作并取得成功。积极开展感恩奋进教育和政策、法律主题宣讲，捐赠5万元支持阿木村开展移风易俗专项行动，购置集体桌椅板凳（婚丧嫁娶）、评选奖励“五好家庭”物资等，讲好“乡村故事”，涵养乡风文明。

四、实施“人才赋能工程”，助力乡村人才振兴

坚持把论文写在大地上，将科研教学人才培养与定点帮扶实践相结合，不断激活人才“引擎”，持续赋能乡村振兴。一是紧密对接人才培养“需求链”。根据普格县干部队伍建设需求，举办普格县东西部协作助力乡村振兴专业技术人才能力提升培训班暨第二届“青马工程”人才培养班，培训各类人才近50人。组织夹铁镇及其下辖7个村的镇村干部、党员群众代表10人外出考察学习乡村振兴先进经验。二是筑牢乡村振兴人才“供给链”。在前期开展乡村振兴人才职后培训的基础上，2023年秋季学期学校遂宁校区乡村振兴学院将正式招生办学，通过本科教育的形式致力于培养乡村教师、乡村治理、乡村文旅、乡村产业和乡村康养等各类急需人才，有力支撑脱贫地区农业农村高质量发展。三是提升乡村战略研究“价值链”。学校先后成立了“中国乡村振兴研究院”和“晏阳初研究所”，开展全面推进乡村振兴战略研究，为四川乃至全国全面推进乡村振兴提供有力的学术支撑和智力供给。组织院所专家学者深入一线，考察普格县全面推进乡村振兴现状及发展需求，开展调研交流、社会服务等活动。

2024年，学校将聚焦“守底线、抓发展、促振兴”目标任务，持续发挥教育特色优势，不断推动“四大工程”纵深发展。一是拟投入近200万元继续开展顶岗支教、“牵手乡村教育”社会实践以及教师培训，帮助改善办学条件，提升教育信息化水平，不断夯实教育帮扶成果。二是加大特色农产品消费帮扶力度，推动食堂、工会与普格县签订定向采购协议，拟完成160万元消费帮扶任务。组织师生开展直播带货、产品推介、优质农产品进校园展销等活动，促进帮扶产业持续健康发展，不断提升产业致富带富能力。三是划拨专项资金实施移风易俗专项支持计划，协同开展国家通用语言文字推广工作，繁荣发展乡村文化，不断培育向上向善文明新风。四是开展干部培训和乡村振兴专家服务团以及乡村本土人才培育行动，帮助开展引才引智活动，引导退休专家教授、毕业大学生等下乡返乡服务乡村振兴，不断强化乡村振兴智力支撑。

总之，学校将根据省委、省政府、省直机关工委要求，结合普格全面建设脱贫地区农文旅融合发展先行县所提出的需求，变成全校师生定点帮扶普格县乡村振兴事业的追求，为全面推进乡村振兴、加快建设农业强省，全面建设社会主义现代化四川篇章贡献更大的智慧和力量。

为有力有效推进乡村全面振兴贡献高校更大力量

四川旅游学院研究员 杨祥禄

2024年2月3日，《中共中央国务院关于学习运用“千村示范、万村整治”工程经验有力有效推进乡村全面振兴的意见》公开发布。中央“一号文件”6个部分、28条列出了有力有效推进乡村全面振兴的“路线图”，提出了“两个确保、三个提升、两个强化”的工作思路和基本要求。在第6部分“加强党对‘三农’工作的全面领导”的第27条“壮大乡村人才队伍”中强调要加强高等教育新农科建设，加快培养农林水利类紧缺专业人才；发挥普通高校、职业院校、农业广播电视学校等培训功能，提高农民教育培训实效；推广科技小院模式，鼓励科研院所、高校专家服务农业农村。同时提出，实施乡村振兴人才支持计划，加大乡村本土人才培养，有序引导城市各类专业技术人才下乡服务，全面提高农民综合素质，这既是对高校服务乡村振兴、农业强国建设成效的肯定，更是新时代新征程对高校强化作用有力有效推进乡村全面振兴提出的要求。3月1日，教育部举行新闻发布会介绍2023年全国教育事业发展基本情况时公布，2023年年底，全国共有高等学校3 074所，高等教育在学总规模4 763.19万人，有专任教师207.49万人。高等学校具有人才培养、科学研究、社会服务、文化传承与创新、国际交流与合作的重要职能，是推进乡村全面振兴的一支重要力量。笔者就高校贯彻落实中央“一号文件”精神、加强在乡村全面振兴中的重要作用，提出如下建议。

一、以引领带动创新发展为目标，进一步加强高等教育新农科建设

推进乡村全面振兴，加快建设农业强国，实现农业农村现代化，关键在教育、在科技、在人才。新农科建设作为高等农林教育的重要组成部分，既是加快涉农高校“双一流”建设的需要，也是适应与引领现代农业产业新业态的需要。涉农高校要按照国家部署要求，结合地方需要和自身实际，面向新农业、新乡村、新农民、新生态，把加强新农科建设作为深化高等教育综合改革发展的重要任务，纳入学校“十四五”规划和2035年发展规划，细化优化实施方案，抓好具体举措落实，推进高等农林教育理念、体系、模式创新发展，要加强知农爱农情怀教育，加强和改进耕读教育，推进农林类紧缺专业人才培养，调整优化涉农学科专业布局，构建多类型农林人才培养体系，培养高层次、高水平、国际化的创新型人才和适应性强、高素质的复合型人才。主动对接乡村人才振兴新要求，校地联动提升学生生产技能和经营管理能力，校地合作推进涉农专业订单定向人才培养，深入推动课程教学改革，提升学生发现问题和解决问题的能力，培养学生的创新意识和创新能力。加强教材建设和管理，建设高水平实践教学基地，发挥好基地的综合育人功能，打造高水平师资队伍，建设高素质核心师资团队以及建设“双师双能型”教学团队，创新评价机制，改进教师评价方式，坚持分类评价。创新产教融合、科教融汇协同育人机制，强化产学研、农科教、育繁推结合，加强重大基础和关键核心技术攻关与推广运用，提升农业科技成果转化和产业化水平。高度重视农林教育的数字化，把数字教育充分融入到人才培养全过程，提升教师数字教育技术素养和学生使用辅助技术终身学习的能力。

二、以促进人的全面发展为目标，进一步提高农民教育培训实效

进一步深化对农民教育培训工作的重大意义、重要地位和作用的认识。农民教育培训既是农业科技成果转化的有力举措，也是培育高素质新型职业农民的重要手段。乡村振兴关键是以农民为主体的乡村人才振兴，相关高校要结合地方行业、学科专业和人才队伍实际，加强高素质农民培训供给问题研究，加强培训机构建设和培训师资建设，积极推动农民教育培训立法。拓宽培训领域和内容，重点加强村党组织书记和新型农业经营主体带头人培训。深入实施乡村产业振兴带头人培育"头雁"项目、高素质农民培育计划和"耕耘者振兴计划"，加强农村实用人才带头人培训，大力培养高素质新型职业农民和农业职业经理人，强化推进乡村全面振兴、加快农业强国建设的智力支持和人才支撑。健全高素质农民培育和农业科普体系，推动形成短期培训、职业培训和学历教育相互衔接的农民培育新格局。相关职业院校要加强涉农专业建设，支持农民就地就近接受职业教育。建设完善以农业科技为主题、集科普教育、研学和休闲娱乐于一体的科普场馆和示范园区。建立健全教育培训、发展扶持、引导激励等衔接配套制度。面向新需求，分层分类开展全产业链培训，加强训后技术指导和跟踪服务，加强农民在线教育培训。通过教育培训，让参加学员听得懂、学得会、用得上、干得好，打造一支懂农业、爱农村的乡村振兴人才队伍，使农民培训教育在农业科技成果转化和培育高素质新型职业农民中的效能及作用得到充分发挥，为推进乡村全面振兴与农业农村现代化提供有力的人才支撑。

三、以农户增产增收为目标，进一步推广科技小院模式

科技小院最先成立于2009年，由中国农业大学资源与环境学院教授张福锁带领师生在河北省曲周县白寨乡成立第一个"科技小院"，经过持续不断的探索创新实践，如今科技小院的星星之火已经成为燎原之势，中国农大已在全国24个省（区、市）的91个县（市、区、旗）牵头建立139个科技小院，累计引领全国建立1 048家科技小院。科技小院作为一种新型的农业科技推广模式，通过将科技与农业结合起来提高农民的农业生产效益。科技小院从科技和人才两端发力，解决科研与生产需求脱节、科技人员与农民脱节、人才培养与社会需求脱节等问题。科技小院师生深入田间一线和产业前沿，与农户和产业技术人员一起在发展中做研究，用研究成果推动产业发展，推广高产高效技术解决小农户增产增收问题，这种集人才培养、科技创新、社会服务于一体的培养模式实现了教书与育人、田间与课堂、理论与实践、科研与推广、创新与服务的紧密结合，辐射带动全国涉农高校深化人才培养模式改革，生动阐释了培养什么人、怎样培养人、为谁培养人的重大命题。2023年5月1日，习近平总书记给中国农大科技小院的同学们回信，对他们"深入田间地头和村屯农家，在服务乡村振兴中解民生、治学问"表示很欣慰，希望同学们"把课堂学习和乡村实践紧密结合起来，厚植爱农情怀，练就兴农本领，在乡村振兴的大舞台上建功立业"。相关高校要结合国家地方需求和自身优势条件，践行新农业、新乡村、新农民、新生态的建设理念，勇担"立德树人、爱农兴农"时代重任，主动服务实施乡村全面振兴、加快建设农业强国等战略需求，不断提升爱农兴农新型人才服务推进乡村全面振兴的适应度、贡献度，为加快推进农业农村现代化、全面建设社会主义现代化国家贡献智慧力量，一是要推进科技小院高质量发展，充分发挥科技小院在培养爱农兴农新型人才、保障国家粮食安全、推动绿色发展和乡村全面振兴中的重要作用。二是要打造知农爱农新型人才培养模式，加快推进高水平农业科技自立自强。同时，要通过科技特派员、"三区"科技人员、科技小院牵头专家、"科技扶贫万里行"首席专家团队等形式为助力乡村振兴贡献农业科技力量。

四、以留得住、用得下为目标，进一步加大乡村本土人才培养

乡村人才队伍建设是有效推进乡村全面振兴的重要支撑，要坚持本土培养和外部引进相结合，积极健全农业农村人才工作机制和支持保障政策，不断壮大乡村人才队伍，为推进乡村全面振兴、加快建设农业强国提供人才支撑。相关高校要结合国家需要、行业特点和地方实际、自身优势，做好顶层设计，协助完善优化乡村人才培养的配套政策，细分乡村人才供求缺口，配合实施各类人才回流计划、基层服务项目，引导各类人才有序有效参与到乡村全面振兴中，拓宽乡村人才来源，满足乡村发展过程中多样的人才需求。要优化培养机制，发挥学科专业和人才智力优势，推动政府、培训机构、企业等发挥各自优势，充分引导资本投资乡村事业，搭建农业产业与教育合作平台，不断深化产教融合、校企合作，持续提升乡村人才综合素质。要强化保障支持，推动乡村人才培养、引进、管理、使用、流动、激励等制度改革，着力形成人才服务乡村的正向激励机制，发挥先进典型示范引领作用，在广大乡村形成爱才敬才的良好风尚，营造有利于乡村人才发展的社会氛围。大力改善乡村人居环境，提升公共服务水平，为广大人才施展才华、长远发展厚植肥沃土壤。同时，要推动吸引更多新农人返乡入乡参与乡村建设和发展，不断拓展挖掘乡村价值，让乡村有发展前景、有发展潜力。打造平台、创造空间，让新农人有施展的舞台，吸引人才，留住人才，既要政府动员引导，也要提供足够的发展预期激励，要将新农人纳入人才培养范围，设计专业培训课程、组织专班授课，根据新农人的素质基础和产业特点，强化专业技能与经营管理培训，提高新农人创业能力。加强对返乡创业人才的激励，帮助落实专项人才培育计划和帮扶资金，为新农人提供后续帮扶支撑，降低新农人创业门槛，提高创业参与度和成效。

同时，还要充分发挥各级各类高校所在行业与地域、学科专业、学术人才、智力技术、研发基地、研究成果、科研平台、重点实验室实训室、创新团队、科技园、研究院工作室等的优势条件，在持续加强产业和就业帮扶、促进农村一二三产业融合发展、推动农产品加工业优化升级、增强乡村规划引领效能、加强农村生态文明建设、推进抓党建促乡村振兴、繁荣发展乡村文化等诸多领域、方面的工作力度，为有力有效推进乡村全面振兴献计出力、做出更大贡献。

总之，相关高校要以强农兴农为己任，高质量推进新农科建设，加快构建多类型农林人才培养体系，扎根中国大地、服务农业农村，加强农村实用人才培训，加强农业科技推广与运用，推动农业农村科技进步，助力乡村全面振兴。要主动对接乡村人才振兴新要求，联动地方、企业、科研机构等着力提升学生创新意识和实践能力，为推进乡村全面振兴源源不断地培养输送创新型、复合型、应用型高素质人才。

四川省交通工程质量监督站：建体系、强监管，推动监督工作高质量发展

四川省交通工程质量监督站党委书记、站长　梁正钦

2023年，四川省交通工程质量监督站围绕贯彻落实习近平总书记重要指示精神，党中央国务院，省委、省政府和交通运输部对交通运输工作的部署要求，以及厅党组各项决策部署和下达的目标任务，着力完善监督体系建设，强化现场质量安全监督检查，加强动态监管和检测，加大问题整治和隐患排查力度，严把质量检测关、验收关，确保监督覆盖率、项目监督抽检等五个100%监督。加快推进平安百年品质工程创建和各项安全生产专项活动，全面推动质量安全监督各项工作有序开展并取得较好成效。

一、完善"四项机制"，深化行业监督体系建设

一是深化市（州）"点对点"督导机制，持续对市级质监机构采用"一市（州）一文件一方案"进行"点对点"督导，以交通运输厅名义印发"点球"文件，倒逼市（州）交通运输主管部门落实经费、人员保障，确保机构改革后监督工作衔接较为顺适、正常开展。

二是完善市（州）监督工作通报简报机制，定期收集监督工作数据，并在项目督导过程中将市（州）监督工作情况作为重点核查内容，每季度以厅名义印发通报，压紧压实行业监督工作责任。创新建立高速公路项目监督工作简报机制，通过统一省、市监督工作信息库定期填报、提取监督工作数据，固化数据分析模块，形成涵盖省、市两级监督工作情况的简报，精准定位工作差距和短板，进一步提升监督工作绩效。

三是建立市（州）监督工作周调度机制，通过视频会议的方式，四川省交通工程质量监督站对全省21个市（州）公路水路工程建设项目监督工作按周进行调度，进一步强化了省、市、县三级的沟通协调和工作联动，共同提升监督工作水平，形成监督合力。

四是建立市（州）监督工作重点督导机制，在全面分析市（州）监督工作数据的基础上，结合市（州）机构改革实际情况，四川省交通工程质量监督站每月对广元、资阳、巴中、雅安和南充5市质监机构开展重点督导，每月研判分析辖内在建项目建设以及监督工作开展情况，有力促进市（州）监督工作落实落细。

目前，21个市（州）监督人员维持在270人以上，监督抽检经费2 948万元，5个市（州）获批第三方安全监督经费1 042万元，监督人员、经费得到进一步保障，监督成效得到进一步提升。各市（州）项目监督机构共计对37个在建高速公路项目、284个国省干线项目、64个农村公路项目及11个水运项目进行了1 772次检查，出动检查人员5 563人次，覆盖特大桥与特殊结构桥梁484座、瓦斯隧道与特长隧道398座、不良地质隧道183座、高边坡工程103处。

二、着力"四化建设"，提升项目督导绩效

一是着力提升工作制度化水平。四川省交通工程质量监督站坚持问题导向，结合监督工作实际情况，已形成《四川省公路水运工程质量监督实施细则（初稿）》（以下简称《细则》），目前已完成市（州）意见建议征求。《细则》出台后，将进一步提升全省质量监督工作制度化、规范化水平。

二是着力提升工作标准化水平。针对公路、水运、地方铁路项目督导、监督工作，修订完善站《公路水运工程监督检查工作规程（试行）》《公路水运工程监督抽检工作规程（试行）》（以下简称《规程》），印发出台站《地方铁路监督工作指南（试行）》（以下简称《指南》）。《规程》《指南》等标准化文件的出台将进一步固化检查类型、目标、流程、要求等要素，规避随意检查、无效检查，提高监督的检查专业化、标准化水平。

三是着力提升工作专业化水平。不断完善"监督组+专家组+第三方检测机构"三位一体监督机制，2023年以来，四川省交通工程质量监督站投入1 300余万元财政专项资金用于专项监督，在质量检测、安全监督、竣工验收等领域继续探索完善"机构提供技术、企业落实整改、部门监督管理"等模式，充分弥补了专业力量不足、专业设备缺乏等问题，保障了监督工作的独立性、客观性、权威性。

四是着力提升工作实效化水平。四川省交通工程质量监督站坚持"项目打捆，科室负责"总体思路，明确科室联系项目，并将夹金山隧道、CZ配套公路、泸定地震灾后重建道路等重点地方公路单设督导联系科室，有效落实落细各业务科室项目督导职责；在公路水路建设方面，深化与市场监管局等省直部门（单位）联合检查，探索行业监管部门与项目投资人联合检查，全面推广购买社会服务等多种监督方式，形成横向到边、纵向到底的全覆盖督导检查模式；在地方铁路建设方面，进一步加强与成都铁路监管局协作，建立重大问题定期对接交流、联合执法检查、联合惩戒等工作机制，确保地方铁路监督有效开展。

2023年以来，四川省交通工程质量监督站对在建高速公路项目累计开展检查32次，出动监督人员126人次，聘请专家15人次，检查建设单位17个次、监理合同段74个次、施工合同段164个次、监理工地试验室49个次、施工工地试验室48个次，发现各类问题1 590个，印发检查结果通报25份，并要求各市（州）质监机构督促参建单位限时整改到位，确保了项目监督工作实效。

三、聚力"三个重点"，切实提升工程质量

一是深入开展平安百年品质工程建设。坚持打造"1个实施意见+N个工作任务"的建设体系，以省级实施意见为核，辐射同步开展"1个基础保障、1批示范创建、1系列配套要求、1系列课题研究、1个评价标准、1套激励措施"等工作；大力推动质量强基专项行动，配套出台《质量强基专项行动方案》，将有效解决一批"老大难"质量问题，实质提升一批质量重要指标合格率，推动形成一批质量管理制度；持续督促5个示范创建项目严格按照创建方案打表推进，照单考核，力争形成一批可复制、可推广的技术创新成果；积极推行工地标准化建设、施工班组规范化改造，全面禁止、限制落后工艺、设备、材料35项，推广应用3批30项"四新技术"，试点应用智慧隧道、智慧梁厂、智能拌合站、路面无人化摊铺等智能建造技术，进一步提升智慧化管理、工厂化生产、装配化施工、智能化建造水平。

二是深入开展质量指标重点抽检工作。发力做好"后半篇"文章，进一步完善监督抽检数据库，坚持问题导向，精准统计分析质量薄弱指标、环节、部位，狠抓质量症结，全面提升工程质量水平。2023年以来，抽检34个高速公路项目，全省总体合格率达98.6%，高于全国上半年总体合格率98.5%。其中，路基、路面、交安、隧道工程合格率均高于全国上半年合格率；桥梁工程合格率达96.2%，进一步缩小了与全国上半年抽检合格率97.2%的差距。

三是严格开展信用评价工作。按照《四川省重点公路建设从业单位信用管理办法》要求，2023年年初，四川省交通工程质量监督站对2022年29个在建高速公路项目开展了信用评价工作，涉及扣分施工标段166个、监理标段5个、检测标段18个；2023年共计对18个在建高速公路项目进行了评价，涉及扣分施工标段87个、监理标段20个、检测标段13个。

四、突出"三个重点"，强化安全监管力度

一是进一步理顺重点工作机制。强化安全监管体系建设，细化分解《四川省人民政府关于进一步加强公路水路交通运输领域安全生产工作的意见》，将安全监管10个方面内容细化为站工作任务40条，划定责任科室，明确完成时限，对长期任务明确每月定期报送内容和要求。完善危大工程安全监管制度，代交通运输厅拟文并印发《关于贯彻落实〈国务院安委会办公室等八部门关于进一步加强隧道工程安全管理的指导意见〉的实施意见》《关于进一步加强公路高墩大跨桥梁施工安全管理的通知》《关于进一步加强公路高边坡工程施工安全管理的通知》，构建隧道、桥梁、高边坡工程安全管理长效机制，奠定质量安全基础。强化特种设备使用安全管理，代交通运输厅拟文并印发《关于进一步加强公路水路建设项目特种设备等危险性较大设施设备使用安全管理的通知》，进一步加强危险性较大设施设备使用安全管理。

二是不断强化重要时段安全监管。紧盯春节、两会、国庆等重要时段开展暗查暗访及督查工作，围绕交通运输领域迎大运保安全专项工作，派出6名干部，参与4个包保督导组对成都市、广安市等7个市（州）开展大运会保安全防灾害专项督导，有效保障了大运期间在建高速项目的工程安全。全面开展汛期安全工作，特别是金阳县"8·21"山洪灾害发生以来，对全省在建高速公路项目1 015处自建施工驻地选址进行了大排查、大起底，并将全部2 430个驻地全部纳入属地及乡（村）防汛防灾体系及地质灾害监测预警网络；排查梳理全省在建高速公路涉洪驻地营地187座，全覆盖开展洪涝灾害风险隐患评估，督促各参建单位落实"四个必须"刚性要求；对川藏铁路四川段、汉巴南铁路、成达万铁路等7个项目开展全省铁路行业防灾减灾和安全生产专项督导检查，及时将发现的78个问题报有关单位进行整改。

三是深入开展安全重点专项行动。顺利完成2022年平安工地考核工作，推荐的镇广高速（王通段）项目成功冠名2021年度公路水运建设"平安工程”。大力开展森林草原防灭火工作，印发《关于交通建设领域森林草原防灭火工作的警示通报》，进一步增强各地、各单位的风险意识和底线思维，组织人员开展森林草原防灭火督导和下沉式暗查暗访，督促在建项目认真落实“八条措施”，坚决杜绝因公路建设引发森林草原火险。切实开展重大事故隐患排查专项整治，根据公路水路建设领域监管权责，编制完成《四川省交通公路水路建设领域重大事故隐患专项排查整治2023行动工作方案》，进一步明确工作目标、健全组织机构、压实工作责任、细化重点整治内容。

五、抓好“两项工作”，有序推进竣（交）工验收

一是全力保障厅年度通车目标。制定《2023年高速公路建设项目交工验收质量审定工作计划》，倒排时间，定人、定岗、定期跟踪收集项目进度和交验检测进展，组织计划通车项目质监机构、建设单位和交验检测单位召开交验检测工作会，协同推进交验工作。对全省21个市（州）质监机构、31条高速公路参建单位进行调研，全面掌握全省高速公路交验工作现状，分析存在主要问题，研究相关解决对策，为交验工作开展奠定基础。2023年，按期完成广平、峨汉等15个高速项目的交验工作并顺利通车，通车里程645.8千米。截至2023年年底，全省高速公路通车总里程达9 800余千米。

二是着力推动竣工质量鉴定。紧盯前期招标、流程规范、现场监督三个关键环节，统筹谋划2023年竣工验收质量鉴定工作，确定咨询监理、广西交科、公路院、交大检测等4家检测机构作为2023年度高速公路竣工质量鉴定复测实体检测单位。完成德简、成宜、天府机场、巴万等4个高速项目（约450千米）及雀儿山隧道工程的竣工验收质量鉴定复测工作，针对复测中存在的突出问题，及时组织召开问题反馈会，要求项目建设单位限期整改，确保复测工作按时间节点顺利推进，把好“复测关”。

六、致力行业管理，推动监理检测工作有序发展

一是持续开展监理检测行业服务。修订监理检测行政许可事项9个主项、36个办事项对应的办事指南、工作流程、法律依据、申请资料清单及申请材料模板等内容，并在“省一体化平台”完成配置。有序完成78项监理检测资质审批事项，为51家试验检测机构办理等级证书信息变更，注册注销监理监测人员4 000余人次，按时办结率100%，投诉举报为零。

二是深入推进监理检测行业管理。对全省39条在建高速公路项目开展为期120天的监理与试验检测专项检查活动，核查全省425个检测合同段，发现问题715个并限期整改。对全省129家试验检测机构开展调研，形成《四川省公路水运工程试验检测机构管理现状调研报告》，提出相应对策解决存在问题。组织完成2022年监理监测信用评价工作，对全省321家监理监测企业、988个工地试验室及现场检测项目、5 991名监理监测人员进行了信用评价，并按照管理权限及时发布了信用评价结果。采取“随机抽取+重点监管”的方式，确定43家监理检测企业作为检查对象，针对性开展了“双随机”专项检查工作，并对检查出的问题进行通报。开展2023年度试验检测机构比对试验工作，组织省内129家试验检测机构开展水泥和钢筋比对试验，并对检测机构比对结果进行通报，不断推动监理监测行业健康有序发展。

七、坚持党建引领，全面提升内控管理水平

一是全面加强党建和党风廉政建设。认真贯彻落实上级决策部署，扎实开展主题教育，结合交通质监业务工作实际制定四项调研课题并深入开展调查研究；督促指导各支部加强党员干部教育管理，组织开展“读习语、诵经典”、参观“成绵智慧建造基地”、川藏公路博物馆等主题党日活动，积极推进党建与交通质监业务全面融合。以“清廉交通”建设为抓手不断强化党风廉政建设，印发站《“清廉交通”建设工作要点》，出台《现场监督检查和资质管理廉洁管理办法》《第三方廉洁承诺书》等文件，进一步规范了廉洁监督工作举措；通过发放清廉家书、参观天府家风馆等活动，弘扬传承家风家教，推进“清廉交通”建设走深走实。

二是持续完善内控制度建设。聚焦人、财、物管理，印发站《参公人员考核实施办法》，为干部考核提供科学指导；出台站《财务管理办法》《专家费管理办法》《专项资金管理办法》等文件，不断提升财务管理工作科学化、制度化、规范化水平；印发站《关于进一步加强保留车辆管理的通知》，规范加强站公务车辆管理；完成对全站干部人事档案全面清理，落实专人负责全程纪实材料清理，补充缺失材料80余份，对8名“三龄两历一身份”信息不全的干部按规定进行认定。通过不断规范内部管理，为交通质监工作高效开展提供了有力保障。

三是不断强化队伍建设。注重在“四个一线”中精准研判优秀干部，运用遴选、商调等途径引进年轻干部3名，选派3名干部到阿坝州、达州挂职锻炼，1名干部参加交通运输系统帮扶凉山工作队，为交通运输厅输送优秀干部1名，推荐6人获得交通运输厅表彰，2人经省委组织部批准记三等功，进一步优化改善了交通质监干部队伍结构，激发了干事创业活力。

下一步，四川省交通工程质量监督站将继续围绕贯彻党的二十大精神、习近平总书记来川视察重要指示精神和省第十二次党代会及系列全会精神，聚焦党中央国务院，省委、省政府，交通运输部和交通运输厅关注的重点工作，坚持稳中求进，为交通强省建设提供高质量监督保障。

成都市现代都市农业建圈强链路径研究

成都市农业农村局党组书记、局长，成都市乡村振兴局局长（兼） 古建桥

党的二十大提出，全面推进乡村振兴，要坚持农业农村优先发展，坚持城乡融合发展，扎实推动乡村产业、人才、文化、生态、组织振兴。习近平总书记到四川视察，专门对巩固脱贫攻坚成果、保障粮食和重要农产品稳定安全供给、全面推进乡村振兴等作出部署。实施现代都市农业产业建圈强链，推动农业农村优先发展，是实现农业农村现代化的有效途径，是成都一以贯之、坚定不移贯彻落实好中央关于“三农”工作重大战略部署必然选择，更是牢记总书记嘱托，推动乡村振兴“走在前列、起好示范”和建设“天府粮仓”核心示范区的主动作为。为进一步发挥都市农业产业链对农业农村现代化的带动作用，结合大兴调查研究有关方案要求，全市围绕推进都市农业建圈强链路径研究主题，实地走访了成都市新津区、简阳市、邛崃市等8个县（市、区），多次召开专家学者、行业协会和涉农企业座谈会，认真听取了基层干部、项目业主、专家学者和群众代表的意见，参考长三角、东京都等国内外先进地区都市农业发展经验，形成了如下思考和建议。

一、成都市都市农业产业链发展基本情况

各县（市、区）立足本地现代农业发展实际，按照全产业链思维，精准定位1～2个主导产业，形成领军龙头企业及要素保障等清单，优化完善农业产业发展规划和产业链发展路径图，在明晰产业发展目标、发展重点和发展路径基础上紧扣主导产业和产业重点，通过各种资源对接活动，发展质效取得跃升，蒲江县、郫都区、新津区先后被纳入国家农业现代化示范区创建名单，崇州市被纳入国家乡村振兴示范县创建名单，蒲江县、邛崃市、崇州市现代农业产业园被认定为国家现代农业产业园。

（一）重要农产品稳定供给

按照习近平总书记关于更好打起粮食、生猪、油料等重要农产品稳产保供责任的重要指示精神，聚焦省、市党代会和政府工作报告确定的各项目标任务，以打造更高水平“天府粮仓”成都片区为主攻点，创新提出了“4+6”现代都市农业产业体系。全面强化耕地保护和粮食生产，统筹抓好“菜篮子”重要农产品稳产保供，大力实施招引促建。2022年，全市新增玉米大豆带状复合种植面积11.2万亩，完成环城生态公园粮食种植面积6万亩，粮食作物播种面积较上年增加9.8万亩，全市三大粮食作物“两项保险”投保覆盖率增至77.46%。全市粮食、肉类、蔬菜、水果产量自给率分别为58%、40%、160%、51%以上，分别位居副省级城市第七位、第八位、第二位和第五位。33万亩高标准农田建设任务已全面完工，完成耕地撂荒整治2 730.8亩和耕地“非粮化”整治674.57亩，充分发挥了农业的“压舱石”作用。

（二）产业主体能力提升

围绕自身定位与产业需求不断发展，聚焦“5+N”现代农业产业生态培育，产业主体能力不断提升。全市有市级及以上农业产业化重点龙头企业445家，其中国家级30家；市级及以上农民合作社示范社552家，其中国家级49家；市级及以上家庭农场示范场625家，其中省级200家。现、有都市农业相关公共平台（国务院或国家部委授予的平台、基地等）3个，包括西南作物基因资源发掘与利用重点实验室、中国—新西兰猕猴桃“一带一路”联合实验室、农业农村部都市园艺智能装备重点实验室等国家和省、部级重点实验室。聚焦创新研发、成果转化、科技服务等科创功能，引进高水平农业科技研发机构和创新团队112个，引培农业高新技术企业107家，组织实施协同创新重点项目111个。搭建创新孵化平台，加强初创型企业孵化运营，实现科技成果的熟化、组装和集成研究，推动新技术、新品种、新业态和新模式在成都落地。2022年，培育创新创业载体14家，推广新品种140余个、现代农业技术40余项。

（三）产业生态圈建设保障有效

围绕现代农业产业生态圈建设自身定位与产业需求发展，已形成总面积超1 500平方千米的农业产业聚集区，主导产业涵盖粮油、水果、蔬菜、畜禽等优势基础产业，形成以现代种业、博览会展、科技研发、对外开放、休闲农业等新业态为特色的集聚区。崇州国家级现代农业产业园围绕粮油产业发展，形成20万亩粮油产业种植带，2022年总产值近百亿元；天府现代种业园围绕现代种业发展，突出高端种业、粮油、农商文旅体融合，成为西南地区唯一的国家级种业园区。现代农业产业生态圈发挥金融对社会资本的撬动作用，策划政府专项债项目，吸引社会资本投资，包装“国家现代农业产业园冷链物流基地建设专项债项目”，项目总投资8.5亿元，招引北京新发地集团落户园区。联合中国农业银行等10家金融机构推介金融产品，设立乡村振兴基金及都江堰

弘业乡村发展股权投资基金、金堂锦淮乡村发展股权投资基金、大邑弘岭乡村发展股权投资基金3支都市农业领域子基金，总规模40亿元，对外投放12个项目，累计投资金额9.9亿元。

（四）休闲农业发展优势突出

大力提升休闲农业品质能级。成都是中国乡村旅游农家乐发源地，有13个中国美丽休闲乡村、1个全国休闲农业重点县、5个四川省休闲农业重点县。发展“林盘+”模式，将川西林盘融入全域旅游及农商文旅体产业功能，推动168个精品林盘提档升级；发展“园区+”模式，注重农田建设景观化打造，打造出崇州五星村等典型田园景观；推进“集体经济+”模式，开展30个“农商文旅融合暨集体产权制度改革试点项目”；发展“绿道+”模式，充分发挥500千米锦城绿道串联作用和复合功能，打造以农民丰收节、农田艺术节等为主题的特色农耕文化活动；发展“互联网+”模式，以互联网融合发展业态，举办农产品直播节等主题消费活动，培育出蒲江明月村、崇州竹艺村等多元融合发展典型。

（五）产业招引成绩显著

聚焦重点产业积极做好项目策划包装，2023年第二批地方政府专项债共策划19个项目，资金需求规模达22亿元。会同各县（市、区）及产业园区，大力开展“云招商”系列活动。2022年，全市累计签约农业农村项目77个，协议投资额356.7亿元；引进总投资10亿元以上的高能级项目9个，协议总投资达230亿元。2023年1月—8月，签约项目28个，协议投资额131.88亿元，其中亿元以上项目21个。推动项目投建促产，健全重大项目全生命周期管理服务。2022年，42个省、市重点项目完成投资103.3亿元，进度113.5%，所有项目均完成投资计划。2023年1月—8月，43个省、市重点项目投资57.1亿元，进度71%，超平均进度5个百分点。

二、可借鉴的都市农业发展国内外先进案例

目前，成都市城镇化率达到79.9%，通过查阅资料，对比城镇化率高于成都市的京津冀都市圈、南京都市圈、日本东京都等国内外知名都市圈地区，了解其都市农业发展的路径，有助于更好地分析成都都市农业产业链的短板，探索构建都市农业产业链路径。

（一）京津冀都市圈

京津冀地区是中国的“首都经济圈”，包括北京、天津两大直辖市，囊括河北省保定、唐山等11个地级市和河南安阳，2022年总人口1.1亿人，是中国三大经济圈和人口聚集地。面对北京和天津人均耕地面积分别只有全国平均水平的13.5%和27%，河北省2/3的耕地为中低产田的资源约束所带来的城市保供压力，提出了围绕“产业协同、市场协同、科技协同、生态建设协同、体制机制协同、城乡协同”六大方面推进京津冀现代农业协同发展，推进京津和河北省环京津的27个县（市）加快建成环都市现代农业圈，实现农业田园景观化、产业园区化、功能多元化、发展绿色化发展；通过发展培育都市农业现代物流体系，基本形成“用好京津‘科技园’、种好河北‘菜园子’、保障京津‘菜篮子’”的城市食物保供格局。

成都都市农业产业未来发展可参考借鉴京津冀资源协同化、信息数字化两个方面的做法。一是推动成都市都市农业科技资源与周边德眉资地区产业生产资源的有效融合，充分发挥成都都市农业科技资源聚集效应，提升成都市周边地区都市农业生产保供能力，结合农产品冷链物流体系的完善优化，增强成都都市圈都市农业整体城市食物保障能力。二是结合数字乡村、智慧农业等项目的建设规划，构建“从田间到餐桌”的都市农业生产、运输、供应、销售信息数据库，实现成都市及其周边地区都市农业生产能力布局的市场化转型。

（二）南京都市圈

南京都市圈是以南京为中心的经济区域带，包含33个市辖区、11个县级市和16个县，南京市农业第一产业增加值占比不到2%，城镇化率高达82.5%。2016年，南京市联合8个城市共同编制《南京都市圈现代农业发展规划》，围绕“绿色产品生产、农业科技示范、休闲观光旅游、体制机制创新、生态环境保护”构建起以南京为核心，“服务长三角、同城化一体化的都市型现代农业”，形成了“南京市域、南京都市圈、长三角城市群”三大发展圈层，确立了“一环一带四区”的市域范围总体布局。2022年4月，首次启动都市农园项目，引导农园发展市民租地种菜业务，兼顾休闲、体验、教育等业态，首批3家试点基地吸纳会员290名，实现综合收入385万元。2022年，优质稻米、多功能油菜、绿色蔬菜、现代茶、都市花卉等8个农业主导产业一二三产业融合总产值达到347亿元；休闲农业接待游客3 400万人，实现营业收入125.8亿元。同时，南京市依托南京国家农高区和国家农业产业科技创新中心两大科技资源优势，累计建设4个省级现代农业产业技术创新团队、34个省级现代农业产业技术体系科技示范基地、82个产学研合作示范基地、200余个“四新”（新品种、新技术、新模式、新装备）推广示范基地，实施产学研合作技术攻关项目28个，有效促进了科技成果对接和转化。

成都都市农业产业未来发展可参考借鉴南京都市圈在融合业态创新和科技创新转化的做法。一是充分挖掘城乡居民对生产、生活、生态、文化、教育等功能消费需求，探索多类型多功能的都市农业产业业态。二是充分发挥国家成都农业科技创新中心等科研机构资源优势，探索发展创新示范基地、联合创新团队、协同攻关项目等多种科技创新转化方式。

（三）日本东京都

日本是世界较早出现都市农业的国家之一，城市化进程使得部分耕地在城市中以“插花”方式保留，1961年，日本政府出台了《农业基本法》，鼓励城市近郊农业由水稻生产向果蔬、园艺等劳动密集型作物栽培转型，发布《东京农业振兴区发展基本方针》明确指出东京需要保留的农地面积和农地保护措施、利用方向，允许城市配置一定面积的农业生产绿地，推动多元功能的都市农业快速发展。2015年，颁布了《都市农业振兴法》，在《都市规划法》的城市土地属性中新增了“田园居住地”，明确了农业应该保留在城市中。东京都作为日本东京都市圈的中心，仅占日本全国耕地面积的0.1%，平均农户管理耕地面积是日本全国平均水平的1/3。面对东京都居民因价值观的多样化产生的想亲自种菜、让孩子们体验农活等新需求，2023年公布了《东京都农业振兴计划》，提出从“培养与留住农业中坚力量”“提升农业盈利能力”“保护与利用农地”“推进可持续的农业生产和地产地销”和“发展区域特色农业”五个方向振兴都市农业。

成都都市农业产业未来发展可参考借鉴东京都在主体培育、价值提升、产品销售和模式打造四个方面的做法。一是针对不同类型的农业经营主体，围绕先进技术指导、基础设施保障、农业技术服务、空间保障等方面制定差异化的支持制度。二是重点围绕消费者实际需求，构建“新品种研发—生产技术创新升级—新技术的推广应用—农产品物流体系数字化改造—都市农业多功能场景打造”的全链条价值提升体系。三是针对自产自销、城市销售、学校供餐等不同消费群体场景，制定开展差异化销售支持政策。四是针对城市区域、城市周边区域、平原丘陵区域资源禀赋与销售群体的差异，开发不同的都市农业模式及利用不用的都市农业功能，通过“空间+功能”的特色化发展营造多元化的都市农业价值体现。

三、调研中发现的都市农业发展主要问题

通过实地调研以及听取基层干部、项目业主、专家学者和群众代表的意见，结合学习习近平新时代中国特色社会主义思想主题教育活动所学所悟，对照习近平总书记来川视察重要指示精神和和习近平总书记《论“三农”工作》等重要论述的要求，通过对比先发地区，成都现代都市农业主要存在人才、土地要素制约、产业融合度不高等显著问题。

（一）要素制约问题未完全破解

近年来，成都市围绕破解制约城乡要素自由流动的体制机制障碍，大力推动城乡要素优化配置，但土地、人才等关键要素制约依然突出。调研的县（市、区）普遍反映，都市农业产业链建设对温室大棚、智能温室、农业科研培育中心等农业现代化生产、加工、科研基础设施的需求旺盛，需要有一定规模的建设用地作为支撑，但都市农业产业链的主要承载地和协同发展地用地成本较高、用地矛盾较严峻，导致发展用地受到制约。调研发现，部分县（市、区）天然气费用逐年上涨，烘干用气费用较高，粮食烘干成本逐年上涨；由于猪肉价格持续走低，加之近年来人力成本上涨，生猪养殖企业资金链紧张，导致农业从业者平均收益走低。同时，调研点位种地农民的平均年龄已超过60岁，年龄结构老化、技术应用水平普遍不高，生产效率偏低，且劳务者的文化程度难以应对新技术更新换代的速度和农业多样化的需求，调研的大多数经营主体及产业园区反馈缺少农业专业人才。

（二）农业科技含量有待提高

成都国家现代农业产业科技创新中心的落户和以“天府现代种业园”为核心的西部种业高地建设的不断深入，有效推动了农业科技深度合作，汇集顶级科技要素资源，吸引一批有活力的社会资本，现代都市农业产业要素集聚势能日益增长，但在农业科技研发、应用、推广的整体服务系统中，现代农业产业生态圈各园区内各主体间关系的不紧密，无法有效地及时沟通，农业企业对技术好坏的评价更偏向于实用性、效益性、适用性等实际经济效果，与农业科技支撑主体更注重学术成果“质量”的评价存在差异，进一步阻碍了科技与产业的紧密结合。现代农业科技创新驱动不足，政产学研用协同创新机制还不完善，科技成果转化应用不足，2022年全市农业科技进步贡献率为63%，仅高于全国平均水平0.3个百分点，相较于广州市、南京市分别低9个、8个百分点；劳均生产率、农业产出率还远低于国外发达都市圈和粤港澳大湾区。在对天府蔬菜种苗繁育中心、中国南方蔬菜种业创新中心、蒲江县有关点位的调研中发现，科技成果落地转化不充分、病虫害研究及防治技术有待加强、部分县（市、区）生猪和大耳羊等养殖方式过于传统等问题仍然存在。

（三）农业产业链不够完善

近年来，虽然成都一二三产业融合发展势头强劲，农商文旅体融合在全国处于领先地位，但调研发现，同一区域内同质化项目较多、个性化创新不足、产业融合程度不够等问题较为突出，迫切需要提高科技、文创、品牌、信息等要素配置能力。乡村建设项目对绿色生态资源的分析和价值把握不够深入，乡村绿道商业植入不充分，川西林盘保护修复配套设施不足，特别是道路、农房等基础设施旅游化改造不足，乡村旅游还有提质空间。农产品加工水平和精深加工能力均较低，农产品附加值提升不足，副产物综合利用率低，农产品加工业产值与农业总产值之比为2.93：1，仅与全国水平接近，与南京、武汉等城市还有不小差距。同时，大农业产业中存在分项产业

"覆盖面广、交叉性强、独立性弱"的特性，也使各地在部分产业重点环节、重点项目的确立上趋同化严重，未能充分发挥产业生态圈协同优势。

（四）都市农业产业组织化程度较低

土地适度规模经营是推动都市农业规模化集约化发展的基础，2022年成都市土地适度规模经营率仅为53.1%，低于南京和杭州近20个百分点。调研了解到，成都市土地零碎化程度较为严重，丘陵地区明显高于平原地区，一方面原因是土地流转中要素资源流动还有不畅之处，以南京为例，南京人均耕地面积为0.6亩，成都人均耕地面积为0.8亩，且南京低山山陵占全市总面积的64%以上，和成都农业基础条件有相似之处，但耕地适度规模经营率却比成都高很多，农户加入合作社比重也是成都3倍以上，究其原因，尽管成都市农村土地承包经营权确权颁证已基本完成，但在土地承包权、土地经营权流转、抵押、保险方面配套制度还不完善，资源流动仍存障碍；另一方面原因是新型主体凝聚带动作用不强，成都农户加入合作社比重30.7%，是杭州13.5%的2倍以上，但土地适度规模化经营率和杭州的82.3%相差很大，这说明农户分散经营仍然较多、合作社辐射带动力差距明显，且其他类型的新型农业经营主体发展滞后、合作方式较为松散、利益联结机制不够紧密，与现代都市农业发展的不适应性日益明显。查阅资料发现，农业基础设施建设成本较高，各个地区的地块土地流转价格差异较大，如温江区土地流转亩均费用约为简阳市和蒲江县的2倍，因缺乏完善的价格评估补偿机制，农户担心土地流转后工商企业"跑路"的现象，同时，部分农户为解决农产品仓储和晾晒等问题，将一些零碎耕地自用。

四、都市农业产业链建设下一步工作建议

都市农业产业链建设要突出守好"米袋子"，装好"菜篮子"，延长产业链，提升价值链，加快构建链主企业、公共平台、产业基金、领军人才、中介机构、休闲农业"5+1"产业生态，统筹抓好项目攻坚，推进产业融合。聚力成渝现代高效特色农业带、成德眉资都市现代高效特色农业示范区建设以及"三个做优做强"重点片区建设，全面构建都市农业产业链良好生态。打造优质粮油、蔬菜、水果、畜禽4个百亿级保供产业集群和1个五百亿休闲产业集群，打造"结构合理、链条完善、业态融合、绿色安全、高质高效"的现代农业产业体系。力争2025年前，培育形成以四大保障性产业和休闲农业为主的千亿级现代都市农业产业集群。

（一）健全公共平台，完善要素投入机制

重点围绕产业振兴关键要素，发挥都市农业产业建圈强链"蓉易见"活动作用，着力健全农村金融保险服务平台、农村土地交易平台、乡村人才培育集聚等公共平台建设，加快构建城乡融合发展的体制机制，助推乡村产业振兴。一是搭建12345都市农业产业建圈强链"蓉易见"亲清交流平台。分别开展优质粮油、水果、种业等专场，搭建现代农业产业园和科企资源共享桥梁，邀请有关"5+N"产业生态主体开展分享交流，面对面协调解决企业问题诉求。二是健全农村金融保险服务平台。以"农贷通"农村金融综合服务平台建设为突破点，鼓励政府和工商资本根据项目性质采取多样化合作模式，创新涉农保险服务。壮大产业基金，用好3支乡村振兴子基金，增加基金额度，扩大都市农业投资领域，确保投资额度和获投企业双增长。加快建立创新、开放、互联互通的"线上+线下"农村金融综合服务体系，满足现代农业高质量发展和农业经营主体多层次、多样化的金融服务需求。三是健全农村土地交易平台。充分发挥市场在资源配置中的决定性作用，以成都农交所建设为突破口，加快构建全省统一的农村产权交易信息发布中心、业务处理中心和全省农村土地交易服务平台，完善农村产权交易线上、线下"一站式"服务机制，努力实现以农村土地要素为主的农村各类产权有序规范流转，实现农村资源变资产、资产变资本。四是健全乡村人才培育集聚平台。实施"成都市产业建圈强链人才计划"等人才项目，支持一批都市农业产业领军人才，对其给予资金资助等政策支持。以农业职业院校、农技推广服务机构、农业科研院所为主体开展理论培训，挖掘乡村本土人才，结合乡村振兴"头雁"培训计划等，选拔一批技术过硬、潜力较大的进行重点培养，在评选丰收奖、"天府农业大师""成都市工匠"等领军人物时优先考虑。

（二）依托科技供需服务，提高科技成果转化效率

聚焦科技研发与推广衔接不足的难点堵点，实施科技成果转化赋能工程。一是建设科技成果转化平台。构建"资本—技术—产业"密切关联的科技成果转化机制，提升成都市现代都市农业科技供需对接服务水平，鼓励科研院所协同开展链条式科技攻关，探索"创新+转化"的农业科创评价机制。二是增强基层科技推广服务能力。创新"互联网+"农技推广服务方式，完善农技推广人员保障机制，组建科技专家服务团，"一对一"深入涉农县（市、区）开展农技推广指导，建立以项目合作为主导的科技对接机制。三是加强产业科技供需联结。推动以成都农业科技中心为代表的科研机构与都市农业产业链主要承载地和协同发展地的产业科技供需联结，确保及时了解科技需求，第一时间给予资源、提供服务。四是发挥成都服务全川科技创新联盟作用。结合对各县（市、区）农业科技需求的调研情况，梳理园区现有的

科技支撑资源，作为后期深入探索各县（市、区）科学技术需求的“排头兵”，完善科研机构与园区对接的基础信息收集机制，提炼归纳各园区产业发展的科技支撑项目。五是搭建以需求为导向的科研选题流程。构建公开透明的项目竞争合作机制，以项目合作的方式搭建在蓉涉农科研机构与现代农业产业生态圈科技供需的持续对接机制，通过相应项目合作实施方案的编制与运行，保障短期内科技要素投入。

（三）加快产业集群建设，培育产业链发展新动能

开展产业融合优化升级行动。一是促进休闲农业能级提升。引入龙头企业或专业团队组建整体开发运营平台，推动农商文旅体融合项目的规划设计、投资建设、产业孵化、管理运营，编制成都大美田园天府农耕消费场景建设导则或专项规划，提升“吃住行游购娱”等各项服务内容的智慧化水平，打造提升30个集“吃住行游购娱”的农商文旅体融合发展消费新场景。二是实施好产业集群产业强镇项目。实施好彭州、金堂国家设施蔬菜产业集群和崇州街子产业强镇项目，积极对上争取食用菌、桃、川芎等特色产业入选省级全产业链重点链，力争创建10个市级“一村一品”示范村（镇）。三是强化成德眉资都市现代高效特色农业示范区协作。发挥专项合作组作用，定期进行会商，加大各地农业产业园区融合互通、资源共享力度，支持有条件的农业产业园区内龙头企业在川内其他市州以多种形式建设原料生产基地或协同产业园区。四是推动加工业发展。加快农产品加工产业集群建设，延伸产业链和价值链，争创中国（成都）国际农产品加工产业园。

（四）畅通城乡要素流动，深化农业农村改革

聚焦城乡发展要素流动不畅的难点堵点，实施农业农村深化改革工程。一是深化土地改革。深化农村集体经营性建设用地入市试点，积极稳妥开展农村闲置宅基地和闲置住宅盘活利用工作，鼓励利用闲置住宅发展符合乡村特点的新产业新业态。二是完善产权交易。积极争创农村产权流转交易市场规范化建设国家级试点，支持成都农交所健全农村产权全链条服务体系，扩大交易目录，探索建立农村建设项目招标、产业项目招商和转让机制。三是推进城乡融合。纵深推进县域内城乡融合发展试点，深化完善《成都市县域内城乡融合发展试点方案》，指导龙泉驿区、新都区、彭州市在要素配置、产业发展等方面开展城乡融合发展探索，积极争取入选全省县域内城乡融合发展改革试点重点县。四是完善农民闲置宅基地和闲置农房政策。支持盘活利用闲置农房和宅基地，建立健全集体经济组织登记管理机制，依法确立农村集体经济组织的特别法人地位和权利，推广“农业共营制”，引导土地经营权入股经营和再入股经营，发展多种形式适度规模经营。

（五）发挥品牌效应，提升成都都市农业知名度

发挥“一带十五园百片”粮油产业园区引领作用，明确各县（市、区）建立1个领头带动园区。一是遵循差异化发展战略。在现有现代都市农业产业布局基础上，结合都市农业产业链建设，新布局一批符合当地优势特色产业和生态本底的高质量、大规模的同城化农业产业集群，形成现代农业优势产业带，以产业空间布局推动城市功能品质优化、城乡融合发展。二是加强现代农业产业生态圈内部协作。依托都市农业产业建圈强链工作专班，加大各承载地、发展地融合互通、资源共享力度，通过现代农业产业生态圈内各主体协同发展，抱团引入国内外资本、技术和人才等资源，共同开拓国际国内市场。三是用好成都“一带一路”开放前沿的优势。以特色产业园区为引领，联合开展集中招商推介活动，促进优质核心产品协同开展品牌推广和市场开发，共同提升现代农业产业生态圈市场影响力。四是着力打造知名农业品牌。积极发挥市场力量参与品牌建设，切实提升农业品牌价值，构建完善现代农业品牌体系，培育具有较高社会认可度和市场占有率的品牌集群。

全面推进乡村振兴战略背景下成都市县域内城乡融合发展路径研究

中共成都市委农办专职副主任，成都市农业农村局党组成员、副局长　宋峰

近年来，成都市深入贯彻落实习近平总书记关于“坚持农业农村优先发展，坚持城乡融合发展，畅通城乡要素流动”重要指示精神，特别是习近平总书记来川视察重要指示精神，坚持把全面推进乡村振兴作为推动城乡融合发展

的重中之重，以建设践行新发展理念的公园城市示范区为统领，牢牢把握推进国家城乡融合发展试验区建设、全市县域内城乡融合发展改革省级试点等多重机遇，大力推进城乡在规划布局、要素配置、产业发展、公共服务、基层治理等方面融合共进，逐步探索出超大城市城乡融合发展新路径。

按照市委主题教育办部署安排，为进一步推进城乡融合发展走深走实，专题调研组到彭州市、新都区等8个县（市、区）33个点位开展了为期17天的深度调研，走访座谈新型农村集体经济组织负责人、新型农业经营主体等60余人，聚焦全市县域内城乡融合发展路径研究主线，围绕城乡要素双向流动、农商文旅体融合发展、宜居宜业和美乡村建设及乡村治理等重点领域，了解掌握全市县域内城乡融合发展现状，分析存在的主要问题，研究提出了深化县域内城乡融合发展的对策建议，以期为全市推进乡村全面振兴、加快城乡融合发展提供调查研究支撑。

一、加快推进成都市县域内城乡融合发展的重要意义

习近平总书记在2022年年底召开的中央农村工作会议上强调，“要把县域作为城乡融合发展的重要切入点，推进空间布局、产业发展、基础设施等县域统筹，把城乡关系摆布好处理好，一体设计、一并推进”。习近平总书记在四川考察时强调，“要加强社会保障体系城乡统筹，推动基本公共服务城乡均等化”。省委十二届二次全会明确强调，要以“四化同步、城乡融合、五区共兴”为总抓手，推动新型工业化、信息化、城镇化和农业现代化在时间上同步演进、空间上一体布局、功能上耦合叠加。2023年市委农村工作会议强调，“着力激活农村各类资源，促进城乡要素双向流动循环”。加快推进成都市县域内城乡融合发展，既能解决成都市在全面推进乡村振兴中面临的实际问题，更能为全国其他城市及地区提供可供借鉴的新思路与新经验，具有重要意义。

（一）推动成都市县域内城乡融合发展是缩小成渝地区城乡发展差距和实现区域均衡发展的重要举措

构建成渝地区区域协调发展和城乡融合发展新格局，既是贯彻落实习近平总书记作出成渝地区双城经济圈建设的重大决策部署，又是新时代赋予川渝两地的重大政治任务和战略使命。加快探索具有成都特色的县域城乡融合发展新路径，将深刻影响成渝地区经济地理格局，也为缩小区域发展差距、促进区域均衡发展提供有力保障。实现成都县域内城乡融合有助于推动成渝地区双城经济圈建设与乡村振兴同频共振、融合发展，进而为促进成渝地区高质量发展，形成有实力、有特色的双城经济圈打下坚实基础。

（二）推动成都市县域内城乡融合发展是补齐成都都市圈乡村短板和实现共同富裕的有效路径

当前成都都市圈城乡差距呈现稳步缩小态势，但部分区域缩小进程仍然较为缓慢。通过推进成都西部片区国家城乡融合发展试验区建设，支持在条件成熟的毗邻地区开展试点，加快形成一批先行先试经验成果并在成都都市圈复制推广，是实现成德眉资同城化发展的重要环节。通过优化城乡公共资源配置、推进成都都市圈内居民户籍迁移便利化等一系列措施，能够有效补齐成都都市圈的乡村短板，实现共同富裕，进而有助于打造综合能级更高的现代化成都都市圈。

（三）推动成都市县域内城乡融合发展是打造新时代更高水平的“天府粮仓”成都片区的内在需求

粮安天下，农稳社稷。保障粮食稳定安全供给，对于超大城市运行而言，既是“压舱石”，也是“定心丸”。推动成都市县域内城乡融合发展，是深入贯彻落实习近平总书记“在新时代打造更高水平的天府粮仓”重要指示的具体举措。当前，成都农产品与消费市场有效对接还不足，农业大而不强、产品特而不优、品牌多而不响的问题依然存在，推进城乡融合发展，推动现代都市农业建圈强链，创新农业全产业链发展新模式，运用现代科技有效改造传统农业，通过向前、向后延长乡村产业链条和推动多元化产业融合，有助于提升农业效率，实现成都由农业大市向农业强市的高质量跨越。

二、全市县域内城乡融合发展现状

2022年，成都市常住人口2 126.8万人，城镇常住人口1 699.1万人，常住人口城镇化率达79.9%，地区生产总值达20 817.5亿元，成为全国第三个经济总量突破2万亿元的副省级城市。成都市先后于2007年获批统筹城乡综合配套改革试验区、2019年获批国家城乡融合发展试验区，多年来，全市始终坚持城乡“一盘棋”理念，基本建立起以城乡空间功能优化、城乡要素市场体系建设、城乡公共产品均衡供给、城乡产业协调发展、城乡治理转型升级为主要内容的体制机制和政策体系，逐步探索出超大城市城乡融合发展的新路径。2022年，全市实现第一产业增加值588.4亿元，同比增长3.8%；农村居民人均可支配收入达30 931元，同比增长6.2%；城乡居民收入比缩小到1.78∶1，农业主要经济指标稳居全国副省级城市前列。

（一）以多规合一为牵引，推动城乡空间体系科学化

着眼成都“大城市带大农村”的典型特征，实现城乡规划设计全覆盖。按照高质量发展、高品质生活、高效能治理的逻辑主线，实施城市空间、产业、交通、能源“四大结构”优化调整，引导资源要素有序流动高效配置，形成中心城区带

动、3个城市新区和15个郊区新城支撑，36个中心镇和385个中心村组团融合发展的新格局。以人城产逻辑推动城乡融合发展方式变革，实现乡（镇、街道）行政区划和村（社区）体制机制调整改革，将乡（镇、街道）由375个精简到261个、村（社区）由4 370个精简到3 044个，跨区域整合构建产业生态圈、打造重点产业链，形成了更有效、更可持续的空间发展模式。

（二）以市场配置为支撑，推动城乡要素流动高效化

着眼成都超大城市日益呈现“虹吸效应”特点，提高人、地、钱等要素利用效率和经济社会运行效率。通过优化积分落户和条件落户“双轨并行”落户政策，推动市外户籍农村居民有序落户，推进城镇基本公共服务向所有常住人口全覆盖。近三年，全市大约每年转移进城20万人，6.19万人通过居住证积分落户渠道获得落户资格。稳妥推进农村集体经营性建设用地入市试点，在郫都区探索出“就地入市”“零星分散调整入市”等入市途径，成功敲响全省入市“第一槌”。进一步完善农村承包地“三权分置”制度，全市农村土地经营权入场交易2.09万宗、面积321.54万亩，交易金额461.2亿元。分类制定涉农县（市、区）乡村振兴投入占比，明确每年公共财政支出对乡村振兴投入，中心城区不低于40%，城市新区和郊区新城不低于60%。优化“农贷通”综合服务平台，入驻一级金融机构76家，发布金融产品751个，累计放款26 522笔、452.83亿元。

（三）以建圈强链为载体，推动城乡产业发展融合化

全域统筹构建主导产业明确、专业分工合理、差异发展鲜明的现代产业体系，形成经济高质量发展新的增长极和动力源。针对城市化和产业化不可分割的特点，在全市范围内构建8个生态圈、28条产业链，编制产业链全景图、产业生态发展路径图、重点企业和配套企业招商名录表“两图一表”，做强一批高能级链主企业，推动产业集群集聚发展。针对农业具有多功能性的特点，推动一二三产业互动融合。大力推进天府农商文旅体融合发展联盟建设，签约引进农商文旅体融合项目64个，协议总投资额873.47亿元。2022年，全市农产品网络零售额262.34亿元，同比增长15.96%。发起设立天府种业振兴基金，提速建设天府现代种业园“一库一院五中心”重大种业研发平台，建设国家区域农作物种业创新中心和中国南方蔬菜种业创新中心。

（四）以共建共享为目标，推动城乡资源配置合理化

深化农村公共服务供给机制改革，完善义务教育入园政策和升学考试政策，深化“县管校聘”改革和区域教育联盟发展，巩固全市城乡居民医疗保险“一站式服务”“一单制结算”成果。近三年来，全市建立10个紧密型县域医共体，完成480家基础医疗卫生机构硬件提升，实现县域内基层医疗卫生机构全覆盖。全市城乡居民养老保险参保率达95.8%；建成“四好农村路”200千米，基本实现具备条件的建制村100%通客车或公交；农村电网可靠率达99.98%，实现4G网络和光纤宽度全覆盖。行政村基本建立常态化保洁制度，农村户厕无害化普及率达93.9%，生活垃圾集中处理覆盖率达100%。实施“幸福美好十大工程”，推进公共服务均衡供给，围绕重点片区开发导入适老适小医疗、教育等公共服务项目，切实改善农民生活质量。开展县城补短板、强弱项，金堂县被确定为国家县城城镇化示范县。2020年，成都市在全国110个监测城市中位居公共服务质量满意度第一，连续13年位居“中国最具幸福感城市”榜首。

（五）以党建工作为引领，推动城乡社会治理现代化

探索创新党建引领社区发展治理与社会综合治理“双线融合”模式，构建“一核引领”固根基、“双线融合”补短板、“三治结合”提能力的基层治理实施路径，实现眼光下移、重心下沉、资源下放。市委、市政府主要负责人带头履行乡村振兴工作第一责任人职责，落实五级书记抓乡村振兴制度。按照公益性服务政府承担、福利性服务适度补贴、经营性服务推向市场的思路，将村级基本公共服务和社会管理经费纳入财政预算，按照每村每年40万元左右标准，由村级自治组织民主决策、自主使用，有效促进了公共服务和社会管理职能有序向农村延伸。设立市和县（市、区）党委城乡社区发展治理委员会，作为城乡社区发展治理工作的党委专职部门，同时建立城乡社区发展治理工作领导小组和联席会议制度，实现城乡社区发展治理从“九龙治水、各自为政”转变为“统筹推进、协调落实”的闭环管理。剥离乡（镇、街道）经济职能，加强乡（镇、街道）治理和服务功能，落实乡（镇、街道）对辖区5项权力，推动行政执法和政务服务重心下沉。

三、全市县域内城乡融合发展面临的主要问题

（一）区域发展差距较为突出

成都市具有大城市带大农村的典型特征，受地形地貌、资源禀赋、区位条件等因素影响，城乡之间、各县（市、区）之间发展差距较为突出。2022年，龙泉驿区农村居民人均可支配收入达37 787元，但简阳市仅为23 760元。在农村内部，虽然有如战旗村、宝山村一类经济实力雄厚、治理有序的村庄，但也存在集体经济年收入在10万元以下的“薄弱村”，村庄之间发展不平衡问题较为突出。

（二）城乡要素流通仍然存在障碍

虽然在国家发改委印发的《关于开

展国家城乡融合发展试验区工作的通知》中明确了成都西部片区8个县（市、区）“建立农村集体经营性建设用地入市制度”改革任务，但由于仅郫都区、大邑县纳入试点范围，其余县（市、区）相关改革工作面临政策瓶颈。此外，2019年新修订后的《土地管理法》出台后，集体经营性建设用地在产权办理、分割转让、抵押融资等方面还暂无配套政策支撑。

（三）城乡公共服务配套发展不够均衡

近年来，全市加快农村区域基础设施建设，补齐了一些硬件短板，但对比城市区域，在高质量的教育、医疗、消费等软环境上还存在一定差距，如大部分涉农县（市、区）的大型商超及步行街等消费场景、三甲医院、优质中小学等资源主要集中在主城区，均衡化发展特别是对乡村的辐射带动仍需持续用力。

四、国内外先发地区县域内城乡融合发展的经验借鉴

（一）德国通过开展城乡职业教育促进城乡融合发展

德国独特的“双元制”职业教育体系在世界范围内都占有领先地位，即倡导职业教育在企业和非全日制职业院校同时推进。其中，企业主要是培养技能方面，职业学校主要是传授理论知识。德国相关的法律规定，必须要经过基础教育再进行三年的农业职业教育后，通过全德的职业资格考试成绩合格并取得证书才能成为职业农民。德国的职业教育主张免费原则，其教育经费相对稳定，资金主要由联邦政府和州政府提供，一般占国家教育投资的15.3%。德国“双元制”的教育体制和职业资格证书的实施有效地提高了农民的整体素质，并为农业现代化的发展提供了有力的人才基础，在满足德国农业现代化发展的同时又提高了农民的生活水平。根据相关部门统计，德国农民中受到过农业高等教育的人占10%，受过职业进修教育的人占59%，具有中等职业教育学历的人占有31%，通过职业资格考试并获得证书的比例占有22%。

（二）浙江省以“共富工坊”“两进两回”促进城乡空间、人才融合

“共富工坊”是由村（社区）、企业等党组织结对共建，利用闲置房屋土地等创办工坊，引导有条件的企业把适合的生产加工环节布局到农村，有效吸纳农村剩余劳动力、低收入农户家门口就业，降低企业生产用工用地成本，实现送项目到村、送就业到户、送技能到人，推动农民增收、企业增效、集体增富。近年来，浙江省委组织部充分发挥党组织的政治功能和组织功能，坚持党建引领“共富工坊”建设。截至目前，浙江全省共建成“共富工坊”5 599家，累计吸纳农民就业27.8万人，人均月增收约2 600元，合计年增收约87亿元。2019年，浙江省出台《关于实施“两进两回”行动的意见》，加快推动科技进乡村、资金进乡村，青年回农村、乡贤回农村，如浙江湖州以“名誉村主任”“乡贤参事会”等新社会组织为载体，实施“万名贤人回乡计划”，实现县、镇、村三级乡贤组织全覆盖，促进强村富民。

（三）苏州市因地制宜发展劳务合作、富民物业合作、资金互助合作“新三大合作”深化农村城乡融合发展

苏州工业园区利用区位优势，创办了12家劳务合作社，社内分为物业管理、园林绿化、家政服务、生态养殖、净菜供应、卫生保洁、劳务中介等小组，只要农民身体条件许可、自己又有意愿参加，均可申请报名成为社员。同时，先后组建起38家富民合作社，以农民为主体，按照股份制和合作制原则，吸引一定数量的农民以个人资金投资入股，并按股分红，如苏州工业园区唯亭镇富民合作社发展股民 3 495户，吸纳股金1.25亿元，建造各类物业载体17.55万平方米，为本镇居民特别是失地农民创造就业岗位600余个，年发放红利1 300万元。农民资金互助合作社是由苏州当地专业大户、家庭农场、农民专业合作社、农业龙头企业等新型农业经营主体为主设立人，由与主设立人处于同一乡（镇、涉农街道）且存在生产协作、贸易关系的新型农业经营主体，或农民资金互助合作社所在乡（镇、涉农街道）的自然人自愿入股设立，提供社员间资金互助服务的经济合作组织。通过合规筹集和调剂社员的闲余资金，用于互助投放社员生产生活，有利于缓解农民贷款难，支持“三农”发展，成为农村金融服务的有益补充。

五、加快推进县域内城乡融合发展的对策建议

深入贯彻落实习近平总书记关于“三农”工作重要论述，特别是习近平总书记来川视察时强调“在推进乡村振兴上全面发力”“要在产业发展、乡村建设、乡村治理等方面，聚焦群众反映强烈、能抓得住、抓几年就能见到成效的几件事，集中资源，加快突破，形成标志性成果”重要指示精神，认真学习借鉴浙江“千万工程”经验做法，一体推进乡村发展、建设和治理走深走实，循序渐进、久久为功，不断丰富公园城市乡村表达，加快建设人居环境优、产业活力强、文明风尚兴、共富基础好的宜居宜业和美乡村，努力让农民就地过上现代文明生活，构建城乡各美其美、美美与共和谐画面。

（一）持续推动更多生产要素向农村集聚，打造城乡融合共富图景

一是探索释放农村土地资源潜力。做好承包期再延长30年试点和各项准备工作。完善宅基地基层管理体系，稳慎推进农村宅基地制度改革试点，深化农村集体经营性建设用地入市试点，探索建立兼顾国家、农村集体经济组织和农民利益的土地增值收益有效调节机

制，赋予农民、农村更加充分的财产权益。二是构建新型农村金融服务体系。高质量建设普惠金融服务乡村振兴改革试验区，实施“农贷通”金融保险服务平台三年提升行动，加大“农贷通”平台涉农贷款发放力度。创新金融产品和服务模式，完善农村产权抵质押权能，加快涉农信用体系建设，推动农业保险、信贷、担保等金融工具联动，做优农村金融生态。三是促进科技人才双向自由流动。大力实施产业建圈强链人才计划、农业科技英才计划等，制定吸引人才返乡入乡支持政策，引导农村集体经济组织探索人才加入机制，鼓励到乡人才通过提供增值服务合理取酬，营造“三农”人才创新创业优良环境。发挥成都国家现代农业产业科技创新中心和国家农业高新技术产业示范区带动作用，聚焦高效种养、核心种源、农机装备等关键领域开展联合攻关，促进更多农业科研成果在蓉交易和转化。四是深化农村产权交易规范化建设。加快完善权责明晰、管理规范、体系健全的农村产权流转交易市场，推动成都市与市州合作共建农村产权交易机构，基本形成以成都农交所为核心的全省统一的交易信息发布中心和业务处理中心，加快构建覆盖全省的农村产权交易大平台。

（二）建设宜居宜业和美乡村，探索公园城市乡村表达

一是健全宜居宜业和美乡村建设推进机制。健全市、县两级协同工作机制和资源要素集成支持体系，推动设立1.5亿元的市级财政乡村建设激励专项资金，加快出台《关于金融支持乡村建设的十条措施》，指导县（市、区）分类抓好先行村、重点村建设，把先行村建成“公园城市乡村表达精品展示区”，把重点村建成“农村基本具备现代生活条件示范区”，形成“重点村全面补短——一般村整体提升—先行村引领示范”的连片发展格局。二是坚持片区规划引领建设。依托乡村国土空间规划、建设导则等，优化空间功能布局，充分发挥62个镇级片区、428个村级片区的辐射带动功能，促进公共资源精准投放和市场要素高效配置，打造特色鲜明、乡韵突出的乡村示范单元，引领带动“和美乡村”建设规划落地落实。三是完善“一核三治、共建共治共享”新型基层治理机制。建立人房、社区、小区、网格、微网格、特殊人群等基础数据自下而上动态更新机制，织密农村“微网实格”体系，持续开展乡村治理试点示范，稳步扩大积分制、清单制实践范围，推动完善农村移风易俗的约束性措施和奖惩机制，引导社会力量积极参与乡村治理。

（三）推进城乡基础设施和公共服务一体化，补齐农业农村现代化短板

一是加强农村基础设施建设。有序推进建制村公路拓宽改造、改道建设，打造乡村旅游路、产业路、资源路，巩固镇和建制村通客车成果，推进城乡交通运输一体化发展。加快县、乡、村三级物流配送体系建设，深化“交商邮供”融合发展试点，实现村级邮政快递站点建设全覆盖。推进区域主力给水设施建设，支持城镇大水厂、大管网向农村延伸，有序推进农村供水入户，进一步提升农村自来水普及率。推进农村电网、气网改造升级。在乡村旅游重点镇（村）和农民集中居住区合理规划布设停车场（位）、新能源汽车充换电站（桩）。二是深化人居环境整治提升。深入实施农村人居环境整治提升五年行动，部署开展农村人居环境整治争创示范和片区拉练活动，统筹推进农村生活垃圾治理、生活污水治理和村容村貌整体提升，继续对符合改厕条件的农户实施无害化卫生厕所改造项目，整体提升农村环境基础设施建设水平，健全长效管护机制。三是完善乡村基本公共服务。健全县、乡、村三级医疗卫生服务体系，扩面开展紧密型县域医共体建设，打造县域医疗卫生次中心。推进县域内义务教育优质均衡发展，实施“家门口的好学校”建设工程，提升17个涉农县（市、区）新优质学校建设数量。推动养老保险适龄参保人员“应保尽保”，提高基本养老保险参保覆盖率、基本医疗保险参保率。实施农民体育健身工程，实现镇、村两级综合多功能运动场或综合健身馆（居民健身中心）配置全覆盖。

（四）拓宽农民增收致富渠道，促进农民、农村共同富裕

一是发展壮大新型农村集体经济。巩固提升农村集体产权制度改革成果，按照“五个一”要求推动新型农村集体经济组织规范运行，实施新型农村集体经济发展项目，加快消除集体经济相对薄弱村。鼓励有条件的地方探索村村抱团发展、村企村社联动发展、职业经理人入村等多种形式的合作。持续深化供销合作社综合改革，实施基层社提质增效行动，实现示范社中心镇全覆盖。二是构建新型农业经营体系。巩固和完善农村基本经营制度，实施新型农业经营主体提升行动，加快培育省级农业生产社会化服务组织、市级以上农民合作社示范社和家庭农场示范场，引领带动发展多种形式农业适度规模经营，形成“一组一场”“一村一示范”“一镇一省级示范”的发展格局。探索农业职业经理人直评制度，大力培育农业职业经理人、乡村产业振兴带头人。三是巩固拓展脱贫成果。健全常态化监测帮扶机制，深化“百村万户”帮扶提升行动，确保脱贫人口收入增速高于全市农民收入增速、乡村振兴重点村农民收入增速高于10%、有劳动力的脱贫家庭至少有1人稳定就业。继续推进“强村带弱村”和“百企兴百村”行动，管好用好驻村帮扶力量，探索农村低收入人口帮扶新模式。

构建“3+4+N”特色农业产业体系 探索融合三产、契合山区的农业社会化服务新路径

平武县人民政府

平武县地处四川西北、绵阳北部，居岷山东麓、涪江上游，位于青藏高原向四川盆地过渡区的东缘地带，是国家重点生态功能区、少数民族地区、革命老区、秦巴山集中连片特困地区摘帽县，全县地势起伏，海拔处于600～5 400米之间，高差悬殊，是典型的山地丘陵地区。平武县素有“天下大熊猫第一县”美誉，享有全国民族团结进步示范县、全国森林旅游示范县、全国百佳深呼吸小城、四川省文明城市等殊荣。现有野生大熊猫335只，素有“天下大熊猫第一县”的美誉，是全国首批川滇森林与生物多样性生态功能县，是绵阳市重要的生态腹地和长江上游重要的水源涵养地。有国家级自然保护区2个，省级自然保护区和县级保护区各1个，森林覆盖率达到77.46%，位居全市第一。

一、重点聚焦与统筹推进紧密结合，擘画产业发展蓝图

根据四川省“10+3”及绵阳市“6+10”现代农业产业体系，县委明确2023年及今后一段时期农业产业发展的战术方向，在保障粮食和重要农产品稳定安全有效供给的前提下，做好“土特产”文章。发展粮油、畜禽、林产3种核心产业，保障农户“粮袋子”；壮大茶叶、果梅、厚朴、蜂蜜4种主导产业，充实农户“钱袋子”；巩固核桃、红鸡、蜜桃、天麻、蔬菜、食用菌等“N”种特色产业，丰富农户“菜篮子”和“果盘子”。

二、要素整合与过程服务密切配合，营造产业成长环境

（一）健全要素投入机制，助力产前有序起步

落实县级领导产业链长推进机制。遵循“喊破嗓子不如干出样子”的实干要求，县委采取“一对一”或者“多对一”的县级领导联系产业的包保制。选择专业性较强、熟悉程度高、从事单项产业时间长的县级领导联系该产业，服务于“3+4+N”产业体系构建。实现方案有县级领导牵头制定、问题有县级领导会商解决、项目有县级领导带队争取，保障各产业完成当年既定目标任务；落实构建体系项目资金保障机制。按照资金围绕项目转，项目跟随产业跑的总体思路，围绕农产品加工、乡村休闲旅游等特色产业，完善技术服务、人才培育、产品销售等帮扶措施，助推产业强弱项、补短板、增实效，提高农业现代化水平。全年央省市财政衔接推进乡村振兴补助资金到位8 223.3万元，安排项目72个，其中产业项目37个，安排资金5 254万元，产业发展的比重为63.89%。

（二）建设服务保障队伍，增加产中科技占比

群众出题、农技答题、实践验题。“农业科技直通车”抵达田间地头高效解决种养群众急难愁盼的问题，有针对性地提出适时灌溉、及时追肥、科学防治等技术措施，保障重要农产品有效供给。为“农业科技直通车”长期有效运行，平武县采用“老带新”“田间课”“大地论”等方式进一步强化“慧农”智库建设，增加农技服务力量和能力。年初基层农技人员撰写的《平武县茶产业社会化服务体系现状及对策研究》，全文刊发于省农业农村厅《四川农业科技》举办的期刊。

（三）大力促进开放合作，打通产后销售“最后一公里”

深挖县域优质资源和悠久历史文化，锚定一线城市消费能力，以“熊猫走天下・生态进万家”共享平武系列活动为抓手，进一步拓展平武生态产品品牌价值。聚焦生态农业、精品农业、品牌农业。建立产销联盟。平武县联合周边北川县、青川县、九寨沟县、松潘县、文县发起成立“大熊猫生态产品产销联盟”，65家生态产品经营主体通过基地共建、产品共销、品牌共用、加工共享，组团出道，抱团发展；开展“五进”活动。以特色推介视频、现场品鉴等形式，走进16个省（市）机关（食堂）、5个大型企业、5所高校、医院以及社区，推介平武农特产品和农旅资源；城市形象塑造。已在成都、绵阳等地开设“熊猫走天下生态进万家”形象门店22家，初步建立大中城市平武农特产品连锁销售体系。

三、产业壮大与联农带农紧密联系，产业带动作用明显

在“3+4+N”现代农业产业体系的引领下，全县立足资源禀赋，发挥比较优势，农户收入获得增长，产业空间布局不断优化，特色农产品市场影响力不断延伸，有力推进产业的融合协调发展，促进全县现代生态农业产业化经营快速健康发展。

（一）基地提质增效

以现代农业园区创建为抓手，加快生态优质农产品基地建设，建立以茶叶、厚朴为重点的清漪江流域种植基地52万亩，以果梅、蜜桃、核桃为主的涪江流域种植基地8.5万亩，以天麻、魔芋、高山蔬菜等为主的龙安镇以上高山地区种植基地12.5万亩，发展以羊肚菌、香菇为主的食用菌面积1 400余亩，雷竹近4 000亩，特色农产品基地已初具规模。先后

创建成功省级现代农业园区1个(平武县果梅现代农业园区)、市级现代农业园区3个(平武县厚朴现代农业园区、平武县茶叶现代农业园区、平武县粮经复合现代农业园区)、县级现代农业园区3个(平武县蜜桃生猪种养循环现代农业园区、平武县车厘子现代农业园区、平武县黄连现代农业园区)、全国绿色食品原料(茶叶)标准化生产示范基地10万亩;2019年成功创建省级农产品质量安全监管示范县,2020年被认定为“四川省有机产品认证示范区”。

(二)加工做优做强

挖掘主体潜力,依托雪宝顶茶业、龙泉茶业、天源茶业、康昕集团、绿野科技等8家规模以上农产品加工企业在利用好当前产能,以走出去拓市场、本地提需求,政府引导,企业发力,确保产值同比增长10%以上。2023年,重点围绕古城农副产品加工区项目落地,引进预制食品加工、魔芋精粉、小食品、核桃等项目,全力推进建成的威兰特、中升魔芋入规入统,支持响岩果梅加工产业投产运营,打响擦亮“平武绿茶”“平武腊肉”和“平武果梅”系列产品的招牌;盘活生态资源,依托林业资源优势,实施林业“补链、延链、强链”战略。在盘活宏建木业中纤板生产线、平峰林业造纸纤维生产线的基础上,全力保障繁盛、永业木材生产要素,支持企业产值、效益双提升;推进综合利用,积极引进木地板、桑拿板生产线,实木家具板材、OSB可饰面板生产线,生物质颗粒燃料加工,机制碳生产等项目,确保林下可燃物及时得到清理,并变现为农户创收,走绿色发展的林产发展之路。探索生物质发电、可降解一次性餐盒项目,从而实现林业全产业链发展,力争林业总产值3年翻一番。

(三)品牌增肌赋能

以项目建设为抓手,在品牌打造上持续发力。实施品牌创建项目300万元用于品牌打造,提升知名度。实施农业产业转换项目200万元用于引导和鼓励新型经营主体、村集体经济建设特色生态产品形象店,开拓生态产品销售市场。实施生态产业推广项目500万元组织农副产品在大中城市进行展示展销,助力平武好物走出四川;以“报恩飨礼”为引领,在品牌宣传上持续用力。“报恩飨礼”区域公共品牌于7月3日在绵发布,为持续走好品牌强农之路,着力提高平武县生态农特产品的知名度、辨识度和市场竞争力,构建直达产销两端的农商联通模式,搭建起平武生态产品走向全国、走向世界的平台;以正向激励为导向,在品牌提升上持续用力。印发“三品一标”农业品牌发展激励办法,安排奖励资金20余万元,用于“三品一标”奖补。目前,全县“三品一标”保有量位列全市第一梯队,共计84个,其中无公害农产品9个、绿色食品23个、有机产品44个、地理标志保护产品8个(分别为平武中蜂、平武绿茶、平武核桃、平武天麻、平武厚朴、平武红鸡、平武牛、平武果梅)。

(四)主体量增质优

发展壮大新型经营主体是产业发展的重点,通过财政投入提高主体发展积极性,促使主体愿意投入、愿意发展。近几年来,投入各类财政资金10亿余元用于支持龙头企业、专合社、家庭农场发展壮大。截至目前,培育农业产业化龙头企业44家,其中省级3、市级24家、县级17家;培育专业合作社421个,其中国家级示范社2个、省级示范社15个、市级示范社9个、县级示范社57个;培育家庭农场示范场132个,其中省级示范场10个、市级示范场35个、县级示范场87个。

四、客观条件与主观因素同时存在,正视制约发展瓶颈

2023年,全县勠力同心,在产业发展中取得不少成绩,平武红鸡入选国家遗传基因名录库,是继平武牛入选后的第二例以“平武”地名命名的物种。获得各级部门和媒体的宣传、推广、表彰、认定、认证,市级及以上共计80余次,其中中央媒体20余次、省级媒体20余次、市级媒体40余次。取得成绩的同时,全县也面临大多山区县的同样的窘境。地理条件迟滞农业产业社会化服务供给主体的多元化进程。山区县道路崎岖,加之频发的滑坡、山洪等自然灾害,严重地影响道路交通环境。外地成熟的农机作业队伍等农业产业社会化服务主体,在经过成本核算后,不愿到山区县进行相关作业,而是选择道路交通环境稍好、土地稍集中的丘陵县或平原县;地形地貌加大了服务供给难度。山区县地势起伏,高差悬殊。受地形地貌及区域性小气候影响,农业发展呈区域性强、规模小等特点,加之地块零散、坡度大,实行机械化作业难度大;服务农业产业的劳动力质量水平低。农业机械种类少,农业机械大部分老旧且自动化程度不高,农业机械严重不足;农业机械利用率低,现有农业机械由农户所有与村集体所有两部分组成,农户所有的农业机械仅仅是为了满足自家农业生产,农户所有的农业机械由于自身劳动力不足与农户实际操作技能的缺乏,未能以有偿或无偿的方式提供给其他农户使用,致使农业机械设备闲置且使用率低。

五、打破常规与开拓创新双管齐下,探索产业发展机遇

(一)构建主体多元的农业社会化服务体系

构建政府、企业、专合组织、其他社会组织等多方参与方的主体多元、分工协调、功能健全的农业社会化服务体系,挖掘农业产业发展潜力。起引导作用的政府公共服务机构,由各级职能部门、乡(镇)人民政府、村级组织组成,服务性质以公益性服务为主。起带动作用的涉农企业,服务内容包括生产计划制定、市场信息咨询、产品初加工、拓宽销售渠道等,是非公益性服务的主要供给主体,是体系的中坚力量。起骨干作用的专业合作组织,专业合作组织成员来源于农户,在了解种植户社会化服务需求方面具有天然的优势,所供给的服务具有精准性是农业社会化服务体系的骨干力量。起补充作用的科研教育单位及他社会服务组织，主要包括高等院校以及农业科技研究院所主要从事生产技术研发、生产工艺创新、产品研发、继续教育培训等，是科学研究、人才教育与工艺创新的推动者，是体系构建的重点与核心力量。

（二）探索生态产品（或资源）价值开发途径

在种植规模上下功夫。结合省（市）星级园区建设，提高示范引领带动作用，形成“政府引导集中种、农户主动分散种”的发展态势，进一步提高茶叶、果梅、蜜桃等优势产业的规模和效能，夯实二产发展基础。在产品分级上寻路子。分级处理农副产品，“优”级产品通过鲜销进入市场，“残剩次”级产品作为衍生产品研发、生产的原料，既避免资源浪费又充分获取农产品的生态价值，增加种植主体的收入和积极性。在二产转换上求创新。加大与有研发实力的高校或企业合作开发能投入工业化生产的精深加工产品，丰富农副产品加工制品种类，增加农副产品的附加值。在市场营销上再发力。持续开展“熊猫走天下 · 生态进万家”“来秘境平武.逛熊猫家园”等活动，结合百里精品“名宿”的建设，在民宿接待、酒店服务、商务用餐等方面选用本地自产自销的农副产品及其加工制品，实现三产刺激一产二产，一二三产业相互转化的战术目标。

（三）寻求开放合作增加产业发展的内生动力

坚持“内培外引”策略，形成规模协调、结构合理、创新能力强、辐射带动广的农业企业和经营主体梯次发展，促进全县农业产业提质增效。一是加大新型经营主体培育力度，重点扶持和培育一批产出率高、发展势头好、带动能力强、具有一定实力的龙头企业、农民专业合作社和家庭农场，逐步增强新型经营主体的核心竞争力；二是加大产业招商力度，以农产品精深加工等项目为重点，依托全县资源优势，运用以商招商、以地招商、产业链招商等形式开展精准招商，力求在重特大农业产业项目招商引进上有新突破。

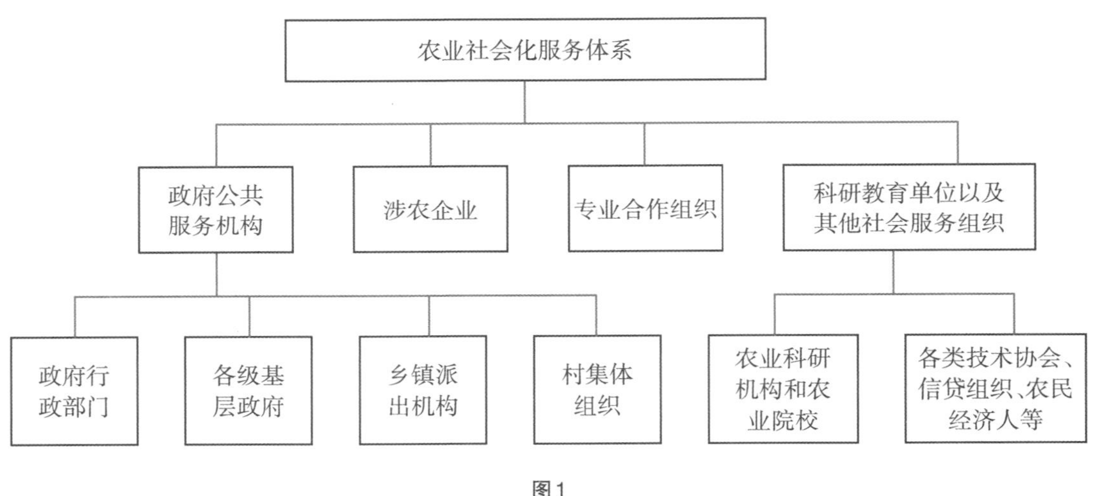

图1

北川县：以创建园区为抓手　促进产业融合发展

北川羌族自治县农业农村局

北川种茶历史悠久，至今已有1 300余年的种茶制茶历史。据北川县志记载，北川茶始于唐、宋，产于北川县双潭乡（今通泉镇）境内“龙潭子”的“绿昌明”茶，早在唐代就成为四川的八大名茶之一，神泉小团作为唐代贡茶产品。北川茶树长期生长于海拔1 000 ~ 1 800米以上高山密林，为适应昼夜温差大、云雾多、直射日照短等自然环境，形成耐寒、芽壮、叶厚、氨基酸含量高等特征，是制作绿茶的优良品种。“北川苔子茶”具有香高、味浓、耐泡、安全的优质特征。1979年北川珍眉茶出口美国，首开四川茶叶出口先河，2009年“北川苔子茶”获得国家地理标志保护产品认证，2019年

"北川茶叶"获得四川省优秀农产品区域公用品牌,北川纳入省委、省政府现代农业"10+3"产业体系30个重点茶叶县之一,2020年被市人民政府认定为绵阳市五星级农业园区,2021年纳入省级现代农业园区培育县,2022年成功创建省三星级茶叶生猪种养循环现代农业园区,2023年"北川苔子茶"入选全国名特优新农产品,北川苔子茶复合栽培系统入选中国重要农业文化遗产名单。

近年来,在农业农村厅的关心支持下,在市委、市政府的坚强领导下,北川紧紧围绕全省现代农业"10+3"产业体系布局,扎实抓好茶产业发展,成立以县委书记为组长的领导小组,建立由县人大常委会主任任"链长"的茶产业全产业发展"链长制"。按照县委、县政府"五个一"发展理念(一个全产业链的茶产业规划、一套导向明确操作性强的扶持政策、一套具有核心竞争力的质量体系、一个叫得响市场认可度高的品牌、一个现代农业园区的发展模式),统筹推进现代农业园区建设,出台《北川羌族自治县茶产业高质量发展的意见(试行)》《北川苔子茶百年古茶树保护条例》。截至目前,全县有茶叶面积9.2万余亩,加工营销企业27家,省级龙头企业2家,县、市级龙头企业11家,全县茶叶加工厂房面积6万余平方米,加工设备750台(套),茶叶加工产量1 500余吨,茶叶综合产值6.05亿元。

一、高起点编制全产业链规划

与省农科院、浙江农林大学、川农大、中国农科院茶研所等科研单位建立了长期技术合作关系,编制《北川羌族自治县现代农业园区总体规划》《北川羌族自治县茶叶现代农业园区规划》《北川羌族自治县茶产业全产业链发展规划》。

二、精准制定系列扶持政策

先后出台《北川羌族自治县茶产业高质量发展"五个一"实施方案》《北川羌族自治县茶产业高质量发展的意见(试行)》《北川羌族自治县茶叶品牌培育的实施意见》《北川羌族自治县茶叶"链主"企业培育实施方案》等系列文件,进一步明确目标任务。2023年兑现茶叶高质量奖补资金490万元,安排涉茶项目6个,财政资金投入2 243万元。

三、高标准构建茶叶质量体系

依托川农大、省茶研所等茶叶专家团队开展"北川苔子茶"种植、加工、包装等质量体系建设,建立茶叶博士工作站,开展"北川苔子茶"选育和新品种新技术推广,开展高端茶产品"旗枪"批量试制工作,配套制定了《北川茶叶生产技术规范》《地理标志产品 北川苔子茶》标准,绵阳市市场监管局正式发布2个标准。建立一套比较全面的茶叶质量标准,让北川苔子茶在单品上突破,可识别性高,实现生产销售企业有一套统一的北川苔子茶质量标准。

四、培育叫得响的北川苔子茶品牌

一是推动"三品一标"认证。全县获评"三品一标"认证茶产品41个,其中绿色食品29个、有机食品6个、地理标志保护产品和地理标志证明商标各1个,国家知识产权局受理"北川苔子茶"证明商标申报。二是推进企业品牌建设。现有"羌笛""禹露""古羌""九龙谷"等20余个茶叶注册商标,"羌芝灵芽""原生态龙爪""古羌红冠""红珍"4款产品获金奖获茶博会金熊猫奖。禹露露毫在第八届亚太茶茗大奖评比活动中获金奖。2023年先后在国际茶叶博览会、中国斗茶大赛等顶尖大赛获金熊猫奖、红茶金奖等70余个。三是实施双品牌战略建设。实施"区域公用品牌+企业品牌"双品牌战略,国家知识产权局受理"北川苔子茶"地理标志证明商标注册。组织相关企业抱团参加国际茶叶博览会、中国(成都)国际茶业博览会、绵品出川东莞行、上海行、苏州行、厦门行等展销活动。发布北川苔子茶形象产品"旗羌""27度"羌红,在园区及主干道设置品牌宣传标牌5个。四川电视台乡村频道专《金字招牌》对北川苔子茶专题进行报道,央视生财有道专题报道《百年古茶树 北川苔子茶》,中央电视台、新华网等各级主流媒体持续高度关注北川苔子茶,提升品牌影响力。举办全国劳务品牌、乡村工匠培育培训班、首届浙川茶产业融合发展暨绵阳第十届羌茶节,中国工程院院士刘仲华在羌茶节高度点赞北川苔子茶,北川苔子茶具有"安全、颜值高、好喝",称"北川苔子茶是一款有记忆的好茶"。

五、探索山区现代农业园区发展模式

采取"高矮搭配、长短结合、种养循环"模式,大力发展种养循环农业,辐射带动养殖、采摘等一大批关联产业,推行"茶+果""茶+豆"种植模式,在茶园周边建设小型白山羊、黑猪等圈舍,充分利用养殖场沼液沼渣浇灌茶园,为绿色有机茶园建设提供有机肥。在防止耕地"非粮化"基础上,充分利用荒山荒坡地,实施低产茶园改造提升,完成低产茶园改造5 000余亩,建成以擂鼓镇、曲山镇、陈家坝镇和都贯乡为核心的现代农业园区1.6万亩,园区喷灌面积达到3 000余亩,新增茶园产业道路18.5千米,其中擂鼓镇彩化游步道6千米,在陈家坝镇金鼓村安装智能虫情测报灯、联网型风吸式杀虫灯等绿色防控设备,依托社会化服务,开展植保无人机飞防等统防统治技术服务,实现茶园病虫害绿色防控。加大人才培育力度,开展茶叶技能人才专题培训、茶叶职业经理人培训等各类技术培训150人次。建成牛义贵(古羌茶艺)技能大师工作室(市级)、吴红(羌茶手工制作)技能大师工作室(县级),培育非遗传承人9人,评茶员、制茶师、茶艺师等38人。"羌山工匠"王全在全省"天府龙芽"手工制茶中获得全省一等奖,通过人才培育工作,手工制茶水平不断提升。

牢牢把握“四个发力”主攻方向 奋力谱写中国式现代化三台新篇章

时任绵阳市副市长、中共三台县委书记　吴明禹

习近平总书记来川视察重要指示精神视野宏阔、思想深邃、重点突出，是习近平新时代中国特色社会主义思想“四川篇”的最新发展，是对新时代治蜀兴川事业发展最权威、最深刻、最有力的科学指引，特别是习近平总书记鲜明提出“四个发力”的重要要求，清晰指明了推动四川高质量发展需要牢牢把握的战略基点和需要紧紧抓住的关键要害，充分体现了对四川省情实际的深刻洞察和对现代化建设的规律性认识。作为全省农产品主产区县“排头兵”，三台县将以开展学习贯彻习近平新时代中国特色社会主义思想主题教育为契机，深入学习贯彻习近平总书记来川视察重要指示精神和省委、市委工作会议精神，将“四个发力”主攻方向与全县发展大局紧密结合，全力以赴拼经济搞建设，坚定不移推动高质量发展，争创“全省乡村振兴先进县”，蝉联“全省县域经济发展先进县”，奋力谱写中国式现代化三台新篇章。

一、坚持科技赋能，塑造创新发展优势

习近平总书记强调，要在推进科技创新和科技成果转化上同时发力，以科技创新开辟发展新领域新赛道、塑造发展新动能新优势。科技是国家强盛之基，创新是民族进步之魂。近年来，三台县始终坚持科技创新赋能产业发展，成功入选国家级油菜制种大县、全省油菜产业集群项目县，国家现代农业产业园（生猪种业）顺利通过中期评估，3家企业成为国家级专精特新“小巨人”企业，15家企业成为全省“专精特新”中小企业，创新发展已成为全县上下的共同追求与鲜明标识。下一步，全县将坚持一手抓科技创新，一手抓成果转化，持续提升科技创新能力和水平。一方面，强化企业科技创新主体地位，大力培育高新技术企业、科技型中小企业，为高质量发展持续注入新动能；另一方面，不断探索深化协同创新发展模式，持续推进生猪、油菜种业创新成果转化应用，努力建设四川生猪种业第一县和长江中上游油菜制种第一县。

二、坚持产业为先，激活跨越发展动能

习近平总书记强调，要在建设现代化产业体系上精准发力，把发展特色优势产业和战略性新兴产业作为主攻方向。产业是发展的基础，是经济的命脉，推动县域经济高质量发展，关键在于立足县情发展实际，找准特色发展路径，加快建设现代化产业体系。三台县农业资源禀赋雄厚、人口红利优势突出、交通区位条件优越，具有得天独厚的产业发展基础。下一步，全县将继续坚定不移走基于农业优势和人口红利的工业强县之路，深入实施“园区提质”“企业满园”行动，深入推进新型工业化，着力推动纺织鞋服、健康食品等特色优势产业提质倍增，新能源材料、机械制造等战略性新兴产业建圈强链，全面形成三个百亿级产业集群。持之以恒擦亮农业大县农业强县金字招牌，充分发挥“全国农业全产业链典型县”创建优势，推动农业生产供应链、精深加工链、品牌价值链“三链同构”，高水平建设生猪种业、麦冬种养循环国家现代农业产业园，不断做响“梓乡情”农产品区域公共品牌。深入挖掘丰富文旅资源、人口红利优势和消费市场潜力，大力实施服务业赋能融合计划，促进现代服务业与先进制造业融合共生、双向赋能，确保社会消费品零售总额持续领跑全省农产品主产区（县）。

三、坚持城乡融合，凝聚振兴发展合力

习近平总书记强调，要在推进乡村振兴上全面发力，更好扛起粮食、生猪、油料等重要农产品稳产保供责任。稳产保供是乡村振兴的重要任务，三台县作为农业大县，保障粮食和重要农产品供给是义不容辞的责任和担当。全县将紧紧抓住种子和耕地两个要害，持续探索再生稻试验示范等良种技术攻关，加快推进高标准农田建设，继续保持生猪出栏、能繁母猪存栏、油料总产全省第一和粮食总产全省前三地位。新型城镇化是乡村振兴的重要推动力量，全县将以成功入选“全省首批县城新型城镇化建设试点县”为契机，扎实推进以人为核心、以县城为重要载体的新型城镇化，着力构建以城带乡、以工促农的新型城乡关系。

四、坚持生态为要夯实绿色发展底气

习近平总书记强调，要在筑牢长江黄河上游生态屏障上持续发力，把生态文明建设这篇大文章做好。作为涪江流域重要的生态屏障和水源涵养地，长江上游生态屏障的重要节点，全县将深入践行“绿水青山就是金山银山”理念，坚持像爱护自己的眼睛一样守护好生态环境，以更高标准、更严要求持续推进“蓝天、碧水、净土保卫战”，以“铁的措施、硬的手腕”扎实抓好生态环境保护督察反馈问题整改，不断提升全县生态环境质量，争创国家生态文明建设示范县、省级生态县。

三台县：加速构建现代农业发展新高地助推乡村振兴

中共三台县委　三台县人民政府

三台县是四川省典型丘区农业大县、绵阳市唯一百万人口大县，辖区面积2 659平方千米，户籍人口135.5万人，辖33个乡（镇），生猪出栏量连续四年位居全省第一，油料总产量连续六年位居全省第一，粮食总产量连续四年位居全省前三，经济总量连续四年位居全省农产品主产区（县）首位，是全省两个、全市唯一连续五年蝉联的“全省县域经济发展先进县”。全县坚持以习近平新时代中国特色社会主义思想为指导，全面贯彻落实党的二十大精神，深入贯彻落实习近平总书记关于“三农”工作的重要论述和对四川工作系列重要指示精神，推动乡村振兴工作取得新的成效，获评“中国乡村产业高质量发展典范县”，成功入选“全省首批县城新型城镇化建设试点县”，《绘就乡村振兴美丽画卷》入选《中国农业大事记》，涪城麦冬国家地理标志产品保护示范区成功进入国家地理标志产品保护示范区筹建名单（全省唯一）。全年预计实现地区生产总值520亿元，第一产业增加值增速5.1%，农村居民人均可支配收入达23 000元以上。

一、坚持聚合力、强保障，让责任链条“紧”起来

（一）提升高位推动牵引力

坚持以县委、县政府主要领导任双组长的县委农村工作领导小组统揽“三农”工作全局，先后召开县委常委会会议、县政府常务会会议27次和县委农村工作会议等全县性会议38次，专题研究部署乡村振兴工作；党政主要领导带头深入镇村实地调研91次，县级领导联镇包村，形成“主要领导亲自抓、分管领导具体抓、其他领导包干抓”的工作格局。

（二）加强督管理执行力

出台《关于做好2023年乡村振兴重点工作加快建设农业强县的意见》，制定推进乡村振兴年度任务清单，全链条压实工作责任。将乡村振兴工作纳入目标绩效管理，并列入巡察、审计等监督范畴，通过以查促改切实推进各项工作落地落实。县委、县政府主要领导对乡村振兴工作逢会必讲、下乡必督，开展暗访督查，逐级压实查改责任。

（三）夯实资源配置保障力

坚持以“真金白银”为乡村振兴打基础添动能，今年县级财政乡村振兴预算投入6.09亿元，占一般公共预算支出的13.78%，占比高于2022年。依托“全省首批乡村振兴金融创新示范区建设试点县”创建优势，累计向新型农业经营主体发放贷款6.56亿元。全年计划报征建设用地117.28公顷，其中保障乡村振兴重点产业发展和项目用地84.06公顷，占比达71.68%。

（四）集聚人才队伍支撑力

深入实施乡村人才振兴五年行动，设立5 000万元人才发展专项资金，已招引硕博人才319人。在全市率先研究出台《三台县支持重点产业企业人才队伍建设若干措施（试行）》《三台县支持直播电商人才发展八条措施（试行）》，推动人才链与产业链深度融合，相关经验被《四川新闻联播》栏目报道。创新开展乡村产业人才引领专项行动，全市首个乡村振兴学校在三台县挂牌成立；大力培育致富带头人、农业科技人才，涌现出“全国粮食生产先进个人”林红梅等一大批“新农人”典型。

二、坚持保基本、兜底线，让过渡衔接“稳”起来

（一）强化政策衔接，织密兜底保障

坚决贯彻落实中央、省、市出台的系列政策，因地制宜出台《建立农村低保与防止返贫动态监测联动机制的实施意见》等29个细化政策，实现教育、医疗、住房保障等政策全覆盖。目前，所有脱贫户、监测户“两不愁三保障”和饮水安全持续稳定，脱贫家庭适龄儿童入学率、脱贫人口城乡居民基本医疗保险参保率均达100%，符合低保、“五保”兜底政策的实现“应保尽保”。

（二）拧紧责任链条，凝聚攻坚合力

按期开展驻村工作队轮换，选派新一轮“第一书记”和驻村工作队员333名，实现107个脱贫村和21个重点帮扶村全覆盖。充分发挥防止返贫监测帮扶工作专班作用，落实县、乡、村三级网格（监测）员4 859名，推动实现常态化、动态化摸排调查、跟踪监测，有效防止“漏测失帮”，未发生规模性返贫现象。用好在全省首创的帮扶措施库，全覆盖落实针对性帮扶措施，相关经验在全国健全防止返贫动态监测与帮扶机制培训班上作交流推广。

（三）夯实增收基础，巩固脱贫成效

培育壮大特色优势产业，2023年全县到账中央、省、市衔接资金16 363万元，其中支持产业发展使用中央资金1 700万元，占比61.86%；省级资金6 177.69万元，占比52.9%；市级资金2 086万元，占比10.17%。通过开发农村公益性岗位、以工代赈等方式帮助2 8704名脱贫人员实

现稳岗就业，其中在祠堂湾水库等重点工程项目中大力实施以工代赈，相关经验被国家发改委专题推广并在全国以工代赈现场会上作交流。

三、坚持优供给、促创新，让产业链条“兴”起来

（一）全力维护粮食安全

严格落实“长牙齿”的耕地保护硬措施，1—10月，全县实现耕地净增加1 972亩，连续四年实现耕地净流入。加快推进高标准农田建设，2022年度5.5万亩高标准农田全部竣工验收，2023年7.8万亩完成年度建设任务。严格落实粮食安全党政同责，粮食和重要农产品综合生产能力持续提升，《新闻联播》栏目等6个中央电视台栏目连续关注三台秋粮收购，预计全年粮食总产量68.25万吨，增长3.27%，有望持续巩固全省前三地位；油料总产量17.66万吨，增长0.66%，有望继续保持全省第一地位；生猪出栏110万头以上，能繁母猪存栏保持在7万头左右，规模养殖场达536个，有望继续保持全省第一地位。

（二）提升农业创新水平

深入贯彻落实习近平总书记来川视察重要指示精神，创新实施提灌站建设和农业生产用水设施提升行动，相关经验被省委办公厅《每日要情》刊载推广。深入实施种业振兴行动，成功入选省级生猪种业集群项目实施县，国家区域畜禽（生猪）种业创新中心建成开放，川繁猪1 200头共享种公猪站、种猪性能测定中心等重点项目全面建成投用，成功承办全省生猪产业高质量发展现场推进会。加强农业科技引领，与中国老科技工作者协会、台沃科技集团联合承办首届中国农业企业科技成果转化与创业创新大会，促进科技成果转化，全面赋能乡村振兴。

（三）推动农业全链发展

深入实施“一园一策”提升行动，生猪种业园区即将通过国家级现代农业产业园考评认定，拟创建省级星级园区1个、市级星级园区2个、县级现代农业园区4个，“2+3+5+N”农业园区梯次发展格局加快形成。持续巩固“全国农业全产业链典型县”创建成果，不断拓展粮油、生猪、麦冬全产业链条，预计农业全产业链产值可突破300亿元。持续做靓“梓乡情”农产品区域公用品牌，依托“绵品出川”、西部健康食品博览会等品牌推介活动签订购销协议8.78亿元，“三台黑猪肉”获评全国名优特新农产品，台沃、代代为本2个农业品牌入选首批“天府粮仓”精品（培育）品牌名单。

四、坚持补短板、强弱项，让成果巩固“实”起来

（一）乡村建设走深走实

持续提升乡村美丽宜居品质，深入开展城乡环境综合提质三年行动，农村生活垃圾付费处置实现全域覆盖，收转运处置体系常效运转，全县农村生活垃圾处理率达100%，相关经验在全省现场会上作交流推广。建成生活污水处理设施91座，全县农村生活污水处置率达65%。深入推进农村户厕问题整改，累计新（改）建卫生厕所6.3万户，实现行政村公共厕所全覆盖，农村户用卫生厕所、无害化卫生厕所普及率分别达95%、64%。

（二）公共服务用心用情

坚持办好人民满意的教育，中考高考再创佳绩，成功创建为四川省体育产业示范基地。全面推进健康三台建设，县人民医院成为全市唯一上榜“2022届中国医院竞争力排行榜”的百强县级医院。深入实施文化惠民工程，免费开放“五馆一站”，成功入选全国广播电视公共服务县级标准化第二批试点和全国智慧广电乡村工程试点县；3处文物入选全国《第一批古代名碑名刻文物名录》，4个非遗项目入选《第六批省级非物质文化遗产代表性项目名录》，入选数量位居全市第一。

（三）基层治理有力有效

持续加强农村基层党组织建设，成功创建省级（5A）先进村党组织1个、市级（4A）先进村党组织15个；举办全县村党组织书记轮训班，推动基层党组织凝聚力、战斗力不断增强。深入开展新时代乡风文明建设“十大行动”，1户家庭入列2023年全省“最美家庭”提名家庭名单，推报文明村镇省级2个、市级8个。推动数字赋能乡村振兴，“建设应急广播体系，提升基层治理能力”入选《四川省第二批数字乡村建设典型案例选编》，3 000名“数字村民”开启乡村振兴新模式，为全省首创。

五、坚持抓重点、谋改革，让乡村发展“活”起来

（一）重点改革成效凸显

持续巩固全省农村综合性改革试点试验县创建成果。“1+7+N”生猪联合育种模式成熟运转，全力解决生猪种业发展“卡脖子”问题。“以科技和改革双轮驱动生猪产业高质量发展”“实施‘三品’行动推动粮油产业全链条升级”相关经验被《四川改革专报》刊载推广。建立全省首个国家级农业园区政务中心，成功打造农业园区“全生命周期服务驿站”。

（二）集体经济持续壮大

坚持“一年一主题”整县推进村集体经济提质增效，先后探索出“银企村”三方共赢、“镇级供销社+村级专合社”领办创办集体经济公司等经验模式，预计全县50%的村集体经济收入将达到20万元以上。芦溪镇全面实施“金融甘泉促乡村振兴”行动，由驻镇银行为19个村集体经济组织授信开展“强村贷”“产业贷”，全力支持主导产业发展、本土企业扩产，成功获评“首批国家农业产业强镇”。

（三）经营主体量质齐升

新增农业产业化省级重点龙头企业2家，全县国、省龙头企业已达9家。创建农民合作社示范社239家，其中大兴农机获评国家级示范合作社，国家级示范社增至6个。全县发展各类家庭农场4 431家；深入探索家庭农场培育新路径，相关经验入选四川省第一批“10+1”家庭农场典型案例。全面推行“小农户+农村集体经济组织+托管服务组织”的农业生产新模式，台沃新秀、万家旺农机获评首批农业生产社会化服务省级重点服务组织；引入全省首个农机智慧化服务平台，农业社会化服务能力持续增强。

全县持之以恒擦亮农业大县农业强县金字招牌，抓重点补短板、强弱项增优势，以农业全面升级带动农村全面进步、促进农民全面发展，为推动新时代治蜀兴川再上新台阶贡献更多三台力量。

努力打造秦巴山区产业引领乡村振兴的“苍溪典范”

中共苍溪县委　苍溪县人民政府

地处秦巴山区的苍溪县把推进乡村全面振兴作为新时代新征程“三农”工作的总抓手，立足山地特色和生态资源禀赋，巩固国家农业现代化示范区和四川省乡村振兴战略成效显著县建设成果，调优产业布局、锻造产业集群、健全长效机制，大力创建全国脱贫地区特色产业高质量发展引领区，擘画后脱贫时代山区特色农业富民强县新画卷。

一、突出特色产业再提质，做强增收致富引擎

多年来，县委、县政府始终坚持“产业立县、庭园富民”思路，立足资源禀赋和区位优势，在坚决守牢耕地红线、夯实粮油根基的基础上，深化“三园联动”发展模式和粮经复合种养经验，不断发展壮大猕猴桃、中药材、健康养殖“三个百亿”产业，持续做大做强以“苍溪红心猕猴桃”“苍溪雪梨”为主的特色优质农产品品牌，逐步构建起支撑高质量发展县域经济的现代特色农业产业体系。一是注重打造竞争优势，做好“特”字文章。从品种、品质、品牌上入手，加强比较优势，做到“人有我优”和“人优我精”。建立“政府+科研院校+企业”三方合作创新研发机制，与北京大学现代农学院、新西兰皇家园艺与食品研究所等10余所国内外科研机构确立长期产业科研合作关系，建成全国最大的红心猕猴桃科技创新中心，选育出红阳、红华、红美等猕猴桃新品种16个，实现创新成果56项；制定全国首个红心猕猴桃绿色、有机生产技术标准；坚持专业化统防统治，推广病虫害绿色防控技术和测土配方施肥技术，全县红心猕猴桃、苍溪梨、川明参等主要优势特色农产品标准化生产覆盖率达98%。2023年，苍溪县被农业农村部认定为第三批国家区域性良种繁育基地（红心猕猴桃），技术创新获得省级及以上奖励11项、国家专利18个。二是注重提升效益，做好“精”字文章。结合全县山地多、平坝河谷地少和立体气候明显的实际，全力构建“东猕西梨”的优势特色农业产业总体布局，因地制宜推行粮经复合、种养结合等高效生产模式，布局建设“田中粮油+田埂水果+畜禽水产养殖”的综合种养殖园区，形成“一县一业、一园一特、多园成群”的联动发展格局。全县建成万亩以上现代农业产业园24个、千亩优势特色产业园69个，带动农户建成产业庭园10.7万个。全县粮食、水果、中药材等产量连创历史新高，猕猴桃绿色防控技术推广面达90%，病虫草害综合防治技术推广面达95%，有机肥使用实现全覆盖，农产品质量安全监测合格率常年稳定在99%以上，创建为全国生态农业先进县、国家农产品质量安全县、国家出口猕猴桃质量安全区。三是注重三产协同，做好“融”字文章。坚持向一二三产业融合发展要效益，不断丰富乡村产业新业态，催生乡村产业新动能。积极回引在外成功人士，引入现代农业急需的新理念、新技术，发展新产业、展现新业态。全县引进和培育农业龙头企业34家、农民专业合作社738家，培育家庭农场2 910家，培育各类业主大户1 368户。以租赁、股权量化、入股联营等方式，农企利益联结覆盖面达75%以上。开发红心猕猴桃酵素、果酒、饮料液等精深加工产品等10大类58个品种。建设适度规模农业物联网试验示范基地3个、益农信息社583个、现代农业产业融合示范园区2个。

二、突出产城一体再升级，统筹城乡融合发展

城乡融合发展，重点在县域、难点在乡村，苍溪县不断拓宽城乡区域空间、持续优化产业结构、全面提升资源配置效率，在城乡融合联通中打通城乡融合发展“经络”，充分释放农业大县的资源优势、人口优势，为推动全县经济高质量发展创造新机遇、注入新活力。一是突出产业为先，带动产业集聚提速。统筹实施城乡统筹发展战略，大力推进新型工业化、新型城镇化，加快农业产业高质量发展，构建起了“一核五区”的城乡融合发展新格局，“一核”即陵江元坝城乡融合发展片区，是引领和带动全县发展的“中心极核”，是发展龙头和主引擎；“五区”即以五龙镇、龙王镇、歧坪镇、龙山镇、文昌镇、东溪镇6镇为中心镇的五大片区构成五大“增长极核”、副引擎。围绕优势特色产业全链发展建成国家2A级以上景区13个、主题文化公园5个、休闲农庄187家，优化开通跨乡、跨村物流运输专线103条，全年电子商务交易额约30亿元，其中以苍溪红心猕猴桃、苍溪雪梨、脆红李等主要农特产品和加工产品的网销总额超12亿元。二是突出改革创新，带动要素合理配置。勇闯“深水区”，农业农村发展的内生动能更显强劲。逐步推进城乡建设用地“增减挂钩”试点，农村土地综合整治与现代农业发展的结合程度不断提高。工商资本向乡村流动的趋势日益明显，农村民间资本年投资额超36亿元，年增长率达10.8%，返乡下乡人口5.2万人。同时，政府通过整合财政资金，设立各类引导基金，搭建发展平台，有效促进了城乡融合发展，城乡要素上下流动的渠道正在打通，为城乡融合注入强劲驱动力。三是突出统筹发展，城乡发展一体协同。建强乡村基础设施体系，乡、村道路硬化率100%，组道路硬化率达75%；水利工程年总蓄水量1.4亿立方米，溉水利用系数提高到0.55以上，农村自来水普及率达45%以上；累计建成高标准农田73.2万亩，农村供电可靠率达99.83%；乡（镇）、村天然气通气率分别达100%、52.2%；实现建制村光纤、通信信号全覆盖。建强公共服务体系，城乡一体的公共教育、医疗、文化体系更加均衡，健全县、乡、村三级便民服务平台，开通“苍通办”惠企便民服务平台，乡村公共服务“最后一公里”问题得到解决。

三、突出产村共兴再出发，塑造精品和美乡村

乡村振兴，既要塑形，也要铸魂。苍溪县深入学习“千万工程”的丰富内涵，勇于在美丽乡村建设上争做先锋示范，从建设美丽乡村出发，引领乡村产业发展，造福万千农民群众。一是营造“千朵万朵压枝低”的乡村靓丽景象。践行“绿水青山就是金山银山”理念，着力保护“望得见山、看得见水、记得住乡愁”的乡村自然环境与人文风貌，推动生产、生活、生态和谐共生，实现百姓富、生态美的统一。县域空气环境质量优良率达94.3%。推行“河长制”，常态化开展河湖“清四乱”，城乡集中饮用水水源地水质达标率100%。推进农村人居环境整治“三大革命”，农村生活垃圾得到有效处理的村达100%，生活污水得到有效治理的村达58.6%，农村户用卫生厕所普及率达85.5%。抓好农业面源污染防治，畜禽粪污、废弃农膜和秸秆综合利用率分别达92%、92%、93.1%。全县森林覆盖率50.3%，建成省级园林县城，黄猫垭镇高台村入围“中国美丽休闲乡村”。二是打造“千树万树梨花开”的文明乡风阵地。学习借鉴“枫桥经验”，探索构建村级党组织引领自治、法治、德治相结合的“一核三治”乡村治理体系，发挥群众主体作用，完成《村规民约》修编，让群众提事、议事、定事成为常态。组建“巡回宣讲队”，建立“坝坝法庭”“巡回审判庭”，成立矛盾纠纷调解小组，形成“送法到家、上门调解”工作格局。健全县、乡、村三级法律援助机构，在工会、团委、妇联、残联等群团部门设立法律援助联络点，形成多层次多维度的法律援助体系。建成社会主义核心价值观宣传教育“百里示范走廊”和一批示范基地，开设“百姓大讲堂”近1 000所，设立“百姓好人榜”，开办“百姓大舞台”；建立“百姓帮扶队”，注册志愿者8万余人，常年举办宣传教育、文艺演出等活动100场次以上。被评为“中国楹联文化县”“中华诗词之乡”。建成省级以上文明村14个，县级文明村占比85.5%。三是锻造“千淘万漉虽辛苦”的乡土人才队伍。大力推动城市人才返乡下乡创业，建强一支留得住、能战斗的“三农”人才队伍。建立现代农业园区党委19个、产业链党支部1 124个、庭园党小组3 689个。回引苍溪籍在外创业成功人士6 700人，回引资金41.4亿元，创办实体1 527个，涌现出“以购代捐”扶贫模式首创人李君、“桃花岛主”罗洪、“天麻姑娘”杨敏等一大批带富一方的“新乡贤”。

写好“六个融合”大文章 加快打造城乡融合岳池样板

中共岳池县委书记　陈松柏

岳池县被省委、省政府纳入全省深化县域内城乡融合发展改革试点县，成为全省“1+20”试点区域之一。全县扛牢政治责任，深入贯彻习近平总书记关于城乡融合发展重要指示精神和党的二十大、省委十二届四次全会决策部署，以破除城乡二元结构、实现共同富裕为目标，以统筹新型城镇化和乡村全面振兴为抓手，在加快构建现代乡村产业体

系、深化农村承包地“三权分置”改革、健全城乡公共文化服务体系等方面先行先试、攻坚突破，努力蹚出一条符合中国式现代化要求、具有岳池特色的城乡融合发展新路子。

一、主要做法及成效

一是突出规划引领，统筹城乡空间布局。把城乡作为一个整体统筹谋划、一体设计，在乡（镇）行政区划和村级建制调整改革基础上，按照特色化、差异化原则，高质量完成县级国土空间总体规划、岳池经开区等4个详细规划、城域三产融合发展片区等6个乡（镇）级片区国土空间规划、石垭镇梨子园片区等6个村级片区国土空间规划编制，初步构建起“1+4+6+6”国土空间规划体系和“双心双轴、六星六片”全域城镇发展格局。

二是做强做优县城，提升综合承载能力。推进以县城为重要载体的新型城镇化建设，2023年全县城镇化率较2020年提高2.23个百分点，城区面积拓展至27.4平方千米。建设“品质新城”，在城东新区布局建设基础设施和公共服务配套项目27个，总投资68.9亿元；城东商业综合体、中国曲艺百花园等重点项目建设有序推进，站前大道南延伸段等4条道路建成通车。更新“魅力老城”，推进“四公一区一农”“三区一气一村”建设，近三年，全县共累计改造老旧小区261个，升级城市公园4个，提档道路6条，新（改）建雨污、燃气管网172.2千米。做大中心场镇，打造县域经济副中心，罗渡镇上榜省级百强中心镇。

三是夯实产业支撑，培育壮大县域经济。筑牢发展平台，岳池经开区创建为第二批成渝地区双城经济圈建设产业合作示范园区，岳池朝阳化工园区被认定为省级化工园区，岳池现代农业产业园上榜2023年国家现代农业产业园创建名单。做强现代农业，岳池县入选全国油菜、全省玉米单产提升整建制推进县，近三年，全县累计新（改）建高标准农田14.2万亩。2023年，全县实现第一产业增加值67.3亿元，较2020年增长19.1%。壮大医药健康产业，成功举办原料药产业发展大会、成都研发基地开园、第一届医技论坛，原料药产业集群被纳入四川省首批中小企业特色产业集群名单。2023年，全县实现第二产业增加值83.8亿元，较2020年增长7%。促进农文旅融合，成功举办“岳池杯”中国曲艺之乡系列活动、岳池农家文化旅游节活动，入围四川省文化产业和旅游产业融合发展示范区。2023年，全县实现第三产业增加值164.5亿元，较2020年增长29.2%。

四是建设“和美乡村”，推动乡村全面振兴。提升人居环境，实现生活垃圾收运处置体系全覆盖，2023年全县农村生活污水治理率达72.4%，较2020年提高10.4个百分点。创新基层治理，开展乡风文明“一榜两评”活动，积极推广“川善治”平台，累计创评国家文明村3个、省级文明村8个、省级文明乡镇1个，115个村升级为“五星级村庄”，顾县镇羊山湖村获评第三批全国乡村治理示范村。壮大农村集体经济，打造13个、100万元产业连片，2023年全县村级集体经济组织经营性收入3 098.2万元，较2020年增加1 459.2万元。深化农村土地制度改革，开展承包经营权确权颁证，推动经营权向新型农业经营主体流转，2023年全县土地规模经营面积增长1.9%。提高农业经营组织化程度，全县累计发展新型农业经营主体2 224个，创建国家级示范合作社5个、省级示范合作社15个。

五是擦亮幸福底色，优化公共资源配置。推进基础设施一体化，创新探索“两江四库”全域供水模式，建成加压泵站7座，入选全国县域节水型社会建设达标县；实施农网改造，近三年，全县累计新（改）建10千伏线路100.7千米、低压线路611.2千米；畅通农村道路，近三年，全县累计新（改）建农村公路468千米，广安罗渡渠江大桥、省道203线万寿至红星段等建成通车。推进政务服务便民化，建立“1个政务服务中心+27个便民服务中心+16个留守站点+469个村（社区）办事点”四级服务体系，在乡（镇）设立综合窗口136个，下放乡（镇）服务事项248项、村级“安易办”服务事项141项。推进教育供给均衡化，累计撤并调整学校166所，近三年，全县累计新（改、扩）建义务教育学校17所，创建省级示范幼儿园5所。推进医疗养老协同化，建成县级医疗次中心3个、县人民医院—罗渡中心卫生院等医共体3个，36个乡（镇）敬老院均设立医务室，成功创建为全国医养结合示范县、省级健康促进县。

二、下一步工作打算

坚持“抓好两端、畅通中间”工作思路，聚焦城市、场镇、乡村三个层级，推动城乡教育、医疗卫生、养老服务、公共文化服务四个一体化，开展全域灌溉、全域供水、全域公交、园区提质、基层治理、改革试点六大攻坚，写好空间、产业、要素、设施、服务、治理“六个融合”大文章，努力在破除城乡二元结构方面探索一批可复制可推广的经验做法，争创全省城乡融合发展工作先进县，加快打造城乡融合岳池样板。

一是以优化城乡经济体系布局为重点，促进空间融合。提升县城首位度，实施城市更新行动，加快推进市政设施、公共服务等方面的补短板强弱项，打造宜居、韧性、智慧城市，力争2024年县城常住人口达到20.5万人。深化扩权强县改革，承接用好省、市下放的县级审批、财政、管理等事项清单。积极争取县域民营经济改革试点，激活县域发展动能。增强重点镇辐射能力，按照“十个一”标准，对苟角等6个重点镇进行有序改造提升，引导资源要素向重点镇集聚，力争到2027年培育省级百强中心镇3个。推进“和美乡村”建设，学习运用“千万工程”经验，巩固拓展脱贫攻坚成果同乡村振兴有效衔接，力争到2027年，全县累计建设“和美乡村”169个。

二是以构建现代乡村产业体系为重点，促进产业融合。促进农村三产融合，实施乡村产业提质行动，推动岳池米粉、岳池稻米全产业链发展，力争到2027年创建省级现代农业园区3个。推进高标准农田建设，实施“天府农田”提升行动，力争2024年新（改）建高标准农田10.5万亩。健全县、乡、村三级社会化服务体系，实施社会化服务促进行动，建好县、乡、村三级农事服务中心，力争2024年培育社会化服务组织10个以上。发展新型农村集体经济，实施农村集体经济攻坚行动，支持村与村、村与国企共建“强村公司”。发展新型农业经营主体，实施经营主体培育行动，引导小农户通过订单生产等方式持续增收。同时，因地制宜发展新质生产力，培育壮大医药健康、输变电和现代服务业，力争到2027年医药健康和输变电分别实现产值400亿元、150亿元，服务业增加值突破200亿元。

三是以深化农村承包地“三权分置”改革为重点，促进要素融合。推进撂荒地常态化整治，实施“防撂荒培地力”攻坚，完善防止耕地撂荒约束机制，对长期撂荒且拒不整改的依法予以重点整治。开展农田集中连片整理，推进土地细碎化治理试点，引导农机大户购置适合丘陵地区的先进农机具，提高耕地利用效率和宜机化水平。健全土地流转服务体系，搭建土地经营权流转平台，强化流转监管和服务，发展多种形式的适度规模经营。加快农业转移人口市民化，完善农业转移人口就业帮扶等配套政策，力争到2027年城镇化率达50%以上。健全资金多元投入机制，强化涉农资金统筹整合，鼓励金融机构开发乡村振兴等金融产品，规范和引导社会资本下乡。

四是以一体化规建管为重点，促进设施融合。加快城乡交通设施联通，打好“同城融圈”交通三年大会战，实施乡（镇）三级及以上公路、建制村等级公路、较大人口自然村（组）通硬化路等“新三通”工程和乡村运输“金通工程”建设，力争到2027年完成农村客运公交化改造。加强水、电、气设施建设，推进嘉陵江水源供水工程管网延伸工程、亭子口一期灌溉工程等项目建设，实施农村电网巩固提升工程，推进城乡燃气管网建设，力争到2027年城乡自来水普及率、规模化供水率分别达94%、88%，农网供电可靠率达99.8%，城乡燃气覆盖率达98.2%。推进环境卫生设施提级，建立一体化城乡环境卫生基础设施体系，不断改善农村人居环境，力争到2027年农户卫生厕所普及率达98%、农村生活污水治理率达78%。

五是以健全城乡公共文化服务体系为重点，促进服务融合。统筹文化设施建设，推进文化艺术中心等县城文化项目建设，以中心镇为节点布局区域文化设施，完善村级综合性文化服务中心，力争到2027年建成四川省现代公共文化服务体系示范县。推动县级融媒体中心和新时代文明实践中心融合发展，整合平台功能，建立志愿服务系统，打通服务群众“最后一公里”。加强人才融合，引进领军人才到农村“结对子”“种文化”，推动城乡文化人才双向互动。提升公共文化设施复合利用率，推动公共文化设施与党群服务活动中心等功能融合，实现设施综合利用。同时，有序推进学校撤并整合，深化紧密型县域医共体建设，发展普惠性养老和互助性养老，推进城乡教育、医疗、养老一体化。

六是以高质量党建为重点，促进治理融合。加强党建引领，实施“乡村头雁”培育行动和村级集体经济“消薄扶强”计划。推动党群服务活动中心达标升级，增强基层党组织的政治功能和组织功能，以高质量党建引领提升治理效能。推进治理设施建设，用好“川善治”数字化乡村治理平台、村级“三务”电视公开平台和“安易办”便民服务平台，推进村级事务网上运行。深化“天网工程”“雪亮工程”等融合建设应用，补齐治理设施短板。加强乡风文明建设，坚持和发展新时代“枫桥经验”“浦江经验”。健全基层矛盾纠纷化解平台，开展乡风文明“一榜两评”活动，深化婚丧习俗改革，不断涵养文明新风、淳朴民风。

构建商贸发展新格局 重塑青藏高原商贸之都的美丽新画卷

——关于建设川甘青三省结合部商贸中心的思考

阿坝县人民政府县长　龙真泽郎

在开启全面建设社会主义现代化阿坝县新征程的重要时刻，州委、州政府赋予阿坝县“川甘青三省结合部商贸中心”的发展定位，如何去推进和实现、如何让蓝图变为现实就成了摆在阿坝县面前的一道课题。我们需要更加深入的思

考，提出切实可行的办法，采取务实有效的举措，奋力推动落实。

一、基本情况

阿坝县地处川、甘、青三省交汇处，辖区面积10 435平方千米，人口8.2万余人，是一个以藏族为主的少数民族聚居区，自古以来就是连接三省的重要交通枢纽、重要的商贸中心和物资集散地，素有“甘青之咽喉、蜀郡之门户”“高原商城”等美誉。公元18世纪90年代，当青藏高原还处在一片蛮荒之际，位于川西北高原，川甘青三省结合部的一个小镇便开始了以土陶器为主的交易。到1928年，这个最初以土陶器交易为主的小镇，逐渐成为了三省交汇处最为繁华、最具影响力的物资集散地，被赋予了“高原商城”的美誉。至20世纪40年代，由于阿坝县地处川甘青交界的腹心地带，又是川西北重要交通驿站这一特殊的地理区位优势，阿坝县潜藏的巨大商机逐渐显现，吸引了四方商家聚集阿坝县开展商贸活动，“天兴隆”“苏家”等各大商号相继入驻阿坝县，大甲康、崇拉街等地名由此形成，“扎崇节”也已成为了川甘青交界地区商贾云集、商贸繁荣的综合性物资交易节日。进入20世纪80年代，迎着改革开放的春风吹遍大江南北，阿坝县充分利用已形成的川甘青三省结合部商贸市场的有利氛围，一批商人就地发展商业贸易，一批商人积极开拓尼泊尔和印度等边贸市场，形成了结合部发展势头良好的区域商贸中心，但受人才技术和融资以及社会稳定等因素制约，特别是社会稳定问题导致民营企业发展信心受挫，政府也因疲于应对各类稳定问题，无暇在鼓励、支持和引导民营企业和市场健康平稳发展上有更多作为，严重影响了阿坝县的进一步发展。

近年来，随着基层社会治理的不断深入推进和民生的极大改善，社会秩序持续向好、社会大局持续稳定，群众盼稳定、思发展、求团结的良好氛围毅然形成。基于此，州委、州政府审时度势，结合实际赋予了阿坝县“川甘青结合部商贸中心”的发展定位，而县委、县政府也自加压力，提出了全面建设“川甘青三省交界地区区域发展先行县”的战略目标，并坚持以三大产业体系融合发展为带动，培育规上企业4家、龙头企业5家、电商示范企业2家，建成汽车服务产业园、电子商务运营服务中心、现代物流园区和8家专业交易市场，鑫城市广场、金幡银座等商业综合体建成投用，个体市场主体增加500余家、限上企业增加4家，商贸物流体量不断扩大，全面开启了建设净土阿坝·高原商城的新征程。

二、形势分析

中国特色社会主义进入了新时代，经济发展进入新常态，已由高速增长阶段转向高质量发展阶段，发展方式、发展动力和经济结构都发生了重大改变。与十几年前相比，发展环境已发生广泛而深刻的变化，如何在这场变革中处理好政府与市场的关系，形成政府“有形之手”与市场“无形之手”的相辅相成和辩证融合是我们面临的一项新的挑战。从市场分析而言，体系不完善、规则不统一、秩序不规范、竞争不充分，已经成为制约资源配置和效率优化的突出矛盾，一方面，县域内的产业层次不高、企业规模偏小、管理模式落后、资本技术含量低、创新能力不足、市场竞争力不强；另一方面，由于国内同类市场分割、电子商务等新业态强力冲击，先发优势逐步弱化，传统市场路径不可持续。当前，全县共有注册企业662家、个体工商户3 495户、农民专业合作社227家，但龙头企业仅有5家，叫得响的品牌少，民营经济仍然以传统业态为主，主要集中在批发零售业上，工业化、信息化程度不高，附加值层次和科技含量较低，对周边地区的辐射带动能力也不强。从政府履职来看，围绕高质量发展的必然要求，消除政府职能错位、越位、缺位的现象，已成为重塑政府与市场关系不可回避的主要问题，特别是当前，一些政府部门该管的事情没有管好、管住，该放的权利没有放足、放到位，该做的服务也没有做实、做细，影响了政策的有效落实、影响了市场的发展活力，最终影响了地方的经济发展。近年以来，虽然全县大力整治了城区内的占道经营问题，但集中整治后极易出现反弹，崇拉农贸市场、九鼎商贸市场和格尔登寺商贸市场等也因缺乏常效的管理措施，市场秩序仍然较为混乱，诚信经营等领域的问题仍然较为突出。

因此，全县必须正视存在的问题，并以问题为导向，切实解决好散乱不规、量小质弱、业态单一等问题，要用好政府的有形之手，以“划行规市”为抓手，强力规范市场秩序、加强市场监管，分门别类划定区域，实现同类市场划归同一区块经营，既方便了顾客选择，又能在同一市场货比三家，堵住假冒伪劣和哄抬物价的市场漏洞，从而形成诚信经商公平竞争的良好市场秩序。要用好市场的无形之手，加速推进资源要素的市场化配置，深化要素市场化改革，倒逼传统市场转型升级，以最小资源要素的投入换取最高的效益产出，形成以小见大、以零促整、以局部市场带动整体市场联动的商贸物流大格局。

三、自身优势

在全面推进乡村振兴、绿色生态高重量发展的历史关键期，我们既要抢抓机遇抓发展、尊重群众来自于市场的广泛实践和经验积累，也要尊重市场经济的客观发展规律、正确把握资源优势，充分发挥阿坝人“善抓商机、敢为人先”的创业精神，趟出一条“以商兴县、以商富民、以商稳县”的路子，从而让这片美丽富饶的高原沃土重新焕发生机和蓬勃活力，为尽快建成川甘青结合部商贸中心打下坚实的基础，再现高原商城应有的荣光。

丰富的农牧资源是推动商贸发展的重要支撑。阿坝县素有“高原粮仓”的美誉，境内拥有耕地17万亩、林地314万亩、草场1 321万亩，是一个农牧林兼营的县。全县登记认证“三品一标”农产品49个，认证有机产品基地面积126万亩，成功创建全州首个省级有机产品认证示范县、省级三星青稞现代农业园区，先后获得全省“三农”工作先进县、全省县域经济发展先进县和全省现代农业粮食园区培育县等称号。

浓厚的历史底蕴是推动商贸发展的强力引擎。传承百余年的商贸文化，奠定了干部群众深厚的经验和情感，阿坝的先民从遥远的阿里高原来到阿曲河谷，创造了灿烂和丰富多彩的农牧文化，结合游牧与农耕过渡带的独特地理区位优势，积极发展商贸物流，从当年的“小地摊”到大棚市场，再到具有一定规模的批发交易市场，建立了以农牧产品互惠交易为基础的传统商贸大市场，带动了川甘青结合部商贸物流大发展，农牧民群众也尝到了甜头，参与积极性高，发展愿望迫切，对于发展商贸产业信心足、决心大。

优越的区位条件是推动商贸发展的坚实基础。阿坝县位于川甘青三省交界地区腹心地带，是川甘青三省交界地区的陆路交通枢纽地、商贸物流集散地、高原农作物主产地和输出地，特别是交通便利、四通八达，东接大九寨和大草原旅游环线、西连青藏线、南通川藏线，紧邻阿坝红原机场，有着一条在建高速、一条国道、三条省道“两横三纵、内畅外联”的区域路网交通，道路通畅度高，区域辐射面广。

开放的包容姿态是推动商贸发展的宝贵财富。20世纪初，10余家回汉商人在这里落户经商，形成最初的贸易市场“甲康”，并在“甲康”的带动下，川甘青等地的各族群众不断涌入阿坝县定居经商，把商贸发展推向繁荣、延续至今。同时，红军三过阿坝县留下的丰富红色资源、各民族交流交往交融所孕育出的多彩文化都体现出阿坝县对外开放、多元包容的良好恣态。

四、实践方向

立足新发展阶段，贯彻新发展理念，积极主动服务融入新发展格局，我们更要立足资源优势、找准问题短板，牢牢抓住加快发展的机遇期，紧扣“一县一中心”发展目标，坚持区域化、电商化、集约化“三化并举”，市场、物流、加工、仓储、服务“五位一体”的发展方式，一手抓商贸主体的培育和壮大，一手抓商贸的规范化管理和便利化服务，逐步提升区域化水平和影响力。

一是加快市场改造提升，全力打造高原商贸城。将城市商贸发展与国土空间规划、产业发展规划等相互衔接、有机融合、相互支撑，围绕市场、物流、仓储、加工以及配套服务等重点，不断优化城市空间布局和完善城市功能。按照“整合一批、改造一批、搬迁一批、新建一批、清理一批”的思路，重点对布局分散、交叉经营和档次较低的市场进行改造提升和“划行规市”，重点规范打造汽车维修贸易、农特产品交易、民族用品销售等专业市场，科学合理对金幡银座商业街、中药材市场、德唐路、休闲广场、崇拉街等区域商贸业态布局进行规划，制定商贸市场准入清单和发展规范，不断提高产业集聚度，推动产业经营档次和效益提升。

二是完善功能服务配套，构建区域商贸物流枢纽。以规模化、集约化、智能化为发展方向，突出新业态引领、新政策复制、新项目落地的功能定位，规划建设布局集中、功能集成的物流仓储配送现代商贸物流园区；对接业态先进的仓储物流服务企业，探索布局大型综合物流、仓储和配送中心，积极培育专业化第三方物流企业，加强物流基础设施建设，依托高速公路服务区、收费站，布局一批分拨转运仓、快递服务站；发展沿路捎带、农村寄递，打通农牧产品进城和消费品下乡“最后一公里”，重点发展电商物流、商贸物流、冷链物流，促进物流业向专精特转变，打造集仓储配送、进货销售、快递快件、分拨转运和信息服务等功能于一体的现代化区域物流周转中心和商贸批发中心。

三是搭建商贸交流平台，努力建设区域性会展中心城市。深度聚焦久马高速建成通车和疫情逐步缓解，充分利用政策优势和区域优势建设商贸物流枢纽，树立以贸促展、以展兴贸、展贸互动的理念，集聚会展要素，积极整合商城会展资源。以“扎崇文化旅游节”为抓手，积极争取承办国家级、省级有影响力的大型专业展会，吸引国内知名会展企业在阿坝设分支或代理合作机构以支持商贸物流市场，培育壮大新产业、新题材会展项目。同时，加强与院校、知名会展企业、会展机构的交流，建立会展行业人才智囊库、信息库，为会展产业长远发展提供智力支持。

附录

FULU

SICHUAN

新任（变动）省级领导

王晓晖，男，汉族，1962年8月生，吉林长岭人，毕业于吉林大学法学院，研究生学历，法学硕士。1986年，毕业后到中共中央宣传部工作，历任中央宣传部宣传教育局副处长、处长、助理巡视员，政策法规研究室副主任，舆情信息局局长，副秘书长兼理论局局长。2009年7月，任中央宣传部副部长。2014年1月，任中央宣传部副部长、中央政策研究室副主任（兼）。2017年2月，任中央政策研究室主持常务工作的副主任（正部长级）。2018年1月后，任中央宣传部分管日常工作的副部长、中央精神文明建设指导委员会办公室主任、国家电影局局长。2022年4月，任四川省委委员、常委、书记。

彭清华，男，汉族，1957年4月生，湖北大冶人，1974年8月参加工作，1976年6月加入中国共产党，中山大学企业管理专业毕业，在职研究生学历，管理学博士学位，研究员。1974年8月—1975年11月，任湖北省大冶县太婆尖茶场知青组长。1975年11月—1979年8月任湖北省大冶县委知青办干事、县委办公室秘书。1979年8月—1983年7月，在北京大学哲学系哲学专业学习。1983年7月—1988年7月，为中央组织部党政外事干部局、地方干部局干事。1988年7月—1988年8月，任中央组织部地方干部局副处长。1988年8月—1992年11月，任中央组织部秘书。1992年11月—1997年3月任中央组织部党建研究所负责人、副所长（期间1993年9月—1996年3月在湖南大学工业外贸专业在职研究生学习，获得工学硕士学位）。1997年3月—1999年3月任中央组织部党建研究所副所长、《党建研究》杂志社总编辑。1999年3月—1999年5月任中央组织部党建研究所所长、《党建研究》杂志社总编辑。1999年5月—2000年5月任中央组织部研究室主任。2000年5月—2001年1月任中央组织部研究室主任兼政策法规局局长。2001年1月—2001年2月任中央组织部干部一局局长。2001年2月—2003年12月任中央组织部部务委员（副部长级）兼干部一局局长（期间1996年3月—2001年6月在中山大学企业管理专业在职研究生学习，获管理学博士学位）。2003年12月—2007年7月任中央政府驻港联络办副主任。2007年7月—2009年5月任中央政府驻港联络办副主任（正部长级）。2009年5月—2012年12月任中央政府驻港联络办主任。2012年12月—2013年1月任广西壮族自治区党委书记。2013年1月—2018年3月任广西壮族自治区党委书记，自治区人大常委会主任、党组书记(2013年1月—2016年1月)，广西军区党委第一书记。2018年3月—2019年1月任四川省委书记、省人大常委会党组书记、省军区党委第一书记。2019年1月—2021年5月任四川省委书记，省人大常委会主任、党组书记，省军区党委第一书记。2021年5月—2022年4月任四川省委书记、省人大常委会主任、省军区党委第一书记。2022年4月—2022年6月任四川省人大常委会主任、党组书记 。2022年6月—，任四川省人大常委会主任、第十三届全国人民代表大会农业与农村委员会副主任委员。

表　彰

2022年度国家级生态农场名单（四川省部分）

四川省巴山绿源生态农业开发有限公司

现代牧业洪雅有限公司

眉山市东坡区三苏源家庭农场

盐边县天厚种养殖家庭农场

成都绿色嘉园家庭农场

2022年中国美丽休闲乡村名单（四川省部分）

成都市金堂县淮口街道龚家村

自贡市贡井区建设镇重滩村

攀枝花市米易县攀莲镇贤家村

遂宁市安居区常理镇海龙村

乐山市夹江县新场镇团结村

南充市西充县义兴镇有机村
宜宾市翠屏区白花镇一曼村
广安市华蓥市禄市镇凉水井村
达州市万源市固军镇三清庙村
巴中市恩阳区下八庙镇万寿村

第四批全国乡村旅游重点村名单（四川省部分）

成都市崇州市道明镇竹艺村
广元市昭化区昭化镇城关村
遂宁市安居区常理镇海龙村
雅安市汉源县九襄镇三强村
绵阳市安州区桑枣镇齐心村
南充市高坪区江陵镇江陵坝村
甘孜藏族自治州稻城县香格里拉镇亚丁村

第二批全国乡村旅游重点镇(乡)名单（四川省部分）

阿坝藏族羌族自治州小金县四姑娘山镇
宜宾市翠屏区李庄镇
攀枝花市米易县新山傈僳族乡

第六批国家生态文明建设示范区名单（四川省部分）

巴中市、成都市双流区、成都市郫都区、成都市都江堰市、成都市彭州市、广元市青川县、眉山市丹棱县、宜宾市长宁县、甘孜藏族自治州色达县、凉山彝族自治州西昌市

2022年度全国村庄清洁行动先进县名单（四川省部分）

成都市龙泉驿区、泸州市古蔺县、乐山市沙湾区、雅安市荥经县、阿坝州汶川县

全国农村集体产权制度改革工作先进集体和先进个人（四川省部分）

一、先进集体名单

成都市温江区农业农村局
泸县农业农村局
什邡市农业农村局
绵阳市农业农村局
广元市农业农村局
遂宁市农业农村局
中共隆昌市委农村工作领导小组办公室
雅安市雨城区农业农村局
西昌市农业农村局
四川省农业农村厅农村合作经济指导处
四川省农业农村厅农村改革处

二、先进个人名单

张型刚　成都市郫都区农工办专职副主任，区农业农村局党组成员，区乡村振兴局局长(兼)(按正局级)
谭雪梅　自贡市农业农村局农村改革与合作经济科科长
谭旭红　攀枝花市农村经营指导站站长
李剑梅　德阳市蚕业管理站办公室副主任
巩道成　绵阳市游仙区农业农村局九级农艺师
谢志杨　广元市利州区农业农村局三级主任科员
曾艳梅　内江市农业农村局副局长、三级调研员
雷　平　井研县委农办主任、农业农村局党组书记、局长、四级调研员
杜　勇　南充市农业农村局农村合作经济管理科科长、一级主任科员
陶　平　宜宾市叙州区农业农村局农村宅基地管理股(农村合作经济指导股)股长、四级主任科员
吴德均　广安市前锋区农业农村局党委委员、机关党委书记
黄　伟　大竹县农业经济经营管理站副站长
李　煜　巴中市农业农村局机关党委办公室主任
肖兴无　雅安市农业农村局一级主任科员
周　辉　仁寿县农村经济经营管理站负责人
张明英　乐至县农业机械化学校校长、乐至县农村经营管理局负责人
杨　坤　阿坝藏族羌族自治州农业农村局副站长、三级主任科员
易小兵　丹巴县农牧农村和科技局四级主任科员

罗晓和　四川省农业农村厅农村合作经济指导处二级调研员

朱烈夫　四川省农村经营管理总站科长、一级主任科员

2022年度“全国十佳农民”资助项目名单（四川省部分）

杨　萍（女）　广汉市麦浪土地股份合作社理事长

杨晓凌　广安惠民农机农艺专业合作社理事长

向　峰　眉山市大当家蔬菜专业合作社理事长

第六批全国农村创业创新优秀带头人典型案例名单（四川省部分）

向　峰　眉山市大当家蔬菜专业合作社

吴　春　四川艾加农业发展有限公司

旷世力　遂宁市安居区绍兵家庭农场

陈芝秀　四川百岛湖生态农业开发有限公司

2022年度全国“平安农机”示范县名单（四川省部分）

遂宁市船山区、南江县

2022年度四川省农村改革工作先进县（市、区）名单

成都市温江区、富顺县、德阳市罗江区、旺苍县、乐山市沙湾区、宜宾市翠屏区、开江县、巴中市巴州区、眉山市彭山区、西昌市

2022年度四川省乡村振兴先进市、先进单位名单

一、2022年度四川省乡村振兴先进市

达州市、泸州市、绵阳市、眉山市、乐山市

二、2022年度四川省乡村振兴先进单位

自然资源厅、交通运输厅、农业农村厅、民政厅、水利厅、省委组织部、教育厅、省乡村振兴局、省纪委监委机关、省委宣传部、省直机关工委、省发展改革委、经济和信息化厅、科技厅、公安厅、财政厅、文化和旅游厅、审计厅、省委统战部、省委政法委、省统计局、四川天府新区

2022年度四川省乡村振兴先进县(市、区)、成效显著县(市、区)、重点帮扶优秀县(市、区)、先进乡镇、示范村、重点帮扶优秀村名单

一、2022年度乡村振兴先进县（市、区）

蓬溪县、蓬安县、攀枝花市仁和区、安岳县、兴文县、资中县、荣县、巴中市巴州区、长宁县、华蓥市

二、2022年度乡村振兴成效显著县（市、区）

巴中市恩阳区、雅安市雨城区、乐山市沙湾区、梓潼县、营山县、泸县、都江堰市、南充市高坪区、仁寿县、成都市青白江区、苍溪县、自贡市大安区、威远县、宣汉县、德昌县

三、2022年度乡村振兴重点帮扶优秀县（市、区）

平昌县、旺苍县、马边彝族自治县、炉霍县、色达县、理塘县、甘洛县、九寨沟县、金川县、盐源县

四、2022年度乡村振兴先进乡镇

成都市(3个)

郫都区三道堰镇、简阳市平武镇、金堂县竹篙镇

自贡市(2个)

贡井区建设镇、富顺县代寺镇

攀枝花市(1个)

米易县草场镇

泸州市(2个)

江阳区分水岭镇、古蔺县箭竹苗族乡

德阳市(2个)

广汉市金鱼镇、中江县辑庆镇

绵阳市(2个)

安州区秀水镇、梓潼县黎雅镇

广元市(3个)

朝天区羊木镇、剑阁县汉阳镇、青川县沙州镇

遂宁市(2个)

安居区常理镇、大英县卓筒井镇

内江市(2个)

市中区朝阳镇、威远县新店镇

乐山市(2个)

峨眉山市双福镇、井研县周坡镇

南充市(4个)

顺庆区渔溪镇、嘉陵区双桂镇、西充县凤鸣镇、营山县骆市镇

宜宾市(2个)

南溪区仙临镇、高县嘉乐镇

广安市(2个)

广安区大龙镇、岳池县石垭镇

达州市(3个)

万源市石塘镇、大竹县童家镇、渠县安北乡

巴中市(3个)

巴州区大和乡、南江县正直镇、平昌县驷马镇

雅安市(2个)

名山区茅河镇、天全县仁义镇

眉山市(2个)

东坡区三苏镇、青神县高台镇

资阳市(2个)

雁江区丹山镇、乐至县宝林镇

阿坝州(3个)

小金县四姑娘山镇、壤塘县中壤塘镇、黑水县知木林镇

甘孜州(2个)

巴塘县中咱镇、道孚县泰宁镇

凉山州(4个)

西昌市礼州镇、会理市彰冠镇、会东县铁柳镇、冕宁县高阳街道

五、2022年度乡村振兴示范村

成都市(44个)

龙泉驿区:洪安镇土门村、西河街道天平村

青白江区:姚渡镇光明村、城厢镇玉龙村

新都区:军屯镇天星村、斑竹园街道锦城村

温江区:万春镇先锋村、万春镇金星村

双流区:永安镇梨园村、太平街道桃源村、新兴街道茅香村、黄水镇花龙村

郫都区:德源街道禹庙村、安德街道棋田村

新津区:安西镇柏杨村、兴义镇纪碾村

都江堰市:石羊镇竹瓦社区、石羊镇马祖社区、聚源镇笆桥社区

彭州市:九尺镇昌衡村、濛阳街道桂桥村、通济镇花溪村、白鹿镇白鹿顶村

邛崃市:火井镇双童村、孔明街道郭山村、南宝山镇川王村

崇州市:隆兴镇梁景村、怀远镇三官村、廖家镇民和村

简阳市:平武镇高坡村、董家埂镇小河村、平泉街道协议村、壮溪镇高产村、东溪街道黄岭村、养马街道先进村

金堂县:三溪镇长林村、高板街道东岳村、转龙镇大桥村

大邑县:鹤鸣镇大坪村、安仁镇白马村、新场镇李安村

蒲江县:大塘镇五里村、寿安街道吕石桥村、西来镇铜鼓村

自贡市(16个)

自流井区:荣边镇干塘村、舒坪街道水口村、飞龙峡镇新国村

贡井区:成佳镇杨柳村、建设镇重滩村

大安区:新民镇白果冲村、牛佛镇高店村

沿滩区:王井镇桂花村、瓦市镇大雁湖村、仙市镇百胜村、兴隆镇光辉村

荣县:乐德镇回龙殿村、鼎新镇老当村、观山镇板桥村

富顺县:骑龙镇大田村、琵琶镇金竹村

攀枝花市(5个)

仁和区:平地镇迤沙拉村、务本乡大火山村

盐边县:惠民镇新林村、渔门镇犀牛村、永兴镇新胜村

泸州市(22个)

江阳区:江北镇石鱼村、方山镇方山村

龙马潭区:胡市镇敦和村、石洞街道鱼眼滩村

纳溪区:护国镇东巷口村、合面镇马桥村、龙车镇塘口村

泸县:玄滩镇龙凤村、玉蟾街道龙华村、云龙镇龙河村、立石镇普照村

合江县:大桥镇长江村、白沙镇忠孝村、法王寺镇天池村、真龙镇武民村

叙永县:分水镇分水村、赤水镇斜口村、江门镇双莲村、叙永镇金桂村

古蔺县:马蹄镇马蹄社区、太平镇九龙村、东新镇呐喊村

德阳市(20个)

旌阳区:新中镇白河村、柏隆镇红花村、黄许镇三合村

罗江区:白马关镇宝峰村、略坪镇长玉村、万安镇响石村

广汉市:高坪镇白里社区、三星堆镇三星村、金雁街道白鱼村

什邡市:洛水镇家灵村、方亭街道慧剑村、湔氐镇龙居寺村、禾丰镇文顺村

绵竹市:新市镇石虎村、九龙镇双泉村、汉旺镇白果村

中江县:兴隆镇石碑河村、永兴镇永兴村、玉兴镇玉屏村、永安镇红马村

绵阳市(30个)

涪城区:新皂镇八庙子村、杨家镇万和村、吴家镇五龙村

游仙区:魏城镇红岩村、忠兴镇木龙村、忠兴镇兴合村、小枧镇洪垭村

安州区:河清镇同心村、秀水镇青松村、黄土镇新光村

江油市:方水镇西林村、方水镇高包村、青莲镇诗仙村、龙凤镇朝天村

梓潼县:许州镇平原村、卧龙镇九柏村、许州镇百顷村

平武县:高村乡大兴村、江油关镇苏家河村

北川县:永安镇元门村、桂溪镇辛夷村、禹里镇禹里村

三台县:建平镇四季村、刘营镇安宁村、芦溪镇枣河村、金石镇海棠村、老马镇新河村

盐亭县:巨龙镇钟沟村、黄甸镇利和村、岐伯镇广福村

广元市(26个)

利州区:金洞乡店子村、龙潭乡曙光村、万缘街道万和村、石龙街道石龙村

昭化区:清水镇清凉村、柏林沟镇马蹄滩村、卫子镇肖家寨村

朝天区:李家镇永乐村、曾家镇大竹村、两河口镇两河村

剑阁县:元山镇粮丰村、开封镇鞍山村、武连镇武五村、普安镇光荣村

旺苍县:木门镇杏垭村、张华镇宋水村、白水镇快活村、嘉川镇榆钱村

青川县:蒿溪回族乡地坪村、七佛乡贡茶社区、乐安镇通坝村、关庄镇固井村

苍溪县:云峰镇青盐村、龙山镇董永村、浙水乡寨坪村、陵江镇回水社区

遂宁市(22个)

船山区:永兴镇箩篼垴村、老池镇书院村、桂花镇金井村、永兴镇锦秀村、保升镇和兴村、河沙镇送家沟村

安居区:三家镇长乐村、横山镇朝天村、白马镇宝泉沟村、石洞镇双祠堂村、玉丰镇黄林沟村

射洪市:沱牌镇桃花村、瞿河镇中皇村、天仙镇双庙村、洋溪镇新溪坝村、武安镇磨嘴村

蓬溪县:宝梵镇龙洞村、高升乡新建村、明月镇白庙村

大英县:玉峰镇玉印村、回马镇文武村、河边镇前进村

内江市(20个)

市中区:永安镇瓦堆湾村、史家镇牛桥村

东兴区:永福镇曹家沟村、田家镇正觉村、顺河镇骑龙村、椑木镇光明村

隆昌市:响石镇群乐村、石燕桥镇三合村、普润镇汪家村、胡家镇同心村

资中县:公民镇太平寺村、银山镇黄莲树村、归德镇小尖山村、高楼镇天星村、铁佛镇柏龙村、球溪镇雷打坡村

威远县:新场镇老场村、界牌镇中坝村、东联镇石岭村、龙会镇高湾村

乐山市(19个)

市中区:剑峰镇五星村、土主镇红斗村、安谷镇烽火村

五通桥区:石麟镇许店儿村、竹根镇青龙村

沙湾区:太平镇草坝村、踏水镇魏槽村

金口河区:金河镇同心村

峨眉山市:高桥镇寨子村、桂花桥镇新联村、罗目镇鞠槽村

犍为县:罗城镇二龙村

井研县:三江镇解放村、高凤镇红星村

夹江县:甘江镇金银河村、青衣街道青衣江村

沐川县:大楠镇石碑村

峨边彝族自治县:新场镇星星村

马边彝族自治县:劳动镇红椿村

南充市(41个)

顺庆区:双桥镇锣打山村、新复乡四方寨村、渔溪镇集凤寺村

高坪区:会龙镇杉树沟村、阙家镇鲜江村、江陵镇牌坊村、长乐镇灯高山村

嘉陵区:双桂镇邓家沟村、大通镇芝麻湾村

阆中市:天宫镇石狮村、洪山镇得阳村、五马镇游柿垭村、千佛镇猪垭槽村、文成镇玉皇观村、江南街道裕华社区

南部县:万年镇天波村、伏虎镇凤阳寺村、大河镇刘家坝村、富利镇胡家湾村、太霞乡洪湖村、三官镇兰家沟村

西充县:常林镇活佛山村、槐树镇观音坝村、双凤镇蟠龙村、占山乡莲花穴村、莲池镇田家坝村

仪陇县:马鞍镇瓦子坪村、新政镇高堂沟村、金城镇向阳村、柴井乡狮子头村、立山镇马跪石村

营山县:老林镇龙跃村、骆市镇温祖村、灵鹫镇青山子村、木垭镇龙伏社区、新店镇帽合村

蓬安县:金甲乡果山村、锦屏镇石板店社区、睦坝镇武胜村、相如街道玉龙山社区、杨家镇清华村

宜宾市(32个)

翠屏区:白花镇一曼村、菜坝镇水库村、金秋湖镇燕山村、双城街道崇德村、李庄镇双桥村、永兴镇永兴村

南溪区:南溪街道石鹅村、长兴镇庆林村、裴石镇鲜明村

叙州区:蕨溪镇宣化村、横江镇松峰村、南广镇富强村、观音镇佑之村

江安县:迎安镇凤鸣村、怡乐镇滥池村、仁和镇鹿鸣村

长宁县:梅硐镇泽鸿村、龙头镇官兴村、竹海镇集贤村、长宁镇马村

高县:罗场镇田村村、复兴镇陈正村

筠连县:筠连镇双河村、筠连镇五凤村

珙县:王家镇青山村、玉和苗族乡青龙村

兴文县：共乐镇共乐村、莲花镇水栏村、僰王山镇太安村

屏山县：大乘镇大乘村、龙华镇八仙山村、书楼镇宝宁村

广安市(25个)

广安区：花桥镇一心村、石笋镇山峰村、龙台镇玉城村、恒升镇长征村、兴平镇丁坝村

前锋区：桂兴镇大店村、广兴镇中村村

华蓥市：高兴镇花庙嘴村、阳和镇鸽笼山村

岳池县：苟角镇红朝门村、石垭镇周锣铺村、朝阳街道秦家店村、乔家镇陈家湾村、白庙镇长深沟村

武胜县：飞龙镇梅托村、礼安镇观音坝村、清平镇陈家寨村、烈面镇高峰村、胜利镇红树村、沿口镇五一村

邻水县：柑子镇金鼓村、城北镇大堰村、城南镇云安村、丰禾镇关口村、观音桥镇王家坝村

达州市(32个)

通川区：东岳镇凤凰村、蒲家镇乐云村、罗江镇北斗村、金石镇金山村、磐石镇金龙村

达川区：百节镇乌梅山村、百节镇工人村、大堰镇卢岗村、石梯镇桥东村、万家镇迎风村、亭子镇燕窝岩村

万源市：石塘镇杉林湾村、青花镇窝窝店村、八台镇虾叭口村、魏家镇石坝村

宣汉县：君塘镇君坝村、大成镇千岭村、白马镇毕城村、天生镇新芽村

开江县：普安镇新场村、回龙镇李家坝村、甘棠镇锣鼓堂村、广福镇兰草沟村

大竹县：清河镇龙洞坝村、朝阳乡木鱼村、文星镇方斗村、月华镇河心村、永胜镇麻柳村

渠县：合力镇高拱村、静边镇膏泥村、定远镇四合村、东安镇斌山村

巴中市(26个)

巴州区：天马山镇寺岭村、凤溪镇柏垭子村、大罗镇董家梁村、化成镇白庙村、曾口镇书台村、鼎山镇蝉池村

恩阳区：兴隆镇金鸭村、渔溪镇八角村、雪山镇雪源村、双胜镇红岩社区

平昌县：土兴镇圣谕社区、涵水镇禅林社区、得胜镇前锋村、白衣镇柳州社区、云台镇胜利村

通江县：广纳镇金堂村、广纳镇梓潼村、诺水河镇玉皇坝村、烟溪镇钟凤村、唱歌镇唱歌郎村、兴马镇庙坪村

南江县：大河镇芭蕉溪村、高桥镇桅杆村、公山镇桥坝村、八庙镇燕山村、正直镇凤仪村

雅安市(11个)

雨城区：周公山镇余家村、草坝镇合江村

荥经县：五宪镇阳春坝村、青龙镇柏香村

汉源县：九襄镇锦新村、宜东镇新林村

石棉县：迎政乡八牌村

芦山县：思延镇周村村、飞仙关镇飞仙村

宝兴县：蜂桶寨乡邓池沟村、陇东镇赶洋沟村

眉山市(12个)

东坡区：太和镇永丰村、太和镇四维村、多悦镇正山口村

彭山区：公义镇农乐村

仁寿县：贵平镇龙江村、北斗镇金耀村、珠嘉镇花园社区、方家镇东岳村

洪雅县：中山镇邹岗村、洪川镇曲沿村

丹棱县：仁美镇桂香村

青神县：西龙镇万沟村

资阳市(19个)

雁江区：东峰镇东峰村、丹山镇楠木村、保和镇钓鱼村、祥符镇桃树村、南津镇冻青铺村、临江镇红碑村

安岳县：乾龙镇罐子河村、乾龙镇孟公村、龙台镇桥墩村、通贤镇人和村、天马乡贤庄村、石羊镇瑞云社区、卧佛镇石鼓社区

乐至县：宝林镇龙形村、大佛镇东禅寺村、中和场镇高山村、回澜镇土桥社区、童家镇李家寨村、石湍镇普明寺村

阿坝州(17个)

马尔康市：松岗镇莫斯都村、党坝乡尕兰村

汶川县：灞州镇克枯村、水磨镇老人村

理县：桃坪镇桃坪村、甘堡乡甘堡村

茂县：黑虎镇小河坝村

松潘县：川主寺镇元坝子村、川主寺镇安备村

九寨沟县：漳扎镇郎寨村

金川县：安宁镇安宁村

小金县：达维镇夹金村

壤塘县：蒲西乡伊里村

阿坝县：贾洛镇合拉玛村、麦昆乡蚕木扎村

若尔盖县：求吉乡嘎哇村

红原县：邛溪镇达格龙村

甘孜州(28个)

泸定县：泸桥镇咱里村、兴隆镇化林村

丹巴县：墨尔多山镇罕额依村、墨尔多山镇波色龙村

九龙县：乃渠镇七日村、汤古镇汤古村

雅江县：祝桑乡奔达村、米龙乡程章村

道孚县：瓦日镇扎嘎村、八美镇沙江村

炉霍县：雅德乡布麦贡村

甘孜县：来马镇雅支村、卡攻乡岔拉村

新龙县：麻日乡德巴村、和平乡麻西村
德格县：麦宿镇美丽村
石渠县：奔达乡德卡村
色达县：翁达镇明达村、色柯镇约若二村
理塘县：禾尼乡禾然尼巴村
巴塘县：地巫镇坝伙村、昌波乡戈朗村
乡城县：沙贡乡达根村、青德镇下坝村
稻城县：噶通镇寒桑村、各卡乡思子村
得荣县：古学乡比拥村、徐龙乡宗绒村
凉山州（33个）
西昌市：黄联关镇大德村、安宁镇柏枝树村、裕隆回族乡兴富村
会理市：城北街道龙肘村、新发镇新铺子村、通安镇皎平渡村
德昌县：麻栗镇大坝村、德州街道大坪村、永郎镇罗乜村
会东县：满银沟镇发箐村、鲹鱼河镇新云村
宁南县：宁远镇小田坝村、松新镇上游村
冕宁县：高阳街道大垭口社区、宏模镇松盛村
布拖县：拖觉镇菲土鲁村
昭觉县：三岔河镇姐把哪打村、四开镇梭梭拉达村
金阳县：丙底镇丙底洛村、芦稿镇木府中心村
雷波县：汶水镇汶水村、千万贯乡青杠村
美姑县：龙门乡塔哈村、洛俄依甘乡瓦吉吉村
甘洛县：玉田镇永久村、吉米镇波波村
越西县：中所镇陶家营村、普雄镇呷古村
喜德县：且拖乡且拖村、光明镇干拖村
盐源县：平川镇青天铺村、泸沽湖镇舍垮村
木里藏族自治县：东朗乡亚英村

六、2022年度乡村振兴重点帮扶优秀村

成都市（3个）
简阳市：云龙镇方井村、镇金镇南山坳村、三星镇蟠龙村
自贡市（4个）
贡井区：龙潭镇将军村
沿滩区：九洪乡三河村
荣县：度佳镇白坡村
富顺县：狮市镇罗寺村
攀枝花市（3个）
仁和区：大龙潭彝族乡大龙潭村
米易县：麻陇彝族乡黄草坪村
盐边县：红果彝族乡梁子田村
泸州市（5个）
龙马潭区：石洞街道顺江村
泸县：太伏镇青桥村
合江县：石龙镇砖房村
叙永县：黄坭镇树坪村
古蔺县：白泥镇白泥村
德阳市（6个）
旌阳区：新中镇桂花村
罗江区：金山镇富荣村
广汉市：金鱼镇上苓村
什邡市：洛水镇李冰村
绵竹市：玉泉镇永宁村
中江县：黄鹿镇宝塘村
绵阳市（8个）
游仙区：盐泉镇宝山村
安州区：花荄镇九合村
江油市：河口镇重兴村
梓潼县：仁和镇檬桠村
平武县：平通羌族乡龙治村
北川县：陈家坝镇黎山村
三台县：塔山镇宝林村
盐亭县：莲花湖乡弥江村
广元市（13个）
利州区：荣山镇和平村
昭化区：卫子镇千秋村
朝天区：曾家镇石烛村
剑阁县：白龙镇红岩村、东宝镇联峰村、下寺镇小剑村
旺苍县：白水镇勇敢村、普济镇清江村、天星镇云峰村
青川县：竹园镇清江村
苍溪县：月山乡钦差村、白桥镇上马村、河地镇龙固村
遂宁市（5个）
船山区：龙凤镇宝塔村
安居区：横山镇鸡叫山村
射洪市：复兴镇博古村
蓬溪县：鸣凤镇田沟村
大英县：蓬莱镇榕桥村
内江市（5个）
市中区：朝阳镇铧匠冲村
东兴区：双才镇涂家村
隆昌市：界市镇王家寺村
资中县：银山镇双塘坊村
威远县：严陵镇食丰村
乐山市（10个）
五通桥区：冠英镇鸭口山村

沙湾区:葫芦镇四峨山村
金口河区:永胜乡瓦山村
峨眉山市:龙门乡鸭池村
犍为县:龙孔镇丝茅坪村
井研县:千佛镇民建村
夹江县:吴场镇新合村
沐川县:沐溪镇松林村
峨边彝族自治县:新场乡羊子岩村
马边彝族自治县:民主镇小谷溪村
南充市(17个)
顺庆区:李家镇金环井村
高坪区:江陵镇唐家堰村、擦耳镇尖山沟村
嘉陵区:安平镇店子嘴村、龙岭镇玉皇观村
阆中市:望垭镇三宝山村、五马镇罗家湾村
南部县:大王镇郑家垭村、谢河镇磨刀石村
西充县:太平镇天城乡村
仪陇县:永乐镇史家沟村、板桥乡旱田岭村、柴井乡三溪口村
营山县:绿水镇锁口村、骆市镇温祖村
蓬安县:正源镇石牛村、巨龙镇山合村
宜宾市(10个)
翠屏区:双谊镇双凤村
南溪区:黄沙镇田兴村
叙州区:蕨溪镇顶仙村
江安县:红桥镇两江村
长宁县:老翁镇黎明村
高县:文江镇云山村
筠连县:团林苗族乡杉新村
珙县:巡场镇德田村
兴文县:麒麟苗族乡乐望村
屏山县:书楼镇西村
广安市(12个)
广安区:大龙镇干埝村、白马乡石梯村、悦来镇中合村
前锋区:广兴镇桥角村、观塘镇三台村
华蓥市:华龙街道上坝桥村
岳池县:乔家镇韩婆岭村、苟角镇薛家坪村
武胜县:华封镇观音寺村、猛山乡石花村
邻水县:高滩镇长渠村、丰禾镇泥汉坪村
达州市(15个)
通川区:梓桐镇两河村
达川区:罐子镇金坛罐村、幺塘乡平洞村、福善镇四合村
万源市:白沙镇花萼村、八台镇田坝村、石塘镇贺家湾村、官渡镇二沟河村
宣汉县:樊哙镇金花村、峰城镇龙泉村、黄金镇黄金村开江县:永兴镇观音桥村
大竹县:庙坝镇高平村
渠县:李馥镇青山村、宝城镇马鞍村
巴中市(13个)
巴州区:清江镇洛伽村、鼎山镇玉凤村、三江镇明月寺村
恩阳区:柳林镇海山村、九镇钟山寨村
平昌县:驷马镇鹿峰村、白衣镇黄梅村、西兴镇皇家山村
通江县:泥溪镇梨园坝村、涪阳镇石龙寺村、杨柏镇朽石坎村
南江县:云顶镇黑潭村、天池镇红豆村
雅安市(4个)
雨城区:碧峰峡镇后盐村
名山区:前进镇凤凰村
荥经县:新添镇庙岗村
汉源县:永利彝族乡古路村
眉山市(3个)
仁寿县:珠嘉镇顺龙村
丹棱县:齐乐镇龙鹄村
青神县:高台镇玉蟾寺村
资阳市(4个)
雁江区:宝台镇春天沟村
安岳县:石羊镇油坪村、龙台镇花果村
乐至县:龙门镇金马村
阿坝州(16个)
马尔康市:脚木足乡大坝口村
汶川县:三江镇柒山村
理县:杂谷脑镇日底村、下孟乡四马村
茂县:叠溪镇蚕丛村、渭门镇德胜村
松潘县:镇坪乡麦吉村、川主寺镇麻依村
九寨沟县:草地乡上草地村
金川县:卡拉脚乡二普鲁村
小金县:窝底乡成都村
黑水县:沙石多镇雅克夏村
壤塘县:浦西乡浦西村
阿坝县:麦昆乡草原村
若尔盖县:巴西镇班佑村
红原县:阿木乡峨扎村
甘孜州(22个)
康定市:塔公镇八郎村
泸定县:得妥镇湾东村

丹巴县:巴底镇木尔约村

九龙县:烟袋镇烂铺子村

雅江县:八衣绒乡茨马绒村

道孚县:龙灯乡然姑村、七美乡白日山村

炉霍县:洛秋乡瓦贡村、雅德乡固理村

甘孜县:生康乡仲偌村、扎科乡查依村

新龙县:尤拉西镇洛足村、博美乡拉巴村

德格县:阿须镇磨勒村

白玉县:盖玉镇山岩村

石渠县:色须镇瓦土村

色达县:杨各乡麦旭村、翁达镇吉沟村

理塘县:甲洼镇下甲洼村

巴塘县:列衣乡自热村

稻城县:吉呷镇吉尔同村

得荣县:奔都乡莫木中村

凉山州(22个)

西昌市:大兴乡石节子村

会理市:六华镇大坪村

德昌县:乐跃镇杉木村

会东县:新街镇红岩村

宁南县:竹寿镇幸福村

冕宁县:锦屏镇金光村

普格县:荞窝镇城西村

布拖县:地洛镇桥边村、委只洛乡觉古村、拉果乡阿布洛哈村

昭觉县:解放沟镇博什瓦黑村、博洛乡普洛村、城北镇瓦拖村

金阳县:丙底镇依达中心村

雷波县:千万贯乡石板滩村

美姑县:洒库乡塔古村

甘洛县:海棠镇坪坝村

越西县:新民镇瓦曲觉村

喜德县:洛哈镇木古宜莫村

盐源县:梅雨镇娃儿嘴村、梅雨镇龙家湾社区

木里藏族自治县:李子坪乡金子沟村

乡村振兴先进县(市、区)2022年度"回头看"考核优秀等次名单

崇州市、绵阳市安州区、达州市通川区、射洪市、青神县、眉山市彭山区、井研县、达州市达川区、南部县、富顺县、彭州市

四川省合并村集体经济融合发展试点先进县(市、区)、先进村名单

一、合并村集体经济融合发展试点先进县(市、区)名单

成都市郫都区、大英县、富顺县、岳池县、盐边县、广元市昭化区、威远县、井研县、绵阳市游仙区、芦山县、西昌市

二、合并村集体经济融合发展试点先进村名单

成都市(17个)

四川天府新区兴隆街道刘家坝村、东部新区贾家街道久隆社区、龙泉驿区柏合街道长松村、青白江区福洪镇三元村、新都区斑竹园街道公益社区、温江区寿安镇岷江村、双流区黄水镇白塔社区、郫都区友爱镇子云村、新津区安西镇月花村、简阳市平武镇尤安村、都江堰市青城山镇大通社区、彭州市桂花镇金城社区、邛崃市高埂街道火星村、崇州市观胜镇联义村、金堂县淮口镇龚家村、大邑县安仁镇新福社区、蒲江县朝阳湖镇白鹤村

自贡市(8个)

贡井区五宝镇照石村、大安区新店镇龙晏村、沿滩区永安镇前进村、荣县新桥镇沙湾村、荣县正紫镇坟嘴山村、富顺县狮市镇马安村、富顺县狮市镇罗寺村、富顺县长滩镇石河村

攀枝花市(3个)

仁和区太平乡革新村、米易县湾丘乡昔街村、盐边县渔门镇双龙村

泸州市(11个)

江阳区分水岭镇常乐寺村、龙马潭区特兴街道桐兴村、纳溪区护国镇梅岭村、纳溪区天仙镇牟观村、泸县玄滩镇龙凤村、合江县白鹿镇楠木村、合江县石龙镇大久村、叙永县江门镇双莲村、叙永县黄坭镇树坪村、古蔺县椒园镇龙凤村、古蔺县茅溪镇青龙村

德阳市(8个)

旌阳区孝泉镇高桥村、旌阳区德新镇龙泉村、罗江区金山镇二龙村、罗江区略坪镇长玉村、广汉市连山镇沙田村、什邡市湔氐镇龙泉村、什邡市马井镇建设村、中江县富兴镇辉山村

内江市(10个)

市中区永安镇尚腾新村、市中区龙门镇龙门村、东兴区田家镇火花村、东兴区田家镇正子村、隆昌市金鹅街道光辉村、隆昌市圣灯镇梨园村、资中县发轮镇余家场村、资中县银山镇六角嘴村、威远县新店镇民富村、威远县小河镇民治村

乐山市(11个)

市中区苏稽镇楠园村、市中区剑峰镇五星村、五通桥区牛

华镇真武村、五通桥区金山镇先家村、沙湾区牛石镇豆地坪村、峨眉山市双福镇三江村、峨眉山市龙池镇南山村、犍为县龙孔镇丝茅坪村、井研县三江镇三江村、夹江县甘江镇新生村、沐川县沐溪镇松林村

绵阳市(15个)

涪城区丰谷镇清水村、游仙区游仙街道长明村、游仙区仙鹤镇石龙村、安州区塔水镇油房村、安州区河清镇白溪村、江油市战旗镇白沙村、江油市双河镇桂花村、江油市永胜镇永平村、三台县西平镇建林驿村、三台县芦溪镇水磨河村、三台县中太镇陈家庙村、梓潼县观义镇池塘村、盐亭县黄甸镇龙台村、北川羌族自治县陈家坝镇黎山村、平武县古城镇建新村

遂宁市(9个)

船山区唐家乡万福村、船山区河沙镇凤凰村、安居区白马镇青峰村、安居区玉丰镇黄林沟村、射洪市武安镇磨嘴村、射洪市大榆镇龙凤泉村、蓬溪县文井镇白鹤林村、大英县河边镇四方村、大英县隆盛镇望龙村

广元市(12个)

苍溪县陵江镇孙坪村、苍溪县三川镇大阳村、剑阁县鹤龄镇化林村、剑阁县东宝镇双西村、旺苍县三江镇下石村、旺苍县嘉川镇庙二村、青川县姚渡镇市坪村、青川县沙州镇寺沟村、利州区荣山镇和平村、利州区宝轮镇菖溪村、朝天区大滩镇凤凰村、朝天区临溪乡淖池村

南充市(19个)

顺庆区李家镇新桥村、高坪区江陵镇三房沟村、高坪区石圭镇兰花村、嘉陵区李渡镇枣垭寺村、嘉陵区大通镇麻感坝村、阆中市思依镇铧厂河村、阆中市玉台镇夹渠沟村、阆中市沙溪街道瓦口隘村、南部县大王镇太华场村、南部县升钟镇石板村、西充县大全镇庞家沟村、西充县多扶镇桂花村、仪陇县思德镇秋垭村、仪陇县土门镇文昌村、蓬安县巨龙镇大石坪村、蓬安县金溪镇马家桥村、蓬安县徐家镇蓬池坝村、营山县绿水镇锁口村、营山县星火镇梨木村

宜宾市(16个)

南溪区南溪街道白合村、南溪区长兴镇东升村,翠屏区李庄镇九洞村、翠屏区金秋湖镇沉香社区村,叙州区赵场街道佛现村、叙州区双龙镇双龙村、叙州区南广镇文星村,江安县迎安镇何家村、江安县下长镇长江村,长宁县梅白镇联合村、长宁县双河镇犁头村,高县沙河镇白庙村,珙县孝儿镇天堂村,筠连县腾达镇官井村,兴文县共乐镇共乐村,屏山县书楼镇碾米社区村

广安市(11个)

广安区悦来镇高兴村、广安区花桥镇大利村、前锋区龙滩镇欢喜坪村、华蓥市华龙街道沙坝村、岳池县同兴镇四兴村、岳池县顾县镇东板村、岳池县顾县镇两会桥村、武胜县华封镇先锋岭村、武胜县鸣钟镇小寨村、邻水县柑子镇河堰村、邻水县袁市镇重石寨村

达州市(10个)

通川区青宁镇天断村、通川区金石镇巨家村、达川区大堰镇卢岗村、宣汉县东乡街道磨峡村、宣汉县柏树镇九军村、开江县灵岩镇天宝寨村、大竹县童家镇天星寨村、大竹县月华镇九银村、渠县李渡镇伏龙村、万源市沙滩镇红旗村

眉山市(10个)

眉山天府新区高家镇金河村、东坡区富牛镇玉龙村、东坡区复兴镇长山埂村、彭山区黄丰镇团结村、仁寿县汪洋镇民益村、仁寿县青岗乡瑞云村、仁寿县富家镇河堰村、洪雅县柳江镇万湖村、丹棱县顺龙乡幸福村、青神县白果乡官厅坝村

资阳市(7个)

雁江区宝台镇春天沟村、雁江区丹山镇赵兴村、安岳县岳阳镇船形村、安岳县乾龙镇真南村、乐至县高寺镇清水村、乐至县金顺镇玉河沟村、乐至县中和场镇人民村

巴中市(10个)

巴州区枣林镇青南村、巴州区宕梁街道清莲村、恩阳区柳林镇海山村、恩阳区下八庙镇楼房村、南江县公山镇卫星村、南江县高桥镇箭杆村、通江县铁佛镇河西村、通江县兴隆镇翰林村、平昌县西兴镇皇家山村、平昌县云台镇高顶村

雅安市(11个)

雨城区望鱼镇望鱼村、雨城区青江街道金鸡关村、名山区万古镇莫家村、荥经县新添镇庙岗村、汉源县乌斯河镇马托村、汉源县九襄镇堰沟村、石棉县回隆镇回隆村、天全县兴业乡柑子村、芦山县龙门镇隆兴村、芦山县飞仙镇飞仙村、宝兴县灵关镇双坝村

阿坝州(5个)

汶川县绵虒镇玉龙村、九寨沟县勿角镇胜南新村、茂县赤不苏镇赤不苏村、阿坝县查理乡神座村、红原县刷金寺镇三家寨村

甘孜州(7个)

康定市呷巴乡俄打门巴村、泸定县冷碛镇瓦斯营盘村、雅江县呷拉镇西地村、炉霍县虾拉沱镇瓦达村、甘孜县夺多乡果木村、理塘县曲登乡泽洛村、乡城县沙贡乡达根村

凉山州(7个)

西昌市佑君镇丁庄村、西昌市大兴乡建新村、会理市太平镇羊喂水村、德昌县巴洞镇裕民村、会东县铁柳镇三村村、冕宁县若水镇丰乐村、宁南县宁远镇后山村

四川省第三批乡村治理示范村镇名单

一、示范乡镇（涉农街道）（40个）

成都市（4个）
温江区寿安镇
青白江区弥牟镇
大邑县新场镇
新津区兴义镇
自贡市（2个）
沿滩区九洪乡
大安区牛佛镇
攀枝花市（2个）
仁和区大龙潭彝族乡
米易县草场镇
泸州市（2个）
龙马潭区胡市镇
叙永县江门镇
德阳市（2个）
旌阳区孝泉镇
罗江区新盛镇
绵阳市（2个）
梓潼县宏仁镇
涪城区吴家镇
广元市（2个）
旺苍县木门镇
青川县沙州镇
遂宁市（1个）
安居区常理镇
内江市（2个）
东兴区田家镇
隆昌市圣灯镇
乐山市（3个）
五通桥区竹根镇
沙湾区太平镇
井研县周坡镇
南充市（2个）
顺庆区渔溪镇
阆中市思依镇
宜宾市（2个）
三江新区宋家镇
屏山县大乘镇
广安市（2个）
广安区龙安乡
前锋区虎城镇
达州市（2个）
达川区双庙镇
渠县渠北镇
巴中市（1个）
通江县广纳镇
雅安市（2个）
荥经县严道街道
天全县仁义镇
眉山市（2个）
仁寿县汪洋镇
彭山区黄丰镇
资阳市（1个）
安岳县兴隆镇
阿坝州（1个）
九寨沟县双河镇
甘孜州（1个）
丹巴县巴旺乡
凉山州（2个）
西昌市安宁镇
冕宁县复兴镇

二、示范村（社区）（398个）

成都市（32个）
四川天府新区新兴街道茅香村
四川天府新区正兴街道官塘村
东部新区芦葭镇三清庙村
龙泉驿区洛带镇宝胜村
青白江区弥牟镇火星社区
青白江区姚渡镇牟池塔村
新都区清流镇水梨村
温江区寿安镇天星村
温江区寿安镇新长青村
双流区彭镇临江村
双流区永安镇梨园村
郫都区唐昌镇大云村
郫都区唐昌镇钓鱼村
新津区兴义镇广滩村
新津区兴义镇岷江社区

简阳市禾丰镇连山村
简阳市平武镇尤安村
都江堰市石羊镇竹瓦社区
都江堰市天马镇金胜社区
彭州市丽春镇塔子村
彭州市天彭街道人和社区
邛崃市孔明街道郭山村
邛崃市天台山镇高兴村
邛崃市文君街道文笔山村
崇州市怀远镇天泉社区
崇州市江源街道崇福村
崇州市羊马街道民乐村
金堂县三溪镇岳山社区
大邑县鹤鸣镇大坪村
大邑县新场镇头堰村
蒲江县甘溪镇藕塘村
蒲江县寿安街道吕石桥村
自贡市(17个)
自流井区仲权镇百胜村
自流井区荣边镇干塘村
贡井区莲花镇白仓村
贡井区建设镇重滩村
贡井区艾叶镇六房村
大安区何市镇十字村
大安区新店镇何院村
沿滩区黄市镇红旗村
沿滩区永安镇刘山村
荣县留佳镇小田村
荣县鼎新镇红胜村
荣县双古镇长林村
荣县双石镇平坦桥村
富顺县安溪镇马山村
富顺县东湖街道顺河村
富顺县狮市镇罗寺村
富顺县童寺镇凰凤村
攀枝花市(8个)
东区银江镇阿署达村
西区格里坪镇金家村
仁和区仁和镇红旗村
仁和区中坝乡学房村
米易县新山傈僳族乡坪山村
米易县撒莲镇安全村
米易县白马镇马槟榔村
盐边县渔门镇犀牛村
泸州市(20个)
江阳区江北镇石鱼村
江阳区分水岭镇常乐寺村
江阳区方山镇方山村
纳溪区白节镇竹海村
纳溪区打古镇云回村
纳溪区合面镇双凤村
龙马潭区胡市镇来寺村
龙马潭区石洞街道顺江村
泸县潮河镇王坪村
泸县百和镇东岳村
泸县方洞镇陈田村
合江县白鹿镇袁湾村
合江县白沙镇忠孝村
合江县法王寺镇天池村
叙永县分水镇分水村
叙永县水潦彝族乡赤水河村
叙永县石厢子彝族乡堰塘村
古蔺县观文镇民乐村
古蔺县黄荆镇田坝村
古蔺县石屏镇印合村
德阳市(17个)
旌阳区新中镇白河村
旌阳区柏隆镇南平村
旌阳区德新镇长江村
罗江区略坪镇长玉村
罗江区白马关镇宝峰村
罗江区鄢家镇壁山村
广汉市连山镇石梯村
广汉市高坪镇水磨村
什邡市雍城街道城东村
什邡市马井镇建设村
什邡市南泉镇金桂村
绵竹市新市镇石虎村
绵竹市富新镇文永村
绵竹市麓棠镇玫瑰新村
中江县永安镇永安村
中江县南华镇南山村

中江县普兴镇静安村
绵阳市(25个)
涪城区丰谷镇清水村
涪城区青义镇前进村
涪城区新皂镇八庙子村
游仙区信义镇福星村
游仙区魏城镇星光村
游仙区忠兴镇木龙村
安州区河清镇金花村
安州区秀水镇青松村
安州区千佛镇老望沟村
三台县鲁班镇洞湾村
三台县西平镇建林驿村
三台县塔山镇白龙村
盐亭县黄甸镇利和村
盐亭县大兴回族乡青峰村
梓潼县长卿镇中心村
梓潼县宝石乡天生村
梓潼县仁和镇檬桠村
平武县龙安镇义佛山村
平武县平通羌族乡桅杆村
北川县曲山镇玉皇山村
北川县通泉镇双紫村
北川县禹里镇禹里村
江油市小溪坝镇鲜花村
江油市太平镇普照村
高新区永兴镇金河村
广元市(20个)
苍溪县陵江镇笋子沟村
苍溪县元坝镇鲜家沟村
苍溪县浙水乡寨坪村
苍溪县五龙镇三会村
旺苍县东河镇金石村
旺苍县嘉川镇榆钱村
旺苍县白水镇卢家坝村
剑阁县下寺镇双旗村
剑阁县姚家镇柳场村
剑阁县汉阳镇云丰村
青川县姚渡镇汉道河村
青川县沙州镇青坪村
青川县蒿溪回族乡地坪村
利州区白朝乡观音村
利州区宝轮镇赤化村
利州区盘龙镇仕农村
昭化区元坝镇普子村
昭化区红岩镇照壁村
朝天区曾家镇大竹村
朝天区两河口镇老林村
遂宁市(14个)
船山区龙凤镇宝塔村
船山区桂花镇响堂村
船山区唐家乡万福村
船山区新桥镇长五村
安居区拦江镇五琅坝村
安居区玉丰镇金鸡村
射洪市广兴镇双江村
射洪市复兴镇博古村
射洪市瞿河镇牛心村
蓬溪县明月镇白庙村
蓬溪县天福镇三合村
蓬溪县群利镇印花村
大英县隆盛镇青坪村
大英县象山镇凤阳村
内江市(14个)
东兴区郭北镇青台村
东兴区石子镇七星村
东兴区顺河镇骑龙村
隆昌市胡家镇同心村
隆昌市石燕桥镇三合村
隆昌市响石镇黄龙村
隆昌市界市镇蔡家寺村
资中县银山镇双塘坊村
资中县公民镇感应庵村
资中县陈家镇新店子村
资中县双河镇水口庙村
威远县界牌镇中坝村
威远县新场镇老场村
威远县镇西镇川主村
乐山市(29个)
市中区大佛街道棕桥村
市中区茅桥镇李家村
市中区剑峰镇五星村

五通桥区竹根镇青龙村
五通桥区石麟镇许店儿村
沙湾区太平镇草坝村
沙湾区踏水镇魏槽村
沙湾区轸溪镇寨子村
金口河区金河镇同心村
金口河区永胜乡桅杆村
峨眉山市绥山镇赵河村
峨眉山市桂花桥镇前进村
峨眉山市龙门乡鸭池村
犍为县舞雩镇熊马村
犍为县寿保镇旺家村
犍为县定文镇方井村
井研县门坎镇大水湾村
井研县千佛镇瓦子坝村
井研县竹园镇烈士村
井研县周坡镇石马村
夹江县甘江镇金银河村
夹江县青衣街道青衣江村
夹江县马村镇带河村
沐川县富新镇新塘村
沐川县大楠镇石碑村
峨边彝族自治县黑竹沟古井村
峨边彝族自治县宜坪乡草坪村
马边彝族自治县劳动镇红椿村
马边彝族自治县荍坝镇金华村
南充市(25个)
顺庆区新复乡四方寨村
高坪区江陵镇三房沟村
高坪区走马镇姜家祠村
高坪区擦耳镇新拱桥村
嘉陵区大通镇芝麻湾村
嘉陵区龙岭镇高河坎村
阆中市妙高镇构溪河村
阆中市桥楼乡落阳村
阆中市水观镇金鼎观村
南部县太霞乡洪湖村
南部县升水镇长岭山村
南部县定水镇马鞍山村
西充县凤鸣镇金龟庵村
西充县常林镇活佛山村
西充县莲池镇灵宝宫村
仪陇县三蛟镇宝山村
仪陇县日兴镇黎明村
仪陇县马鞍镇琳琅农村社区
仪陇县赛金镇潮水坝村
营山县老林镇龙跃村
营山县明德乡明渠村
营山县小桥镇白岩村
蓬安县巨龙镇羊角嘴村
蓬安县利溪镇挖龙坳村
蓬安县正源镇红豆村
宜宾市(28个)
三江新区宋家镇金石村
翠屏区金秋湖镇燕山村
翠屏区宗场镇五粮液村
南溪区大观镇飞马村
南溪区刘家镇太平村
南溪区裴石镇中坝村
叙州区观音镇大同村
叙州区合什镇合江村
叙州区高场镇清华村
叙州区柏溪街道新龙村
江安县阳春镇金江村
江安县怡乐镇青龙村
长宁县长宁镇龙门村
长宁县双河镇葡萄井村
长宁县梅硐镇泽鸿村
高县庆符镇小靖村
高县来复镇通书村
筠连县筠连镇双河村
筠连县蒿坝镇高桥村
珙县上罗镇七星村
珙县玉和苗族乡青龙村
兴文县大坝苗族乡朝阳村
兴文县共乐镇自由村
兴文县莲花镇水栏村
屏山县大乘镇岩门村
屏山县书楼镇高田村
屏山县龙华镇八仙山村
“两海”示范区石海镇红鱼村
广安市(17个)

广安区花桥镇光荣村
广安区大安镇南桥村
广安区彭家乡白阳村
广安区浓溪镇友谊村
前锋区观塘镇三台村
前锋区广兴镇寨坪村
华蓥市永兴镇大佛山村
岳池县苟角镇大梨树村
岳池县石垭镇云峰村
岳池县九龙街道花园坪村
武胜县礼安镇观音坝村
武胜县华封镇先锋岭村
武胜县沿口镇江家坝村
邻水县观音桥镇六合寨村
邻水县坛同镇天才门村
邻水县袁市镇护林村
经开区奎阁街道鹅凤村
达州市（20个）
通川区青宁镇化马村
通川区磐石镇场坝村
通川区梓桐镇渔河村
达川区石桥镇百胜村
达川区石梯镇桥东社区
万源市旧院镇大伦坎村
万源市石塘镇杉林湾村
万源市八台镇田坝村
宣汉县大成镇回龙村
宣汉县毛坝镇天坪村
大竹县庙坝镇寨峰村
大竹县石河镇前锋村
大竹县永胜镇茨竹村
大竹县月华镇玉皇庙村
渠县安北乡南山村
渠县静边镇膏泥村
渠县渠北镇双桥村
开江县甘棠镇转洞桥村
开江县永兴镇龙形山村
开江县回龙镇高板桥村
巴中市（14个）
巴州区平梁镇青包山村
巴州区大和乡朱垭村
巴州区天马山镇狮子寨村
恩阳区双胜镇万林村
恩阳区柳林镇海山村
恩阳区九镇钟山寨村
南江县红光镇黑池村
南江县大河镇柏杨坪社区
南江县石滩镇铺垭庙村
通江县杨柏镇太平场村
通江县泥溪镇梨园坝村
平昌县大寨镇大寨社区
平昌县白衣镇磴子社区
经开区兴文街道红花村
雅安市（23个）
雨城区上里镇建新村
雨城区青江街道张碗村
雨城区草坝镇合江村
雨城区大兴街道大寨村
名山区百丈镇解放村
名山区马岭镇康乐村
天全县仁义镇六城村
天全县思经镇团结村
芦山县飞仙关镇飞仙村
芦山县芦阳街道仁加村
芦山县大川镇三江村
宝兴县陇东镇老场新村
宝兴县硗碛藏族乡咎落村
宝兴县蜂桶寨乡邓池沟村
荥经县五宪镇阳春坝村
荥经县青龙镇柏香村
荥经县龙苍沟镇万年村
荥经县严道街道古城村
汉源县永利彝族乡古路村
汉源县九襄镇锦新村
汉源县大树镇麦坪村
石棉县美罗镇三明村
石棉县丰乐乡三星村
眉山市（17个）
东坡区太和镇四维村
东坡区富牛镇曾庙村
东坡区尚义镇铁炉村
彭山区公义镇新桥村

彭山区黄丰镇丰华社区
仁寿县北斗镇金耀村
仁寿县曹家镇东联村
仁寿县汪洋镇人民社区
仁寿县方家镇哨楼村
洪雅县中山镇邹岗村
洪雅县中保镇桐升社区
丹棱县齐乐镇龙鹄村
丹棱县仁美镇雄义村
丹棱县顺龙乡幸福村
青神县白果乡虎渡社区
青神县西龙镇龙凤社区
青神县白果乡甘家沟村
资阳市(10个)
雁江区祥符镇松树村
雁江区东峰镇东峰村
雁江区宝台镇富凉村
安岳县长河源镇金堂村
安岳县龙台镇桥墩村
安岳县镇子镇狮子坝村
安岳县卧佛镇木门村
乐至县龙门镇金马村
乐至县劳动镇百花村
乐至县劳动镇旧居村
阿坝州(13个)
阿坝县四洼乡下四洼村
壤塘县岗木达镇岗木达村
松潘县川主寺镇牧场村
若尔盖县红星镇冻卡村
小金县四姑娘山镇双桥村
红原县邛溪镇达格龙村
金川县勒乌镇新开宗村
九寨沟县漳扎镇郎寨村
汶川县威州镇新桥村
茂县凤仪镇坪头村
马尔康市松岗镇莫斯都村
黑水县芦花镇铁别村
理县桃坪镇桃坪村
甘孜州(18个)
康定市呷巴乡俄达门巴村
泸定县泸桥镇咱里村
泸定县烹坝镇沙湾村
丹巴县丹东镇各尔沟村
九龙县呷尔镇华丘村
九龙县汤古镇汤古村
道孚县泰宁镇下一村
炉霍县仁达乡玉麦比村
甘孜县甘孜镇河坝村
色达县色柯镇安康社区
新龙县子拖西乡当巴村
德格县错阿镇马达村
雅江县祝桑乡奔达村
理塘县绒坝乡阿宗村
乡城县青德镇木差村
乡城县香巴拉镇色尔宫村
稻城县巨龙乡举冲村
得荣县古学乡德则村
凉山州(17个)
西昌市礼州镇江管村
德昌县德州街道角半村
会理市彰冠镇魁阁村
会东县铁柳镇铁柳村
宁南县幸福镇茶岭村
普格县夹铁镇莫尔非铁村
布拖县龙潭镇洛莫村
昭觉县解放沟镇火普村
金阳县南瓦镇丝窝中心村
雷波县汶水镇汶水村
美姑县洛俄依甘乡依甘村
甘洛县团结乡瓦姑录村
越西县新民镇瓦曲觉村
喜德县红莫镇瓦西村
冕宁县石龙镇桃园村
盐源县润盐镇龙口河村
木里县李子坪乡黄泥巴村

2022年四川省休闲农业重点县名单

成都市:龙泉驿区、都江堰市、大邑县
攀枝花市:米易县
泸州市:江阳区
广元市:利州区、朝天区
乐山市:夹江县

南充市：西充县

宜宾市：长宁县

广安市：岳池县

达州市：宣汉县

雅安市：雨城区、汉源县

眉山市：青神县

2022年第二批四川省级生态县名单

成都市青羊区、成都市成华区、梓潼县、苍溪县、蓬溪县、犍为县、阆中市、宜宾市南溪区、芦山县、理县、茂县、黑水县、康定市、丹巴县、雅江县、道孚县

第六批“四好农村路”四川省级示范县名单

成都市：龙泉驿区

自贡市：贡井区、自流井区

攀枝花市：盐边县

泸州市：合江县、叙永县

绵阳市：盐亭县

广元市：青川县、旺苍县

内江市：东兴区

乐山市：市中区、夹江县

南充市：仪陇县

宜宾市：南溪区、叙州区

广安市：前锋区

达州市：渠县

雅安市：雨城区、芦山县

眉山市：东坡区、洪雅县、仁寿县

资阳市：雁江区

阿坝州：黑水县、汶川县、金川县

甘孜州：泸定县

2022年四川现代农业十亿元镇、现代农业亿元村、发展集体经济促进共同富裕十强村、十大杰出“村官”名单

一、现代农业十亿元镇

攀枝花市米易县撒莲镇

德阳市广汉市向阳镇

广元市旺苍县木门镇

遂宁市射洪市瞿河镇

乐山市夹江县新场镇

南充市高坪区江陵镇

达州市开江县任市镇

雅安市汉源县清溪镇

资阳市安岳县龙台镇

凉山州西昌市安宁镇

二、现代农业亿元村

自贡市荣县来牟镇一洞桥村

泸州市纳溪区护国镇梅岭村

绵阳市涪城区新皂镇莲花池村

遂宁市安居区常理镇海龙村

内江市东兴区田家镇火花村

广安市华蓥市禄市镇月亮坡村

达州市大竹县月华镇九银村

巴中市平昌县邱家镇嘶峰村

雅安市名山区茅河镇香水村

凉山州冕宁县复兴镇建设村

三、发展集体经济促进共同富裕十强村

泸州市龙马潭区特兴街道桐兴村

绵阳市安州区桑枣镇齐心村

广元市利州区白朝乡月坝村

内江市威远县新店镇民富村

宜宾市兴文县仙峰苗族乡群鱼社区村

广安市广安区大龙镇战斗村

眉山市丹棱县张场镇万年村

资阳市雁江区丹山镇大佛村

阿坝州九寨沟县漳扎镇中查村

甘孜州康定市呷巴乡俄达门巴村

四、十大杰出“村官”

王丽娜自贡市大安区新店镇高峰村党支部书记、村主任

罗雪梅攀枝花市盐边县新九镇安宁社区党委书记

杨必林德阳市旌阳区德新镇五星村党委书记、村主任

李骨君乐山市市中区大佛街道棕桥村党委书记

王家元宜宾市筠连县腾达镇春风村党委书记、村主任

董世勇巴中市恩阳区高店子社区党总支部书记、主任

阙磊眉山市仁寿县黑龙滩镇光相社区党委书记

孟伟阿坝州汶川县绵虒镇草坡新村党支部书记

迎春甘孜州稻城县吉呷镇尼公村党支部书记

2022年度四川省星级现代农业园区名单

一、四川省五星级现代农业园区(14个)

成都市新津区粮油现代农业园区
剑阁县粮油现代农业园区
岳池县粮油现代农业园区
仁寿县粮油现代农业园区
宜宾市南溪区酿酒专用粮现代农业园区
金堂县食用菌现代农业园区
石渠县蔬菜现代农业园区
广元市昭化区猕猴桃现代农业园区
汶川县樱桃现代农业园区
盐源县苹果现代农业园区
中江县中药材现代农业园区
南充市嘉陵区蚕桑现代农业园区
宣汉县肉牛现代农业园区
天全县水产现代农业园区

二、四川省四星级现代农业园区(30个)

绵阳市安州区粮油现代农业园区
梓潼县粮油现代农业园区
苍溪县粮油现代农业园区
遂宁市安居区粮油现代农业园区
兴文县粮油现代农业园区
渠县粮油现代农业园区
巴中市恩阳区粮油现代农业园区
射洪市粮食现代农业园区
成都市新都区稻菜现代农业园区
内江市东兴区稻菜现代农业园区
阿坝县青稞现代农业园区
甘孜县青稞现代农业园区
彭州市菜稻现代农业园区
自贡市贡井区蔬菜高粱现代农业园区
广元市利州区食用菌现代农业园区
青川县食用菌现代农业园区
通江县食用菌现代农业园区
广安市前锋区花椒现代农业园区
金阳县花椒现代农业园区
井研县柑橘生猪种养循环现代农业园区
丹棱县柑橘生猪种养循环现代农业园区
夹江县茶叶生猪种养循环现代农业园区
宜宾市叙州区茶叶现代农业园区
雅安市雨城区藏茶现代农业园区
乐山市沙湾区中药材现代农业园区
珙县蚕桑现代农业园区
古蔺县肉牛现代农业园区
盐亭县水产现代农业园区
内江市市中区水产现代农业园区
乐山市市中区水产现代农业园区

三、四川省三星级现代农业园区(48个)

简阳市粮油现代农业园区
绵竹市粮油现代农业园区
江油市粮油现代农业园区
营山县粮油现代农业园区
西充县粮油现代农业园区
邻水县粮油现代农业园区
广安市广安区粮油现代农业园区
南江县粮油现代农业园区
资阳市雁江区粮油现代农业园区
乐至县粮油现代农业园区
富顺县水稻高粱现代农业园区
叙永县糯稻现代农业园区
成都市温江区稻菜现代农业园区
成都市郫都区稻菜现代农业园区
乐山市五通桥区稻菜现代农业园区
汉源县稻菜现代农业园区
眉山市东坡区稻菜现代农业园区
仪陇县稻药现代农业园区
武胜县稻渔现代农业园区
大竹县稻渔现代农业园区
泸州市江阳区高粱油菜现代农业园区
布拖县马铃薯现代农业园区
安岳县粮经复合现代农业园区
什邡市菜稻现代农业园区
南充市顺庆区菜粮现代农业园区
小金县蔬菜现代农业园区
自贡市沿滩区花椒大豆现代农业园区
南充市高坪区花椒生猪种养循环现代农业园区
成都市龙泉驿区桃现代农业园区
盐边县芒果现代农业园区
石棉县枇杷生猪种养循环现代农业园区
乡城县苹果藏猪种养循环现代农业园区
越西县苹果现代农业园区
九寨沟县葡萄现代农业园区

西昌市葡萄现代农业园区
德昌县桑葚现代农业园区
泸州市纳溪区茶叶生猪种养循环现代农业园区
北川县茶叶生猪种养循环现代农业园区
沐川县茶叶生猪种养循环现代农业园区
屏山县茶叶生猪种养循环现代农业园区
荥经县茶叶生猪种养循环现代农业园区
大英县中药材现代农业园区
乐山市金口河区中药材现代农业园区
达州市达川区中药材现代农业园区
长宁县肉牛现代农业园区
若尔盖县牦牛现代农业园区
色达县牦牛现代农业园区
江安县水产现代农业园区

2022年第八批 四川省家庭农场省级示范场名单

成都市(16个)
成都鹿湖半岛家庭农场
成都市双流区永安恒力家庭农场
简阳市十里坝向刚家庭农场
简阳市未来之星家庭农场
简阳俊德家庭农场
简阳市涌泉镇鼓楼山生态家庭农场
简阳市涌泉镇春宇家庭农场
简阳市杜成建家庭农场
简阳市大华合盛草莓种植家庭农场
简阳市兰馨家庭农场
简阳市陈让华家庭农场
都江堰市金艺家庭农场
金堂县赵家镇徐陈家庭农场
大邑县悦来镇向阳花家庭农场
大邑县雾山乡鹤顶家庭农场
蒲江县果子里家庭农场
自贡市(11个)
自流井区三味家庭农场
自贡市巴卤家庭农场
大安区永莉家庭农场
沿滩区仙市镇荣兴家庭农场
荣县高山镇玉兵蔬菜种植家庭农场
荣县观山镇满仓园家庭农场
荣县长山镇德胜家庭农场
荣县长山镇古月家庭农场
荣县度佳镇崎飞养殖家庭农场
荣县旭阳镇建宏家庭农场
富顺县文洪养殖家庭农场
攀枝花市(6个)
米易县松林坡芒果种植家庭农场
米易县骆马山种植家庭农场(普通合伙)
米易县山尚水果种植家庭农场
盐边县双丰收家庭农场
盐边县国胜乡顺明家庭农场
盐边县永兴镇高源家庭农场
泸州市(11个)
泸州市江阳区建川家庭农场
纳溪区上马镇宝天生态家庭农场
泸州市纳溪区翔林生态家庭农场
合江县正海家庭农场
合江县康氏果园
合江县国平中药材种植场
泸县得胜镇天伦家庭农场
泸县玄滩镇蕊鑫家庭农场
泸县云锦镇盛源家庭农场
泸县方洞镇高启家庭农场
泸县方洞镇畅鑫家庭农场
宜宾市(12个)
宜宾市翠屏区新吉秀秀家庭农场
宜宾市翠屏区惠均家庭农场
宜宾市春意盎然家庭农场
屏山县蒋姐家庭农场
江安县下长镇安宁家庭农场
江安县江安镇白鹤家庭农场
江安县四面山镇鸿瑞种植家庭农场
宜宾市叙州区邓世明家庭农场
宜宾市叙州区陈友前家庭农场
宜宾市叙州区堰水井家庭农场
兴文县仙峰利贞家庭农场
兴文幸福原家庭农场
德阳市(14个)
旌阳区柏隆镇钟友华家庭农场
旌阳区德新镇明清家庭农场
旌阳区德新镇胜利开心家庭农场

旌阳区杨兵家庭农场
罗江区云岭稻香家庭农场
罗江区龙新家庭农场
广汉市刚刚好家庭农场
广汉市和兴镇浩瀚鹏程家庭农场
绵竹市蕊祥家庭农场
绵竹市什地镇二圣宫家庭农场
绵竹市孝德镇万园家庭农场
中江县富惠鑫龙家庭农场
中江县愉辰家庭农场
中江金涵沃家庭农场

绵阳市(22个)

绵阳市涪城区廖其林家庭农场
绵阳市游仙区勇哥农场
绵阳市安州区黄土镇强然家庭农场
江油市彰明镇隔夜粮家庭农场
江油市万禾源家庭农场
三台县松鑫家庭农场
三台县开安家庭农场
三台县金正权家庭农场
三台县上新乡恩欣家庭农场
三台县刘营镇安宁林菁家庭农场
盐亭县惠惠家庭农场
盐亭县柳溪家庭农场
盐亭县解解家庭农场
盐亭县莲花湖乡红红家庭农场
梓潼县瑞进家庭农场
梓潼县雨棠山家庭农场
平武县兴顺家庭农场
平武县桃香塬家庭农场
平武县坝子乡绿保家庭农场
北川安昌镇云华家庭农场经营部
北川春蓉子家庭农场
北川羌族自治县香泉乡羌燕家庭农场

广元市(20个)

广元市瑞星仁和家庭农场
广元市利州区杨帆家庭农场
广元市昭化区王有为家庭农场
广元市昭化区嘉明家庭农场
广元市仁芝种植家庭农场
广元小红帽家庭农场
剑阁县店子乡德茂畜牧养殖家庭农场
剑阁县吼狮乡建旺生猪养殖家庭农场
剑阁瑞盛果蔬种植家庭农场
青川县姚渡镇兴源种养殖家庭农场
旺苍县春生茶叶家庭农场
旺苍县普济镇金子山家庭农场
旺苍县万家乡阳雀家庭农场
苍溪县月山乡旭荣家庭农场
苍溪县白山乡佩琦家庭农场
苍溪县唤马镇幸福家庭农场
苍溪县桥溪乡白花家庭农场
苍溪县白桥镇归龙家庭农场
苍溪县龙山镇秀文家庭农场
苍溪县河地乡红久家庭农场

遂宁市(16个)

遂宁市船山区浩博种植家庭农场
遂宁市船山区长林种植家庭农场
遂宁市船山区增辉种植家庭农场
遂宁市安居区明发家庭农场
遂宁市安居区轿丰家庭农场
安居区横山镇长春家庭农场
遂宁市安居区稻香家庭农场
大英边城家庭农场
大英顺成家庭农场
大英高屋基家庭农场
大英县永有家庭农场
大英全杰家庭农场
大英县芹香家庭农场
大英县何氏家庭农场
大英县茂婷养殖家庭农场
大英县永壹家庭农场

内江市(14个)

内江市中区尤金酉农产品种植家庭农场
内江市市中区尤正金家庭农场
内江市东兴区犇羊养殖家庭农场
内江市东兴区飞越养殖家庭农场
内江市东兴区德群种植家庭农场
资中县碾子湾养殖家庭农场
资中县秀咏种植家庭农场
资中县朱成忠家庭农场
威远县橙香种植家庭农场
威远县新忠养殖家庭农场
威远县馨乐养殖家庭农场

威远县蜀远食用菌种植家庭农场
威远县诚荣种植家庭农场
威远县新店镇七香土水果种植家庭农场

乐山市(20个)

乐山市五通桥区鑫顺家庭农场
乐山市沙湾区牛石镇闽岑茶叶种植家庭农场
乐山市沙湾区轸溪镇宁以致远林木种植家庭农场
乐山市沙湾区太平镇陆壹捌药材种植家庭农场
犍为县华吉农场
犍为县春希尔家庭农场
井研县树根家庭农场
井研县圣祥家庭农场
井研县李小琴家庭农场
井研县携同家庭农场
井研县南河苑家庭农场
井研县帅哥国文家庭农场
井研县橘梦岛家庭农场
井研县宇鸿家庭农场
井研县润森家庭农场
井研县虎欣家庭农场
井研县燕儿湾家庭农场
夹江县玉学家庭农场
峨眉山市富丽农产品种植家庭农场
峨眉山市谭静果蔬种植家庭农场

南充市(27个)

南充市顺庆区红豆种养植家庭农场
南充市高坪区长乐镇福鑫源种养殖家庭农场
南充市高坪区秦凤群家庭农场
南充市高坪区江陵镇启航家庭农场
南充臻珠家庭农场
南充市嘉陵区双桂鑫鑫生态农场
阆中市玉台镇牛素芬家庭农场
阆中市周猛家庭农场
阆中市雨露家庭农场
阆中市风垭山家庭农场
阆中市猕猕福福家庭农场
阆中市广远家庭农场
阆中富琪家庭农场
阆中市蒲家岩家庭农场
阆中市坤伦家庭农场
南部县三官镇奥云农业种植家庭农场
南部县千秋乡仁杰家庭农场
西充县槐树镇强农家庭农场
西充县永清乡南岷山种养殖家庭农场
西充县鸣龙镇大尖山家庭农场
仪陇县红坪种养殖家庭农场
仪陇县顺北种养殖家庭农场
营山县金竹畜禽养殖家庭农场
营山欣源生猪养殖家庭农场
蓬安县兴旺镇春成养殖家庭农场
蓬安县龙湖山家庭农场
蓬安县利溪镇玉春家庭农场

眉山市(15个)

东坡区九零后家庭农场
东坡区建烽家庭农场
眉山市东坡区蒋佰伟生猪养殖家庭农场
眉山市彭山区尚瑞家庭农场
眉山市彭山区勤盛家庭农场
青神县好兵种植家庭农场
洪雅县李静家庭农场
洪雅县桑果园家庭农场
丹棱县云水谣家庭农场
仁寿县金鸭半岛家庭农场
仁寿县智慧家庭农场
眉山市仁寿县贵平镇农耕探趣家庭农场
仁寿丘山家庭农场
仁寿县富加镇好蜜园家庭农场
仁寿县昱宏家庭农场

广安市(16个)

广安市广安区恒升丰乐农场
广安市广安区羊源种羊养殖家庭农场
广安淮湾种植家庭农场
广安强业家庭农场
广安市广安区洋力天家庭农场
广安市广安区鑫农坊家庭农场
广安市前锋区芊桦家庭农场
华蓥市张菜农家庭农场
岳池县迦南生态种养家庭农场
岳池银辰火龙果生态庄园
岳池县齐福镇爱情湾家庭农场
武胜芳林家庭农场
武胜县鸣钟绿源家庭农场
武胜县黄明桥家庭农场
邻水县清风山谷家庭农场

邻水县长得壮养殖家庭农场

达州市(11个)

达州市通川区谭峰家庭农场

达州市通川区瑞宏家庭农场

达州市通川区曹聪家庭农场

达州市达川区秀明家庭农场

万源市小燕家庭农场

宣汉县嘹亮养殖家庭农场

大竹吴晓琴家庭农场

大竹县安吉乡吉安家庭农场

大竹县云东永发家庭农场

渠县祥兴家庭农场

渠县净稻家庭农场

雅安市(9个)

雅安市雨城区红云家庭农场

雅安市雨城区惠洳惠莉家庭农场

荥经县芮豪家庭农场

汉源县鑫达家庭农场

汉源县杜仕福家庭农场

石棉县乐多家庭农场

石棉县蟹螺乡绿安家庭农场

石棉县尊祥家庭农场

芦山县金穗田园家庭农场

巴中市(9个)

巴州区肖家大院家庭农场

巴州区曾口镇梁康家庭农场

巴州区曾口镇花开天下家庭农场

巴中市巴州区鼎山镇绿丰生态养殖场

巴州区昊霖家庭农场

巴州区丽元家庭农场

巴中市恩阳区山卡卡家庭农场

南江县古耕家庭农场

通江县森青家庭农场

资阳市(9个)

资阳市雁江区蜜柑苑家庭农场

资阳市雁江区刘敏家庭农场

资阳市雁江区兴鑫家庭农场

资阳市雁江区秀悦家庭农场

安岳县浩博家庭农场

安岳县驯龙镇弓明家庭农场

安岳县果蓬家庭农场

乐至县阳建华家庭农场

乐至县金顺镇蜀龙家庭农场

甘孜州(3个)

炉霍县诺尔彭家庭牧场

康定市姑咱镇晨佳种养殖家庭农场

丹巴县万胜家庭农场

阿坝州(5个)

汶川县成文家庭农场

理县甲米村放心养殖家庭农场

茂县永富好阳家庭农场

茂县彬莉家庭农场

松潘县雪山草莓园家庭农场

凉山州(11个)

木里县王光勇家庭农场

会理县山顶阳光家庭农场

会理兴瑞家庭农场

冕宁县一亩三家庭农场

甘洛县土榨兴旺养殖家庭农场

越西县友林家庭农场

越西县丝驿家庭农场

盐源县梅雨镇何朝海生猪养殖家庭农场

昭觉县城北乡八且木呷家庭牧场

喜德县光明镇则果村益民养殖家庭农场

喜德县冕山镇和民村永华家庭农场

四川省首批农村致富带头人名单

成都市(34人)

龙泉驿区:张天义周永才

青白江区:李攸明钟增彬

新都区:何建巫金波

温江区:刘一盛郭建平

双流区:李开强杨先东

郫都区:肖春

天府新区:吴建国

都江堰市:晏志强王学忠

彭州市:赵光友宋伦祥

邛崃市:王伟张远琴黄祥

崇州市:王玉平

简阳市:赵李为周成和

金堂县:陈长文夏龙伟

大邑县:肖凡杨万君胡永洪

蒲江县：白蓉华罗琼植秀鹏
新津区：向磊汪友良
东部新区：马俊英田大福
自贡市（17人）
自流井区：陈钦德
贡井区：王信宽徐伟格梁先富
大安区：邱红英贺胜宇黄连贵
沿滩区：龚全昌曾远
荣县：谢富兵范宗成涂海波黄吉彬
富顺县：李泽宣聂玉昆谭守君李君
攀枝花市（12人）
东区：曹安国
西区：侯宇
仁和区：谢贤芳唐定海黄云华
米易县：杨应波冷天华欧勇张菲
盐边县：丁大椿李平霞陈云有
泸州市（20人）
江阳区：瞿长敏万昭玲
龙马潭区：罗冬梅
纳溪区：杨忠琼李模鉴胡方全
泸县：刘世超李云川崔象平
合江县：何小东张光华胡晓钟
叙永县：张刚吴科王敏李会霞
古蔺县：曾太会刘凡罗成范千华
德阳市（17人）
旌阳区：邹永琼杨进良张宗洪
罗江区：刘光华邹俊
广汉市：吴春黄昌满陈厚刚
什邡市：赵玲王小波孙富俊
绵竹市：苟磊王文军
中江县：吴亚东郭福兵王全元彭雨
绵阳市（25人）
涪城区：谢娟赵斌
游仙区：梁白梅卢飞张宗华
安州区：胡浩肖世刚
江油市：张开莲刘定木
梓潼县：杨静张荣鸿
平武县：刘兴成任军严松林严显淋
北川县：张兴波吴红方文碧仇书武
三台县：朱忠全林红梅刘小英殷家贤
盐亭县：赵文伯岳鲲
广元市（20人）
利州区：李占春郭延坤张连军
昭化区：刘国强杨怀斌
朝天区：权友文郑大海赵金刚
剑阁县：刘渝郑惠蓉王胡齐
旺苍县：向子贵石义良杨家庭
青川县：史敏罗兴洪
苍溪县：丁柏寒欧小荣张菊英
经开区：王勇
遂宁市（15人）
船山区：郑全林梁剑
安居区：邓志旷世力夏先伟
射洪市：陈丽华谢均富李仁军
蓬溪县：杜远明蒋志敏李攀
大英县：唐开金杨雪
经开区：罗金芳
河东新区：罗俊桦
内江市（15人）
市中区：周璇曦张俊
东兴区：胡洪兵申太彬耿文平
隆昌市：宋建彭良富张雷
资中县：蒋剑刘燕明陈秀英陶新国
威远县：龙顺海黄杰峰李强
乐山市（30人）
市中区：梁玉富张素容龚永和
五通桥区：徐尚兴
沙湾区：李宝华谭长虹
金口河区：邹英明张永成胡家兴
峨眉山市：沈跃兴杨文建王怀君
犍为县：罗凤英范惠萍万荣华
井研县：张兴建廖轲郑延刚
夹江县：王涛王建成刘兴好谢锟
沐川县：刘磊杨洋
峨边县：廖丽华何明科阿仲啊拉
马边县：李贤波赵兴服乔进双梅
南充市（27人）
顺庆区：任杨董朝阳
高坪区：邓勇盛学全吴伟
嘉陵区：王友平孙嘉陵彭静
阆中市：张宣安郑胜罗兴诗
南部县：凡宗玉贾德选赵波胡德富
西充县：刘先强付玉鲜成才
营山县：唐春榕李志刚
仪陇县：汤官太王朝敏彭庭波陈青容

蓬安县:傅俊淞江河沈仁杰

宜宾市(28人)

翠屏区:陈伟陈芬娄安裕

南溪区:杨海代显富

叙州区:蒋祝云张微

江安县:王安衡杨守令

长宁县:韦先涛刘小兵杨小红

高县:罗芳吴开强张毅

筠连县:李光先詹生强文显发

珙县:陈远江赵廷华彭政

兴文县:余驰丁章勇李跃云

屏山县:廖本兵许春丽夏光玉舒祖奎

广安市(17人)

广安区:石盛琼熊小兰邓刚

前锋区:陶大用李春霞程世英

华蓥市:李天云王朝义

岳池县:杨冬华杨帆李建清

武胜县:陈成舒龙雷庆平

邻水县:缪敏方智勇朱恒

达州市(20人)

通川区:杜小锋刘小莉

达川区:宋明勇周文亚

万源市:罗月林杨京先周照轩

宣汉县:黄金美罗怀安赵晓林

开江县:龙关富符长均

大竹县:陈芝秀唐本栋廖超

渠县:罗永兵余长寿江恩军

高新区:罗通强

东部经开区:郑磊

巴中市(15人)

巴州区:余霖杨芙蓉

恩阳区:孙映成郭仕军

平昌县:蔡明山张家天习江武魏亨军

通江县:王丽苹任燕平徐玲赵绍国

南江县:谢全华李家法姜德武

雅安市(20人)

雨城区:张荣容杨福明罗光旭

名山区:李万林文全福卢怀超

荥经县:汪永刚甘旭峰

汉源县:任素茂康琴郭先义

石棉县:杨光临帅煜张忠明

天全县:郑天琼李学刚

芦山县:李玉辉季方

宝兴县:周齐军龚建军

眉山市(17人)

东坡区:郑继辉李自奎罗建国

彭山区:赵德华杨志明刘文均

仁寿县:沈平张光清郭能

洪雅县:沈卫超任爱君

丹棱县:黎可学郑刚

青神县:李雪松邓玉波

天府新区:金超刘翔

资阳市(12人)

雁江区:罗泽康慨李云贞

安岳县:张得实李长林周倡王建黄光华

乐至县:龙远武杨文斌龚红兵倪春明

阿坝州(39人)

马尔康市:杨学军王春茂三郎泽亮

汶川县:刘明清蔡世兵王彬

理县:易申兵陈雪峰王平

茂县:李明贵蔡青华杨树平

松潘县:熊天忠更邓甲措葛玲

九寨沟县:高二胖张茂宏夏树全

金川县:刘维建张世友赵义全

小金县:王祖荣谢清香钟世岚

黑水县:东作何金三吉罗尔基

壤塘县:康特仁青巴王秀才

阿坝县:秦戈突麦共曲甲

若尔盖县:足巴学扎科桑木单

红原县:旦真贡王青泽朗龙让建措

甘孜州(54人)

康定市:斑玖彭措陈小龙王连雄

泸定县:李春明黄建红刘显虎

丹巴县:蒋朝林谢德康杨方云

九龙县:鲁智霞易正林村仁拉粗

雅江县:八斤普错石宝

道孚县:所郎扎西泽仁翁雄多吉次灯

炉霍县:多克吴福寿李春生

甘孜县:达启批白玛卡珠木让珠扎丹真

新龙县:呷绒多吉阿真仁子翁须

德格县:降拥彭搓泽公周成

白玉县:在热扎西色郎日多

石渠县:尼马郎珠曲绕罗布

色达县:色麦贡布汪灯四郎刀登

理塘县：阿兵黑秋降措

巴塘县：阿扎四郎吉村宁伟

乡城县：格绒曲扎洛绒罗布益西尼玛

稻城县：迎春登巴中拥

得荣县：建贵罗绒达瓦次仁拉姆

凉山州（46人）

西昌市：王志双李必勇周恒

德昌县：黄波孙志洪

会理市：徐廷荣张洪

会东县：唐思玲张金云

宁南县：陈发明邓正聪

普格县：阿西医生何显芬袁静

布拖县：比机菲拉博什日子余远申

昭觉县：尔古衣牛吉史子格马比公社

金阳县：白古撒邓钧罗敏

雷波县：汪远梅张磊苏波

美姑县：海来觉日乌其曲额额其阿富

甘洛县：李贵勤汪如华朱金兰

越西县：邓中福杨选科阿别小平

喜德县：陈俊刘海殷木且

冕宁县：邓思连张海波

盐源县：李加国杨林赵兴志

木里县：廖德贵熊绍营杨开美

第八批四川省农产品质量安全监管示范县名单

内江市市中区、内江市东兴区、乐山市市中区、乐山市金口河区、峨边县、马边县

四川省第一批农村法治教育基地名单

成都市青白江区弥牟镇白马村法律之家

成都市青白江区城厢镇十八湾村刘家巷党建法治示范院

成都市青白江区大同街道界牌村基层文化服务中心

崇州市隆兴镇千功村

崇州市白头镇五星村

蒲江县甘溪镇法治公园

自贡市尖山振兴乡村学校

自贡市自流井区仲权镇双石铺社区灯之源广场

自贡市贡井区成佳镇吴家祠村

自贡市贡井区桥头镇玉麒村

自贡市大安区何市镇雨山村党群服务中心

自贡市大安区三多寨镇八甲村党群服务中心

自贡市沿滩区黄市镇丰光村

自贡市沿滩区兴隆镇兴隆场社区法治广场

荣县新桥镇赶场冲村

荣县乐德镇天宫庙村

荣县正紫镇坟嘴山村法治广场

富顺县稻粱农耕博物馆

富顺县乡村振兴学院

攀枝花市西区格里镇格里坪村法治长廊

攀枝花市仁和区同德烈士陵园

攀枝花市仁和区大田镇榴园社区法律之家

攀枝花市仁和区平地镇法律之家

攀枝花市仁和区仁和镇红旗村党群服务中心

米易县攀莲镇贤家村法治广场

米易县新山傈僳族乡新山村法治广场

盐边县渔门镇渔门社区法律之家

叙永县济民职业培训学校

德阳市旌阳区新中镇龙居村法治广场

德阳市罗江区白马关镇万佛村八零后家庭农场

广汉市小汉镇法治广场

什邡市禾丰镇法治广场

绵竹市九龙镇棚花村法治广场

中江县辑庆镇尖寨村党群服务中心

江油市青莲镇太华村村民委员会

江油市鑫卓源农机专业合作社

广元市朝天区青少年法治教育基地

苍溪县陵江镇笋子沟村

苍溪县元坝镇公共文化服务中心

射洪县大榆镇龙凤泉村法治广场

内江市市中区酒房沟村法治文化院

内江市市中区白马镇朝天门社区党群服务中心

内江市东兴区高梁镇杨岭村

内江市东兴区田家镇正子村

资中县孟塘镇互助村

资中县双龙镇檬茨村

威远县界牌镇南强村法治文化走廊

威远县向义镇水口村

隆昌市古湖街道古宇村

隆昌市界市镇王家寺村

隆昌市圣灯镇三台村

乐山市市中区棉竹镇“1+10”法治文化宣传教育基地
乐山市五通桥区金山镇杏林村
乐山市沙湾区踏水镇柏林村
乐山市金口河区永胜乡顺河村
峨眉山市法治广场
井研县集益镇雨台村
犍为县定文镇方井村
夹江县黄土镇凤桥社区
沐川县高笋乡安坪村
峨边彝族自治县新林镇茗新村
马边彝族自治县烟峰镇烟峰社区
阆中市天宫镇五龙村
宜宾市叙州区赵场街道土主村党群服务中心
宜宾市叙州区柏溪街道喜龙社区村党群服务中心
宜宾市翠屏区牟坪镇庆南社区村党群服务中心
宜宾市翠屏区白花镇一曼村党群服务中心
宜宾市南溪区仙临镇高新社区村党群服务中心
宜宾市南溪区仙源街道添丘村党群服务中心
屏山县新安镇新民村党群服务中心
高县胜天镇安和村党群服务中心
高县来复镇大屋村党群服务中心
长宁县竹海镇永江村党群服务中心
珙县珙泉镇鱼竹村党群服务中心
筠连县筠连镇五凤村党群服务中心
筠连县腾达镇春风村党群服务中心
兴文县仙峰苗族乡群鱼社区村党群服务中心
江安县铁清镇杨狮村党群服务中心
广安市广安区兴平镇文明村
广安市前锋区龙滩镇高岭村萧家大院
广安市前锋区代市镇会龙村党群服务中心
华蓥市明月镇白鹤咀村
岳池县中药材现代农业园区
邻水县柑子镇桅子村党群服务中心
达州市通川区蒲家镇钟庙社区
达州市达川区万家镇五洞村党群服务中心
达州市达川区农业技术学校
达州市达川区双庙镇二东社区党群服务中心
大竹县老刘家家庭农场
大竹县农业技术综合培训中心
渠县定远镇团寨村法治广场
渠县三汇镇汇南社区
巴中市巴州区曾口镇书台村党群服务中心
巴中市恩阳区下八庙镇石桥村
平昌县邱 家镇嘶峰村
平昌县元山镇插旗山村
通江县新场镇红岩村党群服务中心
巴中村政学院
雅安市名山区中峰镇海棠村党群服务中心
汉源县皇木镇松坪村
眉山市东坡区太和镇四维村法治长廊
眉山市彭山区凤鸣街道金烛村宪法主题广场
眉山天府新区北斗镇甘泉村法治广场
仁寿县大化镇水利社区法治文化园
洪雅县将军镇杨场社区青少年社会实践教育基地
丹棱县仁美镇桂香村法治文化广场
资阳市雁江区伍隍镇印合村
乐至县龙门镇金马村
安岳县通贤镇文寨村文家寨红色文化教育基地
西昌市大兴乡建新村
会理市城北街道三元村
甘洛县田坝镇斯补勒拖村
喜德县鲁基乡中坝社区
冕宁县职业技术学校
冕宁县复兴镇建设村
木里县沙湾乡沙湾村
盐源县

四川省级高素质农民培育示范基地名单

四川农业大学
四川省农业科学院
四川省农业广播电视学校
四川省水产学校
成都农业科技职业学院
眉山职业技术学院
宜宾职业技术学院
四川省食品药品学校
南江县小河职业中学
苍溪县信息职业学校
甘孜藏族自治州职业技术学校
凉山州农业学校
四川大禹农庄科技股份有限公司

政 策 法 规

四川省人民政府办公厅
关于加强草原保护修复和草业发展的实施意见

川办发〔2022〕60号

各市（州）、县（市、区）人民政府，省政府各部门、各直属机构、有关单位：

为深入贯彻习近平生态文明思想，扎实推进全省草原保护修复和草业高质量发展，根据《中华人民共和国草原法》《国务院办公厅关于加强草原保护修复的若干意见》（国办发〔2021〕7号）有关规定和要求，经省政府同意，现提出如下实施意见。

一、总体要求

（一）指导思想。以习近平新时代中国特色社会主义思想为指导，牢固树立绿水青山就是金山银山理念，统筹山水林田湖草沙冰系统治理，全面落实林长制，以加强草原保护修复为主线，以改善草原生态质量为目标，推进草原治理体系和治理能力现代化建设，为筑牢长江黄河上游生态安全屏障、推动四川草业高质量发展、建设美丽四川奠定重要基础。

（二）基本原则。

尊重自然，生态优先。把保护草原生态放在更加突出位置，促进草原休养生息，维护草原生态系统健康安全稳定，提升草原碳汇能力。

分区施策，突出重点。突出川西北高寒草甸草地区、川西南山地灌草丛草区、盆周灌草丛草区三大区域，全面加强草原保护修复。

协调发展，科学利用。正确处理生态保护和产业发展的关系，推进草原资源多途径利用，促进草原牧区生态生产生活协调发展。

政府主导，多方联动。全面落实林长制，压紧压实地方各级政府责任，积极引导社会资本、农牧民参与草原生态保护修复和草产业发展。

（三）主要目标。到2025年，全省草原保护修复制度体系基本建立，草畜矛盾明显缓解，草原退化趋势得到有效遏制，草原综合植被盖度稳定在83%左右，草原生态状况持续改善。到2035年，全省草原保护修复制度体系更加完善，基本实现草畜平衡，退化草原得到有效治理和修复，草原综合植被盖度稳定在85%左右，草原生态功能和生产功能显著提升。到本世纪中叶，草原资源利用科学合理，草原生态系统良性循环，山水林田湖草沙冰系统治理，人与自然和谐共生。

二、完善资源调查与监测评价体系

（四）建立草原资源调查体系。完善草原资源调查制度和标准体系。科学设计草原统计指标，完善草原统计体系。组织开展草原资源专项调查，查清草原基础底数，建立草原资源管理档案。稳妥推进草原确权登记颁证。〔自然资源厅、省林草局、生态环境厅、省统计局、国家统计局四川调查总队等按职责分工负责，各市（州）、县（市、区）人民政府负责落实。以下均需各市（州）、县（市、区）人民政府负责落实，不再列出〕

（五）健全草原监测评价体系。完善草原监测评价技术标准体系，构建草原监测网络。做好草原资源基况调查、年度性草原动态监测，健全草原监测评价数据汇交、定期发布和信息共享机制。（省林草局、自然资源厅、生态环境厅、省统计局、国家统计局四川调查总队等按职责分工负责）

三、加大草原保护力度

（六）编制草原保护修复利用规划。依据国家和省相关规划，编制省草原保护修复利用专项规划，明确草原功能分区、保护修复目标和管理措施。草原保护修复工作涉及的市（州）、县（市、区）要依据上一级规划，编制本地区草原保护修复利用规划并组织实施。（省林草局、自然资源厅、生态环境厅、农业农村厅等按职责分工负责）

（七）全面落实草原保护制度。推行基本草原保护制度，把最基本、最重要的草原划定为基本草原。严控基本草原开发利用，确保基本草原面积不减少、质量不下降、用途不改变。严格落实生态保护红线制度和国土空间用途管制制度，加强草原征占用审核审批，强化源头管控和事中事后监管。完善落实草畜平衡和禁牧休牧制度，推动制度落实考核。组织开展草畜平衡示范县创建，总结推广增草减畜、提质增效

等管理经验和模式。（省林草局、农业农村厅、应急厅、自然资源厅、生态环境厅等按职责分工负责）

（八）加大草原执法力度。依法依规打击各类草原违法违规行为，严禁占用永久基本农田发展草皮种植。完善草原行政执法与刑事司法衔接机制，建立完善草原违法举报、案件督办机制，依法惩治破坏草原的犯罪行为。严格落实草原生态环境损害责任追究和生态环境损害赔偿制度。做好草原地方法规规章修订工作，完善草原保护规范制度体系。（省林草局、司法厅、公安厅、生态环境厅、自然资源厅等按职责分工负责）

（九）完善草原承包经营制度。加强草原承包经营管理，着重解决草原承包地块四至不清、证地不符、交叉重叠等问题。未落实承包制度的要找准症结，积极调处解决，采取承包到户、联户经营等灵活多样的方式落实承包经营制度。稳定承包权、放活经营权，规范经营权流转，引导农牧民按照放牧系统单元实行合作经营，提高草原经营利用水平。（省林草局、自然资源厅、农业农村厅按职责分工负责）

（十）提升草种质资源保护利用能力。开展草种质资源普查，收集保存各类草种质资源，建立草种质资源库、资源圃及原生境保护为一体的草种质资源保存体系。开展种质资源精准鉴定评价，深度发掘优异种质和基因资源，强化育种原始创新基础。建立完善种质资源信息公开和共享交流机制，搭建省级种质资源共享服务平台。鼓励企业参与种质资源开发利用，推动资源优势转化为产业优势。（省林草局、农业农村厅、科技厅、省中医药局等按职责分工负责）

四、加快推进草原生态修复治理

（十一）有序推进国家重大生态治理工程。按照山水林田湖草沙冰一体化保护、综合治理、系统修复要求和宜林则林、宜草则草原则，开展退化草原修复治理，促进草原植被恢复，提升草原生态功能。强化退化草原修复科技赋能，对草原工程施工和监理单位实行动态管理，建立诚信档案。严格落实工程过程监管，按照草原生态保护和修复专项管理等办法，加强项目验收管理工作。（省林草局、农业农村厅、自然资源厅、生态环境厅等按职责分工负责）

（十二）提升草原生物灾害防控能力。建立健全草原有害生物智能化监测预警网络体系，提升草原有害生物监测预警水平，推进绿色防控、社会化防控和联防联控，提升草原生物灾害综合防控能力。加强草原有害生物及外来入侵物种防治，完善草原生物灾害应急防控基础设施，加强草原生物灾害防治站和应急物资储备库建设。在黄河流域重点县建立草原鼠害综合防控示范区，研究推广草原鼠害防控新技术、新模式。（省林草局、省卫生健康委等按职责分工负责）

五、大力发展草产业

（十三）大力发展草种业。编制发布四川主要草种名录，建立草种良种繁育体系，加大优质草种特别是乡土草种选育、扩繁和推广应用。支持乡土草种原种基地建设，鼓励异地繁种，创新乡土草种使用机制，提高草种自给率。完善草品种区域试验站建设，加强草品种审定和草种质量监管。开展草种追溯认证体系建设试点。（省林草局、农业农村厅、省市场监管局按照职责分工负责）

（十四）发展现代饲草产业。大力发展饲草产业，提高饲草供给能力，减轻草原放牧压力，促进草原生态保护与草业高质量发展。因地制宜开展优质饲草种植，鼓励冬闲田种草（绿肥）、林下（间）种草等高效发展模式。完善草产品质量标准体系，推进优质青贮饲草料生产，支持草食畜牧业发展，藏肉（奶）于草。支持培育创建现代草牧业园区和草业园区，扶持壮大一批草业发展龙头企业，延伸产业链。积极推进饲草产业数据共享平台建设。（省林草局、农业农村厅等按职责分工负责）

（十五）大力发展草原生态文化旅游产业。发展特色草原生态文化旅游产业，促进农牧民转产转业。科学推进草原资源多功能利用，创新草旅结合、文旅融合发展模式。通过举办草原特色节会和草原生态文化旅游系列活动，带动牧区发展草原生态旅游产品。（省林草局、文化和旅游厅、农业农村厅、住房城乡建设厅等按职责分工负责）

（十六）培育特色草产业。培育和发展草坪草、观赏草、能源草、药用草、菌草等特色产业。拓宽草类植物在城乡绿化、运动休闲、食用和药用、替木生产食用菌等领域的应用。积极支持草原特色药材的开发利用，提高草原特色药材生产技术标准化水平。（省林草局、农业农村厅、乡村振兴局、省市场监管局、省中医药局、省药监局等按职责分工负责）

六、扎实推进重点领域改革

（十七）推进若尔盖国家公园创建和草原自然公园试点建设。加快推进若尔盖国家公园建设，打造世界最美高原湿地名片。推进草原自然公园试点建设，编制总体规划，明确功能区划和建设布局，系统开展草原生态保护、科研监测和文旅宣教等活动，把草原自然公园纳入自然保护地体系统一管理。（省林草局、自然资源厅、生态环境厅、文化和旅游厅等按职责分工负责）

（十八）稳妥推进国有草原资源有偿使用制度改革。合理确定国有草原有偿使用范围，探索创新国有草原所有者权益有效实现形式，国有草原所有权代理行使主体以租金、特许经营费、经营收益分红等方式收取有偿使用费，并建立收益分配机制，将有偿使用情况纳入年度国有资产报告。开展国有草场试点建设，探索适合国有草场建设的管理模式和运行模式。（省

林草局、自然资源厅、财政厅等按职责分工负责）

（十九）促进草原生态就业。建立健全草原生态产品价值实现机制，充分调动农牧民保护草原生态提升生态产品的积极性。引导支持农牧民参与草原保护修复等工程建设、从事草原生态管护公益岗位增加收入。加强护林护草员队伍建设和职能技术培训，提高农牧民素质和转产转业能力，推动草原保护发展，实现共建共享。（省林草局、农业农村厅、教育厅、省乡村振兴局等按职责分工负责）

七、加大支撑保障力度

（二十）加强组织领导。各地各有关部门（单位）要进一步提高认识，把草原保护修复工作摆在重要位置，加强组织领导，周密安排部署，确保取得实效。实行市（州）、县（市、区）人民政府目标责任制，把草原承包经营、基本草原保护、草畜平衡、禁牧休牧等制度落实情况纳入地方各级人民政府林长制年度目标考核，细化考核指标，压实地方责任。

（二十一）加大政策资金支持。把草原保护修复及相关基础设施建设纳入基本建设规划，加大投入力度，完善补助政策。完善草原生态保护补偿机制，加大财政对重点生态功能区转移支付力度。探索开展草原生态价值评估、资产核算和生态产品价值实现机制，探索草原碳汇开发。鼓励金融机构创设适合草原特点的金融产品，积极探索草原政策性保险试点；鼓励社会资本设立草原保护基金，建立多元化的草原保护修复和乡土草种投入机制。

（二十二）加强管理队伍建设。加强基层草原管理和技术推广队伍建设，充实专业人员力量，提升监督管理和公共服务能力。加强执法人员培训，提升执法监管能力。支持草原生态护林护草员队伍建设，支持社会化服务组织发展，充分发挥草原专业社会组织在咨询、服务、科技推广等方面作用。

（二十三）提升科技支撑能力。通过省级科技计划，支持草原科技创新，强化抗逆乡土草品种选育与利用。开展草原鼠害防治、退化草原植被恢复、人工草地建设等关键技术和装备研发推广。加强草原学科建设、职业教育体系建设，培养高素质专业人才和技术技能人才。推动草原科技创新团队建设，加强重点实验室、工程中心、长期科研基地、野外观测站点等平台建设，提高草原科技成果转化效率。

（二十四）加强宣传引导。深入开展草原普法宣传和科普活动，增强全社会关心关爱草原和依法保护草原的意识。积极开展草原自然教育，通过广播电视、网络平台和自媒体等多种形式，引导社会亲近草原、爱护草原，积极宣传种草护草的重要作用，不断夯实草原生态保护修复的群众基础。

四川省人民政府办公厅

2022年8月17日

四川省人民政府办公厅关于加快发展油茶产业的实施意见

川办发〔2022〕65号

各市（州）、县（市、区）人民政府，省政府各部门、各直属机构：

油茶是我国特有的重要木本油料树种，利用油茶籽加工而成的茶油是我国传统食用植物油。四川是国家油茶产业重点区域，发展油茶产业对于增强我省食用油料供给能力、满足人民营养健康需求具有重要意义。为贯彻落实党中央、国务院关于大力发展油茶产业的系列要求，经省政府同意，现提出如下实施意见。

一、总体要求

（一）指导思想。以习近平新时代中国特色社会主义思想为指导，坚持绿水青山就是金山银山理念，认真落实党中央、国务院有关要求，以稳步提升茶油供给能力为目标，以“适地适树、良种良法，集中集约、规模发展，市场主体、政策引导”为基本原则，以优化区域布局、全面推广良种壮苗、有序拓展种植规模、构建三产融合发展体系为重点，加快推进我省油茶种植提质扩面、稳产高产，促进油茶产区群众增收致富。

（二）主要目标。到2025年，全省新增油茶林72万亩以上，改造低产低效油茶林11万亩以上。培育省级油茶产业园区5个以上，认定省级油茶高质量发展县3个以上。

（三）总体布局。根据资源禀赋和产业发展现状，以全省68个油茶分布县（市、区）为基础，培育形成“一核多点”发展格局。“一核”即川南油茶产业核心发展区，以荣县、富顺县、隆昌市、叙永县、泸县、沐川县和宜宾叙州区、翠屏区等为重点，大力推进建设要素集聚、三产融合、优势突出的油茶产业核心发展区。“多点”即在达州市达川区、宣汉县、江油市、广元市朝天区等秦巴山区，凉山州会理市、普格县、喜德县等安宁河—金沙江流域培育油茶产业集中发展区，壮大区域内油茶生产规模，推进“多点”竞相发展。

二、重点任务

（四）多渠道拓展用地空间。支持利用低效茶园、低效人工商品林地、疏林地、灌木林地等各类适宜的非耕地国土资源改培油茶，扩大油茶种植规模。油茶林依据森林法纳入森林覆盖率、森林碳汇调查监测统计范围。扩种、改造油茶不影响林地保有量和森林覆盖率。年度营造林计划要优先安排新造油茶林任务。支持将退耕还林地的低质低效林（公益林除外）更新改造为油茶林。在森林资源“一张图”以外的荒山、荒坡、园地、矿山修复地新造油茶林的，按照新增林地认定上图后，可以申请使用同等面积的林地定额指标。支持松材线虫病疫区开展松林改培油茶试点，疫情除治采伐区域优先更新为油茶林，松材线虫病预防区可采取建设生物隔离带等措施将松树改种为油茶。支持适生区结合生物防火林带建设发展油茶林。人工商品林可以采取主伐更新方式集中发展油茶林。因种植油茶需要采伐林木的，优先办理审批手续，可以参照享受国家储备林项目政策。鼓励开展油茶与其他经济林树种、农作物套种间作，或利用“四旁”（村旁、路旁、水旁、宅旁）地栽植油茶。

（五）推广使用油茶良种。加强油茶良种培育，新增油茶审（认）定良种5个以上。在油茶适生区内建设一批良种采穗圃（基地）和省级定点保障性苗圃，实现年产2 000万株出圃合格苗。严格执行油茶种苗生产销售“四定三清楚”（定点采穗、定点育苗、定单生产、定向供应，品种清楚、种源清楚、销售去向清楚）管理制度。油茶造林需使用通过审（认）定的2年生以上容器苗。享受财政补助造林的油茶产业基地用苗应全部使用定点保障性苗圃的良种。定点保障性苗圃要严格执行档案标签制度，并实行油茶种苗质量终身负责制。省级构建审定油茶良种DNA指纹图谱库，实行定点保障性苗圃苗木质量全覆盖抽查。

（六）强化良法良机应用。完善油茶早实丰产栽培配套技术，推广“油茶+茶叶”“油茶+单季作物”等套种间作栽培模式，创新低产林简易高效改造模式。加强丘陵山区油茶种植管护机械化研制推广，加强油茶剥壳、烘干、精深加工等环节先进适用机具研制推广。争取将油茶种植、采摘、加工等设施设备纳入农机具购置补贴范围。健全油茶技术标准体系，推动油茶高效栽培、良种繁育、更新复壮、产品加工和质量检测标准化。开展“以地适机”试点，加快选育和推广适应机械化作业的优良品种和高效栽培方式。

（七）提升油茶加工能力。鼓励油茶产区招引孵化精深加工企业，支持油茶加工企业申报省级以上龙头企业、高新技术企业。引导龙头企业、专业合作社等新型经营主体就近布设初加工点，建设油茶鲜果、干油茶籽和初榨毛油的烘干脱壳、冷链、物流、仓储等配套设施。充分发挥我省在功能性茶油、医药健康产品开发等方面的技术优势，加快油茶粕、茶籽饼综合开发利用，提高油茶产品附加值。对精深加工项目给予贷款贴息、品牌创建、示范创优等支持。到2025年培育省级龙头加工企业5个以上，省级油茶合作社10个以上。

（八）打造油茶特色品牌。整合省内品牌资源，着力打造“天府茶油”公用品牌。支持整合中小企业品牌，打造一批具有市场影响力的知名特色区域品牌，推动构建以公用品牌为引领，地方区域特色品牌、企业知名品牌相融合的品牌体系。支持油茶龙头企业、社会团体申报森林生态标志产品以及绿色食品、有机食品、地理标志农产品，健全产品质量送检、抽检、公示和责任追溯制度。鼓励油茶优势产地、产品加工基地与电商销售平台对接，打造“网红”品牌。

（九）推进集中集约发展。支持以油茶标准化种植基地为依托，围绕精深加工、“油”旅融合，打造“万亩林亿元钱”油茶产业园区。支持以省级油茶产业园区为基础，积极申报国家林业产业示范区、特色农产品优势区等。油茶分布县（市、区）要加快完善油茶基地和园区基础设施和生产装备，着力提升基地整地改土、水利灌溉、作业便道及对外连接道路等生产条件。支持油茶集中发展面积6万亩以上、分别建成了油茶标准化种植示范基地和省级油茶产业园区的县（市、区）争创省级油茶高质量发展县（具体评定办法另行制定）。

（十）推进多元业态融合。鼓励各地依托油茶园区、种植基地，因地制宜发展生态旅游、森林康养产业。支持符合条件的单位申报各级生态旅游区、森林康养基地、自然教育基地、森林乡镇、绿美乡村、森林人家等。支持各地举办油茶花节、油茶博览会等活动推介油茶特色产品，打造以油茶花、油茶文化为主题的花卉（果类）生态旅游节品牌，培育以油茶为特色的乡村生态旅游精品线路。将油茶节会纳入我省“中国农民丰收节”活动，并争取列入全国重点经济林节庆活动。

（十一）强化科技支撑。支持科研院校、龙头企业设立油茶产业技术研究机构，培育高层次创新团队，支持申报科学技术奖励和计划项目。加强产品质量安全检验监测能力建设。开展油茶科技人才“百千万”活动，依托科技下乡万里行、专家服务团、科技特派员等项目，选派油茶科研人员100名以上，培养嫁接高手、管护能手等“土专家”1 000名以上，培训人员10 000名以上。

三、保障措施

（十二）加强组织领导。建立健全油茶产业工作推进机制，省级层面由省林草局牵头，省发展改革委、经济和信息化厅、科技厅、财政厅、自然资源厅、生态环境厅、交通运输厅、农业农村厅、商务厅、文化和旅游厅、省市场监管局、省乡村振兴局、省地方金融监管局等部门按职能职责分工合作、共同推进。油茶产业发展成效纳入推进现代农业“10+3”产业发展考核评估体系。油茶适生区各级政府要充分认识发展油茶产业的重大意义,将其作为维护粮油安全的重要内容,千方百计确保完成油茶发展目标任务。

(十三)强化财政支持。省级财政对新造和改造的油茶林基地,分别按照1 000元/亩和600元/亩标准进行补助;对获得认定的油茶产业园区,按照《四川省现代林(草)业园区认定管理办法》给予奖补;对已认定的省级油茶高质量发展县一次性奖补2 000万元;对符合条件的地区给予特色农业保险补贴;对省级保障性苗圃建设给予一次性补助。支持各地将油茶产业纳入川粮油发展专项、乡村振兴、水利基础设施、农村道路等相关资金支持范围。油茶企业参加相关部门、行业协会组织的市场拓展活动,可以按照相关规定适当给予展位费补贴。

(十四)加强金融扶持。鼓励金融机构创新产品和服务模式,创新"油茶贷"等信贷产品,开展经济林木(果)权证抵押贷款和林地不动产证抵押贷款。支持将油茶纳入政策性贷款业务范围。符合条件的油茶企业、专业合作社银行贷款项目,按规定给予贴息。实施政策性森林保险保费补贴政策,支持开展油茶保险业务。鼓励农业信贷担保机构将油茶纳入担保范围。

(十五)完善体制机制。推广"龙头企业+专业合作社+农户""保底分红""二次返利"等模式,完善多元化利益联结机制。探索实施油茶籽最低价收购政策。利用直采直供、农村电商、网络营销等现代物流和新型营销方式,推动生产者融入现代销售物流体系,建立稳定的产销联接机制。探索建立国有林场发展油茶产业激励机制,国有林场发展油茶产业所获收益可以用于改善基础设施、生产生活条件等。

附件:1.全省68个油茶分布县(市、区)名单(略)

2.2022—2025年全省油茶林发展任务表(略)

四川省人民政府办公厅

2022年9月16日

四川省人民政府办公厅
关于印发建设培育"川字号"特色劳务品牌二十二条措施的通知

川办发〔2022〕72号

各市(州)、县(市、区)人民政府,省政府有关部门、有关直属机构,有关单位:

《建设培育"川字号"特色劳务品牌二十二条措施》已经省政府同意,现印发给你们,请认真贯彻落实。

四川省人民政府办公厅

2022年10月29日

建设培育"川字号"特色劳务品牌二十二条措施

劳务品牌是指具有鲜明地域标记、过硬技能特征和良好用户口碑的劳务标识,带动就业能力强,是推动产业发展、推进乡村振兴的有力支撑。为认真贯彻落实党中央、国务院关于全面推进乡村人才振兴决策部署,加快建设培育"川字号"特色劳务品牌,促进农民工更加充分更高质量就业,结合我省实际,制定以下措施。

一、加强劳务品牌发现培育

(一)建立重点劳务品牌资源库。支持各地采取政府购买服务的方式,开展劳务品牌资源摸底调查,根据劳务品牌的特点和成熟度,针对性制定发展规划和建设方案。建立重点劳务品牌资源库和专家库,并实施动态管理。(责任单位:人力资源社会保障厅,财政厅。逗号前为牵头单位,下同)

(二)注重培育重点地区劳务品牌。支持资源枯竭城市、独立工矿区等就业压力较大,以及国省乡村振兴重点帮扶县、易地搬迁安置区等脱贫人口、搬迁群众、农村留守妇女、残疾人等较多的地区,围绕制造业、建筑业、快递物流和家政服务等就业容量大的领域打造民生保障型劳务品牌。支持有条件的地区依托"一带一路"建设,打造国际知名特色劳务品牌。(责任单位:人力资源社会保障厅,民政厅、商务厅、文化和旅游厅、省妇联、省残联)

(三)支持培育工业领域劳务品牌。鼓励企业聚焦电子信息、装备制造、食品饮料、先进材料、能源化工、数字经济等产业,培育各类专业技术人才和技能人才,打造中高端技术人才劳务品牌。对专业技术能力突出、有重大贡献,取得显著社会经济效益的专业技术人才,可按规定破格评审职称。(责任单位:经济和信息化厅,人力资源社会保障厅)

(四)支持培育建筑领域劳务品牌。支持建筑业企业优化劳务品牌名称、标识、符号等要素,推动现有建筑劳务品牌提档升级。支持劳务品牌企业建设保障性租赁住房,解决从业人员住房困难问题。(责任单位:住房城乡建设厅,财政厅、人力资源社会保障厅)

（五）支持培育文化旅游领域劳务品牌。鼓励围绕非物质文化遗产、特色手工艺、乡村旅游等文化和旅游产品及服务，打造文化旅游类劳务品牌。鼓励已有文化旅游类劳务品牌丰富"文化旅游+农业+生态+体育"等业态，推动服务业、文化旅游业深度融合发展，努力做大做强做优。支持"川字号"特色劳务品牌参与天府旅游名牌评选。（责任单位：文化和旅游厅，人力资源社会保障厅）

（六）支持培育健康养老托育服务领域劳务品牌。鼓励社会资本通过多种方式和途径参与养老服务业运营和服务，对被认定为区域性特色劳务品牌的养老机构开展等级评定，优先纳入政府购买养老服务项目承接主体范围。鼓励有资质的服务型劳务品牌企业开展居家社区养老服务，依法减免增值税、企业所得税等税费，被认定为高新技术企业的，按照相关规定减按15%的税率征收企业所得税。对被认定为区域性特色劳务品牌的托育机构，在开展省级婴幼儿照护优质服务机构评审时，适当予以加分鼓励。（责任单位：民政厅，财政厅、省卫生健康委、四川省税务局）

（七）支持培育农业领域劳务品牌。推动企业与农户、家庭农场、农民合作社共创劳务品牌，鼓励农业产业化重点龙头企业申报市级及以上特色劳务品牌企业，优先将区域性特色劳务品牌农业企业纳入省级农业品牌目录。（责任单位：农业农村厅，人力资源社会保障厅）

二、加强劳务品牌从业人员技能提升

（八）鼓励职业院校培养劳务品牌人才。鼓励职业院校对接劳务品牌建设需求，大力发展"5+1"现代工业、"10+3"现代农业、"4+6"现代服务业领域相关专业，特别是高端装备制造、大数据、物联网、云计算、人工智能、健康养老、学前托育、文化旅游、体育产业等领域紧缺专业，积极培育"川字号"特色劳务品牌人才。对符合条件的高技能人才同等落实免费免试、职称评聘、选拔培养奖励项目评选等人才优惠政策。（责任单位：教育厅，人力资源社会保障厅）

（九）建立劳务品牌从业人员考核评价制度。支持各地完善劳务品牌相关职业技能等级认定、专项职业能力考核等多元化评价方式，按规定对经评价合格的从业人员发放相应职业资格证书、职业技能等级证书或专项职业能力证书。将取得相应证书的劳务品牌从业人员纳入人才统计范围，落实相应人才政策。（责任单位：人力资源社会保障厅）

（十）加强劳务品牌技能人才培训。支持各地依托职业院校（含技工院校）、普通高校、培训机构和行业协会、学会、商会等社会团体，围绕当地特色劳务品牌建立专项培训标准，分类开展劳务品牌专项培训。加大对区域特色劳务品牌企业的培训支持力度，确保符合条件的从业人员至少接受一次政府补贴的职业技能培训。对取得职业资格证书、职业技能等级证书、专项职业能力证书、培训合格证书的，按规定从职业技能提升行动专账资金、就业创业补助资金中给予培训补贴。脱贫人口参加劳务品牌培训等职业技能培训的，培训期间给予不超过50元/人·天的生活（交通）费补贴，生活（交通）费补贴每年只享受一次。（责任单位：人力资源社会保障厅，财政厅）

（十一）加强劳务品牌培训基地建设。每四年认定一批省级劳务培训基地，评选认定重点向劳务品牌培育主体倾斜。建设一批劳务品牌技能大师工作室，被认定为国家级和省级的，按规定从就业创业补助资金中分别一次性给予10万元、30万元经费补助。打造具有一流水准、引领行业发展潮流的劳务品牌高技能人才培训基地，被认定为国家级和省级的，按规定从就业创业补助资金中分别一次性给予500万元、300万元经费补助。（责任单位：人力资源社会保障厅，财政厅）

三、加强劳务品牌发展要素保障

（十二）加强劳务品牌发展用地用电保障。保障农村集体经济组织在劳务品牌培育中的合理用地需求，降低生产经营成本，制定土地年度利用计划应安排不少于5%的新增建设用地指标，优先保障涉及劳务品牌等乡村重点产业和项目用地；在农村建设的农产品保鲜仓储设施和初加工设施用电，执行农业生产用电价格。（责任单位：省发展改革委、自然资源厅，人力资源社会保障厅）

（十三）加强劳务品牌商标保护。聚焦劳务产业发展，加强知识产权培育，支持符合条件的劳务品牌企业主体申请商标、专利，有效推进乡村振兴、服务区域经济发展。推动劳务品牌质量标准体系建设，积极引导学会、协会、商会、联合会、产业技术联盟等社会团体制定劳务品牌评价标准和评价体系。加强劳务品牌商标专用权保护，严厉查处侵犯劳务品牌商标专用权的违法行为。指导符合条件的劳务品牌企业打造"天府名品"质量品牌，鼓励优质劳务品牌开展"天府名品"区域质量品牌认证。（责任单位：省市场监管局，人力资源社会保障厅）

（十四）加强劳务品牌金融支持。鼓励银行保险机构开发符合劳务品牌建设培育需求的金融产品和金融服务。鼓励金融机构为资信良好的劳务品牌培育主体提供无抵押、无担保信用贷款。鼓励银行等金融机构在依法合规、商业可持续的原则下，积极探索劳务品牌商标权、专利权等质押贷款，鼓励以劳务品牌为标的物，积极投保相关保险。（责任单位：人力资源社会保障厅、四川银保监局，省地方金融监管局、人行成都分行）

（十五）加强劳务品牌创业担保贷款投放。鼓励劳务品牌从业人员发挥技能、专业、从业经历等优势开展创新创业，对符合条件的劳务品牌创业者按规定落实税费减免、创业培训补贴、一次性创业补贴、创业担保贷款及贴息等政策。符合条件的个人最高可申请额度为20万元的创业担保贷款，符合条件的小微企业最高可申请额度为300万元的创业担保贷款。还款积极、带动就业能力强、创业项目好的借款个人和小微企业，可再次申请贷款和贴息。对符合条件的农民工群体加大创业担保贷款投放力度，适当提高涉农小微企业不良贷款容忍度。（责任单位：人力资源社会保障厅、人行成都分行，财政厅、省地方金融监管局、四川银保监局）

（十六）依托现有载体孵化劳务品牌创业企业。依托创业孵化基地、现代工业园区、现代农业园区、人力资源服务产业园、农业科技园区等创业载体，安排一定比例的场地用于孵化劳务品牌创业企业，按规定落实房租减免、水电费定额补贴等优惠政策。（责任单位：人力资源社会保障厅，省发展改革委、科技厅、财政厅、住房城乡建设厅）

（十七）发展劳务品牌产业园区。统筹安排劳务品牌产业园区用地指标、能耗指标，盘活闲置的商业用房、工业厂房、企业库房和商务楼宇等存量资源，有条件的地区可安排一定比例年度土地利用计划，专项支持劳务品牌产业园区建设。充分发挥银行信贷、保险资金、多层次资本市场及融资担保机构（基金）等作用，拓展劳务品牌产业园区投融资渠道。推动劳务品牌上下游产业链协同发展。支持人力资源服务机构参与劳务品牌产业园区的建设运营工作。（责任单位：人力资源社会保障厅，自然资源厅、省地方金融监管局、四川银保监局）

（十八）培育壮大劳务品牌企业。发挥特色资源、传统技艺和地域文化等优势，培育若干细分行业领域的劳务品牌龙头企业。引导劳务品牌龙头企业“专精特新”发展，推动技术、人才、数据等要素资源集聚，鼓励符合条件的劳务品牌龙头企业上市融资、发行债券。以劳务品牌龙头企业为引领，组建行业内、区域内劳务品牌联盟，推动联盟内资源共享，加速科技成果市场转化，解决专业领域重大共性问题，促进产学研深度融合，对符合条件的劳务品牌企业研发投入的增量部分给予后补助。（责任单位：省发展改革委、经济和信息化厅、科技厅、人力资源社会保障厅，省地方金融监管局、四川证监局）

（十九）开展品牌化组织化劳务输出。采取区域间定向输出、企业直接吸纳等方式，建立健全劳务品牌长期稳定劳务输出渠道，对开展有组织劳务输出的机构按规定给予就业创业服务补助。加大劳务输出支持力度，对经营性人力资源服务机构（含国有劳务公司）、劳务经纪人组织脱贫人口到企业就业，并协助签订1年以上劳动合同、参加社会保险的，按300元/人的标准给予就业创业服务补助。依托农民工工作站、商会、协会等机构，为劳务品牌从业人员提供服务保障。鼓励各类劳务品牌与建筑、工程、餐饮等省内外重点行业、企业建立结对关系，抱团开拓跨境人力资源外包、涉外劳务合作市场。将脱贫劳动力（含监测帮扶对象）作为劳务品牌优先输出的就业服务对象，衔接推进乡村振兴补助资金，对跨省就业的脱贫劳动力可适当安排一次性铁路、公路、水运（路）交通补助。（责任单位：人力资源社会保障厅，财政厅、商务厅、省乡村振兴局）

四、加强劳务品牌创建宣传推介

（二十）创建“川字号”特色劳务品牌。支持各地培育一批有特色、有口碑、有规模的劳务品牌，对成功创建“川字号”劳务品牌的，每个给予一次性奖补20万元，从就业创业补助资金中列支。“川字号”特色劳务品牌由省农民工工作领导小组授牌，有效期3年，由省农民工工作领导小组办公室实行动态管理。建立“川字号”特色劳务品牌星级评价认定制度，“十四五”期间，在“川字号”特色劳务品牌中评选认定5个五星级“川字号”特色劳务品牌。支持各地建立健全县级国有劳务公司、乡镇（街道）劳务专业合作社、村（社区）劳务专业合作分社（劳务经纪人）三级劳务服务体系，鼓励其培育区域性特色劳务品牌，提高劳务组织化程度。对被认定为区域性特色劳务品牌的，有条件的地区可给予一定资金奖补。（责任单位：人力资源社会保障厅，财政厅）

（二十一）加强劳务品牌展示推介。定期开展劳务品牌推介展示交流活动，组织劳务品牌参加中国西部国际博览会、中华品牌商标博览会营销推介，举办劳务品牌论坛，打造劳务品牌非遗工坊、劳务品牌文化体验馆（街、商圈）。定期举办劳务品牌项目竞赛、工作比赛、技能大赛和劳务品牌专场招聘活动。选树一批有广泛影响力的劳务品牌创立人、传承人、领军人以及形象代言人等典型人物。（责任单位：人力资源社会保障厅）

（二十二）加强劳务品牌宣传推广。坚持正确舆论导向，营造良好舆论氛围。综合运用网络、报纸、杂志、广播电视等媒体平台围绕品牌项目、品牌人物、品牌活动开展全方位宣传报道，拍摄主题影视作品，制作播放公益广告，讲好劳务品牌故事，形成“塑造劳务品牌、消费劳务品牌、热爱劳务品牌”的浓厚氛围。（责任单位：人力资源社会保障厅，四川日报报业集团、四川广播电视台）

各地要充分认识劳务品牌建设的重要意义，建立政府部署推动，人力资源社会保障部门牵头，财政、住房城乡建设、农业农村、市场监管、乡村振兴等部门（单位）分工负责，行业企业、协会、学会等积极参与的工作协调机制。省直有关部门（单位）要完善相关配套政策，大力开展政策宣传，确保各项政策措施落到实处。

四川省人民政府办公厅
关于推动精制川茶产业高质量发展促进富民增收的意见

川办发〔2022〕78号

各市(州)人民政府,省政府有关部门、有关直属机构,有关单位:

四川是茶产业大省,茶叶生产规模、茶产业综合实力居全国前列。为深入贯彻习近平总书记关于茶产业发展的重要指示精神,全面推动精制川茶产业高质量发展,推进巩固拓展脱贫攻坚成果同乡村振兴有效衔接,促进富民增收,经省政府同意,现提出如下意见。

一、总体要求

(一)指导思想。以习近平新时代中国特色社会主义思想为指导,深入贯彻党的二十大关于扎实推动乡村产业振兴的决策部署,认真落实省第十二次党代会和省委十二届二次全会关于做大做强"川字号"农业特色产业的部署要求,围绕"四化同步、城乡融合、五区共兴"总抓手,按照"做强基地、做优加工、做响品牌、做大龙头、提升效益"的工作思路,促进全省茶产业质量效益稳步提高,为实现全省农业农村现代化提供有力支撑。

(二)主要目标。到2025年,全省茶叶种植面积保持基本稳定,亩产值持续增加,毛茶产值达到400亿元,综合产值超过1300亿元,带动全省500万茶农增收、300万从业人员就业。川茶文化氛围更加浓厚,科技水平大幅提升,品牌影响力显著扩大,龙头企业发展引领能力明显增强,茶产业体系更加完善,茶农持续增收能力显著提升,茶产业高质量发展格局基本形成。到2030年,毛茶产值达到600亿元,综合产值超过2000亿元,基本建成现代茶产业强省。

二、推进高质量发展

(三)建设高质高效基地。立足茶叶生产比较优势,以国家茶产业集群为核心区,建设川西南名优绿茶、川东北高山生态茶产业带和川南工夫红茶、川中茉莉花茶集中区"两带两区",示范引领全省茶产业发展。推广茶树新品种栽培、绿色生产、肥水一体、统防统治、名优茶机采、智慧茶园等先进技术,发展标准化生态茶园,建设出口茶备案基地。到2025年,全省推广种植具有四川特色的优质红茶专用新品种50万亩,更新改造低产低效茶园80万亩,标准化机采基地面积达到茶叶种植总面积的60%以上。

(四)提升精制茶加工水平。提升茶叶初加工水平,支持龙头企业依托原料基地布局产地初加工,建设标准化"第一车间"。支持初加工设施设备改造升级,提升连续化、自动化、专业化加工能力,提高中高端名优茶比重。重点开展中小微企业初加工提升行动,规范加工厂房建设,合理布局采摘、加工、冷链、仓储、转运等设施,按照食品生产规范改善加工环境,实现清洁化生产。大力发展茶叶精加工,鼓励精加工进产业园区,开展规模以上精制川茶加工企业改造提升行动,支持提升川红工夫红茶等工艺水平,规范工艺流程,加强设备更新,完善仓储、保鲜等设施,提高分等分级、产品包装等能力。推进茶叶深加工,延伸产业链提升价值链,拓展茶产品种类、功能及用途。推进茶叶加工企业密切协同、组团发展,支持规模以上企业与中小微企业强化产业链协作,统筹初级产品、精制产品、深加工产品发展,促进优势互补、产业链增值收益共享,实现集群化发展。对茶叶生产加工用电执行农业生产用电价格优惠政策。加大茶叶加工机械购置补贴力度,推进茶叶生产加工设施装备更新升级。

(五)做大做强新型经营主体。支持茶企同业整合、兼并重组,鼓励国有资本和民营企业在坚持自主自愿、保持主业不变的基础上开展合作,鼓励有实力的企业跨市(州)整合资源,打造一批竞争力强、市场占有率高的大企业集团。推进"川茶兴千村"行动,鼓励发展茶企牵头,村集体经济组织、农民专业合作社、家庭农场、茶农积极参与的茶产业化联合体。支持符合条件的茶企申报国家和省级农业产业化重点龙头企业。到2025年,培育销售收入超过10亿元的茶企5户以上,销售收入超过1亿元的茶企20户以上。

(六)培育产业知名品牌。构建"区域品牌+企业品牌+产品品牌"体系,推进国家级、省级地理标志产品保护示范区建设。加大"天府龙芽"省级公用品牌及"峨眉山茶""蒙顶山茶""米仓山茶""宜宾早茶""川红工夫茶"等地方区域公用品牌建设支持力度,到2025年,推动"天府龙芽"品牌销售额达到100亿元以上。支持龙头茶企按照市场化标准打造自主品牌,在全省培育10个在全国有竞争力的知名企业品牌。支持市场主体加大投入、开展商标国际注册、参加国内外有影响力的品牌推介和省级以上具有公信力的产品评优活动。发展以名优绿茶为主,工夫红茶、茉莉花茶、优质黑茶为辅的传统优势产品体系,支持发展黄化茶、白化茶、紫色茶等特色产品。

推动各地集中优势资源培育有竞争力单品，支持企业依靠特色生态、特质品种、独特工艺创制特色单品。建立健全品牌标准体系，加大贯标、用标力度，加强产品企业自检、政府抽检、社会监督。

（七）构建市场营销网络。加强川茶市场营销体系建设，探索销区市场川茶营销推广中心市场化、长效化运营机制，打造销售网络，支持和鼓励川茶品牌在重要节点城市中心城区、机场高铁站、景区景点、星级酒店建立川茶品牌展示展销店。推进产地市场建设，支持建设产地鲜叶交易市场，加强区域性茶叶产品交易市场和"天府龙芽"等区域品牌展示展销平台建设，提升交易服务功能，打造川茶特色交易中心。鼓励创新商业模式，引导茶产业电子商务规范发展。组织重点龙头企业参加"中国国际茶博会"等重大展示展销活动，支持出口企业扩大川茶出口规模。高质量举办四川国际茶博会，打造全国知名茶业展会。鼓励各茶叶主产区茶事活动常态化举办。

（八）提高科技服务能力。鼓励科研院校和企业围绕茶产业链部署创新链，加强产学研企协同攻关，推进品种、设备、工艺、产品创新，集成推广先进适用技术。鼓励各茶区成立专家顾问团，为茶产业发展提供智力支持。加大对职业和高等院校茶学专业复合型、应用型专业人才的培养支持力度。持续加大对产业链各环节人才的培训力度。开展制茶工匠、制茶大师、川茶文化传承人等培育认定。支持开展"绿色食品""有机农产品""农产品地理标志""低碳生态茶"和ISO（国际标准化组织）、HACCP（危害分析与关键控制点体系）等质量管理体系认证。

（九）促进产业深度融合。推进"旅游+""生态+"等深度融合发展模式，鼓励发展主题鲜明的家庭茶庄、休闲茶庄，建成一批功能完善的茶旅融合主题景区、主题茶城。深入挖掘弘扬川茶文化，讲好川茶故事，鼓励茶文化进社区、进机关、进学校，开展川茶文化对外交流活动，推动川茶文化走向大众、走向国际。支持茶馆行业协会出台行业标准，支持改造升级茶馆茶庄、开展"茶馆名店"评定，推进茶馆行业连锁化、品牌化发展。

三、促进富民增收

（十）提升种茶农民收入水平。全面开展茶区农民技术培训，培养一批种茶技术能手、职业农民。推进春茶、夏茶、秋茶应采尽采，推行机采机防等机械化作业，实现省工节本增效，提高茶园亩产效益。推广就地就近加工，鼓励企业采用"订单农业""公司+基地+农民专业合作社+农户"等模式，建立保护价托底收购、以质定价分级收购等密切企业与农户利益联结的收购方式。通过稳定优质原料来源，应用先进设备，创新技术工艺，提升产品品质等方式，实现企业增效带动农民增收，让茶区农民分享增值收益。

（十一）拓展产业功能促进增收。鼓励企业围绕加工、精选、包装等生产环节，与农户建立稳定劳务合作机制，推动茶区农民就地就近就业。支持发展生产型社会化服务组织，培养一批种子种苗、统防统治、机采机收、市场营销等专业化、社会化、职业化新型农民，推进茶区农民增收。推进茶旅康养一体化发展，鼓励茶区农民开办"茶家乐"、特色民宿，提供茶事体验等服务，拓展关联产业增收。鼓励农民开展电商直销，拓宽增收渠道。

（十二）壮大集体经济带动增收。推动建设以集体经济组织为纽带、紧密联系龙头企业与种植农户的利益共同体。支持村集体以土地资源、闲置资产、生产发展资金等为股本与茶企开展股份合作，推进农村集体资产增值增效，通过股权量化促进农民增收。鼓励集体经济组织与农户建立"流转有租金、务工挣薪金、经营赚现金、按股金分红"的茶产业发展利益联结机制，增加农民收益。

四、政策措施

（十三）加强组织领导。充分发挥省领导联系指导重点产业工作机制统筹推进作用，加强对精制川茶产业发展的规划、指导、管理和服务，落实相关支持政策，确保各项任务落实到位。各地各有关部门（单位）要切实加强领导，明确专门力量，将茶产业发展情况纳入实施乡村振兴考核评价指标体系，推进川茶产业高质量发展。

（十四）拓展投入渠道。各地各有关部门（单位）要切实加大财政扶持力度，聚焦茶产业发展关键环节，用好中省涉农相关资金，发挥好乡村振兴投资引导基金撬动作用，统筹推进茶产业基地建设、品牌打造、科技创新、成果转化、市场建设、主体培育等。支持管理规范、成长性良好的龙头企业开展上市融资、发行企业债券。鼓励金融机构引入担保、贴息、保险、证券等多种金融工具，创新推出"茶叶贷""茶叶保""茶叶担"等金融产品，支持龙头企业融资。

（十五）强化行业监管。落实产品安全责任，完善协同监管机制，强化全链条、全过程监管。严格落实食品生产经营许可和备案制度，严格市场准入。规范生产经营主体市场行为，加强产品包装标识管理，完善鲜叶产地来源等标识内容。支持茶行业社会组织规范开展品牌推介、职业培训与技能竞赛等工作，引导会员单位履行社会责任，诚实守信经营，理性开展市场宣传和营销。

四川省人民政府办公厅

2022年12月28日

编写组

BIAN XIE ZU

SICHUAN

《四川农村年鉴》省级部门编写组

单位名称	编写组组长	成员
四川省高级人民法院	秦　海	马鹏飞　周　辰
中共四川省委宣传部	李延青	田嘉康　李　楠
中共四川省委台湾工作办公室	刘　浩	林　萍　陈志龙　许贤维　赵少飞　王　腾
共青团四川省委	蒋　亭	赵　曦　张建强　程枫淮　张万谦　张浩楠　聂　聪
四川省发展和改革委员会	钟振宇	黄光旭　曹　蔚
四川省教育厅	谢志道	苏盐生　史燕莉
四川省民族宗教事务委员会	刘向鸿	石东红　泽晓鸿
四川省公安厅	吴　坤	杨　林　杜　彪　肖力搏　罗　智
四川省民政厅	赵　坤	邹　哲
四川省司法厅	郑　涛	马　旭　李　清　李　磊　田　山　李　寒　冯正超　向星宇　曾　伟
四川省自然资源厅	杨怀宇	张俊杰
四川省生态环境厅	钟承林	彭　勇　蒲　彬　昝学军　王　忠　芮永峰　康　宁　陈　权　冯娜娜
四川省交通运输厅	丁　杨	王　谦
四川省水利厅	陆艳萍	杜晓刚　钟晨晨　徐晓娟　万　爽　李强伍　侯力文　何　鹏　周　媛　周永清　苟　雷　王若凡　杨抒平　王　玥　范　赓　王小会　邹春梅　喻涵雨　冯　江
四川省卫生健康委员会	赵汝鹏	苏建明　贾建勋　李　阳　王晓丽　罗太鑫　赵清源
四川省审计厅	康东进	魏旭敏　杨　璨　曾　坤
四川省市场监督管理局	李　明	陈　潇
四川省体育局	朱　明	徐庆愿　璩秀强　邹　魁　张志远
四川省乡村振兴局	黄　宇	韩　峰　付方东　邓梦颖
国家金融监督管理总局四川监管局	周卫江	劳海燕　崔　伟　邓莈川　颜轶娇　寇洪滔　潘　阳
四川省林业和草原局	宾军宜	林荣岗　蒋大勇　谷艳平　吴　超　姜　维　刘智勇　李　倩　罗　峰　郑夔荣　邓文环　张钧彦　黄　文　杨　聪　杨晓华　李　隽　黄志强　王　莎
四川省广播电视局	云　鹏	王维强
四川省粮食和物资储备局	王　程	柳　易　钱俊桦　李向东
中华人民共和国成都海关	蒲生武	王勇涛　林　竹　张　军　张　涛
四川省通信管理局	孙　亮	赵争夕　张　凤　杨　赞

续表

单位名称	编写组组长	成　　员
四川省农业科学院	张　雄	陈沧桑　周评平　蒋　俊　蒋　馨　李洪浩　杨双羽　吴海军
四川省气象局	姚志国	游　泳　李纯仪　冯培春　邓　彪　郑飒飒　王闫利　黄　瑶
国家统计局四川调查总队	陈山俊	石文格　李　洋
四川省水产局	何　强	何　川　罗本彬　何云明　郑华章　夏明明　王　放
中国农业发展银行四川省分行	刘　令	伍　强　刘珂珂
中国邮政集团有限公司四川省分公司	魏雪梅	赖煜寰
四川省农村信用联社	谢商武	张　乐　周　威
四川省自然资源科学研究院	谭小琴	向　丽

《四川农村年鉴》市（州）编写组

市（州）	编写组组长	成　　员
成都市	宋　峰	苏　航　魏英明　叶　颖　杨生成
自贡市	余　泓	倪志辉　李吉能
攀枝花市	唐旭光	包小强　蒋治虎　陈友龙　斯慈伟
泸州市	杨长缨	陈廷俊　刘　康　杨国超　常　敏　江维兵　奇美伦珠　周仁树　陈明鑫　肖志洪　喻贞彬　潘成菊　章华高　冯炼兵　余长松
德阳市	向　赟	江　涛　周录学　梁　辉
绵阳市	张廷伟	唐以胜　周　杨　徐有强　包雪梅　李　兵　王长兵　罗　英　任春红　向　毅　刘　勇　鲁　松　胥力月　陈　宁　龙宇佳　郭康康　陈宇航　杨　晨
广元市	蒲玉明	何永湛　唐丽娟　符海波　张友钊　杜　宇　黄维刚　侯春霞　康超勇　黄钦柯　唐甜甜　蒋雪梅　吴天友　董　波
遂宁市	黄李银	蒋　坤
内江市	徐炼英	蒋学飞　黎兆武　付海霞
乐山市	王晋辉	甘　麟　吴　涛　赵诗晗
南充市	尹念红	李洪君　何　鹏　魏　毅　何　欣
宜宾市	罗世俊	胡体刚　刘　吉　徐秀秋
广安市	尹黎明	刘　健　朱小龙　龚显军
达州市	严卫东	张　杰

续表

市（州）	编写组组长	成　　员
巴中市	苟斌才	邹思程　王岚芳
雅安市	邓朝金	袁　兵　谭　林　胥　强　曹晓玲
眉山市	宋良勇	严明宇　周天才　吴洪波　吴　翔　许　政　何永列　邹成双　冷　军　程志春　瞿泽林　朱科良　李昇锦　王　果　杨传华　周明强　万红缨　乐　军
资阳市	管昌平	李析芮
阿坝藏族羌族自治州	旺　娜	李世林　刘　俊　彭开剑　代　红　赵　怡
甘孜藏族自治州	袁　纲	泽郎格西　杨尚志　西绕让布
凉山彝族自治州	马小合	阿呷说哈　刘　犁　涂　坦　阿育木加　刘　骥　吴春余　麻觉干干

《四川农村年鉴》县（市、区）编写组

市（州）	县（市、区）	编写组组长	成　　员
成都市	锦江区	黄　婉	朱文飞
	青羊区	李　浩	徐宝清　吴传方　袁　满
	金牛区	方　波	刘汉科
	武侯区	徐敬国	伍三雄　刘　佳
	成华区	邱　洪	周海云
	龙泉驿区	王旭涛	张　毅
	青白江区	周福洋	汤仕芬　莫　丹
	新都区	杨金华	马兴华
	温江区	赵　霜	石春秀　陈　岚
	双流区	罗仕明	沈登水　罗　川　杨　科　杨明德　张起龙　张　君　骆志权　赵友源
	郫都区	孙大伟	孙怀举　张型刚　尹华龙　何晓芳　朱友成　范海桥　罗川江　黄天丁
	新津区	陈志斌	方若旭　李　璐
	都江堰市	唐　彬	程绍容　王明静　王雨沐　罗　强　徐继刚　成　鑫　白　勇　刘存婷　骆志家　刘　军　陈　彬　斯　灵　潘　超
	彭州市	钱　亮	郑　川　李世斌　董秀凤

续表1

市（州）	县（市、区）	编写组组长	成员
成都市	邛崃市	肖庆	李霞琼 卢剑
	崇州市	郑宇	杨忠
	简阳市	罗巍	张健涛 黄丽
	金堂县	唐毅	蒋增兵
	大邑县	向征	陈建康
	蒲江县	彭东	吴疆
自贡市	自流井区	邓航	梁长远 杨红英 钟俊伟 刘久刚 罗燕 李瑾霄
	贡井区	刘勇	母丹 甘静 董晓军 刘利 冉雪飞 刘寒聪 廖俊 杨开燕 郑伟 陈毓平
	大安区	周怡	李茂彬 袁思遥
	沿滩区	杨文	陈勇 黄祥荣 王曦莹 林海燕 陈利
	荣县	伍祁君	税红霞 张里慧 李小珍 丁小英 李凤天
	富顺县	邱明贵	荣过友 李燕容 黄斌 陈欣 邹波 余翔 胡月 罗辅君 李春枚 曾瑶 刘续兰 张金焱 韩雪 潘锋 舒甫斌 朱柏羊 文义贵 曹乾大 王思睿 陈露
攀枝花市	东区	苏波	杜蓉 杨明翰 朱思铭 胡琳 窦明明
	西区	王彬	邓效禹 曾树 孙正朝 杨雄
	仁和区	关仁福	石芸 张剑 胡良川 罗文 周萍 王朝兵 张万金 郑战江 倪承梅 沙万林 夏敏
	米易县	李维华	文科 文明
	盐边县	邓勇	刘钧 程远凤 杨倬 刘和源 袁野
泸州市	江阳区	朱达权	张婷婷 武佳丽
	龙马潭区	秦登杰	杨帆 袁富强 郭小英 汪倩 彭华权 王顺南 艾玉洁 皇泸锋
	纳溪区	杨志敏	孔强 徐廷超 袁伟丁 李模成 彭取敏 兰诗航
	泸县	李仁军	吕先 王先奎 何明江 许国庆 王学良 邓基祥 谢鑫 郑光明 郭武灿 胡波 王毅 杨玲 冯秋兰 刘代全 沈中良 雷林 李玲 熊开芬 熊豪德 陈晓琳 刘燕
	合江县	王波	王卉 陈勇 李淋春 刘君达 袁良海 贾小伟 潘静 程邦国 姚录平 张从权 匡红兰 黄亚兰 税世芳 周成蓉 胡方钢 赵经纬 严晓峰 陈重壁
	叙永县	郭浩	李竟 严萍 陈聪
	古蔺县	李旭	汤渊仲 陈波 陈育 郭成瑜 祁联飞 赖蔺 罗令 何元发 赵剑 徐慎祥
德阳市	旌阳区	陈然	柏杨 丁丹 潘航 廖晓云 黎坤 周伟 王永钦 邱海文 石强 蒋禄强
	罗江区	曾骥	郑文斌 刘祥华 聂殷

续表2

市（州）	县（市、区）	编写组组长	成　员
德阳市	广汉市	胡羽宇	唐晓玮　周　捷　赵忠涛　王　军
	什邡市	钱　波	邓德春
	绵竹市	古广华	陈正君　鲜宇清　冷　静
	中江县	毛　毅	许世顺　吴志鹏　唐家琦
绵阳市	涪城区	刘　琳	顾雪邦
	游仙区	韩晓清	罗盛军　李　静　李　响　姚永强　蒋　睿　刘晓东　杨华容　文　锋　李　进　郑皓南　张代利　叶　飞　王　斌　唐莉萍　左维波　王崧霖　巩道成　权欣悦　刘　芳　刘绍彪
	安州区	刘　军	张志勇
	江油市	康　明	蔡孟希　田春燕
	梓潼县	刘　强	黄　建　姚德行　李　宇　何　青　焦　剑　李发德　梁　江　张晓萍　贺玉春　高　敏　范思瑶　任芸姣
	平武县	赵　琳	向　斌　佘　兰　雍小东　潘　钊　李　涛　王春莲　张　瀚　肖　杰　张　琦　田　冉
	北川羌族自治县	周福兰	李　智　贾德春　杨晓坤　文运海　肖　坤　田　聪　淳　淼　秦慧斌　李绍军　张　洁　何浩宇　黎开强　夏　青
	三台县	尹春山	唐春梅　任　闯　陈春明　骆佳诚　罗文兴　李　凤　滕琪琳　罗　胜　幸清丽　卢罗兰　朱　瑞　张　潇　赖松平　张安辉　唐　伟
	盐亭县	刘仕通	刘明辉
广元市	利州区	李　燕	文　峰　李万辉
	昭化区	刘自强	王　静　张玉全　任　斌　张德学　张　红　王定杰　张文平　罗　兰
	朝天区	杨金军	沈万全
	旺苍县	林　佳	李　斌
	剑阁县	罗映波	何元俊　王怀鹏　李雪萍　杨海波　江雪蓉　左晓红　郑　尧　张国伟　蒲清榕　刘高居　邹首伟
	青川县	史亚辉	蔡玖虹　杜阳阳　刘晓明　刘德发
	苍溪县	张世忠	任　云　王小佳　刘会方　翟广生　温仕雄　罗海龙　陶　晶　李　悦　周　凯
遂宁市	船山区	龚成宇	刘　畅
	安居区	叶　强	张　清
	射洪市	包祚勋	邹婷亭
	蓬溪县	冯友才	郭　刚
	大英县	周　通	帅思静
内江市	市中区	杨　云	粟学书　魏新征
	东兴区	罗　波	王家荣　肖　斌　邱　雪　甘代学　罗　亮　邱　伟　王　杜　钟家英　罗　鑫　张春梅　阮开聪　李　勇　贺建勇　魏　忠　王　康　杨海波　谢红军　胡禁宇　邱成东
	隆昌市	钟　辉	罗玉雪　董　瑜

续表3

市(州)	县(市、区)	编写组组长	成　员
内江市	资中县	唐　荣	杨　靖　罗文超
	威远县	唐小洪	张学琦　向　楷　杨　江　潘利鑫　隆　强　缪雨利　党　伟　周隆斌　李璐君　杨跃忠　蒋志德　陈　威　欧　石　曾晓刚　李金平
乐山市	市中区	邓清清	肖　拉　杨　宽　季　佳　喻秋霖
	五通桥区	钟　琴	胡汉成　谷金芳　唐　桥
	沙湾区	吴沁珍	梁　萍
	金口河区	卢丽萍	何　川　唐　丽
	峨眉山市	吴春梅	张路彬　李忠洪
	犍为县	彭亚秋	刘　涛　代　璐
	井研县	熊劲宇	邹佳煜　康智超　熊倩莉
	夹江县	段　莎	张　杨
	沐川县	杨进东	刘云才　曾　湞
	峨边彝族自治县	许　强	毛付易
	马边彝族自治县	简梦娅	杨　颖
南充市	顺庆区	唐粼波	宋　敏　周大勇　付德勇
	高坪区	兰吉春	吴再合　杜素太　王　栋　鲜　瑛　何　涛
	嘉陵区	张青松	张全杰　苏长龙　苟会平　陈东海
	阆中市	梁春生	王　维
	南部县	张晓波	刘　颖　袁彬峰　何　会　史小龙　周　鹏　董　凉　蒲　跃　敬友贵　曹　东　王　雪　许钟丹　李东峰　蔺文静
	西充县	张光全	邓　强　朱佳宇　吴　江　陈志川　刘　欢
	营山县	冯　娟	刘　忠　冉洪波　王学谦
	仪陇县	赵云强	唐弘平　吴　江　王　漓　罗兴智　兰光明
	蓬安县	苟　耄	陈俊先　柯杰　蒋依伲　杨明辉　何　龙
宜宾市	翠屏区	赵福强	冯　燕
	南溪区	顾吉彬	买耀彬　雷秀海　胡　洪　邓秋林
	叙州区	王学彬	李　林　周　博
	江安县	王映龙	罗　芳
	长宁县	李建弟	李贤松　罗云环
	高　县	周　强	李　强　严洪轩　胡　利　朱佐芳　侯　明　叶晓燕
	筠连县	郝　猛	邓文松　王　成　潘　燕　万家云　张　明　杨天驰
	珙　县	李　军	唐利娟　余　丹　曾中强
	兴文县	刘朝忠	马　福　刘　立　陈召梅　赵元焱　吴鸿瑮
	屏山县	李胜全	傅　淼

续表4

市(州)	县(市、区)	编写组组长	成　员
广安市	广安区	罗　钧	雍文超　王　历　陈全胜　刘春燕　程海奎　谢冰寒　马裕冬　李敏华
	前锋区	鲁崇兵	胡一卷　邹春林　吴德军　吴嘉明
	华蓥市	熊巧利	向　果　肖庆生　代　辉
	岳池县	龙军华	陈高林　赵　毅　范昭东　罗小萍　陈富威
	武胜县	张安民	段秋林　杨姣
	邻水县	蒋明勇	高　扬
达州市	通川区	覃永利	袁　安
	达川区	唐令彬	黎昌瓒
	万源市	朱　挺	万明鲜
	宣汉县	陈　军	许　超
	大竹县	唐　冉	杨　容　向　娟
	渠　县	王　飞	李　根
	开江县	李文章	陆世斌
巴中市	巴州区	刘映德	陈廷玺
	恩阳区	罗　霄	张彬武　胡焱锋　张会琼　唐庄峻　杨　霞
	南江县	姜　良	马　明　宋晓飞　吴海滨　毛清晰　张福阳　杨　波　郑　确　李正东　王　彬　严　斌　杨茂林　樊津铭
	通江县	熊纯俊	刘国锋　刘力滔　岳　竞　冯　勇　苟　晓　张　鹤　何　明　岳　晓　纪新春　文显成　王开林　肖　铮
	平昌县	胥英豪	吴　墉　夏　海　李　毅　何映舟　周艳丽　唐英铭　李治国　左继国　赵　元　覃海才　杨晓敏　虞诗磊　李思庆　张小平　徐　勇
雅安市	雨城区	冯俊涛	陈建伟　韩　东　万雅平　程瑜涵　宋志剑
	名山区	马忠强	王龙奇　周　昌
	天全县	彭继林	何鹏晖　廖德林　高德琼　周　炯　李　雪
	芦山县	杨　俊	岑永杰　熊碧波
	宝兴县	王惠明	岳国锐　高　波　彭　伟
	荥经县	高学松	兰昌蓉　刘　敏
	汉源县	胡雪松	雷　毅　张　波　李树敏　刘　勇　龙　锦　石一作呷
	石棉县	张瑜峰	吴大斌　宋　朝　徐元军
眉山市	东坡区	朱科良	赵　翔　彭　刚　王萌梅　余爱琼　杜　江
	彭山区	张潇丹	罗　杰　潘茂利
	仁寿县	唐　余	王　果　李　超　余　倩　范　敏　刘泽文　郑建良　黄健康　何建普　张永朕　陈宇坤　沈科先

续表5

市（州）	县（市、区）	编写组组长	成　员
眉山市	洪雅县	李忠云	杨传华　陈天容　伍仕波　赵　昆　王　芳　侯　霞
	丹棱县	周明强	叶晓梅　殷　花　徐　毅　蒋　林　饶正大　戴轶琴　王　毅　龚晓菲　张新雨
	青神县	王文娇	王定豪
资阳市	雁江区	欧阳建	陈　勇　刘羽洁
	安岳县	舒　华	吴芷竞　杨学虎
	乐至县	罗　旭	陈建军　赵　燕　邓　巧　陈吉军　李　萍　张　达　罗　斌　刘　宽
阿坝藏族羌族自治州	马尔康市	杨成才	吴　均　朱学军　常玉春　李联明　张智励
	汶川县	岳洪春	刘　艳　唐琼芳　吴　丽　唐金福
	理　县	岳云刚	冯丽娟
	茂　县	周　耀	钟　宇　周　斌　苏泽松　谭　平　周顺友　全学军　曾雪梅　任国华　刘光华　汪建康　雍　茂　张成定　唐莉萍　苏泽民　万力基　赵子强　胡华宇
	松潘县	张立志	蔡大勇　曹林志　马良玺
	九寨沟县	任　伟	汪　磊　罗　强　何俊华
	金川县	卢永波	谭　旭　贺菡松　张红军　赵明垚
	小金县	黄　敏	黄仁炎　吴品俊　马兴武　张　伟　王崇安　黄　河　蒋劲松　袁兴露　牛显文　杨　成
	黑水县	汪明胥	董平居　任青云　何　军　王维东　方　毅　梁栎彬
	壤塘县	王志蓉	刘　玲　李　伟
	阿坝县	唐郁鑫	扎西泽让　康成品　泽里善珠　任新明　岳　斌　杨忠钦　格兴初
	若尔盖县	孙玉波	蒋祖建
	红原县	蒋明平	袁友兴　贡波华清　蒲　娟　唐月华　冯忠武　冯　澜　鲍　莉　邓仕强
甘孜藏族自治州	康定市	王　强	陈中勇　杨国勇　胡德强
	泸定县	王　蕾	且　军　车成军
	丹巴县	李　樱	扎西尼玛
	九龙县	张　军	张光珍
	雅江县	郑显峰	钟　色　罗让贡布
	道孚县	伍金泽仁	根确单孜　仁青多吉　巴登益西
	炉霍县	邓建光	尼玛泽仁　张建勇　扎巴
	甘孜县	其　太	何　鉴　其　格　赵　杰
	新龙县	徐　芳	熊永军　杨　梅
	德格县	方一舟	赤　康　春　雷

续表6

市(州)	县(市、区)	编写组组长	成　　员
甘孜藏族自治州	白玉县	洛绒倾培	曾　超　根秋桑珠　彭智勇
	石渠县	刘　泽	鲜　勇　扎西郎珠　曲　多
	色达县	易西泽仁	秋　松　郅忠云
	理塘县	四郎曲批	翁　登　余华平　宋　班
	巴塘县	洛绒拉珍	张　莉　赖祯鹏　张舒凤
	乡城县	尼玛西日	陈文铭　翁　秋　胡　勇
	稻城县	袁　斌	曾晓平　丁真多吉　电　登
	得荣县	廖大洪	王继洪　晓多吉　佐致军
凉山彝族自治州	西昌市	杨伟洪	刘腾云　马永亮　黄燕飞　严　健　杨　梅　边成丽　曹忠红　胡　磊　吴秋虞　马　勇
	会理市	张孝华	王志荣　林康俊　李　梅　王　平
	木里藏族自治县	孙根若	向世凯
	盐源县	胡　玮	罗科霖
	德昌县	牟宗合	徐　忠　张兴华　郭泰勇　帅仲刚　刘晓玲　徐文君　刘　俊　宋　岷　曾月祥
	会东县	海　波	赵太勇　杨永龙　聂学明　付金莉　刘朝国　蔡建新　王其福　李　旭
	宁南县	吴　玮	江浓华　秦　伟　罗传海　徐应品　彭子铭　邓正权　范华侨　何　畅　李德富　肖克智
	普格县	曲木日沙	吉木尔杰　马拉轨
	布拖县	向国华	姚仲华
	金阳县	杨克哈	杨堵且　黄付勇
	昭觉县	克惹伍沙	马比小龙　石一木呷　傅玉梅　秦国林
	喜德县	阿尔猛杰	何　平
	冕宁县	陈明华	孔庆林
	越西县	越西县	马海木呷　罗热古
	甘洛县	罗建华	王世均
	美姑县	瓦西一布	洁　松　李中超　吉克阿作　罗医生莫　普　云
	雷波县	马格胚	周明亮

全面建设社会主义现代化四川

聚焦

聚焦“三农”

用镜头记录四川擦亮农业金字招牌、由农业大省向农业强省跨越的发展历程。

2023年四川省农业科学院成立85周年

四川省农业科学院

省人大常委会副主任祝春秀（中）到省农科院调研

副省长胡云（右二）到省农科院开展“天府粮仓”建设“天府良机”研发专题调研

四川省农业科学院始建于1938年，坐落于成都市锦江区，设有14个研究所、1个服务机构、1个院属分院，并与地方政府联合共建分院10个。研究和开发领域涵盖粮、经、饲作物与水产，涉及作物遗传育种、耕作栽培、植物保护、土壤肥料、资源环境、农业微生物、生物技术、农用核技术、蚕业、分析测试、农业遥感、农产品储藏加工、农业信息、农业经济等60余个学科专业。拥有国家级创新平台35个、国家地方联合共建工程研究中心（实验室）7个、国际合作平台4个，整体实力居全国省级农科院前列。

四川省农业科学院拥有雄厚的科研人才资源。中国现代农业科学先驱者赵连芳创立四川农业改进所（四川省农业科学院前身），中国作物数量遗传学科拓荒者杨允奎出任第一任院长，中国科学院院士鲍文奎、蔡旭曾在院工作。全院有在职职工1 166人，拥有研究员132人（其中二级研究员31人）、副研究员236人、博士154人；拥有国务院政府津贴专家35人、学术技术带头人40人，农业农村部现代农业产业技术体系岗位专家16人、试验站站长18人，国家现代农业产业技术体系四川创新团队首席专家7人、岗位专家46人。

院党委书记、院长牟锦毅（中）到苍溪县调研猕猴桃产业发展情况

院党委副书记钟毅（中）率队到平昌县开展定点帮扶工作

全面建设
社会主义
现代化四川

聚焦

聚焦“三农”

》》

院党委委员、副院长张雄（右四）到平昌县调研科技支撑定点帮扶工作

副院长杨武云（前排右一）到资中试验站调研科研工作

院党委委员、副院长丁明忠（中）到南繁基地调研

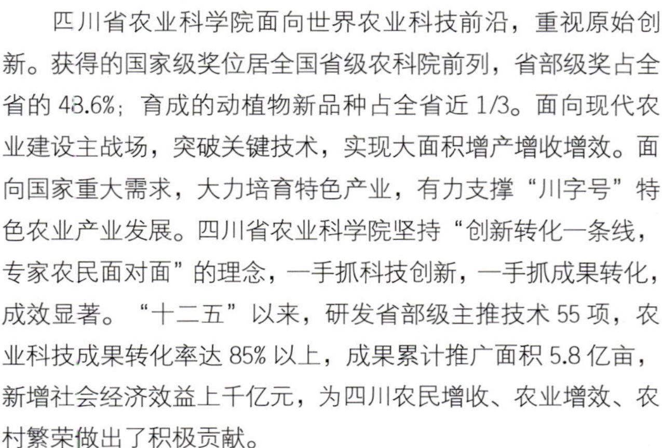

四川省农业科学院面向世界农业科技前沿，重视原始创新。获得的国家级奖位居全国省级农科院前列，省部级奖占全省的 43.6%；育成的动植物新品种占全省近 1/3。面向现代农业建设主战场，突破关键技术，实现大面积增产增收增效。面向国家重大需求，大力培育特色产业，有力支撑“川字号”特色农业产业发展。四川省农业科学院坚持“创新转化一条线，专家农民面对面”的理念，一手抓科技创新，一手抓成果转化，成效显著。“十二五”以来，研发省部级主推技术 55 项，农业科技成果转化率达 85% 以上，成果累计推广面积 5.8 亿亩，新增社会经济效益上千亿元，为四川农民增收、农业增效、农村繁荣做出了积极贡献。

“十二五”以来，四川省农业科学院密切关注国内外科研、开发发展方向与动态，国际科技合作与交流成效显著，先后与俄罗斯、泰国、以色列、澳大利亚、意大利、荷兰、日本、美国、加拿大、瑞士等 40 个国家和地区，以及国际玉米小麦改良中心、国际马铃薯中心、国际水稻研究所等国际组织开展了国际科技交流与合作，建立了国家引才引智示范基地（农业与乡村振兴类）、优质抗病高产小麦品种选育、柑橘新品种与栽培技术、柑橘新品种选育与栽培技术示范、优质抗病高产川麦系列新品种选育、优质兼用型马铃薯脱毒种薯繁育基地等 6 个基地，四川省（中德）油菜研究中心、中国（四川）—国际玉米小麦改良中心南方联合试验站、国际农业科技情报体系（AGRIS）西南分中心、中—意四川果树苗木繁育中心等 4 个平台。

全院职工按照习近平总书记对农业科技“三个面向”的重要指示，认真落实省委、省政府“四化同步、城乡融合、五区共兴”的战略部署，按照院党委、院行政提出的政治、业务、社会“三大目标”，大力实施“五个三”发展战略，满怀信心，创建“国内一流、国际知名”农业科学院，为加快建设美丽繁荣和谐新四川，推动治蜀兴川再上新台阶做出新贡献。

院党委委员、副院长刘永红（中）到乐至县农业园区调研

院总农艺师蒲宗君（右二）到潆溪蚕业科技园区调研

建院85周年科技成果发布会

国际山地农业科技创新联盟第一届理事会

夯实科技支撑，打造新时代更高水平“天府粮仓”科技服务启动仪式

科技成果转化深化年大会

农业科技市州行活动

“天府菜油”首届院士专家大讲堂暨育种攻关成果推介会

第二届分院工作推进会

省农科院水稻专家龙文靖（右）在乌干达指导选育适合当地种植的高粱新品种

省植研院花椒团队到康定市开展技术服务工作

省农科院院地共建分院现场观摩会

第四届“藏粮于技”院士讲堂

联合国粮农组织南南及三方合作司到省农科院调研

天府种业实验室揭牌成立

省农科院与宜宾市签署院地合作框架协议

省农科院与重庆市农科院联合召开川渝农业科技成果发布会

川渝涪江流域国家农业科技园区战略联盟合作协议签约仪式

布隆迪总统率团参访省农科院水稻、玉米新品种集中展示基地

省农科院与布隆迪国家农科院共同揭牌“四川省农业科学院非洲（布隆迪）工作站”

省农科院与布隆迪国家农科院院长艾福德·尼约克威西米拉签署谅解备忘录

新西兰佳沛集团董事会主席卡梅隆先生一行到省农科院访问

中国（四川）—尼泊尔山地农业技术培训班

承办联合国粮农组织（FAO）尼泊尔农业专家作物生产技术与实践培训班

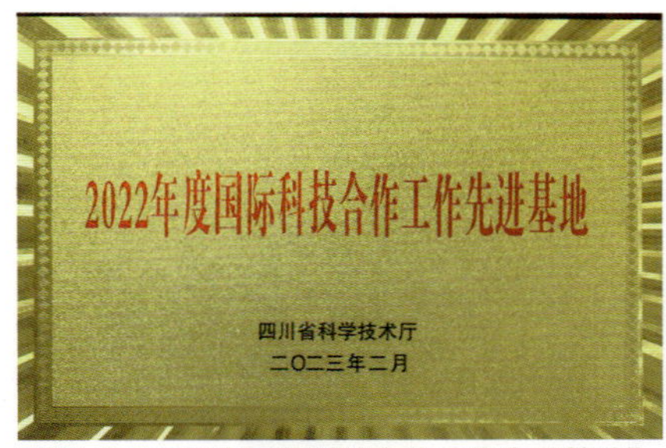

获评“2022年度国际科技合作工作先进基地”

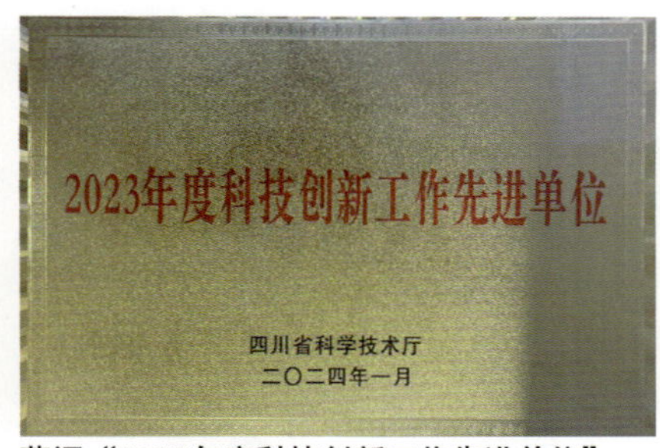

获评“2023年度科技创新工作先进单位”

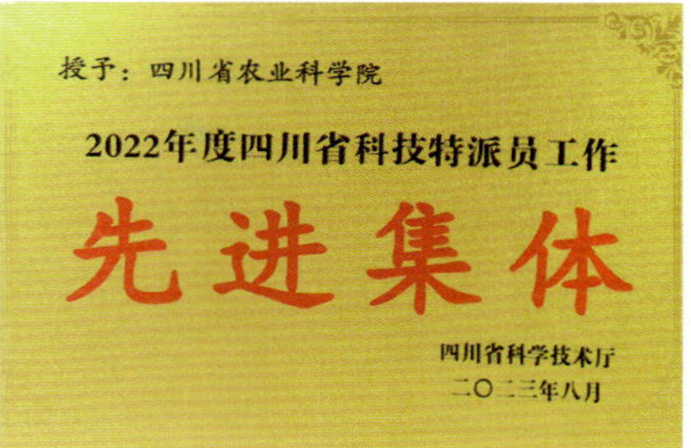

获评“2022年度四川省科技特派员工作先进集体”

四川师范大学

学校党委书记郭勇（三排左七）、党委副书记张海东（三排左八）等人看望慰问学校在普格县顶岗支教的学生

始终坚持以习近平新时代中国特色社会主义思想为指引，全面学习贯彻党的二十大、中央农村工作会议精神，坚决落实省委、省政府定点帮扶工作部署，坚决扛起帮扶政治责任，充分发挥高校教育、科技、人才等综合优势，在凉山州普格县推动实施“四大工程”，巩固拓展脱贫攻坚成果，助推乡村振兴开新局。

实施“教育振兴工程”，斩断贫困代际传递

聚焦教师、学生、学校三大主体，开展科学化、体系化、层次化、全方位的教育帮扶，斩断贫困代际传递，助推乡村振兴。一是开展师范生顶岗支教，弥补乡村教育短板。按照教育厅顶岗支教的相关要求，2023 年学校投入近 200 万共选派 191 名本科生和 5 名研究生赴普格县顶岗支教，选派人数居全省高校首位，着重帮助解决民族地区基础教育师资不足、结构性紧缺等“急难愁盼”问题。2023 年 4 月，共青团中央作出表彰，决定授予学校研究生支教团普格分队所在的四川省普格县大学生志愿服务西部计划团支部“全国五四红旗团支部”荣誉称号。二是实施体育美育浸润计划，促进学生全面发展。作为首批入选“教育部体育美育浸润行动计划”的实施高校，持续推进普格县夹铁镇中心校、瓦达洛村小、附城小学项目走深走实。选派 12 名音体美支教学生支持项目学校开齐开足相关课程，组建 10 余个体育美育

学校党委书记郭勇（左）代表学校“以购代捐 · 消费帮扶”普格县夹铁镇生态农牧产品50万元

学校党委副书记、校长汪明义（二排右四），党委常委、副校长蒋文涛（二排右五）等人看望慰问学校在普格县顶岗支教的学生

社团，开展音体美课外兴趣活动 100 余次，为夹铁镇中心校捐赠书籍共 700 余册，向菜子小学捐赠价值 5 000 元的体育用品。推动民族地区乡村学校体育美育日常化、多样化、特色化发展。三是精准帮扶片区学校，提升乡村教育质量。在普格县洛乌沟片区学校实施“一对一”精准帮扶提升工程，着力打造教师发展示范区。坚持“一校一策”，实施教师培训、教学标准改进、共同课题研究等精准帮扶，全面提升片区学校教师教学能力、校本课程及教材研发以及学校治理等综合实力。以普格各学校为单位，组织顶岗支教团、学生志愿者等围绕“六个一”学习主题开展国家通用语言文字推广活动，让更多的乡村孩子在家门口上“好学校”。同时，利用假期组织近 20 名师生在普格县开展“青春向党·情暖普格”教育振兴暑期社会实践活动。

学校党委副书记、校长汪明义（左）为2023年春季学期普格县顶岗支教团授旗

实施“产业富农工程”，持续推进农民增收

坚持“扶持产品促消费、扶持产业促增收、扶持智力促振兴”的产业帮扶模式，推动“输血式”帮扶向“造血式”经营转变。一是因地制宜布产业。根据普格县夹铁镇资源禀赋和产业发展优势，扶持阿木村大力发展大棚水果产业，引进专业化农业公司经营。持续协助普格县编制旅游产业发展规划，支持螺髻山国家 5A 级景区创建工作，助力农文旅融合发展和提档升级。二是引资扩能强产业。健全引资引企、校内外组团帮扶机制，做大做强特色产业。利用学校援建阿木村蔬菜大棚生产的农副产品成功种植经验和社会名气，积极协调普格县委、县政府投入 500 万元在阿木村新建二期 100 亩蔬菜大棚，现已投入生产经营并协调专家不定期前往指导交流。2023 年，阿木村村民平均纯收入 14 400 余元，与 2022 年同比增加 2 400 余元，增幅近 20% 。三是消费帮扶活产业。与普格县签订定向采购协议，动员广大师生、协调校友企业等购买帮扶地优质农产品，2023 年学校通过“832”平台采购 167 万元，开展了 2 期帮扶产品进校园展销活动，销售总额 6 万余元。

实施“党建引领工程”，筑牢基层战斗堡垒

充分发挥学校党建理论及实践优势，深入开展支部结对共建，把建强基层党组织作为乡村振兴的关键。一是强化党支部政治和组织功能建设。校党委组织部党支部对阿木村党支部、校团委对文倡村党支部在阵地建设、制度规范、理论学习等方面提供大力支持。派驻党建指导组蹲点指导，与结对共建支部共同开展学习教育、规范“三会一课”、主题党日等组织活动。二是强化基层阵地建设。扎实开展“我

学校党委副书记、纪委书记滕文浩（左）代表学校向普格县捐赠阿木村党群服务中心改造升级项目资金6万元

学校党委副书记张海东（右二）调研学校援建普格县夹铁镇阿木村的蔬菜大棚

学校党委常委、副校长蒋文涛（左）代表学校“以购代捐·消费帮扶”普格县夹铁镇生态农产品12万元

四川师范大学赴螺髻山中学慰问顶岗教师座谈会

为群众办实事”实践活动。依托驻村帮扶干部和工作队员，进一步改善受扶村生产生活条件、基础设施、人居环境，推进落实教育医疗保障和移风易俗各项民生事项。投入3万余元购买文体用品、慰问困难党员和16户返贫重点监测户，进一步强化村党支部的战斗堡垒作用。学校机关党委在当地开展“情系普格教育，助学润泽童心”公益活动，开展文艺联欢会，捐赠价值10余万元的爱心物资，设立都尔小学家庭贫困优秀学生“狮山彝路童行”首期奖学金1.2万元。

四川师范大学2023年帮扶工作推进会

学校党委副书记、校长汪明义在北京参加《中国教育发展与乡村振兴报告（2022—2023）》蓝皮书新闻发布会暨首届新时代教育发展促进乡村振兴研讨会并作交流发言，学校获蓝皮书编撰“突出贡献奖”

学校党委常委、副校长郭朝辉（左一）在省直机关工委组织召开的省直部门和有关单位定点帮扶工作推进会上作为唯一高校代表交流发言

学校原阿木村驻村“第一书记”王晓辉被评为“四川省优秀驻村第一书记”。三是强化内生动力建设。结合阿木村荣获的 2022 年度凉山州乡村振兴示范村和凉山州人居环境治理先进村，进行省级乡村振兴示范村创建工作并取得成功。积极开展感恩奋进教育和政策、法律主题宣讲，捐赠 5 万元支持阿木村开展移风易俗专项行动，购置集体桌椅板凳（婚丧嫁娶）、评选奖励“五好家庭”物资等，讲好“乡村故事”，涵养乡风文明。

实施“人才赋能工程”，助力乡村人才振兴

坚持把论文写在大地上，将科研教学人才培养与定点帮扶实践相结合，不断激活人才“引擎”，持续赋能乡村振兴。

四川师范大学帮扶工作办公室举行定点帮扶普格县农产品校园展销会

四川师范大学邀请普格县政府相关领导到学校召开帮扶工作对接会

四川师范大学帮扶工作办公室相关负责人参加省直部门定点帮扶普格县2023年度第二次联席会议

一是紧密对接人才培养“需求链”。根据普格县干部队伍建设需求，举办普格县东西部协作助力乡村振兴专业技术人才能力提升培训班暨第二届“青马工程”人才培养班，培训各类人才近50人。组织夹铁镇及其下辖7个村的镇（村）干部、党员群众代表10人外出考察学习乡村振兴先进经验。二是筑牢乡村振兴人才“供给链”。在前期开展乡村振兴人才职后培训的基础上，2023年秋季学期学校遂宁校区乡村振兴学院将正式招生办学，通过本科教育的形式致力于培养乡村教师、乡村治理、乡村文旅、乡村产业和乡村康养等各类急需人才，有力支撑脱贫地区农业农村高质量发展。三是提升乡村战略研究“价值链”。学校先后成立了“中国乡村振兴研究院”和“晏阳初研究所”，开展全面推进乡村振兴战略研究，为四川乃至全国全面推进乡村振兴提供有力的学术支撑和智力供给。组织院所专家学者深入一线，考察普格县全面推进乡村振兴现状及发展需求，开展调研交流、社会服务等活动。

2024年，学校将聚焦“守底线、抓发展、促振兴”目标任务，持续发挥教育特色优势，不断推动“四大工程”纵深发展。一是拟投入近200万元继续开展顶岗支教、“牵手乡村教育”社会实践以及教师培训，帮助改善办学条件，提升教育信息化水平，不断夯实教育帮扶成果。二是加大特色农产品消费帮扶力度，推动食堂、工会与普格县签订定向采购协议，拟完成160万元消费帮扶任务。组织师生开展直播带货、产品推介、优质农产品进校园展销等活动，

四川师范大学到普格县开展“体育美育浸润行动计划”系列活动

四川师范大学研究生支教团普格分队所在的四川省普格县大学生志愿服务西部计划团支部获评“全国五四红旗团支部”称号

四川师范大学举办普格县2023年东西部协作助力乡村振兴专业技术人才能力提升培训班暨第二届“青马工程”人才培养班

促进帮扶产业持续健康发展，不断提升产业致富带富能力。三是划拨专项资金实施移风易俗专项支持计划，协同开展国家通用语言文字推广工作，繁荣发展乡村文化，不断培育向上向善文明新风。四是开展干部培训和乡村振兴专家服务团以及乡村本土人才培育行动，帮助开展引才引智活动，引导退休专家教授、毕业大学生等下乡返乡服务乡村振兴，不断强化乡村振兴智力支撑。

总之，学校将根据四川省委、省政府、省直机关工委要求，结合普格全面建设脱贫地区农文旅融合发展先行县所提出的需求，变成学校师生定点帮扶普格县乡村振兴事业的追求，为全面推进乡村振兴、加快建设农业强省，全面建设社会主义现代化四川篇章贡献更大的智慧和力量。

四川师范大学在遂宁校区举行“推动乡村振兴、促进共同富裕”学术研讨会暨四川省晏阳初研究会第八届理事会第一次学术年会

四川师范大学机关党委到普格县开展“情系普格教育，助学润泽童心”公益行活动

交通银行股份有限公司四川省分行

交通银行四川省分行行长张薇（左）与农业农村厅厅长徐芝文（右）座谈交流

交通银行四川省分行行长张薇（右三）、交银投资总裁谢洁共同拜访通威股份有限公司董事局主席刘汉元

交通银行始建于1908年，是中国早期四大银行之一。交通银行百年变迁，数度沉浮，始终与国家和民族的命运、与社会和经济的需要休戚相关。一个世纪前交通银行作为中国早期大型银行和发钞行，在中国近现代金融史上具有特殊而重要的地位。为适应改革开放的需要和中国经济体制改革发展的要求，1987年，作为金融改革的试点，国务院批准重新组建交通银行。重新组建后的交通银行成为中国第一家全国性的国有股份制商业银行。

2004年，伴随着中国经济发展和金融改革的深入，交通银行再一次被推上了改革的潮头浪尖，承担起国有商业银行改革先行者的使命。在短短一年时间里，交通银行先后完成了“财务重组—引进外资—公开上市”改革三部曲，于2005年6月23日在香港联交所成功挂牌上市，成为首家完成财务重组的国有大型银行、首家成功引进境外战略投资者的国有大型银行和首家在境外公开上市的中国内地商业银行。2007年5月15日，交通银行成功登陆A股市场，完成了国内首家在境外上市的中资商业银行的回归之旅。目前，交通银行已经发展成为一家“发展战略明确、公司治理完善、机构网络健全、经营管理先进、金融服务优质、财务状况良好”的具有百年民族品牌的现代化商业银行。

交通银行四川省分行成立于1989年11月，作为交通银行在川的统一服务平台，交通银行四川省分行集合交行旗下多家子公司和各类金融资源参与四川建设，为四川客户提供最优金融产品、最佳服务方案、最低服务成本的一站式金融服务，业务范围涵盖商业银行、证券、信托、金融租赁、基金管理、保险、离岸金融服务等。目前，在川网点总数达92个，下辖自贡、攀枝花、绵阳、泸州、德阳、南充、乐山、宜宾、达州9个省辖二级分行，正在筹建眉山分行。

交通银行四川省分行以二十大会议精神为指引，深入学习习近平总书记在中央农村工作会议的讲话精神和来川视察

交通银行四川省分行行长张薇（左二）一行慰问驻村干部

交通银行四川省分行行长张薇（右二）到峨边县新场乡羊子岩村调研

交通银行四川省分行行长张薇（前排中）考察峨边县新场乡羊子岩村高标准农田建设情况

交通银行四川省分行行长张薇（中）一行到峨边县新场乡羊子岩村开展定点帮扶调研

重要指示讲话精神，全面贯彻党中央国务院关于全面推进乡村振兴的战略，以党建为引领，以高质量发展为主题，全面落实省委、省政府和监管机构的各项工作要求，抢抓机遇、主动营销、牵头对接、搭建渠道，积极推进乡村振兴。

强化组织领导，健全完善机制

交通银行四川省分行在 2021 年 6 月 2 日成立乡村振兴工作领导小组，在交通银行四川省分行党委的领导下总体负责乡村振兴工作的统筹推进。交通银行四川省分行主要负责人任组长；省分行分管乡村振兴工作的行领导、分管财务工作的行领导、分管纪委工作的行领导任副组长；普惠部（乡村振兴部）、办公室（党办）、人资部（组织部）、财管部、公司部、个金部（消保部）、授信审批部、零贷部、金科部（网金部）、纪委办（监督检查室）、工会办、行政部、乐山分行主要负责人为小组成员单位。乡村振兴领导小组办公室设在普惠部（乡村振兴部），主要负责交通银行四川省分行乡村振兴工作的牵头联系、统筹协调、制定规划、组织推进、指导督办等事项。同时成立四川省分行乡村振兴部，作为交通银行四川省分行金融服务乡村振兴的统筹部门，主要负责金融服务乡村振兴业务发展规划，承担定点帮扶、涉农产品体系建设、客群经营、推进普惠型涉农贷款业务等职责。

为深入贯彻党中央、总行、省委省政府和监管部门对金融支持乡村振兴相关要求，贯彻落实国家乡村振兴战略部署，履行好国有大行的使命担当，为“十四五”时期构建新发展格局、实现高质量发展做出贡献，交通银行四川省分行结合自身情况，先后制定了《交通银行四川省分行服务乡村振兴 2021—2023 年工作规划》，紧紧围绕中央关于乡村振兴战略部署，对标监管部门各项考核要求，以“5+4+3+2+1”为导向〔即“五项基础”：体制机制、风险管理、资源配置、

交通银行四川省分行副行长左文杰（右排中）一行与理塘县县委书记座谈交流

交通银行四川省分行副行长左文杰（左二）考察理塘县牦牛产业发展情况

交通银行四川省分行副行长左文杰（左三）一行到理塘县生活污水处理厂调研

交通银行四川省分行副行长左文杰（右二）考察理塘县农副产品

交通银行四川省分行副行长左文杰（中）召开定点帮扶推动会

交通银行四川省分行领导到基层调研

科技赋能、队伍建设；“四大领域”：粮食安全、乡村产业、农业现代化、新型城镇化建设；“三大产品线”：场景定制、三产融合（产业链）、小额标准化产品；两项重点：定点帮扶、乡村振兴；“一个品牌”：交银益农通〕，进一步形成合力，压实责任。明确 2021—2023 年全行金融支持乡村振兴和定点帮扶各项任务指标，制定《交通银行四川省分行 2022 年金融服务乡村振兴行动方案》，2021—2023 年每年均制定《交通银行四川省分行助力峨边县乡村振兴工作计划》以及《交通银行四川省分行定点帮扶任务分解表》，制定《交通银行四川省分行 2023 年—2024 年全面推进乡村振兴支持建设农业强省的行动方案》，推动交通银行四川省分行金融服务乡村振兴高质量发展。

支持县域经济发展，培育县域发展新动能

发展县域经济，对推动新型城镇化和农业现代化、推进新农村建设、实现“十四五”目标具有重要的战略意义。交通银行是国有五大商业银行之一，是服务实体经济的主力军和国家队，肩负落实国家战略和宏观政策的重大使命。交通银行四川省分行目前共有 7 家县域支行，覆盖 4 个区域，分别是成都都江堰支行、成都都江堰莲花支行、成都都江堰大道支行、成都都江堰景区支行、成都彭州支行、德阳广汉支行和泸州泸县支行。交通银行四川省分行引导县域支行聚焦政府类机构业务、公立医院、高校、上市公司、重点招商引资企业等客群，立足当地产业特色，围绕都江堰猕猴桃（两部委双认证地标产品）、都江堰川芎（四川十大地理标志品牌）、万亩粮经复合产业园和产业基地、中国南方蔬菜种业创新中心、高标准农田建设、稻虾共作核心示范区等特色农业提供金融支持，助力提升农业现代化水平，积蓄乡村振兴新动能。

结合县域地区中小企业客户为主的特点，交通银行四川省分行借助新型移动设备，积极探索创新“互联网 +”普惠金融服务，采取“线上 + 线下”模式，将业务服务触角向县

交通银行四川省分行领导考察峨边县农副产品

交通银行四川省分行领导考察峨边县新场乡羊子岩村高标准农田建设情况

交通银行四川省分行到峨边县新场乡羊子岩村调研

交通银行四川省分行领导到峨边县新场乡羊子岩村兔厂调研

交通银行四川省分行领导到峨边县新场乡羊子岩村调研高标准农田建设及农业无人机情况

交通银行四川省分行领导看望脱贫户

域地区延伸。通过“兴农 E 贷”、线上保理以及特色场景定制化产品等产品，有效服务县域地区在核心企业上下游的供应商、经销商和终端用户，支持县域地区各类中小企业业务发展。

聚焦重点领域，服务板块龙头

一是重点围绕金融服务新型农业经营主体，在猪周期低迷疲软的背景下，坚定不移加强与新希望、通威等为代表的农林牧渔行业农业龙头企业的涉农产业链上下游客群、带动农户、家庭农场、合作社等相应业务拓展，进一步拓宽乡村振兴的合作舞台。二是重点围绕各级农业龙头主体，信贷支持四川省林业集团、四川省种业集团、四川省供销投资集团等省属农业企业以及“川字号”农产品。三是推出“高标准农田贷款”，满足高标准农田建设管护的各类涉农经营主体的融资需求，重点对接兴城集团天府绿道的成都市复垦复耕项目和四川省供投集团联合市、县社有企业和国有企业组建的四川省天府粮仓发展集团。

金融科技赋能，打造农业“新生态”

交通银行四川省分行积极支持农业现代化、乡村特色产业等乡村振兴重点领域，通过金融科技赋能乡村振兴，以供销体系、产业龙头企业为突破重点，通过“一行一链主”“一行一场景”与“一行一特色”充分结合，实现业务扩面，增量增收。

一是积极支持农业现代化、乡村特色产业等乡村振兴重点领域，通过金融科技赋能乡村振兴，大力支持生猪养殖产业，以核心企业为依托，以点带链、以链带户，科技赋能，利用大数据筛选，精准客群，陆续推出“新希望生猪养殖贷”“特驱农牧饲料贷”，持续探索“金惠家肉牛贷”等多条乡村振兴场景定制项目，助力乡村振兴国家战略。二是为持续加大对“三农”支持力度，提升基础金融服务覆盖面，缓解农民融资难等问题，交通银行四川省分行通过与四川省供销科技产业集团有限公司的数据交互和整体合作，打造供销体系闭环、资金闭环的合作样板，推出“供销肉牛贷”，探索“供销粮油贷”，通

交通银行四川省分行2023年乡村振兴领导小组第一次会议

交通银行四川省分行2023年乡村振兴领导小组第二次会议

交通银行四川省分行在帮扶地开展支部结对共建活动

乐山分行党支部结对帮扶

2023年交通银行四川省分行与理塘县支部结对共建

2022年交通银行四川省分行与理塘县支部结对共建

过线上申请、线上审批、线上提款的方式发放信用贷款，为借款人提供个人经营性贷款，满足农户多样化金融需求，持续推动乡村振兴金融服务下沉，进一步夯实助力四川省乡村振兴成果。三是持续加强金融服务一二三产业融合的业务拓展深度，重点推进银犁冷链市场“冷链 e 贷”、攀枝花“攀果贷”，探索打造濛阳水果市场“蔬果贷”等特色场景项目，通过场景定制产品批量获客、远程获客，为农户、家庭农场、合作社注入金融活水，助力产业发展。

深化银政合作，搭建重点渠道

充分发挥四川省分行在省、市两级政府职能部门的对接，激发县域支行在服务乡村振兴中的主力军作用，发挥县域支行处于乡村振兴最前沿的区位优势，根据地方特色经济、特色产业，与当地政府机构、涉农担保机构及保险公司、新型农业经营主体以及其他各类涉农经营主体等建立常态化对接、营销、跟进的工作机制，持续提升乡村振兴展业效果。

一是受邀参加第九届四川农业博览会·成都国际都市现代农业博览会暨“天府粮仓”合作发展大会，展示交行品牌，并与农业农村厅签订《共同推进“天府粮仓”建设合作备忘录》，金融助力新时代打造更高水平的天府粮仓。二是积极参加农业农村厅举办的全省金融支农工作会议，重点跟进“天府粮仓”重大项目融资手册，做好金融供给服务，建设更高水平“天府粮仓”，推动治蜀兴川。三是结合“三农”需求，搭建“交银益农通”品牌体系，聚焦农业农村基础设施建设、设施农业和信贷直通车三大领域形成交行特色：对接农业农村基础设施重大项目，政策配套、专班跟进，信贷投放持续加大；联合农业农村部深入研究形成《设施农业投资分析报告》，引导和撬动社会资本支持设施农业发展；积极参与“地方版直通车”“直通车乡村行”活动，配套专项资源，促进惠农助农；加强与成都市区（县）主体联动，加入“农贷通”政银企农村综合性金融服务平台。

巩固脱贫攻坚成果，紧握发展接力棒

交通银行四川省分行认真落实省委、省政府部署，在战略部署上“扣扣子”、责任履行上“担担子”、工作落实上“钉钉子”，有针对性地积极推进理塘县和峨边县的结对帮扶各项工作。每年为理塘县引进社会资金、购买农产品、帮助销售农产品、引进帮扶项目，并克服无物理网点、自然条件恶劣等困难，多次对理塘县当地企业进行实地走访，持续加大对理塘县的信贷资金投入。交通银行四川省分行将理塘县产业帮扶作为帮扶重点，通过“定点帮扶＋金融支农”的模式，即由企业集中代养殖、交行定制产品配套、企业与养殖户签订收购合同，以金融科技赋能，量身定制了金融助力产业发展的信贷产品“牦牛贷”。农牧民足不出户，通过“扫码申请、手机提款”即可申请提用。运用科技赋能延伸金融服务半径，以金融活水扩展了农牧民致富增收渠道。2022 年，交通银行四川省分行在总行系统 45 家考评单位中位列第二，考核评价结果为“好”。

自 2021 年起，按照省委关于乡村振兴工作部署和省直部门（单位）定点帮扶峨边县联合工作方案要求和年度帮扶工作相关要求，交通银行四川省分行对口帮扶县峨边县新场乡羊子岩村。通过派驻驻村干部、开展“我为群众办实事”、加强基

交通银行四川省分行送金融知识下乡

驻村干部入户走访

交通银行四川省分行参加第九届农博会

层党组织建设、积极开展消费帮扶采购农副产品、捐赠项目资金、金融助力产业发展投放信贷资金等多项措施有力帮扶峨边县，实现持续巩固脱贫攻坚成果，有效衔接乡村振兴。

在省直工委（金融板块）的考核中，交通银行四川省分行定点帮扶工作 2021 年度获得满分，名列 22 家金融机构中第六位，荣获“年度最佳扶贫先进机构奖”；2021 年度荣获总行“脱贫攻坚先进集体”称号；2022 年度分别收到理塘县、峨边县、万源县、仪陇县等地政府发给银行的感谢信、表扬信。峨边县新场乡羊子岩村被省委、省政府命名为 2022 年度四川省乡村振兴重点帮扶优秀村，被平安四川建设领导小组命名为 2022 年度省级“六无”平安村。

党建共建共振兴，推动业务高质量发展

交通银行四川省分行将党建工作融入推动业务发展当中，交通银行四川省分行党支部认真贯彻落实习近平总书记重要讲话精神和党中央、总分行党委主题教育的各项部署，要求支部全体党员要深刻认识开展主题教育的重大意义，以高度的政治自觉、思想自觉和行动自觉接受主题教育的锻造洗礼。要按照“学思想、强党性、重实践、建新功”的总要求，凝聚起“简单、执行、合规”的思想认同和行为共识，把开展主题教育同省分行高质量发展紧密结合起来。

交通银行四川省分行为峨边县新场乡羊子岩村捐赠路灯

党支部按照主题教育及大兴调查研究之风工作要求，以分层分类、突出重点、深入群众为重点开展调查研究，并抓好调研成果转化运用。通过按照业务板块建立先锋队，由支委班子带队深入基层进行“一行一策”“奋战红六月”“再创新佳绩”业务调研，基本实现经营单位全覆盖。支部通过调研学习，创新“科技 + 金融”产品定制，助推乡村产业振兴新模式，促进业务高质量发展。

乡村振兴是巩固脱贫攻坚、走向富强的重要措施。强国必先强农，农强方能国强。没有农业强国就没有整个现代化强国；没有农业农村现代化，社会主义现代化就是不全面的。交通银行四川省分行将认真落实党中央决策部署，心怀国之大者，奋勇当先；铆足干劲，抓好以乡村振兴为重心的“三农”各项工作，进一步探索金融科技赋能现代农业，助力推进农业农村现代化，为加快建设农业强国而努力奋斗。交通银行四川省分行将怀揣初心，扛起金融服务乡村振兴的重要责任，在乡村振兴的征程上继续奋勇前行！

交通银行四川省分行参加金融机构助力“天府粮仓”建设战略合作签约仪式

中国人寿保险股份有限公司四川省分公司

中国人寿四川省分公司党委委员、副总经理刘肖灵（左）代表公司向四川省妇女联合会捐赠关爱女性“两癌”保险16 000份，保险金额共计1.6亿元

“同心二十载，聚力新征程”

近年来，中国人寿四川省分公司坚持把加快推进乡村振兴作为重大政治任务，深入贯彻学习习近平总书记关于乡村振兴系列重要讲话精神和来川视察重要指示精神，认真落实省委、省政府决策部署，严格落实“四个不摘”要求，扎实做好各项帮扶工作，全面激发帮扶地区和脱贫群众依靠自身力量发展的志气、心气、底气，努力开创服务乡村振兴新局面。

深化帮扶责任，严格落实“四个不摘”要求

加强组织领导。通过党委会“第一议题”等形式，学深悟透党中央关于“三农”工作的目标任务、战略重点和主攻方向，深入学习总公司2023年助推乡村振兴工作推进会精神。2023年，公司党委共研究部署乡村振兴有关工作14次，推动帮扶工作向纵深发展。扎实开展指导。公司党委班子成员到定点帮扶县、村调研6次，到乐山、凉山公司调研5次，

中国人寿四川省分公司获得由凉山州委、凉山州政府赠予的“情满凉山、感恩有您”锦旗

地市公司班子成员到马边县、雷波县支公司指导工作10次，结合当地帮扶工作实际开展针对性指导。将全省54名政治过硬、素质过硬、作风过硬的优秀干部派驻到帮扶一线，夯实乡村振兴工作组织基础。强化党建帮扶。特别派出党建指导组，由党委领导、党委职能部门负责人、党员代表蹲点驻村，参加辉隆村党建月会、党支部会议，通过学习共抓、党建共建等措施，有力指导支部工作开展。拨付专项党费2万元用于定点帮扶地普格县大坪乡党员活动室建设，升级改善党建基础设施设备，为村党群工作夯实硬件基础。

强化机制建设，持续巩固脱贫攻坚成果

在印发《四川省分公司贯彻落实中央决策部署结对帮扶马边县、雷波县助推乡村振兴工作方案》《四川省分公司定点帮扶普格县大坪乡辉隆村乡村振兴五年规划（2021年—2025年）》文件的基础上，根据定点帮扶地区资源禀赋、产业现状和发展需要，聚焦产业、人才、文化、生态、组织“五大振兴”，充分发挥保险领域优势，推动出台帮扶方案，包含三大类16项具体要求，建立帮扶清单，逐项部署落实举措；与马边县乡村振兴局、雷波县人民政府签署帮扶合作协议，确保工作任务落地。

聚焦保险帮扶，践行为民服务初心

以保险捐赠为重点，加大保险帮扶力度，提高帮扶地区群众抵御风险能力。2023年，公司向普格县大坪乡、马边县烟峰镇二坝村、雷波县汶水镇狮子村干部群众、驻村人员等特定人群共计1 865人捐赠保险15.09万元，保额2.81亿元。

驻村工作队员李洪海获得省委组织部“全省优秀驻村工作队员”称号，并作为四川省优秀驻村工作队员代表上台发言

驻村工作队员田时红获得普格县委组织部“驻村帮扶优秀工作队员”称号

中国人寿德阳市分公司捐赠关爱女性健康“两癌”险

中国人寿德阳市分公司为德阳市农村低收入妇女捐赠关爱女性健康保障金

中国人寿眉山市分公司为全市特定女性爱心捐赠“两癌”保障

承接总部与全国妇联对接调研意见，向乐山市马边县、凉山州普格县等结对重点帮扶地区捐赠 1 213 份意外伤害保险，保费 12.13 万元，保额 2.426 亿元。

同时，公司加强与当地政府沟通合作，积极参与多层次医疗保障体系建设，推出各类补充医疗保险、普惠型医疗保险，有效助力四川建立以基本医保为主、补充医保及医疗救助等为辅的多层次医保体系。全省共 11 家市（州）公司承办当地大病保险，17 家市（州）公司承办当地定制型商业补充医疗保险，13 家市（州）公司承办当地健康保障委托管理等健康防贫业务。助力大病保险发挥兜底保障作用，向贫困人群提供“起付线降一半，赔付比例提高五个百分点”的政策倾斜，切实减少因病致贫、因病返贫情况，确保充分发挥保险支持乡村振兴作用。

立足使命担当，科学推进“五大振兴”

强化产业振兴。为进一步帮助村民增收脱贫，公司采取“以购代捐”的形式开展消费帮扶，全省完成消费帮扶 184.2 万元，促进帮扶地区农特产品流通，带动集体增收、群众致富，激发帮扶地通过劳动实现脱贫致富的积极性和主动性。在总公司的支持下，向普格县开展公益捐赠 7 万元，用于普格县大坪乡苹果园建设，助力建设宜居宜业和美乡村。助力人才振兴。把人才振兴作为阻断贫困代际传递的治本之策，组织帮扶地区村支部书记、致富带头人、实用科技人才等县、村干部 9 人参加乡村振兴“三支队伍”培训班及与西南财经大学联合举办的年轻干部培训班，帮助其提升理论知识水平和实践技能。同时，组织帮扶地区村（组）干部群众“走出去”，学习先进县、村成功经验和典型案例，通过政策理论解读、实地观摩教学等方式提升专业能力，为帮扶地区乡村振兴注入人才活力。推进民生事业。募集捐款 37 100 元，专项用于帮扶县困难群众和其他急需项目，其中向马边县烟峰镇二坝村白血病患者捐赠 5 000 元用于治疗及生活补贴；先后 3 次向定点帮扶村结对的 2 户脱贫不稳定户送去慰问金和慰问物资 0.9 万元，鼓励其通过自主就业、发展产业等方式探索增收致富渠道。开展“为群众办实事”，利用网点分布广的优势，适度放宽销售人员录用条件，积极开展“就业在家乡·不用去远方”为主题的“送岗位”活动，主动吸纳有意愿的低收入群体成为保险从业人员，解决帮扶地劳动力外出、“留守儿童”“留守老人”生活困难问题，协助政府解决就业难题，积极履行社会责任，以工代赈免费为 45 人提供相应的职业技能培训，助力维护社会稳定。

2024 年，中国人寿四川省分公司将坚持以党建帮扶为统领、以保险帮扶为重点、以定点帮扶为支撑，构建帮扶大格局，把助推乡村振兴与公司中长期规划、重点工作有机融合，强化政策保障与体制机制创新，为助力农业农村现代化、实现共同富裕、推进宜居宜业和美乡村建设做出新的更大贡献。

眉山市“乡村振兴巾帼行动”电商直播女性人才培训

四川省水资源调度管理中心

水利厅党组成员、副厅长王华（右二）、省水调中心主任李晓鹏（右一）介绍全省首部水资源专项法规《四川省水资源条例》情况并答记者问

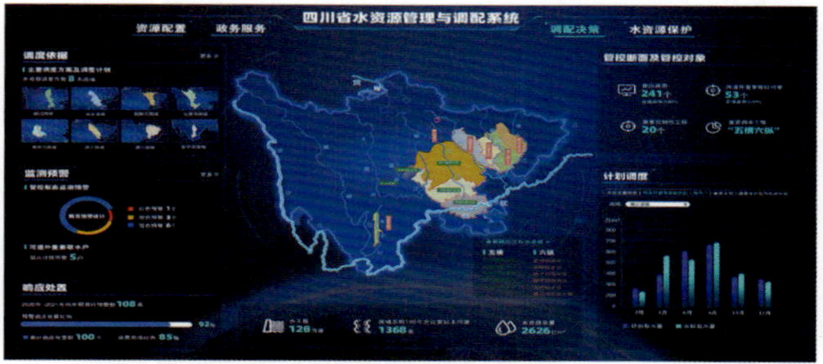

四川省水资源管理与调配系统调度管理一张图

四川省水资源调度管理中心主要职能职责为承担水资源调度、水资源管理相关政策法规、技术标准的研究、起草、评估的技术支撑工作；承担水资源调度管理科技创新和成果转化相关科研工作；协助承担水资源管理月报编辑工作；承担江河流域水量分配的技术支撑工作；承担重要江河流域年度水量分配方案和调度计划编制、重大调水工程年度供水计划编制的技术支撑工作；承担河湖生态流量水量管理等水资源保护的技术支撑工作。负责跨区域跨流域水资源供需形势分析；按照水利厅批准的调度计划组织实施水资源调度工作。承担突发事件期间重要江河流域和控制性工程水资源调度的技术支撑工作；承担最严格水资源管理制度考核、水资源调度、水资源管理监督检查、水行业环保督查与整改相关技术支撑工作；协助承担取用水管理相关技术支撑工作。

中心全体干部职工深入学习贯彻习近平总书记“十六字”治水思路，认真落实水利部关于推动新阶段水利高质量发展安排部署，夯基础、强法制、建机制并重，不断构建水资源调度管理新格局。

省水调中心主任李晓鹏（中间排左一）安排部署水资源调度管理工作

水资源调度管理基础工作扎实开展，协助完成了省、市两级158条主要江河流域水量分配和49条重点河湖生态流量目标确定及保障实施方案制定；参与完成了13条主要江河流域水资源调度方案制定，指导调水工程水资源调度方案制定，常态化开展主要江河流域年度水量分配方案和调度计划制定。水资源调度制度和文件体系不断健全，完成地方性法规《四川省水资源条例》和省政府规章《四川省水资源调度管理办法》的制定，出台《四川省水资源调度管控断面预警响应处置规则（试行）》，开展《四川省水资源调度方案与年度调度计划编制技术指南》制定；持续开展江河湖库生态调度和生态补水；构建信息化管理平台；常态化开展主要江河流域管控断面实时预警处置和调度工作；结合实际开展调水工程标准化评价细则及其评价标准的制定工作。

水资源调度管理改革创新取得突破。积极配合构建“大水调”机制，建立了主要江河流域片区的省级相关行业主管部门、市（州）水利（水务）局、各类水工程运行管理单位和重要取用水户参与的水资源调度工作协调机制；承担流域水权改革任务，水资源配置与监管基础要素调查评价项目严格履行法人职责；开展最严格水资源管理制度考核“十三五”回顾性评价与“十四五”方案研究，改进考核机制，简化考核流程，强化考核结果应用。

四川省水资源条例和调度管理办法

省水调中心主任李晓鹏（左一）在嘉陵江桐子壕航电枢纽向其负责人宣传贯彻调度要求

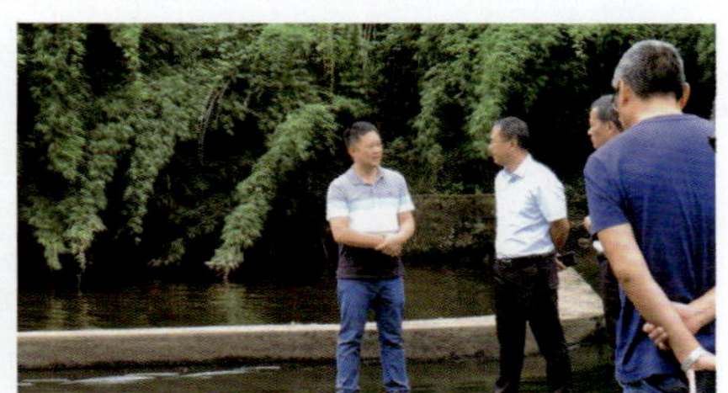

省水调中心副主任刘力军（左一）在岷江越溪河观音水文站断面向市（区）水利局负责人宣传贯彻调度要求

四川省都江堰水利发展中心

岁月更替，时间记录奋斗的足迹。

近年来，四川省都江堰水利发展中心坚持以习近平新时代中国特色社会主义思想为指导，深入贯彻落实党的二十大精神和省委全会精神，以“四化同步、城乡融合、五区共兴”为总抓手，以“六化”建设为路径，把握时代大势加快打造“国际知名、国内一流”灌区榜样，奋力谱写中国式现代化的都江堰灌区新篇章。

坚持党建引领，凝聚灌区发展力量

党建是干好一切工作的根本保障。

近年来，四川省都江堰水利发展中心始终坚持把党的建设放在首位，深入开展学习宣传贯彻党的二十大精神系列活动、“三新学习、三大讨论”主题活动、“理响巴蜀”理论宣讲活动，促进理论学习向纵深推进。

深化组织建设，建立党委、党委书记、党委委员、支部党建“4张清单”，完善党务工作、党费管理、党建经费、阵地建设管理“4个办法”，开好党委会、主任办公会、机关职工大会、职工代表大会、“1+8”灌区处长会商会、“1+14”机关处室调度会“6项会议”，形成“定期会商搞研判，群策群力促发展”的工作格局。

打造3支队伍，以政治化、标准化、现代化建设锻造一流水利铁军，以春耕备耕、稳粮增收、防汛保安等急难险重任务为平台打造党员突击尖兵，以志愿服务为载体打造青年志愿先锋队，为四川水利高质量发展凝聚强大合力。

持续深化改革，激发灌区发展活力

推进高质量发展，全面深化改革是关键一招。

近年来，都江堰水利发展中心着力破除过去分割管理的制度藩篱，围绕工程、管理、科技、文化、人才等板块持续深化一体化改革，建立了统一指挥、一体运行、统分结合、系统高效的管理体制，推动灌区管理不断由“物理变化”向“化学变化”转变。

率先启动一体化分片纪检监督改革，自上而下建立“1+5+8+N”纪检监督体系，推动形成横向到边、纵向到底、

四川省都江堰水利发展中心正式挂牌，都江堰一体化改革正式落地

“视界都江堰”微信公众号获“微政四川2022年度优秀创意创新政务新媒体”奖

推动成立水利遗产保护发展联盟

通济堰入选世界灌溉工程遗产名录

都江堰水利发展中心、德阳市中江县水权与水价改革工作座谈会

《以“六化建设”为路径　深化“两级管理”　加快推进都江堰灌区高质量发展》调研总课题成果研讨会

都江堰水利发展中心、都江堰市人民政府战略合作签约仪式

都江堰水利发展中心召开机关第一次职工代表大会

系统集成、协作高效的大监督格局。

实行水权与水价改革，编制《都江堰灌区用水权初始分配方案》，开展水权初始分配试点。推动构建“省市县乡村联动、干支斗农毛互通”的大水调机制，推动试点区域中江县实现“提前7天关秧门、亩产增收70斤”目标，为抗旱保供、护航“天府粮仓”发挥了决定性支撑作用。

创新灌区水利保护模式，与灌区7市40个县（市、区）签订河湖长制协议，与省检察院共同建立全国首个省级灌区水利保护公益诉讼示范区，全面开启“河长制＋检察公益诉讼＋行政监督＋灌区管理”水利保护格局。

建设灌区榜样，推动实现高质量发展

高质量发展是全面建设社会主义现代化国家的首要任务。

近年来，都江堰水利发展中心牢牢把握新发展阶段的特征与要求，完整、准确、全面贯彻新发展理念，加快构建新

2023年放水节

都江堰灌区水利保护技能比武大赛

启动一体化分片纪检监督改革

发展格局，坚持以建设“国际知名、国内一流”灌区榜样为抓手，推动灌区实现高质量发展。

开展“三年行动”攻坚，建立“1+2+13”工作推进机制，推动灌区榜样建设各项工作取得明显成效。推动建立三级企业发展架构，着力打造灌区榜样的综合经营名片。研究制定水利经济发展“17条”措施，齐心协力推动增收节支。建成

建成全国首个省级灌区水利保护公益诉讼示范区

全国大型灌区中最大的云计算数据中心和建立全国首个灌区标准化“量水秤”体系，完成首批22处典型试点建设；数字孪生都江堰（渠首枢纽）先行先试试点，在水利部中期评估中被评定为“优秀”等级。创新“主动融入、深度服务”的方式，围绕灌区改革、供水服务、文化建设、开发利用等方面，先后与地方政府（市、县）达成合作意向，深化共建共治共享新格局。

国际名片持续擦亮，灌区声音不断唱响。通济堰成功入选世界灌溉工程遗产名录，都江堰成功入选第二批国家水利风景区高质量发展典型案例，都江堰四大传统堰工技术成功申报省级非物质文化遗产。高标准举办第二届水文化国际研讨会、都江堰放水节等活动，推动成立水利遗产保护发展联盟，成功加入“长江水文化建设联盟”，都江堰国际国内影响力显著提升。积极构建大宣传格局，“视界都江堰”微信公众号获得“微政四川2022年度优秀创意创新政务新媒体”奖，都江堰水利发展中心成为全省水利行业唯一获奖单位。

全国大型灌区中最大的云计算数据中心

构建大水调机制，灌区实现提前七天关秧门

建立全国首个灌区标准化“量水秤”体系

都江堰四大传统堰工技术（竹笼、杩槎、羊圈和干砌卵石）申报为省级非物质文化遗产

四川省长葫灌区运管中心

水利厅厅长郭亨孝（右二）到长葫中心调研，长葫中心主任罗巍（右一）、内江市副市长徐炼英（右三）陪同调研

县级河长巡护长沙坝水库

四川省长葫灌区运管中心成立于1981年，县处级公益二类事业单位，实行核定收支、定项补助的预算管理方式，直属水利厅；主要负责长沙坝、葫芦口两座中型水库及团结干渠一期工程的管理、维护、兴利和防洪调度，并协助地方政府开展长葫两库的水资源保护工作。

2022年，长葫中心按照“3226”工作思路，抓实抓好各项工作任务，推动新时期四川水利高质量发展。

落实灌区“六化”建设要求。长葫中心认真落实水利厅党组对省直大型灌区管理改革的工作部署，组织召开专题工作会，系统谋划部署“六化”建设目标任务，成立灌区“六化”建设工作专班，下设六个工作小组，拟定上报长葫灌区“六化”建设行动纲要，明确重点任务22项，按照水利厅批准的《省直大型灌区“六化”建设行动纲要》要求逐项抓落实，每月一调度，完成2022年度任务13项。

保证“三大供水”安全。坚持水资源统一调度，保障了灌区供用水安全。一是实现精准配水。向灌区供水9 645万立方米，加上生态基流，全年总供水量1.05亿立方米。实现供水水费收入2 080万元，创历史新高。二是抓实抗旱保供。面对汛期持续亢阳干旱的极端气候，主动与地方区（县）对接，摸清受灾情况，累计输水800余万立方米，覆盖4万余亩耕地。三是强化“开源节流”，创建为水利部节水型灌区。抢抓有利时机，协调开展6场次人工增雨作业，年末长葫水库蓄水4 678万立方米。

推进灌区水利工程建设。2022年，长葫中心主要开工建设了“十四五”项目、水毁修复项目和维修养护项目。牵头推进长葫灌区“十四五”续建配套与现代化改造工程项目，项目总投资1.35亿元。实施团结干渠（一期）改造、新胜支渠改造、联合干渠渡槽改造等3个项目，年末工程形象进度达90%。完成总投资260万元的长葫灌区2021年水毁修复项目和总投资464万元的2022年度维修养护项目，维修养护6处，完成现代化改造3处。开展长沙坝水库、葫芦口水库管理所和团结渠管理段风貌改造，打造水利工程的“窗口”和亮点。

守住水生态安全底线。长葫中心依托河（湖）长制工作平台，一是做好每月巡查和联合执法，开展了清淤工作镇级河长阶段性考核和2022年度灌区镇级河长考核。二是与威远生态环境局、观英滩镇联合召开饮用水源保护座谈会；组织威远县各级河长召开长葫灌区河湖长制工作联席会；组织执法巡查人员开展了水行政执法专题培训。三是做好“世界水日”“中国水周”水资源保护宣传活动。四是每月开展水质监测，葫芦口水库取水口水质稳定达到Ⅱ类标准，库区保持地表水质Ⅱ～Ⅲ类标准。五是保持了葫芦口水库常年下泄生态基流不小于0.31立方米/秒，确保釜溪河（威远段）国考断面生态流量和水质达标。

联合巡库

2023年春灌

团结渠首次春灌放水

四川省交通工程质量监督站

四川省瓦斯隧道标准化管理推进会

绵苍高速公路项目推进座谈会

2023 年，四川省交通工程质量监督站围绕贯彻落实习近平总书记重要指示精神，党中央国务院，省委、省政府和交通运输部对交通运输工作的部署要求，以及交通运输厅党组各项决策部署和下达的目标任务，着力完善监督体系建设，强化现场质量安全监督检查，加强动态监管和检测，加大问题整治和隐患排查力度，严把质量检测关、验收关，确保监督覆盖率、项目监督抽检等五个 100% 监督，加快推进“平安百年品质”工程创建和各项安全生产专项活动，全面推动质量安全监督各项工作有序开展并取得较好成效。下一步，四川省交通工程质量监督站将继续围绕贯彻党的二十大精神、习近平总书记来川视察重要指示精神和省第十二次党代会及系列全会精神，聚焦党中央国务院，省委、省政府，交通运输部和交通运输厅关注的重点工作，坚持稳中求进，为交通强省建设提供高质量监督保障。

省交通质监站到成绵智慧建造基地调研

省交通质监站调研智能构件预制场

省交通质监站察看黑水河大桥建设现场

省交通质监站检查监理单位内业资料

省交通质监站检查桥墩钢筋厚度

省交通质监站联合成邛雅公司开展“弘扬长征精神，牢记使命担当”主题党日活动

平昌县鹿鸣镇石龙村茶叶产业园区道路

华蓥市海棠博览园产业大道

南江县光雾山铁炉坝大坝公路

壤塘县“尚蓝天路”（上南路）

宣汉县巴山大峡谷内环线

南部县建兴至流马乡道公路

彭州市宝山村龙太路

沐川县沐舟路月亮岩渡改桥

绵竹市月季大道

犍为县玉皇观渡改公路桥

理县隧道

长宁县竹海连接线

西充县晋城街道至张澜故居旅游道路

雅安市名山区中国至美茶园绿道

广元市朝天区曾家山生态旅游环线

崇州市道明镇竹艺村村道

成都市龙泉驿区山泉镇山道

蓬溪县天南路

平昌县青凤镇千佛村通村公路

巴中市恩阳区柳林镇钟家坝聚居点道路

宁南县大同乡庆华村通村水泥路

普格县花山乡甘天地乡公路

甘孜县下雄乡锣戈村牧民定居点通村公路

甘孜县色西底乡通村公路

甘孜县下雄乡则色村通村公路

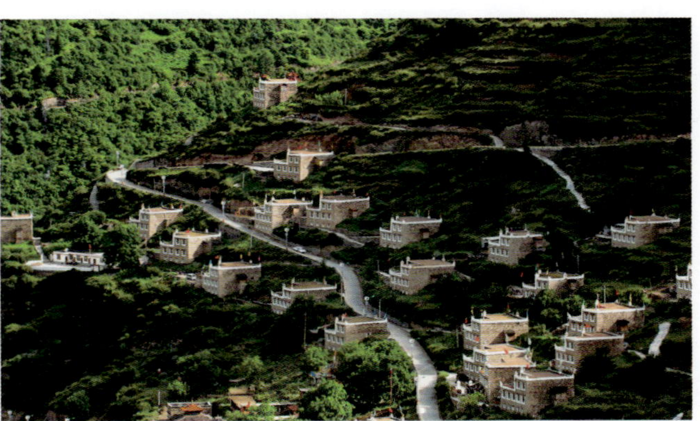

金川县观音桥镇观音村欧都寨子公路

国家生态文明建设示范区

连续四年获评中国最具幸福感城区

赛迪全国百强区、投资竞争力百强区、创新百强区

全市推进城乡融合发展先进区

成都市双流区

区委书记欧昭（右三）调研乡村振兴工作

区人大常委会主任、金马河流域区级河长刘航（中）率队到金马河流域就水环境保护及农村人居环境整治等工作开展调研

成都市双流区位于成都市西南核心区域，实际管辖面积466平方千米，城市城区建成面积124平方千米，实际管辖5个街道、4个镇，共有118个村（社区）。双流区是国家级天府新区、临空经济示范区和自由贸易试验区的重要承载地。被评为全国高质量发展十佳城区，连续4年获评“中国最具幸福感城区”，列“2022赛迪百强区榜单”第29位。

双流区委、区政府坚持以习近平新时代中国特色社会主义思想为指导，全面贯彻落实党中央、国务院，省委、省政府，市委、市政府系列决策部署，以建设社会主义现代化高品质中国航空经济之都为目标，以打造环港经济区为突破，以“三

区委农村工作会议召开

区长杨钒（左二）督导农业农村工作

区政协主席唐劲松（左一）一行调研宜居宜业和美乡村建设情况，区农业农村局党政领导陪同调研

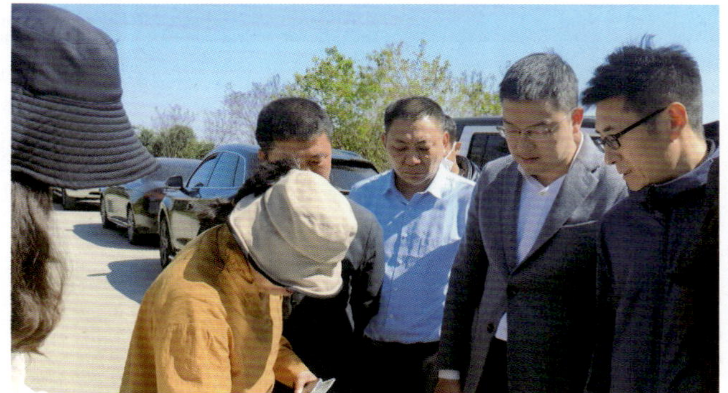
区委常委、区总工会主席苏巍（右二）调研农业园区建设情况

副区长薛燕（左二）到彭镇调研产业发展情况

提两转一融合”（产业提质、功能提级、治理提效，开放枢纽转型、科创资源转化，城乡深度融合）为路径，以做优做强“121”城市功能体系（国际航空门户枢纽1个核心功能，协同创新转化和公园生态价值转化2个特色功能，高品质宜居空港城区1个基本功能）、推动“432”镇街组团发展为引领（“4”即以东升、九江、西航港、怡心4个街道组成的空港品质宜居门户带，“3”即以彭镇、黄水、黄龙溪3个镇组成的牧马山城乡融合发展带，“2”即以黄甲、永安2个镇街组成的适航新兴产业集聚区），认真落实“城市品质提升年”部署，全力增强全区经济实力、发展活力、城市魅力、治理能力，打造公园城市示范区的现代产业主引擎、立体开放主枢纽、协同创新主支撑、宜居宜业幸福地，为成都奋力打造中国西部具有全球影响力和美誉度的社会主义现代化国际大都市探索双流实践。

农业产业化发展。在全省率先出台《双流区农村土地流转管理实施细则》，建立农村土地流转审查委员会制度，建立农用地流转长效管控机制。启动农民合作社质量提升整区推进试点工作，双流区被确定为第四批农民合作社质量提升

2022年双流农民丰收节庆祝活动

彭镇时光原野现代粮油园区

整县推进省级试点县。全区现有农民专业合作社 240 余家、家庭农场 680 家、农业龙头企业 19 家（其中省级龙头企业 7 家、国家级龙头企业 2 家）。彭镇时光原野粮油园区成功创建为市三星级现代农业园区。

农村集体产权制度改革。健全集体经济组织运行规范机制。贯彻落实《四川省农村集体经济组织条例》，印发《成都市双流区发展壮大农村集体经济实施方案（试行）》，指导集体经济组织按照“四个一”标准规范管理，实现全区 108 个村（社区）集体经济组织登记赋码全覆盖。探索集体经济发展“五引”模式。成都市双流区农业农村局获评成都市农村集体经济发展工作突出单位，黄水镇白塔社区探索“二链融合”发展壮大集体经济获评成都市抓党建促集体经济发展典型案例。

农产品品牌战略实施。实施品牌生产体系、营销体系、价值体系构建行动，深化双流冬草莓、双流二荆条辣椒、双流永安葡萄、双流黄甲麻羊 4 个国家地理标志农产品的保护与开发利用，在永安镇、黄龙溪镇新建二荆条辣椒种植基地 272 亩。

现代农业园区建设。扎实开展 2022 年区级园区创建和市级星级园区创建工作，积极推进彭镇时光原野现代粮油园区争创市三星级粮食园区。加快双流区空港创意都市现代农业园区建设，有序推进园区接待展示中心、农田平整、提升涉农项目门头风貌、提升改造生产便道、农商文旅体融合消费场景打造等项目建设，成功创建市三星级现代农业园区。

经济作物生产。双流区依托现有产业基础，发挥区位优势，坚持以精品、特色、优质为导向，按照优势明显、集中连片、高产稳产原则，因地制宜发展有机蔬菜、绿色水果等优势特色产业，科学布局“双流冬草莓”“双流永安葡萄”等川果标准化生产基地，种植葡萄、梨、草莓、优质桃、蓝莓等特色水果 1.85 万亩，产量 4.08 万吨，实现产值 3.51 亿元。

彭镇时光原野现代粮油园区规模化种植

空港花田鲜花带

长在田野里的博物馆——瞿上田园

臻爱田园观景台

臻爱田园粮油园区云下驿站

乡村振兴。双流区坚持以习近平新时代中国特色社会主义思想为指导，深入学习贯彻习近平总书记关于“三农”工作的重要论述，特别是习近平总书记来川视察对粮食生产、农业现代化和乡村振兴提出的重要要求，制定实施乡村振兴和城乡融合发展年度工作要点以及乡村振兴若干政策措施、耕地撂荒管控十条等4项措施，健全完善政策制度；针对村（社区）干部、农业职业经理人等，开展城乡社区发展治理、职业技能等专题培训，覆盖3 000余人次，做实人才支撑；夯实乡村振兴财政投入和用地保障，创建四川省级乡村振兴示范村（社区）2个。

幸福美丽新村建设。建成彭镇永和村、黄龙溪镇古佛社区幸福美丽新村2个，惠及群众3 000余人；流转彭镇临江村、黄水镇桂花村、永安镇景山村集体建设用地805亩。结合幸福美丽新村建设，扎实推进农村基础设施建设，补齐农村短板弱项，完成水利设施整治工程2个、通信管网改造项目5个、公路“白＋黑”改造30千米，建成空港绿道27千米，实施永安镇双坝村、黄水镇文武社区水美乡村水利设施整治工程。

黄水镇空港创意都市现代农业园区产村融合

农机收割

黄水镇空港创意都市现代农业园区示范道路

双流二荆条辣椒

永安蓝莓

双流冬草莓

双流永安葡萄

双流区地理标志产品——黄甲麻羊

集体经济壮大——彭镇鲢鱼社区“百家宴”开席

新型农村集体经济发展壮大，群众享受分红红利

彭镇新安社区新安家园

幸福美丽新村——临江村

农村人居环境整治示范村、2022年度四川省乡村振兴示范村——黄水镇花龙村

双流国际机场

国家4A级景区——黄龙溪古镇

黄水镇空港创意都市现代农业园区文武驿站

农旅相融——空港花田

百年吴家染坊染出乡村振兴新画卷

永安湖城市公园

幸福美丽新村——鲢鱼村

幸福美丽新村——双坝村

胜利镇云华新村

华侨城·欢乐田园

绵阳市游仙区

绵阳市人大常委会主任付康（前排左二）到游仙区蔬菜种业园区调研，区人大常委会主任何守君（右一）等陪同调研

区委书记韩晓清（中）调研全区农业农村重点工作，区委常委、区政府党组副书记、副区长李响（右二），副区长姚永强（左一）陪同调研

绵阳市游仙区以建设四川省首批村集体经济发展试点区为契机，按照“157”发展思路，即制定一个集体经济“五年规划”，实现组织、产权、资源、产业项目、利益联结机制“五个融合”，通过因地制宜，分类施策，探索资源开发、资产利用、产业带动、股份合作、物业经济、服务创收、财政支农“七种模式”发展壮大集体经济，使资源变资本、社员变股东，推动集体经济不断发展壮大，形成了百花齐放、竞相发力的生动局面。2022 年，全区村集体经济收入 4 000 余万元，同比增长 23.6%。

扎实推进省级城乡融合发展改革试点。全面启动以片区为单元编制乡村国土空间规划，畅通城乡土地要素双向流动，补齐乡村公共服务和基础设施短板，构建城乡互补、全面融合、共同发展的新型城乡关系，魏城镇建成首批“省级百强中心镇”。盘活用好农村闲置宅基地。创新“平台公司贷款投资、镇政府组织发动、村集体具体实施”方式，坚持资源“全区一盘棋”，建立统一安排、统一收储、统一核算的入市交易制度和平台，优化资源配置效率。已整理复垦闲置宅基地 1 134 亩，颁发了全市首本集体建设用地使用权不动产证书。

探索推动村级集体经济融合发展模式。实施“一村一区级领导联系、一村一部门单位帮扶、一村一制度方案推进”工作机制，探索推行七种模式发展壮大集体经济，全面完成村集体经济消薄任务，收入 10 万元以上的村 31 个，占比 27%。升级“清风阳光监督平台”，打造全省首个农经数字

百里生态画卷，大美蜀中游仙——俯瞰游仙

区人大常委会党组书记、主任何守君（中）带队调研新桥中心卫生院中医药发展情况，区人大常委会副主任徐丽娟（左一）、副区长姚永强（二排左三）、区农业农村局党组副书记杨华容（二排左四）陪同调研

区长罗盛军（中）带队到盐泉镇调研农耕文化建设工作，副区长姚永强（右一）陪同调研

区政协主席杨守贵（中）调研重点工作

四川省种子管理站站长马辉（前排右一）、华中农业大学植物科学技术学院领导、专家一行到四川绵邦农业科技有限公司科研基地调研，副区长姚永强（左一），区委农办主任，区农业农村局党组书记、局长蒋睿（二排左一）陪同调研

化管理信息系统。游仙区被评为村级集体经济融合发展省级试点先进区。创新实施土地“大托管”模式。针对乡村耕地碎片化、空间布局无序化、城乡土地资源利用低效化等问题，绵阳市游仙区紧紧围绕“土地资源”这一城乡融合关键要素，深化农村土地制度改革，结合全省解决农村土地碎片化问题试点，探索土地大托管模式，依托忠兴镇推进全域土地综合整治。近年来，该镇创新成立镇集体经济联合总社，以大面积托管、大资金投入、大服务增收，将过去各村各户单打独斗式的农业生产方式转变为跨区域、规模化、机械化的现代农业生产模式，有效解决了农村土地撂荒和非粮化问题，全镇已托管土地面积达 4 3743 亩，占耕地总量的 77%，托管区域粮食产量超过 3.5 万吨，较托管前增长 15%，经验做法先后被《省委要情》《省委改革动态》《省委三农要情》《人民日报改革内参》刊载，入选“四川省农业生产社会化服务典型案例”“四川金融服务乡村振兴十佳案例”，为广大丘陵地区土地综合整治利用提供了参考模板。

中国科技城核心区——绵阳市游仙区

区委常委、组织部部长李静（前排左一）到乡村振兴示范村石马镇金树村调研乡村振兴工作

区委常委、政法委书记陈鹏（中）开展食品安全“两个责任”现场督导检查

区委常委、宣传部部长朱兴安（右二）到新桥镇调研指导项目建设推进工作

副区长姚永强（中）调研高标准农田建设情况，区委农办主任，区农业农村局党组书记、局长蒋睿（左二），党组副书记、副局长刘晓东（左一）陪同调研

区农业农村局党组成员、副局长李进（中）到魏城镇开展蔬菜园区项目设计工作

区农业农村局机关党委书记郑皓南（左三）调研水产业发展情况

区农业发展服务中心副主任左维波（右二）带队检查沼气工程安全情况

绵阳市农田水利设施建设三年行动现场推进会在仙鹤镇召开

绵阳市2023年中国农民丰收节暨游仙区农业区域公用品牌发布会召开

游仙区“双招双引”推介会暨“绵阳好物·游仙优品”产销对接会项目签约仪式

新鲜蔬菜装车待发

游仙特色农产品走出四川

优质蔬菜示范基地

优质粮油现代农业园区

粮食喜获丰收

平　武　县

绵阳市委副书记王华蓉（中）到平武县督导灾后恢复重建工作

县委书记姜坤（中）到蜜桃现代农业园区调研产业发展情况

平武古称“龙州”，后改名平武，取“天下太平，休兵罢武”之意。平武地处四川西北、绵阳北部，居岷山东麓、涪江上游，位于青藏高原向四川盆地过渡区的东缘地带，是国家重点生态功能区、少数民族地区、革命老区、秦巴山集中连片特困地区摘帽县。辖 6 镇 14 乡，辖区面积 5 974 平方千米，户籍人口 17.25 万人，其中藏、羌、回等少数民族人口占 30.14%。素有“天下大熊猫第一县”美誉，享有全国民族团结进步示范县、全国森林旅游示范县、全国百佳深呼吸小城、四川省文明城市等殊荣。历史悠久，古韵龙州。自西汉起置治 2 200 余年，孕育了藏羌、白马、三国、报恩、红色等丰富多彩的地域文化，留下了深山故宫—报恩寺、三国遗址—蜀汉江油关、红色印迹—平南县苏维埃旧址、民族奇葩—白马十八寨等特色鲜明的龙州古韵。现有全国重点文物保护单位 1 处、省级文物保护单位 5 处、市级文物保护单位 3 处，拥有国家级非遗项目 1 项、省级非遗项目 8 项、市级非遗项目 21 项，成功入选“国家级羌族文化生态保护区”“省级白马文化生态保护实验区”。生态宜居，熊猫家园。平武是涪江上游重要的生态屏障，境内重峦叠嶂、山清水秀。境内森林覆盖率达 77.46%，空气质量优良率达 98% 以上，饮用水水源水质达标率 100%，负氧离子高达 20 000 个 / 立方厘米。县域面积的 52.6% 被划入“大熊猫国家公园”，有野生大熊猫数量 335 只，居全国之首，成功纳入首批“大熊猫国家公园（四川）自然教育先行试验区”，“熊猫故乡关坝村十二年的‘两山论’践行探索案例”入选“生物多样性 100+ 全球特别推荐案例”。禀赋天成，资源宝库。平武集生物资源、矿产资源、清洁能源于一体，丰富多元、质优量足。拥有大

县委书记姜坤（中）主持召开平武县“3+4+N”农业产业链发展暨农口专项债包装专题会议

县长赵琳（左三）到豆叩羌族乡调研茶叶产业发展情况

县委副书记向斌（右三）带队到旧堡羌族乡调研黄连种植基地建设情况

县领导参加2023年第三轮激励乡镇抓经济发展现场拉练活动

熊猫、珙桐、白马人、报恩寺“四大活化石”，雪宝顶、虎牙大峡谷、磨子坪、王朗沟谷型景观等四级以上优质旅游资源105个。野生植物4 100余种、野生动物1 900余种，珙桐、红豆杉等国家重点保护野生植物超过55种，大熊猫、扭角羚、金丝猴等国家重点保护野生动物超过88种。境内已知39种矿产，锰、铅、锌、金等储量位居全省前列。境内河流17条，海拔高差近5 000米，水能蕴藏量156.77万千瓦。区位独特，文旅枢纽。平武地处两省三市一州交界处，是成渝绵地区北上河西走廊，连接“丝绸之路”的重要通道。九绵高速加快建设，广平高速全线建成，平松高速正式纳入四川省高速公路路网布局规划，国道247线、国道543线、省道107线、省道216线等6条国省干线纵横交错，是西安、重庆、成都、绵阳等地进入九寨沟、黄龙两个世界级景区的重要门户。县内雪山、梅林、瀑布、彩林、云海、冰瀑等自然风光绝美，有国家4A级景区2个、国家3A级景区2个，建成农家乐700家、民宿83家，其中精品民宿22家。在建精品民宿20家。以康养避暑、旅居观光、自然教育、科考探险为主的文旅产业蓬勃发展。产业兴盛，发展沃土。平武县立足比较优势发展山区特色产业，绿色低碳、量质并举。果梅、茶叶、核桃等生态优质农产品生产基地面积达95万余亩，“三品一标”农产品达106个，中蜂、果梅、红鸡等国家地理标志保护产品8个，是四川省有机产品认证示范区。绿色工业体系逐步壮大，拥有规上企业45家、高新技术企业12家，河北—平武工业园区入驻生产企业116家，其中规上企业34家，年总产值16.12亿元，是支撑“双碳”目标实现的重要承载区。现代服务业快速发展，健康养老、现代物流等服务业不断增强，电商交易额达10.6亿元，是国家级电子商务进农村综合示范县。

熊猫走天下·生态进万家“报恩飨礼”农产品区域公用品牌推广暨共享平武生态产品成都店开业典礼在成都衢州商会举行

绵阳市“万企兴万村”行动工作推进会暨商协会加强市内协同合作促进平武民族地区加快发展结对共建共振集中签约仪式在平武县举行

全国畜牧总站、中国农科院蜜蜂所蜂业科技推广服务活动（平武县）

江油关镇大豆玉米带状复合种植技术现场会

平武东西部协作车厘子种植技术培训会

平通羌族乡果梅现代农业园区

粮油园区

果梅生猪现代农业园区

九绵高速

豆叩羌族乡银铃村

平通羌族乡牛飞村羌族新村寨

大熊猫国家公园王朗片区

平通印象梅林

白马山寨

响岩镇三桥村新颜

平武县特色产业

坝子乡红鸡产业

豆叩羌族乡茶叶产业

高村乡车厘子产业

天麻产业

林下种植黄连

锁江羌族乡厚朴林

平通羌族乡果梅产业

响岩镇蜜桃产业

全国唯一的羌族自治县

全国民族团结进步示范县

天府旅游名县

省级有机产品认证示范及创建区

国家电子商务进农村综合示范项目绩效考评全省第一等

北川羌族自治县

省委农办专职副主任毛业雄（中）带队到北川县调研宜居宜业和美乡村建设工作

县委书记李昊天（中）带队到永昌镇高安村、福田村等地调研农田水利设施建设、耕地保护、粮食安全等工作

县长周福兰（中）到永昌镇调研农田水利设施建设三年行动工作开展情况

北川古名“石泉’，是华夏始祖大禹的诞生地。2003 年经国务院批准，北川成为全国唯一羌族自治县。全县辖区面积 3 083 平方千米，辖 9 镇 10 乡（其中 1 个民族乡），有行政村 202 个社区 33 个，总人口 22.9 万人。2022 年，实现地区生产总值 94.47 亿元，同比增长 4.6%；城乡居民人均可支配收入增速位居全市第一。

人文北川，品牌响亮。有着厚重的文化底蕴和品牌底色，禹羌文化、红色文化、抗震文化和感恩文化交相辉映，是中国“大禹文化之乡”、“中国羌绣之乡”、海峡两岸大禹文化交流基地，羌年入选联合国教科文组织急需保护名录，有国家级非遗保护名录 3 项、省级非遗保护名录 17 项，境内的地震遗址博物馆是全世界独一无二的灾难纪念地。享有全国民族团结进步示范县、全国新时代文明实践中心试点县、首届中国文化百强县、国家园林城市、全国人居环境范例奖、全国卫生县城、天府旅游名县、四川省旅游强县、四川省乡村旅游强县、四川省环境优美示范县、四川省文明城市等 50 余项国省级殊荣。

生态北川，宜居宜游。北川是长江上游重要生态屏障，拥有 2 个国家级、1 个省级自然保护区和 1 个国家森林公园，拥有绵阳市唯一国家 5A 级景区（北川羌城旅游区）、4 个国家 4A 级景区（西羌九皇山、药王谷、北川维斯特农业休闲旅游区、寻龙山）等景区景点，其中药王谷景区拥有全球最大的百年古辛夷花药树林和万亩药林，是全国第一个以中医药养生为主题的山地旅游度假区，是国家重点生态功能区、

党政领导到曲山镇石椅村主持召开片区高质量发展工作专题会

县委农村工作会议

县农业农村局组织全局党员干部到禹里镇红军长征纪念馆开展"瞻仰红色圣地　弘扬革命精神"主题党日活动

国家生态文明建设示范县、岷山濒危野生动植物保护生物学国家长期科研基地。成功创建国家级乡村旅游品牌 13 个，省级旅游品牌 11 个，荣获 2 个世界级、36 个国家级、145 个省级文化旅游品牌，自主研发的特色旅游商品荣获 36 个国、省级权威奖项。

产业北川，活力无限。北川现代农业园区建设加快推进，有茶叶、高山蔬菜、魔芋等农业产业基地 78 万亩，"北川苔子茶""北川花魔芋"获得国家地理标志产品保护，建成全省最大规模的白芨种苗繁育基地，建成冷水鱼、白山羊等特色养殖基地 200 余个，累计打造"大禹故里"公共商标品牌，"三品一标"认证农产品 56 个，成功争创省级有机产品认证示范及创建区。通用航空、食品医药、苔子茶、安全应急等产业加快发展，以全国首批国家级航空飞行营地示范工程和全省第二批低空空域管理改革试点为契机，加快建设通航全产业链园区和航空休闲目的地。电子商务和"互联网 +"势头强劲，国家第二批电子商务进农村综合示范项目绩效考评全省第一。坚持文旅融合发展，"在世界行走、为北川停留"旅游品牌深入人心。

远眺北川县新县城风貌

北川羌族自治县厚朴现代林业园区基地一角

北川枇杷现代农业园区——圣灯山枇杷种植基地

永昌镇高安村稻鱼基地

盖头山茶叶种植基地

羌茶天香　花开云上

北川通用机场

天府旅游名县——大美北川夜景

茶叶现代农业园区——茶叶主题公园

第二批天府旅游名村——曲山镇石椅村

远眺黎明前的石椅村

《山水间的家》北川篇在中央电视台与多个媒体播放，全网视频播放量超过5亿次

《以工代赈+产业项目“跑”出乡村振兴加速度——北川县蓝莓产业示范园案例》入选第四届全球减贫案例征集活动最佳案例

首届浙川茶产业融合发展大会暨绵阳·北川第十届羌茶节签约仪式

第十一届北川辛夷花生态旅游节开幕式

北川羌族自治县成立20周年庆祝大会

曲山镇石椅村开展法治进乡村活动

国家农产品质量安全县
国家农业现代化示范区
国家级生态示范区
全国休闲农业与乡村旅游示范县
全国平安渔业创建示范县
全省现代畜牧业重点县
全省乡村振兴成效显著县

苍　溪　县

省长黄强（右二）到苍溪县视察农业农村工作，对苍溪县粮经复合种植模式给予高度评价

农业农村部信息中心主任王小兵（中）一行到苍溪县调研猕猴桃生产管理和数字农业应用工作

苍溪县，隶属四川省广元市，地处四川盆地北缘、大巴山南麓之低、中山丘陵地带、广元市南端，属亚热带湿润季风气候区。苍溪县古称"秦陇锁钥""蜀北屏藩"，因地处苍溪谷而得名，辖区面积 2 334 平方千米，辖 31 个乡（镇）454 个村（社区），耕地面积 93.47 万亩，其中水田 68.97 万亩、旱地 24.5 万亩。全县户籍总人口 72.85 万人，其中农业人口 59.93 万人。

崇文重教的"文化之乡"——"中华诗词之乡"、中国楹联文化县、四川首个"中国文学之乡"。杜甫放船陵江寺、陆游旅居青山驿，汉代谯玄廷对第一，南宋王槐状元及第、王绩"九子八进士"，诗书文化、状元文化、耕读文化源远流长。境内有天师张道陵羽化之处云台山、抗蒙"蜀中八柱"之一大获城等文物保护单位 65 处，"唤马剪纸"等非物质文化遗产 30 余项。苍溪自古以来都有重教兴学的良好风气，苍

广元市副市长、苍溪县委书记张世忠（右二）带队到乡（镇）开展农业农村工作调研督导

县长任云（中）带队到白桥镇规划美丽乡村建设并察看相关项目推进情况

县委常委、统战部部长刘会方（左一）到陵江镇笋子沟村调研村集体经济发展情况并与群众交流柑橘产业发展心得

副县长翟广生（中）实地察看水稻机械化育秧中心建设规模和施工进度

溪中学的前身—鹤山书院，办学历史可追溯至汉代；创办于清代的寻乐书岩被誉为“川北第一民间书院”。

英才辈出的“红色之乡”——红四方面军长征出发地、李先念主席骨灰撒放地。第二次国内革命战争时期，全县仅28万人就有3万余人参加红军，牺牲2.5万余人，走出了罗青长、苏毅然等6位中央委员，吴忠、杨大易等8位开国将军。全县现存战斗遗址32处、不可移动红军石刻标语19处、烈士墓纪念碑37处、苏维埃政权和红军驻地旧址80处、将军故居8处。不可移动革命文物51处，其中省级文物保护单位12处。可移动革命文物1543件，其中国家二级文物57件、国家三级文物1 196件、一般文物290件，最有影响的是“红军印”（现存中国革命博物馆）、“钱衣裳”（国家三级文物）。有全国

全省农田建设外资项目领导小组暨外资项目建设工作培训会在苍溪县召开

西南地区美丽乡村建设经验交流会在苍溪县召开

全市三四季度乡村振兴暨“引领区”建设拉练评比现场会走进苍溪县

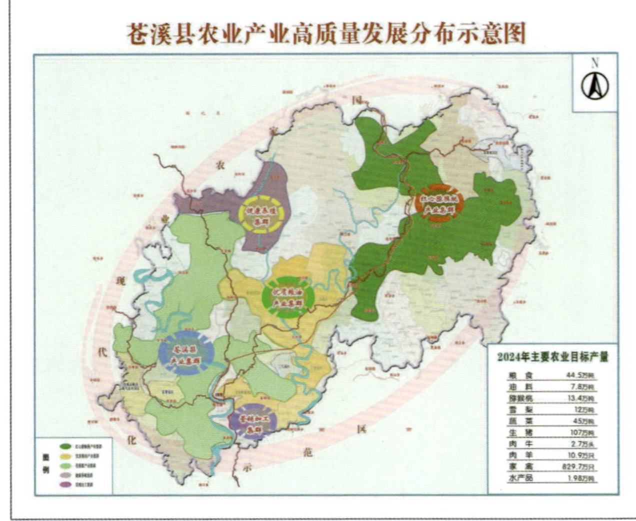

2024年主要农业目标产量	
粮食	44.5万吨
油料	7.8万吨
猕猴桃	13.4万吨
雪梨	12万吨
蔬菜	45万吨
生猪	107万吨
肉牛	2.7万头
肉羊	10.9万只
家禽	829.7万只
水产品	1.98万吨

爱国主义教育示范基地 1 处、全国红色旅游经典景区 2 处。

山明水秀的“生态之乡”——国家生态示范区、中石油中石化天然气开发会战地。境内“高山寒未尽，谷底春意浓”气候特征明显，嘉陵江蜿蜒 70 千米，被誉为“千里嘉陵江风光最美的河段”。嘉陵江、东河水质全部达到Ⅱ类标准，城乡集中式饮用水水源地水质达标 100%。森林覆盖率达 50.32%，空气质量优良率为 93.4%。拥有 7 个国家 A 级景区、1 个国家级水利风景区（白鹭湖）、1 个国家级森林公园（三溪口）、1 个省级湿地公园（梨仙湖），是全国休闲农业与乡村旅游示范县、全省休闲农业重点县。清洁能源富集，亭子口水利枢纽工程总库容 40.67 亿立方米，累计发电量 167 亿千瓦时；探明天然气储量 4 293 亿立方米，中石油、中石化累计布井 160 口，其中日产上百万立方米的高产气流井 20 口。

白桥镇粮经复合种植示范基地

白鹤乡柳池园区

红色苍溪——产城相融

粮油产业

十里蔬香蔬菜种植基地

元坝镇尚绿肉牛养殖场

特色产业——猕猴桃避雨大棚栽植

特色产业——云峰镇新建梨产业园

亭子片区产业园

青龙园区罗汉果种植基地

地腴物丰的"特产之乡"——全国粮食生产先进县、世界红心猕猴桃原产保护地、"中国雪梨之乡"。年粮食播种面积稳定在120万亩以上、产量44.5万吨以上，生猪年存栏105万头。先后培育苍溪红心猕猴桃、雪梨、川明参、魔芋等6件地理标志证明商标，18种农产品获得无公害食品、绿色食品、有机食品认证。建有万亩现代农业园区24个，农业特色产业规模达34.2万亩，猕猴桃种植面积达39.5万亩，其中基地标准化种植17.7万亩、苍溪雪梨基地种植16.5万亩，年产猕猴桃鲜果13.6万吨、雪梨12万吨。先后创建为全国农业全产业链开发创新示范县、国家现代农业产业园、国家现代农业示范区、全国生态农业建设先进县、国家农产品质量安全县、国家出口猕猴桃质量安全示范区、国家畜牧业绿色发展示范县，化肥、农药使用量低于全省平均15%，畜禽粪污资源化利用率达91%以上，农产品质量安全监测合格率达到100%。

特色产业及地理标志产品

苍溪红心猕猴桃

苍溪雪梨

苍溪脆红李

苍溪川明参

苍溪翠冠梨

苍溪脆香甜柚

"漓山"牌系列大米

高标准农田促进农业增效农民增收

运山镇雪梨种植基地

云峰雪梨

高标准农田

产村相融

美丽乡村

歧坪镇旭光新村聚居点

亭子镇长江村生态宜居新风貌

美丽乡村——黄猫垭镇晨景

宜 宾 市

第十一届四川国际茶业博览会开幕式上，在省委组织部部长于立军（左四）、省人大常委会副主任宋朝华（右三）、省政协副主席祝春秀（左三）、中国工程院院士刘仲华（右二）、市委副书记曾令举（右一）、副市长周文宇（左二）的见证下，四川酒业茶业投资集团有限公司和四川省茶业集团股份有限公司签订了产业整合重组投资协议

时任副省长尧斯丹（前排右二）一行到南溪区调研宜宾长江禁捕工作

宜宾市位于四川省南部，处于川、滇、黔三省接合部，金沙江、岷江、长江汇流地带。全市辖区面积13 283平方千米，辖翠屏区、南溪区、叙州区、江安县、长宁县、高县、筠连县、珙县、兴文县、屏山县3区7县。宜宾市有四川省首个省级新区三江新区。2022年末，全市户籍总人口548.4万人，地区生产总值（GDP）3 427.84亿元，有“中国酒都”“万里长江第一城”之称。

区域优势明显。宜宾地处金沙江、岷江、长江交汇处，川渝滇黔接合部核心区域，处于成都、重庆、昆明、贵阳4个省会城市的几何中心位置，具有直接辐射吸纳3省8市3 700万人的优势，是国家重点建设的63个全国综合交通枢纽城市、50个铁路枢纽之一；是西部陆海新通道西线主通道〔成都经泸州（宜宾）、百色至北部湾出海口〕的重要节点；是长江经济带沿江绿色发展轴的重要节点和上游成渝城市群的重要

川茶园

四川省农业农村厅、宜宾市人民政府在叙州区大河扁码头联合举办主题为“养护水生生物　建设美丽中国”的2022年全国“放鱼日”四川省增殖放流活动。农业农村厅副厅长卿足平（左三）、省水产局局长何强（左一）、副市长周文宇（右四）、省农科院水产研究所所长林珏（右三）以及市农业农村局、市生态环境局、市林业竹业局、市水利局、叙州区政府、翠屏区政府和三江新区管委会相关负责人出席了活动

学习贯彻党的二十大精神市委宣讲团报告会在翠屏区牟坪镇龙兴村举行。市委宣讲团第二分团成员，市农业农村局党委书记、局长罗世俊到会宣讲党的二十大精神

省草业技术研究推广中心副主任李洪泉一行到宜宾市调研指导草牧业工作

国家畜禽遗传资源普查专家组组长、四川农业大学动物遗传育种研究所副所长赖松家，省畜禽遗传资源普查专家组专家、省畜牧总站科长曹伟等一行到宜宾市开展川南山地牛、宜宾水牛生产性能测定工作

组成部分。国家综合立体交通网“6轴7廊8通道”主骨架中，有“两轴”（长三角—成渝主轴、粤港澳—成渝主轴）、“两廊”（西部陆海走廊、成渝昆走廊）在宜宾交会，宜宾港是国家确立的内河主要港口，被交通运输部定位为长江干支中转港口，境内长江、金沙江、岷江均为规划的国家高等级航道。

自然条件优越。宜宾地处东亚中纬度的四川盆地南部，

来复镇大雁岭现代农业园区

省蚕业管理总站调研员谢忠良一行到宜宾市调研指导蚕桑基地“三冬”管理相关工作

市农业农村局总农艺师毛思根带队到江安县开展农药行业安全生产检查

市农业农村局三级调研员程光照带队到叙州区、高县调研乡村国土空间规划试点片区农业产业规划工作

属于亚热带湿润季风气候区，浅丘河谷地域兼有南亚热带气候属性，南部山区立体气候明显。整体特征是：气候温和、雨量充沛、无霜期长、雨热同季、四季分明。各季节特征是：春季回暖早，常有冷空气影响；夏季温湿高，雨量集中多暴雨；秋季迟、降温快、绵雨多；冬季温和霜雪少；秋、冬季云雾多。和同纬度的长江中下游地区相比，宜宾的四季分配具有春早、夏长、秋迟、冬短等特点。境内四季热量丰足，年平均气温 17.5℃左右。

宜宾市持续擦亮农业金字招牌，宜宾市农业特色优势产业不断壮大，现代农业“5+2”产业走在全省前列，茶叶、酿酒专用粮、蚕桑面积居全省第一位，竹面积居全省第二位；蚕茧产位居全省第一位，茶叶、生猪产量居全省第二位；竹、油樟综合产值居全省第一位，茶叶、生猪综合产值居全省第二位。

经营主体培育、推动龙头企业、农民合作社、家庭农场做大做强做优，培养高素质农民，夯实产业发展基础。2022 年，全市有农业产业化龙头企业国家级 4 家、省级 67 家、市级 301 家、县（区）级 505 家。

现代农业园区建设。2022 年，加快推进现代农业园区（乡村振兴示范区）一体化打造，投资 9.1 亿元推进 15 个现代农业园区建设，其中 8 亿元重点推进翠屏区北域乡村振兴示范区（永兴粮油现代农业园区）等 11 个一体化示范区（园区）建设。目前，已建成农业科技园区国省级 3 家、市级 11 家。

茶产业。2022 年，宜宾市紧扣四川省委、省政府“加快精制川茶产业发展、打造千亿产业”战略部署，以“健康茶业，绿色发展”为引领，推进种植品种、产业结构、产品品质“三

市农业农村局、市乡村振兴局与农发行宜宾市分行签订乡村振兴合作协议

市委农村工作领导小组办公室组织召开《中国茶全书·四川宜宾卷》编纂工作启动会议

由市委农办、市农业农村局主办的"宜宾市农村工作领导小组成员单位负责人培训班"在成都市举行

个调优"，全市茶园面积 133 万亩、干茶产量 10.22 万吨、综合产值达 320.2 亿元，三项指标均居全省前列，成为千亿川茶产业排头兵。

蚕桑产业。2022 年，宜宾市桑园总面积 62 万亩，占全省桑园总面积的 26.1%；发种 68 万张，鲜茧产量 3.01 万吨，同比分别增长 6.3%、5.6%；高品位桑蚕丝 500 吨，桑园面积和蚕茧产量稳居全省第一位，综合产值 75 亿元。

林竹产业发展。组建竹和油樟产业专班，推动竹、油樟等特色优势产业联动发展。新增林竹规上企业 14 家，现有林竹加工类规上企业 84 家、限上服务业企业 9 家。2022 年，兴文县被评为省级竹产业高质量发展县，南溪竹纤维、叙州

宜宾市水稻全程机械化技术集成示范作业现场会暨年度农机化工作推进会在"宜长兴"翠屏区李庄镇高桥竹村乡村振兴示范区召开

宜宾市2022年玉米大豆带状复合种植配套农机具应用技术培训现场会在长宁县梅白镇洪谟村"五良融合"产业园召开

宜宾市作为主题市参加以"三茶融合·绿色共享"为主题的第十一届四川国际茶业博览会

宜宾市农业农村局、甘孜州农牧农村局召开2022年长江“十年禁渔”联合执法监管工作联席会并巡查大渡河禁捕宣传情况

宜宾市、云南省昭通市、叙州区、屏山县、云南省水富市相关部门和向家坝溪洛渡管理分中心对向家坝枢纽河段开展春节节前联合安全检查

油樟产业园区被认定为国家现代林业园区，长宁县竹·盐特色资源循环产业园区被认定为省级现代竹产业园区，成功申报竹林小镇3个、竹林人家10个。目前，已建成省级竹产业高质量发展县4个、省级现代竹产业园区5个。招引油樟企业2个，培育规上企业、龙头企业各1个，建设集中收储点2个。完成油茶新造改造1.7万亩。

自然教育学校（基地）授牌仪式。2022年11月21日，原国家林业局局长、中国林学会理事长、全国自然教育总校校长赵树丛出席竹文旅自然教育学校（基地）授牌仪式并为宜宾林竹产业研究院授牌。

农村交通。2022年，全市农村公路建设完成投资15.6亿元（占年度目标任务的152.9%），新（改）建农村公路941.4千米（占年度目标任务的110.7%）。宜宾市创建为“四好农村路”省级示范市，南溪区、叙州区创建为“四好农村路”省级示范县，长宁县竹海连接线被评选为省级“十大最美农村路”。

围绕全市农业“5+2”特色产业体系，打造产业创新发展承载平台，完善涉农科技企业培育、技术开发与应用、科技成果转化与产业化等农业科技服务链条。加快构建现代农业产业体系、生产体系和经营体系，推动形成城乡融合发展新格局，奋力推动宜宾从农业大市向农业强市跨越，为宜宾加快建设现代化区域中心城市做出“三农”贡献。

宜宾市、泸州市农业农村局联合开展长江禁捕专项执法行动

宜宾市农业综合行政执法人员着装仪式

2022年全国“放鱼日”四川省增殖放流活动

甘孜州·宜宾市2022年长江“十年禁渔”联合执法监督工作联席会

宜宾市主要农作物全程机械化（水稻机插秧）作业现场会

翠屏区李庄镇安石村

新村聚居点航拍图

翠屏区牟坪镇金银村村民聚居点

宜宾市叙州区

区委书记黄修国（前排右二）率区政府办、区农业农村局、区公共服务中心等部门负责人到合什镇、樟海镇调研省级乡村振兴先进区创建工作

区长瞿进（前排右二）率区政府办、区农业农村局、区交通运输局、区城管局等部门（单位）负责人到赵场街道调研粮食生产、撂荒地治理、农业企业发展、乡村振兴等工作

宜宾市叙州区位于四川南部，地处川滇两省结合部，是长江首城宜宾市中心城区，金沙江、岷江、长江穿境而过，辖区面积 2 571 平方千米，下辖 2 乡 12 镇 3 个街道，户籍人口 99.89 万人，面积、人口约占全市的 1/5。区位独特，交通便捷。地扼通滇要道，势当川南门户，为陆上南丝绸之路起点，对外直连成渝贵昆地区，处于“一带一路”、长江经济带、成渝地区双城经济圈重要节点，是四川南向开放枢纽门户的核心地区，拥有便捷完善的“水、陆、空、铁”立体交通网络，国家“八纵八横”高铁网之京昆、兰广在此交汇，成贵高铁全线通车，渝昆高铁、成自宜高铁加快建设，渝昆高速、乐宜高速、成宜高速交汇互通，五粮液机场、宜宾港近在咫尺，长江黄金水道通江达海，是长江上游重要的交通枢纽和物资集散中心。

近年来，叙州区立足“大城市、大农村”区情，坚持农业农村优先发展，全力抓实组织保障、要素保障、督考保障等三大保障，统筹推动乡村振兴工作，守住守牢了耕地保护红线、粮食安全底线、不发生规模性返贫底线等“三大关键”，夯实夯稳了油樟、粮油、生猪、果蔬等现代化农业产业以及“四园两带两基地”农业园区、“叙字头”农产品特色品牌等“三大支撑”，并全力推进城乡融合发展综合改革、农村基础设施项目建设和乡村治理等“三大抓手”。

2023 年，叙州区完成撂荒地整治 810 亩、耕地流出整改 35 488.6 亩，新建高标准农田 3 万亩、改造提升 1.7 万亩、粮食作物播种面积 150.3 万亩，总产量 57.4 万吨；建立了区乡村 3 556 人的三级网格体系。年生猪出栏 84.44 万头，连续 17 年获评全国生猪调出大县；建成省级园区 1 个、市级园区 4 个、区级园区 15 个；“二品一标”农产品达 51 个，宜宾油樟获批国家地理标志商标，“大塔荔枝”“宜宾茵红李”“合什手工面”获农产品地理标志认证，全区绿色食品

泥溪大春生产会现场

蕨溪镇蔬菜园区

合什镇高粱园区

张沟水产养殖场

宜宾市叙州区金鑫养殖专业合作社（金猪家庭农场）

达到 39 个，有机产品达到 8 个。

油樟是叙州区最具特色的亮点产业，全区油樟面积达 42 万亩，年产樟油 1.5 万余吨，樟油产量占全国 70% 以上、占全球 50% 左右。油樟综合产值达 39.3 亿元，樟农人均收入达 6 500 元，带动全区 12 个乡（镇）30 个脱贫村 6 000 余户 4 万余人增收致富。樟油主要含有桉叶油素、樟脑、芳樟醇等 100 余种组份，广泛用于日化、医药、香料等行业。宜宾油樟出油率高、油质好，其产品在国际市场免检远销东南亚、欧美等 50 余个国家和地区。

叙州区已经形成 9 种成熟的集体经济运营模式，总结提炼 10 个集体经济发展典型案例，全区 86% 的村集体经济年收入达 10 万元以上；农村集中供水工程运行管理规范达标率 100%，农村卫生厕所普及率达到 94.8%，农村生活污水有效治理率达 90% 以上，行政村生活垃圾收转运处置体系覆盖率达 100%；培育市级宜居宜业和美乡村示范村 3 个、达标村 55 个，成功创建国家级乡村治理示范村 1 个、省级乡村治理示范镇 1 个。

喜捷镇宰龙美丽新村

叙州区成功创建为 2023 年度四川省乡村振兴先进区，融入成渝地区双城经济圈建设，按照“兴产业、活要素、优服务、强治理”的思路，科学谋划、精准施策，明确重点、攻克难点，利用特有的区位优势和历史文化底蕴，打响品牌特色，深入推进城乡融合发展，加快农业产业发展，全面助力乡村振兴，促进农民共同富裕，着力绘制宜居宜业和美乡村新画卷。

天宫山茶海

2023年中国农民丰收节庆祝活动

安　岳　县

副县长邹武超（中）到长河源镇督导调研

安岳县提高政治站位，坚决贯彻习近平总书记关于“三农”工作的重要论述和省委、市委农业农村工作会议精神，进一步增强做好“三农”工作的责任感和使命感，奋发有为抓好新时代全县“三农”工作。坚持稳中求进工作总基调，落实高质量发展要求，坚持和加强党对农村工作的全面领导，牢牢守住保障粮食安全和不发生规模性返贫两条底线，紧扣“项目突破年”主题和“一城一地”建设目标，抓好现代农业“7+3+1”产业发展、“美丽安岳·宜居乡村”建设、乡村治理能力提升等重点工作，推动全面实施乡村振兴战略取得新进展、农业农村现代化迈出新步伐。

安岳县稳定粮食和生猪生产，实施“菜篮子”工程，抓好重要农产品稳产保供；加强耕地保护和建设，严格耕地用途管制，守住耕地保护底线，提升耕地建设质量，有序恢复粮食生产，加强农业生产救灾服务；完善防止返贫监测和帮扶机制，保障脱贫人口稳定增收，落实各项帮扶政策措施，广泛凝聚帮扶力量，坚决守住不发生规模性返贫底线；要夯实三大先导产业，建强现代农业园区，推进三产融合发展，打造农产品优质品牌，筑牢现代农业发展支撑；加快推进乡村规划编制，持续优化农村人居环境，改善农村生产生活条件，提升乡村治理水平；持续做好两项改革“后半篇”文章，壮大农村集体经济，稳慎推进农村宅基地制度改革试点，加

四川省安岳县国家现代农业产业园柠檬产业加工集聚区

县名优农产品在重庆国际博览中心参展

第二届世界柠檬产业发展大会

肉牛 1.47 万头、羊 33.96 万只、小家禽 1 072.08 万只（羽）。全县有规模以上畜禽养殖场（企业）157 家，其中生猪 139 家、肉牛（奶牛）10 家、肉鸡 5 家、兔 2 家、羊 1 家；养殖专业户 519 户，生猪规模养殖比重达 66%。创建国家级生猪产能调控基地 5 个、省级生猪产能调控基地 10 个。

水产业。全县水产养殖经营主体 163 个，部级健康养殖示范场 11 个、省级无公害基地 15 个。全年水产品总产量 3 万吨，实现渔业产值 6.49 亿元。全县养殖方式主要包括池塘养殖、水库增殖、稻田养鱼等。按照“农业供给侧结构性改革”的要求，调整养殖方式，累计发展稻鱼综合种养 2.2 万亩，推广池塘底排污水质改良模式 7 处、玻璃钢循环水养殖模式 1 处、陆基集装箱养殖模式 1 处。以组织培训班、开展“送科技下乡”等多种形式开展技术培训、技术指导和服务，全年开展水产技术培训 15 次，培训 600 余人次，接受技术咨询、现场服务约 80 余次。

农作物秸秆等饲料的开发与利用。全年农作物秸秆总产生量 76.13 万吨，可收集量约 65.04 万吨，秸秆利用量 61.07 万吨。加强农作物秸秆“肥料化”“饲料化”“燃料化”“基料化”“原料化”五化利用，培育农作物秸秆综合利用示范点 10 个，推广秸秆粉碎还田、堆沤还田、腐熟还田等技术，利用率 93.89%；培育市场规模化主体 21 个，秸秆综合利用量稳步提升，土壤质量、生态环境得到明显改善。

乡村振兴。重点围绕巩固拓展脱贫攻坚成果同乡村振兴有效衔接工作，聚焦过渡期“四个不摘”要求，紧盯健全防止返贫动态监测和帮扶，完善防止返贫动态监测和帮扶机制，确保 135 个脱贫村、27 个乡村振兴重点帮扶村（含 6 个脱贫村）、40 363 户 102 621 名脱贫户、1 743 户 4 037 名监测对象持续稳定增收，坚决守住不发生规模性返贫底线，乡村振兴工作取得阶段性成效。

首届生态火龙果采摘节

柠檬丰收

四川薯霸食品有限公司

乐至县脱贫办获评“全国脱贫攻坚先进集体”

乐至县获得“中国桑都”称号

乐至县农业农村局获评“四川省环保工作先进集体”

陈毅故里景区

乐至县现代蚕桑产业园

高寺镇石堰村玉米大豆带状复合种植示范片

劳动镇双龙村优质粮油示范区

石湍镇毛家坪村农机合作社社会化服务

劳动镇福乐村集体经济（梨园基地）

乐至县小流域水土流失综合治理区

乐至县“四好农村路”示范路

乐至县秋千王国

幸福美丽新村建设——龙门镇金鼓村

幸福美丽新村建设——佛星镇佛星村

幸福美丽新村建设——高寺镇清水村

新村风貌

九寨沟县

省人大常委会副主任、阿坝州委书记刘坪（右一）到漳扎镇永竹村看望慰问烈士家属

阿坝州长罗振华（左二）到九寨沟县调研，县委副书记、九寨沟管理局党委书记高恺衡（左一）陪同调研

近年来，九寨沟县全面贯彻新发展理念，牢牢把握高质量发展这个首要任务，坚持“全域发展、绿色崛起”总体战略，以建设世界生态旅游目的地为主引擎，把产业振兴作为乡村振兴的重中之重，推动生态农业提档升级，走出了一条经济发展与生态环境互进共赢之路。

强化“三个保障”，夯实乡村振兴发展基础

九寨沟县通过强化组织保障，激发乡村振兴强大动能。全面落实乡村振兴工作体系，调整充实部门及乡（镇）领导班子，提供坚强组织保障和人才支撑。强化制度保障，推动乡村振兴全面发展。制定《九寨沟县关于做好2023年乡村振兴重点工作加快推进农业农村现代化的实施意见》等文件，细化5大类34项144个具体指标，进一步明确工作思路、工作计划和目标任务，确保工作抓细、抓实、抓出成效。强化要素保障，助力乡村振兴提质增效。加大乡村振兴资金投入，2023年以来，县级财政安排支农专项预算1.3亿元，较2022年增加1493万元，同比增长12.59%。强化乡村振兴用地保障，县、乡国土空间规划均落实不少于10%的建设用地指标，重点保障乡村产业发展。

围绕“三个坚持”，推动乡村振兴走深走实

九寨沟县坚持精准施策，构建常态化监测帮扶体系。突出精准排查、精准监测、精准帮扶，抓实抓细“巡村包户”，建立县、乡、村三级网格监测体系，实现监测帮扶网格化、常态化。坚持提质增效，构建脱贫群众持续增收体系。坚定推进产业发展、就业创业、消费帮扶、金融创新“四大工程”，

省林草局副局长王平（前排中）到九寨沟县调研，县人大常委会副主任徐荣鸿（右一）、副县长班永国（前排左一）陪同调研

省乡村振兴局二级巡视员刘俊明（左三）率队到九寨沟县开展巩固脱贫攻坚成果同乡村振兴有效衔接专项督察

阿坝州副州长关冀（前排右二）率队到九寨沟县看望慰问挂职干部、政法队伍、驻县部队、先进模范、困难群众，向其表达党和政府的关心关怀并致以新春的祝福与慰问

阿坝州副州长旺娜（左二）到九寨沟县检查指导防汛减灾、农业农村发展、“三家园”建设等工作

大力推动农旅融合发展，梯次培育省、州、县级现代农业园区。坚持资源整合，构建重点帮扶支持体系。狠抓资金整合、项目整合、力量整合，投入资金 1.58 亿元实施涉农整合项目 59 个。持续强化易地搬迁安置点后续帮扶，完善东西部协作、省内对口帮扶、定点帮扶机制，深化全域结对帮扶，落实协作帮扶资金 5 570 万元，实施项目 24 个。2022 年 10 月 1 日至 2023 年 9 月 30 日，全县脱贫人口人均纯收入达 17 150 元，同比增长 15.14%；2023 年前三季度，农村居民人均可支配收入同比增长 8.5%。

阿坝州政协副主席苏世升（右二）到九寨沟县开展“发展民宿旅游助推乡村振兴”专题调研

立足“三个聚焦”，助力乡村振兴提质增效

九寨沟县聚焦产业结构优化，推进集聚增量提质。严守粮食耕地红线，全力稳定提高粮食面积和产量，完成粮食作物播种面积 4.43 万亩、产量 1.08 万吨。积极构建“6+2”生态农业产业体系，因地制宜推进粮油、特色果业、道地药材等 6 大优势特色产业，逐步形成集河谷高效果蔬发展区、中山特色农牧业发展区、高山生态林牧药发展区于一体的九寨特色农业发展格局。聚焦辐射带动引领，打造现代农业园区。立足地区资源禀赋，围绕六大特色产业，探索“大园区 + 小农场”“大园区 + 小业主”等模式，以园区为载体，持续培育省、州级示范社、家庭农场等新型经营主体，延伸产业链。聚焦产业融合拓展，培育提升新业态、新功能。围绕构建全域旅游示范区，坚持“全域、全时、立体、多元”发展方向，探索发展休闲观光产业，强化农旅融合，打造黑河镇七里村千亩樱桃园区、勿角镇胜南新村蓝莓现代农业产业园、双河镇罗依坝村智慧农业温室，开发出九寨庄园系列葡萄酒、纯天然菜籽油等具有高附加值的特色产品。

狠抓“三个着力”，推进宜居宜业和美乡村建设

九寨沟县着力建设示范样板乡村。学习借鉴浙江“千万工程”经验，坚持“抓点示范、串点成线、连线成片、连片推进”工作思路，聚焦布局、产业、环境、生活、风尚“五美”

县长李为仁（左四）到玉瓦乡检查指导产业发展、环境整治、安全稳定等重点工作

县政协副主席董慧英（左二）到基层调研

阿 坝 县

省人大常委会副主任何延政（左三）一行到阿坝县调研

审计厅党组书记、厅长朱大兴（右一）率队到阿坝县调研，县委书记冯峥勇（右二）陪同调研

农业农村厅二级巡视员肖祥贵（右一）到阿坝县调研农业生产工作，副县长唐郁鑫（右二）陪同调研

2022 年，全县辖 15 个乡（镇）81 个村（社区），辖区面积 10 435 平方千米，其中耕地面积 14.04 万亩、基本农田 12.54 万亩。全县实现地区生产总值 21.73 亿元，同比增长 3.5%。阿坝县坚定落实“藏粮于地、藏粮于技”战略，始终把发展高原特色农业作为巩固脱贫攻坚成果同乡村振兴有效衔接的重中之重，坚持“良田粮用”，聚力建园区、强龙头、补链条、树品牌，以农业园区引领高原粮仓建设，2022 年粮食作物播种面积达 7.01 万亩，产量达 1.08 吨，实现产值 4 543.8 万元，创建为省级四星青稞现代农业园区。

县城全貌

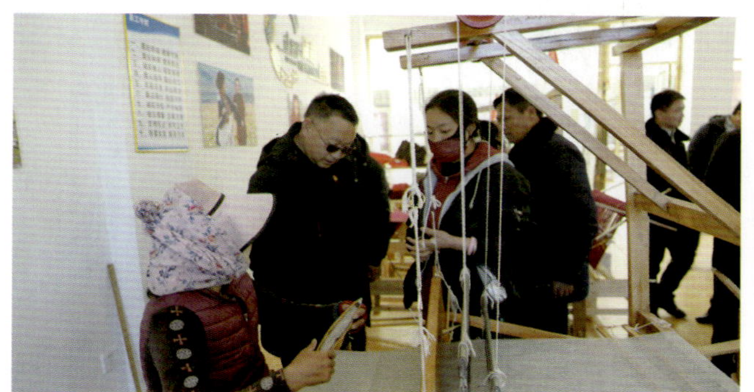
县委书记冯峥勇（左二）调研产业发展工作

县委书记冯峥勇（右二）、县长龙真泽郎（左二）调研自来水厂建设工作

农牧产业。持续在夯基础、稳生产、塑品牌上下功夫，全面建成"两园区四基地"，争创省四星级青稞现代农业园区、州三星级现代畜牧业产业园区，完成蔬菜现代农业科技示范园建设。新建1万亩高标准农田，农作物播种面积11.27万亩，总产量2万余吨；牲畜存栏50.28万混合头，年出栏率达22.05%。扶持龙头企业5家，新增农民专业合作社5家、家庭农场11家，登记认证"三品一标"农特产品11个。全县全年农林牧渔业总产值达13.2亿元，增长3.5%以上。

农村基础设施建设。以项目投资稳住经济基本盘，投资51.2亿元，实施项目147个。久马高速县城至久治段50千米通车试运行，莲班路、黄河源头产业路加快建设，升级改造农村公路、通村道路、入户路、产业路125千米。城市风貌改造、"三线入地"基本完成，新区客运中心正式投用，集中供暖三期、供水管网建设稳步实施，新（改）建污水管网45千米、农村电网52千米，建成4G基站80个、5G基站98个，城乡基础设施质量明显提升。

抗震救灾。马尔康6.0级震群地震发生后，第一时间开展抢险救援，紧急转移避险群众2.4万余人，同步驰援草登乡并成为第一支到达震中的救援力量，灾后12小时抢通茸草路生命通道、48小时打通全县所有通乡通村道路，没有1人因灾伤亡、失踪。险情排除后，迅速启动灾后恢复重建，科学编制灾后重建项目23个，严格按照"五有三防"要求做好农房重建和过渡安置，完成667户农房维修加固，启动81户农房重建，带领群众重建家园。

县长龙真泽郎（中）调研灾后恢复重建工作

漫泽塘湿地

阿坝县贾洛绵羊种群

屠宰加工

阿坝县优良牧草收获

青稞丰收

牦牛养殖

牦牛绒产品

现代畜牧业产业园区

扎崇节开幕式

Epic越野山地自行车赛阿坝县站

藏棋比赛

甘孜藏族自治州

州委书记沈阳（右三）到雅江县和民族团结进步家庭共同分享生活喜悦

州长冯发贵（中）到炉霍县调研城乡融合发展情况

副州长袁纲（左二）到石渠县调研

甘孜，藏语为“洁白美丽”之意，古为羌地，唐属吐蕃，元初设立土司制度，清末改土归流。甘孜藏族自治州是中华人民共和国建立的第一个专区级少数民族自治州，是全国第二大涉藏地区重要组成部分。全州辖区面积 14.97 万平方千米，辖 18 个县（市）289 个乡（镇、街道）2 181 个行政村，常住人口 110.74 万人，有藏、汉、回、彝等 41 个民族，其中藏族人口占 78.97%。全州耕地有效灌面和保证灌面分别达到耕地总面积的 91% 和 86%，本地水资源总量 626.92 亿立方米，人均占有水资源量 56 837.46 立方米。有林地面积 696.18 万公顷，森林面积 539.47 万公顷，森林覆盖率 35.26%，森林蓄积量 4.865 亿立方米。

2022 年，全州实现地区生产总值 471.94 亿元，增长 3.5%，其中第一产业增加值 84.24 亿元，增长 4.2%；第二产业增加值 131.41 亿元，增长 6%（工业产值 183.89 亿元，增长 17.7%）；第三产业增加值 256.29 亿元，增长 2.1%。三次产业对经济增长的贡献率分别为 22.83%、43.76% 和 33.41%。全州工业增加值 111.3 亿元，增长 5.6%。全年接待游客 3 147.47 万人次，实现旅游综合收入 344.83 亿元。

甘孜州是全球景观类型、生态系统类型和生物物种最为丰富的地区之一，不仅保存有大量古老的生物类群，而且演化了众多新的物种，是中国原生生态系统保留最完好、自然垂直带最完整以及全球温带生态系统最具代表性的地区。是国家“三江源”的重要组成部分，有“中华水塔”之称。境内江河湖泊众多、水系发达，长江上游重要的干流金沙江、支流雅砻江和大渡河流经州内 18 个县（市）。有野生动物 652 种、植物 5 223 种，是世界天然物种重要基因库。有各级自然保护地 6 类 83 个，其中自然保护区 44 个、森林公园 11 个、湿地公园 17 个、风景名胜区 6 个、地质公园 3 个、自然遗产地 2 个。

甘孜州康巴文化（甘孜）生态保护实验区被列入省级文化生态保护实验区，有国家级文化产业园区 4 个、世界级和国家级非遗资源 29 个、重点文物保护单位 1 103 处（其中全国重点文保单位 18 处、省级文保单位 81 处、州级文保单位 204 处、县级文保单位 800 处），州级以上非遗项目总数及重点文物保护单位总量位居全省第一。有公共文化

风语拉龙措

日通草原

察青松多草甸森林

月影博美山

巴巴沟——蓝松湖

麦拉降措

若吉果香庭院

中谷温泉

党建引领

加强乡村振兴资源聚合·综合服务平台建设
促进四川乡村全面振兴

四川省农村发展促进会

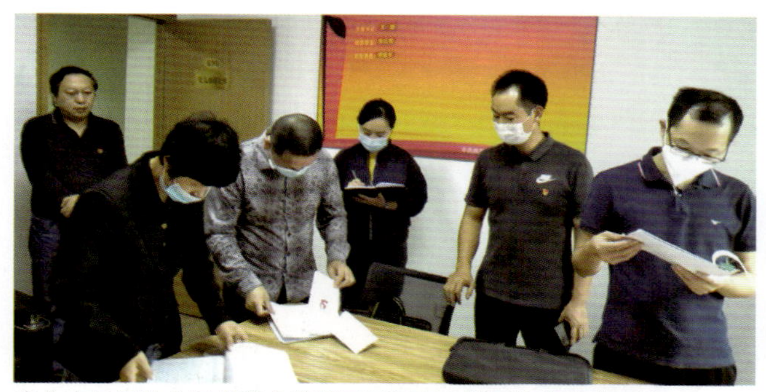
农业农村厅社会组织联合党委领导调研、指导协会党建工作

农业农村厅乡村治理指导处领导调研、指导协会工作

四川省农村发展促进会（简称“省农发会”）成立于1995年，会长为时任省政协副主席刘昌杰，历经省经委、省委农工委、农业厅主管，2019年起为农业农村厅主管。30年来，省农发会一直采用“行业行政单位主管和指导、协会自主发展”的管理模式，秉承“面向农村、发展农业、造福农民”的宗旨，致力于“三农”工作调研、政策咨询、规划编制、科技推广、人才培训、典型宣传等工作。

近年来，省农发会在主管单位党组织的领导和有关处室具体业务指导下，认真贯彻学习习近平总书记关于“三农”工作的重要论述和来川视察重要指示精神，坚决落实省委、省政府决策部署，全面加强党组织建设，引领协会服务提质增效和转型，逐步朝专业型、专家型、研究型、服务型方向综合发展，积极发挥桥梁纽带作用，全力服务党委、政府部门及会员单位，助力四川乡村振兴及农村经济高质量发展。

党建引领，为协会发展领航

在厅联合党委领导下成立党支部，推进各项党建工作，充分发挥党组织战斗堡垒作用，以高质量党建引领协会高质量发展。

积极作为，为主管处室分担任务

承办农业农村厅、省乡村振兴局“四川建行杯”农村移风易俗作品有奖征集活动，推选四川参评全国乡村治理典型案例；参与有关部门乡村治理示范、生态农业、特色产业、健康食品产业园、天府旅游名县等工作的推选与评定。

协会承办农业农村厅、省乡村振兴局“建行杯”移风易俗作品评选活动

绵阳市游仙区小枧镇遇仙村联合党建活动

阿坝州理县薛城镇南沟村联合党建活动

自贡市乡村振兴战略规划服务采购签约仪式

川东北经济区乡村振兴交流会暨四川农村“五位一体”集体经济股份合作社启动仪式

整合专家力量，为党委、政府提供决策依据

积极建设“三农智库”。邀请张红宇、郭晓鸣、吕火明、张克俊等106名“三农”知名专家加入智库，落实时任省委常委、省委农工委主任李昌平“加强三农调研，当好决策参谋”指示，在全省设立“三农”调研基地，服务全省21个市（州）、125个县（市、区）；撰写调研报告、对策建议100余篇，多项成果获得国务院及省委、省政府领导肯定性批示。

充分发挥图书编纂优势。积极同行业主管部门联系，编纂“三农”系列图书，出版字数超1.2亿字，其中组织编写的报告、志书是全省农业农村决策参考体系及地方志编纂体系的重要组成部分，同时也是各级、各部门开展工作的重要参考用书，出版物多次获得国家级和省级奖项。

多层次培训，培养管理与技术人才

举办了国家级论坛2次、省级学术交流及研讨会10次，举办涉农培训100余期、近万人参加，举办乡村振兴务实培训班12期、800余人参会，开办花椒产业发展培训线上15期、160万人次参与，线下现场指导班8期、近1 000人参加。

办好媒体，为“三农”发展广泛宣传

会刊《四川农村》（双月刊）于1995年创刊，已连续完成编辑印刷29年177期，是省内较有影响力的“三农”刊物，成为市（州）和县（市、区）党政“三农”部门的主要参阅资料。《四川农村观察》微信服务号、《四川农村》微信公众号、官网“四川农村发展”等自有宣传平台，及四川广播电视台乡村频道和百度成都频道等战略合作宣传平台共同打造媒体矩阵，跟踪报道各个时期热点、难点问题，总结提升“三农”先进典型，探索乡村振兴路径，积极为全省农业农村工作营造良好的社会氛围。

开展咨询，提升服务能力

依托智库专家，为基层政府和涉农企业开展政策咨询、规划编制、项目包装等服务。先后为会东奶牛养殖有限公司、遂宁大英鑫燕养殖合作社、成都纳雅农业山庄、叙永黄荆山野生动物驯化养殖场、四川瑞坤集团漫水湾农业特色小镇等提供了策划、融资和管理服务。承担《自贡市乡村振兴战略规划（2018—2022）》《理县乡村振兴战略规划（2018—2022）》等市、县委政府委托项目10余个。

省农发会编辑出版的部分图书

索引

SUO YIN

SICHUAN

L

阆中市…… 393a
乐山市…… 350
乐至县…… 543a
雷波县…… 614a
理塘县…… 599a
理县…… 563a
利州区…… 301a
凉山彝族自治州…… 603
粮食安全…… 040a
邻水县…… 469a
林草产业…… 051a
林业和草原…… 041
龙马潭区…… 200a
龙泉驿区…… 152a
隆昌市…… 343a
芦山县…… 501a
炉霍县…… 592a
泸定县…… 585a
泸县…… 207a
泸州市…… 194
罗江区…… 230a
“绿化全川”行动…… 089a

M

马边彝族自治县…… 387a
马尔康市…… 560a
茂县…… 564a
眉山市…… 510
美姑县…… 611a
米易县…… 192a
绵阳市…… 245
绵竹市…… 232a
冕宁县…… 610a
民族地区对口援建…… 087a
民族地区教育…… 085a
民族地区社会事业…… 085
民族地区卫生工作…… 086a
名山区…… 499a
木里藏族自治县…… 604a
沐川县…… 381a

N

纳溪区…… 205a
南部县…… 395a
南充市…… 390
南江县…… 492a
南溪区…… 427a
内江市…… 340
年度聚焦…… 012
宁南县…… 606a
农产品标准化体系建设…… 106a
农产品市场安全监管…… 109a
农村财政、金融与市场监管…… 099
农村财政与金融…… 100
农村防灾减灾…… 080a
农村公路建设…… 062a
农村广播电视工作…… 073a
农村基础设施建设与管理…… 056
农村教育事业…… 069a
农村金融工作…… 100a
农村居民家庭生活…… 076a
农村居民社会保障…… 079a
农村民主法制建设…… 122a
农村群团工作…… 082a
农村社会治安综合治理…… 125a
农村生活污水治理…… 097a
农村生态环境与乡村旅游…… 088
农村体育…… 072a
农村通信建设…… 064a
农村文化…… 071a
农村信息化建设…… 064
农村医疗卫生事业…… 075a
农村邮政事业…… 066

农村邮政综合服务体系建设…… 067a
农民就业与创业…… 083a
农田水利建设…… 063
农业对台合作与交流…… 054
农业发展概况…… 037

P

攀枝花市…… 189
彭山区…… 512a
彭州市…… 169a
蓬安县…… 399a
蓬溪县…… 334a
郫都区…… 162a
平昌县…… 495a
平武县…… 268a
屏山县…… 460a
蒲江县…… 174a
普格县…… 606a

Q

气候状况…… 032
前锋区…… 466a
犍为县…… 372a
青白江区…… 152a
青川县…… 314a
青神县…… 522a
青羊区…… 145a
邛崃市…… 169a
渠县…… 480a

R

壤塘县…… 573a
人口情况…… 036
仁和区…… 191a
仁寿县…… 516a
荣县…… 181a
若尔盖县…… 575a

S

三台县…… 276a
色达县…… 598a
森林病虫害防治…… 046a
森林和草原防火…… 046a
森林生态…… 091a
森林资源保护管理…… 043a
沙湾区…… 364a
射洪市…… 332a
涉农保险…… 103a
涉农工商管理…… 104a
涉农审计工作…… 105a
涉农物价管理…… 105a
什邡市…… 232a
生态补偿…… 093a
生态建设…… 089
生态旅游与森林康养…… 098
生态县建设…… 090a
生态振兴…… 119
生猪价格波动体系建设…… 048a
石棉县…… 509a
石渠县…… 597a
市（州）、县（市、区）农村工作概况…… 126
市中区…… 341a，359a
双流区…… 159a
水产业…… 049
水利建设…… 057
水污染防治…… 094a
水源地保护…… 095a
顺庆区…… 391a
四川概况…… 028
《四川农村年鉴》省级部门编写组…… 692
《四川农村年鉴》市（州）编写组…… 693
《四川农村年鉴》县（市、区）编写组…… 694
四川农村信息网建设…… 065a
四川省农产品进出口概况及年度特点…… 114a
四川省农村信用联社涉农工作…… 101a

松潘县…………………………………………565a
遂宁市…………………………………………317

T

特色经济林产业………………………………052a
特色效益农业…………………………………051
特载……………………………………………001
天全县…………………………………………500a
通川区…………………………………………473a
通江县…………………………………………494a
土壤污染防治…………………………………094a

W

外来有害生物防治……………………………096a
万源市…………………………………………474a
旺苍县…………………………………………310a
威远县…………………………………………346a
温江区…………………………………………158a
汶川县…………………………………………562a
污染状况………………………………………097a
五通桥区………………………………………362a
武侯区…………………………………………148a
武胜县…………………………………………468a

X

西昌市…………………………………………603a
西充县…………………………………………396a
西区……………………………………………190a
喜德县…………………………………………609a
乡城县…………………………………………600a
乡村振兴………………………………………117
乡村治理………………………………………121
小金县…………………………………………571a
新都区…………………………………………158a
新津区…………………………………………164a
新龙县…………………………………………594a
新任（变动）省级领导………………………656
新型农村金融机构……………………………102a
兴文县…………………………………………456a
行政区划………………………………………033
畜牧业…………………………………………047
叙永县…………………………………………216a
叙州区…………………………………………431a
宣汉县…………………………………………474a

Y

雅安市…………………………………………496
雅江县…………………………………………590a
沿滩区…………………………………………181a
盐边县…………………………………………193a
盐亭县…………………………………………281a
盐源县…………………………………………604a
雁江区…………………………………………534a
野生动植物保护………………………………045a
仪陇县…………………………………………397a
宜宾市…………………………………………401
荥经县…………………………………………503a
营山县…………………………………………398a
游仙区…………………………………………252a
雨城区…………………………………………498a
岳池县…………………………………………468a
越西县…………………………………………610a

Z

昭化区…………………………………………306a
昭觉县…………………………………………609a
政策法规………………………………………682
中国农业发展银行四川省分行涉农工作……100a
中江县…………………………………………233a
种植业…………………………………………038
资阳市…………………………………………533
资中县…………………………………………345a
梓潼县…………………………………………265a
自贡市…………………………………………175
自流井区………………………………………177a
自然资源………………………………………029
综述………… 038a，041a，047a，058a，066a，089a，097a